读通鉴论新译

（卷一—卷五）

壹

王夫之 著

郭孟良 译

中央党校出版集团 大有书局

图书在版编目（CIP）数据

读通鉴论新译 /（清）王夫之著；郭孟良译．—北京：大有书局，2023.1

ISBN 978－7－80772－096－6

Ⅰ．①读…　Ⅱ．①王…②郭…　Ⅲ．①《资治通鉴》—研究　Ⅳ．①K204.3

中国版本图书馆 CIP 数据核字（2022）第 174246 号

书　　名　读通鉴论新译（全七册）
作　　者　王夫之 著　郭孟良 译

策划编辑　李瑞琪
责任编辑　吴春艳　周　舟　王佳伟
装帧设计　罗　洪
责任校对　李盛博
责任印制　袁浩宇
出版发行　大有书局
　　　　　（北京市海淀区长春桥路 6 号　100089）
综 合 办　（010）68929273
发 行 部　（010）68922366
经　　销　新华书店
印　　刷　中煤（北京）印务有限公司
版　　次　2023 年 1 月北京第 1 版
印　　次　2023 年 1 月北京第 1 次印刷
开　　本　145 毫米×210 毫米　32 开
印　　张　101.25
字　　数　2000 千字
定　　价　288.00 元

出版说明

王夫之《读通鉴论》致力于探求“上下古今兴亡得失之故”，但原著文字艰涩、思想艰深，须加以白话译解方利于更好传承普及。为此，中央党校出版集团大有书局出版社推出“鉴往知来”书系之《读通鉴论新译》，便于广大读者特别是公务人员、企事业骨干人员和历史爱好者从历史中汲取智慧，探求中国历代治国理政的得失成败。

本书译者以金陵刻本《船山遗书》中的《读通鉴论》为底本，参考中华书局舒士彦点校《读通鉴论》和岳麓书社2011年版《船山全书》修订本《读通鉴论》，吸收其部分校勘成果，采用直译和意译相结合的方式翻译《读通鉴论》。此外还撰写题解、提炼主题、附录出处。

此次全新编校，作者改正了之前的一些排印错误，如原文中出现形近错讹字，“建元”误作“建光”，“庆子祐”误作“庆子祐”等。也改正了原文中的部分用典错误，如卷二十二“睿宗二”原文之“夺情之恶，一言以折之，一峰、念庵、幼玄之参劾，其犹赘辞乎”，此处“念庵”当为“复庵”，指的是吴中行弹劾张居正夺情之事；又如，卷二十七“懿宗五”原文之“传及僖宗，侯昌业、孟昭图、张道古皆死焉”，此处“张道古”有误，张道古死于昭宗时期，而非僖宗时期，对于这类错误，本书采用的做法是原文部分予以保留，在译文部分作注予以解释和说明。

鉴于王夫之过于强调“华夷之辨”，严守夷夏大防，时常过分贬损少数民族政权和人物，为了避免不必要的误解，译文尽量保留了原文的“夷狄”一词，不作翻译。

全书正文30卷，在每卷首页插入选自明刻本《历代帝贤像》等插图30幅。

全书依据分册不破卷的原则分为七册出版，版式设计力求朴素、简练，希望能为读者提供轻盈、便捷、爽目的阅读版本。

大有书局编辑部

2022年9月

前　言

整整330年前，康熙三十年（1691）四月，湖广衡州府衡阳县金兰乡石船山下，湘西草堂。皎洁的明月映照着残缺破碎的河山、令人断肠的历史，如船的顽石象征着赓续不绝的道统、绵延如缕的忠贞，守望着一位风烛残年的老人。73岁的王夫之，在阵阵咳喘中完成了他的史论杰作《读通鉴论》30卷、《宋论》15卷，标志着他作为“亡国一孤臣”，从文士之思、哲人之思到史家之思的转变。此际，距其与世长辞仅8个月。

一、“抱刘越石之孤愤”“希张横渠之正学”

王夫之70岁时，自撰墓志铭：“抱刘越石之孤愤而命无从致，希张横渠之正学而力不能企，幸全归于兹丘，固衔恤以永世。”表明其效法西晋刘琨（字越石）“枕戈待旦，志枭逆虏”的豪杰志向，仰慕北宋张载（世称横渠先生）“为天地立心，为生民立命，为往圣继绝学，为万世开太平”的圣贤气象。其一生言行志节，据此可概括为“豪杰—圣贤”人格或“豪杰—圣贤”精神。

王夫之生于万历四十七年九月初一（1619 年 10 月 7 日），字而农，号薑斋，祖籍高邮，衡阳县人，晚年隐居石船山，世称船山先生。其先祖随明太祖朱元璋起义，累积战功，世袭衡州卫指挥佥事，遂入衡州卫籍。自从高祖王宁“起家儒素”，曾祖王雍“以文名著南楚”，祖父王惟敬“崇志节，尚气谊”，俨然雅士儒风。其父王朝聘，叔父王廷聘，兄长王介之、王参之，“宗濂洛正传”又“以真知实践为学”，形成了朴实儒雅的家学传统。这样，有事则显忠节，无事则显儒学，武文并举，正是王夫之“豪杰—圣贤”人格的渊源所自。

王夫之所处的 17 世纪，正当明清易代之际“神州荡覆，海内陆沉”的历史关头。这样的历史环境，决定了其一生的曲折和坎坷，也造就了一代哲人、一代宗师。王夫之自幼奉父命从长兄读书，7 岁读完“十三经”，10 岁从父读经义，14 岁中秀才，入州学。16 岁从叔父学习作诗，19 岁读史，20 岁入岳麓书院，参与组织行社、匡社，参加“须盟大集”。24 岁中举，次年入京会试，因农民起义阻断交通，会试延期，从而进士梦断。

明亡后，王夫之写下《悲愤诗》百韵，“吟已辄哭”，决心担负起兴亡继绝的匹夫之责。他曾与同道招募乡勇，在南岳起兵抗清；后只身赴湘阴，上书南明总督监军章旷，“指画兵食”。他又南下肇庆、梧州、桂林，往依南明永历政权，就任行人司行人。在吴楚党争中，他仗义执言，几于不免。目睹时势不可为，英雄遗恨，壮志难酬。33 岁时，王夫之以慈母病逝为由，归隐林泉，誓不剃发。其平时出行一直是头戴斗笠、脚着木屐，意谓头不顶清朝的天、脚不踏清朝的地，以示“不共戴天”。

在“风波百出，贫窘万状”的流亡生涯中，王夫之开始了后四十年隐居著述的生活。辗转南岳续梦庵与衡阳金兰之败叶庐、观生居，中经吴三桂之乱，漂泊于长沙、岳阳、萍乡等地。康熙八年（1669），已过知天命之年的王夫之自题堂联“六经责我开生面，七尺从天乞活埋”，以气贯长虹的文化抱负，“究天人之际，通古今之变，成一家之言”，自信“吾书两百年后始显”。康熙十四年（1675）王夫之始定居于石船山麓之湘西草堂，在这里度过了最后的十七个春秋。康熙三十一年正月初二（1692 年 2 月 18 日）卒，终年 74 岁。

在康熙二十三年（1684）五月完成的《俟解》中，王夫之写道：“有豪杰而不圣贤者，未有圣贤而不豪杰者也。”这种“豪杰—圣贤”人格对后世影响至巨，成为湖南人精神乃至中国人精神的重要内涵。以曾国藩为代表的“中兴将帅，半湘省儒生，其得力夫之之遗书者居多”。戊戌维新志士谭嗣同对他极为服膺，认为五百年来学者中，真通天人之故者，船山一人而已。有诗云：“万物昭苏天地曙，要凭南岳一声雷。”而其“我自横刀向天笑”与“七尺从天乞活埋”堪称异曲同工！新文化运动的旗手、中国共产党的创始人之一陈独秀在《新青年》发表《欢迎湖南人底精神》一文，认为杨度所谓的“若道中华国果亡，除非湖南人尽死”不能以人废言，“二百几十年前底王船山先生，是何等奋发图强的学者！几十年前曾国藩、罗泽南等一班人，是何等‘扎硬寨’‘打死战’的书生”。1913 年，20 岁的毛泽东在杨昌济先生的修身课《讲堂录》中发扬船山的“豪杰—圣贤”精神：“圣贤，德业俱全者；豪杰，歉于品德而有大功大名者。拿翁，豪杰也，而非圣贤。”次年，他利用船山学社创办湖南自修大学，宣传马克思主义。延安时期，毛泽东在创作《矛盾论》《实践论》的过程中，搜求和研读了《船山遗书》。后来他两次为船山学社题词，并将船山手迹《双鹤瑞舞赋》赠予国家文物局收藏。作为马克思主义基本原理与中国革命具体实际、与中华优秀传统文化相结合的产物，毛泽东思想体系中就含有对中华优秀传统文化，特别是湖湘文化包括船山思想的创造性转化和创新性发展。

二、“六经责我开生面”

“六经责我开生面，七尺从天乞活埋。”在时移世易、龙潜无用之后，船山向死而生，将其浩然正气、正道大义灌注于著述当中，希冀文化复国、用夏变夷。正如唐鉴《清学案小识》所云：“先生理究天人，事通古今。探道德性命之原，明得丧兴亡之故。流连颠沛而不违其仁，险阻艰难而不失其正。穷居四十余年，身足以砺金石；著书三百余卷，言足以名山川；遁迹自甘，立心恒苦，寄怀弥远，见性愈真。”亦如郭嵩焘为思贤讲舍所撰楹联云：“笺疏训诂，六经于《易》尤尊，阐羲文周孔之道，汉宋诸儒齐退听；节义词章，终身以道为准，继濂洛关闽而起，元明两代一先生。”

船山著述等身，凡百余种。先生去世后，由其亲友及门人分散宝藏并陆续刊行。后涉文字狱案，被抄去旧稿数种，诗词9种也遭禁毁。直到1842年湘潭邓显鹤首次刊刻《船山遗书》18种，1865年曾国藩兄弟于金陵节署搜刻《船山遗书》56种，方为世所重。岳麓书社自1982年起整理出版《船山全书》，1996年出齐16册；2005年又启动修订工作，2011年完成，成为船山著作的权威版本。其中经部19种，史部6种，子部14种，集部32种，共计71种，字数超过1000万，堪称一笔博大精深、极具价值的文化遗产，正像著名哲学家嵇文甫先生所说的是“一座宝贵的矿藏”。

文学方面，船山的创作有《薑斋文集》、《薑斋诗集》（《薑斋五十自定稿》《薑斋六十自定稿》《薑斋七十自定稿》《薑斋诗分体稿》《薑斋诗编年稿》《薑斋诗剩稿》《忆得》等）、《薑斋词集》（《鼓棹初集》《鼓棹二集》《潇湘怨词》等），以诗文纪行，以诗文交游，以诗文言志，饱含浓厚的时代气息和现实精神。同时，他“阅古今诗不下万首”，写下《楚辞通释》《古诗评选》《唐诗评选》《明诗评选》《薑斋诗话》等诗词评论，对屈原的“忠贞之性，高尚之情”寄予旷世同情，而对历代“附宗派、随流俗”导致情感失范、文章失度的作家作品予以严厉批评，体现了以诗道情、以诗兴乐的诗学观念以及元声元韵、雅正之音的美学思想。著名文学史专家陆侃如、冯沅君认为："在中国古代哲学家中，只有三个人是真能懂得文学的，一是孔丘，一是朱熹，一是王夫之，他们说话不多，句句中肯。"

哲学方面，包括对群经诸子的深研、清理与阐发，如《周易稗疏》《周易考异》《周易内传》《周易外传》《周易大象解》《书经稗疏》《尚书引义》《诗经稗疏》《诗经考异》《诗广传》《礼记章句》《春秋家说》《春秋稗疏》《春秋世论》《续春秋左氏传博议》《四书稗疏》《读四书大全说》《四书训义》《四书考异》《说文广义》《老子衍》《庄子解》《庄子通》《张子正蒙注》《噩梦》《黄书》《思问录内外篇》等。船山学问的路径是"我注六经"，下足返本归源的功夫，然后俯仰天地，穷探极论，宗师横渠，修正程朱，反对陆王，力辟浮屠，屏斥申韩，节取老庄，构建起"坐集千古之智""推故而别致其新"的思想理论体系，达到别开生面的效果。其特点，一是"吾道弥二而归一"，也就是一元论，认为"气"是世界的一元本体，从而弥合种种二元对立；二是"卓然一出于正"，以《周易》为大本大源，正原本学问之本然与必然，"惟以扶世翼教为心"；三是"尽废古今虚妙之说而返之实"，倡导"依人建极"和实践理性。

史学方面，著有《读通鉴论》《宋论》两部前后相继的史论，可以视为中国历代治国理政得失成败的历史镜鉴；还有记录其当代历史的《永历实录》，以及一部地方史志

《莲峰志》等。船山史学最为重要的特色便是经世致用，所谓“述往以为来者师也”，同时他对传统史观如五德终始说、三统论、元会运世论等进行了清理批判，并在此基础上建立起天人合一、理势合一、常变合一的天理史观。

“当年瓮牖秉孤灯，笔隐惊雷俟解人。”船山怀抱孤愤，生前寥落，遁迹乡野，“声影不出林莽”，门人故旧又无一有气力者为之推挽，所以在清代前中期，其声誉无法与顾炎武、黄宗羲相提并论。直到晚清，随着其著作的陆续刊刻行世，其“志行之超卓，学问之正大，体用之明备，著述之精卓宏富”始为世所知，被誉为“晚明三大家”之一，光绪三十四年（1908）甚至获准从祀文庙。“新故相推，日生不滞。”晚清至民国时期，随着民族革命和民主运动的发展，其思想价值方为一代代仁人志士所认知和发扬，从而走出石船山、走出湖南、走向全国，成为救亡与革命、启蒙与复兴的精神动力，使天地大儒王船山的学说日益焕发出应有的生机和光华。

三、“上下古今兴亡得失之故”

《读通鉴论》30 卷，分秦 1 卷、西汉 4 卷、东汉 4 卷、三国 1 卷、晋 4 卷、宋 1 卷、齐 1 卷、梁 1 卷、陈 1 卷、隋 1 卷、唐 8 卷、五代 3 卷，附录《叙论》4 篇 5 则，合计 912 则。又《宋论》15 卷，除南宋度宗、恭宗、端宗和祥兴帝赵昺合为 1 卷外，其他帝各 1 卷，合计 114 则，接续《读通鉴论》。首尾相连，数百万字，千余话题，形成其关于中国历史的整体评论。作为其思想成熟时期的著作，可以说代表了他对历史和现实反思的最后成果，是中国传统史论的高峰之作。

在卷末《叙论》中，船山申述其对《资治通鉴》的理解：所谓“资治”，就是为力行求治之资，而治之所资，唯在一心，历史只是其镜鉴罢了；所谓“鉴”，就是于其得而必推其所以得，于其失而必推其所以失，其得必思易其迹而何以亦得，其失必思就其偏而何以救失；所谓“通”，就是通晓治国之道、为人之道、处事之道，“可以自淑，可以诲人，可以知道而乐”，也就是可以提升自己、与人分享并感到愉悦。同时提出“不言正统”“不论大美大恶”“不敢妄加褒贬”三条原则，进而概括本书的编纂宗旨——因时宜而论得失，“推其所以然之由，辨其不尽然之实，均于善而醇疵分，均于恶而轻重别，因其时，度其势，察其心，穷其效”。最后，表明本书史论的方法——“引而伸之”“浚而求之”“博而证之”“协而一之”“心得而可以资人之通”，也可以简称引论、深论、博论、合论、通论五论，或言展开评论的五个环节。当然，每一则评论并非都要包含以上五个环节，即使包含所有环节也不必依照这个逻辑顺序，即使达到最后的会通之论，也并非“立一成之例”“而终古不易”。

全书借《资治通鉴》所载史事，上挂下联，左顾右盼，既联系到战国以前，尤其是追迹三代，正本清源，又下及宋元明三朝，尤其是明代，“自以身丁未远，明帜已易，禹甸为墟，故国之痛，字里行间尤三致焉”。正因为如此，他能把历史作为一面镜子，以洞察古今、烛照幽明的识见，弘道正义、济世安民的情怀，顾盼多姿、清丽婉转的文字，阐发“一人之正义，一时之大义，古今之通义”。无论历史人物、历史事件、制度举措还是社会风俗，皆能追溯其渊源、分析其背景、缕述其变迁、阐释其动因、探究其影响，从而兼具问题意识和现实关怀、反思态度和批判精神，表现出高超的历史解释艺术，而其中一以贯之的，是其理势合一的历史规律论、趋时更新的历史进化论和“即民以见天”的历史动力论。也正因为如此，全书“迥异流俗”，带有强烈的个人色彩，如严守所谓“夷夏大防”，在民族主义问题上不免偏激；严守正道大义，在人事臧否上不免以后见之明苛责古人。无论是大醇小疵，还是白璧微瑕，均能益人神智、发人深省，至今读来，仍令人感受到历史的魅力无穷和思辨的精微广大。

船山曾预言其著作二百年后才会显扬于世，果然“在清末民初那时，凡是开新风气的人，几乎没有人不读《读通鉴论》”（钱穆语）。在经历了一段昙花般的绚烂之后，20 世纪 30 年代以来，《读通鉴论》逐渐回归到正常的学术视野，吸引着一代代学人分别从历史学、哲学、政治学、民族学等不同角度对其加以探讨，船山的异代知己愈来愈多。在当今建设现代化国家、实现民族伟大复兴的进程中，我们要传承创新中华优秀传统文化，实现治理体系和治理能力的现代化，必须坚定文化自信，深入挖掘治国理政的历史文化底蕴，《读通鉴论》便是这样一部不可不读的史论经典。

《读通鉴论》始撰于康熙二十六年（1687），康熙三十年（1691）与《宋论》一并完成，此后一直以抄本流传，直至同治四年（1865）金陵刻本《船山遗书》刊行方正式面世。中华书局1962年推出的舒士彦点校本，以金陵刻本为底本，参考若干抄本整理，成为目前通行的版本。本书的整理即以舒士彦先生的点校本为底本，另参考岳麓书社2011年出版的《船山全书》修订本《读通鉴论》。细目则依据各则主题另拟凝练雅致的标题，同时在文后标示《资治通鉴》本事出处，以便读者对照阅读。至于译文，则采取直译和意译相结合的方式，原文援引古籍文献则尽量核对元典，还原本义；另在括号内加注人名字号、地名、年代以及相关内容，以便读者完整准确理解船山的思想观点，正确认识历代治国理政的得失成败。当然，船山极深研几，文奥难解，其议论又出古入今，旁征博引，故本书的编校今译难免有未善甚至错讹之处，敬请读者诸君不吝赐教！

需要说明的是，戴庞海、张亮、周媛、刘琳、张艺凡、田家溧、安磊参与了第一至十五卷部分组织和翻译工作，这次新译参考了本人主编的《〈资治通鉴〉之通鉴——文白对照全译〈读通鉴论〉》（中州古籍出版社1994年版）。

郭孟良

2021年岁杪于郑州

总目

第一册

卷一　1

秦始皇/二世

卷二　27

汉高帝/惠帝/文帝

卷三　143

景帝/武帝

卷四　237

汉昭帝/宣帝/元帝

卷五　315

成帝/哀帝/平帝/王莽

第二册

卷六　389

后汉更始/光武

卷七　499

明帝/章帝/和帝/安帝（殇帝附）

卷八　635

顺帝/桓帝/灵帝

卷九　745

献帝

第三册

卷十　841

三国

卷十一　967

晋武帝（泰始元年起）

卷十二　1019

惠帝/怀帝/愍帝

卷十三　1099

东晋元帝/明帝/成帝/康帝/穆帝

卷十四　1201

哀帝/帝奕/简文帝/孝武帝/安帝/恭帝

第四册

卷十五　1335

宋武帝/营阳王/文帝/孝武帝/前废帝/明帝/后废帝/顺帝

卷十六　1483
齐高帝/武帝/郁林王/明帝/东昏侯

卷十七　1555
梁武帝/简文帝/元帝/敬帝

卷十八　1683
陈高祖/文帝/临海王/宣帝/后主

卷十九　1759
隋文帝/炀帝

第五册

卷二十　1861
唐高祖/太宗

卷二十一　2013
高宗/中宗

卷二十二　2107
睿宗/玄宗（伪周武氏附于内）

卷二十三　2211
肃宗/代宗

第六册

卷二十四　2311
德宗

卷二十五　2459
顺宗/宪宗

卷二十六　2543
穆宗/敬宗/文宗/武宗/宣宗

第七册

卷二十七　2687
懿宗/僖宗/昭宗/昭宣帝

卷二十八　2845
五代上

卷二十九　2923
五代中

卷三十　2993
五代下

卷末　3101

目录

第一册

卷一

秦始皇

一　郡县制与分封制　/3
二　秉道以自安，慎交以远物　/8
三　知人与国运　/10

二世

一　天下昏乱，忠臣乃见　/12
二　辨人于早，不若自辨于早　/13
三　行督责之术，绝谏诤之路　/16
四　君臣之间，非独以名为义　/18
五　小人之心，难测难制　/20
六　法严吏重则君权下移　/23

卷二

汉高帝

一　刘邦几为富家翁　/29

二　项羽吝惜爵赏并非失策　/32
三　因名以立义　/37
四　毒天下而以自毒　/41
五　化危机于未萌　/43
六　拔本塞源以已乱　/45
七　分封的艺术　/48
八　退役士兵的安置　/49
九　以大义服天下　/51
一〇　功成身退的智慧　/53
一一　饥鹰猘犬，畜之樊圈　/55
一二　唯礼可以已乱　/57
一三　俭于欲而崇于德　/61
一四　崇本抑末至难　/64
一五　徙民之不仁，和亲之无耻　/66
一六　法治与人治的两难　/69
一七　叔孙通的智与勇　/71

惠帝

一　萧规曹随的背后　/72
二　京畿与边疆的兵力调配　/76

文帝

一　袁盎大奸似忠　/80
二　君主伪谦，取祸之道　/83
三　礼乐之兴，唯学而已　/86
四　相不可将，将不可相　/89
五　启侮于诸侯，爱之实害之　/92

六　慎用大臣而不吝于改过　/93
七　贾谊、陆贽、苏轼之比较　/95
八　利权宜公之在下制之在上　/98
九　铸钱轻重之准　/102
一〇　侠者之心，不可致诘　/104
一一　建中和而兴王道　/106
一二　言传不如身教　/108
一三　陛尊、廉远、堂高　/110
一四　辱大臣是辱国也　/113
一五　众建诸侯而少其力　/115
一六　分封制之尽革乃天地之大变　/119
一七　徙民实边非不可行　/121
一八　入粟拜爵的修正方案　/124
一九　肉刑不可复　/127
二〇　自首减刑的负面影响　/129
二一　什一之赋　/130
二二　丧事从简，犹有古意　/133
二三　智者知天之消长以为动静　/139

卷三

景帝

一　自不可信，人不可保　/145
二　中有所恃，静以待动　/147
三　兄弟之际，和平坦易　/148

四 以诚信行于家国骨肉之间 /150
五 立法与执法的宽严相济 /152
六 纳资为官，未为得计 /153
七 重农轻商，富国之本 /155

武帝

一 董仲舒举贡士之弊 /159
二 乡举太学，相为经纬 /164
三 将叛者其辞惭 /167
四 仁义之行，殊途而同归 /171
五 攻之以奇，守之以正 /174
六 威以养而重，事以静而豫 /177
七 听其言而观其行 /180
八 土崩与瓦解 /183
九 识人辨奸之道 /185
一〇 乘时而有功 /186
一一 荀悦三游之说 /188
一二 公孙弘之诈 /190
一三 读刘安之书，可以鉴矣 /191
一四 张汤诛伍被非酷 /194
一五 开辟遐荒，为天所牖 /196
一六 知人之哲，非人所易测 /199
一七 徙荒民以实边 /202
一八 以名取人之失 /203
一九 忠佞不并立 /206
二〇 奸人诡术近乎愚 /208

二一　刑赏明而佥壬戢　/210
二二　佛老、鬼神与儒道　/211
二三　治河之道，顺其自然　/214
二四　明慎用刑而不留狱　/219
二五　治奸治盗欲速则不达　/221
二六　阴德之说坏人心败风俗　/223
二七　贬谪戍边犹有正俗重农之意　/226
二八　汉武帝任才而诎道　/227
二九　刘屈氂之奸邪　/230
三〇　李陵的是非评判　/231
三一　知人之难，身心之则　/233

卷四

汉昭帝

一　金日磾与霍光　/239
二　夷狄相攻岂中国之利　/241
三　信义乃人与人相处之道　/243
四　言辟而辨，行伪而坚　/244

宣帝

一　论功行赏之赏与受　/246
二　为尊者讳，为亲者讳　/250
三　君子之慎始进　/252
四　律简则刑清，刑清则罪允　/254
五　有惴惴之小心才有温温之恭德　/258

六　流俗之惑人　/261
七　外矜廉洁而内贪荣宠　/263
八　张敞宅心仁厚　/265
九　厚恤廉吏的深意　/267
一〇　君子辞让有度　/269
一一　良史不溢美　/271
一二　赵充国持重制夷　/273
一三　数米量盐之智自误国事　/275
一四　有名无实胜于无名无实　/278
一五　恩谊不足以服远　/281
一六　黄霸为治道之蠹　/282
一七　非法之难，而人之难也　/284
一八　萧望之不可受托孤之重　/286

元帝

一　朋党之祸的肇始　/289
二　四科销天下之气节　/293
三　异求而同功　/295
四　正家而天下定　/299
五　焦氏、京氏易学妖妄　/303
六　京房考课之法不可行　/308
七　汉亡非元帝之咎　/311

卷五

成帝

一　君子爱身甚于爱天下　/318

二　元后之罪通于天　/321

三　宗庙祭祀之兴废　/326

四　匪道是循，徒以致寇　/328

五　处置诸王之道　/331

六　老之戒在得　/333

七　君子不以人废言　/334

八　将相分权与制衡　/336

九　无可为之时，君子慎自全　/339

哀帝

一　孔光以无耻亡汉　/341

二　治天下以道不以法　/344

三　男女内外之分　/348

四　阴阳动静之义　/350

五　千古治河之龟鉴　/352

六　为尊者讳之贞邪之辨　/356

七　民有七亡七死　/358

八　悍妇之威　/361

九　何武公孙禄互荐　/363

一〇　班固教人见险而止　/365

平帝

一　伪儒害风俗以亡天下　/367

二　王莽窃君子之道以亡　/372

三　真诚之伪害人心　/375

四　伪君子的下场　/377

王莽

一　君子之器，岂可乘乎　/380
二　严尤谏伐匈奴之非　/381
三　乱世君子的不忍之心　/384
四　怪士不惩，天下不平　/386

卷一

明刻本《三才图会》中的秦始皇画像

【题　解】

本卷评论秦朝历史，分秦始皇、二世二目，共九则。

关于千古一帝秦始皇嬴政（前259—前221），王夫之选择三个问题加以评论。首先，讨论封建制即分封制与郡县制的优劣，肯定郡县制代替分封制乃大势所趋，有利于国家的长治久安；秦始皇废封建、行郡县虽出于私心，“而天假其私以行其大公”，客观上却有利于天下的安定和百姓的福祉，具有进步意义。其次，讨论其焚书坑儒、文化专制问题，借孔鲋藏书，提出君子处世之道的命题——“储天下之用，而不求用于天下”，“秉道以自安，慎交以远物”。最后，讨论秦朝二世而亡的问题，认为商、周、汉、唐、宋、明历代王朝初期均面临帝位继承危机，而秦朝未能处理好这种危机，原因在于秦始皇好谀而不知人，托国于赵高，不免于亡。

关于秦二世胡亥（前230—前207），王夫之选择六个问题加以评论。首先标举大义，作为评判天下兴亡和人间是非的标准，借周市拒绝称王于魏，提出“天下昏乱，忠臣乃见”的命题；又借项羽与楚怀王的关系，提出君臣之间并非仅仅“以名为义”，而是“天之所秩，性之所安，情之所顺”。其他四个问题都旨在总结秦朝灭亡的教训，如对秦二世借其继位和执政前后两位丞相李斯和赵高的评价，王夫之认为赵高乃是典型的奸佞小人，“利亦有所不喻，而无所不逞”，因而君主“狎及小人，而祸必发于小人”；对于李斯，王夫之认为其悲剧源于自身，“畏死患失之心迫而有所不避”，从而留下“辨人于早不若自辨于早也”的警示；至于李斯所推行的法家学说、申商之术，“行督责之术，绝谏诤之路”，结果只能是“人主安而天下困”，并非治国理政的正道；而对于曹咎为项梁脱罪这一事例，王夫之从反面总结出“法严吏重则君权下移”的规律，认为严刑峻法无助于治理，为政宽简乃是大道。

秦始皇

一　郡县制与分封制

两端争胜，而徒为无益之论者，辨封建者是也。郡县之制，垂二千年而弗能改矣，合古今上下皆安之，势之所趋，岂非理而能然哉？天之使人必有君也，莫之为而为之。故其始也，各推其德之长人、功之及人者而奉之，因而尤有所推以为天子。人非不欲自贵，而必有奉以为尊，人之公也。安于其位者习于其道，因而有世及之理，虽愚且暴，犹贤于草野之罔据者。如是者数千年而安之矣。强弱相噬而尽失其故，至于战国，仅存者无几，岂能役九州而听命于此数诸侯王哉？于是分国而为郡县，择人以尹之。郡县之法，已在秦先。秦之所灭者六国耳，非尽灭三代之所封也。则分之为郡，分之为县，俾（bǐ）才可长民者皆居民上以尽其才，而治民之纪，亦何为而非天下之公乎？

古者诸侯世国，而后大夫缘之以世官，势所必滥也。士之子恒为士，农之子恒为农，而天之生才也无择，则士有顽而农有秀；秀不能终屈于顽，而相乘以兴，又势所必激也。封建毁而选举行，守令席诸侯之权，刺史牧督司方伯之任，虽有元德显功，而无所庇其不令之子孙。势相激而理随以易，意者其天乎！阴阳不能偏用，而仁义相资以为亨利，虽圣人其能违哉！选举之不慎而守令残民，世德之不终而诸侯乱纪，两俱有害，而民于守令之贪残，有所藉于黜陟（zhì）以苏其困。故秦、汉以降，天子孤立无辅，祚不永于商、周；而若东迁以后，交兵毒民，异政殊俗，横敛繁刑，艾削其民，迄之数百年而不息者亦革焉，则后世生民之祸亦轻矣。郡县者，非天子之利也，国祚所以不长也；而为天下计则害不如封建之滋也多矣。呜呼！秦以私天下之心而罢侯置守，而天假其私以行其大公，存乎神者之不测，有如是夫！

世其位者习其道，法所便也；习其道者任其事，理所宜也。法备于三王，道著于孔子，人得而习之。贤而秀者，皆可以奖之以君子之位而长民。圣人之心，于今为烈。选举不慎，而贼民之吏代作，天地不能任咎，而况圣人！未可为郡县咎也。若夫国祚之不长，为一姓言也，非公义也。秦之所以获罪于万世者，私己而已矣。斥秦之私，而欲私其子孙以长存，又岂天下之大公哉！

【译文】

长久以来，关于实行分封制与郡县制利弊得失的争论不绝于耳，众说纷纭，莫衷一是，其实这种争论徒劳无益。郡县制迄今已经实行两千余年而不能更改了，自古及今、自上而下都能接受并适应此制，已经成为大势所趋，如果不符合历史发展规律能做到这样吗？随着人类社会的发展，必然要求有君主的出现，这是不以个人的意志为转移的。所以最初的时候，人们各自拥戴德高望重、功绩显著之人，进而推举其中尤为卓越之人作为天子。人们并非不愿自居尊贵之位，却一定要尊奉他人作为尊长，乃是出于公心。那些身处尊长、天子之位的人，修习管理一方、治理天下的道理，因此就有了世袭制度的出现。在君主世袭、诸侯分封的制度下，虽然也会有愚蠢而且残暴的继承人，但就社会稳定来说，总比那些没有正当凭借的草莽之人要好得多了。人类社会也因此得以相安无事数千年。但这种制度推行时间长了，必然导致诸侯之间列国相争、弱肉强食，从而完全丧失了原来君主世袭、诸侯分封制度下的稳定局面；到了战国时期，幸存的诸侯国家已经寥寥无几，如何能让天下九州之人都俯首听命于几个诸侯王的役使呢？于是统治方式逐渐由分封制演变为郡县制，将原属诸侯国的版图划分为若干郡县，选派精明能干者作为郡守、县令进行治理。可见，郡县之制在秦始皇统一六国之前便已存在。秦始皇所消灭的仅仅是齐、楚、燕、韩、赵、魏六国罢了，并非把夏、商、周三代以来所有旧的封国全部灭亡。那么，秦始皇统一全国后，把天下分为郡，又分为县，选拔有治理才能的人居于郡守、县令的地位，充分施展其才能，其治理民众的纲纪法度，难道不也是以天下为公吗？

在分封制度下，诸侯国君世袭其位，而后作为诸侯之臣的大夫也效法其制而世有其官，这就势必造成泛滥的结果。士之子永远做士，农夫之子永远是农夫，然而上天降生人才无偏无倚，因此士之中有愚蠢顽劣之辈，而农夫之中不乏优秀杰出之士；优秀杰出之士不能始终屈居愚蠢顽劣之辈之下，于是不断乘机兴起，以求改变处境，这也是势所难免的。分封制遭到破坏之后，选举制开始实行，从此郡守、县令占据了诸侯的权位，刺史、州牧、都督执掌一方军政的重任，他们食君之禄却不世袭，即使德高望重、功勋显赫，也无法庇护其不肖子孙，使他们世袭官爵。随着形势的风云激荡，天下治理之道一定会有所改革，这就是所谓的天意即客观规律吧！“阴”与“阳”和谐平衡而不能有所偏颇，而“仁”与“义”必须相辅相成才能亨通顺利，即使是圣人也不能够违背啊！选举制度下，如果选人、用人不慎，就会导致郡守、县令残害百姓；世袭、分封制度下，如果诸侯不能世守其德，就会导致诸侯国君悖乱纲纪；二者虽都有其弊端和危害，但百姓面对郡守、县令的贪婪残暴，还可以凭借朝廷罢免、贬斥官吏的制度来缓解其困厄。所以，秦汉以后，天子不再分封诸侯，因而显得孤立而无辅助，王朝国运维持的时间皆不及商朝、周朝长久；但相比于周平王东迁洛邑以后的东周时期，诸侯混战不休，生灵涂炭，各地政令各异、风俗教化不同，统治者横征暴敛、严刑峻法，摧残剥削民众，历时数百年未停息的混乱和灾难局面也已经改观，甚至消除了，而后世黎民百姓所遭受的灾祸也相对减轻了许多。郡县制的实行对天子来说并无大利，且其王朝国运维持的时间也因之并不长久；但若为整个天下利益考虑，则郡县制的弊病远不如分封制不断产生的危害多。唉！秦始皇以独占天下的私心废除诸侯，设置郡守、县令，然而上天却假借其私心大行公道，神奇微妙的历史发展规律，竟是如此不可预测啊！

世袭官位的人修习治国理政之道，这对于维护纲纪法度是有利的；让修习治国理政之道的人担任官职，也是合乎情理的。天下的纲纪法度，早在夏禹、商汤、周文王和周武王的时代就已经完备了；而治国理政之道，则经过至圣先师孔子的阐精发微才显明于世，后世之人都可以学习和研究之。德才兼备的优秀杰出之士，都可以被奖励并授予官位，以管理教导民众。圣人的良苦用心，在今天尤其得到重视。如果选举不慎的话，残害民众的贪官污吏就会不断地出现，天地都不能承担这样的罪责，更何况是圣人呢！因此，实在不能把一切罪责都归咎于郡县制度本身。

至于说实行了郡县制，王朝国运维持的时间因而不能长久，那是从一家一姓的角度考虑，并非出于整个天下的正道大义。秦始皇之所以留下万世恶名，只是因为自私自利罢了。后世之人指责秦始皇的私心，却想要逞一己之私心，让后代子孙永保君位，又怎么能算是天下之大公呢！

本事：《资治通鉴》卷七《秦纪二·始皇帝下》，二十六年（前221）。

二　秉道以自安，慎交以远物

孔鲋（fù）藏书，陈馀危之。鲋曰："吾为无用之学，知吾者为友。秦非吾友，吾何危哉？"呜呼！能为无用之学，以广其心而游于乱世，非圣人之徒而能若是乎？

《诗》曰："握粟出卜，自何能谷。"谷者，在我而已，何用卜为？屈其道而与天下靡，利在而害亦伏；以其道而与天下亢，身危而道亦不竞。君子之道，储天下之用，而不求用于天下。知者知之，不知者以为无用而已矣。故曰"其愚不可及也"。秉道以自安，慎交以远物，存黄、农、虞、夏于盗贼禽兽之中，奚不可谷，而安用卜为！庄周惩乱世而欲为散木，言无用矣，而无以储天下之大用。握粟忧深而逃羿彀（gòu），其有细人之情乎！知进退存亡而不失其正，易简以消天下之险阻，非圣人之徒，其孰与归？

【译文】

秦始皇焚书坑儒，孔子的八世孙孔鲋却收集家中的儒家经典著作藏于旧宅墙壁中，魏国名士陈余为他感到深深的担忧。孔鲋却说：“我致力于学习研究儒家学说，皆是于当世无用的学问，了解我的人是我的朋友。秦君不是我的朋友，他不了解我，因而无法加害于我，我又有什么危险呢？”唉！能够研习无用之学，以开阔的胸怀遨游于乱世之中，除了圣人的门徒又有谁可以做得到呢？

《诗经·小雅·小宛》中吟咏道：“手握粟米出去求人问卜，何时能够风调雨顺、五谷丰登。”粟米就握在自己的手中，是否丰收关键在自己罢了，哪里用得着求人问卜呢？委屈自己的道义而与天下人一起随波逐流，虽对己有利但同时也潜伏着祸害；坚持自己的道义与天下人对抗，不但身陷危境而且自己的道义也不能发扬光大。正人君子的处世之道，积蓄对治理天下有用的理论和才能，却不求必定能为天下所用。知我的人自然了解我的理论和才能，不知我的人只当无用罢了。所以，孔子说宁武子“在无道之世其伪装愚蠢不是一般人做得到的”（《论语·公冶长》）。秉持正道大义以求自安，谨慎交游以远避危险，保存黄帝、神农、虞舜、夏禹等古圣先王救世利民的精神于乱世的盗贼禽兽之中，他们怎么会不能成功呢？哪里用得着求人占卜呢？庄周苦于乱世而想做因不成材得享天年的树木，就是说的无用于世的人，这样也无法储备对天下有大用的人才。好像有人紧握一把粟米，却满怀深深的忧虑，像急于躲避后羿的神箭一样远避危险，这大概是见识短浅、地位低微的小人的心情吧！知晓进退存亡而不丧失正道大义，坚守正道而且平易简约以消除天下的艰难险阻，若非圣人的门徒，又有谁能够与我们同道共进呢？

本事：《资治通鉴》卷七《秦纪二·始皇帝下》，三十四年（前213）。

三　知人与国运

商始兴而太甲放，周始兴而成王危，秦并天下而扶苏自杀，汉有天下而惠帝弗嗣，唐则建成死于刃，宋则德昭不令其终，汔（qì）乎建文之变而憯（cǎn）尤烈。天下初定，人心未靖，则天命以之不康，汤、武且不能弭，后代勿论已。然而胡亥杀兄，旋以死亡；太甲、成王，终安其位；则伊尹、周公之与赵高，相去不但若霄壤也。

秦始皇之宜短祚也不一，而莫甚于不知人。非其不察也，惟其好谀也。托国于赵高之手，虽中主不足以存，况胡亥哉！汉高之知周勃也，宋太祖之任赵普也，未能已乱而足以不亡。建文立而无托孤之旧臣，则兵连祸结而尤为人伦之大变。徐达、刘基有一存焉，奚至此哉？虽然，国祚之所以不倾者，无谀臣也。

【译文】

商朝建立不久，商王太甲便因昏乱无德而被伊尹放逐桐宫三年；周朝建立不久，商纣王之子武庚联络管叔、蔡叔、霍叔三监发动叛乱，以致年幼的周成王姬诵身陷危境；秦朝统一天下不久，太子扶苏竟然被逼迫自杀；汉朝拥有天下不久，惠帝刘盈的子孙血脉竟然被断绝；唐朝初年秦王李世民发动玄武门之变，太子李建成惨死于刀剑之下；宋朝初年太祖赵匡胤传位于其弟，其子德昭竟忧惧自刎而不得善终；一直到明朝初年燕王朱棣发动靖难之役，建文帝朱允炆死于宫中大火，其灾祸尤其惨烈。凡此种种，都是因为天下初定，人心未安，天命因此不得安定，连商汤、周武王这样的古圣先王尚且不能消弭这种祸乱，后世的君主就更不用说了。然而，秦二世胡亥杀死其兄扶苏后不久亦命丧黄泉，太甲、成王却最终安居君主之位。由此可见，辅佐秦二世的赵高与辅佐太甲的伊尹、辅佐成王的周公相比，其差距更甚于天壤之别。

秦始皇所建的秦朝，其王朝国运维持的时间很短，原因是多方面的，其中最为重要的莫过于不能知人善任。当然，他并非不能明察是非，只是他太喜欢被阿谀奉承了。临终前，他把国家托付于奸佞小人赵高之手，即便是才略中等的君主也难以保全江山社稷，更何况是愚顽无知的胡亥呢！汉高祖刘邦信任绛侯周勃，宋太祖赵匡胤重用宰相赵普，虽然周勃、赵普不能阻止变乱的发生，却足以保证国家不至于灭亡。建文帝朱允炆继位后，朝中缺少托孤受命的元老重臣的辅佐，因此酿成靖难之变，兵连祸结，家破人亡，实在堪称人伦纲常的重大变故。倘若开国元勋徐达、刘基等人中有一人尚存，又何至于落得如此下场？尽管如此，明朝的江山社稷之所以没有因此倾覆，主要也是朝中没有阿谀奉承之臣的缘故。

本事：《资治通鉴》卷七《秦纪二·始皇帝下》，三十七年（前210）。

二世

一　天下昏乱，忠臣乃见

陈婴之不自立也，周市之不王魏也，其情均也，而周市贤矣。市曰："天下昏乱，忠臣乃见。"义之所不敢出，害不敢自之而远。居尊以为天下不义之魁，"负且乘，致寇至"，灼然易见，而人不能知。非不知也，无志义以持其心，流俗之蛊之者进矣。陈婴非幸而有其母，亦殆矣哉！市之一言，所谓"大浸稽天而不溺，疾雷破山而不震"者乎！陈馀自矜儒者，而不能守义以自王。周市虽死而如生。陈馀碌碌以死，又何称焉？

【译文】

秦末天下动乱之时，东海郡东阳县（今安徽天长）令史陈婴不愿自立为王，陈胜吴广起义军名将周市平定魏地后不愿称王于魏，二人的事迹虽相类似，但相较而言周市更为贤明。周市说："天下昏庸无道之时，真正的忠臣才能显现出来。"为了正道大义而不敢出人头地、称王称帝，祸患也就不敢近身只能远遁而去。高居显位而成为天下不义之罪魁祸首，正如《易经·解卦》的爻辞上说的"背着别人家的财物而乘坐马车炫耀，就会招致敌寇和盗贼来抢"，如此显而易见的道理，一般人却不懂得。其实并非他们不懂得这个道理，而是他们心中没有坚定的志向和气节以秉持自己的本心，因而平庸世俗、蛊惑人心的人才得以乘虚而入。陈婴如果不是幸而有一位好母亲坚决阻止他，他也会陷入危险之中啊！周市的一句话，难道不正是像庄周所谓的"洪水滔天也不能淹没他，迅雷劈山也不能够震惊他"那样的人吗？与周市同样参加陈胜吴广起义、跟随武臣占领赵地的陈余以儒者自居，却不能坚守正道大义而自立为王。周市后来在抗击秦将章邯时战败身死，可以说是为道义而死，虽死犹生；而陈余却碌碌无为，在对抗韩信时战败而死，又有什么可以称道的呢？

本事：《资治通鉴》卷七《秦纪二·二世皇帝上》，元年（前209）。

二　辨人于早，不若自辨于早

李斯之对二世曰："明主灭仁义之涂，绝谏争之辩，荦（luò）然行恣睢（suī）之心。"尽古今概贤不肖，无有忍言此者，而昌言之不忌。呜呼！亦何至此哉！斯亦尝学于荀卿氏矣，亦尝与始皇谋天下而天下并矣。岂其飞廉、恶来之所不忍言者而言之不忌，斯之心其固以为然乎？苟非二世之愚，即始皇之骄悖，能受此言而不谴乎？斯抑谓天下后世之不以己为戎首而无所恤乎？无他，畏死患失之心迫而有所不避耳。

夫死亦何不可畏也？失不可患，而亦何必于失也？前所以自进者非其道，继所以自效者非其功，后所以自保者非其术，退所以自置者无其方，则失果可患而死果可畏。欲无畏无患以不言其所不忍言，又奚得乎！天下无必死之途，而亦无可几幸之得。正志于早而后无所迫，则不忍不敢之心以全。早不能图度于正，迨其后失有形、死有机，虽欲不为此言而不得。不待上蔡东门之叹，肺肝先已自裂。斯岂果无人之心哉？《易》曰："履霜，坚冰至。"辨人于早，不若自辨于早也。

【译文】

丞相李斯曾对秦二世胡亥说："圣明的君主应当堵塞、断绝仁义的路径，拒绝臣民规谏争辩的言论，明目张胆地随心所欲，为所欲为。"自古及今，无论是圣贤之士还是不肖之徒，没有人能忍心说出这样的话，而李斯却直言不讳、毫无忌惮。唉！他又为什么走到这种地步呢？李斯也曾在荀子门下学习，也曾为秦始皇兼并六国出谋划策，并且成功地统一了天下，为什么连助纣为虐的飞廉、恶来父子这样的奸佞都不忍心说出来的话，李斯却直言不讳、毫无忌惮呢？难道李斯的内心本来就认为应当如此吗？如果不是愚蠢无知的秦二世胡亥，就是骄横悖逆的秦始皇，难道能够欣然接受这种言论而不加以谴责吗？莫非李斯认为天下后世不会把他作为罪魁祸首，因而无所顾忌吗？其实也没有别的原因，只不过是他贪生怕死、患得患失之心过于急迫，不顾一切罢了。

死亡又怎么能不值得畏惧呢？若是失去不值得忧患，又何必执念于避免失去呢？李斯当初的进身之道就不是正道，继而又不是通过建立功勋效命朝廷，其后也不是采取正确的策略借以自保，最后更不是运用适当的方法安置自己抽身引退的路径，因此，失去真的是值得忧患，而死亡也实在令人畏惧。想要没有畏惧、没有忧患，又不说别人不忍心说出来的话，如何能够做到呢？天下没有必死的路径，也不会有通过非分企求得到的收获。早早立下坚定的志向，才能从容不迫，不忍、不敢之心才会得以保全。如果不能早做谋划决断，从而坚定正道大义，等到后来，就有失去现有地位的情形、有死不得其所的可能，即使不想说这样违心的话，也不可能了。李斯用不着等到临刑之时，对儿子发出感叹：“想和你再牵着黄犬出上蔡东门去追逐狡兔，又怎么能做到呢？”他早已肝胆自裂、内心崩溃了。难道李斯真的没有做人的良知吗？《易经·坤卦》的爻辞中说：“踩着了霜，就知道冰冻的日子快要到来了。”说的就是要防微杜渐，与其预先辨别认清他人，不如预先辨别认清自己。

本事：《资治通鉴》卷八《秦纪三·二世皇帝下》，三年（前207）。

三　行督责之术，绝谏诤之路

人皆有不忍人之心，而众怒之不可犯，众怨之不可任，亦易喻矣。申、商之言，何为至今而不绝邪？志正义明如诸葛孔明而效其法，学博志广如王介甫而师其意，无他，申、商者，乍劳长逸之术也。无其心而用其术者，孔明也；用其实而讳其名者，介甫也；乃若其不容掩之藏，则李斯发之矣。李斯曰："行督责之术，然后绝谏争之路。"申不害曰："有天下而不恣睢，命之曰以天下为桎梏。"谏争绝，桎梏脱，则虽日劳于刑名文籍之中，而耽酒嗜色、佚游骄乐，可晏享而不辍。苟未忘逸豫之情者，恶能不以此为两得之术哉！

任法，则人主安而天下困；任道，则天下逸而人主劳。无一切之术以自恣睢，虽非求治之主，不能高居洸（huàng）瀁于万民之上，固矣。以孔明之淡泊而尽瘁也，以介甫之土木其形而好学深思也，然且乐奉名法者，何也？俭以耳目，勤以耳目，而心思从其康逸也。贤者且然，况令狐綯（táo）、张居正之挟权势者哉！使读李斯之言，知其为导谀劝淫之术也，能勿靦（tiǎn）然而汗下与？

【译文】

人人都有怜悯体恤别人的本性，因而众人的愤怒不可触犯，众人的怨恨不可听任，这都是显而易见的道理。申不害、商鞅的法家学说，为什么至今仍无法禁绝呢？像诸葛亮那样志向纯正、深明大义的人也仿效其法，像王安石那样博学多才、志向宏大的人也师承其意，这没有别的原因，只是由于申不害、商鞅的法家学说对于治理国家而言乃是一劳永逸之术。诸葛亮是无其心而用其术，王安石是用其实而讳其名，至于其不容掩藏的用心，只有李斯直言不讳地揭示出来。李斯说："君主对臣下施行督责之术，然后就可堵塞谏诤之路。"申不害说："君主拥有天下却不能随心所欲，这就叫作以天下为桎梏。"杜绝谏诤，摆脱桎梏，虽终日劳碌于刑名文书之中，但沉湎于美酒、嗜好美色，放纵游荡、骄奢享乐，可以尽情安享而不必中断。假如没有忘记安逸享乐之情的君主，怎么能不以此法作为既能拥有天下又能任意放纵的两全其美之术呢？

以严刑峻法治国理政，则君主安逸而天下困苦；以正道大义治国理政，则天下安逸而君主劳顿。没有可权宜之计却总想任意放纵、为所欲为，即使不是励精图治的君主，也不能高居于万民之上恣肆放纵，原本就是这样的道理。但如诸葛亮那样淡泊名利，为国家鞠躬尽瘁，如王安石那样不修边幅而好学深思，他们尚且乐于奉行名法之学，又是为什么呢？因为他们生活简朴而不追求声色之娱，又致力于倾听民意、体察民情，但其内心深处仍然是向往安逸的。这些贤德之人尚且如此，何况是像唐代宰相令狐綯、明代首辅张居正那样大权独揽的人呢！假如他们读了李斯的言论，知道这是引导阿谀奉承、鼓励骄奢淫逸的权术，能不羞愧难当而汗如雨下吗？

本事：《资治通鉴》卷八《秦纪三·二世皇帝下》，三年（前207）。

四　君臣之间，非独以名为义

怀王之立，非项氏之意也，范增之说，以为从民望而已。臣主之名立，而其心不相释，项氏成而怀王固不能有楚。怀王念此至悉，故一乘项梁之败而夺上将军之权以授宋义；义适遇其际而获怀王之心，故与计事而大悦。非悦其灭秦之计，悦其夺项之计也。宋义壁于安阳而项羽斩之，非愤其救赵之迟，愤其夺己之速也。义之壁安阳而不进也，非欲乘秦、赵之敝，欲得当以收项羽之兵也；其遣子相齐而送之无盐也，非不恤士卒之饥寒以自侈，为怀王树外援于齐而因以自固也。

宋义死，诸将慑然曰："首立楚者，将军家也。"羽之情见矣，义之情亦见矣，怀王之不能终安于项氏，情亦见矣。救赵则命宋义，入关则命沛公，梁死羽孤，为偏裨于宋义旌牙之下，为怀王谋项者之计得矣，而抑无以服楚人之心。幸而秦之君二世也，其相赵高也，其将章邯、王离也，无有能乘臣主之隙以间楚耳。不然，虽沛公且无以自持，况义之浅谋、羽之徒勇者乎！

于是而知君臣之非独以名为义也，天之所秩，性之所安，情之所顺，非是则不能终日。范增立楚之说，董公缟素之谋，不足与于兴亡久矣。

【译文】

拥立楚怀王熊心，并非项梁、项羽叔侄的本意，只是听从范增的建议，为了顺从民众的期望罢了。君臣的名分虽然确定，但其内心却并未消除疑虑，君臣互不信任。项氏若获成功，则怀王肯定不能继续拥有楚国。怀王对此洞若观火，所以项梁战败身死之后，他马上把上将军的职权授予宋义；宋义恰遇这一机会而获得了楚怀王的信任，怀王与他计议大事之后非常高兴。楚怀王之所以高兴，并非宋义有高明的灭秦之计，而是其有夺取项氏兵权之计。后来，宋义率军救赵，驻扎于安阳逗留不敢进而被项羽所杀。项羽斩杀宋义，并非愤怒其救赵迟缓，而是恼恨其夺取项氏兵权太快。宋义在安阳屯兵不进，并非要乘秦、赵之兵疲惫而后发制人，而是寻找时机夺取项羽的兵权；他派儿子宋襄到齐国为相，并一直护送到无盐（今山东东平东），并非不体恤士兵饥寒之苦而自炫阔绰，而是给楚怀王在齐国树立外援，同时也巩固自己的地位。

宋义被斩杀后，众将诚惶诚恐地对项羽说："首先拥立楚王的，是将军您的家族。"说出了项羽的心声，也显现了宋义的真实居心，更表明了楚怀王因为项氏家族势力的存在而终究不能安居其位的情势。楚怀王派兵救赵，任命宋义为主将，进入关中灭秦则命沛公刘邦先入，项梁死后项羽孤立无援，只能屈居宋义帐下做偏将。宋义为楚怀王谋划的夺取项氏兵权的计策虽取得了成功，但他却无法折服楚人之心。幸而秦朝的君主是昏庸的秦二世胡亥，丞相是奸诈的赵高，主将是无能的章邯、王离，没有谁能利用楚国君臣的矛盾挑拨离间他们的关系。不然的话，即使沛公刘邦也无法自保，更何况谋略平庸的宋义、有勇无谋的项羽呢！

由此可知，君臣之间绝不仅仅以名号为大义，君臣关系是上天所赋予的等级秩序，适合了君主的本性，顺从了君臣之间的情理，如果不是这样，那么君臣关系一天也维持不下去。范增主张拥立楚怀王以顺从民众期望的建议，董公建议刘邦为楚怀王发丧以争取民心的计谋，都不足以称得上是关乎天下兴亡的大计，这是历史早就证明了的。

本事：《资治通鉴》卷八《秦纪三·二世皇帝下》，三年（前207）。

五　小人之心，难测难制

秦之所殄（tiǎn）灭而降辱者，六王之后也；戍之徒之而寡其妻孤其子者，郡县之民也；而刭二世之首，欲灭宗室，约楚降而分王关中者，赵高也。故怨在敌国，而敌国或有所不能；怨在百姓，而百姓或有所不忍；狎及小人，而祸必发于小人。故曰：“唯女子与小人为难养也。”圣人且难之，况中主以降乎！

小人之心，智者弗能测也，刚者弗能制也。料其必不能，而或能之矣；料其必不欲，而或欲之矣。项羽之暴也，沛公之明也，章邯之怨方新也，尽天下欲食高之肉而寝处其皮也。使高灭嬴氏之宗，开关以讲于诸侯，岂能免于刀俎，而况受纳地之封乎？则以智者料高，而固知其与秦相终始；以愚者料高，而亦决其与秦同齑粉也。然而必弑胡亥以徼幸于一得，岂徒胡亥之愚，矢入幄而不觉哉？明而熟于计者，未有谓为且然者矣。祸福之外，有无藉之欲焉；死生之外，有无方之谲焉；俄顷之间，有忽变之情焉。利亦有所不喻，而无所不逞，而后君子莫能为之防。故圣人且犹难之，诚哉其难之也！“繻有衣袽（rú），终日戒。”终日者，无竟之辞也。舍禔（zhī）躬慎微而求驭之之术，不堕其阱中者鲜矣。

【译文】

国家被秦朝消灭而自己屈身受辱的，是齐、楚、燕、韩、赵、魏六国君主的后代；被秦朝征发戍边、罚为刑徒，从而使妻子守寡、子女孤苦无依的，是天下郡县的百姓；然而，割下秦二世胡亥的首级，想要灭绝秦朝宗室，与楚军约降并想要瓜分天下、称王关中的人，却是秦王最为宠信的奸相赵高。所以说，结怨于敌国，敌国想灭之或许力所不及；结怨于百姓，百姓想反抗或许心有不忍；亲近小人，则灾祸必定引发于小人。所以孔子说："唯女子与小人为难养也。"（《论语·阳货》）圣人尚且感到难以与小人相处，何况是才具中等以下的君主呢？

奸佞小人的心思，智慧的人难以预测，刚强的人也不能制服。估计他必定不能做的，他或许就做了；料定他必定不会想要的，或许恰恰是他想要的。以项羽的暴躁，刘邦的精明，秦将章邯又刚刚与之结怨，天下之人对赵高都想食其肉而寝其皮，纵使赵高真的能够覆灭秦朝宗室，打开函谷关与诸侯讲和，难道就能免除刀俎之祸？更谈不上因纳地归降而受封称王了。以智慧的人预测，本来知道赵高一定会与秦朝相始终；以愚蠢的人预测，也决断赵高必定会与秦朝同归于尽。然而，赵高却一定要杀死秦二世胡亥，以图侥幸于万一，难道只有秦二世胡亥愚蠢至极，以至于箭矢射入帷幄却毫无觉察吗？精明且工于心计之人，没有人认为将是这样的结局。祸福之外，存在着无凭无据的欲望；死生之外，存在着无法预料的诡谲；瞬息之间，存在着突然变化的情形。奸佞小人对于利益或许有所不知，但为了追求利益却无所不用其极，而后君子也对他们防不胜防。所以，圣人尚且感到难以与之相处，也确实是太难了！《周易·既济卦》的爻辞中说："舟船漏水则需要准备破衣棉絮堵塞漏洞，终日防备祸患。"这里所谓的终日，其实就是没完没了的意思。如果舍弃谨小慎微、安身立命的正道，寻求驾驭奸佞小人的权术，则很少有不堕入他们的陷阱之中的。

本事：《资治通鉴》卷八《秦纪三·二世皇帝下》，三年（前207）。

六　法严吏重则君权下移

孰谓秦之法密，能胜天下也？项梁有栎（yuè）阳逮，蕲（qí）狱掾曹咎书抵司马欣而事得免。其他请托公行、货贿相属。而不见于史者，不知凡几也。项梁，楚大将军之子，秦之所尤忌者，欣一狱掾，驰书而难解。则其他位尊而权重者，抑孰与御之？法愈密，吏权愈重；死刑愈繁，贿赂愈章；涂饰以免罪罟（gǔ），而天子之权，倒持于掾史。南阳诸刘屡杀人而王莽不能问，皆法密吏重有以蔽之也。

设大辟于此，设薄刑于彼，细极于牛毛，而东西可以相窜。见知故纵，蔓延相逮，而上下相倚以匿奸。闰位之主，窃非分而梦寝不安，借是以钳天下，而为天下之所钳，固其宜也。受天命，正万邦，德足以威而无疚愧者，勿效尔为也。宽斯严，简斯定。吞舟漏网而不敢再触梁笱（gǒu），何也？法定于一王，而狱吏无能移也。

【译文】

谁说秦朝法网严密，足以笼罩整个天下呢？项梁曾在秦都栎阳（今陕西西安市阎良区）犯罪被追捕，避难于吴中，蕲县（今安徽宿州）狱掾曹咎给栎阳狱掾司马欣写了一封求情书信，项梁随即平安无事。至于其他请托公行、贿赂成风而史书未予记载的事情，不知道有多少。项梁是楚国大将军项燕之子，是秦朝特别忌惮的要犯，司马欣仅是一个小小狱掾，只需修书一封就替项梁消除了灾祸。那么，其他位尊权重之人的徇情枉法，又有谁能够阻止呢？所以说，法令越是严密，官吏的权力就越大；死刑越是繁多，贿赂就更加公开盛行；官吏通过文过饰非而掩人罪过，使其逃脱法网，天子的权柄反而掌握在这些胥吏之手。新莽时期，南阳刘氏宗室屡屡杀人而王莽不能过问，就是因为法令太密、吏权太重从而导致下情不得上达。

秦朝的法律规定这种情况应判死刑，那种情况应判轻刑，刑法细密如牛毛，而官吏可以根据自己的利益随意解释、适用，见到或知道有人犯法却不举告而故意放纵，或者随意蔓延株连，上下勾结以庇护奸邪罪犯。得位非正的君主，自知是非分窃取权位因而寝食难安，假借法网严密、吏权过重以控制天下，结果反被天下人所控制，这也是本该如此、罪有应得。至于受命于天、匡正天下、德行足以立威而毫不愧疚的君主，则不必效法他们的做法。刑罚宽缓而严格执行，刑法简易而确定无疑，正像吞舟漏网的大鱼再也不敢触碰捕鱼用具一样。为什么呢？因为这种宽缓简易的法律由具有正统性的君主所定，符合正道大义，可以为万世所效法，而且狱吏无法随意量刑、营私舞弊。

本事：《资治通鉴》卷七《秦纪二·二世皇帝上》，元年（前209）；又卷九《汉纪一·高祖上之上》，元年（前206）。

卷二

明刻本《历代帝贤像》中的汉高祖刘邦画像

【题　解】

本卷评论西汉初期历史，分汉高帝、惠帝、文帝三目，共四十二则。

关于汉高祖刘邦（前256—前195），王夫之选择十七个问题加以评论。刘邦起自民间，在秦汉之际的风云变幻中日益壮大，最后统一天下，建立汉朝统治，对于其定天下、治天下之智慧谋略，王夫之予以充分肯定；同时对其“徙民之不仁、和亲之无耻”予以严厉批评。对于韩信、萧何、张良、樊哙、叔孙通等汉初名臣，王夫之都提出了别出心裁的评价，如对韩信的否定和对叔孙通的肯定，均值得从治国理政的高度加以深思和借鉴。他借鲁两生指责叔孙通兴礼乐之事，提出休养生息与制礼作乐可以并行，斥管子“衣食足而后礼义兴”为邪说，尤为真知灼见。

惠帝刘盈（前210—前188），在位七年而卒，朝政由吕后把持。王夫之选择了两个问题加以评论。一是出于现实政治的考量以及过渡时期的特点，充分肯定了“萧规曹随”的施政方针。二是鉴于吕氏掌握南北军，几乎倾覆汉室，结合历代内重外轻的教训论述“聚劲兵于皇城”的弊端，提出“兵在外而守在夷”的国防思想。

文帝刘恒（前203—前157）是“文景之治”的开创

者，王夫之选择二十三个问题加以全面评论。立足汉初的历史环境，观照古今，就其施政分析利弊、指陈得失、独抒己见。赞赏轻徭薄赋、废止肉刑等善政，肯定其处置诸侯问题的策略，辩证分析开放铸币、将相合一等措施的动机与效果，同时对其用人方面的失策予以批评。对文帝时期的大臣，王夫之也着墨甚多。对于历来评价甚高的贾谊，他认为其治安策乃“婴稚之巧”，削藩策乃短视之术，论教太子则未得立教之本，并将其与陆贽、王安石、方孝孺、苏轼作比，认为其虽志向可嘉，而方略疏阔、行事不足；对于晁错的贵粟、徙民实边之策则颇为赞赏，而对于袁盎则斥之为大奸。

汉高帝

一　刘邦几为富家翁

有天下者而有私财，则国患贫以迄于败亡，锢其心，延及其子孙，业业然守之以为固，而官天地、府万物之大用，皆若与己不相亲，而任其盈虚。鹿桥、钜台之愚，后世开创之英君，皆习以为常，而贻谋不靖，非仅生长深宫、习奄人污陋者之过也。灭人之国，入其都，彼之帑（tǎng）皆我帑也，则据之以为天子之私。唐克西京，而隋氏之有在唐；宋入周宫，而五代之积在宋；蒙古遁，而大都之藏辇而之于南畿。呜呼！奢者因之以侈其嗜欲，俭者因之以卑其志趣，赫然若上天之宝命、祖宗之世守，在此怀握之金赀（zī）而已矣。祸切剥床，而求民不已，以自保其私，垂至其亡而为盗资，夫亦何乐有此哉！

汉王之入秦宫而有艳心，见不及此。樊哙曰："将欲为富家翁邪？"英达之君而见不及哙者多矣。范增曰："此其志不在小。"岂徒一时取天下之雄略乎！以垂训后嗣，而文、景之治，至于尽免天下田租而国不忧贫，数百年君民交裕之略，定于此矣。

天子而斤斤然以积聚贻子孙，则贫必在国；士大夫斤斤然以积聚贻子孙，则败必在家；庶人斤斤然以积聚贻子孙，则后世必饥寒以死。周有大赉（lài），散之唯恐不速，故延及三十世，而亡之日，上无覆宗之惨，民亦无冻馁攘夺之伤。后之王者，闻樊哙富翁之诮，尚知惩乎！

【译文】

君临天下的人却拥有私财，则国家会患于贫穷而终归败亡，君主以聚财为务而禁锢其心灵，会影响到子孙后代，他们会小心翼翼地固守私财，而对于管理自然资源、开发化育万物这些关乎国计民生的大政，就好像与自己无关而不管不问，任其盈亏消长。商纣王聚敛财物于鹿桥、钜台（当为鹿台、钜桥）的愚蠢行径，后世的开国明君竟然都习以为常，考虑不周全而给后人留下祸根，并非仅是从小生于深宫之内、习惯与宦官同流合污的继承者的过错。灭人之国家，入据其都城，将其府库财物全部据为己有，使之成为天子的私财。唐高祖李渊攻占西京长安，则隋朝积蓄之财富转而为唐朝所有；宋太祖赵匡胤进入后周皇宫，则五代之积蓄尽归于宋；蒙古人远遁漠北，则大都之府藏都转运南京。唉！骄奢淫逸的人因此更加放纵其嗜好和欲望，本来节俭的人也因此降低了自己的志趣而变得目光短浅，赫然以为天命所赋予的、祖宗所世代守护的仅仅在于这些怀藏的财货罢了。大祸临头，却仍向民间搜求不已，以保持扩大其私有财产，等到江山社稷覆灭之际，这些财货又转而成为叛逆盗贼的资本。既然如此，君主得到这些财货何乐之有呢？

汉王刘邦进入秦宫后，马上动了艳羡之情，想留居于此，可见他还没有认识到这一点。樊哙见状，就规谏他说："您这是只想做个富家翁吗？"张良也极力劝阻，刘邦才有所醒悟，还军灞上。英明通达的君主，见识反而比屠狗出身的樊哙差了很多。范增就此感叹说："刘邦的志向不在小处啊！"刘邦的志向，难道仅仅是为了一时夺取天下吗？他以此垂训后嗣，到汉文帝刘恒、汉景帝刘启统治时期（前179—前141），天下大治，以至于官府免除百姓的全部田租而国家也不必担忧财政困难，汉朝数百年间君民共富的方略，就是在此时定下的。

天子如果斤斤计较聚敛财富以传留子孙，则国家必定贫困；士大夫如果斤斤计较聚敛财富以传留子孙，则家族必定败落；平民百姓如果斤斤计较聚敛财富以传留子孙，则其后代必定饥寒而死。周代朝廷有重赏，赏赐之物唯恐不能被迅速分散下去，因此周朝立国延续了三十代，而其灭亡之日，君主没有遭受宗族覆灭的惨烈祸患，百姓也没有遭受饥寒掠夺的苦难。后世的君主，听闻樊哙对刘邦只想做个富家翁的讥讽和规谏，还能够做到引以为戒吗？

本事：《资治通鉴》卷九《汉纪一·高祖上之上》，元年（前206）。

二　项羽吝惜爵赏并非失策

韩信数项羽之失曰："有功当封爵者，印刓（wán）敝，忍不能予。"由斯言也，信之所以徒任为将而不与闻天下之略，且以不保其终者，胥在是矣。封爵者，因乎天之所予而隆之，非人主所以市天下也。且爵赏亦岂必其足荣哉？荣以其难得而已。人主轻之，天下猎之；人主重之，天下荣之。宋艺祖许曹彬下江南授使相。彬早知不得而安焉，故封爵不侈而彬服。非然，则更始之侯林立，而不救其亡，期于必得之不足歆也。羽不惜屈己以下人，而靳天爵，何遽非道而必亡乎？汉高天下既定之后，侈于封矣，反者数起，武帝夺之而六宇始安。承六王之敝，人思为君，而亟予之土地人民以恣其所欲为，管、蔡之亲不相保，而况他人乎！以天下市天下而己乃为天子，君臣相贸，而期报已速，固不足以一朝居矣。

抑信之为此言也，欲以胁高帝而市之也。故齐地甫定，即请王齐，信之怀来见矣。挟市心以市主，主且窥见其心，货已售而有余怨。云梦之俘，未央之斩，伏于请王齐之日，而几动于登坛之数语。刀械发于志欲之妄动，未有爽焉者也。信之言曰："以天下城邑封功臣，何所不服。"为人主者可有是心，而臣子且不可有是语。况乎人主之固不可以是心市天下乎！言不必信，行不必果。宋祖之慎，曹彬之明，保泰居盈之道得之矣。奚必践姑许之言而亵天之景命哉！

若夫项羽之所以失者，非吝封爵之故。信之说，不如陈平之言之允也。陈平曰："项王所任爱，非诸项、即妻之昆弟，虽有奇士不能用。"故羽非尽不知人，有蔽之者也。琐琐姻亚，踞朊仕，持大权，而士恶得不蔽？虽然，亦有由尔。羽，以诈兴者也；事怀王而弑之，属宋义而戕之，汉高入关而抑之，田荣之众来附而斩艾掠夺之。积忮（zhì）害者，以己度人而疑人忮己。轻残杀者，大怨在侧而怨不可狎。左顾右盻（xì），亦唯是兄弟姻党之足恃为援。则使轻予人以权，己且为怀王，己且为宋义。惴惴栗栗，戈戟交于梦寐，抑恶能不厚疑天下哉？然而其疑无救也。为汉王之腹心者项伯也，其兄弟也；追而迫之到者吕马童也，其故人也。从之于大败之余者三十余骑，而兄弟姻亚不与焉。怀慝（tè）求援，而终以孤立。非刓印不与者惎（jì）己而贼之，其亲戚之叛已久矣。

不疚于天，则天无不祐；不愧于人，则人皆可驭。正义以行乎坦道，而居天下之广居；无所偏党，而赏罚可以致慎而无所徇；得失之几，在此而不在彼，明矣。不然，舍亲贤，行诱饵，贱名器，以徇游士贪夫之竞躁，固项羽之所不屑为者也。

【译文】

韩信在历数项羽的过失时说："有功之人应当授予封爵，但项羽吝惜印绶，宁肯握在手中任其磨损，也舍不得授予别人。"由其言可见，韩信之所以仅仅被任命为大将，却不得与闻夺取天下的大计，而且最后不得保全自身性命以善终的原因，都在这里了。所谓封爵，是要遵循上天的旨意授予有功之人，以使他们受到尊崇，并不是君主收买天下人心的筹码。况且封赏爵位一定会使人感到荣耀吗？封赏爵位之所以使人感到荣耀，只是因为其难得罢了。如果君主轻易授予人，则天下之人都会侥幸猎取它；如果君主不轻易授予人，则天下之人都会珍视并以此为荣耀。宋太祖赵匡胤许诺大将曹彬率兵攻取江南之后，授予他枢密使之职，最后没有兑现。曹彬早知此事不可能实现因而安之若素，所以宋太祖不轻易封官授爵而曹彬也心服。与此相反，更始帝刘玄所封的诸侯林立，却没有人能挽救他的危亡，这是因为他们感觉封爵得来太过容易，即使期望有所必得也不值得羡慕。项羽不惜屈己下人，却吝惜上天所赋予的封爵，难道这就是他为什么不合道义而必定走向灭亡的原因吗？汉高祖刘邦平定天下之后，封赏过滥，又引起数起诸侯反叛事件，汉武帝刘彻削夺诸侯之权后天下才得以安宁。西汉初建之时，承袭六国弊政，人人都想为封君，所以刘邦急于把土地、人民分封给宗室诸王和有功之臣，任其为所欲为。岂不知西周初年分封诸侯，连管叔和蔡叔这样的至亲尚且不能相保，何况其他人呢？以分封土地、人民来换取臣下之忠心，事奉自己为天子，君臣之间相互交易，均期望对方尽快回报，如此的君臣本来就不能够和睦相处于同一朝廷之中。

韩信这番话或许是想要挟刘邦以封爵换取天下，所以齐地刚一平定，他随即提出据齐地称王的要求，韩信的来意由此可见。怀着买卖之心与君主交易，君主也看穿了他的用心，虽然买卖达成受封齐王，但额外的怨恨之情也由此而生。后来韩信在云梦被俘，在未央宫被斩，其祸根就埋藏于求封齐王之日，甚至在其当初登坛拜将、说出指责项羽的这番话时就已有了苗头。杀身之祸起于其内心妄动的非分志向与欲望，从来没有例外和差失。韩信曾说：“君王若以天下之城邑分封功臣，还有什么人不心服口服呢？”君主可以有这样的想法，做臣子的则万万不该说出这样的话。何况君主本来就不可以这种心理换取天下呢？君主说的话不一定要守信，做的事不一定都要有结果。面对封爵问题，宋太祖赵匡胤的谨慎，大将曹彬的明智，他们都深得保泰居盈之道。何必为履行随口许诺之言而亵渎天命呢？

至于项羽失败的原因，并不在于他吝惜封爵。韩信的说法，远不如陈平的说法公允。陈平说：“项王所重用和宠爱的人，不是项氏宗亲，就是他妻子的兄弟，此外虽有奇才杰士也不能重用。”所以项羽本来不是完全不知人，而是有人蒙蔽了他。平庸猥琐的亲戚，享受高官厚禄，手握大权，有才之士如何不被遮蔽和抑制呢？尽管如此，项羽这样做也是有原因的。项羽是倚靠奸诈起家的，他事奉楚怀王却杀之，隶属于宋义而杀害之，汉高祖刘邦率先入关而项羽压服之，田荣率众归附而项羽斩杀掠夺之。嫉妒加害别人的人，往往以己之心度他人之心，总怀疑别人也嫉害自己。轻率残杀别人的人，身边之人皆仇怨，故而不敢亲近，左顾右盼，就只剩下自己的兄弟、姻亲值得信赖，可以委以重任，引以为援。如果将权柄轻易授予他人，自己就有可能步楚怀王、宋义的后尘。项羽这样终日惴惴不安，恐惧战栗，甚至睡梦之中都是刀枪剑戟的格斗场景，又怎么可能不对天下人抱有深深的猜疑呢？然而，他的猜疑之心并不能挽救其覆亡的命运。其兄弟项伯成了汉王刘邦的心腹，其故交吕马童追杀他到垓下，迫使他最终自刎于乌江。大败之后仍追随于他的三十余骑，其中没有一个是他的兄弟、姻亲。心怀奸邪而求援于亲友，最终却陷于众叛亲离、孤立无援的境地。并非他舍不得封赏爵位的那些人因为怨恨而残害于他，而是得到其重用和崇信的亲戚早已背叛他了。

无愧于天，则上天没有不保佑的；无愧于人，则人人皆尽力为他所用。坚持正道大义，直行于坦途通衢，就可以居于天下宽广的住所；无偏无倚，则可以使赏罚谨慎、公允而不徇私情；得失的征兆在于不行仁义，而不在于吝惜封爵，这是显而易见的道理。相反，舍弃亲近贤臣，以封爵作为诱饵，使象征尊卑贵贱等级的名号和车服仪制泛滥贬值，以屈从于游说之士、贪鄙之夫的轻率躁进，这本来就是连项羽也不屑于为的事情。

本事：《资治通鉴》卷九《汉纪一·高祖上之上》，元年（前206）。

三　因名以立义

名义云者，因名以立义，为可由不可知之民言也。不知义矣，为之名以使之顾而思，抑且欲其顾而思而不但名也，况君子之以立民极而大白于天下者哉！谓董公说高帝为义帝发丧为汉之所以兴者，率天下后世而趋于伪，必此言夫！

忠孝非人所得而劝也。如其劝之，动其不敢不忍之心而已。心生而后有事，事立而后有礼，礼行而后有名。名者，三累之下。天下为之名，而忠孝者不欲自居。高帝无哀义帝之心，天可欺乎？人可愚乎？彭城之败，几死几亡，而缟素之名，不能为之救；则涂饰耳目以故主复仇之名，无当于汉之兴，明矣。

虽然，以此正项籍之罪，使天下耻戴之为君长也则有余。何也？籍者，芈（mǐ）氏之世臣也。援立义帝者，项梁之以令诸侯者也。刘氏世不臣于楚，其屈而君怀王也，项氏制之耳。高帝初无君怀王之心，则可不哀怀王之死。为天下而讨弑君之贼，非人弑己君而有守官之责者也。故发丧之后，高帝亦终不挟此以令天下；而数羽之罪，不嫌以背约不王己于秦为首。则董公之说，亦权用之一时，而高帝亦终不以信诸心。呜呼！貌为君子者，日言心而以名为心，日言义而以名为义，告子恶得不以义为外而欲戕贼之乎？

秦灭六国，互相噬而强者胜耳。若其罪，莫甚于殄周。楚幸不亡于秦，而楚且为秦。非其世臣，非其遗胄，抑何必戴楚以为君。戴楚者，项氏之私义也。汉亦何用引项氏之义以为己义乎！此义不明，但有名而即附诸义焉。李嗣源，夷裔也，名为唐而唐之；李昪（biàn），不知其为谁氏之子也，名为唐而又唐之。有名而无义，名为义而义不生于心，论史者之乱义久矣。中国立极之主，祖考世戴之君，明明赫赫在人心而不昧；臣子自有独喻之忱，行其不敢不忍者，而岂但以名哉！

【译文】

所谓名义，即依照名分确立正道大义，是针对“可以使其照着指导的道路走去，不可使其知道为什么”的普通百姓而言的。百姓不知道什么是义，就为他们确立名分，让他们产生眷顾并感念君主的恩德，况且让他们眷顾并感念君主的恩德而不仅仅徒有其名分。百姓尚且如此，何况要为天下亿万百姓树立终极法则并使之彰显于天下的君子呢？有人认为董公劝说汉高祖刘邦为义帝发丧是汉朝兴起的主要原因，而我以为把天下后世引入虚伪境地的，必定就是这种说法。

人有忠孝之心，并不是他人所能劝说的。如果有人劝说，也不过是触动其不敢、不忍之心罢了。触动了人的忠孝之心，就会负有责任职事，职事确立下来就需要有行为的礼仪准则，施行礼仪就需要有名分关系。名分，是排在心、事、礼三个层次之下的。即使天下之人都为他扬名，但真正的忠孝之人是不愿自居其名的。汉高祖刘邦并没有哀悼义帝之心却非要打出为义帝发丧的名号，难道上天可以欺瞒吗？难道民众可以愚弄吗？刘邦进攻彭城却遭遇惨败，几乎丧命，为义帝发丧的名号并不能挽救其危难。由此可见，打着为故主复仇的名号以掩人耳目，并不是汉朝兴起的原因，这是显而易见的。

尽管如此，以这种方式确定和昭示项羽（项羽名籍，字羽）杀怀王的罪行，使天下之人都耻于拥戴项氏为君主则绰绰有余。为什么呢？因为项羽是楚国王族芈氏的世臣，项梁援立义帝即为了以义帝之名号令诸侯。刘氏世代不曾为臣于楚，刘邦屈身事奉楚怀王，只是受项氏的强制罢了。汉高祖当初本无拥戴怀王之心，自然不必对怀王的死感到哀伤。他是为天下而讨伐弑君的逆贼，并非别人杀了自己的君主，作为臣下有讨贼、发丧的责任和义务。所以在为义帝发丧之后，刘邦始终没有再借此号令天下；在历数项羽的罪状时，也不避嫌疑以项羽违背约定、不封他为关中王作为首罪。可见，董公的建议只是用于一时，汉高祖刘邦心中是不相信这一说法的。唉！貌似君子的人，终日谈心性其实只是以名号作为心性，终日谈道义其实只是以名号作为道义，战国思想家告子怎么能不把道义当作表面的名号而想要加以戕害呢？

秦灭六国，只不过是战国七雄相互兼并而强者最后取胜罢了。至于秦朝的罪过，莫甚于殄灭东西二周，使周朝寿终正寝。假设楚国有幸未被秦国所灭，则楚国会成为第二个秦国。汉高祖刘邦并非楚国世臣，也不是楚王后裔，又何必拥戴楚怀王为君呢？拥戴楚王后裔为君，是出于项氏的私义。汉高祖又何必援引项氏的私义作为自己的正道大义呢？这就是不明白什么是义，只是看到有名号便攀附为义罢了。五代时期后唐明宗李嗣源，本是沙陀部人，取国号为唐便被视为唐朝的延续；南唐烈祖李昪，不知是何族之人，取国号为唐也被视为唐朝的延续。空有其名却没有真正的正道大义，名义上是为了义，但这种义却不是发自内心的，评论历史的人乱用正道大义的名号已经很久了。中原王朝正统称尊、秉持国政的君主，其祖其父世代被拥戴为君，其声势煊赫的光辉形象巍然屹立于人们心中，而不会变得晦暗；作为臣子，心中自有其明白、不为外界所知的热忱心意，以遵从其不敢、不忍为之心，效忠于君王，难道这只是出于名分吗？

本事：《资治通鉴》卷九《汉纪一·高祖上之上》，二年（前205）。

四　毒天下而以自毒

毒天下而以自毒者，其唯贪功之人乎！郦生说下齐，齐已受命，而汉东北之虑纾，项羽右臂之援绝矣。黥布盗也，一从汉背楚而终不可叛。况诸田之耿介，可以保其安枕于汉也亡疑。乃韩信一启贪功之心，从蒯彻之说，疾击已降，而郦生烹，历下之军，蹀血盈野，诸田卒以殄其宗。惨矣哉！贪功之念发于隐微，而血已漂卤也。

龙且亦犹是也，军于高密，客说以深壁勿战，令齐王招散民，反汉而归己，汉客兵不容于久留而必溃败，以全三军奠楚势而保齐，岂不贤于浪战以死亡乎？且则曰："救齐，不战而降之，吾何功？"虽其后胜败不同，而且之心亦信之心也。信以其毒毒齐，而齐民骈死，田氏以亡；且以其毒自毒，而潍水涌流，楚军大覆，田氏不救。举人之宗社人民存亡生死之大，而不满忮人之溪壑，毒螫（shì）人而蜂虿（chài）亦死。信幸破齐以自请王齐，而未央之诛已伏于此，且亦以其身毙于潍水之上。然则贪功而毒人，亦自雠其项领而速之斲（zhuó）也。悲哉！愚不可瘳（chōu）已。

李左车下全燕而燕不叛，随何收九江而黥布无疑。善用人者，亦何利有贪功之人，以贼天下而多其衅哉！汉虽有齐而力已疲，楚覆救齐之兵而项王大惧，忮人不黜而能定天下，未之有也。

【译文】

毒害天下最终却毒害了自己的，大概只有贪功之人才会这样。郦食其为刘邦出使齐国，已经劝降齐王田广，齐国同意放弃战争而以其七十余城降汉，如此则汉东北方向的威胁得以解除，项羽的右臂之援也被断绝了。黥布本是盗贼出身，一旦背楚投汉就始终没有再反叛过；何况齐王田氏宗族后裔为人耿直，完全可以保证他们成为安分守己的臣民而决不会反叛，这是毫无疑问的。可是韩信忽起贪功之心，听从了辩士蒯通（原名蒯彻）的游说，突袭已决定投降的齐国，结果导致郦食其被烹杀，齐国历下之军血流成河，田氏宗族最终惨遭诛灭。实在是太惨了！贪功之心萌发于内心的隐微之处，却注定要血流漂杵。

项羽的部将龙且的心思也与韩信相似，他率军驻扎在高密（今属山东），门客劝他凭借深沟高壁不必出战，同时劝说齐王招集流散反汉归楚。汉军远道而来，无法久留，势必会人心涣散而溃败，如此则三军得以保全，楚国得以稳定，齐国得到保护，难道不比轻易出战、损兵折将高明得多吗？龙且却说："我奉命来救援齐国，不战而降之，又有什么功劳呢？"虽然最终的胜败不同，但龙且的贪功之心与韩信是相同的。韩信以其贪功之念残害齐国，结果导致齐国百姓大量死亡，田氏覆宗灭国；龙且以其贪功之念残害了自己，结果导致楚军在潍水之战中大败，几乎全军覆没，而田氏却坐视不救。以别人的宗庙社稷和黎民百姓的生死存亡这等大事，却不能满足贪功之人的无限欲望，蜜蜂、蝎子等毒虫以毒刺蜇人之后同样难以存活。韩信侥幸击败齐军，于是自请求封为齐王，已然埋下日后被斩于未央宫的祸根，龙且也因贪功而死于潍水之上。既然这样，那么贪图功劳而毒害他人，就等于自己伸长脖颈等候屠刀的快速砍断。真是可悲啊！这样的人实在是愚蠢透顶，不可救药了！

谋士李左车为韩信献计，降服全燕而且燕国再也没有反叛，谒者隋何为刘邦游说收服九江王黥布（即英布，因违犯秦律被黥，故称黥布，后封淮南王）而黥布也不存疑虑。善于用人者，又有什么理由任用贪功之人，从而残害天下之人并无谓地增添祸乱呢？汉虽占据了齐地而汉军也已疲惫不堪而且势力受损，楚国的救齐大军已经全军覆没，使得项羽恐惧不安。不罢黜忌妒、贪功之人而能平定天下者，从来就没有过。

本事：《资治通鉴》卷一〇《汉纪二·高祖上之下》，四年（前203）。

五　化危机于未萌

韩信下魏破代而汉王收其兵，与张耳破赵而汉王又夺其兵，何以使信帖然听命而抑不解体以飏去哉？此汉王之所以不可及也。制之者气也，非徒气也，其措置予夺之审有以大服之也。结之者情也，非徒情也，无所偏任，无所听荧，可使信坦然见其心也。吾之所为，无不可使信知之矣。信固知己之终为汉王倚任而不在军之去留也，故其视军之属汉也无以异于己。无疑无怨，何所靳而生其忮惎乎？假使夺信军而授之他人，假使疑信之反而夺其军以防之，项王一印之刓而信叛，三军之重，岂徒一印之予夺乎！

心不可使人知者，以柔用之而败，以刚用之而速亡。有所偏听、怙党而疑人者，不能制之而死于其人，能制之而其人速叛以去。武王曰："予有乱臣十人，同心同德。"十人之同乎武王，武王同之也。

【译文】

韩信攻取魏国、代国之后被汉王刘邦收回了兵权，与张耳合力攻破赵地之后又被汉王刘邦收回了兵权。刘邦何以使韩信俯首帖耳听命于他而不离心离德、拂袖而去呢？显然，这正是刘邦超出常人、令人望尘莫及之处。他制伏韩信靠的是气势，当然也不仅是气势，还有措置安排的审慎周密和赏罚予夺足以令韩信心服口服。他笼络韩信靠的是感情，当然也不仅是感情，还有用人无所偏任，对人不存疑虑，这些都可以让韩信坦然见其用心。汉王刘邦的所作所为，从不对韩信隐瞒。韩信也深知自己终将被汉王所倚重，兵权一时的去留并不重要，所以他认为兵权归于汉王刘邦就如同归于自己一样，没有什么差别。没有疑虑因而没有怨恨，还有什么值得吝惜而使其产生猜忌、毒害之心呢？假如汉王刘邦夺了韩信的兵权授予别人，假如汉王刘邦疑韩信图谋不轨而收其兵权以防范，那么项羽因为舍不得一颗大印而使韩信叛楚归汉，汉王夺其三军之权，又难道是一印之予夺可以相比的吗？

不肯让别人了解其心迹的人，如果以柔驭众则会招致失败，如果以刚驭众则必然速亡。有所偏听偏信、结党营私、多疑猜忌的人，如果不能制约这些党羽，则必然死于其手；如果能够制约他们，则他们必然速叛而去。正如《尚书·牧誓》中引用周武王的话说："我有十个治世能臣，与我同心同德。"十人之所以能与武王同心同德，是因为武王与他们同心同德。

本事：《资治通鉴》卷一〇《汉纪二·高祖上之下》，三年（前204）。

六　拔本塞源以已乱

汉王甫破项羽，还至定陶，即驰夺韩信军，天下自此宁矣。大敌已平，信且拥强兵也何为？故无所挟以为名而抗不听命，既夺之后，弗能怨也。如姑缓之，使四方卒有不虞之事，有名可据，信兵不可夺矣。夺之速而安，以奠宗社，以息父老子弟，以敛天地之杀机，而持征伐之权于一王，乃以顺天休命，而人得以生。

且信始不从蒯彻之言与汉为难者，项未亡也。三分天下，鼎足而立，蒯彻狂惑之计耳。昔者韩尝以此持天下之纵横，然吞于秦而不救，其覆轨矣。信反于齐，则张耳扼其西，彭越控其南，鼎足先折而徒为天下蟊贼。信知其不可而拒彻，计之深也。项王灭，汉王倦归于关中，信起而乘之，乃可以得志。彻之说，信岂须臾忘哉？卞庄子小死大毙一举而两得之术，俟时而发，发不旋踵矣。其曰“不忍背汉”者，姑以谢彻耳。削王而侯，国小而无兵，尚欲因陈豨以发难；拥三齐之劲旅，西向而虎视，尚谁忌哉？

或曰宋太祖之夺藩镇也类此。而又非也。信者，非石守信、高怀德之俦（chóu）也。割地而王，据屡胜之兵，非陈桥拥戴之主也。故宋祖惩羹吹齑而自弱，汉高拔本塞源以已乱，迹同而事异。其权不在形迹之间也。

【译文】

汉王刘邦刚刚击败项羽，还军定陶（今属山东），随即乘马车疾驰入韩信军中夺其兵权，天下由此安宁。大敌已经平定，韩信仍手握重兵是要做什么呢？所以韩信找不到合适的理由作为名号抗命不遵，即使被收去兵权之后，也不能有所怨恨。假如刘邦的行动略有迟缓，一旦天下突然发生不测之事，韩信就有了可以抗命的借口作为依据，他的兵权就不好剥夺了。只有迅速而稳妥地夺了他的兵权，刘氏的江山社稷才可以稳固，天下父老子弟也因此得以休养生息，从而消弭天地之间的兵戈之争，集中征伐大权于天子一人之手，就可以顺应上天的美好意旨，人们也能得以安生。

况且，韩信当初之所以没有听从蒯彻的建议而背叛刘邦，是因为项羽还没有灭亡。蒯彻劝说韩信与刘邦、项羽三分天下，鼎足而立，不过是一个狂妄昏惑的计策罢了。战国时代，韩国就曾以这种策略应对天下的合纵连横，结果终究无法避免被秦国吞并的厄运，也没有得到其他国家的救援。韩信若再用此计，也不过是重蹈韩国的覆辙。如果韩信据齐地反叛，则张耳扼守其西方，彭越控制其南部，鼎足未立而先折断，自己也仅仅成为天下之蟊贼。韩信深知其计不可行故坚决予以拒绝，可谓深谋远虑。当项羽被灭亡，汉王刘邦疲惫不堪西归关中之时，韩信若乘机起兵反汉，必定会取得成功。蒯彻的建议，韩信何曾有须臾忘怀？韩信采取的是春秋时期鲁国卞庄子小死大毙、一举两得之术，伺机而动，一旦时机到来便以迅雷不及掩耳之势发难。韩信所说的“不忍心背叛汉王”，不过是为了暂时谢绝蒯彻罢了。韩信被削去齐王封号并贬为淮阴侯之后，封国弱小而且无兵可用，尚且准备乘陈豨叛乱之机发难；当年他拥有三齐之地的劲旅，西向关中虎视眈眈之时，还会顾忌谁吗？

有人认为宋太祖赵匡胤剥夺藩镇军权的做法与此事相类似，这是不对的。韩信并非石守信、高怀德之辈可比的。而割地分封诸侯王、拥有屡战屡胜军队的汉王刘邦，也绝非陈桥兵变时众人甘心拥戴、黄袍加身的赵匡胤。宋太祖赵匡胤杯酒释兵权，就像是被热汤烫过嘴后，连吃切碎的冷食也要接受教训，小心翼翼地吹一吹一样，反而削弱了国家的军事实力；汉高祖刘邦剥夺韩信的兵权，却是以拔除根本、堵塞源头来制止叛乱，两者看起来形迹相似，但实质却大相径庭，其中的关键并不在于形迹之间的表面现象。

本事：《资治通鉴》卷一一《汉纪三・高祖中》，五年（前202）。

七　分封的艺术

汉王初即皇帝位，未封子弟功臣，而首以长沙王吴芮、闽粤王无诸，此之谓“大略”。二子者，非有功于灭项者也，追原破秦之功而封之。以天下之功为功，而不功其功，此之谓“大公”。楚、汉争于北，而南方无事，久于安则乱易起，立王以镇抚之，此之谓“制治于未乱”。以项羽宰天下不公为罪而讨之，反其道而首录不显之绩，此之谓“不遐遗，得尚于中行”。若此者，内断之心，非留侯所得与，况萧何、陈平之小智乎！量周天下者，事出于人所不虑，若迂远而实协于人心，此之谓“不测”。

【译文】

汉王刘邦即皇帝位之初，并未分封子弟功臣，而是先封吴芮为长沙王、无诸为闽越王，这就是所谓的“大略”。这两个人在楚汉相争中，没有立过什么功劳，他们之所以受封，是追根求源、封赏其参与推翻暴秦的功劳。刘邦首先封赏破秦之功，是以为整个天下所立的功劳为功劳，而不仅仅是以支持协助自己攻破项羽的功劳为功劳，这就是所谓的“大公”。楚、汉相争于北方，南方平安无事，一个地区如果长期安定则容易出现动乱，所以刘邦首先在南方封王以镇抚其地，这就是《尚书·周官》中所谓的“在没有产生动乱之前就制定法令进行治理”。刘邦当初曾以项羽主持分封天下不公为罪名起兵讨伐他，如今又反其道行之，首先分封并不显著的功绩，这就是《易经·泰卦》的爻辞中所谓的“不遗漏远方的贤人，使公正的行动受到尊崇”。以上这些做法，都是出于汉高祖刘邦内心决断的主见，连留侯张良也不能参与，更何况萧何、陈平之流的小聪明之人呢！胸怀整个天下的人，行事常常出人意料，看起来似乎迂回遥远，实际上却十分高明，深得人心，这就叫作“不测”。

本事：《资治通鉴》卷一一《汉纪三·高祖中》，六年（前201）。

八　退役士兵的安置

秦、项已灭，兵罢归家，何其罢归之易而归以即乎安？古者兵皆出于农，无无家者也，罢斯归矣。汉起巴蜀、三秦之卒，用九江、齐、赵之师，不战其地，不扰其人，无闾井之怨，归斯安矣。后世召募失业之民，欲归而无所归，则战争初息而遣归之也难。善师古者，旁通而善用之。则汉抑有“民相聚山泽不书名数者，复其故爵田宅，教训而优恤之”之诏，是可为后世师者也。无所侵伤于民，而禁其仇杀；非有官爵田里，而为之授以隙地；宽假以徭役，而命为稍食之胥卒。以此散有余之卒，熟计而安存之，奚患亡术哉？高帝甫一天下，而早为之所。国不糜，农不困，兵有所归。下令于流水之源，而条委就理，不谓之有“大略”也得乎！

【译文】

秦朝和项羽都被消灭之后，汉高祖刘邦实行解甲归田的政策，为什么将士卒遣散归家如此容易，而且解甲归田之后就能安居乐业呢？因为古时候的士卒都出自农民，没有无家可归的士兵，所以士卒复员便归家务农。汉朝兴起凭借的是来自巴蜀、关中地区的士卒，后来又利用九江、齐地、赵地的军队争夺天下，但楚汉相争的主战场并不在这些地区，所以不在这些士兵的家乡作战，便不会骚扰、摧残家乡的百姓，不会引起乡里百姓的仇怨，所以士兵解甲归家之后就能够安居乐业。后世招募无业游民作为士兵，这样的士兵即便想让他们复员也无家可归，因而战事刚刚平息之后，遣返士兵就是非常困难的事。善于效法古人的人，要善于触类旁通，灵活运用其智慧。汉高祖刘邦在遣散士卒的诏书中还有这样的规定：“为了逃避战乱而聚集于山泽之中、没有登记户籍的百姓，恢复其原有的爵级与土地、房屋，各级官府应该按照有关政策法令给予教导训诫，并给予优抚体恤。”这是值得后世学习和效法的。汉朝不侵犯伤害百姓，同时禁止其相互仇杀；对没有官爵田宅的人，官府授予其无主土地或荒地；宽免其徭役负担，任用一部分退役士兵作为胥吏、差役，由官府按月发放俸禄。用以上种种办法遣散多余的士卒，深思熟虑，妥善安置，何患没有办法解决呢？汉高祖刘邦初定天下，早就对遣散多余士卒问题做出了周密的安排，结果使国家没有靡费钱财，农民没有增加负担而陷入困顿，退役士兵也都有其归宿。国家下达政令，就像是找到流水的源头，应顺应民心，从根本上解决了问题，就能使方方面面都安排得有条不紊，不称其为“大略”，又怎么能行呢？

本事：《资治通鉴》卷一一《汉纪三·高祖中》，六年（前201）。

九　以大义服天下

以大义服天下者，以诚而已矣，未闻其以术也；奉义为术而义始贼。义者，心之制也，非天下之名也。心所勿安而忍为之，以标其名，天下乃以义为拂人之心而不和顺于理。夫高帝当窘迫之时，岂果以丁公为可杀而必杀之哉？当诛丁公之日，又岂果能忘丁公之免己而不以为德哉？欲惩人臣之叛其主，而先叛其生我之恩，且嚣然曰是天下之公义也。则借义以为利，而吾心之恻隐亡矣。

夫义，有天下之大义焉，有吾心之精义焉。精者，纯用其天良之喜怒恩怨以为德威刑赏，而不杂以利者也。使天下知为臣不忠者之必诛而畏即于刑，乃使吾心违其恩怨之本怀，矫焉自诬以收其利。然则义为贼仁之斧而利之囮(é)也乎？故赦季布而用之，善矣，足以劝臣子之忠矣。若丁公者，废而勿用可也；斩之，则导天下以忘恩矣。恩可忘也，苟非刑戮以随其后，则君父罔极之恩，孰不可忘也？呜呼！此三代以下，以义为名为利而悖其天良之大慝也。

【译文】

以大义征服天下的人，其所依靠的唯有诚信罢了，没有听说靠权术可以实现的。如果尊奉正道大义却使用权术，那么正道大义就会受到伤害。所谓的义，是用来制约人的内心的，而不是向天下人进行标榜的名义。如果内心感到不安而勉强去做，以向天下标榜自己的名声，那么天下人就会认为义是与人的内心相悖逆而且不合乎情理。当初汉高祖刘邦处境窘迫之时，难道真的认为可以杀死丁公而且一定要将他处死吗？当他诛杀丁公之时，难道真的忘记了丁公曾解救自己于危难而不感念他对自己的恩德吗？刘邦想要惩戒臣子背叛君主的罪行，自己却先背叛了这个曾经对自己有再生之恩的人，还要公然宣称这是出于天下的公义。其实不过是借义的名义来谋取私利，而自己的恻隐之心早已丧失殆尽了。

所谓义，有天下的大义，也有个人心中的精义。所谓精义，就是指用纯粹发自天良的喜怒恩怨作为展示恩德和威势、给予赏赐和刑罚的依据，而不混杂个人私利。为了使天下人都知道作为臣下不忠于君主必然受到诛杀，因而畏惧刑罚，就使他们自己的内心违背恩怨的本意，虚伪地自我诬陷以获取私利。既然这样，那么义不就成了戕害仁的大斧和谋取私利的诱饵了吗？所以，汉高祖刘邦赦免季布并予以重用，是值得称赞的，足以激励臣子尽忠报国。至于丁公，废而不用就可以了；诛杀了他，反而引导天下人忘恩负义了。救命之恩都可以忘记，如果不是刑罚杀戮紧随其后，那么浩荡无极的君父恩德，为什么不可以忘记呢？唉！这就是夏、商、周三代以后，以义为名，又以义为利，从而违背天良的极其邪恶的事情。

本事：《资治通鉴》卷一一《汉纪三·高祖中》，六年（前201）。

一〇 功成身退的智慧

留侯欲从赤松子游，司马温公曰：“明哲保身，子房有焉。”未足以尽子房也。子房之言曰：“家世相韩，为韩报仇。”身方事汉，而暴白其终始为韩之心，无疑于高帝之妒。其忘身以伸志也，光明磊落，坦然直剖心臆于雄猜天子之前。且曰：“愿弃人间事，从赤松子游。”视汉之爵禄为鸿毛，而非其所志。忠臣孝子青天皎日之心，不知有荣辱，不知有利害，岂尝逆亿信之必夷、越之必醢（hǎi），而廑以全身哉！抑惟其然，而高帝固已喻其志之贞而心之洁矣，是以举太子以托之，而始终不忮。

呜呼！惟其诚也，是以履虎尾而不疚。即不幸而见疑，有死而已矣，弗能内怀忠而外姑为佞也。曹操之惎毒也，徐庶怀先主之知，终始不与谋议，而操无能害，况高帝之可以理感者乎！若夫未忘故主，而匿情委曲以避患，谢灵运之所以身死而名辱。“本自江海人，忠义感君子”，孰听之哉？

【译文】

留侯张良（字子房）想要跟随赤松子云游天下，司马光（字君实，封温国公，世称司马温公）的《资治通鉴》评论说：“《尚书·烝民》中说明智的人善于保全自身，张良做到了这一点。”这个评价不足以全面概括张良的智慧。张良曾说：“我家世代做韩国的相国，所以立志为韩国报仇。”当时他刚刚归附刘邦，却明确表达了忠于韩国的志向，完全不在乎会不会引起刘邦的猜疑忌妒。可见，张良是一个不顾自身凶险以表明自己志向的人，光明磊落，敢于在多疑猜忌的天子面前坦然表露心迹。而且他对刘邦说：“我自愿舍弃人间俗事，跟随赤松子云游四方。”把汉朝的爵禄看得轻如鸿毛，而不是将其视为他所追求的志向。忠臣孝子之心有如青天白日，不知有荣辱，不知有利害，难道会是预料到韩信将被诛杀、彭越将被剁成肉酱，因而仅仅为了保全自身所采取的策略吗！正因为如此，汉高祖刘邦本来就深知其志向坚贞，心地纯洁，因此才把太子托付给他，始终不对他产生猜忌加害之心。

唉！正是由于张良内心诚实坦然，所以才能够踩着老虎尾巴行走而没有遭遇祸患。即使不幸遭到君主猜疑，也不过一死罢了，也不会心怀忠诚而外显奸诈。曹操虽然十分狠毒，但徐庶为报答先主刘备的知遇之恩，始终不为曹操出谋划策，曹操也不能加害于他，何况汉高祖刘邦是可以用情理感化的人呢！至于内心不忘旧主，却为了躲避祸患而隐匿其真情实意、委曲求全，正是南朝谢灵运死于非命、名声受辱的原因。其在《自叙诗》中吟咏道："本自江海人，忠义感君子。"又有谁听他的表白呢？

本事：《资治通鉴》卷一一《汉纪三·高祖中》，六年（前201）。

一一　饥鹰猘犬，畜之樊圈

中国夷狄之祸，自冒顿（mò dú）始。冒顿之阑入句注、保太原，自韩王信之叛降始。信失韩之故封而徙于太原，其欲甘心于汉久矣。请都马邑，近塞而易与胡通；数使之胡求和，阳为汉和而阴自为降地；畜不逞以假手于冒顿，不待往降之日，而早知其志在胡矣。

非韩信则冒顿不逞，非石敬瑭则邪律氏不横，求如郭子仪与吐蕃、回纥有香火缘而无贰心者，今古无两人。然则以狡焉不逞之强帅置之边徼（jiào），未有不决堤焚林以残刘我中夏者也。此非古今之大痛，相沿而昧焉者乎！饥鹰猘（zhì）犬，不畜之樊圈，而轶之飏飞骤（bì）走之地，冀免祸于目前，而首祸于千古。甚哉高帝之偷也！

【译文】

中原王朝遭受边疆夷狄入侵的祸患，是从匈奴冒顿单于开始的。冒顿单于率军南侵，闯入句注（今雁门关），迫使汉朝退保太原，则是从韩王信叛降匈奴开始的。韩王信失去了韩国原有的封地，徙封于太原，他心有不甘，早就想背弃汉朝了。他请求迁都于马邑（今山西朔州），是因为此地靠近边塞，易于与匈奴交通往来；他多次派人到匈奴求和，表面上是为了汉朝，实际上是在暗地里为自己投降匈奴做好准备；图谋不轨而假借冒顿单于的势力对付汉朝，因此不必等到韩王信投降之日，而是早就能看出他的志向是投降匈奴了。

如果没有韩王信，冒顿单于的野心就无法得逞；如果没有石敬瑭，契丹耶律氏就不可能横行中原。像郭子仪那样与吐蕃、回纥有彼此契合的密切关系却对唐朝从未有贰心的人，古往今来不会找到第二个。既然这样，那么把凶狠狡诈又图谋不轨的强悍将帅安排在边境地区，就没有不像洪水决堤、大火焚林一般摧残蹂躏中原大地的。这难道不是古往今来皆痛心疾首，又递相沿袭而昏昧无知的教训吗？饥鹰狂犬不被关在笼中、养在圈里，反而将其放纵于可以一飞冲天或纵横驰骋的地方，希望借此躲过眼前的灾祸，结果却首开祸乱华夏中原大地的先河从而流毒千古。汉高祖刘邦的苟且偷安，后果实在太严重啦！

本事：《资治通鉴》卷一一《汉纪三·高祖中》，六年（前201）。

一二　唯礼可以已乱

鲁两生责叔孙通兴礼乐于死者未葬、伤者未起之时，非也。将以为休息生养而后兴礼乐焉，则抑管子“衣食足而后礼义兴”之邪说也。子曰：“自古皆有死，民无信不立。”信者，礼之干也；礼者，信之资也。有一日之生，立一日之国，唯此大礼之序、大乐之和不容息而已。死者何以必葬？伤者何以必恤？此敬爱之心不容昧焉耳。敬焉而序有必顺，爱焉而和有必浃，动之于无形声之微，而发起其庄肃乐易之情，则民知非苟于得生者之可以生，苟于得利者之可以利，相恤相亲，不相背弃，而后生养以遂。故晏子曰：“唯礼可以已乱。”然则立国之始，所以顺民之气而劝之休养者，非礼乐何以哉？譬之树然，生养休息者，枝叶之荣也；有序而和者，根本之润也。今使种树者曰待枝叶之荣而后培其本根。岂有能荣枝叶之一日哉？故武王克殷，驾甫脱而息贯革之射，修禋（yīn）祀之典，成《象》《武》之乐。受命已末，制作未备，而周公成其德，不曰我姑且休息之而以待百年也。

秦之苛严，汉初之简略，相激相反，而天下且成乎鄙倍。举其大纲，以风起于崩坏之余，亦何遽不可？而非直无不可也；非是，则生人之心、生人之理日颓靡而之于泯亡矣。唯叔孙通之事十主而面谀者，未可语此耳。则苟且以背于礼乐之大原，遂终古而不与于三王之盛。使两生者出，而以先王安上治民、移风易俗之精意，举大纲以与高帝相更始，如其不用而后退，未晚也。乃必期以百年，而听目前之灭裂。将百年以内，人心不靖，风化未起，汲汲于生养死葬之图；则德色父而谇语姑，亦谁与震动容与其天良，而使无背死不葬、捐伤不恤也哉？

卫辄之立，乱已极矣。子曰："礼乐不兴，则刑罚不中，民无所措手足。"务本教也。汉初乱虽始定，高帝非辄比也。辄可兴而谓高帝不可，两生者，非圣人之徒与？何其与孔子之言相剌谬也！于是而两生之所谓礼乐者可知矣，谓其文也，非其实也。大序至和之实，不可一日绝于天壤。而天地之产，中和之应，以瑞相祐答者，则有待以备乎文章声容之盛，未之逮耳。然草创者不爽其大纲，而后起者可藉，又奚必人之娴于习而物之给于用邪！故两生者，非不知权也，不知本也。

【译文】

楚汉之争刚刚结束，死者未葬、伤者未愈之时，叔孙通马上提出要制定并进一步复兴礼乐制度，鲁地的两个儒生不愿意应召，并指责他如此行为不合时宜、不合古制，其实这种责难是不对的。他们认为应在百姓休养生息之后，再开始制礼作乐，大概是受到管子“衣食足而后礼义兴”的异端邪说的影响。孔子说：“自古人皆有一死，得不到民众的信任，就无法立足。”（《论语·颜渊》）诚信是礼的主体，而礼不过是诚信的凭借。人哪怕只活一天，国哪怕只立一日，唯独维系天地秩序的大礼、调和天地阴阳的大乐不可一日止息。死者为什么一定要安葬呢？伤者为什么一定要抚恤呢？因为敬爱之心不允许人昧其良知罢了。出于尊敬，一定要理顺秩序；出于爱戴，一定要调和阴阳；于无形无声的细微之处感化打动他们，以激发其庄严恭敬、和乐平易的感情，百姓就会知道并非苟且偷生的人可以生存，苟且得利的人可以得利，人们相互体恤、相互亲近，而不相互背弃，然后休养生息的目标才可以顺利达成。所以晏子说：“只有礼才可以平息祸乱。”既然这样，那么在立国之初，用来理顺民众的情绪并鼓励他们休养生息的，除了礼乐制度还能是什么呢？譬如树木，休养生息可以使之枝繁叶茂；但要使其生长有序而且和谐，则必须滋润其根本。现在要求种树者：等到枝繁叶茂之后再培植其根本。难道有人能在一日之内使树木枝繁叶茂吗？所以，周武王灭商之后，战争刚一结束就停止贯穿铠甲的射事，举行祭祀天地的典礼，制定《象》《武》等乐曲。武王承受天命时已经很晚，又不久去世，所以其礼乐制度还不完备，于是周公继承周文王、周武王的遗志而制礼作乐，周人可没有说要等到百姓休养生息百年之后再兴起礼乐。

秦政严苛，汉初则简略，二者相激相反，从而使天下陷于浅陋悖理之中。在礼崩乐坏之余，举礼乐制度之大纲以兴起教化、改善风俗，又有什么不可以呢？不但没有什么不可以，而且不这样做的话，做人的良知、道德将要日趋颓废以至于泯灭了。只是叔孙通这样先后事奉十主、善于阿谀奉承的人，没有资格说这种话。如果因循苟且而违背礼乐教化的根本原则，那么自古以来永远不会再现夏禹、商汤、周文王和周武王时代的盛世局面了。假如鲁地的那两个儒生出来做官，用古圣先王安定国家、治理民众、移风易俗的精辟理论，梳理治国理政的大纲以辅佐汉高祖刘邦开创新局，如果不被重用则隐退山林，也为时不晚。他们却一定要以百年为期才制礼作乐，听任目前草率粗略的局面维持下去，倘若百年之内民心未安，教化不行，社会风俗没有改善，只是致力于生养死葬的实现，那么像儿子借给父亲农具便面露施恩之色、婆母来拿簸箕扫帚儿媳便恶言相向这种情况，又有谁能够震撼、感动、唤醒他们的良知，从而使避开死者不安葬、抛弃伤者不体恤的现象不再发生呢？

春秋时期，卫辄被立为国君，卫国政局的混乱已经达到了极点。孔子说："礼乐制度不兴起来，刑罚也就不会得当，民众就会感到惶惶不安、不知所措。"（《论语·子路》）这是告诫统治者致力于礼乐教化的根本。西汉初年，虽然战乱刚刚平定，但汉高祖刘邦远非卫辄可比。卫辄尚且可以兴起礼乐，鲁地的那两个儒生却认为汉高祖不能做到，他们难道不是圣人孔子的门徒吗？为什么他们的主张与孔子的说法如此相悖呢？由此可知，鲁地这两个儒生所说的礼乐，不过是徒有其名罢了，毫无礼乐教化的实质可言。维系天地秩序的礼、调和天地阴阳的乐的实质，不可一日断绝于天地之间；至于天地秩序的产物、阴阳中和的符应，以祥瑞的征兆彰显上天的护佑，则有待于文章法度、声音容貌等礼乐教化兴盛之后才能出现，一时间是达不到的。然而，只要草创之君所制定并奉行的礼乐教化的大纲没有差错，后继之君就可以有所凭借，又何必等到人人娴熟于礼乐风俗、文章声容等各方面物质条件都具备才可以施行呢？所以说，鲁地那两个儒生不是不懂得变通，而是不知道礼乐教化的根本。

本事：《资治通鉴》卷一一《汉纪三·高祖中》，六年（前201）。

一三　俭于欲而崇于德

萧何曰："天子以四海为家，非壮丽无以示威。"其言鄙矣，而亦未尝非人情也。游士之屦（jù），集于公卿之门，非必其能贵之也；蔬果之馈，集于千金之室，非必其能富之也。释、老之宫，饰金碧而奏笙钟，媚者匍伏以请命，非必服膺于其教也，庄丽动之耳。愚愚民以其荣观，心折魂荧而戢其异志，抑何为而不然哉！特古帝王用之之怀异耳。

古之帝王，昭德威以柔天下，亦既灼见民情之所自戢，而纳之于信顺已。奏九成于圜丘，因以使之知天；崇宗庙于七世，因以使之知孝；建两观以县法，因以使之知治；营灵台以候气，因以使之知时；立两阶于九级，因以使之知让。即其歆动之心，迪之于至德之域，视之有以燿其目，听之有以盈其耳，登之、降之、进之、退之有以诒其安。然后人知大美之集，集于仁义礼乐之中，退而有以自惬。非权以诱天下也。至德之荣观，本有如是之洋溢也。贤者得其精意，愚不肖者矜其声容。壮丽之威至矣哉！而特不如何者徒以宫室相夸而已。

不责何之弗修礼乐以崇德威，而责其弗俭。徒以俭也，俭于欲亦俭于德。萧道成之鄙吝，遂可与大禹并称乎？

【译文】

西汉丞相萧何说："天子以四海为家，所居住的宫殿若不追求宏伟华丽则不足以显示天子的威严。"他的话虽然很鄙俗，但未尝不是人之常情。游说之士的足迹云集于公卿贵族的门庭，并非因为公卿贵族必定能使他们地位显贵；蔬菜瓜果等礼品聚集千金之家，并非因为千金之家必定能使这些送礼之人变得富裕。寺庙和道观，金碧辉煌，笙钟齐鸣，谄媚的人匍匐在地以祈求神灵保佑，并非因为他们衷心崇信宗教，只是被庙宇、宫观的庄严肃穆、华丽辉煌所感染。统治者用宏伟华丽的宫阙愚弄愚昧无知的百姓，使他们内心折服、眼光迷乱从而收敛其图谋不轨之心，与此又有什么不同呢？只是上古时代的帝王运用这种办法的意图不同罢了。

上古时代的帝王，通过彰显其威势和德行安抚天下，其实就是清楚地看到民情已经自行安定以后，把它引导到忠信、顺从上罢了。在圜丘演奏九成之乐祭天，是为了使百姓知道敬畏上天；在宗庙中祭祀其七世祖先，是为了让百姓知道孝顺长辈；在宫殿前建立高耸的双阙以悬挂法律条文，是为了让百姓知道治理国家；营建灵台观测天象，是为了让百姓知道顺应时令；将宫殿前堂东、西两阶设为九级，是为了让百姓知道礼仪谦让。利用百姓的欣喜动心，将他们引导到最高的道德境界，使他们看到足以令人目眩神迷的画面，听到足以令人盈耳动听的声音，接受足以给人安定和谐的升降、进退礼仪。然后，百姓才能知道天下之大功、大德、大美，都集中于仁、义、礼、乐之中，退居家中也能感到自我满足和惬意。这并非诱骗天下之人的权宜之计，而是最高道德境界的荣耀，本来就是这样得到广泛传播的。贤能之人能够从中领悟治国理政的精粹，愚蠢的不肖之徒也为其外在的声音容貌感到自豪和崇敬。宏伟华丽的威力真是太大了！只有那些不如萧何的人，才会仅仅以宫殿的宏伟华丽相夸耀罢了。

汉高祖刘邦没有责备萧何不制礼作乐以彰显天子的德行和威势，只是指责他不知节俭。如果只重视节俭，那么物质欲望方面过于节俭的同时，也会导致道德修养方面的缺失，使其无法借助礼乐之盛得以彰显出来。像南朝齐高帝萧道成那样过分吝啬，就可以和大禹相提并论了吗？

本事：《资治通鉴》卷一一《汉纪三·高祖中》，七年（前200）。

一四　崇本抑末至难

国无贵人，民不足以兴；国无富人，民不足以殖。任子贵于国，而国愈偷；贾人富于国，而国愈贫。任子不能使之弗贵，而制其贵之擅；贾人不能使之弗富，而夺其富之骄。高帝初定天下，禁贾人衣锦绮、操兵、乘马，可谓知政本矣。

呜呼！贾人者，暴君污吏所亟进而宠之者也。暴君非贾人无以供声色之玩，污吏非贾人无以供其不急之求，假之以颜色而听其辉煌，复何忌哉！贾人之富也，贫人以自富者也。牟利易则用财也轻，志小而不知裁，智昏而不恤其安，欺贫懦以矜夸，而国安得不贫、民安得而不靡？高帝生长民间而习其利害，重挫之而民气苏。然且至孝文之世，后服帝饰如贾生所讥，则抑末崇本之未易言久矣。

【译文】

国中如果没有显贵之人，则不足以激励百姓奋发向上；国中如果没有巨富之人，则不足以激励百姓兴财生利。如果世袭的贵族地位比国家还显贵，那么国家反而更加苟且偷安；如果商人的富裕程度超过了国家，那么国家反而更加贫穷。当然，世袭的贵族不能使其不显贵，只是应当防止其因显贵而擅权乱政；商人也不能不让其富裕，只是应当防止其因富裕而骄横不法。汉高祖刘邦初定天下，就严禁商人穿锦绮之衣、携带兵器、骑马，可谓深知为政之本了。

唉！商人是暴君和贪官污吏所急于进用而宠爱的人。假如没有商人，暴君就无法得到声色玩好的供应，贪官污吏也无法得到不急之需的供应，因此暴君和贪官污吏对商人和颜悦色，听任其摆出一副光彩非凡的样子，他们还会有什么忌惮呢？商人所富有的，正是贫民赖以自我富裕的财富。商人聚财牟利容易，用起来也不知珍惜，那些志向短浅的人不知道收敛节制，利令智昏的人不知体恤安抚百姓，一味地欺压贫弱之人以夸耀，这样国家怎么能不陷入贫弱，民众怎么能不陷入困顿呢？汉高祖刘邦生长于民间，深知其中的利害，因此沉重地打击商人，以使民众的精神气概得以复苏。然而到了汉文帝刘恒在位时期，皇帝、皇后的服饰自奉俭朴而富人的衣着却奢侈华丽，遭到贾谊《治安策》的讥讽。可见，要施行抑末崇本的政策非常不容易，这是由来已久的难题。

本事：《资治通鉴》卷一二《汉纪四·高祖下》，八年（前199）。

一五　徙民之不仁，和亲之无耻

娄敬之小智足以动人主，而其祸天下也烈矣！迁六国后及豪杰名家居关中，以为强本而弱末，似也。遣女嫁匈奴，生子必为太子，谕以礼节，无敢抗礼，而渐以称臣，以为用夏而变夷，似也。眩于一时之利害者，无不动也。乃姑弗与言违生民之性，就其说以折之，敬之说恶足以逞哉！

富家大族之所以强者，因其地也。诸田非渤海鱼、盐之利，不足以强；屈、昭、景非云梦泽薮（sǒu）之资，不足以强；世家非姻亚之盛、朋友之合、小民之相比而相属，不足以强。弃其田里，违其宗党，夺其所便，拂其所习，羁旅寓食于关中土著之间，不十年而生事已落，气焰沮丧。曹子桓云："客子常畏人。"谅矣哉！畏人者尚能自强以为国强邪？固不如休息余民而生聚之也。故贫民尚可徙也，舍其瘠土而移其窳（yǔ）俗，可使强也。豪杰大族，摧折凋残而日以衰。聚失业怨恣之民于辇毂之下，弱则靡而悍则怼，岂有幸乎？而当时之为虐甚矣。

夷狄之有余者，猛悍也；其不足者，智巧也。非但其天性然，其习然也。性受于所生之气，习成于幼弱之时。天子以女配夷，臣民狃而不以为辱，夷且往来于中国，而中国之女子妇于胡者多矣。胡雏杂母之气，而狎其言语，骍戾如其父，慧巧如其母，益其所不足以佐其所有余。故刘渊、石勒、高欢、宇文黑獭之流，其狡狯乃凌操、懿而驾其上。则礼节者，徒以长其文奸之具，因以屈中国而臣之也有余，而遑臣中国哉！

凡斯二者，皆敬之邪佞，以此破之，将孰置喙？而徙民之不仁，和亲之无耻，又不待辨而折者也。

【译文】

娄敬（后赐姓刘，官拜郎中，封建信侯）的小聪明足以蛊惑君主，也给天下带来了惨烈的祸患。他建议把六国贵族的后代以及地方强宗豪族迁徙到关中地区居住，以此作为强本弱枝之计，似乎是高明的。他还建议派遣汉朝皇室之女下嫁匈奴，若生的是儿子一定被立为太子，教导太子礼仪之道，使其不敢与汉朝分庭抗礼，那么匈奴就会逐渐向汉朝称臣纳贡，以此作为用夏变夷之计，似乎也是高明的。迷惑于一时利害的人，无不为之所动。可是，姑且不说娄敬的计策违背了民众做人的本性，也姑且不论其败坏了人伦纲常的大防，仅就其计策本身来驳斥他，娄敬的异端邪说又怎么能够实现呢？

富家大族之所以强盛，是因为占有地利。齐国的国君田氏如果没有渤海的鱼、盐之利，就不足以称强；楚国的屈、昭、景三大家族如果没有云梦泽的资源，也不足以称强；世袭爵禄的家族如果没有姻亲人多势众、朋友的合作、小民的归附依赖，同样不足以称强。强制六国贵族的后代和富家大族离开故土、抛弃宗族乡党，剥夺他们便利的生活环境，改变他们熟悉的生活方式，客居于关中地区，寄食于土著居民之间，用不了十年就会生计衰落，气焰沮丧。曹丕曾有诗吟咏道："吴会非我乡，安得久留滞。弃置勿复陈，客子常畏人。"确实如此啊！畏惧他人的人又怎么能够自强，从而使国家强盛呢？本来就不如让六国遗民休养生息，从而繁衍人口、集聚财富。所以，贫民还是可以让他们迁徙的，舍弃贫瘠的土地，改变鄙陋的风俗，反而可以逐渐走向富强。但是豪杰大族在迁徙之后，往往受到摧残凋零而日趋衰落。把十几万失去生业又心怀怨恨的人聚集在天子脚下的关中地区，软弱者萎靡不振，刚强者满腹怨气，难道会有什么好处吗？这些人在当时就已经为害惨烈了。

就夷狄而言，他们所富余的是勇猛强悍之气，所不足的是智慧机巧。不仅是其天性如此，也是其传统习惯使然。他们的天性出自其生活的环境气候，他们的传统习惯养成于幼弱之时。天子将公主下嫁给夷狄，天下臣民也会上行下效，嫁女于夷狄而不以为耻，如此则夷狄往来于中原地区，中原地区女子嫁给夷狄为妻的越来越多。胡汉通婚所生的孩子遗传母亲的气质，学习母亲的语言，就会像其父亲一样野蛮暴戾，像其母亲一样聪颖智慧，从而弥补了他们原来所不足的智慧机巧，强化了他们原来所富余的勇猛强悍之气。所以像前赵的刘渊、后赵的石勒、北齐的高欢、北周的宇文泰（字黑獭，一作黑泰）之辈，其狡诈奸猾竟然凌驾于曹操、司马懿之上。因此，所谓的礼节只不过成为助长其文饰奸邪的工具罢了，借以使中原王朝屈服并向他们称臣尚且有余，哪里谈得上臣服于中原王朝呢？

上述两例，都是娄敬心怀奸邪却巧言令色之处，以此攻破他的异端邪说，还有谁能够插嘴反驳呢？至于迁徙民众之举的不仁，和亲匈奴之策的无耻，更是无须辨析就昭然若揭了。

本事：《资治通鉴》卷一二《汉纪四·高祖下》，八年（前199）、九年（前198）。

一六　法治与人治的两难

陈豨之反，常山郡亡其二十城。周昌请诛其守尉，高帝曰："是力不足，亡罪。"守尉视属城之亡而不效其死力，昌之请诛，正也。虽然，有辨。寇自内发，激之以反，反而不觉，觉而匿不以闻，不为之备，不亟求援，则其诛勿赦也无疑。寇自外发，非其所激，非所及觉，觉而兵已压境，备而不给，待援不至，其宥也无疑。故立法者，无一成之法，而斟酌以尽理，斯不损于国而无憾于人。陈豨之反，非常山之所能制而能早觉者也。故周昌之按法，不如高帝之原情。虽然，止于勿诛而已矣，其人不可复用也。所谓"近死之心不可复阳也"。

【译文】

陈豨起兵反叛，自立为代王，常山郡有二十余座城池失陷，御史大夫、赵相国周昌奏请处死常山郡的郡守和郡尉，汉高祖刘邦说："这是他们的力量不足以守城，并没有罪。"郡守和郡尉坐视属城失陷而不拼死抵抗，周昌请求处死他们，这是完全正确的。尽管如此，也存在需要进一步分析辨别的问题。如果反叛发生在常山郡内部，不仅是郡守和郡尉激起他们的反叛，还未能及时察觉；发觉之后又隐瞒不报，不采取措施做好防备；事发后又不紧急求援，那么郡守和郡尉无疑应当被处死而不能赦免。如果反叛发生在常山郡的外部，不是郡守和郡尉所激起来的，也不是他们所能及时觉察的；等到发觉之时，叛军已经大兵压境，来不及预先防备；等待援军又等不来，那么宽恕赦免郡守和郡尉，也是没有疑义的。所以说，立法者没有一成不变的方法，要懂得斟酌变通以尽情理，使之既不损害国家利益又不致给当事人留下冤屈。陈豨的反叛，并不是常山郡所能控制和及早察觉的。所以，周昌的依法行事，就不如汉高祖刘邦推究其情由更为公允。尽管如此，常山郡的郡守和郡尉只可以免除死罪罢了，不能继续任用。这就是庄子所谓的"心态已经近乎死亡、不可能再恢复生机"。

本事：《资治通鉴》卷一二《汉纪四·高祖下》，十年（前197）。

一七　叔孙通的智与勇

叔孙通之谏易太子也，曰："臣愿伏诛以颈血污地。"烈矣哉！夫抑有以使之然者：高帝之明，可以理喻也；吕后之权足恃也；留侯、四皓之属为之羽翼，而诡随者惮高帝而不敢竞也。通知必不死，即死而犹有功，何惮而不争？呜呼！以面谀事十余主之通，而犯颜骨鲠也可使如此。上有明君，下有贤士大夫，佞者可忠，柔者可强，天下岂患无人材哉！匪上知与下愚，未有不待奖而成者也。

【译文】

汉高祖刘邦想要废立太子之时，叔孙通冒死进谏，反对改立太子，他说："臣甘愿伏诛，以脖颈上的鲜血溅污地面。"此举甚是壮烈啊！不过他这样做也是有原因的：其一，汉高祖刘邦是贤明之君，可以理喻；其二，太子刘盈之母吕后的权势，足以依赖；其三，太子刘盈有留侯张良、商山四皓（东园公、夏黄公、绮里季、甪里先生）等人作为羽翼，朝臣中那些诡谲善变的人忌惮汉高祖刘邦，没有人敢公开出面与叔孙通争辩。叔孙通料到必定不会因此被杀，即使被杀也有大功，还有什么顾虑而不抗争呢？唉！就连善于当面阿谀奉承、事奉过十多位主公的叔孙通，竟然也能成为犯颜直谏的骨鲠之臣。如果说上有圣明的君主，下就有贤能的士大夫，那么奸佞小人也可以变得忠诚，柔弱的人也可以变得刚强，天下何患没有人才呢？除非上等聪明的人与下等愚蠢的人，一般人没有不依靠别人的奖励、提携而有所成就的。

本事：《资治通鉴》卷一二《汉纪四·高祖下》，十二年（前195）。

惠帝

一　萧规曹随的背后

曹参因萧何之法而治，非必其治也，唯其时之不得不因也。高帝初崩，母后持权于上，惠帝孱弱而不自振，非因也，抑将何为哉？鲁两生曰："礼乐百年而后兴。"唯惠帝之时言此为宜尔。周公之定礼也，流言未靖，东郊未定，商、奄未殄，不遑及也。参非周公之德而值其时，乃欲矫草创之失以改易一代之典，则人心不宁而乱即于此起。《易》于《益》之初曰："利用为大作，元吉，无咎。"元吉而后无咎，利者非其利也。风淫于上而雷迅于下，其吉难矣。

夫饬大法、正大经、安上治民、移风易俗，有本焉，有末焉，有质焉，有文焉。立纲修纪，拨乱反正，使人知有上下之辨、吉凶之则者，其本也。缘饰以备其文章，归于允协者，其末也。末者，非一日之积也。文者，非一端之饰也。豫立而不可一日缓者，其本质也。俟时而相因以益者，其末文也。

高帝之时，不可待也，而两生之说非矣。无以植其本，则后起者无藉以兴，而锢人心风俗于简略慢易之中，待之百年而民俗益偷。虽有其志而无其征，虽有其主而无其臣。故讫乎武帝，仅得董仲舒之疏漏；而曲学阿世之公孙弘者且进也，不足以有为矣。此高帝不夙、两生不出之过也。

惠帝、曹参之时，不可不因也。有周之遗文，六国之遗老，虽有存者，可与厘定萧何之法、叔孙通之礼，以折衷三代，昭示来兹；而母后悍，权奸张，内难且作，更张未几，而祸发于中，势将指创制显庸为衅端，天下抑且以修明制作为戒。其弊也，诗书道圮（pǐ），俗学苟容，人心趋靡，彝伦日斁（dù），渐渍以益流为偷薄，所必然矣。

呜呼！方正学死，而读书之种绝于天下，则汉之犹有贾、董、臧、绾以存古道于百一者，非曹参有以养之乎？故唯曹参者，可以因也，时也。前此而为高帝，当敦其质，后此而为文、景，必致其文，时也。两生傲而不出，文、景让而不遑，违乎时，违乎道矣。

【译文】

丞相曹参因沿袭其前任萧何的成法而天下大治，并非因袭萧何之成法一定能使天下得以大治，只是因为当时的形势下不得不如此。汉高祖刘邦驾崩之后，吕后在朝中把持大权，汉惠帝刘盈懦弱而不能有所作为。在这种情况下，如果不因袭成法，又能怎么办呢？鲁地的两个儒生说："礼乐制度要等待休养生息百年而后再兴起。"在惠帝时期这样说是合适的。周公制礼作乐的时候，关于他将不利于周成王的流言尚未平息，东都王城以东的郊外即成周之邑尚未安定，参与三监之乱的商、奄（即奄国，今山东曲阜一带）等方国尚未被消灭，却也顾及不了那么多了。曹参没有可以与周公相比的德行，却正赶上与之相似的时势，如果想纠正草创之君的失误而改变一代的典章制度，则会造成人心不宁，变乱随时都有可能因此而起。《周易·益卦》的初爻说："有利于兴建大建筑即大的作为，大吉大利，没有灾害。"大吉大利后才能没有灾祸，否则有利反而变得不利了。益卦的卦象是巽上震下，巽为风，震为雷，大风在上面不停地刮，迅雷在下面不停地闪，很难有吉祥之兆。

在整饬纲纪法度、匡正人伦纲常、上安朝廷、下治民众、移风易俗的措施中，有本末之别、文质之分。建立和整顿纲纪法度以拨乱反正，使黎民百姓知道上下尊卑的区别、吉凶祸福的法则，这便是本；而修饰补充礼乐制度使其完备，从而归于允协和洽，这便是末。所谓末，也并非一日之积而成；所谓文，也非仅仅修饰一个方面即可。需要预先规划而且不可延缓一日的，便是本、质；需要等待时机，逐渐因袭增益的，便是末、文。

汉高祖刘邦在位的时候，制礼作乐的大政一刻不能停缓，所以鲁地两位儒生的说法是错误的。如果不首先制礼作乐，就无法培植国家的根本，则后继之君就没有借以兴起礼乐教化的基础，而人心、风俗将被禁锢在简略、懈怠之中，等待百年之后民心、风俗只会更加苟且偷安。即使有兴复礼乐这样的志向，也没有可资征引参考的借鉴；即使想要有所作为，也没有为其出谋划策、付诸实施的大臣了。所以直到汉武帝时期，只得到董仲舒这样一个粗疏而不严谨的大臣致力于复兴礼乐教化，而那个学问邪僻迎合世俗的公孙弘也日益得到重用，所以不足以有所作为。这都是汉高祖刘邦没有预作筹谋，鲁地两位儒生不愿应召出山的过错啊！

在汉惠帝刘盈在位、丞相曹参执政的时期，是不能不因袭前人成法的。当时周代遗留的文献、六国的遗老虽然也有存于世间的，可以参与整理制定萧何之法、叔孙通之礼，从而折衷调和夏、商、周三代的制度，以昭示后人；然而吕太后凶悍，专权奸臣嚣张，内乱将兴，倘若贸然改弦易辙，功未成而乱先起，则势必会把创立新制的显著功劳视为挑起事端的祸首，那时天下之人也会将修明法度、制礼作乐引以为戒。由此产生的弊端，是诗书之道断绝，礼崩乐坏，而且世俗之学屈从附和以取容于世，人心趋于萎靡不振，人伦纲常日益败坏，经过逐渐浸润熏染，世风更加苟且放纵而浇漓浅薄，这是势所必然的。

唉！明初方孝孺（字希直，号逊志，世称正学先生）被杀之后，天下读书的种子就灭绝了。汉朝尚有贾谊、董仲舒、王臧、赵绾等儒学之士，能够保存古圣先贤之道的百分之一，如果不是曹参，还有谁能够涵养、保护他们呢？所以只有曹参可以因袭成法，这完全是时势使然。曹参之前，汉高祖刘邦应当崇尚其本、质，即建立和整顿纲纪法度，以拨乱反正；曹参之后，汉文帝、汉景帝则必须致力于末、文，即修饰补充礼乐制度使其完备，从而归于允协和洽。这些都属于适时应势。鲁地两位儒生清高自傲而不肯应召出山，文、景二帝对此不以为然而无暇顾及，这些都是不合时代潮流，违背治国理政之道的。

本事：《资治通鉴》卷一二《汉纪四·惠帝》，二年（前193）。

二　京畿与边疆的兵力调配

语曰："明王有道，守在四夷。"制治保邦之道至矣。《书》曰："迪惟有夏，乃有室大竞。"竞以德也，非竞以兵也。《诗》曰："邦畿千里，惟民所止。"民所止也，非兵所聚也。《易·萃》之《象》曰："除戎器，戒不虞。"萃聚二阳于四五，而分四阴于上下。阳，文德也；阴，武功也。近九五者阳，而屏阴于外，内文外武而不虞以戒矣。

汉聚劲兵于南北军，而兵积强于天子之肘腋，以是为竞王室、巩邦畿、戒不虞之计焉。然天子岂能自将之哉？必委之人。而人不易信，则委之外戚，委之中官，以为昵我而可无虞者。乃吕禄掌北军，吕产掌南军，吕后死，且令据兵卫宫以遂其狂逞，而刘氏几移于吕。其后窦、梁、何进与中官迭相握符，而恣诛杀以胁天子者，蹀血相仍。即其未乱也，人主之废立，国事之措置，一听命于大将军，而丞相若其府史。使利器不操于其手，则三公九卿持清议于法宫之上，而孰敢恣睢以逞乎？天下散处而可以指臂使者也。兵者，卫四夷而听命于帅者也，近在肘腋而或掣之矣。周勃偾得而成，窦武偾失而败，人主赘立于上，而莫必其操纵，则亦危矣。

唐当天宝之前，无握禁兵于辇毂者，故扑二张、诸武如缚雏之易。借曰不竞，然且安、史犯阙而旋踵以平。贞元以后，鱼朝恩、吐突承璀、王守澄、刘季述所挟以骄，而废主弑君如吹枯而振槁，其所恃者，岂非天子所欲聚以自竞之兵乎？垂及五代，郭氏攘于前，赵氏夺于后，不出郊关而天下以移。究所以御夷狄而除盗贼者，又不藉此也。则天子未能有兵，聚兵以授人之乱而已。

边徼之备不修，州郡之储不宿，耀武于法宫明堂之侧，舍德而欲以观兵，弃略而欲以炫勇，天子之服天下，岂以左矛右戟、遥震遐方而使詟（zhé）乎！唯兵在外而守在夷也，则外戚奄宦辽远而不相及，利不足以相啖，威不足以相灼，怵然畏天下之议其后而无挟以争。即有逆臣猝起以犯顺，亦互相牵曳而终以溃败。推而大之，舜、禹之舞干而三苗效顺，亦惟不与天下竞勇而德威自震，胥此道焉耳矣。呜呼！聚兵于王室以糜天下于转输，只以召乱而弗能救亡，岂非有天下者之炯戒哉！

【译文】

古语说："圣明的君主治国有道，四夷就会为天子守土尽责。"这句话把治国安邦之道表述得最为到位。《尚书·立政》中说："遵循夏朝的传统，卿大夫竞相修德以自强。"这里说的是竞相修德以自强，并非兵力竞争。《诗经·玄鸟》中说："邦国的疆域广袤千里，都是商民所居住的地方。"国家的疆域是臣民居住生息之地，并非取决于兵力所控制的范围。《周易·萃卦》中的《象辞》说："修治兵器，以防不测。"萃卦的卦象是聚二阳爻于中间第四、第五之位，其余四个阴爻分列在上下两端。阳爻，表示文德；阴爻，表示武功。接近九五之尊的是阳爻，阴爻则作为屏蔽被安置于外面，内兴文教而外修武备，不测之祸就得以有效戒备了。

汉朝将精兵强将聚集于南北二禁军，从而使强大的兵力集中在天子的肘腋之下，以此作为保卫王室、巩固京师、防备不测之祸的谋略。然而，天子怎么能够亲自统率这些军队呢？还不是要委托给他人统领。对外人又不敢轻易信任，就只有委托给外戚、宦官，以为这些亲近自己的人值得信赖，可以确保平安无事。于是，外戚吕禄掌管北军，吕产掌管南军，吕后临死之前还命令他们率兵拱卫皇宫，差一点使吕氏狂妄的阴谋得逞，刘氏的江山几乎要被吕氏篡夺。后来东汉的外戚窦宪、梁冀、何进等与宦官轮流掌握禁军兵权，肆意诛杀以胁迫天子，宫门喋血事件层出不穷。即使在国家尚未出现祸乱之时，皇帝的废立、国家大事的处置，也一概听命于大将军，而作为百官之首的丞相好像是他的属吏一样唯命是从。假如军权不被操纵在他们手中，那么三公九卿在殿堂之上主持清议，有谁敢恣意妄为呢？如果军队分散在全国各地，那么君主指挥起来就像胳膊支配手指一样轻松自如，不受牵制。军队本来是用来防御四方夷狄而且听命于将帅的，如果大量集结在天子肘腋，那么天子就可能会被他们所控制。西汉丞相周勃偶然取得兵权而政变成功，东汉外戚窦武偶然取得兵权而政变失败，而君主高居庙堂之上，形同累赘，如果不能有效地控制军队，其处境就十分危险了。

唐朝在玄宗天宝（742—756）以前，没有人能够在皇帝身边掌握禁军兵权，所以消灭张易之、张昌宗兄弟和武三思等武氏势力的叛乱像缚鸡一样容易。如果无人在皇帝身边统领禁军则皇室力量不强，然而安史之乱虽攻陷都城长安，但很快就被平定了。唐德宗贞元（785—805）以后，专权宦官鱼朝恩、吐突承璀、王守澄、刘季述等人挟禁军兵权而骄横跋扈，废主弑君如同摧枯拉朽一样容易，他们所凭借倚仗的，不正是天子聚集在身边以图自强的禁军吗？沿袭至五代时期，后周太祖郭威窃取皇权在前，宋太祖赵匡胤篡夺帝位于后，他们足不出都城四郊的关门便使天下易手、改朝换代。国家用以防御四方夷狄、平定各地盗贼的兵力，终究凭借的并非这些聚集都城的禁军。由此可见，天子聚兵于京师却没有真正掌握军权，只不过是把军队集中起来授予他人犯上作乱的机会罢了。

边境的防御设施不完备，州郡的战略物资储备不足以持久，却炫耀武力于庙堂之侧，抛弃修明德政而向天下耀武扬威，不讲法度谋略而想要炫耀自己的勇力。天子威服天下，难道靠的是左手持矛、右手持戟而使远方之人畏惧震慑吗？只有将军队安置在外以镇守四夷，才能使外戚、宦官与之相隔遥远而鞭长莫及，其中的利益不足以使之相互倾轧，威势不足以使之相互影响，他们终日战战兢兢，害怕天下之人在背后议论，也就不敢拥兵相争。即使有奸臣逆贼骤然兴兵叛乱，也会因为互相牵制而终致溃败。由此推而广之，虞舜、夏禹以文德感化使三苗归降，不与天下争竞勇武却能够以德行和威势震慑天下，用的也只是这种办法罢了。唉！聚集精兵强将于王室周围，为了转输军资而劳民伤财，最终只能招致叛乱却不能挽救国家危亡，这难道不是拥有天下的君主应明白的显著鉴戒吗？

本事：《资治通鉴》卷一三《汉纪五·高皇后》，八年（前180）。

文帝

一　袁盎大奸似忠

诚以安君之谓忠，直以正友之谓信，忠信为周。君子周而上下睦，天下宁矣。周勃平诸吕，迎立文帝，而有德色；非有罔上行私之慝（tè）也，不学无术而忘其骄耳。袁盎与俱北面事君，尊卑虽殊，固有同寅之义；规而正之，勃岂遽怙而不改。藉其不改而后廷折之，勃过不掩而文帝之情亦释矣。乃弗规弗折而告文帝曰："丞相骄，陛下谦让，臣主失德。"斯言出而衅忌生，勃之祸早伏而不可解，险矣哉！

帝之谦，非失德也，尊有功而礼大臣，亦何非太甲、成王之盛心？而导之以猜刻，此之谓不忠。谅其心之无他，弗与规正，而行其谗间，此之谓不信。盎之险诐（bì），推刃晁错而夺之权，于勃先之矣。小人之可畏如此夫！

乃抑有奸不如盎者，浅而躁，褊（biǎn）迫而不知大体，击于目即腾于口，贻祸臣主，追悔而弗及，非盎类而害与盎等。故人主之宜远躁人，犹其远奸人也。则亲亲尊贤之道，其全矣乎！

【译文】

对君主诚心诚意而使其安定，就叫作忠；对朋友正直无私而匡正其过失，就叫作信；忠信兼备，就叫作周。君子能做到周，则君臣上下和睦，天下安宁。丞相周勃平定了吕氏的叛乱，迎立汉文帝刘恒，居功自傲因而流露出有德于君的神色。周勃并没有欺君罔上、营私舞弊的奸邪之心，但由于他不学无术，因而忘记了戒骄戒躁。中郎将袁盎与他同朝事君，虽然地位尊卑不同，却也有同僚之义；

如果袁盎能私下规劝周勃改正过失，周勃难道会坚持过错而不肯悔改吗？即使周勃不知悔改，也可以在朝堂上当众批评他，这样周勃的过失不会被掩饰，而汉文帝心中的疑虑也就消除了。然而，袁盎既不私下规劝，也不当众批评，而是对文帝进谏说："丞相周勃骄傲自大，陛下却一味谦让；君臣各失其德。"此言一出，君臣之间立即有了嫌隙和猜忌之心。周勃被告谋反的祸端就此埋下，终究不可化解，其用心何其险恶啊！

汉文帝刘恒的谦让并非失德，尊重有功之人，礼敬德高望重的大臣，又怎么能说他不是出自与商太甲、周成王一样深厚美好的情意？然而，把汉文帝的谦让之心导向猜忌刻薄，这就是不忠。明知对方心中没有异念，却不加规劝指正，而是背地里进谗言挑拨离间，这就是不信。袁盎的阴险邪僻一以贯之，后来他向汉景帝进谗言诛杀晁错并夺其权位，早在陷害周勃之时已见其先兆了，奸佞小人就是如此可怕啊！

还有一些奸邪不及袁盎的人，浅薄急躁、气度狭隘、不识大体，目有所见便信口开河，结果给君臣带来灾祸，追悔莫及，这种人虽然与袁盎不属同类，但其危害却与之相同。所以，君主应当远离急躁偏狭的人，就如同远离奸邪险恶的人一样。只有这样，孝敬亲人、尊敬贤人的大道才能得以保全。

本事：《资治通鉴》卷一三《汉纪五·文帝》，汉文帝前元元年（前179）。

二　君主伪谦，取祸之道

《易》曰："谦：亨，君子有终。"君子而后有终，非君子而谦，未有能终者也。故"㧑"也、"鸣"也、"劳"也，而终之以"侵伐"。虽吉无不利，而固非以君子之道终矣。君子之谦，诚也。虽帝王不能不下丘民以守位，虽圣人不能不下刍荛以取善。理之诚然者，殚心于此，而诚致之天下。见为谦而非有谦也，而后可以有终。故让，诚也；任，亦诚也。尧为天下求贤，授之舜而不私丹朱；与禹之授启、汤之授太甲、武王之授成王一也，皆诚也。舜受于尧，启受于禹，与泰伯之去句吴、伯夷之逃孤竹一也，皆诚也。若夫据谦为柄，而"㧑"之，而"鸣"之，而"劳"之；则姑以此谢天下而不自居于盈，则早已有填压天下之心，而祸机伏而必发，故他日侵伐而无不利。黄、老之术，离诚而用伪久矣。取其"鸣谦"之辞，验其"侵伐"之事，心迹违，初终贸，抑将何以自解哉！故非君子，未有能终其谦者也。

有司请建太子，文帝诏曰："楚王，季父也；吴王，兄也；淮南王，弟也。"诸父昆弟之懿亲，宜无所施其伪者。而以观其后，吴濞、楚戊、淮南长无一全其躯命者。尺布斗粟之谣，取疚于天下而不救。然则诏之所云，以欲翕固张之术，处于谦以利用其忍，亦险矣哉！

且夫言者，机之所自动也。吴、楚、淮南闻斯语而歆动其妄心，则虽欲扑之而不得。故曰“火生于木而焚生火之木”，自生而自克也。文帝亦何利焉？至于侵伐，而天下亦殆矣。君子立诚以修辞，言其所可行，行焉而无所避，使天下洞见其心，而鬼神孚之。兵革之萌销于心，而机不复作，则或任焉而无所用谦，或让焉而固诚也，非有伪而托于“鸣”者也。何侵伐之利哉！

【译文】

《周易·谦卦》的卦辞中说：“具有谦德的君子，就会亨通顺遂，有始有终，一以贯之。”只有君子的谦让才是有始有终的，不是君子的，他的谦让没有能够善始善终的。所以，《周易·谦卦》的爻辞中所说的“㧑谦”“鸣谦”“劳谦”，最终的归宿却是“侵伐”。虽然也能够吉祥顺利，但终究不是以君子之道善终的。君子的谦让，出于至诚。即使是帝王也不能不屈身善待百姓以保守其位，即使是圣人也不能不礼让割草打柴之人以取得善果。这是诚然如此的道理，如果能为此尽心竭力，就可以真诚招致天下人心。表现出的谦让并不是有意为之的谦让，才能得以善终。所以，谦让是出于诚意，担责也是出于诚心。唐尧为天下求贤，把帝位传给虞舜，而没有授予他的儿子丹朱；这和夏禹传位于儿子夏启、商汤传位于儿子太甲、周武王传位于儿子成王是一个道理，都是出于至诚。虞舜受禅于唐尧，夏启受位于夏禹，和泰伯南投奔句吴、伯夷逃离孤竹也是一样的道理，都是出于至诚。至于将谦让据为资本，广为散布、大肆宣扬、自居其功，那么即使他姑且以实际行动向天下人致歉、谢罪而不自居盈满，也早已有镇服天下之心，祸机业已潜伏下来，必定适时爆发，所以日后对他进行侵伐，便无往而不利。黄、老之术，弃诚而用伪，由来已久了。利用“鸣谦”之辞验证“侵伐”之事，心意与行动相违背，开始与终结不一致，又怎么能自白于天下呢？所以说，除非是君子，没有人能够始终如一地保持其谦让。

有关官员请求早立太子，汉文帝刘恒下诏说：“楚王刘交，是我的叔父；吴王刘濞，是我的兄长；淮南王刘长，是我的弟弟。”意思是说应该推举有德之人继承社稷，而非急于册立太子。叔父、兄弟都是至亲之人，按理不应该以如此虚伪的态度对待他们。但是从后来的历史来看，吴王刘濞、楚王刘戊（刘交之孙）、淮南王刘长三个人，没有一个得以保全其身躯性命的。淮南王刘长被废并绝食而死后，民间歌谣传唱道：“一尺布，尚可缝；一斗粟，尚可舂；兄弟二人不相容。”他们对天下犯下大罪，没有人能够拯救他们。汉文帝诏书所云，正是运用老子所谓的“想要收敛它，必先扩张它”的欲擒故纵策略，自处于谦恭以利用对方的隐忍不发，也是很危险的啊！

人的话语，是引发祸乱的导火索。如果吴王、楚王、淮南王听到汉文帝的这番话后无不欣然萌动了不正当的心思，那么想扑灭他们心中的欲念已是不可能。所以说“火生于木却又反过来焚烧生火的木材”，这就是自生自克的道理。汉文帝刘恒又能得到什么好处呢？一旦到了诸王叛乱，征伐再起，天下就陷入危险的境地。君子要修饰自己的言辞以确立内心的诚意，所说的话要切实可行，所做的事要无所避讳，使天下人得以洞见其心，即使鬼神也能够信服。战争的欲念消弭于心底，就不会再有发动的机会。这样，有时需要担责任而无须谦让，有时谦逊辞让也一定是出于至诚，并非虚情假意而假托于言谈的谦让。防患于未然，哪里还用得上侵伐之利呢？

本事：《资治通鉴》卷一三《汉纪五·文帝》，汉文帝前元元年（前179）。

三　礼乐之兴，唯学而已

汉兴，至文帝而天下大定。贾谊请改正朔、易服色、定官名、兴礼乐，斯其时矣。鲁两生百年而后兴之说谬矣。虽然，抑岂如谊之请遽兴之而遂足以兴邪？武帝固兴之矣，唐玄宗欲兴之矣，拓拔、宇文之膻，蔡京之佞，亦窃欲兴之矣。文帝从谊之请，而一旦有事于制作，不保其无以异于彼也。于是而兴与不兴交错，以凋丧礼乐，而先王中和之极遂斩于中夏。

夫谊而诚欲兴也。当文帝之世，用文帝之贤，导之以中和之德，正之于非僻之萌，养之以学问之功，广之以仁义之化，使涵泳于义理之深，则天时之不可逆，而正朔必改；人事之不可简，而服色官名之必定；至德之不可斁，而礼乐之必兴。怵惕而不安于其心，若倦于游而思返其故。抑且有大美之容，至和之音，仿佛于耳目之间，而迫欲遇之。则以文从质，以事从心，审律吕于铢累之间，考登降于周旋之际，一出其性之所安，学之所裕，以革故而鼎新，不待历岁年而灿然明备矣。谊之不劝以学而劝以事，则亦诏相工瞽（gǔ）之末节，方且行焉而跛倚，闻焉而倦卧，情文不相生，焉足以兴？故文帝之谦让，诚有歉于此也，固帝反求而不容自诬者也。礼乐不待兴于百年，抑不可遽兴于一日，无他，惟其学而已矣。

或曰：成王幼冲，德未成而周公亟定宗礼，何也？曰：周公之自定之也，非成王之能也。迨其后成王日就月将而缉熙于光明，乃以用周公之所制而不惭。谊固非周公，藉令其能如周公，而帝以黄、老之心行中和之矩范，自顾其不类而思去之，又奚能以终日乎？

【译文】

汉朝建立后，直到汉文帝刘恒在位时期才天下大定。博士贾谊请求改订历法、更易服色、厘定官名、兴礼作乐，时机非常合适。鲁地两位儒生所谓礼乐百年而后兴的说法简直是谬论。尽管如此，难道按照贾谊所请立即制礼作乐，就足以很快兴起礼乐教化吗？汉武帝刘彻固然兴起礼乐教化了，唐玄宗也想兴起礼乐教化，就连北魏拓跋氏、北周宇文氏那样的夷狄政权和北宋蔡京那样的奸佞之臣也无不想兴起礼乐教化。如果汉文帝接受了贾谊的请求，旦夕之间便迅速制礼作乐，难保其命运与历史上那些失败的案例能有什么区别。于是兴与不兴相互交错，从而使礼乐制度渐趋凋零沦丧，古圣先王至高至正的中和之道也就断绝于华夏大地了。

贾谊的确是诚心想复兴礼乐，他处在汉文帝刘恒在位时期，利用文帝的贤明，以中和之德引导他，在他萌发邪恶之念时及时加以规正，以学问之功滋养其涵泳，以仁义感化拓广他的襟怀，使他深入领会义理的精深玄妙。如此则天时不可违逆，历法必须订正；人事不可轻慢简陋，服色、官名必须厘定；至高的德行不容败坏，礼乐教化必须兴起。由于内心恐惧警惕而不能安神，好像厌倦漂泊游玩后想要返回故里一样。况且有大美的礼仪妆容，至为和谐的音乐，仿佛就在耳目之间，急切想与之相遇。如此则以外在的文饰服从内在的本质，以具体的行动服从于本心，在精细的尺度上审定音律，在周旋进退之际考订登阶降阶的礼仪细节，完全出于其性情之所安然、学问之渊博积累，以此革故鼎新，用不了一年时间就会使礼乐法度灿然而明晰完备。贾谊不劝文帝先修学问，却先以政事规劝，这就好似负责礼仪的诏相及乐官之类所应从事的细枝末节，刚要去做便有失偏倚，令人一听便倦卧在床，内容与形式不能相生，如何谈得上复兴礼乐教化呢？所以说汉文帝刘恒的谦让，确实在学问方面有所欠缺，他本就应该反躬自省而不容许自欺欺人。礼乐虽不可等到百年以后再复兴，但也不可在一日之间急速兴起，这没有别的原因，只在于为政者学识的局限罢了。

有人说：周成王姬诵年幼，德行未成而周公便急于制定宗庙祭祀的礼仪，这是为什么呢？回答是：这是周公自己制定的，并不是周成王本人所能够制定的。等到后来，成王不断学习，日日有所收获，月月有所进步，从而达到无比光明的境界，仍继续使用周公所制定的礼乐制度，而没有感到丝毫的不适用。贾谊本来就不是周公，即使他有周公的德行和才能，而汉文帝以信奉黄、老之心推行儒家中和之道的规范，自己也会深感不伦不类而想要抛弃它，又如何能够终日听从贾谊的教导呢？

本事：《资治通鉴》卷一三《汉纪五·文帝》，汉文帝前元元年（前179）。

四　相不可将，将不可相

文帝罢卫将军军，不欲使兵之冗集于京师也；罢太尉官属丞相，不欲兵柄轻有属也；合将与相而一之，故匈奴侵上郡而灌婴以丞相出将。以是为三代文武同涂之遗制与！抑论之：罢卫军，罢太尉，未尝不宜也。天子者，不待拥兵以为威；假待之以为威，则固不可更授其制于一人。乃若合将相于一，而即相以将，则固不可。灌婴者，可将者也，非可相者也；其可相者，则又非可将者也。故三代之制，不可行于后世者有二：农不可兵，兵不可农；相不可将，将不可相也。

且夫古之将相合一者，列国之事尔。楚之令尹，楚之帅也；晋之将中军，晋之相也。所以然者，何也？列国无议礼、制度、考文之事，无百揆（kuí）、四门、大麓（lù）之典。其执政者，不必有燮阴阳、兴教化、叙刑赏之任。而其为帅也，亦邻国之不辑，相遇于中原，以一矢相加遗，而犹有礼焉；非如后世之有天下者，与夷狄盗贼争社稷之存亡也。其谓之将相者，今一郡之倅（cuì）判而已；又其小者，一县之簿尉而已。若天子，则吉甫、山甫、方叔、南仲各任其任而不相摄。然则三代且不然，而况后世统万方之治乱，司边徼之安危者乎！

盖相可使之御将，而不可使为将；将可与相并衡，而不可与六卿并设。宋之以枢密司兵而听于相，庶几近之矣。以枢密总天下之戎务，而兵有专治；以宰相司枢密之得失，而不委以专征。斟酌以仿三代之遗意，而因时为节宣，斯得之与！阁臣督师，而天下速毙。呜呼！殆矣夫！

【译文】

汉文帝刘恒罢免卫将军职位及其所统辖的军队，是不想让军队过多地聚集于京师；罢免太尉之职，将其官属归于丞相，是不想把兵权轻易授人；采取将相合一的措施，因此匈奴侵犯上郡（今陕西榆林东南）时，灌婴以丞相的身份为将出征。大概他认为这是夏、商、周三代文武同途的遗制。不过仔细讨论起来，罢卫军，罢太尉，也不是不可以。天子本来就不必拥重兵以耀武扬威；如果不得不拥兵以耀武扬威，也不能将兵权授予丞相一人，结果反受其制。至于合将相为一，以将军而任丞相，则根本不可行。灌婴，可以做将军，却不可做丞相；可以做丞相的人，则不一定能做得了将军。所以夏、商、周三代之制，不可行于后世有两种情况：一是农不可兼为兵，兵不可兼为农；二是丞相不可兼任将军，将军不可兼任丞相。

况且古代的将相合一，乃是列国时期的制度。楚国的令尹，即楚国军队的统帅；晋国的中军主将，即晋国的宰相。为什么会这样呢？因为在列国时期还没有议论礼法、制作法度、考试辞章之类的事情，也没有总理百官、四门学校、总录政事的典章制度；执掌国政者，不必负责调和阴阳、兴办教育、奖惩赏罚等职事。作为将帅，也只是在与邻国不相辑睦的时候，率军相遇于原野，相互以一支箭矢射击，也仍然不失礼仪；不像后世的君主，必须不断地与夷狄、盗贼争夺江山社稷的存亡。而且列国时期所谓的将相，仅相当于今日一郡的副贰之官罢了；更小的诸侯国的将相，犹如今日一县的主簿、县尉罢了。至于周天子，其大臣如尹吉甫、仲山甫、方叔、南仲等各司其职而互不统属。由此可见，夏、商、周三代尚且不实行将相合一，何况是后世统领天下的治乱、边疆的安危呢！

大体说来，宰相可以统御将帅，却不可以让他们做将帅；将帅可以与宰相并驾齐驱，却不可以和六卿并列设置。宋朝以枢密使统领军队而听命于宰相，差不多与此古制接近。以枢密使总领天下军事，则军队有专人管理；以宰相监察枢密使的得失，而不委之以专征之权。斟酌、效仿夏、商、周三代的遗制精神，因时制宜，加以增益调适，宋朝可以说基本做到了。至于像明朝那样以阁臣督军，则天下速亡。唉！太危险了啊！

本事：《资治通鉴》卷一三《汉纪五·文帝》，汉文帝前元元年（前179）。

五　启侮于诸侯，爱之实害之

审食其之死，文帝伤淮南王长之志，赦而弗治，亦未为失也。汉廷之大臣，无有敢请治之者，国无人矣。张释之为廷尉，虽在食其已死之后，而追请正邢侯、雕子之刑，抑非事远而不可问，姑市其直于太子、梁王之行驰道，而缄口于淮南。则其直也，盖“见可”“知难”之直，畏强御而行于所可伸者也。天子诎于情，而廷臣挫于势，故其后王安欲反，而谓汉廷诸臣如吹枯振落之易。其启侮于诸侯久矣，张释之其尤乎！

【译文】

汉文帝前元三年（前177），辟阳侯审食其在其府中被淮南王刘长锤杀。汉文帝有感于淮南王为母亲报仇矢志不渝，因而赦免了他的罪过，不予追究，这种做法并没有什么不对。但当时朝廷的大臣，却没有人敢于请求依法治其罪者，说明国家无人啊！张释之担任廷尉，虽然是在审食其死后，尚且可以像春秋时期晋国韩宣子追究邢侯、雝子的罪责一样追责淮南王，并不是事情久远就不能过问了。张释之却暂且在太子刘启与其弟梁孝王刘武共车而行于驰道、不下司马门一事上大做文章，以此博得刚直的声名，但对淮南王之事却缄口不言。所以说，张释之的“直”，恐怕只是见可而进、知难而退的“直”，畏惧强暴，只有在可以得志的事情上才采取行动伸张正义。这样，天子碍于亲情，廷臣屈于权势，所以后来淮南王刘安想要谋反之时，竟认为对付朝廷诸臣就如同摧枯拉朽一般容易。朝廷大臣开启诸侯轻侮之心由来已久，张释之的罪过大概是其中最为严重的吧！

本事：《资治通鉴》卷一四《汉纪六·文帝》，汉文帝前元三年（前177）。

六　慎用大臣而不吝于改过

以一人之誉而召季布，以一人之毁而遣季布，天下将窥其浅深。虽然，何病？人主威福之大权，岂以天下莫能窥为不测哉！布之悻悻于罢去，而抑诘人主以取快，其不足以为御史大夫，明矣。使酒难近之实，自露而不可掩矣。文帝之失，轻于召布也，非轻于罢布也。慎用大臣而不吝于改过，闻人之言，迟之一月，而察其非诬，默然良久，而曰："河东吾股肱郡，故特召君。"所以养臣子之耻也，非惭也。如其惭邪，抑以轻于召布而愧其知人之不夙也。

【译文】

汉文帝刘恒因为一个人的称赞而召见河东郡守季布并打算任用其为御史大夫，又因为一个人的诋毁而将季布遣回河东，天下人由此窥探其城府的深浅。即便如此，又有何妨？君主生杀予夺的赏罚大权，难道是以天下没有人能窥探到为不测吗？季布对于自己被遣回河东一事耿耿于怀，于是通过诘责君主以逞一时之快，此举也表明他的才德不足以担任御史大夫。他借酗酒放纵性情而使人难以接近的事实，已经自行暴露而不可掩饰了。汉文帝刘恒的失误，只在于轻率地召见季布，而不是轻率地将季布遣回河东。他慎用大臣而不吝惜改正自己的过错，听到别人的负面言论之后，又等上一个月，才发现并非诬陷之词，沉默良久后说："河东是我的股肱之郡，举足轻重，所以特意召见你。"这其实是在涵养臣子的羞耻之心，而不是出于自己的惭愧之情。如果他真的感到惭愧，也应是轻率地召见季布而愧于不能及早知人。

本事：《资治通鉴》卷一四《汉纪六·文帝》，汉文帝前元四年（前176）。

七　贾谊、陆贽、苏轼之比较

贾谊、陆贽（zhì）、苏轼，之三子者，迹相类也。贽与轼，自以为谊也；人之称之者，亦以为类也。贽盖希谊矣，而不能为谊，然有愈于谊者矣。轼且希贽矣，而不能为贽，况乎其犹欲希谊也。

奚以明其然邪？谊之说：豫教太子以端本，奖廉隅以善俗，贽弗逮焉。而不但此，傅梁怀王，王堕马毙，谊不食死，贽弗能也。所以知其不能者，与窦参为难之情，胜于忧国也。顾谊之为学，粗而不纯，几与贽等。而任智任法，思以制匈奴、削诸侯，其三表五饵之术，是婴稚之巧也；其削吴、楚而益齐，私所亲而不虑贻他日莫大之忧，是仆妾之智也；贽之所勿道也。故辅少主、婴孤城、仗节守义，以不丧其贞者，贽不如谊；而出入纷错之中，调御轻重之势，斟酌张弛以出险而经远也，谊不如贽。是何也？谊年少，愤盈之气，未履艰屯，而性之贞者略恒疏，则本有余而末不足，斯谊与贽轻重之衡，有相低昂者矣。

若夫轼者，恶足以颉颃二子乎！酒肉也，佚游也，情夺其性者久矣。宠禄也，祸福也，利胜其命者深矣。志役于雕虫之技，以耸天下而矜其慧。学不出于揣摩之术，以荧天下而售其能。习于其父仪、秦、鞅、斯之邪说，遂欲以搅天下而生事于平康之世。文饰以经术，而自曰吾谊矣；诡测夫利害，而自曰吾贽矣；迷失其心而听其徒之推戴，且曰吾孟子矣。俄而取道于异端，抑曰吾老聃矣，吾瞿昙矣。若此者，谊之所不屑，抑贽之所不屑也。绛、灌之非谊曰：“擅权纷乱。”于谊为诬，于轼允当之矣。藉授以幼主危邦，恶足以知其所终哉！乃欲推而上之，列于谊与贽之间，宋玉所云“相者举肥”也。

王安石之于谊，似矣，而谊正。谊之于方正学，似矣，而正学醇。正学凌谊而上之，且不能以戢祸乱，而几为咎首。然则世无所求于已，已未豫图其变，端居臆度，而欲取四海而经营之，未有能济者也。充谊之志，当正学之世，尽抒其所蕴，见诸施行，殆可与齐、黄并驱乎！贽且不能，而轼之淫邪也勿论已。故抗言天下者，人主弗用而不足惜。惟贽也，能因事纳忠，则明君所衔勒而使驰驱者也。

【译文】

汉代贾谊、唐代陆贽、宋代苏轼，这三个人的事迹、经历相似。陆贽与苏轼，自以为是贾谊再世；别人评价他们时，也认为他们是同一类人。其实，陆贽大概很仰慕贾谊，但他成不了贾谊那样的人物，不过他也有超过贾谊的地方；苏轼很仰慕陆贽，但他连陆贽那样的人物都不能做到，更不用说仰慕贾谊并且想成为和他一样的人了。

如何能够证明确实如此呢？贾谊主张教育太子以端正国本，褒奖端方不苟的行为以改善风俗，这是陆贽比不上的地方。不仅如此，贾谊做梁怀王太傅时，梁怀王不慎坠马而死，贾谊为此不食而死，这也是陆贽所不能及的。之所以知道陆贽不能做到，是因为陆贽与宰相窦参相互为难争斗之情，胜于其忧国忧民之情。观察贾谊的为学，粗疏而不纯，差不多与陆贽一样。贾谊运用智慧和法度，想要制伏匈奴、削弱诸侯，他的三表（仁、义、信）五饵（目、耳、口、腹、心）之术，是耍小孩子的聪明；他削弱吴国、楚国而强大齐国的主张，是偏爱亲近而不惜为将来留下隐患，这是臣妾之人的小智，这些都是陆贽不屑于认同的。所以，辅佐少主、固守孤城、仗节守义而不失其忠贞之志，则陆贽不如贾谊；而出入于错综复杂的政局，调和控制轻重缓急之势，斟酌其张弛有度的策略以摆脱危局、谋划长远，则贾谊不如陆贽。为什么呢？因为贾谊年轻气盛，愤世嫉俗，没有经历过艰险，而性情坚贞的人在谋略上多有疏漏，则坚持根本有余而细节上有所不足，这是贾谊与陆贽相比各有所长，互有高下之处。

至于苏轼，哪里有资格与贾、陆二人相提并论呢！他嗜好酒肉，放纵游荡而无节制，物欲、逸乐之情久已夺其本性。他不忘恩宠爵禄，趋福而避祸，其逐利之念深深侵蚀他的心性。他沉溺于雕虫小技，以耸动天下视听而自夸其聪慧。他的学问无不出于揣摩游说之术，以荧惑天下而炫耀其才能。他熟习其父苏洵关于张仪、苏秦、商鞅、李斯的异端邪说，就想凭借这些包揽天下而生事于太平盛世。他以经术装潢门面，就自称贾谊；诡测天下利害，就自称陆贽；迷失本心而听任其门徒的拥戴，甚至自称孟子。忽而又取道于异端邪说，便自称老子、瞿昙（释迦牟尼佛）。

像这样的行为，贾谊不屑为，陆贽也不屑为。绛侯周勃、颍阴侯灌婴指责贾谊，说他“擅权纷乱”。这话对贾谊来说是诬陷，用在苏轼身上却很允当。如果让他在君幼国危的情势下掌权，不知道会落得什么样的下场呢！竟然还想抬高自己，跻身于贾谊与陆贽之列，这正是宋玉所说的“相者举肥”（相马只选肥壮，比喻荐士只举有财势者）。

王安石与贾谊有些相似，而贾谊更加刚正。贾谊与方孝孺相似，而方孝孺更加醇厚。方孝孺的才识在贾谊之上，尚且不能平定祸乱，反而几乎成为罪魁祸首。尽管如此，但世间之人无求于己，自己未能对世道变幻做出预判，仅端居一室之中主观臆测，就想要夺取天下并有效治理，没有能够成功的。若有人抱有贾谊的壮志，身处方孝孺的时代，尽情抒发心中所蕴藏的治国方略，并付诸实践，差不多可以与岐伯与黄帝坐而论道并驾齐驱吧！陆贽尚且无法做到，而轻浮邪僻的苏轼就更不用提了。所以高谈阔论天下大事的人，君王不予信用也不值得惋惜。只有像陆贽那样的大臣，能够利用各种条件和事情向君王进献忠言，才是贤明的君王能够驾驭并驱使其纵横驰骋的难得人才。

本事：《资治通鉴》卷一四《汉纪六·文帝》，汉文帝前元六年（前174）。

八　利权宜公之在下制之在上

文帝除盗铸钱令，使民得自铸，固自以为利民也。夫能铸者之非贫民，贫民之不能铸，明矣。奸富者益以富，朴贫者益以贫，多其钱以敛布帛、菽（shū）粟、纻（zhù）漆、鱼盐、果蓏（luǒ），居赢以持贫民之缓急，而贫者何弗日以贫邪！耕而食，桑苎而衣，洿（wū）池而鱼鳖，圈牢而牛豕，伐木艺竹而材，贫者力以致之，而获无几；富者虽多其隶佣，而什取其六七焉。以视铸钱之利，相千万而无算。即或贷力于贫民，而雇值之资亦仅耳，抑且仰求而后可分其波润焉。是驱人听豪右之役也。

故先王以虞衡司山泽之产而节之，使不敢溢于取盈，非吝天地之产，限人巧而使为上私利也。利者，公之在下而制之在上，非制之于豪强而可云公也。推此义也，盐之听民自煮，茶之听民自采，而上勿问焉，亦名美而实大为荑稗（tí bài）于天下。

或曰：盐可诡得者也。茶之利，犹夫耕之粟，而奚为不可？曰：古之耕也以助，今之耕也以贡。助以百亩为经，贡以户口为率。法圮于兼并，而仍存其故。茶之于民也，非赖以生如粟也。制于粟而不制于茶，即有劚山之劳，而亦均于逐末，故漆林之税，二十而五，先王不以为苛。恶在一王之土，食地之力，可任狡民之舍稼穑以多所营，而不为之裁制邪？抑末以劝耕，奖朴而禁奸，煮海种山之不可听民自擅；而况钱之利，坐收逸获，以长豪黠而奔走贫民，为国奸蠹（dù）者乎！

金、银、铅、锡之矿，其利倍蓰（xǐ）于铸钱，而为争夺之衅端。乃或为之说曰：听民之自采以利民。弄兵戕杀而不为禁，人亦何乐乎有君？

【译文】

汉文帝刘恒废除了禁止私自铸钱的法令，使百姓可以自铸钱币，他坚信这是利民之政。然而，能够铸钱的人都不是贫民，而贫民没有能力铸钱，这是显而易见的。结果违法犯禁而富有的人因此更加富裕，质朴老实的贫民因此更加贫穷，富有的人仗着钱多聚敛布帛、粮食、纻漆、鱼盐、瓜果等物质财富，囤积居奇以等候贫民急需之时高价卖出，贫民怎么能不一天比一天贫穷呢！耕地种田而得食吃，植桑种麻而得衣穿，挖掘池沼以养殖鱼鳖，修建圈栏以饲养猪牛，伐木植竹以取材料，贫民全力以赴，最终收获却寥寥无几；富人虽然多有佃户、佣工，却能拿走他们六七成的收益。农业之利与铸钱相比，差别何止千万倍。即使有的铸钱者雇佣贫民，其付出的工钱却少得可怜，而且贫民还要仰求于人才能分到一点残余的利润。这个政策其实是在驱使贫民听从豪强之家的役使。

所以古圣先王设立虞衡主管山泽的物产，对其开采加以节制，使其不敢过度采伐，这并不是吝惜自然物产，而是为了限制有人巧取豪夺以便为上位者牟取私利。利益这种东西，虽然应当由下层百姓公平分享，但其控制权则应由朝廷掌握，并不应该受豪强操纵，否则的话就不叫公利了。推而广之，如果盐和茶都听任百姓自煮、自采，朝廷也不加以过问，也只是名义上很美好而实质上损害了国家和百姓利益的政策。

有人说：盐可以用不正当的手段获得，种茶就如同农夫耕田得粟一样，为什么不可以听任其生产和流通呢？回答是：古代的赋税实行的是以百亩为标准，借民力以助耕公田的办法；当今实行的是以户口为依据，每户耕田纳贡的办法。百亩之法由于土地兼并而遭到破坏，仅留下一些故事罢了。对于百姓来说，茶并不像粮食那样是赖以为生的物资。如果官府管制粮食生产，而不控制茶叶生产和流通，那么即使将所有山野都开垦种茶，其利用也会被追逐末利的商人所垄断，所以先王对漆林课以重税，即使二十税五，也不认为太过苛刻。在同一君王统治下的国土上，所有人都靠耕田生息，怎么能够听任狡猾之人舍弃农耕而追逐多利的经营，却不加以制裁呢？抑制末业而奖励农耕，奖励质朴而禁止奸邪，不可听任百姓随意煮海制盐、开山种茶。更何况铸钱之利，不劳而获，助长了豪强的奸邪狡黠，而驱使贫民奔走劳累，严重侵害了国家利益。

金、银、铅、锡等矿产，其利润又五倍于铸钱，因而是引起纷争的端由。竟然有人为之辩护说：听任民间开采以利百姓。这无异于放任民间大动干戈、相互攻杀而官府不予禁止，那样的话，民众又为什么乐于接受君主的统治呢？

本事：《资治通鉴》卷一四《汉纪六·文帝》，汉文帝前元五年（前175）。

九　铸钱轻重之准

铸钱轻重之准，以何为利？曰：此利也，不可以利言也，而利莫有外焉矣。如以利，则榆荚线缳尚矣，殽杂铅锡者尚矣，然而行未久而日贱，速敝坏而不可以藏。故曰此利也，不可以利言也。

且夫五谷、丝苎、材木、鱼盐、蔬果之可为利，以利于人之生而贵之也。金玉珠宝之仅见而受美于天也，故先王取之以权万物之聚散。然亦曰以是为质，可以致厚生之利而通之，非果以为宝，而人弗得不宝也。然既仅有仅见，而因天地自然之质也。铜者，天地之产繁有，而人习贱之者也；自人制之范以为钱，遂与金玉珠宝争贵，而制粟帛材蔬之生死；然且不精不重，则何弗速敝坏而为天下之所轻。其唯重以精乎！则天物不替而人功不偷，犹可以久其利于天下。

故长国家者，知天人轻重之故，而勿务一时诡得之获。一钱之费，以八九之物力人功成之，利亦未有既也。即使一钱之费如一钱焉，而无用之铜化为有用，通计初终，而多其货于人间，以饶益生民而利国，国之利亦溥矣。一钱之费用十之八九，则盗铸无利而止。钱一出于上，而财听命于上之发敛，与万物互相通以出入，而有国者终享其利。故曰不以利言，而利莫有外也。则“五铢”之轻，不如“开元”之重；殽杂铅锡，不如金背漆背之精。通计之而登耗盈虚之数见，非浅人所易知也。以苟且偷伪之情，与天地之德产争美利，未有能胜者也。

【译文】

铸钱轻重的标准，以哪一种有利呢？回答是：铸钱的有利，不能用一般的有利来衡量，此外就没有比这更为有利的了。若以单纯的利润高低为标准，则榆荚钱、线缳钱的利润最高，掺杂铅锡的钱利润也高，但是流通不久就一天天地贬值，很快就会腐坏而不可长久保藏。所以，铸钱之利不可以用一般的利润标准衡量。

五谷、丝麻、木材、鱼盐、蔬果等之所以产生利润，是因为它们有利于人类的生存而被看重。金玉珠宝非常稀有，而且承受上天美意被自然造就，所以古圣先王用它们衡量万物的聚散。但也强调说是以此为本，可以厚生利用而流通万物，并不把它们当作宝贝，民众却不得不视之为至宝。既然金玉珠宝本身非常罕见，这也算是顺应了天地自然的本质。至于铜，各地均多有蕴藏出产，随处可见，因而为人所习见轻视。自从人们把它铸造成钱币之后，就开始与金玉珠宝争夺贵重地位，而且控制了粮食、布帛、木材、蔬果等物资流通的生杀予夺大权；但如果铜钱不精不重，又如何能不迅速败坏而为天下人所轻视呢？因此钱币只能又重又精。只要上天所赋予的材质不加更替，人力制作也不苟且偷工减料，那么钱币就可以长期地造福于天下。

所以治理国家的人，应当懂得天人轻重的缘故，不应务求一时不正当的利益收获。铸造一钱铜钱的费用，相当于其值八九分的人力和物力，其利润终究是没有穷尽的。即使铸造一钱铜钱的成本等同于一钱，把无用的铜化为有用之物，从整体上计算其开始与终结，民间货币使用量增加了，也能够富民而利国，国家由此得到的利益也足够大了。一旦铸造一钱铜钱的成本高达十之八九，则盗铸钱币的人就会因无利可图而停止。如果铸币权由国家垄断，则财物的聚散完全听命于朝廷，万物互相流通，交换有无，拥有天下的君主就可以始终享有其利。所以，铸钱之利不能用一般利润的标准衡量，其利自然不会外流。所以五铢钱的轻，不如开元通宝的重；掺杂铜锡的钱，不如金背钱、火漆钱精致。从整体上统计，增减、盈亏的数目就显现出来了，这不是知识浅薄的人所容易理解的道理。以苟且浅薄之情，而与天地钟灵毓秀之物争美夺利，没有能够取胜的。

本事：《资治通鉴》卷一四《汉纪六·文帝》，汉文帝前元五年（前175）。

一〇　侠者之心，不可致诘

淮南王长反形已具，丞相、御史奏当弃市，正也。所谓“人臣无将，将则必诛”者也。文帝赦而徙之，与蔡叔郭邻之罚等，臣子法伸而天子之恩纪不靳。长愤恚（huì）

不食而死，“怙终贼刑”，免于讨，足矣。袁盎请斩丞相、御史，悆（xiān）人之心，不可穷诘，有如此者！或者其欲以恩私外市诸侯而背天子，挟庄助外交之心，以冀非望，未可知也。抑或憎妒大臣之轧己，而欲因事驱逐，以立威于廷，而攘大位，未可知也。文帝避杀弟之名，置盎不谴而参用其说。盎之无惮以逞，面欺景帝，迫晁错而陷之死，终执两端，与吴、汉交市，而言之不衷也显矣。盎，故侠也；侠者之心，故不可致诘者也。有天下而听任侠人，其能不乱者鲜矣！

【译文】

淮南王刘长谋反的形迹已经暴露出来，丞相和御史大夫奏请应把淮南王弃市，法所当然。这就是《春秋公羊传》所谓的“人臣不能有叛逆之心，若有则必诛之”。汉文帝刘恒赦免了他的死罪，把他流放到四川，这与周公将蔡叔度囚禁于郭邻（一作郭凌）的惩罚相同，这样臣子受到了惩罚而天子也没有断绝其骨肉情义。刘长对此甚为怨恨，绝食而死，《尚书·尧典》所说的“对于怙恶不悛的人施以极刑”，刘长能够免于死刑，也就足够侥幸啦！然而袁盎却因此奏请处斩丞相、御史大夫，奸佞之心，不可穷诘，竟至于此！或许他想树立私恩收买诸侯之心从而背叛天子，怀着庄助（严助，汉武帝时大臣，结好淮南王刘安，参与谋反被诛。《汉书》避讳作“庄助”）私交诸侯之心，以图谋不轨，也说不定；或许他是憎恨、嫉妒朝廷大臣排挤、倾轧自己，想借此事驱逐异己，以便在朝廷中树立威名，攘夺天子大位，也说不定。汉文帝为逃避杀弟的恶名，对袁盎不加指责而参用了他的意见。袁盎从此更加肆无忌惮以逞其奸，竟至于当面欺骗汉景帝刘启，陷晁错于死地；始终鼠首两端，与反叛朝廷的吴王刘濞和西汉朝廷之间频繁往来，其言不由衷是显而易见的。袁盎以前是游侠，游侠的心思本来就不能测度。拥有天下的君主如果听任游侠横行，那么国家很少有不走向动乱的。

本事：《资治通鉴》卷一四《汉纪六·文帝》，汉文帝前元六年（前174）。

一一 建中和而兴王道

呜呼！自汉以后，治之不古也有自矣。太甲、高宗、成王之姿，非必其轶文帝而上之；然而伊尹之训，傅说之命，周公之告，曰“无安厥位惟危”，曰“不惟逸豫，惟以乱民”，曰“所其无逸”，未尝贬道以诱之易从也。岂其如贾生之言曰：“使为治，劳志虑，苦身体，乏钟鼓之乐，勿为可也。乐与今同，而欲立经陈纪，为万世法。”斯其为言，去李斯之言也无几。何也？以法术制天下，而怙以恬嬉，则其法虽异于秦之法，而无本以立威于末，劳天下而以自豫，其能以是一朝居乎！使天下而可徒以法治而术制焉，裁其车服而风俗即壹，修其文辞而廉耻即敦，削夺诸侯而政即咸统于上，则夏、商法在，而桀、纣又何以亡？

夫文帝而幸非纵欲偷乐之主也，其未免于田猎钟鼓之好而姑以自逸，未有以易之耳。得醇儒以沃乃心，浸灌以道义之腴，建中和而兴王道，诸侯奚而不服，风俗奚而不移，廉耻奚而不崇？而先导谀以冀售其说，文帝幸不为胡亥耳，文帝而胡亥，谊虽欲自异于李斯也不能。乃后世或犹称之曰“善诱其君以兴治”。下恶得有臣，上恶得有君哉！

【译文】

唉！从汉朝以后，治国理政不遵循古道也是有原因的。商王太甲、高宗武丁和周成王姬诵的天资，并不一定超越汉文帝刘恒，但伊尹训诫太甲说：“不要苟安君位，而要有居安思危的忧患意识。”（《尚书·太甲上》）傅说劝谏武丁说：“不要只想着安逸享乐，要只想着治理民众。”（《尚书·说命中》）周公告诫成王说：“君王在位，切不可贪图安逸享乐。”（《尚书·无逸》）没有哪个大臣是贬低治国大道而诱导君王，使其易于从事的。怎么会像贾谊所说的：“假若所提的治世方法，需要劳神苦思，摧残身体，影响钟、鼓所奏音乐的乐趣，可以不加采纳，我的治国方策，享受的乐趣与现在相同……从而创立准则，标立纪纲，成为万世的法度。”贾谊的这番话，与李斯劝告秦始皇绝谏诤之道、行督责之法的言论相差无几。为什么呢？若以法术驾驭天下，自己却沉湎于嬉戏逸乐，则其法即使与秦法不同，也会因为缺失治国之本而靠细枝末节树立威信，使天下人劳苦以满足自己的安逸享受，君主难道能够用这个办法保有天下哪怕一天吗？假如天下可以单凭法律治理、依靠权术控制，裁定车马服饰的规格就可使风俗划一，修饰文辞即可使廉耻之心变得敦厚，削夺诸侯权力即可使政令统辖于君王，那么夏、商之法尚在，而夏桀、商纣怎么就亡国了呢？

汉文帝刘恒幸而不是一位纵欲享乐的君主，他之所以没有摆脱对于田猎、钟鼓之乐的爱好，只是想姑且以此自娱，因为没有别的什么可以替代。如果能得到一位学问醇正的儒者以启发他的心灵，以正道大义的精华熏陶他，建立中和之德而立志复兴王道，那么诸侯怎么能不服从，风俗怎么能不改善，百姓的廉耻之心怎么能不增强呢？但贾谊却先以阿谀奉承引导他恣情享乐，以兜售自己的学说，幸好汉文帝不是秦二世胡亥，如果文帝是和胡亥一样的人，那么贾谊即使想自别于李斯的结局也不可能。然而后世竟有人称赞他“善于诱导其君以兴起治国之道”。朝堂之下怎么能有贤臣，朝堂之上又怎么能有明君呢！

本事：《资治通鉴》卷一四《汉纪六·文帝》，汉文帝前元六年（前174）。

一二　言传不如身教

贾生之论教太子，本论也。虽然，尤有本焉。士庶之子，杯酒之耽，博弈之好，夺其欲而教之，且反唇曰“夫子未出于正”矣。况天子之子，淫声曼色交于前，妇人宦寺罗于侧，欲有与导，淫有与宣。为君父者，忘志虑之劳，惮身体之苦，逐钟鼓驰驱之乐，徒设严师以闲之于步履拜揖之间，使其听也，一偶人之威仪耳。成帝穆穆皇皇，而淫荒以滋乱。况其闻风志荡，徒怨君父之我夺，而思快于一旦乎！

成王幼而武王崩，无所取仪型也，则周公咏《豳（bīn）风》，陈王业之艰难；作《无逸》，举前王之乾惕；遥立一文、武以为之鹄。亦惟文、武之果可以为鹄，而后周公非徒设以冀其观感。如其以逸乐为德，以法术为治，以虚文饰貌为道，以师保傅之谆谆为教，此俗儒之徒以苦人，而父子师友之间，相蒙以伪，曾不如文帝之身治黄、老术，而以授其子之足使信从也。故贾生之伦，非立教之本论也。

【译文】

贾谊关于教导太子的言论，乃是务本之论。尽管如此，仍然还有比这更为重要的根本。士人和庶民之子，如果耽溺于杯中之酒、博弈之好，老师要阻止他的爱好而教诲之，尚且会借用《孟子·离娄上》中的话反唇相讥：“夫子您用正确的道理教导我，而您自己的做法就不正确。”何况是天子之子，淫声美色交错于前，宫女宦官罗列于侧，物欲得以满足，淫欲得以宣泄；做君父的人，不能劳苦静思，忌惮身体劳苦，追逐于钟鼓、驰驱之乐，却徒劳地设置严厉的老师，用步履进退、参拜作揖之类的烦琐礼节对其加以约束，使他听命于自己，则犹如木偶般的威仪罢了。汉成帝刘骜的辞令容止端庄恭敬而和美，却荒淫无耻而滋生祸乱。何况那些一听到风吹草动就心思摇荡，只知道怨恨君父剥夺其物欲、享乐，一心想要及时行乐的皇室贵胄呢？

周武王驾崩时，成王姬诵年龄尚幼，没有人可以作为榜样。周公于是吟咏《豳风》，陈述先王创业的艰难；又创作《无逸》，列举先王的自强不息、勤奋谨慎；遥立周文王、周武王作为其榜样和目标。也只有周文王、周武王确实可以作为榜样，然后周公并非虚设严师以希冀成王观察、体会。如果以逸乐为美德，以法术为治国之道，以空虚的文字和礼节粉饰外表作为教化之道，以老师的谆谆教诲作为教育手段，这些都是庸俗的儒生白白地使人受苦，而且父子师友之间虚情假意，互相欺蒙，还不如汉文帝刘恒亲身研究黄、老之术，并以此传授儿子，也足以使他信从。所以贾谊的观点，并非树立教育的根本之论。

本事：《资治通鉴》卷一四《汉纪六·文帝》，汉文帝前元六年（前174）。

一三　陛尊、廉远、堂高

等贤而上之，则有圣人；等贵而上之，则有天子。故师一善者，希圣之积也；敬公卿大夫者，尊王之积也。此陛尊、廉远、堂高之说也。郡县之天下，夷五等，而天子孤高于上，举群臣而等夷之，贾生所以有戮辱太迫、大臣无耻之叹焉。呜呼！秦政变法，而天下之士廉耻泯丧者五六矣。汉仅存之；唐、宋仅延之；女直、蒙古主中国而尽丧之；洪武兴，思以复之，而终不可复。诚如是，其笞辱而不怍矣，奚望其上忧君国之休戚，下畏小民之怨讟（dú）乎！身为士大夫，俄加诸膝，俄坠诸渊，习于诃斥，历于桎梏，褫（chǐ）衣以受隶校之凌践，既使之隐忍而幸于得生，则清议之讥，在后世而非即唾其面，诅咒之作，在穷檐而不敢至乎其前，又奚不可之有哉？

虽然，为士大夫亦有以致之矣。萧何出狱而仍相，周勃出狱而仍侯，不能禁上之不以囚隶加己，而何不可禁己之无侯以相也？北寺之狱，廷杖之辱，死诤之臣弗避焉，忠也。免于狱，不死于杖，沾沾然自以为荣，而他日复端笏（hù）垂绅于堂陛，是亦不可以已乎？如邹尔瞻之复为九卿也，于亏体辱亲之罪奚避焉？人主曰：是尝与囚隶同挞系而不以为耻者也，是恶足改容而礼乎！上弗奖之，下安受之；下既安之，上愈贱之。仁宗之宽厚，李祭酒之刚直，且荷校而不能引退，斯则贾生所宜痛哭者也。

【译文】

把人的贤德分等而尊崇最为贤德的人，于是就有了圣人；把人的尊贵分等而尊崇最为尊贵的人，于是就有了天子。所以效法别人的一善，就是希望到达圣人境界的一种积累；尊敬公卿大夫，就是尊重君王的必要积累。这就是贾谊《治安策》所谓的君主之尊譬如堂，群臣如陛，众庶如地，“故陛九级上，廉远地，则堂高”之说的用意。天下实行郡县制后，没有了公、侯、伯、子、男五等爵位的诸侯，唯有天子独自高高在上，把所有臣子等同对待，所以贾谊发出臣子被屠戮、凌辱太甚而缺乏廉耻之心的感慨。唉！秦始皇变法之后，天下士人的廉耻泯丧了十之五六。汉朝仅能保存它，唐、宋时期仅能延续它，女真、蒙古入主中原后，士人的廉耻之心尽丧。明太祖建国后，一度想恢复士人的廉耻之心，但最终没有成功。实际情况确实如此，士人受到鞭笞凌辱却面不改色、心不惭愧，还怎么希望他们上忧君国之休戚祸福，下畏小民的怨恨诽谤呢！身为士大夫，一会儿被抱在膝上以示恩宠，一会儿被投入深渊，习惯于忍受呵斥之辱，身历桎梏之苦，被剥去衣服受到差役狱吏的欺凌，既然他们都能隐忍不发而侥幸活命，那么士林清议对他们的讥讽，只是在其身死之后而不是当即唾其脸面；对他们的诅咒和责骂，只是身在穷檐之下微不足道的小人物所为，而且他们不敢到其面前说出来，这又有什么不可以的呢？

尽管如此，作为士大夫，很大程度上也是其自身招致了凌辱。萧何出狱后仍然做丞相，周勃出狱后仍然做绛侯，不能制止皇帝把自己打为阶下囚，饱受狱吏的凌辱，难道还不能使自己不继续做诸侯、丞相吗？面对囚禁将相的北寺之狱，廷杖之辱，拼死谏诤之臣不逃避，这是忠诚的表现。但是免囚于狱中，逃死于杖下，于是沾沾自喜以此为荣，不久之后又手拿笏板、身穿官服立于朝堂之上，这难道也不可以停止吗？如明末东林党的邹元标（字尔瞻）受刑后重新跻身于九卿之列，他对有损人格、辱没父母的罪名如何回避呢？君主说：这个人曾经与囚徒一起被关押、鞭挞而不以为耻，值得我修饰容貌以礼相待吗？君主不赞赏他，臣子却安然受之；臣子愈是安然忍受，君主便愈加轻视他。以明仁宗朱高炽的宽厚，国子祭酒李时勉的刚直不阿，尚且在遭受杖责下狱之后而不能引退，这才是贾谊所应当为之痛哭流涕的。

本事：《资治通鉴》卷一四《汉纪六·文帝》，汉文帝前元六年（前174）。

一四　辱大臣是辱国也

子之于父母，可宠、可辱，而不可杀。身者，父母之身也。故宠辱听命而不惭。至于杀，则父母之自戕其生，父不可以为父；子不能免焉，子不可以为子也。臣之于君，可贵、可贱、可生、可杀，而不可辱。刑赏者，天之所以命人主也，贵贱生死，君即逆而吾固顺乎天。至于辱，则君自处于非礼，君不可以为君；臣不知愧而顺承之，臣不可以为臣也。故有盘水加剑，闻命自弛，而不可捽（zuó）。抑臣之异于子，天之秩也。人性之顺者不可逆，健者不可屈也。

贾生之言以动文帝，而当时之大臣，抑有闻而愧焉者乎？微直当时，后世之诏狱廷杖而尚被章服以立人之朝者，抑有愧焉者乎？使诏狱廷杖而有人自裁者，人君之辱士大夫，尚可惩也。高忠宪曰：“辱大臣，是辱国也。”大哉言乎！故沉水而逮问之祸息。魏忠贤且革其凶威，况人主哉？

【译文】

父母对于孩子，可以宠爱他，可以羞辱他，却不可以杀他。因为孩子的身体是父母给的，属于父母，所以宠辱听命而不感到羞愧。至于杀，则是父母自己戕害其所生之子，这样父亲就不可以做父亲；做儿子的如果不能免于杀身之祸，就不可以再做人子。君主对于臣子，可以使之尊贵，可以使之卑贱，可以让他活着，也可以让他死去，却不可以侮辱他们。刑赏是上天赐予君主的权力，贵贱生死的处置，君主即使做得不对，臣子也必须顺应天意。至于侮辱大臣，则是君主自处于非礼的境地，这样君主就不可以做君主了；大臣不知羞愧而安然接受，那么臣子也不可为臣子了。所以上古礼制，大夫以上的臣子受到君主谴责，要手托一盘，盘内有水喻示公平，盘上加剑喻示制裁，请天子公正裁决，闻听君主诏命即自行了断，而不可以抗拒。这是做臣子与做儿子的不同，是上天安排的秩序。人性中需要顺从的时候不可违逆，需要刚健的时候不可屈服。

贾谊的言论触动了汉文帝，而当时的大臣有闻听其言论而感到羞愧的吗？不仅当时，后世那些曾被投入诏狱、受过廷杖之刑，又身着官服立于朝堂之上的人，难道有感到羞愧的吗？假使有人因诏狱廷杖而自杀，那么君主侮辱士大夫的行为，尚可得到一定程度的惩戒。明末东林党的高攀龙（谥忠宪）说过："侮辱大臣，就是侮辱国家！"这句话说得太伟大了！因此，他投水自杀后，被逮捕问罪的祸患得以止息。阉党魏忠贤尚且因此而收敛其凶残威势，何况是君主呢？

本事：《资治通鉴》卷一四《汉纪六·文帝》，汉文帝前元六年（前174）。

一五　众建诸侯而少其力

汉初封诸侯王之大也，去三代未远，民之视听，犹习于封建之旧，而怨秦之孤，故势有所不得遽革也。秦政、李斯以破封建为万世罪，而贾谊以诸侯王之大为汉痛哭，亦何以异于孤秦。而论者若将黥刖（qíng yuè）秦而揖进贾生以坐论，数十年之间，是非之易如水火。甚矣夫论史者之惛（hūn）惛也！

谊之言曰："众建诸侯而少其力。"以为是殆三代之遗制世与？三代之众建而俭于百里，非先王故俭之也，故有之国不司夺，有涯之宇不可扩也。且齐、鲁之封，征之《诗》与《春秋传》，皆逾五百里，亦未尝狭其地而为之防也。割诸王之地而众建之，富贵骄淫之子，童心未改，皆使之南面君人，坐待其陷于非辟，以易为褫爵。此阳予阴夺之术，于骨肉若仇雠之相逼，而相縻以术，谊之志亦奚以异于嬴政、李斯？而秦，阳也；谊，阴也；而谊憯矣！汉之剖地以王诸侯，承三代之余，不容骤易。然而终不能复者，七国乱于前，秦革于后，将灭之灯余一焰，其势终穷，可以无烦贾生之痛哭。即为汉谋，亦唯是巩固王室，修文德以静待其自定，无事怵然以惊也。乍见封建之废而怵然惊，乍见诸侯之大而怵然惊，庸人之情，不参古今之理势，而唯目前之骇，未有不贼仁害义而启祸者。言何容易哉！

至其论淮南之封侯，而忧白公、子胥、鱄诸、荆轲之事，则周公之封蔡仲也，曰："尔尚盖前人之愆。"将亦忧蔡仲刳刃以冲成王之胸乎？于是而谊之刻薄寡恩，不可掩矣。淮南之终叛也，皆以为谊言之中也。谊昌言于廷曰："安且为白公、子胥。"而安能无以白公、子胥为志哉！然则淮南之叛，谊导之矣。淮南王长废，国法也；其子受封，亲亲之仁也。淮南终得国，而长犹然文帝之弟，安犹然文帝之从子，白公、子胥也乎哉！不引而亲之，顾推为仇而虑之，以杀机往者以杀机报，为天子司天下之生杀，日取天下而虑其仇，蔑不仇矣。甚哉，谊之不闻道而只为术也！

【译文】

西汉初年所分封的诸侯王版图都很大，当时距离夏、商、周三代不远，民众的耳闻目睹还习惯于分封制的旧观念，因而怨恨秦朝因不行分封而陷于孤立，所以分封制在短期内还不能够彻底改革。秦始皇和李斯因为废除分封制而被万世谴责，贾谊因为诸侯王之势力过大而为汉朝痛哭，他的主张与秦朝的自我孤立政策有什么区别呢？然而议论者为何都谴责秦政而推崇贾谊之论呢？数十年之间，是非曲直的变化竟如同水火。议论历史人物也真是太过神志不清了！

贾谊说："多封诸侯以削弱每个诸侯国的实力。"他果真认为这是夏、商、周三代的遗制吗？三代时期大量分封诸侯，每个诸侯国的土地不足百里，这并非先王有意加以限制，而是因为原有的诸侯国不可剥夺，有限的疆域空间不能随意扩大。况且，齐国、鲁国的封地，根据《诗经》和《春秋传》实证的话，都已超过五百里，周天子也没有说要削弱两国的封地加以防范。如果分割诸王的封地以建立更多的诸侯国，那么那些长于富贵、骄奢淫逸之子，尚未成熟便南面称君，统治一方，天子坐等他们陷于非法，以借机削夺其爵禄。这是表面上给予之而暗地里夺取之的权术，对待骨肉之亲却像仇敌一样相逼，以权术加以羁縻，贾谊的志向和嬴政、李斯又有什么不同呢？只是秦人开诚布公，贾谊阳予阴夺，而贾谊却为汉朝感到悲伤！汉朝剖分疆域以封建诸侯，乃是承接夏、商、周三代余绪，不容骤改。但是，分封制是不能够再恢复了，前有战国七雄之间的战乱，随后秦人又一度废除分封制，犹如将灭之灯仅剩一焰，分封制已走到了历史的尽头，终将灭亡，不烦贾谊为之痛哭流涕了。即便贾谊为汉朝做打算，也应该致力于巩固王室，修明文德以静待形势发展，而不必胆战心惊。乍见分封制被废而怵然惊心，乍见诸侯王势力强大而怵然惊心，这不过是庸人之情，他们不研究古今历史发展的规律，只知道对眼前形势感到惊骇，这样的人没有不残害仁义而挑起祸端的。立言谈何容易啊！

贾谊议论淮南王刘长之子刘安封侯之事时，忧惧白公胜、伍子胥、鱄诸、荆轲等复仇行刺之事重现。当年周公在续封蔡叔之子蔡仲时告诫他说："你要修德行善以弥补父亲的罪过。"难道周公也曾忧虑蔡仲会行刺成王吗？可见，贾谊的刻薄寡恩不可掩饰。后来进封淮南王的刘安最终反叛，人们都认为贾谊的预言应验了。贾谊在朝廷上公然宣称："刘安必将成为白公胜、伍子胥一样的人。"这样，刘安怎能不以白公胜、伍子胥为榜样？所以，淮南王刘安的反叛，是由于贾谊的引导。淮南王刘长被废，是维护国法的尊严，其子受封为侯、为王，是出于朝廷的亲亲之义。淮南国最终得以恢复，而刘长还是汉文帝之弟，刘安还是汉文帝之侄，怎能是白公胜、伍子胥呢！贾谊不引导他们相亲相爱，而是将他们彼此视为仇敌并深感忧虑，以杀机对待别人者，别人也以杀机相回报，贾谊替天子掌管天下的生杀大权，每天行使权力却担心天下人报复，则天下尽是仇人了。贾谊不闻正道大义而一味用权弄术，太过分了！

本事：《资治通鉴》卷一四《汉纪六·文帝》，汉文帝前元六年（前174)、前元八年（172)。

一六　分封制之尽革乃天地之大变

贾谊畏诸侯之祸，议益梁与淮阳二国之封，亘江、河之界，以制东方，何其言之自相背盭（lì）也！谊曰：“秦日夜苦心劳力以除六国，今高拱以成六国之势。”则其师秦之智以混一天下，不可掩矣。乃欲增益梁、淮阳而使横亘于江、河之间。今日之梁、淮阳，即他日之吴、楚也。吴、楚制而梁、淮阳益骄，而使横亘于江、河之间以塞汉东向之户，孰能御之哉？己之昆弟，则亲之、信之；父之昆弟，则疑之、制之；逆于天理者，其报必速，吾之子孙，能弗以梁、淮阳为蜂虿而仇之乎？

夫封建之不可复也，势也。虽然，习久而变者，必以其渐。秦惟暴裂之一朝，而怨满天下。汉略师三代以建侯王，而其势必不能久延，无亦徐俟天之不可回、人之不思返，而后因之。七国之变未形，遽起而翦之，则亦一秦也。封建之在汉初，镫炬之光欲灭，而姑一耀其焰。智者因天，仁者安土，俟之而已。谊操之已蹙，而所为谋者，抑不出封建之残局，特一异其迹以缓目前尔。由此言之，则谊亦知事之必不可以百年，而姑以忧贻子孙也。封建之尽革，天地之大变也，非仁智不足以与于斯，而谊何为焉！

【译文】

贾谊害怕诸侯尾大不掉、酿成祸乱，建议扩大梁国和淮阳国的封地，使之横亘于长江和黄河之间，以控制东方诸国，这种说法是多么的自相矛盾啊！贾谊说：“秦国日夜苦心劳力以吞并六国，如今则天子端居庙堂，拱手无为，使天下重新形成六国分立之势。”由此他想要仿效秦始皇以混一天下的用心，就不可掩盖了。而他想增益梁国和淮阳国的封地，从而使它们横亘于长江、黄河之间，岂不知今日的梁国、淮阳国，也许就是将来的吴国、楚国。吴、楚二国被制服后，梁国和淮阳国将会更加骄恣，如果它们横亘于长江、黄河之间以堵塞汉朝通向东方的孔道，又有谁能够抵御呢？帝王对自己的兄弟，则亲近、信任；对父亲的兄弟，则猜疑、控制；违背天理的人，很快就会遭到报应，将来自己的子孙难道能不以梁王、淮阳王作为蜂蝎而仇视他们吗？

分封制不可恢复是大势所趋。尽管如此，人们习以为常的观念积久难变，一定要循序渐进。秦朝就是因为一朝之间粗暴地废除分封制，才引起天下怨恨。汉朝稍稍效法夏、商、周三代而分封诸侯王，不过这种局面势必不能维持太久，为什么不耐心等待天意不可挽回、人心不再思返之时，因势利导废除分封制呢？七国叛乱的形迹还没有显现，朝廷就急于翦灭它们，那样的话汉朝也将成为秦朝了！分封制在汉初，就如同灯炬之光将要熄灭之时，回光返照般一闪即逝罢了。聪明之人顺应天时，仁义之人安居其土，静待其变而已。贾谊操之过急，但他所出的谋划，也没有摆脱分封制的残局，只是稍微改变一下形式以缓和目前的危机而已。由此看来，贾谊也深知废除分封之事不能保证百年之内成就，姑且把隐患留给子孙后代了。分封制的完全废除，是天地之间的巨变，非大仁大智之人不能参与，贾谊又能有什么作为呢？

本事：《资治通鉴》卷一五《汉纪七·文帝》，汉文帝前元十一年（前169）。

一七　徙民实边非不可行

晁错徙民实边之策伟矣！寓兵于农之法，后世不可行于腹里，而可行于塞徼。天气殊而生质异，地气殊而习尚异。故滇、黔、西粤之民，自足以捍蛮、苗，而无逾岭以窥内地之患。非果蛮、苗弱而北狄强也，土著者制其吭，则深入而畏边民之捣其虚也。

虽然，有未易者焉。沿边之地，肥硗（qiāo）不齐，徙而授以瘠壤，不逃且死者寡。吏失其人，绥抚无术，必反而为北狄用。此二患者，轻于言徙，必逢其咎，而实边之议，遂为永戒。错之言曰："相其阴阳之和，尝其水泉之味。"始事之不可不密也。地诚硗矣，虽有山溪之险，且置之为瓯脱，而移塞于内，无忧也。我所不得居，亦彼所不能据也。若夫吏人之得失，在人而不在法。然法善以待人，则人之失者鲜矣。后世之吏于边者，非羸贫无援之乙科，则有过迁补之茸吏；未有能入而为台谏郎官者，未有擢而为监司郡守者。以日暮途穷衰飒之心，而仅延簪绂（fú）之气，能望其忧民体国而固吾圉哉？若择甲科之选，移守令课最之贤者以为之吏，宽其法制，俾尽其材，以拊循而激劝之，轻徭赋以安之，通商贾、教树畜以富之，广学宫之选以荣之，宠智能豪隽之士以励之，则其必不为北狄用以乘中国之衅者，可以保之百年，边日以强，而坐待狄之自敝。故曰：错之言伟矣。

特其曰："绝匈奴不与和亲，其冬来南，壹大治则终身创矣。"此则未易言也。非经营于数十年之久，未能效也。羁縻以和亲，而徐修实边之策，或不待大治而自不敢南犯。其不悔祸而冒昧以逞与，大治之，无虑其不克矣。

【译文】

晁错的徙民实边政策非常高明！寓兵于农的办法，后世已不能在内地施行，却可以在边疆地区推行。气候条件不同则其物产不同，地理环境不同则其习俗风尚不同。所以，滇、黔和西粤的百姓足以捍御百蛮、三苗，使苗、蛮不能翻越五岭窥探、侵扰内地。这并非百蛮和苗民弱小而北狄强大，而是因为土著之民扼其咽喉，一旦深入内地则惧怕边民乘虚直捣其巢穴。

尽管如此，徙民实边也不容易实现。沿边的土地，有肥沃也有贫瘠，如果把贫瘠的土地授予徙边的百姓，则很多人会选择逃亡，不然会被饿死。如果官吏的选任不得其人，没有恰当的绥靖安抚策略，则徙边之民反而会被北狄所利用。有这两种隐患，而轻率地主张徙民实边，必然会遭遇失败，如此则徙民实边的动议，将永远成为禁戒。晁错说：“相其阴阳之和，尝其水泉之味。”就是说开始筹划的时候不可以不谨慎周密。如果某个地方确实贫瘠，即使有山川之险，而且已经设置了土堡岗哨，也必须把关塞内移，这样做才没有隐患，因为我方不能居留的地方，敌方也不可能占据。至于官吏选任的得失，关键在人而不在制度。当然，如要制度完善而等着人去实施，则人为的失误就会减少。后世在边地做官之人，不是贫弱无援的乙科（一般指举人）官员，就是有过错被降职而列入候补的庸碌无能之官吏，其中既没有希望成为御史台官、谏官的人，也没有希望被擢升为监司郡守的人，这些人持以日暮途穷、老气横秋的心态，只是苟延官僚之气，怎能期望他们体民忧国而巩固边关呢？如果选派甲科（一般指进士）官员，调派政绩突出的郡守、县令到边疆任职，并简化、放松法律规范，使他们最大限度地发挥其才能，以安抚的方式激励劝导移民，以轻徭薄赋的政策使他们安居乐业，以通商贾、教种植、发展畜牧的方法使他们富裕，增加学校选拔任用的名额以使他们感到荣耀，尊崇其豪杰贤能之士以勉励他们，如此则徙边之民一定不会为北狄所利用而伺机危害中原王朝，可以保百年之平安。边疆地区的势力日益强盛，则中原王朝可坐待狄人的自我衰败。所以说，晁错的主张非常高明。

只是晁错说：“断绝同匈奴的关系，不与他和亲，趁其冬天南下之机，发动一次大规模的军事行动，就可以使匈奴遭受沉重打击，永不能恢复。”这个问题就很难说了。徙民实边政策没有数十年的经营，是无法奏效的。如果以和亲羁縻匈奴，逐步推行徙民实边的政策，或许等不到我方出兵匈奴就已经不敢南犯了。假如匈奴执迷不悟，贸然南犯以实现其野心，那么就狠狠地予以重创，不用担心不能成功。

本事：《资治通鉴》卷一五《汉纪七·文帝》，汉文帝前元十一年（前169）。

一八　入粟拜爵的修正方案

入粟而拜爵免罪，晁错之计，亦未失也。其未为失计也，非谓爵可轻而罪得以赀免也，谓其可以夺金钱之贵而授之粟也。轻赍（jī）折色，有三易焉：官易收，吏易守，民易输。三易以趋苟简之利便，而金夺其粟之贵，则宁使民劳于输，官劳于收，吏劳于守，而勿徇其便。此参数十世而能纯成其利，非俗吏之所知也。

虽然，入粟六百石而拜爵上造，一家之主伯亚旅，力耕而得六百石之赢余者几何？无亦强豪富挟利以多占，役人以佃而收其半也；无亦富商大贾以金钱笼致而得者也。如是，则重农而农益轻，贵粟而金益贵。处三代以下，欲抑强豪富贾也难，而限田又不可猝行，则莫若分别自种与佃耕，而差等以为赋役之制。人所自占为自耕者，有力不得过三百亩，审其子姓丁夫之数，以为自耕之实，过是者皆佃耕之科。轻自耕之赋，而佃耕者倍之，以互相损益，而协于什一之数。水旱则尽蠲（juān）自耕之税，而佃耕者非极荒不得辄减。若其果能躬亲勤力，分任丁壮，多垦厚收，饶有赢余，乃听输粟入边，拜爵免罪。而富商大贾居金钱以敛粟，及强豪滥占、佃耕厚敛多畜者不得与。如此，则夺金之贵而还之粟，可十年而得也。充错之说，补错之未逮，任牧民于良吏，严拜爵免罪之制于画一，乃不窒碍而行远。不然，输粟之令且变而为轻赍折色，天下益汲汲于金钱，徒以乱刑赏之大经，为败亡之政而已矣。

【译文】

晁错建议允许百姓缴纳粮食到边疆地区，以换取封爵或免除罪刑，这个计策并没有什么不对。说它不算失策，并不是说爵位可以轻易赏赐、罪行可以用钱赎免，而是说此举可以降低金钱的贵重而提高粮食的地位。以钱币折算代替布帛、粮食等实物征收赋税有三个好处：官府易于征收，官吏易于贮藏，百姓易于输送。但这三种便利不仅使人趋于苟且简便之利，也使钱币夺走了粮食的地位，于是宁可使百姓劳于转输，官府劳于征收，官吏劳于保管，也不可曲从其便利。这是检验数十年的实践得出的有利而无害的方法，并非庸俗的官吏所能理解的。

尽管如此，纳粟六百石而拜爵二十等爵的第二级——上造，一家中的父子兄弟，老少奋力耕作，而能有六百石粮食之赢余者能有几家？能够入粟六百石的，无非豪强之家凭借有钱有势多占田地，雇人耕种并收取一半的田租；或者是富商大贾多出金钱收购大量粮食。如此一来，则本想重农使农业反而更受轻视，本想提高粮食地位使金钱反而更受重视。夏、商、周三代之后，想要抑制豪强、富贾是非常困难的，而要限制占田的数量也不能仓猝实行，在这种形势下，最好的办法是区分自种与佃耕，并对其划分等级以制定相应的赋役制度。百姓占田自耕的，有力者也不得超过三百亩，要仔细审查其子孙丁夫的人数，审核其自耕的田亩，凡超出三百亩的部分，皆归于佃耕之科。减轻自耕之田的赋税；佃耕之田则加倍征收，这样互相损益，以达到什一之税的标准。如果发生水、旱之灾，就全部免除自耕者的赋税；佃耕者的赋税，除非遇到特大灾荒不得减免。假若真有人亲自勤劳于农事，分任丁壮，多垦厚收，饶有赢余，就听任他输粟入边，拜爵免罪。对于靠金钱收购粮食的富商大贾，滥占田宅、租佃耕种而征收繁重租税以增加自己积蓄的豪强富户，都不得参与纳粟拜爵或免罪的事情。这样，才能降低金钱的地位而相应地提高粮食的地位，十年之内便可以实现。只有充实和丰富晁错的理论，增补其不足，任用良吏治理百姓，统一制定、严格执行纳粟拜爵免罪的制度，才能长久实施不至于有所窒碍。否则，输粟拜爵免罪的法令又会演变成为追求简便而将粮食折算为金钱，天下人更加热衷于追求金钱，最终使国家的赏罚大法陷于混乱，又成为一个导致败亡的政策罢了。

本事：《资治通鉴》卷一五《汉纪七·文帝》，汉文帝前元十二年（前168）。

一九　肉刑不可复

肉刑之不可复，易知也。如必曰古先圣王之大法，以止天下之恶，未可泯也，则亦君果至仁，吏果至恕，井田复，封建定，学校兴，礼三王而乐六代，然后复肉刑之辟未晏也。不然，徒取愚贱之小民，折割残毁，以唯吾制是行，而曰古先圣王之大法也，则自欺以诬天下，憯孰甚焉。

抑使教养道尽，礼乐复兴，一如帝王之世，而肉刑犹未可复也。何也？民之仁也，期以百年必世，而犹必三代遗风未斩之日也。风未移，俗未易，犯者繁有，而毁支折体之人积焉，天之所不祐也。且也，古未有笞杖，而肉刑不见重；今既行笞杖，而肉刑骇矣。故以曹操之忍，而不敢尝试，况不为操者乎！张苍之律曰："大辟论减等，已论而复有笞罪，皆弃市。"严矣。虽然，固《书》所谓"怙终贼刑"者也。故详刑者，师文帝之诏、张苍之令，可也。

【译文】

摧残人体机能的墨、劓、刖、宫等肉刑不可恢复，是显而易见的。如果有人一定要说这是古圣先王的大法，以禁止天下的罪恶，不可使之泯灭，那么必须要达到君主果真至为仁慈，官吏果真至为宽恕，井田制度得到恢复，分封制度得以稳定，学校教育得以兴起，礼乐制度也恢复到夏禹、商汤、周文王和周武王时代，甚至黄帝、唐尧、虞舜、夏、商、周六代的程度，然后才恢复肉刑之法也不为迟。不然的话，只针对愚弱卑贱的小民，施行折断肢体、摧残肌肤的酷刑，这只是在推行君王的私法，却非要说成古先圣王的大法；这样自欺欺人以滥用刑罚加罪于无辜，还有比这更为残暴的吗？

即使教育修养之道齐备，礼乐制度得以复兴，一如古圣先王之世，肉刑也不可恢复。为什么呢？因为百姓的仁爱之心，要经过上百年、若干代的培育才能达到，而且必须是在夏、商、周三代遗风尚未断绝之日。世风未改，民俗未易，罪犯繁多，则被折毁四肢、摧残身体之人随处可见，这是上天也无法庇佑的。况且，上古时代没有鞭笞、杖责之刑，因而肉刑不见得就很重；今日已经有了鞭笞、杖责之刑，于是肉刑足以令人惊骇。所以像曹操那样残忍的人，尚且不敢尝试，何况不如曹操的人呢！汉初丞相张苍制定的法律说："原判死刑之罪减等论处，如果再犯以鞭笞之刑，则全部改为公开斩首。"这也太严酷啦！尽管如此，这也正符合《尚书·舜典》所谓的"对于怙恶不悛、始终作恶的人施以极刑"的原则。所以说用刑审慎的人，只要学习汉文帝废除肉刑的诏书、张苍制定的律令，就足够了。

本事：《资治通鉴》卷一五《汉纪七·文帝》，汉文帝前元十三年（前167）。

二〇　自首减刑的负面影响

汉有杀人自告而得减免之律，其将导人以无欺也与！所恶于欺者，终不觉而售其慝也。夫既已杀人矣，则所杀者之父兄子弟能讼之，所司能捕获之，其恶必露，势不可得而终匿也，而恶用自告为？小人为恶而掩蔽于君子之前，与昌言于大廷而无怍赧也，孰为犹有耻乎？自度律许减免而觊覦漏网者，从而减之，则明张其杀人之胆，而恶乃滔天。匿而不告者鼠也，告而无讳者虎也。教鼠为虎，欲使天下无欺，而成其无忌惮之心，将何以惩？故许自告者，所以开过误自新之路，而非可以待凶人。凶人而自匿，民彝其犹有未斁，不较瘥（chài）乎？

【译文】

汉朝有杀人自首可以减免罪刑的法律，这难道能够引导臣民诚实无欺吗？本来是出于痛恨欺瞒才设置了这条法令，最终却不知不觉助长了奸邪。既然已经杀了人，那么被杀之人的父兄子弟就能够告发他，有关官吏就能够捕获他，其罪恶必定会暴露，势必不能永远隐匿欺瞒，哪里还用得着他投案自首呢？小人作恶而掩蔽于君子之前，与大庭广众之下直言不讳并毫无羞惭的人相比，哪个更有羞耻之心呢？那些自忖法律允许自首减免罪刑而觊觎漏网的人，如果官府遂其心愿减免其罪，就会助长他们的杀人之胆，最终造成罪恶滔天的结局。杀人而隐匿其行、不敢自首的人犹如老鼠；杀人而敢于自首不讳的人犹如老虎。把老鼠培育为老虎，本来想要教化天下人诚实无欺，却养成了无所忌惮之心，又将如何惩戒呢？所以说允许罪犯自首是开辟悔过自新之路，而不可以以此对待凶残的罪犯。凶残的罪犯能自匿行迹，说明正当的人伦纲常尚未完全败坏，相比之下难道这不是更好一些吗？

本事：《资治通鉴》卷一五《汉纪七·文帝》，汉文帝前元十三年（前167）。

二一　什一之赋

什一之赋，三代之制也。孟子曰："重之则小桀，轻之则小貉。"言三代之制也。天子之畿千里；诸侯之大者，或曰百里，或曰五百里，其小者不能五十里。有疆埸（yì）之守，有甲兵之役，有币帛饔飧（yōng sūn）牢饩（xì）之礼，有宗庙社稷牲币之典，有百官有司府史胥徒禄食之众，其制不可胜举。《聘义》所云："古之用财者不能均。"如此是已。故二十取一而不足。然而有上地、中地、下地之差，有一易、再易、莱田之等，则名什一，而折衷其率，亦二十而取一也。

自秦而降，罢侯置守矣。汉初封建，有提封之广，盖有倍蓰于古王畿者，而其官属典礼又极简略，率天下以守边，而中邦无会盟侵伐之事。若郡有守，县有令，非其伯叔甥舅之交，而馈问各以其私。社稷粗立，而祀典不繁。一郡之地，广于公侯之国，而掾史邮徼，曾不足以当一乡一遂之长。合天下以赡九卿群司之内臣，而不逮《周礼》六官之半。是古取之一圻（qí）而用丰，今取之九州而用俭，其视三代之经费，百不得一也。什一而征，将以厚藏而导人主之宣欲乎？不然，亦奚用此厚敛为也！

文帝十三年，除田租税；景帝元年，复收半租，三十而税一；施及光武之世，兵革既解，复损十一之税，如景帝之制；诚有余而可以裕民也。封建不可复行于后世，民力之所不堪，而势在必革也。

【译文】

十取其一的赋税，是夏、商、周三代的制度。孟子说："比什一之赋税率更重的，就是像夏桀那样的暴君；比什一之赋税率更轻的，就是像北方夷狄之国的貉君。"（《孟子·告子下》）说的就是三代之制。天子的王畿方圆千里，较大的诸侯国封地或百里，或五百里，小国则不足五十里。王室和诸侯都有守御疆土之职责，有军队装备、士兵招募之徭役，有币帛、宴饮、祭祀之礼节，有宗庙、社稷、牲币之典制，有百官、有司、吏胥、差役之俸禄，制度繁缛不可胜数。《礼记·聘义》中说："古代财政开支繁多而不能协调均衡。"大概说的就是这种情况。所以，实行二十取一的赋税尚且不足，何况土地又有上、中、下等的差别，有需要休耕一年、两年乃至无法长期耕种而需休耕数年的荒地等不同分级，因此尽管名义上征收十分之一的税，而折中各种不同情况的税率之后，实际还是二十取一的税率。

从秦朝以后，废除五等诸侯而设置郡守、县令。汉初分封诸侯，其疆域之广大，甚至超过上古王畿的五倍，而其官属机构和典章礼制又极其简略，统率天下之人守御边疆，而且中原地区也没有会盟、侵伐之事。郡县制下的郡守、县令，彼此之间都没有伯叔、甥舅的亲缘关系，因而相互馈赠、聘问各以其私人关系出发。国家刚刚建立，祭祀典礼还不繁复。一郡的土地比过去公侯之国都大。而其掾史、督邮、游徼等属官，其数量还不及上古时代一乡一遂的长官数量。以全天下的财力供养三公九卿和各个部门的内臣，其数量还不及《周礼》所载六官的一半。这样，上古时代的天子取于千里王畿的收入而用度丰裕，而今天的君主取于九州之地的收入而用度节俭，与夏、商、周三代相比，其花费还不及百分之一。征收十分之一的赋税，是要以聚敛财富而引导君主宣泄其物质欲望吗？否则的话，又何必这样横征暴敛呢？

汉文帝前元十三年（前167），下诏免收田租税；汉景帝前元元年（前156），恢复田租，只征收一半，即三十税一；到东汉光武帝在位时期（25—57），战争已经结束，再次减轻什一之税，仿行景帝时期的税制。这是因为国家财力确实有余，可以减轻百姓负担。分封制度在后世无法恢复，就是因为民力不堪重负，因而势必进行改革。

本事：《资治通鉴》卷一五《汉纪七·文帝》，汉文帝前元十三年（前167）。

二二 丧事从简，犹有古意

汉文短丧，而孝道衰于天下，乃其由来有渐也；先王权衡恩义之精意，相沿以晦，而若强天下以难从也。《礼》曰："事亲致丧三年，事君方丧三年。"方也者，言乎其非致也。嗣君之丧，致丧也。外而诸侯，内而公卿大夫，方丧也。苟其为方丧，则郊可摄，社稷五祀可祭，会盟征伐可从事，于臣也奚病？弟子之丧师也，群居则绖（dié），出则否；以意通之，然则臣为君丧，有事焉而摄吉以行，可矣。《昏礼》之辞曰："三族之不虞。"君不与焉，则冠昏且得行矣。天地社稷，越绋而行事，则祭固不废矣。文帝之诏曰："损其饮食，绝鬼神之祭祀，以重吾不德。"盖秦有天下，尊君已侈，禁天下以严，制天下之饭食，绝其祭祀，失先王之精义，而溢分以为物情之难堪，非三代之旧也。

抑文帝之诏，统吏民而壹之，则无差等也。《礼》有之："诸侯为天子斩衰。"惟诸侯也。"公士大夫之众臣为其君斩衰，布带绳屦”。《传》曰：“近臣，君服斯服矣。”是从服也，非近臣则杀矣。“庶人为国君齐衰三月。”国君云者，对在国之民而言，于天子则畿内之民也，不施及天下明矣。统天下之臣民，禁其嫁娶、祠社、饮酒、食肉，皆秦之苛法也。秦统而重之，文帝统而轻之，皆昧分殊之等，而礼遂以亡。

唯夫嗣君者，虽天子，固子也。达于庶人，性之无可斁，一也。同姓之诸侯王，爵则古诸侯也，自汉以下，无民事焉，无兵事焉，尤其可伸者也。宰辅以下，至于外吏之卑者，一也，皆臣也。吉凶杂用，推布带绳屦之礼而通焉。特非莅祀，则降采而素焉可矣。郡县之天下，无内外之殊，通庶人三月之制，施及天下可矣。

唯是“谅闇”之礼，举兵戎刑赏之大政，皆总己以听于冢宰，抑有难行于今者。非但冢宰之难其人而僭乱为忧也。古之天子所治者，千里之畿尔。四夷之守，藩卫任之。强臣内擅，诸侯得而问罪焉。外内相制，而诸侯之生死予夺，非朝廷所得意为恩威，则冢宰亦不得以意乱之。郡县之天下，统四海之治，总万方之赋，兼四裔之守。监司守令，刑赏听命，而莫有恒经。是非交错，恩威互致，冢宰孰敢以一身任之？非但无伊、周之德也，与百僚同拔于贡举资格之中，望自不足以相莅也。故欲行商、周之制，伸孝子之情，定天下之志，体先王之精意而无有弊，非穷理尽性以适时措之宜者，未易言也。沿三代之遗文于残阙之后，矫嬴政之过，而不内反诸心、外揆之时，达于事之无不可遂，则文帝之短丧，遂以施行于万世。而有志者莫挽，不亦悲乎！

夫文帝犹有古之遗意也。已下棺，服大功十五日、小功十四日、纤七日，未葬以前，固皆斩衰也。《礼》：“天子七月而葬。”虞祔卒哭，将已期矣，期而小祥，古有受服焉。大功小功者，受服之变也；纤，禫（dàn）服也；虽短之，犹未失古之意，而促已甚。文帝以己亥崩，乙巳葬，合而计之，四十三日耳。景帝速葬而速除，不怀甚矣。以日易月，非文帝之制也，愈趋而愈下也。

【译文】

汉文帝刘恒遗命缩短服丧日期，而孝道从此衰落于天下，这也是由来已久的发展趋势。古圣先王权衡人间恩情、道义之精义，故有三年丧制，但后世相沿，以至于其中的用意逐渐晦暗不明，倒好像是强迫天下人做难以做到的事情。《礼记·檀弓》讲：“事亲致丧三年，事君方丧三年。”对君主守丧的“方”，就是强调它不是为父母守丧的“致”，即极尽哀戚之情地守丧。嗣君为其先王服丧，所以是致丧；而对于在外的诸侯、在内的公卿大臣而言，则是方丧。正因为他们所服的是方丧，所以可以代替天子进行郊祀，也可以祭祀社稷、五行之神，可以参加会盟、征伐，这些事务对于大臣来说又有什么妨害呢？弟子为老师服丧，群居则穿丧服，外出则不必；以此类推，则臣子为国君守丧，如果有事也完全可以换上正常的礼服而行。《仪礼·士昏礼》中说："如果三族之内没有服丧之事，就可以选择吉日举行嘉礼。"国君不在三族之列，因此冠、婚之礼均可正常举行。至于天地郊祀、社稷之祀，可以不受私丧的限制，相应的祭祀典礼不能荒废。汉文帝的遗诏中说："让臣民减少饮食，断绝对鬼神的祭祀，这是加重了我的不道德。"秦始皇统一天下以后，一味追求尊君，已经非常不合情理，束缚天下的戒律太严，限制天下人的饮食，禁绝他们的祭祀，失去了古圣先王制定礼仪的精义，超出应有的分寸而令人难以忍受，这不是夏、商、周三代的旧制。

然而汉文帝的遗诏中，对官吏、百姓一视同仁，没有等级的差别。《仪礼·丧服》讲："诸侯为天子服斩衰之礼。"这是只就诸侯而言的。又说："公卿、大夫的众臣，为其君服丧斩衰，布带绳屦。"《仪礼·丧服》的传文解释说："天子左右的近臣，国君穿什么丧服他们就应该穿什么丧服。"这是指近臣要与国君穿同样的丧服，如果不是近臣就要降低丧服的等级。又说："庶人要为国君服齐衰之礼三个月。"这里的国君是针对诸侯国的百姓而言的，对天子来说就是王畿内的百姓，显然都不涉及整个天下的臣民。至于一统天下之臣民，禁止他们嫁娶、祭祀、饮酒、食肉，这是秦朝的苛法。秦朝统统加重丧服之礼，汉文帝则统统予以减轻，却都没有意识到对于不同阶层、地域的臣民应当区别对待，于是礼制也因此逐渐走向消亡了。

只有嗣位之君，虽说是天子，但毕竟身为人子。上至天子，下至庶民，人性伦常不可败坏，这是一致的。同姓的诸侯王，其爵位与古之诸侯相同，但自从汉朝以来，既不治民事，又不治军事，尤其不可令其履行服丧之礼。宰相以下，直到地方基层卑微的小吏，一样都是天子之臣。吉凶之仪相杂，可以根据布带绳屦之礼推而广之，设定为通用的礼仪。只要不是亲临祭祀，则脱下彩衣换上素服也是可以的。在实行郡县制的天下，就不再有畿内、域外之别，只要把庶民为君守丧三月的制度推行到全国，就可以了。

只有《尚书·无逸》所谓的“高宗谅闇，三年不言”之礼，举凡军事、刑赏等大政皆交由冢宰代理，百官各尽其职以听命于冢宰，这在今天难以施行。不仅因为称职的宰相难遇难求，即使有其人也怕他犯上作乱。古代天子所直接统治的，只不过是千里王畿而已；四方边境的守卫，都由作为藩屏的诸侯担任。如果有强臣在内擅权，则诸侯可以兴师问罪。这样内外相互制约，对于诸侯的生死予夺，并非朝廷可以随心所欲以作威作福，冢宰也不能肆意妄为，变乱朝纲。但施行郡县制以后，天子一统天下之治乱，总领万方的贡赋，同时负责四方边境的守卫。对于地方各级官吏的赏罚任免，并没有固定的准则。这样是非交错，恩威相杂，宰相怎敢以一己之身担此重任呢？宰相不仅没有伊尹、周公那样的德行，而且他们与百官出身相同，都是由贡举选拔出来的，因此其威望自然不足以压服百僚。所以要想恢复商、周时期的制度，伸张孝子之情，安定天下民心，体会古圣先王的精义而无有差错，除非穷理尽性又能因时制宜，否则是不能轻言此事的。汉朝沿袭经过秦朝焚书大火之后遗留下来的夏、商、周三代文献、典制，矫正秦始皇嬴政的过失，却不在内心加以反省，并体察时代的趋势，从而达到无事不可以成功的境界。于是汉文帝缩短服丧日期的诏命，后世莫不遵行，而有志之士竟然无法挽回，真是可悲啊！

其实汉文帝的做法还是保留了些许古代的遗意。其遗诏中说：棺木下葬之后，要服大功十五天，小功十四天，纤服七天，在没有下葬之前，当然皆服斩衰之礼。《礼记》中说："天子死后七月而葬。"经过虞祭（葬后之祭）、祔祭（合于祖庙之祭）、卒哭（百日祭后，止无时之哭，变为朝夕一哭），至齐衰期服则将满一年，满一年之后便是小祥，古代都有受服（着丧服守孝）之制。大功和小功，是由受服演变而来的；纤，就是禫服，即除去丧服时举行的祭祀。汉文帝虽然缩短服丧日期，但仍不失古意，只是未免太短了。汉文帝于己亥日仙逝，乙巳日下葬，其间共计四十三天。汉景帝速葬文帝，速除丧服，显得太不怀念先王了。将服丧时间的月换成日，并非汉文帝之遗制，只是后世的礼仪每况愈下了。

本事：《资治通鉴》卷一五《汉纪七·文帝》，汉文帝前元十三年（前167）。

二三　智者知天之消长以为动静

文帝崩年四十有六，阅三年而吴王濞反。濞之令曰："寡人年六十有二。"则其长于文帝也十有三年。当文帝崩，濞年五十有九，亦几老矣。诈病不覲，反形已著。贾谊、晁错日画策而忧之，文帝岂不知濞之不可销弭哉？赐以几杖而启衅无端，更十年而濞即不死，亦以衰矣。赵、楚、四齐，庸劣无大志，濞不先举，弗能自动。故文帝筹之已熟，而持之已定。文帝幸不即崩，坐待七国之瓦解，而折棰以收之。是谊与错之忧，文帝已忧之。而文帝之所持，非谊与错所能测也。

吉凶之消长在天，动静之得失在人。天者人之所可待，而人者天之所必应也。物长而穷则必消，人静而审则可动。故天常有递消递长之机，以平天下之险阻，而恒苦人之不相待。智者知天之消长以为动静，而恒苦于躁者之不测其中之所持。若文帝者，可与知时矣。可与知时，殆乎知天矣。知天者，知天之几也。夫天有贞一之理焉，有相乘之几焉。知天之理者，善动以化物；知天之几者，居静以不伤物，而物亦不能伤之。以理司化者，君子之德也；以几远害者，黄、老之道也；降此无道矣。庸人不测，恃其一罅（xià）之知，物方未动，激之以动。激之以动，而自诧为先觉。动不可止，毒遂中于天下，而流血成渠。国幸存，而害亦憯矣。呜呼！谋人家国者，可不慎哉！自非桀、纣，必有怀来，有一罅之知者，慎密以俟之，毋轻于言，而天下之祸可以息。

【译文】

汉文帝刘恒驾崩时四十六岁，过了三年吴王刘濞谋反。刘濞在其发布的诏令中说："寡人今年六十有二。"可见他比汉文帝年长十三岁。文帝驾崩时，刘濞业已五十九岁，几乎是老朽了。他假称有病，拒不入京朝见皇帝，反叛的迹象已经暴露。贾谊、晁错每天为此出谋划策、忧心忡忡。文帝难道不知道刘濞谋反之祸不可消弭吗？他赐给刘濞象征尊老的坐几和手杖，使他没有借口挑起事端，再等十年之后，刘濞即使不死也衰老不堪了。赵国、楚国、四齐（胶东、胶西、济南、淄川）之诸侯王庸劣无能，素无大志，刘濞不首先举兵，他们是不敢擅自行动的。所以文帝早已筹划成熟，谋略已定并坚定地加以贯彻。假如文帝有幸不这么快去世，坐待七国土崩瓦解，必定可以轻而易举地制伏他们。贾谊和晁错所忧虑的事情，文帝早已考虑过了；而文帝所持的对策，则不是贾谊和晁错所能窥测得到的。

吉凶祸福的消长在于天，动静的得失在于人。对于天机，人是可以等待的；而对于人，天也必定会有所反应。事物发展到极致则必定衰落，人保持安静审慎则可伺机而动。所以天道有盈虚消长之机，以削平天下的险阻，只是苦于人们常常不能耐心等待。智者根据天道的消长决定动静，却常常苦于急躁的人不能领会其中所持的策略。像汉文帝，可以说是知时之人。可与知时，就接近知天了。所谓知天，就是能够知道天道消长的细微征兆。上天有守正专一、恒常不变的客观规律，也有各方势力乘虚相侵、彼此消长的契机。懂得历史发展规律的人，就善于把握时机，赞化万物；而懂得天道消长的细微征兆的人，则可以保守宁静而不伤外物，而且外物也不能损害他。以天理赞化万物，是君子之德；因了解此消彼长的契机而避祸远害，是黄、老之道。除了这两者就再没有什么天道了。庸俗的人不懂得这个道理，自恃有一点小聪明，事物的发展还没有到那个程度，就过早激之使其动，还自夸为先知先觉。结果，一发而不可收，于是流毒遍布天下，以至于血流成河。即使国家幸存下来，所遭受的祸害也太过惨重了。唉！为家国谋划的人，能不谨慎从事吗？只要不是夏桀、商纣，就都会有招徕远人之心，有一孔之见的人，能够谨慎缜密地静候时机，不可轻于信口妄议，那么天下的灾祸就可以止息了。

本事：《资治通鉴》卷一六《汉纪八·景帝》，汉景帝前元三年（前154）。

卷三

明刻本《三才图会》中的汉武帝刘彻画像

【题　解】

本卷评论西汉中期历史，分景帝、武帝二目，共三十八则。

汉景帝刘启（前188—前141）平定“七国之乱”，延续“文景之治”，奠定了汉朝的繁盛局面，王夫之选择七个问题加以评论。首先分析吴楚七国叛乱的名义不正而不自信，这是历代叛乱必然失败的根本因素；而周亚夫的深谋远虑则是制胜的法宝。接着针对梁王风波，提出“兄弟之际，非父母所得而与”和“以诚信行于家国骨肉之间”的观点，颇具深意。对其法宽而任酷吏、纳赀得官的政策予以批评，而对“困辱商贾”则予以赞赏，并认为汉初以来的抑商政策是其发展繁荣的知本之计。

武帝刘彻（前156—前87）在位超过半个世纪，开创了中央集权的盛世，王夫之选择三十一个问题加以全面评论。充分肯定其颁布推恩令削弱诸侯、罢黜百家独尊儒术等一系列改革，成为唐宋以来中央集权制度的先声；北击匈奴、南灭南越、打通西南夷等一系列攘夷拓土之举，使边疆与内地融为一体，形成山围海绕的华夏版图，而后世放弃或超越华夏版图的行径都留下了沉重的历史教训。同时，对其任用酷吏、严刑峻法以及迷信鬼神、淫逸无度、重赋劳民等行为予以批评，斥之为“丧邦之道”。此外，对于武帝时期的大臣公孙弘、张汤、霍光、金日磾、上官桀、刘屈氂、李广都有精到的评价，既肯定了武帝知人的独到之处，也指出其因知人用人不足而导致的危害；对于黄河治理问题，则提出了顺其自然、实现安流的主张，颇足珍视；还借徐乐上书提出的“土崩瓦解之说”，论述历代王朝衰亡的两种形式及其历史影响。

景帝

一　自不可信，人不可保

甚哉名义之重也，生乎人之心，而为针铓剑刃以刺人于隐者也。故名以生实，而义不在外。苟违乎此，疑在肘腋而先战乎心。夫欲有所为，而无可信之人，必危；有可信之人，而固不敢信，必败。吴太子之谏王濞曰：“王以反为名，此兵难以借人，人亦且反王。”以此疑田禄伯，不遣循江、淮入武关，而坐困于下邑。其不信禄伯而因以败也，则太子任其失。藉令假禄伯以兵，而禄伯且反也，亦未可知。是两穷之术，而姑保其可疑。太子固曰：“王以反为名，兵难以借人。”名不正，义不直，浮鼓其忿欲以逞，其中之铓刃，常不去于肺肝。是以无名无义而欲有为于天下，

即以之攻无道而不克，况以之犯顺哉？故自疑者必疑人，信人者必自信也。自不可信，人不可保，疑之而隳（huī）功，信之而祸亦起。苻坚以不疑而亡于慕容垂，安庆绪以不疑而亡于史思明。吴太子之言，固天理显露之一几，以震小人而褫之，恶能强哉！恶能强哉！

【译文】

名义实在是太重要了！名义从人的内心产生，又像针芒、剑刃一样直刺人的内心隐私。所以名要生于实际，而义应发自内心，并不是外在的东西。如若不然，则猜疑必生于肘腋之间而内心斗争不已。想有所作为，却没有可相信之人，那就一定很危险；有可信赖的人，却不敢坚定不移地相信他，那就必定会失败。吴太子劝谏吴王刘濞说："大王以反叛朝廷为名起兵，军队难以交给他人统领，否则他人可能也要反叛您呢。"刘濞因此怀疑其大将田禄伯，不派遣他沿长江、淮河向西进入武关，而是困守在下邑（今安徽砀山）。他不信任田禄伯以至于国家败亡，这个责任应由吴太子承担。但假如他把兵权交给田禄伯，田禄伯也许就会反叛，这也说不定。这真是进退维谷的两难局面，姑且只能对田禄伯保持怀疑的态度。吴太子坚定地说："大王以反叛朝廷为名起兵，军队难以交给他人统领。"名不正，义不直，只能凭借虚言鼓动民众一时的愤怒以逞其私欲，其中蕴含的针芒、剑刃时常不离其胸腹之间。所以说无名无义却想大干一场的人，即使进攻无道的昏君也无法取胜，何况是侵犯顺天应人的真命天子呢？怀疑自己的人必定怀疑别人，相信别人的人必定相信自己。自己不可相信，别人的忠诚也不可依靠，怀疑别人则会败坏大事，相信别人却又会招致灾祸。前秦苻坚因不怀疑别人而被降将慕容垂所灭，安禄山之子安庆绪因不怀疑别人而被史思明所杀。吴太子的话固然有一定的道理，足以震慑小人而夺其气势，但是小人又怎么可能强大呢！小人又怎么可能强大呢！

本事：《资治通鉴》卷一六《汉纪八·景帝》，汉景帝前元三年（前154）。

二　中有所恃，静以待动

文帝且崩，戒景帝曰："即有缓急，周亚夫可任将兵。"则文帝未尝须臾忘制吴也。故几杖之赐，欲以销其雄心而待其自敝，非玩也。中有所恃，则可静以待动，而不为祸先，无已，则固有以胜之矣。柔而不陷于弱，本立焉耳。晁错者，焉知此！迫而无以应，则请上自将而身居守，有亚夫之可恃而不知任也，身之不保，宜矣哉！故柔而玩、竞而不知自强之术，两者异出而同归于败。

【译文】

汉文帝刘恒在弥留之际，告诫景帝刘启说："如果突发紧急事件，周亚夫可以担当统率军队的重任。"这表明汉文帝时刻不忘对付吴国。所以说文帝赐给吴王刘濞象征尊老的坐几、手杖，只是想用这些东西消磨刘濞的雄心壮志，以待他自己走向败灭，并非轻慢的行为。他心中早已有所凭恃，可以静制动，不率先发难，即使不得已而动，其实也早已胜券在握。柔顺而不至于陷于软弱，因为早已确立了根本原则。晁错哪里懂得这些呢！在事情变得急迫之时却不知应变之策，于是请求皇帝亲自统兵平叛，而自己留守京城，有周亚夫这样可以依赖的大将却不知重用，最终性命不保，实为必然啊！因此，一味地优柔寡断而轻慢怠惰，与敌人争强却不知自强之术，二者实在是殊途同归，最终都会走向败亡。

本事：《资治通鉴》卷一六《汉纪八・景帝》，汉景帝前元三年（前154）。

三　兄弟之际，和平坦易

周亚夫请以梁委吴，绝其食道，景帝许之。梁求救而亚夫不听，上诏亚夫救梁，而亚夫不奉诏。于是而亚夫之情可见，景帝之情亦可见矣。委梁于吴以敝吴，而即以敝梁。梁之存亡，于汉无大损益；而今日之梁为他日之吴、楚，则敝梁于吴而恃以永安。亚夫以是获景帝之心，不奉诏而不疑。景帝之使救也，亦聊以谢梁而缓太后之责也，故可弗奉诏而不疑也。

呜呼！景帝之心忍矣，而要所以致之者，太后之私成之也。帝初立，年三十有二，太子荣已长，而太后欲传位于梁王。景帝曰："千秋万岁后传于王。"探太后之旨而姑为之言也。窦婴正辞而太后怒，则景帝之惎梁久矣。亚夫委之敝而弗救，与帝有密约矣。不然，兄弟垂危，诏人往援，不应而不罪，景帝能审固持重如此其定哉？后愈私之，帝愈惎之，梁其不为叔段、公子偃者，幸也。

故兄弟之际，非父母所得而与。亲者自亲，爱者自爱，信者自信，猜者自猜。全中人于不相激，而使贤者得自伸其恩义，则以养子孙于和平坦易之中，而无隐情以相倾。太后妇人，不足以知此，为君子者，尚其鉴诸！

【译文】

在七国之乱中，大将周亚夫请求放弃梁国，任凭吴王刘濞攻打而不救援，并趁机断绝吴军的粮道，汉景帝同意了这个建议。梁王屡次求救而周亚夫不予理睬，景帝下诏命令周亚夫救援梁国，可周亚夫拒不奉诏。由此，周亚夫的心思可以想见，景帝的心思也可以想见了。坐视吴国攻打梁国以疲敝吴国，同时也是借此削弱梁国。梁国的存亡虽对汉朝来说没有大的利害关系，可今天的梁国可能会成为将来的吴国、楚国，那么借吴国之力削弱梁国，汉朝就可借机赢得永久的安宁。周亚夫此举深得景帝之心，因而拒不奉诏而景帝不曾猜疑。其实景帝命令周亚夫发兵救梁，不过是以此敷衍梁国，同时缓和母亲窦太后的责怪罢了，所以周亚夫拒不奉诏而景帝也毫不猜疑。

唉！景帝之心也够残忍了！但之所以如此，完全是由太后偏爱梁王所导致的。景帝即位时，只有三十二岁，太子荣已经长大成人，可太后却想让景帝传位于梁王。景帝说："我死后传位于梁王。"这不过是在已知太后心思，为讨其欢心而说的违心之言罢了。窦婴为此还义正词严地反驳，结果太后很生气，可见汉景帝忌恨梁王由来已久了。周亚夫坐视梁国被攻击而不救援，这是和景帝有密约在先。不然，弟弟的封国岌岌可危，下诏派兵前往救援，而统兵之将不奉命也不怪罪，难道景帝果然能够如此沉着冷静、稳如泰山吗？太后越宠爱梁王，景帝就越忌恨梁王，梁王最终没有像春秋时期郑国的共叔段、鲁国的公子偃那样身死国亡，实在是万幸了。

所以兄弟之间的关系，并不是父母所能干涉的。亲近的自会亲近，喜爱的自会喜爱，相信的自会相信，猜忌的自会猜忌。做父母的应该中立无偏，不能以私人感情刺激他们，从而使贤能的人自我伸张其恩德情义，这样才能使子孙长久地和平安定，不至于各怀隐私而相互倾轧。窦太后乃是妇道人家，不懂得这个道理，而身为君子的人，难道不应该有所借鉴吗？

本事：《资治通鉴》卷一六《汉纪八·景帝》，汉景帝前元三年（前154）。

四　以诚信行于家国骨肉之间

国无人而不可与立，彝伦斁也。韩安国泣请于梁王，而羊胜、公孙诡伏诛；田叔悉烧狱辞，而梁王之罪解。以诚信行于家国骨肉之间，彝伦危而得安，汉之人才所以卓越乎后世也。邹阳见王信而售其说，策士之小慧耳。假天性合离之权于闺房，阳之智与胜、诡等；自诧其巧，而不知适成乎乱。安国也，叔也，守贞以全仁孝之大者也，非佞人之得有功也。

【译文】

国家没有贤能之人就无法守道以应变，这是由于天地人伦的纲常被败坏了。梁孝王的中大夫韩安国痛哭流涕地向梁王进谏，而其谋士羊胜、公孙诡则因谋刺大臣而伏诛；负责审理此案的田叔将梁王派人刺杀袁盎等人的卷宗全部焚毁，于是梁王得以解脱罪责。以诚信处理家国骨肉之间的关系，天地人伦的纲常就会由危转安，这是汉朝的人才比后世卓越的原因。梁孝王的门客邹阳受命前往京城活动，他见王皇后之兄王信时所说的话，不过是游说之士的小聪明罢了。邹阳把天性离合的砝码压在后宫太后、皇后身上，其智慧与羊胜、公孙诡差不多；他自以为计谋巧妙，却不知恰恰酿成了祸乱。韩安国和田叔两个人才是坚守忠贞、保全仁孝之大德的人物，不是那些奸邪之人靠投机取巧就能立下大功的。

本事：《资治通鉴》卷一六《汉纪八·景帝》，汉景帝中元二年（前148）。

五　立法与执法的宽严相济

法严而任宽仁之吏，则民重犯法，而多所矜全。法宽而任鸷（zhì）击之吏，则民轻犯法，而无辜者卒罹而不可活。景帝诏有司谳（yàn）不能决，移谳廷尉，谳而后谳不当，谳者不为失，立法宽矣。乃郅都、宁成相继为中尉，则假法于残忍之小人，姑宽为之法，以使愚民轻于蹈阱，而幸其能出而终不免也。且也谳不当而不为罪，无论失入之僭也，即数失出而弗谴，亦以导赇（qiú）吏之鬻（yù）狱，而淫威之逞，冤民且无如之何也。于是而高帝宽大之意斩，武帝严酷之风起矣。严之于法而无可移，则民知怀刑；宽之以其人而不相尚以杀，则民无滥死。故先王乐进长者以司刑狱，而使守画一之法。雷电章于上，雨露润于下，斯以合天理而容保天下与！

【译文】

法令严峻而任用宽厚仁慈的官吏执法，则百姓不敢轻易犯法，得以保全的人反而更多。法令宽松却任用残酷暴戾的官吏执法，则百姓轻易就可能犯法，而无辜者终究会身犯罪过从而难以保全性命。汉景帝诏命相关官吏碰到难以判决的案件，可以移交给廷尉审理，廷尉再审之后如果原判决不当，也不追究原审判者的过失，这个立法是够宽松了。只是等到著名的酷吏郅都、宁成相继担任中尉以后，把司法大权交给一批残忍的小人，他们放宽法律，结果使愚昧无知的百姓不被重视而落入陷阱，这些人自认为能获得宽释，却不承想终究无法幸免。况且，判决不当也不加追责，而不计较其错误给无辜者所带来的惨痛，即使审判者数次失误也不会受到处分，这实际上就是引导贪官污吏营私舞弊、徇情枉法，而淫威滥施，冤民也无可奈何。于是汉高祖刘邦宽大为怀的立法执法传统断绝了，汉武帝刘彻时期严酷之风由此而起。法令严明而且不随意宽恕，则百姓知道畏惧刑罚；执法宽松而不以杀人多寡相夸耀，则百姓没有无辜受死者。所以，古圣先王都乐意任用忠厚长者主管刑狱，并让他们遵循统一的法律，就如同上有雷鸣电闪，而下有雨露滋润，这大概才能合乎天理，宽容和爱护天下之人吧！

本事：《资治通鉴》卷一六《汉纪八·景帝》，汉景帝后元元年（前143）。

六　纳资为官，未为得计

算赀十而得官，景帝减而为四，争之于铢两之间，亦恶足以善风俗乎！应劭曰："古者疾吏之贪，衣食足，知荣辱，赀盈十万，乃得为吏。"劭所云古者何古也，殆秦人之法也。举富人子而官之，以谓其家足而可无贪，畏刑罚而自保，然则畏人之酗饮，而延醉者以当筵乎？富而可为吏，吏而益富，富而可贻其吏于子孙。毁廉耻，奔货贿，薄亲戚，猎贫弱，幸而有赀，遂居人上，民之不相率以攘夺者无几也。自非嬴氏为君、商鞅为政，未有念及此以为得计者也。

呜呼！亦有自来矣。世之乱也，一策行而取卿相，一战胜而有封邑。故草野贫寒之子，忘躯命，游于刀锯鼎镬（huò）之下，以弋获官邑。于是而如馁者之得食焉，快贪饕而忘哽噎。于是天下苦之，人主厌之，而矫之以任富人之子，以是为愈于彼也。虽然，岂必无以养天下之廉耻而需此哉？矫枉者之枉甚于所矫，而天下之枉不可复伸。为君子者，清品类，慎交游，远挟策趋风之贱士，以使人主知所重轻焉。何至贻朝廷以菲薄贤智、轻侧陋之心，问居赢而揖进之哉？

【译文】

以前，向朝廷缴纳资产十万钱的人才能得到官位，汉景帝刘启时减为四万钱，如此斤斤计较于铢两之间，又怎么能改善社会风气呢！东汉应劭说：“古时担心官吏贪腐，鉴于衣食足而后知荣辱的说教，规定只有资财满十万的人，才可以为官。”应劭所说的古时哪里就是古时候呢，大概就是秦朝的制度。推举富人的子弟为官，认为他们家里富足所以没有必要贪腐，畏惧刑罚因而会自保身家。既然这样，那么害怕有人酗酒，就可以把醉酒的人请来参加宴会吗？富人可以做官，做官以后更加富有，以至于富人可以把官位遗留给子孙。这些人不顾廉耻，贪图财货，刻薄亲戚，盘剥贫弱，幸而聚敛了巨资，于是得居上位，百姓以此为表率，不争先恐后地偷盗抢夺以求财富的没有几个。如果不是秦始皇为君、商鞅执政，恐怕没有人会想到这个办法并以此为计。

唉！这一做法也是有其来由的。在战国乱世之中，献一条妙计就可以取得卿相之位，打一次胜仗就可以获得封地。所以出身草野的贫寒之子不顾性命，穿梭奔波于刀锯鼎镬之下，以求获取官爵和封地。就像饥饿的人一旦得到了食物，就连忙狼吞虎咽完全不顾被噎着的风险。因此，天下人深受其害，君主也厌恶他们，于是改而任用富家子弟以矫正之，认为富人做官比贫寒之士做官要好。尽管如此，难道除了这样做，就没有别的办法涵养天下人的廉耻之心吗？矫正错误的人所犯的错误比他所矫正的错误还要严重，那么天下的错误永远得不到矫正。作为正人君子，应该分清人物的品类，谨慎地与之交游，远离那些怀揣计谋、见风使舵的品性低下之人，以便让君主知道任用臣子的轻重所在。何至于给朝廷遗留下鄙薄贤明智慧之士、轻视卑贱出身人心的影响，只以家资富裕为标准引荐官员呢？

本事：《资治通鉴》卷一六《汉纪八·景帝》，汉景帝后元二年（前142）。

七　重农轻商，富国之本

班固叙汉初之富庶详矣。盖承六国之后，天下合而为一，兵革息，官吏省，馈享略，置邮简，合天下而仅奉一人，以一王而府天下，粟帛货贿流通，关徼弛而不滞，上下之有余宜矣。呜呼！后之天下犹汉也，而何为忧贫孔棘，而上下交征之无已也！班固推本所由，富庶原于节俭。而曰："高帝令贾人不得衣丝乘车，重租税以困辱之。孝惠、高后虽弛其禁，然市井之子孙，不得仕宦为吏。量吏禄，度官用，以赋于民。山川园池市井租税，自天子至于封君，皆取其入为私奉养，不领于经费。"知言也夫！

尤要者，则自困辱商贾始。商贾之骄侈以罔民而夺之也，自七国始也。七国者，各君其国，各有其土，有余不足，各产其乡，迁其地而弗能为良。战争频，而戈甲旌旄之用繁；赂遗丰，而珠玑象贝之用亟；养游士，务声华，而游宴珍错之味侈。益之以骄奢之主、后宫之饰、狗马雁鹿袨（xuàn）服殊玩之日新，而非其国之所有。于是而贾人者越国度险，罗致以给其所需。人主大臣且屈意下之，以遂其所欲得，而贾人遂以无忌惮于天下。故穷耳目之玩、遂旦暮之求者，莫若奖借贾人之利；而贫寒之士，亦资之以沾濡。贾人日以尊荣，而其罔利以削人之衣食，阳与而阴取者，天下之利，天子之权，倒柄授之，而天下奚恃以不贫？且其富也不劳，则其用也不恤，相竞以奢，而殄天物以归糜烂。弗困弗辱，而愚民荣之，师师相效，乃至家无斗筲（shāo），而衣丝食粲，极于道殣（jǐn）而不悔。故生民者农，而戕民者贾。无道之世，沦胥而不救，上下交棘而兵戎起焉。非此之惩，国固未足以立也。高帝之令，班固之言，洵乎其知本计也。

人主移于贾而国本凋，士大夫移于贾而廉耻丧。许衡自以为儒者也，而谓“士大夫欲无贪也，无如贾也”。杨维桢、顾瑛遂以豪逞而败三吴之俗。濠、泗之迁，受兴王之罚，而后天下宁。移风易俗，古今一也。

【译文】

班固《汉书》中对汉初国富民殷的盛况记叙得非常详尽。大概汉朝的建立承六国纷争之后，天下统一，战争平息，官吏减少，馈赠进献之物变得简略，邮传驿站机构进行精简，合并全国的财力仅供奉天子一人，以整个天下作为天子一人的府库，布帛、粮食等财货周转不息，边界关卡畅通无阻，国家和民众殷实富足是理所当然的。唉！后世的天下与汉朝的天下一样，却为什么总是很急迫地担忧贫弱问题，以致上下相互争夺私利而不能停息呢？班固追本溯源，认为富庶源于节俭。他说：“汉高祖下令商人不得穿丝绸衣服，不许乘坐马车，而且征收重税以压迫和侮辱他们。汉惠帝、吕后时期，虽然放松了限制商人的禁令，但商人的子孙仍然不允许做官。官府估量官吏的俸禄，预算政府的开支，然后向百姓征收赋税。山川、园林、池沼、市井所征收的山林川泽税和工商交易税，从天子到诸侯王国的封君都以此收入作为私奉养，而不从朝廷的正常赋税中领取经费。”班固的话很有见地啊！

尤其重要的，这是从压迫和侮辱商人开始的。商人的骄淫奢侈、欺骗并掠夺百姓，是从战国时期开始的。战国七雄，各自统治自己的国家，占据各自的领地，各国物产的多寡异同，各随其土地所宜，如果迁徙到别的地方，就不能保持其优良的品质。七国之间战争频繁，戈、甲、旌、旄等军事物资耗费很大；各国之间外交馈赠、贿赂成风，珍珠、象牙、贝壳等奢侈品的需求量大而且急；豢养游说之士，博取好客的名声，因而宴饮游乐所需山珍海味非常奢侈。再加上骄奢淫逸的君主，后宫妃嫔的装饰、狗马雁鹿以及华丽的服装、珍奇异玩等物日新月异，所有这些东西都不是本国出产的。于是商人不畏险阻，跨越国境，跋山涉水，搜罗珍玩以满足七国贵族的需求。国君和大臣暂且屈尊礼待商人，以便满足自己的欲望，商人因此肆无忌惮，横行于天下。所以想要穷尽耳目之玩、满足日常早晚生活需求的人，都称赞推许商人的好处；而贫寒之士，也借助商人的力量获取利益。商人日渐尊贵，但他们追求利润以至于剥夺别人的衣食，表面上给予，暗中又夺取回来，天下的财富，天子的大权，拱手让给商人，反受其害，天下怎么能不陷入贫困呢？而且商人的财富并非靠辛勤劳动得来，因而挥霍起钱财来毫无顾虑，竞相攀比奢华，以致暴殄天物，耗费财货而不爱惜。商人不但不因此受到压迫和侮辱，愚昧的百姓反而以他们为榜样，于是纷纷效仿，以至于家中虽无隔夜之粮，却穿绫罗绸缎、吃美味佳肴，甚至饿死道边也不后悔。所以说生养百姓的是农业，而残害百姓的是商业。国家政治混乱之时，百姓饱受苦难而得不到救助，上下相互争夺私利，战端由此而起。如果不加惩治，国家就没有立足的根本。汉高祖的诏令，班固的言论，的确是通晓根本的计策啊！

君主如果倚重商业，则作为国家根本的农业必然陷入凋敝；士大夫如果倚重商业，则廉耻之心必然丧失殆尽。元初的许衡自以为圣人门徒，却说出“士大夫要想不贪婪，最好的办法莫如去经商”这样的话。元代文学家杨维桢、顾瑛就是因为奢侈豪华、放荡不羁而败坏了三吴地区的风俗。明初，吴中富豪士人被迁徙到濠州（今安徽凤阳东）、泗州（今江苏泗洪东南）等地，受到明太祖朱元璋的惩罚，然后天下才告安宁。所以移风易俗，古今都是一样的。

本事：《资治通鉴》卷一六《汉纪八·景帝》，汉景帝后元三年（前141）。

武帝

一　董仲舒举贡士之弊

董仲舒请使列侯郡守岁贡士二人，贤者赏，所贡不肖者有罚，以是为三代乡举里选之遗法也，若无遗议焉。夫为政之患，闻古人之效而悦之，不察其精意，不揆其时会，欲姑试之，而不合，则又为之法以制之，于是法乱弊滋，而古道遂终绝于天下。

郡县之与封建殊，犹裘与葛之不相沿矣。古之乡三年而宾兴，贡士唯乡大夫之所择，封建之时会然也。成周之制，六卿之长，非诸侯入相，则周、召、毕、荣、毛、刘、尹、单也。所贡之士，位止于下大夫，则虽宾兴，而侧陋显庸者亡有。且王畿千里，侯国抑愈狭矣。地迩（ěr）势亲，乡党之得失是非，旦夕而与朝右相闻。以易知易见之人才，供庶事庶官之冗职，臧否显而功罪微。宾兴者，聊以示王者之无弃材耳，非举社稷生民之安危生死而责之宾兴之士也。

郡县之天下，统中夏于一王。郡国之远者，去京师数千里。郡守之治郡，三载而迁。地远，则贿赂行而无所惮。数迁，则虽贤者亦仅采流俗之论，识晋谒之士，而孤幽卓越者不能遽进于其前。且国无世卿，廷无定位，士苟闻名于天下，日陟日迁，而股肱心膂（jǔ）之任属焉。希一荐以徼非望之福，矫伪之士，何惮不百欺百售以迎郡守一日之知，其诚伪淆杂甚矣。于是而悬赏罚之法以督之使慎，何易言慎哉！

知人则哲，尧所难也。故鲧殛（gǔn jí），而佥曰试可者勿罪。生不与同乡，学不与同师，文行之华实，孝友之真伪，不与从事相觉察，偶然一日之知，举刑赏以随其后，赏之滥而罚者冤，以帝尧之难责之中材，庸讵可哉？其弊也，必乐得脂韦括囊之士，容身畏尾，持禄以幸无尤。又其甚者，举主且为交托营护，而擿发者且有投鼠忌器之嫌。

则庸驽竞乘，而大奸营窟，所必至矣。

闻一乡之有月旦矣，未闻天下之有公论也。一乡之称，且有乡原；四海之誉，先集伪士。故封建选举之法，不可行于郡县。《易》曰："变通者时也。"三代之王者，其能逆知六国强秦以后之朝野，而豫建万年之制哉？且其后汉固行之矣，而背公死党之害成，至唐、宋而不容不变。故任大臣以荐贤，因以开诸科目可矣；限之以必荐，而以赏罚随其后，一切之法，必敝者也。

封建也，学校也，乡举里选也，三者相扶以行，孤行则踬（zhì）矣。用今日之才，任今日之事，所损益，可知已。而仲舒曰："三王之盛易为，尧、舜之名可及。"谈何容易哉？

【译文】

汉武帝元光元年（前134），董仲舒在其贤良三策中，请求朝廷命令列侯和郡守每年举荐两名有才之士，所举荐的士人如果贤能就奖励推荐者，所推荐的人如果是不肖之徒则推荐者要受到惩罚。他认为这是夏、商、周三代时期遗留下来的乡举里选之法，似乎也没有招致非议。治理国家最忌讳的做法就是听说古人的成功事迹后非常羡慕，于是不考察其中的精义，不揣测是否合乎时宜，就要暂且试行一下。如果不合适，就再制订一套办法加以制约，这样难免造成法制混乱，弊端滋生，而使古圣先王的治国之道终于绝灭于天下。

郡县制与分封制的不同，就像冬天穿裘衣与夏天穿葛衣之间的不同一样。古代的乡大夫每三年从乡小学荐举贤能而宾礼之人，升入国学，称为“宾兴”。贡士的人选完全由乡大夫决定，实行分封制的时代就是如此。西周时期的制度，担任六卿长官的，不是诸侯入朝拜相，就是周公、召公、毕公、荣公、毛公、刘公、尹公、单公等世卿贵族。各地贡举的人才，最高只能做到下大夫，可见虽然有宾兴制度，而身处微贱地位而得到重用的贤人是没有的。况且，天子的王畿也只有千里，诸侯国就更加狭小了。大家距离都不远，关系也比较亲近，乡邻间的是非得失，旦夕之间就会传至朝中大臣耳中。用易知易见的人才，担任处理各种事务的普通冗职，其得失优劣容易察觉，难获大功也难得大罪。宾兴选举，不过是为了显示国君没有埋没人才罢了，并非把江山社稷、人民安危托付给通过宾兴举荐的士人。

实行郡县制的天下，整个中国都由一个帝王统治。较远的郡和封国，距离京师数千里。郡守治郡，三年就要调动一次。由于地处偏远，因而贿赂公行也无所忌惮。由于官员屡屡调动，即使贤能之人也只能依据流俗的议论，仅仅接待主动求见的士人，而那些孤高自守、才华卓越的人则不能很快被举荐到他们的面前。并且国家没有世袭的卿相，朝廷没有固定的职位，有才学的人如果名满天下，就会不断获得升迁，最终取得国君股肱心腹的职位。希望通过一次举荐而侥幸得到意外的福祉，于是虚伪的士人，又有什么忌惮而不想尽一切办法招摇撞骗，极力兜售自己，期望有朝一日得到郡守的赏识呢？其中的真伪混杂实在是太严重了！于是朝廷不得不采用赏罚之法以督使官员，使他们慎重举荐人才，然而慎重又谈何容易呢？

善于识别人才的人称为哲人，即使唐尧也难以做到。所以伯鲧因治水失败而被杀，众人都说再尝试一下，如果可以就不要追责。官员与士人，既不是生于同乡，又不曾同门问学，对方道德文章的虚实，孝敬父母、和睦兄弟的真伪，没有长期相处就难以仔细观察，偶然一日相识，就加以推荐，随后即有赏罚加于其身，结果会造成受赏过滥或受罚蒙冤，把帝尧都难以做到的事情交给才能一般的官员承担，怎么能够办好呢？其弊端在于，官员们乐于举荐阿谀圆滑、闭口不言的人，这些人畏首畏尾，尸位素餐，明哲保身，不求有功、但求无过。甚至有的举荐官员害怕担责竟然为被荐者托情庇护，使得想要揭发的人难免有投鼠忌器的顾虑。如此，才能低劣的人竟相钻营，大奸大恶之人借此营造藏身避患之所，乃是势所难免。

听说以前一乡有品评人物的“月旦评”，没有听说过天下有什么公论。一乡之人的称誉，尚且不免有言行不一、伪善欺世的乡愿；而天下之人的赞誉，首先会集中于虚伪的人。所以分封制时代乡举里选的办法，不可行于郡县制的时代。《周易·系辞》中说：“所谓变通，就是与时势相适应。”夏、商、周三代的帝王，怎么能够预料到六国、强秦以后的朝野形势，而预先制定万年不变的制度呢？况且，后来汉朝固然施行了荐举之法，结果却导致损公利己、结党营私之祸，发展到唐、宋时代，不得不做出改变。所以，责令大臣举荐贤才，借此开设科目进行考试选拔是可以的。限令大臣必须举荐人才，而以赏罚之法紧随其后加以约束，这种一刀切的做法，必定会有弊端。

分封制度、学校制度、乡举里选，三者要相辅相成才会有所成功，如果单独施行一种就难免遭遇失败。用今天的人才，担当今天的事情，自然会对前人制度有所损益，这是显而易见的。而董仲舒说："五帝、三王的盛举容易做到，唐尧、虞舜的盛誉可以企及。"这又谈何容易啊！

本事：《资治通鉴》卷一七《汉纪九·武帝》，建元元年（前140）。

二　乡举太学，相为经纬

乡举之法，与太学相为经纬，乡所宾兴，皆乡校之所教也。学校之教，行之数十年，而乡举行焉。所举不当者罚之，罚其不教也，非罚其不知人也。仲舒之策，首重太学，庶知本矣。不推太学以建庠（xiáng）序于郡国，而责贡士于不教之余，是以失也。

经天下而归于一正，必同条而共贯，杂则虽矩范先王之步趋而迷其真。惟同条而共贯，统天下而经之，则必乘时以精义，而大业以成。仲舒之策曰："不在六艺之科、孔子之术者，皆绝其道。"此非三代之法也。然而三代之精义存矣，何也？六艺之科，孔子之术，合三代之粹而阐其藏者也。故王安石以经义取士，踵仲舒而见诸行事，可以行之千年而不易。安石之经学不醇矣，然不能禁后世之醇，而能禁后世之非经。元祐改安石之法，而并此革之，不知通也。温体仁行保荐以乱之，重武科以亢之，杨嗣昌设社塾以淆之，于是乎士气偷、奸民逞，而生民之祸遂极。皆仲舒之罪人也，况孔子乎！若夫割裂鞶帨（pán shuì）而无实也，司教者之过也。虽然，以视放言绮语、市心恶习、睨径窦以徼诡遇者，不犹愈乎！习其读，粗知其义，虽甚小人，且以是为夜气之雨露，教亦深矣。

【译文】

乡举里选之法，是与太学教育制度相辅相成的。乡里所荐举的人才，都是乡校培养的。通过学校教育培养选拔人才，推行数十年，然后乡举里选才可以实行。所举荐的人如果名不副实，则举荐者要受到惩罚，这是惩罚他没教育好，而不是惩罚他不能知人。董仲舒在其对策中，首先强调太学的重要性，也算是知道根本所在。如果不推重太学而建立地方学校于郡国，就对那些没有教育好学生的推荐者加以惩罚，显然是不合适的。

经略统一天下而使之归于一个具有正统性的政权之下，在政策上就必须事理通达、脉络连贯，一旦混杂而没有章法，则即使按照古圣先王之规范亦步亦趋，也会迷失方向，抓不住关键。只有坚持事理通达、脉络连贯的政策，统一天下并加以治理，将古圣先王治国之道的精义与时代发展趋势相结合，才能成就伟业。董仲舒的对策说：“那些不在六艺之科、孔子之术的学说，都要断绝其传播渠道。”这虽不是夏、商、周三代之法，却保存有三代之法的精义。为什么呢？因为六艺之科、孔子之术，是糅合三代之法的精粹并阐发其中蕴藏的微言大义后形成的。所以，宋代王安石改革科举，以儒家经义取士，是步董仲舒的后尘而把他的学说付诸实践，这种方法可以行之千年而无需更改。王安石的经学修为并不纯正，虽不会禁绝后世经学的精纯，却能禁绝后世非议经学。宋哲宗元祐年间（1086—1094），以司马光为首的旧党废除王安石新法，废除经义取士的政策，真是不知变通。明末温体仁推行保荐法以扰乱之，重视武举的地位以对抗之，杨嗣昌设社塾以混淆之，于是士气苟且，奸民得志，而老百姓的灾难也达到了极点。他们对董仲舒来说都是罪人，更何况对于孔子呢！至于科举中那些割裂经书精义、雕饰华丽辞藻，空谈议论、华而不实的风气，则是负责教育者的过错。尽管如此，这些科举士子比起那些放言绮语、市井恶习、处处钻营以猎取功名富贵的人，不是还略胜一筹吗？学习圣人的经典，粗知其微言大义，即使是卑鄙的小人，也会感觉到夜气（儒家谓夜晚静思所产生的良知善念）如雨露之滋润心田，这是教育的深刻影响啊！

本事：《资治通鉴》卷一七《汉纪九·武帝》，建元元年（前140）。

三　将叛者其辞惭

淮南王安之谏伐南越，不问而知其情也。读其所上书，讦（jié）天子之过以摇人心，背汉而德己，岂有忧国恤民仁义之心哉！越之不可不收为中国也，天地固然之形势，即有天下者固然之理也。天地之情，形见于山川，而情寓焉。水之所绕，山之所蟠，合为一区，民气即能以相感。中国之形，北阻沙漠，西北界河、湟，西隔大山，南穷炎海，自合浦而北至于碣石，皆海之所环也。形势合，则风气相为嘘吸；风气相为嘘吸，则人之生质相为俦类；生质相为俦类，则性情相属而感以必通。南越固海内之壤也。五岭者，培塿高下之恒也，未能逾夫太行、殽函、剑阁、黾厄之险也。若夫东瓯之接吴、会，闽、越之连余干，尤股掌之相属也。其民鸡犬相闻，田畴相入，市买相易，昏姻相通，而画之以为化外，则生类之性睽，而天地之气阂矣。孟子曰："吾闻用夏变夷者。"帝王之至仁大义存乎变，而安曰："天地所以隔内外。"不亦慎乎！顾其所著书，侈言穷荒八殡九州之大，乃今又欲分割天地于山海围聚之中，"将叛之人其辞惭"，当亦内愧于心矣。

夫穷内而务外，有国之大戒，谓夫东越大海、西绝流沙也。《书》曰："宅南交。"则交阯且为尧封，而越居其内。越者，大禹之苗裔，先王所以封懿亲者也，非荒远之谓也。新造之土，赋不可均，如安所云："贡酎（zhòu）

不输大内，一卒不给上事。”诚有之矣。且城郭、兵防、建官、立学之费，仰资于县官，以利计之，不无小损。然使盗我边鄙，害我穑（sè）事，置兵屯戍，甚则兴师御之，通计百年之利，小吝而大伤，明王之所贱，而抑岂仁人之所忍乎？

君子之于禽兽也，以犬马之近人，则勒之、靮之、驯之、抚之而登其用。顾使山围海绕、天合地属之人民，先王声教所及者，悍然于彝伦之外，弗能格焉，代天子民者，其容恝（jiá）弃之哉！武帝平瓯、闽、开南越，于今为文教之郡邑。而宋置河朔、燕、云之民，画塘水三关以绝之，使渐染夷风，于是天地文明之气日移而南，天且歆汉之功而厌宋之偷矣。安挟私以讦武帝，言虽辩，明者所弗听也。

【译文】

淮南王刘安上书劝谏汉武帝不要讨伐南越国，不用问就知道他的真实用意何在。读他所呈的文书，攻讦汉武帝的过失以动摇人心，背弃指责汉朝以美化自己，哪里还有一点儿忧国忧民的仁义之心呢！南越之地不能不并入中国，这是天地间本来的大势所趋，也是拥有天下的君王理所应当的想法。天地自然的情势，外在表现为山川形胜，而道义情理蕴含其中。河流所环绕、山脉所蟠居的地方自然会组合成一个区域，民众的风气也会相互感应。中国的地理形势：北以大漠为界，西北以黄河、湟水为界，西有大山的阻隔，南到炎热的大海，从合浦（今属广西）向北直到碣石（在今河北昌黎），都被大海所环绕。地理形势相合，则风俗习惯相互交流；风俗习惯相互交流，则民众的习性相互类似；习性相互类似，则性情相近而感应必定相通。南越本来就是海内的土地，而五岭不过是几个横亘东西的小山丘，还不如太行山、崤山和函谷关、剑门关、广水三关（武胜关、平靖关、九里关）险要。至于东瓯国与吴（今江苏苏州）、会稽（今浙江绍兴）接壤，闽越国与余干（今江西余干一带）地区相连，就如同手足相连的关系一样。这些地区的民众鸡犬之声相闻，田地相互交错，市场互通有无，世代通婚，如果把东瓯、闽越等地划分出去作为化外之地，则违背人类的天性，隔阂天地之气。孟子说："我听说过用华夏文明改变蛮夷的，没有听说过被蛮夷改变的。"君王的至仁大义就在于这种改变，而刘安却说："南越与内地之间山岭阻隔，是天地特意阻隔内外的。"这难道不是颠倒错乱吗？读他组织门客所写的《淮南子》一书，奢谈穷荒、八殥、九州之大，如今却想把山海环绕之下的中国领土割裂开来。《周易·系辞》说："将要反叛之人，其言辞会流露出愧疚之情。"也是由于内心有愧吧！

国内的事情还没有处理好，就致力于对外扩张，这是拥有天下的君王的大忌，这主要是针对东越大海、西绝流沙的征伐。《尚书·尧典》中说："命令羲叔，居于南方的交趾。"可见交趾是帝尧所封之地，而南越在其内。越人是大禹的苗裔，古圣先王特意把越地分封给懿亲，并非荒僻辽远之地。新开拓的疆土，赋税不可能与内地一样，像刘安所说的："南越的贡品和助祭之费没有输入皇宫，也没有派出一兵一卒为朝廷服务。"这种情况确实存在。而且筑城、兵防、建立官署、设立学校的费用，都要靠朝廷拨款，如果从财政角度考虑，确实不是没有小损失。然而如果让他们骚扰边境，破坏农事，则屯兵戍守，甚至兴师动众进行抵御，从长远利害考虑，则是吝惜小的损失而失去大的利益，这是圣明的君王所鄙夷的行为，而仁义之人难道会忍心这样做吗？

君子与禽兽的关系，正如犬马尽管能通人性，尚且要勒上嚼子、系上缰绳，加以驯服和安抚，然后才能够为人类所用。反而是被山海围绕、气候相合、地理相属的民众，古圣先王声教所及之地，悍然划于天地人伦的常道之外，不能加以纠正，替天子治理民众的人，难道忍心无动于衷而抛弃他们吗？汉武帝平定了东瓯国、闽越国，开辟南越之地，这些地方至今都成了文明教化之郡邑。而北宋将河朔地区、燕云十六州的民众置于契丹铁蹄之下而不顾，反而划定塘水防线和淤口、益津、瓦桥三关以隔绝与内地的联系，使其渐渐沾染蛮夷的风俗，于是天地之间的文明风气日益转移到南方，就连上天也赞赏汉朝的功绩，而憎恨宋朝的苟且。刘安怀着私心攻讦汉武帝，其言辞虽然雄辩，但明白事理的人不会听从他的话。

本事：《资治通鉴》卷一七《汉纪九·武帝》，建元六年（前135）。

四　仁义之行，殊途而同归

言有迹近而实异者，不可不察。申公曰："为治不在多言，顾力行何如耳。"汲黯曰："陛下内多欲而外施仁义，奈何欲效唐、虞之治乎！"于以责武帝之崇儒以虚名而亡实，相似也。然而异焉者，申公之言，儒者立诚之辞也；汲黯之言，异端贼道之说也。

黯之自为治也，一以黄、老为师，托病卧闺阁而任丞史，曹参之余智耳，而抑佐以傲忽之气。其曰"奈何欲效唐、虞"，则是直以唐、虞为不必效，而废礼乐文章，苟且与民相安而已。内多欲，则仁义不能行，固也。乃匹夫欲窒其欲，而无仁义以为之主，则愈窒而发愈骤；况万乘之主导其欲者之无方乎。故患仁义之不行，而无礼以养躬，无乐以养心耳。如其日渐月摩，涵濡于仁义之腴，以庄敬束其筋骸，益以强固；以忻豫涤其志气，益以清和。则其于欲也，如月受日光，明日生而不见魄之暗也，何忧乎欲之败度而不可制与！故救多欲之失者，唯仁义之行。而黄、老之道，以灭裂仁义，秕糠尧、舜，偷休息于守雌之不扰，是欲救火者不以水，而豫撤其屋，宿旷野以自诧无灾也。黯挟其左道，非侮尧、舜，胁其君以从己，而毁先王仅存之懿典，曰："仁义者，乃唐、虞、三代已衰之德。"孟子曰："言则非先王之道。"又曰："吾君不能谓之贼。"黯之谓与！武帝之不终于崇儒以敷治，而终惑于方士以求仙，黯实有以启之也。

庄助称"黯辅少主，贲、育不能夺"，恃其气而已。刘安惮黯而轻公孙弘，安固黄、老之徒，畏其所崇尚而轻儒耳，非果有以信黯之大节而察弘之陋也。主少国疑，唯行仁义者可以已乱。周公几几于有践之笾豆，冲人安焉。充黄、老之操，"泛兮其可左右"，亦何所不至哉！黯其何堪此任也！

【译文】

有些言辞名虽相近而实相远，不可不详加考察。西汉经学家申公培说："治理国家不在于多言，主要看如何付诸力行。"大臣汲黯说："陛下内心多所欲望而对外施行仁义，为何还要效仿唐尧、虞舜那样治理天下呢？"他们二人指责汉武帝只崇尚儒术之名而没有实际行动，这一点是相近的。其不同在于，申公的话是儒家建立诚信之辞，而汲黯的话则是异端残害道义之说。

汲黯自己为政治民之时，一切都以黄、老学说为师，托病于家而把政事交由属官处理，这不过是师承曹参无为而治的余智罢了，又佐之以傲慢之气。他说："为何还要效仿唐尧、虞舜那样治理天下呢？"这简直是说不必效法唐尧、虞舜，而且还要废弃礼乐文章，姑且与百姓相安无事而已。内心欲望很多，则仁义不能施行，这是当然的。但是普通人想要压抑自己的欲望，却没有仁义之心，则欲望越是受到压抑反而爆发得越快，何况是万乘之君，难道就没有办法疏导他的欲望吗？所以人们担忧的是仁义不施行，而不是无礼以养身，无乐以养心。如果日积月累地接受仁义的熏陶，以庄重恭敬约束其形骸，使之更加强健坚固；以欢乐喜庆涤荡其志气，使之更加清静和平，这样他们对于欲望，就如同月亮承受日光，明亮的太阳升起就看不见暗淡的月光一样，何必担忧欲望过多地败坏法度而无法控制呢！所以医治欲望过多这种毛病的办法，只有施行仁义而已。而黄、老之道，灭裂仁义，轻贱尧舜，苟且偷安以休养生息，安于现状而不与人争，就像想救火的人不用水，而是先把房子拆掉，露宿旷野却自夸没有灾祸。汲黯挟其歪门邪道的学说，非议侮辱唐尧、虞舜，胁迫汉武帝听从自己的主张，从而毁弃古圣先王仅存的宝典，他甚至说："仁义，不过是唐尧、虞舜以及夏、商、周三代已经衰落了的道德。"孟子说："出言则非议古圣先王之道。"又说，"认为君主不能行善而不加谏正，这就叫作残贼其君。"说的不就是汲黯这种人吗？汉武帝最终没有以崇尚儒道治理国家，却被方术之士所迷惑而求成仙之术，这实际上就是汲黯所引导的结果。

严助说："汲黯辅佐年少的君王，即使是战国时期著名的勇士孟贲、夏育都不能改变其志向。"这其实是说他只凭借其气势罢了。淮南王刘安忌惮汲黯而轻视公孙弘，刘安本来就是黄、老学说的信徒，所以只知道敬畏他所崇尚的学说而轻视儒术罢了，并非真的相信汲黯有忠贞的大节，也察觉到公孙弘的卑鄙浅薄。君王年幼，国人疑虑，只有厉行仁义的人才能制止动乱。周公刻意把祭祀典礼搞得盛大隆重，于是保持了年幼的周成王的安定。坚持黄、老的操守，像老子所说的“大道广泛流行，上下左右无边无际”，又有哪里不能达到呢？汲黯怎么能够承担如此的重任啊！

本事：《资治通鉴》卷一七《汉纪九·武帝》，建元六年（前135）。

五　攻之以奇，守之以正

太史公言：“匈奴畏李广之略，士卒亦乐从广而苦程不识。”司马温公则曰：“效不识，虽无功犹不败；效李广，鲜不覆亡。”二者皆一偏之论也。以武定天下者，有将兵，有将将。为将者，有攻有守，有将众，有将寡。不识之正行伍，击刁斗，治军簿，守兵之将也。广之简易，人人自便，攻兵之将也。束伍严整，斥堠（hòu）详密，将众之道也。刁斗不警，文书省约，将寡之道也。严谨以攻，则敌窥见其进止而无功。简易以守，则敌乘其罅隙而相薄。将众以简易，则指臂不相使而易溃。将寡以严谨，则拘牵自困而取败。故广与不识，各得其一长，而存乎将将者尔。将兵者不一术，将将者兼用之，非可一律论也。人主，将将者也。大将者，将兵而兼将将者也。

三代而下，农不可为兵，则所将之兵，类非孝子顺孙，抑非简以驭之，使之乐从，固无以制其死命。则治军虽严，而心简易以为之本，非春秋、列国驰骤不出于畛（zhěn）

轨，追奔不逾于疆域，赋农以充卒，夕解甲而旦相往来，可以准绳相纠，而但无疏漏即可固圉之比也。故严于守而简于攻，闲其纵而去其苦，有微权焉，此岂可奉一法以为衡而固执之哉？

班超以简，而制三十六国之命，子勇用之而威亦立。诸葛孔明以严，而司马懿不敢攻，姜维师之而终以败。古今异术，攻守异势，邻国与夷狄盗贼异敌。太史公之右广而左不识，为汉之出塞击匈奴言也。温公之论，其犹坐堂皇、持文墨以遥制阃（kǔn）外之见与！

【译文】

太史公司马迁说："匈奴人害怕李广的谋略，士兵们也乐于追随李广而苦于受程不识指挥。"司马光则说："仿效程不识，即使无功也不至于失败；仿效李广，则很少有不败亡的。"两个人的说法都有失偏颇。以武力平定天下，有人善于统兵，有人善于统将。带兵打仗的将军，有人长于攻击，有人长于防守，有人善于统率大部队，有人善于统率小部队。程不识治军有方，纪律严明，夜间要求击刁斗巡更以防意外，军事账簿登记清楚无误，这是守兵之将。李广治军宽松简易，使士兵人人得以自便，这是攻兵之将。约束军队使之严整，侦察警戒周详严密，乃是统率大军的原则。不用刁斗示警，文书简约节省，乃是统率小部队的方法。整齐严谨的军队进攻敌人，则容易被敌方侦查到军事意图，结果无功而返。军纪松弛的军队进行防守，则容易被敌人发现漏洞乘机攻破。以宽松简易的态度统率大军，则指挥不灵而易于溃散。以严谨的作风统率小部队，则拘泥形式、自我束缚而遭受失败。所以，李广与程不识各有所长，而胜败的关键在于统率诸将之人。带兵的方法各有不同，统率将领的人应当兼采众长，不可拘泥于一法，一概而论。君王是统率诸将之人，而大将则是既统率士兵又统率诸将之人。

夏、商、周三代以后，农夫不再当兵，将领所统率的士兵并非孝子顺孙之人，如果不用宽松简易的方式驾驭他们，使他们乐于听从，便没有别的办法让他们拼死报国。所以治军虽然要严整，也必须要以宽简之法为根本。春秋列国时代，驰骋征战不超出既定的界限，追逐溃败之军也不逾越疆界，征召农夫充当士兵，晚上脱掉甲胄，早上就可相互往来，诸侯之间可以依法相互检举，只要没有疏漏就可以使边境安静无事。相比之下，后世的情况完全不同。因此，防守时必须纪律严明，而进攻时则要宽松简易，既要约束士兵不至于放纵，又要废除令其感到困苦的规定，其中自有权衡机变的奥妙，怎么能够总是坚持采用一种方法作为标准而固执地死守不变呢？

东汉班超用宽松简易的办法控制了西域三十六国的命脉，他的儿子班勇仿效其父的做法也取得了威名。蜀汉丞相诸葛亮以严治军，而魏将司马懿不敢来攻，蜀汉大将姜维仿效诸葛亮结果却遭到失败。古今方法不同，攻守形势不同，面对邻国与夷狄、盗贼，敌手的情况也不相同。司马迁抬高李广而贬低程不识，是针对汉朝出塞攻打匈奴的情况而言的。司马光的言论，则好像是高坐朝堂、舞文弄墨以遥控朝廷之外的边关局势的见解啊！

本事：《资治通鉴》卷一七《汉纪九·武帝》，元光元年（前134）。

六　威以养而重，事以静而豫

王恢言："全代之时，北有强胡之敌，内连中国之兵，尚得养老长幼，种树以时，匈奴不敢轻侵。"夫恢抑知代之所以安而汉之所以困乎？恢言以不恐之故，非也。汉穷海内之力，与匈奴争，而胜败相贸。夷狄贪鸷而不耻败，何易言恐也！全代之安者，代弗系天下之重轻也。匈奴即有代，而南有赵，东有燕，不能震动使之瓦解。燕、赵起而为敌方新，势且孤立而不能安枕于代，而觊觎之情以沮。天下既一于汉，则一方受兵而天下摇。率天下之力以与竞，匈奴坐以致天下之兵，一不胜而知中国兵力止此也，恶得如全代之时，曾莫测七国之浅深哉？西汉都关中，而匈奴迫甘泉；东汉都洛阳，而上谷、云中被其患；唐复都长安，而突厥、回纥、吐蕃乘西墉以入；宋都汴，契丹攻澶（chán）、魏，卒使女直举河北以入汴，元昊虽屡胜而请和。天子之所在，郑重以守之，彼即睨是为中国全力之所注，因殚其全力以一逞，幸覆败之，则天下若栋折而榱自崩。且京师者，金帛子女之所辏也，其朵颐而甘心者，非旦夕矣。繇此推之，代之所以捍匈奴而有余者，唯无可欲而不系中国之安危，故不争也。

南蛮之悍，虽不及控弦介马之猛，然其凶顽奰（bì）发而不畏死，亦何惮而不为。乃间尝窃发，终不出于其域。非其欲有所厌也，得滇、黔、邕、桂而于中国无损，天子遥制于数千里之外，养不测之威，则据非所安，而梦魂早为之震叠。中国之人心亦恬然，俟其懈以制之，而不告劳，亦不失守以土崩。滇、粤可以制南，燕、代可以制北，其理一也。

女直、蒙古之都燕，所以远南方也。中国之全力在于南，天子孤守于北，何为者乎？代以一国制匈奴则有余，秦以天下则不足，汉、唐任之边臣而苟全。天子都燕，一失而不复收，其效大可睹矣。威以养而重，事以静而豫，如是者之谓大略。

【译文】

大行令王恢说："在代国保持独立的战国之初，北有强大的匈奴为敌，内与中原各国交战，尚能养老扶幼，适时耕作，而匈奴人不敢轻易侵犯。"王恢哪里知道代国之所以平安无事而汉朝之所以受困的原因呢？他认为匈奴之所以不敢轻易侵犯是因为代国不惧怕匈奴，这种看法是错误的。汉朝以全国之力与匈奴相争，而胜败互见。夷狄贪婪凶猛，不以失败为耻，哪里会轻易害怕谁呢！独立的代国之所以平安，是因为代国对整个天下没有举足轻重的影响。即使匈奴占领了代国，而南有赵国、东有燕国，也不可能使这两个国家受到震动而土崩瓦解。如果燕、赵两国兴兵抵抗则成为匈奴新的敌人，匈奴势必陷入孤立无援的境地而不能安枕于代地，因此匈奴觊觎代国之心自然会有所收敛。汉朝统一天下之后，一方有战事则整个天下都会受到震动。汉朝动员全国之力与匈奴争雄，匈奴由此招致天下之兵的攻击。一旦汉军战败，则匈奴可知中国兵力不过如此，哪能够像代国独立时那样，匈奴无法探测到七国兵力的深浅呢？西汉建都关中，而匈奴迫近甘泉宫（在今陕西淳化西北甘泉山）；东汉建都洛阳，而上谷郡（治今河北怀来东南）、云中郡（治今内蒙古托克托东北）受到匈奴的侵扰；唐朝又建都于长安，而突厥、回纥、吐蕃等族从西面攻入；北宋建都汴京，而契丹人攻至澶州（今河南濮阳）、魏州（今河北大名），最终女真人从河北攻入汴京开封，西夏的元昊虽然多次击败北宋却还要讲和。京师是天子之所在，自然要设重兵严密防守，夷狄之人正是看到其为全国力量倾注的地方，因而想竭尽全力孤注一掷，如果侥幸攻破了中原王朝的都城，则整个天下就会像断了大梁的房屋一样，所有的椽子自然会垮塌。况且京师是金帛美女集中的地方，他们艳羡已久而且迫不及待。由此推断，代国之所以能抵御匈奴而有余力，只是因为这里没有匈奴特别想要的东西，而且对中国安危影响不大，所以匈奴不愿力争罢了。

南蛮的强悍，虽然不如精通骑射征战的北胡那样勇猛，但是他们凶狠顽强、暴躁冲动而不畏死亡，又有何忌惮而不敢做呢！他们有时也会悄然发动偷袭，但最终没有将势力扩展到其疆域之外。这并非他们的欲望得到了满足，而是因为即使占领了云南、贵州、邕（今广西南宁一带）、桂（今广西桂林一带）等地也对中原没有损害，天子遥控于数千里之外，蓄养其难以预测的威势，如果占领了这些地区就不会得到安宁，他们早已被中原王朝的神秘和实力所震慑。中原王朝的人心也很平静，等到他们戒备松懈之时就乘机制服之，不必兴师动众，也不至于城池失守而导致土崩瓦解。云南、广东可以抵制南蛮，与燕、代之地可以抵御北胡，其道理是一样的。

女真和蒙古之所以建都于燕京，是为了远离南方。中国的主要力量集中在南方，而天子孤守于北方，有什么用呢？代国凭一国之力抵御匈奴有余，秦朝以整个天下抵抗匈奴却力不从心。汉朝和唐朝重用守边大臣以抵御外敌，社稷只不过得以苟且保全罢了。天子建都燕京，一旦失守便不可收复，这个效果是可以目睹的。威势需要涵养而后方见其重，事情因为沉静而能够圆满，这样才能称得上雄才大略。

本事：《资治通鉴》卷一八《汉纪十·武帝》，元光二年（前133）。

七　听其言而观其行

主父偃、徐乐、严安，皆天下之憸人也。而其初上书以徼武帝之知，皆切利害而不悖于道。然则言固不足以取人矣乎？夫人未有乐为不道之言者也，则夫人亦未有乐为不道之行者也。士之未遇，与民相迩，与天下之公论相习。习而欲当于人心，则其言善矣。言之善也，而人主不得不为之动。迨其已得当于人主，而人主之所好而为者不在是；上而朝廷，下而郡邑，士大夫之所求合于当世者，又不在是，遂与人主之私好，士大夫怀禄结主之风尚相习。习而欲合乎时之所趋，则其行邪而言亦随之。故不患天下之无善言也，患夫天下之为善言者行之不顾也。不患言之善而人主不动也，患夫下之动上也，以谔谔于俄顷；而下之动于上也，目荧耳易，心倾神往，而不能自守也。

中人者，情生其性，而性不制其情。移其情者，在上之所好、俗之所尚而已。使天下而有道，徐乐、严安、主父偃亦奚不可与后先而疏附哉！故文之有四友，惟文王有之也。若夫穷居而以天下为心，不求当于天下之论；遇主而以所言为守，不数变以求遂其私。此龙德也，非可轻责之天下者也。

【译文】

主父偃、徐乐、严安这三个人，都是天下闻名的奸邪小人。可他们当初（元光元年，前134）上书汉武帝以求得到赏识时，所论的问题都切中国家利害而不违背正道大义。既然如此，那么言论的好与坏本来就不足以作为选拔人才的标准吗？没有人喜欢说违背正道大义的话，也没有人喜欢做大逆不道的事。士人在没有得到贵人赏识时，与普通老百姓差不多，熟悉天下的公论。熟悉天下公论又想取得他人欢心，则他们所说的话都是善言。话说得好，则君主不能不为之动心。等到他们得到了君主的赏识之后，却发现君主所喜欢的事与天下公论无关；上至朝廷，下至郡县，士大夫所追求的合于当世潮流的事情，也与此无关；于是就对君主的私人癖好，以及士大夫为保全禄位而阿谀奉承君主的风气越来越熟悉。对这些风气熟悉之后，也想要顺应时代的潮流趋向，于是他们的行为日益奸邪，而且言论也因之变得奸邪起来。所以，不愁天下没有好听的言论，而忧虑天下说好听言论的人言行不一；不愁言论好听而君主不动心，却忧虑臣下打动君主时，直言争辩仅行于顷刻之间；而臣下被君主的威严和嗜欲所打动时，目惑耳易，心荡神驰，不能自我把持节操。

对于普通人来说，情感生于本性，而本性却不能控制情感。能够转变其情感的，只有上位者的喜好和世俗所崇尚的事物罢了。假如天下有道，那么徐乐、严安、主父偃这些人，又怎么不可以先后引荐乡野贤人而亲近君主呢？所以周文王有南宫括、散宜生、闳夭、太颠这四友，也只有周文王才会有啊！至于穷居乡野而心忧天下，不强求符合天下人的公论；得到国君赏识后始终如一地坚持自己的主张，不随机应变以求达到自己的私欲，这是具有圣人之德的人，不可以轻易要求天下人都能够做到啊！

本事：《资治通鉴》卷一八《汉纪十·武帝》，元朔元年（前128）。

八　土崩与瓦解

徐乐土崩瓦解之说，非古今成败之通轨也。土崩瓦解，其亡也均，而势以异。瓦解者，无与施其补葺（qì），而坐视其尽。土崩者，或欲支之而不能也。秦非土崩也，一夫呼而天下蜂起，不数年而社稷夷、宗枝斩。亡不以渐，盖瓦解也。栋本不固，榱（cuī）本不安，东西南北分裂以坠，俄顷分溃而更无余瓦，天下视其亡而无有为之救者。盖当其瓦合之时，已无有相浃而相维之势矣。隋、元亦犹是也。

周之日削，而三川之地始入于秦；汉之屡危，而后受篡于魏；唐之京师三陷，天子四出，而后见夺于梁；宋之一汴、二杭、三闽、四广，而后终沉于海。此则土崩也。或支庶犹起于遐方，或孤臣犹守其邱垄，城陷而野有可避之宁宇，社移而下有逃禄之遗忠。盖所以立固结之基者虽极深厚，而啮蚀亦历日月而深，无可如何也。土崩者，必数百年而继以瓦解，瓦解已尽而天下始宁。际瓦解之时，天之害气，人之死亡，彝伦之戕贼，于是而极。其圮坏而更造之，君相甚重矣，固有志者所不容不以叙伦拨乱自责也。

【译文】

徐乐在上书汉武帝时有所谓“天下之患，在于土崩，而不在瓦解”的说法，这并非古今成败的普遍规律。土崩与瓦解，虽然结果都是灭亡，但其具体的形式却各有不同。所谓瓦解，是指没有人出来进行补偏救弊，而坐视其灭亡。所谓土崩，则是还有人想出来支撑危局却无济于事。秦朝的灭亡就不是土崩，当时一人揭竿而起，而天下蜂起响应，不几年就江山社稷覆灭，宗室支脉断绝。其灭亡不是一个循序渐进的过程，所以应当是瓦解。栋梁本来就不坚固，椽子本来就不牢稳，东西南北四分五裂以至于坠落，顷刻间便分崩离析，片瓦无存，天下人坐视其灭亡却无人挺身而出，全力挽救；大概是在其用砖瓦搭建起来之时，就已经没有相互依托、相互维系的态势了。隋朝和元朝的瓦解也是一样。

周朝是一天天地被削弱的，而后其都城洛阳所在的三川之地才被秦国吞并；汉朝屡次处于危险的境地，而后政权被曹魏篡夺；唐朝京城三次失陷，皇帝四度出逃，而后才被后梁夺走了江山；宋朝一都开封，二都杭州，三都福建，四都广东，最后覆灭于大海之中。这些朝代的灭亡，都属于土崩。江山覆灭之后，有的皇族庶支又崛起于远方，有的孤立无援的臣子死守乡野家园。京城虽然失陷，但郊野之中还有可以避难的宁静之地；社稷虽然易主，而林下还有不食新朝爵禄的忠臣遗老。大概国家政权基础的加固虽然深厚，但也遭受日积月累不断加深的侵蚀，所以也是无可奈何的。土崩之后，必定要等数百年才会出现瓦解，瓦解到了极点天下才会开始安宁。当天下瓦解之时，天地间的自然灾害，人民的死亡，纲常伦理的戕害，也达到最为惨烈的程度。在前朝政权崩坏之后缔造新朝的统治秩序，君主和丞相的责任非常重大，这本来就是有志之士不容许不以重建伦常、拨乱反正为己任而义无反顾、责无旁贷的。

本事：《资治通鉴》卷一八《汉纪十·武帝》，元朔元年（前128）。

九　识人辨奸之道

主父偃之初上书曰："蒙恬攻胡，辟地千里，以河为境，暴兵露师，死者不可胜计，蜚刍挽粟，百姓靡敝，天下始畔秦。"立论严矣。迨其为郎中，被亲幸，乃言"河南地肥饶，外阻河，蒙恬城之以逐匈奴，广中国，灭胡之本。"遂力请于武帝，排众议，缮蒙恬所为塞，因河为固，漕运山东，民劳国虚。同此一人，同此一事，不数年，而蒙恬之功罪，河南之兴废，自相攻背如此其甚。由是言之，辨奸者岂难知哉？听之勿骤，参酌之勿忘，而已曙矣。武帝两听而不疑，其为江充所惑以戕父子之恩，宜矣哉！

【译文】

主父偃当初上书汉武帝时说："秦将蒙恬攻打匈奴，开拓疆土逾千里，以黄河为界，在外驻扎大量军队，死亡的士兵数不胜数，为了迅速供应粮草等军需物资，而导致民生凋敝，天下由此开始背叛秦朝。"其立论很严密。可等到他后来做了郎中，深得武帝宠信时，却又说："河南（今内蒙古河套黄河以南地区）土地肥沃，外有黄河天险，蒙恬在此筑城以抵御匈奴，开拓疆土，实为灭亡匈奴的根本。"于是竭力向汉武帝请求，力排众议，重新修缮蒙恬原来所筑的关塞，利用黄河天险为固守计，又漕运太行山以东地区的粮草，结果造成劳民伤财，国库空虚。同一个人，同一件事，数年之间，对于蒙恬的功过是非，河南地区的弃守兴废，竟然自相矛盾到如此严重的地步。由此说来，辨别奸邪之人并不难，听到他的意见后不要匆忙下结论，不要忘记对他的话仔细斟酌比较，这样也就明白了。汉武帝听到主父偃两次截然不同的谈话却不怀疑，后来又被江充所惑而伤害了父子恩情，实在是应有的必然结局啊！

本事：《资治通鉴》卷一八《汉纪十·武帝》，元朔元年（前128）。

一〇　乘时而有功

分藩国推恩封王之子弟为列侯，决于主父偃，而始于贾谊。谊之说至是而始售，时为之也。当谊之时，侯王强，天下初定，吴、楚皆深鸷骄悍而不听天子之裁制，未能遽行也。武帝承七国败亡之余，诸侯之气已熸（jiān），偃单车临齐而齐王自杀，则诸王救过不遑，而以分封子弟为安荣，偃之说乃以乘时而有功。因此而知封建之必革而不可复也，势已积而俟之一朝也。

高帝之大封同姓，成周之余波也。武帝之众建王侯而小之，唐、宋之先声也。一主父偃安能为哉！天假之，人习之，浸衰浸微以尽泯。治天下者，以天下之禄位公天下之贤者，何遽非先王之遗意乎？司马氏惩曹魏之孤，欲反古而召五胡之乱，岂其智不如偃哉？不明于时故也。

【译文】

以推恩令封诸侯王的子弟为列侯，以此将原有诸侯国划分为众多小国，这个政策决定于主父偃，而最早发端于贾谊。贾谊的建议之所以到这时才被付诸实践，也是由时势造成的。当贾谊在世的时候，诸侯王实力强大，天下刚刚平定，而吴、楚等大国都骄横凶悍，不接受汉朝天子的节制，所以削藩的做法未能仓猝实行。汉武帝继位于七国败亡之后，诸侯的嚣张气焰已经熄灭。主父偃单车赴齐而齐王自杀，可见诸侯王心中惶恐，唯恐来不及补救自己的过错，因而以分封子弟作为安心、荣耀之事，而主父偃的建议在这种形势下取得了成功。由此可见，分封制必然被废除而不可恢复，这种趋势日渐发展，条件日益成熟，只等待那一天的到来。

汉高祖大封同姓诸侯，这是西周分封制的余波。汉武帝增加王侯的数量而缩小其封地，则又是唐、宋二代分封宗室的先声。一个主父偃怎么能有所作为呢！上天假以时日，人们日益习惯，分封制一步步衰微终归泯灭而废除。治理天下的人，以国家官爵俸禄安置天下的贤才，这怎么不是古圣先王的遗意呢？司马氏汲取曹魏宗室孤立无援的教训，想要恢复古代分封之制，结果招致了五胡之乱。难道是他们的智力不及主父偃吗？只是他们不识时务罢了。

本事：《资治通鉴》卷一八《汉纪十·武帝》，元朔二年（前127）。

一一　荀悦三游之说

公孙弘请诛郭解，而游侠之害不滋于天下，伟矣哉！游侠之兴也，上不能养民，而游侠养之也。秦灭王侯、奖货殖，民乍失侯王之主而无归，富而豪者起而邀之，而侠遂横于天下。虽然，逆弥甚者失弥速，微公孙弘，其能久哉？

若夫荀悦三游之说，等学问志节之士于仪、秦、剧、郭之流，诬民启乱，师申、商之小智，而沿汉末嫉害党锢诸贤之余习尔。曹操师之以杀孔融、夺汉室；朱温师之以歼清流、移唐祚。流波曼衍，小人以之乱国是而祸延宗社。韩侂胄之禁伪学，张居正、沈一贯之毁书院，皆承其支流余裔以横行者也。

虽然，郭解族而游侠不复盛于后世。若夫学问志节之士，上失教，君子起而教之，人之不沦胥于禽兽者赖此也。前祸虽烈，后起复盛，天理之在人心，岂悦辈小人所能终掩之乎！游行之讥，只见其不知量而已矣。

【译文】

丞相公孙弘请求汉武帝诛杀游侠郭解，于是游侠的危害没有蔓延于整个天下，真是伟大啊！游侠的兴起，是因为统治者不能保护百姓，而游侠保护他们。秦朝消灭了各国王侯，鼓励经商谋利，百姓突然失去了作为主人的王侯而无所归依，于是富有而强横之家乘机纷纷招徕他们，于是游侠便横行无忌于天下。尽管如此，作恶多端的人败亡也快，即使没有公孙弘，游侠难道就能够长久存在吗？

至于东汉荀悦《汉纪》有所谓的“三游”（游侠、游说、游行）之说，把有学问、有志节的士人等同于张仪、苏秦之流的游说之士和剧孟、郭解之流的游侠之士，这是欺骗民众，开启乱端，学习申不害、商鞅的小聪明，沿袭汉末嫉害党锢诸贤的风气罢了。曹操效法他而杀了孔融，篡夺了汉室江山；朱温效法他而残杀清流，覆灭了唐朝的社稷。流波蔓延，小人以此搅乱国政而祸及江山社稷。南宋权臣韩侂胄禁止伪学，明朝首辅张居正、沈一贯捣毁书院，都是承其支流余脉以胡作非为的实践。

尽管这样，在郭解被灭族之后，后世再没有出现过游侠之祸。至于那些学问志节之士，在统治者失于教化百姓时，正是这些君子起而教之，人们之所以不至于沦落到与禽兽同伍，正是有赖于此。历史上的灾祸虽然酷烈，后来发生的更有甚之。天理存在乎人心，难道是荀悦这样的小人所能掩饰的吗？他对“游行”之士的讥讽，只是表明其不自量力罢了。

本事：《资治通鉴》卷一八《汉纪十·武帝》，元朔二年（前127）。

一二　公孙弘之诈

汲黯责公孙弘布被为诈，弘之诈岂在布被乎？黯不斥其大而擿其小，细矣。黯非翘细过以讦人者。黯之学术，专于黄、老。甘其食，美其衣，老氏之教也。以曾、史为桎梏，以名教为蹄衡羁络，为善而不欲近名，大白而欲不辱。故黯之言曰：“柰何欲效唐、虞之治。”弘位三公，禄甚多，布被为诈。尧、舜富有四海而茅茨土阶，黯固以为诈而不足效也。弘起诸生，四十而贫贱，安于布被，则布被已耳，弘之诈岂在此乎？黯沉酣于黄、老，欲任情以远名，而见以为诈为焉耳。

【译文】

汲黯指责公孙弘身居三公却盖粗布被子是虚伪欺诈、沽名钓誉，而公孙弘的虚伪欺诈岂止于用粗布被子这一件事？汲黯不斥责公孙弘大的欺诈行为而专挑其小的毛病，未免太过琐屑了。汲黯其实并不是爱专挑剔小毛病以攻击别人的人。他的学术专一于黄、老之道。甘其食，美其衣，这是老子的主张。他以曾参、史鱼这些仁义之士为桎梏，以名教为束缚，做好事而不想得好名声，高洁廉明却像蒙受侮辱一般，所以汲黯曾说："为什么一定要效法唐尧、虞舜的治国之道呢？"公孙弘位居三公，贵为丞相，俸禄很高，却用粗布被子，这种行为属于虚伪欺诈。唐尧、虞舜富有四海而住茅草房，用土垒台阶，汲黯从来都认为这是欺世盗名，不值得效仿。公孙弘出身于普通的读书人，四十岁时还很贫贱，可以说他习惯于使用粗布被子，显荣之后仍旧使用粗布被子，也就是一件生活小事罢了，他的虚伪欺诈，难道在于这种小事吗？汲黯沉湎于黄、老之道，想要任性尽情而远离名誉，所以认为公孙弘的行为是虚伪欺诈、沽名钓誉。

本事：《资治通鉴》卷一八《汉纪十·武帝》，元朔三年（前126）。

一三　读刘安之书，可以鉴矣

淮南王安著书二十篇，称引天人之际，亦云博矣。而所谋兴兵者，率儿戏之策；所与偕者，又童昏之衡山王赐及太子迁尔。叛谋不成，兵不得举，自刭于宫庭，其愚可哂，其狂不可瘳矣。

成皋之口何易塞，三川之险何易据。知无能与卫青敌，而欲徼幸于刺客，安即反，其能当青乎？即刺青，其能当霍去病乎？公孙弘虽不任为柱石臣，而岂易说者？起贫贱为汉三公，何求于淮南，而敢以九族试雄主大将之欧刀邪？内所恃者，徒巧亡实之严助；外所挟者，轻僄亡赖之左吴、赵贤、朱骄；首鼠两端之伍被，怀异志于肘腋而不知。安之愚至于如此，固高煦、宸濠之所不屑为，而安以文词得后世之名。由此言之，文不足以辨人之智愚若此乎！

而非然也。取安之书而读之，原本老氏之言，而杂之以辩士之游辞。老氏者，挟术以制阴阳之命，而不知其无如阴阳何也。所挟者术，则可以窥见气机盈虚之衅罅，而乘之以逞志。乃既已逆动静之大经，而无如阴阳何矣；则其自以为窥造化而盗其藏、而天下无不可为者，一如婴儿之以莛（tíng）击贲、育，且自雄也。率其道，使人诞而丧所守，狂逞而不思其居。安是之学，其自杀也，不亦宜乎！夫老氏者，教人以出于吉凶生死之外，而不知其与凶为徒也。读刘安之书，可以鉴矣。

【译文】

淮南王刘安组织编著《淮南子》二十篇，称述天人之际的学说，也可谓学识渊博了。可是他所谋划的兴兵反叛，简直是儿戏之策；与他一同举事的，又是年幼无知的衡山王刘赐及太子刘迁。刘安谋叛败露，无法起兵，最后自刎于宫中。其愚蠢可笑之极，而其狂妄不可救药。

成皋的关口难道容易堵塞吗？三川郡的险要地形难道容易占据吗？自知无法与大将军卫青对敌，竟然试图派刺客刺杀卫青以图侥幸。刘安即使发动叛乱，就能够敌得过卫青吗？即使刺杀了卫青，就能敌得过霍去病吗？公孙弘虽然算不上柱石之臣，难道是容易游说的吗？公孙弘出身贫贱，却位居汉朝三公之位，他有求于淮南王什么呢，以至于敢于以九族的性命去试雄主良将的利刃？刘安在朝廷内所依赖的，只是巧诈而无实的严助；在外所依仗的，是轻浮无赖的左吴、赵贤、朱骄这些门客；首鼠两端的伍被，早怀异心于肘腋却未能觉察。刘安愚蠢到如此地步，难怪连明朝的汉王朱高煦、宁王朱宸濠都不屑于如此。刘安凭借文辞取得后世的赞誉。由此说来，文词的好坏不足以辨别人的智愚。

然而实际上并非如此。把刘安的著作拿来读一读就会发现，该书以老子的言论为根本，混杂以辩士虚浮不实的言辞。老子的学说，是倚仗权术以钳制阴阳的变化，却不知自己对阴阳自然变化无可奈何。尤其所倚仗的是权术，可以窥见天地运行、盈虚消长的弱点、间隙，而加以利用达到个人的目的。然而，他既然已经预测到阴阳动静变化的规律，又对阴阳自然变化无可奈何，因此那些自以为洞察天地变化而盗取其宝藏（窃取其政权），认为天下没有做不了的事情的人，就像一个小孩子用棍棒击打勇士孟贲、夏育而自认为是英雄一样。大概老子之道，会使人变得荒诞不经而丧失心志，狂妄恣意而不安于自己所处的地位。刘安推崇这种学说，其最终自杀身亡，难道不也是应该的吗！老子教导人们逃离吉凶生死之外，却不知道凶已经与自己为伴了。读刘安的书，可以引以为戒啊！

本事：《资治通鉴》卷一九《汉纪十一·武帝》，元朔五年（前124）。

一四 张汤诛伍被非酷

张汤治狱为酷吏魁，而其决于诛伍被也，则非酷也，法之允也。被者，反覆倾危之奸人，持两端以贾祸者也。不诛之，又且诡遇于汉廷。主父偃、江充之奸，被任之有余矣。被之始谏安也，非果禁安使勿反，称引汉德，为他日兔脱计耳。已而为安画反谋矣，俄而又以谋反踪迹告矣。“宫中荆棘”之谏，“侯无异心、民无怨气”之语，盖亦事后自陈、规救其死之游辞，而谁与听之哉！与人谋逆而又首告，纵舍勿诛，则谗贼相踵，乱不可得而弭矣。故汤之持法非过，而被之诛死允宜也。

呜呼！为伍被者不足道，君子不幸陷于逆乱之廷，可去也，则亟去之耳。不然，佯狂痼疾以避之；又不然，直词以折之；弗能折，则远引自外而不与闻。身可全则可无死；如其死也，亦义命之无可避者，安之而已；过此则无术矣。谋生愈亟，则逢祸愈烈；两端不宁，则一途靡据。故曰“有道则知，无道则愚”。诚于愚者，有全生，无用术以求生；有义死，无与乱以偕死者也。

【译文】

官至廷尉、御史大夫的张汤判案严酷为酷吏之冠，可他判决诛杀伍被，则不算严酷，而是依法行事，量刑公允。伍被是个反复无常、阴险狡诈的小人，心怀叵测而招致灾祸。不诛杀他，他又会在朝廷中以不正当的手段猎取功名富贵，比起主父偃和江充的奸邪，伍被有过之而无不及。伍被当初劝谏淮南王刘安时，并非真心阻止刘安反叛，其称颂汉朝的恩德，不过是为将来逃脱责任留下退路罢了。不久他就为刘安筹划谋反，很快又告发刘安密谋叛乱。他所谓的“宫中生荆棘”之谏、“侯无异心，民无怨气”之语，大概也是他事后所编造的谎言，是为了自救的不实之辞，又有谁会相信他呢！与人密谋反叛却又首先告发，如果赦免释放而不予诛杀，则朝中诽谤中伤、残害良善的奸贼纷然并起，祸患将永无平息之时。所以张汤的执法判案并不过分，伍被被诛也是罪有应得。

唉！伍被这样的人固然不值一提，君子如果不幸陷于谋逆反叛者的宫廷，如果可以离开，就尽快离开。不行的话，就装疯卖傻、谎称有痼疾以躲避开去；还不行的话，就义正词严地劝说他；如果无法说服，就远远地离开，置身事外，不再参与谋反之事。能够保全性命就要尽力保全，如果不幸身亡，那也是义不容辞、天命注定而无可逃避，顺其自然就好了；除此之外也没有其他好办法了。求生越是急迫，则遭逢的祸患越是剧烈；首鼠两端，则一头也靠不住。所以《论语·公冶长》中说“国家有道时则施展才智，国家无道时则韬光养晦、大智若愚”。诚心做到大智若愚的人，有的可以保全性命，不必用权术以求生存；有的可以为义而死，不参与谋反而和叛乱者一起受死。

本事：《资治通鉴》卷一九《汉纪十一·武帝》，元狩元年（前122）。

一五　开辟遐荒，为天所牖

遐荒之地，有可收为冠带之伦，则以广天地之德而立人极也；非道之所可废，且抑以纾边民之寇攘而使之安。虽然，此天也，非人之所可强也。天欲开之，圣人成之；圣人不作，则假手于时君及智力之士以启其渐。以一时之利害言之，则病天下；通古今而计之，则利大而圣道以弘。天者，合往古来今而成纯者也。禹之治九州，东则岛夷，西则因桓，南暨于交，北尽碣石，而尧、舜垂衣裳之德，讫于遐荒。禹乘治水之功，因天下之动而劳之，以是声教暨四海，此圣人善因人以成天也。

汉武抚已平之天下，民思休息。而北讨匈奴，南诛瓯、越，复有事西夷，驰情宛、夏、身毒、月氏（zhī）之绝域。天下静而武帝动，则一时之害及于民而怨讟起。虽然，抑岂非天牖之乎？玉门以西水西流，而不可合于中国，天地之势，即天地之情也。张骞恃其才力强通之，固为乱天地之纪。而河西固雍、凉之余矣。若夫駹（máng）也、冉也、邛僰也、越巂也、滇也，则与我边鄙之民犬牙相入，声息相通，物产相资，而非有驻（zhì）戾冥顽不可向迩者也。武帝之始，闻善马而远求耳，骞以此而逢其欲，亦未念及牂（zāng）柯之可辟在内地也。然因是而贵筑、昆明垂及于今而为冠带之国，此岂武帝、张骞之意计所及哉？故曰：天牖之也。

君臣父子之伦，诗书礼乐之化，圣人岂不欲普天率土而沐浴之乎？时之未至，不能先焉。迨其气之已动，则以不令之君臣，役难堪之百姓，而即其失也以为得，即其罪也以为功，诚有不可测者矣。天之所启，人为效之，非人之能也。圣人之所勤，人弗守之，则罪在人而不在天。江、浙、闽、楚文教日兴，迄于南海之滨、滇云之壤，理学节义文章事功之选，肩踵相望，天所佑也，汉肇之也。石敬瑭割土于契丹，宋人弃地于女直，冀州尧、舜之余民，化为禽俗，即奉冠带归一统，而党邪丑正，与宫奄比以乱天下，非天也，人丧之也。将孰俟焉以廓风沙霾曀之宇，使清明若南国哉！

【译文】

荒远的边疆地区，有可以收服而成为文明开化之区，则应当以此弘扬天地的仁德而树立人伦的准则；如果不是圣人之道可以废除的，则暂且缓解边民的侵夺，使他们安居乐业。尽管如此，这是天意，也不是人力可以勉强的。上天有意愿开拓边疆，则由圣人来成就；如果没有圣人出现，则假手于当时的国君和智勇之士以开其先河。假如从一时的利害得失考虑，则不利于天下；从长远利益着想，则利益甚大且可以弘扬圣人之道。所谓天意，是参合古今而成就专一不杂之德。大禹治理九州，东至岛夷，西近桓水，南至交趾，北达碣石，于是唐尧、虞舜的文明之德，播及远方。大禹乘治水之功，借天下之躁动而辛苦治水，由此其威名、教化传及四海，可见圣人善于借助人力以成全天意。

汉武帝继位时，天下已经和平安定，百姓想休养生息。可是他出兵向北讨伐匈奴，向南讨伐东瓯、闽越和南越，又多次讨伐西南夷，并且神往大宛、大夏、身毒、月氏等绝远的国家。天下思静而武帝思动，百姓受到苦难而怨声载道。尽管如此，这难道不是上天诱导的吗？玉门以西的河水向西流，而不能汇入中原，天地之形势，即天地之情的体现！张骞自恃才力强行凿通西域，这诚然是扰乱了天地之规律。而河西走廊本来是中国雍州、凉州的边缘，与西域情况不同。至于駹、冉、邛僰、越嶲、滇等西南夷，与我们的边民犬牙交错，声息相通，物产流通，并不是蛮横凶暴、愚昧无知的人。汉武帝最初听说大宛盛产良马，因而不远万里去求取。张骞通西域和西南夷正是迎合武帝的私欲，并没有想到把牂柯郡纳入版图，但因此而使贵州、昆明至今属于汉文明的范围，这哪里是武帝、张骞所能料到的呢？所以说是上天诱导之啊！

圣人难道不想普天之下都沐浴在君臣父子的伦理和诗书礼乐的教化之下吗？时机不到，不可先行。等到客观条件已具备，即使无道的君臣，役使疲惫不堪的百姓，结果本来是他的失误却变成了成就，本来是他的罪过却成了功劳，真的是不可预测啊！上天之所开导，人们把它实现了，这并不是人的能力所及。圣人勤勉努力所得到的，后人不能保持得住，则这个罪过在人而不在天。江、浙、闽、楚地区的文明教化日益兴盛，其影响及于南海之滨、云南边境，理学、节义、文章、事功所选拔的人才，一个接着一个，相望于道，这是上天佑助的结果，也是从汉朝开始的。后晋高祖石敬瑭把国土割让给契丹，宋朝人把国土放弃给女真，使得冀州的尧、舜以来的遗民，从此沾染上夷狄风俗，即使日后为中原王朝重新统一，他们也会与奸邪之人结党营私、嫉害忠良，与宫中奸佞太监相勾结而扰乱天下，这不是上天的过错，而是统治者失德，抛弃了他们。将要等待谁来廓清夷狄风沙阴霾的北方，让它变得和南国一样清明呢？

本事：《资治通鉴》卷一九《汉纪十一·武帝》，元狩元年（前122）。

一六　知人之哲，非人所易测

武帝游宴后宫阅马，嫔御满侧，金日磾（mì dī）于数十人之中独不敢窃视，武帝以此知日磾，重用之而受托孤之命，非细行也。盖日磾非习于君子之教，而规行矩步以闲非礼者也。不期而谨于瞻视焉，不期而敦其敬畏焉，不期而非所视者勿视焉，勿曰细行也。神不守于中，则耳目移于外而心不知。让千乘之国，而变色于箪（dān）豆；

却千金之璧，而失声于破甑（zèng）；才足以解纷，勇足以却敌，而介然之顷，莫能自制其耳目；岂细故哉！君子黈纩（tǒu kuàng）以养目，琇莹以养耳，和鸾佩玉以养肢体，兢兢乎难之，而恐不胜于俄顷。贞生死、任大任，而无忧惑，此而已矣。武帝之知人卓矣哉！

诸葛公年廿七而昭烈倚为腹心，关羽、张飞所莫测也。武帝举日磾于降胡，左右贵戚所莫测也。知人之哲，非人所易测久矣。诸葛公之感昭烈，岂仅以三分鼎足之数语哉！神气之间，有不言而相喻者在也。乃既有言矣，则昭烈之知益审，而关、张之疑益迷。日磾之受知，非有言也，故武帝之知深矣。卫、霍之见知，犹众人之常也。心持于黍米，而可以动天地，自非耳食道听之庸流，岂待言而后相知哉？

【译文】

汉武帝在后宫游宴并检阅马匹，其时妃嫔满侧，随行数十人中只有金日磾目不斜视，武帝由此赏识金日磾，日益重用以至于让他受遗命作为托孤大臣辅佐汉昭帝，金日磾的做法并非生活小节。金日磾并未受过正规的儒学教育，却能规矩行步，不做非礼的事。金日磾并非刻意谨慎于顾盼，刻意诚心诚意地敬畏，刻意遵守非礼勿视的原则，他能做到这些，不能说这是小节。如果心神不能坚守于中，则耳目易受外界影响而心中却不知道。有人能辞让千乘大国，而对于一点儿食物的损失却脸色更改；能够谢绝价值千金的美玉，而对于摔破一个陶甑却大惊失色；才能足以排忧解纷，勇力足以克敌制胜，却在关键时刻无法控制自己的耳目。这难道是小事吗！君子以黄绵小球悬于冠冕之下来养目，以玉石挂在耳旁来养耳，佩戴铃铛、玉佩以养肢体，整日战战兢兢以此为难事，唯恐在刹那间失去自制。无论生死都忠贞不贰以承担重任，没有感到忧虑和疑惑，说的就是这种人吧。汉武帝知人善任很高明啊！

诸葛亮年仅二十七岁就被蜀汉昭烈帝刘备倚为心腹，这是关羽、张飞所不能测度的。汉武帝从归降的胡人中破格提拔重用金日磾，这也是朝中的贵戚所不能测度的。善于了解别人的智慧，长久以来都不易被常人所测度。诸葛亮打动刘备，难道仅仅是凭三分天下、鼎足而立那几句话吗？神情气概之间自有不言而喻的默契存在。一旦诸葛亮发言议论，刘备就更加了解诸葛亮，而关、张二人的疑惑也更甚。金日磾受到赏识，并没有依靠言辞，所以汉武帝对他的了解更加深刻。卫青、霍去病受到赏识，与一般人的情况相同。着眼于细微之处，就可以小中见大，就像道教元始天尊悬一粒黍米宝珠于空玄之中就可以包容天地万物一样，只要不是道听途说的平庸之辈，哪里需要等到发出议论以后才能相知呢？

本事：《资治通鉴》卷一九《汉纪十一·武帝》，元狩二年（前121）。

一七　徙荒民以实边

武帝之劳民甚矣，而其救饥民也为得。虚仓廥（kuài）以振之，宠富民之假贷者以救之，不给，则通其变而徙荒民于朔方、新秦者七十余万口，仰给县官，给予产业，民喜于得生，而轻去其乡以安新邑，边因以实。此策，晁错尝言之矣。错非其时而为民扰，武帝乘其时而为民利。故善于因天而转祸为福，国虽虚，民以生，边害以纾，可不谓术之两利而无伤者乎！史讥其费以亿计，不可胜数，然则疾视民之死亡而坐拥府库者为贤哉？司马迁之史，谤史也，无所不谤也。

【译文】

汉武帝给百姓带来很多沉重的负担，但他赈济饥荒灾民的措施却很得力。把仓库里的粮食拿出来赈济饥民，鼓励富民放赈贷粮以救济饥民，如果还不能满足需要，则变通常规，把灾民迁徙到朔方郡（治今内蒙古杭锦旗）、新秦（今关中盆地以北、内蒙古河套黄河以南地区），共计七十多万人。官府为他们提供生活给养，给予产业扶持，饥民生存有了保障，于是乐于离开家乡到新的地方安家落户，边疆防务也因此得以充实。这项政策，晁错曾经提出。晁错赶上的时机不好，只能给百姓带来骚扰；武帝则施行得正当其时，因此能造福百姓。所以，善于利用天时就可以转祸为福。国库虽暂时空虚，百姓得以生存，边境的危机得以缓解，能不说是一举两得而有利无害的好政策吗？司马迁的《史记》讥讽汉武帝为此政策花费以亿万计，不可胜数。既然这样，难道要把坐拥府库而对百姓死亡侧目而视的人看作贤君吗？司马迁的《史记》就是一部谤史，没有什么不诽谤的。

本事：《资治通鉴》卷一九《汉纪十一·武帝》，元狩三年（前120）。

一八　以名取人之失

以名誉动人而取文士，且也跻潘岳于陆机，拟延年于谢客，非大利大害之司也，而轩轾失衡，公论犹绌焉，况以名誉动人而取将帅乎！将者，民之死生、国之存亡所系者也。流俗何知而为之流涕，士大夫何知而为之扼腕。浸授以国家存亡安危之任，而万人之扬诩，不能救一朝之丧败。故以李广之不得专征与单于相当为憾者，流俗之簧鼓，士大夫之臭味，安危不系其心，而漫有云者也。

广出塞而未有功，则曰“数奇”，无可如何而姑为之辞尔。其死，而知与不知皆为垂涕，广之好名市惠以动人，于此见矣。三军之事，进退之机，操之一心，事成而谋不泄，悠悠者恶足以知之？广之得此誉也，家无余财也，与士大夫相与而善为慷慨之谈也。呜呼！以笑貌相得，以惠相感，士大夫流俗之褒讥仅此耳。可与试于一生一死之际，与天争存亡，与人争胜败乎？卫青之令出东道避单于之锋，非青之私也，阴受武帝之戒而虑其败也。方其出塞，武帝欲无用，而固请以行，士大夫之口啧啧焉，武帝亦聊以谢之而姑勿任之，其知广深矣。不然，有良将而不用，赵黜廉颇而亡，燕疑乐毅而偾，而武帝何以收绝幕之功？忌偏裨而制之，陈馀以违李左车而丧赵，武侯以沮魏延而无功，而卫青何以奏寘（tián）颜之捷？则置广于不用之地，姑以掣匈奴，将将之善术，非士大夫流俗之所测，固矣。东出而迷道，广之为将，概可知矣。广死之日，宁使天下为广流涕，而弗使天下为汉之社稷、百万之生灵痛哭焉，不已愈乎！广之为将，弟子壮往之气也。"舆尸"之凶，武帝戒之久矣。

岳飞之能取中原与否，非所敢知也；其获誉于士大夫之口，感动于流俗之心，正恐其不能胜任之在此也。受命秉钺，以躯命与劲敌争死生，枢机之制，岂谈笑慰藉、苞苴牍竿之小智，以得悠悠之欢慕者所可任哉！

【译文】

根据一个人的名声动人而录用文士，将会把潘岳抬高到陆机的地位，将颜延之（字延年）类比为谢灵运（小名客儿）而并称"谢颜"，这虽然没有多大利害关系，但假使评论轻重失衡，天下公论尚且认为不足，何况是以名声动人而选用将帅呢！所谓将帅，是关系到人民生死、国家存亡的人。世俗之士懂得什么却为他们痛哭流涕？士大夫知道什么内情却为他们感到义愤填膺？如果真的把关系国家安危存亡的重任，交给一个有名无实的将领，即使亿万人对他夸奖、赞扬，也无法挽救其有朝一日的败亡。因此，那些为李广没有能够得到专征之权与匈奴单于抗衡而感到遗憾的言论，不过是流俗的鼓噪、士大夫的臭味相投，他们不关心国家安危，却信口雌黄，妄加评论。

李广出塞未能建功，说是他命运不好，实际是因无可奈何而姑且寻找的托词。李广死时，无论认识他的还是不认识他的人都为之痛哭流涕。由此可见，他平日善于以私惠取悦他人而追求虚名。军中事务的部署，进退时机的选择，操持于将领一人之心，战事取胜之后计策也不能泄露，庸俗人的悠悠众口怎么能够知道这些呢？李广之所以得到崇高的声誉，是因为他家无余财，而且与士大夫们交往时喜欢慷慨陈词。唉！以音容笑貌取悦人，以小恩小惠打动人，士大夫和世俗之流对李广的褒奖、讥讽仅此而已。这种人可以经受生死之际的考验，与天争存亡、与人争胜败吗？卫青之所以命令李广从东路出兵，避开单于的锋芒，并不是出于卫青对李广的私心，而是在暗地里得到汉武帝的告诫，恐怕他造成失败。大军出塞前，汉武帝本不想启用李广，但他坚决请求出征，士大夫对他交口称赞，武帝也只得答应其请求，却不准备重用他，可见汉武帝对李广是有深刻了解的。不然的话，有良将而不用，战国时期赵国因罢免廉颇而导致败亡，燕国因怀疑乐毅而导致倾覆，而汉武帝为什么能够越过沙漠，打败匈奴建功立业呢？猜忌偏裨将领而加以牵制，陈馀因不接受李左车的意见而葬送了赵国，诸葛亮不采用魏延的计策而伐魏无功，而卫青为什么能够取得寘颜山大捷？把李广安排在无用之地，以此牵制匈奴，这是统御将领的好办法，本来就不是士大夫和世俗之人所能理解的。李广由东路出兵却迷失了道路，作为将领的统兵作战能力可见一斑。李广死的时候，宁可使天下人为李广痛哭，也不可使天下人为汉朝的江山社稷以及百万生灵而痛哭，不是更好吗？李广为将，凭的是豪迈、勇壮的气概。“以车载尸而还”的凶气，正是武帝所深以为戒的。

宋朝名将岳飞是否能够光复中原，我不敢妄加猜测；他受到士大夫的广泛赞誉，世俗之人对他也感激涕零，这正是我恐怕他不能胜任收复中原的使命的原因所在。奉命统率大军，以万千性命与强敌在战场上竞争生死，而战机瞬息万变，要克敌制胜，难道是仅仅凭借谈笑慰藉、馈赠礼品、书信慰问这类小聪明从而赢得庸俗之人的欢心和拥戴的人所能胜任的吗？

本事：《资治通鉴》卷一九《汉纪十一·武帝》，元狩四年（前119）。

一九　忠佞不并立

忠佞不并立。立人之廷者，谗不必忧，讥不可避，而必为国除蠡贼以安社稷，斯国之卫也。虽然，食其禄不避其难，居其职不委其责，去而隐，屏而在外，则亦终远小人而不与为缘尔，非取于必胜以自快也。所恶于佞者，恶其病国而已不可浼（měi）也，非与为仇雠而必欲得位以与胜也。汲黯之恶张汤，允矣。君任之以讽议，则攻击之无余，以报君之知。既无言责，而出守外郡，则抑效忠于淮阳而臣道以尽。复固请为中郎，补过拾遗，以冀与汤争荣辱，何为者邪？引国家之公是公非为一己之私恨，干求持权，以几必胜，气矜焉耳，以言乎自靖则未也。或曰：屈原放而不忘萧艾之怨，非乎？曰：屈原，楚之宗臣也，张仪、靳尚之用，楚国危亡之界也，而黯岂其伦哉？婞婞然属李息以攻排，而必快其志，气矜焉耳，非君子之道也。

【译文】

忠臣与奸佞势不两立。立朝为臣之人，不必害怕别人的谗言诽谤，不必躲避别人的讥讽议论，但一定要为国家铲除奸贼以安定社稷，这才算是国家的忠实卫士。尽管如此，食君之俸禄就不应该逃避危难，身居其位就应该担负起责任，即使辞官归隐林泉，或者贬谪在朝廷之外，也要始终远离小人，不与他们接近，而不是一定要击败他们以快己心。人们憎恶奸佞之臣，是憎恨他们危害国家而自己无法挽救，并非要与他们结下仇恨，务必要争权夺位以与他们竞争胜负。汲黯憎恶张汤，是正当的。皇帝委任他负责谏议，则不遗余力地攻击奸佞，以报答君主的知遇之恩。等到不再有谏议的职责，而到京外出任淮阳太守之后，他也可效忠皇帝以尽臣道。但汲黯坚决请求担任中郎，拾遗补过，以期与张汤竞争荣辱，这是为什么呢？因为他把国家的公是公非作为自己的私怨，极力设法掌握权力，以求必胜，这只是他自矜意气而已，并不是谋求实现其志向。有人说：屈原被流放而不忘对君王重任小人之怨，不对吗？回答是：屈原是楚国的宗室贵族，张仪、靳尚得到楚王重用，乃是楚王危急存亡之际，汲黯怎能与屈原相提并论呢？他在调任外郡临行之前还愤恨不平地嘱托李息抨击张汤，一定要达到目的而后快，这是自矜意气，不符合君子之道。

本事：《资治通鉴》卷二〇《汉纪十二·武帝》，元狩五年（前118）。

二〇　奸人诡术近乎愚

张汤治囚导官，见鲁谒居之弟，阴为之而佯不省，奸人诡秘之术也。而谒居弟以之而怨汤，汤以之而死。诈者卒死于诈，鬼神不可欺，而人不可术御也。祸生非所能测矣，奸人挟此术以售奸，而终以自覆也，固然。曾君子而为之乎？

周顗弗择而以施之王导，遂与汤同受其祸，愚矣哉！王敦之罪，不加于导，身为大臣，何嫌何疑，不引以自任，而用奸人之诈乎！阳与阴取，欲翕固张，顗沉溺于老氏之教，而不知其蹈张汤之回遹（yù）。为此术者，小以灭身，大以偾国，是以君子恶夫术之似智而贼智也。《节》之初六曰："不出户庭，无咎。"密也。密者，慎之谓也，非隐其实、顾反用之、以示不测之谓也。秘而诡，虽无邪而犯神人之忌，可不戒哉！

【译文】

廷尉张汤到少府属官导官的衙门审理罪犯时，看到了其亲信鲁谒居的弟弟，想要替他开脱却假装素不相识，这是奸邪之人的诡秘之术。但鲁谒居的弟弟不知其用意，却由此怨恨张汤，指使人上书告发张汤与鲁谒居合谋诬陷并处死御史中丞李文的罪行，这件事最终成为张汤被攻击的把柄，导致其自杀而死。奸诈之人最终死于诡诈，可见鬼神不可欺，而人不可以用权术驾驭。灾祸的发生往往不是人所能预测的，奸人倚仗这种手段兜售自己的奸计，最终自取灭亡，这是理所当然的。这种事情，君子是不会做的。

两晋之际的名士周顗不加选择地用此法对待丞相王导，结果和张汤一样深受其害，真是太愚蠢啦！王敦反叛之罪，不应加于王导，周顗身为大臣，怕什么嫌疑，而不把保护王导作为自己堂堂正正的责任，却用奸人之诡诈，表面不予理睬而暗中在晋元帝面前为王导求情？表面给予却暗中夺取，想要收敛必先行扩张，周顗沉溺于老子的教诲，不知自己重蹈了张汤的覆辙。使用此术，小则自送性命，大则颠覆国家，所以君子憎恨这种看似聪明却伤害了智慧的权术。《易经·节卦》初六爻说："不出户庭，就没有危险。"就是因为保密才没有危险。保密，就是说要谨慎，并非指隐瞒事实，反而应谨慎行事，以示高深莫测。行事诡秘难测，即使心无恶意也触犯了神人的忌讳，怎么能不引以为戒呢？

本事：《资治通鉴》卷二〇《汉纪十二・武帝》，元鼎二年（前115）。

二一 刑赏明而佥壬戢

乐成侯丁义荐栾大，大诈穷而义弃市。小人不耻不仁，不畏不义，小惩而大诫，小人之福也；惩一人而天下诫，国家之福也。义之荐大，非武帝奖之弗荐也。弗与惩之，继义而荐者相踵矣。义既诛，大臣弗敢荐方士者，畏诛而自不敢尝试也。义诛，而公孙卿之宠不复如文成、五利之烜赫。其后求仙之志亦息矣，无有从臾之者也。故刑赏明而佥壬戢。武帝淫侈无度而终不亡，赖此也夫！

【译文】

乐成侯丁义把方士栾大推荐给汉武帝，栾大先受宠信而被封五利将军、乐通侯，后因方术不验、使诈欺骗而被腰斩，丁义也因此被弃市。小人不以不仁为耻，也不怕做不义之事，有过失就惩罚，使其受到训诫而不致大错，这是小人之福；惩处一人而使天下人受到警诫，则是国家之福。丁义举荐栾大，如果不是汉武帝的鼓励他也不会举荐。假若不惩罚丁义，则继他之后推荐方士的人必定会更多。

丁义被杀以后，大臣们都不敢再推荐方士，是因为害怕被诛杀而不敢贸然尝试。丁义被杀之后，方士公孙卿所受到的恩宠就远不及文成将军李少翁、五利将军栾大那样显赫了。在这之后，汉武帝求仙之心也逐渐平息，就是因为再也没有那些投其所好、阿谀奉承的人了。所以刑赏分明使奸佞小人也会有所收敛。汉武帝虽骄奢淫逸、没有节制而终究不至于灭亡，大概就是有赖于此吧！

本事：《资治通鉴》卷二〇《汉纪十二·武帝》，元鼎四年（前113）。

二二　佛老、鬼神与儒道

鬼神日流行于两间，而以恍恍忽无象、摇天下之耳目而疑之。立教者不能矫谓之无，精意莫传，浅陋者遂托焉。佛、老之教虽诐也，然其始教未尝倚乎鬼神。乃其流裔一淫于鬼神，而并悖其虚无寂灭之初心。岂徒佛、老然哉！君子之道，流而诬者亦有之。魏、晋以下，佛、老盛，而鬼神之说托佛、老以行，非佛、老也，巫之依附于佛、老者也。东汉以前，佛未入中国，老未淫巫者，鬼神之说，依附于先王之礼乐诗书以惑天下。儒之驳者，屈君子之道以证之。故驳儒之妄，同于缁黄之末徒，天下之愚不肖者，有所凭借于道，而妖遂由人以兴而不可息。汉之初为符瑞，其后为谶纬，驳儒以此诱愚不肖而使信先王之道。呜呼！陋矣。

武帝之淫祠以求长生，方士言之，巫言之耳。兒宽，儒者也，其言王道也，琅琅乎大言之无惭矣；乃附会缘饰，以赞封禅之举，与公孙卿之流相为表里，武帝利赖其说，采儒术以文其淫诞，先王之道，一同于后世缁黄之徒，而灭裂极矣。沿及于谶纬，则尤与莲教之托浮屠以鼓乱者，均出一轨。呜呼！儒者先裂其防以启妄，佛、老之慧者，且应笑其狂惑而贱之。汉儒之毁道徇俗以陵夷圣教，其罪复奚逭（huàn）哉！

盖鬼神者，君子不能谓其无，而不可与天下明其有。有于无之中，而非无有于无之中，而又奚能指有以为有哉！不能谓其无，“六经”有微辞焉，郊庙有精意焉，故妄者可托也。天下之喻微辞、察精意以知幽明之故者，鲜矣。无已，则宁听佛、老之徒徇愚不肖而诱之，俾淫妄者一以佛、老为壑，而先王之道，犹卓然有其贞胜。则魏、晋以下，儒者不言鬼神，迄于宋而道复大明，佛、老之淫祀张，圣道之藩篱自固，不犹愈乎！

【译文】

鬼神每天游荡在天地之间，以其迅疾变化而没有具体形象来动摇天下人的耳目并迷惑他们。树立教化者不能匡正说没有鬼神，精微之意蕴不能传承弘扬，于是浅陋之人就随意假托鬼神。佛教与道教的学说虽然偏颇，然而它们最初流传的时候并没有借助于鬼神。只是其末流一心沉溺于鬼神之说，连其虚无寂灭的初衷也违背了。难道只有佛教和道教是这样子吗？其实君子之道，其传播过程中也有入鬼神之途的。魏、晋以后，佛、老之学盛行，于是鬼神之说依托佛教、道教而流行，这并不是佛教、道教在推广鬼神之说，而是巫术依附于佛、道二教。东汉以前，佛教还没有传入中国，老学还没被巫术浸淫，鬼神之说依附于古圣先王的礼乐诗书以迷惑天下。驳杂不纯的儒生，歪曲君子之道以证明之，与僧、道庸劣之辈相同，天下一些愚昧不肖的人，借此假托君子之道，于是妖言由人而兴，一发而不可收拾。在汉代最初表现为符瑞，后来是谶纬，驳杂不纯的儒生借用这些学说诱惑愚昧不肖之人信仰先王之道。唉！真是太浅陋啊！

汉武帝滥建祠庙、祭祀封禅以祈求长生不老，这是出于方士、巫师的鼓动蛊惑。兒宽本是一个儒生，他在谈论王道时口若悬河，大言不惭，竟然牵强附会加以粉饰，以赞美封禅之举，与方士公孙卿之流互为表里、勾结配合。汉武帝采用并倚靠儒家的学说来掩饰自己的荒诞，使得古圣先王之道竟然等同于后世的僧、道之徒，其遭受的违逆和破坏达到了极点。后来发展到谶纬，尤其与白莲教伪托佛教以鼓动叛乱如出一辙。唉！儒家先贬损、破坏其底线以开启荒谬之门，佛教和道教中的智者尚且应笑其狂妄迷惑而贱视他们。汉代儒生诋毁正道、曲从流俗以致圣人之教衰微，其罪过怎么能够逃避呢？

关于鬼神，君子不能说它不存在，但绝不能对天下人证明它存在。有存在于无之中，而不是无之中什么也不存在，这又怎么能指有以为有呢！不能说它没有，是因为

“六经”中有隐晦的言辞，祭祀天地宗庙的音乐之中也有精妙之意蕴，所以妄言者可以假托。天下能明白隐晦的言辞、洞察精妙之意蕴而知晓人与鬼神变化缘故的人不多。实在没有办法，则宁可听任佛、道之徒迎合愚昧不肖之人来诱惑他们，使邪淫妄言者把鬼神之说都归因于佛、道二教。而古圣先王之道，依然可以卓然而守正执一。魏、晋以后，儒家不再谈论鬼神。到了宋代，圣人之道再次得以发扬光大，佛、道的寺观祠庙尽管日益扩展，但是圣人之道的藩篱依然固若金汤，这难道不是更好吗?

本事：《资治通鉴》卷二〇《汉纪十二·武帝》，元鼎六年（前111）。

二三　治河之道，顺其自然

治河之道，易知而无能行。盘庚曰：“无总于货宝，生生自庸。”古今之通弊尽此矣。中国之形如箕，西极之山，箕之膺也；南北交夹，连山以趋于海，箕之两胁也；其中为污下平衍，达于淮、泗之浦，箕之腹与舌也。近山者，土润而黏以坚；污下而平衍者，土燥而轻以脆。盖坟散沙尘自高迤下，而积以虚枵（xiāo），河出山而径其中，随所冲决而皆无滞，若有情焉，豫审其易归于海之地，而唯便以趋耳。当尧之时，未出山而先阻，故倚北山之麓，夺济、漯（tà）以入海，其地坚也。是以垂之千余年，至周定王之世而始决，因其倚山也。禹乘之而分二渠，疏九河，纾豫、徐之灾。河偶顺而禹适乘之，有天幸焉，非禹可必之万世者也。南岸本弱也，日蚀日薄而必决，至决而南而不可复北，神禹生于周、汉之余，且将如之何哉！汉武之塞瓠（hù）子而可塞也，其去决也未久，北河尚浚，而可强之使从也。不百年而终不可挽矣。则梁、楚、淮、泗之野，固河所必趋之地，虽或强之，终必不从。至于宋，而王安石尚欲回使北流，其愚不可瘳矣。

徐、豫、兖南之境，是天所使受河之归者也。河之赴海也，必有所夺以行，而后安流而不溢。所夺者必大川也，漯也、济也、漳也，皆北方之大川也。自河阴而东，南迤于徐，北迤于汶，水皆散而无大川以专受其夺，则唯意横流而地皆可夺矣。顾其地沙卤硗脆，不宜于稻粱，抑无金锡梗柟竹箭桑麻之利，而其人嗜利怀奸，狡者日富而拙者日瘠，盖中国之陋壤也。然则河既南而不可复北，而南山之麓，顺汝、蔡以东，带灊（qián）、霍而迤于江浦，抑河所必不能龁（hé）蚀之者，后世弗庸治也。弃数邑之污壤，并州县而迁之，减居者之赋，制迁者之产，于国家所损者无几，而治河之劳永弛矣。然而不可行者，在廷惜田赋之虚籍，惮建置之暂费，而土著之豪，肩货贿、恋田庐以疾呼而相挠也。

孟诸，薮也；濠、泗之野，牧豕之地也；为万世之利，任其为河可也。故苟无贪水利之心，河可无治；如其大有为也，因河之所冲，相其污下，多为渠以分酾（shī）之，而尽毁其堤，神禹再兴，无以易此。抑必待泛滥之时，河自于徐、泗旷衍之浦，荡涤而有大川之势，于以施功，尤自然之获矣。如其未也，姑捐利以释河勿治，而徐傒之后世，其犹愈乎！瓠子宣防，数十年之涂饰，为戏而已矣。

【译文】

治理黄河的方法，易知却不易做。商王盘庚说："不要贪婪聚敛财富，要孜孜不卷地为民谋生以建立功业。"（《尚书·盘庚下》）古今之通病全都包括在这句话里面了。中国的地形就好像一个簸箕，最西端的高山，是簸箕的胸部；南北山脉围绕，绵延万里一直通向海边，好像是簸箕的两胁；中部地区为地势低洼的平原，直到淮河和泗水入海口，这是簸箕的腹和舌。靠近山的地方，土质湿润而有黏性，干透后就会变得坚硬；低洼平坦的地方，土质干燥而且轻脆。大概是沿河高地上的沙尘从高处滑落，堆积在低洼地区，黄河从山中流出，流经这块风沙淤积的地带时，河道随其冲决，毫无阻滞，好像有知觉似的，事先清楚哪里容易通往大海，只选择方便的路径。在唐尧时期，黄河未出山却先受阻，因而背倚北边的山麓，夺济水、漯水（今山东）的河道入海，这是由于那一带的土质坚硬。因此黄河能够保持千余年而无事，直到周定王时（前606—前586）才开始决口，全是因为它背倚大山。大禹乘其倚山之势把黄河分为南北两条河道引入海，疏通九河，解除豫州、徐州一带的灾难。黄河偶然驯服而大禹乘机治之，这是有上天保佑，并不是大禹一定能够造福万世。黄河南岸本来就土质松散，河水年复一年地侵蚀，河堤日复一日地削薄，必定会决口。溃决之后，河水就流向南方再也不能回向北方了，即使大禹生在周朝、汉朝之后，对此也无可奈何！汉武帝堵塞瓠子口（今河南濮阳西南）之所以能够成功，是因为上次决口时间还不算久远，北边的河道尚深，所以可以强行堵塞，使河水重新流向北方。然而，不到一百年就再也无法维持了。可见，梁（今河南开封、商丘一带）、楚（今江苏徐州一带）以及今安徽省北部的淮、泗一带广阔的原野，本来就是黄河必定流向之地，即使能够勉强使之改道，最终也无法使它屈从。到北宋时期，王安石还想使黄河重新向北流，实在是愚蠢而不可救药了。

徐州、豫州、兖州南部这一带，是自然形成的黄河必然流经的地区。黄河东流赴海，必定要夺取一定的通道而行，然后才能安流而不溢。而其所夺的通道必定是大河，像漯河、济水、漳河，都是北方的大河。从河阴（今河南荥阳北）向东，南至徐州，北至汶上（古汶水流域的齐国之地），水流散漫而无大河可以让黄河夺取河道，于是黄河水只能任意横流，这样实际上是任何地方都可以成为河道了。这些地区沙卤遍地，土质贫瘠，不宜种植粮食，也不出产金锡、木材、竹箭、桑麻之类的特产，当地的居民贪求私利、心怀狡诈，狡猾的人越来越富而老实人越来越穷，这里大概算是中国的穷困地方了。既然黄河南流以后就无法再回向北方，那么南边的山麓顺着汝河、蔡河向东，围绕灊山、霍山以至于江滨，这些地方是黄河无法侵蚀的，后世无需治理。舍弃几片贫瘠的土地，合并州县的人民一起迁徙，减免留居之民的赋税，为迁徙者安排产业，这对于国家来说损失寥寥无几，可治河的烦劳便可以永远解除了。然而这一方案之所以难以实施，是因为朝廷舍不得减少田赋收入，害怕设置州县、安置百姓的花费，而当地豪强也不愿放弃田产、财富，他们肩扛贿赂四处打点，以依恋故土田宅为借口大声疾呼，以阻挠这一方案的实施。

孟诸（在今河南商丘东北），原是一片沼泽；濠、泗地区的原野，则是放牧猪羊的地方。为了后世万代的长远利益考虑，听任黄河改道流经此地也是可以的。所以如果没有贪图水利之心，那么黄河其实可以不必治理；如果想要大有作为，那就顺着黄河的流向，选择地势低洼的地方，多开渠道以分水势，将沿岸的河堤完全拆毁，即使大禹再生，也不会有比这更好的办法了。或者一定要等到河水泛滥之时，黄河在徐、泗宽阔平坦的两岸尽情流淌，奔腾荡涤而有大河之势，于是动工治理，也可借助自然之力获得成功。最下的计策，则是姑且放弃利益，放下黄河不予治理，而寄希望于后世治理，难道不是更好一些吗？汉武帝堵塞瓠子河口，并在上面盖了一座宣防宫，经过数十年的涂饰，简直就是儿戏罢了。

本事：《资治通鉴》卷二一《汉纪十三·武帝》，元封二年（前109）。

二四　明慎用刑而不留狱

《旅》之《象》曰："先王以明慎用刑而不留狱。"《离》，明也；《艮》，止也；明而慎，可以止矣，而必求明于无已，则留狱经岁，动天下而其害烈矣。汉武帝任杜周为廷尉，一章之狱，连逮证佐数百人，小者数十人，远者数千里，奔走会狱，所逮问者几千余万人。呜呼！民之憔悴，亦至此哉！缘其始，固欲求明慎也。非同恶者，不能尽首恶之凶；非见知者，不能折彼此之辩；非被枉者，不能白实受之冤。三者具，而可以用明慎自旌矣。居明慎之功，谢虚加之责，而天下络绎于徽纆（mò），明慎不知止而留狱，酷矣哉！

且夫证佐不具，而有失出失入之弊，不能保也。虽然，其失出也，则罪疑而可轻者也；即其失入也，亦必非矜慎自好者之无纤过而陷大刑者也。若夫赇吏豪民之殃民也，民既受其殃矣，朝廷苟有以暴明其罪，心已恔（xiào）矣，奚必廷指之而后快？其所朘（juān）削于弱民者，已失而固无望其复得；安居休息，而凋残之余，尚可以苏。复驱之千里之劳，延之岁月之久，迫之追呼之扰，困之旅食之艰，甚则拘之于犴（àn）狱，施之以五木；是饮堇幸生而又食之以附莿（cè），哀我惮人，何不幸而遇此明慎之执法邪！故台谏之任，风闻奏劾，巡察之任，访逮豪猾，事状明而不烦证佐，其得无留之旨与！法密而天下受其荼毒，明慎而不知止，不如其不明而不慎也。

【译文】

《周易·旅卦》的《象》辞中说："古圣先王明决、谨慎地使用刑罚而不稽迟狱讼之事。"旅卦的卦象是上离下艮，《离》表示明，《艮》表示止；明决而谨慎，就可以到此止步了；如果一定要追求明察而没有限度，则会将案件滞留经年累月，从而震动天下，造成的危害也很严重。汉武帝任用杜周为廷尉，一起案件牵连逮捕和作为证佐的多达数百人，小案也要数十人，有的人远在数千里以外，也要来往奔走、联合办案，被逮捕、审问的人成千上万。唉！百姓受到的折磨困苦，竟至于此！当然其本意，也是为了追求明决而谨慎。不是一同犯案的人，不能将首恶者的罪行完全揭发；不是亲眼看见的人，不能驳倒当事人的狡辩；不是被冤枉的人，不能说清楚其所受的冤屈。这三方面的人证、物证俱备，才可以用明察、审慎自我标榜。以明察审慎为己功，却不承担留狱经岁的责任，而天下人络绎不绝地被拘系。追求明察、审慎却不知道适可而止，以致案件长时间稽留，实在是太过残酷了！

加上证据不全，不能保证不会造成刑罚过重或过轻的弊端。虽然如此，造成罪重而轻罚，那是由于案件有疑问而可从轻判罚；即使罪轻而重罚，也一定不是洁身自好的人没有丝毫过错而被判处重刑。至于贪官污吏和豪强残害百姓，百姓饱受其害，朝廷如果能够将他们的罪恶揭露出来，则民心大快，何必一定要当堂指摘才感到痛快呢？他们所搜刮百姓的财物，百姓本来就没有指望能够失而复归；只要安居乐业，休养生息，则凋残之余，尚可逐渐恢复元气。可是，官府又驱使饱受残害的百姓千里迢迢地奔波，旷日持久地拖延，又强迫他们追赶呼喊，忍受奔波寄食的艰辛，甚至把他们投入监狱，动用各种刑具；就像有人刚喝了毒药幸而不死却又强迫他吃苦药，可怜的百姓，为什么不幸遇上如此明察、审慎的执法官呢！所以，负责进谏、弹劾的监察官员，是可以没有什么证据就风闻奏劾；负责巡察的官员，是可以通过调查访问而逮捕不法豪强奸猾之人；犯罪事实清楚就无需烦扰证人，这大概是深得不滞留案件的宗旨吧！法律严密而天下受其毒害，追求明察、审慎却不知适可而止，那还不如不明察、不审慎的好。

本事：《资治通鉴》卷二一《汉纪十三·武帝》，元封二年（前109）。

二五　治奸治盗欲速则不达

治奸以迫，则奸愈匿，而盗其尤者也。盗之初觉也，未有不骇而急窜者也。当其为盗之日，未有不豫谋一可匿之穴以伏者也。求之愈急，则匿益固，匿之者亦恐其连坐而固匿之。则虽秦政之威，不能获项伯于张良之家，况一有司而任数不可诘之隶卒乎？迨其渐久，而上之求之也舒，则盗不能久处橐（tuó）闭之中，匿者亦倦而厌之，则有复归田里、翱翔都市而无忌者，于是而获之易于圈豕。夫不才之有司，岂以盗之贼民病国为忧哉？畏以是为罪谪耳。

武帝之发觉而捕弗满品者，二千石以下至小吏，主者皆死，则欲吏之弗匿盗不上闻、而以禁其窃发也，必不可得矣。秦之亡于盗也，吏匿故也。故高帝三章之法，唯曰“盗者抵罪”，而责之不急。盗者，人之所众恶者也，使人不敢恶盗，而恶逐盗之法，盗恶得而不昌？善治盗者，无限以时日，无宽以赦后，获之为功，而不获无罪，人将唯盗是求而无所惮，盗乃恶得而不绝？呜呼！上失其道而盗起，虽屡获伏法，仁者犹为之恻然。况凭一往之怒，立一切之法，以成乎不可弭之势哉！汉武有丧邦之道焉，此其一矣。

【译文】

治理奸人越是急迫，则奸人藏匿得越深，而盗贼是其中最典型的。盗贼在刚被觉察时，没有不惊恐失措、急忙逃窜的。当他准备做盗贼的时候，没有不预先寻找一个藏身之处以便潜伏的。官府搜求、追捕得越急，则盗贼藏匿得越隐蔽，藏匿他的人也害怕受牵连而更加尽心地保护他。在这种情况下，即使以秦始皇的淫威，也不能把藏匿在张良家的项伯捕获，何况是一个普通的官吏任用的几名才干不可深究的隶卒呢？等到时间渐久，官府的搜寻、追捕也就松懈了，盗贼不可能长期隐蔽于狭小空间之中，藏匿他的人也逐渐疲惫而厌倦了，于是有的盗贼便重归于乡里、逍遥于都市而无所顾忌，这时趁机捕获他们就如抓圈里的猪一样省事。腐败无能的有关官员，哪里会把祸国殃民的盗贼放在心上？不过是害怕因此得罪受处分罢了。

汉武帝颁布“沉命法”，规定辖区有盗贼而官府发觉却未能捕获足够数量的，则从二千石的郡守以下直到小吏，主管者一律处死。要想让官吏们不对朝廷隐瞒盗贼的情况，以此达到禁绝盗贼蜂起的目的，这是一定做不到的。秦朝之所以灭亡于盗贼反叛，是官吏隐匿包庇盗贼的结果。所以汉高祖约法三章，只说“盗贼抵罪”，而对缉捕盗贼的官员并没有急切地予以追责。盗贼是人们普遍憎恶的，如果让人们不憎恶盗贼，却憎恶惩治盗贼的法令，盗贼怎么能不猖獗呢？善于防治盗贼的人，不限定时间，大赦之后也不能宽免，捕获了盗贼就记功行赏，捕盗不到也不计罪，于是人人都将全力捕盗而无所忌惮，盗贼怎么能不很快绝迹呢？唉！天子失道而盗贼蜂起，虽然不断有盗贼落网伏法，可是仁者心中仍为之感到悲伤。何况凭一时的怒气，制定权宜之法，最终造成不可平息的局面！汉武帝有亡国之道，这是其中之一。

本事：《资治通鉴》卷二一《汉纪十三·武帝》，天汉二年（前99）。

二六　阴德之说坏人心败风俗

善者非以赏故善也。王者以赏劝善，志士蒙其赏而犹耻之，小人则怀赏以饰善，而伪滋生，而赏滋滥。乃流俗复有阴德之说，谓可劝天下以善，而挟善以求福于鬼神，俗之偷也，不可救药矣。

阴德之说，后世浮屠窃之，以诱天下之愚不肖，冀止其恶。然充其说，至于活一昆虫、施一箪豆，而豫望无穷之利；迨其死，无可徼之幸，而又期之他生。驱愚民，胁君子，而道遂丧于人心。东汉以上，浮屠未入中国，而先为此说者，史氏也，则王贺阴德之说是也。

贺逐盗而多所纵舍。法之平也不可枉，人臣之职也；人之无罪也不可杀，并生之情也。而贺曰："吾所活者万人，后世其兴乎？"市沾沾之恩，而怀私利之心，王莽之诈，贺倡之矣。故王氏之族终以灭，而为万世乱贼之渠魁，以受《春秋》之铁（fū）钺。史氏以阴德称之，小人怀惠，坏人心，败风俗，流为浮屠之淫辞，遂以终古而不息。近世有吴江袁黄者，以此惑天下，而愚者惑焉。夫亦知王贺之挟善徼天而终赤其族乎？

【译文】

做好事的人并不是为了得到奖赏才行善的，君主以奖赏的办法鼓励人行善，志节之士得到奖赏尚且觉得是一种耻辱。奸邪小人则为了奖赏而假装行善，因此滋生了很多弄虚作假的现象，而奖赏也越来越滥。至于世俗之人又有阴德的说法，认为可以此劝勉天下人行善，然而凭借行善可以向鬼神祈福，这种苟且之俗，真是无可救药了。

阴德之说，被后世的佛教徒所窃取利用，用来诱导天下的愚昧不肖之徒，企图阻止他们作恶。然而他们又夸大其说，甚至救活一只昆虫、施舍一点食物，就期望得到无穷的利益；可是等到他们临近死亡而没得到任何侥幸时，又寄希望于来生来世的福报。阴德之说驱使愚昧的百姓，胁迫有道的君子，以致正统的圣人之道在人们心中丧失了应有的地位。东汉以前，佛教还没有传入中国，首先提倡这一说法的是史官，也就是汉武帝时曾任绣衣御史的王贺的阴德之说。

王贺在负责追捕、惩治盗贼时纵放、饶恕了很多罪犯。执法公正就不能徇情枉法，这是作为人臣应尽的职责；无罪的人也不可杀，这是怜悯同类的情感。可王贺说："我使上万的人得以活命，我的后代大概可以兴盛了吧！"他徇情枉法，兜售一点点的恩德，却怀着私利之心，其曾孙王莽的奸诈，就是王贺所倡导的。所以王氏家族最终被诛灭，他本人也被当作万世乱贼的魁首，受到《春秋》大义的审判和刑戮。史官竟然对王贺的阴德加以称赞，小人感念恩惠，坏人心而败风俗，又流为佛教的淫辞，于是影响久远而无法消除。近世有吴江人袁黄用阴德之说迷惑天下，而愚昧的百姓都受到他的蛊惑。他是否也知道王贺曾经凭借一些伪善的行为向上天祈福，结果却被诛灭九族呢？

本事：《资治通鉴》卷二一《汉纪十三·武帝》，天汉二年（前99）。

二七　贬谪戍边犹有正俗重农之意

汉发七科谪充战士征胡，法已苛矣，乃犹有正俗重农之意焉。吏有罪，一也；使为吏者惜官箴而重自爱也。亡命，二也；使民有罪自伏而不逃亡以诡避也。赘婿，三也；使民不舍其父母而从妻以逆阴阳之纪也。贾人，四也；故有市籍，五也；父母有市籍，六也；大父母有市籍，七也。农人力而耕之，贾人诡而获之，以役农人而骄士大夫，坏风俗，伤贫弱，莫此甚焉。重其役者，犹周制贾出车牛乘马之赋、以抑末而崇本也。汉去古未远，政虽苛暴，不忘贱货利、重天伦、敦本业之道焉。至于唐，承五胡十六国之夷习，始驱农民以为兵。读杜甫《石壕吏》之诗，为之陨涕。汉即不可法，成周之遗制，甲兵之资取之于商贾，非万世可行之法乎！

【译文】

汉朝征发七种人贬谪到边疆服兵役，以征讨匈奴，这个政策非常苛刻，但仍然有匡正风俗、重视农业的意图。这七种贬谪戍边的人具体包括：第一，有罪的官吏，这是为了让做官的人珍视做官的戒规而自重自爱；第二，有罪逃亡之人，这是为了让有罪的人自首伏法而不流亡在外以求逃避；第三，赘婿，即上门做女婿的人，这是为了让百姓不舍弃自己的父母而入赘妻家，违背了天地阴阳的纲纪；

第四，商人；第五，曾经是有市籍的商人；第六，父母曾经是有市籍的商人；第七，祖父母曾经是有市籍的商人。农夫凭借力气辛苦耕作，商人凭借诡诈而获利，又役使农夫，看不起士大夫，败坏风俗，损害贫弱之民，没有比这更严重的了。加重商人的徭役负担，仍旧是周朝商人负责出驾牛车、乘马之赋的遗制，目的在于崇本抑末。汉朝距离上古时代还不远，虽然政令严苛残暴，却没有忘记轻贱商业、重视天伦、督促本业的原则。到了唐代，承袭五胡十六国的蛮夷风俗，才征调、驱使农民当兵。读杜甫的《石壕吏》，情不自禁要为之落泪。即使汉代的制度不足以效法，而周朝的遗制，军队装备物资的费用由商人负担，难道不是万世可行之法吗？

本事：《资治通鉴》卷二二《汉纪十四·武帝》，天汉四年（前97）。

二八　汉武帝任才而诎道

情之所发，才之所利，皆于理有当焉。而特有所止以戒其流，则才情皆以广道之用。止才情之流者，性之贞也。故先王之情深矣，其才大矣，以通天下之志、成天下之务，而一顺乎道。武帝曰："朕不变更制度，后世无法；不出师征伐，天下不安；为此者不得不劳民。若后世又如朕所为，是袭亡秦之迹也。"有是心，为是言，而岂不贤乎？戒后世以为情，立大法、谨大防以为才，固通志成务者所不废也。

然而终以丧德而危天下者，才利而遂无所择，情动而因滥于他也。因是而慕神仙、营宫室、侈行游，若将见为游刃有余之资，可以唯吾意而无伤；而淫侈妖巫之气，暗引之而流。无他，才无所诎而忘其诎于道，情无所定而不知定以性也。固其得于天者，偏于长而即有所短。而方其崇儒访道，董仲舒、兒宽之流，言道言性，抑皆性道之郛（fú）郭，而昧其精核，无能儆所不逮，而引之深思以自乐其天也。

虽然，武帝之能及此也，故昭帝、霍光承之，可以布宽大之政，而无改道之嫌。宋神宗唯不知此，而司马君实被三年改政之讥，为小人假绍述以行私之口实。则武帝之为此言也，其贤矣乎！

【译文】

感情的抒发，才能的施展，都要合于道理。一定要有所节制以防范其放任自流，这样才能与情感都能够用于正道。能够节制才情不使其放任自流的，只有人性中的坚贞。所以，古圣先王的情感很深沉，才能很强大，用以完成统一天下的志向、完成天下的大事，使一切合乎自然发展规律。汉武帝说："我如果不改革制度，则后世没有效法的准则；如果不出兵征伐，则天下不能太平；因此我不得不使百姓劳苦。如果后世还有人像我这样做，则是重蹈秦朝灭亡的覆辙。"汉武帝能有这样的心思，说出这样的话，难道不算是贤君吗？以警戒后世作为情感，以建立根本法则、树立重要界限作为才能，这本来就是会通天下的志向、成就天下事务的人所不可缺少的。然而，他之所以最终因为失德而危害天下，是由于他在施展才能时不知道如何选择，情感勃发之后泛滥到其他事物上。因此，他羡慕神仙长生不老，营造宫室，恣意巡游，似乎认为现在还有游刃有余的资本，可以为所欲为而没有什么妨碍；然而骄奢淫逸、妖孽巫术的邪气，在不知不觉中引导他放任自流。这没有别的原因，只是其才能无所屈服而忘记其应当屈服于正道，情感无所安定而不知其可以安定于本性罢了。本来这些得之于上天的禀赋，偏爱其长处则必然暴露其短处。当汉武帝崇尚儒术、访求道术之时，董仲舒、兒宽之流和他大谈道和性，不过他们所谈论的都是性与道的皮毛，隐藏了其中的精微与核心，因此不能以他们理解不到的真谛来警醒和告诫汉武帝，从而引导他深刻反思，以乐于顺从自己的天命。

尽管如此，由于汉武帝能够认识到这一点，因而继位的汉昭帝和辅政大臣霍光继承他的未竟之志，可以发布宽大的政令，却没有更改先人之道的嫌疑。宋神宗唯独不懂得这一点，所以让司马光蒙受了三年改政的讥讽，也成为奸佞小人假借元祐绍述的名义以大行其私的口实。汉武帝能够说出这样的话来，也算是贤明啦！

本事：《资治通鉴》卷二二《汉纪十四·武帝》，征和二年（前91）。

二九　刘屈氂之奸邪

刘屈氂（máo）之攻戾太子也，非果感于周公诛管、蔡之言而行辟也。武帝曰："丞相无周公之风矣。"其词缓，未有督责屈氂之意，则陈大义以责太子而徐为解散也，岂繄（yī）无术？而必出于死战，此其心欲为昌邑王地耳。太子诛，而王以次受天下，路人知之矣。其要结李广利，徇姻亚而树庶孽，屈氂之慝，非一日之积矣。然而屈氂旋诛，奸人戕天性以徼非望，未有能幸免者矣。顾孰使险如屈氂而为相也，则武帝狎宠姬、任广利，而为之左右也。用人假耳目于私昵，而不保其子，悲夫！

【译文】

丞相刘屈氂发兵进攻太子刘据，并不是真的有感于周公诛杀管叔、蔡叔之言而大义灭亲。汉武帝说："丞相没有周公的遗风啊！"其言辞语气和缓，没有督察责罚刘屈氂的意思，假如刘屈氂陈述大义以责备太子，慢慢分散太子的力量，难道就没有办法吗？而一定要发兵决一死战，这是因为他的心中想要照顾昌邑王刘髆罢了。太子死后，则昌邑王按继承顺序将被立为太子，这是路人皆知的。刘屈氂勾结李广利，偏私外戚而想立庶子，其奸邪早已非一日的积累了。然而，刘屈氂不久也被汉武帝处死，奸佞之人残害天性以期实现非分之想，没有能够幸免于祸的。然而是谁让刘屈氂这样阴险的人能够位居丞相呢？那是汉武帝过分宠爱李夫人，并重用其兄李广利，结果反而受到他们的摆布。用自己亲近宠爱的人作为耳目，以至于连亲生儿子的性命都不能保全，可悲啊！

本事：《资治通鉴》卷二二《汉纪十四·武帝》，征和二年（前91）。

三〇　李陵的是非评判

司马迁挟私以成史，班固讥其不忠，亦允矣。李陵之降也，罪较著而不可掩。如谓其孤军支虏而无援，则以步卒五千出塞，陵自炫其勇，而非武帝命之不获辞也。陵之族也，则嫁其祸于李绪；迨其后李广利征匈奴，陵将三万余骑追汉军，转战九日，亦将委罪于绪乎？如曰陵受单于之制，不得不追奔转战者，匈奴岂伊无可信之人？令陵有两袒之心，单于亦何能信陵而委以重兵，使深入而与汉将相持乎！迁之为陵文过若不及，而抑称道李广于不绝，以奖其世业。迁之书，为背公死党之言，而恶足信哉？

为将而降，降而为之效死以战，虽欲浣涤其污，而已缁之素，不可复白，大节丧，则余无可浣也。关羽之复归于昭烈，幸也；假令白马之战，不敌颜良而死，则终为反面事仇之匹夫，而又奚辞焉？李陵曰："思一得当以报汉。"愧苏武而为之辞也。其背逆也，固非迁之所得而文焉者也。

【译文】

司马迁怀着私心编写《史记》，班固讥讽他不忠，也是公允的。李陵投降匈奴，其罪过相当明显而无法掩饰。如果说他因孤军奋战且无后援而战败，可是他率领五千步兵出塞作战，是自恃勇力，并不是汉武帝有令在先，他无法推辞，不得已而出征。李陵家遭到族灭，却嫁祸于李绪；后来李广利征讨匈奴失利，李陵率领三万余骑兵追击汉军，转战九天，难道也要将罪名嫁祸于李绪吗？如果说李陵受匈奴单于控制，不得已而追击汉军，难道匈奴就没有可信之人了吗？假若李陵有两面讨好之心，单于又怎么能信任李陵而委以重兵，让他深入腹地与汉将周旋呢？司马迁不仅竭力为李陵文过饰非，还喋喋不休地称赞其祖父李广的功德，以褒奖其家族世代的功业。司马迁的《史记》都是违背公道，一味为其死党开脱罪责，哪里值得相信呢？

身为大将却投降敌人，投降以后又为其拼死作战，即使想洗涤身上的污点，可已经染黑的白布，不可能重新变白，忠君爱国的大节已经沦丧，则其余的也就没法漂洗干净了。关羽投降曹操后能够重归刘备帐下，实属侥幸；假如他在白马之战中不幸被颜良所杀，那么他就会永远被视为背弃主公、事奉仇敌的匹夫，还有什么可说的呢？李陵说："我是想找一个适当的机会报答汉朝。"这不过是见到苏武感到惭愧而说的漂亮话罢了。他的背叛，本来就不是司马迁所能掩饰的。

本事：《资治通鉴》卷二二《汉纪十四·武帝》，征和二年（前91）。

三一　知人之难，身心之则

忠邪亦易辨矣，而心迹相疑，当其前者亦易惑焉。武帝所托孤者三人，而上官桀为戎首，与霍光、金日磾若缁素之别。乃自其得当于帝者推之，其迹显，其心见矣。光出入殿门，进止有常度；日磾在上左右，目不忤视者数十年；非以逢帝之欲而为尔也，以自敦其行而不失素履之贞也。桀谢马瘦之责，而曰："闻上不安，日夜忧惧，意不在马。"言未卒，泣数行下。桀非与国休戚之臣，厩令之职，在马而已，其泣也，何为而泣也？慎以自靖者，君子之徒也；佞以悦人者，小人之徒也。君子知有己，故投之天下之大，而唯见己之不可失；小人畏罪徼宠，迎人之喜怒哀乐，而自忘其躬。于此审之，忠邪之不相杂久矣。

唯我为子故尽孝，唯我为臣故尽忠。顾七尺之躬，耳目在体而心函于内，忠臣孝子，非以是奉君父，而但践其身心之则。光与日磾天性近之，而特未学耳，桀乌足于齿哉？武帝以待光、日磾者待桀，不知桀也，且不知光、日磾也。知人之难，唯以己视人，而不即其人之自立其身者视之也。

【译文】

忠臣和奸佞也是容易分辨的，而如果存心与行动相违疑，那么即使站在面前也容易被迷惑。汉武帝临终委以托孤重任的大臣有三人，其中上官桀是后来谋反的罪魁祸首，他和霍光、金日磾相比，宛若黑白分明。从他们得到汉武帝赏识的原因看来，其形迹区别显而易见，其内心也昭然若揭。霍光出入宫殿之门，进退举止符合礼制法度；金日磾在皇帝身边，数十年目不斜视。他们并非为了讨皇帝的喜好才这样做，而是以此督促自己践行正道，不失为像《周易·履卦》中所说的“履道坦坦，幽人贞吉”。汉武帝曾指责马厩的马匹太瘦，主管养马的未央厩令上官桀为此谢罪说：“我听说皇上您身体不舒服，因而日夜忧惧，心思没有用在马身上。”话还没说完，就流下眼泪。上官桀并不是参与国家休戚安危大计的重臣，他担任厩令的职务，就是负责养好马匹，他为什么要哭泣呢？小心谨慎而洁身自好的人，是君子；奸邪狡诈而取悦别人的人，是小人。君子知道如何保持自己的节操，因而即使将天下之大的事委托于他，也只是觉得不可失去气节操守；小人畏罪邀宠，善于迎合别人的喜怒哀乐，却忘记了自己的人格与尊严。由此看来，忠奸本来就不会混杂。

我们身为人子因而应当尽孝，我们作为人臣因而应当尽忠。试看七尺之躯，耳目在外而心包在内，作为忠臣孝子不是说要迎合君父，而是要践行我们身心的忠孝原则。

霍光与金日磾天性与此接近，只可惜不学无术，上官桀哪里能同他们相提并论呢？汉武帝用对待霍光、金日磾的态度对待上官桀，说明他不了解上官桀，也不真正了解霍光、金日磾。要了解一个人很难，因为常人仅从自己的角度观察别人，而不知从对方的立身之道观察他们自己。

本事：《资治通鉴》卷二二《汉纪十四·武帝》，后元二年（前87）。

卷四

明刻本《三才图会》中的汉宣帝刘询画像

【题　解】

本卷评论西汉中后期历史，分昭帝、宣帝、元帝三目，共二十九则。

汉昭帝刘弗陵（前94—前74）为武帝少子，幼冲践祚，由大将军霍光辅政，王夫之选择四个问题加以评论。第一个问题便是对霍光的评价，认为他利欲熏心，不及金日磾，而又受上官桀之诱惑，最终擅自废立，自食其果。第四个问题评论严延年弹劾霍光，虽意在说明严延年沽名钓誉，但亦涉及霍氏家族问题。另外两个问题，其中一个问题针对中原王朝与夷狄政权的关系，提出夷狄相攻非中国之利的正确命题；另一个问题——信义只适用于人与人之间，不适用于夷狄，则不免偏激。

宣帝刘询（前91—前49）在位期间是西汉又一个稳定繁荣的时期，王夫之选择十八个问题加以评论。首先继续对霍光的评价，认为他只刻意修习权术而不合乎正道大义，并批评宣帝封赏霍光定策之功只会鼓励后世权臣擅行废立"邀功以贸赏"。其次对当时所谓的循吏如赵广汉、黄霸、张敞、尹翁归等予以评价，认为他们多以儒术缘饰法家，"霸王道杂之"，虽博得流俗称誉却无实效。最后对赵充国老成持重的治羌策略予以高度评价，下文又结合冯奉世

“决于进讨”，认为二人“异求而同功”。

元帝刘奭（前74—前33）在位期间是西汉走向衰落的开端，王夫之选择七个问题加以评论。首先对朋党之祸之肇始和四科举士销天下之气节提出批评。其次对元帝喜好儒术、柔弱寡断，任用贡禹、匡衡等为相，既肯定其雍容涵养，也指出其选人用人标准过于单一，导致刚正之士缺位。最后对焦延寿、京房的易学及其应用于政治的考课之法，则予以批判，强调因时因地变法的重要性。尽管如此，他也明确提出“汉之亡，非元帝之咎也”。

汉昭帝

一　金日磾与霍光

金日磾，降夷也，而可为大臣，德威胜也。武帝遗诏封日磾及霍光、上官桀为列侯，日磾不受封，光亦不敢受。日磾病垂死，而后强以印绶加其身。日磾不死，光且惮之，况桀乎？桀之逆，日磾亡而光受其欺也。霍光妻子之骄纵，至弑后谋逆以亡其家，无日磾镇抚之也。光之不终，于受封见之矣。日磾没，而光施施自得，拜侯封而若不及，早已食上官桀之饵，而为其所狎。利一时之荣宠，丧其族于十年之后，“厉熏心”，鲜不亡矣。光之咎，非但不学无术也；利赖之情浅，虽有憸人与其煽妻逆子，恶得而乘之？若日磾者，又岂尝学而有他术哉！

【译文】

金日磾是归降的匈奴人，能够做到汉朝廷大臣的高位，是以德行和威势取胜。汉武帝遗诏封金日磾及霍光、上官桀等人为列侯，金日磾拜辞不受封，于是霍光也不敢接受。直到金日磾病危濒死之时，朝廷才强把印绶加于他身上。金日磾尚未去世之前，霍光尚且忌惮他，更何况上官桀呢？上官桀之所以能够谋逆反叛，是因为金日磾已死而霍光受了他的欺骗。霍光妻子、儿女骄横放纵，以至于毒杀许皇后，后来又密谋发动政变，结果其家族被诛灭，也是因为没有金日磾镇抚他们。霍光不得善终，在受封时已见迹象。金日磾死了，而霍光扬扬自得，迫不及待地接受了博陆侯之封，这说明他早已吞食了上官桀的诱饵，并被他所亲狎和驯养。霍光为了一时的荣宠之利，而使其家族在十年后被诛灭，这就是《周易·艮卦》中所说的"醉心于贪欲而以身犯险"，很少有不败亡的。霍光的罪过，并不仅仅是不学无术。如果他没有那么重的贪心，即使有奸佞小人与他那气焰嚣张的妻子、儿子相勾结，又怎么能有机可乘呢？再说，像金日磾这样的人，又何曾接受正规的教育而另有其他本领呢？

本事：《资治通鉴》卷二三《汉纪十五·昭帝》，始元元年（前86）。

二　夷狄相攻岂中国之利

策者曰："夷狄相攻，中国之利。"呜呼！安所得亡国之言而称之邪！孱君、懦将、痿痹之谋臣，所用以恣般乐怠傲而冀天幸者也。楚不灭庸、夔、群舒，不敢问鼎；吴不取州来、破越、胜楚，不敢争盟；冒顿不灭东胡，不敢犯汉；女直不灭辽，蒙古不灭金，不敢亡宋。夷狄非能猝强者也，其猝强者，则又其将衰而无容惧者也。刘渊之鸷，不再世而即绝；元昊之凶，有宁夏而不敢逾环庆之塞。惟其骤起也，若夫若爝（jué）火在积薪之下，日吞其俦类，浸以荧荧，而中国不知。如或知之，复以自慰曰：此吾之利也。乃地浸广，人浸众，战数胜，胆已张，遂一发而不可遏。火蕴于积薪之下，焰既腾上，焦头烂额而无所施救矣。赵充国藉藉称夙将，而曰："乌桓数犯塞，匈奴击之，于汉便。"此宋人借金灭辽、借元灭金之祸本也。充国之不以此误汉，其余几矣！霍光听范明友追匈奴便击乌桓，匈奴由是恐，不能复出兵，韪矣哉！

【译文】

有谋士说："夷狄相互攻伐，乃是中国之利。"唉！这是从哪里得来的这种亡国之言而加以称赞的呢？软弱的国君，怯懦的将领，麻木不仁的谋臣，都以此言为借口纵情享乐、怠惰骄傲，希冀能够获得老天的眷顾。春秋时期的楚国，如果没有灭掉庸国（今湖北竹山一带）、夔国（今湖北秭归一带）、舒姓诸国（今安徽舒城一带），就不敢问鼎中原；吴国如果不攻取州来（今安徽淮南一带）、击破越国（今浙江一带）、战胜楚国，就不敢到中原争霸；匈奴冒顿单于如果不灭东胡，就不敢侵犯汉朝疆土；女真人如果不灭辽国，蒙古人如果不灭金国，就不敢举兵灭亡宋朝。夷狄并非能够猝然强盛，其中猝然强盛的又必将迅速转衰而无须恐惧。前赵刘渊凶残强悍，可是他的政权不到两代就灭亡了；西夏元昊勇猛凶暴，虽然占据了宁夏（今宁夏银川）却不敢逾越环庆（今甘肃庆阳）的关塞，其原因就是崛起得太快，根基未稳。至于有的部族像炬火放在大柴堆之下，每天都吞食其同类，从而逐渐旺盛起来，而中原王朝却毫不知情。即使知道了，中原王朝却自我安慰说：这对我们是有利的。以至于其地盘越来越大，人口越来越多，屡战屡胜，胆子越来越大时，便一发而不可遏制了。火种隐藏在柴堆之下，等到已变成烈焰飞腾时，即便烧得焦头烂额也无法加以施救。西汉的赵充国是被人们交口称赞的老将，却说出“乌桓多次入侵，匈奴攻击乌桓，对汉朝有利”这种没有见识的话来。这正是宋朝人借金灭辽、借元灭金拙劣计策的取祸之本。赵充国虽没有因此贻误汉朝，但其实只是差一点点！霍光明智地听从了中郎将范明友的意见，派范明友率两万骑兵追击匈奴，匈奴慌忙撤兵，汉军趁势猛攻乌桓，大胜而归。匈奴人从此害怕，不敢再出兵。霍光的决策，太正确啦！

本事：《资治通鉴》卷二三《汉纪十五·昭帝》，元凤三年（前78）。

三　信义乃人与人相处之道

人与人相于，信义而已矣；信义之施，人与人之相于而已矣；未闻以信义施之虎狼与蜂虿也。楚固祝融氏之苗裔，而周先王所封建者也。宋襄公奉信义以与楚盟，秉信义以与楚战，兵败身伤而为中国羞。于楚且然，况其与狄为徒，而螫噬及人者乎！

楼兰王阳事汉而阴为匈奴间，傅介子奉诏以责而服罪。夷狄不知有耻，何惜于一服，未几而匈奴之使在其国矣。信其服而推诚以待之，必受其诈；疑其不服而兴大师以讨之，既劳师绝域以疲中国，且挟匈奴以相抗，兵挫于坚城之下，殆犹夫宋公之自衄（nǜ）于泓也。傅介子诱其主而斩之，以夺其魄。而寒匈奴之胆，讵不伟哉！故曰：夷狄者，歼之不为不仁，夺之不为不义，诱之不为不信。何也？信义者，人与人相于之道，非以施之非人者也。

【译文】

人与人相处，最重要的是守信义；施行信义，只限于人与人之间的相处；从没有听说过有人对虎、狼和蜂、蝎施行信义的。楚国本来是祝融氏的后裔，却是周朝的先王所封建的诸侯国。宋襄公奉信义与楚国结盟，秉信义与楚国交战，结果兵败身伤，成为华夏诸国的奇耻大辱。与楚国交往尚且如此，何况那些与夷狄为伍，而以毒腺伤人的部族呢！

楼兰王明里事奉汉朝而暗地里为匈奴人充当间谍，勇士傅介子奉汉天子之命赴西域予以责问，而楼兰王当即表示服罪。夷狄之人不知羞耻，哪里会把一次屈服当回事儿呢？不久，匈奴的使者又出现在楼兰国中。如果相信楼兰王的臣服而对他推诚相待，则必受其骗；如果怀疑他不服而兴师动众征讨他，则既劳师远方从而疲扰中国，又会使楼兰与匈奴结盟以对抗汉朝，一旦汉军在坚城之下受挫，那么损失和影响必然会很大。这种情形与宋襄公自败于泓水（故道在今河南柘城西北一带）之滨差不多。傅介子诱楼兰王中计而杀之，既使楼兰人为之害怕，又使匈奴人为之胆寒，难道不伟大吗？所以说：对于夷狄之人，歼灭之不为不仁，强夺之不为不义，诱杀之不为不信。为什么呢？因为信义是人与人相处之道，而不可施行于没有人性的人身上。

本事：《资治通鉴》卷二三《汉纪十五·昭帝》，元凤四年（前77）。

四　言辟而辨，行伪而坚

严延年劾奏霍光擅废立无人臣礼，其言甚危，其义甚正，若有敢死之气而不畏强御。或曰：光行权，而延年守天下之大经，为万世防。延年安得此不虞之誉哉！其后霍氏鸩皇后，谋大逆，以视光所行为何如，延年何以噤不复鸣邪？光之必有所顾忌而不怨延年，宣帝有畏于霍氏，必心利延年之说而不责延年，延年皆虑之熟矣。犯天下之至险而固非险也，则乘之以沽直作威，而庸人遂敬惮之。既熟虑诛戮之不加，而抑为庸人之所敬惮，延年之计得矣。前乎上官桀之乱，后乎霍禹之逆，使延年一讦其奸，而刀锯且加乎身，固延年所弗敢问也。矫诡之士，每翘君与大臣危疑不自信之过，言之无讳以立名，而早计不逢其祸，此所谓“言辟而辨，行伪而坚”者也。有所击必有所避，观其避以知其击，君子岂为其所罔哉？

【译文】

侍御史严延年上书弹劾大将军霍光擅自废立皇帝，不守人臣之礼，其言辞激烈，大义凛然，好像有必死之心而不畏强暴。有人说：霍光总揽朝政，擅权独断，而严延年坚守天下之纲纪，为汉家的千秋万代做防范。严延年哪里能配得上这种意想不到的赞誉呢？后来，霍氏毒死皇后，图谋反叛，此时去看霍光的所作所为如何正当其时，严延年为什么却噤若寒蝉，不发一言呢？当初严延年弹劾霍光，霍光必定会有所顾忌而不敢怨恨他，继位的汉宣帝忌惮霍氏，必然会内心赞许严延年的说法而不会责备他，严延年对此早已深思熟虑，有足够的把握。冒犯天下最危险的人而实际上一点也不危险，于是严延年乘机以此沽取直名、树立威信，而庸俗的人不明真伪，竟然对他敬畏有加。严延年看准此举绝不会招来刑戮加身，而且还会使自己为庸俗的人所敬畏，他的计谋可以说是成功的。此前有上官桀之叛乱，此后有霍光之子霍禹之谋逆，假如严延年说一句指斥其奸邪的话，马上就会招致刀锯加身的横祸，严延年当然不敢发声问责。虚伪狡猾之士，常常期盼和瞅准君主与大臣之间相互猜疑而不自信的过失、机遇，借机直言不讳以树立威名，而实际上他们早已看准不会有什么灾祸，这就是所谓的“言辞邪僻而有理有据，行为虚伪而顽固不化”。这种人有所抨击必然会有所躲避，观察他们所躲避的事情就可以知道他们所抨击的目的了，君子难道会被这种奸佞小人所欺骗吗？

本事：《资治通鉴》卷二四《汉纪十六·昭帝》，元平元年（前74）。

宣帝

一　论功行赏之赏与受

爵赏者，人君驭下之柄，而非但以驭下也，即以正位而凝命也。辞受者，人臣自靖之节，而非但以自靖也，即以安上而远咎也。故赏有所不行，爵有所不受，而国家以宁。草昧之始，君与开国之臣，为天下而已乱。迨其中叶，外寇内奸，不逞于宗社，而殃及兆民，大臣代君行讨，底定以绥之，而天下蒙安。斯二者，君爵之而非私，下受之而无惭，霍光岂其然哉！

昌邑之废，光之不幸也。始者废长立少，不择而立昌邑，光之罪也。始不慎而轻以天下授不肖，已而创非常之举，以臣废君，而行震世之威。若夫迎立宣帝，固以亲以贤，行其所无事者，非其论功之地也。宣帝纪定策功，加封光以二万户，侯者五人，关内侯者八人。宣帝之为此，失君道矣。己为武帝曾孙，遭家不造，以贤而立乎其位，所固有也。震矜以为非望之福，德戴己者而酬之，然则觊非望者，可县爵赏以贸天下之归，而天位亦危矣。爵赏行，而宣帝之立亦不正矣，以爵赏贸而得之者也。光不引咎以谢严延年之责，晏然受之而不辞，他日且为霍山请五等之荣，则光之废主，乃以邀功而贸赏，又何怪其妻之鸩后而子之谋逆乎？则抑何异司马昭、萧道成之因以篡，苗傅、刘正彦之敢于行险以徼幸乎？

论者曰：“光不学无术。”学何为者也？非揽古今之成败而审趋避之术也。诸葛公有云：“非澹泊无以明志。”又云：“学须静也。”惟澹与静，以养廉耻之心，以明取舍之节，以昭忠孝之志，纯一于天性，终远于利名。故可贵、可贱、可履虎尾而不咥（dié）、可乘高墉而射隼，居震世之功，而不愧于屋漏。无他，无欲故静。皎然白其志于天下，流俗不能移，妻子不能乱。君以顺天休命而无私，臣以致命遂志而不困。光之不学，未能学乎此也。非此之学，而学于术，以巧为避就。曹操盖尝自言老而好学矣，曾不如金日磾之颛（zhuān）愚，暗合乎道也。

【译文】

爵禄和赏赐，是君王驾驭臣下的权柄，不但用以驾驭臣下，还用来摆正位置、凝聚力量以完成使命。辞让爵禄和赏赐而不受命，乃是人臣洁身自好的节操，不但洁身自好，还用以使君王安心从而远离祸患。所以，君王赏赐有所不行，爵禄有所不受，国家就可以和平安定。国家草创之时，君王与开国之臣为了天下而平息祸乱。等到王朝中叶，外有敌兵入侵，内有奸臣作乱，虽不能夺取江山社稷，却殃及亿万人民，大臣代君征讨，彻底平定内忧外患，而天下人民也因此得以安居乐业。这两种人臣，君王授予他们爵位不算是徇私情，臣下接受爵位而心中无愧，霍光难道是这种情况吗？

昌邑王刘贺被废，是霍光的不幸。当初废长立少，不加选择地迎立昌邑王为帝，乃是霍光的罪过。最初轻率地把天下授给不肖之徒，不久又开创非常之举，以臣废君，从而树立了震动天下之威。至于迎立宣帝，固然是符合立亲、立贤的原则，这种做法也只是顺应自然和具体形势而行，而不能作为其论功显名的依据。汉宣帝重赏定策之功，加封霍光二万户，封侯者有五人，封为关内侯的有八人。

汉宣帝这样做，丧失了为君之道。他自己作为汉武帝的曾孙，因为父亲早丧而处身失所，因为贤能而继立为君，从世系上看，他得君位是名正言顺，理所当然的。可他却扬扬自得，以为得到帝位乃非望之福，对推戴自己的人感激不尽，重重奖赏。如此一来，觊觎非分之位的人也可以悬爵重赏，以招揽豪杰夺取天下，从此皇帝的宝座必定是难以稳坐了。论功封赏爵位的做法，似乎表明帝位是用爵位赏赐换来的。霍光不引咎以谢严延年的指责，反而若无其事地承受而不予推辞，后来又为哥哥的孙子霍山请求五等封侯之荣耀，可见，霍光废立皇帝，乃是为了邀功请赏，他的妻子鸩杀皇后，儿子阴谋反叛，又有什么值得奇怪的？这与后世司马昭、萧道成擅权篡位，苗傅、刘正彦铤而走险以图侥幸，又有什么不同呢？

评论的人说："霍光不学无术。"学习是为了什么呢？并不是为了根据古今成败的经验教训，审视、思考趋避之术。诸葛亮曾说："非澹泊无以明志。"又说，"学习必须心静。"唯有澹泊与心静可以涵养廉耻之心，明确取舍之节，彰明忠孝之志，从而使天性纯粹精一，最终远离名利。因而一个人可以富贵，也可以安于贫贱，可以踩虎尾而不被虎咬，可以登上高墙射杀鹰隼，可以立下震世之功却独处暗室而无愧于神明。这没有别的原因，无欲自然会心静。光明磊落地把自己的志向公布于天下，世俗之人不能使自己动摇，妻儿老小也不能扰乱自己的心志。君王因为顺应上天的意旨而无私，臣子因为舍生忘死来实现理想而不困扰。霍光的不学无术，实际上是没有学习到上述的高贵品质与精神。他不学习这些，而是刻苦地钻研权术，以便更巧妙地趋福避祸。曹操好像说过自己老而好学的话，可是他还远不及金日磾的貌似谨慎愚钝，实则暗合于正道。

本事：《资治通鉴》卷二四《汉纪十六·宣帝》，本始元年（前73）。

二　为尊者讳，为亲者讳

宣帝欲尊武帝为世宗，荐盛乐，过矣。然其过也，所谓君子之过，失于厚也。夏侯胜讼言讦之，如将加诸铁钺者。子贡曰："恶讦以为直者。"殆是谓乎！《春秋》之法，"为尊者讳，为亲者讳"。《春秋》以正乱臣贼子之罪，垂诸万世者也。桓、宣弑立而微其辞，尊则君，亲则祖，未有不自敬爱其尊亲而可以持天下之公论者也。

宣帝者，武帝之曾孙也。假令有人数夏侯胜乃祖乃父之恶于胜前，而胜晏然乐听之，其与禽兽奚择哉！而胜以加诸其君而无忌，是证父攘羊之直也。而天理灭矣。苟其曰武帝之奢纵而泽不及民。万世之公论，不可泯也。则异代以后，何患无按事迹而核功罪者。鲧不以配帝而掩圮族之恶，吾弗从臾以效尤可尔。留直道以待后人，全恩礼以尽臣道，各有攸宜，倒行则乱。恶武帝之无恩于天下，而己顾无礼于上，宣帝按不道之诛，不亦宜乎！

【译文】

汉宣帝刘询想要尊奉汉武帝为世宗，在其宗庙中演奏盛大隆重的音乐，这是错误的。然而，这种过错是所谓的君子之过，失于太厚道。太子太傅夏侯胜公开攻讦汉武帝，似乎要以刑戮相加。子贡说："恶言攻讦自以为正直。"大概说的就是这种人吧？《春秋》之法，"为尊者讳，为亲者讳"。《春秋》之法是以明正乱臣贼子的罪行而流传万世的。可是鲁桓公、鲁宣公弑君自立，而《春秋》并不如实记载，因为这两位从尊的角度看贵为国君，从亲的角度说是作者的先祖，人没有不敬爱自己的尊长与先祖却可以秉持天下之公论的。

汉宣帝是汉武帝的曾孙。假如有人在夏侯胜面前毫不掩饰地数落其祖父和父亲的恶行，而夏侯胜若无其事地乐意倾听，他与禽兽还有什么区别呢？可是夏侯胜在君主面前说先帝的坏话而毫无顾忌，这是儿子指证父亲偷羊那样的正直，而天理从此已经灭绝了。如果他说汉武帝奢侈骄纵而恩德没有广布于百姓，这乃是万世之公论，不可泯灭的。那么改朝换代以后，何愁没有按事迹核定功罪的人？伯鲧并不能因为配祭天帝而掩盖自己使其宗族覆灭的恶行，只要我们不对此加以奉承、效仿就可以了。把正直之道留待后人，以保全恩德、礼仪以尽臣子之道，各得其所，反之则会引起混乱。夏侯胜憎恨汉武帝无恩于天下，自己却对君主无礼，汉宣帝用大逆不道的罪名将他处死，不也是很适宜的吗？

本事：《资治通鉴》卷二四《汉纪十六·宣帝》，本始二年（前72）。

三 君子之慎始进

霍光死而魏相兴，此后世大臣兴废，而国政变更，人材进退之始也。霍光非尽不可与言者也，严延年廷劾之而勿罪，田延年所与共废立者而不阿，悍妻行弑，欲自举发，特荏苒而不能自胜耳。上书者以副封先达领尚书者而后奏，光亦惩昌邑之失而正少主之视听，特未深知宣帝之明而持之太过耳。相当光之时，奏记于光，俾去副封可也；昌言于廷，俾宣帝敕光去之可也。为人臣者，言苟当于纪纲之大，难有所不避，况光之犹可与言而无挟以不相听从者乎！待光之死而后言之，相之心不纯乎忠。而后世翘故相以树新党者，相实为之倡。是殆授兴革之权于大臣，而人主幸大臣之死以行己意。上下睽，朋党兴，国事数变。至于宋，而宰相易，天子为之改元。因是而权臣有感于此，则恋位以免祸，树党以支亡，迭虚迭盈而国为之敝。斯其为害，三代亡有也；高、文、景、武之世，亦亡有也。故曰：自相始也。

抑相之进也，言正而心诐（bì），迹贞而行诡，所因者许广汉也，听起伏于外戚而莫能自遂也。司马温公奉宣仁太后新法，而章惇、邢恕犹指宫闱以为口实，况缘外戚以取相乎？君子之慎始进也，枉尺而直寻不为也。春秋之世，不因大夫而立功名者，颜、曾、冉、闵而已。汉之不因外戚，后世之不因宦寺者，鲜矣。此风俗邪正、国事治乱之大辨也。

【译文】

霍光死而魏相被重用为丞相，封高平侯，这是后世大臣兴废、国政随之变更而人才随之进退的开端。霍光并不是完全不可以接受别人意见之人。严延年在朝廷上公开弹劾他，但他并不怪罪；田延年曾与霍光共同参与废立皇帝的计划，然而当田延年犯罪后，霍光也不徇情枉法袒护他；其骄悍的妻子毒死皇后，霍光想自己告发，按律治罪，只是因为于心不忍而犹豫不决，不能战胜自我罢了。他规定上书的人必须先把副本呈送给领尚书事的大臣然后才能上奏，这是霍光吸取昌邑王失德的教训后所采取的措施，目的是匡正少主的视听，只是由于他没有深入了解汉宣帝的智慧与才能因而做得有点过头罢了。如果魏相在霍光活着的时候，向他上奏记，要求废除副本之规，这是正当的；或者直截了当地在朝廷上提出这个问题，让汉宣帝敕令霍光废除副本之规，这也是正当的。作为人臣，如果有涉及国家纲纪大事的言论，很难有所不避，何况霍光还是可以听取不同意见，而不会自恃权势拒不接受正确意见的呢！等霍光死了以后再说，可见魏相的心是不够纯粹忠诚的。而后世百般挑剔前任宰相的作为以树立新党的做法，实际上就是魏相首倡的。这差不多就是把兴革大权交给大臣，而君主只能希冀大臣死亡以便实现自己的意旨。于是君臣上下相违，朋党兴起，国家的政策屡屡变更。到了宋朝，宰相易人，皇帝竟为此而改变年号。因而权臣有感于此，则更加贪恋官位以求免祸，树立党羽以求救亡，其势力迭相消长而国家因此陷入凋敝。这种危害，夏、商、周三代是没有的，汉高祖、汉文帝、汉景帝、汉武帝时期也没有，所以说是从魏相开始的。

魏相得到重用接任丞相，其原因是此人言辞端正而内心邪僻，表面坚贞而行事诡诈，他所倚仗的是许皇后之父许广汉，他的命运起伏完全被外戚控制，根本无法自主行动。北宋司马光尊奉宣仁太后而废黜新法，章惇、邢恕等人尚且以依仗后宫势力当政作为攻击他的口实，何况魏相凭借外戚的支持而获得重用接任丞相呢？君子非常重视最初的进身之道，即使在小处委屈一些以求更大的好处这种事也不会做。春秋时代，不借助大夫建立功名的，仅有颜回（颜渊）、曾参、冉有、闵子骞等数人而已。汉朝不借助外戚进身的，后世不借助宦官进身的官员，真是太少啦！这是区分风俗的正与邪、国家的治与乱的主要标准。

本事：《资治通鉴》卷二四《汉纪十六·宣帝》，地节二年（前68）。

四　律简则刑清，刑清则罪允

路温舒之言缓刑，不如郑昌之言定律也。宣帝下宽大之诏，而言刑者益淆，上有以召之也。律令繁，而狱吏得所缘饰以文其滥，虽天子日清问之，而民固受罔以死。律之设也多门，于彼于此而皆可坐，意为重轻，贿为出入，坚执其一说而固不可夺。于是吏与有司争法，有司与廷尉争法，廷尉与天子争法，辨莫能折，威莫能制也。巧而强者持之，天子虽明，廷尉虽慎，卒无以胜一狱吏之奸，而脱无辜于阱。即令遣使岁省而钦恤之，抑惟大凶巨猾因缘请属以逃于法，于贫弱之冤民亡益也。唯如郑昌之说，斩然定律而不可移，则一人制之于上，而酷与贿之弊绝于四海，此昌之说所以为万世祥刑之经也。

夫法之立也有限，而人之犯也无方。以有限之法，尽无方之慝，是诚有所不能该矣。于是而律外有例，例外有奏准之令，皆求以尽无方之慝，而胜天下之残。于是律之旁出也日增，而犹患其未备。夫先王以有限之法治无方之罪者，岂不审于此哉？以为国之蠹、民之贼、风俗之蜚蜮(yù)，去其甚者，如此律焉足矣，即是可以已天下之乱矣。若意外无方之慝，世不恒有，苟不比于律，亦可姑俟其恶之已稔而后诛，固不忍取同生并育之民，逆亿揣度，刻画其不轨而豫谋操蹙也。律简则刑清，刑清则罪允，罪允则民知畏忌，如是焉足矣。

抑先王之将纳民于轨物而弭其无方之奸顽者，尤自有教化以先之，爱养以成之，而不专恃乎此。则虽欲详备之，而有所不用，非其智虑弗及而待后起之增益也。乃后之儒者，恶恶已甚，不审而流于申、韩。无知之民，苟快泄一时之忿，称颂其擿发之神明，而不知其行自及也。呜呼！可悲矣夫！

【译文】

汉宣帝即位，廷尉史路温舒上书建议宽简刑法，不如谏议大夫郑昌所主张的删定律令高明。汉宣帝颁布宽大刑罚的诏令，于是谈论刑罚的人更加庞杂，鱼目混珠者不在少数，这是皇帝自己招来的。律令繁杂，则狱吏得以文饰其滥用刑罚，即使皇帝每天都予以清查，百姓也难免蒙冤而死。律令的制定很不统一，政出多门，此法与彼法都可以适用，最后的判决因为私情而有轻重，因为贿赂而有出入，狱吏如果坚持使用刑法中的一种，谁也没有办法使他改变判决。于是狱吏与有关官吏争法，有关官吏与廷尉争法，廷尉与皇帝争法，辩论也不能折服他们，威权也不能制伏他们。奸巧而强横的小人如果钻这些法律的空子，则皇帝虽然英明，廷尉虽然审慎，但是最终也无法战胜一个狱吏的奸邪，以使无辜的百姓免受囹圄之苦。即使朝廷每年都派遣使臣到各地省视和安抚百姓，也只能使大奸巨猾千方百计地逃脱法律的惩罚，对贫弱的冤民是没有什么帮助的。只有如郑昌所说的那样，断然删定律令而且从此绝不轻易更改，则皇帝一人在朝廷主管，而残酷与贿赂的弊病在整个天下绝迹，这就是郑昌的主张之所以能成为后世万代善用刑罚的准则的原因。

法律的建立是有限的，而人们犯法的情形是无穷的，以有限的法律应付无穷的奸邪，实在是无法尽善尽美，包容一切。于是在法律之外有条例，条例之外有奏准施行的令，都是想以此包括无穷的奸邪行为，从而战胜、制伏危害天下的恶人。于是律的旁支越来越多，各项法令与日俱增，却仍然忧愁其不完备。古圣先王用有限的法律惩治无穷的罪行时，难道没有深入地思考这个问题吗？只要把危害国家、残害百姓、败坏风俗的罪犯和罪行，去掉其中最严重的，包括在律令里面就足够了，足可以消弭天下之乱。至于意外的无穷之奸，世上不常有，即使不收入法律，也可以姑且等这些罪恶已经发展得比较显著时，再予以重惩，古圣先王实在不忍心以同生同长的百姓为对象，凭借主观的想象，推测其种种不轨行为，预先设计好对付的措施。律法简明则刑罚清晰，刑罚清晰则定罪公允，定罪公允则民知畏忌，像这样就足够了。

古圣先王将百姓纳入法律的规范之内，以消弭其变化无穷之奸邪不法行为，必定会以教化先行，爱护养育使他们健康成长，而不会完全依赖刑法。即使想要使法律日益详备，也会有所不采用，这并非智慧思虑欠周而有待于后人增益。后来的儒生极端憎恶社会上的罪恶，没有经过深思熟虑就趋向于申不害、韩非的法家学说。愚昧无知的百姓，只图痛快发泄一时之怨愤，称颂其揭发罪恶的英明，却不知道其行为将自受其害。唉！真是可悲啊！

本事：《资治通鉴》卷二五《汉纪十七·宣帝》，地节三年（前67）。

五　有惴惴之小心才有温温之恭德

霍光之祸，萌于骖乘。司马温公曰：“光久专大柄，不知避去。”固也。虽然，骖乘于初谒高庙之时，非归政之日也，而祸已伏。虽避去，且有疑其谖（xuān）者。而谗贼间起，同朝离贰，子弟不谨，窦融所以不免，而奚救于祸？夫骖乘之始，宣帝之疑畏，胡为而使然邪？张安世亦与于废立，而宣帝亡猜。无他，声音笑貌之间，神若相逼，而光不知，帝亦情夺意动而不知所以然也。

子夏问孝，子曰：“色难。”岂徒子之于父母哉。上之使民，朋友之相结，宾主之相酬，言未宣，事未接，而早有以移民之情。惟神与气，不可强制之俄顷而获人心者也。《诗》云：“温温恭人，惟德之基。”德之用大矣，而温恭为之基。温恭者，仁之荣也，仁荣内达而德资以行，岂浅鲜哉！子曰：“切切偲（sī）偲，怡怡如也，可谓士矣。”非便辟之谓也。其气静者，貌不期而恭；其量远者，色不期而温。善世而不伐，德博而化，宽以居之，仁以守之，学问以养之，然后和气中涵而英华外顺。呜呼！此岂霍光之所及哉！立震世之功名，以社稷为己任，恃其气以行其志，志气动而猝无以持，非必骄而神已溢，是以君子难言之也。

周公处危疑而几几，孔子事暗主而与与，则虽功覆天下，终其身以任人之社稷而固无忧。夫周、孔不可及矣，德不逮而欲庶几焉者，其在曾子之告孟敬子乎！敬其身以远暴慢，心御气而道御心。有惴惴之小心，斯有温温之恭德。虽有雄猜之主、忮害之小人，亦意消而情得。故君子所自治者身也，非色庄以求合于物也。量不弘，志不持，求不为霍光而不可得，岂易言哉！

【译文】

霍光的灾祸，萌生于他作为骖乘陪同汉宣帝即位谒见高庙之时，使得宣帝有如芒在背之感。司马光说："霍光长期地执掌大权，不知道及早功成身退以避免灾祸。"这话说得很对。尽管这样，他作为骖乘是在最初拜谒高庙之时，而不是归政之日，祸根就已经埋下了。这时即使交出权力避祸引去，也会有人怀疑他虚伪欺诈。如果谗言乘机而起，同朝的大臣乘机发难，子弟的言行又不检点，东汉开国功臣窦融尚且不免，霍光又怎么能够自救而免祸呢？在开始作为骖乘之时，汉宣帝对霍光非常疑惧，如芒在背，为什么会这样呢？张安世也曾参与废立大计，而宣帝对他毫无猜忌，而且谈笑风生。这没有别的原因，是霍光在音容笑貌之间，神色似乎有相逼迫之势，而他自己没有意识到，宣帝也情夺意动却不知其所以然。

子夏向老师请教孝道，孔子说："和颜悦色地侍奉父母是很困难的。"难道只限于子女对父母吗？君主役使百姓，朋友相互交往，宾主相互应酬，交谈、行动尚未开始，早已有了可以打动人们情感的交流了。只有神情与气色，是不可稍加强制一会儿而获得人心的。《诗经·大雅·抑》中说："温温恭人，惟德之基。"道德的用处太大啦，而温和谦恭是高尚道德的基础。温和谦恭就是仁义之花，仁义之花深达内心而道德借此以行，难道是很肤浅的吗？孔子说："相互敬重，切磋勉励，和顺相处，就可以称为士了。"他指的不是逢迎谄媚他人。神气悠闲安静的人，面貌无需刻意便显得恭敬；宽宏大量的人，颜色无需刻意便显得温和。为善于世而不自夸，德行广博而用以教化世人，以宽容居心，以仁义守道，以学问涵养自身，然后和气蕴含于心中，而英华之气自然流露于外。唉！这怎么会是霍光所能达到的境界呢？建立震动天下的功名，以江山社稷为己任，凭借自己的气势以实现自己的志向，志气已动，猝然间却没有自持的方法，并非一定要骄横但神情已不由自主地外露，因此君子对此就很难说什么了。

周公身处危疑之境却仍安详持重；孔子事奉昏君却威仪合度；这样，虽然功盖天下，可终生为国君的江山社稷出力而不会有任何忧患。周公和孔子是可望而不可即的，德行不及却想接近这种境界的，大概就蕴含于曾子劝告鲁国大夫孟敬子的话语之中了！敬重自身、修饰容貌，就可以远离凶暴和怠慢了，以心驾驭气，而以道驾驭心。有惴惴不安的小心，就会有温和的恭敬之德。即使有喜欢猜疑的君主和喜欢嫉妒、祸害他人的奸佞小人，也会心意消歇而安然自得。所以，君子需要谨持修身养心，而不是神色庄重地追求与外物相合。如果气量不够宏大，志向不够坚定，即使想不做霍光那样的人也不可能，这难道是容易做到的吗？

本事：《资治通鉴》卷二五《汉纪十七·宣帝》，地节四年（前66）。

六　流俗之惑人

流俗之毁誉，其可徇乎？赵广汉，虔矫刻核之吏也，怀私怨以杀荣畜而动摇宰相。国有此臣，以剥丧国脉而坏民风俗也，不可复救。乃下狱而吏民守阙号泣者数万人。流俗趋小喜而昧大体，蜂涌相煽以群迷，诚乱世之风哉！

小民之无知也，贫疾富，弱疾强，忌人之盈而乐其祸，古者谓之罢民。夫富且强者之不恤贫弱，而以气凌之，诚有罪矣。乃骄以横，求以忮，互相妨而相怨，其恶惟均。循吏拊其弱而教其强，勉贫者以自存，而富者之势自戢，岂无道哉？然治定俗移而民不见德。酷吏起而乐持之以示威福，鸷击富强，而贫弱不自力之罢民为之一快。广汉得是术也，任无藉之少年，遇事蜂起，敢于杀戮，以取罢民之祝颂。于是而民且以贫弱为安荣，而不知其幸灾乐祸，偷以即于疲慵，而不救其死亡。其黠者，抑习为阴憯（cǎn），伺人之过而龁啮之，相仇相杀，不至于大乱而不止。愚民何知焉！酷吏之饵，酷吏之阱也。而鼓动竞起，若恃之以为父母。非父母也，是其嗾（sǒu）以噬人之猛犬而已矣。

宣帝以刻核称，而首诛广汉刻核之吏，论者犹或冤之。甚矣流俗之惑人，千年而未已，亦至此乎！包拯用而识者忧其致乱，君子之远识，非庸人之所能测久矣。

【译文】

世俗之人的称赞和贬斥，难道可以轻易相信吗？京兆尹赵广汉是个虚伪、凶残、苛刻的官吏，为了泄私愤而制造罪名杀害了荣畜，并诬告魏相杀害奴婢来动摇丞相的地位，国家有这种臣子以伤害国脉，败坏民俗，是不可能挽救的。可是，当赵广汉被下狱后，守阙号哭的吏民有数万人。世俗之人趋向小喜而昧于大体，蜂拥煽动以致群体迷惑，实在是乱世之风啊！

小民愚昧无知，穷的憎恨富的，弱的憎恨强的，嫉妒别人的圆满而乐见他人的灾祸，古时称这种人为“罢民”，也就是不从教化、不事劳作之民。富而且强的人不知道抚恤贫弱之民，反而以气势凌辱他们，实在是有罪。至于那些骄横不法、嫉害贪求、互相妨害以致相互怨恨的人，其罪恶也是相同的。循吏爱护抚恤弱民而教化强民，鼓励穷人自强自存，而富人的气焰自然会收敛，这难道是没有适当的办法吗？然而，治安稳定、风俗改变之后，民众并不会因此感恩戴德。酷吏应时而起，他们喜欢用强硬的态度显示威福，严厉地打击豪强，贫弱懒惰的罢民为之拍手称快。赵广汉深谙此术，他任用了大批游手好闲的无赖少年，遇事蜂拥而起，敢于杀戮，以博取罢民的称颂，于是百姓将会以贫弱为安乐荣耀，而不知道他们对豪强的幸灾乐祸，将会使自己苟且偷安以至于懈怠慵懒，并不能拯救自己于水深火热之中。其中狡猾的人或许习惯于暗中害人，千方百计地刺探别人的过失，伺机告发他们，双方相互仇视、相互残杀，不酿成大乱便不会停止。愚昧的民众哪里知道，打击豪强这种手段是酷吏的诱饵，是酷吏的陷阱。可是，百姓们却受到鼓动而竞相行动起来，就像依赖其父母一样依赖这些酷吏。实质上，这些酷吏不是民众的父母，而是他们唆使的、扑上前咬人的疯狗罢了。

汉宣帝以苛刻著称，可他首先诛杀像赵广汉这样苛刻的酷吏，竟然还有评论历史的人为赵广汉喊冤。流俗迷惑人也太严重了，千年之后其影响竟然还在！宋代著名的清官包拯得到重用时，有见识的人担心他会惹出乱子，君子的远见卓识根本不是庸俗之人所能揣测到的。

本事：《资治通鉴》卷二五《汉纪十七·宣帝》，元康元年（前65）。

七　外矜廉洁而内贪荣宠

萧望之之不终也，宜哉！宣帝欲任之为宰相，而试以吏事，出为左冯翊（píng yì），遂愤然谢病，帝使金安上谕其意，乃就。望之而有耻之心也，闻安上之谕，可愧死矣。

世之衰也，名为君子者，外矜廉洁而内贪荣宠，位高则就之，位下则辞之。夫爵禄者，天之秩而人君制之者也。

恃其经术奏议之长，择尊荣以为己所固得；充此志也，临大节而不以死易生、不以贱易贵、以卫社稷也，能乎？处己卑而高视禄位，揽非所得以为己据，诚患失之鄙夫，则亦何所不可哉！其或以伉直见也，徒畏名义以气矜自雄耳，非心所固耻而不为者也。人主轻之，小人持之，而终不免于祸，不亦宜乎！武帝以此薄汲黯而终不用，黯得以令终，武帝可谓善驭矣。宣帝温谕以骄望之，非望之之福也。

【译文】

萧望之不得善终，实在是罪有应得！汉宣帝想任命他为丞相，于是先以吏治考验他，让他出任左冯翊，萧望之竟然愤怒地称病不就职。宣帝派侍中金安上去传达自己的旨意，萧望之这才就职。萧望之如果有羞耻之心，听到金安上所传达的口谕后，可以羞愧而死啦！

在国政衰微之世，名为君子的人，外矜廉洁而内贪荣宠，官位高则居之，官位低则辞之。官爵俸禄，是上天安排的秩序而为君主所控制。萧望之自恃其精通经术、擅长奏议的长处，选择尊荣之位，视之为理所当然；心怀此志，面临国家生死存亡的紧要关头，指望他们不要牺牲国家而保全自己，不要牺牲国家利益去追求高官厚禄，以此保卫江山社稷，能行吗？自己处于卑微的地位却表现得对官爵俸禄不屑一顾，把非分所得据为己有，这种人实在是患得患失的庸俗浅陋之辈，他们又有什么事做不出来呢？其间或许有表现得比较正直的，也不过是畏惧自己名誉受损而虚张声势罢了，绝不是因为本来有羞耻之心而不愿意做。君主轻视这种人，奸佞小人则利用这种人，而最终不免于祸乱，这难道不是应该的吗？汉武帝因此看不起汲黯，并终生不再重用他，汲黯于是得以善终，汉武帝可谓善于驾驭人了。汉宣帝温和地告谕而骄纵萧望之，这绝非萧望之的福音。

本事：《资治通鉴》卷二五《汉纪十七·宣帝》，元康二年（前64）。

八　张敞宅心仁厚

居心之厚薄，亦资识与力以相辅，识浅则利害之惑深，力弱则畏避之情甚。夫苟利害惑于无端而畏避已甚，则刻薄残忍加于君臣父子而不恤。

张敞，非昌邑之故臣也，宣帝有忌于昌邑，使敞觇（chān）之，敞设端以诱王，俾尽其狂愚之词，告之帝而释其忌，复授以侯封，卒以令终，敞之厚也。徐铉，李煜之大臣也，国破身降，宋太宗使觇煜，而以怨望之情告，煜以之死。铉之于煜，以视敞于昌邑，谁为当生死卫之者？而太宗之宽仁，抑不如宣帝之多猜。铉即稍示意旨，使煜逊词，而已藉以入告，夫岂必逢太宗之怒；则虽为降臣，犹有人之心焉。铉遂躬为操刃之戎首而忍之，独何心乎！无他，敞能知人臣事君之义，导主以忠厚，而明主必深谅之，其识胜也。且其于宠辱祸福之际，寡所畏忌，其力定也。而铉孱且愚，险阻至而惘所择，乃其究也，终以此见薄于太宗而不得用。小人之违心以殉物也，亦何益乎！

有见于此而持之，则虽非忠臣孝子，而名义之际，有余地而以自全。无见于此而不克自持，则君父可捐，以殉人于色笑。若铉者，责之以张敞之为而不能，况其进此者乎？故君之举臣，士之交友，识暗而力柔者，绝之可也。一旦操白刃而相向，皆此俦也。

【译文】

居心之仁厚与刻薄，也依赖于见识与力量的相辅相成，见识浅则为利害之诱惑深，力量弱则畏惧避祸之心思重。如果对利害的迷惑无穷无尽，而且畏惧避祸的心理特别严重，那么君臣、父子间便会刻薄残忍而不相顾恤。

张敞，不是昌邑王刘贺的旧臣，汉宣帝猜忌昌邑王，因而派张敞为山阳太守（昌邑王封地，刘贺被废后居此）前去试探，张敞设计诱导昌邑王，使他说尽狂妄愚蠢的话，然后向宣帝汇报，消除了宣帝的猜忌，于是又封刘贺为海昏侯，最后得以善终，这是张敞居心善良厚道的结果。徐铉，是南唐后主李煜的大臣，在国家灭亡之后投降宋朝，宋太宗赵匡义派他监视李煜，可是他却把李煜在亡国之后的愤怨之情报告给宋太宗，结果李煜因此而死。徐铉对待李煜与张敞对待昌邑王，谁更应当舍生忘死地保护自己所监视的对象呢？而宋太宗的所谓宽大仁厚，竟然还不如汉宣帝的多疑猜忌。徐铉如果稍微泄露一点皇帝的意旨，提示李煜多说恭顺谦逊的话，而自己把李煜所说的好听话上报，又怎么能触动宋太宗的龙颜之怒呢？如此则徐铉虽然身为降臣，却还有一点人心。徐铉竟然做了亲自操刀杀死自己故主的罪魁祸首而能忍心，究竟是何等居心呢？这不是因为别的，张敞能知人臣事奉君主的正道大义，引导君主待人忠厚，而圣明的君主必定能深深地体谅他，张敞的见识远胜于徐铉。而且张敞在宠辱祸福之际，很少有所畏惧顾忌，因而他心中有定力。相反，徐铉软弱而且愚蠢，遇到艰难险阻便手足无措，举棋不定，这是他有背叛旧主举动的原因，最终被宋太宗所轻视而不得重用。小人违背其心性以追求物质利益，又有什么好处呢！

有见于此而保持仁厚的居心，则即使不是忠臣孝子，而在事关名教大义的关头，自有余地以保全自己。认识不到这一点而不能自我约束，则君父皆可抛弃，以和颜悦色的态度谄媚逢迎他人。像徐铉这样的人，要求他学习张敞那样的作为尚且不可能，何况比这更进一步呢？所以君主举荐进用大臣、士人结交朋友的时候，对那些没有见识而且软弱愚蠢的人，应当一律拒之门外。有朝一日，一旦操白刃相向的，都是这种人。

本事：《资治通鉴》卷二五《汉纪十七・宣帝》，元康三年（前63）。

九　厚恤廉吏的深意

尹翁归卒，家无余财，宣帝赐其子黄金百斤以奉祭祀，于朱邑亦然，非徒其财也，荣莫至矣。故重禄者，非士所希望以报忠者也，而劝士者在此。刻画人以清节，而不恤其供祭祀、养父母、畜妻子之计。幸而得廉士也，则亦刻核寡恩、苛细以伤民气之褊夫，而流为酷吏，然且不能多得。而渔猎小民以求富者，藉口以无忌而不惭。唐、宋以前，诏禄赐予之丰，念此者至悉，犹先王之遗意也。

至于蒙古，私利而削禄，洪武之初，无能改焉。禄不给于终岁，赏不逾于百金，得百轩輗，而天下不足以治，况三百年而仅一轩輗乎？城垂陷，君垂危，而问饲猪，彼将曰救死而不赡。复奚恤哉！

【译文】

右扶风尹翁归死时，家无余财，汉宣帝赏赐给他的儿子黄金一百斤以奉祭祀，对大司农朱邑也是如此，这不仅仅是钱财的问题，而且是莫大的荣耀。所以，丰厚的俸禄并不是士人所希望的对自己一片忠心的回报，而是用以鼓励劝勉士人的有效方法。深入地渲染、刻画官员的清贫、节俭，而不考虑其供奉祭祀、赡养父母、蓄养妻子儿女的生计。幸而遇到廉洁之士，却又是苛薄寡恩、过分注重细枝末节以伤害民气的褊狭急躁之人，很容易变为酷吏。即使如此，这种人也不可多得。而盘剥百姓以求得富贵的人，肆无忌惮地寻找借口而毫不惭愧。唐、宋以前，官员的俸禄、赏赐都很丰厚，在这方面考虑得相当周到，仍然不失古圣先王的遗意。

到了元朝，因为私利而削减官员的俸禄，至明朝初年，尚不能有所改观。俸禄不能满足官员一年的生计之需，赏赐也不超过百金，即使有一百个轩輗（？—1464，明中叶著名廉吏，官至左都御史、刑部尚书），天下也不能得到很好的治理，更何况三百年才出了一个轩輗呢？城池即将失陷，国君面临险境，却还在过问禁止京师百姓养猪之事（当指元顺帝梦猪拱大都，禁止军民养猪。事见郎瑛《七修类稿》），有关官员必定会回答说："眼下想要保命都难，还管什么养猪之事呢？"对于这种君主，又有什么值得怜悯的呢？

本事：《资治通鉴》卷二五《汉纪十七·宣帝》，元康四年（前62）；卷二六《汉纪十八·宣帝》，神爵元年（前61）。

一〇 君子辞让有度

汉人学古而不得其道，矫为奇行而不经，适以丧志。若韦玄成避嗣父爵，诈为狂疾，语笑昏乱，何为者也？所贵乎道者身也，辱其身而致于狂乱，复何以载道哉！箕子之佯狂，何时也，虞仲断发文身，过矣，盖逃于句（gōu）吴而从其俗以安，非故为之也。然而亏体辱亲，且贻后嗣以僭王猾夏之巨恶矣。且古之诸侯，非汉诸侯之比也。国人戴之，诸大夫扳（pān）之，非示以必不可君，则不可得而辞也。若夫玄成者，避兄而不受爵，以义固守，请于天子，再三辞而可不相强，奚用此秽乱辱身之为以惊世哉！丞相史责之曰："古人辞让，必有文义可观，乃能垂荣于后。"摘其垂荣之私意，而勉之以文义，玄成闻此，能勿愧乎？士守不辱之节，不幸而至于死，且岳立海腾以昭天下之大义；从容辞让之事，谁为不得已者？而丧其常度，拂其恒性，亦愚矣哉！韦氏世治经术，而玄成以愚。学以启愚也，不善学者，复以益其愚；则汉人专经保残之学，陷之于寻丈之间也。

【译文】

汉朝人学习古人而不得其道，只是虚伪、矫情地做出一些荒诞不经的行为，这足以使人丧失志气。像韦玄成为了避免继承父亲的爵位，竟然装疯卖傻，言笑昏乱，何至于此呢？对于道义来说，更为宝贵的是身体，侮辱自己的身体以至于狂乱，又将用什么来承载道义呢？商朝末年的箕子装疯，那是什么时代？周太王之子虞仲断发文身，有些过了，大概是逃到句吴（诸越部落之一，吴国的前身）后，不得不接受当地风俗以便站稳脚跟，并不是故意这样做以引人注目的。可是他这样做损害了身体，辱没了父母，而且给后代留下了僭越称王、侵扰华夏的大祸。况且古代的诸侯，与汉代的诸侯是大不相同的。有国人的拥戴，诸大夫的依附支持，如果不显示确实无法做君主的根据，就不可能辞让。至于韦玄成，为了避让狱中的哥哥而不接受父亲的爵位，只要以道义自我坚守，再三向皇帝请求辞让，皇帝也不至于强迫他，何必要做这些秽乱辱身之事以惊世骇俗呢？丞相府的属吏责备他说："古代的辞让，必定有可观的文辞义理，才能以荣耀垂于后世。"这是指摘他想要名垂后世的私意，而以文辞义理相劝勉，韦玄成听到这句话，能不羞愧吗？士人坚守不可辱没的气节，即使不幸以至于死亡，也要像山岳耸立、大海翻腾那样昭示天下之正道大义。从容辞让这种事，谁是迫不得已而做的呢？然而他却丧失了自己的常度，违背了自己的恒性，也太愚蠢啦！韦家世代研习经术，而韦玄成竟如此愚蠢！学习是为了医治愚蠢，可是不善于学习的人，却越学越蠢；可见，汉朝人专治一经或几经、抱残守缺而不知变通的学问，是局限于寻（八尺）丈之间的细枝末节了。

本事：《资治通鉴》卷二五《汉纪十七·宣帝》，元康四年（前62）。

一一　良史不溢美

史称宣帝元康之世，比年丰稔，谷石五钱，而记以为瑞，盖史氏之溢辞，抑或偶一郡县粟滞不行，守令不节宣而使尔也。一夫之耕，上农夫之获，得五十石足矣。终岁勤劳而仅获二百五十钱之赀，商贾居赢，月获五万钱，而即致一万石之储，安得有农人孳（zī）孳于南亩乎？金粟之死生，民之大命也。假令农人有婚丧之事，稍费百钱，已空二十石之囷（qūn）积，一遇凶岁，其不馁死者几何邪？故善养民者，有常平之廪，有通籴（dí）之政，以权水旱，达远迩，而金粟交裕于民，厚生利用并行，而民乃以存。腐儒目不窥牖，将谓民苟得粟以饱而无不足焉；抑思无布帛以御寒，无盐酪蔬肉以侑食，无医药以养老疾，无械器以给耕炊，使汝当之，能胜任焉否邪？

【译文】

史书称汉宣帝元康年间（前65—前61），连年丰收，谷价为每石五钱，因而记载下来作为祥瑞，这很可能是史学家的溢美之词，或许是偶尔有一个郡县粮食积滞，郡守县令不设法疏导而造成的。一个人耕作，即使是优秀农夫的节余，能达到五十石就很不容易了，即终年辛劳而仅得二百五十钱的收入，可商人囤积居奇，每月能得到收入五万钱，相当于有一万石粮食的积蓄，如此怎么还会有农夫在田地里辛勤耕作呢？金钱和粮食的盈亏消长，乃是老百姓的命脉。假如农夫有婚丧之事，规模小的也要花费一百钱，这就损失了二十石的存粮，一旦遇到灾年，不被饿死的能有几个人呢？所以，善于让百姓休养生息的君主，都设有常平仓，建有通籴（即跨地区买粮）之政，以调节丰歉，通达远近，而金钱、粮食都聚积于百姓家中，使人民生活富裕和物尽其用，老百姓才能生存下去。而迂腐的儒生鼠目寸光，庸碌无知，认为百姓只要有粮食吃饱肚子就没有什么不满足的了；试想没有布帛以御寒，没有盐、酪、蔬、肉以佐食，没有医生和药品以养老治病，没有器械以供耕作与做饭，如果让你在这种环境中生活，你能够承受得了吗?

本事:《资治通鉴》卷二五《汉纪十七·宣帝》，元康四年（前62）。

一二　赵充国持重制夷

赵充国之策羌也，制狡夷初起之定算也。夷狡而初起，其锋铦（xiān）利，谋胜而不忧其败。谋胜而不忧其败，则致死而不可撄（yīng）。败之不忧，则不足以持久而易溃。其徒寡，其积不富，其党援不坚，而中国之吏士畏之不甚。是数者，利于守而不利于攻，不易之道也。

狡夷之初起亦微矣，而中国恒为之敝。有震而矜之者而人心摇，有轻而蔑之者而国谋不定。彼岂足以敝我哉?尝试与争而一不胜，则胁降我兵卒，掠夺我刍粮，阑据我险要，而彼势日猖。党而援之者，益信其必兴而交以固。盛兵以往，溃败以归，而我吏士之心，遂若疾雷之洊（jiàn）加而丧其魄。故充国持重以临之，使其贫寡之情形，灼然于吾吏士之心目，彼且求一战而不可得，地促而粮日竭，兵连而势日衰，党与疑而心日离。能用是谋而坚持之，不十年而如坚冰之自解于春日矣。

虽然，一人谋之已定，而继之者难也。夷无耻者，困则必降，降而不难于复叛。充国未老，必且有以惩艾而解散之，而辛武贤之徒不能，故羌祸不绝于汉世。然非充国也，羌之祸汉，小则为宋之元昊，大则为拓拔之六镇也，而拓拔氏以亡矣。

【译文】

赵充国所谋划的制服羌人的计策，乃是制服刚刚崛起的狡猾夷狄的定算。蛮夷狡猾而刚刚起事之时，其锋芒锐利，只谋划胜利而不考虑失败。只谋划胜利而不考虑失败，则其兵众拼死作战，锐不可当。他们不忧虑失败，则不足以持久而容易溃败。他们人数少，物质积蓄不富裕，后援也不坚挺，所以中原王朝的将士对其不甚畏惧。这几方面的因素，就决定了对付他们的策略，利于防守而不利于进攻，这是万世不变的道理。

狡猾的蛮夷初起之时也是很弱小的，而中原王朝却总是被它们拖得很疲敝。有人受到震动而夸大他们的力量，结果造成人心动摇；有人盲目地轻蔑对方，结果使得国家谋略长期不定。蛮夷难道真的有力量使中原王朝陷入疲敝吗？我方曾尝试与其争斗，一旦战争失利，对方就会迫降我兵卒，掠夺我粮草，占据我险要，其气焰越来越嚣张，活动越来越猖獗。与对方结盟而提供援助的部族，更加相信其必将兴起而关系更密切，同盟更稳固。我军重兵前往征讨，却溃败而归，于是官兵之心就像连遭迅雷袭击一样，魂飞魄散。所以，赵充国主张稳重地对付蛮夷，使其贫弱之情现形，清晰地留在我方将士的脑海里。敌方渴求一战而我方不应战，时日稍久，他们就会因为地域狭小而粮草越来越少，由于战火连绵而导致势力越来越弱，其同盟便会因为对前途产生疑虑而日益离心离德。如果能用这种计策并持之以恒，则不用十年，来自羌人的威胁就会像坚冰遇到春阳一样，在不知不觉中便消融无遗。

尽管如此，赵充国之谋策已定，而后人继续秉持这个计策是很困难的。夷人没有羞耻之心，陷入困境则必定会投降，投降后一旦得到机会便又背叛。赵充国未老时，必定会有办法为了防患于未然而解散他们，而酒泉太守辛武贤之流没有能力这样做，所以羌人之祸一直不绝于汉世。然而，如果没有赵充国，那么羌人对汉朝的祸害，小则为北宋时期的西夏元昊，大则为北魏时期的拓跋六镇，而拓跋氏最终因此灭亡。

本事：《资治通鉴》卷二六《汉纪十八·宣帝》，神爵元年（前61）。

一三　数米量盐之智自误国事

宣帝之诏充国曰："将军不念中国之费，欲以数岁而胜敌，将军，谁不乐此者？"呜呼！此鄙陋之臣以惑庸主而激无穷之害者也。幸充国之坚持而不为动，不然，汉其危矣！

为国者，外患内讧，不得已而用兵。谓之不得已，则不可得而速已矣；谓之不得已，则欲已之，亦惟以不已者已之而已矣。何也？诚不可得而已也，举四海耕三余九之积，用之一隅，民虽劳，亦不得不劳；国虽虚，亦不得不虚。鄙陋之臣，以其称盐数米于烓（wēi）厨之意计而为国谋，庸主遂信以为忧国者，而害自此生。司农怠于挽输，忌边帅之以军兴相迫，窳（yǔ）敝之有司，畏后事之责，猾胥疲民，一倡百和，鼓其欲速之辞，而害自此成。茫昧徼功之将帅，承朝廷吝惜之指，翘老成之深智沉勇以为耗国毒民，乃进荡平之速效，而害自此烈矣。

充国之至金城也，以神爵元年之六月，其振旅而旋，以二年之五月，持之一年而羌以瓦解，则所云欲以数岁而胜敌者，盖老成熟虑之辞，抑恐事不必速集，而鄙陋之庸臣且执前言以相责耳，非果有数岁之费以病国劳民，显矣。甚矣，国无老臣而庸主陋臣之自误也！惮数岁之劳，遽期事之速效，一蹶不振，数十年兵连祸结而不可解，国果虚，民果困，盗贼从中起，而遂至于亡。以田夫贩竖数米量盐之智，捐天下而陆沉之，哀哉！

【译文】

汉宣帝下诏书给赵充国说："将军不体恤国家的浩繁花费，想用数年的时间战胜敌人，作为将军，谁不乐意这样呢？"唉！这肯定是卑鄙浅陋之臣以此来迷惑昏庸之主，并激起无穷的祸害。幸而赵充国坚持己见，不为所动，不然的话，汉朝可就危险啦！

治理国家的人，面对外患与内讧，不得已才用兵。说不得已，其实是不能得以迅速平息祸乱；说不得已，就是想要停止军事行动，也只能等到尚未平息的祸乱平息的时候才可以。为什么呢？因为实在是不可得以平息。将四海之内耕作九年而留下三年节余的积蓄，全部用于一隅之地，百姓虽然辛苦，也不得不辛苦；国库虽然空虚，亦不得不空虚。卑鄙浅陋之臣，以其在厨房中称盐数米的计谋用在国家大事上，平庸的君主竟然相信他们是真正地忧国忧民，于是祸害由此产生。大司农不愿费心劳神运输军需品，因而忌恨边关将帅以战事兴起来逼迫自己，疲惫不堪的有关官员，害怕因为误期而受罚，狡猾的官吏与疲惫的百姓一唱百和，极力鼓吹其要求速战速决的言论，于是祸害由此形成。愚昧无知而想要邀功请赏的将帅，顺承朝廷想要节省费用的意旨，指责老成持重、有着深沉智慧和勇气的将领为消耗国家资财、祸害百姓的罪人，于是上书陈述及早发动攻势、速战速决的好处然后付诸行动，而祸害自此更加严重了。

赵充国是在神爵元年（前61）六月抵达金城（今甘肃兰州西北）的，其凯旋是在神爵二年的五月，坚持其战略一年时间，羌人就土崩瓦解了，可见他当初所说的计划用数年时间战胜敌人，大概只是老成谋国、深思熟虑之词，也是恐怕战事一旦不能迅速结束，则卑鄙浅薄的庸俗之臣就会以先前所说的时限为借口，大肆指责、攻击他。并非真的有数年浩繁的军费开支以病国劳民，这是很明显的。国家没有老成持重之臣时，平庸的君主和无知的大臣自误国事也太严重了！害怕数年的劳苦，就期望能够速战速决，万一天不遂人愿，军队战败一蹶不振，则数十年兵连祸结不可避免，国库果真空虚，百姓果真困顿，盗贼又乘机在国内各地蜂拥而起，于是国家便很快走向灭亡。把农夫小贩称米量盐的小聪明，用在天下大事上，结果使得国家土崩瓦解、迅速沦陷于敌手，这实在是太令人感到悲哀了！

本事：《资治通鉴》卷二六《汉纪十八·宣帝》，神爵元年（前61）。

一四　有名无实胜于无名无实

宣帝重二千石之任，而循吏有余美，龚遂、黄霸、尹翁归、赵广汉、张敞、韩延寿，皆藉藉焉。迹其治之得失，广汉、敞、霸皆任术而托迹于道。广汉、敞以虔矫任刑杀，而霸多伪饰，宽严异，而求名太急之情一也。延寿以礼让养民，庶几于君子之道，而为之已甚者亦饰也。翁归虽察，而执法不烦；龚遂虽细，而治乱以缓；较数子之间，其愈矣乎！要此数子者，唯广汉专乎俗吏之为，而得流俗之誉为最；其余皆缘饰以先王之礼教，而世儒以为汉治近古，职此由也。

夫流俗之好尚，政教相随以滥；礼文之缘饰，精意易以相蒙；两者各有小著之效，而后先王移风易俗、缘情定礼之令德，永息于天下。救之者其惟简乎！故夫子言南面临民之道，而甚重夫简；以法术之不可任，民誉之不可干，中和涵养之化不可以旦夕求也。

如广汉者，弗足道矣。继广汉而兴，为包拯、海瑞者，尤弗足道矣。至于霸、延寿、翁归，循其迹而为之，何遽不如三代？而或以侈败，或以伪讥，何为其致一时之感歆，反出广汉下乎？虽然，亡其实而犹践其迹，俾先王之显道不绝于天下，以视广汉与敞之所为，犹荑稗与五谷，不可以熟不熟计功也。褊躁以徇流俗之好恶，效在一时，而害中于人心，数百年而不复，亦烈矣哉！

【译文】

汉宣帝重视二千石（指郡守一级的官员）的职任，于是循吏的美名得以流传至今，龚遂、黄霸、尹翁归、赵广汉、张敞、韩延寿等人，都厕身于其间。考察他们为政的得失，赵广汉、张敞、黄霸都是运用权术而托名于道。赵广汉、张敞都虚伪、残暴，过分倚重刑罚杀戮，而黄霸则多虚伪矫饰之举，这些人为政虽然宽严不同，但求名之心太过急切的情形则是一样的。韩延寿以礼让来涵养百姓，接近于君子之道了，但做得过头，也是虚伪矫饰。尹翁归虽然明察，但执法不烦苛；龚遂虽然仔细，但治理乱局较为和缓。尹、龚二人与其他几位相比，难道不略胜一筹吗？在这些所谓的循吏中，赵广汉专门干俗吏所为之事，却得到世俗之人的称赞最多；其余的人都以古圣先王的礼教粉饰自己，而世俗的儒者认为汉朝的政治接近古制，就是基于这种理由。

世俗之人崇尚什么，政治教化便追随什么，以至于泛滥；礼乐仪制方面的文饰，容易使得精义被掩盖；两者各有小的显著功效，而后古圣先王移风易俗、根据情况制定礼法的美德，却永远断绝于天下了。能够挽救这种局面的办法，大概只有从简了！所以，孔子论君王治理民众之道时，非常重视简约。因为法术不可偏任，民誉不可强求，中和涵养的教化不可能在短时间内就能实现。

像赵广汉这种人，是不值得称道的。继赵广汉而起的，有包拯、海瑞等人，他们尤其不值得称道。至于黄霸、韩延寿、尹翁归等人，如果后世官吏都循着他们的足迹走下去，像他们那样行政治民，难道会不如夏、商、周三代时期吗？然而，有的人因为奢侈而失败，有的人因为虚伪而被讥讽，为什么他们赢得民众一时的感激欣喜之情，反在赵广汉之下呢？尽管如此，虽然没有理政之实而仍然可以仿效其行事，使先王明确的道义准则不至于绝灭于天下，而赵广汉和张敞的所作所为与此相比，就像是杂草与五谷相比一样，是不可以用丰收与否作为标准计量其功劳的。褊狭急躁而曲从于世俗之人的好恶，只能取得一时的功效，可毒害却深入人心，数百年也无法恢复，这种危害是非常严重的！

本事：《资治通鉴》卷二六《汉纪十八·宣帝》，神爵三年（前59）；卷二七《汉纪十九·宣帝》，神爵四年（前58）。

一五 恩谊不足以服远

萧望之曰："恩足以服孝子，谊足以动诸侯，故《春秋》大士匄（gài）之不伐丧。"遂欲辅匈奴之微弱，救其灾患，使贵中国之仁义，亦奚可哉？恩足以服孝子，非可以服夷狄者也；谊足以动诸侯，非可以动夷狄者也。梁武拯侯景于穷归，而死于台城；宋徽结女直于初起，而囚于五国。辅其弱而强之，强而弗可制也；救其患而安之，安而不可复摇也。汉之于匈奴，岂晋之于齐、均为昏姻盟会之友邦哉？望之之说《春秋》也，失之矣。

【译文】

萧望之说："恩德足以使孝子悦服，情谊足以使诸侯感动，所以，《春秋》高度称赞晋国大夫士匄不攻伐刚死了国君的齐国的做法。"于是他准备在匈奴实力微弱之时帮助他们，救济其灾患，使他们珍视中原王朝的仁义，难道可以这样吗？恩德足以使孝子悦服，并非可以使夷狄之人悦服；情谊足以使诸侯感动，并非可以使夷狄之人感动。梁武帝萧衍在侯景穷途末路时接受了他的归降，但是自己最终却被侯景困死于京师的台城；宋徽宗赵佶在女真人刚刚崛起时与之结盟，但是自己最终却被女真人俘虏，并囚禁死于五国城（今黑龙江依兰）。我们在匈奴人势力衰弱时提供援助，使之重新强盛起来，可强盛以后就无法制服了；在匈奴人遇到灾患时予以救济，使之安定下来，可安定以后就无法动摇了。汉朝与匈奴的关系难道与晋国和齐国一样，都是互通婚姻、互相盟会的友邦吗？萧望之对《春秋》的说法，是不正确的。

本事：《资治通鉴》卷二七《汉纪十九·宣帝》，五凤元年（前57）。

一六　黄霸为治道之蠹

苏威以五教督民而民怨，黄霸以兴化条奏郡国上计而民颂之。盖霸以赏诱吏，而威以罚督民，故恩怨殊焉，而其为治道之蠹，一也。耕者让畔，行者让路，道不拾遗，传记有言之以张大圣人之化者矣；而《诗》《书》所载，孔门所述，未尝及焉。故称盛治之民曰“士悫（què）女憧”，言乎其朴诚而不诡于文也。故曰：“礼不下庶人，刑不上大夫。”礼之不可望庶人，犹大夫之不待刑也。圣人之训，炳如日星矣。

孔子没，大义乖，微言绝；诸子之言，激昂好为已甚，殆犹佛、老之徒，侈功德于无边，而天地日月且为之移易也。夫圣人之化，岂期之天下哉？尧有不令之子，舜有不恭之弟，周公有不道之兄，孔子有不杇（wū）不雕之弟子，草野无知，而从容中道于道路，有是理哉？以法制之，以刑束之，以利诱之，民且涂饰以自免；是相率为伪，君子之所恶也。汉之儒者，辞淫而义诡，流及于在位，袭之以为政。霸之邪也，有自来矣。君子之道，如天地之生物，各肖其质而使安其分，斯以为尽人物之性而已矣。

【译文】

隋朝宰相苏威以五教（父义、母慈、兄友、弟恭、子孝）督责民众而遭到民众的怨恨，汉朝丞相黄霸为振兴教化让郡国上计条奏地方状况而获得民众交口称赞。大概黄霸以奖赏诱惑官吏，而苏威以惩罚督促百姓，因而恩怨虽异，但他们作为治道的蠹虫，则是一样的。耕田的人互让田界，行路的人互相让路，道不拾遗，传记中这样记载以夸张圣人的教化；而《诗经》《尚书》所载，孔门弟子所述，也不能达到这种程度。所以，称盛世之民为“士悫女憧”，指的是他们质朴诚实而不诡诈地文过饰非。所以说：“礼不下庶人，刑不上大夫。”不可以礼仪来要求庶人，就像不能以刑罚对待士大夫一样。圣人的遗训，昭然如太阳和星辰。

孔子死后，大义乖张，微言断绝；诸子百家的言论，激昂而喜好过甚，大概也与佛、道之徒相似，贪求功德无边，而天地日月也将会因此而改易。其实圣人的教化，怎么会期望能够遍及天下呢？帝尧有不肖之子，舜有不恭的弟弟，周公有不道的哥哥，孔子有朽木不可雕的弟子，出身草野的无知之人，通过“耕者让畔、行者让路、道不拾遗”就能从容不迫地达到圣人之道，有这样的道理吗？如果以法律惩治他们，以刑罚约束他们，以利益诱导他们，百姓就会文过饰非以求自免。这实质上是引导他们弄虚作假，君子憎恶这种做法。汉朝的儒生，言辞华而不实，而义理诡诈不正，其影响逐渐蔓延到高高在上的统治者，把这些学说使用于治国理政方面。黄霸的奸邪是有其由来的。君子之道，就像天地生育万物，各自据其本质而形成相应的表象，进而各安其位，这样才能尽人和物的天性。

本事：《资治通鉴》卷二七《汉纪十九·宣帝》，五凤三年（前55）。

一七　非法之难，而人之难也

耿寿昌“常平”之法，利民之善术也，后世无能行之者，宋人仿之，而遂流为“青苗”。故曰：非法之难，而人之难也。三代封建之天下，诸侯各有其国，其地狭，其民寡，其事简，则欲行“常平”之法也易。然而未尝行者，以生生之计，宽民于有余，民自得节宣焉，不必上之计之也。上计之而民视以为法；视以为法，则惮而不乐于行，而黠者又因缘假借以售其奸。故三代之制，裕民而使自为计耳。虽提封万井之国，亦不能总计数十年之丰歉而早为之制也。郡县之天下，财赋广，而五方之民情各异，其能以一切之治为治乎？

然则“常平”之制不可行与？曰：“常平”者，利民之善术，何为而不可行也？因其地，酌其民之情，良有司制之，乡之贤士大夫身任而固守之，可以百年而无弊，而非天子所可以齐一天下者也。寿昌行之而利，亦以通河东、上党、太原、弘农之粟于京师而已矣。

【译文】

大司农中丞耿寿昌设置常平仓之法，乃是有利于民的好办法，后世没有能够推行的，宋朝王安石仿效他，却演变为“青苗法”。所以说：不是法令难行，而是人难以将其付诸实践。在实行分封制的夏、商、周三代时期，诸侯各自有其国，其地盘狭小，民众不多，事情简易，因而想推行“常平”之法也很容易。然而，当时却不曾推行，这是因为民生之计，对待民众宽厚有余，则百姓可以自行调适，不必国君为他们制订具体计划。官府制订计划就会被百姓视为法律；视为法律，则有所忌惮而不乐于执行，同时狡黠之徒还会乘机借此做坏事，大肆兜售其奸邪。所以，夏、商、周三代的制度，是使民众富裕而让他们各自为计。即使是方圆万里的方国，也不能预计数十年的丰歉而提前做出计划。在郡县制时代的天下，财赋甚广，四方的民情又各不相同，难道能够只以一刀切的办法来治理吗？

既然如此，那么“常平”之法是否不可行呢？回答是：“常平”之法，乃是利民的好办法，怎么会不可行呢？如果因地制宜，顺应各地不同的民情，选择称职的官员主管，地方上贤能的士大夫以身作则，并且持之以恒，就可以保证一百年不出弊病，这不是天子所能以一刀切的办法行于天下的。耿寿昌推行常平法取得成效，也是因为他输送了河东（今山西西南部）、上党（今山西长子西）、太原、弘农（今河南灵宝）等地的粮食于京师而已。

本事：《资治通鉴》卷二七《汉纪十九・宣帝》，五凤四年（前54）。

一八　萧望之不可受托孤之重

宣帝临终，属辅政于萧望之，其后望之被谮（zèn）以死，而天下冤之。夫望之者，固所谓可小知而不可大受者也。望之于宣帝之世，建议屡矣，要皆非人之是，是人之非，矫以与人立异，得非其果得，失非其固失也。匈奴内溃，群臣议灭之，望之则曰："不当乘乱而幸灾。"呼韩邪入朝，丞相御史欲位之王侯之下，望之则曰："待以不臣，谦亨之福。"韩延寿良吏也，忌其名而讦其小过以陷之死。丙吉贤相也，则倨慢无礼而以老侮之。且不但已也，出补平原太守，则自陈而请留；试之左冯翊，则谢病而不赴。迹其所为，盖揽权自居，翘人过以必伸，激水火于廷，而怙位以自尊者也。若此者，其怀禄不舍之情，早为小人之所挟持；而拂众矫名，抑为君子所不信。身之不保，而安能保六尺之孤哉！见善若惊，见不善如仇，君子犹谓其量之有涯而不可以任大；况其所谓善者不必善，所谓不善者非不善乎！

宣帝之任之也，将以其经术与？挟经术而行其偏矫之情，以王安石之廉介而祸及天下，而望之益以侈；抑以其议论与？则华而不实，辩而窒，固君子之所恶也。主父偃、徐乐岂无议论之近正，而望之抑奚以异？盖宣帝之为君也，恃才而喜自用，乐闻人过以示察者也，故于望之有臭味之合焉。以私好而托家国之大，其不倾者鲜矣。

【译文】

汉宣帝临终，将托孤辅政之任授予萧望之，后来萧望之被诬害而死，天下人都认为他很冤枉。萧望之，本来就是所谓的有小智慧却不能够委以重任的人。萧望之在宣帝时代，多次向皇帝建议，基本上都是以别人的是为非，以别人的非为是，强词夺理地标新立异，他的所得不是其果真应得，所失不是其固然应失。匈奴发生内讧，汉朝的群臣建议乘此良机攻灭匈奴，可萧望之却说：“不应当乘人之乱而幸灾乐祸。”呼韩邪单于投降后入朝晋见，丞相和御史大夫准备把呼韩邪的班次排在王侯以下，萧望之却说：“不把他作为一个臣子对待，乃是谦德之福，无所不通。”韩延寿是个贤能的官吏，萧望之却忌惮他的名声，纠其小过失而陷害其致死。丙吉也是一代贤相，可萧望之却对他傲慢无礼，欺侮他年迈。不仅如此，朝廷要萧望之出京补任平原太守，他却自己陈情要求留任；让他到左冯翊任职历练吏事，他却称病而不赴任。从其所作所为可以看出，萧望之这个人喜欢揽权自居，对别人的过失穷究不舍，又喜欢在朝廷里激起水火不相容之势，自己则坐山观虎斗，凭借尊贵的地位作威作福。像这样，他的贪恋俸禄权位、依依不舍之情，早已被小人所挟持；而他违背众意，沽名钓誉，则更为君子所不信服。他自身尚且不能保全，又怎么能保全尚未成年的皇帝呢！看见好人好事就会受到震动，看见坏人坏事就像面对仇敌一样，君子尚且认为其气量有限而不可承担大任，何况萧望之所说的好不一定是好，所说的不好不一定是不好呢！

汉宣帝重用萧望之，是因为看中他的经术吗？如果凭借术而行其偏激造作之情，像王安石那样廉洁正直的人尚且祸及天下，何况萧望之这样荒淫奢侈之人呢！或许汉宣帝是看中了萧望之的议论吧？可萧望之的言论华而不实，雄辩而不通顺，本来就是君子所厌恶的。主父偃、徐乐等难道没有冠冕堂皇、貌似义正词严的议论吗？萧望之与他们有什么区别呢？大概汉宣帝作为一个君主，恃才傲物，刚愎自用，喜欢听别人的过失以显示自己的明察秋毫，因而很宠爱萧望之，两人实际上是臭味相投。因为个人的喜好而把身家性命和江山社稷这样的大事，轻率地托付给别人，很少有不覆亡的。

本事：《资治通鉴》卷二七《汉纪十九·宣帝》，黄龙元年（前49）。

元帝

一　朋党之祸的肇始

朋党之兴，始于元帝之世，流风所染，千载不息，士得虚名获实祸，而国受其败，可哀也夫！萧望之、周堪、张猛、刘更生，固雅意欲为君子者也。其攻史高、弘恭、石显，以弼主于正，固君子之道也。夫君子者，岂徒由其道而遂以胜天下之邪哉？君子所秉以匡君而靖国者，蹇蹇之躬，可生可死，可贵可贱，可行非常之事，可定众论之归，而不倚人以为援。若夫进贤以卫主，而公其善于天下，则进之在己，而举错一归之君。且必待之身安交定之余，而不急试之危疑之日。然且避其名而弗居，以使贤士大夫感知遇于吾君，而勉思报礼。身已安，交已定，道已行，小人已远，则善士之进，自拔以其汇，而不肖者不敢饰说以干。于身为君子，于国为大臣，恃此道也。

今萧、周二子者，奉遗诏，秉国政，辅柔弱之主，甫期年耳。元帝浮慕之而未尝知之。使二子果以抑群小、清政本为远图，身任之，以死继之，其孰敢不震叠焉？乃其所为有异是者，郑朋欲附之，望之受之，周堪听之，华龙闻其风而欲附焉。□□□□□□□□□□□□□□□□而杨兴、诸葛丰之徒，皆仰望而欲攀倚。以此思之，则此数子者，必县朝廷之禄位以引躁进喜事之人，而望其援，讼其直以击恭、显。身为大臣，国是不决，乃借资于浮薄之徒，或激或叛，以成不可解之祸。呜呼！四子者，果捐躯以报上，独立不惧，而奚以此闻声附和之宵人为哉？县汲引以诱人，利则从，害则叛，固其常也。况乎风相煽，讹相传，一时之气焰，小民之视听且骇，而况孱主孤立于群小之间乎！

故朋党之兴，必有败类以相附，而贻小人之口实。使为君子者，远爵赏之权，泯交游之迹，不歆便佞之推戴，不假新进以攻排，无瑕可求，孤立自任，则败类恶得而乘之？狄仁杰且以制诸武之凶，李沆终不受梅询、曾致尧之惑，大臣之道，当如此矣。四子而能然也，元帝虽孱，恭、显虽横，亦孰与相激，而令宣帝之业隳于一朝乎？

申屠嘉之困邓通，困之而已；韩魏公之逐内竖，逐之而已；何所藉于群不逞而为之羽翼？司马温公任二苏以抑王安石，而秦观、张耒以狭邪匪人缘之，以忝清流之选，故终绌于绍述之党。杨、左广结台谏以抗魏忠贤，而汪文言以无赖赀郎窃附以召祸。浮薄之徒，一得当于君子，而使酒狂歌、呼卢谑傲以嗣萧艾兰茝（chǎi）之音，其气膻，其焰绿。为君子者，可勿豫戒之哉！

【译文】

朋党的兴起，始于汉元帝时代（前48—前33），其流毒蔓延，千年不息，士人得虚名而受实祸，而国家因此遭受重大损失，太可悲了！萧望之、周堪、张猛、刘向（本名更生，字子政）等人，本来是有雅意想做君子的。他们攻击史高、弘恭、石显等奸臣，以便把君主引向正路，纠正其过失，这当然是君子之道。君子，难道仅仅凭其君子之道便能战胜天下的邪恶势力吗？君子所倚仗以匡正君主、安定国家的，是刚正忠直的为人，绝不阿谀奉承，可生可死，可贵可贱，可做非常的事，可定众论的归向，而不依赖别人并把其作为内援。至于引荐贤才以拱卫君主，而把他的好处公开于天下，则是把举荐贤人之事归于自己，而把决定任用权都归于君主。而且必定要等到他们身安、交定之余，而不急于在危急、忧疑之际加以考察。不仅如此，君子还要避开引荐贤才之名而不居其功，以便使贤士大夫感念君主的知遇之恩，从而自我勉励想要报答君主的礼遇。这样，自身已安，交情已定，正道已行，小人已被疏远，则贤能之士的进用，自然是从士人中选拔最优秀的，不肖之徒当然不敢粉饰言论以求得。对自身来说是君子，对国家来说是大臣，能够做到两不误，依赖的就是此种办法。

萧望之、周堪二人，奉宣帝的遗诏，执掌国家政权，辅佐柔弱的新君元帝，才刚满一年。汉元帝只是仰慕他们的虚名而未曾了解他们。假如这两个人果真以抑制一众奸佞小人、清理为政之本作为长远目标，以身担当重任，不惜一死继承先王事业，难道会有人不感到震动、恐惧吗？可是，他们的所作所为却与此不同，郑朋想依附他们，萧望之接受，周堪听任，于是华龙闻风而想依附。……而杨兴、诸葛丰之徒，都仰望而想攀倚他们。由此想来，则萧、周、张、刘等人，必定是以朝廷的俸禄、官位吸引急功躁进、喜欢生事之人，希望得到他们的援助，让他们上书称颂自己的正直以攻弘恭、石显。萧望之等身为大臣，不关心国家大事的决策，却借助于浅薄无知之徒，结果这些人有的被激反，有的主动背叛，从而造成不可纾解之祸。唉！这四位，如果真的甘愿捐躯以报答国君，正道直行，无所畏惧，要这些随声附和的小人有什么用呢？以高官厚爵引诱来的人，有利则亲附之，有害则叛离之，从来都是这样。况且，不正之风相互煽惑，谣言广为传播，一时间气焰之嚣张，普通民众看到听到都觉得惊骇，何况孱弱的君主孤立于群小之中呢！

所以朋党的兴起，必定有败类相互附和，因而给小人留下了口实。假如作君子的人，远离爵赏之权，杜绝朋党交游之风，不喜欢小人们的推戴，不假借新进之人攻击对手，无瑕可求，孤立自任，则败类怎么能有机可乘呢？唐朝名相狄仁杰尚且凭此制伏了强大而凶残的武氏势力，北宋名相李沆最终也不受梅询、曾致尧的蛊惑，为大臣之道，应当如此。萧、周、张、刘四人如果能够这样，汉元帝即使孱弱，弘恭、石显就算强横，又有谁能与之相对抗，怎么会使宣帝之业毁于一旦呢？

西汉丞相申屠嘉困辱斥责汉文帝宠臣邓通，也只是召他到相府羞辱责备他罢了；北宋宰相韩琦（封魏国公）驱逐宦官廖浩然，也只是驱逐罢了。他们哪里需要借助那些心怀不满闹事捣乱的人并将之收为朋党羽翼呢？司马光重用苏轼兄弟以压抑王安石，而秦观、张耒两位行为狭邪不端之人依附他们，从而跻身于清流之列，所以最终在宋哲宗绍圣绍述中被作为旧党罢黜。明末东林党杨涟、左光斗广结台谏官员以对抗阉党魏忠贤，而汪文言作为无赖出身、纳赀捐官的人悄悄地依附他们从而招来了灾祸。轻浮浅薄之徒，一旦得到君子的赏识与提拔，就会用纵酒狂歌、赌博游乐、自高自大来接续君子的忧国忧民之心，他们的行事作风让人厌恶，他们的气焰嚣张。作为君子，能不预先加以警戒吗？

本事：《资治通鉴》卷二八《汉纪二十·元帝》，初元元年（前48）。

二　四科销天下之气节

元帝诏四科举士，即以此第郎官之殿最，一曰质朴，二曰敦厚，三曰逊让，四曰有行。盖孱主佞臣惩萧、周、张、刘之骨鲠，而以柔惰销天下之气节也。自是以后，汉无刚正之士，遂举社稷以奉人，而自诩其敦厚朴让之多福。宣帝曰："乱我国家者，必太子也。"其言验矣。

虽然，有自来矣。极重必反者，势也。文、景、武、昭之世，贤不肖杂进，而质朴未亡，君子无赫赫之名，而小人亦无难见之恶。气矜如汲黯，名胜如贾谊，人主甚器其材，而终不显。至于逞风采以徼人主之知，动天下之色，如主父偃、徐乐、终军、东方朔，以洎（jì）刑名聚敛之臣，皆旋用而旋弃。迨宣帝切于求治，以文法为尚，而天下翕然从之。于是而沽名炫直之士，矫为人所不能以自旌，气焰足以凌人主，而人主厌其苛核，非但贵戚宦寺之疾之也。魏相以之赤霍氏之族，萧望之以之持丙吉之短，张敞以之攻黄霸之私，势已成乎极重，则其反而相奖以诡随也，天下且乐其易与，而况乎人主之与戚宦哉？

屈伸之理，一彼一此；情伪之迁，一虚一盈。故人主驭天下之人材，不轻示人以好恶而酌道之平，诚慎之也。畏其流而尤畏其反也。

【译文】

汉元帝下诏以四科选举士人，即以此四科来评定郎官的等第、名次。第一是质朴，第二是敦厚，第三是谦逊礼让，第四是有德行。这大概是孱弱的君主、奸邪的臣子鉴于萧望之、周堪、张猛、刘更生等人的耿直和忠贞，而以此柔弱怠惰之情来消磨天下人的气节。从此以后，汉朝没有刚正之士，于是将江山社稷拱手奉送给别人，却还自诩其温柔敦厚、质朴逊让的多福。汉宣帝说："乱我国家的人，必定是太子。"他的话应验了。

尽管如此，这种局面还是渊源有自的。物极必反，乃是势所自然的规律。文帝、景帝、武帝、昭帝时期，贤才和不肖之徒交杂进用，而质朴之风还没有消亡，君子没有赫赫的名声，小人也没有难见的罪恶。自矜气节的如汲黯，名扬天下的如贾谊，君主都很看重他们的才干，但最终也没有予以重用。至于逞其风度文采以求君主赏识，倾动天下的，如主父偃、徐乐、终军、东方朔等，以至于擅长刑名法术、聚敛财富的大臣，都是刚开始被重用不久便被抛弃。等到汉宣帝时，急于求治，崇尚法令条文，于是天下人纷起响应。在这种情况下，沽名钓誉、自炫其直的士人，虚伪地做一些别人所不能做的事情来显示自己，其气焰足以凌驾于君主之上，而君主厌其苛刻，并非只有贵戚宦官嫉恨他们。魏相因此诛灭了霍氏家族，萧望之因此攻击丙吉的短处，张敞因此揭发黄霸的徇私，这种形势已经发展到了极为严重的程度，于是他们反而争先恐后地肆行虚伪欺诈，天下人尚且喜欢其容易接近，何况君主与贵戚、宦官呢？

进退之间的道理，要随时间、形势变化而变化；真假虚实之间的转变，关系到国家的兴衰成败。所以，君主驾驭天下的人才时，不轻易向别人表示自己的好恶，而是努力斟酌治道的持平原则，真正做到谨慎从事。因为畏惧其泛滥，更畏惧其走向反面。

本事：《资治通鉴》卷二八《汉纪二十・元帝》，永光元年（前43）。

三　异求而同功

赵充国持重以破羌，功莫盛矣，二十余年而羌人复反，吾故曰：难乎其为继也。当充国时，求战不得，坐而自困之羌，心灰而不敢竞者阅二十年，而皆已衰老。后起之胡雏，未尝躬受挫抑，将曰：汉但能自守，而不能有加于我，前人无能为而受其困，我别有以制汉而汉穷矣。藉令充国未老，天子终以西事任之，抑必有锐师以继之于挫折之余，而辛武贤之徒弗能也。外忌充国之功，而内实私幸之以偷安。故冯奉世曰："守战之备，久废不简，夷狄有轻边吏之心。彡（xiǎn）姐骄狂而骤起，实有由来矣。"于是而奉世决于进讨，功不可泯；韦玄成、郑弘之固陋，罪抑不可掩矣。

羌之初起也，持重以困之而自敝，万全之道也。过此而彡姐踵乱，非先零比矣。一起一败而不能无疑畏焉。已烬之灶，狂焰一熺（xī）而膏不给，胜则前，败则降，习先零故事，而无致死之心，是其必当剿除也明甚。故奉世决于大举，合六万人以捣之于初起，盖与充国之策异术而同功。奉世不可师充国之守，充国不可用奉世之攻，因时度敌而善其操纵，其道一也。

夫羌地亘河、湟，南接秦、陇，于长安为肘腋；力虽小而骄之则大，种虽散而使之相并则合；使其得志以逞，非但唐之回纥、宋之元昊已也。迨乎东汉，幸而都洛耳；使都长安，庸臣师玄成、郑弘之说，茸阘（tà）以召侮，羌且逼王畿城下而莫惩，汉其亡于羌乎！奉世翦之于始，张奂、段颎夷灭之于后，羌乃不能为中国腹心之患。其后虽姚弋仲之桀雄，不乘刘、石之余而不敢起。垂至于今二千年，秦、陇、河、岷、阶、文之间，岩险瓯脱而防闲不设，则二汉之猷远矣。冯奉世首建大议以申天讨，善体充国之意而通其变，民到于今受其赐，非玄成等偷安一时之所能知也。

【译文】

赵充国老成持重，稳扎稳打，从而打败了羌人，功德无量，二十年后羌人又反叛了，所以我说：开创局面并不太难，难的是继承前人方略，长期保持这种有利局面。在赵充国所处的时代，求战不得、坐而自困的羌人，心灰意冷，不敢与汉朝相抗达二十余年，而今都已衰老了。后起的新一代胡人，未曾亲受挫折，将会说：汉朝只能自守，而不能进攻我们，前人没有本事以致受困，现在我们有好办法制伏汉人，汉人必定势穷力竭。假使赵充国未老，天子也始终把西边的事交给他负责，他在挫败敌军之后也必须有精锐的军队以维系这种局面，而辛武贤之流是无能为力的。辛武贤等人对外嫉妒赵充国的功绩，而内心实际上想图侥幸以苟且偷安。所以冯奉世说："守战之备，已经长期废弛，无人督催，夷狄之人竟有轻视我边疆官员之心。彡姐（西北羌族的一支）骄狂而骤然崛起，实际上是有缘由的。"于是冯奉世决定发兵进讨，其功劳不可泯灭；韦玄成、郑弘浅薄无知，其罪过也不可掩饰。

在羌人刚刚崛起之时，我们稳扎稳打，步步为营，天长日久敌人自然会内外交困，疲敝不堪，这乃是万全之策。

经过此事后，乡姐羌接连武装反抗汉朝，形势与先零大为不同。羌人一起一败，不可能不产生疑虑、畏惧心理。羌人就像是一盏已经燃尽油的灯，狂乱的火焰一闪便没有油脂了，他们取胜则向前冲，失败则投降，效法先零以前的做法，而无拼死作战的决心，因此必须剿灭他们，这是显而易见的。所以，冯奉世决定大举进攻，在对方初起之时集合六万人的兵力直捣其巢穴，这与赵充国的策略方法不同但效果其实是一样的。冯奉世不可效法赵充国的坚守战略，赵充国不可使用冯奉世的进攻战略，因时制宜、相度敌情而随机应变、善加指挥，最终克敌制胜，其道理是一样的。

羌人所盘踞的地区横跨黄河、湟水，南接秦岭、陇山，对京师长安（今陕西西安）来说乃是肘腋之地；他们的势力虽小，但是如果放纵他们，就会日益强大；他们的部族虽然分散，但是如果听任其互相兼并，他们就会联合起来；如果他们志得意满，肆无忌惮，其对中原王朝的威胁就不是唐朝的回纥、宋朝的元昊所能比拟的了。到了东汉时期，幸而建都于洛阳；假如都城建在长安，平庸之臣承袭韦玄成、郑弘的说法，委曲求全以招致侮辱，羌人必将逼近王畿城下而无人能够阻拦，汉朝大概就要被羌人所灭了吧！冯奉世在羌人刚刚崛起之时就剿灭他们，张奂、段颎后来又消灭他们，羌人才没能成为中原王朝的心腹之患。到了十六国时期，羌族首领姚弋仲虽然是一代豪杰，具有雄才大略，但是如果不乘刘渊、石勒大败之余也不敢举事。发展到今天差不多已经二千年，秦州（今甘肃天水）、陇州

（今陕西陇县）、河州（今甘肃临夏）、岷州（今甘肃岷县）、阶州（今甘肃武都）、文州（今甘肃文县西）之间，要道关塞都不设防务，则两汉时代的谋略是够长远的。冯奉世首先建议征讨羌人，善于体会赵充国的意图并能融会贯通、随机应变，直到今天老百姓仍然蒙受他的恩荫，他的深谋远虑和良苦用心，绝不是韦玄成等偷安于一时的人所能懂得的。

本事：《资治通鉴》卷二八《汉纪二十·元帝》，永光二年（前42）。

四　正家而天下定

贡禹、匡衡之言，其不醇者盖亦鲜矣。禹曰：“天生圣人，盖为万民，非自娱乐而已。”衡曰：“天人之际，精祲（jìn）有以相荡，善恶有以相推，宜省靡丽、考制度、近忠正、远巧佞，以崇至仁。”又曰：“聪明疏通者，戒于太察；寡闻少见者，戒于壅蔽；勇猛刚强者，戒于太暴；仁爱温良者，戒于无断；湛静安舒者，戒于后时；广心浩大者，戒于遗忘。”又曰：“婚姻之礼正，然后品物遂而天命正，孔子论《诗》以《关雎》为始，此纲纪之首、王教之端也。”又曰：“圣人动静游燕所亲，物得其序。”又曰：“佞巧之奸，因时而动，圣人慎防其端，禁于未然，不以私恩害公义。”又曰：“正家而天下定矣。”读其文，绎其义，想见其学，非公孙弘、兒宽之剿旧闻而无心得者所及；亦且非韦玄成、薛广德之择焉而不精者所可与匹俦也。

论者谓元帝柔而少断，禹与衡不以为言，而但就帝之长，孜孜以恭谨节俭相奖，为禹、衡之罪，过矣。元帝所以优游不断者，惟其心之不清，几之不慎，而中不适有主也。则其所为恭谨节俭，亦唯其名而无其实。天子之尊富，即省之又省，而以溺其志者尚多。燕闲游息之下，史高、石显岂无导侈之为？而特未显耳。不然，何知其邪而不能去乎？由是言之，使无禹、衡之正，称《诗》《礼》精严之旨以防其流，则以帝之柔而益以骄淫，安所得十六年之安，内无寇攘，而外收绝域之功乎？

君子出所学以事主，与激于时事之非而强谏之臣异。以谏为道者，攻时之弊，而不恤矫枉之偏。以学事主者，规之于中正之常经，则可正本以达其义类，而裁成刚柔一偏之病；主即不悟，犹可以保其大纲而不乱。故以孔子之圣，告荏弱之哀公，唯规之以人道政本之大端，而不屑取奔越之祸豫为之防。夫岂不达于时变哉？以道豫立而变自消也。且衡之言曰："近忠正，远邪佞，寡闻少见者戒于壅蔽，仁爱温良者戒于无断。"固已尽元帝之所短，而特不为矫枉之论，导之鸷击耳。夫可喻者，则微言而喻矣；不可喻者，则痛哭流涕以谈而固不喻也。是以君子之言，有体有要，而不诡于大常；补偏救弊之术，二子有所不尚，夫亦犹行君子道乎！

论者徒见萧望之、周堪之死不以罪，咎元帝而因以咎禹、衡。乃石显之奸恶不及于天下，而海内晏安，则儒者雍容涵养之功，亦岂可诬哉？汉之中亡也，成、哀之奢纵成之，非元帝优柔致之也。又奚可以张禹、孔光之罪罪二子也！

【译文】

出身经学家的御史大夫贡禹和丞相匡衡的言论，其中不纯正的成分大概是很少的。贡禹说："天生圣人，是为了天下万民，而不是为了自己娱乐而已。"匡衡说："在人与自然界之间，阴阳灾害之气互相感应，善恶可以互相衍化，应当减少浪费，完善制度，亲近忠臣，疏远小人，崇尚至仁的境界。"又说，"聪明通达的人，应当防止过分明察；孤陋寡闻的人，应当防止被人蒙蔽；勇猛刚强的人，应当防止太过残暴；仁爱温良的人，应当防止优柔寡断；恬静安舒的人，应当防止错过时机；心胸宽广的人，应当防止遗忘大事。"又说，"婚姻之礼确定之后，才可以成就万物，从而保全天命。孔子整理《诗经》从《关雎》开篇，因为这是纲纪的首务、帝王教化的开端。"又说，"圣人动静、游乐、宴飨所用的东西，各得其所。"又说，"奸佞乖巧之徒，因时而动，圣人谨慎地防止其发端，禁绝灾患于未然，绝不因为私恩而有害公义。"又说，"治理好家庭，然后天下就可以稳定。"读他们的文章，理解其中的大义，可以想见，其学说绝不是抄袭旧闻而无心得体会的公孙弘、兒宽之流所可比拟的；更不是虽有选择却不精深的韦玄成、薛广德等人所可匹敌的。

评论的人认为汉元帝优柔寡断，贡禹与匡衡却不为此进言劝谏，只是就元帝的长处，不遗余力地称赞他恭谨节俭，于是认定贡禹与匡衡罪过就在于此，实际上，这种责难是不正确的。汉元帝之所以优柔寡断，只是因为他心里不清净，处理政事不够谨慎，因而心中没有主见。他所表现的恭谨节俭，也唯有其名而无其实。天子至高无上，富有四海，即使节省了又节省，可能让他沉湎而丧志的事物尚有许多。安闲地游玩休憩之际，史高、石显难道会没有引导皇帝奢侈放纵的行为？只不过是不太严重罢了。不然的话，为什么知道他们的奸邪行为而不除掉他们呢？由此说来，如果没有贡禹、匡衡的正道，大力称赞《诗经》《礼记》精严的旨趣以防范其泛滥，那么以元帝的优柔寡断再加上骄奢淫逸，怎么能得到十六年平安无事，内无寇盗之患，而外收绝域之功的局面呢？

君子以所学的知识事奉君主，与激于时事之非而强行进谏的臣子不同。以进谏为事君之道的人，为了攻击时弊，甚至不惜矫枉过正。以学问事奉君主的人，用大中至正的常道来规劝君主，就可以匡正根本以达其适当纯善的境界，教育使之改正刚柔偏颇的弊病。君主即使不醒悟，尚可以保其大纲而不乱。所以，以孔子之圣明，在告诫软弱的鲁哀公时，也只是以人道、为政之根本的大端规劝他，而不屑于拿他三桓之乱奔逃至越国之祸来说事以预作防范。他难道不通达时变吗？只是因为预先确立道义而变故就可以自然消除了。况且匡衡曾说过：“亲近忠臣，疏远小人，孤陋寡闻的人防止被人蒙蔽，仁爱温良的人防止优柔寡断。”本来已经概括尽了汉元帝的缺点，而只是不说矫枉过正的话，以免致使他猛烈反击。可以理喻的人，则稍微一点就明白了；如果是不可理喻的人，则即使痛哭流涕地劝说，他也永远不会明白。所以，君子之言，既有大体，也有纲要，而不诡于常道；补偏救弊之术，贡禹、匡衡二人不太重视，他们所行也是君子之道！

评论的人只看到萧望之、周堪二人不是因罪而死，于是便归咎于元帝，同时也因此指责贡禹、匡衡。至于石显的奸恶没有影响到天下，而海内安然无事，则儒者的雍容涵养之功，难道也可以诬蔑吗？汉朝中道而亡，是成帝和哀帝的骄奢放纵所造成的，而不是汉元帝的优柔寡断所导致的。难道还能以丞相张禹、孔光在任期间纵容王氏外戚势力强大进而篡夺汉室江山的罪过来怪罪贡禹、匡衡二人吗？

本事：《资治通鉴》卷二八《汉纪二十・元帝》，初元元年（前48）、永光二年（前42）；卷二九《汉纪二十一・元帝》，永光五年（前39）。

五　焦氏、京氏易学妖妄

邪说行于天下，必托于君子之道。释氏之言心性，亦君子之言也；老氏之言道德，亦君子之言也；天下以其为君子之雅言，遂谓其有当于治与道而信之。故六经之支说，皆以破道而有余，焦延寿、京房之于《易》是已。

《易》《乾》《坤》之策三百六十，当期之日，取其象之一端大略而言也。《屯》《蒙》以下之策，老少杂而非三百六十者多矣。期之日三百六十有五而有余分，不尽如《乾》《坤》之策也。圣人观天地人物之变而达其会通，以为是肖其大纲耳；亦犹二篇之策万一千五百二十以象万物，而物固不可以万计也。故曰："神无方而《易》无体"；"周流六虚，不可为典要。"二子者，乃欲限六十四卦之爻以各当一日，无以处余四卦，不得已而以《震》《兑》《坎》《离》居分、至之位。则不知二分二至在六十卦之外而为之纲维邪？抑二分二至一日而二卦以异于余卦邪？东《震》、西《兑》、南《离》、北《坎》者，位也；二分二至之日，时也。时经而位纬，二子取而错乱之也何居？故延寿者，筵史日者之流，以小术测阴阳之迹，似不足以知天化而叙治理。房是之学，乃敢以与人宗社哉？

其为术也，立典要以为方体，于是而有八宫世应之说。抑自《乾》至《剥》而穷，又不得已而措《晋》《大有》于其末。垂至于今，鬻技之卜师，相因以断吉凶之大故，而不能明言其所以然之理，徒以惑民而徼幸。然则延寿与房，虽欲辞为妖妄之魁也而不得。何也？非天理之自然，则皆妖也。房以是欲与石显、五鹿充宗竞贞邪于天人之际，吾未见妖之足胜邪也。邪者获罪于人，妖者获罪于天，妖尤烈矣。

或曰：房之按日以候气，分卦以征事，所言者亦与当时之得失祸福合，何也？曰：石显之邪，而君德以昏，国是以乱，众耳众目具知之矣。事既已然，取而求其所以然者，而实固非也。势已成，形已见，谓天之象数亦然，亦恶从而辨之？故日月之有灾眚（shěng），岁时之有水旱，禽虫草木之有妖孽（niè），人民之有疴沴，山川之有崩沸，吾知其不祥；而有国者弗可不恐惧以修省耳。铢累而分之，刻画而求之，幸而弋获之妖人，以是取显名、致厚利而惑天下；《王制》所谓："假于鬼神时日卜筮以疑众，杀。"其宜膺天刑久矣。房乃挟此以与邪臣竞，自杀其躯而邪益张，宜矣哉！何也？托君子之道，诬圣人之教，矫造化之神，三者皆获罪于天而不可逭者也。

【译文】

异端邪说在天下传播，必定要假托君子之道。佛教谈论心性，也是君子之言；道教谈论道德，也是君子之言；天下人以为它们是君子的雅言，对治国和道德必定会有好处，于是就相信了。所以，"六经"的旁支学说，都是用来破坏正道而有余，焦延寿、京房关于《周易》的学说正是这样。

《周易》中《乾》《坤》二卦的策数为三百六十，相当于一年的天数，这是取其卦象的一方面粗略而言。《屯》《蒙》二卦以下各卦的策数，由于卦爻的多少、阴阳相杂，不比《乾》《坤》的纯卦，因而策数不是三百六十的有很多。一年的天数是三百六十五天，还有余头，不完全与

《乾》《坤》的策数相同。圣人观察天地万物之变而达到融会贯通，认为这只是模仿其大纲而已，就像阴卦和阳卦的总策数为一万一千五百二十，象征着万事万物，而事物本来就不是以万为单位所能计算得了的。所以说："宇宙的奥秘不拘泥于一方，而《易经》的变化不定于一体。""易经的表现形式变化多端，充满整个宇宙，不可视为恒定不变的准则。"焦延寿和京房二人，竟然想限定六十四卦之卦爻以各相当于一天，每卦六爻，六十卦即为三百六十天，相当于一年，还有四卦是多余的，无法安置，迫不得已，他们只好以《震》《兑》《坎》《离》四卦分居于二分（即春分与秋分）、二至（即夏至与冬至）的位置上。如此则不知二分二至在六十卦以外而作为它们的纲领呢，或者是二分二至一日二卦而有异于其他卦呢？东方《震》、西方《兑》、南方《离》、北方《坎》，指的是方位；二分二至的日子，指的是时间。以时间为经，以方位为纬，焦延寿与京房把它们拿来弄得一塌糊涂是干什么呢？所以，焦延寿只是掌管占卦或以占候卜筮为业者之流，以小伎俩来测阴阳变化的迹象，似乎不足以知晓上天之变化而叙论治国之道。京房研究这种学问，竟敢凭此参与决断国家大事？

焦延寿与京房的学术，是树立恒定的准则以为方体（即上文所谓"神五方而易无体"），于是乎有了八宫世应之说（京房认为：八个纯卦各领一宫，每宫八个卦象，每卦都有一个世爻、一个应爻，以此解卦占卜）。大概从《乾》到《剥》已经达到尽头，实在不得已只好强行把

《晋》《大有》排在最后。流传到今天，靠鬻技为生的算卦先生，世代相因袭，以此法判断吉凶，却不能说清楚其所以然的道理，只不过是以此迷惑百姓而希图侥幸罢了。既然这样，那么焦延寿与京房，即使不想做妖妄之魁首也不可能。为什么呢？因为若不是天理之自然，则都是妖言。京房凭借这种学说想与石显及五鹿充宗竞争正邪于天人之际，我看不出妖一定能够战胜邪。邪者获罪于人，妖者获罪于天，妖的危害尤甚。

有人说：京房按日期来占验节气的变化，分卦来验证不同的事象，所得出的结论也和当时的得失祸福相吻合，这是为什么呢？回答是：石显极为奸邪，君德因此而昏暗，国事因此而混乱，乃是众所周知的。事情既然已经发生，拿来求其会发生的缘由，事实上京房并不能预言得失祸福。在大势已形成、迹象已显现的情况下，说天的象数也是这样，又怎么能够分辨得清楚呢？所以，日月有灾异，年景有水旱，禽虫草木有妖怪，人民有病害，山川有崩塌、奔沸之灾害，我知道这些是不吉祥的；而统治国家的君主不能不诚惶诚恐地反省自己，以便尽快改正错误。寸积铢累地加以分析，蓄意雕饰地加以求索，侥幸达到目的的妖人，以此取得显赫的名声，获取丰厚的利润，从而迷惑天下人；《礼记·王制》说："假借鬼神、时日、卜筮之说以迷惑民众的人，一律处死。"他们早就应该受到上天的刑罚了。京房心怀此术与奸佞之臣竞争，自取杀身之祸而奸佞之臣势力更加嚣张，这是必然的趋势！为什么呢？因为他托名君子之道，诬蔑圣人之教，假托造化之神，这三条都获罪于上天，无法逃避其罪恶。

本事：《资治通鉴》卷二九《汉纪二十一·元帝》，建昭二年（前37）。

六　京房考课之法不可行

京房考课之法，迂谬而不可举行；即使偶试而效焉，其不可也固然。何也？法者，非一时、非一人、非一地者也。房曰："末世以毁誉取人，故功业废而致灾异。"毁誉之不当者多也，然而天下之公论存焉。虽甚拂人之性，亦不能谓尧暴而跖仁也。舍此而一以功业程之，此申、韩之陋术，而益之以拘迫，不肖者涂饰治具以文其贪庸；不逮，则鞭策下吏，桎梏民庶以副其期会，灾不在天，异不在物，而民已穷，国已敝矣。

先后异时也，文质相救而互以相成，一人之身，老少异状，况天下乎？刚柔异人也，不及者不可强，有余者不可裁，清任各有当，而欲执其中，则交困也。南北异地也，以北之役役南人，而南人之脆者死；以南之赋赋北土，而北土之瘠也尽；以南之文责北士，则学校日劳鞭扑；以北之武任南兵，则边疆不救危亡。其间损乃以益，杀乃以生，简乃以备，一视为吏者居心之仁暴，忧国之诚伪。而唯考课其一切之功能，此王莽所以乱天下者，房为之开先矣。塾师之教童子也有定课，而童子益愚；耕夫之驭牛也有定程，而牛以敝。梏四海九州强智柔和于房一人之意见，截鹤胫以续凫，其不亡也何待焉？

盖房之为术，以小智立一成之象数，天地之化，且受其割裂，圣人之教，且恣其削补。道无不圆也，而房无不方，大乱之道也，侮五行而椓（zhuó）二仪者也。郑弘、周堪从而善之，元帝欲试行之，盖其补缀排设之淫辞有以荧之尔。取天地人物、古今王霸、学术治功，断其长，擢其短，令整齐瓜分如弈者之局、厨人之饤（dìng）也，此愚所以闻邵子之言而疑也，而况房哉！

【译文】

京房提出的考功课吏之法，荒谬迂阔而不可施行；即使偶尔试用有成效，也仍然是不可推行的。为什么呢？因为法律不是一时、一人、一地之法。京房说："在王朝末期，凭借名声的好坏来录用士人，因此功业被荒废而灾异开始兴起。"名声的好坏与实际不符合的甚多，但是天下的公论尚存。即使严重违背人性，也不能说唐尧残暴而盗跖仁慈。舍此而完全以功业衡量用人，乃是申不害、韩非等法家的浅陋之术，又增添了束缚，不肖之徒涂饰治国措施以掩盖其贪婪平庸；如果不能达到，则鞭策部下的官吏、束缚百姓以求在规定期限内达到其目标。上天不降灾害，万物不出现怪异，而百姓已经穷困，国家已经凋敝了。

先与后的时间不同，文与质相互纠正而相辅相成，同一个人，老年时期与少年时代的情形尚且大不相同，何况整个天下呢？刚柔因人而异，达不到的不可强求，有余的不可强裁，清高与担当各有其合理性，而想执其中，则必然会交困。南北方是不同的地区，以北方人的徭役之事让南方人负担，则南方的脆弱之人很可能因此而丧生；以南方的赋税让北方人负担，则北方本就贫瘠的土地可能就要耗尽了；以南方的文化程度要求北方的读书人，则学校每天都要忙于鞭打学生；以北方人的战斗力水平任用南方士兵，则难以挽救边疆的危亡。其间损还是益，杀还是生，简略还是完备，完全取决于官吏居心的仁慈与残暴，忧国之情的真诚与虚伪。而唯有一刀切地考课其功绩才能，乃是王莽最终搅乱天下的根由，实际上是京房为王莽开的先河。私塾老师教儿童如果有固定的课程，则儿童越来越愚笨；耕夫用牛如果有规定的里程，则牛因此疲惫不堪而越发无力。使四海九州的强弱、智愚、刚柔都受限于京房一人的意见，就像是截断鹤腿以接续野鸭的腿，除了灭亡还会有什么结果呢？

大概京房的学说，只是以小智慧确立一成不变的象数，天地的自然变化，尚且被他恣意割裂，圣人的道义教化，也被他任意削补。道没有不是圆融的，而京房的学说却没有不方的，大道之乱由此产生，侮辱五行（即金、木、水、火、土）而又危害两仪（即阴、阳）。郑弘、周堪追随其后啧啧称赞，汉元帝竟想试用京房的说教，可能是京房修饰铺陈的荒诞言辞迷惑了他们。取天地人物、古今王霸、学术治功，切断其长的，延长其短的，使之整齐划一，就像下棋人的棋盘、厨师所堆码的五色蔬果一样，这就是我之所以听到邵雍先生的言论而起疑的原因，更何况京房呢！

本事：《资治通鉴》卷二九《汉纪二十一·元帝》，建昭二年（前37）。

七　汉亡非元帝之咎

汉之亡，非元帝之咎也。帝弱而寡断，然而无所伤于天下，石显仅逞于异己，而恶不及于民，国之元气未斫焉。故曰：非元帝之咎也。王氏，元后之族也，王凤为大将军录尚书事，为篡弑之阶。然非元帝之宠后族而早任之，帝崩，成帝乃假凤以大权，而帝无遗命。故曰：非元帝之咎也。虽然，其所自来，抑岂非元帝隐伏之咎肇于不测哉？帝以成帝耽燕乐为不能胜大位，而欲立山阳王，识之早也。重易国储，闻史丹之谏而止，亦正也。然知成帝之不克负荷，而不择贤臣以辅正之，幸傅昭仪而迟回于山阳，遘（gòu）重疾而忽忽不定，闻史丹之谏，知命之已促，而徒有善辅之言，无托孤之遗命，以听哲妇孺子自求亲信，而王凤进矣。

成帝之在东宫也，既为元帝之所憎而孤危甚，摇摇于废立之间者将十年。匡衡、史丹亦但以大义规元帝，而非必与成帝为腹心。所窃窃然忧、翕翕然私语而计者，徒王凤耳。元后宠衰，而忧祸之及，所与窃窃然忧、翕翕然私语而计者，亦凤兄弟耳。人情出危险之中而思故时之同患者，未有不深信而厚倚之。故成帝一立，而顾瞻在廷，无有如凤之亲己者，岂复忧他日之攘己乎？呜呼！于是而知叔孙舍之不赏私劳以杀竖牛，卓乎其不可及已。

天位者，天所位也；人君者，人所归也。为主器之长子，膺祖宗之德泽，非窃非夺，天人所不能违；而翕訾（xī zǐ）以相保，呴（xǔ）沫以相怜，私忧过计，贪天功为己力，此其人亦何足任而戴之不忘乎？唐玄宗知张说之奸，怀其潜邸之恩而不能远，以召均、垍（jì）之逆；况杨复恭之以家奴而门生天子乎？呜呼！自非攘功权擅之小人，孰敢以大宝之攸归自任为己绩者？赵汝愚不欲行内禅之赏，可法也，而犹存其迹也；丙吉护宣帝于狱而终不自白，故能相天子以成中兴之业。然则汉文却周勃之私言，世庙罢新都之政柄，不得谓之刻核而寡恩；成帝之碌碌，何足以语此哉！元帝不能顾命史丹，而使凤得以私劳惑庸主，亦其昵爱山阳而愤然不恤之咎与！故曰：隐伏之咎，肇于不测也。

【译文】

西汉的灭亡，并不是汉元帝的罪过。元帝虽然懦弱又寡断，但对天下没有什么伤害，石显仅仅得志于铲除异己，对百姓没有什么罪恶，国家的元气尚未丧失。所以说：不是元帝的罪过。王氏，是元帝皇后王政君的家族，其弟王凤担任大将军录尚书事，乃是王氏篡权弑君的台阶。然而，并不是元帝因为宠幸后族而早已重用他，而是元帝死后，继位的成帝才授给王凤以大权，可元帝并没有遗命成帝这样做。所以说：不是元帝的罪过。尽管如此，而灾难的根源，难道不是元帝隐伏的罪过突发于不测之时吗？元帝看到成帝沉湎于宴乐，认为他不能担当大任，因而想改立山阳王刘康为太子，可见元帝对成帝早就有看法，知道他做不好帝王。更换太子的事，因为史丹的劝谏而停止，这也是正确的。但是，元帝既然明知成帝不能胜任，却不选择贤臣以辅佐、匡正他，因为宠幸傅昭仪而想要立她的儿子山阳王刘康，身染重病仍然犹豫不决，当听到史丹的谏言后知自己余日无多，却只有嘱咐史丹好好地辅佐太子的口头表示，而没有托孤的遗命。于是听任自己聪明的妻子和无能的儿子自找亲信，在这种情况下，王凤得到了重用。

汉成帝在东宫做太子期间，因为被元帝所憎恶而处境十分危险，在废与立之间摇摆不定就将近十年。匡衡、史丹也只是以大义规劝元帝不要更换太子，而不是一定要交结成帝，做他的心腹。私下里为成帝的前途担忧，偷偷地私语并为成帝出谋划策的，只有王凤一人。元帝的皇后王政君所受到的宠幸衰减后，担忧祸患危及自身，能与她窃窃私语、一起忧虑并为她出谋划策的，也只有王凤兄弟而已。人之常情是跳出危险境地后，便会想起先前与自己同患难的人，而且没有不十分信任并倚为股肱的。所以，汉成帝一继位，环顾朝廷中的大臣，没有看见一个能像王凤那样亲近自己的人，在这种形势下，难道他还能顾虑到有朝一日王凤会夺取自己的政权吗？唉！由此可知，春秋鲁国大夫叔孙舍不因竖牛拥立自己的私劳而赏赐他，反而宣布其罪状并予以诛杀，其高明实在是没有人能够比拟的。

天子，乃是上天所立的位子；人君，乃是人所归依的对象。身为即将继承宗庙社稷的长子，承受祖宗的德泽，不窃不夺，上天和下民都不能违背；却要与小人勾结、朋比为奸，相濡以沫以相互怜惜，私下忧虑地位不保而做出过度的谋划，贪天之功为己力，这种人又哪里值得重用而且感恩戴德、不能忘怀呢？唐玄宗知道张说奸邪，只是念其为东宫旧臣之恩而不能疏远他，结果招来了其子张均、张垍在安史之乱中投降叛军的祸乱。何况唐代宦官杨复恭身为家奴却以天子为门生呢？唉！如果不是窃功擅权的小人，谁敢以皇位之归属作为自己的功劳呢？南宋宗室赵汝愚策划绍熙内禅奉宋宁宗即位却不接受赏赐，可以效法，却仍然保留有古之大臣的行迹。丙吉在狱中保护过汉宣帝的生命而始终不表白自己的功劳，因而能帮助天子完成中兴大业。既然这样，那么汉文帝拒绝周勃私下陈奏的请求，明世宗罢免新都侯杨廷和的首辅之权，不能说是苛刻而寡恩。汉成帝碌碌无为，哪里有资格谈这些呢？汉元帝不能遗命史丹托孤辅政，使得王凤能够以私人功劳迷惑昏庸之主，这也是汉元帝宠爱山阳王因而对成帝愤然不加体恤的罪过！所以说：隐伏的罪过，突发于不测之时。

本事：《资治通鉴》卷二九《汉纪二十一·元帝》，竟宁元年（前33）。

卷五

佚名绘王莽画像

【题 解】

本卷评论西汉后期及新莽时期历史，分成帝、哀帝、平帝、王莽四目，共二十七则。

汉成帝刘骜（前51—前7）在位二十五年，骄奢淫逸，治国无道，开启了外戚专权的序幕，为王莽改制代汉埋下伏笔，王夫之选择九个问题加以评论。元后王政君是导致王氏专权并灭亡西汉的罪魁祸首，王夫之认为“元后之罪通于天”。围绕这一问题，王夫之对杜钦、刘向、张禹的作为均予以批评，对谷永则有所肯定，认为他虽为王氏之党却言不可废；对何武建议实行三公之制“以分王氏之权”，认为其虽收效甚微，却符合“古今之通势”；而对历任御史大夫、丞相的王嘉，则认为他堪称成、哀之世仅有的可以任用为大臣的人。

哀帝刘欣（前25—前1）继位之初，躬亲政事，尝试改革，但限田限奴政策失败，外戚专权痼疾未除，又宠信佞臣董贤，朝政日紊，王夫之选择十个问题加以评论。他认为限田之法不仅遭到勋贵地主反对，也无法从根本上解决土地兼并问题，只有“经其役、薄其赋”，治天下以道不以法。至于外戚专权问题，“哀帝之初，傅氏与王氏争而傅氏胜；哀帝之亡，王氏与傅氏争而王氏胜”，其女主干政、外戚专权的实质是一样的。对于哀帝朝的大臣孔光等多加批判，而称誉李寻为“仅能言人之言者”、鲍宣七亡七死之章为“正本之论”、贾让治河三策为“千古之龟鉴”。

平帝刘衎（前9—5）九岁登基，太皇太后临朝、王莽秉政，在位五年，形同傀儡，最后被王莽毒杀，王夫之选择四个问题加以评论。他认为西汉后期打着儒学复兴旗号的伪学盛行，是王莽以复古、谶纬蛊惑人心进而篡权代汉迅速成功的社会基础；并以颍川太守严诩为例，说明出于真诚的虚伪对人心的危害太大了；正因为王莽窃取君子之道，必然导致其迅速灭亡。他还借王莽篡汉后翟义等起兵讨贼失败，纵观历代首义之举虽难以成功，却顺应天意，成为暴君、篡主灭亡的先声，堪称壮烈。

王莽（前45—23）以外戚身份执掌朝政，初始元年（8）十二月建立新朝，改元始建国，改制失败，加剧动乱，在位十五年而亡。王夫之选择四个问题加以评论。新莽时期的士人，刘歆“貌君子而实依匪类”，死有余辜；龚胜、薛方、郭钦、蒋诩、陈咸、郅恽等隐居不仕，但操行不等，龚胜以死明志、陈咸以生存汉典章，值得称誉，郅恽欺世盗名，令人不齿。对严尤以秦皇汉武为戒谏伐匈奴，王夫之不予认同。

成帝

一　君子爱身甚于爱天下

读杜钦进谏之章，与其奏记王凤之书，及论王章之事，竟以王氏之篡，归祸始于钦之党奸，非平情之论也。成帝之无道也，足以亡国。王凤初起，犹修饰而有类于社稷之臣；其视张放、淳于长、史育之导欲以宣淫者，不若也。五侯之专，莽之篡，岂钦之所能前知哉？士志于有为，而际昏庸之主，思有所造于国家，不得自达于上，不获已而见大臣之可与言者，因之以效“纳约自牖”。而“遇主于巷”，所谓救失火而不暇问主人者也。故以陈蕃之刚正，而依窦武以行其志，能早知自别以远嫌者鲜矣。至于凤已成乎专偪（bī），心知其误，而卒不能自拔，钦固有无可如何者，而其情亦可愍（mǐn）矣。

故君子之爱身也，甚于爱天下；忘身以忧天下，则祸未发于天下而先伏于吾之所忧也。外戚也，宦寺也，女主也，夷狄也，一失其身，虽有扶危定倾之雅志，不得自救其陷溺；未有身自溺而能拯人之溺者也。孔子行乎季孙而鲁几治，非孔子固弗敢也。圣人之大用，中材所不敢效也。虽然，圣人岂有不测之术哉？齐人服，郈（hòu）、费堕，季斯一受女乐，而即决于行，无所凝滞，而必不与之推移。则一旦释然忘前此之功业，而逌（yōu）然以去，无他，纯乎道而无私焉耳。圣人不可学而可学者，此也。凤之专，王氏之盛，成帝之终不足与有为，威福下移，形势已成，钦胡为其荏苒而不去也？能去则去，虽因季斯而不损其圣。事已不可，而尚惜其位，则钦虽持义之正，而不免于党奸。虽然，若钦者，固未易言去也；谏凤不听而去之，且无名而为其所忌，故非圣人不能去，不能去而可不早慎择所从哉？君子度德以自处。女主也，外戚也，宦寺也，夷狄也，即可与有为，而必远之夙，人道之大戒也。贾捐之、杨兴、崔浩、娄师德、张说、许衡，一失其身，而后世之讥评，无为之原情以贷者，皆钦之类也。可勿戒乎！

【译文】

读杜钦进谏汉成帝的奏章，与其上呈王凤的文书，以及讨论京兆尹王章因举荐冯野王而被下狱致死之事，便认为外戚王氏的篡位，乃是因为杜钦与奸贼结党，这并不是公允而不偏于感情的论断。汉成帝的昏庸无道，足以亡国。王凤初起时，还多方粉饰自己，表现得像是一个社稷之臣；与张放、淳于长、史育等引导汉元帝放纵欲望、宣淫无忌的人相比，是大不一样的。同日受封的王谭、王商、王立、王根、王逢时等“五侯”专权，王莽最终篡位，难道是杜钦能预先知道的吗？士人立志要有所作为，却生不逢时遇上了昏庸的国君，即使想为国家建功立业，也不能自达于君主，万不得已只好先求见能够说上话的大臣，通过他以仿效“纳约自牖”（通过窗口将酒食递给受难之人），“遇主于巷”（在巷道中与主人不期而遇），这就是所谓的急于救火而无暇询问主人的姓名。所以，连以刚正著称的陈蕃，也通过依附大将军窦武以实现自己的理想，可见能够早点知道独善其身以避免嫌疑的人太少啦！到王凤已经形成擅权胁迫君主之势，杜钦虽然心里明白自己犯了错误，却最终无法自拔，他实在是无可奈何，其痛苦处境也着实令人同情。

所以，君子爱惜自身，甚于爱惜天下；忘却自身以忧虑天下，则祸未发于天下而先潜伏于自己所忧虑的事情中。一旦不顾自身的清白与外戚、宦官、女主、夷狄之人等结交，则即使有扶危定倾的雄心壮志，也无法自救其陷溺；从没有自己已经溺水却能救出别的溺水者的。孔子依赖擅权的季孙氏而鲁国几乎大治，这种事除了孔子别人肯定是不敢的。圣人的大用，才能一般的人是不敢效法的。尽管如此，可圣人难道有不可预测的方法吗？齐国人想发兵劫持鲁公，孔子斥退了齐人，又主持拆毁了叔孙氏所都的郈城（今山东东平东南），季孙氏所都的费城（今山东费县北），可是当季孙斯一接受女乐，孔子当即决定离去，毫不迟疑，不愿与季孙氏再共事一天。孔子一旦全然忘记了此前的一切功业，而轻松愉快、毫不留恋地离去，这没有别的原因，正是为保证道德的纯洁而不顾个人的利益。圣人不可学而值得学习的地方，就是这种精神。王凤专权，外戚势力强盛，汉成帝最终不可能有什么作为，大权旁落的形势已经形成，杜钦为什么仍然依违徘徊而不尽快离去呢？能走则走，孔子尽管曾依赖过季孙斯也不会有损其圣名。国事已经没有什么希望，可杜钦还依依不舍其官位，则即使他坚持正义，最终也不免于结交奸臣的恶名。尽管如此，可是像杜钦这样的人，本来就不容易离去；他劝谏王凤未被接受便拂袖而去，必将会因为没有正当的理由而被王凤等人所忌恨，所以若非圣人便不能离去，既然不能轻易离去，难道当初可以不慎重地选择所要依附的对象吗？作为君子，应当衡量自己的德行以自处。像女主、外戚、宦官、夷狄之人，即使与他们合作能够有所作为，也一定要尽早离开他们，这是为人之道的重要鉴戒。西汉贾捐之、杨兴，北魏崔浩以及唐代的娄师德、张说，元代许衡，一旦不顾自己的清白之身与上述几种人交往，则后世的讥讽、品评，就没有能够谅解他们的苦衷而予以宽贷的，这些人与杜钦同属于一类。后人难道可以不引以为戒吗？

本事：《资治通鉴》卷三〇《汉纪二十二·成帝》，建始二年（前31）。

二　元后之罪通于天

亡西汉者，元后之罪通于天矣。论者徒见其吝玺不予、流涕汉庙、用汉伏腊而怜之，妇人小不忍之仁，恶足以盖其亡汉之大憝（duì）哉！今有杀人者，流涕袒免而扶其尸曰：吾弗忍也，而孰听之？

汉惩吕氏之祸，不举国柄而授之外戚久矣。霍氏之持权，武帝拔霍光于下僚，与降胡厩吏等，非缘后族也；其既也，则以废暗立明安社稷之功也。宣帝之于史氏，元帝之于许氏，以恩泽侯而已矣。成帝年已二十，元帝未有属王氏之遗命焉；王凤起自卫尉，一旦而持天下之柄，孰为之邪？五侯并日而封，杨兴、驷胜争之而不得；苟参以异父弟强成帝以封侯，帝不听，而犹宠以侍中；刘向谏而不听，王章争而见杀，垂涕不食，以激成帝之诛章；刘向抗疏不已，成帝叹息悲伤，卒受制而不能决。凤死而音代，音死而商代，商死而根代，根死而莽代，一以世及之法取汉之天下，而使相嗣以兴，非后之内主于宫中，亦岂能蔓引绵延之如此哉？

且夫王氏之横，未尝不可扑也。成帝察其奢僭不轨，而音、商、立、根藉稿负斧锧以待罪；王立结淳于长之奸露，成帝下有司按治，而立杀其子以灭口；计其为人，非能险鸷于吕之产、禄，武之三思、懿宗也。乃吕氏私其族而终以国事付平、勃，武氏私其侄而终以国事付狄、娄，元后则笼刘氏之宗社于其鞶帨（pán shuì），而以授之私亲。逮乎哀帝之立，姑退莽以胁哀帝，而蛊在廷之心，纵董贤之不逞，乘其败以进莽，使恣行其鸩主之毒，晏然处之而不一诘。摄则使之摄矣，假则使之假矣，岂徒莽之奸足以恣行无忌哉？老妖不死，日蚀月龁（hé），以殄汉而必亡之，久矣。故曰：罪通于天也。

妇人之道，柔道也，反其德而为刚，虽恶易折。《大畜》之五曰："豮（fén）豕之牙，吉。"牙可豮也，而吕、武以之，周勃、狄仁杰豮之而吉矣。《姤》之初曰："羸豕孚蹢躅。"羸云者，不壮而柔者也，以柔而结人心者也，而蹢躅之凶不可禁，元后以之，虽刘向痛哭以陈言，成帝悲伤而惧祸，而无如后之涕泣者何也！莽已篡，汉已灭，姑以一泣逃天下后世之诛，而谁信之？不然，莽之惎（jì）毒，无有于其子，后果有思汉之心，莽其能戴之没世而生荣死哀以相报哉？女祸之烈，莫如王氏，而论者犹宽之，蹢躅之孚，且以孚后世而免于史氏之诛，亦险矣哉！

【译文】

导致西汉的灭亡，汉元帝皇后王政君可谓罪恶滔天了。议论的人只看到她舍不得把传国玉玺奉送给王莽，为了汉朝的江山社稷而痛哭流涕，继续使用汉朝的伏日腊日之祭祀，因而十分怜悯她，可是，妇人不忍于小节的仁慈，又怎么能掩盖她灭亡汉朝的滔天大罪呢？如果有人杀了人，却袒衣免冠，痛哭流涕地扶着死者说我不忍心，谁会听他的话呢？

汉朝从吕氏之祸吸取教训，不把国家的大权交给外戚已经很久了，并形成了传统。霍氏曾经执掌大权，霍光是汉武帝从低级官吏中提拔起来的，与降汉的胡人金日磾、主管喂马的厩吏上官桀并列，并不是依靠皇后家族起家的。霍光最终能够掌握权柄，则是因为废暗主、立明君以安定社稷的大功。汉宣帝对于外戚史氏，汉元帝对于外戚许氏，只是以恩泽加封其为侯而已。成帝即位时已满二十岁，且元帝并没有让外戚王氏辅佐新君的遗命；王凤本是一个卫尉，在极短的时间内就掌握了天下的大权，这是谁造成的？王氏五侯同日受封，杨兴、驷胜力表反对却没有被采纳；苟参是元后的同母异父弟弟，太后强行要求成帝封他为侯，成帝没有答应，却提拔他为侍中，以示恩宠；刘向劝谏，可成帝不听，王章不顾一切地争辩，结果却死于狱中。当王章上书指斥王凤时，太后整日流泪，茶饭不进，以激怒成帝诛杀王章。刘向不断地上表反对王氏，成帝叹息悲伤，最终却仍然因为受制于王氏，而不能下决心剥夺王氏的大权。王凤死后由王音取代，王音死后由王商取代，王商死后由王根取代，王根死后由王莽取代，完全按照父死子继、兄终弟及的方法一步一步地夺取汉朝的天下，如果不是王太后在宫内操纵，王氏难道能够像这样蔓引绵延吗？

况且王氏的骄横气焰并非不可扑灭。当成帝察觉到王氏奢侈僭越、图谋不轨时，王音、王商、王立、王根便马上坐在草垫上、身背刀斧以待刑戮；王立与淳于长勾结的奸谋败露后，成帝命有关部门审理，而王立马上杀掉自己的儿子以灭口。看他们的为人，并没有像吕氏的吕禄、吕产，武氏的武三思、武懿宗那样阴险、凶猛。然而，吕后虽然偏爱其家族，却最终把国事交给陈平、周勃；武则天虽然偏爱其侄子，却最终把国事托付给狄仁杰、娄师德；元后则把刘氏的江山社稷控制在自己的囊中，然后交给自己的亲属。到了哀帝继位时，她让王莽姑且避位以胁迫哀帝，并且蛊惑朝廷大臣之心，放纵董贤的胡作非为，乘其败落之机起用王莽，使他肆无忌惮地实施其毒死皇帝的计谋，元后对所有这一切泰然处之，不曾责问王莽一个字。王莽要摄政就让他摄政，王莽要做假皇帝就让他做假皇帝，难道只是因为王莽的奸邪足以使他横行无忌吗？元后这个老妖婆不死，日蚀月吞，蚕食汉朝江山，并且一定要灭亡刘氏政权，其险恶用心由来已久了。所以说：元后罪恶滔天。

妇人之道乃是温和阴柔之道，反其妇德而行则为刚强，虽然凶恶但也容易折断。《周易·大畜卦》的第五爻说："被阉割过的猪，其利牙已折，所以吉利。"利牙的猪可以被阉割，而吕氏、武氏外戚为牙，周勃、狄仁杰将其阉割，因而大吉。《周易·姤卦》的初爻说："像羸弱的猪一样躁动不安。"羸指的是不强壮的柔弱者，以柔弱之术笼络人心，而蠢蠢欲动的凶险不可禁止，元后就凭借这一点，即使有刘向痛哭流涕地陈言，成帝悲伤而惧祸，却对元后的哭泣无可奈何！等到王莽已经篡位，汉朝已经灭亡，元后王政君竟想姑且以一场痛哭逃避天下后世的惩罚，可又有谁会相信她呢？不然的话，以王莽的歹毒凶残，连自己的亲生儿子也不放过，元后如果真的有不忘汉室之心，王莽难道能够始终爱戴她并且生荣死哀以报答她吗？女祸之烈，没有比王氏更甚的，而议论的人还宽恕她，她躁动不安的表现，还想以此博得后世的信任从而免于史家的口诛笔伐，也真是阴险啊！

本事：《资治通鉴》卷三六《汉纪二十八·王莽》，初始元年（8）。

三　宗庙祭祀之兴废

成、哀之世，天地宗庙之祀倏废倏兴，以儿嬉而玩鬼神甚矣。其废而复兴也，或以天子之病，或以继嗣之不立，小人徼（yāo）福之术，固不足道。其废也，始于贡禹而成于匡衡，所持者，三代之典礼也。宗庙远，有毁而无立者，义也；诚所不至，不敢黩焉，义所以尽仁也。儒者之言礼，文而已矣；以文而毁，犹之乎以文而立。夫汉之嗣君，于其所不废之祀而能以诚格之乎？执是以论，举凡天地祖宗之祀皆可毁矣，而何但七世以上与五畤之郊也？苟非其人，道不虚行。宫室之侈，妃嫔之众，服膳之奢，乐之淫，刑之滥，官之冗，赋之重，一能汰其所余以合于三代，而后议郊庙之毁，未晚也。

且三代之靳祀于七世，岂徒然乎？抑创法者，自开国之君守约以待子孙之易尽其情而无伪，非祖宗立之而后王毁之也。自汉以降，百为不师古，礼乐之精意泯焉；而独于祧（tiāo）庙致严于祖宗之废兴，何其徇末而斫其本也？况古之祧也，于大禘（dì）而合食，则虽废而不忘。后世无禘而徒祧，几于忘其所自出。然则废五畤以伸上帝之孤尊，古之可法者也。制以七世而毁庙，古之未可遽法者也。

君子之言礼，非但以其文也。

【译文】

在汉成帝、汉哀帝时代，天地宗庙的祭祀礼仪忽废忽兴，像儿戏一样玩弄鬼神已达到极为严重的程度。其被废弃以后又重新兴起，有时是因为天子生病，有时是因为继承人没有确立，这些都是小人求福的手段，本来就不值得称道。其废弃始于贡禹而最后完成于匡衡，他们所持的根据，是夏、商、周三代的典制。祖宗的祠庙时代久远，后世有毁而无立，乃是义；诚意有所不至，又不敢亵渎，义乃是为了尽仁。儒家所谈的礼，只是其形式而已；拘泥于形式而毁礼，就如同为了形式而立礼一样。汉朝的嗣君，对于其没有废弃的宗庙的祭祀，真的能够以足够的诚意举行祭祀吗？以此论起来，则所有对天地祖宗的祭祀都可以毁弃，却为什么只限于七世以上的祖先和五畤之郊祀（即祭天地）呢？如果不是贤明的人，则道不虚行。宫殿的豪华，妃嫔的众多，衣食的奢侈，音乐的淫荡，刑罚的泛滥，官员的冗杂，赋税的苛重，一旦能够削其多余以合于夏、商、周三代的状况，然后再说郊庙祭祀之毁，也不算晚。

况且夏、商、周三代仅仅祭祀到七代祖先，难道没有原因吗？大概是创立法度的人，从开国之君恪守简约的品德以便使子孙在祭祀时尽其真情而没有虚伪矫饰，并不是祖宗建立宗庙而后世之王毁之。自汉朝以后，各种事情都不效法古人，以致礼乐的精义都被泯灭了；可只有在对远祖之庙的祭祀方面执行祖宗废立的严格要求，为什么要像这样遵循细枝末节而舍弃根本呢？何况古代的远祖，在举行对初祖的祭祀大典时实行合祭，就是让他们共同享用祭品，如此则虽废而不忘。后代只有祧祭（祭远祖之庙）而没有禘祭（郊祭最初的祖先），几乎就等于忘记了自己是从哪儿发源的。既然这样，那么废五畤（祭祀五帝等）以突出上帝的独尊地位，是古制中可以仿效的制度。规定过七世便要毁庙，不再祭祀，则是古制中不可匆匆仿效的制度。君子谈论礼仪，并不是仅仅重视其形式。

本事：《资治通鉴》卷二九《汉纪二十一·元帝》，永光四年（前40）；卷三〇《汉纪二十二·成帝》，建始二年（前31）。

四　匪道是循，徒以致寇

进言者极其辞，而必有所避就，非但以远嫌而杜小人之口实也，道存焉矣。嫌已远而小人无间以指摘，则君之听不荧，而言乃为功于宗社。刘向忧王氏之势盛而移汉，见之远，虑之切，向死而汉亡，所系亦大矣哉！而于进言有未得者，故成帝虽感，而终不能庸，小人之党，且有挟以上摇主听而下惑人心。

其言曰："王氏、刘氏且不并立，宜援近宗室。"斯岂向所宜言者乎？以事言之，刘氏之贤，无有逾于向者，枢筦（guǎn）之任，不归王氏必归向矣，未有斥人之奸而自任者也。且刘氏、王氏岂颉颃而并论以争衰王者。颉颃而并论，妇人勃溪之说也；且假之以颉颃之名而王氏张。彼将曰：天下非彼则我也。况乎吕氏之祸，与吴、楚、淮南、燕、广陵互相盈虚，则外戚反唇而相讥，岂患无辞哉？以道言之，选贤任能以匡扶社稷者，天下之公也。尧之举禹、皋，禹之任稷、契，汤之托伊尹，高宗之立傅说，文王之任闳（hóng）、散，皆非懿亲也。周道亲亲，而周、召以庸，管、蔡以诛；师尚父，邑姜之父，且以佐燮伐而位太师。王氏诚不可任，博求之天下，岂繄（yī）无贤；而必曰援近宗室，举大义而私之一家，又岂五帝三王之道哉？

向于是而失言矣。以为独任，则不可有自请之情；以为博选宗室之贤，则歆之党逆，向且不能保之于子，而况他乎？成帝悟而不终，群奸闻而不惮，未必非向之言有以召之也。故进言者，匪道是循，徒以致寇，而可不慎哉！

【译文】

向皇帝进谏的人虽然极力陈词，似乎把话说到头了，却必定会有所避就。这不仅是为了避免嫌疑而堵住小人的口实，而且其中包含着深刻的道理。嫌疑已经避免而小人没有借口予以指责，则国君的视听不被荧惑，这样，进谏者的议论才能对江山社稷有所贡献。刘向担忧王氏的势力强盛后会夺取汉朝的政权，看得很远，忧虑深切。刘向死而西汉灭亡，可见他与汉朝存亡的干系也太重大了！但是，他在进言方面有不得当之处，因而成帝虽然感动，却最终不能采纳，小人之党，还有挟此以上摇君主之视听，下惑臣民之心的。

刘向说：“王氏与刘氏必将势不两立，应当重用并亲近宗室以为后援。”这难道是刘向应当说的话吗？从实际情况来看，刘氏宗室中的贤才，没有超过刘向的，掌握中枢大权的重任，不归王氏便必定归于刘向，但是没有斥责别人奸邪而自己取而代之的。况且，刘氏和王氏难道是可以相互抗衡、不分上下而相提并论一争高下的吗？相互抗衡、不分上下而相提并论，乃是妇人争斗之说；且假之以相互抗衡、不分上下而相提并论之名，王氏会更加嚣张。他们将会说：天下不归刘氏就归我。何况吕氏外戚之祸，与吴王刘濞、楚王刘戊、淮南王刘安、燕王刘旦、广陵王刘胥等诸侯谋反此消彼长，那么外戚反唇相讥，难道会发愁没有说辞吗？按道理来说，选贤任能以匡扶社稷，乃是天下之大公。唐尧推举大禹、皋陶，大禹任用后稷、契，商汤委托伊尹，商高宗武丁倚靠傅说，周文王重用闳夭、散宜生，都不是近亲宗室。周朝的用人之道是任人唯亲，可周公、召公得以重用，管叔、蔡叔却最终被杀；师尚父，即姜尚，是周武王妻邑姜的父亲，尚且因为佐征伐有功而位居太师。王氏确实不可任用，如果面向整个天下广求人才，难道会没有贤明之人吗？可刘向一定要依赖亲近的宗室为援，举天下之大义而偏爱于一家一姓，这难道也是五帝三王的治国之道吗？

刘向在这件事上是失言了。如果他是想独自掌握大权，则不可有自请取代王氏之情；如果他是想广选宗室的贤才，则其子刘歆与叛逆结党，身为父亲的刘向连亲生儿子都不能保证无二心，更何况其他人呢？对于刘向的谏言，成帝虽然有所感悟却始终不用，众奸臣听说后也不忌惮，这种后果未必不是刘向的议论本身造成的。所以进言的人，如果所说的话不合乎道理，则只能招来灾祸，难道可以不谨慎吗？

本事：《资治通鉴》卷三〇《汉纪二十二·成帝》，阳朔二年（前23）。

五　处置诸王之道

汉诸王之以禽兽行废者不一，汉廷无有能据道以处此者，而谷永能言之。其曰："帝王不窥人私，而《春秋》为尊者讳。"此义行，迄乎东汉，秽德不章。永之言，其利溥矣。夫人之有耻，自耻者也；耻心荡而刑杀不能止，故知刑杀者，非可以善风俗、已祸乱者也。汉之于此，既无家法以正之于先，而纵苛察之吏、告讦之小人、扬之于后。无他，忌侯王之强，日思翦艾以图安，而纨绔膏粱，卒投于阱而无从辨。呜呼！綦如是矣，恶得不拱手而授之贼臣哉？以刑制淫而固不可制，假暗昧以锄强而只以自弱。谷永者，王氏之私人也，而虑能及此，故知永者，附权臣非有移鼎之心，宠利未忘，规一时之进取而已。汉能用之，亦何遽不为赞治之臣乎？

【译文】

汉朝的诸侯王因为禽兽之行径而被废的不在少数，朝廷没有能根据正道大义来处理此类事件的人，而大司农谷永却能直言极谏之。他说："帝王不窥探别人的隐私，而《春秋》为尊者讳。"这一义理得以通行，所以一直到东汉，诸侯王污秽淫乱的言行都没有公之于众。谷永的话，好处太大了！人皆有羞耻之心，乃是自己感到羞耻，一旦羞耻心丧失，即使刑杀也不能制止。由此可知，刑杀并不足以用来改善风俗、制止祸乱。汉朝在这方面，既无家法以正之于先，又放纵苛察的官吏、告讦的小人张扬之于后。这没有别的原因，因为忌惮诸侯王的强大，每天都在谋划着翦除他们的势力以图安宁，而纨绔膏粱子弟，最终投入陷阱而无从分辨。唉！对宗室如此猜忌歹毒，怎么能不把江山社稷拱手奉送给奸贼呢？用刑罚制止淫荡固然无法制止，可凭借阴谋来铲除强大的诸侯王，最终只能是反而削弱了自己。谷永，是王氏宠信的私人，却能为汉朝廷考虑得这么多这么深，由此可知谷永虽然依附权臣，但没有推翻刘氏江山社稷之心，王氏给予他的恩宠和利禄并没有忘记，他投靠王氏只是图一时的进取罢了。汉朝天子如果能对他予以重用，他又怎么不会成为一个辅佐君王治理天下的贤臣呢？

本事：《资治通鉴》卷三二《汉纪二十四·成帝》，永始四年（前13）。

六　老之戒在得

老之戒在得，至于老而所需于天下者微矣，得奚足以乱其心哉？子孙之情长，而道义之气馁，引子孙之得为己得，于是濒死而不忘。张禹之初，与王根异也，犹有生人之气也；虑及子孙，而行尸走肉，遂祸人之宗社，冒万世之羞，朱云欲以齿剑而不惭。夫人为不善而贻怨于子孙，诚不可为也；身之无过，质之鬼神而不疚，则亦奚患哉？且夫祸福亦何常之有，假令王氏早败，而按同恶之诛，禹之子孙，又能保其富贵乎？故祸福者，天也；失得者，人也；老而忧子孙，引天之吉凶以私之没世，其愚不可疗矣。成帝不辑折槛以旌朱云，则所以待禹者亦可知矣。禹且不自保，而况其子孙？

【译文】

老人之戒在于贪得无厌，到了老年时期所需于天下的东西是很少的，物欲哪里足以乱其心呢？但是子孙之情长，而道义之气短，把子孙们的物欲满足引以为自己的意愿，于是乎直到临死也不忘贪得无厌。丞相张禹最初与外戚王根是不同的，还有一点活人之气；但当他为子孙们考虑时，便成为行尸走肉，不惜危害别人的宗庙社稷，冒着留万世骂名的耻辱，朱云奏请诛杀他，他也丝毫不感到羞惭。人做不善之事从而给子孙们遗留下怨恨，这实在不值得效仿；

如果自己没有罪过，即使接受鬼神的质问也于心无愧，又有什么值得担心呢？况且祸福又何尝有什么定数，假如王氏早败，朝廷追究同恶之罪，那么张禹的子孙难道能够保住富贵吗？所以，人的祸福是由天意决定的，得失则是由人自己决定的。人在老年时期为子孙的前途担忧，将上天决定的吉凶祸福转嫁到自己身上一直到死，其愚蠢实在是不可救药了。当朱云请斩张禹时，汉成帝非常生气，想要处死朱云，朱云死死地抓住殿槛，以致殿槛折断。后来经人死命劝谏，成帝醒悟，下令保存原槛，只作修补，以表彰朱云的直谏，则成帝对待张禹的态度也就可想而知了。张禹尚且泥菩萨过河，自身难保，何况他的子孙呢？

本事：《资治通鉴》卷三二《汉纪二十四·成帝》，元延元年（前12）。

七　君子不以人废言

谷永非杜钦之比也。永虽无党王篡汉之远图，而资王氏以荣宠，因为之羽翼焉，与钦之误合于小人、欲悔而不能也，其情异矣。顾于此得人君听言之道焉。永，王氏之私人也，其心，王氏之心也；若其言，则固成帝膏肓之药石，可以起汉于死而生之也。夫王氏之固结而不解，帝忌之而不能黜，岂非以躬耽淫侈，畏昌邑之罚；而内护赵、李，外庇张放、淳于长之私心，有所恧（nǜ）缩，而倒授以权哉？宠骄妒之妾，饮食幸臣之家，加赋重敛以纵游，而失百姓之心，是持宗社以遗人之道也。使帝感永之言，悔过自艾，正己齐家而忧社稷，贤臣进，庶务理，民情悦以戴汉而不忘；权奸之谋自日以寝，而岂必诛戮放废以伤母氏之心乎？故曰："君子不以人废言。"永之谏不行，虽忘躯忧国之臣与奸贼争死生而无救于祸败。则读永书者，勿问其心可也。

【译文】

谷永与杜钦是不一样的。谷永虽然没有同王氏结党以篡夺汉朝江山的图谋，却依赖王氏而得到了荣宠，于是成为王氏的羽翼，杜钦则是误与小人结交，想要后悔而不能，二人的情况是不大相同的。由此可以得知君主听进劝谏之言的道理。谷永，是王氏的私人，他的心也就是王氏的心；至于他的话，则固然是成帝深入膏肓的灵丹妙药，可以使汉朝起死回生。王氏外戚势力团结一致而不可分解，成帝因为畏惧而不敢罢黜他们，这难道不是自身沉湎于骄奢淫逸，却害怕像昌邑王那样被废；同时出于在内袒护赵飞燕姐妹和卫婕妤，对外庇护张放、淳于长的私心，于是有所惭愧而畏缩，反而倒要授人以权柄吗？宠爱骄横善妒的妻妾，吃喝于宠臣之家，横征暴敛以放纵游乐，因而失去了民心，这实际上就是以江山社稷拱手赠人的途径。假若成帝能采纳谷永的忠告，悔过自新，修身正己、齐家以忧虑国家大事，重用贤臣，善理政务，民心愉悦，拥戴汉室而不忘，则擅权奸臣的阴谋自然会一天天地打消，又何必要诛戮放逐他们以伤母后的心呢？所以说："君子不因为别人品德不好就否定其言辞。"谷永的谏言不被采纳，于是尽管有忘身忧国之臣拼死与奸贼相抗争，也无法挽救国家衰亡的祸患。因此，后人在读谷永的上书时，只看其言辞，不问其心思就行了。

本事：《资治通鉴》卷三二《汉纪二十四·成帝》，永始四年（前13）。

八　将相分权与制衡

何武欲分宰相之权而建三公，自成帝垂及东汉，行之二百余年，至曹操而始革。丞相，秦官也；三公，殷、周之制也。古者合文武为一途，故分论道之职为三；秦以相治吏，以尉治兵，文武分，而合三公之官于一相。汉置相，而阃（kǔn）政专归于大将军，承秦之分，而相无戎政之权，大将军总经纬之任。故何武有戒心焉，分置三公，以大司马参司空、司徒之间，冀以分王氏之权。乃名乍易而实不可更，莽之终以大司马篡也，亦其流极重而不可挽也。然而武之法行之终代而不易者，以防微杜渐之术，固人主之所乐用也。

若以古今之通势而言之，则三代以后，文与武固不可合矣，犹田之不可复井，刑之不可复肉矣。殷、周之有天下也以戎功，其相天子者皆将帅。伊尹、周公，始皆六军之长也。以将帅任国政，武为尚而特缘饰之以文；是取武臣而文之，非取文臣而武之也。列国之卿，各以军帅为执政，敦诗书，说礼乐，文之于既武之后，秉周制也。所以必然者，三代寓兵于农，兵不悍，而治民之吏即可以治兵。其折冲而敌忾者，一彼一此，疆埸之事，甲未释而币玉通，非有犷夷大盗争存亡于锋刃之下者也。而秦、汉以下不然，则欲以三公制封疆原野之生死，孰胜其任而国不为之敝哉？则汉初之分丞相将军为两途，事随势迁，而法必变。遵何武之说，不足以治郡县之天下固矣。特汉初之专大政以大将军，而丞相仅承其意指，如田千秋、杨敞、韦玄成、匡衡，名为公卿，奉权臣以行法，则授天下于外戚武臣之手，而祸必滋。故武之说，可以救一时之攲（qī）重，而惜乎其言之晚也！相不可分也，将相不可合也，汉以后之天下，以汉以后之法治之，子曰：“所损益，可知也。”

【译文】

廷尉何武想分割宰相的权力而设置三公（大司徒、大司马、大司空），自汉成帝以后直到东汉，施行了二百余年，最后曹操改变了这种做法。丞相，是秦朝所设的官职；三公，则是商、周时代的官制。古代合文武为一途，因而分议政之职为三；秦代以丞相主管政务，以太尉主管军事，文武分离，而合三公之职权归于丞相。汉代设置丞相，而军政专归大将军负责，承袭了秦朝的分工，但丞相没有兵权，大将军总领治国理政大任。所以，何武产生了戒备心理，建议分置三公，把大司马参于司空、司徒之间，使这三公并驾齐驱，希冀以此分割王氏的权力。然而，名称容易在短期内更改，实权却无法在短期内更改，所以王莽最终以大将军的身份篡夺了汉室的江山，这也是积重难返的缘故。但是，何武的方法之所以能在整个东汉时代都一直使用，没有变化，是因为这种防微杜渐之术，本来就是君主所乐意使用的。

如果从古今历史发展的共通趋势说来，则夏、商、周三代以后，文与武本来就不可能合二为一，就像土地不可能再实行井田制，刑法不可能再恢复肉刑一样。在商、周时代，拥有天下都是凭借武力，当时辅佐天子的人都是将帅出身。伊尹和周公，起初都是六军的长官。以将帅执掌国政，国中必然尚武而仅仅以文教装潢门面；这是取武臣而使之习文，并不是取文臣而使之习武。春秋列国时代的卿，各以军帅身份执政，然后精研《诗经》《尚书》，致力于礼乐教化，习文于熟悉军事之后，这是秉承周代的制度。之所以一定要这样，是因为夏、商、周三代时期寓兵于农，士兵并不凶悍，于是治理民众的官员能够带兵。当时克敌制胜、同仇敌忾的战争，乃是一来一往，疆场上的战事还没结束，双方罢兵修好，经济交往就开始了，并不像面对夷狄、大盗非要争胜于刀光剑影之间那般惨烈。而秦汉以后则不然，此时想以三公来控制疆场上的存亡生死，有谁能够胜任而不使国家为之凋敝呢？所以，汉初分丞相、将军为两途，事情随形势而变迁，法令制度也必然有所改变。按照何武的说法去做，肯定不足以治理郡县制的天下。只是汉初以大将军专断大政，而丞相只能秉承大将军的意旨行事，如田千秋、杨敞、韦玄成、匡衡等，他们虽然名为宰辅之臣，却只能尊奉权臣以行施法令，这实际上就是把天下奉送到外戚和武臣手中，因而必定会滋生祸乱。所以，何武的说法，可以救一时偏重之弊，可惜他说得太晚了！丞相的权力不可分割，将相的职权不可合二为一，汉朝以后的天下，必须用汉朝以后的办法去治理，正如孔子所说的："后人对前人的制度有所增减损益，是可以知道的。"

本事：《资治通鉴》卷三二《汉纪二十四·成帝》，绥和元年（前8）。

九　无可为之时，君子慎自全

成、哀之世，所可任为大臣者，王嘉而已矣。师丹之视翟方进，寻丈之间耳，皆以其身试权奸之好恶而不能出其樊笼，即有所欲言，而必资以自达也。师丹之劾董弘，何武之援王莽，屈于时之所尚，而不得不为之羽翼。无他，王、傅二女主交相起伏，汉已无君与大臣久矣。方进之附淳于长也，欲与王氏忤，而长固王后之姊子也；长之不类，尤出诸王之上，资之以与诸王抗，而方进之欲不死也奚能？荧惑之变，驾言移祸于宰相，王氏之嫉也深，虽微荧惑，方进其能免乎？武与丹浮沉于积阴之间，一彼一此，小有所效，而俱为女主效妒媢（mào）之功，其不被显戮，幸尔。

呜呼！至于成、哀之季而无可为矣。君子慎所趋以自全，辞大位而不居，其庶几乎！一受其事，则非如王嘉之必死以自靖，而负咎于天人也，必不可浣。庄生曰：“游羿之彀中。”谓此时也。游其彀中而死焉，君子之徒也；游其彀中而免焉，小人之徒也；游其彀中，避死而得死焉，刑戮之民也。慎之哉！

【译文】

在汉成帝、汉哀帝时期，可以任用为大臣的，只有王嘉一人罢了。位居三公的师丹与翟方进相比没有多大差别，都是以其身来试探擅权奸臣的好恶却不能越出其牢笼，即使有所欲言，也必须依靠擅权奸臣才能把自己的意见传达给皇帝。师丹弹劾董弘，何武支持王莽，都是迫于时势，不得不为当权者的羽翼。这不是因为别的，王、傅二位太后交替掌权，汉家早已没有君主和大臣了。翟方进依附淳于长，是想与王氏对抗。可淳于长本来就是王太后姐姐的儿子，淳于长的奸邪，尤其出于王氏外戚之上，翟方进依赖他与王氏相争，想要不死难道可能吗？当时，出现了荧惑守心的天象，也就是说被视为妖星的火星运行到了心宿所在的天区，古人认为这是帝王将要遭殃的征兆，结果皇帝把灾祸转嫁到丞相翟方进头上，王氏对翟方进非常嫉恨，即使没有荧惑守心之变，翟方进难道能够幸免吗？何武与师丹浮沉于女主专政之下的朝廷，一彼一此，有些小的功效，都不过是为女主的嫉妒之心尽力效劳罢了，他们没有被处以极刑，实在是侥幸。

唉！到成帝、哀帝时代的汉朝末世，国事已经没有什么希望了。君子慎重地选择所投靠的对象以保全自己，必要时辞让高官厚爵而不居，这样做大概可以吧！一旦接受朝廷政事，那么若不像汉哀帝时的丞相王嘉那样抱定必死的信念以实现自己的志向，而是负罪于天人，这种罪过必定是永远洗不清的。庄子说："游弋于神射手后羿的射程之中。"说的就是这种时候。游弋于射程之中如果死了，乃是君子之徒；游弋于射程之中如果平安无事，则是小人之徒；游弋于射程之中，千方百计想避免一死，结果反而死了，这种人便是应受刑戮之人。一定要慎重啊！

本事：《资治通鉴》卷三四《汉纪二十六·哀帝》，建平二年（前5）。

哀帝

一　孔光以无耻亡汉

人之能为大不韪者，非其能无所惧也，唯其能无所耻也。故血气之勇不可任，而犹可器使；唯无所耻者，国家用之而必亡。成帝欲用孔光为丞相，刻侯印书赞而帝崩，是日光于大行前拜受丞相博山侯印绶，汲汲然惟恐缓而改图，一如乞者之于墦（fán）间，唯恐其馂（jùn）之不余，而遽长跽（jì）以请也。张放者，幸臣也，帝崩，且思慕哭泣而死，而光矫凶为吉，犯天下之恶怒；然且卒无恶怒之者，光岂能不惧哉？冥然无耻，而人固容之也。

始为廷尉，则承王莽之指，鸩杀许后，若无所惧也，而实无可惧也；莽为内主，天下无有难之者也。既则议为傅太后筑别宫，力请逐傅迁归故郡，抗定陶王之议，夺其立庙京师，若无所惧也，而非无所惧也；内主有人，群臣相保，故师丹获不测之祸，而光自若也。耻心荡然，而可清可浊，无不可为，以得宠而辟辱。王嘉濒死，犹对狱吏曰："贤孔光而不能进。"亦恶知光之谮其迷国罔上，陷嘉于死，机深不测也哉？而嘉云然者，其两端诡合以诱嘉，抑可知已。

拜谒迎送、执臣主之礼于董贤者，光也；莽既乘权，去贤如敝屣者，光也；拱手以天下授之贼臣，幸早死而不与佐命之赏者，光也；莽既诛，犹无有声言其恶以殄其世者，光也。呜呼！人苟自尽丧其耻，则弑父与君而罪不及，亦险矣哉！有国者不辨之于早，徒忌鸷悍之强臣，而容厚颜之鄙夫，国未有不丧者也。故管子曰：廉耻，国之维也。

【译文】

人能够做大不韪的事，并不是因为他能无所畏惧，只是因为他毫无羞耻之心。所以，逞血气之勇的人不可重用，但是还可以量材使用；唯有毫无羞耻之心的人，国家如果重用他们就必定会灭亡。汉成帝想任命孔光为丞相，已经刻好侯印，写好委任状，可是成帝却死了，当天孔光就在成帝的灵柩前拜受了丞相、博山侯印绶，真是迫不及待，唯恐稍有迟缓而出现变故，完全像是乞丐在坟茔之间，唯恐人家的祭品没有残余，因而急忙长跪请求施舍。张放，是受宠幸的奸臣，当成帝死时，他尚且因为思慕过度，以致哭泣而死，可孔光却将皇帝死亡的凶事变成自己封侯拜相的吉事，触犯了天下人的厌恶和愤怒，然而最终并没有人表达对他的厌恶和愤怒。孔光难道不畏惧吗？他愚昧无知而毫无羞耻之心，而人们长久以来也容忍了他。

孔光刚开始担任廷尉的时候，就秉承王莽的旨意，毒死许皇后，好像是无所畏惧，而他实际上是没有什么可畏惧的；因为有王莽在幕后指使，天下没有敢为难他的。后来，孔光又建议为傅太后筑别宫，力请驱逐傅太后堂侄、驸马都尉傅迁回原籍，又反对哀帝将其父定陶恭王刘康的灵位迁入皇室宗庙，不许其立庙于京师，好像是无所畏惧的，而实际上并非无所畏惧；因为幕后主使另有其人，又有群臣相保，所以师丹遭际不测之祸，而孔光却泰然自若。他的羞耻之心已经荡然无存，因而可清可浊，没有什么不可以做的，以图获取荣宠而避免耻辱。王嘉临死时还对狱吏说："我觉得孔光这个人很有才能，却不能使他得到重用。"王嘉哪里知道孔光诬告他欺君罔上、误国误民，把他置于死地，孔光的心机可谓深不可测！而王嘉之所以这样说，是由于孔光游移于王莽和士大夫之间的态度、以不合正道的迎合来引诱王嘉掉入陷阱，可以从中看得出来。

对待董贤拜谒迎送，执臣对君之礼的，是孔光；王莽执掌大权后，像丢弃破鞋一样抛弃董贤的，是孔光；把天下拱手奉送给奸臣，幸而早死没能接受佐命元勋的赏赐的，是孔光；王莽被诛灭后，仍然没有人声讨其罪恶以断绝其世袭爵位的，是孔光。唉！人如果自己丧尽羞耻之心，则杀害其君与父而罪不及，这也太凶险啦！拥有国家的人不及早分辨清楚，只是忌恨凶悍的强臣，却容纳厚颜无耻的小人，则国家没有不灭亡的。所以管子说：廉耻是维系国家纲纪的准绳。

本事：《资治通鉴》卷三三《汉纪二十五·成帝》，绥和二年（前7）。

二　治天下以道不以法

限田之说，董仲舒言之武帝之世，尚可行也，而不可久。师丹乃欲试之哀帝垂亡之日，卒以成王莽之妖妄，而终不可行。武帝之世可行者，去三代未远，天下怨秦之破法毒民而幸改以复古；且豪强之兼并者犹未盛，而盘据之情尚浅；然不可久者，暂行之而弱者终不能有其田，强者终不能禁其兼也。至于哀帝之世，积习已久，强者怙之，而弱者亦且安之矣；必欲限之，徒以扰之而已矣。

治天下以道，未闻以法也。道也者，导之也，上导之而下遵以为路也。封建之天下，天子仅有其千里之畿，且县内之卿士大夫分以为禄田也；诸侯仅有其国也，且大夫士分以为禄田也；大夫仅有其采邑，且家臣还食其中也；士仅有代耕之禄也，则农民亦有其百亩也；皆相若也。天子不独富，农民不独贫，相仿相差而各守其畴。其富者必其贵者也，且非能自富，而受之天子、受之先祖者也。上以各足之道导天下，而天下安之。降及于秦，封建废而富贵擅于一人。其擅之也，以智力屈天下也。智力屈天下而擅天下，智力屈一郡而擅一郡，智力屈一乡而擅一乡，莫之教而心自生、习自成；乃欲芟夷天下之智力，均之于柔愚，而独自擅于九州之上，虽日杀戮而只以益怨，强豪且诡激以胁愚柔之小民而使困于田。于是限之而可行也，则天下可徒以一切之法治，而王莽之化速于尧、舜矣。

限也者，均也；均也者，公也。天子无大公之德以立于人上，独灭裂小民而使之公，是仁义中正为帝王桎梏天下之具，而躬行藏恕为迂远之过计矣。况乎赋役繁，有司酷，里胥横，后世愿朴之农民，得田而如重祸之加乎身，则强豪之十取其五而奴隶耕者，农民且甘心焉。所谓“上失其道，民散久矣”者也。轻其役，薄其赋，惩有司之贪，宽司农之考，民不畏有田，而强豪无挟以相并，则不待限而兼并自有所止。若窳惰之民，有田而不能自业，以归于力有余者，则斯人之自取，虽圣人亦无如之何也。

【译文】

限田之说，董仲舒在汉武帝时代提出，尚且可行，但不可持久。师丹竟想试用于哀帝时代汉王朝垂亡之时，结果只能成就王莽的怪异荒诞，而最终仍然无法行得通。在汉武帝时代之所以可行，是因为当时距离夏、商、周三代还不太远，天下人怨恨秦朝破坏古法、毒害民众而希望改变现状以复行古制；而且当时豪强对土地的兼并还不盛，盘踞自守的情感还不强烈；然而此法不可长久，是因为暂行之而弱者最终不能有自己的田地，强者最终不能停止自己的兼并活动。到了哀帝时期，积习已久，强者维护既得利益，而弱者也安心于此了；如果一定要限制拥有田地的数量，其结果只能是搅得全国都不得安宁而已。

治理天下要用道，没有听说用法的。道，就是引导，君主在上引导方向，而臣民在下遵从指示以为路径。实行分封制时代的天下，天子仅有方圆千里的王畿，而且畿内的卿士大夫还要分出一部分作为自己的禄田；诸侯仅有自己的封国，而且大夫、士还要分出一部分作为自己的禄田；大夫仅有其采邑，而且家臣还要从这里取得养家糊口的田地；士仅有代耕之禄田，连农民也有自己的百亩之田；大家的情况都相似。天子不独自享受财富，农民不独自忍受贫穷，全国人境况相仿而各有差别，各守其田亩。其中富人必定是尊贵之人，但他们并非能够自己致富，而是受之于天子，或受之于祖先。君主以各人自足的方法来引导天下，而天下人乐得顺从。发展到秦朝，分封制被废除而富贵垄断在一人手中。他垄断富贵，是靠智慧和力量屈服天下。智慧和力量足以屈服天下，则垄断天下之富贵；智慧和力量足以屈服一郡，则垄断一郡的富贵；智慧和力量足以屈服一乡，则垄断一乡之富贵，没有人教导而他们心自生、习自成；他们竟想铲除天下人的智慧和力量，使所有人都变成愚蠢柔弱之人，而自己独自垄断于九州之上，专擅富贵之权，尽管每天都在杀戮却只能增加别人的怨仇，豪强还要怪异偏激地胁迫愚昧柔弱的小民而使他们受困于田地。在这种情况下，限制占田数目如果可行的话，则天下可以仅以一切之法治理，而王莽的教化比唐尧、虞舜见效还要快了。

限制，就是要平均；平均，就是要公平。天子如果没有大公之德以立于万民之上，却只是灭裂小民而使他们公平，这样做就是把仁义中正作为帝王束缚天下的工具，而将身体力行、宽厚仁恕视为迂阔、过错的谋划。况且赋税徭役繁重，有关官员残酷，基层小吏差役蛮横，后世质朴敦厚的农民，得到田地就像大祸加身一样，于是豪强大族收取十分之五的租税奴役农夫，农民尚且心甘情愿。这就是所谓的“君王失去其正道大义，百姓早就离心离德了”。如果实行轻徭薄赋的政策，惩罚贪婪的官员，放宽司农的考课标准，农民不怕得到土地，而豪强无所挟持以兼并农民土地，这样就不必限田，兼并自然会停止。至于那些懒惰的农民，有田而不能自己耕种，于是想把田地奉送给耕有余力的人家，这种人是咎由自取，即使圣人也无可奈何。

本事：《资治通鉴》卷三三《汉纪二十五·成帝》，绥和二年（前7）。

三　男女内外之分

成、哀之世，汉岂复有君臣哉！妇人而已矣。彭宣、何武、唐林，皆所谓铮铮者也，而所争者，仅一傅喜之去留而已。哀帝之初，傅氏与王氏争而傅氏胜；哀帝之亡，王氏与傅氏争而王氏胜。胜者乘权，而不胜者愤；二氏之荣枯，举朝野而相激以相讼，悲夫！

当傅迁之倾邪，而推喜以抑迁，亦何异乎王根、王立之骄横而推莽邪？其言曰："喜，傅氏贤子，议论不合而退，百寮莫不恨之。"傅氏之贤子，何当于天下之安危、刘宗之存亡，而百寮何所容其恨？又何异乎王莽、王仁之就国，而天下多冤王氏者。傅喜幸而未败尔。莽之废，吏民叩阙而讼冤，贤良对策而交奖，伪谦所诱，人心翕归，而贤者不免，且较喜而弥甚。喜之贤，其孰信之？以四海之大，岂繄无人可托孤寄命者，唯区区王、傅二妪之爱憎是争。呜呼！率天下而奔走于闺房之嚬笑，流俗之溺流而不反如是哉！

故圣王之治，以正俗为先，以辨男女内外之分为本。权移于妇人，而天下沉迷而莫能自拔，孰为为之而至此极！元后之阴狡，成帝之昏愚，岂徒召汉室之亡哉？数十年中原无丈夫之气，而王莽之乱，暴骨如山矣。

【译文】

在汉成帝、哀帝时代，汉朝难道还有君臣吗？当时只有妇人专权罢了！彭宣、何武、唐林，都是所谓的刚正、坚贞之臣，可是他们所争的，仅仅是一个傅喜（傅太后堂弟）的去留而已。汉哀帝初年，傅氏与王氏相争，结果傅氏获胜；在汉哀帝去世后，王氏与傅氏争斗，结果王氏获胜。胜利者掌握大权，而失败者愤愤不平；随着傅、王两家的兴衰荣枯，整个朝野上下都被驱动起来相互争斗，真是太可悲啦！

鉴于外戚傅迁的奸邪，何武、彭宣等人就推举傅喜来抑制傅迁，这和鉴于王根、王立的骄横而推举王莽，有什么不同呢？他们说："傅喜是傅氏的贤能子弟，因为主张不合乎定陶太后的心意而被罢退，文武百官没有不为了国家而感到遗憾的。"傅氏家族的贤能子弟，与天下的安危、刘氏宗庙社稷的存亡有什么关系，而文武百官又有什么值得遗憾的？这同王莽、王仁被罢政后前往自己的封国，而天下人多为他们感到冤屈有什么区别？只是傅喜幸而没有败坏国家罢了。王莽被罢免时，吏民集于皇宫门前叩头喊冤，贤良方正之士的对策交相称赞王莽，可见在虚伪的谦恭诱惑下，天下人心都倾向于他，连贤者也不免上当，而且比起傅喜来更有甚之。说傅喜贤能，有谁相信呢？以天下四海之大，难道果真没有一个人可以托孤寄命，因而只得顺从区区的王、傅两位老妇人的爱憎吗？唉！整个天下的人都为了两个女人的喜怒而奔走，世俗之人的执迷不悟竟然如此严重！

所以，圣王治理天下，以匡正风俗为先，以明辨男女内外的界限为本。国政大权转移到女人手中，而天下人沉迷其中不能自拔，究竟是因为什么而造成这么严重的局面呢？元后王政君的阴险狡诈，汉成帝的昏庸愚蠢，难道仅仅是导致了西汉的灭亡吗？此后的数十年中，中原人没有大丈夫的气概，而且王莽之乱，百姓的尸骨暴露于野外，堆积如山，这些都是他们造成的灾祸。

本事：《资治通鉴》卷三三《汉纪二十五·成帝》，绥和二年（前7）。

四　阴阳动静之义

历成、哀、平之三季，环朝野而如狂，所仅能言人之言者，一李寻而已，其他皆所谓人头畜鸣也。寻推阴阳动静之义，昌言母后之不宜与政，岂徒以象数征吉凶哉？天地之经，治乱之理，人道之别于禽兽者，在此也。妇人司动而阴乘阳，阳从阴，履霜而冰坚，豕孚而蹢躅。天下有之，天下必亡；国有之，国必破；家有之，家必倾。父子、君臣、兄弟、朋友之伦，以之而泯；厚生、正德、利用之道，以之而蔑。故曰：寻之言，言人之言，而别于禽兽也。妇者，所畜也；母者，所养也；失其道，则母之祸亦烈矣，岂徒妇哉？

夫国有君子，国可不亡。寻昌言之无诛，而不能救汉之亡，又何也？寻非其人也。阴之干阳，其变非一。女子之干丈夫也，夷狄之干中夏也，鬼之干人也，皆阴之干阳也。寻知乾之刚、阴之静矣，鬼亦阴也，静以听治于人者也。顾其识不及此，听甘忠可、夏贺良之邪说，惑上以妖，终以贬死爜煌，为天下笑；则亦以阴干阳，等于妇人之煽处尔。载鬼一车，而欲惩负途之豖，奚其可？故阴阳动静之理大矣，其变繁矣，其辨严矣。立人之道以匡扶世教，无一而可苟焉者也。

【译文】

历成帝、哀帝、平帝三代统治的西汉后期，整个朝野犹如发狂了一样，其中能说人话的，唯有一个李寻而已，其他的人都是所谓的长着人头却发出牲畜的鸣叫。李寻推究阴阳动静的义理，理直气壮地说母后不应该参与政事，他难道仅仅是以象数来论证吉凶吗？天与地的伦常，治与乱的道理，人道和禽兽的区别，就在于此。妇人执掌阴阳动静之变，则阴侵犯阳，阳顺从阴，正如履霜而严寒坚冰即将到来，母猪躁动不安而徘徊不前。天下有这种情况，则天下必亡；国家有这种情况，则国家必破；家庭有这种情况，则家庭必败。父子、君臣、兄弟、朋友的伦理，因此而泯灭。使民富裕、端正德行、物尽其用之道，因此而废弃。所以说：李寻的话，说的是人的语言，与禽兽不同。

妻子，是丈夫所畜养的；母亲，是儿子所赡养的；如果失其妇道，则母亲所造成的灾祸也是很严重的，哪里只有妻子呢？

国家如果有君子，就可以不灭亡。可是，李寻直言不讳，没有被诛杀，却不能挽救西汉的灭亡，这又是为什么呢？因为李寻并不是君子。阴侵犯阳，其变化不止一种。女人干犯男人，夷狄侵犯中原，鬼魅侵犯人，都属阴侵犯阳的现象。李寻知道阳之刚强、阴之安静，可鬼也属于阴，也应安静地听从人的调治。李寻没有认识到这一点，只是听从方士甘忠可、夏贺良的异端邪说，用妖言蛊惑国君，最终被贬死于敦煌，给天下留下了千古笑柄。因此，他也是以阴犯阳，等同于妇人权势正盛，高高在上，炙手可热。看见满载鬼魅的车，却想张弓射杀沾满污泥的猪，难道可以吗？所以，阴阳动静的道理非常深奥，其变化也非常繁杂，区别也非常严格。以此作为立身做人之道以匡扶社会教化，没有一样是可以苟且从事的。

本事：《资治通鉴》卷三三《汉纪二十五·成帝》，绥和二年（前7）。

五　千古治河之龟鉴

治河之策，贾让为千古之龟鉴，而平当之数言决矣。当言“经义有决河深川，而无堤防壅塞之文”。此鲧所以殛，禹所以兴，而以尧、舜之圣，不能与横流之水争胜者也。让言“古之立国者，必遗川泽之分，度水势所不及”。殷所以世有河患，而盘庚奋然依山以避灾，无他，唯无总于货宝而已。细人之情，怙田庐之利，贪濒河之土，动天下以从其欲，贻沉没于子孙，而偷享其利，既古今之通弊矣。而后世之谋臣，要君劳民以堙塞逆五行之叙者，其不肖之情有二焉：其所谓贤者，竭民力，积一篑以障滔天而暂遏之，濒河之民，且歌谣而祷祀焉，遂以功显于廷，名溢于野，故好事者踵起以尝试而不绝。其不肖者，则公帑（tǎng）之出纳，浩烦而无稽，易为侵牟；民夫之赁佣，乘威以指使，而干没任意；享其利而利其灾，河滨之士大夫与其愚民及其奸胥，交起以赞之，为危词痛哭以动上听。宜乎自汉以来，千五百年，奔走天下于河，言满公车，牍满故府，疲豫、兖、徐三州之民，供一河之溪壑，而一旦溃败，胥为鱼鳖，而但咎堙塞之不固也。可悲矣夫！

古今之异者，南北之殊流耳，其理势则一也。由让之言而推其利病之原，非河之病民，而民之就河贪利以触其害耳。贪退滩之壤，民有其土而国有其赋，锋端之蜜截舌，而甘之者不恤也。使能通百年之算，念天下之广，犹是民也，徙之而于国无伤，其愈于堙塞疲役之贫劳困毙与溃决之漂荡淹溺也，孰为利害哉？数千年而不出鲧之覆辙，君不明，而贪功嗜利之臣民，积习而不可破，平当之言，贾让之策，悬巨烛于广廷，而昧者犹擿埴（zhāi zhí）以趋也，不亦悲乎！

【译文】

关于治理黄河的策略，待诏贾让的“治河三策”堪称千古之龟鉴，而骑都尉平当也多次提出要疏泄河水。平当说：“经义中有分泄河水、浚治河道的记载，却没有筑堤设防、堵塞河水的文字。”这就是伯鲧之所以被杀死，大禹之所以兴起，而以唐尧、虞舜的圣明，不能与横流的河水争胜的原因。贾让说：“古代建立国家的人，必定要留下川泽河水所流聚的地域，而在估计水害影响不到的地方建设居民区，开垦耕种土地。”商朝之所以世代有黄河灾害，而盘庚奋然依山以避灾，不是因为别的，只是没有集聚财宝、过分看重眼前利益而已。见识浅薄之人的心思，舍不得田庐之利，贪图河滨之地，拖累天下以满足自己的欲望，给子孙们留下灭顶之灾，而自己苟且享受眼前的利益，这乃是古今的通病。而后世的谋臣，要挟君王、劳动民众以堵塞河水，从而违背了五行的规律，其不当的做法有两种：其一，其中所谓的贤者，就是竭尽民力，一筐一筐地积土以暂时遏制滔天洪水的人，濒河的百姓竟然还要载歌载舞地称颂他，并且祈求苍天保佑他，于是主持治河的人因此功显朝廷，名满天下。所以，喜欢多事的人接踵而起，纷纷尝试。其二，其中的不肖之徒，国库的支出浩繁而没有稽查，很容易被他们侵吞；对所雇佣的民夫，凭借威势颐指气使，却随意侵吞克扣其工钱；他们坐享贪污之利而以水灾作为有利可图的机会，河滨的士大夫与愚昧无知的百姓、奸邪的小吏差役，纷纷起来称赞主持治河的官员，甚至以惊人之词、痛哭之行来打动国君。难怪从汉朝以后，一千五百年间，天下人都为治河而奔走，有关言论堆满公车，奏疏堆满府库，使得豫州、兖州、徐州的百姓疲惫不堪，以供应治理黄河泛滥所需的人力物力。然而，一旦大堤溃决，居民全部成为鱼鳖，却只是归咎于决口堵塞得不牢固。太可悲啦！

古今所不同的，只是黄河的南北流向而已，其事理和情势则是一样的。从贾让的话中可以推断出黄河利弊的根源，不是黄河本身祸害百姓，而是百姓在黄河上过分贪利，以致触发了它的灾害。贪图退滩的土地，百姓得其土地而国家得其赋税，吃刀刃上的蜂蜜会割断人的舌头，可是只看到眼前好处的人根本不顾这些。如果通计一百年的利害，考虑到天下之大，仍然是这些百姓，把他们迁徙到别的地方对国家没有什么损害，却胜过让他们堵塞洪水而服徭役的劳顿。民众因为河工而辛勤劳作，不少人甚至劳累过度而死，或是大堤溃决之后，家园被淹没，甚至人们被洪水淹死，移民与筑堤堵水相比，哪一种办法更有利呢？数千年来，人们一直跳不出伯鲧治水的覆辙，国君不明智，而贪功、嗜利的臣民积习难改，平当的言论、贾让的治河策略，就像悬挂在宽广的殿廷之上的一枚巨烛，足以光照万代，但是愚昧无知的人们仍然像盲人用手杖探寻道路一样摸索，这不是太可悲了吗？

本事：《资治通鉴》卷三三《汉纪二十五·成帝》，绥和二年（前7）。

六　为尊者讳之贞邪之辨

谷永请讳诸侯王之兽行，以全人道之耻，议之正者也；耿育请掩赵昭仪杀皇子之恶，以隐成帝之惑，议之不正者也；二说相似而贞邪分，精义以立法，不可不辨。永之正者，《凯风》之不怨也；育之不正者，《小弁》之怨也。淫妒之嬖（bì）妾，操刃以绝祖宗之胤胄，而曲为之覆，天子之子，不死于妖嬖者，其余几何哉！《春秋》成而乱臣贼子惧，故书“文姜逊于齐”“哀姜逊于邾”，以昭大义，而不以逐母为嫌。昭仪之恶，宗庙所不容，况非嫡后君母，而可纵之乎？

甚哉，育之言悖也，曰“知陛下有贤圣通明之德，废后宫就馆之渐，绝微嗣以致位”。是成帝戕父子之恩以为未然之迂图，其孰信之？育若曰“昭仪不杀皇子，则哀帝不得而立”，以蛊帝心而纵妖嬖。是哀帝本不与于篡弑之谋，而育陷之使入也。《春秋》严党贼之诛，哀帝不能免，而育之罪不可逭（huàn）矣。解光问罪之爰书不伸，赵氏宫官之大罚不正，宫闱肆毒于社稷而莫之问，故元后党王莽以弑平帝、废孺子、而无所顾忌。胡三省者，乃谓其合《春秋》“为尊者讳”之义。邪说张，而贾继春资之以售其庇李选侍之奸。清议不明，非一时一事之臧否已也。

【译文】

谷永请求隐讳诸侯王的禽兽行为，以便成全人性的羞耻之心，这是正确的议论；耿育请求掩饰赵昭仪杀害皇子的罪恶，以便隐瞒汉成帝的糊涂之心，这是不正确的议论。这两种说法相似，但正邪却大不相同，其中运化的精义是立法的重要依据，不可不辨。谷永的议论正确，是符合《诗经·凯风》中“母虽有过而子不怨恨”的精义的；耿育的议论不正确，是不符合《诗经·小弁》中“因遭父抛弃而有哀怨”的精义的。淫乱善妒的宠妾，操刀杀死祖宗的后代，如果为他们曲意掩饰，那么天子之子，不死于妖妃之手的，能有几个呢？《春秋》写成后乱臣贼子感到恐惧，是因为其中记载“文姜出奔齐国”“哀姜出奔邾地”以昭示大义，而不怕留下驱逐母亲的嫌疑。赵昭仪的罪恶，为宗庙社稷所不容，何况她并不是成帝的嫡后，也不是哀帝的生母，难道可以放过她吗？

耿育的议论太荒谬了！他说：“先帝知陛下您有贤圣明达的品德，因此就暗下决心，不再去后宫美人们的住所，断绝了由于主幼而带来祸乱的根苗，打算传位于陛下以安定宗庙社稷。”这就是把成帝戕害父子之恩视为防患于未然的深谋远虑，有谁会相信呢？耿育这样说，就如同说：“赵昭仪如果不杀皇子，则哀帝无法做皇帝。”以此蛊惑哀帝的心，从而放纵妖妃赵昭仪的罪恶。汉哀帝本来没有参与弑君篡位的阴谋，而耿育这样做，实际上就是强行把哀帝卷了进去。《春秋》中对结交奸贼之人的惩罚非常严厉，哀帝无法逃脱，则耿育的罪责也不可逃避。司隶校尉解光关于赵昭仪杀害皇嗣的问罪文书得不到申明，赵昭仪害死宫中女官的大罪得不到究治，后宫妃嫔肆意残害社稷却无人过问，所以汉元帝的皇后王政君与王莽结党，杀害汉平帝、废黜孺子婴而无所顾忌。为《资治通鉴》作注的元代胡三省，竟然说耿育的说法合乎《春秋》“为尊者讳”之义。异端邪说盛行，而明末御史贾继春赖此异端邪说以实现其庇护明光宗宠妃李选侍的奸谋。可见，时议不明，并不仅仅是一时一事的好坏得失。

本事：《资治通鉴》卷三三《汉纪二十五·哀帝》，建平元年（前6）。

七　民有七亡七死

鲍宣七亡七死之章，陈汉必亡之券以儆哀帝，正本之论也。王莽之奸奸而愚，非有操、懿之才，其于国又未有刘裕之功，轻移于衽席之上而莫之禁，莽其何以得此哉？唯民心先溃于死亡，而莽以私恩市之也。藉非成帝之耽女宠，哀帝之昵顽童，纵其嚚吏贼民而蛊民以寇攘，莽亦上官桀、霍禹之续尔，而汉祚奚其亡？

张放、淳于长，王氏之先驱也；傅迁、董贤，王氏之劝驾也；曹爽、何晏，司马懿之嚆（hāo）矢也；李林甫、杨国忠，安禄山之前茅也；蔡京、童贯、史弥远、贾似道，女直、蒙古之伥鬼也；而非君之溺于宠乐以忘民之死也不成。不然，孔光、扬雄之流，亦尝与闻名教；而宗室群臣以及四海之民，岂遽能片饵诱婴儿而辄弃其母乎？故宣陈亟救死亡之言，知探本矣，愈于刘向之欲挽横流而堙诸其下也。

虽然，宣之言犹有病焉，后世言事之臣，增暗主之疑而授奸臣以倾妒之口实，皆此由也。宣言："慎选举，大委任，以儆官邪，而免民于死亡。"是矣。勿亦姑言贤者之当任，以听人主之自择，待有问焉，而后可胪列傅喜、何武、孔光、彭宣、龚胜之贤以告，未晚也。今乃不然，若天子之左右一唯其所建置，而君不得以司取舍之权，众不得以参畴咨之议，则偪上有嫌，而朋党之谤兴。且喜、武诸人皆大臣也，自不能邀人主之知而安其位，宣能以疏远片言取必于同昏之廷乎？知不可得而故言之，授奸人以背憎之资，石介遇明主而激党祸，况庸君佞幸权奸交乱之天下哉！进言者不知其道，徒以得后世之称而无益于时，皆此一时之气矜为之也。又况宣所称者，龚胜而外，吾未见有大臣之操焉。孔光巨奸而与于清流，宣失言矣。盈廷之士气，汉室之孤忠，唯一王嘉，而不能讼其屈抑。然则鲍宣者，亦一时气激之士，而未足以胜匡主庇民之任者乎！

【译文】

谏大夫鲍宣关于"民有七亡而无一得""民有七死而无一生"的奏章，陈述汉室必亡的各种凭据以警戒哀帝，实在是端正本源之论。王莽之奸是奸邪而又愚蠢，并没有曹操、司马懿那样的才能，对于国家又没有南朝宋武帝刘裕那样显赫的功绩，却轻而易举地夺取了汉室的江山而无人制止，王莽的野心为什么能够得逞呢？只是因为民心在死亡面前已经先自溃散，而王莽乘机以私恩笼络民心。如果不是汉成帝沉湎于女色，汉哀帝过分亲昵男宠董贤，纵使他们卖官鬻爵、残害民众并以劫掠侵扰蛊惑百姓，王莽也只能是上官桀、霍禹的延续罢了，而汉朝政权又怎么会灭亡呢？

张放、淳于长，是王氏外戚势力的前驱；傅迁、董贤，则是王氏篡夺帝位的劝进者；曹爽、何晏，是司马懿篡权的先声；李林甫、杨国忠，是安禄山反叛的前哨斥候；蔡京、童贯、史弥远、贾似道，是女真、蒙古人为虎作伥的帮凶。如果不是君主沉湎于享乐而忘却了百姓的生死，他们也不会取得成功。不然的话，孔光、扬雄之流，也都曾以通晓礼仪教化知名，而宗室群臣以及四海之内的百姓，难道能够像婴儿那样为了一片诱饵而上当，就抛弃自己的母亲吗？所以，鲍宣陈述紧急挽救民众死亡的言论，说明他知道探本求源，比起刘向想挽救河水横流的局面却堵塞其下游的做法要强得多。

尽管如此，鲍宣的言论还是有问题的，后世上书言事的大臣，增加昏君的疑惑从而授给奸臣倾轧妒忌的口实，都是起因于此。鲍宣说："慎重选拔举荐人才，委以大任，用以警戒官员的奸邪，从而使民众免于死亡。"这正是问题所在。他不如姑且只说应当重用贤才，以便由国君自己选择，等到君主询问自己之后，再罗列傅喜、何武、孔光、彭宣、龚胜等贤才上奏，也不算晚。可鲍宣却不这样，似乎天子身边的官员完全是由鲍宣设置、任命的，而国君没有决定取舍的权力，众人没有参与国事讨论的资格，则鲍宣有逼迫国君的嫌疑，而关于其结交朋党的诽谤言论也会随之而起。况且，傅喜、何武等人都是朝廷大臣，自己不能求得君主的赏识从而安居其位，鲍宣难道能够以疏远之臣的身份，凭借一席话就能在君臣上下一片昏聩的朝廷上取得成效吗？明知不可能却执意要说，结果给奸人提供了攻击的借口，石介碰上宋仁宗这样的有道明君尚且激起党祸，何况在庸君、佞幸和权奸共同作乱的天下呢！进言的人不得其道，只能因此得到后世的称赞，而对当时的形势毫无用处，这都是凭一时的豪气做出来的事情罢了。更何况鲍宣所称赞的几位，除了龚胜，我没有看出谁有大臣的节操。孔光是个大奸臣却名列清流，鲍宣称道他实在是失言。整个朝廷的士气，汉室的孤忠之臣，唯有一个王嘉而已，可鲍宣却不为他申诉冤屈。由此可见，鲍宣也只不过是个为一时意气所激之士，根本不足以胜任匡正君主、庇佑民众的重任。

本事：《资治通鉴》卷三四《汉纪二十六·哀帝》，建平四年（前3）。

八　悍妇之威

《易》曰：“伏戎于莽，三岁不兴。”不兴者，虑其兴之辞也。三岁而不兴，逮其兴而燎原之焰发于俄顷矣。哀帝崩，元后一闻之，即日驾之未央宫，驰召王莽，诏诸发兵符节、百官奏事、中黄门、期门兵皆属莽。此高帝驰入赵壁夺韩信、张耳军之威权，后以一老妪断然行之，雷迅风烈而无疑畏；其提携刘氏之天下授之王氏，在指顾之间耳。非伏之三岁，爪牙具而羽翼成，安能尔哉？

甚矣，悍妇之威，英雄所不能决，帝王所不能持，而指麾轻于鸿毛，至此极也！司马懿之杀曹爽，刘裕之克刘毅，朱温之争李克用，大声疾呼、深虑阴谋、赪颜流汗、喋血以争而仅得者，元后偃息谈笑而坐收之。故莽有伏戎藏于平芜蔓草之中，无有险阻之形而不可测也。三岁伏而一旦兴，有国者可不戒哉！

【译文】

《周易·同人卦》的爻辞说："潜伏军队于草莽之间，登上高陵察看，三年也不敢贸然兴兵作战。"所谓不敢兴兵作战，实际上是说忧虑兴兵作战。三年而不敢兴兵作战，一旦等到作战时，顷刻之间就会形成燎原大火了。汉哀帝死后，元后王政君刚一听说，当天就赶到未央宫，火速召见王莽，下诏令发兵符节、百官奏事、中黄门（宫廷中的低级别宦官）、期门兵（皇家卫队）都归王莽负责。这是汉高祖刘邦驱车驰入赵地营垒夺取韩信、张耳兵权一样的威权，元后是个年迈的老妇人，却能断然行事，如同风驰电掣一般，毫无疑虑和畏惧；她把刘氏的天下提携起来授予王氏手中，似乎是在一瞬间完成的。如果没有经过三年隐伏，使得爪牙齐备，羽翼形成，怎么能够如此迅速、如此顺利呢？

悍妇的淫威，实在是太厉害啦！英雄豪杰所不能决定的，帝王将相所不能把持的，而悍妇做起来轻而易举，不费吹灰之力！司马懿杀害曹爽，刘裕战胜刘毅，朱温与李克用争斗，都是经过大声疾呼、深虑阴谋、汗流浃背，浴血奋战才取得的胜利，元后偃息谈笑之间就坐收胜利果实。所以，在草木丛生的平原旷野上潜伏军队，没有任何雄关险阻的形迹，因而鬼神莫测。三年潜伏而一旦兴兵作战，拥有国家的人难道可以不加以戒备吗？

本事：《资治通鉴》卷三五《汉纪二十七·哀帝》，元寿二年（前1）。

九　何武公孙禄互荐

何武以忤王莽而死，可以为社稷之臣乎？未也。武与公孙禄谋云："吕、霍、上官几危社稷，不宜外戚大臣持权。"此汉室存亡之纽也。乃当其时，内而元后为伏莽之戎，外而孔光为翼戴之奸，武仅以孤立之势扑始然之火，既处于不敌之数矣。国之安危，身之生死，徒藉于一言，而言非可恃也，所恃者浩然之气胜之耳。公孙禄岂可终保者哉？而与之更相称说，武举禄，禄即举武，标榜以示私，授巨奸以朋党之讥，则气先馁而恶足以胜之！禄惟诡随，乃以幸免；武不欲为禄之诡随矣，则足以杀其躯而已矣。

心不可质鬼神，道不可服小人，出没于宠辱之中，而欲援已倾之天下，以水溅沸膏，欲息其焰而焰愈烈，非直亡身，国因以丧，悲夫！

【译文】

前将军何武因为不顺从王莽而死，可以算得上是社稷之臣了吧？不可以。何武与左将军公孙禄谋划说："吕氏、霍氏、上官桀这些外戚权臣几乎危及汉朝的江山社稷，所以不应当由外戚大臣把持朝政。"这是汉室存亡的关键。当时，内有元后王政君作为"潜伏在草莽之间的军队"，外有孔光作为拥戴王氏篡权的奸臣，何武仅以孤立之势想要扑灭刚刚燃起的烈火，就已经是处于无法抵挡的劫数之中了。国家的安危，自身的生死，只依赖于一句话语，而话语是不可以依赖的，值得依赖的是以浩然正气战胜对方。公孙禄难道是可以始终依靠到底的人吗？何武却与他互相陈述已见，何武举荐公孙禄担任大司马，公孙禄举荐何武担任大司马，二人相互标榜以示私心，却给奸臣王莽留下了指责他们结党营私的把柄，这样自己的气势已经先被对方压倒了，又怎么能够战而胜之呢？公孙禄一味地不顾是非妄随人意，结果得以幸免；何武不愿像公孙禄那样妄随人意，则足以使自己身首异处了。内心不可质之鬼神，道德不足以使小人屈服，却沉浮于宠辱之中，想挽救已经倾危的天下，就像是用水去溅沸腾的油锅，本想熄灭火焰，可结果使得火焰更加猛烈，而且油汁四溅，引起更大的火灾，不但丢了自己的性命，而且国家也因此灭亡，真是太可悲了！

本事：《资治通鉴》卷三五《汉纪二十七·哀帝》，元寿二年（前1）。

一〇　班固教人见险而止

平当、彭宣皆见称于班固，宣未可与当并论也。当临受侯封，卧病不起以固辞之，知世不可为，郁邑以死，可谓知耻矣。当之在位，丁、傅持权，而史称帝虽宠任丁、傅，而政自己出，异于王氏；则当逡巡以死，而不忝无实之封，于自守之道未失也。若宣者，位司空为汉室辅，王莽杀两后，诛异己，腹心爪牙交布朝廷，而元后为国贼之内主，此正宣肝脑涂地、激天下忠烈之气、以救一线之危者，而为全躯、保妻子之谋，谢不能以引退，尚足为人臣子乎？龚胜、邴汉且犹在梅福之下，所任异也，而况宣位三公之重哉？宣者，与董贤、孔光并居台辅而不惭者也，其生平可知矣。班固曰："见险而止。"率天下以疾视君父之死亡而不恤，必此言夫！

【译文】

平当和彭宣都得到了班固的称赞，实际上，彭宣与平当不可相提并论。平当临受侯封时，以卧病不起为由坚决推辞，他深知世事已经没有什么希望，结果忧郁而死，可谓知耻了。平当居丞相之位时，丁、傅两家外戚当权，而史书称哀帝虽然宠任丁、傅两家，但政令出于皇帝自己，不同于王氏把持朝政之时；则平当在顾虑徘徊而退让之后死去，不接受有名无实的封爵，未失自己的操守之道。至于彭宣，位居三公之一的司空，是汉室的辅佐之臣，王莽杀害两位皇后，铲除异己，腹心爪牙交布于朝廷之上，而元后王政君充当了国贼在宫内的策应者，这正是彭宣肝脑涂地、激起天下人的忠烈之气，以挽救岌岌可危之天下的时刻，但是他却为保全自身和妻儿老小考虑，声称自己年迈无能以引退，他这样做还有资格做君王的臣子吗？光禄大夫龚胜、太中大夫邴汉上书乞骸骨的表现尚且无法与南昌县尉梅福的遁迹江湖相媲美，是因为他们的官职比梅福高很多，更何况彭宣位居三公这样重要的职位呢？彭宣与董贤、孔光同居三公宰辅之位却不觉羞惭，他的生平就可想而知了。班固说："彭宣见险而止。"引导天下人以瞠目怒视君父死亡而不援救的，必定是班固的这句话！

本事：《资治通鉴》卷三五《汉纪二十七·哀帝》，元寿二年（前1）。

平帝

一　伪儒害风俗以亡天下

元寿二年六月，哀帝崩，明年正月，益州贡白雉，群臣陈莽功德，号安汉公，天下即移于莽。以全盛无缺之天下，未浃（jiā）岁而迁，何其速也！上有暗主而未即亡，故桓、灵相踵而不绝；下有权奸而未即亡，故曹操终于魏王；司马懿杀曹爽、夺魏权，历师、昭迄炎而始篡。天下者，待一人以安危，而一人又待天下以兴废者也。唯至于天下之风俗，波流簧鼓而不可遏，国家之势，乃如大堤之决，不终旦溃以无余。故莽之篡如是其速者，合天下奉之以篡，莽且不自意其能然，而早已然也。

莽之初起，人即仰之矣；折于丁、傅，而讼之者满公车矣；元后拔之废置之中，而天下翕然戴之矣。固不知莽之何以得此于天下，而天下糜烂而无余，如疫疠（lì）之中（zhòng）人，无能免也。环四海以狂奔，泛滥滔天，而孰从挽之哉？夫失天下之人心者，成、哀之淫悖为之，而蛊天下之风俗者不在此。宣、元之季，士大夫以鄙夫之心，挟儒术以饰其贪顽。故莽自以为周公，则周公矣；自以为舜，则舜矣；周公矣，舜矣，无惑乎其相骛如狂而戴之也。

当伪之初起也，匡衡、贡禹不度德，不相时，舍本逐末，兴明堂辟雍，仿《周官》饰学校于衰淫之世；孔光继起为伪之魁，而刘歆诸人鼓吹以播其淫响。而且经术之变，溢为五行灾祥之说；阳九百六之数，易姓受命之符，甘忠可虽死而言传，天下翕然信天命而废人事，乃至走传王母之筹而禁不能止。故莽可以白雉、黄龙、哀章铜匮惑天下，而愚民畏天以媚莽。则刘向实为之俑，而京房、李寻益导之以浸灌人心，使疾化于妖也。子曰："无为小人儒。"儒而小人，则天下无君子；故龚胜、邴汉、梅福之贞，而无能以死卫社稷，非畏祸也，畏公议之以悖道违天加己也。小人而儒，则有所缘饰以无忌惮；故孔光诸奸，施施于明堂辟雍之上而不惭。莽之将授首于汉兵，且以孔子自拟，愚昧以为万世笑而不疑。《传》曰："国有道，听于人；国无道，听于神。"古之圣人，绝地天通以立经世之大法，而后儒称天称鬼以疑天下，虽警世主以矫之使正，而人气迷于恍惚有无之中以自乱。即令上无暗主，下无奸邪，人免于饥寒死亡，而大乱必起。风俗淫，则祸眚（shěng）生于不测，亦孰察其所自始哉？

汉之伪儒，诡其文而昧其真，其淫于异端也，巫史也，其效亦既章章矣。近世小人之窃儒者，不淫于鬼而淫于释，释者，鬼之精者也。以良知为门庭，以无忌惮为蹊径，以堕廉耻、捐君亲为大公无我。故上鲜失德，下无权奸，而萍散波靡，不数月而奉宗社以贻人，较汉之亡为尤亟焉。小人无惮之儒，害风俗以陆沉天下，祸烈于蛇龙猛兽，而

幸逸其诛。有心者，能勿伸斧钺于定论乎？

【译文】

元寿二年（前1）六月，哀帝死。次年正月，益州上贡白雉以示祥瑞，群臣陈述王莽的功德，建议赐王莽号为“安汉公”，于是汉朝的江山实际上已经转移到王莽手中了。以全盛无缺的天下，在不到一年的时间内就改换了主人，这是何等的迅速啊！上有昏庸的君主国家不一定就会很快灭亡，所以汉桓帝、汉灵帝相继而刘氏江山社稷不绝；下有擅权的奸臣国家不一定就会很快灭亡，所以曹操至死仍然只是魏王，司马懿虽然杀害大将军曹爽，夺取了魏国政权，可是又经历了司马师、司马昭直到司马炎时才篡夺了天下，这是因为国家安危取决于一个人，而这个人又要等待观望天下的时机、大势以决定王朝兴废。只有到了天下风俗舆论已经沸沸扬扬、喧哗聒噪足以迷惑人心而不可遏止时，国家的形势，就像大堤决口一样，不到一整天就崩溃无余。所以，王莽篡权能够如此迅速，是因为整个天下都拥戴他篡位，而王莽自己尚且没有意识到他能做到这样，而实际上早已如此了。

王莽初起时，人们已经敬仰他了。当他被丁氏、傅氏外戚势力排挤出朝时，为他喊冤的上疏装满了公车；元后重新起用被废置的王莽，天下一致拥戴他。不知道王莽凭什么得到了天下人如此的爱戴，而当时的天下糜烂无余，就像人得了来势非常凶猛的传染病一样，根本无法幸免。

环绕四海以狂奔，洪水泛滥滔天的景象，有谁能够挽救呢？丧失了天下的人心，是汉成帝、汉哀帝的荒淫与悖乱造成的，而毒害天下风俗的根源尚不在此。宣帝、元帝时期，士大夫以鄙陋浅薄之心，挟儒术以文饰其贪婪冥顽。所以，王莽自以为是周公，便是周公；自以为是虞舜，便是虞舜。既然是周公、虞舜，则无怪乎举国之人竞相追逐、奔跑如狂地拥戴他了。

当附会五行、谶纬、灾祥之说以歪曲儒学的伪学之风刚刚兴起时，丞相匡衡、贡禹不度量德行，不观察时机，却舍本逐末，兴建明堂辟雍，仿《周礼》兴办学校以粉饰太平于衰败混乱之世；孔光继之而起，成为伪学之风的魁首，而刘歆等人又极力鼓吹伪学以传播其影响。而且经术逐渐演变为阴阳五行、灾异祥瑞之说；阳九百六这样的灾难、厄运之数，天下易姓受命之符，方士甘忠可等虽然死了，可他们的异端邪说仍然广为流传，天下人翕然相信天命而废弃人事，竟至于奔走相传王母娘娘的筹策而无法禁止。所以，王莽可以用白雉、黄龙和哀帝的铜匮这些所谓的祥瑞来迷惑天下，而愚昧的民众畏惧天命，只能谄媚迎合王莽。在这件事情上，刘向实际上是始作俑者，而京房和李寻又进一步推波助澜以浸灌人心，使之更快地转变为妖妄之术。孔子说：“不要做小人之儒。”儒生如果做小人，则天下没有君子。所以，龚胜、邴汉、梅福虽然忠贞，尚且不能以死捍卫江山社稷，这并不是害怕灾祸，而是害怕公众舆论把悖道违天的罪名加在自己头上。小人做儒生，则有所粉饰从而更加肆无忌惮，因此孔光等奸臣扬扬得意地坐在明堂辟雍之上而毫不惭愧。王莽在被汉兵杀死前夕，尚且自比为孔子，他的愚蠢将成为万古笑柄，自己却毫不怀疑。《左传》说："国家有道，则国君听从民众的呼声；国家无道，则国君听从神的安排。"古代的圣人，使天地各得其所以确立经世治国的大法，然而后世的儒生却谈天论鬼以使天下人疑惑，虽然可以警戒世间的君主，可人的心气也在恍惚有无之中意乱心迷。即使上无昏君，下无奸邪，百姓没有饥寒死亡之患，可大乱也必定会爆发。社会风俗混乱反常，则灾祸生于不测，又有谁能够察知灾祸是从什么时候开始的呢？

汉朝的伪学之儒，致力于伪装其形式而迷失其本质，他们过分沉醉于异端邪说和巫史之风，其影响是显而易见的。近代以来，披着儒生外衣的小人，不沉湎于鬼神却沉湎于佛。所谓佛，就是鬼中之精者。他们以良知为门庭，以无所忌惮为蹊径，以败坏廉耻、抛弃君亲作为大公无私的表现。所以，虽然在上少有失德的君主，在下也无擅权的奸臣，天下人就像浮萍飘散、随波逐流一样，世风日下，可以在几个月之间就把江山社稷奉送给别人，这比汉朝的灭亡还要快得多。身为小人却无所忌惮的儒生，败坏风俗而使得天下国土沦丧，其灾祸比毒蛇猛兽之害还要严重得多，而侥幸逃脱了诛杀。有心的人，能不对所谓的定论大动斧钺吗？

本事：《资治通鉴》卷三五《汉纪二十七·平帝》，元始元年（1）。

二　王莽窃君子之道以亡

君子之道以经世者，唯小人之不可窃者而已；即不必允协于先王之常道而可以经世，亦唯小人之所不可窃者而已。君子经世之道，有质有文。其文者，情之已深，自然而昭其美者也。抑忠信已浃乎天下，天佑而人顺之，固可以缘饰而增其华者也。是则皆质之余，而君子不恃之以为经世之本。于是而小人窃之，情隐而不可见，天命人心不能自显，则窃而效之，亦遂以为君子之道在于此而无惭。然则小人之所可窃者，非君子之尚，明矣。

封建、井田、肉刑，三代久安长治，用此三者，然而小人无能窃也。何也？三者皆因天因人，以趣时而立本者也。千八百国各制其国，而汉之王侯仅食租税；五刑之属三千，而汉高约法三章；田亩之税十一，而汉文二十税一，复尽免之；小人无能窃也。何也？虽非君子之常道，然率其情而不恤其文，小人且恶其害己而不欲效也，非文也。《七月》之诗，劝农之事也，而王莽窃之，命大司农部丞十三人、人部一州、以劝农桑，似矣。养生、送死、嫁娶、宫室、器服之有制，礼之等也，而王莽窃之，定制度吏民之品，似矣。若此类，君子之道盖有出于是者；而小人不损其欲，不劳其力，不妨其恶，持空文，立苛禁，一旦以君子之道自居而无难。则以此思之，君子经世之大猷不在此，明矣。何也？农桑者，小民所自劝也，非待法而驱也。

制度者，士大夫遵焉，庶人所弗能喻，惟国无异政，家无殊俗，行之以自然耳，非一切之法限之不得而继之以刑者也。然而窃仿之而即似，虽不效而可以自欺，遂以施施于天下曰：吾既以行君子之道矣。故文者，先王不容已，而世有损益，初不使后世效之者也。承百王之敝，而仍有首出庶物之功名，乃能立高明阔远之崖宇，而小人望之如天之不可企及。无他，诚而已矣。诚则未有可窃者也。

【译文】

君子之道中用以经世致用的，只有奸邪小人所不能窃用的那部分而已；即使是不一定符合先王之常道而可以经世的，也只是小人所不能窃用的那部分而已。君子的经世之道，既有其本质，也有其形式。所谓形式，就是其情态已经深沉悠远，自然地显示出美感。或者是忠诚信义已经遍行天下，上天保佑而民众顺从，因此可以加以修饰以增其光辉。但这些都是质朴的余事，君子不会依仗这些作为经世的根本。于是小人窃用之，而其真情却隐藏不可见，天命与人心不能自然显现出来，因此小人进一步窃取效法，然后竟认为君子之道就在于此而毫不惭愧。既然这样，则小人所能窃用的，绝不是君子所推崇的，这是显而易见的。

夏、商、周三代之所以长治久安，是因为实行了分封制、井田制、肉刑这三种制度，而这些不是小人所能窃用的。为什么呢？因为这三种制度都是顺天应人、适应时代而建立根本的措施。夏、商、周三代一千八百个诸侯国的君主各自治理自己的国家，而汉代的王侯仅仅享用封地的租税；夏、商、周三代各种轻重不一的刑罚条文有三千，而汉高祖仅约法三章；夏、商、周三代田亩之税为十分之一，而汉文帝只征二十分之一，甚至完全蠲免租税；这些都是小人不能窃用的。为什么呢？因为这些虽然不是君子之常道，但是依据实际情况而不注重其形式，小人将会嫌其危害自己的利益而不愿效法，这并不是文饰。《诗经·七月》记载的是劝民勤耕之事，可王莽窃用它，命大司农部丞十三人，每人分管一州，以劝农桑，这是相似的。夏、商、周三代养生、送死、嫁娶、宫室、器服各有制度，乃是礼仪中规定的等级次第，而王莽窃用之，确定官员、百姓等级的礼仪制度，这也是相似的。诸如此类，君子之道有出于此的，而小人不减其欲望，不劳其心力，不收敛其罪恶，只是凭着一纸空文，订立苛刻的法律，很短时间内便以君子之道自居而毫不费力。则以此想来，君子经邦济世的大计并不在此，乃是显然的。为什么呢？因为致力于农桑是小民自己鼓励自己的，并不需要法律来强制、驱使。制度，是士大夫所遵守的，平民百姓无法弄明白，只要国无异政，家无殊俗，顺其自然地实行，并不是权宜之法无法控制时才不得不借助于刑罚。然而，小人窃取仿效得很相似，虽然不能取得成效却可以自欺欺人，于是便得意扬扬地对天下宣称：我已经奉行君子之道了。所以，形式是古圣先王不让其停滞而不断变化的，后世各有损益，当初并不是要后人完全仿效的。虽然承接历代帝王遗留下来的破败局面，却仍然有创生万物、普世安宁的功名，这样才能站在高明阔远的极高之端，使小人仰望之就像仰望天空一样无法企及。这没有别的原因，只是因为心诚罢了。心诚则是没有人能够窃取的。

本事：《资治通鉴》卷三五《汉纪二十七·平帝》，元始元年（1）；卷三六《汉纪二十八·平帝》，元始三年（3）。

三　真诚之伪害人心

天下相师于伪，不但伪以迹也，并其心亦移而诚于伪，故小人之诚，不如其无诚也。诚者，虚位也；知、仁、勇，实以行乎虚者也。故善言诚者，必曰诚仁、诚知、诚勇，而不但言诚。陵阳严诩，当王莽之世，以孝行为官，任颍川守，谓掾（yuàn）史为师友，有过不责，郡事大乱。王莽征为美俗使者，诩去郡时，据地而哭，谓已以柔征，必代以刚吏，哀颍川之士类必罹于法。此其呴沫之仁，盖亦非伪托其迹也。始于欲得人之欢心，而与人相昵，为之熟，习之久，流于软媚者，浸淫已深而不自觉。盖习于莽之伪俗，日蒸月变，其羞恶是非之心，迷复而不返。乃试思其泣也，涕泪何从而陨？则诘之以伪，而诩不服；欲谓之非伪，而诩其能自信乎？

呜呼！伪以迹，而公论自伸于迹露之日；伪以诚，而举天下以如狂，莫有能自信其哀乐喜怒者，于是而天理、民彝澌灭尽矣。故天下数万蚩蚩之众，奔走以讼莽称莽而翕然不异，夫岂尽无其情而为利诱威胁哉？伪中于心肾肺肠，则且有前刀锯、后鼎镬而不恤者。蔡邕之叹董卓，姚崇之泣武曌，发于中而不能自已。甚哉，诚于伪之害人心，膏肓之病，非药石之所能攻也。

【译文】

天下人相率学习虚伪，不但在行动上虚伪，而且他们的内心也变得真诚于虚伪了，所以小人的真诚，还不如不真诚。所谓诚，只是一个空名号；智慧、仁慈、勇武，则是冠以空名号的真实行为。因此，善于谈论真诚的人必定会说诚仁、诚智、诚勇，而不是仅仅说诚。陵阳（今安徽青阳）严诩，在王莽时期因为有孝行而被荐举做官，担任颍川郡（治今河南禹州）太守，他以自己的部下为师友，即使他们有了过错也不责怪，结果郡中的事务大乱。王莽征调严诩为美俗使者，严诩临离开颍川郡时，坐在地上痛哭，说自己因为处事温和而被征召，朝廷必然以刚强残暴的官员代替自己，因而为颍川士民必将饱受严刑峻法之苦而深感悲哀。这是严诩的呴沫之仁，大概也不是伪装出来的行为。开始是为了讨得人们的欢心，而与人过分亲近，天长日久，习以为常，结果流于阿谀奉承，浸淫已深却不自知。大概严诩是习惯了王莽的虚伪之风，长期受到熏陶而随之转变，其羞恶是非之心，早已迷途而不复返。试想他的哭泣，眼泪究竟是为何而落？如果责问他虚伪，严诩肯定不服；可是如果说他不虚伪，严诩自己难道能够相信吗？

唉！在行动上虚伪，天下公论自然会在其行迹败露之日得以伸张；而在内心真诚上虚伪，则整个天下都如疯似狂，没有能真诚表达其喜怒哀乐的人，于是天理、人伦都丧失殆尽了。所以，天下数万痴迷不悟之人，辛苦奔走以便为王莽申冤或为王莽歌功颂德，行动一致而没有例外，难道他们毫无真情，都是被利诱和威胁的吗？如果虚伪深入人的心肾肺肠，那么即使有刀锯在前、鼎镬在后，人们也毫不畏惧。蔡邕因为董卓之死而叹息不已，姚崇因为武则天退位而痛哭流涕，都是发自内心，无法自持。出于真诚的虚伪对人心的毒害太严重啦！这乃是膏肓之病，并不是药石所能救治的。

本事：《资治通鉴》卷三六《汉纪二十八·平帝》，元始三年（3）。

四　伪君子的下场

陈涉、吴广败死而后胡亥亡；刘崇、翟义、刘快败死而后王莽亡；杨玄感败死而后杨广亡；徐寿辉、韩山童败死而后蒙古亡；犯天下之险以首事，未有不先自败者也。乱人不恤其死亡，贞士知死亡而不畏，其死亡也，乃暴君篡主相灭之先征也，先死以殉之可矣。胜、广、玄感、寿辉、山童，皆挟徼（jiǎo）幸之心以求逞其志，非其能犯难以死争天下者也；天将亡秦、隋、蒙古而适承其动机也。二刘、翟义不忍国仇，而奋不顾身，以与逆贼争存亡之命，非天也，其志然也；而义尤烈矣。义知事不成而忘其死，智不逮子房而勇倍之矣。

当莽之篡，天下如狂而奔赴之，孔光、刘歆之徒，授经术以导谀，上天之神，虞舜之圣，周公之忠，且为群不逞所诬而不能白。义正名其贼、以号召天下于魇（yǎn）魅之中，故南阳诸刘一起，而莽之首早陨于渐台。然则胜、广、玄感、山童、寿辉者，天贸其死以亡秦、隋；而义也、崇也、快也，自输其肝脑以拯天下之衰而伸莽之诛者也。不走而死，义尤烈哉！

【译文】

陈胜、吴广起义失败而死，而后秦二世随之灭亡；刘崇、翟义、刘快起兵讨伐王莽失败而死，而后王莽政权随之灭亡；隋朝杨玄感反叛失败而死，而后隋炀帝随之灭亡；元末红巾军起义领袖徐寿辉、韩山童失败而死，而后元朝灭亡。敢于冒以天下为敌的风险首先举事，没有不自己先败亡的。敢于作乱的人不顾忌自己的死亡，而忠贞之士明知会死亡却不害怕，他们的死亡，乃是暴君和篡权之人相继灭亡的征兆，因而先死以献身也是值得的。陈胜、吴广、杨玄感、徐寿辉、韩山童等人，都怀着一颗侥幸之心以求实现其野心，并非能够以身犯难、以死来唤醒天下的人；上天要灭亡秦朝、隋朝和元朝，陈胜、吴广等正好开了个头。刘崇、刘快和翟义不忍心看着天下被奸臣篡夺，因而奋不顾身地起来与大逆不道的奸贼争斗，他们的丧生不是因为天意，而是自己的志向如此，其中翟义的死是尤为壮烈的。翟义知道大事不能成功却不考虑自己的生死，他的智谋比不上张良，可勇气超过张良数倍。

当王莽篡夺汉室江山时，天下人疯狂地奔走支持他，孔光、刘歆之徒，援引儒家经典以引导人们阿谀奉承，即使上天的神明，虞舜的圣贤，周公的忠诚，尚且被众多为非作歹之徒所诬蔑而无法辩白。翟义把王莽正名为贼，以号召天下人，将他们从异端邪说的巫术之中拯救出来，所以南阳的刘氏家族一起事，王莽的脑袋早已掉落在渐台之上。由此可见，陈胜、吴广、杨玄感、韩山童、徐寿辉等人的死亡，是上天以此来灭亡秦朝、隋朝、元朝的；而翟义、刘崇、刘快三人，则是自愿肝脑涂地以拯救天下的危亡，同时表达对王莽滔天罪行的讨伐。能够逃生却宁愿就死，翟义的行为尤其壮烈！

本事：《资治通鉴》卷三六《汉纪二十八·平帝》，元始三年（3）。

王莽

一　君子之器，岂可乘乎

王莽未灭，而刘歆先杀，歆未死而族先灭，哀哉！刘向之泽不保其子孙，而从学之门人与俱烬也。甄丰也，王舜也，皆推戴莽以分膏润者也。鬼夺其魄，而丰以乱诛，舜以悸死，于是而知鬼神之道焉。推戴已成而心不自宁，此心之动，鬼神动之也，二气之良能所见几而不可掩也；故皆不得其死，而歆之罚为尤酷焉。《易》曰："小人而乘君子之器，盗思夺之矣。"歆小人也，蒙父向之余烈，自命于儒林，以窃先王之道；君子之器，其可乘乎？貌君子而实依匪类者，罚必重于小人。圣人之学，天子之位，天之所临，皆不可窃者也。使天下以窃者为君子，而王道斩、圣教夷，姚枢、许衡之幸免焉，幸而已矣。

【译文】

王莽尚未灭亡，刘歆就先被诛杀了，刘歆尚未死，而其家族先被诛灭了，真是悲哀啊！刘向的德泽保护不了自己的子孙，而跟随他学习的门生弟子也一同被杀光。甄丰和王舜，都是推戴王莽以图谋分得好处的人，可是鬼迷心窍的甄丰结果因为图谋叛乱而被杀，王舜因为惊悸而死，由此便可以知鬼神之道了。推戴王莽已经成功而心中还不安宁，这种心动乃是鬼神扰动的，阴阳的正邪二气的确能从事物的变化中预见其征兆而不可掩盖。所以，他们都不得善终，其中刘歆所受到的惩罚是最残酷的。《周易·系辞上》中说："小人却乘坐君子的车具，盗贼也就想夺取了。"刘歆是个小人，承接父亲刘向所遗留的功业，在儒林中自视甚高，于是窃取先王之道；君子的车具，难道是可以乘坐的吗？貌似君子而实际上却依附奸恶之人，所受到的处罚必定比小人还重。圣人之学，天子之位，都是上天所赐予的，都是不可窃取的。假如天下以窃取者作为君子，那么王道就会断绝，圣人之教就会湮灭，元代儒士姚枢、许衡依附蒙古而能够幸免于死，乃是侥幸罢了。

本事：《资治通鉴》卷三七《汉纪二十九·王莽》，始建国二年（10）；卷三七《汉纪二十九·王莽》，始建国三年（11）；卷三九《汉纪三十一·淮阳王》，更始元年（23）。

二　严尤谏伐匈奴之非

严尤之谏伐匈奴，为王莽谋之则得尔，而后世亟称之为定论，非也。莽之召乱，自伐匈奴始，欺天罔人，而疲敝中国，祸必于此而发。尤不敢言莽不可伐匈奴，而言匈奴不可伐，避莽之忌而讳之，岂果如蟁蝱（wén méng）

之幸不至前，无事求诸水草之薮以扑之哉！

秦之毒天下而亡，阿房也，骊山也，行游无度而诛杀不惩也；非筑城治障斥远匈奴之害也。汉武之疲敝天下，建章也，柏梁也，祷祠祈仙而驰驱海岳也，贪一马而兴万里之师也；非埽（sǎo）幕南之王庭以剪艾匈奴之害也。秦得天下于力战，民未休息，而筑戍之役暴兴，则民怨起。汉承文、景休息之余，中国无事，而乘之以除外偪之巨猾，故武帝之功，至宣、元而收，垂及哀、平，而单于之臣服不贰。莽之得天下更悖于秦，而亟用其不知兵之赤子，是其为秦之续也，必剧于秦，尤心知之而不敢讼言耳。岂可以为定论而废汉武之功哉？

兵者，毒天下者也，圣王所不忍用也。自非鳞介爪牙与我殊类，而干我藩垣，绝我人极，不容已于用也，则天下可以无兵。故莽之聚兵转饷以困匈奴，为久远计者，未尝非策。而严尤之欲深入霆击也，亦转计之谬焉者。莽非其人，莽之世非其时，故用莽之术而召天下之乱。自非莽也，尤之策，与赵普之弃燕、云也均，偷安一时，而祸在奕世矣。

【译文】

严尤劝谏王莽勿伐匈奴，如果单是为王莽考虑则是高明的，而后世匆忙地将其言论称为定论，却是不正确的。王莽招致祸乱是从攻伐匈奴开始的，此举欺天罔人，导致国家疲敝不堪，祸患必然会由此而起。严尤不敢明说王莽不可攻打匈奴，却说匈奴不可攻打，避开王莽的忌讳而不敢直言。难道攻打匈奴，果真就像是蚊虻本来不到人的眼前来，人们却要无事生非地跑到水草杂生的沼泽地去寻找然后加以扑杀吗？

秦朝残害天下以致灭亡的，是修建阿房宫、骊山陵，以及秦始皇巡游无度、滥杀无辜，而不是修筑长城、整顿边备以驱逐匈奴。汉武帝使天下陷入疲敝的，是修建建章宫、柏梁台，以及祈祷求仙而奔波于海岳之间，因为贪求汗血宝马而大动干戈，派兵万里迢迢地去讨伐大宛，绝不是扫灭漠南的匈奴王庭，从而消除匈奴所造成的危害。秦国经过长期惨烈的战争才取得了天下，人民还没有来得及休养生息，而筑城、戍边之役骤然兴起，于是民怨沸腾。汉武帝承接文帝、景帝使百姓休养生息的盛世，国内又没有什么大事，因而乘机扫灭气势咄咄逼人的奸猾外寇。汉武帝的功绩，到汉宣帝、汉元帝时期已经见效，再向后直到哀帝、平帝时期，匈奴单于仍然忠心耿耿地臣服于汉朝，毫无二心。王莽取得天下的方式与秦始皇是不同的，却急不可耐地使用根本不懂军事知识的百姓去攻打匈奴，这是在步秦朝灭亡的后尘，而且比秦朝更甚，严尤心里清楚地知道，只是不敢明说罢了。难道可以把严尤的话视为定论而否定汉武帝的功绩吗？

战争，是残害天下的事物，圣明的君王不忍心轻率地使用。如果不是像鳞甲爪牙一样与我异类的夷狄及其帮凶侵犯我边境，灭绝我纲纪伦常，我国不得已而用兵，则天下可以没有战争。所以，王莽聚集大军，转运粮草以攻打匈奴，作为长远之计，并不曾失策。而严尤想深入敌境，发动突然袭击，则是转而想出了个错误的计策。王莽的计谋虽好，可是他不是适宜的人，他所处的时代不是适宜的时代，所以，使用他的策略只能招致天下大乱。即使不是在王莽时期，严尤的计策，也和赵普主张放弃燕、云十六州一样，都是苟且偷安于一时，却把灾难留给后世的馊主意。

本事：《资治通鉴》卷三七《汉纪二十九·王莽》，始建国三年（11）。

三　乱世君子的不忍之心

西汉之亡也，龚胜、薛方、郭钦、蒋诩、陈咸，皎然不辱，行迹相侔（móu），而未可等也。薛方诡辞以免，何以处夫严光、周党际盛世而隐者乎？君子名之必可言也，言可孙而不可诬。谓王莽为唐、虞，则唐、虞矣，谋诸心，出诸口，方亦何以自安乎？莽之逆以伪，而不足以延，苟有识者，无不知也，知之则必避之矣。避臣莽之诛于他日，抑避忤莽之祸于当时，方之工于术也，其得与龚胜齿哉？视纪逡、两唐而慧焉者尔。钦、诩则可谓自好矣。咸谢病不应，辞亦孙矣，而悉收汉之律令书文壁藏之，岂徒以俟汉氏中兴之求哉？诚有不忍者矣。子之慕亲也，爱其手泽；臣之恋主也，闵其典章；典章者，即先王神爽之所在也，故以知咸有不忍之心也。呜呼！胜以死自靖，咸以生存汉，恻怛（dá）之生心一也。微二子，吾孰与归？

【译文】

西汉灭亡时，龚胜、薛方、郭钦、蒋诩、陈咸等人操行清白而不受辱，其形迹相似，可实际上并不能等同。薛方违心地阿谀奉承以免被王莽征辟，这样做怎能与身处盛世而隐居山林的严光、周党相比呢？君子所说的必定是可以说的，言辞可以谦逊但不可以作伪。称王莽为唐尧、虞舜，就是唐尧、虞舜，心里这样想，口里这样说，薛方自己能够心安吗？王莽大逆不道而又极端虚伪，不可能维持多长时间，有见识的人，都知道这一点，知道以后则必定会远远地避开。薛方的做法，既避免了因为做王莽的臣子而在未来受到惩罚，又避免了因为得罪王莽而当即遭遇祸患，可谓工于心计了，他难道能与龚胜相提并论吗？不过，薛方与纪逡、唐林、唐尊相比，还算是明智的。郭钦、蒋诩则可谓洁身自好的人。陈咸声称有病，不接受王莽的征召，他的言辞虽然也是很谦逊的，但是他却把汉朝的律令文书都收集起来，藏在夹墙之中，这难道只是为了等待汉朝中兴时再使用吗？他实在是于心不忍啊！子女思慕双亲，珍惜他们留下的遗物；臣子眷恋君主，顾惜其典章制度。典章制度就是先王治国之道的神魂所在，由此可知陈咸有不忍之心。唉！龚胜以死表明自己的志向，陈咸以生保护汉室的典制，二人的所作所为不同，而恻隐之情发于心中则是一样的。如果没有这两个人，我还能与谁一起相处呢？

本事：《资治通鉴》卷三七《汉纪二十九·王莽》，始建国三年（11）。

四　怪士不惩，天下不平

天下相习于怪，无不怪也。郅恽引天文历数，上书王莽，令就臣位，复立汉室，可不谓怪乎？以莽之惨，无不可杀者，而恽免于死；莽诬天而以天诬人，故忌天而不加刑，恽故持之盈而发之无惮耳。恽以此故智，闭门不纳光武而蒙赏，世皆惊其奇而伟其志操，而不知为君子所必斥为怪而不欲语者也。怪士不惩，天下不平。使明主戮之，而天下犹惜之。大经不正，庶民习于邪慝，流俗之论，以怪为奇，若此类者众矣。

【译文】

如果天下人都相习于怪，则没有不怪的人了。王莽代汉时，郅恽援引天文历数为依据，上书王莽，要他重新回到臣子的位置上，重新拥立汉室，这难道不算怪论吗？以王莽的凶残，没有不可杀戮的人，然而郅恽却免于一死；这是由于王莽欺骗上天而又以上天来欺骗世人，因而畏惧和顾忌天怒发威，不敢加刑罚于郅恽，所以，郅恽利用这一点，像拉满弓而后发射一样攻击王莽却毫无忌惮。后来，郅恽又以这种策略，关闭江夏城门不接纳光武帝刘秀入城而受到奖赏，世人都惊异于他的奇特，推崇他的志向和操守，却不知此举必定被君子斥为怪异而不愿提起。怪异之士如果不受到应有的惩罚，则天下不能太平。假如圣明的君主惩罚了他们，天下人还要为此而感到惋惜。如果不端正纲纪伦常，平民百姓都习惯于邪恶，世俗之人的舆论，像这样以怪异作为奇特的事情，就真是太多了！

本事：《资治通鉴》卷三八《汉纪三十·王莽》，地皇元年（20）。

读通鉴论新译

（卷六—卷九）

贰

王夫之 著

郭孟良 译

中央党校出版集团 大有书局

目录

第二册

卷六

后汉更始

一　徇不坚之志，立不固之基　/391

二　力均则度义，义均则度德　/393

三　因天乘时而顺俟天命　/394

四　刘秀和刘备的道德优势　/397

五　更始之失，光武之资　/399

六　更始挑祸匈奴　/402

光武

一　刘秀远过常人之处　/404

二　光武徇河北而王业定　/407

三　帝王之道，不用权术　/409

四　光武不以私怨而废大公　/413

五　天性之贞，拔于流俗　/416

六　在贫如富，在贱如贵　/418

七　彭宠首鼠两端，光武刻薄寡恩　/420

八　光武以柔道取天下　/423

九　善用兵者，知时而已　/428
一〇　奖重厚之吏，抚难驭之众　/430
一一　光武失御隗嚣之道　/434
一二　上下相亲，天下乃固　/435
一三　符命之说，为天下笑　/438
一四　光武帝折服群雄　/439
一五　习经术以治天下　/441
一六　乱人者自乱　/443
一七　君子之仕与隐　/445
一八　信义之于人大矣　/447
一九　并县省官，顺天应人　/449
二〇　一念之永，百年之泽　/454
二一　不可任法而不任人　/456
二二　隗嚣反复而不忘名义　/459
二三　不任将帅为宰辅　/460
二四　光武帝恩威不可及　/461
二五　吴汉逼成都而取败　/464
二六　蜀士吊诡　/466
二七　善事上官，勿失名誉　/467
二八　公孙述存礼乐功不可没　/469
二九　法一而不可干　/472
三〇　治盗之法，莫善于缓　/476
三一　光武帝宗庙之制　/478
三二　光武托孤非人　/482
三三　光武闭关绝西域　/484

三四　马援贪功取厌　/487
三五　宗均折简收群蛮　/489
三六　内徙南单于非计　/491
三七　蒙以养正，师道之难　/493
三八　人君垂家法以贻子孙　/495

卷七

明帝

一　明帝至孝恻隐之礼　/501
二　明帝养老之礼操之过急　/506
三　郡守不宜直任三公　/509
四　文法廉吏不足以止奸　/512
五　迷信浮屠，祸国殃民　/514
六　丁鸿逃爵非义　/517
七　溢美之词不足信　/520
八　明帝猜疑兄弟　/522
九　班超使西域不足为智勇　/524

章帝

一　第五伦议弃耿恭之心　/527
二　章帝改革操之过急　/529
三　马后启东汉外戚之祸　/533
四　守令之道：清、慎、勤　/536
五　章帝酬谏者之道　/538
六　废太子而遗少主之患　/541

七　不测之恩威害莫大焉　/544
八　章帝之柔弱　/546
九　天子巡幸，有害无益　/549

和帝

一　以恩树援，以威制暴　/552
二　安其故庐，戎心不启　/555
三　三公无权，宦官逞强　/559
四　朋党兴于窦宪之诛　/563
五　曹褒制礼有疵而不可废　/568
六　东汉抑制三公之失　/573
七　治兵之道，厚养简御　/575
八　经学传承，兼收并蓄　/578
九　汉儒以天象干政不足取　/581

安帝（殇帝附）

一　天佑贤人　/583
二　虚增户口田地之祸　/586
三　母后临朝乱国，丈夫不事女主　/589
四　暴则惩之，顺则远之　/592
五　赏不以时，刑以秋冬　/595
六　任尚乃后世之债帅　/598
七　盗贼之兴，始于王莽无道　/601
八　卖官鬻爵，祸国殃民　/604
九　汉亡之道：女主、外戚、债帅　/607
一〇　文教不可下移　/609
一一　慎始方能善终　/611

一二　杜根洞察人心的智慧　/613
一三　薛包之隐，潜龙勿用　/615
一四　宦官之祸，启于邓后　/618
一五　刑乱国，用重典　/620
一六　公辅之职的名实权道　/624
一七　仕进以公道，不以私恩　/628
一八　不仁不祥，家国难保　/631

卷八

顺帝

一　有君无臣，汉衰不复　/637
二　限年四十举孝廉　/642
三　马融乃名教之罪魁　/644
四　善用天下者慎用兵　/649
五　攻守之势，因时而迁　/653
六　弭盗者慎勿轻言安抚　/654

桓帝

一　人臣不得轻言废立　/658
二　严以治吏，宽以养民　/663
三　朝廷制御边将之道　/668
四　崔琦之迂　/669
五　汉末举国无人　/671
六　处士爱道以全身　/673
七　卖官鬻爵必亡国　/675

八　宦官监军始自冯绲之请　/679
九　汉朝以兵强而亡　/681
一〇　知耻则孝，知耻则仁　/684
一一　宦官弄权的根源　/687
一二　荀爽探本立论　/689
一三　大节畸行，舍本逐末　/690

灵帝

一　窦武立天子之失　/694
二　无功受封，身家难保　/697
三　陈蕃所托非人　/699
四　三互之禁，将亡之制　/702
五　文赋取士，失之浮华　/706
六　赵苞无人心　/709
七　意气之士蔡邕　/712
八　桥玄弃子与赵苞弃母　/715
九　灾祥运会之说蛊惑天下　/718
一〇　士可杀不可辱　/721
一一　朱儁不纳困兵之降　/723
一二　孙坚劝张温诛董卓未果　/725
一三　傅燮可为社稷之臣　/726
一四　择交定谋，慎之慎之　/729
一五　不朽有三，唯知耻者能之　/731
一六　何进谋诛宦官有七败　/733
一七　蔡邕失节附董卓　/737
一八　申屠蟠非仅知几之士　/742

卷九

献帝

一　曹操、孙坚初无不轨之心　/747
二　蔡邕欲夺四帝庙号之愚　/753
三　袁绍犯天下之公义　/756
四　曹操、袁绍之优劣　/759
五　孙坚因袁术不伤大节　/763
六　管宁有潜龙之德　/765
七　王允无知人之智　/768
八　马日磾、赵岐顽鄙不知耻　/771
九　陶谦之贪婪与曹操之残忍　/773
一〇　汉失民心，群雄逐鹿　/775
一一　名利与名实　/778
一二　刘备之计谋不足兴汉　/782
一三　臧洪食人之罪不可逭　/784
一四　王允坐失良机，董承为时已晚　/787
一五　君子之道，英雄由之　/789
一六　刘表守土自全，未可深责　/791
一七　吕布无恒，乱天下而丧身　/793
一八　食盐专卖的必要性　/795
一九　似忠实奸的韩嵩　/798
二〇　刘备受衣带诏的深意　/799
二一　貌合神离的刘备和袁绍　/803

二二　张鲁的保身之智　/805

二三　袁绍恃险而亡，曹操任术以兴　/807

二四　乱世不可轻易立言　/811

二五　诸葛亮恃奇计为长策之失　/813

二六　鲁肃、诸葛亮的战略眼光　/817

二七　乱世之义，不可求全责备　/820

二八　赤壁之战，曹操必败　/821

二九　刘璋属下非忠非智　/823

三〇　张纮遗笺抉得失之机　/826

三一　荀彧天良未泯　/828

三二　刘璋保身保民，自知之明　/831

三三　关羽不终吴蜀之好　/833

三四　忠臣志士无可俟之机　/836

三五　刘备信用关羽自贻其祸　/837

卷六

明刻本《历代帝贤像》中的汉光武帝刘秀画像

【题　解】

本卷评论东汉初期历史，分后汉更始、光武二目，共四十四则。

更始帝刘玄（？—25）出身宗室，地皇四年（23）被绿林起义军推举为帝，先后都洛阳、长安，两年后赤眉军攻入长安，刘玄降而后被杀，王夫之选择六个问题加以评论。他分析更始政权速亡的原因，一是仅靠名义，而志不坚、基不固；二是与赤眉军的关系处置不当，未能“因天乘时而顺俟天命”；三是舍洛阳而都长安，难以掌控天下局势；而其挑祸匈奴也带来了后世的祸患。“更始之失，光武之资”，光武帝刘秀借鉴刘玄及其兄刘縯的教训而得天下，虽于信义有亏，但君臣之义生于人心，不必对此求全责备。

光武帝刘秀（前5—57）中兴汉室，王夫之认为“三代以下称盛治，莫有过焉”，选择三十八个问题加以全面评论。王夫之将光武中兴作为历代治国理政的成功案例加以剖析，以昭明“经世之大略”，通过战昆阳、灭王郎、巡河北以及平定关东、陇右、西蜀等割据政权，认为“光武之得天下，较高帝而尤难矣”，但他“以静制动，以道制权，以谋制力，以缓制猝，以宽制猛”，用柔道取天下，三代以下“唯光武独焉”。对其偃武修文、休养生息、减省吏职、治盗以缓、优待功臣、不以将帅为宰辅、推崇儒学经术均予以肯定，对其文武如邓禹、吴汉、彭宠、马援、窦融乃至卓茂、严光、宗均也有允当评价，对隗嚣、公孙述等割据者也不乏肯定。同时，对其信奉符命、改革宗庙礼制等则予以批评，所谓“不无小疵，而大已醇矣”。对于光武帝的评价，充分彰显了王夫之探究“上下古今兴亡得失之故”的经世取向和通观旨趣。

后汉更始

一　徇不坚之志，立不固之基

为名而有所推奉者，其志不坚；人为名而尊己者，其立不固；项梁之立怀王，新市、平林之立更始是已。天下愤楚之亡而望刘氏之再兴，人之同情也，而非项梁与张卬（áng）、王凤、朱鲔之情也。怀王、更始不思其反，受其推戴而尸乎其位，名岂足以终系天下而戢桀骜者私利之心乎？怀王任宋义、抑项羽，而祸发于项氏；更始终恃诸将，而无与捍赤眉之锋。徇不坚之志，立不固之基，疑之信之，无往而非召祸之门。

呜呼！其危也，非一旦一夕之故也。而士之处斯世也难矣！彼以名而立君，而我弗事焉，则世且责我以名义；

顺而与之，则今日之输忱，且为他日党贼之地。荀彧所以退不保其身，进不全其节也。嬴氏之暴，楚之亡，莽之篡，汉之中绝，苟有心者，孰不愤焉？而斟酌于从违，在间不容发之顷，一往之志义未审，而仆其生平。无他，不揣其实而为名所动也。慎之哉！

【译文】

为了名义而推奉拥戴君主的人，其志向不坚定；别人为了名义而尊奉自己为君主的，其拥立是不牢固的；秦末项梁拥立楚怀王，西汉末年新市军、平林军拥立更始帝刘玄，都属于此类。天下人对楚国的灭亡感到愤恨，希望汉朝宗室刘氏复兴，乃是人人都怀有的心情，而不是项梁与张卬、王凤、朱鲔独有的心情。楚怀王和更始帝不考虑退出，竟然接受其推戴，心甘情愿地做傀儡，其名望难道足以始终维系天下，并且打消桀骜不驯者的私利之心吗？怀王重用宋义以抑制项羽，结果灭顶大祸从项羽而发；更始帝始终依赖诸将，结果却无人能为他抵挡赤眉军的锋芒。曲从于并不坚定的东西，站立于并不牢固的根基，无论是猜疑还是信任，没有不是招致祸患的门径。

唉！其中的危险，并不是一朝一夕形成的。士人身处这样的时世真难啊！有些人为了名义而拥立君主，如果我不事奉他，则世人将从名义角度来指责我；如果我顺从地与众人拥戴他，则今日的效忠，他日必将成为与奸贼结党的罪名。这就是荀彧退不能保全其自身，进不能保全其气节的原因。秦朝的残暴，楚国的灭亡，王莽的篡权，汉朝的中道灭亡，如果是有良心的人，谁不气愤呢？可是，楚怀王等人不仔细地斟酌何去何从，就在极短暂的时间内决定接受别人的拥戴，结果既违背了一直以来秉持的志向和正义，又葬送了自己的前程。这没有别的原因，只是他们不揣度其实际情况而为名义所打动罢了。一定要慎重啊！

本事：《资治通鉴》卷三九《汉纪三十一·淮阳王》，更始元年（23）。

二　力均则度义，义均则度德

力均则度义，义均则度德；力可恃也，义可恃也，至于德而非可以自恃矣。伯升果有天下之志，与更始力相上下而义相匹，则以德相胜，而天下恶能去己？诸将之欲立更始，无亦姑听之而待其自弊。如其不弊，则天且授之，人且归之，而恶能与争？如其弊，则姑顺诸将之欲，自全于祸福之外，遵养以待时。故高帝受巴、蜀、汉中之封，而待三秦之怨、三齐之反以屈项羽，而羽终屈。伯升不知出此，婞婞然与张卬、朱鲔争，夫天下之大宝，岂有可自争而自得者乎？其见害于诸将也，不揆而犯难也。李轶且扼腕而思害焉，况他人乎？

【译文】

实力均衡则测度其道义，道义均衡则测度其德行，实力可以依赖，道义可以依赖，至于德行却不可以自我凭借。刘縯（字伯升，刘秀之兄）如果真的有夺取天下之志，自己与更始帝刘玄实力不相上下，而道义又相匹敌，则以德行取胜，难道天下能够背离自己吗？绿林军诸将想要拥立更始帝，刘縯不如暂且听之任之以待其自行败亡。如果更始帝不败，则是天意要把天下授给他，百姓自愿归附他，怎么能够与他相争呢？如果更始帝失败了，则姑且顺从诸将的愿望，置身于祸福之外以保全自己，顺应时势积蓄力量，静待时机。所以，汉高祖接受项羽分封给他的巴、蜀、汉中三郡，等待三秦（今陕西渭河流域一带）地区民众的怨恨和三齐（今山东大部）地区民众的反抗以削弱项羽，而项羽也最终被打败了。刘縯不懂得采取这个策略，愤愤不平地与绿林军将领张卬、朱鲔争斗，难道天下的大位有可以自争而自得的吗？他最后被诸将所害，就是因为不揣度时势而以身犯难的结果。原来与他一同起兵的李轶尚且极力劝谏更始帝刘玄加害于他，何况其他人呢？

本事：《资治通鉴》卷三九《汉纪三十一·淮阳王》，更始元年（23）。

三　因天乘时而顺俟天命

王莽既诛，更始定都洛阳，赤眉帅樊崇将渠帅二十余人入见，安危存亡之大机也；于此失之，而更始之亡决矣。定天下之纷乱者，规模有可素定而未可全定也。莽之未诛，汉之力全注于莽；莽平，群盗方兴而未戢，固其所不豫谋者。一旦而莽诛矣，释其重忧而相庆以大定，猝然授以赤眉而不容其踌躕以审处，豫谋所不及矣。莽未诛，赤眉者，莽之赤眉也；莽已诛，赤眉者，汉之赤眉也。以新造之邦，代莽而受赤眉之巨难，周章失措而不知所裁；及其算失事败，而后知前此之疏。当其时，气乍盈而易弛，机至速而难留，善已乱者，俄顷定之而永靖，将谓其有不测之智勇，而不知非然也。神不偏注于所重，而固有余力以待变也。故撄大故，举大事，谋大功，敛精专气以求成者之非难；而大敌已灭，大事已决，大功已就，正天人交相责，而艰难萃于一人之身，此则中材以下者所不及谋，而大有为者立不拔之基，以应万变之迁流，权不可设而道则不穷也。

更始君臣，恶足以及此哉！其遣使谕降赤眉也，亦忧其不降耳；不知不降之不足忧，而降之之忧更大。然则无前定之道，无抑姑置赤眉而急自治；未能如圣哲之坐制于俄顷也，则无如缓之以俟其定。将天自有不测之吉凶，人自有猝然之离合，可降也而后降之，可讨也而后讨之，夫亦可谓因天乘时而顺俟天命矣。其始也，无余力以待之；其继也，又弗能姑置焉；更始之亡，所以决于樊崇之入见也。

【译文】

王莽被诛灭之后，更始帝刘玄定都于洛阳，赤眉军的统帅樊崇领着二十多个首领前来觐见，这实在是安危存亡的关键时机；错失了这一良机，更始帝的败亡就注定了。平定天下纷乱的人，规制格局有可以预先确定却未可完全预定的。王莽未被诛灭时，汉军力量全部倾注于王莽身上；王莽败亡之后，各地盗贼蜂起，方兴未艾，尚未平息，固然是更始帝所没有料想到的。一旦王莽被诛灭，去掉了沉重压力的汉军正在庆祝天下可以大定之时，猝然间碰上了赤眉军这个大敌，容不得略有迟缓以便仔细地审时度势，这是预先所没有谋划到的。王莽未死时，赤眉军乃是对付王莽的赤眉军；王莽已死之后，赤眉军便是对付汉军的赤眉军。以一个刚刚建立起来的政权，取代王莽承受赤眉军的巨大压力，一时间张皇失措，不知如何决断；到了因为失算而导致失败之后，才知道此前的疏忽。当此之时，士气满盈而容易松懈，机会来得太快却稍纵即逝，善于平定祸乱的人，顷刻间将其平息而能永保安定，别人必定会认为他有令人捉摸不透的大智大勇，而不知道实际上并非如此。如果精神不偏注于眼前所重之事，自然就会有余力以应对突发的变故。所以，面临大敌，发动大事，谋划大功时，专心致志、聚精会神以求得成功并不难；而当大敌已灭，大事已决，大功已成之后，正是天变与人事交相要求的关键时机，而所有的艰难均集于一人之身，这是中等以下才能的人所不能胜任的，只有大有作为的人可以于此建立坚不可摧的根基，以应付千变万化的形势，即使不预设权谋也不至于穷途末路。

更始帝君臣，哪里能够达到这种水平呢！他们派使者去劝赤眉军投降，也是担忧他们不投降；却不知道其不投降不值得忧虑，而投降之后的忧虑更大。既然没有预定的处置方略，还不如暂且置赤眉军于不顾，而抓紧时间整顿壮大自己；如果不能像圣明之人那样轻易制敌于顷刻之间，则不如暂缓一段时间以等待其稳定下来。因为上天自有其不可测度的吉凶，人自有其不可测度的离合，如果赤眉军可以降伏而后降伏之，可以讨伐而后讨伐之，这样也可以算是能乘有利时机而顺应天命了。在开始时，更始帝没有余力以应对赤眉军；后来，又不能暂且把敌手置于一边；他的败亡，就是在樊崇等前来觐见的时候已经注定的，其原因就在于此。

本事：《资治通鉴》卷三九《汉纪三十一·淮阳王》，更始元年（23）。

四　刘秀和刘备的道德优势

光武之拒更始，与昭烈之逐刘璋，一也；论者苛求昭烈，而舍光武，失其平矣。刘焉之于昭烈，分不相临，光武则固受更始大司马之命矣。更始起于汉室已亡之后，人戴之以嗣汉之宗社；刘焉当献帝之世，坐视宗邦之陵夷，方且据土而自尊。则焉父子有可逐之罪，而更始无之。如曰更始不能安位而存汉，则璋之弱，又岂足以保三巴而不授之曹操乎？然则以忠信坚贞之义相责，而昭烈有辞，光武无辞矣。

乃光武之不与篡逆同罚也，则固有说。更始之立，非光武兄弟之志也；张卬、朱鲔动摇人心而不能遏，则奉更始而君之，受其铁钺之赐，皆出于弗获已，而姑以自全。君臣之义，生于人心者也。天下方乱，君臣未定，无适主之分义，同兴讨贼之师，势均德齐而志不属。故更始不任为光武之君，拒之而心固不疚。义非外也，信诸心者，无大疚焉斯可矣。唯然，则光武可逸不忠之罚，昭烈可释不信之咎，皆非可执一切之信义以相纠者也，而于昭烈乎何诛？

【译文】

光武帝刘秀抗拒更始帝刘玄，与昭烈帝刘备驱逐益州牧刘璋，是完全一样的；议论的人苛求于昭烈帝，却放过光武帝，实在有失公平。益州牧刘焉与昭烈帝，在名分上没有上下之别，光武帝则早就接受更始帝的大司马之职了。更始帝起于汉室已亡之后，人们推戴他以继承汉朝的宗庙社稷；刘焉处在汉献帝时代，坐视国家衰亡，却致力于割据一方，自加尊号。那么刘焉父子有应被驱逐的罪过，而更始帝刘玄却没有。如果说更始帝不能安居其位而延续汉朝，那么刘璋的暗弱，难道足以保住三巴地区而不将之拱手送给曹操吗？既然如此，假如以忠信坚贞之道义相责求，则昭烈帝有理由，而光武帝却师出无名了。

可是光武帝刘秀不能与篡逆之人同受惩处，本来就有道理。更始帝刘玄被立为君，并不是出于刘秀兄弟的志向，而是由于张卬、朱鲔动摇人心，无法遏止，于是奉立刘玄为君，受其封爵赏赐，这些都出于万不得已，姑且以此保全自己。君臣之义，是从人的内心深处产生的。正当天下大乱之时，君臣名分未定，没有正统君主的名号和君臣之义，大家同兴讨贼之师，势力、德行均等而志向却不统一，不服相互统属。所以更始帝并非光武帝名副其实的君主，光武帝抗拒其命本来就于心无愧。君臣之义不是外在的东西，而是内心深处的真情实感，因而光武帝心中无愧疚是可以的，没有什么奇怪的。只有如此，光武帝才可以逃脱不忠的罪名，昭烈帝可以解除不讲信用的指责，这些都不是可以用一种不确定的信义加以指责的，而昭烈帝刘备有什么可以声讨和责备的呢？

本事：《资治通鉴》卷三九《汉纪三十一·淮阳王》，更始二年（24）。

五　更始之失，光武之资

更始不足以有为，史极言之，抑有溢恶之辞。欲矜光武之盛而掩其自立之非，故不穷更始之恶，则疑光武之有惭德也。乃若更始之亡也，则舍洛阳而西都长安也。当是时，赤眉在濮阳，城头子路、力子都在河、济间，［力子都，《后汉书·任光传》作“刁子都”。《通鉴》注云：《姓谱》：力，黄帝佐力牧，汉有力子都。今从之。］铜马、大彤等贼在燕、赵，李宪在淮南，天下所岌岌未定者东方也。而遽避劳趋逸，欲拥关以自固，则天下深见其不可恃，而竞扼其虚。顾欲长保故宫之富贵以自封殖，是犹狐兔倚窟以安，而韩卢腾踯于外，甫一出而必不免于获也。王莽诛，关中无事，隗（wěi）嚣委宗族而从己；于斯时也，得一重臣如寇恂者，镇抚长安而安集之，为洛阳之根本，而都洛以弹压山东，光武即解体于河北，其能遽收河内、下河东而无所顾畏邪？赤眉已降之余，不能驰骋任志如践无人之境，必矣。

盖更始所任为大臣者，类皆群盗之长，贪长安之富盛，而借口于复高帝之旧业以为廓清；其铮铮小异如朱鲔、刘嘉、鲍永之流，亦不胜盈廷謟訿之论；则塞颠当之户，耽燕雀之嬉，固其宜也。光武得士于崛起之中而任之，既无盗贼之习气；及天下甫定，复不以任三公，而别用深识之士；虚建西都，而定宅洛阳，以靖东方之寇；皆惩更始之失而反其道。老子曰："不善人，善人之资。"更始之失，光武之资也。

【译文】

更始帝刘玄不足以有所作为，史书极力渲染这种看法，其实或许其中不乏过分贬低之处。史家想夸耀光武帝的盛德而掩饰他自立为帝之过，因而若不穷究更始帝的罪恶，就会使人怀疑光武帝德行有亏。至于更始帝的败亡，则是由于舍弃洛阳而向西迁都长安（今西安）。当此之时，赤眉军在濮阳（今属河南），城头子路（即爰曾，字子路）、力子都在黄河和济水之间，［力子都，《后汉书·任光传》记载为刁子都。胡三省《资治通鉴注》中说："南朝齐人王俭《姓谱》记载：'力姓，黄帝时有佐臣力牧，汉代有力子都。'现在采用这种说法。"］铜马、大彤等起义军在燕、赵之地（今河北一带），淮南王李宪在淮河以南，天下所岌岌可危、尚未平定的地方乃是东方地区。而更始帝却急急忙忙地避劳趋逸，准备坐拥关中以图自固，于是天下人清楚地看到他不可依赖，因而竞相起来占据其空虚之地。本想长保旧朝宫殿的富贵以聚敛财富，这就像狐狸和兔子依赖窟穴来保护自己的安全，而外面有极为凶猛的名贵猎犬在奔腾跳跃，虎视眈眈，只要一出洞就必然会被捕获。王莽被诛灭以后，关中没有大的战事，割据陇上的隗嚣舍弃宗族来依附自己，此时，选派一位像寇恂那样的重臣去镇抚长安，安定那里的社会秩序，安抚百姓和聚集财富，作为洛阳的根本，而建都洛阳以弹压山东（今崤山或华山以东）地区，光武帝刘秀即使能从河北脱身，难道能够轻易地占领河内（今河南武陟西南）、攻克河东（今山西西南部）而无所顾忌吗？赤眉军已经投降之后，其残部不可能纵横驰骋如入无人之境，这是必然的。

大概更始帝所任用的大臣，基本上都是群盗的首领，贪图长安的富庶繁盛，而借口为了恢复汉高祖的旧业，特意前去肃清关中地区；其比较正直、持不同意见的大臣，如朱鲔、刘嘉、鲍永之流，面对满朝大臣损公利己的错误论调，徒唤奈何；这样，更始帝君臣自投于蜘蛛（颠当，一种小蜘蛛）之罗网，沉湎于燕雀之嬉戏，最终落得个身死国灭的下场，实在是理所当然。而光武帝在崛起过程中得到士人的拥戴并任用他们，这些人没有盗贼的习气；等到天下刚刚平定后，他又不再任用这些功臣做三公执掌大权，而是另外选用才识优异之士；他名义上以长安为西都，实际上则定洛阳为首都，以便就近平定东方的贼寇；这些做法，都是吸取了更始帝失败的教训，因而反其道行之。老子说："不好的人，乃是好人的借鉴。"更始帝的过失，就是光武帝的借鉴。

本事：《资治通鉴》卷三九《汉纪三十一·淮阳王》，更始二年（24）。

六　更始挑祸匈奴

匈奴之祸，至元、成之世而大息矣。东汉之初，因卢芳而大为中国害，非徒王莽之激之，抑更始挑之也。更始尸位于关中，赤眉横行于曹、濮，萧王异志于河北，公孙述割据于巴、蜀，斯时也，岂有德有威足以及匈奴；而轻以一介之使，循故事以求匈奴之顺己，召其侮而授之以嫚词，自取之矣。故严尤之谏，为王莽言也。伐之不可，和之不能，夷狄焉知仁义，势而已矣。更始之势，曾莽之不若，而欲匈奴修呼韩邪之已事，不度德，不量力，贻数十年边关之祸。陈遵者，洵妄人也。易世而后，微窦宪、耿秉之矫矫，汉其危矣。

【译文】

匈奴造成的祸患，到了汉元帝、汉成帝时代已经大大地缓解了。东汉初年，匈奴人又借助割据安定一带的卢芳，给中原造成了很大的威胁。这不但是王莽所激起的，而且是更始帝刘玄挑起的。更始帝居关中而尸位素餐，赤眉军在曹（今山东曹县）、濮（今河南濮阳）一带肆意横行，萧王刘秀在河北地区心怀异志，公孙述在巴、蜀地区割据称雄，此时，难道会有德有威足以镇服匈奴吗？可更始帝轻易地派出一介使臣，按照以前的惯例要求匈奴人顺从自己，结果招致了匈奴人的侮辱，而且授以轻侮的言辞，这实际上是自取其辱。所以严尤的谏言，是对王莽说的。既不可讨伐，又不能讲和，夷狄之人哪里懂得仁义，他们只认得实力。而更始帝的实力，还不如王莽，却想让匈奴仿效呼韩邪单于先前事奉汉朝那样称臣入觐，真是不测度自己的德行，不衡量自己的实力，留下了数十年的边疆祸患。受命出使匈奴的大司马护军陈遵，真是个无知妄为之人。东汉建立以后，如果没有英勇威武的车骑将军窦宪、执金吾耿秉率军大破北匈奴，汉朝就危险了！

本事：《资治通鉴》卷三九《汉纪三十一・淮阳王》，更始二年（24）。

光武

一　刘秀远过常人之处

昆阳之战，光武威震天下，王业之兴肇此矣。王邑、王寻之师，号称百万，以临瓦合之汉兵，存亡生死之界也。诸将欲散归诸城，光武决迎敌之志，诸将不从，临敌而挠，倾覆随之。光武心喻其吉凶，而难以晓譬于群劣，则固慨慷以争、痛哭以求必听之时也。乃微笑而起，俟其请而弗迫与之言，万一诸将不再问而遽焉骇散，能弗与之俱糜烂乎？呜呼！此大有为者所以异于一往之气矜者也。

寻、邑之众，且压其项背，诸将欲散而弗及，光武知之矣。知其欲散而弗及，而又迫与之争，以引其喧嚣之口，相长而益馁其气，则不争而得，争之而必不得者也。而且不仅然也。藉令敌兵不即压境以相迫，诸将惊溃而敌蹑之，王邑无谋，严尤不决，兵虽众而无纪，外盛而中枵（xiāo），则诸将溃败之余，敌兵骄懈，我乃从中起以乘之，夫岂无术以处此？而特不如今此之易耳。诸将自亡，而光武固不可亡，项梁死而高帝自兴，其明验已。一笑之下，绰有余地，而何暇与碌碌者争短长邪？

而尤不仅然也。得失者，人也；存亡者，天也；业以其身任汉室之兴废，则寻、邑果可以长驱，诸将无能以再振，事之成败，身之生死，委之于天，而非人之所能强。苟无其存其亡一笑而听诸时会之量，则情先靡于躯命，虽慷慨痛哭与诸将竞，亦居然一诸将之情也。以偶然亿中之一策，怀愤而求逞，尤取败之道，而何愈于诸将之纷纭乎？

天下之大，死生之故，兴废之几，非旷然超于其外者，不能入其中而转其轴。故武王之《诗》曰："勿贰尔心。"慎谋于未举事之前，坦然忘机于已举事之后，天锡帝王以智，而必锡之以勇。勇者，非气矜也，泊然于生死存亡而不失其度者也。光武之笑起而不与诸将争前却，大有为者之过人远也，尤在此矣。

【译文】

昆阳（今河南叶县）之战以后，光武帝刘秀威震天下，王业的中兴从此肇始。王邑、王寻所统率的新莽军队，号称百万，去攻打临时拼凑而成的汉军，这实在是光武帝生死存亡的关头。诸将想分散归守各城，光武帝下定决心迎敌，诸将如果不从，临阵而退，则汉军的覆亡必将接踵而至。光武帝刘秀心中明知吉凶祸福，却难以说服无知的诸将，这本来应是慷慨激昂地争论、痛哭流涕地请求他们听从自己安排的时候了。可刘秀却微笑而起，等待诸将的请求而不急着与他们说，万一诸将不再问他如何迎敌，而是惊慌失措、四散溃逃，刘秀能不与众人一起毁灭败亡吗？唉！这就是大有作为的人不同于只凭一时之气势行事的人的地方。

王寻、王邑的大军将要压迫到汉军的项背了，诸将迫不及待地想要散去，光武帝当然是知道的。如果他明知众将迫不及待地想要散去，却又急切地与他们争论，以引发其喧嚣之口的吵闹，众人恶言相加之后，必定更加惊恐，更加泄气，那么刘秀不与他们争论还可能得到众将相助，同心抗敌，若争论则必定不能得到众将齐心协力，共御强敌。而且不仅如此。假如敌兵不即刻压境以相逼迫，待汉军诸将四散溃逃后分头尾随追击，敌帅王邑有勇无谋，严尤优柔寡断，兵力虽多而没有纪律，外强而中干，那么在诸将溃败之余，敌兵骄傲懈怠，汉军于是从中乘机发动猛攻，打敌人一个措手不及，难道刘秀会没有办法应付这种局面吗？只不过是没有现在这么容易罢了。诸将自己灭亡，而光武帝本来就不可能灭亡，项梁死后汉高祖兴起，就是明证。光武帝一笑之下，心中已绰有余地，哪里顾得上与这些庸碌无为之徒争竞短长呢？

然而，事情还要更进一步理解。得失，取决于人；存亡，则取决于天；刘秀已经以自身承担起汉室安危兴亡的重任，则王寻、王邑即使果真可以长驱直入，汉军诸将即使真的没有能力再振作精神拼死一战，大业的成败，自身的生死，一概听命于上天，这不是人力所能勉强的。如果刘秀没有把生死存亡置之一笑完全听命于时运的气量，则其情感先为自身性命而消沉，即使慷慨陈词、痛哭流涕地与诸将争论，而且居然也统一了众将的思想，可是凭借这种偶然预料得中的策略，胸怀悲愤以求实现自己的志向，尤为自取败亡之道，比起诸将众说纷纭，各自为计，又能好多少呢？

天下之广大，死生之因缘，兴废之机遇，若不是旷然超脱于其外的人，就不能深入其中而掌握其关键。所以《诗经·大明》中记载周武王的话说："上天在监视着你们，好好打仗，不要有贰心。"未举事之前谨慎地谋划，举事之后坦然消除机巧之心，上天赐给帝王智慧，必定也赐给他们勇气。勇气，并非意气用事，而是淡泊于生死存亡而又不失其度。光武帝一笑而起，不与诸将争论进退，大有作为的人远远地超过常人之处，尤其表现在这里。

本事：《资治通鉴》卷三九《汉纪三十一·淮阳王》，更始元年（23）。

二　光武徇河北而王业定

怀王遣高帝入关，而高帝之王业定；更始遣光武徇河北，而光武之王业定。大有为者之初起，不欲躬为戎首，抑必藉人以兴；迨其威名已著，而追随于行队之间，则得失兴丧之枢，不任己而因人；稍欲持权，而祸已发于肘腋，宋义之所以死于项羽，伯升之所以死于李轶、朱鲔也。

然则项羽禁高帝不令入关，更始听朱鲔而拒刘赐之请，不委河北于光武，羽与更始，可以终保大位而无与争乎？

曰：不能也。禽之相制以气，人之相役以道，项羽有韩信、陈平而不能禁其不去，更始有隗嚣而不能服，无以役之也。藉令置高帝、光武于股掌之上，用之不能，杀之不可，羽与更始且自困于无术。三齐甫受封而旋叛，彭越、陈馀、英布翱翔桀骜以需时，王郎蜂起于河北，赤眉反戈而西向，羽与更始终无以固其位，而徒召乱于无已。尔朱兆且不能得之于高欢，况二帝之涵育者深乎！故以范增、朱鲔为忠谋者，愚也，无救于败而徒乱天下也。无御豪杰定四海之道，而操疑忌以困人，其亡愈速矣。

【译文】

楚怀王派遣汉高祖刘邦入函谷关，于是汉高祖的王业从此奠定；更始帝派遣光武帝刘秀收复河北，于是光武帝的王业从此奠定。大有作为的人初起时，不愿意亲自做起事的主谋、祸首，必须借助别人之力兴起；等到其威名已经卓著之时，如果仍然追随别人于行伍之间，则得失兴亡的关键，不掌握在自己手中，而是操纵在别人手中；只要稍微想掌握大一点的权力，灾祸就会起于肘腋之间，这就是宋义死于项羽之手，刘縯死于李轶、朱鲔之手的原因。

既然如此，那么项羽制止汉高祖入关，更始帝听从朱鲔的意见而拒绝刘赐的请求，不把河北地区交给光武帝刘秀，项羽和更始帝就可以终保大位而无人与其争夺了吗？回答是：不可能。禽类凭借气相互牵制，人类依靠道相互役使，项羽有韩信、陈平等奇才却留不住他们，更始帝有将才隗嚣却不能使其臣服，都是因为没有驾驭人才的办法。假如把汉高祖和光武帝置于股掌之上，既不能重用他们，又不能杀掉他们，则项羽和更始帝必将陷于自困的境地而无计可施。秦汉之际，三齐地区刚刚受封而随即反叛项羽，彭越、陈馀、英布各行其是、桀骜不驯以寻找时机随时反叛；两汉之际，王郎等义军蜂起于河北地区，赤眉军又反戈而向西进攻，项羽和更始帝最终没有什么办法来保住自己的地位，却只能招致无休无止的祸乱。北魏末年，尔朱兆尚且不能制服高欢，何况是像汉高祖和光武帝这样具有很深的涵养化育之功的人杰呢！所以，认为范增和朱鲔是为了尽忠于主人而出谋划策的观点，是愚蠢的。因为范、朱二人的计策不可能挽救其败亡的命运，只能使得天下更加陷入混乱。没有驾驭豪杰、平定四海的方法，却怀着猜疑妒忌之心打击、刁难别人，这种人必然灭亡得更加迅速。

本事：《资治通鉴》卷三九《汉纪三十一·淮阳王》，更始元年（23）。

三　帝王之道，不用权术

王者代天而行赏罚，参之以权谋，则逆天而天下不服，非但论功行赏、按罪制刑于臣民也。武王封武庚于东国，不得不封也，天也；周公相成王诛武庚，不得不诛也，天也。三代以上，诸侯有道，天下归之，则为天子；天子无道，天下叛之，退为诸侯。武庚宜侯者也，不得不封；武庚宜安侯服，而欲复干天命，不得不诛。既代天以赏罚，则洞然与四海公其衮钺，而无所委曲于操纵以为驾驭之术。苏洵氏唯不知此，故以权术测王者之举动，而成乎小人之邪说。

王郎遣杜威纳降，威为郎请万户侯封，光武曰："顾得全身可矣。"刘恭为盆子乞降，恭问所以待盆子者，帝曰："待以不死耳。"大哉王言！奉天以行赏罚，而意智不与焉，斯乃允以继天而为之子。王郎者，妖人也。妖人倡乱，不可不诛；以其降而姑贳（shì）之，终拒其降而斩之，以惩天下之妖妄，而天下定。盆子者，愚而为人立者也。愚且贱，而欲干天位也，可诛；非其志而听命于人也，可宥；待以不死，而授之散秩以养之，义正而仁亦裕矣。所尤难者，光武决于一言，而更无委曲之辞以诱之，明白洞达，与天下昭刑赏之正，故曰：大哉王言，体天无私而为之子也。

为权术之说者则不然，心恶之而姑许之，谓可以辑群雄之心，使刘永之俦，相仍而革面。独不见唐高祖之待李密，其后竟如之何也？狙诈兴而天下相长以伪，故终唐之世，藩镇倏叛倏服，以与上相市，而兵不可戢。然则权者非权也，伪以长乱而已矣。《汤诰》曰："有罪不敢赦，帝臣不蔽，简在帝心。"诚帝心也，岂忧天下之有不服哉？何所葸（xǐ）畏而与人相为驵侩乎！故言权术以笼天下者，妾妇之智而已矣。

【译文】

帝王代上天行使赏罚，如果在其间参用权谋，则会违背天意因而使天下不服，所以帝王不仅是对臣民论功行赏、按罪制刑，也是对自己行使赏罚之权。周武王封殷纣王的儿子武庚于东方，这是不得不封的，因为是天意；周公旦辅助周成王诛杀了武庚，也是不得不诛杀的，因为是天意。夏、商、周三代以前，诸侯如果有道，天下人都归附他，则做天子；天子如果无道，天下人都背叛他，则退位降为诸侯。武庚是应当封侯的，因而不得不封；武庚应当安心于侯服之地，可他却想再次冒犯天命，发动叛乱，因而不得不被诛灭。既然代天以行赏罚，则应当毫不忌讳地公布其赏罚于天下，而不应当有所隐瞒、使用秘谋来作为驾驭臣下的手段。苏洵不懂这个道理，因而用权术窥测帝王的举动，他的《权书》最终沦为小人的异端邪说。

王郎派遣其谏议大夫杜威向光武帝请降，杜威请求封王郎为万户侯，光武帝说："王郎只要能保全性命就足够了。"刘恭为刘盆子请降时，问光武帝将如何对待刘盆子，光武帝说："保证他不被处死罢了。"光武帝的回答太伟大啦！尊奉天命以行使赏罚，而自己的意志不掺入其中，这样才能真正公允地执行天命而为天子。王郎，是个妖人。妖人发起叛乱，不可不杀；光武帝因为他投降而姑且赦免他，可他最终拒绝投降，因而诛杀他，以惩戒天下的妖妄之人，于是天下得以安定。刘盆子，是个愚蠢而被别人所拥立的人。他愚蠢而且卑贱，却妄想登上天位，称孤道寡，实在是可杀；念起他本无其心而被迫听命于人，可以宽大处理；许诺不处死他，并且授给他闲散官职以度其余生，可谓是合乎大义而足够仁慈了。尤其难得的是，光武一言九鼎，断然决然，再也没有用婉转的言辞来引诱对方，明白洞达，昭示刑罚和赏赐的正当性于天下。所以说：光武帝的回答太伟大了，他能够公正无私地执行天命而做天之子了。

主张使用权术的人则不然，心里憎恶对方却姑且答应他，说是可以安定群雄之心，使梁王刘永之类的人能够相继归降而洗心革面。难道没有看到唐高祖以此法对待李密，其后来结果如何吗？狡猾诡诈的权术兴起，则天下作伪之风越来越盛，所以在整个唐代，藩镇忽叛忽降，反复无常，以与朝廷讨价还价，于是战乱长期无法平息。由此看来，权术并不是权衡之术，而只不过是引导人作伪以致挑起祸端罢了。《尚书·汤诰》（当为《论语·尧曰》）中说："有罪的人我不敢擅自赦免，天帝的臣仆我也不敢掩蔽，都由天帝的心来分辨、选择。"如果天帝之心是诚挚的，难道还会忧虑天下有人不服从吗？究竟是因为畏惧什么而在与人相处时做市侩交易呢？所以，主张以权术来笼络天下的人，只不过是有着妾妇之智罢了。

本事：《资治通鉴》卷三九《汉纪三十一·淮阳王》，更始二年（24）；卷四一《汉纪三十三·光武帝》，建武三年（27）。

四　光武不以私怨而废大公

冯异招李轶于洛阳，轶报曰："千载一会，思成断金。"异斩武勃，轶闭门不救，是宜受其款而洛阳可速下也。光武则宣露其书，使朱鲔杀轶。轶本与伯升俱起，谄事诸将，忌伯升而谮杀之，光武欲得而甘心久矣。轶死，而洛阳之围经年始拔，事有宁劳而不贪近功以申大义者，此是也。乃杀伯升者，朱鲔之本志，轶特徇鲔而从之者尔。帝之于鲔也，使岑彭说之曰："举大事者，不忌小怨，鲔降，官爵可保，河水在，吾不食言。"鲔降而拜将军，封列侯，传封累世。同怨而异报，达于理者之制恩怨，非常情之所可测也如此。

虽然，亦恶有不可测哉？伯升初起，始发于李轶，迎光武而与建谋，则轶固光武兄弟所倚为腹心也。更始立，朱鲔、张卬暴贵，轶遽背而即于彼。因势而迁者，小人之恒也，亦何至反戈推刃而无余情哉？及光武初定河北，始有入关之志。更始委三十万之重兵于轶守洛阳，而李松甫败于赤眉，轶又窥长安之不固而思附光武，觍然纳断金之言而不惭。光武曰："季文多诈，不能得其要领。"特假手于鲔以杀之，而讨犹未伸，非可以鲔例之也。

鲔起于平林，先光武以举事，与伯升未有交也；奉更始而为更始谋杀伯升者，亦范增之愚忠耳。更始之诸将，类皆贼也，而鲔独异。杀伯升，留光武而不遣，知有更始而不恤其他；诸将挟功而欲自王，更始弗能违也，鲔独守高帝之约，辞胶东之封；受命守洛，百战以与寇恂、冯异争死生之命；及长安破，更始降于赤眉，洛阳孤立无援，且坚壁固守，以杀伯升为惭而不降。故通更始之廷所可与有为者，唯鲔一人而已。于事君之义，立身之耻，殆庶几焉。藉令光武以怨轶者怨鲔而拒戮之，则以私怨而废天下之公，且将奖人臣之操异志以介从违，而何以劝忠乎？子曰："以直报怨。"直者，理而已矣，于轶何可忘，而于鲔何容芥蒂也。

【译文】

冯异围攻洛阳时招降守将李轶，李轶回信说："咱俩千载一会，我希望同心合作，义可断金。"冯异斩杀武勃于洛阳城外，李轶却关闭城门不予援救，这时应当接受李轶的投降，如此则洛阳很快就可以拿下。而光武帝却向外界透露了李轶的书信，使朱鲔派人刺杀了李轶。李轶本来与刘縯一同举事，却谄媚诸将，忌恨刘縯，并进谗言劝更始帝杀害了刘縯，光武帝早就想得而诛之，以便为哥哥报仇了。李轶死后，刘秀的军队围攻洛阳一年多才攻克，事情有宁愿多费周折以申明大义而不愿急功近利的，正是这种情况。至于杀害刘縯，乃是出于朱鲔的本心，李轶只不过是顺从于朱鲔的意见，拍马溜须罢了。光武帝对于朱鲔，则派岑彭劝告他说："举大事的人不忌恨小怨，朱鲔只要投降，官爵可保，有黄河为证，只要黄河水存在，我绝不食言。"朱鲔投降后被拜为将军，封列侯，传封数代。同样的怨仇却有不同的回报，通达事理的人对待恩怨的态度，竟是如此的令常人觉得莫测高深。

尽管如此，难道真的有什么不可测度的吗？刘縯初起，就发端于李轶，李轶奉从兄李通之命迎接光武帝刘秀，与他商定了起兵的详细计划，可见李轶本来就是光武帝与刘縯兄弟所倚重的心腹。更始帝登基以后，朱鲔、张卬骤然显贵，李轶马上背弃刘縯兄弟而投靠新贵。见风使舵，本来就是小人的常情，又何至于反戈相向、操刀相残而丝毫不记前情呢？到光武帝初步平定河北后，才有了打进关中的念头。更始帝交给李轶三十万大军守卫洛阳，而李松刚刚被赤眉军击败，李轶便窥测到长安无法固守因而想投靠光武帝，并厚颜无耻地向光武帝表示了同心合作、义可断金的誓言。光武帝说："李轶（字季文）诡计多端，无法得知其真实意图。"于是特意借朱鲔之手杀死了李轶，可对他的声讨还没有伸张，真是死有余辜，并不能与朱鲔的情况相提并论。

朱鲔起兵于平林（今湖北随州东北），在光武帝之前起义，与刘縯兄弟没有交情；他拥戴更始帝因而为更始帝献计杀死刘縯，这也如同范增对项羽的愚忠罢了。更始帝的部下诸将，基本上都是盗贼出身，只有朱鲔例外。朱鲔建议杀掉刘縯，留光武帝刘秀在更始帝身边而不同意派他巡行河北地区，这是心中只有更始帝而不顾其他；诸将自恃有功而想称王，更始帝无力阻止，只有朱鲔遵守汉高祖不许封异姓为王的规定，辞去了胶东王的封号；他奉命守卫洛阳，连续作战上百次以与寇恂、冯异争胜负；到长安被攻破后，更始帝向赤眉军投降，洛阳孤立无援，朱鲔尚且坚壁固守，觉得杀刘縯有愧而拒不投降。所以，在整个更始朝廷，所可与其一道有所作为的，只有朱鲔一人而已。他于事奉君主的大义，立身处世的荣辱，差不多做得很好了。假若光武帝像怨恨李轶那样怨恨朱鲔，拒绝其投降而后诛灭他，这就是为了私怨而废天下之大公，而且将会鼓励人臣心怀二志以见风使舵，谋取好处，如此还怎么劝人忠诚呢？孔子说："以直报怨，以德报德。"所谓的直，就是指其中蕴含的道理罢了，对于李轶的仇怨，如何可以忘记；而对于朱鲔的仇怨，又如何能心存芥蒂呢？

本事：《资治通鉴》卷四〇《汉纪三十二·光武帝》，建武元年（25）。

五　天性之贞，拔于流俗

效卓茂之为，可以化今之人乎？曰：何为其不可也。效卓茂之为，遂可以化之乎？曰：何为其可也。所以然者何也？素履无咎，居心无伪，而抑于大节不失焉，则行之也，和顺而无矫物之情，笃实而不期功名之立，动之以天而物弗能违矣。非然，则严诩之以乱颍川者，所谓"乡原德之贼也"。王莽之当国，上下相率以伪，效茂之迹以夸德化者，非直一严诩也；莽皆乐推之以诱天下，彼亦乐附莽而成其利达。莽居摄而茂以病免，名不照于当时，而莽无求焉。自拔于流俗，而居约以自污，敦实行而远虚名，茂自此远矣。

且其谕部民之言曰："人所以群居不乱异于禽兽者，以有仁爱礼义，知相敬事也。"扩愚贱之昏瞀（mào），而示以天理流行之实，夫岂托迹宽仁以干誉者之所能及此乎？茂唯有此，虽无皦皦之名，而志终不降；虽违物情之顺，而不爽天性之贞。自非然者，恭而谄，宽而弛，朴而鄙，无得于心，不全其大，徒饰为从容平易之容，石建以之猎显名厚实，而不保其子之令终。天不可罔，人固不可重欺也。故欲学茂者，无但求之事为之迹也。

【译文】

效法卓茂的做法，可以教化今天的人吗？回答是：为什么不可以呢？那么就是说，效法卓茂的做法，可以教化人了？回答是：为什么可以呢？为什么这样说呢？因为平日行事没有过错，居心不虚伪，而且不失大节，则效法卓茂的做法，平和柔顺而又没有矫揉造作之情，忠诚笃实而不期望荣立功名，依照天命行事则外物不能违背他。相反，西汉末年颍川太守严诩导致混乱的，就是孔子所谓的"乡愿是败坏道德之人"。王莽当权时，上下相率作伪，效法卓茂的事迹以夸耀道德教化的，不止一个严诩；王莽很乐意把他们都推举出来以诱惑天下，这些人也乐得依附王莽从而飞黄腾达。王莽摄政时卓茂因病被免职，因为他当时名声不显赫，而王莽对他也无所求，就没有再征召他。卓茂自己主动摆脱流俗的羁绊，而甘于贫贱，甚至不惜自污其名，注重实行而远避虚名，卓茂从此远离虚名之累了。

而且卓茂劝告属下百姓说：“人之所以能够群居不乱与禽兽不同，就是因为有礼义仁爱，知道相互尊重。”开阔愚昧贫贱之民昏暗封闭的思想，而向他们展示天理流行的事实，这难道是那些假借宽厚仁慈的行迹以沽名钓誉的人所能做到的吗？卓茂正是因为能够如此行事，虽然没有清白的名声，但志向始终不改；虽然违背了事物的自然情理，却不损害天性的忠贞。本来达不到这种境界的人，恭谨而失于谄媚，宽大而失于放纵，朴实而失于鄙陋，对卓茂的言行不能真正地有所领会，也不能保持其中的主要部分，只是装成一副从容平易的样子，郎中令石建就是因此猎取了显赫的名声、丰厚的利益，却不能保其子孙，使其得以善终。上天不可以愚弄，人也本来就不可以自欺欺人。所以，想要学习卓茂的人，不要只求仿效他的行迹。

本事：《资治通鉴》卷四〇《汉纪三十二·光武帝》，建武元年（25）。

六　在贫如富，在贱如贵

鲍永、冯衍审知更始之亡而后降，正也。然既已事主不终，纳款以免战争攻守之祸，岂更有无妄之福可容其觊望乎？鲍永以立功而受封，虽可受之而无疚，要亦听新主之自为予夺耳。冯衍曰："天命难知，人道易守，守道之臣，何患死亡。"苟知此矣，在贫如富，在贱如贵，悠游卒岁，俟命而无求，岂不成乎大丈夫哉！而怏怏失志，移怒忿于妻子，抒怨怼于文辞；然则昔之阻孤城、抗大敌而不降者，正留一不挑之节，为夫死更嫁之地，衍之生平，败于此矣。光武终废而不用，不亦宜乎！

【译文】

鲍永、冯衍审慎地确认更始帝已死而后向光武帝投降，这是正确的选择。然而，既然已经不能事奉君主到底，纳款投降以免百姓受战争攻守之祸，难道还会有无妄之福可容自己觊觎吗？鲍永因为立功而受封，虽然可以受之而心中无愧，但关键也是要听从新君有关刑赏的决定了。冯衍说："天命难以知晓，人道容易坚守，坚守正道大义的臣子，何患死亡？"如果真的懂得这个道理，在贫穷的时候就像富裕时一样，在卑贱的时候就像显贵时一样，悠闲自在地度过岁月，听天由命，清心寡欲，难道不就成为大丈夫了吗！可是冯衍在归降刘秀后不受重用，感到怏怏不得志，迁怒于妻儿老小，作《显志赋》抒发怨恨情绪；既然如此，则昔日坚守孤城、抗拒大敌而誓不投降的作为，正是以无可挑剔的气节，转化为夫死改嫁的境地，冯衍的一生，就是败坏在这里。光武帝始终将他废置不用，不是很合适吗？

本事：《资治通鉴》卷四〇《汉纪三十二·光武帝》，建武二年（26）。

七　彭宠首鼠两端，光武刻薄寡恩

光武之处彭宠，不谓之刻薄而寡恩，不得矣。王郎之乱，微耿况与宠之力不及此。天下粗定，置宠若忘，而以年少骄躁之朱浮位于其上，宠恶能不怨邪？泄浮之奏以激宠，使速反而殪（yì）之，诚不知光武之何心？意者宠之初发突骑助光武讨王郎，宠无固志，特为吴汉、王梁所胁诱，而耿况、寇恂从臾之，以此有隙焉，而虽功亦罪乎？夫天下竞起，疑王疑帝，岂易测之于风尘之下；既有功于己而拯其急，则固未可忘也。光武能忍于反侧子而不能忍于宠也何邪？

乃宠之不得其终也，亦有以自取矣。耿况之始归光武，亦寇恂决之也；乃既决于听恂矣，则遣其子弇亲将而来，称帝之议，弇无所避而密陈之，故寇恂虽见委任，而不能掩况父子之输忠。宠弗然也，从汉与梁之策，即遣汉与梁任之，资以兵众，而成汉与梁之丰功，宠无与焉。汉与梁驰驱于中原，而己晏坐于渔阳，何其不自树立，倒柄以授人邪？宠之愚不应至是，则宠有犹豫之情可知矣。光武而兴，则汉与梁为己效功；光武而败，则汉与梁任其咎，而己犹拥郡以处于事外。呜呼！处乱世，拥重兵，势不可以无事，非儒生策士徘徊顾虑之时也。虑未可以委身，则窦融虽后至而无猜；审可以托迹，则得丧死生决于一念；若其姑与之而留余地以自处，犯英主之大忌，受群言之交摘，未有能免者也。《易》曰："需于泥，致寇至。"敬慎且危，而况悍妻群小之交煽乎？乱世之去就，决之以义而已；义定而守之以信，则凶而可以无咎。需者事之贼，非欲其躁也，无两端以窥伺之谓也。宠之不免，非旦夕之故矣。虽然，略其心，纪其绩，以不忘患难之初心，则物自顺焉。光武之刻薄寡恩也，不得以宠之诈愚而谢其咎也。

【译文】

光武帝刘秀对待彭宠的做法，不称之为刻薄寡恩，是说不过去的。王郎之乱，如果没有耿况与彭宠大力相助是无法平定的。天下刚刚平定，光武帝就把彭宠放在一边，似乎已经遗忘了，却把年少骄躁的朱浮提拔在彭宠之上，彭宠怎么能不怨恨呢？故意泄露朱浮的奏章以激怒彭宠，使他迅速反叛而诛灭之，实在不知道光武帝是何居心！或许彭宠当初征发幽州突骑帮助光武帝讨伐王郎时，并没有坚定的信念，只是因为被吴汉、王梁所胁迫引诱，而耿况、寇恂又跟在后面怂恿他才发兵的，因此产生了隔阂，于是虽然有功也是罪过吗？可是，当时天下的豪杰蜂拥而起，纷纷称王称帝，难道容易在滚滚风尘之中认清刘秀这个"真龙天子"吗？既然彭宠为自己立过大功，解救过自己的危难，则本来就不应当忘记他。光武帝能够容忍反侧子（即投降之人）却不能容忍彭宠，究竟是因为什么呢？

彭宠不得善终，也有自取其祸的因素。耿况当初投靠光武帝，也是寇恂决定的；他决定听从寇恂的意见以后，立即派遣自己的儿子耿弇亲自统兵而来，光武称帝之议，耿弇无所回避而密陈自己的意见，因此寇恂虽得重用，却不能掩盖耿况父子对光武帝的忠诚。彭宠则不然，他接受了吴汉和王梁的计策后，就派遣吴汉与王梁为将，拨给他们军队，结果成全了吴汉和王梁荣立大功，彭宠自己却没有份儿。吴汉和王梁驰骋于中原，而彭宠自己安坐于渔阳郡（今北京一带），他为什么不亲自出马建树功勋，反而把刀柄交给别人呢？彭宠还不至于愚蠢到这种程度，显然他心中有犹豫不决之情存在。大概彭宠的如意算盘是：如果光武帝刘秀成功了，则吴汉和王梁为自己挣得一份功劳，因为他们是自己派出的；如果光武帝失败了，则吴汉与王梁承担罪责，而自己还可以继续控制渔阳郡以置身于事外。唉！处在乱世，拥有重兵，势必不可能无事，这并非儒生策士徘徊顾虑之时。如果忧虑光武帝不可以委身事奉，则窦融虽然后来归降却不被猜忌；审视是否可以托身的迹象，则得失生死决于一念之间；像彭宠那样姑且投靠刘秀而又留余地以自处，是犯了英明君主的大忌，受到舆论的轮番指责，最终没有能够幸免的。《周易·需卦》的爻辞说："在泥沼中等待，导致贼寇到来。"恭敬谨慎尚且有危险，何况悍妻群小交相煽风点火呢？身处乱世时的去与就，以大义来决定就可以了；大义已定而以信用坚守，则虽卦象凶险却可以无祸。需，也就是等待观望，乃是事业成功的大敌，这并不是要让人们急躁，而是指不要首鼠两端、见风使舵。彭宠的悲剧，并非一朝一夕形成的。尽管如此，但是如果不苛求其心迹，而表彰其功绩，以不忘患难之初心，则情理自顺。光武帝的刻薄寡恩，是不能以彭宠奸诈、愚蠢为借口而推托其应受之谴责的。

本事：《资治通鉴》卷四〇《汉纪三十二·光武帝》，建武二年（26）。

八　光武以柔道取天下

光武之得天下，较高帝而尤难矣。建武二年，已定都于洛阳，而天下之乱方兴。帝所得资以有为者，独河北耳。而彭宠抑叛于幽州，五校尚横于内黄。关以西，邓禹虽入长安，赤眉环绕其外，禹弗能制焉。郾（yǎn）、宛、堵乡、新野、弘农，近在咽颊之间，寇叛接迹而相为牵制，不异更始之在长安时也。刘永、张步、董宪、苏茂，横亘东方，为陈、汝眉睫之患；隗嚣、公孙述姑置而可徐定者勿论焉。其视高帝出关以后，仅一项羽，夷灭之而天下即定。难易之差，岂不远哉？

或曰：项羽，劲敌也，赤眉、五校、刘永、张步、董宪、苏茂、董䜣、苏况、隗嚣，皆非羽伦，则光武易。夫寇岂有常哉？项羽之强也而可使弱，弱者亦何不可使强也。曹操虑袁绍之难平，而卒与争衡者周瑜之一隅；苻坚荡慕容、姚氏之积寇，而一败不支于谢玄之一旅。时之所兴，势之所凑，人为之效其羽翼，天为之长其聪明，燎原之火，一爝（jué）未灭，而猝已焚林，讵可量邪？且合力而与争者一途，精专志定，无旁挠焉，而恶得不易！分势而四应者杂起。左伏右起，无宁日焉，而恶得不难！使以高帝荥（xíng）阳之相持，而遇光武丛生之敌，乘间捣虚而掣其后，羽不待约，而人为之犄角，高帝不能支矣。则甚矣光武之难，而光武之神武不可测也。

乃微窥其所以制胜而荡平之者，岂有他哉？以静制动，以道制权，以谋制力，以缓制猝，以宽制猛而已。帝之言曰："吾治天下以柔道行之。"非徒治天下也。其取天下也，亦是而已矣。柔者非弱之谓也，反本自治，顺人心以不犯阴阳之忌也。孟子曰："行法以俟命。"光武其庶几乎！高帝之兴，群天下而起亡秦，竞智竞力，名义无所伉，人心无所惑也。光武则乘思汉之民心以兴，而玄也、盆子也、孺子婴也、永也、嘉也，俱为汉室之胄，未见其分之有所定也。苟有分义以相摇，则智力不足以相屈，故更始亡而故将犹挟以逞志。然则光武所以屈群策群力而独伸焉者，舍道其何以哉？天下方割裂而聚斗，而光武以道胜焉。即位未久，修郊庙，享宗祖，定制度，行爵赏，举伏湛，征卓茂，勉寇恂以绥河内，命冯异使抚关中，一以从容镇静结已服之人心，而不迫于争战。然而桀骜强梁之徒，皆自困而瓦解。是则使高帝当之，未必其能耆定如此也。而光武之规模弘远矣。

呜呼！使得天下者皆如高帝之兴，而无光武之大猷承之于后，则天下后世且疑汤、武之誓诰为虚文，而唯智力之可以起收四海。曹操何所惮而不为天子，石虎、朱温亦何能寒海内之心而不永戴之哉？三代而下，取天下者，唯光武独焉，而宋太祖其次也。不无小疵，而大已醇矣。

【译文】

光武帝刘秀取得天下，比汉高祖刘邦取天下要难得多。建武二年（26），光武帝已经定都于洛阳，而天下的战乱正处于非常激烈的时期。光武帝当时所能利用以有所作为的地盘，只有河北地区。可是，彭宠又在幽州（今北京）反叛刘秀，五校起义军尚在内黄（今属河南）横行。在函谷关以西地区，邓禹虽然占领了长安城，可赤眉军环绕其外，邓禹无力制服。郾（今河南漯河市郾城区）、宛（今河南南阳）、堵乡（今河南方城）、新野（今河南新野）、弘农（治今河南灵宝）等地，近在洛阳咽颊之间，敌寇和叛贼频繁出没，极大地牵制着刘秀，这种形势不亚于更始帝在长安时所遇到的困难。刘永、张步、董宪、苏茂等人横行于东方，成为陈留郡、汝南郡迫在眉睫的祸患；隗嚣、公孙述等可以暂且置之不理的还不论。这种局面，比起当年汉高祖出关以后，强敌仅有一个项羽，消灭了他以后天下就平定了，其难易程度难道相差得不远吗？

有人说：项羽乃是劲敌，赤眉军、五校军、刘永、张步、董宪、苏茂、董䜣、苏况、隗嚣等人，都无法与项羽相比，所以光武帝较为容易。敌寇的势力难道能够长期保持不变吗？项羽的强盛可以削弱，而弱者又为什么不能变强呢？曹操担心袁绍难以平定，而最终与他争衡的却是东南一隅的周瑜；苻坚荡平了强大的慕容氏和姚氏等宿敌，结果却在淝水之战中，以百万大军被谢玄的八万晋军击败，从此一蹶不振。时势要其兴起，大势所趋，人们都愿意为之羽翼，上天也为之增长聪明才智，就像燎原之火，一炬尚未熄灭，而大火已经焚毁了大片的森林，难道可以估量吗？况且，如果合力与自己争斗的对手只有一个，则可以专心致志，全力以赴，没有别的干扰，怎么能不容易！如果分散势力与我争斗的对手有很多，分布在四面八方，左伏右起，就无有宁日了，则怎么能不难呢！假如汉高祖在荥阳与项羽相持时，遇上了刘秀所面对的丛生之敌，这些敌手乘机捣其虚弱而掣其肘腋，不待项羽相约，而有人主动替他作犄角作为配合，则汉高祖必然无法支撑下去。可见，光武帝所遇到的困难真是太多、太严重了，而光武帝的英明神武也实在是太不可思议了。

如果仔细地探究光武帝克敌制胜、荡平群寇的策略，难道还有别的因素吗？只不过是以静制动、以道制权、以谋制力、以缓制急、以宽制猛罢了。光武帝自己说："我治理天下用的是柔术。"不仅仅是治理天下，他夺取天下用的也是柔的策略。所谓柔，并不是指弱，而是指返归本源，自我整顿，顺应人心从而不犯阴阳之忌。孟子说："君子依法行事，其结果等待命运决定罢了。"光武帝大概差不多达到这一境界了吧！汉高祖兴起时，率领天下人起来推翻秦朝的暴政，大家施智竞力，名义上无人能够相抗衡，人心也没有什么可疑惑的。光武帝则是利用民心思汉的时势而兴起，可是刘玄、刘盆子、孺子婴、刘永、刘嘉等，都是汉朝宗室的后代，看不出来君臣的名分已经确定。只要有名分与大义以相互动摇，则智慧与才能不足以屈服别人，所以更始帝死后其部将仍能挟持他的名分与大义以实现自己的野心。既然如此，那么光武帝之所以能胜过群雄的计策和力量，而独自取得成功，除了道还能有什么呢？当天下正在被割裂而争斗不休之时，光武帝刘秀却以道取胜了。他即位不久，便整修郊庙，祭祀祖宗，建立制度，实行爵赏，举荐任用伏湛，征召卓茂，勉励寇恂安定河北地区，任命冯异安抚关中地区，完全凭借从容镇静团结已经归服的人心，而不急于争战。但是，那些桀骜不驯、凶狠残暴之徒，都自己陷入困境而趋于瓦解。如果让汉高祖面临这种局面，他未必能够像光武帝这样平定天下。光武帝的才具气概真是太广大深远啦！

唉！假如取得天下的人都像汉高祖那样兴起，而没有光武帝的雄才大略继之于后，则天下后世必将会怀疑《尚书》中有关商汤、周武王的《汤誓》《泰誓》是虚假的文书，而唯有才能和实力可用以征服四海，夺取天下。曹操忌惮什么而不做天子呢？后赵石虎、后梁朱温为什么能够使海内的民众心寒而永不拥戴他们呢？夏、商、周三代以后，夺取天下的人，只有光武帝是最独特的，而宋太祖赵匡胤位居其次。他们虽然不无小的毛病，但从总体上来看还是很纯正的。

本事：《资治通鉴》卷四三《汉纪三十五·光武帝》，建武十二年（36）。

九　善用兵者，知时而已

赤眉之弃长安、西走安定，非邓禹之力能驱之也，食尽而旁掠，固不以安定为终焉之计，而必返乎长安。邓禹不乘其有可溃之势，蹑其后以蹙之，而入长安晏坐以待其归，河决痈溃，容可御乎？于是退之云阳，士气已馁，而还攻之于坚城之下，其败宜矣。故善用兵者，知时而已。赤眉食尽，引兵东归，时异乎昔，则唯扼之于险而可制其死命。禹乃违光武之令，就关内而与争，何昔之怯而今之忿也！

然光武终能遏之于宜阳而尽降之，曾不恤归师勿掩之戒，塞决河而敛溃痈，则又何也？严阵以待，求战不得，求走不能，弗犯其锋，稍迟之而气即馁矣。帝以持重而挫其方决之势，禹以持重而失之方溃之初，相时之变，定几于顷刻，非智之所能知、勇之所能胜。岳鹏举曰："运用之妙，存乎一心。"心不忘而时自应于其会，此未可以一成之论论之也。

【译文】

赤眉军放弃长安，西走安定郡（治今宁夏固原），并不是因为邓禹的力量足以驱逐他们，而是因为粮食用尽，不得不到外地掳掠，他们本来就没有以安定为最终的目标，而是必定要返回长安。邓禹不乘敌人有可溃之势的良机，跟踪追击以逼迫他们，反而进入长安安坐着等待赤眉军返回，就像黄河决口、脓疮破裂一般，还能够抵御得了吗？于是，邓禹率军败退至云阳（今陕西淳化），士气已经消沉，却又回师坚城之下进攻赤眉军，他的失败是应该的，罪有应得。所以善于用兵的人只不过是知时务而已。赤眉军粮食用尽，退兵东归，其形势与以前已大不相同，这时汉军唯有坚守险要地段以拦截赤眉军，才能制其死命。邓禹却违背光武帝的命令，在关内与赤眉军争斗，为什么以前那样胆怯而现在如此愤怒、冲动呢？

然而，光武帝最终能够把赤眉军遏止于宜阳（今属河南），而且完全降服了他们，不曾顾及"归师勿掩"的戒律，如同堵塞决口的河堤，收敛溃破的痈包一样，这又是为什么呢？因为他严阵以待，赤眉军求战不成，求走不能，不必交战，只要稍微拖一段时间，赤眉军的士气就一落千丈，斗志锐减。光武帝因为持重而挫败了敌军像黄河刚刚决口时的气势，邓禹因为持重而错失良机于敌军刚刚溃败之时，看准形势的变化，在顷刻之间作出决断，并不是一般人智力所能知晓、勇气所能胜任的。岳飞说："兵法的运用之妙，存于一心。"对此牢记不忘，时候到了，自然就能把握住机会，这是不能用一成不变的观点来讨论的。

本事：《资治通鉴》卷四三《汉纪三十五·光武帝》，建武二年（26）。

一〇　奖重厚之吏，抚难驭之众

所贵乎史者，述往以为来者师也。为史者，记载徒繁，而经世之大略不著，后人欲得其得失之枢机以效法之无由也，则恶用史为？

光武之始徇河北，铜马诸贼几数百万；及破之也，溃散者有矣，而受其降者数十万人。斯时也，光武之众未集，犹资之以为用也。已而刘茂集众十余万而降之于京、密；朱鲔之众且三十万而降之于洛阳；吴汉、王梁击檀乡于漳水，降其众十余万于邺东；五校之众五万人降之于羛（xī）阳；余贼之拥立孙登者五万人，降之于河北；赤眉先后降者无算，其东归之余尚十余万人，降之于宜阳；吴汉降青犊，冯异降延岑、张邯之众，盖延降刘永之余，王常降青犊四万余人，耿弇降张步之卒十余万；盖先后所受降者，指穷于数。战胜矣，威立矣，乃几千万不逞之徒听我羁络，又将何以处之邪？高帝之兴也，恒患寡而亟夺人之军，光武则兵有余而抚之也不易，此光武之定天下所以难于高帝也。

夫民易动而难静，而乱世之民为甚。当其舍耒而操戈，或亦有不得已之情焉，而要皆游惰骄桀者也。迨乎相习于戎马之间，掠食而饱，掠妇而妻，驰骤喧呶（náo），行歌坐傲，则虽有不得已之情而亦忘之矣。尽编之于伍，而耕夫之粟不给于养也，织妇之布不给于衣也，县官宵夜以持筹、不给于馈饘（yùn）也，尽勒之归农，而田畴已芜矣，四肢已惰矣，恣睢狂荡、不能受屈于父兄乡党之前矣。故一聚一散，倾耳以听四方之动而随风以起，诚无如此已动而不复静之民气何矣！而光武处之也，不十年而天下晏然，此必有大用存焉。史不详其所以安辑而镇抚之者何若，则班固、荀悦徒为藻帨（shuì）之文、而无意于天下之略也，后起者其何征焉？

无已，而求之遗文以仿佛其大端，则征伏湛、擢卓茂，奖重厚之吏，以调御其嚣张之气，使惰归而自得其安全；民无怀怨怒以摈（bìn）之不齿，吏不吝教导以纳之矩矱（yuē），日渐月摩而消其形迹，数百万人之浮情害气，以一念敛之而有余矣。盖其觌（dí）文匿武之意，早昭著于战争未息之日。潜移默易，相喻于不言，当其从戎之日，已早有归休之志，而授以田畴庐墓之乐，亦恶有不帖然也？自三代而下，唯光武允冠百王矣。何也？前而高帝，后而唐、宋，皆未有如光武之世，胥天下以称兵，数盈千万者也。通其意，思其变，函之以量，贞之以理，岂易言哉！岂易言哉！

【译文】

历史的重要性，在于记述以往的事实以便为后人借鉴。写史的人，如果只求记载的繁多，而对经邦济世之道却略而不予记录，使得后人无法得到前人成败得失的关键以资借鉴，那么要史书有什么用呢？

光武帝刚开始巡行河北时，铜马军等贼寇大约有数百万人；到攻破他们后，除了溃败逃散的，向刘秀投降的有数十万人。当时，光武帝的人马尚未集合起来，还需要依赖他们以便有所作为。不久，刘茂率领十几万人马在京县(今河南荥阳)、密县（今河南新密）一带向刘秀投降；朱鲔的将近三十万人马投降于洛阳；吴汉、王梁在漳水边击破檀乡军，降伏其人马十余万于邺城（今河北临漳）以东；五校军人马五万余投降于羛阳（今河南内黄西南)；其余拥立孙登的贼寇五万余人，投降于河北；赤眉军先后投降的人马无数，其东归的余部尚有十几万人，投降于宜阳；吴汉降伏了青犊军，冯异降伏了延岑、张邯的部众，盖延降伏了刘永的余部，王常降伏青犊军四万余人，耿弇降伏张步的部属十几万人；大概刘秀先后所受降的人马，扳着指头是数不清的，至少有数百万人。战争打赢了，威名树立了，却有近千万心怀不满而为非作歹之徒需要笼络控制，又将如何安置他们呢？汉高祖兴起时，总是忧虑人马不够，因而多次剥夺别人的军权，光武帝则兵力有余而安抚他们不易，这就是光武帝平定天下比汉高祖要困难得多的原因。

民众易动而难静，乱世的民众尤甚。当他们放下农具、拿起兵器之时，或许也有不得已之情存在，而主要的都是些游手好闲、桀骜不驯之人。等到他们逐渐熟悉了戎马生活，靠抢劫吃喝为生，掳掠妇女为妻，驰骋喧哗，放歌恣肆，则即使有不得已之情也早已忘记了。如果把这些人都编入军队，则农夫的粮食不足以供他们军粮，织妇的布帛不足以供他们军衣，朝廷日夜筹划计算也不足以保证军需物资的供应和运输。如果让他们全部解甲归田，可是原来的田园已经荒芜了，他们的四肢已经懒惰了，而且骄横放荡，不能再受制于父兄乡党了。所以，一聚一散，侧耳倾听四方之动静以便随风而起，对这种已动而无法再静的民间风气，实在是无可奈何！可是，光武帝处理这个问题，不到十年天下就平安无事了，这说明他必定有超人的高招、妙策。史书不详载光武帝安辑、镇抚这些人的办法，则是因为班固、荀悦只求文辞藻丽，却无意于天下之大略，后世之人如何汲取经验、教训呢?

不得已，我只得求助于前代留下的法令条文、礼乐制度以推知其大概，则光武帝征召伏湛、提拔卓茂，奖励忠厚的官吏，以调教驾驭其嚣张之气，使他们桀骜不驯的气势减弱而后心平气和地回到家园，他们自然安居乐业，不滋生事端，百姓不怀怨恨和愤怒以仇视他们，官吏不吝教导以使他们循规蹈矩，天长日久其恶迹自会消失，于是数百万人的浮躁有害之气，都可以一念收敛而仍然绰绰有余。大概光武帝的修文偃武之意，早在战争未结束时已经确定了，只是潜移默化，不说出来就能使对方明白，当这些骄兵悍将尚在军中作战时，已经早有回家好好过日子的念头，战后官府授给他们田地，使其得以守护故园、祖茔，他们怎么能不满怀欣喜地接受，俯首帖耳地安居乐业呢？从夏、商、周三代以后，唯有光武帝真正可以称得上是百王之冠。

为什么呢？因为前面的汉高祖，后来的唐朝、宋朝，都没有能像光武帝时期那样，整个天下都在举兵混战，兵员总数超过一千万的，可光武帝在战后对过剩的兵员安置得很妥当，因而没有造成大的麻烦。通晓其意，思谋其变，以气量包容之，以义理端正之，谈何容易啊！谈何容易啊！

本事：《资治通鉴》卷四〇《汉纪三十二·光武帝》，建武元年（25）；又见卷四一。

一一　光武失御隗嚣之道

光武报隗嚣书，称字以与颉颃，用敌国礼，失御嚣之道矣，是以失嚣。嚣者，异于狂狡之徒，犹知名义者也。始起西州，歃血告于汉祖之神灵，知汉未绝于天，愿为中兴之元功耳。更始疑欲杀之，亦奔归秦、陇，而耻与张卬、谢禄同逆。达其情，奖之以义，正名之为君臣，而成其初志，嚣将以为得知己而愿委身焉。名义者，嚣所素奉之名也，待以敌国，而置之名义之外以相笼络，嚣且谓更始之始尊我而终忌我，今犹是也，奚以委身而相信哉？文帝之下尉佗也，佗本无戴汉之心，下之而骄气以平，非可与嚣比者也。怀疑未决，而又重授以疑，虽慷慨论列如马援，无能蠲其猜忮（zhì）矣。

【译文】

光武帝在回复给隗嚣的书信中，称隗嚣的字以示亲近平等，用的是对待国君的礼节，显然是有失驾驭隗嚣之正道，因而最终失去了隗嚣。隗嚣，不同于狂妄狡猾之徒，是个还懂得名分与大义的人。他当初在西州起事时，歃血祭告汉朝先祖的神灵，说明他知道汉室未绝于天，愿意做汉朝中兴的元勋。更始帝怀疑并想杀害他，隗嚣于是返回秦、陇，而耻于与张卬、谢禄一同反叛。如果深入地了解隗嚣的情况，称赞他深明大义，端正光武帝与他之间的君臣名分，从而满足他当初的愿望，隗嚣必将认为自己遇到了知己，因而乐意归附。名分与大义，乃是隗嚣向来所尊奉的，光武帝待之以国君之礼，就是把他置于名分与大义之外以便笼络他，隗嚣必定会想到当初更始帝一开始尊重我，而最终猜忌我，以至于想杀掉我，现在的情况与当时一样，有这样的看法，他怎么可能归附刘秀而心中没有疑虑呢？汉文帝屈尊礼遇南越王尉佗，是因为尉佗本无拥戴汉朝天子之心，尊敬他则骄气得平，尉佗的情况根本不能与隗嚣相比。隗嚣本来心存疑虑，犹豫不决，而光武帝的做法又进一步增加了他的疑虑，在这种情况下，即使有像马援那样能言善辩、慷慨陈词的说客，也无法解除隗嚣的猜忌心理了。

本事：《资治通鉴》卷四一《汉纪三十三·光武帝》，建武三年（27）。

一二　上下相亲，天下乃固

上下相亲，天下之势乃固。故三代之王者，不与诸侯争臣民，立国数百年；其亡也，犹修天子之事守而不殄其宗社。汉承秦而罢侯置守，守非世守，而臣民亦迭易矣。然郡吏之于守，引君臣之义，效其忠贞，死则服之，免官而代为之耻，曲全其名，重恤其孤幼，乃至变起兵戎而以死卫之。如楚郡刘平遇庞萌之乱，伏太守孙萌身上，号泣请代，身被七创，倾血以饮萌，如此类者，尽东汉之世，不一而足。盖吏之于守，其相亲而不贰也，天子不以沽恩附势为疑，廷臣不以固结朋党为非，是以上下亲而迭相维系以统于天子。故盗贼兴而不能如黄巢、方腊之僭，夷狄竞而不能成永嘉、靖康之祸，三代封建之遗意，施于郡县者未斁（dù）也。

延及后世，党议兴而惟恐人之不离，告讦起而惟恐部民之不犯其上，将以解散臣民而使专尊天子，而不知一离而不可复合，恶能以一人为羁络于清宫，而遍縻九州之风马牛哉？导民以义，而民犹趋利以忘恩；导民以亲，民犹背公以瓦解；如之何更奖以刻薄犯顺之为也！三代以下，唯汉绝而复兴，后世弗及焉，有以夫！

【译文】

上下相互亲近，天下的形势才能稳固。所以，夏、商、周三代时期的帝王，不与诸侯争夺臣民，却能立国数百年；它们灭亡后，仍遵守天子的法度而不使其宗庙灭绝。汉承秦制，废除诸侯，设置郡守，即废除分封制，实行郡县制。郡守不是世袭的郡守，而臣民也随之不断地变换。然而，郡吏对于郡太守，援引君臣大义，以自己的忠贞为其效力，如果郡守死了则为他守丧，郡守被免职则为他承担恶名、耻辱，以便保全郡守的名节，还要好好地保护郡守的孤儿幼子，甚至在发生兵变时以死保卫郡守一家。比如楚郡的刘平在庞萌之乱中，伏在太守孙萌身上，号哭不止，请求代他受死，结果身受七处创伤，还以自己伤口的血喂孙萌，供他解渴，像这样的事例，在整个东汉时代，不一而足。大概郡吏对郡守，相亲相敬，忠贞不贰，天子不怀疑他们沽恩附势，廷臣不指责他们固结朋党，因此上下相亲而迭相维系以统于天子。所以，地方上虽有盗贼兴起却不能像黄巢、方腊那样犯上作乱，边境上虽有夷狄骚扰却不能形成永嘉、靖康之祸，可见夏、商、周三代分封制的遗意，施行于郡县制的时代尚未沦丧。

到了后世，朋党之争兴起而唯恐人心不离散，告密揭发之风兴起而唯恐部属不冒犯上司，目的是想以此解散臣民的关系，使他们专心尊奉天子，却不知人心一旦离散便不能再聚合，难道凭天子一人深居宫中操纵，竟能控制整个天下的风马牛吗？教导百姓坚持正义，百姓尚且趋利而忘恩；教导百姓相亲相敬，百姓尚且背公而瓦解；像这样，为什么还要鼓励他们刻薄而违反正道呢！夏、商、周三代以后，唯有汉朝灭亡以后又得以复兴，后世没有能够比得上的，这是有深刻原因的！

本事：《资治通鉴》卷四一《汉纪三十三·光武帝》，建武五年（29）。

一三　符命之说，为天下笑

言一发而不可收，习相沿而不能革，无圣人出，则须其自已而后已。班彪之说隗嚣，窦融之决志以从光武，皆以符命为征；彪与融处乱世而身名以全，皆所谓豪杰之士也，然而所据者在此，况其他之琐琐者乎？

仲尼没，七十子之徒，流风日远，舍理言天，而窥天以数，贤者不能自拔，而疑信参焉。刘杨造瘿（yīng）杨之谶以惑众，张丰宝肘石之玺以自迷，皆缘之以酿乱而亡其身。光武之明，且恐非此而无以动天下，刻画五行、割裂六艺者二百余年，迨魏、晋而始衰，害固如是之烈也！

孔子赞《周易》以前民用，道而已矣，阴阳柔刚仁义之外无道也。至于汉，乃有道外之数以乱道；更千年而濂、洛阐其微以距邪说，邵康节犹以其授于陈抟、穆修者，冒三圣之显道，以测皇王之升降，非君子之所知也。其殆京房、夏贺良之余烬，乘风而一煽者乎！

【译文】

话一出口便无法收回，习惯世代相沿袭便不能改革，如果没有圣人出世，则只有等候其自然终止而后停息。班彪规劝隗嚣归顺刘秀，窦融决计追随刘秀，都是以符命作为依据，班彪和窦融虽处乱世而身名皆得以保全，二人都是所谓的豪杰之士，可引以为依据的竟是符命，何况其他芸芸众生呢？

孔子死后，他的七十二位贤弟子之徒，日渐远离孔子的遗风，舍弃义理而谈论天命，以术数来窥测天意，贤者不能自拔，因而将信将疑。真定王刘杨编造“赤九之后，瘿杨为主”的谶言以迷惑民众，涿郡太守张丰视肘上所系石中有玉玺而自我迷惑，都是借符命酿成祸乱以致身亡的。英明圣哲的光武帝尚且担心非此则没有什么可以打动天下人之心，因而刻画五行、割裂六艺达二百余年，直到魏、晋时期，谶纬神学才开始衰落，其祸害竟是如此严重！

孔子赞《周易》以引导民用，只是道而已，除了阴阳、刚柔、仁义就没有道了。到了汉朝，才有道外之术数以扰乱道；又过了一千年，宋朝的周敦颐、二程又阐幽发微以对抗异端邪说，邵雍却还把陈抟、穆修传授给他的这种邪说来冒犯伏羲、周文王和孔子三圣明确的道义准则，以测度帝王的升降隆替，这不是君子所应知道的。这种异端邪说大概是京房、夏贺良的余烬，乘风一煽，死灰复燃了吧？

本事：《资治通鉴》卷四一《汉纪三十三·光武帝》，建武五年（29）。

一四　光武帝折服群雄

疑信相参之际，人有隐情而我亦与之隐，则疑终不释；豁然发其所疑而示之以信，岂有不测之明威哉？无不可共见之心而已。窦融在河西，怀疑不决，好事者且以尉佗之说进，此融所秘而不敢以告者也。光武赐书，开两端以擿发之，而河西震服。凡光武之诎群雄者，胥此道也。

盖有所隐而不敢宣者，畏人之知。抑料人虽知我而无能禁我也，更相与隐之，则彼且畏我之含杀机以暗相制；不则谓其疑已而无如已何矣。晓然曰：予既已知汝必有之情矣，而终不以为罪；且亦不禁汝之勿然，而吾固无所惧也。则相谅以明恩，而无姑相隐忍之情以示懦。此非权术之为也，恃在己而不幸人之弗相害，洞然知合离得失之数，仰听之天，俯任之人，术也而道在其中。此光武之奇而不诡于正者与！

【译文】

在怀疑和信任参半之时，别人有隐情而我也和他一起隐瞒此事，则疑虑最终无法得到解除；如果开诚布公地指出他的疑虑而示之以诚信，难道还会有圣明威严难以测度的感觉吗？所有的，只不过是没有不可让人都看到的诚心而已。窦融割据河西地区，因为心存疑虑，对归降光武帝一事犹豫不决，好事的人尚且向他献计，劝他最起码像南越王尉佗那样割据一方，这是窦融所极力保密，不敢告诉别人的事情。光武帝赐给他的玺书，指出两条道路，从而揭示了窦融心中的秘密和疑虑，于是河西因此而震动并归服。光武帝折服群雄，用的都是此道。

有所隐讳而不敢公开，乃是因为害怕别人知道。后者料到别人虽然知道自己的心思，却不能禁止自己，于是进一步向他隐讳此事，则对方必将害怕我心含杀机以暗中相制约；或者认为我怀疑他却对他无可奈何。与其这样，不如明白无误地说：我早已知道你肯定会有的心思了，但是我最终不怪罪你；而且也不禁止你这样做，因为我本来就无所畏惧。如此则是以明白的恩德来谅解对方，而不是有姑且隐忍之心以示怯懦。这不是在玩弄权术，而是倚靠自己的实力作后盾，不侥幸别人不加害于自己，清楚地知道离合得失之定数，上听命于天，下听任于人，虽说是术而道在其中，这就是光武帝出奇而又不违背正道的地方吧！

本事：《资治通鉴》卷四一《汉纪三十三・光武帝》，建武五年（29）。

一五　习经术以治天下

起于学士大夫、习经术、终陟（zhì）大位者三：光武也，昭烈也，梁武帝也。故其设施与英雄之起于草泽者有异，而光武远矣。

昭烈习于儒而淫于申、韩，历事变而权术荡其心，武侯年少而急于勋业，是以刑名乱之。梁武篡，而反念所学，名义无以自容，不获已，而闻浮屠之法有“心亡罪灭”之旨，可以自覆，故托以自饰其恶，愚矣。然而士大夫释服入见者，面无毁容，则终身不录，终不忍使大伦绝灭于天下，人道犹藉以仅存，固愈于萧道成之唯利是尚也。光武则可谓勿忘其能矣。天下未定，战争方亟，汲汲然式古典，修礼乐，宽以居，仁以行，而缘饰学问以充其美，见龙之德，在飞不舍，三代以下称盛治，莫有过焉。故曰：光武远矣。

鸣呼！古无不学之天子，后世乃有不学之相臣。以不学之相臣辅草泽之天子，治之不古，自高帝始，非但秦也。秦以亡而汉以兴，亡者为后戒，而兴者且为后法，人纪之存，不亦难乎！

【译文】

出身于学士大夫，熟习经术，最终登上帝位的有三人，即东汉光武帝刘秀、蜀汉昭烈帝刘备、南朝梁武帝萧衍。所以，他们的作为、举措，与从草泽之中发迹的英雄豪杰有所不同，而光武帝则尤其不同。

昭烈帝熟习儒家学说，同时又长期浸淫于申不害、韩非的法家学说，历经世事变幻，其心灵受到权术的涤荡，他所重用的诸葛亮年少而又急于建功立业，因此，浓厚的刑名思想扰乱了他。梁武帝篡位后，反而想起自己所学过的儒家伦理，感到在名分与大义上自己无地自容，在迫不得已的情况下，听说佛教经义中有“心亡罪灭”的说法，可以作为自己的保护伞，因而借此以掩饰自己的罪恶，真是太愚蠢了！但是，士大夫解除丧服后前来觐见时，如果面容没有因居丧哀戚而显得憔悴，则终身不予录用，他终究是不忍心让伦常大道绝灭于天下，人道尚能借他以仅存，固然胜过齐武帝萧道成的唯利是图。光武帝则可谓不忘其所学了。当天下未定，战争正在激烈进行时，他就心情急切地仿效古制，制礼作乐，宽厚处世，仁义行事，并且推崇学问以充实自己的美，至高至广之德，在于不断地广布恩泽，夏、商、周三代以后号称政治昌明的，没有超过他的。所以说：光武帝则尤其不同。

唉！古代没有不好学习的天子，而后世却有不学无术的辅政大臣。以不学无术的大臣辅佐出身于草泽的天子，其治国措施不合于古制，乃是从汉高祖刘邦开始的，而不仅是秦朝。秦朝因此灭亡，而汉朝因此兴起，灭亡的应当作为后世的教训，可兴起的又将成为后世的榜样，而为后人所学习、仿效，要保存人的立身处世之道，能不难吗？

本事：纵论光武帝刘秀，并无具体对应事件，参见《资治通鉴》卷四〇至卷四四。

一六　乱人者自乱

王元说隗嚣据隘自守，以待四方之变，其亡也宜矣。天下方乱，士思立功名，而民思息肩于锋刃，能为之主者，众所待也，人方待我，而我待人乎？待者，害之府也。无已，则儒生怀道术以需时而行者，待求治之主；不则武夫以方刚之膂力欲有所效者，待有为之君；是两者可待也。

若夫欲创非常之业，目不营乎四海，心不周乎万民，力不足以屈群策群力而御之，谋不能先天下而建廓清之首功；乃端坐苟安，待人之起而投其隙。所待者而贤于我，则我且俯首而受制；所待者与己齐力而或不己若，则幸虽制彼而无以服天下之心。鹬蚌渔人之术，其犹鼠之俟夜乎！而何以为天下雄也？拥重兵，据险地，谋臣武士亦足以用，但立一待人之心，而即已自处于坐困之途；延颈企之，仰窥天，俯视地，四顾海内而幸其蜂起，乱人而已。乱人者，未有不亡者也。

【译文】

部将王元劝说隗嚣据险自守，以等待天下局势的变化，他的败亡是罪有应得。天下大乱，士人想建立功名，而百姓想免受战争之苦，能做他们主人的人，乃是众人所期待的，人们正期待我，而我能够等待别人的变化吗？等待，便是灾祸的源泉。如果不得已，则儒生胸怀道术以等待时机、得行其志，等待寻求治理天下之道的君主；或者是武士想以自己血气方刚的膂力有所作为，而等待有作为的君主；这两种情况是可以等待的。至于想开创非常之业，却目不注视四海之大，心不考虑万民之众，力量不足以屈服群策群力而驾驭他们，计谋不足以在天下人之先而建立肃清乱世的首功；却端坐不动，苟且偷安，等待别人兴起而趁机钻他们的空子。如果所等待的人比我贤能，则我将会俯首受制于人；如果所等待的人与我实力相等或者不如我，则即使侥幸制服了他也无法使天下之人心服。鹬蚌相争，渔翁得利之术，大概就像是老鼠等待黑夜降临吧！像这样，还怎么做天下之雄主呢！拥有重兵，占据险地，谋臣武士也足够使用，却在心中打定主意等待别人，这就已经使自己处于坐困待毙的境地了；如果伸长脖子，渴望别人兴起，抬头窥视上天，低头俯视大地，环顾四海而庆幸群雄蜂起，这只不过是个乱人罢了。乱人，是没有不自取灭亡的。

本事：《资治通鉴》卷四一《汉纪三十三·光武帝》，建武五年（29）。

一七　君子之仕与隐

严光之不事光武，以视沮、溺、丈人而尤隘矣。沮、溺、丈人知道不行，弗获已而废君臣之义者也，故子曰："隐者也。"隐之为言，藏道自居，而非无可藏者也。光武定王莽之乱，继汉正统，修礼乐，式古典，其或未醇，亦待贤者以道赞襄之，而光何视为滔滔之天下而亟违之？倘以曾与帝同学而不屑为之臣邪？禹、皋陶何为胥北面事尧而安于臣舜邪？

若周党者，则愈僻矣。召而至三，征而就车，偃蹇（jiǎn）伏而不拜，忿鷙之气，施于君臣礼法之下，范升劾其不敬，罪奚辞焉？党闻《春秋》报仇之说，非君非父之惨，称兵以与人相仇杀，党其北宫黝之徒与！黝固无严诸侯，党亦无严天子也。赐帛而罢之，耻孰甚焉！帝覆载以容之，而党藐乎小矣。

王良应召而受禄，虽无殊猷，而恭俭以居大位，于君子之道尚不远矣。故君子者，以仕为道者也，非夷狄盗贼，未有以匹夫而抗天子者也。范希文曰："《蛊》之上九，子陵有焉。"非其时而凭高以为尚，则"《比》之无首"而已矣，恶足法哉？

【译文】

严光（字子陵）不事奉光武帝刘秀，比起《论语》中所说的长沮、桀溺、荷蓧丈人等隐士来，就显得尤为狭隘。长沮、桀溺、荷蓧丈人等知道大道已不再施行于天下，不得已才废弃了君臣之义，所以孔子说他们是"隐士"。用"隐"这个字，是指藏道以自居，而不是没有可藏的道。光武帝平定了王莽之乱，继承汉王朝的正统，修复礼乐，遵行古制，其中或许有不够纯粹的地方，也正需要贤人以道来辅助他，可严光为什么把此时视为洪水弥漫的纷乱天下，因而急切地拒不奉命呢？莫非因为曾经与光武帝一同读书，而不屑于做他的臣子吗？如果这样，则大禹、皋陶曾与虞舜一起北面事奉唐尧，他们怎么后来却能安心地做虞舜的臣子呢？

至于周党，就更狭隘、怪僻了。光武帝下诏征召他，使者前去聘请了三次，才答应上车，入京以后又非常的高傲，朝见皇帝时伏而不拜，其怨忿、桀骜之气，施行于君臣礼法之下，范升弹劾他对天子不恭敬，周党难道能够推辞这一罪名吗？周党知道《春秋》中报仇之说，非君非父之惨遭杀害，操刀而与人相仇杀，周党莫非齐国勇士北宫黝之流的人吗？北宫黝固然不尊重诸侯，而周党也不尊重天子。光武帝赏赐四十四帛罢归他，还有比这更大的耻辱吗！光武帝以包容天地的宽广胸怀容纳周党，而周党却显得更加渺小，更加卑微了。

王良接受征召而出仕为官，虽然没有过人的谋略，但谦恭、俭朴地居于高位，离君子之道还不算很远。所以，君子就是以仕宦为道的人，如果不是夷狄盗贼，则没有敢以匹夫而对抗天子的。范仲淹（字希文）说："《周易·蛊卦》的上九爻辞中所说的'不事奉王侯，行事高蹈绝俗'，严光做到了。"在并非合适的时机却凭恃高傲，自以为高尚，则是《周易·比卦》的爻辞中所说的"结交不到首领，不会有善终"罢了，哪里值得效法呢？

本事：《资治通鉴》卷四一《汉纪三十三·光武帝》，建武五年（29）。

一八　信义之于人大矣

来歙使隗嚣，愤然为危激之辞质责嚣，欲刺之，而嚣不能加害。史称歙有信义，言行不违，往来游说，皆可覆按，故西州士大夫敬爱而免之。信义之于人大矣哉！

士处纷争之世，往来传命而失信义者有二，而乱人不与焉。习于说术者，以为荐朴诚于雄猜狙诈之前，则且视为迂拙而见诎；以巧驭巧，以辩驭辩，机发于不测，而易以动人；而不知有尽之慧敌多方之诈，固不胜而适逢其怒也。又或胸无主而眩于物者，两雄相猜，其中未易测也，而所争所欲，和与战、合与离，两端而已，欲翕固张，薄为望而厚为责，有溢美溢恶之辞焉。乃无定情而惊其夸说，因而信之，遂与传之，而固不可覆按也；则未有欺而欺者多矣，欺已露而追悔无及也。是两者，失信失义而抑取憎于人者多矣。

故庄周非知道者，而其言游说则尽矣，勿传其溢词，而信义可以不失，歙其明于此而持之固乎！履虎尾而不咥(dié)，素以往而已矣。

【译文】

中郎将来歙奉命出使陇右，听闻隗嚣不愿归附，愤怒地以激烈的言辞指责隗嚣，还想刺杀他，而隗嚣却不能加害于他。史书称赞来歙有信义，言行一致，往来游说，都可以反复按验审察，因此西州的士大夫敬爱他，于是免他一死。信义对于人真是太重要了！

士人身处纷争的乱世，往来传递王命而失去信义的情况有两种，而乱人不计在内。熟习游说之术的人，认为如果以质朴诚实对待猜疑多诈的君主，则会被视为迂阔笨拙而遭到失败；如果以机巧对付机巧，以雄辩对付雄辩，心机令人难以揣测，则容易打动人；却不知以有限的智慧去对抗变化无穷的诡诈，本来就难以取胜而正好碰上钉子。第二种情况是心中没有主见而被外界事物所迷惑的人，面对两雄之间相互猜疑，其心思不容易测知，而他们所竞争、所想要的，和与战，离与合，都是模棱两可而已，欲擒故纵，声东击西，本来对对方没有什么指望却予以严厉指责，其中不乏过分的溢美和溢恶之词。如果心中毫无主见而为其夸夸其谈所震惊，随之相信并且将这种言辞传播出去，这当然是经不起按验审察的；于是本不想欺骗却骗了人的情况很多，到了骗局败露、水落石出时便追悔莫及了。在这两种情况下，失信失义而又遭人憎恨的人太多了。

所以庄子并非懂得道的人，可是他的言论如果用以游说则是绝妙的，只要不采用他的过分夸张的言辞，就可以保证不失信义，来歙大概是深深地懂得这个道理的，并且坚决地奉行它的吧！踩着老虎的尾巴而不会被老虎咬伤，只是像《易经·履卦》的象辞中说的按照常规的原则往前行，按照自己的愿望去行动罢了。

本事：《资治通鉴》卷四二《汉纪三十四·光武帝》，建武六年（30）。

一九　并县省官，顺天应人

建官之法，与选举用异而体合，难言之矣。省官将以息民，而士之待用者，滞于进而无以劝人于善。不省，则一行之士，可自试以交奖于才能；然而役多民劳。苦于不给，且也议论滋多，文法滋繁，责分而权不一，任事者难而事多牵制以疑沮。吏省而法简，则墨吏暴人，拥权自恣，无以相察；而胥吏豪强，易避就以售其奸。故一兴一废一繁一简之际，难言之也。

天下有定理而无定法。定理者，知人而已矣，安民而已矣，进贤远奸而已矣；无定法者，一兴一废一繁一简之间，因乎时而不可执也。

乱之初息，不患士之不劝于功名也，而患其竞。一夫有技击之能，一士有口舌刀笔之长，尝以试之纷纠之际而幸售，效者接踵焉；而又多与以进取之途，荡其心志，则捐父母、弃坟墓、舍田畴以冒进者不息。唯官省而难容，乃退安于静处，而爵禄贵、廉耻兴焉。且也民当垫隘之余，偷安以自免之情胜。其有犯不轨者，类皆暴横恣睢，恶显而易见；不则疲敝亡赖而不知避就者；未容有深奸奇巧，诡于法而难于觉察者焉。则网疏吏寡，而治之也有余。抑百务草创，而姑与天下以休息，虽有不举，且可俟之生遂之余，则郡县阔远而事为不详，正以绥不宁而使之大定，此则省官之法善矣。

若夫天下已定，人席于安矣，政教弛而待张矣；于斯时也，士无诡出歧途以幸功名之路，温饱安居而遂忘于进，则衣冠之胄，俊秀之子，亦且隳志于庠序，而自限于农圃。非多为之员、广为之科，以引掖之于君子之途，则朴率之风，流为鄙倍，而诗书礼乐不足以兴方起之才。且强暴不足以逞，而匿为巧诈；豪民日以磐固，而玩法自便；则百里一亭，千里一邑，长吏疏，掾督缺，而耳目易穷。乃官习于简略，而事日以积，教化之详，衣袽（rú）之备，官不给而无以齐民，事不夙而无以待变。是则并官以慎选，而不能尽天下之才；省吏以息民，而无以理万民之治；吝爵吝权之害，岂浅于滥冗哉？故曰：理有定而法无定，因乎其时而已。

光武建武六年，河北初定，江、淮初平，关中初靖，承王莽割裂郡县、改置百官、苛细之后，抑当四海纷纭、蛇龙竞起之余，徼幸功名之情，中于人心而未易涤，并省四百余县，吏职减损，十置其一，斯其时乎！斯其时乎！要之非不易之法也。

【译文】

设置官职的方法，与选贤举能的方法形式不同而本质相合，这是很难说清楚的。如果裁减官吏的数量以减轻百姓的负担，则等候国家使用的士人就会积滞不进，因而无法鼓励人们行善。如果不裁减官吏的数量，则具有某种特长的士人，可以通过考试显示自己才能，从而为国家所用；然而这又必然造成赋役繁多、百姓负担加重，百姓苦于无法供给他们，同时政见议论越来越多，法令条文越来越繁杂，职责分开而权力不统一，任事的人困难重重，很多事情因为受到多方牵制而令其产生恐惧沮丧之心。如果裁减官吏，简化法令，则贪官污吏、横暴之人拥有权力肆意妄为，无人督察；而且官府小吏差役、地方豪强大族易于避祸就福以实现其奸诈的欲望。所以说，一兴一废、一繁一简交替之际，很难说得清楚啊！

天下有定理却没有定法。所谓定理，就是知人，安民，进用贤臣、远离奸佞罢了；没有定法，是指在一兴一废、一繁一简交替之际，要适应时代的变化，不可抱残守缺，固执己见。

在动乱刚刚平定之时，不怕士人追求功名，只担忧他们过于热衷于此，争先恐后，互不相让。一个武夫有技击之能，一个士人有口舌刀笔之长，假如他们在纷乱之中一试身手而侥幸达到了目的，则仿效的人接踵而至；如果再多给他们提供进取的途径，使其心神荡漾，则抛弃父母、舍弃祖坟、放弃田庐以贪求仕进的人就会川流不息。只有官职名额减少，他们难以容身时，才会退出官场，安心静处，于是爵禄日益受到世人重视，而廉耻之心也会重新恢复。况且，百姓在艰难困苦之余，没有不想苟且偷安以求自免灾祸的。那些违法犯罪者，基本上都是残暴骄横、恣意妄为之徒，其罪恶昭彰显而易见；不然就是穷困潦倒、无依无靠而又不知道避祸就福的人；不可能有深奸奇巧，善于钻法律的空子因而难以觉察的人。如此，则虽然法网宽疏，官吏稀少，但是治理起来仍绰绰有余。或者在百废待兴之时，姑且让天下人休养生息，即使有的事务没有办理，也可以等到人民生活安定以后，则郡县辖区阔远而行事不周详，正是为了消除不安定因素从而使地方安定，这就是省减官吏之法的好处。

至于天下已经安定之时，人们已习惯于安居乐业了，松弛的政教便需要收紧了；此时，士人没有钻空子通过歪门邪道以邀取功名的路径，于是整日过着温饱安居的生活从而忘却了上进，则士大夫的后代，才能优异的士人，也将无意于刻苦攻读，反而将自己局限于农圃田园之中。如果不增加官吏的名额、拓宽士人进身入仕的科目，以便把他们引上君子之途，则朴直之风逐渐流为鄙陋悖理，而诗书礼乐不足以让刚起来的人才兴起。况且，强暴不足以得逞，因而收敛行迹变成狡猾奸诈；豪强势力日益巩固不可动摇，因而无视法律以使自己得利；在这种情况下，百里一亭，千里一邑，官员稀少，属吏缺乏，因而见闻有限，不易全面了解情况。于是官吏已经习惯了简略，而公事日益积滞，而礼义教化的详备，对潜伏危机的戒备，官员不足则无法治理百姓，事情不预作谋划则无法应变。这就是并官减职而以慎重选举，却不能穷尽天下的人才；裁撤官吏以使民众休养生息，却无法治理好天下万民；吝惜爵位和权力的危害，难道会比官吏泛滥轻吗？所以说：理有定而法无定，只不过是要顺应时代的变化罢了。

光武帝建武六年（30），河北地区初步平定，江、淮地区初步统一，关中地区刚刚安宁，承接王莽割裂郡县、改置百官、苛刻烦琐的政策之后，又是在四海纷乱、龙蛇竞起之余，侥幸获取功名之情深入人心，难以在短期内荡涤干净，光武帝在这种形势下，竟然果敢地下令撤并四百多个县，官吏数量也大幅度地削减，仅仅保留十分之一，这正是时候啊！这正是时候啊！总之，没有可以一成不变的法令。

本事：《资治通鉴》卷四二《汉纪三十四·光武帝》，建武六年（30）。

二〇 一念之永，百年之泽

窦融之责隗嚣曰：“兵起以来，城郭皆为邱墟，生民转于沟壑，天运少还，而将军复重其难，孤幼将复流离，言之可为酸鼻。”仁人之言，其利溥如此哉！

说人罢兵归附而以强弱论，我居强而熟甘其弱？激之已耳。以天命论，天视听自民视听，置民不言，而托之杳茫之符瑞，妄人不难伪作以惑众，而乱益滋。唯融之为言也如此，嚣虽不能听，而已怆于心，心怆而气夺矣。秦、陇之民闻之，固将怨嚣而不乐为之死；汉之荷戈以趋、负粮以馈者，亦知上之非忍毒我，而祸自彼发，不容已也。其利溥矣。

然而融之为此言也，则非以是为制嚣之柄，而离秦、陇之心使去嚣也。何以知其然也？使融而操此以为术，则言之不能如是之深切；而融全河西以归命，实践此言，以免民于死，非徒言也。窦氏之裔，与汉终始，一念之永，百年之泽矣。

【译文】

窦融责备隗嚣说：“战争爆发以后，城郭都被夷为废墟，百姓颠沛流离，纷纷因饥病交加而死于荒野、沟壑，现在天运稍有好转，可将军您又加重其灾难，老弱孤幼又将再次饱尝颠沛流离之苦，说起此事来实在令人伤心，忍不住要流下眼泪。”仁义之人的话语，其好处竟是如此的广博啊！

劝人罢兵归附，如果单纯以强弱论，则我居于强者地位而谁甘心居于弱者地位呢？结果只能是激怒对方罢了。如果以天命论，可是上天所看到、听到的来自民众所看到和听到的，不谈民心的向背，却假托于虚无缥缈的符瑞，大胆妄为之人不难于做假以迷惑大众，于是动乱更加蔓延，日益严重。窦融说的这番话，隗嚣即使不能听从，而心中也已经感到悲怆，心中怆然则斗志必然大减。秦陇地区的百姓听说窦融的劝告后，自然会怨恨隗嚣而不愿意为他卖命；汉朝征讨隗嚣的将士和运送军粮的民夫，也知道皇上不忍心连累我们受苦，可是敌方挑起祸端，我们不得已只好出征。可见，窦融的话，好处太广博了！

然而，窦融说这番话，并不是以此为制服隗嚣的手段，而是离散秦陇地区的民心，使他们弃隗嚣而去。凭什么这样说呢？如果窦融果真以此为计，则不可能说得如此情真意切；而且窦融以整个河西地区归附东汉，实践此言，以免百姓死亡，并非只是说说而已。窦融的后代，与东汉王朝相终始，足见一种仁义善念的永恒性，可以换来百年的德泽。

本事：《资治通鉴》卷四二《汉纪三十四·光武帝》，建武六年（30）。

二一　不可任法而不任人

治之敝也，任法而不任人。夫法者，岂天子一人能持之以遍察臣工乎？势且仍委之人而使之操法。于是舍大臣而任小臣，舍旧臣而任新进，舍敦厚宽恕之士而任徼幸乐祸之小人。其言非无征也，其于法不患不相傅致也，于是而国事大乱。江冯请令司隶校尉督察三公，陈元争之，光武听元而黜冯之邪说，可谓知治矣。臣下之相容，弊所自生也；臣下之相讦，害所自极也。如冯之言，陪隶告其君长，子弟讼其父兄，洵然三纲沦、五典斁，其不亡也几何哉！

大臣者，日坐论于天子之侧者也；用人行政之得失，天子日与酬辨，而奚患不知？然而疑之也有故，则天子不亲政而疏远大臣，使不得日进乎前，于是大臣不能复待天子之命而自行其意。天子既疏远而有不及知，犹畏鬼魅者之畏暗也，且无以保大臣之必不为奸，而督察遂不容已。媢疾苛核之小人，乃以挠国政而离上下之心。其所讦者未尝不中也，势遂下移而不可止。藉令天子修坐论之礼，勤内朝外朝之问，互相咨访，以析大政之疑，大臣日侍黼扆（fǔ yǐ），无隙以下比而固党；则台谏之设，上以纠君德之愆，下以达万方之隐，初不委以毛鸷攻击之为，然而面欺擅命之慝，大臣固有所不敢逞，又焉用督察为哉？

况大臣者，非一旦而加诸上位也。天子亲政，则其为侍从者日与之亲，其任方面者，以其实试之功能，验之于殿最而延访之，则择之已夙，而岂待既登公辅之后乎？唯怠以废政，骄以傲人，则大臣之得失不审，于是恃纠虔之法，以为不劳而治也。于是法密而心离，小人进而君子危，不可挽矣。

【译文】

治理国家的弊端，在于任法而不任人。所谓任法，难道天子一个人能持法律遍察群臣百官吗？他势必仍然需要委任别人来执法。于是舍弃了大臣而任用小臣，舍弃了旧臣而任用新进之臣，舍弃了敦厚宽恕之士而任用投机取巧、幸灾乐祸的小人。他们的言论似乎并非没有根据，他们在法律方面不愁不能相互罗织罪名，于是国家大事被搞得一片混乱。大司农江冯请求责令司隶校尉督察三公，郎官陈元力争其不可，光武帝听从陈元的意见而斥退了江冯的邪说，可谓懂得为政之道了。臣下相互包容，必然会生弊端；臣下相互攻讦，祸害必然达到极点。像江冯所说的那样，陪臣奴仆控告其君长，子弟诉讼其父兄，确实如此，则三纲（即君为臣纲，父为子纲、夫为妻纲）沦丧，五常（指仁、义、礼、智、信）败坏，国家不灭亡，还等待什么呢！

大臣，是每天都在天子身边坐论军国大事的人；用人与为政的得失，天子每天都与他们在一起对答辨析，何愁不能了解呢？然而，天子怀疑大臣也是有由来的，因为天子不亲政而疏远大臣，使他们不能天天与自己见面，于是大臣不能再秉承天子的意旨，只得按照自己的意愿行事。天子既然已经疏远了大臣，自然担心有些事情不能知道，就像害怕鬼魅的人害怕黑暗一样，况且也无法保证大臣肯定不会做奸邪之事，于是督察臣下便成为不得已的事情。嫉妒而苛刻的小人，就借此干扰国政，离散上下之心。他们攻讦人没有不得逞的，朝政大权于是逐渐地下移而不可遏止。假如天子修明与大臣坐而论道的礼仪，勤于过问内朝和外朝的事情，互相咨询访问，以解析大政方针的疑问，大臣们每天都事奉在皇帝身边，自然没有机会结党营私；则台谏官员的设置，上可以纠正君德的过失，下可以通达万方的隐情，本来就没有委任他们捕风捉影、残酷打击的职责，然而当面欺罔、专擅朝政等奸邪行为，大臣本来就会自敛行迹，不敢肆意妄为，像这样，还有什么必要采用督察之术呢？

况且，大臣并不是一朝一夕间便骤然被提上高位的。如果天子自己处理朝政，则那些做侍从的官员每天都与天子亲近，其中独当一面的，天子便以其在实践中证明了的才干，来验证对他的考核结果，并且亲自询问他一些具体情况，这样早已了解并加以选择，哪里需要等到他们已经登上公卿显位之后才了解他们呢？只有天子因为懈怠而荒废了政事，对人傲慢无礼，所以无法审知大臣的成败得失，于是只好依赖纠举督正之法，认为可以不劳而治。在这种情况下，法网严密而人心离散，小人得到重用而君子处境危险，这是无法挽救的。

本事：《资治通鉴》卷四二《汉纪三十四·光武帝》，建武七年（31）。

二二　隗嚣反复而不忘名义

乘乱以起兵者，类不得其死，而隗嚣独保首领以终。嚣之所为，盖非犯阴阳之忌而深天下之怨者，不亦宜乎！藉其子纯弗叛以逃，虽世其家可也。嚣之所以不终事汉者，惩于更始之败而葸以失之也。以身托人，而何容易哉，则固不容不慎；慎而过焉，遂成乎葸，于是而毁家存汉之心，不能固守而成乎逆。然而兵不越陇，而毒未及于天下，郑兴、马援、申屠刚去之而不留，来歙刺之而不杀，隐然有名义在其心而不忘，其异于公孙述、张步、董宪之流远矣。惜哉，其不奉教于窦融耳。卑屈而臣于公孙述，则势蹙而无聊之为也。其怙终而不听光武之招，则愧于马、窦而恐笑其不夙也。葸而成乎愚，而固不安于戕忍诡随之为，乃以善其死而免于显戮。天维显思，自求自取之谓也。

【译文】

利用混乱之机起兵的人，基本上都不得善终，唯有隗嚣能保住性命，得以善终。隗嚣的所作所为，大概并不是触犯阴阳之大忌而深受天下怨恨的，他得到这样的结局不是很应该的吗？如果他的儿子隗纯不叛汉而逃走，则他家世袭爵位也是可以的。隗嚣之所以不始终事奉汉朝，是因为吸取了更始帝败亡的教训，害怕再次投靠错人而陷入险境。把身家性命托付给别人，谈何容易，本来就不容不谨慎从事；可是如果谨慎过了头，就会成为畏缩，于是原本毁家以保存汉室之心，不能固守而成为叛逆。然而，隗氏的军队没有越过陇右之地，其祸害没有蔓延到整个天下，郑兴、马援、申屠刚等汉将要离他而去，而隗嚣不加以强留，来歙想刺杀他，可隗嚣并没有因此杀死来歙，可见他隐然有名分和大义在心而没有忘记，比公孙述、张步、董宪之流强得太多了。可惜，他没有听从窦融的教诲。隗嚣卑躬屈膝地向公孙述称臣，则是因为势穷力竭、无所依凭而不得不这样。他至死割据一方，而不听从光武帝的招降，乃是由于愧见马援、窦融，恐怕他们嘲笑自己不早听从他们的劝告。隗嚣畏缩到了愚蠢的程度，当然不会安心于残忍杀戮、欺诈虚伪之类的行为，于是得以善终而免遭显戮。苍天在上，天理昭昭，就是指自求自取，自作自受。

本事：《资治通鉴》卷四二《汉纪三十四·光武帝》，建武六年（30）。

二三　不任将帅为宰辅

任为将帅而明于治道者，古今鲜矣，而光武独多得之。来歙刺伤，口占遗表，不及军事，而亟荐段襄，曰：“理国以得贤为本。”此岂武臣之所及哉？歙也、祭遵也、寇恂也、吴汉也，皆出可为能吏、入可为大臣者也。然而光武终不任将帅以宰辅，诸将亦各安于韎鞈（mèi gé）而不欲与于鼎铉。呜呼！意深远矣。故三代以下，君臣交尽其美，唯东汉为盛焉。

【译文】

身任将帅而又通晓治国之道的人，古往今来都很少，只有光武帝刘秀得到了许多。来歙在率兵攻打公孙述时，被公孙述所派的刺客刺伤，临死前他口授遗表，没顾上谈论军事问题，却急切地推荐段襄，说：“治理国家，以得贤才为本。”这难道是一般武臣所能达到的吗？来歙、祭遵、寇恂、吴汉等人，都是出朝可以做能吏、入朝可以做大臣的贤才。然而，光武帝始终不任用将帅作为宰辅大臣，诸将也各自安心于军事管理而不求参与国家大政。唉！光武帝的立意太深远了。所以夏、商、周三代以后，君臣各尽其才，尽显其美，唯有东汉为最盛。

本事：《资治通鉴》卷四二《汉纪三十四·光武帝》，建武十一年（35）。

二四　光武帝恩威不可及

苟为欲治之君，乐其臣之敢言者有矣。而敢言之士不数进，非徒上无能容之也。言出而君怒，怒旋踵而可息矣，左右大臣得为居间而解之；藉其终怒不释，乃以直臣而触暴君，贬窜诛死，而义可以自安且自伸也。唯上之怒有已时，而在旁之怨不息，乘间进毁，而翘小过以败人名节，则身与名俱丧，逮及子孙族党交游而皆受其祸，则虽有骨鲠之臣，亦迟回而吝于一言。故能容敢言者非难，而能安敢言者为难也。

光武以支庶之余，起于南阳，与其人士周旋辛苦，百战以定天下，其专用南阳人而失天下之贤俊，虽私而抑不忘故旧之道也。且南阳将吏，功成爵定，亦未闻骄倨侈汰以乱大法，夫岂必斥远而防制之。乃郭伋以疏远之臣，外任州郡，慷慨而谈，无所避忌。曰："当简天下贤俊，不宜专用南阳故旧。"孤立不惧赫奕之阀阅，以昌言于廷，然而帝不怒也。且自邓禹以降，勋贵盈廷，未有忿疾之者，伋固早知其不足畏而言之无尤。诚若是，士恶有不言，言恶有不敢哉？诸将之贤也，帝有以镇抚之也；奖远臣以忠鲠，而化近臣于公坦，帝之恩威，于是而不可及矣。宋祖怀不平于赵普，而雷德骧（xiāng）犹以鼎铛见责，曲折以全直臣，而天子不能行其意。伋言之也适然，帝听之也适然，南阳勋旧闻之也适然。呜呼！是可望之三代以下哉？

【译文】

如果是想治理好国家的君主，喜欢其臣子敢于直言的有不少，而敢直言的臣子得到重用的却不多。这不仅是因为国君不能容忍他们，直言一出如果君主发怒，怒气不久就可以平息，左右的大臣必定能够居间解除君主的怒气；即使君主的怒气始终不消，以至于正直之臣因为触犯暴君而遭贬官流放甚至诛杀，而在道义上也足以自己安心并实现自己的志向了。只是国君的怒气有消解之日，而君主身边之人的怨恨不易平息，于是寻机向君主进献谗言，挑剔正直之臣的小毛病以败坏其名节，害得他们身败名裂，连子孙、宗族、朋友等也都受到牵连而身遭横祸，在这种情况下，即使有耿直的大臣，也只能是迟疑徘徊，不愿多说一句话。所以，能够容忍敢于直言之人并不难，而能够保护并使敢于直言之人安心才是最难的。

光武帝刘秀作为汉室旁支的后裔，在南阳起兵，与当地人士一同经过千辛万苦，饱尝磨难，奋战数十年才平定了天下，他专用南阳人而失去了天下的贤能俊秀之才，虽然显得自私却仍是不忘故旧之道。况且出身南阳的将领、官吏建立功勋、接受爵赏以后，没有听说过骄横倨傲、奢侈无度以违犯国家大法的，难道有必要一律疏远斥退、严加防范和制约吗？只有郭伋作为与皇室关系疏远的臣子，出京治理州郡，敢于慷慨陈词，无所避忌。他说："应当选择天下的贤能俊秀人才，不宜专用出身南阳的乡里故旧之人。"他尽管势单力孤，却全然不惧怕那些权势显赫的豪门大族，在朝廷上公开直言，然而光武帝并没有为此生气。而且从大司徒邓禹以下，满朝勋贵没有愤恨他的，可见郭伋早就知道此举没有什么可怕的，因而直言不讳。如果真的像这样，士人哪里会有不发议论的，而议论又哪里会有不敢发的？诸将的良好表现，乃是因为光武帝有办法镇抚他们；鼓励疏远之臣的忠诚正直，而以公平宽和感化近臣，光武帝的恩德和威严，于是令后世帝王望尘莫及了。宋太祖对宰相赵普不满，但是当殿中侍御史雷德骧弹劾赵普时，宋太祖尚且大发雷霆，指责雷德骧像是没有双耳的鼎铛一样，孤陋寡闻，违背自己的本意以保全忠直谏诤之臣，即使身为天子也不能按自己的意愿行事。郭伋说得心安理得，光武帝听得心安理得，南阳的勋贵旧臣听到以后也心安理得。唉！这种情形难道能够奢望出现于夏、商、周三代以后的天下吗？

本事：《资治通鉴》卷四二《汉纪三十四·光武帝》，建武十一年（35）。

二五　吴汉逼成都而取败

建武十二年，天下已定，所未下者，公孙述耳。三方竞进，蹙之于成都，述粮日匮，气日衰，人心日离，王元且负述而归我，此其勿庸劳师亟战而可坐收也较然矣。触其致死之心，徼幸而犹图一逞，未易当也。吴汉逼成都而取败，必然之势矣。光武料之于千里之外而不爽，非有不测之智也，知其大者而已。

故善审势者，取彼与我而置之心目之外，然后笼举而规恢之，则细微之变必察；耳目骛于可见之形，而内生其心，则智役于事中，而变生于意外。《诗》云："不出于颎

(jiǒng)。”出于颎者，其明哲无以加焉。昆阳之拒寻、邑，邯郸之蹙王郎，光武固尝以亟战得之矣，彼一时也。吴汉效之而恶得不败！

【译文】

建武十二年（36），天下已经平定，尚未归降的，只是割据蜀地的公孙述罢了。当时，汉军三路并进，将公孙述围困在成都城中，公孙述的粮食储备越来越匮乏，士气一天天地衰减，人心一天天地离散，连心腹爱将王元也背叛公孙述而归降，这种形势已经清楚地表明，不用劳师急战便可以轻易收服公孙述。但是，如果激起他的必死之心，使他心存侥幸、垂死挣扎以图冒险一搏，则是相当不容易抵挡了。吴汉率大军逼近成都结果大败而归，乃是势所必然的。光武帝在千里之外已经料想到这种结果，而且准确无误，并不是有着高深莫测的智慧，而是知其大势罢了。

所以，善于审时度势的人，把对方与自已置于心目之外，然后从总体上加以考量，进行统筹规划，即使是极其细微的变化也必定能明察无遗；如果耳目忙碌于应付可见之形、可闻之音，而这种认识内生于心，则智力被事情本身所役使，而变故却发生于意料之外。《诗经·无将大车》中说：“不能摆脱烦躁不安的心境。”能够摆脱烦躁不安的心境的人，其聪明贤哲将会无以复加。光武帝刘秀在昆阳之战中力拒王寻、王邑大军，在邯郸围困王郎时，固然曾以速战速决取得了胜利，然而此一时，彼一时，时机与形势已经不同了，吴汉再生搬硬套地仿效光武帝以前的做法，怎么能够不失败呢？

本事：《资治通鉴》卷四三《汉纪三十五·光武帝》，建武十二年（36）。

二六　蜀士吊诡

公孙述之廷不可仕也；虽然，述非王莽比矣，不得已而姑与周旋以待时，不亦可乎？李业、王皓、王嘉遽以死殉之，过矣。述之初据蜀也，犹未称帝，威亦未淫也；察其割据之雄心，虑相污陷，夫岂无自全之术哉？乃因循于田里家室之中，事至而无余地，居危乱之邦，无道以远害，畏溺而先自投于渊，介于石而见几者若此乎？

谯玄荐贿以免，则尤可丑矣。处乱世而多财，辱人贱行以祈生，殆所谓“负且乘致寇至”者与！哀、平之季，廉耻道丧，一变而激为吊诡，蜀人尤甚焉。匹夫匹妇之谅，恶足与龚胜絜其孤芳哉！

【译文】

公孙述的朝廷是不可以仕宦的，尽管如此，可公孙述与王莽并不是一类，在不得已的情况下姑且与他周旋以等待时机，不是也可以吗？蜀地名士李业、王皓、王嘉等人为了不做公孙述的官，竟然轻率地自杀身亡，以死殉之，未免有点太过了。公孙述刚刚占据蜀地时，还未称帝，也没有淫威膨胀；如果及早察知公孙述要割据一方的雄心，担心自己被强行征召而玷污自己的清名，他们难道会没有自我保全的办法吗？他们却因循于田里家室之中，当事到临头时毫无回旋余地，身居危险混乱的国家，没有适当的办法远避灾祸，惧怕被水淹死而先自投于无底深渊之中，难道他们就是这样坚守中正之道义而见事之几微的吗？

谯玄献上巨额的钱财，从而免除了被公孙述强行征召和杀身之祸，则是尤为令人不齿的丑行。身处乱世却有数以千万计的财产，依靠耻辱的人格、卑贱的行为以求得生存，这大概就是所谓的“背负着财物又坐着马车炫耀，就会招致强盗抢劫”吧！在汉哀帝、汉平帝时代的西汉末期，廉耻之道沦丧殆尽，一变而激为怪诞，蜀人尤甚。匹夫匹妇的固执己见，哪里能与龚胜的洁身自好相提并论呢！

本事：《资治通鉴》卷四三《汉纪三十五・光武帝》，建武十二年（36）。

二七　善事上官，勿失名誉

晋平公喜其臣之竞，而师旷讥其不君。为人君者，欲其臣之竞，无以异于为人父者利其子之争也。光武之诏任延曰：“善事上官，勿失名誉。”其言若失君人之道，而意自深。延曰：“忠臣不和，和臣不忠，上下雷同，非陛下之福。”［《考异》曰：《延传》作“忠臣不私，私臣不忠”。按高峻《小史》作“忠臣不和，和臣不忠”，意思为长，又与上语相应，今从之。］然则尊卑陵夷，相矫相讦，以兴讼狱而沮成事，抑岂天子之福乎？

夫欲使上官之履正而奉公也，但择其人而任之。夫既使居上位矣，天子无能纳诸道而制其进退，乃恃下吏之骘（zhì）戾以翘其过而为异同，于是乎相劝以傲，而事之废兴，民之利病，法之轻重，人得操之以行其意。其究也，下吏抗上官而庶民抗下吏，怨讟（dú）生，飞语兴，毁誉无恒，讼狱蜂起，天子亦何恃以齐天下，使网在纲，有条而不紊乎？阴阳之气不和，则灾沴（lì）生；臣民之心不和，则兵戎起。共、驩不和于舜、禹，管、蔡不和于周、召，如是而可以为忠臣乎？

光武叹息曰："卿言是也。"为延之说所摇与？抑姑以取其一节之亢直而善成其和衷与？以为治理之定论，则非矣。

【译文】

春秋时期的晋平公喜欢自己的臣子相互争斗，而师旷讽刺他不守君德。做君主的人，想让自己的臣子相互争斗，无异于做父亲的以子女相互争斗为利。光武帝对任延下诏说："好好地侍奉上司，不要有损于名誉。"他的话似乎不合君主统治臣民之道，但是寓意却很深刻。任延说："忠臣不随声附和，随声附和的臣子不一定忠诚，上下雷同，并不是天子的福气。"［司马光《资治通鉴考异》中说：《后汉书·循吏列传·任延》中记载的是"忠臣不私，私臣不忠"。按唐代高峻的《高氏小史》记载为"忠臣不和，和臣不忠"，相比而言意思更优，又与上面的话相对应，今从之。〕既然如此，那么尊卑秩序日益破坏，官场中上下相互欺诈，相互攻讦，使得诉讼案件大幅度增长，而日常的政事被搁置在一边，这难道就是天子的福气吗？

要想使上级官吏行为端正、克己奉公，只有精心地选择适宜的人选，然后加以任用。如果已经使他高居上位了，可天子不能将他纳上正道，也不能控制他的升降赏罚，不得已而依靠其下属官吏，让他们残酷无情地检举揭发、罗织其上司的过错，以标示臣子之间的异同，于是官吏相互鼓励、比着傲慢，而事情的兴废，百姓的祸福，法律的轻重，别人得以操纵以实现自己的意愿。其结果是下级官吏抗衡上司而百姓抗衡下级官吏，怨声载道，谣言四起，毁誉无常，诉讼猛增，天子又靠什么来治理天下，使得国家政事纲举目张、有条不紊呢？阴阳之气不和，则灾祸就会产生；臣民之心不和，则战争就会爆发。共工、驩兜与虞舜、大禹不和，管叔、蔡叔与周公、召公不和，像这样的人能算是忠臣吗？

光武帝叹息说："您说的很对。"这是被任延的说法打动内心了吗？还是姑且肯定其刚强正直的节操以成全其和睦同心呢？如果把它视为治理国家之道的定论，则是不正确的。

本事：《资治通鉴》卷四三《汉纪三十五·光武帝》，建武十二年（36）。

二八　公孙述存礼乐功不可没

道非直器也，而非器则道无所丽以行。故能守先王之道者，君子所效法而师焉者也；能守道之器者，君子所登进而资焉者也。王莽之乱，法物凋丧，公孙述宾宾然亟修之。其平也，益州传送其瞽师、乐器、葆车、舆辇，汉廷始复西京之盛。于此言之，述未可尽贬也。

述之起也非乱贼，其于汉也，抑非若隗嚣之已北面而又叛也。于一隅之地，存礼乐于残缺，备法物以昭等威，李业、费贻、王皓、王嘉，何为视若戎狄乱贼而拒以死邪？自述而言，无定天下之略，无安天下之功，饰其器，惘其道，徇其末，忘其本，坐以待亡，则诚愚矣。自天下而言，群竞于智名勇功，几与负爪戴角者同其竞爂（bì），则述存什一于千百，俾后王有所考而资以成一代之治理，不可谓无功焉。马援，倜傥之士也，斥述为井蛙，后世因援之鄙述，而几令与孟知祥、王建齿，不亦诬乎？

汉道中圮，而述储文物以待光武，五代涂炭，而李氏储文艺以待宋太宗，功俱未可没也。宋失汴梁而钟律遂亡，乃者南都陷而浑仪遂毁，使当世而有公孙述也，可勿执李、费、二王之硁（kēng）硁以拒之也。

【译文】

道并不仅仅是指器，但是如果没有器则道无所附着以施行。所以，能守先王之道的人，乃是君子所应效法并且学习的人；能保守行道之器的人，则是君子所登进而且依赖的人。在王莽之乱中，用于礼仪、祭祀的器物失散，公孙述毕恭毕敬而又急切地收集了它们。当公孙述败死以后，益州（治今四川成都）将公孙述的乐师、乐器、葆车、舆辇等送往京师洛阳，汉廷这才恢复了西汉时期礼仪的隆盛。由此看来，公孙述还不算一无是处。

公孙述起兵，其实并不是乱贼，他对于汉廷，也没有像隗嚣那样已经投降而后却又反叛了。公孙述居于西南一隅之地，保存礼乐于国家残破之余，备齐礼器以昭示与不同身份、地位相称的威仪，蜀中名士李业、费贻、王皓、王嘉等人为什么视他为夷狄乱贼，因而以死拒绝他的征召呢？从公孙述的角度来说，他没有平定天下的谋略，也没有安定天下的大功，只是以礼器为装饰，而不得其道，追逐末节而忘其根本，坐以待毙，则实在是够愚蠢的。从天下的角度来说，群雄以智慧、名誉、勇武、功绩互相争斗，其情形差不多像是与长着爪子、犄角的野兽愤怒争强一样，在这种情况下，公孙述能够在成百上千的礼器中保存了十分之一，使得后来的君主能够有所参考，而且赖以成就一代的良好治理，不能说是没有功劳。马援是一位卓异不凡之士，却斥责公孙述为井底之蛙，后世因为马援的鄙视几乎把公孙述贬入孟知祥、王建之类的地步，这不是过于诋毁了吗？

汉朝国祚中道衰败，而公孙述储藏文物以等待光武帝刘秀；五代时期生灵涂炭，而南唐李氏积储文艺以等待宋太宗赵光义；他们的功劳都不可埋没。北宋丢失了开封而音律遂亡，后来南宋的京城杭州失陷（或指明朝末年南都失陷）而浑天仪毁灭，假如当时有公孙述一样的人，有识之士应当可以不像李业、费贻、王皓、王嘉那样浅薄固执地以死抗拒他。

本事：《资治通鉴》卷四三《汉纪三十五·光武帝》，建武十三年（37）。

二九　法一而不可干

高帝初入关，约法三章，“杀人者死”，无待察其情，而壹之以上刑。盖天下方乱，民狎于锋刃，挟仇争利以相杀者不可卒弭，壹之以死而无容覆勘，约法宽而独于此必严焉，以止杀也。

王嘉当元、哀之世，轻殊死刑百一十五事，其四十二事，手杀人者减死一等。建武中，梁统恶其轻，请如旧章。甚矣，刑之难言也。杀人一也，而所由杀之者异。有积忿深毒，怀贪竞势，乘便利而杀之者；有两相为敌，一彼一此，非我杀彼，则彼杀我，偶胜而杀之者；有一朝之忿，虽无杀心，拳勇有余，要害偶中，而遂成乎杀者。斯三者，原情定罪，岂可概之而无殊乎？然而为之法曰：察其所自杀而轻重之。则猾民伏其巧辩，讼魁曲为证佐，赇（qiú）吏援以游移，而法大乱。故王嘉、梁统之论各得其一，而皆有未允。甚矣，法之难言也。

夫法一而已矣，一故不可干也，以齐天下而使钦畏者也。故杀人者死，断乎不可词费而启奸也；乃若所以钦恤民情而使死无余憾者，则存乎用法之人耳。清问下民者，莫要乎择刑官而任之以求情之道。《书》曰："刑故无小，赦过无大。"故与过之分，岂徒幕外弯弓不知幕中有人而死于射之谓乎？横逆相加，操杀己之心以来，而幸胜以免于推刃，究其所以激成而迫于势者，亦过之类也；猝然之忿怒，强弱殊于形体，要害不知规避，不幸而成乎杀者，亦过之类也。一王悬法于上，而不开以减死之科；刑官消息于心，而尽其情理之别。则果于杀人者，从刑故之条；而不幸杀人者，慎赦过之典。法不骫（wěi）而刑以祥，存乎其人，而非可豫为制也。

夫法既一矣，而任用刑者之矜恕，则法其不行矣乎？而抑有道焉。凡断刑于死者，必决于天子之廷，于是而有失出失入之罚，以儆有司之废法。既任吏之宽恤，而又严失出以议其后，则自非仁人轻位禄而全恻隐者，不能无惕于中而轻贷人以破法。夫有司者，岂无故而纵有罪以自丽于罚乎？非其请托，则其荐贿，廷议持衡而二患惩，则法外之仁，可以听贤有司之求瘼（mò），而何忍一人死复继之以一人乎？若曰杀人而可不死也，人将相戕而不已也，而亡虑也。虽减死而五木加之，犴狴（àn bì）拘之，流放徒隶以终其身，自非积忿深毒、怀贪竞势之凶人，亦孰乐有此而昧于一逞也乎？

【译文】

汉高祖刘邦刚刚进入关中，便约法三章，"杀人者处死"，不需要审查具体的情况，而一律处以死刑。大概当时天下大乱，百姓对战争和杀戮已经司空见惯，为了报仇争利而相互杀戮的风气难以在短期内消弭，因而对杀人者一律处以死刑，无容审核，约法虽宽而唯有这一条必须严厉，其目的显然是以此来制止百姓相互残杀。

王嘉生当汉元帝、汉哀帝时期，减轻殊死之刑（大逆不道罪，处腰斩）一百一十五条，其第四十二条规定，亲手杀人的减死罪一等。光武帝建武年间，梁统嫌刑法太轻，上书请求恢复旧制。刑法，真是太难说啦！杀死了人都是一样的，但是造成杀人的原因却各不相同。有累积忿怒、深怀歹毒之心，心怀贪念、争逐权势，利用方便之机而杀人的；有双方互相为敌，一彼一此，不是对方杀我，就是我杀对方，偶然获胜而杀人的；有出于一时的愤怒，虽然本无杀人之心，可勇猛有余，失手击中要害，于是演变为杀人事件的。这三种情况，如果推究本情以定罪，难道可以一概而论不加区别吗？然而，一旦制订法律规定：根据杀人的具体情节而决定判决的轻重，则刁民充分利用其巧言善辩，讼魁（专门唆使人打官司以便从中谋利的人）歪曲事实为他做证，贪官污吏再从中舞文弄墨，大做手脚，于是法律被搞得一塌糊涂。所以，王嘉、梁统的论点各执一端，都有一定的道理，但是都不全面公允。法律，真是太难说啦！

法律，就是要统一，法律统一了就不会有人去触犯，以此治理天下，必可使天下人产生敬畏心理。所以，杀人者一律处死，断然不可多费言辞从而为奸邪之人大开方便之门；至于钦恤民情、使之死无余憾的任务，则落在执法者肩上。体恤百姓的人，没有比谨慎地选择审刑官，然后任之以求实之道更重要的了。《尚书·大禹谟》中说："处罚故意犯罪时无论其罪过有多小，赦免过失犯罪时不论其过失有多大。"故意与过失的区别，难道只是指在帐幕外弯弓射箭，不知帐幕中有人因而将人射死这种情形吗？突遭别人强暴相加，对方怀着一定要置我于死地之心而来，我侥幸战胜他从而免于横死，在这种情况下杀了人，究其原因，乃是为形势所迫，不得不拼死保护自己，当然属于过失杀人之类；在与人交往中，因故突然发怒，双方的体力相差悬殊，强壮的一方在气急败坏的情况下，不知规避要害部位，而不幸失手成为杀人者，这也属于过失杀人之列。君主悬法于上，而不开减死之科；法官根据案情在内心斟酌，以充分体量案件的情理之别而酌情判决。则存心杀人者，按故意杀人的律条判决；而不幸杀人者慎重地按过失杀人的旧例判决。这样，法律不被歪曲而刑罚得以善用，完全取决于法官，而不可以提前制定好律令以为防范。

法律已经统一以后，而听任掌管刑罚的人一味地怜悯、宽恕，这样法律不是就难以执行了吗？不必担忧，办法还是有的。凡是死刑案件，必定要由天子在朝廷上最后裁决，在这里对待量刑不当的官吏，有失之于重、失之于轻的处罚，以警戒其徇情枉法。一方面许可官吏宽大体恤百姓，另一方面以严厉的重罪轻判的处罚约束他们，则自非不惜官位俸禄以成全自己恻隐之心的仁慈之人，不可能心中不害怕，从而轻率地饶恕罪犯以破坏法律。有关部门的官员，难道会无缘无故放过罪犯从而牵连自己受到严厉的惩罚吗？

不是有人请托，便是有人行贿，如果廷议公允持平，则这两种隐患都得到惩戒，于是法律之外的仁慈，可以听任有关贤德官员访求民间疾苦，怎么能忍心在一个人死后而又以另一个人的死继之呢？有人说杀人的人假若可以不被处死，则天下的人将会相互残杀，无休无止，其实，这种担心是多余的。因为罪犯虽然被免除一死，但是各种刑具加身，囚禁于监狱，流放或服劳役，直至死亡，如果不是累积愤怒、深怀歹毒之心、怀有贪念、竞逐权势的凶残之人，谁又会甘愿为了一时的痛快而冒此危险呢？

本事：《资治通鉴》卷四三《汉纪三十五·光武帝》，建武十四年（38）。

三〇　治盗之法，莫善于缓

治盗之法，莫善于缓；急者，未有不终之以缓者也。且盗之方发而畏捕也，强则相拒，弱则惊窜伏匿而莫测其所在。缓之而拒之气馁矣，不能久匿而复往来于其邑里族党矣，一夫之力擒之而有余矣，吏不畏其难获而被罪也。人孰无恶盗之情，而奚纵之？惟求之已急也，迫之以拒，骇之以匿，吏畏不获而被罪，而不敢发觉，夫然后展转浸淫而大盗以起，民以之死，而国因以亡。

光武之法，吏虽逗留、回避、故纵者皆勿问，听以禽讨为效。牧守令长畏懦选怯不敢捕者，皆不以为罪，只取获贼多少为殿最。唯匿蔽者乃罪之。此不易之良法，而愚者弗能行久矣。

【译文】

治理盗贼的办法，没有比缓治更好的了；而采取急治方式，没有不最终以缓治了结的。况且，盗贼初发时非常害怕被捕获，强而有力者必定会拼命抵抗，弱者则必然是惊恐失措地逃窜，然后悄无声息地隐藏起来。如果官府采取缓治的办法，时日稍久，则盗贼的拼死抗拒之心自然消散，潜逃的也不能长期躲藏，于是又往来于其乡里族党了，这时一个人的力量擒获他也绰绰有余，官吏当然不必害怕因为盗贼难以捕获而受到惩处了。作为人，谁没有憎恨盗贼之心呢？因此，没有人会轻易放纵盗贼的。只有当官府急不可耐地捕捉他们时，才会逼着他们拼死抗拒，吓得他们深深地藏匿起来。官吏害怕因为不能捕获盗贼而受罚，因而不敢声张，于是盗贼辗转蔓延，不断发展壮大，最终成为大规模的叛乱势力，百姓因此而大量死亡，国家也因此而覆亡。

光武帝的法令规定，官吏即使有逗留、回避、故意放纵盗贼等行为，也全部不问罪，允许他们以最终擒获、讨伐盗贼的数量作为政绩。地方官中的州牧、郡守和县令、县长畏惧胆怯不敢捕盗的，都不为罪过，国家只以官吏捕获盗贼的多少确定其政绩的大小。只有窝藏盗贼的，才依律治罪。这乃是万世不变之法，而愚蠢的人长期以来都不能施行此法。

本事：《资治通鉴》卷四三《汉纪三十五·光武帝》，建武十六年（40）。

三一　光武帝宗庙之制

张纯、朱浮议宗庙之制，谓礼为人子事大宗降其私亲，请除舂陵节侯以下四亲庙，以先帝四庙代之。光武抑情从议，以昭穆祢元帝，而祠其亲于章陵，异于后世之苟私其亲者，而要未合于礼之中也。

为人子者，必有所受命而后出为人后，内则受命于父以往，外则受命于所后之父母而来，若哀帝之于成帝是已。故尊定陶为皇，而自绝于成帝，非也。若内无所禀，外无所承，唯己之意与人之扳己而继人之统，此唯天子之族子，以宗社为重，可以不辞，而要不得与受命出后者均。何也？父子之恩义，非可以己之利与臣民之推戴而薄其所生，诬所后者以无命为有命也。况乎光武之兴，自以武功讨篡逆而复宗祊（bēng），其生也与元帝之崩不相逮，而可厚诬乎哉？成、哀、平不成乎君者也，废焉可也。元帝于昭穆为诸父，而未有失德，勿毁而列于世，得矣；以为己所后而祢之，不可也。光武之功德，足以显亲，南顿令而上，虽非积累之泽，而原本身之所自来，则视组绀以上而尤亲。尊者自尊也，亲者自亲也，人子不敢以非所得而加诸亲。故组绀之祀，得用天子之礼乐，而特不追王。则南顿以上四世之庙不可除，而但无容加以皇称而已。后世之礼，势殊道异，难执先代之相似者以为法，而贵通其意。光武之事，三代所未有也，七庙之制，不必刻画以求肖成周，节侯以下与元帝以上并祀。而溢于七庙之数，亦奚不可？所难者唯祫（xiá）祭耳。然使各以其昭穆，君先臣后，从太祖而合食，礼原义起，岂与哀帝之厚定陶、欧阳修之崇濮王、张孚敬之帝兴献，同其紊大分而伤彝伦乎？

若纯与浮之言大宗，则尤谬矣。大宗者，非天子之谓也。《礼》曰："别子为祖，继别为宗。"宗者，百世不迁；而天子之位，父死子继，兄终弟及，乃至本支绝而旁亲立，国中斩而支庶兴，初非世次相承而不可越。故天子始兴，而母弟为大宗。尊者嗣位，亲者嗣宗。宗者，一姓之独尊也，位者，天下之同尊也，天子之非大宗明矣。大宗无后，就大宗之支子以次而嗣，递相衍以百世，而昭穆不乱，故以宗为重而绝其私亲。天子不与于宗子之中者也，嗣位也，非嗣宗也，不拘于昭穆之次，孙可以嗣祖，叔父可以嗣从子者也。使汉而立大宗焉，抑唯高帝之支子相承不绝，天下虽亡而宗不圮，非王莽所得篡，而光武亦弗能嗣焉。纯与浮不考于《周礼》，合宗与位而一之，于周且悖，而况汉乎？疏漏寡闻，任气以矫时王之制，其与欧阳修、张孚敬之说，异失而同归矣。

【译文】

张纯、朱浮议论宗庙之制，认为按照礼制，为人子的应当敬奉大宗，而降低自己私亲的地位，请求撤去春陵节侯刘买以下的四代先祖的祖庙，然后以汉宣帝、汉元帝、汉成帝、汉哀帝、汉平帝五帝四世的祖庙取而代之。光武帝抑制了自己的私人感情，而听从张、朱等人的建议，按照昭穆次序应继承汉元帝，以元帝为父，祭祀于太庙。而祭祀自己的直系先祖于章陵，不同于后世苟且偏爱自己的直系先祖，而其要义却不符合礼仪制度。

作为人子，必定有所受命而后出为别人的继承者，内则受命于父以往，外则受命于所继嗣的父母而来，就像汉哀帝继承成帝那样。所以，他尊自己的父亲定陶共王刘康为恭皇，而自绝于成帝，在礼法上是不应当的。如果内无父母允许继嗣的命令，外无来自他人的继嗣请求，只是根据自己的意愿与别人能够帮助自己，而继承人家的香火，这唯有天子的同族兄弟之子，以宗庙社稷为重，不容推辞，而且不能与受命出继的等同看待。为什么呢？因为父子之间的恩义，不可因为自己的私利和臣民的推戴而薄待其生父，妄称自己所继承的对象有要求继嗣的命令。何况光武帝的兴起，是自己凭借武力讨平了篡位的逆贼，从而恢复了汉室的宗庙社稷，他的出生与汉元帝驾崩时间上相差甚远，难道可以深加欺骗吗？成帝、哀帝、平帝的行为不能算是国君，在太庙中废去他们是可以的。论昭穆次序，汉元帝为光武帝的族父，而且没有失德之处，把他留在太庙里，列入世系，是正确的；可是，以他为自己所继嗣的对象而以父礼祭祀他，则是不可以的。光武帝的功德，足以荣耀亲人，从他的生父、南顿县令刘钦以上的祖辈，虽然不是积累的德泽，可是推究自身的由来，则像周代天子视其远祖组绀以上的亲属更为亲近。尊者自尊，亲者自亲，作为人子不敢以越礼的待遇加在亲人身上。所以周代天子对组绀的祭祀，可以用天子的礼乐，只是不能追封其为王。如此则南顿县令以上四代的祖庙不可撤除，但是却不应当加以“皇”的尊号。后世的礼仪，形式和内容都有不同，很难援引前代相似的事例作为典范，而贵在贯通其大意。光武帝的这种情况，是夏、商、周三代时期所没有的，所以天子立七庙的制度，不必刻意要求符合周制，春陵节侯刘买以下与汉元帝以上的先辈一并祭祀，虽然超过了七庙之数，又有什么不可以的呢？所困难的只是袷祭罢了。然而，假如让他们各以其辈分，君先臣后，跟从太祖接受合祭，礼法源于道义。难道会与汉哀帝厚待定陶王、宋欧阳修尊崇濮王、明张孚敬（即张璁）尊奉兴献王为帝一样，扰乱君臣父子名分、败坏彝伦纲常吗？

至于张纯和朱浮提到大宗一事，则是尤其荒谬的。所谓大宗，并不是适用于天子的称谓。《礼记·大传》中说：“别子为祖，继承别祖为宗。”所谓宗，百代不变，而天子之位，父死子继，兄终弟及，甚至本支无后时由旁亲继立，国中没有继承人时由庶支取代，本来就不是按世系相承而不可逾越的。所以，天子刚兴起时，其同母弟为大宗。尊者继承帝位，亲者继承宗。所谓宗，是一家一姓所独尊的，而天子之位，则是天下人所同尊的，天子显然不属于大宗。如果大宗没有后人，则由大宗的支子以次而继，这样递进相衍可至于百世，而昭穆次序不乱，因此继承宗的人都以宗为重而断绝自己的私亲。天子是不在宗子之列的，他们是继位而不是嗣宗，因而不拘泥于昭穆次序的先后，孙子可以继承祖父，叔父可以继承侄子。假如汉朝皇室是立大宗的，则也只有汉高祖的支子可以相承不绝，天下虽亡而宗不灭，王莽不可能篡夺，而光武帝也不能继承了。张纯与朱浮不深入钻研《周礼》，竟然把宗与位合而为一，此举已经违背了周朝的礼制，更何况汉朝呢？张、朱二人孤陋寡闻，意气用事以妄改当代帝王的宗庙之制，其观点与欧阳修、张孚敬的说法，错误不同而旨归相同。

本事：《资治通鉴》卷四三《汉纪三十五·光武帝》，建武十八年（42）。

三二　光武托孤非人

王氏之祸烈矣！光武承之，百战而刘宗始延，惩往以贻后，顾命太子而垂家法，夫岂无社稷之臣？而唯阴识、阴兴之是求。识虽贤，何知其不为莽之恭？识虽不伪，能保后之外戚皆如识乎？饮堇而幸生，复饮以冶葛，卒使窦、梁、邓、何相踵以亡汉。光武之明，而昏于往鉴如是者，何也？

帝之易太子也，意所偏私而不能自克，盈廷不敢争，而从臾之者，自郅恽之佞外无人焉。若张湛者，且洁身引退以寓其不满之意矣。东海虽贤，郭况虽富而自逸，光武不能以自信，周旋东海而优郭氏，皆曲意以求安，非果有鸤（shī）鸠之仁也。于是日虑明帝之不固，而倚阴氏以为之援，故他日疾作，而使阴兴受顾命领侍中，且欲以为大司马而举国授之。

呜呼！人苟于天伦之际有私爱而任私恩，则自天子以至于庶人，鲜不违道而开败国亡家之隙，可不慎哉！卒之帝崩而山阳王荆果假郭况以称乱，则帝之托阴氏以固太子之党，亦非过虑也。虽然，虑亦过，不虑亦过；虑以免一时之患，而贻数世之危，固不如其弗虑也。

【译文】

西汉外戚王氏所造成的灾祸太严重啦！光武帝承继乱局，经过大小数百战刘氏的江山才得以延续，鉴于既往的教训以留给后人，临终遗命于太子而传下家法，难道没有社稷之臣吗？但光武帝却只看重太子的舅父阴识、阴兴。阴识虽然有贤德，怎么知道他不是像王莽那样谦恭地伪装自己呢？即使阴识不虚伪，能够保证后来的外戚都像阴识一样吗？就像刚刚吃了堇菜而侥幸得活命的人，却又吃毒草冶葛，光武帝以后，窦、梁、邓、何等外戚相继擅权，最终促成了东汉的覆亡。光武帝非常圣明，却在借鉴以前的经验教训方面如此昏聩，这是为什么呢？

光武帝更换太子，是因为心里有所偏爱，无法自持，满朝的臣僚都不敢抗争，而怂恿他的，除了郅恽等奸佞小人，别无他人。太子太傅张湛，尚且洁身引退以暗示其心怀不满之意。东海王（即前太子刘强）虽然有贤德，其舅父郭况虽然富裕而又放荡不羁，光武帝仍不能自信，于是与东海王应酬周旋而优待外戚郭氏，都是曲意笼络以求安定，并不是果真有布谷鸟那样均平专一的仁慈之心。所以，光武帝日夜担忧太子刘阳（改名刘庄，即汉明帝）地位不稳固，因而依赖外戚阴氏巩固和加强当时仍然是新太子的明帝的地位。后来有一天，光武帝病重，竟然使阴兴接受遗命领侍中，而且还想任命阴兴为大司马，把整个国家政权授给他，只是阴兴不敢接受。

唉！人如果在天伦之际有所偏私而依赖私恩行事，则从天子到平民，很少有不违天逆道而开启败国亡家的祸端的，难道可以不慎重吗？刘秀死后，山阳王刘荆果然假借郭况的名义发动叛乱，那么光武帝托付阴氏以加强太子的势力，也不算过虑。尽管如此，但考虑是过错，不考虑也是过错；只考虑自己死后的情况可以免除一时的忧患，却留下了数代的危机，还不如不考虑。

本事：《资治通鉴》卷四三《汉纪三十五·光武帝》，建武十九年（43）。

三三　光武闭关绝西域

汉之通西域也，曰“断匈奴右臂”。君讳其贪利喜功之心，臣匿其徼功幸赏之实，而为之辞尔。夫西域岂足以为匈奴右臂哉？班固曰：“西域诸国，各有君长，兵众分弱，无所统一，虽属匈奴，不相亲附，匈奴能得其马畜旃罽

(zhān jì)，而不能与之进退。”此当时实征理势之言也。

抑考张骞、傅介子、班超之伏西域也，所将不过数十人，屯田之卒不过数百人，而杀其王、破其国，翱翔寝处其地而莫之敢仇。若是者，曾可以为汉而制匈奴乎？可以党匈奴而病汉乎？且匈奴之犯汉也，自辽左以至朔方，横亘数千里，皆可阑入，抑何事南绕玉门万里而窥河西？则武帝、张骞之诬也较著。光武闭关而绝之曰：“东西南北自在也。”灼见其不足为有无而决之矣。

夷狄而为中国害，其防之也，劳可不恤，而虑不可不周。如无能害而徼其利，则虽无劳焉而祸且伏，虽无患焉而劳已不堪，明者审此而已矣。宋一亡于金，再亡于元，皆此物也。用夷攻夷，适足以为黠夷笑，王化贞之愚，其流毒惨矣哉！

【译文】

汉朝通西域，被称为“斩断了匈奴的右臂”，实际上，这只不过是君主讳言其贪利喜功之心，大臣隐匿其邀功幸赏之实所编造的饰辞罢了。西域难道足以做匈奴的右臂吗？班固说：“西域诸国，各有君长，兵众分散而又弱小，没有统一的号令，虽然名义上隶属匈奴，而实际上各国并不亲附匈奴，匈奴人只能得到西域的马匹、其他牲畜以及毛织品，却不能在军事上联合起来，一致行动。”这乃是当时的人根据当时的实际情况，结合自己的耳闻目睹，所作的准确记载。

考察张骞、傅介子、班超制服西域的事实，他们所率领的人马不过数十人，屯田的士卒不过数百人，却能擒杀其国王，攻破其国家，悠闲自在地生活在那里，没有人敢向他们报仇，像这样弱小的国家，难道可以为汉朝而牵制匈奴吗？难道可以依附匈奴而危害汉朝吗？况且，匈奴人侵犯汉朝时，从辽左（今辽东半岛地区）直到朔方郡（今内蒙古河套以南地区）东西数千里的范围内都可以南下，又何必要万里迢迢地绕道玉门关，而觊觎河西走廊呢？可见，汉武帝和张骞的说法显然是不符合实际的。光武帝关闭边关，断绝了与西域的交往，并且说："西域各国如果力不从心，愿意依附谁就依附谁，不一定非得归属汉朝不可。"清楚地表明，西域各国对中原王朝来说无足轻重，完全不必费心劳神去经营。

长期以来，夷狄一直是中原王朝的重大威胁，为了防范它们，可以不恤辛劳，而考虑不可不周全。如果看到对方不能危害自己而贪图其好处，则虽然没有劳师动众的灾难也可能会埋下祸根，虽然没有忧患而劳顿已经不堪忍受，聪明人自然会清楚地懂得这个道理。宋朝第一次被金国所灭，第二次被元朝所灭，都属于此类。以夷攻夷的做法，正好足以被狡猾的夷狄所耻笑，明朝辽东巡抚王化贞的愚蠢想法，其流毒也太惨烈啦！

本事：《资治通鉴》卷四三《汉纪三十五·光武帝》，建武二十二年(46)。

三四　马援贪功取厌

光武之于功臣，恩至渥也，位以崇，身以安，名以不损，而独于马援寡恩焉，抑援自取之乎！

宣力以造人之国家，而卒逢罪谴者，或忌其强，或恶其不孙，而援非也，为光武所厌而已矣。老氏非知道者，而身世之际有见焉。其言曰："功成名遂身退。"盖亦察于阴阳屈伸之数以善进退之言也。平陇下蜀，北御匈奴，南定交阯，援未可以已乎？武溪之乱，帝愍其老而不听其请往，援固请而行。天下已定，功名已著，全体肤以报亲，安禄位以戴君，奚必马革裹尸而后为愉快哉！光武于是而知其不自贵也；不自贵者，明主之所厌也。夫亦曰：苟非贪俘获之利，何为老于戎马而不知戒乎？明珠之谤，有自来矣。老而无厌，役人之甲兵以逞其志，诚足厌也。故身死名辱，家世几为不保，违四时衰王之数，拂寒暑进退之经，好战乐杀而忘其正命，是谓"逆天之道"。老氏之言，岂欺我哉？

《易》之为教，立本矣，抑必趣时。趣（qū）之为义精矣，有进而趣，时未往而先倦，非趣也；有退而趣，时已过而犹劳，非趣也。"日昃之离，不鼓缶而歌，则大耋之嗟，凶。"援之谓与！

【译文】

光武帝对于功臣，给予的恩泽够深厚了，让他们地位尊贵，安全有保障，名声也不受损害，但是只有对大将马援薄情寡恩，也许这是马援自取其祸吧！

倾尽全力以协助别人打下江山，而最终却获罪而遭到谴责的人，或者是因为君主顾忌其实力强大，或者是因为君主厌恶其言语不逊，而马援并不是这样，只不过是被光武帝所讨厌罢了。老子并非懂得道的人，但是对于处世之道却有独特的见解。他说："功成名就以后应当及时抽身而退。"这大概也是根据阴阳屈伸之数所得出的指导人适时进退之言。马援平定了隗嚣，击破了公孙述，北御匈奴、南定交趾以后，难道还不可以离开战场、颐养天年吗？当武溪之乱发生时，光武帝怜悯马援年迈体衰，不许可他的主动请缨，但是马援坚决请命，不屈不挠，光武帝无奈，只得答应他率兵前往。当时，天下已经平定，自己的功名也已经十分显赫，本可以保全体肤以报答双亲，安享禄位以事奉君主，又何必要马革裹尸而后才愉快呢！光武帝由此看出马援很不自重；不自重的人，必定是贤明君主所厌恶的人。因为君主难免会想到，如果不是贪图俘获之利，他为什么要老死军中而不知引退呢？他征伐交趾后载回薏苡被当作明珠彩犀一类的珍宝而受到诽谤，是有其由来的。到老依然贪功无厌，驱使别人的军队来达到自己自私自利的目的，实在是令人讨厌。所以，马援最后身死名辱，家族几乎也因此而不保；违背四时衰亡的气数，不遵守寒暑进退的规律，好战乐杀而忘记顺应天命，这就是所谓的"逆天之道"。老子的话，难道会欺骗我们吗？

《周易》教导人立本，同时又必须趋时，即随时势为转移。趋的含义太精深了，有人过分急切地趋前，结果时机未到而自己先疲倦了，这不叫趋时；有的人过分迟缓，结果时机已过而自己仍在劳顿，这也不是趋时。《周易·离卦》的爻辞中说："太阳偏西之时也就是人生进入老年，如果不击缶而歌唱以安度晚年，则难免春蚕将死、蜡炬成灰的哀叹，必然遭遇凶险。"说的就是马援这种情况吧！

本事：《资治通鉴》卷四四《汉纪三十六·光武帝》，建武二十四年(48)。

三五　宗均折简收群蛮

事难而易处之则败，事易而难图之亦败。易其难者，败而知其难，将改图而可有功；难其易者，非急悔而姑置焉，易者将成乎难，而祸不息矣。

武陵蛮之叛也，刘尚之全军偾焉，马成继往而无功焉，马援持之于壶头，而兵之死者大半，援亦殒焉。及乎援已死，兵已疲，战不可，退不能，若有旦夕歼溃之势；而宗均以邑长折简而收之，群蛮帖服，振旅以还，何其易也！其易也，岂待今日而始易哉？当刘尚、马援之日，早已无难慑伏，而贪功嗜杀者不知耳。使非均也，以疲劳之众与蛮固争，蛮冒死以再覆我军，虽饥困而势已十倍矣。

呜呼！一隅之乱，坐困而收之，不劳而徐定。庸臣张皇其势以摇朝廷之耳目，冒焉与不逞之虏争命，一溃再溃，助其焰以燎原，而遂成乎大乱。社稷邱墟，生民左衽，厉阶之人，死不偿责矣。

【译文】

如果事情很难却被当作是很容易的，则必定会遭到失败；如果事情很容易却被视为很困难的，也会遭到失败。视难为易的人，遭到失败以后就会知道它的难度，于是改弦易辙，尚且可以取得成功；而视易为难的人，如果不立即悔改而姑且置之一旁，则容易的事将会变成难的，而且祸患连结而不会停息。

武陵蛮反叛以后，武威将军刘尚所率领的汉军全军覆没，扬武将军马成随后赶到也无功而返，伏波将军马援在壶头山与叛军对峙，士卒死亡大半，马援自己也染病身亡。到马援身死之后，汉军无力再战，撤退也不可能，真好像有旦夕之间被击溃、歼灭的态势；可是，监营谒者宗均（《后汉书》作“宋均”）假称皇帝的诏令，命吕种以沅陵长的身份前去招降，自己仅仅率军以为威慑，蛮夷便大为震惊，不几天就斩其大帅而俯首归顺，宗均于是遣散叛军，重新任命官吏，轻而易举地平定了武陵蛮的反叛，凯旋而归，多么容易啊！其容易，难道是等到今天才变得容易吗？当刘尚、马援抵达之时，蛮夷早已不难慑伏，只是贪功嗜杀的人不知道罢了。假如不是宗均，而是别的将领以疲惫不堪的汉军与蛮夷拼命争战，蛮夷破釜沉舟，集中全力与我决一死战，结果再次歼灭我军，即使他们饥困已极，但气势必定会十倍于前。

唉！一隅的叛乱，本来可以通过围困使其处境艰难而将其收服，不必花费多大气力而缓缓平定他们。然而，平庸之臣小题大做以迷惑朝廷的耳目，轻率地与存心为非作歹的夷狄拼死争斗，不料一败再败，促使星星之火蔓延成燎原之势，结果造成天下大乱的局面，江山社稷因此而覆亡，中原的百姓因此而遭受夷狄之人的统治与蹂躏，当初招致祸端的人，实在是死有余辜！

本事：《资治通鉴》卷四四《汉纪三十六·光武帝》，建武二十五年(49)。

三六　内徙南单于非计

汉诏南单于徙居西河美稷，人极之毁，自此始矣。非但其挟戎心以乘我也，狎与之居而渐与之安，风俗以蛊，婚姻以乱，服食以淫，五帝、三王之天下流泆（yì）解散，而元后父母之大宝移于非类，习焉而不见其可耻也，间有所利而不见其可畏也。技击诈谋，有时不逮，呴沫狎媟，或以示恩，而且见其足以临我；愚民玩之，黠民资之，乃至一时之贤豪，委顺而趋新焉。迤及于千岁以后，而忘其为谁氏之族矣。臧宫、马武请北伐，光武曰：“吾恐季孙之忧不在颛臾。”柰之何延之于萧墙之内也!

【译文】

东汉光武帝诏令匈奴南单于迁居于西河美稷（今内蒙古准格尔旗），纲纪的毁坏，从此开始了。这不仅是因为他们怀着侵略野心时刻准备伺机攻打我们，而且我们的百姓与他们长期居住在一起，逐渐地相安无事，而良好的风俗逐渐被破坏，婚姻关系被搞混乱，饮食服饰也日渐奢侈，上古五帝、三王以来的天下流荡解散，而天子、父母的大位逐渐转移到异族手中，日久天长习惯以后就看不见其有可耻之处，而且还不时从他们身上取得好处，因而感觉不到其可怕。技击、欺诈、计谋方面，我们有时还不如他们，于是为他们提供援助，与他们相互亲昵而渐趋放荡，想以此显示自己的恩德，可是不久就会发现，对方的实力已经超过我们了，愚昧无知的百姓不把夷狄当回事儿，狡猾的民众依赖他们，甚至一时的贤才豪杰也委身顺从他们，投靠新主子。这种局面延续一千年以后，就会忘记他们是哪族人了。大将臧宫与马武请求派兵北伐匈奴，光武帝回答说：“我担心季孙氏的忧患不在颛臾（鲁国的属国，故址在今山东临沂），而是在萧墙之内。”可是，光武帝又为什么要主动把灾祸引入萧墙之内呢?

本事：《资治通鉴》卷四四《汉纪三十六·光武帝》，建武二十六年(50)。

三七　蒙以养正，师道之难

明帝英敏有余，而蕴藉不足，光武选师儒而养以“六经”之教，得其理矣，然而张佚、桓荣未足以称此。岂当时无间起之豪杰，守先王之道以待学者，可以为王者师乎？抑有其人而光武未之能庸也。

奚以知佚、荣之不称也？帝欲使阴识傅太子，张佚正色而争之，是矣。帝遂移太傅之命以授佚，自非圣人以天自处而无疑，与夫身为懿亲、休戚与俱而无容辞，未有可受命者也。佚乃自博士超擢居之而不让，恶可以为帝王师！桓荣受少傅之车马印绶，陈之以诧诸生，施施然曰：“今日所蒙，稽古之力也，可不勉哉！”抱君子谋道之忧者，闻斯言也，有不汗面者乎？而足以为帝王师乎？

呜呼！师道之难也，于《蒙》之象见之。人心之险，莫险于利禄之得失；惟以艮止之德，遏欲以静正，不获其身，不见其人，而后夏（jiǎ）楚收威，行于胄子。身教立，诚心喻，德威著，塞蒙心之贪戾，而相沐以仁让。故曰：“蒙以养正，圣功也。”身之不正，何以养人哉？荣与佚区区抱一经以自润，欲以动太子之敬信，俾忘势让善而宜人，讵可得乎？赖明帝之不为成帝也，非然，荣与佚之情，亦奚以愈于张禹邪？故曰：“能自得师者王。”光武之豫教，太子之尊师，而所得仅若此，王道之所以不兴与！

【译文】

汉明帝刘庄英敏有余，而含蓄宽容不足，光武帝便为他选择儒生为老师，以讲授“六经”之教，提高他的修养，这种做法是很正确的，但是光武帝所选的张佚、桓荣却不足以承担教导太子的重任。难道当时没有应时而起的豪杰，坚守先王之道以传授学生，可以作为帝王的老师吗？也许是有这样的人才，可光武帝不能重用他们。

何以知道张佚、桓荣不称此职呢？光武帝想让阴识任太子太傅，负责教导太子，张佚神色庄重地表示异议，这是正确的。光武帝于是改任张佚为太子太傅，如果不是像圣人那样以“天命在我”自居而没有疑虑，或者是身为近亲、休戚与共而不容推辞，则没有能够在这种情况下接受任命的。张佚乃是从博士被破格提拔为太子太傅的，却心安理得地接受任命而不知辞让，怎么可以做帝王之师呢？桓荣接受了太子少傅的车马、印绶，然后陈列出来以惊诧众儒生，并且扬扬得意地说：“我今天所蒙受的恩泽，乃是依赖稽考古道之力，你们能不努力吗？”抱有君子谋道不谋食、忧道不忧贫这种理念的人，听到此话后，有不汗颜的吗？像桓荣这样的人，难道有资格做帝王之师吗？

唉！师道之难，从《周易·蒙卦》的卦象可以反映出来。人心之险，没有比利禄的得失更险的。只有以行止适时的品德，遏制欲望，恬淡平和以趋于纯正，像《周易·

艮卦》所说的抑制其背部处于静止状态，那么其身体想动也不能动弹（比喻心如止水便不会被外间的欲念所动）。在庭院里行走，却见不到人，这样才没有灾祸。而后通过夏楚（即教师体罚学生的用具）树立老师的威严，从而以正道大义施行于贵胄子弟。以身教树立规范，以诚心使其明白道理，以德威彰显大义，杜绝其贪戾之心的萌生，使其相互沐浴在仁让的氛围当中。所以《周易·蒙卦》中说："启蒙是为了培养纯正无邪的品质，是造就圣人的成功之路。"自身不正，怎么能够涵养别人呢？张佚与桓荣仅仅死抱着一部经书以求得利，却想以恭敬和信义来打动太子，使他忘却权势、谦让行善以讨众人的欢心，难道可能吗？幸好汉明帝不是汉成帝那样的君主，否则的话，张佚与桓荣的结果，又怎么会比张禹好呢？所以《尚书·仲虺之诰》中说："能自己看到别人的长处并向人学习的人就可以成功。"光武帝预为教诲，汉明帝尊重老师，而所得的结果仅仅如此，这大概就是王道不能兴起的原因吧！

本事：《资治通鉴》卷四四《汉纪三十六·光武帝》，建武二十八年(52)。

三八　人君垂家法以贻子孙

以祖妣配地祇于北郊，汉之乱典也。光武以吕后几危刘氏，改配薄后，乱之乱者也。吕氏之德，不足以配地矣，薄后遂胜任而无歉乎？开国之君，配天而无歉者，非以其能取天下贻子孙也。宇内大乱，庶民不康，三纲沦，五典斁，天莫能复其性；暴政夺人居食，兵戎绝其生齿，地莫能遂其养；王者首出，诛恶削僭，以兵治而期于无兵，以刑治而期于无刑；饥者食，寒者衣，散之四方者逸以居，于是而得有其父子、兄弟、夫妇、朋友，以相亲而相逊；代天以奠兆民，而相天地之不足，则臣子推崇之以配天，以是为与天通理也。母后，一姓之妣也，配祖于宗庙而私恩伸矣。位非其位也，君授之也；德非其德也，元后为民父母，母道亦君所任，非后所任也。吕后不足以配地，薄后其能堪此乎？故曰乱也。

象之不仁，舜不得不以为弟，丹朱之不肖，尧不得不以为子，天伦者受之于天，非人所得而予夺者也。夫妇之道，受命于父母，而大昏行焉；出以其道，而自夫制焉。为人子孙而逆操其进退，已不道而奚以治幽明哉？文姜之逆也，而《春秋》书曰“夫人”。僖公致成风以抑哀姜，而《春秋》书曰“用致”。吕后之罪，听后世之公论，非子孙所得黜也；薄后非高帝之伉俪，非子孙所得命也。告祠高庙，退吕进薄，幸先君之无知，唯己意以取必焉。舜不能使瞽瞍之不子象，而光武能使高帝之不妻吕后哉？慕容垂追废可足浑氏，崔鸿讥其以子废母，致其子宝弑母而无忌。人君垂家法以贻子孙，顺天理而人情自顺，大义自正。如谓光武借此以儆宫闱，乃东汉之祸，卒成于后族，徒为逆乱，而又奚裨邪？故曰乱之乱者也。

【译文】

在北郊祭祀地祇时以先祖皇后配祀，乃是汉朝的乱典。光武帝鉴于吕后几乎覆灭了刘氏江山社稷，因而改为以薄太后配祀地祇，则是乱中最乱的。吕后的德行不足以配祀地祇，难道薄太后就能胜任而无愧吗？开国之君之所以配祀天神而无愧，并不是因为他们能争取天下以传给子孙。当天下大乱，民众遭受苦难，三纲沦丧，五常败坏，上天不能恢复其本性；当暴政夺取人们的衣食住行，战争断绝了人们的繁衍生息时，大地便不能发挥其生养子民的功能了；于是，先王挺身而出，诛灭恶徒，削平僭越势力，期望以战争来平定天下以消除战争，以刑罚来治理国家以制止刑罚；使饥饿的人有饭吃，挨冻的人有衣穿，流亡四方的人有安逸的住处，在这种情况下，他们才能有父子、兄弟、夫妻、朋友，大家相亲相敬，彼此礼让；帝王代表上天来安定亿万百姓，弥补天地的不足，则臣子推崇开国之君以配祀上天，乃是以开国之君的作为与天同理。母后，不过是一姓的先妣，配祀先祖于宗庙之中，使私恩得以伸张。她的地位实际上不是她应得的地位，而是国君授给她的；德行实际上也不是她自己的德行，天子作为臣民的父母，母道也是国君承担的，而不是由王后或皇后承担的。吕后不足以配祀地祇，薄太后难道能够有资格担当此任吗？所以说，这是汉朝的乱典。

象非常不仁义，可虞舜不得不以他为弟弟；丹朱十分不肖，可唐尧不得不以他为儿子；因为天伦是受之于天的，并不是人所能够予夺的。夫妇之道，受命于父母，然后还必须举行大婚仪式；正当地休弃妻子，则是丈夫自己决定的。为人子孙的如果擅自决定其先祖妻妾地位的进退，则自己已经不道，又将凭什么来处理好人与鬼神之间的关系呢？鲁桓公的夫人文姜大逆不道，而《春秋》仍然称之为“夫人”。鲁僖公在祖庙祭祀中以其母亲成风（鲁庄公之妾）作为夫人祭祀以贬低大逆不道、死于非命的鲁庄公夫人哀姜的地位，而《春秋》记载他“用致”（《谷梁传》：“用者，不宜用者也；致者，不宜致者也。”），批评此举不合礼制。吕后之罪，应该听任后世之公论，并非子孙所能够罢黜其地位的；薄太后不是汉高祖的原配夫人，其地位也不是子孙所能够命名的。光武帝在太庙祭祀汉高祖时，罢黜吕后的地位而以薄太后取代，乃是欺负其先君无知无觉，而武断地按自己的意愿行事，以为先祖一定会予以接受。虞舜不能让父亲瞽叟不以象为儿子，难道光武帝能够使汉高祖不以吕后为正妻吗？前燕慕容垂追废景昭帝皇后可足浑氏为庶人，崔鸿讥讽他这种行为是以子废母，结果引导他的儿子慕容宝即位后逼迫其母亲段元妃自杀而无所忌惮。君主传下家法以留给子孙后代，如果顺应天理则人情自顺，大义自正。如果说光武帝是想借此以警诫后宫，可是东汉王朝的灾祸，最终来自外戚，此举除了徒然造成逆乱，又有什么好处呢？所以说光武帝的做法是乱中最乱的。

本事：《资治通鉴》卷四四《汉纪三十六·光武帝》，中元元年（56）。

卷七

清人绘《帝鉴图说》中的汉明帝刘庄画像

【题　解】

本卷评论东汉前中期历史，分明帝、章帝、和帝、安帝（殇帝附）四目，共四十五则。

汉明帝刘庄（28—75）及其子章帝刘炟（57—88）先后在位逾三十年，延续光武中兴之制，吏治清明，民众安业，经济繁荣，儒学兴盛，史称“明章之治”，王夫之分别以九个问题加以评论。关于明帝，王夫之在肯定的同时，也提出了质疑和批评，如对百姓殷富、“粟斛三十钱”，就怀疑为史家溢美之词，粮价低廉势必伤农；其修礼乐未免过急；郡守直擢三公不足为训；对宗室的疑忌使得宗室力量削弱，为后来的外戚专权埋下隐患；引入佛教，违背人伦，导致佞佛召祸；对其派窦宪伐匈奴、班超使西域，亦不宜过高评价。关于章帝，王夫之认为他改革明帝过于明察的施政方针而“务从宽厚”，一激一反，不合刚柔相济、文质并用的治理之道；指出其废立太子，于外戚干政局面的形成负有不可推卸的责任；明帝、章帝巡幸地方也给天下带来了消极影响。

和帝刘肇（79—105）十岁继位，窦太后临朝称制，及灭窦氏而亲政之后，求贤安民，臻于盛世，然也遗留下祸端，王夫之选择九个问题加以评论。外戚窦氏的专权和覆灭，不仅是外戚干政的开端，也引起了宦官用权和朋党之祸，王夫之结合历代史实，从权力结构上进行了深入分析，颇为精辟；借邓训、袁安等处理边疆民族矛盾的案例，阐述了善制边疆民族的上中下策以及“厚养简御”边军治理之法；同时，对于当时流行的天人感应、谶纬附会等异端邪说予以批判。

和帝死后，幼子刘隆即位不期年而夭，邓太后临朝称制，迎立章帝之孙刘祜（94—125），是为安帝。安帝在位期间，边疆动乱，天灾频仍，外戚、宦官势力崛起，东汉统治趋于衰微，王夫之选择十八个问题加以评论。对于秉政太后邓绥，虽肯定其贤德俭素、约束外戚、善待宗室等作为，但由于对女主专政持强烈的批评态度，将内政外交的问题皆归因于此，不免偏颇。至于西域复叛、羌人暴乱，则基于其华夷大防的一贯主张，认为应“暴则惩之，顺则远之”。

明帝

一　明帝至孝恻隐之礼

明帝即位之元年，率百官朝于先帝之陵，上食奏乐，郡国计吏以次占其谷价及民疾苦，遂为定制。迨后灵帝时，蔡邕从驾上陵，见其威仪，察其本意，叹明帝至孝恻隐之不易夺，而古不墓祭之未尽也，邕于是乎知通矣。

夫云古不墓祭，所谓古者，自周而言之，盖殷礼也。孔子于防墓之崩，泫然流涕曰："古不修墓。"其云古者，亦殷礼也。孔子殷人也，而用殷礼，示不忘故也。然而泫然流涕，则圣人之情亦见矣。殷道尚鬼，贵神而贱形，礼魂而藏魄，故求神以声，坐尸以献，是亦一道也，而其弊也，流于墨氏之薄葬。若通幽明一致而言之，过墓而生哀，岂非夫人不自已之情哉！

且夫谓神既离形而形非神，墓可无求，亦曰魂气无不之也。夫既无不之矣，则亦何独墓之非其所之也？朝践于堂，事尸于室，祝祭于祊，于彼乎，于此乎，孝子之求亲也无定在，则墓亦何非其所在。始死之设重也，瓦缶也；既虞而作主也，桑栗也；土木之与人，异类而不亲，而孝子事之如父母焉，以为神必依有形者以丽而不舍也；岂繄形之所藏，曾瓦缶桑栗之不若哉？墓者，委形之藏也；孙者，委形之化也。以为非其灵爽之故，则皆非故矣；以为形之所委，则皆其体之遗矣；事尸之礼，以孙为形之遗而事之如生，乃于其形之藏而弃之于朽壤乎？夫物各依于其类，不得其真，则以类求之。形之与神，魂之与魄，相依不舍以没世，则神如有依，不违此也审矣。

孝者，生于人子之心者也；神之来格者，思之所成也；过墓而有哀怆之情，孝生于心，而神即于此成焉。且也，是形也，为人子者寒而温之，暑而清（qìng）之，疾痛疴痒而抑搔之，事之生平，一旦而朽壤置之，曰有尊形者在焉，其情恝（jiá），其道过高而亡实。庄也、墨也，皆尝以此为教，而贼人恻隐之良；虽为殷道，自匪殷人，何为效之哉？子曰：“其或继周者，虽百世可知也。”损益于礼之中，而不伤仁义，百世之后，王者有作，前圣不得而限之矣。故曰：“丧，与其易也宁戚。”执古礼以求合，抑情以就之，易之属也；情有所不忍，虽古所未有而必伸，戚之属也；守章句以师古者，又何讥焉！

【译文】

汉明帝刘庄即位的元年（58），率领百官到光武帝原陵祭祀，太官上食，太常奏乐，各郡国的上计官吏依照一定的次序上前，预测上报其郡国的谷物价格和百姓疾苦，于是这种做法就成为定制。等到了汉灵帝时期，蔡邕随驾到先帝的陵寝去祭祀，看到祭祀先帝的严肃礼仪，考察其本意，感叹孝明帝的至孝恻隐之心是不可改变的，而古时不在陵前祭祀的传统还有不完备之处，于是蔡邕因此而更加明智通达了。

至于说到古时不在陵前祭祀，所谓古时，是从周朝的角度而言的，大概这是属于商朝的礼制。孔子听到位于防山（今山东曲阜东）的父母之墓为大雨所冲毁的消息后，潸然流涕说：“古代人是不修坟墓的。”他说的古代，也是指商朝的礼制。孔子的祖先是商朝的同姓贵族，他采用商朝的礼制，以示不忘其祖先。然而他听到消息之后潸然流涕，则是圣人流露出了他的真情实感。商朝崇尚鬼，以精神为贵，而以形体为贱，因而尊崇灵魂而将魄和魄所依附的身体一起埋葬，所以，通过言语向神祈祷，以尸（古代祭祀时以臣下或晚辈象征死者神灵，代死者受祭，称为“尸”。殷代之尸坐于堂上受祭，称为“坐尸”）坐于堂上接受献祭，这也是一种祭祀之道，但也有它的弊端，流传到墨翟时，他就以此主张实行薄葬。假如把阴间、阳间统一起来说，从先人墓旁经过而产生悲哀之心，难道这不是人们的感情情不自禁地流露吗？

再说，所谓精神既然离开了形体，形体就没有精神了，可以不用在墓前寻找已去世的人的精神，也就是说人的灵魂是无处不在的。既然人的灵魂是无处不在的，那么为什么灵魂唯独不到坟墓之中呢？在正堂举行朝践仪式，在偏室举行事尸仪式，在宗庙门口举行祝祭仪式，无论是在那里或是在这里，孝子祭祀父母没有固定的地方，那么为什么不能在墓前祭祀呢？最初人死时，祭祀时设重帘、重案，用瓦缶来盛放食物；安葬之后制作神主牌位，则用桑木、栗木作料；陶土、木材属于没有生命与人不同类的东西，因此它与人类并不亲近，但孝子对待它们就像对待自己的父母一样，认为神灵必须依附有形的东西而存在，因此不能舍弃；难道贮藏形体的地方，连瓦缶、桑木和栗木都不如吗？坟墓是贮藏灵魂所附着的形体的地方；作为“坐尸”的晚辈子孙是赋予形体的化身。如果认为这些不是其灵魂所在的地方，那么所有地方都不是灵魂所在的地方；如果认为这些是灵魂所附着的形体，那么这些都是形体的遗留；事尸的礼仪，以其晚辈子孙作为其形体的遗留，而对待他像对待生前的死者一样，但是对于坟墓中贮藏的真正形体，难道就把它抛弃在腐朽的土壤里不管了吗？各种物质都依附于其同类物质中，不能得其真象，就从其同类中来找它。形体与精神，阳魂与阴魄，它们都是相依不舍的关系，一直到人去世，那么精神也就有依托，确实是不会违背这一点的。

所谓孝，是产生于人子心中的东西；父母魂灵的降临，是人们思虑所形成的。经过先人的坟墓而产生的哀伤悲怆之情，这是有孝心的表现，魂灵也就由此而产生。况且，父母的形体，作为人子的人，如果觉得先人的形体受冷，可以使之温暖，天气炎热的时候，可以使之清凉，如有疾病痛痒，还可以照料使之缓解，活着的时候可以侍奉他一生，一旦去世就将其形体埋入腐土之中不管，而说尊重其形体，其实这种对先人的感情太淡漠了，其主张过于空泛而不切实际。庄子、墨子都曾经用这种葬礼来教育人，这是残害人的恻隐之心的行为；即使这是商朝人的旧制，他们自己并不是商朝人，为什么还要效法它呢？孔子说：“如果有继承周礼的人，即使是过了百代人仍然可以预先知道。”在礼仪之中有所损益，而不伤害仁义本身，百代以后，王者有所更改，前代的圣人也不会限制它了。所以说：“丧礼，与其礼仪周到而悲哀不足，还不如礼仪不足而悲哀有余。”拿古代的礼仪来套今天的现实，压抑自己的情感以顺从这种礼仪，这属礼仪周到而悲哀不足的一类；如果情感上有所不忍心，即使古礼中没有的内容也一定要增加来表达悲伤之情，这是属于礼仪不足而悲哀有余的一类。遵守古代的经典章句而以古礼为师的人，又有什么可讥讽的呢？

本事：《资治通鉴》卷四四《汉纪三十六·明帝》，永平元年（58）。

二　明帝养老之礼操之过急

养老之典，有本有标，文其标也；文抑以动天下之心而生其质，则本以生标，标以荫本，枝叶荣而本益固矣。养老于庠，袒而割牲，执酱而馈，执爵而酳，标也。制民田里，教之树畜，免其从政，不饥不寒，而使得养其老，本也。王者既厚民之生，使有黍稷、酒醴、丝絮、鸡豚可以养其老矣；然恐民之怙其安饱，而孝弟之心不生也，于是修其礼于太学，躬亲执劳，惇宪乞言，以示天子之必有尊，而齿为天下之所重，乃以兴起斯民之心而不敢凭壮以遗老，则标以荫本而道益荣。明帝修三老五更之礼，养李躬、桓荣尽敬养之文，于时之天下，果使家给户饶遂其衣帛食肉以奉其父母乎？抑尚未也？民未给养而徒修其文，则固无以兴起孝弟而虚设此不情之仪节矣。虽然，文与质相辅以成者也；本与标相扶以茂者也。以天下之未给而不遑修其礼焉，俟之俟之，而终于废坠矣。修其文以感天下之心，抑可即此以自感其心，俯抑罄折之下，顾文而思之，必有以践之，而仁泽之下流，亦将次第而举矣。明帝之时，内寇靖，边陲无警，承光武之余泽，犹挹（yì）水于江、承火于燧也。则文以滋质，标以荫本，亦不得曰虚致此不情之仪节也。乃若其不可者，《记》曰："敬老为其近于父也。"以近父故敬，则敬老以父而推尔。光武崩，曾未期年，而雍容于冠冕笙磬之下，不已急乎！躬与荣凭几受馈，而寝门之视膳，天夺吾欢，则固有憯怛而不宁者。明帝、东平王苍皆斩焉衔恤之子也，王亟请之，帝辄行之，无已泰乎！是则斫本而务其末也。

【译文】

养老制度，就像树木有根本也有枝叶。礼仪只是它的枝叶，礼仪能够打动天下人的心从而产生孝亲的根本来，那么根本产生枝叶，枝叶又可以庇荫根本，这样枝叶茂盛而根本更加巩固。把老人都奉养于庠序（学校）中，为他们袒露右臂切割牲肉，手执酱器为他们进献食品，用爵盛满酒让他们喝，这些都是枝叶。让老百姓安居乡里，教他们种树、养牲畜，免去他们的徭役，使他们能过上不饥不寒的温饱生活，让他们在家中养活他们的老人，这才是根本。作为帝王，既然使百姓生活得很好了，让他们有黍和稷、酒和醴、丝绸和棉絮、鸡和猪可以奉养他们的老人，但又恐怕百姓自恃其已过上了温饱生活，没有孝悌之心，于是就在太学专门举行养老之礼，天子不避辛劳亲自执讲，殷勤恭敬地向老人们求教，以表示天子也一定要尊重老人，老人必须受到全社会的尊重，通过这些活动来唤起老百姓的养老孝心，而不敢凭年少力壮而遗弃老人，那么这样枝叶就可以庇荫根本，而社会道德风尚也会日趋提高。汉明帝施行尊奉三老五更的礼仪，作为尊老、养老的一个礼节，把李躬、桓荣二位作为三老接到宫中奉养，在当时的天下，果真能使每家农户都家给户饶、能拿出衣帛食肉来奉养他们的父母吗？或者还没有富裕到这样的程度呢？百姓既然没有足够的东西奉养父母而仅仅施行某种礼节，那么当然不能由此而生孝悌之心，而只是虚设一些没有真情实感的毫无意义的礼仪形式罢了。尽管如此，形式和内容是相辅相成的，根本与细微末节又是互相联系、互相促进的。如果因为天下还没有家给户足，就不急于施行养老的礼节，那么等啊等，最终会使养老之礼全部废弃。施行养老之礼的一些形式，可以感动天下人的心，或者使自己受到感动，自觉不自觉地就会由形式涉及内容，必然会有按照形式去实践的，仁义之心就会首先在晚辈子孙中产生，然后就会在全社会得以推广。汉明帝时，国内平静，边境安定，上承光武皇帝刘秀的恩德，就如同在江中舀水、用燧取火一样。那么，以形式来丰富内容，以枝叶来维护根本，也不能说是虚设这些没有真情实感的毫无意义的仪式。至于不能做的，就像《礼记·祭义》中所说的："尊敬老人，是因为他们近乎自己的父亲。"因为老人与父母都是接近的，所以要以尊敬父亲的方式尊敬他们，则尊敬老人是从尊敬父亲推衍而来的。光武帝刘秀去世以后，连一年都不到，而雍容地在冠冕笙磬的配合下举行盛大的仪式，不也是太急了吗？李躬和桓荣坐在小桌旁接受汉明帝进献的食物，而明帝昔日在皇宫内室门口侍奉光武帝用膳，如今上天夺去了他的天伦之乐，他的内心本来会感到悲伤痛苦和心神不宁。汉明帝、东平王刘苍都是处在光武帝丧期之内、心怀悲痛的儿子，东平王刘苍急于向明帝提出举行三老五更之礼的奏议，汉明帝就马上予以施行，这不也太过分了吗？这就是丧失了根本而只求细枝末节的行为。

本事：《资治通鉴》卷四四《汉纪三十六·明帝》，永平二年（59）。

三　郡守不宜直任三公

明帝永平三年，以左冯翊郭丹为司徒，郡守入为三公，循西汉之制也，而尤不待内迁而速拔之以升。其后邢穆、鲍昱皆以太守践三公之位，其重吏事也甚矣。是道也，以奖郡守，使劝进于治理，重其权而使安于其职则得也；若以善三公之选，则有不贵于此者，何也？道者，事之纲也，天下者，郡之积也。即事而治之，目与纲并举而不可有遗；即道而统之，举其纲而不得复察其目；此郡守三公详简之殊也。以郡守纤悉必察之能，赞君道而摄大纲，则琐细而亏其大者多矣。

五方之政，刚柔之性异于天，饶瘠之产异于地，一郡之利病，施于百里以外，则利其病而病其利。郡守之得民也，去其郡之病以兴其利，而民心悦矣。遂以概之于天下，是强山国以舟、泽国以车，徒为病而或足以毙也。然则郡守果贤，固未可坐论清宫，而平章四海。况乎名之所自成，实之所自损，黄霸之贤，且以鳻（fén）雀之欺为鼎足羞，况不能如霸者，而遽以宗社托之乎？是则旦郡守而夕三公，庙堂无广大从容之化，其弊也，饰文崇法以伤和平正直之福，非细故也。明帝勤吏事，而不足与于治道，未可为后世择相法也。

【译文】

汉明帝永平三年（60），左冯翊郭丹被任命为司徒。由郡守入朝直接担任三公（司徒、司马、司空），这是东汉沿袭西汉的制度，而且东汉时期，地方官无须内迁为中央官员，就可以迅速地被提拔为三公。在他之后，邢穆、鲍昱都是以郡守的身份直接提升为三公的。由此可见，明帝是非常重视吏事的。这种办法，用来奖励郡太守，鼓励他们忠心为朝廷治理地方，加重其权威，使他们安于本职工作，还是可以的。但是，假如从选拔称职的三公人选这一点来考虑，就不能认为这是好办法了。为什么呢？治理国家的根本之道，是天下一切政事的纲纪，而天下是由众多的郡县组成的。就具体事情的处置而言，具体事务、重要事务必须兼顾并举而不能有所遗漏；就整个国家的治理而言，就只能重视重要的事务，而不必考虑具体而琐碎的事务；这就是郡守和三公的职责在处理事情详简上的差别。如果以郡守无论大小情况都必须明察的能力，来辅佐君主统治国家而总揽天下政事的纲纪，那么就会因为处理的琐碎事务过多，而影响到重要事务的处理。

对于全国各地的政事而言，上天所赋予的刚柔秉性不同，大地所赐予的物产富饶与贫瘠也不相同，对一个郡有利或者有害的措施，如果把它们施行到百里以外的其他地方，就可能把有利变为有害，把有害变成有利。郡守要想得到老百姓的支持，只要为该郡除去有害的事情，大兴有利的事情，老百姓心中就会很高兴，就会拥护郡守。如果把这种办法推广到整个天下，那么这无疑是强迫山区用船、强迫水乡用车，结果只能是有害的，甚至有时足以使整个国家陷入疲敝。这样说来，即使郡守真的品行高尚，才干出众，也确实不能在官中坐而论道，而应该积极务实地去处理国家大事。况且，一个人的名声起来以后，总是会出现名实不相符的事情，像黄霸这样贤能的人，尚且因为将京兆尹张敞家中的鹖雀当作祥瑞的神雀，从而使其三公之位蒙羞，更何况还不如黄霸的人呢？怎能不经详细地考察就匆忙地把国家社稷托付给他们呢？如此则早上还是郡守，晚上就成了三公，庙堂之上没有胸襟宽宏、从容镇静的教化，所造成的弊端，就是缘饰繁文缛节、崇尚法术，却损害了天下和平正直的福泽，这并非无关紧要的琐碎小事。汉明帝勤于吏事，却没有把事关大局的重要事务处理好，所以他选择三公的办法不能为后世所效法。

本事：《资治通鉴》卷四四《汉纪三十六·明帝》，永平三年（60）。

四　文法廉吏不足以止奸

宗均去槛阱，而九江之虎患息，其故易知也。人与虎争，而人固不胜矣。槛阱者，人所与虎争之具也，有所恃而轻与虎遇，蹈危而不觉，虎与人两毙之术也。均之令曰："江、淮之有猛兽，犹北土之有鸡豚。"谓其繁有而不可使无也。常存一多虎于心目，而无恃以不恐，则自远其害。推此道也，以治民之奸可矣。

故其论治，谓文法廉吏不足以止奸，亦以鸡豚视奸而奸者诎，与天下息机而天下之机息也。文法之吏，恃文法以与奸竞而固不胜；廉吏恃廉以弗惧于奸，而奸巧以伤之；惟其有恃也，而遂谓奸之不足防也。挈大纲，略细法，讼魁猾胥不得至于公廷矣，奚以病吾民哉？均之所挟持者弘远矣。刘先主、诸葛武侯尚申、韩，而蜀终不竞，包拯、海瑞之悁疾，尤其不足论者已。

【译文】

九江太守宗均下令撤除捕捉野兽用的机关、陷阱，结果九江郡（治今安徽寿县）的老虎伤害人的事件逐渐得到平息，其中的缘故是显而易见的。人与老虎相争斗，人固然是不能取胜的。机关、陷阱是人们与老虎争斗时所用的工具，正因为人们有所依仗，所以与老虎相遇时就掉以轻心，自己处于危险的境地却不知道，结果是导致人与老虎双双毙命。宗均下令说："长江、淮河流域凶猛的野兽很多，就如同北方地区有鸡和猪一样。"他意思是说，凶猛的野兽很多，而且不可使野兽完全绝迹。如果人们心中常保持此地有很多老虎的警惕性，而且不再因为有所凭仗就不感到害怕，那么自己就会远离老虎的祸害。以此类推，整治老百姓中的乱法犯禁现象也可以采用这样的办法。

所以他谈论国家的治理，认为只知执法严峻的官员和清正廉洁的官员都不足以制止乱法犯禁现象，如果也把乱法犯禁的现象比作鸡、猪一样普遍的存在，则作奸犯科的人就会屈服，治理天下时灭绝自己的机心，而天下人的机心也自然会灭绝。那些只知执法严峻的官员，依仗法令条文与作奸犯科者作斗争，当然是不能取胜的；清正廉洁的官吏自恃清廉而对作奸犯科的人无所畏惧，但作奸犯科的人会利用其奸计来伤害清廉正直的官吏。正是因为他们有所依恃，于是他们就说作奸犯科的现象不值得防范。如果能抓住事情的根本，略去细枝末节，不让那些诉讼的魁首、奸猾的胥吏到公堂上去，他们怎么能够祸害我们的百姓呢？宗均所秉持的治国理念可谓广大深远了。三国时，先主刘备、武侯诸葛亮崇尚申不害、韩非的法家治国理论，致使蜀汉短命夭折，至于像宋代的清官包拯、明朝的清官海瑞，他们急功躁进、嫉恶如仇，就更不值得谈论了。

本事：《资治通鉴》卷四五《汉纪三十七·明帝》，永平七年（64）。

五　迷信浮屠，祸国殃民

楚王英始事浮屠，而以反自杀；笮（zé）融课民盛饰以事浮屠，而以劫掠死于锋刃；梁武帝舍身事浮屠，而以挑祸乐杀亡其国；邪说暗移人心，召祸至烈如此哉！

浮屠之教，以慈愍（mǐn）为用，以寂静为体，以贪、嗔、痴为大戒。而英、融、梁武好动嗜杀，含怒不息，迷乎成败以召祸，若与其教相反，而祸发不爽，何也？夫人之心，不移于迹，而移于其情量之本也。情量一移，反而激之，制于此者，大溃于彼，溃而不可复收矣。浮屠之说，穷大失居，谓可旋天转地而在其意量之中，则惟意所规，无不可以得志，习其术者，侈其心而无名义之可守。且其为教也，名为慈而实忍也；发肤可忍也，妻子可忍也，君父可忍也，情所不容已而急绝之，则愤然一决而无所恤矣。

又其为说也，禁人之欲而无所择；于是谓一饮、一食、一衣、一宿，但耽著而无非贪染也。至于穷极无厌，毒流天下，而其为贪染，亦与寸丝粒米之贪同其罪报而无差别。则既不能不衣食以为物累，又何惮于穷极之贪饕（tāo）而不可为乎？迫持之，则举手扬目而皆桎梏；宽假之，则成毁一同，而理事皆可无碍，心亡罪灭而大恶冰释，暴逆凶悖无非梦幻泡影，一悟而悉归于空。故学其学者，未有不骍（zhì）戾以快于一逞者也。

桎梏一脱，任翱翔于剑锋虎吻以自如一真法界，放屠刀、出淫坊，而即获法身。操之极而继以纵，必然之势也。英何惮而不反，融何恤而不掠，衍何忌而不纳叛怒邻以驱民于锋刃哉？赵阅道、张子韶、陆子静之不终于恶，幸也；王钦若、张商英、黄潜善，则已祸人家国矣。

【译文】

楚王刘英最早开始信奉佛教，结果被控告谋逆而自杀；汉末豪强笮融向百姓征收重赋以装饰佛教寺庙事奉佛陀，结果因劫掠百姓而成了刀下之鬼；梁武帝萧衍几次舍身皈依佛教，最后也因挑起祸端、喜好杀伐而导致了国家的灭亡。这些异端邪说潜移默化地改变人们的思想，结果招致了如此惨烈的祸患。

佛教的教义，是以仁慈和怜悯为其功用，以清静无为为其本体，以贪婪、嗔怒、痴迷为其大戒。而刘英、笮融、梁武帝都是好动而嗜杀成性的人，他们整日怒火攻心，不知停息，他们沉溺于事情的成败之中，因而招致灾祸，看起来他们的所作所为与他们信奉的佛教教义正好相反，而发生祸患这一点却从没有差别，这是为什么呢？因为人心的变化，并没有表现在行为上，而是表现在情感考量的标准上。情感考量的标准一旦发生变化，反过来会刺激人心的变化。在这个方面能控制住自己，在另外的方面就难以控制住自己，因此而溃败，甚至一溃而不可收拾。佛教的教义，盲目追求广大而失去了它的居所，声称可以根据自己的随意解释使天地旋转，照这样的说法，那么信奉佛教的人就可以根据自己的意图谋求自己想得到的一切东西，而且会如愿以偿。这样，信奉佛教、通其经术的人，就会放纵自己的野心，没有名分和大义的约束。佛教作为一种宗教，名义上是仁慈的，而实际上则是残忍的；自己的身体发肤可以残忍地毁伤，妻子儿女可以残忍地抛弃，君父也可以残忍地不管不顾，只要为自己情所不容的人或物可以马上断绝抛弃，那么一旦他愤然而起的时候，就再也无所顾忌、无所考虑了。

而且佛教的教义，对人的欲望无所选择地加以禁止；于是声称一口水、一顿饭、一件衣服、一次住宿，只要沉湎其中就都是贪得无厌的表现。以至于穷奢极欲，毒害天下，而这种贪得无厌，也与贪取一寸丝、一粒米所应得到的罪恶报应一样而没有差别。那么，人既然不能不穿衣、不吃饭，从而为外物所累，又怕什么穷奢极欲的贪婪而不能做出这样的事呢？若极力强迫他们秉持教义，那么一举手、一抬眼都要受到严厉的限制；假如对他们从宽要求，那么成功与失败都是一样，干什么事情都没有妨碍，一旦心性和罪恶都不存在了，即使犯下滔天大罪也可以涣然冰释，暴逆凶悖也无非梦幻泡影，如此一悟，就把一切归结于空。所以，学习佛法的人，没有不是蛮横凶暴，为了自己一时痛快而放纵自己的。

桎梏一旦解脱，他们就像翱翔于剑锋虎口之下，自由自在就如同到了一真法界一样，他们放下屠刀，走出妓院，也就获得了自性清净的法身。操守戒律发展到了极限，接着就必定是无所顾忌的放纵，这是必然的发展趋势。这样一来，刘英还有什么忌惮而不谋反朝廷，笮融还有什么顾忌而不掠夺百姓，梁武帝萧衍又有什么顾忌而不接纳叛贼侯景，招致东魏愤怒从而把百姓置于死地呢？宋朝赵抃(字阅道)、张九成（字子韶)、陆九渊（字子静）没有发展到罪大恶极，也算是幸运的了；王钦若、张商英、黄潜善则因他们信奉佛教已危害到国家利益了。

本事：《资治通鉴》卷四五《汉纪三十七·明帝》，永平十四年（71）。

六　丁鸿逃爵非义

让国之义，伯夷、泰伯为昭矣，子臧、季札循是以为节，而汉人多效之。丁鸿逃爵，鲍骏责之曰："《春秋》之义，不以家事废王事。"允矣，而犹未尽也。汉之列侯，非商、周之诸侯也。古之诸侯，有其国，君其民，制其治，盖与天子迭为进退者也，君道也。汉之列侯，食租衣税，而无宗社人民之守，臣道也。君制义、臣从义，从天子之义，非己所得制也。古之诸侯，受之始祖，天子易位，而国自如。汉之列侯，受之天子，天子失天下，则不得复有其封。国非己所得私也，何敢以天子之爵禄唯己意而让之也。

且君子之让国，非徒让其禄也。叔齐之贤，王季、文王之德，故伯夷、泰伯以保国康民兴王制治之道德勋名让之。若禄，则己所不屑，而可以非分之得污弟为爱弟乎？鸿弟盛而贤也，不必侯而可以功名自见也；如其不能，则亦温饱以终身而已矣。禄食者，箪食豆羹之类也，让者小而受者愧，商、周之义，恶可效之后世乎？读古人书，欲学之，而不因时以立义，鲜不失矣。子曰："以与尔邻里乡党乎！"受列侯之封，分禄以与弟，斯得矣，侯岂鸿所得让者哉？

【译文】

让出自己本应继承的君主地位的大义之举，商、周时期伯夷和泰伯的事迹最为昭著，其后春秋曹国的子臧和吴国的季札遵循他们的行为以保持高尚的节操，汉代的人也多仿效他们。东汉丁鸿在其父丁綝死后本应袭封阳陵侯，但他上书愿把爵位让给弟弟丁盛，因没有得到朝廷的批准，就逃往他乡以避封爵，他的朋友鲍骏责备他说："《春秋》中所倡导的大义行为，是不能因自己的家事而耽搁了国家大事。"鲍骏的说法是允当的，但还不够透彻。汉朝的列侯，并不同于商朝、周朝的诸侯。古代的诸侯，拥有自己的国家，可以对自己的老百姓称君，可以独立地行使统治权，大概他们与天子的地位基本相同，都遵从君道。汉代的列侯，只享用封地内的租税收入，而没有相对独立的封国和可供其统治的百姓，他们所遵从的是臣道。君主可以制定尊卑大义，臣子只有遵从大义，即遵从天子制定的尊卑大义，并非臣子自己可以制定的。古代的诸侯，他们的封国和地位是从祖先那里接受过来的，即使天子的地位发生了变化，他们的封国和地位和以前一样，并不随之变化。汉代的列侯，其爵位是天子授予他们的，天子失去天下以后，诸侯的封国就再不能保存下去了。封地并不是自己能据为己有的私有财产，怎么能敢把天子赐予的爵禄只根据自己的意愿就转让给别人呢？

况且，君子让国于人，并不仅仅是辞让其俸禄。因为叔齐很贤能，王季、文王品德高尚，所以他们的兄长伯夷、泰伯才把保护国家、安康民众、兴起王道、达成大治的道德勋名让给他们。至于俸禄，则是自己都不屑于获得的东西，怎么可以把这种非分所得让给弟弟，以此把这种污辱弟弟名声的行为作为爱护弟弟的表现呢？丁鸿的弟弟丁盛如果真是贤能的话，没有必要接受这个爵位，而可以由自己去争取功名、显现自我。如果他不贤能的话，也不过使自己终生过上温饱生活罢了。爵位俸禄，是箪食豆羹一类的东西，推让的人显得小家子气，接受的人无功受禄又受之有愧。商朝伯夷、周朝泰伯的大义之举，难道也是后代的人可以仿效的吗？读古人的书，想学习古人的做法，却不能因时制宜而树立正道大义，很少有不失误的。孔子说：“如果你认为你的俸禄有余的话，可以赠予你的邻里乡党啊！”丁鸿若接受列侯的爵位，把俸禄分给他弟弟，这还是可以的，列侯的爵位难道是丁鸿可以让给他弟弟的吗？

本事：《资治通鉴》卷四五《汉纪三十七·明帝》，永平十年（67）。

七　溢美之词不足信

史有溢词，流俗羡焉，君子之所不取。纪明帝之世，百姓殷富，曰“粟斛三十钱”。使果然也，谋国者失其道，而民且有馁死之忧矣。

一夫之耕，中岁之获，得五十斛止矣。[古之斛，今之石也。] 终岁勤劳，而仅得千五百钱之利，口分租税徭役出于此，妇子食于此，养老养疾死葬婚嫁给于此，盐酪耕具取于此，固不足以自活，民犹肯竭力以耕乎？所谓米斛三十钱者，尽天下而皆然乎？抑偶一郡国之然而诧传之也？使尽天下而皆然，尚当平籴收之，以实边徼，以御水旱，而不听民之狼戾。然而必非天下之尽然也，则此极其贱，而彼犹踊贵，当国者宜以次输移而平之，讵使粟死金生，成两匮之苦乎？

故善为国者，粟常使不多余于民，以启其轻粟之心，而使农日贱；农日贱，则游民商贾日骄；故曰：“粟贵伤末，粟贱伤农。”伤末之与伤农，得失何择焉？太贱之后，必有饿殍（piǎo）。明帝之世，不闻民有馁死之害，是以知史之为溢词也。虽然，亦必有郡国若此者矣，故曰谋国者失其道也。

【译文】

史书上有些夸大溢美之词，流俗之人对此很羡慕，对君子来说是不信这些说法的。史书记载，汉明帝在位时期，百姓生活殷实富裕，称“每斛粟米只值三十钱”。假使真的是这样，那么就说明治理国家的人偏离了治国之正道，而且老百姓将会有饿死的危险了。

一个农夫种地，收成一般的年份，能收五十斛粮食就算不错了。[古代有斛，与今天的石是一样的。]农夫一年的辛苦劳作，若折合成货币仅有一千五百钱的收入，而且国家按人头摊派的田赋、租税、徭役要从这里面出，妻子儿女也要靠这些收入吃饭，赡养老人、医治疾病、婚丧嫁娶的费用也要从这里面出，食盐、乳酪、农具也需要从这里面拿出一部分去换。这样算来，老百姓连自家人都养活不了，还怎么肯竭尽全力耕田种地？史书所记载的粟米每斛三十钱，难道全天下都是这样吗？或者是偶然的一个郡国是这样而讹传全国都是如此呢？假如全国的米价都是这么便宜，还应当平价将粮食收起来，以充实边疆地区，以防止水旱灾害之年，而不能让粟贱伤农，使老百姓对国家产生怀疑。然而，全国不一定都是这样。那么，这里的粟米非常便宜，而那里的粟米还很贵，执掌国政的人应该按照次序把粟米由价格便宜的地区输送到较贵的地方，从而平抑粮价，难道能使粟死金生（语出《商君书·去强》，谓粮价过低，金价腾贵，奸商活跃，农民困苦），使天下形成两者都匮乏的局面吗？

所以，善于治理国家的人，常常使百姓手中的余粮并不多。否则，老百姓就会产生轻视粮食的思想，从而使农民的地位下跌；农民地位日益卑贱，而游民及工商业者则日益骄横。所以说："粮食太贵会伤害末业（即指工商业），粮食太便宜就会伤害农业。"伤害末业与伤害农业相比，我们应该怎样权衡得失加以选择呢？粮食太便宜的日子过后，一定会有饿死的人，明帝在位时期，没有听到有饿死人的消息，所以可以知道这是史书记载的夸大溢美之词。尽管如此，也一定有一些郡国的粮价会这样便宜，所以说治理国家的人没有正确地把握好治理国家的规律而偏离了正道。

本事：《资治通鉴》卷四五《汉纪三十七·明帝》，永平十二年（69）。

八　明帝猜疑兄弟

广陵王荆、楚王英、淮阳王延，以逆谋或诛或削。夫三王者诚狂悖矣；乃观北海王睦遣中大夫入觐，大夫欲称其贤，而叹曰："子危我哉！大夫其对以孤声色狗马是娱是好，乃为相爱。"则明帝之疑忌残忍，夫亦有以致之也。

且三王者，未有如濞、兴居之弄兵狂逞也，绥之无德，教之无道，愚昧无以自安，而奸人乘之以告讦，则亦恶知当日之狱辞，非附会而增益之哉？楚狱兴而虞延以死，延以舜之待象者望帝，意至深厚也，而不保其生。寒朗曰："公卿口虽不言，而仰屋窃叹。"则臣民之为寒心者多矣。作图谶，事淫祀，岂不可教，而必极无将之辟以加之，则诸王之寝棘履冰如睦所云者，善不敢为，而天性之恩几于绝矣。

西京之亡，非诸刘亡之也；汉之复兴，诸刘兴之也。乃独于兄弟之间，致其猜毒而不相舍，闻睦之言，亦可为之流涕矣。身没而外戚复张，有以也夫！

【译文】

广陵王刘荆、楚王刘英、淮阳王刘延，都是因为谋逆或被诛杀或被削爵。这三个诸侯王也确实狂妄悖逆。但是，北海王刘睦派遣中大夫去京师朝觐明帝时，中大夫想在明帝跟前称赞他的贤能，而刘睦却感慨地对中大夫说："你这是害我呀！大夫如果见到了皇上以后就说我只爱好声色犬马，这才是爱护我。"从北海王刘睦的这番话中也可以看出汉明帝的疑忌、残忍，刘睦对中大夫交代这番话也是有原因的。

况且，刘荆、刘英、刘延这三个诸侯王，并没有像西汉时期吴王刘濞、济北王刘兴居那样狂妄地举兵反叛。明帝对待三王，没有用恩德来安抚他们，也没有以道义来教育他们，不装出愚昧无知的样子就难以保证自己的安全，而那些奸佞小人又乘机告发、攻击他们，那么在这样的情况下，怎么能够知道当日所取的供词，没有牵强附会而添油加醋呢？楚王刘英之狱兴起后，司徒虞延也因受此牵连而被处死，虞延对汉明帝寄予厚望，希望他能像虞舜对待其弟弟象一样对待刘英，其情意可谓极为深厚了，却不能够保全自己的性命。侍御史寒朗说："公卿大臣回到家里，虽然嘴上不说什么，却在屋内暗自仰头叹息。"由此可知，对这件事的处理使很多臣民感到寒心。楚王刘英制作图谶（方士巫师编造的隐语或预言叫谶，他们声称谶都是出自天意，必将应验。谶附有图，故称图谶），进行不合礼制的祭祀，难道不可以通过教育使其改正吗？为什么一定要按大逆不道的罪名施以严酷的刑罚呢？这样一来，则其他的各位诸侯王就如同刘睦所说的那样如卧针毡、如履薄冰，而不敢做好事，而兄弟之间的天性之恩泽也几乎断绝了。

西汉的灭亡，并非所有刘姓宗室把它灭亡的；东汉的复兴，是刘氏宗室共同复兴了它。汉明帝却唯独在处理其兄弟之间的关系时，猜忌、狠毒而不能予以宽恕，听到北海王刘睦的话，也是可以使人感到心酸流泪的。汉明帝死后，外戚的势力再次膨胀，也是有原因的啊！

本事：《资治通鉴》卷四五《汉纪三十七·明帝》，永平十七年（74）。

九　班超使西域不足为智勇

班超之于西域，戏焉耳矣；以三十六人横行诸国，取其君，欲杀则杀，欲禽则禽，古今未有奇智神勇而能此者。

盖此诸国者，地狭而兵弱，主愚而民散，不必智且勇而制之有余也。万里之外，孱弱之夷，苟且自王，实不能逾中国一亭长。其叛也，不足以益匈奴之势；其服也，不足以立中夏之威；而欺弱凌寡，挠乱其喙息，以诧奇功，超不复有人之心，而今古艳称之，不益动妄人以为妄乎？发穴而攻蝼蛄，入沼而捕鳅鲦（tiáo），曰：“智之奇勇之神也。”有识者笑之久矣。

光武闭玉门，绝西域，班固赞其盛德。超，固之弟也。尝读固之遗文，其往来报超于西域之书，述窦宪殷勤之意，而羡其远略，则超与固非意异而不相谋也。其立言也如彼，其兄弟相奖、诬上徼幸以取功名也如此，弄文墨趋危险者之无定情，亦至此乎！班氏之倾危，自叔皮而已然，流及妇人而辩有余，其才也，不如其无才也。

【译文】

班超在西域（汉代以后对玉门关、阳关以西地区的总称）的活动，就如同儿戏一样。班超率领三十六人横行西域诸地，对于他们的君主，想杀就杀，想擒就擒，古往今来从没有能像班超这样的奇智神勇而能做到这些事情的人。大概西域的这些地方，地盘狭小而兵力较弱，君主愚昧无知，百姓散居而不团结，不一定要有才智勇力就可以控制他们而绰绰有余。远在万里之外，实力孱弱的夷狄，他们即使苟且称王，其实力也超不过中原地区一位亭长。他们即使反叛朝廷，也不足以增加匈奴的势力；他们即使臣服朝廷，也不足以树立华夏的威风。像班超这样欺侮弱小的人民，凌辱百姓寡少的地方，挠乱这里的生灵，以此显示自己的奇功，班超也不再有人的良心，而古往今来人们还都盛赞他的所作所为，这不是更加鼓动狂妄的人轻举妄动吗？像这种掘开洞穴去攻击蝼蛄，进入沼泽捕捉泥鳅和鲦鱼的行为，却有人说是“奇智神勇”，有识之士看到此会觉得可笑的。

光武帝刘秀下令关闭玉门关（汉武帝时设置，因西域输入玉石取道于此而得名。故址在今甘肃敦煌西北小方盘城），断绝与西域的交往，班固在所编写的《汉书》中称赞他的盛德。班超，是班固的弟弟。我曾经读过班固的遗文，在他与身在西域的班超之间的往来书信中，记述了大将军窦宪力主攻打北匈奴的勤勉之意，而且很羡慕他能经略远方、立下功劳，那么班超和班固兄弟两人并不因为意见不一致就不在一起谋划议论。班固编写史书时是那样称颂汉光武帝断绝与西域的交往的，而他们兄弟之间却相互勉励、欺骗皇上而侥幸取得功名却又是这样的，舞文弄墨又想冒险骗取功名的人，他们没有一定的思想底线，竟然达到了这样的地步！班氏家族的倾危狡诈，从班彪（字叔皮）时已是这样了，到他的女儿班昭仍然是辩才有余。他们这样有才华，还不如他们没有才华的好。

本事：《资治通鉴》卷四五《汉纪三十七·明帝》，永平十六年（73）。

章帝

一　第五伦议弃耿恭之心

陈汤幸郅支之捷，傅介子徼楼兰之功，汉廷议者欲绌而勿录，可矣；介子、汤无所受命，私行以徼幸，既已遂其所图，而又奖之，则妄徼生事之风长，而边衅日开。若第五伦之欲弃耿恭也，则无谓矣。

恭之屯车师也，窦宪奏遣之，明帝命之。金蒲城者，汉所授恭使守者也；车师叛，匈奴骄，围之经年，诱以重利。胁以必死，而恭不降。车师之屯，其当与否，非事后所可归咎于恭也；恭所守者，先帝之命，所持者汉廷之节，死而不易其心，斯不亦忠臣之操乎！车师可勿屯，而恭必不可弃，明矣。伦独非人臣子与？而视忠于君者，如芒刺之欲去体，何也？鲍昱之议是已，然犹未及于先帝之命也。山陵无宿草，忿疾而委其衔命之臣于原野，怨怼君父以寄其恶怒于孤臣，伦之心，路人知之矣。伦之操行矫异，无孝友和顺之天良，自其薄待从兄以立名而已然，是讵足为天子之大臣乎？

【译文】

西汉西域都护府副校尉陈汤侥幸斩杀匈奴郅支单于取

得胜利，平乐监傅介子侥幸斩杀楼兰（在今新疆罗布泊西）王取得胜利。东汉朝廷在议论时，想要贬斥他们而不予记功，这是可以的。傅介子、陈汤没有受朝廷之命，私自进攻郅支和楼兰以图侥幸。既已达到他们的目的，朝廷又要奖励他们，这就会助长擅自行动、以图侥幸的风气，边境地区的冲突将由此开启而无安静之日了。至于司空第五伦想抛弃被匈奴围困的戊已校尉耿恭而不予救援，就不能这样认为了。

耿恭驻军在车师，是窦宪奏请明帝派遣的，是汉明帝亲自下了命令的。金蒲城（今新疆吉木萨尔县北）是汉朝授命耿恭把守的地方。车师叛归匈奴，匈奴日益骄盛，围困耿恭超过一年，以重利来引诱他，以死亡来威胁他，而耿恭始终不投降。在车师驻扎军队，是否合适且不论，但不能把责任全部归咎到耿恭的身上。耿恭所坚守的地方，是先帝命令他守御的，所持的仍然是朝廷的符节，宁死也不改变其忠心，这难道不是忠臣的节操吗？很明显，可以不在车师屯驻军队，但耿恭却一定不能抛弃。难道只有第五伦不是为人臣子的人吗？他把忠于君主的人，看作像芒刺在背一样，一定要去之而后快，这是为什么呢？司徒鲍昱的议论是正确的，然而还没有说到是先帝命令耿恭这样做的。汉明帝死后不久，陵墓上还没长出草，第五伦就挟私忿把受命的大臣抛弃在原野，他怨恨先帝，却把自己的怒火全部发泄到孤忠臣子的身上，第五伦之心，可以说是路人尽知了。第五伦的节操品行故意表现得与众不同，他没有孝敬父母、友爱兄弟、温和柔顺的天良，自从他薄待从兄以树立名声之时就如此了，最终到今天的地步，像他这样的人，难道能够配得上做天子的大臣吗？

本事：《资治通鉴》卷四五《汉纪三十七·明帝》，永平十八年（75）。

二　章帝改革操之过急

“三年无改于父之道”，道者，刚柔质文之谓也。刚柔质文，皆道之用也，相资以相成，而相胜以相节。则极重而必改，相制而抑以相生，消息之用存乎其间；非即有安危存亡之大，则俟之三年而非需滞，于是而孝子之心遂，国事亦不以相激而又堕于偏。明帝之明察，诚有过者；而天下初定，民不知法，则其严也，乃使后人可得而宽者也。章帝初立，鲍昱、陈宠急挢先君之过，第五伦起而持之，视明帝若胡亥之惨，而已为汉高，章帝听而速改焉，将不得复为人子矣。

人君当嗣位之初，其听言也，尤不容不慎也。臣下各怀其志于先君之世，而或不得逞，先君没，积愤懑以求伸，遂若鱼之脱于钩，而唯其洋洋以自得。斯情也，名为谋国，而实挟怨怼君父之心，幸其死以鸣豫者也。为人子者，奈何其殉之！且君而尚宽弛与，则人臣未有不悦矣；君而尚严察与，则人臣未有不怨矣。故察吏治、精考核、修刑典，皆臣下之所大不利焉者；幸先君之没，属望于新君，解散法纪以遂其优游，啧有烦言，无所顾忌；立心若此，而徇之以干臣民之誉，过听之病，成乎忘亲，而可不慎哉！

明帝之过于明察也，非法外而加虔刘，如胡亥之为也，尽法而无钦恤之心耳。其法是，其情则过；其情过，其法固是也。即令大狱之兴，罹于囚隶者，有迫待矜释者焉；章帝自得以意为节宣，姑即事而贷之，渐使向宽，以待他日；则先帝之失不章，嗣君之孝不损，而臣民之禁忌乐育，亦从容调燮以适于中，无或骤释其衔勒，以趋于痿痹，俾奸宄（guǐ）探朝廷之意旨，以罔戒于吞舟。今陈宠之言曰：“荡涤烦苛之法。”帝之诏曰：“进柔良，理冤狱。”皆唯亟反明帝以表异。君若臣相劝于纵弛，一激一反，国事几何而不乱哉！

故刚柔文质，道原并建，而大中即寓其间。因其刚而柔存焉，因其文而质立焉，有道者之所尚也。怀忿怼而遽更张之，如攻仇雠，如救暴乱，大快于一时，求逞而不忌，其弊也，又相反而流以为天下蠹。为此说者佞人也，明主之所放流者也。此道不明，唐、宋以降，为君子者，矫先君之枉以为忠孝，他日人更矫之，一激一随，法纪乱，朋党兴，国因以敝。然后知三年无改之论，圣人以示子道也，而君道亦莫过焉矣。

【译文】

孔子说：“孝子守丧三年，无改于先父之道，可谓孝矣。”这里所谓的“道”，就是通常所说的刚柔质文。刚柔质文，都是道的具体功用，它们之间的关系是相互借鉴而相辅相成、相互促进而又相互节制的。如此则物极必反，相互制约又是相互促进，在它们之间存在着一消一长、互为交替的关系。如果不改先君的统治政策并不影响到国家的安危存亡，那么等上三年也不能算有意迟延，这样，作为孝子的心愿得以达成，国家大事也不因操之过急而使之失于偏激。汉明帝的明察，确实有过分之处。然而，天下刚刚平定，百姓不知有法律，那么对施政从严一些，才使后人因此可以从宽施政。汉章帝刚一即位，大臣鲍昱、陈宠就急于矫正先君汉明帝过分明察的政策，第五伦也起来支持这种观点，他们把汉明帝看作像胡亥一样残暴，而把自己看作像汉高祖刘邦一样宽仁。汉章帝听从了他们的建议，很快就改变了先君的政策，他将不能够再做汉明帝的孝子了。

作为君主，在即位之初，听大臣的建言，尤其不能不慎重。在先君在位的时候，大臣各怀其志，有的人的意愿得不到满足，先君去世以后，他们就想把多年积压在心中的愤懑发泄出来，于是，他们就像摆脱了钓钩的鱼儿一样，扬扬自得。这种情感，名义上是为国家谋利益，实则挟怨恨君主之心，侥幸先帝去世而自鸣得意罢了。作为先帝之子，新君怎么能够附和他们呢？况且，如果君主崇尚宽松缓和的政策，那么做人臣的没有不高兴的；如果君主崇尚严厉督察的政策，那么做人臣的没有不抱怨的。所以，明察吏治、严格考核、修饬刑典，对大臣来说都是非常不利的。他们感到幸运的是先帝去世了，于是把希望寄托在新即位的君主身上，指望他废除先君在位时制定的法纪，以便他们能优游自在，于是便议论纷纷，抱怨责备，无所顾忌。臣子树立这样的心志，君主却附和他们的建议以博取天下臣民的赞誉，错误地偏听一面之词，忘记了先君的政策。因此，新君初即位时，听别人的建议能不慎重吗？

汉明帝过于明察，但并不是像秦二世胡亥那样，在法律之外滥杀无辜，仅仅是严格依法办事没有怜悯抚恤之心罢了。尽管其法律是正确的，但从感情上讲是过分了；尽管从感情上讲是过分的，但其法律本来是正确的。即使是兴起大狱，使那些身陷囹圄、沦为囚徒的人，有迫切需要怜悯释放的，汉章帝自然可以按照自己的意愿加以调适，姑且就事论事予以宽恕，使统治政策逐渐向宽松缓和的方向调整，以等待有朝一日彻底改变。如此，则先帝的过失并不明显，新即位的君主的孝子之名也不会受到损害，而天下臣民的禁忌教育也可以从容调整，以达到中允的境界，否则如果突然从严厉的约束限制中解脱出来，就会使人因欣喜若狂而趋于麻木不仁，让那些奸邪不法的人探得朝廷的意图，就会无所禁忌地从事更为罪大恶极的违法行为。陈宠有句话说：“要把苛刻的法律彻底扫荡干净。”汉章帝的诏书中也指出：“要提拔任用宽厚善良的人做官，以清理冤狱。”这些都是急于纠正明帝政策以显示与从前不同的过激言论。这样汉章帝君臣互相鼓励实行宽松缓和的政策，那么一激一反，国家大事怎么能不混乱呢？

所以，刚与柔，文与质，是途径与源头一并建设，而大中至正之道就寄寓在其间。因其有刚，柔能相对地存在；因其有文，质也因此而树立，这是有道的人所崇尚的。如果心怀忿恨迅速地对先帝的政策进行改革，如同攻击仇敌一样，如同从暴乱中救人一样，只求大快一时，实现自己的意志而无所顾忌，其弊端就是使国家的政策由一个极端发展到另一个极端，同样会给国家造成祸害。提出这种主张的人肯定是奸佞小人，是英明的君主所要贬谪流放的人。正因为对这个道理不明白，所以唐朝、宋朝以后，新即位的君主，都以矫正先君的过失作为忠孝，他去世以后，别人再来矫正他的过失，这样一激一随，必然使法纪混乱，朋党兴起，国家也因此走向衰落。知道了这个规律，然后就可以知三年无改于父之道的理论是正确的，是圣人向世人展示做人子之道的，而为君之道，也没有比这个道理更高明的了。

本事：《资治通鉴》卷四六《汉纪三十八·章帝》，建初元年（76）。

三　马后启东汉外戚之祸

称母后之贤，至明德马后而古今无异词，读其诏，若将使人涕下者，后盖好名而巧于言者也。建初二年大旱，言者以为不封外戚之故，奸人邪说，言之而罔所愧忌，亦至此哉！

夫人不从上之言，而窥上之心以为从，久矣；言者之无愧忌，有致之者也。章帝屡欲封诸舅，后屡却之，受封已定，复有万年长恨之语，人皆以谓封诸马者章帝强为之，非后意也。乃后没未几，奏马防兄弟奢侈逾僭，悉免就国，且有死于考掠者，同此有司，而与大旱请封之奏邈不相蒙也。奸人反覆以窥上意，则昔之请封，为后之所欲；后之劾治，为章帝之所积愤而欲逞，明矣。是以知帝之强封诸舅，阳违后旨，而实不获已以徇母之私也。

车骑之盛，丁宁戒责，而操国之兵柄，讨羌以为封侯地，第五伦争之而不克；兵柄在握，大功既建，复饰恭俭以要誉；此王莽之故智，后所属望于诸马者将在是乎！东京外戚之害，遂终汉世，而国由以亡，自马氏始，后为之也。故言不足以惩心，誉不足以考实。马后好名而名成，工于言而言传，允矣其为“哲妇”矣。哲妇之尤，当时不觉，后世且不知焉，以欺世而有余，可不畏哉！

【译文】

称颂母后贤德，到了东汉明德马太后，古往今来没有人有不同的意见，读她所下的诏书，能使人感动得流泪，大概马太后是位喜欢好名声而又善于言辞的人吧。建初二年（77）天下大旱，议论的人认为大旱的原因是章帝没有封外戚马氏为侯，这纯粹是奸佞小人胡说八道，说这样的话而无所顾忌，不感到惭愧，他们的无耻竟然到了如此的地步！

人们不遵从皇帝的言论，而是窥测皇上的心思行事，这种情况由来已久。公然说天下大旱是因为章帝不封外戚的人，之所以无所顾忌而不感到惭愧，是有原因的。汉章帝屡次想封他的三位舅舅马廖、马防、马光为侯，马太后都拒绝了，等到马氏三兄弟受封为侯一事已成定局后，马太后又表示其不满和担忧，说章帝没有听从自己的意见，有“万年之日长恨矣”的话，人们也都从马太后的诏旨中知道，封马氏三兄弟是章帝强行为之，并非出于马太后的本意。马太后去世不久，有关部门又上奏皇帝说马防兄弟奢侈无度，僭越礼制，结果都被罢官回到封地，甚至后来还有被拷打致死的情况。同样是有关部门，他们此时的上奏与天下大旱时请封外戚的上奏完全相反。很显然，奸佞小人反复无常，窥测皇上的心思，以前请封外戚为侯，则是皇太后想要这么做，但不好明说；马太后死后，他们又弹劾马氏三兄弟，这是章帝心中压抑的愤懑得到解脱想自己来操纵一切。由此而知，章帝强封他的三个舅舅为侯，表面上是违背了马太后的意旨，实际上是章帝出于不得已，为取得马太后的欢心才这样做的。

外戚车骑将军马防权威之盛，马太后对此曾有“车如流水，马如游龙”的说法，因而对他反复叮咛告诫，加以斥责，然而却让他操持国家的兵权，讨伐羌人以作为封侯的理由，第五伦为此事争论抗议，但是没有成功；兵权在握，大功已建，又装出一副恭敬节俭的姿态来粉饰自己，以邀取声誉，这是王莽曾经玩过的伎俩，马太后对其兄弟所寄予的希望，难道也是这样的吗？东汉时期，外戚祸害国家，一直伴随东汉一朝的始终，国家也因此而灭亡。外戚之祸正是从马氏开始的，是马太后所造成的。所以，一个人的言论不能代表他的真心，一个人的名誉也不能反映其真实情况。马太后喜欢好名声，于是她就有了好名声，她善于言辞，她的言论就可以流传后世，人们称她为“哲妇”也是应该的。这位“哲妇”的过错，当时的人没有觉察出来，后世的人也不能知晓。像马太后这样的人欺世盗名，其智谋、手段还是绰绰有余的，能不让人感到可怕吗？

本事：《资治通鉴》卷四六《汉纪三十八·章帝》，建初二年（77）。

四 守令之道：清、慎、勤

论守令之贤，曰清、慎、勤，三者修，而守令之道尽矣乎？夫三者，报政以优，令名以立，求守令之贤，未有能置焉者也。虽然，持之以为标准，而矜之以为风裁，则民之伤者多而俗以诡，国亦以不康。矜其清，则待物也必刻；矜其慎，则察物也必细；矜其勤，则求物也必烦。夫君子之清、清以和，君子之慎、慎以简，君子之勤、勤以敬其事，而无位外之图。于己不浼（měi），非尽天下而使严于箪豆也；于令不妄，非拘文法而求尽于一切也；于心不逸，非颠倒鸡鸣之衣裳，以使人从我而不息也。君子修此三者，以宜民而善俗，用宰天下可矣。然而课政或有所不逮，而誉望减焉，名实之相诡久矣。第五伦言“陈留令刘豫、冠军令驷协务为严苦，吏民愁怨，议者反以为能”，谓此也。使豫与协不炫其曲廉小谨勤劳之迹，岂有予之以能名者？欲矫行以立官坊而不学，则三者之蔽，民愁而俗诡。故曰：“君子学道则爱人。”弦歌兴而允为民父母，岂仅恃三者哉！

【译文】

评价一个郡县守令的贤能与否，就是从清廉、谨慎、勤劳三个方面加以考查的。如果这三个方面都做得很好，郡县守令就是一个称职的地方官吗？这三个方面，通过陈报良好的政绩，树立自己的美名，使自己成为好的地方官，由此而言，这三个方面是不能不重视的。尽管如此，假若拿这三个方面作为衡量地方官好坏的标准，重视它，把它作为裁量的标准，那么老百姓受到的伤害就很多，而且社会风俗也会变坏，国家也会因此得不到安宁。若过分注重官吏的清廉，那么他们待人接物必然很苛刻；若过分注重官吏的谨慎，那么他们审察事物必然细微琐碎；若过分注重官吏的勤劳，那么他们对人的要求必然很繁杂。作为君子的清廉，就是把清廉与平和结合起来；君子的谨慎，就是把谨慎和简略结合起来；君子的勤劳，就是只在其职责范围内的勤劳，没有其职位以外的其他企图。自己不贪腐，并非要求全天下的人都不贪小利；政令不妄谬，并不是只拘泥于法令条文，要求办好一切事情；内心不安逸，并非残酷剥削百姓劳作，从而役使别人都跟随自己而不得休息。如果把这三个方面做得很好，就会给百姓带来好处，也会使社会风俗好起来，像这样的人治理天下也是可以的。但是，地方官这样做在政绩考课时就会达不到要求，名誉和声望也会有所降低，名与实之间的这种不相符由来已久了。第五伦所说的“陈留（今河南开封东陈留城一带）令刘豫、冠军（今河南邓州西北）令驷协为政特别严酷，属吏、百姓都忧愁怨恨，但评价他们的人反而认为他们很贤能”，就是指这种情况。如果刘豫和驷协不炫耀他们的过分清廉、谨小慎微、为政勤劳的事迹，难道会有人赋予他们贤能的名声吗？想通过矫饰伪造的行为来树立为官贤能的牌坊却不好好学习，就是这三个方面的缺陷，也是百姓忧愁怨恨、社会风俗败坏的原因。所以说：“君子学道则爱护民众。”只有使天下的礼乐教化兴起，才能配做百姓的父母官，怎么能仅仅依靠这三个方面呢！

本事：《资治通鉴》卷四六《汉纪三十八·章帝》，建初二年（77）。

五　章帝酬谏者之道

纳谏之道，亦不易矣。君无爵赏以劝之。则言者不进；以爵赏劝之，言者抑不择而进；故纳谏难也。抑有道于此，士之有见于道而思以匡君者，非以言售爵赏也，期于行而已矣。故明君行士之言，即所以报士，而爵赏不与焉。子曰："君子不以言举人。"此之谓与！

且夫进言者，绳君之愆而匡之，则言虽未工而知其为忠直之士。心识其人，而以爵赏继其后，其失焉者鲜矣。若夫所言者，求群臣之得失而抑扬之，取政事之沿革而敷陈之，其言允，洵可行矣，而人之贤不肖未可知也。此而以爵赏酬焉，则佞人杂进而奚保其终哉？

抑其言是矣，其人非不肖矣，因其言之不讳，而置之左右，使旦夕纳诲焉。上既唯言是取，人且引言为己任而欲终其敢言之名，于是吹求在位者无已，而毛举庶务之废兴以为言资。将有事止于此，而言且引之以无穷，非奸而斥之奸，非贤而奖之贤；事不可废而欲已之，事不可兴而欲行之；荒唐苛细之论，皆以塞言之责，而国是乱。故言者可使言也，未可使尽言也；可使尽言也，不可使引伸为无已之言也。斟酌之权，在乎主心，乐闻谏而不导人以口给，爵赏之酬，其可轻乎哉！

章帝于直言极谏之士，补外吏而试其为，非无以酬之，而不引之以无涯之辩，官守在而贤不肖抑可征焉，庶几得之。

【译文】

君主接纳谏言的方法，也并不是容易把握的事。君主若没有爵位赏赐来鼓励人们进谏，那么主动进谏的人就很少。假若以爵位赏赐来鼓励人们进谏，那么进谏的人或许会不加选择地对任何事情都要给君主提意见。所以，君主接纳谏言也是很难的。但是也有正确的纳谏方法，这些士大夫对国家治理之道有自己的看法，想要通过进谏以匡正君主的过失，并非想通过进谏获得爵位和赏赐，而是期望自己的谏言能够得到实行罢了。所以，英明的君主能够按士大夫的正确规谏行事，就是报答进谏士人的方法，并不是一定要给他们以爵位或赏赐。孔子说："君子不因为别人的话说得好就推荐、提拔他。"就是说的这种情况吧！

况且进谏的人，指摘君主的过失并匡正他，那么，规谏的言辞即便不够得当，也可以知道他是位忠诚正直之士，心中了解了这个人，然后再给予他爵位赏赐，则出现失误的现象是很少的。至于那些发表议论的人，他们或对群臣的得或失进行赞扬或指责，或对政事的沿革发展详细叙述，如果他们说得正确，确实可以按他们所说的行事，但他们是贤能或是不肖却不得而知。如果对待这些人也是以爵位赏赐酬报他们，那么就很难保证奸佞小人不混杂于其中，这怎么能保证有一个好的结果呢？

如果进谏者的意见是正确的，其人并非不肖之徒，因为其规谏直言不讳，就把他提拔到君主的左右，使他能够朝夕进献善言。君主既然只依据谏言举荐任用士人，那么人们就会把谏诤作为自己的任务，而且还想保持一个敢言进谏的好名声，于是就不停地对在位的官员吹毛求疵，而把政事中的细枝末节问题作为他进谏的话题。于是将会出现这样的现象：事情本来到此为止，而他们对此引发出来的谏言却无穷无尽，当事者并非奸佞却被指责为奸佞小人，并非贤能之人却被褒扬以贤能的名声；不可废弃的事情却要建议停止，不能兴办的事情却要建议施行。这些荒唐、苛刻、琐碎的谏言，都是作为进谏者聊且塞责的凭借，而国家就会因此而出现混乱。所以对于进谏者，可以让他们进谏，却不能让他们对任何事情都毫无节制地尽情发言；可以让他们对任何事情都发表意见，但不能引导他们发展到吹毛求疵、没完没了地发表意见的地步。斟酌权衡的考量，完全在于君主的内心，君主乐于听谏诤之言，而又不能引导人们能言善辩、没有休止地进谏。对进谏的人给予爵位赏赐的酬报，怎么能掉以轻心呢？

汉章帝对于直言极谏的大臣，把他们委任为地方官以试验他们的作为，这样做并非无以酬报直言极谏之士，而是不把他们引向没有休止的空谈，有了实际的职位，他们的贤能与不肖就可以得到验证，这也不失为一种正确的办法。

本事：《资治通鉴》卷四六《汉纪三十八·章帝》，建初五年（80）。

六　废太子而遗少主之患

与贤者在于得人，与子者定于立嫡，立嫡者，家天下一定之法也。虽然，嫡子不必贤，则无以君天下而保其宗祏（shí），故必有豫教之道，以维持而不即于咎。太甲颠覆典刑，而终迁仁义，以伊尹也。乃夫人气质之不齐，则固有左伊尹右周公而不能革其恶者。和峤困于晋惠帝之愚，而教且穷，故汉元、晋武守立適之法，卒以亡国，则知適子之不可教，而易之以安宗社，亦讵不可？古之人何弗虑而守一成之侀（xíng）以不通其变乎？君子所垂法以与万世同守者，大经而已。天下虽危，宗社虽亡，亦可听之天命而安之。何也？择子之说行，则后世昵宠嬖（bì）而易元良，为亡国败家之本，皆托之以济其私。君子不敢以一时之利害，启无穷之乱萌，道尽而固可无忧也。

光武以郭后失宠而废太子强，群臣莫敢争者。幸而明帝之贤，得以掩光武之过。而法之不臧，祸发于异世，故章帝废庆立肇，而群臣亦无敢争焉。呜呼！肇之贤不肖且勿论也，章帝崩，肇甫十岁，而嗣大位，欲不倒太阿以授之妇人而不能。终汉之世，冲、质、蠡吾、解渎皆以童昏嗣立，权臣哲妇贪幼少之尸位，以唯其所为，而东汉无一日之治。此其祸章帝始之，而实光武贻之也。故立適与豫教并行，而君父之道尽。过此以往，天也，非人之所能为也，而又奚容亿计哉！

【译文】

君主之位传与贤者，关键在于选出合适的人选，君主之位传与儿子，关键在于确立嫡长子的地位。册立嫡长子，是家天下一成不变的规则。尽管如此，嫡长子并不一定都是贤能的，那么他们就没有能力驾驭天下，保护其宗庙社稷，所以，对于嫡长子也一定要有一套预先教育的办法，以便使他能够做一个称职的接班人，而不使其有太多的过失。商朝太甲做君主时，不遵君道，但最后还是成为一位仁义的君主，这主要是伊尹教育的结果。但是由于人的心理和生理素质不一样，那么也就确实存在即使有伊尹和周公两位贤臣的辅佐也不能革去恶劣本性的人。西晋和峤对于晋惠帝的愚蠢束手无策，想教育他都没有办法，所以汉元帝、晋武帝坚守立嫡长子为太子的规则，使汉成帝、晋惠帝即位，结果导致了国家的灭亡。如此，既然知道嫡长子愚昧不可教诲，就换其他人做自己的接班人来安定社稷，又有什么不可以的呢？古代的人为什么没有考虑到这一点，而坚持一成不变的继承规则，不知道变通呢？君子所制定并与后世共同坚守的规则，只是一个大的原则而已，并非不能变通。他们虽然知道让这些愚昧的嫡长子继承皇位，天下会因此而危险，宗庙社稷会因此而灭亡，但仍然听天由命，让愚昧的嫡长子继承皇位。这是为什么呢？自从君主可以自由选择继承人的说法出现以后，那么一些君主就以此为理由废嫡立庶、废长立幼、废恶立爱，为亡国败家埋下了祸根，而他们都是借为国家社稷考虑的名义来实现自私的目的的。所以，君子也不敢为一时的利害，而埋下无穷之乱的祸根，办法已经用尽，确实也没有什么担忧的了。

光武帝刘秀因其郭皇后失宠就废掉了长子刘强的太子地位，群臣没有人敢于谏诤。幸亏汉明帝还算是贤能的君主，这样就掩盖了光武帝废嫡立爱的过失。但由于树立了这样一个不好的继承先例，使得祸患又发生在其后的时代。所以汉章帝废掉太子刘庆改立刘肇为太子，群臣中也没有人敢争论这件事。唉！刘肇是贤能或是不肖我们暂且不论，汉章帝死后，年仅十岁的刘肇继承皇帝之位，想使国家大权不旁落于母后之手是不可能的。东汉一代，冲帝、质帝、桓帝（小名蠡吾）、灵帝（小名解渎）都是以童蒙身份继承皇帝大位的，权臣和有野心的太后就趁皇帝年幼无知把持国家大权，为所欲为，从此汉朝就没有了平静的日子。这个祸根是章帝埋下的，实际上又是光武帝刘秀留下来的。所以，册立嫡长子为太子与对太子进行教育应同时进行，这样才算是尽到了君父之道。除此以外的事情，都是出自天意，不是人所能决定的，又怎么能预料得到呢？

本事：《资治通鉴》卷四六《汉纪三十八·章帝》，建初七年（82）。

七　不测之恩威害莫大焉

不测之恩威无常经，谋略之士所务也，谓足以震人于非所期而莫敢不服。虽然，岂足恃哉？张纡守陇西，羌人反，其酋号吾首乱入寇，追而生得之，纡释之遣归；已而迷吾寇金城塞，纡与战，败之。迷吾将人众诣临羌纳降，纡以毒酒杀之。战而获，则释之；降而来，则杀之；纡以是为不测之恩威也。于是而羌祸之延于秦、陇者几百年而后定。一生一杀，不可测者如是也，彼将何据以为顺逆之从哉？

战而擒，擒而释，何惮乎不战；胜可以逞，败犹可以生也。降而来，来而杀，何利乎降；降而必死，不如战而得生，其不决计相寻于死斗者鲜矣。故恩威者，必有准者也，在己可白，而在物可信也。感其恩者不渝，畏其威者不可犯，乃以服天下而莫敢不服。尚勿轻言不测哉！

【译文】

不可测度的恩威并没有固定的原则，这是谋略之士所从事的事，他们认为这样可以因为出乎预料而使人震动，从而没有人敢不服。尽管如此，难道这种不可测度的恩威就足以依恃吗？张纡担任陇西（今甘肃临洮南）太守期间，当地的羌人反叛朝廷，他们的首领叫号吾，首先率军入侵陇西，张纡紧急追捕，擒获了号吾，并把他释放遣归原籍。不久，又有一个叫迷吾的人进犯金城（今甘肃兰州西北）要塞，张纡与之交战，大败迷吾，迷吾不得已就率众到临羌（今青海湟源东南）请求投降，张纡却用毒酒毒杀了他。交战以后擒获的人，就释放他们；投降归顺的人，就杀掉他们；张纡就把这当作不可测度的恩威。其结果使羌人在秦陇地区的暴乱持续了差不多百年之久，后来才得到平定。张纡的这一生一杀，是如此不可测度，他是根据什么来判断顺从与叛逆的呢？

交战之后被擒获，擒获之后被释放，有什么忌惮而不继续交战呢？胜利了可以逞强，失败还可以生还。投降归顺的人，只要来就杀掉，投降归顺又有什么好处呢？投降了就一定得死，不如战斗下去还可以生，其结果是很少有人不决心战争到底。所以恩威，一定要有一个标准，对于自己来说可以表明心迹，对于他们来说是可以相信的。为其恩义所感动的人就会坚持不渝，害怕其威力的人也不敢侵犯，这才可以使天下服从，而且没有人敢不服从。因此，还是不要轻易说什么深不可测的恩威。

本事：《资治通鉴》卷四七《汉纪三十九·章帝》，元和三年（86）。

八　章帝之柔弱

西汉之衰自元帝始，未尽然也；东汉之衰自章帝始，人莫之察也。元帝之失以柔，而章帝滋甚。王氏之祸，非元帝启之，帝崩而王氏始张；窦宪之横，章帝实使之然矣。第五伦言之而不听；贵主讼之，怒形于言，不须臾而解；周纡忤窦笃而送诏狱；郑弘以死谏，知其忠，问其疾，而终不能用。若此者，与元帝之处萧、张、弘、石者无以异。而元帝之柔，柔以己也，章帝之柔，柔以宫闱外戚也，章帝滋甚矣。托仁厚而溺于床笫，终汉之世，颠越于妇家，以进奸雄而陨大命，帝恶能辞其咎哉？

曹子桓曰："明帝察察，章帝长者。"为长者于妇人姻娅之间，脂韦嚅唲以解乾纲，恶在其为长者哉！范晔称帝之承马后也，尽心孝道。乃合初终以观之，帝亦恶能孝邪！马后崩未几，而马氏被谴，有考击以死者矣。是其始之欲封诸舅、后辞而不得也，非厚舅氏也，面柔于马后之前，而曲顺其不言之隐也。其终之废马氏于一旦也，非忘母恩也，窦氏欲夺其权，面柔于哲妇之前，而替母党以崇妻党也。于母氏，柔也；于诸父昆弟，柔也；于床闼，柔也；于戚里，柔也；于臣民，柔也；于罪罟，柔也；虽于忠直之士，柔也；亦无异于以柔待顽谗者也。柄下移而外戚宦寺怙恩以逞，和、安二帝无成帝之淫昏，而汉终不振，章帝之失，岂在元帝下哉？

【译文】

西汉的衰落是从汉元帝时期开始的，这种说法并不一定完全正确；东汉的衰落是从章帝时期开始的，这一点人们并没有察觉到。元帝的失误在于其软弱，而汉章帝比元帝更软弱。王氏外戚颠覆汉室的大祸，并不是从元帝时开始的，元帝去世以后，王氏的势力才开始扩张；而外戚窦宪的蛮横，则确实是章帝一手造成的。第五伦一再提醒章帝，可章帝并不听从。沁水公主向章帝诉说窦宪的霸道，章帝当时也怒形于言，但没多大一会儿就忘掉了。洛阳令周纡因得罪了外戚窦笃而被下诏逮捕送入诏狱治罪；太尉郑弘冒死向章帝建议不可重用外戚窦氏，章帝知道他是出于忠心，在郑弘病重时，章帝也过问过他的病情，但最终也没有采纳他的谏言。这与汉元帝对待萧望之、张敞、弘恭、石显等人的态度是一样的。然而，元帝的软弱，是对自己的软弱，而章帝的软弱，是对后宫嫔妃和外戚的软弱，相比较而言，章帝更为软弱。章帝假托仁厚之名，沉溺于后宫之中，整个东汉一代，就是外戚交替擅权乱政的过程，他引进奸雄用事，让国家大权旁落他人之手，章帝怎么能够推卸他的责任呢？

曹丕（字子桓）说：“明帝善于明察，章帝像是一位长者。”对待后妃外戚像一位长者，在阿谀逢迎、强颜欢笑之中丧失了乾纲独断的大权，怎么能称为长者呢？范晔称赞章帝上承马太后旨意，尽心于孝道。纵观章帝前后的所作所为，又怎么能称得上是孝顺呢？马太后去世不久，马氏三兄弟就被免去爵位，还有人被拷打致死。所以，章帝当初想封他的三个舅舅为侯，马太后再三推辞，这并不是章帝想厚待他的舅舅，而是他在马太后面前表现得太软弱，曲从于马太后无法用语言表达的隐衷。因此，他最终废掉马氏三兄弟的封爵，并非忘掉了母后的养育之恩，而是其妻族窦氏要夺取马氏外戚的权力，他又在窦皇后面前表现出他的软弱，只好废掉母党，宠信妻党，对于马太后，他是软弱的；对于同父的其他兄弟，他是软弱的；对于后妃，他是软弱的；对于外戚，他是软弱的；对于臣民，他是软弱的；对于罪犯，他是软弱的；即使对待忠诚正直之士，他也是软弱的。他对这些人的软弱，与对奸佞小人的软弱毫无差别。他的权柄逐渐旁落，外戚、宦官依恃其宠信，为非作歹，为所欲为。和帝、安帝两位君主，虽然不像西汉成帝那样昏庸无能，但他们最终也没有能使汉室重新振兴起来。汉章帝的过失，难道会在西汉元帝之下吗？

本事：《资治通鉴》卷四六《汉纪三十八·章帝》，建初八年（83）；卷四七《汉纪三十九·章帝》，元和三年（86）。

九　天子巡幸，有害无益

明帝车驾屡出，历兖、并、冀、豫、徐、荆之域，章帝踵之，天下不闻以病告，然天下亦恶能不病哉！供亿有禁，窥探有禁，践蹂有禁；能禁者乘舆也，不能尽禁者从官也，不可必禁者军旅也、台隶也，天下恶能不病也！天子时出巡游，则吏畏觉察而饰治，治可举矣。乃使果有循吏于此，举大纲而缓细目，从容以綦（qí）乎治，而废者未能卒兴，且无以酬天子之省视；于是巧宦以逃责者，抑将缘饰其末而置其本，以徒扰吏民；天下恶能不病也！

光武之明以立法，二帝之贤以继治，岂繄不念此，而乐为驰驱以病民者，何也？光武承乱而兴，天下盗贼蜂起，己亦由之以成大业，故重有疑焉，冀以躬亲阅历，补罅整纷，而销奸桀之心，以是为建威销萌之大计焉耳。乃国用耗于刍粮，小民狎其举动，羌祸一起，军兴不给，张伯路一呼于草泽，数年而不解，蔓延相踵，垂及黄巾之起，而汉遂亡。盗贼横行，以丧天下，前此未有而自汉始之。然则厚疑天下，而恃目击足履以释忧，徒为召忧之媒，亦何益乎？

有虞氏五载一巡守，岁不给于道途，所谓“尽信书则不如无书”也。周制：十有二年，王乃时巡。历三传而昭王以死，四传而穆王以荒。封建之世，天子之治，止千里之畿，则有暇以及远，五服之君，各专刑赏之柄，则遥制而不能。然且非虞舜、成王而利不偿害。况以一人统天下而耳目易穷，自非廓然大公、推诚以听监司郡县之治，未有能消天下之险阻者也。又况乐酒从禽、游观无度，如顺、桓二帝之资以为口实哉！

【译文】

汉明帝屡次乘车驾出巡地方，历经兖州（治今山东金乡西北）、并州（治今山西太原西南）、冀州（治今河北柏乡北）、豫州（治今安徽亳州北）、徐州（治今山东郯城）、荆州（治今湖南常德东北）的广大地区，汉章帝继承明帝的传统，也屡次出巡地方，虽然没有听到皇帝出巡给天下造成祸害的报告，但是皇帝出巡怎么能不给天下造成祸害呢？皇帝出巡，虽然对所需供给的物品有一定的限制，对窥探圣驾之类的安全保卫有一定的限制，对践踏民田也有一定的限制，但能够限制的仅仅是皇帝的车轿，却不能完全限制皇帝的随从人员，对于护驾的军队和皇帝身边的侍从不一定能有所限制，怎么能不给天下百姓造成祸害呢？天子不时地出巡游历，地方官因害怕皇帝的检察就粉饰其政绩，使一地出现大治的形势。如果确实有这样的好官吏，抓住主要问题并逐渐解决小问题，从容地使地方得到良好的治理，但百废待兴的局面难以猝然改观，尚且无法接受天子的视察。于是，一些善于投机的官员为逃避皇帝的责备，就弄虚作假，颠倒本末，这样做只能徒然扰乱百姓的正常生活。所以，皇帝频繁出巡天下，怎么能不给天下造成祸害呢？

光武帝刘秀以其圣明确立东汉的法度，明帝、章帝以其贤能继光武帝之后继承帝业，成就治世，难道他们就不知道经常出巡地方会给天下带来祸害吗？为什么还乐于四处出巡给百姓带来灾祸呢？光武帝刘秀是承天下大乱才兴起的，当时天下盗贼蜂拥而起，光武帝在镇压他们时扩大了自己的势力，建立了自己的事业，所以对治理天下抱有重重疑虑，希望通过自己的亲身巡幸阅历弥补治理的漏洞，整顿纷乱的局势，从而消除各地奸邪反叛之心，以此作为树立恩威、消除隐患的国家大计。这样，国家的财用都消耗于巡幸所需的粮草供应之上，刁民不断地轻举妄动，羌族起来造反，国家兴兵镇压，就显得军用供给不上。青州农民起义首领张伯路在草泽中登高一呼，无数的百姓纷纷响应，几年都难以平息下去，而且还不断地蔓延，发展到东汉末年的黄巾军起义，最后导致了汉朝的灭亡。因为盗贼横行而丧失天下，以前从没有这样的情况，这是从汉朝才开始的。明帝、章帝也正是因此而对天下的臣民极不信任，于是就靠自己亲自到各地走走看看，以发现问题、消除祸患，结果他们的出巡非但没有解决多少问题，反而徒然增加了一些新的问题，他们频繁地出巡又有什么好处呢？

史书记载，虞舜每五年到各地巡游一次，每岁的收入尚不能供给路途的费用，这就是所说的“尽信书则不如无书”。周代的制度，每隔十二年，天子才按时出巡地方一次。经过三传到昭王死于南巡途中，四传到周穆王更加肆意周游而荒废了国家政事。在分封制的时代，由于天子治理的地方仅限于王畿周围近千里的地区，因此天子就有时间和精力到远方出巡游历。五服之内的各诸侯国的君主，各自掌握着本地区的刑赏大权，天子对他们很难遥相控制，因此出巡就成为控制地方的一种手段。然而，如果不是虞舜、成王那样的圣明君主，帝王出巡的好处还抵不上所带来的祸害。况且，以一人来统治天下，耳目所及的范围都是很有限的，如果不推诚布公地信任地方官员对地方的治理，就不能消除天下的险阻。更何况，他们出巡的时候饮酒作乐、田猎无度、游山玩水，像顺帝、桓帝那样只能给人们提供可资利用的话柄。

本事：《资治通鉴》卷四七《汉纪三十九·章帝》，元和三年（86）。

和帝

一　以恩树援，以威制暴

议者曰：“夷狄相攻，中国之利。”谁为此言者，以贻祸于无穷矣。邓训力破浮议，保护诸胡，免于羌难，群胡悦从，训乃专力以攻迷唐，而迷唐远窜，智矣哉！楚庄吞舒、蓼，而后灭陈、破郑，败晋于邲；夫差栖越于会稽，而后大败齐师，胁晋于黄池；冒顿破东胡，而后困高帝于平城；苻坚吞慕容、卷河西，而后大举以寇晋；蒙古灭金，灭夏，西收钦察、畏吾儿，南收六诏，而后举襄、樊以亡宋。夷狄之起也，恒先并其丑类，而后及于中国。中国偷庸之士，犹且曰：夷狄相攻，吾利也。地益广，人益众，合众小而成一大，犹疥癣之毒聚为一痈也。屡胜之气益壮，习于攻击之术益熟，得利而其愿益奢，我且鼾齁自得，以为虎斗于穴而不暇及于牧厩也，祸一发而不可收矣。

善制夷者，力足以相及，则抚其弱、抑其强，以恩树援，以威制暴，计之上也。力不足以相及，闻其相攻也而忧之，修城堡，缮甲兵，积刍粮，任将训卒，以防其突出，策之次也。听其蹄啮以增其强，幸不我及以缓旦夕之祸，坐毙之术也。其尤烈者，激之、奖之、助之，以收兼弱拾残之余利，不知戎心之熟视我吭而思扼之也。悲夫！庸人一言而祸千古，有如是夫！

【译文】

有人议论说："夷狄之间相互攻击，对于中原王朝是非常有利的。"不知是谁说的这句话，却给天下造成了无穷无尽的祸患。护羌校尉邓训力破这种没有根据的议论，保护其他各边疆民族部落，使他们免遭羌族人的进攻，因此各边疆民族部落心悦诚服，顺从朝廷。于是邓训得以集中力量进攻烧当种羌的首领迷唐，迫使迷唐逃往远方，这才是明智之举！春秋时期，楚庄王先吞并了舒国、蓼国，然后又灭掉陈国，打败郑国，最后在邲之战中大败晋国；吴王夫差把越王勾践赶到会稽山上，然后向北大败齐国军队，胁迫晋国会盟于黄池（今河南封丘县西南）而称霸天下。匈奴冒顿单于，先破东胡，然后围困汉高祖于平城（今山西大同东北）；前秦皇帝苻坚先吞并前燕慕容氏，又席卷河西地区，然后才大举进攻东晋王朝；蒙古人先灭掉金国、西夏，向西收服钦察、畏吾儿，又向南收服六诏（指大理国），然后才攻克襄阳、樊城从而灭掉了南宋。夷狄崛起的时候，总是先灭掉他们的同类，然后就把矛头指向中原王朝。而中原王朝苟且偷生的平庸之士还在那里叫嚷：夷狄之间相互攻击，对我们是有利的。然而，夷狄之间相互攻击，相互吞并，他们的地盘就会不断地扩大，人员也就会不断地增加，这样由若干个小的集团联合而形成一个大的集团，就像是一片微不足道的疥癣最后发展成一个毒疮一样。他们屡战屡胜，气势就更旺盛，攻击之术在多次的战争中磨炼得更加熟练，他们获得的利益越多，其贪欲也就越大，而我们却在鼾然睡梦之中扬扬自得，认为两虎在洞穴中争斗而无暇顾及牧厩中的牲畜，一旦大祸临头就会惊慌失措，一败而不可收拾。

善于控制夷狄的人，如果我方的力量和他们势均力敌，就扶持其中的弱小者，抑制其中的强大者，以恩德来树立外援，以威势来制约暴力，这是上策。如果我方的力量不及敌方，听到他们相互攻击的消息，就会感到担忧而警惕起来，修葺城堡，修缮铠甲兵器，屯积粮草，任用将领，训练士卒，以防不测之祸，这是中策。听任他们相互进攻、相互吞并，以增强他们的实力，侥幸他们没有进攻我们，延缓迟早要发生的灾祸，这种策略只能使自己坐以待毙。还有更甚者，就是刺激他们，鼓励他们，帮助他们，使他们相互残杀，而自己想坐收渔人之利，却不知他们早已注视着我们的脖子，想着有一天会扼住它。令人痛心啊！平庸的人的一句话，竟能如此祸害千古。

本事：《资治通鉴》卷四七《汉纪三十九·章帝》，章和三年（88）。

二　安其故庐，戎心不启

南单于降汉，光武置之西河塞内，迨和帝之世，窦宪出塞五千里，大破北匈奴，北单于逃亡，其余种於除鞬请立，袁安、任隗欲乘朔漠之定，令南单于反北庭，驱逐於除鞬，而安其故庐，此万世之长策也。於除鞬不得立，而汉亡一敌。送南匈奴反北庭，统一匈奴，而南单于抑且以为恩。乃若阳以施大德于南虏，而阴以除中国腹心之蠹，戎心不启，戎气不骄，夷风不淫于诸夏，判然内外之防，无改于头曼以前之旧，刘渊、石勒之祸，恶从而起哉？

夷狄阑居塞内，狎玩中国，而窥间乘弱以恣寇攘，必矣。其寇攘也，抑必资中国之奸宄以为羽翼，而后足以逞，使与民杂居，而祸烈矣。尤不但此也，民之易动于犷悍慆淫、苟简喙息，而畏礼法之检束，亦大化之流所易决而难防也。古之圣王忧之切，故正其氏族，别其婚姻，域其都鄙，制其风俗，维持之使若其性。而民之愚也，未能安于向化而利行之也。廉耻存，风俗正，虽有不利，而固不忍于禽行以不容于乡党。夷狄入而杂处焉，必且与之相市易矣，必将与之相交游矣，浸乃与之结昏姻矣；其衣、其食、其寝处、其男女，盖有与愚不肖之民甘醉饱，便驰逐而相得者矣。彼恶知五帝、三王之前，民之蹄啮弃捐与禽兽伍，而莫保其存亡之命者，固若此也？则且诧为新奇，大利于人情，而非毁五帝、三王之为赘疣。然而强力不若也，安忍儇利不若也，则君之、宗之、乐奉而率从之，而不知元后父母之必就吾同类而戴以德乘时之一人矣。

女奚之酿也，必择其酸醅而去之，恶其引旨酒而酸之也；慈父之教也，必禁其淫朋而绝之，恶其引朴子而胥淫也。祸莫重于相引，而相害者为轻；害知御，引不知避也。于是而知袁安、任隗之识远矣。其言曰："光武招怀南单于，非谓可永安内地，正以权计之算，扞御北狄。"夫光武岂可谓之权哉？倒置重轻，而灭五帝、三王之大经也。

【译文】

匈奴南单于投降汉朝后，光武帝把其整个部落都安置在河西地区边塞之内，到了和帝时期，窦宪率军出塞五千里，长驱直入，大破北匈奴，北单于逃亡，其残余势力於除鞬请求汉朝册立他为单于、重建北匈奴，袁安、任隗想乘朔漠（泛指今内蒙古以北以西地区）初定之时，让南单于率部重返漠北，从而驱逐於除鞬，使南单于安居于其故乡，这是利及万世的长远计策。於除鞬不能重建北匈奴，就使汉朝失去了一个强大的敌人。把南匈奴送回漠北，使之统一匈奴，而南单于会因此对汉朝感恩戴德。这样，汉朝廷名义是施与南匈奴极大的恩德，而实际则为中原王朝除去了心腹之患，这样，匈奴就不会再起侵略之心，其气焰也不再那么骄横，夷狄的风俗也不会传染给内地的华夏，判然形成内外防范之势，实际上就是要恢复到头曼单于时期的格局。如果这个计划得到实现，那么，西晋末年的刘渊、石勒之祸，又怎么会发生呢？

夷狄擅自入居塞内，接近华夏腹地，他们就一定会窥测机会乘内地积弱之时寇掠中原。他们入侵内地，也一定会借助中原地区的奸佞小人作为他们的羽翼，而后才足以使其阴谋得逞，因此让他们与内地的老百姓杂居在一起，灾祸是尤其严重的。事情还不仅仅如此简单，百姓很容易被他们的粗野彪悍、怠慢放纵、草率简略的风俗所打动，而畏惧礼法的约束，这也是广远深入的教化之河流很容易被冲垮而难以防御的原因。古圣先王对此非常忧虑，所以就整顿其氏族，区别其婚姻，划定其居住的区域，制定其风俗习惯，并长期维持下来，使这些都融入民众的习性之中。但是，由于百姓愚昧无知，不能安于归服教化，也不能自觉地加以践行。然而，只要他们存有廉耻之心，社会风俗淳厚，即使并非满心欢喜地主动践行教化，但他们终究不忍心去做出禽兽的行为，以使自己不为乡里所容。让夷狄入居内地与中原百姓混杂居住在一起，中原百姓肯定会与他们相互交易货物，也肯定会与他们相互交往，更进一步还会与他们通婚。他们的衣服、饮食、坐卧起居、男女关系都会影响到中原百姓，使那些愚昧无知、不肖之徒甘于酒食过度，便于纵马驰骋，彼此相处融洽了。他们哪里知道早在五帝（黄帝、颛顼、帝喾、唐尧、虞舜）、三王（指夏禹、商汤、周文王周武王）之前的上古时代，人们相互残杀、抛弃如同禽兽一样，而不能保全自己的性命，本来就像夷狄当前的生存状况一样。如此他们将会对被自己早已抛弃仍然保留在夷狄之中的新奇的生活方式风俗习惯感到诧异、新奇，从而认为这种风俗大大有利于顺应人之常情，反而诋毁五帝、三王的教化为多余的无用之物。然而，中原百姓强壮有力不如夷狄，狡猾残忍、敏捷灵巧也不如他们，于是就会将他们奉为君主、宗主，乐于尊奉他们而相继服从他们，而不知道天子作为民之父母，一定要是我们的同类中因其高尚德行而受到民众拥戴且顺应时势而兴起的那个人。

酿造女奚酒，一定要把其中发酸的酒糟挑出来丢掉，以防止它把好酒都染酸。慈父教育儿子，一定要禁止儿子与狐朋狗友的交往，并断绝与他们的联系，以防止纯朴的儿子都被他们引导到荒淫奢侈的路上。没有比相互引诱更严重的祸患了，相比较而言，害人算是较轻的了；对于别人的伤害，尚且可以抵御，而对于别人的引诱，人们却往往不知道回避。由此可知，袁安、任隗是具有远见卓识的。他们说："光武帝招引、怀柔南单于入塞定居，并不是说可以使内地永远平安，这样做仅仅是权宜之计，主要是为了抵御北匈奴。"光武帝把南匈奴引入塞内定居，难道可以说是权宜之计吗？光武帝刘秀这样做，是本末倒置、轻重不分，实际是破坏了五帝、三王区分华夷的重大原则。

本事：《资治通鉴》卷四七《汉纪三十九·和帝》，永元三年（91）。

三　三公无权，宦官逞强

孝和之世，袁安、任隗、丁鸿为三公，何敞、韩稜为尚书，皆智勇深沉，可与安国家者也。窦宪之党，谋危社稷，帝阴知而欲除之，莫能接大臣与谋，不得已而委之郑众，宦寺之亡汉自此始。非和帝宠刑人、疏贤士大夫之咎也，微郑众，帝其危矣。揆所自始，其开自光武乎！崇三公之位，而削其权，大臣不相亲也；授尚书以政，而卑其秩，近臣不自固也。故窦宪缘之制和帝不得与内外臣僚相亲，而唯与阉宦居。非宪能创锢蔽之法以钳天子与大臣也，其家法有旧矣。三公坚持匈奴之议，而不能违宪之讨虏，权轻则固莫能主也。尚书郅寿抗窦宪而自杀，则诛赏待命于权臣也。西汉之亡也，张禹、孔光悬命于王氏之手而宗社移矣。光武弗知惩焉，厚其疑于非所疑者，使冲人孤立于上，而权臣制之，不委心膂于刑人，将谁委乎？明主一怀疑而乱以十世，疑之灭德甚矣哉！

创业之主而委任大臣，非仅为己计也。英敏有余，揽大政于一心，而济之以勤，可独任矣。大臣或有一二端之欺己，而遂厚致其疑；然其疑君子也，必不信小人；君子且疑，而小人愈惧；此岂可以望深宫颐养中材以下之子孙乎？公辅无权，中主不胜其劳，而代言之臣重；代言之臣秩卑，不得与坐论而亲扆（yǐ）坐，则秉笔之宦寺持权；祸乱之兴，莫挽其流矣。天下皆可疑，胡独不疑吾子孙之智不逮，而昵于宴安也乎？

当其始也，大臣与宦寺犹相与为二也，朝纲立而士节未堕，则习尚犹端，而邪正不相为借。若袁安、任隗、丁鸿者，虽忧时莫能自效，而必不攀郑众以有为。事不求可，功不求成，自靖以听天，而不假枉寻以直尺，故郑众虽有成劳，而尚存捡柙（xiá）。迨及君臣道隔，宦寺势成，大臣之欲匡君而卫国者，且绍介之以行其志，而后宦寺益张而无所忌。杨一清因张永以诛刘瑾，杨涟且不得不左袒王安以抑魏忠贤，则忠端之大臣不能绝内援以有为，又恶能禁小人之媚奄腐哉？高拱、张居正之废兴，一操于冯保之荣落。上失其道，下莫能自主，祸始于东汉，而流毒万年，不亦憯乎！

【译文】

汉和帝在位时期（89—105），袁安、任隗、丁鸿分别任司徒、司空、司马三公之职，何敞、韩稜分别为尚书，他们都是智勇兼备、深沉干练、有能力安定国家的人。外戚窦宪一伙，阴谋危害江山社稷，和帝私下也知道这件事而想要除掉窦宪，但却不能接近大臣与他们商量，在万不得已的情况下，才把除掉窦宪的重任交给了宦官郑众，宦官灭亡汉朝的祸患就是从此开始的。和帝这么做并不是他宠信宦官疏远贤士大夫，如果没有郑众，和帝的处境就会很危险。之所以会出现这种情况，追根溯源，还是从光武帝刘秀时期开始的。光武帝尊崇三公的地位，却削弱三公的实权，君主与大臣的关系疏远了；把政事交给尚书处理，却降低其官职品级，因此尚书虽为君主近臣，但地位并不巩固。所以，窦宪就利用这一点限制和帝，使他不能和内外臣僚亲近，而只能与宦官生活在一起。这并不是窦宪自创这一套禁锢和闭塞的办法来钳制天子与大臣的关系，而是光武帝刘秀传下的家法中就有这样的旧制。袁安、任隗、丁鸿三人坚持不能出兵征讨匈奴，但是仍然不能阻止窦宪出兵征讨匈奴，这是因为三公的实权太轻，也确实不能做主。尚书郅寿坚决反对窦宪却被迫自杀，由此表明诛杀赏赐大权完全操纵在权臣手中。西汉的灭亡，张禹、孔光被王氏外戚所控制，致使汉室的宗庙社稷转移到王氏手中。光武帝没有吸取这个教训，对他不应当怀疑的人却非常怀疑，致使年幼的君主孤立于皇位之上，无人辅佐，完全被权臣所操纵，君主不把除掉权臣的重任交给宦官，还能够交给谁呢？英明的君主一旦怀有疑心，就会导致延续十代的祸乱，猜疑之心毁灭人之德行也太厉害了！

创业的君主将国家政事委任给大臣，并非仅为自己考虑。开国君主一般都是英敏有余，集国家大权于一身，再加上他的勤奋，完全可以独自承担治理天下的重任。大臣有时会在一两件事上欺骗君主，君主也就因此对大臣失去信任，以致产生强烈的猜疑；他猜疑君子，也就肯定不会信任小人；这样，君子尚且会被疑忌，小人也就更加害怕。这些难道可以期望那些在深宫中抚养长大、才能在中等以下的子孙也能做到吗？宰辅大臣没有权力，才智平常的君主不能承受治理天下的辛劳，那么为君王代言的臣子权力就加重；为君王代言的臣子官位级别又比较低，不能参与国家大事的谋议和决策并亲近君王，如此则手执朱笔代皇帝批阅章奏的人就把持政权。事情发展到这样的地步，灾祸动乱的发生也就在所难免了。开国君主认为天下谁都可疑，为什么唯独不怀疑自己的子孙能力不足以治国理政而只会沉溺于安逸享乐呢？

刚开始的时候，大臣与宦官还泾渭分明，朝廷纲纪得以确立，士大夫的节操还没有堕落，则社会风俗时尚还比较端正，而奸邪与正直也不会相互错位。像袁安、任隗、丁鸿等人，尽管忧国忧民，想报国而无门，也决不会去攀附宦官郑众以求有所作为。他们对事不求行与不行，对功不求成与不成，宁可平静等待听天由命，也不肯枉道以徇利，所以，郑众杀掉窦宪之后，虽然功劳很大，但还是比较检点的。等到君臣的关系疏远，宦官的势力已然形成，大臣要想匡正君主、卫护国家，也必须通过宦官的中间介绍，才能接近君主，也才能实现自己的愿望，而后宦官的势力进一步扩大，宦官也就可以为所欲为，无所顾忌。明代的杨一清是通过宦官张永才得以诛杀专权宦官刘瑾，杨涟也不得不通过偏袒宦官王安来抑制宦官魏忠贤，像杨一清、杨涟这样忠诚正直的大臣要想有所作为还不能不引宦官为内援，又怎么能禁止奸佞小人去讨好宦官呢？高拱被罢去内阁首辅的职务，张居正升任内阁首辅，完全是由宦官冯保一手操纵的。君主失其正道，臣下不能自主，这种灾祸开始于东汉，遗害于后世，不也让人感到痛心吗？

本事：《资治通鉴》卷四八《汉纪四十·和帝》，永元四年（92）。

四　朋党兴于窦宪之诛

朋党之兴，其始于窦宪之诛乎！霍氏之败也，止其族类之同恶者，而不及其余；王莽篡而伏诛，王闳其族子而免，他勿论已。窦宪之即法也，窦笃、窦景、郭璜、邓叠之同恶，诛之可也；宋繇以大臣而与比，罢之可也；班固之怙势而横，窜之可也；尽举其宗族宾客名之以党，收捕考治之，党之名立，而党祸遂延于后世。君子以之穷治小人，小人即以之反噬君子，一废一兴，刑赏听人情之报复，而人主莫能尸焉，汉、唐以还，危亡不救，皆此之由也，可不悲乎！

子曰：“唯上知与下愚不移。”然则中材之可移者多矣。无所慕而好善，无所惩而恶不善，中心安仁者，天下之一人也。出而欲仕，仕而欲速，非能择恶而远之，抑非必择善而忌之也。人主不能正于上，大臣不能持于下，授奸邪以奔走天下之柄，使陷于恶，无抑内愧于心乎？捐廉耻，迷祸败，徼一旦之利禄，以蹈于水火，仁人所哀矜而不以得情为喜者也。锢之以党，而餍之以穷年，实繁有徒，亦且聚族延颈待国事之非而乘之复起。迨其后也，愤毒积，而善类之死生悬于其手，而唯其斩艾。国亡人而人亡国，自臣子之迭相衰王酿之，而君亦且无如之何，此抑可为痛哭者矣！

邪党之依附者，戚里也、宦寺也、宫闱也。乃陈蕃之死以窦武，亦戚里也；司马、吕、范之贬以宣仁，亦宫闱也；杨、左之杀以王安，亦宦寺也。彼小人者，亦何不可借戚里、宫闱、宦寺之名以加君子哉？子曰：“举直错诸枉，能使枉者直。”枉者直，则直用之，奚党之有乎？舜之所诛者共、驩耳，而告司徒曰：“敬敷五教，在宽。”中材之士，不绝其利禄之径，而又涤除其佥佞之名，亦何为不濯磨以自新邪？

张酺（pú）曰：“宪等宠贵，群臣阿附唯恐不及，言宪怀伊、吕之忠，比邓夫人于文母。严威既行，皆言当死，不顾其前后。”以此思之，君失道于上，大臣失制于前，使人心摇摇靡定，行不顾言，言不顾心，如饮之狂药而责其狂，狂可恶，而饮之药者能勿疚乎？君子当思有以处之矣。定国者一人，非天下之自能定也。愤奸邪之驰骋，快诛殛（jí）于一朝，博流俗之踊跃，其反也，还以自戕而戕国。捶铁者戒其反覆，任人之宗社，曾爱铁之不若，而亟反亟覆以折之也！

【译文】

朋党的兴起，大概就是开始于诛杀窦宪吧！西汉时，霍氏家族败亡之后，所追究牵连的仅限于其同族中参与罪恶行径的人，并没有殃及其他人。王莽篡汉失败而被杀，王闳是其同族兄弟之子而免于一死，也不再牵连其他人。窦宪被正法处死后，与其一同犯下罪恶的窦笃、窦景、郭璜、邓叠等人，诛杀他们是可以的；宋繇以大臣的身份与之相勾结，免去其官职也可以；班固依仗窦宪的的权势而横行不法，把他流放到边地也可以。但朝廷在诛杀窦宪的同时，把他的宗族宾客全部称为他的党羽，全部逮捕入狱、拷打治罪，这样，朋党之名也就开始确立，而朋党之祸从此开始一直延续到后世。君子以结党为名极力整治小人，小人也以结党为名对君子反咬一口，这样一废一兴，刑罚和赏赐完全成为他们互相报复的手段，君主对此也束手无策，汉朝、唐朝以来，国家处于危亡之际而不能挽救，都是因为这个原因，能不让人感到痛心吗？

孔子说："只有上等的智者和下等的愚者是改变不了的。"这也就是说，中等才智的人很多是可以改变的。无所仰慕却能向善，无所惩戒却能痛恨丑恶，发自内心施行仁义之道的人，这样的人才是天子。一旦出仕就想做官，一旦做官就想快速得到提升，不能鉴别出坏人而疏远他们，也一定不能鉴别出好人而忌妒他们。为人君主者不能在上位端正自身，做大臣的也不能在下面坚持正道，只是把奔走天下统治国家的权柄授予奸邪之徒，使天下人陷入恶行之中，他们的内心难道不感到惭愧吗？抛弃廉耻之心，对大祸临头熟视无睹，贪图一时的功名利禄，不惜赴汤蹈火，仁义之人对此只能感到悲哀和可怜，而绝不会为得到一时的利禄而高兴。把他们以朋党的名义禁锢起来，终生限制、压抑他们的自由，遭受这样待遇的人还是很多的，他们也都将聚族而居、延颈而望，以待国事的变化，并企图趁机东山再起。等到他们复出以后，他们又要发泄积于心中的愤恨，而善良的人们的生死又都操于他们之手，只能任由他们宰割。国家毁灭于人，反过来人又毁灭了国家，就是从大臣之间互相倾轧、此起彼伏、此消彼长开始酝酿的结果，而君主对这种朋党之争也无可奈何，这又是值得人们为此痛哭的事啊！

奸邪的朋党所依附的就是外戚、宦官、后妃。陈蕃因随从窦武而死，这是依附外戚；宋朝的司马光、吕公著、吕大防、范纯仁是因仰赖宣仁高太后的支持而遭贬，这是依附后妃；明代的杨涟、左光斗依靠宦官王安弹劾宦官魏忠贤被杀，这是依附宦官。像这些号称正直君子的人尚且依靠外戚、宦官、后妃来对付他们的政敌，那么，那些奸邪小人又为什么不能借助于外戚、宦官、后妃来对付这些君子呢？孔子说：“选拔正直的人，罢黜邪恶的人，这样就能使邪者归正。”奸邪的人变得正直，那么就把他当作正直的人使用，哪里还有什么朋党呢？虞舜所要诛杀的是作恶多端的共工、驩兜，他告诉司徒契说：“要恭恭敬敬地布施五教（五种伦理纲常，即父义、母慈、兄友、弟恭、子孝），要宽以待人。”中等才智的人，如果不杜绝其追求利禄的途径，而又涤除其奸佞的名声，他们又怎么能够好好洗涤磨炼自己以改过自新呢？

河南尹张酺说：“窦宪等人为君主所宠信、地位尊贵的时候，大臣们阿谀攀附唯恐不及，都说窦宪怀有像商代伊尹、周代吕尚一样的忠心，把邓夫人比作周文王妃太姒一样有美德。圣上清算窦宪的严厉诏命颁行之后，大臣又都说他们应当被处死，而不顾他们说话前后截然相反。”由此想来，君主在上位有失正道大义，大臣就会在前面失去制约，从而使人心摇摆不定，行事与言论不一致，口头所说的与其心中所想的不一致，就如同饮用了使人发狂的药物一样，只责备他的发狂，发狂固然可恶，而使之饮下发狂药物的人难道不感到内疚吗？君子应当认真思考这个问题，然后再决定如何处理。安定国家的是君主一人，并非天下自己能安定下来。愤恨奸邪之人的任意妄为，只求快点把他们诛杀掉，以博得流俗之人的热烈喝彩，然而自己不吸取教训，反过来重蹈奸邪之人的覆辙，等于既害了自己也害了国家。打铁的人最忌讳反覆，身上担负着别人的宗庙社稷，还不像铁匠对铁那样经心，结果是亟反亟覆，造成国家的灭亡。

本事：《资治通鉴》卷四八《汉纪四十·和帝》，永元四年（92）。

五　曹褒制礼有疵而不可废

章帝命曹褒制汉礼，不参群议，断自上裁，而褒杂引“五经”、旁及谶纬以成之。和帝之加元服，亦既用之矣，张酺奏褒擅制、破乱圣术而废之，褒所定礼遂不传于世，亦可惜矣！褒之引谶纬以定彝典，其说今间见于郑玄，如号上帝以耀宝魄之类，诚陋矣；若其杂引“五经”以参同异者，初未尝失。而酺以专家保残之学，屈公义以伸其私说，其不能通于吉凶哀乐之大用也庸愈乎？

秦废三代之彝典，制氏、戴氏、后氏仅传其一曲，而不可通之于他，未可执也。且即其存者而犹有不可执者焉。子曰：“殷因于夏礼，所损益可知也。”因者，仁义之蕴、中和之藏、彝伦之叙耳。夏、殷、周治法相仍，而犹随时以损益，况郡县之天下迥异于三代者哉？

即以彝伦之不易者言之：父子，均也；而汉、唐无自出之帝，不可强立，王侯无社稷之守，长子之丧，不当上视君父。君臣，均也；而令之于守，掾属之于守令，国相长史之于侯王，生杀废置统于天子，令共之谊，自异于三代侯国之臣。兄弟，均也；侯王无国，公卿不世，孝秀登朝，士农迭为兴废，宗子不得独尊，支庶不得终贱。夫妇，均也；同姓而婚姻不通，乃同一姓而所出者异，周、齐、楚、郑之各有王氏，非本支也；周宗之支，周、鲁、滕、邢、孟、仲、臧、南，固同姓也；禁异出而不禁同祖，非其本矣。秦奖节妇，而出妻再适，不齿于人伦；舅姑视父母，以正家纲，而答拜之仪，且适骄其悍妇。然则彝伦之损益，得"五经"之精意，而无嫌于损益，多矣。他如覲聘之礼，田猎之制，相见之仪，馈赠之节，郡县行之，而情固不浃，事固不治。是必通变以审天则，穷理以察物宜，曲体乎幽明之故，斟酌乎哀乐之原，使贤者可就，不肖可及，以防淫辟，以辨禽兽，而建中和之极，用锡万民，固必参"五经"之大义微言，以出入会通，而善其损益；虽或有过焉，可俟后之作者，继起而改之，可勿虑也。若夫专家之学，守其故常，执闻见而迷其精意，亦恶足尚哉？

褒之礼，吾知其必有疵也；虽然，吾知其必有得也。应劭、蔡邕之所传，语而不详，永嘉之后，夷礼杂附，而天道人事终于昏翳，惜哉！使褒之礼而传也，辨其失，存其得，考其异，验其同，后之人犹有征焉。张酺以迂执之说致其湮没，是亦古今之大缺陷矣。自宋以后，律吕毁而九宫之淫乐兴，冠冕废而袍靴之胡服滥。九献亡而酹酒之野祭行。乃至郭守敬以介然之颖明，废历元而弃天纪，径以为直，便以为利，人之且沦于禽兽也，悲夫！

【译文】

汉章帝命令曹褒制定汉礼，不参考群臣的建议，完全由自己来裁断，曹褒杂引“五经”（指儒家的五部经典，即《易》《诗》《尚书》《礼》《春秋》）中的有关内容，也吸取了谶纬中的有关内容，将它们杂糅到一起，制成了汉礼。和帝成年加元服行冠礼的时候，就已经采用了曹褒所定的汉礼。后来，太尉张酺上奏弹劾曹褒擅自制定礼仪，破坏挠乱圣人之术，因而予以废除，于是曹褒所制定的礼仪也就没有流传到后世，这也太可惜了！曹褒吸取谶讳中的有关内容来制定国家的常典，他的一些说法从郑玄的著作中还可以间接见到，比如以“耀宝魄”来称呼上帝之类的话，也确实太浅陋了。至于他采纳了“五经”中的有关内容来参定礼仪的异同，当初也未尝就是错误的。而张酺却以专攻一家的抱残守缺之学，为倡导自己的学说，不惜委屈公义，他不懂得吉凶哀乐之礼的重要作用，难道他还能胜过曹褒吗？

秦朝废弃了夏、商、周三代时期的常典，制氏、戴德、后苍都仅仅保存了其中的一部分，而不能把所有礼仪贯通起来，因此不能采用他们的学说。况且，即使那些保存下来的古礼，其中也还有不能采用的。孔子说：“商朝沿袭了夏朝的礼仪制度，其增删之处是可以知道的。”所因袭的内容，就是仁义之道的蕴含于内心、中和之道的隐藏锋芒、人伦纲常的讲究秩序。夏朝、商朝、周朝治理国家的大法是迭相传承的，但也随时损益增删，更何况郡县制实行后的天下与三代时期迥然不同了呢？

就以人伦纲常中的不变者来说：父子是相同的，但是汉朝、唐朝没有自己出来做皇帝的，也不能强行拥立皇帝，王侯没有封地，没有宗庙社稷，长子去世，在礼仪制度上也不能比拟君父。君臣是相同的，县令听命于郡守，掾属吏胥听命于郡县守令，王国的国相、长史听命于王、侯，但对他们的生杀予夺大权全部操纵于天子之手，上下级之间共事的情谊，自然不同于三代时期的诸侯国的大臣。兄弟是相同的，诸侯王没有自己的国家宗庙社稷，公卿的地位不能世袭，孝廉、秀才可以逐步升迁进入朝廷，士人与农民也在不断地更迭变化，大宗嫡长子不能独尊，支庶子弟也不会永远低贱。夫妻是相同的，同姓之间不能通婚姻，可是即使同一姓所出者也有不同的情况，周朝、齐国、楚国、郑国都具有天子之裔的王室血统，但他们并非同一家族嫡系和庶出子孙的关系；周王室宗族的分支，周、鲁、滕、邢、孟、仲、臧、南，本来就是同姓；禁止同姓异出而不禁同祖同姓之间的男女通婚并不是其根本。秦代鼓励妇女守节，结过婚的妇女如果再嫁人就会被人们看不起；对待公婆就应当像对待父母一样，以端正家庭纲纪，而答拜的礼仪，将会使悍妇更加骄横。这样说来，那么人伦常道的增删损益，都是本着“五经”的精深大义，因此对人伦常道的增删变革，也无须多加疑忌。其他的如朝覲聘问的礼仪、田猎的制度、相见的仪式、馈赠的时节，郡县推行之后，人情确实不融洽，事情也确实很难治理。所以要制定礼仪，一定要做到考察上天的规则而通晓变化，根据事情来设置规范从而穷尽事理，深入地体察阴阳变化的原因，仔细地斟酌哀乐的根源，这样可使贤者采用，也可使不肖之徒受到影响，从而防止人类的放纵和邪恶，区分人与禽兽，从而使事无不达到中正和谐的境界，用以颁赐给天下的百姓，本来就一定要采用“五经”中的微言大义，从而使礼仪与事情之间得以融会贯通，协调好其增删损益变革。即使有的地方有过错，也可以等后代的作者继起之后修改它，这是不用担心的。至于只专守一家之学，坚守其过去的准则，只执迷于耳闻目睹的东西而迷失了礼仪的精深大义，这又有什么值得推崇的呢?

曹褒制定的汉礼，我知道它肯定会有缺陷，即使这样，我也知道它肯定有独到之处。应劭、蔡邕虽然流传下来其中的一些内容，但说得很不详细，西晋永嘉之乱之后，夷狄的礼仪与中原地区的礼仪杂糅在一起，从此天道人事终于变得昏暗不明了，真是可惜呀！假若曹褒制定的汉礼流传下来，就可辨正其失误，保存其独到之处，考察其不同之处，验证其相同之处，后代的人还可以有所参考。张酺以其固执迂腐的学说致使曹褒制定的汉礼被历史所淹没，这也是古往今来的一大损失。自宋代以后，传统的律吕之制被毁坏，九宫的靡靡之音兴起，传统的冠冕被废弃，以袍靴为特征的胡服开始泛滥，天子接待上公的九献之礼失传，把酒浇地的野祭之礼流行。至元代郭守敬制定《授时历》时，以其耿介高洁而心地光明的天资，竟然废掉了历法起算的基准点，抛弃了日月星辰的自然运行规律，把小径当作正道，把能言善辩当作获取利益的手段，人类都快沦落为禽兽了，真是令人痛心啊！

本事：《资治通鉴》卷四八《汉纪四十·和帝》，永元五年（93）。

六　东汉抑制三公之失

东汉不任三公，三公因不足任。上失御而下遂偷也。刘方、张奋亦有名誉，自致大位矣，乃于和帝之世，因仍章帝之柔缓，弗能有补。所诧为敢言者，为梁氏报怨，吹求窦氏以迎帝之私情而已。乱先帝夫妇之伦，逢嗣君寡恩之恶，舍旧趋新，犯神人之怨恫，而树援于后族，是尚足为天子之大臣乎？帝手诏曰："恩不忍离，义不忍亏。"三公读此而不愧以死，非人也。夫当窦后生存之日，窦景横逆，何弗一言匡救，而必待后之死，乃践蹂之如斯其酷邪？窦替梁兴，而东汉遂大乱，三公为宫闱妒争之吠犬，而廉耻埽地，固其人之不肖，抑汉以论道之职为养尊处优之余食赘形，休戚不相共，而无以劝之也？则光武作法之凉，不能谢咎矣。

【译文】

东汉不给三公委以重任，三公因此而不足以被委以重任，君主失去其驾驭臣下的手段，臣下于是就苟且偷安、得过且过。司徒刘方、司空张奋也是享有盛誉的人物，是他们自己一步步走上重要位置的，但在和帝在位时期，延续了章帝的温和宽松政策，因此对国事没能有所补益。他们值得夸耀自己敢于说话的事，就是为梁贵人抱怨，对窦太后吹毛求疵，以此逢迎和帝私人的情感罢了。他们扰乱了先帝夫妇的人伦，对新嗣大位的和帝的寡恩少义的缺点曲意逢迎，抛弃旧主投奔新君，违背神人共同的意志，却引外戚为后援，这样的人还能称得上是天子的大臣吗？皇帝亲手起草的诏令中说："对待窦太后，从恩情上讲不忍心使她与先帝分离，从道义上讲不忍亏待她。"三公读到诏书中的这句话，若不内心惭愧以死，就不是人了。当窦太后健在的时候，窦景蛮横暴逆，为什么不进言匡正他们的过失，挽救他们，而一定要等到窦太后死后，如此残酷地摧残迫害窦氏呢？窦氏覆灭，梁氏兴起，东汉于是大乱起来，三公成为后宫中嫔妃相互嫉妒、争宠夺位的工具，三公廉耻扫地，固然与占据三公之位的人是不肖之徒有关，但也与汉代把三公由实职转变为坐而论道、养尊处优的虚职有关，这样三公不能与国家休戚与共，因此也就不能鼓励他们为国家效力。由此说来，光武帝在制定相关制度时的刻薄寡恩，是不能推卸其责任的。

本事：《资治通鉴》卷四八《汉纪四十·和帝》，永元九年（97）。

七　治兵之道，厚养简御

班超之告任尚曰："塞外吏士，本非孝子顺孙，皆以罪过徙补边屯，宜荡佚简易，宽小过，总大纲。"此后世将兵之善术也，然由此而言兵者难矣。严之，则兵心离而无与效死；宽之，则恣其骄暴而以病民；故曰难也。

三代即民即兵，井甸之赋，师还而仍为乡邻，将虽宽而兵自不为民害。故《师》之象曰"容民畜众"，宽而无损也。后世之兵出于召募，类皆贪酒嗜色樗蒱（chū pú）淫酗之民，容者所不能容，畜者所不易畜也，其不禁而兵为民害久矣。然而三代之兵，不敢暴于其国，而诸侯相竞于侵伐，则出疆而斩木堙井、俘虏掠夺，有所不禁。后世所与出塞之士，弥望而皆茅苇逐盗之兵，所克皆为内地，守法而不内侵，则饥渴暴露，生之不保，而况有所利乎？然则三代兵不毒民，但不毒乎国中，而自有余逞。故后世之言兵者，倍为难也。无已，则唯达其贪饕淫荡之情，重其饷犒，椎牛酤酒，优裕有余，而后可持法而严以驭之，而民其不病矣乎！

乃将之严也，尤恶其矜名而邀士大夫之誉也。有恤民之心，而矜惠民之名，法浮于情，而足以召怨。无恤民之实，而徒炫清市德，斩刈壮士以要盈廷之荐剡（yǎn），求兵之以躯命报斗筲（shāo）之粟，欲其弗鸟兽散也，其可得乎？故获市井小民之歌颂者，必溃之将也；得学士大夫之称说者，必败之将也；多其兵而寡其食，必亡之国也；以名求将而不以功，授将帅殿最之权于清议者，必乱之政也。厚以养之，简以御之，弗与民杂处而殊之，屯聚之于边陲，而与民相忘以安之，庶几乎民无所施其恩怨，士大夫无所容其毁誉，为将者坦然任意以斟酌其恩威，而后兵可得而用也。故曰难也。

【译文】

西域都护班超告诉其继任者任尚说："塞外的官兵，本来就不是孝子顺孙，都是因为犯了罪才被迁徙到边境地区做守军的，应当减少烦琐的约束，只求简易，宽恕其小的过错，而坚持重大的原则。"这是后世带兵的好办法。然而这样说起来容易，实际做起来就难了。对待士兵太过严厉，士兵们就会离心离德，没有为国家效死之心；对待他们太宽松，他们就会恣意妄为，骄奢暴虐，祸害百姓；所以说，实际做起来很难。

夏、商、周三代时期，实行的是兵民合一的政策，以甸（周代九夫为一井，六十四井为一甸）为单位摊派军赋、征派士兵，作战完毕、返回故乡仍然是乡邻，将领对他们即使宽厚一些，他们也不会成为百姓的祸害。所以，《易经·师卦》的象辞说"君子容纳蓄养民众"，对他们宽厚而不会有什么损害。后代的士兵都是召募而来的，都是些贪酒好色、嗜赌滥饮的人，再大度的人也不能容忍，能蓄养民众的人也不容易蓄养他们，如果不用严格的纪律约束他们，他们将成为百姓的祸害，这种情况由来已久了。然而夏、商、周三代的士兵，不敢侵凌暴虐其本国百姓，而诸侯之间相互征伐，出了自己的国家就可以砍木塞井，俘虏掠夺，为所欲为而不加禁限。后世参与出塞作战的士兵，满眼望去，他们和他们所追逐的盗贼就像枯黄的芦苇和白茅一样，没有任何区别，所攻克的地方都是内地，如果守法而不对内地侵扰掠夺，他们就会饥渴难忍，暴露野外，性命都难保全，何况侵扰掠夺百姓还有利可图呢？然而夏、商、周三代的士兵不祸害百姓，仅仅是不祸害本国的百姓，而自有其放纵的地方。所以，后代的谈兵者，就更加困难了。没有办法，就只能满足其贪婪淫荡之心，加重他们的兵饷犒劳，使他们的生活有酒有肉，富足有余，而后才可以拿出纪律严格地约束他们，老百姓怎么能不被祸害呢？

将领带兵严厉，最令人讨厌的就是他们只图虚名以博得士大夫的赞誉。将领有体恤百姓之心，就炫耀其惠民的名声，纪律成了浮在人情之上的空虚的东西，这样的结果只能招致怨恨。将领没有体恤百姓的实际行动，而只是炫耀其清廉以收买人心，斩杀壮士以邀取满朝官员的荐举，再想要求士兵为报答其斗筲之粟的恩德而舍生忘死，想不让士兵像鸟兽一样地逃散，难道能做得到吗？所以，获得市井小民歌颂的将领，一定是溃退的将领；获得学者、士大夫称赞的将领，必然是败军之将；多有其兵而少给粮食的将领，一定会灭亡掉他的国家；以名声而非战功来选拔将领，把评定将帅好坏的大权交给那些坐而论道的清议之士，必然使国家政事混乱。对待军队，给与丰厚的给养，用简易的方法控制它，不让军队与百姓杂住在一起，而驻扎在边陲地区，让他们与百姓相互忘掉对方，以此来安定他们，老百姓几乎对他们无所施其恩也无所报其怨，士大夫也没法对他们褒贬毁誉，做将领的可以坦然地根据自己的意愿斟酌统率的办法，可以任意独立地施其恩威，而后军队才能够为国家所用。所以说这是很难的。

本事：《资治通鉴》卷四八《汉纪四十・和帝》，永元十四年（102）。

八　经学传承，兼收并蓄

辟异端者，学者之任，治道之本也。乃所谓异端者，诡天地之经，叛先王之宪，离析“六经”之微言，以诬心性而毁大义者也。非文辞章句度数沿革之小有合离，偏见小闻所未逮而见为异者也。“六经”当秦火之余，非汉儒则愈亡逸，不可谓无功；而专家以相竞，不可谓无罪。善求益者，乐取其所不及以征所已及，丽泽并行竞流以相度越而汇于大川，朋友讲习之功，所为取诸《兑》也；见善而迁，如风之下流，如雷之相应，而十朋之龟弗克违，所为取诸《益》也。汉之诸儒，各有师传，所传者皆圣人之道所散见也。而习气相沿，保其专家以相攻击，非其所授受者谓之异端，天子听其说而为之禁，不已陋与！

徐防位三公，天子所与论道者也。道论定而为天下则。

乃首所建白，禁博士弟子之意说，坐以不修家法之罪，离析圣道，锢蔽后起之聪明，精义隐而浮文昌，道之不亡也几何哉？宋承其弊，苏、王二氏之学迭为废兴，而诐（bì）淫以逞。延及于今，经义取士，各有师承。塾师腐士，拾残沈以为密藏，曾不知心为何用、性为何体，三王起于何族，五霸兴于何世。画地为狱，徽纆（mò）不解，非是者谓之破裂文体。因而狂迷之士，请以雌黄帖括沉埋烟雾之老生从祀先师。世教衰，正学毁，求斯人之弗化为异物也，恶可得哉？

【译文】

驳斥异端邪说，是学者的重任，也是治国之道的根本。所谓异端，就是违背天地的常规，背叛先王的法令，割裂“六经”（即六部儒家经典，《诗》《书》《礼》《乐》《易》《春秋》）的微言大义，以欺骗人的心性，毁灭大义，并不是文辞、章句、规则在沿革过程中前后稍有不合，或在局部见闻上有所不及而见解不同。“六经”在秦朝焚书的烈火之中保存下来，如果不是汉朝儒生们的继承整理，就会散失得更多，因此不能说汉儒没有功劳；但汉儒各治一经、各守一家而互相竞争，又不能说他们没有罪责。善于追求增广自己见识的人，乐于取其所不能见闻的来证明其已经见闻的，这样双方就像两个沼泽并行竞流一样，彼此浸润滋益，最后汇于大河之中，朋友之间互相讲所不明之理、习所不熟之理的功效，他们的所作所为是取之于《周易》

中的兑卦。见到好的就想学习仿效，如同风之向下吹送，如同雷之相互响应，而有人送来价值连城的灵龟不能拒而不收，他们的所作所为是取之于《周易》中的益卦。汉代的诸位儒生，各自都有自己的师承，所传授的都是散见的圣人的言论或行为。但是他们各自一派，相沿成习，只守其一家之学与别家互相攻击，不是由其所传授的就称之为异端，天子听信其言就对别家加以禁止，这样做不也太狭隘了吗？

徐防位至三公，是能与天子一起坐而论道的人。道一旦确定就成为天下共同遵守的准则。但徐防却首先向皇帝建议，禁止博士弟子凭个人的意见创立学说，并扣上不修本家之学的罪名，这种行为割裂了圣人之道，禁锢蒙蔽了后起的聪明的人，从而使精深大义隐微不显，轻浮的文章得以兴盛起来，像这样的做法，还能不灭亡吗？宋代继承了汉代的这个弊端，苏轼、王安石两家之学互相攻击，迭为废兴，而奸邪荒诞之徒乘此机会而实现自己的野心。发展到今天，以经义选拔人才，士人又各有所师承，那些私塾的教师、迂腐的士人，拾取残缺不全的篇章当作宝贝，并不知道心为性之用，性为心之体，三王是从哪个家族兴起的，五霸又是产生于什么时代。他们画地为牢，不解开身上的绳索束缚，谁要是不这样做，他们就称之为破裂文体。因此一些狂妄昏乱的士人，就请以信口雌黄曲解经义、埋首于故纸堆中的老生腐儒，来配享文庙、从祀至圣先师孔子。正统的礼仪教化衰落，正宗的儒学被毁灭，想让这样的士人不化为异物，怎么可能呢？

本事：《资治通鉴》卷四八《汉纪四十·和帝》，永元十四年（102）。

九　汉儒以天象干政不足取

善言天者验于人，未闻善言人者之验于天也。宜于事之谓理，顺于物之谓化。理化，天也；事物，人也；无以知天，于事物知之尔。知事物者，心也；心者，性之灵、天之则也。汉儒言治理之得失，一取验于七政五行之灾祥顺逆，合者偶合也，不合者，挟私意以相附会，而邪妄违天，无所不至矣。

和帝之世，正阳之月，日有食之，有司无以塞咎，举而归之兄弟诸王留京师之应。呜呼！天其欲使人主绝毛里之恩，蔑鞠子之哀，忍忮以逞阳刚之威焰乎？亡周者六国、强秦，鲁、卫终安其分；亡汉者前有王莽，后有袁、曹、孙氏，而先主犹延其祀；亡魏者司马，亡晋者刘裕，亡唐者朱温，又降而孤立无援，异类乘而灭之，兄弟何尤焉。当和帝时，宗支削，外戚张，此正所谓阴逼天位、离火下燔、明夷之世也。而顾责之天子仅有之兄弟。读和帝之诏，有人之心者，不禁其潸然泣下矣！妄人逞妖诬之辞，援天以制人主，贼仁戕义而削社稷之卫，乃至此哉！

夫日食有常度，而值其下者蒙其咎。抑惟惩忿思过以避阴阳之沴，反诸心，征诸事，察诸物，无往而不用其修省，恶可以一端测哉！虽亿中，不足取也，况其妄焉者乎！

【译文】

善于谈天象变化的人可以从人事变迁中找到其证明，没有听说过善于谈人事变迁的人从天象变化中找到其证明。适宜于事就叫作理，顺应于物就叫作化。理、化就是指天，事、物就是指人；无从了解天，就可从人事中了解它。了解事物变化的是心；心是人的精神意志，是天的准则。汉代的儒生谈论治理天下的得失，都要从七政、五行的吉凶顺逆中加以验证，如果一致了，纯粹是巧合，如果不一致，就根据自己的意志牵强附会，这种行为邪恶狂妄、违背天理，已经到了无所不至的地步了。

汉和帝刘肇在位的时候，农历四月出现了日食，有关部门无法找出人事的过失以对应天象的变化，于是就牵强附会把这种天象的出现归咎于天子的兄弟诸王留在京师。唉！难道是上天想使君主断绝父母兄弟之情，蔑视稚子的悲哀，以其残忍刻薄来一逞其阳刚的威势、气焰吗？灭掉周朝的是六国和强秦，与周同姓的鲁国和卫国最终是安分守己的；灭亡汉朝的，前有王莽，后有袁绍、曹操、孙权，而同姓的先主刘备还能延续其祭祀；灭掉曹魏的是司马氏，灭掉晋朝是刘裕，灭掉唐朝的是朱温，与这些相比更为不堪的，是皇室孤立无援时，夷狄乘机起来灭掉他们，天子的兄弟又有什么过错呢？当和帝在位的时候，宗室势力削弱，外戚气焰嚣张，这正是人们所说的外戚势力逼迫天位、象征汉朝的火德熄灭、君主昏庸于上贤臣失意于下的乱世。看不到这种时势，却只责备天子仅有的几个兄弟。读和帝颁布的诏书，凡是有人心的人，都会禁不住潸然泪下！愚昧狂妄的人借虚伪欺骗的言辞，援引天象变化来控制君主，戕害仁义，削弱护卫江山社稷的力量，竟然到了如此的地步！

日食是一种自然现象，是有其变化规律的，若正好碰到日食，就要蒙受其罪过。但只要吸取教训，反思过错，以回避阴阳相克的灾害，反思于自己的内心，从各种事物中加以验证，观察各种事物的情况，到处都可以用其修身反省，怎么能仅仅从一个方面来推测验证呢？即使推测是合乎情理而偶然料到，也不足取信，更何况是愚昧狂妄之人的胡说八道呢？

本事：《资治通鉴》卷四八《汉纪四十·和帝》，永元十五年（103）。

安帝（殇帝附）

一　天佑贤人

司马迁有言："伯夷虽贤，得孔子而名益著。"吾于泰伯亦云。三代以下不乏贤者，而无与著，贤不著而民不兴行，世无有师圣人乐善之心者也。汉清河王庆其贤矣。夫庆之废，章帝之私也。庆废而安于废，母以诬死而不怨，怡然与和帝相友爱而笃其敬，窦后没，和帝崇梁氏之礼，庆垂涕念母，欲求作祠堂而守礼不敢言，和帝崩，立襁褓之子于民间，而无所窥望，庶几乎知命而安土以敦仁者乎！

当东汉时，兄弟以相让为谊，刘恺、丁鸿皆闻东海王强之风以起，然而逃匿颠沛，效伯夷、泰伯而徇其迹，则谓之好名非苛也。庆从容于章、和之世悍后之旁，优游辇毂，徐就藩封，执臣礼而处之若忘，德弥隐，志弥深，礼弥谨，行弥庸，其不膺至德之称，天下后世无有师圣人乐善之心为心者也。庆之所为，亦可谓"民无得而称"矣。

东海王之安于废也，母氏固存而不失其尊养也，然且山阳王荆假之以称乱，无抑强有可乘之间，而荆乘之。安帝以赤子卧天下之上，而无有拥庆以起者，庆有以弭之也，非强之所能逮也。唐宋王成器委顺于玄宗之世，其近之矣。乃玄宗以戡乱之大功，虽嗣睿宗而若其自致，成器固不敢干，非若庆之以私爱相妨而坐废。成器虽不争，岂能望庆之项背乎？三代以下未尝无贤也，人不知也。殇帝夭，庆子祐终嗣天位，人所不知，天佑之矣。

【译文】

司马迁在其《史记·伯夷列传》中曾说过："伯夷、叔齐虽然有贤德，得到孔子的宣扬后名声才更加显著。"我认为对于泰伯而言也是这样。夏、商、周三代以后，社会上不乏贤者，但他们的名声却不显著，贤德的名声不显著，老百姓就不会被其感化而自觉践行其道德，这是因为世界上没有人学到圣人的乐善之心。东汉清河王刘庆是位有贤德的人。刘庆被废除太子之位，是出于汉章帝挟其私情废长立爱。刘庆被废以后安于被废的现状，其母亲被窦太后诬陷致死，他也没有公开抱怨，仍怡然自在地与和帝像以往一样相互友爱，而且对和帝非常忠诚敬重。窦太后死后，和帝给予生母梁贵人很高的礼仪规格，刘庆见此而想起自己的生母宋贵人，不禁潸然泪下，想要求给他的母亲修座祠堂以便祭祀，但又恪守礼法而不敢提出来。和帝去世以后，邓太后拥立养在民间、尚在襁褓之中的汉殇帝刘隆为帝，而刘庆丝毫没有觊觎皇位之心，刘庆差不多就是一个乐天知命、安于现状而敦行仁义之道的人了吧！

东汉时期，兄弟之间以相互礼让为义举，居巢侯刘般之子刘恺、陵阳侯丁綝之子丁鸿都是听到东海王刘强辞让太子之位的事情之后起而仿效，但他们四处逃亡、躲避藏匿、颠沛流离，效法伯夷、泰伯并模仿他们的行迹，那么他们喜欢美好的名声也并非太过刻薄。刘庆在章帝、和帝时期从容处于骄悍的太后之旁，悠闲自在地待在京师，不慌不忙地回到自己的封地，对天子执臣子之礼，处之泰然，好像忘记了自己曾是太子一样，其品德更加隐而不露，其志气更加深沉，其礼仪更加谨慎，其行动也更加符合中庸之道，他如果配不上至德的称号，那么天下后代再也没有学会圣人乐善之心并以此为心的人了。刘庆的所作所为，也可以称得上“百姓简直找不到恰当的词语来称道他”了。

东海王刘强安于被废的现状，其母亲仍活着，所以没有失去尊养母亲的机会，但山阳王刘荆尚且假借刘强舅父的名义发动叛乱，这无非因为刘强自身有着可乘之机，而刘荆利用了这个机会。安帝以年幼无知的小孩即皇帝之位，而并没有出现拥立刘庆而起来作乱的人，这是因为刘庆有安抚他们的理由和办法，这一点并非刘强所能比拟。唐朝的宋王李成器虽为唐玄宗的兄长，但却恭谨顺从于唐玄宗，这与刘庆是很近似的。但唐玄宗是因为立下了平定祸乱的大功，虽是继承了睿宗的地位，而实际上是自己争取来的。李成器固然不敢干涉，并非像刘庆那样妨碍章帝对窦皇后的宠爱而被废黜。李成器虽然不与玄宗争立，难道他能与刘庆相比吗？夏、商、周三代以来并不是没有贤人，只是人们不知道罢了。殇帝夭折以后，刘庆之子刘祜最终继承皇位，人们也没有想到，这是上天在保佑他这个贤德之人啊！

本事：《资治通鉴》卷四九《汉纪四十一·殇帝》，延平元年（106）。

二　虚增户口田地之祸

延平之诏曰：“郡县欲获丰穰之誉，多张垦田，竞增户口，不畏于天，不愧于人，自今以后，将纠其罪。”庶几乎仁者之怒矣。

垦田之不足为守令功，不待再思而知也。田芜而思垦之，民之不能一夕安寝而忘焉者，而特力不足耳。其能垦与，吏虽窳（yǔ），不能夺也；其不能垦矣，吏虽勤，不能劝也。病而不甘食者，慈父不能得之于子，无亦防其强食而噎焉耳。必欲劝之垦也，则无如任其垦而姑不以闻之县官也。张垦田而民愈不敢垦，欺天罔人，毒流原野而田终以芜，国终以贫，此孝宣之世，窃循吏之名者，祸之所延，而贪君利之，纠以罚而害其弭乎！

若夫户口之增，其为欺谩也尤甚。春秋、战国之世，列国争民以相倾，则以小惠诱邻国之民而归己，国遂以强，非四海平康之道也。郡县之天下，生齿止于其数，人非茂草灌木，蹶然而生，实于此者虚于彼，飞鸿偶有所集，哀鸣更苦，非可藉为土著也。曷抑问所从来而知增者之为耗乎？不然，抑将析人父子兄弟而赋及老稚，虐莫甚焉。贪君以为利，酷吏以为名，读延平之诏，知章、和之世，守令之贼民以邀赏者多矣。张伯路之援棘矜而起，非一朝一夕之故也。

【译文】

汉殇帝延平元年（106）的诏书中说：“郡县地方官想要获得丰产的虚假名誉，夸大开垦田地面积，竞相增加户口，既不畏惧上天，也不知愧对于人。从今以后，将对这种情况进行监察并治其罪。”这道诏书差不多算是仁者的愤怒了。

开垦田地不足以作为郡县守令的功劳，这是用不着再三考虑就可以知道的事情。田地荒芜之后，老百姓想开垦它，为此百姓从来没有睡过安稳觉，也从来没有忘记过，只是力量不足罢了。老百姓能开垦的土地，即使官吏很坏，也不能阻挠他们开垦荒地；百姓没有力量开垦的土地，即使官吏很勤政，也不能成功劝勉他们来开垦。有病不愿吃饭的人，即使是慈父也不能强迫儿子吃饭，无非防止其因强行吃饭而被噎住罢了。若地方官一定要鼓励百姓垦田，那么不如任其开垦，而暂时不把开垦田地的消息上报给朝廷知道。越是夸大垦田面积，老百姓就越是不敢垦田，这样做是欺天骗人之举，流毒弥漫于天下，百姓受到伤害，田地也最终因此而荒芜，国家最终也会因此而贫困，这是西汉孝宣帝时期，窃取循吏之名的人祸害的延续，而贪婪的君主却以夸大垦田面积为有利，惩罚那些垦田少的官吏，这种祸害怎么能够平息呢？

至于户口的增加，其中欺骗作伪的现象就更严重了。春秋、战国时期，各国为了在相互争霸的战争中取得优势，相互争夺老百姓，也有以小恩小惠引诱邻国的老百姓投靠自己的，这样国力就会逐渐强盛起来，但这种办法并非全天下都安定富裕的途径。实行郡县制以后的天下，人口是有一定数量的，其增加也是缓慢的，人并非茂草灌木，不会骤然增长起来，人口在此地众多，在彼地必然稀少，就如同飞翔的鸿雁偶尔也会聚集在一个地方一样，但其凄厉哀鸣更是悲惨，因此不能把彼地的流浪聚集的百姓当作土著居民登记户籍。难道他们不知道追问这些人口是从哪里流徙而来的，从而知道此地增加的人口正是彼地减少的人口吗？不然的话，官吏或许还会拆散父子、兄弟组成的大家庭析分成若干个小家庭，从而使征收赋税的对象扩展到老人、儿童，没有比这种暴虐更严重的了。贪婪的君主把开垦荒田、增加人口看作是大利，酷吏以此来获取贤能干练的名声。读延平年间的诏书，而知道在章帝与和帝时期，地方的郡县守令残害百姓以邀功请赏的事太多了。安帝永初年间（107—113）张伯路率领的青州农民起义之所以揭竿而起，反叛朝廷，也并非一朝一夕的原因。

本事：《资治通鉴》卷四九《汉纪四十一·殇帝》，延平元年（106）。

三　母后临朝乱国，丈夫不事女主

母后临朝，未有不乱者也。邓后之视马后也为尤贤，马后贤以名，邓后较有实矣。厚清河王庆而立其子，诏有司捡敕邓氏家门非过，遣邓骘兄弟还第，皆实也，宜乎其贤无以愈也。然而听政十年，国用不足，至于鬻爵，张伯路起于内，羌叛于外，三辅流亡，天下大困，非后致之而孰使然邪？

盖后之得贤名者，小物之俭约、小节之退让而已，此里妇之炫其修谨者也。所见所闻，不出闺阈。其择贤辨不肖，审是非，度利害，一唯琐琐姻亚之是庸。故任尚屡败而不黜，一得罪于邓氏而死不旋踵，徙民蹙地，唯邓骘之意而人不能争。其尤忮害者，杜根、成翊世进归政之谏，而扑杀于廷。则擅国昵私，糜国于无名之费以空国计，人不得而知者多矣。张禹、尹勤、梁鲔、徐防、张敏、李修、司马苞、马英，皆以庸劣之才，取容邓氏，而致三公，袁敞铮铮而早不能容，则崇佞替忠，上下相蒙以酿乱而不自觉者多矣。呜呼！后之始立以贤名，后之终总大政以贤著，干愚贱之誉，而蠹隐于中，蚀木不觉，阴始凝而履霜，亦孰知坚冰之至哉？

故奖妇贤者，非良史之辞也；事女主者，非丈夫之节也。司马温公历鉴于汉、唐，而戴宣仁后以行其志，佞者为之说曰：母改子道。岂非过乎？

【译文】

凡是母后临朝称制的时代，天下没有不大乱的。东汉邓太后与明德马太后相比，邓太后更有贤德。马太后有贤名，而邓太后与之相比则有实际的事迹。邓太后厚待清河王刘庆而立其子刘祜为天子，下诏要求有关部门检举邓氏家族的过错，让邓骘兄弟辞官回家，这些都是其贤德的实际表现，可以说，东汉时期的皇太后没有哪一个比她更有贤德。但是，她临朝称制十年，国家财用不足，以至于卖官鬻爵，张伯路在内地揭竿而起，反叛朝廷，羌人又起兵于边境地区，三辅（指长安周围的左冯翊、右扶风、京兆尹）地区人口流散，天下处于困窘的境地，这不是邓太后导致的又是谁造成的呢？

大概邓太后之所以能得到贤德的好名声，就是表现在对小物的勤俭节约、对小节的拘泥退让罢了，这是乡里妇女炫耀其行事谨慎守礼的必不可少的条件。她们的所见所闻，都是宫廷之中的事。她们选择贤良人才，分辨不肖之徒，审视是非，权衡利害，完全采用平庸的外戚的意见。所以，西域都护任尚屡战屡败，也没有罢黜他的官职，一旦得罪了邓氏外戚，很快就被处死了，把百姓迁徙到非常拥挤的地区，也只能按邓骘的意志来办事，其他人是不能与之争论的。尤其显示她残忍狠毒的，像杜根、成翊世仅仅要求邓太后归政于安帝，竟然被当廷扑打致死。至于专权擅政、亲昵私人，以各种名义耗费国家的资财致使国库空虚等事，人们不知道的还有很多。张禹、尹勤、梁鲔、徐防、张敏、李修、司马苞、马英，都是些平庸拙劣之才，但因为谄媚讨好邓氏，都得到了三公的职位，而像袁敞这样铁骨铮铮的正直忠臣却不为邓氏所容，如此则奸佞小人得以受到宠信重用，忠诚正直之臣被排挤贬退，上下相互欺骗，埋下动乱的祸根，而自己没有觉察到的事情还有很多。唉！邓太后刚开始因为贤德的名声而被立为皇后，后来又以贤能著称而总揽国家大政，虽然获得愚昧低贱之人的称誉，但埋下的祸根，就如蛀虫钻到木头里面，腐蚀木头而人们感觉不到，天刚变阴，人们踩到霜的时候，又有谁会知道坚冰的天气将会到来呢？

所以，称赞母后有贤德，并不是优秀的史书所应该采用的言词；事奉女主的大臣，并非士大夫所应有的节操。司马光先生以从汉朝到唐朝的历史作为镜鉴，却拥戴宣仁高太后以实现其治国的志向，奸佞小人会为此辩护说：这是母亲改变了儿子的治国之道。这难道不是太过分了吗？

本事：《资治通鉴》卷五〇《汉纪四十二·安帝》，建光元年（121）。

四 暴则惩之，顺则远之

利之所在，害之所兴，抑之已极，其纵必甚。故屈伸相感而利生，情伪相感而害起，屈伸利害之相为往复，而防之于早，以无不利。智者知之明也，而庸愚不知。知者则立法以远害，不知则徇利以致凶，利害之枢机在此矣。

永元之后，降羌布在郡县，为吏民豪右所徭役，积以愁怨，及迎段禧之役，征发羌骑，诸羌奔溃，因结聚入寇，而陇右、三辅、并、益皆残杀破败，内乱乘之，汉因以衰。制之不早，火郁极而燎原，屈伸必然之数也。

中国之智，以小慧制戎狄；戎狄之智，以大险覆中国；中国之得势而骄，则巧以渔其财力；戎狄之得势而逞，则很以恣其杀掠；此小胜而大不胜之固然也。役其力，听役矣；侵其财，听侵矣；债帅、墨吏、猾胥、豪民，施施自得，而不知腰领妻孥（nú）之早已在其锋刃羁络间矣。

制吏民而使勿虐之者，下策也。贪猾者幸快其须臾之意欲，刑罚非所畏也。或且献其佞说，曰“何事苦吾民以奖异类”，如汲黯之言矣。力可役，财可侵，大险之伏，不敌小慧，贪猾者何知，近取股掌而弗利之邪？迨及郁极而熺（xī），蒙其利者死骨已朽，而后生食报于毒，亦痛矣哉！

故王者之于戎狄，暴则惩之，顺则远之，各安其所，我不尔侵，而后尔不我虐。《旅獒》之戒，白雉之却，圣人之虑，非中主具臣所测也。

【译文】

利益所在的地方，也正是祸害所兴起的地方。如果把某一人或事物压抑到了极点，那么一旦放纵起来必然非常严重。所以，屈与伸相互感应就会有利益产生，情与伪相互感应就会有祸害产生，屈伸利害相互作用、往复变化，提防得越早，就越能使事物向有利的方面转化。智慧的人对此是非常了解的，平庸愚昧的人却不知道。知道的人就采取一些措施以远离祸害，不知道的人仍然为贪图利益而招致灾祸，利与害的关键也正在于此。

和帝永元年间（89—105）以后，投降的羌人分布在各个郡县，他们被当地的官吏、豪强所役使，忧愁怨恨久积于心中，等到后来又遭遇西域都护段禧平定叛乱的战事，征发羌族骑兵，结果导致羌族各部四处逃散，后来就势聚集在一起入侵内地，陇右、三辅、并州（今山西太原一带)、益州（今四川成都及其周围地区）等地区的民众都受到羌族人残杀，地方陷入破败，内地的张伯路等农民起义乘机而起，汉朝因此而走向衰落。对他们没有早点采取措施，他们就如一团郁积已久的烈火一样，一旦迸发，就很快形成燎原之势，这是一屈一伸必然的规律。

中原王朝的办法，是以小聪明来控制戎狄；戎狄的办法，是以巨大的危险来颠覆中原王朝；中原王朝一旦得势就骄傲自大，用一些机巧来掠夺他们的财力；戎狄一旦得势就放纵自己而恣意烧杀抢掠；这就是中原王朝对戎狄能够小胜而不能大胜的根本原因。中原人役使戎狄的人力，戎狄就听任其役使；中原人抢掠戎狄的财物，戎狄就听任其抢掠；当中原人中靠借贷买官的债帅、贪官污吏、奸猾的胥吏差役、地方豪强大族正为自己获得的蝇头小利扬扬自得的时候，却不知道自己的腰和脖子、妻子儿女早已处在戎狄的刀锋、绳索之间了。

控制住官吏、民众，不要虐待戎狄之人，这是下策。奸猾贪婪的人为了满足其片刻的欲望，是不会畏惧刑罚的。有人或许会谄媚地说："为什么对中原老百姓这么严厉而却对戎狄这样宽厚呢？"这种话就像是汲黯的话一样。他们只看到戎狄的力量可以役使，财物可以掠夺，而其中潜伏着的巨大危险却无法阻挡这些贪婪狡猾之徒施展自己的小聪明，他们又能知道些什么呢？面对触手可及的利益他们难道能不去谋取吗？等到大火郁积到极点而燃烧起来时，从戎狄身上获得好处的人早已死去，这种残酷报应只能落在其后代身上，这也太令人痛心了！

所以，君主对于戎狄，一旦发动叛乱就严厉惩罚他们，当他们归顺时就把他们安置到边远地区，疏远他们，这样中原与戎狄各安其所，我不侵犯你，你也不暴虐我。《尚书·旅獒》中太保对周武王的告诫，周公对越裳国进贡的白雉这种祥瑞之鸟的推辞，圣人的深谋远虑，并非中等才能的君主和备位充数不称职守的大臣所能够领会得到的。

本事：《资治通鉴》卷四九《汉纪四十一·安帝》，永初元年（107）。

五　赏不以时，刑以秋冬

赏以春夏，刑以秋冬。赏者，封国受爵之锡命也；刑者，五刑大辟之即市也。天有恒经，王有恒政，顺天以不违其温肃之气，王道之精微也。而夷狄盗贼之主，逞喜怒而不为之节，则干天而伤民。然其为义，止此而已。进忠贤者，引之若不及；赏军功者，劝之使复效；秋冬不举，万一溘先朝露，王者之心恻矣，贤者功臣之心亦沮矣。若夫听讼断狱，《易》固曰“明慎用刑而不留狱”。留狱者，法之所为大扰也。留以俟秋冬，而枉者直者交困于心而不能释，怨且由是而深，而变计滋起矣。

且其留而待时也，将拘禁之与？徽纆丛棘之苦，剧于笞杖，逮连证佐，浸以贿而游移其初心。若纵之与？自知不免，几何而不逋（bū）也！故夫子取子路之无宿诺，诺不宿，狱不留矣。唯大辟抵罪已定，囚之以待秋冬，缓死而不拂天之和气；肉刑未除，劓、刖、宫、墨，有事刀锯，不可戾温和之化；王者之慎，慎以此尔。夫岂流刑使即三居，扑刑旋施教诫，纵证佐于南亩，省簿书于掾史之谓哉？

《月令》非三代之书，然其曰“孟夏断薄刑”。孟夏，正阳之月也，可以断刑，则春夏之余月可知矣。鲁恭之言，有得有失，言治理者不可不辨。若呴（xǔ）呴之仁，缓之乃以贼之，以是为顺天而爱民，岂理也哉？哀矜清问，则四时皆春，不徒以其文也。

【译文】

春夏之季是赏赐的季节，秋冬是刑杀的季节。赏赐就是君主以公开诏命的方式赐予臣民封国、官爵；刑杀，就是在公开场合对犯人处以五刑（墨、劓、刖、宫、大辟五种刑罚）。上天有其恒常的规律，君王有其恒常的治国之道，顺应上天而不违背其平和、肃杀之气，是王道的精微之处。而夷狄和盗贼的首领，不按自然的时节行事而任意放纵自己的喜怒哀乐，这样的结果就扰乱了上天的恒常规律，也伤害了百姓。然而赏罚依照时节施行的大义，也不过止于此罢了。进用忠诚贤良的人才，招引他们唯恐不及；奖赏有军功的人，勉励他们继续效力；如果死守“赏以春夏，刑以秋冬”的教条，秋冬之季不举荐贤才，万一他们的生命如朝露般很快消逝，君王之心会为此感到悲伤，贤者、功臣也会感到沮丧。至于听理诉讼、审判案件，《易经·旅卦》中本来就有“明察审慎用刑而不稽留狱讼之事”的说法。所谓稽留狱讼之事，就是对行使法律的巨大干扰。把案件稽留下来，等待秋冬之季再进行审判，而罪有应得的人和受冤枉的人内心都非常困窘而不能释怀，怨恨之情也由此而变得越来越深，而思谋变化的计划也会逐渐滋生出来。

况且把案件稽留下来以等待季节，是要把当事之人拘禁起来吗？那么，被绳捆索绑囚禁于高墙大狱之中的苦楚，比遭受鞭笞、杖责还要剧烈，还要捉拿逮捕牵连的佐证之人，使他们逐渐因为受贿等情况而改变其初衷。假若放掉他们呢？有罪的人自知不能幸免，能不逃跑吗？所以，孔夫子称赞子路没有久拖不兑现的许诺，许诺不能久拖而不兑现，案件也不能稽留太久而不判决。只有大辟之罪已经判决之后，将犯人囚禁起来，以等待秋冬季节执行死刑，延缓执行死刑并不违逆上天的和气。至于还没有废除的肉刑，如劓刑、刖刑、宫刑、墨刑，都离不开刀锯，在用刑时不可违背上天温和的教化。王者所谓秋冬才施行刑罚的慎重，主要是针对大辟和肉刑，至于那些较为轻微的犯罪行为，只需将案卷交由属官小吏来处理，根据情节立即对罪犯施行相应的流放之刑或者鞭笞、杖责之刑，并将证人放归家园，从而避免稽留狱讼之事，难道也需要这种谨慎吗？

《礼记·月令》并非成书于夏、商、周三代时期，但其中说“孟夏时节判决罪行较轻的案件”。孟夏，就是农历的四月，是阳气最盛的一个月份，尚且可以审理案件，可知春夏季节的其他月份也可审理案件。东汉鲁恭关于审判时节的言论，有得也有失，治理国家的人是不能不加以辨析的。至于像有些人怀抱温和仁慈之心，想按季节来延缓处罚罪犯，实际上也是在伤害百姓，如果把这也当作顺应天理、爱护百姓的体现，难道还有道理可言吗？如果断案的人心存哀怜之情，清楚详尽地审查案情，那么一年四季都是春天，所以断案不能仅仅拘泥于一些没有实际意义的形式。

本事：《资治通鉴》卷四九《汉纪四十一·安帝》，永初元年（107）。

六　任尚乃后世之偾帅

和、安之世，汉所任将者，任尚也，军安得不覆，乱安得不极也！尚严急而不知兵，见于班超之说。而犹不仅此。章帝以来，历三世而国事屡变，窦宪盛，尚则为宪之爪牙；邓骘兴，尚则为骘之心膂；宪败，宾客皆坐，而尚自若；西域叛乱，北边丧师，汉法严矣，而尚自若；尚者，一后世之偾帅也。平襄之败，死者八千余人，羌遂大盛而不可制；尚翱翔汉阳者三载，坐视羌人之暴，罚谪弗及，复以侍御史将兵于上党，迁中郎将，屯于三辅，保禄位、怙兵权而不惧。尚何以得此哉？其辇金帛以曲媚宫闱戚里者可知矣。然则其严急也，乃以渔猎吏士而为结纳之资也。三辅残，国帑空，并、凉、益土死不收，徙不复，羌人力尽而瓦解，尚乃起而与邓遵争功以死，天殛之也。尚之诛也，赇（qiú）赃千万以上，宪与骘所为护尚以稔其恶者在此矣。债帅之兴，其始于东汉乎！而邓骘之为汉蟊贼可知矣。母后听政而内外交寇，其所由来亦可知矣。

【译文】

东汉和帝、安帝在位时期，朝廷所重用的将领就是任尚，信任重用任尚这样的将领，军队怎么能不覆灭，天下的祸乱怎能不发展到极致呢？任尚严峻急躁而不懂用兵作战，从班超嘱咐他的话中就可以知道这一点。但问题还不仅限于此。自汉章帝以来，经历了三代而国家政局屡有变化，窦宪权势处于巅峰时，任尚是窦宪的爪牙；邓骘兴起，任尚又成为邓骘的心腹。窦宪败亡后，其宾客都受到了牵连惩罚，而唯独任尚泰然自若，好像事情与自己无关一样。他担任西域都护时西域诸国发生了叛乱，他又在北方边境丧师而归，汉代的法律是很严厉的，而任尚仍然能泰然自若，自己一点儿事没有。任尚就是一名后世所称的“债帅”（指将领为了向权臣行贿，不惜贪污借贷）。他率军在平襄（今甘肃通渭西北）与羌人打仗，结果大败而归，士卒死去者达八千余人，羌人的势力于是就强盛起来，再也难以控制。任尚驻扎在汉阳郡（治今甘肃甘谷东南）长达三年之久，坐视羌人的暴乱，并不对他们采取任何措施，他又以侍御史的身份率兵驻扎在上党郡（治今山西长治），升迁为中郎将，驻军在三辅（指长安周围的左冯翊、右扶风、京兆尹）地区，他保住其爵禄官位，依仗自己掌握着兵权而无所畏惧。任尚怎么能够这样呢？从他用车子载送金银财帛、曲意逢迎后妃外戚就可以明白了。这样，他的严峻急躁，主要是通过渔猎侵夺官兵而获得向后妃外戚行贿的资本。三辅地区残破，国家库藏空虚，并州（今山西太原一带）、凉州（今甘肃张家川回族自治县及其周围地区）、益州（今四川省成都及其周围地区）土地荒芜，粮食颗粒无收，由这些地区迁徙而走的百姓再也没有回来，在这种情况下，羌人无所依靠，其力量用尽而土崩瓦解，任尚这才起来与邓遵争功，结果被杀，这也是上天要诛灭他。任尚被诛杀后，查出他贪赃受贿的财物价值在千万钱以上，窦宪和邓骘之所以任用和包庇他，放任他积久养成的罪恶，原因也就在于此。债帅的兴起，大概就是始于东汉吧！从而也可知，邓骘是汉朝的蟊贼。由母后临朝称制而形成内敌与外寇交相侵犯的局面，其由来也由此可知了。

本事：《资治通鉴》卷五〇《汉纪四十二·安帝》，元初五年（118）。

七　盗贼之兴，始于王莽无道

盗贼之兴，始于王莽之世。莽篡，天下相师以寇攘，而抑刘崇、翟义以草泽起义先之，未足开盗贼窥天之径也。张伯路一起而滨海九郡陷没，孙恩、窦建德、黄巢、方腊、李自成踵兴，而四海鼓动，张伯路实为之嚆（hāo）矢焉。

三代之盛，大权在天子也。已而在诸侯矣，已而在大夫矣，已而在陪臣矣，浸以下移而在庶人矣。郡县之天下，诸侯无土，大夫不世，天子与庶人密迩；自宰执以至守令，所为尊者，荣富而已，其他未有尊也。十姓百家相雄长而莫能制，丰凶不能必之于天，贪廉不能必之于吏，风会移之，怨毒乘之，歘（xū）然狂起，抑将何法以弭之哉！

《易》曰："天险不可升也。"谓上下之分相绝，而无能陵也。易国而郡县，易侯而守令矣；安守令也有体，严守令也有道。守令之仁暴，天子之所操也；其次，廷臣之所衡也；其次，省方之使所纠也；非百姓之所可与持也。赇吏兴，上下蔽，天子大臣弗能廉察，激民之重怨，而假民以告讦之权，制守令之黜陟诛赏，是进庶人而分天下之魁柄。不肖之吏，弱者偷合于民，强者相仇而竞，豪民视守令如鸡豚，可豢也、可圈也、可讦也、斯可杀也，而何弗可称兵以胁天子也？盗之所以死此而又兴彼也。

《易》曰："上天下泽，履，君子以辨上下，定民志。"又曰："小人而乘君子之器，盗思夺之矣。"上下不辨，民志不定，乘君子之器者，无大别于小人。侯王岂有种哉？人可奡（ào）岸以制守令之荣辱生死，则人可侯王，而抑可天子矣。察吏不严于上，而听民之讼上，摇动人心而犹谓能达庶人之情，非审于天纲人纪者，莫知其弊也。陵夷天险而授之升，立国者尚知所惩乎！

【译文】

盗贼的兴起，开始于王莽当政时期。王莽篡汉以后，天下人相互仿效，纷纷起兵来反对他，而如果不是刘崇、翟义最先从草泽中起兵，还不足以开启盗贼觊觎天子之位的途径。到东汉时，张伯路起兵以后，很快滨海九郡纷纷陷没，此后，东晋的孙恩，唐代的窦建德、黄巢，宋代的方腊，明代的李自成等也都接踵而起，而天下人纷纷被鼓动起来。后世出现这样的情况，张伯路确实是其先驱。

夏、商、周三代兴盛之时，国家大权是掌握在天子手中的。后来大权旁落到诸侯手中，又后来诸侯之权旁落到大夫手中，再后来大权旁落到陪臣手中，最后逐渐地往下转移，就会落到庶民百姓手中。天下实行郡县制以后，诸侯没有封土，大夫的职位不能世袭，天子与百姓的关系接近；从宰相到郡县守令，所追求的尊严，就是荣华富贵而已，并没有其他尊贵之处。十姓百家的民众起来称雄道长，他们都不能制止，农业收成丰歉不能完全由上天决定，贪污或是清廉也不能完全取决于官吏，社会风气可以改变它，怨恨残毒可以利用它，如同火焰一样突然狂暴地燃烧起来，又将用什么办法把它扑灭呢？

《周易·坎卦》中说："天之为险，悬邈高远，如日月天空不可得而升上。"就是说上下之间的名分隔绝，使下不能侵犯其上。天下废除分封制之后，把封国改称郡县，把诸侯改成郡县守令；使郡县守令安稳施政是得体的，使郡县守令严格施政也是有方法的。郡县守令的仁义与残暴，由天子操纵着；其次由朝廷大臣制约着；再次由监察官员纠劾着；并不是老百姓所能够参与和操控的。贪赃枉法的官吏出现以后，上下都受到蒙蔽，若天子和大臣对这些贪赃枉法的官员不能廉明考察，就会进一步刺激老百姓深深的怨恨。假如把揭发攻击贪官污吏的权力交给老百姓，并以此作为升降赏罚官吏的依据，这就会进用庶民百姓而分割了天子的权柄。官吏中的不肖之徒，其中弱者暗地里与百姓联合在一起，强者互为仇敌而相互争逐，豪强大族把地方守令看作像鸡猪一样，可以豢养，可以圈养，可以随意地攻击谩骂，还可以杀掉他们，他们又怎么能不起兵威胁天子呢？这就是盗贼此起彼伏的原因之所在。

《周易·履卦》的象辞中说："天尊在上，泽卑处下，象征小心行走，君子以此履卦之象来分辨上下尊卑，以端正百姓的志意，使上下尊卑有序。"又说："身为小人却乘坐君子的车驾，盗贼就想起来夺取它。"上下尊卑不能分辨，百姓的志意也就难以安定，乘坐君子车驾的人与小人也就没有多大的区别。那些君王诸侯难道是天生的贵种吗？如果人们都可以以自己的高傲操纵郡县守令的荣辱生死，那么人人都可以封侯称王，还可以做天子。对官吏的监察不严格，而听任百姓状告上司，动摇人心，却还说这是能使君王了解百姓的真实情况，如果不是非常清楚天人纲常伦理的人，就不会知道其中的弊端。侵夺天子的权力，抬高平民百姓的地位，立国的人还知道应当吸取什么教训吗？

本事：《资治通鉴》卷四九《汉纪四十一·安帝》，永初三年（109）。

八 卖官鬻爵，祸国殃民

国帑屡空，军兴不足，不获已而加赋于民，病民矣，而犹未甚也；以官鬻钱谷而减其俸，民病乃笃。邓后妇人米盐铢絫（lěi）之计也，后人师之，视为两利之术，狂愚不可瘳矣。

万不获已而加赋也，抑必有则。吏方苦其不易征，未有能因而溢者也。獭不饥，不可使捕；鹰不饥，不可使逐；诱取其钱谷于前，而听其取偿于民，吝予之以生计，而委之以自掠，虽欲惩贪，词先讷涩矣。不能使徒步布衣草屦粝（lì）食冻老馁幼以为国效功也，则乌能禁饥鹰馁獭之攫而无厌哉！乃人主且曰：吾未尝加赋以病民，民如之何而不急公。上下交怨而国必亡矣。

三代之世，方百里之国，君卿大夫士世食其禄，下逮于胥史者数百人，饔飧（yōng sūn）币帛车乘刍粮奔走于四方而有余。一郡之大，或兼数圻（qí），禄于朝者几何人？官于其地者几何人？守卫缮修公私交际所资于民者几何事？今之天下，其薄取也，视古而什之二三耳。而古之民足，今之民贫；古之国有余，今之国不足。下不在民，上不在君，居其间者为獭为鹰，又使饥而教之攫；金死于一门，而粟贱于四海，则终岁耕耘，幸无水旱，而道殣（jìn）相望必矣。

“无野人莫养君子。”上节宣野人之余以养贤，而使观人朵颐，以惟攫取之巧拙为贫富哉！鬻官爵以贱之，减俸以贫之，吏既贱而终不肯贫，廉耻堕，贫窭（jù）相迫，避加赋之名，蹈朘（juān）削之实，愚者之虐，虐于暴君，曾不自知其殃民，民亦不知也。怨不知所自起而益亟矣。

【译文】

国库屡空，不能满足军事需要，不得已而增加百姓的赋税负担，这样做虽然危害了老百姓，但还不算太严重；靠卖官鬻爵而得到钱粮，并减少官吏的俸禄，老百姓受到的危害才算是严重。卖官鬻爵是邓太后以一介妇人管理家庭如像柴米油盐、铢积寸累的方法来管理国家，后人仿效她的做法，把卖官鬻爵看作是既有利于国家也有利个人的两全之法，这种荒谬愚昧真是不可救药。

如果万不得已必须增加百姓的税赋负担，也必须遵循一定的规则。地方官吏苦于赋税难以征收，没有能够凭借制度而过多征收的。水獭不饥，就不能用它捕鱼；鹰不饥饿，就不能使它追逐猎物；朝廷已经没有通过引诱取得纳资为官者的钱粮，就听任其从老百姓那里取得补偿，给予他们的俸禄太低不足以维持生计，就任凭他们自行掠夺百姓，朝廷即使想惩罚贪赃受贿的官员，话也不好说出口了。既然不能让那些徒步穿着布衣草鞋、吃着粗茶淡饭、受冻的老人、忍饥的小孩为国家效力，又怎么能禁止这些人像饥饿的鹰、獭一样贪得无厌地掠夺百姓呢？然而君主却会说：我又没有增加老百姓的税赋负担，老百姓怎么不为国家着想、为朝廷排忧解难呢？像这样上下相互报怨，国家一定会灭亡的。

夏、商、周三代时期，方圆百里的一个小国家，诸侯国君、卿、大夫、士世世代代都有俸禄收入，下边还有胥吏等数百人。他们的早饭晚饭、钱币布帛、车马粮草使他们能够奔走四方而绰绰有余。现在的一个郡的地方，有的方圆数千里之大，拿国家俸禄的有多少人？在当地做官的又有多少人？一郡的守卫、修缮、公私往来需要老百姓筹资的又有多少事？现在的天下，老百姓的赋税负担是不重的，与古代相比只相当于其十分之二三罢了。而古代的老百姓生活富足，今天的老百姓生活贫困；古代的国家资财有余，而今天的国家资财却不足。之所以出现这样的现象，下不在老百姓，上不在君主，而在于居于他们中间的像水獭和苍鹰一样的官吏，卖官鬻爵的政策既使他们经常处于困窘之中，又让他们任意巧取豪夺。金银财富集中于官吏手中，使市场上金银由于稀缺而昂贵，而天下农民收获的粮食就会因此变得非常便宜，如此则老百姓终年耕田种地，若侥幸没有水旱之灾，生活还勉强过得去，否则一定会出现道路上饿死的人很多的现象。

《孟子·滕文公上》中说："没有庶民百姓，就没有人来供养官吏。"君主把老百姓生产的剩余劳动产品用来供养贤人，难道只是让旁观之人向往，只以掠夺、攫取百姓财物的巧与拙来作为贫与富的依据吗？卖官鬻爵的政策使人们鄙视做官的人，降低其俸禄使他们经常处于贫困的境地，官吏地位既然被人瞧不起，就最终不肯安于贫困，廉耻之心堕落，于是在贫穷逼迫之下，他们就避开增加赋税之名，而厉行剥削掠夺百姓之实，这些愚蠢的官吏之暴虐甚至超过了暴君，而他们自己并不知道自己残害了百姓，而百姓也不知道他们只是被贪官污吏所残害。不知从何而起的怨恨就会更加剧烈了。

本事：《资治通鉴》卷四九《汉纪四十一·安帝》，永初三年（109）、四年（110）。

九　汉亡之道：女主、外戚、偾帅

汉之强也，北却匈奴，西收三十六国。未数十年，羌人一梗于河湟，其志止于掠夺，未有窥觎汉鼎之心也。而转徙五郡，流离其民，僵仆载道，如孤豚之避猛虎。悲哉！谁为谋国者，而强弱相贸至此极也！任尚偾帅也，邓骘纨袴也，邓后妇人也；妇人尸于上，纨袴擅于廷，偾帅老于边，三者合而亡国之道备焉。幸而不亡，民之死也，谁恤之哉？天下未有妇人制命，而纨袴偾帅不兴者也。未有阴气凝于上，而干戈之惨不流于天下者也。故曰："鹤鸣于九皋，声闻于野。"气相召，祸相应，而庞参之邪说始乘之，以愞缩消生人之气，可不戒哉！

【译文】

汉朝强盛的时候，在北方击退了匈奴，在西方收复了西域三十六国。不到几十年的时间，羌族人在河湟地区初次起兵反叛，他们的目的仅限于掠夺财物，并没有觊觎汉室天下的野心。到了汉安帝时期，朝廷将凉州五郡（酒泉、张掖、敦煌、武威、金城）的百姓辗转迁徙到三辅地区，使百姓流落离散，惨死于道路之上，就如同孤立无助的小猪逃避猛虎的追捕一样。真是悲哀啊！是谁为国家谋划，而使国家强弱的转化到了如此严重的地步，而且反差如此巨大呢？这些人就是偾帅任尚，纨绔子弟邓骘，临朝称制的邓太后。邓太后临朝称制于上却尸位素餐，纨绔子弟邓骘在朝廷上专权擅政，偾帅任尚在边疆的战争中屡次败北，他们三者结合在一起，亡国的条件也就具备了。侥幸的是，国家并没有灭亡，但老百姓的死亡，又有谁来抚恤呢？天下从来没有因女主临朝称制，纨绔子弟、偾帅专权擅政而不兴起的情况。从来没有阴气凝结于上（喻女主临朝称制）而天下没有不被残酷的战争所波及的情况。所以，《诗经·小雅·鹤鸣》中说："鹤鸣于九皋，声闻于野。"阴气相互招引，祸乱相应发生，这样就为庞参弃守凉州五郡的邪说创造了机会，这种邪说以其懦弱退缩的态度消磨活人的生气，能不引以为戒吗？

本事：《资治通鉴》卷四九《汉纪四十一・安帝》，永初四年（110）。

一〇　文教不可下移

邓后为邓氏近亲开邸第教学，而躬自试之，史称之以为美谈。汉武开博望苑，而太子弄兵；唐高开天策府选文士，而宫门蹀血；天子之子且以召难，况后族乎？谚有之曰："妇人识字则诲淫，俗子通文则健讼。"诗书者，君子所以调性情而忠孝，小人所以启小慧而悖逆者也。故曰："民可使由之，不可使知之。"不然，三代王者岂以仁义礼乐吝予斯人；而内不及于宫闱，外不私于姻党，何为也哉？

邓后之约饬子弟也屡矣，其辞若足观者。乃豫章唐檀告其太守曰："方今外戚豪盛，君道微弱"，则后之宠私亲以紊朝纲可知矣。假之兵权，复假之以文教，先王经纬天下之大用，一授之匪人，国尚孰与立也！言治者，知兵权之不可旁落，而不知文教之不可下移，未知治道之纲也。一道德，同风俗，教出于上之谓也。

【译文】

邓太后为邓氏近亲子弟开辟专门府第进行教学，而且她还亲自监督、考核他们的学业，史书上都称赞她，把这件事当作美谈。西汉武帝刘彻为太子刘据建博望苑，供其交接宾客，而太子最终起兵反叛；唐高祖李渊为秦王李世民开天策府，选拔文学之士，李世民最终发动了玄武门之变；天子的儿子尚且还因此而招致灾祸，更何况后族子弟呢？有句谚语说："妇人识字则诲淫，俗子通文则健讼。"诗书对于不同的人会产生不同的效果，对君子来说是用以调节性情、增进忠孝之道，对小人而言则是用以开启小聪明、促进悖逆之举。所以，孔子说："对于民众，可以使之按照我们指引的道路走，没有必要让他们知道为什么。"否则，夏、商、周时期的君王难道还吝啬仁义礼乐而不舍得教给这些人吗？他们在教授仁义礼乐时，对内不教后宫中的嫔妃，对外不教外戚家族，这是为什么呢？

邓太后屡次约束、训诫其宗族子弟，其言辞说得也非常好。豫章（今江西南昌）人唐檀对其太守说："当今外戚势力强盛，君主权力微弱。"那么由此可知，邓太后这样宠信她的近亲，紊乱了朝廷纲纪。把兵权交给外戚，又教会他们文化知识，先王治理天下的文武之道，全部授予不应授予的人，国家还能够独立地保存下去吗？谈论治国之道的人，知道兵权不可旁落他人之手，而不知道文教也不可下移。他们并不知治理国家的根本所在。使伦理道德规范统一，使风俗教化趋于相同，这就是所谓的教化出于君上。

本事：《资治通鉴》卷五〇《汉纪四十二·安帝》，元初六年（119）。

一一　慎始方能善终

有其始之，则已之也难，是以君子慎乎其始之也。西域通塞，初无当于中国与匈奴之强弱。乃自张骞始之，班超继之，中国震而矜之曰：吾以断匈奴之右臂。于是匈奴亦因而曰：是可以为吾右臂也。迨安帝之世，羌寇起，陇西隔绝，凉州几弃，匈奴于是因车师攻杀后部司马，又杀燉煌长史索班，盖至是而西域不可弃矣。公卿乃始欲闭玉门、绝西域，置河西、陇右剥床及肤之祸于不恤，班勇力争其不可，勇之策贤于其父超矣。非勇之果贤也，时异而势不容已也。乃超之出，无挠之者，而重挠勇。勇策不用，汉师不出，匈奴寇抄不息，沈氐因之而乱。害极于邓骘之庸懦，而祸始于张骞之挑引。故曰有其始之，则已之也难。

郑于晋、楚，非果系重轻。而楚争之，晋因争之；晋争之，楚益争之；疲天下之兵力百余年，而两皆无据。高欢、宇文泰之玉壁，朱友贞、李存勖之杨刘，一旦而以存亡系之；非其存亡之果系也，力尽于此，而余地皆虚，徒使其土之民人蹂躏而殆无遗种，皆始之者贻之，孰有能包举兴亡胜败之大而游心于余地者乎？《易》曰："非所据而据焉，身必危。"凡见可据者，皆非据也，游士炫其谋，武人张其功，后欲已之而不能，故君子必慎乎其始之也。

【译文】

事情一旦有了开头，想要停止就很难了，所以君子都很慎重地对待事物的开端。是否打通西域，最初并不能影响中原王朝与匈奴的强弱力量对比。从西汉张骞开通西域，东汉班超又继续他的事业，于是中原王朝为之震动，并夸耀说：我们可以通过打通西域，斩断了匈奴的右臂。于是匈奴也因此宣称：西域可以作为我们的右臂。到了汉安帝时期，羌族人起兵反叛，陇西（今甘肃临洮南）地区与内地隔绝，凉州几乎被放弃，匈奴就在这种情况下，通过车师攻杀了汉朝西域都护的后部司马，又攻杀了敦煌（今甘肃敦煌西）郡长史索班，大概到了这时，西域反而是不能抛弃的了。一些公卿大臣却想到要关闭玉门关（今甘肃敦煌西北小方盘城），断绝与西域的联系，置陇右（泛指今甘肃六盘山以西，黄河以东一带）、河西（即今河西走廊和湟水流域）深切肌肤的灾祸于不顾，班勇据理力争，认为不能这样做，班勇的策略比其父班超要好。这并非班勇真的比他父亲强，而是当时的形势发生了变化，不容许像公卿大臣说的那样停止对西域的经营。然而当初班超出使西域时，没有人阻挠他，而班勇却受到了重重阻挠。班勇的策略没有被采纳，汉朝军队不出玉门关，匈奴的入侵、劫掠就不止，沈氏羌人部落也因此起而叛乱。当时的天下，被邓骘的平庸与懦弱祸害已极，但这场大祸却开始于张骞出使西域。所以说，事情一旦有了开始，想要停止是很难的。

春秋时期，郑国对于晋国、楚国来说，并非真的具有举足轻重的地位。而楚国争取它，晋国因此也争取它；晋国争取它，楚国就更要争取它；两国耗费天下的兵力争取郑国达一百多年，结果两国也都没有得到郑国。南北朝时期，高欢和宇文泰争夺玉壁城（故址在今山西稷山西南）；五代时期，朱友贞和李存勖争夺杨刘镇（故址在今山东东阿县北杨柳村）；一旦形成这种局面，双方都把自己的存亡系于阵地之上。并非这两个地方真的关系到双方的存亡，而是双方把自己的所有力量都集中到这里，其余地方都已空虚，这样争夺只会使两地的百姓遭受战争的蹂躏而几乎死亡殆尽，这都是开始于把双方力量集结于此而留下的灾祸，又有谁能置举国兴亡的大事不顾而有闲心考虑其他地方呢？《周易·系辞下》中说："据守不适宜据守的地方，必然危及到自身性命。"凡是看起来可以据守的地方，实际上并不都是可以据守的，都是游说之士为了炫耀自己的谋略，武将为了扩大其战功而认为可以据守，后来即使再想停止也是不可能了。所以君子一定要慎重地对待事情的开端。

本事：《资治通鉴》卷五〇《汉纪四十二·安帝》，永宁元年（120）。

一二　杜根洞察人心的智慧

颍川杜根上书邓后归政安帝，后怒，扑杀之，得苏，逃宜城山中为酒家保，积十五年，后死乃出。或问以何不投知故而自苦，根言：“发露，祸及亲故。”智哉根乎！何也？亲故之能托生死者不易得也。非谓夫叛而执之也，为根之知交者应不至此也。好义之心苟不敌其私利之情，则其气先馁；好义之心与私利之情相半，即不相半而不能忘，其神必乱；气馁神乱，耳目不能自主，周旋却顾，示人以可疑，则愈密而愈疏，故义利交战于胸者，必交受其祸。今有人于此，而人或投之，邻里乡党不问焉者，以适然听之也。唯大勇者，为能以适然处变；不然，则如酒家之本不觉而固适然者也。非此而必不能矣。

鸣呼！士不幸而处乱世，不屈于邪，而抑未可以死，缓急固时有矣，而可不慎所依乎！好苛礼而不简者，恤小利而形于色者，多疑而好谋者，貌愿谨而勤小物者，吊死问疾而多为容者，皆不可依者也，可弗慎邪？

【译文】

颍川郡（治今河南禹州）人杜根上书邓太后，请求她归政于汉安帝，邓太后大怒，下令扑杀杜根，杜根侥幸复苏过来以后，就逃到宜城（今湖北宜城南）的山中，在一家酒店做酒保，在那里待了十五年，邓太后死后才复出。有人问他为什么不投靠朋友故旧，而自己却这样受苦，杜根说：“事情一旦暴露，会牵连到朋友故旧遭受祸害。”杜根真有大智慧啊！为什么呢？亲朋故旧中能够托以生死的人是很难得的。这并不是说他们就会背叛杜根，把他抓送官府，作为杜根知交的人应不会出此下策。但是如果一个人的好义之心不能超过他的私利之情，那么他必定会先气馁；如果好义之心与私利之情各占一半，即使不占一半也没有丢掉好义之心，那么他的神色必然慌乱；如果一个人气馁了、神色慌乱了，他的耳朵眼睛就不完全听从自己的使唤，经常周旋顾盼，让人觉得他可疑，那么他越是想保密就越是保不住，所以让大义和私利交战于心中的人，他一定会受到灾祸。今天如果有人在此，有人来投靠他，邻里乡党一般都不予过问，因为像这样的事情太平常了。只有具有很大勇气的人，才能处变不惊；不然的话，就像酒店主家那样，根本就不知道杜根有什么特别之处，因此本来就能泰然自若。如果不是这两种情况，人们肯定做不到泰然自若。

唉！如果士人不幸而处于乱世，不愿屈服于邪恶势力，但也不能死，危急的事情本来就会时常发生，而又怎么能不慎重选择所依靠的人呢？喜欢繁文苛礼而不喜简略的人，顾忌小利而喜怒形于色的人，多疑而又好谋划的人，表面上质朴恭谨而又勤于小事的人，吊祭死去的人、探问病人时神色表情发生变化的人，都是不可依托的人，对所依托的人能不慎重选择吗？

本事：《资治通鉴》卷五〇《汉纪四十二·安帝》，建光元年（121）。

一三　薛包之隐，潜龙勿用

处士之征而不受命者多矣：或志过亢而不知时者也；

或名高而藏其拙者也；或觊公孤师保之尊而躐级以不屑小官者也。吾于薛包独有取焉。包以至行闻，尽孝友、饬门内之修而已；自尽以求仁，而无矫异惊人之节，初未尝规画天人，谓己有以利天下也。汉征之而拜侍中，非其事也，固非其志也。包曰：吾以尽吾门内之修，天子知我征我以风示天下，而德不孤矣；吾未尝有匡济之心，而何用仕为！

奚以知其然也？以包之所为，皆循循乎父子兄弟之间，非襄楷、郎顗、樊英窥测天人，舍己而求诸人者比也。而汉之授以侍中，抑非其道。侍中者，出入讽议之臣也。当安帝之世，外羌戎，内盗贼，外戚、阿母、宦寺，交相煽构，此大人抟捖斡运见功之地，而包之志略固不及此。非天下有不可为之时，而非包敦笃修能所堪之任也，则汉任之固不以其道矣。善处包者，使分司徒之教职，而任之庠序，则得矣。不则使治一郡，以兴教化、抚贫弱、敷其洁己爱物之德，治绩懋焉。如之何以侍中任之邪！包之以死乞免，度己量时之道允协矣；岂志亢名高薄小位而觊公孤者类哉？

龙有潜也，有见也，有亢也。孔子知不可而为，圣人之亢也；伊吕之兴，大人之见也；包之终隐，君子之潜也。潜者，非必他日之见也，道在潜，终身潜焉可矣。

【译文】

有才德而隐居不仕的人被朝廷征辟而不受命的情况很多：他们中有的人是志向过高而不知时务；有的人是名声

虽高，但在名声背后隐藏着他的拙劣；有的人觊觎公侯、三公、三孤等尊贵的职位，想要越级晋升而不屑做小官。我觉得唯独薛包这个人有可取之处。薛包以其有非常人所及的德行而闻名，但他能做的仅是尽心孝顺父母、友爱兄弟，做到修身齐家罢了；他尽自己的努力以求得仁，而没有故意显得与众不同以便使别人感到震惊的举动，起初并不曾有规划天人之间的志向，称自己有补益天下的才德。朝廷征辟他，并授予侍中之职，并不是他做得到的事，也本来不是他的志向。薛包说：我的作为就在于使家门之内的各种关系协调好，天子知道并征辟我以教诲天下人孝顺、友爱，我的所作所为得到了大家的认同并予以推广。但我从来没有匡济天下的志向，为什么要出仕做官呢？

从哪里知道是这样的呢？从薛包的所作所为看，皆是非常和顺、循规蹈矩地与父子兄弟相处，并非像其他方士、隐士襄楷、郎顗、樊英那样，窥测天人之际的变化，舍弃自己的修身处世之道而向别人提出要求。但是朝廷授予他侍中一职，也不是个适宜的方式。侍中一职，是侍从皇帝左右，专掌讽议进谏的人。汉安帝在位的时候，外有羌族等戎狄入寇，内有盗贼起而反叛，还有外戚、后妃、宦官交替专权擅政，这个职位是有能力、有抱负的大臣应酬斡旋以建立功勋的地方，而薛包的志向和才略确实不能胜任此职。并不是因为天下处于混乱而不能有所作为的时机，而是薛包的敦朴纯厚的性格不能胜任这个职务，那么朝廷对他的任用本来就不适宜。如果对薛包了解的话，给薛包最合适的职务，就是让他分担负责教化的司徒职责，而在学校中担任教职，这样就适宜了。不然的话，就让他担任郡守，治理一郡，以兴起教化，抚慰养育贫弱的百姓，广泛传播其洁身自好、仁人爱物的德行，治理的政绩肯定会非常显著。为什么要任用他担任侍中一职呢？薛包以死求得免于任职，也是符合度量自己、权衡时势的处世之道的。难道这是那些志向很高、名声甚大、卑视小官职位而觊觎公侯、三公、三孤职位的人可以相提并论的吗？

龙有潜伏的，有浮现于世间的，也有飞到极高处的。孔子明知不可而为之，这是圣人飞到极高之处的表现；伊尹、吕尚的兴起，则是身处高位的大人浮现于世间的表现；薛包最终隐藏而不为众人所知，这是君子潜伏的表现。潜伏并非在一定的期限之后必然再次浮现出来，其处世之道就在于潜伏，即使终身潜伏也是可以的。

本事：《资治通鉴》卷五〇《汉纪四十二·安帝》，建光元年（121）。

一四　宦官之祸，启于邓后

安帝之不德，岂至如昌邑王贺之荒悖哉！立十五年矣，邓后宠平原王翼，欲废帝而立之；杜根请帝亲政，而扑杀之；视天位如置棋，任其喜怒，后之恶烈于吕、武矣。伊尹之放太甲，未尝他有援立，示必反之也。昌邑王之不可一日为君，霍光之不幸，而又幸得宣帝之贤也。且昌邑既废，始求宣帝于民间，未尝豫扳宣帝而后废昌邑也。邓后以妇人而辅以碌碌之邓骘，予夺在手，唯意所授，渎大伦，玩神器，君子所必诛勿赦也。邓后死，王圣、李闰乘权而乱政，由安帝之不君，可谓后之先识而志安社稷乎？

乃抑稽圣、闰之得以蛊帝而逞者，谁使然也？十五载见郊见庙之天子，不能自保，大臣弗能救也，小臣越位孤鸣而置之死也，舍保母宦寺而谁依邪？易位之僇辱，与死接踵，自非上哲反己自强以潜消内衅，则免己于死而固其位，奚暇择阿母宦寺之非，而不以为恩哉！宦寺之终亡汉，李闰、江京始之也，而实邓后之反激以延进之也。

【译文】

汉安帝刘祜没有贤德，难道到了像西汉昌邑王刘贺一样荒唐悖逆的地步了吗？汉安帝在位已十五年，邓太后宠信平原王刘翼，想废掉安帝立刘翼为天子；杜根请求邓太后还政于安帝，结果惹火了邓太后，马上命人将其扑杀；邓太后把皇位看作是她手中的棋子，任其喜怒而放置，其罪恶比吕后、武则天还要严重。商相伊尹把商王太甲流放于桐宫令其思过改错，并不曾另外再立一个君主，这是向天下宣示必定会还太甲以君主之位。西汉昌邑王刘贺不具备做一天君主的德行，这是霍光的不幸，然而又值得庆幸的是又选择出了汉宣帝那样有贤德的皇帝。况且，霍光是在废掉昌邑王刘贺之后才开始在民间找到宣帝的，并不曾事先拥戴宣帝而后才废掉昌邑王。邓太后以一介女主临朝称制，以庸碌无为的邓骘作为辅佐，生杀予夺大权操纵在自己手中，只根据自己的意愿而授以皇位，亵渎君臣伦理，轻侮神器（指皇帝之位），对这样的人，君子必定诛杀而不予宽赦。邓太后死后，汉安帝的乳母王圣、小黄门李闰则乘机弄权乱政。难道由于汉安帝不是称职的君主，就可以说邓太后有先见之明而其本心是为了安定社稷吗？

然而，考察王圣、李闰之所以能够蛊惑安帝并得以实现其野心，究竟是谁使他这样做呢？汉安帝已做了十五年合法的天子，仍然自身难保，朝廷大臣也没法挽救他，职位低微的小臣越位替他鸣冤却被置之死地，除了身边的乳母、宦官，他又能够依靠谁呢？被夺去皇帝之位的侮辱，是与其自身的死亡紧密相连的，如果不是自身具备超凡才德的人，能够反躬自省、发愤自强以逐渐消除内患，那么要想使自己免于一死并巩固其地位，又哪里顾得上去挑乳母、宦官的错，而不把他们看作是自己的恩人呢？宦官之祸最终导致了汉朝的灭亡，正是从宦官李闰、江京开始的，而实际上汉安帝是在邓太后的反向刺激之下，才拉拢重用这些宦官的。

本事：《资治通鉴》卷五〇《汉纪四十二·安帝》，建光元年（121）。

一五　刑乱国，用重典

建元中，守相坐赃，禁锢二世。刘恺以谓“恶恶止其身，《春秋》之义，请除其禁”，持平之论也。抑《书》曰：“刑乱国、用重典。”从重以挽极重之势，施之乱国，亦讵不可哉？

人之贪墨无厌、罪罟不恤者，岂其性然？抑其习之浸淫者不能自拔也。身为王臣，已离饥寒之苦，而渔猎不已，愚之不瘳（chōu），何至于是！斥田庐，藏珠玉，饰第宅，侈婚嫁，润及子孙，姻亚族党艳称弗绝，则相尚以迷，虽身受欧刀而忘之矣。妻妾子女环向以相索，始于献笑，中于垂泣，终则怨谪交加而无一日得安于其室；则自非卓然自立者，且求徽纆丛棘之不加于身，勿宁他日之系项伏锧以偷免于旦夕也。一行为吏，身为子孙之仆隶，驱使死辱而莫能逃，乃伏法以还，彼且握爵衔宪，施施自得，不复忆祖父之惨伤。呜呼！孱柔者内逼于淫威，甚于国宪，亦大可矜也已！

故贪墨者，其人也；所以贪墨者，其子孙也；拔本塞源，施以禁锢之罚，俾得谢入室之遍谪，亦讵不可哉？为子孙者，虽拥肥畀立，而士类弗齿；即甚不肖，忘情仕进，然世胄耻与为婚姻，人士羞与为朋侣，守令可持法以相按治，仇怨可抗颜以相报复。则子孙先怵，妻妾内忧，庸谨之夫，亦可借手以寡怨于百姓。则非但弭生民之蠹贼，且以旌别善类，曲全中材，而风俗亦由之易矣。

恶恶止其身，非此之谓也。三代世禄，士不忧贫，虽贪而无为子孙计者，先世之泽，不可自一人而斩也。

【译文】

东汉安帝建光年间（121—122，原文所载“建元”乃西汉武帝年号，误），凡是郡守、诸侯国相犯贪污罪的，都要被判处禁锢，两代人不得出仕为官。大臣刘恺认为“憎恶犯罪之人仅限于当事人自身，不宜牵连与其相关的其他人，这是《春秋》的微言大义，因而请求废除禁锢两世的禁令”，这是公正持平的言论。但《尚书》（当为《周礼·秋官·大司寇》）中又说：“要治理混乱的国家，必须用严厉的刑罚。”从重惩处犯罪以便挽救国家所处的极其严峻的形势，由此而言，对贪赃官吏禁锢二世的禁令，在形势混乱的国家施行，难道不可以吗？

人们贪得无厌而不顾忌法网严酷的行为，难道是他们的天性如此吗？或者是他们在长期的败坏风习中耳濡目染而不能自拔。身为君主之大臣，已经脱离了饥寒之苦，却依然对百姓掠夺不已，这些人的愚蠢不可救药，为什么会到这样的地步？他们扩展其田地房舍，收藏珍珠美玉，装饰自己的宅第，在婚嫁礼仪中奢侈无度，使得自己的子孙也跟着受益，姻亲乡党也都称赞和羡慕不绝，于是他们彼此推崇以至于心志迷乱的地步，即使招致杀身之祸，也早忘到九霄云外去了。妻妾儿女环绕左右不断地求索财物，开始时对他讨好献笑，如其不给就大哭大闹，最终导致全家都怨恨他，责备交加，使他不能在家安生地待上一天；那么，如果不是一个卓越的、有主见的坚决不愿招惹牢狱、刑罚之灾的人，就会宁可有朝一日被五花大绑押赴刑场斩首，也不如求得一时的苟且偷安。这样的人一旦做了官吏，就会成为子孙的仆人、奴隶，即使被他们驱使受到侮辱甚至处于被杀死的境地也不能逃脱，然而等到认罪伏法以后，他们的子孙重新掌握了大权，口衔天宪，扬扬自得，再也记不起来祖父、父亲所受的惨痛遭遇了。唉！性格懦弱的官员，在家内为其家人的淫威所逼迫，要远比国家法律对他们的约束还严重，这也太令人感到可怜啊！

所以，虽然贪赃枉法的是官吏本人，但他们之所以贪赃枉法，则是为了其子孙。想要铲除和杜绝贪赃的根源，对贪赃枉法的官员的子孙也进行禁锢，使他们在家中群起指责不肯贪赃枉法的官员而付出相应的代价，又有什么不可以的呢？作为被禁锢的官吏子孙，即使腰缠万贯而傲视别人，士人也会瞧不起他们；如果是贪赃官吏非常不肖的子孙，不顾廉耻踏上仕途，那些世家大族也会耻于和他们联姻，一般士人也以与他们交朋友为耻，地方郡守、县令可以依照法律惩治他们的罪行，他们的仇人也会严正不屈地进行抗衡，甚至趁机报复他们。如此，这些官员子孙就首先感到害怕，妻妾内心也感到担忧，平庸谨慎的官吏，也可以以此为借口减少与百姓结怨。那么不但可以消弭残害百姓的蠡贼，而且还可以借此区别、表彰品行良好的官吏，保全中等才德的官吏，这样一来，社会风俗就会因此而得以改变。

所谓的憎恶犯罪之人仅限于当事人自身，并不完全是上述这些情况。夏、商、周三代的时候，实行世卿世禄制，贵族世代享有爵禄，士人不用担心贫困，即使贪婪也并不是为子孙考虑的，因为其先世的恩泽，并不会由于某一个子孙犯罪伏法而被断绝，他的子孙仍然可以世袭为官。

本事：《资治通鉴》卷五〇《汉纪四十二·安帝》，建光元年（121）。

一六　公辅之职的名实权道

治天下之纲纪，非徒以其名也。其实在，其名虽易，纲纪存焉。其实亡，其名存，独争其名，奚益哉！

宰相之任，唐、虞之百揆合于一，周之三公分于三；其致治者，非分合之为之，君正于上，而任得其人也。其合也，位次于天子；其分也，职别于专司。然而虽分，必有统之者以合其分。要因乎上所重，而天下之权归之。天子孚以一心，而躬亲重任，唯待赞襄则一也。自汉以后，名数易而权数移，移之有得有失，论者举而归功过于名；夫岂其名哉？操之者之失其实，则末由以治也。

西汉置丞相而无实，权移于大将军；故昌邑之废，杨敞委随，而生死莫能自必。东汉立三公而无实，权移于尚书；故陈忠因灾异策免三公，上书力争，言选举诛赏不当一由尚书。两汉之异，丞相合而三公分，然其权之上移于将军、下移于尚书同也。晋之中书监，犹尚书也。唐之三省，犹三公也。宋以参知分宰相之权，南宋立左右相，而移权于平章。永乐以降，名为分任九卿，而权归内阁。或分或合，或置或罢，互相为监，而互相为因。

若其所以或治或乱者，非此也；人不择则望轻，心不孚则事碍，天子不躬亲，而旁挠之者，非外戚则宦寺也。使大将军而以德选，则任大将军可矣。使尚书中书而以德进，则任两省可矣。丞相三公其名也，唐、虞、殷、周不相师也。惩权奸而分任于参知，下移于内阁，恶在参知内阁之不足以擅权而怀奸也？上移于大将军，而仅以宠外戚；下移于内阁，而实以授宦寺；岂其名之去之哉？实去之耳。天子不躬亲，而日与居者，婢妾之与奄腐；不此之防，徒以虚名争崇卑分合之得失，亦末矣。

为公辅争名不如争实；其争实也，争权不如争道；非励精亲政而慎选有德，皆末也。荧惑守心而翟方进赐死，地震而陈褒策免，其时独无天子乎？

【译文】

治理天下的纲纪，并不仅仅只图其名。其实若存，其名即使变易，纲纪仍然存在。如果其实已亡，其名虽存，那么独争其名，又有什么好处呢？

宰相一职，在上古唐尧、虞舜时期由百官合而为一，周代的三公（司徒、司马、司空）又将宰相之权一分为三；然就其使天下达到太平安宁而言，并不在于职权的分与合，在于君主立于朝廷施行正道大义，而宰相之职得到合适的人选。就其职权合起来说，地位仅次于天子；就其职权分开来说，其职掌又不同于其他的专门机构。然而即使其职权分散开来，也一定有人把这些分散的职权统一聚合在一起。关键的是得到天子的重视，而天下的权力就会全部归于宰相。天子一心一意地给予信任，并亲自担负起治理天下的重任，等待辅佐大臣的赞襄，在任何时代都是一致的。自从汉代以后，宰相的名称经过几次变化，权力也几次被转移，这种权力的转移有得也有失，评论的人都把得失的功过归于名称的变化。难道真的是因为名称的变化吗？有宰相之名的人失去其实权，那么国家的政事就无从得到治理了。

西汉武帝以后，设置了丞相却没有实权，实权转移到了大将军手中；所以昌邑王刘贺被废时，作为丞相的杨敞只能顺从大将军霍光的意志行事，而且连自己的生死也做不了主。东汉设立三公却没有实权，实权下移到尚书手中，所以陈忠上书不能因灾异的出现而轻易免去三公之职，据理力争，认为选拔人才、惩罚奖赏之事不能全部由尚书来决定。两汉宰相的不同之处是，西汉丞相合而为一，东汉则分为三公，然而他们的权力，西汉时丞相的权力上移到大将军手中，东汉时三公的权力下移到尚书手中，在丧失权力这一点上则是相同的。晋代的中书监，就像是汉代的尚书。唐代的三省（指中书省、门下省、尚书省），就像是汉代的三公。宋代以参知政事为副宰相分割宰相的权力，南宋又设立左右丞相，而权力却转移到平章军国重事的手中。明成祖永乐年间（1403—1424）以后，名义上把丞相之权分于九卿，而实际上权力却归于内阁。总的来说，历代宰相的职权有时分有时合，有时设置有时废除，既互相借鉴，又相互因袭。

至于国家政事之所以有时大治有时混乱，并非因为宰相制度的变化；如果宰相的人选不合适，则其威望就轻，不能令人信服，政事就处理不好；如果天子不亲自处置，那么在一旁阻挠的人不是外戚就是宦官。假如大将军其人是以德行选拔充任的，那么将权力赋予大将军还是可以的。如果尚书令、中书令其人也是以其德行选拔充任的，那么将权力赋予尚书省、中书省也是可以的。丞相、三公不过是名义罢了，上古时代的唐尧、虞舜、殷朝、周朝也并未相互仿效。后代吸取权臣擅政的教训，分割宰相之权于参知政事，或者下移其权力于内阁，又怎么知道参知政事和内阁大学士就不会心怀奸诈而专权擅政呢？汉代相权上移到大将军手中，仅仅是因为宠信外戚；明代相权下移于内阁，而实际上却授予了宦官。难道仅仅是把宰相的名义丢掉了吗？其实是把实权也丧失了。天子不躬亲国事，而整天和他相处在一起的就是嫔妃和宦官；如果对这两种人不加防范，只是以虚名来争论尊卑分合的得失，也仅仅是抓住了末节而忘记了根本。

所以，为三公、宰辅大臣争名不如争实；在争实的过程中，与其争执政之权不如争治国之道。如果君主不能励精图治、亲理政务而慎重选择有贤德的人充任三公、宰辅之职，那么这些争名争实都是无关紧要的细枝末节罢了。

西汉丞相翟方进因为出现荧惑守心的天象而被汉成帝赐死，东汉司空陈褒因为京师地震而被罢免了职务，难道唯独当时没有天子吗？

本事：《资治通鉴》卷五〇《汉纪四十二·安帝》，延光元年（122）。

一七　仕进以公道，不以私恩

周之进士也，虽云乡举里选，而必贡自诸侯与卿大夫；非诸侯与卿大夫，未有能达于天子者也。已而大夫执政，士之仕也，必于大夫；非大夫，未有能达于诸侯者也。汉之辟召自州郡，非州郡，未有能达于三公者也；非三公，未有能达于天子者也。魏、晋之选举，中正司九品之升降；非中正，未有能达于吏部者也。隋设进士科，而唐以下因之，益以明经、学究、童子诸科，与太学上舍之选，学校岁贡之士；逮及任子掾吏，皆特达而登仕籍；士无不可自达于天子。而犹有依附权门、失身匪类、堕其名节者，此尚何所委咎哉！

周末之政在大夫也，圣门之贤，亢志陋巷，颜、闵而已；冉有之失身季氏，子路之失身孔悝，夫岂有康衢之可由而趋邪径哉！士之仕也，犹农夫之耕也；无畇（yún）畇之隰，则阪田虽确，而不能已于藨蓘（biāo gǔn）。故自隋以上，清直端洁之士，限以地，迫以时，失身于荐辟之匪人，而不免于公论之弹射，士之不幸也，古之不今若也。

杨伯起之刚方，而谮之者以邓氏故吏为其罪；邓骘辟震，而震不能辞，时使然也。崔瑗之持正，欲说阎显立济阴王，不能见显，因陈禅以进说，禅不代达，犹以显累，终身被斥；瑗受显之辟召，而不能辞，时使然也。夫二子皆有求、路不可夺之节。而浮云之翳，白日减辉。自非蛰龙屈蠖（huò），学颜、闵而终潜德，遭世末流，亦将如之何哉！

后世贡举法行，举主门生虽有不相忘之雅，而一峰之于南阳，念庵之于江陵，抗疏劾之，而不以为嫌。然且有别托蹊径以呈身邪党者，使当晋、汉以上，其不为郗虑、贾充之躬任弑逆者几何也？览伯起、子玉之始终，为之深悼，而士可以不恤其身哉？

【译文】

周代选拔人才，虽然说是乡举里选产生的，但必须出自诸侯与卿大夫的推荐；如果没有诸侯、卿大夫的推荐，就不能到达天子面前。此后，大夫执掌国政，士人要想入仕，必须经过大夫的推荐；如果没有大夫的推荐，士人就不能到诸侯国君面前。汉代征辟人才，都来自州郡长官的推荐，没有州郡长官的推荐，士人就不能得到三公的征辟；没有三公的推荐，就不能得到天子的任用。魏晋选拔人才，以大小中正来掌管九品人才的升降；如果没有中正的推荐，士人就不能得到吏部的任用。隋朝开始设立进士科，唐代以后历代都沿袭这一制度选拔人才，又增加了明经科、学究科、童子科等科目，与太学的上舍选拔人才、学校岁贡国子监生员，共同组成了选拔官吏的制度；至于任子制（官员子弟保荐授职）和掾吏制（官府属吏征辟入仕），都是一下子登上仕途，获得仕籍；士人通过上述的选官途径，没有不可以自达于天子而得到任用的。即便如此，依然还有依附权门、失身匪类、丧失名节的人，他们还能把责任推卸给谁呢？

周朝末年，由大夫执掌各诸侯国政，孔子门下的贤人中，能够身处陋巷而坚守高尚节操和志向的，只有颜回、闵子骞两人而已；冉有失身事奉季孙氏，子路失身事奉孔悝，难道明明有宽阔平坦的道路可以通行而非要走邪路不行吗？士人踏入仕途，就像是农夫耕田种地一样；如果没有地势平坦、整齐湿润的田地，那么山坡上的田地即使比较瘠薄，也不能不辛勤劳作而不得休息。所以，隋朝以前，清廉正直、端正高洁的士人，由于受地域的限制，时间紧迫，失身于那些能够推荐他们的奸佞小人，而不免会被公论所批评和指责，这是那个时期士人的不幸，古代的士人不如今天的士人自由。

东汉杨震（字伯起）刚直不阿，而诬陷他的人把他曾经做过外戚邓氏的故吏当作其罪过。邓骘征辟杨震，杨震不能推辞，当时的情况下只能作出这种抉择。崔瑗（字子玉）秉持正道大义，想请外戚阎显劝阻废太子为济阴王，因为见不到阎显，就让长史陈禅转达自己意见，陈禅虽然没有替他转达，但他还是受到了阎显的牵连，终身被禁锢不得为官；崔瑗接受阎显的征辟，而不能推辞，也是当时的情况所决定的。这两个人都有像冉有、子路那样的不可被剥夺的节操，却因为浮云的遮蔽，致使太阳的光辉减弱。如果士人自身不是蛰伏的龙蛇、屈身的尺蠖，学颜回、闵子骞而终身隐居，使其美德不为人知，那么遭遇王朝末期的险恶世道，又将会怎么样呢？

后代施行贡举之法，推荐人与门生即使有不相忘的雅意，但像明朝的罗伦（号一峰）对于李贤（南阳邓州人），吴中行（号复庵，原文指罗洪先，号念庵，有误）对于张居正（湖北江陵人）那样，以门生身份而上疏弹劾其座师，也不会有所避嫌。然而即便如此，尚且有为了走捷径而委身于邪党的人；如果使他们处在汉晋时期，他们中能不做像郗虑、贾充那样亲自参与篡逆、弑杀君主的人又有几个呢？纵观杨震、崔瑗的一生，为他们感到深深的悲哀，作为士人能不顾惜其自身名节吗？

本事：《资治通鉴》卷五〇《汉纪四十二·安帝》，延光三年（124）。

一八　不仁不祥，家国难保

人之至不仁而欲赖以为宠，人之至不祥而欲附以为援，天下之至愚，成天下之大恶，终陷天下之大刑，其能免乎？

人主即至愚且忍，未有不欲其子为天子者也。其或有所废者，必有所立，类皆私嬖妾、宠庶孽，而要亦授于其子。安帝仅一子尔，旁无孽庶，年甫十岁，性犹婉顺，而惑于宦寺，忍弃之钟下，而不恤己之无苗裔，此诚古今之至不仁者矣。奄人之祟恶也，毒螫善类，攻异己以行私尔。即至伤及元良，如伊戾、赵高之为，亦阴有攀附，仍不舍其君之子，而但逞于一时。王圣、江京、樊丰之琐琐怀忿于王男、邴吉，而怨及国本，吾君仅有一子，而敢摧折以濒于死亡，此诚天下之至不祥者矣。而耿宝无知，丧心失志，徇至不祥之人，行至不仁之事，惑古今至愚至忍之安帝，赖其宠禄，而附险毒之奄妾以为援；帝死未寒，宝先死于阎显之手，与圣、丰而俱烬。呜呼！不可与为父子者，必不可与为君臣。不可与为君臣者，必不可与为朋友，宝也、显也、京也、丰也，歧首之蛇，还自相噬，而阎后亦因以毙。[按顺帝虽纳周举之谏，复朝阎后，而数日后阎后辄崩，其死于见迫可知，史讳言之耳。]不仁之尤，不祥之甚，未有能终日者也。刘授、刘熹、冯石之为三公，缄默不言，辱人贱行，身逸铁钺，而耻心荡然矣。

【译文】

对于天下最不仁的人，却想要依赖他并受到宠信；对于天下最不善的人，却想要攀附他并作为奥援。这是天下最愚蠢的人，也必将酿成天下最大的罪恶，终究会身陷天下最严酷的刑罚，难道还能幸免吗？

作为君主，即使愚蠢、残忍达到极致，也没有不想让自己的儿子做天子的。虽然君主有时也会废掉所立的太子，但一定另有所立，一般都是宠幸的妃子所生的庶子，但关键是皇位仍然传给了自己的儿子。汉安帝仅有一个儿子，没有其他的庶子，太子刘保年近十岁，性情还算是柔和温顺，但安帝却为宦官所蛊惑，居然残忍地把他废黜为济阴王，把他发落到德阳殿西钟下，而不顾自己没有其他后代，这确实是古往今来所没有过的最不仁的行为。宦官推崇恶人，毒害善类，也不过是攻击自己的异己势力，以此来实现其野心和私欲罢了。就是伤害到了太子，如伊戾、赵高的所作所为，但他们暗地里也仍然有所攀附，仍然不舍弃君主的儿子，而只求逞其一时的快意。王圣、江京、樊丰这些人，猥琐卑微地对太子身边的乳母王男、厨监邴吉怀恨在心，竟然将这种怨恨波及太子这一国家的根本，汉安帝仅有这么一个儿子，他们却敢把他推下皇太子的宝座，并把他折磨到濒于死亡，这真是天下最为不善的人了。而外戚耿宝毫无见识，丧心失志，居然顺从这些天下最为不善的人，做出了天下最为不仁的事，蛊惑古今以来最愚蠢、最残忍的安帝废掉太子，以此来巩固自己的权势和利禄，而攀附险恶歹毒的宦官、后妃，作为自己的奥援。安帝死后，尸骨未寒，耿宝就先被阎显处死，与王圣、樊丰同归于尽。唉！不能与其做父子的人，必定不能与其做君臣；不能与其做君臣的人，也必定不能与其做朋友。耿宝、阎显、江京、樊丰这些人，就如同身长几个头的蛇一样，自相残杀，而阎太后也因此而毙命。[按：汉顺帝虽然采纳了周举的谏言，重新朝见阎太后，但几天之后阎后就去世了。

由此可见她的死是被迫的，只是史书上讳言此事罢了。］天下最为不仁的人，天下最为不善的人，最终都没有好下场。刘授、刘熹、冯石三人身为三公，却对此缄默不语，他们可耻的人格、卑贱的行径，虽然侥幸逃过了杀戮之刑罚，但其廉耻之心早已荡然无存了。

本事：《资治通鉴》卷五〇《汉纪四十二·安帝》，延光三年（124）。

卷八

明人绘《帝鉴图说》中的汉灵帝刘宏画像

【题　解】

本卷评论东汉后期历史，分顺帝、桓帝、灵帝三目，共三十七则。

汉顺帝刘保（115—144）在位十九年，社会危机加深，外戚、宦官势力膨胀，王夫之选择六个问题加以评论。首先提出天下不治的原因，是大权转移到女宠、宦寺、奸佞之手，造成“有君无臣”的局面。其次，通过分析李固、梁商处置交趾、匈奴之乱，总结历代中原王朝应对边疆叛乱的策略是“畜有余以待天下”，首重安抚，“乘城固守，以待其衰”；相反，应对内部叛乱则不宜使用安抚、招降之策，而须剿除务尽，以绝后患。

汉顺帝死后，幼子刘炳继位而夭，是为冲帝；接着质帝刘缵又为外戚梁冀毒杀；桓帝刘志（132—167）在位前期，形同傀儡，其联合宦官单超等诛灭梁氏亲政后，骄奢淫逸，朝政混乱，王夫之选择十三个问题加以评论。对卖官鬻爵、搜刮民众的倒行逆施予以尖锐批评，认为东汉之亡，“母后、外戚、宦竖操立主之权，以持国柄而乱之”，“祸始于桓、灵，毒溃于献帝”。对于党锢之祸，在肯定党锢之士忠诚与操守的同时，指出其斗争策略舍本攻末，不能纠君心之非、除巨奸祸本。至于对匈奴、西羌的军事胜利，不仅不足以图存，反而加速其灭亡，故“国恒以弱灭，而汉独以强亡”，独具只眼。

灵帝刘宏（156—189）由外戚窦氏扶立，在位二十二年，委政宦官，打击士人，鱼肉百姓，导致黄巾起义、军阀割据，王夫之选择十八个问题加以评论。首先指出东汉“亡于置君”，窦武、陈蕃所立非君、所托非人，包括后来的朱儁、卢植、王允，皆不足为社稷之臣；而孙坚谋诛董卓、王芬与何进杀宦官均非根本之计，只能加剧混乱局面。从灵帝喜好文学，招引文赋之士，导致士风日下，结合后世科举取士，主张华实并茂。至于黄巾起义以道教相号召，结合后世佛、道蛊惑民心，指出与此相较，汉代的谶纬灾异之异端邪说盛行才是祸乱的根源。

顺帝

一　有君无臣，汉衰不复

惜天下之不治者，曰有君无臣。诚有不世出之君矣，岂患无臣哉！所谓有君者，君在中材以上，可与为善，而庸谫（jiǎn）之臣，无能成其美而遏其恶也，则顺帝是已。帝之废居西钟下也，顺以全生，群奸不忌，非不智也。安帝崩，不得上殿亲临，悲号不食，非不仁也。孙程等拯之危亡之中而登天位，一上殿争功，而免官就封，不使终持国政，非不断也。谅虞诩之谏逐张防，听李固之言出阿母，任左雄之策清吏治，非不明也。樊英、黄琼、郎顗公车接轸，纳翟酺之说，广拓学宫，非不知务也。使得丙吉之量，宋璟、张九龄之节，韩琦之忠，姚崇、杜黄裳之才，清本源，振纲纪，以纳之于高明弘远之途，汉其复振矣乎！而桓焉、朱宠、朱伥之流，皆衰病瓦全，无生人之气，涂饰小康，自寡其过，不能取百年治乱之大端谨持其几。而左雄、虞诩因事纳忠之小器，遂为当时之杰。区区一庞参，为时望所归，乃悍妻杀子于室而不能禁，本已先缺，而求物之正，必不能者；盈庭物望，遽尔归之，则其时在位之人才，概可知已。帝德不终，而汉衰不复，良有以也。

夫岂天于季汉之世吝于生才哉！才焉而不适于用，用焉而不尽其才者多矣。而其故有二：摧之，激之，成于女谒、宦竖、佥人之持权者则一也。女谒、宦竖、佥人互相起伏，此败彼兴，而要不出于其局。其摧焉而不克振者，仰虽忧国，俯仰恤己，清谨自持，苟祈免于清议，天下方倚之为重，而不知其不足有为也，则桓焉、朱伥之流是已。[近世叶福清、贺江夏以之。] 其激焉而为已甚者，又有二焉：一则愤嫉积于中，而抑采草野怨讟之声以求快于愚贱，事本易而难之，祸未至大而张之，有闻则起，有言必诤，授中主以沽直之讥，而小人反挟大体以相难，则李固、陈球之徒是也。[近世谏臣大抵如是。] 一则伤宿蠹之未消，耻新猷之未展，谓中主必不可与有为，季世必不可以复挽，傲岸物表，清孤自奖，而坐失可为之机，则黄宪、徐穉、陈寔、袁闳之徒是也。［唐宋以下无其人矣。］激而争者，详于小而略于大，怒湍之水，不可以行巨舟。激而去者，决于弃世而忍于忧天，环堵之光，不可以照广野。呜呼！若是者，皆非不可康济之才，而不终其用，由来久矣，岂一旦一夕之故哉！故虽有可与为善之君，而终无与弘奖而利成之也。

悲夫！大权移于女谒、宦竖、佥人，则主虽明，臣虽直，相摧相激以贻宗社生民之祸，不可谓无君，抑不可谓无臣，而终不可谓有臣也。此今古败亡之所以不救也。

【译文】

痛惜天下不能得到大治的人，都认为是由于有君无臣。假如真是有英才盖世的明君，难道还担心没有贤臣吗？所谓有君，就是指君主的才干中等偏上，如有贤臣辅佐可以成就一番事业，而平庸浅陋的臣子对于这样的君主，既不能辅佐其充分发挥才干，也不能遏止其为非作歹。汉顺帝就是典型的例子。顺帝在做太子时，被奸臣陷害，被废除太子称号，居住在德阳殿西钟下，韬光养晦，苟且偷生，没有再引起奸臣的忌恨，这不能说他没有智慧。安帝驾崩以后，顺帝被奸臣阻挠不能上殿亲临守丧，悲痛号哭、不饮不食以寄托哀思，这不能说他不仁义。宦官孙程等人把他从危难之中解救出来，并辅佐他登上皇帝宝座，而孙程等一旦上殿争功，顺帝不徇私情，罢免了孙程的官职，并让他回到封地，不让他专擅朝政，这不能说他没有决断。顺帝原谅了司隶校尉虞诩的犯颜直谏，贬斥中常侍张防，能听从大臣李固的谏言让乳母宋娥搬出皇宫，能采纳尚书令左雄的策略整饬吏治，这不能说他不英明。他能礼贤下士，用公车接连征辟樊英、黄琼、郎顗等名士，采纳光禄大夫翟酺的建议，广开学校，扩大太学的规模，这不能说他不识时务。像顺帝这样的君主，若是得到像西汉丙吉，唐代宋璟、张九龄，宋代韩琦，唐代姚崇、杜黄裳的辅佐，以他们的度量、气节、忠诚、才干，正本清源，重振纲纪，把国家纳入高明宏远的发展轨道，汉朝说不定就会复兴了吧！然而遗憾的是，顺帝的辅臣桓焉、朱宠、朱伥之流，都是些体衰多病，宁为瓦全，不为玉碎，毫无振作精神的人，他们只会粉饰太平，掩盖过失，不能抓住百年来国家治乱兴衰的关键所在，从而谨慎地把握和维持朝廷政务的运行。至于左雄、虞诩这些只是根据事情的发展献纳忠心而无大作为的人，就成了当时的豪杰。区区一个庞参，在当时也是众望所归的人物，而他凶悍的妻子在家中杀死其前妻所生的儿子，他却不能禁止。像这样的人，其自身为人处世的根本已经缺失了，却要别人都恪守正道大义，肯定是不能成功的。整个朝廷中的人望，就这样骤然归于庞参这样的人物，那么当时身处高位的人才，其真实的德才水准也大概可以想见了。顺帝之所以不能善始善终，汉室之所以终于衰落而不能重振，确实是有原因的。

难道是上天到了东汉末年就特别吝啬而不愿多出人才

吗？其实并非如此，关键是这一时期有才干的人无用武之地，被任用的人又不能充分发挥其才干，这样的事太多了。之所以如此，原因有二：一是人才被摧残，二是人才受阻遏，而这又都是由于女宠、宦官、奸佞小人把持政权造成的。东汉末年，女谒、宦官、奸佞此起彼伏，此败彼兴，而国家大权始终掌握在他们手中。那些遭受过打击而又不能振作的人才，虽然对上也忧心国家兴亡，但对下也体恤自己。他们虽然还能保持清廉谨慎的节操，以祈求免遭朝野舆论的褒贬，当要倚重他们来担负天下使命的时候，却不知他们其实并不足以有所作为。顺帝时的桓焉、朱伥等就是这一类的人物。［近代的内阁辅臣叶向高（福建福清人）、贺逢圣（湖广江夏人）也是这样的人。］那些遭受过分阻遏挫折的人，又可以分为两类：一类人是把对奸佞小人的深恶痛绝蓄积于心中，到处搜集反对奸佞之人的呼声，然后公开发表以求得愚昧卑贱之人的欢呼，结果事情本来很容易却说成很艰难，祸乱本来还处于萌芽状态却预先大张旗鼓地公开化、扩大化。他们听到一点风声就起来，有话必定谏诤而后快，结果让具有中等才德的君主抓住了他们想获取耿介正直之名的把柄，而奸佞小人反而挟持国家大体来压制他们，李固、陈球就是这类人。［近代的谏官也大都如此。］另一类人是对积重难返的弊政尚未消除而耿耿于怀，而对自己新的宏图大业难以施展而觉得羞耻，从而认为具有中等才德的君主必定难以与其有所作为，汉室气数已尽难以扶大厦于将倾，于是狂傲轻世，孤芳自赏，从而失去了大有作为的机会。黄宪、徐穉、陈寔、袁闳等就是这样的人。[唐宋以后就没有这样的人了。]遭受挫折后奋起而争的人，拘泥于小节而忽略了大端，就像是湍湍急流，不能行大船一样，难以成就大事。遭受摧残、阻遏后退却的人，决心弃世归隐而又容忍自己忧国忧民，就像是四面高墙围着的火光一样，难以照亮广袤的田野。唉！像上述这些人，都不是不能成为济世之才，而他们的才能不尽其用，这种情况也是由来已久了，难道是一朝一夕形成的吗？所以，虽然有臣子可以辅佐其成就一番大事的君主，而没有贤明大臣的辅佐，最终也难勉励士人得以成就一番大事。

令人痛心的是，国家大权转移到女谒、宦官、奸佞小人的手中，那么君主虽然英明，大臣尽管耿直，他们也会相互摧残、阻遏，给宗庙社稷和庶民百姓带来无穷的灾祸。像这种情况，不能说是无君，也不能说是无臣，然而最终不能说是有臣，如有贤臣辅佐具有中等才德的君主，绝不会出现这样的结果。这就是自古至今国家衰败灭亡难以挽救的原因。

本事：《资治通鉴》卷五一《汉纪四十三·安帝》，延光四年（125）。

二　限年四十举孝廉

左雄限年四十乃举孝廉，论者皆讥其已隘，就孝廉而言之，非隘也。孝廉者，尝为郡国之吏，以资满无过而举，亦中材之表见者尔；至于四十矣，所事非一，守相既无偏好之私，而练习民俗，淹通经律，兢兢焉寡过以无陨其名，超郡职而登王廷，岂患其晚哉！非然者，始试于掾曹，旋登于王国，倖途百启，猎进无厌，官常毁而狂狡者挠风化之原，是恶可不为之制乎！天子能举人而后可拔非常之士，天子能养士而后可登英少之人。孝廉之举，至于顺帝之世而已极乎陋矣，士之欲致贵显者，知有郡县而不知有朝廷也，知有请托扳附而不知有学术事功也，故黄宪之流，耻之如浼焉。塞其倖猎之捷径，尚多得之自好之中人，诸葛孔明、周公瑾英年早见，而知己者得之象外，岂孝廉之谓哉？

【译文】

尚书令左雄改革察举孝廉制度，规定年龄必须在四十岁以上才能被举荐为孝廉。议论的人都讥讽他的举荐范围太过狭隘，其实单就选举孝廉而言，这一范围并不算太狭隘。被举荐为孝廉的人，一般都曾做过郡或封国的属吏，因为资历已满又没有什么过错才得以被举荐，也都是具有中等才德的表现。至于年龄到四十以后，他们所事奉的郡守、国相不止一个，那些郡守、国相既无偏心好恶的私心，而这些孝廉又可以在任职期间体察民情风俗，精通经义和法律，只要兢兢业业地工作，少犯错误，不损害自己的名声，就可以超越郡国一级的职务而进入朝廷任职，难道还用担心太晚吗？如果不是这样，刚开始试用为属官吏员，很快就升职到王国任高级官员，他们觊觎升迁而使出各种手段，贪得无厌，导致官吏应当遵循的准则遭到破坏，更有一些狂妄狡猾之徒甚至毒化社会风气的本质，像这样的情况怎么能不从制度层面加以防范呢？天子只有先选举人才，然后从中再选拔出才干非同寻常的士人，天子能够涵养造就士人，然后才能进用其中英雄年少的人才。汉代察举制度中的孝廉一科，到了顺帝的时候已是弊端丛生，士人中凡是想要获取显贵名声的，只知道有郡县而不知道有朝廷，只知道有请托攀附以求进用而不知道还有学问和政绩，所以像黄宪这样清高的隐士，耻于与这样的人同流合污。堵塞这些人侥幸升迁、猎取功名的做官捷径，还可以从洁身自好的具有中等才德之人中选出，至于像诸葛亮、周瑜那样在年轻时就崭露头角的非凡大才，他们的知己、伯乐是以超越常规的方式发现他们的，难道是通过举荐孝廉这样的途径能够做到的吗？

本事：《资治通鉴》卷五一《汉纪四十三·顺帝》，阳嘉元年（132）。

三　马融乃名教之罪魁

言有似是而实非者，马融之对策是已。行其说，不足以救弊；而导其说，则足以蛊人心、毁仁义而坏风俗。融忧民之不足，而言曰："嫁娶之礼俭，则婚者以时矣。丧祭之礼约，则终者掩藏矣。”汉之季世，艳后尸政，寺人阿母，穷奢极侈以蠹国；私人墨吏，横行郡国以吮民；民之贫也，岂婚葬之糜之哉？融避而不言，而嫁其罪于小民区区未殄灭之孝慈，邪说诬民，充塞仁义，其他日附权门而献颂，拥绛帐而纵欲，皆此念为之也。

婚葬者，人事始终之大故，《记》言曰：“先王重用民财，而重用之于礼。”其以奖仁厚、崇廉耻之精意，岂褊夫陋人之所知哉？昔者殷之且亡也，昏姻之礼废，浮僻之行逞，茅束死麇可以诱女，而文王忧之；《关雎》之诗曰：“琴瑟友之，钟鼓乐之。”盛礼乐以宜淑女也。肃雍之车，秾如桃李，岂不节而乐以淫乎？崇闺门之廉隅，防野合之滥觞，故虽梅摽（biāo）盈筐，而不忧其失时。以失时者无损于《归妹》之愆期，而愆刲（kūi）羊无血、承筐无实之无攸利也。若夫丧祭，则岂君之忍禁其民、民之忍背死以求财之足者乎？家贫而厚葬，非礼也。喻贤者以俯就，使无以不备物为哀而伤其生也。士之禄入亦薄矣，而《士丧礼》之所记，衣衾紟绞、罂茵抗席、殷奠三虞之盛，不以贫而杀焉。唯夫嬴政之后，穷天下以役骊山，故汉文裁之以俭，以纾生人之急。然天子之俭也，自不至于土亲肤而伤人子之心，若士民则固弗禁也。墨氏无父，而桐棺之制，戕仁寡恩以牖民于利，孟子斥之为禽兽矣。罔极之恩，终天之一日，此而不用吾情，何所用吾情者？融不生于空桑，而欲蔽锢人子之恻隐，吝余财以畜妻子；融也，其能免于枭獍之诛乎？呜呼！此说行，而禽兽食人，人将相食，其伊于胡底也!

昏及时而弃礼，则赘壻不知耻，而年未及期者，且配非其类，以启淫乱。葬欲速而趋简，则旦在堂而夕在野，委骼荒崖，而野火狐狸灼啮其未冷之骨。其极也，竞相索而鬻色以自肥；惑术士之言，而焚割枯骸以邀富贵；利心一逞，何有终极！不知先王斟酌质文而轻财贿以全天性之至教为不可及也。融也，固名教之罪魁，无足数于人类者也，其何诛焉!

【译文】

有些话乍听起来似乎是有道理的，而实际上却是错误的，东汉经学家马融关于婚丧之礼应崇尚节俭的对策就是如此。如果他的对策得以推行，也不足以挽救当时败坏的社会风气；如果倡导他的学说，却足以蛊惑人心，毁坏仁义道德而最终败坏社会风气。马融忧虑民众财用不足，于是建议说："嫁女娶妻的礼仪节俭，那么结婚的人就不会因为财用不足而错过结婚时节。丧葬祭祀的礼仪简约，那么过世的人就会及时得以掩埋。"东汉末年，阎太后临朝听政却无所事事，宦官及皇帝乳母穷奢极欲，蠹害国政；依附权贵的贪官污吏横行地方、搜刮民脂民膏；百姓的贫穷难道是婚丧嫁娶浪费了太多钱财所造成的吗？马融对此避而不谈，而把百姓的贫穷归罪于尚存一点未曾泯灭的孝慈之心的小民身上，以此异端邪说诬陷百姓，堵塞仁义，而其本人又攀附权贵而向大将军梁冀进献《西第颂》，在高堂之上设置绛纱帐，前授生徒，后列女乐，恣情纵欲，都是这种念头导致的。

婚丧嫁娶是关系到人们一生的开始与终结的大事，《礼记》中说：“古圣先王非常慎重地取用百姓的财富，取用的财富也要慎重地使用在人生礼仪教化方面。”（三礼中无此原话，当为化用。）其精深意旨就是弘扬仁厚，崇尚廉耻，难道是那些庸俗浅薄之人所能认识到的吗？从前，商朝快要灭亡的时候，有关婚姻的礼仪都被废止，轻浮邪僻的行为盛行一些，拿一束茅草裹上一头死獐子就可诱骗到一个少女，而周文王当时对这种非礼行为非常担忧。《诗经·关雎》中说的“琴瑟友之”“钟鼓乐之”，意思是说要用隆重的礼乐，以合乎窈窕淑女的身份。《诗经·何彼襛矣》中所说的以庄严雍容的车子，再加上像桃李一样繁盛的装饰去迎婚，难道是没有节制而乐于太过隆重的礼仪吗？因为崇尚闺门少女端正不苟的品行，防止出现野合、私奔的现象，所以，虽然熟透的梅子落了一满筐（比喻女子都到了结婚的年龄），也不用担心失去婚配的时机。那些真正使婚姻失时的人也无损于像《周易·归妹卦》所说的男女婚配误期的情况，因为他们实际上是苦于宰羊无血、筐中没有落入果实，也就是无利可图。至于丧葬祭祀，难道君主就忍心禁止百姓举行这些礼仪吗？而百姓难道为了自己财富不受损失就忍心背弃逝去的亲人吗？家境贫困而对死者进行厚葬，是不合乎礼仪规范的。晓谕贤者让他们迁就对死者厚葬的风俗，让他们不要为葬礼所需物品不具备而感到悲哀，这是对生者的伤害。士人的俸禄收入也是很微薄的，而按照《仪礼·士丧礼》中的记载，装殓死者的衣服和单被、入殓时裹尸的束带、大腹小口的酒器、衬垫、墓穴中加于抗木上的韦席等用具，以及大祭和三次虞祭仪式的隆重，都不能因为家里贫穷而有所减损。只是到了秦始皇统一六国后，竭尽天下的人力物力在骊山脚下为其修建陵墓，所以到了西汉文帝时裁减葬礼用度，崇尚节俭，以解除压在生者身上的沉重负担。然而天子所讲的节俭，自然不至于不用棺椁就埋掉自己的父母而使为人之子者伤心，至于士人百姓自然没有这样的限制。墨翟提倡兼爱，无父无君，所以他提倡薄葬，以三寸桐棺就足以遮蔽遗骸的制度，戕害仁义，刻薄寡恩，从而把百姓引导到只知道蝇头小利的歧途上去，所以孟子痛斥这种无父无君的行为如同禽兽。父母无穷无尽的恩德，在他们去世的时候突然终结，此时不投入情感表达哀悼，那还要我们的情感干什么呢？马融并不是生于空桑之中，却想蒙蔽禁锢作为人子的恻隐之心，使其吝惜钱财以养活妻子儿女；像马融这样忘恩负义的人，难道能够逃脱枭、獍生食父母那样的惩罚吗？唉！马融的建议得以施行，不但禽兽吃人，人们自己也会自相残杀，这种现象到什么地步为止呢？

为了追求婚配及时而舍弃应有的礼仪，那么像赘婿这样的人也不会感到羞耻，而尚未达到适婚年龄的人，而且未能许配给合适人家的人，自会开启淫乱的祸端。为了尽快埋葬死者而使葬礼日趋简约，那么死者白天还在家中灵堂，晚上就被抛尸荒野，遗骸被丢弃于荒崖之上，而野火将会灼烧、狐狸将会撕咬其尚未冷却的尸骨。更有甚者，有些人竞相所求死者的尸骨以用作冥婚，出卖死者的色相以取利；有些人受到术士的话的蒙蔽，而焚烧或割袭先人的枯骨以求富贵；一旦利欲熏心，又有什么事做不出来！像马融这样的人，不明白古圣先王轻视财货而慎重斟酌婚丧礼仪的内容和形式的原因，在于把礼仪当作保全人们天性最好的教导，这种慎重是后人难以企及的。马融，本来就是败坏礼仪教化的罪魁祸首，不能视之为人类，又何必对他多加指责呢？

本事：《资治通鉴》卷五一《汉纪四十三·顺帝》，阳嘉二年（133）。

四　善用天下者慎用兵

善用天下者，恒畜有余以待天下，而国有余威，民有余情，府有余财，兵有余力，叛者有余畏，顺者有余安。不善用之，小警而大震之，以天下之力，争一隅之胜负，虽其胜也，以天下而仅胜一隅，非武也；疲天下而摇之，民怨其上，非情也；民狎于兵而玩兵，非所以安之也。区怜之乱，九真、交趾之小衅，而在廷者欲发荆、扬、兖、豫四万人赴讨，廷无人矣。微李固之深识，任祝良、张乔以单车而收万里之功，汉其危哉！

唯遣吏循抚而不加之兵，将使九真、交趾之人曰：吾之于中国，犹蟁蜹（wén ruì）之嘬也，置我于不足较，而姑使贤二千石以绥我也，不轨不顺，而仅与二单车之使抗，吾其如中国何哉！将使中国之人，坦然亡疑而私相语曰：九真、交趾犹蟁蝱（méng）之嘬也，一使者单车折之而已款服矣。天下固自定也，无有能摇之者也。使桀骜思逞之人，无所施其技击之勇，无所施其机变之巧，知弄兵而矜智勇，曾不如单车一使之从容而折万里之冲也。将使单车一使之威伸于万里，则浸假大臣殚谋于廷，大将奋扬于外，抑不知其荡涤之功何若；而天子之德威赫赫如是，则即有权奸，亦无敢生其心以尝试。故九真、交趾戢（jì）耳以听命，而天下晏然。

呜呼！枭雄之初起，未必即敢小视天下而睥睨之也；殚天下之力与争胜败于一旦，而枭雄之胆乃张，中国之情日苶（nié）。天宝之乱，始于云南之丧师；宋尽心力于西夏，而女直测其荏弱。一良吏制之有余者，合天下震惊以不足；以瓦注者以金注，未有不自乱者也。播州之巢穴初空，奢蔺之连兵遽起，朝鲜之救兵甫旋，辽沈之严关早失；廷无人而贪功者挠之，无余威无余祚矣。悲哉！

【译文】

善于治理天下的人，总是贮藏天下用不完的财富以应不虞之需，如此则国家有余威，百姓有余情，府库有余财，军队有余力，叛乱者心有余悸，归附者心有余安。而不善于治理国家的人，有一点小的警报就要惊动天下，举全天下全部的力量，去争夺一隅之地的胜负，即使取得了胜利，但倾天下之力而仅仅胜过了一隅之地，也算不上勇武有力；而且使天下疲惫不堪，动摇了国家的根基，百姓又怨恨官府，也算不上体恤百姓。百姓习惯于战争而把耍刀弄枪当作儿戏，这也不是安定百姓的办法。汉顺帝时，日南郡（今属越南）的区怜发生叛乱，九真郡（今越南清化、河静、义安三省部分地区）、交阯郡（今越南河内及其周围地区）的士兵也发生哗变，而朝廷中的执政大臣想要征发荆州、扬州、兖州、豫州四万人的军队前去讨伐，看来朝廷中可以说是没有贤明之人了。如果没有李固的远见卓识，任命祝良为九真太守、张乔为交趾刺史，两人皆不带兵而单车赴任，前往日南郡招抚，说服叛军投降，汉朝的天下就很危险了。

只派遣官员前去抚慰招降而不发兵征讨，九真、交趾二郡的人就会认为他们的叛乱对于中原王朝来说，就像是蚊子、蚋虫咬了人一样微不足道，朝廷根本不把他们当回事，而姑且派来具有贤德的二千石官员安抚他们，如果他们仍然坚持对抗不归顺朝廷，而仅仅与两位单车赴任的太守相抗衡，与中原王朝相比他们又算是什么呢？而在国内，民众也会对朝廷的强大安定坦然无疑，私下也会相互说道九真、交趾二郡的反叛就像是蚊子、虻虫在人身上叮咬一下一样微不足道，朝廷根本不把它当回事，派遣一位使者单车赴任，前往宣慰招抚，就足以使他们折服投降了。这样，天下就会自然安定，没有谁能够动摇得了。也使那些桀骜不驯、思谋逞强的人，无处施展其勇猛的武艺技能，无处施展其巧妙的权变计谋，认识到只知穷兵黩武、矜智夸勇，还不如单车赴任的一介使者能够从容地折冲万里、平定叛乱。也将使天下都知道单车赴任的一介使者的威力在万里之外的边疆得以施展，那么逐渐地，大臣殚精竭虑地谋划于朝堂，大将奋发扬威于疆场，也不知他们能建立多大的功勋；而天子有如此赫赫的德行威势，那么即使有那些把持朝政的奸佞之臣，也不敢萌生叛逆之心来侥幸尝试。所以说，九真、交趾二郡的叛乱者俯首听命于朝廷，而天下就安然无恙了。

唉！当一代枭雄刚刚崛起的时候，未必就立即敢于藐视天下而无所顾忌；一旦朝廷倾天下之力与其竞争输赢的时候，枭雄的胆量就会越来越大，中原王朝就会越来越感到疲惫不堪。唐玄宗天宝年间爆发的安史之乱，就开始于官军在云南吃了败仗，损失了很多军力；当北宋尽天下之力与西夏争胜负时候，金国的建立者女真族已清楚地窥测到宋朝的软弱可欺。一位好的官吏制伏叛乱就绰绰有余，非要惊动天下，倾天下之力却不足以解决。本来以瓦器作赌注就可以，却偏要用黄金作赌注，像这样的朝廷没有不因此而使自己军心大乱的。明代播州（今贵州遵义）杨应龙叛军的巢穴刚刚被清扫一空，彝族首领奢崇明在蔺州等地的割据叛乱便接踵而起，当援助朝鲜的军队刚刚凯旋班师的时候，辽东地区的险要关隘早已随着女真族的崛起而失守了；朝廷中无人筹划智慧的计谋，而贪功冒进的人又从中阻挠，国家没有余威，江山社稷也难以再长久维持。真是令人悲哀啊！

本事：《资治通鉴》卷五一《汉纪四十三·顺帝》，永和三年（138）。

五　攻守之势，因时而迁

梁商之策匈奴曰："良骑夜合，交锋决胜，夷狄所长，中国所短。乘城固守，以待其衰，中国之长，夷狄之短。"马续从其教令，而右贤王力屈而降，此万世之讦谟也。佛貍之强，而不能拔盱眙；完颜亮之众，而不能渡采石；其衰可待，躁者不能待而自败耳。故杨镐、王化贞之罪，死不偿责也。

若夫驱除之于盛极将衰之际，则又有异焉。守位者人也，聚人者财也，金粟足以相赡，而后守可以继。彼虽衰而犹承极盛之余，则彼且倚金粟之余以困我，与之相守而固不敌，则溃败也必矣。主者利于守，客者利于攻，主客无定，在因其时而迁。负荡平天下之大略者，尚其审此哉！

【译文】

东汉大将军梁商在谋划对付匈奴的策略时说："精锐的骑兵夜间集合，两军交锋争强决胜，这是夷狄军队的长处，中原王朝军队的短处。而凭借深沟高垒固守一城，以等待敌方的气势衰落，这是中原王朝军队的长处，夷狄军队的短处。”度辽将军马续听从梁商的这一教令，在与匈奴军队的决战中，使匈奴右贤王力尽而投降。这是值得中原王朝万世效法的宏远策略。以北魏太武帝拓跋焘（小字佛狸）强大的军事实力，却不能攻克一个区区的盱眙城（今属江苏）；以金废帝完颜亮所率大军的数量庞大，却不能从采石（今安徽马鞍山长江北岸）渡过长江。其衰弱指日可待，只是那些性急暴躁的人不能耐心等待而自寻其败罢了。所以，明朝经略辽东的将领杨镐、王化贞所犯下的罪过，即使他们以死殉国也不足以抵偿。

至于等待夷狄军队强盛到极点而将要由盛转衰的时候予以驱除，情况则又有所不同。守位者是人，能把人团结起来的是财富，只有金钱粮食供应充足，固守一城才可以维持下去。夷狄军队的气势虽已衰落，但仍然承继着不可争锋的余威，他们将会凭借其充足的金钱粮食保障以围困我方，与敌方相对峙的守城之战，固然难以匹敌，但其最终溃败却是必然无疑的。在两军的交战中，主方利于固守，客方利于进攻，主客关系并非固定不变，关键在于因时因地做出相应的变化。胸怀荡平天下雄伟抱负的人，对此需要审慎地加以选择。

本事：《资治通鉴》卷五二《汉纪四十四·顺帝》，永和五年（140）。

六　弭盗者慎勿轻言安抚

张纲单骑诣贼垒，谕张婴而降之，言弭盗者侈为美谈。

杨鹤、陈奇瑜、熊文灿遥慕其风，而祸及宗社。呜呼！孰知纲之为此，为梁冀驱之死地，迫于弗获已，而姑以谢一时之责者乎！纲卒未几，而婴复据郡以反，滕抚斩之而后绝，纲何尝能弭东南之盗哉！且婴降而马勉、华孟相继以蜂起，滕抚追剿净尽，而江湖始宁，则抚盗之为盗囮（é）审矣。

胥吾民也，小不忍于守令之不若，称兵以抗君父，又从而抚之，胜则自帝自王而唯其意，败则卑词荐贿而且冒爵赏之加，一胜一败，皆有余地以自居，而不失其尊富，桀猾者何所忌而不盗也？南宋之谚曰："欲得官，杀人放火受招安。"且逆计他日之官爵而冒以逞，劝之盗而孰能弗盗邪？

夫失业之民，随桀猾所诱协，尽俘杀之也，诚有所不忍；歼其渠魁，而籍其党与，以为边关之戍卒，则矜全其死命，已不伤吾仁矣。而使仍居其故地，则岂徒渠帅哉？失业之民，一染指于潢池，而乡党不齿，田庐不保，欲使之负耒而为戢顺之民，亦终不可得，是宁以抚求其永绥哉？改纪暴政，慎择良吏，而饬之以宽恤，以安未乱之民，而已乱者非可旦夕使顺也，弭盗者慎勿轻言抚哉！

均之抚也，祝良、张乔用之交阯而定，张纲用之广陵盗益猖，其术同而效异者，则又有说。蛮夷之寇边鄙，进为寇而退自有其田庐之可居，姻亚乡闾之可与处，则敛戢以退，而固不失其所，抚之斯顺矣。生中土为编氓，一行为盗，反而无以自容，使游泳于非逆非顺之交，翱翔而终思矫翮；抑且弭之豢之，宠而荣之，望其悔过自惩而不萌异志，岂能得哉？张纲者，以缓梁冀一时之祸，而不暇为国谋也，何足效哉！

【译文】

广陵太守张纲只身单骑前往叛贼张婴营垒之中，对他晓以利害祸福，最后使他率众归降朝廷。谈论安抚消弭盗贼的人都把这件事当作美谈。明朝末年的杨鹤、陈奇瑜、熊文灿都遥遥追慕张纲的胆略和风范，效法其事迹对农民起义军进行招抚，结果造成了殃及宗庙社稷的灾祸。唉！岂不知张纲之所以如此，也是被梁冀逼到了绝境，迫不得已的情况下，姑且如此行事来推卸一时的责任！所以，张纲死后不久，张婴等又重新占据广陵郡反叛朝廷。九江郡尉滕抚奉命围剿并斩杀张婴，祸根才告断绝，张纲又何曾能够消弭东南地区的盗贼呢？况且张婴投降之后，马勉、华孟又相继起来造反，滕抚将他们全部围剿消灭后，天下才得以安定，如此看来，安抚盗贼反而会使盗贼更加猖獗，这一点是很明白的。

都是我们的百姓，对郡守、县令的不善之举稍微有点不满，就起兵造反对抗天子，而朝廷又放纵他们的意志加以安抚，如果他们战胜了，就可以随心所欲地称王称帝，失败了就说些恭顺的话语、贿赂一定的财物以求得招抚，而且以欺诈的手段获得封爵和赏赐，一胜一败之间，都给自己留有生存的余地，而且还可以不失其富贵，因此那些桀骜不驯、奸诈狡猾的人还有什么顾忌而不做盗贼呢？南宋时，民间流传着一句谚语说："欲得官，杀人放火受招安。"谋反作乱的人将预计日后可以得到的官爵而冒险起兵叛乱，以求实现自己的野心，像这样鼓励人们做盗贼，又有谁能不愿意做盗贼呢？

那些失去生业的百姓，受桀骜不驯、奸诈狡猾之人的引诱和胁迫而为盗贼，如果将他们俘获后全部诛杀，确实让人有所于心不忍；消灭他们的首领，把所有参与的人都加以追查、发配到边疆地区做戍卒，这样既可以保全其命，也不伤害朝廷的仁义。如果仍然让这些盗贼的党羽居住在原籍，难道仅仅杀了盗贼的首领就可以了吗？失去生业的百姓，一旦被迫为盗贼，乡里的百姓就会歧视他们，甚至他们的田产庐舍也难以保住，要想让这些人重新背负农具去做一个老实顺从的良民，也终究无法办到。像这样的人难道能通过安抚保证他永远不再为盗贼吗？革除暴政，慎重选择善良的官吏进行统治，用宽厚体恤的政策对待民众，以安抚那些尚未参与叛乱的百姓，而那些已经参与叛乱的人并非一朝一夕可以让他们归顺，想要消弭盗贼的人一定要慎重，一定不要轻言招抚叛贼啊！

同样是采用安抚的办法，祝良、张乔将其用在交阯郡，安定了南部边疆；张纲将其用在广陵郡（治今江苏扬州），却使盗贼更加猖獗，他们所采用的办法相同而结果却截然相反，则又是有其缘故的。夷狄入侵边境地区，他们进则可以为贼寇，退则有自己的田产庐舍可以耕种和居住，亲朋好友乡间百姓仍然和他们友好相处，即使他们收兵而退回原处，固然不会失去他们安身立命的地方，这便是能够通过安抚使他们顺从的原因。中原地区的百姓，出生以后就成了编户齐民，一旦出为盗贼，即使想悔改也无处容身，让他们在叛逆与归顺之间游移不定、徘徊再三，最后他们为了自由还是想重新回到叛逆的老路上去。通过安定他们，给他们生路，信任他们，给他们应有的地位和尊重，希望他们能够接受教训、悔过自新，而且不再萌生叛逆的野心，这种愿望难道能够实现吗？张纲之所以这么做，不过是为了缓解梁冀为了报复而加在他身上的一时的祸端，而无暇为国家的长远利益着想了。这种做法，有什么值得让后世效法的呢？

本事：《资治通鉴》卷五二《汉纪四十四·顺帝》，汉安元年（142）。

桓帝

一　人臣不得轻言废立

顺帝崩，冲帝殇，质帝弑，李固两欲立清河王蒜而不克，终与蒜而俱毙。夫固而安能必立蒜也！伊尹、周公相汤、武以取天下，位极尊，任极重，而所戴以立者太甲、成王，皆適冢宜立而无容异议者；是以不顺之徒，毁室之党，挠之而不败。若非此而俾天子之立决于一人之意旨，则此一人者，伊尹、周公所不敢任，而李固安能必也！天子之立，决于一人之意旨，以为择贤而戴之。忠者曰：吾所择者贤也。奸者亦曰：吾所择者贤也。贤无定名，随毁誉而移焉。忠奸互角，视权之轻重为凭借，而奸者常胜。固之言曰："以天下与人易，为天下得人难。"唯天子有天下可以与人，而后人唯其所择而授之以天下；身为人臣，而可云为天下得人乎？固之言不顺矣。

汉之亡也，母后、外戚、宦竖操立主之权，以持国柄而乱之；其所立者，感立已者之德而捐社稷以徇之；夫其渐积使然，岂一朝一夕之故哉？诸吕诛，惠帝子废，舍齐王而迎立代王者，周勃也。昭帝无后，昌邑废，迎立宣帝于民间者，霍光也。夫二子所择者贤，而二子无奸心，则得矣，然此岂可以为后世法哉？且勃立文帝，而帝目送之曰："鞅鞅非少主臣。"光立宣帝，而骖乘之日，帝若芒刺。则二子危而汉以安。非然者，跋扈之言出诸口，而鸩毒已入其咽。故为人臣而以为天下得人为己任，虽伊尹、周公弗敢任焉，而况李固乎？

自禹以后，传子之法定。无子而以次相继，为母后者不敢择也，为大臣者不敢择也。庶支无觊覦之心，外戚奄人无扳援之望，则虽得之不令，而亦唯天所授，非臣子所敢以意为从违。故刘子业之凶淫，而沈庆之有死而不敢废。忠者无所容其忠，奸者无所容其奸，然后权臣不能操天位之取舍以与人主市。宋仁宗之立英宗，高宗之立孝宗，人主自择之，此则可谓为天下得人尔。先君无前定之命，嗣子无豫建之实，则如杨廷和之迎兴邸，顺次而无敢择焉可也。廷和行其所无事，而世宗曰："以门生天子待朕。"亦鞅鞅芒刺之谓矣。然廷和危而天下安。固欲为天下得人，而有择焉，恶足以敌梁冀之结奄人、挟母后、以售其邪心哉？汉法不善，而固无能自审于人臣之义；固争愈力，则桓帝之感冀愈深，而冀之恶愈稔。卒与蒜而俱毙也，哀哉！

【译文】

东汉顺帝刘保驾崩以后，接着冲帝刘炳即位一年就夭折了，质帝刘缵又被专权的外戚大将军梁冀毒杀，李固两次都想要拥立清河王刘蒜，但没有如愿，最终和刘蒜因此而双双毙命。在当时的条件下，李固怎么能成功地立刘蒜为皇帝呢？伊尹、周公辅佐商汤、周武王取得天下以后，地位极为尊贵，担负的责任也很重大，在商汤、周武王去世后，他们所拥立即位的太甲和成王，都是身为嫡长子，按照当时的王位继承制度，理应继位为君而毫无异议。因此，虽然有些不愿顺从，甚至想破坏江山社稷的人从中阻挠，太甲、成王仍然继承了王位而终究无法动摇。如果不是这样，而是拥立天子完全取决于一个人的意志，那么即使是伊尹、周公也不敢担当此任，而李固一人怎么必定能成功地拥立刘蒜为皇位继承人呢？假若拥立天子取决于一人的意志，拥立的人认为自己是选择了有贤德的人而加以拥戴，那么，忠臣就会说：我选择的皇位继承人有贤德。而奸臣也会说：我选择的继承人有贤德。而贤德与否没有一个固定的标准，完全取决人们的毁誉。这样忠臣与奸臣相互斗争的结果，总要根据双方权势的轻重作为凭借，而奸臣一方在这些斗争中常常会获胜。李固有句话说：“把天下交给别人容易，为了天下太平选立一个合适的天子就太难了。”只有天子才可以拥有天下，可以把天下交给别人，而后人只能根据他的选择，把天下授予他所选择的那个人。身为人臣，怎么能说为了天下太平选立一个合适的人呢？李固的话也太不顺理了。

汉代的灭亡，是由于母后、外戚、宦官交替操纵着废立君主的大权，他们把持朝政为非作歹，把天下搞得一片混乱。他们所拥立的皇帝，感激他们拥立自己的恩德而宁愿捐出江山社稷来报答他们。之所以如此，也是逐渐积累的结果，难道是一朝一夕形成的吗？诸吕被诛杀、惠帝之子被废、舍弃齐王而迎立代王的人，是丞相周勃；昭帝无子嗣，昌邑王刘贺被废，从民间迎立宣帝即位的人，是大将军霍光。他们二人所选择和拥立的皇帝都有贤德，原因是他们二人没有奸佞之心，这才有这样好的结果，然而这难道足以让后世效法吗？况且，周勃迎立汉文帝，而文帝看着周勃离去的背影说：“像周勃这样的人，一提到太子就快快不乐，肯定不适合做太子的大臣。”霍光选立了宣帝，而有一天，当霍光作为骖乘与皇帝同坐一车前往太庙的时候，宣帝就感到如芒在背，心里很怕霍光。如此，则周勃、霍光最终身陷危机，而后汉朝才又安定下来。如果不是这样，只要他们口出骄横跋扈之言，而鸩毒就已经被灌入口中了。所以，做人臣者如把选立天子作为自己分内的事，即使有伊尹、周公之贤德也不敢担当此任，更何况是李固呢？

自从夏禹以后，君位由儿子继承已成为法定的规则。没有子嗣者，可以根据血缘关系的远近亲疏依次继承，做母后者也不敢择立天子，做大臣者更不能择立天子。假若诸庶子、支脉无觊觎皇位之心，外戚、宦官也无依靠攀附邀宠的愿望，那么，即使被拥立的继承人不够贤德，也只能听从天意的安排，并不是为臣子者所敢依据自己的意志来决定顺从或违背的。所以，南朝宋前废帝刘子业凶残荒淫，而大臣沈庆之宁可身死也不敢废黜他。忠臣无处容纳其忠诚，奸臣无处容纳其奸佞，然后权臣就不能操纵皇位的取舍以与所拥立的天子做交易，以获取好处。宋仁宗立英宗为继承人，宋高宗立孝宗为继承人，都是皇帝自己选择决定的，这就可以称得上是为天下选到了合适的人。去世的皇帝生前没有指定继承人的诏命，继承人也没有预先被确立为储君，就像明朝首辅杨廷和迎立兴献王朱厚熜一样，依照皇室亲疏次序拥立而不敢加以选择。杨廷和像无事一样照常行事，而继位的明世宗却说："杨廷和总是以门生来对待我。"这话就像汉文帝对周勃、汉宣帝对霍光的感觉一样。然而，杨廷和身陷危机，而明朝的天下得以安定。

李固本想为天下选立合适的君主，而自己有所选择，怎么足以匹敌联合宦官、挟持母后以实现其奸邪用心的专权外戚大将军梁冀呢？汉代的皇位继承制度不够完善，而李固自己也不通晓作为大臣的正道大义；李固争立清河王刘蒜越是努力，桓帝对梁冀的感激也就越深，而梁冀作恶的条件也就越成熟。最后，李固和清河王刘蒜一起双双毙命，真是令人痛心啊！

本事：《资治通鉴》卷五三《汉纪四十五·质帝》，本初元年（146）。

二　严以治吏，宽以养民

读崔寔之政论，而世变可知矣。譬德教除残为粱肉治疾，申韩之绪论，仁义之蟊贼也。其后荀悦、钟繇申言之，而曹孟德、诸葛武侯、刘先主决行之于上，君子之道诎，刑名之术进，激于一时之诡随，而启百年严酷之政，亦烈矣哉！

司马温公曰："慢则纠之以猛，残则施之以宽，宽以济猛，猛以济宽，斯不易之常道。"是言也，出于左氏，疑非夫子之言也。夫严犹可也，未闻猛之可以无伤者。相时而为宽猛，则矫枉过正，行之不利而伤物者多矣。能审时而利用之者，其唯圣人乎！非激于俗而毗于好恶者之所得与也。若夫不易之常道，而岂若此哉！

宽之为失，非民之害，驭吏以宽，而民之残也乃甚。

汉之季世，驭委其辔（pèi），马骀（tái）其衔，四牡横奔，皇路倾险者，岂民之遽敢尔哉？外戚奄人作威福以钳天下，而任贪人于郡邑，使虔刘赤子，而民日在繁霜积雪之下，哀我惮人，而何忍言猛乎！严者，治吏之经也；宽者，养民之纬也；并行不悖，而非以时为进退者也。今欲矫衰世之宽，益之以猛，琐琐之姻亚，佌（cǐ）佌蔌（sù）蔌之富人，且日假威以蹙其贫弱，然而不激为盗贼也不能。犹且追咎之曰：未尝束民以猛也。憔悴之余，摧折无几矣。故严以治吏，宽以养民，无择于时而并行焉，庶得之矣。而犹未也。

以汉季言之，外戚奄人之族党肆行无惮，是信刑罚之所不赦也；乃诛殛以快一时之众志，阳球用之矣，范滂、张俭尝用之矣，卒以激乎大乱而不可止。然则德教不兴，而刑罚过峻，即以施之殃民病国之奸而势且中溃。寔乃曰："德教除残，犹以粱肉治疾。"岂知道者之言乎？上之自为正也无德，其导民也无教；宽则国敝而祸缓，猛则国竞而祸急；言治者不反诸本而治其末，言出而害气中于百年，申、韩与王道争衡而尤胜。鄙哉寔也，其以戕贼天下无穷矣。

且夫治病者而恃药石，为壮而有余、偶中乎外邪者言也。然且中病而止，必资粱肉以继其后。若夫衰老羸弱而病在府藏者，禁其粱肉而攻以药石，未有不死者也。当世之季叶，元气已渗泄而无几，是衰老羸弱之比也。而寔尚欲操砭石、捣五毒以攻其标病乎？智如孟德，贤如武侯，而此之不审，天其欲以此时刈子遗之余民乎！夫崔寔者，殆百草欲衰而鶗鴂为之先鸣乎！

【译文】

读东汉学者崔寔的《政论》，可以知道世事的变化。他把用道德教化来祛除残秽比喻为用精美的饭食来治疗疾病，他所推崇的申不害、韩非所提倡的法家治国理论，是危害仁义之道的蟊贼。此后，荀悦、钟繇进一步宣扬法家的观点，而曹操、诸葛亮、先主刘备在治国中竭力推行这种理论，这样，君子之道日趋衰落，而刑名之术得到重视。因为一时不顾是非、妄随人意的影响，而开启了数百年严酷政治的先河，危害也太严重了！

司马光（封温国公）说："为政过于宽厚会导致民众轻视法令，一旦民众轻视法令就需要用严刑峻法加以纠正；实行严刑峻法会导致民众受到伤害，一旦民众受到伤害就需要施行宽厚之政，这样宽猛相济，互为补充，乃是为政不能更改的常道。"这句话出自左丘明《左传·昭公二十年》，我怀疑并非孔夫子所说。为政严格尚且可以接受，没有听说过施政严猛能不伤害百姓的。根据世事的变化来决定施政方针的宽厚与严猛，则容易矫枉过正，实行不顺利而伤害百姓的情况肯定会更多。能够审时度势地利用好宽厚与严猛的关系的，恐怕只有圣人能做到这一点吧！这并非受流俗所刺激而被好恶之心支配的人能够运用的。至于说它是不能更改的常道，难道有像这样的常道吗？

为政宽厚的失误，并非百姓的祸害，对官吏的管理过于宽厚，就必然使老百姓受到更残酷的压榨。汉朝末年，国家对官吏的管理宽松到了极点，就像驾驭马车的人丢弃了马辔头，套在马嘴上的马衔也脱落了，四匹公马横行狂奔，国家命运面临倾覆的危险，难道百姓敢马上出来接近吗？外戚、宦官作威作福，交替掌握国家政权，在郡国地方任用贪赃枉法的官吏，使他们残害、劫掠百姓，而百姓整天生活在繁霜积雪之下，可怜这些劳苦的人们，为什么还忍心说要为政严猛呢？严厉，是管理官吏的原则；宽厚，是蓄养民众的原则。二者并行不悖，并不是根据时势的变化互为进退、交替使用。现在想矫正衰世为政过于宽厚的弊端，就增加严猛的政策，那么品行卑微、才能平庸的亲戚，出身微贱、举止猥琐的富人，将会整日狐假虎威压迫贫弱的百姓，这样的话，能不刺激这些贫弱的人为盗贼是不可能的。即使如此，还不吸取教训，而要追悔归咎于没有采用严猛的政策来约束百姓。饱经折磨、憔悴之余的百姓，已经被摧残得所剩无几了。所以，严以治吏，宽以养民，不需要根据什么时机来选择宽厚或者严猛的施政方针，而是要让二者同时并行，这样才基本上算是找到好的治理办法。但还不是最好的办法。

从汉朝末年的情况来说，外戚、宦官及其亲族、党羽肆无忌惮，对这些作恶多端的人确实应处以刑罚而绝不能宽赦。但是通过残酷的杀戮来满足天下人心的一时之快，东汉著名的酷吏阳球就曾采用这种办法，党人名士范滂、张俭也曾用过这样的办法，但最后却激起了天下大乱而且一发而不可收拾。这样说来，道德教化不能兴起，而刑罚又过于严峻，即使是用来惩治祸国殃民的奸贼，也必然会导致国家势力的中衰。而崔寔竟然说："用道德教化来祛除残秽，就像是用精美的饭食来治疗疾病一样。"难道这是通晓治国之道的人所说的话吗？统治者自己施政无德，则会把百姓引导到缺乏教化的道路上去。为政宽厚，那么国家衰败得慢，祸害来得也慢；为政严猛，那么国家内部斗争激烈，祸患也来得很快。谈论治国之道的人不回归根本，却只是治理其细枝末节，一言既出，而危害国家的邪气持续上百年，申不害、韩非的法家理论在与王者之道的争衡中占了上风。崔寔真是卑鄙浅陋啊！他给天下造成了无穷无尽的灾难。

况且依靠药物来治疗疾病，是相对于身体健壮、偶然受到外部邪气侵袭的人而言的。然而，即使是这样的人，其病刚好以后，也必定要以粱肉等上好膳食来滋补。至于年老体弱而且病在腑脏的人，如果不让吃粱肉之类的上好膳食，只是专门以药物来治疗，病人没有不因此而死的。王朝的末年，国家的元气已经渗泄得所剩无几了，这就好像是年老体弱的病人一样。而崔寔却还想运用砭石、捣碎五毒来单纯治疗疾病的表面症状吗？像曹操那样有才智的人，像诸葛亮这样贤明的人，对此都没有很慎重地考虑清楚，大概这是上天想在此时杀掉那些在战乱中残存下来的百姓吧！崔寔，大概就是那种当百草快要衰败、不再芬芳的时候，最先悲啼鸣叫的鶗鴂（杜鹃）吧！

本事：《资治通鉴》卷五三《汉纪四十五·桓帝》，元嘉元年（151）。

三　朝廷制御边将之道

张奂却羌豪之金马，而羌人畏服。为将者，能不受贼饵以受毙于贼者，鲜矣。岂特中国之盗贼哉？敌国之相攻，强夷之相逼，而未尝不荐贿以饵边将。故或以孤军悬处危地而磐固自安，朝廷夸其坚悍有制寇之劳，乃不知香火之誓，馈问之往还，日相酬酢，而人莫之觉也。其事甚秘，其文饰甚密，迨其后知受其饵，欲求自拔而莫之能免。夫为将者，类非洁清自好独行之士，其能如奂之卓立以建大功者无几也，而朝廷何以制之哉？中枢不受贿以论功，司农不后时以吝饷，天子不吝赏以酬劳，庶有瘥（chài）乎！唐高祖不与突厥通，则师不可兴；石敬瑭不与契丹为缘，则反不能速。即不尔者，鬻国而贪盗贼夷狄之苞苴，为武人相传之衣钵，能无败亡乎？

【译文】

东汉名将张奂拒绝羌族首领所献的金器、马匹，而使羌族人对他感到敬畏和佩服。作为将帅，能不接受敌人的贿赂引诱而最终丧命于敌人之手的人，是非常少的。难道只是对中原地区的盗贼是这样吗？敌国之间相互攻击，强悍的夷狄相互紧逼，也未尝不进献财物以引诱边将。所以，有的人统率孤军深入危险之地而能够像磐石一样稳固地驻扎在那里，朝廷称赞其坚固强悍，有制御贼寇的功劳，却不知道敌我边将之间有香火之盟誓，相互馈问往来，天天相互应酬，而别的人是无法察觉的。这种事情做得很机密，掩饰得也很细致周全。等到后来朝廷知道边将已受了敌方的贿赂引诱，已是难以自拔、无法幸免了。做将领的人，大体都不是那种洁身自好、特立独行的士人，他们中能够像张奂那样卓尔不凡而又建立大功的人是很少的。而朝廷又有什么办法控制他们呢？如果朝廷给将领论功时不收受贿赂，司农能够及时供应粮饷物资，天子能够不吝惜于赏赐和酬劳，这种情况可能也会好一些。唐高祖李渊如果不与突厥相通，就不能起兵反隋；后晋的高祖石敬瑭如果不向契丹称臣，那么他起兵取代后唐的速度也不会那么快。即使不这样，出卖国家利益而贪取盗贼夷狄进献的财物，也逐渐成为武官世代相传的衣钵，像这样的国家能不败亡吗？

本事：《资治通鉴》卷五三《汉纪四十五·桓帝》，永寿元年（155）。

四　崔琦之迁

子曰："不可与言而与言，失言。"谓夫疑可与言而固不可者也。故其咎也，失言而已，未足以裁（zāi）及其身。若夫虎方咥而持其爪，蛇方螫而禁其齿，非至愚者不为。然而崔琦献箴干梁冀之怒，乃曰："将军欲使马鹿易形乎？"其自贻死也，更谁咎哉！

夫冀仰不知有天，上不知有君，旁不知有四海之人，内不知有己，弑君专杀，鸢肩虎视而亡赖，是可箴也，是虎可持之无咥、蛇可禁之无螫也。琦果有忠愤之心，暴扬于庭，而与之俱碎，汉廷犹有人焉。而以责备贤者之微词，施之狂狡，何为者也！冀之为冀，如此而已矣。藉其为王莽与，则延琦而进之，与温言而诱使忠己，琦且为扬雄、刘歆，身全而陷恶益深矣。故若冀辈者，弗能诛之，望望然而去之可尔。以身殉言，而无益于救，且不足以为忠直也，则谓之至愚也奚辞？

【译文】

孔子说："不可以同别人说的话却同他说，这就是说错了话。"（《论语·卫灵公》）这就是说自己认为可以与之交谈，而实际上对方本来就不是可以交谈的对象。所以其错误，也仅仅是说错了话罢了，不足以给自身带来祸患。至于当老虎正要咬人时去抓它的爪子，蛇正要咬人时去顶它的牙齿，如果不是非常愚蠢的人是不会这样做的。然而，名士崔琦向权臣梁冀献《外戚箴》加以劝诫，惹得梁冀大发雷霆，而崔琦这时还说："难道大将军也想像赵高一样指鹿为马吗？"他说这样的话是自寻死路，又能怪得了谁呢？

当时的梁冀其人，仰不知有上天，上不知有君主，旁边不知有四海之人，内又不知有自己，弑杀君主，专擅生杀予夺大权，他两肩上耸像鸱鸟栖止的样子，像老虎一样极端凶猛地注视着外界，而且品行不端，形同无赖。如果这样的人可以接受规谏，那么老虎也可以被禁止而不去吃人，蛇也可以被禁止而不去咬人。崔琦如果真是有忠诚义愤之心的人，就应该把梁冀的罪行揭露、宣扬于朝廷之上，而与之同归于尽，这样东汉朝廷还算得上是有人。而崔琦却以责备贤者的隐晦的批评，用来指责狂妄狡猾的梁冀，又有什么用呢？梁冀之所以是梁冀，就是这样一个人。如果崔琦规劝的是王莽的话，王莽就会用另外一种做法，即把崔琦拉拢到朝廷加以任用，好言相劝引诱崔琦忠于自己，那么崔琦也就会成为像扬雄、刘歆一样的人，虽然可以保全自身性命，却越来越深地陷入罪恶之中。所以像梁冀这样的人，如果不能杀掉他，怀着失意离去就行了。用生命来为自己的言论殉葬，对于挽救时局又无所帮助，而且还不足以称为忠诚正直，那么称之为愚蠢至极，他又如何能够推辞得掉呢？

本事：《资治通鉴》卷五四《汉纪四十六·桓帝》，延熹二年（159）。

五　汉末举国无人

桓帝之诛梁冀也，一具瑗制之，而如擒鼠于瓮。冀，亡赖子耳，诛之也其易如此；然而举国无人，帝不得已，就唐衡而问中人。李固、杜乔死，君孤立于上，以听狂童之骄横。若胡广之俦，固不足道，乃举国而无深识定力之士，亦至此哉！

呜呼！刘瑾之诛也，非张永不能；魏忠贤之诛也，发其恶者一国子生而已。岂尽其威劫之乎？悬利以熏士大夫之心，而如霜原之草，藉藉佗佗而无生气，国不亡也何恃哉！《易》曰："藏器于身，待时而动。"故乘高墉以射隼，而无不获。诚笃其忠贞乎，奚待单超等之锄冀，而后扬王庭以呼号也！能勿愧焉否也？

【译文】

汉桓帝诛杀专权外戚梁冀，依靠宦官具瑗一个人就制服了他，就如同瓮中捉鼠一样容易。梁冀，本来不过是一个无赖罢了，诛杀他如此容易。然而当时举国无人可用，桓帝不得已，只好向小黄门唐衡询问哪些宦官可用。大臣李固、杜乔死后，只剩桓帝一人孤零零地坐在朝堂之上，听任梁冀这个狂妄小子骄横不法而自己毫无办法。像大司农胡广之类的人，确实不足为道，整个国家竟然没有具有深远见识、坚强意志的士人，以至于到了如此的地步！

唉！明代专权宦官刘瑾被诛杀，没有宦官张永的参与就不能成功；而后来专权宦官魏忠贤被诛杀，挺身而出揭发其罪恶的不过是一个国子监的贡生罢了。难道满朝文武都被他们的淫威所吓倒了吗？他们用厚利来悬赏引诱士大夫之心，这样，士大夫们就如同被霜打的草一样，庸碌懦弱而毫无生气，国家不灭亡又能依靠谁呢？《周易·系辞下》中说："身怀卓越超群的才艺，耐心等待施智展才的时机。"所以，站在高墙之上射击隼鸟，没有射不中的。如果士大夫确实都能尽到自己的忠贞，又哪里需要宦官单超等人起来诛杀梁冀，而后又飞扬跋扈于朝廷之上呢？天下士大夫能不为此而感到惭愧吗？

本事：《资治通鉴》卷五四《汉纪四十六·桓帝》，延熹二年（159）。

六　处士爱道以全身

徐穉、姜肱、袁闳、韦著、李昙、魏桓，征而不至，非忘世也，知乱之未讫也。桓之言曰："后宫千数，其可损乎？厩马万匹，其可减乎？左右权豪，其可去乎？"此知本之论也。

梁冀之横也，人知病冀而已矣，冀诛而天下遂若沉疴之去体。黄琼为太尉，陈蕃为尚书令，范滂按察冀州，无知者想望新政。呜呼！冀之生死，乌足系汉之存亡哉！冀之诛，殆痎（jiē）疟之得汗而解也。伏邪在桓帝之膏肓，而内竖之以鸩而攻砒也，天下无能知者。琼与蕃且不知，而况蚩蚩之望影以对语者乎！以桓帝为君，而汉无可复为之理势，其本挠，其末乍正而倾愈疾。故权奸之殛，非必国之福也。况乎帝之诛冀，为邓香之妻报其登屋之怒，而非以其贪浊枉杀之凶于而国哉！

然则陈蕃之荐五处士为不知时而妄动乎？曰：此未可以责蕃也。蕃既立乎其位矣，苟可以为焉，则庶几于一当，植正人于君侧，君其有悛心乎！亦臣子不容已之情也。然而固不能也。故五子者，爱道以全身，斯可尚也。

【译文】

徐稺、姜肱、袁闳、韦著、李昙、魏桓，他们受到朝廷的征辟却不应召，并非忘记了尘世，而是知道天下大乱的局面还没有结束。魏桓曾说过："后宫中数以千计的嫔妃宫女，其数量能减少吗？皇帝的马厩之中数万匹的马，其数量能减少吗？皇帝左右的那些权臣，能使皇帝疏远他们吗？"这是懂得并抓住了根本的言论。

梁冀骄横跋扈，人们都知道把国家衰败归咎于梁冀而已，梁冀被诛杀之后，国家就如同一个久病初愈的病人一样。当时，黄琼为太尉，陈蕃为尚书令，范滂为冀州刺史，无知的人都盼望他们实行新政。唉！梁冀的生死，又哪里足以关系到汉室的存亡呢？梁冀被杀后，大概就像是疟疾在发汗之后病情得到缓解一样。而病邪依然潜伏在桓帝的膏肓之中，不可救药，宦官杀掉梁冀而又取而代之，就像是以鸩毒来对付砒霜一样，这一点天下人并不知道。黄琼、陈蕃尚且不知道，更何况那些纷扰无知、捕风捉影的人呢？以桓帝这样的人作为君主，汉室绝无复兴的道理和趋势，其根本弯曲了，其细枝末节忽然矫正过来也只能导致整体更加倾斜歪曲。所以，权臣被杀，不一定是国家的福分。

况且，桓帝诛杀梁冀，是为了替邓香之妻报其被梁冀所派刺客登屋欲刺杀的仇，而不是因为他贪婪污浊、枉杀无辜而危害国家。

尽管如此，那么陈蕃推荐这五位处士（不含魏桓）是不识时务而轻举妄动的行为吗？回答是：也不能因此而责备陈蕃。既然陈蕃已经处在尚书令的位置上，如果可以有所作为，就趁此合适的机会，在君主身边安插一些正直之人，君主或许会产生悔改之心。这也是做臣子者义不容辞的责任。然而这事本来就不可能取得成功。所以，这五位处士，为了爱护正道大义而保全自身，这也是值得崇尚的。

本事：《资治通鉴》卷五四《汉纪四十六·桓帝》，延熹二年（159）。

七　卖官鬻爵必亡国

乱政不一，至于卖官而未有不亡者，国纪尽，民之生理亦尽也。古之天子虽极尊也，而与公侯卿大夫士受秩于天者均。故车服礼秩有所增加，而无所殊异。天子之独备者，大裘、玉辂、八佾、宫县而已；其余且下而与大夫士同，昭其为一体也。故贵士大夫以自贵，尊士大夫以自尊，统士大夫而上有同于天子，重天之秩，而国纪以昭。秦、汉以下，卿士大夫车服礼秩绝于天子矣，而犹不使之绝也。举之以行，进之以言，叙之以功，时复有束帛安车之征，访之以道。上下有其大辨，君子小人有其大间，以为居此位者，非其人而不可觊，抑且使天下徼幸之徒望崖而返。卿大夫士且有巍然不可扳跻之等，临其上以为天子者，其峻如天而莫之敢陵。卖官之令行，则富者探囊而得，狡者称贷以营，旦市井而夕庙堂。然则天子者，亦何不可以意计营求于天而幸获之也？而立国之纪，埽地而无余。

古之诏禄，下逮于府史胥徒而皆浃，曰以代耕。民耕以养吏，而上制之。上敛民以养吏，而民不怨；吏知己之养一出于民，而不敢复渔猎于民。且士唯其不谋利而贫也，是以贵；而既得所养矣，抑谋其丧祭冠昏之资，而士以安。故以天子而养士，不以士养天子；天子制民之财以养士，而士不求养于民。彼之揭金粟以奉一人之欲，非其义也。且非徒邀其荣也，失之于天子，而得之于民，贾道行而希三倍之利，上弗能禁焉。且贪人之取偿于倍利者，禁之杀之而终不厌。纵千百贾于郡邑，以取偿于贫弱，民之生理不尽者，亡有也。国无纪，民无生，黠者逾垣而冀非望，弱者泣隅而幸灾祸，故曰国未有不亡者也。

祸始于桓、灵，毒溃于献帝，日甚日滋，求如前汉之末，王莽篡而人思汉，不可复得矣。石虎、高洋之国贫而用汰，不屑也；唐僖宗之猥贱，宋徽宗之骄奢，皇甫镈（bó）、裴坩之牟利，蔡京、贾似道之骫（wěi）法，不屑也；孰其继桓、灵而自亡者也！

【译文】

乱政的表现形式不一而足，但国家到了卖官鬻爵这种地步，就没有不灭亡的，国家的纲纪法度被破坏殆尽，老百姓也就难以生存下去。古代的天子虽然地位极其尊贵，但与公、侯、卿、大夫、士一样接受上天赋予的等级秩序。所以，天子乘坐的车马、穿戴的服饰以及与之有关的礼仪品级虽然有所增加，但与公卿士大夫并没有特别不同的地方。天子独有的东西，就是大裘（祭天的礼服）、玉辂(即大辂，以玉为饰的乘车)、八佾（八佾乐舞，天子八羽、公六、侯四）和宫县（钟、磬等乐器悬挂在架上，其形制因用乐者身份地位不同而有别）这四种罢了。其余的东西都与士大夫一样，以此向世人昭示君臣同为一体。所以，以士大夫为贵，就是以天子自己为贵；尊崇士大夫，也就是尊崇天子自己，统合士大夫而上与天子一样，这是重视上天所赋予的秩序，这样国家的纲纪法度也就得以昭显。秦、汉以后，卿大夫坐的车、穿的衣服以及与之相关的礼仪与天子的已有所不同，但仍有千丝万缕的联系。根据士人的行迹来举荐他们，根据其言论来任用他们，根据其政绩来评定他们，天子还不时会用束帛（一束五匹）、安车驷马征召贤士，向他们访求治国之道。君臣上下之间有很大的区别，君子与庶民之间也有其不同的行为准则，这使天下人都认为居于高位者，不是其人就不能觊觎，也使天下的那些心怀侥幸的人望崖而返、知难而退，卿、大夫、士之间尚且有巍然高耸、不可攀登的等级秩序，那么高居其上的天子，更是如天一样高峻而不可冒犯。卖官鬻爵的政令一旦推行之后，那么富者得官如囊中取物一样，狡猾者则靠借贷来买官，白天尚居市井之中，傍晚就可以穿上官服进入朝堂。这样的话，那么即使是天子之位又为什么不可以图谋钻营以祈求于上天而侥幸获得呢？而立国的纲纪法度，由此也就全被废弃了。

古代天子下诏给予官员的俸禄，由上而下一直到府史、胥吏、差役之类的小官，都是一个整体的安排，称为代耕。百姓耕田种地养活官吏，而由天子统一掌管。天子从百姓那里收取赋税以供养官吏，老百姓并不埋怨；官吏知道是百姓养活了自己，也就不敢再劫掠百姓了。况且，只有不谋私利、家境贫困的士人才是受人尊重的。士人在得到百姓的供养之后，又谋求得到丧葬、祭祀、冠礼、婚礼所需的东西，只有这样士人的心才得以安定。所以，历来都是由天子来养士，而不是由士来奉养天子；天子掌握着从百姓那里收敛来的财物以供养士人，而士人不求百姓养活自己。那种搜刮金银粮食用来满足一个人欲望的行为，是不符合为官的正道大义的。况且他们花钱买官，并不仅仅是为了获得荣耀，他们上任后，要把交给天子的买官钱，又从百姓那里剥削回来，奉行的是唯利是图的商贾之道，希望获得以原本高出三倍的利润，天子对此也毫无办法加以禁止。况且，凡是贪婪的人，只要能获取一倍的利益，即使禁止甚至于诛杀他们，他们也终究不会厌倦这种对于利润的追逐。卖官鬻爵，就是纵容这些成千上百名为官员实为商贾的人，派遣他们到天下各个郡县去，从贫苦弱小的百姓那里获取补偿，老百姓的生存之路不彻底断绝，是绝不可能的。国家没有纲纪，老百姓没有生路，狡黠的人不惜触犯礼法以满足自己非分的期望，贫弱的人只能向隅而泣，并对国家遇到危机而感到幸灾乐祸，所以说，像这种情况国家没有不灭亡的。

东汉时期，国家的灾祸开始于桓帝、灵帝时期，到汉献帝时期流毒溃发，达到非常严重的地步，以致日甚一日，这时想让人们像西汉末年那样，王莽篡汉而天下人心仍然思念汉朝，已是不可能的了。前赵石虎、北齐高洋统治时期，国家贫困却过分奢侈，尚且不屑于卖官鬻爵。以唐僖宗的猥琐卑贱，宋徽宗的骄奢淫逸，唐宪宗时宰相皇甫镈、裴垍的理财牟利，宋朝大臣蔡京、贾似道的贪赃枉法，也都不屑于卖官鬻爵。又有谁会继承汉桓帝、灵帝卖官鬻爵的做法而自取灭亡呢？

本事：《资治通鉴》卷五四《汉纪四十六·桓帝》，延熹四年（161）。

八　宦官监军始自冯绲之请

中人监军，自冯绲之请始也。夫绲亦恶知蚁穴之决而泛滥迄于千载乎？绲之请也，以将帅出师，宦官多陷以折耗军资，而诬抵乎罪；使与焉，则以钳其口，而无辞以相倾。然未几而绲竟以军还盗复起免官。则其为此也，何救于祸？而徒决裂防闲，使内竖操阃外之权，鱼朝恩、童贯、卢受、张彝宪，小以败而大以亡，绲之贻害烈矣哉！

汉至此已无可为矣，无往而非宦官之挟持也。南北军之唯其颐指，所仅存者疆场之军政，皇甫规、张奂几伸几诎于宦官之手，而犹自行其权藉于师中，绲更引而受之以利器；蹇硕之为八校尉魁也，孰尝其肯綮（qìng），而取必于人主以威中外，循故事以行之而逌（yóu）然矣。

夫汉事不可为矣，竭其忠贞，继之以死，亦何惧于谤谮。不然，引身而退耳。防之愈密，纵之愈甚，业已假监军之权，而生死成败且唯其意旨，他日者，忠臣元老欲去而不得。绲胡弗思，而惧祸之情长，以倒行至是乎！推祸原而定罪首，绲不得辞矣。

【译文】

宦官监军，是从东汉桓帝时车骑将军冯绲请求设置宦官监军开始的。冯绲怎么会知道他的这一请求就像是河堤上的蚁穴最终使得河水泛滥一样，竟然流毒后世长达千年呢？冯绲提出让宦官监军的请求，是因为当时将帅出兵，往往被宦官诬陷损耗军用物资，并以此治他们的罪；假使让宦官随军出征，就可以堵住他们嘴巴，使他们没有言辞诬陷将帅。然而不久之后，冯绲竟然因为班师撤军后盗贼重起，受到宦官诬陷而被免去了官职。那么他这样做，对于消灾免祸又有什么帮助呢？而且还白白地败坏了对宦官的防备和禁令，使宦官得以把持军权。其后，唐朝的鱼朝恩，宋朝的童贯，明朝的卢受、张彝宪等充当监军的宦官，危害小的导致军队的失败，危害大的导致国家的灭亡。冯绲这个请求带来的危害真是太严重了。

汉朝到此已经没有什么可作为的了，无论干什么事都受到宦官的挟持。京师地区的南北二军只听从宦官的指挥，所仅存的不受宦官控制的就是在疆场上的军队事务，虽然他们的将帅皇甫规、张奂在宦官的钳制下几起几落，但在军中仍然可以独立地行使其权力，而冯绲却援引宦官进入军事领域，并授予他们把持军队的大权。宦官蹇硕作为西园八校尉的魁首，非常熟悉如何抓住军队的要害，干什么事都要假借君主的名义在军队内外树立自己的威势，按照以往的惯例并悠闲轻松地控制着军队。

汉朝之事已经不能有所作为了，大臣如果对朝廷竭忠尽智，舍生忘死，还怕什么诬陷和诽谤。否则的话，就自己抽身引退罢了。对于宦官的诬陷防范得越是严密，对他们的纵容就越是严重，他们已经获取监军之名、控制军队的权力，那么国家的生死成败都取决于他们的意志，等到日后，忠臣元老即使想要废除这些宦官的监军之权，也都无能为力了。冯绲没有深谋远虑，而畏惧祸患加身的感情太重，请求宦官监军，以至于倒行逆施到如此的地步！对宦官监军之祸，如果要追根溯源、确定罪魁祸首的话，那么冯绲必定无法推卸掉自己的罪责。

本事：《资治通鉴》卷五四《汉纪四十六·桓帝》，延熹五年（162）。

九　汉朝以兵强而亡

汉之末造，必亡之势也，而兵强天下。张奂、皇甫规、段颎皆奋起自命为虎臣，北虏、西羌斩馘（guó）至百万级，穷山搜谷，殄灭几无遗种，强莫尚矣。乃以习于战而人有愤盈之志，不数十年，矢石交集于中原，其几先动于此乎！

桓、灵之世，士大夫而欲有为，不能也。君必不可匡者也；朝廷之法纪，必不可正者也；郡县之贪虐，必不可问者也。士大夫而欲有为，唯拥兵以戮力于边徼；其次则驱芟（shān）盗贼于中原；名以振，功以不可掩，人情以归往，暗主权阉抑资之以安居而肆志。故虽或忌之，或谮之，而终不能陷之于重辟。于是天下知唯此为功名之径而祸之所及者鲜也，士大夫乐习之，凡民亦竞尚之，于是而盗日起，兵日兴，究且瓜分鼎峙，以成乎袁、曹、孙、刘之世。故国恒以弱丧，而汉以强亡。

夫羌、虏之于汉末，其害已浅矣，驱之迫之，蹙而杀之，而生类几绝。非以纾边疆之急，拯生民之危，扶社稷于不倾，而薙（tì）艾之若此其酷。人长乐杀之气，无虏可杀而自相为杀。自相杀，则自相敝矣；自相敝，则仅存之丑类，徐起而乘之；故垂百年，三国兵息，而五胡之祸起。佳兵不祥，遂举旷古以来富强卓立之中夏趋于弱，而日畏犬羊之噬搏。汉末之强，强之婪（lán）尾而姑一快焉者，论世者之所深悲也。

【译文】

汉朝的末年，国家有必然灭亡的趋势，而军队却在天下异常强盛。张奂、皇甫规、段颎等人都奋起率兵作战，自命为天子的虎臣，北方的夷狄匈奴、西方的羌族都被他们斩首上百万，他们还穷山搜谷，把这些夷狄几乎是斩草除根，军队之强盛没有比得上的。然而，正是因为军队习于战争，而且人人都有愤恨满盈的志向，所以没过数十年，各路军队纷纷交集于中原，爆发了连绵不绝的战争，差不多这时就是其开端。

汉桓帝、灵帝的时候，士大夫要想有所作为是不可能的。君主的过失，士大夫不能匡正；朝廷的法纪，也一定不能端正；郡县官吏的贪婪暴虐，也一定不可过问、追究。士大夫要想有所作为，只有率领军队集中力量在边境地区为国效力，其次是在中原地区镇压盗贼的反叛。这样，可以使自己的名声传遍天下，功劳谁也无法掩盖，世俗的民情人心也都归向于他，昏君及掌权的宦官也想利用他们以安定自己的地位、肆行其志向。所以，虽然有人忌妒他们，有人诋毁他们，但最终不能构陷他们并处以极刑。于是，天下人都知道只有从军可以作为争取功名的唯一途径，而且这样做还很少会招致灾祸，所以，士大夫都乐于学习战事，凡夫俗子也竞相崇尚参战立功，结果是盗贼日益兴起，战争日益频繁，最后各路军阀纷争瓜分天下、相互鼎力对峙，形成了袁绍、曹操、孙权、刘备等几大军事集团并存争战的局面。所以，一般来讲，国家都是因为军队衰弱而走向灭亡，而唯独汉朝却是因为军队强盛而导致灭亡的。

在汉朝末年，西部的羌族、北方的匈奴等夷狄对国家并不构成多大的危害，而汉朝军队却驱赶他们、逼迫他们，使他们走投无路而予以追杀，从而使其族群几乎绝根。汉朝的军队并不是为了解除边疆的危机，也不是为了拯救处于危难之中的百姓，更不是为了挽救江山社稷使之不至于倾覆，却对这些夷狄进行如此残酷的屠戮。这样的结果，使人人都滋长嗜杀乐战的习气，没有夷狄可杀时，就自相残杀。自相残杀，就必然导致相互衰弱；相互衰弱了，就使那些仅存的夷狄奸邪丑类将慢慢起来，乘机报仇。所以，在近百年的时间里，三国之间的战事平息了，而匈奴、鲜卑、羯、氐、羌五胡乱华的祸患又开启了。再好的兵器都是不吉祥的，于是自古以来富强卓立的华夏中原王朝日趋衰弱，甚至到了每天害怕犬羊之间相互争斗的地步。汉朝末年的所谓军队强盛，已经是强弩之末了，只是姑且图一时之快罢了。谈论世道的人对此是深感悲痛的。

本事：《资治通鉴》卷五三《汉纪四十五·桓帝》，永寿元年（155）。

一〇　知耻则孝，知耻则仁

仇香不致陈元不孝之罚，感而化之，香盖知元之可化而不骤加之罚也；非尽人之不孝者皆可以化元之道化之也。天下有道，生养遂，风俗醇，无不顺之子弟。非其恻隐之性笃而羞恶之心不可泯也，人率其子弟之常，而己独逆焉，则无以自容于乡闾。乃天下而无道矣，羞恶之心不泯以亡者不数数矣。仇香曰："吾过元舍。庐落整顾，耕耘以时，此非恶人。"元不孝，而于此奚取焉？取其欲自铮铮于乡闾，而羞恶之心有存焉者也。

夫孝者，人之性也，仁之所由发也。舍其不忍之真，而求之于羞恶，亦已末矣。虽然，苟其有羞恶之心，则戢其狂愚，徐俟天良之复，而恻隐亦旋以生。惰四支，昵妻子，侵以自偷，于是而生人之气乃绝。故《易》曰："小人不耻不仁。"仁不仁，岂耻不耻之能辨存亡者哉！茶然而甘于猥贱，愤然而生其悍戾，不见不仁之可耻，而后天性终迷以不复。故人之无良，莫甚于有胸无心而不自摄者也，而后教化之道穷。

仇香知此矣，以其无惰心也，知其有耻；以其有恒度也，知其不迷；急取其羞恶之心而重用之，以徐俟恻隐之生焉，故元终以孝闻。虽有圣人，不能如无耻心者何也。弑父与君，皆介然蹶起，忘乱贼之名为可恶者也。惰四支，昵妻子，势穷而逆施。故先王之德教，非不如香，而设不孝之诛，无如此无耻者何也。杀之而已矣。

【译文】

蒲亭长仇香不以不孝罪惩罚陈元，而是感化他，大概是仇香知道陈元是可以感化的，因而才没有马上对他进行惩罚。但并不是说对父母不孝的人都可以采用像感化陈元的办法来感化他们。如果天下有道，子女生养顺遂，风俗淳厚朴实，就不会有不孝顺的子弟。并非每个人的恻隐之心都很坚定，而且羞恶之心不可泯灭，而是每个人都要为自己的子弟做表率，如果唯独自己忤逆父母、违背孝道，就没有办法为乡里所容。如果天下无道，羞恶之心不泯灭的人是寥寥无几的。仇香说：“我从陈元家门口经过的时候，看到他家的房舍整齐，耕田种地也依照农时，由此而判定，他并不是个恶人。”陈元不孝顺父母，从这里又能看到什么呢？因为在这里能够看到陈元想在乡里做一个胜过一般人的人，可知其羞恶之心还保存着。

孝，是人的天性，仁也是由此而生发出来的，抛弃其真诚的恻隐之心，而利用人们的羞恶之心以求孝道，也已经是末流了。尽管这样，如果一个人还有羞恶之心，就可以制止他的狂妄和愚昧，逐渐等待其天良的恢复，而恻隐之心也就会随即产生了。如果一个人四体不勤，只亲昵妻子儿女，沉溺于苟且偷安的生活，那么这个人也就完全没有了生人之气。所以《周易·系辞下》中说：“小人不以不仁为耻。”仁或是不仁，难道能用耻与不耻来衡量其存亡吗？精神萎靡而甘于猥琐卑贱，因为愤怒而产生骄悍暴戾之气，不知道不仁是可耻的，像这样的人，其天性最终迷失而难以恢复起来。所以，人不善良没有比有胸无心而且不能自行节制更严重的了，这样教化的途径也就穷尽了。

仇香对此非常了解，他从陈元没有懒惰之心，知道他还有羞耻之心；从他行事有恒常不变的法度，知道他的天良是不会迷失的。所以他迅速地唤回和利用其羞恶之心而加以重用，以缓缓等待其恻隐之心的复生，所以终于使陈元以孝闻名于天下。即使有圣人在世，对那些没有羞耻之心的人也无可奈何。这些没有羞耻之心的人，最终发展到杀父弑君，都是坚定不动摇地急遽而起为非作歹，以致忘掉了乱贼的坏名声是非常可恶的。四体不勤，只亲昵妻子儿女，在情势窘迫、走投无路的情况下必然会倒行逆施。所以古圣先王的道德教化，并非不如仇香，他们设置不孝的罪名并予以诛杀，是因为对这些毫无羞耻之心的人没有一点办法，所以只好杀掉他们算了。

本事：《资治通鉴》卷五五《汉纪四十七·桓帝》，延熹七年（164）。

一一　宦官弄权的根源

巨奸之蠹国殃民而自伏其法，不足以为大快，于国之存亡无当也。左悺自杀，具瑗贬，侯览黜，非桓帝之能诛之，非杨秉之能取必于桓帝而诛之，罪已逾涯，自灭焉耳矣。三凶去而宦官之势益张，党锢之狱且起，曾何救于汉之危亡哉！

外戚灭，宦官兴，大臣无事焉，天子欲行其意以诛僭逼，而大臣不与，宦官除君侧之奸，事已显著，而后擿其罪以请诛，未有倾心而听者。故曰：“人不足与适也，唯大人为能格君心之非。”能之者，有以能之者也。无坚识定力为天子除患，则虽日陈尧、舜之道，而固视之如梦呓。汉之大臣道不足，而与宦竖争存亡，亦晚矣。快一时之人情，去三凶而若拔牛之一毛，不救其亡，固矣。

【译文】

巨奸大恶祸国殃民而最终自行伏法，不足以使人感到大快人心，对国家的生存灭亡也没有多大影响。东汉专权宦官左悺畏罪自杀，具瑗被贬斥，侯览被罢黜，并不是汉桓帝刘志能够诛杀他们，也不是太尉杨秉能从桓帝那里取得授权以惩治他们，而是他们的罪恶太过深重，已经超越了极限，所以自取灭亡罢了。左悺、具瑗、侯览三名元凶或死或贬以后，宦官的势力非但没有缩小，反而气焰更加嚣张，党锢之祸即将兴起，他们或死或贬受到惩治对于挽救汉朝的危亡何曾有什么帮助呢？

东汉末年，外戚宦官交替掌握国家政权，外戚势力消灭，宦官势力兴起，朝廷大臣不能有所作为。天子想要乾纲独断，自行其意，就必须诛杀那些越礼犯分、胁迫皇上的人，而朝廷大臣却不能参与其事，宦官清除君主身边的奸邪之人，事情已经很明显，然后大臣才上书揭发他们的罪状，并请求天子诛杀他们，当然没有倾心听从他们意见的人了。所以《孟子·离娄上》中说："小人在位不能事君，不值得过分指责，只有君子才能事奉君主并纠正君主内心的错误。"所谓能纠正，是指有能力来纠正。如果没有远见卓识和坚毅的定力为天子铲除祸患，即使每天都向君主陈说灌输唐尧、虞舜的治国之道，也会被视为无济于事的梦话。汉朝末年，朝廷大臣的正道大义不足，却与宦官争夺生死存亡，也已经太晚了。虽然铲除左悺、具瑗、侯览三个奸贼，能够大快人心，使人们高兴一阵子，但就如同拔掉牛身上的一根毫毛那样，也确实不能挽救汉朝灭亡的命运，这是可以肯定的。

本事：《资治通鉴》卷五五《汉纪四十七·桓帝》，延熹八年（165）。

一二　荀爽探本立论

桓、灵之世，君道澌灭，而臣之谏之也亟，探本以立论者，唯荀爽乎！当其时，荼毒生民而椓杙（zhuó yì）正气者，无如宦官之甚。乃宦官之于人主，亦何亲而过信之？且其声音笑貌之无可悦者，夫人而知厌恶之矣，而人主昵之，若乳子之依母也，何故？非艳妻哲妇之居间，则宦官之不敌士大夫久矣。内宠盛而后宦官兴，密迩于宫闱，而相倚以重；溺君于晏寝，而视听以衰，付诏令刑赏之权于宦官，而床笫之欢始得晏闲于娱乐。非然，则声音、采色、肥甘、轻暖，人主自可给其欲，而何借此嚬笑可憎之刑人为邪？爽之对策，直斥而切言之，女谒远，奄权自失矣。故曰探本立论也。

【译文】

汉桓帝、灵帝在位时期，君主无道，而大臣对他们的规谏也过于急切，能够抓住根本而提出真知灼见的，大概只有荀爽一个人了吧！当时，荼毒危害百姓而摧残败坏正气的，没有比宦官势力更为严重的了。可是宦官对于君主而言，有什么值得那么亲近并予以宠信的呢？况且，他们的音容笑貌没有什么令人愉悦之处，相反人人都知道厌恶他们，而君主却亲昵他们，就像是吃奶的孩子依赖母亲一样，这是什么原因呢？很显然，如果不是君主宠爱的后妃居于皇帝和宦官之间进行调停，宦官是肯定敌不过士大夫的。君主若非常宠幸其嫔妃，那么必然造成宦官势力的兴起，宦官和后妃在宫闱之中紧密联系而又相互倚重，完全使君主沉溺于后宫声色之中，君主眼睛看不到、耳朵听不见其他的任何事情，完全被蒙蔽了。这样，君主就把下达诏令、实施刑赏的大权交给了宦官，而自己才得以沉溺于女色之中，安闲地享受娱乐。如果不是这样，则听什么美妙的音乐，看什么华丽的颜色，吃什么肥美的食物，穿什么轻暖的衣服，君主都可以自行决定以满足其欲望，何必要借助这些一颦一笑都令人可憎的刑余之人呢？荀爽关于裁减宫女和妃嫔的对策，言语直截了当而且非常恳切，如果君主疏远后宫的嫔妃，那么宦官的势力就会自然丧失。所以说，荀爽的对策是抓住了宦官弄权的根本而发出的议论。

本事：《资治通鉴》卷五五《汉纪四十七·桓帝》，延熹九年（166）。

一三　大节畸行，舍本逐末

党锢诸贤，或曰忠以忘身，大节也；或曰激以召祸，畸行也。言畸行者，奖容容之福以堕士气。言大节者，较为长矣，而犹非定论也。

人臣捐身以事主，苟有裨于社稷，死之无可辟矣。暗主不庸，谗臣交构，无所裨于社稷，而捐身以犯难，亦自靖之忱也。虽然，太上者，直纠君心之非而拂之以正；其次视大权之所倒持，巨奸之为祸本，而不与之俱生，犹忠臣之效也。然一奸去而一奸兴，莫之胜击也。若夫琐琐之小人，凭借权奸而售其恶者，不胜诛也，不足诛也。君志移，权奸去，则屏息以潜伏而萧条窜匿，亦恶用多杀以伤和哉！然其流毒于天下，取恶于士大夫，则琐琐者易激人怒而使不平；贤者知之，则以为不胜诛、不足诛者也。乃诸贤之无所择而怒，无所恤而过用其刑杀，但与此曹争胜负，不已细乎！

李膺、杜密，天子之大臣也，匡君之邪而不屈其节也。膺尝输作左校矣，非以击大奸而刑，所击者一无藉之羊元群而已。既已诎于时而被罔，则悔向之攻末而忘本，以争皇极之安倾，夫岂无道焉？所与伉直之流搏杀以快斯须者，一野王令张朔耳，富贾张汎耳，小黄门赵津耳，下邳令徐宣耳，妄人张成耳，是何足预社稷之安危，而愤盈以与仇杀者邪！侯览也，张让也，蟠踞于桓帝之肘腋，而无能一言相及也。杀人者死，而诛及全家；大辟有时，而随案即杀；赦自上颁，而杀人赦后；若此之为，倒授巨奸以反噬之名，而卒莫能以片语只词扬王庭以祛祸本。然则诸君子与奸人争兴废，而非为君与社稷捐躯命以争存亡乎！击奸之力弱，而一鼓之气易衰，其不敌凶慭而身与国俱毙，无他，舍本攻末而细已甚也。

直击严嵩，而椒山之死以正；专劾魏阉，而应山之死以光；党锢诸贤，其不得与二君子颉颃焉，无他，岑晊、张俭之流有以累之也与！

【译文】

对于东汉末年被朝廷以结党之罪禁锢不得为官的各位贤士大夫，有人称他们是忠君而忘身，保持了士大夫的大节。也有人认为他们过于激进而招致了祸患，这是超凡脱俗的偏激行为。认为他们行为偏激的人，实际上就是鼓励那种老好人的和事佬态度，结果必然使士大夫丧失气节。认为他们保持了大节的人，其态度是较为可取的，也是比较客观的，但这仍然不是定论。

作为人臣，舍生忘死以事奉君主，假若能对国家江山社稷有所裨益的话，即使面临死亡的危险也不能回避。若是不能被昏君所重用，而又受奸臣谗言的构陷，对国家江山社稷无所裨益的话，即使舍生忘死，临危不惧，也是各自谋行其志向的热忱表现。尽管如此，最为重要的是能直接纠正君主内心的过失，而使其归于正道大义。其次则是审视国家大权为谁把持，谁是国家祸乱根源的巨奸大恶，从而与其势不两立，这仍然是忠臣为国效劳的正确选择。然而，一个奸贼被消灭，而另外一个奸贼又随即兴起，难以消灭干净。至于那些猥琐的奸佞小人，依靠那些掌握大权的奸臣为非作歹，实现其罪恶的野心，更是难以诛杀干净，也不值得一一予以诛灭。只要君主回心转意，想有所作为，罢去专权擅政的奸臣，那么那些依附奸臣的小人就会屏息潜伏下来，或是像老鼠一样地逃窜隐匿起来，哪里用得着多加杀戮以伤害天地之和气呢？然而，那些人为非作歹，流毒遍天下，被士大夫普遍感到厌恶，而且他们的猥琐行为也容易激起人们的愤怒，使人们产生不平之心；而贤能的士大夫非常了解这些情况，所以认为他们是杀不完，也不值得杀的。可是，诸位身陷党锢之祸的贤士大夫无所选择地对这些小人的一切行为都感到恼火，过度地使用刑罚杀戮的办法而无所体恤，只顾与他们竞争胜负，不也是太不注重大节而纠结于细微末节了吗？

司隶校尉李膺、太仆杜密都是天子的大臣，他们匡正君主的行为过失而又不为此屈大臣之节。李膺曾被宦官诬陷，被遣送到左校服劳役，并不是指责高官权臣而获罪，他所指责攻击的只不过是一个没有靠山的羊元群罢了。既然已身遭冤枉而又受到了惩罚，就对以前只攻末节而忘记根本的行为进行反思，转而去为扶持国家江山的安危而抗争，这样难道没有道理吗？他与那些正直的大臣一起搏斗诛杀以图一时之快的奸邪小人，不过是野王（今河南泌阳）县令张朔、富商张泛、小黄门赵津、下邳（今江苏睢宁西北）县令徐宣、狂妄的术士张成等小人物罢了，这些人对国家江山社稷的安危会有多大的影响呢？李膺等人却愤怒至极像对仇人一样非要杀之而后快！侯览、张让这些宦官，聚集在汉桓帝身边，身陷党锢之祸的诸位贤士大夫却没有一句话涉及他们。杀人者应该偿命，却连坐诛杀其全家；死刑的执行本来有固定的时间，却随着案件进展立即予以诛杀；大赦的诏令是由皇帝颁布的，却在大赦之后依然处决犯人。像这样的做法，实际上只会给那些巨奸大恶授以反咬一口的名义，而李膺等人最终也不能靠自己的只言片语在朝廷上进行宣扬，为国家江山社稷除去祸根。如此说来，那么身陷党锢之祸的诸位贤士大夫与奸臣小人争兴废，并不是为了君主和社稷而舍身忘死地去争存亡！攻击奸臣的力量太弱，而一鼓作气积累起来的勇气也容易衰退，最终他们难敌凶恶的奸贼，而与国家一起灭亡。造成这样的结果，没有其他的原因，仅仅是因为他们舍本攻末，太注重细微末节了。

直截了当地攻击、弹劾奸臣严嵩，明朝的兵部员外郎杨继盛（号椒山）死得光明正大；专门弹劾擅权宦官魏忠贤，左副都御史杨涟（湖北应山人）死得光荣。身陷党锢之祸的诸位贤士大夫，他们之所以不能与明代的两位君子相提并论，没有其他的原因，只是因为像岑晊、张俭这样的人连累了他们！

本事：《资治通鉴》卷五五《汉纪四十七·桓帝》，延熹八年（165）。

灵帝

一 窦武立天子之失

桓帝淫于色，而继嗣不立，汉之大事，孰有切于此者！窦武任社稷之重，陈蕃以番番元老佐之，而不谋及此。桓帝崩，大位未定，乃就刘儵而问宗室之贤者，何其晚也！况天位之重，元后之德，岂区区一刘儵寡昧之识片言可决邪？持建置天子之大权，唯其意以为取舍，得则为霍光，失则为梁冀矣。武以光之不学、冀之不轨者为道，社稷几何而不危，欲自免于赤族之祸，讵将能乎哉！

武也，一城门校尉也，非受托孤之命如霍光之于武帝也。所凭借以唯意而立君者太后耳。宫闱外戚之祸，梁氏之覆车不远，宦官安得不挟以为名哉？夫武也，既不能及桓帝之时谏帝以立储之大义；抑不于帝崩之后，集廷臣于朝堂，辨昭穆、别亲疏、序长幼、审贤否，以与大臣公听上天之命。儵以为贤而贤之，武谓可立而立之，天子之尊，若其分田圃以授亚旅而使治。则立之唯己，废之唯己，朱瑀恶得不大呼曰："武将废帝为大逆。"而灵帝能弗信哉？汉之亡也，亡于置君，而置君者先族，武不蚤死，吾不保其终也。获诛奄之名，以使天下冤之，犹武之幸也夫！

【译文】

汉桓帝刘志沉溺于女色，却没有确立皇位继承人，汉室的一切大事，能有比这更为迫切的吗？窦武担负国家的重任，陈蕃以资深元老的身份辅佐他，但他们都没有考虑到这一点。桓帝驾崩以后，皇位的归属一直没有确定，窦武才向侍御史刘儵咨询宗室子弟中的贤者，这不是太晚了吗！况且，天子地位之重，天子的道德品行，难道是区区一个孤陋寡闻、昏庸愚昧的刘儵的只言片语可以决定的吗？窦武掌握着拥立天子的大权，完全根据自己的意志决定取舍，做得好就会像霍光一样，做得不好就会像梁冀一样。窦武却兼备了霍光的不学无术、梁冀的心怀不轨，国家的江山社稷怎么能不危险呢？窦武想自免于被诛灭九族的大祸，难道能办得到吗？

窦武，本来是一个城门校尉的低级武官，并不像霍光那样接受了武帝的托孤之命。他所凭借的是太后的支持，才敢凭着自己的意志选立新君。后宫、外戚擅权乱政的祸患，像梁冀家族的前车之覆相去不远，宦官怎能不以此为名再次发难呢？窦武其人，既不能在桓帝生前以立太子、建储君的正道大义规谏天子；也不能在桓帝去世以后把大臣召集到朝堂，辨明皇室子弟的辈分、亲疏，按照长幼的顺序，审视其贤能与否，然后跟其他大臣一起共同听从上天之命来确立天子。刘儵认为贤能者就贤能，窦武说是可立为天子者就立为天子，以天子之位的无比尊贵，他们却像是把田圃授予兄弟及众子弟让他们耕种一样草率地予以处置。这样，立天子根据自己的意志，废天子也是根据自己的意志，宦官朱瑀怎么会不大声疾呼：“窦武将要做出废掉皇帝这样大逆不道的举动。”而汉灵帝又怎么能不相信呢？汉室的灭亡，亡在选立君主，而拥立天子的人总是最先被灭族，窦武假如死得不早，很难保证他能够得以善终。

他获得诛杀宦官的名声，从而使天下人都为他感到冤枉，这还算得上是窦武的幸运了！

本事：《资治通鉴》卷五六《汉纪四十八·桓帝》，永康元年（167）。

二　无功受封，身家难保

忠直有识之言，亦无难听也；庸主具臣不能听，毁而家亡而国也，谁其哀之？窦武以椒房之亲，任立君之事，踵梁冀之所为，虽心行之无邪与梁冀异，而所为者亦与冀奚别？录定策功，封闻喜侯，灵帝亦按冀之故事而以施之武。卢植说之曰："同宗相后，披图按牒，以次建之，何勋之有？宜辞大赏以全身名。"斯亦皎然如白日之光，昆虫皆喻于昏旦；而武不能用，悲夫，其自取覆亡也！

夫欲秉国均、匡社稷、诛宦竖、肃官常也，岂不侯而足以立功？即庸臣之私利计之，荣其身、泽其子孙，抑岂今日不侯，而终掩抑其大勋，贻子孙以贫贱哉？则卢植之说，引而上之，可以跻善世不伐之龙德；推而下之，亦计功谋利者之勿追求于一旦而致倾仆之善术也。而武不能，且欲引陈蕃以受无名之贷。蕃固知其不可受也，惜乎不知武之不足与共为社稷之臣也！

【译文】

忠诚正直而有远见卓识的言论，也并不难听；但是昏庸无道的君主、尸位素餐的大臣却听不进去，以至于家族毁灭、国家消亡，又有谁为他们感到悲哀呢？窦武以外戚的身份，担当起拥立君主的重任，结果却重蹈梁冀的所作所为，尽管其心中没有邪念这一点与梁冀不一样，但他的所作所为与梁冀又有什么区别呢？灵帝继位以后，记录其定策拥戴之功，封爵闻喜侯，灵帝也是按照桓帝封赐梁冀的故事封赐给窦武的。卢植就这件事对窦武说："既是刘氏同宗的后裔子孙，按照图谱、玉牒的记载，根据顺序被拥立为帝，你又有什么功勋？应当辞掉丰厚的赏赐，以保全你的性命和名声。"这样的语言，就像是白天的太阳一样光明，连那些昆虫都可以分辨白天夜晚；窦武最终不能听信卢植的话，他的自取灭亡，真是令人痛心啊！

作为人臣，想要秉持国家大权，匡扶江山社稷，诛杀宦官奸邪，整肃官场纲纪，难道不封侯就不能建立这些功勋吗？即使平庸的大臣为自己的私利考虑，荣耀其身，泽及子孙，难道今日不封爵为侯，最终能掩盖其巨大的功勋，使其子孙陷入贫贱的境地吗？那么，卢植的言论，若从崇高的层面说来，可以算得上是天下太平的时候不夸耀自身功德的圣人之德的体现；即使从较低的层面说来，也是计功谋利的人避免因急切追求一时之利而导致最终失败的好办法。而窦武却不能听从卢植的建议，而且还想拉拢陈蕃一起接受这没有正当名义的赏赐。陈蕃固然知道这种赏赐不能接受，可惜却不知道窦武这样的人是不足以与他一起担任国家的社稷重臣的。

本事：《资治通鉴》卷五六《汉纪四十八·灵帝》，建宁元年（168）。

三　陈蕃所托非人

窦武、陈蕃杀，而汉之亡必不可支矣。陈蕃老矣，而诛权竖、安社稷、扶进君子之心，不为少衰，惜乎不知择而托于窦氏也！然则窦武其非贤乎？曰：武非必不贤，而所为者抑贤者之道。虽然，武即贤而固不可托，且吾不能保武之以贤终也，故重为蕃惜也。

武之可信为贤者，以其欲抑宦寺以奖王室，且引李膺、杜密、尹勋、刘瑜而登进之。然此岂可决其必贤哉？单超之杀梁冀也，尊黄琼矣，用陈蕃矣，征徐穉、姜肱、袁闳、李昙、韦著矣，天下固尝想望其风采而属望以澄清。然则有所诛逐，有所登进，矫时弊以服人，奸人用之俄顷，而固不可信。蕃已老，窦武方内倚太后，外受定策之赏，而蕃又恶能保其终乎！

汉之将亡也，天子之废立，操于宫闱，外戚宦寺，迭相争胜，孙程废而梁氏兴，梁冀诛而单超起，汉安得有天子哉！而蕃所托者犹然外戚也，则授宦者以梁冀复起之名，既无以正天诛而服受戮者之心，且天下亦疑外戚宦寺之互相起灭而不适有正。故张奂亦为王甫、曹节所惑，欲自祓（fú）濯而终不免。蕃之托武，非所托也明甚。然且以老成之识，昧焉而不察者，时之所趋，舍是而无能为也。

呜呼！以三族之膏血，争贤奸之兴废、社稷之存亡者，岂易言哉？不幸而无如砥之周道，率由之以行志，则亦埋怨于江潭山谷之间，赍（jī）恨以没焉耳。毫厘之辨不审，而事以大溃，贤人君子骈首以死，社稷旋踵而倾，若以膏沃火，欲灭之而益增其焰。蕃之志可哀，而其所为亦左矣。是以君子重惜之也。

【译文】

窦武、陈蕃被杀以后，汉朝的灭亡已成定局，就像是大厦将倾而难以支撑一样。陈蕃年纪已大，但是他诛杀擅权乱政的宦官、安定江山社稷、举荐任用君子之心却并没有因其年老而有所衰减，遗憾的是他不懂得妥善选择而将如此重大的事情托付于窦武。既然如此，那么窦武难道不是贤德之人吗？回答是：窦武并不一定不是贤德之人，而其所作所为也符合贤人之道。尽管如此，窦武即使是贤德之人也确实不值得托付，况且我不能保证其贤德能善始善终，所以就更加为陈蕃感到惋惜。

人们可以相信窦武是个贤德之人，是因为他想抑制宦官的势力以辅佐汉室，况且，他推荐了李膺、杜密、尹勋、刘瑜等人并加以任用。然而，这样难道就足以决定他一定是个贤德之人吗？宦官单超联合其他几个宦官诛杀了外戚梁冀，也尊崇黄琼，进用陈蕃，征辟徐稺、姜肱、袁闳、李昙、韦著等名士，天下人也确实曾仰慕其风采，并把澄清天下的希望寄托在他的身上，但最后的结果却是令人失望的。如此说来，那么有被诛杀、贬逐奸佞的行为，有举荐重用贤人的行为，矫正时弊以顺应人心，奸佞小人也可以暂时采用这些办法，本来就是不值得相信的。当时，陈蕃已经老了，窦武又正在内依靠皇太后、在外接受定策立君的重赏，而陈蕃却依靠窦武这样的人，难道能保证自己得以善终吗？

汉朝末年，国家将亡，天子的废立完全被后宫所操纵，外戚和宦官交替兴起，相互争强斗胜，宦官孙程被废而外戚梁氏兴起，梁冀被杀而宦官单超又兴起，汉朝的江山社稷都掌握在外戚、宦官手中，人们哪里知道还有天子呢？而陈蕃所依托的窦武仍然是外戚，这就为宦官留下了梁冀（泛指外戚）复起的口实，既不能明正上天的诛戮刑罚而使被杀者心服口服，而且天下人也都怀疑外戚、宦官之间交替兴起、互相倾轧，没有哪一方是正义的。所以，当宦官起来诛杀窦武、陈蕃时，大司农张奂也被宦官王甫、曹节所迷惑，后来想要洗刷自己的污名，最终还是不能幸免，遭到宦官的陷害而被禁锢终身。陈蕃将身家性命托付给窦武，很明显是所托非人。然而，以陈蕃的老成持重、见多识广，尚且这样愚昧而不能察知其中的奥妙，这大概也是当时的趋势，舍此而没有更好的办法。

唉！以三族（父族、母族、妻族）人的性命，为贤人和奸佞的兴废、江山社稷的存亡而争斗的人，难道能轻易说得清楚吗？假如不幸而没有平坦的大道，以使其按照自己的意图行事，那么也只能在江边、山谷之中抱怨、怀恨而死罢了。对于非常细微的小事不能审慎地加以考察，就有可能使大事完全失败，贤人君子也只能骈首待死，江山社稷很快就会倾覆，就如同用油浇火一样，本想灭火却使火烧得更旺了。陈蕃的志向令人同情，但其所作所为也是不对的。所以，君子就更加为他感到惋惜。

本事：《资治通鉴》卷五六《汉纪四十八·灵帝》，建宁元年（168）。

四　三互之禁，将亡之制

夫人情亦惟其不相欺耳，苟其相欺，无往而不欺；法之密也，尤欺之所藉也。汉灵之世，以州郡相党，制婚姻之家及两州人士不得对相监临，立三互之禁，选用艰难，而州郡之贪暴益无所忌。司马温公述叔向之言，“国将亡，必多制”。若夫开国之始，立密法以防欺，未即亡焉，而天下之害积矣。

今之为制，非教官及仓巡驿递不亲民者，皆有同省之禁，此汉灵之遗法也。司马温公曰：“适足为笑。”诚然有可笑者。名为一省，而相去千里者多矣；名为异省，而鸡犬相闻者多矣；同省而声闻不接，异省而婚媾相连，岂天限地绝，一分省而遂不相及哉？此适足为笑者也。或为婚姻，或相对治，情相狎，过相匿，所必虑也，而又奚必婚姻对治之相临乎！展转以请托，更相匿而互相报，夫岂无私语密缄之足任。已非婚姻，已非对治矣，借手以告曰：吾无私也。而交通请属之无所惮，此又适足为笑者也。

夫防之严，而适以长欺，既良然矣。若夫捐禁而乡郡可守，尤有利焉。自贤者而言之，南北之殊风，泽国土国之殊壤，民异利，士异教，遥相治而见为利者或害，教以正者或偏，审土之宜以益民，视习之趋以正士，则利果利而教果教矣。自不肖者而言之，酷以墨者之无忌也，突为其寇仇，而翩然拚（fān）飞于千里之外，无能如何也；即罢斥以归休，而身得安、子孙得免，无余虑矣。居其土，与其人俱，当官则吏也，归里则乡曲也，刑罚科敛之加，非以其正，而乡人可报之于数十年之后，则惴惴焉一夫胜予，不肖之情戢焉，害亦有所惩矣。

夫王者合天下以为一家，揭猜疑以求民之莫而行士之志，法愈疏，闲愈正，不可欺者，一王之法，天理之公，人心之良也，而恃区区之禁制也乎？三代之隆也，士各仕于其国，而民益亲。亡汉之稗政，奈之何其效之！

【译文】

人与人之间也只能不相互欺骗，假如相互欺骗，就没有任何事情不能欺骗了。法律越是严密，人们就越会借助法律进行欺骗。汉灵帝在位时期，因为州郡地方官吏结党营私现象非常严重，于是就制定了有婚姻关系的两家人以及幽、冀两州人士不能到对方所住地担任地方官的制度，进而又发展为三互之禁（即甲地人到乙地做官，乙地人到丙地做官，那么丙地人既不能到甲地也不能到乙地做官；对于有姻亲关系的人来说，也须如此回避。)。因此，由于回避制度的限制，导致地方官员的选拔任用非常艰难，而州郡官吏的贪婪残暴更加肆无忌惮。司马光引用春秋时代晋国执政叔向的话说：“国家将要灭亡的时候，制度也就特别多。”至于在建国之初，制定严密的法律以防范人们相互欺骗，虽然不会使国家立即陷于灭亡，但对天下的危害也会日益积累起来了。

现今的制度规定，除非教官以及主管仓储、巡检、驿递事务等不直接统治百姓的官吏，都有回避同省任职的限制性规定，这实际就是汉灵帝时期的三互之禁遗留下来的。司马光说：“这种做法正足以令人发笑。”确实有令人可笑的地方。名义上虽在同一个省，但相距千里的人多得很；名义上虽不在一个省份，但鸡犬之声相闻的近邻也非常多；同一省内并无任何交往的人很多，邻省之间结成婚姻的人也很多，难道省份之间有着天限地绝，一分省人们就不能相互交往了吗？这正是足以令人发笑的地方。有些官员彼此是婚姻之家，有些官员则是两地人士易地治理，他们之间是否会情感上过于亲近，是否会相互隐瞒过错，这是必须考虑的，而又何必限制婚姻之家及两州人士易地而治理呢？通过各种关系转相请托，相互隐瞒过错、相互回报人情，他们虽然不是婚姻之家，也不是易地对治的两地人士，难道他们之间就没有私语、密信进行联络，难道对他们就可以放心地任用了吗？既不是婚姻之家，也不是两地人易地对治，这样就可以借助制度规定向世人宣告说：我是公正无私的。而官吏则在背后交通上下、请托贿赂而肆无忌惮，这又是足以令人发笑的地方。

对人防范得越严，恰恰越是助长相互欺骗之风，历史事实已经证明果然如此。如果能废除这些限制性的制度，使得乡郡人士都可以在本地任职，那就更有利了。从贤德之人的角度来说，南方与北方的风俗不同，水乡与平原地区的土壤不同，百姓的利益不同，士人的教化不同，使人远离自己的家乡去异地做官，那么就有可能把当地人认为有利的事物当作是有害的，把当地人认为是正当的教化当作是偏颇的。如果能够因地制宜，对百姓有好处，根据当地风俗的趋向来教育好当地士人，那么这种利才是真正有利，这种教化才能真正成功。从不肖之徒的角度来说，到异地做官，可以残酷贪墨无所顾忌，即便是突然间被当地人视为寇仇，他也可以翩然调动或升迁到千里之外去做官，人们对他也无可奈何；即使他被罢斥而退休回家，自己也得以全身而退，子孙也可以免去灾祸，根本不需要其他的顾虑。如果都在其本地做官，就会经常与本地人士相处，当他履行自己的工作时就是官，当他回到家里就是乡里乡亲，如果他在任期间在刑罚的处置、赋税的科敛上施行得不够公正，同乡的人可以在数十年以后报复他，那么他就得惴惴不安地担心别人都能胜过自己，不得不考虑将来的退路，这样其奸佞小人的恶习就会有所收敛，有所惩戒，从而减少对当地的危害。

君王合天下为一家，就应该祛除猜忌怀疑之心，探求安定百姓的办法，使士人的志向得以施展，法律越是宽大稀疏，人们就越正直而合乎伦理道德的规范。真正不可欺骗的，是君主统一的法律，出于天理的公道，以及人心中的良知，怎么能只依靠区区一个禁令制度呢？夏、商、周三代之所以兴盛，是因为士人都在本国做官，与百姓的关系非常亲近。这种地方官吏的回避制度是导致汉朝灭亡的一项不良的政治措施，后世为什么还要加以仿效呢？

本事：《资治通鉴》卷五七《汉纪四十九·灵帝》，熹平四年（175）。

五　文赋取士，失之浮华

呜呼！世愈移而士趋日异，亦恶知其所归哉！灵帝好文学之士，能为文赋者，待制鸿都门下，乐松等以显，而蔡邕露章谓其“游意篇章，聊代博弈”，甚贱之也。自隋炀帝以迄于宋，千年而以此取士，贵重崇高，若天下之贤者，无逾于文赋之一途。汉所贱而隋、唐、宋所贵，士不得不贵焉；世之趋而日下，亦至此乎！

夫文赋亦非必为道之所贱也，其源始于《楚骚》，忠爱积而悱恻生，以摇荡性情而伸其隐志，君子所乐尚焉。流及于司马相如、扬雄，而讽谏亦行乎其间。六代之衰，操觚者始取青妃白，移宫换羽，而为不实之华；然而雅郑相杂，其不诡于贞者，亦不绝于世。夫蔡邕者，亦尝从事矣，而斥之为优俳，将无过乎！要而论之，乐而不淫，诽而不伤，丽而不荡；则涵泳性情而荡涤志气者，成德成材以后，满于中而鬯（chàng）于外者之所为。而以之取士于始进，导幼学以浮华，内遗德行，外略经术，则以导天下之淫而有余。故邕可自为也，而不乐松等之辄为之，且以戒灵帝之以拔人才于不次也。

由是言之，士趋亦何尝有异哉？上之用之也别耳。于是而王安石之经义，虽亦末耳，而不伤其本，庶几乎华实兼茂之道也。元祐革新法，而并此革之，过矣。若王鏊（ào）、钱福之浅狭，陶望龄、汤宾尹之卑陋，则末流波靡，而非作者之凉也。经义者，非徒干禄之器也，士之所研精以极道者也。文赋者，非幼学之习也，志正学充，伤今思古，以待人之微喻者也。而志士崇业以单心，亦可于此而审所从矣。

【译文】

唉！随着时代的变化，士人的趋向也在日新月异地变化，怎么能够知道往哪方面发展呢？汉灵帝非常喜欢有文学才能的士人，能写作文赋的士人，都在鸿都门下待诏，乐松等人都是以其文学才能而显贵的，而蔡邕公开上奏弹劾他们是“把心思倾注于篇章之间，聊以代替赌博下棋之类的游戏罢了”。非常鄙视乐松这样的人。自从隋炀帝实行科举考试选官制度一直到宋代为止，近千年的时间里都是以此作为考试选拔官吏的主要标准，对其备加重视和推崇，好像天下的贤者，都没有超越文赋这一途径的。汉代所鄙视的东西，到了隋朝、唐朝、宋朝就成了受推崇的东西，士人也不得不以有文学才能、能写作文赋为贵。于是世俗的发展趋向如此一天不如一天，以致到了这样的地步！

文赋也并不是一定会为正道大义所鄙视，文赋最早起源于战国时期楚国人屈原所作的《离骚》，他心中积蓄着忠君爱国之情，然后产生了悱恻哀怨之心，从而发为文辞，摇荡着人们的性情，把自己内心隐藏的志向抒发出来，这是君子非常乐意崇尚的。流传演变到西汉司马相如、扬雄时，在文赋中夹杂了一些讽谏劝诫的内容。后来的三国吴、东晋以及南朝的宋、齐、梁、陈六个相对衰落的朝代，写作文赋的人才开始斟酌字句以使文句对偶工整，也使文赋的内容有所变更，形成华而不实的文风。然而，雅乐和郑声俗乐相互杂糅在一起，其中一些并不违背正道大义的作品，也流传后代，不绝于世。蔡邕本人也曾从事过文赋的创作，却把文赋都斥之为地位卑贱的优俳之技，难道不是太过分了吗？简要地说，要做到快乐而有节制，幽怨而不哀伤，华丽而不放荡，那么文赋就是涵养性情而荡涤志气的人在成德成材之后，内心充满情感而自然流畅地抒发出来的作品。但是，假如把文赋作为士人入仕的一条途径，就会引导年幼的学生趋于华而不实，内心则丢掉德行，外表则忽略经术，这样就会把天下导引到毫无节制的地步。所以，蔡邕自己可以写作文赋，却不想让乐松这样的人来轻率地从事创作，而且要以此来规劝汉灵帝不要不按正当的秩序来选拔任用人才。

由此而言，士人的趋向又何曾有什么区别呢？只是君主利用它的时候就有所不同罢了。如此说来，宋代王安石改革科举考试，提出要重视经义，虽然也是只抓住其细枝末节，但并不伤害其根本，差不多可以称得上华实兼备的办法了。宋哲宗元祐年间（1086—1093），废除王安石制定的新法，同时也把此项内容革去，这也太过分了。像明代王鏊、钱福这样浅薄狭隘的人，陶望龄、汤宾尹这样卑微浅陋的人，就是那种随波逐流的末流角色，并非所有的作者都像他们这样浅薄。经义，并不只是士人求取利禄的工具，而且是士人应该深入研究从而无限接近正道大义的事物。文赋，并不是年幼的学生可以学习的，而是一个人志向纯正、学识盈满，感伤今日、思念古典的时候以等待能够了解其微妙内涵的人的一种表达方式。然而有志之士以孤忠之心崇尚和兴起事业，也可以从中汲取智慧，从而审慎地认清自已所选择的路径和方向。

本事：《资治通鉴》卷五七《汉纪四十九·灵帝》，熹平六年（177）。

六　赵苞无人心

论为子为臣之变，至于赵苞而无可言矣。何也？若苞者，无可为计，虽君子亦不能为之计也，无往而非通天之罪矣。以苞之死战，为能死于官守，苞与手刃其亲者均也，为此论者，无人之心。以苞当求所以生母之方，不得已而降于鲜卑；分符为天子守邑，而北面臣虏，终身陷焉，亦不可谓有人之心也。故至于苞，而求不丧其心之道穷矣。此谁使之然哉？苞自处于穷以必丧其心。故曰无往而非通天之罪也。

为人子者，岂以口腹事亲乎？抑岂敢以己之荣施及其母为愉快乎？故子曰："老者安之。"求所以安之之方，虽劳不辟，虽死不辍，而况于苞之安其母者甚易乎？苞，东武城人也，所守则辽西也。母所居者，中国之乐土，苞所守者，鲜卑凭陵蹂践之郊也；胡为乎甫到官而即迎母以居柳城之绝塞哉？苞于此已不复有人之心矣。以口腹与，禽虫之爱也；以荣宠与，市井之得金钱而借亲以侈华美者之情也。强寇在肘腋之间，孤城处斗绝之地，奉衰老妇人微幸于锋镝之下，苞之罪通于天，奚待破贼以致母死之日邪？故曰："正其本，万事理。"一念之不若，而成乎昏昧，母子并命于危城，苞虽死，其可以逭（huàn）中心之刑辟哉？

或者其愚也，则君子弗获已而姑为之计，当羯（jié）贼出母示苞之日，自悔其迎母之咎，早伏剑以死，委战守之事于僚吏，母之存亡之安危不计也，则犹可无余恶也。虽然，晚矣！苞死而母必不可得生，城必不可得存也。

【译文】

谈论为人子、为人臣的应变之道，到了辽西太守赵苞这里已是没有话好说了。为什么呢？像赵苞这样的情况，实在没有什么办法加以挽救，即使是君子也不能为挽救他谋划什么计策，因为无论怎么做，他都会犯下滔天大罪。如果赵苞选择死战，能够恪尽职守而战死，就不能顾及被鲜卑俘虏去的母亲、妻子，这样赵苞就和亲手杀死自己母亲一样，持这种论调的人，简直是没有人心。如果赵苞为了救他的母亲，实在不得已投降了鲜卑；可是他本来是接受天子的符节而为天子坚守城邑的，结果却投降鲜卑，向敌人北面称臣，且终身沦为夷狄臣民，这也不能说是有人心。所以，对赵苞来说，想要寻求一个不丧失人心的办法是不可能的。是谁使他处于这样的境地呢？是赵苞自己造成的，他使自己陷入毫无办法而必须丧失人心的境地。所以说，无论赵苞怎么做，他都难逃通天之罪。

作为人子，难道仅仅是为满足父母的口腹之欲来侍奉双亲吗？难道敢认为把自己获得的荣誉给予母亲心中才感到愉快吗？所以，孔子说："年老的人要使其得到安养。"为寻求使父母得到安养的办法，尽管劳累也不能回避，尽管是死也不能放弃，更何况赵苞能非常容易地安顿自己的母亲呢？赵苞是东武城（今河北故城一带）人，担任汉朝的辽西（治今辽宁义县西）太守。其母居住的地方，是中原地区的乐土，而赵苞所守卫的地方，是鲜卑族经常侵犯蹂躏的边境地区。为什么刚刚赴任就马上迎接母亲并把母亲安置在受鲜卑族威胁的柳城（今辽宁朝阳南）呢？赵苞这样做，实际上就是说他已经不再有人心了。难道仅仅是为了满足母亲的口腹之欲吗？那不过是像禽鸟、昆虫都有的感情罢了；难道是为了把自己的荣誉和宠信给予母亲而使其高兴吗？那不过是市井之人获得金钱以后借以孝顺父母之名宣扬自己的浅薄做法罢了。鲜卑这个强大的敌人经常出没于自己的肘腋之间，柳城更是孤悬于外的非常危险的地方，想在锋镝之下侥幸地侍奉年老多病的母亲，赵苞就已经犯下了通天之罪，哪里还需要等到他打败鲜卑人致母亲于死地的时候才可以证明这一点呢？所以说："正确认识事物的本源，才能把事情理解清楚、处置妥当。"一念之差，就足以办成愚蠢的事情，使其母亲妻子都丧命于危城之下，赵苞尽管死了，难道他可以逃脱这种人心的谴责吗？

或许有一个愚蠢的办法，那也是君子在万不得已的情况下姑且为他谋划的办法，就是当鲜卑人拿赵苞的母亲作为人质，推出来胁迫赵苞的时候，赵苞后悔自己犯下迎接母亲来辽西的错误，趁早自刎而死，把战争防守的任务交给自己的属下，不再考虑母亲的存亡与城池的安危，那么还不至于有其他坏的影响。尽管如此，也已经太晚了！如果赵苞自杀而死，他的母亲也肯定不能生还，辽西城也肯定不能守住。

本事：《资治通鉴》卷五七《汉纪四十九·灵帝》，光和元年（178）。

七　意气之士蔡邕

蔡邕意气之士也，始而以危言召祸，终而以党贼逢诛，皆意气之为也。何言之？曰：合刑赏之大权于一人者，天子也；兼进贤退不肖之道，以密赞于坐论者，大臣也；而群工异是。奸人之在君侧，弗容不击矣。击之而吾言用，奸人退，贤者之道自伸焉。吾言不用，奸人且反噬于我，我躬不阅，而无容以累君子，使犹安焉，其犹有人乎君侧也。君子用而不任，弗容不为白其忠矣。白之而吾言用，君子进，奸人之势且沮焉。吾言不用，奸人不得以夺此与彼之名加之于我，而犹有所惮焉。邕苟疾夫张颢、伟璋、赵玹、盖升之为国蠹也，则专其力以击之可耳。若以郭禧、桥玄、刘宠之忠而劝之以延访也，则抑述其德以赞君之敬礼已耳。而一章之中，抑彼伸此，苦将取在廷之多士而惟其所更张者。为国谋邪！为君子谋邪？则抑其一往之意气以排异己而伸交好者之言耳，庸有听之者哉！

汉之末造，士论操命讨之权，口笔司荣枯之令，汝南、甘陵太学之风波一起，而成乎大乱。非奸人之陷之，实有以自致焉。同于我者为懿亲，异于我者为仇雠，唯意所持衡而气为之凌轹（lì），则邕他日者幸董卓之杀奄人，而忘其专横，亦此意气为之矣。桥玄、刘宠之不为邕所累，幸也；而君子以相形而永废，朝廷以偏击而一空，汉亦恶得不亡哉！

【译文】

蔡邕是一位意气之士，最初他因犯颜直谏招致灾祸，最终又因其为董卓同党而被杀。有这样的结果，完全是他意气用事所导致的。为什么这么说呢？集天下刑赏大权于一身的人，是天子；肩负举荐贤才、罢斥不肖之徒的重任，参与机密、辅佐天子、坐而论道的人，是大臣。而百官群臣，各有其不同的职责。如果君主的身边有奸臣，不能不攻击他们，如果攻击他们的建议被君主采纳，奸臣就会被罢退，而贤者之道自然就会得以伸张。如果攻击奸臣的建议不被采纳，奸臣还要反咬一口，本人不被奸臣所容，却不容许连累其他君子，这样还能够心安，因为仍有贤人在君主的身边。君子若被任用但没有被委以重任，就不能不向君主表白自己的忠诚。表白之后，如果自己的建议被采纳，君子就得以进用，奸臣的势力就会受到打击。如果自己的建议没有被君主采纳，奸臣也不能把夺此与彼的罪名强加于我，他们仍然会有所顾忌。如果蔡邕确实痛恨张颢、伟璋、赵玹、盖升等人，认为他们是祸国殃民的蠹虫，就可以集中自己的一切力量来攻击他们。假如认为郭禧、桥玄、刘宠非常忠诚，而想要规劝君主对这几个人加以延揽、进用，那么就可以称述他们的德行，以帮助君主礼敬贤士。然而，蔡邕却在同一个奏章之中，把这两件事结合在一起，抑制张颢等人，称赞郭禧等人，好像要为朝廷网罗贤士、斥退不肖之徒而只能按照他的建议来改弦更张一样，人们不禁会问，这到底是在为国家谋划呢，还是为君子着想呢？这也不过是他一如既往的意气用事、排除异已而宣扬知己朋友的言论罢了，难道会有人听从这样的建议吗？

汉朝末年，士大夫的议论操纵着朝廷人事任命、军事征讨的大权，他们的言语文章掌握着使人兴衰、穷达的命运，汝南（今河南平舆北，汝南太守宗资，郡中事务却由功曹范滂决断，童谣唱道：“汝南太守范孟博，南阳宗资主画诺。”）、甘陵（今河北南宫东南，甘陵人周福字仲进，以帝师身份担任尚书；同乡房植字伯武，任河南尹，童谣唱道：“天下规矩房伯武，因师获印周仲进。”）两地的朋党引起的太学风波一旦兴起，很快就造成了大乱。并不是奸佞小人刻意陷害他们，实际上是有他们自己招致灾祸的因素。凡是与他们志同道合的人就是至亲，与他们有不同意见的人就是仇敌，只根据他们自己的意气来行事，秉持自己的标准而盛气凌人。因此，蔡邕在日后乐于看到董卓诛杀宦官的举动，而忘记了董卓的专横残暴，因而投靠了董卓，这也是唯自己的意气用事的本性所决定的。桥玄、刘宠没有被蔡邕所连累，也算是幸运的了！而君子因为意气用事、相互结党而被永远禁锢不再叙用，朝廷也因偏听一面之词打击士大夫而几乎为之一空，这样，汉朝怎么能够不灭亡呢？

本事：《资治通鉴》卷五七《汉纪四十九·灵帝》，光和元年（178）。

八　桥玄弃子与赵苞弃母

鲜卑持赵苞之母以胁苞，苞不顾而战，以杀其母，无人之心也。贼劫桥玄之幼子登楼求货，玄促令攻贼，以杀其子，亦无人之心也。母之与子若是其均重乎？非也。使苞之子为鲜卑所持以胁苞，苞不顾而击鲜卑，则忠臣之效矣，不以私爱忘君父之托也。而苞则其母也。贼所胁玄以求者货耳，货与子孰亲，而吝货以杀其子乎？

或曰："玄非以货也，贼劫质以胁人，法之所不可容也。"夫一区区登楼之贼，杀之不足为国安，纵之不足为国危。法者，司隶河南尹之法，非玄之法也，而玄何怙法以忘其天性之恩邪？史氏之言曰："玄上言凡有劫质者皆并杀之，不得赎以财货，由是劫质遂绝。"史之诬也。乐道之以为溢美之言，以覆玄绝恩之咎也。友兄、恭弟、慈父、顺妻，苟有劫其亲以求货者，法虽立，孰忍恝（jiá）置之而不恤？虽严刑禁之而必不从。则谓劫质永绝者，非果有之，为诬而已矣。充桥玄之操，藉其为赵苞也，又奚不可也哉？

【译文】

鲜卑人劫持赵苞的母亲为人质，以胁迫赵苞弃守辽西城，赵苞不顾母亲生死仍然与鲜卑人决战，导致他的母亲遇害，真是没有做人的良心。强盗抓住了桥玄的幼子，并把他作为人质，登上楼阁向桥玄索取财物，桥玄不顾其子安危，仍然促令官兵攻打盗贼，结果他的儿子被盗贼杀害，桥玄也是没有做人的良心。如此说来，母亲和儿子的地位一样重要吗？不是的。假若是赵苞的儿子被鲜卑人抓去作人质以威胁赵苞，赵苞不顾儿子的危险攻击鲜卑人，那么可以表明他尽到了忠臣的义务，并没有因为私爱而忘却君王的重托。然而事实是赵苞的母亲被敌人劫持为人质。盗贼拿桥玄之子作人质的目的是求取财物，财物和儿子哪个更亲呢？为什么要吝啬那一点财物致使自己的儿子遭到杀害呢？

有人会说："桥玄并非吝啬那点财物，盗贼劫掠人质威胁他人，这是法律所不能容忍的。"区区一个登楼索取财物的盗贼，杀掉他不足以给国家安定，放掉他也不足以给国家造成大祸。法律是司隶校尉、河南尹的法律，并不是桥玄的法律，桥玄为什么要受法律的束缚而抛弃人类父子之恩的天性呢？史书上这样记载道："桥玄上书皇帝，认为凡是有盗贼劫持人质的，格杀勿论，不许用财物赎还人质，从此以后劫持人质的现象就绝迹而不再发生了。"这都是那些历史学家骗人的话。人们对桥玄津津乐道，说着溢美之词，想以此掩盖桥玄没有爱子之心，致使儿子被杀害的过错。兄长友爱，弟弟恭敬，父亲慈爱，妻子顺从，假如其中的任何一个亲人被劫持，而盗贼要求的仅仅是财物，尽管有法律的约束，又有谁能眼睁睁地看着自己的亲人被杀害而吝啬那点财物呢？尽管有严厉的刑罚和禁令，但人们肯定不会遵从。那么，说劫持人质的现象永远绝迹的话，肯定不是真的有这种情况，只是骗人的话罢了。根据桥玄的所作所为，充其量也只能和赵苞相提并论，这么说又有什么不可以呢？

本事：《资治通鉴》卷五七《汉纪四十九·灵帝》，光和二年（179）。

九　灾祥运会之说蛊惑天下

封建废而权下移，天子之下至于庶人，无堂陛之差也，于是乎庶人可凌躐（liè）乎天子，而盗贼起。嬴政之暴，王莽之逆，盗始横焉，然未尝敢与久安长治之天子抗也。至汉之季，公孙举、张婴、许生始称兵僭号而无所惮，积以成乎张角之乱，盗贼辄起于承平之代者数千年而不息。秦之盗曰悲六国之亡；莽之盗曰思汉室之旧；盗者必有托也，然后可假为之名以耸天下而翕然以从。至于角而无所托矣，宦夺之毒，郡县之虐，未可以为名也，于是而诡托之于道。角曰：吾之道，黄帝、老子之道也。乃至韩山童，徐寿辉曰：吾之道，瞿昙之道也。微二氏之支流，亦未足以惑天下而趋之若流。甚哉二氏之殃民，亦岂其初念哉？而下流必至于此。故孟子曰："率兽食人，人将相食。"岂过计哉？

虽然，二氏之邪淫而终以乱也，非徒二氏倡之也，为儒者之言先之以狂惑，而二氏之徒效之也。君子之言人伦物理也，则人伦物理而已矣；二氏之言虚无寂灭也，则虚无寂灭而已矣；无所为禨（jī）祥瑞应劫运往来之说也。何休、郑玄之治经术，京房、襄楷、郎顗、张衡之论治道，始以鬼魅妖孽之影响乱六籍。而上动天子，下鼓学士，曰此圣人之本天以治人也。于是二氏之徒歆其利，而后曰吾师老子亦言之矣，吾师瞿昙亦言之矣；群然兴为怪诞之语以诱人之信从，而后盗贼藉之以起。儒者倡之，二氏和之，妖人挟之，罪魁戎首将谁归哉？

齐桓、晋文挟天子以令诸侯，而盗贼挟圣人以惑百姓。天子之权下移于庶人，所挟者亦移焉。而盗贼泛滥乎数千年而不息，祸亦烈矣！端本之治，治佛、老而犹非本也。儒而言灾祥言运会，妖之始也。三代之圣人杀而勿赦者，而后之君子从而尊之，以加一倍之小术测兴亡，使与《通书》《正蒙》相杂以立教，辟邪者容勿辩乎？

【译文】

分封制度废除以后，权力下移，从天子之下到庶民百姓，没有尊卑高下的差别，于是，庶人百姓凌驾于天子之上，这样盗贼也就开始兴起了。秦始皇的残暴，王莽的篡逆，致使盗贼开始横行，但这些盗贼还不敢与长治久安的天子相对抗。到了汉朝末年，公孙举、张婴、许生开始举兵造反、僭越礼制妄称尊号而肆无忌惮，最后发展成为张角领导的黄巾起义，从此而后，盗贼叛乱往往开始在承平日久的朝代里兴起，历经数千年接连不断。秦代的盗贼打着为六国灭亡感到悲伤的旗号，王莽时期的盗贼则打着思念和恢复汉室的旗帜。盗贼的兴起必然要有所假托，然后就可假托其名耸动天下，而使天下的人欣然起来响应他们。到了东汉末年的张角，没有什么名义可以依托，宦官的擅权乱政，郡县长官的暴虐无道，都不能作为反叛朝廷的借口，于是就采取欺诈的方法假托于道教。张角曾说：我讲的道，就是黄帝、老子的道。到了元朝末年的韩山童、徐寿辉，他们又说：我讲的道，是佛教的道。如果没有佛教、道教的支流作为名义，张角、韩山童等也无法迷惑天下的百姓，使他们对其趋之若鹜。佛教、道教的祸国殃民，真是太严重了，难道他们当初就想到会这样吗？而是二教向下发展演变，必然达到这样的地步。所以，孟子说："统治者暴虐地残害人民，必然导致人们之间相互残杀、相互吞食。"难道这是过分的估计吗？

尽管如此，佛教、道教以其邪恶淫僻而最终导致国家的动乱，但并不仅仅是由于佛道二教的倡导，而且是有些儒生首先发出狂妄蛊惑的言论，而后佛道二教的信徒跟着加以仿效。君子谈论人伦物理，也仅是就人伦物理本身而谈论；而佛道二教谈论虚无寂灭，则只是谈论虚无寂灭本身，而没有所谓的吉凶变异、祥瑞报应、劫运往复转换等掺杂在里面。直到汉代何休、郑玄等人专门研究经术，京房、襄楷、郎顗、张衡等人谈论治国之道，才开始把鬼魅妖孽的影响引进儒教，从而扰乱儒家的"六经"的传播。他们的这种做法，上则惊动天子，下则鼓动学士，都声称圣人就是以此来推究上天的本源从而治理天下万民的。于是，佛教、道教的信徒羡慕这种学说所带来的好处，然后就说我们的祖师老子也是这样说的，我们的祖师释迦牟尼佛也是这么说的。于是他们就一哄而起，用怪诞荒唐的言语来引诱人做他们的信徒，然后盗贼也就借此引诱信徒起来谋反。总之，是儒生首先提倡这种鬼魅妖孽、祥瑞灾异之类的学说，接着是佛教、道教加以附和，狂妄蛊惑的妖人拿着它去骗人。追根溯源，其中的罪魁祸首应该是谁呢？

春秋时期，齐桓公、晋文公挟天子以令诸侯，盗贼则挟持圣人的名义蛊惑百姓。战国以后，天子之权下移于庶人，盗贼所挟持以蛊惑百姓的东西也发生了变化。盗贼祸害天下数千年而没有停息，所造成的危害也实在太大了。治理天下必须从端正根本开始，整治佛教、道教还都不是治本之策。作为儒生而谈论灾异祥瑞，谈论时运际会，这是妖言的开端。夏、商、周三代的圣人所格杀勿赦的东西，到了后世却成了君子遵从崇尚的学说，并且还要以“加一倍法”（又称“尧夫之数”，指宋代邵雍的象数学说）的小伎俩来揣测天下兴亡，如果让这些异端邪说与周敦颐的《通书》和张载的《正蒙》相互杂糅而作为儒学的教义，驳斥异端邪说的人能不与他们进行辩论吗？

本事：《资治通鉴》卷五八《汉纪五十·灵帝》，光和六年（183）。

一〇　士可杀不可辱

士可杀不可辱，诃斥之、鞭笞之之为辱矣，未甚也，加以不道之名，而辱乃莫甚焉。子见南子，子路不悦，于圣人何伤焉，而援天以矢之，惧夫以辱名加君子，而天下后世谓君子之无妨于辱也。党人者，君子之徒也。黄巾起，吕强曰："党锢积久，人情怨愤，若不赦宥，将与合谋。"吕强，奄人之矫矫者耳，言无足深责；皇甫嵩，士大夫而亦为此言也，党人之辱，不如死之久矣！以君子始，以贼终，则向者王甫、曹节谋危社稷之谮，非诬也。呜呼！李膺、杜密、范滂诸君子者死，而党人之能卓然自立于死生者无几，张俭之徒，方将以贼起得赦为幸，而孰知其辱甚于死哉？皇甫嵩之凌蔑善类也，逾于奄人矣。

【译文】

士人可以被杀但不能受到侮辱，呵斥他们，鞭打他们，可以说是侮辱，但还算不上太过严重，假如给他们加以大逆不道的名声，就没有比这更大的侮辱了。孔子去见南子，子路很不高兴，这对圣人又有何伤害呢？而孔子却对天发誓以证清白，他是怕把辱名加于君子之身，而天下后世就会认为君子也可以被侮辱。东汉末年的党人，都是正人君子。张角领导的黄巾军起义爆发以后，宦官吕强就说："对党人禁锢的时间太长了，人们对此心怀怨恨愤懑之情，假如不赦免宽宥他们，他们就有可能与黄巾合谋，共同谋逆。"吕强是宦官中的佼佼者，他说这样的话是情理之中的事，不足以深加追究责备，但皇甫嵩作为士大夫也说这样的话，这对党人的侮辱之严重，还不如把他们处死了！党人最初都是正人君子，最终却成了叛贼，如果这样说的话，那么以前宦官王甫、曹节诬蔑党人危害江山社稷的话，也就不是诬蔑之词了。唉！李膺、杜密、范滂等君子死后，党人中能像他们那样卓然而立面对生死者已是寥寥无几，像张俭这样的人，正将因为张角领导的黄巾起义爆发得到赦免而感到庆幸，又有谁还会知道这种侮辱比死更严重呢？皇甫嵩虽为士大夫，但他对君子的侮辱蔑视，比起宦官有过之而无不及。

本事：《资治通鉴》卷五八《汉纪五十·灵帝》，光和六年（183）。

一一　朱儁不纳困兵之降

用兵之道，服而舍之，自三代之王者以讫五霸，皆以此而绥天下。唯其为友邦也，王者以理相治，霸者以威相制，理伸威胜而志得；灭之不义，屠之不仁，舍其服而天下自不敢复竞。封建圮，以庶人而称兵抗天子，岂此谓哉？朱儁（jùn）曰："秦项之际，民无定主，赏附以劝来者。"此后世之权术，不可与三代并论。故以曹操之猜，而关羽之降非其诚款，操犹听其来去而不加害。或者乃欲于盗贼败困之余，乞降而爱之，其不然审矣。

败而诛之，不可胜诛，而姑予以生，使知惧而感我之不杀，或犹知悔也，且非可施于渠帅者也。歼其魁，赦其余党，自我贷之，固不可予以降之名也。予以降之名，抑将授以降之赏，犹然尊高于众人之上，而人胡不盗？以黄巾之遍天下也，不数年而定，汉虽亡，不亡于黄巾之手，则朱儁之所持者定矣。不可以三代之法处秦、项之际，况可以处逆民之弄兵以抗国而毒民者乎？庸臣懦将酿无穷之祸，有识者勿为所乱也。

【译文】

用兵之道，对于征服了的敌人应当释放他们，从夏、商、周三代时期的王者到春秋时期的五霸，他们都是用这种办法来安定天下的。只有因为对手是友邦，王者以道理相制约，霸者以威势相制服，道理得以伸张，威势得以胜利，自己的志向才能达成。全部消灭他们是不义的，全部屠杀他们是不仁的，释放那些已经被征服的敌人，那么天下自然不会有人敢再起来进行争斗。分封制破坏以后，以庶民百姓的身份起兵对抗的天子的盗贼，难道也可以视为友邦吗？朱儁说："秦朝末年，项羽起兵之际，老百姓没有固定的君主，于是通过赏赐归附者的方式来鼓励人们投奔自己。"这是后代所采用的权术，是不能与夏、商、周三代时期的做法相提并论的。所以，像曹操这种猜忌心很强的人，虽然知道关羽投降他并非出自真心，但曹操仍然听任他来去自由而不加害于他。有人就想在盗贼被打败或陷入困境的情况下，当他们乞求投降就予以接纳，这样做显然是不对的。

击败敌人后杀掉他们，是杀也杀不完的，姑且给他们一条生路，使他们知道害怕而感激我方的不杀之恩，或许他们还知道悔改，但不能用这种办法对待他们的首领。歼灭其首领，赦免其余党，是我们对他们的饶恕，但坚决不能给他们以投降的名义。若把投降的名义给了他们，还要给予他们投降之后的奖赏，这样投降者还能受到赏赐，似乎比普通人还高出一等，那么谁会不做盗贼呢？张角起义时，以黄巾军遍布天下之势，没过几年就被全部平定，汉朝虽然灭亡了，但并没有亡于黄巾军之手，正是在于朱儁坚持这种不接受投降的论断。我们不能拿夏、商、周三代的办法处理秦朝、项羽政权之际的事情，难道就可以用夏、商、周三代的办法处理那些叛逆之民起兵对抗国家、荼毒百姓的事情吗？平庸的大臣、懦弱的将帅酿造了无穷的祸患，有识之士千万不能听信他们的谬论。

本事：《资治通鉴》卷五八《汉纪五十·灵帝》，中平元年（184）。

一二　孙坚劝张温诛董卓未果

孙坚之欲诛董卓也，张廷珪之欲杀安禄山也，论者惜其不果而终以长乱。张让等为蠹贼于中，李林甫、杨国忠相继朘削于国，微卓而汉必亡，微禄山而唐必乱，夫岂二竖之果足以移天而沸海乎？何进不召卓而卓何逞？玄宗不宠禄山而禄山何藉？逆未著而以疑杀人，且不胜其杀矣。是故后事之论，惩其末而弗戒其本，智者所弗尚也。

先主劝曹操杀吕布，而为操劲敌者，先主也。孙坚之沉鸷而怀远图，夫岂出卓下哉？张温弗假以威福，而使卓相制，非无意计焉。不幸而卓恶成，未可以咎温之不豫矣。

【译文】

孙坚想要诛杀董卓，唐朝张廷珪（当为张守珪）想要诛杀安禄山，议论的人都为他们没有成功反而最终助长了叛乱感到惋惜。汉代宦官张让等这样的奸贼居于宫中，唐朝奸臣李林甫、杨国忠相继残害国家，即使没有董卓，汉室也一定会灭亡，即使没有安禄山，唐朝也一定会陷入大乱。难道董卓和安禄山这两个奸贼真的足以移天换日、掀起狂波巨浪吗？如果何进不召董卓入京，董卓怎么会有机会作乱呢？如果唐玄宗不宠信安禄山，安禄山凭借什么起兵反叛呢？如果叛贼的反迹还没有完全暴露出来，就因为猜疑诛杀他们，那么就杀不胜杀了。所以，后代对这两件事的议论，只借鉴了其中细枝末节的教训，并没有从根本上加强警戒，有智慧的人是不会崇尚这种行为的。

先主刘备劝曹操杀掉吕布，而曹操的劲敌，正是刘备。孙坚深沉勇猛而胸怀大志，难道会甘愿屈居于董卓之下吗？太尉张温不愿授予他作威作福的权力，而使他与董卓相互牵制，也并非没有自己的考虑。不幸的是董卓后来成为祸国殃民的大奸巨恶，但也不能以此来指责张温事先没有想到。

本事：《资治通鉴》卷五八《汉纪五十·灵帝》，中平二年（185）。

一三　傅燮可为社稷之臣

汉之将亡，有可为社稷臣者乎？朱儁、卢植、王允未足以当之，唯傅燮乎！讨黄巾而有功，赵忠欲致之而予以侯封，燮不受也。当其时，有军功而拒宦寺，非直赏不及焉，还以受罪。故卢植辱于槛车，王允几于论死，皇甫嵩夺其印绶。燮拒忠而忠弗能挫，惮其名而弗敢害，燮之德威詟（zhé）权奄而制之也，大矣。

燮之拒忠也，曰："遇不遇，命也；有功不论，时也。"守正而不竞，安命而不为已甚之辞，坦夷以任天，而但尽其在己，自以雅量冲怀适然于宠辱之交，而小人莫能窥其际。其在汉阳也，曰："吾遭世乱，不能养浩然之志，食人之禄，又欲避其难乎？"方且自逊以引身之不早，而不待引亢爽之气以自激其必死之心。夫如是，岂小人之所可屈，又岂小人之所可伤哉！若燮者，托以六尺之孤，正色从容而镇危乱，植也、儁也、允也，智勇形而中藏浅，固不足以测燮之涯量矣。故知燮非徒节义之士也，允矣其可为社稷之臣矣。

【译文】

汉朝将要灭亡之时，还有能够作为社稷之臣的人吗？朱儁、卢植、王允都不足以担当得起，大概只有傅燮一个人堪当此任。傅燮征讨黄巾军有功，宦官赵忠想拉拢他，要封他为侯，但傅燮坚决不接受。当时，立有军功而拒绝宦官的笼络，不仅仅是赏赐落不到自己头上，还将因此而获罪。所以，卢植功劳虽大，但仍不免有槛车之辱，王允几乎被论罪处死，皇甫嵩也被夺去印绶，撤销职务。傅燮抵制赵忠，而赵忠却不能对他打击报复，这主要是忌惮他的名声太大而不敢加害，傅燮的德行威势如此之大，足以令掌握大权的宦官感到害怕而被他所制服。

傅燮在拒绝接受赵忠的笼络时说：“遇不遇得到明主的信赖，这是命运注定的；有功而不能论功行赏，这是时机决定的。”他坚守正道大义而不趋炎附势，安于命运时势而不发牢骚、不埋怨，坦率平易而听任上天的安排，而只是竭尽自己所能做好应做的事情，以自己的雅量冲淡外在的宠辱对自己的影响，其心志的限度不是奸佞小人所能窥测到的。他在任汉阳（今甘肃甘谷东南）太守时说：“我生逢乱世，不能培养起远大的志向，拿着君主的俸禄，当国家遇到祸乱时，我能想着要逃避危难吗?”当时一般人都正在感叹没有能够及早抽身引退，而他却早已心如铁石，不需要引导直爽之气以激励自己的必死之心。像这样的人，难道是奸佞小人可以使他屈服的吗？又难道是奸佞小人所能伤害的吗？像傅燮这样的人，如果君主托孤于他，他一定会担负起社稷之臣的重任，正色从容地控制危险和祸乱，像卢植、朱儁、王允等人，他们的才智英勇都体现在表面，其内心情感却是肤浅的，本来就不足以揣测出傅燮心志的限度。所以可知傅燮并不仅仅是坚守大节、通晓大义的人，而且也是能够作为社稷之臣的人。

本事：《资治通鉴》卷五八《汉纪五十·灵帝》，中平三年（186）。

一四　择交定谋，慎之慎之

王芬欲乘灵帝北巡，以兵诛诸常侍，废帝立合肥侯。使其成也，亦董卓也，天下且亟起而诛之，其亡且速于董卓。卓拥强兵专征讨，有何进之召为内主，废辨立协，在大位未定之初，协慧而欲立之者，又灵帝之志也，然且不旋踵而关东兴问罪之师矣。芬以斗筲文吏，猝起一旦，劫二十二年安位之天子，废之而立疏族，力弱于卓，名逆于卓，人之问罪也，岂徒如卓而已乎！况其轻躁狂动而必不能成也乎？曹操料其败，以止其废立之妄，非其智之过人也，皎然是非祸福之殊途，有心有目无不能辨也。

夫芬之狂，何以迷而不觉也哉？陈蕃之子逸从臾之，而襄楷以其术惑之也。故有积愤者，不可与图万全之术；挟技术者，不可与谋休咎之常。陈逸有不戴天之恨，身与俱碎而不恤，闵其志可也，而不可从也。若襄楷者，昂首窥天而生觊觎，君子之远之也夙矣。此择交定谋者之不可不知也。

【译文】

东汉末年，冀州刺史王芬想乘汉灵帝北巡之际，起兵诛杀由宦官担任的诸位中常侍，废掉汉灵帝，改立合肥侯为帝。假如其计划成功的话，王芬也不过是和董卓一样的人物罢了，天下人会很快起来诛杀他，他的灭亡会比董卓还要快。董卓拥有强大的军队，掌握着征讨的大权，又有何进召他入京作为内应，他杀掉宦官，废除少帝刘辩而立献帝刘协为天子。在皇位继承人还没有确定时，因为刘协比较聪明，汉灵帝就有心把他立为继承人，所以董卓拥立汉献帝是符合汉灵帝的心愿的。然而即便如此，很快关东各地将领纷纷兴兵问罪。王芬以一个小小文官的身份，想在一旦之间突然起事，劫持当了二十二年天子的汉灵帝，废黜皇位而立疏远皇族的合肥侯为帝。他的力量比董卓弱，叛逆之名却超过董卓，人们起来兴师问罪，难道会仅仅和对待董卓一样吗？况且，王芬轻浮急躁、胆大妄为，是肯定不能成功的。曹操已经预料到他必然会失败，就制止了他想废立君主的狂妄念头，这并不是曹操的才智有过人之处，而是因为是非祸福非常明显地摆在人们面前，只要有心有眼的人都能够判断该不该这么做。

王芬如此狂妄愚昧，为什么他会执迷不悟呢？陈蕃的儿子陈逸怂恿奉承他，而术士襄楷又以其方术蛊惑他。所以，心中充满愤恨的人，不能与其共同策划万全之计；挟持方术的人，不能与其一起探讨吉凶祸福变化的规律。陈逸因其父亲陈蕃被宦官所杀，因此与宦官有不共戴天之仇，即使与他们同归于尽也在所不辞，像陈逸这样的人，哀怜其心志是可以的，但不能一切都听从他的建议。像襄楷这样的，仰起头看看天都会产生觊觎之心，君子早就应该疏远这样的人。对于选择朋友、谋定大计的人来说，对此是不能不知道的。

本事：《资治通鉴》卷五九《汉纪五十一·灵帝》，中平五年（188）。

一五　不朽有三，唯知耻者能之

何进辅政，而引袁隗同录尚书事，隗之望重矣，位尊矣，权盛矣。绍及术与进同谋诛宦官，而隗不能任；进召董卓，曹操、陈琳、郑泰、卢植皆知必乱，而隗不能止；董卓废弘农立陈留，以议示隗，而隗报如议；犹然尸位而为大臣，廉耻之心荡然矣。然且终死于卓之手而灭其家。故夫有耻者，非以智也，而智莫智于知耻。知耻而后知有己；知有己而后知物之轻；知物之轻，而后知人之不可与居，而事之不可以不断。故利有所不专，位有所不受，功有所不分，祸有所不避。不知耻而避祸，是夜行见水而谓之石，不濡其足不止也。以疲老荏弱之情，内不能知子弟之桀骜，外不知奸贼之雄猜，自倚族望之隆，优游而图免，而可谓有生人之气乎？东汉之有袁氏与有杨氏也，皆德望之巨室，世为公辅，而隗与彪终以贪位而捐其耻心。叔孙豹曰："世禄也，非不朽也。"信夫！不朽有三，唯有耻者能之；隗与彪，其朽久矣。

【译文】

少帝刘辩继位后，大将军何进辅政，援引太傅袁隗与他同录尚书事，袁隗的威望很重，地位很尊贵，权力也很大。袁绍、袁术与何进一起共同谋划诛杀宦官，但袁隗却不能共担此任。何进召董卓进京，曹操、陈琳、郑泰、卢植都知道一定会招致祸乱，而袁隗却不能制止何进的行动。董卓废少帝刘辩为弘农王，而立陈留王刘协为天子，将奏议出示给袁隗看时，袁隗却表示同意。袁隗在这种情况下依然尸位素餐居于大臣之位，其廉耻之心早已荡然无存。然而，最终他还是死于董卓之手，而且他的全家也被诛灭。所以，有廉耻之心的人，并非恃其才智，而没有比知耻更大的才智了。知耻然后才知道有自己；知道有自己然后才知道身外之物都是微不足道的。知道身外之物都是微不足道的，然后才知道什么样的人不可与之共事，什么样的事又不能不做出决断。所以有些利益不能够专擅，有些职位不能够接受，有些功劳不能够瓜分，有些灾祸不能够逃避。不知廉耻而逃避灾祸，就像是夜间行路一样，见到水却说是石头，不湿其脚就不停止前进。袁隗年老体弱，虽然阅历丰富，但他内不知道自家子弟的桀骜不驯，外不知道奸贼的凶狠猜疑，自恃其家族有很高的威望，想要贪图优闲自在而消灾免祸，像他这样的人还能说是有活人之生气吗？东汉时期，袁氏和杨氏都是德高望重的世家大族，世代都有人担任公卿辅臣，而到了袁隗和杨彪时，最终因为贪恋禄位而抛弃了自己的廉耻之心，也败坏了其家族的名声。春秋时期鲁国大夫叔孙豹说："世代保有官爵禄位，并不能称为不朽。"这话是可信的！永垂不朽的东西有三种，即立德、立功、立言，只有有廉耻之心的人才能做得到。袁隗和杨彪，他们早就腐朽不堪了。

本事：《资治通鉴》卷五九《汉纪五十一・灵帝》，中平六年（189）。

一六　何进谋诛宦官有七败

轻重之势，若不可返，返之几正在是也，而人弗能知也。宦寺之祸，弥延于东汉，至于灵帝而蔑以加矣。党人力抗之而死，窦武欲诛之而死，阳球力击之而死，后孰敢以身蹈水火而姑为尝试者！然天下之盗蜂起，指数之而挟以为名。四海穷民，受其子弟宾党滥大官大邑以朘削无余者，皆诅咒而望其速亡。诛杀禁锢之子孙宗族，不与共戴天日而愿与并命者，日含愤以求一旦之报。士大夫苟非其党，不获已而俯出其下者，畜恶怒以俟天诛之期。桀、纣、幽、厉以圣帝明王之冢裔，正位为天下君，而卒至陨灭，况此无赖之刑人，其能长此而无患乎？故极重而必返，夫人而可与知也。

夫既夫人而可与知，则一旦扑之，如烈风吹将尽之镫，甚速而易，必矣。陈琳曰："此犹鼓洪炉燎毛发。"曹操曰："诛其元恶，一狱吏足矣。"而何进若持方寸之刃以拟猛虎，其呼将助也不择人，其挠败也无决志。袁绍以豪杰自命，为进谋主，且忧危展转而无能为计；而遣鲍信募泰山之甲，丁原举孟津之火，甚且召董卓以犯宫阙。进之心胆失据，而绍无能辅也。曹操笑而袁绍忧，其智计之优劣，于斯见矣。

所以然者，进以外戚攻宦官，人惩窦氏之祸，无为倾心，一也。进之所恃者何后，举动待后而后敢行，以妇人而敌宦官，智计不及，而多为之蛊，二也。袁隗身为大臣，而疲庸尸位，无能以社稷自任，三也。郑泰、卢植初起于田间，任浅望轻，弗能为益，杨彪、黄琬，无以大殊于袁隗，四也。袁绍兄弟，包藏祸心，乘时构乱。而无戮力王室之诚，五也。曹操识之明、持之定，而志怀叵测，听王室之乱，居静以待动，视何进之迷，而但以一笑当之，六也。皇甫嵩、盖勋顾名义而不欲狂逞，进躁迫而不倚以为腹心。七也。具此七败之形势以诛宦者，而固非其所堪，虽欲祸之不中于宗社，其将能乎？

夫内怀夺柄之心，外无正人之助，若何进者，不足论已。已往之覆辙，为将来鉴。凡皇天之所弗予，志士仁人之所弗予，天下之民受制于威，受饵于利，人心所不戴以为尊亲，而苛暴淫虐，日削月靡，孤人子，寡人妻，积以岁月而淫逞不收，若此者，其灭其亡皆旦夕之间，河决鱼烂而不劳余力。智者静以俟天，勇者决以自任，勿为张皇迫遽而惊为回天转日之难也。存乎其人而已矣。彼曹操者，固亦尝晏坐而笑之矣，况其秉道以匡夫不为操者乎！□□□□□□□□□□□□□□□□□□□□□□□□□

【译文】

轻重强弱的态势，好像是不能相互转换，其实轻重转换变化的迹象也正表现在这里，只是人们不能知道罢了。宦官擅权乱政的祸患，在东汉时期一直在弥散蔓延，到了汉灵帝时期更是发展到了无以复加的地步。党人奋力对抗宦官，结果不是被杀就是被禁锢；窦武想诛杀宦官，结果反而为其所杀；阳球率兵攻击宦官，结果兵败而死，其后谁还敢于以身犯险、赴汤蹈火而姑且尝试推翻宦官专权呢？然而，天下盗贼蜂拥而起，他们纷纷列举宦官的罪恶，并以诛杀宦官为名义起兵。四海之内的贫苦百姓，都受尽了那些担任地方州郡重要官职的宦官子弟和党羽的残酷剥削，都诅咒宦官势力，盼望他们早日灭亡。被诛杀和禁锢的党人的子孙宗族，都与宦官有不共戴天之仇，甘心情愿与他们同归于尽的人，整日胸怀愤怒以寻求有朝一日能够报仇雪恨的机会。士大夫只要不是宦官的党羽，不得已而屈服于他们淫威的人，压抑着内心的愤恨而等待着宦官受到上天惩罚的那一天。夏桀、商纣王、周幽王、周厉王虽然是圣帝明王的后代，正大光明地居于天下君主之位，尚且最终沦落到灭亡的境地，何况是这些无赖的刑余之人（宦官），难道他们能长此以往地擅权乱政、作威作福而没有后患吗？所以，物极必反，人们是能够知道这些的。

人们既然知道物极必反的道理，那么一旦起来消灭宦官，就如同大风吹过将要熄灭的灯火一样，非常迅速而轻易，这是必然的。陈琳说：“这就像以大火炉燎毛发一样。”曹操也说：“诛杀宦官中的元凶大恶，只需要一个狱吏也就足够了。”然而何进却好像手持方寸匕首模拟刺击猛虎一样，他向各地将领求助却对人选不加选择，他的失败就缘于缺乏坚定的决心。袁绍自称是天下的豪杰，他作为何进的主要谋划者，尚且犹豫不决，瞻前顾后，拿不出好的计策。最后，只能派鲍信到泰山郡去招募兵甲，让丁原到孟津（今河南孟津）去放火以遥相呼应，甚至把董卓召进京师进犯宫阙。何进胆战心惊，进退失据，而袁绍也不能很好地辅佐他。曹操嘲笑何进无谋，而袁绍只是忧心忡忡，从此也可以明显看出他们二人才智计谋的优劣。

之所以会有这样的结果，何进以外戚的身份攻击宦官，人们吸取窦武之祸的教训，不敢倾心相待，这是原因之一。何进所依靠的是何太后，他的一举一动都要等待何太后同意之后才敢行事，以何太后区区一妇人来与宦官相敌，不仅才智计谋不及，而且也往往会被宦官蛊惑，这是原因之二。袁隗身为国家重臣，却尸位素餐、庸碌无为，不能以江山社稷为己任，这是原因之三。郑泰、卢植出身于田间，资历较浅，威望较轻，不能成就大事，杨彪、黄琬虽然地位高、责任重，但与袁隗并没有大的区别，这是原因之四。袁绍、袁术兄弟二人包藏祸心，想乘机作乱，并没有勠力同心、卫护汉室的诚心，这是原因之五。曹操见识高远，意志坚定，但其心怀叵测，听任王室陷入动乱，自己则静观其变，坐待行动的时机，看到何进的愚蠢，只是一笑置之，这是原因之六。皇甫嵩、盖勋顾忌名义而不想放肆逞强，何进浮躁急切也不能倚重他们作为自己的心腹，这是原因之七。有此七种失败的形势来诛杀宦官，本来就不是他所能承担得起的责任。尽管他想要诛杀宦官以避免给宗庙社稷带来祸患，难道能办得到吗？

内怀夺权之心，外无正人君子的帮助，像何进这样的人，自然是微不足道、不值一提了。前车之鉴，可以作为将来的警戒。凡是上天所不赞许的人，志士仁人所不拥护的人，天下的百姓为其淫威所控制，为其利益所诱惑，然而人心并不像拥戴君父那样拥戴他们，而他们苛刻残暴，放纵施虐，日甚一日，使人子成为孤儿，使人妻成为寡妇，日积月累而其淫威不加收敛，像这样的人，他们的灭亡都是在旦夕之间，就像是河流溃决、鱼落于地腐烂一样，不需耗费多余的气力。有才智的人平静地坐待上天对他们的惩罚，有勇力的人则决心以惩罚他们作为自己的使命，都不需要张皇失措而惊叹为像使天地倒置、太阳转动一样困难的事情，只要能够保存有生力量就行了。曹操这种心怀叵测的人，尚且也曾安坐而笑对之，更何况那些秉持正道大义以匡扶朝廷而且并不想做曹操的人呢？

本事：《资治通鉴》卷五九《汉纪五十一·灵帝》，中平六年（189）。

一七　蔡邕失节附董卓

史纪董卓之辟蔡邕，邕称疾不就，卓怒曰："我能族人。"邕惧而应命。此殆惜邕之才，为之辞以文其过，非果然也。

卓之始执国柄，亟于名而借贤者以动天下，盖汲汲焉。除公卿子弟为郎，以代宦官，吊祭陈、窦，复党人爵位，征申屠蟠，推进黄琬、杨彪、荀爽为三公，分任韩馥、刘岱、孔伷、张邈为州郡，力返桓、灵宦竖之政，窃誉以动天下。蔡邕首被征，岂其礼辞不就而遽欲族之哉？故以知卓之未必有此言也。且使卓有言此矣，亦其粗犷不择、一时奰（bì）发之词，而亦何足惧哉！申屠蟠不至，晏然而以寿终矣。袁绍横刀揖出，挂节上东门，而弗能迫杀之矣。卢植力沮弘农王之废，而止于免官，逌然以去矣。郑泰沮用兵之议，巽辞而解矣。朱儁、黄琬不欲迁都，而皆全身以退矣。邕以疾辞，未至如数子之决裂，而何为其族邪？狂夫之言，一怒而无余，卓之暴，市井亡赖之谰言也，而何足惧邪？

邕之始为议郎也，程璜之毒，阳球之酷，可以指顾杀人，而邕不惧；累及叔质，几同骈首以死，而不惧；何其壮也！至是而馁矣。亡命江海者十二年，固贞人志士义命自居之安土也。宦官之怨愤积，而快志于一朝；髡（kūn）钳之危辱深，而图安于晚岁；非惧祸也，诚以卓能矫宦官之恶，而庶几于知己也。于是而其气馁矣。以身殉卓，贻玷千古，气一馁而即于死亡，复谁与恤其当年之壮志哉？

君子之立身，期于洁己；其出而事君也，期于靖国；恩怨去就，非有定也。祸在宫闱，则宫闱吾所亟违也；祸在阉宦，则阉宦吾所亟违也；祸在权奸，则权奸吾所亟违也。推而至于僭窃之盗贼、攘夺之夷狄，皆冰炭之乍投而沸、薰莸（yóu）之逆风而辨也。所疾恶者在此，而又在彼矣。气运移而贞邪忽易，违之于此，而即之于彼，是逃虎而抱蛇、舍砒而含鸩也。能终始数易而不染者，其唯执志如一而大明于义之无方者乎！而邕不能也。始终之怨毒，宦竖而已，此外而篡弑之巨憝（duì）不辨矣。非不辨也，己私未忘，而宠辱之情移于衰老也。则一往之劲直，乌足以定人之生平哉？《易》曰："介于石，不终日。"介于石，贞之至也；不终日，见几而无执一之从违，乃以保其贞也。邕勿论矣。欲养浩然之气，日新其义而研之以几，其尚以邕为戒乎！

【译文】

据史书记载，董卓征辟蔡邕出来做官，蔡邕声称身体有疾不能应征，董卓发怒说："我能灭人全族。"蔡邕感到恐惧，不得已才接受征辟出来做官。这大概是作者怜惜蔡邕的才能，所以才这样记载以掩饰蔡邕的过错，事实并非真的如此。

董卓最初执掌朝政时，急于提高自己的声望并想借贤士大夫以打动天下人心，大概这种心情也是迫不及待的。他任用公卿子弟为郎官，以代替宦官，吊祭被宦官杀害的陈蕃和窦武，恢复被宦官禁锢的党人的官职爵位，征召名士申屠蟠，举荐黄琬、杨彪、荀爽为三公，分别任用韩馥、刘岱、孔伷、张邈为地方州郡的长官，想尽力澄清汉桓帝、灵帝时期被宦官搞得混乱不堪的政治，以此沽名钓誉打动天下人心。蔡邕首次被董卓征辟，难道他以礼节推辞不就，董卓就马上想要诛灭他的宗族吗？所以由此可知董卓未必就说过这样的话。即使是董卓说过这样的话，也完全是由于他的性格粗鲁而不加选择、一时用词不当而说出的，又有什么值得恐惧的呢？申屠蟠没有接受董卓的邀请出来做官，却平安无事地寿终正寝了。袁绍一怒之下横刀长揖而出，把符节挂在东门之上不辞而别，董卓也没有逼迫追杀他。卢植竭力阻止废少帝刘辩为弘农王，结果也只是被免去官职，而且很悠然从容地离去。郑泰遏止了用兵之议，虽然惹怒了董卓，但他说了一番委婉的言辞，就得以解除了危机。朱儁、黄琬不想把都城由洛阳迁到长安，也都能保住性命全身而退。蔡邕只是以身体有病而推辞征辟，也不至于像上述其他人那样与董卓公开决裂，何至于诛灭宗族呢？狂妄的人说话，一怒之下什么话都能说得出来，像董卓这样狂妄残暴的人，他的话就像是市井无赖没有根据的妄言一样，有什么值得恐惧的呢？

蔡邕当初做议郎的时候，以宦官中常侍程璜的狠毒，卫尉阳球的残酷，一指一瞥之间就可以迅速地杀人，而蔡邕并不惧怕他们；他上书弹劾程璜等人，牵连到他的叔父蔡质，两人几乎都被处死，然而他并不惧怕，其志气是何等壮烈啊！然而，到这时他却气馁了。他遭贬亡命江海之间十二年，本来是仁人志士以正道大义自居的乐土。对宦官的怨恨、愤怒日积月累，而想要一朝之间实现自己的志向，以求快意；他遭贬流放受尽了侮辱，而意图能够有机会安度晚年。因此他并不是害怕灾祸，确实是因为董卓矫正了宦官的恶政，几乎可以称得上是自己的知己了。因此面对董卓时他气馁、心软了。最后他以性命为董卓殉葬，使自己蒙受了千古的耻辱，他气一馁，很快就被杀，还有谁能再想起他当年的壮志呢？

君子立身处世，期望能洁身自好；君子出山而侍奉君主，期望能安定国家；至于自己的恩怨、去就，并没有固定不变的法则。如果国家的祸乱在宫闱，那么宫闱中人就是君子急于抗争的对象；如果国家的祸乱在宦官，那么宦官就是君子急于抗争的对象；如果国家的祸乱在擅权的奸臣，那么擅权的奸臣就是君子急于抗争的对象。推而广之，那些僭越妄称尊号的盗贼，侵扰掠夺边境的夷狄，君子都与他们势不两立，就像冰与炭刚放在一起就会沸腾起来，薰草（即香草）和莸草（即臭草）逆风就可分辨出来。他们所痛恨厌恶的对象，既包括目前抗争的邪恶势力，也包括其他潜在的邪恶势力。如果气数、命运发生了变化，那么忠正和邪恶的态势也会忽然调转，君子对抗邪恶势力的某一部分，就会接近其他邪恶势力的某一部分，这就像是逃出虎口又被蛇缠住，抛弃砒霜却又口含鸩毒一样。能够经历数次变化而始终不变的人，恐怕只有那种心诚如一、深深明白正道大义无与伦比的人了！而蔡邕却不能做到这一点。他始终所痛恨的对象，就是宦官而已，除此之外，即使是篡位弑君的元凶巨恶他也不能分辨。其实并非不能分辨，而是因为不能忘记自己的私情，而随着自己的逐渐衰老，其宠辱之情也在发生着变化。那么，一往无前的刚劲正直，怎么能够决定人的一生都会这样呢？《周易·豫卦》的爻辞中说："耿介如石，但不能终日如此，而要有所变通。"耿介如石，就是忠贞正直达到了极点；不能终日如此，就是能看到事物变化的预兆，没有固执一端地赞成或反对，这样才能保证其忠贞。蔡邕就无须再说了。想要养胸中浩然之气的人，要时常精研事物发展的时机、征兆的变化，从而更新自己认为适宜的道理，使之符合忠贞正直的大义。还是要以蔡邕的行为作为鉴戒啊！

本事：《资治通鉴》卷五九《汉纪五十一·灵帝》，中平六年（189）。

一八　申屠蟠非仅知几之士

申屠蟠征而不至，论者谓之知几。几者，事之微，吉凶之先见者也。汉之亡，天下之乱，董卓之不可与一日居，有目者皆见，有耳者皆闻，自非蔡邕之衰老昏迷，孰不知者，而何谓之几邪？乃若蟠之不可及也，则持志定而安土之仁不失也。卓之征名贤也，蔡邕畏之矣，荀爽畏之矣。人劝蟠以行，蟠笑而不答，人不可与语也，志不自白也。夷然坦然而险阻消，蟠岂中无主而能然哉？故知其志定而安土之仁不失也。

士苟贞志砥行以自尚，于物无徇焉，于物无侮焉，则虎狼失其暴，蝮蛇失其毒。天下之穰穰而计祸福者，皆足付一笑而已。故庄子曰："大浸稽天而不溺，大旱金石流而不热。"岂有神变不测者存乎？贫而安，犯而不校，子孙不累其心，避就不容其巧；当世之安危，生民之疾苦，心念之而不尝试与谋；文章誉望，听之后世而不亟于自旌；其止如山，其涵如水，通古今、参万变以自纯，则物所不得而辱矣。此安土之仁，所谓即体以为用者也，蟠庶几矣。何以知之？以其笑而不答知之也。而浅人犹谓之曰知几，若邕与爽，其仅谓之不知几也与？

【译文】

申屠蟠受到董卓的征辟却不应征，谈论这件事的人都认为申屠蟠"知几"。所谓"几"，就是事情发展变化的微小苗头，是吉凶预先显示出来的征兆。汉朝将要灭亡，天下陷入大乱，董卓是一日也不能与之共事的，这是有目共睹、有耳共闻的，只要不是像蔡邕那样衰老糊涂，谁不知道这些呢？又怎么能称之为"几"呢？至于申屠蟠真正为别人所不及的，则是坚持自己既定的志向，而不失其随遇而安、宽厚仁爱之心。董卓征辟天下名贤士大夫，蔡邕害怕他而应征了，荀爽害怕他也应征了。有人劝申屠蟠也应征，申屠蟠只是笑而不答，他觉得这些人不可与之谈论，自己内心的志向也无须表白。他如此从容坦荡，结果潜在的艰难险阻也消除了，他心中假如没有主见，难道能做到这样吗？所以由此可知其志向坚定而不失其随遇而安、宽厚仁爱之心。

士大夫只要坚定志向、砥砺德行以保持自我高尚的修养，对于外物，既不执迷屈从，也不轻慢侮辱，那么虎狼就会失去其残暴，蝮蛇也会失去其毒液。天下熙熙攘攘为祸福而谋划奔走的人，都只是值得付之一笑罢了。所以庄子说："即使是滔天的大洪水也不会溺死他，即使金石熔化、土山枯焦的大旱也不能使他感到灼热。"难道真的有神乎其神、无法测度的事物存在吗？安贫乐道，受到别人触犯也不与之对抗，也不为子孙过多操心，在去就趋避的选择上不投机取巧；当代社会的安危，天下百姓的疾苦，心中虽一直考虑着，但却不曾尝试参与谋划；文章声誉，听任后世评判而不自我炫耀；他静止时像山一样稳重，他心胸蕴涵像水一样深沉博大，通晓古今，参悟万事万物变化的道理以使自己变得纯粹，那么就不会受到任何人和事物的侮辱。这种随遇而安、宽厚仁爱之心，就是所谓的"即体以为用"，申屠蟠差不多达到了这种境界。从哪里知道这一点呢？从其对别人劝他应征的话笑而不答就可以知道。而浅薄的人却还说他是懂得事物变化的预兆，像蔡邕和荀爽，难道能够仅仅说他们是不懂得事物发展的预兆吗？

本事：《资治通鉴》卷五九《汉纪五十一·灵帝》，中平六年（189）。

卷九

清绣像本《三国演义》中的汉献帝刘协画像

【题 解】

本卷评论东汉亡国的历史，仅献帝一目，三十五则。

中平六年（189）汉灵帝去世，少帝刘辩继位，不久外戚何进诛杀宦官失败，董卓入朝，废黜少帝，立其同母弟刘协，是为献帝。献帝在位三十年，朝政先后控制在董卓和曹操手中，军阀割据混战，东汉名存实亡。曹操是这一时期历史舞台的主角，王夫之称之为“雄桀”，认为他绝非一开始就怀有不轨之心，其挟天子以令诸侯不失为高明策略，其用人、用兵、行政方略亦值得肯定，而对其“惨毒不仁”的屠戮行为则予以鞭挞，体现了超越流俗、辩证论史的科学态度。关于吴蜀联盟，王夫之认为“交合力以与操争存亡”“一时之计无有出于此者”，因而赞许诸葛亮、鲁肃是有信近义、长虑远顾的战略家，而关羽、周瑜则比较短视，最终导致联盟破裂。至于诸葛亮的隆中对，王夫之认为这一战略规划充分考虑地理形势，是蜀汉建立并稳定的理论基础，却也是其无力争夺天下的根源，因而对陈寿“将略非其所长”的评价予以认同。对于当时的文臣武将，如袁绍、孙坚、陶谦、韩嵩、刘表、刘璋、张鲁、吕布、蔡邕、王允、马日磾、赵岐乃至荀彧、卫觊、荀悦、仲长统、管宁等都有恰切的评价，如斥责袁绍不恤名义、韩嵩似忠实奸、王允不足定乱、马日磾和赵岐“手授天下于群雄”、陶谦贪婪、吕布无恒、蔡邕无耻，肯定孙坚无伤大节、刘表守土自全、刘璋保身保民、张鲁保身之智、荀彧天良未泯，赞赏卫觊的盐铁官卖之法，其功劳堪比枣祗的屯田之制，甚至更大，隐士管宁传授诗书礼仪，保存正道大义于乱世，允为潜龙之德。

献帝

一　曹操、孙坚初无不轨之心

有诡谲鸷悍之才，在下位而速觊非望者，其灭亡必速。故王莽、董卓、李密、朱泚（cǐ）俱不旋踵而殄。又其下者，则为张角、黄巢、方腊之妄，以自歼而已矣。其得大位，虽夺虽僭，而犹可以为数十年人民之君长，传之子孙，无道而后亡，则必其始起也，未尝有窥窃神器之心，而奋志戮力以天下之祸乱为己任；至于功立威震，上无驾驭之主，然后萌不轨之心，以不终其臣节而猎大宝，得天下而不可以一日居，未有或爽者也。

关东之起兵以诛董卓也，自袁绍始。绍之抗卓也，曰：“天下健者，岂惟董公？”其志可知已。及其集山东之兵，声震天下，董卓畏缩而劫帝西迁以避之，使乘其播迁易溃之势，速进而扑之，卓其能稽天讨乎？乃诸州郡之长，连屯于河内、酸枣，踌躇而不进。其巽（xùn）懦无略者勿论也；袁绍与术，始志锐不可当，而犹然栖迟若此，无他，早怀觊觎之志，内顾卓而外疑群公，且幸汉之亡于卓而己得以逞也。

于斯时也，蹶起以与卓争死生，曹操、孙坚而已。操曰："董卓未亡之时，一战而天下定。"使一战而天下定，操其能独有天下乎？既败于荥阳，且劝张邈等勿得迟疑不进，失天下望，而邈等不用，操乃还军。当斯时，操固未有擅天下之心可知也。以操为早有擅天下之心者，因后事而归恶焉尔。孙坚之始起，斩许生而功已著，参张温之军事，讨边章而名已立，非不可杰立而称雄也；奋起诛卓，先群帅而进屯阳人，卓惮之而与和亲，乃曰："不夷汝三族以悬示四海，吾死不瞑目。"独以孤军进至洛阳，埽除宗庙，修塞诸陵，不自居功，而还军鲁阳。当斯时也，可不谓皎然于青天白日之下而无惭乎？故天下皆举兵向卓，而能以躯命与卓争生死者，坚而已矣。其次则操而已矣。岂袁绍等之力不逮操与坚哉？操与坚知有讨贼而不知有他，非绍、术挟奸心以养寇，而冀收刺虎持蚌之情者所可匹也。故他日者，三分天下，而操得其一，坚得其一，坚之子孙且后操而亡；坚之正，犹愈于操之速易其心者多矣。

故天下非可以一念兴而疾思弋获者也。汉高之入关中，思亡秦而王关中耳，项羽弑义帝，而后有一天下之心。创业之永，天所佑也。董卓死，李、郭乱，袁绍擅河北而忘帝室，袁术窃，刘表僭，献帝莫能驭，而后曹操之篡志生。曹操挟天子，夷袁绍，降刘琮，而后孙权之割据定。是操之攘汉，袁绍贻之；坚之子孙僭号于江南，曹操贻之也。谓操与坚怀代汉之心于起兵诛卓之日，论者已甚之说；岂谅人情、揆天理、知兴废成败之定数者乎？以诡谲之智、鸷悍之勇，乘间抵巇（xī），崛起一朝而即思天位，妄人之尤者尔，而何足以临臣民、贻子孙邪？

孟子曰："五霸，假之也。"假之云者，非己所诚有，假借古人之名义、信以为道之谓，非心不然而故窃其迹也。无其学，无其德，则假矣。名与义生于乍然之心者，固非伪也。王莽之于周公，张角之于老聃，不可谓之假也。当曹操不受骁骑校尉之职，东归合众，进战荥阳，而孙坚起兵长沙，进屯鲁阳，拒卓和亲之日，而坐以窥窃神器之罪，则张角、黄巢、方腊可以创业贻子孙，而安禄山、朱泚、苗傅、刘正彦尤优为之矣。诛非其罪而徒以长奸，深文之害世教，烈矣哉！

【译文】

善于权变而又凶狠强悍的人，如果身处卑下的地位却想迅速登上帝位，一定会迅速灭亡。所以像西汉末年的王莽、东汉末年的董卓、隋朝末年的李密、唐朝中期的朱泚都是在谋逆之后转瞬间就被消灭了。比他们更下一等的，像东汉末年的张角、唐朝末年的黄巢、北宋末年的方腊这样的狂妄之徒，结果也不过是自取灭亡罢了。那些得到皇帝大位的人，虽然是从别人手中夺取过来的或割据一方僭位称帝，仍然可以当上数十年的皇帝统治百姓，死后把皇位传于子孙，不久就会因其子孙治国无道而很快灭国。这些人最初兴起的时候，并没有觊觎皇帝宝座的野心，而是往往意气奋发、竭尽全力，以拯救天下的祸乱为己任；等到他们功高而有震主之威时，君主对他们已是无能为力、难以驾驭了，这时他们才萌生了不轨之心，最终不能恪守忠臣之节而篡权夺位。像这样的人虽然暂时夺取了天下，但却不能长久地拥有天下，这一点从来都是不错的。

东汉末年，潼关和函谷关以东地区各路诸侯纷纷起兵讨伐董卓，是袁绍倡议开始的。袁绍在抗击董卓时曾说过："天下雄健强大的人，难道只有一个董卓吗?"从这句话中也可以知道其志向。等到他把山东（汉代崤山或华山以东地区）的各路军队集中在一起的时候，其声名已是威震天下，董卓也很害怕而不敢与之争锋，于是就协迫汉献帝迁都到西京。假如当时他们能乘着董卓西迁，军队容易被击溃的时机，迅速进攻予以击溃，董卓难道能逃脱上天的惩罚吗？可是当时山东地区各州郡的长官率领自己的军队，结成连营驻扎在河内（今河南武陟一带）、酸枣（今河南延津一带），犹豫不决，踌躇不前。对于其中那些性格懦弱、无远见卓识者我们暂且不论，就袁绍及其弟袁术而言，最初他们的志气锐不可当，现在却也将军队滞留于此，不敢追赶董卓，没有其他的原因，只是因为他们早就有觊觎皇位的野心，一方面对内顾忌朝中董卓的势力，另一方面对外猜疑各州郡的长官，而且正希望借董卓之手灭掉汉朝，为自己的阴谋得逞扫除障碍。

就在同一时间里，骤然起兵与董卓进行生死抗争者，只有曹操和孙坚罢了。曹操曾说："趁董卓还没有西逃的时候，和他决一死战并消灭掉他，天下就可以安定了。"假如经此一战而使天下安定的话，曹操怎么能够独自拥有天下呢？曹操在荥阳（今属河南）被董卓军队打败以后，尚且力劝张邈等人不要犹豫不决、迟疑不前，不要让天下人失望，而张邈等人为保全自己的实力，不采用曹操的建议，曹操孤掌难鸣，也被迫撤军。在这个时候，曹操确实没有专擅天下的野心，这是可以看得出来的。人们之所以认为曹操早就有专擅天下的野心，只是因为将后来发生的事情都归罪于他罢了。孙坚刚开始起兵时也是默默无闻的，后来他斩掉许生而功劳卓著，又做了张温的参军事，以征讨边章而名扬天下，因此他也不是不能卓然自立而割据称雄。董卓之乱，孙坚率军奋起征讨，比各路军队领先驻屯阳人(今河南汝州西)，董卓害怕和他交战，就派使者提出与他和亲，孙坚则说："不灭掉你三族，悬首示众天下，我死不瞑目。"他率先孤军进入京师洛阳，清扫宗庙，修葺几位先帝的陵墓，尽管如此，他并不居功自傲，而是退军驻扎在鲁阳（今河南鲁山）。在这个时候，孙坚的忠心难道不能称得上是于青天白日之下皎然生辉而毫无惭愧吗？所以说，当天下各州郡长官都率军讨伐董卓时，能够舍生忘死与董卓进行生死抗争的，只有孙坚罢了，其次则算得上曹操。

难道是袁绍等各路诸侯的实力不及曹操和孙坚吗？当时，曹操和孙坚只知道讨贼而没有其他的想法，并不是袁绍、袁术兄弟那样包藏奸心以养寇自重，希望两虎争斗、鹬蚌相争，自己坐收渔翁之利的人所能相比的。所以，后来天下三分，曹操得其一，孙坚得其一，孙坚的子孙又灭亡于曹操的子孙之后，这主要因为孙坚的忠诚正直，比起曹操的心志易变要好得多了。

所以，天下并不是可以凭借一个念头兴起就可以很快获得的。汉高祖刘邦进入关中（泛指函谷关以西地区），不过是想灭掉秦朝，称王于关中。项羽在弑杀义帝之后，才有了统一天下的野心。开创长久的基业，需要有上天的保佑。董卓死后，其部将李傕、郭汜内讧，而袁绍此时却专擅河北（指黄河以北地区），忘记还有汉天子的存在，袁术不自量力窃居大位，刘表也僭称尊号，当时汉献帝不能驾驭他们，在这样的情况下，曹操篡位的野心才萌生出来。曹操挟天子以令诸侯，消灭袁绍的势力，迫使刘琮投降，而后孙权割据江东的局面才得以确立。如此看来，曹操能攘夺汉朝的江山社稷，是袁绍留给他的机会；孙坚的子孙能在江南地区僭称尊号，则是曹操留给他的机会。说曹操和孙坚早在起兵讨伐董卓时就已萌生了取代汉朝的野心，这是议论的人过分的说法。这些人难道会体察人情、揣度天理、知道兴衰成败自有一定的气数吗？凭借权变的智慧、骄悍的勇气，投机钻营，一旦其实力强大就野心勃勃，立即思谋夺取皇帝的宝座，这是天下最无知妄为的人，像这样的人怎么足以统治天下臣民，又怎么能够把天下传给子孙后代呢？

孟子说：“春秋五霸，是假借仁义之名以成就事业。”所谓假借，就是说并非自己真正拥有，而是假借古人的名义。确实相信这是符合正道大义，而不是心中不相信而故意摆出样子给别人看。如果没有相应的才学，缺乏相应的德行，那就是假的。名和义油然而生于心的情况是有的，确非全是假的。王莽假借周公的名义，张角假借老子的名义，都不能说他们是假的。当曹操拒绝接受董卓授予的骁骑校尉一职，而向东逃到陈留集合部众，与董卓相战于荥阳的时候，当孙坚在长沙（今属湖南）起兵，进军屯于鲁阳，抗击董卓并拒绝董卓和亲的时候，就把心怀叵测、觊觎皇帝宝座的罪名加到他们身上，那么像张角、黄巢、方腊等农民起义首领就可以开创基业传及子孙了，而像安禄山、朱泚、苗傅、刘正彦等地位更高、实力更强的叛将要想夺权篡位，就更加游刃有余了。无罪者得到惩罚只会助长心存奸邪之人的气焰，一味地援引教条，深文周纳，以定人罪，对于儒家礼仪教化的危害真是太严重了！

本事：《资治通鉴》卷五九《汉纪五十一·灵帝》，中平六年（189）。

二　蔡邕欲夺四帝庙号之愚

蔡邕之愚，不亡身而不止。愚而寡所言动者，困穷而止；愚而欲与人家国神人之大，则人怒神恫而必杀其躯。邕之应董卓召而历三台，此何时也？帝后弑，天子废，大臣诛夷，劫帝而迁，宗庙烧，陵寝发，人民骈死于原野，邕乃建议夺孝和以后四帝之庙号，举三代兴革之典礼于国危如线之日，从容而自炫其学术，何其愚也！

而不但愚也。汉之宗社岌岌矣，诸庙之血食将斩矣。夫苟痛其血食之将斩，讳先祖之恶而扬其美，以昭积功累仁之允为元后也，犹恐虚名之无补。乃亟取和帝之凉德不足称宗者而播扬之，是使奸雄得据名以追咎曰：是皆不可以君天下者，而汉亡宜矣。此则人怨神恫，陷大恶而不逭者也。

以情理推之，邕岂但愚而已哉？邕之髡钳而亡命，灵帝使之然也。四帝可宗，则灵帝亦可宗矣。邕盖欲修怨于灵帝，而豫窒其称宗之路，邕于是而无君之心均于董卓，王允诛之，不亦宜乎。董卓曰："为当且尔，刘氏种不足复遗。"邕固曰："刘氏之祖考不足复尊。"其情一也。故曰：邕非但愚也。虽然，神其可欺、神其可恫乎？则亦愚而已矣。

【译文】

蔡邕的愚蠢就表现在，其人不死就不停止愚蠢的言行。愚蠢而很少发言并付诸行动的人，至多落得穷困潦倒的下场；愚蠢而想要参与别人家国神人的大事的人，就必将引起人神共愤，从而给自己带来杀身之祸。蔡邕接受董卓的征辟，历任尚书、御史、谒者三台的官职，而这是什么时候呢？太后被弑杀，天子被废除，大臣被诛戮，董卓又挟持汉献帝西迁长安，宗庙被烧毁，陵寝被发掘，百姓横尸原野，而蔡邕这时却助纣为虐，建议董卓削去汉和帝以后四位皇帝的庙号，在天下面临空前危机、命悬一线的时候还要恢复夏、商、周三代的礼制，对董卓的残忍暴虐视而不见，却从容自得地炫耀自己的所谓学术，这是何等的愚蠢啊！

他还不仅仅是愚蠢。当时，汉朝的江山社稷已经岌岌可危，供奉先帝的宗庙祭祀礼仪行将断绝。但凡对汉朝历代宗庙的祭祀行将断绝感到痛心的，就会隐讳先朝皇帝的恶行，宣扬他们的美德，以向人们昭示其历代所积累的功德和仁义是确实可以算作称职的天子的。即使这样，仍担忧这些虚名无补于事。而蔡邕在这个时候却急于把和帝等先帝失德、不足以称宗的事情拿出来到处传扬，以至于使那些奸雄据此而追究历代先帝的罪责说：这都是些不配做君主统治天下的人，汉朝的灭亡也是应该的。蔡邕这样做，引起神人共愤，结果使他本人身陷大罪也是在所难免的。

以人情道理来推论，蔡邕难道仅仅是愚蠢而已吗？蔡邕之所以被处以剃去头发、以铁圈束颈的刑罚，被迫亡命十余年，是因为汉灵帝的缘故。如果和帝、安帝、顺帝、桓帝四位皇帝都可以在庙宗中获得“宗”的称号，那么灵帝自然也可获得“宗”的称号。蔡邕大概是想要怨恨和报复灵帝，而预先堵塞其称“宗”的道路。那么在这个时候，他的无君之心和董卓是一样的，王允杀掉他，不也是应该的吗？董卓说过："如果汉献帝也不行，就应把刘氏子孙斩草除根。"蔡邕的行为也相当于是说："刘氏的先祖不应该再受尊崇了。"他们的说法尽管不同，但所表达的对刘氏的怨恨之情却是一致的。所以说，蔡邕不仅仅是愚蠢而已。尽管如此，难道神可欺骗吗，神可以恫吓吗？这样看来，蔡邕也不过是愚蠢罢了。

本事：《资治通鉴》卷五九《汉纪五十一·献帝》，初平元年（190）。

三　袁绍犯天下之公义

韩馥、袁绍奉刘虞为主，是项羽立怀王心、唐高祖立越王侑之术也；虞秉正而明于计，岂徇之哉？王芬欲立合肥侯而废灵帝，合肥侯愚而曹操拒之，合肥以免。刘虞之贤必不受，操知之矣。故但自伸西向之志，而不待为虞计。于是而知操之视绍，其优劣相去之远也。操非果忠于主者，而名义所在，昭然系天下之从违，固不敢犯也。未有犯天下之公义，而可以屈群雄动众庶者也。

或曰：馥、绍之议，亦恶乎非义哉？《春秋》之法，君弑而为弑君者所立，则正其为篡。梁冀弑质帝而桓立，董卓弑弘农王而献立，献不正乎其为君，则关东诸将欲不奉献为主而立虞，恶乎不可？

曰：执《春秋》之法以议桓帝之不正其始，得矣。帝方以列侯求婚于梁氏，趋国门而承其隙，未尝无觊觎之心焉，则与闻乎弑者同乎贼；使有仗大义以诛冀者，桓帝服罪而废焉，宜也。且顺、桓之际，汉方无事，而不亟于求君也。若献帝之立，年方九岁，何进之难，徒步郊野，汉不可一日而无君，帝自以明了动卓之钦仰，弘农废，扳己以立，未能誓死以固辞，幼而不审，无大臣以匡之，而卓之凶焰，且固曰："刘氏种不复留。"则舍己以延一线之祀，是亦义也，而况其在幼冲乎！袁绍迁董卓之怨以怒帝，其为悖逆也明甚。操知之审，而曰："我自西向。"知帝之可以系人心，刘虞虽贤，无能遥起而夺之也。桓帝之诛冀，以嬖宠之怨，而不忌其弑主之逆；董卓之诛，则已正名之为贼矣，以贼讨卓，则弘农之大仇已复，献帝可无惭于践阼矣。视晋景、鲁定而尤正焉，而何容苛责之也。

【译文】

东汉末年，冀州牧韩馥、渤海太守袁绍谋立宗室刘虞为皇帝，这与项羽立楚怀王熊心、唐高祖李渊立越王杨侑的伎俩没有什么两样。而刘虞秉持正道而明于心计，难道会被他们所利用吗？此前，冀州刺史王芬曾想立合肥侯为皇帝，废掉灵帝，愚蠢的合肥侯想接受这个称号，但遭到了曹操的拒绝，合肥侯才得以幸免。同时，曹操也知道，像刘虞这样有贤德的人肯定不会接受韩馥、袁绍的推戴。所以他就不需要在刘虞身上打主意，只是专心致志地向西进军讨伐董卓，迎回汉献帝。从这件事中也可以看出，曹操与袁绍相比，其优劣差距太大了。曹操并非果真忠于天子，然而献帝有作为天子的名义，对待他的态度直接关系到天下的人心向背，所以本来也不敢对他有所侵犯。从来没有人能够在违反天下公义之后，还可以使群雄屈服、民众感动的。

有人会说：韩馥、袁绍关于拥立刘虞为君主的动议，难道也是不义之举吗？《春秋》中明确规定，君主被臣下所弑杀，而被弑君者所拥立的新君，也应该视为篡位。梁冀弑杀质帝刘缵，而桓帝刘志又被梁冀所拥立，董卓弑杀弘农王刘辩，而献帝刘协被拥立为新君，按照《春秋》之义，献帝也不适合作为君主，那么关东地区的各位将领想要不尊奉献帝为天子而另立刘虞为帝，怎么不可以呢？

我的回答是：援引《春秋》大义来讨论汉桓帝的得位不正，是正确的。桓帝即位之前，正以列侯的身份向外戚梁氏家族求婚，借此而进入京城伺机行动，未尝没有觊觎皇位的野心。那么，他是知道并参与了弑君的政变，其罪过和那些弑君的逆贼是相同的。假使有秉持大义者起兵杀掉梁冀的人，则桓帝服罪而被废黜，也是应该的。况且顺帝到桓帝这段时间，汉朝天下无事，而不是急于求立君主。至于汉献帝被立为君主的情况就不同了，他当时年方九岁，遭遇何进被杀、自己为宦官挟持的灾难，曾徒步逃到洛阳的荒郊野外。此时天下纷乱，国家不可一日无其君，献帝靠他的聪明善辩得到董卓的钦佩仰慕，这样弘农王刘辩被废黜之后，自己被胁迫拥立为帝，他没能誓死拒绝，是因为他年幼无知，也没有大臣的匡正扶持，而且当时董卓气焰嚣张，曾说过："如果陈留王（即汉献帝刘协）也不行，就对刘氏家族斩草除根。"那么，汉献帝舍弃自己的名声以苟延残喘、延续汉家天下仅存一线的祭祀，这也是符合大义的，何况他当时年龄尚幼呢？袁绍把对董卓的怨恨迁怒到献帝身上，他的悖逆野心是很显然的。曹操对此事非常明白，因而就说："我独自向西进军，以迎回皇帝。"他知道汉献帝此时是可以维系人心的，刘虞虽然有贤德，也不能从遥远的地方起来取而代之。汉桓帝之所以杀掉梁冀，是出于对梁冀迫害他所宠爱的贵人邓猛的怨恨，而不是因为梁冀弑杀质帝的叛逆行为，董卓被杀以后，就已正其名为国贼了，人们以讨贼的名义声讨董卓，也算是为弘农王刘辩复仇雪耻了，献帝也可以毫不惭愧地登基做皇帝了。以此来看，春秋时代晋景公（当为晋成公）和鲁定公取得君主之位就更无可非议了，何必对他们求全责备呢？

本事：《资治通鉴》卷六〇《汉纪五十二·献帝》，初平二年（191）。

四　曹操、袁绍之优劣

所谓雄桀者，虽怀不测之情，而固可以名义驭也。明主起而驭之，功业立，而其人之大节亦终赖以全。惟贪利乐祸不恤名义者为不可驭之使调良，明主兴，为彭越、卢芳以自罹于诛而已。不然，则乱天下以为人先驱，身殪

(yì) 家亡而国与俱敝。曹操可驭者也，袁绍不可驭者也。

起兵诛卓之时，操与孙坚翏力以与卓争生死，而绍晏坐于河内；孙坚收复洛阳，乘胜以攻卓，在旦晚之间也，而绍若罔闻；关东诸将连屯以偕处，未有衅也，而绍首祸而夺韩馥之冀州；先诸将而内讧者，无赖之公孙瓒也，而绍诱之以首难；然则昔之从臾何进以诛宦官，知进之无能为而欲乘之以逼汉尔，进不死，绍固不容之，而陈留又岂得终有天下乎？鲍信曰："袁绍自生乱，是复有一卓也。"孙坚曰："同举义兵，将救社稷，逆贼垂破而各若此，吾将谁与翏力？"虽有汉高、光武，欲收绍而使效奔走，必不得也。李密之所以终死于叛贼也。

自其后事而观之，则曹操之篡成，罪烈于绍，而操岂绍比哉？诸将方争据地以相噬，操所用力以攻者，黑山白绕也，兖州黄巾也，未尝一矢加于同事之诸侯。其据兖州自称刺史，虽无殊于绍，而得州于黄巾，非得州于刘岱也；击走金尚者，王允之赏罚无经有以召之也；然则献帝而能中兴，操固可以北面受赏，而不获罪于朝廷，而不轨之志戢矣。

绍拥兵河北以与操争天下，而操乃据兖州以成争天下之势。绍导之，操乃应之；绍先之，操乃乘之；微绍之逆，操不先动。虽操之雄桀智计长于绍哉！抑操犹知名义之不可自我而干，而绍不知也。然则虽遇高、光之主，绍亦为彭越、卢芳而终不可驭，身死家灭而徒为人先驱。贪利乐祸，习与性成，非一朝一夕之故矣。

【译文】

能够称得上英雄豪杰的人，虽然怀有不可测度之心，却必定可以用名誉和道义来驾驭。如果有英明的君主出现来驾驭他们，让他们建功立业，他们的君臣大节也最终可借此得以保全。只有那些贪图一时之利、幸灾乐祸而又不爱惜名义的人才难以控制，从而往好的方面发展，英明的君主出现以后，这些人就像西汉初的梁王彭越、东汉初的代王卢芳一样不可避免地会被诛杀。如果不是这样，则必然会祸乱天下而成为别人成功之前的牺牲品，最后身死家亡，国家也随之凋敝。曹操就是那种可以驾驭的人，袁绍则是不能被驾驭的人。

关东地区各州郡起兵讨伐董卓的时候，曹操和孙坚齐心协力想与董卓决一死战，争个你死我活，而此时袁绍却安坐于河内（今河南武陟一带）按兵不动。孙坚收复洛阳以后，如果各路诸侯乘胜追击，很快就可以消灭董卓的势力，而这时袁绍却置若罔闻。关东地区各位将领连营驻扎在一起，和睦共处，彼此之间没有争端，而袁绍却首先起来发难，夺取了韩馥的冀州（今河北临漳及其周围地区）。首先在诸将领内部搞分裂的人，是奸诈强横的公孙瓒，而他之所以首先发难，完全是因为袁绍的引诱。既然这样，那么以前他奉承怂恿何进诛杀宦官的时候，明知何进不能有所作为却依然那样做，只不过想乘机威逼汉室罢了，何进如果不被宦官所杀，袁绍本来也不会容他，那么陈留王刘协又怎么能最终当上皇帝、在名义上拥有天下呢？破虏将军鲍信对曹操说："袁绍自己制造变乱，这是又一个董卓。"孙坚也说："各位将领同举义兵以讨董卓，挽救社稷，当逆贼董卓将要被击败的时候，我们内部却首先内讧，我能和谁齐心勠力讨伐董卓呢?"即使是汉高祖刘邦、光武帝刘秀在世，想要收服袁绍而使他奔走效劳，也必定是做不到的。这也是隋末李密最终死于叛贼的原因。

从此后的事态发展来看，曹操篡夺了汉朝的政权，他的罪过要比袁绍还大，但曹操难道是袁绍可以与之相比的吗？当关东各位将领正在为争夺地盘自相残杀的时候，曹操却致力于攻打黑山（今河南浚县一带）叛贼白绕和兖州（今山东金乡一带）的黄巾军，从没有与各位将领所率的军队发生过冲突。他占据兖州后自称刺史，虽然表面上与袁绍自称冀州刺史没有什么区别，但他是从黄巾军手中夺取兖州的，而非得之于原来的兖州刺史刘岱之手。曹操击败并逐走朝廷任命的兖州刺史金尚，是当时执政的王允赏罚不当所造成的。既然这样，那么如果汉献帝能够中兴汉室，曹操本来就可以称臣受赏，而不会获罪于朝廷，而且，他图谋篡权的野心也会有所收敛。

袁绍在河北（指黄河以北地区）集聚了庞大的军队想凭此与曹操争夺天下，而曹操也占据兖州与袁绍形成争夺天下的态势。这种局面的形成，是袁绍首先倡导，曹操才予以回应，是袁绍首先行动，曹操才趁机兴起的。如果没有袁绍的叛逆之举，曹操是不会先行发动的。尽管曹操作为英雄豪杰的才智计谋都远强于袁绍，但曹操还知道名誉和道义不可自我求取，而袁绍却不知道这一点。既然这样，即使遇到像高祖刘邦、光武帝刘秀这样的英明君主，袁绍也会像彭越、卢芳那样最终难以驾驭，结果必然是身死家灭而白白成为别人成功之前的牺牲品。这种贪图利益、幸灾乐祸的习性，并非一朝一夕之间形成的，而是习久成性。

本事：《资治通鉴》卷六〇《汉纪五十二・献帝》，初平二年（191）。

五 孙坚因袁术不伤大节

孙坚之因袁术也，犹先主之因公孙瓒也，固未可深责者也。汉高帝尝因项梁矣，唐高祖下李密而推之矣，以项氏世为楚将，而密以蒲山公之后，为天下所矜也。天下之初乱也，人犹重虚名以为所归，故种师道衰老无能为，而金人犹惮之。袁氏四世五公之名，烜赫宇内，孙坚崛起，不能不藉焉。彼公孙瓒之区区，徒拥众枭张耳，昭烈且为之下，而况术乎？

夫坚岂有术于心中者哉？贼未讨，功未成，以长沙疏远之守，为客将于中原，始由术以立大勋，而速背之，则术必怀惎（jì）毒以挠坚之为；进与卓为敌，而退受术之掣，刘虞怀忠义而死于公孙瓒，职此由也。使坚不死，得自达于长安，肯从术以逆终而为乱贼之爪牙乎？刘表之收荆州也，卓之命也，众皆讨卓而表不从，表有可讨之罪焉；

因袁术之隙而为之讨表，实自讨也。若坚者，虽不保其终之戴汉，而固未有瑕也，与术比而姑从之，恶足以病坚哉！

【译文】

孙坚依附袁术，就像先主刘备投靠公孙瓒一样，本来就不值得痛加责备。汉高祖刘邦也曾依附项梁，唐高祖李渊也曾卑身事奉李密并加以推崇，这是因为项氏世世代代都是楚将，而李密是蒲山郡公李宽的后代，项梁和李密都曾经是天下所钦佩、崇尚的人。天下动乱的初期，人们还比较重视虚名，纷纷归向拥有虚名的人物，所以北宋末年的将领种师道尽管年老体衰而无所作为，金人却仍然很害怕他。袁氏家族四世五人官居三公之职，其烜赫的名声天下尽知，孙坚没有什么根基，所以起兵之初，不能不借助他们的名义。至于公孙瓒这样微不足道的人，只因其势力强大而猖狂恣肆罢了，先主刘备尚且不得不居于其下，更何况孙坚对于袁术这种人呢？

孙坚难道把袁术放在心上吗？孙坚起兵的时候，叛贼尚未被讨伐，其功业尚未成就，仅以边远之地的长沙（今属湖南）太守的身份，在中原地区又是客地作战，刚开始是借助袁术才有机会立了大功，如果很快地背弃了他，那么袁术肯定会心怀嫉恨，伺机报复，阻挠孙坚的行动。这样，孙坚进退两难，进则必然与董卓为敌，退而受袁术的掣肘，刘虞心怀忠义却死于公孙瓒之手，也正是因为腹背受敌。假使孙坚没有过早死去，可以直捣长安（今属陕西）

的话，难道他会追随袁术一道叛逆，最终成为叛贼袁术的爪牙吗？刘表攻占荆州（今属湖北），是受董卓之命，关东诸将皆派兵征讨董卓，只有刘表不跟随他们，因此刘表也有可以征讨的罪过。趁袁术与刘表关系不好，孙坚表面上是为袁术而征讨刘表，实际上是他想脱离袁术自愿去征讨的。像孙坚这样的人，虽然不能保证其始终都拥戴汉室，但他有生之年毕竟没有什么过错，与袁术结盟并姑且暂时听从袁术的指挥，哪里足以损害孙坚的大节呢？

本事：《资治通鉴》卷六〇《汉纪五十二·献帝》，初平二年（191）。

六　管宁有潜龙之德

管宁在辽东，专讲诗书、习俎豆，非学者勿见，或以宁为全身之善术，岂知宁者哉？王烈为商贾以自秽，而逃公孙度长史之辟命，斯则全身之术，而宁不为也。天下不可一日废者，道也；天下废之，而存之者在我。故君子一日不可废者，学也；舜、禹不以三苗为忧，而急于传精一；周公不以商、奄为忧，而慎于践笾豆。见之功业者，虽广而短；存之人心风俗者，虽狭而长。一日行之习之，而天地之心，昭垂于一日；一人闻之信之，而人禽之辨，立达于一人。其用之也隐，而抟捖（tuán wán）清刚粹美之气于两间，阴以为功于造化。君子自竭其才以尽人道之极致者，唯此为务焉。有明王起，而因之敷其大用。即其不然，而天下分崩、人心晦否之日，独握天枢以争剥复，功亦大矣。

由此言之，则汉末三国之天下，非刘、孙、曹氏之所能持，亦非荀悦、诸葛孔明之所能持，而宁持之也。宁之自命大矣，岂仅以此为祸福所不及而利用乎！邴原持清议，而宁戒之曰："潜龙以不见成德。"不见而德成，有密用也；区区当世之得失，其所矜而不忍责、略而不足论者也。白日之耀，非镫烛之光也。宁诚潜而有龙德矣，岂仅曰全身而已乎？

【译文】

东汉末年，隐士管宁避乱于辽东，专门讲授《诗经》《尚书》、教习祭祀礼仪，不是求学的人他一概不见，有人认为这是管宁苟全性命于乱世的良方，这样说的人难道是真的了解管宁吗？隐士王烈也避乱辽东，以从事商贾来自污身份，从而逃避辽东太守公孙度的长史的征辟，这才是保全自身的办法，而管宁是不会这样做的。天下不可一日荒废的东西就是道义，天下人的道义都荒废掉了，而能将它保存下来的就是我们这些正人君子了。所以，君子一日不能荒废的事就是学习。虞舜、夏禹对南方的夷狄三苗并不感到担心，却急于向民众传授精粹纯一的道理；周公并不担心商、奄（一作奄国，今山东曲阜一带）后裔的反叛，而对于践行祭祀礼仪却非常慎重用心。一个人建立的丰功伟绩，虽然其影响是巨大的，但持续的时间很短暂；存在于人心、风俗之中的道义，虽然其影响面比较窄，但持续的时间是长远的。只要人们实践和学习这种道义，天地之心就会存在人间一天；只要有一个人听闻并相信了道义，就会立即有一个人懂得了人性和兽性的区别。这种道义在天下的推广应用虽不显著，却在天地之间调和、塑造出清正刚直、纯粹美好的气息，悄无声息地为自然的化育立下大功。君子竭尽自己的才智为人类社会做出最大的贡献，就是要致力于做到这一点。如果有英明的君主出世，就可以依靠道义，使之发挥更大的作用。即使不能这样，而在天下分崩离析、人心晦暗涣散的时候，独自掌握天道的枢机，也肯定会立下较大的功业。

由此而言，那么东汉末年和三国时期的天下，并不是刘备、孙权、曹操所能控制的，也不是荀悦、诸葛亮所能够控制的，而是由管宁这样的人控制着。管宁赋予自己的责任使命是很重大的，难道仅仅是因为讲授诗书、教习礼仪不涉及自己的祸福而加以利用吗？邴原经常秉持道义、评论时事，管宁曾告诫他说："潜伏着的龙因为韬光养晦不显示自己从而成就其德行。"虽然不显现出来，却已经具有崇高的德行，这是具有非常微妙的作用的。至于区区当世的得与失，是君子有所矜持而不忍心加以责备，甚至是可以忽略而不值得谈论的事情。白天太阳的耀眼光芒，不是灯烛所发出的昏暗之光可比拟的。管宁确实是潜伏着的具有龙德的人，难道能说他避乱辽东讲授诗书、教习礼仪仅仅是全身保命之计吗？

本事：《资治通鉴》卷六〇《汉纪五十二·献帝》，初平二年（191）。

七　王允无知人之智

王允诛董卓，而无以处关东诸将，虽微李傕、郭汜，汉其能存乎？首谋诛卓者袁绍，是固有异志焉，而不可任者也。曹操独进荥阳，虽败而志可旌；孙坚首破卓而复东都，粪除宗庙，修治陵园，虽死而其子策可用也；急召而录其功以相辅于内，傕、汜失主而气夺，安敢侧目以视允乎？区区一宋翼、王弘，傕、汜且惮之，而不敢加害于允，而况操与策也。允之倚翼与弘，皆其所私者也，操与策非其所能用者也，而又以骄气乘之，不亡何待焉！

或曰：操非可倚以安者，允而召操，则与何进之召卓也何以异？此又非也。进不能诛宦官而倚卓，进客而卓主矣。允之诛卓，无假于操，而威大振；操虽奸，赏之以功，旌之以能，绥之以德，束之以法，操且熟计天下而思自处。故王芬之谋，刘虞之议，必规避之，而不敢以身为逆。当此之时，众未盛，威未张，允以谈笑灭贼之功临其上而驾御之，操抑岂敢蹈卓之覆轨乎？策方少，英锐之气，诱掖之以建忠勋也尤易，而奚患召之为后害哉？允非其人也，智尽于密谋，而量不足以包英雄而驯扰之，加以骄逸，而忘无穷之隐祸，其周章失纪而死于逆臣，不能免矣。

东召孙、曹而西属凉州之兵于皇甫嵩，则二袁、刘表、公孙瓒不足以逞；二袁、刘表、公孙瓒不逞，而曹操亦无藉以启跋扈之心。天下可定也，况李傕、郭汜之区区者乎？

【译文】

司徒王允设计诛杀董卓以后，没有处理好与关东地区起兵征讨董卓诸将的关系，即使没有李傕、郭汜的反叛，汉室江山社稷难道就可以保存下去吗？最先谋划征讨董卓的人是袁绍，他本来就有其个人野心，是不能委以重任的。在征讨董卓时，曹操独自率军进攻敌军占领的荥阳（今属河南），虽然失败了，但其志节是值得表彰的。孙坚首先战胜董卓的军队，收复了东都洛阳，清扫被污秽的宗庙，修治被破坏的陵园，尽管不久他就被刘表的部将射死，但他的儿子孙策还是可以重用的。假如王允紧急召曹操、孙策到京师，论功行赏，委以重任，让他们辅佐朝廷，那么李傕、郭汜因他们的主子董卓被杀而锐气已丧，在这样的情况下，他们还怎么敢对王允侧目而视呢？像宋翼、王弘这样微不足道的人物，李傕、郭汜尚且对其十分忌惮，从而不敢加害王允，更何况是有雄才大略的曹操、孙策在其身边呢？然而，王允依靠宋翼和王弘，完全是出于同乡的私谊，曹操和孙策也最终不能被他所重用，而且王允自恃有功、盛气凌人，不可一世，他不被灭亡还能等待什么样的结局呢？

有人会说：曹操也并不是那种依靠他天下就可以安定

的人，王允假如召曹操入京，与当初何进征召董卓进京又有什么不同呢？这种说法又错了。何进不能诛杀宦官，而不得不依赖董卓进京辅助他，这样，何进就居于被动地位，而董卓掌握了主动权。王允诛杀董卓，并非借助曹操的力量，完全是靠自己的计谋，因此声威大振。曹操虽然奸诈狡猾，但只要对他论功行赏，表彰他的志节才干，用道德来安抚他，用法律来约束他，他会对天下的情况深思熟虑，从而使自己处于适当的位置。所以当初曹操对王芬废黜灵帝立合肥侯的计谋、袁绍立刘虞为帝的议论，都是采取回避拒绝的态度，而不敢使自己置身于叛逆的境地。当时，他的部众还不强盛，威势尚未伸张，假如王允以自己谈笑之间灭掉董卓的巨大功劳居于朝廷之上对他进行驾驭，曹操难道还敢重蹈董卓的覆辙吗？当时，孙策还很年轻，英锐之气十足，若能对他进行引导扶持，从而使他效忠并建功立业是很容易的，哪里需要担心把他召来后会遗患无穷呢？王允不是能够成就大事的人，他的才智在他密谋诛杀董卓的时候已经用完了，而他的度量也不足以延揽天下的英雄而驯服控制他们，再加上他狂妄自大，不可一世，因此忘记了自己身边还隐藏着很多祸患，他最终迟疑不决、仓皇失措而死于叛贼之手，这也是不可避免的。

如果王允当时能在东方征召孙坚、曹操，而在西方把凉州的军队交给皇甫嵩掌握，那么袁绍、袁术、刘表、公孙瓒就不敢放肆作乱；袁绍、袁术、刘表、公孙瓒的行为有所收敛，那么曹操也就没有借口产生骄横跋扈的野心。

这样，天下就可以安定，何况是对付李傕、郭汜这些微不足道的人物呢？

本事：《资治通鉴》卷六〇《汉纪五十二·献帝》，初平三年（192）。

八　马日磾、赵岐顽鄙不知耻

马日磾、赵岐之和解关东也谁遣之？于时李傕、郭汜引兵向阙，种拂战死，天子步出宣平门，王允、宋翼、王弘骈死阙下，宫门之外皆仇敌也，而暇念及于袁、刘、公孙不辑于千里之外邪？故知非献帝遣之，傕、汜遣之也。关东诸将之起，以诛卓起。傕、汜，卓之部曲也，其引兵犯阙，以报卓之仇为辞，吕布东走，而傕、汜安能不忧诛卓之师浸加于己哉？欲求款于关东而恐其见拒，则姑以天子之诏为和解之迂说，亦其虽为卓报仇，而于关东则均为王臣，无异志也，此不款和而妙为款和者也。刘表则自刺史而牧矣，曹操上书而优而使之归矣，征朱儁为太仆矣，皆傕、汜以求免于关东之善术也。呜呼！日磾、岐为汉之大臣，而受贼之羁络以听其颐指，其顽鄙而不知耻，亦至是哉！

夫与贼同立于朝，所难者不能自拔耳。二子者，幸而得衔命以出，是温峤假手以图王敦之机会也。绍、术、瓒、表虽怀异志，而朱儁、曹操、刘虞、孙策，夫岂不可激厉入援以解天子之困厄。而命之曰和解，则以和解毕事，曾不知有问及中朝者，二子将何辞以答也？故遣日磾、岐者，傕、汜也；奔走于诸将之间，靦（miǎn）颜以嚅嗫（rú niè）者，为傕、汜效也；为天下贱，不亦宜乎！

【译文】

太傅马日磾与太仆赵岐到关东地区寻求与各位将领和解，他们是受谁的派遣呢？当时，李傕、郭汜正率兵攻打宫阙，太常种拂已经战死，献帝被迫徒步从宣平门逃出，王允、宋翼、王弘都死于宫阙之前，宫门之外都是仇敌，汉献帝哪里有时间想到与远在千里之外的袁绍、刘表、公孙瓒关系不和呢？故此可知，马日磾、赵岐并非献帝所派，而是由李傕、郭汜派遣的。关东诸将起兵，是为征讨董卓。李傕、郭汜是董卓的部曲，他们率兵进攻宫阙是打着为董卓报仇的旗号，吕布当时已逃到东方，而李傕、郭汜怎么不担心征讨董卓的关东诸军会把矛头指向他们呢？想与关东诸军寻求和解又怕被诸将领拒绝，于是就声称是奉天子之诏来为双方讲和的，也无非说他们虽然是为董卓报仇，但和关东诸将都是王臣，也没有什么野心，这是名义上不求和而实际上巧妙地间接缓和关系。将刘表从刺史提升为州牧，对曹操上书表达殷勤之意也厚加报答，批准他回家守丧，又征召朱儁为太仆，这些都是李傕、郭汜想与关东诸军和解而想出的办法。唉！马日磾、赵岐身为汉朝的大臣，却接受叛贼的笼络，听从其指挥，他们的愚钝鄙陋而恬不知耻，竟然到了这样的地步！

与叛逆之臣同朝为官，最难的问题就是如何使自己脱身。马日磾、赵岐二人侥幸可以带着使命逃出长安，这与东晋温峤趁脱身之机联合诸将图谋消灭王敦一样，也是一个难得的好机会。在关东的诸将领中，袁绍、袁术、公孙瓒、刘表虽然各自怀有野心，但朱儁、曹操、刘虞、孙策等人在当时还是忠于汉室，难道不能激励他们入援长安，把天子从困窘之中解救出来吗？马日磾、赵岐二人却没有这样做，他们既然是被李傕、郭汜派来调解双方的关系的，就以完成此事作为自己的使命，真不知道假如有人问及朝廷的情况，他们两人将怎样来回答？所以说，派遣马日磾、赵岐的人，是李傕、郭汜。马日磾、赵岐奔走于诸将之间，恬不知耻、吞吞吐吐地进行调解，是为李傕、郭汜效力的。他们两人被天下人所鄙视，不也是应该的吗！

本事：《资治通鉴》卷六〇《汉纪五十二·献帝》，初平三年（192）。

九　陶谦之贪婪与曹操之残忍

曹操父见杀而兴兵报之，是也；坑杀男女数十万人于泗水，遍屠城邑，则惨毒不仁，恶滔天矣，虽然，陶谦实有以致之也。谦别将掩袭曹嵩而杀之，谦可谢过曰不知，然使执杀嵩者归之于操，使脔割而甘心焉，则操亦无名以逞。乃视嵩之死，若猎人之射麏麚（jūn jiā），分食其肉而不问所从来，亦何以已暴人之怒哉？

且操之击谦也，以报私仇，而未尝无可托之公义也。李傕、郭汜称兵向阙，杀大臣，胁天子，人得而诛者也。谦首唱诛逆之谋，奉朱儁以伐逆而戴主，傕、汜以太仆饵儁，以牧饵谦，其力弱而畏我也可见矣。知其弱，惧其饵，儁虽志义不终，而谦自可奋兴以致讨；乃听王朗之谋，邀宠于贼臣，而受州牧之命，则欲辞党逆之诛而无所逭；操执此以告天下，而天下孰为谦援者乎？盖谦之为谦也，贪利赖宠，规眉睫而迷祸福者也。然则曹嵩之辎重，谦固垂涎而假手于别将耳。吮锋端之蜜，祸及生灵者数十万人，贪人之毒、可畏也夫！

【译文】

曹操因其父曹嵩被徐州牧陶谦部将张闿所杀而起兵报仇，这是正确的。但把徐州百姓数十万人杀死后抛尸于泗水之中，所到城邑对手无寸铁的百姓格杀勿论，则表现出他凶狠残暴、歹毒不仁的一面，可谓是罪恶滔天了。尽管如此，陶谦也有不可推卸的责任，可以说，这场大祸完全是陶谦招致的。陶谦的部将张闿贪人财物袭杀了曹嵩一行，陶谦本来可以向曹操谢罪说不知此事，然后抓捕袭杀曹嵩的部将送给曹操，听任他的发落，使他能够亲手宰割仇敌以泄其私愤，那么曹操也就没有充分的理由放纵逞强、肆无忌惮地屠杀无辜。可是陶谦对待曹嵩的死，就像是猎人捕杀一只麋鹿一样，分食其肉却不过问肉从何处而来，这样怎么能遏止暴戾之人的愤怒之情呢？

况且，曹操进攻陶谦，固然是为报私仇，但他并不是没有可以假托的公正和道义。李傕、郭汜率兵进犯宫阙，诛杀大臣，胁迫天子，这样的叛贼人人得而诛之。陶谦首先倡导诸将起兵讨伐李傕、郭汜等叛逆之贼，并且还推举朱儁为首领以讨伐叛贼、拥戴天子，李傕、郭汜以太仆的职位为诱饵来拉拢朱儁，又以徐州牧的职位为诱饵来拉拢陶谦，他们实力薄弱而害怕诸将起兵征讨，是显而易见的。明知叛贼力量薄弱，又经不住高官厚禄的诱惑，朱儁虽然晚节不保，志向不能坚持始终，而陶谦作为倡导者，自然应该奋起率兵征讨叛贼。遗憾的是，他却听从王朗的建议，派人专门到长安向逆贼献媚邀宠，而且接受了州牧一职，那么，陶谦就不能逃脱作为贼党中的一员被征讨诛杀的下场。如果曹操以此宣告天下，天下人中还有谁敢援救陶谦呢？陶谦之所以为陶谦，大概就是因为贪图小利、留恋荣华富贵，只看到眼前的祸福，而看不到长远的利害。这样看来，那么曹嵩的资财，肯定是陶谦早已垂涎三尺，只不过假手于部将张闿抢掠罢了。自己吮食刀刃上的蜂蜜，却给数十万的老百姓带来灭顶大祸，贪婪之人对天下的毒害，真是可怕呀！

本事：《资治通鉴》卷六〇《汉纪五十二·献帝》，初平四年（193）。

一〇　汉失民心，群雄逐鹿

国家积败亡之道以底于乱，狡焉怀不轨之志，思猎得之者众矣，而尚有所忌也。天子不成乎其为君，大臣不成乎其为相，授天下以必不可支之形，而后不轨者公然轧夺而无所忌。

关东起兵以诛卓，而无效死以卫社稷之心，然固未敢逞其攘夺也。至于卓既伏诛，王允有专功之心，而不与关东共功名，可收以为用者勿能用，可制之不为贼者弗能制，而关东之心解矣。允以无辅而亡，李傕、郭汜以无惮而讧，允死，而天下之心遂为之裂尽。李、郭杀大臣，胁人主，关东疾视而不问，马日磾、赵岐之庸鄙，受二凶之意旨以和解行，而实为逆贼结连衡之好，然后关东始坚信汉之必亡。于是而曹操上书之情，非复荥阳之志矣。孙坚即不死，而不保其终，策以孤立之少年，走刘繇，逐王朗，杀许贡，跳踯于江东矣。张邈、陶谦、吕布、刘备互相攻而不戢矣。二袁之思移汉鼎以归己，又显著其迹矣。环视一献帝而置之若存若亡之间，以无难紾（zhěn）其臂而夺之。呜呼！迟之十余年，而分崩之势始成。天下何尝亡汉，而汉自亡，尚孰与怜之，而兴下泉苞稂（láng）之思者乎？

王允非定乱之人也，马日磾、赵岐，则手授天下于群雄者也，汉之终亡，终于此也。

【译文】

国家因积累太多趋向败亡的因素而招致大的动乱，此时狡猾奸诈而野心勃勃，想争得皇帝宝座的人太多了，但在这个过程中他们还是有所顾忌的。天子不成君王应有的样子，大臣不成宰相应有的样子，使天下造成必定无法维持下去的态势，那么，那些心存不轨的人就会公然相互倾轧、篡夺而无所顾忌。

关东地区各州郡将领纷纷起兵征讨董卓，尽管他们都没有誓死捍卫汉朝江山社稷之心，但他们也本来不敢公然放纵其个人野心以争权夺利。到了董卓被王允设计诛杀之后，王允有心独揽诛杀董卓、挽救社稷的大功，不愿意与关东诸将共享功名，因此对于可以招徕加以重用的人不能重用，对于可以制约而使之不为叛贼的人也不能加以制止，这样，关东诸将人心涣散。王允因为孤立无援而被灭亡，李傕、郭汜因无所忌惮而发生内讧，王允死后，天下人拥戴汉室之心也就随之土崩瓦解。李傕、郭汜诛杀大臣，胁持天子，关东诸将虽然很痛心地侧目而视，但谁也不加过问，马日磾、赵岐这两个平庸浅薄的大臣，受李傕、郭汜两个叛贼之命名为和解关东诸将与李傕、郭汜的关系，实际上是为叛逆之贼寻找盟友以结成连衡之势，这样一来，关东诸将才开始坚信汉朝一定会灭亡了。于是，曹操上书向李傕、郭汜致以殷勤之意，已经看不到往日在荥阳与董卓军队作战时捍卫汉室的雄心壮志了。孙坚即使不死，也难保他能始终守节、尽忠汉室，其子孙策虽是一个孤立无援的年轻人，却率军赶走扬州牧刘繇，驱逐会稽太守王朗，诛杀吴郡太守许贡，把江东（今芜湖、南京一带的长江以南地区）地区搅得天翻地覆。张邈、陶谦、吕布、刘备等为了争夺地盘相互之间征战不休，也没有人能约束他们。袁绍、袁术想取汉室而代之的野心，也充分地暴露出来。环视汉献帝的处境，虽然贵为天子，却一直处于若存若亡之间，把他从皇帝的宝座上拉下来也并非难事。唉！十几年以后，天下分裂、三国鼎立之势才开始形成。天下人何尝要灭亡汉室，而是汉朝自取灭亡，事态已经发展到这种地步，还有谁会可怜汉室，从而兴起像《诗经·下泉》中所描绘的那样的故国之思呢？

王允并不是能够平定天下动乱的人物，马日磾、赵岐则是亲手把天下交给群雄的人，汉朝最终走向彻底灭亡，正是灭亡在这个时候。

本事：《资治通鉴》卷六〇《汉纪五十二·献帝》，初平三年（192）。

一一　名利与名实

乱天下者，托于名以逞其志；故君子立诚以居正，而不竞以名，则托于名者之伪露以败，而君子伸。乱天下者，并其名而去之不忌，则能顾名以立事者，虽非其诚而志欲伸，无可为名者，莫能胜也。管、蔡内挟孺子、外挟武庚以为名，非无名也，自不可敌周公之诚也。项羽立义帝而弑之，并其名而去之矣；汉高为帝发丧，名而已矣，而天下托戴之以诛羽之不义。使义帝而存，汉高之能终事之也，吾不敢信，然而以讨项羽则有余。故胡氏曰："与其名存而实亡，愈于名实之俱亡。”此三代以下之天下，名为之维持也大矣。

袁绍不用沮授之策，听淳于琼而不迎天子于危困之中，授曰：“必有先之者。”而曹操果听荀彧迎帝以制诸侯。夫无君之心，操非殊于绍也，而名在操，故操可以制绍，而绍不能胜操；操之胜也，名而已矣。

虽然，名未易言也。名而可以徒假与，则绍亦何惮而不假？淳于琼曰：“今迎天子，动则表闻，从之则权轻，违之则拒命。”故曹操迁许以后，外而袁绍耻太尉之命，内而孔融陈王畿之制，董承、刘备、伏完、金祎交起而思诛夷之；入见殿中，汗流浃背，以几幸于免；与绍之恣睢河北唯意欲为而莫制者，难易之势，相悬绝也。苟不恤其名，而唯利是图，则淳于琼之言，安知其不长于荀彧哉？假令衣带诏行，曹操授首于董承、伏完、金祎之手，则授、彧之谋，岂不适为琼笑？而非然也，出天子于棘篱饥困之中，犹得奉宗庙者二十余年，不但以折群雄之僭，即忠义之士，怀愤欲起，而人情之去就，尚且疑且信而不决于从也。琼之情唯利是图，受天下之恶名而不恤，绍是之从，欲不亡也，得乎？

名与利，相违者也；实与名，未相违而始相合也。举世骛于名，而忠孝之诚薄；举世趋于利以舍名，而君臣父子之秩叙，遂永绝于人心。故名者，延夫人未绝之秉彝于三代之下者也。夫子于卫辄父子之际，他务未遑，而必先正名，盖有不得已焉耳。

【译文】

祸乱天下的人，总要假托某种名义来放纵其野心。所以，君子立身处世以诚为本，使自己居于正道，而不以名义相争，这样，假托名义的人就会最终暴露其伪装而败亡，而后君子的志向得以伸张。祸乱天下的人，即使要把自己假托的名义一并除去也不会有所顾忌，那么能顾及名义而立身处世的人，尽管不是完全出于诚心，而只是为了借此伸张自己的志向，没有名义可以假托的人，也难以战胜他。西周初年，管叔、蔡叔内则假托周成王的名义，外则假托武庚的名义，他们并非没有名义，但自然无法敌得过周公的忠诚与信义。秦末，项羽奉立义帝楚怀王却又杀掉他，这就是把义帝连同其假托的名义一并除去了；汉高祖刘邦为义帝发丧，虽然也只是假借其名义而已，但天下人都拥戴他，以征讨不讲道义的项羽。如果义帝仍然存在的话，汉高祖能最终以臣子的身份事奉于他，我不敢相信这一点，然而汉高祖借此名义征讨项羽则是绰绰有余的。所以，胡三省说："名存而实亡，总比名实俱亡要好些。"这就是夏、商、周三代以后的天下，名义对于维持天下秩序有着重要作用的原因。

袁绍不采纳谋士沮授的计策，而听从部将淳于琼的话，不迎接处于危难困苦之中的汉献帝。沮授说："必定会有人捷足先登，抢在我们前面迎接汉献帝。"果然，曹操听从了荀彧的建议，把汉献帝迎接到许昌，并借汉献帝的名义来控制诸侯。根本不把汉献帝放在心中，在这一点上曹操与袁绍并没有什么不同，但迎接汉献帝从而挟天子以令诸侯，正当的名义在曹操一边，所以曹操可以借此控制袁绍，而袁绍不能战胜曹操。曹操之所以能够取胜，只是因为他迎接汉献帝从而拥有天子的名义罢了。

尽管如此，名也并非轻而易举言说的。名既然可以白白地假托，那么袁绍为什么忌惮而又不敢立即假托呢？对此，淳于琼说得很明白："如今假若把天子迎来，一举一动都要上奏给皇帝知道，听从他的命令，我们的权力就轻了，违抗他的命令，就会落得一个抗拒天子之命的名声。"所以，曹操在迎接天子迁都许昌（今属河南）以后，在外，袁绍耻于接受委任他的太尉一职，伺机进攻；在内，孔融上书陈述王畿制度来限制他；董承、刘备、伏完、金祎此起彼伏都想诛杀他。曹操进入殿中觐见献帝时，总是紧张得汗流浃背，几次都幸免于难。曹操所处的环境，与袁绍在河北恣意妄为没有人能制止他相比，难易的态势有天渊之别。假如曹操不在乎名义，而只是唯利是图，那么淳于琼所说的话，怎么知道不比荀彧的建议更好呢？假使汉献帝诛杀曹操的衣带诏得到施行，董承、伏完、金祎杀掉了曹操，那么沮授、荀彧的计谋，岂不正好被淳于琼耻笑吗？而事实并非这样，曹操把天子从危困饥饿之中救出，还使他居天子之地位，奉祀宗庙二十多年，不仅使群雄的僭越篡夺成为不可能，即使是一些忠义之士，胸怀愤怒想起来征讨曹操，但天下人情的去就，尚且半信半疑、犹豫不决，而不能决心追随他们。淳于琼考虑问题唯利是图，得到天下之恶名也不在乎，而袁绍听从了他的建议，想要不被消灭，还能做得到吗？

名和利，是相互排斥的；名和实，最终是相互排斥的，而开始的时候还是可以相互结合的。举世之人都去追逐名，那么忠孝之诚心就越来越淡薄；举世之人都舍弃名而去追逐利，那么君臣父子的纲常伦理就会永绝于人心。所以，名是夏、商、周三代以后用来维持人伦纲常不致断绝的。孔子论及卫国姬蒯聩、姬辄父子之事，其他的事情还没有来得及做，就一定先要正名，大概也是不得已才这样做的。

本事：《资治通鉴》卷六一《汉纪五十三·献帝》，兴平二年（195）。

一二　刘备之计谋不足兴汉

刘先主之刺豫州，因陶谦也；其兼领徐州，亦因陶谦也。二袁、曹操，皆受命于灵帝之末，吕布、刘表，亦拜爵王廷而出者，唯先主未受命也，而不得不因人以兴。始因公孙瓒，继因陶谦，周旋于两不足有为者之左右，而名不登于天府，是以屡出而屡败。孔北海知之已夙，而何为不飏于王廷？北海之疏也。败于吕布而归许，然后受命而作牧，望乃著于天下。以义揆之，则受陶谦之命兼领二州，其始不正，故终不足以动天下而兴汉，亦始谋之不臧哉！

及其为左将军，受诏诛操而出奔，乃北奔于袁绍，托非其人矣，而非过也。何也？既已受命诛操，则许都之命制自操者，义不得而受也。结孙权而分荆，夺刘璋以收益，可以不受命矣；可不受命而制自己，故虽不足以兴汉，而终奄有益州，以成鼎足之形。

使其于陶谦授徐之日，早归命宗邦，诛傕、汜以安献帝，绍与操其孰能御之？而计不及此，孔北海亦莫之赞焉，徒与袁术、吕布一彼一此，争衡于徐、豫之间，惜哉！

【译文】

先主刘备担任豫州刺史，是依靠徐州牧陶谦得到的；他兼领徐州刺史，也是依靠陶谦得来的。袁绍、袁术、曹操的职务，都是汉灵帝末年由朝廷委任的；吕布、刘表的官爵也是由朝廷授予之后，他们出外任职的；只有先主刘备没有经过朝廷的任命，因此不得不依靠别人的力量才能兴起。开始的时候，他投靠公孙瓒，接着又依靠陶谦，在这两个无所作为的人身边长期周旋，而他的名字尚未列入朝廷的册命，所以，他屡次想出人头地都遭到惨败。北海（今山东昌乐西）相孔融早就对他非常了解，为什么不帮助他在朝廷扬名呢？这是孔融的疏失。刘备被吕布打败之后，才归顺许都（今河南许昌），然后，受朝廷的委任做豫州牧，威望才为天下共知。从道义上来考察，刘备受陶谦的委任而兼领两州刺史，他的开始就名不正，所以最终不足以震动天下，兴复汉室，这也是他开始的时候没有谋划好的缘故！

到他被任命为左将军时，受汉献帝的衣带诏诛杀曹操，被发觉后被迫出走，于是就往北投奔袁绍，可以说这也是所托非人，但这并不是他的过错。为什么呢？刘备既然已经受献帝之命征讨曹操，那么，来自许都由曹操颁布的命令，从大义来讲，刘备是不能接受的。他联合孙权而暂借荆州容身，又夺取益州牧刘璋的权力而占有益州(今四川成都一带)，这样他就可以不接受曹操的摆布了，自己处理所遇到的一切问题。所以，尽管刘备不足以兴复汉室，却仍然可以占有整个益州，与曹操、孙权形成三足鼎立之势。

假如刘备在接受陶谦的委任兼任徐州刺史的时候，就早点归命于朝廷，率军诛杀李傕、郭汜，以安定汉献帝的地位，那么，袁绍和曹操两人谁能抵御他呢？然而，刘备当初没有谋划到这一点，北海相孔融也没有帮助他，他徒劳地与袁术、吕布在徐州、豫州之间彼此争衡，浪费掉这两年时间，真是太可惜了！

本事：《资治通鉴》卷六二《汉纪五十四·献帝》，建安元年（196）。

一三　臧洪食人之罪不可逭

张巡守睢阳，食尽而食人，为天子守以抗逆贼，卒全江、淮千里之命，君子犹或非之。臧洪怨袁绍之不救张超，困守孤城，杀爱妾以食将士，陷其民男女相枕而死者七八千人，何为者哉？张邈兄弟党吕布以夺曹操之兖州，于其时，天子方蒙尘而寄命于贼手，超无能恤，彼其于袁、曹均耳。洪以私恩为一曲之义，奋不顺身，而一郡之生齿为之并命，殆所谓任侠者与！于义未也，而食人之罪不可逭矣。

天下至不仁之事，其始为之者，未必不托于义以生其安忍之心，洪为之而死于侠，巡效之而死于忠，于是而朱粲之徒相因以起。浸及末世，凶岁之顽民，至父子、兄弟、夫妻相噬而心不戚，而人之视蛇蛙也无以异，又何有于君臣之分义哉？

若巡者，知不可守，自刎以徇城可也。若洪，则姑降绍焉，而未至丧其大节；愤兴而憯（cǎn）毒，至不仁而何义之足云？孟子曰："仁义充塞，人将相食。"夫杨、墨固皆于道有所执者，孟子虑其将食人而亟拒之，臧洪之义，不足与于杨、墨，而祸烈焉。君子正其罪而诛之，岂或贷哉！

【译文】

唐朝睢阳令张巡起兵抵抗安禄山叛军，与太守许远共守睢阳（今河南商丘南），粮食吃尽就以人为食，为唐朝天子守城抗击叛贼，虽然最终保全了江淮千里之地的百姓生命免遭蹂躏，正人君子尚且对他的行为有所非议。臧洪对袁绍不援救被曹操围困的张超，致使雍丘城被攻破，张超及其家人全部被曹操杀害非常怨恨，于是就起兵反抗袁绍，袁绍派大军围困臧洪据守的东武阳城，臧洪困守孤城，无人救援，粮食吃尽，就杀掉爱妾让将士们吃，最后城破，连累城中百姓将士相枕而死者有七八千人，为什么要这样做呢？张邈兄弟联合吕布想夺取曹操的兖州（今山东金乡一带），当时，汉天子遭难，落于叛贼的手中，张超不能体恤天子，却为私利而争斗，他与袁绍、曹操都是一样的人。臧洪为报答张超对自己的知遇之恩，奋不顾身，而且一城的将士百姓都因此而毙命，大概这就是人们通常所说的负气仗义吧！他的行为并不完全合乎正道大义，而其吃人之罪不可逃避。

吃人是天下最不仁义的事，开始做这种事的人，未必不假托正道大义而使其对残忍行为感到心安理得。臧洪为此而死于负气仗义，张巡效法他而保全对唐朝的忠心，这样，到了后来又有像朱粲这类人也起来效法他们。这类事情，每到王朝末年时，遇到灾荒之年无以为食的时候，那些愚昧无知的百姓竟然父子、兄弟、夫妻相食而习以为常，并无痛心疾首之感，把人看作蛇、青蛙一类的冷血动物而毫无差别，在这种情况下，还有什么君臣名分和正道大义呢？

像张巡这样的人，知道城池已经守不住的时候，以自杀的方式与城池共存亡，就可以保其大节了。而臧洪就不同了，他就是暂且投降袁绍，也不至于丧其大节。但他只因为一时的怨恨，就为此残忍狠毒之举，犯下最不仁义的罪行，还有什么仗义可言呢？孟子说：“仁义之路被堵塞，民众将会相互吞噬。”杨朱、墨翟对于道义固然都有他们自己的看法，孟子考虑到他们所谓的道义推行，结果就会发展到人吃人的地步，因此他就马上起来攻击杨朱、墨翟的学说。臧洪的仗义，不足以与杨朱、墨翟相比，但其所造成的祸害却远比他们要大。君子明正其罪而口诛笔伐，难道还要宽恕他吗？

本事：《资治通鉴》卷六一《汉纪五十三·献帝》，兴平二年（195）。

一四　王允坐失良机，董承为时已晚

董承潜召曹操入朝，操至而廷奏韩暹、杨奉之罪，诛罪赏功，矜褒死节，而汉粗安。惜哉，承之行此也晚，而王允失之于先也。

当斯时也，汉之大臣，死亡已殆尽矣；天子徒步以奔，而威已殚矣；从官采梠（lǚ）饿死，而士大夫之气已夺矣；故董昭谋迁帝于许，尚惧众心之不厌，而卒无有一言相抗者。若当董卓初诛之日，廷犹有老成之臣，人犹坚戴汉之心，刘虞怀忠于北陲，孙坚立功于洛阳，相制相持，而允之忠勋非董承从乱之比，操亦何敢遽睥睨神器、效董卓之狂愚乎？

王允坐失之，董承不得已而试为之；为之已晚，而无救于汉之亡，然而天下亦自此而粗定。观于此而益为允惜，诚可惜而已矣。

【译文】

董承秘密召曹操入朝，曹操入朝后在朝堂上弹劾将领韩暹、杨奉的罪状，论功行赏，按罪诛伐，表彰和褒奖那些忠于朝廷而死的人，这样，汉朝天下才初步安定下来。遗憾的是，董承这么做已经太晚，在此之前王允已错失了这样的机会。

当时，汉朝的大臣，已经死亡殆尽了。汉朝天子被迫徒步奔走，其威势早已丧失殆尽。随从的大臣被迫采集野果充饥，纷纷被饿死，而士大夫的锐气也已经彻底丧失了。所以，董昭谋划把汉献帝迁到许都的时候，还害怕众人心中不服，结果竟没有一个人说一句反对的话。若是当初董卓刚被诛杀的时候，朝廷中还有老成持重的大臣，人们还怀着坚决拥戴汉室之心，刘虞在北方边陲心怀忠诚，孙坚又在洛阳立下大功，这样他们与曹操相互制约、相互扶持，内外结合，再加上王允对汉室的忠诚和勋劳不是董承这样追随叛贼作乱的人可以与之相比的，曹操还怎么敢仿效董卓的狂妄愚蠢，觊觎皇帝的宝座呢?

王允坐失良机，董承不得已而试着这么做，但已经为时过晚，也挽救不了汉室灭亡的命运，然而，天下也从此基本安定。看到这一点。我就更为王允错失良机感到惋惜，确实太可惜了!

本事:《资治通鉴》卷六二《汉纪五十四·献帝》，建安元年(196)。

一五　君子之道，英雄由之

范增之欲杀沛公，孙坚之欲杀董卓，为曹操谋者之欲杀刘豫州，王衍之欲杀石勒，张九龄之欲杀安禄山，自事后而观之，其言验矣。乃更始杀伯升而国终亡；司马氏杀牛金而家终易。故郭嘉说曹操，勿徒受害贤之名，而曹操笑目：“君得之矣。”有识者之言，非凡情可测也。

人之欲大有为也，在己而已矣。未有幸天下之不肖，而己可攘贤而自大者也。苟可以大有为，则虽有英雄，无能为我难也；苟未可以有为，则何知天之生豪杰者不再生也？待獭以驱鱼，待鹯（zhān）以驱雀，此封建之天下为然尔。起于纷乱之世而欲成大业，非能屈天下之英雄，不足以建非常之业。忌英雄而杀之，偷胜天下之庸流以为之雄长，则气先茶；而忽有间起之英豪乘之于意外，则神沮志乱而无以自持。若此者，曹操之所不屑为，而况明主之以道胜而容保无疆者乎！尽己而不忧天下之我胜，君子之道，而英雄由之；不能仿佛于君子之道而足为英雄者，未之有也。

【译文】

秦汉之际，项羽的谋士范增想杀沛公刘邦；东汉末年，孙坚想杀董卓，为曹操出谋划策的人想杀刘备；西晋末年，尚书左仆射王衍想杀石勒；唐朝中期，宰相张九龄想杀安禄山，从以后的事态发展来看，他们当初所说的话都得到了验证。可是，西汉末年，更始帝刘玄杀了刘縯（字伯升）而政权最终灭亡；曹魏末年，司马懿杀了魏将牛金结果使得江山易姓。所以，曹操的谋臣郭嘉对曹操说，不要杀掉这些人白白落得一个嫉害贤能的坏名声，而曹操笑着对他说："你说得太对了！"有识之士的话，并不是凡夫俗子能够理解和猜测的。

一个人要想大有作为，只有靠自己的努力，从来没有庆幸天下人都是不肖之徒，而通过自己攘除贤能之人就可以大有作为的。如果真的可以大有作为，那么即使有英雄豪杰，也不能妨碍我；假如不能大有作为，那么如何知道促生英雄豪杰的上天不会再生出新的豪杰来呢？靠水獭来抓鱼，靠鹯鸟来驱雀，这是适合封邦建国时代的做法。起家于纷繁混乱的世道而想成就大业的人，不能使天下的英雄屈服，就不足以建树非凡的事业。忌妒英雄豪杰而杀掉他们，以不正当的手段战胜天下平庸无能之辈并做他们的头领，那么自己的气势就先萎靡下去。忽然之间，如有英雄豪杰出乎意料地乘机而起，那么就会神情沮丧、斗志不坚从而没有办法自我维持。像这样的事，曹操是决不屑于去做的，更何况英明的君主总是以道义取胜从而保证其江山万寿无疆呢？竭尽自己的能力，而又不担心天下的英雄战胜自己，这才是君子之道，英雄豪杰都对此有同感。不能效法君子之道而足以成为英雄豪杰的人，是从来没有过的。

本事：《资治通鉴》卷六二《汉纪五十四·献帝》，建安元年（196）。

一六　刘表守土自全，未可深责

刘表无戡乱之才，所固然也，然谓曹操方挟天子、擅威福，将夺汉室，而表不能兴勤王问罪之师，徒立学校、修礼乐，为不急之务，则又非可以责表也。

表虽有荆州，而隔冥阨之塞，未能北向以争权，其约之以共灭曹氏者，袁绍也，绍亦何愈于操哉？绍与操自灵帝以来，皆有兵戎之任，而表出自党锢，固雍容讽议之士尔。荆土虽安，人不习战，绍之倚表而表不能为绍用，表非戡乱之才，何待杜袭而知之？表亦自知之矣。踌躇四顾于袁、曹之间，义无适从也，势无适胜也，以诗书礼乐之虚文，示闲暇无争而消人之忌，表之为表，如此而已矣。中人以下自全之策也。不为祸先而仅保其境，无袁、曹显著之逆，无公孙瓒乐杀之愚，故天下纷纭，而荆州自若。迨乎身死，而子琮举土以降操，表非不虑此，而亦无如之何者也。

杜袭之语繁（pó）钦曰："全身以待时。"袭所待者曹操耳，钦与王粲则邀官爵醼乐之欢于曹丕者也，夫岂能鄙表而不屑与居者哉？诸葛公侨居其土，而云"此中足士大夫遨游"。亦唯表之足以安之也。天下无主，而徒以责之表乎！

【译文】

荆州牧刘表没有戡乱的才能，本来也就是这样，然而，有人说曹操正挟天子以令诸侯，专擅朝政，想篡夺刘氏的天下，而作为宗室之一员的刘表却不兴勤王问罪之师，声讨曹操，只是在荆州（今湖南常德一带）地区修建学校，修礼作乐，做一些当时并不需要急于办的事，像这样的事，却是不能责备刘表的。

刘表虽然拥有荆州，但却有冥阨关（今河南信阳东南平靖关）等要塞与中原地区完全隔开，不能到北方与其他诸侯争权夺利。和他约定共灭曹操的人是袁绍，袁绍怎么能胜过曹操呢？自从灵帝以来，袁绍和曹操都有军事重任，而刘表则是出自党锢之祸的贤士大夫，本来就是一位从容讽议时政的士人罢了。荆州地区尽管安定，但民众不习战事，袁绍想依靠刘表，但刘表并不能为袁绍发挥应有的作用。刘表并非戡乱之才，哪里需要等到杜袭告诫繁钦之时才能知道这一点呢？刘表自己也是知道的。刘表在袁绍和曹操之间犹豫不决，从道义上讲投靠谁都不合适，从形势上讲两种势力又难分胜负。在这样的情况下，他倡导诗书礼乐，以示没有时间与别人争权夺利，从而消除别人对他的猜忌。刘表之所以是刘表，也不过如此而已。这也是中等以下才能的人希图自我保全的策略。正因为刘表不想首先发难而只想保境安民，他没有袁绍、曹操那样明显的叛逆行为，没有公孙瓒那样残忍好杀的愚蠢，所以尽管当时天下纷纭多变，而荆州仍然可以保持安宁。等他死后，其子刘琮举荆州投降曹操，刘表并不是没有考虑到这一点，而是虽然想到了但又无可奈何。

杜袭对繁钦说："要保全自身以等待时机。"杜袭所等待的是曹操，繁钦和王粲投靠曹丕则是为了邀取高官厚禄、享受宴饮游乐的欢趣，他们难道有资格鄙视刘表而不屑于和他一起相处吗？诸葛亮曾侨居在荆州，他说："这里真是士大夫遨游的好地方。"在当时的情况下，也只有刘表才足以使荆州晏然无事。天下没有明君英主，怎么能把责任只推到刘表头上呢？

本事：《资治通鉴》卷六二《汉纪五十四・献帝》，建安元年（196）。

一七　吕布无恒，乱天下而丧身

吕布不死，天下无可定乱之机，昭烈劝曹操速杀之，此操所以心折于昭烈也。

当时之竞起者众矣。孙坚，以戡乱为志者也；刘焉妄人也，而偷以自容；刘表文士也，而无能自立；袁绍虽疏而有略，其规恢较大矣；狂愚而逞者袁术，而犹饰伪以自尊；顽悍而乐杀者公孙瓒，而犹据土以自全；若夫倏彼倏此，唯其意之可奰（bì）发，旦暮狂驰而不能自信，唯吕布独也。而有骁劲之力以助其恶，嗾（sǒu）之斯前矣，激之斯起矣，触之斯哄矣，蹂躏于中夏而靡所底止，天下未宁而布先殪，其自取之必然也。吕布殪，而天下之乱始有乍息之时，乱人不亡，乱靡有定，必矣。

呜呼！布之恶无他，无恒而已。人至于无恒而止矣。

不自信而人孰信之？不自度而安能度人？不思自全，则视天下之糜烂皆无足恤也。故君子于无恒之人，远之唯恐不速，绝之唯恐不早，可诛之，则勿恤其小惠、小勇、小信、小忠之区区而必诛之，而后可以名不辱而身不危。与无恒者处，有家而家毁，有身而身危，乃至父子、兄弟、夫妇之不能相保。论交者通此义以知择，三人行，亦必慎之哉！

【译文】

吕布不死，天下就没有可以止息祸乱而安定下来的机会，刘备劝曹操快点杀掉吕布，这是曹操打心眼里佩服刘备的原因。

当时，天下竞相起兵的人很多。孙坚是以平定动乱作为其志向的；刘焉是一个无知妄为的人，苟且偷生以容身；刘表是个文人，不能自立于争战之中；袁绍虽然才具粗疏但也有谋略，其野心很大；狂妄愚蠢而又爱逞强的袁术，尚且伪装起来以求自称尊号；凶悍顽劣且残忍好杀的公孙瓒，还希望割据一方以求自全；至于忽此忽彼，恣意妄为，从早到晚四处狂奔飞驰于各地而又不能自信的人，唯独吕布一人。再加上他有高超武艺助其作恶，有人唆使他，他就向前；有人刺激他，他就奋起；有人触犯他，他就起来厮杀。吕布在中原地区不停地蹂躏践踏，天下还没有平静他就死掉了，这也是他咎由自取。吕布死后，动乱的天下才有了忽然平静止息的时机。看来，祸乱天下的人不死，祸患就没有平定的日子，这是可以肯定的。

唉！吕布的可恶之处没有别的，只是反复无常、没有恒心罢了。人如果没有恒心，他就算完了。不自信的人还有谁会相信他呢？对自己都不了解的人怎么去理解别人呢？不为保全自己着想，那么看天下的一切糜烂败坏都视为不值得怜惜的事情。所以，君子对于那些没有恒心的人，疏远他唯恐不及，断绝与他的来往唯恐不早，如果有机会杀掉这样的人，就不要顾及他的那些区区小惠、小勇、小信、小忠，一定要杀掉他，这样一来就可以使自己的名誉不受侮辱，而自身性命也不会遭受危险。与没有恒心的人相处，有家则家毁，有身则身危，以至于父子、兄弟、夫妇之间也不能相互保全。谈论交友的人，了解了这一点就会知道如何谨慎选择朋友，即使是几个人在一起相处，结交朋友也必须慎重啊！

本事：《资治通鉴》卷六二《汉纪五十四·献帝》，建安三年（198）。

一八　食盐专卖的必要性

汉武、昭之世，盐铁论兴，文学贤良竞欲割盐利以归民为宽大之政，言有似是而非仁义之实者，此类是也。夫割利以与民，为穷民言也；即在濒海濒池之民，苟其贫弱，亦恶能食利于盐以自润，所利者豪民大贾而已。未闻割利以授之豪民大贾而可云仁义也。盐犹粟也，人不可一日无者，而有异。粟则遍海内而生，勤者获之，惰者匮之；盐则或悬绝于千里之外，而必待命于商贾。上司其轻重，则虽苛而犹有制；一听之豪民大贾，居赢乘虚，其以厚取于民者无制，而民不得不偿，故割利以与豪民大贾而民益困。王者官山府海以利天下之用而有制，以不重困于民，上下交利之善术也，而奚为徇宽大之名以交困国民邪？与其重征于力农之民，何如取给于天地之产。盐政移于下，农民困于郊，国计虚于上，财不理，民非不禁，动浮言以谈仁义者，亦可废然返矣。

卫觊曰："盐，国之大宝也。"置盐官卖盐，以其值市犁牛给民，勤耕积粟，行之关中而民以绥，强敌以折。施及后世，司马懿拒守于秦、蜀之交，诸葛屡匮而懿常裕，皆此为之本也。觊之为功于曹氏，与枣祗均，而觊尤大矣。

【译文】

汉武帝、汉昭帝之际，关于盐铁专卖的争论兴起，那些贤良文学们都想把国家对盐的专卖权还给百姓，认为这样才是宽政利民之举。有些议论听起来似乎是正确的，其实并非真正符合仁义之道，贤良文学们的议论就属此类。把国家应得的利益让给老百姓，主要是指贫穷百姓而言的；即使住在大海边和盐池边的老百姓，假如他们贫穷弱小，又怎么能从食盐贸易中得利从而改善自己的处境呢？能够从中得到好处的无非豪强大族和富商大贾罢了。没有听说过把国家的利益让给豪强大族、富商大贾可以称为有仁义之道的。食盐就像是粮食一样，人不能一日不吃，但也有不同的地方。粮食在天下各地都可以种植、生长，勤劳的人就多收一些，懒惰的人就少收一点。食盐则不同，其产地有时远在千里之外，人们只能依靠商贾的贩运才能得到。如果由国家控制其生产分配，尽管不免有苛刻的弊端，但仍有一定的规制；假如完全听任豪强大族、富商大贾来控制盐的生产与贸易，他们就会囤积居奇，就会毫无限度地索利于百姓，而没有一定的节制，百姓却不得不为食盐付出高价，所以把食盐贸易的厚利让给豪强大族、富商大贾，只能使百姓更加贫困。君主代表国家控制盐、铁等山海池泽的自然资源是为了天下所有的人都能有效利用它们，而且也便于制定相应的规章制度，以确保不给百姓增加负担，是对国家与个人都有利的一种好办法，为什么为了贪图为政宽大之名而给国家和百姓增加负担呢？与其重征耕田种地的老百姓的赋税，何如把天然之物的食盐卖给百姓以获取利润呢？如果把食盐的生产贸易权下放，则身处郊野的农民就会日益贫困，国库也会越来越空虚，国家财政得不到有效治理，百姓的动乱也就难以控制，那些只会说大话空话、清谈仁义的人，他们也真该消极失望地收回自己的愚蠢建议了。

汉献帝建安年间（196—220），治书侍御史卫觊说："食盐是国家非常重要的物质资源。"卫觊建议设置盐官卖盐，获利后又购买耕犁和耕牛分给百姓，让他们勤劳耕耘，集聚粮食，这种办法在关中地区推行以后，百姓得以安定，强敌遭受挫折。这一政策施行于后世，司马懿出守关中与诸葛亮对阵，诸葛亮军队的粮食经常匮乏，而司马懿军队的粮食非常充足，都是卫觊的政策推行的结果。卫觊对曹魏所建立的功勋，与枣祗建议曹操实行屯田所建立的功勋是一样的。相比较而言，卫觊的功劳更大。

本事：《资治通鉴》卷六三《汉纪五十五·献帝》，建安四年（199）。

一九　似忠实奸的韩嵩

韩嵩，智而狡者也。刘表旧与袁绍通，而曹操方挟天子以为雄长，绍之不敌操也，人皆知之，故杜袭、繁钦、王粲之徒，日夕思归操以取功名。嵩亦犹是而已矣。嵩之劝表以归操，明言袁、曹之胜败，而论者谓其奉戴汉室，过矣。

嵩之欲诣许也迫，而固持之以缓，其与表约曰："守天子之命，义不得为将军死。"先为自免之计，以玩弄表于股掌之上，坚辞不行，而待表之相强，得志以归，面折表而表不能杀，亦陈珪之故智，而嵩持之也尤坚。表愚而人去之，操巧而人归之，以中二千石广陵守遂珪之志，以侍中零陵守遂嵩之志，珪与嵩之计得，而吕布、刘表之危亡系之矣。二子者，险人之尤也，岂得以归汉为忠而予之！

【译文】

韩嵩是一个聪明而又狡猾的人，刘表过去曾和袁绍有来往，而当时曹操正挟天子以令诸侯，袁绍难以胜过曹操，人们都了解这一点，所以杜袭、繁钦、王粲之流，为取得功名都朝思暮想归顺曹操，韩嵩也是这样的人。韩嵩曾为刘表奉使入许都见曹操，回去后力劝刘表归顺曹操，向他明确陈述曹操必胜，袁绍必败。而议论的人还认为他拥戴汉室，这就大错特错了。

韩嵩非常迫切地想要到许都去见曹操，但又故意表现出并不急于去，还和刘表相约说："我既是奉天子之命，从道义上讲，我不能为将军你而效死了。"未去之前，就为自己考虑了后路，从而将刘表玩弄于股掌之上，他先是坚决拒绝出使北方，以等待刘表强迫他北上，得偿所愿以后回到荆州，当面折辱刘表而刘表又不能杀他。韩嵩的这些做法，都是吕布的谋臣陈珪曾经用的伎俩，只不过韩嵩比陈珪更坚决罢了。因为刘表太愚蠢，所以人们都离开他，曹操太聪明，所以人们都归服他。曹操以中二千石（在朝廷任职、实俸二千石的官秩等级）、广陵（今江苏扬州）太守一职满足了陈珪的要求，以侍中兼零陵（今湖南零陵）太守的职位满足了韩嵩的心愿。陈珪和韩嵩的愿望实现了，而吕布和刘表则因此处于危亡之中。这两个人，都是非常阴险奸诈的人，怎么能因为他们有归顺汉室之名就给他们一个忠臣的称号呢？

本事：《资治通鉴》卷六三《汉纪五十五·献帝》，建安四年（199）。

二〇　刘备受衣带诏的深意

董承受衣带诏，与先主谋诛曹操，乘操屯官渡拒袁绍之日，先主起兵徐州，势孤而连和于袁绍。勿论待人者不足以兴，即令乘间而诛操，绍方进而夺汉之权，先主、董承其能制绍使无效操之尤而弥甚乎？不能也。然则此举也，亦轻发而不思其反矣。董承者，与乱相终始，无定虑而好逞其意计者也。前之召操，与今之连绍，出一轨而不惩，弗责矣；先主亦虑不及此，而轻为去就，何以为英雄哉？

夫先主之于此，则固有其情矣。其初起也，因公孙瓒，因陶谦，虽为州牧，而权藉已微，固不能与袁、曹之典兵于灵帝之世，与于诛贼之举者齿；故旋起旋踬（zhì），而姑托于操。及其受左将军之命，躬膺天子之宠任，而又承密诏以首事，先主于是乎始得乘权而正告天下以兴师。曹操之必篡，心知之矣；袁绍之为逆，亦心知之矣。脱于操之股掌，东临徐、豫，孤倡义问以鼓人心，乘机而兴，不能更待，绍不可连而连之，姑使与操相持，己因得以收兵略地为东向之举，而有余以制群雄，先主之志，如此而已。初未尝倚绍以破操，而幸绍之能戴汉以复兴也。董承、种辑亦恶足以知其怀来哉？

故许先主以纯臣，而先主不受也。其于献帝，特不如光武之于更始，而岂信其可终辅之以荡群凶乎？故连和于绍而不终，未尝恃绍也。操即灭，绍即胜，先主亦且出于事外而不屑为绍用。先主之东，操心悔之而不惧，绍遥应之而不坚，亦已知之矣。他日称尊于益州，此为权舆；特其待操之篡而后自立焉，故不得罪于名教，而后世以正统加之，亦可勿愧焉。

【译文】

董承接受汉献帝的衣带诏，与先主刘备谋划诛杀曹操。他们想趁曹操屯军官渡（今河南中牟）抗拒袁绍的机会，由先主刘备在徐州起兵，因顾虑势力单薄而准备联合河北的袁绍。且不论他们这样依附别人的办法不足以复兴汉室，即便是他们乘机诛杀了曹操，袁绍正要进入中原夺取汉朝的政权，刘备和董承难道能够制约袁绍，使他不效法曹操甚至比曹操更专权吗？他们当然不能。对这次举动，他们也是太过草率地轻易发动而没有考虑好退路。董承其人，经历汉末以来的历次动乱，他没有深思熟虑的策略却爱意气用事、一意孤行。此前，是他把曹操召到朝廷，与今天联合袁绍的行为可谓如出一辙，但并没有接受教训。对于他这样的人没有什么好责备的。但先主刘备也没有考虑到这一点，而草率地决定进退取舍，这样做怎么能称得上是英雄呢？

当然，先主刘备之所以这么做，也确实有其原因。刘备最初起兵时，是依靠公孙瓒，依靠陶谦，尽管官至州牧，但他的实际权力却已经衰弱，本来就不能与汉灵帝时期就掌管军队的袁绍、曹操相比，也不能和起兵征讨董卓的那些将军相提并论。所以他的地位忽沉忽浮，屡遭挫折，最后不得不暂且寄托在曹操麾下。到了他被任命为左将军以后，亲身受到天子的宠信，并委以重任，接着他就接到了皇帝的密诏让他首先起事，先主刘备到这个时候才得以利用自己的权势正告天下，兴起正义之师。曹操必然会篡汉自代，刘备心中非常清楚这一点；袁绍早就有叛逆朝廷之心，刘备也非常清楚。摆脱曹操的控制之后，刘备向东到徐州、豫州之间，独自倡导除贼兴汉，以美好的名誉来鼓动人心，乘机兴兵讨贼，不能再有所迟缓，虽知道袁绍不可联合但也只能与之联合，暂且借其势力与曹操对峙，自己则趁他们无力顾及的时候，攻城略地、收兵买马作为征讨曹操的资本，一旦实力有余就可以进而钳制群雄，争夺天下，先主刘备的志向，也无非这些罢了。其初心并不曾指望依靠袁绍打破曹操，也不指望袁绍还能拥戴汉室以实现复兴。董承、种辑怎么能知道刘备的真实意图呢？

所以，即使给予先主刘备一个忠纯笃实的忠臣称号，他也绝对不会接受。他对献帝的忠诚，还不如光武帝刘秀对待更始帝刘玄，怎么能相信刘备自始至终都会辅佐汉献帝以荡平群雄呢？所以，他与袁绍的联合最终没有结果，是因为他对袁绍存有戒心而从未真心依赖他。如果曹操被消灭，袁绍取胜的话，先主刘备也会置身事外，不屑于被袁绍任用。刘备向东脱身以后，曹操心中虽然后悔但并不感到畏惧，袁绍和刘备遥相呼应，但并没有坚定合作，这是因为曹操、袁绍对刘备的志向也是清楚的，知道他不是甘愿久居人下的人物。日后他在益州（今四川成都一带）称孤道寡，这就是开端。只不过他是特地等到曹操的儿子曹丕篡汉自代以后才自立为皇帝的，所以他并没有违犯正名定分的礼教，后代的人把正统的地位加给他，他也可说是受之无愧了。

本事：《资治通鉴》卷六三《汉纪五十五·献帝》，建安四年（199）。

二一　貌合神离的刘备和袁绍

曹操东攻先主，田丰说绍乘间举兵以袭其后，绍以子疾辞丰而不行，绍虽年老智衰，禽犊爱重，岂至以婴儿病失大计者？且身即不行，命大将统重兵以蹑之，亦讵不可？而绍不尔者，绍之情非丰所知也。操东与先主相距而绍乘之，操军必惊骇溃归，而先主追蹑之，操且授首；先主诛操入许而拥帝，绍之逆不足以逞，而遽与先主争权；故今日弗进，亦犹昔者拥兵冀州，视王允之诛卓而不为之援，其谋一也。

岂徒绍哉！先主亦固有此情矣。绍之兴兵而南，众未集，兵未进，虽承密诏与董承约，抑可姑藏少待也；待绍之进黎阳、围白马，操战屡北，军粮且匮，土山地道交攻而不容退，乃徐起徐、豫之兵，亟向许以拒曹之归，操且必为绍擒。而先主遽发以先绍者，亦虑操为绍擒，而已拥天子之空质，败绍且枭张于外而逼我，孤危将为王允之续矣。惟先绍而举，则大功自己以建，而绍之威不张。绍以此制先主，先主亦以此制绍，其机一也。

夫先主岂徒思诛操而纵绍以横者乎？两相制，两相持，

而曹操之计得矣。急攻先主而缓应绍，知其阳相用而阴相忌，可无俟其合而迫应其分。先主恶得而不败？绍恶得而不亡？此其机先主与绍缄之于心，非董承之所察，而田丰欲以口舌争之，不亦愚乎！

【译文】

曹操率军东攻先主刘备的时候，袁绍的谋臣田丰就劝袁绍乘机举兵偷袭曹操的后方，但是袁绍却借口儿子有病拒绝了田丰的建议没有出兵。袁绍虽年老智衰，非常钟爱自己的儿子，难道他会因为自己儿子有病而坐失夺取天下的良机吗？况且，即使他自己不能前往，派遣大将统率重兵跟随在曹操军队之后伺机偷袭，又有什么不可以呢？而袁绍之所以不这么做，是因为袁绍的想法田丰并不知道。如果曹操与先主刘备交战，袁绍乘机袭击曹军的后方，那么曹军必然会惊慌失措，大败而归，而先主刘备肯定会跟踪追击，曹操就有可能被杀。先主刘备若杀掉曹操进入许都拥戴献帝，袁绍的叛逆计谋就难以得逞，这样就必须立即与刘备争权。所以，这次他不出兵进攻曹操支援刘备，就像以前他拥兵冀州，坐视王允诛杀董卓而不援助是一样的，其计谋始终如一。

难道只有袁绍是这样吗？先主刘备也本来就有这样的想法。袁绍兴兵南下，在军队尚未完成集结，将士还没有前进的时候，刘备虽然接受了密诏，与董承约定起事的时间，也可以暂且隐蔽起来等待时机。等袁绍军队进驻黎阳

(今河南浚县)，围困白马（今河南滑县)，曹操军队屡次败北，军粮又出现匮乏，双方凭借土山地道相互攻击而无法退身的时候，刘备就悄悄在徐州、豫州起兵，迅速开向许都，以堵住曹操的归路，那么曹操就有可能被袁绍擒获。而刘备迅速发动，赶在袁绍起兵之前，率先起兵征讨曹操，也是考虑到假如曹操被袁绍擒获，而自己仅仅拥有一位毫无实权的皇帝，那么袁绍在外就会气焰嚣张地威逼他，这样他孤立危险的处境就很有可能成为王允第二。只有抢在袁绍之前举兵，大功才能由自己来建立，那么袁绍的威势也就难以伸张了。袁绍以此制约刘备，刘备也以此制约袁绍，他们的意图和手段也都是一样的。

先主刘备难道只想诛杀曹操而能够听任袁绍强横下去吗？他们两人既相互制约，又相互对峙，结果使曹操有机可乘。于是，曹操迅速进攻刘备，而缓于对付袁绍，正是知道他们名义上相互支持而实际上又互相猜忌，因此不必等到袁绍、刘备联合起来，就把他们各个击破。这样，先主刘备能不失败吗？袁绍能不败亡吗？其中的玄机，先主刘备和袁绍都深藏心中不说出来，并不是董承所能够察觉的，而田丰不了解真相却想要以言辞说服袁绍，不也太愚蠢了吧！

本事：《资治通鉴》卷六三《汉纪五十五·献帝》，建安五年（200）。

二二　张鲁的保身之智

张鲁妖矣，而卒以免于死亡，非其德之堪也；听阎圃之谏，拒群下之请，不称汉宁王，卫身之智，足以保身，宜矣。呜呼！乱世之王公，轻于平世之守令；乱世之将相，贱于平世之尉丞；顾影而自笑，梦觉而自惊，人指之而嗤其项背，鬼瞰之而夺其精魂，然而汲汲焉上下相蒙以相尊，愚矣哉！

陈婴、周市之所弗为，张鲁能弗为，张鲁之所不为，而吕光、杜伏威、刘豫、明玉珍汲汲焉相尊以益其骄，骈首就戮而悔之无及，以死亡易一日之虚尊，且自矜也，人之愚未有如是之甚者也。

【译文】

割据汉中的张鲁，是一个妖言惑众的人，而他最终能够免于一死，这并不是他品德高尚到足以免死的地步。他听从功曹阎圃的规谏，拒绝属下要他称汉宁王的请求。他的保全自身的才智，足以使他保全性命，他免于一死也是应该的。唉！乱世中的王公，比太平之世的郡县守令地位还要轻；乱世中的将相，比太平之世的郡尉县丞还要卑贱；这些人顾影自怜，自己都感到可笑；梦中醒来，也会自己受到惊吓，人们指着他们远去的背景嗤之以鼻，就连鬼魅也看不起他们而伺机夺走其魂魄，然而这些人迫不及待地在相互蒙蔽中自称尊号，真是太愚蠢了。

秦末的陈婴、周市拒绝称王，张鲁也像他们一样不自称尊号，张鲁不这样做，而十六国时期后凉的吕光、隋末的杜伏威、北宋末年的刘豫、元末的明玉珍却迫不及待地自称尊号，称王之后更助长了他们的骄奢淫逸，直到最后引颈就戮的时候才感到追悔莫及，以自己的性命换得一天的虚名尊号，而且扬扬自得，图虚名而得实祸，人的愚昧无知没有比此事更为严重的了。

本事：《资治通鉴》卷六四《汉纪五十六·献帝》，建安六年（201）。

二三　袁绍恃险而亡，曹操任术以兴

袁绍之自言曰："吾南据河，北阻燕、代，兼戎狄之众，南向以争天下。"起兵之初，其志早定，是以董卓死，长安大乱，中州鼎沸，而席冀州也自若，绍之亡决于此矣。

夫欲有事于天下者，莫患乎其有恃也。己恃之矣，谋臣将帅恃之矣，兵卒亦恃之矣，所恃者险也，而离乎险，则丧其恃而智力穷。《坎》之象曰："王公设险以守其国。"险不可久据，而上六出乎险矣。智非所施，力非所便，徽纆之系，丛棘之置，非人困之矣。山国之人，出乎山而穷于原；泽国之人，离乎泽而穷于陆；失所恃而非所习，则如蜗牛之失其庐而死于蚁。故袁绍终其身未尝敢跬步而涉河，非徒绍之不敢，其将帅士卒睨平原广野川陆相错，而目眩心荧，莫知所措也。

曹操曰："任天下之智力，以道御之，无所不可。"在山而用山之智力，在泽而用泽之智力，己无固恃，人亦且无恃心，而无不可恃，此争天下者之善术，而操犹未能也。

西至于赤壁，东至于濡须，临长江之浩瀁（yǎng）而气夺矣。则犹山陆之材，而非无不可者也。何也？操之所以任天下之智力，术也，非道也。术者，有所可，有所不可；可者契合，而不可者弗能纳，则天下之智力，其不为所用者多矣。其终强而夺汉者，居四战之地，恃智恃力，而无河山之可恃以生其骄怠也。

然则诸葛劝先主据益州天府之国，亦恃险矣，而得以存，又何也？先主之时，豫、兖、雍、徐已全为操之所有，而荆、扬又孙氏三世之所绥定，舍益州而无托焉，非果以夔门、剑阁之险，肥沃盐米之薮，为可恃而恃之也。李特睨剑阁而叹曰："刘禅有此而不知自存。"夫特亦介晋之乱耳，使其非然，则亦赵廞、李顺而已。董璋、王建皆乘乱也，岂三巴岩险之足以偷安两世哉！

【译文】

袁绍曾声称："我向南占据黄河以北地区，向北倚仗燕、代地区为屏障，联合北方夷狄的势力，就可以凭借这些条件到黄河以南去争夺天下。"早在起兵征讨董卓之初，他的志向已经确定，所以董卓被杀，长安大乱，中原地区沸沸扬扬陷入乱局，而袁绍却占据河北地区泰然自若，对天下的大乱漠不关心。袁绍的灭亡也正是由此决定的。

想要争夺天下成就大事的人，没有比有所依仗更令人担忧的了。如果有可以依靠的东西，自己会依靠它，谋臣将帅会依靠它，士兵也会依靠它，他们所依靠的无非险要之处，而离开了险地要塞，他们就会因为丧失所依赖的优势而智穷力竭。《周易·坎卦》的彖辞中说：“君王公侯利用险阻以守护其国家。”但险阻的地势不能长久地依仗，这种形势就像坎卦的上六爻辞所说的一样，上六之爻由于以阴爻居坎卦的最高位，更为凶险。才智无从施展，力量也不便于使用，以至于被绳索紧紧地捆绑着，囚禁在牢狱之中，但并不是对手困住了自己。居住在山区的人，从山中出来后在平原上就显得无所适从；来自水乡的人，离开河湖水泽在陆地上也显得无所适从。丧失他所依靠的优势而来到自己不熟悉的地方，就像是蜗牛失去了其外壳而最终会被蚂蚁咬死一样。所以袁绍直到身死也没有跨过黄河，这并不只是袁绍不敢这样做，他的将帅、士兵也都瞭望着广袤原野的河流与陆地交错，从而感到头晕目眩、心神不宁，不知所措。

曹操说：“任用天下人的才智和力量，以一定的方法驾驭他们，没有干不成的事情。”在山区就用山区的智力，在水乡就利用水乡的长处，自己本来就没有什么可依恃的东西，众人也就没有依赖之心，不依赖一种东西就是要依靠对自己有利的一切东西，这是想要争夺天下的好办法，然而曹操也并不能对此运用自如。从西边的赤壁（今湖北武昌境内）到东边的濡须口（今安徽巢县境内），每当其大军到长江边，望着奔腾的江水，曹操就吓破了胆。就像是山区和陆地的人才各有其短长一样，并不是到哪里都可以适用。为什么呢？曹操任用天下人的才智和力量，靠的是权术，而不是道义。至于权术，有可用的地方，有不可用的地方。可用的就能很好地结合，不可用的就不会被接纳，那么天下人的才智和力量，就有很多不能为其所用。曹操之所以最终成为强者，夺取汉室的天下，是因为他占据的是四面平坦无险可守的四战之地，只能依赖才智和力量，而没有山河之险可以依赖，这样也不会产生骄傲懈怠之心。

既然这样，那么诸葛亮劝刘备占据天府之国的益州，也是想依赖险要的地理优势，而他们最终得以生存下来，这又是为什么呢？刘备当时的处境非常艰难，豫州、兖州、雍州（今陕西西安西北）、徐州全都被曹操占有，而荆州、扬州因孙坚、孙策、孙权父子的长期占有而安定下来，如果舍弃益州，刘备就无处寄身了，并非只因为夔门（今瞿塘峡，因地处川东门户，故名）、剑阁（栈道名，在今四川剑阁东北大剑山、小剑山之间，是川陕间的主要通道）的险要，肥沃的土地，充足的盐米资源，可以依赖而有意加以依靠的。西晋末年，李特看到剑阁的险要，就感叹道："刘禅有如此险峻的要塞却不知道加以利用以保全自身。"李特当时也不过是利用西晋的动乱局面罢了，如果当时不是天下动乱，朝廷无暇顾及益州地区，他也就和刘璋的部将赵韪、北宋农民起义领袖李顺一样，很快就会被消灭了。后世的后梁东川节度使董璋、前蜀的建立者王建都是乘天下动乱之际，占据益州称尊道寡，难道益州四周险要的地势真能保证这些政权苟且偷安、延续两代之久吗？

本事：《资治通鉴》卷六四《汉纪五十六·献帝》，建安九年（204）。

二四　乱世不可轻易立言

荀悦、仲长统立言于纷乱之世，以测治理，皆矫末汉之失也，而统为愈。悦之言专以绳下，而操之已亟，申、韩之术也，曹操终用之以成乎严迫之政，而国随亡。统则专责之上，而戒慆（tāo）淫以清政教之原，故曰统为愈也。

悦之言曰："教化之废，推中人而坠于小人之域，教化之行，引中人而纳于君子之途。"是也。顾其所云正俗者，听言责事，举名察实，则固防天下之胥为小人而督之也。故曰申、韩之术也。统切切焉以犇私嗜、骋邪欲、宣淫同恶为戒，诚戒此矣，越轨改制之俗，上无与倡，而下恶淫荡哉？汉之亡也，积顺、桓、灵帝三君之不道，而天下相效以相怨，非法制督责之所可救，而悦可仅责之于末也！

虽然，统知惩当时之弊而归责于君，亦不待深识而知其然者也；而推论存亡迭代，治乱周复，举而归之天道，则将使曹氏思篡之情，亦援天以自信而长其逆。故当纷乱之世，未易立言也。愤前事之失，矫之易偏；避当时之忌，徇之不觉；非超然自拔于危乱之廷，其言未有不失者也。悦为侍中矣，统为尚书郎矣，而且得有言乎哉？

【译文】

荀悦、仲长统在东汉末年天下纷乱的形势下创立一家之言，来考察治理天下之道，都是为了矫正东汉末年的弊端，而仲长统的学说则更胜一筹。荀悦的学说专门用来限制臣下行为，而又操之过急，这是春秋战国时期法家代表人物申不害、韩非子的治国之术的翻版。曹操采纳这样的理论来治理国家，最后却形成了严厉急迫之政局，从而导致了国家的灭亡。而仲长统则专门指责高高在上的统治者，提出要通过戒除统治者骄奢淫逸、享乐无度的生活，以达到澄清政治教化的本原、治标又治本的效果。所以说，仲长统的理论要更胜一筹。

荀悦的话是这样说的："如果政治教化废弛，就会使一般的人堕落到与小人为伍的境地；如果教化得以推行，就可以引导一般的人奋发向上，从而纳入君子的正途。"他说得对。从他所说的具体的矫正风俗之事来看，无非听其言观其行，根据名目来核查事实，这本来就是防止天下的胥吏变为小人而采取的督责的办法。所以说，荀悦的理论就是申不害、韩非子所提倡的权术。而仲长统非常恳切地告诫高高在上的统治者戒掉自己沉湎嗜好、放纵邪欲、公然淫乱等坏毛病，统治者中的上层人物如果真能戒掉这些毛病，那些越轨改制的坏风俗，高高在上的统治者不加以提倡，下面的小官吏怎么敢放肆地去做呢？汉朝的灭亡，是累积顺帝、桓帝、灵帝三名君主昏庸无道的结果，因而天下人都竞相仿效、相互怨恨，用法制督责小官吏这样治标不治本的办法是不能挽救的。那么，荀悦为什么仅仅指责那些基层的小官吏呢？

尽管如此，仲长统能够认识到当时社会一切弊端的根源在于君主，因此就指责君主，对于这一点，人们不需要有高深的见识也能理解其中的道理。然而，他进一步推论国家的兴衰更迭，治乱周而复始的时候，把原因归结于天道，这就为曹氏篡权夺位创造了理论基础，他们也就可以援引天道使魏代汉，因而就会增强自信，从而助长其叛逆气焰。所以，当天下纷乱的时候，不要轻易立言。否则，因为对以前的政治失去正道感到愤恨，就容易矫枉过正；为避免当时的忌讳，就会不自觉地有所回避曲从。如果不是超然自立于危乱的朝廷之外的人，他们的言论不可能没有缺陷。当时，荀悦身为侍中，仲长统则身为尚书郎，他们都不能超然自立于危乱的朝廷之外，还能再说什么呢？

本事：《资治通鉴》卷六四《汉纪五十六·献帝》，建安十年（205）。

二五　诸葛亮恃奇计为长策之失

诸葛公之始告先主也，曰："天下有变，命一上将将荆州之军以向宛、洛，将军身率益州之众出于秦川。"其后先主命关羽出襄、樊而自入蜀，先主没，公自出祁山以图关中，其略定于此矣。是其所为谋者，皆资形势以为制胜之略也。蜀汉之保有宗社者数十年在此，而卒不能与曹氏争中原者亦在此矣。

以形势言，出宛、洛者正兵也，出秦川者奇兵也，欲昭烈自率大众出秦川，而命将向宛、洛，失轻重矣。关羽之覆于吕蒙，固意外之变也；然使无吕蒙之中挠，羽即前而与操相当，羽其能制操之死命乎？以制曹仁而有余，以敌操而固不足矣。宛、洛之师挫，则秦川之气枵（xiāo），而恶能应天下之变乎？

乃公之言此也，以宛、洛为疑兵，使彼拒我于宛、洛，而乘间以取关中，此又用兵者偶然制胜之一策，声东击西，摇惑之以相牵制，乘仓猝相当之顷，一用之而得志耳。未可守此以为长策，规之于数年之前，而恃之以行之于数年之后者也。敌一测之而事败矣。谋天下之大，而仅恃一奇以求必得，其容可哉？善取天下者，规模定乎大全，而奇正因乎时势。故曹操曰："任天下之智力，以道驭之，无所不可。"操之所以自许为英雄，而公乃执一可以求必可，非操之敌矣。

且形势者，不可恃者也。荆州之兵利于水，一逾楚塞出宛、洛而气馁于平陆；益州之兵利于山，一逾剑阁出秦川而情摇于广野。恃形势，而形势之外无恃焉，得则仅保其疆域，失则只成乎坐困。以有恃而应无方，姜维之败，所必然也。当先主飘零屡挫、托足无地之日，据益州以为资，可也；从此而画宛、洛、秦川之两策，不可也。陈寿曰："将略非其所长。"岂尽诬乎？

【译文】

诸葛亮在其草庐对中，一开始就为先主刘备分析天下形势说："一旦天下局势有变化，就派一名上将率军直指宛（今河南南阳）、洛（今河南洛阳），将军您亲自率领益州的军队出秦川（自大散关以北到岐雍，夹渭川南北岸，沃野千里，以秦之故地，故名）攻击敌人。"后来，先主刘备就派大将关羽率军出襄阳、樊城，而自己率军进入四川。等到刘备死后，诸葛亮自己亲率军队六出祁山（在今甘肃礼县东）企图夺取关中。这个战略计划就是此时确定的。他的整个战略计划，都是借助形势以取胜的策略。蜀汉能使其宗庙社稷存在几十年而不亡的原因正在于此，其最终不能与曹氏争夺中原的原因，也正在于此。

从地理形势来说，从宛城、洛阳出兵是正兵，从秦川出兵是奇兵，想让刘备亲自率领大军从秦川出兵，而派一位将军直指宛城和洛阳，是颠倒了轻重的次序。关羽被东吴大将吕蒙暗算而全军覆没，固然是意外之变。然而，即使吕蒙不从中阻挠，关羽率军前往与曹操相持，他能把曹操置于死地吗？关羽的能力遏止曹仁绰绰有余，但要与曹操对阵就显得不足了。关羽被杀，直向宛城和洛阳的军队受挫，那么出秦川的军队士气就会受到很大的影响，在这种情况下，还怎么能够适应天下形势的变化呢？

诸葛亮之所以作出这样的战略计划，是想把指向宛城和洛阳的军队作为疑兵，使曹氏的主力在宛城、洛阳之间进行抵御，出秦川的军队则乘机夺取关中。这又是用兵的人依靠出其不意制胜的一种计策，利用声东击西的办法，使敌人动摇、迷惑从而予以牵制，乘两军仓促相持的短暂时机，一举达到目的。但这种策略却不可以作为长远的战略，在几年以前制订的计划，却想要在数年之后不做调整地贯彻执行，是不可以的。敌方一旦识破我方的策略，我方就会失败。谋划天下的大事，而企图仅靠一条奇策制胜，难道能行吗？善于夺取天下的人，战略规划定得宏大而全面，至于战术上的奇正运用则要因地因时而加以调整。所以，曹操说："任用天下人的才智和力量，采取适当的方法驾驭他们，就无往而不胜。"曹操之所以自许为英雄，也就是因为他有这样的战略眼光。诸葛亮却坚守着一条策略以求必定取得成功，从战略眼光来看，他不是曹操的对手。

况且形势也是不能依赖的。荆州地区的士兵利于水战，一旦越过楚地的要塞，出兵宛城、洛阳这样的地区，他们的气势就会受到影响；出生在益州的士兵习于山地作战，一旦穿过剑阁进入广袤平原的秦川，他们的士气也会受到动摇。仅仅依靠形势，除此之外没有什么可以依赖，如果成功也仅能保住其统治区域，失败则只能形成坐守困城以待毙的局面。正是因为有所依恃而应对无方，姜维北伐的失败也是势所必然。当先主刘备屡受挫折、四处飘零、无处立足的时候，占据益州作为其夺取天下的资本，还是可以的。但如果从此就划定分别出兵向宛城、洛阳和秦川的战略决策，是不行的。陈寿在《三国志·蜀书·诸葛亮传》中评价诸葛亮说："将略非其所长。"从以上的事实看，难道陈寿的话全是污蔑之词吗？

本事：《资治通鉴》卷六五《汉纪五十七·献帝》，建安十二年（207）；又见《三国志》卷三五《蜀书五·诸葛亮传》。

二六　鲁肃、诸葛亮的战略眼光

身任天下之重，舍惇（dūn）信而趋事会，君子之所贱，抑英雄之所耻也，功隳（huī）名辱而身以死亡，必矣。欲合孙氏于昭烈以共图中原者，鲁肃也；欲合昭烈于孙氏以共拒曹操者，诸葛孔明也；二子者守之终身而不易。子敬以借荆资先主，被仲谋之责而不辞；诸葛欲谏先主之东伐，难于尽谏，而叹法正之死。盖吴则周瑜、吕蒙乱子敬之谋，蜀则关羽、张飞破诸葛之策，使相信之主未免相疑。然二子者，终守西吊刘表东乞援兵片言，以为金石之固于心而不能自白，变故繁兴之日，微二子而人道圮矣。

且以大计言之，周瑜、关羽竞一时之利，或得或丧，而要适以益曹操之凶；鲁、葛之谋，长虑远顾，非瑜与羽徼利之浅图所可测，久矣。兵之初起也，群雄互角，而操挟天子四面应之而皆碎。此无异故，吕布倏彼倏此而为众所同嫉，袁术则与袁绍离矣，袁绍而与公孙瓒竞矣，袁谭、袁尚则兄弟相仇杀矣，韩遂则与马超相疑矣，刘表虽通袁绍，视绍之败而不恤矣，皆自相灭以授曹氏之灭之也。今所仅存者孙、刘，而又相寻于干戈，其不内溃以折入于曹操也不能。则鲁、葛定交合力以与操争存亡，一时之大计无有出于此者。晋文合宋、齐以败楚，乐毅结赵、魏以破齐，汉高连韩、彭、英布而摧项，已事之师，二子者筹之熟而执之固。瑜与羽交起而乱之，不亦悲乎！

【译文】

身负天下重任的人，抛弃守信而完全以是否有利于自己作为处理事情的标准，这是君子所鄙视的，也是英雄所耻于做的，像这样做的人一定会落得功毁名辱、身死家亡的下场。想让孙权和刘备联合起来共同争夺中原地区的人是鲁肃（字子敬）；想让刘备和孙权联合起来共同抗击曹操的人是诸葛亮。他们两个坚持这一策略终身都没有改变。鲁肃把荆州借给刘备作为根据地，以帮助刘备重整旗鼓，因为这件事鲁肃几次遭到孙权（字仲谋）的责备，但他并不推卸责任。诸葛亮想劝刘备不要东征孙吴，但刘备执意不听，诸葛亮无能为力，只能感叹法正死得太早，再也没有能劝止刘备的人了。大概在吴国有周瑜和吕蒙扰乱鲁肃的策略，在蜀国则有关羽、张飞打破诸葛亮的计划，使原本相信他们的主公孙权和刘备也未免对他们产生了猜疑。然而，他们两个人始终坚守着鲁肃西去吊唁刘表和诸葛亮到东吴乞求援兵时许下的诺言，并把这个诺言永记于心中，像金石那样牢固，在两国交恶的情况下，他们也难以自白，但在当时天下多事之秋，如果没有诸葛亮和鲁肃两位先生，人道都会遭到彻底破坏。

况且，从当时的天下大局来看，周瑜、关羽为了竞争一时的利益，有时成功，有时失败，而结果都是加剧了曹操的凶残气焰。鲁肃、诸葛亮两国联合的策略深谋远虑，不是周瑜、关羽这样只知邀功取利、不顾长远打算的人所能考虑得到的，这种情况已经持续很长时间了。当初战事初起的时候，群雄互相角逐，而曹操打着汉天子的旗号四面出击，所向披靡。没有别的原因，是因为吕布忽此忽彼、反复无常，而为群雄所共同嫉恨；袁术和袁绍兄弟两人不团结，袁绍又与公孙瓒相互角逐，袁谭、袁尚兄弟又自相残杀；韩遂与马超相互猜疑；刘表虽然和袁绍联合，但他坐视袁绍被曹操打败却按兵不动，所有这些都是首先由内部自相攻伐，然后被曹操抓住时机，各个击破的。如今群雄中仅存的只有孙权和刘备，如果他们也相互攻伐，那么他们不从内部崩溃以至于最终被曹操所灭，是不可能的。因此，鲁肃、诸葛亮制定出两国合力以与曹操争存亡的策略，当时情况下没有比此策更高明的了。春秋时期，晋文公联合宋国、齐国打败了楚国；战国时期，燕将乐毅联合赵国、魏国打败了齐国；秦汉之际，汉高祖刘邦联合韩信、彭越、英布打败了项羽，这些历史的经验，鲁肃和诸葛亮早已了然于心，他们为两国的联合深思熟虑地筹划，并坚定不移地执行，而周瑜和关羽却不断地起来干扰破坏这个计划的实施，不也太令人遗憾了吗？

本事：《资治通鉴》卷六五《汉纪五十七·献帝》，建安十三年（208）。

二七　乱世之义，不可求全责备

仲谋之听子敬，不如其信瑜、蒙，先主之任孔明，而终不违关、张之客气，天下之终归于曹氏也，谁使之然也？

或曰：操汉贼也，权亦汉贼也，拒操而睦权，非义也。夫苟充类至尽以言义，则纷争之世，无一人之不可诛矣。权逆未成，视操之握死献帝于其掌中，则有间矣。韩信请王齐之日，窦融操迟疑之志，亦奚必其皎皎忠贞如张睢阳、文信国而后可与共事。使核其隐微以求冰霜之操，则昭然不与孔北海同死，而北奔袁绍，抑岂以纯忠至孝立大节者乎？

故孙、刘之不可不合，二子之见义为已审也。其信也，近于义而可终身守者也。先主没，诸葛亮遽修好于吴，所惜者，肃先亡耳，不然，尚其有济也。乃其无济矣，二子之惇信，固以存人道于变故繁兴之世者也。

【译文】

孙权（字仲谋）听信鲁肃（字子敬），终究比不上他对周瑜、吕蒙的信任；刘备重用诸葛亮（字孔明），但最终也不肯违背与关羽、张飞之间的兄弟义气。天下最终归曹氏所统一，这样的结果是谁的责任呢？

有人会说：曹操是汉室的奸贼，孙权也是汉室的奸贼，抗拒曹操而与孙权合好，这是不义之举。假如把同类的事物加以比照推论，以此来谈论仁义的话，那么生存于天下纷争之世，没有一个人是不可被诛杀的。孙权还没有称孤道寡的时候，看到曹操死死地控制着汉献帝，就开始疏远曹操。韩信曾有向汉高祖请求在齐地称王，窦融也曾对归顺光武帝迟疑不决，难道一定有像唐代睢阳令张巡、南宋信国公文天祥那样的忠贞皎洁的人才可以与他们联合共事吗？假如只看别人隐约细微的地方而探求其是否具有像冰霜般纯洁忠诚的节操，那么刘备当初不和孔融一同就死，而是逃奔到北方投靠袁绍，难道他能算得上是纯忠至孝而顾大节的人吗？

所以，孙、刘两家不能不联合，鲁肃、诸葛亮两人对其中的正道大义已经审视得非常清楚了。他们之间的相互信任，近乎正道大义，因此也是可以终身信守的。刘备死后，诸葛亮马上派人与孙吴重归于好，遗憾的是，鲁肃已先去世了，否则，两国联合以图中原的大业还有可能实现。即使是不能实现，鲁肃、诸葛亮的重义守信，在天下纷乱多事的背景下，本来就是保存和弘扬人与人之间的正道大义的典范。

本事：《资治通鉴》卷六七《汉纪五十九·献帝》，建安二十年（215）。

二八　赤壁之战，曹操必败

赤壁之战，操之必败，瑜之必胜，非一端也。舍骑而舟，既弃长而争短矣。操之兵众，众则骄；瑜之兵寡，寡则奋；故韩信以能多将自诧，而谓汉主高之不己若也，此其一也。操乘破袁绍之势以下荆、吴，操之破绍，非战而胜也，固守以老绍之师而乘其敝也，以此施之于吴则左矣；吴凭江而守，矢石不及，举全吴以馈一军，而粮运于无虑之地，愈守则兵愈增、粮愈足，而人气愈壮，欲老吴而先自老，又其一也。北来之军二十万，刘表新降之众几半之，而恃之以为水军之用，新附之志不坚，而怀土思散以各归其故地者近而易，表之众又素未有远征之志者也，重以戴先主之德，怀刘琦之恩，故黄盖之火一爇而人皆骇散，荆土思归之士先之矣，此又其一也。积此数败，而瑜之明足以见之；即微火攻，持之数月，而操亦为官渡之绍矣。知此，而兵之所忌与敌之足畏与否也，皆可预料而定也。

【译文】

赤壁之战，曹操必败，周瑜必胜，原因并非一个方面。曹军舍去战马而乘船，是丢掉自己的长处而拿短处与别人作战。曹操兵多将广，这样就容易产生骄傲之心；周瑜的军队人少，就容易奋起抗争。所以韩信自夸其带兵多多益善，而认为汉高祖不如自己，最后却自取灭亡。这是原因之一。曹操想乘打败袁绍的势头，再接再厉，南下攻取荆州和孙吴控制的江东地区。曹操之所以打败袁绍，并非经过激烈的交战而后取胜的，而是采取固守的办法使袁绍的军队懈怠以乘机袭击得手的，如果对待东吴仍然采取这样的办法，那他就错了。东吴凭借着长江天堑进行防守，曹军的火力难以伤害到他们。东吴集中全国的力量供给周瑜这一支军队，而且他们无须忧虑粮草运输的路线，坚守的时间越长，兵员就越多，粮草也就越充足，士气就会越高涨。曹操想用拖延时间的办法使吴军懈怠疲敝，结果反而使自己的军队先行疲惫了。这是原因之二。曹操的二十万军队，其中原属于刘表后来投降曹操的人几乎占了一半，曹操想依靠他们作为水军使用，而这些新近归附的军队意志并不坚定，他们怀恋故乡想要散伙，逃散回到故土很近也很方便。再加上原属于刘表的军队从没有远征的打算，又因为他们拥戴刘备的恩德，还思念刘表的长子刘琦的恩情，所以，当黄盖一把火烧起来之后，曹军都惊骇逃散，荆州的这些早就想回到故土的士兵更是当先而逃。这是原因之三。曹操累积了这几条失败的原因，以周瑜的才智足以看清其失败之势，即使没有采用火攻，两军相持数月，曹操也就成了官渡之战时的袁绍了。能分析到这些方面，那么用兵的忌讳，以及敌人是否值得畏惧，都是可以通过事先的分析而加以料定的。

本事：《资治通鉴》卷六五《汉纪五十七·献帝》，建安十三年（208）。

二九　刘璋属下非忠非智

黄权、王累、严颜、刘巴之欲拒先主也，智在一曲而不可谓智，忠在一曲而不可谓忠。奚以明其然也？

张松曰："曹公兵无敌于天下，因张鲁以取蜀，谁能御之？"诸欲拒先主者，曾有能保蜀而不为操所夺乎？亡有术也。钟繇之兵已向张鲁，危在旦夕，而璋以柔懦待之，夺于曹必矣。与其夺于曹，无如夺于先主，则四子者，料先主之必见夺以为智，知其一曲而不知其大全也，非智也。

四子之于刘焉，豢属耳，非君臣也。焉虽受命作牧，而汉之危亡，风波百沸，焉勿问焉。割土自擅，志士之所不屑事者也。先主虽不保为汉室之忠辅，而犹勤勤于定乱，视焉而愈也多矣，戴非其主而怙之，相依为逆而失名义之大，非忠也。

然则张松、法正其贤乎？而愈非也。璋初迎昭烈，二子者遽欲于会袭之，忍矣哉！君子于此，劝璋以州授先主而保全之，则得矣，其他皆不忠不智之徒也。

【译文】

益州牧刘璋属下的黄权、王累、严颜、刘巴都想抗拒先主刘备入蜀，他们的才智局限于一隅，因此不能称之为真正的才智，他们的忠诚也局限于一隅，因此不能称之为真正的忠诚。怎么能明白确实是这样的呢？

益州别驾张松说："曹操的军队无敌于天下，若能通过割据汉中（今属陕西）的张鲁夺取蜀地，谁能抵御他呢？"那些想要抗拒先主刘备入蜀的人，有能力保证蜀地不被曹操夺取吗？他们也只是束手无策。当时，曹操的大将钟繇已率兵直指汉中的张鲁，蜀地形势危在旦夕，刘璋因其懦弱无能而无可奈何，益州如不借助他人之力，肯定会被曹操夺去。与其被曹操夺去，还不如被先主刘备夺去。黄权、王累、严颜、刘巴四人，料到先主刘备一定会夺取益州，认为这是他们的聪明，其实他们只看到局部而没有顾及整个大局，因此，这并不是真正的智慧。

对于前益州牧刘焉来说，黄权、王累、严颜、刘巴四人是被豢养起来的属下罢了，他们之间并非君臣关系。刘焉虽然受朝廷的委任做了益州牧，而汉室的危亡，天下的纷争动荡，刘焉却从不过问。像这样擅自割据一方的人，有志之士是决不肯也不屑于事奉他的。尽管不能保证先主刘备始终作为汉室的忠诚辅臣，却还能够诚恳殷勤地致力于平定纷乱，与刘焉相比要好得多了。拥戴一个不适宜做主公的人并依靠他，结合在一起共同谋逆，从而失去了如此重要且正当的名分和道义，这也不是真正的忠诚。

既然如此，那么张松、法正算是有贤德的人吗？那就更不是了。最初，刘璋想把刘备迎接到益州时，他们两人马上就想乘双方会面的时候突然袭击杀死刘璋，他们的心也太狠毒了！君子对待这件事，应该是劝刘璋把益州交给刘备，从而保全益州和刘璋本人，这样才是正确的。至于采取其他做法的人，都是些既不忠心也不聪明之徒。

本事：《资治通鉴》卷六六《汉纪五十八·献帝》，建安十六年（211）。

三〇　张纮遗笺抉得失之机

论治者言得言失，古今所共也；而得不言其所自得，失不言其所自失，故牍满册府，而听之者无能以取益。张纮将死，遗笺吴主曰：“人情惮难而趋易，好同而恶异，故与治道相反。”斯言抉得失之机于居心用情之际，闻之者而能悟焉，反求之寸心，而听言用人立政之失焉者鲜矣。

夫人之情，不耽逸豫，天下无不可进之善；不喜谀悦，天下无不可纳之忠。然而中人之于此，恒讳之也。乐逸豫矣，而曰图难者之迂远而无益也；喜谀悦矣，而曰责善者之失理而非法也；反诸其心而果然乎哉？偷安喜谀，一妇人孺子之愚，而远大之猷去之。讳其偷安喜谀之情，则利害迫于身而不知避。其迹刚愎者，其情荏苒；急取其柔情而砭之于隐，然后振起其生人之气，而图治有本，非泛言得失者，令人迷其受病之源，而听之若忘也。奋耻自强，而矫其情之所流，虽圣王之修身立政，又何以加焉！

【译文】

凡议论治国理政之道的人，谈到有关治理国家的得与失时，所说的话古今以来没有什么不同。他们所谈的治国之得并不是自己的心得体会，所谈的治国之失也并不是自己所犯的过失，所以尽管他们的议论连篇累牍堆满了府库，但听者并不能从中汲取多少有益的东西。东吴长史张纮将死的时候，给吴主孙权留下了一封信笺，其中说道："人之常情就是惧怕困难而趋向容易，喜欢自己认同的东西，而讨厌自己不认同的东西，所以说人之常情正好与国家治理之道相违背。"这句话是张纮在总结自己治理的得失经验教训的基础上，投入感情认真思考而得出的结论，凡是听到这段话的人都能醒悟过来，扪心自问，进行反思。因此，听取张纮的这番话，就会很少在用人、施政方面犯错误。

人的情感，如果不沉溺于安逸享乐，那么天下就没有不可以进用的善言；如果不喜欢那些阿谀奉承、取悦于己的人，那么天下就没有不可以采纳的忠言。然而，有中等才智的人对此却往往非常忌讳。他们贪图安逸享乐，就会说谋求解决困难的人迂阔而好高骛远，对国家没有什么好处；喜欢阿谀奉承的人，就会说要求责恶从善的人没有道理，属于不法之徒。如果扪心自问地反思一下的话，果然就是这样吗？苟且偷安、喜欢阿谀奉承的人，就像是妇女孩子一样愚蠢，那些具有远大抱负和深远谋略的人就会离他而去。如果把他们苟且偷安、喜欢阿谀奉承的感情隐讳起来，那么当利害之事迫近时，就不知道回避。那些刚愎自用的人，他们的感情往往是很脆弱的。能迅速找出他们感情的脆弱之处而暗中加以刺激，然后重振其作为活人的生气，这样谋划国家治理之道就有了基础和依据，而不是那种泛泛而谈治国得失的理论，使人迷惑不清产生弊端的根源所在，听后就当作耳旁风一样忘得干干净净。想奋起雪耻以图自强，并矫正其自身情感毫无节制的放纵，那么，即使是古圣先王修身立政的典范，又怎么能比这更好呢？

本事：《资治通鉴》卷七一《魏纪三·明帝》，太和三年（229）。

三一　荀彧天良未泯

荀彧拒董昭九锡之议，为曹操所恨，饮药而卒，司马温公许之以忠，过矣。乃论者讥其为操谋篡，而以正论自诡，又岂持平之论哉？彧之智，算无遗策，而其知操也，尤习之已熟而深悉之；违其九锡之议，必为操所不容矣，姑托于正论以自解，显虚名，蹈实祸，智者不为，愚者亦不为也，而彧何若是？夫九锡之议兴，而刘氏之宗社已沦。当斯时也，苟非良心之牿（gù）亡已尽者，未有不恻然者也。彧亦天良之未泯，发之不禁耳，故虽知死亡之在眉睫，而不能自已。于此亦可征人性之善，虽牿亡而不丧，如之何深求而重抑之！

彧之失，在委身于操而多为之谋耳。虽然，初起而即委身于操，与华歆、王朗之为汉臣而改面戴操者，抑有异矣。杨彪世为公辅，而不能亡身以忧国；邴原以名节自命，而不能辞召以洁身。蜀汉之臣，惟武侯不可苛求焉，其他则皆幸先主为刘氏之胤，而非其果能与汉存亡者也。然则彧所愧者管宁耳。当纷纭之世，舍宁而无以自全，乃彧固以才智见，而非宁之流亚久矣。季路、冉有，聚敛则从，伐颛臾则为之谋，旅泰山则不救，而子曰："弑父与君，亦不从也。”至于大恶当前，而后天良之存者不昧，祸未成而荏苒以为之谋，圣人且信其不与于篡弑，善恶固有不相掩矣。

且彧之为操谋也，莫著于灭袁绍。绍之为汉贼也，不下于操，为操谋绍，犹为绍而谋操也。汉之贼，灭其一而未尝不决，则彧为操谋，功与罪正相埒（lèi）矣。若其称霸王之图以歆操，则怀才亟见，恐非是而不为操所用也，则彧之为操谋也，亦未可深罪也。试平情以论之，则彧者，操之谋臣也，操之谋臣，至于篡逆而心怵焉其不宁，左掣右曳以亡其身，其天良之不昧者也。并此而以为诡焉，则诬矣。

【译文】

荀彧抵制董昭为曹操加九锡之礼的建议，被曹操怀恨在心，最后在他有病之际，被赐药毒死，司马光称赞荀彧对汉室忠诚，其实是过誉了。可是议论的人讥讽荀彧为曹操篡位出谋划策，却又以这样反对僭越加九锡的正义之论来自欺欺人，这难道是公正平和的评价吗？以荀彧的才智，算无遗策，料事如神，他对曹操的了解可以说是非常深刻，尤其是对他的性格非常熟悉，深知他的做派。违背和抵制给曹操加九锡的建议，肯定会为曹操所不容，姑且假托公正的言论以求自我辩解，贪图虚名而招致实祸，这是聪明的人不会干的事情，即使愚蠢的人也不会这样干，而荀彧为什么要这样做呢？因为给曹操加九锡的建议一旦兴起，就意味着刘氏的宗庙社稷已经面临沦丧。当此之时，假若不是良心受到遏制而泯灭殆尽的人，不能不为之感到悲痛。荀彧也是天良未完全泯灭的人，禁不住发上一通议论，所以虽然知道这么做就会使死亡迫在眉睫，但也不能控制自己。由此也可证明人的本性是善良的，荀彧的良知尽管也受到了遏制，但还没有完全丧尽，如此，又何必要苛责于他从而极力贬低他呢?

荀彧的过错，在于他投靠曹操，并且做了许多出谋划策的事。尽管如此，他在出仕之初就委身于曹操了，与像华歆、王朗等这样的汉室之臣改头换面拥戴曹操还是有所不同的。杨彪的家族世代都是汉室的公卿辅臣，却不能为国家的利益牺牲自身；邴原自诩非常重视名义，却不能回绝曹操的征辟而洁身自好。蜀汉的大臣中，除了诸葛亮无可指责，其他人都是庆幸刘备具有刘氏宗室的身份从而事奉他，并非他们果真是能与汉室共存亡的人。然而，荀彧感到愧对的人，只有管宁罢了。当天下动乱纷争的时候，天下除了管宁，没有能够保全自己的名节的人，然而荀彧本来就以才智非凡著称，早就不是像管宁一类的人物了。孔子的学生季路、冉有都是鲁国大夫季氏的宰臣，他们的主君聚敛财富时，他们会跟从；季氏伐颛臾时，他们为其出谋划策；季氏率众前往泰山围猎演习时，他们又不能加以劝阻。但孔子对他们评价说："他们还没有丧尽天良，主君要进行杀父弑君的大逆不道之事，他们也是不会跟从的。"到了大恶当前的时候，那些尚未丧尽天良的人头脑是清醒的，但若大祸没有降临，他们又会继续出谋划策。孔圣人尚且相信这样的人不会参与篡权弑君之举，人的本性中善与恶本来就是难以掩饰的。

况且，荀彧为曹操策划的计谋中，没有比消灭袁绍的计谋更有名的。袁绍作为汉室叛贼，其作恶的程度是不下于曹操的，为曹操出谋划策以消灭袁绍，就像为袁绍出谋划策以消灭曹操是一样的。危害汉室的叛贼，无论先灭掉哪一个都是件好事，那么荀彧为曹操出谋划策，他的功和过正好可以相抵。至于他援引所谓的霸王之业，以此取得曹操的欢心，则是由于他怀有卓越才智而想迅速被赏识，找到用武之地，恐怕不这样做就不会被曹操重用，那么对荀彧为曹操出谋划策这件事，也不应该予以苛责。我们尝试以公允的立场来讨论，荀彧作为曹操的谋臣，到了曹操想篡权夺位行将谋逆的时候，他却感到害怕，而且为此心神不宁，内心的矛盾左右掣肘，结果导致自己身死，这正表现出他的天良尚未泯灭。如果认为荀彧这样做完全是自欺欺人，那就是无中生有、污蔑他了。

本事：《资治通鉴》卷六六《汉纪五十八·献帝》，建安十七年（212）。

三二　刘璋保身保民，自知之明

《春秋》之法，诸侯失国则名之，贱之也；失国而又降焉，贱甚矣。此三代封建之侯国则然，受之先王，传之先祖，天子且不得而轻灭焉，为臣子者，有死无降，义存焉耳。刘焉之牧益州，汉命之；命之以牧，未尝命之以世。焉死，璋偷立乎其位，益州岂焉所可传子，而璋有宗社之责哉？

先主围成都，璋曰："父子在州二十余年，无恩德以加百姓，攻战三年，肌膏草野，以璋故也，何心能安。"犹长者之言也。论者曰："刘璋暗弱。"弱者弱于强争，暗者暗于变诈，而岂果昏孱之甚乎？其不断者，不能早授州于先主，而多此战争耳。韩馥之于袁绍，璋之于先主，自知不逮而引退以避之，皆可谓保身之智矣。其属吏悻悻以争气矜之雄，以毒天下，何足尚哉？

【译文】

按照《春秋》记载历史的笔法，如果诸侯丧失了他的国家，在记载中就直呼其名，以示对他的鄙视；如果不仅丧失了国家，还投降了敌人，就更加鄙视他。对于夏、商、周三代被分封的诸侯国都是这样。他们的国家是先王封赐的，又是从先祖那里世代传下来的，即使天子也不能轻易地灭掉他们。作为臣子，宁可身死也不能投降，这样正道大义尚且存留世间。刘焉作为益州牧，是汉朝天子任命的；朝廷任命他做益州牧，并不曾给他世代相传的权力。刘焉死后，其子刘璋没有得到朝廷的诏命，就偷偷继任益州牧一职，益州难道是刘焉能传给他儿子的吗？难道刘璋有继承宗庙社稷的责任吗？

先主刘备围困成都的时候，刘璋说："我父子两人在益州二十多年，对老百姓没有什么恩德可言，三年战争又夺去了许多人的生命。这都因为我刘璋的缘故，我的心怎么能够平静呢？"刘璋的这几句倒是实话，还算是长者之言。有人评论说："刘璋这个人昏暗懦弱。"弱者弱在争强好胜方面，暗者则暗在诡诈权变方面，难道他真的昏暗懦弱到这样严重的地步吗？他一直犹豫不决，难以决断的是不能早一点把益州交给先主刘备，因此才导致这样残酷的战争。韩馥对于袁绍，刘璋对于先主刘备，如果他们能够自知能力和实力不及袁绍、刘备，因此及早引退以避让对方，那么都可以称得上具有保全自身的智慧。他们那些属吏表现出怨恨失落的样子，要争强斗气以夸耀自己的雄武，结果毒害了整个天下，像这样的做法又有什么值得推崇的呢？

本事：《资治通鉴》卷六七《汉纪五十九·献帝》，建安十九年（214）。

三三　关羽不终吴蜀之好

吴、蜀之好不终，关羽以死，荆州以失，曹操以乘二国之离，无忌而急于篡，关羽安能逃其责哉？羽守江陵，数与鲁肃生疑贰，于是而诸葛之志不宣，而肃亦苦矣。肃以欢好抚羽，岂私羽而畏昭烈乎？其欲并力以抗操，匪舌是出，而羽不谅，故以知肃心之独苦也。

羽争三郡，贪忿之兵也，肃犹与相见，而秉义以正告之，羽无辞以答，而婞婞不忘，岂尽不知肃之志气与其苦心乎？昭烈之败于长坂，羽军独全，曹操临江，不能以一矢相加遗。而诸葛公东使，鲁肃西结，遂定两国之交，资孙氏以破曹，羽不能有功，而功出于亮。刘锜曰："朝廷养兵三十年，而大功出一儒生。"羽于是以忌诸葛者忌肃，因之忌吴；而葛、鲁之成谋，遂为之灭裂而不可复收。

然而肃之心未遽忿羽而堕其始志也，以义折羽，以从容平孙权之怒，尚冀吴、蜀之可合，而与诸葛相孚以制操耳。身遽死而授之吕蒙，权之忮（zhì）无与平之，羽之忿无与制之，诸葛不能力争之隐，无与体之，而成谋尽毁矣。肃之死也，羽之败也。操之幸，先主之孤也。悲夫！

【译文】

吴、蜀两国的友好关系没有能自始至终地维持下去，关羽因此而死去，荆州因此而丢失，曹操因此而乘两国离心离德之际，肆无忌惮地加紧篡权夺位，对于所发生的这一切，关羽难道能推卸其应负的责任吗？关羽驻守江陵（今湖北荆州）时，几次对鲁肃生猜疑之心，从而导致诸葛亮的战略决策难以实现，而鲁肃也因此吃尽了苦头。鲁肃友好相待以安抚关羽，难道是对关羽有所偏私而畏惧昭烈皇帝刘备吗？不是的，他只是想使吴、蜀联合起来共同抵御曹操罢了，并非笨嘴拙舌，而关羽却不能体谅鲁肃的苦衷，所以可以知道当时鲁肃的内心独自备受煎熬。

关羽为了争夺荆南三郡（长沙郡、零陵郡、桂阳郡），兴起贪婪忿怒之兵，鲁肃仍然和他当面相见，秉持大义正告关羽不要破坏双方的友好关系，关羽对此虽无言以对，却耿耿于怀，愤恨难平，难道他一点都不知道鲁肃的志向和他的一片苦心吗？刘备被曹操军队大败于长坂坡（今湖北当阳东北），唯独关羽的军队没有受到任何损失，当曹操兵临长江时，关羽的军队根本没有与曹军接触。而诸葛亮东去出使孙吴，鲁肃则向西与刘备结盟，于是确立了两国的友好关系，这种友好关系足以帮助孙权大破曹操的军队。对此，关羽没有丝毫功劳，大功全出自诸葛亮。宋朝名将刘锜曾说："朝廷养兵三十年，而大功却出自一介儒生虞允文。"于是，关羽因为忌妒诸葛亮而忌妒鲁肃，并因此嫉恨孙吴。而诸葛亮和鲁肃共同制定的联合抗曹的战略决策，于是就被关羽破坏，以至于发展到不可收拾的地步。

尽管如此，鲁肃内心并没有因此而马上改变其联刘抗曹的初衷，他以大义折服关羽，又从容不迫地分析利害以平息孙权的心头之怒，还希望吴、蜀两国能够联合起来，与诸葛亮相互信任以共同抵御曹操。遗憾的是，鲁肃很快就过早地去世了，把军权托付给吕蒙，于是孙权内心的愤恨已无人来平息了，关羽的愤怒也无人能再予以制约，而诸葛亮不能力争的隐痛也无人能再来体谅，最后导致他们的战略决策彻底失败。鲁肃去世了，关羽兵败被杀了，这是曹操值得庆幸的事情，却使先主刘备陷入孤立的境地。

真是令人痛心啊！

本事：《资治通鉴》卷六七《汉纪五十九·献帝》，建安二十年（215）。

三四　忠臣志士无可俟之机

金祎、耿纪、韦晃欲挟天子伐魏，使其克焉，足以存汉乎？不能也。幸而不败，又幸而杀操，尔朱兆之死，拓拔氏乃以奔窜而见夺于宇文，非但如董卓之诛，献帝一日不能安于长安已也。故董承之计非计，而伏完为甚，至于金祎而尤甚矣。虽然，至于金祎、耿纪、韦晃之时，更无可以全汉之策，而忠臣志士捐三族以与国俱碎，虽必不成，义愤之不容已，亦烈矣哉！

于是而孙权之罪不容诛也，怀愤嫉于先主，而请降于操，操无忌矣。关羽出襄、邓，向宛、洛，而怀忿以与孙氏争，操知之而坐待其败。普天之下，为汉臣者，唯三子之不恤死而誓与献帝俱殉社稷耳，其他皆贪忿以逞者。忠臣志士无可俟之机，而又何择焉？

【译文】

汉献帝建安二十三年（218），金祎联合少府耿纪、司直韦晃想挟天子征讨魏王曹操，假如他们真能打败曹操，难道足以保存汉室、使其不亡吗？肯定是不能的。即使他们侥幸没有失败，又侥幸杀死了曹操，也未必能使汉室存续、天下安定。北魏末年逆贼尔朱兆被杀以后，北魏天子却被迫到处奔波逃窜，最后被宇文氏篡夺了政权，并不仅仅是像董卓被诛杀的时候，汉献帝在长安一天也不得安宁那样。所以董承之计就不是什么好计谋，而伏完的策略就更不行了，到了金祎三人的计策就尤其糟糕了。尽管如此，到了金祎、耿纪、韦晃三人的时候，已经没有其他可以保全汉室的计策了，而他们这些忠臣志士不惜冒着诛灭三族的危险与国家共存亡，虽然他们的策略必然失败，但他们出于义愤而不得不这样做，他们的所作所为还是很壮烈的。

由此而言，孙权可谓罪不容诛，他怀着对先主刘备的愤怒和嫉恨，而向曹操请求投降，曹操于是更加肆无忌惮。关羽率军从襄阳、邓州出兵，直指宛城（今河南南阳）、洛阳，心怀忿恨以与孙权相争。曹操对他们之间的关系非常了解，因此就坐待他们内讧，两败俱伤。当时，普天之下，身为汉朝大臣的人中，只有金祎、耿纪、韦晃三人不怕身死，誓死与汉献帝一起为汉朝的江山社稷殉身，其他人都是心怀贪婪和愤怒以实现自己的野心。忠臣志士没有可以等待的时机，又有什么时机可以选择呢？

本事：《资治通鉴》卷六八《汉纪六十·献帝》，建安二十二年（217）。

三五　刘备信用关羽自贻其祸

关羽，可用之材也，失其可用而卒至于败亡，昭烈之骄之也，私之也，非将将之道也。故韩信之称高帝曰："陛下能将将。"能将将而取天下有余矣。先主之入蜀也，率武侯、张、赵以行，而留羽守江陵，以羽之可信而有勇。夫与吴在离合之间，而恃笃信乎我以矜勇者，可使居二国之间乎？定孙、刘之交者武侯也，有事于曹，而不得复开衅于吴。为先主计，莫如留武侯率云与飞以守江陵，而北攻襄、邓；取蜀之事，先主以自任有余，而不必武侯也。然而终用羽者，以同起之恩私，矜其勇力而见可任，而不知其忮吴怒吴，激孙权之降操，而鲁肃之计不伸也。

然则先主岂特不能将羽哉？且信武侯而终无能用也。疑武侯之交固于吴，而不足以快己之志也。故高帝自言能用子房者，以曹参之故旧，百战之功，而帷幄之筹，唯子房得与焉。不私其旧，不骄其勇，韩、彭且折，况参辈乎？先主之信武侯也，不如其信羽，明矣。诸葛子瑜奉使而不敢尽兄弟之私，临崩而有"君自取之"之言，是有武侯而不能用，徒以信羽者骄羽，而遂绝问罪曹氏之津，失岂在羽哉？先主自贻之矣。

【译文】

关羽，是一位可用之才，却没有很好地发挥应有的作用，最终沦落到兵败被杀的境地，也使刘备失去军事要地荆州。究其原因，都是刘备对他过于骄纵、偏私所造成的，这不是统率将领的正确办法。所以，韩信称赞汉高祖刘邦说："陛下您能够统率将领。"能够统率将领，那么夺取天下就绰绰有余了。先主刘备进入益州的时候，率领诸葛亮、张飞、赵云同行入蜀，而留关羽驻守江陵（今湖北荆州），这是因为他认为关羽特别可以信赖而且勇武有力。在刘备与孙权关系处于离合不定的情况下，像关羽这样自恃主公对自己特别信任而且喜欢自夸其勇武有力的人，能让他驻扎在两国之间吗？建立起孙、刘双方同盟友好关系的人是诸葛亮，既然要向北讨伐曹操，就不能再与吴国挑起祸端。如果为先主刘备考虑，就不如留诸葛亮率领赵云、张飞镇守江陵，向北进攻襄阳、邓州两地。夺取益州的事，先主刘备一个人担当起就绰绰有余了，而不必要诸葛亮与其同行。然而，刘备最终信任并重用关羽驻守江陵，只出于对追随他一同起兵的关羽的恩宠和偏私之情，既爱惜关羽的勇武有力，又认为他值得特别信任。然而，刘备却不知道关羽非常痛恨和恼怒吴国，结果促使孙权向曹操请降，而鲁肃的孙刘联合抗曹之计被彻底打乱而无法实现了。

既然这样，那么难道刘备的过失仅仅是不能统率关羽吗？刘备信任诸葛亮却最终不能重用他。因为他对诸葛亮想要与孙吴结成巩固友好关系的策略心存疑虑，认为这样不能够满足自己的志向。所以，汉高祖自己说他能重用张良，尽管其部下有像曹参这样的故旧之交，又立下显赫的战功，但运筹帷幄的大事却只有张良能够参与。汉高祖刘邦不偏爱其故旧，不骄纵他们的勇武有力，所以大将韩信、彭越尚且为之折服，更何况是曹参之辈呢？先主刘备对诸葛亮的信任，比不上对关羽的信任，这是很明显的。诸葛亮的哥哥诸葛瑾（字子瑜）奉命出使到蜀国，也不敢与诸葛亮尽兄弟之情。刘备临驾崩时说："若嗣子刘禅可辅则辅之，如其不才，君可取而代之。"这些都表明，刘备有诸葛亮这样的贤才却不能加以重用，只相信关羽、纵容关羽，结果丧失了征讨曹操、向他兴师问罪的大好时机，其过失难道仅仅在关羽一人吗？这是先主刘备自己一手造成的。

本事：《资治通鉴》卷六八《汉纪六十·献帝》，建安二十四年（219）。

读通鉴论新译

（卷十—卷十四）

叁

王夫之 著
郭孟良 译

中央党校出版集团 大有书局

目录

第三册

卷十

三国

一　汉魏亡国之不同　/843

二　九品中正之得与科举之失　/847

三　刘备不足以继汉室正统　/851

四　诸葛亮难行其志　/854

五　诸葛亮事必躬亲之苦衷　/857

六　三国君主的短长　/860

七　顾雍乃天子之大臣　/863

八　曹魏亡于权臣　/865

九　两敌相持，内应不足恃　/868

一〇　诸葛亮的无奈　/870

一一　能用人者无敌于天下　/873

一二　诸葛北伐，以攻为守　/875

一三　诸葛亮曹操用人得失　/879

一四　善用人者不恃人　/881

一五　位号不可僭，天伦不可忘　/884

一六 文质互为表里，名实不可偏废 /887

一七 魏蜀习士以战 /892

一八 诸葛亮深谋远虑 /896

一九 诸葛表主以自明 /898

二〇 直谏之士易得，忧国之臣难求 /902

二一 忠臣事君，有犯无隐 /906

二二 冒认先祖，为天下笑 /909

二三 择人而授以法，非立法以课人 /913

二四 辅政之臣，危亡之本 /917

二五 何晏图存社稷，未可深责 /920

二六 蜀汉之亡，始于蒋琬改诸葛之图 /924

二七 魏晋以屯田平天下 /926

二八 管宁之仁 /930

二九 习老庄而骄天下 /933

三〇 王凌非魏之忠臣 /937

三一 法网宽严，顺时应民 /940

三二 蜀汉不能得士以亡 /944

三三 乱世无死节之臣 /947

三四 借敌讨贼，流祸无穷 /949

三五 谯周无人臣之心 /951

三六 审慎识人，方可纳谏 /954

三七 蜀汉恃险失德而亡 /960

三八 王祥奸狡，冯道前身 /963

卷十一

晋武帝（泰始元年起）

一　魏削宗室而权臣篡，晋封同姓而骨肉残　/969
二　谏官之设，有利有弊　/972
三　崇王肃之学，驳郑玄之论　/977
四　羊祜务德重信，从容平吴　/979
五　用人行政，相扶以治　/982
六　杜预心丧之论，欺天罔圣　/986
七　嵇绍事晋，愚而不仁　/989
八　范粲父子贞士而名不传　/991
九　晋授兵宗室，卒以召祸　/993
一〇　因疑滥杀，必致祸乱　/996
一一　省官之论，荀勖得之　/999
一二　贾充力阻伐吴，意在篡逆　/1004
一三　偃武修文须在教化之后　/1007
一四　郭钦徙戎论教猱升木　/1012
一五　斥奸进贤，互为本末　/1015

卷十二

惠帝

一　晋惠帝无可托天下之人　/1021

二　汉魏徙戎，遗祸后世　/1025
三　安抚流民，用夏变夷　/1027
四　张华智有余而义不足　/1031
五　陆机词翰，自累平生　/1035
六　无天子之世，不可出仕　/1038
七　申商法行，民有贼心　/1041
八　假夷狄为外援流毒天下　/1043
九　嵇绍死不得其所　/1045
一〇　精研动静之几以与时偕行　/1047
一一　刘弘保晋，存半壁江山　/1050
一二　司马越鸩杀惠帝顺势合情　/1053
一三　世臣巨室，保国之道　/1056

怀帝

一　借夷狄以为竞而晋亡　/1058
二　司马越非济险之人　/1061
三　虐杀流民，自食其果　/1064
四　晋臣无仗节死义之心　/1067
五　刘琨义释石勒之母　/1069
六　施政当因势利导，节其缓急　/1071
七　刘曜、石勒非其地不居　/1075
八　刘殷佞人邪说　/1078

愍帝

一　丧乱之余，不可处危以侥幸　/1081
二　君与大臣之志明，则天下臣民之志定　/1085
三　俟天命而得人心　/1088

四　好谀之人，丧德亡身　/1091

五　宠王抑陶，晋元失策　/1093

六　损聪明以延访，嘉言自至　/1096

卷十三

东晋元帝

一　扶危定倾，以得人心为本务　/1102

二　天下初定，宜安民心以抑权臣　/1107

三　刘琨之忠，身死族夷　/1109

四　祖逖慷慨英多，未识将将大体　/1111

五　身处乱世，忠臣志士不可无识　/1115

六　两军对垒，互市不可禁　/1118

七　忠臣为主，君子为家　/1120

明帝

一　明帝神武，王敦授首　/1124

二　王导文过，非君子也　/1127

成帝

一　有道于此，无须辅政　/1129

二　溃于内者，必决于外　/1132

三　卞壸可维名教未可安社稷　/1134

四　撤围分军，兵家大忌　/1137

五　王导阻迁都之议，定江东百年之基　/1139

六　庾亮激反，其志可原　/1142

七　圣人道统，不易被窃　/1145
八　仁与不仁，初心而已　/1150
九　君臣之道，过犹不及　/1152
一〇　华夏一统，天地之心　/1154
一一　君子以致命遂志　/1156
一二　郭璞卜筮测命，颜含以心尽性　/1159
一三　地利之要，立国之基　/1161
一四　蔡谟阻庾亮北伐当受名教之诛　/1164
一五　诸葛恢抗疏拒封慕容皝　/1167
一六　晋人保固江东之要策　/1170

康帝

一　知人不问风会之同异　/1173
二　慕容翰之阴险反复　/1175

穆帝

一　用人疑忌，召祸之门　/1177
二　刘惔清谈，能料事而不能处事　/1180
三　胡睦习于五胡，廉耻荡然　/1181
四　辛谧直言以旌志　/1184
五　谋眼前之利，贻后世之忧　/1186
六　殷浩拒苻健、姚襄谋未甚失　/1189
七　疑人而不能制，自取其祸　/1191
八　桓温北伐，大功难成　/1194
九　慕容恪之仁，不忍多杀　/1197

卷十四

哀帝

一　桓温请迁都以探朝廷虚实　/1204
二　保残之儒，纷纭贼道　/1207
三　苻坚抑商，义利之辨　/1210

帝奕

一　荫户之制，祸国殃民　/1214
二　君臣疑忌而忘夷夏大防　/1216
三　王猛鄙陋，乱人之雄　/1219

简文帝

一　简文帝乃窃国之贼　/1221

孝武帝

一　天不灭晋　/1224
二　富贵迷心，垂死谋篡　/1226
三　太后临朝，反经合道　/1229
四　谢安废度田以息兼并　/1234
五　晋设北府兵，干强而枝弱　/1238
六　苻坚作教武堂，适足以亡　/1241
七　谢安弭谤而贻桓玄之祸　/1244
八　范宁以议曹采风，以聋为聪之道　/1247
九　谢安功成身退，未能预储人才　/1250
一〇　先王之道不可窃　/1254
一一　薛彊降姚兴斩其先泽　/1256

安帝

一　举国昏昏，坐视庸主亡国　/1258
二　言路者，国之命也　/1261
三　裂土封侯，如同弃国　/1265
四　鬼兵误人乱国　/1268
五　乱人无恒，权不足恃　/1271
六　刘裕堪为乱世之主　/1274
七　刘裕见几相时而动　/1277
八　殃人者必自殃　/1280
九　刘裕处乱世而不迷　/1283
一〇　刘裕崇奖王谧，导天下以悖逆　/1286
一一　审慎赏罚，勿任爱憎　/1290
一二　刘裕任爱憎之情　/1294
一三　慕容超屈己迎母　/1297
一四　古今通义高于君臣之义　/1300
一五　司马奔秦，罪不容诛　/1304
一六　游士之祸，蛊惑人心　/1308
一七　君主可念勋旧，不可置之不公　/1311
一八　崔浩小慧非智　/1313
一九　自立自强，勿恃他人　/1318
二〇　刘裕乘间以收人望　/1322
二一　刘裕东归谋篡，北伐半途而废　/1324

恭帝

一　韦祖思恭惧而丧身　/1328
二　羞恶之心荡然，人同禽兽　/1331

卷十

明刻本《历代帝贤像》中的汉昭烈帝刘备画像

【题　解】

本卷评论三国历史，仅三国一目，共三十八则。

自公元220年曹丕代汉，至265年司马炎篡魏，280年灭吴统一，是为三国鼎立时期。魏、蜀、吴三国政权的正统性问题，历代莫衷一是。陈寿《三国志》和司马光《资治通鉴》以曹魏为正统，习凿齿《汉晋春秋》以蜀汉为正统，朱熹《通鉴纲目》继之，《三国演义》影响更巨。王夫之肯定“蜀汉之义正”，但又认为刘备不足以继汉正统，“正不正，存乎其人而已矣”，曹丕之逆、孙权之狡、刘备之愎，均不足以为正统，所以本卷不以国号帝号立目，而以“三国”之名统之，综合加以评论。

诸葛亮是蜀汉政权得以肇建和存续的关键人物，王夫之赞赏其深谋远虑、淡泊明志以及矢志北伐以兴复汉室的执着精神，肯定其在“志苦而事难”的环境中事必躬亲、以攻为守的治理功绩。同时王夫之指出其用人失误，“一失于马谡，再失于李严”，不如曹操用人“治天下不足，争天下有余”；采信法家学说，察于名法，却未能教化、长养人才，致使蜀汉以“不得士而亡”。对于曹魏政权，王夫之肯定其九品中正制、屯田平天下等举措；同时指出士风“流为玄虚奔竞”“以申韩之法钳网天下”的消极影响；至于其为权臣司马氏所篡，既有其猜疑打击宗室、托孤于司马懿的失策，也是由于朝廷缺少忧国之臣、辅政大臣，更因其严刑峻法政策给司马氏提供了“解法网以媚天下”的口实。至于孙吴政权，既不如蜀汉义正，更不如曹魏势强，能够休养生息，偏安一隅，关键在于人才，王夫之极为赞赏顾雍，认为他足以与诸葛亮颉颃，曹魏人才虽多，无人可与之匹敌，“允为天子之大臣者也”。

三国

一　汉魏亡国之不同

国之亡，有自以亡也，至于亡，而所自亡之失昭然众见之矣。后起者，因鉴之、惩之，而立法以弭之；然所戒在此，而所失在彼，前之覆辙虽不复蹈，要不足以自存。汉亡于宦官外戚之交横，曹氏初立，即制宦者官不得过诸署令，黄初三年，又制后家不得辅政，皆鉴汉所自亡而惩之也。然不再世，而国又夺于权臣。立国无深仁厚泽之基，而豫教不修，子孙昏暴，扑火于原，而焰发于烓（wēi）灶，虽厚戒之无救也。

自其亡而言之，汉之亡也，中绝复兴，暴君相继，久而后失之；魏之亡也不五世，无桀、纣之主而速灭；以国祚计之，汉为永矣。乃自顺帝以后，数十年间，毒流天下，贤士骈首以就死，穷民空国以胥溺，盗贼接迹而蔓延；魏之亡也，祸不加于士，毒不流于民，盗不骋于郊；以民生计之，魏之民为幸矣。故严椒房之禁，削埽（sào）除之权，国即亡而害及士民者浅，仁人之泽，不易之良法也。

乃昏主则曰：外戚宦官，内侍禁闼，未尝与民相接，恶从而朘削（juān xuē）之？且其侈靡不节，间行小惠，以下施于贫乏，何至激而为盗？其剥民以致盗者，士大夫之贪暴为之也。夫恶知监司守令之毒民有所自哉？纨袴之子，刑余之人，知谀而已，知贿而已；非谀弗官也，非贿弗谀也，非剥民之肤弗贿也，则毒流四海，填委沟壑，而困穷之民无所控告。犹栩栩然曰：吾未尝有损于民，士大夫吮之以为利，而嫁祸于我以为名。相激相诋，挟上以诛逐清流，而天下钳口结舌，视其败而无敢言。汉、唐、宋之浸败而浸亡，皆此由也。其能禁此矣，则虽有夺攘之祸，而民不被其灾。故司马篡曹，潜移于上而天下不知。勿曰防之于此，失之于彼，魏之立法无裨于败亡也。

【译文】

一个国家的灭亡，自有其导致灭亡的原因。待其灭亡之后，其自取灭亡的过失便昭然若揭，为众人所看到。后起的当政者，把前代亡国的过失拿来作为借鉴，当作教训，并颁布一些制度法令以防止类似事件再次发生；然而，这样做却也有顾此而失彼的问题，虽有前车之鉴不至于重蹈复辙，却不足以保证国家长久存续下去。汉朝是因为外戚和宦官交替掌握国家政权而覆亡的，曹魏建国之初，就规定宦官的最高官职不能超过列卿下属诸署的长官一级。魏文帝黄初三年（222），又规定外戚之家不得作辅政大臣。所有这些都是以汉朝灭亡为鉴戒。然而，曹魏政权尚未传两代，国家政权就被权臣篡夺了。建立一个国家没有深仁厚泽作为基础，再加上对于继承人的教育不到位，后世子孙昏庸暴虐，就像是扑灭了原野上的火，而灶炉间的火焰又燃烧开来，即使高度戒备也无济于事，难以挽救将要灭亡的命运。

从灭亡这一点来说，汉朝灭亡之过程，中间一度断绝，东汉中兴，但其后暴君是一个接着一个，这样持续了很长时间以后国家就彻底灭亡了。曹魏没有传够五代国家就灭亡了，虽没有像夏桀、商纣那样残暴的君主，但国家仍然很快地灭亡了。从皇位传续时间而论，汉代存在算是长的了。然而东汉王朝自顺帝以后，几十年间，毒流天下，贤良之士一并被杀，百姓穷困、国家空虚以致相继沉沦，起义反叛此起彼伏，接连不断，而呈扩大蔓延之势。曹魏快要灭亡的时候，士大夫没有遭到大的祸害，老百姓也没有饱受流毒伤害，城郊之外也没有起义反叛之徒肆意横行。就民众生计而论，曹魏的百姓算是幸运的了。所以，严格限制后宫及外戚的权力，削弱洒扫仆隶之徒的宦官权力，国家即使灭亡了，对士大夫和百姓的危害也是比较轻的。所以，此乃仁义之君的恩泽，是历代不变的良法。

然而，有些昏君庸主就会说：外戚、宦官、内侍、近臣从没有与百姓直接接触，怎么能够残酷地剥削百姓呢？况且，他们虽然奢侈腐化没有节制，但有时对贫穷百姓施一些小恩小惠，何至于将老百姓逼到起义反叛的地步呢？残酷剥削百姓从而把他们逼上反叛之路的，是那些贪婪残暴的士大夫。这样的昏君庸主怎么知道那些监司、守令之官之所以毒害百姓是有其原因的呢？那些出身外戚的纨绔子弟、身受阉割的宦官，只知道阿谀奉承而已，只知道贪污纳贿而已；不阿谀奉承就不能做官，不贿赂就没有阿谀奉承的机会，不残酷地剥削百姓就没有钱财去贿赂，于是造成毒流四海，积满沟壑，但穷困的老百姓又无处控告他们。他们还振振有词地说：我从没有损害过老百姓的利益，都是那些士大夫吸吮民脂民膏以牟利，却将罪名嫁祸于我们头上。这样，士大夫和外戚、宦官就相互攻击、相互诋毁，外戚、宦官就会假借皇帝的名义驱逐诛杀清流士大夫，而天下人都钳口结舌，眼看着士大夫被杀被逐而不敢直言。汉朝、唐朝、宋朝的逐渐衰败、灭亡，原因都在于此。凡是能够禁止这类事情发生的国家，即使政权有被篡夺之祸，老百姓也不会蒙受什么灾难。所以，司马氏篡夺曹魏政权，就是不露声息地从上层夺取权力，天下人不知不觉之时，曹魏政权已归于司马氏。因此，不要说防之于此，失之于彼，曹魏建立的法令、制度对于挽救国家的灭亡没有任何帮助。

本事：《资治通鉴》卷六九《魏纪一·文帝》，黄初元年（220）。

二　九品中正之得与科举之失

魏从陈群之议，置州郡中正，以九品进退人才，行之百年，至隋而始易，其于选举之道，所失亦多矣。人之得以其姓名与于中正之品藻者鲜也，非名誉弗闻也，非华族弗与延誉也。故晋宋以后，虽有英才勤劳于国，而非华族之有名誉者，谓之寒人，不得与于荐绅之选。其于公天爵于天下，而奖斯人以同善之道，殊相背戾，而帝王公天下之心泯矣。

然且行之六代而未尝不收人才之用，则抑有道焉。人之皆可为善者，性也；其有必不可使为善者，习也。习之于人大矣，耳限于所闻，则夺其天聪；目限于所见，则夺其天明；父兄熏之于能言能动之始，乡党姻亚导之于知好知恶之年，一移其耳目心思，而泰山不见，雷霆不闻；非不欲见与闻也，投以所未见未闻，则惊为不可至，而忽为不足容心也。故曰："习与性成。"成性而严师益友不能劝勉，醲（nóng）赏重罚不能匡正矣。

是以古之为法，士之子恒为士，农之子恒为农，非绝农人之子于天性之外也，虽欲引之于善，而曀（yì）霾久蔽，不信上之有日，且必以白昼秉烛为取明之具，圣人亦无如此习焉何也。故曰："民可使由之，不可使知之。"不可使知矣，欲涤除而拂试之，违人之习，殆于拂人之性，而恶能哉？则靳取之华胄之子、清流之士、以品骘而进退之，亦未甚为过也。父母者，乾坤也，即以命人之性者也；师友交游者，臭（xiù）味也，即以发人之情者也；见闻行习者，造化也，即以移人之气体者也。知此，则于是以求材焉，有所溢，有所漏，然而鲜矣。

唐之举进士也，不以一日之诗赋，而以名望之吹嘘，虽改九品中正之制，犹其遗意焉。宋以后，糊名易书，以求之于声寂影绝之内，而此意殆绝。然而学校之造士也夙，而倡优隶卒之子弟必禁锢之，则固天之所限，而人莫能或乱者。伊尹之耕，傅说之筑，胶鬲之贾，托以隐耳。岂草野倨侮、市井锥刀之中，德色父而诟谇母者，有令人哉？

【译文】

曹魏政权听取尚书令陈群的建议，在各州郡分别设置大小中正官，中正官把当地的人才根据一定的标准划分为九个等级，即九品，提交至吏部作为选官根据，来决定人才的进退。这项用人制度推行了数百年，直到隋朝才开始被科举制所取代。这种制度对选举人才而言，还有许多弊病、不足。能使自己的姓名为中正官所知晓，并让中正官作出客观公正的品评，获得一个与其相称的品级者为数甚少，没有名气就不会为中正官所知晓，不是世家大族子弟就不能延揽名誉。所以东晋、南朝刘宋王朝以后，尽管具有杰出才智者为国家勤勉工作，但因非出身世家大族而无名气，被称为寒人，也因此不能参与高级官吏候选人的选拔。这与将官爵向天下人开放，鼓励民众共同向善进取、凭借才干获得官位的精神相去甚远。因此，帝王以天下为公之心也就泯灭了。

尽管如此，这项制度还是推行了六代之久，也并不是说没有延揽人才之用，其制度设计还是有一定的合理成分的。人人都可以成为好人，这是人们善良的本性所决定的；也有必定不能使其成为好人的因素，这就是人们坏的习惯。习惯对于人的影响太大了。如果耳朵听到的很少，就会丧失上天赋予的聪敏；如果眼睛看到的很少，就会丧失上天赋予的明察；当一个人能说能动的时候，就开始受到父亲兄长的熏陶，当他到了区分好坏的时候，他又会受到乡里乡亲的影响。一旦其所见所闻、所思所想受此影响而发生变化，即使遇见泰山也看不到，遇到雷霆也听不到。这并不是他不想见到或听到，而是即使他看到所未曾见、听到所未曾闻之事，也会惊诧于这些事而内心不能接受，故将其忽视不放在心上。所以《尚书·太甲上》中伊尹有“习惯于自己的生活环境，会逐渐养成相应的习性”的说法。如果一个人在某个方面习惯成性，即使是严师益友也不能加以劝勉，厚赏重罚也难以匡正他了。

所以，古时通行的选举之法，是士人之子永远是士人，农民之子永远是农民，并不是要把农民子弟排除在天性之外，只是尽管想把他往好的方向引导，但因其久处于愚昧之中，如同久处阴霾不散之地，便不相信天上有太阳，而且在白天也要点燃蜡烛作为照明的工具。对于这种习惯成性，即使圣人也没有办法。所以《论语·泰伯》中说：

“可以让百姓按照我们所指引的道路走，没必要让他们知道为什么。”没必要让他们知道为什么，是想清除掉他们原有的坏习惯，彻底改变他们的习性，那就近于改变人的本性，怎么能办到呢？那么，仅仅选拔世家大族子弟、清流之士，评定他们的品级以决定人才的进退，也并不是太大的错误。父母是天地乾坤，是他们赋予一个人的天性；老师、朋友是相互交往的人，都是同类，是他们激发了一个人的性情；所见所闻、行为习惯，是一个人创造化育的过程，是可以改变一个人的气质和性格的重要因素。了解了这些，通过这些来选拔人才的时候，虽然可能会出现取士过滥的情况，也可能会遗漏某些人才，但一般来说这样的情况是很少的。

到了唐代，实行了科举考试选拔进士，但一个人能否中进士，并不是根据考试当日之诗赋成绩，而是取决于别人所吹嘘的名望，因此唐代的科举考试虽然改变了九品中正选官制度，但其中仍然保留了九品中正制的某些思想。宋代以后，科举考试实行试卷糊名（密封）、书吏誊录的制度，以保证科举取士排除外界因素的干扰和影响，这样九品中正制遗留之弊病才算基本消除。然而，学校培养士大夫的风气由来已久，而那些地位较低的倡优、奴仆、差役等贱民子弟又被限制在学校之外，这本来是上天对他们的限制，不是人力所能打破的。至于出身于耕夫的商朝的开国贤相伊尹、出身于奴隶从事版筑的商王武丁的丞相傅说、出身于商贾的周文王的重臣胶鬲，都不过是依托于这些卑微的职业为名隐居罢了。难道那些乡野中粗俗鄙陋、傲慢不羁的农夫，市井中从事卑微贱业的小民，像汉代贾谊《治安策》中所说的那些借农具给父亲就显出给予恩德的表情、母亲来拿簸箕扫帚就口出恶言进行诟骂的人当中，能有品德高尚、适合做官的好人吗？

本事：《资治通鉴》卷六九《魏纪一・文帝》，黄初元年（220）。

三　刘备不足以继汉室正统

以先主绍汉而系之正统者，为汉惜也；存高帝诛暴秦、光武讨逆莽之功德，君临已久，而不忍其亡也。若先主，则恶足以当此哉？

光武之始起也，即正讨莽之义，而誓死以挫王邑、王寻百万之众于昆阳，及更始之必不可为君而后自立，正大而无惭于祖考也。而先主异是。其始起也，依公孙瓒、依陶谦，以与人争战，既不与于诛卓之谋，抑未尝念袁绍、曹操之且篡，而思扑之以存刘氏；董承受衣带之诏，奉之起兵，乃分荆得益而忘之矣。曹操王魏，己亦王汉中矣；曹丕称帝，己亦帝矣；献帝未死而发其丧，盖亦利曹丕之弑而己可为名矣；费诗陈大义以谏而左迁矣；是岂誓不与贼俱生而力为高帝争血食者哉？

承统以后，为人子孙，则亡吾国者，吾不共戴天之仇也。以苻登之孤弱，犹足以一逞，而先主无一矢之加于曹氏。即位三月，急举伐吴之师，孙权一骠骑将军荆州牧耳，未敢代汉以王，而急修关羽之怨，淫兵以逞，岂祖宗百世之仇，不敌一将之私忿乎？先主之志见矣，乘时以自王而已矣。

故为汉而存先主者，史氏之厚也。若先主，则固不可以当此也。羿篡四十载而夏复兴，莽篡十五年而汉复续，先主而能枕戈寝块以与曹丕争生死，统虽中绝，其又何伤？尸大号于一隅，既殂而后诸葛有祁山之举，非先主之能急此也。司马温公曰：“不能纪其世数。”非也。世数虽足以纪，先主其能为汉帝之子孙乎？

【译文】

因为先主刘备建立蜀汉，延续了汉朝，就把他当作正统，人们是对汉朝的灭亡感到惋惜才这样做的。人们心存汉高祖刘邦推翻残暴的秦王朝、光武皇帝刘秀征讨逆臣王莽的功德，认为汉朝统治的时间已经很久了，都不忍心看到其灭亡。至于像先主刘备这样的人，又怎么能够担当此重任呢？

光武帝刘秀起兵的时候，一开始就打出征讨逆贼王莽的旗帜，以申明大义，后来他又舍身忘死在昆阳（今河南叶县）之战中力挫王邑、王寻的百万军队，直到更始帝刘玄显示出必定不能做个好君主的迹象时，他才自立为帝。从他的所作所为来看，他是正大光明地称尊号的，是无愧于他的祖先的。而先主刘备则不然。他开始起兵的时候，先是投靠公孙瓒，接着又投靠陶谦，像他们的爪牙一样与人争战，既没有参与征讨叛贼董卓的谋划，也从没有想过袁绍、曹操将谋篡汉室时，为保住刘氏的江山社稷而灭掉他们；车骑将军董承接受汉献帝写的衣带诏，与刘备密谋起兵诛杀曹操，可是等到刘备从孙权处借了荆州、得到益州后，早就把衣带诏的事忘到九霄云外去了。曹操称魏王时，他也自称汉中王；曹丕废掉汉献帝自称尊号时，他自己也随即称帝；汉献帝虽被废但并没有死，而刘备却为他发丧，大概也是想通过宣扬曹丕篡位弑君之罪而向世人昭示自己即皇帝之位是名正言顺的；益州前部司马费诗陈述大义想劝阻刘备称帝，却受到贬谪。凡此种种，难道是誓不与逆贼共存，力争保全汉高祖开创的江山社稷，延绵刘氏宗嗣之人所为吗？

继承大统以后，作为先祖的子孙，那么对于灭亡我国家的人，就与他有不共戴天之仇，誓死必报。像前秦皇帝苻登这样的人，尽管很孤立，实力也很弱，尚且足以与后秦屡次征战，以报灭国之仇，而先主刘备称帝后却从未曾亲自率军与曹魏打过一仗。即皇帝位才三个月，他便急忙率大军亲征孙吴，孙权当时仅为一骠骑大将军、荆州牧罢了，也没敢代汉称王，而刘备却因关羽被杀一事，急于报宿怨于孙吴，穷兵黩武，难道篡位灭国之仇还比不上一将被杀之私愤吗？由此可见，刘备的志向无非想乘机自立为王罢了。

所以，认为先主刘备延续汉室正统，历来都是史家所赋予的厚誉。对于先主刘备本人来讲，固然是担当不起如此厚誉的。后羿篡夺夏朝政权四十年，而夏朝再次兴起，王莽篡夺西汉政权十五年，而汉朝又能延续下去，假如先主刘备能够卧薪尝胆，枕戈待旦，与曹丕拼死相争，那么即使汉室正统中间断绝，又有什么值得悲伤呢？而先主刘备虽嗣汉称帝却无所作为，偏安一隅，直到他死后诸葛亮才率大军出祁山北伐曹氏，可见先主刘备是不会急于为汉室复仇的。司马光《资治通鉴》评论说：“刘备虽自称中山靖王之后，但族属疏远，不能记清他的世系辈数。”这是不对的。即便世系辈数能够记录清楚，先主刘备难道能称为汉室正统的子孙吗？

本事：《资治通鉴》卷六九《魏纪一·文帝》，黄初二年（221）。

四　诸葛亮难行其志

谈君臣之交者，竞曰先主之于诸葛。伐吴之举，诸葛公曰：“孝直若在，必能制主上东行。”公之志能尽行于先主乎？悲哉！公之大节苦心，不见谅于当时，而徒以志决身歼遗恨终古，宗泽咏杜甫之诗而悲惋以死，有以也夫！

公之心，必欲存汉者也，必欲灭曹者也。不交吴，则内掣于吴而北伐不振。此心也，独子敬知之耳。孙权尚可相谅，而先主之志异也。夫先主亦始欲自强，终欲自王，雄心不戢，与关羽相得耳。故其信公也，不如信羽，而且不如孙权之信子瑜也。疑公交吴之深，而并疑其与子瑜之合；使公果与子瑜合而有裨于汉之社稷，固可勿疑也，而况其用吴之深心，勿容妄揣也哉！先主不死，吴祸不息，祁山之军不得而出也。迨猇（xiāo）亭败矣，先主殂矣，国之精锐尽于夷陵，老将如赵云与公志合者亡矣；公收疲敝之余民，承愚暗之冲主，以向北方，而事无可为矣。公故曰："鞠躬尽瘁，死而后已。"唯忘身以遂志，而成败固不能自必也。

向令先主以笃信羽者信公，听赵云之言，辍东征之驾，乘曹丕初篡、人心未固之时，连吴好以问中原，力尚全，气尚锐，虽汉运已衰，何至使英雄之血不洒于许、洛，而徒流于猇亭乎？公曰："汉、贼不两立。"悲哉其言之也！若先主，则固非有宗社存亡之戚也，强之哭者不涕，公其如先主何哉！

张良遇高帝而志伸，宗泽遇高宗而志沮；公也，子房也，汝霖也，怀深情而不易以告人，一也，而成败异。公怀心而不能言，诚千秋之遗憾与！

【译文】

谈及君臣之间的交情，世人竞相以先主刘备与诸葛亮作为君臣之交的典范。然而，刘备起兵伐吴的时候，诸葛亮说："如果法正还在的话，一定能制止陛下东征。"诸葛亮的远大志向，难道都能通过先主刘备完全实现吗？令人痛心啊！诸葛亮的大节和苦心，不能被当时的人所理解和体谅，只能徒然为实现抱负而鞠躬尽瘁，落得出师未捷身先死，遗恨千古。北宋抗金名将宗泽临终吟咏杜甫的诗句“出师未捷身先死，长使英雄泪满襟”，悲痛欲绝而哀惋死去，这也是有原因的。

诸葛亮的心愿，就是一定要保存汉室，一定要灭掉曹氏。蜀汉如果不结交孙吴，那么就会受到孙吴的掣肘，使北伐难以成行。诸葛亮的这个心思，只有鲁肃（字子敬）能够理解。对此，孙权经过诸葛亮、鲁肃的劝说之后尚可理解和体谅，而先主刘备之志却与此截然不同。先主刘备开始起兵的时候是想自强，最终的心愿是想自立为王，因而不愿意收敛其雄心，这一点与关羽相互投合罢了。所以他对诸葛亮的信任程度，远远比不上对关羽的信任程度，而且也不如孙权对于诸葛亮兄长诸葛瑾（字子瑜）的信任。刘备怀疑诸葛亮与吴国交往太深，进而怀疑诸葛亮与他的兄长诸葛瑾暗中合作。如果诸葛亮与诸葛瑾真的暗中合作，而且这种合作对巩固汉朝的江山社稷有帮助，当然是无须怀疑的，更何况诸葛亮深结孙吴之良苦用心是不容妄加揣测的！先主刘备不死，征伐吴国的灾祸就不会停止，诸葛亮也就不能出兵祁山北伐曹魏。等到猇亭（今湖北宜昌猇亭）之战失败以后，先主刘备紧接着就去世了，蜀国的精锐力量在夷陵（今湖北宜昌东）丧失殆尽，一些与诸葛亮志同道合的老将如赵云也先后去世。诸葛亮面临的是疲敝不堪的百姓、昏庸愚昧的幼主，就凭这样的条件，出兵征讨曹魏是不会有什么大的作为了。所以诸葛亮说：“鞠躬尽瘁，死而后已。”在这种情况下，他唯有舍生忘死去实现自己的抱负罢了，至于最终的成败，本来就不是以自己的意志为转移的了。

此前，假如先主刘备像笃信关羽一样相信诸葛亮，听从赵云的建议，不去亲征孙吴，而是趁曹丕刚刚篡位，人心尚未稳固的时候，联合孙吴，共同讨伐逆贼，进取中原，再加上当时军队实力雄厚，气势强盛，尽管汉运已衰，难救其亡，何至于使英雄的鲜血不洒在许昌、洛阳，而白白流在猇亭呢？诸葛亮说：“汉室与逆贼势不两立。”他的话是很悲壮的。至于先主刘备，本来对汉朝宗庙社稷的灭亡并不感到痛心，勉强哭也流不出眼泪，诸葛亮又能拿先主刘备怎么样呢？

张良遇到汉高祖刘邦，他的志向得以施展，宗泽遇到宋高宗赵构，其复归东京之志难以实现；诸葛亮就是当年的张良（字子房）、宗泽（字汝霖），他们都有隐藏很深的真情而不轻易告诉别人，这是他们的相同点，但他们的成败却各不相同。诸葛亮心怀崇高愿望却难以表达出来，真是让人遗憾千古啊！

本事：《资治通鉴》卷六九《魏纪一·文帝》，黄初三年（222）。

五　诸葛亮事必躬亲之苦衷

杨颙（yóng）之谏诸葛公曰：“为治有体，上下不可相侵。”大哉言矣！公谢之，其没也哀之，而不能从，亦必有故矣。公之言曰：“宁静可以致远。”则非好为烦苛以竞长而自敝者也。

先主之初微矣，虽有英雄之姿，而无袁、曹之权藉，屡挫屡奔，而客处于荆州，望不隆而士之归之也寡。及其分荆据益，曹氏之势已盛，曹操又能用人而尽其才，人争归之，蜀所得收罗以为己用者，江、湘、巴、蜀之士耳。楚之士轻，蜀之士躁，虽若费祎、蒋琬之誉动当时，而能如钟繇、杜畿、崔琰、陈群、高柔、贾逵、陈矫者，亡有也。军不治而唯公治之，民不理而唯公理之，政不平而唯公平之，财不足而唯公足之；任李严而严乱其纪，任马谡而谡败其功；公不得已，而察察于纤微，以为讦谟大猷之累，岂得已乎？

夫大有为于天下者，必下有人而上有君。而公之托身先主也，非信先主之可为少康、光武也，耻与荀彧、郭嘉见役于曹氏，以先主方授衣带之诏，义所可从而依之也。上非再造之君，下无分猷之士，孤行其志焉耳。向令庞统、法正不即于溘亡，徐庶、崔州平未成乖散，先主推心置腹，使关羽之傲、李严之险，无得间焉，领袖群才，各效其用，公亦何用此营营为也？公之泣杨颙也，盖自悼也。

【译文】

蜀汉丞相主簿杨颙规劝诸葛亮说：“治理国家要有其体制，上下级之间的工作职责不能相互混淆。”这句话很有道理啊！诸葛亮非但没有生气，反而向其致谢，杨颙死时，诸葛亮还哀悼他，但杨颙的建议诸葛亮却未能予以采纳，这也一定是有原因的。诸葛亮有句话说：“宁静可以致远。”可见，诸葛亮并不是为了显示自己逞强而喜欢做那些繁杂琐碎的事务，从而使自己疲惫不堪的人。

当初，先主刘备的地位比较低微而不为人所知的时候，尽管他有作为英雄的才能，却没有袁绍、曹操拥有的权势，因此屡次受挫，屡次逃奔，最后客居在荆州，由于他声望不高，归附他的人也很少。到了刘备借到荆州、占据益州时，曹操的势力已很强盛，又能知人善任，使人尽其才，人们都争着归附他。刘备能够收罗并为己所用的人才，无非长江、湘江流域和巴、蜀地区的士人罢了。楚地的士人轻狂，而蜀地的士人浮躁，虽然有费祎、蒋琬这样名重当时的人物，但像曹魏朝中钟繇、杜畿、崔琰、陈群、高柔、贾逵、陈矫那样出色的人才，却是没有的。蜀中无人统率军队，只有诸葛亮自己来统率；无人治理民众，也只有诸葛亮自己来治理；政治不平，也只有诸葛亮使之平衡、安定；财用不足，也只有诸葛亮来理财，使其充裕。诸葛亮任用大臣李严，李严却扰乱其法纪；重用将领马谡，马谡却违背其指令，导致街亭失守、北伐功败垂成；在不得已的情况下，诸葛亮只能事必躬亲，疲于处理那些琐碎繁杂事务，从而拖累其投身远大宏伟的治国大道，这难道是出于他自己的意愿吗？

想要在天下大有作为的人，必须下有人才辅佐而上有明君信用。诸葛亮托身于先主刘备，并不是因为他相信刘备会成为像商朝的少康、东汉的光武帝刘秀那样的中兴之主，而只是耻于像荀彧、郭嘉那样为曹操所役使，因为刘备当时刚接受汉献帝让他诛杀曹操的衣带诏，从大义上讲是可以追随的，因而依附于他。但在上的先主刘备并非可以再造乾坤的中兴君主，而在下又没有能为他分忧、谋划的杰才俊士，因而诸葛亮只能是一个人在为实现抱负而孤独地奋斗着。如果庞统、法正没有溘然长逝，徐庶、崔州平没有离散，先主刘备又能推心置腹，那么关羽的恃才傲物、李严的险恶不法也就没有机会可乘，从而阻挠其事业，由他统领群英、济济多士，使之各尽其用，诸葛亮哪里用得着事必躬亲地处理那些琐碎事务呢？诸葛亮为杨颙之死而哀泣，大概也是为自己感到悲伤吧！

本事：《资治通鉴》卷七〇《魏纪二·文帝》，黄初四年（223）。

六　三国君主的短长

汉、魏、吴之各自帝也，在三年之中，盖天下之称兵者已尽，而三国相争之气已衰也。曹操知其子之不能混一天下，丕亦自知一篡汉而父子之锋铓尽矣。先主固念曹氏之不可摇，而退息乎岩险。孙权观望曹、刘之胜败，既知其情之各自帝，而息相吞之心，交不足惧，则亦何弗拥江东以自帝邪？权所难者，先主之扼其肘腋耳。先主殂于永安，权乃拒魏而自尊，乐得邓芝通好以安处于江东。由此观之，此三君者，皆非有好战乐杀之情，而所求未得，所处未安，弗获已而相为扞（hàn）格也。

曹氏之战亟矣，处中原而挟其主，其敌多，其安危之势迫，故孙氏之降，知其非诚而受之。敌且尽，势且安，甘苦自知，而杀戮为惨，亦深念之矣。孙氏则赤壁之外无大战也。先主则收蜀争荆而姑且息也。是以三君者，犹可传之后裔，而不与公孙、袁、吕同殄其血胤。上天之大命集于有德，虽无其德，而抑无乐杀之心，则亦予之以安全。天地之心，以仁为复，岂不信哉？

丕之逆也，权之狡也，先主之愎也，皆保固尔后而不降天罚，以其知止而能息民也。逆与狡，违道甚矣，而惟愎尤甚。先主甫即位而兴伐吴之师，毒民以逞，伤天地之心，故以汉之宗支而不敌篡逆之二国。先主殂，武侯秉政，务农殖谷，释吴怨以息民，然后天下粗安。蜀汉之祚，武侯延之也，非先主之所克胜也。

【译文】

蜀汉、曹魏、孙吴三国都各自接连称帝，三年之间，天下已经没有其他拥兵称雄的势力了，而三国之间相互争斗的气势也衰竭了。曹操知道他的儿子不能统一天下，曹丕自己也知道他一旦篡汉自立，其父子的锐气也已消耗殆尽。先主刘备本来就认为曹魏势力已经不可动摇，于是就退到了崇山峻岭包围的蜀地过太平日子去了。孙权坐观曹、刘两家的胜败，知道他们各自称帝之后，已经止息了相互争夺吞并之心，相互之间都不足以惧怕，那么他为什么不占据江东地区也自称尊号呢？孙权所顾虑的事，只是先主刘备一直对他怀恨在心，牵制其肘腋，伺机进攻。先主刘备死于永安宫（在今四川奉节）后，孙权已无所畏惧，于是就断绝和曹魏的关系而自称尊号。更让他高兴的是，诸葛亮派邓芝来吴重修旧好，这就使江东地区处于非常安稳的境地。由此观之，这三位君主，都没有好战乐杀之情，只不过在他们所求尚未得到、所处尚未安全之时，迫不得已才相互争战罢了。

当初，曹魏的战争频繁，再加上其地处中原而挟持天子以号令诸侯，树敌甚多，因而其政权安危形势紧迫，所以孙权请降，曹氏知道他不是诚心但仍然接受。等到曹氏的敌人几乎全部消灭了，天下形势安定了，曹氏备尝其中甘苦，也深感战争杀戮未免太过残酷。孙权自从赤壁之战以后再没有大的战事。先主刘备在占据益州后，虽与孙吴在荆州问题上争论不休，但也暂且平息下来了。所以这三位君主，还都可以把自己的皇位传给他们的后代，而不至于像公孙瓒、袁绍、吕布那样，自己身死不说，同一血脉的子孙后代也全部被杀掉。上天会把重任集中到有德的人身上，即使没有高尚的品德，但只要他们没有好战乐杀之心，也可以赐予其安全。天地之心，以仁道作为回报，难道不是这样吗？

曹丕叛逆、孙权奸猾、先主刘备固执，却能保卫巩固其后代且不受上天的惩罚，是因为他们知道适时停止战争，从而能使百姓休养生息。叛逆与奸猾，是违背天道的严重行为，而刚愎自用尤其违背道义。先主刘备刚刚即位就兴兵伐吴，毒害百姓以逞其私愤，伤害了天地之心，因此，蜀汉作为汉室的宗室支脉反而比不上作为叛逆的魏、吴两国的后代守国时间长久。先主刘备死后，武侯诸葛亮秉权执政，劝民农桑，与吴国恢复和好，使百姓休养生息，此后，蜀汉国内才基本安定。蜀汉的国祚，是诸葛亮延续的，并不是先主刘备所能胜任的。

本事：《资治通鉴》卷七一《魏纪三・明帝》，太和三年（229）。

七　顾雍乃天子之大臣

蜀汉之义正，魏之势强，吴介其间，皆不敌也，而角立不相下，吴有人焉，足与诸葛颉颃（xié hánɡ），魏得士虽多，无有及之者也。立国之始，宰相为安危之大司，而吴之舍张昭而用顾雍，雍者，允为天子之大臣者也，屈于时而相偏安之国尔。

曹氏始用崔琰、毛玠，以操切治臣民，而法粗立。王道息，申、韩进，人心不固，而国祚不长，有自来也。诸葛之相先主也，淡泊宁静，尚矣。而与先主皆染申、韩之习，则且与曹氏德齐而莫能相尚。三代以下之材，求有如顾雍者鲜矣。寡言慎动，用人惟其能而无适莫；恤民之利病，密言于上而不炫其恩威；黜小利小功，罢边将便宜之策，以图其远大。有曹参之简靖而不弛其度，有宋璟之静正而不燿其廉。求其德之相若者，旷世而下，唯李沆为近之，而雍以处兵争之世，事雄猜之主，雍为愈矣。故曰：允为天子之大臣也。

雍既秉国，陆逊益济之以宽仁，自汉末以来，数十年无屠掠之惨，抑无苛繁之政，生养休息，唯江东也独。惜乎吴无汉之正、魏之强，而终于一隅耳。不然，以平定天下而有余矣。

【译文】

蜀汉作为汉室的继承者，名义上正统，曹魏的势力强盛，孙吴居于他们之间，名义和实力都不敌蜀、魏两国，却能与两国角力，形成三足鼎立之势，不相上下，是因为吴国有杰出的人才，足以与诸葛亮相抗衡，魏国得到的人才虽多，但没有能赶得上他们的。建国之初，宰相是关系到国家安危的重要职务，吴国立国之初就罢免了张昭，任用顾雍为丞相，顾雍确实是担当天子辅弼大臣的人才，只是囿于时局，才在孙吴这个偏安一隅的国家担任丞相罢了。

曹魏最初任用崔琰、毛玠担任尚书、尚书仆射，用威猛胁迫的手段管理臣民，各种律令、制度得以初步建立起来。然而这种治理方法使得王道大义消亡，申不害、韩非所提倡的法家治国之术盛行，人心不稳，曹魏国祚不长，也是自有原因的。诸葛亮作为丞相辅佐先主刘备，为人淡泊宁静，这一点值得崇尚。但诸葛亮和刘备都沾染了一些申不害、韩非法家的习气，这样蜀汉与曹魏在德行上差不多，因而也就难以比曹魏高出一筹。夏、商、周三代以后的人才，想要求得像顾雍那样的人是很难的。顾雍寡于言而慎于行，用人则唯才是举，不分亲疏厚薄；体恤百姓的利害疾苦，遇事总是秘密向君主提出建议，从不炫耀自己的恩威；他不在乎小利小功，摈斥边将只顾眼前利益的策划，以顾及长远和大局。他有汉初丞相曹参简约清静的为政之风，但又不像曹参那样使法度废弛；有唐代宰相宋璟恬淡平和的纯正之风，却又不像宋璟那样炫耀自己的清廉。仔细寻找与顾雍品德相近的人，旷世以下，只有宋朝宰相李沆与之接近，而顾雍所处的是战乱时代，所事奉的是多疑猜忌之君，因此，相比较而言，顾雍要胜过李沆。所以说顾雍确实是可以辅弼天子的大臣。

既有顾雍秉持国政，再加上大将军陆逊以宽仁相助，自汉末以来，几十年间，江东地区没有掠夺屠戮之祸，国家也没有苛刻繁重之政，百姓能充分休养生息的，当时天下只有江东地区。遗憾的是，吴国没有蜀汉的正统地位、魏国的强盛实力，故最终只能偏安一隅罢了。否则，吴国平定天下也是绰绰有余的。

本事：《资治通鉴》卷七〇《魏纪二·文帝》，黄初六年（225）。

八　曹魏亡于权臣

魏之亡，自曹丕遗诏命司马懿辅政始。懿之初起为文学掾，岂夙有夺魏之心哉？魏无人，延懿而授之耳。懿之视操，弗能若也。操之威力，割二袁、俘吕布、下刘表、北扫乌桓，而懿无其功；操迎天子于危乱之中，复立汉之社稷，而懿无其名；魏有人，懿不能夺也。

魏之无人，曹丕自失之也。而非但丕之失也，丕之诏曹真、陈群与懿同辅政者，甚无谓也。子叡已长，群下想望其风采，大臣各守其职司，而何用辅政者为？其命群与懿也，以防曹真而相禁制也。然则虽非曹爽之狂愚，真亦不能为魏藩卫久矣。以群、懿防真，合真与懿、群而防者，曹植兄弟也。故魏之亡，亡于孟德偏爱植而植思夺適之日。兄弟相猜，拱手以授之他人，非一旦一夕之故矣。

汉高意移于赵王，唐高情贰于建成，宋祖受母命而乱与子之法，开国之初所恒有也。而曹氏独以贻覆宗之祸。天不佑僭人，而使并峙于时以生猜制，天之道也。藉其不然，衅虽开于骨肉，必不假秉政握兵之异姓，持权以钳束懿亲。汉、唐、宋争于室而奸邪不兴于外，岂有患哉？魏之自取灭亡，天邪？人邪？人之不臧者，天也。

【译文】

曹魏的灭亡，自从魏文帝曹丕遗诏司马懿辅政的时候就开始了。司马懿初入仕途仅是较低级的官职文学掾，难道他早就有篡魏自代的野心吗？曹魏皇室没有人才，于是延请司马懿出来辅政，最终把政权拱手让给了他。司马懿与曹操相比，相差太远了，是没法比的。曹操威力巨大，削除袁绍、袁术，俘获吕布，夺取刘表的荆州，向北又扫荡乌桓，而司马懿没有这样的功勋；曹操又把汉天子从危乱穷困中救出，并迎回许都（今河南许昌），重建汉朝的江山社稷，而司马懿则没有这样的名望。如果曹魏皇室有人才辅佐，司马懿是没有可能成功篡夺曹魏政权的。

曹魏皇室没有人才，则是由于曹丕自己的失策。而且这也不仅仅是因为曹丕的失策，曹丕遗诏命曹真、陈群和司马懿共同辅政这件事，是完全没有必要的。其子曹叡业已成年，臣下都仰望目睹其风采，大臣各司其职，还用辅政者干什么呢？曹丕遗诏命陈群和司马懿为辅政大臣，是为了防范曹真势力独大，从而让他们相互牵制。尽管如此，即使不是像曹爽那样狂妄愚蠢的人，曹真也不适合作为长期守护曹魏政权的藩屏。以陈群和司马懿防范和制衡曹真，又将曹真、陈群、司马懿三人合起来防范和制衡曹植、曹彰兄弟。所以说，曹魏的灭亡，开始于曹操偏爱曹植而曹植想要夺嫡的时候。兄弟之间相互猜疑，拱手将政权交给他人，并非出于一朝一夕的原因。

汉高祖刘邦偏爱赵王如意，曾想废嫡立爱；唐高祖李渊对立长子李建成为太子一直动摇不定；宋太祖赵匡胤受母后之命传位给弟弟而变乱父死子继的传位之法，这种事情在开国之初是经常见到的。只有曹魏因此为灭亡宗庙社稷埋下了祸根。苍天不保佑那些篡位夺权的人，而故意让他们兄弟、君臣并立于同一时代，使他们心生猜忌，相互控制，这是苍天所能采取的办法。假若不是这样，即使他们骨肉之间产生嫌隙而自相残杀，也一定不会假借掌权握兵的异姓大臣的力量，让他们秉持国政以约束控制自己的皇室至亲。汉朝、唐朝、宋朝虽然皇室家族内部斗争很激烈，但外朝却未产生奸邪之臣，这样还用担心国家政权会旁落于他人之手吗？曹魏自取灭亡，是天意，还是人为呢？当其为人不善、不端之时，自取灭亡便是天意。

本事：《资治通鉴》卷七〇《魏纪二·文帝》，黄初七年（226）。

九　两敌相持，内应不足恃

两敌相持，而有起兵于腹里者以遥相应，见为可恃，恃以夹攻内应者必败；勿问其为义也、为贼也，皆不可恃以冒进者也。其为义也，忠臣志士，孤愤蹶起，而成败非其所谋，且其果怀忠愤者，一二人耳，其他皆徼利无恒、相聚而不相摄者也。若其为贼也，则妄人非分之图，假我以惑众而亡实者耳，如之何其恃邪？

彭绮，乱人也，借为魏讨吴以为名，而实贼也。其心恃我之援，而已欻（xū）然而兴，虐民罔利，而欲恃以为应援，彼败而我之锋亦挫矣。彼可恃也，奚用我为？彼不可恃矣，而抑安能为我之恃乎？侯景不足以难魏，适以亡梁，拥大众、扼争地者且然，况乌合之一旅哉！岳侯恃两河忠义以伐金，使无金牌之撤，亦莫保其不与俱溃也。孙资谏曹叡之应彭绮，明于料敌矣。

【译文】

敌对双方相互僵持的时候，敌方内部有起异兵者与我方遥相呼应，如果我方认为起兵者可以依靠和利用，就以其作为内应以内外夹攻敌方，那么必败无疑。不论起兵者是出于正道大义还是单纯叛逆，对于他们，我方都不能为了贪功冒进而轻易相信他们、依靠他们。如果他们是出于正道大义而起兵的，他们就是忠臣义士，怀着孤忠、愤慨之情突然起义，根本不考虑事情的成与败，况且其中真正心怀忠愤者不过一两个人罢了，其他的人都是贪图一己之利，因而变化无常，虽然聚集在一起，但并不能互相统辖。假若他们是为了叛逆而起兵的，那么他们就是狂妄之徒以图非分之想，是想假借我方的名义来蛊惑人心罢了，并不是真心作为我方的内应，像这样的内应怎么能依靠、利用呢？

吴国鄱阳盗贼首领彭绮，是起兵作乱之人，虽假借为曹魏讨伐吴国之名，其实就是个叛贼。他的心思是想利用曹魏作为奥援，而自己借机骤然兴起，残害百姓，从中渔利。如果曹魏依靠他作为内应，那么他失败后，曹魏的锐气也会被挫败。如果彭绮这样的人自身靠得住的话，还引我方作为奥援干什么呢？如果他不值得依靠和利用，我们又怎么能依靠他作为内应呢？侯景的力量不足以在东魏发难，叛逃到南朝梁后却又发动叛乱导致梁朝的灭亡，像他这样拥有大军、占据要地的人尚且如此不值得依靠，更何况像彭绮那样的一群乌合之众呢！宋朝大将岳飞想依靠河东、河北的忠义之士作为内应以讨伐金国，假如他没有被宋高宗用十二道金牌召回，也难保其不与他们一起遭遇溃败。因此，大臣孙资规劝魏明帝曹叡不要以彭绮作为内应起兵伐吴，可以说是对敌方情况有着清醒的估计和明智的判断。

本事：《资治通鉴》卷七〇《魏纪二·明帝》，太和元年（227）。

一〇　诸葛亮的无奈

诸葛公出师北伐，表上后主，以亲贤远小人为戒，一篇之中，三致意焉。后主失国之由，早见于数十年之前，公于此无可如何，而唯以死谢寸心耳。

贤臣之进，大臣之责也，非徒以言，而必有进之之实。公于郭攸之、费祎、董允、向宠亦既进之无遗力矣。然能进而不能必庸主之亲之。庸主见贤而目欲垂，犹贤主见小人而喉欲哕也，无可如何也。虽然，尚可使之在列也。至于小人之亲，而愈无可如何矣。卑其秩，削其权，不得有为焉止矣。愈抑之，庸主愈狎之；愈禁之，庸主愈私之；敛迹于礼法之下，而噂（zǔn）沓于帷帟之中；庸主曰：此不容于执政，而固可哀矜者也。绸缪不舍，信其无疵可摘，而蛊毒潜中于肸蠁（xī xiǎng）之微。呜呼！其将如之何哉！

故贤臣不能使亲而犹可进，小人可使弗进而不能使弗亲。非有伊尹放桐非常之举，周公且困于流言，况当篡夺相仍之世，而先主抑有“君自取之”之乱命，形格势禁，公其如小人何哉！历举兴亡之由，著其大端而已。何者为小人，不能如郭、费、董、向之历指其人而无讳也。指其名而不得，而况能制之使勿亲哉？以一死谢寸心于未死之间，姑无决裂焉足矣。公之遗憾，岂徒在汉、贼之两立也乎？

【译文】

诸葛亮出师北伐的时候，曾向后主刘禅上《出师表》，劝诫他一定要亲近贤臣、疏远小人，在这一份上表中，三次提到这个意思。后主刘禅亡国的原因，早在数十年之前就已显露端倪。诸葛亮对此也无可奈何，只有以鞠躬尽瘁、死而后已来表达其忠忱之心罢了。

向朝廷举荐贤臣，这是大臣应尽的职责，不仅仅是通过语言表达此意，而必须付诸实际的行动。诸葛亮向后主刘禅举荐郭攸之、费祎、董允、向宠等人，可以说是不遗余力的。但是，虽然能举荐他们，但并不能保证昏庸的君主一定能够亲近和信用他们。昏庸的君主见到贤臣目光就想垂下来，就像是英明的君主见到奸佞之臣如鲠在喉想要呕吐一样，这也是无可奈何的事情。尽管如此，还是可以通过举荐使贤臣能保持在大臣之列。对于昏君亲近和信用奸佞小人，就更是没有办法了。对于奸佞小人，也只能尽量压低其品秩，削夺其权力，使他们不能有所作为，如此而已。但是，越是压抑这些奸佞小人，昏君就越是亲近他们；越是禁止这些奸佞小人干政，昏君就越是偏向他们，听之任之。这些奸佞小人虽然在礼法的约束之下收敛其行迹，但在宫帷之中的昏君身边却攻讦君子、诋毁忠良。昏君会说：他们不被执政者所容，本来就是非常值得怜悯的。昏君对这样的奸佞小人情意殷切、恋恋不舍，相信他们没有什么缺点、罪行可以指摘，这样其蛊毒便在不知不觉的潜移默化之中弥漫散布开来。唉！对待这样的人又能怎么办呢！

所以，虽然不能使昏君亲近、信用贤臣，但还可以举荐他们为官；虽然可以不让奸佞小人得到举荐和晋升，但不能阻止昏君亲近、信用他们。尽管并没有像商相伊尹放逐太甲于桐宫的非常之举，周公尚且受困于流言蜚语，更何况诸葛亮身处篡权夺位现象不断出现的时代呢？而且先主刘备临终有“君自取之”的悖乱荒谬的遗言，迫于朝廷内外的形势，诸葛亮对那些奸佞小人又有什么办法呢？也只能列举历代兴亡的原因，点明其中主要的利害关系罢了。什么人是小人，不能像列举郭攸之、费祎、董允、向宠那样，直言不讳、指名道姓地一个个把他们列举出来。连奸佞小人的名字都不能列举出来，更何况是制止其不为昏君亲近、信用呢？诸葛亮只能以鞠躬尽瘁、舍生忘死来表达忠心，在其未死之前，姑且不与这些奸佞小人彻底决裂，如此足矣。诸葛亮的遗憾，难道仅仅在于汉室的江山社稷与篡逆的乱臣贼子并立于世间吗？

本事：《资治通鉴》卷七〇《魏纪二·明帝》，太和元年（227）。

一一　能用人者无敌于天下

曹孟德推心以待智谋之士，而士之长于略者，相踵而兴。孟德智有所穷，则荀彧、郭嘉、荀攸、高柔之徒左右之，以算无遗策。迨于子桓之世，贾诩、辛毗、刘晔、孙资皆坐照千里之外，而持之也定。故以子桓之鄙、叡之汰，抗仲谋、孔明之智勇，而克保其磐固。

孔明之北伐也，屡出而无功，以为司马懿之力能拒之，而早决大计于一言者，则孙资也。汉兵初出，三辅震惊，大发兵以迎击于汉中，庸讵非应敌之道；乃使其果然，而魏事去矣。汉以初出之全力，求敌以战，其气锐；魏空关中之守，即险以争，其势危；皆败道也。一败溃而汉乘之，长安不守，汉且出关以捣宛、洛，是高帝破项之故辙也，魏恶得而不危？资筹之审矣，即见兵据要害，敌即盛而险不可逾，据秦川沃野之粟，坐食而制之，虽孔明之志锐而谋深，无如此漠然不应者何也。资片言定之于前，而拒诸葛、挫姜维，收效于数十年之后，司马懿终始所守者此谋也。

魏足智谋之士，昏主用之而不危。故能用人者，可以无敌于天下。

【译文】

曹操对待为他出谋划策的人推心置腹，于是这些擅长谋略之士都相继出现并为其所用。当曹操无计可使时，谋士荀彧、郭嘉、荀攸、高柔等人在他的左右为其谋划，可以说是料事如神，算无遗策。等到魏文帝曹丕（字子桓）在位的时候，谋士贾诩、辛毗、刘晔、孙资都有运筹帷幄之中、决胜千里之外的才能，而曹魏政权也坚定不移地秉持和践履他们的策略。所以，曹魏虽有像曹丕那样鄙陋、魏明帝曹叡那样骄奢的君主，来对抗东吴孙权、蜀汉诸葛亮的智勇双全，依然可以保证曹魏之江山社稷坚如磐石。

诸葛亮出兵祁山，北伐曹魏，屡次出兵都是无功而返，人们都认为是曹魏大将军司马懿的能力足以抵御蜀军的进攻。其实，这种坚守不出、以待敌疲的战略战术早就由一个人提出来了，这个人就是孙资。蜀汉刚刚出兵祁山的时候，三辅（即京兆尹、左冯翊、右扶风，辖境相当于今以西安为中心的陕西中部）地区为之震惊，此时曹魏若出大军在汉中（今陕西汉中一带）地区迎击蜀军，也并非不是应对敌人之道；假如果然这样做，那么曹魏就大势已去了。蜀汉以初出北上的全部兵力，寻求敌军主力决战，气势正盛，锐不可当。曹魏若出动大军，整个关中防御力量为之一空，而到汉中险要之地与蜀军决战，形势非常危险。这些都是取败之道。一旦曹魏军队战败溃退，蜀汉就会乘机长驱直入，攻占长安（今陕西西安），紧接着就是出潼关直捣宛城（今河南南阳）、洛阳，这是当年汉高祖刘邦打败项羽的老办法，这样曹魏的处境怎么能不岌岌可危呢？孙资在策划抵御蜀军的策略时，对此筹谋得非常谨慎、周密、完备。他认为，曹魏若在要害之地设兵把守，蜀军即使再强盛也不能逾越险要的关塞，而魏军可以凭借秦川沃野充足的粮食供应，原地就食，坚守不出，以拖垮缺乏粮饷供给的蜀军，即使诸葛亮志锐难当、谋深难抵，但他对坐守不战、漠然处之的魏军也毫无办法。孙资的策略早在十年之前就已经确定下来，而司马懿抗拒诸葛亮、挫败姜维，在数十年之后收到效果，他始终坚守的就是孙资这一战略战术。

曹魏有这样多的足智多谋之士，即使是昏君，只要能重用他们，国家也不会有什么危险。所以能用人才的人，可以无敌于天下。

本事：《资治通鉴》卷七〇《魏纪二·明帝》，太和元年（227）。

一二　诸葛北伐，以攻为守

魏延请从子午谷直捣长安，正兵也；诸葛绕山而西出祁山，趋秦、陇，奇兵也。高帝舍栈道而出陈仓，以奇取三秦，三秦之势散，拊其背而震惊之，而魏异是。非堂堂之阵直前而攻其坚，则虽得秦、陇，而长安之守自有余。魏所必守者长安耳，长安不拔，汉固无如魏何。而迂回西出，攻之于散地，魏且以为是乘间攻瑕，有畏而不敢直前，则敌气愈壮，而我且疲于屡战矣。夏侯楙（mào）可乘矣，魏见汉兵累岁不出而志懈，卒然相临，救援未及，小得志焉；弥旬淹月，援益集，守益固，即欲拔一名都也且不可得，而况魏之全势哉？故陈寿谓应变将略非武侯所长，诚有谓已。

而公谋之数年，奋起一朝，岂其不审于此哉？果畏其危也，则何如无出而免于疲民邪？夫公固有全局于胸中，知魏之不可旦夕亡，而后主之不可起一隅以光复也。其出师以北伐，攻也，特以为守焉耳。以攻为守，而不可示其意于人，故无以服魏延之心而贻之怨怒。

秦、陇者，非长安之要地，乃西蜀之门户也。天水、南安、安定，地险而民强，诚收之以为外蔽，则武都、阴平在怀抱之中，魏不能越剑阁以收蜀之北，复不能绕阶、文以捣蜀之西，则蜀可巩固以存，而待时以进，公之定算在此矣。公没蜀衰，魏果由阴平以袭汉，夫乃知公之定算，名为攻而实为守计也。

公之始为先主谋曰："天下有变，命将出宛、洛，自向秦川。"惟直指长安，则与宛、洛之师相应；若西出陇右，则与宛、洛相去千里之外，首尾断绝而不相知。以是知祁山之师，非公初意，主暗而敌强，改图以为保蜀之计耳。公盖有不得已焉者，特未可一一与魏延辈语也。

【译文】

蜀汉大将魏延请求率军从子午谷（今陕西西安南秦岭山中连接川陕间的一条要道）直捣魏军占据的长安，这是正兵；而诸葛亮绕过崇山峻岭从西边的祁山出兵，直趋秦

（今陕西西部）、陇（今甘肃南部）地区，这是奇兵。当年汉高祖刘邦舍弃栈道而暗度陈仓（今陕西宝鸡东），出奇兵夺取三秦（秦亡，项羽立秦三将，三分秦故地：一为今陕西中部咸阳以西和甘肃东部地区；一为陕西咸阳以东地区；一为陕西北部地区，合称三秦）地区，三秦地区的敌军势力溃散之后，刘邦控制军事要害，如同扼制了项羽的脊背而使他非常震惊，然而魏国的情况与此不同。蜀汉之兵并非以盛大整齐的阵势径直前进，攻击其坚守的战略要地，即使夺取了秦、陇地区，曹魏在长安的防御还是绰绰有余的。曹魏一定要坚守的就是长安，如不攻克长安，蜀汉就不能把曹魏怎么样。而诸葛亮蜿蜒迂回，西出奇兵，所攻击的是兵家所谓的散地，即无险可守、士卒易于离散的地方。曹魏还认为他们只会乘虚而入、进攻薄弱之地，面对强大的曹魏军队有所畏惧而不敢勇往直前。这样，曹魏的军队气势就更为强盛，而蜀军则因为接连不断地频繁作战而变得非常疲惫。曹魏以夏侯楙为将，蜀汉军队本来可以乘机出击，而曹魏军队见蜀汉军队多年不出兵，斗志懈怠，当蜀军突然降临之时，想要救援都来不及，蜀汉军队便可以取得初步的胜利。但是经过十天乃至拖延一月之后，曹魏的援军聚集而来，其防守也越来越巩固，这时即使想攻克一座大的都邑都办不到，更何况要战胜曹魏势力强胜的大军呢？所以，陈寿在《三国志·蜀志·诸葛亮传》中说，应变将略并不是诸葛亮所擅长的，确实是有道理的。

然而，诸葛亮对北伐之事谋划了数年，一朝奋起出兵，难道他对这一点没有考虑周到吗？如果真的害怕出现这样危险的结果，那么何不干脆不出兵北伐而使百姓免于疲敝呢？诸葛亮自然胸怀全局性的谋略，他知道要灭掉曹魏不是一朝一夕的事，也知道后主刘禅不是能够起于一隅、光复汉室的人物。他出师北伐曹魏，表面上看是进攻，实际上只不过是为了防守而采取的进攻手段罢了。以攻为守，这种真实的战略意图是不可明示于别人的，所以，他无法说服魏延，而只能使魏延心生怨恨和愤怒了。

秦、陇地区，不是长安周围的战略要地，却是西蜀的门户。天水（今甘肃甘谷东南）、南安（今甘肃陇西东南）、安定（今甘肃镇原东南）三郡，地势险要，民众强悍，若能收复三郡为蜀汉外围的屏障，那么武都（今甘肃陇南）、阴平（今甘肃文县一带）二郡就处于蜀汉势力的怀抱之内，曹魏军队不能越过剑阁占领蜀汉的北部地区，也不能绕路阶（今甘肃武都东）、文（今甘肃文县）二地直捣蜀汉的西部，这样蜀汉政权就可以稳固地存在下去，等待时机再进取中原，诸葛亮筹谋的战略计划正在于此。诸葛亮去世以后，蜀汉渐趋衰落，后来魏军果然经由阴平小道袭击蜀汉，由此可以知道，诸葛亮的战略计划名为攻而实为守。

诸葛亮最初为先主刘备谋划时说：“一旦天下有变动，就派遣一员大将出兵宛、洛，您亲自率军直指秦川。”只有直指长安，才能与出兵宛、洛的军队遥相呼应；假若出兵陇右，那么就与宛、洛地区相隔千里，首尾断绝，彼此间的信息也很难相互联通。由此可知，蜀汉出兵祁山，并不是诸葛亮战略谋划的初衷，只是因为后主刘禅昏庸，而曹魏军队实力强大，不得已而改变了原来的战略计划，以北伐曹魏作为保存蜀汉的一种策略罢了。诸葛亮大概也有其不得已的苦衷，只是不能一一与魏延等人解释说明而已。

本事：《资治通鉴》卷七一《魏纪三·明帝》，太和二年（228）。

一三　诸葛亮曹操用人得失

武侯之任人，一失于马谡，再失于李严，诚哉知人之难也。暗者不足以知，而明察者即以明察为所蔽；妄者不足以知，而端方者即以端方为所蔽。明察则有短而必见，端方则有瑕而必不容。士之智略果毅者，短长相间，瑕瑜相杂，多不能纯。察之密，待之严，则无以自全而或见弃，即加意收录，而固不任之矣。于是而饰其行以无过、饰其言以无尤者，周旋委曲以免摘；言果辨，行果坚，而孰知其不可大任者，正在于此。似密似慎，外饰而中枵，恶足任哉？

故先主过实之论，不能远马谡，而任以三军；陈震鳞甲之言，不能退李严，而倚以大计；则唯武侯端严精密，二子即乘之以蔽而受其蔽也。于是而曹孟德之能用人见矣，以治天下则不足，以争天下则有余。蔽于道而不蔽于才，不能烛司马懿之奸，而荀彧、郭嘉、钟繇、贾诩，惟所任而无不称矣。

【译文】

武侯诸葛亮用人有两次失误，一次是任用马谡，一次是任用李严，由此可知，要做到知人善任确实是很难的。昏庸的人，其才能不足以知人；而能够明察秋毫的人，又往往为自己的明察所蒙蔽；狂妄无知的人，其才能不足以知人；而品行端方的人，又往往为自己的正直所蒙蔽。善于明察的人，对于别人的短处看得一清二楚；品行端方的人，则不能容忍别人的缺点。一个有智慧谋略、果断坚毅的人，其短处和长处大多是并存于一身的，缺点和优点也是杂糅在一起的，往往无法做到纯正无瑕。如果对这样的人才考察得过于细密，对他们的要求过分严格，那么这些人就不能自我保全，有的人就会被弃而不用，即使被选拔上来，也必然不会加以重用。于是，这些人为了表示自己没有错误就会掩饰自己的行迹，为了显示自己没有缺点就会粉饰自己的言语，曲意周旋，以求免于被指摘。如此，这些人看起来能言善辩，行动果断，谁又能知道他们实际上并非如此、不能担当重任呢？原因也正在于此。表面上看起来很周密谨慎，其实是金玉其外，败絮其中，像这样的人，怎么能委以重任呢？

所以，虽然先主刘备临终前对诸葛亮说过马谡其人言过其实，不堪大用，但诸葛亮却不能疏远马谡，反而委以统率三军的重任；尚书令陈震也曾明言李严腹中有鳞甲（居心险恶）、不可亲近，但诸葛亮却不能斥退李严，反而依靠他来参与国家大计的谋划。正是因为诸葛亮端庄谨严、心思缜密，所以马谡、李严就利用了诸葛亮为自己的正直、明察所蒙蔽，掩饰他们的问题和缺陷，而诸葛亮也因此受到他们的蒙蔽。通过对比就可以知道，曹操还是更知人善任的，尽管他这方面的能力治理天下还不足，但用来争夺天下就显得绰绰有余。曹操虽然不明正道大义，但却善于了解和任用人才，除了没有洞察司马懿的奸诈，像荀彧、郭嘉、钟繇、贾诩等智谋之士，都得到他的充分信任和重用，也都是非常称职的。

本事：《资治通鉴》卷七一《魏纪三・明帝》，太和二年（228）。

一四　善用人者不恃人

城濮之战，晋文不恃齐、秦也。恃齐、秦，则必令齐掠陈、蔡而南以牵之于东，秦出武关，下鄀、郢以挠之。荥阳之战，高帝不恃彭、黥也。恃黥布，则当令布率九江之兵，沿淮而袭之；恃彭越，则越胜而进，越败而退也。善用人者不恃人，此之谓大略。

吴人败曹休于石亭，诸葛出陈仓之师，上言曰："贼疲于西，又务于东，兵法乘劳，此进趋之时也。"其无功宜矣。恃吴胜而乘之，吴且退矣，失所恃而心先沮、气先折也。蜀定吴交以制魏，此诸葛之成谋，计之善者也。虽然，吴交之必定，亦唯东顾无忧，可决于进尔。及进，而所恃者终在己也。我果奋勇以大挫魏于秦川而举长安，吴且恃我以疾趋淮、汝，不恃吴而吴国可恃也。己未有必胜之形，而恃人以逞，交相恃，交相误，六国之合从，所以不能动秦之毫末，其左验已。

石亭之役，贾逵以虚声怖吴而吴退，吴望蜀之乘之，蜀不能应也。陈仓之役，张郃以偏师拒蜀而蜀沮，蜀望吴之牵之，吴不能应也。两国异心，谋臣异计，东西相距，声响之利钝不相及，闻风而驰，风定而止，恃人者，不败足矣，未有能成者也。德必有邻，修德者不恃邻；学必会友，为学者不恃友；得道多助，创业者不恃助。不恃也，乃可恃也。故曰："一人行则得其友。"言致一也。

【译文】

春秋时期晋楚城濮之战时，晋文公并没有依赖秦、齐两国的支持。如果依靠秦、齐两国，就必然会让齐军攻掠陈国、蔡国向南进攻，从东方牵制楚国；让秦军出武关（今陕西丹凤东南），南下鄢（今湖北宜城）、郢（今湖北江陵西北），以阻挠楚国对北方的进攻。楚汉荥阳（今河南荥阳境内）之战，汉高祖刘邦也没有依靠梁王彭越和九江王黥布。如果依靠黥布，就应当命令黥布率兵从九江（今安徽寿县）沿淮河袭击项羽的军队；依靠彭越，就让彭越与项羽交战，彭越胜利了就乘机进攻，失败了就跟着撤退。

善于借用他人力量的人是不会轻易依靠别人的，这就是人们所说的宏图大略。

吴国军队在石亭（今安徽舒城境内）大破曹休率领的魏军，诸葛亮就率军出陈仓（今陕西宝鸡东）北伐，在给后主刘禅的上书中说："曹贼疲惫于西线，而又不得不顾及东线，兵法上讲要乘敌之疲劳发动攻击，如今正是进攻的好时机。"由此看来，其无功而返也是当然的。依赖于东吴的暂时取胜就趁机出兵，那么吴国一旦退兵，蜀军就会因为失去了依靠，而心中沮丧，锐气受挫。蜀汉与孙吴两国联盟对付曹魏，这是诸葛亮思虑成熟的战略计划，当然是很好的策略。尽管如此，与吴国的关系再好，也仅仅是没有了东顾之忧，可以毫无顾虑地起兵讨伐曹魏。到了真正出兵北伐之时，所能够依靠的最终只能是自己。假若蜀军果真能奋勇杀敌在秦川大挫曹魏，进而夺取长安，那么吴国必将利用蜀国胜利的时机而直指淮河、汝河流域，到那时蜀汉即使不依靠吴国，反而是吴国自己变得足以值得依靠。如果自己没有必胜的把握，而只想依靠他人的力量取胜，这样双方相互依靠，就会相互贻害对方，战国末年六国合纵之所以不能动秦国之毫发，原因便在于此，这是历史发展早已证明过的。

魏、吴石亭之役中，贾逵在曹休兵败之后多设疑兵以虚张声势，使吴军以为援军已到，于是退却，这种情况下吴国希望蜀国能借此机会从西部进攻魏国，但蜀国却不能接应。接下来的蜀、魏陈仓之战中，魏将张郃率领侧翼军队抗拒蜀军，蜀军受挫，蜀国希望吴国在东方牵制曹魏，吴国也没有响应。两国不同心，谋臣不同计，再加上东西相距遥远，对方的消息很难听到，闻风而起，风定而止，只想依赖别人的人，能不遭受失败就已经不错了，从来没有最终成功的。《论语·里仁》中说："品德高尚的人不会孤单，必定有志同道合朋友成为他的伙伴。"但修养自身道德的人却不会依赖同伴的力量。《礼记·学记》中说："独自学习而没有朋友间的交流切磋，就会孤陋寡闻，见识短浅。"做学问的人一定有朋友相互切磋，共同进步，但治学的人却不能只依赖朋友的帮助。《孟子·公孙丑下》中说："得道者多助，失道者寡助。"但创业者却不能只依赖于他人的帮助。只有不依赖别人的帮助，别人的帮助才有可能成为自己可以依赖的力量。所以《周易·损卦》的爻辞说："三人同行，难免意见分歧，必然会导致一人被孤立；一人独行，虽孤单无助，却反而容易求得到志同道合的朋友。"说的就是以我为主，形成共识，达到一致的目标。

本事：《资治通鉴》卷七一《魏纪三·明帝》，太和二年（228）。

一五　位号不可僭，天伦不可忘

魏制：诸侯入继大统者，不得谓考为皇、称妣为后，是也。帝后之尊，天之所秩，非天子所得擅以加诸其亲，则大统正而天位定也。其曰："纂正统而奉公义，何得复顾私亲。”则袭义而戕仁矣。

所后者以承统而致其尊，因以致其亲，义也；所生者以嗣统而屈其尊，不能屈其亲，仁也；亲者，与心生以生其心，性之不可掩者也。故古之制服，为人后者，为所生父母期，不问与所生相去亲疏，即与所后者在六世袒免之外而必期，且必正名之曰“所生父母”，未尝概置诸伯叔之列也。抑此犹为为人后者言之。若宋英宗之后仁宗，孝宗之后高宗，固以为子而子之，则所后所生父母之名各正，而所生者并屈其亲。若夫前君之生也，未尝告宗庙、诏臣民、而正其为后；嗣子之嗣也，未尝修寝门视膳之仪，立国储君副之位，臣民推戴而大位归焉。则亦如光武之于南顿，位号不可僭，而天伦不可忘，何得遽谓之私亲而族人视之也哉？

天下所重者，统也；人子所不可背者，亲也。为天下而不敢干其统，则天下之义重，而己之恩轻。虽有天下，而不可没其生我之恩，则天下敝屣，而亲为重。导谀者，献追尊之僭；矫异者，没父母之名；折衷以顺天理之固然，岂一偏之说所可乱哉！

【译文】

曹魏的制度规定：凡是诸侯入继大统的，不能称过世的父亲为皇，称过世的母亲为后，这是正确的。皇帝、皇后的尊号，是上天所规定的次序，不是天子可以擅自将这样的尊号赠给他的父母的。这样，大统才能纯正，天位也就安定了。然而曹魏的诏令却说："既然继承了正统，就要遵奉公义，还怎么能顾及自己的父母呢？"也就是出于一时之义而戕害了仁。

作为过继给别人作后代者继承大统，得享尊位，因此要把养父母当作亲生父母来尊崇，这是出于义的要求；而作为生身父母亲，因为生子过继给别人并继承大统从而失去了作为父母的尊崇地位，其子就不能再否认与生身父母的亲缘关系，这是出于仁的要求。所谓亲缘关系，就是父母给予孩子生命的同时就在其心中萌发的情感，这是不可掩饰的自然天性。所以古代的丧服制度规定，过继给别人为后代的人，要为自己的亲生父母服丧，穿为期一年的齐衰丧服，不论其养父母与亲生父母亲属关系的亲疏远近，即使其亲属关系已经超过五服之外，只需要袒衣免冠的情况下，也一定要穿为期一年的齐衰丧服，而且还必定要正名称为"亲生父母"，不能置于各位伯叔辈的行列当中。但这些只是针对过继给别人为后嗣者而言的。至于像宋英宗赵曙过继给宋仁宗赵祯为后，宋孝宗赵昚过继给宋高宗赵构为后，本来就是当作亲生儿子一样抚养的，他们的养父母、亲生父母的名分各自已经辨正明确，其亲生父母的地位不能得到尊崇，亲缘关系也一并受到压抑。至于嗣子所继承之前任君主，如果在其生前不曾告祭宗庙、昭示天下臣民，正式确立嗣子的继承人身份；嗣子在继承前任君主的大统之前，也不曾奉行寝门视膳之仪即尽其孝道，也没有被册立为储君或监国之位，只是由于臣民拥戴才得以继承大统，那么也应该像东汉光武帝刘秀对待其生父南顿（今河南项城西）令刘钦一样，（刘秀登基乃继元帝之后，故未以皇帝称号追尊生父，但按照礼法，为高祖、曾祖、祖、父立庙，既不僭越名号，也合乎天伦）虽然皇考之类的尊位、名号不可轻易僭越使用，但是父母的恩情也时刻不能忘记，怎么能在登基之后就立即把生身父母称为私亲而仅仅视为族人呢？

天下所看重的是国家正统，作为人子所不能违背的是父子之间的亲情。为天下着想，不能打乱正统的伦序，则天下之大义为重，天子本人之私恩为轻。即使拥有天下，也不能辱没父母的生养之恩，天下可弃，而亲情为重。逢迎献媚者提出追尊天子生父的越礼建议，标新立异者主张为了国家正统必须泯没天子亲生父母之应有名分与亲情。这两种做法都不足取，其实二者之间本来是可以折中调和以顺应天理的，岂是偏执一说所可以扰乱的！

本事：《资治通鉴》卷七一《魏纪三·明帝》，太和三年（229）。

一六　文质互为表里，名实不可偏废

国政之因革，一张一弛而已。风俗之变迁，一质一文而已。上欲改政而下争之，争之而固不胜；下欲改俗而上抑之，抑之而愈激以流；故节宣而得其平者，未易易也。

东汉之中叶，士以名节相尚，而交游品题，互相持以成乎党论，天下奔走如骛，而莫之能止。桓、灵侧听奄竖，极致其罪罟以摧折之，而天下固慕其风而不以为忌。曹孟德心知摧折者之固为乱政，而标榜者之亦非善俗也，于是进崔琰、毛玠、陈群、钟繇之徒，任法课能，矫之以趋于刑名，而汉末之风暂息者数十年。琰、玠杀，孟德殁，持之之力穷，而前之激者适以扬矣。太和之世，诸葛诞、邓飏浸起而矫孟德综实之习，结纳互相题表，未尝师汉末之为，而若或师之；且刓（wán）方向圆，崇虚堕实，尤不能如李、杜、范、张之崇名节以励俗矣。乃遂以终魏之世，迄于晋而不为衰止。然则孟德之综核名实也，适以壅已决之水于须臾，而助其流溢已耳。故曰抑之而愈以流也。

名之不胜实、文之不胜质也，久矣。然古先圣人，两俱不废以平天下之情。奖之以名者，以劝其实也。导之以文者，以全其质也。人之有情不一矣，既与物交，则乐与物而相取，名所不至，虽为之而不乐于终。此慈父不能得之于子，严师不能得之于徒，明君不能得之于臣民者也。故因名以劝实，因文以全质，而天下欢欣鼓舞于敦实崇质之中，以不荡其心。此而可杜塞之以域民于矩矱（yuē）也，则古先圣人何弗圉（yǔ）天下之跃冶飞扬于钳网之中也？以为拂民之情而固不可也。情者，性之依也，拂其情，拂其性矣；性者，天之安也，拂其性，拂其天矣。志郁而勃然以欲兴，则气亦蝹蜦（yūn lún）屯结而待隙以外泄。迨其一激一反，再反而尽弃其质以浮荡于虚名。利者争托焉，伪者争托焉，激之已极，无所择而唯其所泛滥。夏侯玄、何晏以之亡魏，王衍、王戎以之亡晋，五胡起，江东仅存，且蔓引以迄于陈、隋而不息，非崇质尚实者之激而岂至此哉？

桓、灵激之矣，奄竖激之矣，死亡接踵而激犹未甚，桓、灵、奄竖不能掩其名也。孟德、琰、玠并其名而掩之，而后诡出于玄虚，横流于奔竞，莫能禁也。以傅咸、卞壸、陶侃之公忠端亮，折之而不胜，董昭欲以区区之辨论，使曹叡持法以禁之，其将能乎？圣王不作，礼崩乐坏，政暴法烦，只以增风俗之浮荡而已矣。

【译文】

国家政治的因袭与变革之道，就在于一张一弛之间罢了。社会风俗的变化迁移，就在于一质一文之间罢了。上面的统治者要改革政治，下面的臣民如不愿意，就会起来极力争辩，争论的结果是臣民自然胜不过君王；下面的臣民要改变现有的社会风俗，而上面的君主不同意，就会进行压制，结果是越压制就越刺激这种社会风俗更加流行开来。所以把握时势对国家政治和社会风俗加以裁制或开放，通过适当的调适使其达到平衡状态，的确是一件非常不容易的事。

东汉王朝的中期，士大夫推崇名节，互相交游，品评人物，定其高下，他们相互标榜，以至于形成了党论清议，一时间，天下人纵横奔驰，而没有办法能够制止这种现象。汉桓帝、灵帝偏听宦官之言，极力罗织罪名将这些人下狱治罪，以此摧毁他们的势力，但天下人依然仰慕这些党人的风采，对朝廷的禁令置之不理。曹操内心深知这种摧残党人势力的政策本身就是乱政，但士大夫互相交游标榜也并不是好的社会风俗，于是重用崔琰、毛玠、陈群、钟繇等人，依靠法度，选贤任能，矫正这种风气使之趋于法家的刑名之术，汉末以来的这种士人清议之风暂时平息了数十年。崔琰、毛玠被杀，曹操去世之后，国家已没有力量再控制党论清议，而此前对其的压制激起反弹，恰恰使这种风气更为盛行。魏明帝曹叡太和年间（227—232），诸葛诞、邓飏等人相继而起，矫正曹操综核名实之习，于是人们相互交结，品评标榜，虽然没有仿效汉末的做法，但有些地方似也有所师承。况且他们改变忠直之本性以随俗俯仰、与世沉浮，崇尚虚无而不切实际，尤其不能像东汉中期的李膺、杜密、范滂、张俭等人那样崇尚名节，激励风俗。于是，最终这种清议之风不仅伴随了曹魏时代的始终，而且直到晋朝也没有衰退止息。如此说来，曹操综核名实的做法，恰如暂时堵塞住已经溃决的河水一样，最终反而助长了洪水的泛滥之势罢了。所以说，越压制就越刺激这种社会风俗更加流行泛滥开来。

虚名与实际不能相符，浮华与质朴不能相称，这种情况由来已久了。然而，古代的先哲圣王，却能兼顾名与实、文与质并使二者并存不废，以平衡天下人的不同需求、情感。以名誉奖励人们，目的是劝其务实。以文饰、礼乐来引导人们，目的是保全其质朴之心。人们各自的情感、需求不同，既然与世俗进行交往，则乐于在与外界相处中满足自己的需要；如果不能给予适当的名声奖励，人们即使按照社会道义规范与外界相处，也很难持续到最后并由此感到快乐。这种发自内心的情感需求，是仁慈的父亲也无法从儿子那里获得的，严厉的师父也无法从徒弟那里获得的，英明的君主也无法从自己的臣民那里获得的。所以，通过进行名声上的奖励来劝勉人们做出相应的实际行动，通过文饰、礼乐来引导人们保全其质朴之心，这样天下的人都在崇尚实际、崇尚质朴之中欢欣鼓舞，才能不动摇其心性。此种方法若可以将百姓控制在规矩法度的范围之内，那么，古代的先贤圣王为何不把天下活跃飞扬的人都置于钳制的网络之中，不给他们自由空间呢？因为这样做拂逆了老百姓的情感需求，本来就不能这么做。情感，是人的天性所依靠的东西，拂逆了人的情感就等于违背了人的天性；天性，是上天赋予人并使其安然存身的东西，拂逆了人的天性，就等于拂逆了上天。当人们的志向受到压抑而郁郁不得志时，便会想要勃然兴起，那么其郁积之气也就像龙蛇行进一样逐渐集结在一起，以等待缝隙向外流泄。等到人们受到刺激，反其道而行之，再次回归之时就会完全抛弃质朴之心，从而沉溺于浮荡的虚名之中。所以，汲汲于谋利的人争着托名于此，伪君子也争着托名于此，受到的刺激达到顶点，就会无所选择，只有任其泛滥。夏侯玄、何晏以此导致了曹魏的灭亡，王衍、王戎以此导致了西晋的灭亡，五胡（指魏晋时我国北部和西北部的匈奴、鲜卑、羯、氐、羌五个民族）占据中原，东晋的建立仅能保全江东地区，但这种清议之风一直蔓延到南朝陈、隋朝时期还没有完全平息下来。如果不是崇尚质朴、崇尚实际之人的刺激，又怎么会发展到这样的程度呢？

汉桓帝、灵帝刺激了清议之风，宦官也刺激了清议之风，尽管党锢之士付出了接踵而至的死亡代价，但这种刺激尚不至于如此厉害，桓帝、灵帝和宦官也不能遮掩他们的声名。曹操、崔琰、毛玠干脆连清议之风的名声也一并遮掩起来，结果后来清议之风变成了玄虚之风，在对于名利的追求上奔走竞争、横行无忌，没有人能够禁止了。像傅咸、卞壶、陶侃这样端正诚实、正直坚贞的人，驳斥他们尚且不能取得胜利，董昭想通过区区的辩论，使魏明帝曹叡以法律来禁止清议之风，难道这个办法能行得通吗？没有圣明的君主在世，致使礼崩乐坏，政治残暴，法律繁苛，只能使社会风俗更加趋于轻浮放荡罢了。

本事：《资治通鉴》卷七一《魏纪三·明帝》，太和四年（230）。

一七　魏蜀习士以战

魏伐辽东，蜀征南中，一也，皆用兵谋国之一道也；与隋炀之伐高丽、唐玄之伐云南，异矣。隋、唐当天下之方宁，贪功而图远，涉万里以徼幸，败亡之衅，不得而辞焉。诸葛公之慎，司马懿之智，舍大敌而勤远略，其所用心者未易测矣。

两敌相持，势相若而不相下，固未得晏然处也。而既不相为下矣，先动而躁，则受其伤，弗容不静以俟也。静以俟，则封疆之吏习于固守，六军之士习于休息，会计之臣习于因循。需之需之，时不可徼而兵先弛；技击奔命、忘生趋死之情，日以翱翔作好而堕其气；则静退之祸，必伏于不觉。一旦有事，张皇失措，惊忧朒（nǜ）缩，而国固不足以存，况望其起而制人，收长驱越险之功哉？魏之东征，蜀之南伐，皆所以习将士于战而养其勇也。先主殂，蜀未可以图中原，孟德父子继亡，魏未可以并吴、蜀，兵不欲其久安而忘致死之心，诸葛之略，司马之智，其密用也，非人所能测也。

或曰：习士于战，有训练之法，而奚以远伐为？呜呼！此坐而谈兵，误人家国之言耳。步伐也，击刺也，束伍也，部分也，训练而习熟者也。两军相当，飞矢雨集，白刃拂项，趋于死以争必胜，气也，非徒法也。有其法不作其气，无轻生之情，而日试于旌旗金鼓之间，雍容以进退，戏而已矣。习之愈久而士愈无致死之心，不亡何待焉？训练者，战余而教之也，非数十年之中，目不见敌，徒修其文具之谓也。

【译文】

曹魏讨伐辽东（今辽宁东南部辽河以东地区），蜀汉征讨南中（相当于今四川大渡河以南地区及云南、贵州两省。

三国蜀汉以巴蜀为根据地，其地在巴蜀之南，故名），都是一样的，都是用兵谋国的一种方法；与隋炀帝杨广讨伐高丽（即高句丽，在今中国东北地区和朝鲜半岛一带），唐玄宗讨伐云南（即南诏，大致相当于今云南及周围地区）是不同的。隋唐时期，天下刚刚平静安宁下来，隋炀帝、唐玄宗都是好大喜功的君主，为了显示其国力强盛而征讨远方的高丽、云南，派遣军队跋山涉水，不远万里，以图侥幸取胜，他们的失败也是必然的。以诸葛亮的谨慎，以司马懿的智慧，他们都舍弃自己的大敌不去讨伐，却要经略远方的南中、辽东，他们的用心是难以揣测的。

两敌相持，势力相当，不相上下，本来就不可能平安无忧地友好相处。既然双方势力不相上下，那么率先采取行动的一方必然是急躁的，急躁就有可能在战争中遭到损失，因此双方都不能不平静地等待时机。既然要长期平静地等待时机，那么那些封疆大吏就习惯于固守，六军将士就习惯于休养生息，管理财物供给及会计出纳等事的官员就习惯于因循守旧、墨守成规。这样等着等着，作战的时机依然没有到来，军队就会因长期没有战事而逐渐松弛下来。拼命技击搏斗、应急出战的能力，舍身忘死的锐气和情感，也因为天天过着舒适的日子而日渐停滞和淡化，士气逐渐地消沉下来。如此说来，安静地消极地等待战争的时机到来，对双方的危害都是很大的，而且必定在不知不觉中潜伏着。一旦有战事，军队必然会仓皇失措，惊恐忧虑，纷纷退缩，而国家都固然不足以保全，更何况希望这样的军队能起来克敌制胜，建立长驱直入、超越险阻的大功呢？曹魏的东征，蜀汉的南伐，目的都是使将士习惯于战争环境，从而培养其勇往直前的锐气。先主刘备死后，蜀汉不能马上北上进取中原，曹操、曹丕父子相继而死，曹魏也不能兼并孙吴、蜀汉，诸葛亮和司马懿都不想让他们的士兵久处于长期安逸的环境中，失去为国献身的雄心。诸葛亮的谋略，司马懿的智慧，其运用在当时都是不宜公开的秘密，不是常人所能揣测得到的。

有人会说：让将士习惯于战争环境，不是有训练之法吗？何必要以远伐实战的方式呢？唉！这是坐而谈兵，误人家国的议论。像行军的步伐、搏击刺杀技术、军队号令的约束、各部的分合部署，都是可以通过训练而掌握和熟练的。然而当两军相战、势力相当之时，将士必然面临着矢如雨集、刀光剑影，在这种情况下，能舍身忘死争取必胜的关键就是要有气势，而并非只靠训练出来的技巧和战法。仅仅有训练有素的技巧和战法，却不能鼓动其士兵的勇气，将士就不可能有舍生忘死之情。整日在旌旗金鼓之间训练，根据预定好的号令从容进退，只不过如同游戏一般罢了。像这样的训练进行得越久，将士就越无舍生忘死之心，这样怎么能不打败仗呢？国家又怎么能不亡呢？所谓训练，就是在战争之余进行教练，并不是说几十年间，根本不见敌人，只对将士进行徒具形式的训练。

本事：《资治通鉴》卷七〇《魏纪二・文帝》，黄初六年（225）。

一八　诸葛亮深谋远虑

武侯遗令魏延断后，为蒋琬、费祎地也。李福来请，公已授蜀于琬、祎。而必不可使任蜀者，魏延也。延权亚于公，而雄猜难御，琬未尝与军旅之任，而威望不隆，延先入而挟孱主，琬固不能与争，延居然持蜀于掌腕矣。唯大军退而延不得孤立于外，杨仪先入而延不得为主于中，虽愤激而成乎乱，一夫之制耳。

延之乱也，不北降魏而南攻仪，论者谓其无叛心。虽然，岂可保哉？延以偏将孤军，主帅死而乞活于魏，则亦司马懿之属吏而已矣，南辕而不北驾，不欲为懿下也。使其操全蜀之兵，制朝权而唯其意，成则攘臂以夺汉，不成将举三巴以附魏，司马懿不得折棰而驭之，其降其否，亦恶可谅哉？

杨仪褊小之器耳，其曰“吾若举军就魏，宁当落度如此”。是则即为懿屈而不惭者。令先归而延与姜维持其后，蒋琬谈笑而废之，非延匹也。于是而武侯之计周矣。故二将讧而于国无损。不然，将争于内，敌必乘之，司马懿之智，岂不能间二乱人以卷蜀，而何为敛兵以退也？

【译文】

武侯诸葛亮临终前命令大将魏延在蜀汉大军撤退时断后，这是为蒋琬、费祎的处境考虑。后主刘禅派尚书仆射李福来到五丈原（位于今陕西岐山南斜谷口西侧），咨询诸葛亮百年以后的国家大计，诸葛亮已经把蜀汉大政托付给了蒋琬、费祎两人。一定不能托付重任的人，就是魏延。魏延的军权仅次于诸葛亮，但强悍而喜猜忌，很难驾驭，蒋琬从来没有参与过军事任务，而且权威名望也不重，假如魏延率军先入朝廷，挟持昏庸的后主刘禅，蒋琬当然就难以与之争雄了，这样魏延就会自然地把整个蜀汉政权控制在自己手中。只有让蜀汉大军撤回国内，魏延才不能拥兵自重于外，杨仪先进入朝廷，魏延也就不能进入朝廷掌控中枢机要，即使他对此非常恼火，以致最后发动叛乱，但相比较而言，制服他一个人就很容易了。

魏延发动叛乱以后，没有向北投降曹魏，却向南攻打杨仪，议论的人便认为魏延并没有叛蜀之心。即便如此，难道就可以保证他一定不会反叛蜀汉吗？如果魏延以偏将身份率领一支孤军，因主帅诸葛亮死而向曹魏乞求活命，那么他投降以后最多也不过是司马懿手中的一个属吏罢了。魏延率军南下而不北上，就是不愿意做司马懿的属下。如果他能够掌握整个蜀汉的兵权，进而控制朝政大权，为所欲为，一旦成功之后便会篡汉自代，不成功便会率三巴（即巴郡、巴东、巴西的合称，代指整个四川地区）归附曹魏，这样，他的地位就不一样了，司马懿也不能轻易控制他了。因而他降或是不降，又有什么值得信任的呢？

杨仪不过是一个度量狭小的人罢了，后因求高官而没有得到满足，就耿耿于怀地说："假若我当时率全军投奔曹魏，会沦落到这种潦倒落魄的地步吗？"这就是那种即使屈从于司马懿也不感到羞愧的人。诸葛亮让杨仪先率军回国而让魏延和姜维断后，蒋琬因此可以在谈笑之间就把他罢官废黜了，如此看来，杨仪还比不上魏延。由此看来，武侯诸葛亮对后事的谋划就非常周密了。所以，魏延、杨仪两位将领的内讧对蜀汉没有太大的损害。否则，二将相争于内，敌人就必然会乘虚而入，以司马懿的才智，难道他会不离间和利用这两个叛乱之人而率大军席卷全蜀吗？如果不是因为诸葛亮计划周密，使他无机可乘，他为什么要收兵撤退呢？

本事：《资治通鉴》卷七二《魏纪四·明帝》，青龙二年（234）。

一九　诸葛表主以自明

武侯之言曰："淡泊可以明志。"诚淡泊矣，可以质鬼神，可以信君父，可以对僚友，可以示百姓，无待建鼓以亟鸣矣。且夫持大权、建大功，为物望所归，而怀不轨之志者，未有不封殖以厚储于家者也。以示豆区之恩，以收百金之士，以饵腹心之蠹，以结藩镇之欢，胥于财而取给。季氏富于周公，而鲁昭莫能制焉，曹、马、刘、萧，皆祖此术也。诚淡泊矣，竞利名者之所不趋，而子孙亦习于儒素，不问其威望之重轻，而固知其白水盟心、衡门归老之夙图矣。

乃武侯且表于后主曰："成都有桑八百株，薄田十五顷，死之日，不使内有余帛、外有赢粟，以负陛下。"一若志晦不章、忧谗畏讥之疏远小臣，屑屑而自明者。呜呼！于是而知公之志苦而事难矣。后主者，未有知者也，所犹能持守以信公者，先主之遗命而已。先主曰："子不可辅，君自取之。"斯言而入愚昧之心，公非剖心出血以示之，岂能无疑哉？身在汉，兄弟分在魏、吴，三国之重望，集于一门，关、张不审，挟故旧以妒其登庸，先主之疑，盖终身而不释。施及嗣子之童昏，内而百揆，外而六军，不避嫌疑而持之固，含情不吐，谁与谅其志者？然则后主之决于任公，屈于势而不能相信以道，明矣。公乃谆谆然取桑田粟帛、竭底蕴以告，无求于当世，其孤幽之忠贞，危疑若此，而欲北定中原、复已亡之社稷也，不亦难乎？

于是而知先主之知人而能任，不及仲谋远矣。仲谋之于子瑜也、陆逊也、顾雍也、张昭也，委任之不如先主之于公，而信之也笃，岂不贤哉？先主习于申、韩而以教子，其操术也，与曹操同，其宅心也，亦仿佛焉。自非司马懿之深奸，则必被掣曳而不能尽展其志略。故曰公志苦而事难也。不然，公志自明，而奚假以言明邪？

【译文】

武侯诸葛亮有句话："淡泊可以明志。"果真淡泊的人，可以与天地鬼神对质，可以取信于君父，可以心无愧怍地面对同僚好友，可以开诚布公地明示百姓，没有必要像敲鼓一样刻意发声表白自己的淡泊志向。况且手握大权，建立大功，为众望所归，而又怀有野心的人，没有不大量地聚敛财物储存在自己家中的。用来向别人展示小恩小惠，用来收买有所作为的勇士，用来豢养心腹近臣，用来讨取藩镇将士的欢心，这些都要取得财物以满足需用。春秋鲁国的季孙氏比周公还要富有，鲁昭公都没有办法控制他，曹操、司马懿、刘裕、萧道成等人，都是沿用了季孙氏的办法。如果真的是淡泊之人，那么追逐名利的人就不会对他趋之若鹜，而其子孙也一定会习惯于淡泊朴素、安贫乐道的儒者素质，不论其威望是重是轻，本来就可以知道他确实有着这样的夙愿，即与志同道合者指水盟誓为交、衡门归隐终老，因为他所图的本非名和利。

可是，武侯诸葛亮在给后主刘禅的上表中说："我家在成都有八百棵桑树，十五顷薄田，等我死的那一天，不能使家中有多余的布帛，外边有多余的粮食，以不辜负先帝和陛下对我的信任。"就像是很不得志，害怕皇帝听信别人的谗言要疏远自己的小臣一样，着意将自己的一切都清清楚楚向皇帝说明。唉！由此可知诸葛亮的心中的痛苦和办事之艰难。后主刘禅对诸葛亮根本不理解，他之所以能一直信任诸葛亮，是因为先主刘备临终交待他必须这样做罢了。刘备临终前曾对诸葛亮说："若刘禅不值得辅佐，你可以取而代之。"这句话一直被愚昧无知的刘禅放在心上，诸葛亮如果不剖心出血向他展示自己的一片忠心，怎么能不让刘禅怀疑？诸葛亮本人在蜀汉，他的兄弟诸葛诞、诸葛瑾却分别在曹魏和吴国，三国之重望都集于诸葛氏家族。关羽、张飞缺乏思量，仗着与刘备为结义兄弟的关系嫉妒诸葛亮被委以重任，先主刘备对诸葛亮的猜疑，大概到他死也没有消除。后主刘禅又年幼昏庸，诸葛亮在朝为相，总领百官，在外为将，总率六军，不避嫌疑而牢牢把握着军政大权，如果不向别人吐露自己的心声，又有谁能理解他的志向呢？如此说来，后主刘禅能对诸葛亮委以重任，不过是屈从于当时的形势，并不是真正从道义上信任诸葛亮，这是很明显的。诸葛亮不厌其烦地陈述自己所取得的桑田粟帛，将自己的家底尽告后主，对当世无所需求，其身处孤立、危险的环境而能忠贞不贰，却受到当权者如此怀疑，而想要北定中原，恢复已经覆亡的汉室江山社稷，不也太难了吗？

由此可知，先主刘备的知人善任，与孙权相比也相差太远了。孙权对待诸葛瑾、陆逊、顾雍、张昭等人，虽然委以重任不如先主对待诸葛亮那样，但对他们却非常信任，这难道不是更为贤明的君主吗？先主刘备对申不害、韩非所倡导的法家权术非常熟悉，并以此来教育其子，就其方法手段而言，他与曹操没有什么区别，就其居心而言，与曹操也很相似。假如不是像司马懿那样奸诈阴险、深藏不露，则必然会受到掣肘，不能尽情施展其文才武略，实现其志向。所以说，诸葛亮的内心很痛苦，做事也很艰难。否则，诸葛亮的忠心和志向自然可以明白地显露给世人，又何必通过上表的方式来表明呢？

本事：《资治通鉴》卷七二《魏纪四·明帝》，青龙二年（234）。

二〇　直谏之士易得，忧国之臣难求

得直谏之士易，得忧国之臣难。识所不及，诚所不逮，无死卫社稷之心，不足与于忧国之任久矣。若夫直谏者，主德之失，章章见矣。古之为言也，仁慈恭俭之得，奢纵苛暴之失，亦章章见矣。习古之说而以证今之得失，不必深思熟虑，殷忧郁勃，引休戚于躬受，而斟酌以求宁，亦可奋起有言而直声动天下矣。

魏主叡之后，一传而齐王芳废，再传而高贵乡公死，三传而常道乡公夺。青龙、景初之际，祸胎已伏，盖岌岌焉，无有虑此为叡言者，岂魏之无直臣哉？叡之营土木、多内宠、求神仙、察细务、滥刑赏也，旧臣则有陈群、辛毗、蒋济，大僚则有高堂隆、高柔、杨阜、杜恕、陈矫、卫觊、王肃、孙礼、卫臻，小臣则有董寻、张茂，极言无讳，不避丧亡之谤诅，至于叩棺待死以求伸；叡虽包容勿罪，而诸臣之触威以抒忠也，果有身首不恤之忧。汉武、唐宗不能多得于群臣者，而魏主之廷，森森林立以相绳纠。然而阽（diàn）危不救，旋踵国亡。由是观之，直谏之臣易得，而忧国之臣未易有也。

高堂隆因鹊巢之变，陈他姓制御之说；问陈矫以司马公为社稷之臣，而矫答以未知。然则魏之且移于司马氏，祸在旦夕，魏廷之士或不知也，知而或不言也。隆与矫知之而不深也，言之而不力也。当其时，懿未有植根深固之党，未有荣人、辱人、生人、杀人之威福，而无能尽底蕴以为魏主告。无他，心不存乎社稷，浮沉之识因之不定，未能剖心刻骨为曹氏徘徊四顾而求奠其宗祏也。逮乎魏主殂，刘放、孙资延大奸于肘掖之后，虽灼见魏之必亡而已无及矣。

以社稷为忧者，如操舟于洪涛巨浸，脉察其碛岸洑涡之险易，目不旁瞬而心喻之；则折旋于数十里之外而避危以就安也，适其所泊而止。岂舟工之智若神禹哉？心壹于是而生死守之尔。若夫洛阳、崇华、铜人、土山之纵欲劳民，与夫暴怒刑杀、听小臣毁大臣、躬亲细务而陵下不君，此皆见之闻之，古有明训，而依道义以长言之，则不必有体国之忠，而但有敢言之气，固可无所畏避而唯其敷陈者也。抑岂足恃为宗社生民之托哉？

【译文】

帝王治国理政，得到直谏之士容易，得到忧国之臣就难了。臣下见识有所不及，忠心有所不诚，没有为保卫江山社稷舍身忘死的精神，都难以长期担负起忧国的重任。至于直言极谏之士，君主有失德的地方，非常明显，一眼便可看到。古时有关歌颂、谏诤的言论，包括对君主仁慈、谦恭、节俭的赞扬，对奢侈纵欲、苛刻残暴行为的批评，也非常多且轻易可见。熟悉古代这些言论来对应今天君主的得失，并不需要深思熟虑、冥思苦想，只要有与国家休戚与共的精神，斟酌思考以求内心安宁，也可以奋起指责君主的过失，从而使自己正直的名声震动天下。

魏明帝曹叡死后，皇位首先传给齐王曹芳，其不久被废，又传给高贵乡公曹髦，其不久就被弑死去，三传给常道乡公曹奂，不久皇位就被司马氏所篡夺。魏明帝青龙、景初年间，就已埋下祸根，大概已经到了岌岌可危的地步，但当时却没有考虑到这种危险而向曹叡进行谏言的人，难道曹魏没有正直的大臣吗？对于曹叡的很多缺点和过失，如大兴土木、内宠众多、祈求神仙、躬亲细务、滥施刑赏等行径，老臣则有陈群、辛毗、蒋济，朝廷大员则有高堂隆、高柔、杨阜、杜恕、陈矫、卫觊、王肃、孙礼、卫臻，小臣则有董寻、张茂，他们都能直言极谏，无所顾忌，他们并不躲避招致死亡的非议、咒骂，有的人甚至抬着棺材冒死进谏，以求皇上能够接受自己的建议。曹叡尽管对他们的这些行为都容忍下来并没有怪罪，然而这些大臣犯颜直谏以表达自己的忠心，确实是有不顾身死的热诚之心。像汉武帝、唐太宗这样不可多得的明君，其群臣也不一定达到如此热忱忠诚，而魏明帝曹叡的朝廷之上，仍有那么忠贞正直之臣来纠正他的过失。然而，这些大臣仍然不能把曹魏从危险中挽救出来，致使曹魏很快就灭亡了。由此看来，直言极谏之臣容易得到，而忧国之臣却很难得到。

魏明帝时，陵霄阙刚开始建造，就有喜鹊在上面筑巢，曹叡问侍中兼太史令高堂隆这是什么征兆，高堂隆认为将有异姓起来篡夺权位，提醒曹叡要多加防范。而当魏明帝询问陈矫司马懿能否为社稷之臣时，陈矫却回答说不知道。然而，这时曹魏政权已经逐渐转移到司马氏手中，对曹魏来说是祸在旦夕，朝中大臣有的对此浑然不觉，有的知道了也不说。高堂隆和陈矫都意识到司马氏会篡权夺位但认识并不深刻，向曹叡进言没有切中要害。当时，在司马懿的周围并没有根深蒂固的党羽，他也没有决定人们荣辱进退、生杀予夺之大权，但高堂隆和陈矫并没有把自己心中的想法全盘告诉曹叡。没有其他的原因，就是因为他们心中没有时刻为江山社稷着想，对于世事沉浮的认识因此而游移不定，因而不能保持对于曹魏剖心刻骨般的忠诚，徘徊四顾、时刻警惕以求其宗庙永保、社稷稳固。到了魏明帝曹叡死后，中书监刘放、中书令孙资把阴险奸诈的司马懿引荐为辅政大臣，执掌中枢大权，尽管此时有人能够清楚地看出曹魏将要灭亡的危局，但也来不及挽救了。

以江山社稷为忧的人，就如同在惊涛骇浪的江海中驾驶船只一样，要时刻仔细注视着碛岸、旋涡的危险，目不斜视，而又了然于胸。这样才可以在距离危险数十里之外调整航向，避危就安，找到合适的地点停泊下来。难道是船工的才智真如同大禹一样吗？不是的，只是能做到一心一意，与所驾驶的船只生死相守罢了。至于像明帝曹叡建造洛阳宫、崇华殿，铸造铜人翁仲，兴建芳林园土山这些放纵欲望、劳民伤财的做法，以及暴躁易怒、滥施刑杀、听信小臣谗毁大臣、躬亲琐事而侵凌臣下职权等没有作为君主的样子的行为，这些都是人们能够看得到、听得到的，古有明训，完全可以遵循正道大义高声大言进行劝谏，而不必非有对江山社稷的绝对忠诚，只要有敢于犯颜直谏的勇气就足够了，这样就可以无所畏避地把自己心中的话和盘托出。然而，这样的大臣，难道足以把江山社稷的危亡、天下百姓的祸福都托付给他们吗？

本事：《资治通鉴》卷七三《魏纪五·明帝》，青龙三年（235）。

二一　忠臣事君，有犯无隐

陈群上封事谏魏主，辄削其草；杨阜触人主之威以直谏，与人言未尝不道；袁宏赞群之忠，而讥阜之播扬君恶。夫阜激而太过，诚然矣；以群之削草为忠臣之极致，又奚得哉？宏曰："仁者爱人，施之君谓之忠，施之亲谓之孝。"非知道之言也。

君父均也，而事之之道异。《礼》曰："事亲有隐无犯，事君有犯无隐。"隐者，知其恶而讳之也。有隐以全恩，无隐以明义，道之准也。君之有过也，谏之而速改，改过之美莫大焉。称其前之过以表其后之改，固以扬其美之大者也。谏而不听，君过成矣；即不言，而臣民固已知之矣。导谀之臣，方且为之饰非为是，弭在廷之口；而谏者更为之掩覆，于是而导谀之臣益无所忌，而唯其欲为。

且已谏而不听，庶几人之继进也。小臣疏远，望近臣之从违以为语默。近臣养君之慝而蔽下之知，则疏远欲言之士，且徘徊疑沮，而以柔巽揄扬为风尚。劝忠之道，丧于唯诺之习，孤鸣无和，虽造膝而为痛哭，亦无如怙过之主何矣！

韩愈氏非知道者，拟文王之诗曰："臣罪当诛兮，天王圣明。"文王而为此言也，则飞廉、恶来且援为口实以惑纣，而信比干之死为当其辜矣。亦何惮而不殚其斮(zhuó)胫炮烙之惨乎？若群者，以全身于暴主之侧，孔光温树之故智也，谓之曰忠，而同君父于一致，袁宏恶知忠臣之极致哉！

【译文】

陈群上封事（密封的章奏）规谏曹魏皇帝后，就销毁掉草稿；杨阜不惜触犯君主之威福犯颜直谏，但与人谈话的时候不曾隐瞒自己的批评意见。袁宏称赞陈群对君主忠诚，而讥讽杨阜宣扬君主的过失。杨阜到处宣扬君主的过错确实过分了，而把陈群上书后毁掉草稿当作忠臣之举，其根据又在哪里呢？袁宏说："仁者爱人，施爱于君就叫作忠，施爱于亲就叫作孝。"这句话是袁宏不懂得君臣之道的表现。

君和父都是一样的，但对待他们的方式有所不同。《礼记·檀弓上》中说："侍奉双亲，对其过失不能公开宣扬，不可直言冒犯；侍奉君主，对其过失已经直言不讳地加以规谏，如果再有人问其国事，也不妨直言其得失。”所谓隐，就是知道尊长有过失而有所隐讳、不直接说出来。对父亲有所隐讳，是为了保全父亲的养育之恩；对君主无所隐讳，则是为了伸明大义。这都是符合正道大义的准则。君主有过失，大臣进谏后，君主能纳谏并迅速改正，可以说没有比君主能改过这样的事再好的了。向别人提到君主以前的过失主要是为了表扬他之后的改正，这本来就是宣扬其改过的美德。如果大臣进谏，君主不听，君主的过错就真成了过错。即使不对外宣扬，臣民本来也都会知晓。阿谀逢迎之臣，还要为君主文过饰非，封住在朝大臣之口，不让他们进谏；进谏的大臣也要为君主掩盖过错，那么阿谀逢迎的大臣就更无所顾忌，君主也就只剩下为所欲为了。况且自己进谏君主不听，寄希望于还有别人相继进谏。卑微小臣不得与君主亲近，他们看着近臣对君主的肯定与不满而或言语或沉默，跟风而行。君主的近臣纵容君主的过错，而且千方百计地掩饰，不使天下人知道，那些远离天子本想进谏的士人便会徘徊、疑惧、沮丧，结果就竞相以阴柔顺从、歌功颂德为风尚。直言进谏本来是劝勉臣下忠诚的大道，结果却被唯君命是从、唯唯诺诺的习气所破坏，只有一个人进谏而没有别的大臣的附和，即使促膝正坐、痛哭流涕，又能对那些坚持过错、不可悔改的君主怎么样呢？

唐人韩愈也不是知晓君臣之道的人，其于所作《琴操十首·拘幽操》中模拟周文王的口吻写道：“臣罪当诛兮，天王圣明。”意思是说无论君主如何对待臣子，都是不会错的，臣子都应当反躬自省。周文王若真有这样的话，则当时飞廉、恶来等人便可借此蛊惑昏君商纣王，而使纣王相信忠臣比干惨遭杀害也是死有余辜了。商纣王又怎么会有所忌惮而不尽施斩胫、炮烙之酷刑呢？像陈群这样做，只不过是在暴君之侧希图保身全命的办法，就像西汉大臣孔光遇到有人问“长乐宫温室殿中的树为何木”之类的问题都沉默不答一样，若把这种行为称为忠的话，就是说对待君主和对待父亲的做法完全一样了，袁宏又哪里知道忠臣之道的最高境界是什么呢？

本事：《资治通鉴》卷七三《魏纪五·明帝》，青龙四年（236）。

二二　冒认先祖，为天下笑

魏主叡之诏曰：“汉承秦乱，废无禘（dì）礼，曹氏世系，出自有虞，以舜配天，以舜妃配地。”其亢地于天，离妣于祖，乱乾坤高卑之位，固不足道矣。妄自祖虞而以废禘讥汉，尤不知禘者也。

自汉以下，禘之必废也无疑也。三代而上，君天下者，数姓而已，天子之支庶，分封为侯，各受命而有社稷。其后一族衰微，则一族之裔孙以德而复陟帝位，无有不由诸侯祖天子而崛起者也。推创业之主而上之，始受命而有社稷者，其始祖也，商之契、周之稷是也。又推而上之，则固有天下者也，而高辛是也，是为始祖所自出之帝也。世有社稷而为君，代相承而谱牒具存，虽历数十世而云仍不绝，则所自出之帝虽远，亦犹父子之相授，渊源不昧；而后此之有天下者，仍还其前此有天下之故业，以示帝位之尊，不越神明之胄，非是者不得而干焉。此封建未坠之天下，道固然也。

秦虽无德，而犹柏翳之裔，受封西土，可以继三代而王，使追所自出之帝而禘焉，得矣。至于汉兴，虽曰帝尧之苗裔，而不可考也。陶唐之子孙受侯封者，国久灭而宗社皆亡，帝尧之不祀，久已忽诸。高帝起田间为亭长，自以灭秦夷项之功而有天下，征家世于若存若亡之余，悬拟一古帝为祖，将谁欺？欺天乎？自汉以下之不禘，岂不允哉！

汉曰祖尧也，王莽、曹氏曰祖舜也，唐曰祖皋陶也、老聃也，攀援不可致诘之圣贤以自张大者也。泽所已斩，道所不嗣，诚所不至，以名属之，以文修之，漠乎其不相及久矣。当其侧微，不知其有所祖也，序其谱系，不知其必为祖也，且远引而祖之，仁人孝子之事其先，如是而已哉？郭崇韬垂涕汾阳之墓，梁师成追讼眉山之诬，为姗笑而已。魏主叡其何以异于是！

【译文】

魏明帝曹叡的诏书中说：“汉朝承继天下于秦末大乱以后，废除了追祭先祖的郊祭之礼，我曹氏家族的世系，是出自有虞氏，应当以虞舜配祭天，以舜妃配祭地。”他把地抬高到与天同等的地位，将先祖与其妻子分开祭祀，搞乱了乾坤尊卑的次序，本来就是不足为道的。荒诞地自称其祖先是有虞氏，而且讥讽汉室废除追祭先祖之礼，更说明他不懂得追祭祖先是怎么一回事。

自从汉代以后，追祭先祖之礼必定要废除，这是毫无疑问的。夏、商、周三代以前，君临天下者也不过是几个家族罢了，天子的子孙都被分封到各地做诸侯，而各自受命于天子，拥有自己的国家，拥有自己的社稷。其后某一族衰微，那么其支庶一族的后世子孙可以以自己的高尚品德而重登天子之位，没有一个诸侯不是承继上古天子的血脉而崛起的。由此向上追溯到创业的君主，最初受天子之命而建有自己国家社稷的，就是其始祖，就像商朝的先祖契、周朝的先祖后稷一样。又由此往上追溯，就是那些本来就拥有天下的人，如帝喾高辛氏一样，这就是始祖和社稷渊源所出自的天子。诸侯世世代代拥有国家社稷而做君主，代代相承而且谱牒一直续修保存着，即使下传数十代人而世系沿袭不断，那么尽管自己距最初分封其先祖的天子已经很远，但也仍像是父子相授一样，渊源非常清晰；而此后拥有天下的人，仍将天下视为从先祖那里承继下来的故业，以显示帝位之尊贵，都不外乎是神明之后裔，如果不是这样就不可能得到正统的帝位。这种现象在封建制尚未衰落的时代，乃是理所应当的。

秦朝虽然没有德政施于天下，但仍然是柏翳（一作伯益、大费，助禹治水，舜赐姓嬴）的后代，其先祖分封于西部地区，因此可以继夏、商、周三代而后称王，即使追溯他们的先祖来祭祀他们，也是应该的。到了汉朝兴起，虽然其声称是帝尧陶唐氏的后裔，但很难加以考证。陶唐氏的那些被封为侯的子孙，其国家早就灭亡了，宗庙社稷也没有保存下来，长期以来，帝尧都没有被祭祀过。汉高祖刘邦出身于田间，曾经做过亭长这样的小官，自己凭借灭掉了秦王朝、打败了项羽而拥有天下，将他那并不怎么兴盛、模糊不清的家世向上追溯，却要搬出一位远古帝王作为祖先，又能欺骗谁呢？难道要欺骗上天吗？所以从汉代以后就不再追祭先祖，这难道不是应该的吗？

汉朝的建立者声称自己的祖先是帝尧，王莽、曹魏声称自己的祖先是虞舜，唐朝的建立者声称自己的祖先是皋陶，是李耳，都是攀附那些已经不可深究的圣贤，以便为自己制造声势。上古帝王的恩泽早已断绝，他们的道德也早已无人继承，后代对他们并没有足够的诚意，只是在名义上作为他们的后裔，并且通过祭祀等礼仪制度来粉饰和宣扬，实际上他们与上古帝王之间的关系毫不相干已经很久了。当他们地位卑微的时候，根本不知其祖先是谁，根据谱牒加以追溯，更无法判别这些上古帝王就是他们的祖先。姑且将上古先帝援引为自己的祖先，仁人孝子事奉自己的祖先，难道仅仅做这些就足够了吗？五代后唐大将郭崇韬率兵伐蜀路过郭子仪（封汾阳王）墓时下马痛哭流涕，宋末宦官梁师成自称“苏轼出子”而在宋徽宗面前为苏轼鸣冤，他们的行为只能白白为后人耻笑罢了。魏明帝曹叡的所作所为，与他们二人又有什么区别呢？

本事：《资治通鉴》卷七三《魏纪五·明帝》，景初元年（237）。

二三　择人而授以法，非立法以课人

任人任法，皆言治也，而言治者曰：任法不如任人。虽然，任人而废法，则下以合离为毁誉，上以好恶为取舍，废职业，徇虚名，逞私意，皆其弊也。于是任法者起而摘之曰：是治道之蠹（dù）也，非法而何以齐之？故申、韩之说，与王道而争胜。乃以法言之，《周官》之法亦密矣，然皆使服其官者习其事，未尝悬黜陟以拟其后。盖择人而授以法，使之遵焉，非立法以课人，必使与科条相应，非是者罚也。

法诚立矣，服其官，任其事，不容废矣。而有过于法之所期者焉，有适如其法之所期者焉，有不及乎法之所期者焉。才之有偏胜也，时之有盈诎也，事之有缓急也，九州之风土各有利病也。等天下而理之，均难易而责之，齐险易丰凶而限之，可为也而惮于为，不可为也而强为涂饰以应上之所求，天下之不乱也几何矣！上之所求于公卿百执郡邑之长者，有其纲也。安民也，裕国也，兴贤而远恶也，固本而待变也，此大纲也。大纲圮而民怨于下，事废于官，虚誉虽腾，莫能掩也。苟有法以授之，人不得以玩而政自举矣。故曰择人而授以法，非立法以课人也。

论官常者曰：清也、慎也、勤也。而清其本矣。弗慎弗勤而能清也，诎于繁而可以居要，充其至可以为社稷臣矣。弗清而不慎不勤，其罪易见，而为恶也浅。弗清矣，而慎以勤焉，察察孳孳以规利而避害，夫乃为天下之巨奸。考课以黜陟之，即其得而多得之于勤慎以堕其清，况其所谓勤者非勤，而慎者非慎乎？是所谓孳孳为利，跖之徒矣。清议者，似无益于人国者也，而国无是不足以立。恐其亡实而后以法饬之，《周官》《周礼》《关雎》《麟趾》之精意所持也。京房术数之小人，何足以知此哉？卢毓、刘邵师之以惑魏主，不能行焉必也。虽不能行，而后世功利刑名之徒，犹师其说。张居正之毒，所以延及百年而不息也。

【译文】

任人任法，说的都是治理国家的方法，而重视人治的人会说：任法不如任人。尽管这样，重视人的作用而废除法治，那么大臣就会根据别人与自己关系的远近亲疏来决定对他们赞扬或是攻击，君主也会以个人的好恶来取舍一切，这样的结果必然导致人们废弃其职分应做之事，只图虚名，一逞私欲，这都是人治带来的弊端。于是提倡法治的人就起来攻击指责他们说：这些都是治理国家的蛀虫，人治只能破坏国家的治理，没有法制怎么能够统治天下呢？所以申不害、韩非提倡的法家治国学说，就与儒家倡导的仁义治国的王道互争短长。可是就法治而言，《尚书·周官》中设计的法律制度已经很严密了，但都是讲做官者怎样恪尽职守，在其后并没有详细罗列赏罚升降的规定。大概是选择合适的人做官，把有关的法律传授于他，使他能遵纪行法，而不是制定法律以便考核督促官员，使官员的行为必须与有关法律条文相对应，如果没有做好，就要受到惩罚。

法律确实应当制定，这样做官的人才能有所遵循，从而恪尽职守，因此法律是不能废除的。然而，为官者所为有超出法律所要求的，有正好适合法律所要求的，也有不及法律所要求的。这是因为人的才能有高有低或在某一方面有过人之处，所遇到的机遇有好有坏，所面对的事情有急有缓，而天下九州之大，各地区的风土人情有利有弊，条件也不平衡。如果将天下各地按照同一标准进行治理，无论难易差异都担负同样的职责，无论社会治乱、年成丰歉都规定同样的限额，那么做得到的也害怕这样做，做不到的也只能弄虚作假，以应付上级的要求，这样天下怎么会不乱呢！君主对其公卿大臣、地方长官的要求，应该是宏观的、纲领性的。使百姓安抚，使国家富裕，举荐贤才而疏远奸佞小人，巩固国家的根本以应对突发的变故，这就是宏观的、纲领性的要求。如果这个纲领遭到破坏，那么百姓就会怨声载道，官吏就会无法恪尽职守，尽管社会表面很繁荣，充满虚假的赞誉，但掩盖不住国家陷入混乱的现实。如果为官者被授予法律而有法可依，人人都不能玩忽职守，国家政治也自然会日益清明。所以说，是先选择合适的人然后把法律授予他，使之有法可依，并不是制定法律来考核督察人。

议论为官准则的人认为：官吏应当遵循的准则是清廉、谨慎、勤勉。而清廉是三者的根本。不谨慎、不勤勉但能做到清正廉洁的人，虽然不善于处理琐碎事务，却能抓住主要问题，说得大一点，这样的官员甚至可以做关系国家安危的社稷之臣。如果不清廉，而且不谨慎也不勤勉的人，其罪过显而易见，所造成的危害也比较小。如果不清廉，却又非常谨慎、勤勉的人，烦琐苛察、勤勉不懈地追求利益而又小心翼翼地规避危害，这些人会成为天下的巨奸大恶。对他们进行考核以决定进退升降，即便是考核很成功，也只能督促官员更加谨慎和勤勉，很难保证其清正廉洁，更何况所谓的勤勉也不一定是真的勤勉，所谓的谨慎也不一定是真的谨慎呢？这些人就是所谓的孜孜求利的人，就是盗跖一类的人物。清议之风，似乎对国家没有什么好处，但实际上国家没有了清议就难以立足。《尚书·周官》《周礼》《诗经·关雎》《诗经·麟之趾》所蕴含的精义，就是恐怕清议不符合事实，所以制定法律加以整饬和约束。汉代京房只是一个懂得术数的小人，怎么会知道这个道理呢？三国曹魏的卢毓、刘邵师法京房制定考课法督察官吏，以此来蛊惑魏明帝曹叡，其不能施行乃是必然的。尽管没有施行，但是后代那些追求功利、笃信刑名之术的人，仍然师法其说。这正是明代内阁首辅张居正所推行的考成法的流毒蔓延近百年仍没有停息的原因。

本事：《资治通鉴》卷七三《魏纪五·明帝》，景初元年（237）。

二四　辅政之臣，危亡之本

魏主叡授司马懿以辅政，而懿终篡也，宜哉！法纪立，人心固，大臣各得其人，则卧赤子于天下之上而可不乱，何庸当危病昏瞀（mào）之时，委一二人，锡以辅政之名，倒魁柄而授之邪？

周公之辅成王也，王幼而未有知识，且公之至德，旷古一人，而武王之信公也，以两圣而相知也。然使无辅政之名，则二叔亦无衅以构难，而冲人晏然矣。汉武之任霍、金、上官也，上官逆，霍氏不终矣；辅政之名，由此而立，而抑安足师乎？先主之任诸葛，而诸葛受命，当分争之世，而后主不足有为也，两俱弗获已而各尽其心耳。先主不能舍后主而别有所立，则不能不一委之诸葛以壹后主之心。

若夫魏主叡，无子而非有適长之不可易也，宗室之子，唯其所择以为后。当其养芳与询为子之日，岂无贤而可嗣者慎简而豫教之？迨其将殂，芳之为子已三岁矣，可否熟知，而教训可夙，何弗择之于先，教之于后，令可君国而勿坠，而使刘放、孙资得乘其笃疾以晋奸雄于负扆（yī）哉？为天下得人者，得一人尔。得其人而宰辅百执无不得焉。已既无子，唯其意而使一人以为君，不审其胜任与否，而又别委人以辅之，则胡不竟授以天下而免于篡弑乎？汉之自旁支入继者，皆昏庸之器，母后权奸之为之也，非若叡之自择而养之也。彼愦愦以死，无意于宗社而委之妇人者，无责耳矣，而魏主叡何为者也！

宋仁宗之授英宗，高宗之授孝宗，一旦嗣立而太阿在握；有二君之慎，岂至忍死以待巨奸而付以童昏也哉？故宋二宗之立嗣，允为后世法也。辅政者危亡之本，恶得托周公之义以召祸于永世哉！

【译文】

魏明帝曹叡临终前任命司马懿为辅政大臣，而司马懿最终篡魏自代，这也是应该的啊！如果法纪确立，人心稳固，大臣各得其人，那么即使一个婴儿来做天子，天下也不会动乱。为什么要在自己病危神智不清的时候，把国家大事托付给一两个人，赐给他们辅政大臣的名号，把国家政权轻易地交给他们呢？

西周初年，周公辅政成王，是因为周成王年幼不懂事，况且周公品德高尚，自古以来没有人能超过他。周武王之所以信任周公，是因为他们二人都堪称圣贤，相知甚深。但是，假若不授予周公辅政的名号，那么管叔和蔡叔二人也就没有借口发难，年幼的周成王也就平安无事了。汉武帝临终任命霍光、金日磾、上官桀为辅政大臣，结果上官桀谋逆作乱，霍光家族也不得善终。辅政的名号，由此而立，难道足以效法吗？刘备任用诸葛亮辅佐后主刘禅，而诸葛亮也接受辅政之命，是因为当时正处于天下纷乱之世，而后主刘禅又不足以有所作为，后主刘禅和诸葛亮都出于不得已而姑且各尽其心力罢了。先主刘备不能废昏庸愚昧的后主刘禅，而另立贤明的君主，也就不能不把一切国家政务都委托给诸葛亮，从而坚定后主刘禅的心志。

至于魏明帝曹叡，自己没有儿子，并非有不可变更的嫡长子必须把皇位传下去。至于宗室子弟，曹叡完全可以任意选择一个作为自己的继承人。当他收养曹芳和曹询时，难道就没有贤明的宗室子弟可以作为后嗣吗？难道就不能慎重地选择并事先进行良好的教育吗？等到他临终前，曹芳过继为养子已经三年了，他完全知道曹芳是否有能力继承皇位，也完全有时间预先进行教育，为何事先不谨慎选择继承人，事后又不进行良好的教育，使之可以统治国家而不致使国家灭亡，却使得刘放、孙资得以乘他病危之时把奸雄之人司马懿举荐出来执掌辅政大权呢？所谓的为天下选人，只要能选得一个合适的君主就行了。得到一个合适的君主，那么宰辅大臣、文武百官自然都能够得到。曹叡自己既然没有儿子，完全可以任意挑选一个人来作为继承人，可是却既不考察他能否胜任君主之位，而又委托别人来辅佐他，与其这样，为什么不直接把天下授给一个能够胜任的人以免于被奸雄篡夺呢？汉代从皇室直系以外的旁支入继皇位的人，都是些昏庸无能之辈，这都是太后和专权擅政的奸雄故意这样选择的，并不像魏明帝曹叡一样可以自由地选择嗣君并养育他们。那些昏聩糊涂的皇帝快要死时，已经无意于决断事关宗庙社稷的大事，就把这些事情托付给后宫，无非没有责任心罢了。而魏明帝曹叡究竟是为了什么呢？

宋仁宗传位于宋英宗，宋高宗传位于宋孝宗，而宋英宗赵曙、宋孝宗赵昚一旦登位嗣立，便立即掌控了国家大权。如果魏明帝曹叡有宋仁宗、宋高宗那样的谨慎，何至于把国家政权交给不懂事的顽童，让他们等待奸雄司马懿的篡夺呢？所以，宋仁宗、宋高宗确立皇位继承人的方式，确实可以为后世所效法。托付专权大臣辅政是国家危亡的本源所在，怎么能够假托周公辅佐成王的先例而为后代招致千秋万代的祸乱呢？

本事：《资治通鉴》卷七四《魏纪六·明帝》，景初三年（239）。

二五　何晏图存社稷，未可深责

史称何晏依势用事，附会者升进，违忤者罢退，傅嘏（gǔ）讥晏外静内躁，皆司马氏之徒，党邪丑正，加之不令之名耳。晏之逐异己而树援也，所以解散私门之党，而厚植人才于曹氏也。卢毓、傅嘏怀宠禄，虑子孙，岂可引为社稷臣者乎？藉令曹爽不用晏言，父事司马懿，而唯言莫违，爽可不死，且为戴莽之刘歆。若逮其篡谋之已成，而后与立异，刘毅、司马休之之所以或死或亡，而不亦晚乎！爽之不足与有为也，魏主叡之不知人而轻托之也。乃业以宗臣受顾命矣，晏与毕轨、邓飏、李胜不与爽为徒而将谁与哉？

或曰：图存社稷者，智深勇沉而谋之以渐。晏一旦蹶起而与相持，激懿以不相下之势，而魏因以亡。

夫曹芳以暗弱之冲人孤立于上，叡且有“忍死待君相见无憾”之语，举国望风而集者，无敢逾司马氏之阃阈，救焚拯溺而可从容以待乎？懿之不可托也，且勿论其中怀之叵测也；握通国之兵，为功于阃外，下新城，平辽东，却诸葛，抚关中，将吏士民争趋以效尺寸，既赫然矣，恶有举社稷之重，付孺子于大将之手，而能保其终者哉？王敦无边徼之功，故温峤得制之于衰病；桓温有枋头之败，故王、谢得持之以从容。夺孤豚于猛虎之口，雅士无所容其静镇，智者无所用其机谋，力与相争而不胜，天也，非人之所能为也。

当是时，同姓猜疏而无权，一二直谅之臣如高堂隆、辛毗者，又皆丧亡，曹氏一线之存亡，仅一何晏，而犹责之已甚，抑将责刘越石之不早附刘渊，文宋瑞之不亟降蒙古乎？呜呼！惜名节者谓之浮华，怀远虑者谓之铦（xiān）巧，《三国志》成于晋代，固司马氏之书也。后人因之掩抑孤忠，而以持禄容身、望风依附之逆党为良图。公论没，人心蛊矣。

【译文】

史书上称何晏依仗权势办事，凡是攀附巴结他的人就会很快地升官，违忤他的人就会被罢官降职。傅嘏讥讽何晏是外表平静而内心浮躁，这都是司马氏的党徒，勾结奸佞小人，丑化直节之士，把不好的名声强加在何晏的头上罢了。何晏排挤异己，树立党援，就是要解散那些世家大族权贵之党，而为曹氏拉拢人才。像卢毓、傅嘏这样的人，只关心自己的高官厚禄，只考虑自己的子孙后代，怎么可以把他们引为社稷之臣呢？即使曹爽不听何晏的免去司马懿职务的建议，像对待父亲一样对待司马懿，唯其命是从，曹爽可以免去一死，但却成为拥戴王莽篡汉的刘歆一样的人物。假若等到司马氏谋权篡位的阴谋实现之后，曹爽等人因持不同政见起而反抗，就会像东晋末年的刘毅、司马休之一样，要么战败被杀，要么被迫流亡，难道不也太晚了吗？曹爽不是一个大有作为的人，只是一个纨绔子弟罢了，魏明帝曹叡不能知人善任，却把辅政的重任轻易地托付给曹爽这样的人。曹爽已经作为宗室之臣接受了辅政的重任，何晏和毕轨、邓飏、李胜等人不与曹爽联合在一起，他们又能与谁合作呢？

有人会说：千方百计要保存江山社稷的人，智虑深邃，勇敢沉着，而且谋划一步步循序渐进，不能操之过急。而何晏却建议曹爽在短时间内迅速崛起与司马懿形成对峙，刺激司马懿不得不和他们对立，曹魏正是因此而灭亡的。

当时，齐王曹芳作为一个昏庸懦弱的孩童，孤立地居于皇帝宝座之上。魏明帝曹叡临死前又对司马懿说过“强忍着临死前与你相见，死而无憾”的话，全国上下望风而聚集过来的人，没人敢于逾越司马氏的势力范围，挽救曹魏的危亡就像是救火或抢救落水的人一样急迫，难道还可以从容等待吗？司马懿这样的人不可托孤于他，且不论他心怀叵测，只说他还掌握着全国的军队，在战场上立下了赫赫功劳，他攻克新城（今湖北房县一带），平定辽东（今辽宁东南部辽河以东地区）的公孙渊，逼退了蜀相诸葛亮，安抚关中的贫民百姓，将士、官吏、百姓都争相追随他并为他效劳，其声望之隆无人能及。难道有把江山社稷的重任以及年幼的天子都托付于一位大将之手，而能保证其国家不灭亡的吗？东晋时期，王敦不曾在边境地区立下军功，所以温峤能趁其年老多病的机会制止他的叛乱；桓温也是因为出师北伐在枋头（今河南浚县西南）大败，所以王坦之、王彪之、谢安才得以从容制服他。要想从猛虎口中夺回孤零零的小猪，即使是儒雅之士也无法镇静自若，有才智的人也没有办法施展自己的计谋，如果奋力相争而不能取胜，那就是天意了，不是人的力量所能达到的。

当时，曹魏皇族因为受到猜忌而被疏远，当然被疏远者也就无权力可言。朝中少数正直诚信的大臣像高堂隆、辛毗也都先后去世了，曹氏存亡的关键人物只剩下何晏一个人了，而人们对何晏尚且如此严厉地过分责备，这样说来，难道还要责备刘琨（字越石）不早点投降刘渊，还要责备文天祥（字宋瑞）不快点投降蒙古人吗？唉！把惜名重节的人说成是浮华，把深谋远虑的人说成是投机取巧，《三国志》之所以这样评价追随曹氏的人物，是因为它成书于晋代，当然要站在司马氏的立场上说话。后人因此而掩没、压抑真正的孤忠之士，以保全自身荣华富贵、望风依附叛贼的逆党作为有远大谋略的人。天下公论丧失殆尽，人心也会被异端邪说所蛊惑了。

本事：《资治通鉴》卷七四《魏纪六·明帝》，景初三年（239）。

二六 蜀汉之亡，始于蒋琬改诸葛之图

蒋琬改诸葛之图，欲以舟师乘汉、沔（miǎn）东下，袭魏兴、上庸，愈非策矣。魏兴、上庸，非魏所恃为岩险，而其赘余之地也。纵克之矣，能东下襄、樊，北收宛、洛乎？不能也。何也？魏兴、上庸，汉中东迤之余险，士卒所凭以阻突骑之冲突，而依险自固，则出险而魂神已惘，固不能逾阃限以与人相搏也。且舟师之顺流而下也，逸也；无与遏之而戒心弛，一离乎水而衰气不足以生，必败之道也。先主与吴共争于水而且溃，况欲以水为势，而与车骑争于原陆乎？魏且履实地、资宿饱，坐而制之于丹、淯之湄，如蛾赴焰，十扑而九亡矣。

刘裕之溯河、渭以入关中，王镇恶等以步骑驰击，而舟师为其继，非恃舟师以争人于陆也。姚泓恃拓拔氏为之守，拓拔氏不为泓守，而泓弛其防，故获利焉，非独倚舟师之利攻人于千里之外也。诸葛之出祁山，以守为攻，即以攻为守，知习于险者之不利于夷，且自固以待时变，特

不欲显言以息众志耳。琬移屯而东西防遂弛，邓艾阴平之祸，自琬始矣。琬疾动而不能行，司马懿方谋篡而未暇，故蜀犹以全。不然，此一举而蜀亡不旋踵矣。

【译文】

蒋琬改变诸葛亮的既定战略计划，想以水军舟师沿汉水、沔水而下，袭击曹魏的魏兴郡（治西城县，今陕西安康西北）、上庸郡（治上庸县，今湖北竹山西南），这样的计策就更不高明了。魏兴和上庸二郡，并不是曹魏恃之为险要的地方，而是块赘余的地方。即便是攻下了二郡，蜀汉难道可以东下襄阳、樊城，北夺宛城、洛阳吗？当然不能。为什么呢？因为魏兴和上庸，是汉中盆地蜿蜒往东延伸过来的险要之地，士卒可以凭借此险要地势阻挡敌方冲锋陷阵的重骑兵的突击，依险自固有余，一旦脱离了这种险要地势，就会魂飞魄散，自然不能逾越天险而与敌军拼死搏杀。况且，蜀汉水军舟师顺流而下，将士们都很安逸，如遇不到敌人的阻击，戒备之心就会进一步放松，一旦离开了水路，士气便会衰退，难以一下子高涨起来，这样做是一定要失败的。先主刘备与吴国交战时就是因为顺流而下导致他的军队最后崩溃的，何况想要完全凭借水上优势，而与坐在车骑上的魏兵在陆地上战斗呢？魏军只要占据险要之地，脚踏实地，睡好吃饱，坐待蜀军来战，于丹水、淯水（今白河）岸边将其制服，蜀军就会如同飞蛾扑火一样，十扑而九亡。

东晋末年，大将刘裕征讨后秦，沿黄河、渭河溯水而上进入关中，则是以部将王镇恶、檀道济等率步兵、骑兵从陆地疾驰突击，而以水军作为后续部队遥相呼应，并不是只依靠水军舟师与后秦军队在陆地争战。后秦皇帝姚泓依靠鲜卑拓跋氏为他防守，结果拓跋氏没有真心为他防守，因而姚泓的防守就显得松弛，所以刘裕才得以大获全胜，并不仅仅是依靠舟师的便利攻取千里之外的后秦的。诸葛亮出祁山北伐，是以守为攻，也就是以攻为守，他深知习惯于占据险要地势的军队是不利于在平原上作战的，因此他采取加强自身防守的策略，以等待时局的变化，只是他不便公开这种意图，以免懈怠将士的斗志。蒋琬把军队迁移驻扎在汉中以外的地方，那么蜀汉的东西防务相对松弛，可以说，后来魏将邓艾从阴平（今甘肃文县西北）小道偷袭蜀国的祸患，从蒋琬移兵时就开始了。因为蒋琬旧疾复发，其作战计划未能付诸实施，司马懿此时正忙于篡夺曹魏的权力，没有时间顾及蜀汉，所以蜀汉才暂时得以保全。否则，蒋琬未能实施的这一战略举动，将会招致蜀汉的迅速灭亡。

本事：《资治通鉴》卷七四《魏纪六·邵陵厉公》，正始二年（241）。

二七　魏晋以屯田平天下

曹孟德始屯田许昌，而北制袁绍，南折刘表；邓艾再屯田陈、项、寿春，而终以吞吴；此魏、晋平定天下之本图也。屯田之利有六，而广储刍粮不与焉。战不废耕，则耕不废守，守不废战，一也；屯田之吏士，据所屯以为己之乐土，探伺密而死守之心固，二也；兵无室家，则情不固，有室家，则为行伍之累，以屯安其室家，出而战，归而息，三也；兵从事于耕，则乐与民亲，而残民之心息，即境外之民，亦不欲凌轹（lì）而噬龁之，敌境之民，且亲附而为我用，四也；兵可久屯，聚于边徼，束伍部分，不离其素，甲胄器仗，以暇而修，卒有调发，符旦下而夕就道，敌莫能测其动静之机，五也；胜则进，不胜则退有所止，不至骇散而内讧，六也。有此六利者，而粟米刍稿之取给，以不重困编氓之输运，屯田之利溥矣哉！诸葛公之于祁山也，亦是道也；姜维不能踵之，是以亡焉。

虽然，有其地，有其时矣。许昌之屯，乘黄巾之乱，民皆流亡，野多旷土也；两淮之屯，魏、吴交争之地，弃为瓯脱，田皆芜废也；五丈原之屯，秦、陇、阶、文之间，地广人稀，羌、胡据山泽而弃平土，数百里而皆草莱也。非是者，可屯之地，畸零散布于民田之间，而分兵以屯之，则一散而不可猝收矣。夺民熟壤以聚屯，民怨而败速矣。此屯之必以其地也。

屯之于战争之时，压敌境而营疆埸，以守为本，以战为心，而以耕为余力，则释耒耜（lěi sì）、援戈矛，两不相妨以相废。若在四海荡平之后，分散士卒，杂处民间，使食利于耕，而以战守为役，则虽有训练钳束之法，日渐月靡于全躯保室、朴钝偷安之习，而天下于是乎无兵。故唯枣祗、邓艾、诸葛可以行焉，而后此之祖以安插天下之兵，是弭兵养懦之术也，故陵夷衰微而无与卫国。此屯之必以其时也。

法有名同而实异，事同而效异，如此者多矣。谋国者不可不审也。

【译文】

曹操最初在许昌（今属河南）屯田，就打败了北方的袁绍，挫败了南方的刘表；后来邓艾又在陈（今河南淮阳）、项（今河南项城）、寿春（今安徽寿县）屯田，而最终吞并了孙吴。屯田是曹魏、西晋平定天下的根本大计。屯田有六条好处，还不包括广储粮草这一功效。第一条，虽有战事但不废耕植，那么耕种也不耽误防守，防守又不耽搁作战。第二条，参与屯田的士兵，把屯田地区作为自己的乐园，探听敌人的机密，坚守的决心非常牢固。第三条，士兵没有家属，他们的情绪就不稳定，有了家属，又会成为军队的拖累，在屯田地区安置士兵的家属，就可使军队出则能战，归则有处休息。第四条，士兵从事耕种，就知道稼穑之艰难，因而从感情上就容易和百姓亲近，残害百姓之心就会止息，即使是境外的百姓，也不忍心欺凌掠夺他们，敌国境内的百姓也因此将会对我方亲近归附，必要时会为我所用。第五条，兵士可以长久地驻屯、聚集在边境地区，不脱离其日常的序列，军队的编制得以维持，所需的武器铠甲可以抽出空闲时间来修整，一旦调集令下，就可以迅速行动起来，使敌人难以测度我方的动静。第六条，军队战胜就乘胜前进，不能胜利则撤退也可以有止步的地方，不至于惊骇逃散而发生内讧。有这六条好处，加上军粮马草得以自给有余，不至于增加老百姓运输粮饷的负担，屯田之利可真是太大了！诸葛亮出兵祁山的时候，也采取了这个办法。姜维没有沿用这一办法，所以才失败进而导致亡国。

尽管如此，屯田的施行也是有条件的，那就是要有足够的空地，而且要有适当的时机。曹操在许昌屯田时，是乘黄巾军叛乱之后，民众都逃亡他乡，田野多成了无主的旷田。邓艾在淮河两岸地区屯田时，是因为这个地区是魏、吴两国经常交战的战场，成为两国的边界地区，田地也都荒芜废弃。诸葛亮在五丈原（今陕西岐山南斜谷口西侧）地区屯田，是因为当时秦、陇、阶、文之间，地广人稀，羌、胡等夷狄都占据着山地湖泊，平原地区却弃而不用，方圆数百里都是杂草丛生的荒芜之地。如果不是有空旷的田地可供屯田的话，屯田的地方都零散地和民田交错在一起。如果把军队分散开来去屯田，就有可能一散而很难再迅速聚集起来。如果从老百姓手中夺取已经耕种的熟田作为军队集中屯田之用，就会引起百姓的怨恨，从而很快招致败亡。所以说，屯田必须有大片的空旷的田地。

屯田的时机选择在战争时期，可以给敌境施加压力，从而营建起有利于我方的边界，以固守为根本，以备战为中心，而以耕田种地作为战守之余的生业，这样屯田的士兵放下农具、拿起武器，耕种与作战两者互不妨碍，也不荒废。假若在天下平定以后，把士兵分散到各地，与当地百姓杂居共处，让他们在耕田种地中获得生活所需，而以行军作战作为徭役义务，那么尽管有严格的训练约束办法，他们也会逐渐沉溺于保全性命、保全家室的环境之中，形成战斗力低下、苟且偷安的习性。这样的话，天下也就没有可以作战的军队可言了。所以，只有枣祗、邓艾、诸葛亮可以实行屯田，而后代人想以此为师，以屯田来安置天下的军队，这是消磨将士的意志，养其懦弱习气的办法，结果肯定是军队的战斗力日益下降，无力承担起保家卫国的责任。所以说，屯田一定要把握好合适的时机。

有名称相同而实际不同的法，有行事相同却效果不同的法，这样的事情太多了。为国家谋划的人不能不慎重考察。

本事：《资治通鉴》卷七四《魏纪六·邵陵厉公》，正始二年（241）。

二八　管宁之仁

史称管宁高洁而熙熙和易，因事而导人以善。善于传君子之心矣。

世之乱也，权诈兴于上，偷薄染于下，君不可事，民不能使，而君子仁天下之道几穷。穷于时，因穷于心，则将视天下无一可为善之人，而拒绝唯恐不夙，此焦先、孙登、朱桃椎之类，所以道穷而仁亦穷也。夫君子之视天下，人犹是人也，性犹是性也，知其恶之所自熏，知其善之所自隐，其熏也非其固然，其隐也则如宿草霜凋而根荄（gāi）自润也。无事不可因，无因不可导，无导不可善，喻其习气之横流，即乘其天良之未丧，何不可与以同善哉？此则盎然之仁，充满于中，时雨灌注而宿草荣矣。惜乎时无可事之君，而宁仅以此终；非然，将与伊、傅而比隆矣。

呜呼！不得之于君，可得之于友，而又不可得矣；不得之荐绅，可得之于乡党，而又不可得矣；不得之父老，可得之童蒙，而又不可得矣；此则君子之抱志以没身，而深其悲闵者也。友之不得，君锢之；乡党之不得，荐绅荧之；童蒙之不得，父老蔽之；故宁之仁，终不能善魏之俗。君也，荐绅也，父老也，君子之无可如何者也。吾尽吾仁焉，而道穷于时，不穷于己，亦奚忍为焦先、孙登、朱桃椎之孤傲哉？

【译文】

史称管宁德行高洁，品性温和，平易近人，善于随时随地随事教导人们乐学向善。管宁可以说是善于传扬君子的心曲了。

天下大乱之世，权术奸诈兴起于上层社会，浇薄之俗浸淫熏染于下层民众，君主不可事奉，百姓难以役使，君子向天下宣扬传播仁义的途径几乎穷尽了。人们困于时势，因而其心态也消极狭隘，于是就认为天下没有一个可以为善的人，因而拒人千里而唯恐不早，这就是像汉末的隐士焦先、魏晋之际的隐士孙登、隋唐之际的隐士朱桃椎之类的人都认为大道穷尽之时仁义也穷尽了的原因。而正人君子看待天下与他们就有所不同，人仍然是原本的人，本性仍然是其本性，知道他们的恶习是来自哪里的熏陶沾染，也知道他们的善良是如何自我隐藏起来的，来自外界的熏陶沾染并非其本身固有的东西，自我隐藏的善良就如同经受冰霜而凋零的隔年之草一样，其根本仍然滋润着它顽强地活着。没有什么事情不能作为引导人们向善的因素，没有什么因素不可以因势利导，因此没有通过正人君子的引导而仍然不可以为善的人，明白了其恶习放纵横流的原因，就应该马上趁他们天良还没有完全丧尽的时候加以引导，怎么就不能引导他们与自己一同向善呢？这就是以浓厚洋溢的仁义充满人的心中，就像是给隔年之草来一场及时雨的灌注，使之焕发出蓬勃的生机一样。遗憾的是，当时没有可以事奉的君主，管宁也仅仅能够停留在仁义之道的宣扬传播上。否则，他的功劳将会和历史上的贤相伊尹、傅说比隆并肩了。

唉！宣扬传播仁义之道的正人君子，不能得到君主的支持，本来可以得到朋友的支持，然而朋友的支持也得不到；不能得到官绅的支持，本来可以得到乡里的支持，然而乡里的支持也得不到；不能得到父老的支持，本来可以得到儿童的支持，但儿童的支持也得不到。这就是正人君子胸怀大志却无处施展，在郁郁中含恨终老，终生抱着深深的悲天悯人之情的原因。不能得到朋友的支持，是因为君主禁锢了他们；不能得到乡里的支持，是因为官绅疑惑了他们；不能得到儿童的支持，是因为父老蒙蔽了他们。所以以管宁的仁义之道，最终不能改善曹魏的风俗。对于君主、官绅、父老，正人君子是不能拿他们怎么样的。我想向社会贡献我的仁义之道，但宣扬传播的途径却为时势所困而穷尽了，并非自己的原因而使仁义之道穷尽，又怎么能够忍心像焦先、孙登、朱桃椎一样孤傲地隐居出世呢？

本事：《资治通鉴》卷七四《魏纪六・邵陵厉公》，正始二年（241）。

二九　习老庄而骄天下

形可以征神乎？曰：未尝不可也。神者，天德之函于地者也；形者，地德之成乎天者也；相函相成而不相舍，神之灵，形受之；形之灵，神傅之；非神孤荡其灵于虚而形顽处也。譬之笙竽然，器洪而声洪，器纤而声纤矣；譬之盂水然，器方而水方，器圜（yuán）而水圜矣。造化者以其神之灵抟造形质，而气以舒敛焉。荣，随气而华，随气而黯；卫，随气而理，随气而乱；内而藏府之精粗，外而筋骸之劲脆，动静语默各如其量，而因以发用；则明于察形者，可以征神，固矣。管辂之评邓飏、何晏而言皆屡中，知此而已矣。

然则神可以化形乎？曰：奚为其不可也？其始也天化之，天之道也；其后也人化之，人之道也。天之道，亭之毒之，用其偶然，故媺（měi）恶偏全、参差而不齐；人之道，熏之陶之，用其能然，则恶可使媺，偏可使全，变化而反淳。人莫难于御其神，而形其易焉者。昧者不知，曰："一受其成型，而与之终古。"其不知道也久矣。孟子曰："居移气，养移体。"荣卫随养以移，而内而藏府、外而筋骸，随之以移；况动止语默，因心而纵敛，因习而率循者哉！

邓飏之躁，征于形之躁也，不可骤息，而息以静者，飏可得而主也；何晏之幽，征于形之幽也，不可骤张，而张之以明者，晏可得而主也。岂有他哉？一旦而知躁与幽之为不善，操之纵之，惩艾于俄顷；习之制之，熏成于渐次；则二子者，金锡圭璧之章，再见而惊非其故，辂又安能测之哉？乃若二子者，终成乎幽躁，而使辂言之终验，其蔽一也。一者何也？曰：骄也。老、庄者，骄天下而有余者也，绝学以无忧，与天而为徒，而后形之不善，一受其成型，而废人道之能然，故祸至而不知其所自召也。地承天而受化，形顺神而数移，故管辂之术，君子节取焉，而不怙之以为固然。人之有道也，风雨可使从欲，元气可使受治，况在躬之荣卫藏府筋骸，与从心之动止语默哉！

【译文】

形可以体现神吗？回答是：未尝不可。所谓神，指的是包含于地的天德；所谓形，指的是由天所成的地德。二者是相互包容、相辅相承而不能割舍的关系。神之灵，由形来承受；形之灵，由神来附着。并不是神之灵孤独地飘荡在虚空之中，而形依然冥顽不灵地存在着。譬如笙、竽之类的乐器，乐器体型庞大，其声音就洪亮，乐器体型小巧，其声音就纤细。又譬如水盆中的水，水盆是方形的，那么水就是方形的，水盆是圆形的，那么水也是圆形的。大自然这个造物主把神之灵制造成不同的形态和材质，而气在其中或舒展或收敛。荣即血液的循环，行于脉中，属阴，随气而生发，随气而黯淡；卫即气的周流，行于脉外，属阳，随气而变得有条不紊，也会随气而变得纷乱如麻。阴阳二气内外贯通，于内滋养着五脏六腑的精微与粗大，于外保卫着筋骨百骸的强劲与脆弱，动静语默各自按照其所需要的量，运用体内的阴阳二气发挥作用。这样，明于观察形的人，可以通过形来体验和觉察到神，这本来是理所当然的。曹魏术士管辂对邓飏、何晏的预测和评论屡言屡中，就是因为他知道这一点。

既然这样，那么神也可以转化为形吗？回答是：怎么不行呢？开始的时候神是由天转化为形的，这是天道；后来是由人转化为形，这是人道。上天转化的方法，正像《道德经》第五十一章所说的使万物自然成熟，而其中具有偶然因素，所以造成好坏不均，参差不齐；人为转化的方法，是用熏陶的办法，充分发挥主观能动性，所以就能使坏的转化成好的，偏颇的可以转化成全面的，经过变化的过程重返自然淳朴的本质。对人来说，没有比控制精神更难的事了，而控制形体就相对容易多了。愚昧的人不懂得这一点，于是说："一旦其成型之后，就终生不会发生变化。"他们不懂得形神变化的方法已经很久了。《孟子·尽心上》中说："环境可以改变人的气质，修养可以改变人的素质。"人体中血的循环和气的周流随着营养、修养发生变化，而内在的五脏六腑，外在的筋骨百骸，也都随之而发生变化。何况人的行动与静止、说话与沉默完全是随着心意而放纵或者收敛，根据各自习惯的事物而有所遵循呢？

邓飏的浮躁，是体现为外形的浮躁，不可能马上停息，如果能够以宁静的方法把浮躁平息下来，那么邓飏自己是可以做主的。何晏的幽暗，也是体现为外表的幽暗，不可能马上开朗聪明起来，如果能够用开朗聪明的方法使幽暗洞明开来，那么何晏自己是可以做主的。难道还有其他的方法吗？一旦他们知道浮躁和幽暗是不好的，就要从内心对自己加以控制，从而在很短的时间内加以惩治和改善；然后认真学习、自我控制，逐渐地通过熏陶达到宁静、开朗的境界。如此，邓飏、何晏这两个人就像金锡圭璧的品质所彰显的君子人格一样，再次见到他们就会令人大吃一惊，对他们刮目相看，管辂又怎么能够对他们的命运作出预测和评论呢？但他们两个人，最终却变成了浮躁、幽暗的人，使管辂的预测和评论得到应验，他们的错误都是一样的。是什么错误呢？就是骄傲自大。老子、庄子这样的学说，足以使天下人都产生骄傲自大的心理而绰绰有余，他们弃绝学问，不再有忧患烦恼，可以与天为同化，完全顺从自然。而后自然形成的不善，一旦秉受造化而形体成型之后，人道原本具有的主观能动性便被废黜而无法发挥作用，所以大祸临头之时，还不知道是自己招致的。地秉承天而接受其化育万物，形顺应神而使人的命运发生转变，所以管辂占卜预测的方法，正人君子也可以有节制地加以吸收，但不能依赖这种方术，视为理所当然。一个人如果符合、顺应正道大义，就可以让风雨也听从自己的使唤，可以使元气也听凭自己的操纵，何况是控制自己身体中的气血循环周流、五脏六腑、筋骨百骸，以及随心所欲的行动与静止、语言与沉默呢！

本事：《资治通鉴》卷七五《魏纪七·邵陵厉公》，正始九年（248）。

三〇　王凌非魏之忠臣

王凌可以为魏之忠臣乎？盖欲为司马懿而不得者也。为懿不得，而懿愈张矣。齐王芳，魏主叡之所立也。懿杀曹爽而制芳于股掌，其恶在懿，其失在叡，而芳何尤焉！使霍光而有操、懿之心，汉昭亦无如之何，而可责之芳乎？凌诚忠于魏而思存其社稷，正懿闭门拒主、专杀宗臣、觊觎九锡之罪，抗表而入讨，事虽不成，犹足以鼓忠义之气，而懿不能驾祸于楚王以锢曹氏之宗支，使敛迹而坐听其篡夺。而凌欲废无过之主以别立君，此其故智，梁、隋之季多效之者，而终以盗铃。则使凌得志，楚王彪特其掩耳之资，操此心也，恶足以惑人心而使效顺哉？

名义者，邪正存亡之大司也，无义不可以为名，无名不可以为义，忠臣效死以争之，奸雄依附而抑必挟之。以曹操之不轨也，王芬欲立合肥侯以诛宦官，而操审其必败，勿从也；袁绍欲立刘虞以诛董卓，而操恶其徒乱，勿从也；名正而义因以立，岂特操之智远过于凌乎？天下未解体于弱主，而己先首祸，心之所不安，裁（zāi）之所必逮也。刘虞贤矣，袁绍弗能惑也；合肥侯听曹操而安，楚王彪听王凌而死，非独自杀，且以启祸于宗室，胥入司马之阱中，亦烈矣哉！呜呼！乱人假义而授人以名，义乃永堕而祸生愈速，如是而许之以忠也，则沈攸之、陈霸先皆忠矣。王凌之心，路人知之，无以异于司马氏，而益以愚者也。

【译文】

曹魏司空、太尉王凌可以称为曹魏的忠臣吗？他之所以谋废齐王曹芳立楚王曹彪为天子，大概只是想做司马懿那样的权臣而没有得逞罢了。他没有成为另一个司马懿，反而使得司马懿的权势更加嚣张。齐王曹芳，是魏明帝曹叡所立的嗣君，司马懿杀掉宗室大将军曹爽，把曹芳玩弄于股掌之上。此事作恶者是司马懿，导致这一失误的则是曹叡，而曹芳有什么罪责呢？假若西汉权臣霍光也有曹操、司马懿等人的野心，汉昭帝又能把他怎么样呢？这件事怎么能责怪曹芳呢？王凌如果真心忠于曹魏而想保存曹魏的江山社稷的话，就应当向天下宣示司马懿关闭城门拒绝曹芳、曹爽等人进入都城，专权擅杀宗室大臣，觊觎九锡之礼的罪行，向皇帝上表并率军入京讨伐叛贼司马懿，事情即使不能成功，也足以鼓舞天下人的忠义之气，而司马懿也就不敢嫁祸于楚王曹彪，从而禁锢曹氏宗室支脉，使他们收敛形迹，没有力量进行反抗，只能听任司马懿篡权夺位。然而王凌并没有这样做，却想废黜无有过失的君主齐王曹芳，而另立楚王曹彪。他的这套伎俩，南朝梁、隋朝末年很多人加以效法，而最终结果无异于掩耳盗铃。这样，即使王凌的计谋实现了，楚王曹彪也只不过是他掩人耳目的工具罢了。王凌怀着这样的野心，又怎么足以迷惑人心，使人们效忠顺从他呢？

名义是关系到人之邪正、国之存亡的大事，不是出于大义就不可能有正当的名分，没有正当的名分也就不可能会有大义，忠臣效死帝王社稷是为了争取名义，奸雄依附傀儡君主也一定要挟持名义。像曹操那样心怀不轨的奸雄，当冀州刺史王芬想要废黜汉灵帝、立合肥侯为帝以诛杀宦官时，曹操知道他这样做一定会失败，尚且拒绝附从他的建议；袁绍想立宗室、幽州牧刘虞为帝以诛杀董卓，曹操厌恶这样做是平添祸乱，因此也坚决不从。名正而后大义才得以确立，难道仅仅是曹操的智谋远远超过王凌吗？天下人还没有背叛暗弱之君主，而王凌自己首先发难，心中因此感到不安，那么灾难必然降临到他的头上。刘虞是位贤明的人，袁绍无法迷惑住他；合肥侯听了曹操的劝谏而得以平安无事；而楚王曹彪听从了王凌的计谋，却落得一个身败名裂的下场，他不仅仅是自取灭亡，而且引发了曹魏宗室天大灾祸，使他们全部落进司马懿设下的陷阱中去，真是太惨烈了！唉！乱国之人假借大义谋划起事，却把正当的名分授予别人，最后也没有保全大义，又加速了灾祸的来临。如果这样的人也可以称之为忠臣的话，那么南朝宋的大将沈攸之、南朝梁的大将陈霸先也都算是忠臣了。王凌的居心叵测，路人尽知，与司马氏没有什么差别，只不过更愚蠢罢了。

本事：《资治通鉴》卷七五《魏纪七·邵陵厉公》，嘉平元年（249）。

三一　法网宽严，顺时应民

曹操之篡也，迎天子于危亡之中而措之安土；二袁、吕布、刘表、刘焉群起以思移汉祚，献帝弗能制，而操以力胜而得之。刘裕之篡，馘（guó）桓玄，夷卢循，东灭慕容超，西俘姚泓，收复中国五十余年已覆之土宇，而修晋已墟之陵庙，安帝愚暗，不能自存也。若夫二萧、陈霸先，功不逮操、裕而篡焉，则不成乎其为君而不延其世。由此言之，虽篡有天下，而岂易易哉？

司马懿之于魏，掾佐而已，拒诸葛于秦川，仅以不败，未尝有尺寸之功于天下也；受魏主叡登床之托，横翦曹爽，遂制孱君、胁群臣，猎相国九锡之命，终使其子孙继世而登天位，成一统之业。其兴也不可遏，而抑必有道焉，非天下之可妄求而得也。曹氏之驱兆民、延人而授之也久矣。

汉之延祀四百，绍三代之久长，而天下戴之不衰者，高帝之宽，光武之柔，得民而合天也。汉衰而法弛，人皆恣肆以自得。曹操以刻薄寡恩之姿惩汉失，而以申、韩之法钳网天下；崔琰、毛玠、钟繇、陈群争附之，以峻削严迫相尚。士困于廷，而衣冠不能自安；民困于野，而寝处不能自容。故终魏之世，兵旅亟兴，而无敢为萑（huán）苇之寇，乃蕴怒于心，思得一解网罗以优游卒岁也，其情亟矣。司马懿执政，而用贤恤民，务从宽大，以结天下之心。于是而自搢绅以迄编甿（méng），乃知有生人之乐。处空谷者，闻人声而辴（chǎn）然，栾盈之汰，人且歌泣以愿为之死，况懿父子之谋险而小惠已周也乎！王凌之子广曰："懿情虽难量，事未有逆。"可谓知言矣。故曰："得乎邱民为天子。"

逆若司马，解法网以媚天下，天且假之以息民。则乘苛急伤民之后，大有为之君起而苏之，其为天祐人助，有不永享福祚者乎？三国鼎立，曹、刘先亡，吴乃继之。孙氏不师申、韩之报也；曹操不足道，诸葛公有道者也，而学于申、韩，不知其失，何也？

【译文】

曹操的篡权夺位，是建立在他迎接汉献帝于危亡之中，并使之处于安定环境的基础上的。袁绍、袁术、吕布、刘表、刘焉群雄奋起而想夺取汉室之江山社稷，汉献帝对制止他们无能为力，而曹操以自己的实力挫败了他们，最终掌握汉朝政权。刘裕篡夺东晋王朝的帝位，也是建立在他建立了一系列功勋的基础之上的。他杀掉叛逆的桓玄，平定卢循领导的起义，在东方灭掉南燕皇帝慕容超，西方又俘获后秦皇帝姚泓，收复了中原王朝丢失了五十年的国土，还重新修复了已经成为废墟的晋朝先帝的陵庙。但晋安帝司马德宗昏庸暗弱，不能保全自己的宗庙社稷。至于像萧道成、萧衍、陈霸先三人，他们的功劳比不上曹操和刘裕，却同样得以篡权夺位，他们的功德不足以成为君主，因此他们建立的王朝也都是短命王朝。由此而言，尽管篡夺了天下的大权，但是难道能轻而易举地长治久安吗？

司马懿对于曹魏而言，最初只不过是一个低级官吏罢了，他在秦川抵御诸葛亮北伐，也仅仅是没有打败仗罢了，并没有为国家立下尺寸之功。他受魏明帝曹叡临终的托孤辅政，却突然发动政变翦灭大将军曹爽的势力，于是就控制了年幼的皇帝，胁迫群臣，获得了相国的称号和九锡之礼，最终使他的子孙经过两代而登上帝位，成就了统一天下的大业。他的兴起不可遏止，必定自有其道理，并非因为天下大权可以妄想追求并随便得到。是曹氏把亿万百姓都驱使到司马氏一边，又亲手把国家大权交给司马氏的。

汉朝的宗庙社稷延续了四百年，接续了夏、商、周三代立国长久的传统，而天下人对于汉朝的忠心拥戴之所以能经久不衰，是因为汉高祖刘邦的宽厚，光武帝刘秀的柔和，他们的行为既受百姓的欢迎，也符合天意。随着汉朝的衰落，法制逐渐松弛，任何人都可以恣意妄为，各得其利。曹操以刻薄寡恩的姿态出现，接受汉室法制松弛的教训，而以申不害、韩非所提倡的法家学说来钳制天下，约束民众。崔琰、毛玠、钟繇、陈群等人争相归附曹操，他们都竞相推崇严法苛政的治理之道。这样的结果，使士人困于朝廷，贵族缙绅内心不安；百姓困于郊野，言行举止受到限制，难以从容地生活。所以，在整个曹魏时代，虽屡次兴兵，但却没有敢起来犯上作乱的盗贼，可是人们都把内心的愤怒压抑在心中，期望有朝一日能挣脱严密法网的束缚，悠闲自在地生活，这种心态是非常急迫的。司马懿秉权执政时，能够任用贤能，体恤百姓，治理务从宽大，以赢得天下之心。于是自世家贵族到平民百姓，才得以知道人生的乐趣。处在空荡山谷中的人，听到人声便会高兴得露出笑颜，像春秋时期晋国大夫栾盈那样骄奢残暴的人，人们尚且为他歌唱流泪，甚至愿意为他而死，更何况司马懿父子计谋奸险、深藏不露而且也很周到地向天下广施小恩小惠呢？王凌之子王广曾说："司马懿的真实用心虽难以测度，但他做的事并没引起天下人的反感。"王广的话可以说很对了。所以《孟子·尽心下》中说："能够得到天下民众的拥护就可以做天子了。"

像司马氏这样的逆贼，通过解除苛刻的法网以讨好天下人，上天尚且愿意假借他们之手使老百姓休养生息。那么乘苛刻严酷的法令伤害民众之后，大有作为的君主兴起，使百姓暂时缓解一下压力，必定会受到上天的保佑和民众的佐助，这样的国家政权能不安稳长久吗？三国鼎立，曹魏、蜀汉先行灭亡，孙吴政权的灭亡却更晚一些。这是孙氏不采用申不害、韩非的法家治理方法所得到的回报。曹操固然不用说了，诸葛亮是位道德高尚的治国贤才，却也采用申不害、韩非的法家治国理论而不知其失误，这是为什么呢？

本事：《资治通鉴》卷七五《魏纪七·邵陵厉公》，嘉平元年（249）。

三二　蜀汉不能得士以亡

蒋琬死，费祎刺，蜀汉之亡必也，无人故也。图王业者，必得其地。得其地，非得其险要财赋之谓也，得其人也；得其人，非得其兵卒之谓也，得其贤也。巴蜀、汉中之地隘矣，其人寡，则其贤亦仅矣。故蒋琬死，费祎刺，而蜀汉无人。

虽然，尝读常璩（qú）《华阳国志》，其人之彬彬可称者不乏。张鲁妖盗而有阎圃，刘焉骄怠而有黄权，王累、刘巴，皆国士也。先主所用，类皆东州之产，耄老丧亡，而固不能继。蜀非乏才，无有为主效尺寸者，于是知先主君臣之图此也疏矣。勤于耕战，察于名法，而于长养人才、涵育熏陶之道，未之讲也。蒋、费亡而仅一姜维，维亦北士也，舍维而国无与托。败亡之日，诸葛氏仅以族殉，蜀士之登朝参谋议者，仅一奸佞卖国之谯周，国尚孰与立哉？

管仲用于齐，桓公死而齐无人；商鞅用于秦，始皇死而秦无人；无以养之也。宽柔温厚之德衰，人皆局蹐（jú jí）以循吏之矩矱，虽有英特之士，摧其生气以即于瓦合，尚奚恃哉？诸葛公之志操伟矣，而学则申、韩也。文王守百里之西土，作人以贻百年之用，鸢飞鱼跃，各适其性以尽其能，夫岂申、韩之陋所与知哉！

【译文】

执政大臣蒋琬去世，费祎遇刺身亡后，蜀汉的灭亡已是必然之势，因为蜀汉国内已无人才可用。想要成就帝王大业的人，一定要取得地盘。取得地盘，并不是说要取得这一地区的险要关隘、财赋收入，而是要得其人才；所谓得其人才，并不是说要得到作战的士卒，而是要得到治国的贤才。巴蜀、汉中地区地盘狭小，人口也少，那么其中的贤才就更少了。所以说，蒋琬去世、费祎遇刺身亡之后，蜀汉就没有贤才可用了。

尽管如此，我曾读常璩的《华阳国志》，发现这一地区文质彬彬、可以称道的人才还是不少的。割据汉中的张鲁是个近乎妖怪的盗贼，手下尚且有阎圃那样的人才；割据成都的益州牧刘焉骄奢怠惰，手下尚且有黄权那样的人才；王累、刘巴等人，也都堪称国士。先主刘备所重用的人才，大体上都是跟随他从东部州郡来蜀的人，蜀汉末年，他们大多年老丧亡，当然蜀汉后继无人。蜀地并非缺乏人才，却没有愿意为蜀汉君主效其尺寸之功劳的人，由此可以知道，刘备、诸葛亮君臣在网罗任用人才上是有疏失的。他们勤于农耕和战事，察于名分和法律，但对于为长远考虑培养、教育、熏陶后继人才，却一直没有予以应有的重视。蒋琬、费祎死后，蜀汉朝中只剩下一个来自北方陇西地区的姜维，舍弃姜维，国家大事就无人可以托付。蜀汉灭亡的时候，诸葛氏全族为国殉难，蜀国的士大夫能够登上朝堂、谋划国政的，仅有一个奸佞小人、卖国求荣的谯周，到了这种地步，国家还能倚靠谁而存在下去呢？

春秋时期，管仲被齐国所重用，齐桓公死后，齐国却没有人才可用；战国时期，商鞅被秦国重用，秦始皇死后，秦国也没有人才可用。原因只有一个，这就是他们没有培养后备人才。国家宽柔温厚的德行衰亡后，人们都被局限在循吏所制定的规矩法度之中谨慎小心地求得生存，即使有才智超群的士大夫出世，他们的勃勃生气也会受到摧残压抑，最终处于苟且偷安的状态，还怎么能依靠呢？诸葛亮的志向节操可以说无人能与之相比，但他学习效法的却是申不害、韩非的法家治国学说。当初周文王只是守着方圆百里的西部地区，但他却千方百计地任用和造就人才以备后世之用，这些人才在他的帐下犹如鸟儿自由翱翔于浩瀚的天空、鱼儿任意游憩跳跃于宽阔的海洋，各自满足自己的性情，穷尽自己的才能，这些道理岂是鄙陋浅薄的申不害、韩非之类主张以法家权术治国的人所能知道的！

本事：《资治通鉴》卷七四《魏纪六·邵陵厉公》，正始六年（245）。

三三　乱世无死节之臣

何晏、夏侯玄、李丰之死，皆司马氏欲篡而杀之也。而史敛时论之讥非，以文致其可杀之罪，千秋安得有定论哉？当时人士所推而后世称道弗绝者，傅嘏也、王昶也、王祥也、郑小同也。数子者，以全身保家为智，以随时委顺为贤，以静言处錞（chún）为道，役于乱臣而不怍，视国之亡、君之死，漠然而不动于心，将孔子所谓贼德之乡原，殆是乎！风尚既然，祸福亦异，天下之图安而思利者，固必褰（qiān）裳而从之，禄位以全，家世以盛，而立人之道几于息矣。呜呼！此无道之世，所以崩风坏俗而不可挽也。

虽然，有未可以过责数子者存焉。魏之得天下也不以道，其守天下也不以仁，其进天下之士也不以礼；利啖之，法制之，奴虏使之，士生其时，不能秉耒而食，葛屦而履霜也。无管宁之操，则抑与之波流，保其家世已耳。故昶与祥皆垂裔百年而享其名位，兢兢门内之行，自求无过，不求有益于当时；士之不幸，天所弗求全也。狂猾挂于网罗，容容获其厚福，是或一道也；不可以汉、唐、宋数百年戴天履地栽培长育之人才，忘躯捐妻子以扶纲常者责之也。施及宋、齐以降，君屡易而士大夫之族望自若也，皆此焉耳。欧阳永叔伤五代无死节之臣，而不念所事之何君也，亦过矣。王彦章之忠，匹夫之谅而已矣，况余阙乎？

【译文】

曹魏大臣何晏、夏侯玄、李丰之死，都是司马氏想篡权夺位才杀了他们。而史书收集当时社会舆论对他们的讥讽和非议，从而舞文弄法、罗织他们应当被诛杀的罪名，如此，千秋万代之后难道还能有定论吗？当时为人们所推崇且为后世称道的人士是傅嘏、王昶、王祥、郑小同等人。这几个人，都是把全身保家当作智慧，把顺应时势、委身顺从当作贤德，把沉默附和、明哲保身当作处世之道，被乱臣贼子所役使而不感到惭愧。他们对国家的灭亡、君主的被弑都漠然视之，毫不动心，孔子所说的败坏仁义道德的乡愿，大概就是这种人吧！当时的社会风尚既然如此，所得到的祸福报应又迥然不同，那么天下贪图安逸、唯利是图的人，必然会不辞劳苦地屈身仿效他们。这样的话，高官厚禄得以保全，家族发展得以兴盛，但是作为人的立身处世之道却几乎丧失殆尽了。唉！这就是天下无道之世，社会风俗每况愈下、礼崩乐坏而难以挽救的原因。

尽管如此，但也有不能过分责备这几个人的缘由存在。曹魏得到天下并非通过正道，守护天下也并非倚靠仁义，选拔任用天下士人的方法也并非合乎礼法。他们以利益来引诱士人，以法律来控制士人，像对待奴婢俘虏一样使唤士人。生活在当时的士人，想要亲手耕种、自食其力都不可能，连冬天穿着夏天的草鞋去履霜（即节俭吝啬地生存）都不可能。这些士人既然没有管宁那样的节操，也就只能随波逐流，保全其家族利益罢了。所以，王昶和王祥的后代，都延续了上百年仍然享有其名望和地位，小心谨慎地修养其家门内的德行，不求有益于当时社会，只求自家无过。士人生存在这个时代，也是他们的不幸，上天对他们也不会求全责备。志向高远和拘谨自守的士人都受到法网的钳制，而随众附和的士人却能获得丰厚的福报，这或许是当时社会环境下士人的一种处世之道。所以不能拿汉朝、唐朝、宋朝几百年间通过深仁厚德培育的人才，以他们忘死舍身、捐妻弃子以匡扶天下纲常的行为来要求和责备当时的士人。到了南朝的宋、齐以后，政权频繁更迭，君主屡次更换，而一些士大夫家族地位声望依然如故，不受影响，都是由此发展而来的。欧阳修（字永叔）在《新五代史》中对五代时期难得忠臣义士、没有死节之臣感到悲伤，但他却没有考虑到这些士人所事奉的君主都是些什么样的人，也是不正确的。至于像大将王彦章对于后梁的忠诚，不过是一介匹夫的固执罢了，更何况是为元朝异族政权殉节自刎的余阙呢？

本事：《资治通鉴》卷七六《魏纪八·高贵乡公》，正元元年（254）。

三四　借敌讨贼，流祸无穷

诸葛诞之起兵讨司马昭也，疑贤于王凌、毌（guàn）丘俭，而实未见其愈也。俭与诞，皆以夏侯玄之死不自安，而徼幸以争权，使其克捷，其不为刘裕之诛桓玄，不能保也。且诞之讨昭，何为也哉？无抑不欲魏社之移于司马氏矣乎？魏而亡，亡于司马，亡于吴，无以异也，吴岂为魏惜君臣之义，诛权奸以安其宗社者哉？诞遣其子靓称臣于吴以起兵，则昭未篡而己先叛；以叛临篡，篡者未形而叛者已著；其志悖，其名逆，授司马昭以讨叛之名，而恶得不败邪？使其成也，司马昭之甫糜，曹氏之社早屋矣。悲夫！借敌兵以讨贼者之亡人家国也，快一朝之忿而流祸无穷，诞实作俑，司马楚之、刘昶、萧宝寅相继以逞，而可许之为忠乎？

【译文】

曹魏征东大将军、司空诸葛诞起兵讨伐专擅朝政的司马昭，与此前王凌、毌丘俭起兵相比似乎更具有正义性，其实也并不见得好到哪里去。毌丘俭和诸葛诞，都是在夏侯玄死后，心中惶恐不安，因此才图侥幸起兵争权的，如果能够取胜，也难保他们不像刘裕诛杀叛将桓玄以后就篡夺了东晋政权一样。况且，诸葛诞讨伐司马昭，为的是什么呢？无非不想曹魏的江山社稷被司马氏篡夺而去罢了。曹魏要是灭亡，不论是被司马氏所灭，还是被孙吴所灭，并没有什么不同，孙吴难道会顾及曹魏的君臣之义，而为其诛杀篡权奸贼以安定其宗庙社稷吗？诸葛诞起兵前先派自己的儿子诸葛靓向吴国称臣，那么这就是说司马昭还没有篡位，而诸葛诞自己倒先背叛了曹魏。以叛变者的名分来讨伐篡位者，篡位者还没有公开行动，叛变者的行为已经很明显了。诸葛诞内心的志向与行动的表现相悖逆，白白把讨伐叛贼之名义交给司马昭，又怎么能不败亡呢？即使他起兵讨伐司马昭成功了，那么司马昭家族刚刚被消灭，曹魏的宗庙社稷也早就保不住了。令人痛心啊！想借敌国之兵来讨伐自己国家的逆贼的人，却落得一个亡人家国的下场，为了图泄一时之忿却遗祸无穷，诸葛诞就是这样的始作俑者，紧跟着步其后尘的还有东晋宗室司马楚之、南朝宋宗室刘昶、南朝齐宗室萧宝寅等人。像他们这样的人，又怎么能称为忠臣呢？

本事：《资治通鉴》卷七七《魏纪九·高贵乡公》，甘露二年（257）。

三五　谯周无人臣之心

人知冯道之恶，而不知谯周之为尤恶也。道，鄙夫也，国已破，君已易，贪生惜利禄，弗获已而数易其心。而周异是，国尚可存，君尚立乎其位，为异说以解散人心，而后终之以降，处心积虑，唯恐刘宗之不灭，憯矣哉！读周《仇国论》而不恨焉者，非人臣也。

姜维之力战，屡败而不止，民胥怨之，然其志苦矣。民惮于劳，而不知君父之危，所赖以启其惰心而振其生气者，士大夫之公论耳。其论曰："既非秦末鼎沸之时，实有六国并据之势。"显然以秦予魏，以韩、燕视蜀，坐待其吞噬，唯面缚舆榇之一途耳。夫汉之不可复兴，天也；蜀之不可敌魏，势也；无可如何者也。故诸葛身歼而志决，臣子之道，食其禄，终其事，志不可夺，烈于三军之帅。且使人心不靡于邪说，兵力不销于荒惰，延之一日，而忠臣志士之气永于千秋。周而无人之心哉！无亦括囊以听，委之天而弗助其虐之为咎尚浅乎？夫民之不息，诚不容已于闵恤矣，譬之父母积疢（chèn），仆妾劳于将养，则亦酒食以劳之，和煦以拊之，使鼓舞而忘怨已耳。若恤仆妾之疲，废药食而听其酣寝，有人之心者，以是为恻隐哉？

当周之时，黄皓、陈祗蛊庸主而不顾百姓之疾苦；诚念民也，则亦斥奸佞，劝节俭，饬守令以宽廉，使民进而战恽（yùn），退而休息，可也。周塞目钳口，未闻一谠（dǎng）言之献，徒过责姜维，以饵愚民、媚奄宦，为司马昭先驱以下蜀，国亡主辱，己乃全其利禄；非取悦于民也，取悦于魏也，周之罪通于天矣。服上刑者唯周，而冯道末减矣。

【译文】

人们都知道五代时期冯道的罪恶，却不知道三国蜀汉的谯周尤其罪大恶极。冯道，不过是一个卑鄙无耻的小人罢了，国家政权已经覆灭，君主也已经多次改姓换人，他贪生怕死，舍不得功名利禄，不得已而屡屡变节，一次次向新君效其忠心。然而谯周所面临的形势却与此不同，自己的国家还存在，君主还在位，他却散布异端邪说瓦解人心，而后最终投降了曹魏，他处心积虑，唯恐刘氏的宗庙社稷不被灭亡，真是太狠毒、太惨痛了！凡是读过谯周的《仇国论》而不恨他的人，肯定不能作为人君的臣下。

蜀汉大将姜维竭力与曹魏决战，屡败屡战，却没有停止北伐，老百姓都埋怨他，然而他自有其苦心。老百姓只恐怕自己的负担过重，并不知道国家、君主的安危，能够借以消除其怠惰之心而振奋其生气的，只有士大夫的公论罢了。可是谯周《仇国论》却说："现在既然不是秦朝末年天下鼎沸之时，实际上却有六国并立、各据一方之势。"很显然，他把曹魏比喻为秦朝，也把蜀汉比喻为韩国、燕国，只能坐待曹魏的吞噬，后主刘禅就只有投降一条路可走。汉室不能复兴，这是天意；蜀汉难以抵御曹魏的入侵，这也是大势，对此可以说是无可奈何。所以诸葛亮虽然身死，而其心志却十分坚决，那就是竭尽臣子之道，既然享受君主的俸禄，就要终生为国家服务，这种志气就像三军之帅一样壮烈，凛然不可侵犯。况且，若是人心不为异端邪说所蛊惑，兵力也不因为荒废惰怠而削弱，只要能使国家政权延长一天，忠臣志士的浩然正气也会永垂千秋。谯周难道就没有人心吗！何不缄口不言、听之任之，一切托付给天命而不助纣为虐，这样他的危害尚浅一些、罪责还小一些吧？至于老百姓得不到休养生息，确实不得不以悲悯之心给予体恤和迁就。就像是父母生了病，仆人和侍妾伺候他们非常辛苦，那么也无非用酒食来慰劳他们，以和颜悦色来安抚他们，使他们受到鼓舞而忘记埋怨罢了。假若只体恤仆人和侍妾的辛苦，而听任他们酣睡，不为父母送药送食，有人心的人，会把这种做法当作恻隐之心的体现吗？

就在谯周供职朝廷的蜀汉末年，宦官黄皓、大臣陈祇蛊惑昏庸的后主刘禅，不顾百姓的疾苦。如果谯周真心为老百姓着想，就应该斥退奸佞小人，规劝君主节俭，饬令地方官吏宽厚待民、廉洁奉公，使老百姓进而能为军队输送粮草，退而可以休养生息，这才是正确的作为。但是谯周却闭目塞听，熟视无睹，缄口不言，没有听到他向君主进献过一句忠直之言，只是过分地指责姜维，以诱饵愚弄百姓，以献媚讨好宦官，像是司马昭的先锋一样先攻下了蜀国，国家覆亡，君主受辱，而他自己却可以保全其功名利禄。他并非取悦于民众，而是取悦于曹魏，谯周可以说犯下了滔天之罪。若要受刑的话，谯周应当受最残酷、最严厉的刑罚，而冯道则可以从轻论罪而减刑一等了。

本事：《资治通鉴》卷七七《魏纪九·高贵乡公》，甘露二年（257）。

三六　审慎识人，方可纳谏

王沈刺豫州，下教："陈长吏得失者，给谷五百斛；言刺史宽猛者，给谷千斛。"规己宽猛之宜，而赐之谷，犹之可尔。陈长吏之得失而赐之谷，险士猾民，竞起而诬讦其守令，祸可胜言哉？盖沈者，司马氏之私人也，司马氏以好士恤民之虚名，收辨士而要民誉，每下不情之令，行溢赏以诱天下，而沈为之役，故其教令如是之滥，未容深责也。陈廞（xīn）、褚䂮（lüè）入白沈曰："拘介之士，惮赏而不言；贪昧之人，慕利而妄举。"韪哉言乎！可推以尽明主用人听言之道矣。

拒谏者，古今之所谓大恶也；亟取人言，而贪广听之名，其恶隐而难知。乃公孙彊因之以亡曹，主父偃因之以乱汉。宋之中叶，上书言因革者，牍满公府，而政令数易，朋党争衡，熙、丰、元、绍之间，棼如乱丝，而国随以敝。近者民本轻达，贱士乘以希荣，奸相资之肆恶，一夫遽登省掖，而天下亟亡。呜呼！以赏劝言之害，较拒谏而尤烈，抑如此哉！

然则瑱纩（tiàn kuàng）之塞，与明聪之达，圣人兼用以应天下，抑何道也？曰：善听言者，必其善于择人者也。人而善与，言虽未得，有善者存矣。人而不善与，言虽得，有不善者存矣。唐、虞之廷，或吁或咈（fú），交相弼违者，唯其为禹、皋、稷、契也。夫禹、皋、稷、契，视君之失，若疢疾之攻于心；视民之病，若水火之迫于肌；而视言入而受禄也，若秽恶之加于鼻也，何俟于赏以劝之邪？故君子之听言，先举其人而后采其言，必不以利禄辱贤者之操，而导不肖者以猖狂无忌也。

察吏有常法，劾吏有常职，不获已而登斥奸讼枉之言，然非害切于国民而痛切其肌肤，则告讦之宵人耳，诛之可矣。一兴一废，一张一弛，进臣民而酌其可否，既已无疑矣；而犹为异说焉，斥之可矣。言虽甚当，不授以官；其效虽登，必进以礼。大臣坐论，日侍于燕间；谏诤有官，各责以言职。非是者，虽或兼容并包，而必厚防其生事启衅之伤。自匪佥人，恶有舍闺门子弟之职，置四民耕读之恒，弃官守慎修之纪，旦揣夕摩，作为皦（jiǎo）皦炎炎之论，以动人主，而侥幸显名之与厚实哉！舜之耕稼陶渔而取人为善，人无所利于耕稼陶渔之夫，而言之不善者鲜矣。其为帝也，以耕稼陶渔之听听天下之言，则唯禹、皋、稷、契无私利之心，如深山之野人，而后决于从也。故其戒禹曰："无稽之言勿听。"而岂以利禄诱哓（xiāo）哓之士，使以讦为直乎？

嚣口舌以希利赖者，小人也，塾师也，祸福唯其妄测，文义唯其割裂，得利焉而情尽矣。此求治者所必远，为学者所必拒也。人君正己以莅下，节嗜欲、远宦寺、勤学问、公好恶，则小人之利病、国事之得失，触之而自知。非不待言也，抑非恃人言而遂足以治也。赏之而政刑乱、朋党兴、廉耻丧、风俗靡，自非奸雄之媚众以窃国，几何事此而不亡？此治乱之枢机，不可不审也。

【译文】

高贵乡公曹髦被杀后，王沈因告密有功被封为安平侯，担任尚书、豫州刺史，下达命令说："能陈说地方长吏治理得失的人，赏给粮食五百斛；能够评论刺史为政宽严的人，赏给粮食一千斛。"让别人对自己的为政宽严是否适度提出规谏，赏赐粮食作为奖励，还算是可以的。如果让人陈说地方长官的治理得失而赏赐粮食作为奖励，那么一些阴险的士人、奸猾的小民就会竞相起来诬陷、攻击他们的地方长官，造成的祸害之大能说得清吗？大概王沈这个人，是司马昭家族的亲信，司马氏为博得礼贤下士、体恤民情的虚名，到处网罗能言善辩的士人以获取百姓的称誉，因此每每下发不合情理的政令，滥行赏赐以引诱天下人归顺，而王沈是司马氏的追随者，所以王沈有这样滥行赏赐的教令，也不能过分地指责。主簿陈廞、褚䂮当时对王沈说："你发布这个命令后，守正耿介之士，因为不愿意受到赏赐而闭口不言；贪婪愚昧之人，却为了追求利益而什么话都敢说。"这话说得太正确了！可以推而及之，穷尽贤明君主任用贤才、采纳谏言的道理。

拒绝采纳谏言，自古至今都被人们称为大恶；急于听取人言，却能贪得一个广纳谏言、兼听则明的名声，其危害比较隐蔽，而难以为人所知。这也是春秋时期曹国司城公孙彊建议国君绝晋侵宋、建立霸业而导致曹国灭亡，汉武帝时的大臣主父偃建议实行推恩令、削弱诸侯而使汉室发生动乱的原因。北宋中叶，大臣上书谈论政治因袭与变革的很多，表章堆满了内府的档案库，而朝廷政令不断变化，朋党相互争强斗胜。宋神宗熙宁（1068—1077）、元丰（1078—1085）年间，宋哲宗元祐（1086—1093）、绍圣（1094—1097）年间，朝政纷乱如麻，而国家也日渐衰落。近世以来，民间的奏章能够轻易地送达天听，贫贱之士也想乘此机会企求荣名利禄，心怀奸佞的权相借他们的议论肆意作恶，于是一介平民往往可以借上书言事迅速获得重用、进入朝廷的政治中枢，而国家也因此而迅速走向灭亡。唉！赏赐鼓励人们进言的危害，远比不听劝谏的害处要大得多，或许就是因为此吧！

既然如此，那么堵住耳朵以闭目塞听，耳聪目明以洞悉民情，这两种方法圣人兼而用之，以应对天下的事务，这又是什么道理呢？回答是：善于听取别人谏言的人，一定也善于选择人才。如果一个人很善良，尽管与他谈话不融洽，其中肯定有善的成分存在。如果一个人不善良，尽管与他谈话很投机，但其中必然有不善良的成分存在。唐尧、虞舜的朝廷中，敢于表示不以为然，通过不同的意见来纠正他们的过失的，只有大禹、皋陶、后稷和契。大禹、皋陶、后稷、契，他们把君主的过失看作热病攻心一样严重；把百姓的疾苦视作水火浇灼自己的肌肤一样急迫；而把凭借进言获取功名利禄视作污秽腐朽的气味直冲鼻子一样，哪里需要通过赏赐的办法来鼓励他们进谏呢？所以，君子采纳别人的谏言，首先要选择其人，然后才听其言，这样肯定不会用利禄来侮辱贤人的节操，也不会以猖狂无忌来引导不肖之徒。

考察官吏有固定的办法，弹劾犯罪的官吏也设有专门的职务，只有在不得已的情况下才需要采用那些指斥奸贼、申冤鸣屈的进言，但这些进言如果不是其危害关乎国计民生，其痛苦关切其身体肌肤，则进言的人便是告发、攻讦别人的奸佞小人，像这样的人杀掉也是可以的。一兴一废，一张一弛，采纳臣民的进言，首先要斟酌其是否可行，决定之后就不容再有疑议；如果仍然有人制造异端邪说，就可以加以斥责。他们的进言即便非常切实可行，也不宜直接授以官职；付诸实施后即便效果非常明显，也一定要根据礼法来提拔任用。大臣坐而论道，整日在安宁悠闲的环境中侍从君王；负责谏诤的有专门的言官，各自要求他们恪尽进言的职守。如果不这样，谁都可以随便进言，即使有兼容并包的优点，也必须防范有人故意借进言生事、挑起争端的危险。若自己不是奸佞小人，哪里有舍弃豪门子弟的地位，放弃士、农、工、商四民耕读的日常事务，抛弃做官者应严谨修身的纲纪，日夜揣摩，故意作出一番明察秋毫、华美盛大的议论，以图打动君主，从而侥幸获得显赫的名声和丰厚的实利呢？虞舜当初在耕田种地、制作陶器、结网捕鱼的实践中，听取人们的良言相劝；一个耕田种地、制作陶器、结网捕鱼的人对别人自然无利可图，所以给他的进言很少是不怀好意的。等到后来他做了帝王，就以他当初耕田种地、制作陶器、结网捕鱼时的态度来听取天下之言，发现只有大禹、皋陶、后稷、契没有私利之心，如同深山里的野人一样，所以虞舜才决定听从他们的建议。所以，虞舜告诫大禹（见《尚书·大禹谟》）说："没有根据的话不要听。"难道能以功名利禄来引诱哓哓不休的士人，让他们把攻讦别人作为其正直的表现吗？

希图依靠卖弄口舌而获得生存的人，是奸佞小人，是私塾教师，他们这些人对祸福妄加揣测，对文义恣意割裂，虽然能够从中得利，然而天理人情都因此丧尽了。像这样的人，想把国家治理好的人必须疏远他们，想要做学问的人也一定拒绝排斥他们。作为君主，只要能够端正自己的言行以君临天下，节制嗜欲，疏远宦官，勤于学问，以公心决定自己的好恶，那么百姓的疾苦、国家政事的得失，都可以通过亲身接触实践而知悉其实际状况。并非不需要别人的建议，但也并不是只听从别人的建议就可以治理好国家。通过赏赐来激励进言，就会导致政令刑律混乱、朋党争斗兴起、世人丧失廉耻、社会风俗败坏，如果不是乱世奸雄为了篡权夺位想要以此讨好民众，则这样做有几个不招致国家灭亡的？这是国家治乱兴衰的关键，不能不慎重。

本事：《资治通鉴》卷七八《魏纪十・元帝》，景元四年（263）。

三七　蜀汉恃险失德而亡

后主失德而亡，非失险也，恃险也，恃则未有不失者也。君恃之而弃德，将恃之而弃谋，士卒恃之而弃勇。伏弩飞石，恃以却敌；危石丛薄，恃以全身；无致死之心，一失其恃，则匍伏奔窜之恐后；扼之于蹊径，而凌峭壁以下攻，则首尾不相顾而溃。故谓后主信巫言而失阴平之守以亡国，非也。阴平守，而亘数百里之山崖溪谷，皆可度越，阴平一旅，亦赘疣而已。李特过剑阁而叹刘禅之不能守，草窃之智，乘晋乱以苟延尔。谯纵、王建、孟知祥、明玉珍蹶然而起，熸（jiān）然而灭，恃险愈甚，其亡愈速矣。

然则诸葛公曰："益州天府之国。"其言非乎？彼一时也，先主拥寡弱之资而无尺土，舍益州而无自立之地。乃其规画之全局，则西出秦川，东向宛、洛，皆与魏争于平原，而非倚险以固存也。迨乎关羽启衅于吴，先主忿争而败，吴交不固，仲谋已老，宛、洛之师不能复出，公乃率孤旅以向秦川，事难而心苦矣。况蒋琬据涪城，姜维据汉、乐，颛当守户，而天日莫窥，不亡奚待焉？

汉高起自汉中，旋下三秦，急出成皋，是以濒危而终胜。光武定都洛阳，曹操中据兖州，皆以无险为险也。周公营洛，至计存焉，而或为之说曰："无德易以亡。"圣人既无私天下之心，抑岂欲其子孙之速亡乎？周迁洛，而不绝之系，其亡尤难于夏、殷。亡之难易，不在险之有无，明矣。

【译文】

蜀汉后主刘禅因为失德而导致国家灭亡，并不是因为失去险要之地而导致灭亡的。如果太过依赖险要的地理形势，那么所依赖的险要之地就没有不终究丧失的。君主一味依靠险要之地，就会失去君主之德；将领一味依靠险要之地，就会放弃谋略；士卒一味依靠险要之地，就会失去勇气。埋伏的弩机、飞石，是士兵赖以击退敌军的武器；

险峻的山石、茂密的草木，是士兵赖以保全身体的环境；如果没有舍生忘死的决心，一旦失去依靠的东西，就会争先恐后地匍匐逃窜；只要敌人把守住撤退的必经之路，从山顶峭壁之上向下进攻，我们就必然会因首尾不能相顾而溃退。所以说后主刘禅相信巫师之言而放弃了对阴平（今甘肃文县西北）的把守，从而导致亡国，这种说法是错误的。即使阴平有兵把守，绵延数百里都是山崖和溪谷之地，敌人都可以从其中穿越过去，在阴平驻军防守，也只是多余的。西晋末年流民起义领袖、成汉的建立者李特从剑阁经过的时候，对刘禅不能守住地势险峻的巴蜀深为叹息，其实李特只不过是以割据一方的草寇的智慧，乘晋末天下大乱而苟延残喘罢了。其后，十六国时期西蜀的谯纵、五代时期前蜀的王建、后蜀的孟知祥、元朝末年的明玉珍等，都是猝然而崛起，瞬间而灭亡，越是依赖险要地理环境，就灭亡得越快。

既然如此，那么诸葛亮说过："益州乃是天府之国。"他说的不对吗？并非不对，当时是另外一种情况：先主刘备实力很有限，而且也没有自己的地盘，如果不占据益州他便没立身之处。可是诸葛亮为先主刘备规划的战略全局，是率军西出秦川，东向宛城、洛阳进军，都是与曹魏在平原地区争夺，而不是依赖天险，固守以图存。等到关羽在荆州与东吴挑起事端，先主刘备一怒之下起兵讨吴结果大败而归，从此与孙吴同盟关系已不再牢固，再加上孙权年纪已大，蜀汉出师宛城、洛阳的计划已难以实现，诸葛亮于是只能率孤军出兵秦川，可谓是处事艰难，用心良苦。何况其后蒋琬占据涪城（今属四川绵阳），姜维据守汉城（今陕西勉县）、乐城（今陕西城固），就像是颠当（即蝰蟷，一种生活在地下的小蜘蛛）只知道守着自己的洞口，而看不到天日一样，不灭亡还能等待什么结局呢？

汉高祖刘邦起自汉中（今属陕西），很快就攻下了三秦地区，然后迅速东出打到成皋（今河南荥阳广武镇），所以他虽然屡屡濒临险境，却能最终取得胜利。光武帝刘秀定都洛阳，曹操在群雄纷争中占据兖州（今山东金乡西北），都是把这些无险可守的地方当作险要之地。周公营建洛邑，其中也保存有周朝经营天下的根本大计，有人会借用汉初娄敬劝说刘邦的话说："有德者居天下之中就容易成就帝王之业，无德者居之则容易灭亡。"圣人既然没有占有天下的私心，难道会想要其子孙后代迅速灭亡吗？东周迁都洛阳，而使其世系没有断绝，它的灭亡比夏朝、商朝要难得多。显然，国家灭亡的难易，并不在于有无险要之地可以把守。

本事：《资治通鉴》卷七八《魏纪十·元帝》，景元四年（263）。

三八　王祥奸狡，冯道前身

司马昭进爵为王，荀顗（yǐ）欲相率而拜，王祥曰："王、公相去一阶尔，安有天子三公可拜人者。"骤闻其言，未有不以为岳立屹屹，可以为社稷臣者。冯道之劳郭威曰：

"侍中此行不易。"亦犹是也。炎篡而祥为太保于晋，威篡而道为中书令于周，则其亢矫以立名，而取合于新主，大略可知矣。昭谓祥曰："今日然后知君见顾之深。"祥所逆揣而知其必然也。矜大臣之节，则太保之重任，终授之也无疑。历数姓而终受瀛王之爵，道固远承衣钵于祥也。不吝于篡，而吝于一拜；不难于北面为臣，而难折节于未篡之先；天下后世不得以助逆之名相加，万一篡夺不成如桓玄，可以避责全身，免于佐命之讨，计亦狡矣。

以此推之，汲黯揖卫青，而曰："使大将军有揖客，岂不重乎？"黯之情亦见矣。欲以此求重于权臣，而可谓之社稷臣乎？司马昭、郭威虽逆，而固非朱温之暴，可以理夺者也。使汲黯而遇梁冀，王祥、冯道而遇朱温，抑岂能尔哉？若夫社稷臣者，以死卫主，而从容以处，期不自丧其臣节，如谢安之于桓温，狄仁杰之于武氏，亦岂矫矫自矜以要权奸之知遇乎？

【译文】

司马昭进爵为晋王，司空荀顗想要与太尉王祥等相继向他行跪拜之礼。王祥说："王、公之间仅相差一个等级，哪有身为天子的三公而随便拜人的呢？"乍听其言，不能不觉得他像高山挺立一样令人肃然起敬，可以称得上是位社稷之臣。五代后汉乾祐三年（950），太师冯道面对从邺都起兵攻入汴京的郭威并没有立即拥戴，而是安然受礼，徐徐地慰劳他说："侍中您此行可不容易啊！"其伎俩与王祥惊人地相似。司马炎篡魏自代以后，王祥成为晋朝的太保，郭威篡位以后，冯道担任后周的中书令，那么他们当初故意矫揉造作、假装高傲是为求得一个好的名声，以迎合新的主子，其用意大概就可以知道了。司马昭对王祥说："从今以后方才知道你对我的关照之情是多么深厚。"王祥肯定揣测过司马昭的心思，知道他一定会这样。夸耀自己作为大臣之节操，那么太保这样的重任，最终将会毫无疑问地授予自己。冯道事奉过几个朝代的君主以后，最终取得了瀛王的爵位。冯道本来就是远承王祥的衣钵。不吝于容忍逆臣篡权夺位，却吝啬一拜之礼；不以向逆贼北面称臣为难堪，却难于在逆臣未篡以前折节下拜。这样，天下后世就不能把帮助逆贼篡权的恶名加到他们的身上，一旦逆贼篡权夺位没有成功，像东晋的桓玄一样，他们还可以免于谴责，保全自身，逃避佐命之臣的讨伐，其计谋也太狡猾了！

由此推之，西汉时汲黯坚持只对功高位尊的大将军卫青行作揖之礼，而且还说："让大将军有拱手作揖的客人，难道他的地位不是更重要了吗？"汲黯的用意由此可见。他是想以此求得权臣的重视，像这样的人难道可以称为社稷之臣吗？司马昭、郭威虽然篡权夺位，却并没有像后梁朱温那样残暴，能够以道理使他们信服。假如汲黯遇到东汉的梁冀那样专横跋扈的权臣，王祥、冯道遇上后梁的朱温那样残暴的逆贼，难道他们也能这样做吗？至于真正以江山为重的社稷之臣，都是舍生忘死以捍卫君主，而自己也可以从容处世，要求自己不丧失作为臣子的气节，就像谢安对待桓温、狄仁杰对待武则天一样，难道他们会矫揉做作、假装高傲，以此来博得权奸之臣的赏识吗？

本事：《资治通鉴》卷七八《魏纪十·元帝》，咸熙元年（264）。

卷十一

明刻本《三才图会》中的晋武帝司马炎画像

【题 解】

本卷评论西晋初期历史，仅晋武帝一目，共十五则。

晋武帝司马炎（236—290）受禅代魏，建立晋朝，励精图治，统一天下，世称“太康之治”。然其后怠惰，世风奢靡，加之嗣君愚钝，朝政日非，为其后“八王之乱”“五胡乱华”埋下了伏笔。关于西晋的覆亡，王夫之认为“魏削宗室而权臣篡，晋封同姓而骨肉残”，并非分封诸王制度本身的问题，不当“以八王之祸咎晋氏之非”，而授兵宗室与罢州郡兵则是招致祸乱的重要因素；进一步分析“小人浊乱，国无与立”，用人不当以及由此带来的人心世风日益奢靡沦丧的问题是其根源，晋武帝所用的贾充、任恺、冯紞、荀勖、何曾、石苞、王恺、石崇、潘岳之流，“皆寡廉鲜耻、贪冒骄奢之鄙夫”，而选拔人才“奖之不以其道，进之不以其诚”，导致人心萎靡，士风日颓；因此，主张加强道德教化和礼仪规范，故对杜预、嵇绍等予以批判，而对王肃之礼学醇正，范粲之贞士高节，羊祜之务德重信、用兵以道、从容以收大功予以高度评价。至于对待边疆民族的侵扰，王夫之主张勤修教化、安置边陲，强化军力、以逸待劳，因而对西晋处置刘渊的无故杀人、假以将军之号征树机能两种方式均予以批评，斥为“舍本逐末，两俱有咎”；而郭钦、江统等的徙戎论虽不无道理，但公开宣示、广泛传诵，不啻教猱升木，导人作乱。

晋武帝（泰始元年起）

一　魏削宗室而权臣篡，晋封同姓而骨肉残

魏削宗室而权臣篡，晋封同姓而骨肉残，故法者非所以守天下也；而怀、愍陷没，琅邪复立国于江东者几百年，则晋为愈矣。天下者，非一姓之私也，兴亡之修短有恒数，苟易姓而无原野流血之惨，则轻授他人而民不病。魏之授晋，上虽逆而下固安，无乃不可乎！然而三代王者建亲贤之辅，必欲享国长久而无能夺，岂私计哉？

人之所以异于禽兽者，非其利病生死之知择也。则君子之为天下君以别人于禽兽者，亦非但恤其病而使之利，全其生而使无死也。原于天之仁，则不可无父子；原于天之义，则不可无君臣。均是人而戴之为君，尊亲于父，则旦易一主，夕易一主，稽首匍伏，以势为从违而不知耻，生人之道蔑矣。以是而利，不如其病之；以是而生，不如其死之也。先王重不忍于斯民，非姑息之仁，以全躯保妻子、导天下于鱼虫之聚者，虑此深矣！然则晋保社稷于百年，而魏速沦亡于三世，其于君天下之道，得失较然矣。

晋武之不终也，惠帝之不慧也，怀、愍之不足以图存，元帝之不可大有为也；然其后王敦、苏峻、桓温相踵以谋逆，桓玄且移天步以自踞，然而迟之又久，非安帝之不知饥饱，而刘裕功勋赫奕，莫能夺也。谓非大封同姓之有以维系之乎？宋文帝宠任诸弟，使理国政、牧方州，虑亦及此；而明帝诛夷之以无遗，萧道成乃乘虚而攘之。嗣是而掇天位者如拾坠叶，臣不以易主为惭，民不以改姓为异。垂及唐、宋，虽权臣不作，而盗贼夷狄进矣。然则以八王之祸咎晋氏之非，抑将以射肩请隧咎文昭武穆不当裂土而封乎？法不可以守天下，而贤于无法，亦规诸至仁大义之原而已。

【译文】

曹魏因削弱宗室而导致权臣篡位，西晋因分封同姓诸侯王而导致骨肉相残，所以，任何一种制度都不足以固守政权、永葆天下。晋怀帝、愍帝都落得国都沦陷、死于非命的下场，琅邪王司马睿得以成功南渡、在江东复国建立东晋，使王朝得以延续了差不多百年，超过了曹魏政权。天下并非为一家一姓帝王所私有，兴盛存亡的长短自有定数，只要改朝换代而不致出现生灵涂炭、原野流血的惨状，则政权即使轻易授予他人，百姓也不因此遭受苦难。曹魏王朝被西晋取代，虽然上层统治者属于叛逆篡位，但下层百姓却得以平安无事，这又有什么不可呢？然而夏、商、周三代统治者建立起来的分封宗亲、贤臣辅佐的制度，是为了统治长久并避免被篡权夺位，难道是出于一己之私利吗？

人之所以不同于禽兽，并非只知道面对利与害、生与死的考验时有所抉择。如此，君子之所以能成为天下之君，从而使人与禽兽相区别，也并非只能够体恤人的病痛祸福并使之得利，能够保全其生命并使之免于死亡。察究天下之仁，则不可以无父子之伦理；察究天下之义，则不可以无君臣之纲常。如果凡是人而都可拥戴为君，尊亲为父，那么早晨改换一君主，日暮又换一君主，均对其俯首称臣，以势利作为顺从或违背的标准而恬不知耻，作为人的正道大义就泯灭无存了。以此为标准而得利，还不如使其处于病痛忧患之中；以此为标准而偷生，还不如使其死亡。古圣先王之所以建立起分封宗亲、贤臣辅佐的制度以使国祚绵延而不被篡夺，并非出于姑息养奸的妇人之仁，使其得以苟且保全自身及妻子儿女的性命，引导天下之人能够如鱼虫一样而得以团聚，而是不忍心将这种耻辱加给天下的百姓，他们的思虑真是太深远了！既然如此，那么晋朝保持国家政权达百余年之久，而曹魏政权只历经三世就迅速灭亡，其治理天下之道，孰得孰失就很清楚了。

晋武帝司马炎治理国家不能做到始终如一，晋惠帝司马衷又愚钝而不聪慧，怀、愍二帝不足以救亡图存，晋元帝司马睿也不能大有作为。在此之后，大将王敦、苏峻、桓温等人相继图谋叛乱，桓玄甚至篡夺皇位而以天子自居，然而这种情况又延续了很久，如果不是晋安帝司马德宗是个不知饥饱、寒暑不辨的愚人，而刘裕又功勋显赫，晋朝的江山社稷仍然无法被篡夺了去。难道可以说不是因为晋朝大封同姓诸侯王而使其政权得以维系吗？南朝宋文帝刘义隆宠信、任用诸位兄弟，使之治理国政，镇守州郡，也是考虑到这一点；而宋明帝刘彧则将掌握州镇兵权的兄弟子侄诛杀无遗，使得萧道成乘虚而入，夺取刘宋政权。自此以后，权臣窃取皇位如同捡拾坠地之叶，大臣不以改换君主为惭愧，百姓不以王朝易姓而惊异。延续到唐、宋王朝，虽然权臣未能犯上作乱，但盗贼和北方夷狄却进而侵扰。尽管如此，如果将八王之乱归咎于晋朝分封宗室之错误，难道可以将郑庄公射中周桓王之肩而使天子威福扫地、晋文公请求自己死后享用天子隧葬之礼归咎于周代的裂土分封宗室的制度吗？任何一种制度都不足以固守政权、永葆天下，却远胜于没有任何法律制度。还是要从至仁大义的本原上加以考量罢了。

本事：《资治通鉴》卷八二《晋纪四·惠帝》，元康元年（291）。

二　谏官之设，有利有弊

谏必有专官乎？古之明王，工瞽、庶人皆可进言于天子，故《周官》无谏职，以广听也。谏之有官，自汉设谏议大夫始。晋初立国，以傅玄、皇甫陶为之，唐之补阙拾遗，宋之司谏，皆放此而立也。谏有专官，而人臣之得进言于君仅矣。虽然，古今之时异，而广听之与慎听也，不得不殊；进言之迹同，而受益之与防邪也，亦各有道；未可以一概论也。

古之民朴矣，农、工、商、贾各世其业；士之游于庠序者，亦各有常学，不能侈闻见、饰文词以动当世。迨及战国，教衰而人自为学，揣摩当世之务者，竞尚其说，纵之以言，则偏私逞而是非乱；则必择其忠直而达治理者任之，而后无稽之言，不敢破圣道、紊纲纪，以荧主听。则专官之任，亦未可谓尽非，时使然也。

谏官专立，职专谏矣。然非专谏于其官，而禁外此者之谏也。不淫听于辨言，而不塞聪于偏听；苟得忠直知治者司其是非之正，则怀忠乐进者相感以兴。乃若听之之道，群言竞奏，而忠佞相殽，存乎君之辨之，不徒在言者也。谏者以谏君也。迩声色，殖货利，狎宦戚，通女谒，怠政事，废学问，崇佛老，侈宫室，私行游，媟（xiè）威仪，若此者谏官任之。大小群臣下逮于庶人，苟有言焉，则固天子所宜侧席而听者也。即言之过，而固可无尤也。外此，人与政其亟矣。然而人之贤不肖，铨衡任之；政之因革，所司任之；虽君道之所必详，而清诸其源，则是非著而议论一；争于其流，则议论繁而朋党兴。贞邪利害，各从其私意，辨言邪说，将自此以起，固不可不慎防之。而广听适以召奸，尤明主所深惧也。

以要言之，言而讥非乎我者，虽激虽迂，而不可忽也；言而褒贬于人、辨说乎事者，辨虽详，辞虽切，而未可信也。士之受规于朋友者且然，而况君天下者乎！然则选忠直知治者任谏职于上，而主意昭宣，风尚端直，则群言博采，而终弗使主父偃、息夫躬之流，矜文采以售其奸邪。慎之也，即所以广之也。又何必执《周官》之不设谏臣以下访刍荛哉？

近者分谏职于台省，听亦广矣。而六科司抄发之任，十三道司督察之权，纠劾移于下，而君德非所独任，故诡随忿戾，迭相进退，而国是大乱，则广之适以废之。党人交争，劳臣掣肘，将谏官之设，以谏下而非谏君乎？拂其立谏之经，而予以谮（zèn）言之径，乃至佥人游士献邪说以为用人行政之蟊贼。不专不慎，覆轨已昭，后世尚知鉴哉！

【译文】

进谏必须设置专职之官吗？古代贤明君主的治下，乐官、平民百姓都可以向天子提出建议或意见，所以《尚书·周官》中就未设谏官之职，其目的在于广泛听取意见。设置谏官，是从汉代设置谏议大夫一职开始的。西晋建国之初，以傅玄、皇甫陶担任此职，唐朝的补阙、拾遗，宋朝的司谏，都是仿效此制为进谏而设立的专门官职。设置专职的谏官，便形成臣民中仅有此职才得以向君主进言的状况。尽管如此，古今时代各有不同，而君主广纳谏言与慎听言论就不能不有所分别。臣下进言的情形相同，而君主所受益处与防止奸邪也各有各的方法，不可以一概而论。

上古时期的民风十分淳朴，农、工、商、贾各自从事着世代因循的行业；士人在学校学习者，也各有其通常的学业，不能以夸大的见闻、修饰的文词来影响社会。到了战国时代，传统教化衰弱而人各自为学，一些善于揣摩时势变化的人，竞相推崇各自的学说，广泛宣扬传播舆论，造成偏私之论得逞而是非标准紊乱。因此，必须选择忠诚正直又明达治国理政之道者担当此任，而后那些无稽之谈就不敢破坏圣贤之道，紊乱朝政纲纪，以迷惑君主的视听了。因而专职谏官的设置，并不都是不可取的，而是时势发展的必然。

专职谏官的设置，其职责是专司进谏。然而并非只有谏官才可以进谏，而禁止谏官以外之人进谏。不沉湎于听信巧辩之言，又不堵塞言路而偏信一面之词。假如得到忠诚正直并熟悉治国理政之道者，由其担任辨别是非曲直的职务，那么心怀忠诚、乐于进谏者会倍受鼓舞，言路大开。至于听取谏言的方法，群臣争相进言，而忠、奸之言相互混淆，就需要君主辨别其中的是非曲直，那就不只是进言者的问题了。进谏者的目的主要是劝谏君主。喜好声色，聚敛财富，亲近宦官外戚，纵容后妃干政，懈怠政务，荒废学问，崇尚佛道，奢侈宫室，私下游乐，轻慢朝廷威仪这样的行为，都是谏官所应当劝阻的。而从大小臣工下及庶民百姓，假如有所进言，天子应当虚心听取，像对待贤良那样谦恭以礼。即使所言有过分之处，也固然不可苛责。否则的话，人事与政务就会出现危机了。然而，用人的贤良与否，由主掌选拔人才的官员负责考察、辨别与任用；政务的因袭与变革，由政府有关部门负责谋划与取舍。虽然为君之道必须详明，然而若能明晰其根源，则是非自然清晰显现、议论终究可以走向统一；若在细枝末节上争论不休，就会使得议论纷繁复杂，进而导致朋党兴起。群臣之间忠奸相对、利害各异，各党派都从一己之私出发，巧言争辩，散布邪说，这种乱象将由此而起，所以，自然不可不谨慎防范。而广开言路却恰恰招致奸邪小人乘机而入，则尤其为贤明君主所深深忧虑戒惧。

概括而言，对于别人规谏、讽喻乃至非议自己的话，即使过于偏激直率或守旧固执，也不可忽视；对于褒贬别人、辩解他事的言论，即使辩论详尽，言辞恳切，也不可轻易相信。士人对待朋友尚且遵循这一原则，更何况是统治天下的君主呢！尽管如此，为君主选择忠诚正直并熟悉治国之道者专任谏官之职，可以使君主之意昭彰显明，政风习尚端肃正直，如此则能广开言路，博采众长，而最终不会使汉代主父偃、息夫躬一类的人，自恃文采以兜售其奸邪。由此看来，慎开言路即广开言路。又何必拘泥于《尚书·周官》中不设谏官而访求草野之人意见的办法呢？

近世以来，谏官之职分设于台省等中枢机关，言路得以广开。六科给事中负有抄发题本之责，十三道监察御史具有督察百官之权，纠察、弹劾下移至各级官署，规谏君王之德也不再由某一特定职官所独任。因此，臣下出于忿愤乖戾而变得欺诈虚伪，交相争斗，迭相进退，国家政务由此大乱，其结果则是广开言路无异于废止言路。朝内党派争斗不断，群臣相互掣肘，专职谏官的设置难道是为了劝谏臣下而非劝谏君主吗？这就违背了设立谏官的初衷和原则，从而给奸佞小人进谗言提供了途径，以至于小人、游士进献异端邪说，成为用人行政的蠹贼。谏官之设，不专责、不慎重，其不良后果已很清楚地昭示出来，后世应当以此为鉴啊！

本事：《资治通鉴》卷七九《晋纪一·武帝》，泰始元年（265）。

三　崇王肃之学，驳郑玄之论

晋始建国，立七世之庙，除五帝之座，罢圜丘方泽之祀，合之于郊，皆宗王肃而废郑玄也。于是而知王肃之学，醇正于郑玄远矣。后世经学传郑氏，肃之正义，没而不传，则贾公彦、孔颖达之怙专师而晦道也。

周之祀典，组绀（gàn）以上不废也；而限天子之庙于五世，合两世室而始为七，玄之托于义而贼仁也。《周礼》合乐于圜丘方泽者，非祭也，所以顺阴阳、合律吕而正乐也；而谓郊之外有圜丘方泽之大祀，玄之淫于乐以乱礼也。其尤妖诬而不经者，为上帝之名曰耀宝魄，又立灵威仰、赤熛怒、白招矩、叶光纪之名，为四方之帝，有若父名而宾字之者，适足以资通人之一哂。而以之释经，以之议礼，诬神媟天，黩祀惑民，玄之罪不容贷矣。托之于星术，而实传之于谶纬，夫且诬为孔氏之书；王肃氏起而辨之，晋武因而绌之，于是禁星气谶纬之学，以严邪说之防，肃之功大矣哉！惜乎世远俗流，师承道圮，而肃学不传也。如其传，则程、朱兴起，尚有所资以辟郑氏之淫辞与！

【译文】

西晋建立伊始，立太祖及三昭三穆之庙，罢除郊祀中五色帝的牌位，废止圜丘方泽的祭祀活动，合并于郊祀之中，这些都是尊崇王肃之学而废黜郑玄之说的结果。由此可知，王肃之学要比郑玄之学纯正得多。然而后世多传播郑玄的学说，王肃的正确见解却被埋没失传，这是因为唐代学者贾公彦、孔颖达等一味狭隘地推崇和师从郑玄的学说，从而掩盖了纯正的经学之道。

周代的祭祀典礼，组绀以上的列祖列宗都在所祀之列。郑玄却将天子之庙局限于五世之内，再合并周文王、武王两代之庙才成为七庙，假托于义，而实则是诋毁仁的行为。《周礼》所定的圜丘方泽的诸乐合奏，并非一种祭祀，而是为了顺应阴阳变化、合乎六律六吕的正规音乐。所谓郊外有圜丘方泽大祭之说，只是郑玄惑乱乐律和礼法的手法罢了。尤其妖言惑众而不合经学之道的，是他称上帝之名为耀宝魄（当为耀魄宝），此外又立灵威仰、赤熛怒、白招矩、叶光纪为四方之帝，这种做法类似于父亲为儿子命名并请宾客为其取表字，恰恰足以引起学识渊博、通晓古今的人们的讥笑。然而郑玄却以此解释经学，以此评论、议定礼法，欺骗神灵，亵渎上天，滥用祀典，惑乱民众，郑玄的罪行不容宽贷。假托以星象之术，实际却传授谶纬迷信之说，甚至将其诬蔑为孔子之书。对此，王肃起来进行辨证，晋武帝因此排除郑氏之说，禁止星气谶纬迷信之学，并严防这种异端邪说的传播，所以王肃的功劳是非常伟大的。可惜时代久远，士风日下，学者治学的师承之道遭到破坏，王肃的学说得不到流传。如能流传下来，则等到二程、朱熹兴起，尚且可以借鉴其学说来排除郑玄惑乱人心的谬论。

本事：《资治通鉴》卷七九《晋纪一·武帝》，泰始二年（266）。

四　羊祜务德重信，从容平吴

三代以下，用兵以道，而从容以收大功者，其唯羊叔子乎！祖逖之在雍邱，宗泽之在东京，屹立一方以图远略，与叔子等。乃逖卒而其弟称兵以犯顺，泽卒而部众瓦解以为盗，皆求功已急而不图其安，未尝学于叔子之道以弭三军之骄气，骄则未有能成而不乱者也。

或曰：叔子之时，晋盛而吴衰，拥盛势以镇之，则敌亡可以坐待；而逖与泽抗方张之虏，未可以理折，则时异而不可相师矣。

曰：叔子之可以理服，而逖、泽不能者，遇陆抗耳。

若夫敌国之氓，信其仁厚而愿归附之，则逖与泽之邻壤，犹晋、宋之遗黎；而叔子则晋、吴异主，义不相下者也。使逖与泽以此临之，不愈效乎！夫陆抗亦智深谋远不与叔子争一日之利耳，使其狂逞如石勒、女直之为，则其亡愈速；是遇陆抗者，两碁（qí）逢敌之难，而非易制于石勒、女直也。石勒虽骁，而志不及于江、淮，且未几而国内大乱，甚于孙皓之犹安处也。女直虽竞，而斡离不、挞懒、兀术各怀猜忌，豕突鹿奔，无有能如陆抗之持重以相制者。使二子以道御兵，以信抚民，以缓制敌，垂之数十年，赵有冉闵之乱，金有完颜亮之变，以顺临逆，以静待动，易于反掌矣。叔子之功，亦收之身后者也，何至于子弟为枭獍以伏诛，部曲窜萑苇而偾起哉！故曰逖与泽求之已急而未图其安也。逖有雍邱之可据，而郭默、邵续之流，皆相倚以戴晋；泽有东京之可恃，而两河忠义，皆相待以效功；与为愤兴，而不与为固结，二子之志义尚矣，惜乎其不讲于叔子之道也。

【译文】

自夏、商、周三代以来，遵循大道用兵，能够从容不迫而获取巨大成功之人，当数羊祜（字叔子）了。东晋名将祖逖进驻雍邱（今河南杞县）以图北伐，北宋名将宗泽留守东京（今河南开封）以收复中原，都是屹立一方以图长远的战略，这一点是与羊祜相同的。但是，祖逖死后其弟祖约联合苏峻起兵发动叛乱，宗泽死后其部众四散瓦解变成盗贼，这些都是因为求功心切而未能安定内部，他们都没有学习羊祜的治军之道，以消除三军骄狂之气，军队骄狂就不可能成功，就不可能不出乱子。

或许有人会说：羊祜所处的时代，西晋强盛而孙吴衰弱，以强盛之势震慑压制敌人，就可以坐待敌人覆亡。祖逖和宗泽所对抗的敌人，是正处在强盛之势的北方夷狄，不可能遵循大道用兵以挫败其锐气，所处的时代不同、情况各异，所以不能相提并论，也不能仿效羊祜的用兵之道。

回答是：羊祜之所以能遵循大道用兵并折服敌方，而祖逖、宗泽却未能做到，只是因为羊祜遇到的是东吴大将陆抗这样的对手罢了。至于敌国的民众，相信其仁义宽厚而愿意归附，祖逖和宗泽所对峙、邻接的敌方边境地区，都是原西晋、北宋的亡国之民，而羊祜所面对的则是晋、吴两国各有其君主的民众，从维护本国利益的道义上讲，是相持不下的局面。假使祖逖和宗泽仿效羊祜的用兵之道来应对他们所面临的环境，难道不是应当更有成效吗？陆抗智谋深远，不与羊祜争眼前一时之利，如果他像祖逖所面对的石勒、宗泽所面对的女真人那样狂妄逞强的话，那么其灭亡会更加迅速。正是遇到了陆抗这样的对手，晋、吴双方可谓棋逢对手，而不像石勒、女真人那样更容易对付。石勒虽然骁勇善战，但他还没有统一江淮一带的远大志向，并且国内很快就发生大乱，还不如吴主孙皓偏安江南一隅的局面。女真人虽然军力强劲，但其大将斡离不、挞懒、兀术等人之间却互相猜忌，军事行动中像猪、鹿一样横冲直撞，没有能像陆抗那样老成持重以制衡对方的人物。如果祖逖、宗泽二人能遵循正道统御军队，以诚信仁义安抚民众，以缓兵之计克敌制胜，那么延续数十年，等到后赵发生冉闵之乱，金国发生完颜亮之变，祖逖、宗泽利用各自的时机，以顺天应时的正统对垒讨伐逆贼，以静制动，取得成功易如反掌。羊祜的功业，也是去世之后才最终实现的，何至于像祖逖那样因子弟叛乱而被杀、像宗泽那样因部众流窜草莽之间愤然起事而沦为盗贼呢！所以说，这都是祖逖和宗泽急功近利、求胜心切而未能巩固安定内部所造成的结果。祖逖有雍邱可以据守，郭默、邵续等当地武装与之配合，相互依靠以拥戴晋朝；宗泽有东京作为凭恃，河北、河东地区的抗金义军与之遥相呼应，相互协作以立下战功。然而这些力量可与之共同奋斗，却不能与之团结固守，祖逖、宗泽二人的复国壮志值得崇尚，可惜他们却没有讲求和仿效羊祜的用兵之道。

本事：《资治通鉴》卷七九《晋纪一·武帝》，泰始八年（272）。

五　用人行政，相扶以治

用人与行政，两者相扶以治，举一废一，而害必生焉，魏、晋其验已。虽无佞人，而亟行苛政以钳束天下，而使乱不起，然而人心早离，乐于易主，而国速亡。政不苛而用佞人，其政之近道，足以羁縻天下使不叛，然而国是乱，朋党交争，而国速以乱。

曹孟德惩汉末之缓弛，而以申、韩为法，臣民皆重足以立；司马氏乘之以宽惠收人心，君弑国亡，无有起卫之者。然而魏氏所任之人，自谋臣而外，如崔琰、毛玠、辛毗、陈群、陈矫、高堂隆之流，虽未闻君子之道，而鲠直清严，不屑为招权纳贿、骄奢柔谄猥鄙之行，故纲纪粗立，垂及于篡，而女谒宵小不得流毒于朝廷，则其效也。

晋武之初立，正郊庙，行通丧，封宗室，罢禁锢，立谏官，惩废逸，禁谶纬，增吏俸，崇宽弘雅正之治术，故民藉以安；内乱外逼，国已糜烂，而人心犹系之。然其所用者，贾充、任恺、冯勖、荀统（dǎn）、何曾、石苞、王恺、石崇、潘岳之流，皆寡廉鲜耻、贪冒骄奢之鄙夫；即以张华、陆机铮铮自见，而与邪波流，陷于乱贼而愍不畏死；虽有二傅、和峤之亢直，而不敌群小之翕訿；是以强宗妒后互乱，而氐、羯乘之以猖狂。小人浊乱，国无与立，非但王衍辈清谈误之也。

是用人行政，交相扶以图治，失其一，则一之仅存者不足以救；古今乱亡之轨，所以相寻而不舍也。

以要言之，用人其尤亟乎！人而苟为治人也，则治法因之以建，而苛刻纵弛之患两亡矣。魏之用人，抑苟免于邪佞尔，无有能立久长之本，建弘远之规者也。孟德之智，所知者有涯；能别于忠佞之分，而不能虚衷以致高朗宏通之士；争乱之余，智术兴，道德坠，名世之风邈矣。仅一管宁，而德不足以相致也。晋承魏之安处，时非无贤，而奖之不以其道，进之不以其诚，天下颓靡，而以老、庄为藏身之固，其法虽立，文具而已。使二代之君，德修而勤于求治，天下群趋于正，而岂患法之不立乎？宋太祖、太宗之所以垂统久长，而天下怀其德于既亡之余，庶几尚已！

【译文】

用人与行政，这两方面相互配合，国家就可以得到治理；如果偏重一方面而荒废另一方面，祸害就必然会产生，曹魏、西晋的历史就是验证。虽然没有奸佞小人，却急促推行严刑苛政以管制天下，即使祸乱不起，人心却早已丧失，人们都乐见改换君主，国家也因此迅速灭亡。虽然为政并不严苛，却任用奸佞小人，其行政虽然接近治国理政的准则，足以安抚天下而使其不发生叛乱，然而国家大计由此陷入混乱，朋党之间互相斗争，国家也迅速走向大乱。

曹操汲取东汉末年纪纲混乱、政事废弛的教训，采用申不害、韩非子的法家治国之术实行统治，臣民都生存于极端恐惧之中。而司马懿父子乘机用宽容恩惠的手段收揽人心，结果是国君被杀、国家灭亡，却没有人站起来捍卫曹魏政权。然而曹魏政权所任用的人，自谋臣而外，如崔琰、毛玠、辛毗、陈群、陈矫、高堂隆等人，虽然未曾懂得和践行君子之道，却都耿直、清廉而严正，不屑于从事那些招权纳贿、骄奢谀媚、诬害他人等卑鄙行为，因此国家纲常法纪大体得到确立，一直延续到帝位被篡夺之时，后妃弄权、小人当道的现象尚未能形成以至于祸害朝廷，这是实行法治的效果。

晋武帝司马炎立国之初，规范郊祀、宗庙的典礼，实行上下通行的丧葬礼制，分封宗室诸王，罢废朋党禁锢，设立专职谏官，征召隐逸之士，禁止谶纬迷信，增加官吏俸禄，推崇宽宏雅正的治国理政之术，因此民众得以安居乐业。即使以后内乱兴起，外敌进逼，国家行将灭亡之时，天下人仍然心系晋朝。然而晋武帝所信用之人，如贾充、任恺、冯统、荀勖、何曾、石苞、王恺、石崇、潘岳等，都是些寡廉鲜耻、贪赃枉法、骄奢淫逸的奸佞小人。即使像张华、陆机这样刚正不阿之士，也免不了与邪恶势力同流合污，最终陷入乱贼之中被害之际，尚且蛮横强悍而不畏惧死亡。虽然有傅玄、傅成、和峤等人的正直不屈，却依然敌不过众多卑鄙小人的联合诋毁。因此，强大的宗室诸王与善妒的贾皇后之间相互残杀，使得氐、羯等北方夷狄乘机南下，肆虐中原。所以，小人当道作乱国家，导致西晋政权难以存续下去，并非仅仅由于王衍之流的清谈误国。

因此，用人与行政，两者相辅而行以求国家大治，失去其中一个方面，而仅存另一方面，就不足以救亡图存。纵观古往今来天下动乱消亡的事例，前后相沿而没有不同，都摆脱不了这一规律。

概括而言，两者相较，用人问题尤为迫切。假如人人都能够成为以法行事之人，那么法治便随之而建立，苛政严法与纵容松弛这两种为政的祸患均可以消除。曹魏用人，侥幸能使朝廷避免出现奸佞小人，却未能建立长治久安的根本大计，建立宏大深远的良规善法。以曹操的智慧，在知人用人方面是有限的，他能辨别忠良与奸佞，却不能虚怀若谷地招徕高超美善、通达事理之士。处在纷争战乱之世，智谋权术兴起，道德名教堕落，名显于世的风尚早已远离尘世了。仅有一个管宁，其德行尚且不足以招至麾下。西晋承袭魏国的安定局面，当时并非没有贤能之人，而是因为不按照道义的准则进行激励，不遵循诚信的标准提拔任用，天下人都萎靡不振，却以老、庄思想作为精神寄托的根本，虽然制定了一些法纪规范，却不过是一纸空文罢了。如果曹魏、西晋的君主能修明道德、勤于政务、孜孜求治，天下之人一定会趋向正途，何愁法纪不立呢？宋太祖、太宗之所以能够使其江山社稷得以长久延续，以至于北宋灭亡后天下民众仍怀念其恩德，大概就是崇尚他们做到了这些的缘故吧！

本事：《资治通鉴》卷七九《晋纪一·武帝》，泰始元年（265）。

六　杜预心丧之论，欺天罔圣

杜预欲短太子之丧，而曰："君子之于礼，存诸内而已。"安得此野人之言而称之哉！今有人焉，心不忘乎敬父，而坐则倨以待；情不恝乎爱兄，而怒则紾其臂；亦将曰存诸内而已乎？内外交相维、交相养者也，既饰其外，必求其内，所以求君子之尽其诚；欲动其内，必饬其外，所以导天下而生其心也。今使衰麻其衣，疏粝其食，倚庐其寝处，然而驰情于淫侈以忘其哀慕者，鲜矣；耳目制之，心不得而动也。藉令锦其衣，肉其食，藻井绮疏金枢玉户其寝处，虽有哀慕之诚，不荡而忘者，鲜矣；耳目移而心为之荡也。故先王之制丧礼，达贤者之内于外，以安其内；而制中材之外，以感其内。故曰：直情径行，戎狄之道也。夫鸟兽之啾啁以念死，内非不哀，而外无所饰，则未几而忘之矣；野人之内存而外不著见者，亦如是而已矣。

杜预之于学也亦博矣，以其博文其不仁，“六经”之旨，且以之乱。谅暗者，梁庵也，有梁无柱，茅节（xià）垂地之庐也，而诬之曰心丧。叔向之讥景王曰：“有三年之丧二。”谓之有丧矣，非谓存诸内者之徒戚也，而诬之曰不讥除丧，而讥其燕乐之已早。预之存诸内者，诬圣欺天，绝人而禽之，犹曰君子之于礼，存诸内而已乎？故曰：“以礼制心。”心有不存，而礼制之。其外无别，则内之存与不存，又奚以辨哉？邪说逞，人道息。凡今之人，皆曰：臣忠、子孝、兄友、弟恭，求其心而已。而心之不可问者多矣。不仁哉杜预之言，以贼天下有余也！

【译文】

晋武帝杨皇后去世后，尚书杜预想要缩短太子服丧的时间，说：“君子对于礼节，只要存于内心即可。”从哪里听到这种粗野之人的言论而称述它呢！假如有人，心中没有忘记尊敬父辈，然而坐下时却傲慢地不能坚持以礼相待；对兄长并非漫不经心，然而生气时却拧住兄长的臂膊加以冒犯。这些行为，难道也能称得上把礼节存于内心吗？内心与外表是互为表里、互为依存的，要修饰其外表，必须求助于其内心，以期达到君子竭尽赤诚的境界。要打动其内心，必须整饰其外表，以引导天下之人都产生此种心境。假如守孝之人，要使其身穿麻布丧服，吃着粗茶淡饭，在父母的坟墓旁结庐就寝，这样还能纵情声色、骄奢淫逸从而忘记悲哀思慕者，是很少见的。这是由于耳闻目睹亲人故去的哀伤环境，其淫侈之心是难以萌生的。假使让他们身穿锦绣衣服，吃着鲜美肉食，将住所装饰得丹青藻井、雕纹窗棂、玉饰门户，这样的话，即使有悲哀思慕的诚意而不被消除得荡然无存者，也是很少见的。这是由于人的耳目一旦从悲哀的丧礼氛围中转移开去，心情就会变得放纵了。所以，古圣先王制定的丧礼，可以使贤良之士的内心悲哀显现于外，以安定其内心。对于具有中等才德之人，需要通过外在的丧礼氛围的约束限制以感召其内心的悲哀之情。所以说，肆意放纵自己的情感径直去做，那是野蛮民族的行事方法。鸟兽以鸣叫的方式怀念死去的同类，并非其内心不悲哀，但因外表上无所修饰，所以很快就会忘掉这一切。草野粗鄙之人，其哀悼之情存于内心而外表却不表露出来的，也不过如同鸟兽一样罢了。

杜预的学问也称得上非常渊博了，但他以博学来掩饰其内心的不仁，于是“六经”的要旨都被搞乱了。古时天子居丧称为“谅暗”，又称为“梁庵”，是指居于有梁无柱、茅席垂地的庐舍，却被杜预无中生有地曲解为不穿丧服，只在心中悼念。春秋时期晋国大夫叔向批评周景王道：“一年之间遇到了两场本应服丧三年的丧礼，却没有服满三年的丧期，居然还饮宴奏乐。”意思是说他有应当遵守的丧期，而不是说将丧失亲人（太子和皇后）的悲哀之情存于内心，却被杜预曲解为不是批评他除去丧服，而是批评他宴饮奏乐过早。杜预所谓存于内心的言论，诬蔑圣贤，欺骗上天，绝人伦之道而行禽兽之事，难道还能说是君子对于礼节只要存于内心即可吗？所以《尚书·仲虺之诰》中说：“以礼制来约束规范内心的情感。”心中如果不存仁义，则以礼法进行约束规范。既然外在的行为没有区别，那么内心是否存在仁义道德，又何以辨别呢？异端邪说横行，做人的道义便止息了。今日的人都会说：臣下忠诚、子弟孝顺、兄长友善、兄弟恭敬，只求有心即可。然而内心的情感无法了解之处是很多的。杜预的说法真是不仁不义啊，用以戕害天下绰绰有余！

本事：《资治通鉴》卷八〇《晋纪二·武帝》，泰始十年（274）。

七　嵇绍事晋，愚而不仁

嵇绍可以仕晋乎？曰：不可。仕晋而可为之死乎？曰：

仕而恶可弗死也！仕则必死之，故必不可仕也。父受诛，子仇焉，非法也；父不受诛，子不仇焉，非心也。此犹为一王之下，君臣分定，天子制法，有司奉行，而有受诛不受诛者言也。嵇康之在魏，与司马昭俱比肩而事主，康非昭之所得杀而杀之，亦平人之相贼杀而已。且康之死也，以非汤、武而见惮于昭，是晋之终篡，康且遗恨于泉下，而绍戴之以为君，然则昭其汤、武而康其飞廉、恶来矣乎！绍于是不孝之罪通于天矣。

沈充以逆伏诛，而子劲为晋效死。《蔡仲之命》曰："尔尚盖前人之愆。"沈劲克当之矣。绍盖前人之美，而以父母之身，糜烂而殉怨不共天之乱贼，愚哉其不仁也！汤阴之血，何不洒于魏社为屋之日，何不洒于叔夜赴市之琴，而洒于司马氏之衣也？

【译文】

嵇康之子嵇绍可以出仕晋朝吗？回答是：不可以。出仕晋朝之后，可以为之献身吗？回答是：既然出仕为官，怎么可以不为朝廷效其死命呢？出仕必定要为其效死，就一定不可以出仕。如果父亲被依法处死，儿子为此心怀仇恨，这就违背了法律；如果父亲被非法杀害，儿子却对此没有怨恨，这就丧失了人子之心。这还是说同一个王朝之下，君臣名分各有其位，天子制定法律，各级官吏奉命行事，有人被依法处死，而有人却被非法杀害。嵇康在曹魏时期，与权臣司马昭同朝为官，事奉曹魏君主，嵇康并非司马昭所能杀害的，结果却被其所杀，也就如同日常生活中普通人之间的相互残杀罢了。而且嵇康之所以被害，是因为他否定商汤、周武王的革命，以此反对司马昭企图篡权夺位的行为，从而引起司马昭的忌惮。最终司马氏得以成功篡位，而嵇康不免含恨于九泉之下。嵇绍作为嵇康之子，却拥戴司马氏为君主，难道司马昭真的如同商汤、周武王一样贤明，而嵇康则如同飞廉、恶来那样大奸大恶吗？所以，嵇绍出仕晋朝是犯下了足以通天的不孝大罪。

东晋将领沈充响应王敦叛乱，失败后以谋逆之罪伏诛，其子沈劲镇守洛阳，前燕军队破城后被俘杀害，为晋朝效死尽忠。《尚书·蔡仲之命》中周公告诫蔡叔度之子蔡仲说："希望你以你的忠孝遮盖你父亲的过失。"沈劲是当得起这样的告诫的。而嵇绍却恰恰相反，以自己的行为遮盖了父亲的美名，以父母所生的躯体，粉身碎骨而为不共戴天的乱贼殉葬，其不仁之举是多么愚蠢啊！嵇绍在汤阴，为保护晋惠帝而被成都王司马颖的军队所杀，他的鲜血为什么不抛洒在曹魏宗庙社稷覆灭之日，为什么不抛洒在其父亲被绑赴市井行刑时所携带的古琴之上，却要飞溅到晋惠帝司马衷的衣袖之上呢？

本事：《资治通鉴》卷八五《晋纪七·惠帝》，永兴元年（304）。

八　范粲父子贞士而名不传

魏、晋之际，有贞士曰范粲，较管宁、陶潜而尤烈，而称道绝于后世。士之湮没而志不章者，古今不知凡几也！宁以行谊著，潜以文采传，粲无他表见，而孤心隐矣。乃其亢志坚忍，则二子者未之逮焉。送魏主芳而哀动左右，三十六年佯狂不言，卒于车中，子乔侍疾，足不出邑里，父子之志行，诚末世之砥柱矣。文采行谊无所表见，志不存焉耳。宁之不若此也，宁未仕汉，而粲已受禄于魏也。潜之不若此也，知晋之将亡而去之，不亲见篡夺之惨也。故二子无妨以文行表见，而粲独不可。难哉其子之贤也！晋赐禄以养疾，赐帛以治丧，而不受。嵇绍闻之，尚为仇雠之子孙捐父母之身，人之贤愚相去有若此哉！粲之所为，难能也；非但难能也，其仁矣乎！

【译文】

魏、晋之际，有位忠贞之士名叫范粲，与管宁、陶潜相比，更为刚毅忠烈，却不见称道于后世。自古至今，不知有多少忠贞之士被湮没无闻，其品德志向不得彰明于世间。管宁以其品行著称，陶潜以其文采传世，范粲无有其他的表现，只是怀着一片孤心隐居不仕。可是其坚忍不屈的高尚志气，是管、陶二人所不能企及的。他在送别魏主齐王曹芳时的哀痛之情深深打动了左右之人，他三十六年假装疯癫，不言不语，直到最终死在车中，誓死不足踏晋朝的土地。其子范乔在他称病不仕晋朝时侍奉左右，须臾不曾离开，从未出过乡里，范粲父子的才志品行，的确可以称得上是王朝末世的中流砥柱。范粲在文采、品行方面没有特殊的表现，只是其志向不在这些方面罢了。管宁与范粲情况不同，他没有担任过东汉的官职，而范粲则已经出仕并领取了曹魏的俸禄。陶潜也与范粲情况不同，他看到东晋即将灭亡，于是去职归隐，未亲眼目睹篡权夺位时相互残杀的惨状。因此，管、陶二人不妨以各自的文采、品行彰显于世，而唯独范粲不可以这样做。其子范乔如此贤德实在难得啊！晋武帝司马炎赐予俸禄以调养其疾病，赐予丝帛以治理其丧事，均遭其父子拒绝。嵇绍知道这一情况，却还要为仇敌的子孙捐献出父母生养之身躯，相比之下，人的贤良、愚蠢之间的差距还有比这更为明显的吗？范粲的作为，实在难能可贵，不但难能可贵，而且已经达到了至仁的境界！

本事：《资治通鉴》卷八〇《晋纪二·武帝》，泰始十年（274）。

九　晋授兵宗室，卒以召祸

晋诏诸王大国置三军，次国二军，小国一军，其所依仿之名曰周制也。古之诸侯，皆自有兵，周弗能夺，而非予之也。其自周始建之国，各使有兵，彼有而此不得独无也。郡县之天下，兵皆统于天子，州郡不能自有其人民，独假王侯以兵，授以相竞之资，何为也哉？夫晋岂果循周制以追三代之久安长治也乎？惩魏之亏替宗室，而使权臣乘之耳。乃魏之削诸侯者，疑同姓也；晋之授兵宗室以制天下者，疑天下也。疑同姓而天下乘之，疑天下而同姓乘之，力防其所疑，而祸发于所不疑，其得祸也异，而受祸于疑则同也。

呜呼！以疑而能不召乱亡之祸者无有。天下皆以为疑己矣，而孰亲之？其假以防疑者，且幸己之不见疑而窥其疏以乘之；无可亲而但相乘，于是而庸人之疑，终古而不释。道不足于己，则先自疑于心；心不自保，而天下举无可信，兄弟也，臣僚也，编氓也，皆可疑者也。以一人之疑敌天下，而谓智计之可恃以防，其愚不可瘳，其祸不可救矣。亲亲而以疑，则亲非其亲；尊贤而以疑，则贤非其贤；爱众而以疑，则众非其众。夫何疑哉？君子乐得其道，小人乐得其欲而已矣。交君子以道，给小人之欲，孤游于六合，而荆棘不生，无有圣贤而无豪杰之度者也。

【译文】

晋朝颁布诏令，在宗室分封制度下，同姓诸侯王国中的大国可以配置三军，次国配置二军，小国配置一军，这一做法，美其名曰仿效《周礼·夏官司马》所记载的周代制度。但是，上古时期的诸侯国，都各自拥有自己的军队，周天子不能剥夺，并不是周天子授予诸侯的。自周朝开始分封所建立的诸侯国，使其各自拥有军队，乃是因为原有的诸侯国拥有军队，不能唯独让新建的诸侯国没有。天下推行郡县制以后，军队皆归天子统辖，各州郡不能独立拥有其辖区内的人民，却唯独授予各诸侯国以兵权，提供给他们相互争斗的资本，这是为什么呢？难道晋朝果真想遵循周代的制度，以期达到像夏、商、周三代那样长治久安的局面吗？其实不然，晋朝只不过是汲取曹魏废弃宗室分封从而使权臣篡位有了可乘之机的教训罢了。可是曹魏削夺诸侯王的权力，是猜疑同姓诸侯王；晋朝将兵权授予宗室诸侯王以控制天下，则是猜疑天下之人。猜疑同姓诸侯王而天下之人乘机而起，猜疑天下之人而宗室诸侯王乘机而起，竭力防范其所猜疑之处，而祸乱却发于其所不曾猜疑之处。曹魏和西晋发生祸乱的途径虽然不同，却都因为猜疑而引发祸乱，这一点是相同的。

唉！由于猜疑而又能不招致祸乱的发生，这种情况是没有的。如果天下之人都认为自己受到猜疑，那么谁还能够与天子亲近呢？天子为了防范猜疑他人而有所依赖的人，将会庆幸自己不被怀疑，从而窥视其疏漏之处，以图有机可乘；没有可以依赖的人，而只是相互寻找可乘之机，由此而使见识浅陋之人的猜疑，自古及今永远都无法消除。当人的道德修养尚未达到正道大义的标准时，自身心中首先产生猜疑；由于心中不能保有正确的信念，就会认为天下之人均无可信任，兄弟也好，臣僚也好，百姓也好，都被视为可疑者。以一人的疑忌面对天下，并认为自己的智谋计策足可凭恃，可以用于防范天下之人，如此一来，其愚蠢则不可救药，其祸患则不可避免。亲近自己的亲人却又猜疑他们，那么亲人就不再是真正的亲人了；尊重贤良却又猜疑他们，那么贤良也不再是可以信用的贤良了；爱护民众却又猜疑他们，那么民众也不再是自己的民众了。有什么可猜疑的呢？作为君子，不过是乐见正道大义得以通行罢了；作为小人，不过是乐于满足自己的欲望罢了。作为天子，如果既能够以正道大义结交君子，同时也能满足小人的欲望，那么即使独自一人周游天地四方，也不会出现变乱。所以，没有哪位圣贤是不具备英雄豪杰那种宽宏大度的。

本事：《资治通鉴》卷八〇《晋纪二·武帝》，咸宁三年（277）。

一〇 因疑滥杀，必致祸乱

天下恶有无故杀人而可以已乱者哉！齐王攸欲杀刘渊，王浑曰：“奈何以无形之疑杀人。”其说是也。舍杀而无以驭之也，渊之所以终乱晋而残之也。不杀渊而渊反，则咎王浑；杀渊而胡叛，则抑且咎齐王；舍本循末，两俱有咎，而孰能任之？曹魏之居匈奴于内地，使若渊者得以窃中国文事武备之绪余，济其奸而启雄心，其祸久矣。渊即死，若聪、若曜、若猛、若宣，挟怨以求逞，能旦杀一人、夕杀一人，皆无罪而翦之乎？契丹之所以深女直之怨而激之起，岂有幸哉！

夫晋承魏失，固未可急驱除之矣。王济欲任渊以平吴，纵虎自卫之术也。李憙欲发匈奴五部，假渊将军之号征树机能，此策之善者，而孔恂谏止之，何也？恂诚忧渊之叵测，抑必有术以制之，而但色变于谈虎哉？凉者，中国之赘余也，河、湟之间，夷狄之所便也，渊西征而荡平树机能之墟，即割其地以安之，而渊之心戢矣。渊即不戢，五部之心亦戢矣。驭得其道，则且不敢窃河西而据之。即其不然，我据萧关以距之，其极逞也，亦但如元昊而止耳。孰如近在汾、晋之间，使我不轨之士民，教猱依虎，河决鱼烂于腹心乎？故知李憙之谋，非但以平树机能也，实以斥渊而远之也，此弭祸于将然之善术也。一疑之，一畏之。无可如何而姑置之；渊且自危、且自矜、尤且自信也。是召之以必反之道也。呜呼！晋之失政，贿赂已耳，交游已耳。王浑父子得贿而保渊，孔恂、杨珧不得贿而惎渊，故李憙之深识不庸。非渊之能亡晋也，晋自亡耳。

【译文】

天下怎么会有无故杀人而可以消除叛乱的事情呢！齐王司马攸想杀掉作为人质久居都城洛阳的匈奴首领刘渊，大臣王浑谏阻道："怎么可以因为毫无根据的怀疑而杀人呢？"这种说法是对的。然而，放弃杀戮则无法驾驭和控制刘渊，这也是刘渊最终祸乱晋朝、残杀宗室的原因。不杀刘渊而终使刘渊反叛，责任归咎于王浑；杀刘渊而引起胡人叛乱，责任又要归咎于齐王司马攸。舍其根本而遵循其细枝末节，这两种观点都是错误的，那么，究竟谁应该承担其责任呢？曹魏时期将匈奴人迁居内地，结果使刘渊这样的人得以私下学到华夏的文化传统和军事技能，从而助长了他的奸诈、激发了他叛乱篡位的雄心，所以，这种祸患由来已久。即使刘渊死后，其他如其子刘聪、其族侄刘曜、匈奴右贤王刘猛、匈奴左贤王刘宣等人，都是各自心怀怨恨，企图达到不正当的目的，难道能够晨杀一人，夕杀一人，在无罪的情况下将他们全都一一翦除掉吗？契丹天祚帝耶律延禧正是由于同样的原因差点杀了女真首领完颜阿骨打，从而加深了女真人的怨恨，激起他们的反抗，这种情况怎么能够幸免呢？

西晋承袭曹魏的失误，本来就很难迅速驱除匈奴之人。王浑的儿子王济打算任用刘渊以平定吴国，这完全是纵虎自卫的方法。李憙想动用匈奴五部之众，并授予刘渊将军称号，让他前往征讨河西鲜卑族首领树机能，这不失为一个好的计策。然而孔恂却加以阻拦，这是为什么呢？孔恂诚然担心刘渊居心叵测，但是必须要有措施加以控制，难道仅仅是谈虎色变就足够了吗？凉州实为中国多余之地，河湟地区是西北游牧民族便于居住之所，若派刘渊西征，一举荡平树机能之叛，收复其地，将此地割给刘渊使其安顿下来，刘渊的叛逆之心就会有所收敛。即使刘渊不能收敛其野心，匈奴五部部众之心也会有所收敛。所以，如果对其驾驭得当，刘渊将不敢窥视河西而据有其地。即便达不到这一目的，我们据守萧关（今宁夏固原东南）以抵挡其侵扰，刘渊充其量也只能像西夏元昊那样割据一方罢了。怎么会像如今这样，使刘渊近在山西地区与那些图谋不轨的士族民众相互勾结，教猱升木，为虎作伥，最终在帝国的腹心之地造成像江河决堤、鱼死网破那样不可收拾的局面呢？由此而知，李憙的计谋不仅可以平定树机能的叛乱，实则调虎离山，将刘渊贬斥到边远地区，这是消除祸患于爆发之前的一种好办法。一则猜疑，一则畏惧，却没有恰当办法加以防范，姑且将刘渊置于内地。刘渊一则自危，一则自夸，尤其自信，从而导致了其必然反叛的结局。唉！晋朝之所以失去政权，由于贿赂罢了，由于交游罢了。王浑父子因为得到贿赂而保护刘渊，孔恂、杨珧因为得不到贿赂而憎恨刘渊，所以李憙的远见卓识得不到采用。并非刘渊的力量足以亡晋，实为晋朝自取灭亡罢了。

本事：《资治通鉴》卷八〇《晋纪二·武帝》，咸宁五年（279）。

一一　省官之论，荀勖得之

傅咸之忠，荀勖之佞，判然别矣。而其议省官也，则勖之说为长。故听言者，不惟其人，惟其言而已矣。咸刚直而疾恶已甚，见闲曹之吏，或怠傲而废功，或舞文以牟利，愤然曰："焉用此为，而以费农夫之粟，空国家之帑哉！"其言非不快于一时之心，而褊衷以宰天下，天下又恶能宰哉！

古者方五十里之国，卿大夫士府史胥徒具，群聚以上食于公、下食于民，而不忧其乏。天下之大，庶官仅供其职，而曰"公私不足"，此翁妪之智，不出箪豆之间。故曰：褊衷以宰天下，天下弗能宰也。

古之建官以治事治民，固也；而君子野人，天秩之以其才，叙之以其类，率野人以养君子，帖然奉之而不靳，岂人为哉？王者以公天下为心，以扶进人才于君子之途为道。故一事而分任之，十姓百家而即立之长以牧之，农人力耕而食之无愧，君不孤贵而养之必周；乃使一艺、一经、一能、一力者，皆与于君子之列，而相奖以廉耻。虽有蒉稗，不尽田而芟（shān）刈，使扶良苗以长，但勿令夺苗之滋可矣。

官省而人之能与于选者其途隘，力不任耕、志不安贱之士，末由分天之禄以自表异，则且淫而为奸富，激而为盗贼。君子之途穷，而小人之歧路百出，风俗泛滥于下，国尚孰与立哉！惟用人之途广，而登进之数多，则虽有诡遇于倖门者，而惜廉隅、慎出处之士，亦自优游以俟，而自不困穷以没世。如其省官而员数减，则入仕也难；入仕难，则持选举之权者益重。数十人而争一轨，苟有捷径之可趋，虽自好者，不能定情以坚忍。而秉铨苟非其人，则自尊如帝，操吉凶也如鬼，托澄汰以为垄断，而所裁抑者类修洁之士，所汲引者皆躁佞之夫。士气萎，官邪兴，流沔而无所立，即使傅咸任之，且不能挽颓波以从纲纪，况莫保司铨之得尽如咸乎！故君子甚患夫刚直者之婞婞以忿疾当世，而欲以刻核重抑天下之心也。

况其言曰："公私不足，并官以务农。"则尤悖甚。为吏者几何人，而废天下几何之顷亩！有天下而汲汲忧贫，夺天所贵重之君子，使为农圃之小人，以充府库；非商鞅之徒，孰忍为此哉？治天下有道，非但足食而遂足以立也。荀勖曰："清心省事。"庶几经国之弘猷，讵可以其人而废之！

【译文】

西晋大臣傅咸的忠诚，与荀勖的奸佞，是判然有别的。然而，咸宁五年（279）时任司徒左长史的傅咸与中书监的荀勖在裁减官吏方面的争议中，荀勖之说更为可取。所以在倾听谏言时，不应当只看其人品，而应当听其言论以决定取舍。傅咸刚毅正直并且疾恶如仇，见一些清闲官署的官吏，有的懈怠傲慢而耽误工作，有的舞文弄墨以牟取私利，就气愤地斥责："怎能用这种人，实为耗费农民的粮食，亏空国家的钱粮！"这种言论，只图心中一时的痛快，以狭隘的见解治理天下，天下怎么能治理得好呢！

上古时期的社会，方圆五十里的国家，卿、大夫、士、府史、胥徒等各种官职全都完备，各级官吏群聚一起，上食国家俸禄，下食百姓粟帛，不必忧虑出现供应匮乏的情况。天下是如此之大，百官仅仅各守其职以享受国家的俸禄，傅咸由此而说"公私不能满足其供应"，这实为老翁、老妇之流的短浅见解，斤斤计较于蝇头小利。所以说，以狭隘的见解来治理天下，天下是不能治理好的。

上古时代设置官员来处理政事、治理民众，这是理所当然的；而做官的士大夫与草野的普通百姓，是上天以其不同才能赋予相应位次，划分为不同类别的。由草野的普通百姓来供养士大夫，顺从供奉而不吝惜，这难道是人为造成的吗？作为君主，以服务于天下子民作为自己的使命，以扶持任用人才进入士大夫行列为己任。因此，一事而分职担任，十姓百家就需要设立长官进行管理，农民努力耕作而供养官员，官员接受也不觉得惭愧，君主不独享其尊贵地位而使官员奉养周全。这样就使那些能精通一艺、通解一经以及具有一种才能、一种力量等一技之长的人，都得与士大夫同列，相互劝勉而懂得廉耻。即使田中有稗草，也不必将其全部铲除干净，以便其能够扶助良苗生长，只要不使其夺取良苗养分、影响良苗生长即可。

减省官员则人们入选为官的途径就会变得狭小，那些力不能胜任耕种、志不能安于贫贱的人，就没有办法分得上天所赋予的食禄，以自我表现与别人的不同，有的将会变成骄奢淫逸、为富不仁的奸邪，有的甚至会受到刺激而变为盗贼。成为官员士大夫之路穷尽，成为小人的歪门邪道便歧路百出，社会风俗日趋泛滥败坏，国家将由谁来共襄振兴的盛举呢？唯有用人途径宽广，进入仕途的人才会增多，即使其中有一些通过歪门邪道猎取名利而做官者，那些珍惜其端方不苟的操行、谨慎出处的士人，也可自我优游以等待时机，自然不会因为穷困而埋没于世。如果裁省官员而使职数减少，进入仕途就会困难；一旦入仕困难，则执掌选举之权的人就愈显重要。数十人去争一条入仕途径，假如有捷径可以寻求，即使洁身自好者也不能抱定自己的情感志向而坚忍不拔走正道。假如执掌选拔人才权柄的人并非正直之士，那么他们就会高傲自尊如帝王一般，甚至如同鬼神一般操持生杀予夺的大权，通过清洗淘汰的手段形成垄断，那些被裁汰压抑的人都是高尚纯洁之士，而被提拔引进的人都是狡猾奸佞之徒。这样一来，士风萎靡不振，官场奸邪大兴，士大夫流连沉溺其中而无所作为，即使让傅咸主持选拔任用人才，也不能挽转衰颓的风气而使之遵从纲纪，更何况很难保证主掌选官者都能像傅咸一样呢！所以，正人君子尤其担忧那些刚直之人，他们倔强不屈而愤世嫉俗，想要以严厉苛刻的手段抑制天下人的为官仕进之心。

更何况傅咸还说："公私财物不足以供养官员，应当裁减官员、合并职数以使之务农。"这种说法尤其违背常理。担任官吏者能有多少人，又究竟能占用天下多少土地！君主拥有天下却急切地忧虑贫困，将上天所赋予重要地位的士大夫变为务农耕织的小民，意在充实府库积蓄。如果不是像商鞅一类的人物，谁能忍心如此作为呢？治理天下自有其规则，不单是倚靠丰衣足食就足以立国。荀勖说："应当清心而省事。"差不多称得上是治国安邦的宏图大计，难道能因其人品不好而废弃其正当的言论吗！

本事：《资治通鉴》卷八〇《晋纪二·武帝》，咸宁五年（279）。

一二　贾充力阻伐吴，意在篡逆

贾充之力阻伐吴也，不知其何心，或受吴赂而为之间，或忌羊、杜、二王之有功而夺其宠，皆未可知；抑以充之积奸之情度之，不但然也。曹操讨董卓、剿黄巾、平袁绍，战功赫然，而因以篡汉。司马懿拒诸葛、平辽东，司马昭灭蜀汉，兵权在握，而因以篡魏。充知吴之必亡，而欲留之以为己功，其蓄不轨之志已久，特畏难而未敢发耳。乃平吴之谋始于羊祜，祜卒，举杜预以终其事，充既弗能先焉，承其后以分功而不足以逞，惟阻其行以俟武帝之没，己秉国权，而后曰吴今日乃可图矣，则诸将之功皆归于己，而己为操、懿也无难。此其情杜预、张华固已知之，惮武帝之宠充而未敢言尔。观其纳女于太子，知惠帝之愚而以甥舅畜之；曹操之妻献帝，杨坚之妻周主，皆此术也。其谋秘，其奸伏，时无有摘发之者，而史亦略之。千载之下，有心有目，灼见其情，夫岂无故以挠大猷也哉？

呜呼！晋感充之弑君以戴己，而不早为之防，求其免于乱也难矣。所幸充死七年而武帝始崩，贾谧庸才，且非血胤，不足以为司马昭耳。不然，高贵乡公之刃，岂有惮而不施之司马氏乎？一女子犹足以亡晋，充而在，当何如也？项羽非侯生之君也，汉高以其诳羽而远之若蛇虺；石守信、高怀德之流，未当任弑君之恶也，宋太祖以其戴己而防之若仇敌；变诈凶很不知有名义者，君不可以为臣，士不可以为友。孙秀洒南向之涕，诸葛靓怀漆身之忠，晋弗能用焉，其不再传而大乱，有以也夫！

【译文】

西晋权臣贾充（历任侍中、尚书令、车骑将军、司空、太尉等）竭力阻拦征伐东吴，不知其用心何在，或许是受了东吴的贿赂而为其所用，成了间谍，或许是忌妒羊祜、杜预、王濬、王浑等人将建立统一天下的功劳而夺其荣宠，这些都很难说。然而，以贾充一向奸诈的情况来分析，并非仅限于此。曹操讨伐董卓、征剿黄巾、平定袁绍，战功显赫，因此得以篡夺东汉政权。司马懿西拒诸葛亮、北平辽东，司马昭攻灭蜀汉、手握兵权，因此得以篡夺曹魏政权。贾充知道东吴的灭亡乃必然之势，想留下东吴以期将来由自己主持征讨，以立功勋，他的这种不轨之志蓄谋已久，但是由于畏难而未敢有所动作。平定东吴的计谋最初由羊祜提出，羊祜死后，推举杜预来完成这一事业。贾充既然不能先于羊祜力主其事，追随其后分得部分功劳也不足以达到个人目的，唯有阻拦这一行动，等到晋武帝去世以后，自己掌握了朝政大权，然后再说如今东吴可以征伐了，这样诸位将领的平吴之功都可以归于自己，那时自己仿效曹操、司马懿篡位就不难了。他的这种企图，杜预、张华本来已经知道，只是因为畏惧晋武帝对贾充的宠信而未敢说明罢了。再观察贾充将女儿贾南风献给太子为妃一事，他明知惠帝的愚钝，却仍然以甥舅（女婿与岳父）的关系笼络惠帝。曹操将女儿曹节嫁给汉献帝为后，杨坚将女儿杨丽华嫁给周宣帝为后，都是用的这种权术。贾充的计谋诡秘，奸诈隐藏得深，当时没有能揭发其阴谋的人，而史书也省略未载。千年以来，有心思考、有目观察的士人，都明白透彻地看到了这一点，贾充怎么会无缘无故地阻拦平吴大计的施行呢？

唉！晋武帝司马炎感激贾充弑君（即杀死曹魏高贵乡公曹髦）并拥戴自己为帝，因而没有及早加以防范，如此想要免生祸乱是很难的。值得庆幸的是，贾充死后七年晋武帝方才驾崩，其继孙贾谧（本姓韩，贾充外孙，过继给贾充早卒的儿子贾黎民为嗣）是个庸才，而且并非贾充的嫡亲后代，不足以成为司马昭第二。不然的话，贾充挥向高贵乡公曹髦的兵刃，难道会有什么忌惮而不敢刺向司马氏之君吗？贾南风以一介女子尚足以祸乱晋朝，贾充如果还在的话，又当如何呢？项羽并不是侯生（即侯公，楚河汉界的策划者，汉封其为平国君）的君主，汉高祖刘邦却因其诳骗项羽，像远避毒蛇那样疏远他；北宋开国元勋石守信、高怀德这些人，并未犯有弑君的罪恶，宋太祖赵匡胤却以其拥戴自己为帝，反而像防范仇敌那样防范他们。那些狡诈善变、凶狠残暴而不知名义气节的人，君主不可信用他们作为大臣，士人不可结交他们作为朋友。东吴宗室孙秀降晋后面向南方故国洒下哀痛的孤臣之泪，东吴大将诸葛诞之子诸葛靓对吴国心怀漆身吞炭（身上涂漆为癞，喉咙吞炭使哑，变形改音，使人认不出自己）之忠，晋朝不能对这样的人才加以任用，因而其帝位传不过两代便酿成天下大乱，这是必然的啊！

本事：《资治通鉴》卷八一《晋纪三·武帝》，太康元年（280）。

一三　偃武修文须在教化之后

秦灭六国而销兵，晋平吴而罢州郡兵，未几而大乱以亡。《泰誓》称武王克殷，放牛归马，衅甲櫜弓，示天下弗用，秦、晋与周将无同道，而成败迥异，何也？

纣之无道，虐加于民，而诸侯或西向归周，或东留事纣，未尝日寻干戈，竞起为乱也。天下之志相胥以静，而弄兵乐祸之民不兴。及乎纣虐革，周政行，而皆仍故服，无与炀之，不待扑之也。战国之争，逮乎秦、项，凡数百年，至汉初而始定。三国之争，逮乎隋末，凡数百年，至唐初而始定。安、史之乱，延乎五代，凡百余年，至太平兴国而始定。靖康之祸，延乎蒙古，凡二百余年，至洪武而始定。其间非无暂息之日若可以定者，然而支蔓不绝，旋踵复兴。非但上有暴君，国有奸雄；抑亦人必风俗一动而不可猝静，虔矫习成，杀机易发，上欲扑之而不可扑也。夫秦与晋恶能摄天下之心与气而敛之一朝哉？故陈胜有辍耕之叹，石勒有东门之啸，争乘虚而思起。此兵不可急弭者，机在下也。

且夫周之兴也，文王受鈇钺（fū yuè）而专征，方有事于密、阮、崇、黎，而早已勤修文德，勤圣学，演《周易》，造髦士，养国老，采南国之风，革其淫乱，儿童嬉游而掇芣苢（fú yǐ），女子修事以采蘋蘩，未尝投戈而始论道，息马而始讲艺也。优而柔之，以调天地和平之气，而于兵戎之事，特不得已而姑试之，上弗之贵，而下且贱之，圣人之所以潜移人心而陶冶其性者，如此其至也。而后戎衣甫著，而弓矢旋弢，天下以为实获我心，可澡雪以见荣于文治。秦之并六国、灭宗周，晋之篡魏而吞吴也，谋唯恐其不险，力唯恐其不竞，日进阴鸷残忍之夫，皇皇以图弋获，而又崇侈奔欲，以败人伦之捡柙（xiá）；其与于成功共富贵者，抑奢淫以启天下之忌，无以涤天下之淫邪，而畜其强狡于草泽；幸而兵解难夷，遂欲使之屈首以奉长吏之法，未有能降心抑志以顺从者也。上无豫教，而欲饰治安于旦夕，召侮而已矣。此兵之不可急弭者，教在上也。

陶璜、山涛力排罢兵之议，从事后而言之，验矣。然抑岂于天下甫离水火之日，寻兵不已，而日取其民纳之驰骤击刺之中乎？盍亦求诸其本矣。故圣人作而乱不难已，商、周是也，道之驯也；圣人不作，待其敝之已极，人皆厌苦而思偃武，帝王乃因而抚之，则汉、唐以后之一统是也，几之复也。庶几商、周之治者，其唯光武乎？寇盗方横，而奖道敦礼，任贤爱民，以潜消民气之戾于扰攘之中，兵不待弭而自戢。然而黎阳之屯，固不敢借口于放牛归马以自拟于周也。

【译文】

秦朝攻灭六国、统一天下后销毁兵器，西晋平定吴国后罢除州郡之兵，不久都发生大乱，以致国家灭亡。《尚书·泰誓》（其中无此语，《尚书·武成》有“乃偃武修文，归马于华山之阳，放牛于桃林之野”之语，与此相近。）中说周武王灭殷后，将牛马放归原野，将铠甲弓矢收藏起来，以显示天下不再用兵，秦、晋二朝与西周的办法大概没有什么不同，而成败却迥然不同，究竟是何原因呢？

商纣王统治无道，残酷虐待人民，各诸侯国或西向归附周王，或东留效忠纣王，不曾出现时常挑动战争、竞相群起作乱的现象。天下民众的志向都期待安宁，喜好穷兵黩武、乐见祸乱频仍的人就不得兴起。到了纣王虐政被革除、周王善政得到推行之时，仍都穿着原来的服饰，既然没有人助长和蔓延祸乱的火焰，也就不用等待时机将其扑灭。战国时代的纷争，一直延续到秦始皇、项羽之时，长达数百年之久，至西汉初年才得以平定。三国时期的争战，一直延续到隋末，也长达数百年，至唐朝初年才得以平定。安史之乱，一直延续到五代，共百余年之久，至宋太宗太平兴国年间（976—984）才得以平定。北宋末年的靖康之祸，一直延续到蒙古族入主中原的元朝时期，持续二百余年，至明太祖洪武年间（1368—1398）才得以平定。在此期间，并非没有暂时可以安定宁息之日，然而小的战乱接连不断，随后大的战乱很快重现。这不仅仅是由于上有暴君在位、国有奸臣枭雄，也是因为人心风俗一经发动而不会猝然止息，倔强任性的习气一旦形成，杀机便容易产生，君主想将其扑灭却无法做到了。秦、晋二朝怎么能够收揽天下人心、习气，使之在一朝之间得以收敛呢？所以陈胜在田垄之上辍耕而兴叹，石勒倚洛阳东门而发出长啸，都争相乘机而起，发动叛乱。这就是军队不可急于取消的原因，关键在于下层民众的人心、习气。

况且周朝的兴起，在于周文王接受商朝赐予的弓矢斧钺而具有专征专杀之权，当其攻灭密（即密须，今甘肃灵台西）、阮（今甘肃泾州东南）、崇（今陕西户县东）、黎（即耆国，今山西黎城）等东、西部的方国时，早已是勤修文德，勤于圣学，推演《周易》，造就英俊之士，安养耆老高贤，采纳南方诸侯国家的风俗，革除其淫乱的习气，儿童嬉戏游玩并采集车前子等草，女子修饰装扮并采集蘋、蘩等草，用于祭祀等礼仪活动，而不是等放下武器才开始谈论道德规范，到休战罢兵才开始讲授技艺。周文王采取优待安抚的措施，以调和天地间的和平之气，武力之事，非万不得已不轻易使用。上层统治者不把军事看得很重，下层民众也就不看重军事了，圣人逐步教化人心并陶冶其性情，通过这种方法就可以达到。而后即使有战事兴起，也会很快结束，戎衣刚刚穿上，弓箭就又可以收入囊中了，天下人上下同心，都想要偃武修文，可以荡涤心灵使之归于清洁，身处文治昌明之世而引以为荣。而秦朝兼并六国、灭亡宗周，晋朝篡夺曹魏政权、吞并东吴，所使用的计谋唯恐不阴险，所使用的军力唯恐不强劲，时常进用阴险残忍的奸佞小人，迫不及待以达到目的。君主又崇尚奢侈，放纵私欲，败坏人伦纲常的法度；与其一道成就功业并共享富贵者，又都骄奢淫逸，引发天下人的忌恨，因而无法荡涤社会上淫乱邪恶的现象，反而在草野之间潜隐起一批强悍狡诈的盗贼祸种。幸而战乱解除、灾难平息，迫使这些人低头臣服，遵奉长官的法度，却没有能够降伏其心志，使之真正顺从。上层统治者没有预先教育感化他们，要想在短时间内粉饰太平，其结果只能是招致侮辱罢了。这就是军队不可急于消除的原因，教化的责任在于上层统治者。

交州刺史陶璜和尚书右仆射山涛力排众议、反对罢除州郡之兵，从事后的情况来看，已经得到了验证。然而怎么能于天下民众刚刚脱离水深火热之日，不断兴兵，使民众每天陷入驰骋厮杀的战争生活之中呢？何不从根本上寻求解决之道呢？所以说，圣人出现而祸乱不难结束，商、周王朝就是如此，这是礼乐教化使之驯服的缘故；如果圣人不出现，等待天下疲敝达到了极限，人人都深陷苦难而厌恶战乱，迫切希望停止战争，帝王于是借机给予安抚，汉、唐王朝的统一局面就是如此，这是顺从时势机遇得以恢复安宁的缘故。差不多接近商、周之治的，历朝历代大概仅有汉光武帝刘秀了吧？当寇盗横行之时，他便奖励道德、敦崇礼义、任用贤能、爱护民众，从而将民众的暴戾之气暗中消弭于纷繁复杂的局势之中，这样一来，兵戈战事不用等待人力消除就自然收敛。然而光武帝刘秀在统一全国之后在黎阳（今河南浚县东）立营，屯兵以防卫黄河北岸、屏障都城洛阳，本来就不敢以放牛归马、解除军备自比于周朝。

本事：《资治通鉴》卷八一《晋纪三·武帝》，太康元年（280）。

一四　郭钦徙戎论教猱升木

子曰："不在其位，不谋其政。"夫士苟有当世之略，一言而可弭无穷之祸，虽非在位，庶几见用而天下蒙其休，何为其秘之哉？而孰知其固不可也？言之不切，而人习以为迂远之谈而不听；言之切而见用矣，天下测其所以然，而且以其智力与上相扞格；如其不用也，则适以启奸邪而导之以极其凶忒矣。

汉、魏之际，羌、胡、鲜卑杂居塞内，渐为民患，徙之出塞，万世之利也。虽不在秉国大臣之位，固且忧愤积中而不容已于切言之。即不用矣，后世且服其早识，而谓晋有人焉，此郭钦、江统所以慷慨言之，无所隐而论之详也。故传之史策，而后世诵之不衰。乃钦之言曰："有风尘之警，胡骑自平阳、上党不三日而至孟津，北地、西河、太原、冯翊、安定、上郡尽为夷狄之庭。"其后刘渊父子、石勒皆践其言，而晋遂亡。呜呼！岂非郭钦之言教猱升木乎？刘宣、张宾之谋，皆师钦之智，而灼见晋之可袭取者，非一日也。言之不用，而徒导人以乱矣。藉晋用之，因而下徙戎之令，群胡知其畏己，而已有可乘之势，于方徙之际溃烂以逞，又将奚以制之使弭耳以听邪？

故使钦而在坐论之列，与君若相密谋之内庭，则极言之而不嫌。言即不用，犹不致启戎心以增益其恶。恶有忘属垣之耳，扬于大庭曰：人将若何以加我，将若何以使我莫敌，我其终无如何哉？非其位也，谋不得而尽也，姑缄默以俟其变可也。虽义激于中，而不敢快于一发，诚慎之也。孔子曰："吾其为东周乎！"所以为者不言也。圣人且慎于未可有为之日，况偶有所知者乎？

【译文】

孔子说："不在其位，不谋其政。"（《论语·泰伯》）假如士大夫有关于当代治国理政的方略，说出一句话即可以消除无穷的祸患，即使不在其位，有幸能够得到采用从而使天下蒙受其惠，何必秘而不宣呢？而谁又知道其必然不可采用呢？如果所言不切要害，人们就会习惯上将其视为迂阔而不切实际的言论，不予采纳；如果所言切中要害而且得到采纳，天下之人就会猜度其中的原因，并且将会以其智力与上层统治者相互抵触；如其所言不被采纳，则恰好会启发奸邪小人并引导他们走向极其凶狠的境地。

东汉、曹魏之际，羌、胡、鲜卑等北方游牧民族杂居于塞内之地，逐渐成为当地民众的祸患，将他们迁出塞外，实属万世之利。即使不在执掌国政的大臣行列，本来也会因为胸中蕴积忧愤而容不得自己不恳切陈言。即便所言不被采用，后世之人也将佩服其早有见识，从而认为晋朝不乏有识之士。这也正是西晋侍御史郭钦、山阴令江统之所以慷慨陈词、无所隐瞒而详尽论述其徙戎主张的原因。所以郭钦、江统的言论载于史册，后世传诵不衰。可是郭钦说道：“一旦有战事警报，胡人骑兵自平阳、上党出发，不过三天即可到达孟津，北地、西河、太原、冯翊、安定、上郡等地都将成为北方游牧民族的属地。”此后刘渊父子和石勒的行动都验证了他的预言，西晋因此而灭亡。唉！难道郭钦所言不是教导猿猴爬树、坏人作恶吗？刘渊和石勒的谋士刘宣、张宾的策略，都是学习了郭钦的智谋，很早就看出西晋有被袭取的可能。郭钦的智谋说出来却不被采用，只是白白地诱导他人作乱。假使晋朝采用郭钦等人的方略，下达迁徙戎狄的诏令，北方游牧民族得知晋朝畏惧自己，而自己又有可乘之势，遂于迁徙之时、混乱之际发动叛乱，朝廷又将如何驾驭控制以便使其顺服听从呢？

所以，如果让郭钦跻身于坐而论道的大臣行列，与君主、丞相在内庭密谋讨论，那么即使极而言之也不必忌讳。所言即使不被采用，也不致启发戎狄的叛乱之心以增加其罪恶。哪里有忘记隔墙有耳，而在大庭广众之前张扬说，人将怎样对付我，将怎样使我无法抵挡，我最终将无可奈何的道理呢？不在其位，计谋不可尽言，姑且缄默不语以静待其变即可。即使心中激于义愤，也不敢图一时之快而畅言无忌，的确应该谨慎啊！孔子说道：“如果有人用我，我一定会把周礼复兴于东方！”（《论语·阳货》）至于怎么样做，孔子并没有说。圣人尚且在未可有所作为之时慎之又慎，何况是偶尔有所见解的人呢？

本事：《资治通鉴》卷八一《晋纪三·武帝》，太康元年（280）。

一五　斥奸进贤，互为本末

西晋之亡，亡于齐王攸之见疑而废以死也。攸而存，杨氏不得以擅国，贾氏不得以逞奸，八王不得以生乱。故举朝争之，争晋存亡之介也。虽然，盈廷而争者，未得所以存晋之道也。

攸之不安于国，武帝初无猜忌之心，荀勖、冯统间之耳。勖与统，贾充之私人，非但佞以容身，怀鬻国异姓之心久矣。忌攸者，非徒忌攸，实忌晋也。攸之贤，固足以托国，然岂果有周公之德哉？即微攸而晋固可存。汉、唐、宋之延祚数百年，亦未尝有亲贤总己以制天下于一人，而卒不可乱，无他，无奸臣之在侧而已。刘放、孙资在魏主之奥窔，而司马氏援之以攘臂。勖与统之于贾谧、杨骏，未知其谁属，而要其市司马氏之宗社于人，则早作夜思以谋逞志者也。攸即废，晋不必亡；勖、统不除，晋无存理。修贾充之余怨，则阴摈张华；排博士之忠言，而显斥曹志；苟有图存晋室者，小不惜官爵，大不惜躯命，扬于王廷，揭勖、统之奸，迸之裔夷，则不待交章讼攸，而攸固以安，抑不待措攸于磐石之安，而晋固以存。今乃举尊卑疏戚之口合讼攸，而强帝持天下以任攸。荀勖固曰：“陛下试诏齐王之国，必举朝以为不可。”堕其术中而犹竞以争，尚口乃穷，攸之困，晋社之危，诸臣致之矣。

夫一时徇名依附之众，不足言也。李憙、刘毅、傅咸忠直为当时之领袖，而不能取前谗后贼为宗社效驱除，晋之廷，不可谓有人矣。植君子则小人自远，则以进贤为本，斥奸为末，此自奸邪未逞之日言也。不逐小人则君子不安，则以斥奸为本，进贤为末，此为奸邪已盘踞于内之日言也。二者互相为本末，而君子知择焉，乃以明于人臣之义，而为社稷所赖。非然，则相激以益其乱而已矣。

【译文】

西晋的灭亡，实亡于齐王司马攸受到猜疑，以致罢废而死。司马攸假如还在的话，外戚杨骏就不得擅权误国，晋惠帝皇后贾南风就不得逞强弄奸，宗室八王也不得发动叛乱。所以，整个朝廷都在为司马攸鸣不平，实际上所争的是晋朝存亡的凭借。尽管如此，参与抗争的满朝文武，却未能明白晋朝江山社稷得以保存的根本之道。

司马攸在朝廷中感到不安，晋武帝最初对他并无猜忌之心，都是荀勖、冯紞挑拨离间的结果。荀勖与冯紞都是贾充的私人亲信，不但靠阿谀谄媚以容身进取，而且早就怀有出卖国家给他人的不轨之心。他们忌恨齐王司马攸，并非仅仅忌恨他本人，实则忌恨西晋王朝。因为司马攸的贤能，本来足以将国家托付给他掌管，然而他果真有周公那样的贤德吗？即使没有司马攸，晋朝本来也可以存续下去。汉、唐、宋等王朝之所以能够延续数百年，也未曾由一位贤能的宗室亲王总揽大权以控制天下，国家最终并未发生祸乱，没有其他的原因，只是因为君主身边没有奸佞之臣罢了。刘放、孙资隐藏蛰伏在曹魏君主的左右，使得司马氏引为内援，从而谋画实现其篡权夺位。荀勖、冯紞之于贾谧、杨骏之间，虽不知究竟是谁的党羽，而要将司马氏的宗庙社稷出卖于他人，都是他们朝思暮想以求得逞的计谋。司马攸即使被罢废，晋朝也不一定会灭亡；可是荀勖、冯紞不除掉，晋朝就没有存续的可能。他二人为报权奸贾充留下的仇怨，暗中排斥中书令张华并将其调离朝廷；摈弃庾旉等博士挽留齐王执政的忠言，而公开斥责博士祭酒曹志；只要有图谋保全晋朝的人，小则不惜丢掉官爵，大则不惜丧失性命，在朝廷之上公开发声，揭露荀勖、冯紞的奸邪罪恶，将他们流放到边疆夷狄居住之地，这样的话，则不必纷纷上书为齐王司马攸鸣不平，而司马攸的地位自然得以稳固，也不必等到司马攸有磐石之安，而晋朝的江山社稷必然得以保存。可是如今无论上下尊卑亲疏，所有人都合力为司马攸辩冤，逼迫晋武帝将天下大权交给齐王司马攸掌管。这种情况下，荀勖本来就会说："陛下如果尝试下诏让齐王回到其封地，必然会遭到满朝文武的反对。"于是满朝文武都堕入荀勖的圈套之中，还竞相为齐王司马攸争辩。《周易·困卦》的彖辞中说：徒尚口说，更致困穷。齐王司马攸陷入困局，晋朝的宗庙社稷面临危机，这些都是群臣所造成的结果。

那些为了谋求一时的名声而依附齐王的众人，是不足以评议的。然而李憙、刘毅、傅咸这些忠贞刚直、作为当时士林领袖的人物，却不能为晋朝的宗庙社稷而前除谗言、后驱奸贼，晋朝的朝廷不能说是拥有人才啊！培植君子则奸佞小人自然远离，故应该以进用贤能人才为本，以罢黜奸邪小人为末，这是就奸邪小人尚未得逞之日而言的。如果不驱逐奸佞小人，则君子不得安宁，故而应以罢黜奸邪小人为本，以进用贤能人才为末，这是就奸邪小人已经盘踞朝廷之日而言的。进用贤能人才与罢黜奸邪小人，二者互相为本末主次，而正人君子知道如何根据时势机遇加以选择，从而彰明人臣之义，以为宗庙社稷所依赖。不然的话，就只能激化矛盾，进一步加重祸乱罢了。

本事：《资治通鉴》卷八一《晋纪三·武帝》，太康四年（283）。

卷十二

佚名绘石勒画像

【题　解】

本卷评论西晋后期历史，分惠帝、怀帝、愍帝三目，共二十七则。

晋惠帝司马衷（259—306）永熙元年（290）即位，太尉杨骏辅政，不久皇后贾南风勾结楚王司马玮发动政变诛杀杨骏，专权乱政，挑拨宗室，酿成“八王之乱”，王夫之选择十三个问题加以评论。他认为“惠帝之愚，古今无匹，国因以亡”，但较之唐顺宗、宋光宗，晋所以亡乃因朝廷没有可托天下之人，司马攸、傅咸、柳毅、张华等皆不足担当大任；所以“贵戚之卿，有易位之责”，司马越弑之亦不足深责；对琅邪王司马睿和王导、刘弘“保江东以存中国之统”予以肯定。针对李特流民起义，追溯历代流民问题的源流，认为流民乃化外之民，对待流民必须“用夏变夷，迪民安土”，大体相当于明清时期的改土归流。

怀帝司马炽（284—313）为惠帝异母弟，继位后东海王司马越以太傅执政，最后在永嘉之乱中为匈奴刘聪俘虏进而毒杀，王夫之选择八个问题加以评论。晋分封诸王并授予兵权，诸王“借夷狄以为竞而晋亡”；国都沦陷、天子蒙尘之时，公卿大臣无一仗节死义，“前有不虑之君，后有不虑之臣，相仍以乱天下，国速亡，夷夏之防永裂”。

愍帝司马邺（300—317）为怀帝之侄，被拥立于长安，最后降于匈奴并被刘聪所杀，西晋灭亡，王夫之选择六个问题加以评论。愍帝素不知兵，西逃长安又急于称帝，犯了战略性错误，不足以防守应变，也不利于号令天下，这是西晋最终灭亡的直接原因。对于琅邪王司马睿不奉诏勤王予以谅解，对其抑制陶侃、任用王敦则予以批评。

惠帝

一　晋惠帝无可托天下之人

惠帝之愚，古今无匹，国因以亡。乃唐顺宗之瘖而无知，宋光宗之制于悍妻而不知有父，其愈于惠帝无几，而唐、宋不亡，有人焉耳。四顾晋廷之士，有可托以天下者乎？齐王攸之得物情也，其能为慕容恪与否，不敢信也。傅咸、刘毅谏诤之士，可任以耳目，而未可任以心膂，非能持大体者也。张华谋略之士，可与立功，而未可与守正，非能秉大节者也。托国于数子之手，不能救惠帝之危，况荀勖、冯统、贾谧、杨骏之骄佞，挟戈矛以互竞者乎！傅咸、刘毅能危言以规武帝之失矣，贾充之奸，与同朝而不能发其恶。张华秉国，朝野差能安静，而杨后之废，且请以赵飞燕之罪罪之，依贾谧浮慕之推重，而弗能止其邪，华不能辞亡晋之辜矣。

或曰：狄仁杰厕身淫后奸贼之间，与周旋而不耻，论者以存唐之功归之，恶知华之非有密用，特不幸而未成耳？曰：仁杰骤贵于武后之朝，当高宗之世，未尝位大臣、秉国政，权固轻矣，故不能不假权于武后以济大难。华被武帝之深知，与平吴之大计，以开国元老，出典方州，入管机要，为天下所倾仰，仅托淫邪之党，涂饰治迹，而可称大臣之职哉？体先隳，望先失，志先夺，求有为于后，斡旋于已乱之余，其将能乎？谓盈晋之廷无一人焉，非已甚之辞也。

夫晋之人士，荡检逾闲，骄淫懦靡，而名教毁裂者，非一日之故也。魏政之综核，苛求于事功，而略于节义，天下已不知有名义；晋承之以宽弛，而廉隅益以荡然。孔融死而士气灰，嵇康死而清议绝，名教为天下所讳言，同流合污而固不以为耻。其以世事为心者，则毛举庶务以博忠贞干理之誉，张华、傅咸、刘毅之类是已。不然，则崇尚虚浮，逃于得失之外以免害，则阮籍、王衍、乐广之流是已。两者交竞，而立国之大体、植身之大节，置之若遗；国之存亡，亦孰与深维而豫防之哉？故与贾充偕而不惭，与杨骏比而不忌。如是，则虽得中主，难持以永世，况惠帝之愚无与匹者乎！董养升太学之堂而叹曰："天人之理既绝，大乱将作。"诚哉其言之也！

【译文】

晋惠帝司马衷的愚钝，古往今来没有可与之匹敌的，国家因此而灭亡。可是唐顺宗李诵因病失声而哑且愚昧无知，宋光宗赵惇受制于凶悍的皇后李氏而不知有其父皇，这种情况与晋惠帝相比也强不了多少，然而唐、宋却未因此而灭亡，这是朝中有贤能之人的缘故。环顾晋朝的大臣，难道有可以托付天下的人物吗？齐王司马攸很有声望，但能否成为像鲜卑前燕慕容恪那样的辅政大臣，是不敢确信的。傅咸、刘毅都是刚正不阿之士，可以任用其作为耳目，却不可作为心腹授以大任，这是由于他们不是能识大体、撑大局的人。张华是位富有谋略之士，可以倚重他建功立业，却不能依靠他坚守正道大义，这是由于他不是能秉持大节的人。将国政托付给这几个人，是不能挽救晋惠帝的统治危机的，更何况还有荀勖、冯紞、贾谧、杨骏等骄横奸佞之徒手持戈矛、互相争斗呢！傅咸、刘毅能以直言规谏晋武帝的过失，而贾充奸诈无比，与之同朝却不揭发其罪恶。张华主掌国政，则朝廷内外还可以勉强保持安宁，而杨皇后被废黜时，他竟然请求参照汉成帝皇后赵飞燕之罪加以惩处，依凭贾谧虚华不实的推许尊重，而不能阻止其奸邪之野心得逞，张华是不能推卸晋朝灭亡之罪责的。

有人说：狄仁杰置身于武后与奸贼之间，与他们周旋往来而没有感到耻辱，评论者将保护唐朝的功绩归其所有，怎么知道张华不是没有这样隐秘的用心，只是不幸没有成功呢？回答是：狄仁杰是在武则天执政期间骤然显贵起来的，而在唐高宗在位时期，尚不曾位居大臣之列执掌国政，权力本来就很小，所以不能不借助武后赋予的权力以解救国难。而张华深受晋武帝司马炎的器重，参与谋划平吴大计，此后又以开国元老的身份，出则主持州郡军政，入则掌管朝廷机要，为天下之人所仰慕，然而他却仅仅倚托奸邪势力，粉饰其治国政绩，这与其大臣之职相称吗？他的大体先已堕落，名望先已丧失，志气先已夺去，之后再希望其有所作为，斡旋协调于已经混乱之世，这能够成功吗？所谓整个西晋朝廷无一有所作为之人，此语并非过分之辞。

晋朝的士人当中，那些行为放纵而不守礼法、骄奢淫逸而萎靡不振，导致纲常名教败坏者，并非一日形成的。曹魏考核吏治，过分苛求官吏的事功实绩，对官吏的节操义行却有所忽略，所以天下之人早已不知名分节义。晋承魏制，要求更加宽容松弛，因而士人的道德品行更是荡然无存。孔融死后士气沮丧，嵇康死后清议断绝，名教纲常为天下人所讳言，与奸佞小人同流合污也不以为耻。有心维护天下事务的人，仅粗略列举一些琐碎事物以博得忠贞干练的赞誉，张华、傅咸、刘毅等就属于此类人物。不然的话就是崇尚空虚浮华，为了保全自身而对国家事务不管不问，阮籍、王衍、乐广等就属于此类人物。这两类人物交相争逐，使立国的大体与立身的大节都形同虚设。国家的存亡，又与谁一起深谋远虑并预先加以防范呢？所以，朝中大臣与贾充同流合污而不感惭愧，与杨骏朋比为奸而无所顾忌。如此一来，即使出现中等才具的君主，也难以使王朝永世长存，更何况晋惠帝这样愚钝得无人可比的昏君庸主呢！隐士董养登太学之堂而叹息道："天理人伦既然已经不存，天下大乱即将爆发。"这话说得确实很对啊！

本事：《资治通鉴》卷八二《晋纪四・惠帝》，元康元年（291）。

二　汉魏徙戎，遗祸后世

惠帝之七年，索头猗㐌西略诸夷三十余国，拓拔氏入主中国之始基也。夷狄居塞内，乘中国之虚，窃为主于中国，而边远之地虚，于是更有夷狄乘之，而为主于所虚之地。夫夷狄所恃以胜中国者，朔漠荒远之乡，耐饥寒、勤畜牧、习射猎，以与禽兽争生死，故粗犷悍厉足以夺中国膏粱豢养之气。而既入中国，沉迷于膏粱豢养以弃其故，则乘其虚以居其地者，又且粗犷悍厉而夺之。故刘、石、慕容、姚、苻、赫连迭相乘而迭相袭，猗㐌之裔，乃养其锐于西北，徐起而收之，奄有群胡之所有，而享国以长，必然之势也。契丹人燕、云，而金人乘之于东；金人有河北，而蒙古乘之于北；知夺人而不知见夺之即在此矣。

呜呼！其养锐也久，则其得势也盛；其得势也盛，则其所窃也深。自拓拔氏之兴，假中国之礼乐文章而冒其族姓，隋、唐以降，胥为中国之民，且进而为士大夫以自旌其阀阅矣。高门大姓，十五而非五帝三王之支庶，婚宦相杂，无与辨之矣。汉、魏徙戎于塞内，空朔漠以延新起之夷，相踵相仍，如蟹之登陆，陵陵藉藉以继进，天地之纪，乱而不可复理，乾坤其将毁乎！谋之不臧，莫知其祸之所极，将孰尤而可哉！

【译文】

晋惠帝元康七年（297），鲜卑族拓跋部的索头猗㐌在西部起兵，攻陷夷狄政权三十余国，从而为拓跋氏入主中原奠定了最初的根基。夷狄迁居塞内，乘中原虚弱之机，窃夺政权，入主中原，而边远地区随之空虚，于是又有其他夷狄乘虚而入，入主这些空虚之地。夷狄赖以战胜中原的原因，是他们长期居住在北方边远的荒漠之地，能忍耐饥寒，勤于畜牧，习于射猎，在与野兽的搏斗中获取生存，所以他们的粗犷勇猛之气足以战胜中原民众那种用精美食物豢养出来的淫逸虚弱之气。然而他们入主中原之后，也随之沉迷于精美食物和舒适生活的豢养之中，从而放弃过去的生活习俗，后来那些乘虚而入、占据其原有之地的夷狄，又以其粗犷勇猛之气夺取他们的政权。所以，匈奴刘氏、羯族石氏、鲜卑慕容氏、羌族姚氏、氐族苻氏、铁弗匈奴赫连氏等西北游牧部族接连乘机而起，迭相沿袭，拓跋部索头猗㐌的后代由此得以在西北地区养精蓄锐，逐渐兴起，兼并并占据各游牧部族的所有资源，因而其政权能够长久存在，这是必然之势。后世的契丹族占据燕云十六州，而金人乘机在其东部兴起；金人占据了黄河以北地区，而蒙古族乘机在其北部兴起。只知夺取他人的政权而不知自己的政权也不免被他人所夺取，道理就在于此。

唉！谁养精蓄锐长久，谁的势力就强盛；谁的势力强盛，其窃取掠夺中原就会更加严重。鲜卑拓跋部兴起之后，假借中原的礼乐制度、文章教化，并冒用华夏士族姓氏。隋唐以后，他们的后裔也都成为中原之民，并且进而成为士大夫，自我旌表、夸耀其门第阀阅。高门大姓之中，十中有五都不是上古五帝、三王的真正后裔，经过相互通婚、异地为官，夷狄与内地汉人彼此杂交相处，已无法加以辨别。汉、魏王朝将夷狄迁至塞内，将西北空旷之地又留给新兴的游牧部族，这些新的部族得以继之而起，如同螃蟹登陆一样接踵而来，前后践踏着进入中原，天地的纲常法纪因此变得混乱而不可恢复，乾坤难道将要由此毁灭吗？谋划不善，不知其祸乱会达到何等极端的境地，这又将怪罪谁呢！

本事：《资治通鉴》卷八二《晋纪四·惠帝》，元康七年（297）。

三　安抚流民，用夏变夷

流民之名，自晋李特始。《春秋》所书戎狄，皆非塞外荒远控弦食肉之族也，其所据横亘交午于中国之溪山林谷，迁徙无恒，后世为流民、为山寇，皆是也。泽、潞以东，井陉以南，夹乎太行、王屋，赤白狄也；夹淮之薮，淮夷也；商、洛、淅、邓、房、均，戎蛮陆浑也；夔、巫、施、黔，濮人也；汉、川、秦、巩，姜戎也；潜、霍、英、六、光、黄、随、均，群舒也；宣、歙、严、处，岛夷也；其后以郡县围绕，羁縻而附之版图之余。而人余于地，无以居之；地余于人，因而不治；遂以不务耕桑、无有定业而为流民，相沿数千年而不息。

缅惟禹之奠下土也，刊山通道，敷其文命，声教讫乎四海，尽九州之山椒水曲而胥为大夏。延及三代，纳之政教之中，而制其贡赋，盖以治之者缓之也。殷、周斥之为戎狄，简其礼，薄其贡，而侵陵始作。后世附之郡县版图之余，略其顷亩，蠲其征役，而为流民、为寇盗，乃益猖狂而逞。所以然者，非但骄之而使狠也。其属系于郡县者，率数百里而为不征、不繇、不教、不治之乡。其土广，其壤肥，卤莽以耕，灭裂以耘，而可以获。有溪泉而不为之陂池，有泽薮而土旷人稀，为虎兕蛇虺所盘踞。于是乎苟幸丰年之多获，而一遇凶岁，则无以自食；一有征调，则若责己以不堪，而怨咨离散。其钝者，不以行乞为耻，其黠者则以荡佚为奸。遵义、平越建，而播州之夷祸平；天柱、嘉禾、新田建，而武靖、郴、桂之寇贼消。然则阶、文、秦、徽、英、六、随、黄、汉、洛、淮浦、夔、郧之可郡可县者，移人之余，就地之旷，分画其田畴，收教其子弟，定其情，达其志，使农有恒产，士有恒心，国有恒赋，劳费于一时，而利兴于千载，大有为之君相，裁成天地以左右民，用夏变夷，迪民安土，非经世之大猷乎！而何弗之讲？明王作，名世兴，其尚此之图哉！

【译文】

流民的名称，源于西晋时期李特领导的巴蜀流民起义。《春秋》一书所记载的戎狄，并不是指居住在塞外边远地区射猎食肉的游牧民族，而是指那些纵横交错分布于中国各处山林溪谷之中的人，他们迁徙无常，后世成为流民、山寇的都是这些人。泽州（今山西晋城）、潞州（今山西长治）以东，井陉口（今河北井陉北）以南，围绕太行、王屋等山而居的，是春秋时期赤狄、白狄；围绕淮河流域的湖泊沼泽而居的，是先秦东夷族的一支淮夷；分布于商州（今陕西商洛）、洛州（今四川广汉北）、淅州（今河南西峡）、邓州（今河南邓州）、房州（今湖北房县）、均州（今湖北丹江口）等地的，是戎蛮、陆浑戎；分布于夔州（今重庆奉节）、巫州（今湖南怀化黔城镇）、施州（今湖北恩施）、黔州（今重庆彭水）等地的，是南方的百濮；分布于汉州（今四川广汉）、潼川（今四川三台）、秦州（今甘肃天水）、巩州（今甘肃陇西）等地的，是姜戎；分布于潜山（今属安徽）、霍山（今属安徽）、英山（今属湖北）、六安（今属安徽）、光州（今河南光山）、黄州（今湖北黄冈）、随州（今属湖北）、均州等地的，是先秦时期江淮之间东夷的一支群舒；分布于宣州（今安徽宣城）、歙州（今安徽歙县）、严州（今浙江桐庐、淳安、建德一带）、处州（今浙江丽水）等地的，是东部沿海的岛夷；

之后这些地方建立郡县，对这些民族进行安抚笼络，并将其作为附属列入版图之中。然而，人多地狭，则无以定居；地广人稀，则无法有效治理；因此，称不从事农桑耕织、没有固定生计者为流民，相沿数千年而从未断绝。

遥想夏禹之时以高山大河奠定天下九州疆界，开山通道，施其政令，以使声威教化通达四海，使九州的山川河流尽为大夏之域。延续到夏、商、周三代，将上述民众纳入天子的教化政令管辖之下，规定其贡赋标准，这就是以较为和缓的方式来统治他们。殷、周时期将其视为戎狄，简化他们的礼法，少征他们的贡赋，而侵犯欺凌之事便开始出现。此后历朝历代都将其附属于郡县版图之余，省略其田赋，蠲免其徭役，以致其或成为流民，或成为寇盗，于是他们愈加猖狂而逞其凶恶。之所以会这样，不仅是因为放纵他们而使其变得更加凶狠。附属于郡县版图之中的戎狄，其数百里内均为不征田赋、不服徭役、不行教化、不加治理的地方。这里幅员广阔，土壤肥沃，随便种植，草率耕耘，即可有所收获。有溪水泉流却不修建陂池，有湖泊田地却土旷人稀，遂为虎豹狼虫所盘踞。于是，幸运的话能遇丰年多有收获，而一旦遇到凶年，则缺乏足够的食物以图生存。官府一有征发徭役、调拨钱粮之事，就好像以其不堪承受的重负苛责他们，以致怨恨嗟叹，纷纷离散他乡。其中愚钝无知者不以行乞讨饭为耻，聪明狡猾者则放荡淫逸、作奸犯科。明代万历年间建立遵义（今贵州遵义）、平越（今贵州福泉）二府之后，播州戎狄的祸乱得以平息；建立天柱（今属贵州）、嘉禾（今属湖南）、新田（今属湖南）三县之后，武靖州（今广西桂平）、郴州（今属湖南）、桂阳（今属湖南）等地寇贼的叛乱得以消弭。如此，则阶州（今甘肃陇南）、文州（今甘肃文县西）、秦州、徽州（今甘肃徽县）、英山、六安、随州、黄州、汉州（今四川广汉）、洛州、淮浦（今江苏涟水）、夔州、郧州（今湖北安陆）等地可设郡县之处，都可以将多余的戎狄迁至其空旷土地，分给他们田地，教育他们的子弟，以安定他们的情绪，满足他们的愿望，使农民有恒常之产，士人有恒定之心，国家有恒常之赋，虽然劳心费物于一时，却可得永久之利。凡是大有作为的君主、大臣，规划天下的土地以安置民众，用华夏礼仪教化影响中原以外的夷狄，开导民众，安定地方，这难道不是经世之大计吗！怎么能不加以倡导呢？圣明君主的出现，贤德之人的兴起，他们所崇尚的可都是这种经世宏图啊！

本事：《资治通鉴》卷八二《晋纪四·惠帝》，元康八年（298）。

四　张华智有余而义不足

知事几、察物情者，可与谋国乎？未可也，抑不可以谋身。故张华终死而晋以大乱。华之决策平吴，何其明也；执政于淫昏之廷，而庶务粗举，民犹安之，何其审也；拒刘卞之说，不欲为陈蕃之为，以冀免于祸，抑不可不谓工于全身。然而身卒殒、国卒危者，何也？智有余而义不足也。

华之言曰："权戚满朝，威柄不一。"知此矣，而受侍中之位以管机要，何为乎？又曰："吾无阿衡之任。"夫既任不在己矣，而与贾氏周旋终始，何心乎？华尝为贾充所忌而置之外，如其欲全身而免于罪戾，则及此而引去可也。贾模，贾氏之党也，知贾氏之亡晋，而以忧死。华且从容晏处，托翰墨记问以自娱，固自信其智足以游羿彀中而恃之以无惧。不清不浊之间，天下有余地焉以听巧者之优游乎？天下有自谋其身处于无余之地，而可与谋国者乎？故晋之亡，非贾谧能亡之，华亡之也。何也？君昏后虐，谗言高张，寇贼伏莽，天下所县望者，唯一华耳。刘卞进扶立太子之说，非不知人而妄投，亦舍华而更无可与言者。华无能为矣，然后志士灰心而狂夫乘衅。栋折榱（cuī）崩，则瓦解而室倾，岂更有望哉！

且华之居势，非陈蕃比也，蕃依窦武以图社稷，武不得宦官之腹心为之内应；华则贾模、裴頠（wěi）以贾氏之姻族为内援以相辅，其成也可八九得。然而不能者，华于贾氏废姑杀其母之日，委顺其间，则气不可复振；气已茶而能有为者，未之有也。盖华者，离义为智，而不知不义者之未有能智者也。是非之外无祸福焉，义利之外无昏明焉，怀禄不舍，浮沉于其间，则更不如小人之倾倒于邪而皆可偷以全身。是以孔光、胡广得以瓦全，而华不免，若其能败人之国家则一也。是以君子于其死也不闵之。

【译文】

能够洞悉事态征兆、体察物情变化的人，可以与之共谋国政吗？回答是不可以，这样的人甚至不可能保全其自身。所以张华最终被杀而晋朝由此大乱。张华决策平定吴国，是何等的英明；在淫乱昏庸的朝廷之中执掌国政，典章法度初步得到确立，人民尚能安宁生息，是何等的明悉政务；拒绝采用并州刺史刘卞废黜贾皇后的建议，不仿效东汉陈蕃谋诛宦官的作为，以避免祸患，为保全自身却也用心良苦。然而最终仍落得身死国危的下场，这是为什么呢？这是因为他才智有余而节义不足。

张华曾说过："权臣勋戚遍布朝廷，国家威柄不得专一。"既然知道这一点，而又接受侍中之职以掌管朝廷机要大权，却是为何呢？他又说过："我没有辅佐君主、掌控国政的阿衡之任。"既然自己没有肩负宰辅之任，却始终与贾氏周旋往来，是何用心呢？张华曾为贾充所忌恨而遭到排挤，如果他想保全其身并免受罪责的话，则可趁此机会引退而去。与张华、裴頠共同辅政的侍中贾模是贾氏的同族党羽，他知道贾氏有亡晋的企图，因而受到猜忌，忧愤而死；而张华却泰然处之，舞文弄墨以自娱，十分自信自己的才智足以悠游于后羿的弓箭射程之内（比喻奸臣的毒计）而无所畏惧。然而，处在不清不浊之世，天下哪里还有余地给投机者四处优游呢？天下难道会有将自己置于没有进退余裕之地却能够执掌国政的人吗？所以说西晋的灭亡，并非贾谧所亡，实为张华所亡。为什么这样说呢？这是由于君主昏庸，皇后暴虐，谗言满朝，寇贼潜伏，天下所寄予厚望者，只有张华一人罢了。刘卞向张华提出废黜贾后、扶立太子的建议，并非不知其为人而随意提出的，而是除了张华再没有其他可与之言者。张华却未能有所作为以挽救危亡，此后有志之士便心灰意冷，而奸佞狂夫则乘机肆虐。房梁折断，椽子倒塌，则土崩瓦解而房屋倾倒，哪里还有什么别的希望呢？

况且，张华所处的情势和局面，并非东汉陈蕃所能比拟的。陈蕃只有依靠大将军窦武来治理国家，而窦武却无法得到宦官支持以为内应；张华则有贾模、裴頠等贾氏的姻亲作为内援，以相辅佐，成功的可能性有八九成。然而最终却未能成功，原因在于贾氏废黜其婆母杨太后、杀死太后之母庞氏之时，张华仍顺从于其间，其志气已不可再振作起来，而志气已然丧失还能有所为者，是从来没有的。大概张华其人，舍弃节义以呈其才智，却不知丧失节义者是不能成为真正有才智之人的。是非之外无祸福可言，义利之外无昏明可言，不愿舍弃功名利禄，浮沉于朝堂之间，还不如小人那样投靠奸邪势力，可以苟且保全自身，如西汉末年的丞相孔光、东汉末年的太傅胡广等人得以瓦全，而张华则不免一死；至于其能败亡他人的国家，这三个人倒是一样的。所以，正人君子对于张华之死是不会心存怜悯的。

本事：《资治通鉴》卷八三《晋纪五·惠帝》，永康元年（300）。

五　陆机词翰，自累平生

士有词翰之美，而乐以之自见，遂以累其生平而丧之，陆机其左鉴已。

机之身名两陨，濒死而悔，发为华亭鹤唳之悲，惟其陷身于司马颖，不能自拔，而势不容中止也。其受颖之羁绁而不能自拔，惟受颖辩理得免之恩而不忍负也。机之为司马伦撰禅诏也，无可贳其死。人免之于鈇钺之下，肉其白骨，而遽料其败，速去之以避未然之祸，此亦殆无人理矣。故机之死，不死于为颖将兵之日，而死于为伦撰诏之时。其死已晚矣。

虽然，机岂愚悖而甘为贼鹄乎？谢朝华，披夕秀，以词翰之美乐见于当世，则伦且资其谀颂以为荣，盖有求免而不得者。其不能坚拒之而仗节以死，固也。虽然，不死则贼，不贼则死，以琐琐之文名，迫之于必死必贼之地，词翰之美为累也若斯！"虎豹之文来藉"，遂将托于不材之樗（chū），而后以终天年乎！而抑奚必其然邪？

君子之有文，以言道也，以言志也。道者，天之道；志者，己之志也。上以奉天而不违，下以尽己而不失，则其视文也莫有重焉；乐以之自见，则轻矣。乐以自见，而轻以酬人之求，则人不择而借之以为美。为人借而以美乎人，是翡翠珠玑以饰妇人也；倚门者得借，岂徒象服是宜之之子哉！

呜呼！苟有文焉，人思借之矣，遑恤其道之所宜与志之所守乎？班固之《典引》，幸也；扬雄之《美新》，不幸也；汉明之欲借固，与王莽之欲借扬雄，一也。李白永王东巡之歌，永王借之也，陆游平原园林之记，韩侂胄借之也，不幸也；蔡邕之于郭有道，苏轼之于司马温公，幸也；然苟借焉，幸不幸存乎人，而焉能自必哉！君子之有文，以言道也，以言志也，以承天尽己而匡天下之邪淫者也。守己严，待物以正，勿以谀人、勿以悦人、为天下侮，奚足为累，而效不才之樗为？

【译文】

士人具有诗文辞章之美，而又乐于以此自我表现，于是因此而连累自己的一生以至于丧失生命，西晋才子陆机大概可为前车之鉴。

陆机身败名裂，死到临头而幡然悔悟，发出“欲为华亭鹤唳可复得乎”的悲叹。这是他委身事奉成都王司马颖而不能自拔，其情势已经无法中止的缘故。他之所以深受司马颖的束缚而难以自拔，是由于蒙受司马颖为其辩解救护、免于获罪之恩，因此不忍辜负司马颖。陆机为赵王司马伦撰写逼迫晋惠帝禅位的诏书，就已经罪不容诛。司马颖解救陆机免遭杀戮，就好像将死人救活、使白骨重新长出肉来一样的再造之恩，陆机如果立即预料到司马颖的失败，然后迅速远离以躲避尚未发生的灾祸，这也是丧失人伦情理的。所以陆机之死，不死于为司马颖兴兵作乱之日，而死于为司马伦撰写诏书之时。他的死已经算晚的了。

尽管如此，陆机怎么能如此愚蠢悖谬，甘心成为叛贼笼络的靶子呢？他在《文赋》中写道：“前人已用辞意，如清晨绽放的花朵谢而去之；前人未用辞意，像傍晚含苞的蓓蕾启而开之。”以诗文辞章之美而享誉于当世，因此司马伦希望得到他的谀辞媚颂并以此为荣耀，大概想要推辞求免也不可得了。他不能坚决拒绝并坚守节操而死，这是必然的。尽管如此，不死则成为叛贼，不为叛贼则必死。由于其无足轻重的文才声名，被逼迫到了必死或者必定为贼的地步，受诗文辞章之美的拖累竟然到了如此的境地！《庄子·应帝王》中说：“虎豹因皮毛华丽而遭到捕猎，猕猴因跳跃敏捷、猎狗因擅长捕捉狐狸而招致拘缚。”如果因为才华出众容易招致灾祸，那么就要像臭椿树一样托身于无用之材，而后能得以终其天年吗？然而又怎能保证必定如此呢？

君子具有文采，是用来谈论道义、议论志向的。道义是指上天的正道大义，志向是指个人的志趣。君子具有文采，上以奉行天命而不违背道义，下以尽己之才力而不失志节，如此则可视为十分看重自己的文采；乐于以文采而自我标榜，则可视为十分看轻自己的文采。乐于以文采而自我标榜，轻率地满足他人的需求，就会不加选择地将自己的文采借给他人所用，并以为是好事。文采为人所借用并随意赞美其人，就如同用翡翠珠玑装饰妇人一样；原本适宜贵妇的绘有各种物象的礼服，如果连倚门卖笑的妓女都得以借用，难道这种礼服就只适宜出身高贵的人穿戴吗！

唉！如果一个人具有文采的话，人们就会想要加以借用，怎么会顾虑这样做是否符合上天的道义、是否符合个人的志节操守呢？班固创作《典引》称述汉德，获得广泛赞誉，值得庆幸；扬雄创作《美新》，美化王莽的新朝而被后世讥讽，却不值得庆幸；然而，汉明帝想利用班固的文采与王莽想利用扬雄的文采却是一样的。李白创作《永王东巡歌》，是永王李璘借用李白的文采；陆游撰写《南园记》《阅古泉记》，是权相韩侂胄借用陆游的文采，这是不幸的。蔡邕撰写碑文颂扬郭泰（字林宗，因“司徒黄琼辟、太常赵典举有道”，故称郭有道），苏轼撰写碑文颂扬司马光，都是有幸的。然而，一旦文采被借用的话，幸与不幸都将因借用之人而异，自己怎么做得了主呢！君子具有文采，应该用来谈论道义、议论志向，用以秉承天命、克尽己力而匡正天下奸邪淫逸的风气。对待自己严格要求，对待他人坚持正道大义，不要阿谀逢承、讨好取悦他人，从而为天下所耻笑，又怎么会为文采所拖累，又为什么要仿效像臭椿树一样的无用之材呢？

本事：《资治通鉴》卷八五《晋纪七·惠帝》，太安二年（303）。

六　无天子之世，不可出仕

有必不可仕之时，则保身尚矣。外患已深，国危如线，亟得君而事之，身非所恤也。权臣擅于下，孤主立于上，扶弱图存，功虽不立，而志不可忘，苟非因权臣而进，身非所恤也，皆可仕也。必不可仕而以保身为尚者，其唯无天子之世乎！

所谓无天子者，非人逐失鹿、天位未定之谓也。择主而奉之以已乱，而定君臣之分，故张良归高帝，邓禹追光武，允矣。即不然，而为范增之从项羽，郭嘉、荀攸之依曹操，犹足以自见焉。唯至于晋惠帝之时，有天子而无之，人欲为天子而不相下，群不知有天子，而若可以无天子者。于斯时也，顺逆无常理，成败无定势，强臣林立，怙愚以逞，逆者逆，顺者亦逆也，败者败，成者亦败也。欲因之以事孤危之天子而不能，即欲掖之以为天子，而亦必不得。生人杀人而皆操天子之权。夫然后纳身于狂荡凶狡之中，寄命于转盼不保之地，果矣其为大惑，而自贻以死亡也。王戎之免，幸也；王衍、陆机、潘岳之死，自贼者也。顾荣、张翰、戴渊、贺循褰裳而急去之，非过高绝人之智也，未有无天子而可仕者也。

【译文】

有必定不可做官之时，则保全自身为上策。外患已很深重，国家危在旦夕、命悬一线，亟待得到贤明君主而为其效力，则不应忧虑自身安危。面对权臣专断朝政于下，君主孤立无援于上的局面，则应扶助暗弱的君主以期保存国家，即使不能建功立业，也不可忘记志节。只要不是依附权臣而得以进用，则不应忧虑自身安危。这两种情况下都可以出仕为官。必定不可做官而以保全自身为上策的，大概只有在国无天子的情况下方可选择吧！

所谓国无天子，并不是指人们争逐帝位、天子归属尚未确定的情况。在天下已经大乱的情况下，选择君主并尊奉之以平息祸乱，从而确定君臣名分，如张良事奉汉高祖刘邦，邓禹追随光武帝刘秀，都是允当的。即使未能如此，像范增追随项羽，郭嘉、荀攸依附曹操那样，也足可以自我表现。唯独到了晋惠帝时期，有天子却如同没有天子一样，人们都想成为天子而毫不谦让地相互争斗，大家都不知还有天子在位，此种情况就可以称为国无天子。这个时候，顺逆已无常理，成败已无定势，强悍的臣子林立，凭着愚昧无知而企图实现自己的野心；逆叛者为逆，顺从者也为逆，失败者为败，成功者也为败。在此情况下，要想事奉孤立无援、身处危亡的天子是不可能的，即使想扶持其为天子，也是必不可得的。使人生或使人死，都是权臣在操持天子之权。那些在这种情况下还置身于猖狂、凶狠、狡诈之徒中间的人，是把性命寄托于朝不保夕的境地，果真这样做，实在是太糊涂了，简直就是自寻死路。王戎之免于被齐王司马冏杀死，实属幸运；而王衍为石勒所杀、陆机为成都王司马颖所杀、潘岳为赵王司马伦所杀，则是咎由自取。而顾荣、张翰、戴渊、贺循等名士撩起衣裳态度坚决地急忙离去，并非他们有过高的超人智慧，而是因为从来就没有国无天子却可以出仕为官的道理。

本事：《资治通鉴》卷八六《晋纪八·惠帝》，永兴二年（305）。

七　申商法行，民有贼心

晋有天下，初并蜀、吴，二方之民，习于割据之余，未有以绥之也；而中朝内乱，故赵廞、李特、张昌、石冰乘之以兴。乃特之子孙窃蜀者数十年，而江南早定，刘弘之功茂矣哉！故以知国有干城，虽乱而弗难定也。虽然，岂独弘之功哉？其地有人，而后可以相资而理。李特之乱，蜀土风靡而从之，尽三巴之士，仅一诡僻之范长生而已。吴则贺循、华谭、周玘、顾荣皆洁身退处而为州郡所倚重，民乱而士不与俱，则民且茶然而自废，张昌、石冰之首不难馘已，而陶侃得以行其志于不疑。呜呼！此非晋能得之，其所由来者旧矣。

孙氏之不足与言治理也，而未尝立一权谋名法之标准，则江介之士民，犹且优游而养其志。诸葛公贤于孙氏远矣，乃尚名法以钳束其下，人皆自困于名法之中，而急于事功以为贤，则涵泳从容之意不复存于风俗，安所得高视远览以曙于贞邪逆顺之大者哉！诸葛之张也，不如孙氏之弛也。孙氏不知道而道未亡，诸葛道其所道而道遂丧。自其隆中养志之日，以管、乐自比，则亦管、乐而已矣！齐之所以速乱而燕旋敝也。管、乐者，自其功而言；申、商者，自其学而言也。申、商法行而民有贼心，君子所以重为诸葛惜也。

【译文】

西晋据有天下，统一蜀、吴之初，这两地的民众已习惯于割据状态，因此缺乏有效的办法迅速安抚他们。随后朝廷发生内乱，于是益州刺史赵廞、巴蜀流民首领李特、荆州蛮族起义将领张昌和石冰等势力乘机兴起。李特的子孙窃据蜀地达数十年，而江南的叛乱却早已平定，镇南将军、督荆州诸军事的刘弘功劳显著啊！由此而知，国家有尽职尽责的捍卫者，即使发生祸乱也不难平定。尽管如此，难道仅是刘弘一人的功劳吗？江南地区尚有其他人才，然后刘弘可以借助他们共同加以治理。李特之乱兴起，蜀地之人群起响应，可是整个巴蜀地区的士人，仅有一个荒谬邪僻的天师道首领范长生参与其中罢了。吴国的贺循、华谭、周玘、顾荣等则都能洁身自好，隐退赋闲，为各州郡所倚重。民众叛乱而士人不参与，民众将会感到颓然自废而不得不停止叛乱，张昌、石冰的首级就不难割下，领导平叛的侍中、太尉陶侃则可以践行其志而不受猜忌。唉！这并不是因为晋朝能够赢得蜀、吴士人的心，而是其发展趋势由来已久了。

东吴孙氏统治江南，不足以谈得上有所治理，然而并没有确立过一个权变谋略、刑名法律的标准，所以沿江一带的士人民众，尚且得以优游闲适并涵养其志向。诸葛亮比孙氏要贤明得多，可是他却崇尚刑名法律以钳制管束部下，人们都被束缚于刑名法律之中，急功近利并以此为贤，当地风俗中从容求索、深入体认的意念早已不复存在，怎么能得到高瞻远瞩、明察忠奸顺逆的英才杰士呢！诸葛亮严厉的治理方法，还不如孙氏宽松的治理方法。东吴孙氏不懂得治国之道而治道未亡，诸葛亮推行法治而治道却因此丧失。自从他隐居隆中修身养志之日，就以管仲、乐毅自比，则也就是管仲、乐毅那样的人才罢了。然而，即使有管仲、乐毅这样的人才，齐国也很快就发生祸乱，而燕国也很快就败亡了。所谓管仲、乐毅，是就诸葛亮的事功而言的；所谓申不害、商鞅，是就其学术而言的。推行申不害、商鞅的法家治术而使民众有叛乱之心，这就是正人君子之所以深为诸葛亮感到惋惜的原因。

本事：《资治通鉴》卷八五《晋纪七·惠帝》，太安二年（303）。

八　假夷狄为外援流毒天下

刘渊虽挟桀敖不逞之材，然其始志亦岂遽尔哉？观其讥随、陆之无武，绛、灌之无文，则亦自期于随、陆、绛、灌之中而已矣。其既归五部，闻司马颖之败，尚欲为之击鲜卑、乌桓，则犹未必遽背晋而思灭之也。司马颖延而挑之，刘宣等推而嗾之，始以流毒天下，而覆晋室。乃匈奴自款塞以来，蕃育于西河有年矣，渊匪茹而逞，不再世而子孙宗族及其种类骈死于靳准，无孑遗焉，则渊毒天下还以自毒，渊亦何利有颖之挑、宣之嗾，以糜烂冒顿以来数十传之苗裔部落于崇朝也？司马颖一溃其防，而河决鱼烂，灭其宗而赤渊之族，亦憯矣哉！

而推祸原所启，则王浚之结务勿尘先之也。司马氏自讧于室，固未尝假外援而召之乱也。浚狡有余而力不足，乃始结鲜卑而开千余年之衅；颖惧鲜卑，乃晋渊以敌之；交相用夷，颖不救死，而浚伏其诛。流毒天下者，殃必及身。及身者，殃之券也；祸延百世者，殃之余也。石敬塘之妻子歼于契丹而无遗种，岂或爽哉！故王浚者，千古凶人之魁也，而效之者何相踵以自灭也！

【译文】

刘渊虽然挟有桀骜不驯之才，然其最初的志向哪里是骤然如此的呢？观察他讥笑汉代谋臣随何、陆贾等人没有武才，武将周勃（封绛侯）、灌婴等人没有文才的情况，可以看出他自我期望也不过是跻身于随何、陆贾、周勃、灌婴等大臣行列罢了。等到他回归匈奴五部之后，得知成都王司马颖战败的消息，尚且想要为晋朝攻打鲜卑、乌桓等游牧民族，还未必想要迅速背叛并消灭晋朝。司马颖延揽任用刘渊并进行挑拨，刘宣等人推举刘渊并唆使其为乱，致使刘渊祸乱天下，推翻晋朝。而匈奴自东汉末年前来归降通好，在西河地区繁衍生息已有很多年了。刘渊不自量力，铤而走险以求实现自己的野心，传位不过两代，其子孙宗族及其部众族裔都被其前赵权臣靳准屠戮殆尽，所以刘渊为害天下而最终祸害了自己，他又从司马颖的挑拨和刘宣的唆使当中获得了什么好处，从而使冒顿单于以来传承数十代的匈奴后裔部落于旦夕之间灰飞烟灭呢？成都王司马颖一旦捣毁了刘渊的心理堤防，接踵而来的就是河水溃决、鱼虾横死，致使刘渊宗族覆亡、部众灭绝，实在是太惨了啊！

推究祸患发生的起因，是宁朔将军、都督幽州诸军事王浚联姻鲜卑段部首领务勿尘并引为外援引起的。司马氏集团内部发生混乱，起初并未借助外援从而招致他们祸害中原。王浚狡黠有余而力量不足，因此开始勾结鲜卑人，从而开启了千余年来北方游牧民族扰乱华夏的序幕。司马颖惧怕鲜卑人，于是起用刘渊以抵抗鲜卑。二人竞相利用夷狄的势力，结果司马颖未能获救而死，王浚则乘乱谋逆、为石勒所杀。为害天下之人，其结果必然要祸害自身。害及其身，是其祸害天下本身所造成的必然结果；祸患延续百世，则是祸乱之后的余波所造成的。五代后晋高祖石敬瑭的妻子儿女都被契丹人所杀而未留下遗种，这一规律难道会有例外吗？所以王浚其人，实为千古罪人之首，后世效法他的人为什么还要接踵而来以自取灭亡呢？

本事：《资治通鉴》卷八五《晋纪七·惠帝》，永兴元年（304）。

九　嵇绍死不得其所

死而不得其所者，谓之刑戮之民，其嵇绍之谓与！绍之不可死而死，非但逆先人之志节以殉仇贼之子孙也。惠帝北征，征绍诣行在，岂惠帝之暗能知绍而任之乎？司马越召之耳。冏也、乂也、颖也、颙也、越也，安忍无亲，而为至不仁，一也。偶然而假托于正，奉土木偶人之孱主以逞，君子逆风，犹将避其腥焉。绍曰："臣子扈卫乘舆，死生以之。"妄言耳。乐为司马越之厮役而忘其死也。不知有父者，恶知有君。名之可假，势之可依，奉要领以从之，非刑戮之民而谁邪？秦准谓绍曰："卿有佳马乎？"导之以免于刑戮而不悟，妄人之妄，以自毙而已矣。

【译文】

死而不得其所之人，就是孔子所说的以怨报德的"刑戮之民"，说的就是嵇绍这类人吧！嵇绍不应当为司马氏效死却死于保卫晋惠帝，不仅仅是违背了祖先的志节，而为杀父仇贼的子孙殉葬。晋惠帝进行北征，征召嵇绍随行，难道昏庸愚钝的晋惠帝能熟知嵇绍并委以重任吗？实际上是东海王司马越的意见。齐王司马冏、长沙王司马乂、成都王司马颖、河间王司马颙、东海王司马越等人，不顾血缘亲情安于做残忍的事，所作所为不仁至极，这是一致的。他们偶尔也会假托正宗，尊奉一个如同木偶般昏庸懦弱的君主以求实现其野心。作为君子，即使处在逆风位置，也要避开其腥膻之气。嵇绍却说："臣下护卫天子御辇，不惜以生命忠于职守。"这实在是荒唐之言。他情愿做东海王司马越的奴仆而舍生忘死。不知有父母的人，哪里会知道有君主。名义可以借用，势力可以依仗，挟其身家性命去追随他人，不是“刑戮之民”又是什么呢？嵇绍临上前线时，侍中秦准曾对他说：“即将奔赴危难之地，你有驯服的良马吗？”意在提醒嵇绍避免杀身之祸，而嵇绍却不悔悟，无知之人的无知，最终只会导致其自取灭亡的结局。

本事：《资治通鉴》卷八五《晋纪七·惠帝》，永兴元年（304）。

一〇　精研动静之几以与时偕行

宋高宗免于北行，而延祀于杭州，幸也；琅邪王免于刘、石之祸，而延祀于建康，非幸也。当颖、颙、腾、越交讧之日，引身而去，归国以图存，卓矣哉！王之归，王导劝之也。导之察几也审，王之从谏也决，王与导之相得自此始，要其所以能然者有本矣。八王哄争之日，晋室纷纭轇轕，人困于其中而无术以自免。乃王未归国之先，一若无所短长浮沉于去就者；导以望族薄仕东海，而邪正顺逆之交，一无所表见。呜呼！斯所以不可及也。

老子曰：“静为躁君。”非至论也。乃所谓静者，于天下妄动之日，端凝以观物变，潜与经纶，而属意可发之几，彼躁动者，固不知我静中之动，而我自悠然有余地矣。天地亦广矣，物变有所始，必有所终矣。事之可为者，无有禁我以弗为；所难者，身处于葛藟臲卼之中，而酒食相縻，赤绂相系，于是而戈矛相寻不觉矣。静者日悠然天宇之内，用吾才成吾事者无涯焉，安能役役与人争潆洄于漩澓之中乎！澄神定志于须臾，而几自审，言之有当者，从之自决矣。此王与导之得意忘言而莫逆于心者也。是术也，老、庄以之处乱世而思济者也。得则驰骋天下之至刚；不得，抑可以缘督而不近于刑。琅邪之全宗社于江东，而导昌其家世，宜矣。

虽然，此以处争乱云扰之日而姑试可也；既安既定而犹用之，则不足以有为而成德业。王与导终始以之，斯又晋之所绝望于中原也。孔子思小人之简，而必有以裁之，非精研乎动静之几、与时偕行者，不足以与于斯。

【译文】

宋高宗赵构免于被金人掳走北上，定都杭州以延续赵宋王朝的统治，堪称幸事；晋琅邪王司马睿免遭刘渊、石勒之祸，得以定都建康（今江苏南京）以延续晋朝的统治，却并非幸事。当成都王司马颖、河间王司马颙、东瀛公司马腾（后晋爵东燕王、新蔡王）、东海王司马越等正在相互争斗之日，司马睿则引身而退，回归自己封国以图谋存亡大计，实为明智之举！司马睿的回归，是王导劝说的结果。王导能够审时度势做出正确的判断，而司马睿能够果断采纳，司马睿与王导君臣相得的关系自此为始，之所以能够如此，也是有其所本的。八王火热争斗之时，晋朝宗室局势纷繁复杂，陷入其中而没有办法得以解脱。司马睿没有回归封国之前，沉浮于进退去就之间表现得好像一无所长；

而王导以世家大族的身份在东海王司马越麾下担任不重要的官职，在邪正顺逆交织之际也没有什么特别的表现。唉！这就是他们常人不可企及的地方。

老子《道德经》第二十六章中说：“厚重是轻率的根本，静定是躁动的主宰。”这并非绝对正确的论断。所谓的静定，是指当天下出现动乱之时，沉着冷静地观察形势的变化，潜心理顺事情的来龙去脉，留意于合适行动的时机。那些急躁盲动之人，本来不知我是静中有动，而我则悠然处之，有充分的进退余地。天地十分广阔，事物之变既有开始，则必有终结。凡是可以有所作为的事情，没有什么可以阻止我，使我不能行动。其中的难点在于置身困顿繁杂、动荡不安的危急局势当中，却沉湎于满足口腹之欲，贪图高官厚禄，于是在不知不觉中就以兵戎相见。能够静定的人，日常悠游于宇宙天际，依靠自己的才能成就自己的事业而无有穷尽，怎么可能会在社会动荡的漩流之中奔走钻营，以与他人争一时的高低、长短、是非呢？澄定神志于须臾之间，就能够明察事态发展的征兆，面对恰当而精辟的言论，能够听从并自行决断。这就是司马睿与王导可以彼此心领神会而不需要借助更多的言语便结为莫逆之交的原因。这种办法，正是老子、庄子赖以生存于乱世并思考救国济民的办法。如果能成功运用这种办法，则可以驾驭天下至为刚强的力量。即使不能成功运用，也可以守中合道、顺其自然而免受刑戮。所以，琅邪王司马睿能够在江南地区保全晋室宗庙社稷，而王导则得以繁荣昌盛其家世，这是理所当然的。

尽管如此，处在纷争不已的战乱之世，这种办法不妨一试。但是，天下安定之后仍然采用这种办法，就不足以有所作为并成就宏图大业了。然而司马睿与王导却始终采用这种办法，此即东晋之所以收复中原无望的原因。《论语·公冶长》记载：孔子考虑到其弟子志向远大而行为却疏阔粗率，文采虽然斐然可观，必须加以裁制。如果不是精心钻研动静之间的关系，从而采取与当时形势相适应的做法，是不足以达到这一境界的。

本事：《资治通鉴》卷八五《晋纪七·惠帝》，永兴元年（304）。

一一　刘弘保晋，存半壁江山

晋保江东以存中国之统，刘弘之力也。弘任陶侃、诛张昌、平陈敏，而江东复为完土。侃长以其才，而弘大以其量，唯弘能用侃，侃固在弘帡幪之中也。夫弘又岂徒以其量胜哉！弘无往而不持以正者也。司马越之讨颙，颙假诏使弘攻越，弘不为颙攻越，亦不为越攻颙，而但移书以责其罢兵，正也，颙逆而越亦不顺也；恶张方之凶悖，不得已择于二者之间而受越节度，亦正也；受越节度，终不北向以犯阙诛颙，亦正也；张光者，颙之私人，讨陈敏有功，不以颙故而抑之，亦正也；天下方乱，而一之以正，行乎其所当行，止乎其所当止，不为慷慨任事之容，不操偏倚委重之心，千载而下，如见其岳立海涵之气象焉。使晋能举国而任之，虽乱而可以不亡；惜乎其不能独任，而弘亦早世以终也！

微弘，则周玘、顾荣、贺循无所惮而保其贞；微弘，则陶侃无所托以尽其才；微弘，则琅邪南迁，王导亦无资以立国。晋不能用弘，而弘能用晋。呜呼！当危乱之世，镇之以静，虑之以密，守之以大正，而后可以为社稷之臣。挟才而急于去就者，益其亡尔。有土可凭，有人可用，而褊心诡亿以召乱，曰：吾以行权。权其可与未可与立者道乎？

【译文】

东晋能保有江东之地以存续中原王朝的统绪，主要是依靠刘弘的功劳。刘弘任用陶侃、诛灭张昌、平定陈敏，江东地区因此得以拥有完整的领土。陶侃以其才干见长，而刘弘则以其器量伟大，只有刘弘善于任用陶侃，陶侃固然处于刘弘的庇荫之下。然而，刘弘难道仅仅是以其器量取得成功的吗？刘弘无论做什么都能坚持正道大义。东海王司马越征讨河间王司马颙，司马颙假借皇帝诏书指使刘弘攻打司马越，刘弘既不为司马颙去攻打司马越，也不为司马越而去攻司马颙，只是致以书信责其二人罢兵，实乃正义之举，因为司马颙是叛逆，司马越也不顺从朝廷。由于厌恶司马颙部将张方的凶悍悖逆，刘弘不得已在两者之间选择了司马越并受其节制，这也是正当之举。虽受司马越节制，却始终不率兵北犯朝廷以诛杀司马颙，这也是正义之举。顺阳太守张光是司马颙的亲信，因其征讨陈敏有功，刘弘不以他是司马颙亲信而故意压抑他，这也是正当之举。天下处在动乱之世，而始终能够坚持正道大义，行其所当行，止其所当止，不故作慷慨任事之姿态，也不抱有偏倚委重之私心，千年以后，依然见其像山岳一样屹立不屈、像海洋一样容纳百川的气象。如果晋朝能够将国政全部委任给刘弘，则国家即使发生祸乱也可以不亡。可惜刘弘未能独自执掌国政，而且过早地去世了。

如果没有刘弘，那么周玘、顾荣、贺循等江东名士就会无所忌惮而无法坦然安定地保持其忠贞；如果没有刘弘，那么陶侃就会无所依托而难以完全施展其才能；如果没有刘弘，那么琅邪王司马睿南迁江东时，王导也就没有其立国的凭借。晋朝不能重用刘弘，而刘弘却能为晋朝尽心尽责。唉！处在危乱之世，镇静处事，周密思谋，恪守正道大义，而后方可成为国家所依靠的社稷之臣。依仗有才能而急于进退去就的人，只会加速国家的败亡罢了。有土地可以凭恃，有人才可以利用，却心胸褊狭、争强好胜，因此而招致祸乱，却说自己在施行权变之术。权变之术难道可以与那些不足以共同建功立业之人言说吗？

本事：《资治通鉴》卷八五《晋纪七·惠帝》，永兴元年（304）。

一二　司马越鸩杀惠帝顺势合情

恶有天子中毒以死，而不能推其行弑之人者哉？惠帝之为司马越鸩也，无疑。越弑君，而当时天下不能穷其奸，因以传疑于后世，而主名不立。当其时，司马模、司马腾皆唯恐无隙而不足以逞者，然而胥中外为讳之，而模与腾不能借以为名，史臣于百世之后，因无所据以正越弑逆之罪，何也？天下胥幸惠帝之死也。惠帝死，而乱犹甚，国犹亡；惠帝不死，则琅邪虽欲存一线于江东也，不可得矣。

惠帝，必不可为天子者也；武帝护之而不易储，武帝病矣；然司马氏之子孙，特不如惠帝之甚耳，无一而不可以亡天下者，则将孰易而可哉？惠帝之必亡也，使晋有社稷之臣，行伊、霍之事，而庶其定乎！司马越固亦有此心矣，然而不能者，司马伦已尝试焉，而为天下僇；司马颖、司马颙皆将为之，而先伏其辜；越而行伊、霍之事，则颙与颖所不敢为者而身任其咎，以召天下之兵，越虑之熟矣。无如此土木之暗主何！不得已而听人之毙之，越之情亦苦矣。

贵戚之卿，有易位之责，而越不能；养昏汶之主以速即于亡，而抑不可；顾怀帝之尚可有为，而非惠帝之死弗能立也。决出于倒行之一计，而扳怀帝以立，已无私焉，故天下且如释重负而想望图存之机。故一时人心翕然，胥为隐讳，以免越宫官之辟；后世亦存为疑案，而不推行鸩之人。夫人苟处不得已之势而志非逆者，则天讨不加，而清议不相摘发。弗能事也，弗能废也，社稷且岌岌焉，为天下任恶，天下所矜而容之者也。怀帝立五年，而越无篡心，其专杀而畏寇，则司马氏骄昏之习也，不足深责也。

【译文】

怎么会有天子中毒身亡却不能找出弑君之人的情形呢？晋惠帝司马衷被东海王司马越毒死，这是没有疑问的。司马越弑君，而当时天下之人却未能揭露其罪恶，以致这一疑案传于后世，弑君之主犯罪名无法判定。当时，平昌公司马模（后晋爵南阳三）、东瀛公司马腾（后晋爵东燕王、新蔡王）等都唯恐没有机会追究此事以实现自己的野心，然而朝廷内外都对此讳莫如深，使司马模与司马腾无法获得借机起事的名义，记录史实的官员于百世之后也没有证据判定司马越的弑君之罪，这是为什么呢？由于天下人都庆幸晋惠帝之死。惠帝死后，战乱仍很严重，国家仍然败亡；可若是惠帝不死，即使琅邪王司马睿想要立足江东之地，从而保存命悬一线的中原王朝正统，也是不可能的。

晋惠帝司马衷，肯定不可作为天子，但晋武帝司马炎一直对其进行庇护，不愿改换储君，这是晋武帝的失误。然而司马氏的子孙，仅仅是不像惠帝那样过分愚钝罢了，其中并没有一个可以使国家不败亡，又能换上谁做君主以避免亡国呢？晋惠帝必然败亡国家，假使晋朝有安邦兴国的贤能大臣，仿效伊尹、霍光辅政的事例，差不多是可以安定国家的。东海王司马越固然有此心，然而却未能做到这一点，因为司马伦已经尝试过，却被天下人所杀戮；成都王司马颖、河间王司马颙都准备这样做，却先后失败、伏法受诛；司马越仿效伊尹、霍光进行辅政，是司马颙和司马颖所不敢做的，势必承担弑君的罪责，从而招来天下兵马的讨伐，司马越对此是经过深思熟虑的。遇到像晋惠帝这样昏庸痴呆的君主又能如何呢？不得已而听任他人将惠帝杀死，司马越也是怀有苦衷的。

皇室宗亲中的重臣，负有更换君主的职责，而司马越却不能这样做。如果供奉着昏庸愚钝的君主从而加速国家的败亡，也是不可取的。考虑到晋怀帝司马炽尚可有所作为，但是惠帝不死就无法拥立。不得已而做出这种违背纲常、倒行逆施的决断，扶助怀帝即位，自己则并无私心杂念，因此天下之人如释重负并期望国家能有得以保全的转机。所以当时天下人心一致称颂，都为司马越隐讳此事，以使其免于遭受家法、国法的惩治，后世之人也将此事存为疑案，而不追究毒杀君主之人。一个人处在不得已的形势下，而并非心存叛逆，则上天不会对其进行讨伐，社会舆论也不对其进行揭发、谴责。君主既不足以事奉，又不能将其废黜，导致国家江山社稷岌岌可危，在此情况下，为挽救天下而承担恶名，天下人是可以怜悯并容忍其人的。晋怀帝即位五年，而司马越始终无篡位之心。至于他专权嗜杀而畏惧敌寇，这是司马氏家族的骄横昏庸的故习所致，不足以深责。

本事：《资治通鉴》卷八六《晋纪八·惠帝》，光熙元年（306）。

一三　世臣巨室，保国之道

孟子言保国之道，急世臣，重巨室，盖恶游士之徒乱人国也。夫游士者，即不乱人国，而抑不足以系国之重轻，民望所不归也。主其地，习其教，然后人心翕然而附之。陈敏之乱，甘卓反正，而告敏军曰："所以戮力陈公者，正以顾丹阳周安丰耳，今皆异矣，汝等何为?"顾荣羽扇一麾，而数万人溃散。琅邪王镇建业，荣与纪瞻拜于道左，而江东之业遂定。夫此数子者，皆孙氏有国以来所培植之世族也，率江东而定八王已乱之天下，抗五胡窥吞之雄心，立国百年而允定，孟子之言，于斯为烈矣。

呜呼！地皆有人也，民皆有望也，用人者迫求之骤起喜事之人，而略老成物望之士，求民之归也难矣。光武所与兴者，南阳崛起之流辈，而其收河北以为根本，则唯得耿弇、寇恂、吴汉而大业定。刘焉倚东州兵为腹心，以凌驾蜀人而内乱；驯至于先主，所与者皆平原初起之爪牙，故两世而不收蜀一士之用，其亡也，民且去之若遗也。刘弘、王导知此，而以树建业百年之基，就其地，得其人，定天下之大略也，允矣。

【译文】

孟子见齐宣王谈论保国之道：所谓故国，不是说要有高大的乔木，而是要有功勋累代、休戚与共的世臣。（《孟子·梁惠王下》）孟子非常注重任用元老重臣和世家大族，大概是因为他厌恶那些只会祸乱他人国家的游说之士。这些游说之士，即使不祸乱他人之国，也不足以寄托国家重任，因为他们在民众中没有什么声望。世家大族主管一方，教化其民众，然后人心一致而归附之。陈敏割据江东发动叛乱，其部将甘卓反正，劝告陈敏叛军道："原来我们之所以为陈敏效力，正是因为陈敏授予丹阳内史的顾荣、安丰太守的周玘，如今他们都改变立场、不再追随陈敏了，你们还有什么作为呢？"顾荣略施计策，就使陈敏数万人溃散。琅邪王司马睿入主建业（今江苏南京），世家大族顾荣与纪瞻等在道旁迎接，江东基业从此奠定。以上数人，都是孙吴建国以来所培植的世家大族，率领江南民众以安定被八王扰乱的天下，挫败匈奴、鲜卑、羯、氐、羌等边疆游牧民族企图吞并江南的野心，使东晋得以立国百年而天下安定。孟子所言，于此得到充分而显著的验证。

唉！各地都有人才，民众都有其寄托期望的对象，用人者迫不及待地使用那些骤然崛起、喜欢多事之人，而疏远那些老成持重、众望所归之士，如此想要求得民众归附是很难的。与光武帝刘秀一道成就中兴大业的人，是从其故乡南阳崛起的人物，而刘秀据有河北并以这里为立国的根本之地，则依靠了耿弇、寇恂、吴汉等人的力量，从而奠定了东汉的立国之业。益州牧刘焉将以南阳和三辅地区流民为主体的东州兵作为自己的心腹，凌驾于蜀地本土人士之上而引发内乱；逐渐到先主刘备之时，所依赖者依然是最初在中原起事时的心腹亲信，历经两世而不用蜀地一人。蜀汉败亡之际，当地民众离心离德、弃之如遗。刘弘、王导等人深知此理，从而为东晋王朝树立百年根基。根据当地的实际，任用当地有名望的人才，从而确定取得天下的大政方针，这是非常恰当的。

本事：《资治通鉴》卷八六《晋纪八·怀帝》，永嘉元年（307）。

怀帝

一　借夷狄以为竞而晋亡

晋武分诸王使典兵，晋不竞矣。彼皆膏粱纨袴之子也，教练不亲，束伍不禁，瓦合而徒炫其军容，足以乱尔，而不足以竞。乂、颖、颙、越之交相残杀，哄然而前，颓然而熸（jiān），未尝有经旬之战守，而横尸万计，其以民命为戏久矣。不足以竞而欲相竞，于是乎不得不借夷狄以为强。刘渊之起，司马颖召之也；石勒之起，苟晞用之也；

拓拔氏之起，刘琨资之也；皆不足以竞，不获已而藉之以竞，而晋遂亡。中国之祸，遂千余年而不息。使竞在中国而无待于彼，不示以弱而绝其相陵之萌，则七国之反，赤眉、黄巾之乱，袁、曹、公孙、韩、马之争，中国亦尝鼎沸矣，既折既摧而还归于定，亦恶至此哉！

武帝无百年之算，授兵于孺子，司马颖之顽愚，延异类以逞，不足诛也。若夫刘琨者，怀忠愤以志匡中国，而亦何为尔邪？琨进索虏，将以讨刘渊也。拒一夷而进一夷，事卒不成，徒延拓拔猗卢于陉北，不亦傎乎！夫琨不能驱市人以敌大寇也，诚难；然君子之自靖以忠于所事，亦为其所可为而已矣。智索力穷，则归命朝廷，如魏胜、辛弃疾斯亦可矣，未有急一时而忘无穷之祸者也。盖琨亦功名之士耳，志在功名而不闻君子之道，则功不遂、名不贞，而为后世僇，自贻之矣。前有不虑之君，后有不虑之臣，相仍以乱天下，国速亡，夷、夏之防永裂。呜呼！将谁咎哉！

【译文】

晋武帝司马炎分封诸王使其掌管军队，西晋的国力从此不再强盛。这些宗室诸王都是锦衣玉食的纨绔子弟，对其军队训练不精、管束不严，如同乌合之众而徒自炫耀其军容，其足以招致祸乱，而不足以临敌争胜。长沙王司马乂、成都王司马颖、河间王司马颙、东海王司马越之间相互残杀，一哄而起，颓然而败，不曾有过超过十天的攻守争战，就横尸万计，他们视民众性命为儿戏已经很久了。不足以与人争胜却要相互竞争，于是不得不借助夷狄的力量以争强。刘渊之所以兴起，是司马颖招揽他的结果；石勒之所以兴起，是大将苟晞任用他的结果；拓跋氏之所以兴起，是刘琨借力的结果。这些人的力量都不足以与人匹敌，不得已而借助夷狄之力以与人争胜，而晋朝遂致灭亡。中原的祸患因此延续千余年而未能止息。假如中原内部各种势力进行竞争而不借助外力为援，不向边疆夷狄示弱以杜绝其侵犯骚扰中原的苗头，那么即便像汉代的七国之叛，赤眉、黄巾等起义，袁绍、曹操、公孙度、韩遂、马腾之间的群雄角逐，当时中原也曾陷入天下鼎沸的混乱局面，然而社会虽遭破坏和摧残，但最终仍趋于安定，又何至于出现西晋那样的惨状呢！

晋武帝没有百年的长远谋划，将兵权授予宗室子弟，而成都王司马颖又愚昧无知，延引夷狄作为外援以求实现自己的野心，可以说罪不容诛。而刘琨心怀忠贞、立志发愤匡扶国家，怎么也这样做呢？刘琨引进鲜卑拓跋族，意在借助其力征讨刘渊。然而，为了拒挡一个夷狄又引进另一个夷狄，事情最终不成，却徒然将拓跋猗卢部族引入陉北一带，岂不是颠倒错乱了吗？刘琨不能驱使市井之人以抵抗强大的寇虏，这固然是很难的；但是正人君子应当自我安定以忠于职守，只要竭尽其力做好可为之事即可。智谋用尽，力量用完，则可回朝廷复命，如南宋抗金名将魏胜、辛弃疾等人的做法一样，没有因急于一时之用而忘记了无穷之祸的道理。大概是因为刘琨也只是一位追求功名的人罢了，其志在功名却不明白君子之道，所以功业不成而声名不坚贞，从而为后世所耻笑，这都是自己造成的。前有虑事不周密之君，后有虑事不周密之臣，接连不断以祸乱天下，致使国家迅速灭亡，导致华夏中原与周边夷狄之间的防线永久破裂。唉！这又能归罪于谁呢？

本事：《资治通鉴》卷八七《晋纪九·怀帝》，永嘉四年（310）。

二　司马越非济险之人

司马越出屯于项，非无策也；其败，则越非济险之人，外为荀晞所乘，而内任王衍以偾事耳。刘聪、石勒绕洛阳而南侵襄、邓，使晋君臣兵庶食绝援孤，画洛而困，其必蹙以待尽也无疑。重兵屯于外，则聪、勒进而越拟其后，必不敢凭陵而遽通三川。故荀晞内讧，越死，众无主，王衍不敢任事，而后聪始决起以犯王都。越之出屯，不足以为越罪，明矣。洛阳之孤危，越不能辞其责；其失也，在秉国之日，不能推诚任贤、辑和东南、以互相夹辅，一出而无有可倚者。山简纵酒自恣而忘君父，荀晞挟私争权而内相攻夺，张骏所遣北宫纯之一旅，且屡战而疲矣；怀帝又恶越，必欲灭越而不恤，自龁之，还以自毙；越之处势如此，亦安得不郁郁以死而以溃哉！

夫越非无心者，而特昧于从违耳。一秉政而唯王衍、庾敳（ái）、谢鲲、郭象、胡毋辅之虚浮之徒进，以是为可靖兵戎之气乎？一旦而欲建非常之功，跳出孤危，反兵内援，必不可得者。然其曰："臣出，幸而破贼，国威可振，犹愈于坐待困穷。"亦何遽非死地求生之长算哉？向令刘弘不死，使任山简之任，刘琨不北掣于王浚，张轨不远绝于凉州，东连琅邪，视聪、勒所向而自外击之，晋且可以不亡。其不能者，越非其人，非策之不善也。

若夫越之不奉怀帝以出而置之危地，则罪也。玄宗往蜀，太子在灵武，而安、史不能安于长安。诚使怀帝亲将以御狄于外，苟晞虽骄，山简虽慢，自不敢亢铁钺而坐视。琅邪输江东之粟，饱士马以急攻，聪、勒其能入据空城以受四方之敌乎？越出而帝留，惴惴以居，藉藉以毙，越之罪大矣。虽然，或亦国君死社稷之说误之也。若君臣同死孤城，而置天下于膜外，虽猎卫主之名，亦将焉用此哉？

【译文】

东海王司马越屯兵项地（今河南沈丘），并非无计策可用；司马越之所以失败，只是由于他不是能解救危机的人，外则使苟晞得到可乘之机，内则任用王衍以致败事罢了。刘聪、石勒绕过洛阳而南侵襄阳、邓州，造成晋朝君臣军民粮饷断绝、孤立无援，困守洛阳，其结果必然是形势紧迫、坐以待毙。将重兵驻扎在都城洛阳之外，刘聪、石勒如果进犯，司马越即可绕道其后，刘聪、石勒必定不敢轻易侵犯而迅速打通三川（黄河、洛河、伊河流域）地区。

因此在苟晞发生内乱，司马越病死，其部众无主，王衍又不敢主持大局之后，刘聪才得以决心起兵进犯都城洛阳。司马越屯兵于外，不足以成为司马越之罪，这是很清楚的。但是，造成洛阳孤立危险的局面，司马越是不能推卸其罪责的。他的过失在于其当政时期不能推心置腹地任用贤士，也不能联合东南地区以互相配合，一旦率兵离开洛阳，都城就没有可倚靠的力量。大臣山简喜好纵酒自恣，心中没有君父；苟晞则挟私争权，导致内部互相攻斗；张骏（当为凉州刺史张轨）派遣的北宫纯一支队伍救援洛阳，连续作战，十分疲惫，加之晋怀帝又十分憎恶司马越，总想除掉司马越而不加以体恤，自相倾轧，终将自我毁灭。司马越处在这样的形势之下，又怎能不郁郁而死以至于溃败呢？

司马越并非没有心计之人，只是不懂得从违之道罢了。一俟执掌国政，便只进用王衍、庾敳、谢鲲、郭象、胡毋辅之之类的虚华浮躁之人，难道认为这样就可安定局势，消除兵戎之祸吗？要想在旦夕之间建立非常之功勋，跳出孤立危险的都城，然后再回师内援，那必定是做不到的。然而司马越却说："臣率兵出击，有幸能够击破贼寇，就可以振奋国威，还是远胜于坐待困穷的状况。"这又何尝不是置之死地而求生的长远之计呢？假设刘弘还在世的话，使其担任山简的职务，刘琨不受到北面王浚的牵制，张轨不是远在凉州，东面则联合琅邪王司马睿，观察刘聪、石勒的动向而从外部进行袭击，西晋尚且不至于亡国。然而之所以未能如此，是因为司马越不是主持大局、解救危机的合适人选，并非计策不好。

至于司马越不奉晋怀帝离开京城，而将其置于孤立无援的危险之地，那就是一种罪过。安史之乱后，唐玄宗出逃四川，太子李亨北上灵武（今属宁夏）负责指挥平叛，如此则安、史叛军就不能安稳地待在长安。倘若让晋怀帝亲自出征以抗御夷狄，苟晞虽然骄横，山简虽然怠慢，必定不敢冒着杀身之祸违抗天子的旨意而坐视不管。加之琅邪王司马睿输送江东地区的粮饷供应军队，使军兵得以饱食而迅速出击，刘聪、石勒能入据空城以受四方之敌吗？然而，司马越率军出外却将晋怀帝留下，使其在城中惴惴不安，在混乱的局势中坐以待毙，所以，司马越的罪责是很大的。尽管如此，他或许是受到了国君为社稷而死的传统说法的误导。但是，倘若是君臣同死于孤城之中，而置天下大局于不顾，即使博取一个捍卫君主的美名，又有什么用处呢？

本事：《资治通鉴》卷八七《晋纪九·怀帝》，永嘉四年（310）。

三　虐杀流民，自食其果

民愚无知，席安饱以为势，陵蔑孤弱，士大夫弗能止焉，与之俱流而敎其仁恕之心，忘出反之报，自贻死亡以为国病，祸发不可御矣。

夷狄非我族类者也，蝨贼我而捕诛之，则多杀而不伤吾仁；如其困穷而依我，远之防之，犹必矜而全其生；非可乘约肆淫、役之残之、而规为利也。汉纵兵吏残蹂西羌，而羌祸不解，夷狄且然，况中国之流民乎？夫其阑入吾土，不耕而食，以病吾民，褊人视之，其忿忮也必深。上无能养也，无能安也，弃坟墓，离亲戚，仰面于人以求免于冻馁，又岂其情之得已哉？役则役焉矣，驱则驱焉矣，不敌我十姓百家之相为朋比矣。愚民于是而以侮之为得计，士大夫于是而以制之为得势，有司于是以钳束驱除之为保我士民之功。一王之天下无分土，天地之生非异类，而摧残之若仇雠，伤和气，乖人理，激怨怒，则害于而家、凶于而国，皆自取之焉耳。

西晋之末，蜀已覆于前矣。刘弘薨，山简暗，荆湘之士民虐苦流民；而若冯素者，且持保固乡里之邪说，惑狂愚残忍之荀眺，欲尽诛之；四五万家一时俱起，杜弢挟之以作乱，天道之必然，人情之必致也。呜呼！眺欲尽诛之，独非人乎，事即成而何忍？况其只以自贼也！迨其已反，则又或咎之曰：杀之之不速也。不仁者不可与言，有如是夫！

【译文】

有些民众愚蠢无知，凭借其生活安定、衣食丰足就以为得势，欺凌蔑视孤弱之人，而士大夫不但不加制止，反而与之同流合污而丧失了仁厚宽恕之心。他们忘记了先贤“出尔反尔”（自己怎样对待别人，别人就会怎样对待自己）的训诫，自己招致死亡从而成为国家的隐患，一旦祸乱爆发则不可防御。

蛮夷戎狄和我华夏之民并非同族，如果因为他们骚扰、侵犯我们而将其捕杀，即使多杀一些也不会损害我们的仁义；但是，如其穷困无助而依附于我们，则可将其安置到边远地区并加以防范，还要加以怜惜体恤，使其能够得以生存，不可乘机肆无忌惮、为所欲为地残害奴役他们，甚至打算以此图利。汉朝放纵军士官吏残害蹂躏西羌，导致羌人作乱、祸患不绝。夷狄尚且如此，更何况中原内地的流民呢？他们擅自闯入我们世代居住之地，不从事农耕却要吃饭穿衣，给当地民众造成危害，心胸狭窄的人看到这种情况，心中的怨愤必定很深。国家不能养活他们，也无法安置他们，致使其抛弃祖宗坟墓，背井离乡，远离亲人，仰面求人，乞讨饭食，以免冻饿而死，这又岂能是他们心甘情愿的呢？对这些流民想役使则役使，想驱逐则驱逐，他们甚至对抗不了当地十户百家联合起来的力量。因此，那些愚蠢的民众以欺侮他们为得计，士大夫以整治他们为得势，官府以管束、驱除他们而自认为有保一方士民之功。同一君王统治下的国家没有不同的土地，天地所生之民并非异类，对这些流民像对待仇敌一样进行摧残，其结果必定是损伤天地的和气，违背做人的道理，激发怨愤，害家害国，这都是自己造成的恶果。

西晋末年，蜀地早已被李特领导的流民起义政权所割据。此时刘弘已死，山简昏庸不明，荆湘一带的士民随意虐待流民。像湘州参军冯素这样的人，提出所谓保固乡里的邪说，蛊惑狂愚残忍的湘州刺史荀眺，企图将流民全部杀掉。结果导致四五万家流民一时揭竿而起，醴陵令杜弢乘机聚集流民武装作乱，这是天道所必然、人情所必致的结果。唉！荀眺企图将流民全部杀掉，难道他没有人性了吗？果真这样做成了又将于心何忍呢？更何况这种做法只能是自我戕害！等到流民已经起而造反，又会有人归罪说：杀流民杀得太晚了。对于不仁不义的人是无法与他们沟通的，说的就是这种情况！

本事：《资治通鉴》卷八七《晋纪九·怀帝》，永嘉五年（311）。

四　晋臣无仗节死义之心

刘聪陷洛阳，执怀帝，百官无一死者。呜呼！若此之流而可责以仗节死义之道乎？洛阳之困危也，周馥请幸寿春而不听，荀晞请幸仓垣而不果，迨其后欲出而不能，悲哉！帝将迁而公卿止之，为之辞曰：效死以守社稷也。乃若其情，则有二焉：弗能固守，而依于所迁，则迁寿春而周馥为公辅矣，迁仓垣则荀晞为公辅矣，从迁之臣，弗能据尊荣也，此一情也。久宦于洛，而治室庐、置田园、具器服、联姻戚，将欲往而徘徊四顾，弗能捐割，此又一情也。故《盘庚》曰：“无总于货宝，生生自庸。”总其心于田庐器服之中，仰不知有君，俯不知有躯命，故曰若此之流，恶可责以仗节死义乎？

十金之产，卒逢寇乱，不忍捐其鸡豚瓮缶，而肝脑涂地，妻子为俘，汴京士庶拥李纲以欢呼者，此情而已矣。玄宗将奔蜀，杨国忠列炬请焚府库，帝曰：“留此以与贼，勿使掠夺百姓。”其轻视货贝之情，度越寻常远矣。是以唐终不亡也。

【译文】

刘聪攻陷西晋都城洛阳，俘虏了晋怀帝，百官中无一人为之殉节。唉！像这类人物难道可以责成其遵行仗节死义之道吗？当洛阳面临困守危局时，周馥建议怀帝迁往寿春（今安徽寿县），怀帝不听；荀晞请求迁往仓垣（今河南开封西北），却也无结果，等到以后想出逃却已不可能，实在可悲啊！怀帝想迁出洛阳而公卿大臣却加以阻止，表示要誓死保卫江山社稷。分析其中原因，主要有二：假如不能固守洛阳，依从怀帝转移，迁往寿春则周馥会成为辅政大臣，迁往仓垣则荀晞将成为辅政大臣，随从迁移的官员就不再拥有以往的尊荣地位，此为原因之一。公卿大臣长期在洛阳做官，置办起大量的田园、房屋和服饰器物等家产，又广结姻亲贵戚，一旦离开，则会四顾彷徨，徘徊犹豫，不能忍心抛弃割舍这一切，此为原因之二。所以《尚书·盘庚》中对官吏的要求是：“不要聚敛财富珍宝，要为民谋生以自立功勋。”将其心用于田园、房屋和服饰器物等家产之中，上不知有君主，下不知有身家性命，因此说像这种人怎么可以责成其仗节死义呢？

拥有十金之产也就是中等人家的财产，猝然遭逢天下寇乱，尚且不忍丢弃其鸡、猪、坛、罐等物件，导致其肝脑涂地，妻子儿女被俘。北宋末年汴京士人、民众拥护李纲守城抗金、拜伏欢呼万岁，就是为了保护自己那点区区的财产罢了。唐玄宗将出逃四川时，杨国忠令人手持火把，请求将府库财物焚毁，唐玄宗却说："留下这些财物给贼寇，以免他们再掠夺百姓。"玄宗非常看轻金银财物的用心，要超出寻常之人很远。所以唐朝终究没有因安史之乱而灭亡。

本事：《资治通鉴》卷八七《晋纪九·怀帝》，永嘉五年（311）。

五　刘琨义释石勒之母

刘琨送石勒之母以招勒，而勒不服；高齐送宇文护之母，而护旋攻之。不拘以为质，而欲以仁义动狡悍之寇，不已愚乎！曰：此未足以诮琨也。执人之父母，胁之以降，不降，则杀之以快意，此夷狄盗贼之行，有心者其忍效之乎？送之归，虽不足以怀之，而彼亦无辞以决于致死。曹嵩死而徐州屠，陶谦愚矣。琨非愚也，琨所以不能制勒者，怀、愍弱，琅邪孤，王浚挠之，其势不振；琨虽忼慨，而旧为贾谧、司马越所污染，威望不足以动人；抑且沉毅不如刘弘，精敏不如陶侃，勒是以睥睨之，知非己敌，而孰其听之？使琨能如郭子仪也，则香火之誓，动回纥而有余。回纥岂果畏鬼神、恤信义哉？有以制之，而又持名义以临之，蔑不胜焉。仁义有素，而声灵无拂，则此一举也，足以折勒之狡而制其死命，故曰："仁者无敌。"琨未全乎仁也，非仁过而愚也。若拘人之父母以胁其子，非人之所为也，固琨之所不忍而不屑者也。

【译文】

东晋名将刘琨将石勒之母送还以招抚石勒，但石勒却不归服；北齐送还被幽禁的宇文护之母，而宇文护却接着攻打北齐。不将其母亲拘留作为人质，却想以仁义之心打动狡猾彪悍的贼寇，这不是很愚蠢吗？回答是：并不能因此事而讥嘲刘琨。绑架他人父母，以此胁迫其投降，如果不降，则杀其父母以发泄愤恨，这是野蛮盗贼的行径，有良心的人怎么能忍心效仿呢？送其父母回归，虽不足以感动怀柔其人，而对方也无借口以决一死战。曹操的父亲曹嵩被杀而徐州被屠城，这是陶谦的愚蠢所造成的。刘琨并不愚蠢，他之所以不能制服石勒，是由于怀、愍二帝太过柔弱，琅邪王司马睿势单力薄，王浚又从中挠乱，使其威势不振。刘琨虽然慷慨壮烈，但过去曾受贾谧、司马越的牵连和影响，其威望不足以振奋人心；更何况其沉着刚毅不如刘弘，精干敏锐不如陶侃，石勒因此十分蔑视刘琨，知道他不是自己的对手，又怎么会听命于他呢？假如刘琨能有像郭子仪那样的地位和威望，通过香火盟誓便足以打动回纥而绰绰有余。回纥难道果真是敬畏鬼神、遵守信义吗？既有强大的力量加以制服，又秉持名节大义给予安抚，如此则没有不胜之理。如果刘琨素以仁义著称，而声势威灵不可拂逆，那么通过此举，足可以挫败石勒的狡诈而制其死命，因此《孟子·梁惠王上》中说："施行仁政的人将无敌于天下。"刘琨在仁义修养方面还不够完美，并非太过仁义而变得愚蠢。假如拘禁他人父母以胁迫其子，这不是人所应该做的，刘琨固然不忍心而且也不屑于用此手段。

本事：《资治通鉴》卷八七《晋纪九·怀帝》，永嘉五年（311）。

六　施政当因势利导，节其缓急

王导秉江东之政，陈頵（jūn）劝其改西晋之制，明赏信罚，综名责实，以举大义，论者韪之，而惜导之不从。然使导亟从頵言，大反前轨，任名法以惩创久弛之人心，江东之存亡未可知也。语曰："琴瑟之不调，必改而更张之。"非知治之言也。弦之不调，因其故而为节其缓急耳，非责之弦而亟易其故也。不调之弦，失之缓矣，病其缓而急张之，大弦急，小弦绝，而况可调乎？

晋代吏民之相尚以虚浮而乐于弛也久矣，一旦操之已蹙，下将何以堪之？且当其时，所可资以共理者，周顗、庾亮、顾荣、贺循之流，皆洛中旧用之士，习于通脱玄虚之风，未尝惯习羁络者；骤使奔走于章程，不能祗承，而固皆引去。于是虔矫束湿之人，拔自寒流以各逞其竞躁，吏不习，民不安，士心瓦解，乱生于内而不可遏矣。夫卞壸、陶侃，固端严劼毖之士也，导固引壸于朝端，任侃于方岳矣，潜移默化，岂在一旦一夕哉？宋尝病其纪纲之宽、政事之窳矣，王安石迫于改更而人心始怨；元祐、绍圣、建中靖国屡惩屡改，而宋乃亡。锻铁者，急于反则折。褊人憾前图之不令，矫枉而又之于枉，不可以治无事之天下，而况国步方蹙、人心未固之时乎？

且不但此也，汉末尚声誉，而曹操矫之以严；魏氏急名实，而司马矫之以宽；彼皆乐翘前人之过，形君人之非，以快人心而使乐附于己。当导之世，王敦尝用此术矣；其后桓温又用此术矣；所以进趋利徼功之人而与为逆也。导唯无此不轨之志，故即因为革，从容调御而不自暴其能，夫导岂无頵之心哉？桓彝品藻之曰管夷吾，则其不袭王衍诸人之荡泆以靡天下，可知也。又恶知其不服膺陈頵之谏而特不露其锋铓尔。有当世之略者，好恶不激，张弛不迫；褊人不知，求快一时，而怪其弗能为也，愚者何足与深言邪！

【译文】

王导执掌东晋朝政，镇东行参军事陈頵上书建议改革西晋所定制度，注重赏罚分明，综核名实权责，以助成中兴大业。议论的人都支持这一建议，并为王导未予采纳感到惋惜。假使王导听从陈頵的建议，大力更改以往的规章制度，采用名家与法家的治理之术来惩戒久已松弛的人心，那么东晋政权是存是亡就很难说了。所谓“琴瑟声音不协调，必须改弦更张方可。”此语并非深谙治国之道的言论。琴弦发出的声音不协调，只要根据其问题所在而调节其松紧缓急即可，并非要归咎于琴弦而急于换掉它。琴弦发出的声音不协调，失误在于过缓，担忧其过缓而急促上弦，则大弦张得过紧而小弦将会崩断，更何况琴弦还有进一步协调的余地呢？

晋朝的官吏、民众崇尚虚浮并乐于松弛已很久了，一旦改弦更张、操之过急，下层的人们怎能受得了呢？况且当时所能与王导配合、共理国政者，有周顗、庾亮、顾荣、贺循等人，他们都是西晋王朝的旧臣，已习惯于放纵、玄虚的风气，而未曾习惯于被束缚管制。骤然使其循规蹈矩，遵章守法，他们不能倾心承受，自然会纷纷引退而去。于是那些倔强任性、驭下严苛急切的人，从寒门下层提拔起来而各自施展其轻率急躁的凌厉作风，官吏不习惯，民众不安宁，士人之心背离，祸乱遂起于内部而不可遏制。像卞壶、陶侃这样的人，都是端方严肃而谨慎之士，王导将卞壶安排在朝中任职，而派陶侃出镇州郡，潜移默化、慢慢改变，难道能够在旦夕之间得以实现吗？北宋王朝曾担忧其纲纪宽弛、政事懒散，王安石急于变法改革而造成人心怨愤；以后宋哲宗元祐、绍圣年间（1086—1098）和宋徽宗建中靖国年间（1101）屡次鉴于前朝弊端而改弦更张，最终导致北宋的灭亡。锻铁的人，急于求成反会将其折断。气量狭小的人对既定的规章制度不够完善感到失望，矫枉过正却又导致偏差，这种做法尚不足以治理平安无事的天下，更何况在国家形势紧迫、人心尚未稳固之时呢？

不仅如此，东汉末年崇尚声誉名节，而曹操对此加以矫正，实行严苛的政令。曹魏急切讲求政务实效，司马氏代魏后则改行宽大之政。他们都乐于改弦更张以显示前朝的过失，暴露前朝君主的不是，以大快人心，使民众乐于归附自己。王导执政时期，王敦曾用过这一手段，其后桓温也用过此种方法，都是为了吸引和任用一些趋利邀功之人并与自己共谋叛逆。只有王导没有图谋不轨之心，所以才以因循旧制作为改革的前提，从容不迫地加以调整和控制，而不去自显其能，王导难道真的没有陈頵那种改革之心吗？桓彝与王导交谈后，评价他是管仲一样的人才，他不会沿袭王衍等人的放纵行为以奢靡影响天下，这是很清楚的。但又怎知其不赞成和接受陈頵的劝谏只是不露其锋芒呢？心怀匡扶当世的雄才大略的人，内心的好恶都不会过于激切，处事则张弛有度而从容不迫。气量狭小的人不懂得这一点，只求痛快于一时，而责怪他人不能有所作为。对于愚蠢之人，哪里值得与他们深入谈论呢？

本事：《资治通鉴》卷八七《晋纪九·怀帝》，永嘉五年（311）。

七　刘曜、石勒非其地不居

王弥劝刘曜都洛，曜不从，弥以是轻曜而背之。弥，盗魁之智耳，恶足以测狡夷之长算哉？石勒视刘曜而尤狡，张宾之慧，非弥所能测也。勒在葛陂，孔苌（cháng）请夜攻寿春，据之以困江东，勒笑之，而从张宾北归据邺。勒横行天下，岂惴惴于纪瞻者？然而知瞻可胜，而江、淮之终不可据以为安，勒之智也。

江、淮之春有霖雨，常也；纪瞻与相持，不以雨为困而勒困，于此可以知地气、可以知天情矣。三代以上，淑气聚于北，而南为蛮夷。汉高帝起于丰、沛，因楚以定天下，而天气移于南。郡县封建易于人，而南北移于天，天人合符之几也。天气南徙，而匈奴始强，渐与幽、并、冀、雍之地气相得。故三代以上，华、夷之分在燕山，三代以后在大河，非其地而阑入之，地之所不宜，天之所不佑，人之所不服也。是故拓拔氏迁于洛，而六镇据其穴以残之，延及于齐、周，而元氏之族赤。守绪迁于蔡，而完颜氏之族歼。耶律亡，而其支庶犹全于漠北。蒙古亡，而其苗裔种姓君长塞外者且数百年。舍其地之所可安，以犯天纪，则未有能延者。枳橘貉鸲（yù）之性，黠者自喻之，昧者弗知也。王弥、孔苌之所以愚而徒资曜、勒之笑也。

夫江、淮以南，米粟鱼盐金锡卉木蔬果丝枲（xǐ）之资，彼岂不知其利；而欲存余地以自全其类也，则去之若惊。然则天固珍惜此土以延衣冠礼乐之慧命，明矣。天固惜之，夷且知之，而人弗能自保也，悲夫！中华之败类，罪通于天矣。虽然，夷而有曜、勒之识也，则自知此非其土，而勿固贪之为利以自殄其世也。

【译文】

归附匈奴刘渊的西晋叛军首领王弥在协助刘曜、石勒攻破洛阳之后，劝刘曜迁都洛阳，刘曜未予采纳，于是王弥轻视刘曜并背叛而去。王弥，不过是盗贼魁首的谋士罢了，怎么能够窥测出狡猾夷狄的长远打算呢？石勒与刘曜相比更为狡猾，其谋臣张宾的智慧，也不是王弥所能窥测到的。石勒屯兵葛陂（今河南新蔡北）时，其部将孔苌建议乘夜间进攻寿春，以便占据此地而困扰江东，石勒付之一笑，却听从张宾之言撤军北还，据有邺城。石勒横行天下，怎能畏惧驻守寿春的东晋扬威将军纪瞻呢？然而，他知道即便能够战胜纪瞻，终究不能长期占据江淮地区并保持安定，这正是石勒的智慧所在。

江淮地区春天常有连绵大雨，纪瞻与石勒两军对峙，不会因为雨季而受困，石勒则会因不习惯南方气候而受困，由此就可以知道土地之气、自然之情了。夏、商、周三代以前，温和美好之气聚于北方，而南方则为蛮夷之地。汉高祖刘邦兴起于丰、沛一带，因据楚地而定有天下，于是天命气数开始转移到南方。行郡县、废封建是由于人事发生变换，而天命气数的南北转移则是由上天赋予，天人之道相符合。天命气数向南迁徙，于是北方的匈奴开始强盛，渐渐与幽、并、冀、雍等州的地气相得益彰。所以，夏、商、周三代以前，华夏与夷狄之分野在燕山一带，三代以后移至黄河流域。如果不属本族之地而擅自闯入，据为己有，则地不适宜，天不保佑，人不归服。因此像拓跋氏迁都洛阳后，北边六镇军兵遂占据其故地以作乱，此祸一直延续到北齐、北周，元氏（即拓跋氏，改汉姓为元）宗室最终被灭族。再如金哀宗完颜守绪南迁蔡州（今河南汝南），不久完颜氏宗族也被歼灭。契丹耶律氏所建辽国虽亡，其宗族支脉还能保全于漠北一带。蒙古族所建元朝政权灭亡，而其种姓后代尚能在塞外自称君长，延续数百年。抛弃能够安置其部族的土地，违反天纪纲常，是不能延续下来的。橘树生长于淮南，移植到淮北则变为枳树，貉（又叫狗獾）的分布不能越过汶水、鸲鹆（即八哥）的分布不超过济水，否则便会因不适应生存环境而死亡。狡黠的人自然了解，愚昧的人就不得而知了。这就是王弥、孔苌之所以如此愚蠢，徒自招致刘曜、石勒耻笑的原因。

江淮以南地区，稻米、粟谷、鱼、盐、金、锡、花卉、树木、蔬菜、水果、丝绸、枲麻等各类物资十分丰富，边疆夷狄怎能不知其中的利益。然而刘曜、石勒等游牧民族首领想要存有余地以保全自己的族类，所以像受惊一样舍弃江南之利而不顾惜。既然这样，那么上天本来珍惜此土，用以延续华夏衣冠、礼乐文化，这是很清楚的。上天固然珍惜，夷狄也深知此理，而华夏之人却不能自保，实在可悲啊！那些中华民族的败类，犯有通天的罪恶。尽管如此，夷狄中有刘曜、石勒那样远见卓识之人，自知江南并非适合其生存的土地，因此并不贪图此地、以此为利而自毁其族。

本事：《资治通鉴》卷八七《晋纪九·怀帝》，永嘉五年（311）。

八　刘殷佞人邪说

刘聪之臣有刘殷者，论史者或称以为贤。殷饰女以进于聪而固其宠，不足比数于人类者也。故其言曰："事君当几谏，凡人尚不可面斥其过，况万乘乎？"论者以为贤，则且为谄佞者排摘忠直之口实，殷虽不足比数于人类，而不可以不辨。

事父母而几谏者，既以不忍伤恩为重矣；且子日侍父母之侧，谏虽不切，而娓娓以继进；父母虽愎，亦无如其旦夕不相舍者何，而终必从之；非君之进见有时，言不伸而君且置之者也。父母之过，无安危存亡决于俄顷之大机，旦过而夕改，无过矣。君操宗社生民之大命，言出而天下震惊，行出而臣工披靡，一失而贻九州亿万姓百年死亡之祸，待之宛转徐图，虽他日听之而悔无及矣。父母之过，即有导谀之者，淫朋而已矣，奴妾而已矣，其势不张，其徒不盛，其饰非簧惑之智，不能凌我而出其上；微言而告父母以所未觉，彼未能结党强辩以折我。君而不善，则聚天下之僻而辩、巧而悍者，称天人、假理势以抗我；而孤忠固忧其不胜，微言如呐，夺之者喧豗，而气且为夺矣。凡此数者，谏父母易，而谏君难。处其难，而柔颜抑气、操瓦全之心，以若吐若茹、而伺君之颜色，此怀禄固宠之便计，其为小人之道也无疑。况乎君臣义合，非有不可离之去就哉！

刘聪凶暴嗜杀，殷以是为保其富贵之计则得矣。以献女媚夷之禽心，而姑取誉于天下，其术巧矣。本不足与深论，而邪说一倡，若苏轼《谏臣论》之类，师其说以为诡遇之术，君臣之义废，忠佞之防裂矣。

【译文】

前赵（又称汉赵）烈宗刘聪的大臣中有位刘殷，评论历史的人有人将其称为贤者。刘殷装扮自己的女儿进献给刘聪，以巩固其受宠的地位，这样的人是不齿于人类的。他曾说："事奉君主应当婉言进谏，平凡之人尚且不可以当面斥责其过错，何况万乘之尊的君主呢？"评论历史的人以此作为贤明之言，实则成为阿谀奉承者排挤、指责忠诚正直人士的口实。然而，刘殷虽不齿于人类，但对这种言论却不可不加以辨析。

侍奉父母而对他们婉言劝谏，是以不忍伤害父子恩情为重；况且子女每天侍奉在父母的身边，劝谏即使不激切，只要坚持不断地娓娓道来，父母即使很专断，也抵挡不住朝夕相处的骨肉亲情，最终必定能够听从。不像臣下晋见君主，是有一定时间的，所言尚未充分表达而君主已置若罔闻了。父母出现了过错，不存在安危存亡取决于顷刻之间的情况，晨有过失而夕改之，等于没有过错。君主掌握着宗庙社稷和百姓命运的大权，一言既出而天下为之震动，有所举措而大小官员随之皆动，一有失误就会给天下九州、亿万民众造成持续百年的死亡之祸，如果语言婉转地缓缓进言以期改正，即使日后君主能够听从劝谏也已悔之晚矣。父母的过失，即使有引导其犯错之人，也不过是淫逸邪僻的朋友或奴仆妻妾罢了，其势力不强，人数不盛，他们文过饰非、蛊惑人心的智谋，不能凌驾于我之上。只要用含蓄的语言告知父母他们所未察觉的情况，那些奸邪之人也不能相互勾结，强词狡辩，使我折服。倘若君主不贤明，身边聚集的都是邪僻善辩、巧言凶悍之人，他们宣称天理人心、假借事理时势与我对抗，忠贞刚正之士必然会忧虑自己不能取胜，所进之言迟钝缓慢，而与之争辩的奸佞之人则喧嚣吵闹，从而在气势上就被对方所压倒。凡此种种，可见劝谏父母容易，劝谏君主则难。处在困难的境遇，只能和颜悦色、忍气吞声，抱着委曲求全的心态，观察君主的脸色而吞吞吐吐、忐忑进谏，此为保全官位、得受宠信的便利之计，这无疑是小人之道。更何况按照“君臣以义相合，道义不行则去”的原则，在去就之间，并没有什么实在无法离去的情况呢？

刘聪凶残暴虐，嗜杀成性，刘殷将女儿献给刘聪，以此作为保全富贵的计策，从而达到了目的。他进献女儿来谀媚夷狄的禽兽之心，并姑且以此言论取誉于天下，此种伎俩实在佞巧。对此本不足加以深论，然而异端邪说一旦被提倡，像苏轼的《谏臣论》（当为《谏论》）一样，人们纷纷师从其说，而将其作为不循正道以追求功名利禄的办法，如此则君臣之间的正道大义丧失，而区隔忠臣与奸佞之间的防线也随之毁坏了。

本事：《资治通鉴》卷八八《晋纪十·怀帝》，永嘉六年（312）。

愍帝

一　丧乱之余，不可处危以侥幸

愍帝之西入长安，必亡之势也。刘聪虽去洛阳，石勒虽去江、淮，而聪在平阳，勒在邺，洛阳已毁，襄、邓已残，勒一逾河而即至洛，聪一逾河而即犯关中；长安孤县于一隅，亘南北而中绝，二虏夹之，旋发而旋至。张轨远在河西，孤军无辅；李特又割据巴、蜀，而西南之臂断；天下所仅全者江东耳，而汝、洛荒残，则声势不足以相及；贾疋、索綝、麹允崛起乍合之旋，不足以系九鼎明矣。周顗等之中道而遁，非葸怯而背义也，知其亡在旦夕，而江东之犹可为后图也。

长安自汉以来，芜旷而不可为奥区久矣。聪、勒之不急犯而据之也，以其地之不足恃也。名之为天子之都，而后刘聪欲固获之矣。帝不入关，长安未即亡也。当其时，石勒已舍淮、襄而北矣，洛阳虽生蔓草，而陈、汝、蔡、邓犹凭楚塞以为固，东则连寿、泗而与江东通其津梁，西则连关、陕而与雍、凉系其络脉。此率然之势，首尾交应之形也。使愍帝不舍中州，而权定都于陈、许、宛、汝之间，二虏之不敢即犯辇毂明矣。疋、綝怀土而挟之以西，人无能与争，而但思逋散，则不亡何待焉？故嗣兴于丧乱之余者，非果英武之姿，不可亟处危地以徼幸，非怯也，所系者重，一危而天下遂倾也。

夫夷狄亦何尝不畏中国哉？人所胥戴之共主，一再为其所获，而后知中夏之无人，不足惮也。苻坚自将以趋淝水，高纬亲行以救晋阳，皆以自速其亡，况素不知兵、徒以名义推奉之愍帝乎？智者知此而已；而愚以躁者，乃挟天子为孤注，而诮人畏沮，不量力，不度势，徒败人国家，岂有救哉！

然则肃宗拥朔方一隅之地，与天下相隔绝，何为而成收复之功邪？曰：禄山悍而愚，已据长安，意得而无远志，轻去幽、燕而丧其根本，是朝露将晞者也，故一隅攻之而已足。聪与勒各据狡兔之窟以相凌压，方兴而未戢，岂孤立之势所可敌哉？势因乎时，理因乎势，智者知此，非可一概以言成败也。

【译文】

晋愍帝司马邺在雍州刺史贾疋的裹挟下西入长安，进而称帝，是一种必亡之势。这时，刘聪虽已离开洛阳，石勒虽已离开江淮地区北归，但刘聪占据平阳（今山西临汾西南），石勒占据邺城（今河北临漳），洛阳已被毁坏，襄阳（今属湖北）、邓州（今属河南）也已残破，石勒一过黄河就可到达洛阳，刘聪一过黄河即可进犯关中。长安孤城悬于一隅，虽有群山纵贯南北，中间的接应却已断绝，刘聪、石勒两大势力东西夹击，随时起兵而顷刻可至。凉州刺史张轨远在河西，孤军无援；李特此时割据巴蜀地区，西南援助之臂膀已断；天下只有江南地区尚得保全，而汝州（今属河南）、洛阳一带荒凉残破，其声势已不足给予支援；贾疋与京兆尹索綝、继任雍州刺史麴允等所率军队只是一些乌合之众，不足以保卫国家，这是很明白的。因此，周顗等人半途潜逃，并非胆怯而背信弃义，而是由于他们知道灭亡即在旦夕之间，江东地区此后还可得以图存。

长安自从东汉以来，荒芜空旷而不可作为腹地已经很久了。刘聪、石勒不急于进犯此地而占据之，就是因为该地不足为恃。晋愍帝将长安定名为天子所在的国都，而后刘聪才企图夺取长安、擒获天子。假如晋愍帝不入关中，则长安未必很快就会沦陷。当时，石勒已舍弃淮河流域、襄阳地区北还，洛阳虽然荒凉，而陈州（今河南周口市淮阳区）、汝州、蔡州（今河南汝南）、邓州等地仍可凭恃楚地防线得以稳固，东则连接寿（今安徽淮南）、泗（今安徽宿州）等地而与江南水路相通，西则连接关、陕等地而与雍州、凉州一带遥相呼应，此为十分清楚的首尾交相呼应的形势。即使晋愍帝不舍得离开中原，也可暂时定都于陈、许（今河南许昌）、宛（今河南南阳）、汝等州之间，这样一来，刘聪、石勒就不敢进犯天子，这也是很明白的。然而，贾疋、索綝因留恋故土而裹挟晋愍帝西至长安，当时没有人加以阻拦，人心皆思逃散，晋朝不亡更待何时？因此，想要在天下丧乱的时局中继承并振兴帝业，如果没有英武超凡的才能，是不可以处于危急之地而心存侥幸的。这并非胆怯，而是因为其身系天下兴亡之重，一旦陷入危险则天下就会随即倾覆了。

而夷狄又何尝不畏惧中原呢？但是，人们齐心拥戴的君主，一再被他们擒获，而后就知道中原没有救亡图存的人才，所以不足以忌惮。苻坚亲率军队直逼淝水，北齐后主高纬亲自出马以救晋阳，结果都迅速自我灭亡，更何况是素不知兵、仅以其名义被推奉为君主的晋愍帝呢？明智之人明白这一点便不再追随于他，愚蠢而轻率冒进的人则挟持着他孤注一掷，并讥嘲别人畏惧不前。既自不量力，又不知审时度势，徒自败亡国家，哪里还有救呢！

既然如此，那么唐肃宗李亨占据朔方一隅之地，与天下其他地区相隔绝，为何成就了收复失地的功劳呢？回答是：安禄山凶悍而愚蠢，既已占据长安，遂意得志满而无长远大计，轻易离开幽、燕地区，丧失了根本之地，如同晨露很快就干，不能长远，所以以一隅之地展开攻击也就足够了。而刘聪与石勒则各自盘踞其狡兔之窟作为根据地以侵凌、进犯中原，势力方兴未艾，难道是孤立无援的晋愍帝司马邺所能匹敌的吗？势因时而变化，理则因势而变化，智慧之人懂得顺应时势，不可一概而论成败。

本事：《资治通鉴》卷八八《晋纪十·愍帝》，建兴元年（313）。

二　君与大臣之志明，则天下臣民之志定

职官贱而士去其廷，封赏滥而兵逃其汛，天子之权轻，物无与劝，而忠贞干理者羞与匪人为伍，其情中涣，此成败之枢机，持之不谨，则瓦解而莫能止。陈頵谏琅邪以金紫饰士卒，符策委仆隶，非所以正纲纪。其言得矣。虽然，天下方乱，人心愈竞，死亡相枕，益不厌其荣宠之情，天子蒙尘，夷盗充斥，乃躁人得志以求名位之时也。重抑之，力裁之，项羽刓印，而韩信、陈平间行亟去；张元、吴昊斥于韩、范，而导西夏以猖狂；即才不如韩、陈，狡不加张、吴，乃以效于我而不足，以附夷狄盗贼而有余；守頵之说，抑无以敛躁动之人心而使顺于己。

然则术其穷乎？曰：此非立法于宽严之两途所可定也。天子者，化之原也；大臣者，物之所效也。天子大臣急于功，则人以功为尚矣；急于位，则人以位为荣矣。俭者，先自俭也，让者，先自让也，非可绳人而卑约之者也。其

为崛起而图王，则缓称王、缓称帝，而众志不争。其为承乱以兴复，则缓于监国、缓于继统，而人心不竞。汉高之战成皋也，项羽一日未平，则一日犹与韩、彭、张、吴齿，故韩信请王，终夺之而不敢怨。光武听耿弇而早自立，故赤眉已降，而天下之乱方兴。帷幕翼戴之臣，骤起而膺三公之位，其下愈贵，己愈踞其上而益尊，其上益尊，其下愈扳援而上以竞贵。更始之廷，人衔王爵，则关内侯、骑都尉之充盈，不可禁也。

呜呼！得而成，失而败，成而生，败而死，宗族县于刀俎，乌鸢睨其肉骨，奋志以与天争成败，与人争生死，此志皎然与天下见之，则必有尘视轩冕、铢视金玉之心，而后可鼓舞天下于功名之路。诸葛公曰："惟淡泊可以明志。"君与大臣之志明，则天下臣民之志定，岂恃综核裁抑以立纲纪哉！倚于宽，倚于严，其失均，其败均矣。

【译文】

如果职官太过轻贱，士人就会离开朝廷，封赏太过泛滥，军兵就会逃离其防地；君主权力太轻，人们就无法得到激励和劝勉，而忠贞干练者羞于与那些庸碌无为者为伍，导致人心涣散。这是成败得失的关键所在，一旦操持不慎，政权就会瓦解而无法止息。录事参军陈頵谏阻琅邪王司马睿以金印紫绶赋予士卒，以符命策书委任仆隶，认为这不是端正纲常法纪的正当举措。他的谏言是很对的。尽管如此，国家处在乱世，人心愈加争胜好斗；民众死亡众多，人们更加追求荣耀宠信。天子蒙受劫难，夷狄盗贼遍布中原，此正是急躁轻率之人得志而追求功名地位的时机。如果用重典抑制他们，大力裁革封赏官职的话，也会造成祸患，像项羽那样吝于爵赏（摩挲侯印，不忍授人），于是韩信、陈平私地里急忙离去；张元、吴昊受到韩琦、范仲淹的斥责，于是投靠西夏元昊，引导他们骚扰西北边陲；即便是那些才能不如韩信、陈平，狡黠不如张元、吴昊的人，效力于中国固然有所不足，而依附夷狄盗贼作乱则绰绰有余。假如遵守陈頵的说法，也未必能够收敛那些急躁轻率的人心，从而使其归顺于我。

既然这样，那么就没有办法了吗？回答是：这并不是立法或宽或严就可以决定的。天子，是教化的根本；大臣，是广大民众所仿效的对象。天子和大臣急功近利，则他人也以功名为崇尚；天子和大臣急于就位，则他人也以取得尊位为荣耀。倡行节俭，应先自我节俭；倡行谦让，应先自我谦让，不可以制度法令来强迫、约束他人做到。力图崛起并成就帝王大业的人，应当缓称王、缓称帝，如此则众人不与其争斗。处在乱世以求兴复国家的人，应当缓于监国、缓于继承王业，如此则人心不与其争胜。汉高祖刘邦在成皋之战时，项羽的军队一天不消灭，则一天还与齐王韩信、梁王彭越、赵王张耳、长沙王吴芮等人平起平坐。所以韩信请封齐王，刘邦就答应授予他，等天下平定之后再予以剥夺，韩信也不敢抱怨。光武帝刘秀听从耿弇建议而过早自立称帝，赤眉起义军虽然已经投降，天下之乱仍方兴未艾。在自己身边出谋划策、推诚拥戴的臣僚，骤然而起，身膺三公之位，其属下愈是显贵，自己居于其上愈加尊崇，其下属则愈加攀缘而上以竞相显贵。更始帝刘玄的朝廷中，人人都拥有王爵，而拥有关内侯、骑都尉之职的人更是遍布朝廷内外，以至于无法禁止。

唉！得则成功，失则败亡，成功则生，败亡则死。倘若宗族亲朋的首级悬于刀斧之下，乌鸦和老鹰窥视着要食其骨肉，在这种情况下还能斗志奋发与天争成败，与人争生死，这种志向坦然昭示于天下，则其人必有不图官爵名分、不图金银财宝之心，而后可以鼓舞天下之人走上正当的功名之路。诸葛亮曾说过："唯有淡泊可以明志。"倘若君主与大臣志向明确，则天下臣民的意志坚定，难道必须依靠综核名实、裁抑贬损的方法来确立纲常法纪吗？过分倚靠宽松的政令，过分倚靠严苛的政令，其失误是一样的，因而其导致失败的结局也是一样的。

本事：《资治通鉴》卷八八《晋纪十·愍帝》，建兴元年（313）。

三　俟天命而得人心

愍帝诏琅邪王睿为左丞相，南阳王保为右丞相，分督陕东西诸军，令保帅西兵诣长安，睿发江东造洛阳，此危急存亡相须以济之时也。琅邪方定江东，不从北伐，视君父之危若罔闻，姑置之而自保其境，信有罪矣。虽然，以纯忠盛德之事责琅邪，而琅邪无辞；若其不能，则愍帝此诏，戏而已矣。

帝之于二王也，名不足以相统，义不足以相长，道不足以相君。其为皇太子，非天下之必归心，而贾疋等之所奉也；其为天子也，非诸王之所共戴，麴允、索綝之所扳也。琅邪承八王之后，幸不为伦、颖、颙、越之争，由王导诸人有观时自靖之智，而琅邪之度量弘远也。曾是一纸之诏，丞相分陕之虚名，遂足以鼓舞而折棰使之者哉？名为愍帝之诏，实则索綝、麴允之令而已。以琅邪为君，以王导诸人为辅，而恬然唯綝与允之令以奔走恐后乎！

綝与允有效忠之心，而不知道也。度德、量力、相时者，道也。使二子拥愍帝于长安，而不舍秦王之号，与二王齿，且虚大位以俟有功而论定；则犹可弗使孤危以免帝于俘虏，二子亦自救其死以立勋名。而二子方施施然贪佐命之功而不自度也，是以其亡无与救也。元帝闻长安之破，司马氏已无余矣，南阳王僻处而日就于危，不足赖也，然后徐即王位以嗣大统。读刘琨劝进之表，上下哀吁，求君之心切矣，然周嵩犹劝其勿亟急。得人心者，徐俟天命，非浅人所可与知也。

【译文】

晋愍帝司马邺下诏任命琅邪王司马睿为左丞相，南阳王司马保为右丞相，分别督率陕州东西诸军，命令司马保率领西部军兵到长安，司马睿从江东发兵直抵洛阳，正值西晋王朝危急存亡、需要相互救济支持之时。当时，琅邪王司马睿刚刚稳定江东地区，故不听从命令进行北伐，视君父的危难如同没有听闻一样，姑且搁置一边而自保其江东之地，这确实是有罪的。尽管如此，假若晋愍帝能够以正统帝王的身份用纯洁忠诚、崇高品德的臣子标准来责备琅邪王，那么琅邪王是无可辩驳的；可晋愍帝却做不到这些，那么他的诏书就如同儿戏了。

晋愍帝与琅邪、南阳二王之间，名分上不足以相统摄，信义上不足以为其首长，道义上不足以为其君主。晋愍帝成为皇太子，并非天下人诚心归附，而是贾疋等人所尊奉的结果；他即位为天子，又非诸王所共同拥戴，而是麴允、索綝等人所推举的。琅邪王司马睿兴起于八王之乱后，幸而没有直接参与司马伦、司马颖、司马颙、司马越之间的斗争，这是由于王导等人有观察时事、安定自处的智慧，琅邪王有宽宏大量的气度。单凭一纸诏书和委任丞相、分督陕州东西军兵的虚名，难道足以鼓舞其心并轻易地驱使他吗？名为愍帝的诏书，实则索綝、麴允等人的命令罢了。以琅邪王为君主，以王导等人为辅佐，他们难道会安然接受索綝、麴允的命令而为之争先恐后地奔走效力吗？

索綝、麴允有忠君报国之心，却不懂忠君报国之道。度德、量力、相时三者有机结合，方可称之为道。假如索綝、麴允二人拥立愍帝即位于长安之时，仍沿用愍帝原来的秦王称号，与琅邪王、南阳王地位平等，虚君主之位以待三人功劳大小再加以论定，就不会造成长安孤危的局面，并可避免愍帝被俘的下场，而索綝、麹允二人也可自免于死并立下功勋。然而二人正洋洋得意，贪图佐命元勋之功而不自量力，因而导致灭亡而无可救药。晋元帝司马睿得知长安已被刘曜攻破，司马氏宗族已没有其他人了，而南阳王司马保偏处一隅，处境日益危险，已不足依赖，而后便从容即位称帝，继承大统。读刘琨所撰劝进之表，举朝上下哀求不已，要求司马睿登极称帝的心情十分迫切，即使在这种情况下，御史中丞周嵩仍劝司马睿不要急于称帝。得人心者，应当慢慢等待天命的安排，这并不是肤浅之人所可以知道的。

本事：《资治通鉴》卷八八《晋纪十·愍帝》，建兴元年（313）。

四　好谀之人，丧德亡身

好谀者，大恶在躬而犹以为善，大辱加身而犹以为荣，大祸临前而犹以为福；君子以之丧德，小人以之速亡，可不戒哉！

石勒之横行天下，杀王弥如圈豚，背刘聪如反掌，天下闻其名，犹为心惕；而一为卑谄之辞以媚王浚，浚遂信之而不疑。唐高祖之起晋阳，疾下西京，坐收汾、晋而安辑之，岂为人下者？一为屈巽之辞以诱李密，密遂信之而不疑。浚死于勒，密禽于唐，在指顾之间，不知避也。浚之凶悖，迷此也宜矣。密起兵败窜，艰难辛苦已备尝矣，而一闻谀言，如狂醉而不觉。天下之足以丧德亡身者，耽酒嗜色不与焉，而好谀为最。元祐诸君子，且为蔡京所惑，勿仅以责之骄悖黠奸之浚与密也。

【译文】

喜好被人阿谀奉承的人，身犯大恶却自以为善，大辱加身却自以为荣，大祸临头却自以为福。君子由此而丧失道德，小人由此而加速灭亡，不可不引以为戒啊！

石勒横行天下，杀死王弥如同杀猪一样，背叛刘聪易如反掌，天下之人闻听其名，心中都提高警惕。而石勒以一纸奉承之言讨好王浚，王浚就深信不疑。唐高祖起兵晋阳，迅速攻下长安，坐收汾、晋之地并很快安定局势，难道是甘居人下之人吗？然而他以一纸谦逊辞让之言引诱李密，李密就深信不疑。结果王浚被石勒杀死，李密被唐朝擒获，危险就在转瞬之间，他们却不知道规避。王浚十分凶悍悖逆，受石勒蒙蔽也是理所当然的。而李密追随杨玄感起兵失败后，四处流窜，艰难困苦已经尝遍，但一听到奉承之言，如同狂醉一般沉湎其中而不知察觉。天下之人，有足以丧德亡身之事，耽酒好色尚不在其列，而以喜好阿谀奉承为最。北宋时期的元祐诸君子司马光等人，尚且被权奸蔡京所蒙蔽蛊惑，因此就不必仅仅以此责备骄狂悖逆的王浚和狡黠奸诈的李密了。

本事：《资治通鉴》卷八八《晋纪十·愍帝》，建兴元年（313）。

五　宠王抑陶，晋元失策

建大业者，必有所与俱起之人，未可忘也；乃厚信而专任之，则乱自此起。元帝之得延祚于江东，王氏赞之也；而卒致王敦之祸，则使王敦都督江、湘军事，其祸源矣。

王氏虽有翼戴之功，而北拒石勒于寿春者，纪瞻以江东之众捍之于淮右，相从渡江之人，未有尺寸之效也。若夫辑宁江、湘，奠上流以固建业者，则刘弘矣；弘之所任以有功，则陶侃矣；平陈敏，除杜弢，皆侃也，侃功甫奏，而急遣王敦夺其权而踞其上，左迁侃于广州，以快敦之志，使侃欲效忠京邑，而敦已扼其吭而不得前，何其悖也！侃之得成功于荆、湘者，刘弘推诚不疑，有以大服其心尔。至是而侃不可保矣。迨其后有登天之梦，而苏峻之乱，踌躅不进，固将曰专任侃而侃且为敦，而不知其不然也。敦杀其兄而不恤，侃则输忱刘弘而不贰，其贞邪亦既较然矣。侃之不得为纯忠，帝启之，敦又首乱以倡之，而侃终不忍为敦之为；疑之制之，王氏之私，岂晋之利哉！

俱起之臣，虽无大权，而固相亲昵；新附者，虽权藉盛，而要领非其所操，腹心非其所测。故萧、曹与高帝俱兴，而参帷幄、定危疑，则授之张良、陈平；握重兵、镇重地，则授之韩信、彭越；新附者喜于见信，而俱起者安焉。韩信曰："陛下善于将将。"此之谓也。元帝怀翼戴之恩，疑才臣而疏远之，幸王导之犹有忌，而敦之凶顽不足以饵人心使归己，不然，司马氏其能与王氏分天下乎？有陶侃而不知任，帝之不足有为，内乱作而外侮终不能御也，不亦宜乎！

【译文】

想要成就大业的人，必定要有与之共同起事之人，这是不可忘记的；然而，若对他们深信不疑并任由他们专权的话，祸乱就会自此而起。晋元帝司马睿之所以能够继承帝位，延续晋朝统治于江东之地，是王氏家族支持辅佐的结果，然而最终导致王敦发动叛乱，则由于拜王敦为镇东大将军、开府仪同三司、都督江扬荆湘交广六州诸军事，并授予其自行选置刺史以下官吏的特权，这就是祸乱之源。

王氏家族虽有推诚拥戴之功，但是北拒石勒于寿春，则是纪瞻率江南军民在淮右一带顽强抗击的结果，与司马睿相从渡江南迁之人，却未效尺寸之功。至于安抚长江、湘江流域，稳定长江上游以巩固建业（今江苏南京）之人，则是刘弘。而刘弘所任而立下功勋者，则是陶侃。平定陈敏之叛，清除杜弢之乱，都是陶侃的功劳。陶侃刚刚立下功勋，司马睿却急忙派遣王敦剥夺陶侃的兵权而位居其上，将其贬谪到广州任刺史，以满足王敦的心愿，使陶侃即便想要效忠于京师，而王敦已扼住其咽喉要道，无法向前，这是何等的悖谬啊！陶侃之所以能在荆、湘地区取得成功，是由于刘弘推诚相待，不加猜疑，能够使其心悦诚服。到这个时候，陶侃的忠心已不可保证了。到后来陶侃做了一个登天折翼的梦，才打消了觊觎大位的野心。苏峻发动叛乱时，他率军踌躇不前，本来有人将会说：如果当初专任陶侃，那么他将成为王敦一样的叛臣。却不知实际上并非如此。王敦当年在扬州刺史任上，因泄私愤而杀其堂兄荆州刺史王澄而毫不怜惜，陶侃则忠心于刘弘而始终不变，他们二人的忠贞、奸邪也已经有了鲜明的对比。陶侃之所以不能做到纯洁忠诚，是由晋元帝司马睿引起的，继而王敦又带头作乱以倡导臣下叛逆，而陶侃始终不忍心做王敦所为之事。对陶侃进行猜疑、压制，都是出于王氏的一己私利，难道对晋朝的统治有什么益处吗?

与君主共同起事之臣，即便未能掌握大权，本来就与君主相互亲近；新归附之人，即便权势非常强盛，而国政要害非其所能掌握，君主之心非其所能测知。故而萧何、曹参与汉高祖刘邦一同起事，可是运筹帷幄、安定危局、解决疑难的大事，却由张良、陈平负责；掌握重兵、镇守要地的大任，则由韩信、彭越负责。新附之人乐于得到信任，而共同举事者也能心安理得。韩信曾对刘邦说：“陛下最善于用将。”说的就是这个道理。而晋元帝司马睿对王氏的推诚拥戴之恩心怀感激，猜疑有才能的大臣并疏远他们，所幸王导还能有所忌惮，而王敦的凶顽不足以诱使人心归附自己，不然的话，司马氏难道能与王导共享天下吗？有陶侃这样的人才却不知加以重用，晋元帝司马睿不足以有所作为，结果内乱不断发作而外侮终究不能抗御，不也是自然而然的吗？

本事：《资治通鉴》卷八九《晋纪十一·愍帝》，建兴三年（315）。

六　损聪明以延访，嘉言自至

受谏之难也，非徒受之之难，而致人使谏之尤难也。位尊矣，人将附之而恐逆之，然附尊位者，非知谏者也；权重矣，人将畏之而早已惴之，然畏重权者，非能谏者也；位尊而能屈以待下，权重而能逊以容人，可以致谏矣，而固未可也。所尤患者，才智有余，而勤于干理，于是乎怀忠欲抒者，夙夜有欲谏之心，而当前以沮，遂以杜天下之忠直，而日但见人之不我若，则危亡且至而不知。

夫人之有才，或与吾等，而有所长则有所短矣。且人之有才，而或出吾下，见吾之长，则自有长焉而疑其短矣。夫言之得，计之善，固有其理显著，人各与知，而才智有余者，或顾不察者矣。且有才不逮，智不若，偶然一得而允合于善者矣。抑有谋之协，虑之深，而辞不足以达意者矣。尤有彼亦一善，此亦一善，在我者挥斥而见长，在彼者迟回而见绌者矣。然而君子所乐闻者，非必待贤智多闻之能为我师者也；正此才智出己之下，而专思一理、顺人情而得事之中者也。彼且闻我之恢恢有余，献其所长，而恐摘以所短，则悃愊（kǔn bì）自好之士，不欲受迂阔浅鄙之讥，以资我之笑玩，而抑虑我之搜幽摘微，以穷己于所未逮，则夙夜之怀忠，必不能胜当前之恧缩。我即受之，而彼犹欿（kǎn）焉恐其不当。此教人使谏之难，君子之所虑，而隐恶扬善、乐取于人之所以圣与！

隗瑾之告张寔曰：“明公为政，事无巨细，皆自决之，群下受成而已；宜少损聪明以延访，则嘉言自至，何必赏也?”允矣其知道之言乎！

【译文】

接受进谏之难，并非仅仅难在接受谏言，能够使人愿意进谏才尤其困难。一个人地位尊贵了，人们将会依附顺从而不敢违背抵触他，而那些依附于地位尊贵之人的人，并不是懂得进谏之道的人。一个人权势很重了，人们将会对他心怀畏惧而早已惴惴不安了，而那些畏惧权重之人的人，并不是能够进谏的人。地位尊贵却能屈身待下，权势很重却能谦逊容人，这样似乎就可以使人愿意进谏了，然而却未必可以。尤其值得忧虑的，是这些位高权重的人才智很高、勤于治理，于是那些心怀忠诚、想要直抒己见的人，他们夙夜都有向其进谏之心，可是当面进谏之时，却因才智不足以匹敌而不免受到挫伤，于是便会杜绝天下忠诚正直之人的进谏之路，这些人整日只感到别人不如自己，这样则危亡将至而有所不知。

人有才能，有的与我相当，然而有所长则必有所短；有的才能在我之下，看到我的长处，即便自己有长处也难免会怀疑那是自己的短处。至于言语得当，计策高明，固然会因为其道理明显，人们都能够相互理解，但即便是才智很高的人，有时也会有一时失察之处。况且还有一些才能不高、智慧不及的人，偶然有一得之见而成为善策。也有谋略恰当、思虑深远却词不达意的人。尤其有那种彼一善策、此一善策，在我这里表现得意气奔放而见其长，在别人那里则表现得迟疑徘徊而见其绌。然而正人君子所乐于听闻的，并不一定是贤明智慧、博闻多识、足以成为自己老师的人的话，那些才智不如自己却专研一理、顺乎人情而合乎物理的人的见解，同样是君子乐于接受的。这样，对方得知我宽宏大量，就会进献其所长，而又恐怕我指摘其所短，因此那些至诚自爱之士不愿受迂腐浅鄙之人的讥讽，成为我的笑料，又担心我会搜幽摘微、吹毛求疵，以穷尽他们才智所未能达到的程度，如此则夙夜心怀忠诚，也不能胜过当前惭愧而畏缩的心情。即使我接受了他们的谏言，对方仍然心怀忧虑，恐其所言不当。此正是教人进谏的难处，是正人君子所忧虑的事情，也是隐恶扬善、乐于汲取别人所长之所以能称得上是圣明的原因吧！

高昌人隗瑾曾向前凉昭王张寔进谏说："明公主持政务，事无巨细，都要亲自处理断决，下属只是遵照您的成命施行罢了；应该稍微减少一点您的聪明以延访下属的意见，这样嘉言善策自然会来，何必依靠奖赏来征求官吏百姓的谏言呢？"此言非常允当，是深知进谏之道的话啊！

本事：《资治通鉴》卷八九《晋纪十一·愍帝》，建兴四年（316）。

卷十三

明刻本《历代帝贤像》中的晋元帝司马睿画像

【题 解】

本卷评论东晋前期历史，分东晋元帝、明帝、成帝、康帝、穆帝五目，共三十六则。

晋元帝司马睿（276—322）以琅邪王的身份南渡建业，大兴元年（318）即位，建立“王与马共天下”的东晋门阀政权，王夫之选择七个问题加以评论。他认为东晋的建立顺应时势、合乎天理人情，司马睿缓称王、缓称帝也符合正统性原则；其宠任刘隗、刁协以制衡王氏，“得罪于巨室”，导致王敦之乱。对于王导、王敦把持朝政、军权，则斥王敦“凶悍”，王导亦非“纯臣”；王导私庇宗族无可厚非，然其身系国家安危，不能忠心奉主，虽正而必陷于邪，难逃“辱身不孝之罪”。对于刘琨、祖逖两位名将也辩证地进行评价，指出刘琨托身于夷狄而遇害的愚行和祖逖不识大体的危害。

明帝司马绍（299—325）以元帝长子继位，励精图治，却英年早逝。王夫之选择两个问题加以评论，肯定其处置王敦之乱的勇气和智谋，堪称神武；批评王导文过饰非，有亏君子之道。

成帝司马衍（321—342）在位十七年，东晋王朝统治得以巩固，王夫之选择十六个问题加以评论。庾亮与王导、卞壸、郗鉴、温峤同受托孤辅政，士族与皇权共治的门阀政治生态形成，庾亮激反苏峻、祖约，虽其志可原，然急于用法、打破平衡，却不合儒家教化之道；成帝拜王导及其妻子，于礼不合，过犹不及。对比东晋与南宋两个偏安政权的形势，东晋明显具有优势，故蔡谟谏止庾亮经略中原应受名教之诛，而张骏疏请北伐则合乎古今大义、天地之心。

晋康帝司马岳（322—344）为明帝次子、成帝同母弟，在位三年而卒，王夫之选择两个问题加以评论。一是鉴于魏晋清议风盛，认为清谈品评之风“浮诞而不适于用”，不宜作为人才选拔任用的标准；二是对前燕慕容翰的评价，认为他反复无常、居心叵测，“天下未有能容之者”。

晋穆帝司马聃（343—361）两岁继位，太后临朝，何充、蔡谟和会稽王司马昱秉政，王夫之选择九个问题加以评论。肯定桓温北伐的功业，指出其并非早有谋逆之心，而是因为朝廷猜疑使然，从而感慨“将将之难”；并由此分析东晋皇室与地方将领之间的矛盾贯穿始终，未能“制之有道，用之有方”，影响了东晋统治格局。

东晋元帝

自此至陈，凡僭伪诸国事俱附六代编年下论之。

【译文】

从东晋到南朝陈，凡是割据一方、伪称尊号的王朝政权的史事，都附于六朝的编年之中加以评论。

一　扶危定倾，以得人心为本务

扶危定倾，以得人心为本务。国破君亡，天下喁（yóng）喁然愿得主而事之，人心为易得矣，而未易也；非但其慰安之者非其道也，天下方喁喁然而愿得主，抑必天下之固喁喁矣；如其遽自信曰天下固喁喁然愿得我而为主，则天下之情解矣。非其情之所迫求而后应者，则贤者且不能伸其忠孝之愿；下此者，拥戴之勋名不归焉。于是乎解散踌躕曰：彼且自立乎其位，而责我之效功以相保。则虽名分正，威望立，而天下之奔走也不迫。乃始下奖劝联络之诏以縻天下之归己，而天下不应。我以奖劝联络之情辞縻天下，而天下恶得不骄？故当国破君亡之余，不待天下之迫而迫自立者，非外逼以亡，则内争以叛。此岂挟机伪让之足以动天下哉？无宗国之痛而乘乱以兴，则欲为谦让也不能；其情疑，其气嚣，则其事躁而不以礼，必矣。

愍帝之立，贾疋等扳之以立而遂自立，则琅邪之在江东，南阳之在秦、陇，虽不与争，而坐视其亡而不救。匪直二王也，刘琨、慕容廆（wěi）之在北，张寔之在西，陶侃之在南，皆坐视其亡而不恤。长安破，愍帝俘，司马子孙几于尽矣，琅邪拥众而居江左，削平内寇，安靖东土，未有舍琅邪而可别为君者。然而闻长安之变，官属上尊号而不许，固请而不从，流涕而权即晋王之位。已而刘琨屡表陈痛哭之辞，慕容廆、段匹磾且合辞以劝进，豫州荀组、冀州邵续、青州曹嶷、宁州王逊，合南北以协请，江东人望纪瞻之流皆敦迫焉，然后践阼而改元，于是而元帝之位定矣。无求于天下，而天下求之，则人不容有异志而允安。东晋之基，成乎一年之需待，此人情天理之极致。其让也，即国之所以立也。

然且有未及待者，张寔也。寔之戴晋也坚，而择主也审，南阳王保无待而立，寔舍之而属望乎江东。寔表至，帝已先立，而寔之志反为之贰，称建兴年号，而不举太兴之正朔，寔岂不愿得君而事之哉？亦恶其不待己求而迫自君也。即此而人心向背之几可知矣。为人臣子，抑奉君亲之痛而有浮慕弋获之心，天下测其隐而鄙之，是天理之在秉彝者，不容纤芥之差乎！彼且不自知，而合离之情理自迥别也。因是而推戴无功者生其忮忌，翼赞有力者挟以骄陵，皆末流之必然矣。远人擅命以自尊，权奸怀逆而思逞，国欲存也，其可得乎！

【译文】

要匡扶国家之危亡，安定社稷之将倾，就要以赢得民心作为根本。处于国家残破、君主死亡的时候，天下民众都仰望期待着一个新的国君并效忠于他，这时候民心是比较容易争取的，但也没有那么容易做到。此时，不但是那些慰藉安抚不是可行的方法，而且正因为天下民众都仰望期待新的君主出现，那么也就必然是天下民众本来仰望期待的那个人才可以受到拥戴。如果这时有人非常自信地说：天下百姓本来都仰望期待我作为他们的新主，那么天下人的推诚拥戴之情就会懈怠了。如果自立之君主不是民心所向，也没有响应百姓急于拥立新君的期待，那即便是贤良之人也难以通过拥立新君而达成其忠于国家、孝敬君父的愿望。等而下之的人，即便是能够取得拥戴之功，也不会归附新的君主。于是他们会离心离德、犹豫踌躇地说：那些人自立为帝，却要求我们效命立功以保护其君主之位。即使自立为帝的人名正言顺，威望渐渐树立起来，天下人也不会急迫地为他奔走效命。于是君主才颁布褒奖鼓励、联结笼络的诏书以羁縻天下百姓归附于自己，而天下之人并没多少反应。用褒奖鼓励、联结笼络的诏书来笼络天下之人，天下百姓怎么能不骄傲放纵呢？所以当国破君亡之时，若不是天下形势所迫而急于自立为君主的人，最后不是被人逼迫而亡，就是因内部争斗被叛变。这难道说明裹挟时势、伪装辞让足以感动天下之人吗？如果不是因同姓王朝宗庙社稷沦丧而深感国破家亡之痛，乘着天下混乱而崛起、建立新朝，那么即使想要谦让也不可能做到。他们内心的感情是充满怀疑的，外在的气焰又是嚣张的，因而做事急躁冒进而不循礼法，这是必然的。

晋愍帝司马邺之所以当上皇帝，是雍州刺史贾疋等人支持拥戴的，他本人也就自立为帝。当时，琅邪王司马睿占据江东地区，南阳王司马保驻守秦陇地区（今陕甘一带），虽然他们不和司马邺争夺帝位，但却眼看着他身处危亡而不加援救。不只是他们两个如此，司空、都督并冀幽州诸军事的刘琨和镇军将军、自称鲜卑大单于的慕容廆驻守在北面，凉州刺史张寔驻守在西面，荆州刺史陶侃驻守在南面，都坐视其危亡而不加援救。后来，长安被攻破，司马邺被俘虏，司马氏子孙几乎被赶尽杀绝。琅邪王司马睿统率军士民众驻扎在江左（今长江以南地区），平定了内部的贼寇，安定了当地的百姓，此时除了司马睿外没有别的人可以作为君主了。但是，司马睿闻听长安沦陷、愍帝被俘的变乱，官员们多次上书请求他即位称帝，他都没有答应，他们再三力请也坚决不从，最后痛哭流涕，暂且即晋王位。继而刘琨多次上表陈述悲痛之言辞，慕容廆与幽州刺史、辽西鲜卑左贤王段匹磾等还一起上表劝进，另外，豫州刺史荀组、冀州刺史邵续、青州刺史曹嶷、宁州刺史王逊也联合南北各州郡的地方官员一起请求，江东地区颇有名望的纪瞻等人也一起敦促催逼，司马睿在这种情况下才即位改元，于是东晋元帝的地位方得以确定。本人对天下无所企求，而天下之人却都企求拥戴于他，这样他人都不容许有别的志向，其地位自然稳固了。东晋王朝的基业，从建武元年（317）三月司马睿称晋王到大兴元年（318）三月称帝，经过了整整一年的等待，终于得以建立起来，这是人情和天理的极致。司马睿的谦让，正是东晋王朝得以建立的原因。

但是，晋元帝司马睿还没有等到所有人的拥戴，比如凉州刺史张寔。张寔可以说是坚决拥戴晋王朝的，因而在选择要拥戴的君主时非常审慎。南阳王司马保没有等待人们的拥戴而自立为王，张寔因此放弃对他的支持，转而把希望寄托在江东司马睿的身上。可是等到张寔的劝进表到达时，司马睿在此之前已经先行称帝，于是张寔反而对他有了贰心，改奉晋愍帝的建兴年号，而不把晋元帝的大兴年号奉为正统。张寔难道不愿意得到可以事奉的君主吗？他只是厌恶司马睿没有耐心等待他的劝进请求便急切地自立为君罢了。从这件事情可以观察并知晓人心向背的征兆了。作为人臣，却承受着国破君亡的家国之痛而心怀仰慕名位、猎取天子的野心，那么天下人都能看出他的隐私而鄙视他，这是因为天理伦常就在秉持常道之人的一边，不容有丝毫的差错！当局者自身并不知道，而天下人心分合、向背的情理自然迥然相异。因此，没有推诚拥戴之功的人就会产生嫉妒心理，而参与推戴有功的人则凭恃功劳日益骄纵，盛气凌人，这都是后世发展的必然趋势。远离朝廷、割据一方的人专权擅命以求使自己尊贵，执掌朝廷大权的奸佞之臣心怀叛逆而图谋实现自己的野心，在此情况下，国家政权想要得以保全并长治久安，怎么可能呢？

本事：《资治通鉴》卷九〇《晋纪十二·元帝》，大兴元年（318）。

二　天下初定，宜安民心以抑权臣

元帝之立也，王氏逼王室而与亢尊，非但王敦之凶悍也，王导之志亦僭矣。帝乃树刁协、刘隗于左右，以分其权而自固。然而卒以取祸者，非帝之不宜树人以自辅，隗、协之不宜离党以翼主也；其所以尊主而抑强宗者，非其道也。

承倾危以立国，倚众志以图存，则为势已孤。或外有挟尊亲之宗藩，或内有挟功名之将相，日陵日夷，而伏篡弑之机，此正君子独立以靖宗社之时，而糜躯非其所恤。然君之所急与吾之所以事君者在是，则专心致志以弥缝之而恐不逮。即有刑赏之失，政教之弛，风俗之敝，且置之以待主权既尊、国纪既立之后，而必不可迫为张弛，改易前政，以解臣民之心，使权奸得挟以为辞，而诱天下以归己。协与隗未足以知此，气矜而已矣。恃其刚决之才，标名义以为名，而钳束天下，一言之非，一事之失，张皇而摘之，于是乎盈廷之怨起，而王氏之党益坚。非臣民之叛上而即彼也，乍拂其情者激之也。

孟子曰："不得罪于巨室。"非谓唯巨室之是听也，不得罪于臣民，巨室弗能加之罪也。沉静以收人心，而起衰救敝之人作，且从容以俟人心之定，则权臣自戢，而外侮以消。况名法综核为物情所骇者，其可迫求之以拂众怒也乎！方正学未之逮也，隗与协又何足以及此！

【译文】

晋元帝司马睿即位称帝之后，辅政的王氏家族权势直逼皇室，并与之分庭抗礼。不仅大将军王敦凶悍异常，丞相王导也有僭越皇权之异志。于是司马睿在自己身边安插了尚书令刁协、侍中刘隗，分割王氏家族的权力，以图强化皇权、巩固自己的地位。然而，最后却招致自身的祸患，并非皇帝不应在朝廷安插亲信之人来辅佐自己，刘隗、刁协不应该离散王氏的党羽以辅佐皇帝，而是因为他们用来尊崇皇权而限制强大的门阀大族势力的举措，不是恰当而合理的办法。

在天下危难的情况下建国称帝，又倚靠众人的力量来图谋生存，因此皇权的力量是孤立而孱弱的。在外部有凭借同姓血缘关系的宗室藩王，在内部有凭借推诚拥戴之功的将相大臣，他们每天不断地侵凌逼迫，潜伏等待着篡权弑君的阴谋时机，这正是君子不依靠外力独行其事以安定宗庙社稷的时候，即使粉身碎骨也应在所不惜。然而君主亟待解决的问题和臣子事奉君主的努力方向在这里趋向一致，君臣上下就应当专心致志来维护国家的安定，而唯恐力所不及。如果这样，即使刑赏有失公允，政教有所松弛，风俗有所不足，姑且可以暂时搁置起来，等到皇权得到尊崇和强化、国家纲常法纪得到确立之后再予以处理，一定不可急迫地改弦更张、变换以前的政策，以离散消解天下臣民之心，使擅权奸佞之臣得以此为借口，引诱天下人心归向自己。刁协、刘隗不足以懂得这个道理，只是徒然凭恃他们的气势罢了。他们自恃其有刚毅果断的才华，又以天子的名义相标榜，以此来钳制、约束天下之人。因为说错一句话，办错一件事，就加以放大，进行指责，结果导致整个朝廷怨声载道，而王氏及其党羽的势力日益巩固。这不是因为臣民愿意叛逆皇上、投靠依附于王氏，而是他们骤然违背了臣民自身愿望的政策措施的刺激所致。

《孟子·离娄上》中说："为政不难，只要不得罪那些世家大族。"这不是说对于世家大族唯命是从，而是说不能得罪臣民，这样世家大族就不能乘机加给他们罪名。如果用休养生息的政策来取得人心，那么有志于振衰起敝的人就会出来有所作为，姑且从容处之，以等待天下人心逐渐趋于安定，那么擅权、奸佞之臣自会有所收敛，外部的侵略也会得以消弭。何况崇尚刑名法律、综核名实的法家治国方式为天下民众所惊骇恐惧，难道能够急迫地苛求于百姓以触动众人的怨愤吗？连明代建文朝的忠臣方孝孺（字希直，号逊志，世称正学先生）都没有做到这一点，刘隗与刁协又怎么能够做到呢？

本事：《资治通鉴》卷九〇《晋纪十二·元帝》，大兴元年（318）。

三　刘琨之忠，身死族夷

宗国沦亡，孤臣远处，而求自靖之道，岂有他哉？直致之而已矣。可为者为之，为之而成，天成之也；为之而败，吾之志初不避败也。如行鸟道者，前无所畏，后无所却，傍无可迤，唯遵路以往而已尔。旁睨焉而欲假一径以行吾志，甚则祸及天下，不甚则丧其身，为无名之死而已。刘琨之托于段匹磾是也。

非我类者，心不可得而知，迹不可得而寻，顷刻之变不可得而测，与处一日，而万端之诡诈伏于谈笑，而孰其知之？琨乃以孤立之身，游于豺狼之窟，欲志之伸也，必不可得，即欲以颈血溅刘聪、石勒，报晋之宗社也，抑必不能，是以君子深惜其愚也。以琨之忠，身死族夷，抱志长埋于荒远，且如此矣；下此者，陷于逆而为天下僇，亦终以不保其血胤。功则无功也，死则必死也，何乐乎其为此也！故曰直致之而已矣。

【译文】

宗庙社稷沦亡，臣子孤单地处在远方，而想要求得安定自身的办法，难道还有其他的途径吗？只有奉正道大义而行以实现自己的志向罢了。能做到的事情就要尽力去做，做成功了，这就是天意使然；做失败了，则说明我践行了自己的志向而不躲避失败的结局。这就像行走在险峻狭窄的山路上，只能前进，无法后退，因为旁边没有别的路可走，只有沿着这一条道路勇往直前罢了。走在这样只有飞鸟能经过的小路上，眼睛却斜向旁边看，希望另寻一条捷径来实现自己的志愿，这样做的结果，严重的就会给天下带来祸害，不严重的则会给自己带来杀身之祸，最终成为一个无名的亡魂罢了。刘琨依托于段匹磾就是一个这样的例子。

非我族类的人，他们的心思不可得而知晓，他们的形迹也无从追寻，他们转瞬之间的变化更是无法预测，我们与他们相处一天，谈笑之间就潜藏着千变万化的诡诈与阴谋，而这又有谁能够知道呢？刘琨以孤立无援的一个人，在豺狼虎豹的巢穴洞窟中游走（指刘琨先后倚靠鲜卑拓跋猗卢、辽东鲜卑段匹磾等以抗衡刘渊、石勒），想要实现其北伐中原、救亡图存的志愿，必然是不可能的。即便是他想用满腔的热血斩杀刘聪、石勒，来报答晋朝的宗庙社稷，也必然不可能达到。所以我们对刘琨的愚蠢行为深感可惜。以刘琨的赤胆忠诚，尚且被杀且诛灭九族，怀抱远大的志向却最终被长久地埋葬在荒郊野地；那些远远不如他的人，身陷叛逆阵营当中而被天下人所侮辱、杀戮，终究也不能保全他们的后裔。论功劳没有什么功劳，论生死则必死无疑，为什么要乐于这样做呢？所以说，只有奉正道大义而行以实现自己的志向罢了。

本事：《资治通鉴》卷九〇《晋纪十二·元帝》，大兴元年（318）。

四　祖逖慷慨英多，未识将将大体

忌裨将之有功，恶人之奖之，恐为人用，背己以去，且将轧己而上之，此武人之恒态也。陈川之将李头，力战有功，祖逖厚遇之，头感逖，愿为之属，川疑忌而杀头以降石勒，于是而汴、晋之间大乱而不能定。呜呼！此将将者之所以难也。

知武人之情，而不逆其所忌者，则知权矣。非但畏彼之怨怒而曲徇之也，道固存焉，权即正也。三军之士，智者、勇者、勤敏而效死者多矣。智勇以效死而逾于主帅者有矣；而既已隶于人而受命，则纲纪存焉。纲纪者，人君之以统天下，元戎之以统群帅，群帅之以统偏裨者也。夫既已使之统，而又以不测之恩威，唯一时之功罪以行赏罚，则虽得其宜，而纲纪先乱。纲纪乱，则将帅无以统偏裨，元戎无以统将帅；失其因仍络贯之条理，而天子且无以统元戎。故韩信下燕、赵，平三齐，岂一手一足之烈哉！其智勇效死以成信之功者多矣。然而汉高知信而止，以李左车之贤智，信方北面受教，而高帝未尝拔之以受一邑之封。信曰："陛下不能将兵，而善将将。"此之谓与！

既已为其偏裨，则名义存焉；其智勇效死而或为主将之所抑，因之以徐惩其主将可也，非能率吾意而亟行之也。好恶虽当，而有所不可任；刑赏虽公，而不敢轻；鸠合数十万人而为之长，一一察其能否以用其恩威，力穷而争以起。逖之使头愿为之用以背陈川者，任情以行好恶，自谓至公，而不知纲纪为维系人心之枢纽也。夫逖慷慨英多，而未达大体，即不陨折，吾不敢信其匡复之功可成。称周公者，曰"沂沂休休，见善不喜，见恶不怒"。英君哲相，规模弘远，岂易及哉？

【译文】

作为武将，往往忌惮其副将立战功，又讨厌别人奖励他，恐怕其被别人利用从而背叛自己，甚至将反过来排挤倾轧并居于自己之上，这是武将一般的常态。自号宁朔将军、陈留太守的陈川的部将李头征战有功，祖逖待他甚厚，李头很感激祖逖，愿意成为他的部属。结果陈川因为猜疑、嫉妒而杀死李头，投靠了石勒，汴（今河南开封一带）、晋（今山西太原一带）之间因此酿成大乱而不能安定。唉！这就是统率驾驭诸位将领之所以困难的原因啊！

了解了武将的常态，而又不违背、触犯他们的忌讳，这就堪称懂得统率驾驭武将的权术了。之所以这样做，并不仅仅是担忧招致对方的怨恨愤怒而曲意顺从他们，而是因为道理本来就是这样，对权术的运用就要合乎道理。三军之中，有智谋、有勇气、勤劳聪敏而愿意效其死命的将士是很多的。他们的智慧、勇气以及誓死为国效力的决心甚至超过了主帅，但他们既然隶属于主帅而接受其命令，他们之间的关系就要受到纲常法纪的约束。所谓的纲常法纪，就是君主赖以统治天下臣民、元帅赖以统帅诸将、诸将赖以统领偏将副将的伦理规范、制度保障。既然已经赋予他们统率部属的职责，却又以无法测度的恩威、只是根据一时的功过实行奖罚，那么即使处置得宜，而纲常法纪先已产生混乱。纲常法纪先产生混乱了，将领就无法统领偏将副将，元帅无法统率诸将，这样就失去了相互交错连贯的条理秩序，天子也将无法指挥元帅了。所以韩信攻下燕赵大地，平定三齐内乱，难道是靠他一个人的力量吗？他部下众多有勇有谋且愿意效其死命的将领成就了他的功业。然而汉高祖刘邦知道对这些功劳的奖赏只能限于韩信，以李左车的贤能和智谋，韩信曾经虚心向他请教攻燕伐齐的策略，汉高祖刘邦并不曾以一城一邑对其进行封赏。韩信说：“陛下您不能领兵，但却很会统率将领。”说的就是这个道理啊！

既然已经做了副将，与主将之间就要维系这种主从的名义。副将的智慧、勇气以及愿意效其死命的决心有时会受到主将的压制，在这种情况下，元帅只可结合实际慢慢教训其主将，而不能一味地按照自己的主观意愿去行事。即便其个人好恶是正当的，也不能完全放任自己的好恶；即便其奖赏惩罚是公正的，也不能轻视赏罚的制度而恣意妄为。纠合起几十万人而作为他们的统帅，要想一一考察辨别其能力高下而施以恩威，必然会筋疲力尽也不能做到，并且由此引发纷争。祖逖能够使李头愿意听从他的指挥，背离陈川，依赖的是听任他由着自己的性情和好恶恣意妄为，自认为至为公正，而不知道纲常法纪是维系人心的关键。祖逖为人激昂慷慨、才智过人，但不识大体。即使他没有过早地死去，我也不能相信他会成就收复中原、统一华夏的功业。古人有称赞周公的话说：“凡事明察而又宽容有气魄，看见善的不惊喜，看见恶的不发怒。”（《帝王世纪·周第四》）英明的君主，贤明的宰辅，格局宏远，难道是后人能够轻易企及的吗？

本事：《资治通鉴》卷九一《晋纪十三·元帝》，大兴二年（319）。

五　身处乱世，忠臣志士不可无识

忠臣志士善保其忠贞者，尤不可以无识；苟无其识，则易动而不谋其终。谓荀彧之党曹操以篡汉者，已甚之辞也。不揣其终，而相沿以往，变故日深，而弗能自拔，或以是死，而不能避不韪之名，急于行志而识不远也。当汉帝困于群凶之日，唯曹操能迎而安之，悠悠天下，舍操其何适焉？操之不可终任，人具知之，而转念之图，惟昏于初念；其为智也，不能决两端于俄顷，迎刃以解，而姑为尝试，且自谓他日之可有变计，乃不知其终不能也。是以能早决以洁其身者之谓大智，高瞻其当之矣。

慕容廆之始戴晋也，既定辽东，欲以瞻为将军，抚心而告之曰："孤欲与君共清世难，翼戴王室。"廆慷慨而言之，瞻漠然而应之，郁郁以死，终不为屈，疑为已甚矣。夫瞻秉戴主之忠，而廆有可因以效忠之牖，姑听而观其后也未晚，然而瞻固知其不可恃也。廆之不可恃以终戴晋也，岂难知哉？抱忠而欲亟试之，则一念迟回，忘廆之能用己而己不能用廆也，则且如荀彧之不决以败其名节矣。处空谷而闻足音，则跃然而喜，恶知夫是音之非熊罴猰魅（pí xiāo mèi）之相扰也！怀忠而愤宗国之倾没，闻有义声者欣然而就之，其不为乱贼所陷者鲜矣。高瞻之智，决于俄顷，粲然若黑白之不相淆，迎刃而解，捷于桴（fú）鼓；死于不屈之前，而不死于自拔末由、力穷志沮之日。呜呼！可不谓贤哉！刘琨所不逮也，况荀彧乎！

【译文】

忠贞的臣子、有志的士人要想很好地保持他的忠诚、贞洁，尤其不能没有远见卓识。如果没有远见卓识，就容易采取行动而无法谋求其终极的目标。人们说荀彧党附曹操篡夺汉朝的江山社稷，这话有点言过其实了。荀彧不能揣测曹操的长远目标，仍然沿袭以前的方式和他来往，结果事态越来越严重，荀彧身陷其中而不能自拔，最后因此而被迫自杀，却不能逃避不好的名声。这就是因为他急于实现自己的志向而见识尚不够深远啊！当汉献帝刘协处于群雄纷争的危急环境中，只有曹操能迎献帝于许昌而使之安定下来，放眼整个天下，除了曹操，荀彧还能去依附谁呢？曹操不能完成兴复汉室的任务，这是人人都知道的，但荀彧后来也转念反对曹操加九锡，只是他最初党附曹操的念头就已经错了，自然无法补救。荀彧的智慧，不足以顷刻之间在捍卫汉朝与依附曹操两者中间做出抉择，使问题得以迎刃而解，只能姑且尝试，而且自认为将来还可能有所改变，岂不知道这一局势自始至终都难以改变。所以能及早做出决断且洁身自好的人，被称为有远见、大智慧的人，西晋名士高瞻就是这样一个人。

鲜卑慕容廆起初拥戴晋朝，在安定辽东地区之后，想要任命前来归附于他的高瞻为将军，就推心置腹地告诉他说："我想和你一起共克时艰，肃清奸臣，推诚拥戴晋朝。"慕容廆慷慨陈词，高瞻却反应冷淡，以患病相推辞，最后郁郁而死，始终不屈从事奉慕容廆，不禁令人怀疑他是不是有点过分了。高瞻是坚决拥戴晋朝的忠臣，而慕容廆又是他可以效忠的依靠力量，高瞻暂且听从慕容廆的计谋，而看他以后所作所为再作打算也不迟。但高瞻原本就知道慕容廆不足以依赖。慕容廆不值得依靠来拥戴晋朝，这一点难道很难知道吗？如果高瞻怀抱着一腔忠心急着依附慕容廆来进行尝试，那么在一念之间犹豫不决便有可能铸成大错，忘记慕容廆能任用自己而自己却不能信用他，那么就会像荀彧那样缺乏决断而败坏了自己的名节。如果在空旷的山谷听到脚步声，就欣喜雀跃，又怎么能知道这不是那些凶猛的熊罴猰貐等野兽、精怪发出的干扰声音呢？如果以满腔的忠诚，为宗庙社稷的沦丧深感悲愤，听到有人喊着正义的声音而就欣然前往投奔而不辨真伪，这样的人能不被乱臣奸贼所陷害，是很少见的。高瞻凭借自己的智慧于转瞬之间便做出决断，好像黑白一样分明而不可混淆，使问题得以迎刃而解，比起桴鼓相应发出声音还要迅捷。他死于坚贞不屈之前，而不是死在难以自拔、力量丧尽、志向受阻的时候。唉！怎么能说高瞻不是贤人呢！连刘琨也赶不上他，更何况是荀彧呢？

本事：《资治通鉴》卷九一《晋纪十三·元帝》，大兴二年（319）。

六　两军对垒，互市不可禁

祖逖立威河南，石勒求与通好，逖不报书，而听其互市，可谓善谋矣。

两军相距而绝其市，非能果绝之也；岂徒兵民之没于利而趋者、虽杀之而不止哉？吾且有时而需彼境之物用而阴购之矣。绝市者，能绝吾之不往，而不能绝彼之不来也。吾之往市者，非一日而即能致于彼，畜之牧之，舟车数百里而输之，未至于疆埸而早已泄，故虽不能必绝，而多所绝。若彼之来也，授受于疆埸，一夕而竟千金之易，而自我以逮吏士编氓，无不仰给焉，恶可绝也！于是而吾之金钱与其轻赍之货贿、尽辇以归敌，而但得其日就消亡之物，则敌日富而我日贫，金钱暗耗而不知，欲三军之无匮也不能，而民贫怨起矣。

且绝市者曰：忧间谍也。间谍之往来，恒于歧径，乃名为绝市，而必不能禁下之私通，则歧径四辟，而间谍之往来无忌。互市通，而关津有吏焉，以讥其出入；交易有期焉，以限其往复；军民之志欲得而私径芜，则间谍之出入阻矣。且间谍者，非必畜不轨之志以走险者也。私市通，歧径四出，人知官禁之疏，而渐与敌狎，则因而玩死以售奸者多矣。一之于互市，市之外，无相狎之门，自非深奸巨慝（tè）忘死以侥幸者，孰敢尝试焉？以通之者绝之，逖之虑此密矣。此两军相距，赡财用、杜奸人之善术，用兵者不可不知也。

【译文】

祖逖在黄河以南树立起威望，石勒写信要求与他相互通好，祖逖不给他回信，而是听任军民与其互通贸易，这可以说是善于谋算的了。

敌我两军对垒，而禁止双方互通贸易，其实并非能够真正断绝。难道仅仅是那些沉迷于贸易之利的双方军士吏民私下买卖趋利，即使杀了他们也无法禁止吗？我们有时也会需要对方的物资器用而秘密地进行购置。禁止双方互通贸易，只能禁止我们不去对方那边，而不能禁止对方来我们这边做买卖。我们这边去对方进行贸易，不能一日之间就到达对方的辖境，还需要用牛拉马驮，用舟车数百里运输，还没有运到边境就早已泄露了秘密，这样即使不能绝对禁止我方去对方进行贸易，双方之间的买卖也自然多有断绝。相反，若对方来我们这边进行买卖，在边境附近交易，一个晚上就能达到数千金的交易额，我方的官员、士兵、百姓无不仰仗着贸易所提供的物资保障，所以怎么能禁止得了呢？这样一来，我们的金钱与敌人能够携带的轻便货物，都被敌方装上车子，悉数运回，我们只能得到一些每天都要消耗的物资罢了。于是敌方一天天富裕起来，而我们则日益贫困，我们的财物暗自消耗却没有被觉察，想要使三军将士的物资供应不匮乏也做不到，百姓就会愈发贫困，就会怨声载道。

况且力主禁止双方互通贸易的人会说：这是由于担忧互通贸易会招致间谍潜伏。间谍出入我方，一般是通过小路，所谓的禁止贸易必定不能禁止百姓暗地的交易，因而往来的小路更多地被开辟出来，间谍往来反而更加肆无忌惮。如果双方互通贸易，往来的关卡、渡口都有官吏盘查人们的出入；贸易也有一定的时间，从而限制人们的随意往返。这样，军士民众的欲望和要求得到满足，得到想要的东西，原来私下买卖的小路也就无人行走，从而限制了间谍的出入。况且所谓的间谍也并不都是身怀不轨之志铤而走险的人。如果暗地里贸易，往来的小路四处开辟，人们就会知道官府禁令不严，有些人还会因此和敌方亲近，于是冒着杀头的危险以施展其奸谋的人就越来越多。一到了互市的场地，互通贸易之外，没有别的途径可与敌方亲近，那么除了心怀不轨之志且舍生忘死以求侥幸的大奸巨恶之人，谁敢冒险去尝试呢？所以，以双方互通贸易来禁绝间谍的出入，这是祖逖深思熟虑的高招。这也是两军对垒时使我方富足、杜绝奸人的好办法，带兵打仗的人不能不知道这一点。

本事：《资治通鉴》卷九一《晋纪十三·元帝》，大兴三年（320）。

七　忠臣为主，君子为家

王导之不得为纯臣也，杀周顗而不可掩，论者摘之，允矣。然谓王敦篡而导北面为佐命之臣，以导生平揆之，抑必其所不忍。且王敦之凶忍，贼杀其兄而不忌，藉其篡立，导德望素出其上，必不能终保其死，导即愚，岂曾此之不察哉？

乃导之淟涊（tiǎn niǎn）两端，不足以为晋之纯臣也，则有由矣。盖导者，以庇其宗族为重，而累其名节者也。王氏之族，自导而外，未有贤者，而骄横不轨之徒则多有之。乃其合族以随帝渡江，患难相依而不离，于此而无协比之心焉，固非人之情矣。然而忠臣之卫主，君子之保家，则有道焉。爱之以其情也，亲之以其道也，因其贤不肖而用舍之以其才也，尽己所可为，而国家之刑赏，非己所得而私也。当其时，纪瞻、卞壸、陶侃、郗鉴之俦，林立于江左，而以上流兵柄授之于王敦，导岂有不逞之谋哉？恤其宗族，而不欲抑之焉耳。

将谓管叔之逆，周公且不忍防之于早乎？乃管叔者，非但周公之兄也，周公非但以己兄之故而使之监殷也。管叔者，固文王之子，武王之弟，成王之叔父也。俱为天子之懿亲，而以己之贤，疑彼之不肖而早制之，于是乎不可。而导岂其然哉？天下者，司马氏之天下，非王氏之天下也。惜其阀阅之素盛，念其辛苦之共尝，以人之天下而慰己之情，未有不陷于恶者。而其究也，乃至亲统六师，名为贼而推之刃，又何足以救名义而全天性哉？

呜呼！岂徒如导者，系国家安危之大故，人臣贞邪之大辨哉！凡人之亲爱其宗族也，亦各有道矣。己所得为，无不可推也，上而君，降而友，又降而凡今之人与凡天下之物，非吾所得私者，不得以自私，则抑不得以私其诸父昆弟。妄欲者何厌之有哉？教以正，迪以自立之方，士习为士，农习为农，黠者戢之，弱者振之，非徒无伤于天下，而抑可以保跃冶之子弟而予之安，则可以上告祖考而无憾矣。徇族党好恶之私，己虽正而必陷于邪，辱身不孝之罪，又奚逭（huàn）哉！

【译文】

王导不能算作忠诚纯正的大臣，从尚书左仆射周顗被杀这一不可掩盖的事实即可看出，评论的人因此而指摘他，也是公允的。但如果说王敦叛乱篡权成功，而王导会作为辅佐而向他北面称臣，从王导平生所作所为推测，必定不是他忍心所做的事。况且王敦残暴凶恶，杀害他的族兄王澄而无所顾忌，假使其篡位成功，王导威望声誉向来比他高，必定难保最终不被杀害，王导即使愚蠢，难道会不明白这一点吗？

至于说王导软弱怯懦、首鼠两端，不足以被称为东晋的忠诚纯正的大臣，则是有原因的。因为王导一向以保护其宗族为重，这就有损于他的名节。王氏家族除了王导之外，没有什么贤能的人，而横行不法之徒则为数不少。可是整个王氏家族随琅邪王司马睿一起渡过长江，他们患难相依，不相分离，如果不能齐心协力，互相帮助，恐怕也不是人之常情。但忠臣保卫其君主，君子护卫其家族，是有其正道大义的。要根据实际情况来爱护自己的家族，根据正道大义来维系自己的家族。按照其家人的贤能与否、才能大小来决定任用与否，不能任人唯亲。尽自己的力量加以爱护，但是国家的奖赏和惩罚，不是根据自己的私心好恶来决定的。当时，纪瞻、卞壸、陶侃、郗鉴等忠诚而有才华之人，都聚集于江东，而王导却把长江上游战略重地的兵权授给其兄王敦，难道王导有图谋不轨的野心吗？他主要是关心体恤自己的家族，而不想压制他罢了。

可能会有人说，西周初年管叔作乱，周公尚且不忍心过早地加以提防呢？管叔是周公的兄长，周公并不只是因此而派他监视殷商遗民的。管叔本来就是周文王的儿子，是周武王姬发之弟，也是周成王姬诵的叔父。都是天子的亲属，周公如果以自己的贤能，怀疑他图谋不轨而及早加以防范、约束，也是不可以的。王导难道是这样吗？天下是司马氏的天下，而不是王氏的天下。因为怜惜王氏家族素来的荣华富贵，感念曾经的同甘共苦，就以别人的天下来抚慰自己对家族的情感，难免不陷入罪恶的深渊。而事情发展到最后，甚至于王导被迫亲自统率三军，将其兄王敦称为奸贼并加以讨伐诛戮，这又怎么能挽救君臣的名义从而保全其宗族的天性呢？

唉！何止是像王导这样身系国家安危的重大事故，面临人臣忠贞或是奸邪的重大考验的人呢？但凡是一个普通人，亲近爱护其家族，也自然要秉持正道大义。凡是自己能够做到的，就不能有所推辞。上至尊贵的君主，次及朋友，又次之天下普通的人和普通的事，凡是不能以私情对待的，也就不能偏私自己的叔伯弟兄。贪婪的人哪里会有满足的时候呢？只有以正道大义教育他们，开导他们走向自立自强的途径，使士人真正成为士人，农民真正成为农民，使不安分的人有所收敛，使软弱之人振奋精神。这样不但不会对天下形成伤害，而且也可以保护其中自以为贤能、急于仕进的子弟，使他们保持安稳，这样就可以告慰于祖先而无所遗憾了。如果只是一味地根据自己的好恶来维护宗族的私利，那么即使本人正道直行，也一定会被迫陷入奸邪的境地，使自己受侮辱并蒙受不忠不孝之罪，怎么能逃脱得了呢？

本事：《资治通鉴》卷九二《晋纪十四·元帝》，永昌元年（322）。

明帝

一　明帝神武，王敦授首

明帝不夭，中原其复矣乎！天假五胡以乱中夏，气数之穷也，帝乃早世！王敦之横，元帝惴惴而崩，帝以幼冲当多难，举动伟然，出人意表，可不谓神武哉？

王敦谋篡，而讽朝廷征己，使帝疑畏忧戚不欲征、而待其党之相迫，则敦之横逞矣。帝坦然手诏征之，若人主征大臣之故事，无所疑畏，而敦固心折不敢入也。敦欲以王导为司徒，听之也，导本可为司徒，无所疑也；抑以此奖导为君子，使浣濯其同逆之耻以乃心王室，而解散群臣阿比王氏之戾气。于是而导之志移，敦之党孤，奄奄且死而以篡为下计；区区为难者，钱凤辈亡赖之徒而已，殄灭之如摧枯矣。导贻王含之书曰："昔年佞臣乱朝，人怀不宁，如导之徒，心思外济。今则不然，圣主聪明，德洽朝野，凡在人臣，谁不愤叹？"导之情可见，从王氏者之情可见，天下之大势，明帝之大略，从可知矣。

折大疑者，处之以信；奠大危者，予之以安。天假明帝以年，以之收北方离合不定之人心，而乘冉闵之乱，吹枯折槁，以复衣冠礼乐之中夏，知其无难也。帝早没而不可为矣，悲夫！

【译文】

如果东晋明帝司马绍不过早地死去，中原可能已经收复了！上天假借匈奴、鲜卑、羯、氐、羌这五个边疆民族扰乱中原，在其气数已尽之时，明帝竟英年早逝！由于王敦的骄横叛逆，晋元帝郁郁而终，尚在幼冲的明帝面对多灾多难的时局，为政举措卓然不凡，出人意料，怎么不能称为英明神武之君呢？

王敦阴谋篡夺东晋政权，而暗示朝廷征召他率军入朝。假使晋明帝深感疑虑、畏惧而不愿意征召他，等待其党羽加以逼迫才不得不如此，那么王敦的阴谋得逞，就会更加肆无忌惮。但晋明帝很坦然地手写诏书征召他，好像过去皇帝征召别的大臣一样，并没有感到疑虑、畏惧，王敦固然内心折服而不敢应诏入朝。王敦想让王导做司徒，明帝便听从他的安排。王导本来就可以做司徒，这是无须怀疑的。而明帝也想以此激励王导做君子，使他洗脱与王敦同党叛逆的耻辱，忠心于朝廷，从而消解群臣偏袒勾结王敦的暴戾之气。于是王导的立场转向朝廷，王敦的势力被孤立起来，在其奄奄一息即将病死之际而把举兵东下、篡权谋逆作为下策。最终与其一同发难的人数很少，只有参军钱凤区区几个无赖之徒罢了，消灭他们如同摧枯拉朽般不费吹灰之力。王导在给参与叛乱的王敦之兄王含的信中说："过去奸臣在朝作乱，人心不安，像我这样的人，也存有外心。现在情况不同了，主上圣明，恩德威服朝野上下，凡是作为臣子的，谁不痛恨叛逆呢？"王导内心的隐衷由此可见，追随王氏家族的人的心思也由此可见，天下兴亡的大势所趋，晋明帝的雄才大略，从中也都可以知道了。

想要折服和消解人们的重重疑窦，就要与他们以诚相待；想要应对和处置国家的重大危机，就要威服天下使他们心安。如果上天能使晋明帝多活几年，让他收复和安定因战乱分崩离析的北方人心，而且借着后赵冉闵叛乱的时机，摧枯拉朽，一举收复中原，恢复华夏衣冠、礼乐文化，想来也并非难事。明帝早逝而未能做到这一点，实在可悲啊！

本事：《资治通鉴》卷九三《晋纪十五・明帝》，太宁二年（324）。

二　王导文过，非君子也

君子之过，不害其为君子，唯异于小人之文过而已。王敦称兵犯阙，王导荏苒而无所匡正，周顗、戴渊之死，导实与闻，其获疚于名教也，无可饰也。故自言曰：“如导之徒，心思外济。”盖刘隗、刁协不择逆顺，逞其私志，欲族诛王氏，而导势迫于家门之陨获，不容已于诡随，此亦情之可原而弗容隐饰以欺天下者也。及敦死而其党伏诛，谯王丞、戴渊、周顗以死事褒赠，岂非导悔过自反以谢周、戴于地下之日乎？而导犹且狎开门延寇之周札，违卞壸、郗鉴之谠议，而曰：“札与谯王、周、戴见有异同，皆人臣之节。”导若曰札可尽人臣之节，则吾之于节亦未失也。假札以文己之过，而导乃终绝于君子之途矣。

郗公爱子死而不哭，卞令力疾战而丧元，二君子者，无诸己非诸人，危言以定褒贬，非导之所能也。而引咎知非，以无异说于论定之后，夫岂不可？怙慝而欲盖弥章，不学于君子之道，虽智弗庸也。

【译文】

君子有了过错，对其作为君子的名分并没有多大的妨害，这和小人有过错而加以粉饰掩盖迥然不同。王敦举兵犯上，王导犹豫拖延而不立即加以制止、纠正；周顗、戴渊的被杀，王导实际上是知道的，从名教上讲他是有罪责的，这是无法掩饰的。所以他自己说："像我这样的人，也存有外心。"刘隗、刁协不能分辨忠臣和叛逆，想要实现自己的野心，把王氏家族全部诛杀；而王导迫于整个王氏家族可能因此而没落衰亡，不得不诡诈善变、屈从于叛逆之徒，这也有情可原，容不得加以掩饰来欺骗天下之人。等到王敦病死及其党羽被杀之后，谯王司马丞、戴渊、周顗因被逆臣杀害、为国效死而受到追谥、褒扬，这难道不是王导出于自己悔过、内疚而向周顗、戴渊谢罪的时候吗？王导却还亲近、偏袒弃守城池、开门延请王敦叛军入都的都督石头水陆军事周札，违背卞壸、郗鉴正直的议论，而且说："周札和谯王司马丞、周顗、戴渊的见解各有异同，但都保持着作为人臣的气节。"王导说周札可以尽到人臣的气节，就等于说自己的气节也并未丧失。假借周札来掩饰自己的过错，那么王导自己最终也与君子之道绝缘了。

郗愔的爱子郗超死后，他极为伤心，而当他得知儿子曾参与桓温谋逆篡位，便不再为他流泪；卞壶在苏峻叛乱时临危受命、奋力抵抗，最终以身殉国。这两位君子都是不该做的自己先不做而后再要求别人不做，正道直言以确定褒贬，这都不是王导能够做到的。而过后引咎自责，认识到自己的过错，在人们盖棺定论之后不再发表自己的不同意见，这难道不可以吗？坚持自己的错误并掩盖事实，以至于欲盖弥彰，不学习君子之道，即便拥有智慧也没有用处。

本事：《资治通鉴》卷九三《晋纪十五·明帝》，太宁三年（325）。

成帝

一　有道于此，无须辅政

少主立，而大臣尸辅政之名，虽周公之圣，不能已二叔之乱，况其下焉者乎？庾亮不专于己，而引西阳王羕、王导、卞壶、郗鉴、温峤与俱受托孤之遗诏，避汉季窦、梁之显责，亮其愈矣。虽然，恶有俱为人臣，徒崇此数人者持百尹之进退而可以服天下哉？陶侃之贰，祖约、苏峻之逆，所必然矣。

夫主少则国政亦必有所裁，大臣不居辅政之任而恶乎可？而有道于此，则固无事立辅政之名，授之以独驭之权，而疑天下。无他，唯官常数定，官联相属，法纪豫立，而行其所无事焉耳。三公论道，而使莅庶事，则下侵六卿；百执不相越，而不守其官，则交争。故六卿百执之可否，三公酌之；而三公唯参可否，不制六卿百执以行其意。则盈廷多士，若出一人，州牧军帅，适如其恒。天子虽幼，中外自辑以协于治，而恶用辅政者代天子而制命邪？

夫古之天子，未尝任独断也，虚静以慎守前王之法，虽聪明神武，若无有焉，此之谓无为而治。守典章以使百工各钦其职，非不为而固无为也。诚无为矣，则有天子而若无；有天子而若无，则无天子而若有；主虽幼，百尹皆赞治之人，而恶用标辅政之名以疑天下哉?

是以三代之圣王，定家法朝章于天下初定之日，而行之百世，主少国疑之变，皆已豫持之矣。故三代千八百年，非无冲人践阼，而大臣无独揽之威福。若夫周公之辅政，则在六官未建、宗礼未定之日，武王末受命而不遑，不得已而使公独任之也。虽然，读《鸱鸮》之诗，而周之危、公之难，亦可见矣。有圣主兴，虑后世不能必长君令嗣之承统也，豫定奕世之规，置天子于有无之外，以虚静而统天下，则不恃有贵戚旧臣以夹辅。既无窦、梁擅国之祸，而亦不如庾亮之避其名而启群争。不然，主幼而国无所受裁，虽欲无辅政者，不可得也。

【译文】

君主年幼继位，而大臣以辅政的名义执掌国家大权，即便是周公旦那样圣明的人，尚且不能制止管叔、蔡叔的叛乱，何况那些贤能不如他的人呢？庾亮自己不能独揽辅政大权，而援引西阳王司马羕、王导、卞壶、郗鉴、温峤与他一起接受晋明帝临死前委托诸位共同辅佐幼主的遗命，以求避免像东汉外戚权臣窦氏、梁氏那样被人指责，庾亮的做法确实比较高明些。尽管如此，难道有那么多的大臣却只推崇这几个人，让他们掌握百官任免升降的大权，能使天下人信服吗？陶侃的心怀异志，祖约、苏峻的发动叛乱，都是势所必然的。

继位的君主年幼，而国家政事必须有人加以裁决，大臣不承担起辅政的责任怎么可以呢？但辅政是有其正道大义的，本来就没有必要树立辅政的名义，授予大臣乾纲独断的大权，从而引起天下人的猜疑。没有别的办法，只有确定官员的职数，各级官职相互统属，各司其职，预先确立纲常法纪，照章办事，无为而治。三公本应该坐而论道，如果让他们处理一般性的事务，就会侵害下属六卿的权力；百官的职事不应相互僭越，如果他们不能恪尽职守，就会引起纷争。所以六卿百官是否称职，由三公进行斟酌；而三公只斟酌参议其是否称职，却并不强迫六卿百官执行自己的意见。这样，整个朝廷尽管官员甚多，却可以团结协作，如同一人；对于州郡地方官员和军队将帅的管理，也都按照常规运行。君主虽然年幼，但朝廷内外自然保持稳固，上下齐心协力而得到治理，哪里用得着辅佐大臣来代替天子拟订诏命、发号施令呢？

上古时代的天子不曾独断专权，他们清虚恬静地遵循前代的法令，即使聪明神武，也好像没有才能，这就是所谓的无为而治天下。遵守典章制度而使百官各司其职，并不是无所作为，而是要达到无为而治的境界。真正的无为而治，就是有天子也好像也没有一样；有天子而好像没有一样，那么没有天子就好像有天子一样。君主虽然年幼，百官都是襄助他治理天下的人，哪里还用得着标榜辅佐大臣的名义来引发天下人的怀疑呢？

因此，夏、商、周三代的圣王，在王朝初建时就制定各种法律制度，让以后各代都遵照执行。因君主年少而导致人心猜疑的变故，他们都已经预料到了。所以，夏、商、周三代一千八百年中，并非没有君主年幼继位的情况，而大臣却没有能够独揽大权、威福自专。至于像周公辅政，则是在六卿之官的制度规范尚未建立、宗法礼制还没制定的时候，周武王还没有来得及制礼作乐便骤然去世，不得已才让周公独掌辅佐大权。尽管如此，我们读《诗经·鸱鸮》之诗，从中也可以看到周朝初年的危难局面以及周公所面临的困难。圣明的君主出现后，考虑到后代不一定都是年长的君主、才德兼美的后嗣继承王位，因此预定了累世遵循的规章制度、礼仪规范，把天子放在可有可无之处，遵照清虚恬静的原则无为而治天下，这样就不用倚靠皇亲国戚、勋旧大臣来托孤受命、辅佐执政。这样，既不会有东汉窦氏、梁氏专权擅政而导致祸乱，也不会有像庾亮之流为避免专权之名而引发群臣争权的事例。否则，君主年幼继位，而国家政事没有什么可依赖的人进行裁决，即使想不用辅政大臣，也是不行的。

本事：《资治通鉴》卷九三《晋纪十五·明帝》，太宁三年（325）。

二　溃于内者，必决于外

溃于内者，必决于外。苏峻反历阳而入建业，祖约据寿春以通石勒，然而勒不乘之以入犯者，非勒无狡焉之志也；刘曜破石虎于蒲坂，进围金墉，勒方急曜而不暇及也。咸和三年九月斩苏峻，十二月勒执曜于洛阳，使迟之一年，峻、约始破，则约迫而导勒以东，晋其糜矣。故夷狄之相攻，或为中国之利，利以一时耳；而据之以为利，相攻久而相灭，灭而并于一，害乃不救，何利之有乎？

“池之竭矣，不云自濒”，外迫而内难起也。“泉之竭矣，不云自中”，内乱而外患乘也。昧者乃曰：“外宁必有内忧。”谓以外患警内，而内忧可弭；则抑有内忧而可弭外之侵陵邪？向令曜、勒不逼，江东不孤，若峻、约之流，又何敢辄生其心？勒、曜之相攻而未相并，幸也，谋国者不敢恃也。

【译文】

事情先从内部崩溃，必然会导致外部泛滥成灾。冠军将军、历阳内史苏峻在历阳（今安徽和县）发动叛乱，并攻入都城建业（今江苏南京），一同起兵的镇西将军祖约占据寿春（今安徽寿县），和石勒勾结。但石勒并没有乘机侵犯中原，不是他没有奸诈的图谋，而是因为刘曜在蒲坂（今山西永济蒲州）打败了石虎，进而围攻金墉城（今河南洛阳东），石勒被刘曜所牵制困扰而无暇顾及。晋成帝司马衍咸和三年（328）九月，苏峻被陶侃所斩杀；十二月，石勒在洛阳打败了刘曜。如果苏峻、祖约的叛乱延迟一年才被击破，那么祖约在迫于无奈的情况下会引导石勒向东进军，东晋的腹地就可能遭受蹂躏而濒于危亡了。所以夷狄之间互相攻杀，有时会对中原王朝有利，但也只是暂时的；如果凭借这一时机便自以为得利，那么他们双方相攻后就会有一方被灭，进而合而为一，则会给中原王朝带来难以挽救的更大的祸害，又有什么好处可言呢？

《诗经·召旻》中说："池子中的水枯竭，难道不是从边沿开始的吗？"外部遭遇压迫，内部就会发生混乱。又说："泉源里的水断绝，难道不是从中间开始的吗？"内部发生叛乱，外敌就会乘机进犯。愚昧的人却说："外部安定，内部一定会有忧患。"说的是通过外敌入侵使内部有所警惕，这样内部的忧患就能得以消弭；然而，怎么会有内部已经发生叛乱却可以抵抗并消弭外部的侵略呢？假使石勒、刘曜不相逼迫，江东政权不陷入孤立无援的境地，苏峻、祖约之流又怎么敢生叛乱之心呢？石勒、刘曜互相攻杀而并没有合而为一，这是值得庆幸的，因为这使得那些图谋篡位夺权的人不敢以此为凭借为所欲为。

本事：《资治通鉴》卷九三《晋纪十五·成帝》，咸和二年（327）。

三　卞壸可维名教未可安社稷

东晋之臣，可胜大臣之任者，其唯郗公乎！卞令忠贞之士，朝廷之望也，以收人心、易风俗、而安社稷，则未之敢许。晋之败，败于上下纵弛，名黄、老而实惟贪冒淫逸之是崇。王衍、谢鲲固无辞其责矣。乃江左初立，胡寇外逼，叛臣内讧，人士之心，习于放佚而惮于拘维，未易一旦革也。卞令执法纪以纠之，使人心震慑而知有名教，诚不可无此中流之砥柱。然充其所为，以惩创而无已，则乍强以所不习，而人思解散，便给之小人日饰以进，抑不保人心之永固而国势之能安也。

王敦之反，刁协、刘隗之操切激之；苏峻之反，庾亮之任法激之；障狂澜而堙之，鲧绩之所以弗成也。故先王忧人心之易弛而流也，劳来之以德教，而不切核之以事功；移易之以礼乐，而不督责之以刑名。《临》之象曰："咸临，吉，无不利。"非其感也，不可以临也。殷末之俗淫，而《二南》之化，游之于《芣苢》，安之于《摽（biào）梅》。大弛者反之以大张，大张必穷，而终之以大弛，名为王道，而实为申、商，不覆人之家国者，无几也。故卞令厉色立朝以警群臣之荡佚，不可无也。而任之以统驭六宇，厝社稷之安，定百官之志，则固未可也。"夬，扬于王廷。"暮夜之戎，可勿恤乎！

【译文】

东晋的臣子，能胜任大臣之职者，大概只有历任尚书令、侍中、太尉的郗鉴一个人了！尚书令卞壶是忠贞不贰之臣，是朝廷所寄望的人，但让他延揽人心，移风易俗，从而安定江山社稷，则未必敢保证他能做到。西晋的败亡，就败在朝廷上下都松弛放纵，名义上都崇尚黄老之道，实际上却只知道贪图财利、骄奢淫逸。作为玄学清谈领袖的司徒王衍及其四友之一的豫章太守谢鲲对此应负有不可推卸的责任。等到东晋江东政权刚刚建立，夷狄从外部进逼侵扰，叛逆之臣又从内部发动讧斗，士人之心都习惯于松弛放纵，而忌惮受到约束控制，这不是一朝一夕就能改变的。在这种情况下，卞壶用法纪来纠正这种偏差，使人们内心受到礼教法纪的威慑，朝廷之上的确不能没有这样的中流砥柱。但他的所作所为，充其量只能惩治不遵法度的人，而不能止息这种社会风尚，骤然运用这种人们所不习惯的强制手段，反而使人心思散乱，而那些灵巧敏捷的奸佞小人不断粉饰自己从而得到提升重用，这并不能使人心牢固、国家安定。

王敦的反叛，是刁协、刘隗操之过激所致；苏峻的反叛，则是庾亮过于注重法治所致。以堵塞的办法阻挡滔滔横流的洪水，这就是上古时期伯鲧治水没有成功的原因。所以古圣先王担忧人心容易松弛而放任自流，就用道德教化来感召他们使之归心，而不是用事功来考核他们；用礼乐制度来教化他们使之移风易俗，而不是用刑罚来严惩他们。《周易·临卦》的象辞中说："以感化之心下临万民，可得吉祥，而无有不利。"没有感召之心，就不能下临万民而使其归附。殷商末年，社会风俗骄奢淫逸，而《诗经》中的《周南》《召南》所表现的周文王对民众的教化，使他们在《诗经·芣苢》所描写的采集劳动中充满欢欣，在《诗经·摽有梅》所描写的男欢女爱中得以安定。过分的松弛放纵反过来会带来过度的紧张，过度的紧张必然会穷尽其力量，而最终形成更加过度的松弛放纵。名义上是所谓的推行王道，实际上则是申不害、商鞅的法家权术，这样做的结果不颠覆别人的宗族和国家的，是很少见的。所以尚书令卞壶严刑峻法来警策群臣的骄奢淫逸，这是必不可少的；可是让他掌握国家大权，巩固江山社稷，安定百官的心志，则原本是不可能做到的。虽然《易经·夬卦》的卦辞中说："在君王的朝廷之上发表言论，宣扬小人的罪行；竭诚地大声疾呼，告诫人们将有危险。"但由此引起的暗夜里潜伏的敌人的危险，又怎么能不考虑呢？

本事：《资治通鉴》卷九四《晋纪十六·成帝》，咸和三年（328）。

四 撤围分军，兵家大忌

刘曜围洛阳，撤金墉之围，陈于洛西，一战而被禽以亡。其败也，饮博而不恤士卒，轻撤围以西，狂醉以自陷也，非不听谏者以厄勒于成皋之失计也。使曜深沟高垒，断勒入洛之路，内外不相应，勒一往之锐气且折，而弗能解金墉之围，旷日持久，上下有惰归之气，求归不得，亦窦建德之见禽于东京而已。假令曜分兵以扼成皋，御人于百里之外，所遣拒勒之将，固非勒敌，必先挫而溃，则围洛之军心尽解，其败决矣。勒曰："盛兵成皋，上策也；阻洛水，次也；坐守洛阳，成禽耳。"此勒畏曜坚壁以老己，姑为此言以安众耳，非果然也。曜撤围而陈于洛西，望蒲坂以为退步，勒曰：“可贺我矣。”此则勒之果所欣幸耳。

千里县军，攻人于围城之下，兵之大忌也。撤围分军以拒人于险，险非我有，而军心不固。陈友谅解南昌之围，而死于鄱湖。军一分而不可合，一动而不可止，勒之智足以测此，姑为反语以安众心，或遂信其实然，勒且笑人于地下矣。

【译文】

刘曜包围洛阳，撤掉对金墉城的围困，而把军队部署在洛阳以西地区，经历一次战斗便被擒致死。他失败的原因，在于他沉湎于饮酒博戏，而不关心体恤士兵，轻率地撤围而向西进攻，狂醉不能自拔，并非他不听劝阻、没有以重兵狙击石勒于成皋（今河南荥阳汜水镇）的失策。假使刘曜高筑城墙、深挖战壕，断绝石勒进攻洛阳的道路，使他内外不能呼应，那么石勒一往无前的锐气就会大挫，也就不能解除金墉城的包围。这样旷日持久，军队上下就会有怠惰思归之气，想要撤退又无法做到，就会像后来的窦建德那样为救援东京（今洛阳）的王世充而被秦王李世民生擒。假定刘曜分兵扼守成皋，在百里之外防御敌人，派去的将军本来不是石勒的对手，必定锐气受挫而溃败，那么包围洛阳的部队军心就会完全瓦解，其失败也是肯定的了。石勒说：“刘曜如果在成皋驻扎重兵阻击，是上策；依托洛水进行阻击，是中策；如果坐守洛阳，就会被活捉了。”这是石勒害怕刘曜坚壁清野，使自己疲劳不堪，姑且用这样的话安慰众人的，并非果真是这样的。刘曜撤掉金墉之围而列阵于洛阳以西，把蒲坂（今山西永济蒲州）作为退兵之处，石勒就说："可以祝贺我们的胜利了。"这才是石勒所希望看到的结果。

深入敌境千里而孤立无援的军队，前去包围敌人的城池，这是兵家最忌讳的。待敌人援军到来，便撤掉包围，分散军队，在险要之处阻击敌人，但这些地方又不是一向为我所占有之地，所以军心不稳。陈友谅撤掉南昌之围与朱元璋决战，在鄱阳湖战败死去。军队一旦分散就不容易再聚合，一旦行动就不容易再停止，石勒的智谋足以估计到这一点，因此他姑且用反话安慰众心，有的人便真的相信他所说的话，那么石勒在九泉之下也将会感到好笑。

本事：《资治通鉴》卷九四《晋纪十六·成帝》，咸和三年（328）。

五　王导阻迁都之议，定江东百年之基

苏峻之乱，建业残敝，廷议迁都，王导独持不可。江左百年之基，导一言以定之，审乎难易之数也。梁元帝惮建业之凋残，据江陵之富庶，而速以亡。然则曹操弃洛阳，迁献帝于许，其一时之奸谋，以许为兖州之域，而挟天子为己私，非果厌洛阳之敝也。乃缘此而不能终一天下，亦有由矣。

所谓难易之数者，宫阙毁败，邑里萧条，人民离散，

粟货罄乏，乍然见之以为至难而未可收摄者也。乃夫人惊惧之情，移时而定矣，定则复思安其居而赡其生，不待上之赡之也。故《鸿雁》之诗曰："虽则劬劳，其究安宅。"莫之扰也。莫之扰，则民各有心，岂必劳来安集之殷勤？而加以劳来安集，则益劝矣。此似难而实易者也。

若夫固然其难者，则已动而不可复静之人心是已。人莫不歆于一时之利用而竞趋之，丝粟盐酪、酒浆鸡豚、庐舍帷帟之便利，妇人稚子之所歆，而人情之莫能夺者也。此凋敝而移之彼，虽徙如归焉，彼凋敝而又移之他。君民朝野，日唯延颈四望，睨乐土而苟安，穷年累岁，志在游移而无定情，其不愈劳愈蹙以之于绝地也无几矣。

楚迁陈而困，迁寿而危，迁吴而亡，非徒地形之不利也，趋利偷安之情，如回河而西之，必不可得也。导之言曰："镇之以静，群情自安。"知人情物理消长往复之几，而防众心之流以止之于早，规之已大，持之已定，岂有难知之数哉？庸人未之察耳。

【译文】

苏峻叛乱，使建业残破不堪，朝廷讨论建议迁都，只有王导坚持认为不能这样。江东百年的基业，王导以一言而定之，这是基于他审时度势、对迁都难易之规律的正确认识。梁元帝萧绎顾虑建业城的残破，想要凭借江陵（今属湖北荆州）的富庶巩固基业，结果却加速了他的灭亡。既然这样，那么曹操放弃洛阳，把汉献帝挟持到许（今河南许昌），这是他暂时的奸计，他把许都视为兖州的地域，也就是他的势力范围，妄图挟天子以令诸侯，满足自己的私欲，并非真的嫌弃洛阳残破不堪。至于他因此而不能最终统一天下，也是有原因的。

所谓迁都难易之规律，主要指的是都城里宫殿被焚毁，乡里一派萧条，人民流离失所，粮食财货极度匮乏。乍然见到此情此景，都认为这是无法聚集民众、收拾残局的极端困难的处境。可是人们的惊慌、恐惧之情，是可以随着时间的变化而稳定下来的，稳定之后就会想要安居乐业，养家糊口，并不等待官府的救济扶助。所以《诗经·鸿雁》中说：“虽然辛苦又劳累，但穷苦的人终得安居。”不要去打扰他们。不打扰民众，则人人各有安定之心，难道必须官府殷勤地感召安聚他们吗？如果官府在此基础上再来慰劳安置他们，那就更好了。所以说，这表面看着很难，而实际上还是容易的。

至于的确比较难办的事情，则是安抚遭遇动荡而无法恢复安宁的人心。人们没有不羡慕一时的利益而竞相去追逐夺取的，诸如丝绸、粮食、布帛、盐、酒、鸡、猪、房子、帷幕这些衣食起居的便利条件，这是妇女儿童所喜爱的，是人之常情，没有人能够改变。此处破败而迁移别处，即使迁徙也像是回家一样，迁移的地方破败，就又会迁到别的地方。如果君臣百姓、朝野上下，每天只会伸长脖子四处张望，寻找乐土而苟且偷安，这样经年累月，注意力都放在游移不定、迁徙无常的事情上，而缺乏安静之心，那么不变得越来越穷困潦倒、贫乏不堪以至于陷入绝境的，也是极为少见的。

楚顷襄王迁都于陈（今河南周口市淮阳区）而更加困顿，楚考烈王再次迁都于寿春（今安徽寿县）而更加危险，最后春申君迁到吴（今江苏苏州），楚国便灭亡了。不只是地理环境不利，人们趋利偷安之情不能禁止，好像让黄河倒流向西一样，一定不能做到。王导说："用守静之法来安抚民众，人们的内心会自然安定下来。"了解人情物理消长变化的征兆，从而防范民众心理日益放任自流，及早加以阻止，既然归正了天下的大局，维持了人心的安宁，难道还有什么难以测知的规律吗？只是见识浅陋的人未能觉察罢了。

本事：《资治通鉴》卷九四《晋纪十六·成帝》，咸和四年（329）。

六　庾亮激反，其志可原

庾亮征苏峻而激之反，天下怨之，固不能辞其咎矣。虽然，其志有可原者也。亮受辅政之命而不自擅也，尊王导于己上，而引郗鉴、卞壶、温峤以共济艰难，窦武之所不逮，非直异于梁冀、杨骏已也。晋之东迁，王氏执国而敦倡为逆，执兵柄者，皆有侵上之志而不可信。陶侃登天之梦，天下疑焉。祖约之悖，苏峻之奸，尤其不可揖盗以入室者也。以是为侃所怨，以激约、峻之速逆。特其识量不充，未足以乘高墉而解群悖耳。如必委曲以延不轨之奸宄于冲人之侧，则祸迟而大。亮免于激成之责，而孔光延王莽、褚渊推道成之罪，其可逃乎？

亮以卫国无术而任罪，司马温公乃欲明正典刑以穷其罪，则何以处夫延王敦杀周、戴以逼天子之王导乎？温峤，人杰也，亮败窜，而峤敬之不衰，必有以矣。峻虽反，主虽危，而终平大难者，郗鉴、温峤也，以死殉国者，卞壶也，皆亮所引与同卫社稷者也。抑权臣，扶幼主，亮与诸君子有同心，特谋大而智小，志正而术疏耳。原其情，酌其罚，何遽以典刑加之？温公曰："晋室无政，任是责者，非王导乎？"导岂能劾功罪以伸求全之法者？卞敦观望逆党，拥兵不赴，导且不能加诛，有诸已，不能非诸人，况庾亮哉！

【译文】

庾亮征召苏峻入朝为大司农以解除其兵权，导致苏峻反叛，天下人纷纷埋怨他，他本来就难辞其咎。尽管如此，他的初衷还是情有可原的。庾亮接受辅政大臣的诏命而不自己擅权，还很尊敬王导使居其上，并且推荐郗鉴、卞壶、温峤等一同辅佐，共济时艰，这是汉代窦武所不及的，而不仅仅是与东汉梁冀、西晋杨骏有所不同。晋室南渡，迁都江东，王氏家族执掌国家大权，而王敦首先发动叛乱。手握兵权的人都有犯上作乱的野心，不能过分相信。陶侃所做的登天之梦受到天下人的怀疑。以祖约的悖逆、苏峻的奸诈，执掌国家大权的人尤其不能开门揖盗、引狼入室。正因为此，引发了陶侃的埋怨，也刺激了祖约、苏峻的加速叛乱。只是因为庾亮见识不高、气度不宏，不足以像《周易·解卦》爻辞所说的登上城墙一箭射杀鹰隼那样震慑一众悖逆之臣。如果他一定要委曲求全，将这些心怀不轨的奸佞小人延揽到年幼的皇帝身旁，则祸患会有所推迟，而后果却更加严重。庾亮可以被免除刺激发生变乱的责任，而像西汉辅政大臣孔光引荐王莽、南朝宋辅政大臣褚渊推举萧道成那样姑息养奸的罪责，难道能够逃脱吗?

庾亮因治国、卫国无术而获罪，而司马光（封温国公）想依据法律明正典刑，穷究他的罪过。如果这样，那么该如何处置王导因为迎接王敦杀掉周顗、戴渊而威逼皇帝的罪过呢？江州刺史温峤是一代人杰，庾亮在苏峻叛乱后败逃出都城，温峤对他的尊敬并无减少，一定是有原因的。虽然苏峻造反，晋成帝处于危难之中，但最后平定大乱的是郗鉴、温峤，以死报效国家的是尚书令卞壸，而这些都是庾亮所推荐而共同卫护江山社稷的人。抑制权臣，扶持幼主，庾亮和诸位贤能大臣有着共同的志向，只不过他的谋划宏大而智慧不足，志向纯正而手段欠缺罢了。推究他的本心愿望，酌量对他的惩罚，怎么忍心加给他明正典刑呢？司马光说：“东晋皇室没有权力，应该承担罪责的，难道不应该是王导吗?”王导难道能够审理裁决他人的功过是非来伸张求全责备之法吗？卞壸的族兄、湘州刺史卞敦在苏峻、祖约叛乱时拥兵观望而不前往讨逆，王导尚且不能问罪加以诛伐。《大学》上说：该做的自己先做到而后再要求别人去做，不该做的自己先不做而后再要求别人不做。王导尚且如此，何况是庾亮呢？

本事：《资治通鉴》卷九四《晋纪十六·成帝》，咸和四年（329）。

七　圣人道统，不易被窃

天下所极重而不可窃者二：天子之位也，是谓治统；圣人之教也，是谓道统。治统之乱，小人窃之，盗贼窃之，夷狄窃之，不可以永世而全身；其幸而数传者，则必有日月失轨、五星逆行、冬雷夏雪、山崩地坼、雹飞水溢、草木为妖、禽虫为蠥之异，天地不能保其清宁，人民不能全其寿命，以应之不爽。道统之窃，沐猴而冠，教猱而升木，尸名以徼利，为夷狄盗贼之羽翼，以文致之为圣贤，而恣为妖妄，方且施施然谓守先王之道以化成天下；而受罚于天，不旋踵而亡。

呜呼！至于窃圣人之教以宠匪类，而祸乱极矣！论者不察，犹侈言之，谓盗贼为君子之事，君子不得不予之。此浮屠之徒，但崇敬土木、念诵梵语者，即许以佛种，而无所择于淫坊酒肆以护门墙贪利养者；猥贱之术，而为君子者效之，不亦傎乎？石勒起明堂、辟雍、灵台，拓拔宏修礼乐、立明堂，皆是也。败类之儒，鬻道统以教之窃，而君臣皆自绝于天。故勒之子姓，骈戮于冉闵；元氏之苗裔，至高齐而无噍（jiào）类；天之不可欺也，如是其赫赫哉！

虽然，败类之儒，鬻道统于夷狄盗贼而使窃者，岂其能窃先王之至教乎？昧其精意，遗其大纲，但于宫室器物登降进止之容，造作纤曲之法，以为先王治定功成之大美在是，私心穿凿，矜异而不成章，财可用，民可劳，则拟之一旦而为已成。故夷狄盗贼易于窃而乐窃之以自大，则明堂、辟雍、灵台是已。明堂之说，见于《孟子》；辟雍、灵台，咏于《周诗》。以实考之，则明堂者，天子肆觐诸侯于太庙，即庙前当扆之堂也；辟雍者，雍水之侧，水所环绕之别宫，为习乐之所也；灵台，则游观之台，与囿、沼相间者也；皆无当于王者之治教明矣。汉儒师公玉带之邪说而张皇之，以为王者法天范地，布月令，造俊髦，必于此而明王道，乃为㪚零四出、曲径崇台、怪异不经之制以神之。此固与夷狄盗贼妖妄之情合，而升猱冠猴者鬻之以希荣利，固其宜矣。

夫使先王之果于此三宫而兴教化也，然亦偶有便于此也，一学宫，而庠、序、校异矣；一大乐，而《夏》《濩》《武》异矣；一大礼，而忠、质、文异矣。若夫百王不易、千圣同原者，其大纲，则明伦也，察物也；其实政，则敷教也，施仁也；其精意，则祗台也，跻敬也，不显之临、无射之保也；此则圣人之道统，非可窃者也。败类之儒，恶能以此媚夷狄盗贼而使自拟先王哉？劳民力，殚国帑，以黩圣而嚣然自大，则获罪于天；天灾之，人夺之，圣人之教，明明赫赫，岂有爽乎？论者犹曰君子予之，不亦违天而毁人极也哉！

【译文】

天下人极其重视而且不能被窃取的事物有二：一是天子的帝位，这就是所谓的治统；二是圣人的教化，这就是所谓的道统。天子的治统发生变乱，有的是奸佞小人窃取之，有的是盗贼蜂起窃取之，有的是夷狄窃取之，所以天子不可能世代永处其位、保全其身。即便是有些朝代能够幸运地传至数代，也一定会出现日月运行偏离轨道、五星逆行运转、冬天打雷、夏天下雪、山崩地裂、冰雹横飞、洪水成灾、草木为妖、禽兽成精等怪异现象，这样天地都不能保持清静安宁，人民不得尽享天年，这些现象与天子治统发生变乱相对应，毫无差错。如果圣人的道统被窃取，就像猴子穿衣戴帽，徒具人形，就像教唆猿猴爬树登高，空有其名以追逐利益，从而成为夷狄、叛逆盗贼的帮凶，并将其粉饰美化奉为圣贤，自己则依附他们恣意妄为，反而扬扬得意地认为这是恪守先王之道以教化天下。这样的人必定招致上天的惩罚，旋踵之间便会灭亡。

唉！至于盗窃圣人的教化来献媚于匪类，所导致的祸乱更是达到了顶点！评论的人不加详察，还夸口妄谈，说盗贼做的是君子之事，正人君子不能不给予他们教化的权力。这就好像佛门之徒，只要崇拜偶像，念诵梵经，就认为是具备了成佛的因缘，而并不考察他们是否出自妓院、酒肆，只是指望他们为自己看护门墙、施舍财物。这些卑鄙低贱的方法，反而为君子所效法，难道不是颠倒错乱、十分荒唐吗？后赵高祖石勒修建明堂、辟雍、灵台，北魏孝文帝拓跋宏整修礼乐，建造明堂，都是这样的事例。有些儒士之中的败类，出卖圣人的道统，教唆夷狄窃取圣人的教化之权，结果使君臣都自绝于上天，所以石勒的子孙全都被冉闵杀戮，元氏（即鲜卑拓跋氏）的后代，到高氏北齐时期已无多少幸存了。所以，上天是不可以欺骗的，以上这些事例难道不是赫然可见的验证吗？

尽管如此，这些儒士之中的败类，向边疆夷狄、叛逆盗贼出卖圣人的道统，而教唆他们窃取圣人的教化之权，但是古圣先王的圣教难道是他们能够窃取得了的吗？他们理解不了圣教的精义，漏掉了礼乐教化的大纲，只留意于一些表面现象，诸如建造的宫室、器物，以及升降增减、进退行止的仪容形式，矫揉造作、细密曲折的方法，他们自认为古圣先王安定治理天下、成就伟大功业的原因就在于此，因而出于自己的私心牵强附会地学习、模仿，夸耀自己与众不同却不成章法，只要有财物可以使用，有百姓可以劳动，那么照葫芦画瓢，一朝一夕便可以建成。所以边疆夷狄、叛逆盗贼易于窃取，而且乐于窃取并且自鸣得意的，就是建造明堂、辟雍、灵台这些形式上的东西。关于明堂的说法，在《孟子·梁惠王下》中有记载；关于辟雍和灵台，在《诗经·灵台》中有吟诵。考察其实际情况，明堂指的是天子在太庙接受诸侯朝觐时，设在庙前与屏风之间的堂屋；辟雍则是筑土于雍水之旁，被流水环绕的别宫，是练习乐舞的地方；灵台是游览观瞻的台榭，与灵囿、灵沼相间，这些建筑设施对天子治理国家都无多大用处。汉代儒士公玉带制造异端邪说并夸大其词，把它作为君主效法天地、治理国家的礼仪规范，以此来排列一年十二个月的时令节气、培养造就才智杰出之士，一定要通过这些建筑设施来彰显王道，因此，人们开始建造各种奇形怪状的建筑物、弯曲的小路及崇高的台榭，并将这种怪异荒诞的形制加以神化。这本来就和边疆夷狄、叛逆盗贼狡猾奸诈、妖异伪妄的心理相符合，而那些沐猴而冠、教猱升木的小人通过出卖这种异端邪说以贪图荣利，这本来也是顺理成章的。

如果说古圣先王确实要在明堂、辟雍、灵台这三个宫殿中进行礼乐教化，也不过是因时因地采取比较适宜的方式罢了。同样是学宫，夏、商、周三代还有庠、序、校三者的不同；同样是“与天地同和”的大乐，夏、商、周三代也有所不同，夏禹作《大夏》，商汤作《大濩》，周武王作《大武》；同样是“与天地同节”的大礼，夏、商、周三代也有所不同，夏立教以忠，殷立教以敬（一作质），周立教以文。如果说百代君王都不改变，千位圣人一样奉行，那么其大纲，就是明晰人伦，就是体察万物；其实政，就是布施教化，广播仁义；其精义，就是《尚书·禹贡》所说的首先要敬重天子之德，也就是《诗经·长发》所说的圣明恭谨与日俱升，也就是《诗经·思齐》所说的幽隐之处犹如神明照临，修身不倦从而保持安宁。这就是圣人的道统，是不能被偷走的。那些儒士中的败类，怎么能以此来向边疆夷狄、叛逆盗贼谄媚，而使他们自比于古圣先王呢？只不过是辛劳百姓的力量，耗尽国库的钱财，亵渎圣人而嚣张自大，从而获罪于上天；所以上天降给他灾害，别人剥夺其权力。圣人的教化光明昭彰，怎么能有差错呢？评论的人却还说这是正人君子给予他们的，这不是违背天意而毁坏人伦纲常吗？

本事：《资治通鉴》卷九四《晋纪十六·成帝》，咸和六年（331）。

八　仁与不仁，初心而已

公山洩导吴枉道，使鲁有备，慕容翰止段兰之追慕容皝，而恐亡其国，皆良心发见于牿亡之余不容泯者；然其视紾兄之臂而姑徐徐也何别哉？

夫人欲自免于不忠不孝也，唯初心之足恃而已矣。狄仁杰之事逆后而可善其终，未尝与于篡唐之谋，抑未与李勣诸人同受宗社之托也。宋齐愈手书张邦昌之名，而无痛哭不宁之色，则斩于市而非李纲之过。君父之大，顺逆之分，如黑白之昭著于前。道二：仁与不仁而已矣。已移足于不仁之泥淖，畏其陷染而姑自踸踔（chěn chuō），终不可得而洒然。故极仁道之精微，有所未逮，虽有过焉，而君子谅之，未尝不可改也。设仁不仁之显途而去顺即逆，虽有乍见之恻隐，君子弗听；所从者不仁，终不可与于仁也。

若翰者，身为叛人，已自立于不仁之中矣，虽欲自拔，徒不信于段氏而危其身，抑必终为皝所忌而死，百悔丛心，又何补哉！

【译文】

春秋末年鲁国季桓子的家臣公山不狃（字子洩，又名弗扰）故意引导吴国军队走最艰险的道路，使鲁国有所防备；鲜卑慕容翰阻止鲜卑段部将领段兰追击前燕太祖慕容皝，恐怕灭亡自己的故国，这都是不容泯灭的良心在受到遏制而消亡之际及时发现，但这与看到有人扭住兄长的胳膊而对他说姑且慢些的行为有什么区别呢？

人要想免于不忠不孝的罪名，能够凭借倚靠的只有自己最初的良心。唐代名相狄仁杰事奉逆后武则天而能够得以善终，是因为他不曾参与篡夺唐朝政权的阴谋，此前也不曾和李勣等人一同接受江山社稷的托付。宋朝谏议大夫宋齐愈手写张邦昌的名字（即推举他出任伪职），而没有痛哭不安的脸色，他被腰斩于市，并非李纲的过错。君父至高无上的地位是否得到尊奉，臣子忠贞与奸佞的分别，就像黑白一样分明，不能混淆。正如《孟子·离娄上》中所说：道路无非两条：一是仁道，二是不仁之道。已经移动脚步走到不仁的泥淖中，却害怕被染脏而跳着脚走，最终不能满身洁净而求得洒脱。因此，极尽仁道的精微要义，即使有时未能达到、有所过错，君子也会予以原谅，未尝不能加以改正。设置仁道与不仁之道两条非常明显的道路，有的人还是离开仁道而走向不仁之道，那么即使他偶然间乍现恻隐之心，君子也不予理会；自己选择和遵循的是不仁之道，终究也不会达到成仁的境界。

像慕容翰这样的人，身为叛臣，自己已立于不仁中间，即使想自拔脱身，也只是白白地被段氏猜疑，进而危害自身，最终必然会被慕容皝疑忌而死。即使他内心充满悔恨之情，又有什么可以补救的呢？

本事：《资治通鉴》卷九五《晋纪十七·成帝》，咸和九年（334）。

九　君臣之道，过犹不及

成帝以幼冲嗣立，委政王导，拜导及其妻曹氏，魏、晋君臣之际，陵夷至此，石勒曰：“曹孟德、司马仲达狐媚以取天下。”诚有谓也。

古礼之见于今者，燕射之礼，君皆答拜，为诸侯于大夫言也。诸侯于大夫，不得视天子于诸侯；犹大夫于陪臣，不得视诸侯于大夫；等杀之差，天秩之矣。天子于诸侯，礼不概见，仅存者《觐礼》一篇，侯氏肉袒稽首，天子不答，分至严矣。天子之不骄倨以临臣下者，唯当宁立而不坐，天揖同姓，时揖异姓，土揖庶姓，而不听其趋跄，此三代之以礼待臣，而异于暴秦之已亢者也。恶有屈一人之至尊拜其下而及其妇人哉！

礼者，过不及之准也；抑之极，则矫而为扬之甚，势之必反也。垂及于女直、蒙古之世，鞭笞之，桎梏之，奴虏斥诟之，于是而有“者厮可恶”之恶声施于诏令，廷杖锁拏之酷政行于殿廷；三纲裂，人道毁，相反相激，害亦孔烈哉！三代之后，必欲取法焉，舍赵宋待臣之礼，其谁与归？

【译文】

晋成帝司马衍幼年即位，委政于王导，并向王导及他的妻子曹氏揖拜。魏、晋时期的君臣关系竟然堕落败坏到这种境地，所以石勒说：“曹操、司马懿以狐媚手段夺取天下。”确实如此。

现在还可以看到的古礼，是燕射之礼（即宴饮时的礼仪），君主都给予答礼，这是指诸侯对待大夫的礼节而言的。诸侯与大夫的关系，不能视同于天子与诸侯的关系；这就好像大夫与陪臣之间的关系，不能视同于诸侯与大夫的关系一样。不同等级之间的礼仪有差别，这是上天所规定的。天子对待诸侯的礼节，现在已不能全部见到，仅存在于《仪礼·觐礼》一篇中，诸侯袒露臂膀向天子叩头，天子不予答礼，其等级森严，如此分明。天子不傲慢地对待臣下的礼仪体现，只有在门与屏风之间站立不坐，以天揖（即推手小举的方式）向同姓诸侯作揖行礼，以时揖（即平推手的方式）向异姓诸侯作揖行礼，以土揖（即推手小下的方式）向庶姓诸侯作揖行礼，而不是听任其随意行动，这就是夏、商、周三代以规范的礼节对待臣下，和残暴的秦朝不同的地方。怎么能使一个至尊的天子屈身向大臣及其夫人揖拜呢？

礼节，是衡量过与不及的标准。如果礼节对人压抑太甚，就会有人矫揉造作而过分张扬所谓的守礼，这样必然会走向礼仪的反面。至于到了女真、蒙古统治时期，出现了对臣下施行鞭笞、枷锁的刑罚，并且以奴仆、俘虏相斥责、辱骂。于是有了“这厮可恶”之类的脏话在诏书中赫然出现，廷杖、锁拿之类的酷刑在朝廷大殿上公然施行。纲常破裂，人道毁灭，过与不及相互对立、矛盾激化，造成的祸害太大了！夏、商、周三代之后，如果一定要选择一个取法的对象，那么除了赵宋王朝对待大臣的礼节之外，还有哪个朝代能够与之相提并论的呢？

本事：《资治通鉴》卷九五《晋纪十七·成帝》，咸康元年（335）。

一〇　华夏一统，天地之心

张骏能抚其众，威服西域，有兼秦、雍之志，疏请北伐，莫必其无自利之心也。而其言曰：“先老消落，后生不识，慕恋之心，日远日忘。”则悲哉其言之矣！

婴儿之失其母也，使婢妾饲之，受其狎侮，未尝不泣也；已而听之矣，已而安之矣，已而语之以母而不信矣，过墓而若有若无，且归而亟依婢妾矣。夫人至忘其母而不知悲，则仅留之家老，垂死而有余哀，亦将谁与言之而谁听之乎？于是而人心之迷终不可复，复者，其唯天地之心乎！

宇文氏、鲜卑之运已穷，天乃默移之而授之杨氏，以进李氏而主中国。故杨氏之篡，君子不得谓之贼，于宇文氏则逆，于中国则顺，非杨氏之能以中国为心，而天下之戴杨氏以一天下也，天地之心默移之也。消落之故老，弗及见焉，而如之何弗悲？

【译文】

凉州牧张骏（后封凉王，其子称帝建立前凉，追谥文王，庙号世祖）能安抚统率其士卒民众，在西域树立威望，使人臣服，并且有兼并秦、雍之地的志向，上疏东晋朝廷请求北伐，不能肯定他没有自私自利之心。但他说过：“老一辈人已经衰老凋零，后生晚辈不知道先前之事，对于中原故土的思慕眷恋之心，也将日益疏远、淡忘了。”这话听起来真是令人悲伤啊！

婴儿失去了自己的母亲，让婢女、小妾来喂养，受到她们的欺侮，未尝不会哭泣，但后来渐渐听从她们的话，并且就此安心了。而后再向他提起生身母亲，他也不相信了，路过母亲的墓地时好像母亲若有若无，回到家里又迅即依靠喂养他的婢妾了。如果人忘掉他的母亲而不知悲伤，那么家族中仅存的长辈，临死之际内心充满悲哀，又能说给谁听，又有谁倾听他的诉说呢？因此人心的迷失终究不能复归，正如《周易·复卦》的彖辞中所说的：能够体现剥极必复的自然规律的，大概只有天地之心了！

北周宇文氏乃至整个鲜卑部族的运数已尽，上天乃将天命默默转移并交给隋朝的杨氏，进而依托唐朝李氏来统治华夏神州。所以，杨坚的篡权禅位，正人君子不能称其为奸贼。对于宇文氏来说，是叛逆，而对于整个中国来说，是顺从民心。并非杨氏能以拯救华夏为心，而是天下人拥戴杨氏以统一天下，这是天地之心潜移默化的必然结果。已经凋零故去的老一辈人，来不及见到人们拥戴一人或一族来统一天下，又怎么能不感到悲哀呢？

本事：《资治通鉴》卷九五《晋纪十七·成帝》，咸康元年（335）。

一一　君子以致命遂志

《困》之象曰："君子以致命遂志。"致命矣，而志不得遂，吊古者所为深悲不已也。然有致命者，志亦奚不可遂哉！文王安天下之志困矣，而武王、周公遂之，犹文王也；"上帝临汝，勿贰尔心"，致命之谓也。巴西龚氏兄弟，不屈于李特，为特所杀，其子龚壮，积年不除丧，思以报特。特死，因李寿杀李期与其腹心，灭李雄之裔，而仇以复，劝寿称藩于晋，事虽不成，而父叔之志以白于天下。寿既僭位，征壮为太师，壮终不就，赠遗一无所受。寿亦弗能忌焉。壹其心，执其义，守其恒，虽困而亨，金绂岂能乱，葛藟岂能萦哉？

夫志者，执持而不迁之心也，生于此，死于此，身没而子孙之精气相承以不间。壮之志，即父叔之志也，死而无不可遂也。所可悲者，嵇康之有嵇绍耳。然而天之以亨困而不亨其不困者，未尝假也。壮怀报仇之心以说寿，而寿不疑借己以快其私；说寿以归晋，寿虽不从，而寿不以为侮；却寿之爵禄金帛，而寿不以为亢；抗章责寿之负约而不称藩，而寿不以为恨；志无往不伸，而龚氏两世之忠孝与蜀山而并峙。若绍也，溅血汤阴，徒为仇雠之篡主死，则朱绂酒食，为其葛藟，而恶望其亨哉？有志而不遂，有先人之志而不遂之，非所据而据焉，身之不保，而人贱之矣。此则可为抱志以先亡者悲也！

【译文】

《周易·困卦》的象辞中说："君子面临困境，宁可献出自己的生命也要实现其抱负和志向。"已经舍命奋斗了，却实现不了自己的志向，这是后世凭吊古人的人所深感悲痛的。然而舍命奋斗并杀身成仁的人，其抱负和志向还有什么不可能达到的呢？周文王平定天下之志不能实现，而周武王、周公实现了，这就好像文王实现了自己的志向一样。《诗经·大明》中说："上天临视于你，不敢怀有贰心。"此即舍命努力奋斗之意。巴西（在今四川境内）人龚氏兄弟，不向李特屈服，被李特所杀。他们的子辈龚壮，多年不除丧服，一心想要报仇。李特死后，龚壮借其侄李寿之手杀死李特之孙李期及其心腹，消灭了李特、李雄父子的后代，得以报其杀死父叔之大仇。龚壮报了仇之后，又劝李寿向晋朝称臣，虽然没有成功，但其父叔的志向得以大白于天下。李寿篡位之后，征召龚壮为太师，龚壮终究不予接受，李寿所赠送的东西也全部推辞，不予接受，李寿也不能猜忌怀疑他。坚定志向始终如一，坚守大义，持之以恒，即使身处困境而最终顺利实现，锦衣玉食、高官厚禄怎么能乱了他的志向，葛藟藤蔓又怎么能缠绕住他的手足呢？

志向，是人们坚持不变之心，人们为此而生，为此而死，即使自己死亡，但子孙后代仍传承其精神气质而不会间断。龚壮的志向，就是其父叔的志向，父叔虽然身死，但其志向没有不可达到的。令人可悲的，是嵇康之子嵇绍。然而上天之所以使处于困境的龚壮得以达成父叔的志向，却没有使并未处于困境中的嵇绍继承父亲的遗志，实在是因为上天对于嵇绍不予宽容的缘故。龚壮身怀报仇之心劝说李寿，而李寿不怀疑他借自己之力来报其私仇；龚壮劝李寿归顺晋朝，李寿虽不答应，却也不以为这是侮辱他；龚壮退辞李寿所赠的官爵和财物，而李寿也不视为忤逆违抗；龚壮上书责备李寿违约而不向晋朝称臣，李寿并不以此记恨。龚壮的志向随时都可以伸张，龚氏两代忠孝和蜀地的高山一样并峙屹立。而像嵇绍那样，在汤阴洒下热血，白白地为篡位夺权的仇敌子孙而死，高官厚禄、口腹之欲成为束缚他的葛藟藤蔓，使其深困其中，又怎么能期望他继承父亲的遗志呢？胸怀志向而不能实现，有先人的志向而不去实现，将不该拥有的东西据为己有，不仅保全不了自己的躯体，人们也看不起他。这就可为像嵇康一样怀抱志向而先死的祖先感到可悲啊！

本事：《资治通鉴》卷九六《晋纪十八·成帝》，咸康四年（338）。

一二　郭璞卜筮测命，颜含以心尽性

颜含可谓知道之士矣。郭璞欲为之筮，含曰："修己而天不与者，命也。"此犹人之所易知也。又曰："守道而人不知者，性也。"渊乎哉其言之！非知性而能存者，不足以与于斯矣。

夫人能知其所知，而不知其所不知，必矣。欲人之知吾之性也实难，非吾之性异于人，彼不能知也；彼不自知其性，抑将知何者为性，而知吾性之然哉！不知仁，以为从井救人而已；不知义，以为长彼之长而已；性固人所不知，而急于求人之知，性则非性也。

夫郭璞有所测知于理数之化迹，而迫于求人知之，是以死于其术。苟其知性为人所不可知，则怀道以居贞，何至浮沉凶人之侧，弗能止其狂悖，而只以自戕？无他，有所测知而亟欲白之，揣摩天命而忘其性之中含者也。

庸人之所欲知而亟问之鬼神象数者，贫富、穷通、寿夭已耳，皆化迹也。仁之恻隐痛痒喻于心，义之羞恶喜怒藏于志，动以俄顷，辨于针芥，而其发也，横天塞地不能自已，君子以信己者信之，尚弗能尽知也，而况凡今之人乎？子曰：“知我者，其天乎！”谓以心尽性，皎然于虚灵之无迹，非夫人耳目闻见之逮也。含庶乎其与闻此矣，出处以时，守礼以不屈，宜乎其为君子矣。

【译文】

东晋侍中颜含，可以说是懂得正道大义的士人了。当时著名的风水家郭璞想为他卜筮，颜含说：“约束自己，提高修养，而上天不予帮助，这就是天命。”这还是人们容易知道的。他又说：“遵守正道大义，而别人不知道，这就是本性。”这句话意义深刻啊！如果不是懂得本性而又能保全自己本性的人，是不足以领会这一点的。

人们能够知道他所知道的，而不知道他所不知道的，这是肯定的。想要让人了解我的本性实在困难，这不是因为我的本性和别人不同，所以他人不能理解；而是因为他自己也不知道自己的本性，又怎么会知道什么是本性，从而知道我的本性呢？不懂得仁的含义，而以为仁就是从井中救人罢了；不懂得义的含义，而以为义就是视别人的长辈为自己的长辈加以尊敬罢了。本性本来是人们不知道的，如果急于让人知道，那么本性就不是本性了。

郭璞能够测知天理运数的变化轨迹，就急迫地想让别人知道，因此死于这种占卜之术。如果他知道本性是人所不知道的，就会身怀正道大义而遵守正道，那么何至于在凶人身边沉浮（指他作为王敦的记室参军），不能劝阻王敦的狂妄悖逆，只能戕害了自己？没有别的原因，能够测知天理运数而又急于告诉别人，一味地揣测天命而忘记了本性就在其中。

一般人都想知道而急于求问鬼神和命理象数的，无外乎贫富、穷达、寿夭罢了，这些都是内在变化的外在轨迹。恻隐痛痒之情所体现的仁，都包含在人们心中；羞恶喜怒之情所体现的义，都隐藏在人们的志向中。这些情感可以在转瞬之间萌动，也可以在极其细微的差别中分辨出来。而其被激发出来之时，横亘于天地之间，使人不能自抑。君子像相信自己一样相信它，还不能完全知道自己的本性，更何况如今的一般人呢？孔子说过："了解我的，大概只有上天了！"（《论语·宪问》）说的是以心来穷尽本性，好像虚灵一样皎然明白而了无踪迹，不是人们耳闻目睹所能够达到的。颜含大概懂得这个道理了，因而能够根据时势决定自己的出仕和归隐，遵守礼仪而不屈从于人，理所当然可以成为正人君子。

本事：《资治通鉴》卷九六《晋纪十八·成帝》，咸康四年（338）。

一三　地利之要，立国之基

鲸鲵不脱于渊，豺虎不脱于林，失其所据，力殚而无所归。石虎据邺，慕容皝据卢龙，于是而东自濊（huì）貊，西及破落，南距阴山，北尽沙漠，皆为什翼犍之所有；

拓拔氏之兴，延及百年，此基之矣。何也？虎与㑭以其深渊丛林授之什翼犍，而自处于非据之地也。

天以洪钧一气生长万族，而地限之以其域，天气亦随之而变，天命亦随之而殊。中国之形如箕，坤维其膺也，山两分而两迤，北自贺兰，东垂于碣石，南自岷山，东垂于五岭，而中为奥区，为神皋焉。故裔夷者，如衣之裔垂于边幅，而因山阻漠以自立，地形之异，即天气之分；为其性情之所便，即其生理之所存。滥而进宅乎神皋焉，非不歆其美利也，地之所不宜，天之所不佑，性之所不顺，命之所不安。是故拓拔氏迁洛而败，完颜氏迁蔡而亡，游鳞于沙渚，啸狐于平原，将安归哉？待尽而已矣。

延之入者，中夏之人也，不足以保彼之命而徒自溃乱也。聪明神武者，知其得据而只以失据也，无足惧也。筌之蹄之，不能有余种矣。

【译文】

鲸鲵不能脱离深渊，豺狼、老虎不能脱离山林，一旦失掉他们所凭借的地方，就会力尽而没有归处。石虎占据邺城（今河北临漳），慕容㑭占据卢龙（今属河北），于是东起濊貊，西到破落那，南到阴山，北到沙漠，都被鲜卑拓跋部首领什翼犍所占有。后来拓跋氏兴起，延续上百年，这就是它的根基。为什么呢？因为石虎和慕容㑭把他们赖以凭借的深渊、山林都给了什翼犍，而自己却占据了他们所不该占据的地方。

上天以自然造化之气生长、化育万物，而大地以自然环境将其限制在一定的区域之内，不同的自然环境，天气也随之变化，天命也随之有所不同。中国的地理形状好像簸箕一样，西南方是簸箕后面的高沿，两边各有山脉绵延，北面自贺兰山，向东到碣石，南自岷山，向东到五岭，而中间的腹地，便是华夏的故土。所以边远地区的夷狄，好像衣服的边缘垂在边幅，因为高山、沙漠的阻碍而独立生活，地形的差异也就导致气候的不同。只要他们的性情适应了这种气候条件，这里便成为他们赖以生存的地方。等到他们族群泛滥而侵入中原的华夏故土，并非他们不喜欢这里的山川之美和物产之利，而是因为地域不适宜，气候不适应，上天不保佑，性情不和顺，所以很难在这里安身立命。所以，北魏拓跋氏迁都洛阳，遭到六镇兵变的致命打击而失败，金朝完颜氏迁都蔡州（今河南汝南），不久便导致灭亡。就像鱼儿离开水而在沙洲上游，狐狸在平原旷野上长啸一样，又将安归何处呢？只有等待力尽而亡了。

延揽夷狄进入中原的，恰好是中原华夏之人，而他们并不能保护这些人的性命，最终徒自使他们自己溃散乱离。英明神武的人杰，知道他们得到了新的根据地，却失去了他们本该占据的地方，不值得畏惧。所以，他们终究都会被捕获殆尽，甚至连后代也无法留下了。

本事：《资治通鉴》卷九六《晋纪十八·成帝》，咸康二年（336）。

一四　蔡谟阻庾亮北伐当受名教之诛

取东晋之势与南宋絜论，东晋愈矣。江东立国，以荆、湘为根本，西晋之乱，刘弘、陶侃勤敏慎密，生聚之者数十年，民安、食足、兵精，刍粮、舟车、器仗，旦求之而夕给，而南宋无此也。东晋所用以保国而御敌者，纪瞻、祖逖、温峤所鼓舞之士勇，王敦、苏峻虽逆，而其部曲犹是晋之爪牙也，以视韩、岳收乌合之降贼，见利而动、见害而沮者，不相若也。王导历相四君，国事如其家事，而深沉静定，规恢远大，非若李伯纪、赵惟重、张德远之乍进乍退，志乱谋疏，而汪、黄、秦、吕结群小以间之也。则东晋之内备，裕于南宋远矣。刘、石之凶悍，虽不减于阿骨打，而互相忌以相禁且相吞也，固无全力以与晋争；慕容、苻、姚、段氏皆依晋为名，以与刘、石竞；李特虽窃，李寿折于龚壮，不敢以一矢加于晋之边陲；张氏虽无固志，而称藩不改；仇池杨氏亦视势以为从违，为刘、石之内患；非若金源氏之专力以吞宋无所掣也。则东晋之外逼，轻于南宋远矣。

然而宋之南渡，自汪、黄、秦、汤诸奸而外，无不以报仇为言；而进畏懦之说者，皆为公论之所不容。若晋则蔡谟、孙绰、王羲之皆当代名流，非有怀奸误国之心也；乃其侈敌之威，量己之弱，创朒缩退阻之说以坐困江东，而当时服为定论，史氏侈为讦谟，是非之舛错亦至此哉！

读蔡谟驳止庾亮经略中原之议，苟有生人之气者，未有不愤者也，谟等何以免汪、黄、秦、汤之诛于天下后世邪？

夫彼亦有所为而言矣！庾亮之北略，形王导之不振也，而左袒导者，诎亮以伸导；桓温之北伐，志存乎篡也，而恶温之逆者，忌其成而抑之；于是而中挠之情深于外御，为宰相保其勋名，为天子防其篡夺，情系于此，则天下胥以为当然，而后世因之以无异议。呜呼！天下之大防，人禽之大辨，五帝、三王之大统，即令桓温功成而篡，犹贤于戴异类以为中国主，况仅王导之与庾亮争权势而分水火哉！则晋之所谓贤，宋之所谓奸，不必深察其情，而绳以古今之大义，则一也。蔡谟、孙绰、王羲之恶得不与汪、黄、秦、汤同受名教之诛乎？

【译文】

把东晋的形势与南宋的形势一并比较衡量，东晋面临的形势相对更好一些。东晋在江东立国，以荆、湘一带作为其根本之地，经过西晋末年的战乱，而刘弘、陶侃勤劳机敏、谨慎周全，休养生息数十年，百姓安居乐业、粮食供应充裕、军队精良，粮草、舟车、兵器仪仗，早上需要，晚上便可供给，而南宋没有这样充足的条件。东晋赖以凭借保家卫国、抵御外敌的，是纪瞻、祖逖、温峤鼓舞起来的勇士，王敦、苏峻虽为叛逆，但其士兵仍是东晋的精锐爪牙。以此对比韩世忠、岳飞招揽的原为盗贼的乌合之众，他们见利而动，见危险而沮丧害怕，两者根本无法相提并论。王导以丞相身份辅佐东晋四个皇帝，国家大事如同他的家事，而他又深沉镇静，思谋深远，气度宏大，不像李纲（字伯纪）、赵鼎（字元镇，又字惟重）、张浚（字德远）忽进忽退，志虑混乱，智谋疏阔，而且还有汪伯彦、黄潜善、秦桧、吕颐浩等结党营私，从中挑拨离间。东晋内部的防备，也比南宋充裕多了。刘曜、石勒虽然凶悍不减于完颜阿骨打，但他们互相疑忌，互相阻止而且想吞掉对方，本来就没有全力与晋朝抗争。慕容氏、苻氏、姚氏、段匹磾都是依靠晋朝而取得正当的名分，和刘曜、石勒形成相互竞争的局势。割据巴蜀的李特虽然窃据帝位，但李寿却折服于龚壮，不敢用一兵一卒施加于东晋的边境；盘踞凉州的张氏虽然没有固定的志向，却也自称东晋的藩王而不改旗号；仇池国的氐族杨氏也视形势而从违其间，成为刘曜、石勒的内患，不像女真人那样专心吞并宋朝而并没人能掣肘。东晋受到的外族逼迫，比南宋轻多了。

但宋朝南渡，除汪伯彦、黄潜善、秦桧、汤思退几个奸臣之外，其余的人无不思谋报仇雪恨，收复中原。只要有人向朝廷进献畏惧怯懦的言论，就会为天下公论所不容。而像东晋的蔡谟、孙绰、王羲之都是当时的名流，并无怀奸误国之心，可是他们夸大敌人的力量，衡量自己的弱点，提出力量不足、退缩自保的论调，从而坐困江东，而当时的人都服膺他们的主张，视为定论，史家也夸赞为宏图大略，是非之混淆错乱竟然到了这样的地步！读蔡谟驳斥阻止庾亮经略中原的议论，只要有一点生人之气的，没有不气愤的，蔡谟等人又怎么能免于像汪伯彦、黄潜善、秦桧、汤思退一样被后世人所口诛笔伐呢？

当然，他们这样说也是有其原因的。庾亮的北伐，正好显示了王导的萎靡不振，因而偏袒王导的人，就想要压制庾亮以支持王导；桓温的北伐，其志在篡位夺权，因而憎恶桓温叛逆的人，就妒忌他的成功以压制他；于是在朝中阻挠他们北伐的情绪胜过了抵御外侮的决心，作为宰相则保护功勋名望，作为天子则防止别人篡权，人们的情感都聚集在这里，而天下人也都视此为理所当然，后世沿袭这种观点，没有什么异议。唉！天下有华夷之大防，有人与禽兽的区别，有五帝、三王传承下来的正统，即使桓温北伐成功之后果真篡位夺权，也比拥戴异类入主中原要好，何况仅仅因为王导和庾亮争权夺利而水火不容就不顾及这些了呢？东晋所谓的贤臣，南宋所谓的奸臣，我们不必仔细考察其实际情况，只要用古往今来一以贯之的正道大义作为标准来考量，就可以一视同仁而泾渭分明了。蔡谟、孙绰、王羲之怎么能不和汪伯彦、黄潜善、秦桧、汤思退一样受到纲常名教的口诛笔伐呢？

本事：《资治通鉴》卷九六《晋纪十八·成帝》，咸康五年（339）。

一五　诸葛恢抗疏拒封慕容皝

慕容皝求封燕王，晋廷迟回不予，诸葛恢抗疏拒之，义正而于计亦得矣。

慕容氏父子之戴晋，其名顺矣，则以韩信王齐之例，权王之而奚不可？曰：廆与皝非信之比，而其时亦非刘、项之时也。六国初亡，封建之废未久，分土各王，其习未泯，而汉高固未正位为天下君，且信者汉所拜之将，为汉讨项，虽王，固其臣也。慕容氏则与刘、石等为异类，蓄自帝之心久矣。晋业已一统，而特承其乱，非与刘、石交争而竞得者也。若慕容氏之奉晋也，则与石虎角立而势不敌，因其国士民与赵，魏之遗黎眷怀故主，故欲假晋以收之，使去虎而归己。晋割燕以封之矣，乃建鼓以号于众曰：吾晋之王也。则虎之党孤，而己得助矣。归己已定，则业入其笼中而不能去，又奚复须晋之王而不自帝哉！诸葛恢曰："借使能除石虎，是复得一石虎。"灼见其心矣。刘翔虽辩，亦恶能折此乎？当是时，石虎恶极而向于衰，皝谋深而日以盛，除虎得皝，且不如存虎以制皝。观其后冉闵之乱，慕容遂有河北而为晋劲敌，恢之说，验于未事之前矣。

或曰：晋不王皝，皝且自王自帝而奚不可？曰：我不授以名而资之饵，众发其奸以折之于早，国尚有人焉，知晋之所以御虎者不恃皝也，则皝之气夺矣，奚必禁其自王自帝哉！呜呼！王导、郗鉴、庾亮相继而亡，何充、庾冰、蔡谟皆庸材也，皝乃敢以此言试中国之从违；诸具臣者，畏其暴己罪状而徇之，诸葛恢不能固持其说，而晋事去矣。皝不死，慕容氏不乱，苻坚不起，吾未见晋之不折入于鲜卑也。

【译文】

鲜卑慕容皝向东晋朝廷求封燕王，东晋朝廷犹豫迟疑，没有给予封爵，尚书令诸葛恢上疏力谏，请予拒绝。这不但合乎正道大义，而且是十分得当的谋划。

慕容廆、慕容皝父子拥戴东晋朝廷，则其名正言顺，仿照汉高祖刘邦封韩信为齐王的事例，权且封慕容皝为燕王，有何不可呢？回答是：慕容廆和慕容皝本来就非韩信可比，而当时也不是刘邦、项羽楚汉相争之时。那时候，六国刚灭亡，分封制刚废除不久，裂土分封王侯的习惯尚未完全泯灭，而刘邦还没即位称帝，而且韩信是刘邦所拜的大将，为刘邦讨伐项羽，即使给他封王，他本来还是刘邦之臣子。慕容氏和刘曜、石勒等都是异族，想要自立为帝的野心已经很久了。东晋则已经统一，只是承接西晋末年的动乱局面，并不是与石勒、刘曜交相竞争以夺取天下。如果慕容氏尊奉东晋正朔，就会和石虎形成对立而势力不敌，因为他国内军士百姓和赵、燕地区的遗民都眷恋故主，所以他想借东晋的名分以收揽民心，使他们离开石虎以归附自己。如果东晋割让燕地封他为王，慕容氏就会大张旗鼓地告诉百姓说他是晋朝所封的王，这样石虎便陷于孤立，而自己则可以从中得利。等到人们归顺他的大局已定，就进入了他的牢笼无法离开，又何须东晋封王而不自己称帝呢？诸葛恢说："即使慕容皝能帮助除掉石虎，这样做就是又得到另一个石虎。"真是一语中的。慕容皝的长史刘翔虽然善辩，又怎么能使诸葛恢折服呢？当时，石虎的势力已经盛极而衰，慕容皝则深谋远虑而日益强盛，与其除掉石虎而得到慕容皝的归附，还不如暂留石虎来牵制慕容皝。从后来后赵冉闵发动叛乱，慕容皝乘机占据河北而成为东晋的劲敌的事实来看，诸葛恢之说法，在事前就得到验证了。

有人说：东晋不封慕容皝为燕王，慕容皝将自己称王称帝，有何不可呢？回答是：我不授予其正当的名分，让他作为蛊惑人心的诱饵，众人就会揭发他的奸计从而及早给他以挫折。国内还有人才，知道东晋之所以抗御石虎，并非倚靠慕容皝，那么慕容皝的气焰就消解了，还有必要禁止他自己称王称帝吗？唉！王导、郗鉴、庾亮相继而死，何充、庾冰、蔡谟都是庸才，慕容皝才敢以此言试试朝廷答应不答应。而那些尸位素餐的大臣，害怕他暴露自己的罪状而曲从于他，如果不是诸葛恢坚持其说，东晋也就大势已去了。如果慕容皝不死，慕容氏没有陷入内乱，苻坚没有乘机兴起，我看东晋未必不会为鲜卑人所吞并。

本事：《资治通鉴》卷九六《晋纪十八·成帝》，咸康七年（341）。

一六　晋人保固江东之要策

刘翔北归，谓晋公卿曰：“石虎、李寿志相吞噬，王师当从事巴、蜀，一旦石虎并寿，据形便以临东南，智者所不能善其后。”非为晋计深远也，恐虎并寿而益强，慕容氏不能敌也。虽然，又岂非晋人保固江东之要策哉？

陈轸说秦以灭蜀而临夷陵，楚乃失鄢、郢，东徙以亡。司马昭灭汉而临西陵，吴乃受王濬顺流之兵，而中绝以亡。梁失成都于宇文氏，而江陵困，湘东死，陈氏终以灭。盖江东据江、淮以北拒，而巴蜀既失，横江而中溃，方卫首而中折其腰膂，未有不殒者也。李昪之得割据，王建为之蔽也；南宋之得仅延，吴玠、吴璘捍之也；孟昶灭而李煜坐毙，合州失而阳逻之渡不可防，皆明验也。故据全蜀以出秦、巩，而欲定关中则不得；扼秦、巩以保全蜀，而遥卫江南则有余；何充、庾冰闻言不警，待桓温而后兴伐蜀之师；翔言之，温为之，虽非忠于晋者，而大造于江东，不可诬也。听其言，纪其功，亦奚必深求其心哉！

【译文】

慕容皝的长史刘翔从东晋即将北归，对晋朝公卿说：“后赵石虎与成汉李寿志在吞并对方，官军应当以收复巴蜀地区作为战略选择，一旦石虎吞并李寿，依据便利地形而兵临东南，即使有足智多谋的人也不能改变不利的形势。”他并不是为东晋做长远谋划，而是恐怕石虎吞并李寿而力量增强，慕容氏不能抵挡。尽管如此，这又岂不是东晋保卫江东的重要策略吗？

战国纵横家陈轸劝说秦国灭蜀而东临夷陵（今湖北宜昌东南），楚国因此失去了鄢（今湖北宜城东南）、郢（今湖北荆州西北）之地，后来被迫东迁而亡。司马昭灭掉蜀而兵临西陵，吴国受制于王濬顺流而下的军队，长江天险中断以后便趋于灭亡。南朝梁被西魏宇文泰攻陷成都，结果使江陵陷入困境，湘东王萧绎被杀，最终南朝陈也因此而灭亡。南朝的江东政权凭借长江、淮河以抵御来自北方的敌人，如果丧失了巴蜀之地，横亘于南北之间的长江防线便被中断，就像一个人正顾着保护头部而中间的腰部已断，没有不死的了。南唐烈祖李昪能够割据一方，是因为前蜀王建在长江上游为他掩护；南宋能够苟延残喘，是因为吴玠、吴璘兄弟捍卫巴蜀地区；后蜀孟昶被灭后，南唐后主李煜便只能坐以待毙；南宋合州（今重庆合川）失陷后，阳逻（今湖北汉阳东）渡口就无法坚守，这些都是明证。所以，占据整个蜀地以出击秦州（今甘肃天水）、巩州（今甘肃陇西），想要稳定关中地区便不能做到；而扼守秦州、巩州以保卫蜀地全境，进而远远地拱卫江南则绰绰有余。何充、庾冰听了刘翔的话而不提高警惕，等待桓温执政时才兴兵讨伐蜀地。刘翔如此说，桓温如此做，虽然他们并非真的忠于东晋王朝，但占据蜀地对江东来说的确是非常有利的，这是不可否认的事实。听其所言，记其功绩，又何必深究他们内心的初衷呢？

本事：《资治通鉴》卷九六《晋纪十八・成帝》，咸康七年（341）。

康帝

一　知人不问风会之同异

风会之所趋，贤者不能越也，君子酌其贞淫以立身，而不可执以论人。孟子之游，后车数十乘，从者数百人，多所辨以折异端，曲为说以动人主，使前乎此而为西周，后乎此而为两汉，必不然矣。然而有以异于田骈、慎到、苏秦、张仪者，即时所尚，而邪正之分自存也。

刘向、贡禹，经术同也；诸葛、司马，方略同也；二程、三苏，议论同也；不可以与贤者同而奖匪人，不可以与庸人同而疑君子。殷深源、谢安石风流相似，名望相匹，而殷虚枵以致败，谢宁静以立功，或以江左风流为乱阶，而谓此中之无人，亦皮相而已矣。

自西晋以来，风会之趋固然矣，其失也，浮诞而不适于用；其得也，则孔子之所谓狂简也。狂者不屑为乡原之暖姝，简固可以南面者也。当时之士，得焉失焉，贞焉邪焉，皆托迹而弗容自异，故陶侃、卞壸、郗鉴、庾翼力欲矫之而不可挽。夫三四君子者，自卓立于风会之外，以不诡于正则愈矣；若必以此而定人之品骘，则殷浩之短暴，而谢傅不足以庸矣。知人者，别有独鉴存焉，而不问风会之同异。故曰：“知人则哲，唯帝其难之。”

【译文】

社会风气与时尚的趋向与盛行，即使贤能的人也不能超越，而君子则仔细斟酌其坚贞忠正与淫邪放纵，以此来安身立命，而不以此来评论他人。孟子周游列国，后面跟从的马车多达几十辆，追随者也有数百人，他通过多次辩论以驳斥和折服他人的异端邪说，通过婉转的游说以感动君主和诸侯。假使他处在此前的西周或者此后的两汉时期，都不能做到这一点。但是，孟子与崇尚黄老之术的田骈、慎到和注重合纵连横的苏秦、张仪相比也有不同的地方，尽管都是符合当时社会风气和时尚的行为，但其中自然存在着正与邪的区别。

汉代刘向和禹贡所尊奉的经术是相同的；三国诸葛亮和司马懿所施行的方略也是相同的；宋代二程（程颢、程颐兄弟）和三苏（苏洵、苏轼、苏辙父子）反对王安石变法的议论也是相同的。不能因为奸佞小人与贤能之人有相同之处就去赞扬奸佞小人，也不能因为君子与庸人有相同之处就去怀疑君子。东晋的殷浩（字深源）与谢安（字安石）都很风流雅致，名望也不相上下，但前者因空谈虚无以致身败名裂，后者因宁静有为而功成名就。有人认为江东名士风流是造成天下混乱的原因，因而说其中没有贤能之人，这只不过是皮相之谈罢了。

自西晋以来，社会风气和时尚即玄学清谈之风的趋向和盛行本来就是这样，其失在于轻浮、放纵而不实用，其得在于孔子所谓的狂简即志向高远而行事疏阔。狂放不羁而志向高远的人，不屑于做道貌岸然、志得意满的伪君子；崇尚简约的人，本来可以南面而坐以治理国家。当时的士人，所谓的得与失、贞与邪，都寄托于形迹而不容有自己的个性，所以陶侃、卞壸、郗鉴、庾翼都想努力矫正这种玄学清谈之风而并没有实现。这三四位君子，自己卓然独立于当时的风气和时尚之外，以便使自己的行为不违背正道，这是他们的过人之处。然而，如果一定要据此而确定人的品行才能高下，那么殷浩之所短暴露无遗，而谢安（卒赠太傅，世称谢傅）也不足以任用了。品鉴人的贤能，另有一套独特的方法存在，并不用过问是否符合社会风气和时尚。所以《尚书·皋陶谟》中说："能洞察品鉴人的品行才能，则可谓明智。但要完全做到这些，连上古时期贤明的帝王唐尧也会感到困难。"

本事：《资治通鉴》卷一〇一《晋纪二十三·穆帝》，升平四年（360）。

二　慕容翰之阴险反复

慕容翰不安于国而出奔，则固以所寓者为所托矣。始依段氏，沮段氏之追慕容皝，而贻其害，犹曰惧宗国之亡也。段氏灭，宇文氏逸豆归恤而安之，乃既归于燕，即说皝以灭宇文，输其上下之情形、地形之险阻，以决于必得；

然则翰在宇文之日，鹰目侧注，虿尾潜钩，窥伺其举动而指画其山川，用心久矣。逸豆归走死，宇文氏散亡，翰得全功以归，而皝急杀之，非徒皝之忍也，翰之挟诈阴密而示人以叵测，天下未有能容之者也。

身之所托，心之所依，不与谋倾覆宗国之事可矣；身依之，心早去之，且伏不测之机以窥之，非人之不能容也，心自不容其身也。翰之将死，曰："欲为国家荡一区夏。"岂果然哉？皝有可图，祸先及之矣，而恶得以免于死？关羽之解白马围也，身依焉而不能不为之效，是以先主委诚焉。虽然，胡不若徐庶之置身事外而不与共功名也？

【译文】

前燕宗室大将慕容翰因在国内感到不安而出逃，固然应把所寓居的鲜卑段部作为依托的所在。依托段氏之初，他阻止段氏追击慕容皝，结果遗留下祸害，还说是害怕自己的祖国鲜卑慕容氏的前燕灭亡。鲜卑段部在后赵与前燕的夹击下覆亡之后，鲜卑宇文部首领宇文逸豆归体恤并安置了他。等到他又叛离宇文部回归前燕之后，就立即劝说慕容皝灭掉宇文部，并告诉他宇文部的朝野上下的情况、山川险阻的情报，以求一击必胜。既然如此，那么当他在宇文部的时候，就像老鹰侧目而视猎物准备出击、毒蝎暗中弯起尾巴上的毒针准备蜇刺一样，窥伺着宇文部的一举一动，并勾画出宇文部的山川地形图，可谓用心良久了。宇文逸豆归出逃进而死亡之后，宇文部四散逃亡，慕容翰得以建立全胜之功，凯旋而归，而慕容皝却立即杀了他，这不仅仅是因为慕容皝的残忍，也是因为慕容翰暗藏狡诈诡秘的阴谋，而展示给人以居心叵测的印象，天下没有人能够容忍他。

既然自己身有所托的对象、心有所依的对象，那么不和他们图谋颠覆自己的祖国就行了；如果一个人身在曹营心在汉，而且暗伏着不可告人的目的窥探别人的情报，那么不是别人不能容纳这样的人，他自己的内心都不能容纳自身。慕容翰将死之际说："想为自己的国家来荡平统一华夏。"难道果真如此吗？如果慕容皝有被慕容翰所乘之机，大祸早就降临到他的头上，怎么可能因此而免于死亡呢？关羽解开白马之围，是因为他自身依托于曹操而不能不为他效力，因此先主刘备依然对他加以信用。尽管如此，关羽为什么不像徐庶那样置身事外而不与他共同建功扬名呢？

本事：《资治通鉴》卷九七《晋纪十九·康帝》，建元二年（344）。

穆帝

一　用人疑忌，召祸之门

王导且卒而荐何充，所以制庾氏也；庾翼卒，充授桓温以荆、梁军事，所以夺庾氏也；亮之疏也，翼、冰之隘也，皆不足以托社稷，而抑为后族，非可世委以国柄，固矣。然亮之责导，词正而理得。导荐充而亮不疑，充面折冰之废子立弟，而冰不怨。则庾氏之不为晋患，明矣。导修私怨而充怙之，以贻桓温之逆，而终成桓玄之篡。谋国而恩怨惟心，未有不贻国以忧者也。刘惔（tán）恶温而沮之，深识也；充持之，会稽王昱持之，以为唯温之英略，可以钳束庾氏不能与争耳。斯心也，温已见之。曰：区区一白面少年之庾爰之，且如猛虎之在侧，而惴惴以需我之控制。君相若此，何惮而不逞哉？

疑其所不必疑，则可疑者进矣；疑其所不必疑，则奸雄知我之徒疑而无能制矣。故畜疑者，召祸之门也，而况乎其加之以忌也！王氏既衰，庾氏又替，王彪之、谢安方在下位而不足以持权，何充不谋固其国，唯庾氏之是竞，晋之亡肇于此矣。故唯无疑者可以当大任而不倾。

【译文】

王导将死之际，向晋成帝推荐何充才识度量过人、众望所归、堪当大任，想要以此制约外戚庾氏家族的势力。都督六州诸军事、荆州刺史庾翼死后，侍中何充独掌大权，否决庾翼临死前提出的由其次子庾爰之代领荆州刺史的请求，把荆州、梁州军事大权授予桓温，以此剥夺庾氏的兵权。庾亮才疏学浅，庾翼、庾冰也见识不广，他们都不足以担当社稷之臣的重托，而且他们身为外戚，本来也不应该世代被委以国政大权。但庾亮责备王导有负先帝重托，义正词严而合乎道理。王导推荐何充，庾亮不加怀疑，何充当面驳斥庾冰建议晋成帝废除太子司马聃改立其弟会稽王司马昱，庾冰也并不怨恨。这样，庾氏家族并非东晋王朝的祸患，这是很明白的。王导自己与庾氏结下私怨，而何充坚持这一过错，结果导致桓温的叛逆，最后引发其子桓玄的篡位称帝。为国家谋划的大臣，只凭自己内心的好恶恩怨行事，没有不给国家留下忧患的。刘惔厌恶桓温而反对他出任荆州刺史，这是具有远见的；何充坚持这一任命，会稽王司马昱也坚持这一任命，认为只有桓温具有英才大略，可以牵制庾氏势力而不能与他们争权夺利。他们的心计，桓温早已有所洞察，于是他就会说：区区一个白面少年郎庾爰之，他们尚且视为像猛虎在旁边，因此惶恐不安，需要我对其进行制衡。君主和宰相都像这样，我还有什么忌惮而不铤而走险以实现自己的野心呢？

怀疑那些本来不必怀疑的人，于是那些可疑的人就获得进用了；怀疑那些本来不必怀疑的人，于是那些奸雄知道我只会白白地怀疑而不能控制像他们那样真正值得猜疑的人。所以积蓄起对别人的怀疑，是招致祸患的门径，何况又加之以嫉妒呢！王氏家族已经衰落，庾氏家族也走向式微，王彪之、谢安当时还在下位而不足以掌握大权，何充不谋划巩固国家政权的大计，只知道和庾氏家族相争，东晋的亡国就是发端于此。所以，只有不轻易怀疑别人的人方可担当国家大任，而不会使江山社稷倾覆。

本事：《资治通鉴》卷九七《晋纪十九·穆帝》，永和元年（345）。

二　刘惔清谈，能料事而不能处事

蜀之宜伐久矣，刘翔为晋言之，谢广亦知之夙矣。至李寿死，李势立，骄淫虐杀，此天亡李氏之日，不待再计而宜兴师者也。桓温西讨，晋廷惴惴然忧其不克，温目笑而心鄙之，拜表即行，知晋之无人也。刘惔曰："但恐克蜀之后，专制朝廷。"其言验矣。

乃其遂无以处此哉？温表至，朝廷信之而不疑，下诏奖之以行，而命重臣率大师以继其后，则温军之孤可无虑，而专制之邪心抑不敢萌。惴惴忧之，漠然听之，败则国受之，克则温专其功，惔诚虑及，而胡不为此谋也？盖惔者，会稽王昱之客，非能主持国计者也。昱与殷浩皆虚诞亡实而茶然不振者，惔即为此谋而固不听，徒为太息而无可如何。晋非无人，有人而志不能行也。

【译文】

割据蜀地的李氏成汉政权早就该出兵讨伐了，慕容皝的长史刘翔离开建康北归时就对东晋公卿提出过这一策略，尚书谢广也早就明白。等到李寿死后，李势继位，骄奢淫逸，暴虐嗜杀，这是上天灭亡李氏的时机，不用再加谋划就该举兵讨伐。桓温西征，东晋朝廷上下人心惶惶，担忧不能攻克蜀地，桓温表面微笑却内心鄙视他们，上表以后就立即行动，他知道东晋已经朝中无人了。刘惔曾说过："只怕他攻克蜀地之后，就要在朝廷专权了。"他说的话很快就得到了验证。

然而，难道东晋朝廷就没有办法处理这一问题吗？桓温的奏表一到，朝廷信任他而不加怀疑，颁布诏书鼓励他西征伐蜀，同时派遣朝廷重臣率领大军跟在他的后面，这样既不用担忧桓温的军队孤立无援，他擅权专制的奸佞之心也就不敢萌生了。惴惴不安地担忧他西征失败，又漠不关心地听任他独自行动。如果他失败了，则由国家承受失败的后果；如果他胜利了，就会独占功劳，借机专权。刘惔确实考虑到了这一点，而又为什么不再进一步筹划应对之策呢？大概因为刘惔只是会稽王司马昱的门客，而不是能够参与谋划国家大计的人。会稽王司马昱和殷浩都崇尚清谈，虚浮不实而萎靡不振，刘惔就是为他们谋划好，他们本来也不会听从，只能徒自叹息而无可如何。东晋不是没有人才，而是有人才而其志向不能实现罢了。

本事：《资治通鉴》卷九七《晋纪十九·穆帝》，永和二年（346）。

三　胡睦习于五胡，廉耻荡然

冉闵尽灭羯胡，而曰："吾属故晋人，请各称牧守，奉迎天子。"虽非果有效顺之诚，然虑赵人之不忘中国而不戴己，未敢遽僭也。有胡睦者，称闵功德，谓晋人远窜江左而不足戴，然后闵无所复忌而僭以成。呜呼！睦固晋之遗民也，而其逆如此，肉虫自生而自食，岂自外至哉？

睦之丧心失志至此极也，夫亦有其故矣。自刘渊起，中国人士诎于势而事之，始亦有不得已之心焉。已而食其余以有富贵，假其威福以陵孤寡而啮龁之，改易礼法以狎其俗，口甘其味、身便其服者数十年矣，故心尽亡而习之也安。藉使归故版而奉正朔，则江东人士羞与为伍，而无以自容。于是闻中国衣冠之名而恧然沮矣。自绝归正之路，而偷安于萑苻以自雄，盖遥想王、谢、何、庾之风流而汗流浃背，则何如侈拥戴之功以矜于其穴哉！

斯心也，亦耻心之不容泯者也，而怙无耻以为耻，且贪权藉以自荣焉，于是而迷复之凶终不可反矣。《诗》云："无纵诡随，以谨无良。"无纵者，非必以法绳之也，制于其早，而全其仅存之初心也。宕佚之，使习而安之，将奚及乎？

【译文】

后赵大将军冉闵发动叛乱，将羯胡屠戮殆尽，他说："我们本来是晋朝的臣民，请各地方官自称州牧、郡守，奉迎天子返回故都。"虽然他并非真的有报效、归顺晋朝的诚意，但考虑到后赵民众不忘华夏故国而不拥戴自己，所以不敢立即僭位称帝。其部下有一个叫胡睦的人，称赞冉闵的功德，说晋人远逃江东而不值得拥戴，于是冉闵便不再顾忌，僭位称帝，建立冉魏政权。唉！胡睦本是晋朝遗民，竟然如此大逆不道，肉虫自其所寄生之物内部产生，又吃掉其所寄生之物，这种危险难道是从外而来的吗？

胡睦丧尽天良、失去心志到了如此极端的境地，也是有其原因的。从匈奴刘渊侵扰华夏之时起，中原人士屈从于时势而事奉夷狄，起初也是不得已而为之。后来，吃着他们剩余的粮食苟延残喘，进而拥有富贵，借着他们的威福欺凌孤寡而且吞食他们，改变汉族的传统礼法，以亲近胡人的风俗，以胡人的饭食为甘香美味、以胡人的衣冠为便利服饰已经数十年了，所以他们良心早已丧尽，而且习以为常了。即使他们回归故土，尊奉晋朝的正朔，江东之人也会以与他们为伍为耻辱，他们也会感到无地自容。于是他们听到华夏衣冠、礼仪教化的名号就感到惭愧、沮丧，是他们自己断绝了皈依华夏正统的途径，而在盗贼聚集的地方苟且偷安，甚至割据自雄。大概他们遥想王导、谢安、何充、庾亮等江南世家大族的风流雅致，就会汗流浃背、自愧不已，既然这样，那么哪里比得上夸耀自己的拥戴之功而使自己在夷狄巢穴之中妄自尊大呢？

胡睦之流的这种心态，也是其羞耻之心不容泯灭的表现。但他们自恃厚颜无耻却以有羞耻之心为耻辱；并且贪恋权位为自己求得荣华富贵，于是陷入《周易·复卦》象辞所谓的“迷复之凶”也即误入歧途而不知复返必有凶险，最终无法回头。《诗经·民劳》中说：“不要放纵诡诈欺骗，小心提防不良之辈。”不要放纵，不是指一定要用法律来衡量，而是要及早制约，保全其仅存的初心。如果不秉持初心，听任其放纵而不受约束，对此习以为常并泰然处之，那么将会沦落到什么地步呢？

本事：《资治通鉴》卷九八《晋纪二十·穆帝》，永和六年（350）。

四　辛谧直言以旌志

辛谧可谓得死所矣。历刘、石之世，征辟不就，然而害不及焉，则可以不死，而死为激。冉闵，中国之人也，其尽诛羯胡而有归正之言，虽非果可与言者，而言亦不辱矣。其说闵曰："因兹大捷，归身晋朝，必有由、夷之廉，享松、乔之寿。"非徒效忠于晋，其为闵计，亦忠之至、识之远者也。似可与言而与言，怀数十年之积悃，表见于一时，而非以辱吾言于犬羊之耳，可言也，斯可死也。龚壮宛曲以明心，辛谧直言以旌志，各以其所遇而自靖，君子之酌时宜以屈伸，道固然也。

或曰：谧言之矣，闵未必杀之，而何以死？曰：谧固知其不听也，不听而生，是为闵所容也。言出而志伸，志伸而生事毕，生事毕，不死奚俟乎？士怀孤志，不遇可死之时，而奄奄以存，可哀也夫！

【译文】

辛谧绝食而死，可谓死得其所了。他经历了刘渊、石勒统治时期，累受征辟而不接受，然而祸害并未降临到他的头上，因此可以免于死亡，最终绝食而死也可以激发人心。冉闵本是中原之人，他杀尽羯胡，而且有归顺朝廷之言，尽管并非真的可以与其对话，但辛谧通过上书的形式与他交谈，也算没有辱没自己。辛谧上书规劝冉闵说："趁着此次大捷，归顺报效晋朝，就一定会有像上古时期许由、伯夷那样清廉正直的名声，从而安享像赤松子、王子乔那样传说中仙人的长寿。"这表明他并非只效忠东晋朝廷，就是从为冉闵筹谋来说，也可谓忠诚之至、见识高远了。他推测冉闵是能够与之交谈的对象才对他劝说，胸怀数十年的诚意，在一时之间全部展现出来，而且并不是用污辱我们的言语说给像犬羊一样的夷狄来听。能说的话一说出来，就死而无憾了。龚壮向李寿婉转进言以表明自己的心迹，辛谧向冉闵直言不讳以表明自己的志向，他们根据所遇到的现实情况而各自谋行其志。君子斟酌时宜来选择自己的出处、进退、屈伸之道，道理本来就是这样。

有的人说：辛谧上书规劝冉闵，冉闵不一定要杀他，他为什么要绝食而死呢？回答是：辛谧本来就知道冉闵不会听从他的规劝，没有听从却还让他活着，这就是被冉闵所宽容了。对于辛谧而言，话说出来就表明了自己的志向，志向得以伸张，生命也就该结束了，不死还等待什么呢？壮士身怀孤傲之志，却没有死得其所的时机，如果此时还要苟且偷生，实在是太可悲啊！

本事：《资治通鉴》卷九八《晋纪二十·穆帝》，永和六年（350）。

五 谋眼前之利，贻后世之忧

蔡谟之谏北伐，为庾亮言也；王羲之之谏北伐，为殷浩言也。亮与王导不协，而欲立功以抑导于内；浩与桓温不协，而欲立功以折温于外；内不协而欲制胜千里也，必不可得。故二子之言，当其时而中于事会。虽然，君子之为言，计及当时，计及后世，时有不可明言者，则微言以动之，密谋以正之，而不因一时之急，伤久长之计。亮之正不足以服导，浩之才不足以制温，迫于立功，反致溃败，徒以沮挠人心而贻奸雄之笑，一时之事会也。王业之不可偏安，羯胡之不可纵佚，忘自强之术，而益召其侮，偷寡弱之安，而日蹙其亡，百世之大防也。羲之言曰："区区江左，天下寒心，固已久矣。"业已成乎区区之势，为天下寒心，而更以陵庙邱墟臣民左衽为分外之求，昌言于廷，曾无疚愧，何弗自投南海速死，以延羯胡而进之乎？宋人削地称臣，面缚乞活，皆师此意，以为不竞之上术，闭户塞牖，幸盗贼之不我窥，未有得免者也。谯周仇国之论成，而刘禅之降旗旋竖，邪说之诬人亦酷矣哉！

若夫浩之欲折温也，亦非谋之不忠也；而折温之术，莫善于收温而用之。北伐之举，温先请之，而浩沮之；既乃自行而置温于局外，不资其一旅之援，温亦安坐上流而若罔闻；固温之乐祸以乘权，抑浩摈之而使成乎坐视。向令东西并进，而吾拥中枢之制，温固吾之爪牙，抑又恶足以逞？浩非其人，而羲之等不能以此说之，疑温忌温，而温之逆乃有所资以自雄。此所谓微言之，密谋之，制勍（qíng）敌强臣于尊俎者，浅人不足以及此也。

【译文】

蔡谟劝谏阻止北伐，是为规劝庾亮而言；王羲之劝谏阻止北伐，是为规劝殷浩而言。庾亮和王导不团结，就想通过北伐立功以抑制朝廷内的王导势力；殷浩和桓温不协调，就想通过北伐立功使朝廷外执掌兵权的桓温折服于他。内部不团结、不协调，而想在千里之外克敌制胜，必定无法得以实现。因此，蔡谟、王羲之二人的言论，合乎当时的形势，并切中问题的要害。尽管如此，君子发表言论，要考虑到当时的情况，也要谋划后来的发展，如果当时有些话不能明说，就要用含蓄精妙的语言来打动对方，用周密的计谋来加以纠正，并不因一时形势的紧急而损害长远的计划。庾亮的正直不足以折服王导，殷浩的才干不足以制约桓温，他们都急于立功，反而招致溃败，只会白白地使人心沮丧而留给奸雄笑柄，这是一时的形势、问题的要害。帝王大业不能长期偏安一隅，羯胡等游牧民族不能任其放纵而不受约束，如果忘记了自强的办法，就更招致他们的欺侮，因为势孤力弱而苟且偷安，形势就日益严峻并最终趋于灭亡，这就是千秋百代都不可忽视的华夷之大防。王羲之说："我们偏安于区区江东之地，令天下人士寒心，已经很久了。"东晋既然已经形成了偏安一隅的形势，使天下人士寒心，那么蔡谟、王羲之为什么还将改变宗庙社稷丘墟、臣民披发左衽状况的北伐视为过分的要求，在朝廷上直言不讳地加以反对，而没有丝毫的愧疚之心？何不像宋元崖山海战后十万军民自投南海以求速死，从而延揽羯胡使其进军江东呢？宋朝向辽、金割地称臣，向兵临城下的蒙古人反绑双手投降以乞求生存，都是师法他们的用意，将之视为不用争斗或失利战败而得以生存的上策。关闭门户，塞住窗户，便侥幸地期望盗贼不来窥探，没有能够幸免于难的。蜀汉光禄大夫谯周的《仇国论》刚刚写成，后主刘禅便立即竖起投降的旗帜，异端邪说误国误民也太严重了啊！

至于殷浩想要折服桓温，也不是他的计谋并非出于忠诚之心，使桓温折服的最好办法，没有比得上将桓温收为心腹并加以任用。北伐中原的举动，首先是由桓温提出请求，而殷浩上书劝谏阻止；随后殷浩又自行率军北伐，把桓温置于事外，不借助他一支军队作为援助，桓温自己也安坐长江上游，对于北伐战局的变化置若罔闻。这固然是桓温幸灾乐祸以图乘机专权，但也是殷浩排斥桓温导致其坐视不救的结局。假使令桓温配合北伐，东西两线齐头并进，而殷浩拥有朝廷中枢的控制权，桓温本来是朝廷的鹰犬爪牙，他又怎么能够铤而走险以实现自己的野心呢？殷浩不是那种远见卓识的人，而王羲之等人又不能以此来劝说他，只是一味地怀疑、猜忌桓温，桓温也就有了叛逆的借口，从而拥兵自雄。这就是所谓的用含蓄精妙的语言来打动对方，用周密的计谋来加以纠正，在觥筹交错、谈笑之间举重若轻地制服劲敌、强臣，见识浅薄的人是不足以做到的。

本事：《资治通鉴》卷九九《晋纪二十一·穆帝》，永和八年（352）。

六　殷浩拒苻健、姚襄谋未甚失

苻健请命，而殷浩不能控，姚襄来归，而殷浩激之以叛，浩之咎也。然使浩开关纳之，而倚以收复中原，则亦梁之进侯景也。夫健与襄而可收以为用也哉？健之请命，杀麻秋而惧；弋仲之使襄归晋，胜冉闵而惧也。健孤而畏冉闵之勇，弋仲死，襄孤而畏慕容之强，中立而无宁居，睨晋之弱而可诱以为后图，受其饵则为侯景，觉其机则引去而无伤，若此者，亦恶能抚之使为吾效用乎？何怪乎浩之不抚健而欲袭襄也。

浩力不足、智不逮耳，其谋未甚失也。拒之袭之，祸速而轻；纳之任之，祸迟而大。弋仲将终，忠顺之言孰闻之，襄述之耳；其辞愈逊，其情愈诡。议者乃以拒健激襄为浩罪，何古今乐进豺虎以自卫者之多也！夫不见健一入关而即自王，浩北伐而襄伏甲于山桑以邀之乎？使当健、襄纳款之日，闭关而却之，曰吾无所用尔为也，则二夷之气折矣。虽然，徒为大言无裨也，必自立之有本也。非若光武，亦安能骄语盆子曰“待汝以不死”哉！

【译文】

前秦的建立者氐族人苻健请求归顺东晋朝廷，但殷浩不能加以控制；后秦的建立者羌族人姚苌之兄姚襄前来归顺，而殷浩却排挤、刺激他使之叛乱，这些都是殷浩的过错。但如果殷浩开门接纳他们，依靠他们收复中原，那么这也就如同南朝梁接纳侯景而导致其叛乱一样了。苻健和姚襄难道可以收为己用吗？苻健请求归顺朝廷，是因为他杀了后赵大将麻秋而怀畏惧之心；羌族首领姚弋仲使其子姚襄归顺东晋，是因为他打败冉闵而怀畏惧之心。苻健势单力孤而畏惧冉闵的英勇；姚弋仲死后，姚襄势单力孤而畏惧慕容氏的强大。苻健、姚襄割据自立就无法安居，所以他们看到东晋的软弱，就认为可以把归顺朝廷作为诱饵，从而为自己的发展留条后路。如果朝廷接受了诱饵，他们就会成为侯景那样的叛徒；如果朝廷发现了他们的阴谋，他们就立即引兵而退，不会受到伤害。像这样的人，怎么能安抚他们而为我所用呢？无怪乎殷浩不安抚苻健而想要袭击姚襄了。

殷浩只是力量不足、智谋有所不及，但他的计谋也并无多大失误。拒绝苻健，袭击姚襄，祸患来得快而危害也较轻；如果接纳并任用他们，那么祸患来得迟而危害也较大。姚弋仲将死之际，他忠顺朝廷的言论有谁听到了，只是姚襄代为转述罢了；他的言词越是谦逊，内心的隐情就越诡密。议论的人把拒绝苻健归顺和刺激姚襄叛乱作为殷浩的罪过，为什么自古至今乐于延揽像豺狼虎豹那样的凶悍之徒以图自卫的人是如此之多呢？他们难道不曾看见苻健一进关内就立即称王，殷浩北伐而姚襄在山桑（今安徽蒙城北）埋伏军队进行伏击吗？假使苻健、姚襄向晋朝请降归顺的时候，就闭关而拒绝他们，并且说你们对我们没什么用处，那么二人的嚣张气焰就会受到挫折。尽管如此，光说大话没有什么用处，必须得有自立的根基。如果不是像东汉光武帝刘秀那样根基牢固，又怎么能骄傲地说刘盆子以百万之众前来归降也“只是以不杀死你们来对待罢了”呢？

本事：《资治通鉴》卷九八《晋纪二十·穆帝》，永和六年（350）。

七　疑人而不能制，自取其祸

桓温能用殷浩，殷浩不能用桓温。温曰：“浩有德有言，为令仆，足以仪刑百辟，朝廷用违其才耳。”此温之能用浩也。温请北伐，而浩沮之，浩之不能用温也。能用之而后能制之，能制之，则予之、夺之、生之、杀之而唯吾意。不能用矣，而欲制之，必败之道矣。

温之逆也，刘惔料之矣，非必温之逆为不可制也，惔知何充、殷浩不足以制温也。夫温之始，岂有必不可制之情形哉？嫌隙已成，王彪之说会稽王，驰一纸书而即敛迹以退；其终于逆也，浩贻之也。惴惴然相恐于廷，若猛虎之且咥，温乃见人之疑我之篡，退必无以相容，乃疑我而不能制我，将与我竞功；而一败于许昌，再败于山桑，能事见矣，于是而技痒情兴，篡逆之志始爂发而不戢；微谢安，王彪之之夷犹淡漠，视猛虎如麋鹿，温必篡矣。

虎不撄则不攫，不走则不追；蜂不扑则不螫，不避则不触。岂徒温哉！董承不奉衣带之诏，曹操不敢犯及宫闱；曹爽不争顾命之权，司马氏不敢擅为废立。制之有道，用之有方，则温峤以新附之臣，而义旗回指之言，折久任方州、上流倚重之陶侃而有余。浩任将相之重，物望所归，夫岂难于用温者，而徒尔惴惴也！谋愈深，祸愈成矣。

【译文】

桓温能利用殷浩，而殷浩却不能利用桓温。桓温说过："殷浩有德行而能言善辩，如果让他做尚书令或尚书仆射，足以成为百官的楷模，而朝廷现在任用的职务并不能使人尽其才。"这就是桓温能利用殷浩的表现。桓温请求北伐，而殷浩劝谏阻止他，这是殷浩不能利用桓温的表现。能利用他，然后才能控制他；而能够控制他，就可以完全根据自己的意愿对他行使生杀予夺的权力。不能利用他，却想要控制他，这是注定要失败的。

桓温的叛逆，刘惔早就预料到了。桓温的叛逆并非一定不可控制，但刘惔知道何充、殷浩不足以控制桓温。桓温起初的时候，难道一开始就有必定不可控制的情形吗？他与朝廷之间的隔阂、嫌隙已经形成时，王彪之劝说会稽王司马昱，给他送一封信就能使桓温收敛退兵；他最终成为叛逆，是殷浩带来的恶果。他们在朝廷惴惴不安，形成对桓温的恐惧心理，就像猛虎时刻准备要咬人一样。桓温看到别人怀疑自己篡权，意识到即便后退让步也必然不为所容，但他们怀疑我却不能控制我，就将和我争功。而结果殷浩北伐初败于许昌（今属河南），再败于山桑（今安徽蒙城北），他的能力、本事暴露无遗。于是桓温感到技痒难耐、情不自禁，篡位谋逆的野心急促地萌发出来而不受约束，如果没有谢安、王彪之之流从容不迫、冷漠淡然地应对，把猛虎视为麋鹿一样，桓温必定篡权成功了。

老虎，如果人们不触犯它，它就不会扑向你；如果你不跑，它就不会追你。蜜蜂，如果你不扑扰它，它就不会螫你；如果你不躲避它，它也不接触你。难道只有桓温是这样的吗？东汉末年，如果董承不奉衣带之诏诛杀曹操，曹操就不敢公然犯上、在宫廷制造流血事件；三国曹魏末年，如果曹爽不与司马懿争夺顾命大权，司马氏也不敢擅自废立皇帝。如果有控制他们的有效办法，有任用他们的正确方法，那么像温峤作为新归附的大臣，运用“明公若违背大众意愿，义旗就将指向明公你了”的话，就能折服长期担任州刺史、为上流人士所倚重的陶侃而且绰绰有余。殷浩担任将相的要职，众望所归，怎么就不能利用桓温，却徒自惴惴不安、感到恐惧呢？计谋越是深远，越是会招致大祸。

本事：《资治通鉴》卷九九《晋纪二十一·穆帝》，永和十年（354）。

八　桓温北伐，大功难成

晋之失久矣！殷浩废，桓温受征讨之命，败苻苌于蓝田，进军灞上，败姚襄于伊水，收复洛阳，亦壮矣哉！当是时，石、冉初亡，苻、姚乍兴，健虽鸷而立国未固，襄甫飏去，乍集平旷之壤，势益飘摇，故挫之也易。善攻者攻其瑕，乘瑕以收功，而积衰之气以振。温可谓知所攻矣。其入关也，粮匮而还，其复洛也，置戍而返。说者曰：温有逆心，舍外而图内。此以刘裕例之，而逆其诈也。温之归镇，未尝内逼朝廷，如裕之为也。浩既废，会稽才弱而不足相难，王、谢得政新而望浅，非温内顾之忧也。温何汲汲焉？乃其所以不能进图全功而亟撤以还者，孤军乘锐气，快于一击，而无以继其后也。

晋偏安于江左，而又分焉，建业拥天子以为尊而力弱，荆、襄挟重兵以为强而权轻，且相离以相猜，而分为二。温以荆、襄之全力为孤注，其进其退，一委之温，而朝廷置之若忘，温即有忠诚，亦莫能自遂，而况乎其怀二心哉？臣与主相离也，相与将相离也，东与西相离也，以此而欲县军深入，争胜于蜂起之寇，万不可得之数矣。

尤可嗟异者，温方有事于关、洛，而荀羡东出山茌以伐燕，欲与温竞功，而忘其力之不逮。且燕非苻、姚新造之比也，慕容儁三世雄杰，而植根深固，撄势重难摇之虏以自取败衄，曾不知以一旅翼温，乘胜以复故都，岂不傎乎？秦寇平，燕之气夺；两都复，晋之势成；合天下之力以向燕，则燕不能孤立以相抗；协于温以成将就之功，则温之心折而不足以骋。乃彼方西向，我且东指，徒为立异而生其欺怨，谢万之愚，荀羡之妄，会稽之暗，怀忮以居中，欲温之成功于外，其可得乎？谋国若此，不亡为幸耳。其不亡也，犹温两捷之威有以起苒苶之气，詟（zhé）凶狡之心也。

【译文】

东晋的决策失误由来很久了！殷浩被废庶人后，桓温接受北伐的任务，在蓝田打败了氐族苻健的太子苻苌，率军进攻到灞上；在伊水流域打败了姚襄，收复了故都洛阳，也堪称威武雄壮了！这个时候，后赵石氏、冉闵刚被消灭，前秦苻氏、羌族姚氏刚刚兴起，苻健虽然凶猛，但建国并不牢固，姚襄刚刚逃走，骤然聚集于空旷之地，其势力日益风雨飘摇，所以挫败他们也比较容易。所以，善于进攻的人应先进攻敌人空虚的地方，乘虚而入以取得战功，使长期衰落的士气得以重振。桓温可以说是懂得进攻的方向和时机了。他攻入关中，因粮饷匮乏而返回，收复洛阳后，安置军队守卫而返回。评论的人会说：桓温有叛逆之心，因而放弃对外的北伐而图谋篡夺国家大权。这可以南朝宋武帝刘裕作为例子，来揣测桓温的奸诈用心。桓温北伐回到所镇守的荆湘之地，并不曾像刘裕那样从内部威逼朝廷。殷浩被废为庶人之后，会稽王司马昱才疏力弱而不足以发难，王彪之、谢安刚刚掌权而声望较浅，不足以成为桓温的内顾之忧。桓温为何急于班师回朝呢？他之所以不能进攻图谋全胜之功而急切地撤兵而返，是因为孤军作战完全凭借锐气，利于速战速决，而他的身后并没有后援。

东晋朝廷偏安于江东一隅，其内部又有分裂，都城建业拥有天子坐镇，政治地位尊贵但军事力量弱小；长江中上游的荆、襄之地拥有重兵，军事力量强大但政治地位较轻。况且他们彼此离心离德，相互猜疑，结果使东晋的力量一分为二。桓温把荆、襄之地的全部力量作为孤注一掷的筹码，军队的进退都得听命于桓温，朝廷对此置若罔闻。桓温即使身怀忠诚，也不能实现他恢复中原的抱负，何况他还身怀二心呢？大臣和天子彼此离心离德，宰相和将帅彼此离心离德，东部与西部彼此离心离德，不能遥相呼应，在这种情况下孤军深入，以求与纷然并起的贼寇争胜，想要成功确实是难乎其难啊！

尤其值得感叹诧异的是，桓温正在关中、洛阳作战，而荀羡却在东边从山茌（今山东长清东北）出发去讨伐前燕慕容氏，想和桓温争功，但他忘记了他的力量远远不够。而且前燕也不是苻健、姚襄这些新兴势力所能比的。慕容儁三代英雄豪杰，前燕立国根基牢固。朝廷触犯实力雄厚而难以动摇的敌人，自取战事失败，却不曾知道派一支军队支援桓温，乘胜就可收复故都，这难道不是颠倒错乱吗？关中地区的贼寇被荡平之后，前燕的嚣张气焰就会受挫。长安、洛阳两都被收复，晋朝力量的强势、优势得以形成。

趁此机会，集合天下军队同心协力进攻前燕，前燕就孤立无援，难以对抗。这样帮助和协同桓温成就了大功，桓温的内心就会被折服而不足以恣意妄为。可是在桓温向西进攻时，朝廷却派荀羡向东进攻，这样就白白地标示着彼此的分歧，从而激发桓温的欺诈怨恨之气，豫州刺史谢万的愚蠢，徐州刺史荀羡的狂妄，会稽王司马昱的昏庸，他们内藏妒忌之心而居于朝廷中枢，却想要桓温在外面北伐成功，怎么可能做到呢？为国家做出这样的决策，没有灭亡实属侥幸。东晋没有立即灭亡，还是仰仗于桓温两次大捷的威势得以振作其软弱消沉之气，也震慑了凶残狡猾的敌人。

本事：《资治通鉴》卷九九《晋纪二十一·穆帝》，永和十年（354）。

九　慕容恪之仁，不忍多杀

五胡旋起旋灭，而中原之死于兵刃者不可殚计。殚中原之民于兵刃，而其旋起者亦必旋灭。其能有人之心而因以自全者，唯慕容恪乎！故中国之君，一姓不再兴，而慕容氏既灭而复起。恪围段龛于广固，诸将请亟攻之，恪曰："龛兵尚众，未有离心，尽锐攻之，杀吾士卒必多矣，自有事中原，兵不暂息，吾每念之，夜而忘寐，要在取之，不必求功之速。"呜呼！恻悱之言，自其中发，功成而人免于死，恪可不谓夷中之铮铮者乎！

古之用兵者，于敌无欲多杀也，两军相击，追奔俘馘者无几也，于敌且有靳焉，而况其人乎！战国交争，驱步卒以并命，杀敌以万计，而兵乃为天下毒，然犹自爱其民，而不以其死尝试也。尉缭之徒至不仁，而始为自杀其人之说，于是杨素之流，力行其说以驱民于死而取胜。突围陷阵者有赏，肉薄攻城者前殒而后进，则嗜杀者，非嗜杀敌，而实嗜杀其人矣。晨与行，夕与息，环拱听命于牙旌之下，方且呴呴然相聚以相保，而威之诱之，激之迫之，唯恐其不自投于死。呜呼！均是人也，而忍至此哉！用兵之杀人也，其途非一，而驱人为无益之死者，莫甚于攻城；投鸿毛于烈焰，而亟称其勇以奖之，有人之心，尚于此焉变哉！

【译文】

十六国时期（304—589），匈奴、鲜卑、羯、氐、羌这五个边疆民族建立的政权倏忽兴起又迅速衰亡，死于战乱之中的中原民众不可胜数。这些政权将中原民众全都置于兵刃的屠戮之下，因而他们迅速崛起又必然快速覆灭。其中能够具有常人之心因而得以自我保全的人，大概只有慕容恪一个人！所以，中原王朝的君主，一姓所建政权灭亡之后不可能再次兴起，而慕容氏所建的前燕灭亡后，后燕又接着复兴。前燕太原王慕容恪包围割据广固（今山东益都西北）的鲜卑段部首领齐王段龛，他的诸位部将请求加快进攻，诸葛恪说："段龛的士兵还有很多，他们还没有离心离德，如果现在倾尽精锐部队进攻他们，我们士兵伤亡必大。自从中原燃起战火，战斗就没停过，每想到这里，我就夜不能寐。我们的目的是攻取城池，不必追求成功的速度。”唉！他的这种忧思抑郁的话语，实在是从内心生发出来的，功名成就而又能使士兵、百姓免于死亡，慕容恪真可谓夷狄中出类拔萃的人物！

古时善于用兵的人，并不想过多地杀戮敌军，两军互相攻击时，追击已经失败的敌人以求斩杀俘虏的事例也为数不多。对于敌人尚且有吝惜之意，何况是对待自己的士兵呢！战国时期诸国交战，驱使步兵前去拼命，杀死的敌人数以万计，于是战争成为天下危害最大的事情，但各国君主仍然各自吝惜自己的百姓，并不想让他们以死来尝试用兵之道。战国兵家代表人物之一的尉缭之流最不仁义，他最早提出“善用兵者能杀其士卒一半而威加海内”的理论，于是像隋朝杨素之流的人物，努力践行他的理论，驱使百姓以死来取胜。能够攻破敌人阵地的人有重赏，和敌人近战的人前面倒下而后面的人随着进攻。那些喜欢杀人的人，不是喜欢斩杀敌人，而实际上是喜欢残杀自己的士兵。将士们早晨一同出发，晚上一同休息，士兵拱卫环绕在将帅的牙帐旌旗之下听命，正在充满温馨地聚集起来相互保护，而将帅却采取各种手段不断地威逼利诱、刺激逼迫他们，只怕他们不自投死路。唉！同样都是人，为什么残忍至此呢？用兵杀人的办法并非只有一个，而驱使士兵做出无谓牺牲的方式，没有比攻城危害更大的了。这就好比把鸿毛投入烈火之中，而又极力称赞其勇往直前并予以奖励。但凡有常人之心的人，就应该就此做出改变啊！

本事：《资治通鉴》卷一〇〇《晋纪二十二·穆帝》，永和十二年（356）。

卷十四

明刻本《三才图会》中的南朝宋武帝刘裕画像

【题　解】

本卷评论东晋后期历史，分哀帝、帝奕、简文帝、孝武帝、安帝、恭帝六目，共四十一则。

晋哀帝司马丕（341—365）为成帝长子，即位后有所作为，然沉迷道教，服食丹药而亡，王夫之选择三个问题加以评论。面对北方游牧民族的威胁，桓温请迁都洛阳，虽非出于真心，但朝廷虚声回应，也失去了恢复中原的良机。借苻坚禁富商，指出天下之大防只有华夏夷狄之防与君子小人之别，归结于义利之辨。

废帝司马奕（342—386）为哀帝同母弟，后为桓温所废，王夫之选择三个问题加以评论。对桓温第三次北伐失败，王夫之指责东晋君臣的阻挠，直斥孙盛《晋阳秋》的记载"徇流俗而矜直笔"，与南宋君臣如出一辙。对前燕罢荫户之制予以肯定，对前秦丞相王猛则称为"乱人之雄"，不认同朱熹"三秦豪杰"的评价。

简文帝司马昱（320—372）为元帝幼子，历事七朝，封琅邪王、会稽王，自穆帝时执掌朝政，即位不期年而卒，王夫之认为他不支持桓温北伐，却听任其废立，临死且欲使其居摄，斥之为贼。

孝武帝司马曜（362—396）为简文帝第三子，亲政后重用谢安，取得淝水之战胜利，后沉湎酒色，兄弟争权，陷入混乱，王夫之选择十一个问题加以评论。谢安是孝武朝的关键人物，王夫之充分肯定其促成太后临朝稳定局势、扶持北府兵加强军力的作用，称赞废除度田收租为善政，同时指出其“不能树人以持数世之危”，分荆、豫、江三州授予诸桓，导致桓玄之乱。

安帝司马德宗（383—418）为孝武帝长子，愚昧无知，在位期间司马道子父子弄权，王恭、殷仲堪、桓玄相继叛乱，孙恩、卢循起义，陷入空前动荡，王夫之选择二十一个问题加以评论。从“安帝之亡国同于惠帝”，王夫之提出皇位继承的问题，二人按照嫡长子继承制嗣立无可厚非，但从江山社稷安危而言，应当废昏立明，大臣决不能固守教条而逃避责任。鉴于安帝复位后，刘裕逐渐专权，王夫之以较多笔墨对刘裕的功业和智慧予以肯定评价。

恭帝司马德文（385—420）为孝武帝次子，元熙二年禅位于刘裕，东晋灭亡，王夫之选择两个问题加以评论。一是批评韦祖思窃隐士之名而无其实，二是借徐广为晋亡而哀泣，批评以谢晦为代表的士族无廉耻之心，此后君臣义绝，篡逆相继，八表同昏，平路伊阻。

哀帝

一 桓温请迁都以探朝廷虚实

桓温请迁都洛阳，诚收复之大计也。然温岂果有迁都之情哉？慕容恪方遣吕护攻洛，温所遣援者，舟师三千人而止。温果有经略中原之志，固当自帅大师以镇洛，然后请迁未晚。惴惴然自保荆、楚，而欲天子渡江以进图天下，夫谁信之？为此言也，特以试朝廷所以答之者。而举国惊忧，孙绰陈百姓震骇之说，贻温以笑。温固曰：吾一言而人皆震恐，吾何求而不得哉！王述曰：“但从之，自无所至。”温说折矣。而周章议论之情形，已早入温之目中。其云“致意兴公，何不寻《遂初赋》，而知人家国事。”非惮绰也，笑晋人之不足与人家国也。

夫温以虚声动朝廷，朝廷亦岂可以虚声应之？王述之议，亦虚声也。使果能率三吴、两淮之众渡江而向寿、谯，诏温移屯于洛，缮城郭、修坞戍，为战守计，而车驾以次迁焉，温且不能中止；外可以捍燕、秦，而内亦可以折温之逆志，乘其机而用吾制胜之策，诚百年一日之会，而晋不能也。燕、秦测之，温谅之，晋不亡者幸耳！

内宁而外可无忧，一道也；处治安之世以建威销萌之道也。外无忧而内可宁，一道也；处纷乱之日以强干弱枝之道也。夫桓温者，何足虑哉？慕容恪之沉鸷，苻坚之恢豁，东西交逼以相吞，而唯与温相禁制于虚声，曾不念强夷之心驰于江介也，是足悲也！晋不成乎其为君臣，而温亦不固为操、懿者也。

【译文】

桓温请求迁都洛阳，确实是收复中原的大计。然而，桓温难道果真有迁都洛阳的心思吗？当时，前燕慕容恪派遣大将吕护率军进攻洛阳，桓温所派遣的救援军队，仅水师三千人罢了。桓温果真有经略中原的大志，本来应当亲自统帅大军坐镇洛阳，然后请求迁都也为时不晚。他整日惴惴不安，仅仅自保荆、楚一带，而打算让天子北渡长江、图谋天下，又让谁能相信他呢？他制造这种言论，仅仅是用来试探一下朝廷如何答复。然而举国震惊，人人担忧，散骑常侍兼著作郎孙绰上书极力陈述所谓“百姓为此震惊恐惧”的说法，给桓温留下笑柄。桓温固然可以说：我说一句话则人皆震动害怕，那么我还有什么要求而不能实现呢？尚书令王述说：“只要顺从桓温的建议，他自己也不知如何实施了。”桓温的言论不攻自破。可是，当时朝廷针对迁都一事议论纷纷的情形，早已在桓温的意料之中。他说：“致意于孙绰（字兴公），何不践行其《遂初赋》中所表达的‘遂其初愿，去官归隐’的志向，却要管别人的家国大事呢？”他并不是畏惧孙绰，而是嘲笑东晋大臣都不足以共同谈论家国之事。

桓温虚张声势来震动朝廷，朝廷怎么能也用虚张声势的办法来应对呢？王述的议论也是虚张声势的空话。假使朝廷果真能够统率江浙、两淮一带的军队北渡长江，而向寿州、谯县一带进攻，同时诏令桓温移兵驻守洛阳，加固内外城墙，修建坞堡营垒，做好能战能守的准备，然后皇上以及百官的车驾再有秩序地迁入洛阳，桓温也不能中途而废。对外可以抵御前燕、前秦，而对内可以打消桓温图谋不轨的野心。借助这样的机遇运用我们克敌制胜的策略，确实是百年不遇的机会，而东晋朝廷却无法做到。通过这件事，前燕、前秦窥测到东晋的无所作为，桓温也早已料想到这一局面，东晋没有随即灭亡，不过是侥幸罢了。

内部安宁，外部就可以没有忧患，这是一以贯之的规律；也是处于天下承平的安定之世，用来建立威势、消弭图谋不轨的萌芽的规律。外部没有忧患，有利于内部安宁，这也是一以贯之的规律；也是处于天下纷乱之日，用来加强中央集权力量、削弱地方割据势力的规律。桓温这个人，有什么值得担忧的呢？前燕慕容恪沉稳勇猛，前秦苻坚宽宏豁达，东西夹攻，交互紧逼，都有吞并南北之势，而东晋朝廷却只知道用虚张声势的方式与桓温相互牵制，难道没有想到这些强大的夷狄曾有驰骋中原、进逼长江沿线的野心吗？这实在太可悲了！东晋朝廷的君臣关系得不到正常的维系，而桓温本来也并非一开始就有像曹操、司马懿那样篡权夺位的叛逆之心。

本事：《资治通鉴》卷一〇一《晋纪二十三·哀帝》，隆和元年（362）。

二　保残之儒，纷纭贼道

为人后者，为所生父母服期，亦天下之通丧也，仅见于《士丧礼》，而以情理推之，固可通于天子。天子丧礼无传文，后世执期丧达乎大夫之说，以屈厌而议短丧，非也。哀帝欲为所生周太妃服三年，则过；既而欲服期，是已。江霦（bīn）执服缌之说，抑帝而从之，邪说也；天子绝期，而又何缌乎？为人后而继大宗，承正统，上严祖考，而不得厚其私亲，此以君臣之义裁之也。故欧阳修、张孚敬称考、称皇、称帝之说，紊大纲而违公议，固不若汉光武称府君之为允矣。

位号者，天下之公尊，非人子所得以己之尊加于其亲，义也。若夫死而哀从中发，哭踊服饰之节，达其中心之不忍忘，则仁也。降而为期，止矣；过此而又降焉，是以位为重而轻恩，戕性之仁矣。哀死者，情也；情之所自生者，性也。称尊者，名也；名之所依者，分也。秩然不可干者，分以定名；怆然不容已者，情以尽性。舜视天下犹草芥，而不得于亲，不可以为人，霦独非人之子与？必欲等之于疏属而薄之，则何如辞天子之位而可尽一日之哀也！王子母死，请数月之丧，而孟子曰："虽加一日，愈于已。"生而为庶子，莫如之何也。哀帝不立乎天子之位，而可致其哀，非生而诎者也。然则天子之位，其为帝之桎梏乎？周礼残缺，而往圣之精义不传，保残之儒，徒纷纭以贼道，奚足取乎！

【译文】

作为后代，为自己的亲生父母服丧一年，也是天下通行的丧礼，仅仅见于《仪礼·士丧礼》之中，而按照情理推断，本来也适用于天子。关于天子的丧礼，没有专门的记载来论述，后世之人偏执于服丧一年的礼仪仅仅适用于从庶民到士大夫的说法，认为应暂且抑制天子的悲亲之情而缩短服丧期限，这是错误的。晋哀帝司马丕想为生母周太妃服丧三年，则有点太长了；不久又打算服丧一年，这是比较适宜的。国子祭酒江霦坚持服缌丧（以细麻布为孝服，服丧三个月）之说，压抑皇帝的丧母之痛而让他服这种丧礼，是一种邪说；天子服期丧（服丧一年）就不合乎礼制，更何况是服缌丧呢？作为后代而继承嫡系大宗，传承皇室正统，就要尊崇名义上的祖父、父亲，而不得对自己的亲生父母过分亲昵、另眼相待，这是依据君臣之义来裁定的。因此，宋代欧阳修在濮议之争中主张宋英宗称其父濮王为皇考、明代张孚敬在大礼仪中主张明世宗称其父兴献王为皇考并加帝号之说，扰乱了纲常大义，违背了天下公议，当然不如汉光武帝刘秀称其曾祖为府君较为公允了。

帝位和尊号乃是天下人所共同尊崇的，并非作为人子能够以自己地位之尊崇而追加于自己亲生父母身上的，这是正道大义的规范。至于父母死了，作为人子内心异常哀痛，按照丧礼仪节边哭边顿足、穿上丧服来亲自尽孝，以表达内心中不忍忘记的追思之情，这是仁义的表现。考虑到天子的身份，降低一等服丧规制，为亲生父母服丧一年，也就可以了。如果超过这个标准而又再降低一等规格，就是以皇位为重而以父母恩情为轻了，便摧残了仁的本性。哀悼死者是人之常情，感情自然而然产生，是出于人的本性。称尊号依据的是名位，名位所依从的是身份。秩序井然而不可混乱，所以必须按照身份来确定名位；怆然伤感而不能自我控制，所以必须用感情来表达本性。正如《孟子·离娄上》中所说：虞舜视天下之人高兴地归附自己犹如草芥，而身为子女得不到父母的欢心就不可以作为一个人。难道唯独江霦不是人所生养的后代子孙吗？如果晋哀帝一定要将亲生父母等同于旁系亲属而施行简单粗薄的礼仪，那么何如辞掉天子之位而可以尽身为人子的一日之哀呢？王子的母亲死了，他的老师请求行数月的丧礼，而孟子说："即使多增加一日，也胜过什么都不作为。"（《孟子·尽心上》）生而为庶子，还能怎么样呢？如果晋哀帝没有被立为天子，反而可以表达自己的哀悼，而不是生下来就注定要受这种礼仪的限制的。既然这样，那么天子之位即是皇帝的枷锁了。周代的礼仪残缺不全，而以往圣人的微言大义没有完全留传下来，抱残守缺的儒生，白白地用纷纭混乱的解释来歪曲正道大义，何足听取呢？

本事：《资治通鉴》卷一〇一《晋纪二十三·哀帝》，兴宁元年（363）。

三　苻坚抑商，义利之辨

苻坚之世，富商赵掇等车服僭侈，诸公竞引以为卿，坚恶而禁之。天下之大防二：中国、夷狄也，君子、小人也。非本未有别，而先王强为之防也。夷狄之与华夏，所生异地，其地异，其气异矣；气异而习异，习异而所知所行蔑不异焉。乃于其中亦自有其贵贱焉，特地界分、天气殊，而不可乱；乱则人极毁，华夏之生民亦受其吞噬而憔悴。防之于早，所以定人极而保人之生，因乎天也。君子之与小人，所生异种。异种者，其质异也；质异而习异，习异而所知所行蔑不异焉。乃于其中亦自有其巧拙焉，特所产殊类、所尚殊方，而不可乱；乱则人理悖，贫弱之民亦受其吞噬而憔悴。防之于滥，所以存人理而裕人之生，因乎天也。呜呼！小人之乱君子，无殊于夷狄之乱华夏，或且玩焉，而孰知其害之烈也！

小人之巧拙自以类分，拙者安拙而以自困，巧者炫巧而以贼人。拙者，农圃也，自困而害未及人者也，然夫子未尝轻以小人斥人，而特斥樊迟，恶之甚、辨之严矣。汉等力田于孝弟以取士，而礼教凌迟，故曰三代以下无盛治。夫以农圃乱君子，而弊且如此，况商贾乎？商贾者，于小人之类为巧，而蔑人之性、贼人之生为已亟者也。乃其气恒与夷狄而相取，其质恒与夷狄而相得，故夷狄兴而商贾贵。许衡者，窃附于君子者也，且曰："士大夫居官而为商，可以养廉。"呜呼！日狎于金帛货贿盈虚子母之筹量，则耳为之聩，目为之荧，心为之奔，气为之荡。衡之于小人也，尤其巧而贼者也，而能溷（hùn）厕君子之林乎？

以要言之，天下之大防二，而其归一也。一者，何也？义、利之分也。生于利之乡，长于利之途，父兄之所熏，肌肤筋骸之所便，心旌所指，志动气随，魂交神往，沉没于利之中，终不可移而之于华夏君子之津涘（sì）。故均是人也，而夷、夏分以其疆，君子、小人殊以其类，防之不可不严也。夫夷之乱华久矣，狎而召之、利而安之者，嗜利之小人也，而商贾为其最。夷狄资商贾而利，商贾恃夷狄而骄，而人道几于永灭。无磁而铁不动，无珀则芥不黏也。

【译文】

前秦苻坚在位的时候，富商大贾赵掇等乘坐的车舆及穿着的服饰僭越礼制且极其奢侈，诸位公卿都争相邀请他们为座上宾，苻坚对此深感厌恶而明令禁止。天下之大防（重要的原则性界限）有两个，一个是华夏和夷狄，一个是君子和小人。之所以有此分别，不是古圣先王为了防备夷狄、小人而强行做出区分，而是华夏与夷狄、君子与小人有着本质上的差别。夷狄和华夏，所生异地，异地即生活的地域不同，气候自然也存在差别；气候不同，而习性自然有所不同；习性不同，而思想、行为没有不存在差别的。至于其中也自然有贵贱不同，只是地界有分隔、气候有殊异，而不可混乱；如果相互混乱，就会毁灭人伦纲常，华夏的百姓也将遭受夷狄的吞噬而憔悴不安，民不聊生。及早进行区隔防备，是为了确立人伦纲常而保护天下的生灵，这是顺乎天意的。君子和小人，所生异种，异种即本质的差别；本质存在差别，而习性自然不同；习性不同，而思想、行为没有不存在差别的。至于其中也自然会有机巧、笨拙的不同，只是其所在的群类不同、崇尚的旨趣有异，而不可混乱；如果相互混乱，就会出现违背人伦纲常的情况，贫穷柔弱的百姓也将遭受小人的吞噬而生活困顿。防止这种情况的泛滥，是为了保存人伦纲常而使百姓生活宽裕，这是顺乎天意的。唉！小人祸乱君子，与夷狄祸乱华夏没有什么差别，有的人很轻视这种现象，谁又知道这种祸害的惨烈程度呢？

小人的机巧与笨拙，自然是人以群分，笨拙者安于笨拙而自我困顿，机巧者依仗机巧而残害他人。笨拙者就像农夫，虽然自我困顿而祸害未及他人。然而孔子不曾轻易斥责他人为小人，仅仅斥责樊迟，是因为孔子非常讨厌樊迟不事礼义而询问农事，说明他对君子和小人的分辨非常严格。汉朝设置孝弟力田科来选拔士人，从而造成礼教败坏，每况愈下，所以说夏、商、周三代以后没有治国理政的盛世。以孝弟力田的农夫为官，从而混乱君子小人的分别，弊病尚且如此，何况是商贾呢？经商的人和小人相似，都是靠投机取巧获取利益，从而泯灭人的本性、损害他人的生计，为患已经极为严重。至于他们的声气常常和夷狄息息相通，他们的本性常常和夷狄彼此投合，所以夷狄昌盛而商贾自然尊贵。元初学者许衡攀附跻身于正人君子之列，他说："士大夫居官而经商，可以养成廉洁奉公之风。"唉！整日沉湎于金银、财帛、货物之间，时刻盘算着盈亏营利的多少，耳朵为之聩聋，眼睛为之迷惑，身心为之奔驰，神气为之荡漾。许衡和小人相比，显得更加机巧而害人不浅，还能够混杂于君子之林吗？

概括说来，天下的大防有两个，而实际上可以归二为一，这一点是什么呢？即义和利的区别。如果生在利之乡，长在利之途，深受父兄的感染熏陶，肌肤筋骸都适应了追逐利益，那么心旌所指皆为利益，心志一动而气质随之改变，魂牵梦绕，心驰神往，无不沉湎于利益当中，终究不可转移从而达到华夏君子的理想彼岸。所以，同样是人，而夷狄和华夏按照疆域区分，君子和小人按照种类区分，这个大防不可不严啊！夷狄祸乱华夏已经很久了，亲近他们并招致而来、以有利可图而安之若素的，即是嗜利的小人，其中尤其以商贾为最。夷狄依靠商贾而获利，商贾依仗夷狄而骄横，人伦纲常几乎要永远灭绝了。这就像是没有磁铁的吸引，金属本身就不会移动；没有琥珀的摩擦生电，细小的东西也不会被黏附在一起一样。

本事：《资治通鉴》卷一〇一《晋纪二十三·哀帝》，兴宁二年（364）。

帝奕

一 荫户之制，祸国殃民

慕容暐（wěi）罢荫户至二十万。以东北一隅而二十万户为权贵所荫，不受公家之役，民户减少，则赋役偏重，而民之疲瘠甚矣。盖夷狄之初起也，上下无章，资部族之强力以割据而瓜分之，狎为己有旧矣。故暐从悦绾之请，纠擿（tī）还郡县，而举国怨怒。然暐之亡，自以疑慕容垂使外叛而致败，既非罢荫户之所致，国无纪而民困，积弊虽去而害已深，故苻坚假仁义以动众而席卷之。则悦绾之言，亦憾其不夙尔。

呜呼！岂独夷狄之不纲者为然哉？四海之民力，自足以给天下之用而卫宗社。乃上不在国，下不在民，居间而为蠹贼者，中涓也、戚畹也、债帅也、勋旧也，皆顽民窳卒之所依以耗国而堕重于民者也。刘忠宣一搜隐占之禁旅而怨谤已腾，卒致挠败，君明臣忠，卒不能施厘正者，亲疏远迩之势殊而轻重已移也。其如此之浮言胥动者何哉！夫此琐琐者之恩怨，何足以系国家之安危，人主不审，曾不如慕容暐之能断矣。制之有法而慎于始，且不能持于其后，祖宗之法，未可恃也。中叶之主能不惑者，未见其人也，天下所以鲜有道之长也。

【译文】

前燕末帝慕容暐废除王公贵族的荫户达二十万户。以区区东北一隅而有二十万户被权贵所荫庇，不受国家驱使，那么国家控制的编户齐民自然减少，从而导致赋税和徭役更加沉重，而百姓疲惫不堪，困苦异常。大概夷狄刚刚崛起之初，从上至下杂乱无章，依仗部族中的强有力者割据土地，瓜分民众，习惯于据为己有，由来已久了。所以，慕容暐听从尚书右仆射悦绾的建议，纠察揭发荫户，归还于郡县，导致举国怨恨、恼怒。然而慕容暐的灭亡，自然是因为他猜忌慕容垂，使他叛逃前秦而导致失败，并非废除荫户所造成的。国家没有法纪而百姓困顿，荫户的积弊虽然剔除，而祸根已经潜伏很深了，所以前秦苻坚假借仁义之名鼓动民众，从而席卷前燕。如此，也只能为悦绾的言论没有及早提出来而感到遗憾了。

唉！难道仅仅是夷狄中不守纲纪法度的人是这样吗？四海百姓的力量，自然足以满足天下的用度供给而保卫宗庙社稷。至于那些上不属于国家，下不属于百姓，处在国家与百姓之间祸害国家的蠹贼，即宦官、外戚、贪贿腐败的将帅和勋旧贵族，他们都是顽劣的民众与怠惰的兵卒所乐于依附的对象，从而消耗国家的财力、加重百姓的负担。明代兵部尚书刘大夏（谥忠宣）刚要清查被权贵隐匿占有、役使的京营军士，怨言和诽谤之词已经沸腾，最终导致清查行动失败。明孝宗是明君，刘大夏是忠臣，最终还是不能对存在的弊端有所改革纠正，这是因为亲疏远近的形势不同而双方力量轻重的对比已经发生了变化。像这样浮言四起，究竟是为什么呢？这些平庸、卑微之人的恩怨利害，何足以关乎国家的安危呢？君主不能审慎地加以辨别处置，还不如慕容暐善于判断取舍。按照国家法律加以控制，从一开始就慎重对待，尚且不足以始终保持下去，可见所谓的祖宗之法，也不足以作为倚仗。处于王朝中叶的君主，能够对此不感到迷惑的，还没有见到过，这就是天下之所以很少有长时期的政治清明之世的原因。

本事：《资治通鉴》卷一〇一《晋纪二十三·帝奕》，太和三年（368）。

二　君臣疑忌而忘夷夏大防

桓温伐燕，大败于枋头，申胤料之验矣。胤曰："晋之廷臣，必将乖阻，以败其事。"史不著乖阻之实，而以孙盛《阳秋》直书其败观之，则温之败，晋臣所深喜而乐道之者也。会稽王昱不能自强，而徒畏人之轧己，王彪之弗能正焉。呜呼！人之琐尾而偷也，亦至是哉！

秦桧之称臣纳赂而忘仇也，畏岳飞之胜而夺宋也。飞亦未决其能灭金耳。飞而灭金，因以伐宋，其视囚父俘兄之怨奚若？而视皋亭潮落、硇门飓发、块肉无依者，又奚若也？温亦未能举燕之为忧耳。温而举燕，其篡不篡亦未可知也。为君相者，居重以不失人望之归，尽道以得民，推诚以得士，以礼待温，以道驭温，静正而不惊，建威以自固，温抑恶能逞志以逆而不恤天下之公讨？不然，则王莽、萧道成固无毫发之勋庸，而窃大宝如拾芥矣。庸主陋臣，如婴儿之护饵，而徒忌其姊娣，尚能安于位以有为乎？处堂以嬉，授兵柄于温，而又幸其败，温之怨且深，其轻朝廷也益甚。故会稽立而愤盈以逞，非其死之速也，晋必移社于桓氏矣。舍夷、夏之大防，置君父之大怒，徒为疑忌以沮丧成功，庸主具臣之为天下僇，晋、宋如合一辙，亦古今之通憾已！《春秋》予桓、文之功，讳召王请隧之逆，圣人之情见矣。若孙盛之流，徇流俗而矜直笔，幸灾乐祸，亦恶足道哉！

【译文】

桓温率军讨伐前燕，在邺都以南的枋头（今河南浚县境内）被前燕截断了粮道而大败，前燕司徒左长史申胤的预料应验了。申胤曾说："东晋的朝廷大臣，一定会千方百计乖违阻挠其事，以致其失败。"史书上没有记录乖违阻挠的事实，而按照孙盛写的《晋阳秋》直接写明桓温大败来看，桓温的大败即是晋朝大臣非常欢喜而且津津乐道之事。会稽王司马昱不能够增强自己的力量，而徒然畏惧别人倾轧自己，王彪之也不能纠正这种情况。唉！人们猥琐不堪而苟且偷生，竟然达到这种程度！

南宋奸臣秦桧对金称臣、交纳岁币银两而忘掉了国仇大恨，是害怕岳飞战胜金军而夺取南宋的江山。岳飞也未必一定能灭掉金国。即使岳飞灭掉金国，借助声势攻打南宋，那么这种情况和宋徽宗、宋钦宗被虏的国仇大恨相比又怎么样呢？而比起来皋亭潮落（指德祐二年元军攻至杭州皋亭山，宋恭宗奉上传国玉玺投降）、硐门飓风（指景炎二年，宋端宗在硐洲岛飓风落水，不久病死）、块肉无依（祥兴二年，陆秀夫背负帝昺投海而死，杨太后感叹“块肉无依”而跳海身亡）又怎么样呢？何况桓温也未必能攻克前燕从而成为朝廷的忧患。即使桓温铲除了前燕，他是否篡位也未可知。作为国君和宰相，应身居高位而不失人心，极尽治理之道而得到百姓拥护，推诚相待而得到贤士。如果他们以礼义对待桓温，以正道驾驭桓温，平和纯正而不惊不惧，树立威望而巩固自身，桓温又怎么能不顾忌天下人的公开揭露与声讨，为了实现自己的野心而背叛朝廷呢？如果不是这样，那么王莽、萧道成本来没有丝毫的功勋，却能如拾草芥一般窃取皇帝的宝座。平庸的君主与鄙陋的大臣，就像婴儿拼命护住嘴边的食物一样，只是徒然地忌恨他的姊妹，还怎么能够安于自己的位置而有所作为呢？处于庙堂之上，整日嬉戏享乐，不理国政，授给桓温兵权，却又庆幸桓温失败。这样就使得桓温的怨恨日益加深，他也就更加轻视东晋朝廷。所以，会稽王司马昱即位后，桓温满腹怨恨准备铤而走险、实现自己的野心，如果不是桓温很快死去，东晋的天下必然被桓氏所取代了。舍弃夷狄和华夏之大防，置君父的深仇大恨于不顾，徒然猜忌大臣来阻碍他的成功，昏庸的君主和尸位素餐的大臣只会为天下人侮辱耻笑，东晋和南宋如出一辙，也是自古及今都令人遗憾之事！《春秋》中称赞齐桓公、晋文公的功业，而避讳晋文公在践土之盟时以臣召君并请求享受隧葬之礼的叛逆行为，圣人之情于此可见。至于孙盛之流，屈从流俗而自夸秉笔直书，幸灾乐祸地直书桓温大败，根本不值一提！

本事：《资治通鉴》卷一〇二《晋纪二十四·帝奕》，太和四年（369）。

三　王猛鄙陋，乱人之雄

王猛请慕容垂之佩刀，给其子使叛逃，期以杀垂，司马温公讥其非雅德君子所为，何望猛之厚而责之薄也！猛者，乱人之雄者耳，恶知德哉！

猛以桓温为不足有为而不归晋，将谓苻坚之可与定天下乎？乃坚亡而晋固存，果孰短而孰长邪？使猛随温而东也，归晋也，非归温也。猛而果有定天下之略，则因温以归晋，而因可用晋以制温。然则其不随温而东，乃智量出乎温之下，而欲择易与者以获富贵耳。慕容垂奔秦，慕容评以鬻薪卖水之猥贱而握重兵，猛灭之，非智勇之绝人，摧枯折朽之易也。苻坚之不欲杀垂，猛岂能间之，而徒为挠乱，忌其宠而已矣。其誓三军曰："王景略受国厚恩，任兼内外，受爵明君之廷，称觞父母之室，不亦美乎？"猛之涯量尽于此矣。给无知之稚子而陷其死，商鞅、张仪之术也。朱子曰："三秦豪杰之士，非猛而谁？"伏戈矛于谈笑，激叛乱以杀人，妾妇耳，奚豪杰之云！

【译文】

前秦丞相王猛（字景略）请求来降的前燕大臣慕容垂赠予其佩刀，然后借用佩刀欺骗慕容垂之子慕容令使其叛逃，期望以此杀掉慕容垂。司马光在《资治通鉴》中讽刺这不是雅德君子所为，怎么能对王猛寄托如此高的期望而对他的责备如此轻描淡写呢？王猛只不过是制造祸乱的人中的奸雄罢了，哪里知道什么是雅德呢？

王猛认为桓温不足以有所作为而不归附东晋朝廷，难道他认为前秦苻坚可与之共同平定天下吗？最后苻坚灭亡而东晋依然生存下来，果真谁长谁短、谁是谁非呢？假使王猛跟随桓温东归，也是归附东晋朝廷，而不是归附桓温自己。王猛如果真有平定天下的谋略，就可以通过桓温而归附东晋朝廷，从而可以凭借在东晋施展自己的才能来控制桓温。然而，王猛没有跟随桓温东归，乃是其智略雅量都在桓温之下，因而想要挑选那些能轻易给他官位的人加以辅佐，从而获取荣华富贵罢了。慕容垂因受排挤投奔前秦，太傅慕容评以封山禁泉、卖樵鬻水的猥琐卑贱之才掌握重兵，王猛统兵灭掉前燕，不是智勇超人，而是如摧枯拉朽一般非常容易。苻坚如果不想杀掉慕容垂，王猛难道能离间他们吗？这样做只是徒然扰乱国政，忌恨慕容垂受宠罢了。他曾对三军宣誓说："我王景略受国厚恩，兼任内外各种政务，在朝堂上接受明君赐予的爵位，在父母那里举杯庆祝，不也是美妙的事情吗？”王猛的限量也不过仅此而已。欺骗无知的孩子而想把慕容垂陷于死地，这是效法秦国商鞅和张仪的奸诈之术。朱熹曾说：“关中一带豪杰之士，除了王猛还有谁呢？”（《朱子语类》卷一百三十六）王猛谈笑之间就埋下了害人的戈矛，通过激发叛乱来杀人，乃是奴婢、妇人之所为，怎么能称得上豪杰之士呢？

本事：《资治通鉴》卷一〇二《晋纪二十四·帝奕》，太和五年（370）。

简文帝

一　简文帝乃窃国之贼

简文为琅邪王，相晋五年，桓温外拒燕、秦，内攻袁瑾，而漠然不相为援，盖其恶温而忌之夙也。既恶温矣，抑不能树贤能、修备御以制温，温视之如视肉，徒有目而无手足，故惎之而犹拥立之，以为是可谈笑而坐攘之者也，盖至于听温之扳己以立而遂立焉，则生人之心，生人之气，无有存焉者矣。

帝奕未有失德，温诬其过而废之，于斯时也，简文既不能折之以卫奕，则以死拒温而必不立，奉名义之正，涕泣以矢之，温亦岂能遽杀己者？如其不择而推刃于己，则温之逆，受众恶而不足以容，即令己杀而温篡，亦可无咎于天下。乃虽靦然南面，而旋陨天年，位与寿皆朝露耳。等死也，为晋恭、齐［宋］顺之饮酖，何如誓死不立，以颈血报宗社哉！

温，贼也；简文相其君而篡之，亦贼也；贼与贼以智力为胜负，而不敌者受吞，必然之势也。病而一日一夜四发诏召温入辅，遗诏且云“君自取之”，乃语王坦之曰：“天下傥来之运，卿何所嫌。”非但暗弱如谢安所云似惠帝者耳，得一日焉服衮冕正南面而心已惬，易其忌温之心而戴温不忘，乐以祖宗之天下奉之而酬其惠也。洵哉！简文之为贼也。

【译文】

简文帝司马昱受封琅邪王，以宰相身份辅佐朝政达五年之久，桓温对外抵御前燕、前秦，对内讨伐叛臣袁瑾，司马昱对此漠然视之而不施以援手，大概因为他厌恶桓温而一贯忌恨他吧！既然厌恶桓温，却又不能树立贤能之臣、整修防备以牵制约束桓温；桓温视司马昱如同行尸走肉，徒有眼睛而无手足，所以虽然内心忌恨却仍然拥戴他登上皇位，认为这样可以在谈笑之间取而代之。大概到了司马昱听任桓温控制自己而登上皇位时，其生人之心、生人之气都已经不存在了。

晋废帝司马奕（被废为东海王、海西公，一称帝奕）

并没有失德之举，桓温却诬蔑司马奕有过失而废掉他的皇位。在这个时候，简文帝既然不能驳斥桓温以保卫司马奕，那么拼命抵抗桓温而坚决不登皇位，尊奉正义之名，痛哭流涕地发誓明志，桓温又怎么能够很快杀害他呢？如果桓温不计后果而加刃于他，那么桓温的叛逆之心，必定遭到众人的厌恶而不足以容身，即使桓温杀掉他而得以篡位，那么他也可以无咎于天下。可是他虽然厚颜无耻地南面称尊，却也很快享尽天年，他的皇位和寿命都像早上的露水一样。同样都是死，与其像晋恭帝司马德文、宋顺帝刘準那样被迫饮鸩而死，何如誓死不登皇位，甘愿以自己脖颈上的鲜血来报效宗庙社稷呢？

桓温是窃国的盗贼，简文帝辅佐其君主却篡夺皇位，也是窃国的盗贼。盗贼和盗贼凭借智谋和力量来决定胜负，而不相匹敌者就会遭受吞噬，这是必然的趋势。简文帝身患重病之时，一天一夜四次下诏书，宣召桓温入朝辅政，他的遗诏也说“你可以自己取而代之”，还对大臣王坦之说：“天下本来是意外偶然得来的，你有什么不满意的？”他不仅如谢安所说的那样昏聩软弱像西晋惠帝，只要能够穿上龙袍、戴上皇冠、面南登基，哪怕只有一天，心中即感到无限的惬意。他忌恨桓温之心早已变为对桓温的感恩戴德之情，且永志不忘，因而乐于把祖宗的天下奉献给桓温来报答他的恩德。简文帝实在是窃国的盗贼啊！

本事：《资治通鉴》卷一〇三《晋纪二十五·简文帝》，咸安二年（372）。

孝武帝

一　天不灭晋

简文以懿亲任辅相而与贼同逆，尸天子之位，名器在其手而唯其所与，虽有王彪之、谢安、王坦之忠贤，而无可如何也。天不祚逆，使之速殒，而诸贤之志伸矣。坦之裂居摄之诏，惟简文笃疾不能与之争也。太子之立，廷臣欲待温处分，太子既立，太后犹有居摄之命，彪之抗议不从。温入朝，谢安谈笑而视之若无，惟简文之已死也。孝武方十岁，抑非英武之姿，诸贤之志可伸，而于简文也则不能。但责简文以暗弱，岂其出于十岁婴儿之下乎？故谓简文与人同逆而私相授受，非苛论也。

简文篡而彪之不能止者，温与之协谋，内外之权交失也。简文死，温虽有淫威，而内无为之主者，于是彪之乃得忼慨以正之，谢安乃得从容以潜消之，不足为深忧矣。简文居中以掣曳，诸贤之困，不在虒虒，而在葛藟。晋祚未终，天夺匪人之速，亦快矣！若桓温者，无简文，则虽十岁婴儿而不能夺，固在诸贤局量之中，而弗能跃冶；虽决裂而成乎篡，亦必有以处之矣。

【译文】

简文帝司马昱以宗室至亲的身份作为宰相辅政，却和窃国盗贼共同叛逆朝廷，登基后尸位素餐，坐拥天子名器却唯桓温马首是瞻，即使有王彪之、谢安、王坦之这样忠诚贤良的大臣，也无可奈何。上天从来不眷顾叛逆者，使简文帝很快死去，诸位忠臣贤士的志向可以伸张了。王坦之曾用手撕碎简文帝让桓温仿效周公摄政的诏书，只是简文帝病重不能和他抗争。册立太子之时，朝廷大臣打算等待桓温处理。太子登基后，太后还有让桓温担任摄政大臣的懿命，王彪之提出抗议，拒绝听从。桓温上朝的时候，谢安谈笑自若，视之若无，这都是因为简文帝已经死去。孝武帝司马曜年方十岁，也没有英明威武的雄姿，各位贤臣的志向就可以伸张，而简文帝在位时就不可能。如果仅仅责备简文帝昏庸软弱，难道他的能力还在十岁婴儿之下吗？所以说，简文帝和桓温共同叛逆朝廷而私下相互授受亲近，这对于他并不是过于严苛的评论。

简文帝篡夺皇位而王彪之不能阻止，是因为桓温和简文帝协同谋划，朝廷内外的大权都失去了。简文帝死后，桓温虽有淫威，而朝内没有替他做主的人，于是王彪之才得以慷慨激昂地加以纠正，谢安才得以从容不迫慢慢削弱他，使桓温的势力大减，不足以成为大患。简文帝在位时，对诸位贤臣居中掣肘，诸位贤臣的困顿，并不在于桓温图谋篡位所带来的动荡不安的危急局势，而在于简文帝与之合谋，像葛藟藤蔓一样束缚了他们的手脚。东晋的国祚、运数尚未终结，所以上天让那些觊觎江山社稷的匪类加速败亡，也太快了啊！像桓温之流，若没有简文帝，那么即使十岁婴儿在位，他也不能夺去；本来就在诸位贤臣的器局度量当中，而无法自以为能、急于求用；即使桓温最终和朝廷决裂而图谋篡位成功，他们也一定有相应的应对手段，力挽狂澜。

本事：《资治通鉴》卷一〇三《晋纪二十五·孝武帝》，宁康元年（373）。

二　富贵迷心，垂死谋篡

呜呼！人苟移情于富贵而沉溺以流焉，何所不至哉！天子之尊，四海之富，亦富贵也；簿尉之秩，百金之获，亦富贵也；垂至于死而苟一日得焉，犹埋心引吭以几幸之。不知其何所为也，不知其何所利也，垂至于死而不已；人而不仁，将如之何哉！《易》曰："不鼓缶而歌，则大耋之嗟，凶。"大耋矣，何嗟乎？名之未得、利之未遂焉，俄而嗟矣；俄而并忘其嗟，而埋未冷之心，引将绝之吭，以思弋获矣。有涯之日月，废鼓缶之欢，营营汲汲，笑骂集于厥躬而不恤。簿尉一天子，百金一四海也，人尽如驰，途穷焉而后止。呜呼！亦何所不至哉！

王敦、桓温皆于老病奄奄、旦暮且死之日而谋篡不已，以为将贻其子孙，则王含、王应奴隶之才，敦已知之；桓熙弱劣，玄方五岁，温亦知之矣。王导知敦之将死，起而讨敦；王、谢诸贤知温之将死，而坐待其毙；敦与温亦何尝不自知也。其心曰：吾一日而居天子之位，虽死犹生。呜呼！天下之不以敦、温之心为心者，吾见亦罕矣哉！

孟子曰："万钟于我何加焉？宫室之美，妻妾之奉，穷乏之得我，失其本心。"虽然，犹人生之有事也。至于奄奄垂死而三者皆不任受，然且鼓余息以蹶起而图之，是何心哉？一念移于不仁，内忘其心，外忘其名，沉湎淫溺自不能已，而不复问欲此之何为也。谋天下者曰：簿尉之秩，百金之获，何足以死求之也；谋簿尉百金者曰：天下之尊，四海之奉，何易求焉，吾所求者，旦暮未死而可得也；而不知其情同矣，易地则皆然也。幼而忘身以贪果饵，长而忘身以贪温饱，相习相流，愈引愈伸而不可中止；自非立志于早，以名义养其心而生恻悱，未有老死而能忘者也。苟不志于仁，勿怪乱臣贼子之怙恶以没身也。

【译文】

唉！人如果移情于孜孜追求富贵而沉溺流俗不能自拔，那么什么事情做不出来呢？天子的尊位，四海的富有，这是富贵；主簿、县尉的低微官秩，百金的收获，也是富贵；即使到临死之际而苟且得到一天的富贵，还处心积虑、引吭高歌以非分企求得到之。不知道他们为了什么，不知道他们能从中得到什么好处，以至于垂死挣扎也从不停止；作为人而没有仁义，将会怎么样呢？《周易·离卦》的爻辞中说："夕阳西下，好比人生进入老年，如果不鼓缶而歌，难免会有春蚕将死、蜡炬成灰的嗟叹，必然遭遇凶险。"既然年纪已很大了，为何还要哀叹呢？因为没有得到名、没有得到利，所以不停地叹息；一会儿就忘记了自己的叹息，从而埋下不甘沉寂之心，因而在临死之时引吭高歌，以期有所收获。在生命有限的垂暮岁月，放弃击缶的欢乐，忙碌而急切地追逐名利，任凭世人笑骂集于自己一身而毫不顾惜。把主簿、县尉这样的低微官秩看得像天子之位一样尊贵无比，把百金的收获看得像拥有四海一样富有，人们都为之奔走驰骋，直至日暮途穷方才停止。唉！也可以说是无所不至啊！

东晋的王敦和桓温都是在年老病重、气息奄奄、旦暮将死之日而图谋篡位之心毫无休止，认为将来可以留给他们的子孙后代。王敦无子，其兄王含及其过继给王敦的儿子王应都是奴隶般的庸才，王敦知道这一点；桓温的儿子桓熙柔弱庸劣，另一个儿子桓玄才五岁，桓温自己也是知道的。王导知道王敦将死，于是率军讨伐王敦；王彪之、谢安诸位贤臣知道桓温将死，而坐待其毙；王敦和桓温何尝不知道自己的情况呢？他们的心中都在想着：我一日而登上天子之位，虽死犹生。唉！天下人中不以王敦、桓温之心作为自己的心愿者，我也很少见到啊！

《孟子·告子上》中说："万钟的俸禄对我有什么好处呢？为了住宅的豪华、妻妾的侍奉以及我所熟识的贫苦之人对我的感激吗？这就是失去了自己的本性。"尽管如此，这些还都是人生应该顾虑的事情。至于气息奄奄、垂死挣扎而三者都无法享用的人，却鼓起剩余的气息迅速起来图谋这些，这究竟是何用心呢？一念之间，转移到了不仁不义，内忘其本心，外忘其名义，沉湎其中而不能自拔，反而不再拷问想要得到这些究竟是为了什么。图谋天下的人说：主簿、县尉这样低微的官秩，百金的收获，何足以死来追求呢？而图谋主簿、县尉官秩和百金收获的人则会说：天子的尊位，四海的进奉，哪有多么容易求得？我所追求的，只是旦夕之间、未死之前很快能够得到的东西罢了。他们不知道他们的内心想法其实是相同的，只要彼此交换一下位置就会设身处地地发现，他们所追求的其实都是一样的。就像年幼时不顾惜自己的身体贪求果脯食物，长大后不顾惜自己的身体贪图温饱，如此相沿成习、日益熏陶，越引越伸而无法中止；除非自己早些立志，用名节和道义来修养自己的身心，从而产生恻隐之心，没有到老将死之际而能忘怀追逐富贵的。如果不立志成仁取义，就不要对乱臣贼子坚持作恶以致最终身死的现象感到奇怪了。

本事：《资治通鉴》卷一〇三《晋纪二十五·孝武帝》，宁康元年（373）。

三　太后临朝，反经合道

汉儒反经合道，程子非之，谓权者审经之所在，而经必不可反也。于道固然，而以应无道之世，则又有不尽然者。母后之不宜临朝，岂非万世不易之大经乎？谢安以天子幼冲，请崇德皇后临朝摄政，灼然其为反经矣，王彪之欲已之，而安不从。彪之之所执者经也，安之所行者权也，是又反经之得为权也。

桓温虽死，扬、豫、江三州之军事，桓冲督之。冲不终逆而克保臣节，世遂以忠顺归之。夫冲特不为王含耳。含之逆，于未败之前已有显迹。温死，人心乍变，郗超之流折伏沮丧，恶知冲非姑顺巽以縻系人心而徐图之邪？且冲果有怀忠效顺之情，当温存日，冲固与相得而为所付托者，何不可以规温而使守臣节？则冲之无以大异于温审矣。若温既亡而或说以诛逐时望，冲不听者，不能也，非不为也。王、谢诸贤，非刘隗、刁协之伦匹，温且不敢决于诛逐，冲亦量力而止耳。外人遽信其无他，谢安固察见之，而不早有以制之哉？奉太后为名，以引大权归己，而冲受裁焉，安盖沉思熟虑，执之坚固，而彪之不能夺也。

或曰：安为大臣，任国之安危，则任之耳，何假于太后？曰：晋之任世臣而轻新进也，成乎习矣。王导之能秉政也，始建江东者也；庾亮，后族也；何充则王导所引重而授以政者也。至穆帝之世，权归桓氏，非一日矣。谢安社稷之功未著，而不受托孤之顾命，其兄万又以虚名取败；安之始进，抑受桓温之辟，虽为望族，无异于孤寒；时望虽隆，而蔡谟、殷浩皆以虚声贻笑，固群情之所不信；而乍秉大权，桓冲之党且加以专国自用之名而无以相折，则奉母后以示有所承，亦一时不获已之大计也。

或曰：安胡不引宗室之贤者与己共事，而授大政于妇人邪？曰：前而简文之辅政，其削国权以柔靡，已如此矣。后而道子之为相，其僭帝制以浊乱，又如彼矣。司马氏无可托之人，所任者适足以相挠，固不如妇人之易制也。此之谓反经而合道，又何伤哉？

虽然，王彪之之议，不可废也。安虽不从，而每叹曰："朝廷大事，王公无不立决。"服其正也。审经以为权，权之常；反经以行权，权之变；当无道之天下，积习深而事势违，不获已而用之，一用而不可再者也。故君子慎言权也。

【译文】

汉儒认为权变虽违背常道，却仍合乎道义，宋儒程颐认为不是这样，他认为权变是用来审核衡量常道的，而常道必定是不可违背的。他的观点，对于有道之世固然是这样，但如果应用于无道之世，则又有不尽然的情况。母后不应该临朝听政，难道不是万世不变的常道吗？谢安以天子年幼为由，请求太后褚氏临朝摄政，这是明显的违背常道。王彪之打算阻止这件事，而谢安却不予听从。王彪之所依据的就是常道，谢安所实行的就是权变，这是违背常道而得以实行权变的例子。

桓温虽然死了，但扬州、豫州、江州的军事仍由其弟桓冲都督指挥。桓冲始终没有背叛朝廷而保全了臣节，世人就称赞他忠顺。桓冲只是没有成为王敦之兄王含那样的人罢了。王含的叛逆，在没有败露之前已有明显的迹象。

桓温一死，人心突变，郗超之流被制服而沮丧不已，怎么能知道桓冲不是姑且顺从朝廷、见风使舵来笼络人心，进而慢慢图谋篡权呢？况且，桓冲果真有心怀忠诚、效顺朝廷之情，那么当桓温在世之时，桓冲本来就应该和桓温相互依存、相互依托，为什么不能规劝桓温恪守臣节呢？如此看来，桓冲和桓温没有什么大的差别，这一点是非常明白的。至于桓温死后，有人游说桓冲诛杀、驱逐朝中有威信有声望的人，桓冲没有采纳，是因为他办不到，并不是他不想去做。王彪之、谢安诸位贤臣，不是刘隗、刁协之辈所能相提并论，桓温尚且不敢轻易决断诛杀、驱逐他们，桓冲也就在衡量自己的力量后停止罢了。外人很快都相信桓冲没有其他的野心，谢安本来对桓冲有所觉察，而为什么不及早采取手段来牵制约束他呢？谢安以尊奉皇太后为名，把大权掌握在自己手中，从而使桓冲的势力受到抑制，大概谢安对此已经深思熟虑，牢固地坚持这一策略，所以王彪之不能改变谢安的主意。

有人说：谢安作为朝廷大臣，身系国家的安危，那么朝廷任用他来执掌国政，为什么还要借助于褚太后呢？回答是：东晋重用世家大族而轻视新进的大臣，已经养成习惯了。王导能够执掌国政，因为他是起初建立江东基业的功臣；庾亮是晋明帝皇后之兄，属于外戚后族；何充则是王导引荐重用而授以国政者。到晋穆帝在位时期，朝政大权归于桓氏，已非一日了。谢安对于江山社稷所建立的功勋尚未显著，并且没有接受先皇托孤的顾命遗诏，他的兄弟谢万又徒有虚名、北伐失败；谢安起初进入朝廷，也是受桓温的举荐，虽然谢氏也是江东望族，但和孤寒庶族差不多；当时他的声望虽然很高，但是蔡谟、殷浩都因空有虚名而贻笑天下，所以他本来也不受朝野舆论的信任；骤然掌握朝政大权，桓冲的党羽还会加给他专擅国政、刚愎自用的罪名而令他无法反驳。在这种情况下，尊奉皇太后摄政，以向天下表明自己的权力授受有其合法性，也是一时不得已的大计啊！

有人说：谢安为什么不援引司马氏宗室中的贤能之人和他共同执掌国政，而授大政于妇人呢？回答是：以前简文帝司马昱辅政，因其柔弱萎靡而使国家政权被侵夺，已经到了如此严重的地步。而后其子司马道子为宰相，他僭越帝制招致祸乱，又像简文帝一样了。司马氏宗室之中已经没有可以托付的人，任用他们恰恰会从中阻挠乱政，本来就不如妇人容易控制。这就是所谓的权变，虽违背常道却合乎道义，对于朝政又有何伤害呢？

尽管如此，王彪之反对太后摄政的建议也不可轻易废弃。谢安虽然没有采纳，但每每叹息说："朝廷大事，王公无不立即决断的。"他还是佩服王彪之的正派的。审视常道而施行权变，这就是权变的常道；违背常道而施行权变，这就是权变的变通。面对治国理政无道的天下，积习已经很深，而事态时势与常道相违背，不得已而施行权变，使用一次即可，不可再次使用。所以，君子应该慎言权变。

本事：《资治通鉴》卷一〇三《晋纪二十五·孝武帝》，宁康元年（373）。

四　谢安废度田以息兼并

太元元年，谢安录尚书事，除度田收租之制。度田收租者，晋之稗政，鲁宣公税亩之遗弊也，安罢之，可谓体天经以定民制矣。

王者能臣天下之人，不能擅天下之土。人者，以时生者也。生当王者之世，而生之厚、用之利、德之正，待王者之治而生乃遂；则率其力以事王者，而王者受之以不疑。若夫土，则天地之固有矣。王者代兴代废，而山川原隰（xí）不改其旧；其生百谷卉木金石以养人，王者亦待养焉，无所待于王者也，而王者固不得而擅之。故井田之法，私家八而公一，君与卿大夫士共食之，而君不敢私。唯役民以助耕，而民所治之地，君弗得而侵焉。民之力，上所得而用，民之田，非上所得而有也。

助、彻者，殷、周之法也，夏则贡矣。贡者，非贡其地之产，贡其人力之所获也。一夫而贡五亩之粟，为之制耳。曰五十而贡者，五十为一夫而贡者其五也。若夫一夫之耕，或溢于五十亩之外，或俭于五十亩之中，为之一易、再易、莱田之名以宽其征。田则自有五谷以来民，所服之先畴，王者恶得有之，而抑恶得税之？地之不可擅为一人有，犹天也。天无可分，地无可割，王者虽为天之子，天地岂得而私之，而敢贪天地固然之博厚以割裂为己土乎？知此，则度而征之者，人之妄也；不可度而征之者，天之体也；此之谓体天经矣。

以治民之制言之，民之生也，莫重于粟；故劝相其民以务本而遂其生者，莫重于农。商贾者，王者之所必抑；游惰者，王者之所必禁也。然而抑之而且张，禁之而且偷，王者亦无如民何。而惟度民以收租，而不度其田。一户之租若干，一口之租若干，有余力而耕地广、有余勤而获粟多者，无所取盈；窳废而弃地者，无所蠲减；民乃益珍其土而竞于农。其在强豪兼并之世尤便也，田已去而租不除，谁敢以其先畴为有力者之兼并乎？人各保其口分之业，人各劝于稼穑之事，强豪者又恶从而夺之？则度人而不度田，劝农以均贫富之善术，利在久长而民皆自得，此之谓定民制也。

太元之制，口收税米三斛，不问其田也。不禁兼并，而兼并自息，举末世之制而除之。安之宰天下，思深而道尽，复古以型今，岂一切苟简之术所可与议短长哉！

【译文】

东晋孝武帝太元元年（376），谢安担任录尚书事，废除度田收租的制度。度田收租是东晋的弊政，也是春秋时期鲁宣公“初税亩”遗留下来的弊病，谢安废除这一制度，可以称得上是体察上天的常道而制定治理民众的制度了。

帝王能使天下之人皆为臣子，却不能占尽天下之土地。人是生活在一定时代的。生活在王者之世，他们的生活优厚、物用便利、道德端正，等待帝王安定天下而生活才有所保障；他们就会竭尽全力来侍奉君主，而君主也毫不怀疑地接受。至于土地，则是天地之间固有的东西。历代国君兴废无常，而山川原野仍然没有改变；土地滋生百谷、花草、树木、金石等养育人们，君主也有待于土地的供养，而土地却无须等待君主的供养，因而君主本来也就不能独自占有土地。古代的井田之法，九百亩为一井，私田占外八区，而公田占中间一区，君主和卿、大夫、士共同分享收获，而君主不敢将所有收获据为私有。君主只是役使百姓来助耕，而百姓所耕种的土地，君主也不得随意侵夺。民力是君主能够役使而用的，民田却不是君主所能得到并占有的。

所谓的“助”（即借民力以耕公田）和“彻”（即将公田的收获作为田赋缴给国家），是殷商、周朝的赋役制度，夏朝则是实行“贡”法。所谓的“贡”，不是进贡其地土产，而是进贡其人力所收获的东西。一个农夫所贡的是五亩地所产之粟，只是为了计量方便而设立的制度。又有说“夏后氏五十而贡”的，是一个农夫耕种五十亩土地而进贡其五亩之粟。至于一个农夫所耕种的土地，有的超过了五十亩，有的少于五十亩，就为之区分隔年耕种的土地、三年休耕两年的土地和荒地的不同名称来放宽征收的数量。田地之中自然有五谷用来吸引百姓躬耕其间，农夫致力于耕种先人传下来的土地，君主怎么能占有其收获，又怎么能征收其赋税呢？土地不可占为一人所有，就像人不能占有天一样。天不可分割，地也不可分割，君主虽然是上天之子，难道能得到天地而据为私有吗？而又怎么敢贪求天地固有的博大与深厚，将其割裂占有并作为自己的私有土地呢？了解了这一点，那么度田而收租就是人们不切实际的妄想；不可度田而收租则是上天意志的体现。这就是所谓的体察上天的常道了。

从治理民众的制度来说，民众的生计，再没有比粮食更重要的了；所以勉励民众务农本业而得以生存下来的，再没有比农业更重要的了。商贾是君主必须抑制的，游民、惰民是君主必须禁止的。然而，抑制商贾反而使他们更加嚣张，禁止游民、惰民反而使他们苟且偷生，君主对广大民众也无可奈何。因而只有度民（即统计人数）来收租，而不能度田（即丈量土地）来收税。一户的租税若干，一口的租税若干，有多余的劳力而耕地多的，有勤于耕作而收获谷物多的，也不再多收租税；废弃土地而不种田的，也不蠲免减少租税；如此，民众将更加珍视土地而竞相务农。这在豪强兼并之世尤为简单易行，虽然没有了田地，但租税没有废除，谁还敢把自己祖先传下来的耕地让那些力量强大的人兼并呢？人人各自保护他按口分到的田地，人人各自勤于稼穑农事，豪强大户又怎么能夺取他们的土地呢？那么度人而不度田，即是勉励人们务农本业、使贫富得以均衡的好办法，这一制度利在长久，可以使农民安然自得，这就是所谓的制定治理民众的制度了。

东晋孝武帝太元时期（376—396）的制度，每口收税米三斛，而不再过问其占有的田地多少。不禁止兼并，而兼并却自然消失，这就根除了度田收租这种末世的制度。谢安治理天下，思虑深远而穷尽道义，复兴古制以规范当今的情况，难道是那些一刀切的苟且简略之术所能相比而较短论长的吗？

本事：《资治通鉴》卷一〇四《晋纪二十六·孝武帝》，太元元年（376）。

五　晋设北府兵，干强而枝弱

荆、湘、江、广据江东之上流，地富兵强，东晋之立国倚此也。而权奸内逼，边防外匮，交受制焉，亦在于此。居轻而御重，枝强而干弱，是以权臣窥天而思窃，庸人席富以忘危，其不殆也鲜矣。上流之势，以趋建业也则易，王敦、桓温之所以莫能御也；以度楚塞争淮表也则难，舟楫之利困于平陆，守险之长诎于广野，庾亮、桓温之所以出而即溃也。谢安任桓冲于荆、江，而别使谢玄监江北军事，晋于是而有北府之兵，以重朝权，以图中原，一举而两得矣。安咏《诗》而取“讦谟远猷”之句，是役也，可不谓谟猷之讦远者与？

江北、河南之众，纪瞻尝用之以拒石勒，而石勒奔；祖逖尝用之以向汝、洛，而汝、洛复；所以不永其功者，王导之弗能任者。导之弗能任也，专任王敦于上流，而不欲权之分也。纪瞻一出而不继，祖逖始成而终乱，王敦、桓温乃挟荆、湘以与晋争。内乱而外荒，积之数十年矣，安起而收之。虽使桓冲牧江、荆，而自督扬、豫。北府兵强，而扬、豫强于江、荆，势之所趋，威之所建，权归重于朝廷，本根固矣。况乎中原南徙之众，尤多磊落英多之士，重用之，以较楚人之僄而可荡者相什百也。《书》曰：“迪惟有夏，乃有室大竞。”竞以室，非竞以户庭也。安于是而知立国之宏规矣。故淝水之役，桓冲遣兵入援而安却之，示以荆、江之不足为轻重，而可无藉于彼，冲其能不终乎臣节哉？

宋高、秦桧之愚也，忧诸帅之强而不知自强，杀之削之而国以终敝。桧死，张浚任恢复，而败溃于符离，无可用之兵也。此殷浩之覆轨也。谢玄监军江北，择将简兵，六年而后用之，以破苻坚于淝水，非一旦一夕之效矣。

【译文】

荆州（今湖北江陵）、湘州（今湖南长沙）、江州（今江西九江）、广陵（今江苏扬州）占据江东的上流，地方富足，兵强将广，也是东晋赖以立国的保障。但是，朝廷内部有擅权乱政的奸佞不断逼迫，外部有边防力量的溃散，受到来自内外的交相制约，其根源也在于这些地区。东晋朝廷居轻而御重，干弱而枝强，因此权臣时刻窥伺皇位而图谋窃取篡夺，庸碌无为的君主安于富裕的生活，毫无危机意识，这样的国家很少有不灭亡的。利用占据上流的优势，顺江而下，直奔都城建业则轻而易举，这就是东晋朝廷之所以不能抵抗图谋篡位的王敦、桓温的原因；然而要想越过荆楚险要之地，争胜于淮河以北地区却非常困难，东晋军队的舟楫之利处在平陆之地无法得以施展，守卫险要之地的优势在平原旷野就相形见绌，这就是庾亮、桓温一出兵北伐便一触即溃的原因。谢安任命桓冲镇守荆州、江州，而又派他的侄子谢玄监领江北的军事，东晋因此而拥有一支强劲的北府兵，用以增强朝廷的军权，并以此图谋收复中原，可谓是一举而两得了。谢安咏诵《诗经》而取《大雅·抑》中“讦谟定命，远猷辰告”的诗句为最佳，可见其建立北府兵的决策，怎么能不称得上是深谋远虑的呢？

长江以北、黄河以南的士兵和民众，纪瞻曾倚靠他们来抵御石勒，迫使他大败而逃；祖逖曾倚靠他们向汝州、洛阳进军，并成功收复汝州、洛阳；他们之所以不能完成收复中原的功业，是因为王导不能够委以重任。王导不能对他们委以重任，则是因为王导只专任坐镇上游的王敦，不想分割王敦的军权。纪瞻率军一次出击胜利后却不能继续扩大战果，祖逖北伐初期成功而最终混乱不堪，王敦、桓温才得以继续挟持荆州、湘州的军队而与东晋朝廷抗衡。内部祸乱不已，对外防备荒废，这种危机已经持续几十年了，谢安执政后才改变了这种境况。虽然让桓冲掌握江州、荆州的军事大权，但他自己业已掌管了扬州、豫州的北府劲旅。北府军兵精将强，而扬州、豫州的军事力量强于江州、荆州的军事力量，这样顺应了大势所趋，重建起天子威势，朝廷的权力渐渐收回并得以加强，根本就日益坚固了。况且，中原南迁的民众中，有很多光明磊落、才智过人之士，重用他们，与荆楚之地那些轻狂而放纵的人相比较，他们要强过十倍甚至百倍。《尚书·立政》中说："到了夏禹统治时期，卿大夫的势力才开始强大起来，他们竞相招揽贤士修德以自强。"强大起来的是东晋朝廷，而不是像荆州、江州那样的地方势力。由此可知，谢安是懂得立国的宏图大略了。所以，淝水之战中，桓冲准备派军来增援北府军，却为谢安所拒绝，以此表示荆州、江州的军队无足轻重，因而不需要借助他们，桓冲难道能不自始至终保持臣节吗？

宋高宗赵构和秦桧非常愚蠢，只知道担忧将帅的力量强大，却不知道加强自身的力量，他们杀害将帅、削弱将帅的力量，国家因此而最终陷入疲敝衰败。秦桧死后，张浚担负起恢复中原的重任，却在符离（今安徽宿州）和金军作战时全线溃败，从此南宋再也没有可以用来打仗的军队了，这是重蹈了东晋殷浩北伐失败的覆辙。谢玄监军江北，精选将领和士兵，六年之后方才动用这支军队作战，在淝水之战中倚靠他们击破苻坚的进攻，这不是一朝一夕的功效。

本事：《资治通鉴》卷一〇四《晋纪二十六·孝武帝》，太元二年（377）。

六　苻坚作教武堂，适足以亡

先王之教、觌（dí）文匿武，非徒以静民气而崇文治也。文可觌，武不可觌。不可觌者，不可以教，教之而武黩，黩则衰。苻坚作教武堂，命太学生明阴阳兵法者教诸将，狄道也，而适足以亡。其为狄道者，奖武以荡人心而深其害气，言治者或知其不可矣，而妄人犹以迂疏诮之；其适足以亡也，则人未有能信其必然者，善哉岳武穆之言曰："运用之妙，存乎一心。"武而可以教教者哉？教之习之，其志玩，其气枵，其取败亡必矣。

兵之所尚者勇，勇非可教而能者也；所重者谋，谋非可豫设而为教者也。若其束伍之严，训练之勤，甘苦与共之以得士心，则取之六经而已足。其他诡诞不经而适以偾（fèn）军杀将者，则阴阳时日壬遁星气之啧啧多言，非可进而进，可乘而不乘，以鬼道败人之谋者也。至于骑射技击之法，虽可习焉，而精于态者不给于用；口授而目营之，规行矩止，观天画地，疑鬼疑神，以沮其气而荡其心，不败何待焉？自非狂狡虚妄之士，孰敢任为之师？自非市井亡赖窜身干进之徒，孰乐为之弟子？官为之制，妄人尝试焉，只以乱天下，而武备日以玩而衰。苻坚之好虚名而无实用，若此类者众矣，国破身死，而后人犹效之，愚不可瘳，一至此乎！

【译文】

古圣先王的教化，昌明文治，停止武事，不仅仅是用来安定百姓而崇尚文治。文治可以崇尚，武事却不可崇尚。不可以崇尚武事，就表现在不可以把武事当作教育的内容，一旦教导武事就会导致穷兵黩武，穷兵黩武就会导致国家衰落乃至灭亡。苻坚设立教武堂，派太学生中懂得阴阳、兵法的人教导各位将领，这是惟务诈力、不行礼仪的夷狄之道，恰恰足以亡国。所谓的夷狄之道就是奖励武功用来鼓舞人心，从而加深了他们的为害之气，谈论治国之道的人有的知道这样行不通，而无知妄为之人还认为这是迂远疏阔之论而加以讥笑。这种夷狄之道足以导致国家灭亡，但是还有人不相信这是必然的规律。岳飞的话说得好啊！他说："运用之妙，存乎一心。"武事难道可以用来教习人们吗？教导他们，使他们学习演练武事，其志向将会变得轻慢，其心气将会变得空虚，其最终的结果必然是灭亡了。

用兵打仗所崇尚的是勇敢，勇敢不是可以通过教导能够具备的；用兵打仗所注重的是谋略，谋略也不是可以预先设定并加以教导的。至于带兵打仗的将帅从严治军，勤于训练，和士兵同甘共苦而深得军心，则从"六经"中吸取智慧加以修习就可以了。至于其他荒诞不经而足以覆灭军队、坑杀将领的，就是那些所谓的阴阳五行、生辰八字、六壬神课、奇门遁甲、占星望气之类的无稽之谈，用来指导作战，使本来不可以前进而前进，应该乘机制胜而没有乘机制胜，便是以鬼道来败坏人谋。至于说骑射、技击之法，虽然可以学习演练，而精于姿态模仿不能用于实战；口头传授和亲眼目睹，只会让士兵循规蹈矩而不知变通；观察天象和指画地图，只会让士兵疑鬼疑神，从而导致士气沮丧、军心动摇，不一败涂地还能等待什么呢？只要不是狂妄狡诈、荒诞无稽的人，谁敢担任教导武事的老师呢？只要不是市井无赖、隐藏身份谋求仕进之徒，谁又乐于做他们的弟子呢？官府设立教武堂的制度，无知妄为之人想在这里尝试一下自己的本领，结果只能是祸乱天下，而国家的武备日益荒废而衰落不堪。苻坚喜欢虚名而不切实际，像这种举措还有很多，最终导致国破身死。然而后人还要效法他，实在是愚蠢至极，不可救药，以至于到了这样的地步。

本事：《资治通鉴》卷一〇四《晋纪二十六·孝武帝》，太元五年（380）。

七 谢安弭谤而贻桓玄之祸

桓冲死，谢安分荆、豫、江三州以授诸桓，桓玄之祸始于此矣。安之虑桓氏已熟矣，折桓冲而令其无功愧死，其势可以尽削桓氏之权，以奖晋室；然而为此者，自以父子名位太重，贻桓氏以口实，不得已而平其怨忌也。夫桓氏亦岂以私怨怨安而危安者乎？忧不在桓氏，而在司马道子、王国宝也。二奸伏于萧墙，蛊孝武以忌安，而不足以相胜，则必假手桓氏以启衅。主昏相妒，以周公之圣，且不能塞不利孺子之口，而况安乎？故以知安之于此，有大不获已者在也。所任者，石虔也、石民也、伊也，以为差愈于玄而可免于乱；然而终不能免，则安穷矣。

虽然，安岂遂无道处此以保身而靖国乎？安秉国政于此十年矣，太后归政而已录尚书八年矣。夫岂晋廷之士举无可大受之人材，使及早而造就之以储为国之柱石者？冲死之后，内不私之于子弟，外不复假于诸桓，君无可疑，相无可谤，而桓氏亦无所倚以争权。安之识早弗及此也，则临事周章，亦其必然之势矣。量不弘而虑不周，有靖国之忠，而惘于大臣之道，安不能免于责矣。

《鸱鸮》之诗曰："既取我子，勿毁我室。"周公长育人才之心，至于疑谤居东而哀鸣益切。人才者，大臣之以固国之根本者也，时未有贤，则教育之不夙也。不此之务，惴惴然求以弭谤，而贻国家之患，可深惜也夫！

【译文】

桓冲死后，执掌朝政的谢安把荆、豫、江三州的军事大权分别授给各位桓氏子弟，桓玄叛逆的祸害由此开端。谢安对于防范桓氏叛乱篡位已有深思熟虑，他挫败桓冲的野心，使桓冲无法立功而羞愧地死去，利用这种势态完全可以削夺桓氏掌握的军权，以强化东晋朝廷的力量。然而谢安之所以授予桓氏子弟军权，是因为他担心他们父子（谢安及其子谢琰、侄谢玄）名位过重，留给桓氏攻击的口实，不得已而采取这种办法来平息桓氏的怨恨、猜忌。然而，桓氏又怎么会因为私怨而嫉恨谢安进而危害谢安呢？真正令人忧虑的不是桓氏，而是司马道子和王国宝。这两个奸佞之臣潜伏于萧墙之内，蛊惑孝武帝猜忌谢安，但他们的力量不足以战胜谢安，那么必然借桓氏之手来挑起事端。君主昏庸无能，宰相嫉贤妒能，即使以周公姬旦那样的圣明，也不能杜绝“周公将不利于年幼的天子”之类的谣言，何况是谢安呢？所以知道此时的谢安，真是有万不得已的苦衷啊！谢安所任用的桓氏子弟是桓石虔、桓石民、桓伊，以为任用他们总会比任用桓玄要强一些吧，从而可以避免祸乱；然而终究不能避免桓玄之乱，那么谢安也就无计可施了。

尽管如此，难道谢安没有办法处理这种情况来保全自身并安定国家吗？谢安在朝廷执掌国政已经十年了，崇德太后还政于孝武帝时，谢安任录尚书事已有八年了。难道东晋朝廷的大臣都没有可以肩负重任的人才，让他及早储备、造就为国家的柱石吗？桓冲死后，假使谢安对内不存私情、关照子弟，对外也不再授予桓氏子弟军权，君主无可怀疑，宰相无可诽谤，桓氏子弟也没有什么借口来争夺权势。谢安的见识远不及此，那么临事应对失措，也是事情发展的必然之势。器局度量不恢宏而且思虑不周详，虽有安定国家的忠心，却不懂得恪尽为臣之道，谢安不能避免世人的责备。

《诗经·鸱鸮》中说：“既已夺取了我的孩子，就不要再毁坏我的家室了。”周公时刻存心培育人才，以至于受到猜疑诽谤而出居东都洛阳，反而更加急切地哀鸣，渴求人才。人才是大臣赖以巩固国家的根本，如果当时没有贤能人才，就是因为没有及早地教导培养。不去为国家培养人才，却整日惴惴不安以求消除诽谤谣言，留给国家长久的隐患，真是太令人痛惜了！

本事：《资治通鉴》卷一〇五《晋纪二十七·孝武帝》，太元九年（384）。

八　范宁以议曹采风，以聋为聪之道

问，次于学者也；问之道，尤重于学也。三代以下，于学也博，于问也寡；三代以上，于学也略，于问也详；故称舜之大知，好问其至矣。虽然，学者，自为学也；问待人，而其途有二：有自问者，有问人者。自问者，恐其心之所信，非其身之所宜；身之所行，非其心之所得；处事外者，公理之衡也，不问而不我告，问而犹恐其不我告焉，孜孜以求之，舜之所以为大知也，圣之津梁也。问人者，舍其是非而求人之是非，舍天下之好恶，而求一人之好恶，察焉而愈昏，详焉而愈诐，君子之喜怒有偏者矣，小人之爱憎，未有不私者也，急于求短以疑其长，乱国暗主猜忌之臣所以惑焉而自夺其鉴也，愚者之狂药也。

夫人之心行，有小略而大详者，有名污而实洁者，有迹诡而心贞者。君子于此，鉴之真，信之笃，不忍求人于隐曲，抑不屑也。而流俗之口，好挢举以矜其慧辨；奸邪之丑正者勿论焉。不择人而问之，则善恶互乱；有所偏任，则谗间行。问之君子，则且对以不知；问之小人，则尽言而若可倚。于是而贤才之心，疑畏而不为用；奸伪之士，涂饰以掩其恶；则有谗不见，有贼不知，皆好问者之所必致矣。居官而败其官，有天下而败天下，必也，故曰愚者之狂药也。舍其躬之得失，不考镜于公非，日取人之贞邪，待左右以为耳目，其亡速于桀、纣，不亦伤乎！

范宁为豫章太守，遣十五议曹下属城采求风政，吏假还，讯问官长得失；是道也，不自问己过而问人，以聋为聪之道也。徐邈责之曰："欲为左右耳目，无非小人，善恶倒置，谗谄并进，可不戒哉！"治道学术，斯言尽之矣。

【译文】

按照《礼记·中庸》"博学之，审问之，慎思之，明辨之，笃行之"的顺序，询问是次于学习的；然而，询问的方法，比学习的方法尤为重要。夏、商、周三代以来，在学习方面更加广博，在询问方面却越来越少；三代以前，在学习方面比较简略，在询问方面却非常详尽；所以世人称赞虞舜无所不知，是因为他极其好问。尽管如此，学习是自己在学；询问则需要倚靠他人，有两种途径：有自我提问的，有询问他人的。自我提问的，是担忧内心相信的和自身应该做的不一致；自身的行为和自己本心的感受不一致；处理身外之事自有公理来衡量，不问而没人告诉我，问而还担心他人不告诉我，因而孜孜以求，自我询问，这就是虞舜无所不知的原因，也是成为圣人的津梁。询问他人的，舍弃自己的是非标准而询求他人的是非标准，舍弃天下人的好恶而询求一个人的好恶。这样，明察秋毫反而更加糊涂，详尽所知反而更加偏颇，君子的喜怒尚且有其偏见，小人的爱憎就更是与其私利息息相关。急于寻求他人的短处而怀疑他人的长处，混乱国家的昏庸君主、猜疑忌妒大臣都在这一点上迷惑不解，而自己夺去了作为自己镜鉴的谏诤贤臣，也真是愚蠢者致狂的药剂。

人的思想和行为，有小处忽略而大处周详的，有名声不好而实际廉洁清白的，有行迹诡秘而内心忠贞的。君子针对这种情况，明鉴其中的真情，充分信任他人的优长，不忍心苛求他人的难言心曲，也不屑于发人隐私。然而，世俗之人的口头，喜欢诈称谎言来夸耀其聪明雄辩，至于奸邪之徒丑化诬蔑君子就更不待多言了。不择人而询问，那么就可能善恶颠倒，真伪难辨；如果有所偏听偏任，那么谗言离间之词便会盛行起来。如果是询问正人君子，将会得到不知道的回答；询问奸佞小人，就会口若悬河地详细谈论，仿佛可以作为依凭。于是，贤能之才的心志，因为怀疑害怕而不为朝廷所用；奸邪、虚伪之人，粉饰伪装来掩盖自己的罪恶。这样一来，即使有人进献谗言，君主也无法辨别；即使有盗贼窃国、叛逆谋反，君主也不得而知，这都是好问所导致的必然结果。长此以往，身居官位则会败坏其职守，拥有天下就会败坏整个天下，也是必然的。所以说，这是愚蠢者致狂的药剂。舍弃自身的得与失，不参考公众舆论来分辨是与非，每天听取他人的言论作为衡量忠奸、判断贞邪的标准，把左右亲近之人都当作耳目，其灭亡比夏桀、商纣这样的暴君还要快，不也很令人悲伤吗？

范宁做豫章太守时，派遣十五名议曹到所属城中采访社会风俗及治理情况，遇到属吏休假回来，就询问地方官员的为政得失。这种办法，不自问自己的过失而询问他人，是以聋为聪的办法。中书舍人徐邈致信责备他说："愿意作为他人左右耳目的，没有不是奸佞小人的，他们倒置是非善恶，谗言与阿谀奉承并进，怎么能不引为鉴戒呢？"治国理政之道与学术修养方法，这句话已经概括尽了。

本事：《资治通鉴》卷一〇七《晋纪二十九·孝武帝》，太元十四年（389）。

九　谢安功成身退，未能预储人才

有才皆可用也，用之皆可正也，存乎树人者而已矣。操树人之权者，君也。君能树人，大臣赞之；君弗能树人，责在大臣矣。君弗能树人，而掣大臣以弗能为，大臣有辞也。君不令，而社稷之安危身任之，康济之功已著见，而为天下所倚重，乃及身而止，不能树人以持数世之危，俾免于亡，大臣无可辞矣。

王导、谢安，皆晋社稷之臣也，导庇其族而不能公之天下，故庾亮得而间之；然其没也，犹有郗鉴、王彪之、谢安以持晋室之危，虽非导之所托，而树之者犹导也。安以族盛而远嫌，不私其子弟可矣，当其身而道子以乱，迨其后而桓玄以篡，廷无端方严正之士，居端揆以镇奸邪，不于安责，将谁责而可哉？

老氏曰："功成身退，天之道。"安，学于老氏者也，故能以力建大勋之子弟，使远引以全名。而宗族虽有贤者，皆无列于朝右，以是为顺天兴废之理与？夫君子之进也，有先之者；其退也，有后之者。退而无以后之，则已成之绪，与身俱没，而宗社生民不被其泽。既已为公辅，建不世之勋，则宗社生民，即厥躬之休戚矣。全身而避名，知衰而听命，抑岂所谓善退者哉？退之难于进也久矣。未退之日而早为退之地，非树人其何以退乎？

或曰：时未有人也。夫王雅、王恭、殷仲堪、王珣之徒，躁而败者，望不重也，养不纯也。养其刚烈之气，檠（qíng）括以正之，崇其位望，以止其浮夸，此诸人者固皆可用，用而皆可正者也。安弗能养以戢其骄，授之昏湎之主以导于诐，于是乎轻僄以从主之私，而激成上下相争之势。安存而政已乱，安没而国已倾，则举生平之志操勋名与庙社河山而消陨，安之退，一退而无余矣。天之道，功成而退，春授之夏，冬授之春，元气相嬗于无垠，豫养其稚而后息其老，故四序循环而相与终古。老氏不足以见此，而安是之学也。史鱼不能进蘧伯玉，死以为慚，此则老氏所谓死而不亡者也。

【译文】

只要有才能都可以任用，任用他们都可以使之忠诚正直，关键在于树人者罢了。掌握树人大权的是君主。君主如果能树人，则大臣共同辅佐他；君主如果不能树人，树人之责就要由大臣来担当了。君主不能树人，反而牵制大臣使其不能有所作为，则大臣就有推脱责任的托辞。如果君主不圣明，而大臣身任江山社稷的安危，而且其经世济民的功业已经显现，从而为天下之人所倚重，却至其身死而终结，不能培育人才以维持数代的危局，使之免于灭亡，那么大臣也就没有推脱罪责的托辞了。

王导和谢安都是东晋的社稷之臣。王导庇护他的族人而不能以公心治理国家，所以庾亮得以从中离间他与皇上的关系；然而王导死后，还有郗鉴、王彪之、谢安来撑持岌岌可危的东晋朝廷，虽然不是王导临终托付的人，但栽培这三个人的仍然是王导。谢安因为家族势力强盛而避开嫌疑，不私心袒护其子弟固然可以，但在他执政时期，司马道子祸乱朝廷，等到他死后又有桓玄谋逆篡位，朝廷之中没有端方严正的人总揽国政来压制奸邪之徒，那么不责备谢安，又将责备谁呢？

老子说："功成名就之后抽身引退，这是上天昭示的道理。"谢安研读老子的学说，所以能够把那些建立巨功大业的子弟，远离军政中枢以保全好的名声，而他的宗族中即使有贤能的人才，也都没有位列朝班、占据显要的地位，难道他认为这就是顺从上天所昭示的兴废有节的道理吗？正人君子进身效命朝廷，必定要有先于他立朝秉政的大臣提携、援引自己；等到他抽身引退之后，必须要有后继之人维持局面。引退之后而没有后继之人，那么已经建立的功业、传统就会和他的生命一起湮没无存，而宗庙社稷、天下生民也就不能蒙受他的恩泽。既然已经担任三公、宰相之职，执掌国政，建立了盖世的功勋，那么宗庙社稷、天下生民也就和他休戚与共了。为了保全自己而逃避名声，知道国运衰落而听天由命，这难道是所说的善于引退吗？引退比进身更加困难，这种状况已经由来已久。在尚未引退之时就要及早为引退做好铺垫和准备，没有培育好后继人才，怎么能够引退呢？

有人说：当时没有合适的接班人。王雅、王恭、殷仲堪、王珣之辈急功躁进而导致失败，是因为他们名望不够高，修养不纯正。如果能够培养他们的刚烈之气，约束矫正使他们归于正道，尊崇他们的官位，以杜绝他们的浮夸虚伪之风，这几个人本来都可以重用，重用他们之后都可以使之成为忠诚正直的大臣。谢安不能培养他们而使之收敛他们的骄横，却把昏聩沉溺的皇上交给他们，被他们引向邪僻，于是他们轻狂地顺从皇上的个人利益，从而酿成上下相争的态势。谢安在世之时，国政已经陷入混乱，谢安死去，国家便走向倾覆，那么谢安的平生志向节操、功勋伟业和宗庙社稷、大好河山也都随之付诸东流、烟消云散，所以谢安的引退，一退便什么也没有了。按照上天所昭示的道理，功成名就而抽身引退，就像是四季自然更替，春授给夏，冬授给春，天地元气相互转化而没有止境，预先培育新一代的幼苗而后才可以使老一辈得以安息，所以四季循环往复而传之久远。老子并不足以懂得这一点，而谢安却尊崇老子的学说。春秋时卫国的大夫史鱼不能引荐重用蘧伯玉，到死的时候，他还为此感到惭愧不已，这就是老子所说的死而不亡，即身虽死而道仍存才是真正意义上的长寿。

本事：《资治通鉴》卷一一三《晋纪三十五·安帝》，元兴二年（403）。

一〇　先王之道不可窃

慕容宝定士族旧籍，分清浊，阅户口，罢军营封荫之户，而士民嗟怨。夷狄而效先王之法，未有不亡者也。以德仁兴者，以德仁继其业；以威力兴者，以威力延其命。沐猴冠而为时大妖，先王之道不可窃，亦严矣哉！以威力起者，始终尚乎威力，犹一致也。绌其威力，则威力既替矣，窃其德仁，固未足以为德仁也。父驴母马，其生为骡，骡则生绝矣，相杂而类不延，天之道、物之理也。自苻坚之败，北方瓜分而云扰，各恃其部曲以弹压士民而用之，无非浊也。纯乎浊而清之，清者非清，浊者失据，人民不靖，部曲离心，不亡何待焉？

虽然，天下之浊极矣，威力横行而贫弱无告，固不可以永也。慕容氏以亡，而拓拔氏承之以稍息，喻喁污薉（huì）之气，相延相俟以待隋、唐，则宝取亡之道，又未必非天下之生机也。士民怨之，彼士民者，又恶足与计恩怨哉？

【译文】

后燕惠愍帝慕容宝下令重新核定士族的旧有户籍，辨别门第高低清浊，校阅住户人口，废除军营封赏恩荫的户族，归属郡县管辖，造成士族百姓怨声载道。身为夷狄，却效法华夏先王的治国之道，没有不灭亡的。依靠仁德之道而兴起的政权，同样要依靠仁德之道继承发扬其基业；依靠威势和暴力而兴起的政权，同样要依靠威势和暴力维持延续其国运。猴子沐浴而冠就会成为当时的大妖孽，古圣先王的治国之道是不容窃取并据为己有的，也是严格的戒律！依靠威势和暴力兴起的政权，自始至终崇尚威势和暴力，还是一以贯之的。如果废除其威势和暴力，那么在其威势和暴力衰弱以后，窃取古圣先王的仁德之道治理国家，本来就不足以称为仁德之道。父亲是驴，母亲是马，二者交配生下来的是骡子，骡子以后再也无法孳生繁衍，从而绝种了。物种相互杂交，则其种类必定不能延续下去，这是自然演化的规律，也是事物发展的道理。自从苻坚败亡之后，北方的夷狄竞相争夺以瓜分天下，导致社会动荡不安，各自依仗其私人部曲来弹压士族百姓，从而奴役利用他们，这些无不是污秽浊流。纯粹的浊流却想要变成清流，就会使清流也不是清流，浊流则失去其凭借，其结果是民心不稳，军队也离心离德，不灭亡还能等什么呢？

尽管如此，天下的混浊污浊已经严重到了极点，威势和暴力横行无忌而贫弱百姓深受其苦无处申诉，这种局面本来就是不可能长久的。慕容氏因此而灭亡，而拓跋氏承继慕容氏之后拥有天下，稍微有所休养生息，天下百姓张口呼吸污秽之气苟延残喘，相互依托直到隋唐时代。由此看来，慕容宝自取灭亡之道，又未必不是天下得以延续的生机。后燕的士族百姓怨恨他，但慕容宝统治下的士族百姓，又哪里值得和他们计较恩恩怨怨呢？

本事：《资治通鉴》卷一〇八《晋纪三十·孝武帝》，太元二十一年（396）。

一一　薛彊降姚兴斩其先泽

君子之泽五世而斩，小人之泽五世而斩，或且不及五世而无余，君子深悲其后也。

永嘉之乱，中原沦陷，刘琨不能保其躯命，张骏不能世其忠贞，而汾阴薛氏，聚族阻河自保，不仕刘、石、苻氏者数十年；姚兴称帝于关中，礼征薛彊，授以将军之号，遂降兴而导之以取蒲坂。悲夫！志士以九族殉中夏，经营于锋刃之下，贻子孙以磐石之安、衣冠之泽，而子孙陨落之也。虚名小利动不肖之心魂，而忘其祖父，彼先世英拔峻毅之气，怨恫于幽，而子孙或且以为荣焉，有如是夫！

姚兴之盛也不如苻氏，其暴也不如刘、石，迟之数年而兴死矣、泓灭矣，拓拔氏尤能容我而无殄灭之忧者，俟之俟之，隋兴而以清白子孙为禹甸之士民，岂遽不可？然而终不及待也。一失其身，而历世之流风以坠。前之人亦自靖而已矣，遑恤我后哉？溧阳史氏以建文旧臣，三世不入庠序，而史鉴之名凌王鏊而上之，何史氏之多幸也！

【译文】

《孟子·离娄下》中说："君子留给后代的恩泽，延续五代就消耗殆尽了；小人以卑鄙手段得到荣华富贵，延续五代也会消耗殆尽。"其中有些恩泽，等不到五代就荡然无余，君子为他们的后代深感痛惜和悲哀。

西晋永嘉之乱，中原大地沦陷于北方夷狄，并州刺史刘琨也不能保全其身躯性命，凉州牧张骏也不能世代保其忠贞（其子张祚称帝建立前凉）。而汾阴（今山西万荣）世家大族薛氏，聚集族人凭借黄河天险以求自保，不事奉刘曜建立的前赵、石勒建立的后赵、苻健建立的前秦政权，坚持几十年也不出仕做官。后秦的姚兴在关中称帝，用重礼征聘薛彊，授给他将军的名号，于是薛彊投降姚兴而引导后秦军队攻取了蒲坂（今山西永济西南）。可悲啊！仁人志士以其血缘相近的九族为华夏殉难，在夷狄的锋刃之下惨淡经营，把磐石一样的安定以及华夏衣冠、礼仪文化留传给子孙后代，而子孙却将这些轻易丧失了。虚名小利便动摇了这些不肖子孙的心魂，使其忘记了祖父、父亲的遗训，他们先人有豪爽挺拔、英勇不屈的气节，在九泉之下也对子孙后代充满怨恨和哀痛。而子孙有的还不以为耻、反以为荣，竟然到了这样的地步！

姚兴的后秦没有苻氏的前秦兴盛，其残暴程度也赶不上刘氏的前赵、石氏的后赵惨烈，数年之后，姚兴死了，其子姚泓也被刘裕所灭，拓跋氏建立的北魏尤其能包容华夏百姓，因而没有被殄灭的忧虑。又经过漫长的等待，隋朝兴起，薛彊等人的子孙终于能以清白的华夏士族百姓身份生存于世，难道就不可以吗？然而，薛彊终究是等不及了。一旦失身事奉夷狄，其家族世代流传下来的流风余韵便彻底堕落了。前人也只能各自谋行其志罢了，哪里顾得上我们这些后代子孙呢？溧阳史氏因为翰林院侍读学士史彬是建文帝的旧臣，所以三代不进入官学读书，其曾孙史鉴以布衣身份隐居不仕，但他的名声甚至凌驾于大学士王鏊之上，而受到世人的推崇，史氏是多么幸运啊！

本事：《资治通鉴》卷一〇八《晋纪三十·孝武帝》，太元二十一年（396）。

安帝

一　举国昏昏，坐视庸主亡国

国之亡，类亡于淫昏暴虐之主，而晋独不然；前有惠帝，后有安帝，皆行尸视肉，口不知味、耳不知声者也。与子之法，定于立適，二君者，皆適长而豫建为太子，宜有天下者也。藉废之而更立支庶之贤者，则抑凌越而为彝伦之教。虽然，为君父者，苟非宠嬖孽以丧元良，念宗社之安危，亦奚恤哉？抑非徒前君之责也，大臣有社稷之任，固知不可，而选贤以更立焉，自靖而忧国如家者所宜然也。

乃惠帝之嗣也，卫瓘争之矣，和峤争之矣，贾氏饰伪以欺武帝，而武帝姑息以不决。若安帝则上下无异辞，而坐听此不知寒暑饥饱者之为神人主。夫孝武之淫昏，诚无百年之虑矣，而何大臣之漠然不念也！

司马道子利其无知而擅之，固已。王恭犹皎皎者，而抑缄默以处此也，何哉？恭方与道子为难，恐道子执废適以为名而行其诛逐，天下不知安帝之果不胜任，而被恭以逆名，恭所不敢任也。道子争权，而人皆怀贰，岂徒恭哉？谢安且不敢任而抱东山之志。举国昏昏，授天下于聋瞽，而晋以亡；天也，抑人任其咎矣。

夫安功在社稷，言即不庸，而必无覆宗之祸，何恤而不为君父任知罪之权？若恭也，与其称兵而死于刘牢之之手也，则何如危言国本以身殉宗社乎？见义不为，而周章失措，则不勇者不可与托国，信夫！

【译文】

一般来讲，国家的灭亡，大多都是亡于荒淫、昏庸、残暴、狠毒的君主手中，而唯独晋朝不是这样。前有晋惠帝司马衷，后有晋安帝司马德宗，都是行尸走肉、口不知味、耳不知声的人。按照册立太子的原则，一定要立嫡长子，这两位国君都是嫡长子而被预先立为太子，应该拥有天下。假若废掉他们，而改立旁支庶子中的贤能之人，就会僭越礼制而败坏法度伦常。尽管如此，作为君父，如果不是因为宠爱佞幸而废黜原本贤德的太子，那么顾念宗庙社稷的安危，又顾虑什么而不改立更为贤能的储君呢？这也不仅仅是前任君主的责任，辅政大臣肩负江山社稷的重任，本来就知道册立晋惠帝、晋安帝这样的人为太子一定不能胜任，那么挑选贤能的人改立太子，就是他们恪尽职守、谋行其志、忧国如家而应该做的事。

晋惠帝司马衷的嗣立，司空卫瓘曾上疏谏阻，中书令和峤也直言不讳地加以反对，贾南风帮助司马衷粉饰伪装以欺蒙晋武帝司马炎，而晋武帝姑息纵容，犹豫不决。至于晋安帝司马德宗的继位，则朝廷上下并没有不同的意见，而听任这位不知寒暑饥饱的太子登上皇位。孝武帝荒淫昏庸，确实没有为东晋王朝的百年大计考虑，为什么朝廷大臣也对此漠然不顾呢？

会稽王司马道子想利用晋安帝的愚昧无知而专擅朝政，本来就支持立他为太子。但王恭作为朝臣中的清白者，却对此事缄默不语，这是为什么呢？王恭当时正和司马道子相互猜忌，担心司马道子以他主张废除嫡长子而改立太子为借口对他进行驱逐和诛杀。天下之人不知道晋安帝确实无法胜任，而王恭却会因此而背上叛逆的罪名，这就是王恭所不敢承担如此重任的原因。司马道子一味争权夺利，而人人都怀有贰心，难道仅仅是王恭吗？谢安尚且不敢担此重任而抱有隐居不仕的志向。举国上下昏昏沉沉，把天下交给这样一个昏聩痴呆无知之人，晋朝因此灭亡。这既是天意，也是人为的罪过。

谢安有保卫江山社稷的大功，进献忠言即使不被采纳，也必定没有覆灭宗族的灾祸，还顾惜什么而不为君父行使这一可能毁誉参半的权力呢？至于王恭，与其后来起兵讨伐司马道子兄弟而死于部将刘牢之之手，何如慷慨陈词、为争国本而以身殉江山社稷呢？见义而不为，反而迟疑不决、张皇失措，由此可见，不可以把国家托付给没有勇气的人，的确如此啊！

本事：《资治通鉴》卷一〇八《晋纪三十·孝武帝》，太元二十一年（396）。

二　言路者，国之命也

公论者，朝廷之柄也。小人在位，天下未闻其恶，外臣未受其伤，而台谏争之，大臣主之，斥其奸而屏逐之，则臣民安于下而忘言；即其击之不胜，而四方犹静处以听，知朝廷之终有人而弗难澄汰也。如是，则不保国之无奸邪，而四海无争衡之祸。公论之废于上也，台谏缄唇，大臣塞耳，恶已闻于天下，而倒授公论之柄于外臣，于是而清君侧之师起，而祸及宗社。

刘隗、刁协以苛刻失人心，而王敦反；庾亮以轻躁损物望，而苏峻反。晋廷之臣，未有持片辞以与隗、协、亮争者；贻强臣以犯顺，宗社几亡，固有以召之也。然犹曰隗、协之持论非不正也，庾亮之秉心非不忠也。若夫司马道子、王国宝，荒淫贪蔑，灼然为晋之蟊贼，孝武虽与同昏，既而疑忌之、疏远之矣，乃在廷之士，持禄取容，无或以片言摘发而正名其为奸邪者。于是而外臣测国之无人，以激其不平之气，王恭、殷仲堪建鼓以鸣，而不轨之桓玄藉之以逞。公论操于下，而朝廷为养奸之渊薮，天下靡然效顺于逆臣，谁使之然邪？

或曰：道子帝之母弟，国宝居奥窔以交荧，未易除也。夫苟怀忠自靖，则以颈血溅奸邪，而何惮于强御？道子者，尤昏庸而弗难控制者也。孝武崩，国宝扣宫门求入，王爽拒之则止矣；王恭反，车胤以危言动之，国宝即解职待罪，而道子弗难杀之矣，是可鞭棰使而衔勒驭者也。孝武疑道子之专，而徐邈进汉文、淮南之邪说；国宝就王珣与谋，而珣犹有卿非曹爽之游词；在廷之臣胥若此矣。远迩愤盈之气，决发以逞，非特恭与仲堪，即桓玄之蓄逆不可掩，而天下从之以风靡，势之所必至也。谢安没而晋无大臣；谢安为门户计以退处，而晋早无亲臣矣。谏诤之职久废，士相习于迂缓，相尚以苟容，晋更不得谓有群臣矣。

方州重于朝廷，是非操于牧督，相寻而乱，终六代之世，假赵鞅晋阳之名以行篡弑，至唐而后定。故言路者，国之命也，言路芜绝而能不乱者，未之有也。

【译文】

天下公论，是朝廷应掌握的权柄。奸佞小人在位，天下之人没有听说他的罪恶，在外的大臣没有受到他的伤害，而台谏之臣极力抗争，朝中大臣主持公道，斥责其奸邪而驱逐之，那么天下臣民安定于下而领会其意、无须多言；即使他们激烈攻击而没有取胜，天下臣民还是冷静观望以听任事态发展，知道朝廷终究还有人才在，因而不难澄清朝堂、淘汰小人。这样，即便不能保证国家没有奸佞，天下也不会有争权夺利造成的灾难。如果朝堂之上废弃了公论，台谏之臣缄默不语，朝廷大臣塞耳不闻，奸佞小人的罪恶已风闻于天下，反倒把主持公论的大权授给在外的大臣，于是“清君侧”的军队就会兴兵讨伐，从而祸及宗庙社稷。

晋元帝时，执掌朝政的刘隗、刁协因为行事苛刻而失去人心，而王敦以讨伐刘隗为名起兵造反；晋成帝时，中书令庾亮因为轻率急躁而有失众望，苏峻于是起兵造反。东晋朝廷之臣，没有人说一句话来和刘隗、刁协、庾亮抗争，这就留给地方军事强臣兴兵犯上的口实，导致江山社稷几乎灭亡，本来也有其祸因。然而，有的人还说：刘隗、刁协的持论不是不正确，庾亮的用心不是不忠诚。至于司马道子、王国宝，荒淫贪婪，污秽不堪，显然是东晋王朝的窃国盗贼，孝武帝虽然和他们同样昏庸，但不久还是猜疑嫉恨并疏远他们；朝中大臣为了保住其高官厚禄而取悦他们，没有只言片语来指摘揭发他们的奸邪，明正其罪。于是，在外的大臣揣测国中无人，从而激发起他们心中的不平之气，南兖州刺史王恭和荆州刺史殷仲堪举兵讨伐，图谋不轨的桓玄借助他们实现自己的篡位野心。天下公论被外臣所掌握，而朝廷成为涵养奸臣的渊薮，天下之人望风披靡，纷纷效顺于叛逆之臣，又是谁造成了这种局面呢？

有人说：司马道子是孝武帝的同母弟弟，而王国宝以中书令的身份居于朝堂之上迷惑皇帝，不容易除掉。作为臣子，满怀忠心以谋行其志，甘洒热血和奸臣拼命，又何惧强臣呢？司马道子尤其昏庸，并不难制服。孝武帝刚死时，王国宝扣打宫门请求入内，侍中王爽严词拒绝，他也只能止步不前；王恭起兵造反的时候，吏部尚书车胤危言耸听，说动了王国宝，王国宝也只能解除职务，等待治罪。司马道子也不难诛杀，这就好似手拿鞭子、短棍便可以驱使，握住缰绳便可以驾驭一样。孝武帝猜疑司马道子专权，中书侍郎徐邈进献汉文帝因逼死淮南王刘长而后悔、晋武帝排挤齐王司马冏而愧疚的异端邪说；王恭反叛后，王国宝问计于尚书令王珣，王珣还说出“您没有曹爽那样重的罪过、王恭也不是宣帝司马懿那样的人”的游说之词；朝中大臣全是这样了。上下远近都是这样愤恨已极的气氛，一定要爆发出来，铤而走险以实现自己的野心，不仅仅是王恭和殷仲堪，即使桓玄的叛逆之心毫不掩饰，天下之人也会风靡响应，这是势所必然的。谢安死后，东晋已经没有可肩负重任的大臣。谢安为自己的家族门第考虑而引退，东晋朝廷早就没有亲近信用的大臣了。谏诤的职位已经荒废很久了，士人也都彼此习惯于迂缓迟滞的风气，崇尚屈从附和以取容于世的生活，东晋朝廷更不能说有堪当重任的群臣了。

地方州郡的势力重于朝廷，衡量是非的权柄掌握在州牧、都督的手中，相继发生叛乱，持续整个六朝时代的始终，借助春秋时期晋国国卿赵鞅以晋阳之名清君侧而篡位弑君的阴谋，这种局势一直到唐朝以后才安定下来。所以说，进言之路关乎国家的命运，言路一旦荒废断绝而国家能不陷入混乱的，从来没有啊！

本事：《资治通鉴》卷一〇九《晋纪三十一·安帝》，隆安元年（397）。

三　裂土封侯，如同弃国

割地以封功臣，三代之制也，施之后世，则危亡之始祸矣；割边徼之区以与有功之酋，害尤烈焉。古诸侯之有国，自其先世而已然，安于侯服旧矣。易姓革命而有所灭，以有所建，授之于功臣而大小相错，同姓异姓庶姓相间，互相制而不相下，抑制其贡享觐问之礼，纳之于轨物，而厚用其材，则封殖自大、以窥伺神器之心无从而作。然而荆、吴、徐、越抗颜以乱中夏，高宗惫于三年，宣王劳于南伐，迄春秋之季，愈无宁日矣。

自秦罢侯置守，而天下皆天子之土矣。天子受土于天而宰制之于己，亦非私也；割以与人，则是私有而私授之也。边徼之有闲地，提封不得而亩之，疑为委余而不足惜；然而在我为委余者，在彼为奥区，经理其物产，生聚其人民，未有不为我有者也。拓拔氏以秀容川酋长尔朱羽健攻燕有功，割地三百里以封之，其后尔朱氏卒为拓拔氏之忧，而国因以亡，非千秋之明鉴也乎？建州之弃二百余年，而祸发不救，胡未之考也？

或曰："荒远之土，委诸其人，若蜀、滇、黔、粤之土官，虽有叛者而旋灭，其何伤？"非也。蜀、滇、黔、粤土夷之地，本非吾有也，羁縻之而已。世其土，服其官，彼亦有保宗全世之情而不敢妄以逞；一逞而固有反顾之心，恋其栈豆，则迫而攻之也易。若土已入我职贡，而以骁悍为我立功矣，取非其所世有者裨益之而长其雄心，其始也，徼幸而无所恤，其继也，屡进而无所止，一有怨隙，乘事会以狂起，其尚有所顾忌乎？拓拔氏虚六镇不为郡县，自秀容川始也，祸之所必生也。弃地者弃其国，宁有爽与？

【译文】

割地分封功臣是夏、商、周三代的制度，后世如果施行这种制度，就已埋下了危亡的祸根；把边疆地区割裂、分封给有功的夷狄部落酋长，祸害尤其剧烈。古代诸侯拥有封国，自从他们的先世已是这样，安于所居的所谓侯服之地以拱卫天子也就相沿不变了。在朝代更替、易姓革命之际，有诸侯国灭亡，也有诸侯国新建起来。天子把这些土地授给有功之臣，而大小不一，彼此交错，同姓、异姓、庶姓（与天子或诸侯异姓又无姻亲关系）诸侯国混杂分布，互相牵制而不相上下，也制定其朝贡、供享、觐见、聘问的礼仪，纳入统一的制度规范，大量使用他们献纳的财物。这样，诸侯聚敛财物、扩大封地以窥伺神器、篡夺王位之心也就无从发起。然而荆、吴、徐、越等诸侯起兵对抗朝廷、祸乱华夏，殷高宗武丁不辞疲惫，亲征荆楚，用三年时间才平定叛乱；周宣王姬静南伐淮夷、徐国和楚国，劳师动众，军民疲敝，发展到春秋末年，更是国无宁日了。

自从秦朝废除诸侯、设置郡县守令以来，普天之下都是天子的国土了。天子接受上天授给的国土而由自己分割支配，也不是归他自己一人所有的私产；如果割裂土地赠给他人，则是把国土作为私有资产而私自授给他人了。对于边疆的闲置土地，因为不能够直接纳入版图而统计其田亩数量，就认为这些是多余之地而不值得珍惜。然而，对于我们是多余的土地，而对于夷狄来说则是腹地，只要精心经营其物产，聚集生息其民众，没有不为其所有的。北魏拓跋氏因为秀容川部落酋长尔朱羽健进攻北燕有功，割地三百里封赏给他，其后尔朱氏最终成为拓跋氏的心腹大患，而国家也因此灭亡，难道不是千秋百代的明鉴吗？明朝放弃东北的建州卫二百多年，而女真之祸乱一旦发作，明朝的灭亡便无可挽救，为什么不考察其中的缘由呢？

有人说："对于荒凉遥远的边疆之地，可以委托当地人自行治理，就像蜀、滇、黔、粤的土官。即便有叛乱发生，也会很快灭亡，有何危害呢？"这种观点实际上是错误的。蜀、滇、黔、粤是土著民族的土地，本来就不是中原王朝所有的，因此只能采取羁縻政策罢了。让当地人世代占有他们的土地，以当地人为官进行治理，他们也有保全宗族的愿望而不敢铤而走险实现自己的野心；一旦造反背叛朝廷，本来就会有反悔之心，顾惜眷恋自己的乡土，贪恋蝇头小利，那么逼迫进而进攻他们也很容易。如果土地已经纳入朝廷贡赋的管理，而让那些骁勇彪悍之人为我所用、为国立功，取那些不是他们世代所拥有的土地来奖励增益他们，从而助长他们的雄心壮志，起初，他们还心存侥幸而无所顾惜，随着时间的推移，他们将屡次得寸进尺而无所休止，一旦产生怨恨和隔阂，便乘机而猖狂崛起，难道还会有什么顾忌吗？北魏拓跋氏南迁后北方六镇空虚，且不在那里设置郡县，自尔朱氏占据秀容川开始，祸根已经埋下，祸乱必定不可避免了。放弃边疆的土地，必将放弃国家，难道会有什么意外吗？

本事：《资治通鉴》卷一一〇《晋纪三十二·安帝》，隆安二年（398）。

四　鬼兵误人乱国

天下多故，言兵者竞起，兵不可以言言者也。孙、吴之言，切于情势，近于事理矣，而当时用之，偶一胜而不足以兴。读其书者，未有能制胜者也，况其滥而下者乎？道不足则倚谋，谋不足则倚勇，勇不足则倚地，地不足则倚天，天不足则倚鬼。倚鬼，则敌知其举无可倚矣。倚鬼，则将吏士卒交释其忧勤，智者知其无成而心先乱，愚者幸其有成而妄自骄，兵败身死，以殉术士巫觋（xí）之妖，未有免者。然而术士巫觋之说，终淫于言兵者之口，其说炙毂，其书汗牛，天下多故，乘之以兴，无乱人非乱世也。

王凝之奉天师道，请鬼兵御贼，而死于孙恩；殷仲堪奉天师道，不吝财贿以请祷，而死于桓玄；段业信卜筮巫觋，而死于沮渠蒙逊。鬼者，死之徒也，与鬼为徒，而早近于死。况以封疆人民倚于恍惚无实之妖邪，而贻国以亡，陷民于死？若是者，见绝于天，未有不丧其身首者也。段业，窃也；仲堪，叛也；天夺其魄，以迷于鬼，而死也固宜。王凝之清族雅士，分符治郡，以此戕身而误国，不亦愚乎？凝之之奉妖也，曰其世奉也，则王羲之不能辞其咎矣。

妖邪繁兴，附于兵家之言，世所号为贤者且惑焉。郭京以陷城，申甫以丧师，金御史声秉大节以不贰于生死，而亦惑焉，白圭之玷也。丁甲也，壬遁奇禽也，火珠林也，乞灵于关壮缪及玄武之神也，皆言兵者之所倚也。其书不焚，其祀不毁，惑世诬民，乱人不可戢矣。

【译文】

天下多事之秋，谈论治军用兵的蜂拥而起，然而治军用兵是不可以随意谈论的。孙子、吴起总结治军用兵的言论，切中于情势，而近于事理，当时应用于战争实践，偶然战胜一次，不足以赖此而兴起。研读他们兵书战策的人，没有能够克敌制胜的，何况那些泛滥于世间、等而下之者呢？如果道义不足就倚靠谋略，如果谋略不足就倚靠勇猛，如果勇猛不足就倚靠地利，如果地利不足就倚靠天时，如果天时不足就倚靠鬼神。如果治军用兵倚靠鬼神，那么对手就知道他的军队已没有什么可以倚靠的了。如果倚靠鬼神，那么将领、官吏、士兵都将放下自己的忧虑和辛劳，聪明的人知道必将一无所成，而内心先乱；愚蠢的人侥幸将取得胜利而妄自骄傲，最终兵败身死，为那些术士、巫觋的妖言惑众而殉葬，没有能够幸免的。然而，术士、巫觋的异端邪说，终日挂在谈论治军用兵者的口头，他们的学说炙车毂锞、层出不穷，他们的书籍汗牛充栋，风行一时，天下多事之秋，这些人乘机兴起，如果没有制造祸乱的人，也就不成其乱世了。

会稽内史王凝之尊奉天师道，在孙恩起义军前来攻城时，他不仅不做防备，反而祷告请求鬼兵抵御贼寇，最后死于孙恩之手；荆州刺史殷仲堪尊奉天师道，不惜金银钱财请愿祈祷，求得神灵的保护，最后死于桓玄之手；北凉的建立者段业信奉卜筮巫觋，最后死于部将沮渠蒙逊之手。鬼是死亡之众，与鬼为徒，就会更早地接近死亡。何况把国家人民的命运托付给恍惚不实的妖邪之说，从而给国家带来败亡，将百姓置于死地呢？像这样的人，自绝于上天，没有不丧其命殒其身的。段业是窃国割据的盗贼，殷仲堪是兴兵犯上的叛贼，上天夺取他们的魂魄，使之迷惑于鬼神之说，其死亡也是应有的下场。王凝之是清流世族、儒雅之士，受天子委任治理地方，却因此而丧身误国，不也太过愚蠢了吗？王凝之尊奉妖道，并声称其家族世代尊奉，那么其父王羲之也不能推卸这种罪责了。

妖邪之道纷繁兴盛，牵强附会于兵家的学说，就连世人所公认的贤能之士尚且受其迷惑。北宋末年士兵郭京作六甲之法而导致汴京沦陷，明朝末年僧人申甫用役鬼之术而造成败军丧师。御史金声秉持大节，于生死之际忠贞不贰，却为申甫所迷惑，极力推举他出任京营副总兵，也是白璧之微瑕。所谓的丁甲（六丁六甲）、六壬、遁甲、奇门、演禽、火珠林之类的方术，还有向关羽以及玄武大帝的神位祷告，乞求显灵护佑，都是谈论治军用兵的人所倚靠的法宝。他们这些异端邪说的书籍不焚烧，他们祭祀的神位不捣毁，仍将蛊惑社会，迷乱百姓，制造混乱的人是无法收敛了。

本事：《资治通鉴》卷一一一《晋纪三十三·安帝》，隆安三年（399）。

五　乱人无恒，权不足恃

论史者之奖权谋、堕信义，自苏洵氏而淫辞逞。近有李贽者，益鼓其狂澜而惑民倍烈。谏则滑稽也，治则朝四暮三也，谋则阳与阴取也。幸而成，遂以诮君子之诚悫（què），曰未可与权。其反覆变诈之不售，以祸于国、凶于家、戮及其身，则讳之而不言。故温峤之阳亲王敦而阴背之，非无功于晋矣，然非其早卒，君子不能保其终为晋社稷之臣也，何也？向背无恒，而忠孝必薄也。前有吕布，后有刘牢之，勇足以戡乱，而还为乱人。呜呼！岂有数月之间，俄而为元显用，而即叛元显，俄而为桓玄用，而即图桓玄，能不祸于国、凶于家、戮及其身也乎？刘袭曰："一人三反，何以自立。"使牢之幸售其诈，而桓玄受戮，论者将许之以能权；乃牢之杀玄，而牢之之祸晋益深，君子岂受其欺哉？

夫君子之道，成则利及天下，不成而不自失。其谏也，用则居其位，不用则去之。又不然，则延颈以受暴君之刃而已，无可谲也。其定乱也，可为则为，直词正色以卫社稷，不济，则以身殉而已。死者，义也；死不死，命也；有命自天，而俟之以义，人之所助，天之所祐。故曰："履信思乎顺，自天祐之，吉无不利。"大《易》岂不可与权者哉？秉信非以全身，而身或以保；非以图功，而功或以成。托身失所，而为郗超；欲自免焉，则为温峤；加之以反覆之无恒，则为牢之。峤成而牢之败，牢之死而超生。天之所以祸福者，尤在信与不信哉！论人者以是为准而已矣。奖谲诈以徼功，所谓刑戮之民也。

【译文】

评论历史的人褒奖权谋、诋毁信义，从北宋苏洵的《权书》开始，这种过分浮夸不实的论调甚嚣尘上。近来有李贽其人，更是鼓噪这种狂澜而更大程度地迷惑百姓。有的人进谏之时滑稽可笑，治国之时反复无常，谋划之时则阳与而阴取。这样的人侥幸有所成功，他们就以此为由讥笑君子的诚实，还说不可以与君子谈论权变。至于那些反复无常、狡诈多变的人的野心没有实现，最终祸乱国家、败亡家族、自取灭亡，他们却避讳不言。因此，温峤表面亲近王敦却暗中背叛他，对东晋王朝不能说没有功绩，然而如果不是他过早地死去，君子也不能担保他最终能成为东晋的社稷之臣。为什么呢？因为他在效忠和背叛之间反复无常，所以他的忠孝之心必然淡薄。前有东汉末年的吕布，后有东晋的刘牢之，他们的勇猛都足以戡定混乱，最终还是成了祸乱天下之人。唉！难道会有像刘牢之那样的人，在数月之间，一会儿被司马元显任用，而又立刻背叛司马元显；一会儿被桓玄任用，而旋即图谋桓玄，还能够不祸乱国家、败亡家族、自取灭亡吗？刘牢之的参军刘袭曾说："将军您一人三反其主，将何以自立呢？"假使刘牢之侥幸而实现了他的奸诈阴谋，桓玄被诛杀，那么评论历史的人将会称赞他善于权谋；如果刘牢之杀了桓玄，那么刘牢之对东晋王朝的祸害将更加剧烈，君子难道能受他的欺骗蒙蔽吗？

君子的立身处世之道，是有所成功则利益泽被天下，即使没有成功也不自我失道。进谏之时，如果被采纳就居其官位，如果不被采纳就离开抽身引退。再不然，只有伸着脖颈接受暴君的屠刀罢了，绝不玩弄欺诈手段。平定战乱之时，如果可以有所作为就去做，用正色、严词来捍卫江山社稷；如果没有效果，就以身殉国罢了。为此而死是出于道义，至于死还是不死，则是听天由命。正如《诗经·大明》中说的“上帝有命从天而降”，君子施行仁义以等待天命，人们自来帮助，上天自然护佑。所以《周易·系辞上》中说：“履行诚信，想着顺应天道人心，上天自然会保佑他，所以吉祥，无往而不利。”《周易》难道不可以作为权变的依据吗？秉持信义不是为了保全自身，而自身有时得以保全；秉持信义不是为了图谋建功立业，而功业有时自然成就。为了保全自己而找错了托身之地，从而像郗超那样依附桓温叛逆；想自我幸免而委曲求全，从而像温峤那样受人诟病；再加上反复无常、没有定数，从而像刘牢之那样死于非命。最终温峤得以成功，而刘牢之失败；刘牢之被杀死，而郗超得以生存下来。上天之所以给人降下不同的祸福，尤其取决于一个人的诚信与否啊！评价衡量一个人应把这一点作为标准。褒奖诡谲欺诈以求取功名，就是《礼记·表记》所说的以怨报德的刑戮之民。

本事：《资治通鉴》卷一一二《晋纪三十四·安帝》，元兴元年（402）。

六 刘裕堪为乱世之主

萧道成、萧衍、杨坚、朱温、石敬瑭、郭威之篡也，皆石勒所谓狐媚以取天下者也，刘裕其愈矣。裕之为功于天下也不一，而自力战以讨孙恩始，破之于海澨（shì），破之于丹徒，破之于郁洲，蹙之穷而赴海以死。当其时，桓玄操逆志于上流，道子、元显乱国政于中朝，王凝之、谢琰以庸劣当巨寇，若鸿毛之试于烈焰。微刘裕，晋不亡于桓玄而亡于妖寇，即不亡，而三吴全盛之势，士民所集，死亡且无遗也。裕全力以破贼，而不恤其他。可不谓大功乎？

天子者，天所命也，非一有功而可祗承者也。虽然，人相沉溺而无与为功，则天地生物之心，亦困于气数而不遂，则立大功于天下者，为天之所不弃，必矣。故道成、衍、坚、温、敬瑭、威皆不永其世，而刘宋之祚长，至于今，彭城之族尤盛。若夫谢安却苻坚而怀沧海之心，郭子仪平安、史而终汾阳之节，岂可概望之斯人乎？裕，不学者也；裕之时，僭窃相乘之时也；裕之所事者，无信之刘牢之，事裕者，怀逆徼功之刘穆之、傅亮、谢晦也；是以终于篡而几与道成等伍。当其奋不顾身以与逆贼争生死之日，岂尝早畜觊觎之情，谓晋祚之终归己哉？于争乱之世而有取焉，舍裕其谁也？

【译文】

南朝齐高帝萧道成、南朝梁武帝萧衍、隋文帝杨坚、后梁太祖朱温、后晋高祖石敬瑭、后周太祖郭威的阴谋篡位，都是石勒所说的用阴柔欺诈的手段夺取天下，南朝宋武帝刘裕相对他们要强得多。刘裕为天下所立下的功绩不止一件，从他勠力奋战讨伐孙恩开始，在沿海一带大败孙恩起义军，再次在丹徒（今属江苏）大破之，继而又在郁洲岛（今江苏连云港东）大破之，穷追不舍，最终逼迫孙恩势穷力竭、赴海而死。当此之时，桓玄手握重兵、心怀异志，占据长江上流的战略要地；司马道子、司马元显父子在朝廷专擅大权、祸乱国政；先后担任会稽内史的王凝之、谢琰以平庸低劣之才来抵挡强大的贼寇，就好像鸿毛试于烈火之上。如果没有刘裕，东晋王朝即使不灭亡于桓玄之手，也将灭亡于信奉五斗米道的孙恩、卢循起义军之手；即使东晋王朝不会立即灭亡，以三吴地区全盛的形势，士族百姓聚居密集的地区，遭受战乱后也将死亡无遗了。刘裕竭尽全力大破孙恩，而没有其他顾虑，难道不能称得上立下大功吗？

所谓天子，是由上天所授命的，并不是一有大功就可以敬奉为天子。尽管如此，人人安于现状，沉溺其中难以自拔，而不思建功立业，那么天地化育万物之心，也将因为气数将尽而不遂人愿，所以对那些为天下建立大功的人，上天不会抛弃，这是必然的。因此，萧道成、萧衍、杨坚、朱温、石敬瑭、郭威所建立的政权都不能传国久远，而刘裕所建立的南朝宋则国祚较长，直到今天，彭城的刘氏宗族仍然旺盛。至于谢安击退前秦苻坚后仍然怀有泛海隐居之心，唐代郭子仪（封汾阳王）平定安史之乱后仍能始终保持臣节，难道可以奢望刘裕也能做到这些吗？刘裕是一个不学无术之人，刘裕所处的时代，正是权臣与叛逆僭越礼制、窃取权位，交互侵袭、相继而起的时候，刘裕所事奉的是无信无义的刘牢之，而事奉刘裕的则是心怀叛逆、急于求功立业的刘穆之、傅亮、谢晦；因此他最终篡夺皇位，差不多与萧道成之流为伍。然而，当他奋不顾身和叛逆贼寇孙恩作战、置生死于度外之时，难道早就蓄谋觊觎皇位之心，认为东晋的天命国运终将归于自己吗？在此纷争混乱之世，如果选择尚有可取之处的人的话，那么除了刘裕还能有谁呢？

本事：《资治通鉴》卷一一二《晋纪三十四·安帝》，元兴元年（402）。

七　刘裕见几相时而动

成败之数，亦晓然易见矣，而苟非间世之英杰，无能见者，气焰之相取相轧有以荡人之心神，使之回惑也。天下不可易者，理也；因乎时而为一动一静之势者，几也。桓玄竖子而干天步，讨之必克，理无可疑矣。然君非君，相非相，则理抑不能为之伸；以力相敌，而力尤不可恃；恶容不察其几哉？

玄犯历阳，司马休之走矣，尚之溃矣，玄所畏者，刘牢之拥北府之兵尔。牢之固曰："吾取玄如反手。"牢之即有不轨之心，何必不诛玄而挟功以轧元显，忽怀异志以附玄，甚矣牢之之诈而愚也。唯刘裕见之也审，故与何无忌、刘敬宣极谏牢之，以决于讨玄。斯时也，刚决而无容待也，几也。玄已入建业，总百揆，督中外，布置腹心于荆、江、徐、兖、丹阳以为巩固，而玄抑矫饰以改道子昏乱之政，人情冀得少安。牢之乃于斯时欲起而夺之，不克而为玄所削，众心瓦解，尚思渡江以就高雅之于广陵，其败必也。敬宣且昏焉，又唯刘裕见之也审，直告牢之以不能，而自还京口，结何无忌以思徐图。斯时也，持重而无患其晚也，几也。

夫几亦易审矣，事后而反观之，粲然无可疑者。而迂疏之士，执一理以忘众理，则失之；狂狡之徒，见其几而别挟一机，则尤失之；无他，气焰之相取相轧，信乱而不信有已乱之几也。裕告无忌曰："玄若守臣节，则与卿事之。"非伪说也，乱有可已之几，不可逆也。又曰："不然。当与卿图之。"则玄已在裕目中矣。所谓间世之英杰能见几者，如此而已矣，岂有不可测之神智乎？

【译文】

成败之定数，也是非常明白、容易看到的，但只要不是人间隔代才有的英雄豪杰，是不能看到的，这是因为各种气焰相互侵夺、相互倾轧以迷惑人们的心神，使其感到犹豫彷徨。天下不可更改的是道理，而借助天时而形成一动一静大势的是机遇。桓玄这区区小子企图干犯国运，讨伐他必定取胜，这个道理是毋庸置疑的。然而，如果君主不像君主，宰相不像宰相，那么道理正义也不能为他们伸张。如果以实力相对抗，而实力尤其不可依仗。在这种情况下，又怎么能容许不明察其中的机遇呢？

桓玄率军进犯历阳（今安徽和县），守将襄城太守司马休之败走南燕，豫州刺史司马尚之溃逃被杀，桓玄所畏惧的只有刘牢之所拥有的北府兵。刘牢之本来就会说："我战败桓玄就如翻手一样容易。"刘牢之即使有图谋不轨之心，何必不诛杀桓玄而以战功要挟朝廷，从而倾轧朝中专权的司马元显，却忽然胸怀异志归附桓玄呢？刘牢之的诡诈和愚蠢，也太严重了！只有刘裕审时度势，看清了形势，所以和何无忌、刘敬宣极力劝谏刘牢之，使他下定决心讨伐桓玄。当时，亟待果断决策而不容丝毫的等待，这就是机遇。桓玄攻入建业以后，总揽朝纲，掌握朝廷内外的大权，在荆州、江州、徐州、兖州、丹阳布置自己的心腹以巩固其地位；而桓玄也造作夸饰，纠正司马道子专权时混乱不堪的朝政，天下人心都希望借此机会得到稍微的安定。刘牢之却在这个时候起兵，想夺取桓玄的权力，结果不胜反败，被削夺兵权，军心瓦解。这时，他还想北渡长江投靠广陵相高雅之，其败亡是必然的。其子刘敬宣也昏庸无知，又是只有刘裕审时度势，看清了形势，直言劝告刘牢之不能渡江，而自己回到京口（今江苏镇江），联合何无忌从容地图谋长远的策略。当此之时，必须沉稳持重，而不必担忧为时过晚，这就是机遇。

机遇也容易明察，事情过后再回头来看，便明白无疑了。迂远疏阔的人，却偏执一理而忘记了其余众多的道理，自然就会失去机遇；狂妄狡诈之徒，看到了其中的机遇却又要裹挟另外一个机遇，就更加容易失掉机遇；没有其他的原因，只是在各种气焰相互侵夺、相互倾轧的时候，只相信正处于混乱之时而不相信在混乱之中潜藏着平息混乱的机遇。刘裕告诉何无忌说："桓玄如果遵守臣节，我就和您共同事奉他。"这不是违心的假话，因为当混乱之中有可以停止混乱的机遇之时，是不可以违背的。他又说："如果桓玄不保持臣节，我当和您共同图谋诛杀他。"由此可见，桓玄已经成为刘裕心目中的特定目标或攻击对手了。所谓人间隔代才有的英雄豪杰，能够看到潜藏的机遇、成败之定数，就是如此而已，难道还真有什么高深莫测的神奇智慧吗？

本事：《资治通鉴》卷一一二《晋纪三十四·安帝》，元兴元年（402）。

八　殃人者必自殃

三吴之苦饥，自昔已然。晋元兴中，承桓玄闭籴、孙恩阻乱之余，遂至填沟委壑，几空城邑，富室衣罗纨、怀金玉而坐毙。或曰"俗奢亡度以使然"，固也，而不尽然也。三吴之命，县于荆、江，上流有变，遏抑而无与哺之，则立槁耳。自晋之南迁也，建业拥大江而制其外，三吴其腹里也。人怀其安，而土著者不移，侨寓者争托，于是而士民之殷庶，甲乎天下。地有限而人余于地，地不足于养人，历千余年而一轨。乃三吴者，岂徒东晋之腹里，建业所恃以立国哉？财赋之盈，历六代、唐、宋而于今未替，则休养之以固天下之根本，保全千余年之生齿，而使无凋耗，为元后父母者，恶容不汲汲焉。

夫人聚则营作之务繁兴，财恒有余而粟恒不足；犹荆、湘土广人稀，力尽于耕，而它务不遑，粟恒余而财恒不足。以此筹之，则王者因土作贡，求粟于荆、湘，而薄责以财；需财于吴、会，而俭取其粟；是之谓损益盈虚之大经，因地因人而不违其理。而念此者鲜矣。

夫既厚责粟于三吴矣，无已，则严遏籴之禁以互相灌注，有粟者得货贿焉，有货贿者得粟焉，一王之土，合以成一家之盈缩，亦两利之术也。是故恶莫大于遏籴，桓玄之恶烈于孙恩矣。夫玄据上流，馁三吴以弱朝廷，自以为得计矣，又恶知己既窃晋而有之，则三吴者又己他日之根本也。使玄能抚之以乘京口之后，何至一败而无余哉？故殃人者，未有不自殃者也。

【译文】

长江下游的三吴（即吴兴郡、吴郡、会稽郡）之地，百姓深受无粮可食的饥饿之苦，自古以来已然如此。东晋安帝元兴年间（402—404），因为遭受桓玄闭籴（禁止荆湘与三吴地区之间的粮食贸易）和孙恩作乱所造成的危害，这里饿殍遍野，尸体委弃于沟壑，城邑荡然一空，富家大户身穿丝绸、怀揣金银宝玉而坐以待毙。有人说这是奢侈无度使然，本来如此，却也不尽然。三吴之地的命运和荆州、江州紧密相连，一旦位于上流的荆州、江州发生变故，遏制三吴之地的粮食来源，百姓无以为食，就会立刻衰亡了。自从晋朝南迁以来，都城建业拥有长江天堑而控制其外围，三吴成为腹里之地。人们怀恋其故土的安逸，而土著者不愿迁移，侨寓者又争相在此安身，于是士族百姓生活殷实，人口众多，甲于天下。土地有限而人口富余，土地不足以养活人民，千百年以来一直是这样，丝毫没有改变。可是三吴之地，难道仅仅是东晋王朝的腹里之地，是都城建业所赖以立国的根本吗？这里财赋负担的沉重，经过六朝、唐朝、宋朝而至今从未有所更改，那么休养生息三吴之地以巩固天下的根本，保全千百年来聚集繁衍的黎民百姓，使其不至于凋敝虚耗，作为身为黎民百姓父母的天子，怎么能容许不汲汲于此呢？

一旦人口聚集繁衍，营造、匠作之类的事务自然兴盛起来，使得钱财常常有余而粮食往往不足；荆州、湘州一带地广人稀，民众劳力全部用在耕种土地上，而无暇顾及其他事务，致使粮食常常有余而钱财往往不足。根据此种情况而统筹谋划，天子就需要因地制宜，确定各地不同的进贡物品，向荆州、湘州增加粮食征收，而减少财税供应；向吴兴、会稽加大财税供应，而减少粮食征收。这就是《周易·损卦》所谓的补损平益、采盈充虚的大道，因地因人制宜而不违背常理。能够考虑到这一点的人是很少的。

既然向三吴之地征收很多粮食，那么不得已的话，就应该整饬粮食买卖的禁令，以便各地区之间相互流通，有粮者通过流通得到钱财，有钱财者通过流通得到粮食，同是天子所统辖的国土，通过相互流通交易整合成为一家之内的盈缩损益，也是互惠互利的良策。因此，没有比禁止粮食贸易更大的罪恶，桓玄的罪行比孙恩更为严重。桓玄占据长江上流，断绝三吴之地的粮食来源以削弱朝廷的实力，自认为阴谋得逞，却又不知道自己既然窃取了东晋政权而占有三吴之地，那么三吴之地又将成为自己未来的根本所在。假使桓玄能在京口战役之后及时安抚百姓，何至于一败而不可收拾，毫无回旋之地呢？所以，祸害他人者最终没有不祸害自己的。

本事：《资治通鉴》卷一一二《晋纪三十四·安帝》，元兴元年（402）。

九　刘裕处乱世而不迷

桓玄将篡，杀北府旧将之异己者，司马休之、刘敬宣、高雅之相率奔燕，弃故国而远即于异类，为刘昶、萧宝寅之先驱。夫诸子亦各有其志行，岂其豫谋此污下之计为藏身之固哉？迫于死而不暇择尔。虽然，其为弃人于两间，固自取之也。桓玄之逆，非徒祸在所必避也，祸即不及，而岂忍为之屈。诸子据山阳以讨玄，虽不必其忠于晋，而固丈夫之节也，何至周章失措而逃死于鲜卑邪？

夫刘裕亦北府之杰，刘牢之之部曲也，坦然自立于京口而无所惧，玄岂与裕无猜乎？裕自有以为裕，而玄不足以为裕忧也。裕之还京口也，以徐图玄也；乃置玄不较，急击卢循于东阳而破走之，旋击徐道覆而大挫之，追卢循至晋安而又败之，未尝一日弛其军旅之事也。为晋用而若为玄用，为玄用而实为晋用；威伸于贼，兵习于战，若不知玄之将篡者，而玄亦无以测其从违；非徒莫测也，虽测之而亦无如之何也。故玄妻刘氏劝玄除裕，而玄曰：“吾方平荡中原，非裕莫可用者。”既思用裕，亦固知裕威已建，非己所得而除也。玄知裕之不可除，故隐忍而厚待之以俟其隙；裕亦知玄之不能除己，故公然入朝而不疑。唯浃（jiā）岁之间，三破妖贼，所行者正，所守者坚，人不得而疑，虽疑亦无名以制之也。裕居不可胜之地，而制玄有余矣。

呜呼！士当逆乱垂亡、忧危沓至之日，诡随则陷于恶，躁竞则迷于所向，亦唯为其所可为，为其所得为；而定大谋、成大事者在此，全身保节以不颠沛而逆行者亦在此。休之、敬宣、雅之舍己所必为，则虽怀讨逆之心，而终入于幽谷矣。英雄之略，君子有取焉，安其身而后动，定其交而后求，正用之，可以独立于天纲裂、地维坼之日而无疚愧矣。

【译文】

桓玄将要篡夺皇位，先杀掉北府军旧将中的异己分子，司马休之、刘敬宣、高雅之相继出逃，投奔南燕，他们抛弃故国，远走他乡，投靠夷狄，成为南朝宋义阳王刘昶、南朝齐鄱阳王萧宝寅投奔北魏的先驱。这几个人也都各有其志向和操行，难道他们预先谋划好此等鄙陋、低下的计策作为安身立命的法宝吗？只是迫于死亡威胁而无暇选择罢了。尽管如此，他们最终成为天地之间被抛弃的人，本来就是自食其果。桓玄的叛逆，不仅仅是必须躲避的灾祸，即使灾祸不及其身，难道他们就忍心屈服于逆贼吗？这几个人如果能够占据山阳（今江苏淮安）讨伐桓玄，尽管不敢保证他们必定忠于东晋王朝，却固然守住了大丈夫应有的气节，又何至于迟疑不决、张皇失措而逃奔、死亡于鲜卑呢？

刘裕也是北府军的英雄豪杰，也是刘牢之的部曲，他拥兵于京口而坦然自立，无所畏惧，桓玄难道就不会对刘裕产生猜疑吗？刘裕自有刘裕的打算，而桓玄不足以为刘裕所担忧。刘裕之所以回到京口，是为了从容地图谋诛杀桓玄；于是他对桓玄暂且置之不理，而是勇猛地进击卢循，于东阳郡（今浙江金华）大败卢循，使其溃逃，随即又进击徐道覆，予以重创，接着追击卢循到晋安（今福建南安）而再次打败他，不曾一日放松军旅之事。刘裕为东晋王朝所用而好像被桓玄所用，好像被桓玄所用而实际上却是为东晋王朝所用。他的威势由于讨平贼寇而得以伸张，他的士兵也因此而熟习战事，仿佛不知道桓玄将要篡位谋逆，而桓玄也无从测度刘裕对自己究竟是顺从还是违背。不仅仅无从测度刘裕的态度，即使揣测到了刘裕的态度，桓玄也对他无可奈何。所以桓玄的妻子刘氏劝桓玄除掉刘裕，桓玄却说：“我正在荡平中原之际，只有刘裕可以任用。”既然已经想要任用刘裕，本来也知道刘裕的威势已经树立起来了，不是自己所能够除掉的。桓玄知道刘裕不可除掉，所以隐忍不发而厚待刘裕，以等待可乘之机；刘裕也知道桓玄不能除掉自己，所以公然入朝而毫不怀疑和恐惧。仅仅一年之间，刘裕就三次大破信奉五斗米道的孙恩、卢循起义军，其所行之事功符合正义，所守之信念坚定不移，人们不能有所怀疑，即使怀疑也没有用以制服他的名义。刘裕居于不可战胜的境地，制胜桓玄就绰绰有余了。

唉！士人遭逢叛逆祸乱导致国家即将灭亡、忧患危机纷至沓来之日，如果不顾是非而妄随人意就会身陷大恶之罪，急于进取而轻躁冒进就会迷失前进的方向，也只有做自己可做之事，做自己能做之事。预定大谋、成就大事的人就在于此，保全自身、保持名节而避免颠沛流离、背道而驰、逆流而行的人也在于此。司马休之、刘敬宣、高雅之舍弃自己所必为、所当为之事，即使他们满怀讨伐叛逆之心，最终也难免误入歧途、走上绝路。英雄豪杰的谋略，君子是有所吸取和借鉴的，正如《周易·系辞下》中所说的：君子先要稳固自身，然后才可以有所行动，巩固交情，然后才可以求助于人。正确运用这一法则，便可以独立于天崩地裂之日而毫无愧疚了。

本事：《资治通鉴》卷一一二《晋纪三十四·安帝》，元兴元年（402）。

一〇　刘裕崇奖王谧，导天下以悖逆

廉耻之丧也，与人比肩事主，而歆于佐命之荣赏，手取人之社稷以奉奸贼而北面之，始于西汉刘歆、公孙禄之徒，其后华歆、郗虑相踵焉。然天下犹知指数之也；幸而不遇光复之主，及身为戮，而犹无奖之者。上有奖之者，天下乃不知有廉耻，而后廉耻永亡。

王谧世为晋臣，居公辅之位，手解安帝玺绶以授桓玄，为玄佐命元臣，位司徒，此亦华歆、郗虑之流耳。义兵起，桓玄走，晋社以复，谧以玄司徒复率百官而奉迎安帝，此诚豺虎不食、有北不受之匪类矣。刘毅诘之，逃奔曲阿，正王法以诛之，当无俟安帝之复辟。而刘裕念畴昔之私好，追还复位，公然鹄立于百僚之上，则其崇奖奸顽以堕天下之廉耻也，唯恐不夙。苟非志士，其孰不相率以即于禽兽哉？俄而事此以为主，而吾之富贵也无损；俄而事彼以为主，而吾之富贵也无损；夺人之大位以与人，见夺者即复得焉，而其富贵也抑无损。奖之以败闲丧检，而席荣宠为故物，则何怪谢晦、褚渊、沈约之无惮无惭，唯其所欲易之君而易之邪？

呜呼！忠与孝，非可劝而可惩者也。其为忠臣孝子矣，则诱之以不忠不孝，如石之不受水而不待惩也。其为逆臣悖子矣，则奖之以忠孝，如虎之不可驯而不可惩也。然则劝惩之道，唯在廉耻而已。不能忠，而不敢为逆臣；不能孝，而不敢为悖子；刑齐之也，而礼之精存焉。刑非死之足惧也，夺其生之荣，而小人之惧之也甚于死。天子正法以诛之，公卿守法以诘之，天下之士，衣裾不襒（bié）其门，比闾之氓，望尘而笑其失据，则惧以生耻。始耻于名利之得丧，而渐以触其羞恶之真，天子大臣所以濯磨一世之人心而保固天下者在此也。手解其玺绶，而复延之坐论之列，两相觌而不惭，则耻先丧于上，而何望其下乎？裕之不戮谧也，人心风俗之祸延及百年。唐黜苏威，而后老奸贩国之恶习以破。惜老成，徇物望，以为悖逆师，祸将自及矣。

【译文】

丧失了廉耻之心，和他人并肩事奉君主，却羡慕佐命大臣的荣华富贵，亲自夺取人家的江山社稷，奉献给奸贼而情愿面北称臣，这种无耻行径开始于西汉末年刘歆、公孙禄之辈，其后东汉末年的华歆、郗虑接踵而至。然而天下之人还是指责数落他们的丑恶行径，即使他们很幸运，没有因为有光复天下的君主出现而遭到诛戮，因而保全禄位，但还是不会有人褒奖他们。如果君主褒奖他们的无耻行径，天下之人就不知道还有廉耻之心，而后廉耻之心将永远消亡。

侍中王谧世代担任晋朝大臣，身居公辅高位，却亲自解下晋安帝的玉玺印绶并授予桓玄，成为桓玄的佐命元勋，位列司徒，这也是华歆、郗虑之流。等待讨逆的义军兴起，桓玄逃跑，东晋的江山社稷得以光复，王谧又以桓玄司徒的身份率领百官而奉迎晋安帝重登皇位，这确实是像《诗经·巷伯》中所说的扔给豺虎而豺虎也不吃，流放到北方边境而北境也不接受，只好交给上天来处置的匪类。护军将军刘毅曾质问王谧玉玺印绶何在，王谧畏惧而逃奔曲阿（今江苏丹阳），对他就应该依据王法明正其罪予以诛杀，无须等到晋安帝复辟之后。而刘裕顾念昔日二人私交甚好，追回王谧并恢复其官位，公然直立于百官之上，那么刘裕尊崇褒奖奸诈顽劣之辈从而堕落天下人的廉耻之心，还唯恐不能早一些。除非有志之士，否则谁还会不争先恐后地抛弃廉耻之心而与禽兽为伍呢？一会儿事奉这个人作为君主，而自己的荣华富贵丝毫无损；一会儿事奉那个人作为君主，而自己的荣华富贵丝毫无损；夺去他人的皇位而给予别人，被夺去皇位的人即使很快得以复辟，自己的荣华富贵也丝毫无损。褒奖这种无耻行径就会败坏伦理纲常，使人丧失品行节操，而凭借君主的恩宠，以为是自己固有的东西。既然如此，那么南朝宋的谢晦和褚渊、南朝梁的沈约毫无忌惮和愧疚之心，仅仅因为他们想废黜君主便改换君主，又有什么奇怪的呢？

唉！忠君和孝亲，不是可以通过劝勉和惩戒来达成的。身为忠臣孝子，即便以不忠不孝之事来引诱他们，也就像石头不可以进水一样，根本不用惩戒。身为逆臣悖子，即便以忠孝之事来激励劝勉他们，也就像老虎不可以驯服一样，根本起不到惩戒的作用。既然这样，那么劝勉、惩戒的方法，只有培育其廉耻之心罢了。即便不能够为国尽忠，也不敢做叛逆之臣；即便不能够为家尽孝，也不敢做忤逆之子；即便是通过刑罚来整顿他们，但礼义的精神依然存乎其中。虽然相较死亡而言，刑罚不足以使人恐惧，但如果夺去其平生的荣华富贵，对于奸佞小人而言，失去荣华富贵的恐惧远甚于死亡。天子对这种人绳之以法，公卿大臣也遵照国法诘难他们，天下的士人都从不登门和他们交往，邻里百姓则嘲笑他们使其失去立身的依凭，那么他们就会因为恐惧而产生羞耻之心。起初只是耻于计较名利得失，渐渐地触及内心深处的羞恶之心，这是天子和大臣用来洗涤和磨炼天下人心从而保全巩固天下的根本所在。王谧曾经亲自解下晋安帝的玉玺印绶，而晋安帝又延请他担任司徒、居于坐而论道的大臣之列，双方再度见面都不感到惭愧，那么廉耻之心先在朝廷丧失，又如何能对臣下期望过高呢？刘裕不杀王谧，导致人心风俗的祸患延续了上百年。直到唐朝建立之后，罢黜苏威而拒绝他的拜见，而后老奸巨猾的大臣卖国求荣的恶习才得以破除。怜惜所谓的老成持重之臣，曲从于所谓的众望所归，使他们成为逆臣悖子的老师，那么由此带来的祸患必然将会危及自身及其宗庙社稷的兴废。

本事：《资治通鉴》卷一一三《晋纪三十五·安帝》，元兴三年（404）。

一一　审慎赏罚，勿任爱憎

李暠之后兴于唐，于是而知天道之在人心，非君子徒为之说以诱人于善也。《易》曰："履信思乎顺，是以自天佑之，吉无不利。"夫人亦岂好为疑诈而与人相逆哉？爱憎乱之也。亦既见为可为而为之，见为可言而言之，则孰遽背其初心而自相剌戾？见可爱而移，见可憎而止。而后心不能以自保，宁弃信也，且以快一时之情也。爱憎者，非以顺物，而求物之顺已也，求物顺已而不顺于物，勿恤也。顺已者，爱之而赏醲；逆己者，憎之而罚滥；罚滥既已大伤乎人心，赏醲则得者自诧其邀取之工而不以为恩，不得者抱怏邑以不平者积矣。是故履信思顺者，不求之物理，而但求之吾情；知吾情之非物理，而物理在矣。

暠之戒诸子曰："从政者审慎赏罚，勿任爱憎，折狱必和颜任理，用人无间于新旧，计近不足，经远有余。"是说也，岂徒其规模之弘远哉？内求之好恶之萌以治其心，与天相顺，循物以信；三代以下不多得之于君子者，而暠以偏方割据之雄，能自求以求福；推此心也，可以创业垂统、贻百世之休矣。求治理而本诸心，昧者以为迂也，《诗》《书》所言，岂欺我哉？

言综核者任憎也，世之言法者尽此耳；言宽大者任爱也，世之言恩者尽此耳。法近义而非义，以妨仁；恩近仁而非仁，以害义。秦政以刚而亡，汉元以柔召乱，非仁义也，且非法也，抑非恩也。任爱而淫，任憎而戾也。三代之王者，不立治天下之术，而急于学，克此心之爱憎而已矣。一不学而以爱憎为师，苻坚之厚慕容垂，恩不足以为恩，况诸暴虐者之淫刑以逞乎？暠未尝学者也，而冥合于道，学岂以文哉？梁、陈之主，旦坟夕典，而身为僇、国为灭亡，求之物而不求之己也。暠虽未学，吾必谓之学矣。

一心得御，而太和之气归之，贻尔后昆于无穷，勿谓三代以下无其人也。

【译文】

十六国时期的西凉开国之君李暠，其后代兴盛而建立唐朝，由此可知，天道循环，在于人心，并不是君子诱人向善的单纯说教。《周易·系辞下》中说：“履行诚信，想着顺应天道人心，上天自然会保佑他，所以吉祥，无往而不利。”难道人们都喜欢猜疑诡诈而相互叛逆吗？只是因为人的爱与憎的惑乱罢了。既然已经看到可以大有作为而去作为，看到可以进言献策而进言献策，那么谁又会骤然违背初心而自相矛盾呢？有的人看见可爱的事物就立即转移自己的兴趣，看见可憎的事物就立即予以停止，而后自己的初心就无法保全，所以宁愿抛弃信义，仅仅为了一时的快感。他们的爱与憎，并不是自己顺从外物，而是要求外物顺从自己；而要求外物顺从自己而不是自己顺从外物，就不会体恤怜悯他人。对于顺从自己的人，就宠爱他而赏赐丰厚；对于违背自己的人，就憎恨他而惩罚过滥。惩罚过滥既然已经大伤人心了，得到丰厚赏赐的人只会夸耀自己邀宠受赏的手段，反而不把这种赏赐当作恩典，而那些没有得到赏赐的人则心怀不平、怏怏不乐，积怨日深了。所以说，履行诚信而顺应天道人心的人，爱憎赏罚不用刻意迎合事物的道理、规律，而只顺求之于自己的初心。因为他们知道自己的初心尽管并不一定等同于事物的道理、规律，但事物的道理、规律本来就存在于其中。

李暠告诫他的儿子们说："从政者应当审慎地行使赏罚的权力，不要凭自己的爱憎好恶用事；审理案件时务必和颜悦色，秉理公断；用人之时，不因为新旧亲疏而有所分别，这样做从眼前利益考虑好像有所损失，但从长远利益考虑会大有增益。"这种说法，难道仅仅是因为李暠器局宏大、深谋远虑吗？对内寻求内心好恶的萌动而克制自己的感情，以信义顺乎天意与物理，这是夏、商、周三代以来君子身上所体现出来的不可多得的品质。李暠作为一个偏处一隅、割据称雄的开国之君，能够严格自律以求得上天赐福。如果能将这种初心推而广之，就可以用来创立功业、传之子孙，留下惠及百代的福禄。探求治国理政之法就要依凭自己的初心为本，愚昧的人认为是迂腐之论，《诗经》《尚书》上所说的话，难道是欺骗我们的吗？

提倡综核名实的人总是依凭内心的憎恨处事，世上谈论法治的人都是这样；提倡宽厚包容的人总是依凭内心的喜爱处事，世上谈论恩德的人都是这样。法治接近正义而不是正义，却妨害了仁爱；恩德接近仁爱而不是仁爱，却妨害了正义。秦始皇嬴政因为刚愎自用而导致亡国，汉元帝刘奭因为优柔寡断而带来祸乱。他们的做法既不是仁爱、正义，也不是基于法治，又不是出于恩德，而是放纵其内心的喜爱之情而至于荒淫无度，放任其内心的憎恨之情而至于乖戾暴虐。夏、商、周三代的古圣先王，不确立治理天下的手段，而是急于学习，只是为了克制内心的爱憎之情罢了。一不学习而以内心的爱憎为师法，就像是前秦苻坚优厚地对待前来投奔的前燕慕容垂，即便对他恩惠有加也不足以作为恩德，更何况那些乖戾暴虐的人滥施刑罚以实现自己的野心呢？李暠不曾勤奋学习，他的初心却暗合于天道与物理，学习难道仅限于书籍文字吗？南朝梁简文帝萧纲和陈后主陈叔宝，从早到晚攻读经典，却落得自身被戮、国家被灭的下场，这就是只求于外物而不寻求自己的初心的结果。李暠虽然没有学习经典，我却认为他一定学有所得了。一旦人的内心得以克制，天地间的淡泊平和之气自然归于其身，并传留子孙后代以至无穷，不要认为夏、商、周三代之后没有这样的人了。

本事：《资治通鉴》卷一一四《晋纪三十六·安帝》，义熙元年（405）。

一二　刘裕任爱憎之情

殷仲文推戴桓玄，谄以求容，哀章之徒也。义兵起，随玄西走，复与俱东下以抗顺，及峥嵘洲之败，玄且诛殛，乃叛玄而降，挟二妇人以求免，此宜膺党贼之诛而勿赦者也。幸逃于死，复守东阳，曾不赧而更以出守不执权为怨望。仲文之敢尔者，何也？王谧为三公，而人丧其耻心，故干荣之情不息也。刘裕、何无忌按法而诛之，而时论不协，史氏尤憾裕之擅权以枉法，何也？谧登庸而仲文受戮，裕任爱憎之情，仲文死而无以服其心也。

虽然，谧之辱人贱行，疲懦无能为者也。借令重用仲文，而假之以权，祸岂有极哉？始与玄共逆者仲堪也，继为玄佐命者仲文也。挟其门族与其虚誉，摇动人心以恣狂逞，不能有刘裕之功，而篡谋更亟，天下之爚（yuè）乱如沸羹，愈不知其所止矣。仲文之诛也，并诛桓胤，前此桓氏灭而胤以冲之子独免，谓冲忠耳。桓温死，谢安、王彪之正纲纪以匡晋室，北府兵强，荆、江气折，冲自保其躯命，不敢尝试，而遂许之以忠，蛇蝎冬蛰而无毒于人，其许之为祥麟威凤乎？谢玄破苻坚，而冲郁抑以死，推此心也，灭其族焉非滥也。

【译文】

殷仲文推举拥戴桓玄，用谄媚手段取悦于他，是一个像西汉末年取媚王莽的哀章那样的无耻之徒。刘裕率领义兵起来讨伐桓玄，殷仲文随桓玄率军西逃，又和桓玄一道东下抗拒朝廷的正义之师，等到峥嵘洲（今湖北黄冈与武汉之间的长江沙洲）之战惨败，桓玄即将被俘诛杀之时，才背叛桓玄而归降，又挟持护送在桓玄军中做人质的晋穆帝皇后何氏、安帝皇后王氏投奔义军以求得幸免于死，这是本该接受叛贼同党之罪诛死而不能赦免的。侥幸逃脱死亡，又担任东阳太守，不曾感到羞愧，反而因为出镇地方、没有执掌大权而心怀怨恨。殷仲文之所以敢这样，究竟是为什么呢？因为王谧那样的人仍然位列三公，人们都丧失了廉耻之心，所以求取荣华富贵的愿望从来没有止息。刘裕、何无忌按照国法诛杀了殷仲文，而当时舆论哗然，评价不一，修史的人对刘裕的擅权枉法尤其感到遗憾，为什么呢？王谧因为与刘裕私交甚好而再获重用，殷仲文却遭受杀戮，刘裕放任自己的爱憎之情，殷仲文即便论罪当死，也无法让人心服啊！

尽管如此，王谧乃是可耻之人，行为卑贱，疲懦无能，并不能有所作为，假使重用殷仲文，而授给他权力，那么导致的祸患难道会有极致吗？起初和桓玄共同谋逆的是殷仲堪，继之担任桓玄佐命大臣的是其堂弟殷仲文，他们挟持其世族门第和虚浮的名声，动摇天下人心，恣意妄为以求实现自己的野心，不能建立像刘裕那样复兴东晋王朝的大功，篡谋反叛却更加急迫，天下被炫惑扰乱得犹如沸羹，更不知道何时才能停止。殷仲文被诛杀时，一并诛杀了桓胤。此前桓氏被诛灭殆尽，而唯独桓胤因是桓冲的儿子（当为孙子）而得以幸免，这是认为桓冲忠于朝廷罢了。桓温死后，谢安、王彪之整肃纲纪，匡救晋室，北府兵强盛，而镇守长江上流荆州、江州的桓冲威势受到挫折，桓冲自保性命，不敢尝试叛逆，天下人遂称赞他的忠心。蛇蝎在冬季蛰伏而不能毒害人，难道就能因此而称赞它们是象征祥瑞的麒麟和具有威仪的凤凰吗？谢玄在淝水之战中大破前秦苻坚，而桓冲因郁郁不得志而死，推想其真正的用心，诛灭他的宗族也不能算是过分的滥杀无辜。

本事：《资治通鉴》卷一一四《晋纪三十六·安帝》，义熙三年（407）。

一三　慕容超屈己迎母

慕容超，鲜卑也，而无道以取死亡，不足道矣。苟有当于人心天理之宜者，君子必表出之，以为彝伦之准则。超母段氏在秦，姚兴挟之以求太乐诸伎，段晖言不宜以私亲之故，降尊自屈，先代遗音，不可与人。封逞言大燕七叶重光，奈何为竖子屈。呜呼！此岂有人之心者所忍言乎？超不听，而尽奉伎乐，北面受诏，而兴礼其母而遣之，超于是乎合人心之安以顺天理之得矣。超之窃据一隅而自帝，非天命也；慕容氏乘乱而世济其凶，非大统也；即其受天之命，承圣王之统，亦岂以天下故而弃置其亲于异域哉？舜之视天下也，犹草芥也，非超之所企及也；而不忍其亲之心，则充之而舜也。舜与跖之分，岂相县绝乎？离乎跖，上达则舜矣。

然则宋高宗之迎母后而割地称臣于女直，亦许之孝乎？宋高不可以超自解也。慕容暐之亡，亡于苻氏，苻氏其仇也，姚氏非其仇也。国非其所灭，君父不为其所俘系，超乘乱而有青土，姚兴乘乱而有关中，两俱割据，以强弱相役，而固无首足之分，以母故而下之，非忘亲而自屈也。而宋高岂其然乎？况乎其未尝割世守之土，输岁币以自敝，仅以工伎之贱者易己罔极之昊天邪？

或曰："超之迎母并迎其妻，非纯孝也。"呜呼！君子之求于人也，可以苛察而无已乎？其为迎母矣，而于妻何嫌？且超即欲迎其妻而自屈，亦异于人之为妻而屈者。当慕容德随垂反叛之日，超母方娠，苻坚囚之，狱吏呼延平窃以逃于羌中而超生，超母感平全其子母之恩，为超娶平女，则呼延氏肉超母子之白骨，而恩亦大矣。妻为平女，而屈己以迎之归，亦厚道也，而何嫌焉？段晖、封逞矜血气以争，而不恤天性之恩，夷之骜戾者也，不可与岳鹏举、胡邦衡同日并论也。

【译文】

南燕末主慕容超是鲜卑族人，因为统治无道而自取灭亡，本来不足挂齿。如果他有合乎天理人心的行为，正人君子必定要旌表宣扬，作为人伦常道的准则。慕容超的母亲段氏原在长安，为后秦姚兴拘禁，姚兴以此要挟慕容超，索求慕容氏从前秦所得的皇家御用音乐和歌舞伎人。尚书左仆射段晖就认为不应该因为私人亲情的缘故，降低自己皇帝的尊号，自屈于他人，况且皇家御用音乐和歌舞伎人是前代君王留传下来的，不能交给他人。中书侍郎封逞则说大燕七代君主的盛德辉光相承，如何能对姚兴这小子屈服？唉！这难道是稍有人心的人所忍心说出来的话吗？慕容超没有采纳他们的建议，而把所有的皇家御用音乐和歌舞伎人都奉献给姚兴，甘愿北面称臣并接受诏书，而姚兴礼遇他的母亲段氏并派人送回，慕容超于是能够合乎人心企求安定的愿望，因而顺从天理而发现本心。慕容超窃据一隅之地而自立为帝，并不是承受天命。慕容氏乘着天下混乱而崛起，世代相继凶猛残忍，不足以承继大统。即使其受命于天，承继古圣先王的大统，难道就能以天下的缘故而弃置自己的至亲于他国吗？虞舜视天下之人归附自己犹如草芥，而身为子女得不到父母的欢心就不可以作为一个人，这种境界不是慕容超所能企及的；而对其至亲的不忍之心，如果能够扩充并发扬光大，就和虞舜一样了。虞舜和盗跖的区别，难道就真的差之天地吗？只要远离了盗跖的境界，再往上发展便可以达到虞舜的境界了。

既然这样，那么宋高宗赵构迎回母后而向女真割地称臣，也可以称赞他孝顺吗？宋高宗是不能用慕容超的事例来为自己辩解的。前燕末帝慕容暐，是灭亡于前秦苻氏之手；苻氏是慕容氏的仇敌，姚氏却不是。慕容氏所建立的燕国不是被姚氏所建立的后秦灭掉的，其君父也没有被姚氏所俘虏囚禁。慕容超乘混乱之机而据有青州之地，姚兴乘机作乱而拥有关中地区，两个都是割据政权，以实力的强弱相互役使，本来没有首足高下的差别。慕容超因为母亲的缘故而屈尊求全，并非忘掉至亲的大仇而自我屈服。宋高宗难道是这样吗？况且，慕容超未曾割让其世代守卫的土地，交纳岁币以自我凋敝，而仅仅是用卑贱的乐工、歌舞伎人换回自己像天地一样广大无极的父母恩德啊！

有人说："慕容超迎回母亲，同时也迎回了他的妻子，不能算作至孝。"唉！君子对人的要求，难道可以如此苛察而无有止境吗？其目的本来是迎回母亲，而同时迎回妻子又有什么嫌疑呢？况且即使打算迎回他的妻子而屈尊降贵，也和为了妻子而自我屈服的人有所不同。当南燕的建立者慕容德跟随慕容垂反叛之日，其侄子慕容超的母亲身怀六甲，苻坚囚禁了她，狱吏呼延平暗中帮她逃到羌族之地，慕容超得以降生。慕容超的母亲感激呼延平保全他们母子的大恩，为慕容超娶下呼延平之女为妻，那么呼延氏对慕容超母子有再生之德，而且恩情巨大。慕容超的妻子是呼延平的女儿，为此屈尊迎接妻子回来，也是厚道的体现，又有什么嫌疑呢？段晖、封逞自恃血气进行谏诤，而不顾慕容超出于天性的报恩之情，实乃夷狄政权之中凶猛、残暴之人，不可以和南宋力主北伐、痛斥和议的岳飞（字鹏举）、胡铨（字邦衡）相提并论。

本事：《资治通鉴》卷一一四《晋纪三十六·安帝》，义熙三年（407）。

一四　古今通义高于君臣之义

有一人之正义，有一时之大义，有古今之通义；轻重之衡，公私之辨，三者不可不察。以一人之义，视一时之大义，而一人之义私矣；以一时之义，视古今之通义，而一时之义私矣；公者重，私者轻矣，权衡之所自定也。三者有时而合，合则亘千古、通天下、而协于一人之正，则以一人之义裁之，而古今天下不能越。有时而不能交全也，则不可以一时废千古，不可以一人废天下。执其一义以求伸，其义虽伸，而非万世不易之公理，是非愈严，而义愈病。

事是君而为是君死，食焉不避其难，义之正也。然有为其主者，非天下所共奉以宜为主者也，则一人之私也。子路死于卫辄，而不得为义，卫辄者，一时之乱人也。推此，则事偏方割据之主不足以为天下君者，守之以死，而抗大公至正之主，许以为义而义乱；去之以就有道，而讥其不义，而义愈乱。何也？君臣者，义之正者也，然而君非天下之君，一时之人心不属焉，则义徙矣；此一人之义，不可废天下之公也。

为天下所共奉之君，君令而臣共，义也；而夷夏者，义之尤严者也。五帝、三王，劳其神明，竭其智勇，为天分气，为地分理，以绝夷于夏，即以绝禽于人，万世守之而不可易，义之确乎不拔而无可徙者也。《春秋》者，精义以立极者也，诸侯不奉王命而擅兴师则贬之；齐桓公次陉之师，晋文公城濮之战，非奉王命，则序其绩而予之；乃至楚子伐陆浑之戎，犹书爵以进之；郑伯奉惠王之命抚以从楚，则书逃归以贱之；不以一时之君臣，废古今夷夏之通义也。

桓温抗表而伐李势，讨贼也。李势之僭，溃君臣之分也；温不奉命而伐之，温无以异于势。论者恶其不臣，是也，天下之义伸也。刘裕抗表以伐南燕，南燕，鲜卑也。慕容氏世载凶德以乱中夏，晋之君臣弗能问，而裕始有事，暗主不足与谋，具臣不足与议，裕无所可奉也。论者亦援温以责裕，一时之义伸，而古今之义屈矣。如裕者，以

《春秋》之义予之，可也。若其后之终于篡晋，而后伸君臣之义以诛之，斯得矣。于此而遽夺焉，将听鲜卑之终污此土，而君尚得为君，臣尚得为臣乎？

【译文】

天下有一人的正义，有一时的大义，有古往今来的通义；衡量轻重，辨别公私，三者不能不予以明察。以一人的正义和一时的大义相比较，那么一人的正义即是私义；以一时的大义和古往今来的通义相比较，那么一时的大义即是私义；公义重，私义轻，权衡是非的标准便自然确定了。这三者有时会相互重合，一旦重合，那么绵延千古、通行天下并最终协同于一人的正义。这样，以一人之心来裁决它，而古今天下全都不能超越。有时三者不能完全重合，那么就不可以以一时的大义废弃绵延千古的通义，不可以以一人的正义废弃天下的公义。偏执其中一义而求得伸张，其义即使得以伸张，也不是万世不变的公义，是非越是严格而重大，正义越是受其损害。

事奉这个君主并为他效死命，食君之俸而不避其难，即是正义。然而有人所效忠的君主，并不是天下人所共同尊奉而适宜作为君主的，那么为他效命便是一人的私义。春秋时期，子路为卫出公姬辄而死，不能称为正义，因为姬辄是一时的乱臣贼子。由此推之，那么，事奉割据一方、不足以成为天下共主的君主，誓死捍卫他，而对抗大公至正的君主，自认为是为了正义，实际上却导致正义的混乱；

有人离开这样的君主而投靠有道之君，反而被讥笑为不义，使得正义更加混乱。为什么呢？因为君臣大义合乎天下的正义，然而君主如果不是天下的共主，一时天下人心并不归属于他，那么正义就转移改变了；这就是一人的正义，不可因此而废弃天下的公义。

作为天下所共同事奉的君主，君主发布政令而大臣共同执行，即是正义；而夷狄和华夏之间的大防，其正义的界限尤其严格。上古时期的五帝、三王，耗费其精神、智慧，竭尽其才智、勇气，为天划分气候，为地划分疆域，用来隔绝夷狄与华夏，也就是以此区分人类与禽兽，万世遵奉这一法则而不可更改，这确实是不可动摇、不容改变的大义。孔子编撰《春秋》，阐释大义的精微，树立起最高的原则，诸侯国如果不奉周天子之命而擅自兴师，就加以贬斥。齐桓公灭蔡国又攻楚国，军队驻扎于陉（今河南漯河郾城东），晋文公打败楚国的城濮之战，虽然都没有奉周天子之命，但因为他们尊王攘夷，所以《春秋》记载他们的功绩而予以赞扬。甚至楚子讨伐陆浑之戎，还写明楚君的子爵而予以赞许；而郑文公奉周惠王之命接受安抚并归服楚国，却又逃回郑国不参加会盟，有违典仪，《春秋》称其“逃归不盟”予以鄙视和贬低。这就是不以一时的君臣之义，而废弃古往今来夷狄和华夏之间的通义。

桓温违抗朝命而讨伐成汉末帝李势，乃是讨伐贼寇。李势僭越礼制，已经败坏了君臣的名分；桓温不是奉朝廷之命而讨伐李势，因而和李势没有什么差别。评论的人厌恶桓温有不臣之心，这是对的，天下的大义得到伸张。刘裕违抗朝命讨伐南燕，南燕是鲜卑族建立的政权。慕容氏世代凶残，祸乱华夏，东晋的君臣却不能兴问罪之师进行讨伐，到了刘裕才开始对南燕用兵，昏庸的君主不足以共同图谋，尸位素餐的大臣不足以共同商讨，所以刘裕没有可以尊奉的朝命了。评论的人也援引桓温的事例来责备刘裕，虽然使得一时的正义得到伸张，但古往今来的通义却无法伸张了。像刘裕这样的作为，按照《春秋》的大义标准予以赞扬，也是可以的。至于刘裕后来最终篡夺东晋的皇位，而后再申明君臣的大义予以诛伐，这才是适宜的方式。于此时便仓促地指摘、批评刘裕，将听任鲜卑等边疆民族最终污秽蹂躏华夏国土，那么君主还能够作为君主，臣子还能够作为臣子吗？

本事：《资治通鉴》卷一一五《晋纪三十七·安帝》，义熙五年（409）。

一五　司马奔秦，罪不容诛

国之将亡，惧内逼而逃之夷，自司马国璠兄弟始。楚之、休之相继以走归姚兴，刘昶、萧宝寅因以受王封于拓拔氏，日导之以南侵，于家为败类，于国为匪人，于物类为禽虫，偷视息于人间，恣其忿戾以徼幸，分豺虎之余食，而犹自号曰忠孝，鬼神其赦之乎？

夫尊则君也，亲则祖若考也，宗祏将毁，不忍臣人而去之，义也。虽然，苟其忠孝之情发为义愤，如汉刘信、刘崇蹀血以起，捐脰（dòu）领而报宗祊（bēng），斯则尚矣。若其可以待时而有为，则南阳诸刘，大则帝而小则侯，仇雠之首不难斮于渐台也。抑或势无可为而覆族之足忧乎？山之椒，海之澨，易姓名、混耕钓、以全身而延支裔，夫岂遂无道以处此哉？然则国璠之流，上非悼宗社之亡，下非仅以避死亡之祸，贪失其富贵，而倒行逆施以徼幸，乃使中夏之士相率而不以事夷为羞，罪可胜诛乎？国璠之始奔慕容氏也，以桓玄之篡，玄固可旦暮俟其亡者，而遽不能待；继奔姚氏也，刘裕之篡固尚未成，可静俟其成败者也，不能一日处于萧条岑寂之中；望犬羊而分余食，廉耻灭而天良无遗矣。

丕之篡，刘氏之族全，炎之篡，曹氏之族全，山阳、陈留令终而不逢刀鸩。刘裕篡而恭帝弑，司马氏几无噍类。岂操、懿、丕、炎之凶慝浅于刘裕哉？司马氏投夷狄以亟病中夏，刘裕之穷凶以推刃也，亦有辞矣，曰“彼将引封豕长蛇以蔑我冠裳者也”。而中夏之士，亦不为之抱愤以兴矣。纪季以酅入于齐，《春秋》无贬词焉。齐，纪仇也，宁附于齐，而不东走莱夷，南奔句吴，则犹能知其类也。

【译文】

国家行将灭亡，畏惧朝中权臣紧逼而出逃投奔边疆夷狄政权，是从东晋宗室司马国璠、司马叔璠兄弟开始的。接着，司马楚之、司马休之相继出逃并归顺后秦的姚兴。

南朝宋义阳王刘昶、南朝齐鄱阳王萧宝寅因投奔北魏拓跋氏而被封为王，每天引导魏军向南进犯。他们对于家族来说是败类，对于国家来说是盗匪，对于整个人类来说是禽兽、害虫。这些人在世间仰人鼻息，苟全性命，随意发泄私愤以侥幸成功，分得一点豺狼猛虎口中的残余食物，而犹自称为忠孝，难道鬼神能赦免他们的罪恶吗？

作为宗室子弟，君主是天下至尊，也是他们的至亲，是其祖父、父亲。宗庙社稷将毁、国家大厦将倾之时，不忍心向他人称臣而离开，即是大义。尽管如此，如果他们的满腔忠孝之心激发为义愤，像西汉宗室刘信、刘崇那样，面对王莽篡位不惜流血、起兵反抗，捐躯战场以报效列祖列宗，是值得崇尚的。如果可以等待时机而有所作为，就像以刘秀为代表的南阳诸位刘氏宗室一样，大则可以称帝，小则可以封侯，这样就不难将仇敌王莽的头颅斩于渐台了。也有因为势单力孤而不能有所作为，难道足以令人担忧覆灭整个宗室吗？进入大山之巅，逃入大海之滨，变姓易名，混迹于农夫、渔夫之中，以保全自身而延续后代，难道就没有办法应对这种局势了吗？然而司马国璠之流，上不是哀悼社稷的灭亡，下不是仅仅用来逃避死亡的灾祸，他们贪求行将失掉的荣华富贵，而倒行逆施，以图侥幸成功，却使华夏之士相率效尤而不以事奉夷狄为耻，其罪行难道是诛杀就能抵消的吗？司马国璠起初投奔慕容氏，是因为桓玄的篡逆。对于桓玄本来是可以等待其迅速败亡的，而司马国璠不能等待。接着投奔姚兴之时，刘裕篡位固然还没有成功，也可以静等其成败，而司马国璠又是不能一日处于冷落孤寂之中。他寄希望于从犬羊一样的边疆夷狄政权那里分得残羹冷炙，其廉耻之心早已泯灭而丧尽天良了。

曹丕篡夺汉朝皇位，刘氏宗族还得以保全，司马炎篡夺曹魏皇位，曹氏宗族还得以保全，汉献帝刘协被降为山阳公、魏元帝曹奂被降为陈留王都得以终其天年，而没有被斩杀或毒死。刘裕篡夺东晋皇位，弑杀了晋恭帝司马德文，司马氏宗族几乎没有幸免而活下来的。难道曹操、司马懿、曹丕、司马炎的凶狠奸恶程度还比不上刘裕吗？正是由于司马氏宗室子弟投奔边疆夷狄并屡次侵犯华夏故地，因而刘裕穷凶极恶地加刃于司马氏宗室子弟，也就有了可以借口的说辞。刘裕说："他们将援引像暴虐贪婪的大猪、凶残狠毒的长蛇一样的人践踏我们的华夏文明礼教。"而华夏人士也不再替他们怀抱义愤奋起抗争而复兴东晋王朝了。春秋时期，纪国国君之弟纪季以他所镇守的酅地（今山东淄博临淄）归入齐国，《春秋》上对这件事的记载并没有贬低之词。齐国本来是纪季的仇敌之国，可是他宁愿归附于齐，而不东奔莱夷（东夷的一支，位于今山东半岛东北部），南奔句吴（百越诸部之一，春秋吴国的前身），他还是知道谁是自己的同类的。

本事：《资治通鉴》卷一一五《晋纪三十七·安帝》，义熙六年（410）。

一六　游士之祸，蛊惑人心

刘裕之篡，刘穆之导之也；其杀刘毅，胡藩激之也。不逞之士，游于帷幕，而干戈起于几席，亦可畏矣哉！诚其为奸雄矣，既能识夫成败之机，则亦知有名义也。故孙权劝曹操以僭夺，而操有踞炉著火之叹，既畏人之指摘，抑有慎动之思焉。而不逞之士，迫欲使之尝试，以幸得而己居其功；于是揣摩情形，动之以可疑，而慑之以可畏，则且谓天下之士业已许我，而事会不得不然；钱凤、郗超仅失之，而诡得者多矣，祸不可止矣。

先王收之于胶庠，而奖之以饮射，非以钳束之也，凡以养其和平之气而潜消其险诈也。王泽既斩，士非游说不显，流及战国，蔑宗周，斗群雄，诛夷亲臣，斩艾士民，皆不逞之士售其攀附之私以燂乱天下。嗣是而后，上失其道，则游士蜂起。朱温之为枭獍，敬翔、李振导之也。石敬瑭之进犬羊，桑维翰导之也。乃至女直、蒙古之吞噬中华，皆衣冠无赖之士投幕求荣者窥测事机而劝成之。廉希宪、姚枢、许衡之流，又变其局而以理学为捭阖，使之自跻于尧、舜、汤、文之列，而益无忌惮。游士之祸，至于此而极矣。故娄敬、马周不遇英主，不值平世，皆足以乱天下而有余。李沆以不用梅询、曾致尧为报国，解缙言虽可赏，必罢遣归田以老其才而戢其躁，圣主贤臣所以一风俗、正人心、息祸乱者，诚慎之也，诚畏之也。

【译文】

刘裕篡夺东晋皇位是总掌朝政的尚书左仆射刘穆之诱导的，刘裕杀掉大将刘毅则是其部将胡藩激起和鼓动的。那些因不能实现个人野心而挑拨是非的士人，游走于幕府之中，在坐席交谈之间挑起战争，也是令人畏惧的啊！他们确实称得上是奸雄，既能够识别成败的时机，也知道行事需要具有一定的名义。所以孙权劝曹操僭越礼制，夺取汉朝皇位，而曹操叹息说这是把他放在火炉上烤。既然畏惧世人的指摘，也就必定要深思熟虑，谨慎行动了。然而，那些因不能实现个人野心而挑拨是非的士人，迫切地想让他尝试一下，以侥幸取得成功，而自己可居有拥戴之功。于是他们揣摩形势的内在状况及其外在表现，用可能使奸雄产生疑惑的言辞来劝说，用可怕的后果来吓唬，还说天下的士人业已把希望寄托于我们身上，而时机已经成熟，不得不行此僭越篡逆之事。王敦的铠曹参军钱凤、桓温的司徒左长史郗超仅仅失败了，而靠诡计取得成功的士人很多，因此天下的灾祸才不可休止了。

古圣先王把士人聚拢在学校之中，用饮射之礼褒奖劝勉他们，并不是用来约束他们，而是用这种办法培养他们的和平之气，逐渐消弭他们的阴险狡诈。等到古圣先王的恩泽逐渐断绝之后，士人若不游说就无法显露其才华；到了战国时期，他们蔑视周天子的至尊地位，挑动群雄纷争天下，鼓动诸侯诛灭亲信大臣，斩杀平民百姓，都是那些因不能实现个人野心而挑拨是非的士人借助攀附之机，发泄自己的私愤，以炫惑扰乱天下。从此以后，一旦君主失道，天下游说之士便蜂拥而起。后梁太祖朱温之所以变得像生食其父母的枭獍一样凶残暴虐、忘恩负义，是其谋臣敬翔、李振引导造成的。后晋高祖石敬瑭之所以向像犬羊一样的契丹政权进表称臣，是其幕僚桑维翰引导造成的。直至女真族、蒙古族崛起并吞噬华夏腹地，都是汉族中那些没有依托的士人投奔于他们的幕府之中为求得荣华富贵，窥测时机而鼓励他们起事谋逆才最终成就的。元初儒士廉希宪、姚枢、许衡之流，又改变这种局势，借用理学为依据纵横捭阖，让蒙古统治者名正言顺地跻身于唐尧、虞舜、商汤、周文王之列，而更加肆无忌惮。游说之士的灾祸，至此而达到了极点。汉朝的娄敬、唐代的马周没有遇到英明之主，没有遇到升平之世，都足以祸乱天下而绰绰有余。宋朝名相李沆因此把不重用梅询、曾致尧等浮华浅薄而好事生非的人作为报效国家的首要之举。明初名士解缙的言论虽然值得欣赏，但明太祖朱元璋一定要把他罢官回家读书十年，使其才华日益老成持重，从而收敛其急功躁进之心。这就是圣明的君主、贤能的大臣用来统一风俗、端正人心、平息祸乱的治国理政之道，的确应该谨慎，也的确值得敬畏啊！

本事：《资治通鉴》卷一一九《宋纪一·武帝》，永初元年（420）。

一七　君主可念勋旧，不可置之不公

开创之君，则有乡里从龙之士；播迁之主，则有旧都扈跸之人；念故旧以敦仁厚者所必不能遗也。然而以伤治理为天下害，亦在此焉。夫其捐弃坟墓、侨居客土以依我，亦足念也；而即束以法制，概以征役，则亦不忍也，而抑不能。然以此席富贵、图晏安、斥田宅、畜仆妾，人王人、土王土，而荡佚于赋役之外；河润及于姻亚，登仕版则处先，从国政则处后，不肖之子弟，倚阀阅，营私利，无有厌足；而新邑士民独受重役，而碍其进取之途。夫君若臣既托迹其地，恃其财力以相给卫，乃视为新附而屈抑之以役于豪贵。则以光武之明，而南阳不可问之语，已为天下所不平；又甚则刘焉私东州之众，以离西川之人心而速叛；岂徒国受其败，彼侨客者之荣利，又恶足以保邪？西人之子，随平王而东迁者也，谭大夫致怨于酒浆佩璲，而东诸侯皆叛。骄逸者之不可长，诚君天下者所宜斟酌而务得其平也。

晋东渡而有侨立之州郡，选举偏而赋役减，垂及安帝之世，已屡易世，勿能革也。江东所以不为晋用，而视其君如胡越，外莫能经中原，内不能捍篡贼，诚有以离其心也。刘裕举桓温之法，省流寓郡县而申土断，然且格而不能尽行。其始无以节之，后欲更之，难矣。

【译文】

开创基业的君主，就会有其来自乡里、随从崛起的人；迁都复国的君主，就会有其来自故都的扈从随行之人，这都是那些顾念故旧、敦厚仁爱的君主必定不能遗忘的。然而损害治国理政之道而造成天下大害的，也正在于此。他们捐弃祖先的坟墓、侨居异乡前来依附，足以让人顾念；而即刻使用法制来约束他们，与其他人一视同仁征收赋役，也于心不忍，也做不到。然而，他们因此享受富贵、贪图安逸、置办田宅、蓄养奴仆妾妇，人是国家的编户齐民，土地是国家的土地，却既不缴纳国家赋税，也不承担官府徭役；他们所享受的恩泽甚至惠及姻亲，进入仕途可以优先，从事治理国政的实践则落在后面，其中的不肖子弟，依仗门阀高第，营私谋利，永不满足。然而，新的城邑中的原有士民却独自承受繁重的徭役，他们入仕做官的途径也受到阻碍。君主和大臣既然托身于他们的土地，依仗他们的财力来供给保卫东晋王朝，却把他们视为刚刚归附的臣民而予以压制，以供豪富、权贵役使。这样，即使以汉光武帝刘秀的英明，留下“南阳之人不可过问”的话柄，已经为天下人所愤愤不平；更有甚者，东汉末年益州牧刘焉偏袒随他入川的所谓东州人士，使得西川人心离散，从而招致他们迅速背叛；难道仅仅是国家遭受他们的败坏吗？东晋侨居江南的世家大族的荣华富贵，又怎么赖以保全呢？西周末年，原来居于关中的周文王子孙跟随周平王东迁洛阳，谭国大夫因为被迫贡奉酒浆、佩璲等物而作《大东》之诗表达他们的怨恨，因而东方诸侯都背叛朝廷。骄奢淫逸之人不可能长久，君临天下者确实应该反复斟酌而务必求得公平啊！

晋室东渡而设立侨置州郡，故都扈从而来的世家大族在官吏选拔任用方面享受特权，而且还能得到赋税徭役的减免。直到晋安帝在位时期（397—418），已经过数代更替，无法更改了。江东民众之所以不为东晋王朝所用，视其君主如北方的胡人和南方的越人一般，造成东晋王朝对外不能经略中原、恢复华夏，对内不能抵御篡夺皇位的贼寇，确实是存在有使民众离心离德的原因。刘裕采取桓温的办法，裁减流寓郡县，重申清理侨民户籍使之成为编户齐民的所谓土断政策，然而又受到现实的阻力而不能完全推行。开始的时候没有采取有效办法对这种情况加以节制，其后再想要进行更改，就很困难了。

本事：《资治通鉴》卷一一六《晋纪三十八·安帝》，义熙九年（413）。

一八　崔浩小慧非智

崔浩智以亡身。其智也，适以亡其身；适以亡其身，则不智莫大焉。

君子之所贵于智者，自知也、知人也、知天也，至于知天而难矣。然而非知天则不足以知人，非知人则不足以自知。“天聪明，自我民聪明；天明威，自我民明威”；即民之聪明明威而见天之违顺，则秉天以治人，人之可从不可违者审矣。故曰非知天则不足以知人。所事者君也，吾义之所不得不事也；所交者友也，吾道之不得不交也。不得不事、不得不交者，性也；事君交友，所以审用吾情以顺吾性，而身之得失系焉。故曰非知人不足以自知。由此言之，极至于天，而岂难知哉？善，吾知其福；淫，吾知其祸；善而祸，淫而福，吾知其时；时有不齐，贞之以自求之理，吾知其复。细缊之化无方，阴阳而已；阴阳之变化，进退消长而已。其征为象数，象数有不若，而静俟必反；其用为鬼神，鬼神不测，而诚格不违。故象数可以理贞，而鬼神可以正感。象数不可以术测也，鬼神不可以私求也。知此者，恒守而无渝，则象数鬼神赫赫明明昭示于心而无所惑，难矣。然而知此者之固无难也。非是者，谓之玩天而媟鬼，则但售其术而生死于术之中，于人无择，于己不审，不亡其身何待焉？

浩之见知于拓拔嗣也，以《洪范》，以天文。其《洪范》非《洪范》也，非以相协厥居者也；其天文非天文也，非以敬授民时者也。及其后与寇谦之比，崇淫祀以徼福于妖妄而已矣。故浩之时，非开治之时也，而浩不知；吉凶者，民之聪明所察，民之明威所利用者也，而浩不知；嗣非高帝，己非子房，自以其占星媚鬼之小慧，逢迎伪主，因而予智焉，此所谓驱之阱而莫避也，不智孰甚焉？

无是非之心非人也，非人则禽也，禽非不能与于象数鬼神之灵也。鹊知戊己，而不知风撼其巢；燕知太岁，而不知火焚其室；风火之撼且焚者，天也，戊己太岁，象数之测也。蜮（yù）能射，而制于鹅；枭能咒，而食于其子；鹅以气制蜮，子以报食枭，天也，妖而射，淫而咒，鬼神之妄也。舍其是非而从其祸福，舍其祸福之理，而从其祸福之机，禽也，非人矣。浩之不别于人禽久矣，无足道者。为君子者，捐河、洛之精义，而曲测其象数；忘孝敬之合漠，而比昵于鬼神；天在人中而不能察，于知人而自知，其能贤于浩者几何也？此邵康节、刘文成之所以可惜也。

【译文】

北魏大臣崔浩因为智慧而丧身。他的智慧，恰恰是造成他丧身的原因。既然如此，那么他的不智慧也就莫大于此了。

君子拥有智慧之所以难能可贵，在于其能自知、知人、知天命，至于知天命这种境界是很难的。然而，如果不知天命就不足以知人，如果不知人就不足以自知。《尚书·皋陶谟》中说："上天听取意见、观察问题，都是依据民众的态度；上天表彰德行、惩罚罪行，也依据民众的意愿。"从民众的态度、意愿中，就可以看出是违背还是顺应了天命。以此秉承天命而治理民众，人们对天命是违背还是顺应就能看得一清二楚。所以说不知天命就不足以知人。我们所事奉的是君主，是因为秉持君臣大义不能不事奉他；我们所结交的是朋友，是因为秉持交友之道不能不与他们结交。不得不事奉君主、不得不结交朋友，是出于人的本性；事奉君主、结交朋友，可以审慎地运用自己的感情来顺应自己的本性，而自身的得失、荣辱、成败都与此紧密相关。所以说不知人不足以自知。由此而言，即便一直到知晓天命这一境界，难道很难知道吗？善良，我知道它能带来福分；荒淫，我知道它能带来祸害。善良却招致祸害，荒淫却得到福分，我知道这是天时的原因；天时有时不顺，就要坚定不移地求之于自己的内心，因为我知道天时会循环往复地不断变化。天地阴阳二气的交互作用没有特定的规律，仅仅是阴和阳的变化罢了；而阴阳的变化，仅仅是进退消长的变化罢了。这种变化表现在卦象、爻数，卦象、爻数如果不顺的话，就要静静等待，必然反复；这种变化可以用来事奉鬼神，而鬼神神秘莫测，需要推诚遵循而从不敢违背。所以，卦象、爻数可以运用规律使之趋向贞吉，而鬼神可以用正道大义加以感化。对于卦象、爻数，不可以用占卜之类的小伎俩来预测吉凶；对于鬼神，不可以用私念、贪心来祷告企求。知道这一道理，坚定遵守而至死不渝，那么象数、鬼神便赫然明了，昭示于心而无所迷惑，的确很难啊！然而，知道这一道理，本来也就不难了。否则的话，就称为亵渎天命而轻薄鬼神，那么仅仅倚靠兜售自己的小伎俩而将生死置于其中，对于他人不加选择分辨，对于自己也不能审慎明察，不丧其身，还能等待什么呢？

崔浩之所以受到北魏明元帝拓跋嗣的知遇，是因为他精研汉代的阴阳术数著作《洪范五行传》，知晓天文术数之学。但他精研的《洪范五行传》并不是真正的《尚书·洪范》，不是用来和谐人们的居处环境的；他所知道的天文术数并不是真正地顺应天时的变化，不是用来制定历法并授予百姓，使他们知道时序变化而不误农时的。等到后来他和道士寇谦之朋比为奸，只不过是崇尚淫祀以求福于妖孽虚妄罢了。所以，崔浩生活的时代，不是开明大治的时代，而崔浩却不知道；吉凶的变化，是上天通过对民众的态度加以体察的，也是通过对民众的意愿而加以利用的，而崔浩却不知道；北魏明元帝拓跋嗣不是汉高祖刘邦，崔浩自己也不是汉高祖的谋臣张良，他用自己占卜星象、献媚鬼神的小伎俩逢迎僭伪之君，因而自以为有智慧，这就是所谓的驱使他进入陷阱之中而无可逃避，还有谁比他更不智慧的呢？

如果没有是非之心，就不能称其为人；不是人即是禽兽，但禽兽也不是不能知道象数、鬼神的灵验。燕子知道戊己之日不能衔泥筑巢，而不知道大风将会摇动其巢穴；喜鹊知道避开太岁星的方位造窝，而不知道大火将会焚烧其室庐；风火摇动甚至焚烧其巢穴，这是天意使然；而戊己之日和太岁方位，则是出于象数的预测。蜮能含沙射人，却受制于鹅；枭能诅咒人，却被其子吞食；鹅用气来制伏蜮，枭之子以吞食来回报枭，这是天意使然；蜮为妖而含沙射人，枭淫乱而诅咒人，这是鬼神的狂妄之处。舍弃是非的判断，而从其祸福的结果来推衍，这就是舍弃其祸福因果的道理、规律，而遵从其祸福变化的时机，便是禽兽的逻辑，而不是人的伦理了。崔浩和禽兽没有什么差别已很久了，不足挂齿。作为君子，放弃河图、洛书的微言大义，而曲解预测其象数；忘掉孝敬之心的清静无为的境界，而亲昵于鬼神的伎俩；天意存在于民众之中而不能仔细体察，在知人而后能够自知方面，这样的人又能比崔浩贤能几何呢？这就是沉溺于象数的邵雍（字尧夫，谥康节）、刘基（字伯温，谥文成）令人感到惋惜的原因。

本事：《资治通鉴》卷一一六《晋纪三十八·安帝》，义熙十年（414）。

一九　自立自强，勿恃他人

慕容超求救于姚兴，姚泓求救于拓拔嗣，夫岂无唇亡齿寒之理足以动之乎？然而兴与嗣徒张虚声，按兵不动，坐视其亡。刘裕县军深入，诟姚兴，击魏兵于河上，弗虑其夹攻，挑其怒而终无患。盖超与泓之愚以自亡，兴与嗣审于进退，而裕料敌之已熟也。崔浩曰：“裕图秦久矣，其志必取，若遏其上流，裕心忿怒，必上岸北侵，是我代秦受敌也。”其说韪矣。空国兴师，越数千里而攻人，岂畏战者哉？窦建德轻举以救王世充，世充未破而建德先禽，其明验也。攻者志于攻也，三军之士皆见为必攻；守者志于守也，乘堙之人皆见为必守；两俱不相下，而生死县于一决，怒则果怒，惧则果惧也。若夫人不我侵，两相斗而我往参之，君与将无致死之心，士卒亦见为无故之劳，情先懈、气先不奋，取败而已矣。

呜呼！君子之所望于人者，以礼相奖、以情相好已耳，非若小人之相倚以雄也。己所怒而欲人怒之，己所忧而欲人忧之，父不能得之于子也。愚者不知，呼吁而冀人之为我怒、为我忧也，弗获已而应之，安足恃乎？若其不揣而为人忧怒以轻犯人者，则必妄人也。妄人先以自毙，而奚以拯人之危？齐桓次于聂北，能迁邢以存之，而不能为邢与狄战；吴为蔡请全力以攻楚，而夫概先乱吴国，蔡亦终灭于楚；恃人而忘己，为人恃而捐己，皆愚也。君子不入井以望人之从，则不从井以救人，各求诸己而已矣。嵇叔夜不能取必于子，文信国不能喻志于弟，忠孝且然矣。颜渊曰：“夫子步亦步，趋亦趋，己瞠乎其后矣。”子曰：“当仁不让于师。”学问且然矣。况一己之成败利钝而恃人之我援哉？明者审此，自强之计决，而不怨他人之不我恤，而后足以自立。“谓他人父，亦莫我顾；谓他人昆，亦莫我闻。”情也，势也，即理也。不得而怨，何其晚也！

【译文】

南燕慕容超在刘裕北伐时向后秦姚兴求救，姚兴之子姚泓在刘裕北伐时向北魏拓跋嗣求救，难道唇亡齿寒的道理不足以使姚兴、拓跋嗣动心而发兵救援吗？然而，姚兴和拓跋嗣仅仅虚张声势，却按兵不动，坐视慕容超和姚泓灭亡。刘裕率兵孤军深入，对着后秦的使者辱骂姚兴；后来北伐后秦时，又在黄河沿岸击溃前来骚扰的北魏骑兵，并没有顾虑他们可能会形成夹攻之势，挑动他们的恼怒而终究没有后顾之忧。大概慕容超和姚泓因为愚蠢而自取灭亡，姚兴和拓跋嗣审时度势，谨慎进退，而刘裕对敌人的预料早已深思熟虑了。崔浩曾说：“刘裕图谋后秦已很久了，他志在必取，如果我们占据上流遏制刘裕，刘裕必然恼怒，必定渡河上岸向北侵入，那么我们就要代秦受敌。”他说得很对。刘裕倾尽全国的军力兴师北伐，跋涉数千里而进攻敌人，难道是害怕打仗的人吗？隋朝末年，割据河北的窦建德轻率地举军援救盘踞洛阳的王世充，王世充还没有被敌方攻破而窦建德首先被擒，即是明显的验证。进攻者志在必攻，三军将士都认识到必须勇往直前；守卫者志在必守，登上城墙的人都认识到必须防守；双方都相持不下，而无论是生是死，都系于一决胜负，恼怒则果真恼怒，恐惧则果真恐惧。至于别人不侵犯我，双方相互战斗而我方军队前去参战，君主和大将没有拼死作战之心，士卒也认识到这是无缘无故的劳苦，于是人心先自松懈、士气先不振奋，只有最终取败罢了。

唉！君子对人所期望的，就是以礼仪相互勉励、以感情相互结好罢了，不像奸佞小人那样相互倚仗而自以为了不起。自己所恼怒的，想要他人也恼怒；自己所忧虑的，想要他人也忧虑，即使父亲也不能使儿子做到这一点。愚蠢的人不知道这些，一再大声呼吁，希望他人为我恼怒、为我忧虑，即便他人不得已而响应，又哪里值得依仗呢？

如果有人不加思索而替人忧虑、恼怒从而轻易地进犯他人，那么也必定是愚昧无知、自大妄为之人。愚昧无知、自大妄为之人首先自取灭亡，又依靠什么来拯救他人之危呢？春秋时期，狄人侵犯邢国，齐桓公率军救援，驻扎在聂北（今山东茌平），他能够帮助邢国迁都夷仪（今山东聊城西南）使其得以保存下来，却不能替邢人和狄人打仗；楚国出兵攻打蔡国，吴国接受蔡国的请求全力进攻楚国，结果率军攻楚的吴王阖闾之弟夫概回师自立，先祸乱吴国，蔡国也最终被楚国灭掉。依仗他人而忘掉自己，为他人仗势而捐弃自身，都是愚蠢的行为。君子既然不会自己跳进井中而指望他人跟从入井来救援自己，那么也就不会跟从跳到井中搭救他人，只有各自求助于自己罢了。嵇康（字叔夜）不能使自己的儿子嵇绍具有与自己一样的志节，文天祥（封信国公）也不能以自己的志向来教育好他的弟弟文璧（在惠州降元），忠孝之人尚且如此。孔子的弟子颜渊曾说："老师慢走我也慢走，老师快走我也快走，可是我还是眼巴巴地落在后面。"孔子说："遇到应当践行仁义之事，对自己的老师也不再谦让。"学问之事尚且这样，何况自己一人的成败利钝而依仗他人的援救呢？明智的人非常清楚这些，那么自强的计谋就会很快地制定出来，而不埋怨他人不顾惜我，而后便足以自立自强。《诗经·葛藟》中说："即使称他人为父亲，依然得不到眷顾；即使称他人为兄弟，也不会得到体恤存问。"人情、形势，即是道理。得不到别人的救助而心生怨恨，就已经太晚了！

本事：《资治通鉴》卷一一八《晋纪四十·安帝》，义熙十三年（417）。

二〇　刘裕乘间以收人望

刘裕初自广固归，卢循直逼建康，势甚危，而裕方要太尉黄钺之命；朱龄石方伐蜀，破贼与否未可知也，而裕方要太傅扬州牧之命；督诸军始发建康以伐秦，灭秦与否未可知也，而裕方要相国宋公九锡之命；则胡不待卢循已诛、谯纵已斩、姚泓已俘之日，始挟大功以逼主而服人乎？此裕之狡于持天下之权而用人之死力也。

夫能用人者，太上以德，其次以信，又其次则惟其权耳。人好逸而不惮劳，人好生而不畏死，自非有道之世，民视其君如父母，则权之所归，冀依附之以取利名而已。裕若揭其怀来以告众曰：吾且为天子矣，可以荣人富人，而操其生死者也。于是北归之疲卒、西征之孤军，皆倚之以效尺寸，而分利禄。如其不然，则劳为谁劳，死为谁死，则严刑以驱之而不奋。裕有以揣人心而固持之，刘穆之虽狡，且不测其机，而欲待之凯还之日，其愧惧而死者，智不逮也。

因是而知晋之必亡也久矣。谢太傅薨，司马道子父子昏愚以播恶，而继以饥饱不知之安帝，虽积功累仁之天下，人且去之，况晋以不道而得之，延及百年而亡已晚乎！晋亡决于孝武之末年，人方周爰四顾而思爰止之屋，裕乘其间以收人望，人胥冀其为天子而为之效死，其篡也，时且利其篡焉。所恶于裕者，弑也，篡犹非其大恶也。

【译文】

刘裕北伐灭掉南燕，刚从广固（今山东益都西北）班师回朝，卢循起义军便直逼都城建康（今南京），形势十分危急，而刘裕此时却请求皇帝任命他为太尉，并赐予黄钺，专主征伐；益州刺史朱龄石正率军讨伐西蜀的谯纵，能否战胜贼寇还不可知，而刘裕此时却请求皇帝任命他为太傅、扬州牧；刘裕督率各路大军远征后秦刚从建康出发，能否灭掉后秦还不可知，而刘裕此时却请求皇帝任命他为相国、封宋公、加九锡之礼。那么，他为什么不等到诛杀了卢循、斩掉了谯纵、俘虏了姚泓之时，才以大功相要挟逼迫皇帝授予官爵，从而使人心悦诚服呢？刘裕的狡猾奸诈之处，即在于紧握天下的大权而让人为他拼死效力。

能够使人为己所用，最好的策略是以仁德用人，其次以信义用人，再次只有以权力用人罢了。人们都喜好安逸却不害怕辛劳，人们都喜欢生存却不畏惧死亡，如果不是百姓可以视君主为父母的有道盛世，那么权力归向的地方，人们都希望依附执掌权力的人来取得名利罢了。刘裕仿佛敞开胸怀告诉众人说：我将做天子了，可以使人荣耀，可以使人富贵，而且手握生杀予夺的大权。因此，从北伐前线归来的疲弱士兵、西征蜀地的孤军，都倚仗他而效其尺寸之功劳，从而分得功名利禄。如果不是这样，那么辛劳是为谁而辛劳，牺牲又是为谁而牺牲，即使用严刑峻法驱使他们，也不会奋勇向前，为他拼死效力。刘裕自有其揣猜人心从而牢固把握人心的权术，刘穆之虽然狡诈，也不能猜度其中的玄机，而打算等到刘裕凯旋班师之时再加官封爵，他惭愧惶恐而死，正是因为其智慧不及刘裕啊！

由此可知，东晋王朝的必然灭亡，由来已久了，太傅谢安死后，司马道子父子因为昏庸愚钝而种下了恶果，再加上不知饥饱的晋安帝，即便是积累下功勋仁德的天下，人们尚且要离开它，何况东晋王朝本来就不是以正当的方式取得天下，延续百年而亡已经算是很晚了！东晋的灭亡注定于孝武帝末年，当时人们都惊慌失措、四处寻觅而向往贤者所在、士人云集的地方，刘裕乘机收拢人心，人们都希望他做天子而愿意为他效命。他最终篡位称帝，实在是天时也有利于他的篡位。人们讨厌的是刘裕弑君的行为，而篡夺皇位本身还不算其大恶之罪。

本事：《资治通鉴》卷一一七《晋纪三十九·安帝》，义熙十二年（416）。

二一　刘裕东归谋篡，北伐半途而废

刘裕灭姚秦，欲留长安经略西北，不果而归，而中原遂终于沦没。史称将佐思归，裕之饰说也。王、沈、毛、傅之独留，岂繄不有思归之念乎？西征之士，一岁而已，非久役也。新破人国，子女玉帛足系其心，枭雄者岂必故土之安乎？固知欲留经略者，裕之初志，而造次东归者，裕之转念也。夫裕欲归而急于篡，固其情已。然使裕据关中，抚洛阳，捍拓拔嗣而营河北，拒屈丐而固秦雍，平沮渠蒙逊而收陇右，勋愈大，威愈张，晋之天下其将安往？曹丕在邺，而汉献遥奉以玺绶，奚必反建康以面受之于晋廷乎？盖裕之北伐，非徒示威以逼主攘夺，而无志于中原者，青泥既败，长安失守，登高北望，慨然流涕，志欲再举，止之者谢晦、郑鲜之也。盖当日之贪佐命以弋利禄者，既无远志，抑无定情，裕欲孤行其志而不得，则急遽以行篡弑，裕之初心亦绌矣。

裕之为功于天下，烈于曹操，而其植人才以赞成其大计，不如操远矣。操方举事据兖州，他务未遑，而亟于用人；逮其后而丕与叡犹多得刚直明敏之才，以匡其阙失。裕起自寒微，以敢战立功名，而雄侠自喜，与士大夫之臭味不亲，故胡藩言：一谈一咏，搢绅之士辐凑归之，不如刘毅。当时在廷之士，无有为裕心腹者，孤恃一机巧汰纵之刘穆之，而又死矣；傅亮、徐羡之、谢晦，皆轻躁而无定情者也。孤危远处于外，求以制朝廷而遥授以天下也，既不可得，且有反面相距之忧，此裕所以汔济濡尾而仅以偏安草窃终也。当代无才，而裕又无驭才之道也。身殂而弑夺兴，况望其能相佐以成底定之功哉？曹操之所以得志于天下，而待其子始篡者，得人故也。岂徒奸雄为然乎？圣人以仁义取天下，亦视其人而已矣。

【译文】

刘裕北伐灭掉姚氏所建的后秦，打算留在长安以经略西北，却未能实现而班师东归，于是中原大地最终沦陷，重新为北方夷狄占据。史书上称其将领僚佐思念故土而希望东归，这是刘裕的粉饰之词。刘裕命其部将王修、王镇恶、沈田子、毛祖德、傅弘之辅佐其次子刘义真都督雍、梁、秦三州诸军事，镇守关中，难道惟独他们没有思念故土而东归之心吗？西征的士卒，一年轮换一次罢了，不是长久服役。刚刚攻下别人的国家，子女玉帛足以拴住他们的心，枭雄之人难道必须回归故土才安心吗？由此可知，打算留在长安并经略西北，乃是刘裕起初的志向，而最终仓促东归，则是刘裕改变了自己的初衷。刘裕想要东归而急于篡夺东晋皇位，本来就是他内心的真实意图。然而，假使刘裕占据关中地区，安抚洛阳，抵御北魏明元帝拓跋嗣而经营河北一带，抗拒大夏武烈帝赫连勃勃而巩固秦雍地区，扫平北凉武宣王沮渠蒙逊而收复陇右，其功勋越来越大，威望越来越高，那么东晋的天下又将归于谁呢？东汉末年，曹丕身在邺城，而汉献帝也只能在遥远的许昌奉献国玺印绶，禅位于他，为什么刘裕必须返回建康而当面接受国玺印绶于东晋朝廷呢？大概刘裕的北伐，不仅仅是向人们展示自己的威势，以逼迫君主、攘夺皇位，而无志于收复中原；刘裕的军队在青泥城（今陕西蓝田南）被赫连勃勃打败，长安失守，刘裕登高向北望去，感慨万端，伤心流涕，他的志向是要再次举兵北伐，却受到了从事中郎谢晦、长史郑鲜之的阻止。大概当时这些贪求佐命之功以获取利禄的人，既没有远大的志向，也没有坚定的情操，刘裕打算单独践行其志向也不可能，那么刘裕如此急切地篡夺东晋皇位，他的初心也是不足的。

刘裕对天下所建立的功业，比曹操要壮烈，但是在培植人才来辅助其成就大业方面，却和曹操相差甚远。曹操刚刚占据兖州举事之时，未暇顾及其他事务，而急于渴求人才；等到他死后，魏文帝曹丕和魏明帝曹叡还多得刚直、明敏之才，来匡正补救朝廷的过失。刘裕起身寒微，以勇敢作战建立功名，而雄心侠气，沾沾自喜，却不能与士大夫臭味相投、相互亲近，所以胡藩对他说：通过清谈高论、诗文吟咏，使缙绅士大夫从四面八方纷纷前来归附，这方面您不如刘毅。当时在朝廷的人士，没有刘裕的心腹，仅仅依仗一个玩弄机巧、过分放纵的刘穆之，他也死了；其余傅亮、徐羡之、谢晦之流，都是轻率躁进而没有坚定情操的人。这样，刘裕身处孤立危险的境地，又远离朝廷，求得控制朝廷而在遥远的地方接受朝廷授予的天下，既不可能实现，还将会有遭到抗拒的隐忧，这即是刘裕之所以像《周易·未济卦》中所说的“小狐狸渡河接近成功，却打湿了它的尾巴，无所利”，而仅仅以偏安一方、草率地窃取皇位而终结的原因。当时天下没有治国安邦之才，而刘裕又没有统驭人才为己所用的方法。刘裕死后，想要篡夺皇位的人纷纷兴起，怎么能够期望他们辅佐建立平定天下的功业呢？曹操之所以得志于天下，而等到他的儿子才篡夺皇位，是因为得到了人才辅助的缘故。难道仅仅乱世奸雄是这样吗？圣明之人凭借仁义取得天下，也要视其是否能够培植并使用人才罢了。

本事：《资治通鉴》卷一一八《晋纪四十·安帝》，义熙十四年（418）。

恭帝

一　韦祖思恭惧而丧身

赫连勃勃征隐士韦祖思而杀之，暴人之恒也。祖思不免于死。凡尸隐士之名以处乱世而无其实者，幸而不死，殆行险以徼幸之徒与！祖思之杀，以恭惧过甚，而逢勃勃之怒。恭惧非死道也。故庄周《人间世》有养虎之说，动色相戒，譬诸游羿之彀中，诚哉其言乎！而非也。若周之说，亦惧已甚而与死为徒者也。孔子之于阳货，义不屈而身不危，虽圣人哉，而固无神变不测之用，求诸己而已。君子之于人也，无所傲，无所徇，风雷之变起于前，而自敦其敬信。敬者自敬也，信者自信也，勿论其人之暴与否也。贞敬信者，行乎生死之途而自若，恂栗以居心，而外自和，初无与间也。其于暴人也，远之已夙矣。不可远而居正以自持，姚兴之与勃勃又奚择焉？

鸣呼！即不幸而终不免于死矣，以正死，以谄死，均死，而以正处死者，不犹愈乎？以正为道，其与死违者，常也；不免者，变也。以惧而谄，谄而死，蹈乎死之道也；即不死，而生理不足以存，幸而免也。刚柔之外有自立之本，而后行乎进退而不迷。庄周之说，亦舍其自立者以忧天下而徼幸乎免者尔。又恶知祖思之恭惧，非闻庄周之说，以戒心于羿彀，而增其葸怯哉？

乃若祖思之窃隐士之名而亡实，则于其行见之矣。处夷狄争乱之世，一征于姚兴，再征于勃勃，随声而至，既至而不受禄，以隐为显名厚实之囮（é），跖之徒也。中夏无主，索虏、羌胡迭为雄长，而桓温、刘裕两入关中，独不可乘其时以南归邪？如曰温与裕不可托也，则管宁归汉，亦何尝受羁络于曹操乎？如其不能，身绝天下之交，口绝天下之言，莫为之先容者，兴与勃勃抑岂能有独知之契以相求于梦遇哉？

【译文】

赫连勃勃征辟隐士韦祖思并授予官职，反而又杀了他，这是残暴之人一贯如此的本性。那么，韦祖思也就不能免于被杀。凡是徒具隐士的虚名身处乱世而无其隐居之实的人，即便幸而不死，大概也是铤而走险以求得侥幸成功的人。韦祖思的被杀，因为他对赫连勃勃过分谦恭、恐惧，而又恰逢赫连勃勃恼怒。谦恭、恐惧本身不是导致死亡的原因。所以，庄子所写的《人间世》中有养虎之说，告诫人们身处危险环境之中要保持警惕和畏惧之心。这样震惊警惕而互相劝诫，就好像跑进了后羿的弓弩射击范围而难逃一死，事实果真是这样吗？实际上并非如此。若像庄子所说的，也就过分恐惧而和死亡为伴了。春秋时期，孔子对于鲁人阳货，坚持正义不屈服而自身也没有危险，虽然是圣明之人，但固然没有变化莫测的手段，只有求助于自己罢了。君子对于他人，无所傲慢，无所屈从，即使眼前发生雷霆万钧、狂风暴雨般的变化，自己仍然诚心诚意地坚守恭敬和诚信。对他人恭敬即是对自己恭敬，对他人诚信即是对自己诚信，而不论他人的残暴与否。坚守恭敬和诚信的人，即使身处生死存亡的环境之中仍能坦然自若，即使内心恭敬畏惧，外表也自然平和，与起初没有什么不同。对于残暴之人，一向要远离他。如果不能远离残暴之人，就要自身保持端严正道，那么对于后秦的姚兴和大夏的赫连勃勃又有什么分别呢？

唉！即使不幸而终究不免于死，也有守正而死和谄媚而死的差别。既然二者都是死，那么坚守正道而死难道不是更好吗？坚守正道，可以避免死亡，这是常道；不免于死的，则是变化。因为恐惧而谄媚，因为谄媚而死亡，这是自取灭亡之道；即使不死，为人之道也不足以自存，这是侥幸而免于死亡。刚柔之外有自立的根本，而后便可以进退有据而不会迷惑。庄周的养虎之说，也是舍弃了其自立的根本而忧虑天下，只是侥幸免于死亡罢了。又怎么知道韦祖思的谦恭、恐惧，不是听了庄周的养虎之说，而对后羿的射箭存有戒备之心，因而增加了他的害怕和胆怯呢？

至于像韦祖思那样窃取隐士的名声而无隐居之实，则从他的行为可以看到这一点。身处夷狄入侵的战争纷乱之世，他先是被后秦姚兴征辟做官，但没有接受；再次被赫连勃勃征辟做官，他便应声而至，出山之后又不接受厚禄，这是把隐居作为显扬名声、获取丰厚实利的手段，也是盗跖之徒。中原地区没有君主，北方的索虏、羌胡依次称雄争霸，而东晋桓温、刘裕两次率军北伐进入关中，难道唯独有他不能乘着这个时机随之南归吗？如果说桓温和刘裕不值得托身事奉，那么管宁归附汉朝，又何曾受曹操的笼络呢？如果他不能这样，那就断绝和天下人的交往，闭口不谈天下的事，也就不会有人事先粉饰和举荐他，难道姚兴和赫连勃勃能够对他相知相投而梦寐以求吗？

本事：《资治通鉴》卷一一八《晋纪四十·恭帝》，元熙元年（419）。

二　羞恶之心荡然，人同禽兽

人之不肖，有贤者以相形，见贤而反求之己，改而从之，上也；虽弗能改，犹知愧焉而匿其不善，次也；以其相形，忮忌而思害之，小人之恶甚矣。然其忮忌之者，犹知彼之为贤，而惭己之不肖，则抑其羞恶之心销沉未尽，横发而狂者也。若夫与贤伍，己之不肖无所逃责，而坦然忘愧，视贤者之痛哭流涕以哀世者，若弗闻焉，若弗见焉，进不知改，退不知忌，而后羞恶之心荡然无余，果禽兽矣，非但违之不远矣。

刘裕篡晋，而徐广流涕，此涕也，岂徐氏之私怨而釁(xì)然伤心者乎？通国之变，盈廷之耻，苟有人之心者，宜于此焉变矣。谢晦者，晋之世臣也，从容谓广曰："徐公，得无小过。"广曰："君为宋佐命，身是晋遗臣，悲欢固不可同。"则已置晦于人伦之外而绝之矣。晦亦若置广于物理之外而任之，无愧也，无忌也。人自行，禽自飞，兰自芳，莸自臭，同域而不惊，同时而不掩。呜呼！天下若此，而君子所以救世陷溺之道穷矣。微独晦也，宋君臣皆夷然听广之异己而无忌之者。嗣是而刘彧、萧道成、萧鸾、萧衍，相袭以怙为故常。君臣义绝，廉耻道丧，置忠孝于不论不议之科，为其所为，而是非相忘于无迹。不知者以为其宽厚，而孰知其天良灭绝之已极哉！曹操之杀孔北海，司马昭之杀嵇中散，耻心存焉。至于晋、宋之际，而荡尽已无余，"八表同昏，平路伊阻"，陶元亮之悲，岂徒为晋室之存亡哉？

【译文】

人若自身不肖，以贤者来相互比较，可以看到他人贤能而反过来审视、要求自己，改正自己的过错而向贤者学习，这是最好的；即使不能改正自己的过错，也知道和贤者相比而惭愧，进而隐藏自己不善的东西，乃为其次；因为和贤者相比，便心怀嫉妒忌恨而想要陷害贤者，即是小人的罪大恶极了。然而，那些嫉贤妒能的人还知道他人贤能，而为自己的不肖感到惭愧，那么或许他的羞恶之心尚未丧失殆尽，只不过是这种心理充分显露而走向疯狂罢了。如果和贤者为伍，自己的不肖无法逃避贤者的责备，反而坦然忘却，不知羞愧，看到贤者因为哀伤世道日益走向衰败而痛哭流涕，仿若没有听到，仿若没有看到，进用的时候不知悔改，引退的时候不知忌讳，而后羞恶之心逐渐荡然无存，真是与禽兽无异了。这不仅仅是违背了做人的道理，而且偏离得太远了。

刘裕篡夺东晋皇位时，秘书监徐广痛哭流涕，这样痛哭流涕难道是因为私人的恩怨而痛苦伤心吗？面对举国上下的重大变故，整个朝廷的耻辱，只要是稍有人心者，也应该在此时有些情绪的变化。谢晦的家族世代为东晋的勋贵大臣，却从容地对徐广说："徐先生，您这样做稍微有些过分了吧！"徐广回答说："你是作为宋的佐命功臣，我是作为东晋王朝的遗臣，悲欢之情本来就不可能一样。"这样，他已把谢晦置于人伦纲常之外，从而断绝了和谢晦的交往。而谢晦也好像将徐广置于人情物理之外而任由他痛哭流涕，既不感到羞愧，也不忌恨他。人们各自行走着自己选择的道路，禽鸟各自有着自己的飞行轨迹，兰草自有其芬芳，莸草自有其臭味，虽同处一地而不觉惊异，同时并存而不相互遮掩。唉！天下如果像这样，那么正人君子用来挽救陷于绝境的世道衰败的方法也就穷尽了。不只有谢晦，南朝宋的君臣都安然听任徐广这样的异己分子存在而没有忌恨徐广的。此后的南朝宋明帝刘彧、齐高帝萧道成、齐明帝萧鸾、梁武帝萧衍，也都是这样相互沿袭，习以为常了。君臣之间的正道大义已经灭绝，人们的廉耻之心都丧失殆尽，对于忠孝节义之事不再讲究，也不再议论，为所欲为，把天下是非都忘得杳无形迹了。不知道的人认为他们宽恕仁厚，而谁又知道他们的天良灭绝已经达到了极点！东汉末年曹操杀死名士孔融（曾任北海相，世称孔北海），曹魏末年司马昭杀死名士嵇康（曾任中散大夫，世称嵇中散），说明他们的廉耻之心尚存。到了晋、南朝宋之际，人们的廉耻之心已经荡然无存了。陶渊明《停云》诗中悲叹“天地之间一派昏暗，即便在平路之上也寸步难行”，难道仅仅是为了晋室的存亡吗？

本事：《资治通鉴》卷一一九《宋纪一·武帝》，永初元年（420）。

读通鉴论新译

（卷十五—卷十九）

肆

王夫之 著
郭孟良 译

中央党校出版集团 大有书局

目录

第四册

卷十五

宋武帝

一　刘宋为天下正统　/1338

二　宋武帝启篡位弑君之恶　/1342

三　宋武帝所托非人　/1344

营阳王

一　谢晦身为顾命而弑君　/1348

二　宋武帝识人之得失　/1352

文帝

一　杨盛事晋堪比陶渊明　/1355

二　正名义不恤私恩　/1357

三　文帝听讼，非道却合宜　/1361

四　文帝偷安江东，坐失战机　/1365

五　拓跋焘得用财之道　/1367

六　陶渊明归隐之深意　/1370

七　统其初终，析其同异，辨言不难　/1373

八　刘宋将非其人　/1377

九　形分势弱，必败之道　/1381

一〇　拓跋败宋求和　/1384
一一　选拔人才，清流华胄　/1387
一二　吏民告官，乱纲纪坏人心　/1392
一三　儒者之统孤行而无待　/1396
一四　宋文帝废罪彭城王　/1399
一五　谢灵运、范晔作乱以丧身　/1402
一六　高允以学为占　/1404
一七　何承天历法得天　/1407
一八　纸上谈兵者必败　/1411
一九　崔浩秉笔直书　/1415
二〇　袁淑荏苒以徒亡　/1418
二一　兴亡之故，系于伦常　/1421

孝武帝

一　刘义恭导君于恶以自全　/1424
二　立子杀母，泯灭人伦　/1428
三　死罪戍边，贱兵乱政　/1431
四　以近臣间大臣而终于乱　/1434
五　宗室自残，孝武启之　/1437
六　张岱一心可事百君之说　/1442
七　州郡不得擅兴军，长吏不敢专杀　/1445

前废帝

一　沈庆之忠诚堪比箕子、比干　/1448

明帝

一　明帝滥杀宗室之祸　/1452
二　夏侯详的贞人志士之言　/1454

三　宋赎刘昶，用心险恶　/1458
四　浮屠之兴，为天下害　/1460
五　无可信之边将者，国必危　/1463
六　正道而诡行，非为君之道　/1465
七　拓跋氏劝农反伤农　/1468

后废帝

一　晋宋之际，天子如草芥　/1471
二　北魏变法杀人自取灭亡　/1475

顺帝

一　君主以猜忌御下致人才凋零　/1478

卷十六

齐高帝

一　天下一统的治理体系　/1486
二　义不可袭　/1491
三　天理之权衡发见于人心　/1494

武帝

一　《神灭论》立言不审　/1497
二　民不畏死，奈何以死威之　/1501
三　卜筮之术乃异端邪说　/1503
四　“一切之法”不可齐天下　/1508
五　齐行籴买亦权宜之法　/1513
六　文以存质，质以节文　/1516
七　天下治乱合离　/1519

八　篡逆之臣与篡弑之资　/1523

郁林王

一　后世之史不可尽信　/1526

二　天下之不仁　/1529

明帝

一　人才之靡　/1532

二　拓跋宏之伪，儒者之耻　/1536

三　谢朓之可悲　/1540

东昏侯

一　鸿飞冥冥，隐处避祸　/1543

二　君臣道亡　/1547

三　梁武帝萧衍近正　/1550

卷十七

梁武帝

一　风教之兴废　/1557

二　谢朏出山的隐衷　/1561

三　乱人不死，天下不宁　/1564

四　不敢之心　/1566

五　鄙夫之悔不可信　/1569

六　教移于下的利弊　/1571

七　万恶之奸佞　/1578

八　将相和，军必胜　/1580

九　立法唯简　/1583

一〇　礼之为教，至矣大矣　/1587
一一　逆君与逆臣　/1590
一二　水可亡人之国　/1594
一三　边任之重　/1596
一四　梁武帝佞佛的奥秘　/1600
一五　官吏的升降与考核　/1603
一六　速战与缓战　/1606
一七　君子全其不辱之身　/1609
一八　奸雄所为有近正者　/1611
一九　萧梁丧心失志　/1614
二〇　贪欲乱天下　/1617
二一　沐猴而冠，可悲可笑　/1620
二二　其身不正，虽令不从　/1623
二三　思患而预防之　/1627
二四　州县分品的精义　/1629
二五　佛道之说乱天下　/1632
二六　治道与文章　/1638
二七　为政要全国体、存士节　/1642
二八　梁武帝的智愚明暗　/1646
二九　其学不仁，其教无义　/1649

简文帝

一　治末与治本　/1652
二　寓兵于农的是非　/1654
三　国无君子则无以立　/1660

元帝

一　梁元帝自取灭亡　/1664

二　志定而学乃益　/1667

敬帝

一　义以生勇，勇以成义　/1673

二　法先王以道　/1675

三　权臣不可无　/1678

卷十八

陈高祖

一　陈氏篡梁，其罪较轻　/1685

二　人兽之别，恒而已矣　/1689

三　征士之辨　/1694

文帝

一　出乎仁则入乎不仁　/1695

二　人有初心，道有大常　/1699

三　大风有隧，贪人败类　/1702

四　君子正己　/1705

五　养老之典　/1709

临海王

一　当世无才　/1712

宣帝

一　利不可竞　/1715

二　童谣惑人　/1719

三　岁币之始　/1722
四　度德，量力，相时　/1725
五　时有易而道有诎　/1729
六　无为小人儒　/1734
七　南陈北伐，自取灭亡　/1737
八　居心之厚薄　/1740
九　天下不可欺　/1742
一〇　君子不逆诈　/1745
一一　庸人之愚，智人之资　/1747

后主

一　小臣危言，其国必亡　/1752
二　名教未亡于心　/1755

卷十九

隋文帝

一　挟圣言以欺天下　/1761
二　民视即天视　/1764
三　裴政定律，泽被后世　/1768
四　以法天纪，以尽人能　/1770
五　隋无德而有政　/1773
六　徒具美名的义仓　/1776
七　立教之道，忠孝至矣　/1780
八　苏威泥古，百姓遭殃　/1784
九　声音之动，治乱之征　/1788

一〇　以德化民，以政治民　/1792
一一　均田为虐民之政　/1797
一二　职田之法不可行　/1801
一三　杨素乃天下古今至不仁者　/1805
一四　废勇立广与家国存亡　/1808
一五　大吝之后，必生奢男　/1811
一六　隋文帝涂饰虚伪笼天下　/1814

炀帝

一　吏道与政治　/1818
二　高颎、贺若弼之诛　/1822
三　能惧之心　/1826
四　上察察以自聋，下师师以自容　/1830
五　大业之乱　/1834
六　忌天下之贤而驱之以不肖　/1838
七　财聚则民散，财散则民聚　/1840
八　机发于人，风成于世　/1845
九　唐高祖巧用突厥而免其害　/1848
一〇　言不可逞，天不可欺　/1850
一一　游士之言，险陂无忌　/1854
一二　臣主之义　/1857

卷十五

明刻本《三才图会》中的宋文帝刘义隆画像

【题　解】

本卷评论南朝宋及相应的北朝历史，分宋武帝、营阳王、文帝、孝武帝、前废帝、明帝、后废帝、顺帝八目，共四十四则。

宋武帝刘裕（363—422）是王夫之充分肯定的历史人物，王夫之指出与晋相比，刘宋得位之正，是汉唐之间唯一堪称正统的中原王朝；同时也批评其启篡位弑君之恶，而且所托非人，“知谢晦之险而信之”，留下后患。

少帝刘义符（406—424）为武帝长子，沉溺游乐，狎昵群小，被废为“营阳王”。王夫之批评辅政大臣谢晦、傅亮、徐羡之不能匡正君主而擅行废立，为天下大恶；从对王华、王昙首的评价可知，刘裕非无识人之明，但世风日下，无才可用。

文帝刘义隆（407—453）为武帝第三子，继承刘裕的治国方略，形成“元嘉之治”的繁荣局面。王夫之选择二十一个问题加以评论。首先肯定宋文帝的治绩，称赞其亲临听讼之举，惩处徐羡之等和重用、处置彭城王刘义康，既符合道义，也有利于调和权臣与宗室的关系；其次，判定其三次北伐失败，关键在将非其人、形分势弱。对于日益强盛的北魏政权，王夫之给予了重点论述和较高评价，如用财之道、勤修吏治、传承儒学、尊重世家大族等，对后世均有深刻影响。

孝武帝刘骏（430—464）为文帝第三子，讨伐弑杀君父的太子刘劭，即位后革新政治、发展经济，颇有成效，王夫之选择七个问题加以评论。孝武改制，旨在排抑宗室、加强集权，形成寒门掌机要、武夫掌军权、典签控州镇的政治局面，使得“权移于近臣”。王夫之认为关键在于人主的教化与培养；对其开启宗室相残的祸端予以批评，而对其将军非临军不得专杀、非手诏不得兴军的诏令则予以肯定。

前废帝刘子业（449—465）为孝武帝长子，荒淫凶悖，滥杀大臣，迫害宗室，在位一年即被杀。王夫之对辅政大臣刘义恭、柳元景等图谋废立予以强烈批判，而对拒绝参与并告发的沈庆之的尽忠奉国行为高度赞赏，认为“六代之臣，庆之一人而已”。

明帝刘彧（439—472）为文帝第十一子，即位后诛杀宗室，猜忌功臣，奢靡无道。王夫之选择七个问题加以评论。认为明帝屠戮宗室、诛杀功臣不仁不义，尽失人心，为刘宋覆亡埋下祸根。对同一时期北魏献文帝佞佛予以批判，其禅位、劝农之举亦不予肯定。

后废帝刘昱（463—477）为明帝长子，后为权臣萧道成所害。王夫之认为萧道成既无奉君之义，亦无赫赫军功，窃取政权易如反掌，斥其为独夫。

顺帝刘準（469—479）为明帝第三子，即位后由萧道成把持朝政，后禅位于萧齐。王夫之认为刘宋的覆灭自孝武帝始，“怀猜忌以待下”，使得人人自危，“无以救其亡”。

宋武帝

一 刘宋为天下正统

宋得天下与晋奚若？曰：视晋为愈矣，未见其劣也。魏、晋皆不义而得者也，不义而得之，不义者又起而夺之，情相若、理相报也。虽然，曹氏有国，虽非一统天下，而亦汔（qì）可小康矣。芳与髦，中主也，皆可席业以安。而司马氏生其攘心以迫夺之，视晋之桓玄内篡、卢循中起、鲜卑羌虏攘臂相加，而安帝以行尸视肉离天下之心，则固不侔矣。宋乃以功力服人而移其宗社，非司马氏之徒幸人弱而掇拾之也。论者升晋于正统，黜宋于分争，将无崇势而抑道乎？

固将曰：“晋平吴、蜀，一天下矣，而宋不能。”魏、吴皆僭也，而魏篡，则平吴不可以为晋功。若蜀汉之灭，固殄绝刘氏二十余世之庙食，古今所齍然而伤心者。混一不再传，而已裂土宇之广，又奚足以雄哉？中原之失，晋失之，非宋失之也。宋武兴，东灭慕容超，西灭姚泓，拓拔嗣、赫连勃勃敛迹而穴处。自刘渊称乱以来，祖逖、庾翼、桓温、谢安经营百年而无能及此。后乎此者，二萧、陈氏无尺土之展，而浸以削亡。然则永嘉以降，仅延中国生人之气者，唯刘氏耳。举晋人坐失之中原，责宋以不荡平，没其挞伐之功而黜之，亦大不平矣。

君天下者，道也，非势也。如以势而已矣，则东周之季，荆、吴、徐、越割土称王，遂将黜周以与之等；而嬴政统一六宇，贤于五帝、三王也远矣。拓拔氏安得抗宋而与并肩哉？唐臣隋矣，宋臣周矣，其乐推以为正者，一天下尔。以义则假禅之名，以篡而与刘宋奚择焉？中原丧于司马氏之手，且爱其如线之绪以存之；徒不念中华冠带之区，而忍割南北为华、夷之界乎？半以委匪类而使为君，顾抑挞伐有功之主以不与唐、宋等伦哉？汉之后，唐之前，唯宋氏犹可以为中国主也。

【译文】

南朝刘宋得天下的正当性与司马氏的西晋比起来怎么样呢？回答是：刘宋比西晋要强一些，看不到刘宋有不如西晋的地方。曹魏、西晋两朝都是通过不义的方式得到天下，倚靠不义的方式得到天下，然后不义之人又夺取他们的天下，从情势上比较相似，从道义上也符合因果报应。尽管如此，曹氏建立魏国，即使没有达到天下统一，却也差不多接近小康水平。齐王曹芳、高贵乡公曹髦也都是中等才智的君主，可以凭着祖宗世业安稳地统治。然而，司马氏生起窃国之心，急迫地夺取了曹氏的政权，比起东晋权臣桓玄从内部篡位、孙恩与卢循在国中聚众起义、鲜卑和羌族等边疆游牧部族争先恐后地侵扰中原，以及犹如行尸走肉一样的晋安帝使天下离心离德的情况，是根本不能相提并论的。刘宋则凭自己的功业与实力令天下人心折服，从而改变了晋朝的宗庙社稷，并不像司马氏之流，乘人虚弱之机而轻易篡夺其国家政权。评论历史的人把晋朝提升到正统地位，而把刘宋贬黜于纷争割据政权之列，这难道不是崇尚势力而压抑正统吗？

有人本来会说：“司马氏的西晋平定东吴、蜀汉，统一了天下，但刘宋却未能做到这一点。”曹魏、孙吴都是僭伪之国，而曹魏又是倚靠篡位夺得东汉的政权，因此平定吴国也不可以算作西晋的功劳。至于蜀汉的灭亡，实际上断绝了汉朝刘氏承传了二十余代的宗庙祭享，这是古往今来令人悲伤痛惜的事情。司马氏的西晋统一天下后，传位不过两代便陷入分崩离析的局面，东晋仅保有半壁江山，虽然其曾经占有的土地如此广阔，又何足以凭恃而称雄天下呢？中原地区沦陷，是西晋丧失的，而不是南朝刘宋丧失的。宋武帝刘裕兴起以后，东边灭掉了南燕慕容超，西边灭掉了后秦姚泓，迫使北魏明元帝拓跋嗣、大夏武烈帝赫连勃勃收敛形迹而龟缩于巢穴。自从前赵刘渊祸乱华夏以来，先后有祖逖、庾翼、桓温、谢安经历了百年的奋战，也没能取得如此大的胜利。在此之后的齐、梁、陈三朝，都没有扩展尺寸之地，却日渐丧失国土。既然这样，那么从西晋永嘉之乱以来，仅有的能够延续华夏之人生气、大长中原王朝志气的，只有南朝宋武帝刘裕罢了。将晋朝坐失的中原国土，拿来责备刘宋未能收复，从而淹没刘裕的奋力征伐之功，贬低刘宋王朝的地位，这也太不公平了。

君主统治天下，倚靠的是正道，而不是势力。如果仅仅将势力大小作为衡量标准，那么东周末期，楚国、吴国、徐国、越国纷纷裂土称王，就要把实际控制地域有限的周天子贬黜到与他们同等的地位；秦始皇嬴政统一天下四方，就可以说他的贤能远远超过五帝、三王。统一北方的北魏拓跋氏怎么能够同刘宋抗衡而与之并驾齐驱呢？唐高祖曾经是隋朝的臣子，宋太祖曾经是后周的臣子，人们之所以乐于把这些王朝推崇为正统，只是因为他们统一天下罢了。如果说史家认为唐宋的统一天下是以义得国，从而为他们假托了禅让之名，那么刘宋以半壁江山与北魏拓跋氏并立就是不义；就篡位而言，唐、宋与刘宋有什么区别吗？中原之地沦陷于北方游牧民族之手，原因在于司马氏，史家尚且尊奉其后代所建立的东晋为正统，难道就丝毫不顾惜我华夏礼乐冠带之区，竟能忍心将华夏大地强行割裂为南北、硬要分出华夷的界限吗？对于抛弃一半国土、人民给夷狄的司马氏，尚且尊奉其为君主，反而要贬低有讨伐夷狄之功的刘宋，使之不能与唐宋王朝相提并论吗？汉代以后，唐代之前，只有刘宋还可以称得上是中原的正统王朝。

本事：《资治通鉴》卷一一九《宋纪一·武帝》，永初元年（420）。

二 宋武帝启篡位弑君之恶

宋可以有天下者也，而其为神人之所愤怒者，恶莫烈于弑君。篡之相仍，自曹氏而已然，宋因之耳。弑则自宋倡之。其后相习，而受夺之主必死于兵与酖。夫安帝之无能为也，恭帝则欣欣然授之宋而无异心，宋抑可以安之矣；而决于弑焉，何其忍也！宋之邪心，固有自以萌而不可戢矣。宋武之篡也，年已耄，不三载而殂。自顾其子皆庸劣之才，谢晦、傅亮之流，抑诡险而无定情，司马楚之兄弟方挟拓拔氏以临淮甸，前此者桓玄不忍于安帝，而二刘、何、孟挟之以兴，故欲为子孙计巩固而弭天下之谋以决出于此。呜呼！躬行弑而欲子孙之得免于弑，躬行弑而欲其臣之弗弑，其可得乎？徐羡之、傅亮、谢晦之刃，已拟其子之脰（dòu）而俟时以逞耳。萧道成继起而殄刘氏之血胤，又何怪乎？

夫人孰有不欲其子孙之安存者也？试之危，乃以安之；忘其亡，乃以存之；日暮智衰，徬徨顾虑，而生其惨毒，皆柔苒不自振之情为之也，而身已陷乎大恶以弗赦。“日昃之离，不鼓缶而歌，则大耋之嗟，凶。”嗟叹兴而妄虑起，妄虑无聊而残害生，恶不戢矣。君子之老也，戒之在得；得之勿戒，躬亲大恶，不容于天地鬼神，可弗畏哉？

【译文】

刘宋本来是可以得天下的，然而其令神灵、民众所共愤的罪恶，没有比弑君更严重的了。篡夺君权的事历代接连不断，自从曹魏篡夺东汉政权的时候起已是如此，刘宋篡夺东晋政权只不过是沿袭过去的做法罢了。但是，弑杀前代君主的事例则是从刘宋开始的。自此之后，相沿成习，被剥夺权位的君主必然被斩杀或者毒死。东晋安帝司马德宗不能有所作为，恭帝司马德文则把帝位和政权欣然让给刘裕而没有异心，那么刘裕也就可以安居天子之位。可是刘裕却决定弑杀晋恭帝，这是何等的残忍啊！刘裕陡生弑君的邪心，必然有其萌生而不能消弭的原因。宋武帝刘裕篡位登基时，年岁已老，即位后不到三年就死了。他担心自己的儿子都是庸劣无能之辈，而大臣谢晦、傅亮之流又诡诈奸险而心怀叵测，司马楚之兄弟想借用北魏拓跋氏的力量进攻两淮地区。在此之前，权臣桓玄不能容忍晋安帝，篡位自立为帝；刘裕、刘毅、何无忌、孟昶则挟制晋安帝以壮大自己的势力。有鉴于此，宋武帝刘裕要为他的后代考虑，巩固其世代基业、消除有可能导致天下祸患的潜在威胁，所以做出了弑君的抉择。唉！自己做出弑君之事而想让子孙以后能免于被弑杀，自己做出弑君之事而想让他的大臣以后不敢做出弑君的事，这怎么可能呢？当时，徐羡之、傅亮、谢晦等人暗藏的屠刀，已经架在其子的脖颈之上，只是等待时机挥刀弑杀。后来萧道成势力继之而起，灭绝了刘氏的后代血脉，这有什么奇怪吗？

人们有谁不希望自己的子孙能安定生存呢？只有让子孙经历过危险的考验，才能使他们安定；忘却身后事，不执念于亡国，才能使子孙生存。像宋武帝刘裕那样，因为自己年老体衰，便彷徨顾虑，生起残忍狠毒的弑君之心，这都是自己内心因为顾虑子孙而变得软弱、不能振作的情感所导致的，他自己也因此犯下了大恶不赦的罪行。《周易·离卦》的爻辞中说："太阳西斜之时，如果不击缶而高歌，就会发出垂老之人的嗟叹，会有凶险。"人一旦发出嗟叹，而后便会心生虚妄邪恶的念头，虚妄邪恶的念头一起就会心生残害他人的毒计，于是罪恶就无法被制止了。正人君子年岁高了以后，要戒备贪得无厌的心理；贪得无厌又不加戒备，而亲自去干那些巨奸大恶之事，将会为天地鬼神所不容，怎么能够不对此保持畏惧之心呢？

本事：《资治通鉴》卷一一九《宋纪一·武帝》，永初二年（421）。

三　宋武帝所托非人

举宗社子孙之大计而与人谋之，必其人之可托，而后可征之色而见之辞，不然，则祸自此而生。汉高帝疑于所立，乃进而谋者，张良、叔孙通耳。良虽多智，而心固无私；通虽诡合，而缘饰儒术；且皆从容讽议之臣，未尝握兵而持国柄者也。外此则萧、曹不得与焉，陈平、周勃但委任于既定之后，先固未尝参议论焉。晋武所谋者卫瓘也，是可与谋者，而不听，是以失也。隋高祖之谋于杨素，唐太宗之托于李勣，皆鸷贼性成，而适足以贼其后裔。然二主之失，未能深知素、勣之奸耳。若宋武之于谢晦，知其机变而有同异矣。太子不足为君，乃密与晦谋，而使觇庐陵之能否，是以营阳、庐陵之腰领授之于晦，而唯其生死之，不亦惑乎？

故有天下者，崇儒者以任师保，若无当于缓急，而保宗祊、燕子孙、杜祸乱者，必资于此。诗书以调其刚戾之气，名义以防其邪僻之欲，虽有私焉，犹不忍视君父之血胤如鸡鹜，而唯其副（pì）磔。若夫身为人国之世臣，无难取其社稷唯所推奉而授之。若谢晦者，又居高位、拥兵柄，足以恣其所为。吾即可否不见于辞，喜怒不形于色，尚恐其窥测浅深而乘隙以逞，况以苞桑之至计进与密谋乎？至慎者几也，至密者节也。衡鉴定于一心，折衷待之君子。唐德宗谋于李泌，宋英宗决于韩琦，而祸乱允戢，其明效也。拓拔嗣询崔浩而国本定，亦庶几焉。知谢晦之险而信之，国不亡，幸也。

【译文】

作为君主，要与臣下商讨宗庙社稷、帝位继承的大事，那么可与商讨之人必须是值得信任托付的，然后才可以用脸色神情加以验证、以言辞叙述进行传达，表明自己的想法；不然的话，祸患会由此产生。汉高祖刘邦在册立太子问题上犹豫不决，选择商讨的人是张良、叔孙通。张良虽足智多谋，但心底无私；叔孙通虽不以正道相投合，但善于利用儒家学说加以掩饰；而且他们二人都是能从容劝谏、参与论政的大臣，而从没有掌握兵权并把持国政。除此之外，其他人如萧何、曹参等，都不得参与此事。陈平、周勃二人也只是在决策既定之后予以委任，在事情未定之前，根本没有参与商讨。晋武帝司马炎所找的商讨之人是卫瓘，也是可以参与谋划大事的人，但由于晋武帝不听从他的意见，因此造成了历史性的失误。隋文帝杨坚所找的商讨之人是杨素，唐太宗李世民所托付之人是李勣。这两个人都是残暴邪恶成性的人，恰恰足以伤害他们的后代子孙。然而，这两位君主的失误，还在于未能深入了解杨素、李勣的狡猾奸诈之处。宋武帝刘裕信任并托付于谢晦，即使明明知道他机敏善变，而且在册立太子的问题上与自己有不同意见。刘裕知道太子刘义符（后即位为宋少帝，不久被废为营阳王）不足以作为储君，于是秘密地同谢晦商讨，还让谢晦侧面观察庐陵王刘义真的能力如何。这样就等于把营阳王（太子）、庐陵王的性命都交给了谢晦，并任由谢晦决定他们的生死。这不是太糊涂了吗？

所以说已拥有天下的君主，要尊崇儒士并任命他们担任辅佐和教导太子的太师、太保之类的官职，看起来似乎无关于危急之用，但要保持宗庙香火、安定子孙后代、杜绝祸患发生，必要倚靠他们不可。他们通过诵读研习诗书经典逐渐调和皇室子弟的暴戾之气，注重名节道义的教育不断防范其邪僻的欲望，使他们即便有个人私欲，也不至于忍心把君父的后代血脉像鸡鸭一样看待，任意宰杀摧残。至于那些国家的勋旧大臣，却不难将别人的江山社稷拱手奉送给他们所要推戴的新君。像谢晦其人，自己身居高位、握有兵权，足以恣意妄为。作为君主，即使自己的意见不说出来，自己的喜怒哀乐不表现出来，还唯恐别人窥测自己内心的深浅虚实，从而乘机实现自己的野心，更何况把关乎国家安危、储君废立的大计去同他们密谋呢？至为谨慎的事是国家机密，而至为机密的事就要加强节制，以防泄密。对于像皇位继承人选这样的事，必须要自己心中有所品鉴衡量，然后耐心等待可与商讨的君子到来。唐德宗李适与宰相李泌商讨而打消更易太子的初衷，宋英宗赵曙与宰相韩琦商讨而册立太子赵顼，均使祸乱得以止息，这些就是明显的例证。北魏明元帝拓跋嗣与丞相崔浩商讨册立拓跋焘为太子，使得国家的根本得以确立，也是一个类似的好的例证。宋武帝刘裕知道谢晦的险恶用心却又信任和托付于他，国家没有因此而灭亡，也是不幸中的万幸。

本事：《资治通鉴》卷一一九《宋纪一·武帝》，永初三年（422）。

营阳王

一　谢晦身为顾命而弑君

乱臣贼子敢推刃于君父，有欲篡而弑者，有欲有所援立而弑者，有祸将及身迫而弑者；又其下则女子小人狎侮而激其忿戾，憨不畏死，遂成乎弑者。若夫身为顾命之大臣，以谋国自任，既无篡夺之势，抑无攀立之主，身极尊荣，君无猜忌，而背憎翕訿（zǐ），晨揣夕谋，相与协比而行弥天之巨恶，此则不可以意测，不可以情求者矣。而徐羡之、傅亮、谢晦以之。

营阳王狎群小而耽嬉游，诚不可以君天下，然其立逾年耳，淫昵之党未固，狂荡之恶未宣，武帝托大臣以辅弼之任，夫岂不望其捡柙而规正之？乃范泰谏而羡之、亮、晦寂无一言。王诚终不可诲矣，顾命大臣苟尽忠夹辅以不底于大恶，亦未遽有必亡之势也。恶有甫受遗诏以辅之，旋相与密谋而遽欲弑之，抑取无过之庐陵而先凌蔑之？至于弑逆已成，乃左顾右眄，迎立宜都。处心如此，诚不可以人理测者。视枭獍之行如儿戏，视先君之子如孤豚，呜呼！至此极矣。是举也，羡之以位而为之首，而谋之夙、行之坚、挟险恶以干大恶者，实谢晦也。人至于机变以为心术而不可测矣，俛而彼焉，俛而此焉，目数动，心数移，殚其聪明才力以驰骋于事物之间隙，蹈险以为乐，而游刃于其肯綮；则天理不足顾，人情不足恤，祸福不足虑，而唯得逞其密谋隐毒之为愉；国有斯人，祸不中于宗社者鲜矣。

晦之初起，刘穆之之所荐也；其从军征伐，宋武之所与谋也。穆之者，固机变之魁；而宋武之诛桓玄、灭慕容超、胜卢循、俘姚泓，皆以入险而震人于不觉者为功；晦且师之，无所用之，则以试之君父而已。当其进言武帝，睥睨太子，侧目庐陵，贼杀之锋刃已回绕于二王之颈，曰“是可试吾术”，而二王不觉也，武帝亦不觉也。机变熟而心魂数动，一念猝兴，杀机不遏，如是之憯哉！至于宜都既立，晦乃问蔡廓曰：“吾其免乎?”则亦自知其徒以膺天诛为万世罪人矣。然而不悔也，机变之得逞，虽死而固甘之也。故天下之恶，至于机变而止矣。

【译文】

乱臣贼子之所以敢于弑杀君父，有各种原因：有的是为篡夺权位，有的是为拥立别人为君，有的是祸患临头而被迫弑君；更等而下之的是与妇人、小人轻慢戏弄而激起其愤怒，于是不顾死活贸然弑君。至于那些身受顾命托付的辅政大臣，以谋划国家大计为己任，他们既没有篡夺权位的必然趋势，也没有再立新君的意愿，自身极尽尊贵荣耀，君主也没有猜忌他们。但若这类人在背地里憎恨诋毁君王、相互勾结、朋比为奸、朝夕揣摩、图谋不轨，做出罪恶弥天的弑君之事，这就不是人们能测度其意图、求得其情感的了，像南朝宋的辅政大臣徐羡之、傅亮、谢晦废黜并诛杀宋少帝（营阳王）的罪恶行径，就是属于这种情况。

营阳王刘义符狎昵一众奸佞小人而沉溺于嬉戏游乐，确实不足以担当天下大任，然而他即位刚一年，其亲昵淫乱的小人党羽还没形成，狂妄放荡的丑恶行径还没暴露，宋武帝刘裕把辅佐君王的重任托付给诸位大臣，不就是希望他们约束和匡正营阳王吗？可是国子祭酒范泰曾多次上言劝谏，而作为辅政大臣的徐羡之、傅亮、谢晦却保持沉默，没有一句规劝的话。营阳王的确是终究不可教诲之人，但如果辅政大臣能够尽忠辅弼君王，使他不至于做出大恶之事，那么他也不会那样快就发展到身亡的境地。哪里有刚刚接受辅佐新君的遗诏，转而就与人密谋，企图尽快弑君，并且把本来没有过错的庐陵王刘义真作为凌辱蔑视对象的呢？到了谋逆弑君事成之后，又左顾右盼，迎立宜都王刘义隆。他们居心如此险恶，的确不能够以做人的道理测度。他们将像枭獍一样生食其父母的大逆不道行为当作儿戏，把先代君王的儿子视作孤立无援的小猪一样宰杀。唉！至此已经达到罪大恶极的地步。这次的罪恶行径，按职位来说，司空徐羡之是最主要的责任者，而谋划最早、实行最坚决、怀凶险之心去做大恶之事者，实际上是领军将军、中书令谢晦。人到了以狡诈多变为心术而令人不可预测的地步，就会诡诈善变、欺上瞒下，眼睛屡屡打转、心机频繁变动，用尽所有聪明才智纵横驰骋，寻找可乘之机，以铤而走险作为快乐，在事物的关键环节游刃有余；天理道义不屑一顾，人情世故不加体恤，祸福利害不足为虑，而只以实现其阴险恶毒的野心为快乐；如果国家出现这样的人，那么君王的宗庙社稷很少有不遭祸患的。

谢晦最初的起家，是因为受到了刘穆之的推荐；而他从军征战，则是参与宋武帝刘裕军事谋划的人。刘穆之，本来就是狡诈多变的魁首；而宋武帝刘裕诛杀桓玄、消灭南燕慕容超、战胜卢循起义军、俘获后秦姚泓，都是因他能深入险境突然袭击，使敌人在不知不觉中骤然受到震慑而惊慌失措，从而立下战功；谢晦效法他的为人，却无用武之地，于是就把君王作为试验对象。当谢晦向宋武帝进言的时候，就蔑视太子、愤恨庐陵王，其杀人的刀刃已架在营阳、庐陵二王的脖颈上了，心说“这是试验我手段的时候了”，但二王以及宋武帝一点也没有觉察。等到他狡诈的机巧权谋成熟后，邪恶的心志屡次萌发，恶念一旦骤然兴起，弑君的杀机就不可遏制，竟然如此残暴歹毒啊！当宜都王刘义隆被立为帝后，谢晦曾向御史中丞蔡廓发问说：“我的罪过可以幸免吗？”可见他自己也知道像他这样的人因受上天的诛伐而成为万世罪人。然而，他并没有因此悔悟，只要其狡诈的机巧权谋得逞，即使身死也心甘情愿。所以，天下的罪恶，到了机诈权变这一层次已达到顶点。

本事：《资治通鉴》卷一二〇《宋纪二·文帝》，元嘉元年（424）。

二　宋武帝识人之得失

知人之难也，非不知而犹姑试之，诎于时而弗能为变计，则乱矣。武帝于谢晦，知其心挟异同，而犹委以六尺之孤，使二子骈首以受刃，其失较然也。虽然，帝岂尽惘于品藻哉？使文帝督荆州，以王昙首、王华为参佐，而谓文帝曰："昙首沉毅有器度，宰相才也。"其后徐羡之等迎立文帝，众志疑殆，王华决行而大计定。元嘉之治，几至平康，皆华、昙首所饬正之规模。邂逅片言，生平遂决，帝之知人亦尚矣哉！而卒以伊、周之任付之晦、亮、羡之者，当是时，华、昙首之流，年尚少，名位卑，不足以弹压朝右，故且置之上流，而徐收其效。荆州者，建康之根本也。荆土有人，社稷虽危而不倾矣。乃其盈廷充位，他无可谋，而必任诸机变异同之人者，其时端直贞亮之士，若徐广、蔡廓、谢瞻者，既不屑为宋用，其余则庸沓苟容屈于权贵之下风者，不得已而姑授之机变之人，时诎之，不知变计所从出也。

江东自谢安薨，道子、元显以昏浊乱于内，殷仲堪、王恭以嬛薄乱于外，暗主尸位，寇攘相仍，王谧之流，党同幸免，廉耻隳，志趋下，国之无人久矣。非天地之不生才也，风俗之陵夷坏之也。苟非机变，则庸沓而已。迨乎机变之术已穷，庸沓之人已老，然后华、昙首、殷景仁、谢弘微脱颖以见。使宋之初有此数子者侍于密勿之地，晦等之恶何足以逞，而武帝亦恶役役于此数人而任之乎？

【译文】

知人之难，不在于对其不了解而姑且用之，而在于受时势的限制不得不任用此人。如果不能对任用此人可能产生的后果提前做出应变之策，就会导致祸乱出现。宋武帝刘裕对于谢晦，就是明明知道他心怀叵测却仍托付其辅佐嗣君的重任，结果使他的两个儿子惨遭杀害。宋武帝用人的失误是很明显的。尽管如此，难道说宋武帝刘裕在品鉴任用人才方面就一无是处吗？他曾派遣其第三子，即后来的宋文帝刘义隆，都督荆、益、宁、雍、梁、秦六州诸军事、荆州刺史，任命王昙首、王华二人为参佐官，并对刘义隆说："王昙首沉着刚毅，有器识度量，具有作宰相的才能。"后来徐羡之迎立文帝，人们心中都疑惑不定，只有王华出面，决计让文帝前行接受，大计才定。宋文帝时期的元嘉之治，国家之所以能接近太平康宁的盛世，都是取决于王华、王昙首所整饬并使之合乎治国理政之道的规制。宋武帝与王华、王昙首只是邂逅而知遇，只言片语就决定了宋文帝与王华、王昙首一生的事业，说明宋武帝刘裕也是具有识人之明的。他之所以最终把像伊尹、周公辅佐幼主那样的重任托付给谢晦、傅亮和徐羡之，是因为当时王华、王昙首之辈年岁尚小、名位尚低，不足以控制朝廷局势，所以姑且把他们安排为荆州参佐之官，逐渐发挥他们的作用。荆州是守卫都城建康的根本之地，只要荆州有可靠的人才，国家即使形势危急也不至于倾覆。至于其整个朝廷都是徒居其位无所建树的滥竽充数之辈，没有其他可以谋划大事的人选，而必须任用机敏权变、心怀异志的人，就是因为当时像徐广、蔡廓、谢瞻这样的端严正直、忠贞亮节之士不屑于为刘宋所用，其他又都是些平庸无能、苟且偷安而屈从依附以取悦权贵的人物，所以刘裕不得已才把国家重任姑且托付给机敏权变之人。这是受时势的限制，所以不能对任用谢晦、傅亮和徐羡之等人可能产生的后果提前做出应变之策。

偏安江东的东晋政权自谢安死后，司马道子、司马元显父子昏庸无能而使朝廷内部陷入混乱，而殷仲堪、王恭借朝政混乱之机在外部轻率地发动叛乱，昏暗愚钝的君主尸位素餐，逆臣贼寇的侵扰接连不断。王谧之徒又党同伐异，只求幸免于乱。人们的廉耻丧失殆尽，志趣江河日下，朝中无人的局面由来已久了。当然，并不是天下没有造就出可用的人才，而是社会风俗日趋衰颓败坏了人才。若不是机敏权变之人，便只有平庸无能之辈了。等到机敏权变之人黔驴技穷，平庸无能之辈年岁已老，然后王华、王昙首、殷景仁、谢弘微这些贤能之士才会脱颖而出。假使刘宋初期就能有这么几位贤能之士随侍于朝廷机要之地，那么像谢晦之流的奸巧权谋之人又怎么能够得逞，而宋武帝刘裕又哪里需要苦心孤诣地托付这几个人而无从选择，不得已重用他们呢？

本事：《资治通鉴》卷一一八《晋纪四十·安帝》，义熙十四年（418）。

文帝

一　杨盛事晋堪比陶渊明

蛮夷之长有知道者，中国之人士愧之。故子曰：“夷狄之有君，不如诸夏之亡。”甚悲。夫中国也，宋之篡晋，义熙以后以甲子纪，而不奉宋之元朔，千古推陶公之高节。而武都王杨盛于晋之亡不改义熙年号。盛，仇池之酋长耳，与元亮颉颃于华、夷。晋氏衣冠之族，闻栗里之风而不愧者，又何以对偏方之渠帅也？盛临卒谓其世子玄曰：“吾老矣，当终为晋臣，汝善事宋。”子之从违可与已而为变计哉？盛过矣。虽然，此非可以訿盛也。盛远在荒裔，虽受晋爵而不纯乎其为臣，进则不必为晋争存亡，退自有其不可亡之世守，则孤立而撄宋之怒，力不能敌，且以覆先人之宗社，固不可也。是以告其子以事宋而无贻危亡于后世，是亦一道也。

若夫戴高天，履厚土，世依日月之光，有君父之深仇，无社稷人民之世守，洁其身于山之椒、水之涯，耕读以终身，无凶危之见逮，如溧阳史氏者，屡世不干仕进，而抑可不坠其宗。处此而曰：“终吾身而已，子孙固当去事他人以希荣利”，双收名利以为垄断，岂可援盛以自解哉？民之多辟，不可如何者也；自立辟焉，以两全于义利，又将谁欺？

【译文】

边疆民族的首领中有深知正道大义的人，我们中原王朝的士人应该为此感到羞愧。所以孔子说：“边疆民族中尚且有英明的君主，讲究礼乐教化，不像华夏诸国却僭伪叛逆动乱频仍，完全丧失了上下尊卑的区分。”（《论语·八佾》）就中原王朝来说，这真是令人感到非常痛惜啊！南朝刘宋篡夺东晋的皇位后，自晋安帝义熙年间（405—418）以后都改用甲子纪年，一直不尊奉刘宋的正朔，陶渊明（名潜，字元亮）的高风亮节因此受到千古推崇称颂。武都王杨盛直至东晋灭亡也没有改变义熙的年号。杨盛只不过是一个仇池国（今甘肃陇南一带）的氐族部落酋长罢了，与陶渊明分属于夷狄、华夏的不同区域，他们的高风亮节却不相上下。东晋的世家大族，即使听到栗里（今江西九江南陶村西）之风，即陶渊明的高风亮节，尚可不感到羞愧，那么又如何面对偏居一隅的氐族部落酋长呢？杨盛在临死的时候对其嫡长子杨玄说：“我老了，应当始终作晋朝的大臣。你还年轻，应当尽忠事奉刘宋。”顾虑儿子的境遇顺逆、取舍选择，难道就能允许自己为之改变初衷吗？杨盛想错了。尽管如此，也不可以非议杨盛的做法。杨盛身处荒僻边远之区，虽然接受晋朝的封爵，也不能完全算是晋朝的臣子，进一步不必要为晋朝的存亡而抗争，退一步则自有其不可丢弃的世代基业可守。如果一味坚持拥晋反宋，就会触怒刘宋，这不是其自身力量能抵御的，并且会颠覆祖先的宗庙社稷，本就不可以这样做。于是他告诫儿子要事奉刘宋，以免为后世子孙遗留危亡祸患，这也不失为一种策略。

至于有些人上顶苍天、足踏黄土，世代沐浴君王的雨露恩泽，虽然有弑君篡位的深仇大恨，却没有世代守卫国家人民的责任，因此可以隐居山顶、水边而洁身自好，靠读书、耕作度过一生，而没有遭遇凶险危急的顾虑。就像溧阳史氏一样，累世不出仕为官，也可以不影响其宗族的繁衍发展。身处这种境地，他们就会说："我只是保证自己终生坚守名义节操，子孙后代当然可以去事奉他人以获取名利。"把名利双收作为左右逢源的万全之策，难道可以援引杨盛的例子来自我辩解吗？民间有许多邪僻的行为，这是无可奈何的事情。然而，在这种情况下妄图另外建立一套自己的规则以求义利双全，这又能骗得了谁呢？

本事：《资治通鉴》卷一二〇《宋纪二·文帝》，元嘉二年（425）。

二　正名义不恤私恩

承大难之余，居大位，秉大权，欲抑大奸以靖大乱，论者皆曰："非权不济，名不可急正，义不可急伸，志不可急行，姑含忍以听其消而相安于无事，国乃可靖。故晋弑厉公，迎悼公，公掩荀偃、栾书、士匄之恶而从容驭之，晋乃以宁。”其说非也。夫不见悼公之掣于群贼，邢邱一会，而天下之政移于大夫，晋乃以终亡于八卿之裔。无他，名不正，义不伸，志不行，苟免于乱，乱之所以不息也。叔孙婼杀竖牛，而安其宗。汉献帝不能正董卓之罪，待其骄横而始杀之，故李傕、郭汜得以报仇为名，杀大臣，逼天子，而关东州郡坐视不救，韩馥、袁绍且以其为贼所立，欲废之而立刘虞。夫唯弑君之罪为神人所不容，而兄弟之痛根于性而弗容隐，受其援立，与相比昵，名不正，义不伸，志不行，忘亲贪位，如是而曰权也，是岂君子之所谓权乎？

文帝初立，百务未举，首复庐陵王之封爵，迎其柩还建康，引见傅亮，号泣哀恸，问少帝、庐陵薨废本末，悲哭呜咽，亮、晦、羡之自危之心惴惴矣。自危甚，则将相比以谋全，而虿毒再兴，固非其所惮为者。文帝之处此，将无虑之疏而发之躁乎？而非然也。明明在上者，天理也；赫赫在下者，人心也。无幸灾徼利之心，而自行其性之哀戚，视三凶如犬豕，而孰恤其恩怨之私哉？故天下无不可伸者，义也，义以正名，而志卒以行。彼三凶者，方将挟迎立之恩以制帝，帝舍其私恩，伸其公怨，夺三凶之所恃，而消沮以退。是以擒羡之、亮如搏鸡豚；谢晦虽居上流，拥徒众，一旦瓦解，自伏其辜。名其为贼以行天讨，凡民有心，无复为之效死者，党孤而自溃矣。于帝得乘权止乱之道焉，不贪大位，不恤私恩，不惮凶威，以伸其哀愤，则一夫可雄入于九军，况业已为神人之主而何所惧哉？唯能居重者之谓权，委而下移，则权坠而衡昂矣。故程子曰："汉以下无知权者。"

【译文】

遭遇天下大难之后，据有天子大位而秉持朝廷大权的君主，想要抑制大奸巨恶之人，从而安定天下大乱局势。议论的人都说："不采取权变的办法不能成事。名义不可急于辨正，正义不可急于伸张，志向不可急于实现。因此，姑且采取宽容忍耐的态度，听任混乱自然消弭，保持相安无事的态势，这样国家才可以稳定。所以，春秋时期晋国大夫栾书、中行偃（荀偃）弑杀厉公，迎立悼公；而晋悼公掩盖荀偃、栾书、士匄（范宣子）的罪行，从容驾驭任用他们，这样晋国才得以安宁。"这种说法是错误的。他们看不到晋悼公受制于奸邪之臣的事实，经过邢邱（今河南温县东）会盟，天下的政权已经转移到大夫手中，晋国也最终灭亡于八卿（上、中、下军及新军的将佐）后代之手。没有其他原因，名义不加辨正、正义不得伸张、志向不去实现，即使苟且免于变乱，也是变乱无法止息的根源。春秋时期鲁国叔孙婼（名舍，谥昭，故又称叔孙舍、叔孙昭子）杀掉犯上作乱而拥立自己继位的竖牛，得以保全其宗庙社稷。汉献帝刘协未能对董卓明正其罪，等到他骄横跋扈之时才诛杀他，因此董卓的部将李傕、郭汜得以利用报仇的名义，杀戮大臣、威逼天子，而关东州郡坐视不救。

冀州刺史韩馥、渤海太守袁绍则认为汉献帝为贼臣所立，要废掉他再立宗室、幽州牧、大司马刘虞为帝。只有弑君之罪是为神人所不容的，而丧失兄弟的悲痛之情则源于人的本性，也不容隐忍。受人扶立而成为君主，然后就与他们相互亲近，名义不加辨正、正义不得伸张、志向不去实现，为了贪恋君位而忘掉自己的亲人，这样的行为却被称为权变，这难道就是君子所谓的权变吗？

宋文帝刘义隆即位之初，百废待兴，首先恢复了庐陵王刘义真的封爵，把他的灵柩迎回都城建康，并引见傅亮，非常哀痛地号哭着询问宋少帝、庐陵王被废黜以及死去的情况，悲痛得说不出话。当时傅亮、谢晦、徐羡之内心都深感自危而惴惴不安。他们很害怕自己处境危险，于是相互朋比为奸以求保全性命，再次施行弑君废立的毒计，本来也并非他们不敢做的事。宋文帝刘义隆处于这样的境地，难道不是思虑太过肤浅而行动太过轻率冒进吗？实际并非如此。天理昭然在上，人心赫然在下。宋文帝没有自己侥幸得位的私心，而是发自内心本性地为其兄弟哀悼悲戚，将这三个凶残之人像猪狗一样地加以鄙视，谁还去考虑他们的私人恩怨呢？所以，天下没有不可伸张的正义，伸张正义就是为了正名，然后自己的志向才能最终得以实现。当时这三个凶残之人，想要凭借迎立宋文帝的恩德来挟制他，而宋文帝则不顾其私人恩德，伸张公愤，没有给予这三人可依恃的权力，使他们的势力逐渐消减而引退。因此，他制服徐羡之、傅亮等人，就像捕捉鸡和猪一样容易。谢晦虽然占据长江上游，拥有众多党羽和精锐军队，却也在旦夕之间土崩瓦解，自服其罪而死。天子将他们定名为逆贼，代表上天对其实行惩治，那么天下民众只要还有人心，就不会再为他们誓死效力，这样他们的党羽就会被孤立而自行瓦解。对于皇帝来说，若懂得利用权力制止变乱的道理，就不会贪图帝王大位、不顾惜私人恩德、不忌惮凶残威势，从而要伸张天下公愤，那么凭恃一人之力勇冠三军、称雄天下，更何况自己已经成为神人共尊的君主，还有什么可畏惧的呢？只有能够居于天子重位的君主才能够拥有权力，如果放弃权力，权力就会转移到臣下手中，从而像秤锤坠落、秤杆翘起一样，天子受制于人，而臣下专权废立。所以程颐曾说："自汉代以下，没有人真正懂得'权'字的意义。"

本事：《资治通鉴》卷一二〇《宋纪二·文帝》，元嘉元年（424）。

三　文帝听讼，非道却合宜

文帝亲临延贤堂听讼，非君天下之道也，然于其时则宜也。自晋以来，民之不治也久矣，君非幼冲则昏暗耳，国事一委之宰辅者几百年。乃其秉政之大臣，图篡逆者，既以饵天下为心，而成乎纵弛；贤如王导、郗鉴、何充、谢安，亦唯内戢强臣，外御狄患，暇则从容谈说，自托风流；而贪鄙如司马道子，又弗论也。及晋之亡，而法纪隳，风俗坏，于斯极矣。宋武以武功猎大位，豪迈而不悉治理，固未遑念及于亲民也。刘穆之、傅亮区区机变之小人，视斯民之治乱漠然不与相关，有司之贪浊瞀（mào）乱者，不知其若何也。文帝承其敝而欲理已乱之丝，则更不得高拱穆清以养尊贵。而况羡之、亮、晦杀君立君，威震朝野，民且不知有天子。苟不躬亲延访，则虚县于上，废置惟人，亦恶足以制权奸、保大位乎？故急于亲临以示臣民之有主，抑求己自强之道也。以是知文帝之志略已深，而正逆臣之诛，成元嘉之治，皆由此昉焉。

虽然，以是为君人之道则已末矣。国之大政，数端而已，铨选也，赋役也，刑狱也，乃其绪之委也，则不胜其冗，择得其人而饬之以法，士不废，民不困，而权亦不移。若必屈天子之尊，撤瑱纩（tiàn kuàng）以下问锥刀子女之淫慝，与民竞智而挠之者益工，与庶官争权而窃之者益密，明敏之过，终之以惛，求以起百年之颓靡，致旦暮之澄清，不亦难乎！帝之遣使行郡县访求民隐，诏郡县各言利病，斯可谓得治理矣。亲临听讼，暂尔权宜，非可法者也。王敬弘曰："臣得讯牍，读之正自不解。"其辞傲矣，而犹不失相臣之体。相臣执体要，佐天子以用人修法而天下宁，况天子乎？

【译文】

宋文帝刘义隆亲临延贤堂听理诉讼事务，这本不是君主统治天下的正确方法，然而在当时的情况下也是适宜的。

自晋朝以来，民众得不到有效治理已经很长时间了，君主不是年幼无知就是昏聩无能，把国家政事完全交给宰辅大臣处理，这种状况已延续了近百年。那些把持朝政的大臣中图谋篡夺权位的人，把收拢天下人心作为主要目的，从而采取宽松政策，造成朝政废弛；即使贤能的大臣如王导、郗鉴、何充、谢安等人，也只是对内抑制强臣擅权、对外抵御夷狄侵扰罢了，闲暇时间则从容清谈，寄托自身于所谓的风流雅致之列；那些贪婪卑鄙之人如司马道子等，就更不用说了。到晋朝灭亡之际，国家法纪废弛，社会风俗败坏，已达到了极为严重的程度。宋武帝刘裕倚靠自己的军功夺取了帝位，但他性格豪迈不羁，不熟悉治国理政之道，本就无法顾及亲民之事。刘穆之、傅亮这些机敏权变的区区小人，对待关乎民生的治乱问题漠不关心，认为与自己毫无相关；有关官吏贪墨成性、混乱不堪，也不知能发展到何种程度。宋文帝即位后，面对这样政事废弛、纷乱无绪的混乱局势，想要加以厘正，就更不能垂衣拱手以无为而治、太平祥和而养尊处优。更何况当时的徐羡之、傅亮、谢晦因为弑君、立君而威震朝野，使天下之人尚不知道有天子的存在。如果宋文帝不亲自听理诉讼、延访贤才，只是徒有虚名高悬于上，废弃搁置朝廷政事，一切都听任他人裁决，又怎么能够制服权奸强臣，保住自己的帝位呢？所以，他急于亲临听政，是要对天下臣民显示其有共同尊奉的君主存在，这也是他让自己振奋自强的一个途径。由此可知，宋文帝深谋远虑，他后来将叛逆之臣明正典刑、予以诛杀，进而成就元嘉之治的局面，都是从此开始的。

尽管如此，将宋文帝的这种做法作为君王统治天下的正确方法，也并不是上策。国家的大政，即铨选、赋役、刑狱这几方面，至于其细枝末节的具体事务，则纷繁冗杂，非一人可以胜任。如果选用得力的人才，整饬建立完备的法制规范，就会使贤能之士不被舍弃，民众不会陷入困顿，而且君王的权力也不至于下移。如果一定要天子自屈九五之尊，撤去华丽的装饰，亲自过问那些从事微贱工作之人的邪恶不正之事；与民众竞争智力的高低，就会导致下民阻挠政事的现象更加厉害；与百官争夺刑罚的权力，就会导致百官窃取权力的程度更加严重。过分的明察机敏，最终会导致迷乱糊涂，想要以这种方式振奋百年以来颓丧萎靡的风气，达到旦夕之间澄清时弊的效果，不也很难吗？宋文帝派遣使者到地方郡县访求民间疾苦，诏令地方郡县官吏陈奏本地政务的利弊得失，这种做法可以说是统治天下的正确方法。他亲临延贤堂听理诉讼，只是暂时的权宜之计，是不值得效法的。尚书左仆射王敬弘曾说：“我已经看到了案卷的副本，可是看不懂。”他的言语虽有些傲慢，但作为宰相还不失大体。宰相的职责是把握政事的纲要，从而辅佐天子选用人才、修立法度，使天下得以安宁，更何况是天子呢？

本事：《资治通鉴》卷一二〇《宋纪二·文帝》，元嘉三年（426）。

四　文帝偷安江东，坐失战机

赫连勃勃权谋勇力皆万人敌也，立国于险要之地，大修城池，宜足巩固以居而末如之何，乃至其子而遂亡。故夷狄恶其起而若未足忧也，不患其盛而不可拔也。赫连氏亡而五胡杂糅之中原皆为拓拔氏所有，并刘、石、慕容、苻、姚、乞伏、赫连、沮渠、冯、高、吕、段、秃发之宇而合于一，固将挟全力以为南国忧，然而无足忧也。夷裔之未入中国，则忧其相并而合；既入中国，则患其杂冗而不适所治，不患其合一极盛而以相压也。故宋武之时难矣：奋勇以灭慕容超，而姚兴又竞；全力以灭姚泓，而赫连、拓拔又乘间以争；欲再举以争关中，而郑鲜之曰："江南士庶引领以望返旆（pèi）。"盖二夷既灭，人心乍弛，不能再振矣。拓拔氏血战以克统万，穷兵以破蠕蠕，精甲锐师半消折于二虏，是亦勃勃死而昌无能为之势也。宋能乘之，此其时矣；坐困江东，惮其威而不进，进而不敢与之敌，盖失此一时，而六代之偷安不足以兴。文帝非英武之君，到彦之之流不足以有为，惜哉！

【译文】

匈奴赫连勃勃的权谋和勇力，都足以为"万人敌"。他把夏国都城建立在险要之地，并大修城池以抵御外患，本足以巩固其统治，没有谁能对他怎么样，但到他儿子统治时，国家却灭亡了。因此，对于夷狄，不要因为他们刚刚兴起就好像不值得担忧，也不要因其势力强盛好像不可战胜一样而忧心忡忡。赫连氏灭亡后，此前五胡杂糅的中原地区均为北魏拓跋氏占有，把十六国中的前赵刘氏、后赵石氏、前燕（含后燕、南燕）慕容氏、前秦苻氏、后秦姚氏、西秦乞伏氏、大夏赫连氏、北凉沮渠氏、北燕冯氏和高氏、后凉吕氏、北凉段氏、南凉秃发氏各部所占的土地合而为一，然后竭尽全力进攻南朝。然而对南方之国来说，也没有什么可担忧的。边疆民族没有进入中原前，我们担心其各部之间互相吞并进而联合一体越发壮大；进入中原后，他们担心因中原多民族杂居共处，自己不能适应中原的统治形式，而我们不用担心他们联合起来势力臻于极盛，威胁并压制中原王朝。所以，宋武帝刘裕当时的处境，正是他们未入中原而忧其相互吞并而联合一体的艰难时节：拼死灭掉南燕慕容超后，又面临后秦姚兴的威胁；全力消灭姚泓后，又与大夏赫连氏、北魏拓跋氏抗争；准备再度北伐争夺关中地区时，郑鲜之则说："江南的士大夫与民众都翘首盼望着您及早班师回防。"因为当时北方的两大民族政权都被消灭，人心骤然松懈下来，难以再度振作。北魏拓跋氏经过浴血奋战才攻下了赫连氏的都城统万（今陕西靖边白城子），集中全部兵力才打败了柔然部族，他们的精锐部队有一半力量损失在与这两支民族力量的战争中。这也是赫连勃勃死后，他的后继者赫连昌没有能力再度振兴的原因。刘宋如果能利用这一形势，正是他们已入中原、杂居共处而无所适从的良机。遗憾的是刘宋坐困于江南，忌惮拓跋氏的威势而不敢北进，即使北进也不敢与拓跋氏对抗。这样，失去这个千载一遇的良机，就造成以后南朝各代苟且偷安而再也不足以振兴的局面。宋文帝刘义隆不是英武有为的君主，其大将到彦之之流也不足以有所作为，真是令人惋惜啊！

本事：《资治通鉴》卷一二〇《宋纪二·文帝》，元嘉四年（427）。

五　拓跋焘得用财之道

拓拔焘惜财而不轻费，亲戚贵宠未尝横有所及，其赏赐勋绩死事之臣，则无所吝，用财之道，尽于此矣。有天下而患贫，岂惟其不当患也，抑岂有贫之可患乎？天之时、地之泽、人之力以给天下之用者，自沛然而有余。乃患贫而愈窘于用，则崔浩之言审矣。国之贫，皆贫国之臣使之然也。贫国之臣有二：一则导君以侈者，其奸易知也；一则诱君于吝者，其奸难测也。诱君以吝者，使其君以贫告臣民，而使为我吝，君一惑之，则日发不足之叹，言之熟而遂生于心，必不以帑藏之实使其臣知之。君匿于上，奸人乃匿于下，交相匿而上不敌下之奸，浸淫日月，出入委沓，且使其君并不知有余不足之实。猝有大兵大役馈饷赏赐之急需，皆见为不足而吝于出纳，而国事不可言矣。

凡为此者，皆君之亲戚贵宠，而君以为真爱我者也。

经用吝而其赏赐不吝，匪直赏赐耳，上下相匿，而大臣不能问，群臣不敢问，奸人且暗窃之以去，而上下皆罔所闻知。延及于子孙，则上无所匿于下，而专听奸人之匿以罔上，固必曰吾国贫也。大兵大役之猝至，非吝于用以酿溃乱，则横取之百姓而民怨不恤，曰吾实贫而不能不取之民也。则不徒亲戚贵宠之窃以厚藏者不可问，其所未窃者，湮沉填塞于古屋积土之中，至于国亡以资乱民之掠夺，新主之富有，而初不自知。呜呼！财一滥施于权贵，而事废于国，民怨于下，兵溃于境，国卒以亡，皆导吝之说为之，亦孰知导吝之情为窃国之秘术哉？庸主惑之，察主尤惑之，丧亡相踵而不悟，悲夫！

【译文】

北魏太武帝拓跋焘爱惜财物，不轻易消费，对于亲族外戚和显贵宠信之人未曾无故地赏赐，但对于具有功勋业绩以及为国家而死的人的赏赐则从不吝惜。这样的用财之道，也是十分完美了。富有天下的君主却以贫穷为忧患，难道仅仅是说贫穷不应当担忧吗？又难道是说真有贫穷值得担忧吗？天时所化育、地利所出产、人力所生产的天下财富，以供给天下人的用度，自然充足丰盈、绰绰有余。至于越是担心贫穷，财政用度就会愈加窘迫，北魏司徒崔浩这话说得很有道理。国家之所以贫穷，都是那些贫国之臣造成的。贫国之臣有两类：一类是引导自己的君主趋向奢侈浪费的生活，他们的奸诈险恶用心显而易见；另一类是诱导自己的君主吝惜财物，他们的奸诈险恶用心难以测度。诱导自己的君主吝惜财物的大臣，会让他的君主向臣民宣告国家的贫困形势，让臣民都为国家吝惜财物。君主一旦受其蛊惑，就会天天发出财物不足的感叹，感叹的时间长了就会产生国家真的陷入贫困的心理，他就一定不会把国家府库中的实藏财物之数让臣下知道。这样君王隐瞒于上，奸佞小人隐瞒于下，他们互相隐瞒使得君主不能遏制臣下的奸邪，日积月累，国家财物出入的账目混乱不清，使君主也不能准确知道国家财物是有余还是不足。如果突然遇到重大军事行动或者重大建设工程，亟须馈送粮饷或赏赐财物，都会因为财物不足而吝于出纳，如此一来，国家大事也就完了。

凡是诱导君主吝惜财物的，都是君主的亲族外戚和显贵宠信之人，但君王还自认为这是对他的真心热爱。国家财政用度吝于出纳，但对于亲族外戚和显贵宠信之人的赏赐却从不吝惜，而且不仅仅是赏赐过滥，甚至君臣上下互相隐瞒国库虚实，朝廷重臣不能过问，其他百官也不敢过问。那些奸邪小人暗地窃取府库财物，而君臣上下对此却一无所知。这种现象发展到后代子孙时，就会形成君主对臣下没有什么隐瞒，而专门听任奸邪小人用隐匿财物来欺骗君主的状况，而且他们本来就会说我们国家十分贫困。等到有重大军事行动或者重大建设工程骤然而至，不是吝惜财物支出而酿成溃败和混乱，就是不顾百姓苦难而横征暴敛，还假托由于国家实在贫困而不得不取之于民。这样的话，不仅是君主的亲族外戚和显贵宠信之人窃取并大量藏匿府库财物难以被过问，那些未被窃取的财物，长期充塞埋没于陈旧的仓库之中，到了国家灭亡时，这些财物便成了乱民掠夺的对象，新立君主所拥有的大量财物，当初吝惜财物的君主却毫不知情。唉！国家财物由于权贵滥用无度，导致国事荒废、民怨沸腾、军队溃败于边境，而国家也最终灭亡，这都是诱导君主吝惜财物的异端邪说所造成的，又有谁能知道诱导君主吝惜财物的用心是窃取国家的隐秘权术呢？平庸的君主为此深受迷惑，明察的君主也会受此迷惑，使得国家的沦丧覆亡接踵而至却不能醒悟，真是可悲啊！

本事：《资治通鉴》卷一二〇《宋纪二·文帝》，元嘉四年（427）。

六　陶渊明归隐之深意

陶靖节之不仕，不可仕也，不忍仕也。其小试于彭泽，以世家而为仕，道在仕也。仕而知其终不可而去之，其用意深矣。用意深而终不可形之言，故多诡其辞焉。不可形之于言而托之诡词者，非畏祸也。晋未亡，刘裕未篡，而先发其未然之隐，固不可也。万一裕死于三年之前，义符辈不足以篡，一如桓温死而谢安可保晋以复兴，何事以未成之逆加诸再造晋室之元勋，而为已甚之辞哉？此君子之厚也。故其归也，但曰“岂能为五斗米向乡里小儿折腰”。

如是而已矣。

虽然，此言出而长无礼者之傲，不揣而乐称之，则斯言过矣。君子之仕也，非但道之行也，义也；其交上下必遵时王之制者，非但法之守也，礼也。县令之束带以见督邮，时王之制，郡守之命，居是官者必由之礼也。知其为督邮而已矣，岂择人哉？少长也，贤不肖也，皆非所问也。孔子之于阳货，往拜其门，非屈于货，屈于大夫也；屈于大夫者，屈于礼也。贤人在下位而亢，虽龙犹悔，靖节斯言，悔道也。庄周曰："无所逃于天地之间。"君子犹非之。君臣之义，上下之礼，性也，非但不可逃也，亢而悔，则蔑礼失义而尽其性，过岂小哉？非有靖节不能言之隐，而信斯言以长傲，则下可以陵上；下可以陵上，则臣可以侮君；臣可以侮君，则子可以抗父。言不可不慎，诵古人之言，不可以昧其志而徇其词，有如是夫！

【译文】

陶渊明（谥靖节征士）隐居不做官，因他认为当时的情况不能够做官，也不忍心做官。他曾经牛刀小试，担任彭泽县令，这是他出于仕宦世家而做官。世家子弟的出路就是做官。做官后，他知道自己最终还是不可以做官，于是弃官而去，其用意非常深远。他虽然用意深远，但终究没有用语言表达出来，其作品中也对此闪烁其词。他之所以没有直接用语言表达，而是姑且采用托词，并不是因为他畏惧祸患。当时，东晋尚未灭亡，刘裕还没有篡夺权位，这种环境下，他本来就不可以表达出他能预见的、尚未形成的隐秘变化。万一刘裕早三年死去，他的儿子刘义符之流不足以篡位，一如桓温死后谢安仍能保证晋朝复兴的情况一样，那么如何能够把篡位未成的谋逆之罪强加给对晋朝立下再造之功的元勋，并为此制造危言耸听的言辞呢？这正是正人君子的厚道之处。所以，他辞官归隐时，只是说："怎么能够因为五斗米的俸禄向乡里小儿折腰呢？"仅仅如此罢了。

尽管如此，说出这样的话会助长无礼之人的傲气，使他们不加仔细揣摩就乐于称颂它，那么陶渊明的这句话就是错误的。君子出仕做官，不仅是为了践行正道，也是出于大义。君子做官而与上下级交往，一定遵守当时君王的制度，这不但是守法的表现，也是礼仪。作为县令，必须束好自己的衣带去见郡的属吏督邮，当时君王的制度、郡守的指令，都是身为县令必须遵循的礼仪规范。县令只要知道督邮的身份并以礼相待即可，难道守礼还要选择督邮具体是哪个人吗？至于督邮是老还是少，是贤能还是不肖之徒，都不需要过问。孔子对于阳货，曾经亲往他的门前拜见，这不是屈身事奉阳货，而是屈身于其大夫的身份。屈身于大夫，就是屈从于礼仪规范。贤能的人屈居下位，却知进而不知退、知存而不知亡、知得而不知失，即使像龙飞到极高之处也必然会因骄傲导致失败而后悔。陶渊明的这句话，正是这样一句有可能引起将来后悔的错话。庄周说过："（臣下事奉君上是出于道义，）这是天地之间无所逃避的现实。”（《庄子·人间世》）君子中还有人不认同这个道理。君臣之间的道义、上下之间的礼仪，都是出于人的本性，不但不能逃脱于天地之间，而且由于不知进退、存亡、得失而骄傲进而失败导致后悔，就会造成蔑视礼法、丧失道义、不能保全人的本性，这个过错难道还小吗？若不是有陶渊明那样的难言之隐，一味地相信这句话，助长无礼之人的傲气，那么下级就可以欺凌上级；下级欺凌上级，那么臣下就可以欺侮国君；臣下欺侮国君，那么儿子就可以违抗父亲。立言不可以不慎重，传诵古人所说的话，不可以不明白其中蕴含的志趣，只理解词句的表面含义，就像对待陶渊明的这句话一样！

本事：陶渊明事不见《资治通鉴》，见《晋书》卷九四《列传第六十四》。

七　统其初终，析其同异，辨言不难

扩其情以统初终，而汇观其同异，则听言也，固不难矣。非坚持一背戾之说，不然之效已著，而迷谬不解者之难辨也。言烦而竞，诡出而相违，莫可端倪，而唯其意之所营，以恣其辩，惑人甚矣，而尤无难辨也。凡言之惑人也，必有所动以兴；下者动以利，其次动以情，其次动以气。利者灼见之而辨矣，或倡之，遂或和之，然皆私利之小人也，于人辨之而已。情之动也无端，偶见为然而然之，偶见为不然而不然之。因而智计生焉，因而事之机、物之变、古人之言、皆可为其附会之资，而说益长、情益流，非有所利也，而若沥血以言之，不获已而必强人以听，此疑于忠而难辨者也。然人之情无恒者也，倏而然之，倏而不然之，则知其情之妄，而非理之贞也。至于气之动而尤不可御矣，若或鼓之，若或飏之，一人言之而群嚣然以和之，言者不知其所以言，和者愈不知其所以和，百喙争鸣，若出一口，此庄周所谓“飘风则大和而听其自已”者也。既自已矣，则前后之不相蒙，还以自攻也而不恤。虽然，亦岂有难辨者哉？观于拓拔氏伐蠕蠕之议，而鼓以气、荡以情者，直可资旁观者之一哂而已。

当其议伐赫连氏，则曰宜置赫连而伐蠕蠕。崔浩持之，伐赫连，而灭其国、俘其君矣；已而议伐蠕蠕，则又曰蠕蠕不可伐也。何前之伐蠕蠕也易而今难，何前之克蠕蠕也利而今无利？一言而折之有余，而群喙争鸣不息，有如是夫！人以为不可伐，则曰可伐；人以为可伐，则曰不可。气之为风也，倏而南，倏而北；气之为冬夏也，倏而寒，倏而暑；调之为暄清之适者，因乎时而已矣。言之善者，调其偏而适以其时。崔浩之言，则可谓知时矣，风不可得而飘，寒有衣襦、暑有箑（shà）也。拓拔焘之能用崔浩也，而犹疑之。情兴气动，难乎其不撼，况智不如焘者乎？虽然，无难辨也，统其初终，析其同异，以其所然攻其所不然，扩然会通以折中之，岂难辨哉？岂难辨哉？

【译文】

要识别他人言论正确与否，只要广泛深入地理解其含义，从而统筹考量其前后始终的变化，然后汇集相关言论，观察分析其中异同，那么辨别他人的言论本来就不是什么困难的事。有人非要坚持一个悖谬的说法，尽管其不正确的效果已得到明证，迷惑不解的人仍然难以分辨其前后的变化。利用烦琐的言语进行争论，言辞诡辩而自相矛盾，令人摸不清头绪，只能陷入其蓄意设计好的陷阱中，任意施展其诡辩之才，的确令人十分迷惑，但也没有什么难以识别的。凡是能够迷惑他人的言论，一定有其打动人而令人信服的地方。大体可分为三种情况：最差的是以利益打动人，其次是以感情打动人，最高明的是以气势打动人。以利益打动人的，很容易分辨清楚，他们有的极力倡导，有的随声附和，都是些图谋私利的小人，以其人品进行识别罢了。以感情打动人的，则没有来由。偶然看到可以认同的就认同，偶然看到不可以认同的就不认同，因而试图以感情打动人的便会心生计谋，于是事情的关键、事物的变化以及古人的言论都可以作为他们穿凿附会的根据，他们的说法就会愈加滋长，他们的情感也像水一样流动不定，实际这对他也没有什么利益，如同呕心沥血地表达自己的言论，迫不得已的情况下必然会强迫别人听从，很容易使人认为他们是忠臣，因而令人难以识别。然而人的情感没有永恒不变的，一会儿坚持这一观点，一会儿又反对这一观点，由此可知他们的情感是虚妄的，并非真正坚守事物的道理。至于以气势打动人的，尤其令人难以阻挡。有的人极力鼓动，有的人竭诚颂扬。一个人说出来，众人纷纷喧嚣鼓噪、随声附和。这样，发表言论的人不知自己为什么要发出这样的言论，随声附和的人更不知道自己为什么随声附和，就像百鸟争鸣，如同出于一人之口。这就如庄周所说："如果是顺着风向发出声音，相和的声音就会很大，但又能使其自行停息。"（《庄子·齐物论》）如果自己有坚定的立场，就应该考虑自己观点前后的协调一致，并且找出自相矛盾的地方加以纠正。尽管如此，难道还有难以分辨识别的言论吗？我们看看北魏拓跋氏谋划进攻柔然时的讨论，既以气势相鼓动，又以情感相激励，真可以作为旁观者的一个笑料。

当北魏拓跋氏讨论攻打大夏赫连氏时，群臣都说应该暂时搁置大夏赫连氏而讨伐柔然。司徒崔浩坚持攻打大夏赫连氏，才最后灭掉了赫连氏的大夏政权，并俘虏其国君。此后讨论讨伐柔然时，群臣却又说不能够讨伐柔然。为什么以前认为讨伐柔然轻而易举，而今又觉得困难呢？为什么以前认为攻克柔然有利可图，而今却无利可图呢？明明一句话就可以驳倒他们而绰绰有余，结果群臣众口争论、喋喋不休，竟然到了如此地步！众人都认为不可讨伐的时候，就会有人出来说可以讨伐；众人都认为可以讨伐的时候，就会有人出来说不可讨伐。人的气势随风倒，一会儿向南、一会儿向北；像冬夏气节的变化，一会儿寒冷、一会儿暑热。这样，想要使自己感到冷暖适度，就必须根据时令调配自己的穿着用度。那么，正确的言论就可以纠正偏见而适应当时形势发展的需要。以上崔浩的言论，可以说适应了当时的形势。他不是随风倒，而是犹如寒有衣穿、暑有扇子一样，合乎时宜。北魏太武帝拓跋焘虽重用崔浩，却对他仍有猜疑之心。一旦出现感情的激励、气势的鼓动，他对崔浩的信任便难免不被动摇，更何况那些智慧不如拓跋焘的君主呢？尽管如此，对于他人言论的正确与否仍不难以分辨、识别。只要统筹考量其前后的变化，观察分析其中的异同，以自己认为正确的反驳其不正确的，从而广泛深入地理解，进一步融会贯通，折中其议，直达要害，难道还会难以辨别吗？难道真的就难以辨别吗？

本事：《资治通鉴》卷一二一《宋纪三·文帝》，元嘉六年（429）。

八　刘宋将非其人

元嘉之北伐也，文帝诛权奸，修内治，息民六年而用之，不可谓无其具。拓拔氏伐赫连，伐蠕蠕，击高车，兵疲于西北，备弛于东南，不可谓无其时。然而得地不守，瓦解猬缩，兵歼甲弃，并淮右之地而失之，何也？将非其人也。到彦之、萧思话大溃于青、徐，邵弘渊、李显忠大溃于符离，一也，皆将非其人，以卒与敌者也。文帝、孝宗皆图治之英君，大有为于天下者，其命将也，非信左右佞幸之推引，如燕之任骑劫、赵之任赵葱也。所任之将，亦当时人望所归，小试有效，非若曹之任公孙彊、蜀汉之任陈祗也。意者当代有将才而莫之能用邪？然自是以后，未见有人焉，愈于彦之、思话而当时不用者，将天之吝于生材乎？非也。天生之，人主必有以鼓舞而培养之。当世之士，以人主之意指为趋，而文帝、孝宗之所信任推崇以风示天下者，皆拘葸巽（xǐ xùn）谨之人，谓可信以无疑，而不知其适以召败也。道不足以消逆叛之萌，智不足以驭枭雄之士，于是乎摧抑英尤而登进柔软；则天下相戒以果敢机谋，而生人之气为之坐痿；故举世无可用之才，以保国而不足，况欲与猾虏争生死于中原乎？

夫江东之不振也久矣。谢玄监军事，始收骁健以鼓励之，于是北府之兵破苻坚而威震淮北。宋武平广固、收洛阳、入长安，而姚兴、拓拔嗣不能与之敌，皆恃此也。已而宋武老矣，北府之兵，老者退，少者未能兴也。宋武顾诸子无驾御之才而虑其逼上，故斗王镇恶、沈田子诸人于关中，使自相残刘而不问。文帝入立，惩营阳之祸，急诛权谋之士，区区一檀道济而剑已拟其项领。上之意指如彼，下之祸福如此，王昙首诸人雍容谈笑以俟天下之澄清，虽有瑰玮之才，不折节以趋荏苒者，几何也？乃于其中择一二铮铮者使与猾虏竞，拓拔焘固曰："龟鳖小竖，夫何能为。"其堕彼目中久矣。孝宗之任邵、李以抗女直，亦犹是也。岳诛韩废，天下戒心于有为，风靡而弗能再振矣。身无英武之姿，外有方张之寇，奖柔顺以挫英奇，虽抱有为之志，四顾无可用之人，前以取败而不自知，及其败也，抑归咎于天方长乱，而虏势之不可撄也，愈以衰矣！

【译文】

为了元嘉北伐，宋文帝刘义隆诛杀徐羡之、傅亮、谢晦等权奸，整顿内政，与民休息，经过六年的准备才开始行动，这不能说是没有做好准备。北魏拓跋氏接连讨伐大夏赫连氏族、柔然，进军高车，军队因转战西北疲惫不堪，对于东南方向的防备相对忽视，这不能说不是北伐中原的好时机。然而他们得到的土地却未能守住，以致瓦解退缩、丢兵弃甲，连淮右地区的土地也丢失了。这是为什么呢？是因为任用的将领不得当。到彦之、萧思话大败于青州、徐州地区，与南宋孝宗隆兴北伐时邵弘渊、李显忠大败于苻离（今安徽宿州符离集）一样，都是因为将领任用不当，等于将士兵的性命白白送给敌人。宋文帝刘义隆、宋孝宗赵昚都是励精图治的英明君主，他们也想大有作为。他们任用的将领不是君主宠信的左右佞幸之臣推荐的人选，像战国时期燕国任用骑劫取代乐毅、赵国任用赵葱代替李牧一样；他们任命的将领是当时众望所归的人物，并且经过试用小有成效，才加以任用的，像春秋时期曹国任用公孙彊、三国时期蜀汉任用陈祗一样。难道是当代有将帅之才而不能得到任用吗？然而自此以后，未见再有将帅之才出现，也未见超过到彦之、萧思话而不为当时所用的将才出现，难道是因为上天吝惜，不愿意再产生这样的人才吗？

其实并非如此。天下产生出这样的人才，君主还必须有一定的办法鼓励并培养他们成才。当世的士大夫，都是以君主的意旨作为追求的目标，然而宋文帝、宋孝宗所信任推崇并使之享有盛誉、标榜于天下的人，都是些固执胆怯、怯懦谨慎之人。他们认为这些人可以信赖而不加猜疑，却不知道这些人正是招致失败的原因。他们认为道义不足以消除叛逆者的萌芽，智谋不足以驾驭枭雄之士，于是就采取压制英雄豪杰、进用软弱顺从之人的政策。这样，天下人都把英勇果敢、机智谋略作为大忌，人生的志气因此受到了极大损伤，因此整个世间没有可以任用的人才。连保全国家的人才尚且不足，更何况要北伐、要与边疆民族在中原地区进行生死较量呢?

江东地区的民心士气萎靡不振，已经很久了。东晋谢玄以建武将军、兖州刺史领广陵相监江北诸军事，开始招收骁勇健儿并予以激励培养训练，于是他所建立的北府兵能够在淝水之战中大破前秦苻坚，威震淮北。此后，宋武帝刘裕之所以能攻下广固、收复洛阳、进入长安，而后秦姚兴、北魏拓跋嗣都不能与之抗衡，就是凭借北府兵的势力。后来宋武帝年迈，北府的士兵也大多年老退役，年轻一代又未能相继兴起。宋武帝刘裕顾虑他的几个儿子没有驾驭北府军将的能力，担心北府军将以后会凭借威势逼迫君主，所以把王镇恶、沈田子诸人排斥到关中地区，使他们自相残杀，置而不问。宋文帝即位后，鉴于营阳王即宋少帝刘义符被弑杀的教训，急于诛杀权谋之士，就连檀道济这样一个区区小人物也准备杀掉。君主的意旨已然那样，天下人的祸福利害又是如此，而王昙首之流则雍容谈笑，等待着天下清明时候自行到来。在这样的情况下，即使有才能卓异的人，能够做到不屈己下人、不趋向柔弱的又有几人呢？在这为数不多的人中选择一两个佼佼者，使他们率兵与狡猾强悍的拓跋氏对抗，拓跋焘本来就会说："这些像龟鳖一样的竖子小臣，能成什么大事！"他眼中很早已看不起这些人。宋孝宗任用邵弘渊、李显忠对抗女真人，也是这种情况。由于主张抗战的将领岳飞被杀、韩世忠被撤职，天下人都不敢去做有为于当世的事，使得社会风气萎靡不振。这样，君主自身没有英武的气质，塞外有势力扩张、方兴未艾的敌人，却还采取奖励任用柔弱顺从之人、挫伤英雄豪杰志气的政策。即使君主抱着有为于天下的远大志向，环顾四周却找不到可用的人才，这种情况下主动北伐就等于自取失败却不自知，等到战败之后，又归咎于上天有意助长作乱。于是外部势力威势不可阻挡，国家也愈益衰败。

本事：《资治通鉴》卷一二一《宋纪三·文帝》，元嘉七年（430）。

九　形分势弱，必败之道

暗而弱者之用兵，其防之也，如张幮（chú）帐以御蟁（wén）蠓，薄絺(chī）疏绤（xì）使弗能入焉，则鼾睡以终夕。若此而不弃师失地以近于亡也，不可得矣。崔浩策宋兵之易败也，曰："东西列兵，径二千里，一处不过数千，形分势弱，可席卷而使无立草之地。"宋终不出其所料，金墉破而到彦之走，滑台败而萧思话走，守者分，攻者聚，一方溃，而诸方之患在腹心，不可支矣。故以战为守者，善术也；以守为战者，败道也；无他，将无略而以畏谨为万全之策也。

然则孔子之于战也慎，于行军也惧，又何以称焉？夫列兵千里，尺护而寸防之，岂其能惧哉？栉比株连以外蔽而安处其中，则心为之适然而忘忧；寇之来也，于彼乎，于此乎，我皆有以防之，则一处败而声息先闻，固可自全以退，而无忽出吾后以夹攻之患；于是乎而惧之情永忘，弗惧也，则亦无所慎矣。若夫惧以慎者，一与一相当，虔矫三军，履死地而生之，曾是瓜分棋布为能慎也与？不战而慎，未临事而惧先之，不败何待焉？

【译文】

糊涂而怯懦之人用兵，他的防卫之术，就像张开橱形的帐子以防御蚊蠓之类的虫子一样，用粗细相间的葛布层层阻挡使其无法进入，然后自己则在帐子里酣睡整个晚上。像这样的做法，要保证不丧师失地而濒临灭亡，是不可能的。北魏司徒崔浩分析刘宋军队容易失败的原因时说："宋兵东西排列，战线长达两千里，每个地方的兵力不过数千人，兵力分散，战力虚弱，我们可以像卷席一样迅速有力地予以击溃，使他们毫无立足之地。"果然，宋军的失败不出崔浩所料。金墉城（今河南洛阳东）被攻破后，到彦之军溃逃；滑台（今河南滑县）失陷后，萧思话军溃逃。宋军守卫力量分散，魏军进攻力量集中，这样宋军有一个地方溃败，所有地方都会担心腹心地区危急，局势也就不可扭转了。所以，以战为守是上等良策，以守为战则是败亡的策略。刘宋之所以失败，没有其他原因，而是由于将帅没有谋略，只是把畏缩拘谨作为万全之策。

然而，孔子对于战争持谨慎态度，对于行军也持畏惧态度，刘宋军队的谨慎、畏惧难道可以与孔子的说法相提并论而有什么值得称道的吗？那样列兵布阵长达千里，采取尺护寸防的用兵策略，难道还能有所畏惧吗？以鳞次栉比的战线形成外部屏障，使自己处于其中的安全地带，如此，自己内心备感舒适安逸而忘掉外敌忧患。这样，一旦敌人来袭，不管是那个地方，还是这个地方，自以为都有所防备，那么有一个地方溃败，先得到消息就可以撤退以保全自己，而不会有敌人突然从后方包抄、前后夹攻的忧患；因而畏惧之心便永远忘却，不感到恐惧，也就不必采取谨慎的态度了。至于所谓的因恐惧敬畏而谨慎从事，是指在两军对垒的情况下，三军将士忠诚勇武地拼死血战，置之死地而后生，难道只有把军队分散开来、星罗棋布以求万全才算是谨慎吗？尚未开战便一味谨慎，未临战时就先恐惧敬畏，不失败还等待什么呢？

本事：《资治通鉴》卷一二一《宋纪三·文帝》，元嘉七年（430）。

一〇　拓跋败宋求和

滑台陷，青州没，宋师熸（jiān），而拓拔氏旋遣使人聘宋以求和亲，逾年而宋报礼焉，此南北夷夏讲和之始也。宋大败，而刘振之且弃下邳以奔逃，拓拔氏乘之以卷江、淮也易矣；顾敛兵以退而先使请和，岂其无吞宋之心哉？力疲于蠕蠕，而固不能也。乃乘宋之惴慄以收宋，知宋之得释重忧，必欣然恐后，此虏之狡也。夫宋新败之余，弗能急与之争，则姑受其和而缓敌以待时，庸讵非策？且其于拓拔氏也，既非君父之仇，又无割地称臣之辱，如赵宋然者，则抑非义之所不许。顾亦思彼之先我以求和者何心乎？和者，利于夷狄而不利于中国，利于屡胜之兵，而不利于新败之国者也。

夷狄以战而强、以战而亡者也；其能悔祸以息兵，则休息其兵，生聚其民，蕃育其马，而其骑射技击，则性焉习焉，而不以不用而废。中国则恃和以安而忘危矣；士争虚名于廷，兵治生计于郊，人心解散，冀长此辑睦而罢兵以偷安，一旦闻警而魂摇，其败亡必矣。屡胜之余，败之几也，虽屈己以和人，不以为辱而丧其气，抑以免骄兵之取败也，善居胜者也。若败矣，君方悔前者之妄动以致衄，而情不竞，惴惴危慄，得和以无虞，而涣然冰释，于是乎戒战之危，而歆和之利，虽不弭兵，兵必弭矣。边陲戍守之士，皆赘设而聊以逍遥，尚足恃以御非常之变邪？骄贪无厌之虏，方养全力以乘我，而我幸其驯扰，抱虎而望其息机牙，不亦愚乎？

刘宋以和而罢兵，赵宋欲罢兵而讲和，赵宋尤惫矣。以和而弭兵者，志不在弭兵，弭于外未忘于内，故刘宋犹可不亡。以弭兵而和者，唯恐己之不弱也，故赵宋君臣窜死于海滨而莫能救。且曰："君无失德，民不知兵。"可胜悼哉！

【译文】

在滑台陷落、青州失守、刘宋军队溃败的情况下，北魏拓跋氏却很快派遣使者到宋朝请求和亲；一年后，刘宋派遣使者出使北魏以礼往还，这是南北双方、夷夏之间议和的开始。当时宋军大败，驻守下邳（今江苏睢宁西北）的青州刺史萧思话、参军刘振之甚至弃城奔逃。如果北魏拓跋氏乘机席卷江、淮地区，也是容易的事。然而他们却收兵撤退，首先遣使请和，难道他们没有吞并刘宋的野心吗？这主要是因为北魏拓跋氏进攻柔然后兵力疲惫，无力再进攻刘宋，于是就乘刘宋恐惧战栗之机，收揽刘宋的人心。他们知道刘宋得到和亲的请求后，必定如释重负，欣然答应而唯恐不及，这实际上是拓跋氏玩弄的狡诈诡计。对刘宋来说，刚刚战败之后，不能急于与拓跋氏抗争，姑且先接受其和议请求，作为缓兵之计以等待时机，这难道不也是一种策略吗？况且，刘宋与北魏既无君父之仇，又无割地称臣之辱，并不像赵宋王朝与北边民族的关系，从道义上讲，答应求和也不是不容许的。但在这种情况下，难道不考虑北魏首先求和究竟是何等居心吗？双方言和，有利于夷狄政权而不利于中原王朝，有利于屡战常胜之兵，而不利于刚刚战败的国家政权。

夷狄凭借善战而日益强大，又因为好战而自取灭亡。即使他们能够悔于兵连祸结而休战息兵，使其民众得以休养生息，使其战马得以繁衍培育，但他们所拥有的骑射攻击技能乃是与生俱来的，不会因为不发生战事而有所荒废。而对于中原王朝来说，则自恃已经议和而居安忘危，身处朝廷的士大夫追求和平的虚名，身处郊野的士兵则谋求自己的生计，人心涣散，期望长此以往和平安定，不再有战事，从而苟且偷安，一旦听到军情警报便内心动摇，败亡也是必然的事了。而对于北魏拓跋氏来说，连续获胜的背后，也隐藏着骄兵必败的苗头，虽然放低身段主动求和，却并不因此而感到耻辱、灰心丧气，同时也避免了骄兵必败的可能，这是善于把握胜利局势的做法。正如这次两军交战而刘宋战败，他们的君主就会后悔当初不该轻举妄动，造成惨败的结局，在情感上必然受到挫折，失去争胜之心，因而惴惴不安、恐惧战栗，能够达成和议得以暂时安宁，他们的忧虑便涣然冰释，因此便以战争可能失败为戒惧，以接受和议为欣喜，即使不想弭兵休战，战争也一定打不起来。议和之后，戍守边防的将士似乎都成了多余的摆设而聊且逍遥自在，难道还足以依赖其以抵御非常之变吗？骄横强悍、贪得无厌的北魏拓跋氏正养精蓄锐，准备乘中原不备之机全力以赴发动进攻，而中原王朝的刘宋却侥幸于他们暂时的驯服求和，就像抱着老虎而指望老虎不加以伤害，这不也太愚蠢了吗？

刘宋因为和议而罢兵，赵宋却因为想罢兵而议和，二者比较起来，赵宋的策略更为危险。因为和议而休战弭兵，其主要目的不在于弭兵，外边的战事暂时停息，内部还没有忘记战争的危险，所以刘宋还不至于灭亡。为了休战弭兵而议和，则唯恐自己的力量不被削弱，所以赵宋王朝的君臣最终被逼流窜、死亡于海滨而不能得救。而南宋朝廷还昭告天下称："历代君主都没有失德的地方，民众因承平日久而不知道兵事。"真是令人不胜悲哀啊！

本事：《资治通鉴》卷一二二《宋纪四·文帝》，元嘉八年（431）。

一一　选拔人才，清流华胄

拓拔氏诏举逸民，而所征皆世胄，民望属焉，其时之风尚然也。江左则王、谢、何、庾之族显，北方则崔、卢、李、郑之姓著，虽天子莫能抑焉，虽夷狄之主莫能易也。士大夫之流品与帝王之统绪并行，而自为兴废。风尚所沿，其犹三代之遗乎！

夫以族姓用人者，其途隘；舍此而博求之，其道广。然而古之帝王终不以广易隘者，人心之所趋，即天叙天秩之所显也。尧求人于侧陋，而舜固虞幕之裔。文王得贤于屠钓，而太公固四岳之嗣。降及于周衰而游士进，故孔子伤陪臣之僭，而忧庶人之议。《春秋》于私嬖骤起之臣，善则书人，恶则书盗。孟子恶处士之横逆，而均之于洪水猛兽。耕商驵（zǎng）侩胥史之徒起，而为大伦之蠡贼，诚民志之所不顺也。

汉高起自田间，萧、曹拔于掾吏，上意移而下俗乱，故江充、主父偃、息夫躬、哀章之徒，得以干主行私，乱君臣父子之彝伦而祸人宗社。然而古道之在人心者，不可泯也。六代南北分，而此意独传，以迄于唐，世胄与寒门犹相持而不下。及朱温肆清流之毒，五季摧折以无余，宋因陋而不复。然其盛也，吕、范、韩、陈犹以华胄而登三事、列清要，天下咸想望之。其卓然立大勋明圣学者，类能不坠家声而为国所恃赖。至于文及甫、程松之为败类者，百不得一也。女直、蒙古更主中国，而北面事之者，皆猥类无行之鄙夫，无有能如崔浩之不惜怨祸以护士大夫之品类者，而古道埽地无余。以迄于今，科举孤行，门阀不择，于是而市井锥刀、公门粪除之子弟，雕虫诡遇，且与天子坐论，而礼绝百僚。呜呼！君子之于小人，犹中国之于夷狄，其分也，天也，非人之故别之也，一乱而无不可乱矣。

六代固尝以夷狄主中国矣，而小人终不杂于君子，彼废而此不废焉。至于两俱废，而后人道之不灭者无几矣。拔浊流而清之，将谓引小人而纳于君子之途，道至大也。乃其弊也，夷君子于小人，而道遂丧。道大则荒，故先王畏其荒而不嫌其隘，譬之治津涂者，无迳隧而任人之行，则蔓草遍于周行，而无所谓津涂矣。其位，君子也；其职，君子也；其饰文物以希当世者，君子也。而钱刀嚚（yín）讼之声，习而闻之；役父谇母之色，狎而安之。则廉耻丧于天下，而人无以异于禽。故曰：将引小人而纳之君子，实夷君子于小人也。小人杂于君子，而仕与同官，学与同师，游与同方，婚姻与同种姓，天下无君子，皆小人矣，中国皆夷狄矣，可胜痛哉！有王者起，无仍朱温恶清流之恶；名世兴，无避崔浩清流品之怨；庶以扶乾坤于不毁乎！

【译文】

北魏拓跋氏下令征举逸民隐士，但所征举的都是世家大族的后裔，也都是众望所归的人物，当时的风尚就是这样。当时声名显赫的世家大族，南有琅邪王氏、陈郡谢氏、庐江何氏、颍川庾氏，北有清河（博陵）崔氏、范阳卢氏、赵郡李氏、荥阳郑氏。他们势力强盛，即使天子也不能抑制他们，即使夷狄的君主也不能改变。这些士大夫的流品地位同帝王的世系统绪并行不悖而自任兴衰。这种世代沿袭的风尚，也算是夏、商、周三代流传的遗风吧！

按照世家大族门第选拔任用人才，这种途径比较狭隘；不用这种方式而广泛地征求人才，选人用人的范围就比较宽广。然而，古代帝王之所以最终没有采用比较宽泛的方式代替比较狭隘的方式，是因为重视世家大族门第是人心所向，也是上天所昭示的等级次第。唐尧从偏僻简陋的地方征求贤才，而他的后继者虞舜本来就是著名贤者虞幕的后裔。周文王在屠户、渔夫中选用贤才，而姜太公本来就是曾经帮助大禹治水的四岳的后代。到周朝衰亡的时候，游说之士逐渐获得进用，所以孔子为大夫家臣僭越把持政权感到愤怒和伤心，为平民百姓妄议国政感到担忧。《春秋》一书中，对出身低下而青云直上的臣子有所贬斥——好的作为一般人来写，坏的则作为寇贼来写。孟子也非常厌恶隐居不仕之人的横行和悖逆行为，把他们与洪水猛兽相提并论。那些农夫、商贾、市侩、小吏之徒骤然崛起，实际上成了伦理纲常的蠡贼，实在是令人心情不舒畅的事啊！

汉高祖刘邦自田间地头发迹，丞相萧何、曹参从掾属小吏被提拔上来。由于上层人物出身低微，用人观念随之变化，导致社会风俗混乱，所以出身杂流的江充、主父偃、息夫躬、哀章之徒，得以干预朝政、专行己私，扰乱君臣父子的人伦道德规范，祸害天子的宗庙社稷。然而，古圣先王所建立的制度规范仍然铭记在人们心中，不可泯灭。两晋南朝时期，虽然南北地域界限分明，这种制度规范却得以独自流传下来，一直到了唐朝，世家大族与寒门庶族之间的斗争仍相持不下。自唐末朱温制造白马驿之祸，荼毒清流朝臣以来，又经过五代时期的摧残打击，世族门阀势力已荡然无存。宋代沿袭这种陋习，世族门阀势力再也没有得到复兴。然而，宋代也有世家大族兴盛的情况，如吕夷简、范纯仁、韩绛、陈执中仍然以华族贵胄位列三公，担任地位显贵、职司重要而政务不繁的所谓清要之职，为天下人所共仰，想望其风采。其中，才智卓异、立有大功、精通圣人之学的人，基本上都能维持其家族名声，并为国家所依赖。至于像文彦博之子文及甫、程九万之子程松之流的败类，一百人中都找不到一个。后来女真、蒙古相继入主中原，屈身事奉他们的都是些无耻下流、品行败坏的卑鄙小人，没有能像北魏司徒崔浩一样，不顾惜自己的恩怨祸福去维护士大夫品格地位的人。这样，古圣先王所建立的制度规范，至此扫地殆尽、毫无遗留。到了今天，只实行科举取士，不按门阀高低选用人才，于是市井乡野那些从事微贱职业、官衙中打扫清洁的子弟，都能凭借自己的雕虫小技，以不正当的手段谋取官位，获得与天子对坐而论道的机会，甚至位居百官之首，地位尊荣达到极致。唉！君子与小人的关系，就像中原王朝与夷狄之间的关系一样，严加区分而不相混淆，这是上天的意志，并不因为人的意志而把他们区别开来，一个环节出现混乱，其余也就随之混乱不堪。

两晋南北朝时期，夷狄固然曾经入主中原，但小人终究不能混杂于君子之中，因为小人失节而君子不会失节。如果小人与君子都失节了，那么正统的人道伦常就消亡殆尽了。从浊流下层选拔人才并加以澄清，被认为是把小人纳入君子之道，这是至为广大的正道。可是其弊病就在于，抹平了君子与小人的界限，而古圣先王所建立的制度规范就丧失了。选人用人的道路宽广，就会导致鱼龙混杂、制度规范荒废，所以古圣先王因畏惧荒废制度规范，而不嫌弃比较狭隘的选人用人途径，就像修建道路一样，不设置甬道而任人通行，就会使蔓草长满大道，结果就没有什么道路可言了。如果身居其位的都成了君子，官居其职的也成了君子，粉饰礼乐制度以取悦当世之人的也都成了所谓的君子，那么对于追求金钱财物、奸诈而好争讼的声音不绝于耳，他们都习以为常、充耳不闻；对父亲面露施与恩德之色、对婆母口出恶言之类的事情层出不穷，他们也都司空见惯、安然处之；则天下之人已丧失了廉耻之心，人和禽兽没有什么两样。所以，援引小人并将他们纳入君子之列，实际就等于把君子降低至小人之列。如若将小人混杂于君子之中，担任同等的官职，拜同样的老师学习，一起朝相同的方向出游交往，与同类的种姓结亲联姻，那么天底下就没有君子的存在，都成了小人，华夏的正统也不复存在，都成夷狄之邦了。这实在令人不胜痛心啊！如若再有英武有为的贤能君王兴起，不要沿袭像朱温毒害清流朝臣的罪恶行径；如若再有德高望重、名显当世的治国之才出现，不要回避像崔浩那样澄清流品所招致的怨愤。这样，差不多能够匡扶江山社稷不至于毁灭吧！

本事：《资治通鉴》卷一二二《宋纪四·文帝》，元嘉八年（431）。

一二　吏民告官，乱纲纪坏人心

吏民得告守令，拓拔氏之制也。拓拔焘自谓恤弱民而惩贪虐，以伸其气，自以为快，而无知者亦将快之，要为夷狄騃戾之情，横行不顾，以乱纲纪、坏人心，柰之何世主不择而效之也！以事言之，能于天子之阙、大吏之廷告守令者，必非愚懦可侮、被守令之荼毒而无告者也。奉公有式，守宪有常，守令犹以苛敛残虐枉抑之而无所忌，此其人见守令而惴栗弗敢逆者，而能叩天子之阙、登大吏之廷以告守令乎？此诏行，而奸猾胁守令以横行，守令且莫敢谁何，乡闾比族之弱民登其刀俎者，敢有或为喘息者哉？若夫贪墨之守令，免此亦易尔，宽假奸顽而与相比，则愚懦者之肉恣食之而固无忧也，其害于拓拔氏之世已著见矣。而君子所甚恶者尤不在此。逆大伦、裂大分也，奖浇薄而导悖乱也，贱天之所贵、夷堂廉而天子且不安其位也，此则君子所甚恶也。

夫人君诚患守令之残民与？则亦思其残民也何所自，而吾欲止其恶也，何以大正而小不能违。夫流品不清，而纨绔、赀郎、胥史、驵侩得以邀墨绶；铨选不审，而辇金、怀绮、姻亚、请谒得以猎大邑；秉宪不廉，而纠参会察施于如水之心，荐剡（yǎn）吹嘘集于同昏之党；皆教贪奖酷之所自也。原其所本，则女谒兴，宦寺张，戚畹专，佞幸进，源浊于上，流污于下，其来久矣。腥闻熏天，始从而怒之，假手于告讦之民以惩之；必民之是假也，亦恶用天子与大臣哉？夷狄不能禁其部曲，渐以流毒于郡邑，无已而此法行焉。堂堂代天而理民者，明大伦、持大法，以激浊扬清而弗伤其忠厚和平之气者，焉用此为？

【译文】

普通官吏、平民百姓可以告发郡守和县令，这是北魏拓跋氏所实行的制度。北魏太武帝拓跋焘自以为此举可以体恤贫困弱小的百姓，惩治贪婪暴虐的官员，以伸张民众的怨气。他自以为大快人心，无知之人也为此拍手称快，这主要是因为夷狄蛮横凶暴、横行不轨、扰乱纲纪、败坏人心，而不得不采取的措施。为什么后世的君主不加选择地效法呢？从实际情况来看，能够在天子的宫阙、高官的衙门中告发郡守县令的人，一定不是愚昧怯懦、软弱可欺、遭受郡守县令的迫害而无处申诉的人。奉行公事自有规范可以遵循，遵守法律自有常道可以践行，郡守县令尚且敢于横征暴敛、凶残施虐、冤枉无辜并肆无忌惮，难道那些见到郡守县令就会恐惧战栗而不敢丝毫违逆的人，能有胆量去叩天子宫阙、登高官衙门告发郡守县令吗？这项诏令实行以后，那些奸诈狡猾之人就会以此胁迫郡守县令而横行霸道，郡守县令对他也不敢怎么样，那么乡间比邻而居的小民受他们迫害、鱼肉时，还有喘息的机会吗？至于那些贪赃枉法的郡守县令，要想逃脱被告发的罪行，也是件容易的事；他们宽恕那些奸诈顽劣之徒并与之朋比为奸，那么愚昧怯懦之人就会成为他们恣意欺凌迫害的对象，也没有什么后顾之忧，这种政策的危害在北魏拓跋氏统治时期已经昭然若揭。然而，正人君子对此尤其厌恶的还不仅仅在这一点。悖逆人伦纲常，践踏仁义名分，奖励轻浮刻薄的人情风俗，引发社会的悖逆惑乱，玷污上天所尊崇的东西，破坏朝廷的风气，使天子不能安居其位进行统治，这才是正人君子最为厌恶的事情。

作为天子，真的担心郡守县令残害百姓吗？如果真是这样，就应该思考并探求其残害百姓的原因，想要制止他们的罪恶行为，如何能使朝廷大员正道直行，从而使基层的小官也不敢违逆。如果世家门第、官吏流品没有厘清，就会使那些纨绔子弟、纳赀捐官的人、胥吏、市侩得以获取官位；如果铨选制度不严格审慎，就会使那些利用输送金银、怀揣绮罗、凭借婚姻关系、请托干求的人猎取名都大邑守令的职位；如果执法的官员不廉洁，就会检举弹劾、联席纠察那些心如止水的廉洁官员，却推荐吹捧那些与自己有姻亲关系的同党。这些都是教唆贪赃枉法、助长残忍之风的根源。若从本源上考察，后宫得宠弄权、宦官势力膨胀，外戚擅权乱政、奸邪佞幸之人被进用，上流的源头污浊，则下流不可能澄清，这些现象由来已久了。等到臭名远扬、浊气熏天的时候，统治者才为此感到震怒，然后再假借平民百姓检举告发的罪状去惩治罪恶。既然一定要假借平民百姓之手，又怎么用得着天子及大臣呢？夷狄政权不能制止部属的罪恶行为，这种流毒又逐渐蔓延到地方郡县，所以不得已才实行这样的法令。而作为代表上天意志统治人民的堂堂天子，明确人伦纲常，秉持国家大法，推行激浊扬清的政策，又不伤害其忠厚平和之气，哪里用得着实行这样的法令呢？

本事：《资治通鉴》卷一二三《宋纪五·文帝》，元嘉十四年（437）。

一三　儒者之统孤行而无待

儒者之统，与帝王之统并行于天下，而互为兴替。其合也，天下以道而治，道以天子而明；及其衰，而帝王之统绝，儒者犹保其道以孤行而无所待，以人存道，而道可不亡。

魏、晋以降，玄学兴而天下无道，五胡入而无下无君，上无教，下无学，是二统者皆将斩于天下。乃永嘉之乱，能守先王之训典者，皆全身以去，西依张氏于河西；若其随琅邪而东迁者，则固多得之于玄虚之徒，灭裂君子之教者也。河西之儒，虽文行相辅，为天下后世所宗主者亦鲜；而矩矱不失，传习不废，自以为道崇，而不随其国以荣落。故张天锡降于苻秦，而人士未有随张氏而东求荣于羌、氐者。吕光叛，河西割为数国，秃发、沮渠、乞伏，蠢动喙息之酋长耳，杀人、生人、荣人、辱人唯其意，而无有敢施残害于诸儒者，且尊之也，非草窃一隅之夷能尊道也，儒者自立其纲维而莫能乱也。至于沮渠氏灭，河西无复孤立之势，拓拔焘礼聘殷勤，而诸儒始东。阚骃、刘昞、索敞师表人伦，为北方所矜式，然而势屈时违，只依之以自修其教，未尝有乘此以求荣于拓拔，取大官、执大政者。呜呼！亦伟矣哉！

江东为衣冠礼乐之区，而雷次宗、何胤出入佛、老以害道，北方之儒较醇正焉。流风所被，施于上下，拓拔氏乃革面而袭先王之文物；宇文氏承之，而隋以一天下；苏绰、李谔定隋之治具，关朗、王通开唐之文教，皆自此昉也。一隅耳，而可以存天下之废绪；端居耳，而可以消百战之凶危；贱士耳，而可以折嗜杀横行之异类。其书虽不传，其行谊虽不著，然其养道以自珍，无所求于物，物或求之而不屈，则与姚枢、许衡标榜自鬻于蒙古之廷者，相去远矣。

是故儒者之统，孤行而无待者也；天下自无统，而儒者有统。道存乎人，而人不可以多得，有心者所重悲也。虽然，斯道亘天垂地而不可亡者也，勿忧也。

【译文】

儒者道统，与君主的政统并行天下，二者互为兴衰交替。若二者合而为一，那么天下就借助儒者道统而得以大治，儒者道统也借助天子政统而昭明于世。等到国家衰亡的时候，帝王的政统断绝，而儒者道统仍然保持其自身的正道，独自流行天下，并不需要等待天子政统拯救。这些儒者作为道统存续的载体，可以使正道得以传承而不至于消亡。

魏晋以来，随着玄学的兴起，天下已没有儒者道统的存在；随着夷狄进入中原，天下已没有君主的政统可言。这样，上边不实施教化，下边不从事学习，使儒者道统、君主的政统都将在天下断绝。西晋永嘉之乱以后，能恪守古圣先王教化民众法则的人，都保全自身、远离中原，到大西北依附河西的前凉张氏。那些随从琅邪王司马睿东迁的人，本来也都是些受玄学影响颇深的人，是破坏君子教化的人。河西地区的儒者，尽管其文章与德行相辅相成，但为天下后世所尊崇传习的人却很少。然而，他们自己则能保持儒者的规矩法度而不丧失、传授修习而不荒废，把儒学作为自己崇尚的正道，并且不因为国家的灭亡而贬低其崇高地位。所以，前凉末帝张天锡投降前秦苻氏后，前凉的儒士没有随从张氏东迁而向羌、氐等少数民族政权谋取荣华富贵。自后凉吕光反叛以后，河西地区分裂成几个小国，当时的南凉秃发氏、北凉沮渠氏、西秦乞伏氏都只是蠢蠢欲动、垂死挣扎的部族酋长罢了，他们虽凭借个人的意志决定人们的生死荣辱，但他们都不敢对儒士进行迫害。他们之所以尊奉儒士，并不是因为窃据一方的夷狄尊奉儒者道统，而是因为这些儒士恪守他们的纲纪礼法，没有人能够扰乱他们。等到北凉沮渠氏灭亡后，河西地区不再有割据自立的形势，北魏太武帝拓跋焘对儒学之士礼遇殷勤，使诸多儒士开始向东依附于北魏。阚骃、刘昞、索敞三位儒者都是人伦纲常的表率，并为北方之人所崇敬和效法。然而，由于感到时势不顺遂，他们也只是依托北魏拓跋氏修养自身的道德教化，未曾利用自己的儒学向北魏拓跋氏政权求取荣华、谋取高官厚禄、执掌国家大政。唉！也真的很伟大啊！

江南地区可谓衣冠礼乐之乡，然而南朝学者雷次宗、何胤则利用佛、老学说危害儒者道统。相比之下，北方的儒者则更为纯正。由于崇儒风气的流行，传播影响到朝野上下，使北魏拓跋氏能够洗心革面而沿袭传承儒家的礼乐教化。之后，北周宇文氏也承继了儒者道统，一直到隋朝最终统一天下。苏绰、李谔制定隋朝的统治规范，关朗、王通开创唐朝的文治教化，若追本溯源的话，这里的道统都是从前凉遗留的儒者道统开始的。前凉偏据一隅，却能保存天下濒临废弛的儒者道统；安居于边疆地带，却能避免战事频仍的凶险；而凭借这些贫贱儒士，却能够折服那些嗜杀横行的异类。虽然这些儒士的著述没有被流传下来，他们的品行和道义也不十分突出，但他们知道修养道德以自珍自爱，对他人一无所求，即使别人有求于他们，他们也不屈服顺从，这与元初北方儒士姚枢、许衡自我标榜却投身于蒙古朝廷的行为相比，确实好得太多了。

因此，儒者道统可以单独流传于世而不需要等待别人拯救，天下的历史发展本来就没有统绪，但儒学则有自己的统绪。儒者道统的存续需要以人作为载体，但这样的儒士却不可多得，这是有心之人十分担忧和悲伤的事。尽管如此，儒者道统永恒存续于天地之间而不会消亡，也不必为此担心。

本事：《资治通鉴》卷一二三《宋纪五·文帝》，元嘉十六年（439）。

一四　宋文帝废罪彭城王

营阳弑，庐陵死，而文帝之心戚矣。环任诸弟以方州，而托国政于彭城，非但以为不拔之基也；顾瞻兄弟，不忍为权臣所屠割，相奖以共理，冀以服天下而保本支；衰世之君能尔者鲜矣。不然，营阳废而己兴，岂不早忧奸人之援立以加我者而峻防之乎？然则彭城之伏罪以废弃，彭城之不仁也，于帝何尤焉！

义康之入辞也，唯对之号泣而无一语，义康而有人之心也，其何以自容也！义康奉顾命之诏，刘湛即昌言幼主之不可御天下。义康而无篡夺之心乎？即不能执湛以归司寇，自可面折而斥绝之；方且爱湛弥笃，而不自敛约，义康之心，路人知之矣。或曰："义康非固有其意，而湛以倾险导之，义康固可原也。"亲则兄弟，尊则君臣，此立身何等事，而可谢咎于人之诱之也哉？扶令育谏文帝以保全义康则可矣，欲使召还而授以政，是亦一刘湛也，其见杀亦自取之也。

【译文】

营阳王刘义符被弑，庐陵王刘义真死于非命，宋文帝刘义隆对两位兄长的遭遇心有戚戚。于是任命自己的几个弟弟镇守四方州郡，并把国政托付给彭城王刘义康，并不仅是以此作为巩固刘宋统治的基础，也是他顾虑兄弟之情，不忍心看着他们被权臣屠戮，所以让他们镇守地方，勉励他们与自己共理朝政，并想以此使天下之人信服，从而保全刘氏血脉的世代延续；能像宋文帝这样做的衰微之世的君主是很少的。不然的话，宋少帝刘义符被废黜为营阳王后，宋文帝才得以兴起，难道他不早该考虑到自己由专权的奸佞胁迫拥立为君因而要对诸位兄弟严加防范吗？彭城王刘义康最终服罪被废，乃是由于彭城王自己的不仁义，宋文帝刘义隆又何罪之有呢？

彭城王刘义康出任江州刺史，他入朝辞别的时候，只对着宋文帝哀号哭泣而未说出一句话，刘义康如果有一点儿做人的良心，有何地可以自容呢！宋文帝一度病重，刘义康受命起草托孤之诏，其亲信谋臣刘湛就扬言年幼弱主不能统治天下。刘义康真的没有篡夺皇位的野心吗？他即使不能将刘湛抓起来送交主管司法的官员惩治，也应该当面训斥并与他断绝关系；他不仅没有这样做，反而对刘湛宠信有加。自己不加以收敛、约束，那么刘义康的不轨之心，已经路人皆知了。有人会说："刘义康本来没有篡权夺位的意图，只是由于刘湛用心邪僻险恶而引导他这样做，刘义康本来是可以原谅的。"刘义康与宋文帝，论血缘是兄弟情谊，论尊卑则是君臣关系，置身于如此重要的地位，恪守本分、立身正道是何等重要的事情，难道能把自己的罪责推脱为受别人诱导吗？前龙骧参军扶令育上书劝谏宋文帝保全刘义康的性命是可以的，但想要宋文帝将他召还朝廷，并授予国家大政，则扶令育也成了和刘湛一样的人，他的被杀也是咎由自取的。

本事：《资治通鉴》卷一二六《宋纪八·文帝》，元嘉二十八年（451）。

一五　谢灵运、范晔作乱以丧身

当其重也，则孔子之车，颜渊无椁而不可得也；当其轻也，则天子之尊，四海之富，如野蔌（sù）之在山麓水湄，而人思掇之也。谢灵运、范晔雕虫之士耳，俱思蹶然而兴，有所废立，而因之以自篡，天子若是其轻哉！何昉乎？昉于司马懿也。

王敦、桓温死而不成；桓玄狂逞遂志而终以授首；傅亮、谢晦、徐羡之甫一试其凶，而身膏（gào）铁钺。而灵运、晔犹不恤死以思偾兴，唯视天下之果轻于一羽，而尪（wāng）夫举之无难也。范晔之志趋无常，何尚之先知之，其处心非一日也；灵运犹倚先人之功业，而晔儒素之子弟耳，一念怏怏，而人主县命于其佩刀之下，险矣哉！萧道成、萧衍之侥得也，灵运、晔之侥失也，一也。大位之轻若此，曹操所经营百战而不敢捷得者也，故曰司马懿昉之也。

位不重，奸不戢，天下之祸乱不已，君臣之分义不立，故《易》曰："圣人之大宝曰位。"思所以服天下之心而早戢其异志，必有道矣。爱名器，慎选举，以重百官。贾生曰："陛尊、廉远、堂高。"知言也夫！

【译文】

作为礼义尊卑等级标志的名号和车服，当被人们看重的时候，比如孔子所乘的车，颜渊死后因下葬有棺无椁，其父颜路请求孔子卖掉自己的车为颜渊置椁，孔子没有同意；当被人们看轻的时候，则天子的九五之尊、四海之富，都如同山麓水边的野菜一样，可以任人采摘。谢灵运、范晔只不过是附庸风雅、会一些雕虫小技之人，却都想要骤然而起，欲行皇位废立之事，乘机篡夺国家大权。天子的地位竟如此鄙贱啊！这种现象是从什么时候开始的呢？是从司马懿篡夺曹魏政权开始的。

东晋王敦、桓温篡权夺位的阴谋没有得逞而死去；桓玄虽然篡位成功、阴谋得逞，但最终又被诛杀；傅亮、谢晦、徐羡之三人刚刚开始实施篡权阴谋，就丧命于斧钺；而谢灵运、范晔则不顾个人性命想要奋起作乱，他们把天下看得轻如鸿毛，孱弱之人也不难举起。范晔的志趣变化无常，中书令何尚之预先觉察到他有图谋不轨的野心，说明他处心积虑并非一天两天的事。谢灵运尚且可以凭借其先人的功业，范晔则是普通的儒家子弟，他们一旦心生不满的念头，君主的性命就悬于他们的佩刀之下，真是危险啊！齐高帝萧道成、梁武帝萧衍是出于偶然的机会而篡权夺位，而谢灵运、范晔则是因偶然失手而死于非命，其谋逆行径则是一样的。天子大位竟然轻贱到了如此程度！曹操当初即使身经百战也没敢马上图谋篡位。所以，这种现象的产生是从司马懿篡夺曹魏政权开始的。

天子大位得不到应有的重视，谋逆篡位的奸邪行为就不可能收敛，天下的祸乱也就不会止息，君臣之间的名分道义、尊卑等级也就不能树立起来。因此，《周易·系辞下》中说："圣人大可宝爱的东西就是尊贵的地位。"作为君主，一定要思索如何折服天下人心并及早制止其图谋不轨的野心，这必然有其正道大义可以遵循。那就是珍惜作为礼义尊卑等级标志的名号和车服之类的礼制规范，严格审慎地选拔和任用人才，从而充分重视并发挥百官应有的作用。汉代的贾谊曾说："天子的尊贵地位就像宫殿的厅堂，群臣就像堂下的台阶，百姓就像平地。多设台阶提高其地位，厅堂的侧边远离地面，厅堂就显得高大。"这是多么有见识的言论啊！

本事：《资治通鉴》卷一二四《宋纪六·文帝》，元嘉二十二年（445）。

一六　高允以学为占

高允几于知《易》矣。《易》曰："其出入以度外内，使知惧。"故圣人之作《易》也，使人度也，使人惧也；使人占也，即使人学也。子曰："不占而已矣。"谓不学也。拓拔丕从刘絜而欲谋篡，梦登白台，四顾不见人，使董道秀筮之，而道秀曰："吉。"此以占为占，而不知以学为占也。允曰："亢龙有悔，高而无民，不可以不戒。"此以学为占，而不于得失之外言吉凶也。

天下无所谓吉，得之谓也；无所谓有凶，失之谓也；无所谓得失，善不善之谓也。然而圣人作《易》以前民用者，两俱仁而有不广，两俱义而有不精，时位变迁而争之于毫末，思虑穷，而《易》以何思何虑之妙用，折中以协乎贞，则《易》之所以神，而筮之所以不可废也。若夫臣之忠，子之孝，义之必为，利之必去，昭然揭日月于中天，非偶然朽骨枯茎、乘不诚不道者之私以妄动，任术士之妄，谓之吉而遽信为吉，以祸天下而自戕者，所可窃以亿中也。

然而《易》亦未尝绝小人而不正告之也，通其义，裁之以理，使小人亦知惧焉。夫小人之为不善，行且为天下忧，故《易》不为小人谋，而为天下忧，惩小人之妄而使之戢，则祸乱不作，故大义所垂以遏小人之恶者，亦昭著而不隐。呜呼！知此者鲜矣，而高允能知焉，不亦善乎！朱子乃谓《易》但为筮卜之书，非学者所宜学，何其言之似王安石，而顾出允下也！

【译文】

北魏中书侍郎高允精通经史及天文术数，可以说是差不多通晓《周易》的人物。《周易·系辞下》中说：“出于本卦，入于变卦，测度从外卦到内卦的联系以定出吉凶，使人警惕戒惧以免灾祸。”故圣人作《周易》，就是要使人们衡量自己的地位，使人们有所畏惧；使人通过占卜测度自己的位置，就是要让人向好、向善的方面学习以秉持正道大义。孔子说：“这话的意思是叫无恒心的人不必占卦罢了。”（《论语·子路》）这说的是那些不秉持正道大义的人妄借《周易》占卜推测吉凶。北魏太武帝拓跋焘之弟、乐平王拓跋丕与尚书令刘絜阴谋篡位的时候，曾经梦到自己登上白台，环顾四周不见一人。他让术士董道秀就此梦用蓍草占筮吉凶，董道秀说：“吉兆。”这是单纯以占筮进行预测，而不知道通过学习以秉持正道大义进行预测。高允则认为：“蛟龙腾空高飞至极致便会心存悔悟，自己独登高台而环顾四周不见一人，不可以不引以为戒。”这是强调通过学习以秉持正道大义进行预测，而不是在利弊得失之外单纯地谈论吉凶祸福。

天下本无所谓吉，有所得就是吉；天下本无所谓凶，有所失就是凶；天下也无所谓得和失，善与不善就是衡量得与失的标准。然而，圣人作《周易》以引导人们运用卜筮的方法，是因为以龟甲占卜、以蓍草占筮这两种方法都蕴涵仁德却不够广泛，都蕴涵道义却不够精深。由于时势地位的变迁而引导人们聚焦于细枝末节的纷争，思虑穷尽却找不到解决的办法，就利用《周易·系辞下》中所说的“天下人想什么、考虑什么？（天下人走不同的路到达同一个地方，经过多种考虑达到同一个目的）”的妙用，折中协调人们之间的关系。这就是《周易》之所以具有神机妙用，而卜筮的方法之所以不能被废除的原因。至于大臣的忠心、儿子的孝顺，仁义必须施行、私利必须抛弃，犹如日月当空，显而易见。这些事情并不是那些偶然借助朽骨、枯草进行卜筮，依据缺乏诚信、不合道义之人的私利就轻举妄动，听任术士的妄言，说吉就马上信以为吉祥，最后给天下带来灾难又自食其果的人私下里所能推测其真相的。

然而《周易》从来不曾排除奸佞小人并严正告诫他们，而是要让小人通晓正道大义，遵照道理来裁量自己的行为，使小人也学会有所畏惧。奸佞小人行为不善，其罪恶行径将会成为天下的大患，所以《周易》主要不是为小人谋划，而是为天下的忧患而作。纠正奸佞小人的邪妄行为，使他们自己有所收敛，则可避免祸乱的发生，所以《周易》所留传并昭示于后世的遏制小人罪恶行径的正道大义，也得到充分彰显并无所隐藏。唉！了解如此深刻的人很少，高允就能通晓其中蕴涵的深意，不也是很高明吗！朱熹却认为《周易》仅仅是卜筮之类的书籍，不是学者应该学习的经典，他的说法与王安石何其相似，他们对于《周易》的了解反而处于高允之下。

本事：《资治通鉴》卷一二四《宋纪六·文帝》，元嘉二十一年（444）。

一七　何承天历法得天

历法至何承天而始得天，前此者未逮，后此者为一行、为郭守敬，皆踵之以兴，而无能废承天之法也。子曰："行夏之时。"伤周历之疏也。历莫疏于周，莫乱于秦，惟其简而已矣。《春秋》所书日食三十六，有未朔、既朔、月晦而食者，简故疏也。秦以建亥为岁首，置闰于岁终，简故乱也。历无可简者也，法备而后可合于天。承天之法，以月食之冲，知日之所在；因日躔（chán）之异于古，知岁之有差；以月之迟疾置定朔，以参合于经朔，精密于前人。天之聪明，以渐而著，其于人也，聪明以时而启，唯密以察者能承之。拘葸之儒，执其习见习闻以闭天之聪明，而反为之谤毁；嵬琐之士，偶得天明之一端，自诩其神奇，而欲废古人之规矩以为简捷；皆妄也。

古之所未至，可益也。以益之者改之，可改也。古之所已备者，不可略也；略之而使亡焉，则道因之而永废矣。废古而亡之，取便于流俗，苟且之术，秦之所以乱天下者，君子之所恶也。郭守敬废历元，俾算者之简便，徇流俗尔。历元废，则甲子何所从始，奚以纪年而奚以纪日邪？近乃有欲废气盈朔虚，以中气三十日有奇纪孟仲季，而废闰并废月者，是天垂三曜而蔑其一也。夫人仰而见月，以月之改矣，知四时寒暑之且更矣；舍之而以中纪岁，非据历之成书，而人莫能知时之变迁矣。故古之以朔纪月，而为闰以通之于岁者，所以使人仰观于月而知时，犹仰观于日而知昼夜，何可废也。备古之所未逮，则自我而始，垂之无穷；古法废，则自我而且绝；此通蔽之大端，君子之所不敢恃己以逆天人也，岂徒历法为然哉！

【译文】

中国古代的历法，到南朝宋天文学家何承天时才符合自然天象的运行法则。在此之前的历法都不完备，此后的历法有唐代僧一行的历法、元代郭守敬的历法，都是在何承天历法的基础上加以改进，并没有废弃何承天历法的基本原则。孔子说“实行夏朝的历法”（《论语·卫灵公》），就是伤感于周朝历法的粗疏。古代的历法，没有比周朝更粗疏的，没有比秦朝更混乱的，其原因都在于过分简略。《春秋》中记载日食共计三十六次，其中有未朔日食、既朔日食、月晦日食，都是由于简略而导致疏漏。秦朝把亥月即夏历十月作为一年的首月，而把闰月作为一年的末月，则是由于简略而造成混乱。历法不能过于简略，只有历法条目完备，才能与自然天象的运行法则相符合。何承天所修订的历法，根据月食时太阳、地球与月亮等星体处于同一直线、日月对冲的规律，测得太阳所在的位置；根据太阳视运动的度次与过去的差异，测得年岁长短的差异；根据月亮运行的速度确立定朔日即每月第一天，再综合参考取月平均天数所确定的朔日，比前人的历法更为精密。天体运行的变化规律，逐渐得以彰显出来。对于人类来说，天体的变化随着时间的推移而产生，只有仔细观察的人才能了解它的变化规律。固执而怯懦的儒士，利用自己经常见到或听到的知识否定天体变化的某些规律，并且对正确的观点大加诋毁；奸邪鄙陋的人，偶尔发现自然天象的某些变化，就会以神奇自夸，并且想要推翻古人所定的规矩法度，创建自己所谓简便快捷的新规范。这些做法都是不正确的。

对古代历法中不完备的地方，可以进行补充；因为补充而修改的，可以修改；但古代历法中已经完备的内容，则不能够随意删略。因为删略而导致废弃不用，那么古人总结出的正确道理就会永远消失了。废弃古法而使之趋于消亡，又根据世风流俗随便制定历法，作为一时苟且的方法，就会导致出现秦朝历法那样的混乱，这都是正人君子所厌恶的事。郭守敬废除上元积年，使计算历法更为简便，这就是屈从于流俗。废除上元积年，那么甲子该从哪里开始计算，用什么来纪年，又用什么来纪日呢？近来又有人要废除气盈朔虚的规制，主张以二十四节气对应每月月中的节气即以中气为准，每月三十日有余，来区分和记录每个季度的孟、仲、季三个时期，废掉闰年以及分月的制度，这就否定了上天的日、月、星三曜中月亮的存在。人们仰头看月，根据月亮的变化，知道四季冷暖气候的更替。如果不用这个办法，而以中气纪岁，若不根据原有的旧历，那么人们就无法知道四季的变化。所以，古人以朔望纪月，并设立闰月以平衡一年时间的长短，就是要让人们凭观察月亮知道四季时令的更替，就像观察太阳的方位而知道昼夜的变化一样，怎么可以废除呢？对古人历法进一步完善，自我开始，将会永垂千古；废弃古人的传统历法，那么自我开始，传统的规范将会灭绝。这是区分通达与蒙蔽的重要原则，君子也不敢凭借己私违背天人相应的共同意愿，难道只有在历法问题上才是这样吗！

本事：《资治通鉴》卷一二四《宋纪六·文帝》，元嘉二十一年（444）。

一八　纸上谈兵者必败

王玄谟北伐之必败也，弗待沈庆之以老成宿将见而知之也。今从千余岁以下，由其言论风旨而观之，知其未有不败者也。文帝曰："观玄谟所陈，令人有封狼居胥意。"坐谈而动远略之雄心，不败何待焉？

兵之所取胜者，谋也、勇也，二者尽之矣。以勇，则锋镝雨集车驰骑骤之下，一与一相当，而后勇怯见焉。以言说勇者，气之浮也，侈于口而馁于心，见敌而必奔矣。若谋，则疑可以豫筹者也；而豫筹者，进退之大纲而已。两相敌而两相谋，扼吭抵虚，声左击右，阳进阴退之术，皎然于心目者，皆不可恃前定以为用。唯夫呼吸之顷，或敛或纵，或虚或实，念有其萌芽，而机操于转眄；非沉潜审固、凝神聚气以内营，则目荧而心不及动，辨起而智不能决。故善谋者，未有能言其谋者也。指天画地，度彼参此，规无穷之变于数端，而揣之于未事，则临机之束手，瞀（mào）于死生而噤无一语也，必矣。

玄谟之勇，大声疾呼之勇也；其谋，鸡鸣而寤（wù）、画衾扪腹之谋也；是以可于未事之先，对人主而拄笏掀髯，琅琅惊四筵之众。今亦不知其所陈者何如，一出诸口，一濡之笔，而数十万人之要领已涂郊原之草矣，况又与江、徐文墨之士相协而鸣也哉！

薛安都之攻关、陕而胜也，鲁方平谓安都曰："卿不进，我斩卿，我不进，卿斩我。”流血凝肘而不退，兵是以胜。武陵王骏之守彭城而固也，张畅谓江夏王义恭曰：“若欲弃城，下官请以颈血污公马蹄。”骏听之，誓与城存亡，城是以全。由此观之，拓拔氏岂果有不可当之势哉？勇奋于生死之交，谋决于安危之顷，武帝之所以灭慕容、俘姚泓，骂姚兴而兴不敢动，夺拓拔嗣之城以济师而嗣不敢遏，亦此而已矣。皆玄谟所引以自雄者，而心妄度之，目若见之，口遂言之，反诸中而无一虚静灵通之牖，以受情势之变，而生其心；则事与谋违，仓皇失措，晋寇以屠江、淮，不待智者而早已灼见之矣。

言兵者必死于兵，听言而用兵者，必丧其国，赵括之所以亡赵，景延广之所以亡晋，一也。最下而郭京、申甫之妖诞兴焉。有国家者，亟正以刑可也。但废不用，犹且著为论说以惑后世，而戕民于无已。《易》曰：“弟子舆尸。”坐而论兵者之谓也。

【译文】

南朝宋宁朔将军王玄谟北伐必定失败，这不需要等待像太子步兵校尉沈庆之这样老成持重的宿将预言便可知道。今日时隔千年，我们从他的言论意图中考察，也可知道他没有不败的道理。宋文帝曾说：“看到王玄谟的慷慨陈词，令人有封狼居胥（指西汉霍去病大败匈奴，于狼居胥山筑坛祭天以告成功）的激情。”坐而论道便可以激发起天子开疆拓土的雄心壮志，不失败还等什么呢？

战争能够取胜，靠的是谋略和勇气，仅此二者就够了。关于勇气，在箭锋如雨、车马驰骋的情况下，一对一地对阵，而后勇气与怯懦便显而易见。只是凭借语言标榜勇气，仅仅浮于言表，口头逞勇而内心怯懦，遇见敌人就一定奔跑逃命。至于谋略，则或许可以预先筹划，但即使预先筹划，也只是军队进退的大体战略罢了。如果两军对垒而两相筹谋，扼守险要之地而乘其空虚出击，采取声东击西、假进实退的战术，需要对整个战局知己知彼、成竹在胸，这些都是无法在战前预先筹谋到位，从而在战时依计而行的。只有把握瞬息变化的形势，或收或放，或虚或实，忽然灵机一动，转眼随机应变，选择适当的战略战术。若不是沉下心来审慎周全地了解敌情，聚精会神地进行周密谋划，那么眼前的形势就会令人眼花缭乱而六神无主，争辩纷起而难以决断。所以，善于谋划的人，没有谁能预先说出自己的具体策略。那些战前指天画地，彼此考量，把变化多端的战争形势归结为几种方案，战端未开就提前做出预测的人，临战之时却束手无策，面对生死存亡却不发一言，这是必然失败的结局。

王玄谟的勇气，只是大声疾呼的勇气；而他的谋略，只是听到鸡鸣便从梦中醒来，吃饱后摸着肚皮而怡然自得的谋略。因此，他可以在战争之前，面对天子激动地手持笏板侃侃而谈，声如洪钟、语惊四座。至今也不知道他所陈述的是些什么内容，但他话一说出口、文字一落于笔端，就导致了数十万生命血染荒野，更何况还有吏部尚书江湛、尚书仆射徐湛之这些文墨之士与他彼此唱和、鼓噪而鸣呢！

扬威将军、北弘农太守薛安都之所以进攻关、陕地区取得了胜利，是因为当时其副将鲁方平（一作曾方平）曾对薛安都立誓说："你若不进，我就斩杀你；我若不进，你就斩杀我。"最后即使鲜血凝固在他的臂肘上也没有后退，于是他们的军队能取得胜利。武陵王刘骏（后来的宋孝武帝）之所以能够固守彭城（今江苏徐州），是因为当时张畅对江夏王刘义恭发誓说："如果您弃城逃跑，下官我请求用脖颈上的鲜血染红您的马蹄。"刘骏听到他的誓言，誓与彭城同存亡，于是彭城最终得以保全。由此看来，北魏拓跋氏难道真的具有不可阻挡的威势吗？勇气，只有在生死关头才能够迸发出来；谋略，只有在危急时刻才能够形成决策。宋武帝刘裕之所以能够消灭南燕慕容氏、俘虏后秦姚泓，辱骂姚兴而姚兴不敢违抗，占领北魏明元帝拓跋嗣的城池以进军而拓跋氏却不敢制止，也是凭借这些罢了。这些都是王玄谟引为自豪的范例，于是他内心妄自测度，好像亲眼所见一样，口头上便夸夸其谈，反观其内心，却没有从容应对的冷静淡定和当机立断的机敏迅捷，以承受和应付瞬息万变的战争形势，但还是萌发了北伐的心思。当事与愿违时，王玄谟就感到仓皇失措，以致敌寇侵入江淮之地，肆意屠戮。这种结局不需要等待智慧之人进行预测，就能看得明明白白了。

纸上谈兵者一定死于战争，听信这些言论而用兵者，一定导致其国家灭亡。战国时期的赵括之所以导致赵国灭亡，五代时期的景延广之所以导致后晋灭亡，都是由于同样的道理。最为等而下之的，则有北宋末年靖康之变时的士兵郭京以六甲神兵擒敌、明朝末年僧人申甫以役鬼之术抗敌，都是以荒诞妖异妄言兵事的例子。拥有天下的君主，应该随即将这些人明正典刑、严惩不贷；如果只是废弃不用，他们仍然能著书立说以蛊惑后世之人，从而祸害百姓没有止境。《周易·师卦》的爻辞中说："次子战死，载尸而归。"指的就是纸上谈兵的人。

本事：《资治通鉴》卷一二五《宋纪七·文帝》，元嘉二十六年（449）。

一九　崔浩秉笔直书

于崔浩以史被杀，而重有感焉。浩以不周身之智，为索虏用，乃欲伸直笔于狼子野心之廷，以速其死，其愚固矣。然浩死而后世之史益薉，则浩存直笔于天壤，亦未可没也。直道之行于斯民者，五帝、三王之法也，圣人之教也，礼乐刑政之兴废，荒隅盗贼之缘起，皆于史乎征之，即有不典，而固可征也。若浩者，仕于魏而为魏史，然能存拓拔氏之所由来，详著其不可为君师之实，与其乘间以入中国之祸始，俾后之王者鉴而知惧，以制之于早，后世之士民知愧而不屑戴之为君，则浩之为功于人极者亦伟矣。浩虽杀，魏收继之，李延寿继之，撰述虽薉，而诘汾、力微之薉迹犹有传者，皆浩之追叙仅存者也。

前乎此而刘、石、慕容、苻、姚、赫连之所自来佚矣；后乎此而契丹、女直、蒙古之所自出泯矣。刘、石、慕容、苻、姚、赫连之佚也，无史也；契丹、女直之泯也，蒙古氏讳其类，脱脱隐之也；然犹千百而存一也。宋濂中华之士，与闻君子之教，佐兴王以复中华者也，非有崔浩族诛之恐。而修蒙古之史，隐其恶，扬其美，其兴也，若列之汉、唐、宋开国之君而有余休；其亡也，则若无罪于天下而不幸以亡也。濂史成，而天下之直道永绝于人心矣。濂其能无愧于浩乎？浩以赤族而不恤，濂以曲徇虞集、危素而为蒙古掩其腥秽，使后王无所惩以厚其防，后人无所愧以洁其身。人之度量相越，有如此哉！后之作者，虽欲正之，无征而正之，濂之罪，延于终古矣。

【译文】

北魏的司徒崔浩因为修史被以暴扬国恶的罪名杀害，我对此深有感触。崔浩以不顾惜保全自身的智慧，为北魏拓跋氏所任用，却想要在狼子野心的北魏朝廷内部伸张秉笔直书的大义，从而加速了自己的死亡，固然是愚蠢的。然而崔浩死后，后世史家的著述却更加污秽不堪，那么崔浩秉笔直书的精神永存于天地之间，也是不可泯灭的。正道直行而秉笔直书，这种精神在中华民族发展史上传承赓续，是上古时期五帝、三王创立的规制，是出自圣人的教诲，礼乐教化、刑法政事的兴废，边疆荒凉之地盗贼的缘起，都可以从史书中得到佐证，即使是不合常道的事情，也可以从历史记载中找到根据。像崔浩这样的人，为官于北魏又为北魏编修国史，然而能做到记录并保存拓跋氏的由来与发展历史，详细记载拓跋氏不可能成为天子的实际情况，以及他们乘机侵入中原、制造祸乱的开端，使后世王者能够以此为鉴，知道心怀畏惧，从而及早加以预防和控制，又使后世士人百姓都保有羞耻之心，而不屑于拥戴拓跋氏首领作为君王，那么崔浩对人伦纲常做出的贡献是非常伟大的。崔浩虽然被杀，但他的后继者还有编修《魏书》的魏收和编修《南史》《北史》的李延寿，他们的撰述尽管也有些污秽，但对于鲜卑拓跋部的远祖拓跋诘汾、拓跋力微父子残酷杀戮的丑恶行迹仍有记载，这些都是崔浩追述鲜卑早期历史中仅存的部分内容。

在此之前，有关十六国中刘氏、石氏、慕容氏、苻氏、姚氏、赫连氏政权的由来和发展的历史已经亡佚；在此之后，有关契丹、女真、蒙古等民族起源的历史也都泯灭而无从考证。关于前者，十六国诸政权由来与发展历史的亡佚，是因为缺乏历史记载；关于后者，契丹、女真民族起源的历史泯灭而无从考证，是因为元代蒙古人忌讳记述他们的历史，脱脱主持编修《辽史》《金史》时又隐瞒了历史真相，然而这些民族的历史仍有少部分被记载并保存下来。明初主持编修《元史》的宋濂，作为中原的士大夫，所受的是传统儒学的君子教化，承担辅佐君王兴起、恢复华夏正统的重任，并没有像崔浩那样惨遭灭族的担忧。然而他所编修的蒙古历史却隐恶而扬善，把蒙古族建立元朝的兴起，看作比汉、唐、宋开国君主创业垂统的意义还要重大；又把蒙古族建立元朝的灭亡，看作无罪于天下而不幸遭遇灭亡。宋濂主持的《元史》编撰完成之后，天下秉笔直书的正道在人们的心目中永远消失了。宋濂与崔浩相比，难道不感到羞愧吗？崔浩不惜冒着被灭族的危险秉笔直书，而宋濂则卑屈顺从于元朝儒臣虞集、危素等人编修国史文献的旨意，为蒙古族建立的元朝掩饰其丑恶历史，使后来的君王不能从中得到借鉴从而周密地防范异族的崛起与入侵，使后来的人们不能从中吸取教训从而洁净自身。人与人之间的度量有所不同，难道有如此大的差别吗？后世编修史书的人，即使想纠正前史隐讳丑恶的错误，却没有充足的文献记载可供采信、征引以纠正错误。宋濂所犯下的罪行，延误流毒于后世以至于无穷。

本事：《资治通鉴》卷一二五《宋纪七·文帝》，元嘉二十七年（450）。

二〇　袁淑荏苒以徒亡

生人之大节，至于不惮死而可无余憾矣。然士苟不惮死，则于以自靖也，何不可为，而犹使人有余憾焉。是可惜也。

袁淑死于元凶之难，从容就义以蹈白刃，其视王僧绰与废立之谋变而受其吏部尚书、以迹露而被杀者远矣。虽然，元凶劭之与君父有不两立之势也，自其怨江、徐而造巫蛊已然矣。淑为其左卫率，无能改其凶德，辞宫僚而去之，不可乎？可弗死也。及其日飨将士，亲行酒以奉之，枭獍之谋决矣，发其不轨而闻之于帝，不可乎？言以召祸，于此而死焉，可也。伐国不问仁人，其严气有以讋（zhé）之也。风棱峻削岳立，而为元凶所忌，或殒其身，可也。何至露刃行逆之时，元凶尚敢就谋成败乎？且其官卫率也，将士之主也，元凶不逞，握符麾众，禽之以献，不济而死焉，可也。何踌躕永夜，而被其胁使登车，而泯泯以受刃乎？伤哉！淑之能以死免于从逆，而荏苒以徒亡也。

子曰："见义不为，无勇也。"淑之于义曙矣，而勇不足以堪之，将无有掣其情而使无勇者存邪？勇于定乱，勇于讨贼，难矣；勇于去官，决于一念而唯己所欲为者也，此之不决，则死有余憾。为君子者，可不决之于早哉！养勇以处不测之险阻，无他，爵禄不系其心，则思过半矣。

【译文】

做人的大节，到不怕死的境界就没有什么可遗憾的了。然而，士大夫如果不怕死，就会借此实现自己的志向，还有什么事做不到呢！可是有些人还是给人留下遗憾，这令人惋惜。

南朝宋太子左卫率袁淑死于太子刘劭弑君自立的灾难，脚踩白刃从容就义。比起侍中王僧绰参与废立太子的密谋，刘劭弑君篡位事变后又被授予吏部尚书，后因事迹败露被杀，袁淑的行为要强得多。尽管如此，作为事变元凶的刘劭与其父宋文帝刘义隆彼此势不两立的态势，自从他与江湛、徐湛之结怨，利用巫蛊之术诅咒其父之时就已形成。袁淑作为他的左卫率，不可能改变他凶恶的本性，就应该辞去太子属官的职务离去，不也可以吗？这样可以免于一死。等到刘劭每天犒劳将士，并亲自给将士祝酒的时候，说明其凶险残忍的阴谋已经确定，这时向皇帝揭发他的不轨行为，不也可以吗？即使告发会招来祸患，并因此而死，也是可以的。讨伐别国这样的事不能向仁义之人咨询，他们的庄严正气足以令人畏惧。如果袁淑自己刚正不阿、巍然屹立，而为元凶刘劭所忌恨，那么最终可能因此而死，也是值得的；何至于等到刘劭持刀行凶、弑君谋逆之时，还敢同你商量事情的成败呢？况且袁淑作为太子左卫率，是那些可能参与谋逆叛乱将士的主帅，趁着刘劭尚未作乱的时机，可以掌握兵符号令将士，将元凶刘劭捉拿并押送朝廷。如果此事没有成功而身死，也是值得的。为何整夜犹豫不决，最后被元凶刘劭胁迫登车，而糊糊涂涂地被杀了呢？实在令人悲伤啊！袁淑本来能够杀身成仁，以死避免从逆作乱，却因彷徨蹉跎而错过时机，最终白白地被杀身亡。

孔子说："看见符合正道大义的事却袖手旁观，就是缺乏勇气。"（《论语·为政》）袁淑对于正道大义的理解是明白的，但他的勇气却不足以承担维护正道大义的重任，莫非有什么事情掣肘他的情感而导致他丧失勇气？鼓起勇气平定动乱、讨伐盗贼，是有一定的困难；但鼓起勇气弃官而去，却是一念之间可以做出的决定，而且完全以自己的意志为转移。如果在此关键时刻无法做出选择，那么死后也会留下遗憾。作为君子，怎能不早做抉择？培养自己的勇气，就是为了应对和处置预料不到的险恶形势，而培养勇气没有其他的办法，只要把爵位利禄置之度外，就等于做到了一多半。

本事：《资治通鉴》卷一二七《宋纪九·文帝》，元嘉三十年（453）。

二一　兴亡之故，系于伦常

晋、宋以降，国法圮、大伦斁、而廉耻丧，非一日矣。周札应王敦，而与卞壸、桓彝同其赠恤。王谧解天子玺绶以授玄，玄死，反归而任三公，天讨不加，而荣宠及之。数叛数归，靦颜百年而六易其主，无惑也。如是，宜速歼以亡；而其君犹能传及其世，其士大夫犹能全其族者，何也？盖君臣之道丧，而父子之伦尚存也。

元凶为逆，孝武起兵以致讨，元凶败矣，萧斌解甲带白幡来降，逆濬就江夏王义恭以降，而但问来无晚乎，固自谓得视王谧，斌犹可立人之朝，濬犹可有其封爵也。于是斩斌于军门，枭濬于大航，法乃伸焉，则人知覆载不容之罪无所逃于上刑。于斯时也，义愤所激，天良警之，人理不绝于天下，恃此也夫！故延及齐、梁而父子之伦独重。

梁武于服除入见者，无哀毁之容，则终身坐废。区区孱弱之江左，拥衣冠而抗方张之拓拔，存一线人理于所生，而若或佑之；于此可以知天，可以知不学不虑之性矣。萧正德、萧综捐父事贼，而无有正天诛者，然后江东瓦解以澌灭。兴亡之故，系于彝伦，岂不重与！

【译文】

自东晋、南朝刘宋以来，国家法纪坍塌，人伦纲常毁坏，人们的廉耻之心丧失殆尽，这种现象并非一日。右将军、都督石头水陆军事周札响应王敦叛乱，打开城门迎接王敦入城，但他死后却得以与平定苏峻之乱以身殉国的尚书令卞壸、散骑常侍兼宣城内史桓彝同样受到追赠、抚恤。侍中王谧曾把天子的印绶解下来交给逆臣桓玄，桓玄死后，他回到朝廷反而位列三公，不仅没有遭到上天的惩罚，又得到了荣宠的地位。他几次反叛，又几次归顺，一生厚颜无耻地六次改变事奉的君主，并且没有感到疑惑。像这样的国家政权，应该迅速予以歼灭；但他们的君主却仍然能够继位传承，士大夫也仍然能够保全家族，这是为什么？大概因为君臣之道虽然已经丧失殆尽了，而父子之间的人伦纲常依然存在。

太子刘劭弑君谋逆，其弟武陵王刘骏（后即位，庙号世祖，谥号孝武皇帝）起兵讨伐，刘劭战败后，其尚书仆射、领军将军萧斌解下盔甲束带、手持白幡旗，前来投降。参与谋逆的始兴王刘濬也到江夏王刘义恭处投降，只是问自己此时来降还不算晚吧。之所以如此，是他们本来就以为可以得到与王谧同样的优待——投降之后，萧斌仍可以在朝中任职，刘濬仍可以保有其封爵。于是，孝武帝下令在军营外斩了萧斌，在建康城南的浮桥朱雀航诛杀刘濬，才使法律的正义得到伸张，同时也让人们知道，犯下天理难容的罪行必然逃脱不了极刑的惩罚。这个时候，民众激于义愤，受到天地良心的警示，人伦纲常得以不绝于天下，都仰赖于通过法律伸张正义。所以，一直持续到南朝齐、南朝梁时期，都特别重视父子之间的人伦纲常。梁武帝萧衍看到服丧期满入朝觐见的人面无悲伤之色，就把他终身贬为平民。偏据一隅、实力虚弱的江东政权，依靠华夏衣冠、礼仪教化与势力正盛的北魏拓跋氏相对抗，能在世间保留一点有限的人伦纲常，或许就可以保佑他们。由此可以知道天理道义的存在，也可以知道人们不学而能、不虑而知的良知本性。南朝梁宗室萧正德、萧综抛弃自己的君父而投降事奉贼寇，却没有受到天理道义应有的惩罚，结果导致了江东政权的瓦解，以致灭亡。国家兴亡的根源，就系于人伦纲常的存续，这难道还不够重要吗！

本事：《资治通鉴》卷一二七《宋纪九·文帝》，元嘉三十年（453）。

孝武帝

一　刘义恭导君于恶以自全

势变情移，而有无妄之灾，恬不知警，违时任意，则祸必及，庸夫之恒态也。惟然，而巧者测之，急改其常度，以迎当时之意指，乃至残忍惎（jì）害，为同类所饮恨而不顾，以是为自全之策；幸而全也，小人之尤也，而究以得全者亦鲜矣。

孝武以藩王起兵，而受臣民之推戴，德望素为诸王所轻，不自安也；于是杀铄，诛义宣，忍削本支，以快其志。江夏王义恭诱逆劭弃南岸，单骑南奔，上表劝进，斩逆濬，厥功大矣。于是畏祸之及己也，条奏裁损王侯九事，以希合孝武未言之隐，削剥诸王以消疑忌。夫义恭岂无葛藟之恩，利非在己，而灭天性以任骨肉之怨者，何也？以为先自我发，而人不得挟短长以议己，全躯保禄位之术，自诧为工矣。

或曰：遇暴人，丁险运，不授异姓以制我之权，而自任之，则祸泯于无形，亦知时度势者之不废乎！浸不若此，而以笃懿亲、固根本之言投于猜忌之衷，无救于时，而只以自害，奚可也？曰：君子之处此，固有道矣。物激矣，而持之以定，禹之所以抑洪水也。势危矣，而居之以安，孔子之所以解匡围也。圣人岂有以异于人哉？出乎圣，即疾入乎狂。义恭之狂也，无以持物而自奠其居也。君多忌而寡恩矣，义宣等之不辑，非必妄干天位，而贪权势以启忮人之衅矣。义恭以有功居百僚之上，诚危矣；而远嫌以消疑忌，固无难也。自谢不敏，翩然而去之，养疾邸园，杜口朝政，则于以自全焉有余矣。而何事导君以残刻，而己为不仁之俑哉？

主自疑也，吾自信也；诸王自竞也，吾自静也。或有闻风而相效者，则宗族以保，而帝亦且消其猜防骨肉之邪心。其不然也，为孝武献残忍之谋者，岂伊无人，而我处无咎之中，不已裕乎？唯其欲为功以固荣宠也，而违心以行颠倒之政，引君以益其慝，敛众怨以激其争，而后天理亡，民彝绝，国亦以危矣。身虽苟免，其喙息亦何异于禽兽哉？其究也，逃孝建、大明之网罗，翱翔百僚之上，而终授首于子业，狂者之自毙也，未有免者也。道二：仁与不仁而已矣。一念之贪，天理之贼，圣狂之界也。

【译文】

因为时势的变化、民心的转移，引发意外灾难，此时若仍然恬静自处而不知警惕，违背时势，任意妄为，那么祸患必定降临，这是平庸之人的惯常态度。在这种情况下，机巧之人会急于改变其平常的态度以迎合当时统治者的意旨，甚至残忍毒害他人，不顾其同类抱恨而无法申诉，以此作为保全自己的策略。其中，能够侥幸保全自己的人，堪称奸佞小人中最坏的典型，然而能够保全自身的人终究也是极其少见的。

南朝宋孝武帝刘骏以藩王身份起兵，受到臣民的拥戴，但他的德行声望一向不被诸王看重，所以他的内心感到不安。于是他杀掉南平王刘铄，诛杀南谯王（原封竟陵王）刘义宣，残忍削弱刘宋皇室本支的同姓诸王力量，以使自己安心适意。江夏王刘义恭曾诱使逆贼刘劭放弃长江南岸防务，后又乘机单骑向南奔逃，渡过秦淮河投奔孝武帝刘骏，接着又向刘骏上表劝进，还斩杀始兴王刘濬，可以说功劳很大。因此，他也担心祸患将会降临到自己头上，就向孝武帝陈奏了旨在削弱诸王势力的九项事宜，以迎合孝武帝没有说出来的隐衷——打击诸王势力，消除心中疑忌。难道刘义恭的内心真的没有兄弟之间的葛藟藤蔓之情？明知对自己并没有好处，却要丧失天性而承受骨肉兄弟的怨愤，这是为什么呢？他以为这样做可以显示自己是打击诸王势力的首倡者，人们就无从议论指摘自己的短长。作为保全自身、保全爵禄的手段，自以为是高明的。

有人说：遇到残暴的人，适逢坏的运气，不要把可以制约自己的权力授予异姓的人，而应该自己掌握大权，如此可以消弭祸患于无形，这也是审时度势的人从未废弃的好办法啊！假使不这样做，而进献忠实团结至亲之人、巩固国家根本的言辞给内心充满猜忌的君主，则不但不能挽救当时的危局，而且只能坑害自己，这怎么能行呢？回答是：作为君子，面临这种形势，本来就有合乎正道大义的解决办法。在事情紧急的时候，要保持镇定冷静的态度，这就是大禹治理洪水的方法。在形势危急的时候，要保持安稳沉着的态度，这就是孔子摆脱匡人围困的方法。圣人难道真有与一般人不一样的地方吗？如果圣人无法克制妄念，超出了圣人的境界，就很快变成癫狂之人，进入狂人的境界。刘义恭变成癫狂之人，就是不能保持镇定冷静的态度，不能巩固自己所依赖的根本。孝武帝刘骏生性猜忌而刻薄寡恩，南谯王刘义宣等人虽然不能与其和睦相处，但也并非一定觊觎帝位，而是贪图权势，从而引发凶狠之人有衅可乘之机。刘义恭尽管因为有功而位居百官之上，但他的处境也实在危险；他要远远避开这些是非、消除君主对自己的猜忌，本来也没有什么难的。他只要以自己不才为推托之辞，从容离开朝廷，养病于乡野家园，闭口不言朝政，就完全能够保全自身而绰绰有余。为什么非要引诱君主对宗室诸王采取残暴狠毒的手段，自己也充当不仁不义的始作俑者呢？

君主怀有猜疑之心，我就应该坚信自己的忠贞之心；宗室诸王相互争斗，我就应该保持自己的恬淡宁静。也许有人风闻自己的举动而转相仿效，那么宗室也可得以保全，君主也将会消弭防范猜疑骨肉兄弟的邪妄之心。即使不是这样，会向孝武帝进献残害诸王计谋的，难道就没有其他人吗？而我既然没有任何过错，不就可以安然自若、从容自处吗？只是因为刘义恭想要以此立功，从而巩固自己的荣宠地位，于是违心做出这样善恶颠倒的举措，引导君主加重其邪妄之心，聚集众人的怨恨并激起相互的纷争，结果导致天理道义消亡、人伦纲常断绝，国家也因此处于危险的境地。刘义恭自己虽然苟且免于一死，但这样苟延残喘又与禽兽有什么区别？他的结局，虽然逃脱了孝武帝孝建（454—456）、大明（457—464）期间的罗网，地位功德高居于百官之上，但最终丧命于前废帝刘子业，这就是所谓的癫狂之人自取灭亡，没有可以幸免的。正如孔子所说：治理国家的方法有两种，行仁政和不行仁政罢了。（《孟子·离娄上》）一旦转念之间心生贪婪，便成为天理道义的蟊贼，这就是圣人与狂人的分界。

本事：《资治通鉴》卷一二八《宋纪十·孝武帝》，孝建二年（455）。

二　立子杀母，泯灭人伦

拓拔氏将立其子为太子，则杀其母，夷狄残忍以灭大伦，亦至此哉！然其后卒以未杀之淫妪擅国而召乱以亡，徒以椓杙（zhuó yì）天性而无救于亡，何为者邪？且夫母后者，岂特不可杀，而亦不必过为防者也。周之过其历也，化始于《关雎》，琴瑟钟鼓，唯是乐以友之，而内治修、国政不紊。彼为圣王之化，不可及矣。虽不及此，取供祭祀奉皇天先祖之伉俪而视之如仇雠，是可忍也，亦孰不可忍也！将必如浮屠氏之尽弃家室而后可治也邪？

内教之修尚矣，迪之以阴礼，而可使见德；统之以妇职，而可使见功。夫妇人亦犹是人也，无所见其功德，而后预外事以为荣。故先王勤饬以躬桑渍种之仪，劝奖以亚献馈笾（biān）之礼，有余荣焉。虽乐于自见之哲妇，亦不患其幽閟（bì）深宫如圈豚笼鸟之待饲，而其志宁矣。其次，则后族虽贤弗任也，内竖之服勤于宫中者弗庸也，大臣得箴其举动，嗣子不托以匡扶，制之之道，亦岂无术，而必以为患哉？不然，人主六御在握，方将举天下之智勇而驭之，取草泽之雄、夷狄之狡而制之，匹夫亦有一匹偶，而惴惴然唯恐戕我国家也，不亦陋乎！

拓拔氏不足诛者也，有天下者，非猜而钳之，则昵而纵之。道二：仁与不仁而已，非取法于齐家之圣化，亦惆怅而不得其术也。

【译文】

北魏拓跋氏君主在准备册立儿子为太子时，会杀掉其母。夷狄凶暴残忍以灭绝人伦纲常，到了如此严重的地步。然而拓跋氏的政权，最后因没被杀掉的宣武灵皇后胡氏擅权而招致祸乱，终于灭亡。这只是白白地灭绝人的天性却无助于挽救危亡，究竟是为了什么呢？况且作为太子的母后，不但不可以杀害，也不必过度防范。周代的统治时间超过了按卜筮推算的时间，最初的风俗教化便起始于《诗经·关雎》所吟咏的后妃之德。琴瑟在堂、钟鼓在庭，只要把这种音乐修养作为她们亲近的事情，就会使得宫廷内部和谐有序，国家政治也不会紊乱。圣王所采取的风俗教化，不是北魏拓跋氏可企及的。虽然达不到这种境界，但要把用来供奉祭祀、上承皇天先祖的后妃视为仇敌，如若这都能容忍，还有什么不能容忍的！难道一定要像佛教徒那样抛弃家室才能实现国家治理吗？

对妇女进行教育非常重要，用妇女应遵循的礼仪开导她们，可以使她们表现出自己的德行；把妇女的职事安排给她们，可以使她们展现出自己的功劳。后妃也像普通人一样，如果无法表现出自己的功劳和德行，就会干预外朝政事并以此为荣。所以，古圣先王勤勉谨慎地从事，让后妃亲自主持采桑养蚕、浸泡种子以鼓励农事的礼仪，劝勉奖励她们遵循祭祀献酒宴飨的礼仪，使帝后一起享有尊荣。这样即使是乐于表现自己、富有智慧的后妃，也不用担心深处幽宫之中，像圈里的猪、笼里的鸟一样等待饲养，她们的心志也可以保持安定宁静。凡是皇后的亲族，即使贤能也不能重用；凡是在宫中充当杂役的宦官，也不能重用；大臣可以对后妃的言行举动进行规谏劝诫，嗣君也不能把匡扶朝政的大事托付给她们。这样，难道就没有合乎道义的方法加以制衡吗？何必将她们视为祸患呢？不然的话，君主统御天下、大权在握，正要搜罗天下智勇之士驾驭，以制服那些草泽中的英雄以及夷狄中的狡猾倔强之人，匹夫之人也有各自的配偶，身为君主却还提心吊胆唯恐自己的后妃危及国家统治，这种方法不也太过鄙陋了吗！

尽管如此，北魏拓跋氏的罪恶也不足以诛伐。拥有天下的君主，对待自己的后妃，不是因为猜忌而实行钳制政策，就是因为亲昵而采取放纵政策。正如孔子所说：治理国家的方法有两种，行仁政和不行仁政罢了（《孟子·离娄上》）。如果不是效法圣人关于治国齐家的风俗教化，也就只能是由于找不到适当的统驭方法而感到惆怅失意罢了。

本事：《资治通鉴》卷一二八《宋纪十·孝武帝》，孝建三年（456）。

三　死罪戍边，贱兵乱政

源贺请减过误入死罪者充卒戍边，拓拔濬从之，而奖贺曰“一岁所活不少”，是也。又曰“增兵亦多”，则乱政也，拓拔氏自此而衰矣。兵者，宗社生民所倚以为存亡生死者也。古者寓兵于农，兵亦农也。王者莫重乎农，则莫重乎兵，于《风》有《东山》焉，于《雅》有《杕（dì）杜》焉，相与劳来而咏歌之，如此乎其贵之也。后世召募兴，而朴者耕耨以养兵，强者战守以卫农，相为匹而不相下，坐食农人勤获之粟而不以为厉农，其有功则立朝右，与士伍而不以为辱士，抑如此乎其重之也。乃使犯铁锧（fū zhì）之刑，为生人所不齿者，苟全其命，而以行伍为四裔之徒，则兵之贱也，曾不得与徒隶等，求其不厌苦而思脱、决裂而自恣、幸败而溃散者，几何也？兵贱则将亦贱矣，授钺而专征者，一岸狱之长而已，廉耻丧，卤掠行，叛离易于反掌，辱人贱行者之固然，又何怪焉？

夫兵，惟其精也，不惟其多也。士皆千金之士，将专阃外之尊，为国干城，一旅而敌百万。乌合之众，罪人无行，苟免而无惭，虽多何补哉？若以矜全过误而贷其命，则有流放之辟在焉。贺之说，涂饰以为两得，而不知其馁国之神气以向于衰也。后世免死充军，改流刑为佥伍，皆祖贺之术，而建之为法；行之未久而武备堕，盗贼夷狄横行而无与守国，夫亦见拓拔氏之坐制于六镇而以亡也乎！

【译文】

北魏西平郡王（后改封陇西郡王）源贺请求减免由于过错而犯死罪之人的刑罚，让他们充军戍边。文成帝拓跋濬听取他的建议，并夸奖他说“这样一年之中保全了不少人的生命”，这话说得不错；同时，文成帝又夸奖说“这样给国家边防增加了很多兵员”，这却是祸乱国政的说法，从此以后北魏拓跋氏就走向衰弱。军队，是国家赖以保全宗庙社稷与黎民百姓生命财产的重要力量。上古时代采取寓兵于农的政策，士兵就是农民。拥有天下的君主，最为重视农民，于是也最为重视军队，所以《诗经·国风》中有《东山》篇，《诗经·小雅》中有《杕杜》篇，都是以恩德招徕、慰问士兵时所吟咏的诗歌，说明当时是如此珍惜和尊崇士兵。后来招募士兵的制度兴起，使质朴的人从事耕种以供养士兵，使强壮的人功战守卫以保护农民，使二者相互为用、不分高下。这样，士兵坐食农民辛勤耕种收获的粮食，人们并不认为其损害了农民的利益；其中有功之人得以入朝做官，与士大夫为伍，士大夫也不感到耻辱，可见士兵是如此地受到重视。然而，让犯有死罪而为人们所不齿的人苟免性命，进入军队，就是将士兵作为流放边远之地的罪犯一样看待，那么士兵身份的卑贱，简直不能与刑徒和奴隶相提并论。在这种情况下，想要求他们不因为怕苦而想逃跑、不因为叛逆而肆意妄为、不因为偶尔失败而溃逃离散，又有几人能够做到？士兵的地位卑贱，那么将帅的地位也就随之卑贱。授命领兵出征的将帅，俨然成了一个小小的监狱长了。这样，军队将士的廉耻之心丧失殆尽，欺凌掳掠百姓之事公行，背离朝廷反叛投敌易如反掌，这些都是人格可耻、行为卑贱之人的本性使然，又有什么奇怪呢？

军队战斗力强，关键在于兵力精锐，而不在于数量众多。如果士兵都是千金难买的壮士，将帅领兵在外具有崇高的威望和专事征讨的权力，成为国家安全的捍卫者，那么一旅之众可当百万雄兵。如果都是些乌合之众，身为罪犯而品行不端，苟且免于一死却毫无自惭之感，那么兵员再多又有何用呢？如果因为怜悯因过错被判死罪之人而宽恕其罪行、保全其性命，那么还有流放的罪行可以改判。源贺的建议，表面上是一举两得，却不知这种做法大伤国家元气，使北魏从此走向衰亡。后来所实行的免死充军政策，把流放之刑改为征调参军，都是起源于源贺这种做法，并且发展成了固定制度。这种制度实行没多久就会削弱国家的武备力量，从而导致盗贼横行和夷狄侵扰，没有人共同守卫自己的国家，从中也可以看到北魏拓跋氏受制于六镇兵变并因此而亡国的结局吧！

本事：《资治通鉴》卷一二八《宋纪十·孝武帝》，孝建三年（456）。

四 以近臣间大臣而终于乱

自魏、晋以来至于宋，大明之世，而后权移于近臣。戴法兴、戴明宝、巢尚之皆赐爵掌中书事。前此者，权归大臣，天子虽有所宠信而不能伸，孝武以疑忌行独制，义恭等畏祸以苟全，于是而其法始变。春秋之季，世卿执国，非其族属，则谓之嬖大夫。以孔子之圣，位至下大夫而止，弗能为卿也。魏、晋以后，流品重，世族兴，而非门阀以进者，谓之幸臣；即人主之所委任，弗能登之三事也。乃以其时考之，春秋篡弑相仍，晋、宋权臣继攘，上用一人，而下远之也若将污己，仇之也若不两立，人君孤立，而兴废死生不能自保。盖嬖幸之名立，以禁锢天子之左右，流俗之稗政，夺攘之祸媒也。

然而为人主所亲幸者，率多邪佞贪谗，导君于恶，而弄威福以售奸利，卒不能收一人之用可恃为股肱者，何也？物之所贵，因而自贵者，道也；物之所贱，因而自贱者，机也。丰年谷贱而多莠稗，陂泽鱼贱而多臭腐，物论之所趋，物情之所竞，而物理之所由以良楛（kǔ），必然之势也。九品之外无清流，世族之外无造士，于是而不在此数者，知不足以应当世之宠光，颓然自放而已。其慧者，又将旁出歧趋以冀非分之福泽。故天子欲拔一士于流品之外，而果无其人。即有明辨之智，干理之才，喻利焉耳，稔恶焉耳。于是而天下后世益信孤寒特起之士果为佞幸，适以破国亡家而不可用；亦恶知摧抑而使习于污下者，虽有才智不能自拔也。

故人主之好尚，不能不随风俗以移，而圣王崛起，移风易俗，抑必甄陶渐渍之有日，而不可旦夕期其速革。孝武以近臣间大臣而终于乱，非天子不可有特用之人，其驯致之者，无以豫养之也。

【译文】

自魏、晋以来一直到刘宋，尤其是到孝武帝大明年间(457—464)后，国家权力逐渐转移到君主宠信的近臣手中。当时的中书通事舍人戴法兴、戴明宝、巢尚之都被赐予爵位并执掌中书事务。在此之前，国家权力归世家大臣掌握，天子即使有宠信的人也不能随意重用。孝武帝刘骏因多疑猜忌，独自实行专权制度，大臣刘义恭等人又因畏惧灾祸而苟且保全自身的性命，于是国家权力的运行机制发生了变化。春秋末世，世袭的卿大夫掌握国政，不属于诸侯国君宗亲的人做官，则被称为嬖大夫即下大夫。如孔子这样的圣人，官职最高只能到下大夫，不能担任上大夫。自魏晋以后，开始注重官员的流品地位，世家大族的力量兴起，不属于门阀世族出身的人做官，则被称为幸臣。即使是当时君王所宠信并委任的官员，也不能够位列三公要职。根据当时的情况考察，春秋时代篡位弑君之事频频发生，晋朝和南前刘宋时期，权臣也相继篡权，君主若任用一人，下边的人都敬而远之，好像要牵累玷污自己似的，因视为寇仇而势不两立，这样就使得君主处于孤立无援的境地，于是其皇位的废立、自身的生死也难以得到保证。大概嬖大夫、幸臣名号的确立，就是为了禁锢天子左右的人执掌权位。这种基于流俗而形成的弊政，就是权臣篡位干政之祸的根源和媒介。

然而，那些被君王所宠幸和任用的人，大多都是奸邪、贪婪、谄媚的小人，他们引导君主作恶，擅作威福以实现其奸计、满足其私利，最终没有一个能成为君主所依赖的股肱大臣，为什么呢？为人们所珍视的东西，本身也会因为人们的珍视而贵重，这是符合道理的；人们所卑贱的东西，本身也会因为人们的鄙视而轻贱，这是合乎时宜的。丰收年因粮食充足而价格低贱，其中野生的稗子也多；池塘里的鱼虾因繁殖很多而价格低贱，因而腐臭的鱼类也会不少。社会舆论的趋向，世情民心的选择，都会影响事物好坏变化的规律，这是必然的趋势。在九品中正的选拔任用制度下，九品之外没有清流人选，世家大族之外没有学业有成之士，因此不在此列的人就会知道自己不能够得到当世的荣宠，于是便萎靡不振而自我放纵。其中聪慧机敏的人，又将通过歪门邪道求得其不应该得到的福泽。所以，天子想要在流品之外选拔一些士人，还真的找不到这样的人。即使具有明辨之智、干练之才，也都不免注重功利、罪恶深重。所以，天下后世的人们愈加相信孤苦寒门骤然崛起的人士，果真都是佞幸之人，他们只能导致家破国亡，而不能加以宠信和任用；又怎么知道实行这样摧残、抑制的政策，会使这些人经常处于污浊下流的地位，即使怀有聪明才智也不能够受到提拔重用。

因此，君主的喜好与崇尚，不能不随着世情风俗的变化而有所转移；而圣明的君主崛起之后，虽采取移风易俗的政策，但也必须经过长时期的培养造就、浸润感化，而不能够期望在短时间内迅速革除弊政。宋孝武帝刘骏宠信、任用近臣，离间、疏远大臣，最终导致祸乱，并不是说天子不应该有特别重用的人，而是天子虽然招致这些人，但并没有预先对其进行培养造就，使他们适应其职位的要求。

本事：《资治通鉴》卷一二八《宋纪十·孝武帝》，大明二年（458）。

五　宗室自残，孝武启之

一动而不可止者，势也。太上以道处势之先，而消其妄，静而自正也。其次坦然任之，不得已而后应，澄之于既波之后，则亦可以不倾。元凶造逆，天下同仇，孝武援戈而起，以臣子而恤君父之惨，行戮兄弟而非忍，夫孰谓其非正者？然而诸王拥方州以自大，义宣反于江州，诞反于广陵，休茂反于襄阳，乘之以动而不可止，于是而孝武之疑忌深矣。削之制之，不遗余力，而终莫能戢。嗣子虽不道，而祸速发于同姓之操戈。垂及明帝，杀戮逞而刘宗遂亡。波涛触乎崖石，逆风而歕（pēn）薄，亦至此哉！揆厥所由，不可谓非孝武之师先之也。

夫孝武之师，动以正也。乃一动而不可止，卒以倡乱者，岂谓其不宜县逆劭之首于都市哉？度之于先，而与物相安以息争也，固有道矣。义兵之至建业也，劭将授首，君父之怨释，臣子之职亦庶几尽矣。乃以次，则非长也；以望，则不足以服人也；于此顿兵于宫阙，正告诸王曰："吾之决于称兵也，以君父不忍言之惨，古今不再见之祸也。今元凶已伏诛矣，孤岂忍有利天下之心？以齿以德，必有所归，社稷不可以无主，吾将与诸王奉之。"使众意他有所属，臣子之道尽，虽不为天子而志已遂矣。如臣民以功而不我释与？抑引咎含哀，不得已而受命，推怵惕之忧，厚抚诸父昆弟，以广先君之爱。则天下既服其仁，而抑知大位之不可以力争也。天下定矣，乃听义恭之谄，元凶未斩，而先即位于新亭。然则起兵也，非果有割肝裂胆之痛，而幸兄弟之逆以获大宝也。波自我扬，而欲遏之也，得乎？

既急于自立而莫能待矣，则抑可自信曰：均为臣子，而诸王偃蹇于逆劭之世，我既诛贼子而得之，人情所归，非我贪也。有谅我者，其知顺逆者也，不足虑也；其横逆而逞者，狂飙之拂水而已，怀之以恩，而尚不可革，天下臣民，自不迷于向背，夫孰与我为敌者？坦然无惧于彼，而不轨者之意亦消。即有妄动之狡童，而义诎援孤，亦不崇朝而沮丧矣。乃孝武忮人也，甫一践阼，而杀其弟铄，视诸父昆弟若人可为己之为，而削夺禁制以亟掣曳之，夫而后告诸王以不自保之情，启其觊觎，徒树荆棘于寸心以相捍御，非能御也，教之而已矣。及身三叛，而嗣子速亡，不亦宜乎！呜呼！以忠孝始，以恧缩终，怀恧缩于心，启戈矛于外，惜哉！孝武有仁孝之资，而自流于薄恶，天子之位，犹可猎也，孝子之实，不可袭也，反诸中而不诚，居之不安而卒于乱，乱其可止哉！遏之乃以扬之，得免于及身之戮，幸矣。

【译文】

天下一旦骚动就难以止息，这是由形势的发展决定的。圣明的君主能在形势变化前就考虑好应对之策，从而消除祸患，镇定自若地予以拨乱反正。差一些的君主，坦然面对形势的发展变化，在不得已的情况下从容应对，在波澜激荡之后加以澄清，这也可以保证江山社稷不至于倾覆。刘宋太子刘劭弑君谋逆，天下同仇敌忾，孝武帝刘骏乘机起兵，以臣子身份体恤君父被弑杀的惨案，诛戮骨肉兄弟却并非出于残忍，他这样做，难道还能说他行为不正吗？然而，宗室诸王各据方镇自大称雄，南郡王（原封竟陵王、南谯郡王）刘义宣率军东下江州反叛朝廷，随郡王（原封广陵王）刘诞在广陵起兵反叛，海陵王刘休茂在襄阳起兵反叛，宗室诸王乘机发起动乱而不可制止，因而孝武帝的多疑猜忌之心进一步加深。此后，孝武帝采取各种措施，虽不遗余力地削弱、限制宗室诸王的势力，但最终没能使诸王争斗平息下来。其嗣子前废帝刘子业虽然不行仁道，但祸患突然爆发却是源于刘氏宗室诸王同室操戈。这种形势发展到明帝刘彧在位时期（465—472），全面屠戮宗室子弟的阴谋得逞，最终导致刘宋宗庙社稷沦亡。波涛迫击岸石，而逆风汹涌激荡，形成一动不可止的形势，竟然到了如此严重的地步！若从根源追究，不能不说是孝武帝刘骏讨伐元凶刘劭的军队开启了先河。

孝武帝刘骏讨伐元凶刘劭的军队，是以讨伐逆贼、匡扶正义之名；可是自他起兵之后，天下的动乱就不可制止，最终导致了祸乱。难道他不应该杀掉逆贼刘劭而将其首级悬于都市示众吗？在局势转变之前就考虑好应对之策，从而与各方面力量相安无事并停止纷争，本来就有其适宜的方法。孝武帝刘骏的正义之师抵达建业（今江苏南京）时，元凶刘劭即将授首，君父被弑杀的仇怨已经释然，作为臣子的职责也基本上尽到。刘骏从其兄弟排行来说，并不是长子；从朝野的威望来说，他也不足以折服天下人心。若刘骏面对朝廷宫阙就此罢兵，并向宗室诸王郑重宣告：“我之所以决定起兵，是因为君父蒙受了不忍言说的悲惨遭遇，国家遇到了古往今来从未有过的祸患。如今元凶已经伏诛，我怎么能够有贪取天下的利己之心呢？无论是按照兄弟排行，还是按照功德威望，天子大位一定有比我更为适宜的归属。江山社稷不能够没有君主，我将和宗室诸王一起，共同为新君效力。”这样，即使天下人心目中的君位另有所属，自己作为臣子的道义与责任已经尽到，即使不做天子，也会感到心安理得、如愿以偿；如果天下臣民因为自己讨逆平叛的功勋而不愿意放过自己、非要拥戴自己即位呢？也应该满怀愧疚与哀伤之情，迫不得已接受天命，保持警惕戒惧之心，厚待优抚自己的骨肉弟兄，以发扬先君的恩德。如此，则天下之人就会为自己的仁义所折服，同时也知道自己所居有的天子大位是别人不可以争夺的。然而，孝武帝刘骏却在天下安定之后，听信江夏王刘义恭的献媚劝进，在元凶刘劭尚未伏诛前，已先在新亭宣布即位。既然如此，那么他起兵之初，并非真的有割肝裂胆的哀痛之情，而是庆幸可以乘其兄弟弑君谋逆之机夺取君王的权位。波澜是自己激荡起来的，却想要加以遏止，怎么能够做到呢？

既然急于自立为君而不能等待，那么就应该自信地说："天下之人和我同样都是文帝臣子，而宗室诸王在元凶刘劭统治之时都似乎无动于衷、袖手旁观，我诛杀逆贼之后得到天下，乃是人心所向，并不是我贪图帝位。能够体谅我的良苦用心的人，都是知道顺逆向背道理的人，不必担忧；那些横流逆行以实现自己野心的人，只不过像狂飙拂过水面一样罢了，以恩德怀柔他们，即使还不能改变他们的本性，天下的臣民也自然不会迷失其人心向背，还有谁能与我为敌呢？"坦然面对而不畏惧，那些心怀不轨之人的奸邪意图也会自然打消。即使有割据一方的人胆敢轻举妄动，也会因失道寡助而孤立无援，也会在短暂的时间内自行沮丧。可是，孝武帝刘骏是凶狠忌刻之人，他刚一即位，就杀掉了弟弟南平王刘铄，把诸位父辈和兄弟看作为所欲为的乱臣贼子，采取削夺权力、禁令钳制等手段，急于制伏他们，而后又向宗室诸王诉说自己难以自保的情势，从而激发他们觊觎帝位之心。这只能是白白地在自己心中树立荆棘，以求抵御诸王的势力，不仅不能发挥抵御宗室诸王的作用，反而教唆他们谋逆作乱。孝武帝刘骏在位期间，连续发生了三次宗室诸王叛乱，其嗣子前废帝刘子业又死于诸王争斗，这不也是应有的下场吗？唉！孝武帝刘骏以忠孝之心开始起兵，最后却以惭愧萎缩之心告终。内怀惭愧萎缩之心，却又对外开启干戈之争，实在令人惋惜啊！孝武帝刘骏本来具有仁孝的天资，却甘愿沦落于不仁不孝的刻薄邪恶之列。天子的帝位可以猎取，仁孝的美德却不可触及。反观其内心没有诚敬，身居大位而不能自安，最终导致祸乱发生，难道这种祸乱可以止息吗？遏制旧的祸乱，却又开启新的祸乱，那么他能够免于杀身之祸，已经算是幸运的了。

本事：《资治通鉴》卷一二八《宋纪十·孝武帝》，孝建元年（454）。

六　张岱一心可事百君之说

张岱历事宋之诸王，皆败度之纨绔也，岱咸得其欢心，免于咎恶，而自诩曰："吾一心可事百君。"夫一心而可事百君，于仕为巧宦，于学为乡原。斯言也，以惑人心、坏风俗，君子之所深恶也。晋、宋以降，君屡易而臣之居位也自若，佐命于乱贼而不耻，反归于故主而不怍，皆曰：吾有所以事之者也。廉耻荡而忠孝亡，其术秘而不敢自暴，岱乃昌言之而以为得计。呜呼！至此极矣！

且夫事君之心，其可一者，忠而已矣；其他固有不容一者也。岱曰："明暗短长，更是才用之多少耳。"才可以随方而诡合，遇明与之明，遇暗与之暗。假令桀为倾宫，将为之饰土木，纣为炮烙，将为之爇（ruò）炉炭乎？故有顺而导之者，有徐而导之者，有正而折之者，有曲而匡之者，心不容一也。若逆天悖道之君，自非受托孤之寄，任心膂之重，义不可去，必死以自靖者，则亦引身以退，而必不可与同昏，恶有百君而皆可事者乎？则恶有一心以事君，而君可百者乎？游其心以逢君，无所往而不保其禄位，此心也，胡广、孔光、冯道之心也。全躯保荣利，而乱臣贼子、夷狄盗贼亦何不可事哉？心者，人之权衡也，故有可事有不可事，画然若好色恶臭之不待图惟也。苟其有心而不昧，则宋之诸王无一可事者，而百云乎哉？女而倚门也，贾而居肆也，皆一于利而无不可之心也。故曰：充岱之说，廉耻丧，忠孝亡，惑人心，坏风俗，至此极矣。

【译文】

南朝大臣张岱（南朝宋时官至冠军将军、益州刺史，南朝齐时官至左将军、吴兴太守）所事奉的刘宋诸王，都是败坏纲纪法度的纨绔子弟，但张岱却都赢得了他们的欢心，幸免于罪责和刑罚，张岱因此自诩说：“我以一颗心可以事奉百位君主。”一心可事奉百君，用于仕途，就是善于钻营谄媚的官吏；用于学业，就是欺世盗名的乡愿。张岱的这句话，蛊惑人心、败坏风俗，为正人君子所深恶痛绝。自东晋、南朝宋以来，君主屡屡更换，而大臣依旧安居官位、泰然自若，拥戴辅佐乱贼而不感到耻辱，再返回事奉原来的君主也不感到惭愧。他们都会说：“我有事奉他们的不同方法。”廉耻之心荡然无存，忠孝之心消亡无余，然而这种伎俩一般都隐匿于奸佞小人的内心深处而不敢向外人透露，张岱却公开扬言，自以为找到了随机应变的良策。唉！无耻之尤，至此达到了极点！

事奉君主之心，可以概括为一点，就是忠诚罢了；除此之外，其他的本来就不能为一心所容。张岱却说：“根据君主的圣明还是昏庸、愚钝还是有为，调整改变自己施展才能的不同程度罢了。”也就是说，自己的才智可以随着被事奉者的情势不同而不按正道投合发挥，遇到圣明君主就与他一起贤明，遇到昏庸君主就与他一同昏庸。假令夏桀要建造巍峨的宫殿，就为他大兴土木？商纣王要实施炮烙的酷刑，就为他烧炉加炭？所以事奉君主，有顺从其意加以引导的，有循循善诱慢慢引导的，有秉持正道大义当面规谏的，有曲折迂回加以匡正的，所用之心本来就不能够一致。如果遇到悖逆天理道义、违背人伦纲常的君主，自己若不是身受顾命重托，担任辅佐朝政的要职，出于正道大义不能辞职引退，必须效死而各自谋行其志，那么就应该引身而退，一定不能够辅佐君主并与他一起昏庸妄为，哪里能有百位君主都可以事奉的呢？又哪里能有以一颗忠诚之心事奉君主，却有百位君主供其事奉的呢？以其虚浮不实之心奉迎君主，只要能保全自己的俸禄地位，没有什么君主不可以事奉，这种心理就是东汉胡广、西汉孔光、五代冯道之流的心理。如果仅仅为了保全自己的性命和荣华富贵，那么乱臣贼子、夷狄盗贼哪一个不能事奉呢？人的心理，是人们衡量一切事物的准绳，因而君主有的可以事奉，有的不可以事奉，就像人们都喜欢美色、厌恶臭味一样，他们之间的区分是如此分明，不必考虑。如果张岱真的天良之心尚未泯灭，那么刘宋宗室诸王没有一个可以事奉，何谈事奉百位君主呢？娼妓倚门卖笑，商贾开店买卖，都是抱有一切从利益出发而无不可为之事的心理。所以说，张岱的说法流行开来，会导致廉耻之心丧失、忠孝之心消亡，蛊惑人心，败坏风俗，无耻之尤，至此达到了极点！

本事：《资治通鉴》卷一二九《宋纪十一·孝武帝》，大明五年（461）。

七　州郡不得擅兴军，长吏不敢专杀

郡县之天下有利乎？曰：“有，莫利乎州郡之不得擅兴军也。”郡县之天下有善乎？曰：“有，莫善于长吏之不敢专杀也。”诸侯之擅兴以相侵伐，三代之衰也，密、阮、齐、晋，莫制之也；三代之盛，王者禁之，而后不能禁也。若其专杀人也，则禹、汤、文、武之未能禁也，而郡县之天下得矣。

人而相杀矣，诸侯杀之，大夫杀之，庶人之强豪者杀之，是鼋黾（miǎn）之相吞而鲸鲵之相吸也。夫禹、汤、文、武岂虑之未周、法之不足以立乎？自邃古以来，各君其土，各役其民，若今化外土夷之长，名为天子之守臣，而实自据为部落，三王不能革，以待后王者也。至于战国，流血成渠，亦剥极而复之一机乎！汉承秦以一天下，而内而司隶，外而刺守，若严延年、陈球之流，亢厉以嗜杀为风采，其贪残者无论也，犹沿三代之敝而未能革也。宋孝武猜忌以临下，乃定“非临军毋得专杀、非手诏毋得兴军”之制，法乃永利而极乎善，不可以人废者也。嗣是而毒刘之祸以减焉。至于唐、宋，非叛贼不敢称兵；有司之酷者，惟以鞭笞杀人，而不敢用刀锯；然后生人之害息，而立人之道存。不然，金、元之世，中国遗黎，其能胜千虎万狼之搏噬乎？

【译文】

天下实行郡县制有利吗？回答是：“有利，其最大的有利之处是州郡不得擅自用兵。”天下实行郡县制有好处吗？回答是：“有好处，其最大的好处是地方长官不敢专断刑罚杀人。”诸侯擅自用兵以互相攻伐，导致了夏、商、周三代衰败，像周文王攻灭密须国、阮国，齐、晋诸国相互攻伐，天子也不能制止；夏、商、周三代强盛时，天子还可以禁止诸侯擅自用兵，但后来已不能禁止。至于地方长官专断刑罚杀人，即使夏禹、商汤、周文王、周武王也不能禁止，然而天下实行郡县制之后却能做到。

人们之间相互残杀，有的是诸侯王杀人、有的是大夫杀人、有的是平民百姓中的豪强杀人，就像蛙类动物之间相互吞噬、鲸鲵之间相互吸食一样。这难道是夏禹、商汤、周文王与周武王这些古圣先王考虑不周，因而没有建立相应的法制以防范吗？自远古以来，诸侯国君各自统辖其土地、役使其民众，就像今天政令教化达不到的化外之地的土著民族首领，他们名义上是天子的守臣，而实际上是自己割据称雄的部落，夏禹、商汤、周文王与周武王的时代还不能改变这种形势，只能等待以后的君主加以改变。等到战国时代，七国争雄，血流成河，大概也是事物衰败到顶点而物极必反的一个时机吧！汉朝继秦之后统一天下，在京畿之地设立司隶校尉，以外的州郡设置刺史、郡守，但像严延年、陈球之流的酷吏，执法严厉，以嗜好杀人来显示自己的风采，其他更加贪婪、残忍的官吏就更不必说了。由此可见，汉朝仍然沿袭夏、商、周三代所遗留的弊政而未能革除。宋孝武帝刘骏以其多疑猜忌之心统御臣民，可是他所确定的“地方州郡长官若不是临战之时不得专断刑罚杀人，没有皇上的手诏不得擅自兴兵”的制度，却是永久有利而达到至善的法令，不可以因为其个人的原因而废罢不行。自此之后，人们之间相互残杀的祸患逐渐减少。到了唐、宋时期，州郡地方长官若不是反叛就不敢轻易动用军队；那些残酷的官吏也只是利用鞭笞刑罚杀人，而不敢动用刀锯杀人。这样，残害民众生命的祸患才得以平息，做人的伦理纲常才得以常存。不然的话，金、元时代中原王朝的遗民百姓，还能抵挡住夷狄像千虎万狼一般的搏击吞噬吗？

本事：《资治通鉴》卷一二九《宋纪十一·孝武帝》，大明七年（463）。

前废帝

一 沈庆之忠诚堪比箕子、比干

沈庆之缚绔以入而收刘斌，斥颜竣而决诛逆劭，何其决也！及子业昏虐，柳元景首倡废立之谋，而庆之发之，蔡兴宗苦说以举事，沈文秀流涕以固请，而庆之终执不从，坐待暴君之鸩，又何濡软不断以自毙也！呜呼！六代之臣，能自靖以不得罪于名教者，庆之一人而已。

庆之曰："但当尽忠奉国，始终以之。"又曰："非仆所能行，固当抱忠以没耳。"斯言也，斯心也，抱孤忠以质鬼神而无欺者也。君而不道，天下固将叛之，要亦无可如何者。比干、箕子，岂不能刎纣之首以奉微子哉？而不尔者，天下之恶无有逾于臣弑其君者。安社稷者，亦以靖乃心耳，如之何其干之！如兴宗之言，取青溪之铠仗，率攸之辈驱三吴勇士以入，其能容子业使为昌邑王之从容以去乎？宋之社稷且以之而倾，而庆之已允为戎首矣。惧祸杜门，安居而俟命，啧啧之言，岂知庆之之心者哉？死生，命也；国之存亡，天也；己与孝武艰难同起，嗣子败类，而遽以其血染刀剑，天良囧囧于心，安能与阮佃夫、寿寂之同为逆乎？

鸣呼！董卓推陈留之刃，司马懿解曹芳之玺，桓温夺帝奕以与简文，刘裕弑安帝以立琅邪，皆假伊、霍以为名而成其篡。后此者，道成之弑苍梧，萧衍之戕东昏，皆已弑而必篡者也。庆之三朝宿将，威望行于南北，扶孝武以诛元凶，位三公而冠百辟，将吏皆出其门，扑子业之洊凶，以解朝野之焚溺，此乃乘时以收人心而猎大位之一机也。向令独夫已殄，众望聿归，且有骑虎不下之势，宋太祖所谓黄袍加身不由汝者，刘氏之宗祏，且移于沈而不可辞。庆之虑此，而忍以其身为莽、操乎？进则帝矣，退而死矣，决之于心，而安于抱忠以死，故曰抱孤志以质鬼神，六代之臣，庆之一人而已。如曰愚以亡身，则箕子、比干先庆之而愚矣。

【译文】

沈庆之接受宋文帝刘义隆的诏命，深夜戎装进见，从而收斩吴郡太守刘斌；厉声呵斥武陵王刘骏的主簿颜竣，从而决策诛杀弑君谋逆的元凶刘劭，这是何等的果敢啊！等到前废帝刘子业即位后昏庸暴虐，尚书令柳元景首先倡议废立君主的阴谋，然而沈庆之却告发了他。当时的吏部尚书蔡兴宗苦心孤诣地劝说沈庆之共举大事，建威将军、青州刺史沈文秀也痛哭流涕地坚决请求，但沈庆之最终还是执意不从，坐待暴君对他痛下毒手，又是何等的迟疑软弱、当断不断而自取灭亡啊！唉！魏晋、南朝六代的大臣中，能够自我谋行其志而不违背纲常名教的，只有沈庆之一人罢了。

沈庆之曾说："只应当竭尽忠诚献身国家，始终如一。"又说："在自己的确无能为力的时候，本来就应当怀抱忠贞之心而死罢了。"他的话语表明了他的心声，抱着这样的赤胆忠心，即使面对鬼神也诚信无欺、问心无愧。君主不行仁道，天下之人本来就会背叛他，这也是无可奈何、无可指责的事。难道比干、箕子就不能够割下商纣王的首级而拥戴他的兄长微子启为君吗？他们之所以不这样做，是因为天下罪大恶极的事情没有比以臣弑君更为严重的。想要安定江山社稷的人，也应该镇定并坚守自己的本心，怎么能触犯这种弑君谋逆的巨奸大恶之罪呢？如果采用蔡兴宗提出的策略，取用建业城东青溪的武器装备，让殿中将军陆攸之等人率领三吴地区的勇士攻入朝廷，他难道能容许刘子业像西汉昌邑王刘贺那样被废黜后仍旧可以从容离开回归封地吗？若是这样，那么刘宋的江山社稷就会因此倾覆，沈庆之也终究会成为亡国的罪魁祸首。这些人畏惧祸患而闭门不出，安居家中等待着命运的安排，却又议论纷纷，难道真的是了解沈庆之内心的人吗？人的生死，是由命运决定的；而国家的存亡，则是由上天决定的。这些人自己曾与孝武帝刘骏同甘共苦，一同兴起，孝武帝的嗣子刘子业不成器，就急于以他的鲜血染红自己的刀剑，天良昭然于心，怎么能够与阮佃夫、寿寂之之流一同成为弑君谋逆之臣？

唉！东汉末年董卓刺向陈留王即汉献帝刘协的刀刃，曹魏末年司马懿解除齐王曹芳的印玺，东晋桓温夺取海西公司马奕的帝位转授简文帝司马昱，刘裕杀掉晋安帝司马德宗而立琅邪王司马德文，这些都是假借仿效商相伊尹、西汉大将军霍光受托辅政之名，而行篡权夺位之实。后来还有萧道成杀死苍梧王刘昱，萧衍杀死东昏侯萧宝卷，都是弑君之后必定篡位。沈庆之是历事三朝的宿将，在南北方都有很高的威望，他曾扶持孝武帝刘骏而诛杀元凶刘劭，位居三公而凌驾于百官之上，当时的将领、官吏都出自他门下。沈庆之后来又屡次扑灭针对前废帝刘子业的凶残阴谋，扭转了朝野面临的水深火热的局势，可以说是乘机收拢人心、夺取天子大位的一个绝好机会。假令那时独夫民贼已被消灭，众望所归，且有骑虎难下之势，那么像宋太祖赵匡胤身不由己而黄袍加身的事变就会上演，刘宋王朝的宗庙社稷将会移交给沈庆之，人们也没有什么可争议的。难道沈庆之因有这样的打算，而忍心把自己变成王莽、曹操吗？进一步则成为皇帝，退一步则死于非命，最后由自己的内心做出抉择，甘愿怀抱忠贞之心而死。所以说，他抱着这样的赤胆忠心，即使面对鬼神也诚信无欺、问心无愧，魏晋、南朝六代的大臣中，只有沈庆之一人能够做到。如果说这是因为愚昧而死，那么商代的箕子、比干二人早就先于沈庆之做了这样愚蠢的事。

本事：《资治通鉴》卷一三〇《宋纪十二·明帝》，泰始元年（465）。

明帝

一　明帝滥杀宗室之祸

杀机动于内，祸乱极于外。宋之季世，拓拔氏未有南侵之谋也，而淮西、淮北席卷而收之，薛安都一反面北向，风靡萍散而不可止。谓明帝不从蔡兴宗之言，以重兵迎薛安都而使疑惧，犹未论也。

帝与子勋争立，而尽杀孝武二十八子，是石虎之所以歼其种类者。宋之不亡，幸耳；尚能抚有淮甸哉？二十八王，非皆挟争心者也，以子勋故，而迁忿怒以歼之，骨肉之恩，斩绝不恤。则夫淮、汝州郡应子勋而起者，虽剖心沥血以慰劳之，固将怀芒刺于寤寐，奚更待重兵之见胁乎？

夫子业不道，而孝武恩在人心，人未忘也。子业死，明帝与子勋两俱有可立之势，而子勋兄弟为尤正。明帝据非所有，逞惎毒以殄懿亲，宁养假子而必绝刘氏之宗。明于义者去之若污，审于害者逃之若鸷，尚孰与守国而不亟飏以飞邪？孝武忌同姓亦至矣，子业虐诸父亦酷矣，至于明帝而抑甚焉。其后高湛、陈蒨相踵以行其残忍，皆不能再世。小人不知恩义，而抑不知祸福，将谓鬼神之可欺也，夫鬼神而可欺也哉！

【译文】

杀机萌动于内，祸乱极其惨烈于外。刘宋王朝的末叶，北魏拓跋氏并没有南侵的阴谋，然而淮西、淮北地区却被其席卷而去。徐州刺史薛安都一旦反叛并投降北魏，其他人竞相仿效，天下混乱的局势就像大风吹散浮萍一样不可止息。有人认为导致变乱的原因是宋明帝刘彧没有听从蔡兴宗的建议，出动重兵迎接薛安都回归，从而使他感到疑虑恐惧。这是不可取的肤浅之论。

宋明帝刘彧同晋安王刘子勋争夺皇位，将孝武帝刘骏的二十八个儿子斩尽杀绝，这种屠戮宗室的做法与后赵石虎灭绝其家族种姓的原因相同。在这样的情况下，刘宋王朝没有立即灭亡，只是侥幸罢了，哪里还有能力去招抚并占有淮河流域呢？孝武帝所封的二十八王，并不是都怀有争夺皇位的野心，但由于刘子勋的缘故被宋明帝迁怒，全被杀掉，不顾骨肉兄弟之间的恩情，斩断血脉毫不怜惜。

如此，当时淮河、汝河流域各州郡支持响应刘子勋的力量，即使宋明帝呕心沥血地加以安抚慰劳，他们也会无时无刻不像芒刺在背，坐卧难安，哪里还用等待朝廷重兵压境逼迫他们造反呢？前废帝刘子业不行仁道，但孝武帝刘骏的恩德犹在，人心并不会忘记。刘子业死后，宋明帝刘彧与晋安王刘子勋二人都有可立为帝的情势，相比之下，刘子勋作为前废帝刘子业的兄弟，称帝的理由更为正当。宋明帝刘彧占据本来不属于自己的帝位，不惜采用恶毒手段残害宗亲骨肉，宁愿豢养假子也务必灭绝刘氏后代。这样，明白正道大义的人像躲避污染一样恨不得马上离去，审视时局利害的人纵横奔驰而逃，那么还有谁愿意同宋明帝一起守卫国家而不急着顺风飞扬呢？孝武帝刘骏猜忌同姓诸王也已经臻于极致，前废帝刘子业对父辈的虐待也已经足够残酷，可是到了宋明帝刘彧更加变本加厉。其后北齐武成帝高湛、南朝陈文帝陈蒨又相继采用这些残忍的手段，结果都传位不过两代就灭亡了。奸佞小人不懂得恩义，也不懂得祸福，他们以为鬼神是可以欺骗的，难道鬼神真的可以欺骗吗？

本事：《资治通鉴》卷一三〇《宋纪十二·明帝》，泰始元年（465）。

二　夏侯详的贞人志士之言

自宋以来，贞人志士之言绝于天下。夏侯详者，名不显于当时，而能昌言以救刘勔（miǎn）之失，殆跫（qióng）然空谷之足音矣。殷琰在寿阳，畏明帝之诛己，欲降于拓拔氏。详曰："今日之事，本效忠节，何可北面左衽乎？"至哉言乎！司马楚之、王琳而知此，不为千载之罪人矣。

以宋事言之，子业之弑，宵小挟怨毒而弑之，起明帝于囚系之中而扳之以立，为贼所立，乘间以窃位，不能正其始矣。子勋虽反，乃以独夫之将覆宗社而起，未纯乎不正也。孝武以讨贼而为神人主，一子不肖，以次而仍立其子，位固子勋之位也。应子勋而起者，名亦近正，志亦近义。详曰"本效忠节"，皎皎初心，岂自诬哉？夫既以名义为初心，则于义也当审。为先君争嗣子之废兴，义也；为中国争人禽之存去，亦义也；两者以义相衡而并行不悖。如其不可两全矣，则先君之义犹私也；中国之义，人禽之界，天下古今之公义也。不以私害公，不以小害大，则耻臣明帝而归拓拔，奚可哉？

呜呼！人莫急于自全其初心，而不可任者一往之意气。欲为君子，势屈而不遂其志，抑还问吾所自居者何等也。情之所流，气之所激，势之所迫，倒行逆施，则陷于大恶而不知，而初心违矣。故迫难两全之际，捐小以全大，乃与其初心小异而不伤于大同。故管仲事仇而夫子许之为仁，以其知小大公私之辨也。使怀子纠之怨，忿戾以去其故国，北走戎，南走楚，必与桓公为难，而雪其悁（yuān）悁之忿，则抑匹夫匹妇之不若，禽兽而已矣。君子之称管仲曰

"徙义"，徙而不伤君子之素，则合异于同，而无愧于天下。详曰"本效忠节"，大正而固不昧其初也。

【译文】

自南朝刘宋以来，忠贞有志之士的精辟言论已断绝于天下。豫州刺史殷琰的主簿夏侯详，在当时的名声并不彰显，却能在关键时刻发出正当的言论以挽回辅国将军刘勔的过失，这在当时就像空谷足音一样令人欣慰。殷琰占据寿阳（今安徽寿县）响应晋安王刘子勋，害怕宋明帝予以诛杀，曾想投奔北魏拓跋氏。夏侯详进谏说："当今之事，本来是为了效忠国家以克尽臣节，怎么可以向北事奉披发左衽的势力呢？"真是至理名言啊！东晋末年投靠北魏的琅邪王司马楚之、南朝陈初年投靠北齐的湘州刺史王琳之流如果懂得这个道理，就不会成为千古罪人。

就刘宋当时的情况而言，前废帝刘子业被弑杀，是其身边宵小之辈心怀怨恨而弑君谋逆。他们将宋明帝刘彧从囚禁之中解救，并拥立为帝。宋明帝为逆贼所拥立，乘机窃取帝位，因而他得位之初就不具有正当性。晋安王刘子勋虽然造反，起因却是独夫民贼将要颠覆宗庙社稷，因而也不能说完全不正当。孝武帝刘骏因讨伐逆贼元凶刘劭而成为天下人神共主，他的长子刘子业不成器，就应该依次立他的次子为继承人，所以帝位本来就是属于刘子勋的。响应刘子勋起兵的人，名义上近乎正当，其志向也近乎正义。夏侯详所说"本来是为了效忠国家以克尽臣节"，表明了其犹如日月皎洁的初心，难道能自行承认妄加于己的不实之词吗？既然把名声和道义当作初心，就应当在关乎正道大义的问题上审慎考虑。对先皇继承人的废立问题据理力争，本身就合乎正道大义；在中原王朝争辩华夷大防、人禽之辨的存亡，也是合乎正道大义的。两者用正道大义衡量，并行不悖。如果两者不能兼顾，那么效忠先皇的道义，是相对狭隘的私义；中原王朝的华夷大防、人禽之辨的存亡，则是古往今来天下通行的公义。不能因为私义而损害公义，不能因为小义而损害大义，那么，因为耻于向宋明帝俯首称臣，而去投奔北魏拓跋氏，又怎么可以呢？

唉！人生没有比保全自己的初心更为重要的事，不可以任凭一时的意气行事。想要成为正人君子，在时屈势违而不能实现自己的志向时，应反过来问问自己身处哪种境地而坚守何等信念。如果任由个人情感流露，被一时意气所激，便屈从于形势而倒行逆施，那么就会身陷巨奸大恶而不自知，从而有违自己的初心。所以，在迫于形势而难以两全时，舍弃小义以成全大义，即便与自己的初心少有差异，也不损害正道大义。所以管仲事奉自己原先的仇敌齐桓公，孔子却称许他仁义，这是因为他知道大义与小义、公义与私义的区别。如果管仲心怀齐桓公杀死公子纠的怨恨，充满愤怒地离开故国，向北投奔戎狄，或向南投奔楚国，誓与齐桓公发难，以洗雪其心头的怨愤，那么就连匹夫、匹妇都不如，甚至等同于禽兽罢了。孔子之所以称赞管仲的做法是“迁意而从义”，是说转变自己的意愿并不损害君子的本性，把小异合并于大同，就可以无愧于天下了。夏侯详说“本来是为了效忠国家以克尽臣节”，就是在大义上具有正当性，这本来也不会违背自己的初心。

本事：《资治通鉴》卷一三一《宋纪十三·明帝》，泰始二年（466）。

三　宋赎刘昶，用心险恶

宋以金赎刘昶于拓拔氏，其情慝，其志憯（cǎn）矣。怀不肖之心于隐微，而千里之外见之，人不可罔也如斯夫！

何言乎其情慝也？昶之北奔，畏孝武之疑忌而见杀也。明帝既杀孝武之子以泄其忿娼，恐人怀孝武之恩而致怨于己，故召回昶，以暴孝武之过，曰“彼欲灭兄弟而我复之”，托于昶以扬孝武之恶，怀慝而故为之名也。

何言乎其志憯也？休仁者，亦其兄弟，所与争国而有功者也。疑忌既深，休仁自解扬州牧以免祸，而终不免于鸩。祎与休祐、休若无毫发之嫌，而先后被杀；所仅全者，庸劣之休范耳。昶才非休范之匹，而又有拓拔氏之外援，畏其在外，且挟强敌之势以入，争其养子，姑召之归。使其反邪，鸩杀之祸，必不在休仁兄弟之后。欲加之罪，而何患无辞乎？故曰其志憯也。

于是而魏人知之矣，昶亦知之矣。亢兄弟之词，而无来归之志，魏以全昶而昶以自全。灼见其恶而远之唯恐不夙，人其可以罔乎哉？论者乃曰：“赎昶，义也。”亦尝见明帝灭绝天性之恶已著而不可掩者乎?

【译文】

宋明帝刘彧打算用金钱将义阳王刘昶从北魏赎回，其居心邪恶、其用意惨毒，其内心深处隐藏着奸邪不良的意图。而北魏拓跋氏和刘昶本人却在千里之外都能够洞察和识破，可见人们是如此不可以欺骗蒙蔽啊!

为什么说宋明帝刘彧居心邪恶呢?刘昶之所以投奔北魏拓跋氏，是因为害怕受到孝武帝刘骏的猜忌而被诛杀。宋明帝刘彧诛杀孝武帝的全部儿子以发泄自己的怨愤和嫉妒之情后，害怕别人感念孝武帝的恩德而对自己产生怨恨，所以召回刘昶，以暴露孝武帝的罪恶，并向世人宣示:“他想要诛灭自己的骨肉兄弟，而我却保护并恢复其地位。”目的就是假托刘昶宣扬孝武帝的罪恶，其居心邪恶。所以，故意借用召回刘昶的名义，以便巩固自己的统治。

为什么说宋明帝刘彧用意惨毒呢?建安王刘休仁也是宋明帝的兄弟，为他争夺帝位也曾立下功劳，后来因为明帝对他的猜忌日渐加深，刘休仁不得不自行解除扬州刺史的职务，以图免于杀身之祸，但最终不能避免被毒杀。东海王刘祎与山阳王（后改晋平王）刘休祐、巴陵王刘休若本来没有任何值得猜忌的地方，但也先后被杀掉。唯一得以保全自身性命的，只有庸劣无能的顺阳王（后改桂阳王）刘休范。刘昶的才智并不是刘休范能比得上的，刘昶又有北魏拓跋氏作为外援。因此，宋明帝担心刘昶在外利用强敌势力进攻刘宋，同他的儿子争夺皇位，便暂且把他召回。如果刘昶真的返回故国，那么他遭受毒杀的祸患，一定不会比刘休仁弟兄更晚。欲加之罪，何患无辞？所以说宋明帝的用意是惨毒的。

对于宋明帝刘彧的居心和用意，北魏拓跋氏是清楚的，刘昶也是明白的。刘昶以兄弟之礼仪与宋明帝相抗而不肯俯首称臣，没有回归刘宋的意思。这既是北魏拓跋氏保全刘昶的办法，也是刘昶自我保全的手段。既然已经洞察并识破宋明帝的邪恶居心，远远地避开他尚且唯恐不早，难道还有谁可以被欺骗蒙蔽吗？评论的人却说："赎还刘昶，是出于仁义。"难道他们未曾见到宋明帝刘彧灭绝人性的罪恶已经臭名昭著而且不可掩盖了吗？

本事：《资治通鉴》卷一三二《宋纪十四·明帝》，泰始三年（467）。

四　浮屠之兴，为天下害

佞佛者，皆非所据而据，心危而附之以安者也。自古帝王至于士庶，其果服膺于释氏之说而笃信者，鲜矣。其为教也，离人割欲，内灭心而外绝物，而佞佛者反是，何为其笃信之？篡弑而居天子之尊，夷狄而为中国之主，德薄才菲，自顾而不知富贵所从来，怀慝负惭，叨窃而觉梦魂之不帖，始或感冥报之我祐，继或冀覆餗（sù）之无忧，于是而佛氏宿命之因缘，忏除之功德，足以慰藉而安之。故夷狄之君，篡逆之主，屈身降志，縻国殃民，以事土木之偶；而士大夫之徼幸显荣，乃至庶民之奸富者，亦惑溢分之荣胒所自致，而幸灾眚之不及。其有因而述其空寂之说者，则以自文其陋而已，非果以般若涅槃为身心之利，而思证入之也。于是而浮屠之为民害也，不可止矣。

拓拔氏置僧祇佛图户，夺国之民，而委赋役于贫弱之农民，其主倡之，州镇因而效之，遍天下以为民害。读杨衒之《伽蓝记》，穷奢竞靡，而拓拔氏以亡。非所据而据焉，身必危，浮屠氏其蒺藜矣。然则拓拔焘之诛沙门，又何也？彼乞灵于仙鬼，事异而情同，皆怀歉于人，而徼福于鬼，《夏书》所谓巫风也。

【译文】

谄媚于佛、迷信佛教的人，都是据有本不属于自己的事物，而内心感到自危，只有依附佛教以寻求内心安稳。自古以来，上自帝王下至士人百姓，真心信奉佛教学说并衷心笃信佛法的人，是很少的。佛教徒宣扬的教义，是要超脱人性、割舍欲望，对内消灭私心情感、对外断绝人事交往。但迷信佛教之人的行为却与此相反，他们为什么会笃信佛教呢？篡位弑君而居于天子的尊位，夷狄首领成了中原王朝的君主，道德鄙陋、才疏学浅，也不知道其荣华富贵从何而来，心怀奸邪而负疚自愧，因其地位不当得而得，魂牵梦绕、心神不定。开始时或许会因感觉到因果报应而希望得到保佑，继而或许希望不至于因力不胜任败事而能够高枕无忧，因此佛教宿命因缘的理论，以及忏悔消灾的功德，足以安慰他们的心灵。所以，出身夷狄的君主、篡位谋逆的君主，往往甘愿屈尊、降低心志，靡费国家财力、祸害剥削民众，修建寺庙、供奉佛像。那些心怀侥幸、荣耀显贵的士大夫，乃至平民百姓中的奸诈而富裕的人，也迷惑于过分的荣华富贵可以不求自来，侥幸于灾难降临不到自己头上。其中也有借此阐发宣扬佛教空寂学说的人，均是以此掩盖自己的鄙陋罢了，并非真的将佛教所谓的智慧、生死轮回作为有益身心的事情，从而想要以正智如实证得真理。所以，佛教毒害民众的趋势日益严重，以至于无法制止。

北魏拓跋氏设立僧祇户、佛图户，使得佛教侵夺国家的编户齐民，并把赋役转嫁于贫弱的农民。君王倡导实行这样的政策，地方州镇也纷纷效仿，导致僧祇户、佛图户遍布天下，民众深受其害。从杨衒之的《洛阳伽蓝记》中可以看到，当时的佛教势力穷奢极欲，竞相靡费无度，拓跋氏最终因此灭亡。据有本不属于自己的事物，自身必然会面临危险，迷信浮屠就像春种蒺藜秋得其刺一样，成为北魏衰亡的根源。既然如此，那么北魏太武帝拓跋焘曾经诛灭沙门，又是为什么？因为他们乞求神仙鬼神显灵，尽管与迷信佛教有所不同，但情势都是一样的，都是对人心怀歉疚，而乞求鬼神赐福，这就是《尚书·商书·伊训》中所说的巫风。

本事：《资治通鉴》卷一三二《宋纪十四·明帝》，泰始五年（469）。

五　无可信之边将者，国必危

无可信之边将者国必危。掩败以为功，匿寇而不闻，一危也；贪权固位，怀忧疑以避害，无寇而自张之，以自重于外，二危也。二者均足以危国，而张虚寇以怙权者尤为烈焉。边将之言曰：无寇，则朝廷轻我。夷狄盗贼之言曰：无我，则汝之为将也，削夺诛杀随之矣。于是而挑寇也，养寇也，纵寇也，无所不至，玩弄人君于股掌之上，一恐喝而唯我所欲。呜呼！此固猜疑防制自以为智之主也，而玩弄之如婴儿，不亦伤乎！

宋明帝欲除萧道成，荀伯玉为之谋，使轻骑挑魏之游兵，而遽以警闻，由是而道成终据兖州以立篡弑之基。故掩败以为功，匿警而不闻者，视此而祸犹小也。择人而任之，既任而信之，坦衷大度以临之，彼敢欺我哉？故莫愚于猜疑防制之主，而暗者犹次也。

【译文】

如果没有可以信赖的边防将帅，那么国家必然面临危险。边防将帅掩盖失败的军情而谎报战功，隐瞒敌情而不上报，这是第一种危险。边防将帅贪恋权势，想要稳固自己的地位，心怀忧虑疑惧而想要规避危难，没有敌寇来侵却自己虚张声势，以抬高自己在朝廷之外的地位，这是第二种危险。这两种危险都足以导致国家危亡，其中虚张敌情声势以图谋专权的人尤其危险。用边防将帅的话来说：如果没有敌寇入侵，朝廷就会轻视我们。用夷狄和盗贼的话来说：如果没有我们的入侵，你们作为将帅，被削夺权力、惨遭杀害的祸患就会接踵而至。因此，边防将帅有的挑动敌寇入侵、有的养寇自重、有的纵敌深入，无所不用其极，把君主玩弄于股掌之上，只要对君王恫吓威胁一下，便可以为所欲为。唉！这本来是多疑猜忌、防范钳制臣下而自以为圣明的君主，却被边防将帅当作婴儿一样玩弄，不也是令人悲哀的吗！

宋明帝刘彧想要铲除南兖州刺史萧道成，诏命其入朝任黄门侍郎、越骑校尉。荀伯玉替萧道成出谋划策，命令轻骑兵深入北魏境内，挑逗北魏的巡逻士兵，然后萧道成立刻报告有敌兵入侵，朝廷果然令萧道成恢复原职。因此，萧道成最终得以占据兖州（南兖州，治广陵，今江苏扬州，一度治京口，今江苏镇江），奠定了他篡位弑君、改朝换代的基础。所以，边防将帅掩盖失败的军情而谎报战功，隐瞒敌情不上报，与虚张敌情声势以图谋专权相比，所造成的祸患还算是小的。选拔人才并予以任用，既然任用就要予以信任，以坦诚大度之心对待他，那么他还敢欺骗我吗？因此说，没有比多疑猜忌、防范钳制臣下而自以为圣明的君主更愚蠢的了，即使昏庸无能的君主也比他要好些。

本事：《资治通鉴》卷一三二《宋纪十四·明帝》，泰始六年（470）。

六　正道而诡行，非为君之道

赵武灵王授位于子，而自称主父，废长立少，恐其不安于位也。拓拔弘授位于子，而自称太上皇帝，子幼而恐为人所篡夺也。宗爱弑两君，而濬几不立；乙浑专杀无君，弘几死其手；故弘年甫二十，急欲树宏于大位，以素统臣民，而己镇抚之。犹恐人心之贰也，故先逊位于子推，使群臣争之，而又阳怒以试之，故子推之弟子云力争以为子推辞，而陆馥、源贺、高允皆犯颜以谏而不避其怒。其怒也，乃其所深喜者也。其退居而事佛、老，犹武灵之自将以征伐，皆托也；不欲明示其授子之意旨，而以此为辞也。此二主者，皆强智有余，事功自喜，岂惮劳而舍国政者乎？弘好黄、老，而得老氏之术，其欲逊位子推也，老氏欲取固与之术也；其托于清谧而匿其建立嗣子之旨也，老氏守兑之术也。所欲立者非不正，而诡道行之，巧笼宗室大臣之心，亦狡矣哉！而抑岂君人之道哉？

虽然，其以传位笼子推而制之，犹贤于宋明帝之贼杀兄弟以安其养子远矣。黄、老之术，所由贤于申、韩也。然而疑虑以钳制天下，则一也。故曰黄、老之流为申、韩，机诈兴而末流极于残忍，故君子重恶之也。夫古之明王，岂不欲安其家嗣以奠社稷乎？唯豫教而游之于大学，一时之俊士，皆有恩纪以相结，而择师保傅以辅之，学以成，德以修，而授益以固，奚事此哉？

或曰：宋高宗之内禅，论者何以无讥也？曰：高宗以孝宗为太祖之裔，疏远已甚，不得不早正位以防争，而高宗年已及耄也。唯其时、唯其人而已矣。

【译文】

战国时期，赵武灵王赵雍正当盛年却把君位传给次子赵惠文王赵何，自称主父，是因为他废长立少，担心自己死后赵何不能稳固君位。北魏献文帝拓跋弘把君位传给儿子孝文帝拓跋宏，自称太上皇帝，是因其子年幼，担心自己死后君位被他人篡夺。当年，北魏专权宦官宗爱曾弑杀太武帝拓跋焘、南安王拓跋余两位君主，文成帝拓跋濬也差点没能继位；太原王乙浑专权擅杀、无视君主，拓跋弘也差点儿死在他手中。因此，献文帝拓跋弘刚满二十岁，就急着树立其子拓跋宏的君位，让其提前继位统治臣民，而自己坐镇安抚。但拓跋弘还担心臣下有二心，所以先把皇位让给京兆王拓跋子推，挑起群臣争议，然后又假装愤怒，试探群臣的反应，再将皇位传给拓跋宏。所以，当拓跋子推的弟弟拓跋子云极力据理力争，为拓跋子推辞让皇位，而陆馛、源贺、高允等大臣也不顾冒犯君上而犯颜直谏，极力规谏拓跋弘立其子拓跋宏为帝时，拓跋弘表面愤怒，其实内心最为欣喜。拓跋弘退居太上皇之位，信奉佛、老学说，这就像赵武灵王自己率军征伐一样，都是假托。他不想明确表示把皇位传给儿子的用心，就以此作为托词。赵武灵王、拓跋弘这两位君主，当时都身强力壮而且才智有余，并为自己的事业功绩沾沾自喜，难道他们真的害怕辛劳、自愿舍弃国家大权？拓跋弘喜好黄老之学，也深得老子的权术，他先把皇位让给拓跋子推，就是运用老子所谓“将欲夺之，必固与之”的权术。他假借佛、老清静无为的学说，从而隐藏其传位嗣子的真实意旨，就是运用老子所谓的“守兑之术”（自己作为太上皇牢牢守住皇位，同时以“欲取固与”的手段消除宗室对皇位的觊觎之心）。他传位嗣子的做法，也不是不具有正当性，但采用诡诈的方式进行，巧妙地收拢宗室大臣的人心，也堪称狡猾了。这难道是作为君主应有的统治之道吗？

尽管如此，他先假托传位给拓跋子推以笼络并制服他，这种做法与宋明帝刘彧残杀骨肉兄弟以安定其皇子的地位比起来，要好得多。这也是黄、老的权术比申不害和韩非的法家权术高明的原因。然而，用疑虑之心钳制天下，这一点是一致的。所以说，由黄、老的权术发展演变为申、韩的法家权术，机敏奸诈之风就会盛行，而后来的发展态势则会极尽残忍之能事，这是正人君子最为厌恶的。古代的圣明君主，难道他们就不想稳定其嫡长子的继承人地位以奠定江山社稷吗？只有采取正当的方法，预先进行教育培养，让他们在太学里学习，对于一时的俊才杰士都以恩情广泛结交，并选择德高望重的太师、太保、太傅加以辅佐，使他们学业有所成就，德行得以修养，这样再授予君位，其地位自会更加稳固，哪里需要运用权术呢？

有人说：南宋高宗赵构也曾内禅让位于宋孝宗赵昚，

评论的人为何没有讥讽他呢？回答是：因为高宗以为孝宗是宋太祖赵匡胤的后裔，与他的血缘关系相差很远，不能不及早确立他的皇位，以防范和避免日后纷争。同时，高宗当时也已接近耄耋之年。关于皇位的禅让，只能根据当时的情况、当时的人选具体分析评价罢了。

本事：《资治通鉴》卷一三三《宋纪十五・明帝》，泰始七年（471）。

七　拓跋氏劝农反伤农

有不待劝者，士之学也，农之耕也。劝士以学，士乃习为为人之学；为人而学，学乃为道术之蠹，世道之患。升俊有常典，养士有常法，人主尊师问道以倡之，士自劝矣。若旦命而夕饬之，赏法行而教令繁，徒有劝学之名，而士日以偷。果有志于学者，岂待劝哉？宋立伪学之禁，而士趋朱子之门也如归，禁之不止，何容劝邪？

虽然，士无志于学，劝之而不学，弗能为益，而犹无伤于士。若农，则无不志于得粟者矣。其窳（yǔ）者，既劝之而固不加勤；而劝之也，还以伤农。方其恪共于耕之日，士女营营，匪朝伊夕，从事于陇首，而吏拥车骑喧豗（huī）于中野以贰其心，则民伤；于是刻核之吏，搜剔垦莱以增益其赋，苛求余丁以增益其役，而民愈伤。夫古之省耕者，君与民亲，而天子之圻，诸侯之国，提封既狭，不容委之有司，且君有公田，自省其获而以余惠民也。后世尽地以与民，而但收其赋税，薄赋则可弗补助，息讼轻徭则可弗省督，胡为委贪廉不可信之有司以扰妇子于耕馌哉？

拓拔氏，夷也，闻中国有圣人之道焉，取其易行者而行之，于是奔走郡县而名为劝农；又勒取民牛力之有余者，以借惰窳之罢（pí）民。其挠乱纷纭，以使民无宁志也，不知何若，守令乃饰美增赋以邀赏，天下之病，尚忍言哉！蒙古课民种桑，而桑丝之税加于不宜桑之土，害极于四百余年而不息。读古人书而不知通，旦识而夕行之，以贼道而害及天下，陋儒之妄，非夷狄之主，其孰听之？

【译文】

世上存在不必等待他人劝勉就会去做的事情，如士人的学习，农夫的耕作。劝勉士人学习，士人就会感到是为他人而学习；为他人而学习，那么他的学问就会成为败坏道术的蛀虫、世风的祸患。选拔俊秀人才有固定的规章，培养造就士人有固定的法则，君主尊师重教、勤于问道以倡导良好的学风，这样士人自然会自我劝勉、努力学习。如果每天早上劝勉、晚上督促，施行奖赏的办法，制定烦琐的教令，徒有劝学的名声，而士人只能日益苟且懈怠。真正有志学习的人，难道还需要不时地被劝勉吗？宋朝设立伪学的禁令，但士人都像争着回家一样投到曾被列为伪学的朱熹门下学习，法令都不能禁止，还用得着劝勉吗？

尽管如此，如果士人无心学习，即使劝勉他们也不会学习，劝学虽不能起到好的作用，但对于士人也没有什么损害。至于农夫的耕作，没有不想着多得粮食的。那些懒惰的农夫，即使劝勉他们耕作，也不会更加勤劳；并且这种劝农的做法，反而会损害农夫的利益。当他们恭谨地躬耕陇亩时，男女聚集辛苦忙碌，不分昼夜在田间地头耕耘。如果官吏的车马带着喧闹之声进入田间，督促他们、分散他们的心思，那么农夫的耕作就会受到伤害；如果苛刻的官吏因此通过各种方式搜刮农夫新开辟的荒田以增加赋税征收，苛求农家的剩余劳动力承担徭役，那么就更加妨碍农夫耕作了。上古时期的君主巡视春耕，显示君与民的亲近关系，天子所处的京畿周围千里之内、诸侯封国之内，由于封地不大，因此也不把农事交给有关官吏办理，并且君主有自己的公田，可以自行巡视其耕作与收获情况，并减少赋税征收而惠及百姓。后世才开始把国家的土地全部分给百姓，官府只负责征收赋税，减轻赋税就不需要官府给予补助救济，平息诉讼、减少徭役就不需要官府进行巡视督促，怎么能够委任贪婪而不可信的官吏干扰农夫农妇的耕作呢？

北魏拓跋氏，本是夷狄，他们听说中原王朝施行圣人之道，就吸取其中容易实行的内容施行于国家，于是让郡县官吏奔走于田野之间，美其名曰劝农；又勒令牛多的民户出牛，借给那些懒惰而不事耕作、不从教化的百姓。这种政策纷繁复杂、扰乱农事，使得农夫难以安心耕作，不知道如何应对；而那些郡守县令却为了政绩一味地增加赋税，以向朝廷邀功请赏，天下人遭受的祸害，苦不堪言啊！

元朝统治者强令农民种桑以征收蚕丝税，但蚕丝税却强加在不适宜种桑的地区，其消极影响持续了四百余年未能被制止。读古人的书却不知道变通，早上观书有感，晚上就去实行，用这样的政策戕害正道大义，使祸害遍及天下。这些鄙陋儒士的无知妄言，若非夷狄的君主，还有谁会听从呢？

本事：《资治通鉴》卷一三三《宋纪十五·苍梧王》，元徽元年（473）。

后废帝

一　晋宋之际，天子如草芥

纣之亡也，正名之曰独夫。独夫者，有天下而国必亡，身必戮，大分之尊不足以居之，先王之泽不足以庇之。况在下位而为独夫，未有能得人之天下者也。

刘休范以庸劣而免于忮主之杀，乃乘君死国乱之际，而求干天位，张敬儿以一健卒入二万人之中斩其首，无卫之者，此其为独夫也奚疑，而可为天子乎？然且几陷建业，为天子。甚哉！晋、宋之末天子之易为，而人思为之，其贱曾不如有道之世一命试为邑宰者，何足谓为大宝哉！草芥而已矣。

天子如草芥，而人思为之，为之不克，而为独夫以死者，休范也；为之克而终为天子者，萧道成也。以小慧小才言之，则道成之愈于休范也远矣。以君天下言之，则休范、道成一也，皆独夫也。道成弑君，张敬儿取白帽加其首，曰："事须及热。"为道成之腹心者，敬儿之流，一休范之许公舆、丁文豪也。褚渊虽贵，而无称于宋。止此三数人，而掇宋之宗社如一羽，授之道成，而道成居之以安。呜呼！至于此，而天下犹有贵贱之等差哉？贤不肖尤非所论矣。

曹氏之篡也，威服群雄而有讨董卓之义，有迎驾于蒙尘之功焉。刘宋之篡也，灭鲜卑，俘羌夷，荡妖贼，夷桓玄，恭帝所被夺而不怨者也。司马氏奸矣，而平辽东，灭蜀汉，四世而后得之。道成者，胠箧之盗，媚一褚渊而已，裒然正南面而立，论者以罪褚渊，未尽也。渊一亡赖之鄙夫耳，安能以天下与人哉！微渊而道成固足以篡，无他，唯天子之如草芥而人可为之者也。前有道成，后有霸先，五代有石敬瑭、刘知远、郭威，而篡夺亦将息矣。未有天之所子，人之所君，而人思为之者也。君子于此，远之唯恐不速。陶弘景其知此矣，"唯可自怡悦，不堪持赠君"，目笑而心怜之已尔。

【译文】

商纣王死后，人们称他为"独夫"。独夫，拥有天下而国家必然灭亡，其自身必然被诛戮，即使是君主的九五之尊也不足为凭据，先王的德泽也不足以庇护。更何况身居下位却想成为独夫的人，从来没有能够夺取别人天下的。

南朝宋桂阳王刘休范因庸劣无能而幸免被猜忌狠毒的宋明帝刘彧诛杀，却乘君主身死、国家危亡之际起兵反叛，妄图夺取帝位。结果，一个健儿锐卒张敬儿就冲入两万人大军中将其诛杀，周围却没有挺身而出保卫他的人，可见其为独夫无疑。难道像刘休范这样的独夫能成为天子吗？然而，他所率领的兵马差点儿攻陷建业（今江苏南京），他几乎成了天子。实在太过荒唐了！晋朝和南朝刘宋的末叶，天子是如此容易做，而人们也都想着做天子，天子的尊位低贱得还不如有道之世一个受命试用的县令，怎么可以称得上大宝之位呢！只不过是草芥罢了。

天子之位贱如草芥，而人们都想做天子，如果不能如愿，就作为独夫死去，刘休范就是这样的人；如愿以偿，最终成了天子，齐高帝萧道成就属于这样的人。就小智慧、小才能来说，萧道成比刘休范强多了。然而就君临天下来说，刘休范与萧道成可以说是一样的，都是独夫。萧道成弑杀后废帝刘昱，其部将王敬则把白纱帽戴在他的头上，并说“做大事必须趁热打铁”。作为萧道成的心腹，王敬则就如同刘休范的心腹许公舆、丁文豪一样。中书令褚渊虽然身为驸马、地位显贵，但在刘宋王朝并没有可以称誉的功业。仅凭这三四人，掇拾刘宋江山社稷却像捡起一根羽毛一样容易，将其轻易地交给了萧道成，而萧道成登上皇位也安之若素。唉！到了这个时候，天下难道还有贵贱等级秩序吗？至于人的贤能与不肖，就更不必说了。

曹操图谋篡夺东汉王朝权位的时候，他的势力足以威服群雄，不仅有讨伐董卓的正义行为，还有在天子蒙尘时迎驾的大功。刘裕篡夺东晋王朝的权位之前，曾灭掉鲜卑的南燕，俘获羌族的后秦末帝姚泓，荡平信奉五斗米道的孙恩、卢循起义，平定逆贼桓玄的叛乱，所以晋恭帝司马德文对被剥夺帝位并没有什么怨言。司马氏虽然奸诈狡猾，但平定辽东、灭掉蜀汉，经历三世四人之后才得到了天下。萧道成，本是区区窃贼之流，只是靠着谄媚褚渊，竟骤然崛起南面称尊，做了皇帝。评论的人都怪罪褚渊，也未尽允当。褚渊只不过是一个无所依赖的卑鄙小人，又怎么能够把天下转手让给别人呢？即使没有褚渊这个人，萧道成也足以成功篡位，这没有其他原因，只是由于天子的地位贱如草芥，人人都可以做罢了。类似的例子，前有齐高帝萧道成，后有陈武帝陈霸先，五代时期又有后晋高祖石敬瑭、后汉高祖刘知远、后周太祖郭威。此后，篡权夺位的闹剧也得以停息，再也没有出现上天授予的天子、人们所拥戴的君主而人人都想着去做的情况。对于这样的事情，正人君子都避之唯恐不及。南朝道家陶弘景就懂得这个道理，他在《诏问山中何所有赋诗以答》中吟咏道："山中何所有，岭上多白云。只可自怡悦，不堪持寄君。"他眼看着这种闹剧而发笑，其实内心却深觉可怜。

本事：《资治通鉴》卷一三四《宋纪十六·顺帝》，昇明元年（477）。

二　北魏变法杀人自取灭亡

夷狄之轻于杀人，其天性然也。有时乎思所以生人，而非果有不忍人之心，乃以生之之道杀之，遂自信为矜恤。呜呼！民之遇此也，可悲也夫！

拓拔弘重用大刑，多令覆鞫（jū），以自诧其矜恕，而囚系积年，不为决遣，其言曰："幽苦则思善，故智者以囹圄为福堂。"哀哉！民之瘠瘐死于犴（gàn）狱者不知凡几，而犹谓之福堂邪？《易》曰："君子以明慎用刑，而不留狱。"明慎矣，速断之，而刑者刑，免者免，各得其所，而无所连逮；即或明慎未至，而枉者固千百而什一也。何也？择折狱之吏，申画一之法，除条例之繁，严失入之罚，枉者固千百而什一矣。夫人之情伪，不可掩于初犯之日，证佐未累，其辞尚直，情穷色见，犹可察也；迨及已久，取案牍而重复理之，移审于他署，而互相同异，犯者之辨，且屡屈屡伸而错舛益甚，目眩心疑，愈以乱矣。不留者，取人之初心而验其诚也；非今岁一官，明岁一吏，颠倒反覆之所能得其情也。徒以饥寒疾疫死之于丛棘之下，不亦惨乎！如是以为矜恤，亦嗜杀之转念而已矣。

若其罢门房之诛，则得之矣。乃门房之诛所自来，亦有由也。夷狄而主中国，王侯将相皆其种类，群起于驰逐之中，儦（biāo）儦俟俟以为群友，则一人富贵而合族骄盈，耕者不耕，猎者不猎，依倚势门，互相煽虐，非被诛者之陷及门房，而门房之陷人于诛者多矣。安与同其噬搏，危与共其诛夷，亦自取之矣。前之立法者，深恶夫合族之蜂集，待食于将吏，众为虐而一人独婴其祸，弗与惩之，而门房之败类横逞益烈也。罢其诛，不禁其朋从之恶，拓拔氏之所以敛怨而终亡也。

【译文】

夷狄的统治者草率杀人，这是由他们残忍的天性决定的。他们有时候也会考虑让民众得以存活，并不是因为他们真有怜悯之心，即使确有怜悯之心，这种怜悯之心也是通过让人存活的方式杀人，还自诩这是体恤怜悯他们。唉！人们遇到这种情况，真是可悲啊！

北魏献文帝拓跋弘对待重罪刑罚很审慎，大多要下令复核，以此标榜其怜悯宽恕之心。然而监狱中的囚犯因此常年被羁押，得不到及时审判发落，他还说什么："犯人处在幽禁愁苦的环境中，才能知道悔过向善。因此，明智的人就把监狱当作福堂。"真是可悲啊！人们被摧残瘦弱、饥寒致病而死于牢狱之中的不知有多少，这种地方竟然还能称得上是福堂?《周易·旅卦》的象辞说："君子明决、审慎地使用刑罚，不稽留狱讼案件。"用刑明决、审慎，就是要尽快裁断，该用刑的用刑，该赦免的赦免，各得其所，而不牵连拘捕无辜之人。即使没有完全做到明决、审慎用刑，被冤枉的本来也不过千分之十或者百分之一。为什么呢？因为君主可以审慎选择断狱的官吏，申明统一的法律，消除繁杂的条例，严明错判的刑罚，在这种情况下，被冤枉的本来也不过千分之十或百分之一。犯人内心隐情的真假，在初犯时是不可能掩盖住的，即使证据还不充足，罪犯的供词也比较坦率，只要通过察言观色，还是可以查明真相的。如果拖延时间长了，取来档案进行反复查对，或者移交到其他衙门审理，这样相互之间就会有所不同，罪犯多次陈述辩解，而且屡次认罪、屡次翻供，从而使错漏矛盾之处越来越多，以致让人目眩心乱，导致案情更加错乱。如果不稽留案件，就要根据当事人最初的供词与事实相对照，检验其是否诚实；而不是今天换一个官，明天换一个吏，靠来回变更断案人员得到实情。如果长期稽留案件，就会白白地让犯人最终因饥寒、疾病死在牢狱之中，不也太过残忍了吗？像这样自以为是怜悯体恤犯人的方式，也只是嗜杀成性的另一种形式罢了。

至于北魏拓跋氏废除株连亲族的法令，则是一种正当的做法。然而株连亲族法令的产生，也是有其根据的。夷狄入主中原以后，其朝廷中的王侯将相都是同一家族的人，聚集在一起追逐名利富贵，正如《诗经·吉日》中所描绘的动物奔跑慢走，成群结队四处游荡。这样，亲族之中有一人富贵，整个家族都会骄奢淫逸，原本耕作的不再耕作、原本狩猎的不再狩猎，依靠家族的势力相互肆虐。并非被诛杀的人牵连了整个家族，而是其家族的肆虐妄为牵连了很多人违法伏诛。既然平安时整个家族一起吞噬搏击、残害他人，那么临危之时整个家族一起承受被诛杀的刑罚，也是应得的。以前之所以设立这样的法令，就是因为对这种家族集体作恶的行径深恶痛绝。整个家族蜂拥聚集，等待着家族中获取富贵荣华的将军或官员的供养，众人相互肆虐妄为却只有一人独自承受被诛杀的灾祸，如果不对其族人一起进行惩治，那么家族中的败类就会更加横行无忌、为害也更为惨烈。后来废除株连家族的法令，就不能制止整个家族同类相从一起肆虐的罪恶行径，这也是北魏拓跋氏之所以招致人们的怨恨而最终走向灭亡的原因。

本事：《资治通鉴》卷一三三《宋纪十五·苍梧王》，元徽二年（474）。

顺帝

一　君主以猜忌御下致人才凋零

国无人焉则必亡，非生才之数于将亡之国独俭也。上多猜，则忠直果断之士不达；上多猜而忠直果断者诎，则士相习于茸靡，虽有贞志，发焉而不成。宋自孝武迄于明帝，怀猜忌以待下，四十余载矣，又有二暴君之狠毒以间之，人皆惴惴焉旦夕之不保，而茸靡图全之习已成。其不肖者，靡而之于恶，以戴叛逆、戕君父而不愧，则褚渊之流是已。其贤者，虽怀贞而固靡，其败也，则不足立皎皎之节，即使其成，而抑无以收底定之功，则袁粲、刘秉是已。粲与秉孤立，而思抗悍鸷多徒之萧道成，不爱死以报刘氏，则固无容深求者。粲闻道成废立之谋，而不能抗辞以拒之，秉以军旅一委道成，授之以篡逆之柄，且置勿论。徒其决计以诛道成，幸而克矣，不知二子者，何以处沈攸之，而终延宋祚也？

苍梧之昏虐，安成之巽懦，皆道成所不以置诸目中者，所与争天下者，攸之而已。攸之又岂有刘氏之子孙在其意中乎？攸之之欲为道成也，非一日也。兵已顺流直下，而道成授首于内，则攸之歌舞而入，挟重兵，居大功，握安成于股掌，二子欲与异而固不能。委社稷于攸之，掷宗祐于道成，有以异乎？吾知二子者，歧路仓皇，欲如今日之捐生以报国，不可得已。此无他，以刚决为嫌，以深谋为讳，自孝建以来，士大夫酿成雍容观变之习，蔡兴宗已启其源，而流不可止也。故兴宗之死，无可为宗惜者。兴宗存，则为袁、为刘，否则为谢朏（fěi）而已。史称粲简淡平素无经世材，非无材也，狎于全身避咎之术，以逃猜主之鼎镬，气已茶而不可复张。宋末之人材，大抵然也。故以猜驭下者，其下慑焉而旁流，刚化为柔，直化为曲，密化为疏，祸伏而不警，祸发而无术，为君子者，无以救其亡，而小人勿论已。

【译文】

国家没有人才必然会灭亡，这并不是因为即将灭亡的国家造就的人才比其他时期的数量更少。君主多有疑猜忌之心，忠诚正直、刚毅果断之士就不被任用；君主多有疑猜忌之心，忠诚正直、刚毅果断之士被贬退，于是士人随波逐流、萎靡不振，即使有忠君报国的志向，想要有所伸张也不能成功。刘宋王朝自孝武帝刘裕至明帝刘彧，都以猜忌之心对待臣下，持续了四十年之久，其间又有前、后废帝两位暴君采取更为狠毒的手段离间大臣，使得人心惶惶。朝不保夕、萎靡不振、随波逐流以苟且求全的习气已经形成。其中那些不肖之徒，由萎靡不振逐渐演变成巨奸大恶，从而拥戴叛逆、戕害君父却不知羞愧，褚渊之流就是这类人；其中那些贤能的人，虽怀有忠君报国的志向，却也萎靡不振，一旦遭遇失败，就不足以保持其忠贞皎洁的节操，即使侥幸成功，也不足以取得平定祸乱的大功，宋明帝时的尚书令袁粲、中书令刘秉就是这类人。袁粲、刘秉势单力孤，却想要对抗凶悍暴戾、党徒众多的萧道成，不惜以死报效刘氏，这固然不能加以深责。然而，袁粲得知萧道成策划废立皇帝的阴谋时，却没能义正词严地进行劝阻；刘秉则把军队全部交给萧道成掌管，授予他篡位谋逆的权柄，这也姑且搁置不论。只说他们决计诛杀萧道成之事，如果侥幸成功的话，不知道他们二人又如何对待沈攸之，从而延续刘宋的帝位呢？

苍梧王即宋后废帝刘昱昏昧暴虐，安成王即宋顺帝刘準又怯懦不堪，他们都是萧道成看不起的人。能与萧道成争夺天下的，只有车骑大将军、开府仪同三司、荆州刺史沈攸之了。沈攸之的心目中难道就有刘氏的子孙吗？沈攸之想要成为像萧道成一样弑君篡位而得天下者，也并非一日了。沈攸之的大军顺流而下，如果萧道成在朝廷内被杀，沈攸之便可以载歌载舞地进入朝中，手握重兵，以拱卫江山社稷之功自居，并将安成王刘準玩弄于股掌之上。这种情况下，袁粲、刘秉二人想要反对已不可能了。他们把江山社稷交给沈攸之和把刘氏宗庙交给萧道成，有什么区别吗？我知道他们二人处在进退两难的境地，就像仓皇之间遇到歧路难以抉择一样，想要像现在这样舍弃性命以死报国，也是不可能的。出现这种情况没有其他的原因，而是因为人们早已习惯将刚毅果断当作嫌疑、将深谋远虑当作大忌。自孝武帝孝建年间（454—456）以后，士大夫已经酝酿形成一种从容观变的习气，由吏部尚书蔡兴宗开其源头，然后形成潮流而无法制止。所以，蔡兴宗的死并没有什么值得为刘宋王朝惋惜的。蔡兴宗即便不死，日后也会成为袁粲、刘秉一样的人，或者成为齐梁间的谢朏一样的人罢了。史书上称袁粲为人简约淡泊、政绩平庸且无经世之才，不是他本身没有才能，而是因为他习惯于避害保身的权术，并以此逃脱猜疑君主的酷刑诛杀，志气早已萎靡不振而不能再度伸张。刘宋末叶的人才，大体都是这样。所以，君主以多疑猜忌对待臣下，那么臣下就会受到震慑而陷入恐惧，旁流歧出而向坏的方向转变，刚变为柔、直变为曲、密变为疏，这样祸患潜伏却不知警惕，祸患发生却束手无策，作为正人君子，尚且没有办法挽救国家的危亡，那些奸佞小人就更不用提了。

本事：《资治通鉴》卷一三四《宋纪十六·顺帝》，昇明元年（477）。

卷十六

明刻本《历代帝贤像》中的齐高帝萧道成画像

【题　解】

本卷评论南朝齐及相应的北朝历史，分齐高帝、武帝、郁林王、明帝、东昏侯五目，共十九则。

齐高帝萧道成（427—482）弑君篡位，王夫之认为“齐无寸功于天下，乘昏虐而窃其国、弑其君、尽灭其族，神人之所不容，义之必讨者也”。这是魏晋以来臣节士行沦丧的产物，也成为南朝政权更迭的恶例。借萧子良表停台使，论述中国古代社会分层施治的政治秩序和治理体系。

武帝萧赜（440—493）为齐高帝长子，在位期间励精图治，国强民安，王夫之选择八个问题加以评论。在肯定籴买政策的同时，阐述其务本抑商、王道教化的思想；指出范缜《神灭论》立言未审，不足以折浮屠之邪妄。同时，对北魏孝文帝的改革予以重点关注，认为其严禁谶纬之学是符合道义的善举；俸禄制有违治道，乃“残虐之令”；三长制乃“一切之法”，不可以齐天下；五德终始之说不足以反映天下的治乱合离，不能作为王朝正统的理论依据。

郁林王萧昭业（472—494）以皇太孙继位，在位一年即为辅政大臣萧鸾弑杀。对史书中关于郁林王挥霍无度、耗尽国帑的记载，王夫之认为不可尽信，乃欲加之罪何患无辞；批评诸臣至为不仁，而天下效之，以成乎不仁之天下。

明帝萧鸾（452—498）弑君废帝，即位后猜忌多疑，屠戮宗室，王夫之斥其为“凶悖”；更感慨天下风俗教化衰微，人才凋零，提出士人如何于乱世自处的话题。同时，批评北魏孝文帝之伪，乃儒者之耻。

东昏侯萧宝卷（483—501）为明帝次子，即位后荒淫嗜杀，引发叛乱，身死国亡。王夫之认为当时天下灭裂、君臣道亡，士人应坚守道义，如鸿飞冥冥，隐处避祸；在众多篡逆之主中，梁武帝萧衍近乎正道。

齐高帝

凡篡位者，未即位皆称名，已即位则称帝，史例也。萧齐无功窃位，不足列于帝王之统系，而以帝称者，以北有拓拔氏之称魏，故主齐以存中国。

【译文】

凡是篡位登基的帝王，没有即位之前都称其姓名，即位之后就称其帝号，这是史书编撰的通例。南朝齐高帝萧道成没有什么功劳却窃取帝位，本来没有资格被列入帝王的谱系当中。本书之所以以帝号相称，是因为当时北方有鲜卑拓跋氏政权称作北魏，所以不得已也把南朝萧齐政权作为中原王朝的代表列入帝王谱系，从而保存中原王朝的正统地位。

一　天下一统的治理体系

天下之治，统于天子者也，以天子下统乎天下，则天下乱。故封建之天下，分其统于国；郡县之天下，分其统于州。[后世曰道、曰路、曰行省、曰布政司，皆州之异名也。] 州牧刺史统其州者也，州牧刺史统一州而一州乱，故分其统于郡。[隋、唐曰州，今曰府。] 郡守统其郡者也，郡守统一郡而一郡乱，故分其统于县。上统之则乱，分统之则治者，非但智之不及察，才之不及理也。民至卑矣，其识知事力情伪至不齐矣。居尊者下与治之，亵而无威，则民益亢而偷；以威临之，则民恇惧而靡所骋。故天子之令行于郡而郡乱，州牧刺史之令行于县，郡守之令行于民，而民乱。强者玩焉，弱者震掉失守而困以死。唯县令之卑也而近于民，可以达民之甘苦而悉其情伪。唯郡守近于令，可以察令之贪廉敏拙而督以成功。唯州牧刺史近于守，可以察守之张弛宽猛而节其行政。故天子之令不行于郡，州牧刺史之令不行于县，郡守之令不行于民，此之谓一统。上侵焉而下移，则大乱之道也。而暴君污吏，恒下求以迫应其所欲，于是牧刺不能治守，守不能治令，令抑不能治民。其尤乱者，天子之令，下与编氓相督责，守令益旷，奸民益逞，懦民益困，则国必亡。故统者，以绪相因而理之谓也，非越数累而遥系之也。

江左之有天下，名为天子，而其时之人已曰：适如平世之扬州刺史而已。虽然，荆、扬、徐、梁四州之土广矣，而又益之以交、广、宁三州之地，视商、周之天下，版图不隘也。而天子急奔其欲，日遣台使下郡县以征求于民；则天子一县令，台使一胥隶也。乃既名为天子之使而有淫威，则民之死于督迫者积矣；实为天子之令而威已媟，则民之无惮于上以亢守令者又多矣。齐高立，令群臣言事，而竟陵王首以为言，知治道矣。

将亡之国，必频遣使以征求于天下。遣御史矣，遣给谏矣，且遣卿贰矣。民愈怨，事愈废，守令愈偷，未有不亡者也。画尊卑而限之，乃以联四海而一之。故《春秋》书武氏子、家父、毛伯之来求，以著天王之不君而自绝其纽也。

【译文】

天下（国家）的治理体系，是被统一掌控于天子之手的；而这种以天子一人统一掌控天下的治理体系，又是导致天下混乱的根源。因此，在实行分封制度的时代，就把天子统一掌控天下的体系加以变通，分散建立诸侯国进行统治；在实行郡县制度的时代，就把天子统一掌控天下的体系加以变通，分散建立州进行统治。［后世又改称道、路，改称行省、布政使司，都是对州一级行政区划的不同称呼。］州一级行政区划的首领称作州牧、刺史，是统一掌控一州的最高长官，然而以州牧、刺史一人统一掌控一州政事，又是导致一州混乱的根源，因此又在州一级行政区划之下分散设立郡进行统治。[隋朝、唐朝称为州，今天(也就是明代)称为府。]郡一级行政区划的首领称作郡守，是统一掌控一郡的最高长官，然而以郡守一人统一掌控一郡政事，又是导致一郡混乱的根源，因此又在郡一级行政区划之下分散设立县进行统治。如此看来，天下（国家）的治理集中统一于上层就会导致混乱，分解于下层就会得到有效治理，这并不仅仅因为上层统治者的智慧不足以体察到基层，其才能不足以管理到基层。天下四民的地位低下，而且他们理解通晓事情的能力，真诚和虚假的态度等都千差万别，完全不一样。居于尊位的统治者居高临下进行治理，如果态度轻慢不庄重而缺乏威严，那么人民就会越发放肆、苟且偷生；如果态度威严而盛气凌人，那么人民就会恐惧惊慌，无法施智展才。因此，如果天子的政令越过州一级行政区划而直接推行于郡一级行政区划，就会导致郡一级统治的混乱；同样州牧、刺史的政令越过郡一级行政区划而直接推行于县一级行政区划，或者郡守的政令越过县一级行政区划而直接推行于民众，就会导致民众的混乱。强悍的人就会玩世不恭、不奉命行事；软弱的人就会惊慌失措、有失职守，甚至困顿而死。相对而言，只有县令一级的官员因地位低下，接近老百姓，可以把老百姓的甘苦上达天听，可以洞悉老百姓的真诚与虚假情况；只有郡守一级的官员地位接近县令，可以考察了解县令的贪婪与廉洁、机敏与朴拙，从而因人制宜地督导行政，进行有效的统治；只有州牧、刺史一级的官员地位接近郡守，可以考察了解郡守施政的张与弛、宽与猛的不同风格，从而加以节制，使其张弛有度、宽猛相济。因此，天子的政令不能直接推行于郡一级行政区划，州牧、刺史的政令不能直接推行于县一级行政区划，郡守的政令不能直接推行于民众，这就是所谓的天下（国家）大一统的治理体系。统治权力的向上侵夺或向下转移，都是导致天下大乱的根源。那些残暴君主和贪官污吏，常常越级向下苛求以迫使下级满足他们的私欲，因此州牧、刺史不能按照既定程序管理郡守，郡守不能按照既定程序管理县令，县令也不能有效管理民众，尤其混乱的是，天子的政令直接推行于编户齐民，朝廷与基层相互督察问责，使得郡守、县令更加荒废职责，无法行使管理职权，奸诈的民众更加逞其凶顽，懦弱的民众更加困顿，这样的结果就是国家必然走向灭亡。由此可见，所谓天下一统的治理体系，是指按照既定的程序进行治理，而不是超越层级程序而遥控指挥。

以江左（也称江东、江南，略指长江下游地区）为中心的东晋和南朝宋、齐、梁、陈政权，他们的皇帝名义上称为天子，实际上正像当时所说：恰似统一王朝、太平之世的扬州刺史罢了。虽然这样，荆州（辖境包括今湖北、湖南部分地区）、扬州（辖境包括今江苏、安徽部分地区）、徐州（辖境包括今山东、江苏、安徽部分地区）、梁州（辖境包括今陕西、四川、重庆部分地区）这四州的版图已经很大了，如果加上交州（辖境包括今广东、广西、海南部分地区及越南中北部）、广州（辖境包括今广东、广西部分地区)、宁州（辖境包括今云南、贵州和广西部分地区）这三州之地，比起商、周时代的天下四方，版图已经不小了。可是六朝的天子急于放纵他们的物质欲望而奔走求取，每天派遣台使（两晋、南朝时期朝廷使臣之称，时称宫禁为台，故名）直接下到郡县，向民众横征暴敛；这样的话，天子就像是一个县令，而台使就像是一群差役与小吏。而这些使臣既然名义上是天子的使者，可以滥用权威，那么民众因为督责逼迫而死的就会累积得很多；这些使臣奉行的实际上是天子的政令，其权威性已经受到轻慢甚至玷污，那么民众因为不畏惧上司的政令而抵抗郡守、县令的就会很多。南朝齐高帝萧道成即位之后，诏令群臣上书言事，竟陵王萧子良首先应诏上表，奏请罢黜朝廷的台使官员，可以说是深谙治国之道啊！

行将灭亡的国家政权，必定频繁地派遣朝廷使臣到各地横征暴敛。已经派遣了负责监察的御史，接着又派遣负责规谏讽喻的给事中和谏议大夫，还将派遣仅次于卿相的二三品朝廷大员。这样，民众的怨愤越来越大，国家的政事也越来越废弛，郡守、县令无法按照既定程序进行治理，不得不苟且偷安，长此以往国家政权没有不灭亡的。规范上下尊卑的秩序，限定其权力和责任，从而联结天下四方，以实现国家治理的天下一统。因此，《春秋》上记载：鲁隐公三年（前720）秋，朝中的大夫武氏子居然跑到鲁国求取周平王葬礼的财物；鲁桓公十五年（前792）春，周天子派遣大夫家父（嘉甫）到鲁国求取车舆；鲁文公九年

（前618）春，朝廷派遣毛伯卫到鲁国索取周襄王丧礼的金钱，这些都是不合乎礼法的，表明周天子不能君临天下有效地实施国家治理，正是因为自己断绝了国家治理体系的枢纽。

本事：《资治通鉴》卷一三五《齐纪一·高帝》，建元元年（479）。

二　义不可袭

义不可袭者也，君子验之于心，小人验之于天。心所弗信，君子弗为。天所弗顺，小人无成。徒曰义而遂执言以加人，则义在外也。故辟外义之邪说，而乱以不生。

齐无寸功于天下，乘昏虐而窃其国、弑其君、尽灭其族，神人之所不容，义之必讨者也。刘昶以宋室懿亲，拥拓拔氏之众三十万以向寿阳，流涕纵横，遍拜将士，求泄其大仇，于义无不克者也，而困于垣崇祖之孤军，狼狈而退；再举以向甬城，周盘龙父子两骑驰骋万众之中，朒（nǜ）缩旋师。然则智力伸而义诎，将天之重护萧齐以佑乱贼、挫忠孝哉？盖昶者，非可以义服人者也。其奔也不仁，其仕于拓拔氏也不正；而其假于报仇以南侵也，又豫为称藩于魏之约，以蔑中夏之余绪；则其挟强夷以逞也，乘国之亡而遂其私也。

呜呼！昶诚拊心而自问，果闵宗国之亡、祖考之不血食、合族之歼死邪？否也？昶方流涕之时，不能自喻，而天下又恶从而喻之？然而天鉴之矣。故愤盈以出，而疲劰（guì）以归，天夺之也。若夫昶之耽荣宠于索虏，则千载以下，可按迹以知心者也。义不义，决于心而即征于外，验之天而益信，岂可掩哉！

【译文】

道义是不可以被覆盖、掩藏的，君子用心体验道义，小人则根据天命验证道义。内心不相信的不义言行，君子是不会践行的。天命不予顺应庇佑，小人也不会成功。如果只是口头上说符合道义，就仗义执言强加于他人，那么这种道义就是外在的道义或者说是表面上的道义。因此，驳斥和破除表面上符合道义的歪理邪说，才能够避免天下大乱的发生。

南朝齐武帝萧道成并没有在天下建立尺寸之功，只是乘南朝宋的皇帝昏庸暴虐的时机窃取帝位、杀死国君、尽灭皇室家族，其罪恶行径可以说人神共愤、天理不容，从道义上讲必须予以讨伐。刘昶作为宋文帝刘义隆的儿子，因为宋前废帝刘子业的猜忌而投奔北魏，官拜征南将军，麾下拥有北魏拓跋氏的军队三十万人向寿阳进发。他涕泪纵横，拜求全体将士，发誓要为刘宋报仇雪恨，从道义上讲应该说仁义之师必将攻无不克战无不胜，结果却被南朝齐豫州刺史垣崇祖的孤军所困扰，狼狈退兵；其后第二次举兵进攻甬城（当为角城，在今江苏淮阴附近），结果因为南朝齐将周盘龙、周奉叔父子两骑在万军之中纵横驰骋，又一次大败，被迫退缩班师。既然这样，那么是否可以说是智力得以伸张而道义却受到挫折，难道是上天保护萧齐政权从而保佑萧道成这样的乱臣贼子、摧残刘昶这样肩负忠孝道义的仁义之师？其实，刘昶并不是以道义服人的人。他作为刘宋宗室贵族却背叛祖国投靠北魏，已然是不仁；他出任北魏拓跋氏的官职，也是不正当的表现；他借报仇雪恨的名义率领魏军南侵，又预先与北魏约定南下后受封宋王、称藩于魏，从而辱没、蔑视中原王朝的正统传承。如此，刘昶这是裹挟着拓跋氏强大的政权力量肆意妄为，乘着刘宋政权灭亡的时机满足自己的私欲。

唉！刘昶应该扪心自问，他是否真的悲愤于刘宋祖国的灭亡、祖宗祭祀的断绝、刘氏家族被屠戮？刘昶涕泪纵横、誓师起兵的时候，并不能很好地以此道义自我表白，那么天下人又如何能够以此道义看待他呢？但是，上天对此是有明鉴的，所以刘昶满怀义愤出兵南征，结果却丧师失地、疲惫不堪地败退而归，这正是上天对他这种表面道义的惩罚。至于刘昶沉湎于在拓跋氏北方民族政权中享受荣华富贵的生活，即使在千年之后，我们依然可以根据他的所作所为推测他的内心。是否出于道义，取决于他的内心，同时也表现于他的外在行为当中，如果再通过天命的结果加以验证，就更加令人深信不疑。道义怎么可以被覆盖、掩藏呢？

本事：《资治通鉴》卷一三五《齐纪一·高帝》，建元二年（480）。

三　天理之权衡发见于人心

魏、晋以降，臣节隳，士行丧，拥新君以戕旧君，旦比肩而夕北面，居之不疑，而天下亦相与安之也久矣。独至于褚渊而人皆贱之，弟炤（zhào）祝其早死，刘祥斥其障面，沈文季责其不忠；且其子贲以封爵为大辱，而屏居不仕。华歆、王祥、殷仲文、王弘、傅亮之流，均为党逆，渊独不齿，何也？此天理之权衡发见于人心者，铢两之差不昧也。

党篡逆而叨佐命之赏者多矣。有志同谋合而悦以服焉者，有私恩固结而不解者，有不用于时而奋起以取高位者；其下则全躯保禄位被胁而诡随者。凡此，以君子之道责之，则无可容，以小人之情度之，则犹相谅，而渊皆不然。渊者，联姻宋室，明帝任之为冢宰者也。其时，齐高一巴陵王休若之偏裨耳，渊不借之以贵，抑未尝与协谋而相得，恩所不加，志所不合，势不相须，权不相下。乃其决于党逆而终始成乎篡弑者，无他，己则不孝，脱衰干进，而忌袁粲之终丧，欲夺粲以陷之死；宋不亡，齐不篡，则粲不死，遂以君授人而使加以刃，遂倾其祚，皆快意为之而不恤；于是永为禽兽，不足比数于人伦。故闺门之内，弟愿其死，子畏其污；子弟不愿以为父兄，而后虽流风颓靡之世，亦不足以容。不然，何独于渊而苛责之邪？

褚贲之辞父爵，疑非人子之道矣；而屏居墓下，终身不仕，则先自靖而不伤父子相隐之恩；无他，忘利禄而后可曲全于人伦之变也。以名位权势而系其心者，于君亲何有哉？张居正以冲主为辞，杨嗣昌以灭贼自诧，幸而先填沟壑，不及见国之亡尔，不然，其为褚渊必也。绝其本根，见弃于天，人之贱之也夙矣。不待恶已著见而后不容于天下也。

【译文】

自从魏晋以后，大臣节操败坏，士人德行沦丧，随意拥戴新的君主而戕害旧日的君主，早晨还是比肩共事的同僚，晚上就成了面北事奉的君主，而这些大臣、士大夫都安居其位而毫无疑义，天下人也都泰然处之，相安无事，这种局面已经很久了。唯独对南朝宋、齐的宰相也是南朝齐的开国元勋褚渊有所不同，几乎所有人都非常鄙夷他。他的弟弟褚炤诅咒他早死，大臣刘祥斥责他如此举止、羞面见人而用扇子遮挡着脸，沈文季斥责他自谓忠臣不知身死之日以何面目见宋明帝，而且他的儿子褚贲以继承他的封爵为奇耻大辱，终身隐居不仕。华歆、王祥、殷仲文、王弘、傅亮之流，均与褚渊一样党同逆贼，参与了萧齐取代刘宋的政变，却只有褚渊为世人所不齿，这是为什么？天理道义的权衡，公道自在人心，不会有丝毫误差！

结党篡位谋逆从而承受佐命元勋封赏的人，历史上有很多。其中有的是志同道合、共同谋划而且心悦诚服地拥戴新君，有的是因为私人恩惠结下了不解之缘，有的是因为不受当时朝廷的重用从而激于怨愤起而争夺高位，等而下之的是为了保全性命、禄位而被裹挟，不顾是非而妄随他人。凡此种种，如果按照君子之道加以谴责，就没有可以原谅的；如果按照小人之情加以评估，则他们的行为还可以相互谅解。可是，褚渊不属于这两种情况。褚渊作为刘宋的驸马都尉，与刘宋皇室联姻，宋明帝刘彧还任用他为宰相。而在当时，齐高帝萧道成仅仅是巴陵王刘休若手下的一名偏将罢了，褚渊并不指望借助萧道成获得显贵的地位，也不曾与萧道成因共谋协同而关系密切，二人也没有什么私人恩惠可言，也谈不上志同道合，不需要相互借势发展，也不存在政治权力的上下争夺。在这种情况下，他之所以决计与萧道成结党谋逆并始终促其篡位弑君建立新朝，没有其他原因，纯属他自己不忠不孝。在宋明帝刘彧死后，作为顾命大臣脱下丧服谋求仕进，却猜忌另一位顾命大臣袁粲守丧终制，想要窃夺袁粲的权力并置之死地；如果刘宋不灭亡，齐高帝萧道成未能篡位，那么袁粲也就不会受死，于是他将君权授予他人，从而让新君杀人，这样就倾覆了刘宋的江山社稷，这一系列罪恶行径褚渊都快意为之而且毫无顾忌。因此，褚渊就永远与禽兽为伍，不值得以人伦评议。所以，即使在自己的家门之内，弟弟也诅咒他早死，儿子也害怕受到他的玷污，家人子弟不愿称呼他为父为兄。到了后世，即使是风俗教化萎靡不振的时代，也无法容忍这样一个不忠不孝的小人。不然的话，为什么唯独对于褚渊加以苛责呢？

褚渊的儿子褚贲坚决推辞继承父亲的封爵，不免使人怀疑有违于作为人子的道义；而他能够独自隐居父亲的墓侧，终身不做官，这样做可以说是既坚持了自己的志向，又不伤害父子相隐的恩情；没有别的原因，彻底忘掉功名利禄，而后可以在面临人伦变故时得以委曲求全。那些究心、忘情于名位权势的人，他们的内心哪有君上、亲人的位置？明朝的内阁首辅张居正以皇上年幼作为推辞，坚持夺情、拒绝丁父忧回籍守制，兵部尚书杨嗣昌以剿灭流寇自夸，受命夺情、拒绝丁继母之忧回籍守制，幸好这俩人都先死了，来不及看到明朝的灭亡，不然的话，他们必定会成为褚渊一样的小人。断绝作为人的根本道义和伦常，从而为上天所抛弃和不齿，那么天下之人鄙视他们也就由来已久了，不需要等待他们的罪恶昭著，而后才会为天下所不容。

本事：《资治通鉴》卷一三五《齐纪一·高帝》，建元元年（479），建元四年（482）。

武帝

一　《神灭论》立言不审

范缜作《神灭论》以辟浮屠，竟陵王子良饵之以中书郎，使废其论，缜不屑卖论以取官，可谓伟矣。虽然，其立言之不审，求以规正子良而折浮屠之邪妄，难矣。

子良，翩翩之纨袴耳，俯而自视，非其祖父乘时而窃天位，则参佐之才而已。而爵王侯、位三公，惊喜而不知所从来，虽欲不疑为夙世之福田而不可得，而缜恶能以寥阔之论破之？夫缜“树花齐发”之论，卑陋已甚，而不自知其卑陋也。子良乘篡逆之余润而位王侯，见为茵褥而实粪溷；缜修文行而为士流，茵褥之资也，而自以为粪溷。以富贵贫贱而判清浊，则已与子良惊宠辱而失据者同其情矣，而恶足以破之？夫以福报诱崇奉学佛之徒，黠者且轻之矣；谓形灭而神不灭，学佛之徒，慧者亦谓为常见而非之矣。无见于道，而但执其绪论以折之，此以无制之孤军撩蜂屯之寇盗，未有不衄者也。

子良奚以知神之不灭哉？谓之不灭，遂有说焉以成乎其不灭。缜又奚以知神之必灭哉？谓之灭，遂有说焉以成乎其灭。非有得于性命之原而体人道之极，知则果知，行则果行，揭日月而无隐者，讵足以及此？浮游之论，一彼一此，与于不仁之甚，而君子之道乃以充塞于天下。后之儒者之于浮屠也，或惑之，或辟之，两皆无据，而辟之者化为惑也不鲜。韩愈氏不能保其正，岂缜之所克任哉？夫其辨焉而不胜，争焉而反屈者，固有其本矣。范缜以贫贱为粪溷，韩愈以送穷为悲叹，小人喻利之心，不足以喻义，而恶能立义？浮屠之慧者，且目笑而贱之。允矣，无制之孤军必为寇盗禽也。

【译文】

南朝齐学者范缜作过一篇《神灭论》，以驳斥佛教的学说。当时竟陵王萧子良以中书郎官为诱饵，想让范缜废弃他的神灭论学说。范缜不屑于这种以出卖自己的理论换取官职的做法，他的行为可以称得上伟大啊！尽管如此，由于他的立论中有不够审慎的地方，想要以这篇《神灭论》规正萧子良的思想，并进一步达到驳倒佛教中的歪理邪说的目的，也是很难的。

萧子良，本来是一个风度翩翩、文采优美的纨绔子弟，低下头审视一下自己，若不是他的祖父萧道成乘机窃取了天子的权位，他只不过是参谋、僚属之才罢了。如今他封爵王侯、位居三公（时为司徒），他惊喜过望而不知这些尊荣从何而来。即使要他不怀疑这是前世修来的福报也是不可能的，范缜又怎么能够以空旷玄远的理论驳倒和改变他的思想呢？范缜的“树花齐发”（《南史·范缜传》：“人生如树花同发，随风而堕，自有拂帘幌坠于茵席之上，自有关篱墙落于粪溷之中。坠茵席者，殿下是也；落粪溷者，下官是也。贵贱虽复殊途，因果竟在何处。”），已经是十分卑陋的理论，但他却不知道这种理论的卑陋之处。萧子良凭着其祖父篡位谋逆的余荫位列王侯，这从表面上看犹如花瓣落在茵席之上，而实际却和花瓣落在粪坑里没有什么两样；范缜因修养文人的德行而加入士人的行列，具有花瓣落在茵席之上的资质，而自己却以为是花瓣落在粪坑里。

根据人的富贵贫贱判定其人品的清浊，与萧子良受宠若惊从而进退失据的情况是相同的，怎么能够驳倒他的思想呢？用祸福报应的说法引诱那些崇奉和修习佛法之徒，聪明的人就会看不起；如果说形体毁灭而精神必定随之毁灭，那么修习佛法的人中，聪慧者也会因为这是常见的事而非议其说。范缜没有充分认识其中深刻的道理，只是坚持用一般的说教去说服对方，这就像是一支没有统一指挥的孤军去袭击像蜜蜂一样屯集的寇盗，没有不挫败的。

萧子良怎么知道形体消亡而神灵不灭呢？既然认为神灵不灭，就要有一套理论去论证神灵不灭的道理。范缜又怎么知道形体消亡而神灵必定随之毁灭呢？既然认为神灵必然毁灭，就要有一套理论去论证神灵毁灭的道理。对于性命的本原有自己深入的理解，从而深切体察人道的极致，知道就是真正的知道、实践也是真正的实践，就如同没有掩藏地揭示日月运行的规律，萧子良、范缜二人有谁能达到这种境界呢？那些虚妄浮夸、游谈无根的学说，此一时彼一时地随时势变化而改变，所带来的危害比不仁不义之举更为严重，从而使正人君子之道难以行之天下。后来的儒生对待佛教的态度，有的深受迷惑，有的坚决驳斥，但他们都无从找到确切的根据，最后反驳者转变为迷惑者的也有不少。对此，唐代著名学者韩愈尚不能保证自己完全是以纯正的儒学驳斥佛教，难道范缜就能胜任愉快吗？针对神灵是否毁灭的问题，辩驳而不能取胜，争论反而被迫屈服，这本来就有其根源。范缜把贫贱看作肮脏的粪坑，韩愈以祭送穷鬼作为其愤世嫉俗的自嘲与悲叹。小人具有好利之心，不足以同他们谈论道义，而又怎么能够树立正道大义呢？佛教徒中的聪慧者，也将取笑、鄙视这种说法。没有统一指挥的孤军必然为寇贼所擒获，这应该说是一种合乎情理的、公允的结果。

本事：《资治通鉴》卷一三六《齐纪二·武帝》，永明二年（484）。

二　民不畏死，奈何以死威之

官无常禄，赃则坐死，日杀人而贪弥甚。有常禄矣，赃乃坐死，可无辞于枉矣，乃抑日杀人而贪尤弥甚。老氏曰："民不畏死，奈何以死威之！"诚哉是言也。拓拔氏之未班禄也，枉法十匹、义赃二十匹，坐死；其既班禄也，义赃一匹、枉法无多少，皆死。徒为残虐之令而已。

夫吏岂能无义赃一匹者乎？非於陵仲子之徒，大贤以下，未有免焉者也。人皆游于羿之彀中，则将诡遁于法，而上下相蒙以幸免。其不免者，则无交于权贵者也，有忤于上官者也，绳奸胥之过、拂猾民之欲者也。狎奸胥，纵奸民，媚上官，事权贵，则枉法千匹而免矣。反是，不患其无义赃一匹之可搜摘者也。于是乎日杀人而贪弥甚。不知治道，而刻核以任法，其弊必若此而不爽。故拓拔令群臣自审不胜贪心者辞位，而慕容契曰："小人之心无常，帝王之法有常。以无常之心，奉有常之法，非所克堪，乞从退黜。”盖以言乎常法之设，徒使人人自危，而人人可以免脱，其意深矣！宏不悟焉，死者积而贪不惩。岂但下之流风不可止哉？以杀之者导之也。

【译文】

官员若没有恒定不变的俸禄，一旦犯贪赃罪就处以死刑，这样天天杀人，官员贪赃的行为反而更加严重。如果有了恒定不变的俸禄，犯贪赃罪者也处以死刑，就没有托词说自己冤枉，但天天杀人而贪赃的行为却仍然增多。老子说过：“老百姓并不害怕死亡，怎么可以以死相威胁使其畏惧呢！”这话说得实在太对了。北魏拓跋氏政权没有制定俸禄制度以前，法律规定：贪赃枉法达到十匹布、接受他人馈赠和贿赂二十匹布，就处以死罪。颁布俸禄制度之后，又规定受贿一匹布、贪赃枉法无论多少，都处以死罪。这只是徒劳地制定残酷、暴虐的法令罢了。

一般的官吏中怎么可能没有受贿一匹布的人呢？若不是像战国时期於陵仲子那样的贤士，那么除具有高尚道德、非凡才能的大贤以外，没有谁能够幸免的。人人都处于这样严密的法网之中，就会通过各种诡诈之术逃避法律的惩罚，上下之间相互隐瞒欺骗，以求幸免于刑罚。那些不能幸免的，则有的是没有结交权贵势要的人，有的是忤逆上级官员意愿的人，以及惩治奸猾胥吏过错、拒绝不轨民众要求的正直之人。如果是亲近奸诈狡猾的小吏，放纵下层民众的不轨行为，取媚上级官员，事奉权贵势要人物，那么即使枉法贪赃一千匹布，也可以免于问罪。反之，如果不是这样的话，对任何官吏都不担心搜查不出他受贿一匹布的罪证来。正因为这个原因，天天杀人而贪赃枉法的官员反而越来越多。不明白治理国家的道理，只是依靠这些残酷的法律进行统治，其弊端必然导致这样的结果，而不会有丝毫的例外。所以，北魏拓跋氏执政后，命令群臣审视省察自己，如果不能克服贪赃枉法之心者，就自觉辞去官位。宰官中散慕容契上奏说："小人之心变化无常，帝王的法律却固定不变。若以变化无常的小人之心，去执行固定不变的法律，恐怕不是我所能够胜任的，所以我请求辞职免官。"这就是说，国家建立固定不变的法律，只是让人人都有自危的感觉，从而使人人都能够幸免于刑罚，其意义是非常深远的。当时的北魏孝文帝拓跋宏不懂得这一道理，所以尽管当时的官员犯死罪者数量累积很多，而贪赃行为却仍得不到有效惩治。这难道只是下层社会的贪赃枉法之风不可遏制吗？实际上也是由于对贪官污吏杀戮过重所导致的。

本事：《资治通鉴》卷一三六《齐纪二·武帝》，永明七年（489）。

三　卜筮之术乃异端邪说

拓拔氏之禁谶纬凡再矣，至太和九年诏焚之，留者以大辟论。盖邪说乘一时之淫气，泛滥既极，必且消亡，此其时也。于是并委巷卜筮非经典所载而禁之。卓哉！为此议者，其以迪民于正而使审于吉凶也。《礼》于卜筮者问之曰："义与？志与？义则可问，志则否。"又曰："假于时日卜筮以疑众，杀。"盖卜筮者，君子之事，非小人之事，委巷之所不得与也。君子之于卜筮，两疑于义而未决于所信，问焉而以履信；事逆于志，己逆于物，未能顺也，问焉而以思顺。得信而履，思效于顺，则自天佑之，吉无不利。若此者，岂委巷小人所知，亦岂委巷小人所务知者哉？其当严刑以禁之也，非但奸宄之妄兴以消其萌也，即生人之日用，亦不可以此乱之也。

死生，人道之大者也。仰而父母，俯而妻子，病而不忍其死，则调持之已耳。乃从而卜筮之，其凶也，将遂置之而废药食邪？其吉也，将遂慰焉而疏侍省邪？委巷之人，以此而妨孝慈以致之死，追悔弗及矣。婚姻，人道之大者也。族类必辨，年齿必当，才质必堪，审酌之已耳。乃从而卜筮之，其吉也，虽匪类而与合邪？其凶也，虽佳偶而与离邪？委巷之人，其以此乱配偶而或致狱讼，追悔弗及矣。抑如寇至而避之，不容已者也。避之必以其时，而不可待；避之必于其地，而不可迷；深思而谋之，有识者虽不免焉，鲜矣。乃从而卜筮之，其吉也，时地两失，必趋于陷阱邪？其凶也，时地两得，必背其坦途邪？委巷之人，以此而蹈凶危，追悔弗及矣。由此言之，委巷之有卜筮，岂但纳天下于邪乎！抑且陷民于凶危咎悔之途。而愚民无识，方且走之若鹜。王者安全天下而迪之以贞，故《王制》

以为非杀莫能禁也。

且委巷卜筮之术背于经典者，于古不知何若，而以今例之，则先天序位也，世应游魂也，窃卦气于陈抟也，师纳甲于魏伯阳也，参六神生克神煞于星家之琐说与巫觋之妖术也。自焦、京以来，其诬久矣。沿流不止，为君子儒者，不能自拔流俗之中以守先王之道，亦且信其妄而隮之羲、文、周、孔之间，芜其微言，叛其大义，徒以惑民而导之于险阻。呜呼！拓拔氏夷也，而知禁之；为君子儒者，文之以淫辞，而尊之为天人之至教，不谓之异端也，奚可哉？程子鄙康节之术而不屑学，康节之术，委巷之师也。

【译文】

北魏的拓跋氏曾两次禁止谶纬迷信的学说流行，至孝文帝太和九年（485）又下诏焚毁这些谶纬方术之类的书籍，私自保留者以死刑论处。这种异端邪说乘着一时奢侈放纵的风气盛行开来，泛滥到了极致，必定逐步趋于消亡，当时正处于这个阶段。于是，当时连同基层民间所流行的卜筮之术，非传统经典有所记载的，也一概禁止，这可以说是远见卓识啊！提出这种建议的人，其目的就是要引导启迪民众走向正道，使他们慎重对待吉凶祸福之类的事情。《礼记·少仪》中有向前来求卜者问道：“是出于道义进行占卜呢？还是出于趋利避害进行占卜呢？若是出于道义就可以为他占卜，若是出于趋利避害就不可占卜。”《礼记·王制》中又说：“假借鬼神名义，以时日卜筮预测凶吉、蛊惑民众者，斩首。”这是因为卜筮的事情，是君子所从事的活动，并非小人应该从事的，庶民百姓是不能参与其中的。而君子对卜筮的态度，是对出于道义而持怀疑态度、不敢完全相信的事情，只有问卜占筮才能够确信；如果事情的发展违背了自己的意愿，自己的想法与事物的发展不一致，因而未能达到协调顺遂，于是通过问占卜筮希望协调顺遂。这样通过占卜得以确信，进而付诸实践；使自己的想法与事物的发展协调顺遂，那么也会得到上天的保佑，所有事情无不大吉大利。像这样的事情，难道是身在基层的庶民百姓应该知道的吗？难道是他们一定能够知道吗？应当施行严厉的刑罚禁止庶民百姓的卜筮活动，这不仅仅可以遏止和消除犯法作乱之人妄念的萌生，即使人们一般的日常生活，也可以不由此带来干扰和混乱。

死和生，是人伦中的大事。生而为人，上面有父母要事奉，下面有妻子儿女要抚养，若他们有重病而不忍心让其过早死去，就要想办法调养护理、延长他们的寿命。如果去求占卜，占卜结果是凶的话，就把病人置之不理、停止喂药进食了吗？占卜结果是吉的话，就因而得到安慰而不再精心服侍、探望了吗？那些身处基层的庶民百姓，往往因为迷信卜筮之术，以致妨碍自己对父母的仁孝之心、对妻子儿女的慈爱之情而置病人于死地，从而追悔也来不及了。婚姻，也是人伦中的大事。配偶双方的家族要分辨清楚，年龄大小也要适当，才能品德也要相称，对各方面情况认真审察、仔细斟酌也就可以了。如果去求占卜，占卜的结果是吉的话，即使是行为不端的匪类也可婚配结合吗？占卜的结果是凶的话，即使是才貌德行绝配的佳偶也要拆散吗？那些身处基层的庶民百姓，往往因为迷信卜筮之术，在配偶之间制造矛盾，有的还造成诉讼纠纷，从而追悔也来不及了。又如，面临盗匪贼寇入侵时就要逃避，这是刻不容缓的事情。逃避必须及时，而不能拖延等待；逃避必须知道逃往何处，不能迷乱方向；对此深思熟虑、周密安排就能够做到。在躲避寇盗之时，有识之士虽然仍不一定能成功逃脱，但毕竟也为数很少。如果去求占卜，占卜的结果是吉的话，有可能最佳的逃生时机就错过了，甚至连逃避的有利地点也错失了，难道一定要往陷阱里跳吗？占卜的结果是凶的话，如果仍有逃生的时间、有逃避的方向，难道一定要不走坦途而改投歧路吗？那些身处基层的庶民百姓，往往因为迷信卜筮之术而濒临危险的境地，从而追悔已来不及了。由此看来，在身处基层的庶民百姓中流行卜筮之术，难道仅仅是引导天下人迷信异端邪说吗？其危害还在于把老百姓带到极端危险而追悔莫及的灾祸境地。然而，愚昧无知的百姓没有见识，对于卜筮之类的异端邪说趋之若鹜。君王要平安保全天下的人们，并教育他们遵守道义伦常，所以《礼记·王制》认为不杀不足以消除这些异端邪说。

另外，基层民间的卜筮之术违背传统经典的学说，对古代的影响不知道怎么样，但从今天的事例来看，以先天八卦定天南地北之序、上下乾坤之位，以六爻预测为基础的世应理论产生归魂、游魂两种特殊卦象，从北宋陈抟的学说中窃取卦气之说，从东汉道家丹鼎派魏伯阳那里学来纳甲学说，以及把六神生克神煞之学掺杂到星家的琐细学说中，掺杂到巫觋的妖术当中。自汉代焦延寿、京房二人以来，卜筮之术的异端邪说已经流传很久了。这样相互沿袭，流弊毒害没有底止，即使是修习君子之儒的贤士，也沉湎于流俗邪说中不能自拔，不能恪守古圣先王的道义伦常，甚至相信卜筮之术的妄言，并将这些异端邪说上升到伏羲、周文王、周公、孔子之间的地位，从而荒废其微言，背离其大义，只以邪妄之说蛊惑民众，引导他们走向危险的境地。唉！北魏的拓跋氏是边疆的夷狄之邦，尚且知道禁止卜筮之术；而那些修习君子之儒的贤士，却以邪僻荒诞的言论对这种异端邪说妄加粉饰，尊奉为天人之际至高无上的教条，而不把这些斥为异端邪说，怎么可以呢？北宋的程颢、程颐兄弟看不起邵雍（谥号康节）的学说，认为不值得一学。邵雍的象数学说，实际上就是基层民间卜筮之术的理论根源所在。

本事：《资治通鉴》卷一三六《齐纪二·武帝》，永明三年（485）。

四　“一切之法”不可齐天下

拓拔氏太和九年，从李冲之请，五家立邻长，五邻立里长，五里立党长，此里长之名所自昉也。冲盖师《周礼》

之遗制而设焉。乃以周制考之，王畿为方千里，为田九万万亩。以古亩百步今亩二百四十步约之，为田三万七千万有奇；以今起科之中制准之，为粮大约二百二十万石，视今吴县、长洲二邑赋而不足，则其为地也狭，为民也寡矣。周之侯国千八百，视今州县之数而尤俭也。以甚狭之地，任甚寡之民，区别而屑分之也易。且诸侯制赋治民之法，固有不用周制者，如齐之轨里，楚之牧隰，不能强天下以同也。以治众大之法治寡小，则疏而不理；以治寡小之法治众大，则渎而不行。故《周礼》之制，行之一邑而效，行之天下而未必效者多矣。

三长之立，李冲非求以靖民，以核民之隐冒尔。拓拔氏之初制，三五十家而制一宗主，始为一户，略矣，于是而多隐冒。冲立繁密之法，使民无所藏隐，是数罟以尽鱼之术，商鞅之所以强秦而涂炭其民者也。且夫一切之法不可齐天下，虽圣人复起，不能易吾说也。地有肥瘠，民有淳顽，而为之长者亦异矣。民疲而瘠，则五家之累专于一家；民悍而顽，则是五家而置一豺虎以临之也。且所责于三长者，独以课核赋役与？抑以兼司其讼狱禁制也？兼司禁制，则弱肉强食，相迫而无穷；独任赋役，则李代桃僵，交倾而不给。黠者因公私敛，拙者奔走不遑，民之困于斯极矣。非商鞅其孰忍为此哉？

夫民无长，则不可也，隐冒无稽，而非违莫诘也。乃法不可不简，而任之也不可不轻，此王道之所以易易也。然则三五十家而立宗主，未尝不为已密，而五家栉比以立长，其祸岂有涯乎？民不可无长，而置长也有道；酌古今之变，参事会之宜，简其数而纲不密，递相代而互相制，则疲羸者不困，而强豪者不横。若李冲之法，免其赋役，三载无过，则升为党长，复其三夫，吾知奸民之恣肆无已矣。

要而论之，天下之大，田赋之多，人民之众，固不可以一切之法治之也。有王者起，酌腹里边方、山泽肥瘠、民人众寡、风俗淳顽，因其故俗之便，使民自陈之，邑之贤士大夫酌之，良有司裁之，公卿决之，天子制之，可以行之数百年而不敝。而不可合南北、齐山泽、均刚柔、一利钝，一概强天下以同而自谓均平。盖一切之法者，大利于此，则大害于彼者也。如之何其可行也！

【译文】

北魏孝文帝拓跋宏太和九年（485），听从给事中李冲的建议，建立三长制以取代原来的宗主督护制，在地方以五家为邻，设一邻长，以五邻为里，设一里长，以五里为党，设一党长，里长之名就是从这里起源的。大概李冲是根据《周礼》中记载的上古遗制而设官分职的。然而从周代制度考察，当时王畿内方圆一千里，有田地面积九万万亩，按照古代一亩百步而今日一亩二百四十步折合估计，有田三亿七千万亩多，以今日一般计亩课税的中等标准计算，能征收粮食大约二百二十万石，还比不上现今明代吴县（今江苏省苏州市区西部）、长洲（今江苏省苏州市区东部）两县的赋税收入。这说明周代王畿的土地面积并不大，人户数量也不多。周代的诸侯国总共一千八百个，少于现今天下所有的州县之数。这样以面积很小的土地，承受数量很少的人民，所以将他们区别开并加以细分进行管理，也是一件容易的事。况且，各诸侯国对民众征收赋税和统治的方法，本来也有不采用周朝统一制度的，如齐国实行的是以五家为轨、十轨为里、四里为连、十连为乡的兵民合一之制；楚国实行度量山林川泽土地，在田地上耕作，草地上放牧，计算收入缴纳赋税，车马和兵器的赋税与兵役相统一的牧隰制度。可见，并不能够强制天下所有的地区都采用相同的制度。若采用统治地大人众地区的方法去统治地小人少的地区，那么管理就会显得粗疏而得不到有效治理；若采用统治地小人少地区的方法去统治地大人众的地区，那么管理就会显得涣散而无法推行下去。因此，《周礼》上记载的制度，施行于一个城市、一个地区有效，施行于天下所有的地区就不一定有效的情况是很普遍的。

邻、里、党三长的设立，李冲的本意并不是为了安定民众，而是为了核查民众隐匿户口、逃避赋税的现象。北魏拓跋氏最初实行的是宗主督护制，三五十家设立一宗主，实际相当于一户的组织，这种制度太简略了，所以荫附豪强、隐匿户籍的事情多有发生。李冲建议设立如此繁密的管理制度，使老百姓的户籍不能有所隐藏，这是渔网细密从而一网打尽的方法，也是商鞅通过变法增强秦国力量而使百姓生灵涂炭的方法。大凡“一刀切”的制度都不可能在天下所有地区普遍实行，即使圣人再生，也不能改变这一点。土地有肥沃、贫瘠之分，人民有淳朴、强顽之别，而担任基层邻里之长的人也千差万别。如果人民窘迫困苦、土地贫瘠，那么五家的负担就会集中到一家的头上；如果人民强悍愚钝，那么五家中就好比增加了豺狼虎豹一般的威胁。邻、里、党三长的职责，难道仅仅是征收和清查赋役吗？或者还让他们兼管有关诉讼案件及违法行为呢？若兼管法制，就会因出现弱肉强食、交相迫害的情况而无法止息；若专管赋役事务，就会出现冒名顶替、李代桃僵的现象，从而导致相互倾轧、完不成赋役任务。三长中的狡黠者假公济私、愚拙者往来奔波，而百姓的艰难困苦已达到了极致。若不是商鞅那样的人，还有谁能忍心推行这样残暴的制度呢？

百姓当中不设置官长是不可行的，否则隐匿、假冒户籍之类的问题就无从核查，对于为非作歹的违法事情就无法追究。然而，法制建设不可以简要易行，而官吏的职责则不可以过重，这就是孔子所说的帝王之道之所以容易推行的原因。这样说来，原来三五十家设一宗主的宗主督护制，已未尝不是一种周密的制度，如今又改革为五家相连设立邻长、五邻相连设立里长、五里相连设立党长的三长制，由此造成的祸害还有止境吗？民间不可以没有长吏，但设置长吏也有其正确的方式。斟酌古今历史的变化，参考当时当地的实际情况，精简其数量、宽松其法网，使长吏之间既能够相互替代，又互相制约，这样使得羸弱之人不至于困顿，而豪强之人不至于横行。像李冲推行的三长制，免除长吏的赋役负担，若三年没有过错，便提升为党长，再免除其三个人的徭役。我由此可以想象担任三长的奸民的恣意妄为、无有底止了。

概括而论，天下之大，田地赋税之多，百姓户口之众，本来就不可以用“一刀切”的方法进行治理。如果有以王道治天下的君主出现，斟酌内地、边地的远近不同情况，山、林、川、泽土地的肥瘠程度，人民的多少，风俗的好坏这些因素，再根据各地区固有的、适合本地的风俗惯例，让百姓自己选择治理的方法，然后由本地区贤能的士大夫加以斟酌审议，交由有关官司进行裁定，最后由公卿大臣表决通过，用天子诏令形式发布于天下，这样建立的制度可以推行数百年而不会被破坏。而不可以不分南北地区，不分山林川泽，通用刚柔之法，划一利钝标准，强求天下所有地区一概推行相同的制度，从而达到所谓的均平。这种“一刀切”的管理方法，虽然对某一地区会极为有利，但对其他地区则会有极大的害处。像这样的政策，怎么能够推行整个天下呢！

本事：《资治通鉴》卷一三六《齐纪二·武帝》，永明四年（486）。

五　齐行粜买亦权宜之法

齐以民间谷帛至贱，而官出钱粜买之，亦权宜之法，可以救偏者也。民之所为务本业以生，积勤苦以获，为生理之必需，佐天子以守邦者，莫大乎谷帛。农夫终岁以耕，红女终宵而纺，遍四海，历万年，唯此之是营也。然而婚葬之用，医药之需，盐茗之资，亲故乡邻之相为酬酢，多有非谷帛之可孤行，必需金钱以济者。乃握粟抱布，罄经年之精髓适市，而奸商杂技挥斥之如土芥；故菽粟如水火，而天下之不仁益甚。孟子之言，目击齐、梁之饿莩充涂、仇杀相仍者言也，非通论也。

乃当其贵，不能使贱，上禁之弗贵，而积粟者闭籴，则愈腾其贵；当其贱，不能使贵，上禁之勿贱，而怀金者不售，则愈益其贱。故上之禁之，不如其勿禁也。无已，贱则官籴买之，而贵官粜卖之，此“常平”之法也。而犹未尽也。官籴官买，何必凶年而粜卖乎？以饷兵而供国用，蠲民本色之征，而折金钱以抵谷帛之赋，则富室自开廪发笥（sì）以敛金钱，而价自平矣。故曰：权宜之法，可以救偏者也。

乃若王者之节宣也有道，则亦何至谷帛之视土芥哉！金钱不敛于上而散布民间，技巧不淫于市而游民急须衣食，年虽丰，桑蚕虽盛，金钱贱而自为流通，亦何待官之籴买，而后使农夫红女之不困邪？故粟生金死而后民兴于仁。菽粟如水火，何如金钱之如瓦砾哉！

【译文】

南朝萧齐时，因为民间粮食、布帛价格最便宜，就下令由官府出钱购买，这是一种权宜之计，可以起到平衡物价的作用。当时的百姓都以从事农耕为生，每年男耕女织，勤苦劳作收获粮食、布帛，这些都是他们生活必需的。而辅佐天子保全国家，没有比粮食、布帛更重要的。农夫终年从事耕作，女子通夜从事纺织，遍布四海、经历万年，只有这些事是经营的根本。然而，人们婚丧嫁娶的用度，求医用药的需求，食盐、饮茶的消费，以及亲戚、朋友、乡邻之间的应酬，许多不是仅用粮食、布帛就可以满足的，还必须有金钱作辅助。于是在这种情况下，人们就要把自己多年辛苦劳作收获的粮食和布帛拿到市场上去卖，换取金钱。但是，那些奸商、工匠杂技之人却把这些粮食、布帛当作粪土、草芥一样挥霍。所以，粮食像水火一样多，而天下不仁义的现象就更加严重。孟子所说的圣王治理天下，粮食多得像水火一样，老百姓哪有不仁爱的呢！这是他目睹了齐、梁两国饿死者满路、仇杀相仍的社会现象后得出的结论，而不是通识之论。

当物价腾贵的时候，没有办法使之低贱，官府虽下令禁止抬高物价，可是囤积粮食的人就会采取对抗政策，从而使物价越来越贵。当物价低贱的时候，没有办法使之提高，官府虽下令禁止压低物价，可是怀有金钱的人不出钱购买，从而使物价越来越低。因此，官府下令禁止，还不如不禁。不得已的话，物价低贱的时候就由官府出钱购买，物价腾贵的时候就由官府开仓发卖，这才是平抑物价的常平之法。然而，仅用这种方法是不够的。官府出钱购买的粮食、布帛，为什么一定要等到收成不好的年份才开仓发卖呢？如果把这些粮食、布帛用来供应军队粮饷、国家财政开支，蠲免百姓的本色（实物）赋税，改折成金钱来冲抵他们的粮食、布帛赋税，这样，富有的人家自然会打开仓库发售粮食、布帛，收敛金钱，物价也就自然平衡了。所以说，这种权宜之法，是可以起到平衡物价作用的。

如果君王治理国家，开源节流自有其正确的方法，那么怎么会发展到视粮食和布帛如粪土、草芥的地步？金钱不收敛于官府而散布在民间，从事奇技淫巧的工匠不干扰市场，而使游食之民急需衣食自会购买。这种情况下，即使年成丰盈，桑蚕丝绸兴盛，金钱也至为便宜地在市场上流通，哪里还用得上官府出钱购买谷帛，才能解脱农夫、织女所处的困境呢？所以说，粮食布帛多了，金钱的作用小了，而后老百姓的生活才会更加趋向于按照仁义行事。即使粮食如水火一样贱，怎么比得上金钱如瓦砾一样贱呢！

本事：《资治通鉴》卷一三六《齐纪二·武帝》，永明六年（488）。

六　文以存质，质以节文

拓拔宏诏群臣言事，李彪所言，几于治道，君子所必取焉。其善之尤者，曰："父兄系狱，子弟无惨容；子弟被刑，父兄无愧色。宴安自若，衣冠不变，骨肉之恩，岂当如此？父兄有罪，宜令子弟肉袒诣阙请罪；子弟有坐，宜令父兄露板引咎，乞解所司。”以扶人伦于已坠，动天性于已亡，不已至乎！夫父兄之引咎，子弟之请罪，文也；若其孝慈恻怛之存亡，未可知也。役于其文，亦恶足贵乎？而非然也。天下骛于文，则反之于质以去其伪；天下丧其质，则导之于文以动其心。故质以节文，为欲为君子者言也；文以存质，所以闵质之亡而使质可立也。

天下之无道也，质固浇矣，而犹有存焉者，动止色笑之间，对人而生其愧怍。不知道者曰：“忠孝慈友之浅深厚薄，称其质而出之，而何以文为？”则坦然行于忻戚之便安，而后其质永丧而无余。今且使父兄被罪者肉袒于阙，子弟坐刑者退省于官，则虽不肖者，亦愿其父兄子弟之免，而己可以即安。此情一动，而天性之孝慈，相引而出，小人之恶敛，而君子之志舒，此非救衰薄、挽残忍之上术与？

近世有南昌熊文举者，为吏部郎，其父受赇于家，贻书文举，为人求官。逻者得之，其父逮问遣戍，而文举以不与知匄免，莅事如故，渐以迁官，未三年而天下遂沦。悲哉！三纲绝，人道蔑，岂徒一家之有余殃哉！

【译文】

北魏孝文帝拓跋宏诏令群臣上书讨论时政得失，大臣李彪表上封事七条，接近治世之道，是君子一定要采纳和借鉴的。其中，尤为精辟的是第六条：“作父兄的犯罪被囚禁下狱，作子弟的却没有悲伤的面容；作子弟的犯罪受刑，作父兄的也没有惭愧的脸色，依然安于职事、行止自若，衣冠服饰依旧华丽，父兄子弟之间的骨肉恩情，难道可以这样吗？因此建议：父兄犯罪，应该让他的子弟脱去上衣、裸露肢体，奔赴朝堂去请罪。子弟受刑，也应该让他的父兄公开上奏（奏章不缄封，称为露板，一作露版），引咎辞职，并请求押解官司治罪。”这种做法，是在扶植已经堕落的人伦道德，感动已经消亡的固有天性，不也是最好的办法吗！父兄引咎辞职，子弟请求治罪，这是表现于外在的文辞；至于他们的内心是否真的保存着孝敬、慈爱、恻隐、哀伤的情感，并不能确切知道。如果只是拘泥于外在的文辞，又有什么值得珍重呢？这里并不是这个意思。其实文与质也就是外在的表现和内在的品德是一种辩证的关系，如果天下人都竭力追求外在的表现，就要反其道而行之，通过追求内在品质消除其虚伪；如果天下人丧失了固有的本质，就要因势利导之，通过外在的表现感动其内心。所以，要通过内在的品质节制外在的文辞，是对于那些有志于成为君子的人而言的；利用外在的文辞发扬内在的品质，则是为了怜悯内在品质的消亡从而使他们的固有天性得以恢复和树立。

天下处于道德沦丧的时代，人们内在的品质固然浮薄不醇厚，但依然有天性的存在，譬如在行动举止、谈笑面色之间，不免对人产生惭愧的感觉。不知道的人会说：“忠诚、孝敬、慈爱、友善之心的深浅厚薄，可以与内在的品质相一致而自然表现，为何还要外在的文辞等表现形式呢？”如果让内在的品质在人们的悲欢情感中自然表现出来，那么长此以往其内在的品质也将永远丧失、荡然无存。现在让父兄犯罪的子弟脱去上衣，裸露肢体，奔赴朝堂请罪；让子弟受刑的父兄引咎辞职、退休反省，那么即使不成器者，也希望其父兄子弟免于刑罚，从而自己也得以安然自若。这样的心思一旦萌动，那么天性中的孝敬、慈爱之心就会相伴而出，于是小人的恶性得以收敛，而君子的性情更加舒张，这难道不是拯救世风衰败浮薄、矫正人性堕落残忍的上上之策吗？

近代有个南昌人叫熊文举（字公远，号雪堂，江西南昌新建人，崇祯四年进士，降清后官至吏部侍郎），曾担任吏部稽勋司郎中，他的父亲在家接受了别人的贿赂，就写信给熊文举帮助那人谋求官职。结果这件事被监察人员得知，他的父亲被逮捕问罪，充军戍边。而熊文举却以不知情为由乞求赦免，仍然保留原职，并逐渐升官，此后不到三年，天下沦丧，熊文举也投降清朝做了贰臣。可悲啊！纲常礼教断绝，仁义道德沦丧，这难道只是给一家一户留下祸害吗？

本事：《资治通鉴》卷一三六《齐纪二·武帝》，永明六年（488）。

七　天下治乱合离

正统之论，始于五德。五德者，邹衍之邪说，以惑天下，而诬古帝王以征之，秦、汉因而袭之，大抵皆方士之言，非君子之所齿也。汉以下，其说虽未之能绝，而争辨五德者鲜，唯正统则聚讼而不息。拓拔宏欲自跻于帝王之列，而高闾欲承苻秦之火德，李彪欲承晋之水德。勿论刘、石、慕容、苻氏不可以德言，司马氏狐媚以篡，而何德之称焉？夏尚玄，殷尚白，周尚赤，见于礼文者较然。如衍之说，玄为水，白为金，赤为火，于相生相胜，岂有常法哉？天下之势，一离一合，一治一乱而已。离而合之，合者不继离也。乱而治之，治者不继乱也。明于治乱合离之各有时，则奚有于五德之相禅，而取必于一统之相承哉？

夫上世不可考矣。三代而下，吾知秦、隋之乱，汉、唐之治而已；吾知六代、五季之离，唐、宋之合而已。治乱合离者，天也；合而治之者，人也。舍人而窥天，舍君天下之道而论一姓之兴亡，于是而有正闰之辨，但以混一者为主。故宋濂作史，以元为正，而乱大防，皆可托也。夫汉亡于献帝，唐亡于哀帝，明矣。延旁出之孤绪，以蜀汉系汉，黜魏、吴而使晋承之，犹之可也。然晋之篡立，又奚愈于魏、吴，而可继汉邪？萧詧召夷以灭宗国，窃据弹丸，而欲存之为梁统；萧衍之逆，且无以愈于陈霸先，而况于詧？李存勖，朱邪之部落，李昪，不知谁氏之子，必欲伸其冒姓之妄于诸国之上，以嗣唐统而授之宋，则刘渊可以继汉，韩山童可以继宋乎？［近世有李槃者云然。］一合而一离，一治而一乱，于此可以知天道焉，于此可以知人治焉。过此而曰五德，曰正统，嚣讼于廷，舞文以相炫，亦奚用此哓哓者为！

【译文】

所谓正统的理论，起始于阴阳家的五德终始说。而所谓五德终始说，乃是战国齐人邹衍的异端邪说，以此蛊惑天下，还伪造上古帝王兴衰演变、五行循环更替加以验证。秦、汉时代又承袭了这些学说，大体上都是方士的言论，因而为正统的君子所不齿。汉代以来，这些学说虽然未能绝迹，但争辩某一朝代秉承五行中何种德运的已经很少，只有何谓正统的话题一直聚讼纷纭、争论不息。北魏孝文帝拓跋宏想要跻身于帝王之列，而大臣高闾想要他继承苻氏前秦的火德，大臣李彪则想要他继承晋朝的水德。这里姑且不讨论前赵刘氏、后赵石氏、前燕慕容氏、前秦苻氏这些政权不具备秉承五行德运的资格，单就晋朝司马氏靠谄媚取宠篡夺帝位而言，能与何种德运相配呢？夏代崇尚黑色，商代崇尚白色，周代崇尚红色，这在礼仪文献中已经记载得很清楚了。按照邹衍的阴阳五行学说，黑为水德，白为金德，红为火德，五行、五德之间的相生相克，难道有固定不变的法则吗？天下历史的发展大势，一离一合、一治一乱，循环往复罢了。分裂之后必定走向统一，统一天下的帝王不能继承分裂割据的帝王的德运；天下大乱之后必定走向大治，天下大治的盛世明君不能继承天下大乱的乱世昏君的德运。明白了天下大乱与大治、统一与分裂各有其历史的时机，那么哪里有什么五德相互循环更替的道理？又为何一定要确立按照历史顺序一脉相承的正统呢？

远古时代的历史传承已经无法考证清楚了。自夏、商、周三代以下，我只知道秦朝、隋朝的混乱，以及汉朝、唐朝的治理罢了；我只知道六朝、五代时期的分裂，以及唐朝、宋朝的统一罢了。混乱与治理、统一与分裂的形成，是上天的安排；而统一之后达到天下大治，则是人为的作用。不谈人为的作用而只谈上天的安排，不谈统治天下的道理而只谈帝王一姓的兴亡，于是就产生了正统与非正统的辨析争论，实际上只是以统一天下的王朝为主。所以，明初翰林学士宋濂主持修撰《元史》，乃以元朝为正统，从而混乱了华夷之大防，这些问题都可以从上述讨论中找到依托和根源。汉朝灭亡于汉献帝刘协，唐朝灭亡于唐哀宗李柷，这些历史记载都是很清楚的。如果再延续其后代血统或旁出的支脉，就以三国刘备所建的蜀汉来接续汉朝的正统，然后排除三国魏、吴的正统地位，让晋朝继承蜀汉的正统，还勉强说得过去。但是，西晋司马氏篡位建国，比起魏、吴两国有什么道义可言，而可以继承汉朝的正统呢？南朝梁末期，萧詧勾结西魏兵马灭掉自己的宗主国，窃据南方的弹丸之地，想以此继承萧梁的正统；而南朝梁武帝萧衍的叛逆行为，比起南朝陈武帝陈霸先也好不到哪儿去，更何况其后代萧詧呢？五代后唐庄宗李存勖出身突厥沙陀族的朱邪部落，南唐前主李昇也不知道是何氏之子，如果一定要申明其假冒唐朝宗室姓氏从而凌驾于五代十国时期的其他诸国之上，以上承唐朝的正统，下传宋朝的正统，那么五胡十六国时期的前汉刘渊也可以继承汉朝的正统，元末红巾军的首领韩山童也可以继承宋朝的正统吗？[近来有位叫李槃的人就这样说过。]天下的一次统一接着一次分裂、一朝大治接着一朝大乱，从中可以认识到自然发展的规律，也可以认识到国家治理的道理。避开这些问题而奢谈五德终始说，奢谈天下正统论，并为此聚讼纷纭，在朝廷上争论不休，还舞文弄墨、著书立说，相互炫耀，这些吵吵嚷嚷的辩论又有什么用处呢？

本事：《资治通鉴》卷一三七《齐纪三·武帝》，永明十年（492）。

八　篡逆之臣与篡弑之资

篡逆之臣不足诛，君子所恶者，进逆臣而授以篡弑之资者也。夫唯曹操、刘裕，自以其能迫夺其君，操不待荀彧之予以柄，而刘穆之、傅亮因裕以取富贵，非裕所借以兴也。司马懿之逆，刘放、孙资进而授之也，放、资之罪无所逭矣；然放、资固天下之险人也，亦无足诛也。萧道成之逆谁授之？刘秉也。萧鸾之逆谁授之？萧子良也。夫秉之忠，子良之贤，其于放、资，薰莸迥别矣。而优柔恇怯，修礼让之虚文以成实祸，于是而后为君子之所甚恶，以二子者可以当君子恶者也。金日磾之让霍光也，曰："臣胡人，且使匈奴轻汉。"自揣审，知光深，而为国亦至矣。然终日磾之世，霍光不敢受封，上官桀不敢肆志，则日磾固毅然以社稷为己任，而特避其名耳。秉以宋之宗室，子良以齐之懿亲，受托孤之重，分位可以制百官，品望可以服天下，忠忱可以告君父；而迂回退巽，知奸贼之叵测，而宾宾然修礼让之文，宗社之任在躬，憺（dàn）忘而不恤。岂徒其果断之不足哉？盖亦忠诚之未笃也。是以君子恶之也。

《易》曰："谦，德之柄也。"君子以谦为柄，而销天下之竞，岂失其柄以为谦，而召奸宄以得志乎？秉终受刃，而子良郁郁以亡，亦自悔之弗及矣。史称"子良仁厚，不乐世务，故以辅政推鸾"。诚不乐世务也，山之椒，水之湄，独寐寤歌，胡为乎立百僚之上而不早退也！

【译文】

历史上篡位谋逆的大臣，其罪行还不足以被诛杀；君子所深恶痛绝的是，那些进用篡位谋逆大臣并授予他们篡位弑君资质和条件的人。历史上篡位谋逆的大臣中，只有三国魏武帝曹操、南朝宋武帝刘裕二人是靠自己的能力和优势，迫使皇帝退位并取而代之。曹操取得帝位，等不及谋士荀彧给他提供权柄和借口，而刘裕的宰相刘穆之、傅亮都是依靠刘裕才得以享富贵，并不是刘裕凭借他们的力量篡位谋逆成功。司马懿的子孙之所以能篡位谋逆，是因为同掌朝政的大臣刘放、孙资进用并授予他资质和条件，刘放、孙资所犯的罪行是不容逃避的；然而刘放、孙资本来就是阴险人物，罪行也不足以被诛杀。南齐萧道成篡位谋逆的资质和条件是谁授予的呢？是南朝宋的宗室、宰相刘秉。南朝齐明帝萧鸾篡位谋逆的资质和条件是谁授予的呢？是南朝齐的宗室竟陵王萧子良。以刘秉的忠心，萧子良的贤能，若与刘放、孙资二人相比，就像臭草和香草一样判然有别。可是刘秉、萧子良二人优柔寡断、恐惧害怕，注重礼仪谦让这些不切实际的繁文缛节却酿成实实在在的祸害，于是他们便成了后世君子十分厌恶的人，因为他们二人的行为足以成为君子厌恶的对象。西汉辅政大臣金日磾让权给另一位辅政大臣霍光时说："我出身北方胡人，如果执掌朝政将会使匈奴轻蔑汉朝。"这是他自我审视清楚，对霍光有深入了解，为国家也考虑得非常到位了。但是一直到金日磾去世之前，霍光也不敢接受封爵，同受顾命的外戚上官桀也不敢放肆，可以说金日磾是毅然以国家社稷为己任，只是特意回避辅政大臣的名号罢了。刘秉作为刘宋的宗室，萧子良作为萧齐的至亲，他们又接受了先帝托孤的重任，其职分和权位可以制服百官，人品和声望可以折服天下，忠诚之心可以告慰先辈君父；但由于他们二人面对篡位谋逆的大臣一味犹豫退让，虽知道奸贼的居心叵测，却对他们彬彬有礼，只注重礼仪谦让这些不切实际的繁文缛节，尽管祖宗社稷、国家政权的重任在肩，却安然忘怀、不加顾惜。这难道说只是他们的果敢决断能力不足吗？大概也是他们对国家社稷的忠诚之心没有达到相应高度的缘故，所以后世君子都不免厌恶他们。

《周易·系辞》上说："谦让，是道德的根本。"君子以谦让为根本，从而消除天下人的争竞之心，难道像前面说的以放弃权力表明谦让，进而招致奸诈不轨之人得以满足他们的私欲吗？刘秉最后终于被杀，萧子良也郁郁而死，也是自己追悔莫及。史书上说："萧子良宽仁厚道，不乐于从事世俗政务，所以把辅政的重任让给萧鸾。"萧子良如果真的不乐于从事世俗政务，就应该一个人在山之巅、水之岸，像《诗经·考槃》中所咏的那样独眠独睡、独自歌哭，永远不再过问世事，为何还要占据百僚之长的尊位而不早早退归林下呢？

本事：《资治通鉴》卷一三八《齐纪四·武帝》，永明十一年（493）。

郁林王

一 后世之史不可尽信

孟子曰："尽信《书》则不如无《书》。"《尚书》删自仲尼，且不可尽信，况后世之史哉！郁林王昭业之不足为君，固已。然曰"世祖积钱及金帛不可胜计，未期岁而用尽"，则诬矣。夷考期岁之中，未尝有倾宫璇室裂缯凿莲之事也，徒以掷涂赌跳之戏，遂荡无穷之帑乎？隋炀之侈极矣，用之十三年而未竭，郁林居位几何时，而遽空其国邪？当其初立，王融先有废立之谋矣；萧鸾排抑子良，挟权辅政，即有篡夺之心矣。引萧衍同谋，而征随王子隆，于是而其谋益亟，郁林坐卧于刀锯之上，而愚不知耳。鸾已弑主自立，王晏、徐孝嗣文致郁林之恶，以掩鸾滔天之罪。欲加之罪，何患无辞乎？

史于宋主子业及昱，皆备纪其恶，穷极蕞媟，不可以人理求者，而言之已确，岂尽然哉？乱臣贼子弑君而篡其国，讵可曰君有小过而我固不容？则极乎丑诋而犹若不足，固其所矣。夫宋孝武之惩于逆劭也，明帝之必欲立昱而固其位也，齐武之明而俭也，夫岂不知子孙之不肖而思有以正之乎？大臣挟人人可为主之心，不以戴贼为耻，谁与进豫教之道于先，献箴规之言于后者？待其不道，暴其恶以弑之已耳。此三数君者，亦尝逆师保之训，杀忠谋之臣否邪？此可以知在廷之心矣。人道绝，廉耻丧。公然讦数其君之恶，而加以已甚之辞，曰：此其宜乎弑而宜乎篡者也。恶足信哉！

【译文】

孟子说过："如果完全相信《尚书》上记载的东西，那就不如没有《尚书》。"《尚书》是经孔子之手删改编定的，尚且不可全信，更何况后世的史书呢？南朝齐郁林王萧昭业的才能不足作为君王，本来也是这样。然而史书上却记载说："齐高帝（庙号世祖）萧道成累积的钱币和金银布帛不可胜计，到郁林王时不到一年就用尽了。"这一说法是不可信的。仔细考察这一年之中，郁林王未曾建筑巍峨的宫殿、雕饰华丽的宫室，像夏桀一样撕裂丝绸以取乐妹喜、以金玉雕凿莲花朵朵等一些骄奢淫逸的事，只是沉湎于以涂泥相互投掷、以跳高比赛赌博之类的游戏中，这就能够用尽国库中的无穷财富吗？隋炀帝杨广的奢侈程度已达到极致，但国库的储藏使用了十三年还没有罄尽，郁林王在位才多长时间，竟能那么快掏空国库财物吗？他即位之初，王融就有过矫诏拥立萧子良继位的阴谋；后来萧鸾又排斥抑制萧子良，挟权辅政之后，就有了篡夺皇位的野心。他勾引萧衍作为同谋，又征调较有才华的随王萧子隆入朝进而将其迫害致死，于是他篡位谋逆的阴谋更加急迫。这时的郁林王就像坐卧在刀锯之上，却愚昧而未能觉察。当萧鸾杀掉皇帝自立的时候，参与谋划的大臣王晏、徐孝嗣便撰文罗致郁林王的罪恶，以此掩盖萧鸾的滔天罪行。真可谓欲加之罪，何患无辞啊？

史书中对南朝宋前废帝刘子业及后废帝刘昱，都详细记述其罪恶，甚至搜罗追究到污秽、轻慢的小事，很多无法用常理推测的事情却言之凿凿，难道他们在位时的作为都是这样吗？乱臣贼子残杀其主而篡夺其国，怎么可以说是因为君主有小过而我坚决不能容忍？实则极尽诋毁之能事，唯恐其罪恶说得不够，本来也是这样。诸如，宋孝武帝刘骏借鉴其兄刘劭弑父叛逆之罪行，可是却选择长子刘子业这样一个暴君作为继承人；宋明帝刘彧一定要册立太子刘昱，以稳定他的地位；齐武帝萧赜贤明而提倡节俭，却选择了郁林王作为继承人，难道他们不知道子孙后代不成器而不想设法予以培育和纠正吗？如果大臣都怀着人人皆可为君的心思，并不以拥戴乱臣贼子为耻辱，那么还有谁愿意预先向君主进言教育子孙的道理，事后奏陈规劝之言呢？等到君主言行有悖正道的时候，他们便罗列君主的罪恶，并杀掉了事。上述这几位君主，是否也有过违背师长教训、斩杀忠诚有谋大臣的罪行呢？由此便可知道他们在位时的心理。做人之道灭绝，廉耻之心丧尽，公然攻击和罗列君王的罪恶，并加以极尽诋毁之辞，然后说：像这样的君王应该杀掉并夺取他的君位。这样的说法怎么能够令人信服呢！

本事：《资治通鉴》卷一三九《齐纪五·明帝》，建武元年（494）。

二　天下之不仁

人而不仁，言动皆非人之所测；天下而不仁，向背皆任其意之所安。不仁者，非但残忍忮害之谓也。残忍忮害者，抑必先蒙昧其心，漠然于身，漠然于天下，而后敢动于恶而无忌。虽然，犹或有时焉，遇大不忍之事，若鬼神临之，而恻恻以不宁，则人亡其仁，而仁未遽去其心也。唯夫为善不力，为恶不力，漠然于身，漠然于天下，优游淌漾而夷然自适者，则果不仁也，如死者之形存而哀乐不足以感矣。此其为术，老聃、杨朱、庄周倡之，而魏、晋以来，王衍、谢鲲之徒，鼓其狂澜，以荡忠孝之心，弃善恶之辨，谓名义皆前识也，谓是非一天籁也，于我何与焉？漠然于身而丧我，漠然于天下而丧耦。其说行，而天下遂成一刀刺不伤、火焚不爇之习气，君可弑，国可亡，民可涂炭，解散披离，悠然自得，尽天下以不仁，祸均于洪水猛兽而抑甚焉。

萧鸾之弑郁林也，谢瀹与客围棋，局竟，遂卧而不问；虞悰闻变，但曰："王、徐缚袴废天子，天下岂有此理邪?"江斅则托疾吐哕而去。谢朏出为吴兴守，致酒数斛与其弟，曰："可力饮此，勿豫人事。"此数事者，当时传之以为高。而立人之朝，食人之禄，国亡君弑，若视黄雀之啄螳螂，付之目笑，非至不仁者，其能若此乎？故刻薄残忍者，情之不戢，祸及君亲，而清宵一念，犹有愧悔之萌。唯若瀹、悰、斅、朏之流，恬然自适，生机斩而痛痒不知，仁乃永不生于其心，而后人理尽绝。士大夫倡之，天下效之，以成乎不仁之天下。追原祸始，唯聃、朱、庄、列"守雌""缘督"之教是信，以为仁之贼也。君子恶而等之洪水，恶此而已。

【译文】

做人如果没有仁义，那么他的言行举止就不是人所能预料的；统治天下者如果没有仁义，那么人心的向背也就不可预测，只能任其发展。没有仁义，并非仅仅是指残忍、嫉害。残忍、嫉害的人，想必要先蒙蔽自己的内心，对自己的身体漠然视之，对天下人也都漠然视之，而后才动其恶念、横行无忌。尽管如此，有些时候仍然遇到不太忍心作恶的事情，会感到好像鬼神照临在自己的头顶，以致内心惊恐不安。这就说明尽管其已经丧失了仁义之念，但仁义本身并没有马上从他的心中离去。只有那些为善不力，作恶也不力，对自己漠然视之，对天下人也漠然视之，终日悠游闲适、怡然自得的人，才是真的丧失了仁义，就像死者的尸身依然存在，可是喜怒哀乐都不足以感动他。这种思想和方术，最早是由老聃、杨朱、庄周所提倡，但魏、晋以来，王衍、谢鲲之类的玄学清谈人物对此又大肆宣扬，鼓动狂澜，从而荡涤人们的忠孝之心、背弃人性善恶的分别，认为名和义都是前人的见识，是愚昧的开始，是和非都是一个自然天成的状态，与我有什么关系？对自己漠然视之从而丧失自我，对天下人漠然视之从而丧失友情，这种学说流行于世，必然造成社会形成一刀刺不伤、火烧燃不着的麻木的流俗和习气。这样的话，君主可以斩杀，国家可以灭亡，人民可以涂炭，天下社会可以分崩离析，而自己仍旧悠然自得，整个社会都是不仁不义的氛围，所造成的祸患可以和洪水猛兽相提并论，甚至更加严重！

萧鸾杀害郁林王萧昭业篡位谋逆的时候，吏部尚书谢瀹正在同客人下围棋。一局终了就躺下休息，只字不问外面发生的事。右军将军虞悰听到政变的消息，只说道："王晏、徐孝嗣绑架废掉了天子，天下哪有这种道理？"国子祭酒江斅奉诏入朝，借口有病醉吐车中而离去。谢瀹的哥哥谢朏出任吴兴（今浙江湖州）太守，就送给弟弟几斛酒，说："你可尽管畅饮此酒，不要过问世事。"以上几件事当时广为流传，被认为是非常清高的事情。然而，立身于萧齐的朝廷，享受萧齐的俸禄，看到国亡君死，就像看到黄雀捕食螳螂一样，付之一笑。如果不是完全丧失了仁义之心，能这样做吗？所以，刻薄残忍的人，尽管他放纵的情感不加以检束，但如果祸及君亲，在夜晚清静之时，一念之间，仍会萌发羞愧、忏悔的情感。只有像谢瀹、虞悰、江斆、谢朏之流，悠游闲适，怡然自得，生命的活力已经断绝，身体的痛痒感觉不到，仁义之心永远不会在他们的心中生发，而且做人的道德已经彻底灭绝。这种不仁不义的风气由士大夫提倡，天下人都纷纷效法，以致形成这样一个丧失仁义的天下。追根求源，这种祸害的缘起，就在于一味信奉老聃、杨朱、庄周、列子所谓“守雌”（以柔弱的态度处世，语出《老子》：“知其雄，守其雌，为天下溪。”）和“缘督”（守中合道，顺其自然，语出《庄子·养生主》：“缘督以为径，可以保身，可以全生，可以养亲，可以尽年。”）的教条，这是仁义道德的大敌。君子如果像看待洪水猛兽一样仇视这种风气，就应该仇视这种说教。

本事：《资治通鉴》卷一三九《齐纪五·明帝》，建武元年（494）。

明帝

一 人才之靡

人才之靡也，至齐、梁而已极。非尽靡也，尸大官、执大政者，靡于上焉耳。明帝之凶悖，高、武之子孙，杀戮殚尽而后止，而大臣谈笑于酒弈之间自若也。乃晋安王子懋之死，其防閤陆超之、董僧慧先与子懋谋举兵者，独能不昧其初心：僧慧则请大敛子懋而就死，业已无杀之者，而视子懋幼子讯父之书，一恸而卒；超之或劝其逃，而曰“吾若逃亡，非唯孤晋安之恩，亦恐田横之客笑人”，端坐以待囚，而为门生所杀，头陨而身不僵。夫二子者，非但其慷慨以捐生也，审于义以迟回，濒死而不易其度，使当托孤寄命之任，其不谓之社稷之臣与？乃皆出自寒门，身为武吏，其视王、谢、徐、江世胄华门、清流文苑之选，世且以为泾、渭之殊，而以较彼之转面忘君、安心助逆者，果谁清而谁浊也？故曰：尸大官、执大政者靡于上，而下未尽然也。

永嘉之后，风俗替矣。而晋初东渡，有若郗鉴、卞壸、桓彝之流，秉正而著立朝之节；纪瞻、祖逖、陶侃、温峤，忘身以弘济其艰危。乃及谢傅薨，王国宝用事以后，在大位者，若有衣钵以相传，擅大位以为私门传家之物，君屡易，社屡屋，而磐石之家自若；于是以苟保官位为令图，而视改姓易服为浮云之聚散。唯是寒门武吏，无世业之可凭依，得以孤致其恻隐羞恶之天良。由此言之，爵禄者，天子齐一人心、移易风俗之大权在焉，不可与下以固然，而使据之以为己重，其亦明矣。世业者，天子之守也，非下之所得怙也。闾井之子弟，受一顷田于祖父，而即以赋税怨县官，亦何以异于此哉？拓拔宏曰：“君子之门，无当世之用，要自德行纯笃。”纯笃云者，岂不恤名义，长保其富贵之家世而已乎？

【译文】

国家可用人才的颓废消散，至南朝齐、梁时期达到了顶点。但朝野上下也并非尽然，主要表现在位居大官、执掌大政的上层统治者中的人才匮乏。以齐明帝萧鸾的凶残悖逆，把齐高帝、齐武帝的子孙后代都斩尽杀绝而止，而当时的朝廷大臣却谈笑于饮酒、对弈之中，怡然自若。例外的是，在齐武帝第七子晋安王萧子懋起兵讨伐萧鸾，事败被于琳之杀死的过程中，曾参与谋划起兵的防閤将军陆超之、董僧慧二人，却能坚持不忘记自己的初衷和本心：董僧慧请求隆重收敛和埋葬萧子懋之后，他随即从容就死；当时业已没有杀害他的人了，而他看到萧子懋幼子问讯父亲的书信，因悲恸过度而死。萧子懋死后，有人劝说陆超之逃走，他却回答说：“我如果逃跑，不仅会辜负晋安王对我的恩德，也恐怕会成为汉代勇士田横门客的笑柄。”于是他端坐着等人来抓捕囚禁，最后被他的门生所杀，死时头颅落地，身体还屹立不倒。董僧慧、陆超之这两个人，不仅仅是慷慨就死、舍生取义，可以说是对道义有着审慎的选择，因而没有迟疑和犹豫，临死也不改变其原有的气度。假使让他们二人承担托孤寄命的重任，不也可以称为国家的社稷之臣吗？可是他们都出身寒门，担任基层的武官，与王晏、谢瀹、徐孝嗣、江斆这些出身世胄华门、荣膺清流文苑之选的贵族相比，世人都认为有着泾渭之别。然而，与他们这些所谓的贵族清流转脸不认君上、心安理得帮助篡位谋逆的行径相较，谁清谁浊呢？因此说，位居大官、执掌大政的上层统治者中人才严重匮乏，而下边的其他阶层却并不尽然。

自西晋永嘉之乱以后，天下的风俗教化很快衰微了。晋室东渡也就是东晋建立之初，还有像郗鉴、卞壶、桓彝之类的世家贵族，秉中持正，彰显出立朝规范和治政风节；还有纪瞻、祖逖、陶侃、温峤等出身世家大族的将相之才，舍身忘我、辅佐国家顺利渡过难关。但自从孝武帝太元十年（385）东晋太傅谢安病逝，品行不端的王国宝专权用事以后，占据大位的人好像有了衣钵相传，都把占据大位、执掌朝政作为自己私门的传家之物。尽管君王屡屡变换、江山社稷屡屡更改，但是这些世家大族都像磐石一样安然自若。于是，他们只以苟且保全自己的官位作为远大谋略，反而把江山社稷的改姓易服视为浮云聚散一样。只有董僧慧、陆超之这两个出身寒门的武官，没有世袭的家业可以依凭，因而能够独特地保持他们恻隐羞恶的天良之性。由此看来，官爵和俸禄，其中包含着天子统一人心、移风易俗的巨大权力，不能将这种权力赋予下边的臣僚，让他们以为这是他们固有的权力，从而使他们据此抬高身价，其中的道理是很清楚的。世代的家业，是靠天子统治来守护的，而不是下边的臣僚所能够依仗的。出身基层的寒门子弟，从他的祖父那里继承一顷田地，就会因交纳赋税而怨恨官府，这种情况与世家大族又有什么不同呢？北魏孝文帝拓跋宏说过：“出身于世家大族的君子，假如没有为当世所用之才能，就要修养德行，达到纯朴笃实。”这里所说的纯朴笃实，难道仅仅是不顾惜名义而只求长保其富贵的家世吗？

本事：《资治通鉴》卷一三九《齐纪五・明帝》，建武元年（494）。

二　拓跋宏之伪，儒者之耻

拓跋宏之伪也，儒者之耻也。夫宏之伪，欺人而遂以自欺久矣。欲迁洛阳，而以伐齐为辞，当时亦孰不知其伪者，特未形之言，勿敢与争而已。出其府藏金帛衣器以赐群臣，下逮于民，行无故之赏，以饵民而要誉，得之者固不以为德也，皆欺人而适以自欺也，犹未极形其伪也。至于天不雨而三日不食，将谁欺，欺天乎？人未有三日而可不食者，况其在豢养之子乎！高处深宫，其食也，孰知之？其不食也，孰信之？大官不进，品物不具，宦官宫妾之侧孰禁之？果不食也欤哉！而告人曰：“不食数日，犹无所感。”将谁欺，欺天乎？

宏之习于伪也如此，固将曰圣王之所以圣，吾知之矣，五帝可六，三王可四也。自冯后死，宏始亲政，以后五年之间，作明堂，正祀典，定祧庙，祀圜丘，迎春东郊，定次五德，朝日，养老，修舜、禹、周、孔之祀，耕藉田，行三载考绩之典，禁胡服胡语，亲祠阙里，求遗书，立国子大学、四门小学，定族姓，宴国老庶老，听群臣终三年之丧，小儒争艳称之以为荣。凡此者，典谟之所不道，孔、孟之所不言，立学终丧之外，皆汉儒依托附会、逐末舍本、杂谶纬巫觋之言，涂饰耳目，是为拓拔宏所行之王道而已。尉元为三老，游明根为五更，岂不辱名教而羞当世之士哉？故曰儒者之耻也。

德立而后道随之，道立而后政随之。诚者德之本，欺者诚之反也。汉儒附经典以刻画为文章，皆不诚之政也。而曰帝之所以帝，王之所以王，在是而已。乃毕行之以欺天下后世者唯宏尔。后之论者犹艳称之，以为斯道之荣，若汉、唐、宋之贤主俱所无逮者。不恤一日之劳，不吝金钱之费，而已为后世所欣慕，则儒者将以其道博宠光而侈门庭乎？故曰儒者之耻也。

虽然，抑岂足为君子儒之耻哉？君子儒之以道佐人主也，本之以德，立之以诚，视宏之所为，沐猴之冠、优俳之戏而已矣。备纪宏之伪政于史策，所以示无本而效汉儒附托之文具，则亦索虏欺人之术也，可以鉴矣。

【译文】

北魏孝文帝拓跋宏的虚伪政治，可以说是儒者的耻辱。拓跋宏的虚伪，在欺骗天下人的同时也在欺骗自己，这种状况已经持续很长时间了。譬如，他想要迁都洛阳（今属河南），就以讨伐南朝萧齐政权作为借口。在当时，谁人不知道他的虚伪，只是没有说出来，不敢与他争辩罢了。又如，他把府库中的金钱、布帛、衣服、器皿都拿出来赏赐给大臣，甚至向下延伸至平民百姓，实行这样无缘无故的赏赐以利诱人们而沽名钓誉。这样，得到赏赐者本来不以为这是多大的恩德，都是在欺骗别人同时也欺骗自己的做法，但这些还不足以充分表现他的极端虚伪。他的虚伪，甚至三天不下雨，他就三天不吃东西。这是要欺骗谁，欺骗上天吗？没有人可以三天不吃东西，何况他这样一个被豢养于宫廷的天子！他高处深宫之内，吃了东西，有谁知道？他不吃东西，又有谁能相信？朝廷的重臣大官不会直接向他供应食物，有关物品也不一定齐备，而宦官、宫女的周围有谁去禁止？难道是真的不吃东西吗？又告知人们说："朕不吃东西已经连续几天了，还没有能够感动上天下雨。"这是要欺骗谁，欺骗上天吗？

北魏孝文帝拓跋宏就是这样惯于虚伪的做法，因而肯定会说：古圣先王之所以能成为古圣先王，我知道其中的原因。也就是说，自己也可以步其后尘，从而使五帝（黄帝、颛顼、帝喾、唐尧、虞舜）变为六帝，三王（夏禹、商汤、周文王和周武王）增为四王。自冯太后死后，拓跋宏开始亲政，在他执政以后的五年间，仿效中原王朝的礼仪，修筑明堂、规正祀典、设置宗庙、祭祀圜丘，行东郊迎春礼，排定五德次序，行朝日祭日礼，推行养老制度，修订虞舜、夏禹、周公、孔子的祭礼，举行亲耕藉田的仪式，制定三年任满考核政绩的规章，禁止穿胡人的服饰和使用胡人的语言，亲赴山东曲阜阙里祭祀孔子，下诏搜求地方遗书，建立国子大学、四门小学，确定鲜卑和汉人族姓的高低标准，宴请退休的卿相和退休的一般官员，准许群臣守三年之丧。对于这些汉化政策，那些浅陋的儒者都极尽羡慕和赞美之词，引以为国家的荣耀。然而凡此种种，都是儒家原始经典中没有记载，孔子、孟子也未说过的，除了立学、终丧两件事，其他都是汉代儒家的假托附会、舍本求末并杂糅以谶纬巫觋邪说来粉饰耳目的制度措施罢了。这就是拓跋宏所实行的王道统治的实质。当时设三老、五更，天子以父事三老、兄事五更，尚书令尉元为三老，议曹长游明根为五更，岂不是玷污了纲常名教从而羞辱当世士大夫吗？所以说，这是儒者的耻辱。

德行树立起来，道义随之得以弘扬；道义树立起来，政治随之得以清明。诚信是德行的根本，而欺妄则是诚信的反动。汉代儒家通过附会儒家经典，琢磨字句、模仿刻画出一套礼仪法度，都是不符合诚信的政治表现。还说什么帝之所以为帝，王之所以为王，关键就在这里。而把这些所谓的礼仪制度完全推行开来以欺骗天下后世之人者，只有北魏孝文帝拓跋宏一个人。后世的评论者还羡慕和赞美这些礼仪制度，认为这是治道的荣光，是汉、唐、宋三个王朝盛世中的贤能君主所无法企及的。拓跋宏的为政，不体恤一日之劳、不吝惜金钱之费，却已经获得后世的推崇和钦羡，难道儒者将借其治道来博取荣宠和光彩从而夸耀自己的门庭吗？所以说，这是儒者的耻辱。

尽管如此，这样的治道难道足以成为君子之儒的耻辱吗？君子之儒以道义辅佐君主，以德行为根本，以诚心为基础，以此标准来观察拓跋宏的为政，就好比猕猴的衣冠、俳优的游戏罢了。完备记载拓跋宏虚伪政治的事实于史籍当中，就是要说明丢弃根本的东西而去效法汉代儒家附会假托的礼仪法度，这也是北方少数民族统治者自欺欺人的治世之术，可以此作为历史的镜鉴。

本事：《资治通鉴》卷一三八《齐纪四·明帝》，永明十一年（493）。

三　谢朓之可悲

王敬则之子幼隆，以谢朓其姊婿也，告以反谋，而朓发之，敬则败死，朓迁吏部，则夫妇之恩绝；其后始安王遥光要与同反，复以告左兴盛，为遥光所杀，则保身之计亦迷；故论者以咎朓之倾险。虽然，使朓从幼隆而秘其谋，从遥光而受卫尉卿之命以为内应，于义既已不可，而事败骈诛，又何足以为全身之智乎？呜呼！士之处乱世遇乱人也难矣。若朓者，非有位望之隆足为重轻，干略之长可谋成败者也，徒以词翰之美见推流辈而已。而不轨以徼幸者，必引与偕而不相释，夫朓亦岂幸有此哉？无端苦以相加，而进有叛主之逆，退有负亲戚卖友朋之憾，“握粟出卜，自何能谷”。朓之诗曰：“大江流日夜，客心悲未央。”诚哉其可悲乎！

夫朓直未闻君子之教、立身于寡过之地而已，非怀情叵测、陷人以自陷之佥人也，而卒以不令而死。夫君子之处此，则有道矣：可弗仕，勿仕也；仕可退，无待而退也；无可退焉，静而若愚，简而若荡；既已为文人矣，山川云物之外，言不及于当世，交不狎于乱人，则庄周所谓才不才之间者近之。而益之以修洁，持之以端严。乱人曰：此沉酣词艺而木强不知道者，未足与谋也。则虽怀慝而欲相告，至其前而默然已退。荣不得而加，辱不得而至，福不得而及，祸不得而延，庶其免夫！朓之不能及此也，名败而身随之，宜矣。虽然，又岂若范晔、王融、祖珽（tǐng）与魏收之狂悖猥鄙乎？谚曰："文人无行。"未可概以加朓也。

【译文】

南朝齐明帝时的大司马、会稽太守王敬则是齐高帝、齐武帝的旧臣，因明帝的猜忌而起兵谋反。他的儿子王幼隆是太子洗马，时任南东海太守的谢朓是王幼隆的姐夫。王幼隆派人到任所告诉他起兵的谋划，而谢朓却扣押来使并向朝廷告发了他们，结果王敬则因谋反失败被诛灭，谢朓则升为尚书吏部郎，谢朓夫妇间的恩情也由此断绝。后来，始安王萧遥光又邀请谢朓一同参与谋反，谢朓又把这件事情告诉了左兴盛，结果被始安王萧遥光等人诬告谋反，最终死于狱中。可见，谢朓所谓的明哲保身的计谋是令人迷惑的。因此，评论的人都指责谢朓为人倾轧险恶。尽管如此，假使谢朓听从王幼隆的建议为他们起兵谋反保密，听从始安王萧遥光的建议接受卫尉卿的官职从而作为他们谋反的内应，从道义上讲已经行不通，谋反事情败露后一并被杀，难道还能算得上是明智的保身之策吗？唉！士大夫处于乱离之世，与叛乱之人打交道也够难的了。像谢朓这样的人，既没有尊贵的职位、崇高的声望足以左右事情的轻重，也没有高深的智慧、经世的才干可以谋划事情的成败，只是因为擅长辞章之美而为同辈人推崇罢了。那些起兵谋反、侥幸成事的人，必定要被引为同谋而互不辜负，谢朓难道也有这样的侥幸吗？谢朓真是无端摊上了苦差事，如果进而选择偕同谋反就会面临反叛君上之罪，如果退而不参与谋反，则又有辜负亲戚、出卖朋友的遗憾，就像《诗经·小宛》所咏的："抓一把米去占一卦，看看我从何时能大吉大利。"也正如谢朓的《暂使下都夜发新林至京邑赠西府同僚》诗所言："大江流日夜，客心悲未央。"真是可悲啊！

谢朓只是没有做到通晓君子的教诲，使自己立身于尽量减少过错的境地罢了，并不是居心叵测、陷害别人又危害自己的小人，却最终落得不好的下场、死于非命。至于君子处于这样的境遇，则有其应对的出处进退之道：不可以做官，就不做官；做了官可以退出的，就不再等待而自动退归；官职辞退不掉的，就采取清静无为、大智若愚，言行简易、放浪形骸的态度；既然作为一介文人，除了山川云物外，言论不涉及国家之事、当世之务，交往不亲近那些叛逆悖乱之人，近似庄子所说的处于成才与不成才之间的人生态度。然后进一步修养自己的品德，坚守高洁的操行，永远保持端庄严谨的风度。这样的话，那些叛逆悖乱的人就会说：这个人是沉湎于文学艺术而质直刚强、不知道世故变通的，不值得邀请他参与谋划。于是，谋逆悖乱之人即使怀有邪念想前来相告，到了跟前却不得不默然而退。这对其本人来说，可能不能增加荣华富贵，但也绝不会招致屈辱，福报不会自来，祸害也不会殃及，一切都可以避免。谢朓不能够达到这一境界，所以身败名裂伴随而来，这也是合乎道理的。尽管如此，谢朓又怎么能与南朝宋参与彭城王刘义康叛乱的范晔、南朝齐参与竟陵王萧子良争夺帝位的王融、祖珽、魏收之类的狂悖、卑鄙之人相提并论呢？俗话说："文人无行。"对谢朓而言，尚不可一概而论。

本事：《资治通鉴》卷一四二《齐纪八·东昏侯》，永元元年（499）。

东昏侯

一　鸿飞冥冥，隐处避祸

扬雄曰："鸿飞冥冥，弋者何篡焉？"雄未能践其言也，若其言，则固可深长思也。冥冥者时也，飞者道也；鸿以飞为道，不待冥始飞也，而所以处冥者得矣。弋者之不篡，非有篡之之心，限于冥而罢其机牙也。苟有可篡，则于冥而篡之也滋甚。唯使弋者忘其篡之情，而后鸿以安于云逵，其以销弋者之情已久矣。

王敬则反，欲劫何胤为尚书令，敬则长史王弄璋曰："何令高蹈，必不从；不从，便应杀之。举大事，先杀名贤，必不济。"敬则乃止。夫胤何以得此于弄璋乎？至何点而尤危矣。崔慧景反，逼点召之，点弗能脱，唯日与谈佛义，不及军事。慧景败，东昏侯欲杀点，萧畅曰："点若不诱贼共讲，未易可量。"东昏乃止。点又何以得此于畅邪？点与胤之时冥矣，上有乱君，下有乱臣，而二子若罔知也，守其飞之恒而已。二子者，学于浮屠氏者也，而守其恒以自安于道，且若此矣，况君子之忠信为甲胄，礼义为干橹者乎！飞绝于地，而非有择他。故二子迫处于吴、越之间，而不必浮海滨而居荒峤。飞无求于人而人自仰之。故畅、弄璋不必与相知，而曲为之护。乱君乱臣，弋之不可，而弋之之志自消。二子岂以飞为避弋之术哉？自翔于云路，而弋固莫能篡也。

故飞者，非怙之以不可篡也；冥者，非可乘以飞之机也。天下无道，吾有其道；道其所道，而与天下无与。然而道之不可废也，不息于冥，亦不待冥而始决也。持己自正，修其业而人心自顺，生死祸福，俟之天，听之世，己何知焉？是故扬雄氏之言，可深长思也，而非固为暗晦以图全之陋术也，愈于庄生曳涂之说远矣。

【译文】

西汉文学家扬雄在《法言·问明》中曾说：“鸿雁飞翔在冥冥的高空，射鸟的猎人怎么能猎取到它呢?”扬雄并没有践行他的这种远走避祸的说法，但这句话本身，也足以引起人们意味深长的思索了。这里的“冥冥”是指当时的社会环境，“飞翔”是指出处进退的道路选择；鸿雁以飞翔作为行为方式，并不是等待合适的时空环境才飞翔。它所以能在当时的时空环境中保全自己，就是飞翔到了高远的天空中。射鸟的猎人无法猎取到它，并不是怀有猎取它的心思，而是限于鸿雁飞得太高而不得不放下自己的弓弩。如果有猎取鸿雁的办法，那么即使在高远的天空中，射雁猎取的情况也会愈演愈烈。只有让射鸟的猎人彻底打消猎取鸿雁的欲望，鸿雁才能安然地飞翔在遥远的天空。鸿雁高飞以打消射鸟猎人的猎取欲望的情况由来已久了。

南朝齐大将王敬则起兵谋反，想要劫持已经隐居的著名学者何胤作尚书令。当时王敬则的长史王弄璋建议说：“何胤隐居山中，一定不会服从征召；如果他不同意，就得杀掉他。我们谋划大事，先杀了著名的贤者，必定不会成功。”于是王敬则便打消了这个念头。在这个过程中，何胤是如何得到王弄璋的援手呢？至于何胤的哥哥何点的情况就更加危险了。南朝齐平西将军崔慧景谋反后，威逼何点出来做官，何点无法脱身，只有每天和他谈论佛教经义，而不涉及军事。崔慧景谋反失败后，东昏侯萧宝卷要杀掉何点，太常萧畅建议说："如果不是何点每天同崔慧景谈佛经作为引诱，那么事件的后果就很难预料。"于是，东昏侯不再想杀何点。在这个过程中，何点是如何得到萧畅的援手呢？何点与何胤兄弟二人在当时的时空环境中隐居山林，上有乱君、下有乱臣，他们好像全然不知，仍然保持像鸿雁飞翔一样的状态罢了。他们二人是修习佛教教义的，然而能够保持其恒定的操守、自安其处世之道，他们尚且做到如此，更何况那些以君子之忠信为盔甲，以儒家的礼义为盾牌的士人呢！飞翔的鸿雁一旦落到地面就是绝路，没有可以选择的地方。所以，何点、何胤兄弟二人近处于吴、越地区，而不必流落海滨、避居荒山。鸿雁在高空飞翔，无求于人而又受到人的仰视。所以他们二人不必与萧畅、王弄璋等人相知相交成为朋友，却能得到他们不同方式的保护。天下的乱君与乱臣，不能射杀猎取他们，那么射杀猎取之心就会自行消失。何点、何胤兄弟二人难道是以在高空飞翔作为逃避射杀猎取的方法吗？如果自己像鸿雁一样飞翔于云端，那么射鸟的猎人本来就没有办法猎取得到。

所以说，鸿雁飞翔于高空并不是倚仗着不被射杀猎取；而冥冥的高空，也不是可以凭借飞翔的时空环境。天下丧失了道义，我依然坚守自己的道义；我坚守自己的道义，与天下风云变幻没有关系。这种道义是不能够废弃的正道，它不会消失于冥冥的高空，也不会等待非要到高空时才决定坚持。保持和坚守自己的正道、修炼自己的德行，人心自然顺遂。至于生死祸福，一切都听由上天安排，任其世间变幻，我怎么知道这些呢？因此，扬雄所说的话，可以引发人们意味深长的思索，并不是原有的以韬光养晦来明哲保身的鄙陋之术，比庄子曳尾涂中（在污浊的环境中苟且偷生）的说教要高明得多。

本事：《资治通鉴》卷一四一《齐纪七·明帝》，永泰元年（498）；卷一四三《齐纪九·东昏侯》，永元二年（500）。

二　君臣道亡

齐之逆，非曹、马、刘氏之比也；东昏之虐，非苍梧、郁林之比也。故萧衍虽篡，而罪轻于道成。乃自宋以来，天下之灭裂甚矣，一帝殂，一嗣子立，则必有权臣不旋踵而思废之。伺其失德，则暴扬之，以为夺之之名。当扆之席未暝，今将之械已成。谢晦一启戎心，而接迹以兴者不绝，至于东昏立，而无人不思攘臂以仍矣。江祏也，刘暄也，萧遥光也，徐孝嗣也，沈文季也，陈显达也，崔慧景也，张欣泰也，死而不惩，后起而益烈，汲汲焉唯手刃其君以为得志尔。身为大臣，不定策于顾命之日，不进谏于失德之始，翘首以待其颠覆，起而杀之。呜呼！君臣道亡，恬不知恤，相习以成风尚，至此极矣！

拓拔氏闻风而起，元禧无故而乘其主之出猎，遂欲举兵以内乱。自有天地以来，人道之逆，未有甚于此时者也。

能挽其狂波而扶名义于已坠者，顾不伟与！于是而萧懿独秉耿耿之忠，白刃临头而不易其节，弟衍说之而不听，张弘策说之而不听，徐曜甫说之而不听。祸将及矣，曜甫知之，劝其奔襄阳，而奋然曰："自古皆有死，岂有叛走尚书令邪？"可不谓皎皎炎炎，天日在心，而山岳孤立者乎！沈庆之不忍废子业而死，犹有低回之心焉，懿则引领受刃，以全大臣之节，尤为烈矣。一人风之，而天下之心亦动。故自是以后，自非决志篡夺，不敢视嗣君如圈豚，旋拥立而旋执杀之，懿之为功于名教大矣哉！炀之者谢晦，扑之者懿也。晦罪滔天，而懿之功又岂可泯乎？

【译文】

南朝齐高帝萧道成的篡权谋逆，不是三国魏的曹氏、西晋的司马氏、南朝宋的刘氏所能比的；南朝齐东昏侯萧宝卷的残忍暴虐，也不是刘宋苍梧王刘昱、萧齐郁林王萧昭业所能比的。所以，南朝梁武帝萧衍虽然篡权谋逆，但罪恶要轻于南朝齐高帝萧道成。这是因为，自从刘宋以来，天下的分裂形势已经十分严重，一个皇帝死亡，一个储君继位，就一定有权臣转眼之间图谋废黜。一旦发现了皇帝的罪过、失误，就把它宣扬出去，以此作为篡权谋逆的借口。天子临朝听政，皇位还未坐暖，而拘捕他的刑具就已经准备好了。自从南朝宋少帝的顾命大臣谢晦起了废立君主的野心后，这类事件就接连不断、层出不穷。等到萧齐东昏侯即位的时候，几乎没有人不想撸起袖子伸出胳膊把他拽下来，诸如江祏、刘暄、萧遥光、徐孝嗣、沈文季、陈显达、崔慧景、张欣泰之流前仆后继。前者谋逆失败被杀，后者也不汲取教训，反而愈演愈烈，急切追求的是只有亲手杀死自己的君主才算达到目的。这些人身为大臣，在接受顾命辅政之日不是致力于策定国家大事，在国君出现罪过、失误之初不进言劝谏，却翘首等待着江山社稷的倾覆，然后乘机奋起杀死自己的君主。唉！君臣之间的道义消亡、安然自若、不知顾惜，互相传习形成一时之风，到这个时候已达到了极致。

受此影响，北魏的拓跋氏也闻风而起。孝文帝拓跋宏死后，受命辅政的咸阳王元禧乘宣武帝元恪外出打猎，就想起兵发动内乱。自有天地以来，人伦道义的败坏，从来没有堕落到如此严重的境地。如果能够力挽狂澜，扶持已经堕落的名分与道义，岂不是伟人？这个时候，唯独大臣萧懿能够秉持耿耿忠心，即使刀架在脖子上仍然视死如归，不改变气节。他的弟弟萧衍劝说，他不听；从舅张弘策劝说，他不听；长史徐曜甫劝说，他也不听。当大祸临头时，长史徐曜甫知情，便秘密准备好码头的船只，劝说他出逃襄阳，他却激愤地说："自古以来都有死难者，难道有叛逃的尚书令吗？"萧懿难道不可以被称为与日月同辉，内心光明磊落，像山岳一样巍然矗立的人物吗？南朝宋顾命大臣沈庆之因不忍心废掉前废帝刘子业而被赐死，尚有过犹豫之心。萧懿则是毫不犹豫，引颈受戮，以成全作为大臣的气节，尤其壮烈啊！萧懿一个人树立起一种风范，天下人的心也为之感动。所以自此以后，如果不是要誓死篡位谋逆的巨奸大恶，都不敢再把嗣君看作圈里的小猪，随时拥立登基又转眼抓起来杀掉，萧懿对恢复以正名定分为中心的封建礼教做出的贡献是巨大的。兴起擅权废立、篡权谋逆之风的是谢晦，而扑灭这种歪风的是萧懿。如果说谢晦罪恶滔天，那么萧懿的功勋难道可以被泯灭吗？

本事：《资治通鉴》卷一四二《齐纪八·东昏侯》，永元元年（499）；卷一四三《齐纪九·东昏侯》，永元二年（500）。

三　梁武帝萧衍近正

孟昶与刘裕同起，卢循寇逼而昶惧以死；萧颖胄与萧衍同起，萧璝兵逼江陵而颖胄惧以死；庸人轻动而丧其神守，裕与衍固不以其存亡为轻重也。乃昶、颖胄之无定情固矣，假令不死，而裕、衍之势成，昶、颖胄其能终臣晋、齐乎？抑知己之非裕、衍之敌而不争乎？昶且为刘毅，颖胄且为沈攸之也无疑；则其死也，又裕、衍之幸也。昶死而刘毅无援，颖胄死而衍安坐以有国；天下稍宁，免于兵争者五十余年，则颖胄之死，非徒衍之幸，抑天下之幸也。

颖胄之立南康王也，非衍志也，颖胄挟以制衍也。故于诸篡主，唯衍差为近正者有二：颖胄恇怯，欲请救于魏，其时元英方欲乘乱以袭襄阳，幸其主不从耳，而请援以挑之，是授国于索虏也。衍毅然曰："丈夫举事，欲清天步，岂容北面请救戎狄？”则其视刘文静之引突厥以贻后患者为正矣。颖胄之立南康也，果不忘萧鸾之血祀乎？抑道成立顺帝、萧鸾立海陵之故智耳。已正君臣之分，而又夺而弑之，则君臣之道，遂沦丧而无余。衍之东下也，东昏已死于张稷之手，衍乃整勒部曲以入建康，自以宣德太后令承制受百僚之敬，而非受命于南康。南康王至姑熟，而衍已自立，未尝一日立于南康之廷。非己立之，未尝臣之，则视唐之奉代王而逼之禅也，又有间矣。故曰视诸篡者为近正也。借令颖胄不死，必阳奉南康以与衍争，而规灭衍以自篡；不胜，则北引索虏以残中国仅存之统，王琳之祸，颖胄先之矣。故颖胄之死，非徒衍之幸，抑天下之幸也。

乃若衍之恶不可掩者，则弑和帝是已。衍固欲置之南海，而沈约以危词动之，然衍以是恶约，夺其权而加以恶谥，则衍且有自艾之心矣。若颖胄之茸顽，而欲师道成、鸾之故辙，死而其慝隐耳，衍之所不屑也。

【译文】

东晋末年桓玄之乱时，孟昶与刘裕同时起兵收复建康（今江苏南京），迎立晋安帝，后来刘裕北伐，卢循率军兵临建康城下，孟昶建议过江北避乱未果，恐惧而死。南朝萧齐末年，萧颖胄与萧衍共同拥立南康王萧宝融，担任尚书令，领吏部尚书、行荆州刺史。后萧衍率军东下讨伐东昏侯萧宝卷，而拥戴东昏侯的萧璝等率兵逼近江陵（今湖北荆州），萧颖胄恐惧而死。这些平庸之辈轻举妄动而丧失其内心的精神坚守，刘裕、萧衍本来也不会把他们的生死存亡看作什么轻重攸关的大事。而孟昶、萧颖胄二人本来也没有固定不变的信念和目标，假使他们没有死，而刘裕、萧衍的势力日益坐大，他们难道能够最终挽救东晋、南齐的灭亡命运吗？或者知道自己的力量不足以与刘裕、萧衍相对抗而放弃争夺呢？孟昶的下场就像举兵反叛被刘裕打败自杀的东晋荆州刺史刘毅一样，萧颖胄的下场就像起兵反叛被萧道成打败自缢而死的刘宋荆州刺史沈攸之一样，这些是没什么疑问的；那么他们的死，又是刘裕、萧衍的幸运。孟昶死后，刘毅感到孤立无援；萧颖胄死后，萧衍地位更加稳定，进而坐拥天下；此后天下稍微安宁，免受战乱摧残的局面持续了五十多年。如此说来，萧颖胄的死，不仅是萧衍的幸运，也是天下人的幸运。

萧颖胄之所以拥戴南康王萧宝融为帝，并不符合萧衍自己的心愿，而是萧颖胄挟制萧衍的结果。因此，与众多篡位谋逆的君主相比，只有萧衍的处事差不多接近正道，表现为以下两件事。萧颖胄恐惧畏缩不前，想向北魏拓跋氏政权求救，而当时北魏宗室大将元英正想乘南方混乱之机进攻襄阳（今属湖北），所幸北魏宣武帝元恪没有答应。萧颖胄以求援的方式挑逗北魏军队南征，这实际上就是要把国家的命运拱手让给北方的民族政权。而萧衍得知后毅然说道："大丈夫行事，就是要澄清天下从而挽救国运，怎么能够容忍面北称臣求救于戎狄呢？"由此可见，他与唐高祖李渊起兵反隋之初派刘文静勾结突厥造成无穷后患的行为相比，可以称为正道。萧颖胄之所以拥戴南康王为帝，难道是真的不忘齐明帝萧鸾的血脉吗？抑或是沿用齐高帝萧道成拥立宋顺帝刘凖、齐明帝萧鸾拥立海陵王萧昭文的计谋。明确了君臣名分之后，却又夺其帝位、弑其性命，这样的话，君臣之间的道义便沦丧殆尽了。萧衍率军东下的时候，东昏侯已死于侍中兼卫尉张稷之手，于是萧衍整顿兵马进入建康，自以宣德太后懿令秉承旨意便宜行事，接受百官的朝敬，并不是受命于南康王。待南康王萧宝融到达姑熟（今安徽当涂）的时候，萧衍已经自立为帝，可以说未曾有一天立于南康王的朝廷为臣。不是自己拥立的君主，又不曾向他称臣，这与唐高祖李渊奉代王杨侑为帝随即又逼迫他禅位的做法，又有所不同。所以说，与众多篡位谋逆的君主相比，萧衍的处事差不多接近正道。假设萧颖胄没有死，必定表面上奉南康王为帝以便与萧衍争夺，进而达到消灭萧衍而自己篡位的目的；如若不能取胜，就面北称臣求救于北魏拓跋氏，以残害中原王朝仅存的正统。这样王琳所造成的祸害，萧颖胄已为先导了。因此，萧颖胄的死不只是萧衍的幸运，也是天下人的幸运。

至于说到梁武帝萧衍不可掩盖的罪恶，就是杀害齐和帝萧宝融这件事。萧衍本来是要把齐和帝流放到南海，可是尚书仆射沈约却危言耸听并说动了他，萧衍也因此开始憎恶沈约，逐步削夺了他的权力，并且在他死后加给他“隐”这么包含贬义的谥号，这说明萧衍尚有悔恨和改正自己错误的心意。像萧颖胄这样愚昧无知的人物，却想效法萧道成、萧鸾的故辙，结果事败身死而内心还隐藏着邪念，这些都是萧衍不屑作为的。

本事：《资治通鉴》卷一四四《齐纪十·和帝》，中兴元年（501）。

卷十七

明刻本《历代帝贤像》中的梁武帝萧衍画像

【题　解】

本卷评论南朝梁及相应的北朝历史，分梁武帝、简文帝、元帝、敬帝四目，共三十七则。

梁武帝萧衍（464—549）在位期间，革除积弊，修礼兴教，颇有作为，后期却怠于政事，沉溺佛教。王夫之选择二十九个问题加以评论。对于武帝朝的行政，赞许其编修五礼、兴学重教，为东汉以下未有之盛；批评其分诸州为五品为“乱政”，尤其是其佞佛之举影响恶劣，晚年由智而愚、由明而暗，接纳侯景以致身死国危亦源于此。同时，对于北朝的政治及其人物，如弛盐禁、停年格以及北魏诸帝、尔朱荣、贺拔岳、苏绰等，也予以较多关注和相应的客观评价。

简文帝萧纲（503—551）为梁武帝第三子，由侯景扶立，在位两年，又由侯景废杀，无可称述。王夫之认为死于侯景之乱中的太子萧大器和吴兴太守张嵊堪称君子。北齐捶杀请托之使并非治本之法，而北周的府兵制度亦为权宜之计。

元帝萧绎（508—554）为梁武帝第七子，平定侯景之乱后称帝于江陵，两年后为西魏及梁王萧詧俘杀。王夫之认为梁元帝猜忌宗室而导致襄阳、成都并入西魏（北周），自取灭亡；而其喜欢读书、爱好文学，江陵被围时又放火焚书，实则不懂读书，只知附庸风雅，而不知人伦物理和政治教化。

敬帝萧方智（542—557）为梁元帝第九子，由陈霸先拥立为帝，不久被迫禅位并遇害。通过王僧辩与陈霸先的比较，王夫之提出义、勇、仁、智的道德标准；通过宇文泰更定六官与王莽改制的比较，王夫之提出法先王以道而非法其法、法其名。针对魏晋以来的权臣相篡问题，王夫之认为不能局限于一姓之兴亡，而应从天下生民的公理来认识，权臣不可无，关键在于敦行教化、醇正风俗、作育人才。

梁武帝

一　风教之兴废

齐、梁之际，天下始有志节之士。马仙琕之不降也，何胤、何点之召而不赴也，颜见远之死也，梁武能容之，而诸君子者，森森自立于人伦，晋、宋以来顽懦之风，渐衰止矣，非待梁武之奖劝之也。夫齐之得国也，不义之尤者，东昏之淫虐亦殊绝，而非他亡国之主所齿，齐亦何能得此于天下士哉？

风教之兴废，天下有道，则上司之；天下无道，则下存之；下亟去之而不存，而后风教永亡于天下。大臣者，风教之去留所托也。晋、宋以降，为大臣者，怙其世族之荣，以瓦全为善术，而视天位之去来，如浮云之过目。故晋之王谧，宋之褚渊，齐之王晏、徐孝嗣，皆世臣而托国者也，乃取人之天下以与人，恬不知耻，而希佐命之功。风教所移，递相师效，以为固然，而矜其通识。故以陶潜之高尚，而王弘不知自愧，强与纳交，己不愧而天下孰与愧之？则非凛秋霜、悬白日以为心，亦且徜徉而有余地。至于东昏之世，尸大位、秉大政、传此鬻君贩国之衣钵者，如江祏、刘暄、沈文季、徐孝嗣之流，皆已死矣。东昏所任茹法珍、梅虫儿诸宵小，又皆为人贱恶而不足以惑人。其与梁武谋篡者，则沈约、范云，于齐无肺附之寄，而发迹于梁以乍起者也。于是而授受之际，所号为荐绅之领袖者，皆不与焉。则世局一迁，而夫人不昧之天良，乃以无所传染而孤露。梁氏享国五十年，天下且小康焉。旧习祓除已尽，而贤不肖皆得自如其志意，不相谋也，不相溷也。就无道之世而言之，亦霪雨之旬，乍为开霁，虽不保于崇朝之后，而草木亦蓁（zhēn）蓁以向荣矣。

“人之云亡，邦国殄瘁。”故党锢兴而汉社移，白马沉而唐宗斩；世臣之重系安危也，继治之世然也。宿草不除，新荑不发，故宋、齐鬻君贩国之老奸绝，而齐有自靖之臣；世臣不足倚而亟用其新也，继乱之世然也。若夫豪杰之士，岂有位大权尊、名高族盛者在其目中哉？“八表同昏，平路伊阻”，陶令之风，不能以感当时，而可以兴后世，则又不可以世论者也。

【译文】

南朝齐、梁禅代之际，天下出现了一些志向远大、节操高洁的士人。马仙琕忠于萧齐而不投降，何胤、何点拒不接受萧梁的招抚赴京拥戴新主，颜见远为萧齐死节，这些梁武帝萧衍都能容忍、成全他们，而这几位君子也以其凛凛风骨立于人伦世道，从而标志着东晋、南朝刘宋以来顽钝、懦弱的社会风气已逐渐衰落进而终止了，并非要等到梁武帝的奖掖劝勉、激励风节，才出现这种局面。萧齐王朝的建国，就是以最为不义的方式取得天下，而东昏侯萧宝卷的荒淫和残暴又空前绝后，与其他亡国之主相比，尤其令人不齿。那么这样一个萧齐王朝，又怎么能得到天下士人君子的效忠呢？

风俗教化的兴衰，在天下有道之时，是由上层统治者所主导的；在天下无道之时，则保存于下层民众的言行之中；一旦下层民众的志操风节消除殆尽，荡然无存，那么天下的风俗教化随后也就永远消亡了。朝廷文武大臣，是风俗教化兴亡存留所依托的主体。东晋、刘宋以来，作为朝中大臣，大多数依靠着其世家大族的荣耀，以保全自己的身家性命、财产禄位为处世善术，而对于皇位的更迭禅代，就看似过眼的浮云，毫不在意。因而像东晋的王谧，刘宋的褚渊，萧齐的王晏、徐孝嗣，都是世受皇恩，受顾命之托辅国执政，却拿天下皇位拱手让人，恬不知耻，而希望成就新王朝的佐命推戴之功。风俗教化的变迁，相互师法仿效。江河日下，人们都以为理所当然，而且还以自己善识时务、通达权变而自夸。所以像陶渊明那样风节高尚的仁人君子，而江州刺史王弘却不知羞愧，强与结纳交往，自己不知惭愧而天下人有谁替他惭愧呢？因此，在这样的世道中，即使不是凛秋霜而不易节、悬白日以鉴其心的正人君子，也可以徜徉其中而游刃有余。到了萧齐东昏侯统治时期，那些占据重要职权而尸位素餐，执掌军政大权而又传递其卖国卖主求荣衣钵的人，像江祏、刘暄、沈文季、徐孝嗣之流，都已经死去了。东昏侯所任用的茹法珍、梅虫儿等竖子小人，又都被世人憎恶、轻贱而唾弃，不足以蛊惑人心。至于参与梁武帝萧衍篡位谋划的人，主要是沈约和范云，在萧齐朝廷中都不是深受重用的股肱之臣，而是在梁武帝萧衍麾下发迹的新贵。在齐、梁禅代君权授受之际，那些号称为世家重臣、缙绅领袖的人物，都没有参与其中。这乃是世风的一大转变，人们还不昧天良，于是那种卖君卖国的行为已被世人唾弃，因而无所效法、渐趋孤绝。萧梁王朝享国五十年，天下号称小康。旧有的陋习已消亡殆尽，而贤明君子与不肖小人皆得其志意自如，不相为谋、不相混乱。相对无道之世来说，就像是阴雨连旬之时突然雨过天晴，阳光普照，虽不一定能持续多长时间，而大地上的草木也都枝叶茂盛、欣欣向荣了。

《诗经·瞻卬》中写道：“如果良臣贤士都逃亡远去，

那么国势也将艰危困顿而趋于崩溃了。”所以，党锢之祸兴起而东汉社稷转移，朱温将唐室宗亲大臣沉于白马（今河南滑县东北，在金代改道前为黄河重要渡口）导致唐朝的宗社灭绝；世家重臣关系着国家的安危存亡，守成之治世就是如此。旧的杂草不除掉，新的植物幼叶就无法生长，所以东晋、刘宋时期那种卖主卖国的奸臣贼子断绝之后，到萧齐末年才有了风节高尚的大臣；世家重臣不足以依靠而急用新人，继乱世之后的新王朝就是这样。至于那些豪杰之士，难道有在心目中看重位大权尊、名高族盛的人吗？陶渊明《停云》诗写道：“四面八方都是一派昏暗的世界，原本平坦的道路也变得阻碍难行。”陶渊明的高风亮节，不能感奋当时的乱世之人，却足以激励后人，光大于后世，这又是不能仅以当时之世道而论的。

本事：《资治通鉴》卷一四四《齐纪十·和帝》，中兴元年（501）；卷一四五《梁纪一·武帝》，天监元年（502）。

二　谢朏出山的隐衷

谢朏与何点、何胤同征不赴，而朏忽自至，角巾白舆，拜谒以受司徒之命，人知丑之，亦知朏之不终其节者，何以冒天下后世之讥而不恤邪？朏于时老矣，且受三事之命，终不省录职事。当无所希冀之暮年，而未尝贪权利以自裕，朏何昧于名实哉？盖有迫之者也。孰迫之？子弟之迫之也。

盖谢氏于此，历三姓而皆为望族，朓死而势衰，朏终隐而其族之气焰熄矣。当郁林且弑之日，朏戒弟瀹以勿与，齐明篡而不与推戴之功，子弟方且怪焉。迨东昏虐杀而幸保其宗，朏可以先见服其子弟。及梁篡而朏犹远引，子弟又不能弗怪也。已而梁位定，梁政行，粲然可观，则子弟观望之心释，而竞进之志不可遏。朏不出而见绝于当世，则闺门之内，相迫以不容，朏于此亦无可如何，而忍耻包羞，不惮以老牛为牺，而全其舐犊之恩也，是可悲也。

至尊者君，而或能抗之矣；至亲者父，而或且违之矣；琐琐禽犊，败人之名节，垂老而丧其本心，亦可畏也夫！悠悠天下，孰有如王思远之于兄晏，劝其自裁而免于逆死者乎？“母也天只，不谅人只”，父母之不谅，可形之歌叹，而子弟之相煎，其威更逾于天。白首扶筇（qióng），唯其所遣，一至此哉！陶令之子，不爱纸笔，幸也，而何叹焉？

【译文】

萧衍篡位建立梁朝后，萧齐旧臣谢朏与何点、何胤都受到梁武帝萧衍的征召，但都拒绝入朝事奉新君。可是后来谢朏却忽然自己前来投奔，头戴角巾、乘着白舆，拜见梁武帝从而接受了司徒新职的任命。世人只知道斥责谢朏不知羞耻，那么是否知道他为什么不能始终坚守气节，甘冒天下后世的讥讽而没有顾虑呢？谢朏当时年事已高，且接受这三事（司徒、司马、司空）的任命，终究也不执掌什么职事，并没有实权。在这无所希冀的暮年岁月，又未曾贪图什么权与利以求自裕，谢朏为何于名于实都这么糊涂呢？大概是受到别人的逼迫，可谁会逼迫他呢？乃是他们谢氏的宗族子弟。因为到这个时候，谢氏已经历了东晋、刘宋、萧齐三姓的天下，均为世家望族，谢朓去世之后其家族势力趋于衰落，谢朏又终隐不仕，其宗族昔日的威势气焰几乎熄灭了。当郁林王将被人阴谋杀死的时候，谢朏告诫其弟谢瀹不要参与其事，结果齐明帝篡位之后，谢氏没有拥戴之功，其宗族子弟都怪罪于他。东昏侯即位后，残暴嗜杀，谢氏也因此幸免于祸，得以保全其宗脉，谢朏也因有先见之明而为其宗族子弟所叹服。而等到梁武帝取代齐之帝位，谢朏还是不受征召，准备隐居终身，其宗族子弟自然会怪罪他。不久，萧梁的皇位稳定下来，政令行于天下，政治颇为可观，于是谢氏子弟放弃了观望等待之心，树立起坚定的从政仕进的志向。如果谢朏在这种情况下仍然隐居不仕，自绝于当世，那么在其宗族之内，就会被其子弟逼迫而不容。对此，他也无可奈何，只好隐忍着羞耻、惭愧的心情，宁可以自己这头老牛作为牺牲，也要成全对其宗族子弟的一片舐犊之情，这真是可悲啊！

至尊至贵的人是君主，而有人也可以与之相抗；最亲近的人是父亲，但有人也可以与之相违背；而这些像一群小鸡鸭、小牛犊一样的宗族子弟，却可以败坏人的名声气节，垂老之人还不得不丧失其本心，也真称得上可怕啊！悠悠天下，有谁能像王思远对待其兄王晏那样，劝他自杀尽忠以免于参与谋逆而死呢？《诗经·柏舟》写道：“我的妈啊，我的天啊，为何不能体谅人家的心情！”父母不能谅解，还可以形之歌叹，抒发情怀，而宗族子弟的逼迫煎熬，其威力真是比天力还强大。满头白发的老者，手拄着竹杖，受子弟的逼迫差遣前去拜谒投靠新主，所造成的后果如此严重！陶渊明的儿子，不爱读书识字、舞文弄墨，这也是一种幸运；如果谢朏也是这样的话，还用得着叹息吗？

本事：《资治通鉴》卷一四五《梁纪一·武帝》，天监二年（503）。

三 乱人不死，天下不宁

晋武任贾充而乱其国，宋武任谢晦、傅亮而翦其子，故梁废王亮为庶人，用徐勉、周舍而抑沈约，诚有鉴于彼也。充、晦、亮，魏、晋之世臣也，何怨于故君，而望风献款，屋其社，馁其鬼，歼其血胤，不问而可为寒心。晋、宋之主，举国而听之，何其愚邪？

或曰：人为我犯难以图，我因以得天下，既得而忘之，疑于寡恩。晋、宋之主所以沾沾而不忍，亦过之失于厚者也。汉高之斩丁公，则过之失于薄者也。失之厚而祸非所谋，亦奚必不可哉？

曰：此不可以小人怀惠之私为君子之厚也。乱人不死，天下不宁，怙恶相比，怀其私恩，则祸乱弗惩；岂区区较量于厚薄者乎？晋惠公杀里克，传《春秋》者，谓里克非惠公之所得杀，非也。乱臣贼子，天下无能正其罚，而假手于所援立之君，天道也，非人之所可用其厚薄之私者也。梁武之于此，天牖之，弗容自昧矣。沈约之于齐，仕未显也，故其罪轻于王亮。亮，大臣也，约虽抑而不废，亮永废而不庸，天理之差也。张稷逃于刑而死于叛民，恶尤烈于亮与约也。天之所罚，梁不逆焉，故得免于贾充、谢晦之祸。若不能免愧于己，因以恕人，相劝以恶，而祸乃不讫。以之为厚，自贼而贼世，庸有救乎？

【译文】

晋武帝司马炎任用贾充导致西晋天下大乱，宋武帝刘裕任用谢晦、傅亮而使其诸子被翦灭，所以梁武帝废斥王亮为庶人，任用徐勉、周舍以抑制沈约，这确实是吸取了晋、宋的前车之鉴。贾充、谢晦、傅亮，原来分别是曹魏、晋朝的世家重臣，对其原来的君主哪有什么深重怨恨，却对篡位的新君望风纳款请降。颠覆旧主社稷、断绝其祭祀、歼灭其宗亲血脉，对此却不加问罪，这是多么令人寒心啊！可是晋武帝、宋武帝即位之后，却将军国大权交给他们，对他们言听计从，真是太愚蠢了！

也许有人会说：人家曾为我而背主叛国、图谋篡权，我因此得到天下，新朝建立之后，却忘记他们的功劳，似乎有些寡恩无义。晋武帝、宋武帝之所以念念不忘旧恩，不忍废斥他们，也正是这样，其过错就是失于宽厚了。汉高祖刘邦杀了曾放自己一条生路的丁固，却对功臣过于刻薄了。失于宽厚而灾祸又不是他们有意筹划的，这又有什么不可呢？

又有人说：对于这种情况，不可以把小人怀惠之私心当作君子的宽厚待人。乱国之人不死，天下就不会安宁。他们怙恶不悛、朋比为奸，如果怀念他们的私恩，那么教训就不能汲取、祸乱就不可避免，这难道仅仅是因为计较其宽厚与刻薄吗？春秋时期，晋惠公杀了功臣里克，后来为《春秋》作传的人说里克不是惠公应当诛杀的，这是不对的。乱臣贼子，天下人无法明正典刑、给予惩罚，因而假手于他所拥戴的君主予以诛杀，这正是天道，不是人们可以用其宽厚、刻薄之私心来测度的。梁武帝对于这个问题，就像是上天为他打开心灵的窗户，使其明白而不糊涂。沈约在齐做官并不显贵，所以他的罪过要比王亮轻。王亮乃朝廷重臣，沈约受到抑制而不被废黜，王亮则被永远废黜而不用，这正是天理的差别。张稷虽然未受到刑法处置，却死于乱民之手，说明其罪恶比王亮和沈约更大。上天对乱国之人的惩罚，梁武帝顺其意而不逆其流，因而能够避免像贾充、谢晦祸乱天下那样的灾祸。如果自己内心不免愧疚，因而对人也予以宽恕，双方相互鼓励为恶，那祸乱就不远了。若以此为待人宽厚，乃是自我戕害又残害世人，哪里还可救药？

本事：《资治通鉴》卷一四五《梁纪一·武帝》，天监二年（503）。

四　不敢之心

缇萦、吉翂之事，人皆可为也，而无有再上汉阙之书、挝梁门之鼓者，旷千余年。坐刑之子女，亦无敢闻风而效之，何也？不敢也。不敢者，非畏也，父刑即不可免，弗听而已矣，未有反加之刑者，亦未有许之请代而杀之者，本无足畏，故知不畏也。不畏而不敢者，何也？诚也。平居无孺慕不舍之爱，父已陷乎罪，抑无惊哀交迫之实。当其挝（zhuā）鼓上书之日，而无决于必死之心，青天临之，皎日照之，万耳万目交注射之，鬼神若在其上而鉴观之，而敢饰说以欺天、欺鬼、欺人、欺己、以欺天子与法吏也，孰敢也？缇萦、吉翂之敢焉者，诚也；天下后世之不敢效者，亦诚也。诚者，天之道也，人之心也。天之道，其敢欺也乎哉！于是而知不敢之心大矣。

天有所不敢，故冬不雷而夏不雪；地有所不敢，故山不流而水不止；圣人有所不敢，故禹、汤不以天下与人，孔子述而不作。人皆有不敢之心，行于恻隐羞恶辞让是非之中。君子以立诚而居敬。昧其所不敢，而效人之为以欺天下，则违天而人理绝。王莽自以为周公，曹丕自以为舜、禹，敢也；扬雄以《法言》拟《论语》，王通以《元经》拟《春秋》，敢也。闻古有之，不揣而仿之，愚夫愚妇所不自欺之心，僻而辨、伪而坚者，无所惮而为之，皆自绝于天者也。然则有效缇萦、吉翂之为者，明主执而诛之可也。

【译文】

汉文帝时太仓令淳于意的少女缇萦伏阙上书请入身为官婢，以赎父刑，梁武帝时的少年吉翂挝登闻鼓为父鸣冤，请杀身以代父命，这样的事情人人都能够做到，可是至今一千多年，却再也没有伏阙上书、挝登闻鼓的人。即使是因父辈获罪、连坐遭刑罚的子女，也没有敢于闻风而效法缇萦、吉翂二人的，这是为什么呢？是因为不敢。不敢，并不是害怕，父亲的刑罚既然不可赦免，朝廷也就不听其子女申诉罢了，而不会反而加重其刑，也不会因为其子女请求代父受刑而杀之，所以说伏阙申诉请代受刑这种事本来没什么可怕的，因而可知其并不是害怕。不害怕而又不敢这么做，这是为什么呢？是因为诚心。平时父子间没有孺慕不舍的深爱，父亲获罪之后，也没有惊哀交迫的实情。当其挝鼓、上书申诉之时，也就没有下定必死之心，上有青天临于头顶，阳光辉映照射，似乎有上万双眼睛注视着、上万只耳朵倾听着，鬼神也似乎在空中时刻观察着，这种情况下难道敢欺骗上天、鬼神、众人、自己内心以及天子和法官吗？谁敢如此呢？缇萦、吉翂之所以敢擂鼓、上书，也是出于诚心；天下后世的人们不敢效法他们，同样是出于诚心。诚，是天之大道，人之良心。天之大道，难道敢欺骗吗！从此可知，不敢之心关系重大啊！

上天也有所不敢为之事，所以冬天不能打雷，夏天不能下雪；大地也有所不敢为之事，所以山不能流动，而水却流动不止；圣人也有不敢为之事，所以夏禹、商汤不把天下传给别人，孔子则述而不作。人人都有不敢之心，这表现在恻隐、羞愧、憎恶、推辞、礼让、是非之中，正人君子以诚心立身，而居敬行事。如果隐藏起自己的不敢之心，而效法别人的行为以欺骗天下人，则违背天道，而断绝人理。王莽自以为是周公，曹丕自以为是虞舜、夏禹，这就是“敢”；扬雄以其所著的《法言》比拟孔子的《论语》，王通以其所著的《元经》比拟孔子的《春秋》，这也是“敢”。听说古代有什么事情或东西，不揣度合不合适就盲目仿效，这是出自愚夫愚妇的不自欺之心，而那些阴僻且善辩、伪装且坚定的人，则是无所畏惧、大胆妄为，都是自绝于天下的行为。既然是这样，那么若有效法缇萦、吉翂之所作为的人，贤明的君主把他们抓起来杀掉，也未尝不可。

本事：《资治通鉴》卷一四五《梁纪一·武帝》，天监二年（503）。

五　鄙夫之悔不可信

惟以势利为心，则无所不至，故鄙夫而与事君，上以危国而下以亡身也，必矣。赵修得幸于元恪，甄琛、王显谄附之，高肇忌修，将发其奸，琛、显惧而背修附肇，助肇攻修，密加重刑，杀修以灭口，险而很也如是，亦可畏哉！虽然，无足怪也，鄙夫之情所必至也。小人之与鄙夫，气相翕而忘其相害，机相制而不畏其相倾，非异也；所异者，君子不审，见其反面相攻，而信以为悔过自新，抚而收之，则愚矣。过有可悔，有不可悔。沉溺佞幸膻秽之中，与相胶漆，过之不可悔者也，而何为听之？

《易》曰："君子豹变。"言豹文蔚而不章，虽能变物，而小人之所革者，徒面而已，中固未革，莫之变也。蔡京不旬日而尽改新法，司马公何为而信之哉？工于面者忍于心，疾叛其所与交狎者，致之死亡而心不为之怵，斯人也，虽在胁从罔治之科，而防之也必严。故圣人之待人恕矣，而斥言其不可与事君，绝之唯恐其不至也。开以悔过之科，则鄙夫之悔也，捷于桴鼓，一无所不至之情耳。君子而为其所罔哉！

【译文】

只思谋并追求权势和利益的卑鄙之人，什么事都可能干得出来，所以如果那些卑鄙之人参与事奉君主、主持朝政，一定会上使国家危机败亡，下使自己身败名裂。赵修受到北魏宣武帝元恪的宠幸，因此卑鄙之人甄琛、王显都去讨好依附他，外戚高肇妒忌赵修，要揭发他的奸行，甄琛、王显非常害怕，马上又背叛赵修而依附高肇，秘密地对赵修施以重刑，想杀人灭口，其阴险、狠毒至此，真是可怕啊！虽然如此，但也不足为怪，卑鄙之人的思想感情必定会达到这种地步的。不肖小人与卑鄙之徒，声气相投，而忘记了互相危害，其机巧权术也相互制约，因而不畏惧相互倾轧，这也没有什么奇怪的。所奇怪的乃是正人君子对卑鄙之人不加辨别，看到他们一反常态，攻击原来的对立面，便信以为真，认为是他们悔过自新，从而加以抚慰并引为同志，这就太迂阔了。过错有可以悔改的，也有不可悔改的。如果沉溺于奸邪佞幸的卑鄙污浊行为之中，与他们同流合污、如胶似漆，这样的过错是不可悔改的，为何还要听其悔改之虚言？

《易经·革卦》上说："君子像豹子一样变化成长。"是说豹子身上的文彩丰富却不显明，虽然能够使事物改变原貌，但小人所改变的仅仅是其脸面罢了，内心并未有丝毫不同，并未有任何变化。北宋蔡京本来是王安石变法的新党，元祐更化后，他很快摇身一变，投向旧党，不到十天就把新法尽行革除。司马光为何会信任他呢？就是因为蔡京这个卑鄙之徒善于伪装，而内心残忍，很快背叛了他原来所结交的朋党，甚至置之死地，内心也丝毫不发怵。这种人，即便处在胁从者不加处置之列，也要对之严加防范。所以圣人对待人宽容大量，但对于卑鄙之人会斥责他们不可参与事君执政，与之断绝交往唯恐防范不周密。一旦开启悔过之科，那么卑鄙之人的悔过自新，比桴鼓（即用鼓槌一击，鼓声就发出来）还快捷得多，只会是一种无所不至的心机罢了。正人君子怎么能为其所蒙蔽呢！

本事：《资治通鉴》卷一四五《梁纪一·武帝》，天监二年（503）。

六　教移于下的利弊

三代之教，一出于天子所立之学宫，而下无私学。然其盛也，天子体道之精，备道之广，自推其意以为教，而师儒皆喻于道，未尝画近小之规，限天下之聪明，以自画于章程之内。其道略见于《大学》，若是乎其渊深弘博，而不以登天为疑也！且自天子之子以降无异学，公卿大夫士之子弟，自以族望而登于仕，非以他日受禄，歆之以利而使学，故学者亦无苟且徇时，求合于章程以徼名利，则学虽统于上，而优游自得者，无一切之法以行劝惩，亦犹夫人之自为学焉而已也。乃流及于三季之末，文具存而精意日以泯忘，国家之教典，抑且为有志之士所鄙，而私学兴、庠序圮矣。非但其法之弛也，法存而以法限之，记问之科条愈密而愈偷也。以三代之圣王不能持之于五世之后，而况后人之有天下者，道不本诸躬，教不尽其才，欲以齐天下之英才而羁络之，不亦难乎！

乃或为之说曰："先王以学域天下之耳目心思而使不过，然则非以明民而以愚民，学其桎梏乎？"后世之学，其始也为桎梏，而其后愈为君子所不忍言，故自周衰而教移于下。夫孔子岂为下而倍，尸天子之道统乎？教亡于天下，圣人之所重忧，不容不身任之，亦行天子之事，作《春秋》而任知罪之意也。教移于下，至秦而忌之，禁天下以学，而速丧道以自亡。然则后之有天下者，既度德、量力、因时，而知不足以化成天下，则弘奖在下之师儒，使伸其教，虽未足以几敬敷五教、典胄教乐之盛，而道得以不丧于世。梁武帝既置五经博士于国学，且诏州立学矣，而不敢自信为能培养天下之俊士，一出于乡国之教也，又选学士往云门山就何胤受业，知教之下移而不锢之于上，亦贤矣哉！

三代以还，道莫明于宋，而溯其所始，则孙明复、胡安定实开其先，至于程、朱而大著，朱子固尝推孙、胡之功矣。夫宋于国学郡县之学，未尝不详设而加厉也，而教之所自兴，必于孙、胡；道之所自明，必于程、朱；何也？国家以学校为取舍人才之径，士挟利达之心，桎梏于章程，以应上之求，则立志已荒而居业必陋。天子虽欲游学者之志于昭旷之原而莫由，固不如下之为教为学也，无进退荣辱之相禁制，能使志清而气亦昌也。韩侂（tuō）胄、张居正亟起而堙塞之，呜呼！罪浮于桀、纣矣。

或曰："教出于下，无国家之法以纠正之，则且流于异端而为人心之害。"是固然也，即如何胤者，儒而诡于浮屠氏者也。然所恶于异端者，为知有学而择术不审者言耳。若夫坏人心、乱风俗、酿盗贼篡弑危亡之祸者，莫烈于俗儒。俗儒者，以干禄之鄙夫为师者也。教以利，学以利，利乃沁入于人心，而不知何者之为君父，固异端之所不屑者也。即如何胤者，以浮屠乱道矣，然王敬则欲召与同反而不敢召，武帝征与谋篡而终不就，大节固不逾矣。若彼守国家教术之章程，桎梏于仕进之捷径者，则从乱臣贼子而得显荣，亦曰："吾之所学求利达者本无择也，诵诗读书以徼当世之知而已矣。"则其清浊之相去，不已天地悬隔哉！故孟子之论杨、墨曰："归斯受之。"归而可受者，所学非、而为己之初心可使正也。俗儒奉章程以希利达，师鄙夫而学鄙夫，非放豚也，乃柙虎也，驱之而已矣，又何受焉？教移于下而异端兴，然逃而归焉可俟也，非后世学宫之教，柙虎而傅之翼者比也。上无礼，下无学，而后贼民兴，学之统在下久矣。

【译文】

夏、商、周三代的教育，都是通过天子所立的学官进行的，社会上没有私立学校。然而其教化之盛，天子体悟道义的精微，具备道德的广大，自己推衍其真义进行教育，那些博学的老师也都深明道义，不曾划定一个短近、狭小的框框，以局限天下人聪明才智的发挥，从而使自己也局限于自定的章程之内。其具体方法大略可从《礼记·大学》中看到，当时的教育就是这样源远流长、弘通广博，即使说其能够达到登天通神的地步，也是毫无疑问的。况且从天子的儿子以下都在一个学校学习，公卿、大夫、士的子弟各自根据其族望等级进入仕途，而不是以将来做官受禄为诱饵，用利禄使他们歆慕从而使他们一心向学，所以学习的人也没有苟且应付、虚度时光，以合乎天子所定的章程，以便将来获取官职利益的。这样学校教育虽然由官府统一管理，而优游自得的人也没有一成不变的办法对其加以劝勉和惩处，和人们自学体悟也没有什么差别。这种教育制度沿袭到周朝后期，各种规定几乎成了一纸空文，而三代教化的精义也日益泯灭，国家教化的制度与方法甚至为有志之士所鄙视。于是，私学兴起，而官方的庠序（学官）衰废了。不仅仅是其制度废弛了，即使其制度存在，而又以新的制度严加限制，导致记问之科条越来越严密、越来越苟且敷衍。三代圣明君主尚不能使其教化制度保持到五世以后，何况后世据有天下的庸碌之主呢？道义不根植于内心，教育不能尽其才智，而想要把天下之英才统统团结聚拢在一起，不也是很困难的吗？

也许有人会替他们辩解："古代的圣明君主通过学校教育来规范天下人的耳目心思，使其不超越道义的疆界，然而这并不是为了使人民深明事理道义，而是为了使老百姓愚昧无知，这种学校教育制度不就是一种桎梏吗？"后代的学校教育制度一开始也是一种桎梏，其后越来越为君子所不忍议论，所以自周朝衰落以后，教育的职权开始转移到社会下层民众之中。孔子难道能够贬低和违背三代的教育之制，去主持天子的道统吗？天下教化的衰亡，孔圣人非常忧虑，不得不亲自担负起重振教风的大任，也是行使了天子的职事，编写了《春秋》以表示其知我罪我、褒贬毁誉之意。教育的职权下移，私学兴起，到秦始皇统一中国之后，对这种状况颇为忌恨，于是禁止天下私设学校，结果很快因丧失道义而亡国。即使这样，后世据有天下的君主，自己测度道德、力量以及时势，知道不足以教化天下，于是大力鼓励劝勉其下的儒生教师，让他们从事教化的职权，虽然不足以达到敬敷五教（教育百姓父义、母慈、兄友、弟恭、子孝五种道德规范）、典胄教乐（教育贵族子弟诗歌舞蹈、天人中和之道）的盛况，但也使天下大道不至于沦丧于后世。梁武帝不仅在国学中设置了五经博士，而且下诏让各州设立官学，但还不能自信能够培养出天下的才俊之士，使他们全出自地方官学的教化，于是又选拔学士到云门山师从大学者何胤学习，梁武帝知道教化之职权的下移，因而不把教育仅仅局限于上层的官学，可以称得上是贤明君主了。

夏、商、周三代以来，天下大道没有比宋代阐发得更为显明的，而追溯其源流，则要数孙复（字明复）、胡瑗（世称安定先生）开其风气之先河，到二程、朱熹而道学风气大起，朱熹也推崇孙复、胡瑗二人的功劳。宋王朝对于国学、郡（州）县的官学教育设置周详，而奖劝鼓励，但教化所兴必定要起自孙、胡，天道所阐明必定要靠二程、朱熹，这是为什么呢？国家以学校教育作为取舍选拔人才的途径，读书人都怀着功名利达之心，为官定的章程所局限，以便适应朝廷的要求，这样他们本来所立的志向一定会荒废，而所习的学业也必定会狭隘而鄙陋。君主虽然想让游学之士志趣广阔，而不得其法，自然不如民间私学中的教与学，没有进退荣辱的观念加以限制，能使学术环境自由而轻松，使学者志向清高而意气昌扬。可是南宋的权相韩侂胄、明朝的权相张居正却逆其潮流，堵塞了私学之路，唉！其罪行简直比夏桀、商纣还要大啊！

有人说："教育出于下层私门，没有国家统一的法令进行约束，就可能会流于异端邪说，而对人心形成毒害。"这是当然，即使像何胤那样的学者，儒学中也夹杂着佛教的思想。然而，人们之所以憎恶异端邪说，只不过是知其有学问而选择不够精审罢了。至于坏人心术、败坏风俗，酿成盗贼反叛、篡位弑君、亡国之祸的罪魁祸首，则要数俗儒最为严重。俗儒，是以窃取官爵禄位的卑鄙之徒为师的人，老师教的是势利，学生学的也是势利，于是势利的观念乃深入人心，而不知什么是君臣、父子之礼义，这是连异端邪说也不屑一顾的。就拿何胤来说，他是以佛教思想混乱儒家道德，王敬则想召他共同反叛朝廷而不敢召，梁武帝萧衍当初征召他共谋篡位大事，他也不参与，其大节仍然没有超越规范。像那些遵守国家教化的既定章程，从不逾越仕进之途径的人，却因随从乱臣贼子背国谋逆而得到显贵尊荣，也说："我所学的追求功名利禄本无所选择，乃是遵守国法，诵读诗书也不过是求得当世的人们知名罢了。"这些人与何胤那样所谓异端之人相比，清浊高下，相去不啻天渊之别，所以孟子评论杨朱、墨翟说："归斯受之。"终归可以接受的，是因为其所学虽然不纯正，而自己的初心可以使之归于正道。俗儒遵守章程以求功名利禄，以卑鄙之徒为师，向他们学习，这不是放出小猪，而是放出拘禁的老虎，一旦驱逐而出，怎么能受得了呢？教化之职权移于下层，异端邪说得以兴起，但就像是放出的小猪，逃出去之后还可以等待它回来，并不像后世的官学教育制度，简直就是拘禁的老虎被放开后又插上翅膀，为害匪浅。这样上无礼义，下无正学，然后贼民兴起，道学的统绪转移于下层已经很久了。

本事：《资治通鉴》卷一四六《梁纪二·武帝》，天监四年（505）。

七　万恶之奸佞

弛盐禁以任民之采，徒利一方之豪民，而不知广国储以宽农，其为稗政也无疑。甄琛，奸人也，元恪信之，罢盐禁，而元勰（xié）、邢峦之言不用。夫琛之欺主而恪听其欺，固以琛为利民之大惠，而捐己以从之也。人君之大患，莫甚于有惠民之心，而小人资之以行其奸私。夫琛之言此，非自欲干没，则受富商豪民之赂而为之言尔。于国损，于民病，奚恤哉？

呜呼！民之殄瘁也，生于窃据之世，为之主者，惠民之心，其发也鲜矣。幸而一发焉，天牖之也。天牖之，小人蔽之，蔽焉而尼之不行，虽有其心，如无有也，犹可言也。蔽焉而借之以售其奸私，则惠民之心于以贼民也，无可控告也。上固曰："吾以利民也，其以我为非者，必不知恩者也，必挠上而使不得有为者也，必怀私以牟利者也。"而小人之藏慝，终不觉其为邪。哀此下民，其尚孰与控告哉？不信仁贤，而邪佞充位，仁而只以戕，义而只以贼，毒流天下，而自信为无过。于是而民之死积，而国之危亡日迫而不知。太平之歌颂盈于耳，而鸿雁之哀鸣遍于郊。其亡也，不足恤也。民亦何不幸而生斯世也！

【译文】

放开私盐的禁令，听任民间采制和贩卖，只能对某些地区的富商豪民有利，而不考虑增加国库的储积和宽舒民力，这无疑是一种弊政。甄琛是个奸佞小人，可是北魏宣武帝元恪却信任他，听从他的建议而罢黜私盐之禁，对元勰、邢峦的正确意见却不予采纳。甄琛欺蒙主上，元恪却听任其欺蒙而不自觉，他本来以为甄琛的建议是施惠于民的良策，因而不顾一切地同意实施。作为君主，最大的祸患莫过于自己有施惠于民的本心，却被奸佞小人利用了，以满足其奸诈的私欲。甄琛之所以建议放开盐禁，不是自己要从中渔利，是受了富商豪民的贿赂，因而为他们代言。实施的结果，对国家有损害，对百姓有弊端，谁来深加体恤呢？

唉！老百姓艰难困苦，生长在君主窃据帝位的乱世，作为君主，施惠于民的心思，很少生发出来。即使侥幸发一发善心，也可以说是老天开眼。老天开眼，使君主发惠民之心，可是奸佞小人又从中蒙蔽，使惠政受到阻滞而无法实行，即使有此善心，也和没有此心没有什么两样，这还可以说得过去。奸佞小人欺骗蒙蔽君主，又借此机会实现自己的奸邪私欲，那么君主的惠民之心被用来残害百姓，老百姓的冤情也无从控诉。君主自然可以说：“我为了便利百姓，可是他们却认为我做得不对，那肯定是他们不知恩图报，一定要阻挠上面的政令使不能有所作为，一定是怀着私心以求牟利的。”而奸佞小人却善于伪装、藏而不露，君主始终无法发觉其奸邪。可悲的是下层百姓，其冤枉向谁控诉呢？君主不信任仁人贤士，而奸邪之人占据要害，仁德被戕杀、道义被歪曲，毒流天下，却自信没有过错。长此以往，人民生灵涂炭、饿殍遍野，国家岌岌可危，亡在旦夕而不自知。太平盛世、圣明天子的歌颂之声充盈耳中，而鸿雁的哀鸣遍于郊野。其国家灭亡，没有什么可怜悯的。所可忧的是，人民为什么不幸而生长在这个世道呢？

本事：《资治通鉴》卷一四六《梁纪二·武帝》，天监五年（506）。

八 将相和，军必胜

将不和，则师必覆，将岂易言和者哉？武人之才不竞，则不足以争胜，有功而骄，其气锐也；无功而忮，其耻激也；智者轻勇者而以为爪牙，勇者藐智者而讥其啸诺，气使之然也。呴呴然易与，而于物无争，抑不足称武人之用矣。韩信任为大将，而羞伍樊哙；关羽自命亲臣，而致忿黄忠；不和也而导之以和，非君与当国大臣善为调驭，安能平其方刚之气乎？汉高能将将矣，而不能戢韩信之骄，无以得信之情也。武侯、费诗能消关羽之戾，能得羽之情也。

曹景宗，骁将也。韦叡执白角如意、乘板舆以麾军，夫二将之不相若，固宜其相轻也。武帝豫敕景宗曰："韦叡，卿之乡望，宜善敬之。"得将将之术矣。敕叡以容景宗易，敕景宗以下叡难。然而非然也，叡能知景宗之鸷，而景宗不能知叡之弘，景宗之气敛，而何患叡之不善处景宗邪？且其诏之曰“韦叡，卿之乡望”，动之以情，折之以礼，而未尝有所抑扬焉。叡以景宗之下己，而让使先己告捷，景宗乃以叡之不伐，而变卢雉以自抑。如其不然，叡愈下而景宗愈亢，叡抑岂能终为人屈乎？武帝曰：“二将和，师必济。”自信其御之之道得也。钟离之胜，功侔淝水，岂徒二将之能哉？

【译文】

将领之间相互不团结，那么部队必定会全军覆灭，然而武将是容易握手言和的吗？军人的才干，如果没有竞争之心，就不足以取得胜利。有功而骄傲自满，乃是由于其气势锐健；无功而嫉妒有功，是由于其羞耻心所激发。足智多谋的轻视骁勇善战的，视之为爪牙；而骁勇善战的则轻视足智多谋的，讥讽其懦弱而只凭口舌之能，这是意气使然。呴呴和鸣而易与相处，与世无争，还不足以称作武人之用。韩信被委任为大将，而以与屠夫出身的樊哙为伍为耻辱；关羽认为自己是刘备的亲信大臣，而与将军黄忠结下怨怼；将领不相团结又要引导他们握手言和，如果不是君主与执政的大臣善于调和和统御，怎么能使他们的方刚之气得以平息呢？汉高祖刘邦可以称得上善于统御诸将的君主，却不能安抚韩信的骄横之气，是因为他无法得知韩信内心的真实感情。诸葛亮、费诗能够消除关羽的暴戾之性，正是因为他们能够得知其内心的真实情感。

散骑常侍、右卫将军曹景宗是梁武帝的一员猛将，豫州刺史韦叡则手执白角如意、乘着板舆（一种用人抬的代步工具，多为老人乘坐）以统帅军队，二人一为骁将、一为儒将，正好相反，自然相互轻视，不好调和。梁武帝事先下诏令给曹景宗说："韦叡是您的同乡，德高望重，你应当尊敬他。"可谓深通统御将领之术。下诏给韦叡，让他宽容和团结曹景宗比较容易，而下诏给曹景宗，让他礼待韦叡就难了。然而也有并非如此的道理，韦叡能知道曹景宗的勇猛，而曹景宗却不能知道韦叡的宽宏大量，只要曹景宗的凶猛之气收敛，何必再忧虑韦叡不能与曹景宗友好相处呢？而且梁武帝在诏书中说："韦叡是你同乡中德高望重的人。"动之以情，服之以礼，却未曾有任何褒贬、抑扬之意。韦叡因为曹景宗对自己尊重，所以也对其礼让，使他在战胜后先于自己向朝廷报捷。曹景宗也因为韦叡不自居功劳，所以在赌博游戏中掷得"卢"（曹景宗掷得"雉"）时变更骰子，假装没有胜出，表示自谦。（此事本系韦叡所为，此处有误。）如果不是这样的话，韦叡越是谦和礼让，曹景宗就会越加骄横，韦叡又怎么能够始终屈己以事人呢？梁武帝说："只要曹、韦两位将领精诚团结，军队必然会在这场战役中获取胜利。"言外之意，自信自己统御诸将之术颇为得法。钟离之战的胜利，功劳可以和淝水之战相媲美，这难道仅仅是两位将领的功绩吗？

本事：《资治通鉴》卷一四六《梁纪二·武帝》，天监六年（507）。

九　立法唯简

梁制：尚书令史，并以才地兼美之士为之。善政也，而亦不可继也。何也？掾史之任，凡簿书期要，豪毛委琐，一或差讹，积之久则脱漏大，而下行于州郡吏民者争讼不已，其事亵矣。故修志行者，不屑问焉。刑名钱谷工役物料之纷乱，无赏罚以督其后，则不肖者纵以行私，贤者抑忽而废事，若必核以赏罚，则以细故而伤清流之品行，人士终厌弃而不肯为；其屑为之者，必其冒昧而不惜廉隅者也。则其势抑必于令史之下，别委簿书之职于胥役，而令史但统其纲。是以今之部郎，仍置吏书以司案籍，则令史虚悬而权仍下替。盖自有职官以来，皆苦胥吏之奸诡，而终莫之能禁。夫官则有去来矣，而吏不易，以乍此乍彼之儒生，仰行止于习熟之奸吏，虽智者不能胜也。于是而吏亦有三载考成、别迁曹署之例，然而无补也。官者，唯朝廷所命，不私相授受者也；吏虽易，而私相授受者无从禁止。且其繁细之章程，必熟尝而始悉，故其练达者，欲弗久留其司而不得；易之，而欲禁其授受也，抑必不能；则其玩长上以病国殃民，如尸蛔之在腹，杀之攻之，而相续者不息。此有职官以来不可革之害，又将奚以治之邪？

夫奸吏亦有畏焉，诃责非所畏也，清察非所畏也，诛杀犹非所畏也，而莫畏于法之简。法简而民之遵之者易见，其违之者亦易见，上之察之也亦易矣。即有疏漏，可容侵罔者，亦纤微耳，不足为国民之大害也。唯制法者，以其偶至之聪明，察丝忽之利病，而求其允协，则吏益争以繁密诘曲炫其慎而售其奸。虽有明察之上官，且为所惑蔽，而昏窳者勿论矣。夫法者，本简者也，一部之大纲，数事而已矣；一事之大纲，数条而已矣。析大纲以为细碎之科条，连章屡牍，援彼证此，眩于目而荧于心，则吏之依附以藏慝者，万端诡出而不可致诘。惟简也，划然立不可乱之法于此，则奸与无奸，如白黑之粲然。民易守也，官易察也，无所用其授受之密传；而远郊农圃之子，苟知书数，皆可抱案以事官。士人旦弦诵而暮簿领，自可授以新而习如其故，虽间有疏脱，而受其愚蔽，不亦鲜乎！则梁以士流充令史之选，治其末而不理其本，乍一清明而后必淆乱，故曰不可继也。语曰："有治人，无治法。"人不可必得者也，人乃以开治，而法则以制乱，安能于令史之中求治人乎？简为法而无启以乱源，人可为令史也，奚必士哉？

【译文】

梁朝的制度规定：尚书令史的职位，都必须选取才德兼备的士人来担任。这确实是善政，可是也无法持续发展下去。为什么呢？掾史之类属吏的职位，凡是文书机要之类，均头绪繁杂、事务琐碎，一旦有什么差错，日积月累、久而久之，其疏漏必定越来越严重。如果下行到各州各县，胥吏平民就会聚讼纷纭、莫衷一是，行政事务也会受到干扰和亵渎。所以志修行洁的人，不屑问津这种职位。刑名钱谷、工役物料这些琐碎纷乱的事情，如果没有奖赏和刑罚在其后进行督责，那么不肖之徒就会狂纵不法，借机营私舞弊，贤明之人也可能有所疏忽而荒废政事，若一定要纠核正误，进行赏罚，则会因琐碎小故而伤害清流之士的品行，士大夫阶层终究会因厌弃而不肯屈就此职；那些愿意屈就的人，必定是冒昧行事而不惜其廉洁清正之名节。这种情况，势必导致在尚书令史之下，另外再设置簿书文案的职位，让吏役办理其事，而尚书令史只是统管其大事罢了。因此，如今（指明代）各部院的郎官，仍另置吏员书佐以管理文案册籍之事，令史这种本来属于管理文案之事的吏职却虚悬于上成为官，而使其职权下移于胥吏。自有职官以来，一直都苦于胥吏的奸诈欺蒙，始终无法禁绝。官员有升有调，来去不断，而胥吏则不变，以这些初来乍到任职的儒生做官，言行举止都要听命于熟悉官场世故的奸诈胥吏，即便是足智多谋之人，也无法摆脱胥吏的左右。针对这种弊端，朝廷也规定了胥吏三年考核、调往其他官署任职的条例，但仍然无补于政事。官员只听从朝廷的任命，不能私相授受；胥吏虽要调换，但无法禁止私相授受。而且官府中繁杂周详的章程，必须长时期地熟悉掌握，所以对于那些政事练达的吏员，要想不让他长期留在职位上也是不现实的；即便调换他们，要禁绝其私相授受，也是不可能的。如此，他们玩其官长于股掌之上，从而祸国殃民，就像把蛔虫留在肚里，杀之攻之，其仍然繁衍生息，连续不断。这是自从有职官以来所无法革除的祸患，又将用什么办法加以治理呢？

奸诈的胥吏也是有所畏惧的，严词斥责不是他们所害怕的，整顿监察也不是他们所害怕的，甚至诛杀仍然不是他们所害怕的，他们所畏惧的莫过于立法简明。立法简明，那么人民守法的容易看得见，违法的也容易看得见，官府监察也就容易了。即便有所疏漏，可以给侵权枉法者以可乘之机的，也只是一些细枝末节，不足以给国家和人民带来大的祸害。如果制定法律的人，以其偶尔显露的聪明考察细枝末节的利弊得失，而务求公允协调，这种情况下，胥吏们就更是争相以其繁密诘曲在表面上炫耀其办事谨慎，而实际上却施行其奸诈伎俩。即使有明察公断的上级官员，尚且为其所蛊惑蒙蔽，而昏庸腐败的就更不用说了。法律，本来应该是简便易记易行的，一部根本大法，只有几件事情就可以了；一件事情的规定，只有那么几条就可以了。把这些大法纲领条分缕析而形成细小琐碎的科条，连篇累牍，援引此项而证明他项，使人目不暇接、心不暇记，那么胥吏上下其手，又可依据某某科条成为隐藏罪行的保护伞，而法律头绪繁杂、矛盾错综，无可凭借以治其罪。只有在法令简明而明白易晓的情况下，确立下不可更改或混乱的法律政令，那么奸诈与清正，正如黑白分明，粲然可见。人民易于遵守，官员也易于监察，胥吏无法运用其私相授受的秘诀；而身处乡野的农夫之子，如果知书达礼，就可以从事文案工作以事奉官员。士大夫自可以早晨吩咐他们职事，日暮收查簿册，授以新事而习熟故事，虽然间或有所疏漏，而受他们的愚弄和欺蔽，不也是极少数情况吗？那么梁朝以士大夫阶层充当令史之人选，可以说是治其末而不治其本，开始时可能会使政务清明一阵子，其后必定混乱，所以说这种所谓的善政是无法持续发展下去的。俗话说：“有治人，无治法。”人才不一定能够得到，而且只是开辟治道，而法律则是为了制止混乱，怎么能够从令史之中寻求治世之才呢？如果立法简明而不开启混乱的根源，那么人人都可以去做令史，又何必一定要士大夫呢？

本事：《资治通鉴》卷一四七《梁纪三·武帝》，天监九年（510）。

一〇　礼之为教，至矣大矣

圣王之教，绝续之际大矣哉！醇疵之小大，姑勿苟求焉，存同异于两间，而使人犹知有则，功不可没已。其疵也，后之人必有正之者矣。故君子弗患乎人之议己，而患其无可议也。周公而后，至汉曹褒始有礼书；又阅四姓，至齐伏曼容始请修之；梁武帝乃敕何佟之、伏暅（xuǎn）终其事，天监十一年而五礼成。其后嗣之者，唯唐开元也。宋于儒者之道，上追东鲁，而典礼之修，下无以继梁、唐，是可惜也。朱子有志而未逮焉，盖力求大醇而畏小疵，慎而葸，道乃息于天下矣。夫以彝伦攸斁（dù）之张孚敬而小有厘定，抑可矫历代之邪诬而反之于正。若惧其未尽物理而贻后人之擿发，则又何所俟而始可惬其心乎？有其作之，不患其无继之者。秦灭先王之典，汉承之而多固陋之仪，然叔孙通之苟简，人见而知之，固不足以惑天下于无穷也。若叔孙通不存其仿佛，则永坠矣。曹褒之作，亦犹是也，要其不醇，亦岂能为道病哉？至于梁而人知其谬，伏曼容诸儒弗难革也。如封禅之说成于方士，而诸儒如许懋者，正名其为《纬书》之邪妄，辨金泥玉简之诬，辟郑玄升中之误。由此推之，梁之五礼，其贤于汉也多矣。然非有汉之疵，则亦无据以成梁之醇。故患其绝也，非患其疵也，疵可正而绝则不复兴也。

夫礼之为教，至矣大矣。天地之所自位也，鬼神之所自绥也，仁义之以为体，孝弟之以为用者也；五伦之所经纬，人禽之所分辨，治乱之所司，贤不肖之所裁者也；舍此而道无所丽矣。故夷狄蔑之，盗贼恶之，佛、老弃之，其绝可惧也。有能为功于此者，褒其功、略其疵可也。伏曼容诸子之功伟矣，梁武帝不听尚书庶务权舆，欲罢修明之议，固君子之所重嘉，而嗣者其谁邪？

【译文】

古圣先王的礼教，其绝传和赓续沿袭之间关系重大！其纯正与否或瑕疵的小与大，姑且不必过分苛求，存其同异于正误之间，而能使人民仍然知道有所遵循的原则，就已经是功不可没了。其中的缺失，后代一定会有人进行纠正。所以君子不忧虑有人议论自己，而忧虑自己没有什么可被议论的，也就是无所作为。周公制礼作乐之后，直到东汉时期曹褒才着手修订礼书；又经过三国、两晋、宋、齐四代，才有了萧齐的伏曼容上疏请求编修礼书；梁武帝下令何佟之、伏暅完成其事，于天监十一年（512）修成五礼（吉礼、凶礼、军礼、宾礼、嘉礼）。此后，继续纂修的只有唐朝开元年间修的《开元礼》。宋代对于儒家道统非常重视，上追孔孟，颇有发展，可是在编修礼仪典制方面，却无法继承萧梁、唐朝的传统，这实在是很可惜的事。朱熹曾有志于此，却未能实现，原因是力求纯正精确，而害怕有细小的瑕疵，因此谨慎又畏缩不前，结果使得传统礼教几乎消失于天下。到了明代嘉靖年间，以败坏天道伦常的内阁首辅张孚敬（张璁）对古礼稍加厘定，也可以使历代对礼教的邪说和诬蔑得以矫正，而归于纯正可依。如果因畏惧所定礼制未能穷尽物理从而遭到后人的批评和攻击，那么等到什么时候才能够尽善尽美、符合人们的心意呢？只要进行礼教典制的整饬校定，就不用忧愁没有后继之人加以发展。秦始皇焚毁了古圣先王的典籍，汉承秦制，礼仪多有鄙陋，但叔孙通制定礼制，简明扼要，使人人见而知之，自然也不会给天下人带来无穷的疑惑。如果当时叔孙通没有保存模糊的古代的礼制，礼教就可能永远消失了。曹褒编修礼书，也像这一样，虽然不够纯正，但对天道人伦有什么危害吗？到了梁代，人们都知道前代礼教有错误的地方，伏曼容等儒士也就不难加以革除。例如，封禅之说是由汉代的方士确立的，而诸位儒士如许懋等人为其正名，认为这是《纬书》的邪妄之说，力辨金泥玉简也就是封禅时的告天书函之诬惘，批驳郑玄关于《礼记·礼器》“升中于天”的错误解释。由此推断，梁代的五礼比汉代的礼制要好得多。但是，如果没有汉代带有缺失的礼制，也就不会有根据汉礼修订改编而成的梁代纯正之礼。所以说，令人忧虑的是礼教的断绝不传，而不是有一些缺失；缺失可以改正，而断绝不传就无法得以复兴了。

以礼制实行教化，是至为重大的事情。天地之所以各处其位，鬼神之所以各安其处，仁义之所以为体，孝悌之所以为用；君臣、父子、兄弟、夫妇、朋友五伦之所以经纬分明，人与禽兽之所以不同，天下的治乱之所以各有执掌，贤臣、小人之所以裁判分别；离开了礼教，天下大道也就无所依附了。因此，夷狄对礼教蔑视，盗贼对礼教憎恶，佛教、道教对礼制舍弃不用，正说明它是令人十分畏惧的。对礼教有功劳的人，可以褒奖其功绩，而忽略其缺失。伏曼容等人的功绩堪称伟大，梁武帝不听从尚书“立国之始，事务众多，修礼之事宜缓行”的建议，本来就是君子所应该大加赞美的，可是有谁能继承下去并将其发扬光大呢？

本事：《资治通鉴》卷一四七《梁纪三·武帝》，天监十一年（512）。

一一 逆君与逆臣

与人同逆而旋背之，小人之恒也。利其同逆而亲任之，比于匪人，必受其伤，则晋于贾充、宋于谢晦是已。己谋逆而人成之，因杀其人以掩己之恶，其恶愈大，杨广杀张衡，朱温杀氏叔琮，而死亡旋踵，天理之不可诬也。使司马昭杀贾充以谢天下，天下其可谢，而天其弗亟绝之邪？己谋逆而人成之，事成而恶其人，心之不昧者也。存人心于百一者，恶其人则抑且自恶，坐恶其影，梦恶其魂，乃于同逆者含恶怒之情，而抑有所禁而不能发，心难自诬，无可如何而听其自毙，则梁武之于沈约、张稷是已。

沈约非齐之大臣，梁武辟之，始与国政，恶固轻于贾充、谢晦矣。然和帝方嗣位于上流，梁武犹有所疑，而约遽劝之以速夺其位；梁武欲置和帝于南海，而约劝梁以决于弑；盖帝犹有惮于大逆之情，而约决任天下之恶以成之，是有人心所必愤者也。若张稷者，自以己私与王珍国推刃其君，固梁武之所幸，而实非为梁武而弑，若赵穿之于赵盾，贾充之于司马昭也。故此二逆者，梁武深恶之，而果其所宜恶者也。

虽然，梁武抑岂能伸罪以致讨于约与稷哉？徒恶之而已。恶之深，因以自恶也；于恶之深，知其自恶也。置稷于青、冀，而弗任约以秉均，抑安能违其不可尽泯之秉彝乎？不杀稷而稷失志以死于叛民，不杀约而约丧魄以死于断舌之梦。帝语及稷而怒形于色，约死而加以恶谥。推斯情也，帝之自疚自赧于独知之隐，虽履天子之贵，若无尺地可以自容也可知矣。然而终不能杀稷与约者，则以视杨广、朱温为差矣，己有慝而不能伸讨于人矣。己有慝而杀助逆之人，然后人理永绝于心。均之为恶，而未可以一概论，察其心斯得之矣。

【译文】

与他人共同谋逆篡位，不久又背叛了自己的同伙，这是小人的惯常做法。如果认为他与自己共同谋逆并得以成功，就对他大加信用，这就像对待匪类一样，必定受其所伤。西晋对待贾充、刘宋对待谢晦就是这种情况。自己谋逆反叛，别人协助成功，于是就将他杀掉以掩盖自己的罪恶，其罪恶反而越加重大。隋炀帝杨广杀死张衡、后梁太祖朱温杀死氏叔琮，很快自己也落得身首异处的下场，可见天理昭昭，不可欺诬啊！假如司马昭杀掉贾充以谢天下，天下可谢的话，难道上天会很快让其宗社绝灭吗？自己谋逆而别人相助成功，事成之后自己登上帝位，而厌恶其人，这是天良尚未丧尽的人。尚存有百分之一的人心天良的，厌恶其人也就会自我憎恨，坐着憎恶看见其身影，做梦憎恶看见其灵魂，对于共同谋逆的人既含有憎恶、恼怒之情，又有所顾忌，无法发泄出来，因为内心是难以自欺的，无可奈何，只有听任他们自取灭亡，梁武帝对于沈约、张稷就是这样。

沈约并不是萧齐的朝廷重臣，梁武帝征召他共图大事，他才得以参与国政，其罪恶比贾充、谢晦的要轻一些。然而齐和帝刚刚即位，梁武帝对谋逆篡位仍然有所犹豫，而沈约却极力劝他迅速夺取帝位；谋逆成功后梁武帝想把齐和帝安置到南海（今广州），沈约又极力劝梁武帝把他杀死；大约梁武帝还有所畏惧，不忍大逆不道，而沈约则决心背上天下大恶的罪名以使谋逆成功，这是稍有点人心的人所共愤的。至于张稷，从自己的私心出发，与王珍国共同弒其君上，固然是梁武帝所庆幸的，但他并不是为了梁武帝才杀死皇上的，就像春秋时晋国的赵穿之于赵盾、西晋贾充之于司马昭一样。因此这两个叛逆之臣，梁武帝对之深加憎恶，也确实有其应当憎恶的理由。

虽然如此，梁武帝又怎么能够申明其罪而对沈约、张稷大加讨伐呢？只能是憎恶他们罢了。对他们深深地憎恶，因而也憎恶自己；从他对二人的深深憎恶，也可看出他对自己的憎恶。把张稷安置于青州、冀州，而不让沈约主持政务，可见梁武帝并未完全泯灭内心的良知和伦理常道。不杀张稷，可是张稷却因郁郁不得志而最终死于叛民之手；不杀沈约，而沈约却在被皇上割断舌头的噩梦中丧魄而亡。梁武帝谈到张稷就怒形于色，沈约死后又给他加了很坏的谥号。推想梁武帝如此作为时的内心情感，可以知道他对于内心独自知晓、不可告人的隐衷感到愧疚和负罪，虽然身处天子之尊位，却像没有尺寸之地可以自容。然而终究不能杀死张稷和沈约，则要比杨广、朱温要差一些，自己有隐衷却不能申讨于别人。自己有难言之隐，而杀死那些帮助自己叛逆之人，导致自己内心完全丧失人理天良。同是为恶，而不可一概而论，考察其内心情感才可以得出判断。

本事：《资治通鉴》卷一四七《梁纪三·武帝》，天监十二年（513）。

一二　水可亡人之国

壅水以灌人之国邑，未闻其能胜者也，幸而自败，不幸而即以自亡。自亡者智伯，败者梁武也。智伯曰："吾今而知水之可以亡人之国。"前乎智伯者，未之有也，而赵卒不亡，智自亡耳。后乎智伯者，梁人十余万漂入于海，而寿阳如故；宋太祖引汾水以灌太原，而刘氏终未有损。天下后世至不仁者，或以此谋献之嗜杀之君，其亦知所鉴乎！

人有相杀之具，而天不废之；天有杀物之用，人不得而用之。虎豹犀象，天之所产，于人为害者也。纣用之，王莽用之，而皆以速亡。彼其以势用而不可以情使，能激之以势，而不能感其情以为我用，一发而不听人之收，自且无如之何，而可使如我之志以效功乎？水无择湮，兽无择噬，以其无择也，故禹与周公抑之驱之，为功烈矣。从而狎之，因而自毙，恶孰甚焉？且夫人之相杀，一与一相当而已，曲直因乎理，强弱因乎势，杀戮虽多，固一与一相当也。阻滔天之浸，不择顺逆，而逞其欲以使歼焉，方谓我能杀彼而彼不能加我也，然而还自杀矣。志憯而行逆，岂有生理哉？

或曰："以水灌城而城不坏，退水而城必圮，后世必有行是谋者，引师退水以进攻，彼城圮而我无漂溺之忧。"乃军行泥淖之中，樵苏无备，以攻必死之敌，城虽圮，终不能入，而先为敌禽矣。残忍之谋，愈变而愈左，勿惑其说，尚自免于败亡乎！

【译文】

堵塞河流以淹没他人的国都城邑，没有听说能够以此取胜的，侥幸的仅仅是自己失败，不幸的就要因此而自取灭亡了。自取灭亡的像春秋末期晋国的大夫智伯，自己失败的就是梁武帝萧衍。智伯说："我到今天才知道水是可以亡人之国的。"在智伯之前，没听说这种事例，而被智伯用水淹灌的赵国最后没有灭亡，智伯只是自取灭亡罢了。在智伯之后，这种事例则有梁武帝下令以水淹北魏的寿阳城，结果梁军十余万人被冲走漂没至东海，寿阳仍然未被攻下；宋太祖赵匡胤引汾水倒灌太原城，而刘氏北汉政权仍然没受什么损失。天下后世极其残忍的人，或许有人会向嗜杀成性的君主献上这种计谋，也应当有所借鉴啊！

人有相互杀戮的器具，而上天不予废弃；天有杀物之用，而人无法运用。虎、豹、犀牛、大象，都是自然界所产的野兽，是与人为害的东西，商纣王用了、王莽用了，都很快亡国。他们是凭借其权势使用，而不是以其情感驱使它们，可以以势激之，而不能以情感化而为我所用，一旦将其驱赶出去就没法将其收回，自己尚且无法驱使它，又怎能令它按照自己的意志报效立功呢？洪水不会选择要淹没的地方，野兽不会选择要吞噬的对象，正因为它们无所选择，所以夏禹和周公既抑制它们又驱使它们，从而建立了丰功伟绩。放纵而亲近它们，因而自取灭亡，没有比这可恶的了！况且人与人的厮杀，一对一相当罢了，曲直存于公理，强弱在于权势，杀戮虽多，固然是一对一，还算公平相当。堵塞波浪滔天的洪水，使其不选择顺行逆灌，为满足自己的欲望而淹没城邑，吞没生灵，口头上还说我可以杀死对方，而对方无法对我如何，这终究要自取灭亡的。志趣狠毒而行为忤逆，难道还有不亡的道理吗？

有人会说："用水倒灌城邑而城墙没有损坏，退水之后城墙必定坍塌，后代必定有运用这项计谋的，就是要撤退军队等水退之后再进攻，对方城池已坏，而我军也没有遭水湮没的顾虑。"其军队行进在泥泞之中，粮草无备，去进攻置之死地、决心战斗到底的军队。对方城池虽坏，但终究无法突破，而自己可能首先被敌人打败擒获。残忍的计谋，越来越变本加厉，千万不要受其邪说迷惑，这样尚有可能免于败亡！

本事：《资治通鉴》卷一四八《梁纪四·武帝》，天监十五年（516）。

一三　边任之重

偾帅横于边而军心离，赇吏横于边而民心离，外有寇则速叛，外无寇则必反。边任之重，中主具臣必轻之。袁翻、李崇忧六镇之反，请重将领守令之选，匪特验于拓拔氏，亦万世之永鉴已。

均是将领也，而在边之将，贪残驽阘者，甚于腹里；均是守令也，而在边之守令，污墨冒昧者，甚于内地。夫将领或挟虏寇以恣其所为，犹有辞也。守令之理民也无以异，而贪虐甚焉，无他，才望有余之士，据善地以易奏成劳，则清华之擢，必其所捷得，而在边者途穷望尽，姑偷利以俟归休也。于是而边方郡邑永为下劣之选，才望之士且耻为之，亦恶望其有可任之人乎？且也大帅近而或挫于武人矣，监军出而或辱于中涓矣，刍粮庤而或疲于支给矣，重臣临而或瘁于将迎矣。非夫途穷望尽不获已而姑受一命者，固不屑为也。人士之习见既然，司铨者遂因之以为除授之高下，于是沿边之守令，莫非士流不齿之材，其气茶，其情偷，苟且狼戾，至于人之所不忍为而为之不耻。及边民之憔悴极、反叛起，然后思矫其弊，重选人才以收拾之，祸已发而非旦夕可挽矣。

唯开国之始，无长虑以持其终，愈流愈下而极重难回也，故袁翻、李崇危言之而不能动当事之心。至于破六韩拔陵、胡琛、莫折大提称戈竞起，而后追用崇言，改镇为州，徒以残危之地，强才臣而致之死地，何嗟及矣！大河以北，人狎于羯胡；五岭以南，民习于寇攘；无人以治之，而中华愈蹙。但此荆、扬、徐、豫之土，蚁封其垤（dié），雀安于堂，不亦悲乎！

【译文】

通过借贷行贿取得将帅高位的人横行于边疆，军心必定会涣散；贪赃枉法的官吏横行于边疆，民心必定会涣散。如果一旦境外有敌寇侵入，就会很快叛变投敌，即使没有外寇侵扰，也一定会反叛朝廷。边境军政要职人员的选拔任命关系重大，然而平庸的君主、备位充数的大臣必定会轻视它。北魏大臣袁翻、李崇担忧北方的六个边镇造反，请求加强六镇将领、郡守、县令的选拔，其正确性和预见性，不仅在北魏得到验证，也是后世千秋万代应该永远引以为鉴的。

同样是将领，可是边疆的将领贪婪残忍、昏庸无能，要比内地的严重得多；同样是郡守县令，可是边疆的郡守县令贪赃枉法、欺诈蒙蔽，要比内地的严重得多。边疆的将领甚至还有的勾结虏寇相要挟，借以为所欲为，还振振有词，有其说法。郡守县令统治人民没有什么新办法，只是贪婪暴虐更严重了，这没有别的原因，才能德望兼备的官员都占据好的地区做官，这样容易取得成效，于是那些清高尊贵的职位，必定会为其所捷足先登。可是在边疆的郡守县令则如日暮途穷，无所指望，只有姑且得过且过，营私舞弊，以等待年老退休回家。这样，边疆的郡县、军镇永远沦为下等卑劣的职位，才德兼备之士耻于到边疆任职，又怎么能指望有可当此大任的人选呢？况且，临近大帅麾下，不免会被这些武将所阻挠挫折；朝廷派出宦官来这里作监军，又不免会受到这些宦官的凌辱；粮草接济不上，又不免会为转运粮草而疲于奔命；如有朝廷重臣来到，又不免会为迎来送往而心力交瘁。这样的职位，如果不是日暮途穷、前程无望而无可进取，姑且受一职命的人，本来就不屑于出任。人们的习惯看法既然如此，那么掌管官吏任免的人就以内地与边疆作为任免官员的高低等级分别，这样一来，沿边的郡守县令，没有不是士林中人人不齿的庸才，他们态度消极、得过且过、苟且偷安、残忍暴戾，以至于人们所不忍心干的事，他们甘心去做而且不以为耻。等到边疆的人民疲惫不堪，忍无可忍，起而反叛，再想矫正其弊端，重新选拔人才收拾残局。这样祸端已经开启，就不是一朝一夕可以挽回的了。

在开国之初，如果没有长远的策略计划以保持其统治有始有终，就会每况愈下而积重难返，所以袁翻、李崇极言其危机而不能打动当政者之心。到了六镇将领破六韩拔陵、胡琛、莫折大提倒戈反叛朝廷之后，才想起来采纳李崇的建议，改镇为州，只是白白地强迫有才干的大臣到这些反叛竞起的危险边境地方，置之死地，令人叹息不已。黄河以北地区，人民都受到羯族和胡人的欺侮；五岭以南地区，人民则习惯于盗贼和敌寇的攘乱；没有人去治理这些边疆地区，而中原地区也越来越动荡不安了。最后只剩下荆州、扬州、徐州、豫州这中原四州之地仍然是蚂蚁在忙着做窝、麻雀安卧于高堂，处在和平气氛中，这不也是很可悲的吗？

本事：《资治通鉴》卷一四八《梁纪四·武帝》，天监十五年（516）；卷一四九《梁纪五·武帝》，普通四年（523）。

一四　梁武帝佞佛的奥秘

武帝之始，崇学校，定雅乐，斥封禅，修五礼，六经之教，蔚然兴焉。虽疵而未醇，华而未实，固东汉以下未有之盛也。天监十六年，乃罢宗庙牲牢，荐以疏果，沉溺于浮屠氏之教，以迄于亡而不悟。盖其时帝已将老矣，畴昔之所希冀而图谋者皆已遂矣，更无余愿，而但思以自处。帝固起自儒生，与闻名义，非曹孟德、司马仲达之以雄豪自命者也；尤非刘裕、萧道成之发迹兵间、茫然于名教者也。既尝求之于圣人之教，而思有以异于彼。乃圣人之教，非不奖人以悔过自新之路；而于乱臣贼子，则虽有丰功伟绩，终不能盖其大恶，登进于君子之途。帝于是彷徨疚愧，知古今无可自容之余地，而心滋戚矣。浮屠氏以空为道者也，有心亡罪灭之说焉，有事事无碍之教焉。五无间者，其所谓大恶也，而或归诸宿业之相报，或许其忏悔之皆除，但与皈依，则覆载不容之大逆，一念而随皆消陨。帝于是欣然而得其愿，曰唯浮屠之许我以善而我可善于其中也，断内而已，绝肉而已，捐金粟以营塔庙而已，夫我皆优为之，越三界，出九地，翛（xiāo）然于善恶之外，弑君篡国，沤（ōu）起幻灭，而何伤哉？则终身沉迷而不反，夫谁使之反邪？不然，佞佛者皆愚惑失志之人，而帝固非其伦也。

呜呼！浮屠之乱天下而遍四海垂千年，趋之如狂者，唯其纳天下之垢污而速予之以圣也。苟非无疚于屋漏者，谁能受君子之典型而不舍以就彼哉？淫坊酒肆，佛皆在焉，恶已贯盈，一念消之而无余愧，儒之驳者，窃附之以奔走天下，曰无善无恶良知也。善恶本皆无，而耽酒渔色、罔利逐名者，皆逍遥淌漾，自命为圣人之徒，亦此物此志焉耳。

【译文】

梁武帝即位初年，加强学校教育，修定宫廷雅乐，贬斥举行封禅大典的邪说，编修“五礼”之典，古圣先王“六经”之教化蔚然兴起。虽然可能会有缺失，还不纯正，还存在华而不实的问题，却仍然是自东汉以来从未有过的盛事。天监十六年（517），梁武帝下令废除宗庙祭祀中供奉牲畜的礼制，改以蔬菜瓜果作为供奉，其沉弱于佛教信仰之中，直到去世始终没有醒悟。大概因为他当时年事已高，当年怀抱希望而图谋获取的东西均已如愿以偿，再没有其他心愿，所以只是在思考如何安放心灵、自处精神。梁武帝本来出身儒生，受过名节道义的教育，并不是像曹操、司马懿那样的以英雄豪杰自命的人，更不是像刘裕、萧道成那样发迹行伍之中，对名节礼教茫然无知的人。既然曾经以圣人之教的标准来自我要求，反思自己的行为又有与此相违背的地方。圣人之教化，并非不给人以忏悔过错的机会，而是给人以自新之路；可是对于那些罪在不赦的乱臣贼子，即便有丰功伟绩，也终究无法掩盖其滔天罪恶，从而登进君子之正途。梁武帝因此感到彷徨无措，愧疚不已，知道自己弑君篡位，自古及今没有可以自容之地，因而内心产生了悲伤绝望之情。佛教主张色空理论，有消除欲望也就消除罪恶的说法，有事事无碍的说教。所谓五无间，即阿鼻地狱，就是佛教所说的众生随所造恶业，受苦报无有间断，有的归因于自己以前各种恶行的报应，有的许愿说经过忏悔就会完全消除，只要皈依佛门，即便是天地不容的大逆不道之罪，也可能在一念之间消除殆尽。梁武帝欣然得其所愿，说是只有佛许我以多做善行，我可皈依其中而广结善缘，只要断绝色欲、断绝酒肉，捐舍金银营建佛塔寺庙，好自为之，就可以超越天、地、人三界，出入大地，游于善恶之外，弑君篡位的罪恶，就像沤起而幻灭，对我又能有何伤害呢？于是，终身沉迷于佛教而不知返，谁又能使他迷途知返呢？其实并非如此，迷信佛教的都是愚昧迷惑而失意丧志的人，梁武帝本不是他们的同类。

唉！佛教混乱天下，遍于四海，至今已有千余年了。而人们趋奉迷信如疯如狂，只有它能够容纳天下的污垢，而且很快给予他们神圣。假如不是无愧疚于屋漏之人，谁能够承受君子的规范限制而不舍此就彼呢？淫坊酒肆都有佛的存在，罪恶已满盈，一念之间就消除殆尽而不感到惭愧，儒士中的不纯正者，暗中皈依佛教以奔走天下，口称无善无恶即是良知。善恶本来就不存在，而沉湎酒色、争名逐利的人都逍遥法外，自命为圣人门徒的，大概就是这一类人。

本事：《资治通鉴》卷一四八《梁纪四·武帝》，天监十六年（517）。

一五　官吏的升降与考核

元魏神龟二年，其吏部尚书崔亮始立停年格以铨除，盖即今之所谓资也。当时讥其不问贤愚而选举多失。夫其时淫后乱于宫闱，强臣恣于政府，贿赂章，廉耻丧，吏道杂，而奸邪逞。用人之失，岂亮立法之不善专尸其咎哉？停年之格，虽曰不拣，然必历年无过而后可以年计，亦未为大失也。国家有用人之典，有察吏之典，不可兼任于一人明矣。吏部司进者也，防其陵躐而已。竞躁者不先，濡滞者不后，铨选之公，能守此足矣。以冢宰一人而欲知四海之贤不肖，虽周公之圣弗能也。将以貌、言、书、判而高下之乎？貌、言、书、判末矣。将以毁誉而进退之乎？毁誉不可任者也。以一人之耳目，受天下之贤愚，错乱遗忘，明者弗免，偶然一誉，偶然一毁，谨识之而他又荧之，将何据哉？唯夫挟私罔利者，则以不测之恩威售其贪伪，而借口拔尤，侈非常之藻鉴，公而慎者弗敢也。故吏部唯操成法以奖恬抑躁，而不任喜怒以专己行私，则公道行而士气静，守此焉足矣。若夫大贤至不肖之举不崇朝、惩弗姑待，自有执宪之司，征事采言，以申激扬之典，固非吏部之所能兼也。考无过以积年，升除惟其成法；察贤奸而荐劾，清议自有特操；并行不悖，而吏道自清。停年之格，何损于治理，而必欲以非常之典待寻常守职之士乎？

或曰：《周官》黜陟，专任冢宰，非与？曰：此泥古而不审以其时者也。周之冢宰，所治者王畿千里，俭于今之一省会也，其政绩易考，其品行易知，岂所论于郡县之天下，一吏部而进退九州盈万之官乎？停年以除吏，非一除而不可复退也，有纠察者随其后也。责吏部者，以公而已矣，明非所可责也。

【译文】

北魏孝明帝神龟二年（519），吏部尚书崔亮创立停年格制度以进行铨选和考察官员，大约相当于今天所说的“资望”。当时的人都批评他不论贤明愚钝，铨选举荐官员多有缺失。当时，淫荡的胡太后擅权揽政于宫廷，骄横的权臣肆行无忌于政府，贿赂公行，廉耻沦丧，仕途杂乱无章，奸佞乘机营私舞弊。用人的缺失，难道仅仅是崔亮立法不善造成的结果吗？停年格，虽然称作不拣，但一定要历年来没有过错，才可以进行一年一度的考核，以备升迁，这也不是什么大的缺失。国家有用人的制度，有考核官员的制度，不可将这两种职权由一人兼任，这是非常容易理解的。吏部是掌管任命、升迁官员的，防止其侵凌僭越罢了。急功躁进的人不让他率先升迁，懦弱谦下、淡泊不争的人也不让他滞后，铨选公道与否，只要能保证做到这一点就足够了。以宰相一人想了解天下官吏的贤明与昏庸，即使像周公那样的圣贤也不可能做到。于是就有了以容貌举止、言语、文书以及判案情况判别其高低之别的办法，而这些都是细枝末节；还可以根据别人评价的好坏作为晋升和黜退的标准，而这种评价也不足为凭信。以一人的耳目倾听和观察天下官吏的贤明和愚钝，即使明察之人也不可避免会出现错乱和遗忘的弊端，偶然的一次褒扬、偶然的一次批评，谨记心头，而相反的议论又会产生矛盾现象，又将何去何从，以何为据呢？只有那些带着私人恩怨或贪图财利的人，会以无可测度的恩威进行恐吓和利诱，以其贪图私利、奸诈欺蒙的目的借口选拔俊才，大肆进行舆论宣传和评价，这是公正而谨慎的执政者所不敢的。所以，吏部只有根据既定法令褒奖那些恬淡清正者，贬斥那些急功躁进者，而不是凭借个人喜怒好恶自己专断、行其私欲，因此就会公道直行、士林安静，只要坚持做到这一点就足够了。至于说发现大贤大德的君子立即荐举给朝廷，对罪大恶极的不肖之徒立即严惩而不姑息，自有监察和执法机构，考察事实、采摘舆论、依法行事，以申明国家激浊扬清之典制，这些本来不是吏部所兼管的。历年考核没有过失，升迁除授自有成法可循；考察贤明与奸伪，从而进行荐举或弹劾，负责清议的官员自然会独立行使其职能；两方面并行不悖，官场自然清明。停年格制度对治国之道有什么损害，一定要以非常之典对待一般守职安民的官吏呢？

有人会说：《周官》中所载的官吏升迁黜退，由冢宰大臣专门负责，难道不对吗？回答是：这是泥古不化，而不审时度势的观点。周代的冢宰大臣，所管辖的仅仅是京都周围方圆千里的地方，比今天一个省的地盘还小，各级官吏的政绩容易考察，其品德操行也容易知晓，怎么可以与今日天下郡县众多，一个吏部要掌管九州之地成千上万官员的升迁进退的情况相提并论呢？历年考核没有过失然后再超擢升迁，并不是一次任命就不能再黜退，还有纠劾考察随后进行。指责吏部的任免进退官吏，只是为了使官吏的任免升降更为公允，并非说吏部有什么可以指责的地方。

本事：《资治通鉴》卷一四九《梁纪五·武帝》，天监十八年（519）。

一六　速战与缓战

莫折念生反于秦州，元志亟攻之，李苗上书请勒大将坚壁勿战，谓“贼猖狂非有素蓄，势在疾攻，迟之则人情离沮”。此万世之长策也。

天下方宁而寇忽起，勿论其为夷狄、为盗贼，皆一时慓悍之气，瞀不畏死者也。譬如勇戾之夫，忿起而求人与斗，行数里而不见与斗者，则气衰而思遁矣。故乍起之兵，所畏者莫甚于旷日而不见敌。其资粮几何也？其器仗几何也？其所得而掳掠者几何也？称兵已久，而不能杀吾一卒，则所以摇惑人心而人从之者又几何也？乃当事者轻与急争也，其不肖之情有二：一则畏怯，而居中持议者，唯恐其深入，则必从臾人以前御而冀缓其忧；一则乘时徼利，而拥兵柄者欲诧其勇，轻用人以试，而幸其有功。且不但此也，司农惮于支给，郡邑苦于输将，顽民吝其刍粟，不恤国之安危，唯思速竟其事，于是而寇之志得矣。冒突以一逞，乘败而进，兵其兵也，食其食也，地其地也，气益锐，人益附，遂成乎不可扑灭之势。然后骄懦之帅，反之以不战，坐视其日强，而国因以亡。

鸣呼！以天下敌一隅，以百年之积、四海之挽敌野掠，坐以困之，未有不日消月萎而成擒者，六镇岂能如魏何哉！魏自亡耳。强弱众寡虚实之数较然也，强可以压弱，众可以制寡，实可以困虚，而亟起以授之掠夺，惴惴然惊，悻悻然起，败军杀将，破国亡君，愚者之情形，古今如一，悲夫！

【译文】

北魏末年，羌族首领莫折念生在秦州（治今甘肃天水）起兵反叛，都督元志急忙率军向他进攻。这时李苗上书建议约束大将坚壁清野，不要轻易出战："莫折念生声势浩大，但并没有长期准备，利在速战；如果迟滞就会使人心离散、气势沮丧。"这真是千秋万代的对敌良策。

天下安宁无事而寇乱突然爆发，不论夷狄入侵，还是盗贼作乱，都是凭着一时的骁勇剽悍之气不畏惧死亡。例如，那些骁勇暴戾的匹夫，逞忿而起、求与人斗，如果奔行数里而无人与他斗，就可能因士气衰退而寻思逃遁。所以初起事的兵将，所害怕的莫甚于旷日持久而不见敌人。

他们的后勤粮草供应能有多少？武器又有多少？他们能够掳掠到的又能有多少？起兵反叛年深日久，而不能杀戮我方一兵一卒，那么他们所用来蛊惑人心而使人民追随的口号又能起到什么作用？而执政大臣之所以轻易与贼寇急急争战，其奸诈的隐情不外乎以下两种：一是畏惧胆怯——居中持论之人，唯恐贼寇深入，因此一定要怂恿人们向前御敌，希望缓解他们的忧虑；二是想乘机取利——拥兵自重的人想要夸耀其勇武有为，轻易拥兵上阵，侥幸取得功勋。况且不仅如此，管理财政的官员害怕供应粮草，郡县则苦于转运粮饷，那些刁顽小民吝啬粮料，不体谅国家的安危，只考虑尽快平息其事，于是寇贼的反叛之志得以实现。冒险一拼、孤注一掷，乘着败势进攻，结果使得国家之兵成了寇贼之兵，官军的粮饷也成了寇贼的粮饷，国家的版图成了寇贼的地盘，叛贼的气焰日盛，人民则日益归附，遂成了难以扑灭之局势。然后，骄横而怯懦的将帅，反而不敢再开战端，坐视寇贼之势日益嚣张，国家也因而趋于危亡。

唉！以整个天下抵御盘踞一方的盗贼，凭着上百年的积蓄、四海的转输供应对付靠四处掳掠维持的贼寇，稳坐江山、围而困之，贼寇没有不日益消萎而最后失败被擒的，难道六镇的反叛能对北魏构成多大的威胁吗？北魏只是自取灭亡罢了。强弱、众寡、虚实对比的结局是显然的，强可以压弱、众可以制寡、实可以困虚，可是匆忙起兵对敌，授之以掠夺之机，惴惴不安、惊慌失措、恼羞成怒、仓促应战、败军死将、破国亡君，愚蠢者的情形，古今如一，真是可悲啊！

本事：《资治通鉴》卷一五〇《梁纪六·武帝》，普通五年（524）。

一七　君子全其不辱之身

人士之大祸三，皆自取之也。博士以神仙欺嬴政而谤之；元魏之臣阿淫虐之女主而又背之；唐臣不恤社稷，阴阳其意于汴、晋，恶朱全忠而又迎之；故坑于咸阳，歼于河阴，沉于白马，皆自取之也。

君子有必去以全身，非但全其生之谓也，全其不辱之身也。拓拔氏以伪饰之诗书礼乐诱天下之士，而翕然从之。且不徒当世之士为所欺也，千载而下，论史者犹称道之而弗绝。然有信道之君子，知德而不可以伪欺，则抑岂可欺邪？而鄙夫无识，席晏安，规荣利，滔滔不反，至于一淫妪杀子弑君，而屏息其廷，怀禄不舍。则相率以冥行，蹈凶危而不惜，其习已浸淫，胶固而不解，欲弗群趋于死地，其可得乎？

河阴之血已涂郊原，可为寒心甚矣。尔朱荣奉子攸入洛，而山伟孑然一人趋跄而拜赦，吾不知伟之不怖而欣然以来者何心也？盖不忍捐其散骑常侍而已。则二千余人宾宾秩秩奉法驾以迎子攸于河阴者，皆山伟也。廉耻丧而祸福迷，二千余人，岂有一人焉戴发含齿血在皮中者乎？如其道，则日游于兵刃之下而有余裕；丧其耻，则相忘于处堂之嬉，白刃已加其脰而赴之如归。挟诗书礼乐之迹而怙之，闻声望影而就之，道之贼也，德之弃也。蛾蚁之智，死之徒也，自取之也。

【译文】

士大夫阶层的大祸有三次，都是咎由自取。秦朝博士（方士）以神仙方术之事欺骗秦始皇，又制造谣言对其诽谤，结果导致了“焚书坑儒”的大浩劫；北魏大臣阿谀奉承荒淫暴虐的胡太后，又背叛了她，结果导致了尔朱荣之乱和河阴之变；唐末诸臣不为国家社稷着想，在汴、晋也就是朱温和李克用之间曲意调和，憎恶朱温又迎之入都执政，结果导致了白马之祸；所以儒士、大臣被坑杀于咸阳（今属陕西）、聚歼于河阴（今河南孟津东北）、沉尸于白马驿（今河南滑县东北），都是他们自己造成的悲剧。

君子有必须有所舍弃以保全性命的情况，并不是说仅仅保全性命，而是保全其不受侮辱的性命。北魏统治者拓跋氏以假意粉饰的诗、书、礼、乐来引诱天下士大夫欣然归附，不仅使当时的士人为其所欺骗，千年之后，谈论历史的学者仍然对他们称颂不断。但也有一些笃信道义的真君子，知道儒家道德是不可以虚伪欺诈的。那么他们难道可以欺骗得了吗？卑鄙之徒缺乏识见，习惯于平安无事，窃取荣华富贵，变本加厉，迷途不知返，以致胡太后杀其子、弑其君、垂帘听政时，朝廷仍然唯唯诺诺、不敢声言。抱着官爵利禄不舍得抛弃，于是相率以昏愚之行蹈凶履危而在所不惜。其习俗已经相沿成风，胶固而不可解，想要不一意孤行，直趋于败身亡国的死地，难道就能做得到吗？

河阴之变，儒臣的鲜血已洒在原野之间，令人寒心。尔朱荣奉孝庄帝元子攸进入洛阳，可是山伟却还孑然一身踉跄趋前拜迎以求赦免，我不知道山伟不仅不感到恐惧反而欣然前来是什么居心？大概是不想舍弃他散骑常侍的职位罢了。那么到河阴以盛大礼节奉法驾以迎接元子攸的两千多人，也都是像山伟一样的心情，可却遭了毒手。丧尽廉耻、沉迷福禄，这两千多人中有一个披头散发、咬牙切齿地痛恨斥责凶手的吗？如果按照这样的道德标准，那么每天生活在兵刃威逼之下，却游刃有余；丧失了廉耻之心，却安处堂中嬉戏无度；白刃已架到他们的身上，还像归家一样前去赴死而不自知；表面上打着诗、书、礼、乐的幌子作为资本，实际上却对势利爵禄闻其声、望其影，趋之若鹜，乃是败坏道义的小人、背离道德的行为！恰似飞蛾、蚂蚁的小智，白白地前去送死，真是自取灭亡。

本事：《资治通鉴》卷一五二《梁纪八·武帝》，大通二年（528）。

一八　奸雄所为有近正者

奸雄之相制也，互乘其机而以相害。然而有近正者焉，亦非徒托于名以相矫而居胜也。仪度其心，固有正者存焉，见为可据而挟之以为得也。乃其机则险矣，险则虽有正焉而固奸雄之为也，特其祸天下者则差焉耳。

尔朱荣挟兵肆虐，狂暴而不足以有为，高欢、贺拔岳皆事之，而欢与岳之意中固无荣也。荣拘子攸于幕下，高欢遽劝荣称帝，欢岂欲荣之晏居天位，而己徼佐命之功以分宠禄乎？荣称帝而速其亡，欢之幸也。乃荣恍惚不自支而悔曰："唯当以死谢朝廷。"贺拔岳劝荣杀欢，岳岂果欲荣之忠魏以保荣之身名乎？知欢之纳荣于死地而已借以兴，欢兴而己且为欢下，杀欢而荣在岳之股掌也。欢之权力不如荣，岳之诈力不如欢，荣败而欢可逞，欢死而岳可雄，相忌相乘以相制，亦险矣哉！此机一动而彼机应之，丛毒矢利刃于一堂，目瞬心生，针锋相射。庄生曰："其发也如机括。"此之谓也。

然而岳之言为近正矣，为魏谋，为荣谋，执大义以诛欢，则他日之叛尔朱兆、陷洛阳、走元修之祸亦息。岳即为欢，固不如欢之狡悍以虔刘天下于无穷也。何也？岳之心犹有正焉者存也。

【译文】

乱世奸雄之间相互制约，各乘其有利之机以危害对方，但是其中也有近乎公正的一方，也并不是仅仅假托正义之名粉饰自己，从而居于有利态势。测度其内心动机，本来含有一些公正的道理，他们认为可以凭借这些道理时，就会挟持这些公正的道理来达到自己的目的。至于其内心机巧也是阴险的，虽有公正的道理，但仍然是奸雄所为，只是他对于天下的祸害相比之下小一些罢了。

北魏权臣尔朱荣拥兵自重，肆虐不已，其狂妄暴戾而不足以有所作为。大将高欢、贺拔岳都屈从事奉他，但高欢和贺拔岳二人根本没把尔朱荣放在眼里。尔朱荣把孝庄帝元子攸拘禁于军帐，高欢急忙劝谏尔朱荣篡位称帝，难道他真想要尔朱荣安然居于皇位，而自己希望得到佐命开国之功以分享荣宠厚禄吗？尔朱荣如果称帝，就会加速他的败亡，这才是高欢所希望的。没料到尔朱荣却恍恍惚惚而不自信，忏悔地说："我罪孽深重，只有以死来报答朝廷。"贺拔岳劝谏尔朱荣杀掉高欢，难道他真的想使尔朱荣忠于北魏以保全其性命和名节吗？他知道高欢要把尔朱荣推向死地，自己借以兴起，一旦高欢势力强大，自己将成为高欢的属下，而杀了高欢，尔朱荣就会被置于他贺拔岳的股掌之上，任其摆布。高欢的权力不如尔朱荣，贺拔岳的奸诈不如高欢，尔朱荣败亡而高欢得以逞其私欲，高欢死去之后贺拔岳才能称雄天下，如此相互猜忌，乘机攻击而相互制约，也是很阴险啊！此机谋一旦付诸行动，对方就会以其他机谋与之相抗，毒箭、利刃汇聚一起，转瞬之间，心机一动，便针锋相对、一决雌雄。《庄子·齐物论》中说："其发动就像是张弩发箭一样。"说的正是这种情况。

然而，相比之下，贺拔岳的话近乎公正，不论为北魏社稷江山考虑，还是为尔朱荣谋划，从大义出发诛杀高欢，那么日后背叛尔朱兆（尔朱荣之子）、攻陷洛阳、逼迫孝武帝元修出走等祸乱也就不会发生。贺拔岳即便作为高欢篡夺帝位，也不会像高欢那样狡猾凶狠、劫掠杀戮天下，带来无穷的灾难。为什么呢？因为贺拔岳的内心仍然存在着正义。

本事：《资治通鉴》卷一五二《梁纪八·武帝》，大通二年（528）。

一九　萧梁丧心失志

张骏伤中原之不复，而曰："先老消谢，后生不识，慕恋之心，日远日忘。"呜呼！岂徒士民之生长于夷狄之世者不知有中国之君哉！江左君臣自忘之，自习而自安之，固不知中原为谁氏之土，而画河山以不相及之量矣！拓拔氏封刘昶为宋王、萧赞为齐王，以为宋、齐之主，使自争也，梁亦以元颢为魏王而使之争。拓拔氏遣将出兵，助刘昶、萧宝寅以南侵，梁亦使陈庆之奉元颢而北伐。相袭也，相报也，以洛阳为拓拔氏固有之洛阳，唯其子孙应受之，而我不能有也。呜呼！梁之丧心失志一至此哉！

六镇乱，冀、并、雍皆为贼薮，胡后弑主，尔朱荣沉其幼君，分崩离析，可乘而取也，梁之时也。下广陵，克涡阳，郢、青、南荆南向而归己，元悦、元彧、羊侃相率而来奔，梁之势也。时可乘，势可振，即未能尽复中原，而洛阳为中国之故都，桓温、刘裕两经收复，曾莫之念，而委诸元颢，听其自王，授高欢以纳叛之词，忘晋室沦没之恨，恬然为之，漫不知耻。浸令颢之终有中原也，非梁假之羽翼以授之神州也哉？洛阳已拔，子攸已走，马佛念劝庆之杀颢以据洛，而庆之犹不能从，则其髡发以逃，固丧心失志者之所必致也。君忘其为中国之君，臣忘其为中国之臣，割弃山河，恬奉非类，又何怪乎士民之视衣冠之主如寇贼，而戴殊族为君父乎？至于此，而江左之不足自立决矣。幸宇文、高氏之互相吞龁而不暇南图也，不然，岂待隋之横江以济而始亡邪？

【译文】

凉州牧张骏（其子张祚称帝建立前凉，追谥文王，庙号世祖）对当时南北对峙、中原不能恢复的局面感到很痛心，说道："立志统一中原的前辈都已谢世，年轻的后生不知恢复，对于中原故土的思慕留恋之心，随着时光的流逝日益被疏远、遗忘了。"唉！难道仅仅是边远地区的人民不知中原之君吗？连偏安江东的南朝君臣自己也已经忘却了。这样相沿成习，苟且偷安，自不知中原本为哪国的版图，反而以不相关的态度划定河山了。北魏分封南朝降臣刘昶为宋王、萧赞为齐王，让他们作为宋、齐的国君，使他们与南朝争夺天下；梁朝封北魏降臣元颢为魏王，以与北魏相争斗。北魏派遣将领出兵南下，帮助刘昶、萧宝寅向南侵略，梁朝也派陈庆之辅佐元颢北伐。这样相互沿袭，又针锋相对，似乎就是以洛阳为北魏拓跋氏固有的洛阳，只有拓跋氏的子孙才应接受拥有其地，而汉族不能恢复主权。唉！梁朝的丧心失志已至于此！

北魏的北方六镇叛乱，冀州（今河北地区）、并州（今山西地区）、雍州（今陕甘地区）都成了盗贼的渊薮，胡太后杀死了北魏孝明帝元诩，尔朱荣把幼小的皇帝沉于河中，以致北魏政权分崩离析、岌岌可危。乘机北伐，恢复中原，梁朝正当其时。梁朝攻下广陵（今扬州），收复涡阳（今安徽蒙城），郢（治今湖北武昌）、青州（今江苏连云港东）、南荆州（治安昌城，今湖北枣阳南）也都望风归附，北魏文武大臣元悦、元彧、羊侃相率来降，正是梁朝北伐中原的大好形势。时机可乘，局势可振，即使不能全部收复中原失地，而洛阳作为古都，而且以前桓温、刘裕曾两度收复，竟不加考虑委托给元颢，让他自己称王于此，并使高欢以招降纳叛作为口实。梁朝这样做完全忘记了西晋丧失洛都的仇恨，恬然为之，漫不知耻。假使元颢能够始终统治中原，这不就是梁朝授给他羽翼，拱手把神州大地让于他手吗？洛阳攻克后，孝庄帝元子攸西逃，马佛念劝陈庆之杀元颢而占据洛阳，可是陈庆之还不能听从，那么他后来惨败、剃去头发仓皇逃跑，这本来就是这种丧心失志之人的必然下场。君主忘记了自己是中原之君，大臣忘记了自己是中原之臣，舍弃中原大好河山而恬不知耻地奉给外族之人，那么，人民视中原的衣冠之主如寇贼，而拥戴异族之主为君父，这又有什么可奇怪的呢？到了此时，偏安江左的南朝不足以自立，已经很明确了。所幸北方宇文氏、高氏分裂了北魏，并代之以北周、北齐，相互攻击吞并厮杀，无暇南下侵略，否则的话，南朝还用等到隋朝大军渡过大江才归于灭亡吗？

本事：《资治通鉴》卷一五二《梁纪八·武帝》，大通二年（528）。

二〇　贪欲乱天下

宗国危而逡巡畏死以堕其忠孝，是懦夫也。而更有甚焉者，憯不惩而乘之以徼非望，如蛾之自赴于火，相逐而唯恐后也。夫人不知义矣，或知害矣；心不能知，目能见矣；目荧于黑白，耳能闻矣；目见之，耳闻之，然且不知害焉，贪夫之闵不畏死，其将如之何哉？

尔朱荣之暴横，不择而狂噬，有目皆见，有耳皆闻也。立元子攸以为君，而挟之犯阙。以荣之势如彼，而子攸其能自许为荣之君乎？孑然一身，孤危无辅，而尔朱天光一往告，子攸遽欣然潜渡，谓荣之且以己为君也，荣已目笑之矣。然犹曰荣恶未著而不察也。荣伏诛，而尔朱兆修怨于其主，兆之凶横又倍于荣矣。子攸废死，元晔以疏远之族，又欣然附兆以立，立未数月，兆又废之，而元恭以阳喑幸免之身，褰裳而就之恐后。高欢之狡，又倍于荣与兆者也。欢起兵，而元朗以一郡守急起而为欢之君，立之数月，元修已闻斛斯椿“变态百端，何可保也”之语，曾不惧而又起而夺朗之位也。五年之中，子攸也、晔也、恭也、朗也、修也，或死，或幽，或废，接迹相仍，而前者覆，后者急趋焉。元颢且倚梁七千之孤旅，相谋相猜之陈庆之，高拱洛阳，为两月之天子，卒以奔窜而死。元氏之欲为天子，自信其能为天子，信人之以己为天子者，何其多也？

呜呼！欲为天子者多，而民必死；欲为将相大臣者多，而君必危；欲为士大夫者多，而国必乱。其乱也，始于欲为士大夫者之多也。士大夫不厌其欲，而求为将相大臣矣；爵禄贱，廉耻隳，其苟可为天子者，皆欲为天子矣。是以先王慎之于士大夫之途，而定民之志，所以戢躐等猖狂之心而全其躯命，义之尽，仁之至也。

【译文】

国家危亡而宗室逡巡不前、畏惧死亡、不忠不孝，这是懦夫的行径。还有更为严重的，不仅不以此惨痛教训有所警觉醒悟，反而乘机想侥幸实现非分之望，就像飞蛾前去扑火一样，相互追逐而唯恐落后。人不知道义，可能还会知道祸害；内心不能了解，眼睛还能看到；眼光为黑白颜色所荧惑，耳朵还能够听到；眼睛看到、耳朵听到，尚且不知祸害，贪婪之徒不害怕死，又能对他怎么样呢？

北魏权臣尔朱荣残暴骄横，不加选择地乱加诛杀，这是有目共睹、充耳可闻的事实。尔朱荣拥立元子攸为皇帝，挟天子举兵进犯京城。以他这样的情势，元子攸能够自称尔朱荣的君上吗？元子攸孑然一人，孤立危险而没人辅助，可是当尔朱荣的堂侄尔朱天光请他为帝时，他便欣然秘密渡河前来，自以为尔朱荣真的要以自己为君了，尔朱荣看到他就一笑了之，但元子攸仍然认为尔朱荣的罪恶尚未显著，而不觉察。尔朱荣被诛杀以后，其子尔朱兆与元子攸结下怨仇，而尔朱兆的凶残骄横又加倍于乃父。元子攸被废除皇位并被杀死后，元晔作为北魏皇帝远支的宗室，又欣然依附于尔朱兆，得立为帝，没过几个月，尔朱兆又废除了他；可是元恭又以阳喑（哑巴）幸免之身，提起衣裙急忙趋附于尔朱兆，唯恐落后一步。高欢的狡诈远远超过尔朱荣、尔朱兆父子。高欢起兵，宗室元朗以一郡太守急忙起而归附，被拥立为帝，即位几个月后，元修已听到斛斯椿“变态百端，怎么可以保住皇位”的说法，却不曾有任何忧惧而起兵夺取元朗的帝位。五年之中，元子攸、元晔、元恭、元朗、元修，或被杀死、或被幽禁、或被废除，接连相续，前者败亡，后者不知鉴戒反而急蹈其故辙。而宗室元颢投降梁朝后，甚至依靠梁朝的七千孤军，与陈庆之相互筹谋，又相互猜忌，占据故都洛阳，做了两个月的天子，最终落得溃败奔逃而死的下场。元氏宗室中想做天子、自信自己能做天子，同时相信别人会以自己为天子的人，何其多啊！

唉！想做天子的人多，人民必定生灵涂炭；想做将相大臣的人多，皇帝必定危险；想做官员士大夫的人多，国家必定走向混乱。天下大乱，是从想做官员、士大夫的人多而萌发的。士大夫的欲望永不满足，而想方设法做将相大臣；官爵禄位轻贱、廉耻忠孝沦丧，那么可以做天子的人，都要争当天子了。所以，古圣先王对于士大夫的仕进之途非常慎重，安定人民的志趣就是为了安抚他们的僭越犯上、猖狂骄横之心，从而保全其身家性命，可以说是仁至义尽了。

本事：《资治通鉴》卷一五四《梁纪十·武帝》，中大通二年（530）。

二一　沐猴而冠，可悲可笑

国无与立，则祸乱之至，无之焉而可，虽有智者，不能为之谋也。元修畏高欢之逼，将奔长安就宇文泰以图存，裴侠曰：“虽欲投之，恐无异避汤入火。”王思政再问之，而侠亦无术以处，虽知之，又何裨焉？高欢者，尔朱荣之部曲也；宇文泰，葛荣之部曲也。拓拔氏有中原数世矣，而其挟持天下者，唯秀容之裔夷，六镇之残胡，此外更无一人焉，而其主舍而更将何依？尔朱荣河阴之杀，魏之人殚矣。虽然，彼骈死于河阴者，皆依违于淫后女主之侧，趋赴逆臣戎马之间，膻以迷心，柔若无骨，上不知有君国，内不惜其身名者也。即令幸免而瓦全，亦恶有一人焉可倚为社稷之卫哉？

夫拓拔氏之无人也，非但胡后之虐，郑俨、徐纥之奸，耗士气于淫昏也，其由来渐矣。自迁洛以来，涂饰虚伪，始于儒，滥于释，皆所谓沐猴而冠者也。縻天下于无实之文，自诧升平之象，强宗大族，以侈相尚，而上莫之惩，于是而精悍之气销矣，朴固之风斵矣。内无可用之禁兵，外无可依之州镇，部落心离，浮华气长；一旦群雄揭竿而起，出入于无人之境，唯其所欲为，拓拔氏何复有尺土一民哉？此亦一寇仇也，彼亦一寇仇也，舍此而又奚之也！

诗书礼乐之化，所以造士而养其忠孝，为国之桢干者也。拓拔氏自以为能用此矣，乃不数十年之间，而君浮寄于无人之国，明堂辟雍，养老兴学，所为德成人、造小子者安在哉？沐猴之冠，冠敝而猴固猴矣，且并失其为猴矣，不亦可为大笑者乎？高欢、宇文泰适还其为猴，而跳梁莫制，冠者欲复入于猴群，而必为其所侮，不足哀而抑可为之哀也！

故鬻诗书礼乐于非类之廷者，其国之妖也。其迹似，其理逆，其文诡，其说淫，相帅以嬉，不亡也奚待？虞集、危素只益蒙古之亡，而为儒者之耻，姚枢、许衡实先之矣。虽然，又恶足为儒者之耻哉？君子之道，“六经”《语》《孟》之所详，初不在文具之浮荣、谈说之琐辩也。

【译文】

立国执政，如果没有足以依凭的力量，那么祸乱一旦发生，怎么可以保卫其江山社稷呢？即使有足智多谋之人，也不能为其运筹谋划。北魏孝武帝元修畏惧高欢的威逼胁迫，将出奔长安依靠宇文泰以图存，左中郎将裴侠说：“虽然想去投奔他，恐怕无异于避汤而赴火，结果没什么两样。”武卫将军王思政又进一步向他问计，裴侠也没什么办法应付当时的危局，即使知道投奔宇文泰是避汤赴火，于事又有什么裨益呢？高欢是尔朱荣的部曲，宇文泰是葛荣的部曲，拓跋氏统治中原已经历数代，可是到这时赖以挟持天下的却只有秀容部落的后裔、六镇残存的胡人，此外便没有一人可以依靠，而其君主不去依附高欢、宇文泰又能投奔谁呢？尔朱荣在河阴之变中杀死了一大批宗室及文武大臣，北魏统治集团几乎被一网打尽。虽然如此，但死于河阴之变的人，都是依附于荒淫残暴的胡太后之侧，或者趋炎附势于叛臣戎马之间，膻气迷惑了心性，阴柔得毫无骨气，上不知有国有君，内不知珍惜名节的懦夫、鄙夫，即使这些人幸免于河阴之难，也不会有一个人可以倚靠来拱卫江山社稷。

拓跋氏的无人依靠，不仅仅是因为胡太后的临朝肆虐。当朝大臣郑俨、徐纥的奸佞擅权、荒淫昏庸，消耗了士气，由来已经很久了。自从北魏迁都洛阳以来，粉饰太平、虚文俗套，开始时大兴儒教，最后又泛滥佛教，都是所谓的沐猴而冠。耗尽天下的财富搞这些虚伪的文饰，自夸其升平治世的气象，强宗大族以奢侈相尚，而统治者也不加以惩戒，于是原来的精锐剽悍之气消失殆尽，朴素干练之风也断绝了。内部没有可用的禁军，外面又没有可以依靠的州镇，拓跋氏内部离心离德，滋长起浮华之风；一旦天下群雄揭竿而起反叛朝廷，出入于无人之境，为所欲为，拓跋氏还会有其尺寸之土、忠孝之民吗？这里也是寇仇，那里也是寇仇，除了避汤就火这一无可奈何的选择，还能到哪里去呢？

儒家诗书礼乐的教化，是为了培养人才并修养其忠孝之道，以作为国家的栋梁、干才。拓跋氏自以为能够运用这一手段，可是仅数十年的时间，其君主竟然东奔西逃、飘浮寄身于无人可依的国家，明堂、辟雍以养老、兴学这些教化成人、培养后代的设施和制度还存在于何地呢？沐猴而冠，冠破而猴仍然是猴，并且失去了猴的本性，不也是大为可笑吗？高欢、宇文泰正好再把它们还原成猴，而跳梁小丑无可控制，戴冠之猴再想融入猴群，必定会受到同类的欺侮，不值得为其感到悲哀，又确有其可悲之处！

因此，贩卖儒家诗书礼乐教化于异族朝廷的人，乃是国家的妖邪魔鬼。与我们传统的儒家道统相比，其形式虽然相似，其道理却相反，其文辞诡辩，其说教淫邪，这样相率效法，以嬉戏逸乐，其国家不亡更待何时？元朝的虞集、危素就是这样，他们附会汉法只会有助于蒙古灭亡，而为儒者的耻辱，姚枢、许衡实开其先河。虽然如此，又何足为儒者的耻辱？君子之道，“六经”、《论语》、《孟子》所详加论述的，本来就不在于文采、形式的浮华虚荣，谈论说教的烦琐诡辩啊！

本事：《资治通鉴》卷一五六《梁纪十二·武帝》，中大通六年（534）。

二二　其身不正，虽令不从

元修依宇文泰而居关中，元善见依高欢而居邺，将以何者为正乎？曰：君子所辨为正不正者，其义大以精，而奚暇为修与善见辨定分邪？拓拔氏以夷而据中原，等窃也，不足辨，一也。修之在关中，宇文泰之赘疣也；善见之在邺，高欢之赘疣也；不足辨，二也。乃即置此而尤有大不足辨者焉，就拓拔氏之绪而言之，亦必其可为君者而后可嗣其世，非但其才之有为与否也。修之淫乱，不齿于人类，善见孱弱，而其父亶以躁薄为高欢所鄙，等不可以为君。而尤非此之谓也，修之立，岂其分之所当立者？即令当立，而岂如光武之起南阳，晋元帝、宋高宗之特为臣民所推戴者哉？魏有君矣，修徼宠于高欢，乘时以窃位，晔也、恭也、朗也，皆修所尝奉以为君者，而皆弑之，修亦元氏之贼而已矣。修入关中，未死也，未废也，元亶固修之臣，介高欢之怒而亟欲自立其子，君存而自立，其为篡贼也无辞，是善见又修之贼也。两俱为贼，而君子屑为之辨哉？

凡乱臣之欲攘夺人国也，其君以正而承大统，则抑不敢蔑天理以妄干之；其蔑理以妄干者，则速以自灭，王莽、朱泚是已。刘彧乘君弑而受命于贼，萧鸾与萧衍比而弑其君，皆贼也，而后贼乘之以进。由此言之，则汉献帝之所以终见胁于权臣者，董卓弑其君兄而己受之，则亦贼之徒也；故袁绍、韩馥欲不以为君，而曹操姑挟以为自篡之资。“其身不正，虽令不从。”承平无事之日，天子不能行之于匹夫，而况权奸之在肘腋乎？已为贼，而欲弭人之弗贼也不能。贼者，互相利而互相害者也。修之于泰，善见之于欢，且不足辨其孰君而孰臣，况修与善见而屑为之轩轾哉？

假修以正而绌善见者，隋人得国于宇文，宇文得国于修，因推以为统，而君子奚择焉？

【译文】

北魏孝武帝元修依附宇文泰而居关中，孝静帝元善见依附高欢居于邺城（今河北临漳），那么以哪个为正统呢？回答是：君子所分辨的正统与非正统，其寓意广大而且精微，哪有闲工夫为元修和元善见分辨正统、确定名分呢？拓跋氏以夷狄占据中原，就相当于窃取帝位，不足以为之分辨是否正统，这是第一个原因。元修在关中，简直可以说是宇文泰身上的赘瘤；元善见在邺城，也可以说是高欢身上的赘瘤。这是不值得分辨其是否正统的第二个原因。即使对以上两条置之不论，还有更大的不足以分辨的因素存在。就拓跋氏的世系统绪而言，必须是其德行可以为君的才可以承嗣帝位，并不仅仅是分辨其是否有才能。元修淫乱无度、令人不齿；元善见孱弱非常；其父元亶又浮躁刻薄，为高欢所鄙视，同样不足以为君。尤其重要的是，元修被立为帝，难道是根据他身份所当立的吗？即便是当立，难道是像东汉光武帝刘秀起于南阳（今属河南），晋元帝司马睿、宋高宗赵构那样特为臣民所拥戴的吗？北魏当时还有皇帝，而元修依附邀宠于高欢，乘当时天下混乱窃取帝位；元晔、元恭、元朗，都是曾经被元修尊奉为君的，可都被元修杀害，元修可以说是元氏的叛贼。元修进入关中后没有死去，也没有被废弃，而元亶本来是元修的大臣，乘着高欢对元修逃往关中的愤怒，急迫地要立其子善见为君。原来的君主尚存而自立为帝，他也难辞篡位贼子的罪名，这样元善见又是元修的叛贼，两人同样作为叛贼，难道君子还屑于为之分辨正统非正统吗？

大凡乱臣贼子要篡夺帝位，如果君主以正当身份承继大统，他们尚且不敢蔑视天理狂妄地攘夺君权；即使有胆敢蔑视天理而狂妄行事，也会像汉代的王莽、唐朝的朱泚一样迅速自取灭亡。刘彧乘着君主被杀而接受叛贼的拥立，萧鸾与萧衍朋比为奸，杀其君主，他们都是国家的叛贼，而此后的逆贼也都乘机前赴后继。由此来说，汉献帝最终被权臣曹操胁迫，是因为董卓杀掉汉献帝的父兄之后，他却接受董卓之命登上帝位，可以说他也是叛逆之徒。所以袁绍、韩馥不想奉汉献帝为君，可是曹操却要挟持他为日后篡位提供有利条件。《论语·子路》说："其身不正，虽令不从。"天下承平无事之日，天子的诏令尚不能行于民众之中，何况有权奸在天子的身边呢？自己身为逆贼，而想平息他人不使其成为逆贼，是不可能的。逆贼之间是互为利又互相害的。元修对于宇文泰，元善见对于高欢，甚至不足以分辨其谁是君主谁是臣子，何况对元修与元善见，还屑于分别出高低正伪吗？假如以元修为正统，而以元善见为非正统，认为隋朝得国于北周宇文氏，宇文氏得国于元修，因而应推其为正统，正人君子谁能采纳这种说法呢？

本事：《资治通鉴》卷一五六《梁纪十二·武帝》，中大通六年（534）。

二三　思患而预防之

梁武之始立也，惩齐政之鄙固，而崇虚文以靡天下之士，尚宽弛以佚天下之民，垂四十年，而国政日益偷废。于时拓拔衰乱，高欢、宇文泰方争哄于其穴，梁多收其不守之土、不服之人，高欢西掣而请和，盖中原大有可图之机矣。帝知其可图，亟思起而有事，而吏治荒，军政圮，举目无可共理之人才，乃拣何敬容、朱异簿领之才而授之以国。敬容、异之不可大受，固也；然舍之而又将谁托也？徐勉、周舍称贤矣，以实求之，一觞一咏，自谓无损于物，而不知其损之已深者也。敬容勤于吏事，而“持荷作柱、持荷作镜”之诮，已繁兴于下。自非贪权嗜利之小人如异者，谁甘犯当世之非笑而仆仆以为国效功。大弛之余，一张而百害交生，则勉与舍养痈不治，而敬容、异亟用刀针以伤其腠（còu）理，交相杀人，而用刀针者徒尸其咎也。

史称晋、宋以来，宰相皆以文义自逸，岂其然哉？王导、谢安勿论已，王华、王昙首、谢弘微，夫岂无文义者？而政理清严，一时称治。虔矫苛细之小人，又何足以乘墉而攻之？有解散纪纲以矜相度者，而后刻核者以兴，老、庄之弊，激为申、韩；庸沓之伤，反为躁竞。势也，一柔一刚，不适有恒，而小狐济矣。思患而豫防之，岂患至而急反之哉？

【译文】

梁武帝立国之初，鉴于齐朝的国政鄙陋，于是崇尚虚文而使天下士人文采华丽，崇尚宽简松弛以使天下人安闲逸乐，这样一直坚持了近四十年，而国政日益走向苟且废弛。当时北方的北魏拓跋氏政权日益衰乱，高欢、宇文泰正在其内部争权夺利，如果梁朝在这时能多收复北魏无法坚守的土地和不服其统治的人民，高欢率部西撤以求和，可以说是恢复中原的大好时机。梁武帝知道此事可以图谋，急急思虑着起兵北伐，可是吏治荒废、军政凋敝，举目四望，朝野上下没有可以共图大事的人才，于是选拔何敬容、朱异这样只具备掌管官府簿册文书才能的人并授之以军国大政。何敬容、朱异不可授以大任，固然不错；然而除他们以外又能托付给谁呢？徐勉、周舍号称贤明，但实事求是而言，一人好饮酒、一人善吟咏，自以为于物无损，却不知这是深深地影响于政事的行为。何敬容对公务之事勤勤恳恳，可是“欲持荷作梁，荷弱不胜梁；欲持荷作镜，荷暗本无光”（江从简《彩荷调》）的讥讽，已经在朝野传笑不已。自然除非朱异那样贪权嗜利的小人，谁甘愿触犯当世之人的非议和讥笑，而风尘仆仆地为国效劳呢？为政过于宽简松弛，长此以往，一旦突然崇尚威猛严苛，必然百害交互产生，而徐勉与周舍正好比养痈遗患不可治，而敬容、朱异又急忙用刀和针石刺入皮肤的肌理之中，交相作用杀死患毒疮之人，而用刀和针石的人白白承担着罪责。

史书上称晋、宋以来，宰相都以文章义理求得身心安闲，难道真是这样吗？王导、谢安二位名臣自不必说，王华、王昙首、谢弘微等人难道没有文章义理吗？然其为政清明严谨，一时称为善政。那些假托圣人之道而从事苛刻琐碎之事的小人，又怎么能够像《周易·同人》上说的窃据高位而向对方进行攻讦呢？有了离散纲常法纪并彰显自身气度的人在前，而后刻薄寡恩、严厉苛察的人得以兴风作浪，老庄清静无为的弊端，便会因矫枉过正而激变为申不害、韩非等法家的统治政策；庸碌拖沓的后果，反而会变为崇尚争竞、急功躁进，这些都是客观形势的必然结果。如果这样一会儿是柔性的政策，一会儿是刚性的政策，不足以维持长期的平衡，那么就像《周易》上说的，小狐狸渡过河却沾湿了尾巴，不能获得最终的成功。忧虑到祸患就预防于未然，难道能等到祸患发生之后再一改往日的为政方针吗？

本事：《资治通鉴》卷一五八《梁纪十四·武帝》，大同五年（539）。

二四　州县分品的精义

梁分诸州为五品，以大小为牧守高下之差，而定升降之等，立此法者朱异也。然唐制：州县有畿、赤、望、紧、雄、上、中、下之别，垂及于今，亦有腹、边、冲、疲、繁、简，调除之法，皆祖此焉。夫异之为此，未可以其人而尽非之也。古者诸侯之国，以提封之大小，差五等之尊卑；以疆域之远近，定五服之内外；固不名之为诸侯而一之矣。州郡亦犹是也，政有劳逸，民有淳浇，赋役有多寡，防御有缓急，而人才有长短，恶容不为之等邪？顾其为法，为治之求得其理也，非为人之求遂其欲而设也。大非以宠，小非以辱也。腹里之安，虽大而非安危之寄；边方之要，虽小而固非菲薄所堪。大而繁者以任才臣，而非以裕清流而使富；小而简者以养贞士，而非以窘挂议者而使偷。而不然者，人竞于饶，而疲者以居孤陋无援之士，则穷乡下邑，守令挟日暮途远之心，倒行逆施，民重困而盗以兴，职此由矣。

朱异之法，以异国降人边陲之地为下州，则乱政也。以安富遂巧宦之欲，而使顽懦之夫困边民、开边衅，日蹙国而国因以危。后世北鄙南荒，寇乱不息，莫不自守吏召之，非分品之制不善，而所以分之者逆其理也。边之重于腹也，瘠之重于饶也，拔边瘠之任置之腹饶之上，以劝能吏，以贱贪风，是在善通其法而已矣。

【译文】

南朝梁把天下各州分为五个品级，以各州面积的大小作为各州行政长官州牧或太守等级高低的差别，并据此以确定其升降的等级。确定这种法律的是大臣朱异。然而唐朝的制度，各州县有畿、赤、望、紧、雄、上、中、下的分别，沿袭到明代，仍然有腹、边、冲、疲、繁、简的不同。州县官吏的升降除授之法，都是源自梁朝朱异所立之法。朱异确立此法，有其积极的意义，不可因其人品不好而把其法贬得一无是处。古代的诸侯之国，根据封地的大小，分为公、侯、伯、子、男五等爵位以区别尊卑贵贱；根据封地距离王都的疆域远近，确定在五服（古代以王都方圆千里之内为畿，向四周辐射，每五百里为一服，依次有甸、侯、绥、要、荒五服）的内外。本不是被命名为诸侯便一律平等了。州郡的分品也和诸侯国一样，其行政事务有劳逸之分，民风有淳厚、刻薄之分，赋役有多少之分，军事防御有缓急之别，而人才各有长短，难道能不为之划分等第吗？作为一项法令制度，其设置是为了治国求得其理，而不是为了个人求遂其所欲。大州并不说明荣宠，小州也不说明屈辱。腹里（内地）平安富庶的州郡，虽然是大州也并不关乎国家安危；边疆地区形势险要的州郡，即使是小州也不应当妄自菲薄。州大而且政务繁杂的，要任命有才干的大臣担任州牧或太守，而并不是厚待清流之士而使其富足；州小而政务简明的，是为了培养忠贞之士，并不是为了安置那些忤旨失宠的人而使之窘迫、苟且偷安。然而事实上并非完全如此，人人竞相争做富庶地区的官员，而贫困落后之地则授予孤陋无援的士人，这样穷乡下邑的郡守、县令带着日暮途远的悲观失意之心倒行逆施，人民处于水深火热之中，盗贼由此兴起，都是因为这个制度的安排。

朱异的法令制度，以异国投降、归附的地方和边陲之地作为下等州郡，这是一种乱政之法。将安宁富足的大州授给那些善于奉迎的乖巧干练官吏，以遂其所欲，而让那些愚钝、懦弱之人任职于边境小州，困扰边民，轻易挑起边界争端，使国土日益缩小，国家渐趋于灭亡。后代北部边疆和南方蛮荒之地，寇贼祸乱接连不断，没有不是由当地守令胡作非为以肇其端的，并非州县分品的制度不好，而是之所以分别上下的依据逆于正理。边境地区比腹里更为重要，贫瘠的地区比富庶地区更为重要，把边疆、贫瘠地区官吏的品级拔高到腹里、富庶地区的官员品级之上，以勉励有才干的官吏，以鄙贱和惩治贪婪之风，其关键在于善于变通其法令制度罢了。

本事：《资治通鉴》卷一五八《梁纪十四·武帝》，大同五年（539）。

二五　佛道之说乱天下

武帝以玄谈相尚，陶弘景作诗以致讥，何敬容对客而兴叹，论者皆谓其不能谏止而托之空言。非可以责二子也。弘景身处事外，可微言而不可切谏，固已。彼其沉溺已深，敬容虽在位，其能以口舌争乎？至谓二子舍浮屠而攻老、庄，则尤非也。自晋以来，支、许、生、肇之徒，皆以庄生之说缘饰浮屠，则老、庄、浮屠说合于一久矣。尝览昭明太子《二谛义》，皆以王弼、何晏之风旨诠浮屠之说。空玄之说息，则浮屠不足以兴，陶、何之论，拔本之言也。夫浮屠之祸人国，岂徒縻金钱、营塔庙、纵游惰、逃赋役已乎，其坏人心、隳治理者，正在疑庄疑释，虚诞无实之淫辞也。

盖尝论之，古今之大害有三：老、庄也，浮屠也，申、韩也。三者之致祸异，而相沿以生者，其归必合于一。不相济则祸犹浅，而相沿则祸必烈。庄生之教，得其泛滥者，则荡而丧志，何晏、王衍之所以败也；节取其大略而不淫，以息苛烦之天下，则王道虽不足以兴，而犹足以小康，则文、景是已。若张道陵、寇谦之、叶法善、林灵素、陶仲文之流，则巫也。巫而托于老、庄，非老、庄也。浮屠之修塔庙以事胡鬼，设斋供以饲髡徒，鸣钟吹螺，焚香呗咒，亦巫风尔；非其创以诬民，充塞仁义者也。浮屠之始入中国，用诳愚氓者，亦此而已矣。故浅尝其说而为害亦小，石虎之事图澄，姚兴之奉摩什，以及武帝之糜财力于同泰，皆此而已。害未及于人心，而未大伤于国脉，亦奚足为深患乎？其大者求深于其说，而西夷之愚鄙，猥而不逮。自晋以后，清谈之士，始附会之以老、庄之微词，而陵蔑忠孝、解散廉隅之说，始熺（xī）然而与君子之道相抗。唐、宋以还，李翱、张九成之徒，更诬圣人性天之旨，使窜入以相乱。夫其为言，以父母之爱为贪痴之本障，则既全乎枭獍之逆，而小儒狂惑，不知恶也，乐举吾道以殉之。于是而以无善无恶、销人伦、灭天理者谓之良知；于是而以事事无碍之邪行、恣其奔欲无度者为率性，而双空人法之圣证；于是而以廉耻为桎梏，以君父为萍梗，无所不为为游戏。可夷狄，可盗贼，随类现身为方便，无一而不本于庄生之绪论，无一而不印以浮屠之宗旨。萧氏父子所以相戕相噬而亡其家国者，后世儒者，沿染千年，以芟夷人伦而召匪类。呜呼！烈矣！是正弘景、敬容之所长太息者，岂但饰金碧以营塔庙，恣坐食以侈罢民，为国民之蟊螣（máo téng）矣哉？

夫二氏固与申、韩为对垒矣，而人之有心，犹水之易波，激而岂有定哉？心一失其大中至正之则，则此倡而彼随，疾相报而以相济。佛、老之于申、韩，犹鼙（pí）鼓之相应也，应之以申、韩，而与治道弥相近矣。汉之所谓酷吏，后世之所谓贤臣也。至是而民之弱者死、强者寇，民乃以殄而国乃以亡。呜呼！其教佛、老者，其法必申、韩。故朱异以亡梁，王安石、张商英以乱宋。何也？虚寂之甚，百为必无以应用，一委于一切之法，督责天下以自逸，而后心以不操而自遂。其上申、韩者，其下必佛、老。故张居正蹙天下于科条，而王畿、李贽之流，益横而无忌。何也？夫人重足以立，则退而托于虚玄以逃咎责，法急而下怨其上，则乐叛弃君亲之说以自便，而心亡罪灭，抑可谓叛逆汩没，初不伤其本无一物之天真。由此言之，祸至于申、韩而发乃大，源起于佛、老而害必生，而浮屠之淫邪，附庄生而始滥。端本之法，自虚玄始，区区巫鬼侈靡之风，不足诛也。斯陶、何二子所为舍浮屠而恶玄谈，未为不知本也。

【译文】

梁武帝崇尚玄学清谈，陶弘景作诗讽刺他，何敬容为此面对宾客而长叹不已，议论的人都说他们不能谏止武帝，只能托之于空言吁叹。其实并不可因此责备二人。陶弘景作为一名道人，身处事外，可以暗暗进言规劝而不可苦苦谏戒，这是理所当然的。梁武帝对玄学清谈沉溺已深而不能自拔，何敬容虽处朝廷大臣之位，他能以口舌相争改变武帝的性情吗？至于说二人不攻击佛教学说而只攻击老庄道学，就更不对了。自晋朝以来，支遁、许逊、竺道生、僧肇之流，都是以老庄道家学说联系和粉饰佛教学说，因而老庄道学、佛教合而为一已经很久了。我曾经阅览梁昭明太子萧统的《令旨解二谛义》，都是以王弼、何晏魏晋玄学的宗旨诠释佛教学说。空论玄谈的风气止息，那么佛教也就不足以兴起，陶弘景、何敬容的议论是釜底抽薪的治本之言。佛教对国家的祸害，不仅在于浪费金钱、营建塔庙，纵容游手懒惰之民，逃避国家赋役，更重要的是坏人心术、破坏治国之道，其关键就在于似道似佛、虚妄荒诞、空洞无物的淫辞邪说。

我论述过这样的观点，自古及今有三大祸害，即老庄的道学、佛教以及申不害、韩非的法家学说。三种说教导致的祸害虽然不一样，但相互沿袭产生的最终后果，都必定是归于一途。三者如果不是相辅相济，那么祸害还不深，一旦三者相互融合而且相沿相承，其造成的祸害就至为惨烈。庄子的道家学说如果得以泛滥，就会使人放纵从而丧失心志，这就是何晏、王弼之所以败亡的原因；节取其学说的大略而不至于放纵安逸而无为，则可以使经过苛政繁法浩劫的天下得以休养生息，古圣先王之道虽不足以大兴，却仍足以使天下小康，汉朝文景之治就是如此。至于像后世道教徒张道陵、寇谦之、叶法善、林灵素、陶仲文之流，他们简直就是巫师。行施巫术又假托老庄之学，实际并非老庄。佛教修建塔庙以供奉胡人（外族）的鬼怪，设斋摆供以事奉和尚，敲钟吹号、烧香念咒，也有巫术之风，其创道设教并非为了欺骗人民，却因此堵塞了仁义之道。佛教刚传入中国，是用来欺骗愚昧小民的，也仅此巫术罢了。因此对其学说迷信得浅，导致的祸害也不大，后赵石虎敬奉佛图澄，后秦姚兴敬奉鸠摩罗什，以及梁武帝为了高僧同泰而劳民伤财大兴佛事，都是这样的情况。祸害没有深入影响到人的内心，没有对国家命脉造成致命影响，何足为影响深远的心腹大患呢？佛教的大祸患在于深入沉溺其教义，但以西方夷人（印度佛教徒）愚钝鄙陋，尚无法达到这种程度。自晋朝以后，清谈玄学的士大夫开始附会于老庄道学，进而蔑视、凌辱忠孝道义，败坏端方纯正的学说，公然开始与儒家之道相抗衡。唐宋以后，李翱、张九成之徒，又诬蔑圣人关于人性、天命之旨归，把佛教学说窜入其中，从而混乱圣人之学。按照他们的论调，把父母之爱作为贪痴恶业的本障（根源），这样便成全了狠毒凶残的枭雄，即一生下来就吃其母的獍的大逆行径，可是俗浅之儒生却狂妄昏惑、精神错乱，不知其恶果，竟然乐意以此牺牲儒家之正道。因此，他们将无善恶之分、消除人伦、灭绝天理的大逆不道，称作“良知”；以事无所滞碍的邪恶行为和纵情恣欲无有限度的率性之举，以人相法相双空来证入圣果；从而以礼义廉耻作为桎梏羁绊，以君臣父子的伦理纲常作为障碍，以无所不为作为游戏，可为蛮夷戎狄，可为盗贼寇仇，随类现身，以为方便。这些无一不是以庄子的议论为基础，无一不是以佛教教义为宗旨。萧梁的宗室子弟之所以同室操戈、自相残杀，导致国亡家破，根源正在于此。后世俗儒，相互沿袭影响上千年，灭绝人伦，招致匪类。唉！其为祸惨烈啊！这正是陶弘景、何敬容之所痛心和长叹的，难道他们仅仅是叹息其营造金碧辉煌的寺庙，肆意挥霍，坐食国课，骄奢淫逸，为国家人民的蟊贼螣虫吗？

佛、道二教固然与申、韩的法家学说相对垒，但人之有心，犹如水面一样容易被激起波澜，对人心的激荡哪有使其平定无波的？内心一旦失去其大中至正的标准，就会此倡而彼随，此响而彼应，快速得到报应，进而相济相成。佛教、道教与申、韩的法家学说，就好像鼙鼓相应一般，如果以申、韩的法家学说应之，相对来说与治国之道更为相近。汉朝的所谓酷吏，在后世就是所谓的贤明大臣，到了这样的地步，就会使得民众懦弱者无法生存，而豪强者沦为寇贼，最终导致人民生灵涂炭，国家衰亡。唉！他们所信奉的是佛教、道教，所推行的则是申、韩的法家政治。所以朱异因此导致了梁朝的灭亡，王安石、张商英则造成了宋朝的祸乱。为什么这样说呢？如果清静无为、孤寂因循达到严重的地步，各种作为、法度必定无法实施，如果一切都听命于统一的法令，并督责天下人去实行，而自己安享其功，然后不必再操心兴革而自然遂其心愿。其上以法家学说治国，其下必以佛、道之教理民。所以，张居正以严苛的法度治理天下，而王畿、李贽之流却在下面更加横行无忌。为什么呢？人人都异常恐怖，感到自危，就会反而托迹于玄虚以逃避罪责，法律严苛而民怨沸腾，从而喜欢那些叛弃君亲的佛、道学说，使得心亡而罪灭，也可以说是叛逆行为都湮没无闻了，本不伤其本无一物的天真童心。由此而论，祸乱由于法家的政治造成，其发展必然惨烈，如起源于佛、道学说，也必然产生危害，而佛教的淫邪说教，由于附会于老庄学说才大肆泛滥。端正根本的办法，必须从根绝玄虚之风开始，至于小小的巫术鬼怪、奢侈淫靡的风气，并非难以根除。陶弘景、何敬容这两位先生舍弃佛说并憎恶玄谈的行为，不能说是不知根本啊！

本事：《资治通鉴》卷一五七《梁纪十三·武帝》，大同二年（536）。

二六　治道与文章

苏绰之制治法，非道也，近乎道矣。宇文泰命绰作《大诰》，为文章之式，非载道之文也，近乎文矣。其近焉者，异于道方明而袭之以饰其邪伪也，谓夫道晦已极，将启其晦，不能深造，而乍与相即也。天下将向于治，近道者开之先，此殆天乎！非其能近，故曰近道。天开之，使以渐而造之，故曰乍与相即也。

治道自汉之亡而晦极矣。非其政之无一当于利病也，谓夫言政而无一及于教也。绰以六条饬官常，首之以清心，次之以敷化，非其果能也，自治道亡，无有以此为天下告者，而绰独举以为治之要领。自是而后，下有王仲淹，上有唐太宗，皆沿之以起，揭尧、舜、周、孔之日月而与天下言之，绰实开之先矣。文章之体，自宋、齐以来，其滥极矣。人知其淫艳之可恶也，而不知相率为伪之尤可恶也。南人倡之，北人和之，故魏收、邢子才之徒，与徐、庾而相仿佛。悬一文章之影迹，役其心以求合，则弗论其为骈丽、为轻虚而皆伪。人相习于相拟，无复有由衷之言，以自鸣其心之所可相告者。其贞也，非贞也；其淫也，亦非淫也；而心丧久矣。故弗获已，裁之以“六经”之文，以变其习。夫苟袭矣，则袭“六经”者，亦未有以大愈于彼也，而言有所止，则浮荡无实之情，抑亦为之小戢。故自隋而之唐，月露风云未能衰止，而言不由衷、无实不祥者，盖亦鲜矣，则绰实开之先矣。宇文氏灭高齐而以行于山东，隋平陈而以行于江左，唐因之，而治术文章咸近于道，生民之祸为之一息，此天欲启晦，而泰与绰开先之功亦不可诬也。非其能为功也，天也。

呜呼！治道之裂，坏于无法；文章之敝，坏于有法。无法者，惟其私也；有法者，惟其伪也；私与伪横行，而乱恶乎讫！胡元之末，乱极矣，而吴、越之俊士，先出其精神以荡涤宋末淫靡繁乱之文，文章之系亦大矣哉！六代之敝，敝于淫曼；淫曼者，花鸟锦绮为政，而人无心。宋之敝，亦敝于淫曼；淫曼者，多其语助，繁其呼应，而人无气。无心而人寻于篡弑，无气而人屈于禽狄。徐、庾、邢、魏之流波，绰挽之矣。孰有能挽苏洵、曾巩之流波者乎？俟之来哲。

【译文】

西魏大行台度支尚书苏绰所革新创制的国家法令制度，虽完全不符合儒家的政治理想，却也近乎儒家礼仪纲常了。执政的宇文泰命令苏绰作《大诰》，作为文章的通行格式，并非载道之文，却近乎华美而有文采。说其近乎正道，是因为它与那种于天下清明、道德淳厚之时却沿袭其外表以掩饰自己奸邪虚伪的文章不同。由于道义被隐晦不显已达到极点，将要开启隐晦而见显明，但不可能立即深入精微之境界，而刚刚与之相接近。天下将归于大治，近乎道义者开其风气之先河，这大概是天命使然吧？并非说其近乎正道，所以称作近道。上天开导和启迪之，使其循序渐进，逐步达到合乎正道，所以称作刚刚与之相接近。

治国之道自汉朝灭亡以后就隐晦至极。这并不是说其为政无一件切中要害，而是说议论政事的人没有一句涉及教化。苏绰以六条诏书（治心身、敦教化、尽地利、擢贤良、恤狱讼、均赋役）整饬吏治，首先是澄清其心，其次是施行教化。并不一定真能做到这些，但自从治道消亡，从来没有人以此诏告天下，独有苏绰把这些列举为政治纲领。从此以后，在臣下则有隋朝的王通（字仲淹，号文中子，著有《中说》），皇帝则有唐太宗李世民，都是沿袭这一做法而兴起，拂去蒙在唐尧、虞舜、周公、孔子古圣先王之道上面的尘污，使之如日月一样光照人间。与天下人共谈治国之道，苏绰实在具有开风气之先河的功劳。文章的体裁，自南朝刘宋、萧齐以来华而不实、散漫无制，已达到了极点。人们都知道奢华、艳丽之风的可恶，而不知道前后相继刻意模仿、作伪尤其令人憎恶。南朝士人倡导这种风气，北朝的士人也附和响应，所以像北朝的魏收、邢子才之流，与南朝的徐陵、庾信等人的风格相近。把一篇文章树为典范，然后凝心聚神进行模仿以求合乎潮流，这样不论是骈俪之体，还是轻虚之作，都是虚情假意的伪文。人们都习惯于模仿，就再也没有发自内心的言论，以表达其真实情感、以告知世人。说他贞节，也并非贞节；说其淫邪，也并非淫邪，而是他丧失本心已经很久了。因此已没有办法改变现状，只有用“六经”之文规范其风格、改变其陋习。姑且要模仿沿袭的话，就模仿“六经”之文好了。虽然没有什么比原来的作伪仿效之风可称道的，但言有所止，那么浮荡无根、华而不实的情形，也可能会略微有所收敛。所以从隋朝到唐朝，虽然吟咏月露风云的文风未能衰颓消亡，但言不由衷、空洞无物的骈体伪文，已经很少见了，苏绰的确是开其先河。宇文氏的北周灭掉高氏的北齐之后，这一风气又流行于东部地区，隋文帝灭掉南朝陈，统一全国后，又流行于江南，唐朝沿袭下来，从而使治国之道、文章之体都近于正道，人民的灾祸得以缓解，这是上天要开启隐晦，归于光明，而宇文泰和苏绰的开先之功不可磨灭。并不是他们能立此大功，而是天意使然。

唉！治国之道的破坏，坏于没法度，而文章风气的凋敝，则坏于有定式。没法度，掌权者就会营私舞弊；有定式，创作者就会模仿作伪。营私舞弊、模仿作伪横行无忌，那么祸乱怎么能够避免和停止呢？元朝末年，天下混乱至极，而江南吴、越地区的豪杰才俊，首先振奋精神，对宋末以来淫靡奢华、空虚繁乱的文风痛加涤荡，可见文章风气的作用是多么重大啊！六朝（东吴、东晋及南朝宋、齐、梁、陈）文风的凋敝，根源在于浮靡奢华，浮靡奢华就是以花鸟风月、锦绣华美为主流，而缺少心志和气节。宋朝文风的衰敝，根源也在于浮靡奢华，其浮靡奢华则表现为语助很多，呼应纷繁，而缺乏阳刚之气、豪壮之节，没有心志则人人相寻于篡位弑君，没有气节则人人屈从于禽兽夷狄。南北朝徐陵、庾信、邢子才、魏收所泛滥的流毒余波，苏绰已挽转回来了。谁又能挽回宋朝苏洵、曾巩所泛滥的流毒余波呢？要等待后来的哲人俊杰了。

本事：《资治通鉴》卷一五九《梁纪十五·武帝》，大同十一年（545）。

二七　为政要全国体、存士节

贺琛上书论事，其他亦平平耳，最要者，听百司莫不奏事，使斗筲（shāo）诡进，坏大体以窃威福，此亡国败家必然之券也。妄言干进者，大端有二：一则毛举小务之兴革也；一则钩索臣下之纤过也。若此者，名为利国，而实以病国；名为利民，而实以病民；害莫烈焉。

法虽善，久而必有罅漏矣，就其罅漏而弥缝之，仍一备善之法也。即听其罅漏，而失者小，全者大，于国民未伤也。妄言者指其罅漏以讥成法，则必灭裂成法而大反之，歆之以斯须之小利，亦洋洋乎其可听矣。不知百弊乘之，蠹国殃民而坏风俗，此流毒于天下而失民心之券也。贤者之周旋视履而无过者亦鲜矣，刚柔之偏倚，博大谨严之异志，皆有过也。贪廉之分，判于云泥，似必不相涉矣，而欲求介士之纤微，则非夷、惠之清和，必有可求之瑕璺（wèn）。君天下者，因其材，养其耻，劝进于善，固有所覆盖而不章，以全国体、存士节，非不审也。乃小人日伺其隙，而纠之于细微，言之者亦凿凿矣，士且侧足求全而不逸于罪罟，则人且涂饰细行以免咎，曲徇宵小以求容，而锲刻之怨，独归于上，此流毒于荐绅而失士心之券也。民心离，士心不附，上有余怨，下有溢怒，国家必随之以倾。

故非舜之智，不能取善于耕徒钓侣也；非孔子之圣，不能择善于同行之三人也。是以垂纩塞耳，垂旒（liú）蔽目，心持天下之大公，外杜辩言之邪径，然后润色先型，甄别士品，民安于野，吏劝于廷。至治之臻，岂其察小辨微之琐琐者哉！周德长而秦祚短，非千秋之永鉴与？武帝不纳琛之格言，而为之辞曰："专听生奸，独任成乱。乃二世之委赵高，元后之付王莽。"抑岂知秦法密而后赵高得志，王莽秉国，颂功德者皆疏贱之吏民邪？琛言未冷，梁社旋亡，图存保国者，尚以察察为戒哉！

【译文】

南朝梁大臣贺琛上书言事，其他的建议都持论平平，无甚可言者，最重要的就是听任各级、各类官员都可以上书奏事，从而使才识短浅的人都以诡道进用，破坏国家大体以窃取权位，擅作威福，这是亡国败家必然的标志。虚妄上言以求进用的，大体上有两种情况：一是广泛列举细枝末节的政务兴革；二是吹毛求疵，钩稽大臣们的微小过失并大做文章。像这样的情况，名为有利于国家，其实是有害于国家；名为有益于人民，其实是有害于人民，祸害没有比这更严重的了。

法律即使很完善，但行之既久不免有纰漏，针对这些漏洞进行补救，仍然不失为一种使法律完备周详的良法。即便听任其出现漏洞而不加弥补，就全局而言，损失也是小的，得到周全的还是大的，于国于民都没什么妨害。如果妄加指责，指其纰漏进而攻击国家的既定成法，这样必然毁坏成法反其道而行之。企图从中获得斯须小利，并为其言可采纳而扬扬得意，却不知各种弊端乘之而产生，祸国殃民，败坏风俗。这种流毒于天下，就会成为失掉民心的标志。贤明的大臣在这种周旋往复视其行迹的监察甚至指斥下，没有过失的也很难见到了，为政刚直或宽柔的，则指斥其有所偏倚；为政博大或谨严的，则弹劾其有野心，全都有过错。贪婪和廉洁的区分，就像天上的云彩和地下的泥土一样判然有别，似乎没有什么关涉了，但欲加之罪，何患无辞。以此寻求耿介之士的微小过失，那么如果没有伯夷、柳下惠的清正和气，必定白璧微瑕、贻人口实。君临天下的人，根据臣下的才干，培养其廉耻之心，劝诫、勉励使其背恶向善，自然要有所掩饰而不让他的一切优劣之处都显露无遗，以全国之大体，以存士人志节，并不是不加分辨。可是这些卑鄙小人却每时每刻都在等待机会，以揭发他们的细微缺失，言之凿凿，这样官吏士大夫都要求全责备，无人能幸免于罪责刑罚。于是，人们致力于粉饰一言一行，以免罪罟；曲意顺从奸佞小人，以求宽容，从而使天下的怨愤全都归咎于皇上。这种风气流行并毒害缙绅阶层，是国家失去官员士大夫之心的标志。民众之心离散，士大夫之心不归附，上有余怨、下有余怒，国家一定会随之而亡。

因此，非有虞舜的智慧，不可能使天下的农民渔夫都称善；非有孔子的圣明，不可能从同行的三个人中选拔出最贤明的人才。所以，用棉絮塞住耳朵，悬垂的玉串遮蔽了双眼，内心秉持天下之大公，外则杜绝辩驳议论的邪路，然后补偏救弊，完善国家成法，甄别士大夫的流品，使老百姓各安其业，各级官吏勤于政事。要达到天下大治，难道能依靠那些察小辨微的烦琐议论？周朝功德绵长，而秦朝国祚短暂，难道天下后世不应永远引为鉴戒？梁武帝不采纳贺琛的建议，推辞说："偏听专信容易产生奸佞，专权独任容易导致祸乱。秦二世委国政于赵高，汉元帝的王太后将大权托付给王莽，都是前车之鉴。"他哪里知道因为秦朝法律严密而后赵高才得以弄权丧国；王莽执政，对其歌功颂德的都是疏陋卑贱的官吏和小民呢？贺琛的言论刚刚说过，梁朝不久便灭亡了，要图存保国，应当以此为戒啊！

本事：《资治通鉴》卷一五九《梁纪十五·武帝》，大同十一年（545）。

二八　梁武帝的智愚明暗

神智乘血气以盛衰，则自少而壮，自壮而老，凡三变而易其恒。贞于性者正，裕于学者正，则藏之密，植之固，而血气自盛，智不为荡；血气自衰，智不为耗；卫武公之所以为睿圣也。

梁武帝之初，可谓智矣。裴叔业要之北奔，则知群小之害不及远；萧颖胄欲请救于魏，则知示弱戎狄之非策；萧渊藻诬邓元起之反，则料其为诬；敕曹景宗下韦叡，则知师和必克。任将有功，图功有成，虽非宋武之习兵而制胜，而其筹得丧也，坚定而无回惑，于事几亦孔晰矣。至其受侯景之降，居之内地，萧介危言而不听；未几，听高澄之绐（dài），许以执景，傅岐苦谏而不从；旋以景为腹心，旋以景为寇仇，旋推诚而信非所信，旋背约而徒启其疑，茫乎如舟行雾中而不知所届，截然与昔之审势度情者，明暗杳不相及；盖帝于时年已八十有五矣，血气衰而智亦为之槁也。

智者，非血气之有形者也，年愈迈，阅历愈深，情之顺逆，势之安危，尤轻车熟路之易为驰也，而帝奚以然也？其智资于巧以乘时变，而非德之慧，易为涸也。且其中岁以后，薰然于浮屠之习，荡其思虑。夫浮屠既已违于事理矣，而浮慧之流，溢为机变，无执也，可无恒也；无碍也，可无不为也；恍惚而变迁，以浪掷其宗社人民而无所顾恤，斯岂徒朱异、谢举之荧之哉？抑非老至耄及之神智衰损之为也，神不宅形，而熟虑却顾之心思，荡散而不为内主矣。夫君子立本于仁义，而充之以学，年虽迈，死则死矣，智岂与之俱亡哉？

【译文】

人的神智随着血气的刚柔强弱而显现出盛衰变化，因而从少年到壮年、从壮年到老年，共经历三次变化而改变其常态。人的本性坚贞不移，堪称正道，通过学习涵养通达道义，亦堪称正道，这样本性隐藏得秘密，后天培植得牢固，血气变得强盛，神智也不受波动；血气变得衰弱，神智也不被损耗，这就是春秋时代卫武公之所以被称为睿智圣明的人的原因。

梁武帝萧衍，当初可以说是大智之人。裴叔业邀请他一起北逃投奔北朝，以避免受到奸佞小人的迫害，他知道奸佞小人的迫害不会长久，因而拒绝；萧颖胄想向北魏请求援救，他知道向戎狄示弱并非上策；萧渊藻诬陷邓元起谋反，他料到这必是诬蔑；敕令曹景宗尊重韦叡，他知道军队的将领团结一心，定能旗开得胜。任用将领出征，必然会奏捷而还；图谋一件功勋，一定会如愿以偿。虽然他不像宋武帝刘裕那样熟习军阵、出兵制胜，但他筹划用兵得失，坚定而不犹豫彷徨，对事情几乎洞若观火。至于他接受侯景的投降，让侯景率所部居于内地，萧介危言进谏却不予理睬；不久，又听信高澄的欺骗，准许逮捕侯景，傅岐苦苦劝谏而不听。一会儿以侯景作为心腹，一会儿又把他作为寇仇；一会儿推心置腹而相信不可信的话，一会儿又背弃旧约白白地使人猜疑。朝令夕改，举棋不定，就像是小船在大雾中的海上飘荡，不知所止。这与当初的他审势度情、胸有成竹，真是截然相反。其圣明与昏庸简直判若两人，这大概是因为梁武帝当时已达到八十五岁高龄，血气衰弱，而神智也因此枯萎了。

人的神智，并不是像血气那样有形的东西，年龄越大，阅历越是丰富，情理的顺与逆、形势的安与危，尤其轻车熟路，易于驾驭驱驰。可是梁武帝为何不是这样呢？他的智慧主要是凭借机巧以乘时观变，而不是道德标准上的深层智慧，因而容易干涸衰退。而且他自从中年以来，受到佛教风习熏染，思虑放纵。本来佛教学说已经违背了事理，而才智浮浅的人又增益为机谋权变，这样无所执念，就可以没有恒定的思想；无所违碍，则又可以无所不为，恍恍惚惚、随波逐流，从而轻易地断送江山社稷、国家人民而无所忧虑，这难道仅仅是朱异、谢举等人欺蒙蛊惑的结果吗？也不是因为年事高迈、神智衰退劳损造成的，人的神智并不一定以身形为依附的主体，而深思熟虑、瞻前顾后、左顾右盼的反复心思，激荡耗散已不为内心所支配了。正人君子立身以仁义为本，而以学识充实之，年龄虽老，死就死了，神智难道能与之一起消亡吗？

本事：《资治通鉴》卷一六一《梁纪十七·武帝》，太清二年（548）。

二九　其学不仁，其教无义

父子兄弟之恩，至于武帝之子孙而绝灭无余矣。唯萧综凶忍而疑于东昏之子，其他皆非蜂目豺声如商臣，帝亦未有蔡景之慝。所以然者，岂非慈过而伤慈之致哉？正德之逆也，见帝而泣；萧纶之悖也，语萧确而亦泣。绎也、范也、誉也、詧也，虽无致死以救君父之心，而皆援戈以起。然而迁延坐视，内自相图，骨肉相吞，置帝之困饿幽辱而不相顾也。且其人非智可谋，无勇可鼓；而大器之笃孝以安死，方等之忘身而自靖，咸有古烈士之风焉。叙之以礼，诲之以道，约之以法，掖之以善，皆王室之辅也；抑岂若晋惠之愚、刘劭之凶，不可革易也乎？慈而无节，宠而无等，尚妇寺之仁，施禽犊之爱，望恩无已，则挟怨益深，诸子之恶，非武帝陷之，而岂其不仁至此哉？

而不但此也，人主之废教于子者，类皆纵之于淫声美色狗马驰逐之中。而帝身既不然，教且不尔，是以诸子皆有文章名理之誉，而固多智数。然而所习而读者，宫体之淫词；所研诸虑者，浮屠之邪说；二者似无损于忠孝之大节，而固不然也。子不云巧言鲜仁？则言巧而仁忘，仁忘而恩绝矣。若浮屠者，以缘生为种性，自来自去于分段生死之中，父母者，贪欲痴爱之障也，以众生平等视之，见其危亡，悲愍而已，过此又奚容捐自有之生缘以殉其难乎？二者中于人心，则虽禽呴（xǔ）鱼沫，相合以相亲；而相离以相叛，不保之于势穷力蹙之日矣。然则谓帝慈之已过者，非果慈也，视其子无殊于虎，以大慈普摄投身饲之而已。其学不仁，其教无义，虽得天下，不能一旦居，岂有爽与？

【译文】

父子兄弟之间的恩情，到了梁武帝萧衍的子孙时已灭绝无余了。在萧衍的子孙中，只有豫章王萧综凶狠残忍，令人怀疑是萧齐东昏侯萧宝卷的遗腹子，其他人都不是像楚穆王商臣那样目似黄蜂、声如豺狼的恶人。梁武帝也没有像蔡景侯那样的邪恶。之所以导致这样的结果，难道不是由于过分慈爱而伤其慈爱之心的缘故吗？梁武帝的侄子萧正德大逆不道，见到梁武帝就哭泣；其子萧纶狂悖暴戾，但与他的次子萧确说话时也哭泣不止。至于其子萧绎、其侄萧范以及其孙萧誉、萧詧，在梁武帝落难时，虽然没有赴汤蹈火营救君父的必死之心，但也都起兵救援。然而迁延时日，坐视危局，宗室内部各怀异志、骨肉相残，置梁武帝于拘禁、饥饿、凌辱之中而不顾。况且，他们并不是没有可以筹谋的智慧、没有可以鼓荡的勇气，像其孙萧大器笃于孝而视死如归，萧方等忘身报国而溺水而死，都有着古代忠烈之士的风节。如果能够用礼教引导他们、用道义教诲他们、用法纪约束他们、用善行鞭策他们，就都可能成为王室的坚强辅弼。他们难道有像晋惠帝司马衷的愚蠢、宋文帝太子刘劭的凶残那样的本性而无法改变吗？慈爱而不加节制、宠信而不加区别，而以宫中妃嫔、太监之仁，施以禽鸟、牛犊之爱，使子孙期望恩典而无有底止，那么挟私报怨也就更深更大。诸子的为恶，不是梁武帝自己招致的，难道是他们自己不讲仁义到了这样的地步吗？

不仅如此，君主对其子孙的教导失范，一般都是放纵他们于淫声美色、犬马驰逐之中。梁武帝本身既不是这样，其对子孙的教育也不同于此，所以诸子也都有精于文章名理的称誉，而且多有才智谋略。但是他们平日诵读的书，都是些宫体的淫秽词曲；所研究思考的道理，都是佛教的异端邪说。这两个方面表面看起来无损于忠孝仁义的大节，但本质上却并非如此。孔圣人不是说巧言善辩很少符合仁义吗？就是说言语乖巧就忘记了仁义，忘却仁义也就丧失了恩情。例如佛教，以缘生（一切事物皆由众缘和合而生）作为禀受于先天的本性，自来自去于分段生死、六道轮回之中，父母乃是贪欲痴爱诸恶业的孽障，作为众生而平等看待，见到父母危亡也只是悲伤忧愁罢了。除此之外，怎能够捐弃自己的生命而为之殉节呢？宫体词曲、佛教邪说如果深入人心，那么即便是鸟兽虫鱼，也可以相合与相亲；却不能保证在势穷力衰之时不会相离和相叛。虽然如此，说梁武帝慈爱子弟还是过分了，他并不是真正的慈爱，只是把子孙看作与老虎一样，而以大慈大悲、普度众生之心舍身饲之罢了。其所学不仁不义，其所教无君无父，虽然得到天下，却不能统治一时，难道不是这样吗？

本事：《资治通鉴》卷一六二《梁纪十八·武帝》，太清三年（549）。

简文帝

一　治末与治本

至治之世无请托，至乱之世无请托，故嘱托之禁，虽设于律而不严，以其非本治也。汉灵帝立三互之法，高洋赏房超棓杀赵道德请托之使，命守宰设棓以捶杀属请之使，盖其时请托公行，狱讼大乱，有激而然也。

至乱之世，守宰专利于己，恶民之行赂属请而不荐贿于己，则假秉公守法以总货贿于一门。上既为之严禁矣，虽致怨于人，而可弗惧，无有敢挢（jiǎo）举其污者也。

刘季陵不与公府之事，而陈蕃诮之，季陵正也，蕃非正也。然蕃且有辞于季陵矣，其时请托盛行，而季陵孤也。至治之世，在官有养廉之典，退居有尸祝之尊，贤士大夫亦何忍以身纳于垢浊？而乱世不能也。于是而擅利淫刑之守，亢厉以为能，请托绝而贿赂益滥，况乎绝其所绝而不能绝其所不绝者哉？任守宰而重其廉隅，教行而俗美，请托不足禁也。禁之而民之枉也益甚，灵帝之世是也。若高洋乐杀人以逞威，又无足论已。

【译文】

最清明的治世没有请托之弊，最浑浊的乱世也没有请托之弊。所以，关于请托的禁令，虽记载在法律之中却无法严厉执行，因为这不是治本之法。汉灵帝设立三互法（即为官回避制度，谓婚姻之家及两州之人不得交互为官），北齐文宣帝高洋赞赏黎阳太守房超棒杀赵道德请托的使者，并命令守令大臣设置棓棒以捶杀请托的使者，这是因为当时请托公行、狱讼大乱，导致他不得不如此行事。

最浑浊的乱世，守令大臣都专门利己，憎恨民众的贿赂请托不行于自身，于是假借秉公执法的名义使贿赂都归于自己一门。上面虽然有严厉的禁令进行惩治，但即使导致他人怨恨，也没什么可怕的，因为没有人敢于揭发这种污浊行为。东汉的刘季陵从蜀郡太守辞职回乡后不参与官府之事，可是陈蕃却讥讽他，应该说刘季陵是对的，陈蕃是不对的。陈蕃却有借口攻击刘季陵，因为当时请托之风盛行，刘季陵清正廉洁、孤立无朋。最清明的治世，士人在职为官时有养廉的典制，退居在家则有主持祭祀的尊崇，贤明的士大夫怎么忍心以清白之身藏污纳垢呢！但身在乱世却不能做到这一点。因此擅权嗜利、滥用刑罚的官吏，刚强严苛而以为贤能，请托虽绝而贿赂更加泛滥，何况再断绝已断绝了的请托，又不能根绝无法断绝的贿赂呢？任命守令大臣时注重其清廉的操行，就会使教化大行、风俗淳美，请托之弊不必严禁而自然断绝。如果禁绝请托，则民众的冤屈更加严重，汉灵帝时就是这样。至于像北齐文宣帝高洋那样乐于杀人而逞其威风，就不值得评论了。

本事：《资治通鉴》卷一六三《梁纪十九·简文帝》，大宝元年（550）。

二　寓兵于农的是非

唐之府兵，言军制者竞称其善，盖始于元魏大统十六年宇文泰创为之。其后籍民之有才力者为兵，免其身租、庸、调，而关中之强，卒以东吞高氏，南并江陵。隋、唐因之，至天宝而始改。人胥曰府兵改而边将骄，故安、史乱，河北终不能平，而唐讫以亡。而不知其不然也。府兵不成乎其为兵，而徒以厉民，彍（guō）骑虽改，而莫能尽革其弊，唐乃无兵而倚于边将。安、史之乱，府兵致之也，岂府兵不改而安、史不乱，安、史乱而府兵能荡平之也哉？

三代寓兵于农，封建之天下相承然也。周之初，封建亦替矣，然其存者犹千八百国也，外无匈奴、突厥、契丹之侵逼，兄弟甥舅之国，以贪愤相攻而各相防尔。然忿忮一逞，则各驱其负耒之愿民以蹀血于郊原。悲夫！三代之季，民之瘅（dàn）以死者，非但今之比也。禹、汤、文、武之至仁，仅能约之以礼而禁其暴乱，而卒无如此斗农民以死之者，何也？上古相承之已久矣，幸而圣王善为之法，以车战而不以徒战，追奔斩馘，不过数人，故民之死也不积。然而农民方务耕桑、保妇子，乃辍其田庐之计，奔命于原野；斲其醇谨之良，相习于竞悍；虔刘之，爚乱之，民之憔悴，亦大可伤矣！至于战国，一战而斩首者至数十万，岂乐为兵者哉？皆南亩之农夫，欲免而不得者也。汉一天下，分兵民为两途，而寓兵于农之害乃息。俗儒端居占毕而谈军政者，复欲踵而行之，其不仁亦惨矣哉！身幸为士，脱耒耜之劳，不耕而食农人之食，更欲驱之于白刃之下，有人心者，宜于此焉变矣。

宇文泰之为此也，则有说也。据关中一隅之区，欲并天下，乃兴师以伐高洋。不战而退，岂畏洋哉？自顾寡弱而心早寒也。南自洛、陕，西自平阳，北极幽、蓟，东渐青、兖，皆洋之有。众寡之形，相去远矣。且梁氏方乱，抑欲起而乘之以吞襄、郢，而北尚不支，势不足以南及。虽前乎此者，屡以寡而胜众，而内顾终以自危。故其所用者，仍恃其旧所习用之兵，而特欲多其数以张大其势。且关中北拥灵、夏，西暨河、湟，南有武都、仇池、羌、氐之地，虽耕凿之甿，皆习战斗，使充行伍，力足而情非不甘，泰可用权宜以规一时之利，未尽失也。若夫四海一，战争休，为固本保邦之永计，建威以销夷狄盗贼之萌，则用武用文，刚柔异质，农出粟以养兵，兵用命以卫农，故分途而各靖。乃欲举天下之民，旦稼穑而夕戈矛。其始也，愚民贪免赋免役之利，蹶起而受命；迨其后一著于籍，欲脱而不能。故唐之府兵业更为彍骑矣，乃读杜甫《石壕》、“三别”之诗，流离之老妇，宛转于缧绁（léi xiè）；垂死之病夫，负戈而道仆；民日蹙而兵日窳，徒死其民。而救如线之宗社者，朔方边卒、回纥援兵也。然则所谓府兵者，无益于国而徒以殃民，审矣。

不能反三代封建之制，幸而脱三代交争之苦，农可安农，兵可安兵，天别之以材，人别之以习，宰制天下者，因时而利用，国本坚而民生遂，自有道矣。占毕小儒，称说寓兵于农而弗绝，其愚以祸天下，亦至此哉！农之不可兵也，厉农而只以弱其国也；兵之不可农也，弱兵而只以芜其土也。故卫所兴屯之法，销天下之兵而中国弱，以坐授洪图于异域，所由来久矣。且所谓屯田者，卤莽灭裂，化肥壤为硗（qiāo）土，天下皆是也，可弗为永鉴乎！

【译文】

对于唐代的府兵制度，议论军制的人竞相称其善。这种制度是西魏大统十六年（550）由宇文泰创立的。此后宇文氏按户籍征发有才力的农民当兵，免除其自身的租、庸、调负担，从而使占据关中之地的北周政权实力大增，最终向东吞并了高氏的北齐政权，向南兼并了南朝的江陵（今湖北荆州）地区。隋朝、唐朝相继沿袭了这一制度，直到唐玄宗天宝年间（742—755）才被改变。人们都认为府兵制的改变，使边境将帅骄横跋扈，导致安史之乱发生，而河北地区的藩镇割据不能平定，唐朝政权也趋于灭亡，却不知道事实的真相并非如此。府兵不能形成真正意义上的兵，只是白白地危害人民，虽然后来改成了彍骑兵，但仍不能完全消除其弊端，结果导致唐朝没有可依赖的兵力，只好倚靠边将。安史之乱，是由府兵制造成的，怎么能说府兵制度不改就不会引起安史之乱，而且即使发生安史之乱府兵也能够一举荡平呢？

夏、商、周三代实行寓兵于农的制度，这是由分封建藩的国家政体演变所决定的。周朝初年，分封制度已经趋于衰弱了，但仍然存有一千八百个大小诸侯国，外部又没有后世的匈奴、突厥、契丹等异族侵逼，各诸侯之间都是兄弟甥舅之国，只是为避免双方贪求土地、激于义愤而相互攻击，而各设兵备加以防范；但是因含愤妒忌而一逞其欲，也有各自驱使其手拿农具的民众相互攻击，喋血于原野沙场的。可悲啊！三代的末期，人民因战争而死的，不是今天所能比的。夏禹、商汤、周文王、周武王这些至为仁慈的明君，只能用礼义约束其民、禁止暴乱，而终究难以避免农民为战争而死，这是为何呢？寓兵于农自上古以来世代相承已经很久了，所幸有这些圣明的君主善为管控运用军制，以车战而不用人徒手相搏，这样追奔斩杀，也不过死几个人而已，所以死于战事的人还不多。但是，农民正忙于耕织劳作，保护其妻子儿女，却让他们中断正常营生，奔走效命于疆场；斩断他们淳厚安分的良好风气，相习于强悍竞争；杀害他们、破坏扰乱他们，使人民身处水深火热之中，憔悴疲敝，实在令人悲伤。到了战国时期，一次战役就断送几十万人性命，人民怎会乐于当兵呢？但他们这些田野的农夫，要想免于兵役又没有办法。汉朝统一全国后，将兵与民截然分开，于是寓兵于农的祸害才得以消除。后世的那些浅陋庸俗的儒士只知端居读经却侈谈军国大政，还要沿袭恢复这种制度，其缺乏仁义之心也太狠毒了。他们自身侥幸成为士大夫，摆脱了耕耘劳作之苦，不事耕作而坐享农民收获的粮食，反而要驱使农民喋血沙场，有一点点人心，也应当改变这种制度了。

宇文泰创立府兵制度，有其客观的社会环境。他占据关中一隅之地，又想兼并统一天下，于是兴兵讨伐北齐文宣帝高洋，结果不战而退，难道是害怕高洋吗？并不是，而是自己感到弱小因而心胆早寒。南部从洛阳（今属河南）、陕州（今河南三门峡），西部从平阳（今山西临汾），北边直达幽州（今北京西南）、蓟州（今天津蓟州），东部延伸到青州（今山东淄博）、兖州（今属山东），这一广大的地区都被高洋所占，强弱众寡的形势，相差太远了。而且南朝萧梁内部正出现混乱，宇文泰又想乘机向南吞并襄阳（今属湖北）、郢（今湖北江陵），这样北边伐齐尚力不从心，势必无力南进。虽然在此以前，宇文泰曾多次以寡敌众、以弱胜强，但是顾念其内部的情境，自己也觉得危险。所以他所用以征讨的，仍然是以前所习用之兵，只是想要增加其数量、壮大其声势罢了。且关中地区北边拥有灵州（今宁夏灵武西南）、夏州（今陕西靖边），西边到达河州（治今宁夏西北）及湟水两岸（今属青海），南有武都（今甘肃武都东南）、仇池（今甘肃成县西北）以及羌人和氐人所居地区。这些地区的民众虽然都是耕田凿井的农夫，却都习于骑射战斗，以他们充实行伍，不仅实力充足，而且情感上也乐意甘心。宇文泰可以采取权宜之计收取一时之利，所以实行府兵制度，寓兵于农在当时为形势所必需，不足为失计。至于到了天下统一之后，战事停止，为巩固根本、保卫国家的长远利益筹划，确立权威以消除夷狄背叛、盗贼丛生的祸端萌芽，那么用武用文，正如刚柔异质，不可混淆。农民交纳税粮以养兵，军队效命疆场以保卫农民，自然应该使兵民分途，各安其职。在这样的环境中，却想让天下之农民白天忙于农事劳作，晚上手持戈矛为兵，保家卫国。起初，愚昧的农夫为贪求免除赋役的小利，纷纷前来受命，等到后来一旦被列入军籍，要想脱籍为民也不可能了。因此，唐朝的府兵更改为彍骑兵之后，再读杜甫的《石壕吏》和“三别”（《新婚别》《垂老别》《无家别》）等史诗，我们看到的是颠沛流离的老妇人躲避官府的拘禁；垂死挣扎的病夫扛着兵器扑倒于道路上；人民日益困窘而军兵日益怠惰，白白地让人民去送死，而能够挽救生命如游丝一般的唐王朝江山的，只有朔方的边军和回纥的援兵。可见所谓的府兵，无益于国家又白白地贻害百姓，的确是如此啊！

既然不可能再返回夏、商、周三代的分封建藩的轨道，幸而又摆脱了三代交相攻伐的苦难，农民可以安于耕织，军队可以安于保卫国家，上天以其才力而区分高下，人们又以其所习而分业谋生，统治天下的人，根据时势需要合理利用，国家的根本牢固，人民的生活顺遂，自有其发展规律。可是那些只知读经的浅薄小儒，却不断地称赞和评论寓兵于农政策的优越性，其愚昧无知而祸害天下，以致达到了这种境地。农民不可以利用为兵，危害农民，只能使国力削弱；兵也不可以利用于农，削弱兵力，只能使其国土荒芜。所以明朝的卫所兴屯之法，削弱天下的兵力而使国家衰败，从而坐视万里江山拱手让于外族，其渊源可谓由来已久。而且所谓的屯田，都是些盐碱草莽之地，把肥沃的良田化为贫瘠之地，天下比比皆是，能不引为永远鉴戒吗？

本事：《资治通鉴》卷一六三《梁纪十九·简文帝》，大宝元年（550）。

三　国无君子则无以立

魏、晋以降，廉耻丧而忠孝泯。夫岂无慷慨之士，气堪一奋者哉？无以自持，而因无以自继，则虽奋而终馁也。持其廉耻以养其忠孝于不衰者，自归诸从容蹈义之君子，非慷慨之能也。于梁之亡而得二君子焉，太子大器及吴兴太守张嵊是已。

吴兴兵力寡弱，而嵊不闲于军旅，然矫举自奋，以弱抗强，岂不足以自暴其忠哉？既无畏死之心，自可与贼争一旦之命，而嵊不为也；虑夫为之而不继，则气挫而志以摇也。徼幸于佹（guī）胜佹败之间，神无定守而不能保其必死之心；知死矣，知死之外无所容心矣，整服安坐，待执而捐生已矣，此嵊之所守也。

侯景之不能容简文与太子明矣，太子可去而不去，不忍离其父也。于景之党未尝屈意，而曰："若必见杀，虽百拜无益也。"神色怡然，及于难而不改其度。死生其命也，忠孝其性也，端凝尊重其道也。既知必死，则崛起于中，若献帝衣带之诏，高贵乡公援戈之举，夫岂不可？而太子不为也。既不欲为，则养晦以冀免于凶逆，以俟外援，亦一道也，而太子抑不为也。臣子之道，居身之节，若是焉止矣，过此则乱矣。不欲自乱以丧己，犹张嵊也，此太子之守也。

二子之守，君子之守也，乐天者也，安土者也，俟命者也，求诸己而不愿乎外者也。呜呼！使太子早正乎位，而得若嵊者以为之辅，朱异何能惑之？侯景何能欺之？高澄何能绐之？而武帝耄以荒，简文弱而忌，同姓诸侯叛君亲而戕骨肉，太子拥储贰之虚名，张嵊守贫弱之僻郡，居无可为之地，虽有可君可相之道而无能为也，天亡梁也。

无能为，则不丧己而永为君子焉已耳。君子者，知之审而居之安也。生死也，成败也，居之安者所不为时势乱也。不乱，而后可以安死；可以安死，而后可以贵生；贵生，而后可以善其败；善其败，而后可以图其成。故晋明帝可以折王敦，谢安可以制桓温，气先定、神先凝也。太子未履晋明之位，张嵊不秉谢安之权，而梁亡必矣。下此则武陵、湘东、邵陵而已矣，柳仲礼、韦粲而已矣，虽矫举以兴，徒速其亡，而何裨焉？国无君子，则无以立，信夫！

【译文】

魏、晋以来，士人的廉耻之心沦丧、忠孝之念泯灭。难道就没有一个慷慨有为之士，其气概可以为之振奋一下吗？有则有之，但因为没有足以自我坚持的毅力和志向，因而无法坚持下去，虽然一度奋发有为，但最终不免意失气馁。秉持廉洁之心，以养其忠孝之节而坚定不衰的，自归之于从容赴义的君子，而不是慷慨之士所能达到的。在萧梁的亡国过程中，涌现出了两位君子，即太子萧大器和吴兴（今浙江湖州）太守张嵊。

当时的吴兴郡兵力弱小，太守张嵊又不熟悉军旅之事，他却毅然举兵奋战，以弱抗强。这岂不是足以表现出他的忠孝之心？既然没有贪生怕死之心，自然可以与敌人拼死一搏，但张嵊没有这样做；考虑到这样做而无法坚持下去，则容易使士气受到挫折，军心因此动摇。如果侥幸于偶然的胜败之间，心神缺乏定力，则无法保持其必死的决心；知道不免于死，除知其必死之外什么也不再想，整理冠服，安坐堂前，等着被抓起来献出生命罢了，这就是张嵊所坚守不殆的操守。

侯景叛乱之后，他不能宽容简文帝萧纲及其太子萧大器，这是显而易见的。太子可以逃离却不逃走，因为不忍心离开父亲。他对于侯景的党羽始终不曾有屈服之意，说："如果一定会被杀，即使百般屈辱也没有用处。"神色安怡，直到遇难都没有改变他的气度。死生是他的命中所定，忠孝是他的本性，端凝尊重是他的处世方式。既然知道自己必死无疑，那么孤注一掷，从内部发动抗击，像汉献帝写下衣带之诏，魏高贵乡公请求援兵救驾，这种行动未尝不可，而太子没有这样做。既然不想从中发动抗击，就韬光养晦，以希望幸免于死难，而等待外援，这也未尝不是一种可取的办法，可是太子也不愿这样做。臣子之道，居身之节，像这样也就算尽到了，超过此界限就混乱了。不想自己混乱而使自己丧命，犹如张嵊一样，这就是太子所坚持的操守。

这二位先生的操守，乃是君子的操守，乐天知命，安土重迁，无为俟命，宁求诸自身而不愿求助于外力。唉！假使让太子早登帝位，并得到像张嵊那样的大臣为辅佐，那么朱异怎能够蛊惑他？侯景怎能够欺蒙他？高澄怎能够哄骗他？梁武帝年迈而宽纵，简文帝柔弱而猜忌，同姓诸王背叛君亲、残杀骨肉，太子只拥有储君的虚名，张嵊只掌管一个贫穷弱小的偏僻小郡，处于无法施展才干、有所作为的地位，虽然具有可以为君、为相的才华，却无法施展，可见是上天要灭亡梁朝啊！

不能有所作为，就不丧失自己的人格而追求永为君子罢了。所谓君子，就是对局势了解得确切，而安居以待命。生与死、成与败，能够安居的人不因时势的变迁而混乱心志。心志不混乱，而后可以安处以待死；能安处以待死，而后可以以生为贵；能以生为贵，而后可以善于对待失败；能善于应对败局，而后才可以图谋成功。所以，东晋明帝可以折服大将王敦，丞相谢安能够制伏大将军桓温，都是意气先定、神志先凝的缘故。太子萧大器没有登上与晋明帝一样的皇位，张嵊也没有掌握谢安那样的大权，所以梁朝的灭亡是注定的。除了太子与张嵊，等而下之的则只有武陵王萧纪、湘东王萧绎、邵陵王萧纶以及柳仲礼、韦粲几个人，虽然他们也都起兵举事，但只是加速其灭亡，有什么作用呢？国中没有君子掌权辅佐皇帝，国家政权就无法巩固，确实如此啊！

本事：《资治通鉴》卷一六二《梁纪十八·武帝》，太清三年（549）；卷一六四《梁纪二十·简文帝》，大宝二年（551）。

元帝

一　梁元帝自取灭亡

元帝忌岳阳王詧而欲灭之，遂失襄阳，襄阳失而江陵之亡可俟矣。及武陵王纪称帝于成都，复请于宇文泰使袭纪，而成都又入于周，则江陵未有不亡者。非宇文能取之，皆自亡也。蜀亡，江陵陷，襄阳北折而为宇文之先驱，江左之能延数十年者，幸也。高齐未灭，关中之势未固，宇文之篡未成，故犹幸而存也。夫地利非有为者之所恃，固已，曹操据兖州四战之地而制群雄，李势、谯纵据蜀而江东不为动摇。虽然，得地利而人不和，地未可恃；人不和以内溃，未有能保其地利者；失地之利，而后其亡也必也。故非英雄特起，视天下无不可为者，则地利亦其所必争。梁元残忍忿戾，捐地利以授人，而卒以自灭，其明验矣。

梁之不知以内溃，非武陵、岳阳之罪也。元帝一起而即杀其弟慥（zào）矣，杀其兄之子誉矣，袭其兄纶矣，杀其从孙栋矣；武陵遣子圆照入援，听其节度，而阻之于白帝；圆正合众以受署，而囚之岳阳，起兵而尽力以攻之；舍侯景之大仇，而亟戕其骨肉，皆帝挟至不仁之情以激之使不相下也。呜呼！帝即不念一本之爱，而安忍无亲？抑思夫二王者，一处襄阳，一处成都，为江陵生死之所自操者乎？故不仁者，未有能保其地利者也。一念之乖，而上流失、咽吭夺，困孤城以自毙，举刘弘、陶侃以来经营百年之要地委之鲜卑，亦憯矣哉！江东四易主而不亡，刘子业、萧宝卷之凶顽，犹知地之不可弃，而帝弃之如赘疣。至不仁之人，至于弃地利而极矣，不恤己之死亡，而奚有于兄弟邪？

【译文】

梁元帝萧绎因猜忌岳阳王萧詧而想灭掉他，却因此失去了襄阳（今属湖北）。襄阳丧失之后，江陵（今湖北荆州）的沦陷也就指日可待了。等到武陵王萧纪在成都（今属四川）称帝，梁元帝又请求宇文泰袭击萧纪，结果成都也归入了北周的版图，于是江陵也就不可避免地丧失了。这些地区并不是宇文泰能够攻取的，都是梁元帝自己丧失的。蜀地丧失，江陵沦陷，襄阳王降于北周，成为宇文泰南下的先锋，在这种情况下，南朝还能苟延残喘几十年，可谓侥幸。高氏的北齐政权尚未灭亡，关中的局势还不稳固，宇文泰篡夺西魏的帝位还未实现，所以南朝得以侥幸残存。地利并不是有所作为的人所依靠的唯一条件。本来如此，曹操占据兖州四战之地而控制群雄，李势、谯纵割据成都而江东的南朝却不为其动摇。虽然如此，但占据地利而人不和，地利也不足以依凭，人不和而内部混乱，未有能保其地利的；失去了地利，而后其灭亡也就成了必然趋势。所以如果不是豪杰崛起，视天下之地没有不可以有所作为的，那么地利就是在所必争的。梁元帝残忍暴戾，葬送地利而拱手让人，终究自取灭亡，正是最好的证明。

梁朝内部不和，自行崩溃，并不是武陵王萧纪、岳阳王萧詧的罪过。梁元帝萧绎刚一起兵称帝，就杀掉其弟萧慥、杀其兄之子萧誉、袭击其兄萧纶、杀其从孙萧栋；武陵王萧纪派其子萧圆照入京援助，听其节制指挥，而被阻止于白帝城（今四川奉节城东）；萧圆正纠合众将受其调度，却遭到他的囚禁；岳阳王萧詧起兵勤王，却遭到其全力攻击；舍弃侯景那样的大仇敌，而大肆残杀自身骨肉，都是梁元帝带着至为不仁的心情而激愤诸王，使他们不相上下。唉！元帝即使不念同室兄弟子侄的情分，而安忍无亲无故，难道也不思虑岳阳、武陵二王一居襄阳、一处成都，关系着国家北方门户江陵的存亡大计吗？所以说，不讲仁义的人，没有能保持其地利的。一念之差，长江上流的战略要地丧失、咽喉之地被夺取，坐困孤城、束手待毙，把自刘弘、陶侃以来经营上百年的战略要冲轻易断送给了鲜卑人，也太可悲了！江东之地四易其主而没有灭亡，即使宋前废帝刘子业、齐东昏侯萧宝卷残暴愚蠢，也知道国土不可丧失，而梁元帝却像割掉赘疣一样轻易放弃。至为不仁的人，到了放弃地利的境地已走到了极端，连自己的生死存亡都不怜惜，对其兄弟骨肉还有什么不忍之心呢？

本事：《资治通鉴》卷一六二《梁纪十八·武帝》，太清三年（549）。

二　志定而学乃益

江陵陷，元帝焚古今图书十四万卷，或问之，答曰："读书万卷，犹有今日，故焚之。"未有不恶其不悔不仁而归咎于读书者，曰书何负于帝哉？此非知读书者之言也。帝之自取灭亡，非读书之故，而抑未尝非读书之故也。取帝之所撰著而观之，搜索骈丽、攒集影迹以夸博记者，非破万卷而不能。于其时也，君父悬命于逆贼，宗社垂丝于割裂，而晨览夕披，疲役于此，义不能振，机不能乘，则与六博投琼、耽酒渔色也，又何以异哉？夫人心一有所倚，则圣贤之训典，足以锢志气于寻行数墨之中；得纤曲而忘大义，迷影迹而失微言，且为大惑之资也。况百家小道，取青妃白之区区者乎！

呜呼！岂徒元帝之不仁，而读书止以导淫哉？宋末胡元之世，名为儒者，与闻格物之正训，而不念格之也将以何为。数“五经”《语》《孟》文字之多少而总记之，辨章句合离呼应之形声而比拟之，饱食终日，以役役于无益之较订，而发为文章，侈筋脉排偶以为工，于身心何与邪？于伦物何与邪？于政教何与邪？自以为密而傲人之疏，自以为专而傲人之散，自以为勤而傲人之惰，若此者，非色取不疑之不仁、好行小慧之不知哉？其穷也，以教而锢人之子弟；其达也，以执而误人之国家；则亦与元帝之兵临城下而讲《老子》、黄潜善之虏骑渡江而参圆悟者，奚别哉？抑与萧宝卷、陈叔宝之酣歌恒舞、白刃垂头而不觉者，又奚别哉？故程子斥谢上蔡之玩物丧志，有所玩者，未有不丧者也。梁元、隋炀、陈后主、宋徽宗，皆读书者也；宋末胡元之小儒，亦读书者也；其迷均也。

或曰：“读先圣先儒之书，非雕虫之比，固不失为君子也。”夫先圣先儒之书，岂浮屠氏之言书写读诵而有功德者乎？读其书，察其迹，析其字句，遂自命为君子，无怪乎为良知之说者起而斥之也。乃为良知之说，迷于其所谓良知，以刻画而仿佛者，其害尤烈也。

夫读书将以何为哉？辨其大义，以立修己治人之体也；察其微言，以善精义入神之用也。乃善读者，有得于心而正之以书者，鲜矣。下此而如太子弘之读《春秋》而不忍卒读者，鲜矣。下此而如穆姜之于《易》，能自反而知愧者，鲜矣。不规其大，不研其精，不审其时，且有如汉儒之以《公羊》废大伦，王莽之以讥二名待匈奴，王安石以国服赋青苗者，经且为蠹，而史尤勿论已。读汉高之诛韩、彭而乱萌消，则杀亲贤者益其忮毒；读光武之易太子而国本定，则丧元良者启其偏私；读张良之辟谷以全身，则炉火彼家之术进；读丙吉之杀人而不问，则怠荒废事之陋成。无高明之量以持其大体，无斟酌之权以审于独知，则读书万卷，止以导迷，顾不如不学无术者之尚全其朴也。故子曰：“吾十有五而志于学。”志定而学乃益，未闻无志而以学为志者也。以学而游移其志，异端邪说，流俗之传闻，淫曼之小慧，大以蚀其心思，而小以荒其日月，元帝所为至死而不悟者也，恶得不归咎于万卷之涉猎乎？儒者之徒而效其卑陋，可勿警哉！

【译文】

江陵沦陷，梁元帝萧绎下令焚烧古今图书达十四万卷，有人请问其中的缘故，他回答说：“我读书万卷，仍不免有今日的下场，所以将藏书付之一炬。”对此，没有不憎恶他不忏悔自己不仁不义的行为而归咎于读书万卷的，他们说：“图书有什么对不起梁元帝的呢?”这是不知道读书深义的人所评论的。梁元帝自取灭亡，虽不是读书万卷的缘故，但未尝不是读书万卷的缘故。拿元帝的著作来看，都是搜索骈俪之文、攒集逸闻奇迹以夸耀其博闻强记的，的确不是读书破万卷就不能做到。当时，他的父皇为叛贼所困，命在旦夕，国家江山四分五裂，命如游丝，而他却夜以继日地披览图书，殚精竭虑地读书编著，既不能振奋士气有所作为，也不能乘机而动挽救国家的危亡，那么他与那些贪图游乐、沉湎酒色的亡国君臣有什么不同？人心一旦有所偏倚，那么圣贤的训诫之典，就足以禁锢人的志气于寻行数墨、字斟句酌中，获得纤细屈曲之小识而忘却了正道大义，沉迷于逸闻奇迹而丢掉了其中的精深微言，从而成为昏庸疑惑的基础。何况是九流百家之小道，斟酌字句以求对偶工整的雕虫小技呢?

唉！岂止是梁元帝一个人不仁不义，读书万卷却诱导他荒淫残暴呢？宋末到元朝时期，那些名为儒士的人，只听到格物致知的正训，却不考究格物致知是为了什么。他们统计“五经”、《论语》、《孟子》文字的多少而牢记不忘，考辨经传的文字章句合离、音韵形声呼应，而比拟模仿；饱食终日，埋头故纸堆中，做无益的考证校订，终成文章，以骈俪对偶为精巧。这对人的身心修养有什么用?

对国家的政治教化有何裨益？自以为缜密而傲视他人的疏阔，自以为专精而傲视他人的博杂，自以为勤奋而傲视他人的怠惰，像这样的人，难道不是孔子所说的色取不疑的“不仁”（外表上装出仁的样子而行动上却违背了仁，自己还以仁人自居而不惭愧）、喜欢给人小恩小惠的“不智”吗？这种人在不得志的时候，通过教育禁锢后生子弟；在显达的时候，控制国政而贻误国家社稷；这和梁元帝在兵临城下之时还讲《老子》的清净无为，宋朝奸臣黄潜善在金人铁骑渡江南下之时仍带着同僚听浮屠克勤（圆悟禅师）说法，有何区别？与齐东昏侯萧宝卷、陈后主陈叔宝长歌曼舞，花天酒地，白刃架在脖颈上尚不觉醒，又有何区别？所以，宋儒程颢训斥其弟子谢良佐玩物丧志，只要在字句、器物上流连忘返，未有不丧其心志的。梁元帝、隋炀帝、陈后主、宋徽宗，都是博览群书的人；宋末元朝的小儒，也都是些读书之人，其沉迷而不返都是相同的。

有人说：“诵读先圣先儒的著作，不是那些雕虫小技可比的。本不影响其为君子。”先圣先儒的著作，难道是佛教所说的抄写诵读经书就有功德吗？诵读其著作，考察其形迹，分析其字句，就自命为君子，无怪乎后世倡导致良知学说的王学指斥其为章句俗儒呢？可是倡导致良知学说的人又沉迷于所谓的良知之中，将抽象的良知描绘得若有其事，以致使人舍本逐末，其为害尤为惨烈。

那么究竟应该怎样读书呢？分辨其大义，以确立修身治世的本体；考察其微言，以完善领悟精义、融会贯通的功用。那些善于读书的人，有独到的心得，通过自己的言行加以检验修正，这样的人很少见；等而下之的则像唐朝的太子李弘那样阅读《春秋》而见其相互残杀，不忍卒读的，也很少见；再等而下的则像春秋鲁宣公夫人穆姜对于《易经》占卜，能够反躬自省而感到羞愧，也很少见。不确立其大体，不研求其精妙，不审度其时势，而且有像汉儒根据《公羊传》而废弃立嫡立长的伦理纲常，王莽根据《公羊传》“二名非礼”讥讽匈奴单于使其改名，王安石引用《周礼》“以国服为之息”推行青苗法，经书尚且被利用来祸国害民，史书就更不足论了。读史读到汉高祖刘邦诛杀功臣韩信、彭越，而消除了叛乱的祸根，那么残杀宗亲、贤臣的人就会更加残忍狠毒；读到东汉光武帝刘秀改立太子而使国家根本稳固，昏庸的君主就会舍弃贤良之嫡长子而立其偏私宠爱的庶次子；读到汉留侯张良退隐修道而保全性命，那些崇信道教的人就会更加精进炉火金丹的方术；读到汉朝大臣丙吉杀人而不问罪，于是荒废政事的陋习逐渐形成。没有高明的度量涵养以持其大体，没有斟酌利弊的权变以确定自己独到的识见，那么即使读书万卷，也只能引导人走向迷惑，还不如不学无术的人还能保全其纯朴之心呢！因此，孔夫子说他年十五才有志于学，志向确定之后，学习才会有收益，没听说过没有志向而以学为志的。因为学习使志向游移不定，异端邪说以及世俗流行的逸闻传说、放荡轻慢的小智小慧，大则腐蚀其心神志趣，小则荒废其岁月生命。梁元帝的作学所为，至死都没有醒悟，怎么能不归咎于涉猎万卷图书呢？而后世儒生仿效其卑鄙浅陋，这能不引为警戒吗？

本事：《资治通鉴》卷一六五《梁纪二十一·元帝》，承圣三年（554）。

敬帝

一　义以生勇，勇以成义

义以生勇，勇以成义，无勇者不可与立义，犹无义者不可与语勇也。

王僧辩非不知义者，元帝使之攻湘州杀萧栋而不从。身建平贼之大功，受大任而镇京邑，可以有为之资也。高洋遣邢子才帅一旅纳萧渊明使为梁主，渊明非武帝之子孙，而挟异类以阑入，使其成也，则萧詧附庸于宇文，渊明述职于高氏，中分梁国，效臣妾于二虏，此王僧辩肝脑涂地以报宗社，而为中原留一线之日也。僧辩既遣裴之横御之于东关，亦已知敬帝已正位为君，而渊明为贼矣。乃之横败死，遽屈节而迎渊明以入，何其馁也！

夫高氏方与宇文争存亡之命，不能乘衅以窥梁，明矣。其以偏师奉渊明而入，直戏焉耳。邢子才雕虫之士，据长江而待其毙也有余。顾乃震掉失守，废君奉贼，唯虏志之是殉，卒以此受大恶之诛，授首于陈霸先，为千古笑，则何如仗节临江，以与高洋争一旦之生死乎？无勇之夫，义不能固，而身名俱毁，不亦伤哉！

故未知义者，可使之知也。知有义而勇不足以决之，然后明君不能为之鼓厉，信友不能为之奖掖，陷于大恶以亡身。故曰：勇者天德也，与仁、智并峙而三也。

【译文】

由大义可以产生勇气，由勇气可以成就大义，无勇的人不可与其一道确立大义，正如无义的人不可与之谈论勇是一样的。

南朝梁大将王僧辩并不是一个不知道大义的人，梁元帝萧绎让他进攻湘州（治今湖南临湘），杀死萧栋，他不从命。他立下平定叛贼的大功，接受重任而镇守京城，可以作为有所作为的基础了。北齐文宣帝高洋派遣邢邵（字子才）率领一支军队接纳萧渊明的投降，并册立其为帝。萧渊明并不是梁武帝的子孙，以异族混称宗室，假使他此举成功，则萧詧作为宇文氏的附庸，而萧渊明听命于高氏，二人中分梁国，纳命称臣于两个异族政权，这正是王僧辩肝脑涂地、忠心报国，从而为中原王朝留下一线希望的关键时刻。王僧辩派遣裴之横屯兵于东关进行防御，他已经知道敬帝萧方智已即位称帝，而萧渊明则成了叛逆。可是裴之横兵败被杀之后，王僧辩却很快屈节恭迎萧渊明入都，何其丧心失志！

北齐高氏正处在和北周宇文氏争夺天命的生死存亡之

际，不能乘梁朝内乱之机阴谋暗算，这是显然的。北齐用偏师护送萧渊明入侵梁国，简直就是戏弄梁国，况且其统帅邢子才只是一个寻章摘句的文士，据守长江待其自毙绰绰有余。可是他却惊恐无措，导致城池失守，废除君主，奉立逆贼，唯北齐的意旨是从，最终因此遭受大恶之诛，被陈霸先杀掉，成为千古笑谈。这怎么比得上统率军队凭借长江天险，与高洋决一死战呢？无勇的匹夫，道义不能坚守，最终导致身败名裂，怎不令人悲叹啊！

因此，不知大义的人，可以让他知道。知其奉行大义而勇气不足，然而圣明的君主不能为之鼓舞勉励，真心的朋友不能为之奖励鞭策，最终使他陷于大逆大恶而亡身。所以说：勇，是天德，与仁、智并举而为三，是君子所必须具备的资质。

本事：《资治通鉴》卷一六六《梁纪二十二·敬帝》，绍泰元年（555）。

二　法先王以道

法先王者以道，法其法，有拂道者矣；法其名，并非其法矣。道者因天，法者因人，名者因物。道者生于心，法者生于事，名者生于言。言者，南北殊地，古今殊时，质文殊尚；各以其言言道、言法，道法苟同，言虽殊，其归一也。法先王而法其名，唯王莽、宇文泰为然。莽之愚，刘歆导之；泰之伪，苏绰导之。自以为《周官》而《周官》矣，则将使天下后世讥《周官》之无当于道，而谓先王不足法者，非无辞也，名固道法之所不存者也。泰自以为周公，逆者丧心肆志之恒也；绰以泰为周公，谄者丧心失志之恒也。李弼、赵贵、独孤信、于谨、侯莫、陈崇，何人斯而与天地四时同其化理。悲夫！先王之道，陵夷亦至此哉！

高洋之篡也，梁、陈之偷也，宇文氏乃得冠猴舞马于关中，而饰其膻秽以欺世。非然，则王莽之首，剸于渐台，泰其免乎？以道法先王而略其法，未足以治；以法法先王而无其道，适足以乱；以名法先王而并失其法，必足以亡。泰之不亡，时不能亡之也。至于隋，革泰之妄，因时以命官，垂千余年，有损益而弗能改，循实之效可睹矣。《周礼》六官，有精意焉，知之者奚有于法，而况名乎？

【译文】

效法古圣先王，要效法其道；如果仅仅效法其法，就有可能不合乎道了；如果仅仅效法其名，就并非其道、其法了。道，根据天道自然变化；法，根据人事兴替变化；名，则根据事物称谓变化。道生于内心，法生于事实，名生于语言。语言，古今时代不同，其质朴、文饰崇尚不一；各个时代、各个不同的人以其语言阐明其道、表述其法，如果道和法相符合，那么即使语言表达上有所不同，终究也是一致的。效法先王而只是效法其名的，只有汉代王莽、北周宇文泰是这样。王莽的愚昧，是由刘歆诱导的；宇文泰的虚伪，是由苏绰引导的。他们自以为其官制礼仪符合《周官》就是《周官》了，从而使天下后世批评《周官》不合乎道，进而认为古圣先王不足效法，这并不是无辞以对答，而是说名本来就是道和法中都不存在的。宇文泰自以为是周公，这是一个叛逆者丧其本心、肆其欲望的常态；苏绰以宇文泰为周公，则是一个谄媚者丧其本心、失其志趣的常态。至于李弼、赵贵、独孤信、于谨、侯莫、陈崇等北周大臣，哪一个能与天地四季同循其理。可悲啊！古圣先王之道义，衰颓败坏以至这种地步啊！

北齐高洋的篡位自立，南朝梁、陈二代的苟且偷生，使得北周宇文氏得以在关中沐猴而冠、饰马而舞，从而粉饰其膻腥污秽，欺世盗名。不然的话，王莽的首级被斩于渐台，宇文泰能逃避这样的下场吗？以道效法先王，却忽略其法，不足以治世；以法效法先王，却不合乎道，恰恰会导致祸乱；以名效法先王，却又失其法，必定足以亡其国。宇文泰没有亡国，是因为当时的时势不能使之灭亡。到了隋朝，革除了宇文泰所立的虚妄名号，根据时代需要改革官制，沿袭了一千多年，只有损益补充不能改变，从实际出发的效果是有目共睹的。《周礼》六官的设置，自有其精意，知道的人只效法其道，怎么会效法其法，更何况效法其名呢！

本事：《资治通鉴》卷一六六《梁纪二十二·敬帝》，绍泰元年（555）。

三　权臣不可无

权臣，国之蠹也，而非天下之害也，小则擅而大则篡，圣人岂不虑焉，而“五经”之文无防制权臣之道。胡氏传《春秋》，始惴惴然制之如槛虎，宋人猜忌之习，卒以自弱，而授天下于异族。使孔子之意而然也，则为司寇摄相事之日，必以诛三桓为亟，而何恶乎陪臣执国命？何忧乎庶人之议也？故知胡氏之传《春秋》，宋人之私，非圣人之旨也。岳侯之死，其说先中于庸主之心矣。

自晋东渡以来，王敦始逆，桓温继之，代有权臣，而司马、刘、萧之宗社以移。其逆未成，而称兵构乱者，王恭、殷仲堪、刘毅、沈攸之、萧颖胄，皆愤起以与京邑相竞。然而兵屡乱、国屡危，而百姓犹能相保，乱民无掠夺之恶，羸弱无流离之苦，则祸止于上，而下之生遂不惊也。非其世族与其大勋，不秉朝权；非秉朝权，不生觊觎；草野非无桀骜之雄，折伏下风而固不敢骋也。至于侯景之乱，羊侃卒，韦粲死，柳仲礼无能而败，萧氏子孙分典州郡，相寻自贼，而梁无虎臣，于是而陈霸先以吴下寒族，岭表卑官，纠合粤峤之民，起救国难，王僧辩资之成功；于是而建业、荆江、北府、三吴之牧守，皆倒授其权于山溪峒蛮之豪。国无世族尊贵居中控外之大臣，而崛起寒微如霸先者，骎（qīn）骎为天子矣；其次则分州典郡，握符分阃，为重臣矣；然后权移于下，穷乡下邑之中，有魁磊枭雄之士，皆翘然自命曰：丈夫何所为而不可成哉？故周迪、留异、熊昙朗、陈宝应奋臂以兴；乃至十姓百家稍有心机膂力者，皆啸聚其闾井之人，弃农桑、操耰钼、以互相掠夺。于斯时也，强者自投于锋刃，弱者坐受其刀铁，而天下之乱极矣。弗待有建威销萌、卫社稷、安生民之大臣，如刘弘、陶侃、谢玄、檀道济、沈庆之之流也；即有王敦、桓温、刘裕、萧道成之权奸，执魁柄以临之，亦安至是哉？

以在下之义而言之，则寇贼之扰为小，而篡弑之逆为大；以在上之仁而言之，则一姓之兴亡，私也，而生民之生死，公也。故明王之莅臣民也，定尊卑之秩，敦忠礼之教，不失君臣之义，而未尝斤斤然畏专擅以削将相之权。子孙贤，何畏于彼哉？其不肖也，则宁丧天下于庙堂，而不忍使无知赤子窥窃弄兵以相吞啮也。鲁之末造，三桓之子孙既弱，阳虎、公山不狃狂兴，而鲁国多盗，孔子伤之矣！徒以抑强臣为《春秋》之大法乎？故以知胡氏之说，宋人之陋习也。

【译文】

权臣，是国家的蛀虫，而不是天下的大害，其结局小则擅权乱政，大则窃国篡位，圣人怎么能不忧虑于此，可是“五经”之中却没有防范和控制权臣的办法。宋代学者胡安国为《春秋》作传，才惴惴不安地提出用槛圈老虎的办法对其进行钳制，宋朝人有猜忌的习气，终究自我削弱，而将天下葬送于外族之手。假如孔圣人的意见也是如此的话，那么他当鲁司寇代行相权之日，必定会以诛杀三桓（季孙、孟孙、叔孙）为急务，而为何憎恶陪臣执掌朝政呢？为何担忧庶人的议论呢？由此可知胡安国为《春秋》作传，是带着宋人的私意，并非孔圣人的本旨。岳飞之所以被杀害，是因为像胡安国的这种观点已深入昏君赵构的心中，从而引起了猜忌。

自从晋朝东渡建康（今南京）以来，王敦首开叛乱之端，桓温继之而起，各代都有权臣，而司马氏、刘氏、萧氏的江山也不断转移。至于因谋逆不成而称兵作乱的，像王恭、殷仲堪、刘毅、沈攸之、萧颖胄等都是愤然而起，与京城中的权臣争权夺利。然而军队多次叛乱，国家屡屡危急，老百姓还可以保有其生命，强悍的乱民没有犯下劫杀掳掠的罪恶，懦弱的小民也没有颠沛流离的苦难，这样的祸乱只限于上层，而下层的民众没有受到过分的惊扰。不是世家大族和世袭勋臣，不能秉持朝政；不把持朝政，就不会产生觊觎皇位的野心；草野之中并不是没有桀骜不驯的英雄豪杰，但都恐惧俯伏于下风，自然无法横行驰骋了。到了侯景叛乱之时，羊侃死了、韦粲死了，柳仲礼无能抵御而遭大败，萧氏宗室子孙分典州郡，不久就自相残杀。梁朝没有豪杰重臣，于是陈霸先得以一个吴下寒族、岭南小官的身份，纠合南粤山野的民众，起兵援救国难，王僧辩帮助他得以成功；而建业、荆江（今湖北湖南地区）、北府（今江苏扬州）、三吴（今江浙一带）地区的州牧、郡守都倒授其权于山溪峒蛮的豪强。这样，国家没有世家大族、地位尊贵、居于京都而控制外地的大臣，而出身寒微、逐渐崛起的陈霸先，居然渐渐专权谋篡成为天子；其次则分典州郡，握有兵权，成为重臣。从此国家权力转移到了社会下层、穷乡小邑之中，也有了枭雄之士，也都翘然自命：大丈夫为什么不能有所作为从而成就霸业呢？所以像周迪、留异、熊昙朗、陈宝应之流都振臂兴起，甚至于十姓百家之中稍有些心机和膂力的人，都纠集其乡民众，放弃农桑本业，操起农具刀枪相互劫掠。当时，强悍的人自投刀剑之下，懦弱的人则坐受刀斧之灾，天下祸乱达到了极点。不要说有像刘弘、陶侃、谢玄、檀道济、沈庆之那样建功立威、消除乱源、捍卫国家、安定民生的大臣，即便有像王敦、桓温、刘裕、萧道成那样的权奸之人，手握权柄，雄视天下，也怎么能使天下混乱到这种境地呢？

以在下之道义而言，则寇贼的扰乱事小，而篡位弑君的叛逆罪大；以在上的仁德而言，则一姓一朝的兴亡，只是私事，而人民的生死存亡，才是天下的公事。所以圣明的君主莅临天下，治理万民，确定上下尊卑的秩序，勉励忠孝礼让的教化，不失君臣大义，不斤斤计较，不因担心大臣专擅而削夺将相的职权。子孙贤明，还用担心权臣专擅吗？子孙不肖，则宁肯丧失天下，也不忍心使愚昧无知的赤子小民觊觎皇位，兴兵攻伐、相互残杀。春秋时期鲁国末年，权臣三桓的子孙势力转衰，阳虎、公山不狃狂悖而兴，国内盗贼蜂起，孔子感到很忧伤，怎么能仅仅把抑制强臣专权作为《春秋》之大法呢？由此而知，胡安国的说法乃是宋人的陋习造成的。

本事：《资治通鉴》卷一六七《陈纪一·武帝》，永定元年（557）。

卷十八

明刻本《历代帝贤像》中的陈高祖陈霸先画像

【题　解】

本卷评论南朝陈及相应的北朝历史，分陈高祖、文帝、临海王、宣帝、后主五目，共二十二则。

陈高祖陈霸先（503—559）以平定侯景之乱逐步掌握朝政，受禅称帝，建立陈朝，在位三年，内外皆有可观。王夫之认为其篡位于天下生民有功，且拒绝援引夷狄，“保中国之遗民”，其罪较轻；故王琳诡诈无恒，起兵讨贼之义举有名无实。

文帝陈蒨（？—566）为陈霸先之侄，在位期间平定叛乱，整顿吏治，恢复经济，史称“天嘉之治”。王夫之认为太子陈昌“出乎仁而入乎不仁”；至于身处乱世的士人，唯有坚守道义，“正己而已”，赞赏孙瑒不坠忠义，虞寄危言不屈，而北齐王晞虽有“一曲之操”，却难掩不赦之辜。借北周于谨为三老，批评缘饰文辞而丧失礼仪之本的风气。

临海王陈伯宗（554—570）为文帝长子，后为辅政的安成王陈顼废为临海王。王夫之认为同受顾命辅政的刘师知等不具备大臣才略，说明朝廷不重文教，士风苟且，造成人才极度匮乏。

宣帝陈顼（528—582）乃文帝之弟，废帝自立，在位期间勤于政事，劝课农桑，北伐北齐一度收复淮南，却败于北周，丧师失地。王夫之认为南陈北伐乃自取灭亡，既有战术失误，更有战略失策；北齐北周乃小人之争，韦孝宽、斛律光皆趋利之徒，而北周输岁币厚赂突厥"毒延后世"；北周武帝宇文邕的所谓善政，不过是"袭先王之糟粕"，是小人之儒的艳称而已。

后主陈叔宝（553—604）为宣帝长子，即位后荒淫无度，宠信奸佞，朝政混乱，为隋所虏，国亡。王夫之认为大臣不谏、小臣危言，只会加速其覆亡。陈亡之际，袁宪、许善心诸子虽未选择舍生取义，但仍为维护礼仪教化竭尽才力，表明"名教未亡于心"，具有劝勉士人的意义。

陈高祖

一　陈氏篡梁，其罪较轻

自曹魏以迄于宋，皆名为禅而篡者也。盖尝论之，本以征诛取天下，狃于习而假迹于篡者，唐高祖也。其名逆，其情未诈，君子恶其名而已。以雄桀之才起而图功，其图功也，以觊得天下为心，功既立而遂攘之，曹魏、刘宋也，而刘宋之功伟于曹魏矣。受推诚托孤之命，遂启逆心，非不立功，而功不在天下，以威福动人而因窃者，司马氏也。无固获之心，天下乱而无纪，一旦起而攘之者，宋太祖也。

无功于天下，天下已乱，见为可夺而夺之者，梁武帝也。既无功矣，蓄奸谋以从人于弑逆，因而夺之者，萧齐也。本贼也，而名为禅者，朱梁也。

若夫陈氏之篡梁，功劣于曹、刘，而抑有功焉。天下之乱已极，可攘而攘之，亦无固获之心，如是，则不足以颉颃于刘宋，而优于赵宋，有讨平侯景之义；愈于曹、马者，无素蓄之奸；贤于梁武者，无犯顺之兵也。是故其为君也虽微，而其罪亦轻矣。却渊明而复辟于敬帝，非果念武帝之子孙而固立之，然当其时，江左之不能自立甚矣。萧詧称藩于宇文，以杀叔父而保一隅，以号为君。渊明称藩于高氏，以蔑君之遗孙，而拥虚号以为君，皆非君也。宇文、高氏守藩之臣也，使渊明得立，则举江东以属服于高洋，尤惨也。陈高非忠于萧氏，而保中国之遗民，延数十年以待隋之一统，则功亦伟矣哉！

夫陈高始起岭表之日，逮乎入讨侯景之初，固知其未有妄干天位之志也。萧氏子孙自相戕贼，天下莫适为主，而后思攘之，其罪既轻，虽无赫赫之功，而功亦不可泯，视隋之居中狐媚以夺宇文氏者远矣。若夫君子之有恕于隋者，则以中国代夷狄，得之不以其道，而终不可名为篡也。此陈、隋之后，天下所以定也。惜乎唐之不正名为诛弑父虐民之独夫，而托之乎禅，以自居乎篡也。

【译文】

自三国曹魏直到南朝刘宋，王朝更替都美其名曰“禅让”，实际上就是篡位谋逆。我曾经指出，本来是依靠征伐取得天下，却拘泥于传统惯例假托禅让名义实施篡权夺位的，其代表是唐高祖李渊。他篡位虽名义不正，实际上却没有伪诈的情形，所以君子只是厌恶他假托的名义罢了。凭借英雄豪杰之才起兵图谋大功，其图谋的就是天下权力，功勋建立之后就夺取皇帝的权位，曹魏、刘宋就是这类情况，只不过刘宋的功勋要比曹魏更加伟大。接受推诚托孤的辅政重任，于是起叛逆之心，他们并不是不建立功勋，只是不是为天下人立功，乃是利用威福手段打动人心，从而乘机窃夺权位，其代表是晋朝的建立者司马氏。本来没有获取权位的野心，而乘天下大乱没有法纪的时候，一旦起兵成功从而夺取权位的，其代表是宋太祖赵匡胤。本来没有建立功勋于天下，却乘天下混乱之机，看到可以篡位的机会就夺取权位的，其代表是梁武帝萧衍。本来没有什么功勋可言，却夙蓄奸谋随从别人进行篡权谋逆，借机夺取权位的，其代表是南齐高帝萧道成。本为流寇和奸贼，而假借禅让的名义夺取帝位的，其代表是五代后梁太祖朱温。

至于说南朝陈高祖陈霸先篡夺萧梁的帝位，他的功勋不如魏武帝曹操和宋武帝刘裕，但也并非无功可言。当时天下已极其混乱，他觉得可以夺得天下，但本来也没有一定夺取之心。这样说来，他就不能与宋武帝刘裕相提并论，却要好于宋太祖赵匡胤，毕竟他有平定侯景之乱的正义之功。他之所以好于曹氏、司马氏，就在于最初他并没有篡权谋逆的奸邪之心；他之所以好于梁武帝萧衍，就在于他没有举兵反叛。因此，陈霸先作为君王，虽然也微不足道，但篡位谋逆的罪行也是较轻的。梁末陈霸先举兵袭杀王僧辩、废黜萧渊明、拥立萧方智为帝，并不是真的顾念梁武帝的子孙而坚持立其为国君，而是因为在当时的形势下，在江南地区不可能有其他萧氏子孙自立为帝。萧詧向西魏丞相宇文泰自称藩属，杀掉他的叔父梁元帝萧绎，占据江陵一隅之地，自号为君。萧渊明向东魏丞相高欢自称藩属，以蔑视其萧梁皇室的子孙，从而拥有一个君主的虚名。实际上萧詧、萧渊明都不是真正的君主，他们只是宇文氏、高氏的藩镇守臣罢了。假使萧渊明能够继位为君，那么他就会把整个江南之地从属于北齐文宣帝高洋，这样就更惨了。陈霸先并非忠于萧梁政权，但从客观上保存了华夏遗民，使中原王朝又延续了数十年之久，一直等到隋朝统一，那么他的功绩也很大啊！

从陈高祖陈霸先起兵于广州、交州之日开始，到他入都讨伐侯景之乱之初，可以知道他本来没有夺取君位的野心。萧氏子孙自相残杀，天下人已不知道还有君王的存在，在这种情况下他才考虑篡位谋逆。因此，他的罪行是较轻的，虽然没有赫赫大功，但他的功劳也是不可泯灭的，比起隋文帝杨坚依靠女儿做皇后居中谄媚而夺得北周宇文氏君位的情况要强得多。后世君子之所以对隋朝持宽恕态度，就是因为隋以中原王朝代替了夷狄执政的王朝，即使其夺取帝位并不是通过正当渠道，也不能说是篡位。这也是自南朝陈、隋朝之后，天下能够保持稳定的原因。可惜唐朝没有为自己正名为诛伐弑父虐民的独裁者，却假托禅让的名义，实则自取篡位谋逆之名。

本事：《资治通鉴》卷一六七《陈纪一·武帝》，永定元年（557）。

二　人兽之别，恒而已矣

君子之善善也，豪毛必取，唯其豪毛之果善也。若夫赫然著一善之名而实无，非恶役于其名而取之，则受罔于非其道，为愚而已矣。

陈氏篡梁，王琳起兵至湓城以伐陈，赫然讨贼之义举也。自君子论之，子之篡燕，齐宣王兴师伐之，而孟子曰："以燕伐燕。"若琳者，岂但以陈伐陈哉？琳起兵以救元帝于江陵，正也。萧詧导宇文氏以戕元帝而毁其宗社。詧者，琳之仇雠也。而詧不能独成其恶：元帝死于宇文氏之刃，则宇文氏尤琳之不共戴天者也。侯平不受琳之指麾，琳遂奉表于高洋，去华即夷，恶已大矣，犹曰高氏非吾仇也；以妻子陷入于关中，复奉表称臣而西向。身为盟主，二三其德，荏苒妻子之私爱，北面稽颡于杀吾君、亡吾国之索虏鲜卑；斯人也，陈主所蜂虿视之，不以为人类者也，而何能奉词以讨陈邪？萧詧，琳之仇也，敬帝非琳之仇也，元帝死亡，敬帝以武帝之孙、元帝之幼子立于建业，琳既两奉表于二虏，复称臣于敬帝，以縻系于梁，梁征之为司空而不至，何为者也？使琳果有匡复之心，则身既为上流之盟主，应司空之召，入奉敬帝，折陈氏之邪心，夫岂不能？既怀贰心，亲高齐而忘故国，及陈之篡，乃窃讨贼之名，以与陈氏争，倚高氏之援，求萧庄以借为主，一人之身，倏彼倏此，廉耻荡然，而尚可许为讨贼之师乎？幸而陈氏胜矣，陈而败也，高洋乘乱而取江东，琳不能禁，固琳之所不恤也。假令萧庄得入建业而君梁，琳因起而夺之，势所必然，抑琳志之固然者也。无恒之小人，旦夕莫测，而许之以讨贼之义乎？即后事而观之，陈遣谢哲往说，而琳又还湘州，陈高祖殂，复背约而奉萧庄屯溢城以称帝，大败于侯瑱，而奔齐之志决矣，此琳始终变诈之情形也。故曰非但以陈伐陈也。

鸣呼！人至于无恒而极矣。无恒者，于善无恒也，于恶亦无恒也。于恶无恒，而有时乎善，其果善与，犹不可据也，况乎其徒以名邪？为君也忠而死，为父也孝而死，非为君父而忠孝也，吾臣吾子不忍自废者也，岂忍以忠臣孝子为可猎取之浮名乎？失身于异类，则已无身矣。无身而君谁之君，父谁之父，遑及忠孝哉！且若琳者，则又失身于异类而亦无据也，倏而禽，倏而人，妖魅而已矣。今有妖魅于此，衣冠粉泽，而遂乐推之以为人，非至愚者不然。然则假琳以梁臣之名，而嘉予其伐陈之义，又何以异于是？人之别于禽兽，恒而已矣。君子之观人，絜（xié）其初终以定其贞邪，持论之恒也；乍然见其袭义之虚声而矜异之，待其恶已败露而又贬之，亦持论之无恒者也；无恒则其违琳也不远矣。善善而无一定之衡，可不鉴与！

【译文】

君子称赞善事，即使是毫末之微也一定不要遗漏，只要这毫末之微是真正的善事。至于说赫然以一件善事而著称，而却无实迹，那就是受其名声的役使而取之，就是受了不合道义的欺骗，这就是愚昧的行为了。

南朝陈高祖陈霸先篡夺萧梁政权后，王琳起兵占据湓城（今江西九江瑞昌境内，时为江州州治），以攻打陈霸先，可以说是赫然讨贼的仁义之举。从君子的角度来说，战国时期燕国权臣子之篡位，齐宣王兴兵讨伐，然而孟子却说："这是以燕伐燕。"王琳起兵，难道仅仅是"以陈伐陈"？起初王琳起兵营救困于江陵（今属湖北）的梁元帝萧绎，可谓正义之举。萧詧引导北魏权臣宇文泰派军杀梁元帝并毁灭萧梁的江山社稷，萧詧可以说是王琳的仇敌。然而，萧詧不能独立承担这一罪恶，梁元帝最终死于宇文氏的屠刀之下，这样宇文氏也是王琳不共戴天的仇敌。部将侯平不接受王琳的指挥，于是王琳就奉表称臣求救于北齐文宣帝高洋，背离中原王朝而投靠夷狄，其罪行已很大，但还说北齐高氏不是他的仇敌；后来因他的妻子儿女被俘于关中地区，于是又奉表称臣投靠北周宇文氏。自己身为盟主，德行节操变化无常，顾惜妻子儿女的私爱，向杀我国君、亡我国家的鲜卑北周宇文氏面北称臣。这样的人，陈武帝陈霸先视他为狠毒凶残的仇敌，不把他当作人中同类，他怎么能够自我标榜去讨伐陈霸先呢？萧詧是王琳的仇敌，梁敬帝则不是王琳的仇敌，梁元帝萧绎死后，梁敬帝萧方智作为武帝的孙子、元帝的幼子在建业（今江苏南京）继位，而王琳已经两次奉表称臣于北边两个少数民族政权，同时又称臣于梁敬帝，以维系与萧梁的关系，梁敬帝征召其为司空他都不入朝就职，这是为什么呢？假使王琳真的怀有匡复萧梁的忠心，那么自己作为长江中上游地区的盟主，接受司空职位的征召，入朝事奉梁敬帝，从而打击陈氏的野心，他难道做不到吗？他已经胸怀二心，亲近北齐高氏而忘掉故国，等到陈霸先篡位时，又窃取了讨贼的美名，以便与陈霸先争夺天下，外部依靠北齐高氏的援助，内部则拥立梁元帝之孙萧庄为君主，他以一人之身，忽彼忽此、变化无常，廉耻之心荡然无存，还可以称得上是讨贼之师吗？所幸陈霸先最终取胜了。如果陈氏失败，北齐文宣帝高洋乘混乱之机攻取江南之地，王琳是不能制止的，这本来也不是他所顾惜的。假如萧庄能够进入建业从而成为梁朝的君主，那么王琳借机而起夺取帝位乃势所必然，这也是王琳内心的打算。变化无常的小人，旦夕之间都不可预测，还能推许他正义的讨贼名分吗？从后来的发展看，陈霸先派遣中书令谢哲前往说和，于是王琳接受和约返回湘州。陈高祖死后，他又违背约定奉萧庄屯据溢城称帝，被太尉侯瑱率军打败，其投奔北齐的决心更加坚定了。这就是王琳自始至终诡诈多变的情形。所以说，他的举兵，并不仅仅是“以陈伐陈”。

唉！人的内心达到变化无常就是穷凶极恶。变化无常，对于善的方面是这样，对于恶的方面也是这样。对于恶的方面变化无常，有时也有善行，难道是真的有善良之心吗？还不敢作为证据判断，更何况徒有善名呢？为君尽忠而死，为父尽孝而死，不为君、为父而讲忠孝，即使我们的臣下、子孙也不忍心自废其忠孝之心，难道能够容忍让忠臣孝子作为可猎取的虚浮名义吗？卖身投靠北边的夷狄政权，自身已经不复存在。失去了自身，那么国君是谁的国君、父亲是谁的父亲，还能谈得上忠孝吗！况且像王琳这样的人，又是卖身投靠北边的夷狄政权，又失去了自身，一会儿是禽兽，一会儿是人类，简直是妖魔鬼怪。如今有妖魔鬼怪在此，身着衣冠，面施粉泽，于是大家都乐于承认他是人，不是特别愚昧的人都不会这样。尽管如此，假借给王琳南梁大臣的名义，又嘉奖他伐陈的仁义之名，这与前面说的情形有什么不同？人类之所以有别于禽兽，就在于有恒定不变的良心。君子观察人的方法，就是衡量其初始和最终的表现以判定其贞节、奸邪，这样对人的评价才是恒常不变的；如果乍然一见他沿用仁义的名声就大力夸耀其与众不同，等到他的丑恶败露后又加以贬低斥责，这也是对人的评价多变无常的表现。这种评价标准的多变无常就表现在对于王琳的评价上。称道善事并没有恒定不变的衡量标准，这难道不可以引以为鉴吗！

本事：《资治通鉴》卷一六七《陈纪一·武帝》，永定二年（558）。

三　征士之辨

被征不屈，名为征士，名均也，而实有辨。守君臣之义，远篡逆之党，非无当世之心，而洁己以自靖者，管宁、陶潜是也。矫厉亢爽，耻为物下，道非可隐，而自旌其志，严光、周党是也。闲适自安，萧清自喜，知不足以经世，而怡然委顺，林逋、魏野之类是也。处有余之地，可以优游，全身保名而得其所便，则韦敻（xiòng）、种放是也。考其行，论其世，察其志，辨其方，则其高下可得而睹矣。

敻者，孝宽之兄，放者，世衡、师道之族也，故二子者尤相肖。其家赫然著显名、居厚实于天下，而己得以高卧，邀人主之尊奖，则亦何求于一命之荣哉？二子者尤相肖也，此为逍遥公、豹林处士而已矣。

【译文】

受到朝廷的征召而不屈身前去就任，这类人被称为征士。尽管征士的名称相同，但其实际情况有所区别，值得加以辨析。恪守君臣之义，远离篡位谋逆之党，并非没有考虑当世之心，而是要洁身自爱、各自谋行其志。东汉末年至三国时期的隐士管宁、东晋及南朝宋时期的隐士陶潜就是这类人。高昂激越、性格直爽、耻为人下，不隐瞒自己的思想，自我标明自己的志向，两汉之际的隐士严光、周党就是这类人。安于闲适的生活，喜欢清静的环境，智慧不足以经邦济世，就怡然自得、顺应自然，北宋隐逸诗人林逋、魏野之类的人就是这样。处于游刃有余的境地，可以十分闲适地生活，在保全性命、保全名誉的前提下得其所便，北魏至北周时期的著名学者韦敻、北宋著名学者种放就是这类人。对这些所谓的征士，如果考察他们的行迹、评论他们的时势、探究他们的志向、辨析他们的异同，就可以明显看出他们之间的高下差别。

韦敻，是北魏、西魏至北周时期著名将领韦孝宽的哥哥；种放，是北宋著名将领种世衡、种师道的族人，所以这两个人的情况尤其相似。他们的家族都赫赫有名，在当时的天下拥有世俗的荣华富贵，他们得以高枕无忧，受到君主的尊崇和褒奖，那么在这样的环境下他们又何必追求一个人的荣誉呢？他们二人的情况特别相似还表现在，韦敻被北周明帝赐号为逍遥公，种放隐居终南山豹林谷因此号称“豹林处士”。

本事：《资治通鉴》卷一六七《陈纪一·武帝》，永定三年（559）。

文帝

一　出乎仁则入乎不仁

文帝既以从子继高祖而立，宇文氏遣高祖之子昌归陈，文帝与侯安都毙之于江，帝之贪位安忍，其恶无所逃矣。所可重伤者，昌之愚而为狡夷投之死地以乱陈也。

昌在关中，高祖屡请之，而宇文氏不遣，持重质以胁陈。高祖殂，乃亟遣之归，知其兄弟必争，则已乘之以收其利。萧纪争而得巴蜀，萧詧争而得江陵，其术两售，复以试之建业，其情晓然易见，而何昌之不觉也！侯安都之戕贼行而昌死于道，丧一亡公子耳；宇文氏无一旅之援，一使之逆，于己无损也。昌不死，而陈有奉之者，则必求援于己，卷土而奉藩，昌不能违，不复有陈矣。昌何利于此，而徒为宇文氏伥乎？昌不听而终老于关中，虽居异域，自以梁亡被虏，非投身幽谷如刘昶、萧宝寅之迷也。仲雍断发文身以全孝友而大周祚，则委贽于宇文氏，其又何伤？晋文公谢秦伯得国于斯之命，岂忘君晋哉？秦奉己以入，而已制于秦，惠公之所以见获于韩原，文公不屑为也。父死之谓何，而忍利其国，秦人之谋折矣，故晋以宁，而文公终以霸。天命在己，恶知其不为晋文？其不然也，以亡公子优游于南山、渭水之间，可以全身而不贻祸于宗国，又何怨乎？

或曰："此仁者之事，非昌之所及也。"道二：仁与不仁而已矣。出乎仁则入乎不仁；危其国，亡其身，不仁不可与言，而为人所颠倒，一间而已。身死则为陈昌，国危则为萧詧，昌不仁而文帝、安都以不仁应之，昌先之矣。

【译文】

南朝陈文帝陈蒨以陈高祖陈霸先侄子的身份继位之后，

北周的宇文氏才把陈高祖的长子陈昌遣返陈朝，结果陈文帝与司空侯安都合谋把陈昌推入长江淹死。陈文帝贪恋君位，竟然安心行此残忍之事，其罪恶是无法逃脱的。令人惋惜的是，陈昌愚昧无知，被狡猾的夷狄政权北周投置于死地，以扰乱陈朝的政局。

陈昌在荆州被西魏俘虏到关中作为人质之后，陈霸先曾多次向宇文氏请求遣还，但宇文氏表面许诺却不予遣还，把陈昌押为重要人质以挟制陈朝。陈高祖死后，宇文氏之所以迅速遣还陈昌，正是知道他们兄弟之间必定会为皇位展开争夺，自己则可以乘机从中渔利。以前南朝梁武陵王、益州刺史萧纪与梁元帝萧绎争夺皇位，得以在巴蜀自立为帝；岳阳郡王、雍州刺史萧詧也与梁元帝萧绎争夺皇位，得以在江陵自立为帝，他们采用同样的手段两次都取得了成功，如今将再次由陈蒨、陈昌兄弟在南朝都城建业（今江苏南京）进行尝试，其情形显而易见，为什么陈昌就无所觉察呢！侯安都戕害皇子的阴谋得逞，陈昌被淹死于前往建业的途中，也不过是丧失一个亡命公子罢了。而在此过程中，北周宇文氏并未派出一支军队声援，也未派出一个使者迎候，对自己没有任何损失。如果陈昌不死，陈朝有拥戴他为君的势力，就一定要求援于宇文氏，这样宇文氏就可以卷土重来，扶立陈昌作为藩属，陈昌也不能违背，那么陈朝也就不复存在了。陈昌能从中得到什么好处，而非要白白地替北周宇文氏卖命、为虎作伥呢？如果陈昌不服从宇文氏遣归南朝的安排，最后老死关中，即使身处异域，也可自认为是南朝梁灭亡后被俘虏，并非自己投身幽谷，就像南朝宋义阳王刘昶、南朝齐鄱阳王萧宝寅投奔北魏、步入迷途一样。周太王古公亶父的长子太伯、次子仲雍不惜削发文身逃往江南，以便三弟季历继位，从而保全孝友之义、光大周朝统治，那么陈昌一直作为人质滞留北周宇文氏，又会有何伤害呢？春秋时代，晋文公拒绝秦穆公关于获得君位时的告诫，难道他忘记了作为晋国国君的使命吗？当时他被秦国派军护送回国，自己受制于秦国，像晋惠公那样在秦国帮助下复国却背弃盟约，结果在韩原（今陕西韩城西南）之战中被秦国俘虏的事，晋文公是不屑于做的。父亲死了意味什么，怎么忍心利用这个机会图谋国家以得利，于是秦国的阴谋被打破，晋国也得以安宁，晋文公最终得以称霸天下。如果天命应在自己身上，陈昌怎么就知道自己以后不能成为晋文公一样的人物？即使天命不在自身，那么以流亡公子的身份优游于终南山和渭水之间，也可以保全自己的性命，并且不给陈国留下祸患，这样又有什么怨愤可言？

有人可能会说："这是恪守仁义的贤人所做的事，不是陈昌所能达到的。"世间的道路有两条：仁义与不仁义罢了。如果背离了仁义之路，就必定会进入不仁义之途，从而危害国家、亡其性命。背离了仁义的人不可与其打交道，被这样的人倾覆而走向败亡，只是一瞬间的事。陈昌背离仁义导致了自身灭亡，萧詧背离仁义导致了国家危机。陈昌的行为不仁义，而陈文帝陈蒨及其司空侯安都又以不仁义的方式对付他，陈昌不仁义的行为是在先的。

本事：《资治通鉴》卷一六八《陈纪二·文帝》，天嘉元年（560）。

二　人有初心，道有大常

国破君危，志士奋兴以图匡复，此决起一朝，无暇豫计其始终者也，豫计则不果矣。虽然，亦有不容不豫计者。乱一起而不知所届，事会之变，未可测矣，所可豫计者，已有其初心，道有其大常也。或死乎？或弗死乎？死有所为死，生有所为生，变虽生于始谋之外，而心自依乎其初，此之谓豫计。志不定，义不明，以义始，以乱终，利害乱其中，从违失其则，则为王琳而已矣。

孙瑒之始，与琳俱起，本以萧詧引宇文攻元帝于江陵，急于入援，以拯元帝之危，而存梁之宗社；不及而江陵陷，元帝死。事虽不克，而为吾大仇者，宇文氏也。陈氏攀敬帝以立而又篡之，则其意计不及，忽然之变也，于是而琳志乱矣。外既偪而内复溃，琳乃首施两端，遍奉表于二夷，观望以拒陈，遂受高齐骠骑之命，终为异类矣。而瑒异是，宇文氏授瑒以刺史，瑒誓死以拒，守孤城而不降，使城陷而死焉，瑒得死所矣。乃陈兵至，周围解，兵力已疲，民情已释，旁徨四顾，故国已亡，而无可托足，乃集将佐而告之曰：“吾与王公同奖梁室，勤亦至矣，时事如此，岂非天乎！”乃举州以降陈。非降也，不降而无所归也。救江陵拒宇文者，瑒之初心也；陈之篡，梁之亡，非瑒始计所及也。瑒非敬帝之臣，陈高有篡弑之逆，而敌怨不在后嗣，文帝非躬篡之主，不辱其身于加刃吾君之狡夷，瑒可以无死，而又为谁死邪？若此者，瑒不能豫计于先，而抗宇文以全郢城，则其素所立之志，终始初无异致，瑒何病哉？

无他，王琳虽名为义，而图功徼幸之心胜，则遇变而不知所择；瑒义在心，而不仅以名，事虽不济，而义终不坠也。决死一旦，而挟功利以为心，物必败之，亦恶知变之所生而早计之哉？

【译文】

在国家面临毁灭、君王面临危亡的形势下，仁人志士愤然而起，图谋挽救国家、转危为安。这样的决策往往是仓促定于一朝之间，并没有时间对前后进行预先考虑，如果预先计划，就会因与实际不相符而不能成功。尽管如此，也有不得不预先考虑的。变乱一起，就不知道发展到何种地步，其形势风云变幻不可预测，能够预先考虑的，只是自己要有不变的初心，因为道义有其基本的原则。会有人为此而死吗？会有人不为此而死吗？死有其之所以死的原因，不死有其不死的道理，即使事态的变化超出最初的意料，但是自己的初心并不会因此改变，这就是所谓的预先考虑。内心的志向不确定，道义所在不明白，以合乎道义开始，以混乱天下告终，利害关系扰乱了他的内心，出处进退、从违之间失去了基本原则，也就只能成为王琳之类的人。

南朝梁将孙瑒当初与王琳一同起兵，本是因为萧詧勾引宇文氏攻打梁元帝萧绎所在的江陵（今湖北荆州），急着率军拯救梁元帝于危难之中，以保存梁朝的江山社稷；但孙瑒还未赶到，江陵已经陷落，梁元帝萧绎死难。这次行动虽然没有成功，却充分表明宇文氏是他们真正的仇敌。接下来陈霸先拥立梁敬帝萧方智，不久又篡夺帝位。这是他们始料所不及、突如其来的事变，在这种形势下，王琳的心志乱了。外部有宇文氏的大军进逼，内部萧梁政权崩溃，中原陷入混乱，王琳面对这种局面进退失据，首先采取了首鼠两端的错误对策，对北边两个民族政权都奉表称臣，请求援助，对内则观望形势的变化以抗拒陈霸先，于是接受北齐高氏授予的骠骑将军的任命，最终还是成为变节的异类。而和他一同起兵的孙瑒则不同，宇文氏授予他柱国、郢州刺史之位，他誓死拒绝，坚守郢州（治今湖北武昌）孤城决不投降。假使孤城陷落而死，孙瑒也可谓死得其所了。而后陈朝军队赶到，解除北周的包围，此时的孙瑒则感到自己的兵力已经疲惫，民心的向背已经得到缓解，彷徨之间四下观望，萧梁故国已不复存在，而自己也没有可以立足之地，于是就召集所有将佐宣告说：“我与王琳一同起兵匡扶梁室，忠心和辛勤已经尽到了，然而时事到了如此境地，难道不是上天的安排！”于是他率同郢州全境投降陈朝。这不是他要投降，而是因为不投降就无路可走。援救江陵、抵抗宇文氏的军队，这是孙瑒不变的初心；陈霸先篡位，梁朝灭亡，也并非孙瑒始料所及的。孙瑒也不是梁敬帝的臣子，陈高祖有篡位弑君的谋逆之罪，然而对于仇敌的怨愤不能加之于后嗣，陈文帝陈蒨也不是亲身参与篡位谋逆的君主，为了不至于侮辱自身于曾经杀死自己君主也就是梁元帝萧绎的北方民族政权北周，那么孙瑒可以不死，又为谁去死呢？像这样的事情，孙瑒并不能预先考虑到，然而抵抗宇文氏的军队以保全郢州城，那么他素来所立的志向，自始至终没有发生变化，还有什么可指责孙瑒的呢？

孙瑒与王琳之所以出现这两种结局，没有其他的原因。王琳虽表面上符合道义，但由于图谋功名的侥幸之心过于强烈，所以遇到事态变化就不知所措。孙瑒是实有道义存于心中，而不仅是表面的名义，事情尽管没有成功，但道义始终没有丧失。决计献身只是一时间的事，如若怀着功利之心，那么事情必定会失败，又怎么能够知道事态发生变化而预先有所考虑呢？

本事：《资治通鉴》卷一六八《陈纪二·文帝》，天嘉元年（560）。

三　大风有隧，贪人败类

《诗》云："大风有隧，贪人败类。"类之已败，则虽非贪人，相习于乱，大风之隧，当其隧者，无不靡也。贪人之所吹拂成乎风，而类无不败，且不自知其为大恶，捐名义以成乎乱贼，而后人道绝矣。

华歆、贾充、刘穆之、谢晦、沈约、褚渊、崔季舒，胥贪人也，扶人为乱贼，居篡弑之功，而身受佐命之赏，弗足责也。王晞曰：“非不好作要官，但思之烂熟耳。”高演报其翼戴之功，使为侍郎，苦辞不受，知贪人之不保令终，而静退以全身，非华歆辈之匹也。乃首倡逆谋，力为赞画，夜入帷幕，忘生蹈险，以夺高殷而弑之。晞不自为荣朊也，徒焦肺困心，不恤族诛之祸，唯恐演之不成乎篡，何为者邪？功成而不受赏，安下位以终身，使移此心以尽诚于君父，而奖掖人于忠孝之途，则于诸葛公桑株八百、薄田十顷之节，又奚让焉？然而晞熸不畏疚，以为乱贼之腹心者，何也？篡夺之风，已成乎隧，当其隧者靡焉，习以为安，而不知其动摇之失据也。

民彝泯矣！天理绝矣！百年之内，江东、河北视弑君父如猎麋鹿，篡国如掇蜩蝉，无有名此为贼而惊心动魄者。晞固曰：吾为其所应为，而不受佐命之赏，则道在是矣。悲哉！华歆辈之败人类，而人类无能更存也！士不引千秋之公义以自择所趋，习染时风以为固然，从后而观之，恶岂有瘳？而一曲之操，其能掩不赦之辜哉？

【译文】

《诗经·桑柔》中写道：“大风刮得非常迅猛，贪婪的人败坏其同类。”如果同类已被败坏，那么即使不是贪婪的人，也会相习为乱。大风刮起来有其通道，面对大风通道中的东西，没有不随风倒伏的。如果贪婪之人的影响已形成社会风气，那么同类的人就没有不被败坏的，甚至有的人还不知道自己所做乃大奸大恶之事，以致抛弃名声道义，从而成为乱臣贼子，而后为人之道就被灭绝了。

三国曹魏的司徒、太尉华歆，西晋的外戚、司空、太尉贾充，东晋末年的尚书左仆射刘穆之，南朝宋的尚书令、荆州刺史谢晦，南朝梁的尚书令沈约，南朝齐的司空、骠骑将军褚渊，北齐的尚书左仆射、开府仪同三司崔季舒，这些都是贪婪之人。他们扶植、拥戴他人作为乱臣贼子，窃取篡位弑君的开国之功，从而接受佐命元勋的奖赏，也不足以责怪。北齐大臣王晞曾说："我不是不喜欢高官要职，只是需要考虑得更细致些。"北齐孝昭帝高演为回报王晞的辅佐拥戴之功，拟任命他为侍郎（当为侍中），他坚决推辞不接受，因为他知道贪婪之人是不能保证可得善终的，所以选择清静谦退、韬光养晦以保全性命，这是上述华歆之流所无可比拟的。可是他首倡篡位叛逆之谋，极力为高演参赞谋划，乘夜色入高演幕府，冒着生命危险，夺取北齐废帝高殷的君位，并杀掉他。王晞不为自己追求荣华富贵，却白白地处心积虑，不顾惜杀身灭族的祸患，唯恐高演不能篡位成功，这又是为什么呢？功成名就而不接受封赏，安居下位以度过一生，假使他能用这样的心对君父竭尽忠诚，勉励扶持人才归于忠孝正道，那么与诸葛亮桑株八百、薄田十顷的节操相比，又有什么逊色呢？然而，王晞并不因此感到恐惧和内疚，甘愿充当北齐孝昭帝高演这样乱臣贼子的心腹，这是为什么呢？因为篡权夺位之风盛行，已经成了大风的通道，面对大风通道中的一切都将随风倒伏，人们也相沿成习、习为自然，而不知道自己的行动已失去了依托和凭据，失去了道义的基础。

人间的伦理道德泯灭了！天地的自然法则绝亡了！在这百年之内，无论是地处江东的南朝还是大河以北的北朝，弑君杀父就像猎杀麋鹿一样，篡位窃国就像捕捉蜩蝉一样，没有谁把这些人看作乱臣贼子进而感到惊心动魄。王晞固然可以说："我做我应该做的事，不接受因辅佐元勋的封赏，这就符合做人的正道。"可悲啊！华歆之流败坏人类的道义，使人类不能够再作为人类而存在！士大夫不引用千秋公义作为自我选择的道路和方向，而是受时代风气熏染而败坏，还以为本来就是这样。如果从历史发展的角度来看，这种罪恶犹如顽疾，难道有治愈的时候吗？凭着一点点片面曲解的所谓操行，怎么能掩盖住无法赦免的罪恶呢？

本事：《资治通鉴》卷一六八《陈纪二·文帝》，天嘉元年（560）。

四　君子正己

以乱人为可畏者，懦夫也；以乱人为不可畏者，妄人也。庄周氏自谓工于处乱人矣，一以为猛虎，一以为婴儿，一以为羿之彀中而不可避也，一以为大浸稽天而可不溺也。懦夫闻之，益丧其守；妄人闻之，益罹于凶；则唯失己，而谓轻重之在物也。

虞寄侨处闽海，陈宝应连周迪、留异以作乱，寄著居士服，屏居东山寺，危言不屈，宝应纵火焚寺以胁之，威亦熯（hàn）矣，而寄愈危，责宝应也愈厉。如寄者，岂不戒心于乱人之锋刃，而任气以行邪？乃终岳立千仞而不以宝应之凶悖为疑，非妄以轻生、狎暴人而姑试也，求诸己者正而已矣。浸令不然，心非之，抑诡随之；私议之，而面讳之；亟于求去，而多方以避之；放言毁度，佯狂闵默以顺之；皆庄周所谓缘督之经也。而早为乱人之所测，只以自辱而无补于祸难。妄之兴，懦之变也。夫君子正己而已矣，可为者奚惴而不为？可言者奚惮而不言？乱人虽逆，澌丧之天良未尽绝于梦寐，天可恃也；即不可恃，而死生有命，何所用吾术哉？是以知虞寄之可为君子矣。

欧阳纥反于广州，流寓人士，惶骇失措，而萧引恬然曰："管幼安、袁曜卿亦安坐耳，直己以行义，何忧惧乎？"寄近宝应而危，引远纥而安，寄直己之道行，引直己之志定，其归一也。反是，则书思祖以畏葸为赫连勃勃所恶而死，赵崇以轻薄为朱温所怒而死，[崇呼橐驼为山驴王以诮温。] 刚柔无据而可，惟其处己者未正也。

【译文】

认为制造混乱的人可怕的，是懦夫；认为制造混乱的人不可怕的，是妄人。庄周自称精通和制造混乱的人相处的方法：一是把制造混乱的人视为猛虎，二是将制造混乱的人视为婴儿，三是将制造混乱的人视为处于后羿弓箭射程所及范围而不可躲避的人，四是将制造混乱的人视为洪水滔天而淹不死的人。懦夫听说了制造混乱的人，就会更加丧心失志；妄人听到制造混乱的人，就会遭受更多凶险。在这样的情况下，只有忘却自我的人，才会认为轻重利害的权衡全部寄托于身外之物。

南朝梁陈禅代之际，虞寄侨居福建沿海。割据闽中的陈宝应联络割据临川（今江西抚州）的周迪、割据缙州（今浙江金华）的留异起兵作乱，虞寄穿着居士的衣冠，隐居于东山寺，直言相劝，坚贞不屈。陈宝应下令纵火焚烧东山寺来威胁他，这种威胁已经很严重了，虞寄的处境也愈加危险，而他对陈宝应的责骂也愈加厉害。像虞寄这样的人，难道说面对制造混乱的人的屠刀就不心存戒惧，而非要意气用事吗？他最终能像山岳一样壁立千仞，而不为陈宝应的凶险悖乱所动摇，不妄自轻生、不屈服于残暴之人的压力而以身犯险，就是源于他内心的浩然正气罢了。假若不这样做，他就只得心里反对陈宝应，表面却屈服；或者私下有所非议，当面则有所顾忌；或者急于请求离去、想方设法躲避；或者不受拘束，放言纵论、毁谤测度；或者假装癫狂、沉郁不言，从而顺从。这些都是庄周《庄子·养生主》中所谓“缘督”（守中合道，顺其自然）的方法。然而，他早已为叛乱之人算计到了，结果只能自取其辱，对于即将发生的祸患是没有什么补救的。妄人的出现，也正是懦夫的一种变态。作为君子，只是行己之正罢了，可做的事，有什么担心而不去做？可说的话，有什么害怕而不敢说？叛乱之人尽管逆天作恶，但丧失的天良在梦醒时分还没有完全灭绝，还有上天可以依恃；即便上天也不可依恃，那么人的生死由命，自己的权术又有什么用呢？由此可知，虞寄是可以成为君子的人物。

南朝陈宣帝时，广州刺史欧阳纥反叛朝廷，流寓广州的人士都惶恐失措，大臣萧引却安之若素，平静地说："汉末三国时期的管宁（字幼安）、袁涣（字曜卿）两人面对天下大乱的局面，也是不为所动，安然处世。只要自己正道直行、仁义为本，有什么可担心、畏惧的呢？"虞寄因为接近陈宝应而面临危险，萧引因为远离欧阳纥而得以平安，虞寄本着自己内心的正道行事，萧引同样是内心的志向坚定，两人的态度终究都是一样的。与此相反，则有十六国时期的名士韦思祖因畏惧和胆怯，为大夏国王赫连勃勃所憎恶而死难。还有五代初年的赵崇因轻薄为后梁太祖朱温所愤恨而死难，[赵崇假装不识骆驼而称其为山驴王，以讽刺朱温。]他们选择刚柔的态度没有一致的标准，还是可以理解的，只是他们自己立身行事的方式，并不一定符合正道。

本事：《资治通鉴》卷一六八《陈纪二·文帝》，天嘉三年（562）；卷一七〇《陈纪四·临海王》，太建二年（570）。

五　养老之典

儒为君子者也，君子不可欺者也。儒而受欺于人，则不惟无补于世教，而其自立也，亦与欺为徒，因以欺人而自欺也。甚矣！养老之典，儒者重言之，不审于何以养也；则宇文邕胡孙而优俳，遂谓其可登箫韶之缀兆也！

汉儒饰文而迷其本，于是桓荣、李躬受割牲躬馈之荣施。今且未知明帝之果可以养老，而荣、躬之果可为老更否邪？虽然，当东汉之初，天下可无捐瘠离散之苦，而荣与躬非从弑父与君之臣，犹可尸此而无大惭也。宇文氏日糜烂其民以与高齐、陈氏争，丁壮捐尸于中野，农人没命于挽运，父老孤茕无告者不知几千万，而于谨以机诈倾危之士，左袒宇文护以弑其君，乃觍然东面登降，坐食于太学，掇拾陈言，如乐人之致语，遂施施然曰：此文王敦孝尊贤之道也。儒者荣之，称说于来今，为君子儒者其然乎？文王之养老，孟子言之备矣，非饰衣冠、陈尊俎、赞拜兴于伯夷、太公之前也，且其为伯夷、太公而后为国老，桓荣、李躬何足以称，而况于谨者，固伯夷所与言而视如涂炭者乎？

先王之政，纪于《尚书》，歌于《雅》《颂》，论定于孔、孟，王者之所宜取法，儒者之所宜讲习，无得而或欺，亦无得而自欺者也。语虽略，而推之也，建天地、考三王、质鬼神、俟后圣，无不在矣。汉儒之说，欲以崇道，而但侈其荣利，宾宾然，夫我则不暇也。

【译文】

作为儒士，应当是君子，而君子是不能够欺骗的。如果儒士受到别人的欺骗，不仅对于世道教化没有什么裨益，儒士自己立身行事，也和欺骗者同流合污，从而欺骗别人，不啻为自己欺骗自己。更有甚者，尊长养老的典礼，是儒士反复申说的优良传统，却不去深入探究尊长养老的方法。正如北周武帝宇文邕作为外族的子孙，却沐猴而冠，如同化装表演以谐谑为主的杂戏，于是人们就认为他如登台表演古圣先王的箫韶之乐中的舞者一样。

汉代儒士因注重粉饰文辞礼仪，而迷乱了根本的东西。于是东汉永平二年（59），明帝临幸太学举行养老之礼，以李躬为三老、桓荣为五更，受到皇帝亲自宰杀牛羊供奉饮食这样的荣耀。如今人们尚未知晓汉明帝是否真的可以尊长养老，桓荣、李躬是否真的可以作为三老和五更？尽管如此，在东汉初年，天下并没有民众惨死离散的苦难，桓荣、李躬也不是弑父弑君的乱臣贼子，他们尚且可以占据三老、五更的荣誉地位而无愧于当世。北周的宇文氏日益残害人民，同时又与北齐、南陈争夺天下。当时的人民，丁壮者捐躯于原野战场，农夫丧命于运粮之道，他们的父老无依无靠、无处诉苦申冤的不知有几千万人。然而，北周太傅、大宗伯、燕国公于谨作为一个奸诈阴险的大臣，袒护权臣宇文护刺杀其国君，竟然厚颜无耻地接受北周武帝宇文邕授予的三老封号和养老典礼，面向东方登阶、下阶举行进退揖让之礼，在太学接受皇帝亲自制作并供奉的食物，拾掇采取陈旧的说教，向皇帝传授所谓的治国之道，就像是戏子乐人的致辞一样，于是得意扬扬地说：这是周文王劝孝尊贤的方式。儒士都以此为荣，古往今来备受称道。那么对君子、儒士来说，真是这样的吗？关于周文王尊贤养老的故事，孟子已经说得很完备了，并不是采用在伯夷、姜太公面前粉饰衣冠、陈设尊俎、主持跪拜礼仪这种方式，况且伯夷、姜太公都是先有垂范天下后世的功德，而后才可以享受尊贤养老的典礼，汉代的桓荣、李躬凭什么获得三老、五更的尊崇礼仪？更不要说北周的于谨了，本来就是伯夷视为的以朝衣朝冠坐于涂泥、炭灰那样的恶人呢？

上古先王的政事，记载于《尚书》，称道于《诗经》中的《雅》和《颂》，论证于孔子、孟子，都是后世帝王所应该效法的典范，是儒士、君子所应该讲授、传习的故事，绝不允许有任何的欺骗，也不能采取任何自欺欺人的办法。有关记载先王之政的语言尽管简略，但若认真推衍其义，天地自然的秩序建构，夏禹、商汤、周文王、周武王的政事考察，可以对质鬼神的仁义居心、对于后世圣人出现的期待等儒家思想精华，无不包容于其中。汉代儒士的学说，虽然也是想崇尚道德，却只是大肆宣扬荣华富贵，人们都纷纷追求荣利的事，而无暇顾及真正的道德。

本事：《资治通鉴》卷一六九《陈纪三·文帝》，天嘉四年（563）。

临海王

一　当世无才

观于陈氏之代，抑不知当世之无才何以至此极也！侯安都、周文育、程灵洗战而获，获而囚，囚而系以长锁，鼠窃而逃，仍为大将而不惭，其武人可知矣。刘师知、到仲举奉诏辅政，忌安成王之逼上，乃使殷不佞孤衔口敕入相府，麾王使退，内不令太后幼主知，外不与群臣谋，而不虑其拒命，五尺之童所不为者，身为托孤大臣，谋君国之安危而漫同儿戏，其为执政者，又可知矣。夫当世岂遂无才，而至此极者，何也？

人主者，以臭味养贤，以精神感众者也。道以导之，德以得之。道德者，即其臭味；导之得之者，其精神也。陈高祖一偏裨之才耳，任之为大将而固不胜者也，而使为天子，其仅足以致拳勇无廉之武夫，文墨不害之文吏，非是臭味莫相亲，精神不相摄矣。遍求其时而无其人，仅一虞寄，而出为藩王之记室。天下之士，相帅以趋于偷，天生之，人主不成之，当世不尚之，何怪其不碌碌哉？故江东王气之将尽也，为之主者气先疲也。所知、所志、所好、所恶，不出于颎（jiǒng），则人胥奔走于颎中，夕阳之照，晨星之光，趋于尽而已矣。

【译文】

观察南朝陈的时代，真不知道当世缺乏可用的人才，为什么竟会达到如此严重的极限程度！武将之中，镇西将军侯安都、镇南将军周文育、安西将军程灵洗都曾在战争中被俘虏，然后被囚禁起来，又被加上长锁系于狱中，最后偷偷逃跑，回去后仍然担任大将之职，并没有羞愧之感。南朝陈武将的情况由此便可知道。文臣之中，中书舍人刘师知、尚书仆射到仲举奉诏辅佐朝政，因忌恨专权的安成王陈顼威逼皇上（废帝陈伯宗），就派东宫通事舍人殷不佞带着伪造的诏敕进入相府传达皇上圣旨，命令安成王退回府第。这样的事，宫内不禀报皇太后和年幼的皇上知道，朝中又不同群臣商议，也不考虑安成王陈顼是否会拒绝听命，即使是五尺之童也不会这样做。身为托孤受命的辅政大臣，却把关系君主和国家安危的谋划，当作儿戏一样轻慢对待，从这件事来看，南朝陈执政者的素质可想而知。当时之世，难道真的没有可用的人才了吗？为什么会发展到如此严重的极限程度呢？

作为君主，应以志趣相投养育贤明之士，应以道德精神感化众人的心。用道义引导，用德行养成，道义和德行合并起来，就是所谓的志趣相投；而用来引导的、用来养成的，就是道德的精神。陈高祖陈霸先不过具备将佐之才罢了，任命他为大将，本就不能胜任；让他作为天子，也只是足以招致有勇无廉的武夫以及粗通文墨的文吏，道德志趣自然不相亲近，道德精神自然不能通摄。当时遍求天下，却没有可任用的人才，仅有虞寄一人，也被外派担任藩王的记室官。天下的士人，都纷纷争相仿效，苟且偷安。对于天生的人才，人主却不加以引导养成，世道风气也不崇尚人才，那么人们都愿碌碌无为地生活，又有什么可奇怪的呢？所以，江南的帝王之气即将消尽，是因为人君的帝王之气首先丧失。人君所知道的、所思虑的以及所喜好与所厌恶的，正如《诗经·谷风·无将大车》中所说的“无思百忧，不出于颎”，也就是：无法摆脱小事之烦忧而不得出于光明之道，天下之人却都以为还奔走于光明之途，就像夕阳的余晖，晨星的光芒，都快要消逝殆尽了。

本事：《资治通鉴》卷一六七《陈纪一·武帝》，永定元年（557）；卷一七〇《陈纪四·临海王》，光大元年（567）。

宣帝

［自太建十三年以前，论高齐、宇文周事皆附陈下；自太建十三年隋文帝纪号开皇，凡论隋事皆附隋下，唯论陈事则列卷中；陈、隋皆中国之君，南北分疆，义无偏胜也。］

【译文】

[从南朝陈宣帝陈顼太建十三年（581）之前，凡是讨论北齐高氏、北周宇文氏史事者，都附录在南朝陈的纪年当中；从太建十三年隋文帝杨坚建立隋朝，使用开皇纪年之后，凡是讨论隋朝史事者，都附录在隋朝纪年当中，只讨论南朝陈的史事者，则列入本卷中；南朝陈和隋朝，都是中原王朝政权的君主，虽然从地域上分属南北，尚未完成统一，但从道义上讲则没有什么分别。]

一　利不可竞

小人之争也，至于利而止矣；而更有甚焉者，始见为利而争之，非必利也，争之以不相下，气竞而不能止。有国家者，毒众连兵、暴骨如莽而不止；匹夫匹妇，讦讼操戈，两败交伤而不止；乃不知因此而害不弭，舍此而固有利也。明于计者，方争之顷，一念旁及而早知改图矣。

晋悼公与楚争郑，用兵十年，连十二国之诸侯，三分四军以疲于道路，仅服一郑，而中国之力已惫。当其时，若舍郑而无可以制楚者，乃服郑而晋遂不竞，楚亦恶能制哉？幸楚之不觉而亦相竞于郑耳。使其舍郑而他图，三川危、天下裂矣。夫晋与楚，非择利而趋也，气不相下，捐躯命以求赢，匹夫匹妇之情也。

宇文氏与高齐相持于宜阳，经年不解，韦孝宽以宜阳一城不足损益，彼若弃之来图汾北，我必丧地，欲罢宜阳之兵以防汾、晋。力穷于所争之地，而流念以旁营，孝宽可谓智矣。宇文护不能从，斛律光果弃宜阳而筑十三城于汾北之西境，拓地五百里，孝宽撤宜阳之兵以奔命，而大败于汾北，定阳失，杨敷擒，而其所争者亦败，悁悁忿戾之情，亦恶足以逞哉？孝宽之机甫动，斛律光之情已移，所争者俄顷之间耳，迷于一往者，固不觉也。

夫孝宽、光皆趋利之徒也，然于忿戾相乘之顷，返念以自谋成败，思以免无益之死伤，而不徒糜烂生灵于尺寸之土，则又岂徒工于计利哉？利不可竞也，忿尤不可不戢也。固执必胜以快其忿，幸而败，不幸而亡；两俱迷，则徒为斯人之困以自困，将有旁起者坐而收之。匹夫之乘潮竞渡以身饱鱼腹而不惩，事有大于此者，为千古笑。不知不仁，君子之所深恶也。

【译文】

小人之间的竞争，得到利益就可以停止了；然而更有甚者，见到利益就开始竞争，其实并不一定真的有利可图，结果却争得不相上下，争强好胜之气得不到控制，竞争也就无法停止。作为有国有家的诸侯大夫或者后世的帝王，如果这样竞争，就会毒害民众、兵连祸结，人们像草芥一样暴骨于荒野，但竞争依然无法停止；即使在匹夫匹妇之间，如果这样竞争，也会聚讼纷纭、同室操戈，结果两败俱伤，而竞争依然无法停止。他们却不知道这样下去必定灾难不息，而放弃竞争对于双方本来都是有利无害的。明于计谋的人，就会在竞争正激烈的时候，偶然兴起一个念头，另辟蹊径，于是及早停止竞争，另谋出路。

春秋晋悼公在位时（前572—前558），国力强盛，与楚国争夺郑国，前后用兵十年，联合了十二国诸侯的力量，把晋国的上军、中军、下军、新军这四军分为三部分，并设立机动预备队，轮流出动攻击楚军，这样举国之兵疲于奔命，仅仅为了征服郑国，就使整个国家疲惫不堪。当此之时，如果放弃对郑国的争夺就不能钳制楚国的话，那么征服了郑国之后，晋国虽然不再争夺了，但楚国又怎么能够被制服呢？万幸的是，楚国并没有觉察到这一点，同样集中全力参与对郑国的争夺。假使楚国放弃对郑国的争夺而另作他图，那么晋国的三川（今洛阳附近的伊洛河流域）就危在旦夕，甚至天下也将四分五裂。晋国与楚国对郑国的争夺，并不是为利益所驱使的选择，而是不相上下的意气之争。不惜以性命换取胜利，这是匹夫匹妇的常情。

北周宇文氏与北齐高氏对峙于宜阳（今属河南），一年多相持不下。北周大将韦孝宽认为，宜阳一城无关大局利害，如果敌方放弃宜阳，转而进攻汾河以北地区，自己一定会丧失土地，于是他想撤回宜阳的军队，用以防守汾、晋地区。在双方争战相持、势竭力穷的情况下，转变观念从而经营后方基地，韦孝宽可谓是有智谋的人。可惜执掌朝政的宇文护未能听从他的建议，而北齐大将斛律光果然不出所料，放弃宜阳，在汾北西境建筑十三处城池，开拓五百里土地。韦孝宽不得不撤回宜阳的大军，北上应战，结果疲于奔命，在汾北大败。定阳（今山西介休一带）失陷，汾州刺史杨敷被北齐大将段孝先俘虏，宜阳也没有争夺到手。这样看来，心中愤怒甚至暴戾的情绪，又怎么能够得以发泄呢？韦孝宽刚刚产生放弃宜阳的想法时，斛律光的考虑也已改变，双方在军事谋略方面的竞争决胜于历史的瞬间罢了，像宇文护那样执迷不悟的人，本来也不能够觉察到。

韦孝宽、斛律光二人，都是为利益争夺的趋利之徒。然而在双方敌对抗衡、愤怒暴戾的瞬间，还能回过念头来精心谋划自己的成败，思考尽量避免无谓无益的伤亡，而不是白白地在这尺寸土地上戕害性命、涂炭生灵，这难道是善于谋利者所能做到的？利益不可去争夺，怨愤尤其不可不收敛。固执地坚持必胜的信念，以发泄自己的怨愤，那么即使幸运的结果也只是失败，不幸的结果就会自取灭亡；如果竞争双方都执迷不悟，那么只是因为对方的困境使得自己也处于穷困的境地，将会坐等其他新兴的力量坐收渔翁之利。正像有勇无谋的匹夫，乘着涨潮之机渡河，结果使自己葬身鱼腹也不知道引以为戒，比这更为重大的不明智之事，必将成为千古笑柄。既不明智又不仁义的事情，是正人君子深恶痛绝的。

本事：《资治通鉴》卷一七〇《陈纪四·宣帝》，太建二年（570）。

二　童谣惑人

为五行之说者曰："荧惑之精，降为童谣。"言虽非实，而固有指也。荧惑者，以荧荧之光、荧荧之智惑人者也。火之光，荧荧而已，炀之而兴，撤其膏薪而息矣。然当晦也，则暗行者依之以求明，故曰："月固不胜火。"大明有耀，不足以荧荧矣。故智者求明于日月，而不求明于火，恶其有炀之者也。童谣者，荧荧而惑人者也，是之谓荧惑之精，非必天之星降为童之谣也。善通其义者，可以垂鉴。

祖珽欲杀斛律光而无其隙，韦孝宽密为童谣以间之，而光坐诛。夫天下之为童谣者，皆奸人之造也，岂果祸福之几，鬼神早泄其秘于童稚之口哉？鸜鹆（qú yù）之谣，师已造之，为季氏解逐君之恶也。故童谣者，必有造之之人；即其果中于事理，若"河间姹女""千里草"之属，亦时有志疾恶而葸弱畏祸，师妇姑诅咒之智，喋喋于炷（wēi）瓮之间而已。若灵帝之国必亡，董卓之身必戮，又岂待童谣而知邪？晋文公城濮之师，势不容于姑已者也，"原田每每"之诵，恶知非楚人之反间哉？故曰："先民有言，询于刍荛。"刍荛可询也，出其所不意而对以公也。民之讹言，不可听也，先为之成言，必其荧荧而惑人者也。祖珽之奸，高纬之愚，孝宽之诡，一童谣而光以死，高氏以亡，可畏也哉！

上愈察，下愈谲，愬谮不行，而童谣兴，惑乃益不可解。王洽、李邦华以死窜于小竖之口，可为痛哭者，岂徒高纬之愚乎？[崇祯己巳，都城被围，兵部尚书王洽、戎政李邦华搜简军政。宦官忌之，为童谣曰：“杀了王洽，鞑子容易杀，杀了李邦华，走破鞑子靴。”播令上闻，洽被诛，邦华削夺，军政益紊，以底于亡。]

【译文】

研究阴阳五行学说的人宣扬说：“荧惑星的精魄，降临人间变成童子歌谣嬉戏。”这种说法虽不一定符合实际，却也固然有其所特指的含义。荧惑也就是火星，就是以其荧荧闪烁的微光、以其隐现不定的小智小慧迷惑人。火之光，也就是荧荧微光罢了，加入物体燃烧，就会发出光亮；如果撤掉柴薪，就会熄灭。然而到了晚间或暗处，在黑暗中行走的人借此寻求光明。所以庄子说：“日月之光不如火的光亮。”如果天色大亮、光明照耀，就不需要荧荧微光了。所以聪明的人借助日月之光寻求光明，而不借助火的微光，是因为讨厌有借燃烧物体以助长火光的人。阴阳五行家所谓的童谣，也像荧荧微光一样迷惑人，这就是所谓的荧惑之精，并不一定是天上的荧惑星降临人间变成童子所传唱的歌谣。善于理解其中真正含义的人，可以以此为鉴。

北齐尚书左仆射祖珽想杀掉大将斛律光（字明月），却苦于找不到借口。北周大将韦孝宽就暗地编造童谣使用反间计（诸如“百升飞上天，明月照长安”“高山不推自崩，槲树不扶自竖”之类），果然，斛律光以谋反罪被杀。天下流传的童谣，都是奸邪之人编造出来的，难道真的是祸福降临的预兆，鬼神预先泄露秘密借儿童之口表达吗？春秋时代“鸲之鹆之，公出辱之。鸲鹆之羽，公在外野”的童谣，是鲁国大夫师己捏造的，其目的就是要为季氏开脱其驱逐鲁昭公出逃并死于齐国的罪恶。所以说，凡是童谣一定有编造之人。即使这些童谣真的与事理相符，就像“河间姹女”（《后汉书·五行志》：“河间姹女工数钱，以钱为室金为堂。”此为暗讽汉灵帝之母永乐太后）和“千里草”（《后汉书·五行志》：“献帝践祚之初，京都童谣曰：‘千里草，何青青。十日卜，不得生。’”此为暗喻董卓），也都是由于当时人们嫉恶如仇却又胆小怕事、畏惧灾祸，于是效法妇人诅咒讽喻，在火炉、水瓮、灶膛之间喋喋不休罢了。像东汉灵帝时期国家必然走向灭亡，献帝时期的奸臣董卓必然遭到杀戮，这样的事理可谓路人皆知，难道还要借助童谣预见吗？又如晋文公重耳率领大军与楚国决战于城濮（今山东鄄城），当时的局势决不容许有短暂的犹豫和停顿，而这时听到众人传诵“原田每每，舍其旧而新是谋”的谣言，怎么知道这不是楚国人的反间计呢？所以《诗经·大雅·板》中说：“古代的圣贤不耻下问，经常向割草打柴的人请教。”割草打柴的普通百姓是可以征询请教的，结果往往会超出意料，他们的应对回答因出于公心而无所顾忌。民间的谣言，是不可听信的。事前就编造的议论或预言，必定是像荧荧微光闪烁一样用来迷惑人的。北齐尚书仆射祖珽的奸邪，北齐后主高纬的愚昧，北周大将韦孝宽的诡诈，借助一则童谣就把北齐大将斛律光致之死地，北齐高氏政权也因此走向灭亡，真是可怕啊！

上边越明察，下边越欺诈。谗毁攻讦行不通，童谣就会出现，这样人们的迷惑就更加难解。明朝末年的王洽、李邦华，就是受到小人童谣的诬陷而被杀害、流放。因此说，历史上值得为之痛哭的，难道只有北齐后主高纬的愚昧吗？[明代崇祯己巳年（1629），首都北京被皇太极率领的后金军队围攻，当时兵部尚书王洽、兵部侍郎协理戎政李邦华整顿军政进行防御，遭到宦官的忌恨，他们就编造童谣说："杀了王洽，敌人容易杀，杀了李邦华，敌人走破靴。"崇祯皇帝听信了流传的童谣，就杀掉了王洽，削夺了李邦华的军权。此后的军国大政更加紊乱，以致明朝最终灭亡。]

本事：《资治通鉴》卷一七一《陈纪五·宣帝》，太建四年（572）。

三　岁币之始

中国输岁币于夷，自宇文氏始。突厥挟两端以与宇文、高氏市，宇文畏其为高氏用也，岁给缯絮锦十万以縻之，高氏亦畏其为宇文氏用而厚赂焉。夫宇文与高于突厥，何中外高卑之有哉？弱役于强，屈者其常也，而突厥固曰：宇文、高氏，中国之君也，中国之奉我，常也。此骄夷狄之始祸也。宇文、高氏朘削中国以奉于其类，非其土，非其民，无不可也。而后世弩窳（yǔ）之君臣，且曰：宇文、高氏，中国之君也，不惜悉索之于民以奉突厥而国以安，吾亦奚不可邪？此启惰君陋臣之祸始也。

地之力，民之劳，男耕女织之所有，殚力以营之，积日以成之，委输以将之，奉之异类，而民力尽、民怨深矣。无财无以养兵，无人无以守国，坐困而待其吞吸，日销月铄，而无如之何，自亡而已矣。而不但此也，方其未入中国之日，已习知中国之富而使朵颐久矣。中国既自亡，而揖之以入为主，其主臣上下皆固曰：此畇畇之原隰（xí），信天地之沃壤也，肥甘之悦口，轻暖之适体，锦彩佳丽之炫目，繁声冶奏之娱耳，求焉而即得，取焉而即盈，昔之天子奉我而如不及，今为我之臣妾，而何求不克邪？故淫虐婪取，川吸舟吞，而禹甸为荒郊，周黎为道殣，皆宇文氏之毒，延及千年而益烈。悠悠苍天，其如此皮骨空存之赤子何也！所为推祸始而为之痛哭者也。

【译文】

中原王朝每年向北边民族政权进贡钱物，是从北周宇文氏开始的。当时割据北方的突厥族政权挟其首鼠两端之伎俩，分别与北齐宇文氏、北周高氏互市贸易。北周宇文氏担心突厥被北齐高氏所利用，就通过每年送给突厥十万匹丝棉织品加以笼络怀柔，而北齐高氏也同样害怕突厥被北周宇文氏所利用，也输送丰厚的钱物加以贿赂。北周宇文氏、北齐高氏与突厥族政权相比，有什么中外高下之分？

弱者被强者奴役，委曲求全，这是很正常的事情，可是突厥就会认为：北周宇文氏、北齐高氏，都是中原王朝的君主，中原王朝屈服事奉我突厥，也是正常的事情。这样就会使得夷狄更加骄横，从而开启了后世边疆危机的祸端。北周宇文氏、北齐高氏搜刮剥削中原王朝的钱物以进奉少数民族同类，因为中原的土地本就不是他们的故地、中原的人民也不是他们的同族人民，本也没什么不可以。然而，后世那些愚钝无能、腐败懒惰的君臣将会因此认为：北周宇文氏、北齐高氏作为中原王朝的君主，不惜以勒索人民供奉突厥的代价换取国家的暂时安定，我们为什么不能这样做呢？这是引发无所作为、浅陋无知的君臣灾难祸乱的根源。

土地蕴涵的财富、人民付出的辛劳、男耕女织的收获，都需要竭尽全力地经营。通过经年累月地成就，水陆交通以转运、集中这些来之不易的钱物进奉夷狄，结果只能使得人民财力逐渐穷尽、人民积怨日益加深。没有财力就不能养兵，没有人力就不能守卫国家，把钱财进奉敌国，自己则坐守困境，等待别人的吞并蚕食。这样，国力日削月损，也没有什么办法加以挽救，只有自取灭亡罢了。不仅如此，这还使得北方少数民族尚未进入中原之前，就已清楚地知道中原王朝富足充实，这让他们艳羡、向往已很久了。中原王朝自取灭亡后，又拱手让北方少数民族入主中原，那么少数民族的君臣就会想当然地认为：中原大地这片开阔平整的土地，的确是天底下的肥沃良田，肥美甘甜的食物可口、轻暖华丽的衣服舒适、身披锦绣的美女佳丽绚丽夺目、浮靡的音乐和妖冶的表演悦耳动听，只要提出要求就挥手即得，只要索取欲望就会被满足；过去中原王朝的天子供奉我时唯恐有做不到位的地方，如今他们都成了我的臣属奴婢，我还有什么欲求得不到满足呢？所以更加骄奢淫逸、残暴肆虐、贪婪索取，犹如巨流吸人、大鱼吞舟一样，结果使得中原大地变成荒凉的郊野、黎民百姓成了道路上的饿殍。这都是北周宇文氏的流毒，此后延续上千年并愈演愈烈。悠悠苍天在上，对这些皮骨仅存的中原赤子又能怎么办呢！这就是我们追究灾难祸乱的根源并为此痛哭流涕的原因。

本事：《资治通鉴》卷一七一《陈纪五·宣帝》，太建四年（572）。

四　度德，量力，相时

度德量力相时以沮有为之气，君子弗取。而当积衰已久，立本未坚，求自保以徐图有为也，则度德量力相时之说伸矣。高纬不道，亡在旦夕，陈与接壤于淮右，宣帝决策遣吴明彻帅师北伐，庸讵非所宜为、非所可为者？顾使陈深计而思其所竟，纬虽必亡，吴明彻能以积弱之孤军捣邺、并而灭之，如宋武之于姚泓否邪？用兵三年而不能越吕梁一步，与高氏一彼一此，交敝于两淮，徒为宇文氏掣高氏之肘而利其吞龁耳。

宇文之决于灭纬也，韦孝宽固曰：“齐自长淮之南，悉为陈氏所取，与陈氏共为犄角，必当所向摧殄。”则其用陈而陈为所用可知矣。巴蜀失，江陵陷，陈之大患在宇文而不在高氏。为高氏犄角而拒宇文，不可为而尚可为也。为宇文犄角而灭高氏，宇文无北顾之忧，而地益广，兵益众，气益张，昔者齐为陈蔽，而今则陈受周冲，去狐狸而邻豺虎，则他日者，既下巴、荆以乘上流，临江介而捣建业，旁无所挠而势无不便，是灭齐适以自灭，不待智者而知也。

当斯时也，天下之势，在宇文而不在高氏明矣。陈所急者，在江、郢、庸、蜀而不在淮右明矣。既无能奋兴以决图荆、襄，抑惟固境辑民、治兵积粟，听二虏之争，而我以暇豫图久远之计，悉三吴、湘、广之力，尚可为也。计不出此，乘人之危，收旷莽难守之地以自居功，殆犹鼠也，潜出而掠人之余也。高氏为己之捍卫而急撤之，陈何恃以抗宇文哉？高氏亡而明彻败。金人告宋曰：“吾亡而蒙古之祸移于宋。”其愚同，其祸同也。舍周无虑，贪得以逞，有可为而不可为，为其所不可为以自诧，祸已及，乃局蹐而自缩，晚矣。高氏不灭，陈氏不亡，叔宝虽不足以固存，尚可俟他姓之兴以延江左衣冠之统，刘子业、萧宝卷不灭，而叔宝灭乎？

【译文】

衡量自己的德行是否能够服人、估计自己的能力是否能够胜任、观察时势的机遇是否适合有所作为，从而消解自己有所作为的勇气，这是君子所不愿采取的态度。然而当衰弱积累时间长了，根基的建立尚未牢固时，为寻求自我保护并想慢慢图谋有所作为的事情，那么衡量自我德行、估计自我能力、观察时势机遇的说法就派上用场了。北齐后主高纬不行道义，危机和亡国就在旦夕之间，这时南朝陈与北齐在淮南西路地区接壤，陈宣帝陈顼就决策派遣大将吴明彻率师北伐，这难道不是应该做的事、不是能够做的事吗？假使南朝陈有深谋远虑，考虑清楚他们所要争取的究竟是什么，北齐后主高纬尽管必定要灭亡，吴明彻也能率领积弱孤军直捣邺（今河北临漳西南）、并（今山西太原），进而消灭北齐。是否能取得像宋武帝刘裕北伐灭掉后秦皇帝姚泓一样的功劳呢？可是吴明彻率领陈军用兵三年，却未能跨越吕梁山一步，只能与北齐高氏彼此抗衡、交相疲惫，相持于两淮之间，只能替北周宇文氏掣肘北齐高氏，从而有利于北周吞食北齐、统一北方罢了。

北周宇文氏决计消灭高纬时，大将韦孝宽本就有明确的战略规划：“北齐自长江淮河以南的土地，全部为南朝陈所夺取，这样北齐与南朝陈互为犄角、相互牵制，北周必定能所向披靡，摧枯拉朽。”由此可知，北周宇文氏利用南朝陈牵制北齐，而南朝陈果真也为其所用。巴蜀地区丢失，江陵（今湖北荆州）陷落后，南朝陈面临的心腹大患，是北周宇文氏而不是北齐高氏。作为北齐高氏的犄角去抗拒北周宇文氏，这是在当时不可作为的局势下还可以有所作为的唯一选择。如果作为北周宇文氏的犄角去消灭北齐高氏，那么北周宇文氏就会解除北顾之忧，其地盘会更广、兵力会更多、士气会更盛。从前是北齐作为南朝陈的屏障的形势，如今变成南朝陈正面为北周冲击的形势，等于远离狐狸而靠近豺狼虎豹，那么日后北周宇文氏攻占长江中上游的巴、荆之地后，就会从长江上游沿江而下，直捣南朝都城建业（今江苏南京），沿途不会受到任何阻挠、没有任何不便。由此可见，陈灭北齐恰如自取灭亡，这是不必智者预见就可知道的事情。

对于南朝陈而言，当时天下的发展大势，很明显是在北周宇文氏，而不在北齐高氏。南朝陈所面临的首要问题，很明显是在江、郢、庸、蜀地区，而不在淮南西路地区。南朝陈即使没有奋发有为，夺取荆、襄之地，也应该保境安民、治兵储粮，坐视北周与北齐之间的激烈争夺，自己则乘机筹划图谋久远之计，调集利用三吴、湖湘、两广地区全部的人力物力，尚且可以有所作为。可是南朝陈却没有采取这种战略，而是乘人之危，夺取空旷难守的土地作为自己的功劳，就像老鼠一样，乘人不注意偷偷抢夺人留下的没用的东西。北齐高氏作为自己的防卫屏障，却被急急忙忙地撤除了，那么南朝陈又凭什么对抗北周宇文氏呢？北齐高氏灭亡后，吴明彻所率领的陈军也很快惨败。正如后来的金人曾告诫宋人说：“蒙古人灭了我们的国家，接着而来的灾祸就转嫁到你们宋人的头上了。”南朝陈和宋朝，二者同样愚昧，也遭受了同样的灾难。南朝陈舍弃北周宇文氏的威胁不加忧虑，贪图胜利以满足自己的欲望，本来可以有所作为的局面被转变成不可作为的失败，正当南朝陈为这种不可作为的失败暗自诧异之时，灾难已经降临，于是乎畏缩恐惧，收缩战线进行防御，但为时已晚。如果北齐高氏不灭，南朝陈也不会灭亡；陈不亡，那么陈后主陈叔宝尽管不足以固守其地以自存，还可以等待他姓王朝兴起，从而延续江南世家大族的正统，正如南朝宋前废帝刘子业、南朝齐东昏侯萧宝卷没有亡国，难道陈后主陈叔宝就一定会亡国吗？

本事：《资治通鉴》卷一七一《陈纪五·宣帝》，太建五年（573）。

五　时有易而道有诎

谅暗不言，孔子曰："古之人皆然。"古谓殷也。周公定礼，于此阙焉，意者其不然邪？故孔子但言古。夫周公推至孝以立极，岂三年之爱不逮古人哉？时有易而道有诎也。殷道立弟，国恒有长君，则冢宰虽非伊、傅，而不能擅命以乱天下；周道立子，而冲人践阼，冢宰持权，则苟非其人，固不可托也。即其人可托矣，而小子同未在位，以周公之忠，二叔之流言且不可遏，非贪权罔恤之奸，未有不惩周公之难，而敢于自危以危天下者也。故殷道至周而易，道大易，则一端不得以独存，时诎之矣。

若后世之天下，尤非三代之比也。三代有天下者，名而已矣，其实则亦一国也。王畿千里，政教号令所及，今之一大省会耳，诸侯固自为治也，则其事简。诸侯受制于天子，而无所诎于天子之大臣，天子之卿视侯，视云者，仰而跻及之之谓也，则其任轻。诸侯入相，自有宗社，而不敢尝试，非诸侯而相，则夹辅之公侯可入正之，而相臣不敢自恣，则其权分。郡县之天下，统四海于一人，总己则总天下矣，其事繁，其任重，其权壹。冢宰已总天下之职官，司农已总天下之田赋，司马已总天下之兵戎，司寇已总天下之刑罚，而又总而归之一人。此魏、晋以降，录尚书事辅政之所以篡夺相仍也。州牧郡守待命而不能仰诘，四海无谁何者，三年之内，以收人心而移宗社，后虽挽之，祸已发于肘腋矣。人子受先王之托，而委之他人，庸讵可以为孝，此后世之诎于时者，尤非仅如周而已也。

夫法有常而人无常。当周之季，皇甫、尹氏之流，君亲政而犹为天下僇，讵可不言而唯其所为？容容自保者，且以误国而召疑叛，况其为窦宪、梁冀之跋扈者乎？又况其为司马懿、傅亮、徐羡之、杨坚也乎？乃先王既使之在大臣之位矣，欲别委而弗使之总己也不得，陶侃且怨，不徒祖约也。茕茕在疚之孺子，岂能求侧陋之忠贤，拔起而授之大任，其不畀宗社生民于奸邪也，鲜矣。故匹夫不能逮天子之养，天子不能尽庶民之哀，情无已而量有涯，虽圣人不能尽满人子之心，亦无如之何也。故孟子诏滕文公行三年之丧，而未有命戒者五月尔，于此见《周礼》之既葬而亲政也。宇文邕之令曰："衰麻之节，苫庐之礼，遵前典，申罔极；军国务重，须自听朝。"庶乎其情理之两得与！五服之内依礼，百僚既葬而除，亦称其情也。虽然，此唯天子而不得不诎尔，翟方进妄自尊以短丧，李贤、张居正怙权而丧其心，岂能托以为辞哉？

【译文】

《尚书》上记载：殷高宗武丁居丧，三年不谈政事。孔子说："不只是殷高宗，古人都这样。"这里的"古"，指的是殷商时代。后来周公制礼作乐，也缺少对这方面礼仪的记载，大概是不以为然吧？所以孔子只说古人都这样做。周公推崇至孝以树立做人的准则，难道三年守丧期的敬爱之心比不上古人？这是因为随着时代更易，道德标准也有曲折变化。殷代的继承制度是兄终弟及，所以国家经常有年长的君主在位，冢宰即使不是像伊尹、傅说那样的贤才，也不能专擅朝政而祸乱天下。周代的继承制度是父死子继，那么年幼的王子继位为君，就由冢宰主持朝政。一旦冢宰是不适当的人，自然就不能承担国家重任；即使冢宰值得托付，年幼的新君也如同没有在位执政，凭着周公的忠心，管叔、蔡叔的流言蜚语尚且不可遏止，只要不是贪权乱政无所顾惜的奸邪之人，就没有不能体谅周公辅佐成王的艰难处境，从而敢于放纵自己并危害天下的人。所以说殷代的制度到周代发生变化，这一制度的巨大变化，使得过去旧的制度不能够单独存在，这是随着时势变化而改变的。

至于后世的天下，尤其不能与夏、商、周三代相提并论。夏、商、周三代统治天下，只是名义上的统一罢了，各个诸侯其实也是国家。天子直接统治的王畿，天子的政教号令可以直接传达到，其范围不过方圆千里，相当于今天一个大省的范围。其他诸侯国都是各自为治，因而政事简易。各地诸侯受制于天子，对于天子的大臣则不必屈从，天子的“卿”大体相当于侯国之君。所谓的相当，就是仰观可以跻身登上那个位置的意思，所以卿的权限是很轻的。诸侯入为相，仍然保有其诸侯国家，而不敢轻易尝试改变；若不是诸侯的人担任宰相，辅佐天子的公侯就可以入朝纠正和检举他，所以宰相丝毫不敢放肆，其权力也为众人所分解。发展到郡县制的天下之后，四海之内由皇帝一人统摄，权力总归自己，可以统揽天下。因此，皇帝的政事繁杂、责任重大、权力统一。这时，冢宰已总管天下职官，司农已总管天下田赋，司马已总管天下军政，司寇已总管天下刑罚；而在他们之上，所有权力都集中于皇帝一人。这就是自魏、晋以来，录尚书事官辅佐朝政之所以频繁出现篡位夺权的原因。当时州牧、郡守只能待命而行，而不能向上反诘追究，四海之内没有人能对朝廷怎么样。三年之内，就可以收拢人心、改变宗庙社稷，此后即使加以挽救，祸患已发展到了肘腋之下。新君继承了先王的江山社稷，却把权力托付他人，这难道可以算得上尽孝吗？这也是后世随着时间的推移而曲折变化的地方，并不仅仅是周代存在这种情况罢了。

法有其常规，而人则无其常行。当周朝末年，掌握朝廷重权的皇甫氏、尹氏之流，君王亲政还敢危害天下，新君怎么可以不发一言而听任他们为所欲为？那些随众附和、苟且自保的冢宰大臣，将会因此贻误国家，招致猜疑和反叛，更何况像汉代的窦宪、梁冀那样飞扬跋扈之人？又何况像曹魏的司马懿、南朝宋的傅亮和徐羡之、北周的杨坚之类擅权废立，甚至篡权夺位的人？先王已经使他们担任了大臣的职位，要想另外委托别人从而不让他们总管自己的大权也不可能做到。东晋权臣陶侃尚且心怀怨恨，这种不满情绪当时不止祖约一个人。那些生活在孤独忧虑中的继承人，怎么能够从僻陋卑贱之中寻找到忠贤之才，选拔任用并授予国家大任，他们中不给宗庙社稷和天下生民带来奸诈邪恶的，是很少见的。所以，匹夫之人不能像天子那样奉养双亲，天子也不能像平民百姓那样对亲人尽哀，在情感上尽管没有限度，在程度上却有局限。即使圣人也不能穷尽人子对双亲的孝心，这也是无可奈何的事情。因此，孟子让滕文公守三年的丧期，其中未有命令教戒而不言政事的只有五个月时间。由此可见，《周礼》中有埋葬亲人之后就亲政的情况。北周武帝宇文邕的诏令中说："亲丧中所穿衰衣麻绖丧服的礼节，所住草席茅庐居所的礼仪，一概遵循前代的典制，以便表达无尽的哀思；然而军国大事责任重大，还必须亲自上朝理政。"这样差不多是于情于理两得其全吧！五服之内的亲属按照《周礼》行事，百官群僚则于葬后即可除去丧服，这也是符合情理的办法。尽管如此，对于天子来说可以如此变通，大臣还是不能这样变化。西汉丞相翟方进妄自尊大，缩短守丧之期；明代首辅李贤、张居正专权而丧其天良，采取夺情起复的方式不守丧制、素服治事，这难道能够作为其不行守丧之礼的托词吗?

本事:《资治通鉴》卷一七一《陈纪五·宣帝》，太建六年（574）。

六　无为小人儒

贼圣人之道，以召异端之侮，而坚其邪辟者，小人儒也。异端则既与我异为端矣，不相淆也；然异端亦固有其端，非沉溺于流俗之利欲而忘其君父以殉其邪者也。若杨朱、墨翟、庄周、列御寇，以及乎陆子静、王伯安，苟自有其端，则卑污趋利、瞀不畏死、而尽捐其恻隐羞恶之行，固醉梦之余念所不屑及者也。君子小人之大辨，人禽之异，义、利而已矣。小人之趋利而无耻，君子恶之，异端亦从乎君子之后而恶之，不敢谓君子之恶非正也。唯小人而托于儒，因挟儒以利其小人，然后异端者乃挟以讥吾道之非，而曰为小人资者儒也。夫异端之始念，未至于无父无君，而君子穷其所归，斥为禽兽。乃小人冒儒者之迹，挟诗书礼乐为宠利之资，则顽鄙残忍，公然忘君父而不恤，以诧于天下曰：为道卫也。其可贱而可恶，又奚但异端之比哉?故曰：“无为小人儒。”小人儒者，异端之所不屑为也。

桓荣耀车服之荣以劝门人曰：“稽古之力。”君子贱之，以其侈乎利而有禽心也。况如熊安生者，业以儒术，为高氏国子博士矣，于高氏固有君臣之义也；宇文灭齐，邺城方破，安生遽令埽门，语家人曰：“周帝重道尊儒，必将见我。”悲夫！其所事之君已走，其所从班行以奉祀之宗社且毁且屋，其同列之官僚且死且窜，其比闾连居之妇子且杀且俘，漠然无一念之悲闵，乞高氏之余不足，又顾而之宇文氏之墦间，以是为儒之道也。异端之徒，稍知自好者，鄙夷之如犬豕，况君子哉？不绝小人于儒，不正儒者之谊，以使小人不敢干，君子之责也。无他，义、利而已矣。议者苛求于吴康斋、陈公甫，而引姚枢、许衡于同类，不亦慎乎？

【译文】

危害古圣先王的道德精神，从而招致异端的攻击和侮辱，却又坚持其邪僻之说不思悔改的人，就是所谓的小人之儒。所谓异端，就是与我方的观点对立而且各执一端，双方针锋相对，无法调和与混淆。然而，即使是异端，也有其坚持的一端之见，并不是沉溺于世俗的利欲之中而忘掉君臣父子伦理的存在、不顾生命地追求邪妄的学说。像东周时期的杨朱、墨翟、庄周、列御寇，以及南宋的陆九渊（字子静，世称存斋先生）、明代的王守仁（字伯安，世称阳明先生），都是真正持有异端之见的人，然而他们对品质卑劣、心地龌龊、追求财利的人，强横顽悍而不畏惧死亡、完全抛弃恻隐羞恶之心的行为，即使处在梦中，也是不屑于触及的。君子与小人的最大区别，就是人类和禽兽的区别，关键就在于道义和财利之间。小人无耻地追求财利，这是君子所厌恶的。那么持异端之见的人也随从君子之后厌恶小人的行为，而不敢说君子厌恶的态度不正确。只有那些无耻小人，才把自己假托为儒士，从而利用儒士的名义满足其追求财利的欲望，那么持异端之见的人就因此讥讽圣人之道的不是，认为是儒学成了小人所凭借的资本。异端思想最初的萌芽，尚未发展到无视君臣父子伦理的地步，而君子却极力攻击他们思想的旨归，贬斥其为禽兽。至于小人冒充儒士名分，利用诗书礼乐的学问作为取宠得利的资本，就显得强横顽劣、卑鄙残忍，公然忘掉君臣父子的伦理而毫不顾惜，并欺骗天下人说：我们是儒学的卫道士。他们令人鄙视又可恶，难道是异端之人可以比拟的吗？所以说："不作小人之儒。"小人之儒，是异端之人所不屑的。

被汉明帝尊为五更的大臣桓荣，曾炫耀自己获得车舆冠服礼仪的尊荣，并以此激励门人说："这都是得力于考证古事、研习经书。"君子都很蔑视他，因为他贪图财利而且有禽兽之心。更何况像北朝的经学家熊安生其人，他修习儒术，成为北齐高氏的国子博士，与高氏之间已经具有君臣之义。北周宇文氏灭北齐，邺城（今河北临漳西南）即将被攻破的时候，熊安生马上令人打扫门庭，对家人说："北周的皇帝尊儒重道，一定会来拜见我。"可悲啊！当时他事奉的君主已经逃离，他所位列朝班曾经奉祀的宗庙社稷即将被摧毁走向灭亡，和他同列的官僚有的死了、有的逃了，与他比邻而居的妇人子弟有的被杀、有的被俘，然而他却对此漠然视之，没有一点悲天悯人的念头，乞求北齐高氏的残羹冷炙不成，转而又乞求北周宇文氏坟墓间祭奠死人的供品，还恬不知耻以这样的行为作为儒士之道。即使是异端之徒，稍微知道洁身自好的人，也都会把他当作狗猪一样加以鄙视，更何况君子呢？不能杜绝小人混入儒士之列，不能端正作为儒士的正道大义，从而使小人不敢冒犯，这是君子的责任。要做到这样，没有其他办法，只有严格区分道义和财利的界限罢了。议论的人对于明代理学家吴与弼（号康斋）、陈献章（字公甫）多有苛求，却把依附蒙古的元代理学家姚枢、许衡引为同类，这难道不是是非颠倒了吗？

本事：《资治通鉴》卷一七三《陈纪七·宣帝》，太建九年（577）。

七　南陈北伐，自取灭亡

强敌在前而以轻军试之，非徒败也，其国必亡。故吴明彻一溃于彭城，而江东有必亡之势，其幸而延之十年者，宇文邕殂，宇文赟无道，杨氏谋篡而不暇及也。不然，亡之亟矣。为兵家之言者曰：“知彼知己，百战百胜。”未然也。诚知彼而知己，则有不战者矣。吴明彻可以当宇文宪、韦孝宽乎？萧摩诃、任忠、周罗睺可以当梁士彦、王轨乎？宣帝可以当宇文邕乎？宇文氏其如高纬、祖珽、穆提婆之君臣可以姑试而幸获乎？己不自知，知之而又何以战邪？

不可以战而何以胜邪？

然则坐而待其相加与？曰：善为国者不师，非不师而即善也，为国善，则可以不师也。江东至是而无可取中原之势矣。固本靖民，养兵择将，迟之数十年，而不轻挑之以益其势，则尚可为也。故孙绰、王羲之之论，在东晋之初则为自弃，在陈之末造则善矣。东晋虽草创，人咸愤激以图存，有死之心则有生之气也。至于陈，而江东之生气，齐凋之，梁萎之，侯景摧之，萧詧、王琳中起而灭裂之，陈氏偷存而销铄之；刘宋吞广固、捣长安之锋颖，荡尽无余矣。然使固本图安而尚可为者，以高纬之淫昏，宇文邕迟之又久、再进再退而始决，陈能自立而不授以俘大将、覆全军之势，宇文君臣慎动者也，且以苻坚、拓拔佛狸为大戒，而遽轻试席卷之雄心乎？陈仅一蔡景历而不能用，一溃而举国之人皆靡，引领以望北师之渡而已矣。

【译文】

面临强敌当前的危局，如果不是严阵以待，而是派出人数不多、轻装疾行的军队前去应战和尝试，就不仅会失败，甚至会导致国家灭亡。所以，南朝陈大将吴明彻在彭城（今江苏徐州）溃败，对于偏居江东的南朝而言，便出现了必然灭亡的趋势。后来之所以侥幸又拖延十年，是因为当时北周武帝宇文邕已死，继位的北周宣帝宇文赟荒淫无道，执掌朝政的杨坚正图谋篡权而无暇顾及南朝。不然的话，南朝很快就灭亡了。兵家之言常说："知彼知己，百战百胜。”实际上并非如此。如果真正做到知彼又知己，那么就会有选择不战的情况。南朝陈大将吴明彻能够抵挡北周大将宇文宪、韦孝宽吗？南朝陈的其他将军萧摩诃、任忠、周罗睺能够抵挡北周大将梁士彦、王轨吗？陈宣帝陈顼可以抵挡北周武帝宇文邕吗？北周宇文氏难道是北齐后主高纬与其属下祖珽、穆提婆等一班君臣那样，可以轻易应战和尝试而侥幸获胜的吗？这些人不能客观估量自身力量，即使能够客观估量自身力量，又能如何应战呢？如果不能应战又怎能凭借侥幸取胜呢？

尽管如此，那么就应该束手待毙、坐等敌人进攻吗？应该说，善于为国家谋划的人不轻易用兵，并不是说不用兵就等于善于为国家谋划，而是说为国家大局谋划得当就不需要用兵了。到了南朝陈统治的时代，偏居江东的南朝已不具备收复中原、统一中国的条件。在这样的形势下，巩固根本、安定民心、训练精兵、选拔良将，坚持几十年时间，不轻易向北方民族政权挑衅，以便乘机扩大自己的力量，这样的话尚且可以有所作为。因此，东晋名士孙绰、王羲之谏止迁都洛阳和北伐中原的言论（如“舍安乐之国，适习乱之乡；出必安之地，就累卵之危”），用于东晋之初，可以视为自我放弃收复中原、统一中国的志向；用于南朝陈的末年，则是对国家有利的可取之策。东晋初年虽处于王朝草创之际，但人们都激于义愤，立志救亡图存，具有必死的决心和昂扬的生气；然而到南朝陈统治时期，江东地区振兴的生气已先后经过南朝齐的凋残、南朝梁的萎靡以及侯景之乱的摧残，还有南朝内部萧督、王琳之乱的分裂和破坏，南朝陈苟且偷安对于人民振兴生气的打击，从而使得当年刘宋北伐时吞并广固（南燕都城，今山东益都西北）、直捣长安（今陕西西安）的威武雄壮之气，已荡然无存。然而，如果南朝陈能奉行固本图安的策略，那么以北齐后主高纬的荒淫昏庸，北周武帝宇文邕迟迟不定，经过两进两退才终于做出决策，南朝陈尚且能够自立于南方，而不会导致大将吴明彻被俘、全军覆没的大败局势。北周宇文氏的君臣是谨慎有余、不敢轻举妄动的态度，而且以前秦苻坚、北魏太武帝拓跋焘（字佛狸）南下惨败作为大戒，难道会很快生出轻率出兵、席卷南朝的雄心吗？可惜的是，南朝陈仅有蔡景历（519—578，字茂世，考城人，陈朝名臣、书法家，官至度支尚书，封新丰县侯）这样一个人才却未能被重用，经历这一次溃败，就导致了举国上下锐气丧尽，人们只有翘首仰望北方军队南渡罢了。

本事：《资治通鉴》卷一七三《陈纪七·宣帝》，太建十年（578）。

八 居心之厚薄

奚以辨大奸而必覆人之邦家者乎？则劝其主以杀人者是也。至于劝人以杀其兄弟子孙而甚矣。仁绝于心，心绝于天，而后劝人以杀其兄弟子孙；欺其人之终迷不复，而后敢劝人以杀其天性之亲。不然，虽怀忮忌而挟私怨，不忍也，抑不敢也。

郑译初用，而导宇文赟杀其叔父，则于灭宇文以戴杨坚也，何靳而不为？而坚知之矣，摘其不孝之罪，不比数之于人类，而后译之恶穷。宇文赟之不肖也，宇文孝伯对其君曰："父子之际，人所难言，臣知陛下不能割爱，遂尔结舌。"孝伯之可托也，宇文邕之不可导以不慈也，于斯言验之矣。晁错忠于袁盎，而居心之厚薄，则不若盎也，不顺于父，而父亟去之，其于父子可知矣。故求可托之臣，求之于根本之地，而思过半矣。

【译文】

怎么才能识别必定会覆亡别人国家的大奸大恶之人呢？其方法就是看他会不会规劝君主去杀人，而以劝人残杀其兄弟子孙为最严重。一个人只有仁义之性灭绝、天良之心丧尽的时候，才会劝人残杀兄弟子孙；只有在自欺欺人而最终执迷不悟的时候，才敢劝人残杀骨肉血亲。不然的话，即使是心怀嫉妒、挟带私怨的人，也不忍心这样做，也不敢这样做。

北周大臣郑译起初被重用时，就诱导北周宣帝宇文赟杀掉其叔父齐王宇文宪，从而大大削弱了北周皇室的力量。那么他对于灭掉宇文氏以拥戴杨坚，还有什么可吝惜而不去做的呢？而杨坚洞悉了郑译的用心，指摘他不孝，把他排除于人类之外，这样郑译的罪恶就可以穷尽了。北周宣帝宇文赟荒淫无道，宗室重臣宇文孝伯曾对先君武帝宇文邕说："父子之间的关系，是其他人难以言说的。我知道陛下不能割舍对太子的爱心，所以也不敢进言。"宇文孝伯是一个可以托付大事的人，宇文邕是一个不能被劝导舍弃慈爱的人，从这句话中可以验证。从对君父的忠心而言，西汉景帝时的御史大夫晁错比太常袁盎更忠诚，而从居心的宽厚与刻薄而言，晁错比不上袁盎。晁错对父亲不顺从，他的父亲劝解他放弃削藩无效后很快就服毒自尽，他们父子之间的关系可想而知。所以说，君主寻求可以托付大事的忠臣，只要从人的居心宽厚与刻薄这个根本上着眼，就考虑到一大半了。

本事：《资治通鉴》卷一七三《陈纪七·宣帝》，太建十年（578）。

九　天下不可欺

宇文邕之政，洋溢简册，若驾汉文、景、明、章而上之，乃其没也甫二年，而杨氏取其国若掇。赟虽无道，然其修怨以滥杀，唯宇文孝伯、王轨而止，其他则固未尝人立于鼎镬之上也。淫昏虽汰，在位两浃岁而已。邕果有德在人心，讵一旦而遽忘之？乃其大臣如韦孝宽、杨惠、李德林、高颎、李穆皆能有以自立者，翕然奉杨氏而愿为之效死。坚虽有后父之亲，未尝久执国柄，如王莽之小惠遍施也；抑未有大功于宇文，如刘裕之再造晋室、灭虏破贼也；且未尝如萧道成仅存于诛杀之余，人代为不平而思逞也；坚女虽尸位中宫，而失宠天元，不能如元后之以国母久秉朝权也。然而人之去宇文也如恐不速，邕骨未冷而宗社已移，则其为君也可知矣。德无以及人，而徒假先王之令名以欺天下，天下其可欺乎！

史之侈谈之也，记其迹也。论史者之艳称之也，为小人儒者，希冀荣宠，而相效以袭先王之糟粕，震矜之以藻帨其门庭也。故拓拔宏、宇文邕几于圣，而禹、汤、文、武之道愈坠于阱而不能自拔。试思之，恶有盛德如斯，不三岁而为权奸所夺，臣民崩角以恐后者乎？

【译文】

北周武帝宇文邕在位时的政事作为，充满于史书记载中而被广泛传播，似乎他的政绩凌驾于西汉文帝刘恒、景帝刘启和东汉明帝刘庄、章帝刘炟之上。然而就在宇文邕死后两年，杨坚就像拾取一样轻松地篡夺了北周宇文氏的江山社稷。继位的北周宣帝宇文赟虽然荒淫无道，但他为报宿怨而滥杀无辜的行为也只限于宗室重臣宇文孝伯和名将王轨二人，其他人未曾遭受鼎镬烹人酷刑。宇文赟的荒淫昏庸虽然很过分，但他在位时间满打满算不过两年罢了。北周武帝宇文邕如果在人们心中真的积有善德，天下人怎么会在一朝一夕就忘了呢？至于他的文武大臣，如韦孝宽、杨惠、李德林、高颎、李穆，都是能够自立于世的干才，却都纷纷事奉杨坚并且愿为其拼死效力。隋文帝杨坚虽然有着北周皇后父亲的外戚身份，却也未曾长时间把持朝政，没有像汉代外戚王莽那样遍施小恩小惠；他也没有为北周宇文氏立过大功，就像当年南朝宋武帝刘裕那样具有再造晋室、灭虏破贼的丰功伟绩；同时，他也未曾像南朝齐武帝萧道成那样幸免于屠刀之下，人们都为他鸣不平进而拥戴他，于是他得以借机篡位夺权。杨坚的女儿虽也备位中宫，但并没有得到宣帝（自称天元皇帝）的宠爱，不能像原配皇后一样，以国母的身份把持朝政大权。然而，人们背叛北周宇文氏却唯恐不及，北周武帝宇文邕尸骨未寒，国家的宗庙社稷就已经转为他姓，那么其作为君主的政绩便可想而知了。不能以高尚的道德君临天下、施与臣民，只是假托古圣先王的美好声誉欺骗天下人民，难道天下人民是可以被欺骗的吗？

史书中夸大而不切实际的谈论，记录的是历史的形迹，而谈论史事的人都据此予以羡慕而赞美。那些卑鄙的小人之儒，为希冀和追求荣华富贵争相效法，沿袭古圣先王为政的糟粕，并因此扬扬自得，以粉饰自家门庭。所以，北魏孝文帝拓跋宏、北周武帝宇文邕几乎都成了圣人，而以夏禹、商汤、周文王和周武王为代表的古圣先王的为政之道却日益坠入陷阱而不能自拔。试想一想，如真有这般高尚道德，江山社稷不到三年时间就被别的权奸之人篡夺，而过去的臣民对新的君主都会像被崩摧其角一样叩头，争先恐后地迎拜吗？

本事：《资治通鉴》卷一七四《陈纪八·宣帝》，太建十二年（580）。

一〇　君子不逆诈

尉迟迥可以为宇文氏之忠臣乎？宇文阐称帝已二年矣，父死而正乎其位，杨氏虽逼，阐未有失德也，迥乃奉赵王招之少子以起兵。曹操所不敢奉刘虞以叛献帝者，而迥为之不忌，迥之志可知矣。迥可为忠臣，则刘裕之讨刘毅，萧道成之拒沈攸之，使其败而死也，亦晋、宋仗节死义之臣乎？杨坚无功而欲夺人之国，于是乎有兵可拥者，皆欲为坚之为，迥亦一坚也，司马消难亦一迥也，王谦亦一消难也。志相若，事相竞，则以势之强弱、谋之工拙、所与之多寡分胜败矣。胜者，幸也；败者，其常也；抑此而伸彼，君子而受奸雄之罔矣。

君子不逆诈，而未尝不先觉，以情度之，以理衡之而已矣。王凌、诸葛诞不保其不为司马懿，况迥辈之纭纭者乎？宇文氏之亡，虏运之衰已讫也。杨坚无德以堪，而迥、谦、消难愈不可以君天下，“民亦劳止，汔可小康”。三方灭而杨氏兴，民之小康，岂迥之所能竞乎？[自此以后，北朝事归隋论。]

【译文】

北周大将尉迟迥可以称得上是宇文氏的忠臣吗？年幼的北周静帝宇文阐称帝已经两年，其父宇文赟病死后，他正式继承皇位。当时执掌朝政的大丞相、隋国公杨坚虽然对他威逼有加，但宇文阐也没有失德的地方，然而尉迟迥却拥戴赵王宇文招的小儿子以号令天下、起兵反叛。从前曹操也不敢打着汉室宗亲、幽州牧刘虞的旗号反叛汉献帝，尉迟迥却敢于这样做而无所顾忌，由此便可知道他的心志。如果尉迟迥可以称为北周的忠臣，那么像南朝宋武帝刘裕讨伐刘毅、南朝齐武帝萧道成抵抗沈攸之，如果他们在战争中因失败而死，也可以称得上东晋、南朝宋坚守节操、为正义而死的忠臣吗？杨坚没有丰功伟绩却想要夺取别人的国家，于是有着雄厚军事力量作为依仗的人，都想仿照杨坚的行为。如此说来，尉迟迥是另一个杨坚，同时起兵讨伐杨坚的司马消难是另一个尉迟迥，同时起兵勤王的王谦是另一个司马消难。相比而言，他们的心志相似、行事相同，只是以其军事力量的强弱、筹划谋略的好坏以及他们团结联络同盟者的多少来分其胜负了。取胜者，是幸运的；失败者，也是常事。如果一味地贬斥一方而褒扬另一方，可以说是君子受到了奸雄的蒙骗。

作为君子，虽不预料别人欺诈，不猜测别人不诚信，但也未尝不能事先觉察到，其实就是从情感上测度、从道理上衡量罢了。三国时期曹魏的将领王凌、诸葛诞难保不成为司马懿那样篡权夺位的人，更何况尉迟迥、王谦、司马消难等人的混乱纷争呢！北周宇文氏的灭亡，标志着中古时代北方民族政权衰落命运的终结。杨坚虽没有什么功德可堪称道，然尉迟迥、王谦、司马消难更没有功德和能力得以君临天下。正如《诗经·民劳》所说：“老百姓终日辛苦劳作，也该稍稍安乐，过上小康生活了。”尉迟迥、王谦、司马消难三方力量被消灭后，杨坚的隋朝得以建立并兴盛，人民过上了小康生活，这难道是尉迟迥所能竞争并夺得的吗？[从此以后，北朝的史事都归于隋朝纪年之中加以论述。]

本事：《资治通鉴》卷一七四《陈纪八·宣帝》，太建十二年（580）。

一一　庸人之愚，智人之资

高颎南侵，而陈宣帝殂，陈请和于隋，高颎以不伐丧班师。陈之愚而必亡，隋之智而克陈，皆于此征之矣。

陈、隋强弱不相敌明矣，宣帝殂，叔陵狂逞，嗣子伤，内不靖而未遑外御，权下隋以纾难，何言愚也？弱者示人以弱，则受陵乘也无已。高颎之兵，固不足畏者也。隋主初篡而位未固，以司马消难之在陈，有戒心焉。颎之南侵，聊以御陈，非能有启疆之志也。既分兵以南侵，千金公主、高宝宁又挟沙钵略以入寇，隋固急欲辍南军而防北塞。陈于此，正可晏坐以全力固封守，待其疲敝而空返；乃葸怯柔巽，暴其虚枵惶遽之情实，使隋得志以班师，而测其不自振之隐，使洋洋而盗名以去。故愚甚也。

颎不伐丧，义也，而何但言智也？夺人之国而无惭，欺人之孤而不恤，以女事人而因攘其宗社，不以为耻，隋之君臣岂能守规规之义，闵人之丧而不伐也哉？乘丧而急攻之，固败道也，非胜术也。陈虽弱，江东之立国久矣，非其可以必得，未易倾也。庸人之情，当危而惧，稍定而忘。君薨，嗣子初立，内难方作，而强敌压境，君臣皆惴惴焉，外虽请和，而内固不自宁也。知其且亡，而迫于不容已，则人有致死之心，以争存亡于一决。颎以偏师深入，撄必死之怨愤，而吾军欺其茕弱，挟骄以徼幸，猝与困兽相当于其内地，未有不败者也。幸而请和之使至矣，假不伐丧之美名以市陈，实收全师不败之功，以养威而俟时，故隋智甚也。

不伐丧矣，许之和矣，陈之廷，愚者曰“隋有仁义之心，不吾并也”；黠者曰“隋有隙而不能乘，无能为也”。于是而君骄臣怠，解散其忧惧，栩然以自即于安，信使往来，礼文相匹，縻其主于结绮临春赋诗行乐之中，则席卷而收之也，易于拾芥。善胜敌者，不乘其忧危，而乘其已定之情、已衰之气，隋之智，非陈之所能测也。自弛于十年而国必亡，姑待之十年而必举其国，一智一愚，一兴一亡，于此决矣。

故善谋国者，不忧其所忧，而忧其所不忧，不震掉失守于一朝，不席安自弛于弥日，孰得而乘之哉？而庸人不能也。庸人之愚，智人之资。向令陈人请和之使不出，高颎且进退无据，而茶然以返，隋气挫而陈可以不亡。夫岂陋君具臣之所及哉？

【译文】

隋文帝开皇二年（582），宰相高颎统兵南下，正值南朝陈宣帝陈顼病死，于是南朝陈向隋朝请求议和，高颎上奏说应遵照不能征伐丧君之国的礼教，班师回朝。以南朝陈的愚昧其必然灭亡，以隋朝的明智其必然灭陈而统一南北，从这件事上都可以预见到。

南朝陈与隋朝的力量强弱不相匹敌，这是很明显的。陈宣帝病死后，其次子陈叔陵狂纵残暴，联络新安王陈伯固叛乱；皇太子陈叔宝被砍伤；内部不稳定，也无暇顾及抵御外敌，权且向隋朝求和以避免更大的灾难。为什么说它愚昧呢？弱者向别人表现出自己的虚弱，就会给人可乘之机从而备受欺凌、祸患不止。高颎的军队，本来也是不足畏惧的。隋文帝杨坚刚刚篡位，其根基尚未巩固，同时因为司马消难起兵失败后流亡南朝被任命为车骑将军、随国公，所以仍对其存有戒备之心。高颎这次南下，只是为了防御南陈，并没有扩展疆土、统一南北的志向。隋朝分兵南侵后，北周千金公主（赵王宇文招之女，和亲嫁给突厥沙钵略可汗）、北齐残余势力高宝宁又裹挟沙钵略可汗的突厥势力从北边入侵，因而隋朝本来就急于撤回南下军队以加强北部边防守卫。对于南朝陈来说，这时正是南朝陈安坐江东全力巩固守御防线的好时机，等待隋军劳师疲敝之后，一无所获地撤退。然而，陈朝却畏首畏尾、柔弱顺从，把自己虚弱恐慌的内情实况暴露给隋朝，使其志得意满，班师回朝。同时，隋朝也窥测到陈朝不能自我振奋有为的隐情，窃取了遵照不能讨伐丧君之国礼教的好名声，从而扬扬自得地离去。所以说，南朝陈的表现是非常愚昧的。

高颎遵照不能讨伐丧君之国的礼教，是仁义的行为，但为什么说他明智呢？窃取别国的国家政权而不感到惭愧，欺负人家的孤儿幼主而不顾惜，让自己的女儿去事奉人家却又夺取其宗庙社稷，并不以此为耻。那么，隋朝的君臣怎么能够恪守拘泥于礼教的仁义，怜悯人家国君的丧亡而不加攻伐呢？如果乘其国君丧亡之机，展开猛烈的进攻，本来就是取败之道，而非战胜之术。南朝陈虽然国力虚弱，但南朝在江东的统治已经很久了，并不是隋朝一定能够得到的，而且南朝陈也不会轻易被消灭。一般说来，庸人的情感无常，当危急时感到恐惧，局势稍定之后又会忘掉忧患。南朝陈宣帝死后，后主陈叔宝刚刚继位，内部正经历陈叔陵的叛乱，外部又面临强敌压境，所以君臣上下惴惴不安，对外虽已向隋朝求和，但内部仍不安定。知道自己行将灭亡，在迫不得已的形势下，人人都会产生誓死保卫国家的决心，与强敌决一死战以争得救亡图存。高颎并非以主力军队深入南方，触犯的是人人誓死保卫国家的怨愤；而隋军欺负陈军战斗力虚弱，挟其骄横之气以求侥幸成功，这样猝然与如困兽之斗的陈军对阵于南朝内地，没有不失败的。庆幸的是，南朝陈派遣的求和使者来了，因而就假借遵照不能讨伐丧君之国这一礼教的好名声，实惠地收到保全军队不致失败之功勋，得以再养兵积威，等待时机。所以说，隋朝的这一行为是非常明智的。

隋朝遵照礼教不讨伐丧君之国，答应南朝陈的求和，这时南朝陈的君臣中，愚昧者会说："隋朝有仁义之心，不会吞并我们。"狡黠者会说："隋朝有机会却不能利用，不能有所作为了。"于是，南朝陈的君主骄傲、臣下懈怠，解除了内心的忧患恐惧，空虚自大地以为天下平安无事。南北双方信使往来不断，礼仪文书互通友好，从而使南朝陈后主沉湎于结绮阁、临春阁这样赋诗行乐的生活环境中。这样，隋朝以席卷之势收复江南、统一南北，就像在地上拾取草芥一样容易。善于战胜敌人的人，不是利用敌人忧惧危亡的局势，而是利用他们已经安定的惰性、已经衰弱的生气。隋朝的明智之举，不是南朝陈所能预测到的。南朝陈自己懈怠十年因而国家必然灭亡，而隋朝姑且等待十年而统一必能实现。比较起来，一智一愚、一兴一亡，从这一行为开始就已经确定了。

因此，善于为国家出谋划策的人，不是担忧其目前的忧虑，而是担忧其还未及忧虑的问题，不会为一朝一夕、一城一地的失守而惊愕悲悼，却会为终日累夜的自我懈怠而寝不安席。如果是这样，那么谁还能得到可乘之机？这是庸人无法企及的。庸人的愚昧，正是智者的凭借。假使南朝陈不派遣使者向隋朝求和，高颎的军队就会处于进退失据的境地，只能疲惫不堪地撤退，从而挫折隋军的锐气，南朝陈也可以避免灭亡的命运。这难道是孤陋寡闻的君主、备位充数的大臣所能达到的吗？

本事：《资治通鉴》卷一七五《陈纪九·宣帝》，太建十四年（582）。

后主

一 小臣危言，其国必亡

大臣不言，而疏远之小臣谏，其国必亡。小臣者，权不足以相正，情不足以相接，骤而有言，言之婉，则置之若无，言之激，则必逢其怒，大臣虽营救而不能免，能免矣，且以免为幸，而言为徒设，况大臣之媢忌以相排也乎？大臣者，苟非穷凶极悖之主，不能轻杀也，故言可激也；苟非菽麦不辨之主，从容乘牖以入，故言可婉也；大臣秉正于上，而小臣亦恃之以敢言，然后可切言之，以曲成大臣之婉论，交相须也，而所恃者终大臣也。大臣不言，小臣乃起而有言，触昏昏者之怒，以益其恶，未有不亡矣。

夫大臣既导君以必亡矣，则为小臣者将何如而可哉？去而已矣。陈后主国垂危而纵欲以败度，傅縡、章华危言而见杀，陈之亡，迟之十年而犹晚，而二子者，亦舍身饲虎之仁，君子所弗尚也。《春秋》书陈杀其大夫泄冶，说经者谓“泄冶失语默之节，不如高哀之全身”，非也。微者名姓不登于《春秋》，曰杀其大夫而著其名，泄冶贵大夫也，谏而死，允矣；高哀名姓登于史策，亦贵大夫也，而去之，失臣节矣。縡与华非泄冶比也，胡为其以身试酲（chéng）

人之暴怒邪？其情忿，其言讦，唯恐刃之不加于项，而无救于陈之亡，何为也哉？

诚不忍故国之沦没，而耻为隋屈，山之涯、水之涘，庸讵无洁身之所，而必于刑人之市以置此父母之遗体乎？于是而江总之邪益成；于是而施文庆、沈客卿之势益张；于是而盈廷之口益钳；于是而隋人问罪之名益正。故陈必亡者也，杀二子而更速也。羸瘵（zhài）者浮火方张，投以栀芩而毙逾速，二子之以自处而处人之宗社，无一可者也。

【译文】

如果朝中大臣不上言劝谏君主，而由疏远的小臣上书劝谏，那么国家必然走向灭亡。凡是疏远的小臣，其职权不足以纠正君主的缺失，其情感不足以与君主接近交流。他们骤然上书言事，如果其言辞婉转，就会被置之不理；如果言辞激烈，必定会触犯君主盛怒，即使有大臣出面营救也不能幸免；即便幸免于罪责，其将会为免罪而庆幸，而上书言事就徒为虚设，无法达到劝谏的目的；更何况朝中大臣会因嫉妒而加以排斥呢？但对于朝中大臣而言，只要不是穷凶极恶、狂悖无道的君主，就不会轻易杀掉他们，所以他们上奏的言辞可以激烈一些；只要不是不辨菽麦、是非不分的君主，就可以打开天窗说亮话、从容进谏，所以他们上奏的言辞可以婉转一些。只有朝中大臣可秉持正义于上，下面小臣才能倚此而敢言，直言时政得失，从而转换成朝中大臣的婉转劝谏言论。大臣、小臣二者相辅相成，最终依恃的还是朝中大臣。如果大臣不上言规谏君主，而由疏远的小臣上书规谏，那么就会触怒昏庸无道的君主，进而增益其罪恶行径，这样的国家没有不走向灭亡的。

如果朝中大臣已经引导君王走向必亡之路，那么疏远的小臣将如何是好呢？远离而去就可以了。陈后主在国家垂危之际，放纵欲望、败坏法度，曾任中书通事舍人的傅縡和曾任大市令的章华都因为危言劝谏而被杀。南朝陈的灭亡，被推迟十年还有点晚，这两个人的作为，可以说是舍身饲虎的仁义之举，这是君子所不提倡的。《春秋》中记载陈灵公杀害直言进谏的大夫泄冶，后世讲解经书的人说："泄冶没有把握好言语和沉默的原则，不如宋国的高哀因宋昭公不义而出奔鲁国得以明哲保身。"这话说得并不正确。微不足道的小人物，其姓名是不能被登载于《春秋》的，《春秋》中记载陈灵公杀其大夫并著出姓名，说明泄冶乃是尊贵的大夫，因为劝谏君主而死，死得其所。宋国高哀的姓名也被列入史册，也属于尊贵的大夫，然而他不上言进谏却奔逃而去，则是丧失了作为大臣的节操。傅縡、章华的身份本就不能与泄冶相比，为什么要以自身性命去劝谏和触犯沉湎酒色、神志不清的君主呢？他们的感情是充满激愤的、言语是揭短攻讦的，唯恐锋刃不架在自己脖子上，可是他们的行为并不能挽救南朝陈的灭亡，为什么还要这样做呢？

如果真的不忍心自己国家的沦丧，耻于屈服于隋朝，那么山之涯、水之滨，难道就没有洁身自好的去处吗，而非要把父母生下的躯体弃置于斩杀人犯的刑场？正因为这样的行为，使得宰相江总的奸邪行径更加容易得逞，佞臣施文庆、沈客卿的势力更加嚣张，整个朝廷的言论更加被钳制，而且隋朝向陈兴师问罪的名义更加正当。所以南朝陈的必定灭亡，因为傅縡、章华二人的被杀，其速度和步伐被加快了。正如羸弱病重的人虚火正盛的时候，让他们服用栀子、黄芩等药物，导致其死亡更加快了。傅縡、章华二人，无论是其自我修养的立身态度，还是作为面对国家宗庙社稷的处世态度，没有一个是可取的。

本事：《资治通鉴》卷一七六《陈纪十·长城公》，至德三年（585）。

二　名教未亡于心

名教之于人甚矣！国虽破，君虽降，而下犹以降为耻，不能死而不以死为忧，行其志以免其惭，名教未亡于心也。

陈亡，袁宪侍后主而不忍去；许善心奉使未返，而衰服以临；周罗睺大临三日，而后放兵散仗；陈叔慎置酒长叹，而谢基伏而流涕；任瓌劝王勇求陈后立之，不听而弃官以隐；于仗节死义未能决也，而皆有可劝者焉。慕容、姚、苻、高氏之灭，未有此也，其或拥兵而起，则皆挟雄心以徼利者尔。晋南渡而衣冠移于江左，贤不肖之不齐，而风范廉隅养其耻心者，非暴君篡主之能销铄也。诸子之不死，隋不杀之耳，皆无自免于死之道也；无求免于死之道而不死，不死不足以为其节累。且陈氏之为君微矣，其得国也不以义，非有不可解君臣之分也；所不忍亡者，永嘉以来，中原士大夫之故国，先代仅存之文物，不忍沦没于一旦也。虽然，陈不能守，而隋得之，固愈于五胡之种多矣。诸子者，视家铉翁、谢枋得而尤可不死，然而毅然以名教自尽也，不尤贤乎！

【译文】

儒家的纲常名教对人们的影响真是太深了！国家尽管灭亡了、君主尽管投降了，可是其属下的人民仍然视投降为耻辱，没能为国、为君死节的人都不再顾惜死难，坚守为臣的节义，以实现自己的志向、以免于内心的愧疚。这说明儒家的纲常名教在人们心目中并没有消亡。

南朝陈灭亡后，尚书仆射袁宪随侍陈后主而不忍离去；学士许善心奉命出使还没有回来，就换上丧服大声号哭；大将周罗睺大哭三天后，才解散了军队及其仪仗；湘州刺史陈叔慎置酒会合文武官吏，长叹“君臣之义于此尽矣”，长史谢基伏在地下痛哭流涕；衡州司马任瓌劝说东衡州刺史王勇寻求陈氏后代并拥立其为新君，王勇不听，任瓌弃官隐居。以上这些士大夫虽然面临是否坚守臣节、为义而死还心存犹豫未能毅然决然，但他们的言行都有劝勉的意义。但十六国和北朝政权中的慕容氏、姚氏、苻氏、高氏灭亡时，则没有出现这种现象，其中有的是拥兵而起的豪杰，却都是些怀抱勃勃雄心以追求荣华富贵之徒。而晋室南渡以后，中原的世家大族纷纷移居江南，其中尽管贤才与庸人兼有，很不一致，但是熏陶养成他们廉耻之心的儒家教化、风节与品行，却不是那些残暴之君、篡位之主所能熔化荡涤殆尽的。以上这些士大夫没有为南朝陈死节，只是因为隋朝不杀他们罢了，他们都没有自免于死节的道理。如果没有乞求免于死节的道理而又没有死节的话，那么他们没有死节并不足以影响其节操。况且陈氏作为君王并没有什么值得称道的，当初夺得国家政权时也没有什么正义可言，所以他们之间没有什么不可解除的君臣名分。之所以不忍心南朝灭亡，是因为自晋代永嘉之乱以来，中原士大夫拥戴的故国，先代仅存的礼乐制度，不忍心其沦丧于一朝之间。尽管如此，南朝陈不能守国，而由隋朝得到天下，这本来就远远胜过五胡乱华、统治中原的情况。南朝陈灭亡后的这些士大夫，如果与南宋末年的端明殿学士、签书枢密院事家铉翁和江东制置使谢枋得比起来，尤其可以不死，然而他们却能毅然为了儒学的纲常名教而克尽臣节，这难道不是贤明的士大夫吗？

本事：《资治通鉴》卷一七七《隋纪一·文帝》，开皇九年（589）。

卷十九

明刻本《历代帝贤像》中的隋文帝杨坚画像

【题　解】

本卷评论隋朝历史，分隋文帝、炀帝二目，共二十八则。

隋文帝杨坚（541—604）北周随国公杨忠之子，女为宣帝皇后，辅佐周静帝宇文阐继位，不久受禅称帝，建立隋朝。在位二十三年，统一全国，改革政治、法律、科举等，颇有创制。王夫之选择十六个问题加以评论。他对隋朝的制度建设予以充分肯定，如定服色、定刑律、开创三省六部制、置仓储等，认为隋朝无德而有政，“以立法而施及唐、宋，盖隋亡而法不亡也”；同时批评隋制的弊端，斥均田制为虐民之政，认为职田之法不可行、义仓制度名美而非善政。对于隋文帝本人，则强烈批评其吝啬与伪诈，国库充盈而百姓困苦，称之为“锱铢之主”；不仅靠伪诈之术篡权夺位，而且“奖天下以伪”，君臣上下“相蒙以伪”的结果，“始以欺人，终于自罔”，被更为伪诈的太子杨广和奸臣杨素等人所误，落得身弑国亡的下场。

炀帝杨广（569—618）为文帝次子，在位十四年，修通运河，营建东都，穷奢极欲，东征西讨，引发农民起义，死于江都兵变。王夫之选择十二个问题加以评论。他认为其弑父杀兄、破坏伦常的行径覆载不容，称为“独夫”

“逆广”；对其荒淫无度、毒民之亟的作为予以痛斥，直言“至不仁而敛天下之怨，非所据而踞天位之尊”，祸国殃民而自取灭亡。对于李渊起兵夺取天下，提出隋朝取得政权本身就缺乏正当性，隋炀帝又得位非正，李渊起兵伐暴君、平寇乱，“为余民争生死以规取天下”，乃“夺之于群盗，非夺之于隋”，所以李唐代隋“名正义顺”，无悖道义。

隋文帝

一　挟圣言以欺天下

圣人之道：有大义，有微言。故有宋诸先生推极于天，而实之以性，核之心得，严以躬修，非故取其显者而微之、卑者而高之也。自汉之兴，天子之教，人士之习，亦既知尊孔子而师“六经”矣，然薄取其形迹之言，而忘其所本，则虽取法以为言行，而正以成乎乡原，若苏威、赵普之流是已。

苏威曰：“读《孝经》一卷，足以立身治世。”赵普曰：“臣以半部《论语》佐太祖取天下。”而威之柔以丧节，普之险以斁伦，不自知也，不自愧也。以全躯保妻子之术，为立身扬名之至德；以篡弑夺攘之谋，为内圣外王之大道；窃其形似，而自以为是，歆其荣宠者，众皆悦也。

挟圣言以欺天下，而自欺其心，阉然求媚于乱贼而取容，导其君以欺孤寡、戕骨肉而无忌。呜呼！微有宋诸先生洗心藏密，即人事以推本于天，反求于性，以正大经、立大本，则圣人之言，无忌惮之小人窃之以徼幸于富贵利达，岂非圣人之大憾哉？

普之于《论语》，以夺人为节用，以小惠为爱人，如斯而已，外此无一似也。威则督民诵五教，而谓先王移风易俗之道，毕于此矣。子曰："乡原，德之贼也。"托于道，所以贼德也。正人心，闲先圣之道，根极于性命，而严辨其诚伪，非宋诸先生之极微言以立大义，《论语》《孝经》为鄙夫之先资而已矣。

【译文】

圣人的思想学说，既有其含义深刻的大道、要旨，也有其精当简洁的言谈、语录。所以宋代理学家推衍穷究天道自然变化，又以人的本性加以验证，以自身心得加以审核，然后严格地进行修养践履，并不是故意把那些显著的道理隐晦下去、卑微的行为抬高起来。自汉朝罢黜百家独尊儒术以来，通过天子的教化、士人的修习，尊崇孔子、师法"六经"已经成为风尚；然而如果仅仅浅薄地摘取圣人的一言一行，却丢掉了圣人思想学说的根本，那么即使是取法圣人以规范自身言行，也只能成为圣人所说的"乡愿"（貌似谨厚实则伪善的伪君子、老好人，是道德的破坏者），正如隋朝的大臣苏威、宋朝的宰相赵普之类。

苏威曾说："熟读《孝经》一卷，就足以立身治世。"赵普也说过："我凭借半部《论语》，就辅佐太祖取得天下。"然而，苏威以其柔顺丧失节义，赵普以其阴险败坏伦理，但他们却没有自知之明，也没有感到惭愧。他们把保全自身与妻子儿女的权术，作为立身扬名最高尚的道德；把弑君篡位、夺取权力的阴谋，作为内修圣人之德、外行王者之道的最高法则；窃取其表面的形似而自以为是，希冀获得荣华富贵的众人对他们心悦诚服。拿圣人的言语欺骗天下之人，进而自己欺骗自己的内心，曲意逢迎献媚于乱臣贼子以获得容身之地，唆使其君王欺负孤儿寡母、残害至亲骨肉却无所顾忌。唉！如果没有宋代理学家以此洗心、退藏于密（澄静内心，荡涤疑虑，精微深邃，包容万物），从人间世事推本于天道自然，然后反过来探求人的本性，从而端正天地自然、社会人伦的纲常大道，树立天下人遵从的根本原则，那么圣人的言论就会被肆无忌惮的小人窃取而作为其获取荣华富贵的工具，这难道不是圣人大为遗憾的事吗？

赵普对于《论语》，只是以掠夺别人作为节用的手段、以小恩小惠作为济众爱人的表现，如此而已。除此之外，和《论语》没有一点相似之处。苏威则督导百姓诵读三国蜀谯周所撰的《谯子五教》，认为古圣先王移风易俗的方法全在于此了。孔子说："那些伪善的君子，是道德的破坏者。"伪托圣人的思想学说，正是为了残害人伦道德。端正人们的心性，熟习古圣先王的学说，植根于天生的禀赋，从而严格辨别其真诚与虚伪，如果不是宋代理学家穷究圣人精当简洁的言谈、语录，从而树立含义深刻的大道、要旨，《论语》《孝经》这样的经典就成为卑鄙小人求取功名利禄的资本了。

本事：《资治通鉴》卷一七五《陈纪九·宣帝》，太建十三年（581）。

二　民视即天视

可以行之千年而不易，人也，即天也，天视自我民视者也。民有流俗之淫与偷而相沿者矣，人也，非天也。其相沿也，不可卒革，然而未有能行之千年而不易者也。天不可知，知之以理，流俗相沿，必至于乱，拂于理则违于天，必革之而后安，即数革之，而非以立异也。若夫无必然之理，非治乱之司，人之所习而安焉，则民视即天视矣，虽圣人弗与易矣。而必为一理以夺之，此汉儒之所以纤曲涂饰而徒云云也。

改正朔，易服色，汉儒以三代王者承天之精意在此，而岂其然哉？正朔之必改，非示不相沿之说也。历虽精，而行之数百年则必差。夏、商之季，上敖下荒，不能厘正，差舛已甚，故商、周之兴，惩其差舛而改法，亦犹汉以来至于今，历凡十余改而始适于时，不容不改者也。若夫服色，则世益降，物益备，期于协民瞻视，天下安之而止矣。

彼三王者，何事汲汲于此，与前王相竞相压于染绘之间哉？小戴氏之记《礼》杂矣，未见《易》《书》《诗》《春秋》《仪礼》《周官》之斤斤于此也。其曰夏尚玄、殷尚白、周尚赤，吾未知其果否也。莫尊于冕服，而周之冕服，上玄而下纁，何以不赤也？牲之必骍（xīng）也，纯而易求耳，非有他也。夫服色者，取象于天，而天之五色以时变，无非正矣；取法于地，而地之五色以土分，无非正矣。自非庞奇艳靡足以淫人者，皆人用之不可废，理无定，吾恶从知之？其行之千余年而不易者，民视之不疑，即可知其为天视矣。

开皇元年，隋主服黄，定黄为上服之尊，建为永制。以义类求之，明而不炫，韫而不幽，居青赤白黑之间而不过，尊之以为事天临民之服可矣，迄于今莫之能易，人也，即天也。于是而知汉儒之比拟形似徒为云云者，以理律天，而不知在天者之即为理；以天制人，而不知人之所同然者即为天。凡此类，《易》《书》《诗》《春秋》《周官》《仪礼》之所不著，孔、孟之所不言，诎之斯允矣。

【译文】

可以流行上千年而不变的事情，是民意，即天意，天意正是从民意中生发出来的。民间的流行风俗中放纵、苟且沿袭下来的，是人意，不是天意。这种风俗的沿袭不绝，不可能被骤然革除，然而并没有流行千年而一成不变的。天意虽难以测度，但可以依据事理推知，流行的风俗相沿不绝，必定会导致世道混乱，有悖于事理就违背天意，必须予以革除而后才会安定，即使进行多次改革，也并非为了标新立异。如果没有必定如此的道理，也不是国家治乱的关捩，人们习以为常而安于现状，那么民意就是天意了，即使是圣人也不能改变。如果一定要依照某一道理强行决定和改变，这就是汉代儒士之所以事无巨细必定铺张粉饰、曲为之解却只是空费口舌的原因。

颁布新的正朔（正即正月，朔即初一）历法，改易服色（服饰、车骑、祭器等的款式、颜色）制度，汉代儒士认为夏、商、周三代帝王上承天意的精髓就在于此。难道真是这样吗？历法之所以必须更变，并非表示不能沿用前代的成法，而是因为即使很精密的历法，使用几百年也必定会出现差错。夏、商两代统治的末年，上下荒废怠惰，不能认真订正，历法的差错已很严重，所以商、周王朝兴起之初，批判前代的错误从而改订历法，就像从汉代一直到今天，历法一共修改了十余次才与当时的天象实际相适应，这是不能不改的。至于服色，随着世道发展，器物越来越完备，只要达到与人们的观瞻相协调、天下人都习惯使用就可以了。夏禹、商汤、周文王与周武王等古圣先王怎么会对此事斤斤计较，一定要和前代帝王在服饰的颜色、花纹上面相互竞争和超越呢？汉代的戴圣所编的《小戴礼记》非常驳杂，我们没有发现《周易》、《尚书》、《诗经》、《春秋》、《仪礼》、《周官》（《周礼》）等其他经典在这上面过分琐细的记载。至于说夏朝崇尚黑色、商朝崇尚白色、周朝崇尚赤色，我不知道是否真是这样。服饰中没有比天子的冕服更为重要的了，而周代的冕服，上面是黑色，下面是浅红色，为什么不是赤色呢？至于说祭祀的牺牲必须用红色毛皮的牛马等牲畜，是因为颜色纯净且容易得到，并没有其他原因。如果说服色是取法于天，而天象的五色则是随着时间的变化而变化，没有不正统的颜色；如果说服色是取法于地，而土地的五色则是根据土质划分的，没有不正统的颜色。只要不是过分庞大、奇特、艳丽、奢靡到足以使人惑乱的服色，都是人们可以使用不必偏废的，从理论上讲并没有一定之规，我们又如何知晓呢？那些流行千年而不改变的，百姓对其也习以为常而无所怀疑的，即可知那是天意了。

隋朝开皇元年（581），隋文帝杨坚采用黄色的服饰，于是确定黄色为礼服中最尊贵的颜色，成为历代相沿的制度。按照比义推类的方法加以探讨，黄色明亮而不耀眼，蕴藉而不昏暗，处于青、红、白、黑之间而不过分显著，把黄色尊为敬奉上天、君临万民的服色是恰当的，通行到今天没有谁能够更改，这是民意，也就是天意。由此可知，汉代儒士拟人拟物、追求外观形式相似的论调只是空费口舌，他们以自然规律来规范天地，却不知天地本身就是自然规律；他们以天意来制约人情，却不知人同此心的共识就是天意。诸如此类，凡是《周易》、《尚书》、《诗经》、《春秋》、《周官》（《周礼》）、《仪礼》等经典都没有记载的，孔子、孟子等圣人都没有论及的，我们都予以驳斥和摒弃，这是允当的。

本事：《资治通鉴》卷一七五《陈纪九·宣帝》，太建十三年（581）。

三　裴政定律，泽被后世

今之律，其大略皆隋裴政之所定也。政之泽远矣，千余年间，非无暴君酷吏，而不能逞其淫虐，法定故也。古肉刑之不复用，汉文之仁也。然汉之刑，多为之制，故五胡以来，兽之食人也得恣其忿惨。至于拓跋、宇文、高氏之世，定死刑以五：曰罄、绞、斩、枭、磔，又有门房之诛焉，皆汉法之不定启之也。政为隋定律，制死刑以二：曰绞、曰斩，改鞭为杖，改杖为笞，非谋反大逆无族刑，垂至于今，所承用者，皆政之制也。若于绞、斩之外，加以凌迟，则政之所除，女直、蒙古之所设也。

夫刑极于死而止矣，其不得不有死刑者，以止恶，以惩恶，不得已而用也。大恶者，不杀而不止，故杀之以绝其恶；大恶者，相袭而无所惩，故杀此以戒其余；先王之于此也，以生道杀人也，非以恶恶之甚而欲快其怒也。极于死而止矣，枭之、磔之、轘（huàn）之，于死者又何恤焉，徒以逞其扼腕啮龈之忿而怖人已耳。司刑者快之，其仇雠快之，于死者何加焉，徒使罪人之子孙，或有能知仁孝者，无以自容于天地之间。一怒之伸，惨至于斯，无裨于风化，而只令腥闻上彻于天，裴政之泽斩，而后世之怒淫，不亦憯乎？隋一天下，蠲索虏鲜卑之虐，以启唐二百余年承平之运，非苟而已也；盖有人焉，足以与于先王之德政，而惜其不能大用也。

【译文】

如今通行的法律，其基本原则都是隋朝初年的率更令裴政所制定的。裴政的恩泽远被后世。一千多年来，并非没有暴君和酷吏，却不能任意放纵肆虐，这都归功于法律的稳定。古代的肉刑不再恢复施行，归功于汉文帝刘恒的仁德。然而汉代的刑律，罪种和等次依然非常繁杂，所以自从南北朝五胡乱华以来，那些充满兽性的野蛮人得以恣行其怨怼与残暴。到了拓跋氏、宇文氏、高氏相继统治的北朝时代，制定了五种死刑，即磬（缢死）、绞刑、腰斩、枭首、磔刑，此外还有诛杀亲族。这都是汉代法律不固定造成的后果。裴政为隋代制定法律，制定死刑为两项，即绞刑和腰斩，改鞭刑为杖刑，改杖刑为笞刑，只要不是反叛谋逆就不施以诛杀亲族之刑。直到今天，国家继承并使用的刑律，都是裴政制定的。至于在绞刑、腰斩之外，又增加的凌迟之刑，则是裴政所废除而女真、蒙古族统治的金元时期又增设的。

刑法到死刑就是止境了。之所以不得不设立死刑，是为了制止罪恶、惩罚罪恶之人，是迫不得已施行的。对于那些罪大恶极的人，不杀他们没法制止他们的罪恶，所以杀了他们以断绝罪恶。那些罪大恶极的人，相互沿袭而无所惩戒，所以要杀一儆百。古圣先主对于这点，乃是为了让更多的人生存而不得不杀人，并非因为对罪恶深恶痛绝而杀之以便伸张自己的怒气。刑法到死刑就是止境了，枭首、肢解、车裂这些残酷的刑罚，对于死者又有什么怜悯的呢，只是伸张其扼腕切齿的愤恨并使别人感到恐怖罢了。行刑的人感到痛快、其仇人感到痛快，对于死者来说又有什么可加重的惩罚呢？仅仅使罪人的后代中知道仁爱、孝顺的人感到耻辱，无法自容于天地之间罢了。为了一己的怒气伸张，就残忍到这个地步，对于社会风俗教化并没有什么裨益，只能使得血腥之气上达于天，而裴政制定刑律的恩泽遭到断绝，后世的仇怨得以放纵，不是很惨痛的吗？隋朝统一天下，免除了鲜卑族的暴虐之政，从而开启唐代二百多年的太平盛世，并非苟且维护其统治罢了；这是因为隋朝有贤能的人才，足以媲美古圣先王的德政，只可惜不能够得到重用。

本事：《资治通鉴》卷一七五《陈纪九·宣帝》，太建十三年（581）。

四　以法天纪，以尽人能

周制：六卿各司其典，而统于天子，无复制于其上者，然而后世不能矣。《周礼》曰：“惟王建国。”言国也，非言天下也。诸侯之国，唯命之也，听于宗伯；讨之也，听于司马；序之也，听于司仪行人。若治教政刑，虽颁典自王，而诸侯自行于国内，不仰决于六官。如是，则千里之王畿，政亦简矣，其实不逾今一布政使之所理也。郡县之天下，揽九州于一握，卑冗府史之考课，升斗铢累之金粟，穷乡下邑之狱讼，东西万里之边防，四渎万川之堙泄，其繁不可胜纪，总听于六官之长，而分任之于郎署。其或修或废，乃至因缘以售私者，无与举要以省其成，则散漫委弛而不可致诘。故六卿之上，必有佐天子以总理之者，而后政以绪而渐底于成，此秦以下相臣之设不容已也。

乃相臣以一人而代天子，则权下擅而事亦冗，而不给于治；多置相而互相委，则责不专，而同异竞起以相挠；于是而隋文之立法为得矣。左右仆射皆相也，使分判六部，以各治三官。夫然，则天子统二仆射，二仆射统六卿，六卿统庶司，仍《周官》分建之制，而以两省分宰相之功，殆所谓有条而不紊者乎！由小而之大，由众而之寡，由繁而之简，揆之法象，亦太极生两仪，两仪生四象八卦，以尽天下之至赜，而曲成乎亹（wěi）亹者也。法者非必治，治者其人也；然法之不善，虽得其人而无适守，抑末由以得理，况乎未得其人邪？以法天纪，以尽人能，以居要而治详，以统同而辨异，郡县之天下，建国命官，隋其独得矣乎！不可以文帝非圣作之主而废之也。

【译文】

按照周代的政治制度，六卿（天官冢宰、地官司徒、春官宗伯、夏官司马、秋官司寇、冬官司空）各司其职，并直接听命于天子，六卿之上不再设置官职进行制衡，然而后世却不能如此。《周礼·六官》开宗明义指出："周天子封邦建国。"这里所说的建国是指诸侯国，并非指天下国家。那些诸侯国，只是在接受朝命时，听命于宗伯；随从征伐时，听命于司马；排列位次时，听命于司仪行人。至于其治理、教化的政策法令，虽然由周天子颁布，但诸侯在各自国内自行其是，不接受六卿的决断。如此，方圆千里的王畿政事也是非常简明的，实际上不超过如今一个布政使治理的范围。自从设立郡县以来，天下九州统一管辖，那些低微庸劣的府州县官吏的考核，升斗计量、铢积寸累的钱粮征收运输，穷乡僻壤的刑狱诉讼，东西南北、水陆边疆的防守，江河湖泊堵塞泛滥的治理，事务繁杂、不可胜记，都要听命于六卿的官长，然后把任务分解到各个郎署。这样有的部门治理得好，有的部门则废弛败坏，甚至有以权谋私的，无法列举大要、陈述大略而省察其成果，从而使得百官散漫怠惰、政事萎靡废弛却不能够有效问责。所以六卿之上，一定要有一位辅佐天子总理政事的人，然后政事治理才能井然有序并逐渐达到成功，这就是秦朝以后宰相的设立不容废止的原因。

然而宰相一人代天子总理朝政，就会导致威权下移，而且政务繁杂，难以有效治理；如果多设置宰相又会互相推诿，职责不能专一，相互之间党同伐异、竞争纷起、相互阻挠。针对这种情况，隋文帝的设官立法还是非常得当的。左右仆射都是宰相，让他们分别兼管六部，各自治理三官。这样，天子统领左右仆射，左右仆射统领六卿，六卿统领百官，依然继承了《周官》分置官吏的制度，却以左右仆射分理宰相的职权，这大概就是所谓的有条不紊吧？从小到大、从众到寡、从繁到简，如果用自然界的事物现象衡量，就像太极生两仪、两仪生四象、四象生八卦，从而穷尽天下精微深奥的道理，委曲成全天下人奋勉有为的局面。有好的法律不一定带来清明的政治，政治清明有赖于贤能的人才；然而如果法律不完善，即使有贤能的人才也没有适当的职守，或者是得不到治理政事的途径，更何况没有得到贤能的人才呢？遵守天道的纲纪，发挥人才的能量，抓住事物的本质以驾驭繁杂的局面，统一相同的意见以辨别不同的问题。自从天下实行郡县制以后，建国理政、设官分职，只有隋朝做得最好，不能因为隋文帝杨坚不是圣明的君主而否定这一点。

本事：《资治通鉴》卷一七五《陈纪九·长城公》，至德元年（583）。

五　隋无德而有政

开河以转漕，置仓以递运，二者孰利？事固有因时因地而各宜，不能守一说以为独得者，然其大概，则亦有一定之得失焉。其迹甚便，其事若简，其效若速，一登之舟，旋运而至，不更劳焉，此转漕之见为利者也。然而其运之也，必为之期，而劳甚矣。闸有启闭，以争水之盈虚，一劳也；时有旱涝，以争天下之燥湿，二劳也；水有淤通，以勤人之浚治，三劳也；时有冻冱（hù），以待天之寒温，四劳也；役水次之夫，夺行旅之舟以济浅，五劳也。而又重以涉险飘沉、重赔补运之害，特其一委之水，庸人偷以为安，而见为利耳。

夫无渐可循，而致之一途，以几速效，政之荑稗也。岁月皆吾之岁月，纾徐之，则千钧之重分为百，而轻甚矣。置仓递运者，通一岁以输一岁之储，合数岁以终一岁之事，源源相因，不见有转输之富，日计不足，岁计有余，在民者易登于仓，在仓者不觉而已致于内，无期会促迫之苦，而可养失业之民、广马牛之畜，虽无近功，而可经久以行远，其视强水之不足，开漕渠以图小利，得失昭然矣。

隋沿河置仓，避其险，取其夷，唐仍之，宋又仍之，至政和而始废，其利之可久见矣。取简便而劳于漕挽者，胡元之乱政也。况乎大河之狂澜，方忧其泛滥，而更为导以迂曲淫漫，病徐、兖二州之土乎？隋无德而有政，故不能守天下而固可一天下。以立法而施及唐、宋，盖隋亡而法不亡也，若置仓递运之类是已。

【译文】

开凿运河以转运漕粮，设置仓储以一站一站地递运粮饷，这两种方式哪一个更为有利呢？事情固然因时因地各有所宜，不能坚持一种观点认为是独得之见，然而约略说来，其中也都有一定的得失。开凿运河以转运漕粮的方法非常便利，事情似乎很简单、效果似乎很快捷，一旦装粮上船，很快就能顺流而至，也没有其他的烦劳，这是漕运显而易见的有利条件。然而，通过运河转运漕粮，必定要规定期限，其间非常辛劳——运河的水闸要定时开启关闭以调剂水量，这是第一种辛劳；时序季节的变化有旱有涝，要抓准天气干燥或湿润的时机，这是第二种辛劳；运河水道的淤塞和畅通，需要有人勤于疏浚治理，这是第三种辛劳；运河在冬季有冰冻闭塞的时候，要等待和观察天气冷暖变化以便行船，这是第四种辛劳；役使水道两旁的丁夫，与行旅客船抢夺时间以渡过水浅的地方，这是第五种辛劳。此外，经过容易沉船漂没的危险河段，需要承担赔偿补运粮饷的风险。只依靠运河转运漕粮，目光短浅之辈想以此苟且偷安，是因为只看到其表面的便利。

没有前例可循，就把转运漕粮全部寄托于运河这一种方式，以期获得快捷的功效，这是政治管理中的败笔。岁月都是我们的岁月，从容舒缓地进行，那么千钧的重量可分为百钧，就轻多了。设置仓储一站一站地转运粮饷，一年就运输一年的储备，集合数年完成一年的事，源源不断，虽看不到像漕运粮食那样的丰硕成果，每天统计会有不足，但一年统计下来就会有余。对于缴纳税粮的百姓来说，容易向粮仓完纳；对于粮仓来说，不知不觉已储粮于仓，没有预定期限逼迫的辛劳，还可以供养失去产业的百姓、扩大牛马等交通工具的储备，虽不见近期的功效，却可以经久致远。这和开凿运河转运漕粮的方式比，勉强克服水量的不足，开挖运河以图谋小利，孰得孰失是很清楚的。

隋朝沿着大运河设置仓储，避开了漕运之险，取得设置仓储转运粮饷的方便。唐朝沿用其法，宋朝又继续沿用，到宋徽宗政和年间（1111—1117）才废止，可见设置仓储转运粮饷的方式具有长远的功效。为了简便而改用漕运这种辛劳的方式，是元朝的一种乱政。况且与运河交汇的黄河、淮河波涛凶猛，正担心河水泛滥，为什么又把它开挖得迂回曲折，使得河水到处蔓延，危害徐、兖二州的土地呢？隋代没有美德，但有善政，所以不能守住江山社稷却能够统一天下。正因为其立法创制一直被沿袭到唐代、宋代，所以说隋朝虽然已经灭亡但其法律制度却没有消失，像设置仓储递运粮饷之类的制度就是如此。

本事：《资治通鉴》卷一七五《陈纪九·长城公》，至德元年（583）。

六　徒具美名的义仓

有名美而非政之善者，义仓是也。隋度支尚书长孙平始请立之，家出粟麦一石，储之当社，凶年散之，使其行之而善，足以赈之也。抑一乡一社，有君子长者德望足以服乡人，而行之十姓百家焉可矣。不然，令之严而只以病民，令之不严，不三岁而废矣。且即有君子长者主其事，行乎一乡，亦及身而止耳。恶有一乡之事，数十年之规，而可通之天下，为一代之法也哉？

行之善，而犹不足以赈荒者，假使社有百家，岁储一石，三年而遇水旱，曾三百石之足以济百家乎？倘水旱在三年之外，粟且腐坏虫蚀，而不可食也。且储粟以一石为率，将限之邪？抑贫富之有差邪？有差，而人诡于贫，谁尸其富？家限之，则岁计不足，而遑计他年？均之为农，而有余以资义仓，其勤者也；及其受粟而多取之者，其惰者也；非果有君子长者以仁厚化其乡，而惰者亦劝于耕，以廉于取，则徒取之彼以与此，而谁其甘之？不应，抑将刑罚以督之，井里不宁而讦讼兴，何义之有？而惰窳不节之罢民，且恃之以益其骄怠。况乎人视为不得已而束于法以应令，糠核湿腐杂投而速蠹，仅以博好义之虚名，抑何为者邪？况行之久而长吏玩为故常，不复稽察，里胥之干没，无与为治，民大病而匄免不能，抑其必致之势矣。

夫王者之爱养天下，如天而可以止矣，宽其役，薄其赋，不幸而罹乎水旱，则蠲征以苏之，开粜以济之。而防之平日者，抑商贾，禁赁佣，惩游惰，修陂池，治堤防，虽有水旱，而民之死者亦仅矣。赋轻役简，务农重谷，而犹有流离道殣者，此其人自绝于天，天亦无如之何，而何事损勤苦之民，使不轨之徒有悬望以增其敖慢哉？故文王发政施仁，所先者鳏、寡、孤、独，所发者公家之廪，非取之于民而以饱不勤不节之惰农也。孟子曰："惠而不知为政。"捐己以惠民，且不知养民之大经，况强以义胁民而攘之为己惠乎？夫义仓者，一乡之善士，当上失其道，横征困民之世，行之十姓百家以苟全一隅者可也。为人上者而行之，其视梁惠王之尽心奚愈哉？

【译文】

有美名却不是善政，义仓可为一例。隋朝的度支尚书长孙平最早倡议设立义仓，即每家出一石粮食储存于所在的社，到了饥荒之年分散给灾民加以赈济。假如这种办法实行得好，足以赈济饥荒。或者一乡一社，有德望足以让人信服的君子、长者主持其事，这在十家百家中实行是可以的。不然的话，如果法令严厉，就只能危害百姓；法令不严，不出三年就会被废止。况且即便有君子、长者主持其事，在一乡一社实行，也只能在其有生之年的一代人便中止。怎么可能有一乡一社的小事、几十年的规矩，却能够通行天下，成为一个朝代的法制呢？

即使义仓之法实行得好，也不足以赈济饥荒。假使一社有一百户人家，每家每年交纳一石粮食给义仓，三年之后遇到水旱灾害，这三百石粮食难道足以赈济百家饥荒吗？假使水旱灾害在三年以后发生，义仓中的粮食便会腐烂、虫蚀而不能食用了。况且储积粮食一家以一石为标准，这不是限制了储粮的数量吗？或者按贫富不同，缴纳的数量也有所区别呢？如果有所区别，人们就会谎称贫困，有谁愿意承担富人的责任呢？如果要求每家都出粮，那么有些人家当年的粮食还不够吃，哪能顾得上其他年份呢？同样都是农民，那些有余粮资助义仓的，是勤劳的人；到了饥荒之年接受赈济多取粮食的，却是懒惰的人；如果不是真有君子、长者以其仁德教化乡里，使懒惰的人也勤于农耕，从而多做奉献、少于索取，那么义仓只是把粮食从勤劳的人家取来送给懒惰的人家，谁会心甘情愿呢？如果不答应向义仓纳粮，可能还要以刑罚督促他们，结果使得乡里不安定，诉讼争执因而产生，这样还有什么仁义可言？而那些懒惰懈怠、鲜廉寡耻的游手好闲之辈，将会以义仓为依赖更加骄慢怠惰。况且人们把向义仓纳粮视为摄于法令不得已而为之的差事，就会把那些连糠带核、潮湿腐败的粮食缴纳上去，这些粮食集中起来就会迅速腐蚀变质，这样做仅仅以此博得好义的虚名，又是为了什么呢？更何况行之既久，主管官吏玩忽职守、习以为常，不再严格审查，具体经办的胥吏乘机侵吞，无法妥善管理，百姓受害不浅却不能得到幸免，这就是推行义仓之法必然导致的趋势。

天子爱护养育天下之人，像上天滋养万物那样就可以了——宽免他们的劳役，减轻他们的赋税；如果不幸遭到水旱灾害，就蠲免赋役以复苏他们，开仓散粮以赈济他们。而平常年份应当预防的措施，包括抑制商贾贸易、禁止租赁雇佣、惩治游手好闲、开挖池塘水源、修治堤防设施，这样即使遭遇水旱灾害，百姓因饥荒灾难而死的人数也会大为减少。减轻赋税、简化徭役，重视农业特别是粮食生产，而仍有流离失所、饿死于道路的人，这也是他们自绝于天，上天对此也没有什么办法。为什么要损害勤劳百姓的利益，却使不务正业之徒寄希望于义仓而更加懒惰懈怠呢？所以周文王发布政令、施行仁爱，优先照顾的是鳏、寡、孤、独的弱势群体，散发的是官府仓储的粮食，并非取之于民间而使那些四体不勤、鲜廉寡耻的人饱食终日。孟子曾经批评子产说："这是小恩小惠的行为，并不懂得为政之道。"拿出自己的东西施惠于百姓，尚且被视为不知养育人民的根本法则，更何况以仁义为名强迫百姓，并攘夺其美名作为自己惠政的呢？义仓之法，如是一个乡里的仁德之士，处在天子无道、横征暴敛、百姓困顿的世道，在十家百家之间施行，苟且保全一乡一里的民众，自然是可以的。作为官方的统治者推行义仓之法，这和梁惠王的所谓尽心养民相比有什么高明之处呢？

本事：《资治通鉴》卷一七六《陈纪十·长城公》，至德三年（585）。

七　立教之道，忠孝至矣

立教之道，忠孝至矣，虽有无道之主，未有不以之教其臣子者，而从违异趣，夫亦反其本而已矣。以言教者，进人子而戒之曰"尔勿不孝"；进人臣而戒之曰"尔勿不忠"；舌敝颖秃，而听之者藐藐，悖逆犹相寻也。弗足怪也，教不可以言言者也。奖忠孝而进之，抑不忠不孝而绝之，不纳叛人，不恤逆子，不怀其惠，不歆其利，伸大义以昭示天下之臣子，如是者，殆其好也，非其令也，宜可以正于家、施于国、推于天下而消其悖逆矣。然而隋文帝于陈郢州之叛而请降，则拒而弗纳；突厥莫何可汗生擒阿波归命于隋，请其死生，高颎曰：“骨肉相残，教之蠹也，存养之以示宽大。”帝则从之，而禁勿杀；吐谷浑妻子叛其主请降，帝则曰：“背夫叛父，不可收纳。”夫帝之欲并陈而服二虏，其情也；抑且顾君臣、父子、夫妇之大伦，捐可乘之利而拒之已峻，以是风示臣子，俾咸顺于君父，而蠲其乖悖，夫岂不能？然制于悍妻，惑于逆子，使之兄弟相残，终以枭獍之刃加于其躬，一室之内，戈矛逞而天性蔑，四海之称兵，不旋踵而蜂起，此又何也？由此而知忠孝者，非可立以为教而教人者也。以言教者不足道，固已，徒以行事立标准者，亦迹而已矣。

夫忠孝者，生于人之心者也，唯心可以相感；而身居君父之重，则唯在我之好恶，为可以起人心恻隐羞恶，而遏其狂戾之情。文帝以机变篡人之国，所好者争夺，所恶者驯谨也。制之于外，示彝伦之则；伏之于内，任喜怒之私；其拒叛臣、绝逆子也，一挟名教以制人者也。幽暧之地，鬼神瞰之，而妻子尤熟尝之。好恶之私，始于拂性而任情，既且违情而殉物。悍妻逆子，或饵之，或胁之，颠倒于无据之胸，则虽日行饬正人伦之事，而或持之，或诱之，终以怨毒而贼害之。无他，心之相召，好恶之相激也。呜呼！方欲以纲常施正于裔夷，而溅血之祸起于骨肉，心之几亦严矣哉！好恶之情亦危矣哉！故藏身之恕，防情之辟，立教之本，近取之而已。政不足治，刑赏不足劝惩，况欲以空言为求亡子之鼓乎？

【译文】

树立教化的原则，忠君孝亲是最根本的，即使是无道的昏君，也没有不用忠君孝亲教导臣民的，尽管其间遵从或者违背的情形各不相同，也不过是返归其本源罢了。作为以语言进行教化的人，对做子女的训诫说“你不要不孝顺”，对做臣子的训诫说“你不要不忠诚”，可是磨破了嘴皮、用秃了笔锋，听者却冷漠轻视、心不在焉，而不忠不孝的事依然接连发生。这也不足为怪，教化是不能仅凭语言的训诫说服实现的。奖励忠孝之人并予以重用，抑制不忠不孝之徒而断绝其仕进之路，不接纳叛主求荣的臣子，不怜悯悖逆不孝的子女，不接纳他们施与的恩惠，也不祈求他们带来的利益，申明大义，向天下所有做臣子的、做子女的人们昭示正道大义，这样的话，忠孝便成为君王之所好，而不仅仅是命令了。如此，自然可以此端正于家庭、施行于国家、推广于天下，就可以消除不忠不孝的悖逆行为了。然而隋文帝杨坚对此却采取了不同的态度，对于南朝陈的郢州反叛向他请降予以拒绝而不接纳。突厥莫何可汗（阿史那·处罗侯，号叶护可汗）活捉了西突厥的阿波可汗前来归顺，并请示对阿波可汗的处置，高颎上奏说：“骨肉相残，这是对教化的败坏，应该保存阿波可汗的性命以示宽大为怀。”隋文帝杨坚听从了他的意见，下令不准杀害阿波可汗。吐谷浑吕夸可汗的妻子和儿子反叛其主，向隋朝请降，隋文帝杨坚却说：“背叛丈夫和父亲，不能接纳。”隋文帝杨坚想要吞并陈国，降服突厥和吐谷浑，这是不言而喻的，但还要顾及君臣、父子、夫妇的纲常伦理，放弃可以获得的利益，予以严词拒绝，是希望以此告诫和宣示臣下，使他们都顺从于君父，消除其背离违抗君父、悖逆反叛的意图，难道有什么不可以吗？然而，隋文帝杨坚自己却为强悍的妻子独孤氏所左右、为悖逆的儿子杨广所迷惑，结果使太子杨勇与晋王杨广兄弟相残，最终自己也被不忠不孝的杨广加害。一家之中，大动干戈、天性泯灭，导致四海之内举兵作乱，转眼之间群雄纷起，这又是什么原因呢？由此可知，忠君孝亲是不可以被立为教化原则以教导别人的。以语言进行宣传教化的方法不足称道，本来就是这样，仅仅做出一些事情就作为忠孝的标准，也不过是一些表面现象罢了。

忠君孝亲的观念，根植于人们的心底，只有用诚心才能相互感动；而那些身居君父重要地位的人，则以为只要通过他们自己的好恶和行事，就可以唤起人们的恻隐羞恶之心，从而遏止其悖逆狂乱之情。隋文帝杨坚凭借自己的机智权变篡夺北周的政权，他喜欢的是争强斗狠、厌恶的是驯服谨慎。对外采取的是强制的办法，以宣示纲常伦理的原则；对内则采取放任的办法，任其妻子和儿子喜怒无常的私情；他拒绝接纳叛臣逆子，都是为了以纲常伦理控制别人。然而，即使是宫廷闺阁这些幽暗之地，天地鬼神也看得清清楚楚，其妻子和儿子尤其熟悉和经历了他的言行作为。喜怒好恶的私情，开始于违背人的本性而随心所欲，发展到一定程度就会违背性情，甚至为追求物质利益而不惜丧失生命。强悍的妻子与悖逆的儿子，有的对他进行诱惑、有的对他进行胁迫，这些威胁利诱在他没有定力和主见的内心颠来倒去，即使他每天所做的都是端正纲常伦理的正事，但由于妻子与儿子的胁迫和利诱，最终他却被怨恨和狠毒加以败坏和危害。没有别的原因，就是由内心的感召、好恶的相激所造成的。唉！就在他想以纲常伦理教化边远的少数民族时，骨肉相残的喋血之祸已经发端于萧墙之内，内心不诚不纯导致的恶果太严重了！放任自己的好恶之情太危险了！所以保护自身的忠恕之道，杜绝性情的邪僻泛滥，树立教化的根本原则，都是从自身求得罢了。仅靠政令和权柄不足以治理天下，刑罚和奖赏也不能达到激励和惩戒的目的，何况想要以空洞的言语教化臣民，就像敲着鼓去追赶逃亡的人一样呢？

本事：《资治通鉴》卷一七六《陈纪十・长城公》，祯明元年（587）。

八　苏威泥古，百姓遭殃

《周礼》：乡则比、闾、族、党，遂则邻、里、酂、鄙，各有长司其教令，未详其使何人为之也。就农民而为之，则比户之中，朴野之氓非所任也，其黠而可为者，又足为民害者也。且比邻之长虽微，而列于六官之属，则既列于君子而别于野人矣，舍其耒耜而即与于班联，不已媟乎？

意者士之未执贽以见君而小试之于其乡，凡饮射宾兴所进于君之士，皆此属也，固不耕而有禄食，士也，非民也。唯然，则可士、可大夫，而登进之途远，则当其居乡而任乡之教，固自爱而不敢淫泆于其乡，庶几不为民病，而教化可资以兴。然《周礼》但记其职名，而所从授者无得而考焉，则郡县之天下，其不可附托以立乡官也，利害炳然，岂待再计而决哉？

成周之治，履中蹈和，以调生民之性情，垂为大经大法以正天下之纲纪者，固不可以意言求合也；故曰：人也，非政也。但据缺略散见之文，强郡县之天下，铢累以肖之，王莽之所以乱天下也。而苏威效之，令五百家而置乡正，百家而置里长，以治其辞讼，是散千万虎狼于天下，以攫贫弱之民也。李德林争之，而威挟《周礼》以钳清议之口，民之膏血殚于威占毕之中矣。悲夫！

封建之天下分而简，简可治之以密；郡县之天下合而繁，繁必御之以简。春秋之世，万国并，五霸兴，而夫子许行简者以南面，况合中夏于一王，而欲十姓百家置听讼之长以爚乱之哉？周之衰也，诸侯僭而多其吏，以渔民而自尊，蕞尔之邹，有司之死者三十三人，未死者不知凡几，皆乡里之猾，上慢而残下者也。一国之提封，抵今一县耳，卿大夫士之食禄者以百计。今一县而百其吏，禄入已竭民之产矣。卿一行而五百人从，今丞尉一出而役民者五百，其徭役已竭民之力矣。仁君廉吏且足以死民于赋役，污暴者又奚若也？况使乡里之豪，测畜藏以侧目，挟恩怨以逞私，拥子弟姻亚以横行，则孤寒朴拙者之供其刀俎又奚若也?《易》曰:“通其变，使民不倦。”君子所师于三代者，道也，非法也。窃其一端之文具以殃民，是亦不容于尧、舜之世者也。

【译文】

按照《周礼》记载，周代的地方组织，国人居住之地叫作乡，乡下面设置比、闾、族、党；野人居住之地叫作遂，遂下面设置邻、里、酇、鄙。各自设有官吏掌管其教化政令，只是没有详细记载让什么人做这些乡遂组织的官吏。如果让农民做乡遂组织的官吏，那么在五家为比、五比为闾这样的农户当中，那些朴实、粗野的农民是难以胜任的；而那些狡猾聪明可以胜任的又将危害百姓。况且这些乡遂组织的官吏虽然官位低微，但列于六官即六卿的属下，也就应归于君子之列而有别于草野之民，让他们放下农具加入官吏行列，不是太过于轻慢而不庄重了吗？考虑到士阶层中那些尚未依照礼仪晋见国君的人，让他们在其乡里试用，凡是经过乡饮酒礼、射礼、宾礼荐举贤能给国君任用的士，都是这类乡遂组织的官吏，生来不用耕田而有俸禄，是士，而不是民。只有这样，才可以做士，进而可以做大夫，晋位升级的路途还很长远，当他在乡里担任官吏推行乡里教化的时候，就会自重自爱而不敢骄奢淫逸，几乎不会危害百姓，乡里的教化也可以借此而兴盛。然而《周礼》仅仅记载了他们的职务名称，他们如何被授予官职却无从考证，实行郡县制以后，天下不可能依托周代的制度设立乡遂组织的官吏，其间的利害关系是很明确的，难道还需要再做计议而后决定吗？

西周时期的政治，履行中庸之道、遵循谦和之道以调节老百姓的性情，流传下来成为历代行政的根本原则和基本制度，从而端正天下纲纪，绝不可能凭臆测的言语求得与之符合。所以说，治理天下的关键是人，而不是政事。只凭残缺不全、散见各处的文献记载，就强行推广到实施郡县制的天下后世，寸积铢累以模仿周代的制度，这就是西汉末年王莽新政导致天下混乱的原因。而隋朝的苏威却效法王莽，强令五百家设置一个乡正、一百家设置一个里长，以此处理民间的诉讼纠纷。这其实是把千万恶狼、饿虎散布天下，掠夺和残害贫弱的百姓。大臣李德林与他争辩，以为不可，苏威就援引《周礼》来压制天下的清议，于是苏威的建议得以施行，百姓的脂膏和血汗都在苏威这样不解经义、只知诵读文字就胡乱行政的过程中被压榨殆尽了。真是可悲啊！

实行分封制的天下权力分散，政事简明，正因为政事简明，所以可用严密的政策进行统治；实行郡县制的天下一统，政事繁杂，正因为政事繁杂，所以必须用宽简的政策进行统治。春秋时期，万国兼并，五霸兴起，孔子就赞许用宽简的政策统治天下，况且隋朝实现了南北一统，华夏神州莫非王土，却打算在十家百家中设置处理诉讼的长吏来炫惑扰乱天下吗？西周衰落的时候，诸侯超越礼制，多设官吏，以掠夺百姓、使自己受尊崇。作为蕞尔小邦的邹国，官吏死亡的就有三十三人，没有死的不知道有多少，这些都是乡里中的奸猾之辈，是对上轻慢对下残暴的人。当时一个诸侯国的版图疆域，只相当于今天的一个县罢了，卿、大夫、士这些享受俸禄的贵族却数以百计。现在一县就设置数以百计的官吏，他们的俸禄收入已经竭尽百姓的生产所得了。卿出行才会有五百人随从，现在一个县丞或县尉出行就能役使五百人，这种徭役已经竭尽百姓的体力了。即使仁爱的国君、清廉的官吏，尚且使得百姓死于赋税和徭役，那些贪婪残暴的国君、官吏又会怎么样呢？更何况使乡里的恶霸因窥测储藏的财富而侧目而视、心怀嫉恨，根据一己的恩怨和好恶而恣意妄为，率领其子弟亲戚横行霸道，那些孤寡贫寒、朴实笨拙的百姓沦为其刀俎鱼肉任人宰割又会怎么样呢?《周易·系辞下》中说："通达事物的变化，使百姓快乐而不劳倦。"君子所效法夏、商、周三代的，是为政的根本原则，而不是具体的法律制度。窃取其中片面的空具条文而无实际意义的内容以祸国殃民，即使是在唐尧、虞舜那样的升平治世，也是行不通的。

本事:《资治通鉴》卷一七七《隋纪一·文帝》，开皇九年（589）。

九　声音之动，治乱之征

声音之动，治乱之征，《乐记》言之，而万宝常以验隋之必亡。顾其说非可一言竟也。有声动而导人心之贞淫者，有心动而为乐之正变者，其感应之几，相为循环，而各有其先后。谓声动而心随之，则正乐急矣；谓心动而乐随之，则乐固不能自正而待其人矣。倘于无道之世，按韶、夏之音而奏之，遂足以救其亡乎？不可得矣。虽然，未有无道之世，不崇淫声、侈哀响，而能以韶、夏之音为乐者。于是而知志气之交相动，而天人之互为功矣。且以宝常之言，直斥何妥之乐为亡国之音，隋文帝何以不悦，终废宝常，而谓何妥之乐曰"滔滔和雅，与我心会"，则盛世之音，必不谐于衰世之耳。其谐不谐者，天也，非人也。乃唯帝任诈以取天下，昵悍妻，狎逆子，任其好恶于非僻，则心流于邪，而耳从心尔。然则治心而后可以审音，心者其本也，音者其末与！乃何妥衰乱慆淫之乐作，遂益以导炀帝邪淫无厌之心，而终亡其国，则乐之不正，流祸无涯，乐又本而非末矣。

古先生之作乐也，必在盛德大业既成之后，以志之贞者斟酌于声容之雅正，而不先之于乐，知本也。然必斟酌于声容之雅正，以成一代之乐，传之子孙，而上无淫慝之君，流之天下，而下无乖戾之俗，则德立功成，而必正乐，亦知本也。呜呼！自秦废先王之典而乐乱，自契丹、女直、蒙古入中国毁弃法物而乐永亡。唯声音之自然者，流露于人心、耳、手、口之间，时亦先兆其治乱兴亡之理。于是乐唯天动以感人，而人不能以乐治心，召和平之气。凡先王所以治，圣人所以教，俱无可为功于天下，固有心者所留憾于无穷也。天不丧道，又恶知无圣人者兴，无师而得天之聪明，以复移风易俗之大用乎？

古之教士也以乐，今之教士也以文。文有咏叹淫泆以宣道蕴而动物者，乐之类也。苏洵氏始为虔矫桎梏之文，其子淫荡以和之，而中国遂沦于夷，亦志气相召之几也。取士者有权，士之教以学也有经，舍其大经，矜其小辨，激清繁绕，引哀怨以趋偷薄，亦恶和其所底止哉？

【译文】

音乐的变化，是天下治乱的征兆。《礼记·乐记》中曾经谈到这一点，隋朝乐府的著名乐工万宝常以此验证隋朝必定灭亡。然而，他的这种说法并不能用一句话说清楚。有的是音乐的改变导致人心贞洁或淫荡，有的则是由人的内心活动呈现出音乐的正风、正雅与变风、变雅，音乐的变化虽与人的内心活动互相感应、交相循环，却各自有先后。如果说人心随着音乐的改变而改变，那么端正音乐就是很急迫的；如果说音乐随人心的改变而改变，那么音乐就不能自行端正而且期待随人心的活动而改变。假若在天下无道的乱世，按照虞舜《大韶》、夏禹的《大夏》这样的雅乐进行演奏，这就足以挽救国家的衰亡吗？这是不可能的。尽管如此，从来没有哪个无道的乱世不崇尚浮靡不正的音乐、放纵于哀婉凄恻的乐章，而能以《大韶》《大夏》这样的雅乐进行演奏的。由此可知，人的内心志趣和音乐的变化交相感应，天地自然和人的内心活动相互作用。

况且按照隋朝乐工万宝常的说法，指斥国子博士何妥所考定的乐舞为亡国之音，为什么隋文帝杨坚却龙颜不悦，最终还是废止万宝常所制的音乐，而称赞何妥考定的乐舞“盛大和乐，温文尔雅，与我心意非常符合”。这说明，盛世的乐舞一定不能与衰世之君的耳朵相谐和。这种谐和或不谐和，是天意，而不是以人的意志为转移的。这是因为隋文帝杨坚凭借奸诈权谋取得天下，偏信强悍的妻子、溺爱悖逆的儿子，任其好恶流于邪恶，这样他的心性志趣就变得邪恶不正，耳朵也随心性而改变了。既然这样，那么端正心性而后才可以辨别音乐，心性是根本，音乐则是末节。这样，何妥所考定的衰乱放纵的乐舞兴起后，更增加了隋炀帝杨广邪恶放荡、贪得无厌的心志，最终导致国家灭亡。如此说来，国之乐舞的不雅正所带来的祸患无穷无尽，音乐又是根本而非末节了。

古圣先王制作音乐，必定要在盛德大业完成之后，以心志贞洁的人斟酌辨别音乐舞蹈的雅正，而不是先制作音乐，可谓知其根本了。然而必须斟酌音乐舞蹈的雅正，以制定一代的正乐、雅乐，把它传承于子孙，从而使得朝廷中没有放纵邪恶的君主；把它推行于天下，从而使得民间没有乖张暴戾的习俗，于是道德树立、大功告成，所以说一定要端正雅乐，可谓知其根本了。唉！自从秦朝废除古圣先王的典章制度导致音乐混乱，自从契丹、女真、蒙古相继入主中原毁弃宫廷礼乐和仪仗器物，正乐、雅乐永远消亡了。只有自然的天籁，从人们的心、耳、手、口之间自然流露出来，不时地预兆着天下治乱兴亡的变化规律。在这种情况下，音乐只能凭其自然变化感动人心，人们却不能通过音乐修养心志，招致和悦清平的气象。大凡古圣先王所以实现天下治理的，圣人所以完成道德教化的办法，都不可能成就功业于天下后世，这本来就是使有识之士感到遗憾无穷的事情。上天不会失去其运行的自然规律，又怎么知道没有圣人出现，就可以无师自通地获得聪敏的天资，从而发挥移风易俗的巨大功用呢？

古代以音乐教育士人，现在以文辞教育士人。文辞以其讽颂咏叹、连绵跌宕以宣扬内在蕴藏的道义从而感动人心，这和音乐的作用是相似的。宋代文学家苏洵开始写作虚伪狡诈、束缚人心的文章时，他的儿子苏轼、苏辙更是放纵地与之唱和，结果宋朝的江山社稷沦陷于北方少数民族，这也是人的心态和外界事物相互作用的隐微表征。科举取士有其权衡的标准，士人为教为学也都有其原则。如果放弃这些根本原则，夸耀其微不足道的辩才，把文章写得激情澎湃、扑朔迷离，以缠绵悱恻的故事引导人们趋向浅薄而不敦厚的流俗，又如何得知这种趋向会发展到什么样的境地呢？

本事：《资治通鉴》卷一七七《隋纪一·文帝》，开皇九年（589）。

一〇　以德化民，以政治民

以德化民至矣哉！化者，天事也，天自有其理气，行乎其不容已，物自顺乎其则而不知。圣人之德，非以取则于天也，自修其不容已，而人见为德。人亦非能取则于圣人也，各以其才之大小纯驳，行乎其不容已，而已化矣。故至矣、尚矣，绝乎人而天矣。谓其以德化者，人推本而为之言也；非圣人以之，如以薪炀火，以勺斞（jū）水，执此而取彼之谓也。夫以德而求化民，则不如以政而治民矣。政者，所以治也。立政之志，本期乎治，以是而治之，持券取偿而得其固然也，则犹诚也。持德而以之化民，则以化民故而饰德，其德伪矣。挟一言一行之循乎道，而取偿于民，顽者侮之，黠者亦饰伪以应之，上下相率以伪，君子之所甚贱，乱败之及，一发而不可收也。

夫为政者，廉以洁己，慈以爱民，尽其在己者而已。至于内行之修，则尤无与于民，而自行其不容已，夫岂持此为券以取民之偿哉？自汉龚、黄、卓、鲁之见褒于当代，于是有伪人者，假德教以与民相市，民之伪者应之，遂以自标而物榜之，曰：此德化之效也。东汉之末，矫饰之士不绝于策。至以三国，迄乎梁、陈，岂无循良之吏，而此风阒（qù）然；时君之所不尚，褒宠不及，伪人茶然而返耳。至隋而苏威剽袭“六经”之肤说以干文帝，帝利其说以诧治定功成之盛，始奖天下以伪，而辛公义、刘旷诡激饰诈之为，艴然表见以徼荣利。公义则露坐狱中以听讼，讼者系狱，则宿厅事，不归寝阁；旷则称说义理，晓谕讼者，而不决其是非，遂以猎无讼之虚名，迁美官而传于史册。呜呼！当是时也，君臣相戕，父子相夷，兄弟相残，将相相倾，其上若此，则闾巷之民，相碁、相仇、相噬、相螫，不知其何若，而公义与旷取美誉、弋大官而止，后无闻焉。无讼者，孔子之所未遑；德化者，周公之所不敢居；区区一俗吏，以掉舌于公庭，暴形于寝处，遂胜其任而愉快乎？何易由言而重为伪人之欺邪？

夫德者，自得也；政者，自正也。尚政者，不足于德；尚德者，不废其政；行乎其不容已，而民之化也，俟其诚之至而动也。上下相蒙以伪，奸险戕夺，若火伏油中，得水而焰不可扑。隋之亡也，非一旦一夕之致也。其所云德化者，一廉耻荡然之为也。

【译文】

以道德化育民众，是最高明的政治。所谓化育，本来是指天地自然化成万物的事情，天地自有其本体和现象，运行不息，万事万物顺应自然规律却不自知。圣人的道德，并不是取法于天地自然的法则，而是通过自我修养自强不息，别人看到了就认为这是道德。一般人也不是取法于圣人的道德，各自按照其才智大小高下、醇厚驳杂的不同，自我修习作为而不容停止，不知不觉就得到教化了。所以说这是最好的、最高境界的教化，并非人力所为，而是自然天成。所谓以道德化育民众，是人们推究其本源为之言说的，并非真的是圣人以道德教化百姓，就像用柴草燃火、用勺子舀水，拿一种东西去获取另一种东西一样。如此说来，以道德的方式求得化育民众的功效，就不如用政治的方式治理百姓了。政治是用来治理天下的。确立为政的志向，本来就是希望天下得到治理。用这样的方式治理天下，就像拿着债券索取偿还，得其所偿本就是应该的，并非伪装，是诚信。如果拿道德教化百姓，就会因为要教化百姓而伪饰道德，那么其所秉持的道德就是虚伪的道德。凭着一言一行都合乎道德，向百姓索取报偿，那么愚昧狂妄的人就会轻慢地对待它，奸诈狡猾的人也会以虚伪应承，这样上下通同作伪，是正直的君子非常鄙视的，而政治混乱和腐败的到来，将会一发不可收拾。

作为当政的人，只需要自身清廉以洁身自好，仁慈地爱护百姓，竭尽全力奉公办事罢了。至于其自身的修养，则和百姓并没什么关系，他们自我修养而不容停止，难道还要像拿着债券一样向百姓索取偿还吗？自从汉代的龚遂、黄霸、卓茂、鲁恭等著名的循良官吏在当时受到朝廷的褒扬，就有伪善的人假借道德教化的名义与百姓进行交易。百姓中的虚伪者曲意逢迎，于是他们就自我标榜说：“这是道德教化的功效。”到了东汉末年，那些虚伪做作的人士在文献记载中层出不穷。到了三国，一直发展到南朝的梁、陈，难道就没有奉公守法的循良官吏吗？不过那种虚伪做作的风气悄然沉寂了下去。由于当时的君王不欣赏这种做派，虚伪做作的人得不到褒奖宠遇，也就消沉颓废而返归其本性罢了。到了隋朝，苏威剽取和沿袭“六经”上那些肤浅的说教以影响隋文帝杨坚，隋文帝认为他的建议有利于夸耀其政治安定、大功告成的盛世景象，才对天下那些虚伪做作的行为予以鼓励，刺史辛公义、县令刘旷就以怪异偏激、作假骗人的作为，刻意粉饰自己的治理才能以邀取荣华富贵。辛公义坐在监狱中听取诉讼，打官司的人囚禁在牢中还未结案，他就住在办公的地方，不回寝室；刘旷则大讲仁义道理，以晓谕打官司的人，却不判决谁是谁非，以此猎取其治下没有诉讼的虚名，他们也都借助这种循良的名声得以加官晋级并流传于史册。唉！当时的天下，君臣相互戕害、父子相互杀戮、兄弟相互残害、将相相互倾轧，上层统治阶层都这样，那么一般的平民百姓相互毒害、相互仇恨、相互吞噬、相互伤害，不知道会发展到怎样的境地，然而辛公义和刘旷却得以猎取美誉、获取高官，此后不知他们怎么样了。没有诉讼的理想，连孔子都没有来得及实现；以道德教化百姓，连周公也不敢以此居功。辛公义、刘旷以区区俗吏的身份，竟然敢在公堂上口若悬河地讲大道理，或者通过在监狱中听讼和就寝来显露其形迹，就能实现孔子、周公也没有实现的理想而胜任其职并感到愉快吗？隋文帝杨坚为什么如此容易地屡次被虚伪做作的人以言辞欺骗呢？

道德，首先要自己具备；为政，首先要自己端正。崇尚行政治理方式的，在道德方面就会有所不足；崇尚道德教化方式的，却不会偏废政事；不停顿地施行道德教化，使老百姓能够真正得到化育，是要等待其精诚所至，人心受到感化，从而金石为开。如果朝廷上下竞相以虚伪做作互相蒙蔽，奸诈阴险，攘夺戕害，就像火在油中燃烧，即使有水可用却不能扑灭火焰。隋朝的灭亡，并不是一朝一夕导致的结果。他们所说的道德教化，实际上是一种毫无廉耻的作为。

本事：《资治通鉴》卷一七七《隋纪一·文帝》，开皇九年（589）。

一一　均田为虐民之政

天下分争之余，兵戈乍息，则人民之生必蕃，此天地之生理，屈者极，伸者必骤，往来之数，不爽之几也。当其未定，人习于乱，而偷以生，以人之不足，食地之有余，民之不勤于自养也，且习以为常。迨其乱定而生齿蕃，后生者且无以图存，于斯时而为之君者将如之何？蕃庶而无以绥之则乱，然则人民之乍然而蕃育也，抑有天下者之忧也。虽然，王者又岂能他为之赐哉？抑岂容作聪明、制法令以为之所哉？唯轻徭薄赋，择良有司以与之休息，渐久而自得其生，以相忘而辑宁尔。

五代南北之战争，民之存者仅矣。周灭齐而河北定，隋灭陈而天下一，于是而户口岁增，京辅、三河地少人众，且无以自给，隋乃遣使均田，以谓各得有其田以赡生也。唯然，而民因愈亟矣。

人则未有不自谋其生者也，上之谋之，不如其自谋；上为谋之，且弛其自谋之心，而后生计愈蹙。故勿忧人之无以自给也，藉其终不可给，抑必将改图而求所以生，其依恋先畴而不舍，则固无自毙之理矣。上唯无以夺其治生之力，宽之于公，而天地之大，山泽之富，有余力以营之，而无不可以养人。今隋之所谓户口岁增者，岂徒民之自增邪？盖上精察于其数以敛赋役者之增之也。人方骤蕃，地未尽辟，效职力于为工为贾以易布粟，园林畜牧以广生殖者未遑，而亟登之版籍，则衣食不充。非民之数盈，地之力歉，而实籍其户口者之无余，而役其户口者不酌其已盈而减其赋也。乃欲夺人之田以与人，使相倾相怨以成乎大乱哉？故不十年而盗贼竞起以亡隋。民之不辑也久矣，考其时，北筑长城，东巡泰岳，作仁寿官，而丁夫死者万计，别宫十二，相因营造，则其搜剔丁壮以供土木也，不待炀帝之骄淫，而民已无余地以求生矣。乃姑为均田以塞其句免之口，故曰唯然而民困愈亟也。

夫王者之有其土若无其土也，而后疆圉以不荒；有其民若无其民也，而后御众而不乱；夫岂患京辅、三河地少而人贫哉？邓禹之多男子也，各授以业，而宗以盛，不夺此子之余以给彼子也。宽之恤之，使自赡之，数十年而生类亦有序，而不忧人满。汉文、景得此道也，故天下安而汉祚以长。隋之速亡也，不亦宜乎！均田令行，狭乡十亩而籍一户，其虐民可知矣，则为均田之说者，王者所必诛而不赦，明矣。

【译文】

天下纷争之后，战争刚刚平息，人口生育一定很多，这是天地间自然之理。强制弯曲达到极致，那么一旦放松就会骤然伸展开来，这是一来一往的定数，毫厘不爽的规律。当天下未定时，人们对战乱习以为常，从而苟且偷生，以不足的人口就食于广阔富余的土地，百姓不需要辛勤劳作就足以自我供养，且习以为常了。等到战乱平息、局势安定、人口繁衍，后来生育的人无法生存，这个时候作为君主将如何应对呢？人口剧增却无法予以安置就会发生动乱，这样说来，人口数量的陡然增长，却成了统治者的忧患了。虽然如此，但是作为君主又怎能赐予他们其他的土地呢？或者又怎能自作聪明、制定新的法令给他们以妥善地安置呢？只有轻徭薄赋，选择循良的官吏给人民以休养生息，时间久了他们就渐渐找到各自谋生的手段，忘却艰难、随遇而安了。

东晋南朝以来，南北对峙、战乱频仍，百姓生存下来的很少。北周灭掉北齐之后黄河以北安定下来，隋朝灭掉南朝陈之后天下归于一统，从此天下户口一年比一年多。京畿地区（今陕西关中一带）和河东、河内、河南地区（今山西、河南北部和西部一带）土地少而人口多，人们无法自给自足。于是隋朝派遣官吏平均土地，以为这样可以使百姓耕者有其田以维持生计。正是因为如此，百姓的困窘反而更加厉害了。

人们没有不自谋生路的，统治者为他们筹谋，不如他们自己去谋取；统治者为他们谋取生路，将会怠惰其自谋生路的心志，从而使得他们的生计更加困窘。所以不要担心百姓无法自给自足，即使他们最终不能够自给自足，他们也必定会改弦易辙另谋生路，他们会对祖先的田地恋恋不舍，但绝不会有坐以待毙、自寻死路的道理。作为统治者，只要不夺走他们经营谋生的能力，给他们营造公正而宽松的生存环境，那么凭着天地的广阔、山川河湖的丰富资源，加上百姓有多余的精力从事经营，就没有不能够供养人的生存的。如今隋朝所谓的户口一年比一年增多，难道仅仅是指百姓人口的自然增长吗？这是因为统治者为了增加其征收赋税、征派徭役的户口数量，而精密地稽查、核算户口的结果。人口刚刚猛然增多，土地还没有全部开垦出来，那些从事工商贸易以交换布帛粮食维持生计，从事园林畜牧等副业以扩大生产、增加收益的人们还没来得及收获，却要马上作为新增人口被登记在户籍上，这样只能使百姓衣食不足、生计维艰。并非百姓人口数量增多，农业生产的灾荒歉收，而是实际统计的天下户口没有遗漏，按照户口征收赋税、征派徭役时，却不考虑百姓人口增多、征收赋役已经超过原有数额而予以减免。在这样的情况下，还打算夺人田地分给别人，使他们互相争斗互相怨恨以致酿成大乱吗？所以不出十年，天下盗贼蜂起，灭亡了隋朝。百姓不得安宁已经很长时间了，考察当时的情形，在北方修筑长城、向东巡行东岳泰山、在京城建造仁寿宫，在这些劳役中死亡的丁夫成千上万，此外还有十二处离宫别馆，一处接着一处营造，搜刮天下丁壮劳力大兴土木，不必等到隋炀帝杨广骄奢淫逸、横征暴敛，百姓已经没有求生的余地。竟然利用均田制堵塞百姓请求减免赋税徭役的要求，所以说正因为如此，百姓的困窘更加厉害了。

作为君主，拥有国土就像没有国土一样，而后天下的土地才能不致荒芜；拥有百姓就像没有百姓一样，而后统治百姓才不致出现混乱。何必为京畿地区以及河东、河内、河南三河地区的土地开辟得少而百姓生计贫困感到忧虑呢？东汉初年的邓禹，家族男子众多，每人都被授予一种谋生手段，其宗族因此兴盛起来。他并不是强夺一个儿子多余的东西以补给另一个儿子的不足。宽免他们的赋役、体恤他们的疾苦，使他们能够自我赡养，几十年后百姓生活得井然有序，而君主不用担心户口增加、人满为患。汉文帝刘恒、景帝刘启深得此道，所以天下安定，汉朝的政权得以长久延续。隋朝的迅速灭亡，不是很应该吗？均田令的推行，土地较少的地方十亩土地就登记一户，其残害百姓的情形由此可知。对提倡实行均田制的人，君主一定要诛杀而不要赦免他，这是很明白的道理。

本事：《资治通鉴》卷一七八《隋纪二·文帝》，开皇十二年（592）。

一二　职田之法不可行

开皇十四年，诏给公卿以下职田。其时天下已定，民各守其先畴，不知何所得田以给之，史无所考，大抵其为乱政无疑矣。先是官置公廨钱，贷民收息，诚稗政也，于是苏孝慈请禁止之，给地以营农，意且谓此三代之法，可行无弊者，而岂其然哉？三代之国，幅员之狭，直今一县耳，仕者不出于百里之中，而卿大夫之子恒为士，故有世禄者有世田，即其所世营之业也，名为卿大夫，实则今乡里之豪族而已。世居其土，世勤其畴，世修其陂池，世治其助耕之氓，故官不侵民，民不欺官，而田亦不至于污莱。郡县之天下，合四海九州之人以错相为吏，官无定分，职无常守，升降调除，中外南北，月易而岁不同，给以田而使营农，将人给之乎？贵贱无差，予夺无恒，而且不胜给矣；将因职而给之乎？有此耕而彼获者矣。而且官不习于田，一授其权于胥隶，胥吏横于阡陌，务渔猎而不恤其荒瘠，阅数十年而农非其农，田非其田，徒取沃土而灭裂之，不足以养士，而徒重困乎民也。故职田者，三代以下必不可行之法也。

放公廨钱以收息，所以毁官箴而殃民，在所必禁者，君子与小人义利之疆畛，不可乱耳。力耕者，亦皇皇求利之事也，故夫子斥樊迟为小人，而孟子以不耕而食为不素餐之大。有天下者，总制郡县之赋税，领以司农，而给百官之禄入，俾逸获而不与民争盈缩，所以靖小人而迪君子于正道之不易者也。禄入丰而士大夫无求于民，犹恐其不廉也，乃导之与袯襫（bó shì）之夫争升斗于秉穗乎？苏孝慈者，知公廨钱之非道，胡不请厚其禄以止其贪，而非三代之时，循三代之迹，以徒乱天下为邪？隋文帝锱铢之主也，以为是于国无损，而可以益吏，且可窃师古之美名，遂歆然从之，溺古之士，且以为允。后世有官田，有学田，有藩王勋戚之庄田，皆沿此以贻害于天下，创制宜民者，尽举以授民而作赋，庶有瘥乎！

【译文】

隋文帝开皇十四年（594），下诏授予公卿以下各级官吏职田。当时天下已经安定，百姓各自守着祖上的田地，不知从哪儿获得田地分给各级官吏作为职田。对此史书上没有记载，这一政策造成混乱应是确定无疑了。此前，京师和各州官署都设置公廨钱，作为本钱贷给百姓，并收取利息，实在不是好的政策。因此，大臣苏孝慈请求禁止公廨钱，而授予官吏土地以经营农业生产，他认为这是夏、商、周三代的成法，可以推行而无弊端。然而真是这样吗？夏、商、周三代的国家，幅员狭小，只相当于现在的一个县那么大，做官不出方圆百里；而且卿大夫的子孙后代永远是士族，所以享有世袭禄位的人就有世袭禄田，就是他们世代经营的产业，名义上是卿大夫，实际上相当于现在乡里的世家豪族。他们世代居住在故土、经营他们的土地、修整他们的池塘、管理帮助他们耕田的农夫，所以官吏不侵夺百姓、百姓也不欺骗官吏，田地也不至于荒芜。天下实行郡县制以来，统一管理来自五湖四海、天下九州的人士，互相交流任职，官吏没有固定的职位、职位也没有固定的人员，有升有降、有调有任，有京官也有地方官，东西南北、月月更换、年年不同，授予他们职田经营农业生产，难道人人都会被授予吗？如果官吏无论贵贱都无差别赐田，授予和收回也没有一定之规，长此以往将无法持续授予职田。如果按照职位高低授予不同的职田，又会因中途调离出现此人耕种而别人收获的现象。况且官吏不熟悉农事，就会把管理职田的权力全交给属下胥吏，这些胥吏横行乡里，一味地渔猎盘剥而不管土地的荒芜贫瘠，经过几十年而使得农耕不像农耕、田地不像田地，白白地把肥沃的土地毁掉，不仅不足以供养官吏，还会加重百姓的困窘。所以说，职田是夏、商、周三代以后必定无法推行的制度。

放贷公廨本钱以收取利息，毁坏了官吏的操守，也给百姓带来灾殃，是务必要禁止的。君子和小人之间义与利的界限，是不能混乱的。辛勤耕作，也是忙忙碌碌追求财利的事情，所以孔子斥责向他询问耕稼之事的樊迟为小人，孟子认为君子不劳而食却是不吃白饭，没有比贡献脑力的君子贡献更大的人。统治天下的君主，总理天下郡县的赋税，由司农具体掌管，从而供给百官俸禄，使他们收入丰厚从而不和百姓争竞财利，以此安定小人并引导君子坚守正道，这是不可改变的根本原则。俸禄丰厚，官吏就无求于百姓，这样还恐怕他们不廉洁奉公，难道还要引导他们与身披蓑衣的农夫遗落在田地的禾把、禾实中争夺一升一斗的财利吗？苏孝慈知道公廨钱的设置不符合道义，为什么不请求隋文帝增加官吏的俸禄以防止他们贪污，不是夏、商、周的时代却要沿袭三代的制度，难道不是白白地扰乱天下吗？隋文帝杨坚是一个气量狭小、目光短浅的君主，他认为职田制度对国家没有损害，却可以增加官吏收入，而且还能够博取师法古人的美名，于是他欣然听从苏威的建议，泥古不化的人士，也认为此法允当。后世又出现了官田、学田，还有藩王勋戚的庄田，都是沿袭这种制度而贻害天下。将前人首创的、适合于当时百姓的制度，完全照搬过来授予当今的百姓，并作为赋税徭役的来源，这样差不多就可以消除上述制度所产生的弊端了吧！

本事：《资治通鉴》卷一七八《隋纪二·文帝》，开皇十四年（594）。

一三　杨素乃天下古今至不仁者

文帝畜疑御下，芟夷有功于己者不遗余力矣。郑译、卢贲、柳裘或黜或死，防其以戴己者戴人，固也。其戮力以混一天下者，若史万岁、王世积、虞庆则诬讦一加，而斧锧旋及。至于贺若弼、高颎、李德林倚为心膂，不在杨素之下，而弼下吏几死，颎除名，德林终废。徒于杨素投胶漆之分，举天下以托之，何坦然无疑而尽易其猜防之毒也？及素卒比附逆广以推刃于帝，夫岂天夺其衷与？不然，何疑其所可不疑，信其所必不可信，如斯之甚也！

隋之诸臣，唯素之不可托也为最，非但颎、弼、德林之不屑与伍，即以视刘昉、郑译犹有悬绝之分。何也？素者，天下古今之至不仁者也。其用兵也，求人而杀之以立威，使数百人犯大敌，不胜而俱斩之，自有兵以来，唯尉缭言之，唯素行之，盖无他智略，唯忍于自杀其人而已矣。其营仁寿宫也，丁夫死者万计，皆以杀人而速奏其成，旷古以来，唯以杀人为事者更无其匹。呜呼！人之不仁至于此极，而犹知有君之不可弑乎？犹知子之不可弑父而己弗与其谋乎？文帝之项领日悬于素之锋刃而不知，岂徒素之狐媚以结独孤后而为之覆翼乎？抑帝惨毒之性、臭味与谐而相得也！

故曰：君不仁，则不保其国；臣不仁，则不保其身；不仁者乐与不仁者狎而信之笃，虽天子不保其四体。素之族至其子而乃赤，犹晚矣。故恻隐之心，存亡生死之几也。夫人性之弗醇，习之不顺，恻隐之心不足以发。唯好恶之不迷，不乐与不仁者处而利赖之，恶其可损、祸其可轻乎！

【译文】

隋文帝杨坚统御臣下的疑心很大，清除对自己有功的人不遗余力。如大臣郑译、卢贲、柳裘，有的被罢黜、有的被处死，隋文帝是为了防止他们像拥戴自己一样拥戴别人，这本来可以理解。那些竭尽全力帮助他统一天下的人，如大将史万岁、王世积、虞庆则，诬陷攻讦之辞一旦加之于身，马上就被处以死刑。至于贺若弼、高颎、李德林，隋文帝都曾依靠他们作为心腹臂膀，并不在杨素之下，然而贺若弼被贬差点丧命（最后被隋炀帝杨广诛杀），高颎被除去名籍免官为民（最后与贺若弼一起被隋炀帝杨广诛杀），李德林则终身不起用。隋文帝只和杨素最为投缘、如胶似漆，把整个天下都托付给他。隋文帝为什么对杨素坦然不疑，完全改变其猜忌防范的一贯作风呢？杨素最终勾结依附其悖逆之子杨广弑杀了隋文帝杨坚，这难道代表了上天夺去隋文帝的公正之心吗？如果不是这样，为什么隋文帝怀疑其不必怀疑的人、信任其一定不能信任的人，竟到了如此严重的地步呢？

隋朝的诸位大臣中，只有杨素是最不可以托付大事的人，不但高颎、贺若弼、李德林不屑与他为伍，即便拿他和刘昉、郑译相比也有天壤之别。为什么呢？杨素是天下古今最不仁义的人。他指挥军队，靠杀戮树立威信，派几百人进攻强大的敌人，如果不能取胜就全部杀了他们。自从有军队以来，只有秦国的尉缭这样讲过，也只有杨素这样做过，这是因为他没有别的智慧谋略，只是忍心杀戮自己的人罢了。他在负责建造仁寿宫的时候，死亡的丁夫数以万计，他就是靠杀人立威才迅速完成任务。自古以来，专以杀人为事的没有能和他相提并论的。唉！人的不仁达到极致，难道还会认为君主是不能弑杀的吗？还会因明白儿子不能弑杀父亲而不参与其阴谋吗？隋文帝杨坚的脖颈每天都悬在杨素的刀锋之下，自己却不知道。这难道只是因为杨素以谄媚的方式结交独孤皇后从而得到她的遮蔽和保护吗？还是隋文帝杨坚残毒的本性，和杨素臭味相投从而君臣相得呢！

所以说：君主不仁，就不能保全他的国家；臣子不仁，就难以明哲保身；不仁的人喜欢和不仁的人亲近，而且相互之间非常信任，即使是天子也不能保全自己的身体。杨素的家族到他的儿子杨玄感时发动叛乱才被诛灭全族，但已经晚了。所以有没有恻隐之心，是人们生死存亡的关键。如果人的本性不醇厚、习性不顺和，其恻隐之心就难以表露出来。只有人的好恶不迷惑，不喜欢和不仁的人相处并不依赖他们，其罪恶才可以减少、祸患才可以减轻！

本事：隋文帝疑忌功臣及专宠杨素事，散见于《资治通鉴》卷一七五《陈纪九》至卷一七九《隋纪三》，太建十一年（579）至开皇二十年（600）。

一四　废勇立广与家国存亡

太子勇耽声色、狎群小，而逆广立平陈之功，且矫饰恭俭以徼上宠、钓下誉，声施烂然。文帝废勇而立广，虽偏听悍妻，致他日有独孤误我之叹，然当广恶未著、勇德有愆之日，参互相观，亦未见废立之非社稷计也，而奚以辨之哉？广之所以惑独孤者，曰阿麽大孝耳。妇人喜嗫嚅呴沫之爱，无足怪者，帝固熟察人情者，而何亦懵焉？天下有孝于父母而忍贼害其兄弟者乎？勇虽不德，然知广之陷己，终未尝求广之过暴之父母之前。广则伏地流涕曰："不知何罪，失爱东宫。"勇无言，而广亟于谮，勇犹自处于厚，而广之不仁不可掩矣。

故人之甚不仁也易见也，父子兄弟之不若，夫人所无可如何者也。非其懿亲与其执友，则虽祸且相及，而固不可讦之相告，使触其怒以伤天性之恩；即其懿亲与其执友不容不告，而必谋其曲全之术；若直讦其阴私以激吾之谴责，则必其人天性固绝于己，而忿戾以求快其私者也。夫人且然，而况同生兄弟，均为父母之子，而浸润肤受交致以激吾之怒，尚可信为大孝而可以生死存亡托之者乎？

勇于见废之日，再拜泣下，舞蹈而出，终不讼广之见诬而擿其隐慝，然则使勇嗣立，隋尚可以不亡，借令不然，亦何至逞枭獍之凶如广之酷邪？故勇与广之贤不肖未易辨也，而广诉勇，勇不诉广，其仁心之仅存与其澌灭，则灼然易知也。天下未有忍夺其兄之孝子，古今无有谗毁我子弟、劝令杀戮屏弃而为可托之人，两言而决之有余矣。

【译文】

隋文帝杨坚的太子杨勇沉湎于声色犬马、亲近小人，而其悖逆之子杨广则建立平定南朝陈的功勋，并且伪装成谦恭节俭的样子，对上邀取君父的宠爱，对下则沽名钓誉，从而以光辉灿烂的好名声传扬天下。隋文帝废掉杨勇而立杨广为太子，虽然是因为偏听了悍妻的话，以致日后有“独孤皇后误我”的悔叹，然而当杨广的罪恶还没有表现出来而杨勇却有德行缺失的时候，相互比较，也未见得废除杨勇太子之位改立杨广并非为江山社稷考虑之故。那么凭什么加以分辨呢？杨广用以迷惑独孤皇后的办法，是让皇后觉得他是大孝子罢了。妇人喜欢欲言又止、相互抚慰的母子之爱是不足为怪的，可是隋文帝本来就洞察人情，为什么也昏头了呢？天下有对父母孝顺却忍心残害兄弟的人吗？杨勇虽然不检点有失道德，但知道杨广陷害自己，却始终没有搜集杨广的过错并在父母面前揭发出来；杨广却在独孤皇后面前伏地痛哭，说："不知道犯了什么过错，得罪了东宫太子。"杨勇没说杨广坏话，而杨广却极力诋毁杨勇，杨勇为人还算厚道，但杨广的不仁不义却是不可掩盖的事实。

因此，如果一个人非常不仁不义，那是很容易被发现的，父子兄弟之间的关系不顺遂和乐，这是外人所无可奈何的。如果不是骨肉至亲和志同道合的朋友，即使是祸患马上降临，也不能相互攻讦、揭露其隐私，触发其愤怒，从而伤害相互之间的天性恩情；即使是骨肉至亲和志同道合的朋友，不得不相告时，也要精心谋划委曲求全的办法。如果直言不讳地揭露对方的隐私，从而激发我方对他的谴责，那么一定是泯灭了自己固有的天性，采取愤恨乖戾的方式以求泄私愤而图一时之快。一般人尚且如此，更何况是同胞的兄弟。同为父母的儿子，却像以水润物那样暗中挑拨、像切肤之痛那样直接诽谤，从而激起对方的愤怒，还能信任其是大孝子而托付生死存亡的国家大事吗？

杨勇被废除太子之位时，向隋文帝杨坚拜了两次后眼泪掉了下来，然后按照朝拜帝王的礼节行礼后退朝而去，始终没有诉说杨广诬陷自己的罪恶。既然如此，那么假若让杨勇继位，隋朝尚且可以不亡国，即使不能这样，又何至于像杨广那样残酷歹毒、得以逞其生食父母的凶暴呢？

所以，杨勇和杨广的贤明与不肖并不容易分辨，但杨广诬陷杨勇，而杨勇却不控诉杨广，仁爱之心，一个尚存、一个泯灭，则是明白可见的。普天之下没有忍心篡夺其兄长之位的孝子；古往今来也没有用谗言毁谤其子弟并劝令杀戮抛弃之，却可以作为托付国家大事的人。有了这两句话，那么判断杨勇和杨广兄弟的贤明与不肖就绰绰有余了。

本事：《资治通鉴》卷一七九《隋纪三·文帝》，开皇二十年（600）。

一五　大吝之后，必生奢男

《传》曰："俭，德之共也；侈，恶之大也。"所谓德之共者，谓其敛耳目口体之淫纵，以范其心于正也，非谓吝于财而积之为利也。所谓恶之大者，谓其荡心志以外荧，导天下于淫曼也，非谓不留有余以自贫也。俭于德曰俭，俭于财曰吝，俭吝二者迹同而实异，不可不察也。吝于财而文之曰俭，是谓贪人。谚曰："大俭之后，必生奢男。"贪吝之报也。若果节耳目、定心志，以恭敬自持，勿敢放逸，则言有物、行有恒，即不能必子之贤，亦何至疾相反而激以成侈哉？隋文帝之俭，非俭也，吝也，不共其德而徒厚其财也。富有四海，求盈不厌，侈其多藏，重毒天下，为恶之大而已矣。

奚以明其然邪？仁寿宫成，赏封德彝而擢为内史。耳目之欲，力制而不能制也；盗边粮者升以上皆斩，积聚之贪，夸富强而唯恐不丰也。宋武藏农服以示子孙，齐高欲黄金与土同价，皆此而已矣。是下邑穷乡铢积丝累以豪于闾井者之情，而奚足为俭哉？视金粟也愈重，则积金粟也愈丰；取之于人也愈工，而愈不忧其匮；而后不肖之子孙无求弗获，而以为天下之可以遂吾志欲者，莫财若也。太子勇之饰物玩、耽声色，逆广之离宫别馆，涂金堆碧，龙舟锦缆，翦采铺池，裂缯衣树，皆取之有余，而仓粟陈红，以资李密之狼戾，一皆文帝心计之所聚，而以丰盈自侈者也。只速其亡，又何怪乎？

若夫贤者之俭，岂其然哉？视金玉若尘土，锦绮若草芥，耳目不淫，心志不惑，澹然与之相忘，而以金粟给小人之欲，君臣父子相竞于义以贱利，其必不以为诲奢之媒审矣。夫唯大吝之后，乃生奢男，岂俭之谓哉？

【译文】

《左传·庄公二十四年》说：“节俭，是善行中的大德；奢侈，是恶行中的大恶。”所谓“节俭，是善行中的大德”是说，节俭能使人收敛耳目口体这些生理上的荒淫放纵，从而规范其居心达于中正，而不是说吝啬钱财、积聚财富以图利益。所谓“奢侈，是恶行中的大恶”是说，奢侈能使人心志放荡，从而目光迷离、受到疑惑，引导天下人趋向放纵和靡费，而不是说不留余地地浪费钱财而使自己陷于贫困境地。节俭在道德层面叫作“节俭”，节俭在财富层面就叫作“吝啬”。“节俭”和“吝啬”这两个概念，表面相似而实质不同，不能不加以考察和区别。吝啬钱财却予以文饰称之节俭，这就是所谓的贪婪之人。谚语道："大俭之后，必生奢男。"这就是贪婪而又吝啬的报应。假若能够节制耳目声色之欲、安定心志，从而保持恭敬谨慎，不敢放纵逸乐，言语具体充实、行为持之以恒，即使不能确保后代一定贤良，又何至于很快走向反面、导致奢侈无度呢？隋文帝杨坚的所谓节俭，不是真正的节俭，而是吝啬——不修养普适的道德，只是积累自己的钱财。富有天下，却仍然不断地贪得无厌、增加库藏，只能毒害天下，成为恶行中的大恶罢了。

如何证明隋文帝杨坚就是这样的人呢？仁寿宫建成后，他重赏负责此项工程的土木监封德彝，并提拔他为内史舍人。耳目声色的欲望，即使极力控制也不能遏止；偷窃用于边疆防务的粮食一升以上的都被处以死刑，他聚积财货的贪心，夸耀富强而唯恐不足，由此可见一斑。南朝宋武帝刘裕收藏旧日农服传给子孙，南朝齐高帝萧道成希望黄金和土地的价钱一样，都是这样的贪婪又吝啬罢了。这就像在穷乡僻壤中铢积寸累地集聚财富，从而夸富、称豪于乡里市井的情形一样，怎么能够称之为节俭呢？把钱粮金帛看得越来越重要，那么积聚钱粮金帛就越来越丰厚；从别人那儿剥夺钱粮金帛的方法越来越巧妙，也就越不担心钱粮金帛的匮乏；后世不肖子孙没有什么追求不能得到满足，就会认为普天之下都应满足一己私欲，没有什么能比得上钱财金帛的。太子杨勇装饰器物玩好，沉湎于耳目音色；悖逆的次子杨广营建离宫别馆用黄金碧玉进行装饰，制造豪华的龙舟用织锦作为缆绳，剪取彩缎铺盖园林池沼、剪裁缯帛包裹树木，取之不尽、用之不竭。而且国家府库粮仓里所藏的粮食多得陈腐发霉，结果却被李密领导的瓦岗军攻占兴洛仓等，资助了他们的贪暴凶残。这都是隋文帝杨坚苦心孤诣积聚的财富，而后代因为钱财丰盈而自行奢侈。这些只能加速隋朝的灭亡，又有什么值得奇怪的呢？

至于贤者的节俭，难道会是这样的吗？贤者看待金玉就像尘土，看待锦缎就像草芥，耳目不为声色所放纵，心志不为钱财所惑乱，淡然处之而相忘于身外之物。以钱财金帛满足小人欲望，君臣父子相率追求仁义而卑贱财利，就一定不会成为教唆奢侈的媒介，这是非常明确的。生活过分贪婪又吝啬之后，就必定会出现骄奢淫逸的子孙，这说的难道是节俭吗？

本事：《资治通鉴》卷一七八《隋纪二·文帝》，开皇十五年（595）。

一六　隋文帝涂饰虚伪笼天下

文帝之察也，肘腋有杨素之奸而信之笃，宫闱有逆广之凶而爱之专，卒以杀身而亡国。无他，以涂饰虚伪笼天下，情以移，志以迁，而好恶皆失其本心，乐与伪人相取，狎焉而不自知也。

王伽者，天下古今之伪人也，罢遣防送之卒，纵流囚李参等七十余人，与约期至京，而曰："如致前却，当为汝受死。"参等皆如期而至。夫参等身蹈重法，固桀敖不轨之徒也，伽何恃而以死尝试其诚伪？前乎此者，未闻伽有盛德至行足以孚豚鱼也，一旦而以父母之身与罪人市，岂其愚至此哉？且李参等已至京而待配于有司矣，孰使帝闻之而惊喜？则伽与参等探知帝之好虚伪以饰太平，而相约以成诡异之行，标榜自炫于帝之左右，俾得上闻。帝果为之下诏曰："官尽如王伽，刑措其何远哉！"伽乃擢为雍令矣，参等乃予宴而赦矣。帝已为伽持券而取偿，而帝不知也；非不知也，知之而固喜其饰平康以昭吾治功之盛，而欺天下也。是其为情，与王劭上《灵感志》而焚香歌诵以宣示之无以异。唯然，故杨素伪忠，而帝且曰吾有忠臣；逆广伪孝，而帝且曰吾有孝子；情与之相得，心与之相习，不复知此外之有心理。亦将曰：文王之孝亦广，周公之忠亦素而已矣；孔子绥来动和，亦伽而已矣。古今恶有圣贤哉？饰以为之而即可传之万世，则怀奸畜逆者，方伏刃以拟其项领，固迷而不觉。始以欺人，终于自罔，身弑国亡，若蹈火之必灼，狎水之必溺也，岂有爽哉？

夫圣人者，同于人者也；为创见之事，举世惊之，必有伪焉，秉正者所弗惑也。若伽者，固不容于尧、舜之世，唯不容焉，斯以为尧、舜之智与！

【译文】

隋文帝杨坚虽洞察世理人情，然而身旁有杨素这样的巨奸大恶并对其非常信任，家中有悖逆之子杨广并对其偏爱有加，最终落得身死国亡的下场。没有其他的原因，是因为他喜欢粉饰虚伪以笼络天下，感情为此而转移、心志为此而变化，所好与所恶都失去了本心，喜欢和虚伪的人相互利用，亲近他们却不自知。

齐州参军王伽，乃是天下古今最为伪善之人，他遣散押送罪犯的士卒，打开被流放的囚犯李参等七十多人的枷锁刑具，和他们约定到达京城的日期，并对他们说："如果到达京城前你们逃跑了，我就替你们受死。"结果李参等罪犯都如期到达京城。李参等人身犯重法，本来就是些桀骜不驯的人，王伽凭什么拿自己的性命试验他们的诚信和虚伪呢？在此以前，没有听说王伽有什么高尚的德行足以深孚众望，诚信及于豚鱼之类的隐微之物，一时之间就拿父母给予的生命和罪犯进行交易，难道他愚蠢到了这种地步吗？况且李参等人到京城后需等待有关部门发落，又是谁能使隋文帝杨坚听到这件事而惊喜过望呢？其实是王伽和李参等人探知隋文帝喜欢虚伪以粉饰太平，因而相约完成这样一件诡异而不合常理的事情，并在隋文帝的左右近臣面前标榜炫耀，确保皇上能闻听此事。隋文帝果然为此专门颁布诏书说："天下官吏都像王伽一样，那么像周成王、周康王时代天下安宁、置刑法而不用的理想还会很远吗？"王伽被提升为雍县（今陕西凤翔）令，李参等人也被赐宴并予以赦免。隋文帝已为王伽持券取酬了，自己却不知道；其实隋文帝并非不知道，只是他本来就喜欢粉饰太平以炫耀自己治平功业之隆盛，从而欺骗天下人罢了。这样的情形，和著作郎王劭编撰并上奏《皇隋灵感志》三十卷、焚香歌颂以宣告天下的情形没有什么区别。正因为这样，奸臣杨素伪装忠诚，隋文帝便说我有忠臣；逆子杨广伪装孝顺，隋文帝便说我有孝子；感情上与他们相互投合，内心里他们相互熟悉，不知道在这伪装的忠孝之外包藏着祸心、掩盖着诡计。也许有人会说：周文王的孝顺和杨广的孝顺差不多，周公的忠诚也就像杨素的忠诚罢了；孔子所谓的“绥之斯来，动之斯和”（安抚百姓他们就前来归附，发动百姓他们就会团结），也就像王伽的所为罢了。自古及今哪里还有圣贤呢？粉饰太平的虚伪行事可以流芳百世、传播万代，那些心怀奸诈、蓄意谋逆的人，正用刀剑架在别人的脖颈上，而其却迷惑而不觉。开始时欺骗别人，最终连自己也欺骗了，自身被弑杀、国家被灭亡，就像是踏在火上一定被烧伤、亲近玩水一定被溺死一样，难道会有什么差错吗？

所谓圣人，和一般人是一样的；因为有独到的创见，举世之人对他都惊叹不已，其中必定会有虚伪的事情，秉持正义的人是不会被迷惑的。像王伽那样的人，本来是不能容于唐尧、虞舜的升平治世的，正因为不容许有这样虚伪的事情，才是他们之所以为唐尧、虞舜的聪明睿智吧！

本事：《资治通鉴》卷一七九《隋纪三·文帝》，开皇二十年（600）。

炀帝

[凡六代不肖之主，皆仍其帝称，篇内独称炀帝曰逆广，以其与刘劭同其覆载不容之罪，且时无夷狄割据，不必伸广以明正统。]

【译文】

[凡是两晋南朝六代不肖之君主，在本书中都仍然以帝王相称，唯独将隋炀帝杨广称为“逆广”，是因为他和南朝宋文帝刘义隆的长子刘劭同样犯有天地不容的悖逆大罪，而且当时已经没有少数民族割据政权，不必再通过申明隋炀帝杨广的帝王名号来明确隋朝作为中原王朝的正统地位了。]

一 吏道与政治

牛弘问刘炫以《周礼》士多府史少而事治，后世令史多而事不济，炫答以古之文案简而今繁，事烦政弊，为其所由。此得其一于末，而失其一于本也。文繁而覆治重叠，追证荒远，于是乎吏求免纤芥之失，而朦胧游移，上下相蔽，不可致诘，此治道之所以敝，教令之所以不行，民人之所以重困，奸顽之所以不戢者，而非府史之劳也。苟求无摘而粗修文具，一老吏任之而有余矣。乃府史之所以冗多而不理者，权移贿行而役重，民之贪顽求利与窜名避役者，竞趋于府史胥役之一途，则固有目不识文案、身不亲长官者篡入其中，而未尝分理事之劳，事恶得而理也？

《周礼》之所以可为万世法者，其所任于府者谨其盖藏，所任于史者供其篆写，而法纪典籍一委之士，士多而府史固可少也。士既以学为业，以仕为道，则苟分任于六官之属者，皆习于吏事而娴于典故，政令虽繁，无难给也。周之所以久安长治，而政不稗、官不疵、民不病者，皆由于此。士则既知学矣，学则与闻乎道矣，进而为命士，进而为大夫，皆其所固能致者，则名节重而官坊立，虽有不肖，能丧其廉隅而不能忘情于进取，则吏道不污，而冒法以售奸者，十不得一。

且夫国家之政，虽填委充积，其实数大端而已：铨选者，治乱之司也；兵戎者，存亡之纽也；钱谷者，国计之本也；赋役者，生民之命也；礼制者，人神之纪也；刑名者，威福之权也。大者举其要，小者综其详，而莫不系于宗社生民纲纪风俗之大。其纤微曲折，皆淳浇仁暴之机也。而以委之刀笔之猥流，谋尽于私，而智穷于大，则便给于一时，而遗祸于久远，虽有直刚明晰之大臣，未能胜也。如唐滑涣一堂后小吏耳，郑馀庆一斥其奸，而旋即罢相，其可畏而不可挽也如此。乃举国家之事，不属之名义自持之清流，而委之鄙贱干没之宵小，岂非千金之堤溃于蚁壤哉？参佐清谈而浊流操柄，愈免小失而愈酿大忧，然后知《周礼》之法，卓然非后世所及。炫，儒者也，何不曙于先王教之本而长言之，以垂为永鉴？区区以文之繁简为言，九州混一之世，文法何易言简也！

【译文】

隋朝的吏部尚书牛弘曾向当时的著名经学家刘炫请教：根据《周礼》的记载，周朝的士族阶层人多，而掌管财货、文书的官吏很少，但政事却有条不紊，后世官府中的胥吏众多而政事却不能得到很好治理，这是什么原因呢？刘炫回答说：因为古代的公文案卷比较简单而现在的非常繁杂，事务繁杂政事治理就会出现弊病，这就是造成这种现象的原因。这个回答说的是次要原因，而丢掉了根本原因。公文案卷繁杂，再次审理就累积重叠，调查取证路途遥远，因此官府中的胥吏为了避免细微的失误，而模棱两可、犹豫不决、上下互相蒙蔽，使得无法考究和查问，这就是国家的政事治理之所以败坏、法律政令之所以不能执行、普通百姓之所以非常困窘、奸猾凶顽的人之所以不加收敛的原因，而并非掌管财货、文书的官吏事务繁多过于辛劳所致。仅仅为求得不受指摘而略微整治公文案卷，只需要一位老吏就可以胜任有余。所以，掌管财货、文书的官吏之所以出现冗员过多政事却得不到治理的现象，是因为权力下移、贿赂公行和赋役加重。百姓中那些贪婪顽劣、谋求私利以及篡改名册、逃避徭役的人，争相奔走趋于掌管财货、文书的官吏杂役职位，本来就会有一些目不识丁、不适宜做官长的人混入其中，他们不曾分担处理政务的职责，这样政事怎么能够得到治理?

《周礼》之所以可以作为万世遵行的制度规范，是因为按照其记载：任职于府库的官吏谨慎小心地掌管府库储藏的财物，任职于史馆的官吏保障供应公文案卷的撰写誊抄，至于法律法规、文献典籍则全部委托给士人。士人阶层人数众多，那么掌管财货、文书的官吏自然就可以减少。士人阶层既然以学习为本业、以做官为正途，如果把他们分配到六官的府中做属吏，凭借他们对吏役职事的历练和对政事典故的娴熟，政令虽然繁杂，却难不倒他们。周朝之所以能够长治久安，而政治措施没有弊端、官吏行事没有错误，百姓生活不受困窘，都是这个缘故。士人阶层既然知道学习，学习就会参与并知晓道义，下一步就可以作为士，再进一步就可以作为大夫，这些都是他们一定能够实现的，这样名誉和节操就变得非常重要，为官的原则和禁忌的界限也被树立起来，即使有个别不肖之徒可能丧失端方不苟的品行而只贪图进取，但官场的风气也不会彻底败坏。而甘愿冒犯法律以施展阴谋诡计的人，十个里面也找不到一个。

况且国家的政事，虽然看起来非常沉重繁杂，其实也就是几个大的方面罢了：选拔官吏，是国家治乱的关键；整军备战，是国家安危存亡的枢纽；征收钱粮，是国家财政大计的根本；赋税徭役，是关乎百姓生存的命脉；礼仪制度，是人与神灵交流的纲纪；慎赏明罚，是朝廷恩威的权衡。重大的政事要纲举目张，抓住主要矛盾；具体的事物则要综合考察其详情，没有不关系着国家纲纪与百姓风俗的大体。其中的纤细曲折之处，都是社会风气淳厚与浮薄、政事治理仁爱与残暴的关键。把这些政事都委托给那些卑劣猥琐的刀笔之吏，他们为了营私舞弊想尽千方百计，面对国家大事却束手无策，虽然一时方便却遗祸无穷，即使有刚直贤明的大臣，也不能制服他们。例如唐宪宗时期的滑涣，只是朝中掌管文书的小吏，因为与专权宦官刘光琦勾结，宰相郑馀庆一旦训斥他的奸邪，马上就被罢相，其可畏而不可挽救的情形就是这样。国家的政事，不托付给坚持仁义名节的清流士大夫，却委托给卑鄙下贱、投机图利的宵小之徒，难道不是千里之堤溃于蚁穴吗？作为僚属的参佐官吏只能清谈论道，而品格卑污的小人却掌握着国家的权柄，越是避免小的失误越是酿成大的祸患，然后才知道《周礼》上记载的原则和制度，是后世远远赶不上的理想模式。刘炫，是一位儒者，他为什么不明确揭示出古圣先王树立教化的根本并详细论述，从而垂范后世、作为永远的鉴戒呢？仅仅以文书案卷的繁简作为回答，天下一统的帝国时代，文书案卷怎么能轻易地简略从事呢！

本事：《资治通鉴》卷一八〇《隋纪四·炀帝》，大业三年（607）。

二　高颎、贺若弼之诛

人以才自旌，以智先人，功亦立，名亦著，所行亦不大远于正，而及其成局已终，岁时已过，则猥末局蹐（jí），名节不立，而抑不保其身，则汉朱儁、皇甫嵩，隋之高颎、贺若弼是已。呜呼！士苟无卓然自立之志以辅其气，而禄位子孙交集而萦之，则虽以儁与嵩秉正以匡乱者，尚困于董卓而不能立义以捐生，况颎与弼乎？当其盛也，智足以见事几，才足以济险阻，年力方强，物望方起，又遇可与有为之主，推奖以尽其用，则亿而中、为而成，心无顾恤而目空天下，可为也，则为也，于是而功名赫然表见于当世；曾不知其时迁世易，智尽才枯，而富贵已盈，子孙相累，暗为销谢，茶然一翁妪之姝暖，则诛夷已及，既不能奋起以蹈仁，复不能引身而避祸，昔之所为英豪自命者安往哉？此志士之所深悲，而君子则早知其衰气先乘，莫能自胜也。

杨广之弑君父，杀兄弟，骄淫无度，其不可辅而不相容，途之人知之矣。颎之料敌也，目悬于千里而心喻若咫尺，弼轻杨素、韩擒虎而自诩以大将，夫岂不能知此，而遂无以处此者？乃不能知也，不能处也。嚅嗫于李懿、何稠佞幸之侧，以讦广之失，其所指摘而重叹之者，又非广之大恶必致败亡者也；征散乐而已，厚遇启民可汗而已。舍其大，讦其小，进不能抒其忠愤，退不能守以缄默，骈首以就狂夫之刃。悲哉！曾颎与弼之铮铮，而仅与王胄、薛道衡雕虫之腐士同膏钬锧乎？其愚不可警，其懦不可扶，还令颎与弼自问于十年之前而岂屑尔哉？高堂曲榭，金玉纨绮，老妻弱子，系累相婴，销耗其丈夫之气，则虽有忧世之心，徒喁喁啧啧于匪人之侧，祸之已及，则喑死屠门，如在胎之羔犊矣。故曰："血气既衰，戒之在得。"血气之刚，足以犯难而立功者，岂足恃哉？儁与嵩扶义以行，且不能保于既衰之后，况二子之区区者乎？衰矣而不替其盈，唯方刚而豫谨其度，制其心于田庐妻子之中，身轻而志不靡，则迨其老也，伏枥不忘千里之心，以皦皦垂光于白日，而亦奚至此哉！君子者，非以英豪自见者也，然于道义名节之中自居于大矣。年弥逝而气弥昌，非颎与弼之所与也，然观于颎与弼而益知所戒已。

【译文】

一个人以才干彰显自己、凭智慧超越别人，功勋业已成就、名声业已显著，所作所为也没有偏离中正之道，可是当他成局已定、时过境迁，却变得行为猥琐、举止谨慎，不仅难以保持其名誉节操，甚至连自身也不能保全，像东汉的儒臣朱儁、皇甫嵩和隋朝的功臣高颎、贺若弼都是这样的人。作为士大夫，如果没有卓尔不群的自立之志以辅助他的胆气，而官爵禄位、家人子孙交相纠缠并加以诱惑，那么即使像朱儁和皇甫嵩那样秉持正道以匡扶天下之乱的人物，尚且为奸臣董卓所制约而不能舍生取义，何况高颎与贺若弼呢？当他们兴盛的时候，智慧足以预见事物的发展趋势、才干足以冲破艰难险阻，又正当年富力强，威望也正冉冉上升，再遇到可以和他大干一番事业的君主，推崇奖掖他们、充分发挥他们的才干，料事能中、做事就成，心中无所顾忌，目空天下一切，可以做的事情就去做，因此功名显赫，举世瞩目；他们当时并不知道会有时过境迁的时候，智慧穷尽而才思枯竭，而富贵荣华已经达到鼎盛，子孙繁衍需要他来照顾，不知不觉间已经暗自衰败，疲倦的样子就像一对自我满足的老夫妻。结果，杀身灭族的祸患降临到头上，既不能奋起抗争为仁义献身，又不能急流勇退以躲避灾祸，昔日以英雄豪杰自命的人到哪里去了呢？这是仁人志士所深感惋惜和悲哀的，君子虽早已发现其衰败气象，却没有办法自我克服。

隋炀帝杨广弑其君父、杀害兄弟，骄奢放纵、荒淫无度。这样的暴君是不可以辅佐，也不能相容的，这一点连路人都知道。可是以高颎的料敌如神决胜于千里之外，而心里却像近在咫尺一样观察得清清楚楚。贺若弼看不起杨素、韩擒虎而自诩为大将之才，怎么能不知道这些道理，面对这种情况而束手无策呢？并不是他们不能认识到这一点，而是不能正确处理这件事。在李懿、何稠这些佞幸小臣旁边吞吞吐吐，攻击和揭发杨广的过失，他们所指摘和深深叹息的，又不是杨广必定导致国家败亡的巨大罪恶，只是征集散乐、厚待突厥启民可汗罢了。舍弃了他的巨大罪恶，却去揭发他微不足道的过失，进一步不能抒发他们的忠诚和悲愤之情，退一步又不能保持沉默，两个人一起并着头、伸着脖颈等狂夫杨广来杀戮。真是可悲啊！以高颎、贺若弼的赫赫声名、铮铮铁骨，却仅得以和王胄、薛道衡这些写作诗文的迂腐之士一同受刑！他们的愚蠢不可救药，他们的懦弱不可扶持。回过头让高颎、贺若弼在十年前扪心自问，他们怎么屑于这样呢？高堂华屋、明窗曲榭、金玉满堂、绫罗盈库，可是连衰老的妻子、柔弱的稚子，都被戴上枷锁拴在一起，消耗尽他们的丈夫之气。因此，虽然有忧国忧民之心，却只是在奸佞小人旁边嘀嘀咕咕，灾祸一旦降临，就像尚在母胎中的羊羔、牛犊一样，悄无声息地葬身于屠宰场中。所以孔子说：“人在年老体弱、血气衰败的时候，要警戒贪得无厌。”血气刚强，虽足以助人克服困难创立功勋，难道能一直被依赖吗？朱儁、皇甫嵩坚持道义以行事，尚不能在年老体弱、气血衰败之后保全自己，何况高颎、贺若弼两个微不足道的人物呢？要想衰老之时不失去荣华富贵，只有在血气方刚的盛年时期谨慎行事，把握好分寸，把心志束缚于田地、房舍、妻子、儿女之中，一身轻松而志气不颓败，那么到了老迈的时候，仍然是“老骥伏枥，志在千里”，以自己的贞洁和日月争光，又怎么会落到这种地步呢？作为君子，并不是以英雄豪气来自我表现的，而是在道义名节上居于正统而高大的地位。年岁越大，气节越高尚，这不是高颎和贺若弼所能够知道的，然而观察高颎与贺若弼的一生遭际，就更加明白自己要引为警戒了。

本事：《资治通鉴》卷一八〇《隋纪四·炀帝》，大业三年（607）。

三 能惧之心

高丽，弱国也，隋文攻之而不克，逆广复攻之而大败，其后唐太宗征之而丧师。广虽不道，来护儿、宇文述虽非制胜之将，而北摧突厥、吐谷浑之强，南渡海俘杀流求，则空国大举以加高丽，亦有摧枯拉朽之势焉；况唐太宗以英武之姿，席全盛之天下，节制兴兵以加蕞尔之小邦；然而终不可胜者，非隋、唐之不克，而丽人之守固也。隋方灭陈，高丽闻之而惧，九年而隋文始伐之，二十二年而广复伐之，则前此者，皆固结人心、择将练兵、积刍粮、修械具之日也，故不可克也。何以知其然邪？陈非高丽之与国，恃之以相援而固圉者；乃闻陈亡而惧，惧于九年之前，机发于九年之后，效著于二十三年之余，而施及于五十余年之久，其君臣之惧以终始，则能抗强大以保邦也，不亦宜乎？

《易》曰："其亡其亡，系于苞桑。"孰系之？能惧之心系之也。夫既有其国，即有其民，山川城郭米粟甲兵皆可给也。尊俎之谋臣，折冲之勇士，役意以求，激奖以进，抑不患其无才，不知惧者莫与系之耳。蜀汉亡，而孙皓不惧；高纬亡，而叔宝不惧；孟昶亡，而李煜不惧；迨及兵之已加，则惴惴然而莫知所应，旁皇四顾，无所谓苞桑矣。朽索枯桩，虽系之，其将何济焉？虽然，惧者，自惧也，非惧人也。智者警于心以自强，愚者夺其魄以自乱，突厥之震慑，而降服争媚以交攻，抑不如其无惧也。谯周畏魏而挠姜维之守，蜀汉以亡，亦惧者也；宋高畏女直而忍称臣之辱，大仇不雪，亦惧者也；惧而忘其苞桑，与不惧者均，闻丽人之已事，尚知愧夫！

【译文】

高丽是弱小的国家，然而隋文帝杨坚进攻它却不能取胜，隋炀帝杨广再次进攻结果大败而还，后来唐太宗李世民征伐高丽也损兵折将。隋炀帝虽然荒淫无道，其麾下的大将来护儿、宇文述虽然也不是常胜将军，然而向北征伐摧毁强大的突厥和吐谷浑，向南渡海俘虏和杀死了琉球国王。这次倾全国之力大举进攻高丽，也应该有摧枯拉朽的必胜之势；况且唐太宗凭借英武有为的天资，拥有全盛的天下，亲自统帅精兵强将进攻这么一个蕞尔小国，最终还是不能取胜。这并不是隋朝、唐朝不能攻克高丽，而是由于高丽防守坚固。隋朝刚刚灭掉南朝陈，高丽得到消息后非常恐惧，可是等了九年之后隋文帝才率军征伐，二十二年之后隋炀帝才再次统兵征伐，因此在这之间的漫长岁月，都是高丽人笼络人心、选拔将士、操练兵丁、囤积粮草、修造械具的备战时间，所以高丽不可能被攻克。南朝陈并不是高丽的友好联邦，只是相互援助来巩固边防，所以高丽听说南朝陈被灭亡后感到恐惧。这种恐惧和忧患开始于九年前，真正的发动则表现于九年之后，而其显著的效果体现于二十三年之后，一直持续了五十余年之久。高丽君臣的恐惧和忧患可以说是持续始终，因此能够抵抗强大的隋朝、唐朝大军，保卫国家平安，这不是应该的吗？

《易经·否卦第十二》上说："将要灭亡啊，将要灭亡，如果把自己拴在根扎很深的桑树上则会安然无恙。"谁来把自己拴在根扎得很深的桑树上呢？就是能够保持恐惧忧患之心并把自己拴在桑树上的。既然拥有其国家，就拥有其人民，山川、城郭、粮食、军队都能够保障供给。朝堂上宴享礼宾的谋臣、战场上冲锋陷阵的勇士，用心尽力去搜求，激励奖赏以进用，不用担心天下没有人才，只是不知道恐惧忧患的人没有办法维系他们罢了。三国时期，蜀汉亡国后，东吴的孙皓不知道恐惧忧患；北齐后主高纬亡国后，南朝陈后主陈叔宝不知道恐惧忧患；五代时期，后蜀后主孟昶亡国后，南唐后主李煜不知道恐惧忧患。等到对方的军队已经兵临城下，他们却惊慌失措不知道怎么应对，彷徨四顾，已没有可以拴在一起的桑树了。腐朽的绳索、枯萎的树桩，即便能够拴在上面，又能发挥什么作用呢？尽管如此，这里所谓的恐惧，是发自内心的恐惧，并不是畏惧他人。睿智的人心内警戒，以便发奋自强；愚蠢的人丧魂落魄，就会不攻自乱。突厥之所以被隋朝所震慑，争相投降献媚，内部却互相残杀，还不如他们不畏惧忧患。三国蜀汉的光禄大夫谯周因惧怕曹魏而阻挠大将姜维守边，反对北伐，蜀汉因此亡国，这也是因为畏惧；宋高宗赵构因畏惧女真而忍受对金割地称臣的污辱，大仇不报，也是因为畏惧。畏惧别人而忘掉自己可以依赖的根基，这和不忧惧是一样的。听听高丽人当年的往事，他们都应该感到惭愧。

本事：《资治通鉴》卷一八一《隋纪五·炀帝》，大业八年（612）。

四　上察察以自聋，下师师以自容

秦与隋虐民已亟，怨深盗起，天下鼎沸而以亡国，同也。然而有异焉者，胡亥高居逸乐于咸阳，销兵孤处，而陈胜、吴广起于江淮，关中悬远，弗能急为控制，迨其开关出击，而六国之兵已集，势不便也。隋方有事于高丽，九军之众一百一十三万人连营渐进，首尾千余里，会于涿郡，而王薄拥众于长山，刘霸道集党于平原，张金称、高士达、窦建德群起于漳南、清河之间，去涿数百里耳，平芜相属，曾无险隘之隔，此诸豪者，不顾百万之师逼临眉睫，而纠乌合之众，骈立于其旌麾相耀、金鼓相闻之地，则为寇于秦也易，而于隋也难。夫岂隋末诸豪之勇绝伦而智不测乎？迨观其后，亦如斯而已，而隋卒无如之何，听其自起自灭、旋灭旋起、以自毙于江都。且逆广非胡亥匹也，少长兵间，小有才而战屡克，使与群雄角逐于中原，未必其劣于群雄也，则隋末之起兵者尤难也。然而群雄之得逞志无难者，无他，上察察以自聋，下师师以自容，所急在远而舍其近，睨盗贼为疥癣，而自倚其强，若是者，乘其所忽而回翔其间，进可以徼功，退固有余地以自藏，而又何惴焉？

虎之猛也，而制于猬；即且之毒也，而困于蜗；其所轻也。故杨玄感、李密以公侯之裔，世领枢机，门生将吏半于朝右，金钱衣币富将敌国，而兵起两月，旋就诛夷，唯隋之忌之也夙而防之也深，一闻其反，全力以争生死，而山东诸寇起自草莱，不在独夫心目之中，夫且曰：“以玄感之势倾天下而可如韩卢之搏兔，此区区者其如予何哉!”故群雄败可以自存，而连兵不解，卒无如之何也。高颎、贺若弼而既诛夷矣，正逆广骄语太平、鞭笞六宇之日也，群雄不于此而兴，尚奚待哉？于是而王薄等之起兵二年矣，仅有一张须陁者与战而胜，逆广君臣直视不足畏而姑听之。然则诸起兵者，无汉高、项羽耳，借有之，岂待唐公徐起太原，而后商辛自殪于牧野哉？

至不仁而敛天下之怨，非所据而踞天位之尊，起而扑之，勿以前起者之败亡，疑其强不可拔也。杨玄感死，而隋旋以亡，大有为者，知此而已。

【译文】

秦朝和隋朝虐民的暴政已经达到极致，百姓积怨越来越深，盗贼纷纷揭竿而起，天下纷扰动乱以至于亡国，二者在这一点上是相同的。然而二者也有不同的地方，秦二世胡亥在都城咸阳深居宫中逍遥享乐、销毁兵器、独处关中；而陈胜、吴广起兵于江淮之间，距离关中路途遥远，不能马上控制局势；等到开关迎击天下义军，六国的起义大军已会合，形势已经不利。隋朝当时正倾全国军力征伐高丽，九军将士共有一百一十三万人，军营连着军营，渐次向前推进，首尾一千多里，会集于涿郡（今河北涿州）；而王薄在长山（今山东邹平）拥众起义，刘霸道在平原

（今山东平原）聚众起义，张金称、高士达、窦建德在漳南、清河之间（今河北清河一带）群起而反叛，距离涿郡只有几百里，而且这里的地势平原相连，中间没有险要的关隘阻隔，这几位起义的豪杰，不顾朝廷百万大军迫在眉睫，而纠集乌合之众，毅然傲立于旌旗飘扬、金鼓相闻的四战之地。如此说来，在秦朝起义相对比较容易，而在隋朝起义则处境艰难。难道是隋末起义的诸位豪杰英勇天下绝伦、才智高深莫测吗？待观察他们后来的表现，也就如此而已。而隋朝官府最终对他们也没有怎么样，只是听任他们自生自灭、此起彼伏，以致最后隋炀帝杨广毙命于江都（今扬州）。况且隋炀帝也不是秦二世胡亥所可比拟的，他年轻时成长于行伍之间，小有才略，作战屡次胜利，如果让他和起义群雄角逐中原，未必不如起义群雄。因此说，隋末起义就显得更加艰难了。然而起义群雄之所以毫不费力地实现其割据称王、推翻隋朝统治的愿望，没有别的原因，上层的统治者自以为明察秋毫却自我封闭，什么也听不到、看不到，下层的统治者相互之间庄严恭敬以便自己能够容身，奔忙于遥远的事情却将亟待解决的事情搁置，把各地的起义群雄视为肌肤之疾、疥癣之患，自恃强大。就这样，起义群雄趁着朝廷忽视而纵横驰骋，进可以攻城略地、建功立业，退可以割据一方、保全自己，又有什么可担心呢？

以老虎的凶猛异常，却受制于刺猬而没有办法；以蜈蚣的毒性强大，却受困于蜗牛而束手无策。刺猬和蜗牛是老虎和蜈蚣所瞧不起的。所以杨玄感、李密作为隋朝公侯的后代，世代掌管国家军政大权，他们的门生故吏几乎占朝廷官吏的一半，家族拥有的金钱财帛可以和国家的府库相媲美，但他们起兵反叛才两个月，很快就遭到诛灭。这是因为隋炀帝对他们的猜忌由来已久、对他们的防范也非常深入细致，一听到他们造反的消息，就全力以赴、生死决战。而山东的诸位豪杰起兵于草莽之间，并不在独夫民贼隋炀帝杨广的心目之中，隋炀帝甚至会说："对付势倾天下的杨玄感，就像战国时期韩国的良犬搏杀野兔一样，这些微不足道的毛贼又对我怎么样呢?"所以起义群雄即使一时失败也可以自我图存、聚众不散，最终统治者对他们也没有办法。高颎、贺若弼被诛戮后，正是炀帝狂言天下太平、暴虐海内的时候，起义群雄不在此时发展壮大，还等到什么时候呢？当时王薄等起义已有两年，隋朝只有一个大将张须陁和他们作战并取胜，隋炀帝君臣认为起义群雄不值得忧虑畏惧因而姑且听之任之。虽然这样，只是可惜起义群雄中间没有刘邦、项羽那样的人物罢了，如果有刘邦、项羽一类人物的话，哪里还要等到唐高祖李渊慢慢地起兵于太原，然后才使得隋炀帝像商纣王帝辛自焚于牧野一样毙命于江都呢？

隋炀帝杨广极端不仁不义，招致天下人的怨恨，不该他做皇帝他却占据着天子之位的尊崇，天下群雄起义推翻隋朝的统治，千万不要因为之前的起义军败亡而怀疑隋朝强大得不可战胜。杨玄感叛乱失败而死后，隋朝很快就亡国了，有志于天下大作为的人，知道这一点就行了。

本事：《资治通鉴》卷一八一《隋纪五·炀帝》，大业七年（611）。

五　大业之乱

圣人之大宝曰位，非但承天以理民之谓也，天下之民，非恃此而无以生，圣人之所甚贵者，民之生也，故曰大宝也。秦之乱，天下蜂起，三国之乱，群雄相角，而杀戮之惨不剧，掠夺之害不滋，唯王莽之世，隋氏之亡，民自相杀而不已。王莽之末，赤眉、尤来、铜马诸贼遍于东方，延于西陇，北极赵、魏，南迤江、淮，而无有觊觎天步僭名号以自雄者。赤眉将败，乃拥刘盆子以盗名，而盆子不自以为君，贼众亦不以盆子为君也。大业之乱，自王薄、张金称起于淄、济，窦建德、刘元进、朱燮、管崇、杜伏威、刘苗王、王德仁、孟让、王须拔、魏刀儿、李子通、翟让，攘臂相仍，凡六年矣，无有以帝王自号者。其尤妖狂者，则有知世郎、历山飞、漫天王、迦楼罗王之号。非徒无定天下之心，而抑无草窃割据之志；非徒不为四海所推举，而抑不欲为其类之雄长。于是而淫掠屠割，举山东、河北、淮左、关右之民，互相吞龁，而愿弱者缩伏以枕藉，流血于郊原。其惨也，较王莽之末又加甚焉。至大业十二年，而后林士弘始称帝于江南，窦建德、李密踵之，自命为王公，署官僚，置守令。虽胥盗也，民且依之以延喘息。

而捋采既刘，萌蘖稍息，唐乃起而收之，人始知得主之为安，而天下以渐而定矣。

夫盗者，而称帝王，悖乱之尤，名实之舛甚矣，然而虚拥其名，尚不如其无名也。既曰帝矣，曰王矣，为之副者，曰将相矣，曰牧守矣，即残忍颠越，鄙秽足乎讪笑，然且曰此吾民也，固不如公然以蛇豕自居、唯其突而唯其螫也。故位也者，名也，虽圣人有元后父母之实，而天下之尊之以位者，亦名而已。君天下而天下保之，君天下而思保其天下，盗窃者闻风而强效焉，则名位之以敛束暴人之虔刘，而翕合离散之余民者，又岂不重哉？宝也者，保也，人之所自保也。天下有道，保以其德；天下无道，保以其名；故陈胜起而六王立，汉室沦而孙、曹僭，祸且为之衰减。人不可一日而无君，天佑下民，作之君，作之师，伪者愈于无，况崛起于厌乱之余以乂安四海者哉！

【译文】

《易经·系辞》上说：天地的宏大德泽在于使万物生生不息，帝王的最大法宝在于保有其崇高地位。这里所说的崇高地位，并非仅仅说帝王上承天意管理万民，天下的百姓不依靠其崇高地位就无法生存，而是说帝王最可宝贵的是百姓的生命，所以说帝王的崇高地位叫作大宝。秦朝末年天下大乱，豪杰蜂拥而起；三国时期天下大乱，群雄相互角逐，而杀戮的惨状并不厉害、掠夺的危害也不严重；只有王莽统治的时代和隋朝亡国之际，民间自相残杀，没有休止。王莽统治末年，赤眉、尤来、铜马等各路农民起义遍布东方，连绵西部的甘陇，北抵赵、魏之地，南达江、淮流域，却没有觊觎帝位而僭立名号称雄天下的。直到赤眉军将要失败时，才拥立汉朝宗室刘盆子以欺世盗名，但刘盆子自己也不敢自立为君，赤眉军将士也没有把刘盆子当作君主拥戴。隋炀帝杨广大业年间（605—618）的战乱，自从王薄、张金称起兵于淄河、济河流域后，窦建德、刘元进、朱燮、管崇、杜伏威、刘苗王、王德仁、孟让、王须拔、魏刀儿、李子通、翟让等天下豪杰相继群起响应，前后经过六年，始终没有自称帝王的。其中最为狂妄的，也只是知世郎（王薄）、历山飞（魏刀儿）、漫天王（王须拔）、迦楼罗王（朱粲）这些自称的名号。这些人非但没有安定天下的雄心，也没有窃取名号割据称雄的志向，不仅不被天下民众拥戴，也不愿意作为各路起义豪杰的首领，于是奸淫掳掠、屠戮无辜，裹挟着山东、河北、淮左、关右的老百姓，相互吞食撕咬，于是贫弱的百姓畏缩屈服、相枕而卧，流血洒于荒郊野外，其悲惨的景象，比起王莽统治末年更加严重。大业十二年（616），江南农民起义军领袖林士弘才开始称帝于豫章（今江西南昌），随后窦建德、李密步其后尘，自称为夏王、魏国公，任命官僚机构、设置郡守县令。虽然都是盗贼，但困苦的民众暂且依附他们得以苟延残喘。等到枝叶被采、剥落稀疏之后，新的萌芽得以休养生息的时候，李渊的唐朝崛起而收复天下，人们才知道国家有君主世道才会太平，天下的人心也逐渐安定下来。

本来是盗贼，却自称帝王，这是最为悖逆昏乱的事情。名与实的错乱非常荒唐可笑，然而徒有其名号，还不如没有名号。既然称帝、称王了，那么作为其羽翼、辅佐的人物，便称为将军、宰相，称为州牧、郡守，即使是残忍荒诞、卑鄙肮脏到足以令人嘲笑，但仍会说这是我的百姓。这本来就不如公然以蛇蝎、猪狗自居，只知道狂奔而出，只知道螫刺荼毒。所以说，帝位只是一个名号，虽然帝王有着天子和民之父母的实际地位，但天下尊崇其地位的，也就是一个名号罢了。君临天下的人，天下人都拥戴和保护他，他也想着要保护天下的百姓，那些盗窃天子名号者闻风而动、强力效法帝王，正可以说明天子名号与帝位足以收敛和约束残暴之人的劫掠与杀戮，从而协调抚绥那些流离失所的残余民众，这个名号与帝位难道不是很重要的吗？所谓的法宝，就是保护民众的意思，也就是人民的自我保护。天下有道之时，是以其道德来保护民众；天下无道之时，是以其名号和帝位来保护民众。所以秦末陈胜揭竿而起，而后六国之王并立；汉末社稷沦丧，而孙权、曹丕僭号称帝，天下的灾难因此暂且有所减轻。天下之人不能一天没有国君，上天为了保佑其百姓，为他们降生了君主，也设置了师长，即便是假冒名号的，也比没有强，更何况崛起于天下人厌恶战乱已久之后，为的是安定天下的局势呢？

本事：《资治通鉴》卷一八三《隋纪七・炀帝》，大业十二年（616）。

六　忌天下之贤而驱之以不肖

忌天下之强，而奖之以弱，则以自弱而丧其天下，赵宋是已。然弱者，暴之反也，故外侮不可御，而内不失民也。忌天下之贤，而驱之不肖，于是而毒流天下，则身戮国亡，不能一朝居矣。逆广之杀高颎、贺若弼也，畏其贤也；薛道衡、王胄、祖君彦一词章吟咏之长耳，且或死或废，而无以自容，非以天子而求胜于一夫也，谓贤者之可轧己以夺己，而不肖者人望所不归，无如己何也。故虞世基、宇文述、裴矩、高德儒之猥贱，则委之腹心而不疑；乃至王世充之凶顽，亦任之以土地甲兵之重；无他，以其耽淫嗜利为物之所甚贱，而无与戴之者也。唐高祖以才望见忌，几于见杀，乃纵酒纳贿，托于污行，则重任之使守太原，以为崛起之资。夫人君即昧于贤不肖之分，为小人之所挠乱，抑必伪为节制之容，饰以贞廉之迹，而后可以欺昏昏者以售其奸；未有以纵酒纳贿而推诚委之者，此岂徒逆广之迷乱哉？自隋文以来，欲销天下之才智，毁天下之廉隅，利百姓之怨大臣以偷固其位者，非一朝一夕之故矣。

呜呼！为人君者，唯恐人之修洁自好，竭才以用，择其不肖而后任之，则生民之荼毒，尚忍言乎？以宇文化及之愚劣，可推刃以相向，夫岂待贤于己者而后可以亡己哉？只以贼天下，使父子离而为途殍。故天子之恶，莫有甚于恶天下之贤而喜其不肖者也。天子以之不保天下，士庶人以之不保其身，斩宗灭祀、鬼祸不解者，皆此念为之也，可不畏哉！

【译文】

猜忌天下手握重兵的将帅，通过赏赐财物的方式削弱他们的军政大权，结果使得国家积贫积弱而丢掉江山社稷，宋朝就是这样。然而削弱是强暴的反面，所以虽然不能抵御外侮，但对内却没有失去民心。忌妒天下贤能之人，从而驱使他们成为不肖之徒，因此毒害天下，就会导致自身被杀戮、国家被灭亡，其帝位也不能保全于朝夕之间。悖逆的隋炀帝杨广诛杀高颎、贺若弼，就是畏惧他们的贤能；可是薛道衡、王胄、祖君彦只是吟咏诗文词章的行家里手罢了，他们尚且被杀死或者被废黜，而没有可以容身之地。并不是隋炀帝以为天子一定要胜过每一个人，而是担忧贤能的人有可能胜过自己并夺取自己的地位，而不肖之徒得不到民众的信赖和拥护，对自己不会造成什么威胁。所以，当朝的大臣中像虞世基、宇文述、裴矩、高德儒之流猥琐卑贱，隋炀帝却视其为心腹并加以重用而毫不怀疑；甚至像王世充那样残暴愚顽的人，也使其手握重兵、统辖一方，没有别的原因，就是因为王世充沉湎声色、嗜好财利，为世人所极端卑贱，因而没有真心拥戴他的人。唐高祖李渊因为有才能声望而被猜忌，差一点被杀，于是他就放纵酒色、收取贿赂，以污秽行为掩盖自己，隋炀帝为其假象所迷惑，就重用他镇守太原，这成为他以后崛起的凭借。作为君主，即使分辨不清什么是贤能、什么是不肖，被奸佞小人所诱惑、扰乱，也一定要伪装出节省克制而不致过度的假象，装出贞洁清廉的表征，然后可以欺骗那些糊涂愚昧的人以实现自己的奸邪目标；没有凭着放纵酒色、收取贿赂而予以信任并委以重任的，这难道只是隋炀帝杨广的迷惑糊涂吗？自隋文帝杨坚以来，就希望销毁天下的聪明才智之士，摧毁天下人端正不苟的本性，以利于百姓怨恨大臣从而苟且稳固其统治地位，这并非一朝一夕所形成的缘故。

唉！作为君主，唯恐别人修养其美德而洁身自好，竭尽其才能而经世致用，却挑选那些不肖之徒委以重任，这样一来，天下百姓生灵涂炭，还怎么忍心诉说呢？像宇文化及那样愚蠢顽劣的人，也能够对隋炀帝锋刃相向，哪里还用等待比自己贤能的人出现然后灭亡自己呢？只能毒害天下，使父子分离，成为路旁的饿殍。所以天子的罪过，没有比忌恨天下贤能之人而喜欢不肖之徒更严重的了。天子因此不能保有天下，一般人因此不能保全自己，断子绝孙、亡国灭族，鬼神莫测的灾祸，都是由这种嫉贤妒能的念头造成的，这是多么可怕啊！

本事：《资治通鉴》卷一八二《隋纪六·炀帝》，大业九年（613）。

七 财聚则民散，财散则民聚

语曰："明君贵五谷而贱珠玉。"五谷之所以贵者，不可不务白也，迷其所以贵，而挟之以为贵，则违天殃人而祸必及身。所以贵者何也？人待之以生也。匹夫匹妇以之生，而天子以生天下之人，故贵；若其不以生天下之人而奚贵焉？积则不可以约为藏，藏则易以腐败而不可久，不能如珠玉之韫千金于一椟，数百年而缄之如新也。故聚之则不如珠玉远矣，散之则以生天下而贵莫甚焉。《传》曰："财聚则民散，财散则民聚。"谓五谷也。若夫钱布金银之聚散，犹非民之甚急者也。聚钱币金银于上者，其民贫，其国危；聚五谷于上者，其民死，其国速亡。天之生之也，不择地而散，而敛之以聚，是违天也；人之需之也，不终日以俟，而积之以久，是殃民也；故天下之恶，至于聚谷以居利而极矣。

为国计者曰："九年耕，必有三年之蓄。"此谓诸侯有百里之封，当水旱而告籴于邻国，一或不应，而民以馁死，故导民以盖藏，使各处有余以待匮也。四海一王，舟车衔尾以相济，而敛民之粟，积之窖窌（jiào），郁为麴尘，化为蛾蚁，使三旬九食者茹草木而咽糠秕，睨高廪大庾以馁死，非至不仁，其忍为此哉？

隋之毒民亟矣，而其殃民以取灭亡者，仅以两都六军宫官匠胥之仰给，为数十年之计，置洛口、兴洛、回洛、黎阳、永丰诸仓，敛天下之口食，贮之无用之地，于是粟穷于比屋，一遇凶年，则流亡殍死，而盗以之亟起，虽死而不恤，旋扑旋兴，不亡隋而不止。其究也，所敛而积者，只为李密聚众、唐公得民之资，不亦愚乎？隋之富，汉、唐之盛未之逮也，逆广北出塞以骄突厥，东渡海以征高丽，离宫遍于天下，锦绮珠玉狼戾充盈，给其穷奢，尚有赢余以供李密、唐公之于㧑（huī）散，皆文帝周于攈聚之所积也。粟者财之本也，粟聚则财无不聚，召奢诲淫，皆此粟为之也。贵五谷者，如是以为贵，则何如无贵之为愈哉？

天子有四海之赋，可不忧六军之匮；庶人有百亩之田，可不忧八口之饥。靳枵腹者之饔飧，夺勤耕者之生计，居贱粜贵，徒以长子弟之骄奢，召怨家之盼望，何如珠玉者，非人之所待以生，而思夺之者之鲜也。上好之，下必甚焉。粟朽于仓，人殣于道，豪民逞，贫民毙，争夺兴，盗贼起，有国破国，有家亡家，愚惛不知，犹托之曰莫贵于五谷，悲夫！

【译文】

常言道："贤明的君主以五谷为贵，而以珠玉为贱。"五谷之所以贵重，是不能不说明白的，不知道它为何贵重，而占有它自以为贵重，就会违背天理、危害百姓并使自己遭殃。五谷为什么贵重呢？因为人们都依靠它生存。普通的老百姓依靠五谷生存，天子依靠五谷生养天下之人，所以其贵重；如果它不是人们赖以生存的东西，又有什么可贵重的呢？积聚五谷，不能够简单地储藏；储藏五谷，又容易腐败而不能长久。不能像珠玉一样把价值千金的东西放在小匣子里，封闭起来几百年后还像新的一样。所以从积聚的角度来说，五谷远不如珠玉，而分散开来就可以养活天下人，没有什么比它更贵重的了。《礼记·大学》说：“财物积聚起来民心就散了，财物分散开来民心就聚拢了。”这里所说的财物就是指五谷。至于钱币、布帛、金银等财物的积聚和分散，对于老百姓来说不是非常急迫的。钱币、布帛、金银等财物积聚在官府，民众就会陷入贫困，国家就会面临危机；如果五谷积聚于官府，民众就会饿死，国家就会迅速败亡。天地自然化育五谷生长，并非选择某一个地方而是分散于各处，如果把它收敛并积聚在一处，这就违背了天意；人民生活需要五谷，不可一日没有，却把它积聚起来长久储藏，这就是祸国殃民；所以天下的罪恶，到了积聚粮食来居为奇货以求取利益时算是达到极致了。

为国家大计谋划的人会说：“耕种三年，必定会有可供一年食用的粮食积累下来；耕种九年，必定会有可供三年食用的粮食储藏下来。”这里说的是方圆百里封地的诸侯国，遇到水旱灾害向邻国请求买进粮食，一旦邻国不答应，百姓就会被饿死，所以要引导百姓储藏粮食，使各地有余粮以备匮乏时的需要。而在四海统一的国家，运粮的船和车首尾相接，在这种情况下还要搜刮百姓的粮食堆积在粮窖中，结果粮食腐败霉变，化作飞蛾蝼蚁，却使得三十天只能吃九顿饭的贫困百姓不得不剥食树皮、吃糠咽菜，眼看着高大的粮仓饥饿而死，不是极端不仁不义的人，难道能忍心这样做吗？

隋朝毒害百姓的弊政太多了，而祸国殃民并因此自取灭亡的，仅仅因为它为了供给长安、洛阳两都的军队、官廷、官员、工匠生活所需而做了几十年的长远打算——设置洛口仓、兴洛仓、回洛仓、黎阳仓、永丰仓等粮仓，搜刮天下百姓的口粮，储藏于无用之处，于是天下百姓家家户户没有了粮食；遇到荒年，流离失所、饿死路旁，因而盗贼蜂拥而起，即使冒着杀头的危险也在所不惜，刚刚镇压下去马上又死灰复燃，不灭亡隋朝就绝不停息。其最终的结果，隋朝搜刮积聚的粮食，只是成为瓦岗军李密聚众反叛、唐高祖李渊赢得民心的凭借，这不是很愚蠢吗？隋朝的富有，即使是强盛的汉、唐王朝也比不上，隋炀帝杨广出塞北伐向突厥炫耀国威、向东渡海征伐高丽，离宫别馆遍布天下，锦绣珠宝堆满府库，不仅供给他穷奢极欲，还有盈余供给李密、李渊夺取挥散开来，这都是隋文帝杨坚苦心经营、搜刮积聚的结果。粮食是财富的根本，粮食能积聚起来财富就没有不能积聚的道理，招致奢侈、诱使放纵，都是这些积聚起来的粮食造成的。以五谷为贵，却像这样地看重，还不如不以五谷为贵的好呢！

天子拥有天下四方的赋税，可以不用担心军队粮饷的匮乏；庶民百姓拥有一百亩土地，可以不用担心八口之家的饥饿。搜刮嗷嗷待哺者的口粮，剥夺勤于耕作者的生计，以低廉的价格买进贵重的粮食，只能助长纨绔子弟的骄横奢侈，招致心怀怨恨者的非分之想；哪像金银珠宝，并不是人们赖以生存的东西，想夺得的人很少。居上位的统治者所喜好的，下层民众就一定更喜好。粮食在粮仓里腐败霉变，老百姓却在道旁挨饿，豪强的人横行霸道，贫困的人坐以待毙，于是出现争夺，盗贼蜂起，有国者亡国、有家者破家，仍然愚昧糊涂、不知所以，还托词说没有比粮食更贵重的，可悲啊！

本事：《资治通鉴》卷一七五《陈纪九·后主·长城公》，至德元年（隋文帝开皇三年，583）。

八　机发于人，风成于世

隋之得天下也逆，而杨广之逆弥甚，李氏虽为之臣，然其先世与杨氏并肩于宇文之廷，迫于势而臣隋，非其所乐推之主也，则递相为王，惩其不道而代兴，亦奚不可？且唐公幸全于猜忌而出守太原以避祸，未尝身执朝权，狐媚以欺孤寡，如司马之于魏，萧氏之于宋也。奉词伐罪，诛独夫以正大位，天下孰得而议其不臣？然其始起，犹托备突厥以募兵，诬王威、高君雅以反而杀之，不能揭日月而行吊伐，何也？自曹氏篡汉以来，天下不知篡之为非，而以有所授受为得，上习为之，下习闻之，若非托伊、霍之权，不足以兴兵，非窃舜、禹之名，不足以据位，故以唐高父子伐暴君、平寇乱之本怀，而不能舍此以拔起。呜呼！机发于人而风成于世，气之动志，一动而不可止也如此夫！

自成汤以征诛有天下，而垂其绪于汉之灭秦；自曹丕伪受禅以篡天下，而垂及于宋之夺周。成汤秉大正而惧后世之口实，以其动之相仍不已也，而汉果起匹夫而为天子。若夫曹丕之篡，则王莽先之矣。莽速败而机动不止者六百余年，天下之势，一离一合，则三国之割裂始之，亦垂及于五代之瓜分而后止。金、元之入窃也，沙陀及捩（lèi）臬鸡先之也，不一再传之割据耳，乃亘五百余年而不息，愈趋愈下，又恶知其所终哉？夫乘唐高之势，秉唐高之义，以行伐暴救民之事，唐高父子固有其心矣，而终莫能更弦改辙也，数未极也。非圣人之兴，则俟之天运之复，王莽、沙陀之区区者，乃以移数百年之气运而流不可止。自非圣人崛起，以至仁大义立千年之人极，何足以制其狂流哉？

【译文】

隋文帝杨坚依靠悖逆篡位取得天下，而隋炀帝杨广的悖逆篡位更加严重，唐高祖李渊虽为隋朝的臣下，然而他的祖先世代与杨氏在后周同朝称臣，迫于情势不得不臣服于隋，并不是自愿拥戴杨氏做君主的。那么与杨氏相继做天子，以隋朝的治国无道作为警戒并取而代之，又有什么不可呢？况且唐高祖李渊侥幸在遭到猜忌后出守太原躲避灾祸，并不曾执掌朝廷大权，也不靠女色狐媚进而欺负孤儿寡母，而像司马氏之于三国曹魏、萧氏之于南朝刘宋一样。在这种情况下，他完全可以奉严正之词以讨伐有罪之人，诛杀残暴无道的昏君，名正言顺地登上皇帝宝座，天下之人有谁能够指责他背叛君主？然而李渊开始起兵时，还以防御突厥为托词招募兵马，诬陷王威、高君雅造反而杀了他们，不能光明正大地慰问受苦的民众、讨伐有罪的暴君，这是为什么呢？自从魏文帝曹丕篡夺东汉政权以来，天下人不知道篡位夺权是非法的，而以虚假的禅让授受为合乎情理，上层统治者习以为常、下层老百姓也司空见惯，如果不依托像伊尹、霍光那样的辅政大权，不足以起兵举事；不窃取像虞舜、夏禹那样的名望，不足以占据帝位。所以，唐高祖李渊父子怀着讨伐暴君、平定暴乱的志向，却不能丢掉这些虚假的托词而突然兴起。唉！事变的先机由人发起，而风气已在世上形成，反过来会影响人们的心志，心志一动就不可停止，竟然到了这个地步！

自从商汤依靠征伐夏桀获得天下，其流风余绪一直延续到汉高祖刘邦灭亡秦朝；自从魏文帝曹丕伪装受禅篡夺天下，其流风余绪一直延续到北宋太祖赵匡胤篡夺后周政权。商汤秉持正义夺得天下，却担心成为后世起兵夺权的借口，因为他的影响可能被一代代传承，而汉朝果然崛起了平民刘邦做了天子。至于魏文帝曹丕篡夺东汉政权，可以说有王莽提前做了示范，王莽虽然迅速败亡，但其影响持续达六百多年。天下的局势，有分裂、有统一，从三国分裂割据开始，到五代时天下瓜分豆剖，而后才告终止。金、元入主中原之前，已有突厥沙陀部的朱邪氏（后唐皇室）和捩臬鸡（后晋石敬瑭之父）提前做了示范，他们建立的只是无法再传的分裂割据政权罢了，竟还绵延五百年不止。天下愈演愈烈，又怎知什么时候是终结呢？凭着唐高祖李渊的威势和道义来实行讨伐暴君、拯救民众的伟大事业，唐高祖李渊父子虽有这样的志向，可是最终不能改弦易辙，这是因为历史发展的规律还没有达到极致，还没有出现变革的机遇。在这种情况下，如果没有圣人出现，就要等待历史发展规律循环往复，以微不足道的王莽和突厥沙陀部，竟然改变了数百年的历史发展规律并影响不止。如果没有圣人崛起，用至仁和大义树立千年的准则，怎能制止这种狂乱的潮流呢？

本事：《资治通鉴》卷一八三《隋纪七·恭帝》，义宁元年（617）。

九　唐高祖巧用突厥而免其害

唐起兵而用突厥，故其后世师之，用回纥以诛安、史，用沙陀以破黄巢，而石敬瑭资契丹以篡夺，割燕、云，输岁币，亟病中国而自绝其胤；乃至宋人资女直以灭辽，资蒙古以灭金，卒尽沦中原于夷狄，祸相蔓延，不可复止。夫唐高祖则已早知之矣，既已知之，而不能不用突厥者，防突厥为刘武周用以袭己于项背，可与刘文静言者也；假突厥之名以恐喝河东、关中，而遥以震惊李密，则未可与刘文静言者也。乃所资于突厥者数百人，而曰“无所用多”，则已灼见非我族类者之不可使入蹦中国以戕民而毁中外之防，故康鞘利仅以五百人至，而高祖喜，其破长安，下河东，上陇以击薛仁杲，出关以平王世充，皆不用也，则高祖岂疏于谋而不忧后患者？然而机一发而不可止，则大有为于天下者，一动一静之际，不容不谨，有如是哉！

勿恃势之盈而可不畏也，勿恃谋已密而可不虞也，勿恃用之者浅而祸不足以深也。矢之发也，脱于彀（gòu）者毫末，而相去以寻丈；三峡之漩，投以勺米而不息，则大舟沉焉；事会之变，不可知而不可狎，固若此也。能用突厥者高祖耳，不能用者相习而用之，无其慎重而贪其成功，又恶容辞千古祸媒之罪乎？若夫唐之用突厥而终未尝用者，则固难一二与庸人言也。

【译文】

唐高祖李渊于太原起兵时曾借用突厥的力量，所以后世纷纷效法，借助回纥的力量平定安史之乱、借助沙陀部的力量镇压黄巢起义；而后晋高祖石敬瑭依靠契丹的力量篡夺后唐的政权，割燕云十六州给契丹，并向契丹缴纳钱物，给中原带来祸患，也断绝了自己的后代血脉；以至于北宋借助女真的力量消灭辽国、南宋借助蒙古的力量消灭金国，最终使得中原地区全部沦陷于北方少数民族，灾祸蔓延起来，无法制止。对于这种后果，唐高祖李渊早就知道，但知道却不能不借助突厥的力量，主要是为了防止突厥被割据北方的刘武周势力所利用，袭击自己后方，这是唐高祖李渊可以和他的谋臣刘文静说明的；假借突厥的名义恐吓河东、关中的割据势力，并遥遥震慑李密的瓦岗军，这又是不能和刘文静说明的。于是他借助的突厥军队只有几百人，并说不需要太多，可见唐高祖李渊已清醒地洞见非我族者不能让其蹂躏中原、残害百姓，从而毁坏中外、华夷之间的原则性界限。所以突厥康鞘利只带五百人前来，唐高祖李渊很高兴，而此后唐军破长安、下河东、上陇攻击薛仁杲、出关平定王世充，都没有借用突厥的力量。如此说来，唐高祖李渊难道是疏于谋略而不担心后患吗？然而，弩机一旦发动就不能停止，那些在天下大有作为的人，一举一动都不能不谨慎，就像唐高祖李渊一样！

不要倚仗势力强盛就无所畏惧，不要倚仗计谋周密就不计后患，不要倚仗借助别人的力量不多就会使得祸患的影响不太深远。箭发射出去时，在张满的弓上相差毫发，到达目标时就会相差寻丈之遥；在长江三峡的漩流中，投下去一勺米会随波而下不会停息，而大船却在那里沉没了；风云际会，时机变幻，不可预知，也不能不加以重视，本来就像这些自然现象一样。能借用突厥力量的，只有唐高祖李渊罢了，不会借用的人也效法唐高祖李渊而借用外族力量，缺乏唐高祖李渊的慎重态度却贪图像他一样取得成功，他又怎么能推辞掉千古祸患媒介的罪名呢？至于唐高祖李渊名义上借用突厥的力量而实际上始终不曾利用的玄妙之处，本来就是难以和庸碌之人说清楚的。

本事：《资治通鉴》卷一八四《隋纪八·恭帝》，义宁元年（617）。

一〇　言不可逞，天不可欺

言生乎心者也，成乎言而还其心。由心而生言，心之不贞，发于言而渐泄矣，其害浅；由言而成事，由事而心益以移，则言为贞邪之始几，而必成乎事，必荡其心，其害深；故曰“生于其心，害于其政”。卒然言之，以为可为而为之，未有不害于政者也。故君子之正天下，恒使之有所敬忌而不敢言。小人之无忌惮也，卒然言之，而祸不可戢也。

李密之与唐公，皆隋氏之世臣也，逆广虽不道，俱尝北面事之，未尝如嵇绍之于晋，有父母之仇也。逆广不可以君天下，密欲夺之，唐公欲夺之，一也。唐公起，明知掩耳盗铃之不足以欺天下，而必令曰：“犯七庙及代王宗室者，夷三族。”密则任祖君彦怨怼之私，昌言之曰：“殪商辛于牧野，执子婴于咸阳。”于是而唐公得挟义以折之曰：“所不忍言，未敢闻命。”呜呼！密与唐之兴丧，自此决矣。夫唐岂不以逆广为纣，而睨代王侑为怀玺面缚之子婴乎？然令其遽出诸口而有所不能也。其不能者何也？不敢与不忍也。非畏逆广与微弱之代王也，自畏其心之鬼神也。故人至于言之不怍，而后人无可如何矣；人无可如何，而鬼神之弗赦必矣。

故圣人欲正人心，而亟正者人之言。心含之，口不能言之，则害止于心；心含之，口遂言之，则害著于外；心未必信之，口遽言之，则还以增益其未至之恶，而心与事猖狂而无所讫止。言之有怍，而心有所忌，事有所止，则事虽不顺，鬼神且谅其不敢不忍之犹存，而尚或祐之。心叛于理，言叛于心，可言则言，以摇动天下于蔑彝伦、逞志欲之大恶，然后恶满于天下，而天之殛之也不爽。故唐之报密而折之也，非果有不忘隋之忱悃也，挈不敢不忍以告天下，而还自警其心，卒以保全杨氏之族而宾之。其享有天下，而李密授首于函谷，言不可逞，天不可欺，不亦信夫！

【译文】

人的言语产生于内心的思想，发为声音、形成言语之后又反过来产生新的思想。由内心的思想产生言语，那么其居心如果不端正，生发表现的言语就会渐渐暴露出来，其危害还比较小；由言语转换做成事情，通过这些事情其内心思想更进一步发生变化，那么言语就成为坚贞和邪恶开始的源头，必定会做出事情，必定会冲击其内心思想，这种危害就非常大。所以孟子说：“这些不好的言语从内心产生出来，就会危害到政治。”突然之间说出某些话，以为可行而实行了，就没有不危害政治的。所以君子以道义端正天下，总要坚持使自己有所敬畏和忌惮而不敢随便言语。小人则无所顾忌，突然之间随意发表言论，那么灾祸就不可避免了。

李密和李渊（袭封唐国公，故称唐公），都是隋朝世代有功勋的旧臣，隋炀帝杨广虽然荒淫无道，他们都曾面北称臣事奉过他，不曾像西晋大臣、嵇康之子嵇绍与晋朝皇室司马氏，有着杀害父母的深仇大恨。隋炀帝杨广不可以君临天下，李密想夺取帝位，唐国公李渊也想夺取帝位，这一点是相同的。唐国公李渊在太原起兵，明知道利用掩耳盗铃的方法是不能欺骗天下人的，却还是要下令说：“有冒犯隋朝天子宗庙和代王杨侑宗室的人，诛灭其三族。”李密则听任其记室祖君彦怨恨隋朝皇帝不予信用的私情，放言道：“要像在牧野杀掉殷纣王帝辛、到咸阳捉拿秦王子婴一样，讨伐和惩治隋朝皇室。”因此，唐国公李渊得以挟道义说服李密说：“你所说的我不忍心说，也不敢从命。”唉！李密和李渊的兴起与丧亡，在这一点上已经决定了。难道唐国公李渊不认为隋炀帝杨广就是当年的殷纣王帝辛，而轻视代王杨侑为怀揣传国玉玺、双手被反绑于背而面向前以示投降的秦王子婴吗？然而让他马上说出口却有所不可。为什么不可以呢？就是因为不敢说和不忍心说。李渊并不是畏惧隋炀帝杨广和微不足道的代王杨侑，而是敬畏自己心中的鬼神。所以，人如果到了大胆放言而不感到惭愧的地步，人们也就对他无可奈何了；虽然人们对他无可奈何，鬼神却一定不会放过他。

所以圣人要端正人的内心思想，首先要端正的是人的言语。内心怀着某种想法，口头不能表达出来，那么其危害只存在于内心；内心怀着某种想法，口头就表达出来，那么其危害就表露在外面；内心还不一定确信的想法，口头就急忙表达出来，就会反过来增加其内心原本没有存在的罪恶，内心的奇思妄想、处事的恣意妄为就会无休无止。言语表达出来感到惭愧，内心思想有所顾忌，为人做事有所分寸，那么即使所做的事情不能顺遂，鬼神尚且会因为他的不敢和不忍之心犹存而原谅他，还有可能保佑他。内心悖逆天理，言语又违背内心，觉得可以说就随意乱说，从而鼓动天下人陷于蔑视伦理纲常、放纵内心欲望的巨大罪恶之中，最后恶贯满盈，上天对他加以诛杀惩罚就会像因果报应一样丝毫不会有差失。所以李渊回答李密并加以反驳，并非果真怀有不忘隋朝的真诚，怀着不敢、不忍之心宣告天下，并反过来使自己心存警戒，最终保全了杨氏的宗族并予以礼遇。历史的发展是，李渊拥有了天下，而李密在函谷关被杀死。言语不能太过随心所欲，上天不可以欺侮，不也是很明确的吗？

本事：《资治通鉴》卷一八四《隋纪八·恭帝》，义宁元年（617）。

一一　游士之言，险陂无忌

徐洪客者，不知其为何许人，即其言而察之，大要一险陂无忌之游士，史称莫知所之，盖亦自此而死耳，非能蠖屈鸿飞于图功徼利之世者也。其上书李密曰："米尽人散。"以后事验之，人服其明矣。乃曰："直向江都，执取独夫。"密为隋氏世臣，假令趋江都执杨广，又将何以处之哉？项羽，楚之世族，秦其仇也，而杀子婴、掘骊山之墓，则天下叛之。杨广俨然君天下者十三载，密以亲臣子弟侍于仗下，一旦屠割之如鸡豚，以密之很，于是乎固有踌躇而不敢遽者。故殪商辛、执子婴，乃祖君彦忿怼之谰言，非密之所能任也。天下之大难，以身犯之者死；业已为人君，而斩刈之者凶；业已为人臣，而直前执杀其君者，必歼其类。夫密亦知捣江都杀杨广徒受天下之指数而非可得志也。洪客险陂而不恤名义之小人，恶足以知此乎？

或曰：杨广之逆，均于刘劭，非但纣匹也，执杀之也何伤？曰：密之起也，乘其乱而思夺之乎？抑愤其覆载不容之罪，为文帝讨贼子如沈庆之之援戈而起乎？此密所不能自诬其心而可假以为名者也。

或曰：慕容超、姚泓亦尝君其国矣，宋武直前破其国而俘斩之都市，又何也？曰：宋武未尝臣彼，而鲜卑与羌不可以君道予之者也。徐魏公之纵妥欢，拘此义而不知通，而岂以例隋氏哉？悬纣首于太白，未知其果否也？即有之，而三代诸侯之于天子，不纯乎臣，非后世之比也。君彦忿戾以言之，洪客遂欲猖狂而决行之，自绝于天，窜死草间而无以表见，宜矣。或仍跻之鲁仲连之高谊，不已过与！

【译文】

徐洪客，不知道他是什么人，根据他的言论加以考察，大概是一个邪僻不端、放言无忌的游方之士。史书上说他不知所终，大约此后就死了，并非那种能在贪图功名利禄的世道中屈身退隐、超脱尘世的人。他曾上书给李密说：“粮仓里米散尽了，人心就会离散。”以后的事实果然如此，人们佩服他的高明。他还曾建议李密：“直捣江都（今江苏扬州），抓获暴君杨广。”李密是隋朝世代有功勋的旧臣，假使果真率众直捣江都抓获杨广，又将怎样处置他呢？项羽是楚国的世家大族，秦国是他的仇敌，然而因为他杀了秦王子婴，发掘骊山秦皇陵，天下人就背叛了他。隋炀帝杨广俨然君临天下十三年，李密作为其亲信大臣的子弟，曾在杨广麾下事奉他，如果造反是能像宰杀鸡和猪一样进行杀戮的，即使以李密的狠毒，在这件事上依然犹豫不决，不敢贸然下手。所以，诛杀殷纣王、抓获秦王子婴的说法，是祖君彦因为私愤而发出的无稽之谈，不是李密所能接受的。天下的大灾大难，以身触犯的不免一死；已经做了君主的，对他进行杀戮不吉祥；已经做了臣子的，挺身而出抓获并斩杀其君主，其同党一定会被诛灭。李密也知道直捣江都、杀了杨广只能遭到天下人的指责和问罪，并不能实现自己的志向。徐洪客作为一个邪僻不端而不顾惜名教道义的小人，怎能明白这个道理呢？

有人会说：隋炀帝的大逆不道和南朝宋刘劭不相上下，不是殷纣王帝辛可与之匹敌的，抓获并斩杀他于道义有什么亏损呢？可以这样回答：李密起兵反叛，是想乘天下大乱夺取隋朝帝位呢？还是愤恨他所犯下的天地不容的罪恶，为隋文帝杨坚讨伐乱臣贼子，像南朝宋名将沈庆之一样为国效命、讨伐刘劭呢？这就是李密不能欺骗自己的内心并借以作为起兵反叛名义的原因。

又有人说：十六国时期南燕末代皇帝慕容超、后秦末代皇帝姚泓也做过君主，而南朝宋武帝刘裕勇往直前攻破他们的国家，把他们俘虏并斩首于市曹，又是为什么呢？

可以这样回答：宋武帝刘裕不曾作为他们的臣子，且鲜卑族和羌族所建之南燕、后秦的统治者不能以国君之礼看待。至于明初魏国公徐达率军北伐，纵容元顺帝妥欢帖睦尔逃走，则是拘泥于这种道义而不知道变通，这难道可以作为对待隋朝暴君的例证吗？周武王曾把殷纣王的人头悬挂在太白旗上，这件事尚不能确定是真是假，即便真有其事，夏、商、周时期的诸侯对于天子不是单纯的君臣关系，这不是后世可比拟的。祖君彦是激于私愤发表了无稽之谈，徐洪客是想要猖狂地决然行事，这是他们自绝于上天。徐洪客后来之所以逃亡毙命于草莽之间而不见于史书记载，也是其应得的下场。有人竟然把他与鲁仲连义不帝秦的高风亮节等量齐观，难道不是太过分了吗？

本事：《资治通鉴》卷一八四《隋纪八·恭帝》，义宁元年（617）。

一二　臣主之义

择君而后仕，仕而君不可事则去之，君子之守固然也。失身于不道之君而不能去，则抑无可避之名义矣。徒人费、石之纷如、贾举、州绰之不得为死义，以其从君于邪也；苟不从君于邪，则其死也，不可更责以失身。故宋殇、宋闵皆失德之君，而无伤乎孔父、仇牧之义。当凶逆滔天、君父横尸之日，而尚可引咎归君，以自贷其死乎？

杨广之不道而见弑于宇文化及，许善心、张琮抗贼以死，当斯时也，虽欲不死而不得也。麦孟才、沈光讨贼而见擒，麾下千人无一降者；李袭志保始安，闻弑哭临，坚守而不降于萧铣；岂隋氏之能得人心，而顿异于宋、齐以来王谧、褚渊恬不知愧之习者，何也？十三载居位之天子，人虽不道，名义攸存，四海一王，人无贰心，苟知自念，不忍目击此流血宫庭之大变也。唐高祖闻变而痛哭，岂杨广之泽足以感之？而又岂高祖之伪哀以欺世乎？臣主之义，生于人心，于此见矣。故庄周曰："无所逃于天地之间。"君子恶其贼人性之义，有以夫！

【译文】

选择贤明的君主然后出仕做官，出仕做官之后发现君主无道、不可以事奉，就弃官而去，保持君子的操守，本来就应该这样。事奉无道之君而丧失君子的操守却不能弃官而去，也就没有了可以避世隐居的名誉和道义了。春秋时期齐襄公的内侍徒人费、齐僖公时的勇士石之纷如、齐庄公的内侍贾举、齐国的勇士州绰不能算为正义而死，是因为他们跟随昏君走上邪路；如果没有跟随昏君走上邪路，那么他们的死就不能再被指责为丧失了君子的操守。所以宋殇公、宋闵公都是无道的昏君，却没有损害宋国的大司马孔父嘉、大夫仇牧的道义。当凶残叛逆罪恶滔天、君父被弑杀横尸当朝的时候，还能把过错和罪责归咎于君主，从而自行赦免这些凶残叛逆的罪恶吗？

隋炀帝杨广昏庸无道，结果被其大臣宇文化及弑杀，通议大夫许善心和张琮因为抵抗宇文化及被杀害，当此之时，即使想不死也是不可能的。武贲郎将麦孟才与折冲郎将沈光谋划讨伐宇文化及，却因被告发而惨遭杀害，其麾下一千多人没有一个投降的；始安郡丞李袭志募兵坚守始安（今广西桂林），听到隋炀帝被弑的消息后聚众举哀痛哭，坚守始安，不向自称梁王、割据岳阳的萧铣投降；难道是隋朝能够赢得人心，使得臣下能保持臣节，和南朝刘宋、萧齐以来的逆臣王谧、褚渊恬不知耻的恶习截然不同，这是为什么呢？隋炀帝杨广作为在位十三年的天子，虽然荒淫无道，但君主的名义犹存，四海一统、人无二心，臣下如果知道自我怜念，也不忍心目击这种流血宫廷的大事变。唐高祖李渊听到事变的消息痛哭失声，难道是因为隋炀帝杨广的德泽足以感动他吗？又难道是唐高祖李渊假装悲哀以欺世盗名吗？君臣之间的大义，根植于人们心底，从这里就可以看到。所以庄周说："君臣之义、父子之命，是天下的定理，没有什么能逃脱于天地之间。"君子憎恨他们败坏人性的大义，是有缘故的！

本事：《资治通鉴》卷一八五《唐纪一·高祖》，武德元年（618）。

读通鉴论新译

（卷二十—卷二十三）

伍

王夫之 著

郭孟良 译

中央党校出版集团 大有书局

目录

第五册

卷二十

唐高祖

一　唐高祖慎于举事　/1863
二　李密无恒　/1869
三　制天下有权　/1872
四　盗贼之信义　/1876
五　苏威必不可容　/1879
六　何以不杀王世充　/1882
七　用战以和，用和以战　/1887
八　唐初官制之善　/1889
九　唐代的租庸调制　/1896
一〇　法律和人情　/1904
一一　唐高祖太子之废立　/1908
一二　魏徵、王珪与管仲　/1912

太宗

一　谓人莫己若者亡　/1916
二　唐宗室人才之盛　/1920

三　宰相与谏官　/1927
四　旱饥而赦非仁　/1931
五　杂判驳正，慎之于前　/1934
六　言以正人，非以正己　/1939
七　施之以德，制之以威　/1943
八　民风淳浮之论　/1946
九　未能受谏，安能谏人　/1952
一〇　唯大人为能格君心之非　/1955
一一　唐太宗用权术纵囚　/1958
一二　讦人细事当以谗人论罪　/1961
一三　银之流行，为毒于天下　/1964
一四　唐太宗以府兵弱天下　/1969
一五　世袭封爵，不可复行　/1973
一六　贞观改服制　/1975
一七　言兵者之言，皆乱人之言　/1978
一八　民犯大逆，勿劾刺史　/1981
一九　刊定阴阳，适以长乱　/1983
二〇　执嫡长以轻天位　/1987
二一　不明不可以为仁，不忠不可以为恕　/1991
二二　唐太宗之不仁　/1994
二三　天子讨而不伐　/1999
二四　刘洎被杀，理所当然　/2002
二五　星占术测，乱之所生　/2007
二六　明君不以利饵其臣　/2010

卷二十一

高宗

一　太宗一言之失，不保其子　/2015
二　万世大臣之心法　/2019
三　为臣之道　/2021
四　“忍”之为道　/2025
五　四海为家，内外攸同　/2027
六　救荒之道　/2031
七　忠孝两端的李世勣　/2034
八　法当因时而参之　/2037

中宗（伪周武氏附于内）

一　唐高宗疑臣乱国　/2044
二　伸天下之大义，而非其人　/2048
三　裴炎篡权的阴谋　/2052
四　监军之祸　/2054
五　狄仁杰正道直行　/2059
六　德不及焉，不享其贡　/2064
七　陈子昂可为大臣任社稷　/2068
八　武则天廷试贡士以市恩　/2071
九　庶人之议，大乱之归　/2074
一〇　武攸绪非隐逸不可曲贷　/2076
一一　狄仁杰善观人而任之　/2079
一二　父子之道　/2082
一三　中宗君臣不得加刃于武氏　/2085

一四　姚崇智者先见　/2088
一五　张柬之端人正士　/2091
一六　君子养之以静、持之以坚　/2095
一七　国无党祸而不亡　/2097
一八　豪杰之识与君子之道　/2104

卷二十二

睿宗

一　国无正论，不可以立　/2109
二　夺情之恶，人子心丧　/2112
三　唐初之习气　/2115
四　监察职权的轻重利弊　/2119

玄宗

一　法贵简而能禁　/2123
二　张九龄清节高蹈　/2128
三　清贞之大臣　/2133
四　虚衷以详刑，正己以匡世　/2138
五　以谑惩奸，则朝无章　/2141
六　君知所以待有功之臣　/2144
七　有通识而成其独断　/2147
八　恶莫大于俗，俗莫偷于肤浅　/2151
九　人伦之至　/2155
一〇　县令之任，重在于用　/2157
一一　府兵之害　/2161

一二　不可以私心乱公理　/2166
一三　安集逃人之法　/2169
一四　明智通达之才臣　/2173
一五　选举之权，领于司徒　/2175
一六　李林甫的奸邪伎俩　/2179
一七　强枝弱干之鉴　/2182
一八　靡不有初，鲜克有终　/2187
一九　褒崇先代，隆其后裔　/2192
二〇　收天下之材勇以为国用　/2198
二一　散积于州，得理财之道　/2202
二二　天子出奔避乱，不至于亡　/2206

卷二十三

肃宗

一　肃宗自立之罪无可辞而犹可原　/2213
二　李泌辞相为唐室兴亡之大机　/2219
三　第五琦取资江淮害延千载　/2223
四　制治于未乱，保邦于未危　/2228
五　借援平叛以蹂中国　/2231
六　事君上与事父母　/2238
七　肃宗请就东宫之恶不可逭　/2242
八　张巡食人非仁　/2246
九　史思明降而复叛　/2249
一〇　军权下移的祸端　/2252

一一　不言之言，无功之功　/2256
一二　乱世多败德　/2262

代宗

一　刑所当刑而以其道　/2266
二　孝廉之举终不可行　/2271
三　熏莸并御之朝廷不如水火交争之士气　/2276
四　过任仆固怀恩而致其叛　/2279
五　广德年间户口之凋残　/2283
六　什一之法不可行之止　/2286
七　知死为其道而处之不惑　/2289
八　挟诈之主未有敢与深谋者　/2293
九　李泌的出处进退　/2298
一〇　朱泚之奸何以得逞　/2302
一一　杨绾行法于可行之日　/2306

卷二十

明刻本《历代帝贤像》中的唐太宗李世民画像

【题　解】

本卷评论唐初历史，分唐高祖、太宗二目，共三十八则。

唐高祖李渊（566—635）出身关陇贵族，仕隋为太原留守，隋末大乱中起兵攻取长安，立代王杨侑为帝，不久受禅建唐，先后平定各地割据势力，统一全国；武德九年（626）玄武门之变后禅位，称太上皇。王夫之选择十二个问题加以评论。关于李渊在起兵建唐过程中的作用，王夫之认为他“静审天人之几”，不急于争天下之先，这种慎重之心与李世民的大志勇略形成互补，从而开创大唐盛世，其“意念之深，诚不可及”。对于“三公总大政于上，六省典机务于中，九寺分庶政于下”的唐代官制以及“酌情度理，适用宜民”的租庸调制均予以高度评价。

太宗李世民（598—649）为高祖次子，太原起兵后屡建战功，封秦王，后发动政变杀死太子李建成和齐王李元吉，不久受禅继位，在位二十三年，治理有道，开创“贞观之治”，对外征战亦颇建功勋，被尊为“天可汗”。王夫之选择二十六个问题加以评论。王夫之将唐太宗及其“贞观之治”作为历代治国理政的典范加以剖析，如肯定其广纳谏言，虚其心而广其明；施之以德、制之以威，正确处理与外族的关系等；同时对这位明君英主的不足之处亦不吝批评，指出其屠杀兄弟，穷凶极惨，至为不仁，事父未能恪尽孝道，驭下玩弄权术诡诈，私德有亏，在确立太子的问题上处置失当，相信异端术数导致武氏篡位，这些都给唐朝统治带来了严重的危机。

唐高祖

一　唐高祖慎于举事

《易》曰：“汤、武革命，应乎天而顺乎人。”圣人知天而尽人之理，《诗》《书》所载，有不可得而详者，千世而下，亦无从而知其深矣。乃自后世观之，承天之祐，受人之归，一六宇而定数百年之基者，必有适当其可之几，盖亦可以知天、可以知人焉。得天之时则不逆，应人以其时则志定，时者，圣人之所不能违也。唐之取天下，迟回以起，若不足争天下之先，而天时人事适与之应以底于成，高祖意念之深，诚不可及也。

天之理不易知矣，人之心不易信矣，而失之者恒以躁。杨广之播虐甚矣，而唐为其世臣，受爵禄于其廷，非若汤之嗣契、周之嗣稷，建国于唐、虞之世，元德显功，自有社稷，而非纯乎为夏、商之臣也。则隋虽不道，唐未可执言以相诘。天有纲，则理不可逾，人可有辞，则心不易服也。故杨广惎高祖而屡欲杀之，高祖处至危之地，视天下之分崩，有可乘之机，以远祸而徼福，然且敛意卑伏而不遽起；天下怨隋之虐，王薄一呼，而翟让、孟海公、窦建德、李密、林士弘、徐圆朗、萧铣、张金称、刘元进、管崇、薛举、刘武周、梁师都、朱粲群起以亡隋，唐且安于臣服，为之守太原、御突厥而弗动。至于杨广弃两都以流荡于江都，李密已入洛郛，环海无尺寸之宁土。于斯时也，白骨邱积于郊原，孤寡流离于林谷，天下之毒痛又不在独夫而在群盗矣。唐之为余民争生死以规取天下者，夺之于群盗，非夺之于隋也。隋已亡于群盗，唐自关中而外，皆取隋已失之宇也。然而高祖犹慎之又慎，迟回而不迫起，故秦王之阴结豪杰，高祖不知也，非不知也，王勇于有为，而高祖坚忍自持，姑且听之而以静镇之也。不贪天方动之几，不乘人妄动之气，则天与人交应之而不违。故高祖以五月起，十一月而入长安立代王侑，其明年二月，而宇文化及遂弑杨广于江都。广已弑，代王不足以兴，越王侗见逼于王世充，旦夕待弑。隋已无君，关东无尺寸之土为隋所有，于是高祖名正义顺，荡夷群雄，以拯百姓于凶危，而人得主以宁其妇子，则其视杨玄感、李密之背君父以反戈者，顺逆之分，相去县绝矣。

故解杨广之虐政者，群盗也，而益之深热；救群盗之杀掠者，唐也，而予以宴安。惟唐俟之俟之，至于时至事起，而犹若不得已而应，则叛主之名可辞；而闻江都之弑，涕泗交流，保全代王，录用隋氏宗支，君子亦信其非欺。人谓唐之有天下也，秦王之勇略志大而功成，不知高祖慎重之心，持之固，养之深，为能顺天之理、契人之情，放道以行，有以折群雄之躁妄，绥民志于来苏，故能折棰以御枭尤，而系国于苞桑之固，非秦王之所可及也。

鸣呼！天子之尊，非可志为拟也；四海之大，非可气为压也。相时之所疾苦，审己之非横逆，然后可徐起以与天下休息，即毒众临戎，而神人罔为怨恫；降李密，禽世充，斩建德，俘萧铣，皆义所可为、仁所必胜也，天下不归唐，而尚谁归哉？慎于举事，而所争者群盗也，非隋也；非恶已熸而将熄之杨广也，毒方兴而不戢之伪主也。有唐三百载之祚，高祖一念之慎为之，则汤、武必行法以俟命，其静审天人之几者，亦可仿佛遇之矣。

【译文】

《易经·革卦》的彖辞说："商汤、周武王改朝换代，上应天意，下顺民心。"圣明的君主知道天命之所归并且洞悉人间的情理，《诗经》《尚书》所载，有很多不能知道详细情况的地方，千百年之后，也无从更深入地考察了解。于是，人们从后世历史发展反观之，秉承上天的护佑、接受世人的归服、统一天下四方、奠定几百年江山基业的人，必定有适合这种可能的机遇，从中我们既可以知天命之所归，又可以识人情之所向。遇到上天赐予的良好机遇就不能违背和错过，抓住机遇、顺应人民的意愿就会意志坚定。

天赐良机，是圣明的人所不能违背和错过的。唐朝夺取天下时，迟迟疑疑地起兵，好像不足以和天下英雄争先，可是天时人事恰好与之相应而最终获得成功。唐高祖李渊的意志坚定、深谋远虑，实在是望尘莫及的。

天理难以把握、人心难以信任，而在这方面出现失误的人往往是因为急躁。隋炀帝杨广肆虐天下已经达到非常严重的地步，而唐高祖李渊作为其世代有功勋的旧臣，从隋朝廷上接受官爵俸禄，这并不像商汤和周武王，商汤的王位从其始祖契传承下来、周武王的王位从其始祖后稷传承下来。商、周的建国都在唐尧、虞舜的时代，有着高尚的道德和显著的功勋，原本就有他们的国家社稷，而不纯粹是夏、商的臣子。如此说来，隋炀帝虽然荒淫无道，唐高祖李渊也不可仗义执言、提出诘问。天有其纲常，因而天理不可逾越；人有其托词，然而人心难以归服。所以隋炀帝杨广忌恨唐高祖李渊，屡次想杀了他，李渊身处极端危险的境地，看到天下分崩离析、有机可乘，可以远离灾祸、求取福祉，然而他却暂时收起壮志，卑微地潜伏起来而不马上起事；天下人都怨恨隋朝统治的暴虐，王薄在山东振臂一呼，翟让、孟海公、窦建德、李密、林士弘、徐圆朗、萧铣、张金称、刘元进、管崇、薛举、刘武周、梁师都、朱粲等便群起响应，竞相起兵反隋。这时的唐高祖李渊却暂且安于臣服，替隋朝镇守太原、防御突厥而不轻举妄动。隋炀帝杨广丢下长安、洛阳两都而巡行游乐来到江都（今江苏扬州），李密率领的瓦岗军已经进入洛阳的外城，四海之内已经没有一处安宁的地方。这个时候，老百姓的白骨累累堆积于荒郊野外，鳏、寡、孤、独流离失所于山林幽谷，天下的祸患毒害已不再是暴君杨广，而是风起云涌的各路盗贼了。唐高祖李渊为劫后余生的百姓争得生存而规划夺取天下，是从各路盗贼手里夺取，而不是从隋朝那里夺取。隋朝已经被各路盗贼所灭亡，除了关中地区以外，唐高祖李渊所夺取的都是隋已经丧失的版图。然而唐高祖还是慎之又慎，迟疑徘徊不急于起兵举事，所以秦王李世民暗地结交豪杰，唐高祖李渊并不知道。他也不是（一点都）不知道，秦王李世民勇于有所作为，而唐高祖李渊则以隐忍自持，姑且听之任之、以静制动、稳定局势。不贪图天意刚刚转移的机遇，不乘着人们轻举妄动的风气，那么天意和人事就会交相应合，不会违背和错过。所以唐高祖五月起兵举事，十一月就攻入长安、扶立代王杨侑，次年二月，宇文化及就在江都弑杀了隋炀帝杨广。杨广被杀之后，代王杨侑也不足以继之而复兴隋朝，越王杨侗在洛阳受王世充的挟持，旦夕之间都有被弑杀的危险。可以说隋朝已没有君主，关东地区没有一尺一寸的版图为隋朝所拥有，此时唐高祖李渊可以正其名义、顺从民心，荡平各路盗贼，拯救百姓于水深火热之中，老百姓获得明君而使自己的妻子儿女得享安宁。这和杨玄感、李密背叛君父、起兵造反相比，一顺一逆，就有着天壤之别、高下之分。

所以说，解除隋炀帝杨广肆虐暴政的，是风起云涌的各路盗贼，却使百姓更加陷入水深火热之中；把百姓从各路盗贼的杀戮劫夺中拯救出来的，是唐高祖李渊，他给百姓带来太平安宁的生活。也只有唐高祖李渊一直在等，直到时机成熟才起兵举事，好像有点迫不得已而顺应天意人情的意思，因而可以推掉背叛君主的恶名；而听到隋炀帝杨广在江都被弑杀的消息，唐高祖李渊涕泪交流，保全了代王杨侑，录用隋朝的宗室做官，君子也相信他不是欺骗天下。人们都说唐朝取得天下，是因为秦王李世民的智勇双全、志向远大而功成名就，却不知道唐高祖李渊慎重的用心，坚持得非常牢固、修养得非常精深，因而能够上顺天理、下合人情，遵照道义行事，自然有条件屈服急躁妄动的各路英雄豪杰、安抚百姓的意愿，使他们在劫后余生中获得休养生息，所以能够轻易制敌取胜而驾驭天下枭雄，把国家建立于稳固的基础之上，这是秦王李世民所望尘莫及的。

唉！天子的尊崇地位，是不能够立志追求和模仿的；天下幅员广阔，是不能够凭气势压制和屈服的。仔细观察时代所面临的危机与民众的疾苦，精心审视自己的谋划并非强暴与悖逆，然后才可以慢慢图谋起事，为的是与天下百姓休养生息。这样，即便不得已产生了毒害百姓、临战厮杀的结果，也不会招致上天的谴责和人们的怨恨；降服李密，擒获王世充，斩杀窦建德，俘虏萧铣，唐高祖李渊的这些行事都是仁义之举，可以有所作为并必胜无疑的，天下不归顺唐朝，还能归顺谁呢？唐高祖李渊之所以慎重对待起兵举事，就是因为到了这个时候他所与争锋的已经是各路盗贼，而不是隋朝；不是作恶已尽、奄奄一息的隋炀帝杨广，而是毒害刚刚蔓延却不知收敛的各路僭越、伪托帝王名号的豪杰。唐朝三百年的江山社稷，因为唐高祖李渊的慎重起事而取得成功，就好比商汤、周武王依法行事以等待天命。他们在冷静地审视天意和人事的历史机遇上，可以说不相上下了。

本事：《资治通鉴》卷一八五《唐纪一·高祖》，武德元年（618）。

二　李密无恒

李密以杀翟让故，诸将危疑，一败于邙山，而邴元贞、单雄信亟叛之；密欲守太行、阻大河以图进取，而诸将不从，及相帅以降唐，则欣然与俱，而密遂以亡。项羽杀宋义，更始杀伯升，皆终于败，其辙一也。然则令项羽杀汉王于鸿门，犯天下之忌，愈不能以久延，而昧者犹称范增为奇计，鄙夫之陋，恶足以知成败之大纲哉？

夫驭物而能释其疑忌者，虽未能昭大信于天下，而必信之于己。信于己者，谓之有恒，有恒者，历乎胜败而不乱。己有以自立，则无惧于物，而疑忌之情可以不深。李密者，乘人以斗其捷，而无能自固者也。密，隋之世臣也，无大怨于隋，而己抑无可恃之势，无故而畜乱志以干杨玄感，玄感败，亡命而依翟让。隋有恨于密，密固无恨于隋，而檄数其君之罪，斥之如仆隶，且既已欲殪商辛执子婴矣，则与隋不两立，而君臣之义永绝。乃宇文化及弑立，而趋黎阳以逼之于河上，密惧洛阳之议其后，又幸盖琮之招己，奉表降隋，以缓须臾之困，而受太尉尚书令之命。夫炀帝，密之所欲殪之于牧野者也，而责化及曰“世受隋恩，反行弑逆”。越王侗，密之所欲执之于咸阳者也，而北面称臣，受其爵命，则诸将视之如犬豕，而知其不足有为，尚谁为之致死以冀其得天下哉？其降隋也，非元文都之愚，未有信之者也；其降唐也，唐固不信其果降也。反而自问，唐公见推之语而不惭，念起念灭，而莫知所据，匹夫无志，为三军之帅而可夺，其何以自立乎？《易》曰：“不恒其德，或承之羞。”咎可补也，凶可贞也，人皆可承以羞，而死亡不可逸矣。故诸将之亟于背密而乐于归唐也，羞其所为而莫之与也。密死而不能掩其羞，岂有他哉？无恒而已矣。

【译文】

李密因为杀害瓦岗军首领翟让，使得诸将人人自危，兵败邙山，邴元贞、单雄信马上背叛了他；李密打算守住太行山，以黄河为险阻图谋进取，而诸将不愿从命，等到其部下文武陆续降唐，李密也欣然相从，结果李密因此丧命。项羽杀死宋义，更始帝杀害刘縯（字伯升），都以失败告终，他们的败亡如出一辙。既然这样，那么假使项羽在鸿门宴上杀了汉王刘邦，冒犯了天下的大忌，他就更不能长久，而不明事理的人还称赞范增建议杀害刘邦为奇谋妙计。庸俗小人如此浅薄无知，怎么能够明白天下成败的关键所在呢？

善于驾驭事物的人能够放弃自己的怀疑猜忌，虽然不能向天下昭示大信，也必定能够对自己讲信用。对自己讲信用，就叫作有恒，有恒的人，经历胜败得失都不会乱了方寸。一个人有赖以自立的信念，遇事就不会畏首畏尾，怀疑猜忌的心情就不会过重。李密是一个依靠别人的力量取得暂时的成功，却没能巩固自己根本的人。李密本来是隋朝有世代功勋的旧臣，与隋朝没有深仇大恨，自己也没有可以依靠的势力，无缘无故却心怀异志地参与杨玄感造反。杨玄感败亡之后，李密为了逃命依附于瓦岗军首领翟让。隋朝对李密有仇恨，而李密对隋朝本来就没什么仇恨，可是李密却发布檄文罗列君主的罪过，就像训斥奴仆一样；既然已经宣布打算像诛杀殷纣王、捉拿秦王子婴一样对付隋炀帝杨广了，那么就和隋朝势不两立了，君臣之间的道义也已经永远断绝。等到宇文化及弑杀隋炀帝杨广另立秦王杨浩为傀儡，派兵进占黎阳（今河南浚县）以图逼迫瓦岗军到黄河边上，李密担心割据洛阳的王世充势力从后边夹击他，恰好称帝于洛阳的越王杨侗派通直散骑常侍盖琮携敕书前来招抚，于是他上表降隋，以缓解一时困境，从而接受了越王杨侗封给他的太尉、尚书令的任命。对隋炀帝杨广，李密本是打算像周武王诛杀殷纣王于牧野一样处置的，而这时的李密却责备宇文化及说：“你世代享受隋朝的恩典，反而行此弑君悖逆之举。”对越王杨侗，李密本是打算像攻入咸阳捉拿秦王子婴一样处置的，而这时的李密却对他面北称臣，接受了他封的官爵。这样一来，部下诸将都视李密为出尔反尔、猪狗不如的小人，知道他不足以有所作为，还有谁会为他誓死卖命以期望他夺取天下呢？对于李密投降隋朝一事，只要不是像越王杨侗部下文臣元文都那样愚蠢的人，没有人会相信他。后来，李密又归顺唐朝，唐朝本来就不相信他是真心归降；可是李密反而自忖唐高祖李渊曾经在信中吹捧他“当今为牧，非子而谁”，并不感到惭愧。其念头随起随灭，不知道他凭借的是什么，一介匹夫如果没有远大的志向，即使做了三军的统帅也会被他人夺取地位，凭什么自立于世呢？《易经·恒卦》上说：“人如果不能恒久地保持他的美德，有时就不免会蒙受羞辱。”错误可以补救，凶顽可以改正，人都可以承受羞辱，而死亡却不可逃脱。所以李密手下的众将急于背叛李密而乐于归顺唐朝，是因为众将对他的所作所为感到羞耻而没有人愿意拥护和支持他了。李密最终死于非命也不能掩盖他的羞辱，难道还有别的原因吗？没有始终如一的恒心与恒志罢了。

本事：《资治通鉴》卷一八四《隋纪八·恭帝》，义宁元年（617）。

三　制天下有权

制天下有权，权者，轻重适如其分之准也，非诡重为轻、诡轻为重，以欺世而行其私者也。重也，而予之以重，适如其数；轻也，而予之以轻，适如其数；持其平而不忧其忒，权之所审，物莫能越也。

李密弃土释兵，拥二万人以降唐。密之乱天下也，有必诛之罪，而解甲以降，杀之则已重矣。北有建德，东有世充，密独间关来归，为天下倡，当重奖之以劝天下者也；而本为隋之乱臣，天下之残贼，厚待之，则又已重矣。密之狙诈、乐祸而骄，虽降唐而无固志，缓之须臾，则跳梁终逞，宜乎厚防以制其奸，不可遽抑而激之怨。而众叛援孤，力穷智屈，疑之重则又本轻，视为轻而又若重，审其所适然之数者，权也。高祖授之以光禄卿，一闲冗之文吏，而司进食之亵事，使执臣节于殿陛，一若不知其狡黠凶很者然，此之谓能持权以制天下者也。非故扬之，非故抑之，适如其稽颡归命之情形，而澹然待之若进若退之间。呜呼！此大有为者之所以不可及也。

于是而密无可怙之恩，抑无可讼言之怨，诈无所售，恶无所施，不得已而孤骑叛逃，一有司之禽捕而足矣。使其志悛而终顺与？则饱之以禄，安之以位，一如孟昶、刘继元之在宋，而不至如黥布、彭越之菹醢（zū hǎi）以伤恩也；密之不然，自趋于死，而抑无怨矣。于是而知天下之至很者，无很也；至诈者，无诈也；量各有所止，机各有所息，以固然者待之而适如其分，则于道不失而险阻自消。天下定于一心之平，道本易也；而非大有为者，不足以与于斯。

【译文】

控御和制衡天下需要有权。所谓权，就是使轻重恰如其分的标准。并不是把重的诈称作轻，把轻的诈称作重，从而欺骗世人、满足自己的私欲。重的东西就给他重的评价，恰如其分；轻的东西就给他轻的评价，恰如其分。坚持公平原则就不用担心会出现差错，用权衡的标准审定的结果，没有什么能够超越。

唐高祖李渊武德元年（618），李密放弃地盘和兵权，率领两万人投降唐朝。李密扰乱天下，犯了杀头之罪，但他已放下武器投降，若仍然杀了他就量刑过重。当时北面有割据河北的窦建德，东面有盘踞洛阳的王世充，只有李密一路辗转前来归降，为天下各路豪杰带了好头，应当重重奖赏他以鼓励天下人归降；但李密原本是隋朝的乱臣，残害天下的贼寇，给他优厚的待遇，就又会显得太重了。李密为人诡诈，好为祸害而且骄傲自大，他虽然投降唐朝却没有坚定的意志，稍等一段时间，其跋扈强横的样子就会暴露出来，应该对他严加防范以制止他的奸谋，但又不能急迫地打压他而激起他的怨恨。李密已经众叛亲离、孤立无援、力屈智穷。面对这种情况，如果对他疑心很重，但其实他的分量只如跳梁小丑一样轻；若把他看得很轻，则又要表现得好像重用他，细究和把握对待他非常适宜的分寸，这就是权。唐高祖李渊授予他光禄卿的职位，是一个闲散无实权的文官，掌管宫廷饮食的卑贱琐事，让他在朝廷上尽到一个普通臣子的仪节，好像根本不知道他狡诈凶狠本性的样子，这就叫作能用权术来控御、操纵天下。不故意拔高他，也不故意压低他，正符合他叩头归降的情形，而淡然地对待他，介于好像重用又好像慢待之间。唉！这就是大有作为的人让人不能企及的地方。

这样，李密既没有可以依靠的恩宠，也没有可以申诉的怨愤，其奸诈无处可用，其罪恶难以施展，最后迫不得已只好单人独骑叛逃而去。这种情况只需要派一个官吏就可以将其捉拿逮捕了。假如他悔改前恶，死心塌地顺服唐朝，又该如何对待呢？就应该以优厚的俸禄满足他的欲望、以崇高的职位安定他的内心，就像后蜀的末代皇帝孟昶、北汉的末帝刘继元投降后在宋朝所享受的待遇一样，而不至于像汉初的淮南王英布、梁王彭越一样被剁成肉酱而伤害了君臣之间的恩情。李密却不是这样，而是自取灭亡，他也应该没什么可怨恨的。由此可知，天下最狠毒的，是不狠毒；最奸诈的，是不奸诈；事物的大小轻重各有一定量度，机谋权变也都有其安定和止息的地方，用本该如此的方式对待，从而达到恰如其分的境界，就会不失道义，艰难险阻也随之自然消除。天下的安定决定于持守公平之心，道理本来很简单，但不是大有作为的人，是不足以认识并达到这种境界的。

本事：《资治通鉴》卷一八六《唐纪二·高祖》，武德元年（618）。

四　盗贼之信义

徐世勣始终一狡贼而已矣。其自言曰“少为亡赖贼”，习一定而不可移者也。夫为盗贼而能雄长于其类者，抑必有似信似义者焉，又非假冒之而欺人亡实也；相取以气，相感以私，亦将守之生死而不贰。如萤之光，非自外生，而当宵则耀，当昼则隐。故以其似信似义者，予之以义之能执、信之能笃，而重任之，则一无足据，而适以长乱。其习气之所守者在是，适如其量而止，过此则颠越而不可致诘。其似信似义者亦非伪也，愈真而愈不足任也。

世勣受李密之命守黎阳，魏徵安集山东，劝之降唐，而世勣籍户口士马之数，启密使献之，己不特修降表，高祖称之曰：“不背德，不邀功，真纯臣也。”遂宠任之，以授之于太宗，而终受托孤之命。世勣之于此，亦岂尽出于伪以欺高祖而邀其宠遇乎？其所见及是，其所守在是，盖尝闻有信义而服膺焉，以为是可以卓然自命为豪杰也，故以坦然行之，而果为高祖之所矜奖。若其天性之残忍，仅与盗贼相孚，而智困于择君，心迷于循理，可以称英君之任使，不可以折暗主之非僻，则只以铮铮于群盗之中，而遽许之以纯臣，高祖、太宗知人之鉴，穷于此矣。夫不见其降于窦建德，质其父而使为将，遂弃父而欲袭曹旦以归唐乎？故其为信义也，盗贼之信义也，察于利以动，任于气以逞，戕性贼恩，亦一往而不恤，遽信其为纯臣而任以安定国家之大，鲜不覆矣。曾子曰："临大节而不可夺，君子人也。"惟君子而后可以履信而守义，非小人之所能与，殆鱼跃之不可出沼，鸟步之不可越域也矣。

【译文】

徐世勣始终是一个狡诈的盗贼罢了。他曾经说自己"年轻时是个无赖的盗贼"，习性一旦形成就不能改变。作为盗贼能在同伙中出类拔萃、称雄称霸，也必定有其近似于信义的地方，而且不是假冒信义欺骗别人，却没有实际行动。他们意气相投、私利相感，也会生死相守而没有二心，就像萤火虫发出的光，并非从外边生发，到了夜晚就发出光耀，到了白天就隐藏起来。所以假如因为他们近似于信义，而肯定他们能够坚持道义、笃实诚信，因而委以重任，这样并不足以依靠，只能助长其动乱。他们习气所能坚守的道德底线只能达到这种地步，到了恰如其分的地步就要适可而止，超过了他们心性、习气所能达到的极限就会癫狂僭越而不可追究。他们近似于信义的地方并不虚假，但越需要真信义的情况，他们就越不足以被委以重任。

徐世勣接受李密的命令镇守黎阳（今河南浚县），魏徵受命招抚山东各路豪杰，劝徐世勣投降唐朝，而徐世勣登记好户口、兵马的数量，禀告李密让他献给唐朝，自己则不再专门写降表。唐高祖李渊称赞他说："不违背道德，不邀功请赏，真是忠纯笃实之臣。"于是宠信并重用他，并把他推荐给唐太宗李世民，他最终接受了唐太宗托孤辅政的大任。徐世勣在这件事上，难道全是出于虚伪以欺骗唐高祖李渊从而谋取唐高祖的宠爱和厚待吗？他的见识能够达到这一步，他的操守就是如此，也可能是他曾听说过信义并牢记在胸中，衷心信服以为凭借这些可以卓尔不群从而以天下豪杰自命，所以坦然地做了这件事，果然受到唐高祖李渊的赞扬和称誉。如果他的天性残忍，只是与盗贼互相信任，他的聪明才智不足以选择明君，他的内心思想不足以遵循道义，可以胜任英明君主的任命和使用，而不能指摘和纠正昏庸君主的过失和邪恶，那么就只能在各路盗贼之中出类拔萃、声名显赫，而贸然称赞徐世勣是忠纯笃实之臣，唐高祖李渊、太宗李世民虽号称知人善任，但在这一点上却堪称马失前蹄了。难道没有看到他被窦建德降服，把他的父亲作为人质而任命他做将领，他却弃置父亲于不顾而准备袭击窦建德的大将曹旦而归顺唐朝吗？所以说，徐世勣所谓的信义，乃是盗贼的信义，见到利益所在才付诸行动，凭借一时的意气满足其欲望，戕害人的本性，败坏人的恩情，一意孤行而不知道顾惜。贸然信任他是忠纯笃实之臣而委以安定国家的大任，很少有不倾覆失败的。曾子说：“面临安危存亡的紧急关头能够不动摇屈服，这样的人才是真正的君子。”只有先作为君子，而后才能践履信用、坚守道义，这不是小人能够做到的，就像鱼儿再跳跃也不能跳出池塘，鸟儿步行终不能跨越边界一样。

本事：《资治通鉴》卷一八六《唐纪二·高祖》，武德元年（618）。

五　苏威必不可容

拔魏徵于李密，脱杜淹、苏世长、陆德明于王世充，简岑文本于萧铣，凡唐初直谅多闻之士，皆自僭伪中祓濯而出者也。封德彝、宇文士及、裴矩不伏同昏之诛，而犹蒙宠任。盖新造之国，培养无渐渍之功，而隋末风教陵夷，时无岩穴知名之士可登进之以为桢干，朝仪邦典与四方之物宜，不能不待访于亡国之臣，流品难以遽清，且因仍以任使，唐治之不古在此，而得天下之心以安反侧者亦此也。乃何独至于苏威而亟绝之？盖苏威者，必不可容于清明之世，苟非斥正其为匪人，则风教蔑、廉耻丧、上下乱，而天下之祸不可息也。

隋文帝之待威也，固以古大臣之任望之；威之所以自见者，亦以平四海、正风俗为己功，天下翕然仰之以为从违，隋可亡，而威不可杀。故宇文士及、王世充、李密皆倚威以收人望，威亦倚其望以翱翔凶竖之庖俎，锋镝雨集，膏血川流，而威自若也。是则兵不足以为强，险不足以为固，天子之位不足以为尊，而无有如威之重者，士亦何惮而不学威，迂行腐步、奡（ào）岸以逍遥邪？媚于当世也似慎，藏于六艺也似正，随时迁流也似中，以老倨骄而肆志也似刚，杀之无名，远之不得，天下且以为道之莫尚者，而导世以偷污，为彝伦之大贼。是可容也，孰不可容也？明王之所必诛勿赦者，唐姑拒之而弗使即刑，其犹姑息怜老、仁过而柔乎！若德彝、士及、裴矩之流，天下知贱恶之矣，虽复用之，不足以惑人心而坏风化，杀之可也，赦之而器使之，亦讵不可哉？

【译文】

从李密的部下选拔出魏徵，从王世充的部下选拔出杜淹、苏世长、陆德明，从萧铣的部下选拔出岑文本，凡是唐初朝廷中正直诚信、博闻多识的文臣，都是从隋朝末年起兵造反、僭称帝王名号的伪政权中招降并脱颖而出的。封德彝、宇文士及、裴矩没有因为曾是昏君杨广的臣子而被正法，反而蒙受宠信和重用。这是因为新兴的国家，在培养教育人才方面没有什么成绩，而隋朝末年社会教化败坏，当时没有德才兼备、隐居岩穴的知名人士可以被提拔任用作为国家的栋梁，朝廷礼仪、国家典章以及天下四方事物的性质与规律，不能不向亡国的故旧大臣请教；官员的清浊分流、高下分品难以在仓促之间梳理清楚，暂且按照其原来的职务加以任用，唐朝政治之所以不合古法，原因即在于此，而获得天下人的忠心拥戴并使心怀不安的人安心任使的原因也在于此。既然这样，为什么单单对于隋朝的宰辅大臣苏威却坚决予以拒绝呢？这是因为像苏威这样的人在天下清明的治世必定不会被容纳。如果不义正词严地加以斥责，把他视为行为不正的匪类，那么社会的风俗教化就会被毁坏、人们的廉耻之心就会沦丧、上下尊卑的秩序就会混乱，天下的祸患也就难以平息了。

隋文帝杨坚对待苏威，本来就把他视为古代的忠良大臣，从而寄予厚望；苏威用以表现自己的，也是把平定天下、端正风俗作为自己的功劳，天下人也都一致称颂和敬仰他，并把他作为是非从违的标准。所以说，隋朝可以亡国，苏威却不可以杀掉。因此隋炀帝杨广被杀后，宇文士及、王世充、李密都曾借重和倚靠苏威的影响收买人心，苏威也依靠他的威望在这些残暴凶顽之徒的刀剑庖俎中间周旋。锋镝交加、血流成河，苏威却安然自若。拥有军队算不得强大，占据险隘也算不得坚固，天子的帝位也算不得尊崇，这些都没有像苏威这样被看得如此重要。因此，作为士人还有什么顾虑而不向苏威学习，反而要迂腐行事、高傲自负以求逍遥自在呢？谄媚于当世统治者好像是慎重，隐藏于传统六艺之中好像是正统，随着时势变化而随波逐流好像是中庸，倚老卖老而随心所欲好像是刚直，杀了他没有借口、离开他又不行，天下人甚至认为没有谁比他的道义更高尚，而他却引导世人苟且偷生、玷污道义，从而成为纲常伦理的最大罪人。这样的人如果可以宽容，那么天下还有什么不能宽容的呢？圣明的君主对于这样的人必定格杀勿论、严惩不贷，唐朝姑且拒绝如此，并没有加以刑罚处置，可见还是对老人过于姑息和怜悯、待人过于仁爱和柔和！至于封德彝、宇文士及、裴矩这些人，天下人都知道轻视和厌恶他们，即使起用他们，也不足以迷惑人心思想，伤害风俗教化。杀了他们可以，赦免并重用他们，又有什么不可以呢？

本事：《资治通鉴》卷一八九《唐纪五·高祖》，武德四年（621）。

六　何以不杀王世充

薛仁杲、萧铣、窦建德或降或杀而皆斩，唯王世充赦而徙蜀，此不可解之惑也。唐高君臣当大法可伸之日，而执生杀之权，夫岂茫焉而罔正如此。世充，隋之大臣也，导其主以荒淫，立越王而弑夺之，其当辜也，固也；乃世充力守东都，百战以扞李密，而其篡也，在炀帝已弑之后，使幸而成焉，亦无以异于陈霸先。而唐立代王，旋夺其位，有诸己者不可非诸人，唐固不能正名以行辟也。且取世充与仁杲、建德、萧铣较。世充者，操、懿以后之积习也。建德、仁杲以匹夫，铣以县令，忽乘丧乱，遂欲窃圣人之大宝以自居，则张角、黄巢之等匹，尤不可长之乱，而无可原之情矣。

《春秋》于里克、宁喜弑其君而其伏诛也，书曰“杀其大夫”；齐豹杀公兄，阳虎窃玉弓，未有弑逆之大恶也，而书曰“盗”。贵近之臣，或以亲，或以旧，或以才，为国之柱石，先有成劳于国，而人心归之，然后萌不轨之心以动于恶，欲效之者，固未易也。且人主与之相迩，贤奸易辨，而可防之于早也；辨之弗明，防之不夙，渐酿坚冰之至，人主亦与有罪焉。若夫疏远小臣如萧铣，亡赖细民如建德、如仁杲，始于掠夺，攫穷民而噬之，乌合势成，遂敢妄窥天位，则四海之广，枭桀饮博之徒，苟可为而无不可为，人君居高而莫察，有司拘法而难诛，决起一旦而毒流天下，则虽人主之失道有以致之，而蚁穴一穿，金堤不保，祁寒暑雨之怨咨，皆可为耰粗棘矜之口实；及其溃败乞降，犹可以降王之礼恣其徜徉，则人何惮而不杀越平人以希富贵；况当初定之天下，众志未宁，此扑而彼兴，岂有艾乎？

自东汉以后，权臣之篡者，成而为曹魏、六朝；未成而败，为王敦、桓温、刘毅、沈攸之、萧颖胄、王僧辩；佹成而速败，为桓玄、侯景；乃及隋之亡，而天下之势易矣，人皆可帝，户皆可王，是匹夫狂起之初机也。唐及早惩之，正草泽称尊之大罚，然且有黄巢之祸，延于朱温而唐以亡；使弗惩焉，则暗主相承，政刑无纪，闾井之匹夫，几人帝而几人王，生民之流血，终无已日矣。若权臣受将相之托，为功于国，而逼夺孤幼，则不待正铁钺于世充而无有继之者。高祖相世运之迁，大权之移，祸萌之变，而贳世充、诛三僭，其亦审矣，而岂贸贸以张弛乎？已天下之乱者义也，而义固随时以制宜者也。世充可诛也，建德、铣、仁杲尤不可贷者也，非昧于治乱之几者，可执一切之义以论得失也。

【译文】

在隋末拥兵割据、僭称帝王名号的各路豪杰当中，薛仁杲、萧铣、窦建德或者投降唐朝，或者与唐朝对敌厮杀，他们最终都被处以斩刑，唯有王世充被赦免死罪流放蜀地，这是不可理解的疑惑。唐高祖李渊君臣在可以伸张大法的时候，执掌着生杀予夺的大权，难道就糊涂迷茫而不公正执法到这个地步？王世充是隋朝的大臣，却引导其君主荒淫无道，他在隋炀帝被杀后扶立越王杨侗，而后又弑杀越王、篡位称帝，所以他的罪行当诛，本来是没有疑义的；然而王世充曾全力保卫东都洛阳，身经百战防御李密，他的悖逆篡位发生在隋炀帝被弑以后，假使他侥幸取得成功，也和南朝陈高祖陈霸先没什么区别。然而，唐高祖李渊扶立代王杨侑，不久就篡夺帝位，自己做过同样的错事就不能责备别人，唐朝本来就不能以这样的原因正其名分、施行大辟之刑。况且拿王世充和薛仁杲、窦建德、萧铣相比较，王世充是继曹操、司马懿之后长期沿袭形成的权臣把持朝政进而篡权夺位习气的又一代表。窦建德、薛仁杲则是一介匹夫，萧铣是一个县令，忽然乘着天下大乱的时机，就想窃取帝王的尊贵地位而自居，则是和东汉末年黄巾起义首领张角、唐末农民起义首领黄巢属于同一种类型，尤其不能助长他们的叛乱之风，因而没有任何可以原谅的理由。

《春秋》对于晋国里克、卫国宁喜弑君而最终受刑伏法之事，写道“杀了他们的大夫”；而对于卫国的齐豹杀了卫灵公之兄孟絷、鲁国季孙氏的家臣阳虎从宫中盗窃宝玉和大弓，却称这些没有弑君悖逆大罪的恶人为“盗贼”。地位尊贵的近臣，有的因为是皇亲国戚，有的因为是勋臣故旧，有的因为才华横溢，从而成为国家的栋梁和柱石，他们对国家有功劳在先，人心也都归顺他们，然后他们萌发不轨之心图谋叛逆，犯下悖逆大罪，其他人想要效法他们，本来也不容易。况且君主和他们亲近，他们是贤良还是奸邪很容易辨别出来，可以及早加以防范。如果不能明确地分辨他们，不能及早地防范他们，逐渐酝酿成大的祸患，导致严重的事态后果，那么作为君主也是有罪过的。至于疏远的小臣像县令萧铣，无赖的小民像一介匹夫窦建德、薛仁杲，他们起家于打家劫舍，抢劫穷苦百姓而毒害生灵，逐渐形成乌合之众，就敢于狂妄地觊觎天子的尊贵地位，那么天下四海之广阔浩大，桀骜不驯的枭雄和饮酒博戏的无赖只要能够起兵反叛朝廷就没有什么事情不能作为，而君主高居庙堂不能觉察他们的阴谋，各级官吏为法律所束缚难以诛灭他们，一旦起义造反就会毒害天下。这样的结果虽然是因为君主昏庸无道招致的，但是如果被蚂蚁的洞穴所穿破，即使是坚固的堤防也不能保全，对冬天的严寒、夏天的大雨的怨恨与牢骚，都有可能成为揭竿而起的借口；等到他们溃败求降的时候，如果还用王侯的礼仪、待遇安置他们，使其逍遥法外，那么人们还有什么可怕而不敢杀人越货以求得荣华富贵的呢？况且正当天下刚刚安定，天下人的心志还没有平静下来的时候，如果民乱此伏彼起，哪里还有止境呢？

从东汉以后，执掌朝政的大臣篡位夺权并成功的，有建立了曹氏的魏、司马氏的晋以及南朝宋、齐、梁、陈，合称六朝；没有成功而失败的，有王敦、桓温、刘毅、沈攸之、萧颖胄、王僧辩；侥幸成功而又迅速失败的，有桓玄、侯景。一直持续到隋朝灭亡以后，天下大势才发生了变化，人人都可以称帝，家家都可以称王，这就是匹夫、匹妇疯狂地揭竿而起的最初动机。唐朝对此早早地予以惩戒，明确宣告对平民起义称帝的严苛刑罚，即使这样后来还是发生了黄巢起义，发展到朱温最终导致唐朝灭亡。如果唐朝对此不加以惩戒，就会形成暗弱的君主代代相承，政事刑律没有规矩，草野匹夫不知道会有几人称帝、几人称王，而广大百姓流血牺牲、终无宁日。至于执掌朝政的大臣受到将相群臣的委托，对国家建有功勋，逼迫孤儿寡母的皇室而篡位夺权，就不用明正典刑将王世充诛杀了，因为已经没有后继者了。唐高祖李渊审视了世道盛衰更替的变迁、国家大权的转移、祸患萌生的变化，而后赦免了王世充的死刑，而斩杀了薛仁杲、萧铣和窦建德三个僭号称帝的匹夫，应该说也是非常谨慎的。这难道是贸然行事而宽严无据、张弛无度吗？能够消除天下暴乱的只有道义，而道义本来就是随着时势的变化而因时、因地制宜的。王世充可以不被诛戮，窦建德、萧铣、薛仁杲却不能被赦免，这并不是那些对于天下治乱发展的规律毫无所知的人，能够借助一成不变的道义教条来评定得失的。

本事：《资治通鉴》卷一八九《唐纪五·高祖》，武德四年（621）。

七　用战以和，用和以战

言有不可以人废者，封德彝之策突厥是已。突厥拥众十五万寇并州，郑元璹（shú）欲与和，德彝曰："不战而和，示之以弱，击之既胜，而后与和，则恩威并著。"斯言也，知兵筹国相时之善术也。唐之不能与突厥争，始于刘文静之失策，召之入而为之屈，权一失而弗能速挽矣。中国初定，而突厥席安，名有可挟，机有可乘，唐安能遽与突厥争胜哉？然当百战之余，人犹习战，故屡挫于刘黑闼而无朒缩之心，则与战而胜可决也；所难者，锐气尽于一战，而继此则疲耳。奋起以亟争，而藏拙于不再，速与战而速与和，则李神符、萧顗之功必成，而郑元璹之说必售矣。

夫夷狄者，不战而未可与和者也，犬絷项而后驯，蛇去齿而后柔者也。以战先之，所以和也；以和縻之，所以战也；惜乎唐之能用战以和，而不用和以战耳。知此，则秦桧之谋，与岳飞可相辅以制女直，而激为两不相协以偏重于和，飞亦过矣。抗必不可和之说，而和者之言益固，然后堕其所以战而一恃于和，宋乃以不振而迄于亡。非飞之战，桧亦安能和也？然则有桧之和，亦何妨于飞之战哉？战与和，两用则成，偏用则败，此中国制夷之上算也。夫夷狄者，诈之而不为不信，乘之而不为不义者也，期于远其害而已矣。

【译文】

言论有不能因人而废的，唐初中书令封德彝关于制御突厥的策论就是如此。突厥聚集十五万大军进攻并州（治今山西太原），太常卿郑元璹想要与突厥议和。封德彝说："面对侵略不战而议和，是向对方显示软弱，如果进攻敌人并取得胜利，然后再和对方议和，就会达到恩威并施的效果。"这番言论，是熟知兵法、为国筹谋、审时度势的好办法。唐朝不能和突厥抗争，开始于唐高祖起兵之初刘文静的失策，召唤突厥进入中原而屈服于他们，主动权一旦失去就不能马上挽回了。当时中原刚刚安定下来，突厥则长期宴安，既有可以挟持的名义，又有可乘的时机，唐朝怎么能马上和突厥决一胜负呢？然而唐朝在百战之后，军队还习惯作战，所以多次被勾结突厥的刘黑闼割据势力挫败却没有畏缩退让之心，因此和突厥交战也是可以取得胜利的；困难的是如果一战丧失了锐气，那么此后就会疲惫不堪。奋起抗争而尽快与之决战，就不能再藏拙和退让，速战速决进而尽快议和，那么像武德五年（622）并州总管李神符、汾州刺史萧顗大败东突厥进犯那样的功勋就一定能够成就，郑元璹议和的建议也必定能够得到实现。

对于北方的少数民族，不经过战争是不可能实现议和的，就像恶狗拴住脖颈而后得以被驯服、毒蛇去掉毒齿而后变得柔顺一样。首先进行战争，目的是议和；首先采取议和的方式进行羁縻和约缚，则是为了以后开战取得胜利；

可惜的是，唐朝能以战争的方式求和，却不能用议和的方式赢得战争。明白了这一点，那么南宋宰相秦桧主和的谋划，与岳飞主战的策略便可以相辅相成，从而达到制服女真的目的；但他们的矛盾激化、将相不和。最后偏重于议和，岳飞也有一定的过错，他坚持抗战而一定不能议和的观点，结果使得主张议和的言论更加坚定不移，然后放弃与女真作战的主张，完全依靠和谈，南宋也因此一蹶不振，一直延续到灭亡。如果不是岳飞和女真作战取得胜利，那么秦桧怎么能和女真议和呢？既然这样，那么有了秦桧的议和，对于岳飞坚持抗战又有什么妨碍呢？抗战与议和，两种策略交替使用就会获得成功，只用一种策略就会陷入失败，这是制服北方少数民族的上策。对于北方少数民族，使用欺诈的策略也不能算不讲信用，乘其危难之时发动进攻也不能算不讲道义，只是为了避免遭受他们的祸害罢了。

本事：《资治通鉴》卷一九〇《唐纪六·高祖》，武德五年（622）。

八　唐初官制之善

唐初定官制，三公总大政于上，六省典机务于中，九寺分庶政于下；其后沿革不一，而建国之规模，于此始基之矣。一代兴，立一代之制，或相师，或相驳，乃其大要，分与合而已。周建六官，纯乎分也，秦统以一相一尉而合，汉承之而始任丞相，后任大将军，专合于一，而分职者咸听命焉。唐初之制，三公六省与九寺之数相匹，所重在合，而所轻在分。于九寺之上，制之以六省，六省之上，莅之以三公，统摄之后者层累相仍，而分治者奉行而已，长短以时移，得失各有居也。然而唐多能臣，前有汉，后有宋，皆所不逮，则劝奖人才以详治理，唐之斟酌于周者，非不审也。

国家之务，要不出于周之六官，分其事而各专其职，所以求详于名实也；因名责实，因实课功，无所诿而各效其当为，此综核之要术也。然而有未尽善者存焉，官各有司，司各有典，典各有常，而王之听治，综其实，副其名，求无过而止；因循相袭，以例为师，苟求无失，而敬天勤民、对时育物、扬清激浊、移风善俗之精意，无与消息以变通之。实可稽也，不必其顺乎理；名可副也，不必其协于实；于是而任国家之大政者，且如府史之饰文具以求免谪，相为缘饰，以报最于一人之听睹，而人亦不乐尽其才。故周制使冢宰统六典以合治之，而冢宰既有分司，又兼五典，则大略不失，亦不能于文具之外，斟酌人情物理、天时事变之宜，与贤不肖操心同异之隐，以求详于法外，自非周公之才，亦画诺坐啸而已。于是而知唐初之制，未尝不善也。

六省者，皆非有执守者也，而周知九寺之司；三公者，虽各有统也，而兼领六省之治；九寺各以其职循官守、副期会、依成法以奉行，而得失之衡，短长之度，彼此相参以互济。与夫清浊异心，忠佞异志，略形迹以求真实之利病，则既以六省秉道而酌之，又有三公持纲而定之，互相融会以求实济于宗社生民之远图，岂循名按实、缘饰故例以苟免于废弛之诛者所能允协于宗社生民之大计哉？故责名实于分者，详于法而略于理；重辨定于合者，法或略而理必详。不责人以守法拘文之故辙，而才可尽；能会通于度彼参此之得失，而智日生。于是乎人劝于天下之务，而耻为涂饰，以下委于谙习法律之胥史，致令天下成一木偶衣冠、官厨酒食之吏治，则唐之多能臣也，其初制固善也。

夫郡县之天下，其治九州也，天子者一人也，出纳无讽议之广，折中无论道之司，以一人之耳目心思，临六典分司之烦冗，即有为之代理者，一二相臣而止，几何不以拘文塞责、养天下于痿痹，而大奸巨猾之胥史，得以其文亡害者、制宗社生民之命乎？国家之事，如指臂之无分体也；夫人之才，如两目之互用，交相映而合为一见也。取一体而分责之，无所合以相济，将司农不知司马之缓急，司马不知司农之有无，竞于廷而偾于边，所必然者。刑与礼争而教衰，抚字与催科异而政乱，事无以成，民无以靖，是犹鼻不择味，口不择香，背拥重纩而不恤胸之寒，虽有长才，徒为太息，固将翱翔于文酒琴弈之中，而不肖者持禄容身，不复知有清议，贤愚无别，谁复戮力以勤王事哉？是故三公六省无专职，而尽闻国政以佐天子之不逮，国多才臣，而虽危不亡，唐之所以立国二百余年，有失国之君，而国终存，高祖之立法持之也。

后世合六官而闻政者，台省也。乃职在纠参，则议论失平，而无先事之裁审；联六官而佐治者，寺监也，乃仰承六官，则任愈析，而专一职之节文；故言愈棼（fén）而才愈困。鉴古酌今，以通天下之志而成其务，非循名责实泥已迹者之所与知久矣。

【译文】

唐朝初年制定官制，三公总领国家大政在上，六省掌管机要事务在中，九寺分理各种行政事务在下；此后发展变化虽各不相同，而建国立制的基本方略和总体规模却从此奠定了基础。一个朝代的兴起，就要创立一个朝代的制度，前后朝代之间有时相互师法、有时相互否定，而其中因革变化的要旨，也不过分与合，即分权与集权罢了。西周设置六官，纯粹是一种分权模式；秦朝设置一个丞相、一个太尉统管，则是转变为集权方式；汉承秦制开始任用丞相，后又任用大将军，将专门的职权合并集中，以下各种分职都听从他们的命令。唐朝初年的官制，三公、六省和九寺的职位数目相等，所重在于集权，所轻在于分职。九寺上面，设置六省来辖制；六省上面，设置三公来统领；一级一级相互统辖，分理政务的各个分职均奉命行事罢了。优点和缺点随着时间的变化而变化，所得和所失各占有一定的分量。然而，唐朝有很多贤明能干的大臣，这方面，在其前面的汉朝、在其后面的宋朝，都不能与唐朝相提并论。所以说，在劝勉奖励人才使得国家治理非常周详这点上，唐朝对西周所创官制的斟酌取舍，不能说不周密了。

国家的政务，大体上没有超出西周六官（天官冢宰、地官司徒、春官宗伯、夏官司马、秋官司寇、冬官司空）所管辖的范围，把各种政务分配到各个部门，让他们各自管理好自己的职守，对于其名称和实际职责都加以认真审察；通过名称审察其实际职责，根据实际职责考核其政绩，从而使得各个部门之间无所推诿而各负其责，这是综合考核的主要方法。然而，其中也存在着不够尽善尽美之处。官吏各有其主管部门，主管部门各有其典章，典章各有常规，而君主听取和处理政务就是要综合其实际职责，务求名副其实，求得没有过错而后止；因循旧章、沿袭故事，以过往的事例为师法，以求得不出现失误，而敬畏上天而勤政为民、顺应时节而滋养万物、倡善抑恶而移风易俗这样的精微之意，却不能随着时势的盛衰变化进行变通。实际职责是可以稽考的，但不一定顺从于道理；名称和实际职责相称，但不一定与事实相协调，因此执掌国家大政方针的重臣，将会和掌管财货、文书官吏一样伪饰文词以免于被处罚贬谪，这样官员之间竞相文过饰非，把自己作为政绩最好的列名上报给君主一个人听、看和决断，人们也不再乐于尽其才智。所以西周的官制让大冢宰掌管治、教、礼、政、刑、事六典以便统一管理，而大冢宰既有自己分管的治典，又要管其余五官所掌管的五典，就只能保证其大略不出现失误，也不能在没有实际意义的空文之外，斟酌人情、物理、天时、事变的适宜与否，辨别贤良之才和不肖之徒居心的异同和隐衷，从而在法律条文的规定之外求得更加详尽的了解和考察，只要不具备周公那样的才智，就只能在文书上签字画押并闲坐吟啸罢了。由此而知，唐初的官制已经不能不算是良法善政了。

尚书、门下、中书、秘书、殿中、内侍六省，都没有固定的主管范围和职责，而是严密地执掌着九寺（九卿的官署：太常、光禄、卫尉、宗正、太仆、大理、鸿胪、司农、太府）的政务；三公虽各有统辖的政务，而兼领六省的管理职务；九寺各自按照自己的职位居官守职，在规定期限内实施政令，按照现成的法规行事，而行政得失的衡量与是非优劣的测度，彼此之间相互参照从而达到互助共济的效果。对于清廉和贪浊不同的内心，忠良与奸佞不同的志趣，透过表面的现象以求得真实情况的利弊得失，则既有六省秉持公平道义的原则加以斟酌，又有三公坚持国家纲常法度进行考定，反复考察，融会贯通，以求得有利于国家社稷、人民生活的实际功效和长远谋划。那些按照名称考察实际职责、用以往的事例文过饰非以求得苟且偷安、免除政事荒废罪责的官吏，怎么能够符合和满足江山社稷强盛稳固、人们生活富裕安乐的大政方针呢？所以，采取分权的方式按照名称考察官吏的实际职责，就会详于法律规定而略于政事管理，采取集权的方式着重考察分辨决定官吏的政绩，就必定略于法律规定而详于政事管理。不强迫官吏走恪守法规条文、拘泥文辞教条的老路，就能够使得人尽其才；能够揣度参照彼此的得失从而达到融会贯通，官吏的才智就会日益增加。这样，官吏尽心于国家的政务，而耻于文过饰非，把基层的政务委托给熟悉法律条文的官员胥吏，使得天下形成像给木偶穿衣戴帽、给官厨供应酒食这样一种装模作样、照样模仿的吏治。如此说来，唐朝之所以涌现出很多贤能而有才干的大臣，说明当初创立的制度确实很好。

实行郡县制的天下，以天子一人统治九州方圆，朝廷的政令向下宣示与民间的下情向上报告，这都缺乏广泛的讨论，没有折中论辩、坐而论道的专门部门，君主凭借一个人的耳目心思，面对六典、九寺各部门烦冗的政务，即使有替帝王代为管理的人，也就是一两个丞相罢了，有几个人可以不因为拘泥于法律条文、敷衍塞责而养成天下官僚机构萎缩麻痹的风气，而那些大奸巨恶、狡猾无赖的胥吏，得以用他们那些看似无害的文案来钳制和危害国家社稷、人们生活的命运呢？国家的政事，就像手指和手臂一样是无法分开的整体；人的才智，就像是双眼相互为用、交相映照却合在一起形成同一影像。如果选取独立的一件政事分别考察其实际职责，就不能集中各种政务来统筹安排，也就会出现司农不知司马职责的轻重缓急，司马不知司农职责的大小有无，在朝廷上相互争执不休，结果在边防上一败涂地，这是必然的结局。刑法与礼制纷争就会导致道德教化衰败，抚养体恤和催征租税不协调就会导致政治混乱，政事治理就无法取得成功、百姓生活就无法安定祥和，这就像是鼻子不能辨别气味、嘴巴不能辨别香味，后背盖着两层丝绵却不担心前胸的寒冷，即使有优异的才能，也只能白白地叹息，宁肯沉溺和遨游于文辞酬唱、宴饮狂歌、琴棋书画之中；而那些不肖之徒则尸位素餐、碌碌无为，不知道世上还有公正的清议，贤能与愚蠢没有分别，还有谁为了国家大事尽心竭力呢？因此，三公六省没有专门的职责，而全力以赴地参与国家军政大事的管理以辅佐天子的不足之处，国家拥有很多有才能的大臣，即使遇到危险也不致亡国，唐朝之所以立国二百多年，虽然有失国的君主，但国家始终不灭，这是唐高祖创立的法制维持的结果。

后世把六官的职责集中起来处理政事，设置了御史台和中书省，其职权在于监察和弹劾百官，这样关于政事的议论往往会有失公正，又没有事先的审察裁决；联合六官辅佐治理的，就是寺监等专门管理机构，而寺监仰承六官的旨意，其职责更加支离破碎，只是专管一个专门职位的礼节仪式。因此言论越来越纷乱，贤才越来越感到无所适从。借鉴往古，斟酌当今，沟通天下贤才的心志完成天下的政务，不是那些按照名称考察实际职责、拘泥于以往事例的人所能够明白知晓的，这种情况由来已久了。

本事：《资治通鉴》卷一九一《唐纪七·高祖》，武德七年（624）。

九　唐代的租庸调制

租、庸、调之法，拓拔氏始之，至唐初而定。户赋田百亩，所输之租粟二石，其轻莫以过也；调随土宜，庸役两旬，不役则输绢六丈。重之于调、庸，而轻之于粟，三代以下，郡县之天下，取民之制，酌情度理，适用宜民，斯为较得矣。

地之有稼穑也，天地所以给斯人之养者也。人之戴君而胥匡以生也，御其害，协其居，坊其强以淫，抚其弱以萎，君子既劳心以治人，则有力可劳者当为之效也。地产之有余者，桑麻金锡茶漆竹木棕苇之属，人不必待以生，而或不劳而多获，以资人君为民立国经理绸缪之用，固当即取于民以用者也。酌之情，度之理，租不可不轻，而庸、调无嫌于重，岂非君以养民、民以奉公之大义乎？故曰“明君贵五谷”。谷者，民生死之大司也。箕敛以聚之上，红朽盈而多豢不耕之人，下及于犬马，则贱矣；开民之利，劝之以耕，使裕于养，而流通其余，以供日用之需，所以贵之也；示民以不爱其力以事上，而重爱其粟，虽君上而不轻与，则贵之也至矣。故惟重之于庸，而轻之于租，民乃知耕之为利，虽不耕而不容偷窳以免役，于是天下无闲田，而田无卤莽，耕亦征也，不耕亦征也，其不劝于耕者鲜矣。

且按唐开元户数凡九百六十一万九千有奇，户租二石，为租千九百二十三万有奇，以万历清丈所定，夏秋税粮二千六百六十三万有奇较之，其差无几也。田百亩而租二石，几百而取一矣，而可给二百二十万人之食以饷兵，而不止三年之余一。粟之取也薄，而庸、调之取绢绵土物也广，则官吏胥役百工之给，皆以庸、调之所输给之，使求粟以赡其俯仰，皆出货贿以售籴于农民，而耕者盐酪医药昏丧之用，粟不死而货贿不腾。调、庸之职贡一定于户口而不移，勿问田之有无，而责之不贷，则逐末者无所逃于溥天率土之下，以嫁苦于农人。徭不因田而始有，租以薄取而易输，污吏猾胥无可求多于阡陌，则人抑视田为有利无害之资，自不折入于强豪，以役耕夫而恣取其半。以此计之，唐之民固中天以后乐利之民也；此法废而后民不适有生，田尽入于豪强而不可止矣。

役其人，不私其土，天之制也；用其有余之力，不夺其勤耕之获，道之中也；效其土物之贡，不敛其待命之粟，情之顺也；耕者无虐取之忧，不耕者无幸逃之利，义之正也。若夫三代之制，田税十一，而二十取一，孟子斥之为小貉，何也？三代沿上古之封建，国小而君多，聘享征伐一取之田，盖积数千年之困敝，而暴君横取，无异于今川、广之土司，吸龁（hé）其部民，使鹄面鸠形，衣百结而食草木；三代圣王，无能疾出其民于水火，为撙节焉以渐苏其生命，十一者，先王不得已之为也。且天子之畿，东西南北之相距，五百里而已。舟车之輓运，旬日而往还。侯国百里之封，居五十里之中，可旦输而夕返。今合四海以供一王，而馈饵周于远塞，使输十一于京边，万里之劳，民之死者十九，而谁以躯命殉一顷之荒瘠乎？弗获已而折色轻赍之制以稍宽之，乃粟之贵贱无恒，而定之以一切之准，墨吏抑尽废本色，于就近支销而厚取其值，且使贱粜以应非时之诛求，自非奸诡豪强，未有敢名田为己有者。若且不察而十一征之，谁为此至不仁之言曰中正之制，以剿绝生民之命乎？

乃若唐之庸，重矣，以后世困农而恣游民之逋役则重也，以较三代则尤轻。古者七十二井而出长毂一乘，步卒七十二人，九百亩而一人为兵。亩百步耳，九百亩，今之四百亩而不足也。以中则准之，凡粮二十石有奇而出一兵。无岁不征，无年不战，死伤道殒，复补伍于一井之中。唐府兵之未尽革也，求兵于免租免庸之夫，且读杜甫《无家》、《垂老》、《新婚》三别之诗，千古犹为堕泪。则三代之民，其死亡流离于锋矢之下，亦惨矣哉！抑且君行师从，卿行旅从，狩觐、会盟、聘问、逆女、会葬，乃至游观、畋猎，皆奔走千百之耕夫于道路，暑暍（yē）冻瘃、饥渴劳敝而死者，不知凡几，而筑城、穿池、营宫室、筑苑囿之役不与焉，其视一岁之庸，一户数口而折绢六丈者，利害奚若也？论者不体三代圣王因时补救不得已之心，而犹曰十一取民，寓兵于农之可行于今也，不智而不仁，学焉而不思，亦忍矣哉！后王参古以宜民，唐室租、庸、调画一仁民之法，即有损益，无可废矣。

【译文】

租、庸、调的制度，从北魏拓跋氏开始推行，到唐代初期固定下来。按照唐代的均田制和租庸调制，每户授田一百亩、每年缴纳租粟二石，没有比这再轻的租税了；调则随乡土所产交纳，庸则丁男每年服劳役二十天，若不服役就缴纳绢六丈。调、庸较重，租税较轻，在夏、商、周三代以后实行郡县制的天下，向百姓征收赋税的制度中，斟酌民情、权衡事理，比较适用并方便百姓的，这是比较好的一种。

土地上种植和收获粮食，是天地自然供养人们生存的。人们拥戴君主而相互扶持以求得生存，要防御自然灾害、和睦地安居乐业、防范豪强横行、抚慰老弱病残，既然君子从事脑力劳动统治别人，那么身强力壮能够劳作的人就该为他们效劳。土地上生产出粮食以外的经济作物和矿产资源，像桑、麻、金、锡、茶、漆、竹、木、棕、苇等，不是人们生存所依赖的必需品，有的甚至可以不劳而多获，用来资助君主为百姓安邦立国、经营四方、防患于未然，确实也应当从百姓那里征收上来使用。斟酌民情、权衡事理，租税不能不减轻，而庸、调则加重一些也无妨，这难道不是君主用以生养百姓、百姓赖以奉公守法的大义吗？所以说，“圣明的君主以五谷为贵”。五谷，是百姓生死存亡的关键。苛敛民众的粮食以聚积于官府，以至于多得发霉腐败，用来更多地豢养不从事耕作的人，甚至下及犬马牲畜，这样粮食就会被看轻；如果让从事耕种的百姓有利可图，激励和劝勉他们勤于农事，使他们赡养自己绰绰有余，还可以把剩余部分投入商品流通，以供应其日用所需，这样粮食就会被看重了。向百姓表示国家并不怎么看重其力气而让他们为国家服役，却非常看重和爱惜他们生产的粮食，虽然是君主也不轻易地给予其粮食，则对粮食的重视就已经非常到位了。所以说，只有较重地征收庸，而较轻地征收租，老百姓才知道耕作是有利可图的，即使不耕作也决不容许偷懒免除徭役，因此天下就没有空闲废耕的土地，田地也没有贫瘠荒芜的。耕作征发徭役、不耕作也征发徭役，那些没有受到激励而从事农耕生产的人就很少了。

况且，按照唐朝开元年间（713—741）的户口统计，当时全国共有九百六十一万九千多户，每户缴租二石，就是一千九百二十三万多石，根据明朝万历年间（1573—1620）清丈土地后所定的标准，夏、秋两季可以征收税粮二千六百六十三万多石，二者比较起来，也相差无几。每户授予田地一百亩，才缴纳租粟二石，几乎是收成一百而税一了，却可以提供二百二十万人食用的粮食以供军需，而不止是耕种三年才得积余一年的粮食。征收租粟的范围较窄，而庸、调根据各地的出产征收绢、绵、土物，范围很广，官吏、胥役、百工的给养，都用庸、调所缴纳的物品供给，让他们购求粮食以供早晚食用之需，都要拿出钱财从农民那里买进粮食，而农夫购买盐、酪以及支付医药、婚丧所需的费用，只要庄稼不死、粮食有余，钱财就用不完。调、庸缴纳供奉的标准完全由户口数量决定而不改变，并不过问是否有田地，严格按照户口征收，坚决不予宽免。这样普天之下从事工商末业的人也就无法逃避，把自己的负担转嫁给农夫。徭役不按田地征发，租税因为征收得少而容易转输，奸诈狡猾的贪官污吏无法从土地上捞到多少油水，那么人们就把田地看作有利无害的资产，自然不会折价投充给豪强地主，使他们雇佣农夫，自己不耕种却恣意获取收成的一半。由此看来，唐朝的百姓实在是尧舜时代以后最为幸福安乐的百姓，这种征收租税徭役的方法被废止以后，天下百姓陷入生活困顿的深渊，田地全都被并入豪强地主的形势就无法禁止了。

役使百姓而不占有他们的土地，这是上天的制度；征用百姓多余的劳力，而不掠夺他们勤于耕作的收获，这是中正的道理；征收各地土产的物品，而不搜刮百姓维持生计的粮食，这是通达的情理；勤于耕种的农夫没有被剥夺的忧患，不从事耕作的人没有侥幸逃脱赋役的私利，这是公正的道义。至于夏、商、周三代的制度，田税十取其一，而后世实行二十取一的税制，孟子斥其为小貉之道，这是为什么呢？夏、商、周三代沿袭上古时代的分封制度，诸侯国家小而国君多，国家的礼仪、祭祀、征伐等所需全部从田地上征收，这大概是数千年形成的弊政，而暴君的横征暴敛与如今四川、广西的土司没有什么两样，敲诈勒索其部属民众，使他们形容消瘦、憔悴不堪，穿的是满是补丁的衣服，吃的是野草和树皮；夏、商、周三代的圣明君主不能把他的百姓很快地从水深火热中拯救出来，只好厉行节约以便使百姓生活逐渐复苏，十取其一的田税制度，是古圣先王不得已而为之的。况且当时天子的王畿，东西南北相距各五百里罢了，舟车水陆转运，十天就可往返一次，诸侯国只有方圆一百里的封地，居住在距离四周各五十里的中间地带，早上运来粮食而晚上就可以返回了。如今天下四海一统，合力供奉一个君主，而供应粮食的地方遍及边远的塞外，让他们缴纳的十一之税转输到京城和边防前线，路途万里、舟车劳顿，百姓为此而死的占十分之九，这种情况下又有谁会把自己的身家性命奉献在这一顷荒地上呢？没有办法，只好采取把税粮折成便于携带的银钱的办法，稍微减轻了百姓的负担，然而粮食价格的贵贱波动没有一定的规律，却强行确定一个统一折算的标准，贪官污吏完全废弃原来征收本色粮食的规定，就近把粮食卖出收取高价，并强迫百姓低价卖出粮食以应其不时的勒索，这样只要不是奸诈狡猾的豪强，没有谁敢说田地为自己所有。如果就这样不明察实情而征收十一之税，又是谁提出这极端不仁的建议，而美其名曰“中正之制”，以摧毁和灭绝老百姓的生命呢？

至于唐代的庸，是比较重的，从导致后世农民陷入困窘而听凭游民逃避徭役这一点看，的确是重了，但比起夏、商、周三代就显得很轻了。在古代井田制下，七十二井土地要出战车一乘，步卒七十二人，九百亩田地要出一人当兵。当时每亩方圆只有一百步，九百亩仅相当于如今的不足四百亩。按照中等土地的收入标准推算，大约二十多石粮出一名士兵。无年不出征，无年不作战，战场上死伤加上道路上损失的士兵，都要在一井当中递补上去。唐朝的府兵制度没有完全改革，从免租免庸的男子中招募士兵，我们读杜甫的《无家别》《垂老别》《新婚别》这三首诗，千年之后还为之垂泪不已。那么，夏、商、周三代的百姓，他们流离死亡于刀剑之下的情形，就更加悲惨了！况且君主的出行需要一个师的军队随从，卿的出行需要一个旅的军队随从，凡遇朝觐、会盟、聘问、迎女、会葬，乃至游览、狩猎之事，都使得成百上千的农夫奔波在道路之上。夏季中暑、冬季挨冻，饥渴劳顿而死的人不知道有多少，而建筑城邑、开挖池塘、营造宫殿、修筑园囿这些劳役还没有被计算在内，比起一年所缴纳的庸也就是一户数口人折绢六丈，利害如何能相提并论呢？评论的人不体谅夏、商、周三代帝王采取暂时补救的措施以及迫不得已的用心，仍然说向百姓征收十一税、寓兵于农的制度也可以在今天推行，既不明智，又不仁义，效仿古代的东西却不加思考，也太残忍了吧！后世君王参照古法制定适宜百姓的政策，唐朝的租、庸、调法堪称一种整齐划一、仁爱百姓的制度，即使有所增减损益，也是不可废弃的。

本事：《资治通鉴》卷一九一《唐纪七·高祖》，武德七年（624）。

一〇 法律和人情

古者士各仕于其国，诸侯私其土，私其人，既禁士之外徙，而羁旅之臣，新君有其情不固之疑，三代圣王欲易之而不能也。乃其为卿大夫者，类以族升，则役于相习之名分，而民帖然以受治，农之子恒为农，虽有隽才，觖（jué）望之情不生，赏罚施于比邻，而恩怨不起。乃逮周之季，世禄之家迭相盛衰，于是陈、鲍、高、国、栾、郤、赵、范且疑忌积而起寻戈矛，兄弟姻亚互修怨于顾盼之间，而蹀血覆宗，亦人伦之大斁矣。法与情不两立，亦不可偏废者也。闾井相比，婚媾相连，一旦乘权居位，而逮系之、鞭笞之，甚且按法以诛戮之，憯焉不恤，曰“吾以奉国法也”，则是父子、昆弟、夫妇、朋友之恩义，皆可假君臣之分谊以摧抑之，而五伦还自相贼矣。于是乎仁心牿丧，而民竞于权势以相离散，非小祸也。若欲曲全恩义，而骫（wěi）法以伸私，则法抑乱，而依倚以殃民者不可胜诘。然则除诸侯私土私人之弊政于九州混一之后，典乡郡、刺乡州、守乡邑，其必不可，明矣。

张镇周，舒州人也，为其州都督，召亲故酣饮十日，贻以金帛，泣与之别，曰：“今日得与故人欢饮，明日都督治百姓耳。”此何异优人登场，森然君臣父子之相临，而歌舞既阕，相聚而食，相狎而笑邪？恻隐不行，而羞恶之心亦澌灭尽矣。故官于其乡，无一而可者也。君欲任贤以治民也，奚必其乡；欲为民以择吏也，奚必其乡之人；士出身事主而效于民也，又岂易地之无以自效。君不为士谋安，士抑不自谋其安，致法与情之两掣，甚矣其昧于理也。韩魏公以守乡郡而养老，亦朱买臣衣绣之荣耳，况如镇周之加刑罚于父老子弟而憯莫之恤乎！

【译文】

上古时代士人各自在自己的国家做官，诸侯把他封国中的土地和百姓作为私有财产，禁止士人向外迁徙，而对于寄居客地的臣子，新君会怀疑他的感情不牢固，夏、商、周三代的帝王想改变这种局面却无能为力。那些做卿大夫的人，大都随着家族地位的提升而得以提升，受到相与沿袭、习以为常的名分所左右，而百姓也俯首帖耳地接受统治，农夫的子弟永远是农夫，即使他们中间有才智出众的人，也不会产生怨恨的心情，赏罚加于近邻，却不会产生恩怨。到了西周末年，世家大族出现了盛衰交替的变化，当此之时，陈氏、鲍氏、高氏、国氏、栾氏、郤氏、赵氏、范氏等士大夫因疑忌积怨而操戈纷争，兄弟姻亲在顾盼之间已经结下仇怨，因而争斗流血，毁灭宗族，也是对人伦纲常的极大败坏。法律和人情虽势不两立，但也不能有所偏废。原来人们乡里相邻、婚姻相连，一旦掌权居高位，就逮捕拘禁他们、鞭笞他们，甚至依法诛戮他们，毫不顾及惨痛的情况，还说“我这是奉行国法”。如此则父子、兄弟、夫妇、朋友之间的伦理恩情，都可假借君臣的名分和情分加以摧残抑制，五伦（即上述君臣、父子、兄弟、夫妇、朋友）之间也反过来自相残害。于是仁义之心沦丧，百姓竞相追求权势而相互分离流散，这并不是小的祸患。如果想要曲意成全恩情与道义，就要破坏法律而徇其私情，这样法律就会更加混乱，而依恃法律危害百姓的情况就更加追究不过来了。既然如此，那么在天下统一之后废除诸侯私自拥有土地和百姓的弊政，却让官吏做家乡的郡守、州刺史、县令，这一定行不通，结果是很明白的了。

隋唐之际的张镇周，是舒州同安郡（今安徽潜山）人，他在武德八年（625）担任家乡舒州的都督，他召集亲朋故旧酣饮十天，赠送给他们金钱财帛，流着泪和他们道别说："今日得以和故人痛饮，明日开始就要做都督治理百姓了。"这和戏子登台演出，台上俨然是君臣父子互相制约，歌舞结束后，相聚宴饮、相互亲近而嬉戏欢笑，有什么区别呢。恻隐之心消失，羞恶之心也泯灭殆尽了。所以在自己的家乡做官，没有一点是可取的。君主希望任用贤才以治理百姓，为什么一定让他在家乡做官；想为百姓选择良吏，为什么一定要选择他们家乡的人；士人出仕事奉君主而效力于百姓，难道换个地方就无法效力了吗？君主不为士人谋求安身立命之地，士人也不能自己谋求安身立命之地，致使法律和人情两相掣肘，这种情况昧于事理真是太严重了。北宋的魏国公韩琦晚年改判其家乡相州（今河南安阳）是为了实现养老（仕宦至将相，富贵归故乡）的愿望，和西汉时期朱买臣穿着锦绣衣服回到家乡就任会稽太守的荣耀差不多，况且像张镇周那样对家乡的父老子弟施以刑罚，毫不顾及悲惨的情形，怎么可以呢？

本事：《资治通鉴》卷一九一《唐纪七·高祖》，武德八年（625）。

一一 唐高祖太子之废立

谓高祖之立建成为得適长之礼者，非也。立子以適长，此嗣有天下，太子诸王皆生长深宫，天显之序，不可以宠嬖乱也。初有天下，而创制自己，以贤以功，为天下而得人，作君师以佑下民，不可以守法之例例之矣。抑谓高祖宜置建成而立世民者，亦非也。睿宗舍宋王成器而立隆基，讨贼后以靖国家，隆基自冒险为之，事成乃奉睿宗以正位，睿宗初不与闻，而况宋王？则宋王固辞，而睿宗决策可也。太原之起，虽由秦王，而建成分将以向长安，功虽不逮，固协谋而戮力与偕矣。同事而年抑长，且建成亦铮铮自立，非若隋太子勇之失德章闻也，高祖又恶得而废之？故高祖之处此难矣，非直难也，诚无以处之，智者不能为之辩，勇者不能为之决也。君子且无以处此，而奚翅高祖？

处此而无难者，其唯圣人乎！泰伯之成其至德者，岂徒其仁孝之得于天者厚乎？太王、姜女以仁敬孝慈敦彝伦修内教于宫中者，其养之也久矣。《诗》之颂王季也，曰“则友其兄”。王季固不以得国而易其兄弟之欢也。王季无得国之心，而泰伯可成其三让之美，一门之内，人修君子长者之行，而静以听夫天命。故王季得国，犹未得也；泰伯辞国，犹未辞也；内教修而礼让兴，让者得仁，而受者无疑于失义。邠人之称太王，曰“仁人也”，岂一朝一夕之故哉？

唐高祖之守太原，纵酒纳贿以自薉，宫人私侍，而尝试生死以殉其嗜欲，则秦王矫举以奋兴，一唯其才之可以大有为，而驰骋侠烈之气，荡其天性，固无名义之可系其心，建成尤劣焉，而以望三后忠厚开国之休，使逊心以听高祖之命，其可得乎？高祖之不能式谷其子，既如此矣；而所左右后先者，又行险徼幸若裴寂之流而已。东宫、天策士各以所知遇为私人，目不睹慈懿之士，耳不闻孝友之言，导以争猜而亟夺其恻隐，高祖若木偶之尸位于上，而无可如何，诚哉其无可如何也！源之不清，其流孰能澄汰哉？

后世之不足以法三代者，此也，非井田封建饰文具以强民之谓也。王之所以王，霸之所以霸，圣之所以圣，贼之所以贼，反身而诚，不言而喻。保尔子孙，宁尔邦家，岂他求之哉？自非圣人，未有能免于祸乱者。立適之法，与贤之权，皆足以召乱，况井田封建之画地为守者乎？

【译文】

说唐高祖李渊册立李建成为太子符合立嫡长子的礼法，这是错误的。立嫡长子为太子，是指继承而来的天下，太子和诸王都在深宫中长大，上天显示了他们的先后次序，不能因为有所偏爱而乱了次序。像唐朝这样刚刚享有天下，由自己创立制度，按照贤能或者按照功劳为天下选定继承人，作为君王要保佑天下百姓，不能因为遵守礼法的惯例而拘泥于成法。有人认为唐高祖李渊应该放弃长子李建成，而立秦王李世民为太子，这也是错误的。唐睿宗李旦放弃宋王李成器而立平王李隆基为太子，这是因为发动政变讨伐韦后集团以安定国家，都是李隆基自己冒险完成的。事成之后尊奉睿宗重新即位，睿宗最初也不曾参与政变，更何况宋王李成器呢？因此由于宋王李成器坚决推辞，而由睿宗决定就可以了。当初唐高祖李渊太原起兵，虽然由秦王李世民发起，但李建成也率领将士进攻长安，功劳虽然不及李世民，确实也和他们共同谋划而且尽力实施了。共同起事而且年长，况且李建成也能卓然自立，不像隋朝太子杨勇那样失德之事为朝野所知，唐高祖又怎能废弃他呢？所以唐高祖李渊处理这件事很为难，不只是为难，实在是无法处置，聪明的人不能为他辨析清楚，果敢的人也不能替他做出决断。君子都无法处置这件事，哪里仅仅是唐高祖李渊呢？

处置这件事不为难的，大概只有圣人吧！周部落首领古公亶父（太王）的长子、后来成为东吴文化始祖的泰伯成就了至高无上的美德，难道只是因为他天性仁孝从而得到了上天的厚遇吗？他的父母太王、姜女凭着仁敬孝慈在宫中加强伦理纲常、内心修养的教育，培养他的美德已经很久了。《诗经·皇矣》中歌颂王季说：“对他兄长热心友爱。”王季本来就不会为了取得国家权力而伤害他们兄弟之间感情。王季没有得国继位的心思，其长兄泰伯可以成就其三次让国的美德，一家之内，人人学习修养君子长者的德行，静候上天的赐命。所以王季得国，就好像没有得到；

秦伯辞国，就好像也没有推辞掉；内心修养的教育得到成功，礼让的风气就会兴起，让国的人获得仁义的美名，而得国的人也不被怀疑失去仁义之心。邠人称赞太王是仁爱之人，其子泰伯和王季互相谦让，难道是一朝一夕的缘故吗？

唐高祖李渊镇守太原之时，曾纵酒欢歌、收受贿赂以搞臭自己的名声。他暗地让宫人事奉，冒着生命的危险以满足自己的私欲，而秦王李世民则诈称突厥来犯而奋起举事，凭着他的才干可以大有作为，纵横驰骋的侠烈豪气，涤荡着他的天性，本来也没有什么名义可以束缚他的思想，而李建成尤其低劣，寄希望于他们拥有夏、商、周三代开国之君忠厚开国的美好品质，恭顺逊让地听从唐高祖李渊的命令，这怎么可能呢？高祖不能以善道教育儿子，已经如此了；而唐高祖李渊前后左右的近臣，又都是些冒险侥幸像裴寂之流罢了。李建成的东宫、李世民天策府的文臣武士，都是他们所知遇的私人势力，眼睛看不到仁慈的士人、耳朵听不到孝友的言论，周围的人都极力唆使和引导他们攻击和争夺，严重破坏乃至丧失其恻隐之心，唐高祖像个木偶一样端居帝位之上，却对儿子之间的争斗束手无策，他实在是无可奈何啊！源头的水不清，河流的水又怎能清洗澄澈呢？

后世不足以效法夏、商、周三代的地方，这就是其中之一，并不是为了效法三代的井田制、分封制等，而修饰法律条文以强迫民众去接受。帝王所以能够称王，霸主所以能够称霸，圣人所以能够成圣，贼人所以能够做贼，反躬自问，以至诚立身行事，就不言而喻了。保全自己的子孙、安定自己的国家，难道还要从别处追求吗？如果不是圣人，没有能免予祸乱的。册立嫡长子的礼法，与立贤不以长的权变，都足以招致祸乱，更何况采用井田制、分封制划分土地、各自为守呢？

本事：《资治通鉴》卷一九一《唐纪七·高祖》，武德九年（626）。

一二　魏徵、王珪与管仲

魏徵、王珪必死于建成之难乎？曰：未见其可也。事太宗而效忠焉，有以异于管仲之相桓公乎？曰：有异焉，而未为殊异也。《传》曰："食焉，不辟其难。"非至论也。君子之身，天植之，亲生之，生死者，名义之所维，性情之所主，而仅以殉食乎？君臣之义，生于性者也，性不随物以迁，君一而已，犹父之不可有二也。管仲，齐之臣，齐侯其君也；徵、珪，唐之臣，高祖其君也。仲之事子纠，齐侯命之；徵、珪之事太子，高祖命之。天之所秩，性之所安，义之所承，君一而已。即以食论，仲食齐侯之食，徵、珪食高祖之食，子纠、建成弗与焉，而况君子之死，必不以殉食乎？故无知者，齐襄之贼，管仲不共戴天之仇也。使唐高而蒙篡弑之祸，徵、珪有死有亡，而必不可一日立于其廷。子纠、建成，君臣之分未定，奚足为之死邪？为之死，是一日而有二君矣。胥为君之子矣，或废或立，君主之，当国之大臣引经衷道以裁之，为宫僚者，不得以所事者为適主，而随之以争。建成以长，世民以功，两俱有可立之道，君命我以事彼，则事彼而已矣；君命我以事此，则事此而已矣；高祖初未尝以荀息之任任徵与珪，使以死拒世民也。则建成死，高祖立世民为太子，非敌国也，非君仇也，改而事之，无伤乎义，无损乎仁，奚为其不可哉？

然则徵、珪之有异于管仲者，何也？襄公弑，纠与小白出亡于外，入而讨贼，不幸而兄弟争，仲之所不谋也。子纠败，仲囚于鲁，桓公释之而使相，仲未尝就公求免以自试也。建成、世民之含毒以争久矣，知其必有蹀血宫门之惨，不能弭止其慝，抑不能辞宫僚以去之，欲徼幸以观变，二子之志偷矣。太子死，遽即秦王而请见，尤义之所不许也，斯则其不得与管仲均者也。夫魏徵起于群盗之中，幸自拔以归唐，功名之士耳。“介于石，不终日”，而后可以知几。亦恶足以及此哉？

【译文】

魏徵、王珪作为太子李建成的东宫属官，一定要在玄武门事变中追随李建成而死吗？回答说：不见得应该如此。他们转而事奉唐太宗李世民并效其忠心，和管仲辅佐齐桓公称霸天下有什么区别吗？回答说：有所区别，但不是很大的区别。《左传·哀公十五年》上记载子路的话说：“既然拿了人家的俸禄，就不能躲避危难。”这不是十分允当的论断。君子的身体，是上天所赐、父母所生；君子的生死，是名义所维系、性情所主导，可以仅仅为了禄食就为他人效命而死吗？君臣之间的道义，生发于人的本性，而人的本性是不会随着外在事物变化而改变的。君主只有一人罢了，就像父亲不能有两个。管仲，是齐国的臣子，齐侯就是他的君主；魏徵、王珪，都是唐朝的臣子，唐高祖李渊是他们的君主。管仲事奉公子纠，是齐侯的命令；魏徵、王珪事奉太子李建成，是唐高祖的命令。上天赐予的职位，内心安定的信念，道义传承的根本，事奉一位君主也就是从一而终罢了。即便从拿了俸禄的角度来说，管仲享用的是齐侯赐予的俸禄，魏徵、王珪享用是唐高祖赐予的俸禄，和公子纠、太子李建成没有什么关系，更何况君子的死难，一定不能为了拿人家的俸禄而死吧？所以，公孙无知才是弑杀齐襄公的逆贼，管仲与他是不共戴天的仇敌。假使唐高祖李渊被人弑杀篡位，魏徵、王珪就只有死难或逃亡两条路可走，必定一天也不能再在朝廷立足。公子纠、太子李建成，君臣的名分还没有确定，何足为他们献出生命呢？如果为他们而死，就成了一日同时事奉两位君主了。同样是君主的儿子，或废或立，由君主决定，作为国家的执政大臣，应该引经据典使之合乎道义以帮助君主裁决，作为东宫的属臣，不能以他所事奉的人作为嫡主，而追随他去争夺帝位。李建成因为是长子，李世民因为有大功，两人都有可以被立为太子的道理，君主命我事奉哪一位，我就事奉哪一位罢了；君主命我事奉这一位，我就事奉这一位罢了；唐高祖李渊当初不曾把像晋献公托付荀息扶立新君那样的使命交给魏徵和王珪，让他们以死抗拒秦王李世民。那么太子李建成死后，唐高祖册立李世民为太子，双方既不是敌国，又不是弑君的仇人，改换门庭前来事奉他，既无伤于道义，也无损于仁爱，为什么不可以呢？

虽然如此，魏徵、王珪比起管仲还是有区别的，区别在哪里呢？齐襄公被弑后，公子纠和公子小白逃亡国外，然后回国讨贼，不幸兄弟之间发生争执，这是管仲所不能预知的。公子纠失败后，管仲被囚禁在鲁国，齐桓公（即公子小白）释放了他并让他做了宰相，管仲不曾到齐桓公那儿请求免罪而自请出仕。李建成、李世民兄弟之间的矛盾斗争已经很久了，知道他们之间一定会发生喋血宫门的惨祸，却不能消除制止他们的邪念，又不能辞掉东宫属官的职位远离而去，希望侥幸成功而静观形势的变化，魏徵、王珪二人的心志也堪称苟且而不厚道了。太子李建成死后，二人马上到秦王李世民那里请求接见，这尤其是道义所不容许的，这就是他们不能和管仲等量齐观的地方。魏徵发迹于群盗中间，幸而自我解脱投靠了唐朝，是个追求功名的士人。《易经·豫卦》上说："坚贞正直的德行坚如磐石，不待一天终了就悟出过分欢乐之患。"明白了这一点然后才能知晓世事的隐微，魏徵和王珪又怎能达到这一步呢？

本事：《资治通鉴》卷一九一《唐纪七·高祖》，武德九年（626）。

太宗

一 谓人莫己若者亡

《书》曰："能自得师者王，谓人莫己若者亡。"夫人即丧心失志迷惑之尤者，长短、虚实、大小、有无、清浊、得失、明暗，皎然分画于前，知则知之，能则能之，眇者穷于视，跛者困于趋，恶得诬其心之所未喻，而谓多闻善虑者之不若己哉！然则谓人不己若者，抑实有不己若者在也。太宗曰："炀帝文辞奥博，是尧、舜，非桀、纣，行事何其相反？"魏徵曰："恃其隽才，骄矜自困，以至覆亡。"然则炀帝之奥博，固有高出于群臣之上者，不己若，诚不若己矣，而人言又恶足以警之哉？

夫人主之怙过也，有以高居自逸而拒谏者矣，有以凭势凌人而拒谏者矣。然忠直之士，卓然不挠，虽斥窜诛夷而不恤，以言黜而暴君不能夺其理，则身虽诎而道固伸也。且恃位而骄，恃威而横，浮气外张，而中藏恧（nǜ）缩，迨乎虚憍稍息，追忆前非，固将曰：是吾所不知不能，而终不可诬者也。则谏者之言，或悔而见庸矣。唯夫多闻广识而给于辩者，知是其所是而非其所非，则言者不惮其威，而惮其小有才之辩慧。言之大，则以为夸也；言之切，则以为隘也；察情审理，拟议穷年，而彼已一览而见谓无余，引古证今，依类长言，而时或旁征之有误；则自非明烛天日，断若雷霆者，恒惴惴焉恐言出而反为所折，抱忠而前、括囊而退者，十且八九矣。

且夫尧、舜之是，彼且是之矣，吾恶得以尧、舜进之；桀、纣之非，彼且非之矣，吾恶得以桀、纣戒之。彼固曰：使我而为人臣，以称说干人主，吾之琅琅凿凿以敷陈者，更辩于此也，彼诚不我若，而爱我若父，责我若子，为笑而已矣。天下虽大，贤人君子虽众，谁肯以强智多闻见屈于我而不扪舌以自免于辱乎？故人不己若，危亡之媒也；谓人不己若，而其危亡必矣。太宗君臣之知此也，是以兴也。不然，太宗之才，当时之臣无有能相项背者，唯予言而莫违，亦何所不可乎？

呜呼！岂徒人主哉！士而贤智多闻，当世固出其下，则欲以取择善之益也难矣。“以能问于不能，以多问于寡”，颜子之所以大也。虽然，人知其能与多矣，问之虽勤，且欲告而中讷，则问为虚设，而只益其骄；惟若无若虚之情发于不容已，而问必以诚，然后人相忘于寡与不能，以昌言而不怯。太宗之问孔颖达也，几知学矣，乃固以多能有实自居，而矜其能问，亦何足以测颜子之心哉？孔颖达不能推极隐微以格君心，太宗之骄所由未戢也。

【译文】

《尚书·仲虺之诰》上说：“能够自己找到可师法榜样

的人可以得到天下而称王，认为没有人比得上自己的人一定会灭亡。”丧心失志、迷惑不解尤其严重的人，事物的长短、虚实、大小、有无、清浊、得失、明暗，皎然明白呈现在眼前，知道的就是知道，能够完成的就是能够完成。可是双目失明的人穷于视觉观察、跛脚的人困于快步前行，怎么能够冤枉他的内心不明白，而认为那些博闻强记、善于筹谋的人不如自己呢？既然这样，认为他人不如自己的人，或许他人确实有不如自己之处。唐太宗李世民曾经说：“隋炀帝杨广才华横溢、知识渊博，他曾赞扬唐尧、虞舜，也曾批评夏桀、商纣，而他自己的行事何其相反呢？”魏徵也说过：“隋炀帝杨广依仗他才智出众，骄傲专横、自困于心，以致身死国亡。”虽然如此，隋炀帝杨广知识的渊博，本来就有高出群臣之上的地方，他人不如自己，群臣的确不如隋炀帝，那么他人的言论又怎么能够警戒他呢？

君主坚持自己的过错，有高居皇位自我放纵而拒绝纳谏的，有依仗权势、盛气凌人而拒绝纳谏的。然而，忠诚刚直之士坚持正义、卓然自立、不屈不挠，即使遭受斥责、罢官、流放乃至诛杀的危险也从不顾惜，因为进献忠言而被罢黜，即使这样的暴君也不能强词夺理，自己虽然被罢黜而正义和道理却得以伸张。况且凭借尊崇的地位而骄傲、凭借绝对的权威而蛮横，轻浮的气势向外张扬，内心却隐藏着惭愧和畏缩的情感，等到其骄横之气稍稍缓和下来，追忆以前的过错，固然会说：这是我所不知道、不能做的，最终是不可冤枉的。那么进谏者的言论，有的会因君主后悔而得到采纳。只有博闻广识而擅长论辩的人，知道肯定和采纳他们认为正确的东西，剔除和改正他们认为不正确的东西，那么进谏的人就会不畏惧其权威，而畏惧其稍有才气的辩论智慧。如果进谏之言论过于夸大其词，就会被认为是浮夸；如果进谏的言论切中要害，就会被认为是狭隘；考察实情、审明事理，事先经过了超过一年的考虑和谋划，对方一经披览之后就能洞见无遗，征引古代文献并以当今的实践相印证，分门别类、长篇大论，而有时旁征博引也会出现错误；如果不是像明烛照耀天空、像雷霆迅猛决断的非凡之人，都常常会惴惴不安，唯恐进谏之言说出以后被驳回，怀抱忠诚向前进谏，结果缄口不言而后退的人，十人中将占有八九个了。

况且唐尧、虞舜的正确之处，君王也认为正确，我怎么能够借用唐尧、虞舜来激励他；夏桀、商纣的错误之处，君王也认为错误，我怎么能够借用夏桀、商纣来警戒他。君王本来就会说：假使我作为大臣，通过谏诤干预皇上，我的铺陈议论洋洋洒洒、言之凿凿，在这个问题上反复辩论，你们确实不如我，反而像父亲一样爱戴我、像儿子一样责备我，这仅仅作为笑谈罢了。天下虽然很大，贤能之人、正人君子虽然很多，谁肯以其智慧超卓、博闻强识屈服于我，而按住舌头不发声以自免于受辱呢？所以，他人不如自己，是通向危亡的媒介；认为他人不如自己，而他面临危险并走向灭亡就是必然的了。唐太宗君臣因为知道这一点，所以国家兴盛起来。如果不是这样，以唐太宗的才能，当时的文武大臣没有能望其项背的，唯有我（君王）的话是绝对正确而且天下没有敢于违背的，这又有什么不可以呢？

唉！难道仅仅是君主这样吗？士大夫如果贤能、智慧，见多识广，超凡出众，当世之人本来都在他之下，那么想要择善而从、集思广益就很难了。《论语·泰伯》记载曾子的话："有能力的人却向没有能力的人请教，知识多的人却向知识少的人请教。"这就是颜子之所以伟大的原因。虽然这样，人们都知道他既有能力且见识广博了，他请教得即便很殷勤，对方打算告诉他时却因知识不足而无法作答，那么请教就成为虚设，而只能增加他的骄傲；只有虚怀若谷的情感发自内心而且不可抑止，请教时必须诚心相待，他人才会忘记自己的孤陋寡闻和能力不足，畅所欲言而不胆怯。唐太宗曾经向孔颖达请教，差不多可以达到知道学问的地步了，但他本来就以多有能力、知识充实自居，而且以其能够不耻下问自夸，这样又怎么能够测度颜渊的用心呢？孔颖达不能推求穷究其隐约细微的道理来纠正君主内心的错误思想，这也就是唐太宗骄傲之情的由来以及无法收敛的原因了。

本事：《资治通鉴》卷一九三《唐纪九·太宗》，贞观三年（629）。

二　唐宗室人才之盛

宗室人才之盛，未有如唐者也，天子之保全支庶而无猜无戕，亦未有如唐者也。盖太宗之所以处之者，得其理矣。高祖欲强宗室以镇天下，三从昆弟之属皆封王爵，使循是而不改，则贵而骄，富而溢，邪佞之士利赖之而导以放恣，欲强之，适以贻其灾而必至于弱，晋、宋之所以自相戕灭而终于孤立也。太宗从封德彝之言，而曰天子养百姓，岂劳百姓以养己之宗族乎？以公天下者，即以安本支而劝进其贤能。德彝，佞人也，于此而几乎道矣。

为天子之懿亲，妾媵广，生养遂，不患其不蕃衍也；远于十姓百家鸡犬锥刀之鄙猥，不患其无可造之材也。而强慧者得势而狂，愿朴者温饱而自废，于是乎非若刘濞、司马伦之自龁以亡，则菽麦不分，如圈豚之待饲而已矣。夫节其位禄之数，登之仕进之途，既免于槁项无闻之忧，抑奖之于德业文章吏治武略之美，使与天下之英贤汇进而无所崇替，固将蒸蒸劝进而为多士之领袖以藩卫天家。故唐宗室之英，相者、将者、牧方州守望郡者，臻臻并起，而耻以纨绔自居，亦无有梦天吠日、觊大宝而干甸师之辟者。施及于今，陇西之族犹盛焉，不亦休乎！孟子曰：“亲之欲其贵也，爱之欲其富也。”富贵者，其可以非所宜而长有之乎？制之有等，授之有道，而后欲贵者之果能贵，欲富者之果能富也，义之至、仁之尽也，大公行而私恩亦遂矣。

然则周道亲亲，而文昭武穆，施及邢、茅、蒋、胙与毕、召之裔，皆分茅土，岂非道与？曰：此武王、周公定天下之微权，而千古之未喻者也。古之天下，人自为君，君自为国，百里而外，若异域焉，治异政，教异尚，刑异法，赋敛惟其轻重，人民唯其刑杀，好则相昵，恶则相攻，万其国者万其心，而生民之困极矣。尧、舜、禹、汤弗能易也；至殷之末，殆穷则必变之时，而犹未可骤革于一朝；故周大封同姓，而益展其疆域，割天下之半而归之姬氏之子孙，则渐有合一之势；而后世郡县一王，亦缘此以渐统壹于大同，然后风教日趋于画一，而生民之困亦以少衰。

故孔、孟之言治详矣，未尝一以上古万国之制欲行于周末，则亦灼见武王、周公绥靖天下之大权，而知邱民之欲在此而不在彼。以一姓分天下之半，而天下之瓦合萍散者渐就于合，故孟子曰“定于一”。大封同姓者，未可即一而渐一之也。春秋之战亟矣，而晋、鲁、卫、蔡、曹、滕之自相攻也鲜，即相攻而无掬指舟中、焚茨侵海之虐。当其时，异姓庶姓犹错立于外，而同姓者不能绝援以自戕，此周之所以亲亲；而亲亲者非徒亲也，实以一姓之兴，定一王之礼制，广施于四海，而渐革其封殖自私、戕民构乱之荼毒也。

至于汉，六国废，韩、彭诛，而欲以周道行之，则七国、衡山、淮南之祸，骨肉喋血而不容已。然则人主即欲建本支以镇天下，亦无如节其位禄、奖其仕进、公其黜陟之足以育才劝善，而祐子孙之令祚以巩固维城，奚必侈予以栈枥之豢养，假借以优俳之衮黼，使之或偾而狂，或茸而萎哉？邓禹享大国之封，且使诸子各分一艺以自立，曾有天下者以公天下为道，将使人竞于姱修，而授子孙以沉溺之具，亦仁过而流于不仁矣。是故亲亲之杀，与尊贤互用而相成，唯唐为得之，宜其宗室之多才，独盛于今古矣。

【译文】

自古至今，宗室人才的兴盛，没有像唐朝这样的；天子保全宗族的旁支庶出而使他们不相互猜疑、相互残杀，也没有像唐朝这样的。这是因为唐太宗李世民处理宗室问题的政策，深得其中的道理。唐高祖李渊希望通过加强宗室的力量威震天下，三从昆弟即同一高祖不同曾祖的同族兄弟都被封王爵。假使唐太宗因循这一政策而不改革，那么宗室子弟就会因地位尊贵而骄横跋扈、财产富裕而奢侈无度，奸邪之人为了私利依赖并诱导他们放荡恣肆，本来想增强宗室的力量，结果却适得其反，将会带来灾祸从而导致宗室力量的必然削弱，这也是晋朝和南朝宋的宗室子弟之所以自相戕灭而最终陷入孤立无靠境地的原因。唐太宗采纳大臣封德彝的建议，因而认为天子养育黎民百姓，难道能役使百姓奉养自己的宗族吗？君主能够做到以天下为公，本身就是安定本宗本族，鼓励和提拔其中贤明而有才干的人。封德彝原本是一个奸佞小人，在这一点上，他的主张是近乎治理之道的。

作为天子的至亲，妻妾成群、生养顺遂，不用担心他们的子孙不繁衍；远远超过百姓人家从事微贱行业的鄙陋猥琐，不用担心他们中间没有可以造就的人才。可是强大而智慧的人得势便狂傲放纵，敦厚而朴实的人温饱无虞却自暴自弃，于是历代宗室子弟，如果不是像西汉的吴王刘濞、西晋的赵王司马伦起兵反叛、骨肉相残而自取灭亡，就是四体不勤、菽麦不分的寄生虫，像圈中的猪一样等待饲养罢了。节制他们爵位俸禄的数目，让他们进入仕途，既可免于他们一生终老默默无闻的担忧，也可以激励他们致力于道德功业、文章教化、文治武功的美好前程，使他们和天下的英雄贤才并肩共进而没有兴废盛衰的差别，自然会使他们纷纷勉励上进，成为士大夫群体中出类拔萃的领袖，从而保护天下、捍卫皇家。所以唐代宗室的英才，有做宰相者、有做大将者、有做重要州城的州牧者、有做重要郡邑的太守者，人才之盛、群聚并起，而以纨绔子弟自居为耻辱，也没有像梦游天界、蜀犬吠日一样觊觎皇帝宝座而兴师进犯京城的人。恩泽惠施至于今日，源自陇西的李氏皇室宗族仍然很兴盛，这不也是很吉庆、美好的事情吗？孟子说过："亲近他而想让他尊贵，爱护他而想让他富足。"对于富贵荣华，难道可以不合时宜地长久拥有吗？制度规矩有一定的等级，授予他们有一定的道理，而后想要尊贵的人果真能够尊贵，想要富足的人果真能够富足，仁至义尽，公道正义通行无阻，私情恩惠也会随之实现了。

既然这样，那么周朝的治国之道乃是亲爱宗室，文王之子为昭，武王之子为穆，子孙繁衍，恩泽惠及邢、茅、蒋、胙等国与毕公高、召公奭的宗族后裔，他们都被分封土地、赐爵诸侯，难道不合乎治国之道吗？回答是：这是周武王、周公旦安定天下的机谋和权变，而千百年来人们也无法明白其中的缘故。古时候的天下，人自为君，君自为国，百里之外，好像两个不同的地域，治理国政也有差别、教化风尚也有差别、刑法律令也有不同，赋役征敛任意地有轻有重，对于人民也任意地刑罚屠杀，喜欢就相互亲近、讨厌就相互攻伐，上万个诸侯国就有上万条心，而百姓困窘已经达到了极致。唐尧、虞舜、夏禹、商汤这些古圣先王也无法改变这种状况；一直持续到殷商末年，差不多到了穷途末路，必须改变的时候，可是仍然不能在朝夕之间骤然革除，所以周朝大封同姓诸侯，进一步扩张拓展他们的疆域，分封天下一半的疆土归于姬氏宗族的子孙，这样渐渐有了合而为一的态势；而后世郡县体制之下，天下四海统一为一个君王，也因此渐渐统一于大同世界，然后风俗教化日趋统一，而百姓的困窘状况也因此有所缓解。

所以，孔子、孟子的治国言论非常周详，却不曾主张以上古万国之制推行于周朝末年，这是因为他们非常明确地看到周武王、周公旦绥靖天下的机谋与权变，知道普通民众的愿望在此而不在彼。以一姓的宗室子弟瓜分天下一半的疆土，而天下像破瓦临时凑合、像浮萍四处飘散的状况渐渐走向统一。所以孟子说：“天下如何才能安定，就在于统一。”大封同姓宗室的方法，不可能立刻统一天下而可以使天下逐渐趋于统一。春秋时期，天下的争端和战争非常频繁，而晋、鲁、卫、蔡、曹、滕等同姓诸侯国之间自相残杀的情况却很少见。即使相互进攻，也没有出现舟中被砍断的手指可以捧起来，焚烧雍门的屋顶而侵伐的战车东至于海那样的惨象。当此之时，异姓和庶姓诸侯仍然错落分布于外围，而同姓诸侯不能断绝外援而自相残杀，这就是周朝之所以亲爱宗族的原因。而亲爱宗族不仅仅是为了彼此的亲近，实际上是通过一姓的兴盛，确定统一国家的礼制，广泛施行于四海九州，进而渐渐革除培植私人势力、残害百姓、发动叛乱的毒素。

到了汉朝初年，六国旧贵族被废黜，齐王韩信、梁王彭越被诛杀，朝廷想要借鉴周朝分封宗室的方法推行分封制，结果导致吴、楚七国之乱，以及衡山王刘赐、淮南王刘安兄弟谋反被杀和自杀的祸患，骨肉喋血、自相残杀而不顾惜。既然这样，那么君主即使想要以分封同姓宗族来威震天下，也没有比节制他们的爵位与俸禄、奖励他们进入仕途，公正地升降进退更好的办法了，这样足以养育人才、勉励从善，从而保佑子孙的福禄和地位来巩固天下的基业。为什么一定要优厚地赐予他们牲口棚和牲口槽豢养起来，假借优俳艺人的蟒袍衮服，使他们有的败坏而发狂，有的萎靡而不振呢？东汉开国功臣邓禹被封为高密侯，尚且让他的儿子们各掌握一门技艺以自立，曾经拥有天下的人以天下为公作为遵循的法则，将会使人们竞相追求华丽美好的东西，而授给子孙沉溺其中而不能自拔的工具，也就是过于仁爱而最终陷于不仁了。因此，亲爱宗族的治国之道，和尊重贤才的治国之道互相兼用而相辅相成，只有唐朝做到了这一点，那么唐朝宗室人才兴旺，其盛况可以说超过了古今所有的朝代，也就合乎情理了。

本事：《资治通鉴》卷一九二《唐纪八·高祖》，武德九年（626）。

三　宰相与谏官

太宗制谏官随宰相入阁议事，故当时言无不尽，而治得其理。然则以是为尽听言行政之理乎？抑有未尽然者。治惟其人，不惟其法。以王珪、魏徵为谏议大夫，房玄龄、杜如晦为宰相，而太宗之明，足以折中群论而从违不爽，则可矣。必恃此以立为永制，又奚可乎？命官图治之道，莫大乎官各明其守，而政各任于其人。庶务分治于六官，其属详其目，其长持其纲，皆有成宪之可准也。或举，或废，或倚法而挟奸私，或因时而为斟酌，各以其所效之成能为得失；然而有待于天子宰相之裁成者，则太宗之制，令五品以上更宿内省，以待访问，固善术也。下有利病得达于上，而上得诘其勤怠公私以制其欺；若夫小有过误，则包含教戒而俟其改。如使谏官毛举细过以相纠，则大体失而争党起于细微，乱世之所以言愈棼而事愈圮也。

宰相者，外统六官，内匡君德，而持可久可大之衡，以贞常而驭变者也。君心之所自正，国体之所自立，国本之所自固，民生之所自安，非弘通于四海万民数百年之规而不役于一时之利病者，不足以胜其任。故古者三公论道，所论者道耳，不能与任气敢言之士，争一言一事之可否；

而论道于君，抑不在摘人间细政，绳举动之小愆，发深宫之纤过，以与君竞，徒自媟而与天子不亲；故与谏官同者未必是，而其异者未必非也。诡随谏官而避其弹射，则可以应一事而不可以规大全；逆折谏官而伸其独见，则几事不密，而失其正色立朝之度。若夫宰相而果怀私以病国，固谏官所必抗正以争，而非可使之辩讼于一堂，竞偶然之得失者也。

夫谏官职在谏矣。谏者，谏君者也，徵声逐色，奖谀斥忠，好利喜功，狎小人，耽逸豫，一有其几而必犯颜以诤；大臣不道，误国防贤，导主贼民，而君偏任之，则直纠之而无隐。若夫群执事之修坠，则六官之长核其成，执宪之臣督其失，宰相与天子总大纲以裁其正，初不借谏官之毛举鸷击、搜剔苛求、以矜辨察；老成熟虑之訏谟，非繁称曲说、矫举异同于俄顷者，所可托风裁以决定者也。

故天子诚广听以求治，则宰相有坐论之时，群臣有待问之时，谏官有请对之时，而不可有聚讼一堂、道谋筑舍之时。官各有其守，政各任其人，分理而兼听之，惟上之虚衷以广益，岂立一成法以启争端，可为不易之经乎？

【译文】

唐太宗李世民曾经规定：谏官可以随宰相入阁商议国家大事，所以当时的朝臣言无不尽，而国家政事得到很好的治理。既然这样，就可以认为这是听信进谏之言以治理国家的道理了吗？也未必尽然。国家政事的治理，关键在于得到合适的人才，而不在于得到合适的制度。唐太宗李世民任命王珪、魏徵担任谏议大夫，任命房玄龄、杜如晦担任宰相，而唐太宗的英明，足以折中群臣的议论，而是否采纳从来不会发生偏差，在这种情况下当然是可以的。如果一定要依靠这一点才能确立为永久性的制度，又怎么可以呢？任命官员图谋治国之道，没有比官员各自明了自己的职责范围，而国家政事各自委任于合适的人才更为重要的了。一般性的政务由礼、户、吏、兵、刑、工六官分管治理，其部属负责详细的条目，其官长掌握基本的纲领，都有现成的法则可以遵循。有的人被举荐、有的人被废黜、有的人倚靠法令挟私行奸、有的人因时变通斟酌损益，各自以他们政绩的优劣作为得失标准；然而，有待于皇帝和宰相裁决判断的政事，按照唐太宗的制度规定，诏令五品以上的官员轮流住宿于内廷衙门，以等待上司的咨访和询问，本来是一种好办法。下边的利弊得失能够通达于上，上边也能够责问他们的勤勉与懈怠、为公与徇私，从而控制其欺骗行为。至于稍微有一点小的过错和失误，就采用包容、教导、警戒等办法等待他们改正。如果让谏官随便地指出他们细小的过错来纠劾他们，那么就会失去大体，因细微之事惹起党争，这也是乱世朝廷之中谏言愈加纷乱而政事愈加荒废的原因。

作为宰相，其职责是对外统御六官的政事、对内匡正君主的道德，掌握着维持国家长治久安的大权，是以坚守纲常正道来控制和驾驭各种变化。君主的心性因为宰相得以自正，国家的政体因为宰相得以自固，民众的生活因为宰相得以自安，如果不是对四海万民数百年来的治国之道融会贯通而不为一时利弊所左右的人，是难以胜任宰相的职位的。所以，古时三公谈论治国之道，所谈论的也只能是治国之道罢了，不能和意气用事、敢言直谏之士争论一言一事是否可行；而面对君主谈论治国之道，也不在于摘取民间细枝末节的事务，规劝一举一动的细小过错，揭发宫廷中的细微失误，用来和君主争胜，白白地自轻自贱而失去天子的信任。所以，和谏官的言论相同的未必都正确，和谏官的言论不同的未必就不正确。如果采取欺诈虚伪的手段以躲避谏官的弹劾攻击，则可以应对一事而不可以统筹全局；如果采取针锋相对的方式向人们申明自己的独特见解，就会导致机事不密，而失去其正色立朝的风度。如果作为宰相怀着私念而损害国家政事，固然是谏官必定义正词严地进行抗争的，但不可以使谏官与自己于朝堂之上聚讼纷纭、争论不休，争胜于偶然的得失罢了。

作为谏官，其职责在于谏诤，进谏也就是规劝君主，使他改正错误。整日追逐声色犬马、褒奖献媚而责备忠臣、贪财好利而好大喜功、亲近小人、耽于安逸，君主一旦有这方面的征兆，谏官就必须犯颜直谏；如果大臣昏庸无道、贻误国家而妨害贤能、诱导君主而残害百姓，君主又偏听偏信、委以重任，谏官就必须直接纠正而毫不隐瞒。至于众多的执行事务官员的优劣好坏，则有六部的官长考核其政绩，掌握刑罚的大臣监督其得失，然后由宰相与天子总揽大纲以公正裁决。起初并不借助于谏官的吹毛求疵和猛烈攻击、挑剔检查和严格要求，以自夸其辨别入微和明察秋毫；老成持重、深思熟虑的筹谋，并不是烦琐称说、谎称异同的人在顷刻之间便可以假托依法裁处进而决断的。

所以，天子如果能广泛地听取各方面的意见从而求得国家的治理，那么宰相有坐而论道的时候，群臣有等待咨询的时候，谏官有请求答对的时候，不可有聚讼纷纭于朝堂之上、筑舍道旁与路人商量的时候。官吏各有其职守，政事各任其人才，分任责成，兼听则明，高高在上的君主则虚心纳谏，集思广益。怎么能确立一种成法来开启争端，并以此作为一成不变的经典呢？

本事：《资治通鉴》卷一九二《唐纪八·太宗》，贞观元年（627）。

四　旱饥而赦非仁

旱饥而赦，以是仁民，非所以仁之也。太宗曰："赦者，小人之幸，君子之不幸。"亦既知之矣；而贞观二年以旱赦天下，信道不笃，知不可而复为，非君师之道矣。

夫赦亦有时焉而可者，夷狄盗贼僭据上国，蚩蚩之氓胁从以徼幸，上不能固保其民，使群陷于逆，则荡涤而矜全之可耳。旱饥之民，流离道殣者，类不能为奸恶；而奸恶之徒，虽旱饥而固不至于馁瘠者也。如曰衣食不足，而非僻以起，则夫犯者在未饥以前，固非为饥所迫，而奚所恤哉？省囚系以疏冤滞，宥过误以恤惷（chōng）愚，止讼狱以专农务，则君上应行之政，无岁不宜，而不待旱饥。至于旱饥之岁，豪民擅粟以掠市子女，游民结党以强要籴贷，甚且竞起为盗以攘杀愿懦；非法不惩，非刑不戢；而更纵不轨之徒，使无所创艾以横行郊邑，又岂非凶年之大蠹哉？

蠲逋欠，减租庸，所以救荒也。困于征输者，朴民也。蠲免与赦罪并行于一纸，则等朴民于奸宄，名不正，实不符，亦重辱吾衽（rèn）席之赤子矣。不杂赦罪之令于蠲租之诏，尤人君扶正人心之大权，而时君不察，曰“以此答上天好生之心”，天其乐佑此顽民以贼凋零之孑遗乎？体天心以达民隐，非市恩之俗吏所得与焉，久矣。

【译文】

遇到旱灾发生饥荒而大赦天下，用这种办法仁爱百姓，不是仁爱百姓应有的办法。唐太宗说：“赦免天下，对于小人是好事，对于君子是不幸之事。”唐太宗虽然也知道这一点，可是在贞观二年（628）因为旱灾却大赦天下。信奉道义而不专一诚笃，知道不可以又实行大赦，不符合天子的治国之道。

大赦天下，也要有适当的时机方可实行，外部的人与内部的盗贼犯上作乱，僭称帝王名号窃据京师上国，愚昧无知的百姓因被胁从而侥幸图谋利益。上层统治者不能有效保护其民众，使他们都陷入叛逆之列。在这种情况下为了荡平和清除叛逆、怜惜并保全民众，大赦天下是可行的。旱灾饥荒下的百姓，都是流离失所甚至饿死道旁的人，一般来讲不会变成奸恶之人；而奸恶之徒即使在旱灾饥荒年也不至于挨饿受困。如果说他们因衣食不足而生发邪恶之心，那么所犯罪恶是在饥荒发生之前，本来不是为饥荒所逼迫，又有什么顾惜和救济呢？减少囚犯以昭雪冤屈、赦免过错以安抚愚蠢之人、停止刑狱诉讼以专心致力农事，这些都是君主应该实行的政策，每年都应该实行，而不必要等到旱灾饥荒之时。等到旱灾饥荒之年，豪强恶霸囤积居奇、盘剥掠夺百姓钱财子女；游民结成团伙强迫民众购买和借贷粮食，甚至竞相而起成为强盗，抢夺杀戮贫苦懦弱的百姓；不用法律无法严惩、不用刑罚无法平息，反而放纵那些图谋不轨之徒，使他们没有受到惩治而畏惧，进而横行乡里，这难道不是灾荒之年的大蛀虫吗？

蠲免拖欠的赋税、减少交纳的租和庸，这是救荒的办法。而因为缴纳赋税和转输徭役陷入困窘的，都是淳朴的百姓。蠲免赋税和赦免罪行并行于一纸诏令上，就是把淳朴困苦的百姓和奸邪不轨的罪犯同等看待，名分上不正、实际上不符，也是对安居生活的黎民百姓的严重羞辱。不把赦罪的命令夹杂于蠲免租税的诏书之中，尤其是君主扶正人心的重要原则，而当时的君主不能明察，却说“用这种赦免天下的诏令报答上天好生之心”，上天难道乐于保佑这种刁顽之民来残害凋零无助的百姓吗？体察上天的好生之心，通达百姓的内心隐衷，这些都不是那些只知道沽恩市义的庸俗官吏所能够做到的，这种情况由来已久了。

本事：《资治通鉴》卷一九二《唐纪八·太宗》，贞观二年（628）。

五 杂判驳正，慎之于前

唐制：军国大事，中书舍人各陈所见，谓之五花判事，而宰相审之，此会议之始也；敕旨既下，给事中黄门郎驳正之，则抄参封驳之始也。夫六官之长贰，各帅其属、庀（pǐ）其事，以待军国之用，乃非体国如家者，则各炫所长、匿所短，互相推移而避其咎。使无总摄而通计之者，将饰文具以应，而不恤国事之疏以倾也，此不可听庶司之泛应，而无与折中之者也；统之以宰相，而推诿自私之弊去矣。然宰相之贤者，且虑有未至而见有或偏，不肖者之专私无论也；先以中舍之杂判，尽群谋以迪其未达，而公论以伸，则益以集而权弗能擅，其失者庶乎鲜矣。犹且于既审之余，有给事之驳正以随其后，于是而宰相之违以塞，而人主之愆以绳，斯治道之至密，而恃以得理者也。

虽然，杂判者，陈于其先也；驳正者，施于其后也；中舍之议已集，宰相之审已定，始起而驳之，自非公忠无我之大臣，纯白知通之给谏，参差相左，而给事与宰相争权，则议论多、朋党兴，而国是以乱。然则驳正之制，当设于杂判陈而宰相方审、敕旨未下之际，以酌至当之宜，是非未著，而从违皆易，斯群臣之能尽，而宰相之体不伤。唯公议已允，而宰相中变以舞法者，然后给事封还而驳正之，不尤可达人情、定国是而全和衷之美乎？太宗谓王珪曰："论难往来，务求至当，舍己从人，亦复何伤，或护己短，遂成怨隙。"盖虑此矣。立法欲其彻乎贤不肖而俱可守，法不精研，而望人之能舍己从人也，亦不可得之数已。中舍各抒所见，而给事折之以从违，宰相持衡而断之，天子裁成以行之，合人心于协一，而宫省息交竞之情，事理得执中之用，酌古鉴今，其可久之良法与！

近世会议遍及九卿，而唐之杂判专于中舍，其得失也孰愈？夫九卿各有典司者也，既与其属参议其所修之职以待举行，固有一成之见而执为不可易者，假有大兵大役，司马、司空务求其功之成，而司农务求其用之省，则其不相协而异同竞矣。唐、宋之给舍，皆历中外、通众理，而待枚卜之选者也，兼知盈诎成败之数，以酌时之所可行，则彼此不相妨而以相济，杂判而驳正之足矣，何用询及专司之官以生嚚（yín）讼哉？如有议成敕下，而九卿不可奉行者，自可复陈利病以更为酌改，无容于庙议未审之前，豫为异论以相掣。国事之所由定，惟其纲纪立以一人心而已；会议者，大臣免咎之陋术，其何利之有焉？至于登进大臣、参酌大法、裁定大礼，则惟天子之乾断与宰相之赞襄，而参以给舍之清议；六官各守其典章，而不可有越位侵官之妄。如使采纷呶（náo）之说，以模棱而求两可，则大臣偷，群臣竞，朋党兴，机密泄，其弊可胜言哉？

不周知天下之务，不足以决一事之成；宰相给舍无所偏私，以周知为道者也。不消弭人情之竞，人可以定国事之衡；杂判驳正慎之于前，而画一必行于后，议论虽详而不至于争竞者也。太宗曰："或成怨隙，或避私怨，顺一人之情，为兆民之患，亡国之政，炀帝之世是也。"斯言韪矣。

【译文】

按照唐朝的制度，军国大事，首先由中书舍人各陈所见，这被称为"五花判事"，然后由宰相审查提出意见，这是会议国事制度的开端；敕旨起草以后，下达给事中、黄门侍郎驳正敕旨的得失，即抄参封驳制度的开端；六官(唐代指礼、户、吏、兵、刑、工六部，又称六曹）的正副长官，各自统率其下属、治理其政事，用来准备军国之用，至于那些不以尽忠国事如为其家事的人，则会各自炫耀自己的优势、隐藏自己的缺陷，互相推诿而逃避责备。假使没有总体把握、统筹规划的人，将会粉饰文辞来应付塞责，而不顾惜国事的疏忽乃至危险。这就是不能只听任各个部门泛泛应对，没有进行折中权衡的原因；让宰相进行总体统领，那么推诿自私的弊端就可以被革除了。然而，即使是贤能的宰相，尚且有思虑不周详、见解有偏颇之处，不肖者只为一己私利更不用说；先由中书舍人杂判（各执所见、杂署其名)，集中众人谋略并开导其考虑不周之处，使得公众的评论得以申明，既集思广益又避免过于专权，其失误差不多难以见到了。况且在审察之余，又有给事中、黄门侍郎的驳正（批驳与纠正）紧随其后，于是宰相的过失得以杜绝，而君主的错误得以被纠正，这种治国之道非常缜密，依靠这种方法就能够使国家政事得到有效的治理。

虽然这样，中书舍人的杂判，陈说于先；给事中黄门侍郎的驳正，施行于后；中书舍人的议论已经汇集，宰相的审察已经决定，这时候给事中才进行批驳纠正，只要不是公忠体国、忘我无私的大臣，纯洁无瑕、明智通达的谏官，意见就会参差不齐甚至相左相反，而给事中和宰相争夺权力，将会导致议论纷纷、朋党兴起，国家大政因此陷入混乱。既然这样，那么驳正的制度，应当设在杂判陈说已见而宰相正在审察、敕旨没有下达之际，以便斟酌最为适宜的方案，这样是非尚未表现出来，肯定或否定都比较容易，这样群臣的能量得以充分地发挥，而宰相的谋划也不受到损伤。只有公众的评议已经允当，而宰相从中改变而徇私枉法时，给事中才可以封还敕旨并加以驳正，这样不就更加可以通达人情、诏定国是而保全和衷共济的美名吗？唐太宗曾对王珪说：“反复讨论，往来驳难，务求至为允当，放弃已见，顺从他人，又有什么损失呢？有的因为回护自己的短处，于是就造成了相互的怨恨和隔阂。”大概就是考虑到这一点。立法要想到法律是贤明之臣、不肖之徒都要遵守的，法律制度如果不经过精心研究，而期望人们都能够舍弃已见而顺从他人，这也是必不可得的。中书舍人各抒已见，而给事中驳正从违，宰相秉持权衡以决断，天子裁定而实行，集合众人心意，协调一致，从而平息了宫廷与朝廷相互竞争之情，国家政事能得到折中的处理，参酌往古、借鉴当今，真是可以长久施行的良法啊！

近世会议国事的制度扩大到九卿，而唐朝的杂判制度则专一由中书舍人负责，其间的成败得失，哪一种更好一些呢？九卿各有自己执掌的职责范围，他们已与其下属商议职责范围内的事务而等待实行，本来就有固定的观点并坚持不可更改，假使有大的军事行动和徭役负担，司马、司空务求完成他们的功业，而司农务求节省开支，这样一来，他们因无法协调而陷入异同竞争。唐朝、宋朝的给事中和中书舍人，都是历任朝官和地方官、贯通万事万物之理，而等待选拔任用的官员，兼知事物盈缩进退成败的规律，用来斟酌在当时的形势下是否可行，这样一来，彼此之间不相互妨碍而相互补救帮助，经过杂判和驳正的政令已经足以胜任了，哪里还用得着咨询某一专管部门的官员而产生不必要的奸诈好讼呢？如果有商议结束、敕旨已下而九卿不能奉旨施行的情况，自然可以再次陈说其中的利弊得失而斟酌改动，不容许在朝廷的谋议没有审定之前预先制造不同的言论来相互掣肘。国家政事通过什么方式确定，关键在于确立其纲常法纪以统一众人之心罢了；会议国事的制度，只是大臣为了免除责任追究的鄙陋手段，有什么益处呢！至于提拔进用大臣、参议斟酌大法、裁定重大礼仪，则只寄希望于天子的乾纲独断和宰相的赞襄辅佐，同时参考给事中、中书舍人的清议；六官各自坚守其典章，而不可有越职侵权的非分之想。如果使他们广采纷纭众说、模棱两可，对问题或事物正反两面既不肯定也不否定，那么大臣苟且偷安、群臣竞相争胜、朋党纷争兴起、机密对外泄露，其中的弊病可以说得完吗？

不详细地了解天下政务，就不足以决断一事的成功；宰相、给事中、中书舍人无所偏私，就是以详细了解天下政务作为治国之道。不消除世态人情的奔竞争胜，就不可以确定国家政事的权衡；中书舍人的杂判和给事中的驳正，在事先慎之又慎，那么事后的贯彻执行就必定能够整齐划一，议论驳难即使很详尽也不至于争相竞胜了。唐太宗说：“有的造成相互的怨恨和隔阂，有的则躲避开私人的怨愤，顺应了一人的感情，却造成亿万人民的祸患，这就是所谓的亡国之政，隋炀帝杨广的时代就是这样。”这句话真是一针见血啊！

本事：《资治通鉴》卷一九三《唐纪九·太宗》，贞观三年（629）。

六　言以正人，非以正己

读太宗论治之言，我不敢知曰尧、舜之止此也，以视成汤、武王，其相去无几矣。乃其斁彝伦，亏至德，杂用贤奸，从欲规利，终无以自克，而成乎大疵。读史者鉴之，可以知治，可以知德，可以知学矣。

气者，发以嘘物，而敛以自摄其心者也。闻见之善，启其聪明，而随气以发敛。其发也，泄其藏以加于物。故言者，所以正人，而非以正己也。己有余，而不忍物之不足，则出其聪明以迪天下之昏翳而矫之以正，子不忍于父，臣不忍于君，士不忍于友，圣人君子道不行而不忍于天下后世，于是而言之功大矣。若夫受天命作君师，臣民之责，服于躬、载于一心，则敛气以摄聪明，而持天下于心，以建中和之极，故曰“汤、武身之也”。身正而天下正，不以言也。故《仲虺之诰》，仲虺言之也；《咸有一德》，伊尹言之也；《旅獒》，召公言之也；《无逸》，周公言之也；而汤、武无言以自鸣其道而诏群臣。推而上之，大禹、皋陶、益、稷各尽言以进尧、舜，而尧、舜执中之训，迨及倦勤逊位之日，道不在己，而后以诏舜、禹。然则尧、舜惟不忍于后世，禹、皋、益、稷、伊、莱、周、召惟不忍于君，而不容已于言。下此者，虽躬行未逮，而进忠于上，亦不必以言过其行责之，其忠也，即其行也。今太宗之言，非尧、舜、汤、武之言，而伊、莱、周、召之言也。任尧、舜、汤、武之任，而夺伊、莱、周、召之言以为己言，则下且何言之可进，而闻善之路穷。盖太宗者，聪明溢于闻见，而气不守中，以动而见长者也。其外侈，其中枵，其气散，其神瞀，其精竭，其心驰，迨乎彝伦之攸斁，至德之已亏，佞幸外荧，利欲内迫，而固无以自守；及其衰年而益以泛滥，所必然矣。

呜呼！岂徒帝王为然哉？自修之士，有见而亟言之，德不崇，心不精，王通之所以不得为真儒也。况扬雄、韩愈之利欲熏心者乎？故《鲁论》之言言也，曰慎、曰后从、曰讷、曰讱（rèn）、曰耻、曰怍。圣狂之辨，辨于笔舌，可畏也哉！

【译文】

捧读唐太宗李世民论述治国之道的言论，我不敢说古圣先王唐尧、虞舜也只是如此，但与商汤王、周武王相比，则相差不多了。可是他却破坏人伦纲常，有愧于至高的道德，杂用贤臣奸佞，放纵欲望而规取利益，最终也无法自我克服，从而成为这位明君生平的大污点。读史的人以此为鉴戒，就可以明白治国之道，可以懂得道德修养，可以知道学无止境了。

人的呼吸所形成的气，散发出来可以吹动物体，收敛进去可以自摄其心。耳听善言、眼见好事，可以启发人的聪明才智，又随着气的运行而散发出来和收敛进去，而人的聪明才智发挥出来，就会泄露其内心蕴藏的东西，以施加于事物之中。所以说，言论是为了规正别人，而不是为了规正自己。自己聪明有余，而不容忍事物的不足，于是发挥自己的聪明才智以开导天下的昏愚蒙蔽，并加以矫正。儿子不容忍父亲的不足、臣下不容忍君主的不足、士大夫不容忍朋友的不足、圣人君子不容忍天下后世大道不行，于是用言论进行规正，可见言论之功是很大的。至于那些接受天命而做君主的人，对于臣民的议论指责，他要承担在身上、牢记在心中，于是收敛气息以摄取聪明才智，以诚心秉持天下，从而达到万事和谐的最高境界。所以说，

"商汤、周武王自身达到了这种境界"。自身端正而天下端正，并不在于言论的正确与否。所以《尚书·仲虺之诰》是仲虺的言论；《尚书·咸有一德》是伊尹的言论；《尚书·旅獒》是召公的言论；《尚书·无逸》是周公的言论；而商汤、周武王却没有言论以自鸣其道、以诏令群臣。用这种臣下有言以进劝君主、君主无言以自鸣其道的规律向上依次类推，那么大禹、皋陶、后益、后稷都各有其言论以进谏其君唐尧、虞舜，而唐尧、虞舜做事无过无不及的中庸之训，一直等到倦于勤政逊位的时候，大道已不在自身，然后才诏告了继位之君虞舜、夏禹。既然这样，那么唐尧、虞舜正因为不容忍其天下后世大道不行，大禹、皋陶、后益、后稷、伊尹、莱公、周公、召公正因为不容其君上的不足，而内心不容忍缄口不言。等而下之的人，虽然其身体力行做得不够，却能对君上进忠言；也不必因为言过其实而责备他，他的忠心忠言，本身就是忠诚行为的表现。如今唐太宗的言论，并非唐尧、虞舜、商汤、周武王那样的言论，而是伊尹、莱公、周公、召公那样的言论。他担任着唐尧、虞舜、商汤、周武王那样的帝王职位，可是却抢夺伊尹、莱公、周公、召公那样臣下的言论作为自己的言论，那么他的臣下还会有什么言论可以进谏，从而使闻善纳谏的言路被完全堵塞。这是由于唐太宗的聪明才智溢于言表、见于行动，可是他的气息不能自摄其心而守定中和，而以行动表现见长。其外表夸大，却内心空虚；其真气耗散，而神志昏乱；其精力衰竭，而心驰神往，以致败坏人伦纲常，有愧于至高的道德。奸佞在外面蛊惑他、利欲在内心胁迫他，因而无法自守其本性，到了衰弱的晚年就更加泛滥，这就是在所必然的了。

唉！难道仅仅是帝王这样吗？自我修养的士大夫，一有见解就急忙发表言论，道德造化不高、心志修养不精，这就是像隋朝的大儒王通等人不能成为真儒的原因。何况是汉代的扬雄、唐朝的韩愈那样利欲熏心的人物呢？所以《鲁论》在谈论言论的正确标准时用了这些词语：谨慎、随从、木讷、迟钝、耻辱、惭愧；圣贤与狂徒的辨别，就是从言语和文字中区分的，的确是可畏可慎啊！

本事：《资治通鉴》卷一九八《唐纪十四·太宗》，贞观二十一年(647)、二十二年(648)。

七　施之以德，制之以威

夷狄之势，一盛一衰，必然之数也。当其衰而幸之，忘其且盛而无以御之，故祸发而不可止。夫既有其土，则必有其人以居之，居之者必自求君长以相保，相保有余而必盛，未有数千里之土，旷之百年而无人保之者也。已盛者而已衰矣，其后之能复盛者鲜矣，而地已旷，人必依之，有异族、有异类，而无异土。衰者已衰，不足虑也，继之以人，依其土而有之，则族殊类异，而其逼处我边徼也同。突厥之盛，至颉利而衰，既分为二，不能相比，于是乎突厥以亡，迄于五代而遂绝。夫岂特夷狄为然哉？五帝、三王之明德，汉、唐、宋之混一，今其子孙仅存者不再兴，而君天下者不一姓，况恃强不逞之部落乎？

夫其人衰矣亡矣，其土则犹故也，天不能不为之生种姓，地不能不为之长水草，后起者不能戢止其戎心；曾无虑此，而可以其一族之衰为中国幸邪？其族衰，其地无主，则必更有他族乘虚而潜滋暗长于灌莽之中。故唐自贞观以后，突厥之祸渐息矣，而吐蕃之害方兴，继之以契丹，皆突厥两部之域也。颉利禽而御楼受俘，君臣交庆，其果以是为中国永安之祚哉？

西突厥种落散在伊吾，太宗命李大亮安抚之，贮粮碛（qì）口以赈之，未尝非策也，而大亮之不奉行也何居？施之以德者，制之以威也。已衰者，存之不足为忧，存已衰者，则方兴者不能乘无主以擅其地，则前患息而后衅可弭。盛衰之形，我得而知，而无潜滋暗长之祸，虽暂劳暂费，而以视糜财毒众以守边，割地纳贿以丐免，其利害奚若邪？株守安内之说为讦谟，岂久远之大计哉？

【译文】

周边少数民族的势力，一盛一衰递相循环，这是必然规律。当他势力衰弱时，如果幸灾乐祸，忽视他将会转向强盛而没有预先做准备、进行防御，一旦祸乱发生，将不可收拾。既然有他们聚居的版图，就必定有人居住，居住的人必定寻求君长统率以互相保护，如果力量自保有余，就必定会强盛起来。从来没有数千里的土地，空旷上百年而无人聚居、保卫的。曾经强盛一时又转向衰落的，其后人能够复兴并达到强盛的情况是很少的；但衰弱之后土地空旷，人们必定会前去依附，这样有不同民族之人、有不同部落之人，却没有另类不一样的土地。衰落的人群已经衰落，不足顾虑，继之而起的，依附其土地进行占有和统治，虽然其民族、部落不同，但其迫近和威胁我边境地区的情形却是一样的。突厥的强盛，到颉利可汗之时已衰落下来，分成东、西两部，不能相互团结自保，于是日渐趋于衰亡，到五代时期就完全灭绝。难道只有周边少数民族是这样吗？五帝、三王（夏禹、商汤、周文王和武王）德才兼备，汉朝、唐朝、宋朝混一天下，如今其子孙后代留存下来的也没有能复兴其祖业，君临天下的尚且不止一姓，何况是依仗强盛而不得遂其志的部落呢？

其统治势力虽然衰弱甚至消亡了，其土地却依然存在，上天不可能不让其他部落人民繁衍，大地也不能不为之生长水草万物，后起之人也不能收敛和遏止其称王、称霸之雄心；不曾考虑到这种情况，而可以因一族的衰落而为中原感到侥幸吗？其民族或部落衰弱，其地没有首领，就必然会有另外的民族、部落乘虚而起，在草原林莽之中暗暗地滋长着自己的势力。所以，唐朝从太宗贞观年间（627—649）以后，突厥的祸乱逐渐平息了，而西部吐蕃的祸害逐渐兴起，继之而起者又有东北的契丹，这些都是突厥东、西两部的地域。突厥颉利可汗被擒之后，唐朝在皇城的御楼接受献俘，君臣上下交相庆贺，难道真的可以以此作为中原王朝天下永远安定的福祉吗？

西突厥的残余势力分散在伊吾（治今新疆哈密），唐太宗派大将李大亮前去安抚，在碛口（今内蒙古二连浩特境内）贮备粮食进行赈济，未尝不是良策，可是如果李大亮不奉行命令又怎么办呢？以恩德对其施惠，以威势对其钳制。已经衰落的民族、部落，保存其残余势力不足为忧，而保存已经衰落的残部，就可以使方兴未艾的其他民族、部落不能乘其衰落无主之机占据其地，这样先前的祸乱平息，新的纠纷又可以避免。对周边少数民族盛衰变化的形势，我们始终胸有成竹，从而避免暗中滋长的祸乱，虽然暂时劳动兵力、耗费资财，但与那种靡费资财、流毒民众以守备边境，甚至割地赔款以求苟延残喘相比，其中的利害又如何能比呢？以守株待兔、安定内部的说法作为谋略，难道可以作为天下长治久安的国家大计吗？

本事：《资治通鉴》卷一九三《唐纪九·太宗》，贞观四年（630）。

八　民风淳浮之论

魏徵之折封德彝曰："若谓古人淳朴，渐至浇讹，则至于今日，当悉化为鬼魅矣。"伟哉其为通论已。

立说者之患，莫大于忿疾一时之流俗，激而为不必然之虑，以鄙夷天地之生人，而自任以矫异；于是刻核寡恩成乎心，而刑名之术，利用以损天地之和。荀卿性恶之说，一传而为李斯，职此故也。且夫乐道古而为过情之美称者，以其上之仁，而羡其下之顺；以贤者匡正之德，而被不肖者以淳厚之名。使能揆之以理，察之以情，取仅见之传闻，而设身易地以求其实，则尧、舜以前，夏、商之季，其民之淳浇、贞淫、刚柔、愚明之固然，亦无不有如躬阅者矣。唯其浇而不淳、淫而不贞，柔而疲、刚而悍、愚而顽、明而诈也，是以尧、舜之德，汤、武之功，以于变而移易之者，大造于彝伦，辅相乎天地。若其编氓之皆善邪？则帝王之功德亦微矣。

唐、虞以前，无得而详考也，然衣裳未正，五品未清，昏姻未别，丧祭未修，狉（pī）狉獉（zhēn）獉，人之异于禽兽无几也。故孟子曰："庶民去之，君子存之。"舜之明伦察物，存唐、虞之民所去也，同气之中而有象，况天下乎？若夫三代之季，尤历历可徵焉。当纣之世，朝歌之沉酗，南国之淫奔，亦孔丑矣。数纣之罪曰"为逋逃萃渊薮"，皆臣叛其君、子叛其父之枭与豺也。至于春秋之世，弑君者三十三，弑父者三，卿大夫之父子相夷、兄弟相杀、姻党相灭，无国无岁而无之，蒸报无忌，黩货无厌，日盛于朝野，孔子成《春秋》而乱贼始惧，删《诗》、《书》，定《礼》、《乐》，而道术始明。然则治唐、虞、三代之民难，而治后世之民易，亦较然矣。

封德彝曰："三代以还，人渐浇讹。"象、鲧、共、欢、飞廉、恶来、楚商臣、蔡般、许止、齐庆封、鲁侨如、晋智伯，岂秦、汉以下之民乎？子曰："斯民也，三代之所以直道而行也。"春秋之民，无以异于三代之始。帝王经理之余，孔子垂训之后，民固不乏败类，而视唐、虞、三代帝王初兴、政教未孚之日，其愈也多矣。战国之末，诸侯狂逞，辩士邪诬，民不知有天性之安，而趋于浇，非民之固然也。秦政不知而疾之如寇，乃益以增民之离叛。五胡之后，元、高、宇文骄戾相踵，以导民于浇，非民之固然也。隋文不知而防之若仇，乃益以增民之陷溺。逆广嗣之，宣淫长佞，而后民争为盗。唐初略定，夙习未除，又岂民之固然哉？伦已明、礼已定、法已正之余，民且愿得一日之平康，以复其性情之便，固非唐、虞以前茹毛饮血、茫然于人道者比也。以太宗为君，魏徵为相，聊修仁义之文，而天下已帖然受治，施及四夷，解辫归诚，不待尧、舜、汤、武也。垂之十余世而虽乱不亡，事半功倍，孰谓后世之天下难与言仁义哉？

邵子分古今为道、德、功、力之四会，帝王何促而霸统何长？霸之后又将奚若邪？泥古过高，而菲薄方今以蔑生人之性，其说行而刑名威力之术进矣，君子奚取焉？腥风扇，民气伤，民心之待治也尤急，起而为之，如暑之望浴也，尤易于隋、唐之际哉？

【译文】

魏徵在驳斥封德彝的言论时说道："如果说古代的民风淳厚朴实，逐渐发展到浮薄诈伪，那么到了今天，人类应当全部化为鬼魅了。”其通达权变之论，实在是太伟大了！

提出并确立自己的论点和说法的最大隐患，是愤怒嫉恨于一时的流俗败坏，从而激发并形成并非必然的想法，从而鄙夷天地化生万物、爱护生命的大德，以矫正异俗为己任。这样就形成了刻薄寡恩的心地，利用法家循名责实、慎赏明罚的权术，有损于天地的中和之气。荀子的性恶论学说，一传到秦朝丞相李斯，就变成严刑峻法的政策，正是因为这个缘故。况且，那些津津乐道称赞古制并予以过分赞美的人，借助上层的仁爱道义，而称羡下层的驯顺；借助贤明之人匡正风俗的美德，而使不肖之徒也享有淳厚朴实的美名。假如能够以道理度量、以人情考察，搜集今天所能仅见的传闻，而设身处地探求历史的真实，那么唐尧、虞舜以前，夏朝、商朝的末年，其民情风俗的淳厚和刻薄、坚贞和淫逸、刚强和柔弱、愚昧和贤明的差别自然存在，也和今天我们亲自观察的现实一样。正是因为其民情风俗刻薄而不淳厚、淫逸而不坚贞、柔弱而疲敝、刚强而骁悍、愚昧而顽钝、明智而欺诈，所以唐尧、虞舜的圣德，商汤、周武王的大功，才促使其因变革而移风易俗，从而构建起伦理纲常的大道，辅助天地各归其位。如果当时的编户齐民都很善良正直，那么上古帝王的功德也就微不足道了。

唐尧、虞舜以前，其真实情况已无法详细考究了，然而当时衣裳之制尚未确定，仁、义、礼、智、信五常还不清晰，婚姻制度尚未确立，丧礼祭祀也没形成规范，野兽奔跑，草木茂盛，人们的生活方式和禽兽相差无几，只在于有无仁义之心了。所以孟子说："普通庶民抛弃它，只有君子保存它。"虞舜倡明伦常，体察万物，保存了唐尧、虞舜时代的普通庶民所抛弃的仁义之心，可是他同气连枝的兄弟中还有桀骜不驯的象，何况普天之下的普通民众呢？至于夏、商、周三代的后期，就更加清晰明白，可以考知了。在殷纣王的时代，沉湎于首都朝歌（今河南淇县）的酒池肉林、骄奢淫逸，南部地区的男淫女奔、非礼非法，也是很伤风败俗的。后来周武王列举纣王的罪行时说"成为天下逃亡罪犯聚集的渊薮"，都是臣背叛其君、子背叛其父的枭鸟和豺狼。到了春秋时代，弑杀其君的事件有三十三起，弑杀其父的有三起，公卿大夫阶层中父子相害、兄弟相杀、姻亲相灭，这些罪恶没有哪个诸侯国哪一年不发生的，上蒸其母辈、下报其晚辈，没有忌讳，贪财嗜利，不知满足，这种风气日益盛行于朝野。孔子鉴于世风日坏，撰成《春秋》一书而乱臣贼子才知道畏惧，删节编成《诗经》《尚书》，修订《礼经》《乐经》，而道德学术才明白于天下。既然这样，那么治理唐尧、虞舜以及夏、商、周三代的民众就非常困难，而治理后世的民众就比较容易，也是显而易见的。

封德彝说："夏、商、周三代以来，民风渐趋于刻薄诈伪。"虞舜的兄弟象，夏禹的父亲伯鲧，四凶之一的共工和驩兜，殷纣王的谀臣飞廉及其子恶来，逼死父王的楚穆王商臣，弑其君父的蔡侯般和许国世子止，齐国的奸臣庆封，鲁国的叔孙侨如，晋国的智伯瑶，这些恶人难道都是秦、汉以后的人吗？孔子说："夏、商、周三代民众都是如此，这就是三代之所以能够直道而行、办事公正的原因。"春秋时代的民众，与三代开始时的民众没有什么差别。古圣先王悉心治理之余，孔圣人垂训教导之后，民众中固然不乏败类，然而与唐尧、虞舜和夏、商、周三代帝王初兴、政教未化的时候相比，要好得多了。到了战国的末期，诸侯之间狂妄骄逞，游说之士邪说欺诬，人民不知有天性的安定平和，而风俗趋于刻薄，并不是民风本来如此。秦始皇不知此理，对民风的刻薄憎恨如寇仇，却更进一步加剧了人民的背离和叛乱。五胡（匈奴、鲜卑、羯、氐、羌）十六国之乱以后，拓跋氏的北魏、高氏的北齐、宇文氏的北周统治者相继残暴无道，从而引导民风趋向刻薄，并不是民风本来如此。隋文帝不知此理，对于民众防范如仇敌，反而更加剧了人民的水深火热。悖逆不道的隋炀帝杨广继之而立，荒淫无度、信用奸佞，而后民众争相为盗贼。唐初平定天下，这种积习难返的不良民风尚未消除，难道又是民风本来如此吗？在伦理纲常已经倡明、礼仪制度已经制定、刑法律令已经修正之后，民众希望得到一时的平安康乐，以便恢复本来的风俗性情，自然不是唐尧、虞舜以前茹毛饮血，对人间道义茫然不知之时可以比拟的。以唐太宗为天子，魏徵为宰相，略微修正仁义的礼乐法度，天下人便已服服帖帖地接受治理，再推广到四方周边少数民族，解开纠纷、归于诚意，不须等待唐尧、虞舜、商汤、周武王那样的古圣先王再世了。唐朝的统治延续十余代，虽有祸乱也不至于灭亡，事半而功倍，谁说后世的天下民众难与之讲究仁义呢？

宋代的邵雍将古往今来的天下治理，分为皇、帝、王、伯（霸）四个等级，其中三皇是以道化民、五帝是以德教民、三王是以功劝民、五伯（霸）是以力率民，合起来称为四会，那么为何五帝、三王的统治时代何其短暂，而五霸的统治时代却如此长久呢？而且五霸之后又将怎么样呢？拘泥于上古时代而将其推崇得过高，从而菲薄当今之世，以蔑视生民的本性，这种学说流行于世，那么严刑峻法、崇尚威力的治国权术就会得到进用，君子怎么能采取这种方式呢？凶残的气氛盛行，民众风气受到伤害，民众要求天下大治的心情就尤为急迫，如果统治者能够奋起而为之，以仁义治理天下，就会像暑天盼望沐浴一样，比隋、唐之际的天下形势更加容易治理啊！

本事：《资治通鉴》卷一九三《唐纪九·太宗》，贞观四年（630）。

九　未能受谏，安能谏人

太宗曰："未能受谏，安能谏人。"此知本之论也。夫唯穷凶之主，淫虐无择，则虽以虚衷乐善之君子，陈大公无我之言，而亦只以危身；非此者，君之拒谏而远君子，洵失德矣，谏者亦恶能自反而无咎哉？凡能极言以谏者，大抵其气胜者也；自信其是，而矜物以莫及，物莫能移者也。其气胜，则其情浮；自矜而物莫能移，则其理窒。上以事君，下以莅众，中以交于僚友，可其所可，而否其所否，坚于独行，而不乐物之我违；唯如是也，乃以轻宠辱、忘死生、而言之无忌。其贤者，有察理未精、达情未适之过，而执之也坚；其次则气动而不收，言发而不止，攻异己而不遗余力，以堕于娼忮（mào zhì），而伤物已甚；则人主且窥其中藏，谓是哓（xiāo）哓者之但求利己也。其言不可夺，而心固不为之感，奚望转石移山于片语乎？

惟虚则公，公则直；惟明则诚，诚则动；能自受谏者，所以虚其心而广其明也，谏者之能此者鲜矣。事上接下，其理一也。君不受谏，则令焉而臣民不从；臣不受谏，则言焉而天子不信。位不可恃，气不可任，辩不可倚，理不可挟，平情好善、坦衷逊志者，早有以动人主之敬爱，而消僚友之疾忌，圣而周公，忠而孔明，用此道也。婞直予智，持一理以与当宁（zhù）争得失，自非舜、禹以刍荛（ráo）之道待之，其不以启朋党而坏国是也，难矣哉！

【译文】

唐太宗李世民说："自己不能接受劝谏，怎么能够谏戒别人呢？"这是通达本性的论断。只有那些穷凶极恶的君主，荒淫残暴而不能择善而从，那么即使有虚心乐善的正人君子向他陈述大公无私的言论，终究也只会危及自身。如果不是这样，君主拒绝纳谏而疏远贤明君子，也确实是丧失道德的举动，进谏的人又怎能自我反思而没有过错呢？凡是能够以极端言论进谏的人，大抵都是以意气取胜的；自信自己所说的正确无误，而以为别人都无法相比，也无法改变自己。其意气胜，则其性情就浮躁；自以为别的人或事都无法改变自己，则其道理就行不通。对上以事奉君主、对下以莅临民众、中间以交结同僚朋友，认可其所予以认可的、否定其所予以否定的，坚持自己的特立独行，而不喜欢别的人或事与自己相违背；也只有这样，才能够轻视荣与辱、忘掉生与死，直言进谏而没有忌讳。其中贤明的人，也会有考察事物不够精审、表达情感不够适当的过失，却坚持己见而不予改变；其中次一等的人，则志气浮躁而不知收敛，言论轻易发表而不知限止，攻击异己不遗余力，从而堕落为嫉妒猜疑，对人对事的损害非常严重；那么君主可以从中窥见其内心情感，认为这些喋喋不休的进谏者只是追求有利于己。这样，他们的谏言虽然正确而无可争辩，却无法感动君心，怎么能指望以只言片语发挥转石移山的功用呢？

只有虚心才能公正，公正则理直；只有明达才能意诚，意诚则能动人；能够从谏如流的人，正是因为能够虚其内心而广其聪明，进谏的人能达到这种境界的非常少了。事奉君上，与交接臣下，其道理是一样的。君主不接纳谏诤，他的命令臣民就不会顺从；臣下不接受别人的劝谏，他的进谏天子也不会信从。地位不可以依仗，意气不可以任使，巧辩之言不可倚靠，占有道理不可以胁迫。心情平和、乐善好施、心地坦诚、虚心谦让的人，早就有了可以打动君主的敬爱之心、消除同僚朋友之间嫉妒猜疑的道德力量，圣明如周公旦、忠诚如诸葛亮，都是用这样的办法。倔强刚直、自视聪明的人，坚持一面之理和皇帝（宁，宫门内屏外之地；“当宁”代指皇帝临朝听政，后泛指皇帝）争议得失，如果不是虞舜、夏禹那样的圣明君主以刍荛之道对待他们，那么他们要想不引发朋党纷争从而破坏国家政事，也是很难的啊！

本事：《资治通鉴》卷一九三《唐纪九·太宗》，贞观五年（631）。

一〇　唯大人为能格君心之非

唯大人为能格君心之非。君心之非，亦易见也；所以格之者，天理民彝之显道，人皆与知，亦易能也。然而断之于大人之独得，而谏诤之臣不足与焉，于魏徵、马周见之矣。君心无过，而过在事，则德不足而言有当，下逮于工瞽而言无不效。若夫心，则与心相取者也，心之有非，必厚自匿而求之胜物。进言者，其言是也，其人非也，其人虽无大非，而心不能自信，于是则匿非求胜者，将曰旁观而言之，吾亦能为此言，试以此言于汝，汝固不受也。言还其言，而心仍其心，交相谪而只益其怨恶。如能隐忍以弗怨恶足矣，奚望格哉？

唐太宗不恤高祖之温凊视膳，处之卑湫（jiǎo）之大安宫，而自如九成宫以避暑，嫁其女长乐公主，敕资送倍于长公主。此岂事之失哉？其憯不知恤者，仁孝忘于心也。马周言之，魏徵言之，皆开陈天理民彝之显教，以思动其恻悱也。乃周言不听，决驾以行，于徵之言，则入谋之长孙皇后而后勉从，使后而如独孤、武、韦也，徵死矣。人自有父子，人自有兄弟，一念之蔽，忽焉不觉，直辞以启之，以自亲其亲，岂难知而难从者乎？而二子者，君所信受者也，卒不能得此于君，则其故可思矣。徵之起也，于群盗之中，事李密而去之，事隐太子而去之；周则挟策干主，余于才而未闻其修能之自洁者也；以此而欲警人子之心于不容已之愧疚，奚可得哉？

夫大人者，苟以其言格君心之隐慝，贤主乐之，中主愧之，庸主弗敢侮之，何至以太宗之可与言而斥为田舍翁邪？不幸而遇暴主以杀身，亦比干之自靖自献于先王，而非滕口说以听凶人之玩弄，岂易言哉？大人者，正己而物正，己之正非一旦一夕之功矣。

【译文】

《孟子·离娄上》说："只有德高望重的人才能够矫正君主内心的过错。"君主内心的过错，也是容易体察得到的。之所以要加以矫正，是因为天理人伦的明显道理，人人都能够懂得，也容易做得到。然而孟子却断言只有德高望重的人才能够做得到，而正直敢言的谏诤之臣却不足以矫正君主的过错，其中的道理我们可以从唐太宗的两位大臣魏徵、马周身上看得出来。君主的本心没有过错，错则在行事上，在这种情况下即使德行不足的人，只要言语适当，甚至下至工匠盲人，其劝谏之言都没有不奏效的。至于人的内心，则需要以心相判断，内心有过错，必定深深地加以隐藏，又寻求胜过别人之法。进谏的人，如果其言论确当，却德行不高，那么即使没什么大的过错，其内心在这个问题上也不能做到自信；而隐藏其过错以求胜人之处的人，将会说：从旁观者的角度来讲，我也能进此谏言，尝试用这种言论劝谏你，你自然也不会接受。言论还是他的言论，内心也仍是其本心，如果交相指责，只能增加其怨恨和厌恶。如果能隐忍不言，不激起怨恨和厌恶也就足够了，还能希望矫正其过错吗？

唐太宗李世民在唐高祖退位之后，不体恤太上皇的冬温夏凊、朝夕视膳、晨昏起居，把他安置在低下潮湿的大安宫，自己却到九成宫去避暑，其女长乐公主出嫁时，诏令陪送的资财倍于高祖的女儿长公主。这难道是行事的失误吗？其残忍而不知体恤，是因为内心忘记了仁义忠孝。马周劝谏他，魏徵也为此事进谏，都是陈述天理人伦的显明道理，希望以此打动其恻隐之心。可是马周的谏言他不听，坚持起驾入九成宫避暑，而对魏徵的谏言，则进入后宫与长孙皇后商议后勉强听从。假使长孙皇后是像隋文帝独孤皇后、唐高宗武后、唐中宗韦后那样的人，那么魏徵必死无疑。人人自有父子，人人自有兄弟，一念的蒙蔽，行为疏忽而不自觉，直言相劝以开导他，以自亲其亲人，难道这是难以知晓、难以听从的言论吗？而马周、魏徵这两人，都是皇帝所信用而听从的大臣，终究不能以此求得皇帝的接受，那么其中的缘故就值得深思了。魏徵出身于隋朝末年的群盗之中，曾经事奉李密而背离了他，事奉太子李建成又背离了他；马周则靠着代人上书言事，得到皇上赏识，才智有余，却没听说其道德修养能够洁身自好。以他们二人这样的德行而想要警戒为人之子的君主之心而不感到愧疚，怎么可能呢？

德高望重的人，如果以其言论矫正君主内心隐藏的过错，贤明的君主会感到高兴，平庸的君主会感到愧疚，昏庸的君主也不敢侮辱于他，何至于被唐太宗那样可与谏诤的明君斥责为田舍翁呢？即使不幸遇到残暴的君主，从而杀身成仁，也能像殷纣王的大臣比干那样自谋行其志而自我献身于先王，而不是信口放言，听任凶残之人的玩弄，难道可以轻易进谏吗？德高望重的人，端正自己的身心而使别人的言行也得到纠正，但端正自己的身心并不是一朝一夕之功啊！

本事：《资治通鉴》卷一九四《唐纪十·太宗》，贞观六年（632）。

一一　唐太宗用权术纵囚

言治者而亟言权，非权也，上下相制以机械，互相操持而交仇。其欺也，以仪、秦之狙诈，行帝王之大法，乱奚得而弭！人心风俗奚得而不坏哉？王伽之诈也，与李参朋奸而徼隋文之赏，唐太宗师之，以纵囚三百九十人，而三百九十人咸师参之智，如期就死。呜呼！人理亡矣。好生恶死，人之情也，苟有可以得生者，无不用也。守硁（kēng）硁之信，以死徇之，志士且踌躕而未决，况已蹈大辟之戮民乎？

太宗之世，天下大定，道有使，州有刺史，县有令尉，法令密而庐井定，民什伍以相保，宗族亲戚比闾而处，北不可以走胡，南不可以走粤，囚之纵者虽欲逋逸，抑谁为之渊薮者？太宗持其必来之数以为权，囚亦操其必赦之心以为券，纵而来归，遂以侈其恩信之相孚，夫谁欺，欺天乎？夫三百九十人之中，非无至愚者，不足以测太宗必赦之情，而徼幸以逃；且当纵遣之时，为此骇异之举，太宗以从谏闻，亦未闻法吏据法以廷争；则必太宗阴授其来归则赦之旨于有司，使密谕所纵之囚，交相隐以相饰，传之天下与来世，或惊为盛治，或诧为非常，皆其君民上下密用之机械所笼致而如拾者也。

古所未有者，必有妄也；人所争夸者，必其诈也。王道平平，言僻而行诡者，不容于尧、舜之世。苏洵氏乐道之，曰“帝王之权”，恶烈于洪水矣。

【译文】

谈论治国之道的人却热衷于谈论权术，这实际上并不是权术，而是上下以机巧奸诈相制衡。相互操持以便达到欺诈的目的，用战国纵横家张仪、苏秦的狡猾诡诈，推行帝王的治国大法，那么祸乱怎么能够消弭？人心和风俗怎能不被败坏？隋朝的齐州参军王伽是一个狡诈的人，他与被流放的囚犯李参等朋比为奸，以贪求隋文帝杨坚的奖赏，唐太宗却效法他，放纵了囚徒三百九十人，而这三百九十名囚徒都师法李参的智术，如期到规定地点受死。唉！做人的道德规范至此完全沦丧了。好生恶死，乃是人之常情，如果有可以逃生的办法，人们没有不用的。坚守浅陋固执的信用，甚至以死殉之，仁人志士尚且犹豫不决，何况是已经犯了死罪而且受过刑罚的罪人呢？

唐太宗时代，天下大定，道有按察使、采访使和观察使，州有刺史，县有县令、县尉，法令严密而田舍稳定，百姓十家、五家相保，宗族亲戚比邻而处，囚犯不可能向北逃入胡人聚居区，向南逃入越人聚居区，因此被放纵后的囚犯即使想逃逸，又有谁能够为他们提供鱼集兽聚的处所呢？唐太宗掌握着囚徒必定会如期返回的命运作为权术，而囚徒也怀着一颗必定会被赦免之心作为免死的胜券，因此被放纵后又主动来归，于是唐太宗以此侈夸其恩信的令人信服，这是要欺骗谁，难道要欺骗上天吗？在那三百九十人之中，并不是没有十分愚蠢的人，不足以猜测到唐太宗肯定赦免他们的真实心意，从而乘机急忙逃走以图侥幸；况且唐太宗是以善于纳谏著称的，当他纵遣众多囚犯、做出如此惊世骇俗之举时，并没有听说司法的官吏依据法律当庭争辩；可以想见，唐太宗必定在事先已经将囚徒如果来归则予以赦免的旨意秘密地授予有关官员，以便让他们悄悄地转告那些将要被纵放的囚徒，大家相互隐瞒以文过饰非，纵囚来归的故事传遍全国乃至流传后世，有的惊叹为盛世治国之道，有的惊诧为天下非常之事，实际上都是唐太宗君臣上下秘密使用的机巧奸诈所笼络招致，却似乎是轻易拾得一样。

自古所没有的事，必定是有虚妄的；人们所争相夸耀的人，必定是其奸诈所致。治国理政的道路宽广平坦，言论邪僻而行为诡诈的人，不能容身于上古唐尧、虞舜的时代。宋朝的苏洵曾经对唐太宗以权术纵囚之事津津乐道，称之为“帝王的权术”，其罪恶简直比洪水猛兽还要严重啊！

本事：《资治通鉴》卷一九四《唐纪十·太宗》，贞观七年（633）。

一二　讦人细事当以谗人论罪

《传》曰：“为人君而不知《春秋》之义，前有谗而不见，后有贼而不知。”《春秋》之义，何义也？适庶明，长幼序，尊卑别，刑赏定，重农抑末，进贤远奸，贵义贱利，端本清源，自治而物正之义也。知此，则谗贼不足以逞，而违此者之为谗贼，不待擿发而如观火。舍是，乃求之告讦以知之，告谗告贼，而不知告者之为谗贼也，宜其迷惑失守，延谗贼于肘腋，而以自危亡也。

人主明其义于上以进退大臣，大臣奉此义以正朝廷，朝廷饬此义以正郡邑，牧之有守令，核之有观察采访之使，裁之有执宪之大臣。苟义明而法正，奸顽不轨者恶足以恣行而无忌？即有之，亦隐伏于须臾，而终必败，奚事告讦乎？告讦兴，则赏罚之权全移于健讼之匹夫，而上何贵有君，下何贵有执宪之臣哉？

且夫为人告讦者，洵不道矣，而愿朴柔懦之民，能奋起以与奸顽争死命者，百不得一也。非夫险诐无惮之徒，恶有暇日以察人之隐慝，而持短长操必胜之术，以与官吏豪强角逐。忘尊卑，轻祸福，背亲戚，叛朋友，吏胥胁其长官，奴隶制其主伯，正《春秋》之义所斥为谗贼，必杜绝其萌蘖者也。知其害而早绝之，则谗无不见，贼无不知，昭昭然揭日月以与天下相守于法纪，吞舟漏网之奸，其得容于政简刑清之日者，盖亦寡矣。太宗曰："朕开直言之路，以利国也，上封事者讦人细事，当以谗人罪之。"而其时吏不殃民，民不犯上，韪矣哉！

【译文】

《史记·太史公自序》中说："作为一国之君却不懂得《春秋》之义，当面有人进谗言却看不见，背后有窃国奸贼却不知道。"那么，《春秋》之义是什么呢？所谓的《春秋》之义，就是指嫡庶分明、长幼有序、尊卑有别、刑赏严明、重农抑商、进贤远奸、贵义贱利、正本清源，正己方可以正物、自治而后可以治人。懂得这个道理，则谗人、奸贼不足以得逞，而违背《春秋》大义的人就是谗人、奸贼，这不用等待有人揭发就能够洞若观火。舍弃这个正当的途径，而求助于揭人阴私和诬告诋毁来考察了解，诬告别人是谗人和奸贼，却不知诬告者本身就是谗人和奸贼，这样的君主难免会被迷惑而失去正当的操守，将谗人、奸贼延揽到自己左右，因此导致自身的危亡。

君主明白《春秋》之义于上并以此决定大臣的进退，大臣奉此《春秋》端正朝廷，朝廷谨守《春秋》之义端正郡县。主管民众的官员有郡守、县令，而考核官吏的则有观察使和采访使，衡量和裁定官吏的则有执法的大臣。如果大义明确、法令正当，那么奸诈不法、图谋不轨的人怎么能够恣意横行而无所忌讳呢？即使有这样的人，也只能在短期内隐伏，最终必定会败露，哪里需要揭人阴私和诬告诋毁呢？一旦揭人阴私和诬告诋毁兴起，那么赏罚之权完全转移到喜欢告状打官司的匹夫之手，在这种情况下，上有君主、下有执法大臣还有什么可贵之处呢？

况且，那些为了别人而揭人阴私和诬告诋毁的人，实在是大逆不道了，可是朴实敦厚、柔弱怯懦的民众，能够奋起与奸诈不法之徒以死抗争的人，不到百分之一。如果不是阴险毒辣、肆无忌惮之徒，哪里会有闲暇侦察别人的隐匿，从而抓住别人的把柄，设好计策，稳操胜券，以便与官吏、豪强相角逐呢？忘记尊卑、轻视祸福、背叛亲戚、抛弃朋友，吏胥胁迫其长官、奴隶控制其主人，这正是《春秋》之义所指斥的谗人、奸贼，必须杜绝这种罪恶行径的苗头。如果知道其危害并及早予以杜绝，那么谗人就没有人看不见、奸贼就没有人不知道，事实的真相昭然若揭，天下人相互遵守法纪，那些罪大恶极和侥幸逃脱的奸贼，能够在政事简化、刑罚清明的时代容身的，大概是非常稀少的。唐太宗说："我广开直言进谏之路，是为了有利于国家，如果有人写密信揭人阴私和诬告诋毁别人鸡毛蒜皮之类的小事，则以谗人论罪。"所以，在唐太宗时代，官吏不祸害百姓，百姓不犯上作乱，就是因为他把揭人阴私和诬告诋毁按照谗人论罪，这一政策太正确了！

本事：《资治通鉴》卷一九四《唐纪十·太宗》，贞观十年（636）。

一三　银之流行，为毒于天下

银之为用，自宋以上，用饰器服，与黄金珠玉等，而未得与钱、布、粟、帛通用于民间。权万纪请采银宣、饶，而太宗斥之，亦犹罢采珠以惩侈耳。后世官赋民用以银为主，钱、布、粟、帛皆受重轻之命于银。夫银，藏畜不蚀，炼铄不减，藏之约而赍（jī）之也易，人习于便利，知千百年之无以能易之矣。则发山采矿，无大损于民，而厚利存焉，庸讵不可哉？然而大害存焉者，非庸人之所知也。

奚以明其然邪？银之为物也，固不若铜、铁为械器之必需，而上类黄金，下同铅、锡，亡足贵者。尊之以为钱、布、粟、帛之母，而持其轻重之权，盖出于一时之制，上下竞奔走以趋之，殆于愚天下之人而蛊之也。故其物愈多，而天下愈贫也。采之自上，而禁下之采，则上积其盈，以笼致耕夫红女之丝粟，而财亟聚于上，民日贫馁而不自知。既以殚民之畜积矣，且大利之孔，未可以刑法禁塞之也。严禁民采，则刑杀日繁，而终不可戢。若其不禁而任民之自采乎？则贪惰之民，皆舍其穑事，以徼幸于诡获，而田之污莱也积；且聚游民于山谷，而唯力是视以取盈，则争杀兴而乱必起。一旦山竭泽枯，游民不能解散，而乱必成；即幸不乱也，耕者桑者戮力所获，养游民以博无用之物，银日益而丝粟日销，国不危，民不死，其奚待焉？自非参百年之终始以究利病者，奚足以察此哉？

鸣呼！自银之用流行天下，役粟帛而操钱之重轻也，天下之害不可讫矣。钱较粟帛而赍之轻矣，藏之约矣，银较钱而更轻更约矣；吏之贪墨者，暮夜之投，归装之载，珠宝非易致之物，则银其最便也。不然，泛舟驱车，衔尾载道，虽不恤廉隅者不敢也。民之为盗也，不能负石粟、持百缣（jiān），即以钱而力尽于十缗（mín）矣，穴而入、箧而胠（qū）者，其利薄，其刑重，非至亡赖者不为，银则十余人而可挟万金以去。近自成化以来，大河南北单骑一矢劫商旅者，俄顷而获千缗之值。是银之流行，污吏箕敛、大盗昼攫之尤利也，为毒于天下，岂不烈哉？无已，杜塞其采炼之源，而听其暗耗，广冶铸以渐夺其权，而租税之入，以本色为主，远不能致而后参之以钱，行之百年，使银日匮而贱均铅锡，将耕桑广殖，墨吏有所止而盗贼可以戢，尚有瘥乎？

天地之产，难得而不易贸迁者，以安民于所止而裕之也；帝王之政，繁重而不取便安者，以息民之偷而节其溢也。旦斸（zhú）诸山，夕煅诸冶，径寸而足数十人之衣食，奸者逞，愿者削，召攘夺而弃本务，饥不可食，寒不可衣，而走死天下者，唯银也。采矿之禁，恶可不严哉？权万纪之削夺，有余辜矣。

【译文】

白银的使用，在宋代以前，是用来装饰器皿和衣服的，与黄金、珍珠、宝玉的功能相同，尚未能与钱、布、粟、帛一样通行民间。持书御史权万纪请求在宣州（今安徽宣城）、饶州（今江西鄱阳）开采银矿，唐太宗对此予以斥责，其用意如同禁止采集珍珠以惩戒奢侈。后世官府征收赋税、民间日用都以白银为主，钱、布、粟、帛反而都以白银本位决定其轻重。白银贮藏起来不会腐朽，熔炉冶炼也不会减损，收藏非常简单，携带也很容易，人们已经习惯了使用白银的便利，坚信千百年间没有什么东西能够取代它。既然开山采矿对百姓利益没有大的损害，却又有着丰厚的利润，难道不可以开采吗？然而，开采银矿于国于民是有很大危害的，这不是平庸的人所能明白的。

如何能明白其所以然呢？白银作为一种物品，本来就不像铜、铁那样，是制造各种器械所必需的材料，而是上与黄金相似，下与铅、锡相同，没有什么珍贵的用途。将白银抬高到钱、布、粟、帛之母的地位，操纵其轻重权衡的标准，大概是出于一时的权宜之制，可是举国上下竞相奔走而趋之若鹜，这差不多就是愚弄天下之人从而毒害他们。所以白银这种物品越多，天下就会越加贫困。官府自上而下对银矿的开采进行管制，对下层民众开采则予以严厉禁止，这样官府积累了大量的白银，用来笼络招致农夫、织女的粮食和丝帛，于是财富迅速地聚在官府手中，而百姓则在不知不觉间日益陷入贫困饥寒的境地。长此以往，就必将竭尽老百姓蓄积的财物，况且攫取巨大利益的孔道，是不能借助严刑峻法禁绝和堵塞的。严禁民间开采银矿，那么死刑案件就会日益频繁，最终也无法被制止。如果不加禁止而听任百姓自己开采，那么贪婪怠惰的民众就会放弃农业生产，以图侥幸用不正当的手段获取巨额利益，于是被荒废的田地与日俱增；而且聚集大量的游民于山谷之中，完全凭借强力求得利益，那么争斗和杀戮必然涌现、战争和祸乱必然兴起。一旦山泽枯竭，无银可采，聚集开矿的游民无法解散，就必然会造成祸乱；即使幸而没有发生祸乱，可是农夫全力种田养蚕所得的收益，却供养这些游民以博取无用的白银，于是白银越来越多而粮食、丝绢越来越少。在这种情况下，国家必然危亡，民众不免死散，难道还能期待其他的结局吗？如果不是参酌验证上百年历史发展的始终，以探究国计民生利弊得失的人，有谁能够明察到这一点呢？

唉！自从白银的使用流行于天下，控制了粮食、布帛贸易进而操纵铜钱的轻重权衡以后，天下所受到的祸害已经无法终止了。铜钱与粮食、布帛相比，携带起来轻多了，收藏起来也方便多了，而白银又比铜钱更轻更方便了。那些贪赃枉法的官吏，趁着夜色为别人所送的贿赂，以及归来途中所装载的财物，珠宝是不容易得到的东西，而白银则是最便利的。不然的话，泛舟驱车，首尾相连，载行道中，即使是不顾廉耻的人也不敢明目张胆。那些沦为盗贼的百姓，一个人不能扛走一石粮食、拿走一百匹丝绢，即使是铜钱也最多携带十缗，挖洞盗墓、偷盗抢劫的人，其获利较薄，而刑罚甚重，如果不是极端无赖的人也不会这样铤而走险，白银则十几个人就可以裹挟万金扬长而去。明朝成化年间（1465—1487），在黄河南北单枪匹马劫掠商旅的强盗，顷刻之间就可以获得万金的价值。这就是说，白银的广泛流行，乃是贪官污吏苛敛民财、江洋大盗白昼抢劫最为便利的物品，其毒害于天下，难道还不强烈吗？迫不得已，杜绝和堵塞白银开采和冶炼的源头，而听任流通于世的白银慢慢消耗，同时大规模冶铸器皿以逐步剥夺其流通工具的权衡地位，而且赋役租税的缴纳，以本色物品为主，实在因路途遥远无法运输而后再参酌使用钱币，像这样推行上百年，使白银日渐匮乏而与铅、锡一样价格低贱，将会使得农业和蚕桑获得广泛的发展，贪官污吏有所收敛，而盗贼得以平息，还会有久病初愈的效果呢！

天地之间的物产，难以获得而不易流通的，乃是用以使百姓安居乐业于所居之地而用度富裕；帝王治国的政事，任务繁重而不采取便利安适的方式，乃是为了消除百姓的苟且偷安而抑制其欲望泛滥。早上从山中开采，傍晚在炉中冶炼，一寸见方的白银就足够数十人的衣食之需，奸邪的人得到满足，质朴的人得以削弱，招致抢夺、荒废本业，饥饿时不能吃，寒冷时不能穿，却使人奔走天下而死于非命的，只有白银这种物品。由此可见，关于开采银矿的禁令，难道可以不严厉吗？权万纪因提出开采银矿的建议被削官夺职，唐太宗对他的处罚实在是太轻了，此人可谓是死有余辜！

本事：《资治通鉴》卷一九四《唐纪十·太宗》，贞观十年（636）。

一四　唐太宗以府兵弱天下

贞观十年，定府兵之制，大约与秦、隋销兵，宋罢方镇之意略同。府兵者，犹之乎无兵也，而特劳天下之农民与番上之中，是以不三十年，武氏以一妇人轻移唐祚于宫闱，李敬业死而天下靡然顺之，无有敢伸义问者，非必无忠愤之思兴，力不能也。唐之乱亟矣，未有三十年而无大乱者，非能如汉、宋守成之代，晏安长久也。非玄宗罢府兵，改军制，则安、史、怀恩、朱泚、河北、西川、淮、蔡之蜂起，唐久为秦、隋，恶能待懿、僖之昏乱，黄巢起而始亡哉？

府军之制，散处天下，不论其风气之柔刚、任为兵与否也；多者千二百人，少者百人，星列棋布于陇亩，乃至白首而不知有行陈，季冬习战，呼号周折，一优人之戏而已。三百人之团正，五十人之队正，十人之火长，编定而代袭之，无问其堪统帅否也。尤可嗤者，兵械甲装，无事则输之库，征行而后给之，刃锈不淬，矢屈不檠（qíng），晴燥不润，雨溽不暴，甲龤胄穿，刀刓弓解，典守之吏，取具而止，仓卒授之而不程以其力，莫能诘也。甲与身不相称，攻与守不相宜，使操不适用之顽金，衣不蔽身之腐革，甚则剡挠竹以为戈矛，漆败纸以为盾橹，其不覆军陷邑者几何也？狎为故事，而应以虚文，徒疲敝其民于道路，一月而更，而无适守者无固志，名为有兵六百三十四府，而实无一卒之可凭；故安、史一拥番兵以渡河，而两都瓦解。盖天宝初改府兵易彍骑，而因循旧习，未能蠲积玩之弊以更张也。

后世论者，泥古而不知通，犹曰兵制莫善于唐，则何如秦、隋之尽销弭而犹不驱农民以沦死地乎？详考府兵之制，知其为戏也，太宗之以弱天下者也。欲弱天下以自弱，则师唐法焉可尔。

【译文】

唐太宗贞观十年（636），决定实行府兵制度，大约与秦朝、隋朝统一后销毁天下兵器、宋朝建立后罢黜方镇兵权的意思相同。所谓的府兵，实际上如同无兵，只是劳扰天下农民于轮番戍守京师的兵役之中。因此，还不到三十年，武则天以一个妇道人家在宫闱之内就轻而易举地把唐朝江山社稷转移到自己手中。起兵反抗的英国公徐敬业（因赐姓李，又称李敬业）败死之后，天下就闻风归顺了她，没有人敢于伸张正义而兴师问罪的。这并不一定是都没有兴起忠义愤激之心，而是实在无能为力。唐朝的动乱是极为严重的，不曾有过三十年没有天下大乱的情况，无法有汉朝、宋朝那样的守成之世，可以长期保持和平安宁。如果不是唐玄宗李隆基在位时废除了府兵制度，改行募兵制度，那么安禄山、史思明、鱼怀恩、朱泚等的叛乱以及河北、西川、淮西、蔡州等地叛军蜂起，唐朝早就像秦朝、隋朝一样灭亡了，哪里能等到唐懿宗、唐僖宗昏庸混乱，黄巢义军揭竿而起，而后才灭亡呢？

府兵制度，是采用兵农合一的方式把轮到服役的农民编入军队，然后分散到全国各地驻守，不论其民风的柔与刚，是否胜任从军作战；每个军府多的一千二百人，少的一百人，星罗棋布于天下的田地之中，甚至有的农民已经白发苍苍，根本不懂战阵之事，到了腊月农闲时节军事训练，曲折回旋、大声呼喊，简直像演员排戏一样。三百人的首领团正，五十人的首领队正，十人的首领火长，都是早先编定以后世代沿袭的，根本不过问他们是否有能力带兵作战。尤其可笑的是，兵器铠甲之类的军需物品，天下平安无事时就运输到府库当中，遇到战事从征出发后才配发给军士，刀剑锈蚀无人淬炼、弓箭弯曲无人矫正，天晴干燥无人湿润、阴雨潮湿无人曝晒，铠甲参差无法连接、头盔破损穿孔、刀剑钝化不锋利、弓弩解散不能用，负责保护兵器的官吏，只是领取备办充数罢了，临战用时才仓促地分配给军士，根本不考虑量其力而行，谁也不能过问。铠甲与士兵的身材不相称、进攻与防御的器具不相宜，让军士操持不适用的废铜烂铁、身穿衣不蔽体的腐烂皮革，甚至削挠竹以为戈矛、漆废纸以为盾牌，这样的装备不导致全军覆没、城邑失陷的能有多少呢？这样习以为常形成惯例，以徒具形式的制度应付塞责，白白地使自己的百姓疲劳不堪地奔波于道路，一个月便轮流一次。可是没有适当职守的人就没有坚定的志向，唐初虽然名义上拥有六百三十四府的军队，而实际上没有一兵一卒可以依赖，所以安禄山、史思明一旦率领十几万番兵渡过黄河，东都洛阳和西京长安便很快土崩瓦解。唐玄宗天宝初年，虽然把京师的府兵制改为彍骑兵制，但实质上仍然因循旧习，并未能够彻底革除积久玩忽的弊端以改弦更张。

后世评论历史的人，拘泥于古制，不知道变通，仍然坚持说兵役制没有比唐朝更好的了，如果真的这样，怎么能比得上秦朝、隋朝统一后将兵器全部销毁以消弭战争，而且还没有驱逐天下农民陷入死亡的陷阱呢？详细考察府兵制度之后，就可以发现府兵制如同儿戏，乃是唐太宗用以削弱天下的策略。如果想削弱天下以削弱自己的话，则可以效法唐朝的做法。

本事：《资治通鉴》卷一九四《唐纪十·太宗》，贞观十年（636）。

一五　世袭封爵，不可复行

太宗以荆王元景、长孙无忌等为诸州刺史，子孙世袭，而无忌等不愿受封，足以达人情矣。夫人之情，俾其子孙世有其土，世役其民，席富贵于无穷，岂有不欲者哉？知其适以殄绝其苗裔而祸天下，苟非至愚，未有不视为陷阱者也。周之大封同姓与功臣也，圣如周公，贤如吕、召，而固不辞，其余非不知居内之安，而无不利有其国以传之奕世，何至于无忌等之以免受茅土为幸乎？时为之，则人安之，时所不可为，非贪叨无已、怀奸欲叛者，固永终知敝而不愿也。

马周曰："孩童嗣职，万一骄愚，兆庶被殃，国家受败。"则不忍毒害见存之百姓，宁割恩于已亡之一臣；稍有识者，固闻之而寒心也。故夫子之论治，参《鲁论》而居其一，而不及于封建；作《春秋》，明王道，而郲、郧之受爵不登于策，城卫迁杞皆不序其功。然则当春秋之世，固有不可复行者矣，况后世乎？柳宗元之论出，泥古者犹竞起而与争；勿庸争也，试使之行焉，而自信以必行否也？太宗曰："割地以封功臣，古今通义，而公薄之，岂强公以茅土邪？"强人而授之国，为天下嗤而已矣，恶足辩？

【译文】

唐太宗任命荆王李元景、大臣长孙无忌等人为各州的刺史，子孙可以世袭其官位，而长孙无忌等人不愿受封，可以说他足以通达人情了。人之常情，都想让自己的子孙世代享有封土，世代役使封地上的人民，无穷无尽地保有富贵，难道会有人不愿如此吗？当明白接受世袭封爵正好足以灭绝自己的后代，并且祸害天下之后，如果不是愚蠢透顶的人，就没有人不视其为陷阱的。周朝初年大规模地分封同姓子弟和功臣，圣明的人如周公旦，贤能之人如姜太公吕望、召公奭等，都毫不推辞，其余的人并非不知道在朝廷任职既安全又舒适，却没有人不想拥有国家封土以传给后人，何至于像长孙无忌等人那样以不接受封土为幸呢？如果时势可以接受封土，则人们可以心安理得地接受；如果时势使人不可接受，则若非贪得无厌、心怀奸诈想要反叛的人，固然会知有敝坏之理而能持之以恒不愿接受。

唐太宗的大臣马周曾说："小孩子继承职位，万一是个骄横愚蠢之辈，必将使得百姓遭受祸害，国家遭受败亡。"这是不忍心毒害现存的百姓，因而宁愿弃绝私恩于已故的一个臣子；稍有见识的人，自然会闻之而心寒。所以，孔夫子论述为政，参考《鲁论语》却只遵循其中一部分观点，而不赞同其分封世袭的做法；编写《春秋》表明王道，却不记载郲国、郳国君主受爵之事，也不序列建造卫国都城、迁移杞国都城之功。既然这样，那么在春秋时代，有些古制已经无法再施行，何况后世呢？唐代柳宗元关于郡县制取代分封制是历史必然的观点提出以后，拘泥古制的人还群起而攻之，与他百般争辩，其实不必争论，假如放手让他们付诸实践，难道他们能够自信一定行得通吗？唐太宗说："割地以分封功臣，乃是古今的通义，可是你们鄙视这种做法，难道我能强迫你们接受封土吗？"强迫别人接受封国，只能被天下嗤笑罢了，又有什么可以争辩的呢？

本事：《资治通鉴》卷一九五《唐纪十一·太宗》，贞观十三年（639）。

一六　贞观改服制

贞观改服制，嫂、叔、夫之兄、弟之妻，皆相为服，变周制也。古今不相为服者，《礼传》言之详矣。嫂不可以母道属，弟之妻不可以妇道属，所以定昭穆之分也。嫂叔生而不通问，死而不为服，所以厚男女之别也。唐推兄之敬，而从兄以服嫂；推弟之爱，而从弟以服其妻；所以广昆弟之恩也。周谨乎《礼》之微，唐察乎情之至，皆道也，而周之义精矣。

虽然，抑有说焉。礼以定万世之经，则必推之天下而可行，尽乎事之变而得其中者也。有人于此，少而失其父母，抑无慈母乳母之养，而嫂养之，长而为之有室，则恩与义两不得而忘也。生借之以生，死则恝然而视若行道之人，心固有所不安矣。在《礼》，舅之妻、从母之夫，无服者也，而或曰："同爨（cuàn）缌，鞠我之恩而不如同爨乎？"其不忍不为服，必也。有人于此，少孤而兄养之，已而为之纳妇，自纳采以至于请期，称主人者皆兄也。既娶而兄犹为家政之主，未异宫而兄死，其妇视夫之兄有君道焉。且兄而居长，则固小宗之宗子也；合小宗之男女为之服，而弟之妻独否，一家之所统尊，顾可傲岸若宾客乎？继父，无服者也，同居而为之成室家、立亲庙，则服期。夫之兄可为小宗，而成其家室，以视继父之同居而异姓者奚若？抑义之不得不为服者也。《礼》有之，子思之哭嫂也，为位而哭，不容已于哭也。可为之哭，则可为之服。君子恶夫涕之无从，而服之不亦可乎？

上古之世，男女之别未正，昭穆之序未审，故周公严之于此而辨之精。后世男女正而恩礼睽，兄弟之离，类起于室家之猜怨，则使相为服以奖友睦之谊，亦各因其时而已。《礼》曰："时为大。"百王相承，所损益可知也。圣人许时王以损益，则贞观之改周制，可无疑已。

【译文】

唐太宗贞观年间（627—649）改革了丧服制度（死者的亲属按照与其血缘关系的亲疏和尊卑穿戴不同等差丧服的规定），规定死者的嫂子、叔叔、丈夫的哥哥、弟弟的妻子，都相互为对方着丧服行礼，这就改变了周朝以来的丧服制度。关于古代不能相互着丧服行礼的亲属，《仪礼·丧服》中的"经""记"以及传为子夏所撰的《丧服传》已经记载得非常详备了。嫂子不能以母道论，弟弟的妻子不能以妇道论，这是为了确定辈分的先后顺序。嫂叔活着时不对面说话，死后互相不守丧服，这是为了严格男女之别。

唐朝推崇对哥哥的尊敬，因而从哥哥为嫂子服丧；推崇对弟弟的友爱，因而随弟弟为他的妻子服丧。这样做是为了增长兄弟之间的恩情。周代注重《仪礼》的细微之处，唐朝则体察人情的至深至厚，二者都合乎道义，而周朝服制的含义更加精深。

尽管如此，唐朝服制仍然有值得商榷的地方。《仪礼》既然是用来规范万世之大经，就必然要推广到整个天下也可行得通，囊括各种事物的变化而得中庸之道。这里举一个人的例子，他少年时失去父母双亲，也没有庶母和乳母养育，于是嫂子养育了他，长大成人后嫂子又为他娶妻成家，这样的恩情，从道义上讲不容忘记。嫂子活着的时候，他依赖嫂子生活，可是当嫂子去世以后，他却全然忘记嫂子的恩情，视之为行路之人，这本来就是常人于心不忍的做法。按照《仪礼》的规定，舅舅的妻子、从母的丈夫，都是不必服丧的人，有人会说："同居同炊的人守缌麻之服，这是五服之中最轻的一种丧服，难道养育我的恩情还不如同居同炊吗?"其不忍心不为之守丧服，这是肯定的。这里再举一个人的例子，他少年时便成为孤儿，由哥哥抚养成人，后来哥哥又为他娶了媳妇，从纳采求婚直到择定佳期完婚，都是兄长做主，娶亲以后哥哥仍然执掌家政，兄弟没有分家而哥哥不幸死去，弟媳视丈夫的哥哥犹如以臣事君之道。况且哥哥居长，本来就是小宗的宗子；集合小宗的全部男女都为他守服，可是只有弟弟的妻子不能参与，她对待一家之主，难道可以傲岸若宾客吗？对于继父，是不用服丧的，如果继父与自己同住，并且为自己娶妻成家，建立祖庙，则应守一年的丧服。丈夫的哥哥可为小宗，而他为弟弟成了家，这与一同居住而不同姓的继父相比，怎么样呢？显然，对这样的哥哥也是义不容辞应为他服丧的。《仪礼》记载子思为了嫂子而哭，并且是设立了灵位而哭，因为情理不容仅仅停留在哭。既然可以为了嫂子而哭，当然就可以为她守丧服。君子因为没有痛哭的礼仪制度于是为她服丧，不也可以吗？

上古时代，男女之别还没有正名，宗法制度中关于辈次排列规则与次序还没有细化，因此周公在这方面特别严格，而且分辨得很精深。后世男女之别得以正名，亲属之间却恩礼睽违，兄弟的离心离德，基本都是源于家庭内部的猜忌和怨恨，所以要想让他们相互守服以鼓励友爱和睦的情谊，也只能各因其时而制宜。《礼记·礼器》说："先王制礼时首先考虑的是合乎时代环境。"历代帝王先后相承，他们对前代制度的增删损益是可以考知的。圣人允许当时的君主增删损益，那么唐太宗贞观年间改革周朝的丧服制度，当然是无可置疑的。

本事：《资治通鉴》卷一九五《唐纪十一·太宗》，贞观十四年（640）。

一七　言兵者之言，皆乱人之言

自言兵者有使贪之说，而天下之乱遂不可弭。岑文本引黄石公之言，以请释侯君集私高昌珍宝之罪，用此说也。乃阿史那社尔以降虏而独能不受君集之贻，夷狄之法，严于中国，中国安能不为夷狄屈哉？败其军，拔其城，灭其国而贪其所获，武人之恒也。然而君以之怒其臣，臣以之叛其君，主帅以之恶其偏裨，偏裨以之怼其主帅，兵以之恋剽获而无战心，民以之受掠夺而争反畔，功已成，乱已定，不旋踵而大溃，古今以此而丧师失地、致寇亡国者不一也。贪人败类，而可使司三军之命以戡乱宁民而定国乎？

汉高之于项羽，非其偏裨也；其于怀王，君臣之分未定也；而封府库以待诸侯，樊哙屠狗者能明此义，乃以平项羽之怒，而解鸿门之厄。项羽不知，终以取怨于天下。诲盗而人思夺之，大《易》岂欺我哉？唐下侯君集于狱，宋徽王全斌而使之待罪，法所必饬也；终释君集而薄罚全斌，示不与争利也；两得之矣。故言兵者之言，皆乱人之言尔，岑文本恶足以知此哉！

【译文】

自从谈论兵法的人有了可以让将领贪财好利的说法，天下祸乱便无法消弭了。唐朝中书侍郎岑文本引用黄石公“贪者邀趋其利”的话，请求唐太宗免除侯君集贪污高昌（今新疆吐鲁番东）珍宝之罪，用的就是这种说法。而随侯君集平定高昌的阿史那社尔，作为投降唐朝的突厥首领，却能独守清白不接受侯君集的馈赠，可见夷狄的法律比华夏更为严酷，这样华夏怎能不为其所征服呢？打败别人的军队，攻克别人的城池，灭亡别人的国家，却贪图所缴获的财宝，乃是一介武夫的惯常做派。然而，君主因此恼怒自己的臣下，臣下因此背叛自己的君主，主帅因此厌恶自己的部将，部将因此仇视自己的主帅，士兵因此热衷于剽获而失去斗志，百姓因此受到掠夺而争相反叛，于是尽管大功已经告成、动乱已经平定，可是在极短时间内又陷入崩溃。自古及今，因此而丧师失地、致寇亡国的不在少数。贪婪之徒和无耻败类，难道可以让他们执掌三军的政令来戡定叛乱、安抚民众从而安宁国家吗？

汉高祖刘邦对于西楚霸王项羽而言，并不是他的部将；对于楚怀王，君臣的名分还没有确定；他却能在进入关中、占领秦都咸阳以后，封府库以待诸侯入关。其部将樊哙原本是个屠狗者，竟能深明此义，劝告刘邦这样做，因此平息了项羽的怒气，解除刘邦在鸿门宴上的危难。项羽不懂得这个道理，因而最终招致了天下的怨恨。教诲别人盗窃却招致强盗的夺取，《易经》的这种说法难道会欺骗我们吗？唐朝把贪污战利品的大将侯君集投进监狱，宋朝则把平定后蜀时纵兵掳掠、黩货杀降的大将王全斌与诸将一并召回以待治罪，这都是依法所必须整饬的；最终还是释放了侯君集，轻罚王全斌，乃是为了表明不与之争利。如此做法，可谓两全其美了。所以，谈论兵法的人的言论，都是导致人心混乱的言论，岑文本怎么能够懂得这个道理呢？

本事：《资治通鉴》卷一九五《唐纪十一·太宗》，贞观十四年（640）。

一八　民犯大逆，勿劾刺史

太宗诏诸州有犯十恶罪者，勿劾刺史，则前此固有劾之之法，而戴州所部有犯者，御史以劾刺史贾崇，亦循例以劾之也。此法不知所自昉，意者苏威当隋之世，假儒术、饰治具以欺世，其创之乎？

曾子曰："上失其道，民散久矣。"久者，周失道而后鲁失之，鲁君失而后卿大夫无不失也；上者，端本清源，归责于天子之辞也。民有大逆，君逾月而后举爵，自艾自已。治之不隆，教之不美，天子不自惭恧而以移罪于刺史乎？民犯大逆，而劾及刺史，于是互相掩蔽，纵枭獍以脱于网罟，天下之乱，风俗之坏，乃如河决鱼烂而不可止。隋末寇盗遍天下，而炀帝罔闻，刃加于颈，尚不知为谁氏之贼，皆苏威之流，置苛细之法，自诩王道，而以涂饰耳目、增长谗贼者致之也。

惩贪而责保荐之主，戢盗而严漏捕之诛，详刑而究初案之枉，皆教之以掩蔽，而纵奸以贼民之法也。必欲责之上，以矜民之散，亦自天子之自为修省而已，下者其何责焉！

【译文】

唐太宗李世民诏令天下：各州如有人犯谋反、谋大逆、谋叛、恶逆、不道、大不敬、不孝、不睦、不义、内乱等十恶之罪的，不应弹劾该州刺史，这说明此前显然有要求弹劾的法令，而戴州（治今山东成武）所辖的地方有人犯了十恶之罪，御史因此弹劾刺史贾崇，也是遵循旧例进行弹劾。此一法令不知是从何时开始的，大概是苏威在隋朝统治时期，假托儒家学说、粉饰治国措施以欺世盗名，莫非就是他所开创的吧！

曾子说："上层统治者丧失道义，民心离散已经很久了。"这里所说的"很久"，是指周天子丧失道义而后鲁国君主也丧失道义，鲁国君主丧失道义而后卿大夫没有不丧失道义的；所谓"上层统治者"，正本清源，就是归咎于天子的说辞。百姓中有人犯了大逆之罪，君主在一个月之后才举杯饮酒，这只不过是自怨自艾罢了。政治不清明、教化不成功，天子不自感羞惭，反而要诿罪于刺史吗？百姓犯了大逆之罪，却弹劾刺史，于是上下互相掩护、隐瞒真相，放纵江洋大盗逃脱法网。因此，天下的动乱、风俗的败坏，竟像河流决堤横流、鱼儿糜烂一样坏到了极点，无法遏止。隋朝末年虽然盗贼遍及天下，可隋炀帝杨广却置若罔闻，当刀剑架到脖子上时，他还不知自己是被什么人所杀，这些都是苏威之流制定过于苛细的法律并自诩为王道，而以涂饰耳目、增长谗人奸贼的做法所招致的。

惩治贪污时追究举荐者的责任，平定盗贼时严惩漏捕者的罪行，复审案件时追究初审者的枉法。这些都是引导官吏相互掩护、隐瞒真相，而放纵奸人残害百姓的法律。如果一定要追究上层统治者的责任，以抚恤离散的百姓，也应该从天子自己认真检讨反省开始，下边的官吏有什么罪责呢！

本事：《资治通鉴》卷一九五《唐纪十一·太宗》，贞观十四年（640）。

一九　刊定阴阳，适以长乱

小道邪说，惑世诬民，而持是非以与之辩，未有能息者也，而反使多其游词，以益天下之惑。是与非奚准乎？理也，事也，情也。理则有似是之理，事则有偶然之事，情则末俗庸人之情，易以歆动沉溺不能自拔者也。以理折之，彼且援天以相抗，天无言，不能自辩其不然。以事征之，事有适与相合者，而彼挟之以为不爽之验。以情夺之，彼之言情者，在富贵利达偷生避死之中，为庸人固有之情，而恻隐羞恶之情不足以相胜。故孟子之辩杨、墨，从其本而正其罪，曰“无父无君”，示必诛而不赦也；若其索隐于心性，穿凿于事理者，不辩也。君子之大义微言，简而文，温而理，固不敌其淫词之曼衍也。

太宗命吕才刊定阴阳杂书，欲以折其妄而纳民于正，然而妄终不折，民终不信，流及于今，日以增益，且托为吕才之所定以疑民者；折之于末，而不拔其本，宜其横流之不止矣。夫此鄙猥不径之说，何足定哉？定之而孰必信之？乍信之而孰与守之？且托于所定以乱人道之大经，如近世择婚以年命，而使配耦非其类者，佥曰才所定也，历官乃以赘敬授民时之简末。呜呼！祸亦烈哉！

夫才所据理、征事、缘情以折妄者，宅经也，葬法也，禄命也。三者之不可以妖妄测阴阳，而贼民用、蔑彝伦、背天理、干王制，不待智者而洞若观火。先王虑愚民之受罔而迷也，为著于《礼经》曰："假于时日卜筮以疑众，杀。"刑当其辜，勿与辩也。然且贪懦之俗，徼幸锋端之蜜，苟延蟪蛄之生，日向术人而谋行止，忘亲蔑性，暴骨如莽而不收，争夺竞讼以求得，为君师者，尚取其言而删定之，不亦慎乎！

夫王者正天下之大经，以务民义，在国则前朝后市，在野则相流泉、度夕阳，以利民用，而宅经废矣。贤者贵，善人富，有罪者必诛，诡遇幸逃之涂塞，而禄命穷矣。慎终追远，导民以养生送死之至性，限以时，授以制，则葬法诎矣。然而有挟术以鬻利者，杀其首，窜其从，焚其书，而藏之者必诛不赦，以刚断裁之，数十年而可定。舍此不图，屑屑然与较是非于疑信之间，咸其辅颊舌以与匪人争，其以感天下，亦已末矣。吕才之定，适以长乱，言虽辩，谁令听之？

【译文】

礼乐政教以外的异端邪说，惑乱社会、欺骗百姓，如果坚持以是非标准与之辩论，不但不能止息它的传播，反而使它借此丰富其浮夸言辞，更增强了其对社会的蛊惑。是与非的标准是什么呢？就是道理、事实、情感这三个方面。道理则有似是而非的道理，事实则有偶然发生的事实，情感则有陋俗庸人之情，容易煽动人心从而使人沉溺其中而不能自拔。如果用道理驳斥它，它就援引上天的意旨进行对抗，上天不会说话，不能自辩其本意不是这样。如果用事实验证它，万事万物中正好有与其巧合的，它便挟此事实作为其没有差错的验证。如果以情感使之改变，而它所说的情感，都是在追求富贵利达偷生避命之中的情感，这都是常人所固有的情感，而礼乐政教所倡导的恻隐羞恶之情不足以与之相抗争胜。所以孟子与杨朱、墨子进行辩论，就从其本源明正其罪恶，说他们是“无父无君”，从而昭示必须予以诛杀而不能赦免的决心，如果从心性上探赜索隐、稽古发微、穿凿附会、阐发事理，是难以与之辩论的。君子所倡导的礼乐政教之大义微言，简要而有文采，温和而有道理，当然比不上异端邪说的歪理淫词散漫流衍、传播得迅速而广泛。

唐太宗命太常博士吕才刊定阴阳杂术的文献典籍，想借此机会驳斥其伪妄，而引导百姓接受正当的礼乐教化。然而，伪妄的异端邪说最终没有被驳倒，百姓最终还是不接受礼乐教化。这些阴阳杂术流传到今天，日益增多甚至泛滥，而且还假托为吕才所刊定以惑乱百姓；只是驳斥其细枝末节，而没有拔除其根本，这些异端邪说能横流泛滥不止也就不难理解了。像这些鄙陋猥琐、荒诞不经的异端邪说，有什么值得刊定的？即使刊定之后又有谁一定会相信它呢？即使暂时相信它又有谁能坚持呢？况且，假托吕才所刊定的文献典籍以扰乱人道的纲常伦理，如近代选择婚姻以寿命年庚、纳音五行推算，而使男女配偶不伦不类，都说是吕才所定的规矩，历法官员也把这些内容附赘在颁行历书的末尾。唉！这样的危害真是太严重了！

吕才依据道理、验证事实、因循情感所驳斥的伪妄邪说，主要是宅经、葬法、禄命这三个方面。这三个方面不可以妖言妄说探测阴阳，从而危害人民生活、蔑视伦理道德、违背天理、扰乱王制，不需要太聪明的人也能洞若观火，看得清清楚楚。古圣先王考虑到愚蠢的百姓受他们的欺骗而产生迷惑，为此专门在《礼经》中写得明确："假借预测时日、卜筮算命以疑惑民众者，杀无赦。"刑罚与其所犯罪行适当，无须辩论。然而民众依然摆脱不了贪求、怯懦的庸俗情感，就像侥幸舔食刀刃上的蜂蜜，身处危险之中而不知，为了苟且延续其像知了一样春生秋死的短暂生命，每天都向方士术人请教该干什么、不该干什么，忘记亲情、蔑视人性，暴露亲人的尸骨于郊野榛莽而不装殓埋葬，却致力于争夺诉讼以求得风水宝地。作为他们的君主，还要取其异端邪说加以刊定，这难道不是本末倒置吗？

作为天子，要端正天下的大道理，用心致力于人道应行之事（《礼记》所谓人义，又称人伦十义，即父慈、子孝、兄良、弟悌、夫义、妇听、长惠、幼顺、君仁、臣忠），而不惑于鬼神之不可知。在地理环境中，国也就是城邑的布局，前面是处理政事的官府，后面是流通的市场；野也就是乡间的民居选择，要观察有流水、泉源，勘察有朝阳、夕照，以便利人民的生活，那么有关宅经风水的邪说也就因此被废除了。在国家治理中，使得贤明的人受到尊重，使得善良的人得到富足，有罪的人受到诛罚，不以正道猎取名利的人侥幸逃脱的途径彻底被堵塞，那么有关禄食命运的邪说也就走到了尽头。在社会伦理中，慎重地办理父母丧事，虔诚地祭祀远代祖先，引导百姓对父母生前奉养和死后安葬的天赋品性，限制一定的时间，授予一定的制度，那么有关葬法风水的邪说就会被贬黜了。对于那些怀挟方术邪说以牟取利益的人，杀掉其首领、流放其随从、焚烧其书籍。凡是收藏这种文献的人必定诛杀而不赦，这样以强硬手段加以制裁，数十年之后，异端邪说的影响就会消除，天下就能得以安定。舍弃这样的措施不去谋划推行，却劳苦匆迫地与他们争辩是非于半信半疑之间，感应到牙床、面颊和舌头上像流水一样滔滔不绝地与那些异端之徒争论，即使能够感动天下，也是舍本求末、为时太晚了。吕才刊定阴阳杂书，恰恰起到了助长混乱的反面作用，其言辞即使非常善辩，但让谁去听从呢？

本事：《资治通鉴》卷一九六《唐纪十二·太宗》，贞观十五年（641）。

二〇　执嫡长以轻天位

立子以適，而適长者不肖，必不足以承社稷，以此而变故起于宫闱，兵刃加于骨肉，此人主之所甚难，而虽有社稷之臣，不能任其议也。魏王泰投太宗之怀，曰：“臣今日始得为陛下子。”褚遂良即以此折泰之奸，伟矣；而唐几亡于高宗，遂良致命以自靖，弗能靖国焉。故曰人主之甚难，而社稷臣不能任其议也。

丹朱不肖，尧以天下与舜，圣人创非常之举，非后世所可学也。舜立而丹朱安虞宾之位，魏王不窜，能帖然于高宗之世哉？太宗能保高宗之容承乾与泰，而不能必泰安于藩服以承事高宗，则抑情伸法以制泰，事有弗获已者；自投于床，抽刀欲刎，呜呼！英武如太宗，而欷歔以求死也，亦可悲矣哉！

或曰：“立嫡长而不能贤，择人以辅之，勿忧矣。”似也；太宗之世，忠直老臣，无有过魏徵者，固以师保之任任之矣。乃徵尝为建成之宫僚，效既可睹。徵以正月卒，而承乾以四月反，徵即不死，固无能改于其德。大难兴，徵为袁淑而已，纥干承基之流，于徵何惮焉？

教者，君父之反身也，非可仅责之师保也。光武废东海、立明帝，而汉道昌，东海亦保其福禄，不待窜也，光武之为君父者无愧也。太宗蹀兄弟之血于宫门，早教猱以升木，窜逐其所宠爱，以徇长孙无忌之请，知高宗之不能克家而姑授之，置吴王恪之贤以陷之死，夫亦反身不令，故无以救其终也。汉文守藩代北，际内乱而无窥觊之心，迎立已定，犹三让焉，然有司请建太子，犹迟久而不定，诚慎之也，非敢执嫡长以轻天位，况太宗之有惭德也乎？

【译文】

按照传统的宗法制度，应立嫡妻所生的长子为太子，但嫡长子若没有什么出息，必定难以承担起江山社稷的重任，因此宫闱之内不免发生变故，骨肉之间自相残杀，这是作为君主非常犯难的事，身边虽然有身负国家重任的大臣，也没有办法胜任议论此事的职责。魏王李泰曾投入唐太宗李世民的怀中说："儿臣今天才能够作为陛下的儿子。"大臣褚遂良就以此揭发李泰的阴谋，可以说是有远见卓识的，但是册立晋王李治为太子，唐朝几乎覆亡于高宗（李治的庙号）手中，褚遂良这时致力于自保，却不能保卫江山社稷。所以说，这是君主非常犯难的事，也不能听任身负国家重任的大臣的建议。

唐尧的儿子丹朱没有出息，就把天下传给虞舜，圣人所创立的这种非常之举，并不是后代人所能够学得到的。虞舜继位以后，丹朱才能安处虞舜国宾的地位，假如魏王李泰不被流放，能够安然顺从高宗的统治吗？唐太宗能够保证高宗容得下废太子李承乾和魏王李泰，却不能肯定李泰能安于藩服的地位以事奉高宗，那么太宗抑制父子之情、伸张法制原则以便遏制李泰，也是不得已而为之；在确立太子问题上，唐太宗左右为难，以至于扑倒在床上，想抽刀自刎。唉！像唐太宗这样英武有为的皇帝，竟然都这样为难，唏嘘叹息不已，甚至想一死了之，也太可悲了！

有人会说："立嫡长子为太子，若嫡长子不贤明，可以选择大臣辅佐他，这样就没有后顾之忧了。”这话听起来似乎不错。唐太宗时期，忠诚正直的老臣，没有能超过魏徵的，本来已经担负了太子太师的重任。而魏徵曾经是唐高祖太子李建成东宫的幕僚，他发挥作用的效果已经是有目共睹了。魏徵在贞观十七年（643）正月去世，太子李承乾四月就阴谋造反，魏徵即使不死，也不能改变李承乾的德行。如果李承乾造反的阴谋付诸实施的话，魏徵也不过是另一个袁淑（南朝宋文帝时的太子左卫率，因不从太子刘劭谋逆而被杀死）罢了，纥干承基（李承乾豢养的刺客，后上书告发太子谋反，被任为折冲都尉）之流怎么会害怕魏徵呢？

教育太子，是作为君父的天子自我检束的责任，不能仅仅简单地托付给太子太师、太子太保等官员。汉光武帝刘秀废掉太子刘彊，改封东海王，而改立原来的东海王刘庄即后来的汉明帝为太子，东汉王朝得以强盛，东海王刘彊也能保其福禄而没有被流放，光武帝刘秀作为君父也问心无愧。而唐太宗通过玄武门之变杀掉他的兄弟，早就像教猴子爬树一样为子孙树立了不好的榜样，又流放自己宠爱的魏王李泰，以顺从长孙无忌册立李治为太子的请求，明知高宗的能力不能保其家室却把皇位传授给他，把以贤明著称的吴王李恪陷害致死，这也是他的自我检束做得不好，所以难以挽救最终的失误。汉文帝刘恒作为藩王驻守在代北（今山西代县以北地区）地区，在皇室内乱之际，他也没有觊觎皇位之心，直到朝廷决定迎立他为皇帝时，他还再三谦让。然而，当有关官员请他册立太子时，他还犹豫了很长时间而不能确定，确实是非常谨慎的，不敢只考虑坚持嫡长子继承制的原则，而轻视江山社稷的万世一系、地位永固，更何况唐太宗李世民本人为了争夺皇位杀兄诛弟而有亏于行、有愧于心呢？

本事：《资治通鉴》卷一九七《唐纪十三·太宗》，贞观十七年（643）。

二一　不明不可以为仁，不忠不可以为恕

长孙无忌曰："太子仁恕，实守文之德。"此佞者之辩也。太宗不能折之，遽立治而不改，唐几以亡。仁恕者，君德之极致，以取天下而有余，况守文乎？无忌恶知仁恕哉！不明不可以为仁，不忠不可以为恕。

仁者，爱之理也，而其发于情也易于动，故在下位而动于利，在上位而易动于欲。君子之仁，廓然曙于情之贞淫，而虚以顺万物之理，与义相扶，而还以相济。故仁，阴德也，而其用阳。若遇物而即发其不忍之情，则与嚅唲响沫者相取，而万物之死生有所不恤。阴德易以阴用，而用以阴，乃仁之贼，此高宗之仁也。

恕者，推己以及人，仁之牖也。以己之欲，推之于物，难之难者也。难之难者，以其所推者己之欲也。故君子之恕，推其所不欲以勿施于人，而不推其欲以必施，以所欲者非从心而不逾矩，未可推也。然而不欲者，亦难言矣。

夺己之声色臭味，而使不集于康，固人之所不欲也；

以此而不欲夺人，则屈己之道，屈天下之情，以求免于人之怏悒（yàng yì），皆可曰恕，而以纵女子小人佥壬谗佞者弥甚。忠也者，发己自尽之谓。尽己之所可为，尽己之所宜为，尽己之所不为而弗为，而后可以其不欲者推于物而勿施。不然，人且呼吁以请，涕泣以干，陈其媟狎之私，以匍伏而待命，女子小人佥壬谗佞未能得志之日，方挟此术以怵我，而己于义利理欲之情未定，则见为不可拂而徇之，以恣其奸邪，皆曰是不可欲者勿施焉，恕也。

故仁恕者，君子之大德，非中人以下所能居之不疑者也。高宗竟以此而不庇其妻子，不保其世臣，殃及子孙，祸延宗社。长孙无忌恶足以知仁恕哉？挟仁恕之名以欺太宗，而太宗受其罔，故曰佞者之辩也。太宗明有所困，忠有所诎，遂无以折佞人之口而使售其邪，此三代以下，学不明，德不修，所以县绝于圣王之理也。

【译文】

长孙无忌说："太子李治仁恕，确实具备守成之君的品德。"这句话可以说是巧言令色、工于谄媚之人的巧辩。唐太宗李世民不能驳斥这种巧辩，很快就册立李治为太子而不再更改，唐朝几乎因高宗李治灭亡。所谓仁恕，是君主品德的最高境界，凭借这种品德夺取天下还绰绰有余，何况是遵守成法呢？长孙无忌怎么知道仁恕呢！不明不能称作仁，不忠不能称作恕。

所谓仁，就是内心充满善良的品德、懂得爱人的道理。

仁爱之心生发于内心的情感，而且容易发生动摇，所以下层民众容易为利益所动，上层统治者则容易为欲望所动。君子的仁爱之心，对人情的忠贞或放纵廓然明白，从而能够虚怀若谷以顺从万事万物的发展规律，与道义相互辅助、相互促成。所以，仁爱是一种阴德，而其功用则为阳。假若遇到事情即激发其不忍之情，就对强笑曲从、抚慰救助的人产生难舍与同情之心，而置万物的生死于不顾。这样阴德由原来的阳用转变为阴用，而阴德一旦以阴的方式被应用，就是仁爱之心的残贼，这就是唐高宗的仁爱之心。

所谓恕，就是设身处地地为别人着想，是施行仁爱的途径。把自己想要的东西推与他人，这是难上加难的事情，因为他所推与他人的正是自己想要的。所以，君子之恕，是把自己所不想要的东西也不要施予他人，而不是一定把其想要的东西施予他人，因为自己想要的并不是随心所欲而不超越伦理道德规范的东西，这是不可推予的。然而不想要的东西也是很难说清楚的。

夺去自己对声色美味的感知和享受，而使之不能集中于康乐富足，本来就是人所不愿意的。因而不想夺人之声色美味，那么委屈自己的方法，委屈天下的情感，以求免去人们的不快，都可以称作恕，而把放纵对女子、小人以及奸邪、进谗、佞幸之人的束也称作恕，那就太过分了。所谓忠，就是把自己的全部能力都发挥出来。尽自己的能力干自己干的事，尽自己的能力干自己应该干的事，尽自己的能力不干自己不应该干的事，而后才能把自己不想要的推于物而不施予人。否则，人们将呼叫着以请愿，哭涕着以诉求，陈述其轻慢狎玩的私情，以匍匐恳求而听命，女子、小人以及奸邪、进谗、佞幸之人尚未得志的时候，正是采取这种办法来吓唬我们，而我们自己的义利、理欲之情还没有确定，那么见到他们这样做又不能拂其意，只能顺从他们，从而纵容他们的奸邪行为。所有这些都是说自己不想要的东西，不要施予他人，这就是恕。

所以，仁恕是君子的崇高品德，并不是中等以下资质的人所能担当其名而不受怀疑的。唐高宗李治竟然以他的所谓“仁恕”，不能庇护自己的妻子儿女，不能保护元勋重臣，灾殃及于子孙后代、祸乱及于宗庙社稷。长孙无忌怎么能知道仁恕之义呢？他只是借助仁恕之名欺骗唐太宗李世民，而唐太宗也受了他的蒙蔽，所以说这是巧言令色、工于谄媚之人的巧辩。唐太宗在这个问题上，圣明被杂事困扰，使忠臣被贬黜，于是没有理由驳斥奸佞之人的妄言，结果使其奸邪得以实现，这也是夏、商、周三代以下，历代帝王学术不明、道德不修，与古圣先王所倡导的正道大义高下悬绝的原因。

本事：《资治通鉴》卷一九七《唐纪十三·太宗》，贞观十八年（644）。

二二　唐太宗之不仁

负慝而畏人知，掩之使不著，以疑天下，小人之伪也。

其犹畏人知也，有不敢著、不忍著之心，则犹天良之未尽亡也。抑不著而使天下疑，则使天下犹疑于大恶之不可决为，而名教抑以未熸。无所畏，无所掩，而后恶流于天下，延及后世，而心丧以无余。太宗亲执弓以射杀其兄，疾呼以加刃其弟，斯时也，穷凶极惨，而人之心无毫毛之存者也。史臣修高祖实录，语多微隐，若有怵惕不宁之情焉。夫人皆有之心也，且以示后世，与宋太宗烛下斧影之事同其传疑，则人固谓天伦之不可戕也。而太宗命直书其事，无畏于天、无惮于人而不掩，乃以自信其大恶之可以昭示万世而无惭，顾且曰“周公诛管、蔡以安周，季友鸩叔牙以存鲁”，谁欺乎？周公之诛管、蔡，周公不夺管、蔡之封也；季友鸩叔牙，季友不攘叔牙之位也。建成、元吉与已争位，而未尝有刘劭之逆，贻唐室以危亡，而杀之以图存，安忍无亲，古人岂其口实哉？

且周公之不得已而致天讨也，《鸱鸮》（chī xiāo）之怨，《东山》之悲，有微辞，有隐痛，祸归于商、奄，而不著二叔诛窜之迹；东人之颂公者，亦曰四国是皇，不曰二叔是诛也。过成于不忍疑，事迫于不获已，志窘于不能遂，言诎于不忍明，天下后世勿得援以自文其恶，观过而知仁，公之所以无惭于夙夜也。若无过之不可掩，而君子为谓其如日月之食者，则惟以听天下后世之公论，而固非已自快言之奖天下于戕恩。况太宗之以夺大位为心，有不可示人之巨慝乎？至于自敕直书，而太宗不可复列于人类矣。

既大书特书以昭示而无忌矣，天子之不仁者，曰吾以天下故杀兄弟也；卿大夫之不仁者，亦曰吾以家故杀兄弟也；士庶人亦曰吾以身故杀兄弟也。身与家之视天下也孰亲？则兄弟援戈矛以起，争田庐丝粟之计，而强有力者得志焉，亦将张胆瞋目以正告人曰：吾亦行周公、季友之道也。蛇相吞，蛙相啖，皆圣贤之徒，何惮而弗为哉？史者，垂于来今以作则者也，导天下以不仁，而太宗之不仁，蔑以加矣。万世之下，岂无君子哉？无厌然之心，恻隐羞恶，两俱灰烬，功利杀夺横行于人类，乃至求一掩恶饰伪之小人而不易得也，悲夫！

【译文】

居心邪恶的人畏惧世人知道，千方百计地加以掩饰使其不显露以惑乱天下，这是小人的诡诈。这些人还畏惧世人知道，还有不敢显露、不忍显露之心，说明他们的天良还没有彻底丧尽。或者没有显露而使天下疑惑，那么使天下人仍然怀疑决不可做巨奸大恶之事，说明儒家的礼仪教化还是没有被毁灭。至于那些做了坏事，无所畏惧、无所掩饰，而后罪恶流毒于天下、传延到后世的人，其良心丧尽而无余。唐太宗李世民亲手用弓箭射死他的哥哥李建成，大声喊叫让人用刀杀害他的弟弟李元吉，当此之时，他穷凶极恶、残忍无比，做人的良心已经没有一丝一毫存在了。后来史官在修撰唐高祖实录的时候，记录此事的用语非常隐讳，内心好像存有恐惧警惕的情感。这是人人皆有的正常想法，况且将此事传示后世，与宋太宗烛影斧声之事

（宋太宗赵光义杀害其兄宋太祖赵匡胤）一样作为传世的历史疑案，可见人们本来以为天道人伦是不能毁灭的。可是唐太宗却命令史官秉笔直书这件事情，既不畏惧上天，也不怕世人，对自己所为毫不掩饰，他自信犯下的重大罪行可以昭示万世而不感到惭愧。他甚至还说："周公旦诛杀他的弟弟管叔、蔡叔是为了安定周朝，季友鸩杀叔牙是为了保存鲁国。"他这样说是欺骗谁呢？周公旦虽诛杀和流放管叔、蔡叔，但他并没有夺回管叔、蔡叔的封地；鲁国公子季友虽以鲁庄公之命鸩杀欲立奸臣庆父的叔牙，但他并没有夺取叔牙的地位。太子李建成、齐王李元吉与唐太宗争夺太子地位，但不曾有像南朝宋文帝太子刘劭那样的悖逆行径，也不曾给唐朝政权带来危亡，而唐太宗却要杀掉他们以图自存，残忍自私而毫无亲情，古人难道可以作为他杀死兄弟的口实吗？

况且，周公东征并诛杀和流放管叔、蔡叔也是不得已而秉承天意讨伐叛乱。《诗经·鸱鸮》所表达的哀怨，《诗经·东山》所表达的悲伤，其中有隐晦的批评，也有隐忍的悲痛，把发动叛乱的责任归咎于商、奄之地以武庚为首的商朝遗民，却不写明管叔、蔡叔被诛杀和流放的事迹，东方之民称赞周公，也说四方之国得到匡正，而不说管、蔡二叔得到诛杀和流放。其过错形成于不忍心兄弟的猜疑和叛乱，其事情紧迫到万不得已，其愿望窘迫到不能实现，其言语钝拙于不忍心明说，天下后世是不可以援引这件事从而掩饰自己的罪恶的。观察一个人所犯的过错，就可以知道他的为人，这也正是周公旦白天晚上都不会感到惭愧的原因。至于自己的过错已不能掩饰，君子把这种情况称为就像日食、月食一样人人都看得见，那么也只有听任天下后世的公正评论了，本来就不是自己先给自己做评价，以鼓励天下戕害至亲恩情。更何况唐太宗当时诛杀兄弟是为了夺取皇帝的宝座，其内心有不可示人的大奸大恶呢？至于他自己敕令史官秉笔直书这件事，可以说唐太宗已经不齿于人类而与禽兽无异了。

既然把自己的罪恶大书特书以昭示天下而无所顾忌，那么天子中的不仁者就会说，我是为了天下才杀掉我兄弟的；卿大夫中的不仁者也会说，我是为了家族的缘故才杀掉我的兄弟的；士人、庶人也会说，我是为了保护自己才杀掉我兄弟的。自身、自家与天下相比哪个更亲近呢？按照他们的说法，那么兄弟之间为了争夺田宅、丝绢和粮食，就可以拿起戈矛自相残杀，其中强而有力者就会取胜而得遂其志，也将会明目张胆、无所畏惧地正告他人说：我也是按照周公、季友的办法行事。这样做就像毒蛇相互吞食、青蛙食其同类一样，他们都是圣贤的门徒，还有什么可以忌惮而不能为所欲为的呢？史书，是垂于后世让人作为行事准则的，而唐太宗让史官这样编撰历史，把天下人引导到不仁不义的歧途，唐太宗的不仁可以说是无以复加了。千秋万代之下，难道就没有君子了吗？如果对唐太宗这样的罪恶行径没有厌恶之心，而恻隐之心与羞恶之心双双俱亡成为灰烬，那么急功近利、弑杀攘夺就会在人类世界横行无忌，甚至寻找一个想要掩盖罪恶、粉饰诈伪的小人也不可能得到了，实在令人痛心啊！

本事：《资治通鉴》卷一九七《唐纪十三・太宗》，贞观十七年（643）。

二三　天子讨而不伐

隋之攻高丽而不克也，君非其君，将非其将，士卒怨天下，盗贼乱于内，固其宜矣。唐太宗百战以荡群雄，李世勣、程名振、张亮，皆战将也，天下抑非杨广狼戾以疲敝之天下，太宗自信其必克，人且属目以待成功，乃其难也，无异于隋，于是而知王者行师之大略矣。

太宗自克白岩，将舍安市不攻，径取建安，策之善者也，而世勣不从。高延寿、高惠真请拔乌骨城，收其资粮，鼓行以攻平壤，而长孙无忌不可。乃以困于安市城下，而狼狈班师。夫世勣、无忌岂不知困守坚城之无益？而阻挠奇计，太宗自策既审，且喜闻二高之言，而终听二将以迁延，何也？唯天子亲将，胜败所系者重，世勣、无忌不敢以万乘尝试，太宗亦自顾而不能忘豫且之戒也。向令命将以行，则韩信之度井陉，刘裕之入河、渭，出险而收功；即令功堕师挠，固无系于安危之大数，世勣、无忌亦何惮而次且哉？

苻坚不自将以犯晋，则不大溃以启鲜卑之速叛；窦建德不自将以求洛，则不被擒而两败以俱亡；完颜亮不自将以窥江，则不挫于采石，而国内立君以行弑；佛狸之威，折于盱眙；石重贵之身，禽于契丹；区区盗贼夷狄之主，且轻动而召危亡，况六宇维系于一人而轻试于小夷乎？怯而无功，世勣、无忌尚老成持重之谋也。不然，土木之祸，天维倾折，悔将奚及邪？王钦若诋寇准以孤注，钦若诚奸，准亦幸矣；鼓一往之气，以天子渡河为准之壮猷，几何而不误来世哉？《春秋》书从王伐郑，讳其败以讥之，射肩而后，王室不可复兴，桓王自贻之也。故曰天子讨而不伐。

【译文】

隋朝攻打高丽没有取得成功，主要是因为君非其君、将非其将，下层的士卒怨恨不已、国内盗贼的叛乱不止，所以失败也是必然的结局。唐太宗李世民身经百战，荡平群雄，李世勣、程名振、张亮，都是有名的战将，唐朝的天下也不像隋炀帝杨广那样凶狠残暴统治下疲敝不堪的形势。唐太宗自信一定能够攻无不克，国人也都拭目以待一举成功、奏凯而归，但唐太宗所遭受的挫折和带来的灾难，却与隋炀帝无异，从这两次攻打高丽的战争中，我们可以知道作为君主统军作战的大概了。

唐太宗自从亲率大军攻克白岩（今辽宁抚顺境内）之后，放弃安市（今辽宁辽阳）不进攻，而直接攻取建安（今辽宁营口），这是上好的作战决策，而李世勣却不听从命令。高延寿、高惠真请求先拔掉乌骨城（在今辽宁丹东境内），夺取高丽的粮食物资储备，然后一鼓作气攻下平壤

（今朝鲜平壤），而长孙无忌认为不可行。就这样唐朝大军被困于安市城下，最后狼狈班师、无功而返。李世勣、长孙无忌难道真的不知道困守坚城没有什么好处，却极力阻挠那些奇计妙策的实施吗？唐太宗自己确定的策略已很清晰，又喜欢听高延寿、高惠真的话，最后终于听任两位将军迁延时日，这是为什么呢？唯一的原因就是天子亲自统率大军出征，这一仗的胜败关系重大，李世勣、长孙无忌不敢以皇帝万乘之尊做无谓的冒险，而唐太宗也自念不能忘怀“白龙鱼服，见困豫且”（刘向《说苑》记载的一则神话故事：天上的白龙化作一条鱼来到人间，在河里游时被渔人豫且射伤一只眼睛，负痛而逃）的忧虑和警戒。假如当初派遣大将出征，就能够像韩信一样度过井陉关（在今河北井陉北井陉山）大破赵军，像刘裕一样顺利进入黄河、渭水流域北伐大胜，出险招而建奇功；即使不幸军队受到阻挠无功而返，本来也对国家安危没有重大影响，李世勣、长孙无忌又有什么忌惮而犹豫不敢进军呢？

假如前秦世祖苻坚不亲自率军南下侵犯东晋，就不会造成淝水之战大败而导致鲜卑族的速起反叛；夏王窦建德如果不亲自率军救援洛阳的郑王王世充，就不会为唐军所擒而导致他和王世充双双落败而一起覆灭；金海陵王完颜亮若不亲自率军到长江一线进攻南宋，就不会在采石（在今安徽马鞍山长江东岸）遭到失败，导致金国内部拥立新君，自己也被完颜元直弑杀；以北魏太武帝拓跋焘（小字佛狸）的赫赫威风，还在盱眙（今江苏盱眙）城下受到挫折而损失惨重；后晋出帝石重贵不自量力亲征契丹，结果却被俘虏而客死他乡。像这些区区盗贼、夷狄的君主，尚且由于轻举妄动而招致危险或灭亡，何况唐朝这样统一六合的泱泱大国之命脉所系的君主，怎能轻易亲征而与小小的高丽作战呢？因为忧虑唐太宗冒险，胆怯而不敢进攻，最后无功而返，这还是李世勣、长孙无忌的老成持重之谋。否则，一旦发生像明朝的土木之变（明英宗朱祁镇亲征瓦剌在土木堡失败被俘），擎天大柱倾倒折断，那时后悔怎么来得及呢？北宋王钦若诋毁寇准劝宋真宗亲征是孤注一掷，王钦若确实奸诈，但他这话是正确的；宋辽两国最终达成澶渊之盟，也算是寇准的幸运；鼓动一往无前之气，让天子率军渡过黄河与敌军作战，这是寇准的雄伟计划，然而一旦出现意外会对来世造成多大的影响呢？《春秋》中记载，周桓王率诸侯联军讨伐郑国，因为为王者避讳而没有记载其失败并讥讽他。周桓王在伐郑过程中，被一箭射中肩膀，从此其后周王室一蹶不振，再也没有复兴的希望，这是周桓王自己造成的结果。所以说，天子只能声讨敌方而不能亲自率军征伐。

本事：《资治通鉴》卷一九八《唐纪十四·太宗》，贞观十九年（645）。

二四　刘洎被杀，理所当然

刘洎之杀，谓褚公谮之者，其为许敬宗之污诬，固已。

乃使褚公果以洎之言白于太宗，亦讵不可哉？太宗征高丽，留守西京者，房玄龄也；受命辅太子于定州者，高士廉、张行成、高季辅、马周，而洎以新进与焉，非固为宗臣，负伊、周之独任也。兵凶战危，太宗春秋已高，安危未决也，太子柔弱，固有威福下移之防。洎于受命之日，遽亢爽无忌而大言曰："大臣有罪，臣谨即行诛。"然则不幸而太宗不返，嗣君在疚，玄龄之项领，且悬于洎之锋刃，而况士廉以下乎？又况其余之未尝受命者乎？

人臣而欲擅权以移国者，必立威以胁众，子罕夺宋公之柄，用是术也。而曹操之杀孔融，司马懿之杀曹爽，王敦之杀周顗、戴渊，无所禀承，犹无择噬；矧（shěn）洎已先言于当宁，挟既请之旨，复何所忌以戢其专杀乎？魏王泰未死，吴王恪物望所归，洎执生杀之权以诛异己，欺太子之柔，唯其志以逞，何求而不得？然则伊、霍之事，洎即不言，抑必有其情焉；而又恶知洎之狂悖，不果有是言哉？

或曰：洎谨即行诛之对，刚而戆耳，非能有不轨之情也。曰：所恶于强臣者，唯其很耳。戆者，很之徒也。无所忌而函之心，乃可无所忌而矢诸口，遂以无所忌而见之事。司马师、高澄、朱温、李茂贞唯其言之无忌者，有以震慑乎人心，而天下且诧之曰：此英雄之无隐也。当其曰"谨即行诛"，目无天子，心无大臣，百世而下，犹不测其威之所底止，而可留之以贻巽软之冲人乎？使褚公果劝太宗以杀洎，亦忠臣之效也。

或曰：唐处方兴之势，而长孙无忌、房玄龄、李世勣以开国元臣匡扶王室，洎虽狂，无能为也。曰：人之可信以无妄动者，唯其慎以言、虑以动而已。不可言而言之，则亦不可为而为之。朱泚孤军无助而走德宗，苗傅、刘正彦处张浚、韩世忠之间而废宋高，皆愚戆而不恤祸福者也。借曰洎为文吏，兵柄不属焉，范晔、王融亦非有兵之可恃，又孰能保洎之无他乎？使伏其辜，非过计而淫刑，审矣。

【译文】

曾任尚书右丞、侍中、检校民部尚书兼太子左庶子的宰相刘洎被唐太宗李世民赐死，有人说这是褚遂良在太宗面前诬陷他的结果，其实是许敬宗在太宗面前诬告了他。这本来是没有问题的。假如褚遂良真的把刘洎所说的话告诉唐太宗，又有什么不可以的呢？唐太宗亲率大军远征高丽，留守西京长安（今陕西西安）的，是宰相房玄龄；受命在定州（今河北定州）辅佐太子的，是高士廉、张行成、高季辅、马周等人，而刘洎也以新进官员的身份参与辅佐太子，他本就不是宗庙社稷之臣，担负着像伊尹、周公那样独自辅佐幼主的重任。当时正是兵凶战危之机，唐太宗年事已高，天下安危尚不确定，加上太子李治柔弱，本来就有威福下移、大权旁落的防备之心。刘洎在接受任命的当天，就慷慨激昂无所顾忌地放出大话说：“大臣有罪，臣当立即予以诛罚。”既然这样，那么如果不幸唐太宗死于战争途中，继位的君主沉浸于悲伤忧虑和病痛之中，就连宰相房玄龄的颈项也都在刘洎高悬的利刃之下，何况高士廉以下的诸位大臣呢？更何况其余在唐太宗出征前没有委以重任的大臣呢？

作为人臣，想要专权擅政进而谋逆篡位的，必定树立自己的权威以胁迫众人，春秋宋国司城子罕夺取宋公的权柄，就是用的这种办法。而汉末曹操杀名士孔融，曹魏司马懿杀宗室大将曹爽，东晋王敦杀大臣周顗、戴渊，根本不禀报君主，还毫无分别地滥杀无辜；况且刘洎已事先向皇帝说过，凭借已经得到皇帝允准的圣旨，还有什么可忌讳而收敛其专杀大权呢？魏王李泰还没有死，吴王李恪以其贤德为众望所归，刘洎执掌生杀大权诛除异己，欺侮太子懦弱无能，肆意逞其野心，那么还有什么要求不能得到满足呢？既然这样，那么伊尹、霍光作为辅政大臣控制君主于股掌之上这样的事，刘洎即使不说，但一定有这种想法；况且又怎么知道以刘洎的狂妄悖逆，他难道不会真的说出这种话吗？

有人说：刘洎关于“臣当立即予以诛罚”的对答，只能表明他太刚直罢了，不能因此就说他有不轨之心。我的回答是：人们所厌恶强臣的地方，就是他们太凶暴了。刚直的人，就是凶暴之徒。他们表面上无所顾忌却把野心深藏起来，进而可以无所顾忌地从嘴中说出，再进一步就会无所顾忌地把其野心付诸行动。曹魏末年的权臣司马师（后被尊为晋景帝，庙号世宗）、东魏末年的大丞相高澄（后被尊为文襄皇帝，庙号世宗）、后梁太祖朱温、唐末权臣岐王李茂贞就是因为他们说话时无所顾忌，从而震慑人心。而天下人尚且惊为奇事，说：这是英雄豪杰说话时毫无隐晦。当刘洎说“臣当立即予以诛罚”这句话的时候，目无天子、心无大臣，千百年之后，还难以测度其威风会要到什么地步为止，像这样的人怎么能够把他留给懦弱无能的太子李治呢？即使褚遂良果真劝唐太宗杀掉刘洎，也是忠臣应有的举动。

有人说：唐朝当时正处在方兴未艾的盛世，而长孙无忌、房玄龄、李世勣都以开国元老匡扶王室，刘洎虽然狂妄，也不会有什么作为。回答是：可以信任其是不会轻举妄动的人，只能看他说话谨慎、行动深思熟虑的表现罢了。不能说的话说出来了，那么不能做的事情也就做得出来。像唐朝大将朱泚在孤军无援的情况下却发动泾原兵变，要赶走唐德宗李适；南宋将领苗傅、刘正彦身处大将张浚、韩世忠之间，却发动兵变要废黜宋高宗赵构，他们都是以其愚昧刚直的性格而不顾惜生死祸福的人。如果说刘洎身为文吏，并没有掌握兵权，不会像朱泚等人那样轻举妄动，那么南朝宋的左卫将军、太子詹事范晔和南朝齐的中书郎、宁朔将军王融也都是一介文士，没有什么兵权可凭借，他们仍然因参与废立而被诛杀，又有谁能保证刘洎没有其他野心呢？唐太宗赐死刘洎使其认罪伏法，并非过虑而滥施刑罚，这是很审慎和明白的。

本事：《资治通鉴》卷一九八《唐纪十四·太宗》，贞观十九年（645）。

二五　星占术测，乱之所生

星占术测，乱之所自生也。史言《秘记》云："唐三世之后，女主武王，代有天下。"谁为此《秘记》者，其由来不可考也。太白之光，群星莫及，南北之道，去日近而日夺其光，去日远则日不能夺，而昼见五纬之出入，历家所能算测，而南北发敛，历法略而古今无考，使有精于步测者，亦常耳。而太史守其曲说，曰"女主昌"，与所谓《秘记》者相合，太宗不能以理折之，而横杀李君羡以应之；李淳风又曰"天之所命，人不能违"，以决其必然，武氏之篡夺，实斯言教之也。

凡篡夺之祸，类乘乎国之将危，而先得其兵柄，起而立功以拯乱，然且迟回疑畏而不敢骤；抑有强干机智之士，若荀攸、郗虑、刘穆之、傅亮、李振、敬翔之流，赞其逆谋，而多畜虎狼之将佐，为之爪牙，然后动于恶而人莫能御。今武氏以一淫姬处于深宫，左右皆傅粉涂朱猥媟之贱士，三思、懿宗、承嗣辈，固耽酒嗜色之纨绔，一强项之邑令可鞭笞而杀之庸竖也。乃以炎炎方兴之社稷，淫风一拂，天下归心，藏头咋舌于枷棓薰灼之下，莫之敢抗。武氏何以得此于臣民哉？天下固曰：前圣之《秘记》然也，上天之垂象然也；先知如淳风者，已曰"天之所命，人不能违"也。淳风曰：当王天下。武氏曰：吾当王也。淳风曰：杀唐子孙殆尽。武氏曰：吾当杀也。呜呼！摇四海之人心，倾方兴之宗社，使李氏宗支骈首以受刃，淳风一言之毒，滔天罔极矣。

甚哉！太宗之不明也，正妖言之辟，执淳风而诛之，焚《秘记》，斥太史之妄，武氏恶足以惑天下而成乎篡哉？有天下而不诛逐术士、敬授民时以定民志，则必召祸乱于无穷。人有生则必有死，国有兴则必有亡，虽百世可知也，恶用此哓（xiāo）哓者为？

【译文】

星相占卜、术数预测之类的异端邪说，是祸乱产生的根源。史书记载，唐代民间广泛流传的《秘记》一书中说："唐朝三世之后，女主武王，将取代李氏而拥有天下。"《秘记》一书的作者是谁，其由来已不可考证。太白星的光亮，是群星莫及的。南北之道为经，距离太阳近，太阳光就遮住太白星的光；距离太阳远，太阳光就遮不住其光亮，白天就可以见到太白星的光。金（太白）、木（岁星）、水（辰星）、火（荧惑）、土（镇星）五大行星的出入运行，历法家是可以推算和预测的。而其南北运行轨道远近往还的具体情况，历法中的记载简略，自古至今也没有人考证清楚，假若有精于步测的人，这事也是很平常的。而太史却坚守其错误的说法，声称"女主昌"，与所谓《秘记》中的记载相吻合，唐太宗不能依理驳斥这种谬论，却杀掉附会其说的右武卫将军李君羡以印证这种说法。李淳风又说："天之所命，人不能违。"表示这样的事情必然会发生。

武则天篡权夺位，实在是这些异端邪说诱导她的结果。

凡是篡权夺位的祸乱，一般都发生于国家将要发生大危机时，而率先取得兵权的人，起来建功立业，拯救国家于祸乱和危亡之际，即使这样，他们对于篡权夺位尚且犹豫不决、迟疑畏惧而不敢马上付诸行动；可是有一些精明强干、机智过人的士人，像东汉末年的荀攸、郗虑，南朝宋的刘穆之、傅亮，唐朝末年的李振、敬翔之流，参赞悖逆阴谋，豢养很多如狼似虎的将士，作为他们的爪牙，然后开始谋权篡位的罪恶行径，也没有人能抵御他们。如今的武则天不过是身居后宫的一位妇人，她的身边都是些傅粉涂脂、猥琐轻浮的卑贱之士，其宗人武三思、武懿宗、武承嗣等人，本来就是些嗜酒好色的纨绔子弟，一个性格刚直不肯低首的县官就可以鞭笞或杀掉的鄙陋无用之人。然而，正在蒸蒸日上、方兴未艾的唐朝江山社稷，武则天淫风一拂，竟然天下归心，在残酷刑罚和凌人气势的威胁之下，人们只能藏头缩尾、咋舌不语，没有人敢起来反抗，武则天凭借什么得到广大臣民的驯顺呢？天下人固然会说：从前圣贤所作的《秘记》中记载的就是这样，上天所显示的征兆也表明是这样；像李淳风这样的先知先觉者也说过："这是上天所命，人们是不可违抗的。"李淳风说：女主当称王天下。武则天就说：我当称王天下。李淳风说：把唐朝的皇室李氏的子孙杀戮殆尽。武则天就说：我应当杀掉他们。唉！动摇天下四海的人心，使方兴未艾的唐朝社稷倾覆，让李氏宗室子孙束手就擒、坐以待毙，李淳风这一句话的危害，可以说是罪恶滔天、无穷无尽。

唐太宗的不能明察，也太严重了！假如他能明确宣示那些妖言，抓住李淳风把他杀掉，焚毁《秘记》一书，驳斥太史的妄言，那么武则天怎么能够蛊惑天下进而篡权夺位呢？拥有天下却不诛杀、驱逐那些妖言惑众的术士，颁布历法给百姓使他们知晓时令变化，以安定百姓的心志，这样就会招致无穷的祸乱。人有出生就一定有死亡，国家有兴盛就一定有衰败，即使千秋百代之后也是可以知道的，哪里用得着这些妖言惑众者的吵嚷叫嚣呢？

本事：《资治通鉴》卷一九九《唐纪十五·太宗》，贞观二十二年（648）。

二六　明君不以利饵其臣

以利为恩者，见利而无不可为。故子之能孝者，必其不以亲之田庐为恩者也；臣之能忠者，必其不以君之爵禄为恩者也；友之能信者，必其不以友之车裘为恩者也。怀利以孝于亲、忠于君、信于友，利尽而去之若驰，利在他人，则弃君亲、背然诺，不旋踵矣，此必然之券也。故慈父不以利畜其子，明君不以利饵其臣，贞士不以利结其友。

太宗迁李世勣为叠州都督，而敕高宗曰：“汝与之无恩，我死，汝用为仆射，以亲任之。”是已明知世勣之唯利是怀，一夺予之间而相形以成恩怨，其为无赖之小人，灼然见矣；而委之以相柔弱之嗣君，不亦愚乎！长孙无忌之勋戚可依也，褚遂良之忠贞可托也，世勣何能为者？高祖不察而许为纯臣，太宗不决而托以国政。利在高宗，则为高宗用，利在武氏，则为武氏用，唯世勣之视利以为归，而操利以笼之，早已为世勣所窥见，以益歆于利，“家事”一言，而社稷倾于武氏，所必然矣。若谓其才智有余，任之以边陲可矣。锢之于叠州，唐恶从而乱哉？

【译文】

以利益为恩惠的人，见到利益就没有不可做的事情。所以，作为儿子能够守孝的人，必定不会把得到父母的田宅当作恩惠；作为臣子能够尽忠的人，必定不会把君主赐予的爵禄当作恩惠；作为朋友能够诚信的人，也必定不会把得到朋友的车马衣裘当作恩惠。如果是心怀私利孝顺父母、忠于君主、守信于朋友，那么无利可图时，就会飞快地远离父母、君主和朋友；如果别人能提供利益，那么他就会在极短的时间内抛弃父母、君主、背弃朋友之间的诺言，这是必然的。所以，作为慈父，不用利益养育其子；作为明君，不用利益引诱其臣；作为正直之士，不用利益交结朋友。

贞观二十三年（649），唐太宗临死前，把李世勣贬到叠州（今甘肃甘南迭部）任都督，对其子高宗李治说：“你对李世勣没有什么恩惠，我死以后，你把他调入京城任用为尚书仆射，这样他蒙受了你的恩惠，就可以亲近并重用他了。”这说明唐太宗已经明知李世勣是唯利是图的人，在官职的一贬一升之间，李世勣就会对前后两任君主产生怨恨或感激之情，李世勣是一个无赖小人，从这里就显而易见。可是唐太宗却把辅佐柔弱的嗣位之君这样的重任托付给他，不也太愚蠢了吗？长孙无忌作为元勋、外戚是可以依靠的，褚遂良的忠诚正直也是可以托付重任的，而李世勣能做些什么呢？唐高祖李渊不能明察秋毫，而把李世勣视为忠纯笃实之臣；唐太宗犹豫不决，却又把国家政事托付给他；唐高宗对他有利时，他就为唐高宗所用，武则天对他有利时，他就为武则天所用，他只把有无利益和利益之大小作为从违去就的标准。唐太宗父子用利益笼络李世勣，早已被李世勣暗中窥探清楚，使他更加喜爱羡慕而追求利益。在高宗欲立武则天为皇后问题上，元老重臣极力反对，而李世勣却以这是皇帝“家事”这一句话，确立了武则天的皇后地位，后来国家社稷倾覆于武则天之手，也是必然的结局。如果认为李世勣才智有余，任用他守卫边疆就可以了。把李世勣禁锢在叠州这个地方，唐朝还怎么会发生内乱呢？

本事：《资治通鉴》卷一九九《唐纪十五·太宗》，贞观二十三年（649）。

卷二十一

明刻本《历代帝贤像》中的武则天画像

【题　解】

本卷评论唐朝前期高宗和武则天时期的历史，分高宗、中宗二目，共二十六则。

高宗李治（628—683）为太宗第九子，在位期间对内、对外都维持稳定发展之局，后期则逐步形成武则天专权。王夫之选择八个问题对其加以评论。关于高宗暗弱、柔懦的性格特征，王夫之认为“至弱之主，必有暴怒；至暗之主，必有微明”，使他既不忍于先，又无恒于后，从而为别有用心的人所利用和控制，长孙无忌、李义府、上官仪、李世勣、武则天等，正是因此导致李氏宗室被屠戮、女主擅朝政。王夫之通过分析遣官到边疆州郡任职，提出四海为家、内外攸同；通过分析朝廷重臣和地方大员自辟僚属，提出一代之治、各因其时；通过分析赈饥遣使巡行，提出救荒之道以“察有司之廉能为最亟”，体现了强调教化、主张革新、注重民生的历史观。

中宗李显（656—710）为高宗第七子，弘道元年（683）即位后武则天临朝称制，不久被废为庐陵王，神龙元年（705）复位，一生受制于母亲武则天、妻子韦皇后、女儿安乐公主，庸碌无为，最后死于非命。王夫之选择十八个问题对其加以评论。除了批评中宗的荒淫狂惑、无所作为，评论重点围绕这一时期的真正主角武则天展开。基于传统的纲常伦理，王夫之认为武则天乃“鬼神之所不容、臣民之所共怨”的“嗜杀淫妪”，罪恶滔天，对其施政亦做负面评价，如首开殿试乃笼络士人的市恩行为。王夫之指出高宗疑臣乱国造成无可托之人是武后专权的根源，李敬业非伸天下大义之人；称赞狄仁杰正道直行、知人善任，陈子昂可为社稷大臣，张柬之端人正士；认为当时如果朝廷没有形成朋党之祸，国家就不至于亡，临淄王李隆基起兵诛杀韦后而不启奏父王，乃豪杰之识，暗合于君子之道。

高宗

一　太宗一言之失，不保其子

房遗爱狂騃，与妇人谋逆以自毙，而荆王元景、吴王恪骈首就戮，李道宗亦坐流以死。呜呼！元景之长而有功，恪之至亲而贤，道宗之同姓而为元勋，使其存也，武氏尚未能以一妇人而制唐之命也。夫长孙无忌之决于诛杀，固非挟私以争权，盖亦卫高宗而使安其位尔。乃卫高宗而不恤唐之宗社，则私于其出，无忌之恶也。原其所自失，盖太宗之自贻乎！

承乾废，魏王绌，太宗既知恪之可以守国也，则如光武之立明帝，自决于衷，而不当与无忌谋。如以高宗为嫡子而分不可紊，则抑自决于衷，而尤不当与无忌谋。疑而未决，则在廷自有可参大议之臣，如德宗之于李泌，宋仁宗之于韩琦，资其识以成其断。唯无忌者，高宗之元舅也，而可与辨高宗与恪之废立乎？乃告无忌曰："雉奴弱，恪英果类我，我欲立之。"事既不果，无忌所早作夜思以疑恪、忌恪、畏恪之怨己而欲剿绝其命者，终不忘矣。唐无夹辅之亲贤，而己以先后已谢之威灵，不能敌房帷之亲宠，终亦必亡者，皆其所懵焉不顾者矣。太宗一言之失，问非其人，而不保其爱子，不永其宗祧。《易》曰："君不密，则失臣。"岂徒君臣？父不密，且失其子矣。无忌怙外戚以为揽固之图，太宗不察焉，顾谓无忌曰："公以恪非己之甥邪？"愈发其隐，而无忌之志愈憯矣。房玄龄、褚遂良之赞立高宗，义之正也；太宗之疑于立恪，道之权也；无忌之固请立高宗，情之私也。挟私而终之以戕杀，无忌之恶稔，而太宗不灼见而早防之，不保其子，不亦宜乎！

或曰：褚公受顾命辅国政，不能止无忌之奸，且道宗之窜，公实与谋，岂以挟私以翦宗子乎？夫房遗爱已探无忌之意旨，诬恪以求自免，言已出而若有征，褚公未易任其无患，恪且死，骂无忌而不及公，则谓公之陷道宗者，亦许敬宗之诬，史无与正之与？

【译文】

唐太宗时的宰相房玄龄之子、驸马都尉房遗爱狂妄愚钝，与其妻高阳公主谋逆，结果多行不义而自毙；荆王李元景、吴王李恪一起被杀，江夏王李道宗也因此被流放死于边陲。唉！李元景作为唐高祖李渊第六子，辈分高又有功绩，李恪性情亲善又贤明，李道宗既为同姓王又是元勋功臣，假使他们能够活下来，武则天也不可能以一个女人的力量废唐立周。当然长孙无忌参与处死这些人，固然不是以私人恩怨争夺权力，大概也是为了捍卫高宗的地位并巩固自己的权势。为了捍卫高宗的地位而不顾惜李唐王朝的江山社稷，这就是长孙无忌出自私心的表现，也是他的罪恶所在。而追究他罪恶的根源，乃是唐太宗自遗祸根。

太子李承乾被废，魏王李泰被削为平民，唐太宗明知李恪有保守国家江山社稷的才能，就应当像东汉光武帝刘秀册立汉明帝刘庄一样，由自己乾纲独断，不应当与长孙无忌商议；如果以高宗为继承人，而名分又不可紊乱，也应自己裁定，不应该与长孙无忌商议；犹豫不决，朝中又有参议大臣，就如同唐德宗时的李泌、宋仁宗时的韩琦，依靠这些人的才识照样可以下定决心。只有长孙无忌，是高宗的亲舅舅，可太宗偏偏和长孙无忌商议高宗和李恪该立谁、废谁，这样合适吗？太宗又对长孙无忌说：“雉奴（高宗小名）性情懦弱，李恪英明果断类似于我，我想立他为太子。”事情的结果并非如此，长孙无忌惧怕李恪，念念不忘其因怨恨自己而想断绝其命的事，也知道自己立身朝堂并不是因为是辅佐大臣而被亲宠，只不过是凭借着长孙皇后的威灵，自知敌不过李氏父子的骨肉之情，最后也一定会失去恩宠。这就是长孙无忌恐慌不安而不惜一切的原因。唐太宗说错了一句话，又问错了一个人，结果断送了爱子的性命，也就断绝了李氏王朝的宗庙社稷。《易经》上说：“国君不正，必失去大臣。”难道仅仅是君臣？为父不严密，照样会失去儿子。长孙无忌凭借着外戚身份揽权巩固自己的地位，唐太宗没有觉察出来，还对他说：“你以为李恪不是你的外甥吗？”一言道破长孙无忌的隐私，而长孙无忌更加恼恨李恪。房玄龄、褚遂良之所以赞成拥立高宗，出自正义和对李唐王朝的忠心；唐太宗对立李恪有疑虑，乃是出于政治的权衡；长孙无忌坚持立高宗，完全出于私情。挟私情而最终被杀头，这是长孙无忌应有的下场，而唐太宗没有察觉出来并早加防范，导致断送了爱子的性命，这不也是他应有的下场吗？

有人说：褚遂良受太宗遗命辅佐国政，不能阻止长孙无忌的阴谋，况且李道宗被流放，他事实上参与了密谋，难道也是挟私怨剪灭太宗诸子吗？房遗爱已探知长孙无忌的意图，诬陷吴王李恪参与谋反以求自保，话已说出又似乎有所证明，褚遂良也难于听任他没有顾忌地信口雌黄。李恪临死，痛骂长孙无忌而没有提及褚遂良，至于说褚遂良陷害李道宗之说，事实上也是许敬宗的诬陷，可史书上怎么没有为他昭雪正名呢？

本事：《资治通鉴》卷一九九《唐纪十五·高宗》，永徽四年（653）。

二　万世大臣之心法

刘文成公自言："疾恶太甚，不可为相。"相者贤不肖之所取裁，以操治乱之枢机者也，好善不笃，恶恶不严，奚可哉？刘公之言何以云邪？今绎其语而思之，太甚云者，非不能姑纵之谓也，谓夫恶之而不如其罪之应得，不待恶之已著，而擿发之已亟也。形于色，发于言，无所函藏，而早自知其不容，一斥为快，而不虑其偾兴以旁出也；如是以赞人主赏罚之权，而君志未定，必致反激以生大乱。赵高邑为总宪，欲按崔呈秀之贪，而考核未速，瞋恨先形，乃使投权奄以杀善类，古今之如此者多矣，然后知刘公之自知明而审几定也。

长孙无忌之恶李义府，正矣；既熟察其凶险之情，则不宜轻示以机而使之自危。乃不待其罪之著见而无可逃，而遽欲谪之于蜀徼；抑不能迅发以决行，而使得展转以图侥幸。于是义府之奸，迫以求伸，用王德俭之谋，请立武氏，一旦超擢相位，而无忌不能不坐受其穷。然则为相臣者，不能平情以审法，持法以立断，徒挟恶恶之心，大声疾呼，赪颜奋袂，与小人争邪正，以自祸而祸国也有余。好恶赏罚，治乱之枢机，持之一念，岂易易哉！

韩魏公之处任守忠也，其气不迫，而后其断不疑，函之从容，而决之俄顷，故守忠弗能激出以反噬。申屠嘉一失之邓通，再失之晁错，皆疾恶甚而无持重之断，以一泄而易穷也。刘公之言，为万世大臣之心法，允矣。

【译文】

明朝开国文臣刘基（封诚意伯，谥文成）说过这样一句话："我嫉恶太甚，不可做宰相。"宰相是裁定百官贤明不贤明的，是掌握着国家治乱关键大权的人。在这个位置的人喜欢美好的却不厚爱，讨厌丑恶的也不痛绝，怎么可以呢？刘基为什么这样说呢？现在仔细揣摩他的话，"嫉恶太甚"，并不是不能姑且纵容的意思；"厌恶丑恶"，也不是不知道其罪有应得，而是厌恶罪恶的程度超过其应得的程度，不等到其罪行已经暴露，就急忙揭发其罪行。嫉恶如仇的本性，形于颜色、发于语言，没有什么可以遮掩，而且早自知不能容他，痛斥一顿为快，毫不顾虑他的阴谋从别处显露，像这样襄赞君王的赏罚大权，而君王的意向还没有确定下来，必定会导致反应过激从而引发大乱。明末高邑（今属河北）人赵南星担任总宪（即左都御史，不准确，应为吏部尚书），与左都御史高攀龙共议要追究御史崔呈秀的贪污之罪，然而案情尚未很快审结，愤恨的表情已表现出来，结果促使崔呈秀投靠专权宦官魏忠贤，大肆迫害残杀正直的官员。像这样的事情，古往今来太多了，数不胜数。正因为这样，而后方知刘基具有自知之明，而且审时度势，谋定而后动。

长孙无忌厌恶李义府，是正确的。既然他已完全察觉了李义府的险恶用心，那么就不应该轻易表露心机而使其感到自危。尚未等到他因罪恶昭著而无可逃罪之时，就急于把他流放到四川边境地区。如果不能迅速揭发其罪行并果断处置，而使其有机会周旋自救，以图侥幸。这样，李义府凭借其奸计，急迫寻求解救之策，他用王德俭的阴谋，上书请立武则天为皇后，一旦高宗提拔他为宰相，那么长孙无忌就不能不反过来受其迫害。虽然这样，作为宰相，不能心平气和以审视和援引法律，果断行事，仅仅怀着嫉恶之心大声疾呼，愤怒地振臂与小人争论谁是谁非，不但自己遭祸，也将祸及国家。好善恶丑、赏善罚罪，是国家治乱的关键，秉持这样的信念，岂能轻易地加以改变？

北宋宰相韩琦（封魏国公）处罚宦官任守忠时，先表现得不急不躁，而后果断处置、毫不犹疑。这样先对他从容包纳，然后在一瞬间判决执行，使得任守忠根本来不及反应，更不会激起他的反扑。汉文帝的丞相申屠嘉，先是失误于对付宠臣邓通，再次失误于对付御史大夫晁错，都是因为他嫉恶太过又没有老成持重的决断，结果一旦事情泄露，功败垂成。刘基的话，可以说是历代辅弼大臣的圣学心法。

本事：《资治通鉴》卷一九九《唐纪十五·高宗》，永徽六年（655）。

三　为臣之道

至弱之主，必有暴怒；至暗之主，必有微明。使弱以暗者，必无偶见之明、无恒之怒，则巨奸犹不测其所终，而未敢凌乘以逞；明乍启而可蔽，怒忽动而旋移，然后伎俩毕见，可迫驾其上而无所复忌，君子之欲辅之以有为也，难矣。而抑有道焉：苟知其明之不审而怒之易移，则豫防其明与威之不可继，而因间抵隙，徐以养之，使积之厚而发之以舒，庶乎其有济矣。即其不济，而在我有余地，以待他日之改图；在彼无增长之威，以成不可拔之势。故惟慎重以持权者，能事昏主、宰乱朝，而消其险阻，斯大臣之所以不易得也。

高宗以厌祷故怒武氏而欲废之，使其废也，社稷之福也。虽然，废后大事也，恶有倏然怒之，倏然言之，而即倏然废之者乎？倏然言之，即可倏然废之，则其人虽不废，亦无能害于国凶于家矣。悍狡如武氏，而可以偶然之忿黜之须臾乎？懦夫之懦也，惟其忿怒偶发而悻悻不能俄顷待也。暴雨之盈沟浍，操舟而泛之以指江海。上官仪之不审，愚亦甚矣哉！使于此持重以处而渐导以机，从容谓帝曰：后之不可为天下母，臣等固知之而未敢言也，今幸上知之矣，而固未可轻也，姑宽之以观其骄，渐疏之以观其怨，斟酌于心，而正告群臣，悔前此之过，然后正祖宗之家法，与天下共黜之，臣且达上意于公忠体国之大臣，咸使昌言以昭天下之公论，今未可以一纸诏书快须臾之怒也。如此，则高宗之志可渐以定，武氏之恶可察而著，忠直之言可牖而纳，佞幸之党可次而解，而懦夫易消之怒，以无所发而蕴于中，武氏之涕泣无所施，而危机自阻。其终废也，社稷以宁，即不终废也，亦何至反激其搏噬、劫群臣以使风靡哉？上官仪之不及此也，识不充，守不固，躁率而幸成于一朝，丧身殃国，仪欲辞其咎而不能矣。

虽然，论者曰“彼昏不知，不可与言，仪之不智以亡身，与京房等”，则非也。身为大臣，有宗社之责焉，缄口求容，鄙夫而已矣。仪忠而愚者也，未可以苛求也。

【译文】

软弱无能的皇帝，必定有大发雷霆的时候；昏庸暴戾的皇帝，也一定有略显精明的时候。假如皇帝既软弱又昏庸，必定不会有偶尔的英明、无常的暴怒之时，那么再厉害的奸臣也觉察不出他的秉性，不敢一直祸乱朝政，更不敢凌驾于帝王之上逞凶逞能、专横跋扈；偶尔显露英明又因被蒙蔽而消失，怒气忽然发动顷刻间就转移到其他事情上，而后其伎俩和手段全部暴露无遗，这样奸佞就可以凌驾其上而无所顾忌，即使有忠心的大臣想辅佐帝王干一番事业，也实在是太难了。然而即使这样，也有办法：假如了解他英明又不周详，动怒又容易转移，那么预防他的英明和威严不可持续的最好办法是充分利用有利时机，慢慢地引导其涵养，使其英明越积越多，使其威严的发泄愈加舒缓，这样事情几乎可以办成。即使事情没有办成，对于自己来说还有余地，等待日后另行筹谋也不迟；对方的威严并无任何增长，自己的地位也就备加巩固了。所以只有慎重保持自己的权力，才能事奉昏君、治理乱朝，消除自己政治上的险阻，这是作为大臣所不容易做到的。

唐高宗因为迷信女主乱唐的咒祷，所以迁怒武则天想废掉她。假如真的废了武则天，真是唐朝社稷的洪福。即使这样，废黜皇后是国家大事，怎么能突然就迁怒于她，说出废后之话，难道一瞬间就能废了吗？突然说出这样的话，就应当立即下诏废掉，即使其后位没有被废黜，于国于家也不会构成什么危害。像武则天这样强悍狡猾的女中豪杰，难道能因为一时的愤怒顷刻间就废掉她吗？懦夫之所以懦弱，就在于他生气是偶然间，过一会儿就烟消云散了。正像暴雨使沟河爆满，驾船漂泊可以到达大江大海。上官仪之不周详，实在是太愚蠢了！假如他在这个问题的处理上老成持重，慢慢等待时机，然后再从容地对高宗说：皇后不能当天下国母，我们虽然知道但不敢明说，今幸好陛下也知道了，因此不可轻视此事，姑且宽大她，观察她有多骄横，慢慢疏远她，看她能怨恨到何等地步，慢慢仔细思量，然后宣告群臣，表示对以前的过错追悔莫及，然后奉行祖宗家法，颁诏天下废黜她。我向那些公忠体国的大臣传达你的意思，均让他们一起上书以宣示天下公论，切不可以一纸诏书宣泄自己一时的怒气。如果是这样，那么高宗的志向慢慢可以稳定下来，武则天的罪恶慢慢就能彻底败露，忠直之臣的进谏可达朝廷，佞幸奸党也可慢慢解体。懦夫容易消除的怒气，因没有什么机会发泄而藏在心中，即使武则天痛哭流涕也没办法，那么危机自然就被阻断了。她最后真的被废黜，国家也就安宁了，即使没有被废，也何至于激起她劫杀大臣、横扫朝廷、风靡天下的后果呢？上官仪达不到这样的境界，眼界不宽、根基不牢、急躁轻率，想侥幸于一日之间成其事功，结果丧身殃国，上官仪想推脱自己的过失也没有可能啦！

尽管这样，评论的人仍认为："其人昏昧而缺乏智慧，千万不能与他袒露心扉。上官仪不明智，招致身亡，与汉代京房等人被杀头的下场类似。"其实并非如此。作为大臣，有捍卫国家兴亡的职责，闭口自保，那是小人的所为，上官仪虽有耿耿忠心却是一个愚蠢的人，这不能苛求于他。

本事：《资治通鉴》卷二〇一《唐纪十七·高宗》，麟德元年（664）。

四　"忍"之为道

张公艺以百忍字献高宗，论者谓其无当于高宗之失，而增其柔懦，亦恶知忍之为道乎！《书》曰："必有忍，乃克有济。"忍者，至刚之用，以自强而持天下者也。忍可以观物情之变，忍可以挫奸邪之机，忍可以持刑赏之公，忍可以畜德威之固。夫高宗乍然一怒，听宦者之辞，而立命上官仪草诏以废武氏，是惟无激，激之而不揣以愤兴，不忍于先，则无恒于后，所以终胁于悍妇者正此也。

夫能忍者，岂桎梏其羞恶是非之心以使不行哉？不任耳而以心殉之而已矣。任耳而以心殉之者，如急水之触矶、沸膏之蘸水，谮诉甫及而颜赪耳热，若高天厚地之无以自容，正哲妇奸人所乘之以制其命者也。故王后伉俪之恩，太子贤、太子忠毛里之爱，长孙无忌渭阳之情，闻谮即疑，而死亡旋及，一激即不能容，他日悔之而弗能自艾，不忍于耳，即不忍于心，高宗之绝其天良，恶岂在忍哉？

公艺之忍而保九世之宗，唯闻言不信而制以心也，威行其中矣。不然，子孙仆妾噂（zǔn）沓背憎以激人于不可忍，日盈于耳，尺布斗粟，可操戈戟于天伦，而能饬九世以齐一乎？

【译文】

唐高宗封禅泰山时，九世同居的寿张人张公艺书写了百余个“忍”字献给他，评论者说这并不能纠正和弥补高宗的过失，反而增加了他的柔懦。这也太不了解“忍”的道理了！《尚书·君陈》上说：“人君一定要有所忍耐，才能够成就大事。”忍，是至刚至强的大用，是用来增强自身力量统治国家的法宝。忍可以观察万事万物的变化，忍可以挫败奸诈小人的阴谋诡计，忍可以公正地把握刑赏尺度，忍可以增加和巩固威德。高宗瞬间暴怒，偏听宦官一面之词，就立刻命令上官仪草拟诏书废黜武则天。这就是平时不敢激怒他，一旦激怒他又不考虑后果，开始不忍，到最后也就不会有恒心，因而他一直被武则天控制在手中。

能忍的人，难道是要管住他羞恶是非之心而不让其发生吗？只是不用耳听而用心记住就行了。耳听而内心强忍的人，如同急水碰到了暗礁，沸膏遇到了水，阴谋还未现出就脸红耳热，即便是高天厚地也无以自容，正好被悍妇奸人所利用而制其命。所以王皇后的伉俪情深，太子贤、太子忠的兄弟亲情，长孙无忌的甥舅情谊，听到谗言就怀疑，他们也就很快身死。一旦激起感情就不能容忍，日后后悔而不能自保，不忍于听，就不能容忍于心，高宗之所以断绝李氏宗庙社稷，祸根怎么能说在于忍呢？

张公艺能以忍保住张氏九代子孙，在于其听到言论不轻易相信，而用心加以权衡，他的威望也就在其中了。如果不是这样，子孙妻妾互相对骂憎恨，激人以不能容忍，天天听到的都是这些尺布斗米、鸡毛蒜皮之事，天长日久，定会酿成同室操戈、自相残杀，又怎能保住九代荣宠而完整不断呢？

本事：《资治通鉴》卷二〇一《唐纪十七·高宗》，麟德二年（665）。

五　四海为家，内外攸同

居重驭轻，先内后外，三代之法也。诸侯各君其国，势且伉乎天子，故县内之选，优于五服，天子得人以治内，而莫敢不正，端本之道也。郡县之天下，以四海为家，奚有于远近哉？

畿辅之内与腹里尚文之郡邑，去朝廷也近，吏之贤不肖易以上闻，且其人民近天子之光而畏法深，名教兴而风俗雅，虽中材莅之，亦足以戢其逸志，而安其恒度。至于荒远杂夷之地，其民狃于顽陋犷戾，而诗书礼乐之文，非所喻也，其吏欺其愚而渔猎之，民固不知有天子，而唯知有长吏，则贪暴之吏，唯其所为，而清议不及；乃民夷积怨，一激以兴，揭竿冒死，而祸延于天下。如是，则轻边徼长吏之选，就近补调，使充员数，善不加擢，恶不降罚，俾其贪叨恣日暮途穷之倒逆，离叛相寻，兵戈不戢，内治虽修，其能遥制之哉？前之定天下者，芟（shān）箐棘，夷溪峒，威服而恩抚之，建郡县以用夏变夷，推行风教，力甚勤、心甚盛也。乃割弃不理，授之卑茸狼戾之有司，以殴之于乱，溥天之下，特有此蠡贼之区宇，是亦可为长太息矣！故与其重内也，不如其重外也。内虽不綦乎重，而必不轻也；外不重，则永轻之矣。

唐初，桂、广等府，官之注拟，一听之都督，而朝廷不问，治之大累也。边徼之稍习文法者，居其土，知其利，则贪为之，而不羡内迁；中州好名干进之士，恶其陋，而患其绝望于清华，则鄙夷之而不屑为。仪凤元年，始遣五品以上同御史往边州注拟，庶得之矣，犹未列于吏部之选也，后世统于吏部，以听廷除，尤为近理。然而县缺以处劣选，且就地授人，而虽有廉声，不得与内擢之列，吏偷不警，夷怨不绥，民劳不复，迨其叛乱，乃勤兵以斩刈之，亦惨矣哉！千年之积弊，明君良相弗能革也，可胜悼哉！

八闽、东粤，昔者亦荒陋之区也，重守令之选，而贤才往牧，今已化为文教之邦，何独邕、桂、滇、黔、阶、文、邛、雅之不可使为善地乎？不勤兵而服远，不劳中国而化夷俗，何所嫌而弗为也？人士厌薄之私心，假重内轻外之说以文之，明主之所弗徇，而尚奚疑焉？

【译文】

居重驭轻，先内后外，这是夏、商、周三代相袭的治国之法。诸侯各自立国，势力差不多可与天子抗衡，所以王畿之内选才任能，要比五服地区优先考虑，天子得到贤才来治理王畿，你们天下四方就没有敢不正道直行的，这就是正本清源的道理。天下的郡县，以四海为家，哪里还分远近、先后呢？

国都附近与国内崇尚文教的郡邑，离朝廷也近，官吏的廉明与不肖容易被君王察觉；况且百姓接近天子的惠泽、畏于刑法的严明，名教兴盛的地方，风俗就比较醇正，即使中等才能的人去那里当官，也足以安抚百姓的志趣，使他们安于常道；至于边陲少数民族聚集的地方，那里的民众粗犷剽悍，对于诗、书、礼、乐这些东西，知之甚少，那里的官吏欺凌他们愚昧而处处鱼肉他们，当地百姓根本不知有天子，只知道有统治他们的当地官吏。于是那些贪心跋扈的官吏，为所欲为，朝中大臣又无法弹劾批评。当地的百姓无法忍受，一旦激起暴动就铤而走险，与官府作对，招致天下祸乱。这样轻视边陲官吏的选择，就近调补、滥竽充数，为官清廉的不加奖赏提升，作恶多端的也不处罚，致使他们贪污腐化、倒行逆施，不断发生背叛朝廷的事情，兵戈不息。国内治理得虽好，怎能遥控边陲呢？过去平定天下的人，割除荆棘，抚平边疆民族，以武力征服，抚之以恩情，在那里建郡设县以汉文化同化他们，在那里推行文化教育，用力很多，用心良苦。如果舍弃他们不管不问，只是交给那些心狠手毒的不良官吏，这是在驱赶他们叛乱。普天之下，竟然有这样贪官暴吏、蠡贼当道的地方，实在是让人叹息失望。所以，与其重视内地，不如重视边疆，内地即使不用心重视，也一定不会轻视，边疆不予重视，那就是永远的轻视了。

唐初，桂林、广州等府州，官吏的考选登录与拟任，一切均听从都督，朝廷不管不问，实在是一大弊端。那些边远地区稍稍懂点文化法律的官员，居住在此知道其利益所在，贪图享受，不愿内迁回中原。中原地区勤学好名、想干出一番伟业的人，又嫌那里太落后，担心到那里不能享受荣华富贵，鄙视那里而不愿去当官。仪凤元年（676），朝廷开始派遣五品以上的官吏同御史到边远州郡为官，可以说，这是近乎正确的做法，但仍然没有把边疆地区官员的选拔纳入吏部的统一选任。后世将边疆和内地选官统统归于吏部，以听从朝廷任免，更加近乎常理；然而边疆地区官员出现空缺，吏部以考察不称职的人充任，况且就地拜官，即使有廉正之名声，也不能与内地的官吏一起被提拔升迁。如此则官吏苟且偷生、无所事事，边民有怨恨而不加安抚，百姓辛勤劳苦而不加体恤，休养生息，等到他们无法忍受聚众叛乱，才派兵屠杀，平息暴乱，实在是太残酷了。千年积累下的弊端，即使是明君贤相也无法革除，太让人伤心了。

福建和广东东部地区，过去也是荒凉愚昧的地方，因为注重官吏的选拔，那些有才能的人被派去当官，现在已成为文教之邦，怎么没能让邕、桂、滇、黔、阶、文、邛、雅这些地方也变成文明之区呢？不动用军队而使边民信服，不动用中原财物而教化边疆习俗，又有什么嫌弃不能办呢？人们以厌恶到落后地区任职的私心，假借着重内轻外的说法文过饰非，明主尚无法办到，这又有什么可怀疑的呢？

本事：《资治通鉴》卷二〇二《唐纪十八·高宗》，仪凤元年（676）。

六　救荒之道

赈饥遣使，民有迎侯之劳，如刘思立所言者，未尽然也，所遣得人，则民不劳矣。若其不司者，饥非一邑，而生死之命悬于旦夕，施之不急，则未能速遍，而馁者已死矣；施之急，则甫下车而即发金粟，唯近郭之人得逾分以沾濡，而远郊不至。且府史里胥，党无籍之游民，未尝饥而冒受；大臣奉使，尊高不与民亲，安能知疾苦之为何人，而以有限之金粟专肉白骨邪？此徒费国而无救于民之大病也。

且不特此也。饥民者，不可聚者也。饵之以升斗锱铢，而群聚于都邑以待使者，朴拙之民，力羸而恤其妇子，馁死而不愿离家以待命；豪捷轻猥之徒，则如跛匿之鱼，闻水声而鼓躁，弃其采橡梠、捕禽鱼可以得生之计，而希求自至之口实，固未能厌其欲而使有终年之饱也。趋使者于城郭，聚而不散，失业以相噂沓，掠夺兴以成乎大乱，所必然已。

夫亦患无良有司耳。有良有司者，就其地，悉其人，行野而进其绅士与其耆老，周知有无之数，而即以予之，旦给夕归，仍不废其桑麻耕种、采山渔泽之本计，则惠皆实而民奠其居，仁民已乱之道，交得而亡虞也。故救荒之道，蠲租税，止讼狱，禁掠夺，通籴运，其先务也；开仓廪以赈之，弗获已之术也。两欲行之，则莫如命使巡行，察有司之廉能为最亟。守令者，代天子以养民者也，民且流亡，不任之而谁任乎？授慈廉者以便宜之权，而急逐贪昏敖惰之吏，天子不劳而民以苏，舍是无策矣。

【译文】

派遣官吏去赈济饥民，又得动用百姓迎接候送，像刘思立所说的，也并非尽然，所派的人恰当，那么百姓也就不会受劳。那些无法做到的，闹饥荒的并非一城，百姓的生死危在旦夕。救济不快，还未等赈济完毕，饥民就已饿死了；救济太快，则到一个地方就发放钱财、粮米，只有离城近的人能够分到救灾物品免于饥荒，较远的地方就无法办到。况且州府里的一些小吏杂役，勾结那些游荡不务正业之辈，假扮饥民冒领救灾物品；大臣奉诏救灾而自命不凡，不能和百姓打成一片，又怎能知道哪些人是饥民，怎么能以有限的钱粮来救济所有饥民呢？这不过是白白浪费国家的粮钱，对于灾民又没有太大的帮助。

况且不仅仅如此。饥民，是不能让他们聚在一起的。饥民为了得到国家的救济物品，一起离家群聚在城镇等待朝廷派来的救灾大臣，生活极度困难的百姓，耗尽精力以照顾其妻子儿女，宁愿饿死也不愿背井离乡；地方豪强恶棍之辈，如同跋扈横行的河鱼，听到水声就鼓动嘴上的长毛，抛弃他们采集橡子芋头、捕捉动物鱼虾可以得生的行当而期待不劳而获，因此根本无法满足他们的欲望而使他们有常年吃饱饭的办法。饥民追随救灾大臣到城镇，聚在一起不愿离开，无事可做者比比皆是，公然偷抢劫掠从而酿成大乱，这是无法避免的。

也有人担心没有好的地方官吏。如果有好的官吏来到受灾地区，了解当地百姓的情况，亲自拜访当地的绅士和长者，全面了解灾民的详细情况，立即发放赈灾物品，早上出去发放钱粮，晚上就可回城。这样仍不耽误百姓耕种纺织、采山渔猎等基本生计，那么百姓受到实实在在的赈救必能安居乐业，施惠于民、避免和制止暴乱一举两得，可以说没必要再担心动乱了。所以，救荒之道在于减免租税、禁止讼狱、消除抢夺，开通粮运买卖，这是首先要做的事；开仓赈济，这是不得已的办法。如果两方面都想进行，没有比派大臣巡视各地，监察各地官吏的清廉为最急切的事了。当地官吏，是代替天子来保护百姓的，百姓已经流亡各地，州县守令还有什么可做的呢？他还当谁的父母官呢？应该授给那些仁慈廉洁的官吏以见机行事的特权，罢免驱逐那些昏庸、贪污、懒惰的官吏，天子不必劳神费力而百姓自安，除此别无他法。

本事：《资治通鉴》卷二〇二《唐纪十八·高宗》，仪凤二年（677）。

七　忠孝两端的李世勣

李世勣之安忍无亲也：置父于窦建德之刃下而不恤；强其婿杜怀恭与征高丽，而欲杀之以立法；付诸子于其弟，而使怒则挞杀之。顾于其姊病，为之煮粥燎须，而曰："姊老勣亦老，虽欲为姊煮粥，其可得乎？"蔼然天性之言，读之者犹堪流涕。由此言之，则世勣上陷其父于死，而下欲杀其子与婿，非果天理民彝之绝于心也。天下轻率寡谋之士，躁动而忘其天性之安，然其于不容已之慈爱，是惟弗发，发则无所掩遏而可遂其情。唯夫沉鸷果决者，非自拔于功利之陷溺，则得丧一系其心，而期于必得，心方戚而目已怒，泪未收而兵已操，枭獍之雄心不可复戢，彼固自诧为一世之雄也，而岂其然哉？盖无所不至之鄙夫而已。刚则不恤其君亲，柔则尽捐其廉耻，明知之而必忍之，虽圣人亦无如之何也。有时而似忠贞矣，有时而似孝友矣，非徒似也，利之所不在，则抑无所吝而用其情也。世勣之于单雄信，割肉可也，为姊而燎须，何所吝邪？利无可趋，害无可避，亦何为而不直达其恻隐之心，以发为仁者之言哉？

籍甲兵户口上李密而使献，知高祖之不以为己罪也；太宗问以建成、元吉之事而不答，事未可知，姑为两试，抑知太宗之不以此为嫌也；年愈老，智愈猾，高宗问以群臣不谏，而曰“所为尽善，无得而谏”，知高宗之不以己为佞也。则以党义府、敬宗，赞立武氏，人自亡其社稷，已自保其爵禄，恻隐羞恶是非之心，非不炯然内动，而力制之以护其私，安忍者自忍其心，于人何所不忍乎？故一念之仁，不足恃也，正恶其有一念之仁而矫拂之也。夫且曰吾岂不知忠孝哉？至于此而不容不置忠孝于膜外也。为鄙夫，为盗贼，为篡弑之大逆，皆此而已矣。

【译文】

李世勣安心忍受失去亲人的场面：父亲被窦建德用刀架在脖子上，他丝毫不加顾虑；强迫女婿杜怀恭和他一起出兵征伐高丽，还想杀他以严肃军法；把几个儿子交给弟弟照看，嘱咐让他生气时可以毒打致死。他却对生病的姐姐悉心照料，亲自下厨为姐姐煮粥，以致烧了胡须，仍情不自禁地说：“姐姐老了我也老了，尽管想为姐姐煮点粥，还能办得到吗？”这的确是发自内心的想法，后人读到这里没有不被感动得流下热泪的。以此断言李世勣上使父亲陷于敌手而死、下想杀儿子女婿，这绝不是他心里没有天理人道。天下那些性情轻率缺乏谋略的人，脾气躁动而忘了一贯的天性，然而他对父母的慈爱无动于心，这只不过是没有被激发出来，一旦被激发出来就无法掩饰，从而任情表达。只有像沉入水中的鸷鸟那样性格果断的人，如果陷于功利的泥潭中难以自拔，那么利益得失就会全系于其内心，希望一定要得到。内心一有悲哀眼里已冒出怒火，泪未擦干武器已拿在手中，凶狠毒兽的雄心是不可能收敛的，它们本来就慨叹自己是一世枭雄，果真是这样吗？大概是七情六欲无所不至的一般庸人罢了。性格刚强就不顾虑其君父母亲人，性格柔弱则捐弃廉耻名节，明知道这些道理，还必须强忍着，即使是圣人也无法做到。有时很像是忠诚、坚贞，有时又表现得相当孝顺、友悌，并非仅仅相似，不关乎切身利益，他就会毫不吝啬地表现出真情来。李世勣对于单雄信，割自己身上的肉都可以，为姐姐煮粥烧了胡须，这又有什么吝啬呢？没有功利驱使，也没有灾难可避，为什么不能直接表达自己的恻隐之心，说出宽厚爱人的话呢？

李世勣将武器户口登记造册给李密并让他献出来，他知道唐高祖李渊不会怪罪自己；唐太宗向他征求对付李建成、李元吉的事，他闭口不谈，事情结果尚不可知，只好暂且互不得罪，只是知道唐太宗不会为此而嫌弃自己；年龄越大，思想就越灵活，唐高宗问大臣为什么不上书进谏，他说："皇上所做的都是正确的，所以也就没有什么可规劝的。"他清楚唐高宗不会把自己列入奸臣之列。但他同李义府、许敬宗结为同党，辅佐拥立武则天为皇后，别人都为社稷存亡而担心，他却为了保全一世高官厚禄，恻隐、羞恶、是非之心并非没有触动，只不过尽力克制以维护自己的私心，平心静气地忍受一切的人自然其内心也能容忍，对他人又有什么不能容忍呢？所以说，有一点仁爱的念头，不足以自恃，关键在于有一丝仁爱之心应尽力矫正消除不好的想法。况且，我怎么能不知道忠孝呢？到这等地步也就不能不把忠孝置之度外。沦落为庸俗浅陋的人，沦落为强盗乱贼，乃至于做下弑君篡位的悖逆之事，都是起因于此罢了。

本事：《资治通鉴》卷二〇一《唐纪十七·高宗》，总章二年（669）。

八　法当因时而参之

魏玄同上言欲复周、汉之法，命内自三公省寺，外而府州，各辟召僚属，而不专任铨除于吏部。其言辩矣，实则不可行也。一代之治，各因其时，建一代之规模以相扶而成治，故三王相袭，小有损益，而大略皆同。未有慕古人一事之当，独举一事，杂古于今之中，足以成章者也。王安石惟不知此，故偏举《周礼》一节，杂之宋法之中，而天下大乱。

周之所以诸侯大夫各命其臣者，封建相沿，民淳而听于世族，不可得而骤合并以归天子也。故孔子之圣，天子不得登庸，求、路之贤，鲁、卫之君不能托国，三代之末流亦病矣。汉制：三公州郡各辟掾曹，时举孝廉以贡于上，辟召一听之长官，朝廷不置冢宰，盖去三代未远，人犹习于其故，而刺史太守行法于所部，刑杀军旅赋役祀典皆得以专制，则势不得复为建属吏以掣之。其治也，刑赏之施于三公州郡者，法严明，而诬上行私者不敢逞；迨其乱也，三公州郡任非其人，而以爱憎黜陟其属吏，于是背公死党之习成，民之利病不得上闻，诛杀横行，民胥怨激，而盗贼蜂起，则法敝而必更，不可复矣。

汉之掾吏，视其长官犹君也，难而为之死，死而为之服衰，各媚其主，而不知有天子。然则使为公敛处父之据成不堕，祝聃之射王中肩，皆可自命为忠而无忌。大伦不明，倒行逆施，何所不可哉？且其贡于天子者，一唯长吏之市恩，而天子无以知其贤奸，抑无考核之成宪以衡其愚哲。三公之辟召，则唯采取名誉于州郡，于是虚誉日张，雌黄在口，故处士之权日重，朋党兴而成乎大乱。故曹孟德惩其敝而改之，总其任于吏部，此穷则必变之一大机会也。既变矣，未有可使复穷者矣。

法无有不得者也，亦无有不失者也。先王不恃其法，而恃其知人安民之精意；若法，则因时而参之礼乐刑政，均四海、齐万民、通百为者，以一成纯而互相裁制。举其百，废其一，而百者皆病；废其百，举其一，而一可行乎？浮慕前人之一得，夹糅之于时政之中，而自矜复古，何其窒也！

魏、晋以下，三公牧守不能操生杀兵农之权，教化不专司于己，而士自以其学业邀天子之知；乃复使之待辟于省寺府州之众吏，取舍生乎恩怨，奔竞盛于私门，于此不雠，自媒于彼，廉耻丧，朋党立，国不能一日靖矣。唐之乱也，藩镇各树私人以为爪牙，或使登朝以为内应，于是敬翔、李振起而亡唐。他如罗隐、杜荀鹤、韦庄、孙光宪之流，皆效命四方，而不为唐用，分崩瓦解，社稷以倾，亦后事之明验矣。

夫吏部以一人而周知士之贤否，诚所不能如玄同之虑者。然士之得与于选举也，当其初进，亦既有诸科以试之矣。君子不绝人于早，而士之才能亦以历事而增长，贪廉仁暴，亦以束于法而磨砺以劝于善。其有坏法乱纪、蠹政虐民者，则固有持宪之臣，操准绳以议其后。若夫偏才之士，有长此短彼之疑，则因事旁求，初不禁大臣之荐举。然则吏部总括登进之法，固魏、晋以下人心事会之趋，而行之千年不可更易者也。

读古人之书，以揣当世之务，得其精意，而无法不可用矣。于此而见此之长焉，于彼而见彼之得焉，一事之效，一时之宜，一言之传，偏据之，而曰“三代之隆、两汉之盛恃此也”。以固守而行之者王安石，以假窃而行之者王莽而已，何易由言哉？知人安民，帝王之大法也，知之求其审也，安之求其适也，所以知、所以安，非一切之法窜乱于时政变迁之中，王不成王，霸不成霸，而可不偾乱者也。庸医杂表里、兼温凉以饮人，强者笃，弱者死，不亦伤乎！

【译文】

唐高宗时的吏部侍郎魏玄同上书，要求恢复周朝、汉朝的制度，在朝内令三公以下三省、六部、九卿，外至府州，各自征辟任用幕僚属吏，而不再经过吏部的专门任免和考核。他虽然巧言善辩，事实上其意见根本不可行。历代治理国家的方法，都是根据当时情况而定，从而建立其一个朝代的法度和格局，以支撑和扶持其统治的成功，所以说三代的开创者夏禹、商汤、周文王和周武王治理国家互相沿袭虽小有损益变化，但总体是一致的。从来没有羡慕古人将某一件事处理得允当，就仅仅借用这一件事把古代的法度糅合在当今政治之中，从而成就大事的。宋代的王安石正是因为不知此理，所以他只采用《周礼》中的一小部分，将其糅合到宋朝法律之中，实行变法，结果导致天下大乱。

周朝之所以出现诸侯大夫各自授官的局面，这是因为封建诸侯代代相沿，百姓淳朴，甘心服从世家贵族的统治，无法做到骤然合并起来听从于周天子的统治。因此孔子虽然圣贤，但周王并不重用他，其弟子冉求、子路足够贤明，但鲁国、卫国的国君也不愿把国家托付给他们，夏、商、周三代到末期弊病还是很多的。汉朝规定：司徒、司空、司马三公和州郡的长官各自征辟选任属官，并不时举荐孝廉之人以供朝廷选用，拜官召士全凭长官处理，朝廷不设冢宰之类的官吏，这大概是距离三代不远，人们还是习惯于过去的传统做法的原因。但刺史太守可以在自己管辖区统政行法，刑杀、军队、赋役、祀典这些事由一人做主，在这种情况下不得不自辟僚属来协助统治。当其政治清明之时，三公和州郡长官可以有刑赏之权，法令严明，向天子诬告他人以满足自己的阴谋的人就不能得逞；等到辖区发生混乱之时，这是由于三公和州郡长官选任不得其人，他们凭着自己的爱憎提升和撤换官吏，因此违背公平正义、结党营私的不良习俗也就日益兴盛。百姓生活的好坏天子不清楚，社会上诛杀横行，民怨沸腾，盗贼暴乱之事不断出现，所以法制产生了弊端就一定要更改，因而不能恢复周朝、汉朝的制度。

汉朝州郡的属官，都把他们的长官当作君主，有危险就挺身而出替主子死难，长官死了则为他奔丧守孝，各自讨好主子，从来不知还有皇帝的存在。即使这样，如果让他们像春秋鲁国孟孙氏的家臣公敛处父据守成邑（今山东宁阳东北）不被攻破，像春秋郑国大将祝聃为郑庄公对抗周天子射箭击中周桓王的肩膀那样去做，他们也都可以为了向主子表示忠心而无所顾忌。公理不明，倒行逆施，对他们而言又有什么不可以呢？况且那些被举荐给天子的人，都对举荐他们的长官感恩戴德，而天子并不清楚他们是忠臣还是奸臣，这是由于没有考察官吏的标准来衡量这些人是聪明还是愚笨。三公所收罗的人才，仅仅是在当地有名望的人，于是沽名钓誉之风日渐盛行，为了达到目的信口雌黄，所以处士横议，影响越来越大，结党营私之风兴起，几乎酿成大乱。曹操鉴于这种弊端而极力加以纠正，把选择官吏的权力集中在吏部。事情发展到了极点就必定要有所变化，既然变了，就没有必要再退回到原来的地步。

法令没有一无是处，也没有零失误的。先王不依靠他的法度，而依赖知人安民的精义；至于法令，一定要因时代的变化配合一些礼乐制度和刑法政令，使天下均等、百姓一心，任何人都能执行，以一套详尽的法规互相加以制约。制定一百条法规，如果有一条出现失误，那么一百条法规都不能彻底执行；废弃一百条法令，只执行一条法令，那么这条法规令就够行得通吗？表面上仰慕前人的一点经验，并把它夹杂于当今的时政之中，还自矜复古，这是何等的教条？

魏、晋以来，三公和州郡长官牧守不能掌握刑罚、军事、经济大权，思想教化也不专属于自己，那些士人以他们的学业邀取天子知遇；就让他们重新回到朝廷、府州官员那里等候举荐，结果导致以私人恩怨决定取舍，士人奔走私门，谋求官爵，在这里无法得逞，就到别处去交易，廉耻之心完全丧尽，结党拉派遍布各地，国家也就没有一日的安宁了。唐朝之所以出现动乱，就在于藩镇各自征集私人作为爪牙，有的派属下到朝中作为耳目，结果奸臣敬翔、李振追随朱温起兵灭了唐朝。其他如罗隐、杜荀鹤、韦庄、孙光宪这些人才，都效命于各个藩镇，不为朝廷所用，结果国家分崩瓦解，行将灭亡，这也是为后来所证明了的。

吏部以一个人洞察天下士人的贤明与不肖，的确无法做到，就如同魏玄同所忧虑的那样，然而士人参加选举，刚开始就已有诸科考试。君子是不会在一开始就绝人仕进之路的，而士人的才能也是经历许多事后才有长进，贪婪与廉明、仁义与残暴，也应当用法令约束磨炼他们，并以正确的方法加以劝诫。如果有违纪犯法、败坏朝政、残害百姓的人，自然有掌握刑法的大臣以国家法律来惩治他们。像那些有一技之长的人，恐怕会有长此短彼的嫌疑，那么应因事从别处寻找，而不应禁止大臣举荐。即使这样，吏部总管选官的标准，依然是符合魏、晋以来人们思想和行事发展的历史趋势的，这种办法即便行之千年也不会改变。

读古人的书，以便了解当今的事情，如果得到其精义，就没有什么法令不能用的。从此处可窥见此处的长处，在别处则会看到别处的优点，一件事的效果、一时的权宜、一言的传播，片面地引为依据，而说“夏、商、周三代的兴隆、两汉的强盛都是基于此”。王安石固执己见地执行过去的成法，王莽假借过去的成法行使自己的乱政。为什么要这样说呢？知人善任、安定民心，是帝王的一大法宝，知人善任就应当认真探求其精义，安定民心就应当寻找适当的时机和办法，之所以知人善任、安定民心，并不是将所有法令都杂糅于现实时政的变迁当中，结果只能是王道不成王道、霸道不成霸道，这是不能再有混乱的了。庸医想兼治内外科病，兼用温性和凉性的药，结果只能是身体强壮的更加强壮，身体衰弱的则一命呜呼，不也是很悲哀的事情吗？

本事：《资治通鉴》卷二〇三《唐纪十九·高宗》，永淳元年（682）。

中宗（伪周武氏附于内）

一　唐高宗疑臣乱国

中宗嗣位两月，失德未著，而武氏与裴炎亟废而幽之。三叶全盛之天子，如掇虚器于井灶之间，任其所置，百官尸位，噤无敢言者，武氏何以得此于天下哉？国必有所恃以立。大臣者，所恃也。大臣秉道，而天子以不倾。即其怀奸，而犹依天子以自固，唯其任重而望隆，交深而位定，休戚相倚而情不容不固也。而高宗之世，大异于是。高宗在位三十四年，尚书令、仆、左右相、侍中、同平章事皆辅相之任，为国心膂者也，而乍进乍退，尸其位者四十三人，进不知其所自，退不知其所亡，无有一人为高宗所笃信而固任者。大臣之贱，于此极矣。长孙无忌、褚遂良、于志宁、高季铺、张行成，太宗所任以辅己者也，贬死黜废，不能以一日安矣。保禄位以令终，唯怀奸之李勣耳。自是而外，若韩瑗、来济、杜正伦、刘仁轨、上官仪、刘祥道，较无覆餗之伤，而斥罪旋加，幸免者亦托于守边以免祸。若其他窃位怀禄之宵小，勿论李义府、许敬宗之为通国所指数；即若宇文节、柳奭、崔敦礼、辛茂将、许圉师、窦德玄、乐彦玮、孙处约、姜恪、阎立本、陆敦信、杨弘武、戴至德、李安期、张文瓘、赵仁本、郝处俊、来恒、薛元超、高智周、张大安、崔知温、王德真、郭待举、岑长倩、魏玄同者，皆节不足以守筦库，才不足以理下邑，或循次而升，或一言而合，或趋歧径而诡遇，竞相踵以赞天工。至其顾命托孤委畀九鼎者，则裴炎、刘景先、郭正一二三无赖之徒也。呜呼！恶有任辅弼大臣如此之轻，而国可不亡者乎？

夫高宗柔懦之主也。柔者易以合，然而难以离也，乃合之易而离之亦易者，何也？唯其疑而已矣。疑者，己心之所自迷，人情之所自解者也。刚而责物已甚也，则疑；柔而自信无据也，则疑；两者异趣同归，以召败亡一也。刚不以决邪正，而以行猜忮；柔不以安善类，而以听谗谀；猜忮生于心，谗谀兴于外，于是乎人皆可相，人皆不可相也，人皆可斥而可诛也。为大臣者，视黄阁为传舍，悠悠于来去，而陌路其君亲，不亦宜乎！孟子曰：“王无亲臣矣。”无亲臣，则不可以为父母，裴炎片语之失意，而废中宗如扪虱于裈中，复奚恤哉？夫相代天工，天之所畀、人之所归也；天下不能知其姓字，逆臣不屑奉为蓍龟，艳妻宵小，怙长存之势，以役骤进骤退之鄙夫，谈笑而移宗社，一多疑之所必致也。审察乱源，可以知所由来矣。

【译文】

唐中宗继承皇位才两个月，并没有明显的过错，就被武则天和裴炎合谋废了天子之尊并幽禁起来。唐朝三代全盛的天子，就如同抛弃废物一样被扔在井灶之间，任凭他们摆布，群臣百官尸位素餐，敢怒而不敢言，武则天为什么能够这样做而面对天下呢？国家一定要有所依靠才能屹立于世，而大臣正是国家所依靠的柱石。大臣正直，那么天子就不会从皇位上倒下来，即使他们怀有奸心，也得依靠天子来巩固自己的地位，只有这样官位才能保住、威望才能树立起来，君臣交谊越深权位就越稳定，他们之间休戚相关，自然就会感情越来越密切；但高宗一朝，却与此大不一样。唐高宗李治在位三十四年，尚书令、仆射、左右丞相、侍中、同平章事都是担任宰相的官职，是国家的骨干支柱，但他们莫名其妙地身居此职，又莫名其妙地被罢黜。这样的人共有四十三人。身居相位不知道因何而进，撤了相职也不知因何被撤，没有一个人为高宗所深信不疑而长期担任此职的。大臣卑贱到这等地步，可以说达到了顶点。长孙无忌、褚遂良、于志宁、高季铺、张行成，都是唐太宗最信任的辅佐大臣，但他们最终不是遭贬而死就是被撤职赶出朝廷，没有一个人能终日得到安宁。能够终身确保官禄并获得善终的，只有怀有奸诈私心的李勣一人罢了。此外，如韩瑗、来济、杜正伦、刘仁轨、上官仪、刘祥道等大臣，相对来说并没有像损折鼎足、倾覆珍馔这样力不胜任而败坏政事的问题，也免不了不时被痛斥治罪的下场，只有那些守边大臣幸免于难。至于其他窃取官位、醉心功名利禄的小人，且不说李义府、许敬宗恶贯满盈，为天下所声讨，就连宇文节、柳奭、崔敦礼、辛茂将、许圉师、窦德玄、乐彦玮、孙处约、姜恪、阎立本、陆敦信、杨弘武、戴至德、李安期、张文瓘、赵仁本、郝处俊、来恒、薛元超、高智周、张大安、崔知温、王德真、郭待举、岑长倩、魏玄同等人，都是些操守不足以管理府库，才能不足以治理小邑的人，有的按顺序得到晋升，有的因一句话博得天子欢心，有的通过歪门邪道受到天子的宠幸，这些人竞相迎合天子、代天行事。至于他们当中作为顾命大臣扶助幼主治理国家的人，只有裴炎、刘景先、郭正一这三个无赖之徒。唉！这样任意轻贱辅政大臣，国家怎么能不灭亡呢？

唐高宗李治是柔顺懦弱的天子，柔顺的性格容易与人聚合，然而也难以分离。可是，实际上却是君臣聚合这般容易，分离也这般容易，这又是什么原因呢？归根结底是有疑心罢了。有疑心，自己也就捉摸不定，这就是人们之间的情感被化解的原因。性格刚强对事情要求严格，那么内心就有疑心；性格柔顺自信不足，也会产生怀疑。两者性质虽不一样，但结论却是一样的，招致败亡的下场是一样的。性格刚强而不能研判邪恶和正义，却心怀猜忌；性格柔弱不能安抚善良刚正的人，却听从谗言。猜忌产生于内心，谗谀兴盛于外朝，因而人人都可以做宰相、人人都不可做宰相，人人都可以遭受斥责、诛杀。作为大臣，把朝廷视作旅馆，悠悠然来去自在，而视天子亲朋为陌生路人，这种结果不也是合乎情理的吗？孟子说：“国王没有可以信任的大臣。”没有可以信任的大臣，那么就不可以为人父母，裴炎因为几句话不和就顿感失意，于是阴谋废黜中宗，就如同在裤子中捉虱子，又有什么可怜悯的呢？宰相代替天子行政，是天子所给予、人心所归向；天下不能知道他的姓名，逆臣不屑于奉为龟鉴，家中的妻子和周围的小人依仗着他们长期把持的权势，指使那些骤然晋升或罢黜的奸佞，谈笑之间就把国家的命运改变了，这就是多疑所导致的结果。认真考察祸乱的根源，就可以知道它是从何而来了。

本事：《资治通鉴》卷二〇三《唐纪十九·则天皇后》，光宅元年(684)。

二　伸天下之大义，而非其人

伸天下之大义，而执言者非其人，适以堕义，而义遂不可复伸。齐桓公不责楚之僭王，自反其不足以伸大义，宁阙焉而若有所俟，虽无可俟，楚终惴惴然疑且有责之者，天下亦颙颙然几有责之者，故曹、桧之大夫，犹敢秉公论以讴吟，而楚终不敢灭宗周、迁九鼎，义以不亵而未遽堕也。夫齐桓，方伯也，固执言伸义之人也，奚为不可？然而不可者，内省其情，求以雄长诸侯而霸之，非果恤宗周、欲以复宗周之绪也。非其情则非其人矣，自问而知之，天下皆知之，乱贼亦俱知之。其情不至，其人不足畏，乃徒号于天下曰："吾以伸大义也。"天下弗与，乱贼弗惮，孤起无援，终以丧败，则乱贼之焰益炎，而天下之势一扑而不可复张。义之不可袭取，而必本于夫人之心，亦严矣哉！

李敬业起兵讨武氏，所与共事者，骆宾王、杜求仁、魏思温，皆失职怨望，而非果以中宗之废为动众之忧也。敬业以功臣之裔，世载其奸，窥觎闲隙，朝权不属，怀忿以起，观其取润州、向金陵，以定霸基而应王气，不轨之情，天地鬼神昭鉴而不可欺，徒建鼓以号于天下曰："吾为霍子孟、桓君山之歌哭也。"内挟代唐之私，外假存唐之迹，义可取也，则宵人之巧谲，但能淋漓慷慨为忠愤之言，而即佑于天、助于人，天其梦梦、人其胥有耳而无心乎？于是兵败身死，而嗣是以后，四海兆人之众，无有一夫焉为唐悲宗社之沦没，皆曰"义不可伸，贼不可讨"。天移唐祚，抑将如之何哉！

大义之堕，堕于敬业之一檄也，无情之文，巧言破义，贞人之泪，为奸人之诽笑，而日月昏霾，妖狐昼啸，复谁与禁之哉？故敬业之败，武氏之资也；敬业之起，宾王之檄，必败之符也。忠臣孝子以无私之志伸不容已之义，虽败虽歼，不患无继我以兴者，唯孤情之在两间，焄（xūn）蒿𬘡缊，百衄（nǜ）百折，流血成川，积骸如莽，而不能夺也。群不逞之徒，托义以求盈，而后义绝于人心，悲夫！

【译文】

伸张天下的大义，仗义执言者却不得其人，恰恰是毁了大义，而正义并不能够得到伸张。齐桓公不指责楚国僭位称王，是因为他自知力量不足以伸张正义，宁愿不加讨伐，似乎有所等待；即使等待不到时机，楚国必终日惴惴不安，有所顾虑那些指责自己的人，普天之下几乎所有的人都在斥责他的不义之举，所以曹国、桧国的大夫，还敢于秉公加以评论批评，楚国终究不敢灭亡宗周、自立为王，因而正义即使没有得到轻慢也不至于马上毁灭。齐桓公，是周朝的诸侯，本来就是敢于说话伸张正义的人，又有什么不能做到呢？然而他却是不能伸张正义的人。仔细观察他的真实用心，是想做诸侯的领袖以称霸天下，并非出于真心忧虑周朝、恢复周朝的统绪。并非出于真情，也不是合适的人选，扪心自问就清楚了，天下人都知道他的用意，乱臣贼子更清楚他的用心。他的真情没有表现出来，此人还不足以令人敬畏，只不过号召天下说“我要伸张正义”。天下无人响应，有野心的人也就不惧怕，孤军奋战没有后援，最终注定要失败，于是乱贼的气焰更加嚣张，天下大势一去不可复返。正义不能靠实力夺取，一定要出于人的本心，这也是十分严肃的事情。

李敬业起兵讨伐武则天，参与谋事的有骆宾王、杜求仁、魏思温，这些人都是因为丢官产生怨恨，并非真的因为中宗被废而激于忠心才兴师动众地讨伐武则天。李敬业是功臣的后代，世人传其奸诈，善于窥测时机，阴谋攘取权位，当其手中无权，便心怀怨愤，起兵反叛。从他发兵夺取润州，进军金陵的目的来看，完全是想奠定霸业、称王称帝，这种图谋不轨的情形，天地鬼神都看得一清二楚，无法欺人耳目。他还故意向天下发布檄文，表白自己是“效法霍光（字子孟）、桓谭（字君山）的歌哭”。其实他内心怀着取代唐朝的私欲，外表还装着为了维持大唐的基业，即使道义上是可取的，但小人的诡辩阴谋，尽量能发出为大唐存亡表示慷慨激昂的忠贞愤激之言，就可以受苍天保护，得到百姓拥护，难道上天大梦未醒，人们仅听其一面之词而没有内心想法吗？结果兵败被杀，从此以后，天下亿万百姓再也没有一人出来感叹大唐的沦陷，都说“正义不能伸张，贼人不能讨伐”。上天要改变大唐的国脉，又有什么办法呢？

天下大义之所以崩坏，就坏在李敬业讨伐武则天的檄文。这篇檄文是无情之文，巧言害义，忠贞正义之人的泪水，却成为心怀阴谋的小人的笑柄，日月昏暗、妖狐狂啸，又有谁能禁止呢？所以李敬业兵败，成了武则天篡权的奠基石；李敬业的起兵，让骆宾王写的檄文，就是必败的征兆。忠臣孝子无私地伸张正义，即使兵败被杀，也不必担心没有后继之人，即便是孤军奋战、历尽艰辛、人头落地、血流成河、尸骨遍野，其功绩也不能被磨灭。那些心怀诡计的逞能之辈，假借正义以满足自己的私欲，结果使正义失信于民，实在是太可悲了！

本事：《资治通鉴》卷二〇三《唐纪十九·则天皇后》，光宅元年(684)。

三 裴炎篡权的阴谋

自霍光行非常之事，而司马懿、桓温、谢晦、傅亮、徐羡之托以仇其私，裴炎赞武氏废中宗立豫王，亦其故智也。不然，恶有嗣位两月，失德未彰，片言之妄，而为之臣者遽更置之如仆隶之任使乎？炎之不自揣也，不知其权与奸出武氏之下倍蓰而无算，且谓豫王立而己居震世之功，其欲仅如霍氏之乘权与懿、温之图篡也，皆不可知；然时可为，则进而窥天位，时未可，抑足以压天下而永其富贵；岂意一为武氏用，而豫王浮寄宫中，承嗣、三思先己而为捷足也哉？其请反政豫王也，懿、温之心，天下后世有目有心者知之，而岂武氏之不觉邪？家无甔（dān）石之储，似清；请反政于豫王，似忠；从子伷先忘死以讼冤，似义；以此而挟滔天之胆，解天子之玺绂以更授一人，则其似是而非者，视王莽之恭俭诚无以过。而武氏非元后，己非武氏之姻族，妄生非分之想，则白昼攫金，见金而不见人，其愚亦甚矣。

自炎奸不售而授首于都市，而后权奸之诈穷，后世佐命之奸，无有敢借口伊、霍以狂逞者，刘季述、苗傅、刘正彦以内竖武夫骤试之而旋就诛夷，不足以动天下矣。炎之诛死，天其假手武氏以正纲常于万世与！

【译文】

自从西汉大司马、大将军霍光开独柄朝政、擅权废立的先河以来，三国曹魏的司马懿、东晋的桓温以及南朝宋的谢晦、傅亮、徐羡之等人借以辅政之名实现他们的野心，唐朝宰相裴炎帮助武则天废唐中宗立豫王李旦为帝，依然是过去的那套伎俩。如果不是这样，为何在豫王即位才两个月，没有明显的失德和片言妄乱的情况下，作为他的大臣的裴炎就像驱赶奴仆一样将他撵下了帝王的宝座另换他人？裴炎也不自己思量一下，不知道从权势和奸诈等方面远差武则天多少倍，还以为拥立豫王登基自己就可以独柄朝政、一手遮天，他仅仅是想仿效霍光乘危而入，或者是效法司马懿、桓温篡夺皇位，其真实图谋尚不可测度。即使时机成熟，他可能进而篡夺天子之位；时机尚不成熟，也足以控制朝廷永保荣华富贵。怎料他的一番用意却被武则天利用，而豫王仅有皇帝的虚名并无实权，武承嗣、武三思先于他掌握了唐朝的大权。他上书请求豫王亲政，司马懿、桓温的用心，天下后世有眼有心的都清楚，为什么武则天就不会察觉出来呢？家里没有一甑一石的粮食储存，好像很清廉；请求还政于豫王，好像很忠心；侄子裴伷冒死替中宗申冤，好像很正义。借此心怀，滔天大胆，把天子的玉玺另授给他人，他的所为貌似忠正，实际上却大恶大奸，如同王莽勤俭恭让没有过错一样。然而武则天并非汉元帝后，自己又不是武氏的亲戚，徒怀非分之想，如同大白天去偷人家的东西，光见东西不见别人，这实在是大愚蠢！

自裴炎的罪恶目的没有达到被处以死刑后，权臣奸人的诡计便暴露无遗，以后身执大权的奸臣，没有人再敢仿效伊尹、霍光的故事来逞其私欲，唐末刘季述和南宋初年的苗傅、刘正彦等人想以武力篡权，不久就被诛杀，其威力不足以撼动天下。裴炎被处死，可以被视为上天借助武则天的手腕来为万世千秋端正纲常！

本事：《资治通鉴》卷二〇三《唐纪十九·则天皇后》，光宅元年(684)。

四　监军之祸

将各有其军而国强，将各有其军而国乱。唐之季世，外夷之祸浅，国屡破、君屡奔而不亡，然天下分裂，以终于五代，皆此繇也。

将各有其军，于是监军设焉。中人监军，唐之大蠹也。其始以御史监之，较中人为愈矣，然即以御史监军，而军不败者亦鲜矣。既命将以将兵，而必使御史监之者，亦势之不容已也。将各有其军，而骄悖以僭叛者勿论已；即其不然，朝廷之意指不行于疆埸，而养寇以席权，恧缩而失机，迁延以縻饷，情事之所必有，而为国之大患。天子大臣不能坐受其困，则委之监军以决行上意，故曰不容已也。然而其军必败，未有爽焉者矣。

监军者而与将合，则何取于监军，而资将以口实？曰：夫监军者，目击心知而信以为必然矣。监军者而与将异，于是将不能自审其进止，以听之与兵不习、于敌不审之人。《传》有之曰："将得其人，而使刚愎不仁者参焉，则败。"监军者，非必刚愎不仁也，而御史者，以风裁无惮于大吏，持文法以责功效者也。责功效者必勇于进，则刚；持文法而无所惮，则愎；居朝端、习清晏，而不与士卒之甘苦相喻，则不仁。业任之以刚愎不仁之任，虽柔和之士，亦变其素尚而勉为决裂。且柔和之士，固不乐受监军之任；其乐任者，必其喜功好竞以尝试为能者也。

且夫朝廷之使监军，其必有所属意矣。天子有欲速之心，宰相有分功之念，计臣恤馈饘之难，近寇之荐绅冀驱逐之速；将虽无养寇畏敌之情，而在廷固疑其前却；操此为虑，则自非少年轻锐、挟智自矜，以傲忽元戎者，固莫之使也。无敢死之心，无必胜之谋，无矜全三军之生死以固邦本之情，抑无军覆受诛之法以随其后，如是而不挠将以取败也，必不得矣。乃其设之之由，则惟将各有其军，而天子大臣不能固信之也。

唐初府兵方建，军政一统于天子，授钺而军非其军，振旅而众非其众，故虽武氏之猜疑，而任将以无贰，李孝逸、程务挺以分阃立效之元戎，杀之流之而不敢拒命，则亦无所用监军为矣。非武氏之能将将也，府兵定、军政一，而指臂之形势成也。然其始府兵初建于用武之余，而兵固竞，则将可无兵，而唯上之使。一再传而府兵之死者死、老者老矣，按籍求兵而弱不堪用矣，势必改为召募，不得不授将以军矣；故监军复设而中人任之，庸主忮臣所不容已之乱政也。夫任将以军，而精于择将，慎于持权，天子之明威行于万里，而不假新进喜功之徒、挠长子之权，夫乃谓之将将；唯西汉为能然，岂武氏所可逮哉？

【译文】

将领各自拥有军队会促进国家强盛，将领各自拥有其军队也会导致国家混乱。唐朝末年，外族入侵造成的祸乱很少，但国家屡屡被攻破、皇帝屡屡被赶得四处逃亡，即使国家并没有灭亡，天下也已四分五裂，最后被五代十国所取代，都是由此而生。

将领各自拥有军队，于是就有了监军。以宦官为监军，是唐朝的一大弊政。开始时以御史监军，比宦官监军要好一些，然而即使以御史任监军，也很少有作战不惨败的。既然授命将军统帅军队，又必须让御史监军，这也是当时形势发展不可避免的。将军各自拥有军队，骄悍跋扈、拥兵叛乱的就不用说了；即使他们不叛乱，皇帝的意图也不能贯彻到军队中，造成骄兵悍将把持兵权，消极应战贻误战机，又以行动迟缓耗费粮饷。这种情况必定会产生，是国家的大患。天子大臣不能受此威胁，就让监军担任要职传达朝廷的意思，这也是不得已之举。但是这样的军队必定会失败，很少有胜利的。

监军如果能与将军团结一致，何必设监军，而给将领以矛盾的借口？有人会说：监军亲眼看到心里清楚然后才能信以为真，就是这个道理。监军如果与将军意见不合，结果将军不能自己决定军队进退的计划，必须听从那些不熟悉军队又不熟悉敌情的监军。《左传》上有这样一句话："选择的将军有真正的军事才能，却让刚愎不仁的人作为参军指挥战事，那一定要失败。"监军不一定是刚愎不仁的人，御史是无所畏惧的朝廷大员，是按照国家的法令考核监察文武官员绩效的人。训责军队急于功利，那么军队必须勇于前进，这就叫作刚；手持国家法令无所畏惧，这就叫作愎；身居朝中，整日花天酒地，不愿与士卒同甘共苦，这就叫作不仁。如果把军事大权交给这些刚愎不仁的人，即使柔顺听话的官员，也会改变决心与他们决裂。况且那些柔顺听话的官员，本来就不愿意担任监军的职务；那些喜欢担当此任者，一定是些喜功好利，尝试通过战争显示其才能的人。

朝廷之所以使用监军，必定有其特别的用意。天子有急功近利的思想，宰相有分功邀赏的念头，掌管财政的大臣担忧运输军粮的艰难，外敌又希望速战速决；作为将领虽然没有养敌、畏敌的情况，但朝廷本来就对他们有所怀疑；有了这种担心，只有那些年少勇猛、目空一切看不起武将的人，才敢于承担这一差使。没有敢死的雄心，一定不会有取胜的计谋，没有顾全保护三军将士生命保家卫国的情感，也就不考虑一旦全军覆没被杀头的结果，像这样不阻止将军从而导致失败的，一定不会有的。至于设立监军的理由，唯一可以解释的就是将军各自有其统率的军队，作为天子和大臣对他们又不敢完全相信。

唐初实行府兵制，军权、行政统统被揽在天子手中，天子授武将军权，但军队不是他自己的军队，整顿军队，但作战大军并非他的大军，所以尽管武则天对此有所猜忌怀疑，但任命武将并无两样，依然如前，镇军大将军李孝逸、左武卫大将军兼单于道安抚大使程务挺作为统军出征将帅或封疆大吏，立下赫赫战功，但武则天残杀或流放他们，他们丝毫不敢抗拒，这也就没必要启用监军。并非武则天能够镇住武将，而是因为府兵制确立，军政大权集中在武则天手中，所以弹指之间一切就顺理成章。然而，府兵制开始建立在用兵之际，军队力量很强大，将领不一定要有自己的士兵，而只能听从天子的安排。随着时间的推移，府兵死的死、老的老，按户籍来征兵征到的都是些老弱不能作战的士军，形势逼迫改为募兵制，不得已才将领军权授给武将。因此监军重新设立启用宦官担任，昏庸的皇帝、嫉妒的大臣也不容他祸乱朝政。授武将以军队，关键在于认真选择将领，慎重赋予他权力，天子的威望就可行于万里，不把军权授给那些新进的喜功好利之徒，阻挠主将行使职权，这才叫作善于统帅武将。只有西汉能够做到这一点，武则天怎么能做呢？

本事：《资治通鉴》卷二〇三《唐纪十九·则天皇后》，光宅元年（684）；卷二〇四《唐纪二十·则天皇后》，垂拱三年（687）。

五　狄仁杰正道直行

涉大难，图大功，因时以济，存社稷于已亡而无决裂之伤，论者曰“非委曲以用机权者不克”，而非然也，亦唯持大正以自处于不挠而已矣。以机权制物者，物亦以机权应之，君子固不如奸人之险诈，而君子先倾；以正自处，立于不可挠之地，而天时人事自与之相应。故所谓社稷臣者无他，唯正而已矣。孔融之不能折曹操以全汉者，慷慨英多而荡轶于准绳者不少，操有以倒持之也。周顗、戴渊密谋匡主而死于王敦，几以亡晋，夫亦自有咎焉。愤而或激，智而或诡，两者病均，而智之流于诡者，其败尤甚。虽有奇奸巨憝杀人如莽之气焰，而至于山乔岳峙守塞不变之前，则气为之敛，而情为之折。呜呼！斯狄梁公之所以不可及也。

或曰：“公之所以得武氏之心而唯言是听，树虎臣于左右而武氏不疑，此必有巽入之深机，以得当于武氏，而后使为己用。”考公之生平，岂其然乎？当高宗时，方为大理丞，高宗欲杀盗伐昭陵柏者，公持法以抗争，上怒洊（jiàn）加而终不移；及酷吏横行之际，为宁州刺史，以宽仁获百姓之心；再刺豫州，按越王贞之狱，密奏保全坐斩者六七百家，当籍没者五千余口免之；此岂尝有姑尚委随而与世推移以求曲济之心乎？其尤赫然与日月争光者，莫若安抚江南而焚淫祠一千七百余所。是举也，疑夫轻率任气者亦能为之，而固不能也。鬼神者，即人心而在者也。往而悍然以兴，气虽盛，心之惴惴者若或掣之，昧昧之士民，竞起而挠之，非心服于道而天下共服其心者，未有不踟躇而前却者也，故曰赫然与日月争光者也。由此思之，唯以道为心，以心为守，坦然无所疑虑，其视妖淫凶狠之武氏，犹夫人也，不见可忧，不见可惧。请复庐陵，而树张柬之等于津要，武氏灼见其情而自不能违，岂有他哉？无不正之言，无不正之行，无不正之志而已矣。

或曰："公苟特立自正，无所用其机权，则胡不洁身不仕，卓然而无能浼（měi）辱；乃姑事之而后图之，则抑权也，而非正也。"曰：武氏无终篡之理，唐无可亡之势，天下愦愦弗之察耳。三思、承嗣以无赖小人淫昏醉梦而结市井椎埋之党，逐声狂吠，庸人视之，如推车于太行之险；大人君子视之，一苇可杭之浅者也，秉正治之而有余，何为弃可为之时，任其爚乱，以待南阳再起，始枭王莽于渐台，而贻中原之流血乎？天下无正人而后有妖乱，丛狐山獉足以惑人之视听，武氏亦犹是而已。范我驰驱，无求不获，公亦坦然行之，而何机权之足云！

【译文】

历经大难，图谋伟业，借助时势以成就功勋，保存濒临灭亡的国家而没有分裂毁坏的危害，评论的人都说“如果不是委曲求全并使用机智权谋的人是不能做到的”。事实并非如此，也只有秉持正大光明之气以自处于刚正不屈罢了。以机智权谋应对他人的，他人也会以机智权谋应对他，正人君子本来就不如奸诈小人阴险毒辣，所以君子首先使人倾慕，以浩然正气自处，就能立在刚正不屈的境地，结果天时人事自然就与他相呼应。所以说，所谓的社稷之臣没有别的特殊之处，只有大刚至正罢了。孔融之所以不能斥止曹操以保全汉朝基业，是因为他虽然激昂慷慨、才智过人，但率情放纵，有不少不符合道德标准的地方，所以倒持太阿、授人以柄，使曹操有对付并加害他的办法。东晋大臣周顗、戴渊等人密谋匡扶王室，结果死在叛贼王敦手中，东晋也几乎灭亡，他们自身也有过错。愤怒有时会走向激切，机智有时会流于诡诈，两者同样都有弊端，而机智流于诡诈，其失败会更加惨烈。尽管有像王莽一样奸诈无比、罪大恶极、杀人如麻的气焰，但是到了像泰山乔岳一样智慧如渊水深沉、德行如高山耸立、坚守正道、刚直不屈的正人君子面前，他的气焰也不得不有所收敛，激情也不得不为之挫折。唉！这些都是狄仁杰为常人所不可及的地方。

有的人说：“狄仁杰之所以深得武则天的欢心而言听计从，树立一个勇武有为的大臣于自己左右而武则天对其又深信不疑，那么他必定有异于常人的心机和权谋，能够深得武则天的信服，而后使自己得以施智展才。”详细考察狄仁杰的生平事迹，难道真是这样吗？唐高宗在位时期，狄仁杰担任大理寺丞，高宗想杀掉偷伐唐太宗昭陵柏树的人，狄仁杰严格按照法律据理力争，高宗屡屡怒气冲天而狄仁杰始终不肯改变意见；当酷吏横行的时候，狄仁杰任宁州刺史，以宽厚仁慈深得百姓拥护；再任豫州刺史，审理越王李贞起兵反抗武则天失败自尽的案件时，狄仁杰秘密上奏朝廷保全了被判斩首的六七百家，免除了本应登记并没收家产的五千多人，这怎么能说他有过姑且随顺以合时宜，随着世道变化而变化，委曲求全以达到匡复王室的心意呢？他尤其令人瞩目并可与日月争辉的作为，是担任江南巡抚使时焚毁了一千七百多所蛊惑愚弄百姓的不合礼义的邪教祠庙。这种壮举，有人怀疑即使是轻率任性的人也能做到，而实际上是不可能的。鬼神，即人们心中存在的东西，一旦意念所及就悍然兴起，气势虽然很旺盛，但内心中惴惴不安好像有人在控制着。愚昧无知的百姓竞相阻挠他，如果不是他内心服膺道义而天下百姓又从内心服膺于他，就没有犹豫不决、停止不前的。所以说，他的这一举动令人瞩目并可与日月争辉。从这个角度思考，只有以道义作为心性的根本，以坚定的内心意志加以防守，才会心胸坦荡没有什么可疑虑的，对于妖冶淫荡、凶狠残暴的武则天，仅仅将其视为一个夫人罢了，看不到有什么可虑，也看不到有什么可怕。请求恢复庐陵王李显的帝位，把张柬之等人安置在重要的职位，武则天虽然能够洞见他的用意，却不能不予接受，难道还有别的原因吗？就是因为他没有不正大光明的言语、没有不正大光明的行为、没有不正大光明的志向罢了。

有人说："狄仁杰如果特立独行，自身公正廉明，从来也没有运用机智权谋，那么他为什么不洁身自好、隐逸不仕，从而卓然自立而不会遭受羞辱；而他却姑且事奉武则天，而后再慢慢图谋挽救局势的办法，这也就是权谋，并非正道直行。"回答是：武则天终究没有篡夺唐朝的道理，唐朝也没有必然灭亡的趋势，只是当时天下人纷乱糊涂，并没有认真体察。武三思、武承嗣这样的无赖小人荒淫昏聩、醉生梦死，结交市井流氓、行凶作恶之人作为同党，放声狂叫。这在普通人看来，就像是推着小车行走在太行山绝壁幽谷之间那样险象环生；在正人君子看来，则如同用一捆芦苇做成小船就可以通行过去的浅滩，秉持正义进行治理就会绰绰有余，为什么要抛弃大有作为的有利时机，任凭他们祸乱国家，以等待像东汉光武帝刘秀那样在南阳起兵兴复汉室，才能把王莽斩杀于渐台，而给中原大地带来流血牺牲的局面呢？天下没有秉持正义的人，而后就会有妖魔鬼怪出来作乱，山野丛林中的狐妖鬼怪足以迷惑人们的视听，武则天也不过如此罢了。按照规矩法度驾车奔驰，没有什么猎物不能捕获，狄仁杰胸怀坦荡、正道直行，还有什么机智权谋值得使用呢！

本事：《资治通鉴》卷二〇四《唐纪二十·则天皇后》，垂拱三年(687)。

六　德不及焉，不享其贡

夷狄之蹂中国，非夷狄之有余力，亦非必有固获之心也，中国致之耳。致之者有二，贪其利、贪其功也。贪其货贿而以来享来王为美名，于是开关以延之，使玩中国而羡吾饶富，以启窃掠之心。故周公拒越裳之贡，而曰："德不及焉，不享其贡。"谓德能及者，分吾利以赉之，使受吾豢养，而父老子弟乐效役使以不忍叛也。不然，贪其利而彼且以利为饵，惑吾臣民之志，则猝起而天下且利赖之以不与争；且其垂涎吾锦绮珍华而不得遂者，畜毒已深，发而不可遏也。契丹、女直皆始以贡来，而终相侵灭，其必然者一也。贪不毛之土，而以辟土服远为功名，于是度越绝险，逾沙碛、梯崇山、芟幽箐以徼奇捷；不幸而败，则尾之以入，幸而胜，而馈饘相寻，舟车相接，拔木夷险，梁水凌冰，使为坦道。蔿贾曰："我能往，寇亦能往。"推此言之，我能往，寇固能来，审矣。故光武闭关，而河、湟巩固。天地设险以限华夷，人力不通，数百里而如隔世，目阻心灰，戎心之所自戢也。中国之形势，东有巨海，西有崇山。山之险，不敌海之十一也。然胡元泛舟以征倭，委数万生灵于海岛，而示以巨浪之可凌，然后倭即乘仍以犯中国；垂至于嘉靖，而东南之害为旷古所未有。巨海且然，况山之蹠（zhí）实以行、相蹑以进者乎？铲夷天险以启匪类之横行，其必然者又一也。二者害同，而出于贪君佞臣不知厌足之心，一而已矣。

吐蕃之为唐患，祸止于临洮，则专力以捍之也犹易。武氏欲发梁、凤、巴、蜑，自雅州开道以击之，陈子昂曰："乱边羌，开隘道，使收奔亡之众为向导以攻蜀，是借寇兵而为贼除道，举全蜀以遗之也。"其言伟矣！事虽暂止，而此议既出，边臣潜用之以徼功，严武、韦皋虽小胜而终贻大害。明而熟于计者，见终始之全局，洞祸福之先几，可为永鉴。然而后世君臣犹不悟焉，天维倾，地极坼，有自来矣。

【译文】

夷狄之所以入侵并蹂躏中原内地，并非因为他们有过剩的军事力量，也并非其一定要得到中原的野心，而是由中原王朝自身的失策所造成的。这种失策所造成的情况有两种：一是贪图其利益，二是贪图其功劳。贪图夷狄的财货贿赂，以接受夷狄前来进献贡物、前来朝觐天子作为美名，于是打开关门接纳并引导他们进入内地，使他们轻慢中原，同时羡慕中原的富饶，从而开启他们窃取掠夺中原的野心。所以周公旦拒受越裳（一作越常、越尝，南海古国名，在今老挝、缅甸一带）的贡物白雉，并且说："君子的美德达不到，就不能享受人家的贡品。"这是说，君子的美德能够达到，就可以分出自己的利益赏赐给人家，使他们接受我们的养育，那么其父老子弟乐意供朝廷役使而不忍心叛乱。如果不是这样，那么贪图他们的利益，他们就会以此作为诱饵，迷惑我们臣民的心志，一旦爆发祸乱，天下人都会依赖他们的利益而不与对方争战；况且他们对我国的锦绣罗绮、物华天宝早就垂涎三尺又不能满足其欲望，蓄积的怨恨和毒计太深，一发就无法遏止。契丹、女真开始时都来朝贡方物，最终递相侵略乃至灭亡中原王朝，都是同样的发展趋势。贪图那些不毛之土，以开辟疆土、威服远人作为功名，于是翻越险关绝境、走过荒凉沙漠、跋涉崇山峻岭、穿过竹林草莱，以求取奇功大捷。不幸战败，那么敌方就尾随侵入中原内地；侥幸得胜，那么馈送粮饷、舟车相接、伐木开道、平险修路、遇水架桥、凌冰渡河，使险途成为坦道。正如春秋时期楚国司马蒍贾所说的："我们能去，敌人也能去。"以此推理，我们能前往，敌人当然也能来犯，这是明摆着的道理。所以，东汉光武帝刘秀封闭边关，那么黄河上游、湟水流域（今青海东部一带）也得以稳固。天地设置险要是为了阻隔中原内地与夷狄，使双方人力不通，相距数百里就如同进入另一个世界，使他们眼界阻隔、野心受限，入侵和掳掠的野心也就自然得以平息。中国的地理形势，东有大海、西有高山，高山的险要，比不上大海的十分之一。然而，元朝的蒙古统治者却舍弃陆地骑兵的优势，泛舟渡海征讨日本，将数万士兵置身于海岛之上，从而表示他们可以征服巨浪，结果为巨浪所征服，而日本乘机频繁侵犯中国；发展到明朝嘉靖年间（1522—1566），东南沿海发生了旷古未有的倭寇祸乱。受大海巨浪阻隔的日本尚且如此，何况高山相连可以跨越、大地相接便于跋涉的周边外族呢？铲除中原内地与外族地区之间的天险屏障，从而开启和招致夷狄以及盗贼匪类的横行无忌，这是又一个必然的结果。两种情况的祸害结果都是一样的，都是出于贪婪的天子、奸诈的佞臣不知道满足的欲望，这也是完全一样的。

吐蕃成为唐朝西部边疆的隐患，但其祸乱只到临洮一带，如果集中力量捍卫也还是比较容易的。武则天想集中梁州（治今陕西汉中）、凤州（治今陕西凤县凤州）的兵力以及巴州（治今四川巴中）的蜑民，从雅州（治今四川雅安）开辟险阻狭窄的隘道打击雅州羌族、进攻吐蕃。麟台正字陈子昂上书反对说："祸乱边疆的羌族，开辟险阻狭窄的隘道，使得吐蕃收集那些逃亡的羌族百姓作为向导来进攻四川，这是借敌国的军队来为叛贼开道，从而把整个四川都交给了敌人。"其言论真是太伟大了！进攻吐蕃之事虽然暂且停止，但是武则天的意旨提出之后，守边之臣便会暗中用来邀功行赏。前后担任剑南节度使的严武、韦皋尽管进攻吐蕃小有胜利，却最终留下了大患。贤明而熟悉战略的人，能够始终洞见事情的全局、洞察祸福的先机，可以作为永远的鉴戒；但是后来的天子大臣都醒悟不到其中的道理，结果导致擎天大柱倾倒、地轴两端断裂，是有其本来的原因的。

本事：《资治通鉴》卷二〇四《唐纪二十·则天皇后》，垂拱三年(687)。

七 陈子昂可为大臣任社稷

陈子昂以诗名于唐，非但文士之选也，使得明君以尽其才，驾马周而颉颃姚崇，以为大臣可矣。其论开间道击吐蕃，既经国之远猷；且当武氏戕杀诸王、凶威方烈之日，请抚慰宗室，各使自安，撄其虓（xiāo）怒而不畏，抑陈酷吏滥杀之恶，求为伸理，言天下之不敢言，而贼臣凶党弗能加害，固有以服其心而夺其魄者，岂冒昧无择而以身试虎吻哉？故曰以为大臣任社稷而可也。

载观武氏之世，人不保其首领宗族者，蔑不岌岌也，而子昂与苏安恒、朱敬则、韦安石皆犯群凶、持正论而不挠；李昭德、魏元忠、李日知虽贬窜，而终不与傅游艺、王庆之、侯思止、来俊臣等同受显戮。由是言之，则武氏虽怀滔天之恶，抑何尝不可秉正以抑其妄哉？而高宗方没、中宗初立之际，举国之臣，缩项容头，以乐推武氏，废夺其君，无异议者。向令有子昂等林立于廷，裴炎、傅游艺其能售奸慝以移九鼎乎？

夫人才之盈虚，视上之好恶。无以作之，其气必萎；无以檠之，其体必戾。乃武氏以嗜杀之淫妪，而得人之盛如此；高宗承贞观之余泽，有永徽之初治，而流俗风靡，不能得一骨鲠之士，何也？善善而不用，恶恶而不去，目塞而暗，耳塞而聋，其足以挫生人之气，更甚于诛杀也。人之有心，奖之而劝，故盛世之廷多正士；激之而亦起，故大乱之世有忠臣；废针石以养痈，而后成一痿痹之风俗，则高宗之柔暗以坏人心、毒天下，剧于武氏之淫虐，不亦宜乎！灭唐者，文宗也；灭宋者，理宗也。唐之复兴于开元，尚太宗未斩之泽与！不然，何以堪高宗三十余年噎噎之阴邪？

【译文】

陈子昂以诗歌名扬唐朝，并不仅仅是文人学士之人选，假如能得到明君的知遇而使他尽情发挥才能，可以凌驾于马周之上而同开元名相姚崇不相上下，作为大臣他是可以的。他上书反对开辟隘道进攻吐蕃，已经具备治理国家的远大谋略；况且正当武则天屠杀李姓诸王、淫威鼎盛的时候，他上书请求武则天抚慰李姓宗室，使他们各自相安无事，触犯武则天的淫威暴怒却无所畏惧，极力控诉酷吏滥杀无辜的罪行，要求伸张正义，敢于说出天下人不敢说出的话，而那些奸臣逆党不敢加害于他，他本来就具有令他们心服口服、摄魂夺魄的浩然正气，难道是他糊里糊涂、无所选择地以一己之身试虎狼之口吗？所以说，陈子昂作为大臣担负捍卫社稷的重任是可以的。

从史书记载看武则天统治的时代，不能保全身家性命及其宗族安全的人，没有不岌岌可危的，但陈子昂和苏安恒、朱敬则、韦安石都触犯了奸臣逆党，他们秉持正道大义而不屈不挠；李昭德、魏元忠、李日知虽然遭到流放斥贬，但最终也没有和傅游艺、王庆之、侯思止、来俊臣等人一起被处斩杀戮。从这一点来说，武则天尽管怀有滔天罪恶与野心，又何尝不能坚持正义来抑制其狂妄企图呢？正值唐高宗李治刚死，中宗刚即位之际，整个朝廷的大臣个个缩颈藏身，一致拥戴武则天执掌国政，废除他们的国君，而不敢有任何疑义。假使有陈子昂等贤明正直的大臣林立于朝廷，裴炎、傅游艺这些人怎么能够实现其悖逆奸计，从而动摇唐朝江山社稷的根基呢？

人才的消长盈虚，关键在于天子的好恶。如果不能造就和培养人才，那么他们的志向和气节必定得以萎缩；如果不能推举、选拔和重用人才，那么他们的身体和生命必定受到挫折。武则天作为一个嗜杀成性的淫妇，却能网罗这么多有才干的人；而唐高宗李治继承贞观之治的流惠余泽，也出现过永徽初年的天下升平气象，可是很快世情风俗恶化并风靡天下，得不到一个忠诚耿直的大臣，这又是为什么呢？喜欢贤良的人却不重用、讨厌奸邪的人却不铲除，目光被堵塞而偏听偏信、耳朵被堵塞而装聋作哑，这种状况足以挫伤天下臣民的志气，其后果比残暴杀戮还要严重。人人都有忠诚、善良、正直之心，加以褒奖就会得到激励，所以盛世朝廷中会有很多正直的大臣；加以激发就会奋勇争先，所以天下大乱之时就会出现很多忠臣；抛弃治病救人的良药验方，养痈遗患，而后形成一种类似肢体软弱无力、肌肉萎缩麻痹的世情风俗。唐高宗的软弱昏庸，导致败坏人心、毒害天下，比起武则天的荒淫残暴更加严重，不也是应该的吗？灭亡唐朝的，是文宗皇帝李昂

(826—840 在位)；灭亡宋朝的，是理宗皇帝赵昀（1225—1264 在位)。唐朝在唐玄宗开元年间（713—741）得以复兴，还是继承了唐太宗尚未被斩断的余泽流惠吧！不然的话，怎么能够承受得了唐高宗李治三十多年阴沉昏暗的统治呢？

本事：《资治通鉴》卷二〇三《唐纪十九·则天皇后》，垂拱二年(686)。

八　武则天廷试贡士以市恩

策贡士于殿廷，自武氏始。既试之南宫，又试之殿廷，任大臣以选士，不推诚以信，而以临轩易其甲乙，终未见殿廷之得士优于南宫，徒以市恩遇于士，而离大臣之心。故至于宋而富郑公欲请罢之，其说是已。虽然，勿谓贡士之策异于汉武之策问贤良也。贡士之取舍，人才进退之大辨，轻于其始，则不得复重之于后。天子以天之职求天之才而登进之，使委之有司，弗躬亲以莅之，则玩人而以亵天。其弊也，士愈轻而贡举愈滥，又奚可哉？有道于此，付试事于南宫，而所拔者缄其文以献之上，上与大臣公阅而定其甲乙，庶乎不疑不亵得进贤之中道，惜乎富公之言不及此也。

士之应科而来者，贤愚杂而人数冗，故授之所司，以汰其不经不达之冒昧；而天子亲定其甲乙，则以崇文重爵，敬天秩，奖人才，而示不敢轻，此亦易知易行之道。而自武氏以来，迄千余年，议选举者，言满公车，而计不及此者，后世人主之心，无以大异于武氏也。夫武氏以妇人而窃天下，唯恐士心之不戴己，而夺有司之权，鬻私惠于士，使感己而忘君父，固怀奸负慝者之固然也。后世人主，承天命，缵（zuǎn）先猷，作君作师，无待私恩以固结，而与大臣争延揽以笼络天下，顾使心膂猜疑，互相委卸，不亦悖乎？天子而欲收贡士为私人，何怪乎举主门生怀私以相市也。此朋党之所以兴，而以人事主之谊所由替也。

【译文】

由皇帝亲自主持在殿廷之上考试贡士（省试、会试中式的文士）的策问，这种殿试制度创始于武则天。通过了南宫（唐尚书省，后世指礼部）的考试（成为省试，后世称会试），又在殿廷之上亲自主持考试，既然任用大臣来选拔文士，又不推诚布公予以信任，而亲临殿廷重新考试以改变其甲等、乙等的名次，终究没有见到殿试比省试在选拔真正的人才方面有什么优点，仅仅是把皇帝的恩惠赐予文士，从而离散了大臣的忠心。所以宋朝宰相富弼上书要求停止殿试，他的说法是有道理的。既然这样，那么也就不能说策问贡士和汉武帝的策问贤良有不同之处了。贡士的选拔取舍，是关系到国家进退人才的基本原则，开始就这样轻视，也就不能指望后世再予以重视了。天子以上天授予的职务选择贤良的人才并加以任用，假如把这些大事交给有关部门的官吏，自己不亲自加以过问，那么就是愚弄他人而亵渎上天，其所造成的弊端，就是士人越来越不受重视，而科举制度越来越泛滥，这怎么可以呢？有道的君主对待这件大事，会把考试的事交给尚书省（或者礼部），然后把选拔出来的优秀试策密封起来献给天子，天子和大臣一起公开阅卷确定甲等、乙等名次，这样即使产生疑义，也不至于亵渎上天，从而符合选拔进用贤才的中庸之道，可惜的是富弼的上书并没有涉及这方面的内容。

天下文士纷纷响应科举选士制度前来参加考试，数量庞大而且愚贤混杂，所以把这件事交给有关部门的官员，让他们通过考试裁汰那些既无常理通识又不明达世务的无知妄为之人；天子亲自确定甲等、乙等名次，表明崇尚文教、重视官爵、敬畏礼法、奖励人才，以表示不敢轻视。这是容易明白、容易执行的道理，自从武则天以来，迄今已有一千多年，谈论科举取士制度的人，各种言论连篇累牍、层出不穷、满车盈室，却从来没有人从这个角度出谋划策的，说明后世帝王的想法和武则天并没有太大不同。武则天以一个妇人窃取天下，唯恐士人从内心不拥戴自己，因而夺取有关部门官员的权力，把自己的私人恩惠施与天下文士，使他们对自己感恩戴德从而忘却还有君臣父子大义的存在，本来是心怀不轨、负有奸邪的人应有的作为。后世的帝王，秉承上天的眷顾，继承先烈的宏图，作为天子根本不需要以私人恩惠牢牢控制天下士人，而与大臣争夺延揽人才进而笼络天下人心的权力，为此使心腹大臣互相猜疑忌讳，互相推诿责任，这难道不是违背常理吗？天子想网罗贡士作为自己的私人势力，如何能责怪科举取士中举主与门生之间以私人恩惠相互授受呢？这就是朋党纷争之所以产生的原因，而人人事奉君主的天下大义也因此逐渐被取代而消亡了。

本事：《资治通鉴》卷二〇四《唐纪二十·则天皇后》，天授元年（690）。

九　庶人之议，大乱之归

王莽之后，合天下士民颂功德劝成篡夺者，再见于武氏。傅游艺一授显秩，而上表请改唐为周者六万人，功若汉、唐，德若汤、武，未闻有此也。孟子曰："得乎邱民为天子。"其三代之余，风教尚存，人心犹朴，而直道不枉之世乎！若后世教衰行薄，私利乘权，无不可爵饵之士，无不可利囮之民，邱民亦恶足恃哉？盗贼可君，君之矣；妇人可君，君之矣；夷狄可君，君之矣。孔子曰："天下有道，则庶人不议。"后世庶人之议，大乱之归也。旦与之食，而旦讴歌之；夕夺之衣，而夕诅咒之；恩不必深，怨不在大，激之则以兴，尽迷其故。利在目睫而祸在信宿，则见利而忘祸；阳制其欲而阴图其安，则奔欲而弃安。赘婿得妻，而谓他人为父母；猾民受贿，而颂廉吏之贪污。上无与惩之，益进而听之，不肖者利其易惑而蛊之，邱民之违天常、拂至性也，无所不至，而可云得之为天子哉？

以贤治不肖，以贵治贱，上天下泽而民志定。泽者，下流之委也，天固无待于其推崇也，斯则万世不易之大经也。

【译文】

王莽以后，聚合天下士民百姓一起歌功颂德劝进促成篡夺帝位的现象，再度出现于武则天时代。左补阙傅游艺一经因为上书称颂武则天应天符瑞、合当革姓受命而获得同平章事的高官显位，天下纷纷仿效，上书请求改唐为周的就有六万人，那些功绩如同汉、唐，道德可比商汤、周武王的历代帝王，都没有听说过如此的现象。孟子说："能够得到百姓欢心的就可以做天子。"说的是夏、商、周三代之余，风俗教化依然存在，人心朴实无华，天下还是一个正道直行、毫不违背的世界。后世教化衰落、行为浅薄、谋取私利、利用权势，没有不能以爵位相诱惑的士人，也没有不能以利益相笼络的百姓，百姓的欢心又怎么值得依靠呢？盗贼可以做皇帝，那么百姓就拥戴他做皇帝；女人可以做皇帝，那么百姓就拥戴她做皇帝；夷狄可以做皇帝，百姓就拥戴他做皇帝。孔子说："如果天下政治清明，那么百姓就不会议论纷纷。"后世百姓的议论纷纷，乃是天下大乱的根源。早上给他们饭吃，他们就讴歌拥护你；晚上不给他们衣穿，他们就诅咒你；恩惠不一定很深厚，怨恨也不在于大小，只要予以激励就会乘机而兴起，完全迷失了恩怨由来的根本。利在眼前，而祸患在两三天，只见利益而忘掉祸患；表面上抑制欲望，背地里却图谋安全，只为欲望就不顾安危。入赘的女婿得到妻子，就认别人为父母；狡猾的百姓受到恩惠，就称颂贪官污吏廉明公正。上层统治者不加以惩处，反而更加重用而且偏听偏信，不肖之徒看到上层统治者容易受迷惑就蛊惑他们，这样老百姓违背天理伦常、拂逆天赋品性，没有什么不能做到，难道还能说得到百姓欢心就可以做天子吗？

以贤明君子治理不肖之徒，以尊贵的君臣治理卑贱的百姓，这样上应天命符瑞、下布恩泽于百姓，百姓的心志就可以安定。所谓的恩泽，就像水流一样自上而下布施并聚集于百姓，上天本来就不需要自下而上的推崇，这是千秋万代都不能改变的根本原则。

本事：《资治通鉴》卷二〇四《唐纪二十·则天皇后》，天授元年(690)。

一〇　武攸绪非隐逸不可曲贷

逸民之名，君子所甚珍也。商、周历年千载，而《鲁论》授以其名者七人，则固与汤、武颉颃，为不世出之英，流风善世，立清和之极，非其人岂胜任哉？辞禄归老，保身家，要美名，席田园之乐，遂许之为逸民，则莽可为周公，操可为文王，朱泚、黄巢逐无道之君可为汤、武矣。

武攸绪者，武氏之族，依逆后而起，无功可禄，窃将军之号，冒安平王茅土之封，与攸暨等乘武氏之篡，拥衮冕而南面称孤，凡六年矣。唐之子孙杀者囚者殆无遗类，而攸绪兄弟以皇族自居，不知此六年之内，何面目以尸居于百僚之上，而犹自矜曰恬澹寡欲，将谁欺乎？官扈卫而位侯王，虽极天下之多欲者亦厌足矣，犹曰寡欲，将必为天子而后为多欲邪？盖至是而武氏之势已浸衰矣，三思、承嗣淫昏而非懿、操之才，武氏知天下之必归于唐，而意已革，逾年而中宗召返东都矣。攸绪畏祸之且及，引身以避祸，席安荣尊富于嵩山之下，免脱禄、产之诛，福则与诸武共之，祸则全身以违众。就小人而论之，三思、承嗣之愚犹可哀矜，而攸绪之狡尤甚矣哉！使三思、承嗣而为曹丕、司马炎也，攸绪俨然以懿亲保其社稷，其肯就峰阴溪侧冬茅椒而夏石室乎？予之以隐逸之名，名何贱也？以法论之，免其殊死可尔，流放之刑，不可曲为贷也。

【译文】

隐士逸民的美名，是正人君子非常珍惜的。商、周两代一千多年历史，在《鲁论》中授予隐士逸民的仅有七人，这些人的地位本来与商汤、周武王不相上下，都是世间少有的英杰，他们流传下来的美德风尚，为善于世而不居其功，树立起清静和平的最高准则，不是这样的人怎么能够胜任这样的美名？辞去高官厚禄，归隐山林田园，保全身家性命，猎取隐逸美名，安享田园之乐，就称其为隐士逸民。如果是这样的话，那么王莽也可以成为周公，曹操也可以成为周文王，朱泚、黄巢起兵叛乱驱逐无道的君主也可以成为商汤、周武王了！

武攸绪，是武则天伯父武士让的孙子，依附逆后武则天起家，没有什么功劳可以记录，却窃取将军的名号并受封安平王，与武攸暨、武攸宁等一道乘武则天篡夺帝位之机，身着衮衣冕服而面南称王，时间长达六年。在这期间，李唐宗室几乎都被杀害和被逮捕下狱，差不多没有残存者了，而武攸绪兄弟以皇族自居，不知道这六年他们有何脸面位居百官群僚之上，还自夸恬淡寡欲，这又能欺骗谁呢？官居宫廷扈从的千牛卫将军，位列安平王之尊，即便是天下利欲熏心的人也觉得满足了，还说是自己清心寡欲，难道要做天子才算欲望强烈吗？大概是因为到这个时候武则天的势力已经逐渐衰落了，武三思、武承嗣荒淫昏庸又没有司马懿、曹操那样掌管朝政的才能，武则天知道天下最终还得归还给唐朝宗室，篡位夺权的意思已经有所改变，一年之后就把中宗召回东都洛阳。这时武攸绪畏惧灾祸将会降临到自己身上，于是辞去官职以躲避灾难，在嵩山之下安享富贵荣华的生活，从而避免和逃脱像西汉吕后之侄吕禄、吕产那样被诛杀的下场，有福就和武氏家族共同享受，有祸则保全自己而与武氏家族划清界限。从作为小人的所作所为来说，武三思、武承嗣的糊涂愚蠢还值得哀怜同情，但武攸绪实在是太狡猾了！假如武三思、武承嗣像曹丕、司马炎那样篡位夺权成功做了皇帝，那么武攸绪就会俨然以皇族自居来捍卫其江山社稷，他还肯隐居在嵩山的峰阴溪畔，冬天蜷缩在茅屋、夏天居住在石洞里吗？后世把他列入正史的《隐逸传》，授予隐士逸民的美名，隐士逸民之名号为何低贱到这等地步？如果按照法律论罪的话，免去他斩首的死刑是可以的，但处以流放的刑罚，恐怕是不能曲意回护而予以赦免的。

本事：《资治通鉴》卷二〇五《唐纪二十一·则天皇后》，万岁通天元年(696)。

一一　狄仁杰善观人而任之

知人之哲，其难久矣。狄公之知张柬之、敬晖，付以唐之宗社，何以知其胜任哉？夫人所就之业，视其器之所堪；器之所堪，视其量之所函；量之所函，视其志之所持。志不能持者，虽志于善而易以动，志易动，则纤芥之得失可否一触其情，而气以勃兴，识以之而不及远，才以之而不及大，苟有可见其功名，即规以为量，事溢于量，则张皇而畏缩。若此者，授之以大，而枵（xiāo）然不给，所必然矣。

夫以宗社之沦亡，而女主宣淫，奸邪窥伺，嗣君幽暗，刑杀横流，天下延颈企踵以望光复，此亦最易动之情矣。则欲立拔起之功，以反阴霾之日月，似非锐于进取者不能。狄公公门多士，而欲得此义奋欻（xū）兴之人，夫岂难哉？然前此者，李敬业、骆宾王以此致败，徒以增逆焰而沮壮夫之气，其成败已可睹矣。故虽有慷慨英多捐生效节之情，公弗与也。张柬之为蜀州刺史，奏罢姚州之戍，泸南诸镇一切废省，禁南夷之往来；敬晖为卫州刺史，突厥起兵，欲取河北，诸州发民修城，晖不欲舍收获而事城郭，罢使归田；公于此乃有以得二公之器量，而知其可以大任焉。

持之不发者，藏之已固也；居之以重者，发之不轻也；敛之以密者，出之不测也；不为无益之功名者，不避难成之险阻也。故武氏任之而不疑，群奸疑之而不敢动，臣民胥信其举事之必克，而乐附以有成。善观人而任之者，于此求之而失者鲜矣。

【译文】

能够鉴察人的品行才能，可谓明智。这种明智在虞舜、大禹、皋陶等上古圣贤看来也是很困难的，其困难可以说由来已久。唐朝名相狄仁杰能够鉴察张柬之、敬晖的品行才能，把恢复大唐社稷的重任托付给他们，他又怎么知道他们能够胜任呢？一个人所成就的功业，关键在于他的器局能否胜任；器局可以胜任，还要看他的度量能否海涵；度量可以海涵，还要看他的志向能否坚持。志向不能坚持的，即便有志向善、向好也容易被动摇和改变，志向容易动摇和改变，即使一点微小的得失、可否，就可能激起他的感情、脾气一触即发，他的见识将会因此不能看得很远、他的才干将会因此不能增益和壮大，如果有可以见到的功名，就会以度量加以规范，一旦事情超过了他的度量，就会张皇失措而畏首畏尾。这样的人，即便授予他大的责任，也会腹中空虚、无法承受，这是必然的道理。

国家宗庙社稷面临灭亡危险，而执政的女主又荒淫残暴、飞扬跋扈，奸臣佞幸在周围窥探侦察，继位的皇帝昏庸无能，以致刑罚杀戮无度、逆流毒流横行，天下百姓伸长头颈、踮起脚跟盼望大唐王朝的光复，这也是最容易激动人心的感情了。在这种情况下，想要建立拨乱反正的功业，一返被乌云遮住的日月光辉，似乎不是锐意进取的人是做不到的。狄仁杰门下人才济济，要想用正义激发奋起复兴大唐基业的人，难道有什么困难吗？然而在此之前，李敬业、骆宾王就是以这样的名义起兵却失败了，白白增强了武则天倒行逆施的气焰，使有志之士的志气为之沮丧、胆气为之寒冷，其成败得失已经明白可见。所以，尽管激昂慷慨、才智过人，有为光复大唐效命尽节、视死如归的豪情壮志，狄仁杰却不参与其事。张柬之任蜀州（治今四川崇州）刺史时，上奏罢去姚州（治今云南楚雄）的戍守兵役，泸南诸镇一切劳役统统罢黜，禁止和西南少数民族往来；敬晖任卫州（治今河南卫辉）刺史时，突厥发兵侵犯，想一举夺取河北，诸州征发百姓修筑城墙，敬晖不想耽误收获庄稼的大好机会而去修筑城墙，下令罢去徭役让百姓回到田地。狄仁杰以此认识到这两个人的器局和度量，也知道他们可以担当重任。

坚持志向不轻易付诸行动，是因为已将信念非常牢固地埋藏在心底；把这件事作为千钧重担承担起来，那么事情的发动就不能轻而易举地草率从事；非常缜密地加以收敛潜藏，那么一旦出手发动就会出其不意、攻其不备；不追求那些没有意义的功名，也不回避难以克服的艰难险阻。所以武则天重用狄仁杰并对其不加怀疑，那些奸邪佞幸即使对狄仁杰有疑心却又不敢轻举妄动，广大老百姓都坚信他一定能够完成大业，都愿意追随他从而成就功业。善于观察鉴察别人才然后委以重任，运用这样的办法成就功业，很少会发生失误和导致失败的。

本事：《资治通鉴》卷二〇七《唐纪二十三·则天皇后》胡注，久视元年（700）。

一二　父子之道

读《文王世子》之篇，而知古者天子诸侯之元子日侍于寝门，而损益衣食皆亲执其事，无异于庶人之父子；天性之恩，既不以尊位而隔，孝养之礼，抑且以居高而倡。乃当大位危疑、奸邪窥伺之日，受顾命、传大宝，亦相与面授于衽席之侧，德不偷而道立，道不失而祸亦消，皇哉弗可及已！

后世子道之衰，岂尽其子之不仁哉？君父先有以致之也。宫嫔多，嬖宠盛，年已逾迈，而少艾盈前，于是不肖者以猜妒怀疑，即其贤者亦以嫌疑为礼。太子出别宫，而朝见有度，侍立有时，问安有节，或经旬累月而不得至君父之前，离析毛里之恩，虚拥尊严之制，戕性斁伦，莫之能改。故其为害也，父子不亲而谗间起，嬖宠怙权而宦寺张。秦政之于扶苏，晋惠之于太子遹，隋高之于太子勇，坐困于奸贼，召之不为召，诬之不能白，杀之不能知，而祸乱极矣。

道二：仁与不仁而已矣。绝父之慈，禁子之孝，尚安足与问祸福乎？无已，则如崔神庆之请于武氏，太子非朔望朝参，应别召者，降手敕玉契，以防奸慝，此三代以下仁衰恩薄必不可废之典也。神庆之言此者，虑诸武之假旨以召太子而害之也。其人虽不肖，其言之为功亦伟矣。不然，夜半一人传呼，而太子蹈白刃以暗死，何从而知其真伪哉？后世人君处疏睽疑贰之势，防奸杜祸，建为永制可也。

【译文】

阅读《礼记·文王世子》这篇经典文献，可以知道古代天子诸侯的长子每天都在寝宫的门口事奉，衣食的损益增减都亲自掌管其事，和普通百姓家的父子没有两样；父子之间天性固有的恩情，并没有因为其地位尊贵而被隔断，而孝顺奉养的礼节，也因其身居高位而为天下倡导。一旦遇到帝位出现危险和疑虑、奸邪佞幸觊觎窥伺的时候，接受临终遗命、传授大位玉玺，也在卧席之侧面授机宜，这样父子道德没有苟且，君臣大义也得以树立，既不失道义原则，祸乱也得以被消除，光明正大、堂而皇之，实在是难以企及啊！

后世父子之道衰落了，难道全是因为儿子的不仁不孝吗？乃是作为君父的皇帝自己造成的。宫里的嫔妃众多，得到的宠幸日渐隆盛，天子已经老迈，但年轻美貌的嫔妃充盈，其中不肖之徒心怀猜疑嫉妒，即便那些品性贤淑的也以猜忌嫌疑作为日常交往礼仪。太子居住在另外的宫殿，朝见君父有明确的制度，事奉父皇也有固定的时间，即使起居问安也有一定的限制，有时十天一个月也到不了君父面前，离散了父子之间的感情，虚有上下尊严之礼制，戕害人的天性、败坏伦理纲常，谁也无法改变这种状况。所以造成的危害就是父子关系不亲密。于是离间的谗言就兴盛起来，加以挑拨离间，宠幸嫔妃专权，宦官日益嚣张。秦始皇嬴政与其太子扶苏，晋惠帝司马衷与其太子司马遹，隋文帝杨坚与其太子杨勇，都被奸贼所困扰，想召见又不能召见，被诬陷又不能昭雪，甚至被杀害也不知道，而天下的祸乱就达到了极致。

父子之道有两种情况，仁和不仁罢了。断绝父亲的慈爱、禁止儿子的孝顺，连基本的人之大伦都谈不上，还怎么能够讨论祸福呢？实在迫不得已，就只能像太子右庶子崔神庆上书请求武则天那样，太子除了初一、十五上朝参见外，应该另外召见时，请颁下手敕、玉契，以防备奸人加害。这是夏、商、周三代以下仁爱衰落、皇恩浅薄之时必定不能废除的法典。崔神庆之所以这样上书请求，大概是忧虑武氏宗族假借圣旨召见太子而予以加害。此人虽然品性败坏，但他的这番言论还是很有功劳，也很伟大的。不然的话，深更半夜有一人传呼太子，太子也就临危履险甚至悄无声息地被杀死，又怎能分辨出圣旨的真假呢？后世的天子处于父子关系不和、猜忌疑虑的局面，为了防止奸邪离间，杜绝灾祸发生，可以把这一办法作为永远遵守的制度。

本事：《资治通鉴》卷二〇七《唐纪二十三·则天皇后》，长安三年(703)。

一三　中宗君臣不得加刃于武氏

罪者，因其恶而为之等也，而恶与罪抑有异焉。故先王之制刑，恶与罪有不相值者，其恶甚而不可以当辜，其未甚而不可以曲宥，酌之理，参之分，垂诸万世而可守，非悁悁疾恶、遂可置大法以快人情也。

武氏之恶，浮于韦氏多矣，鬼神之所不容，臣民之所共怨，万世闻其腥闻，而无不思按剑以起，韦氏之恶未如是之甚也。然以罪言，则不可以韦氏之罪加之武氏。法者，非以快人之怒、平人之愤、释人之怨，遂人恶恶之情者也；所以叙彝伦、正名分、定民志、息祸乱，为万世法者也。故唯弑父与君之贼，自其子之外，人皆得而杀之；苟其为枭獍矣，则虽他恶无闻，人无余怨，而必不可贷。

玄宗起而斩韦氏于宫中，允矣。凡唐室之臣民，尝以母后事韦氏者，无不可手刃以诛之。若武氏，则虽毒流天下，歼戮唐宗，恶已极，神人之怨已盈，而唐室之臣曾改面奉之为君者，不可操刃以相向，况中宗其子而张柬之其相乎？无已，则锢中宗于房州、废豫王为皇嗣之日，犹可诛也。中宗归而受皇太子之封矣，柬之奉太子以诛幸臣，非可杀武氏之日矣；迁之别宫，俟其自毙，行法如是焉可耳。许柬之以杀武氏，旦北面而夕操戈，奉其子以杀其母，而曰“法所宜伸也”，乱臣贼子，因缘以起，何患无言之可执，而更孰与致诘乎？

恶武氏者，责柬之之不行诛，求快恶恶之心，而不恤法之伸诎，又何取焉？唯加以则天皇帝之称，而使三思等仍窃禄位，则失刑矣。文姜非躬弑而但与闻，哀姜与弑而所弑者其子，《春秋》不夺夫人之称，许齐桓之讨哀姜，而不使鲁人伸法，则中宗君臣不得加刃于武氏明矣。[以上皆武氏时事。]

【译文】

罪行，是依据所犯罪恶的轻重区分为不同等级的，而罪恶和罪行还是存在差异的。所以古圣先王制定刑法，罪恶和罪行有不相匹配的情况，有罪大恶极却不可以依律伏法的，也有罪恶并不显著却不可以曲意为之宽宥的，需要斟酌道德伦理，参考礼仪名分，为千秋万代树立可以垂范、可以遵守的原则，并不是仅仅为了表示对罪恶的痛恨和怨愤，于是执行大法以大快人心。

武则天的罪恶，比起韦皇后要严重太多了，为鬼神所不能容忍，为天下臣民所共愤共怒，即使千秋万代之后听到她的丑恶名声，也都想拔剑而起、杀之后快，韦皇后的罪恶还没有发展到这么严重的地步。然而就罪行而言，就不能把韦皇后的罪行同武则天的罪行相提并论。法律，并非为了发泄人们的怒气、平息人们的愤恨、消除人们的仇怨、满足人们憎恨罪恶的感情需求，而是要明确伦理纲常、端正名分、安定民众心志、平息祸乱，为天下万世树立典范。所以，只有那些弑杀天子和父亲的逆贼，除了他的儿子以外，人人得而诛之。假如是像枭、獍一样生而食其父母的忘恩负义、罪大恶极之人，即便是他的恶迹没有听说过，人们也没有太大的怨恨，也一定不能宽恕他。

唐玄宗起兵把韦皇后斩杀于宫中，这是应该的。凡是唐朝的臣民百姓，曾经把韦皇后作为国母事奉的人，没有不可以亲手拿刀剑诛杀她的。至于武则天，尽管她恶贯满盈、毒流天下，歼灭屠戮唐朝宗室，罪恶已经达到极致，使得人神共愤，但唐朝的大臣都曾洗心革面，尊奉她为天子，都不可以拿刀剑加以诛杀，更何况唐中宗李显是她的儿子、张柬之又是她的宰相呢？万不得已的话，在她把唐中宗禁锢于房州、废黜豫王作为皇位继承人的时候，还是可以将其诛杀的。唐中宗被召回并受封为皇太子，张柬之遵奉太子之命诛杀那些佞幸奸臣，这就是不适宜处死武则天的时候；把她迁到别的宫殿，让其自行老死，执法到这地步也就可以了。如果准许张柬之杀死武则天，那么早上还面北称臣，晚上就操刀杀她，拥立她的儿子而杀死其母亲，还说“依法应当伸张正义”，那些乱臣贼子乘机叛乱，还担心没有借口吗？而朝廷又以什么道义来驳斥他们？

憎恨武则天的人，指责张柬之不杀武则天，为的是发泄其嫉恶如仇的情感，而不顾惜法律所要伸张的正义和避免的危害，这又有什么值得借鉴的？只有加封武则天为皇帝，让武三思等人仍然窃取官爵俸禄，才是刑法失去了本义。春秋时期鲁桓公的夫人文姜并没有亲自弑杀国君，却参与了弑杀鲁桓公的阴谋；鲁庄公的夫人哀姜参与弑杀鲁闵公，但所杀的是她（实为鲁庄公妾，其妹妹叔姜）的儿子，所以《春秋》一书中并没有剥夺她们夫人的称号，允许齐桓公讨伐哀姜，而不让鲁国依法加以制裁。按照《春秋》的原则，那么中宗、张柬之君臣不能依法诛杀武则天，也是很清楚的。[以上都是武则天时期的事。]

本事：《资治通鉴》卷二〇七《唐纪二十三·中宗》，神龙元年（705）。

一四　姚崇智者先见

武氏迁于上阳宫，姚元之涕泗呜咽，以是出为亳州刺史，张柬之、敬晖恶足以察元之之智术哉？武氏废，二张诛，而诸武安于磐石；中宗淫昏，得之性成，疢（chèn）疾而不悟；其不能长此清晏也，众人不知，而智者先见之矣。元之之智，垂死而可以制张说，方在图功济险之日，百忧千虑，周览微察，早知五王之命悬于诸武之手，固不欲以身试其戈矛，以一涕谢诸武而远引以出，故其后五王骈戮而元之安。或持正以居功，或用智以祈免，忠直之士不屑智士之为，而通识之士不尚婞直之节，其不相为谋也久矣。

或曰：蔡邕一叹而受刑，元之弗虑，智亦疏矣。曰：邕不与诛卓之谋，而元之赞兴复之计，五王虽怒，不得以邕之罪罪元之，元之何惴焉？邕受董卓之辟于髡钳之中，而王允不因卓而显；元之虽见庸于武氏，柬之固武氏之相也，元之无惮而称武氏曰旧君，武氏岂但元之之旧君乎？不得执以为辞，苛责以蔡邕之罪，元之所熟审而无嫌者也。夫其诡于自全，而贞概不立，诚不足为忠矣。而五王际国步之倾危，诛二竖子，废一老妪，谋定崇朝，事成指顾，非有补天浴日之艰难，乃得意以居，环列相位，裂土称王，鸣豫以翱翔，心忘憯怛，则以视大臣孙肤引咎之忧，阴雨苞桑之计，道亦褊矣。废其母，立其子，奸人未翦，宗社飘摇，不可涕也，亦未可笑也；又恶知元之之涕，非以悲五王之终穷而唐社之未有宁日也与？

【译文】

神龙元年（705），张柬之等在洛阳发动政变之后，中宗李显复位，武则天被迁居上阳宫，宰相姚崇（字元之）痛哭流涕，因而被贬为亳州刺史。张柬之、敬晖怎么能够体察姚崇的智谋和权术呢？武则天被废黜，张易之、张昌宗兄弟被诛杀，而武氏宗族武三思、武承嗣等依旧安居其位；中宗荒淫昏庸，这得之于其长期养成的性格，就像身染重病而不醒悟；他不可能长时间保持这样清平安宁的局面，虽然众人不知道，但智慧的人早就看出来了。姚崇的聪明才智，即使临死之际也可以制服张说，当时正处于图谋功业、排除危险的紧要关头，百般忧虑、千万筹谋、周密观望、仔细体察，早就知道五王（发动政变的五位功臣张柬之、敬晖、崔玄暐、桓彦范、袁恕，被封为郡王）的命运被操纵在武氏家族的手里，本来就不愿拿自己的性命去冒犯武氏家族而招致他们的陷害和屠戮，所以他痛哭流涕表示对武则天的同情、对武氏家族的谢罪，然后辞官隐退，因此后来五王被杀戮，姚崇却安然无恙。有的人秉持正义而建功立业，有的人用智谋祈求免祸，忠诚正直的士人对智谋之士的所为不屑一顾，而通达事理、远见卓识的士人并不推崇倔强刚直、自以为是的节操，他们之间道不同不相为谋，由来已久了。

有人说：东汉左中郎将蔡邕因为在司徒王允座上说起董卓被杀而不觉一声叹息，结果就被下狱受刑而死，姚崇没有考虑到这一点，说明他的智谋有所疏漏。回答是：蔡邕并没有参与诛杀董卓的阴谋，而姚崇则参与了发动政变、复兴唐室的计谋，五王尽管对姚崇的痛哭流涕感到生气，也不能以蔡邕的罪名加罪于姚崇，姚崇又何必惴惴不安呢？蔡邕是在遭到迫害、受重刑并流放之后被董卓征辟为官的，而王允并没有借助董卓得到显贵；姚崇虽然被武则天重用，可张柬之本来也是武则天的宰相，姚崇毫无顾忌地称武则天为旧君，武则天难道只是姚崇的旧君吗？因此不能以此为说辞，按照蔡邕的罪行责备姚崇，这也是姚崇经过深思熟虑的结果，认为没有什么嫌疑。他运用诡计保全自己，因而端严方正的节操不能坚守，实在不足以称为忠臣。而五王处于国家危亡的关键时候，杀掉张易之、张昌宗两个竖子小人，废黜武则天一个老太婆，在一个早晨就谋定计策，顾盼之间就获得政变成功，并没有经历像女娲补天、羲和浴日那样的艰难险阻，于是就得意扬扬、居功自傲，跻身于宰相之列，裂土分封而称王。正如《易经·豫卦》所说的，像鸟一样高叫鼓吹而任意翱翔，内心忘却忧伤，以此对照古时候的社稷之臣从容进退无所往而不宜，时刻居安思危以巩固国家那样的标准，他们算是偏离正道了。废黜了中宗的母亲，拥立了武后的儿子，奸邪佞幸还没有铲除，国家政权还处在风雨飘摇之中，既不能痛哭流涕，也不可以高叫狂笑；又怎么知道姚崇的痛哭流涕，不是悲哀五王最后遭受杀戮的下场和唐朝江山社稷没有安定的日子呢？

本事：《资治通鉴》卷二〇八《唐纪二十四·中宗》，神龙元年（705）。

一五　张柬之端人正士

狄公之与张柬之，皆有古大臣之贞焉，故志相输、信相乎也。中宗初复，薛季昶曰："产、禄犹在，草根复生。"而柬之不诛诸武，欲使上自诛之，以张天子之威。以斯言体斯心，念深礼谨，薄一己之功名，正一王之纲纪，端人正士所由异于功名之士远矣。

中宗之不可与有为，而不知揣，非暗也。赵汝愚曰："社稷有灵，当无此患。"人臣为其所可为，而谨守臣节，不与天子争威福之柄，知此而已。其不济与？社稷之不幸也，荣辱生死又何恤焉？且使中宗之淫昏不如是之甚乎，春秋已富，曾正位于受终之日矣，乃既斩二张，复诛诸武，王钺在手，唯己所为，无所待命，怀贞事主者，自怵惕而不敢宁，固非薛季昶以利害居心者所能知也。

刘幽求曰："三思尚在，公等终无葬地。"成何等事，而早以葬地系其心乎？绛侯之尽诛诸吕，文帝尚在藩服，而国无君，非中宗不违咫尺之比也，然绛侯且不免对吏之辱，而几不保。中宗而果有为也，柬之不待天子之命，广行诛戮，又足以保其勋名乎？乃其淫昏如彼矣，其后三思伏诛，且割太子首以献宗庙，宗楚客复起而乱唐，相王几不免焉，则诸武虽诛，未见五王得免于走狗之烹也。均之不免，而秉臣节以蒙大难，不尤无疚于心与？

论者惜季昶、幽求之言不用，而嗤柬之之愚，其愚不可及也。豫谋祸福者，不足以见贞士之心，久矣。唐多能臣而鲜端士，于柬之有取焉，所以与狄公有芥珀之投也。

【译文】

狄仁杰和张柬之，都具有古时大臣的坚贞节操，所以他们志向相投、信念相孚。中宗刚复位时，户部侍郎薛季昶认为："吕产、吕禄（西汉吕后的侄子，这里指代武则天的侄子武三思等）还在位，斩草不除根，终究会复生。"可是张柬之不听，没有斩杀武三思等武氏宗族，想让中宗诛杀他们以彰显天子的威望。以此言论体察他的这种心思，应该说是思虑精深、礼仪唯谨，宁愿削减自己的功名，以端正天子的纲纪法度，这就是端正刚直之士与贪图功名之人大相径庭的原因。

中宗是不能与他一同有所作为的人，张柬之不知道揣度人心，并不是因为他昏庸。南宋宗室名臣赵汝愚曾说："江山社稷若有上天保佑的话，应该不必为此担心。"作为大臣，应竭忠尽智地做好应该做的事、谨慎坚持大臣的节操，不和天子争夺赏罚予夺的大权，明白这一点就可以了。国家大事不能成功，这是江山社稷的不幸，个人的荣辱生死又有什么可顾惜的？况且，假使中宗的荒淫昏暗没有如此严重，中宗又正当年富力强，曾经在明正君位承受帝位时，斩杀了张易之兄弟后，又诛杀武三思等武氏宗族，将生杀予夺大权掌握在手中，为所欲为，不再听命其他任何人；那么胸怀坚贞节操事奉君主的人，自然恐惧警惕而不敢安定，这本来就不是薛季昶那样心存利害的人所能明白的。

刘幽求进言道："武三思还在，如果不杀了他，你们这些人终将死无葬身之地。"要成就何等大事，使他早早地把葬身之地萦绕心中呢？西汉绛侯周勃尽诛吕氏宗族，当时汉文帝刘恒还是藩王，国家没有天子，这种情况与唐中宗始终没有离开武则天咫尺之间不能相提并论，然而周勃也逃脱不了被下狱问罪、面对刀笔之吏的羞辱，性命几乎不保。中宗如果真的有所作为，张柬之也不等天子的命令就大开杀戒，又怎么能保全他的功勋名位呢？况且中宗如此荒淫昏庸，到后来武三思伏诛，尚且割下太子李重俊的头颅贡献在宗庙，宰相宗楚客又依附韦皇后起而祸乱唐朝，相王李旦即后来的唐睿宗也差点不能保全性命，尽管武氏家族已被诛杀，也没有见到五王能够侥幸逃脱"狡兔死、走狗烹"的下场。同样是无法避免，那么秉持大臣的节操而蒙受灾难，其内心不是更加没有愧疚吗？

评论历史的人往往为薛季昶、刘幽求的进言没有被采纳感到惋惜，而嗤笑张柬之的愚蠢。这真是愚不可及的论调！能够预见祸福的人，并不能真正洞见忠贞之士的内心，已经太长时间了。唐朝治世之能臣很多，却很少有端正刚直之士。我们从张柬之的身上可以见到这种风范，所以他和狄仁杰就像磁石引针、琥珀拾芥一样相互投契。

本事：《资治通鉴》卷二〇八《唐纪二十四·中宗》，神龙元年（705）。

一六　君子养之以静、持之以坚

李日知、魏元忠、唐休璟、韦安石，当武氏之世，折酷吏之威，斥宣淫之魂，制凶竖之顽，怀兴复之志，张挞伐之功，皆自命为伟人，而为天下所属望者也。及其暮年，潦倒于韦氏淫昏之世，与宵小旅进旅退，尸三事之位，濡需于豢养，殆无异于鄙夫。呜呼！士之欲保名义于桑榆，诚如是之不易乎？义者无往而不与人并立者也，旦取之，而义立于旦矣；夕取之，而义立于夕矣；天下服之，而己亦乐以自见。夫然，则可辱、可穷、可死，而无所息，故曰“怯夫慕义，无不勉焉”。若夫立乎险阻之余，回念畴昔，而复自叹其昔之危也，则百炼之刚，必有绕指之柔，相为终始者矣。

武氏之杀人亟矣，杀愈惨而人愈激，激以为义，非必出于伪，而义终不固。迨乎武氏已老，杀心已灭，韦氏继起，柔奸不酷，激之也不甚，而义之不固者潜消暗馁，以即于亡。于是后起之英，已笑其衰颓，顾夷然曰：“此吾少壮之所尝为，而今不尔者也。”则一茶然以退而不可复兴矣。故君子养之以静，持之以坚，审于大小轻重之宜，而参终始于一念，无激也，斯无随也，知柔知刚，百夫之望，夫乃谓之精义以利用而志不渝也。

【译文】

李日知、魏元忠、唐休璟、韦安石，在武则天统治的时代，敢于挫败酷吏的淫威，痛斥公开淫乱的鬼魅，制止凶狠暴徒的顽劣，胸怀光复唐朝的志向，伸张声讨叛逆的功业，他们都是自命不凡的伟人，同时也为天下百姓所瞩目和敬仰。可是等到他们迟暮，却在韦皇后荒淫昏庸的统治下潦倒失意，和一帮宵小之徒共同进退，毫无主张，白白占据着司徒、司马、司空三公的重要职位，尸位素餐、苟安一时，如同被豢养，几乎和人品鄙陋、见识浅薄的鄙夫没有两样。唉！士人要想在晚年保全自己的名节，实在是不容易啊！正义不论到什么时候、什么地方，都和人们站在一起，早上舍生取义，那么正义就存在于早上，晚上就义而死，那么正义就树立于晚上；天下人都佩服正人君子，那么他们也乐意以自己的行动践履正义。如果这样的话，一个人可以忍辱负重、可以困窘不得志、可以慷慨死节，但都没有为了正义而止息不前的时候，所以说“怯懦的人羡慕正义，没有不以此互相勉励的”。至于经历过艰难险阻之余，回头想想过去的所为，又自叹过去实在是太危险了，那么即使历经百次炼就成钢，也一定会有缠绕手指的柔软，从而做到坚守正义，善始善终。

武则天的残暴杀人达到了极致，她杀人愈加惨烈愈加激起人们的愤怒，因愤怒而被激发出的正义，不一定出于假装，但这种正义感终究是不牢固的。到了武则天的晚年，她的杀心已经没有了，韦皇后继之而起擅权乱政，阴柔奸诈而不残酷，因而人们的愤激之情也就不太厉害，那么这种不牢固的正义感在不知不觉间就慢慢消减、暗自气馁，以致最后彻底消亡。于是那些后起之秀，就会笑话他们随着年纪渐老而意志衰退，他们则不以为然，说："这些都是我们年轻力壮时曾经做过的，只是如今不再这样做罢了。"一旦身心疲惫、意志退缩，就再也不能重新振作起来了。所以，君子要在宁静中涵养浩然正气，并以坚强的意志持之以恒，严谨认真地审视和权衡事物大小、轻重的适宜尺度，自始至终保持正义的信念，不受别人的激发、激励，也就不会随波逐流。能通达刚柔变化的道理，这就是广大民众所期望的，这就可以称作精于正义并加以利用，其志向始终不渝。

本事：《资治通鉴》卷二一〇《唐纪二十六·睿宗》，景云二年（711）。

一七　国无党祸而不亡

唐自显庆迄乎景龙，五十有五年，朝廷之乱极矣，艳妻接迹，昏主死亡而不悟，嬖幸之宣淫，酷吏之恣杀，古今所未有也。取唐之懿、僖，宋之徽、钦而絜之，十不敌一焉，然而彼速亡而此犹安者，其故何也？人之邪正不两立，政之善恶不并行，纯则治，杂则乱，所固然矣。虽然，尤恶其相激相反而交为已甚也。已甚者，小人之忮毒也，进而陷君子以反其类，于是而国为之空；国既空矣，乃取君子之政，无论宗社生民存亡死生之所系，抑非必其心之所不欲，而概反之，以泄其忿怒，推以及于言语文字之不合者，皆架以为罪，而坐之死亡；天下乃钳口绝笔，以成乎同恶相扇之势，此唐、宋之所以亡，与汉末党锢之祸若出一辙也。

武、韦之世，自长孙无忌、褚遂良以忠蒙诛夷之祸亦憯矣，然杀是人则祸尽于其人，为其所汲引与所同事者安处无惊也？则苟不力触奸邪之夔怒，而犹绰乎其有以自居。若夫贞观、永徽之善政，虽不能厘定而修明之，初不听奸邪之变易。武、韦所自为异议以乱典常、蛊众志者，丧祭之虚文，选举之冒滥而已；边疆之守，赋役之制，犹是太宗之遗教也。杀君子而不蔓引其类，故斩艾虽憯，而陈子昂、苏安恒、李邕、宋务光、苏良嗣之流，犹得抒悃倡言而无所诎；乃至守正不阿、效忠不贰如狄仁杰、宋璟、李日知、徐有功、李昭德，皆列上位而时伸其志。其宣力中外者，则刘仁轨、裴行俭、王方翼、吉顼、唐休璟、郭元振、姚元之、张仁愿悉无所掣曳以立功名；乃至杨元琰、张说、刘幽求诸人同事俱起，而被害者不相及。奸邪虽执大权，终不碍贤臣登进之路，驱天下以一于淫惨，则乱自乱也，亡自可不亡也。或摧之，或扶之，两不相掩，而天下犹席以安也。

夫小人之毒不可扑者，莫甚于与君子争名；君子之自贻以戚者，莫甚于与小人竞气。武、韦、太平淫虐方逞之日，小人利得其欲，而自安于小人；君子自靖其诚，而不待抑小人求伸其君子；故小人之毒浅，而君子之志平，水火不争，其毒不烈，所固然矣。夫名者，君子之实也；气者，小人之恃以凌物者也。君子惜名已甚，而气乘之，小人于是耻荣名之去己，而亦饰说以干誉；然后公忠正直之号，皆小人之所弋获，一旦得志以逞，则尽取君子题以奸党而诛殛之，空其禄位，招致私人，而朝廷倏易其故。及其败露，直道乍伸，义激气矜者，抑用其术以铲绝败类。数十年之中，起伏相互，风静而波犹不息，君无适信，吏无适守，民无适从，乃至取边疆安危之机，小民膏血之资，旦此夕彼以各快其施，如痎（jiē）疟之炎抱火而寒履冰也。呜呼！锻铁者屡反其钳椎，疗病者疾易其栀附，其不折以亡也，岂可幸哉？甚矣，使气而矜名者之害烈也！

宋仁宗，贤主也，吕夷简、夏竦，非大奸也，相激以争，而石介以诗受斫棺之僇。流波所荡，百年不息。罪无可加，而苏轼以文词取祸；有罪可讨，而蔡确亦以歌咏论刑。免役非殃民之稗政，而司马公必速改于一朝；维州非宗社之急图，而李文饶坚持其偏见。虽君子之乍升，亦且以敛怨而妨国家之大计；况小人之骤进，唯人是苛、唯政是乱者，又遑恤倾危之在旦夕乎？唐武、宣，宋神、哲之可与有为也，顾不如高宗之柔暗、中宗之狂惑，观其朝右之人与邦国之政而可知矣。国无党祸而不亡，为人君者弭之于其几，奚待祸发而无以救药乎？

【译文】

唐朝从高宗显庆（656—660）到中宗景龙（707—709）年间，前后五十余年，朝政混乱达到了极点，娇妻艳后接连不断，昏庸皇帝到死也没有醒悟，被宠幸的姬妾和侍臣公然淫乱，酷吏横行滥杀无辜，从古到今都没有出现过这种局面。取唐朝的懿宗李漼（860—873在位）、僖宗李儇（873—888在位），与北宋的徽宗赵佶（1101—1126在位）、钦宗赵桓（1126—1127在位）相比，十个也比不过他们中的一个，然而北宋政权迅速灭亡，唐朝却依然平安无事，这又是什么原因呢？人的邪与正势不两立、政治的善与恶不能并行，为人和为政纯正则国家政治清明，为人和为政驳杂则国家出现混乱，这是本来应有的道理。既然这样，那么尤其可恶的是为人、为政相互刺激、相互对立，其影响就太过严重了。政治影响太过严重，这是由奸佞小人的狠毒造成的，他们受到进用就会陷害正人君子从而导致忠奸两类对立，因此造成国家空虚；国家既已空虚，这时再采用正人君子的政治，不顾江山社稷存亡攸关、黎民百姓生死所系，并非一定是他内心不想这样做，而一概将以往的政治拨乱反正，以发泄自己的愤怒。以此类推，对于和他们不合的言语文字，统统加以罪名，从而处以死亡的刑罚；这样天下民众被封口、绝笔，形成共同作恶、气焰炽盛的局面，这就是唐、宋之所以灭亡的原因，和汉末党锢之祸如出一辙。

武则天、韦皇后把持朝政的时候，长孙无忌、褚遂良等大臣因为忠于唐朝而蒙受诛杀之祸，实在是太惨了。然而杀了这几个人，灾祸仅降临在这几个人头上，那些被他们所提携推荐的官员与他们同朝为官的同僚则安然无恙，处变无惊；这样的话，如果没有严重触犯奸邪佞幸，引起她们的极端恼怒，仍然可以保有自己的生存空间而绰绰有余。至于唐太宗贞观年间（627—649）和唐高宗永徽年间（650—655）的善政，即使不能够予以整顿修正并发扬光大，也不至于听任奸邪小人的蛊惑而任意改变。武则天、韦皇后依照自己的异议混乱典制常法、蛊惑民众意志的，也只是一些关于丧葬、祭祀的空洞文字和虚浮礼节，以及科举取士泛滥成灾罢了；边疆地区的防务，赋税徭役的制度，仍然是唐太宗遗留下来的成法旧例。诛杀正人君子但不株连他们的同类，所以屠戮尽管很惨酷，但陈子昂、苏安恒、李邕、宋务光、苏良嗣等清流大臣，还能竭诚进谏、畅所欲言而没有屈服；至于那些刚正不阿、忠心不二的大臣如狄仁杰、宋璟、李日知、徐有功、李昭德等人，都位居要职并不时发挥他们的才智、实现他们的志愿。那些效力于朝野内外的名臣，如刘仁轨、裴行俭、王方翼、吉顼、唐休璟、郭元振、姚元之、张仁愿等都不受任何掣肘，从而得以建功立名，甚至杨元琰、张说、刘幽求等人一起参与了神龙政变等的谋划，也没有受到株连遭受迫害。奸邪佞幸之人虽然掌握朝廷大权，最终也没有阻塞贤臣被进用提拔的道路，驱使普天之下同受暴政和惨祸；因此唐朝虽然陷入了混乱，却可以避免走向灭亡，有的摧毁它、有的扶持它，两方力量互不相掩，结果天下依然可以保持安定的局面。

小人的狠毒阴谋不能被击破的，没有比同君子争夺名声更为厉害的了；君子自己带来的内心悲戚，没有比同小人赌气更为严重的了。当武则天、韦皇后、太平公主执掌朝政，荒淫残暴危害最为惨烈的时候，小人贪图得到他们想要的利益，也就自安于作为小人；君子自我安宁于自己的诚心，不必等到抑制小人而重用君子；所以小人的毒害还比较浅，而君子的志向得以宁静，双方水火不相争，其危害也不惨烈，本来就应该是这样。名声，是君子实至名归的东西；怒气，是小人借以凌辱他人的东西。君子本来就非常珍惜自己的名声，怒气又乘机而入，那么小人因此耻于荣誉和名声没有归于自身，就巧言令色以求得荣誉和名声；而后公平正义、忠诚正直等名号，统统被小人所窃取，有朝一日他们志得意满，就把君子一网打尽并诬陷其为奸党全部诛杀，空缺的爵禄职位，招致和收买自己的私人势力，结果朝廷很快就改变了原来的格局。等到小人的阴谋败露，正义突然得以伸张，那些激于义愤、矜于怒气的人，也用同样的办法铲除小人败类。数十年当中，此起彼伏，风静而波浪还不停息，天子不知该信任谁，官吏不知该坚守什么，老百姓不知该跟从谁，以至于拿边疆地区的安危作为机遇、以黎民百姓的生命作为赌资，彼此之间旦夕之祸、变化无常，各自满足自己的欲望，就好像患痁疾的病人一会儿发烧如同抱着火盆，一会儿发冷如同处在冰天雪地一样。唉！炼铁的人屡次弄反了手中的钳子、锥子等工具，治病的人快速地变换不同的药物，那么锻铁不被折断、病人不被治死，难道还能心存侥幸吗？赌气使气的人、求名夸名的人的危害，真是太惨烈了！

宋仁宗赵祯（1023—1063 在位）是一位贤明的天子，当时的宰相吕夷简、夏竦也并不是大奸之人，可是却相互刺激进而相互攻击形成党争，而著名学者石介因为写诗歌颂革新得罪了守旧派的夏竦，死后还受到开棺验尸的侮辱。这种风气流波激荡，延续上百年都没有停息。没有什么罪名可加，苏轼因为乌台诗案招致祸患；有罪可讨，支持王安石变法的宰相蔡确却因车盖亭诗案被论罪刑罚。免除徭役并非祸国殃民的弊政，但反对变法的司马光却坚持一定要在一天之内迅速改正；维州（治今四川理县东北）不是国家急于收复的失地，但唐代牛李党争中的李党首领李德裕（字文饶）却坚持自己的偏见。即使是君子的突然升迁，也可能暂且招惹怨恨而妨碍国家的大政方针；何况是奸佞小人的骤然进用，对人一味地严厉苛刻、对朝政一味地祸乱败坏，怎么会顾惜江山社稷旦夕之间就会陷入倾覆的危机之中呢？唐朝的武宗李炎（841—846 在位）、宣宗李忱（847—859 在位），宋朝的神宗赵顼（1068—1085 在位）、哲宗赵煦（1086—1100 在位），都是可以与他一同有所作为的，却比不上唐高宗李治的柔懦昏暗、唐中宗李显的狂妄糊涂，我们观察其执掌朝政的大臣和国家的政治情形就可以明白了。国家没有朋党之祸就不会灭亡，作为天子就应该将它消灭在萌芽之时，哪里还要等到朋党之祸发生后而无可救药呢？

本事：《资治通鉴》卷二〇九《唐纪二十五·睿宗》，景云元年（710）。

一八　豪杰之识与君子之道

临淄王之诛韦氏，不启相王。豪杰之识，有暗合于君子之道者，此类是也。臣受命于君，子受命于父，勿敢专焉，正也。信诸心者非逆于理，成乎事者不疚于心，则君父虽加以尤而不避。唯豪杰以心为师，而断之于事，夫君子之靖乃心以制义者，亦如此而已矣。推而至于圣人，舜之不告而娶，亦如此而已矣。理者，生于人之心者也，心有不合于理，而理无不协于心。故豪杰而不可为圣贤者有矣，未有无豪杰之识而可为圣贤者也。

临淄王曰："事不成，以身死，不以累王。"亦未有以信其必然也。然以相王之温厚柔巽，全身于刑杀横行之日，则亦可冀其或然耳。且微临淄之举事，王亦岌岌矣。宗楚客、叶静能日谋杀王，奉韦氏以夺唐祀，韦氏不诛，王固不能再全于凶姬之手，临淄不忍言耳。实则谓事不成而王危，不举事而王亦危，以必危之势，求全王而使嗣大统，势不两立，徒畏王之优柔而挠成算，告则兵不得起，宁无告也。以安社稷，以讨乱贼，以救王于颠危，在此举矣。

崔日用业以宗楚客害王之谋告，而犹需迟不决乎？故临淄之不告，孝子之道也。即一事一念而言之，大舜之不告而娶，奚必远哉？是以知临淄之可与大有为也。生于蕞乱之世，驰逐于声色狗马之中，而所与游者王琚之流，故终以浊乱而亏其天彝，亦不幸而不奉教于君子乎！

【译文】

唐隆元年（710），临淄王李隆基发动政变，杀死韦皇后、安乐公主和武氏党羽，事先并没有禀报其父相王李旦。英雄豪杰的识见，有时会暗合正人君子之道，诸如此类就是明证。大臣听命于天子、儿子听命于父亲，不敢专权独断，这当然是正确的。内心相信而违背常理，事情成功而不有愧于心，即使是天子、父亲加以责备也没有什么可回避的。只有英雄豪杰以自己的内心为师，果断地付诸行事，而君子宁静其内心以便裁断适宜与否，也正是如此罢了。我们把这一情况推而广之到上古圣贤，虞舜不禀报父亲就娶妻，也正是如此罢了。道理，产生于人的内心世界，内心所思有不合乎道理时，道理就无法协和于人的内心。因此，英雄豪杰不能作为圣贤是有的，但从来没有缺乏英雄豪杰的识见而可以作为圣贤的。

临淄王李隆基曾经说："政变的事情如果不成功，我宁愿身死，决不以此连累父王。"也并非相信政变的事情必然能够成功。然而以相王李旦温柔敦厚的性格，能够在刑杀横行之时保全自己的身家性命，那么也可以寄希望事情还有成功的可能。况且如果不是临淄王李隆基起兵发动政变，相王李旦的命运就岌岌可危。宗楚客、叶静能整天商议谋杀相王、尊韦皇后为帝来夺取唐朝的天下，韦皇后不被诛杀，相王李旦也就不能再次逃脱于妖妇的毒手，只是临淄王李隆基不忍心这样说罢了。事实上若政变的事情不成功相王李旦危险，不起兵发动政变相王李旦同样也危险，这是必然的局势，求得保全相王李旦并使他继承和恢复唐朝的大统，这是势不两立的事情，仅仅因为害怕相王李旦优柔寡断会阻挠起兵发动政变的计划，而告诉他肯定不能起兵，宁肯不告诉他。为了安定江山社稷，为了讨伐乱贼，为了拯救相王李旦于危急当中，成败在此一举。兵部侍郎崔日用已经将宗楚客谋害相王的阴谋告诉了临淄王李隆基，难道还有时间犹豫不决吗？所以临淄王李隆基不事先禀告相王李旦起兵一事，是符合孝子之道的。就这一件事、这一个念头而言，与虞舜不禀报父亲就娶妻一事相比，难道一定相去甚远吗？从这件事也可以看出临淄王李隆基是可以与他一同大有作为的。他生于污浊混乱之世，成长于花天酒地、声色犬马的追逐当中，和他在一起交游的是王琚之流的人物，所以最终还是陷入污浊混乱之中，而有愧于天道伦常，也是他不幸而没有向正人君子求教修习的结果。

本事：《资治通鉴》卷二〇九《唐纪二十五·睿宗》，景云元年（710）。

卷二十二

明刻本《历代帝贤像》中的唐玄宗李隆基画像

【题 解】

本卷评论唐睿宗、玄宗二朝历史，分睿宗、玄宗二目，共二十六则。

唐睿宗李旦（662—716）为高宗第八子，嗣圣元年（684）继位，天授元年（690）武则天称帝后降为皇嗣，又封相王，景云元年（710）复位，两年后禅位，称太上皇。王夫之肯定韦凑请夺太子李重俊之谥的正论和苏颋不奉夺情之旨而终制的做法；批评士大夫过惜其同类而容忍奸佞的风气；对于改置十道按察使分巡各地的制度予以认可，并结合历代监察制度得失，提出监察官员专任、特遣利害各半，“无如特遣而缓之以期，任之大臣而不以为升迁之秩”，从而使代天子以时巡而民不劳，代诸侯之述职而事不废。

玄宗李隆基（685—762）为睿宗第三子，先与太平公主发动政变，迎立睿宗，后又通过政变赐死太平公主，独掌朝政，在位四十四年，前期拨乱反正，任用贤臣，开创空前繁荣的“开元之治”，后期则奢靡怠政，宠信奸佞，酿成“安史之乱”，太子李亨即位后尊为太上皇。王夫之选择二十二个问题对其加以评论。“靡不有初，鲜克有终”，王夫之认为唐玄宗与太宗、宪宗相类似，年轻时英武有为，盛年后志得意满，功成而逸豫，而开元、天宝年间“治乱之相差为尤县绝”，关键在于唐朝以武功立国而不以修德为心。作为唐朝由盛转衰的关捩，“安史之乱”爆发的原因并非府兵制改革本身，府兵积弊已久，“穷之必变”，张说奏罢边兵二十万值得肯定，问题在于后续的改制未能奏效，反而使边将窃取军权，成为叛乱之资；而设置十节度使，虚其腹心而委专征之权于边将，形成了内轻外重、干弱枝强的乱亡之势。王夫之称赞“散积于州”得理财之道，认为裴耀卿治理漕运“可法万世”。

睿宗

一　国无正论，不可以立

国无正论，不可以立。睿宗表章死于武、韦之祸者，太子重俊与焉。韦凑斥之为乱贼，请夺其节愍之谥，论之正者也。

重俊之恶，非但蒯聩之比也。或曰：韦氏不诛，而中宗弑，祸深于南子；三思逸产、禄之诛，而乱天下，恶剧于宋朝；重俊诛之，视蒯聩为愈矣。曰：非然也。君子之恶恶也，诛其意；而议刑也，必以其已成之罪，而不可先其未事早施以重辟。三思谋篡于武氏之世，既不成矣，韦氏之行弑，在重俊死后之二年，当其时，簒弑未形而亿其必然，以称兵向阙，欲加刃于君母，其可乎？且夫重俊之起，非果忧社稷之危，为君父除伏莽之贼也。韦氏以非其所出而恶之，三思、崇训逢其恶而欲废之，重俊不平，而快一朝之忿，恐不得立而持兵胁君父以争之，据鞍不下，目无君父，更何有于嫡母？充其恶之所至，去商臣、刘劭也无几，非但如蒯聩之恶，丑声而逆行也。则重俊之恶，浮于蒯聩，奚容以韦氏、三思之罪为之末减哉？

韦氏淫纵以蛊上，三思、崇训怀逆以思逞，其已露也，人得而诛之，非但临淄王也；其未露也，唐有社稷之臣，废韦氏，讨诸武，法之所得行也，而独重俊则不可。申生自靖而不得谥为孝，重俊何节之可称，而奚足愍乎？

夫韦氏、三思之谋危宗社，重俊兴兵之名也。苟有其名，子得以犯父而杀母，乱臣贼子谁则无名，而大逆安所戢乎？韦凑之论，所以大正人纪而杜乱萌也，惜乎睿宗之知而不能决也。

【译文】

一个国家政权，如果没有正道合理的理论基础，是不可以立国存世的。唐睿宗李旦复位后，表彰那些在武则天、韦皇后统治时期被处死的人，太子李重俊也是其中之一，诏令加谥号节愍太子，优礼改葬。太府少卿兼通事舍人韦凑上书表示反对，斥责李重俊为乱臣贼子，并请求追夺其节愍太子的谥号，堪称正道合理的言论。

太子李重俊的罪恶，不是与春秋时期卫灵公太子蒯聩（后回国夺取国君之位，称为卫后庄公）的罪恶所能相提并论的。有人说：如果不诛杀韦皇后，而中宗李显被弑杀，带来的祸患要比卫灵公夫人南子所造成的祸乱还要严重得多；武三思逃脱了像西汉吕后之侄吕产、吕禄被杀的下场，从而祸乱天下，其罪恶也比春秋时期宋国的公子朝（卫灵公宠幸，与南子私通）严重得多；太子李重俊杀了武三思，这一点是超过卫灵公太子蒯聩的。回答是：并非如此。君子厌恶罪恶的行径，就要首先消除其犯罪的企图；而要议定其刑罚时，则必须根据其已经犯下的罪行，而不能将其尚未实施的犯罪作为事实预先处以极刑。武三思在武则天统治时期图谋篡位夺权，没有成功后，韦皇后毒死中宗，这是在太子李重俊死后的第二年，当此之时，武三思、韦皇后篡位夺权、弑君谋逆尚未形成事实，李重俊就凭着主观臆断认为他们必定会这样做，于是发动军队闯入皇宫，想要杀死作为其母后的韦氏，这怎么可以呢？况且李重俊起兵，并非真的忧虑江山社稷、替他的父皇铲除隐藏在身边的逆贼。韦皇后因为他不是自己亲生的而讨厌他，而武三思、武崇训则迎合韦氏的厌恶之情，想废黜其太子之位，李重俊内心愤愤不平，为了发泄一时的怨怼，害怕自己将来不能继位为天子，于是拥兵胁迫父皇进行抗争，坐在马上不下来拜见，目无君父，怎么可能礼待其嫡母呢？其罪恶所达到的最大限度和弑杀君父的楚穆王商臣、南朝刘宋太子刘劭差不多，并不仅仅像卫灵公太子蒯聩的罪恶一样，名声丑恶，倒行逆施。那么李重俊的罪恶，远远超过了蒯聩，怎么能够容忍因为韦皇后、武三思的罪恶而为之减免呢？

韦皇后荒淫放纵，蛊惑中宗李显，武三思、武崇训心怀悖逆叛乱的阴谋想要得逞，等到他们的罪恶完全暴露出来之后，天下人人都能诛杀他们，并非只有临淄王李隆基能够这样做；但是在他们的罪恶还没有暴露之前，唐朝自有社稷之臣起来废黜韦后、讨伐武氏宗族势力，这是依照法律和礼仪制度可以行得通的，只有作为太子的李重俊不能这么做。春秋时期晋献公的太子申生受陷害自缢身亡而不能得到"孝"的谥号，太子李重俊又有什么节操可以称道，怎么能够得到"节愍"的谥号呢？

韦皇后、武三思阴谋危害唐朝的江山社稷，这就是李重俊起兵犯上作乱的名义。假使有了这样的名义，作为人子就可以反叛父亲、弑杀母亲，那些乱臣贼子谁没有可以假借的名义，这样的话那些大逆不道的事情又怎么能够平息呢？韦凑上书的立论，正是为了端正人伦纲常从而杜绝祸乱的萌发，可惜的是唐睿宗李旦明知其故，却不能接受他的建议正确决策施行。

本事：《资治通鉴》卷二一〇《唐纪二十六·睿宗》，景云元年（710）。

二　夺情之恶，人子心丧

夺情之言扬于廷，人子之心丧于室矣。蝇蚋不嘬生而嘬死，有以召之也，而况纷呶（náo）自辩以与公论相仇！史嵩之、李贤、张居正、杨嗣昌之恶，滔天而无可逭（huàn）矣。

唐欲夺苏颋之情，李日知衔睿宗之命至颋家谕之，日知见其哀毁，不敢发言，人子于此，岂更有言之可出诸口乎？耳闻命而心裂，目对客而神伤，人且自疚曰：斯言也，胡为而至于我之前？君不我谅，我之为臣可知矣；友不我恤，我之为子可知矣；我诚禽兽也乎！而忍使吾亲有禽兽之子乎？至于敦趣不已，而待我之固辞，罪已通于天矣。又从而为之辞，以冀苟留，则犬豕不食其余，弗问人也。

夫人之恶，有待吹求而始显者，有不待吹求而无不著者。夺情之恶，一言以折之，一峰、念庵、幼玄之参劾，其犹赘辞乎！子曰："女安，则为之。"奚足辩哉？丧亲若苏颋者可矣。

【译文】

官员遭父母之丧而不准去职家居丁忧守制，仍要素服治事，为国家而剥夺其孝亲之情，这样的言论宣扬于朝廷，那么作为人子的孝心也将在家中丧失殆尽。苍蝇和蚊子不去叮咬和吸吮活的东西而叮咬和吸吮死的东西，是因为这些东西有着招引它的地方，更何况还要纷乱喧闹、自行辩解从而与公众舆论相对立呢！南宋右丞相兼枢密使史嵩之与明朝内阁首辅李贤、张居正以及明朝兵部尚书杨嗣昌因为夺情所犯的罪恶，可以说是罪恶滔天而无可逃避。

景云元年（710），太常少卿苏颋的父亲尚书左仆射苏瑰病逝，唐睿宗诏命苏颋夺情，改任工部侍郎，派同中书门下平章事李日知捧着诏书到苏颋家中宣布圣旨。李日知见苏颋悲伤至极、毁损其身，不敢说一句话，最终睿宗不得不让苏颋丁忧守制。作为人子，面对这种情况，难道还能有什么话可以说得出口吗？听到夺情的诏令心里就如同撕裂一样难受，眼望着来客而神情悲伤沮丧，人们尚且内心惭愧地说：这样夺人孝亲之情的话，为什么会出现在我面前呢？君上不能体谅我的情感，我作为大臣怎么样也就可想而知了；朋友不能体恤我的情感，我作为人子怎么样也就可想而知了；我真的成了衣冠禽兽吗！怎么能容忍我的父母有我这样衣冠禽兽的儿子呢？以至于不断敦促我素服履职，而等到自己坚决要求辞职守丧，我的罪恶已经滔天而无可逃避了！然后又以夺情之诏令作为依据进行辩解，还希望朝廷对我加以挽留，那就更加不齿于人类，连狗猪也不吃他留下的东西，更不要说是人了！

人的罪恶，有的要等到别人吹毛求疵才能表现出来，有的则不需要吹毛求疵就已臭名昭著的。剥夺人们孝亲之情的罪恶，只需要一句话就可以判决定案了，明代罗伦（号一峰）、罗洪先（号念庵，此处有误，弹劾张居正夺情的应为其弟子邹元标）、黄道周（字幼玄）等弹劾李贤、张居正、杨嗣昌等大臣夺情的奏疏，统统都是多余的话！孔子曾对其弟子宰我说：“只要你心安而无愧，那你就做吧！”还有什么可辩解的呢？失去亲人之时像苏颋这样的表现，则是可以的。

本事：《资治通鉴》卷二一〇《唐纪二十六·睿宗》，景云元年（710）。

三　唐初之习气

太平公主谋危太子，宋璟、姚元之请令于东都安置，睿宗曰："朕唯一妹，岂可远置东都。"悲哉其言之乎！自武氏之殄唐宗，惨杀其子而不恤，于是高宗之子姓，上及于兄弟，芟夷向尽，所仅存者三人而已。父暗而不能庇其生，母憯而不难置之死，又继以韦氏、宗楚客之淫凶，睿宗之与公主，其不与中宗同受刃者，幸也。原隰（xí）之裒（póu），伊谁相惜，凋残已尽，仅保二人。《诗》不云乎："将恐将惧，惟吾与汝。"况其在同气之亲乎？故姚、宋之言，社稷之计也。睿宗之盭（xì）然伤心，亦讵可决于一旦哉？

公主之习于悍戾也，耳习于牝鸡之晨，目习于倾城之哲，贞士且不保其贞，而况妇人？其蔑视宫闱，操废置之权，朝章家法，亦未可遽责以顺者。虽然，岂遂无以处之哉？公主之忌太子也，尚含恶怒而未发。窦怀贞以远州长史遽起不轨之心，导其邪而为之结党，俄而迁侍中矣，同三品矣，为左仆射平章军国重事矣，于是崔湜、萧至忠、岑羲竞起比附以取相，李日知、韦安石衰老庸沓而无能正，刘幽求孤立以争而流窜及之。于斯时也，姚、宋位大臣，系物望，得与睿宗之密勿，夫岂不可早声怀贞之恶，以弭湜、羲、至忠之奸？而党援未削，遽欲取睿宗患难倚存之一妹，正国法而摈斥之，睿宗之心戚，而群奸之计得矣。无怀贞、湜、羲、至忠，则公主之恶不足以发，徒远公主，而群奸在位，翟茀方涉蒲州，召命旋还京邸，其必然之势矣。

睿宗之不忍于公主者，性之正也，情之不容已也，患难与偕，义之不可忘也。若怀贞辈之于唐，九牛之一毛耳，无德望之系人心，无勋劳之在社稷，流放窜殛，旦命下而夕伏辜，一白简之劳而已。姚、宋何惮而不为乎？卒使睿宗不能保其恩，玄宗不能全其孝，公主不能免于死，群奸恶已盈而始就诛，唐之社稷又岌岌矣，姚、宋不能辞其咎矣。

唐初之习气，士大夫过惜其类而相容忍，贤奸并列而不相妨，宁得罪于天子，而不结怨于僚友，以宋璟之刚，弗能免也，元之之智以图全，又何望焉？

【译文】

太平公主阴谋危害皇太子李隆基，宋璟、姚崇（字元之）秘密向唐睿宗李旦进言，请求将太平公主安置到东都洛阳。睿宗说："我只有一个妹妹，怎么可以把她安置到遥远的东都洛阳。"他的话实在是太令人伤心了！自从武则天屠戮李氏宗室，残酷杀死其亲生儿子也毫不顾惜，结果唐高宗李治的子辈，甚至波及他的兄弟辈，差不多被诛杀殆尽，存留下来的只有三个人罢了。父皇柔弱昏庸而不能保护自己的儿子，母后则残忍嗜杀很容易置他们于死地，后来又有韦皇后、宗楚客的淫威凶残，睿宗和太平公主没有和唐中宗李显一起被杀，实为大幸。兄弟的尸骨被抛于原野之中，又有谁怜惜呢？亲人凋残已尽，仅存二人。《诗经·谷风》中说："当年既恐惧又惊慌的时候，只有你和我分担忧愁；如今富裕而又安乐，你却弃我而去。"更何况他们是同气连枝的骨肉同胞呢？所以姚崇、宋璟的话，是关系到江山社稷的存亡大计，而睿宗的黯然神伤，又如何能够在旦夕之间做出决断呢？

太平公主习惯于性情暴烈、凶狠蛮横，耳闻目睹了女主专权乱政、妇人倾覆邦国的现实，在这种情况下即使是志节坚定、操守方正的士人也不能保住其贞节，更何况是妇人呢？太平公主蔑视宫中的后妃操纵着天子废立的大权，改定国家的典章制度和皇室的礼仪法度，也不能责令她马上拨乱反正、严格顺从旧制。尽管这样，难道就没有办法对付她吗？太平公主嫉妒和怨愤皇太子李隆基，只是心怀罪恶企图和怨恨情绪，并没有爆发出来。而韦皇后干政时期就名声扫地的窦怀贞以边远的益州（治今成都）长史身份骤然间起了图谋不轨的野心，依附并引导太平公主走向奸邪谋逆的歧途，为其出谋划策并结成同党，不久就被接连擢升为侍中，为同中书门下三品兼太子詹事，为尚书左仆射、平章军国重事，从此崔湜、萧至忠、岑羲这些人蜂拥而起，朋比为奸，先后取得宰相的高位，而原任宰相大臣的李日知、韦安石年老昏庸不能端正朝纲，尚书左仆射、同中书门下三品刘幽求孤立无援，因奋起抗争而被下狱，后免死被流放岭南封州（今广东封开）。正当这个时候，姚崇、宋璟位居宰相大臣，天下众望所归，又得以参与唐睿宗的机要决策，难道就不能早一点声讨窦怀贞的罪恶行径，消除崔湜、岑羲、萧至忠的奸邪阴谋吗？对那些结援相助、图谋不轨的朋党不予削弱和铲除，却急急忙忙想要撵走唐睿宗患难与共的唯一妹妹，以此明正国法，加以摒弃，这样做的结果，会使得唐睿宗的内心极为悲伤，而那些奸佞小人的阴谋也就得逞了。如果没有窦怀贞、崔湜、岑羲、萧至忠这些奸佞小人，那么太平公主的罪恶也不足以爆发出来，只是白白地把太平公主安置于遥远的东都洛阳，那些奸佞小人依然身居要职、掌握大权，于是太平公主乘坐的两旁以翟羽为饰的车子刚过蒲州，又有诏令让她立刻返回京师的府邸，这是必然的结果。

唐睿宗李旦不忍心疏远和归罪太平公主，说明其本性是方正的，从感情上也不容许他这样做，二人患难与共，从道义上是不能忘记的。像窦怀贞这样的奸佞小人，对于唐朝的江山社稷而言，简直如同九牛之一毛罢了，既没有什么德望以维系天下人心，对国家也没有什么功勋劳苦可言，处以流放边远地方或者斩杀的刑罚，早上下达命令，晚上就让他们认罪伏法，只需要上一道弹劾的奏章罢了。姚崇、宋璟因害怕什么而不敢对他们进行弹劾呢？最终使得唐睿宗李旦不能保全他的恩情、唐玄宗李隆基不能保全他的孝道、太平公主不能幸免于死难，而等待那些奸佞小人恶贯满盈然后才认罪伏诛，唐朝的江山社稷也已经岌岌可危了，姚崇、宋璟二人实在不能推卸其罪责。

唐初以来的官场习气，士大夫过于顾惜他们的同僚而相互容忍，贤明君子与奸佞小人同朝并列而互不妨碍，宁肯得罪天子，也不愿结怨同僚朋友，以宋璟的刚正不阿，也不能免俗，而姚崇则善于以聪明机智保全自己，又能对他寄予什么期望呢？

本事：《资治通鉴》卷二一〇《唐纪二十六·睿宗》，景云二年（711）。

四　监察职权的轻重利弊

按察使之设，自景云二年始，观李景伯、卢俌之言，则所遣者御史也。时议分天下为十道，道遣一使按察；又分二十四都督，纠察所部刺史以下善恶。嗣以景伯、俌上言生杀之柄任太重、用非其人、为害不小而罢之。罢之诚是也，而景伯、俌谓御史秩卑望重，奸宄自禁，则有未当者。何也？官之得人与不得，不系乎秩之崇卑也。唐之刺史，汉之太守也，守郡而兼刺察之任，其权重矣。任重秩尊，而使卑秩者临其上以制之，则爵轻；爵轻则不足以立事，而规避以免责。刺史怀规避之心，则下吏侮之，豪民胁之，而刑政不修。新进之士，识不足以持大体，而乐毛击以诧风裁；贤者任私意而亏国计民生深远之永图，不肖者贪权利而无持纲挈领匡扶之至意，秩卑者望奚重哉？徒奖浮薄以灰牧守之心。故景伯、傭之言，非治理之经也。命卿贰以行，但任以纠察，而不授以生杀兵戎财赋之权，又何任太重而专私为害之忧乎？

按察使之设，后世踵之，而其法有二：一专官也，一特遣也。专官者，任之久而官于其地，其利也，久任则足以深究民情、博考吏治，不以偶尔风闻、瞥然乍见之得失而急施奖抑；其害也，与郡邑习处而相狎，不肖之吏，可徐图诉合以避纠劾。特遣者，出使有时，复命有程，闲行亟返，不与吏亲，事止参纠，他无适掌，使毕仍复其官。其利也，职有专司，威有独伸，无狎习比昵之交，无调停迁就之弊；其害也，风土未谙，利病不亲，据乍然之闻见，定臧否于一朝，贤者任气，而不肖者行私。此二者利害各半，而收其利，免其害，则无如特遣而缓之以期，任之大臣而不以为升迁之秩；则代天子以时巡而民不劳，代诸侯之述职而事不废，因时制宜，慎择人而饬法以简，斯为得中之道乎！

若夫过任都督，使之畸重，则天下且不知有朝廷，而唯知有都督。节度分疆，而唐室以裂；行省制命，而元政不纲；皆此由也。则景伯、傭之请罢之，诚定论也。

【译文】

按察使一职的设立，开始于唐睿宗景云二年（711），从右散骑常侍李景伯、卢傭所上奏疏可以看出，所派遣的按察使就是作为检察官员的御史。当时议论把全国分为十道，每道派遣一位按察使；又分为二十四都督，主管纠察所管辖的刺史（郡守）以下官员的善恶优劣。随后因为李景伯、卢傭的上书说按察使掌管生杀大权，权威太重了，一旦所选拔任用的官员不得其人，所造成的祸害一定不小，于是取消了这项任命。取消这项任命当然是正确的，但李景伯、卢傭所说的御史职位低而威望重，违法作乱的坏人坏事可以自行禁止，也有不太恰当的地方。为什么呢？官吏的选拔任用是否能选对合适人选，并不在于职位的高下。唐代的刺史，就相当于汉代的太守，负责管理一郡的各种事务又兼有纠察监督的责任，其权位是很重的。刺史责任重大、职位尊崇，如果派遣职位较低的监察官员凌驾于其上加以制衡，那么其爵位就显得较轻；爵位较轻就不足以成事，从而设法规避监察以免于追责。一旦刺史心怀规避之心，那么下层的官吏就会欺侮他，当地有财有势的豪绅就会胁迫他，而一郡的政事、刑罚就得不到有效的治理。刚刚进入仕途的士人，其才识不足以识大体、顾大局，于是便热衷于借琐碎事务对官员进行责难攻击，以夸耀其刚正不阿、依法裁处；贤能的君子也会任意妄为从而有损于国计民生的长治久安，品行不端的小人则贪权夺利从而有违于提纲挈领匡扶社稷的深谋远虑，职位低下的人又怎么能够威望深重呢？这样的话，白白地鼓励轻薄不实的风气，而使地方大员心灰意冷。所以李景伯、卢傭的话，并不符合治理国家的根本原则。如果任命仅次于卿相的朝廷大臣履行监察职责，而不授给他们生杀予夺以及军事、财政方面的大权，又有什么可担忧其职权过重而专权营私、为害国家呢？

按察使一职的设立，后世历代王朝沿袭下来，其选拔任用方法大致有两种：一种是设置专职的官员，另一种是临时特派的官员。设置专职的官员，担任此职的时间长，又在当地为官，其有利的方面是，长时间担任此职可以比较深入地了解民情、广泛考核吏治得失，而不会因为偶然听到、一时看见的为政得失就急忙采取措施加以奖励或处罚；不利的方面是，与郡邑的官吏长期相处而互相勾结，品行不端的官吏，就会慢慢想方设法投其所好、百般迎合以逃避纠察和弹劾。临时特派的官员，出使的时间有限定、回朝复命也有限期，捷径访察、急速返回，不和官吏亲近交接，办完事就参劾纠察官员，也没有别的执掌权限，出使结束就恢复原来的职位。其有利的方面是，有专门的职责、有单独的威望，没有相互亲昵、朋比勾结的交往，也没有调停迁就的弊端；其不利的方面是，不熟悉风土人情、不亲历好坏利弊，只是根据一时的所见所闻，很短时间就判定好坏褒贬的结论，贤明的君子可能会意气用事，品行不端的小人就会借机营私舞弊。这两种情况利弊各居其半，要想得到有利的方面，避免不利的方面，则不如采取临时特派的办法而宽限其出使时间，派遣朝中大臣出使而不以此作为官员提拔晋升的条件；这样让他们代替天子出巡各地，而普通民众也不为此增加负担，让他们代替地方大员进京述职，而监察责任也不因此荒废，因时制宜，谨慎选拔任用官员以简化的方式整顿法纪，这就差不多可以符合中庸之道了。

至于派遣都督并赋予过分的特权，使得他们的职权过于重大，那么天下将会不知道还有朝廷的存在，而只知道有都督的存在。设立节度使划分疆土进行治理，结果使唐朝的统治四分五裂；设立行省以掌握一方的命运，结果使元朝的政治陷入混乱；这些弊端都是由此产生的。因此，李景伯、卢俌请求撤销都督的设置，实在可以作为确定的原则。

本事：《资治通鉴》卷二一〇《唐纪二十六·睿宗》，景云二年（711）。

玄宗

一　法贵简而能禁

言治道者，至于法而难言之矣。有宋诸大儒疾败类之贪残，念民生之困瘁，率尚威严，纠虔吏治，其持论既然，而临官驭吏，亦以扶贫弱、锄豪猾为己任，甚则醉饱之愆，帘帏之失，书箑（shà）之馈，无所不用其举劾，用快舆论之心。虽然，以儒者而暗用申、韩之术，将仁恕宽平之言，尧、禹、汤、文、孔、孟其有奖乱之过与？

仁而弱，宽而纵，崇情以骫法，养奸以病民，诚过矣。然使其过也，果害于国，果贼于民，则先王既著之于经，后进抑守之以律，违经破律，取悦于众，而自矜阴德，则诚过矣。欲谢其过，抑岂毛举瘢（bān）求、察人于隐曲，听惰民无已之怨讟，信士大夫不平之指擿，辱荐绅以难全之名节，责中材以下以不可忍之清贫，矜纤芥之聪明，立难撄之威武也哉？老氏以慈为宝，以无为为正，言治言学者所讳也。乃若君子之言，曰宽、曰简、曰不忍人、曰哀矜而勿喜，自与老氏之旨趣相似而固不同科，如之何以羞恶是非之激发妨其恻隐邪？

绝人之腰领，死者不可复生矣；轻人之窜逐，弃者不可复收矣；坏人之名节，辱者不可复荣矣。唯夫大无道者，怙终放恣，自趋死而非我杀之，自贻辱而非我辱之，无所容其钦恤耳。苟其不然，于法之中，字栉而句比之；于法之外，言吹而行索之；酒浆婢妾之失，陷以终身，当世之有全人者，其能几也？恶非众恶，害未及人，咎其已往，亿其将来，其人虽受罚而不服，公议亦或然而或否，欲坚持以必行而抑自诎矣。徒为繁密之深文，终以沮挠而不决，一往恶恶之锐气，亦何济于惩奸，而只以辱朝廷羞当世之士邪？

夫曰宽、曰不忍、曰哀矜，皆帝王用法之精意，然疑于纵弛藏奸而不可专用。以要言之，唯简其至矣乎！八口之家不简，则妇子喧争；十姓之间不简，则胥役旁午；君天下，子万民，而与臣民治勃溪之怨，其亦陋矣。简者，宽仁之本也；敬以行简者，居正之原也。敬者，君子之自治，不以微疵累大德；简者，临民之上理，不以苛细起纷争。礼不下于庶人，不可以君子之修，论小人之刑辟；刑不上于大夫，不可以胥隶之禁，责君子以逡巡。早塞其严刻之源，在创法者之善为斟酌而已。

玄宗初亲政，晋陵尉杨相如上言曰："法贵简而能禁，刑贵轻而必行。小过不察，则无烦苛；大罪不漏，则止奸慝。"斯言也，不倚于老氏，抑不流于申、韩，洵知治道之言乎！后世之为君子者，十九而为申、韩，鉴于此，而其失不可掩已。

【译文】

谈论治理国家的道理，往往说到法治就难以论述精辟到位了。宋朝诸位大儒痛恨那些败类的贪婪凶残，顾念百姓生活的艰难困苦，大都崇尚威严的法治，纠察检举其罪以严明吏治，法治的理论依据既然是这样，那么大臣在履职莅政、制驭官吏的时候，也都以扶持贫困柔弱、铲除豪强奸猾为己任，甚至对于那些醉酒饱食之类的过错、居家生活发生的失误、书籍扇子之类的馈赠，没有不作为检举揭发和弹劾的事由，以便诉之于舆论而发泄其严谨苛求之心。既然这样，那么以儒家的身份却暗中采用申不害、韩非子的法家统治权术，难道不会使得那些仁恕宽平的言论，以及从唐尧、夏禹、商汤、周文王、孔子、孟子赓续下来的儒家传统也有鼓励祸乱的过错了吗?

过于仁厚就会显得柔弱，过于宽大就会放纵犯罪，崇尚人情就会委曲迁就而枉法，姑息养奸就会危害百姓，这些实在是错误的。然而假使这些错误，的确有害国家，的确残害百姓，那么古圣先王也已经编著于儒家经典之中，后世又作为法律加以坚持和遵守，如果违反儒家经典、破坏法律制度，从而诉之于舆论以便取悦民众，还自夸做了好事、积了阴德，就实在是错误的。要想承认错误，又怎么能够毛举细故、洗垢求瘢来纠察别人的隐私，听任不务正业的游民没有休止地怨恨诽谤，听信士大夫愤愤不平地挑剔和指摘，从而羞辱士绅难以保全的名节，批评中等资质以下的人不能忍受的清贫生活，夸耀自己一点一滴的智慧，树立起难以触犯的威武权势呢?老子以慈爱为宝、以无为为正，这些都是谈论治国之道和治学之说的人所讳言的。至于那些正人君子的言论，称作宽大、称作简明、称作不忍人之心、称作怜悯体恤而不自鸣得意，自然和老子学说的旨趣相类似又属于不同的体系，为什么要以羞恶之心、是非之心的激发来妨碍他们的恻隐怜悯之心呢?

处以腰斩、砍头之刑罚，那么死人就不可能复生；轻易给人处以流放充军的罪行，那么被抛弃的人心就不可能再收复回来；败坏别人的名声节操，那么受污辱的人就不可能再有荣耀可言。只有那些大逆不道的人，有所依恃而终不悔改、骄傲放纵而胡作非为，自寻死路而不是我要诛杀他，自取其辱而不是我要羞辱他，容不得对他们在理狱量刑时慎重毋滥、心存矜恤。假如不是这样，在法律规定之内，逐字逐句仔细推敲；在法律规定之外，言论上夸大其词，行动上百般苛求；结果使得饮食酒浆生活之中、家庭妻妾婢仆之间的小小过失，也导致其终身受困于刑罚，这样的话当今社会的全人、完人能有几个呢？罪恶并没有引起众人的厌恶，祸害没有伤及他人，追究其过往的罪过，测度其将来的危害，这样即使受到处罚却不能心悦诚服，公众的议论有的肯定也有的否定，要想坚持必须执行刑罚结果也会使自己理屈词穷。白白地援引苛细严峻的法律条文，最后又因为退缩阻挠而犹豫不决，一直以来嫉恶如仇的锐气，对于真正地惩罚奸邪罪恶又有什么用处呢？只是使得朝廷蒙受侮辱，当世之士蒙受羞辱罢了。

至于那些称作宽大、称作不忍人之心、称作怜悯体恤而不自鸣得意的正人君子言论，都是帝王运用法治的精义所在，然而却有纵容、放宽法律从而姑息养奸的嫌疑，因而不敢专用。概括来说，只有简明可以称为法治的最高境界！治理一个八口之家，如果不简明，就会引起妇人子女的喧闹争执；治理一个有十个姓氏居住的里巷，如果不简明，那么徭役负担就会纷繁而沉重；天子君临天下、治理国家，视天下百姓万民为其子孙，却与臣民治理像婆媳吵架争斗那样的仇怨，这也太浅薄了。所谓的简明，是宽厚仁爱的根本；以诚敬之心推行简明的法治，就是大中居正的根本。诚敬，是正人君子自我治理的方法，不因微小的过错连累其大德；简明，是统治民众的上策，不因苛细严峻而引起纷争。不以苛细完备的礼仪苛求平民百姓，不能用君子的修身品行判定普通民众的刑罚；不能将残酷的刑罚加之于大夫以上的贵族，不能用对于小吏和差役的禁令，指责君子的徘徊犹豫与退却。早早地堵塞住官员严酷刻薄的源头，关键在于创始制定法律的人能善于思量和斟酌罢了。

唐玄宗李隆基刚刚亲政的时候，晋陵（今江苏常州）县尉杨相如上书说："法律贵在简明而能够禁止，刑罚贵在轻缓而必定实行。微小的过失不必纠察，就没有烦琐苛刻的法治；重大的罪行不能遗漏，就可以防止奸邪的祸患。"杨相如的这段话，既不依从于老子的学说，也不沦落于申不害、韩非子法家的权术，堪称懂得治国之道的至理名言！后世的正人君子，十分之九都信从申不害、韩非子的法家学说，有鉴于此，他们的失误也就无法掩盖了。

本事：《资治通鉴》卷二一〇《唐纪二十六·玄宗》，开元元年（713）。

二　张九龄清节高蹈

夫苟欲自全其志行以效于国，则乐党淫朋以败官常也，必其所不欲为。乃立身无玷，而于邪佞终不得而远，究以比匪受伤，势成于无可如何，而正志不伸、修名有累者，抑何多也！张九龄抱忠清以终始，夐（xiòng）乎为一代泰山乔岳之风标，为李林甫所侧目，而游冥寥以消矰（zēng）弋，观其始进奏记于姚崇，可以得其行己待物之大端矣。其言曰："君侯登进未几，而浅中弱植之徒，已延颈企踵而至，岂不有才，所失在于无耻。"至哉其言之乎！

夫以鸿才伟望，一旦受天子之知，爰立三事，隆隆炎炎，熏蒸海内，物望之归，如夏云之矗兴，春流之奔凑，所不待言矣。于斯时也，有所求而进者进矣，无所求而进者进矣。有所求而进者，志在求而无难窥见其隐也；无所求而进者，徐而察之，果无所求也，是其为乐我之善，玉我于成，以共宣力于国家者乎？于是乐与之偕，而因以自失。夫恶知无所求而进者，为熏蒸之气所鼓动，不特我不知其何求，使彼自问，亦不知其何以芸芸而不自释也？无他，浅中者其量之止此，而弱植者自无以立，待人而起者也。俄而势在于此，则集于此矣，俄而势在于彼，则移于彼矣，害不及而避其故也如惊，福不及而奔其新也如醉。君子小人一伸一屈，数之常也，言为之易其臧否，色为之易其嚬笑，趾为之易其高下，则凡可以抑方屈而扬方兴者，无所不用。与斯人居，而上不病吾君、下不病吾民，中不贻他日之耻辱者，鲜矣。故天下之可贱、可恶、君子远之必夙者，唯此随风以驱、随波以逝、中浅而不知事会之无恒、植弱而不守中心之所执者也。

生于教衰行薄之日，履物望攸归之位，习尚已然，弗能速易，惟有杜门却迹，宁使怨谤，勿与周旋，以自立风轨而已耳。天下方乱而言兵，天下初定而言礼，时急于用而言财，乃至教兴道显而相仿以谈性学，皆中之浅、植之弱，足以玷君子之修名，而或一违时，则反唇相诋而不遗余力者也。乍与周旋，容其旅进，一为其所颠倒，欲不病于而国、累于而身、败于而名也，其可得乎？司马温公失之于蔡京，唯察此之未精耳。九龄唯早曙于此也，故清节不染于浊流，高蹈不伤于钳网。其诗曰："弋者何所慕。"无可慕也，鸿飞之冥冥，所以翔云逵而为羽仪于天下也。

【译文】

如果想要成全自己的志向和操行以报效国家，那么热衷于结党营私从而败坏官场规则的事，必定是他所不愿意作为的。这样立身行事没有污点，可是奸佞小人终究不可能远离，终究会因为结交匪类而使自己受到伤害，形势所迫也就无可奈何，结果使得正当的志向得不到伸张、美好的声名受到牵累，这种情况在历史上何其多啊！唐朝开元年间的名相张九龄始终怀抱忠诚清廉的志向，影响深远，成为一代泰山乔岳般的风标，从而为奸相李林甫所敬畏与怨恨，然而正像他在《感遇》诗中所描绘的一样：孤鸿遨游于高远无际的天空，猎人用来射鸟的短箭也失去了功能。我们阅读他写给宰相姚崇的奏记，就可以看出他立身行事、待人接物的荦荦大端。他在其中写道："君侯您刚刚登上宰相之位不久，那些心胸浅窄、懦弱无能之徒已经怀着仰慕和期望之切延颈企踵、纷沓而至，其中难道没有富有才能的士人，其所失误乃在于他们没有羞耻之心。"他的话说得实在太好了！

贤明君子有鸿才大略、厚德威望，一旦受到天子的知遇，于是被立为三公，权势煊赫、名声显要，气焰蒸腾于四海之内，为天下众望所归，如同夏天的白云高耸、春天的奔流激荡，这自然就不需多说了。当此之时，有所追求而希望获得进用的人已经得到进用了，无所追求而希望获得进用的人也得到进用了。有所追求而得到进用的人，其志向在于得到其所追求的东西，不难从中窥见其内心的隐私；那些无所追求而得到进用的人，需要慢慢地观察其是不是果然无所追求；这是因为他们喜欢我的善良，想要借此玉成于我，从而能够共同为国家效力吗？从此就乐得一起共事，也就因此失去了自我。哪里知道那些无所追求得到进用的人，是被蒸腾于四海之内的气焰所鼓动的，不仅我不知他们有什么追求，让他们扪心自问，他们也不知道为什么会与芸芸众生一样，自己也说不清楚；没有别的原因，心胸浅窄的人，其度量也只能如此，而懦弱无能的人没有能力自己立足，只能等待他人把自己提携起来。一会儿形势发展有利于此处，就纷纷集中于此处，一会儿形势发展又转移到彼处，他们就纷纷转移到彼处，灾祸尚未降临就惊慌失措地逃避旧日的靠山，幸福还没到来就如痴如醉地奔跑向新的目标。正人君子与卑鄙小人，一张一弛、一伸一屈，这是自然的规律，言语为此而改变其褒扬与贬斥、脸色为此而改变其皱眉与欢笑、脚步为此而改变其高扬与卑下，这样凡是可以抑制而屈服、褒扬而兴起的手段，无所不用其极。与这样的人共事相处，要想上对皇帝没有危害，下对百姓没有残害，中间不至于留下后续的耻辱情况，几乎是不可能的。所以天下可贱、可恶，正人君子必须一以贯之地规避和远离的奸佞小人，正是那些随风驱驰、随波消逝、心胸浅窄而又不知道机遇不可能永恒不变、懦弱无能而又不坚守心中执念的人。

生活在教化衰落、品行卑鄙的时代，履职于众望所归的地位，社会风尚已经这样，不可能迅速改变，那么就只有闭门不出、屏息敛迹，宁肯使怨愤和毁谤归于自己，也不与他们同流合污，从而自我树立其节操风度。天下正当混乱之时就谈论兵法战策，天下刚刚稳定就谈论礼仪制度，时势用度乏匮就谈论财政开源节流，而等到宗教兴起、道学昌显之时就相得益彰而大谈性命之学，这些都是心胸浅窄、懦弱无能的人所为，足以玷污正人君子的美好声名，有的一旦与时势相违背，就反唇相讥、互相诋毁而不遗余力。偶然与这些人共处共事，容许他们共进共退，一旦被他们所颠倒倾覆，要想对国家没有危害、对自己也没有拖累、对声名没有败坏，怎么能够呢？宋朝的司马光之所以失察于奸佞蔡京，只是在这方面没有对其进行彻底考察罢了。张九龄早早地对此看得很透彻，所以能够保持清名节操而不受浊流污染，如同鸿雁遨游高空而不受刑狱和网罗的伤害，他在《感遇》诗中写道：“（如今我遨游于高远的天空，）猎人又能从何处猎获呢？”猎人没有办法猎取，孤鸿在高远的天际飞行，所以张九龄能够翱翔于仕宦之途，从而尊居高位而德才兼备，成为天下的楷模。

本事：《资治通鉴》卷二一〇《唐纪二十六·玄宗》，开元元年（713）。

三　清贞之大臣

唐多才臣，而清贞者不少概见，贞观虽称多士，未有与焉。其后如陆贽、杜黄裳、裴度，立言立功，赫奕垂于没世，而宁静淡泊，固非其志行之所及也。唯开元之世，以清贞位宰相者三：宋璟清而劲，卢怀慎清而慎，张九龄清而和，远声色，绝货利，卓然立于有唐三百余年之中，而朝廷乃知有廉耻，天下乃借以乂安。开元之盛，汉、宋莫及焉。不然，则议论虽韪，法制虽详，而永徽以后，奢淫贪纵之风，不能革也。

抑大臣而以清节著闻者，类多刻核而难乎其下，掣曳才臣以不得有为，亦非国民之利也。汉、宋之世，多有之矣，孤清而不足以容物，执竞而不足以集事，其于才臣，如水火之相息，而密云屯结之不能雨也。乃三子之清，又异于是，劲者自强，慎者自持，和者不流，而固不争也。故璟与姚崇操行异而体国同；怀慎益不欲以孤介自旌，而碍崇之设施；九龄超然于毁誉之外，与李林甫偕而不自失，终不与竞也。唯然，而才臣不以己为嫌，己必不替才臣以自矜其素履，故其清也，异于汉、宋狷急之流，置国计民生于度外，而但争泾渭于苞苴竿牍之闲也。呜呼！伟矣！

杨震也，包拯也，鲁宗道也，轩輗、海瑞也，使处姚崇、张说、源乾曜、裴耀卿之间，能勿金跃于冶、冰结于胸否邪？治无与襄，功无与立，徒激朋党以启人主之厌憎，又何赖焉？

夫三子之能清而不激，以永保其身、广益于国者，抑有道矣。士之始进也，自非猥鄙性成、乐附腥膻者，则一时名之所归，望之所集，争托其门庭以自处于清流之选，其志皆若可嘉，其气皆若可用也。而怀清之大臣，遂欣受之以为臭味，于是乎和平之度未损于中，而激扬之情遂移于众，竞相奖而交相持，则虽有边圉安危之大计，黎民生死之远图，宗社兴衰之永虑，皆不胜其激昂之众志，而但分流品为畛域，以概为废置。夫岂抱清贞者始念之若斯哉？唱和迭增，势已成而弗能挽也。于是而知三子者之器量远矣，其身不辱，其志不骫，昭昭然揭日月而行者，但以率其固然之俭德，而不以此歆召天下，奉名节为标榜，士固无得而附焉。不矜也，亦不党也，不党则不争矣。

呜呼！士起田间，食淡衣粗，固其所素然矣。若其为世禄之子，则抑有旧德之可食，而无交谪之忧；读先圣之书，登四民之上，则不屑以身心陷锥刀膻蘐之中，岂其为特行哉？无损于物，而固无所益，亦恶足以傲岸予雄而建鼓以求清流之誉闻乎？天下之事，自与天下共之，智者资其谋，勇者资其断，艺者资其材，彼不可骄我以多才，我亦不可骄彼以独行，上效于君，下逮于物，持其正而不厉，致其慎而不浮，养其和而不戾，天下乃赖有清贞之大臣，硗硗者又何赖焉？故君子秉素志以立朝，学三子焉斯可矣。有伯夷之廉，而骄且吝，亦人道之忧也。

【译文】

唐朝有很多干练的才臣，而清白坚贞的大臣却并不多见，唐太宗贞观年间（627—649）虽然号称多士，也没有能称得上清白坚贞的大臣。此后，历朝名臣如陆贽、杜黄裳、裴度，立言传世、立功济时，声望显赫美盛，垂及终身，然而说到宁静致远、淡泊明志，本来就不是他们的志向操行所能够达到的。只有唐玄宗开元时代（713—741），以清白坚贞之风节位居宰相的有三人：宋璟清白坚贞而刚劲，卢怀慎清白坚贞而谨慎，张九龄清白坚贞而平和。他们都远离声色、杜绝货利，卓然屹立于唐朝三百余年的历史当中，从而使得朝廷之上知道有礼义廉耻，天下四海也借此安定太平。开元盛世，是汉朝、宋朝所无可比拟的。如果不是这样，那么议论即使正确，法制虽然周详，唐高宗永徽年间（650—655）以后奢侈荒淫、贪婪狂纵的风气，也不可能拨乱反正、得以革除了。

然而大臣以清白的节操闻名于世的，为人处事大多苛刻而使其下属难以与之相处，从而牵制干练之臣不能有所作为，这并不符合国家和百姓的利益。汉朝和宋朝这种情况多有存在，孤高清白不足以容纳他人、执拗争竞不足以成就事业，他们对于干练的才臣，如同水火不容、相克相灭，也像密云聚集却不能下雨一样。而宋璟、卢怀慎、张九龄这三个人的清白，又与上述的情况有所不同，刚劲之臣自强不息，谨慎之臣坚持风节，平和之臣不会同流合污，他们共同的特点是本性不与人争竞。所以，宋璟和姚崇操行不同，而在体念和治理国家方面却没有不同；卢怀慎更不愿以耿直方正自相标榜，从而妨碍姚崇的治国举措；张九龄超然物外，从不计较对自己的毁损和赞誉，和奸相李林甫和谐共事而不失本分，始终不和他争竞。只有这样，那些干练的才臣不因为他们的清高而有所嫌弃，他们自己也必定不会在这些干练的才臣面前夸耀自己的清白操行，所以他们的清白和汉朝、宋朝那些急躁而不能容忍的清白大臣大不一样，把国计民生的大事置之度外，只是在行贿请托这类事情上斤斤计较、争竞个泾渭分明。唉！太伟大了！汉代号称“关西孔子”的杨震，宋朝的名臣包拯、鲁宗道，明朝的名臣轩輗、海瑞，假使让这些刚正不阿、嫉恶如仇的清官处在唐朝大臣姚崇、张说、源乾曜、裴耀卿这些人中间，他们是否会像金属在熔炉中涌动、冰凝结于胸中成为块垒那样激起剧烈矛盾、剑拔弩张的党争呢？不能襄助国家治理，无法成就建功立业，白白地激起朋党之争，引起君主的厌恶和憎恨，又哪里值得依赖呢？

宋璟、卢怀慎、张九龄这三位大臣，能够清白坚贞而不愤激用事，从而永远保全其身，也对国家大有裨益，其中自有他们独特的方式。士人刚刚进用，自然并非本性猥琐卑鄙，是热衷于追腥逐臭的人，而朝廷大臣为一时名声所归、威望所集，新进士人争相请托投入其门下从而自处于清流之选，他们的志向都是应该嘉奖的，其锐气也都是可以激励利用的。那些胸怀清白坚贞的大臣，欣然接受并与之臭味相投，于是内心和平的气度并未有损，而激浊扬清的情怀遂转移到众人，他们竞相激励、互相维持。在这种情况下，尽管还有关乎边疆安危的大计、黎民百姓生死的长远谋划、江山社稷兴衰的永久策略，都无法胜过他们之间群情激昂的共同意志，只是把这些新进士人区分等级流品，设定界限和范围，以此作为官员任免的依据。难道那些怀抱清白坚贞节操的大臣本来的意愿就是这样吗？他们之间的相互唱和、依附日益增加，局势已经形成就无可挽回了。从中可以知道宋璟、卢怀慎、张九龄这三个人的器局度量非常远大，他们的身体不受污辱、志向不被改变，光明磊落如同举着太阳和月亮行走，只是依据他们固有的勤俭品德，并不以此使天下人羡慕和感召，以尊奉清白坚贞的名节作为标榜，天下士人就没有办法和途径依附他们。既不骄矜自夸，也不结党营私，不结党营私也就不会出现纷争。

唉！士人出身于田间草野，习惯于粗茶淡饭、布衣敝缕，本来就是这样朴素。如果他们出身贵族官宦人家，还有祖宗荫德作为依靠，衣食无忧，也就没有相互责难埋怨的忧虑；阅读古圣先贤的书籍，位居普通百姓之上，就不屑于将自己的身心陷入微贱的工作、肮脏的行为之中，难道这就是他们的特立独行吗？如果对他人和他物没有贬损，本来也就没有增益，又有什么可以用来傲视别人鼓吹自己以擂鼓进击求得清流的名誉呢？天下的事情，自然应当和天下人共同承担，聪明的人借助天下人的谋略、勇敢的人借助天下人的果断、多才多艺的人借助天下人的才华，天下人不可以因富有才华而对人傲慢无礼，我也不可以因特立独行而傲视他人，对上效忠天子、对下惠及万物，坚持其刚正不阿而不至于过分严厉，表现其谦虚谨慎而不至于过分轻浮，涵养其和平之气而不至于过分暴戾，这样天下依赖这些清白坚贞的大臣，而那些坚硬不屈之辈容易折断，又怎么值得依靠呢？所以正人君子秉持一贯的志向立于朝廷，学习效法宋璟、卢怀慎、张九龄这三个人就可以了。尽管具有伯夷的廉洁美德，却骄傲而又吝啬，在为人之道方面也是值得忧虑的。

本事：《资治通鉴》卷二一〇《唐纪二十六·玄宗》，开元元年（713）。

四　虚衷以详刑，正己以匡世

奸人被发，而诬发奸者以罪，其罪不贳（shì）；两俱有奸，而因人之发，还相为发，则后发者之罪，姑置勿论，而先发之奸，罪在不贳；诚彼之有奸也，奚不早声其罪以论奏之，而待已慝已彰，乃相反噬乎？

京兆尹崔日知贪墨不法，御史李杰纠之，日知反构杰罪。勿论杰罪之有无也，杰不可以日知之言而坐，日知不可以讦杰而宽。玄宗纳杨玚之言，释杰而窜日知，允矣。

虽然，有说焉。御史、京兆尹，皆法吏也。尹之贪暴，御史之所必纠；御史汰纵于辇毂，尹亦习知，而执官守以论劾之。假令杰败官箴、藏奸宄，以下挠尹权，知日知之必擿己慝，而先掇拾其过以钳制之，将亦唯杰之搏击而扪日知之舌乎？则杨玚所云“纠弹之司，奸人得而恐喝，则御史台可废”者，亦偏护台臣之党，而非持平之论也。

夫日知之罪，不可以构杰而减，固也；而杰罪之有无，抑不可以不察。杰果无罪，则日知既以贪暴抵法，而益之以诬贤之恶，加等之刑，不但贬为丞而足蔽其辜；若杰而有罪也，亦不可以纠日知故而概不加察。今玚不辨杰罪之有无，但以护台臣而护杰；且当开元之始，群贤皆有以自见，而杰无闻焉，杰之为杰，亦可知矣。玚为御史台存纲纪，而不为朝廷别贤奸，非平允之论也。天子虚衷以详刑，则奸人自无所藏奸；士人正己以匡世，则小人自弗能置喙；又非可以禁恐喝斥、反构一切之法弹压天下者也。

【译文】

奸邪的人被弹劾揭发之后，反而诬陷揭发他的人有罪，那么他的罪恶就不可宽恕。如果双方都有奸邪的罪恶，而因为别人的揭发，结果双方互相揭发，那么最后一个被揭发人的罪恶，暂且可以不论，而首先被揭发出来的奸邪之人，罪在不赦；如果对方真的有奸邪的罪恶，为什么不早点揭露他的罪恶上奏朝廷，而要等待自己的罪行已经暴露无遗，这才反咬他人？

京兆尹崔日知贪污不法、败坏官守，御史李杰上书弹劾他，崔日知反过来诬告李杰有罪。且不论李杰是否有罪，他都不能因为崔日知的诬告而获罪，崔日知也不能因为告发李杰而得到宽免。唐玄宗李隆基采纳大理寺卿杨玚的建议，释放李杰，贬斥流放崔日知，这是公允的。尽管如此，对于此事还是应有进一步的说法。御史和京兆尹，都是具有监察和执法权力的官员。京兆尹贪污残暴，御史必然纠察弹劾他；御史身居朝廷过分放纵不法，京兆尹也能够习知其事，从而秉公执法加以弹劾。假使李杰败坏官箴国法，暗藏违法乱纪，阻挠京兆尹的职权，由此可知崔日知必定弹劾自己的过错，于是先搜集他的过错以便钳制他，将会根据李杰的揭发攻击来按住崔日知的舌头不让其发声。那么杨玚所说的“执掌纠察弹劾官吏不法的机关，奸邪之得以作威作福、恐吓恫吓，这样的话御史台就不必存在了”，也有偏袒维护御史台的同党，并非公正的言论。

崔日知的罪行，不能因为诬陷李杰得以减轻，这是本来的道理；而李杰是否有罪，也不能不加以追查。如果李杰真的没有罪，那么崔日知已经因为贪污残暴触犯国法，又加上诬陷贤明大臣的罪恶，在量刑上要罪加一等，不仅仅被贬为县丞就足以掩盖其罪恶；如果李杰真的有罪，也不能因为他纠察弹劾崔日知而一概不予追查。如今杨玚不去分辨李杰是否有罪，只是以袒护御史台大臣的名义袒护李杰；况且正值开元盛世之初，那些贤臣都自我表现出有所作为，李杰的作为却没有见于记载，可见李杰之所以是李杰，也就可想而知了。杨玚为御史台维护其尊严和纲纪，却不替国家辨明贤臣与奸佞，这就不是公允的议论了。天子以虚怀无偏见之心详明刑律，那么奸诈之人也就无法隐藏其狡诈的行为；士人以端正自身匡正世风，那么卑鄙小人也就不能随便议论纷纷。这些都不是可以通过禁止恐吓谏官、驳斥官员乃至诬陷谏官这样的权宜之法来弹压天下之人从而可以办到的。

本事:《资治通鉴》卷二一一《唐纪二十七・玄宗》，开元三年（715）。

五　以谑惩奸，则朝无章

君与臣为谑，则朝无章；朝无章，则邪佞玩而巧雠其慝。故闻以道裁物者矣，其次则以法禁下矣；道不可揆，法无所饬，君谑其臣而以资浅人之庆快。庆快者，浅人也；乘之以交谑者，奸人也；道法之君子，知其不足以君天下，而奚快焉？

郑铣、郭仙舟投匦（guǐ）献诗，述游仙之旨，以媟上听，按法而窜殛之，或姑贷而斥罢之，允矣。堂堂为天下君，弗能秉道以饬法，惩奸止邪，乃度之为道士，聊与之谑，以供浅人之一笑；然则贪人聚敛而赐之金粟，淫人劝蔑而畀（bì）以少艾乎？且铣与仙舟奉敕而为道士矣，恶知其不栩栩然集徒众、建楼观、采铅汞以鸣得意而猎厚利哉？玄宗之为此，聊以谑也；小人得天子之谑，而以谑为荣，无知者竞荣之；未数年而张果、叶法善、邢和璞辐辏于天子之廷，非此致之哉？

君可以谑其臣，臣抑可谑其君，交相谑，则上无章而下无忌。萧瑀，大臣也，太宗听其出家，亦谑也；此唐之所以无政也。论者快之，谓足以惩奸而警俗，国宪官箴法律刑纪皆可不用，而以谑惩奸，天下其谁警哉？浅人之所快，君子之所羞称久矣。

【译文】

天子和大臣互相戏谑玩笑，那么朝廷就无章法可循；朝廷无章法可循，那么奸佞小人便得志玩法，巧言令色以实现其邪恶野心。所以，听说首先以正义大道来承载容养万物，其次以法律制度禁止下属和民众；如果正义大道不能被奉为治国准则，法律制度不能得到严格遵守，天子对大臣开玩笑从而供那些识见言行浅薄的人作为庆幸喜乐，那些庆幸喜乐的人，都是言行浅薄的人；借此机会互相开戏谑玩笑的人，都是奸邪的人；而坚守正义大道、遵守法律制度的正人君子，借此可以知道他不足以作为天下的君主，又有什么庆幸喜乐可言呢？

唐玄宗开元六年（718），河南参军郑铣、朱阳（今河南灵宝）丞郭仙舟向皇帝上书献其诗作，阐述游心仙境、脱离尘俗的要旨，以亵渎天子的视听，按照法律应当处以流放和杀戮，或者姑且宽恕他们而将其痛斥和罢官，这些都是公正适当的处理办法。作为堂堂的天下之君，却不能秉持正义大道、遵守法律制度，惩治奸佞、制止邪恶，还准许从其所好、度为道士，姑且与他们戏谑玩笑，以博得言行浅薄之人的开颜一笑；既然这样，那么贪得无厌的人聚敛钱财，不予治罪反而要赏赐给金银和粮食，荒淫无耻的人引诱淫秽行奸，不予治罪反而要馈赠年轻美丽的少女吗？况且郑铣、郭仙舟奉皇帝敕命成为道士，怎么知道他们不得意扬扬，广收门徒、建筑楼观、采集铅汞、自鸣得意从而猎取厚利呢？唐玄宗这样做，只是为了开玩笑；而卑鄙小人得到天子的戏谑玩笑，并以此为荣耀，那些无知小人纷纷羡慕他。没过多少年，炼丹家张果老、天师叶法善、风水家邢和璞等道教人物纷纷簇拥到天子的宫廷，这难道不是郑铣、郭仙舟事件所造成的吗？

君主可以戏谑大臣，大臣也可以戏谑君主，君臣之间互相戏谑玩笑，造成的结果就是朝廷之上没有章法可循，而臣下则没有什么顾忌。萧瑀，是唐朝的宰相，唐太宗却听任他出家为僧，这也是戏谑玩笑。这就是唐朝之所以没有善政的原因。议论的人认为这样的处理方式很令人爽快，足以惩罚奸邪而惊世骇俗，国家的大法、官场的规则、法律法规、纲常风纪都可以不用，而使用戏谑玩笑惩治奸邪罪恶，天下又有谁能从中受到警示呢？言行浅薄的人所感到喜乐的，也就是君子羞于称道的事情，这种情况由来已久了。

本事：《资治通鉴》卷二一二《唐纪二十八·玄宗》，开元六年（718）。

六　君知所以待有功之臣

姜皎与诛逆之功，玄宗闻宋璟之谏，放之归田，下制曰："南阳故人，以优闲自保。"其于刘幽求、钟绍京，胥此道也。所以裁抑私劳，防其僭乱，得矣。而或病其寡恩。夫以远之者全之，而国家不受其败，诚无取于涓涓之惠也，奚病哉！

帝之讨韦氏也，幽求与薛景暕、崔日用与有赞襄之功，其见忌于太平公主、窦怀贞也，则宋璟、姚崇、张说、陆象先、王琚与皎或力争与睿宗，或决计以诛公主。然而帝之待之也则异。非但璟、象先之清忠，崇、说之才干，可任以大，非余子所及也；此诸君子者，昌言于睿宗之廷，持正论以定社稷，从则君受其福，不从则己婴其祸，非行险贪功，以太子为孤注者也。若夫绍京、幽求、皎、琚之流，虽曰仗正，而密谋相结，露刃以向宫阙，亦险矣哉！夫国家之治乱不恒也，大臣之安危无定也，所奉者之贞邪未可据也。韦氏虽逆，而亦一国母；公主虽逆，而亦一懿亲。求遂其拥戴之勋，而推刃于君之骨肉，其可与？久居密勿，而弗虑其恩怨之数迁乎？故数子者，幸而不为谢晦、杨素耳；即有姚崇、张说之能，近赵普而已。普为开国元臣，不足以容身于太宗之世，数子者又何微功之足倚邪？璟、崇、说、象先之谏，安玄宗即以安睿宗也，忠臣效矣。幽求、绍京、皎、琚，其去乱人也无几。君子忘身以徇国，亦为其所可为者而已，过此未有不以召憎恶于明主者。若遇猜忌之君，则里克、宁喜之服刑，亦其自取，而不可但咎其君之刻薄。明乎此，君知所以待有功之臣，臣知所以立节而全身矣。

【译文】

唐朝大臣姜皎（唐玄宗临淄王藩邸的旧臣，历官殿中监、太常卿兼秘书监，监修国史，封楚国公）有曾经参与诛杀太平公主、窦怀贞叛乱的功勋，唐玄宗听从宰相宋璟的进谏，放姜皎解甲归田，并就此专门下诏说："你是我藩邸的旧臣，就像东汉光武帝刘秀的南阳故人一样，还是以优闲自得以保全终生吧。"而对于曾经辅佐他诛杀韦皇后的功臣刘幽求（官至尚书左丞相，封徐国公）、钟绍京（官至中书令，封越国公），也都采用这个办法。这样做是为了遏制和削减私人的功劳，防止他们过于擅权僭越乃至乱政，应该说是一种合适的方法。可是有人不认同这种方法，认为有刻薄寡恩的弊病。通过疏远功臣的方式保全他们，国家也免于受到他们的祸乱和败坏，实在不需要采取一点一滴恩惠的办法，这样做又有什么弊端呢！

临淄王李隆基发动政变讨伐韦氏，刘幽求与薛景暕、崔日用都有着参赞襄助的功勋；作为太子的李隆基后来被专权乱政的太平公主和窦怀贞所猜忌，而宋璟、姚崇、张说、陆象先、王琚与姜皎等大臣，有的在唐睿宗李旦面前为他据理力争，有的参与决策发动政变诛杀太平公主。然而，唐玄宗对待他们的方法有差异。这不仅仅是因为宋璟、陆象先清白坚贞、忠诚不二，姚崇、张说的才干超卓可以胜任国家大事，是其他几位大臣所达不到的；这几位正人君子在唐睿宗的朝廷之上直言不讳，坚持正当的言论从而安定江山社稷，如果君主听从其言就会受其福祉，如果不予听从则遭际其祸患，而不是铤而走险、贪图功名，把太子李隆基作为孤注一掷的人。至于钟绍京、刘幽求、姜皎、王琚之流，尽管也称得上坚守正道、仗义执言，可是暗中密谋、相互结党，怀揣利刃以面对宫阙，也太冒险了！国家的治乱不能恒定如常，大臣的安危不能确定无疑，他们所尊奉的人的坚贞和奸邪无法作为倚靠。韦氏皇后虽然大逆不道，却也是一国之母；太平公主虽然大逆不道，却也是皇帝的嫡亲妹妹。为了追求和实现自己拥戴君主的功勋，而持刀诛杀君主的至亲骨肉，难道可以这样做吗？长期居于朝廷机要地位，而不考虑君主恩怨的变化吗？所以说这几位大臣，侥幸没有成为南朝宋、隋朝顾命大臣谢晦、杨素那样擅行废立的奸佞；他们即便有着姚崇、张说那样的才能，也就能够接近宋朝宰相赵普罢了。赵普作为宋朝的开国元勋，依然不足以容身于宋太宗统治的时代，而这几位大臣又有什么功勋可以依赖呢？宋璟、姚崇、张说、陆象先的谏言，安定唐玄宗李隆基的地位也就可以安定唐睿宗李旦的地位了，这就是作为忠臣的效能。而刘幽求、钟绍京、姜皎、王琚这几位大臣，他们距离乱臣贼子也相去无几了。正人君子为了国家利益献出自己的身家性命，也就是做到自己能做到的罢了，超过了这个限度没有不招致英明君主憎恨厌恶的。如果遇到猜忌残忍的君主，那么像春秋时期晋国的大臣里克、卫国的大臣宁喜最终服罪伏诛，也是咎由自取，不能仅仅归咎其君主晋惠公、卫献公的刻薄和残忍。明白了这个道理，作为天子也就知道了怎样对待有功的大臣，作为大臣也就知道了怎样树立应有的节操、保全身家性命的道理了。

本事：《资治通鉴》卷二一一《唐纪二十七・玄宗》，开元五年（717）。

七　有通识而成其独断

经国之远图，存乎通识。通识者，通乎事之所由始、弊之所由生、害之所由去、利之所由成，可以广恩，可以制宜，可以止奸，可以裕国，而咸无不允。于是乎而有独断。有通识而成其独断，一旦毅然行之，大骇乎流俗，而庸主具臣规目前之损益者，则固莫测其为，而见为重有损，如宋璟发太府粟及府县粟十万石粜之，敛民间恶钱送少府销毁是已。

散粟于民，而取其值，疑不足以为仁之惠；君与民市，疑不足以为义之宜；以粟易钱而销毁之，徒取值于民而无实于上，疑其病国而使贫；一旦为之，不可测而可骇，庸主具臣闻言而缩舌，固其所必然矣。以实求之，夫岂然哉？取值不有，而散十万之粟于待食之人，不费之惠也；下积恶钱，将随敝坏，上有余粟，将成红朽，而两易之，制事之宜也。乃若大利于国者，则尤非浅见褊衷之所易知也。恶钱之公行于天下，奸民与国争利，而国恒不胜，恶钱充斥，则官铸不行；人情趋轻而厌重，国钱之不能胜私铸久矣。恶钱散积于人间，无所消归，而欲人决弃之也，虽日刑人而不可止；发粟以收恶钱者，使人不丧其利而乐出之也。销毁虽多未尽，而民见上捐十万粟之值付之一炬，则知终归泯灭而不肯藏，不数年间，不待弃捐而自不知其何往矣。恶钱不行则国钱重，国钱重则鼓铸日兴，奸民不足逞，而利权归一，行之十年，其利百倍十万粟之资，暗偿之而赢余无算，又岂非富国之永图乎？

乃当其时，愚者不测也，吝者不决也，非玄宗之倚任，姚崇、苏颋之协恭，则璟言出而讪笑随之矣。司国计而知大体者之难，小人以环堵之识，惜目睫之锱铢，吝于出而急于纳，徒以削民敛怨，暗耗本计于十年之后，而吮之如蜜，王安石之以病宋者此也。不耕而思获，为盗而已，为乞而已；盗与乞，其可与托国哉！

【译文】

治理国家的深谋远虑，存在于通达权变的真知灼见。而通达权变的真知灼见，是指通达事情源起的缘由、通达弊端产生的源头、通达危害消除的途径、通达利益形成的原因，这就可以广施恩惠、可以因时因地制宜、可以遏制奸邪、可以使国家富裕，因而一切没有不适宜的。从这种通达权变的真知灼见之中就会产生独自的决断。有了通达权变的真知灼见，从而形成独自的决断，一旦毅然决然推而行之，就能使社会的流行俗尚感到非常惊骇。平庸无能的天子、备位充数的大臣，这些谋求眼前利害损益的人，本来就揣摩不透这种所为的结果，只是看到对自己有大害而无利。像唐朝宰相宋璟下令把掌管天下贡赋的太府以及各府州县的十万石粮食拿出去售卖，从而收集流通于民间私铸盗铸的成色不足的钱币，送到掌管百工技巧的少府进行销毁，就是这样的一件事。

抛售官府所贮藏的粮食给百姓，以收取相应的价值，有人会怀疑这不足以作为朝廷仁厚的恩惠；天子和百姓做买卖，有人会怀疑这不足以作为正当的道义；用贮藏的粮食换取钱币然后进行销毁，只是白白地换取价值于百姓，对朝廷并没有什么实际利益，于是有人怀疑这种措施有害于国家而使之趋于贫穷；一旦推行开来，其后果不可测度而令人惊恐不安，平庸无能的君主和备位充数的大臣闻听其言就惊恐得说不出话来，这本来就是必然的结果。如果以实际效果加以求证，难道真是这样吗？收取其同等价值不据为已有而进行销毁，抛售十万石粮食分给那些嗷嗷待哺的百姓，这正是朝廷没有多少花费却可以施于百姓的恩惠；民间积累的私铸盗铸的成色不足的钱币，将随着时间的推移任其败坏，国家府库中多余的粮食，也将随着时间的推移化为腐朽，如今采取措施使之两相交换，这样的做法可谓恰到好处。这些对国家有极大利益的措施，更不是那些眼光短浅、固执己见的人所容易知道的。私铸盗铸的成色不足的钱币公开在全国流通，奸邪狡猾的小民和国家争夺利益，国家常常无法取胜，而私铸盗铸的成色不足的钱币充斥市场，那么官府铸造的钱币就不能流通；人情风俗都是喜欢趋向轻钱而不乐意重钱，所以国家铸造的钱币无法胜过私铸盗铸的成色不足的钱币已经很久了。私铸盗铸的成色不足的钱币散布在民间，没有办法销毁和收回，而要想让人们决然予以抛弃，即使是每天处人以刑罚也无法禁止；抛售粮食收回私铸盗铸的成色不足的钱币，使人们不失去其价值，从而乐意拿出来交换。尽管销毁并没有做到完全彻底，却让百姓看到官府拿出十万石粮食将收回的成色不足的钱币付之一炬，从而知道这些私铸盗铸的成色不足的钱币终究归于泯灭，谁也不愿再收藏，过不了几年，等不到完全抛弃，自然不知道这些钱币还有什么用处。私铸盗铸的成色不足的钱币不流通，官府铸造的钱币就会被看重，国家的钱币被看重那么铸钱业就会日渐兴隆，奸邪狡猾的小民不能实现其野心，那么国家的利权统统归于朝廷，这种措施推行十年，其利益将会达到百倍于十万石粮食的价值，潜移默化中偿还了本来的价值，而且实际得到的利益不知有多少，这难道不是富国足民的深谋远虑吗？

当宋璟提出并推行这种措施的时候，愚昧的人不能测度其深谋远虑，吝啬的人则犹豫不能决断，如果不是唐玄宗李隆基的信任，姚崇、苏颋鼎力相助，那么宋璟的提议一出，嘲笑和讥讽也就随之而来了。掌握国家财政大计而又懂得治国大局的艰难，那些鼠目寸光的小人以其贫穷人家的孤陋寡闻，仅仅怜惜眼前的微小利益，拿出钱财非常吝啬、回收捞钱却非常急迫，结果白白地剥削百姓而聚集怨愤，暗中消耗国家的根本大计于十年之后，还自我陶醉、甘之如饴，这就是王安石变法危害宋朝根本的原因所在。不辛勤耕耘却希望有所收获，正如做强盗和乞丐；强盗和乞丐，怎么能够托付其治理国家的重任啊！

本事：《资治通鉴》卷二一二《唐纪二十八·玄宗》，开元七年（719）。

八　恶莫大于俗，俗莫偷于肤浅

黄帝正昏姻而父子定。《周礼》，父在为母服齐，以体黄帝之精义，而正性以节情，非圣人莫能制也。武氏崇妇以亢夫，而改为斩衰，于是三从之义毁，而宫闱播丑，祸及宗社。开元七年，敕五服并从礼传，乃士大夫议论纷起，各从其意，迷先圣之典，逆时王之命，褚无量叹曰："俗情肤浅，一紊其制，谁能正之？"伤哉！言之而无能知也，知之而无能信也，信之而无能从也，圣人不足以垂训，天子不能以行法，天下之锢人心、悖天理者，莫甚于俗，莫恶于肤浅，而奸邪悖逆者不与焉，有如是哉！

奸邪悖逆之坏法乱纪也，其恶著，其辨不能坚，势尽情穷，及身而止，无以乱天下后世也。俗则异是。其始为之倡者，亦怀奸耳，亦行邪耳，亦悖王章、逆天理以逞其私耳；乃相沿而成，末流之泛滥，则见以为非而亦有其是也，见以为逆而亦有其顺也。其似是而顺乎人情者，何也?人莫不有所溺而利以为归也。夫人之用爱也易，而用敬也难；知情者众，而知性者少；于养也见恩，而于德见惮；皆溺也。而不但此也。出而议礼于大庭，入而谋可否于妻子，于是而父之得与母同其尊亲，亦仅存之法纪使然耳。不然，伸母以抑父，父齐而母斩，又岂非其所可为、所忍为者哉？于是亲继父而薄继母，怙母党以贼本支，茫然几不知为谁氏之子。“何知仁义，以享其利者为有德”，犹且自诩孝慈以倡率天下，中国之不狄、人之不禽也，几何哉?

天性者，藏密者也，非引闻见以归心、潜心以体性、顺性以穷理者，不能喻也。肤浅以交于人伦，十姓百家浮动之志气，违天理而与奸邪悖逆者之情相合，所必然已。故曰：恶莫大于俗，俗莫偷于肤浅。无量之叹，垂之千年，而帝王不能正，士大夫不能行，呜呼！人道之沦亡，吾不知其所终已！

【译文】

黄帝建立婚姻家庭制度，而父子名分得以确定下来。《周礼》规定，父亲健在时母亲去世，只能降服齐衰，丧期一年，以体现黄帝所制定的婚姻制度的精义要旨，端正本性以节制情感，若非圣人而不能做出这一规定。武则天执政时期，为了尊崇妇道以抗衡夫道，将这一规定改为五种丧服制度中最重的斩衰，服丧三年，于是乎三从之德被败坏，导致后宫之中丑闻远播，祸害危及唐朝的宗庙社稷。开元七年（719），唐玄宗敕令丧礼五服制度一并遵从《周礼·服丧传》，结果引起士大夫纷纷议论、各抒己见，迷乱于先圣的典训，违背当今天子的诏令。左散骑常侍兼国子祭酒褚无量叹息说："世俗之情如此肤浅，一旦紊乱了礼仪制度，谁还能加以纠正？"太令人悲伤了！谈论的人无法知道其深意，知道其深意的人无法相信，相信的人又无法遵从，圣人不足以垂训后世，天子不能够推行礼法，而天下那些禁锢人心、违背天理的人，没有比世情流俗更为有害的，没有比肤浅鄙陋更为可恶的了，而奸邪悖逆的人还没有计算在内，礼仪的败坏就像是这样啊！

奸邪悖逆的人败坏国家的法律、扰乱朝廷的纲纪，其罪恶昭著，其辩解却不能坚定，结果其威势用尽、情理穷尽，到他们身故也就终止了，不可能祸乱天下后世，而流行的民情风俗却与此不同。刚开始倡导这种流俗的人，也是心怀奸邪，也是行事不端，这是以悖逆王法、违反天理来实现其野心；结果相沿而成末流的风俗，泛滥成灾，看似不是这样也有其对的地方，看似以为违背其实也有顺从的地方。看起来有些好像是顺乎民情的，这是为什么呢？人们没有不有所沉溺而以利益为旨归的。况且人们用心喜爱是容易的，而心存恭敬则比较困难；知道情感的人很多，而知道本性的人则很少；对于养育生存会感恩戴德，而对于修养道德则会感到害怕，这都是因为沉迷不悟；还不仅仅如此。出得门在大庭广众之下谈论礼仪，回到家里则和妻子儿女商量是否合适，这样父亲就能和母亲同样得到尊重孝敬，这是仅存的法律纲纪使其这样罢了。不然的话，伸张孝母之道而抑制孝父之道，父亲去世实行服丧一年的齐服之礼，而母亲去世却实行服丧三年的斩服之礼，难道这又是可以实行、忍心实行的礼仪吗？于是乎孝敬继父，而不孝敬继母，依靠母亲的家族却残害本支的族亲，茫然无知几乎不清楚自己是谁家的儿子。《史记·游侠列传》引用鄙俗之人的话说“哪管什么仁义不仁义，只要能使我得到利益的，就是有道德的人”，还自诩为孝敬慈母从而作为天下倡导的楷模，那么中原之人要想不成为不知礼义的蛮人、不成为衣冠禽兽，又将如何呢？

人的天性，是隐藏在内心的；如果不是以所见所闻返其本心、潜下心来体察人的本性、顺应本性以穷尽道理的人，是不能被说服的。对于人伦交往的认识肤浅，十姓百家的普通百姓志气浮动，那么违背天理和奸邪悖逆的人性情相投合就是必然的趋势。所以说：罪恶没有比流行的习俗更大的，而流行的习俗没有比认识肤浅更为苟且的。诸无量叹息的事情，即使千年之后，帝王也不能够予以端正，士大夫也不能够予以实行。唉！人伦道德的沦丧，我实在不知道会发展到何等地步啊！

本事：《资治通鉴》卷二一二《唐纪二十八·玄宗》，开元七年（719）。

九　人伦之至

论鲁庄公者曰："母不可制，制其侍御之人。"以此而事不顺之父母，未尽善也，以施之不令之兄弟，则义正而恩全，道莫尚焉。舜使吏治象国，而不得暴其民，圣人亦如是而已。不谓玄宗之能及此也。驸马都尉裴虚己私从岐王游，挟图谶，坐流新州，离其婚，法严而无所贷；于岐王则不以此怀疑，而慰安之如故。夫虚己挟邪说以私交，而岐王容之，王岂无罪乎？而虚己之辟既伸，则游王门者咸知畏忌。以生长深宫之帝子，居宦官宫妾之间，旦歌夕饮以戢其邪心，固不待加威而自安侯服矣。

无左吴、赵贤，则淮南不能谋逆；无宇文述、杨素，则杨广不能夺嫡；无张公谨、尉迟敬德，则太宗不能杀兄；天下之乱，酿成于徼幸功名者之从臾者类然也。博望启，而戾太子之项县于湖城；天策开，而隐太子之血流于玄武；事成则祸及于国，不成则殃及于身。玄宗日游诸王于斗鸡吹笛之间，而以雷霆之威，亟施之挑激之小人，诸王保其令祚，王室无所震惊，不亦休乎！不能殛逐爚乱之奸，继乃摧残其同气，睿宗所以纵窦怀贞而仅存一妹，终以伤心也。周公以顽民授管叔，固不如舜之与象以天子之吏治其国，而永保其恩也。故曰："圣人人伦之至也。"法其一端，可以尽伦，可以已乱，尧、舜之道，人皆可学，亦为之而已矣。

【译文】

评论鲁庄公（其母文姜与齐襄公乱伦导致其父鲁桓公被杀）的人（此指宋代大儒朱熹）说："母亲不可以管束，就必须管束那些身边事奉她的人。"以这种方式事奉那些不顺从伦理的父母，并非最好的办法，而以此用到处理兄弟间关系不和睦上面，就显得道义正当而恩情周全，并且没有比这更好的办法了。虞舜派遣官员治理其兄弟象的封国，使他们不能残暴地对待百姓，古圣先王也不过如此罢了，没想到唐玄宗李隆基也能做到这一点。当时驸马都尉裴虚己违反规定和岐王李范私交过密，而且私藏图谶预言之类的书籍，被治罪流放到岭南的新州（今广东新兴），判令与霍国公主离婚，法律严明而不能有所宽贷；而对岐王李范则并不因此加以疑忌，还像往常一样安慰和信用。裴虚己怀挟异端邪说而与岐王私相交往，岐王又接纳了他，岐王难道就没有罪责吗？裴虚己的罪行被惩治之后，那些与诸王私相交往的人都知道了畏惧和忌讳。作为生长在深宫之内的皇子，居处在宦官和宫女之间，白天歌舞晚上饮酒以消磨他们的奸邪之心，本来不用等到对他们施以威刑就可以使他们自安其心于自己的封地了。

如果没有左吴、赵贤等人的策动，淮南王刘安就不会谋反；如果没有宇文述、杨素的策动，晋王杨广也就不会夺取太子之位；如果没有张公谨、尉迟敬德的策动，秦王李世民也就不能杀死他的兄长太子李建成。天下的祸乱，往往酿成于那些侥幸图取功名而从旁怂恿奉承的人，大多是这样的。汉武帝为太子修建博望苑作为其交结宾客之用，于是戾太子刘据的头颅就被悬于湖城（湖县，今河南灵宝西北）之上；唐高祖为秦王李世民设天策上将府，许其自置官属，结果隐太子李建成就喋血于玄武门。谋反事成就会祸及国家，不成则会殃及自身。唐玄宗让诸王每日游嬉于斗鸡吹笛的生活之中，且以天子的雷霆之威，严厉惩罚那些挑拨激发他们的小人，这样就可以使诸王保全其尊崇地位，唐朝王室平安无事，难道不是吉庆美善的结局吗！不能斩杀和驱逐那些炫惑扰乱的奸邪之人，继而摧残其同气相求的党羽，这就是唐睿宗李旦因为舍不得仅存唯一妹妹而纵容奸臣窦怀贞，最终徒然伤心的原因。周公旦把治理商朝遗民的职责交给管叔鲜，本来就不如虞舜以天子的名义派遣官员治理其兄弟象的封国，使象得以永远保全其恩典。所以孟子说：“圣人是人伦纲常的最高典范。”用其一点，就可以尽人伦，可以平息祸乱，唐尧、虞舜的治国之道，人人都可以学习，像他们那样做就可以。

本事：《资治通鉴》卷二一二《唐纪二十八·玄宗》，开元八年（720）。

一〇　县令之任，重在于用

汉之太守，去古诸侯也无几，辟除赏罚兵刑赋役皆得以专制，而县令听命如其臣，故宣帝诏曰：“与我共天下者，其二千石乎！”太守之权重，则县令之任轻，故天子详于二千石之予夺，而治道毕举矣。唐、宋以降，虽有府州以统县，有禀承稽核之任，而诛赏废置之权不得而专，县令皆可自行其意以令其民，于是天下之治乱，生民之生死，惟县令之仁暴贪廉是视，而县令之重也甚矣。玄宗敕在京官五品以上、外官刺史、四府上佐、各举县令，诚重之也。重之于举之之始，必将以保任分功罪，其得也，但得文饰治具之士，葸弱免咎，而无以利民；其失也，举主畏连坐之罚，而互相掩蔽以盖其奸；则保举之法，不足以肃官常、泽民生，固已。重之者，岂徒在选举之日乎？

夫县令之任重矣，而其秩则卑，故后世多以为筮仕之官，才不才非有前效之可验，欲先辨而使克副其职，虽具知人之鉴者未易也。然士当初受一命，初试一邑，苟非由胥史异途而升，则其不畏清议、甘为败类，以病国虐民者，固鲜矣。无以激之，其浊不惩；无以扬之，其清不展；轧于上官，其用不登；责以奔趋，其节不立；夫亦存乎上之所以用之者耳。重宪纪以纠其不若，则有所戒也；县清要以待其拔擢，则有所劝也。成法之外，许以因地而便民，则权可任也；供顿驿递之役，委之簿尉，而弗效亵役之劳，则节可砺也。夫然，则贤者志得，而不才者亦勉而自惜；若其尤不肖者，固比类相形，愆尤易见，持法以议其后，亦不患稂莠之难除矣。何事于未试之前，以不可保之始终绳荐举者，而责以所难知哉？

开元之制，乍行之以昭示上意之所重，可也；据以为法，而弊即在焉。重者，用之重也，非一选举而可毕任贤养民之道也，用之重而治可几矣。

【译文】

汉代的太守，同先秦时代的诸侯差不多，选拔官吏、奖赏处罚、军事刑法、赋税徭役之类的政事都得以专权独揽，而下辖的县令听其命令如同大臣一样，所以汉宣帝在诏书中说："和我共同拥有天下的，就是那些官秩二千石的太守吧！"太守权力过重，那么县令的职责就轻，所以天子只要用心周详于二千石太守的选拔和废黜，治国之道就完全可以实现了。唐、宋以来，尽管有府州统辖县，府州虽然有秉承圣旨考核纠察县令的重任，但诛罚奖赏、任免官吏的权力却不得予以剥夺，县令都可以根据自己的意图统治其百姓，于是天下的治乱，百姓的生死，唯有依赖县令的仁厚清廉或者残暴贪污，县令的职权也太重了。唐玄宗李隆基敕令五品以上的京官，以及各州刺史、四府（西京凤翔、东京洛阳、南京成都、北京太原）上佐（长史、司马、别驾）以上的外官，各自推举县令，实在是太重视了。而对县令的重视主要体现在荐举开始，必定将以保荐的责任区分其功罪，即便是保荐从而选拔合适的人才，也仅仅得到那些以文辞涂饰政治的胆怯懦弱之辈，对百姓没有什么益处；如果保荐选拔出不合适的人才，保荐的官吏害怕连坐受到处罚，就会互相掩盖他们的奸邪罪恶；这样保荐的方法，也不足以严肃官场规范，恩泽惠及百姓，本来就是这样。重视县令的选拔任用，难道仅仅在于选拔保荐的时候吗?

县令的职责太重了，而他们的官秩却比较低，所以后世多以初入仕途的官员担任，这些人有没有才能并未有先前的政绩作为验证，要想先考察鉴别而后使之胜任本职，即便是具有知人之明的鉴定者也不容易做到。然而士人最初接受命令来到一个县邑初次尝试治理县政，除非由胥吏这样通过别的途经升任的，那么不畏惧社会舆论的褒贬，甘心做官场的败类，从而危害国家、残害百姓的人，本来是极为少见的。没有办法激励他们，他们的污浊行为得不到惩治；没有办法褒扬他们，他们的清廉作风也得不到充分施展；被上一级官员压制，他们的作用就难以发挥；责令他们四处奔走竞争，他们的节操也就难以树立。所以对于县令的重视也存在于朝廷如何信任和使用他们。加强国家法纪的监察以纠正他们的不法行为，他们就知道有所警戒；悬置高显重要的职位以等待他们被提拔重用，他们就知道有所激励。除了国家成法规定的权限之外，允许他们因地制宜从而便利百姓，那么他们的职权就可以得到信任和使用；把供应驿站之类的差使委托给县尉和主簿，让他们不用负担这些轻慢不庄重的劳役，那么他的清白节操也就可以得到磨炼。这样的话，贤良君子的志向就得以施展，而没有才能的人也自我勉励珍惜名节；至于那些特别无行无才的不肖之徒，本来与他人相比而相形见绌，其过错和罪恶也就容易暴露，而后依法评定其功过，也就不用担心良莠不分、罪恶难除了。为什么要把考察的重点放在没有尝试验证之前，以不可能保证的自始至终选拔人才来约束保荐他们的官员，以他们所难以知晓的事情对其加以指责呢？

唐玄宗开元时期的制度，乍一推行以昭示天子意图所重视的要旨，是可以的；据此作为法律进一步实施，弊端也就产生了。对于县令的重视，关键在于任用方式上的重视，并非单单重视县令的选拔保荐就能彻底实现任用贤才、养育民众的治国之道，重视县令的任用方式，那么治国之道也就差不多可以达到了。

本事：《资治通鉴》卷二一二《唐纪二十八·玄宗》，开元九年（721）。

一一　府兵之害

罢兵必有所归，兵罢而无所归，则为盗、为乱。张说平麟州叛胡，奏罢边兵二十万人，而天下帖然，盖其所罢者府兵也，府兵故农人也，归而田其田、庐其庐，父子夫妇相保于穹窒栗薪之间，故帖然也。于是而知府兵之徒以毒天下而无救于国之危乱，审矣。

说之言曰："臣久在疆埸，具知其情，将帅苟以自卫及役使营私而已。"夫民之任为兵者，必佻宕不戢、轻于死而惮于劳之徒，然后贪醽酒椎牛之利，而可任之以效死。夫府兵之初，利租庸之免，而自乐为兵，或亦其材勇之可堪也。迨其后著籍而不可委卸，则视为不获已之役，而柔弱愿朴者，皆垂涕就道以赴行伍。若此者，其钝懦之材，既任为役，而不任为兵，畏死而不惮劳，则乐为役以避锋镝，役之而无不受命，骄贪之将领，何所恤而不役以营私邪？团队之长役之矣，偏裨役之矣，大将役之矣，行边之大臣役之矣；乃至纨绔之子弟、元戎之仆妾役之矣；幕府之墨客，过从之游士，弹筝击筑、六博投琼、调鹰饲犬之徒，皆得而役之。为兵者，亦欣然愿为奴隶以偷一日之生。呜呼！府兵者，恶得有兵哉？举百万井疆耕耨之丁壮为奴隶而已矣。纵遣归田，如奴隶之得为良人，而何弗帖然邪？

无强悍不受役之气，有偷安不恤役之情，因其有可役之资，而幸收其效役之利，行则役于边臣，居则役于长吏，一时不审，役以终身，先世不谋，役及后裔，天下之苦兵也，不待矢石相加、骴（cī）骼不返，而后怨毒填胸矣。是张说所奏罢之二十万人，无一人可供战守之用，徒苦此二十万之农民于奉拚除、执虎子、筑毬场、供负荷之下。故军一罢，而玄宗知其劳民而弱国也，而募兵分隶之议行，渐改为长从，渐改为彍骑。穷之必变，尚可须臾待哉？而论者犹责玄宗、张说之改制异于古法！从事于君子之道以垂法定制而保国安民者，不宜如此之卤莽也。

所患者，法弊已极，习相沿而难革，虽与更张，害犹相袭。故自说罢边兵而边空，长从彍骑制未定而不收其用，边将承之，畜私人，养番兵，自立军府，以酿天宝之乱。盖自府兵调戍之日，早已睥睨天下之无兵，而一旦撤归，刍粮赢余，唯其所为，而朝廷固莫之能诘也。数十年府兵之流祸，而改制之初受之，乃举而归过于召募，胡不度人情、循事理，而充耳塞目以任浮游之说轻谈天下事邪？

【译文】

战争结束裁撤军队一定要有所归属，军队裁撤之后而没有地方可去，就一定会成为强盗、发动叛乱。开元十年(722)，朔方节度使张说率兵平定麟州（今陕西榆林神木）突厥降将康待宾余党康愿子的叛乱之后，上书奏准裁撤边镇府兵二十万人，而天下平安无事，大概是因为他所裁撤的是府兵，府兵本来就是农民，让他们回归田间种地，回到故庐安居乐业，父子夫妇团聚保全于堵塞鼠洞、劈柴束薪的自给自足生活当中，所以安然无恙。从这件事可以知道，府兵只不过是白白地毒害天下，而无法挽救国家的危险祸乱，这是确定无疑的。

张说上书说："我久在疆场，深知府兵的详情，将帅苟且以府兵自卫并役使兵士营私舞弊罢了。"百姓被征召为府兵，必定是一些轻浮放荡不受约束、不怕牺牲却害怕供人役使之徒，然后贪图斟酒共饮、杀牛慰劳的利益，这样就任用他们出征作战而效命疆场。府兵制度推行之初，人们贪图免除租庸调税的利益，自然乐意当兵，也有一些身体强壮勇武有为的人可供驱使。等到日后落籍于边镇成为府兵之后就无法推卸，反而被视为一种迫不得已的徭役负担，其中懦弱朴实的人都痛哭流涕被迫上路参军。像这样的府兵，其中愚钝懦弱的人物，担负起徭役之后，就不具备士兵的素质，贪生怕死却不畏惧劳苦，乐意负担劳役以逃避冲锋陷阵，役使他们没有俯首听命的。在这种情况下，那些骄横贪残的将领，怎么会体恤他们而不为自己营私舞弊呢？团队的长官奴役他们、偏裨将吏奴役他们、边镇大将奴役他们、奉命巡视边陲的大臣奴役他们，以至于那些纨绔子弟、守边将领的妻妾奴仆也奴役他们，幕府的文人墨客、来往过从的游方之士，甚至弹琴击鼓、赌博投壶、养鹰饲犬的无赖之徒，也都能够奴役他们。作为士兵，也都心甘情愿作为奴隶以换取一日的苟且偷生。唉！所谓的府兵，哪里还是真正的士兵呢？只不过是征调了上百万在从事农田耕作的青壮劳力作为奴隶罢了。释放和遣返他们回归田园，就如同奴隶得以解放成为自由的平民，他们怎能不兴高采烈而平安服帖呢？

这些府兵没有强悍不受奴役的志气，却有苟且偷安不恤役使的情感，这样边镇府兵的将领就借助他们可供奴役的条件，侥幸得到他们乐意效力的利益。出征在外则受到边镇将领的奴役，平日居处又受到团队官长的奴役，因为一时没有考虑清楚，就终身承受奴役之苦；先辈没有考虑清楚，后代子孙跟着遭受奴役之苦；天下百姓遭受兵役之苦，不用等到面临战阵、矢石相加、尸骨也不能返回家园，怨恨之气就已填满胸间了。正因为如此，张说所奏罢免的二十万人，没有一个人可供作战和守备之用，白白折磨这二十万农民承受事奉洒扫庭除、手执便壶事奉起居、修筑球场、供给负荷之类的役使。所以军队一被裁撤，唐玄宗知道府兵制度使百姓疲劳、国家削弱，所以募兵分属边镇的建议才得以推行，渐渐改为长从兵制，渐渐改为彍骑兵制。事物发展到极限必定要变革，还能有须臾的等待吗？即便这样，评论的人还指责唐玄宗、张说改革兵制与古法不同！从事于正人君子的治国之道以垂示法则，确立制度从而捍卫国家、保护百姓的，不应该这样鲁莽草率地下结论。

治国者所应该担心的，是法律制度的败坏已达到了极点，却习惯于相互沿袭而难以变革，即使进行改弦更张，其祸害依然会相互沿袭下来。所以自从张说裁撤府兵，造成了边疆防务的空虚，长从、彍骑这些新的兵制尚未定型，还没有见到功效，边镇将领依然沿袭旧制，积蓄私人力量，培养番兵，自立军府，藩镇割据，结果酿成天宝年间的安史之乱。大概自从府兵换防之际，这些边镇将领就早已窥伺出唐朝的天下没有真正具有战斗力的军队，一旦府兵裁撤归田，剩余的粮草就全部攫为己有，为所欲为，而朝廷本来也无能为力加以诘问和指责了。推行数十年的府兵制度遗留下来的祸乱，从改制之初就已感受到了危机，于是全部归咎于募兵制度，为什么不去认真地测度人情、遵循事理，而是充耳不闻、塞目不见，任凭那些虚浮不实的说法来轻易谈论天下大事呢？

本事：《资治通鉴》卷二一二《唐纪二十八·玄宗》，开元十年（722）。

一二　不可以私心乱公理

议也，而以私与其间，则成乎私而害道。唐、宋以下所称持大体、务远图之大臣，未有不杂公私以议国事者，故忮主奸臣倒持之以相挠而相胁。

玄宗与宰相议广州刺史裴伷先之罪，张嘉贞请杖之，张说曰："刑不上大夫，为其近于君也，且所以养廉耻也。"其言韪矣，允为存国体、劝臣节之訏谟矣。既而又曰："宰相时来则为之，大臣皆可笞辱，行及吾辈。"此与宋人"勿使人主手滑"之说同。苟怀此心以倡此说，传之上下，垂之史策，人主将曰：士大夫自护其类以抗上而避害，盖古今之通习，其为存国体、奖士节，皆假为之辞，不可信也。贾谊以不辱贵大臣谏文帝，亦与说略同，而谊以新进小臣，非绛、灌之伍，自可昌言而无讳。说怀"行及我辈"之心，与同官噂（zǔn）沓以语，则不可令人主闻，而开后世臣主猜防之衅。念一移而言随得咎，过岂在大哉？

且夫士之可杀不可辱者在己也，非挟持以觊上之宽我于法也。居之以淡泊，行之以宁静，绝贿赂之门，饬子弟之汰，谢游客之邪，息党同之争，卓然于朝右，而奚笞辱之足忧？诚有过也，则引身以待罪；言不庸也，则辞禄以归耕。万一遇昏暴之主，触妇寺权奸之忌，而辱在不免，则如高忠宪［攀龙］之池水明心，全肢体以见先人于地下。又其不幸，固义命之适然，虽辱而荣者。规规然计及他日之见及，而制人主以不我辱，士大夫有门庭，而君不能有其喜怒，无怪乎暴君之益其猜忌，偏以其所不欲者加之也。说自诩其识之及远，而自君子观之，何以异于胥史之雄，钳制其长吏为不可拔之根株也乎？

天下之公理，以私乱之，则公理夺矣。君臣之道丧，唐、宋之大臣自丧之也。于是而廷杖诏狱之祸，燎原而不可扑矣。

【译文】

议论公事时，如果将自己的私心夹杂其间，将会因自己的私心而违害公理常道。唐、宋以来世人所称道的坚持识大局顾大体、为国家长远利益着想的大臣，没有不夹杂着公私利益来议论国家大事的，所以导致偏狭刻薄的君主、奸佞的大臣反过来以此相阻挠、相胁迫。

唐玄宗和宰相议论广州刺史裴伷先的罪行处罚，张嘉贞请求予以杖责，张说则认为："自古刑不上大夫，是因为他们乃皇帝身边的近臣，而且也是为了涵养他们的耻廉之心。"他的话是正确的，堪称保存国家大体、激励大臣名节的宏伟远大的谋划。然而他接着又说："对于宰相，时势需要就可加以任用，如果对大臣都可以进行鞭笞羞辱，那么这种命运很快会降临到我们这些人头上。"这种说法和宋朝人所说"不能让皇帝手滑"的意思相同。假如胸怀此心来倡导这种说法，传播于朝野上下，并载于史册垂诸后世，那么君主就会说：士大夫发自内心地保护其同僚来违抗君命、逃避祸害，大概是古往今来通行的习气，他们所说的保存国家大体、激励大臣名节，都是推托之词，不可相信。汉代贾谊以不羞辱尊贵的大臣来劝谏汉文帝刘恒，也和张说的说法差不多，但贾谊是刚刚进用的小臣，而不是可与绛侯周勃、丞相灌婴并列的大臣，所以他敢于直言而无所忌讳。张说胸怀“即将降临到我辈头上”的私心，和同朝宰相大臣议论纷纷，实在不能让天子听到，从而引发后世君臣之间猜忌提防的争端。欲念稍一转移，言语上随即犯了错误，过失的造成难道都是从大事而起吗？

况且士可杀而不可辱的关键在于自己，不可以挟持这种理念来觊觎天子在法律上对自己给予宽大处理。居家修身就要淡泊明志，出行处世则要宁静致远，杜绝贿赂的门径，整顿子弟的奢侈，拒绝门客的奸邪，平息朋党的争端，卓然不群地立于朝廷，又有什么鞭笞羞辱值得担忧呢？即使真的有过错，也应该抽身引退以等待治罪；自己的建言、劝谏不被君主采纳，就应当辞掉官爵俸禄回家种田。万一遇到昏庸残暴的君主，或者触动了后妃、宦官、权臣奸佞的猜忌，羞辱在所难免，就应该像明代的高攀龙（谥号忠宪，东林党的领袖）一样自沉于池塘以表明自己的心志，保全自己的身体以见先人于黄泉之下；而且他们的不幸，是道义和命运的必然结局，即使遭受羞辱也虽死犹生、虽辱犹荣。惊恐自失地忧虑日后羞辱将会降临到自己头上，从而钳制君主不能羞辱自己，士大夫各有自己的门庭，然而君主却不能有其喜怒哀乐，这就无怪乎暴君更加猜忌大臣，偏偏拿他们不想得到的强加其身。张说自夸他的见识非常高远，但从正人君子的角度看来，张说和那些控制他们的长官从而形成坚不可拔根基的胥吏中的强者，又有什么不同呢？

天下的公理，如果有私心加以掺杂和扰乱，那么公理也就不存在了。君臣之道的丧失，是唐、宋时期的士大夫自己造成的。从此以后，在朝廷之上杖责大臣、奉皇帝诏令拘捕大臣并将其投入监狱之类的灾祸就如同星火燎原一样不能被扑灭了。

本事：《资治通鉴》卷二一二《唐纪二十八·玄宗》，开元十年（722）。

一三　安集逃人之法

《春秋》纪晋盟诸侯于商任，以锢栾氏，讥其不能抚有，而又重禁之于人国，为已甚也。封建之天下，国各私其人，去其国则非其人，于是而有封疆之界以域之。而《硕鼠》之诗曰："逝将去女，适彼乐土。"亦挟去以抗其君。上下交相疑贰，衰世之风，不可止矣。

天下而一王矣，何郡何县而非一王之土？为守令者，暂相事使而固非其民，民无非天子之民也。土或瘠而不给于养，吏或虐而不恤其生，政或不任其土之肥瘠，而一概行之，以困其瘠，于是乎有去故土、脱版籍而之于他者。要使耕者耕、工者工、贾者贾，何损于大同之世，而目之曰逃人，有司者之诐辞也，恶足听哉？

民不可使有不服籍者也，客胜而主疲，不公也；而新集之民，不可骤役者也，生未定而力不堪也。若夫捡括之而押还故土，尤苛政也。民不得已而远徙，抑之使还，致之死也。开元十一年，敕州县安集逃人，得之矣，特未问其所以安集之者奚若也。安集之法，必令供所从来，而除其故籍，以免比闾宗族之代输，然后因所业而徐定其赋役，则四海之内，均为王民，实不损，而逃人之名奚足以立乎？

然则邑有逃亡，可罪其守令乎？曰：未可也。地之肥硗，既其固然矣；征徭之繁简，所从来者非一日也。转徙多，则相其陂池堤防之便而化其土，问其徭役堕积之敝而平其政，非守令之能专，乃抚治大臣所任也。邑多新附之民，可赏其守令乎？曰：未可也。守令之贤不肖，能及于版籍之民，而不能加之新附，若其以小惠诱人之来徙者，又非法之所许也。无旷土，无旷民，解法禁以任所在，而士者仕、农者氓，安集之令，犹为赘设也乎！

【译文】

《春秋》记载：鲁襄公二十一年（前551），晋平公与齐、宋、卫、郑等国诸侯在商任（今河南安阳一带）会盟，是为了禁锢栾氏；讥讽晋平公不能安抚本国臣民，又对被迫出走的晋国大夫栾盈进行禁锢，且相约不让其他诸侯国接纳他，这样做太过分了。分封制时代的天下，各国私有其人民，离开了他的国家就不再是他的臣民，因此就划分封土的疆界加以防范和隔离。《诗经·硕鼠》中就有“我将要离开你了，到那别国的乐土去”的诗句。这种方式也是借助离开封国来要挟和对抗他们的国君。国君与百姓上下相互猜疑而怀有二心，这就是世道衰落的风气，是不可逆转的。

到了实行郡县制的君主专制时代，普天之下只有一个天子，哪个郡、哪个县不是天子的土地呢？作为郡守和县令，只是暂且行使管理职权，百姓本来就不是他所私有的人民，没有不是天子的人民。有的地方土地贫瘠不足以养活百姓，有的官吏残害百姓而不体恤他们的生活，有的政策也不管其土地肥沃还是贫瘠，一律按统一的标准推行，百姓迫于土地贫瘠不能生存，于是就出现有些百姓离开故土、脱离户籍到别的地方谋生的情形。让耕地的人有田可耕、做工的人有工可做、经商的人有货物可经营，对于天下大同之世又有什么损害呢？把他们视为逃亡的流民，这是有关官吏的偏颇邪僻之词，有什么值得听信呢？

百姓不可以使他们有不服从户籍管理的现象，客籍的流民过多就会使本籍的百姓疲敝，这是不公平的；而对于新近聚集的百姓，不可以骤然加以役使，因为他们生活还不稳定，没有能力承受。如果对他们进行户籍清查然后押送返回故土，这更是苛政。百姓不得已才跋涉迁徙到远方，假使让他们返回故土，就是置他们于死地。开元十一年(723)，敕令各州县安顿聚集逃亡的流民，这是深得治理之道的措施，只是没有过问这种安顿聚集逃亡流民的方法到底是什么。安顿聚集逃亡流民的方法，一定要让他们说出从何处而来，从而消除他们原有的户籍，以免让他们的邻里和宗族代替他们负担赋税和劳役，而后根据他们所从事的职业慢慢确定他们的赋税徭役。那么，四海之内都是天子的人民，国家事实上没受任何损害，逃亡流民的名称哪里还能成立呢？

既然这样，城邑有逃亡的流民，就可以加罪于当地的郡守、县令吗？回答是不可以的。土地肥沃与贫瘠，本来就是这样；而徭役征收的繁杂或简明，并非一日之间形成。迁徙流动的人口多了，就应该观察池塘、堤防等水利灌溉设施是否便利，以便开发土地，询问徭役负担过重无法完成的弊端，以便均平其管理措施，这就不是郡守、县令能专权负责的，而应该是安抚治理大臣的职责。与此相反，城邑有很多新近归附的百姓，就可以奖赏当地的郡守、县令吗？回答同样是不可以的。郡守、县令的贤明与不肖，可以影响到他们所管辖的、有户籍的当地百姓，但不能影响到新近归附的逃亡流民，如果郡守、县令等地方官用小恩小惠引诱外地百姓迁徙到此，又不是法律许可的。没有空旷荒芜的土地、没有荒废生业的百姓，解除法律禁令而听任他们来去自便，那么士人乐于求取功名仕进、农民乐于耕作谋生，安顿聚集逃亡流民的方法，也就像是无用的设施而多此一举了！

本事：《资治通鉴》卷二一二《唐纪二十八·玄宗》，开元十一年（723）。

一四　明智通达之才臣

唐多才臣，唯其知通也。裴耀卿之于漕运，非可为万世法者乎！壅水以行舟，莫如易舟以就水；冒险以求便，莫如因时而避险；径行以求速，莫如转递以相续。江河各一其理，南北舟工各一其习，水之涨落各一其时，舟之大小各一其制。唯不知通也，以一舟而历数千里之曲折，崖阔水深，而限之以少载；滩危碛浅，而强之以巨艘；于是而有修闸之劳，拨浅之扰，守冻之需迟，决堤之阻困；引洪流以蚀地，乱水性以逆天，劳劬（guì）生民，糜费国帑，强遂其径行直致之拙算，如近世漕渠，历江、淮、汶、泗、河、济、漳、沽，旷日持久，疲民耗国，其害不可胜言，皆唯意是师，而不达物理者也。

成天下之务者，因天之雨旸（yáng），就地之险易，任人之智力，为其所可为，不强物以自任；则以理繁难、试艰危、通盈虚、督偷窳、禁盗侵，无不胜也。自宋以后，议论猥多，而不可用者，唯欲以一切之术，求胜于天时、人事、物力，而强以从己而已矣。唯唐有才臣，方之后世，何足述哉？

【译文】

唐朝有很多才能卓异的大臣，关键在于他们明智通达。唐玄宗开元年间的宰相裴耀卿治理漕运、调江南税粮充实关中，难道不可以为千秋万代所效法吗？聚集河流以行船济运，不如改装船只以便借助河水的自然奔流；冒着危险追求便利，不如因时权变躲避危险；以同一船只历经全程直接抵达以求快速，不如转输递运、分段接力以便前后相续。长江、黄河各有水流规律，南北船工各有风俗习性，河水的涨落各有季节时序，船只的大小各有制作规范。只有那些缺乏明智通达的人，以同一船只历经数千里的曲折航行，在崖岸开阔、水深流急便于航行的地方，却要限制航船的载货量；在滩涂危险、水浅礁多不便航行的地方，却要强行用巨大的船只通行。因此导致了修建水闸工程的辛劳，拖动搁浅船只的困扰，以及因为守候河水冰冻时期的延误，困于堤防决口的阻碍。修筑运河引水造成洪水淹没土地，扰乱水性流向违背自然规律，劳累百姓生活、浪费国家财物，从而勉强实现他们以同一船只历经全程直接抵达的拙劣算计，像近代的漕渠，跨越长江、淮河、汶水、泗水、黄河、济水、漳河、沽河，旷日持久、劳民伤财，其危害不能胜言，都是只按照自己的心意行事，而不通达事物规律所造成的。

要想成就天下的大事，就必须借助天气的阴晴雨雪变化，根据地理环境的艰险平易，运用人们的智慧和力量，成就自己可以作为的事，而不能强加于事物一意孤行。这样的话，治理纷繁复杂、尝试艰难危险、沟通满亏盈虚、督查苟且懈怠、禁止强盗侵扰，就没有不能胜任的。自从宋朝以来，各种议论非常庞杂，而其中不能采用的，只是想以权宜的办法，企求能胜过天时、人事、物力，只是强迫随从自己罢了。只有唐朝才有这种才能卓异的大臣，按照这个标准比较和评价后世的大臣，又有什么可以称述的呢？

本事：《资治通鉴》卷二一三《唐纪二十九·玄宗》，开元二十一年(733)。

一五　选举之权，领于司徒

帝王立法之精意寓于名实者，皆原本仁义，以定民志、兴民行，进天下以协于极，其用隐而化以神，固不在封建井田也。井田封建，因时而为一切之法者也。三代贡举之法不传，唯周制之散见者，有大略之可考。任以其职，正以其名，寓其纳民于善之心，使习之而相因以兴行，且以昭示人君君师天下，非徒会计民产以求利用，故领之以司徒，而冢宰宗伯不偏任焉。其意深远，虽百世可师也。

夫贡举者，一事而两道兼焉。选天下之才，任天下之事，以修政而保国宁民，此一道也。别君子于小人，荣之以爵，养之以禄，俾天下相劝于善，而善者不抑，不善者以悛，此又一道也。两俱道，而劝民以善之意，尤圣人之所汲汲焉。人劝于善，国以保，民以宁，此本末之序也。故冢宰者，任治者也；宗伯者，任已登已进之贤才，修其轨物者也；而进贤之职，一任之司徒。徒之为言，众也，合君子野人而皆其司；司君子之教，以立野人之则，而天下万有之众庶，皆仰沐风化以成諴和。徒岂易司者哉？乃其鼓之、舞之、扬之、抑之，不待刑而民自戒，不待礼而民自宾，则唯操选举之权，以为之枢机，一授之司徒，而天下咸谕天子之心，曰：上之使牧我养我而疆理我者，莫匪欲吾之善，而咸若于君子之道也。故选举领于司徒，其措意之深切而弘通，诚万世不易之至道与！

唐之旧制，贡举掌于考功，是但为官择人，而非求贤于众矣。开元二十四年，改以授礼部侍郎，是以贡举为缘饰文治之事，而浮华升进，民行不兴矣。风俗之陵夷，暗移于上之所表著，而不知名之所存，实之所趋，未有爽焉者也。自贡举不领于司徒，而贡举轻，一人之予夺私，而兆民之公理废矣。自司徒不领贡举，而司徒轻，但为天子头会箕敛之俗吏，而非承上天协君叙伦之天秩矣。士竞于浮华，以弃其实行；民追于赋役，以失其恒心。一分职任事之间，循名责实，治乱之大司存焉。良法改而精意亡，孰复知先王仁义之大用，其不苟也如此乎！善师古者，凡此类勿容忽焉不察也。其他因时随土以立一切之法者，固可变通以行其化裁者也，而又何成法之必仿乎？

【译文】

帝王立法的精意，寄托在法律制度的名称和事实之中，都是源自仁义之道，以此安定民众志向、激发民众行为、促进社会发展从而达到和谐的最高境界，立法的作用隐而不显，而其教化的神奇本来就不在于封建诸侯、实行井田制之类的制度上。实行井田制和分封制，都是依据当时的实际情况所制订和推行的权宜之法。夏、商、周三代的贡举之法没有流传下来，只有周朝的制度散见于古代文献记载中，其大致概况还可以考证出来。对于地方荐举的人才，授予相应的职权、端正相应的名分，这些职权和名分都寄托着接纳民众向善的心意，让他们学习实践然后相互沿袭传承，从而因受感发、起而推行，并且以此昭示君主，作为天下之君、天下之师，并非仅仅靠算计百姓的产业来得以利为用。所以，以地官司徒掌握贡举之法，而天官冢宰、春官宗伯都不能作为副职兼管此事。其立意深远，即使千秋百代以后仍然可以效仿。

乡里选举、诸侯贡士的制度，一件事可以兼得两种治国之道。选拔天下有才能的人承担天下的职事，以修明政治而保国安民，这是一种治国之道。区别君子和小人，授以爵位使其得到荣崇，予以俸禄使其得到奉养，从而使天下人都以向善相劝勉，善良的人不受抑制，不善的人则知过悔改，这是另一种治国之道。这两种治国之道都符合道义，而劝民向善的寓意，更是圣人汲汲追求的目标。人人都以善相勉励，国家可以保卫、民众可以安宁，这是物有本末、事有始终本来应有的秩序。所以，天官冢宰担负治理国家的重任；春官宗伯，负责任用那些已经登上仕途进用的贤才，是制定规范准则的人；至于推举贤才的职权，专权委托地官司徒担任。“徒”在语言上的意义就是众多，

“司徒”，就是集合了所有的贤明君子、粗野百姓统统由他来掌管；掌管贤明君子的教化，从而为粗野百姓树立教化的标准，那么天下四海所有的百姓，都能仰承沐浴、熏风教化，从而成就和谐安宁的社会理想。然而，天下民众难道是容易管理的吗？至于鼓励和振作他们、褒扬或抑制他们，不用等到使用刑罚百姓就自觉警戒、不用等到礼仪约束百姓就自觉做到彬彬有礼，只有掌握选举人才的权力并以此作为管理人才的关键，专权授给司徒，这样天下人才能够明白天子的用心，说：天子使他们管理我们、养育我们、治理我们，都是想让我们一心向善，最终达到贤明君子之道的境界。所以，司徒掌管选举之法，其用意深刻而切实、宏远而通达，实在是千秋万代沿袭不变的最好法则。

唐朝的旧制，贡举人才之事由吏部考功司掌管，这就仅仅是为朝廷的官职选择适合的人，而不是从广大民众中求取贤明的君子。开元二十四年（736），改授礼部侍郎掌管，这就要利用贡举人才之事粉饰天下的文治教化，于是那些华而不实的人日益晋升重用，百姓的行为也就不可能有所改善。社会风俗的衰败，是根据朝廷所设表定位的导向潜移默化的，而不知道名称之所存、事实之所趋，从没有什么差失和违背。自从司徒不掌管贡举人才之事，贡举之法就被轻视了，只要有一个人的升降予夺是出于私心，那么天下万民的公理就废弃了；自从司徒不掌管贡举人才之事，司徒的职权也就被轻视了，只是作为一个替天子按人头征税、用畚箕收粮的庸俗官吏，而不是承受天命、协理君主整顿伦理常道的职位了。士人竞相追求浮华的表演，而抛弃实际的行动；百姓迫于赋税徭役的负担，从而失去其持之以恒的本心。划分职权管理政事，依名称考察其实践以做到名实相符，就是关乎天下治乱的关键。良法被修改，那么其精意也就消亡了，还有谁知道古圣先王仁义之道最重要的用度，他们是那么地一丝不苟啊！善于师法古圣先王的人，大凡此类事情是不容忽视而必认真考察的；至于其他方面，依据时势变化、环境变迁从而建立权宜之法，自然可以进行变通从而随事物变化裁抑节制，又有什么一成不变的法律制度必须仿效呢？

本事：《资治通鉴》卷二一四《唐纪三十·玄宗》，开元二十四年(736)。

一六　李林甫的奸邪伎俩

李林甫之谮杀太子瑛及二王，为寿王地也。武惠妃薨，寿王宠渐衰，而林甫欲树私恩、怙势权，志终不移，谋之愈很，持之愈坚，凡可以荧惑主听、曲成邪计者，尤剧于惠妃未死之前，以其为己死生祸福之枢机也，可以得当者，无所不用。然而玄宗终以忠王年长好学，闻高力士乘间片言，储位遂定，林甫莫能置一喙焉。由此观之，奸邪自诩得君，劫廷臣以惧己，其夸诞无实之伎俩，概可知矣。

非徒玄宗中载未甚淫昏也，即极暗懦之主，一听奸臣之然然否否而唯其牵曳，亦情之必不能而势之不可得者。且奸臣狐媚以容身，抑岂若董卓、高澄威胁上以必徇己志而俾君怼怨哉？唯探其意之所欲为于前，秘其事之所自成于后，举凡其君之用舍从违，皆早测而知其必尔，乃以号于众曰：天子固未然而吾能使之然也。恩者其恩，威者其威，群工百姓待命于敕旨既下之余，不得亲承顾问，则果信恩威之一出于奸臣，而人主唯其牵曳，乃以恐喝天下，笼络而使归己，虽有欲斥其奸者，弗敢发也。

然则苟有忠智之士，知其术之仅出乎此，则以武氏之悍淫，周、来、侯、索之骤衔天宪，诸武、二张之密侍内廷，而攻击者弗伤，按杀者无惮，直言请斥远之者反见任使，况其乱非武氏之世，犹可与言者乎？特患无明理察情之士，灼见而不惑耳，岂果有不可拔之势哉？恶之、恨之、疑之、畏之，私议于下，徒罹于祸以喑死屠门，奸邪之所以益逞，忠贞之所以益替，人君之所以益迷，可胜悼哉！

【译文】

奸相李林甫向唐玄宗进谗言杀死太子李瑛和鄂王李瑶、光王李琚，是为了替受宠的武惠妃儿子寿王李瑁争夺太子之位。不久武惠妃死后，寿王的宠幸渐渐衰退，但李林甫想树立自己的私恩，独揽朝廷大权，扶持寿王继位的志向始终不改变，他的阴谋越加狠毒，把持大权更加坚固，大凡可以迷惑天子视听、实现自己奸邪野心的阴谋诡计，他使用起来都比武惠妃死之前还要厉害，自以为这是生死祸福的关键，为使阴谋诡计得逞无所不用其极。然而，唐玄宗李隆基最终还是认为忠王李亨年长好学，又听了宦官高力士乘机进谏的片语只言，忠王李亨太子储君之位终是确定，李林甫也不能插嘴参与议论。由此看来，奸邪之人自以为得到天子的信任，劫持朝廷大臣畏惧自己，其夸大虚妄不合实际的伎俩，大概可以从中得以知晓了。

这种情况，并非只是因为唐玄宗在位的中期还没有过分的荒淫昏庸，即便是极端昏庸懦弱的君主，一切听从奸臣的是非然否而完全受其控制，这也是情理所不能允许而且形势所不能达到的。况且奸臣通过阿谀奉承的手段容身立朝，难道都能像东汉末年的董卓、北魏末年的高澄那样威胁天子顺从自己的意志从而使天子心怀怨恨吗？他们只好在事前窥探清楚君主想要作为的意图，在事后又隐蔽其事办成的真实过程，凡是君主的采取或舍弃、依从或违背，统统及早预测必然结果，于是面对大庭广众吹嘘说：君主本来不是这样的决策，我能使他这样做。天子的恩惠变成了他的恩惠、天子的威权变成了他的威权，群臣和百姓等到天子诏令下达之后，又不能接受天子的征询顾问，于是就相信这些恩惠与威权完全出自奸臣。结果，君主完全受其牵制，奸佞之臣就以此恐吓天下之人，笼络人心使其归顺自己；即使有想痛斥其奸邪的人，也不敢揭发他的罪恶。

虽然这样，如果朝廷有忠心智谋之士，知道他们的阴谋权术也不过出自此道，就不难想象以女皇武则天的强悍、残暴和荒淫，以酷吏周兴、来俊臣、侯思之、索元礼等口衔天宪、定人生死，以武氏宗族以及张易之、张昌宗兄弟秘密事奉于后宫，攻击他们的人依然没有受到伤害，被下狱治罪乃至斩杀的人没有畏惧，直言进谏请求指责并疏远他们的人反而被信任重用。更何况李林甫阴谋作乱并非在武则天统治时代，还有什么值得说道的呢？只是担忧没有通达事理、明察案情之士，具有真知灼见而不被迷惑罢了，难道他真的有着不可动摇的情势吗？厌恶他们、憎恨他们、猜疑他们、畏惧他们，在背地里私下议论，只能白白地蒙受祸害从而悄无声息地死于屠刀之下，奸邪之人之所以更加猖狂、忠贞之臣之所以更加衰颓、天子之所以更加迷惑，实在是令人不胜悲伤啊！

本事：《资治通鉴》卷二一四《唐纪三十·玄宗》，开元二十五年(737)。

一七　强枝弱干之鉴

天宝元年，置十节度使，其九皆西北边徼也。唯河东一镇治太原，较居内地。别有岭南经略，长乐、东莱、东牟三守捉，亦皆边也，而权抑轻。若畿辅内地，河、洛、江、淮、汴、蔡、荆、楚、兖、泗、魏、邢，咸弛武备，幸苟安，而倚沿边之节镇，以冀旦夕之无虞，外强中枵，乱亡之势成矣。盖自一行立两戒之说，分用文用武之国，于是居轻御重、强枝弱干之术行，而自诧其巩固。方玄宗之世，吐蕃、突骑施、奚、契丹虽倔强不宾，而亦屡挫衄以退，本无可用防御者。无故而若大患之在边，委专征之权于边将，其失计固不待言矣。即令外寇果强，侵陵相迫，抑必内屯重旅，以时应敌，而不容栖重师于塞上，使玩寇失防，一败而无以为继。况周、汉之亡，痈先内溃，覆车不远，岂尽由四裔乎？

寇之起于内也，非能亟聚数万人以横行天下；其或尔者，又皆乌合而弗难扑灭者也。唯中原空其无人，则旋灭旋起，而无所弹压。撤边兵以入讨，必重虐吾民，而人心离叛；偶一折丧，乘势以收溃卒，席卷以行，而边兵皆为贼用，然后鼓行而入无人之境，更无有挟一矢以抗之者，社稷邱墟在旦晚之间耳。

夫使禄山之乱，两河、汝、洛、淮、楚之间，有大臣屯重旅，拊其入关之背，而迫之以前却两难之势，贼其敢轻窥函谷哉？封常清一身两臂，募市人于仓卒，以授贼禽，其为必败无疑矣。二颜之起河北，张、许之守睢阳，皆率市人以战，贼之所望而目笑者也。李、郭虽出，九门克捷，而不救潼关之败。观于此，则虚其腹心，以树强援于四末，一朝瓦解，大厦旋倾，势在必亡，无可拯救，必然之券矣。

且重兵之在边也，兵之强弱，朝廷不得而知也；将之忠奸，中枢不得而诘也。兵唯知其将之恩威，而不知有天子；将一失其所守，而自放为游兵，溃而散，靡而降，反戈而内讧，岂徒禄山犯阙、天子奔蜀为然乎？杨刘一溃，而朱友贞匹马无投；恒州一衄，而石重贵束身待缚；种师道入援不振，而宋徽父子凭孤城以就获。千古败亡之一轨，自犬戎遽起，烽火无援，其来久矣。东汉黎阳之屯，差为有恃；乃其亡也，亦以边强腹弱，而山东义旅，不敌董卓之胡骑。后之谋保天下者，可弗鉴诸？

【译文】

天宝元年（742），设置十个节度使（当为安西、北庭、河西、朔方、河东、范阳、平卢、陇右、剑南九个节度使，加上岭南经略使，合为十个节度使、经略使），其中九个在西北边境。只有河东节度使镇守太原，相比较而言算是居于中原内地。另外设置有岭南经略使（治广州）、长乐守捉使（福州刺史兼）、东莱守捉使（莱州刺史兼）、东牟守捉使（登州刺史兼），也都在边境地区，但职权相对较轻。像京城附近、中原内地的河、洛、江、淮、汴、蔡、荆、楚、兖、泗、魏、邢等地，武备都相对松弛、苟且偷安，而倚重沿边的节度使，希图在旦夕之间没有忧虑。外部强盛而中部空虚，乱亡的局势也就形成了。大概从僧一行提出天下“山河两戒”（北戒以限戎狄，南戒以限蛮夷）之说，国家分别用文、用武治理，因此居轻御重、强枝弱干的方法广为实行，还自我夸耀说这是巩固国家的良策。当唐玄宗在位的时候，吐蕃族、突骑施（西突厥的一部）、奚族、契丹族，尽管拥兵称强不服从唐朝的统治，但他们的军事挑衅屡屡被挫败而被迫后退，本来就没有什么值得加强防御的。没有任何缘故却好像有最大的祸患存在于边境地区，以专事征伐的特权委托边镇将领，其失策也就不用多说了。即使是外敌果真强大，不断侵扰边境，也必须在国内屯集重兵，随时防备应对敌军入侵，而不应当把精锐部队都布防在边界一线，假使边镇将领玩忽失守，一旦战败就无以为继了。况且周朝、汉朝的灭亡，其症结都在于内部率先溃败，前车之鉴相去未远，难道都是由于边疆夷狄的入侵吗？

如果贼寇的叛乱产生于中原内地，他们并不能马上聚集数万人横行天下；即使可以，也都是些乌合之众，不难予以镇压和扑灭。只有中原内地空虚没有重兵防守，才会导致盗贼叛乱刚被剿灭继又兴起，从而没办法镇压下去。撤回边境守军入中原讨伐叛乱，一定会严重摧残普通百姓，引起人心叛离，这在所难免；偶然一次丧师失地，那么叛乱的贼寇就会乘机收罗残兵败将，席卷而去，结果守边将士全被盗贼所利用，而后乘胜前进如入无人之境，再也不会有人能拿起一枪一箭与他们抗衡，于是国家的灭亡就危在旦夕了。

假使安禄山发动叛乱之时，两河（河北道、河南道）、汝、洛、淮、楚之间，有大臣屯集重兵，在他们经过函谷关、潼关进军关中的背后进行攻击，从而逼迫他们处于进退两难的局势，那么安禄山的叛军还敢轻易窥伺函谷关吗？以范阳节度使的名义受命抵御叛军的封常清一身两臂、无兵可用，仓促之间招募市民百姓，结果只能是为贼寇所擒获，自然是必败无疑了。颜真卿、颜杲卿兄弟在河北起兵，张巡、许远死守睢阳（今河南商丘），都是率领着城中的市民作战，叛贼看到都藐视和讥笑他们。河东节度使李光弼、朔方节度使郭子仪虽然出兵力战，在九门（今河北藁城西北）城南取得胜利，但仍挽救不了潼关的惨败。观察这些历史事实就可以知道，内地防守空虚，四周边境却树立强援，一朝土崩瓦解，大厦旋即倾覆，势在必亡，无法拯救，这是必然的明证。

况且把重兵布防于边境地区，军队战斗力的强弱，朝廷不可知晓；边镇将领忠诚还是奸邪，朝廷中枢也不可能加以诘问。边镇的士兵只知道他们将领的恩威，而不知道天子的恩威；边镇将领一旦防守有失，这些士兵就放任自流成为散兵游勇，溃散而四处逃命，或者纷纷投降敌人，反过来攻击官军引发内讧，难道仅仅是安禄山犯上作乱攻陷京师、天子逃亡四川这样的结局吗？后梁军队在杨刘城（今山东东阿东北杨柳镇）一战而败、兵力分散，东京汴梁空虚，末帝朱友贞走投无路；后晋军队在恒州（治今河北正定）一旦溃败，契丹军队乘其后方空虚，直下汴梁，出帝石重贵只好束手就擒；北宋末年，大将种师道引兵入援依然无法振作军威，结果宋徽宗、宋钦宗父子困守孤城被金兵俘虏。千古以来败亡的路径都是一样的，自从周朝时的犬戎骤然兴起，周幽王烽火戏诸侯，结果无兵入援导致亡国，可以说由来已久了。东汉时期在黎阳（今河南浚县东）驻守重兵，稍稍有所依靠；可是东汉的灭亡，也是因为边关强大而内地空虚，山东义兵抵挡不住董卓的铁骑。

后世君主要想保全天下国家，怎么能不从中吸取教训作为借鉴呢？

本事：《资治通鉴》卷二一五《唐纪三十一·玄宗》，天宝元年（742）。

一八　靡不有初，鲜克有终

唐政之不终者凡三：贞观也，开元也，元和也。而天宝之与开元，其治乱之相差为尤悬绝。夫人之持志以务修能，亦难乎其始耳。血气未定，物诱易迁，智未开，守未固，得失贞淫治乱之故未熟尝，而易生其骄惰；及其年富力强，见闻益广，浮荡之志气已敛，声色之娱乐已厌，而好修之成效有可居，则靡而淫，玩而弛，纵而暴，皆日损以向于善；此中人之恒也。太甲、成王终为令主，亦此而已矣。唐之三君，既能自克以图治于气盈血溢、识浅情浮之日矣，功已略成，效可自喜，而躁烈之客气且衰，渔色耽游之滋味已饫，乃改而逆行，若少年狂荡之为者，此又何也？于是而知修德之与立功，其分量之所至，各有涯涘，而原委相因也。

夫苟以修德为心与？德者，无尽之藏也。未之见，则一善成而已若有余矣，天下之可妨吾善者，相引以迁而不自觉；既见之矣，既习之矣，仁不熟不安于心，义未精不利于用，浩乎其无涯矣，森乎其不可犯矣，亹亹乎相引以深密，若登高山，愈陟而愈见其峻，勿容自释也。故所患者，始之不自振也，继之不自省也，而不患其终之不自保也。师保在前，疑丞在后，古人之遗文，相督而不假，一窥其精意，欲从而末由，则虽未日进于高明，而可不失其故步，奚忧末路之猖狂哉？

苟其以立功为心，而不知德在己而不在事与？则功者，有尽之规也，内贼未除，除之而内见清矣；外寇未戢，戢之而外见宁矣；百姓未富，富之而人有其生矣；法制未修，修之而国有其典矣。夫既内无肘腋之奸，外无跳梁之敌，野鲜流亡，而朝有纲纪，则过此以往，复奚事哉？志大而求盈，则贪荒远之功；心满而自得，则偷晏安之乐；所愿者在是，所行者及是，所成者止是，复奚事哉？邪佞进，女宠兴，酣歌恒舞，而曰与民同乐；深居晏起，而曰无为自正。进厝（cuò）火积薪之说者，无可见之征；抱蚁穴金堤之虑者，被苛求之责。智浅者不可使深，志小者不可使大，度量有涯，淫溢必泛，盖必然之势矣。

是以古之圣王，后治而先学，贵德而贱功，望之天下者轻，而责之身心者重，故耄修益勤，死而后已，非以为天下也，为己而已矣。为己者，功不欲居，名不欲立，以天子而无殊于岩穴之士，志日专，气日敛，欲日憺忘，心日内守，则但患其始之未正也，师保任之也；不患其终之不永也，无可见之功勋，则无告成之逸豫也。唐以功立国，而道德之旨，自天子以至于学士大夫置不讲焉，三君之不终，有以夫！

【译文】

唐朝政治有三个有始无终的时期，即唐太宗的贞观之治、唐玄宗的开元之治和唐宪宗的元和之治；而唐玄宗李隆基在位的后期天宝年间（742—755）与前期开元年间（713—741）相比，一治一乱相差极远。一般来说，一个人心怀远大志向致力于施展才能，开始的时候是很艰难的。年轻的时候血性和勇气还没有稳定，容易受物质的诱惑而改变，聪明才智尚未完全开化、志向的坚守尚未牢固，得到与失去、坚贞与淫邪、治理与祸乱的事情尚未熟悉和经历，容易产生骄傲和怠惰的情绪；等到年富力强步入中年，见闻日渐广博，轻浮放荡、华而不实的志气业已收敛，声色犬马的奢侈娱乐已经厌倦，道德修养和建功立业的成效已经有了可以居功自傲的资本，于是开始奢靡而荒淫无度，贪图玩乐而志向松弛，放纵欲望而凶狠暴躁，这些都会日渐损害其向善和求治的志业。这是具有中等天分和资质的人的常态。商朝的太甲、西周的成王之所以最后成为名声很好的君主，也是如此罢了。唐朝的太宗、玄宗、宪宗三位君主，都能自我克服其在志气充足血气冲冠、识见浅陋情绪浮荡的青年时期的弱点而励精图治，治国的功业基本成就、改革的效果也可以沾沾自喜；而人到中年，急躁暴烈的偏激意气行将衰退，猎取美色、沉湎游乐的滋味已经满足，却一改人之常情而倒行逆施，像那些少年狂荡的人一样作为，这又是什么缘故呢？由此可以知道，修养道德与建功立业，其所能达到的高度和程度，各自有其应有的边际和限程，其由来原委都是相互承袭、有所因应的。

如果想以修养道德作为内心的追求目标，怎能不知道道德的修养在于持之以恒而不在于保全自身呢？道德，是无尽的宝藏。没有发现道德时，做成一件善事就好像绰绰有余了，天下那些可以妨碍我善行的人，与我相互引诱而逐渐变化，自己却觉察不出来；而发现道德之后，已经习以为常了，仁爱尚未谙熟就内心不安，道义尚未精通就不便于行动，浩浩荡荡就如同没有边际一样，高耸林立仿佛神圣不可侵犯一样，勤勉不倦地向前行进，相互援引而进入深山密林之中，好像攀登高山，越是登高上升越能看到高山的险峻挺拔，不容自己放弃。所以令人担忧的是，开始的时候自己不能振作精神，接下来的是不能自我反省，而不必担心最后能否保全自己。有辅弼和教导的太师太保在前引导，有提供咨询的辅佐大臣在后支持，古人留下的经典文献，相互督促但不一定借用，一旦窥知其中的要旨，想要追随从事也没有路径，这样尽管不能每天进步达到高明的境界，却可以不失原来的步法，哪里用得着担心晚年最后的猖狂呢？

如果想以建功立业作为内心的追求，怎能不知道道德的修养在于自身而不在于事业呢？功业，是有可以穷尽的规范的。朝廷内部的奸贼尚未清除，铲除之后内部也就清明了；外部的敌寇尚未平定，平定之后边疆也就安宁了；百姓尚未过上富裕的生活，使百姓富裕起来，人人都有了生机与活力；法制尚未得到完善，修订完善之后国家也就有法典可以作为依据。既然内部没有奸佞小人作为肘腋之患，外部又没有凶恶敌寇作为跳梁小丑，郊野也很少出现逃亡的百姓，朝廷也有着周密完善的纲常法纪。除此之外，还有什么可以从事呢？志向远大而追求功德盈满，就会贪图征服边疆荒远之地的功业；心满意足而扬扬自得，就会苟且偷安贪图享乐；所希望的在这里，所行的事就达到这里，所成就的也只能止步于此，还有什么可以从事呢？于是邪恶的奸佞得以进用，宠爱的女色兴盛起来，整日沉湎于酣酒狂歌曼舞之中，却美其名曰“与民同乐”，深居晚起，不理朝政，却说这是“无为而治，天下自正”。进谏会对国家造成极大危险的馊主意的人，因其没有可以见到的征兆而被信任；怀抱千里之堤毁于蚁穴之顾虑的人，反而受到苛求斥责。智谋浅薄的人不能让他们深谋远虑，志向渺小的人不能使他们立志高远，度量有其一定的规模和限度，放纵恣肆必然泛滥成灾，大概这就是历史发展的必然趋势。

因此，古代的圣人和先王，先学习修养而后治理国家，重视道德修养而轻视建功立业，期望于天下的较轻，而要求自己的却非常重，所以到了老年更加注重勤奋修养，死而后已，并非仅仅为了治理天下，也是为了自己。为了自己而修养道德，有了功业不想自己占有，有了名望也不想树立，以天子的身份却和山林岩穴之间的隐士没有什么不一样，志向日益专一、血气日益收敛、欲望日益淡忘、心念日益坚贞，这样就只担忧开始的时候没有走上正道，这是辅弼和教导的太师太保所承担的重任；不用担忧其终究不能坚持到底，没有什么可以表见的功勋，也就没有大功告成的安逸享乐。唐朝以武功立国，因而对于道德修养的要旨，上自天子下到学士以至于一般士人都不讲求，唐太宗、唐玄宗、唐宪宗这三个君主都开创了治世，却有始而无终，是有其内在原因的。

本事：以开元之治与安史之乱作比立论。《资治通鉴》卷二一〇《唐纪二十六·玄宗》至卷二一七《唐纪三十三·玄宗》，开元元年（713）至天宝十四载（755）。

一九　褒崇先代，隆其后裔

大义不可易，显道不可诬，苟且因仍，无能改者，不容终隐于人心，而不幸发自德薄望轻之口，又或以纤曲邪妄之说附会之，遂以不伸于天下，君子之所重叹也。

商、周之德，万世之所怀，百王之所师也。祚已讫而明禋不可废，子孙不可替，大公之道也。秦起西戎，以诈力兼天下，蔑先王之道法，海内争起，不相统一，杀掠相寻，人民无主，汉祖灭秦夷项，解法网，薄征徭，以与天下更始，略德而论功，不在汤、武下矣。汉祚既终，曹魏以下二百余年，南有司马、刘、萧、陈氏，皆窃也；北有五胡、拓拔、宇文，皆夷也；隋氏始以中原族姓一天下，而天伦绝，民害滋；唐扫群盗为中国主，涤积重之暴政，予兆民以安，嗣汉而兴，功亦与汉埒（liè）等矣。

天下之生，一治一乱，帝王之兴，以治相继，奚必手相授受哉！道相承也。若其乱也，则天下无君，而治者原不继乱。故夏之末造，有韦、顾、昆吾，乘暴君而霸；殷之将殄，崇、密攘臂而争；周之已衰，六国、强秦、陈涉、项籍，挟兵以逞；汉之已亡，曹、吴、司马、刘、萧、陈、杨、五胡、索虏、宇文，割裂僭号；皆彗孛之光，前不继西没之日，后不启东生之月者也。若以一时僭割、乘郄自雄者，可为帝王授受之统系，则三蘖、崇、密，可为商、周之所绍嗣矣，而岂天之所许、人之所怀哉？

王者褒崇先代，隆其后裔，使修事守，待以宾客，岂曰授我以天下而报其私乎？德足以君天下，功足以安黎民，统一六宇，治安百年，复有贤子孙相继以饰治，兴礼乐，敷教化，存人道，远禽兽，大造于天人者不可忘，则与天下尊之，而合乎人心之大顺。唐欲法古帝王之德意，崇三恪之封，自应以商、周、汉为帝王相承而治之绪，是不易之大义，不诬之显道也。

自武德至天宝，百余年矣，议礼之臣，无能昌言以厘正，犹奉拓拔、宇文犬羊之族、杨氏悖乱之支，为元后父母之渊源，何其陋也！天宝九载，乃求殷、周、汉后立为三恪，而废拓拔、宇文、杨氏之封，虽曰已晚，堂堂乎举久湮之坠典，立百王之准则，亦伟矣哉！乃非天子所能念也，非大臣所能正也，非儒者所能议也，而出于人微言轻之崔昌。又以以土代火，五德推迁，袭邹衍之邪说参之。为儒如卫包者，抑以“四星聚尾”无稽之言为征，不能阐元德显功、民心天理之秩序以播告来兹者为永式，主之者又李林甫也。故林甫死，杨国忠之党又起而挠之，后此弗能伸其义者；圣帝明王之祀荫，永绝于世，不亦伤乎！

唐之既亡，朱温以盗，朱邪、臬捩鸡以夷，刘知远、郭威琐琐健儿，瓜分海内，而仅据中州，称帝称王，贱于丞尉；至宋而后治教修明，贤君相嗣，以为天下君师。是于周、汉与唐，犹手授也。曾不能推原治统，自跻休美；而以姑息之恩，独崇柴氏。名儒林立，此议无闻，大义隐，显道息，垂及刘伯温、宋景濂，不复知有乾坤之纲纪，弗能请求刘、李、赵氏之裔以作宾于王家，而不正奇渥温氏蚩尤之罚，曾李林甫之弗若，岂非千古之遗憾哉？虽然，人纪不容终绝，王道不容永弛，豪杰之士申其义，明断之主决于行，夫岂难哉？敬以俟之来哲。

【译文】

天下正义的道理不容改变、明确的道义准则不容歪曲，即使有苟且之论历代因循，但其终究无法改变的是，人们的内心不容许正义和道义被隐藏的良知；而不幸的是从那些德行浅薄、声望轻微的人口中说出来，而且有人以扭曲、奸邪、伪妄之说加以附会，于是就不能伸张大义正道于天下，这就是正人君子所重重叹息的原因。

商朝、周朝时期所形成的道德准则，为后世千秋万代所怀念，百代帝王所师法。尽管商朝、周朝的国运已经终结，但明洁诚敬的祭祀却不能废除，他们的子孙也不能废弃，这是大公至正的道理。秦朝起自西戎，凭借着狡诈的力量统一天下，蔑视古圣先王的道德法则，海内争斗蜂起，不相统一，杀伐掠夺前后相继，百姓没有值得尊奉的君主。汉高祖刘邦灭亡秦、平定项羽，解除秦朝的严刑峻法、减轻人民的徭役负担，从而使整个天下除旧布新，如果忽略道德法则，只论其功业，不在商汤、周武王之下。汉朝国运终结以后，自曹魏以下两百多年，江南有司马氏的东晋、刘氏的南朝宋、萧氏的南朝齐梁、陈氏的南朝陈政权，都是窃取篡位而来；北方有五胡十六国、拓跋氏北魏、宇文氏北周政权，都是北方少数民族政权；到了隋朝才以中原种族统一天下，但隋朝的统治断绝天伦、祸害百姓；唐朝扫除诸雄成为中原王朝的统治者，涤除多年积累的暴政，给予亿万百姓安定的生活，继承汉朝而兴起，其功业可与汉朝等量齐观。

天下国家的生存状态，有一治必有一乱，帝王的兴起，也以其治理之道存亡继绝，何必要亲手相互授受呢；而应以正义的道理、道义的准则相继承和赓续。如果是在乱世之中，天下没有君主，治理国家的君主本来就不是从乱世继承而来的。所以夏朝的末期，出现韦、顾、昆吾等诸侯，乘着暴君夏桀昏庸而称霸天下；商朝即将灭亡之时，崇、密两个诸侯国撸起袖子大打出手；周朝的统治衰落之后，关东六国与强盛的秦国以及后来的陈胜、项羽纷纭而起，拥兵逞强；汉朝灭亡以后，曹魏、孙吴、司马氏的晋朝、南朝刘宋、南朝萧氏齐梁、南朝陈、隋朝的杨氏以及五胡十六国、北魏拓跋氏、北周宇文氏等政权，分裂割据，僭号称帝。以上这些都像彗星的余光，前不承接从西边落下的太阳，后不开启从东边升起的月亮。如果以一时僭号割据、乘机称雄天下的人，都可以被列入帝王授受的正统谱系，那么夏朝末年的三蘖（韦、顾、昆吾）和商朝末年的崇、密二诸侯国，也可以作为商朝、周朝所要继承的前朝正统了，这难道是上天所允许、百姓所怀念的吗？

帝王褒扬崇祀先代帝王，尊崇和厚待他们的后裔，使他们修明应当遵守的法度，以宾客之礼仪对待他们，怎么能说是先王把天下授予我而我要报答其私人恩惠呢？帝王的道德足以君临天下、功业足以安定黎民百姓，统一四海八荒，治理安定百年，又会有贤明的子孙继承其统绪，从而粉饰太平、兴起礼乐、施行教化，保存人道伦理、远离禽兽夷狄，为天地人心建立大功劳、大恩德而使人不能忘记，那么整个天下都会尊崇他，从而合乎人心、顺应民意。唐朝想效法古圣先王的道德精神，尊崇分封前代三个王朝的皇室子孙，自然应该以商朝、周朝、汉朝作为帝王正统前后相继承的谱系，这是不容改变的正义道理，也是不可歪曲的明确道义准则。

从唐高祖武德年间（618—626）到唐玄宗天宝年间（742—755），唐朝的统治已经延续了一百多年，那些议论和制定礼仪的大臣，没有能够持论倡导从而订正历代帝王的正统谱系，依然尊奉北魏拓跋氏、北周宇文氏这些少数民族政权，隋朝杨氏悖逆人伦、混乱支脉，却被作为唐高祖父母的渊源（李渊母独孤氏与北周明帝明敬皇后、隋文帝文献皇后为同胞姊妹，后追谥元贞皇后），这是何等的浅陋无知啊！天宝九载（750），寻求商朝、周朝、汉朝皇室后人立为三恪进行分封，而废除拓跋氏、宇文氏、杨氏后裔的分封，虽然已经太晚了，但堂堂正正地把湮没已久的典章制度重新恢复，确立百代帝王的道义准则，这也是很伟大的。然而这并非天子所能惦念的，也不是大臣所能订正的，也不是儒家所能议论的，而是出自一个人微言轻的崔昌之口。同时，又用土德代替火德，以五德终始之说相推演，并沿袭战国阴阳五行家邹衍的异端邪说加以参考。作为儒士像尚书郎卫包其人，也以天象异动四星聚尾之类无稽之谈作为验证，不能阐明大德显功、民心天理的秩序以便传播于后世，作为永恒不变的法则，况且主持此事的又是奸相李林甫。所以，等到李林甫死后，杨国忠的党羽又群起加以阻挠，后来也就不能伸张其正义的道理；圣明帝王的祭祀和庇荫，永远断绝于后世，不也太令人悲伤了吗？

唐朝灭亡之后，后梁太祖朱温以盗贼的身份，后唐庄宗李存勖（本姓朱邪）、后晋高祖石敬瑭的父亲臬捩鸡都出身于西北沙陀族，后汉高祖刘知远、后周太祖郭威则出身于卑微而勇敢的军卒，当时天下被割据瓜分，他们只是占据中原地区，就称帝称王，比县丞、县尉之类的身份还要低贱；到了宋朝建立之后才修明政治教化，贤明的君主前后相继，从而作为天下的君师。因此，宋朝与周朝、汉朝和唐朝，犹如亲手授受一样。然而，宋朝不能够从本原上推究历代帝王治理国家的正统和谱系，自我跻身于尽善尽美的境界，却以姑息苟且的恩德，单独尊崇后周的柴氏后裔。宋朝时期名儒林立于朝廷，竟然没有听说有这种议论，正义的道理隐藏、明确的道义准则偃息，一直到明朝初年的文臣刘伯温、宋濂，也都不再知道还有天地乾坤的纲常法纪，不能请求将汉朝的皇室刘氏、唐朝的皇室李氏、宋朝的皇室赵氏的后代子孙作为帝王的座上宾客，从而也不明确宣布元朝皇室奇渥温氏像蚩尤一样的罪罚，甚至于连奸相李林甫都不如，这难道不是千年以来的遗恨吗？即使这样，人们立身处世的道德规范不容断绝，以仁义治理天下的道义准则不容被永远废弛，豪杰之士挺身而出申明其正义的道理，英明果断的君主决策付诸行动，又有什么困难呢？我们恭敬地期待着有贤明的君子来承担起这一历史的使命。

本事：《资治通鉴》卷二一六《唐纪三十二·玄宗》，天宝九载（750）。

二〇　收天下之材勇以为国用

秀者必士，朴者必农，僄而悍者必兵，天与之才，习成其性，不可移也，此之谓天秩，此之谓人官。帝王之所以分理人物而各安其所者，此而已矣。

唐之府兵，世著于伍，垂及百年，而违其材质，强使即戎，于是而中国无兵。安禄山以蕃骑渡河，入无人之境，直叩潼关，岂中原之民一皆脆弱，无可奋臂以兴邪？颜鲁公一振于平原，旬日之间，而得勇士万余人，于是卢全诚于饶阳，李奂于河间，李随于博平，而颜常山所收河北义旅凡二十余万，张睢阳所纠合于雍邱者一日而得数千人，皆蹀血以与贼争死命。斯固三数公忠勇之所激，而岂此数十万比屋之民，皆义愤填胸、思拯国难者乎？僄轻鸷悍之材，诚思得当以自效，不乐于负耒披蓑，宁忘身以一逞，其材质不任农而任兵，性以成、情以定也。然则拘府兵之故纸，疑彍骑为虚文，困天下材勇于陇首，荡泆游闲，抑不收农民之利者多矣。违其性，弃其长，强其短，徒弱其兵，复窳其农，唐安得有兵与民哉？

唯其不能收天下之材勇以为国用，故散在天下，而天下皆得以收之，忠者以之效其忠，邪者以之党其邪，各知有所募之主帅，而顺之与逆，唯其马首是瞻，于是乎藩镇之势成，而唐虽共主，亦与棋立以相敌。延及五代，天下分崩，互相吞灭，固幽、燕叛逆之所倡，抑河北、山东义兵之所启也。若夫高仙芝、封常清迫而募于两都者，则市井之罢民，初不足为轻重者也。民惩府兵之害，闻召募出于朝廷，则畏一登籍而贻子孙之祸，固不如河北、山东、雍、睢牧守之号召，人乐于就而能得其死力也。

宰天下者，因其可兵而兵之，因其可农而农之，民不困，兵不枵，材武之士不为将帅所私畜，而天下永定。因天也，因人也，王道之所以一用其自然也。

【译文】

才华出众的人一定要使之读书进仕，朴实勤劳的人一定要使之耕田务农，身体敏捷而强悍的人一定要使之当兵打仗，上天赋予他们才能，习惯养成他们本性，这是不能改变的，也就是所谓的天秩（上天规定的品秩等级），也就是所谓的人官（根据人的品性授予不同的职业和官职）。帝王之所以分别管理不同类别的人和事物，使他们各得其所、各安其事，也就是这个道理。

唐代的府兵，世世代代都著籍于军伍，沿袭百年之后，逐渐与他们自身的素质才能不相符合，强迫他们当兵打仗，结果就使得中原没有真正的士兵。安禄山率领强悍的少数民族骑兵渡过黄河，如同进入无人之境，直抵潼关，难道中原的民众都是经不起挫折的懦弱之辈，没有人敢振臂高呼起来抵抗？平原太守颜真卿在平原（治今山东德州陵县）起兵，十天之内就招集勇士一万多人；与此同时，饶阳太守卢全诚在饶阳（今属河北），河间司法李奂在河间（今属河北），济阳太守李随在博平（今属山东）纷纷起兵，常山太守颜杲卿在河北一带招集的义军达到二十多万人，睢阳太守张巡在雍丘（今河南杞县）所招集的义军一天就达到数千人，这些士兵都是流血牺牲和叛军决一死战的人。这些固然是颜真卿等人的忠心勇气所激励的结果，难道这数十万的编户百姓个个都是义愤填膺、一心为着挽救国家于危难的吗？那些身体轻捷、骁勇强悍的干才，诚然想要得到适当的机遇报效国家，不愿意扛着农具、披着蓑衣一生种田务农，宁愿忘却自身安危也要充分发挥自己的素质才能；他们的素质才能只适合当兵而不适合务农，这是由他们的本性养成、情感意志所决定的。虽然如此，但是拘泥于府兵制度的规范限制，又怀疑新建的彍骑兵制是在做表面文章，从而将天下具有英勇才干的人束缚于土地，放荡逸乐、游手好闲，也不能获得作为农民的收益，这种情况实在太多了。违背其秉性、抛弃其专长、强用其短处，结果白白削弱了军事力量，又损害了农业和农民的利益，长此以往，唐朝怎么能拥有真正的士兵和农民呢？

正是因为唐朝不能网罗天下具有英勇才干的人为国家效力，所以让他们分散在全国各地，使得天下人都能够网罗他们，忠诚的人借此以效其忠心，奸邪的人借此以结党营私，他们各自只知道尊奉招募他们的主帅，无论是归顺朝廷还是悖逆叛乱，都唯主帅马首是瞻，于是藩镇割据的局面得以形成，唐朝天子即使是天下共主，也只能与他们并立对峙而且相互敌视。这种状况发展到五代时期，天下分崩离析，藩镇之间互相吞并，这固然是割据幽州、燕州的叛逆安禄山所首倡，也是河北、山东招集的义军所开启的局面。至于像安史之乱之后高仙芝、封常清等将领迫于无奈在长安、洛阳招募士兵，所招募都是些市井的无赖之徒，本来就不可能对战局产生举足轻重的影响。百姓吸取府兵制度对他们所造成危害的教训，听说这次招募士兵的决策出自朝廷，就害怕一旦加入军籍将给儿孙带来祸害，本来就不如出自河北、山东、雍邱、睢阳等地太守的号召，使人们更乐意入伍参战并愿意效其死力。

主宰天下的人，应当根据百姓的素养才能，可以当兵的就让其当兵作战，可以务农的就让其当农民种田，这样农民不受困扰，士兵也不至于战斗力空虚，勇武强悍的人不被藩镇将帅所私有蓄养，那么天下也就可以永远安定。顺应天时、顺应人事，这就是以仁义治天下的帝王之道之所以完全顺应自然而得以成就的正当途径。

本事：《资治通鉴》卷二一七《唐纪三十三·玄宗》，天宝十四载(755)。

二一　散积于州，得理财之道

李萼说颜鲁公陈清河之富云："有布三百余万匹，帛八十余万匹，钱二十余万缗，粮三十余万斛，甲兵五十余万事。"一郡之积，充牣如此，唐之富可知矣。唐之取民，田百亩而租二石，庸调绢六丈，绵四两而止。宇文融、韦坚、王鉷、杨慎矜虽云聚敛，未尝有额外之征也。取民之俭如此，国储之富如彼，其君若臣又未尝修《蟋蟀》、《葛屦》之风，方且以侈闻矣。由此观之，有天下者，岂患无财哉？忧贫者，徒自忧而益其贫耳。

夫大损于民而大伤于国者，莫甚于聚财于天子之藏而枵其外，窘百官之用而削于民，二者皆以训盗也；盗国而民受其伤，盗民而国为之乏矣。辇天下之金粟钱货于内帑，置之无用之地，积久而不可用，愈积愈冗，而数不可稽，天子莫能问也，大臣莫能诘也，则一听之宦竖戚畹（wǎn）及主藏之奸胥，日窃月匿，以致于销耗；且复以有为无，欺嗣君之暗，而更加赋以殚民之生计，是盗国而民伤也。有司无可赡之用，不得不为因公之科敛，以取足于民，于是而蔽上以盗民者，相习为故；且有司之科敛者一，而奸吏猾胥以及十姓百家之魁长乘之而交相为盗，官盗一，而其下之层累以相剥者不但二也；民乃急其私科，缓其正税，逋欠频仍以徼幸于恩贷，匿田脱户，弊百出以欺朝廷，而岁之所入，十不得五，是盗民而因以乏国也。

唐散积于州，天下皆内府，可谓得理财之道矣。已散之于天下而不系之于一方，则天子为天下措当然之用，而天下皆为天子司不匮之藏，有司虽不保其廉隅，而无所藉口于经用之不赀，与奸胥猾吏相比以横敛于贫民，而民生遂矣。官守散而易稽，不积无用以朽蠹，不资中贵之隐窃，而民之输纳有恒，无事匿田脱户，纵奸欺以堕朴氓而亏正供，则国计裕矣。故天宝户口之数，古今莫匹，兵兴之初，州县财余于用，非地之加广、生之加蕃也，非虐取于民、俭吝于用也。散则清，聚则漏，昭然易见之理，自宋以来，弗能察焉；富有四海而患贫，未有不以贫亡者也。

【译文】

安史之乱后，李萼代表清河郡（治今河北清河）太守到平原郡向颜真卿请求派兵救援，他在陈述“天下北库”清河的富裕时说：“那里存有布三百多万匹，帛八十多万匹，钱二十多万缗，粮食三十多万斛，兵器有五十多万件。”一个州郡的积蓄，能达到这样丰足的地步，唐朝的繁荣富庶就可想而知了。唐朝官府向老百姓征收的，也只是每百亩土地收租二石，征收庸调丝绢六丈、绵四两罢了。唐玄宗时期的宰相宇文融、水陆转运使韦坚、御史大夫兼京兆尹王鉷、太府卿杨慎矜这几位大臣虽然号称聚敛，也未曾增加额外的征收。从百姓那里征收的如此俭省，国库积蓄又是那么富足，不论是天子还是大臣都未沾染《诗经》中的《蟋蟀》《葛屦》所讽刺的那些不良风气，将会以奢侈闻名天下。由此可以看出，拥有天下的天子，难道还用担心没有财富吗？忧虑贫穷的人，徒自担忧只能更进一步加剧其贫穷。

对百姓有大的损害并且对国家有大的伤害的，没有比把天下财富积聚于天子的府库里而导致地方和民间空虚更厉害的了。穷困百官的用度和剥削百姓的血汗，这两种行为都是用来诱人偷盗的；偷盗国家的财富而使百姓受到伤害，偷盗百姓的财富而使国用为之匮乏。把天下的黄银、粮食、钱币、货物统统搜刮而来充实到官内的府库，置于无用的地方，储藏时间长了就腐朽不可用，越积越多，其数量也无法稽考，天子不能过问、大臣不能置疑，完全听从于宦官、外戚以及主管典藏的奸邪胥吏，他们天天偷窃、月月藏匿，以致消耗殆尽；况且把有所储藏的东西汇报成没有，欺侮后来嗣位君主的昏庸懦弱，从而进一步加重赋税征收，穷尽百姓的生计，这就是所谓的偷盗国家而使百姓受到伤害。有关官员没有可赡养家口的费用，就不得不假公济私进行科敛，以便从百姓那里取足用度，结果造成蒙蔽朝廷以盗窃百姓，并习以为常、形成惯例。况且有关官吏科敛一分，而那些奸诈的吏员、狡猾的胥役以及十姓百家的邻里官长也乘机交相作为盗贼盘剥百姓，官员聚敛一分，他们的属下官吏胥役层层盘剥的也就不止二分；而百姓急于缴纳各级官吏的私人科敛，从而拖欠了国家的正税，年年拖欠赋税前后相继无法完纳，就侥幸希望天子开恩予以免除，隐瞒田地的数量、逃脱户籍的管理，弊端百出以欺侮朝廷，结果每年国家赋税所得，十分也不能征收到五分，这就是所谓偷窃百姓的财富而使国用为之匮乏。

唐朝分散财富积储于地方州郡，从而视整个天下为官内的府库，可以说是深得理财之道了。把国家财富分散于天下，而不专门积聚到一个地方，那么天子为天下措置当然的用度，天下都能为天子管理永不匮乏的储藏；有关的官员尽管不能保证他们都能做到品行端方不苟，但也不能以国家经费不敷使用作为借口，同奸诈狡猾的胥吏朋比为奸对贫困的百姓横征暴敛，那么百姓的生存就得以顺遂无忧了。管理官员的执守分散容易考核，不储藏那些无用的财富以至于腐朽虫蚀，也不提供给宫中的权贵隐匿私藏、窃为己有，这样百姓缴纳的赋税有恒定的限度，也就没有必要隐匿田产、逃脱户籍，从而纵容奸邪之人的欺骗以祸害朴实勤劳的百姓、亏空国家正常的供给，那么国家的财政大计就宽裕了。所以天宝年间的户口数目，古今无法相比，安史之乱之初，州县的财政用度绰绰有余，并非因为土地垦殖的拓展、人口生育的激增，并非因为对百姓残暴夺取、对用度俭省吝啬。天下财富分散则清楚明白，积聚则漏洞百出，这是昭然若揭、清晰易见的道理。自宋朝以来，统治者不能体察其中的缘由。凡富有四海却忧虑贫困的，天下还从来没有过不因贫穷而亡国的。

本事：《资治通鉴》卷二一七《唐纪三十三·肃宗》，至德元载（756）。

二二　天子出奔避乱，不至于亡

天子出奔以避寇，自玄宗始。其后代、德、僖三宗凡四出而卒返，虽乱而不亡。平阳之青衣行酒，五国之囚系终身，视此何如邪？《春秋传》曰：“国君死社稷，正也。”国君者，诸侯之谓也，弃其国，寓于他人之国，不得立宗庙、置社稷，委天子之命，绝先祖之祀，殄子孙之世，不若死之愈矣。诸侯之侯度固然，非天子之谓也。自宋李纲始倡误国之说，为君子者，喜其词之正，而不察《春秋传》大义微言之旨，欲陷天子于一城而弃天下，乃以终灭其宗庙之血食。甚矣！持一切之论者，义不精，学不讲，见古人之似而迷其真，以误天下有余矣。

天子者，天下之望也，前之失道而致出奔，诚不君矣；而天下臣民固倚以为重，而视其存亡为去就；固守一城，而或死或辱于寇贼之手，于是乎寇贼之势益张，而天下臣民若丧其首，而四支亟随以仆。以此为正，而不恤四海之沦胥，则幽王之灭宗周，元帝之斩梁祀，可许以不辱不偷之大节乎？天子抚天下而为之主，都京师者，其择便而安居者尔。九州莫非其土，率土莫非其人，一邑未亡，则犹奉宗祧于一邑，臣民之望犹系焉，弗难改图以光复也。而以匹夫硁硁之节，轻一死以瓦解天下乎？

呜呼！非徒天子然也。郡县之天下，守令为天子牧民，民其所司也，土非其世守也。禄山之乱，守州郡者如郭纳、达奚珣、令狐潮之流，望风纳款，乃至忠贞如颜杲卿、袁履谦、张巡者，亦初受胁迫而始改图，困守孤城而不知变计，几陷于逆，莫能湔（jiān）涤。力不能如颜鲁公之即可有为也，则何如洁身以避之，徐图自效可也。身居危困之外，自有余地以致身尽瘁；而濡忍不决，势迫神昏，自非与日月争光之义烈、“艮其限，厉熏心”，亦危矣哉！不保其终无玷也。故守令无三军之寄，而以失城坐大辟，非法也。去亦死，守亦死，中人之情，畏死其恒也，迫之以必死，则唯降而已矣，是驱郡邑以从逆也。故曰非法也。

【译文】

天子离开京城逃亡以躲避叛乱的贼寇，始于唐玄宗李隆基；其后唐代宗李豫、唐德宗李适、唐僖宗李儇三个皇帝虽四次逃亡但最终都返回京城，虽然遭受祸乱但国家没有灭亡。永嘉之乱后，西晋怀帝司马炽被前赵国王刘聪俘虏押解至平阳（今山西临汾），受命扮作青衣在朝廷宴会上斟酒，不久又被毒杀；靖康之变后北宋徽宗赵佶、钦宗赵桓被金国俘虏押解到五国城（今黑龙江依兰西北），囚禁终身，与唐朝皇帝出逃而最终返回京城相比怎么样呢？《春秋公羊传·襄公六年》说："国家灭亡，国君为社稷而死，是正当的选择。"国君，是指诸侯国君，抛弃自己的国家，寓居他人之国以避难，不能建立宗庙、设置国家，背弃了天子的教令、断绝了祖宗的祭祀、殄灭了子孙的世袭谱系，还不如为社稷殉死较好一些。诸侯为君的法度固然如此，但这并非针对天子的合适说法。自从北宋末年李纲开始倡导天子必须与京城共存亡的误国之说，作为正人君子都欣赏他的义正词严，而不深入体察《春秋公羊传》微言大义的要旨，想要陷天子于一城之中而舍弃天下，最终灭绝天子宗庙的供奉祭祀。这种言论的后果太严重了！坚持一概而论的人，义理不精、学问不讲，看见古人似是而非的说法就迷惑了真实的内涵，从而贻误天下而死有余辜了。

天子，是天下人所尊崇的希望所在，先前因为有失治国之道而导致出逃避乱，的确称不上称职的国君；然而天下的臣民本来就把一切都寄托于天子一身，会根据他的存亡决定自己的来去；如果天子固守于京师一城，结果或者死难，或者被俘受辱于叛臣贼寇之手，于是贼寇的气焰更加嚣张，而天下的臣民如同丧失了头颅，身体的四肢立即扑倒在地；天子以此作为正当的选择，而不顾惜天下国土的沦丧，那么周幽王被犬戎所杀导致西周的灭亡、梁元帝萧绎被杀断绝了南朝梁的宗祀，难道可以推许为坚持不受羞辱、不苟且偷安的大节吗？天子安抚天下并作为天下之主，定都京师，只是选择一个既得地利之便又可安居乐业的地方罢了。天下九州没有不是他的土地、四海之内没有不是他的人民，只要还有一座城邑没有失陷，就可以在这座城邑之中尊奉他的宗庙祭祀，天下臣民的期望还有所寄托和维系，不难改弦更张以光复国家大业，怎么能够以一介匹夫浅薄固执的节操，轻于一死从而瓦解天下呢？

唉！并非只有天子是这样。在实行郡县制时代的天下，郡守、县令代替天子管理百姓，天下的百姓归他们掌管，土地却不是他们可以世袭所有的。安禄山发动叛乱之后，担负州郡守卫职责的陈留采访使郭纳、河南尹达奚珣、雍丘县令令狐潮之流，望风投降，乃至于像常山太守颜杲卿、常山长史袁履谦、睢阳令张巡等忠贞之士，也曾在最初阶段受到胁迫而后才改变其想法，困守孤城而不知道改变策略，几乎被叛军俘虏，不能洗清自己的屈辱。如果自身的力量达不到像颜真卿那样可以有所作为，就不如保全自身清白节操而逃避贼寇，然后慢慢图谋为国效力，这也是可以的。身居危险和困顿之外，自然有余地鞠躬尽瘁；而犹豫不决，在形势逼迫之下神魂颠倒，自然不是可以与日月争光的忠义节烈，像《周易·艮卦》所说的“斩断其腰身，焚烧其心脏”，这实在是太危险了，终究也保不住自己不被玷污！所以郡守、县令没有统率三军的责任委托，却要为城邑失陷承担责任而受到杀头的刑罚，这是不符合法律的。逃亡避乱是死罪，坚守抵抗也终将死难，对于一般人来说，畏惧死亡是人之常情，在多重逼迫之下必死无疑，就只有投降这一条路了，这是驱赶郡邑百姓顺从叛逆贼寇。所以说，这是不符合法律的。

本事：《资治通鉴》卷二一八《唐纪三十四·肃宗》，至德元载（756）。

卷二十三

明人绘《帝鉴图说》中的唐肃宗李亨画像

【题　解】

本卷评论唐朝中期肃代之际的历史，分肃宗、代宗二目，共二十三则。

唐肃宗李亨（711—762）为玄宗第三子，安史之乱后以太子领天下兵马大元帅，不久即位于灵武，统率郭子仪、李光弼等平定叛乱，收复两京，王夫之选择十二个问题加以评论。关于肃宗自立，王夫之认为其罪无可辞而犹可原，客观上使天下定归于一，有利于平叛，于唐朝未尝不为幸事。批评其借兵于回纥的失策，指出借兵于夷狄没有能免于祸乱的；对第五琦以及后来刘晏的财政改革，输东南财赋以供西北，虽为不得已之举，也发挥了重要作用，但是产生了消极影响，“害遂延于千载”。高度赞赏李泌、郭子仪的智谋功业，称李泌“制治于未乱，保邦于未危，乃可以为天子之大臣”，称郭子仪“暗与道合”，允为“大人”，三代以下莫与之伦。

唐代宗李豫（727—779）为肃宗长子，在位期间平定叛乱，然善后处置失宜，导致藩镇割据和吐蕃入侵，但其改革财政，恢复经济，却值得肯定，王夫之选择十一个问题加以评论。对于当时的藩镇坐大、宦官专横、奸相擅权，代宗取法老子“将欲取之，必固与之”的策略，结果“徒宽纵之而莫之能收”，为后代留下无穷祸患，王夫之批评君主不当持诡诈之术，斥其险而且愚。关于在政局动荡环境下的大臣自处之道，则极称李泌的“达人”通识和郭子仪的“以道宅心”，认为杨绾得立法之本而行之有序，并为其早逝感到痛惜。

肃宗

一　肃宗自立之罪无可辞而犹可原

肃宗自立于灵武，律以君臣父子之大伦，罪无可辞也。裴冕、杜鸿渐等之劝进，名为杜稷计，实以居拥戴之功取卿相，其心可诛也。史称颜鲁公颁赦书于诸郡，河南、江、淮知肃宗之立，徇国之志愈坚，若以此举为收拾人心之大计，岂其然乎？

玄宗之召乱也，失德而固未尝失道也。淫荒积于宫闱，用舍乱于朝右，援贼以柄而保寇以滋，斁伦伤教，诚不足以任君师、佑下民。而诛杀不淫，未尝如汉桓、灵之搒（péng）掠，宋哲、徽之窜逐也；赋役不繁，未尝如秦之筑长城、治骊山，隋之征高丽、开汴渠也。天不佑玄宗，而人不厌唐德，禄山以凶淫狂奰（bì）之胡雏，县军向阙，得志而骄，无终日之谋以固其势，无锱铢之惠以饵其民，蟪蛄之春秋，人知其速陨，岂待灵武之诏，始足动天下以去逆效顺哉？

虽然，肃宗不立，而天下抑有不可知者。幸而不然，人不知其变之必至耳。国虽不固，君虽不令，未有一寇甫兴而即灭者，秦之无道，陈涉不能代之以兴，况唐立国百年，民无荼毒，天宝之富庶甲乎古今，岂易倾哉？而有不可知者，乱者，所以召乱也；止乱者，尤乱之所自生也。袁、曹讨董卓，而汉亡于袁、曹；刘裕诛桓玄，而晋亡于刘裕；祸发而不戢，恶知其极？定之不早，意外之变继起，而天下乃以分崩，是则安、史虽平，唐尤岌岌也。

于稽其时，玄宗闻东京之陷，既欲使太子监国矣；其发马嵬，且宣传位之旨矣。乃未几而以太子充元帅，诸王分总天下节制，以分太子之权。忽予忽夺，疑天下而召纷争，所谓一言而可以丧邦者在此矣。盛王琦、丰王珙，皆随驾在蜀；吴王祗、虢王巨，皆受专征之命；永王璘之出江南，业已抱异志而往；是萧梁骨肉分争之势也。河北、雍、睢之义旅，罔测所归；河西李嗣业，且欲保境以观衅；安西李栖筠，愈远处而无适从；李、郭虽心王室，且敛兵入井陉，求主未得而疑；同罗叛归，结诸胡以内窥，仆固玢败而降之，为内导，以掣河东、朔方之肘；此汉末荆、益，西晋河西之势也。使一路奋起讨贼，而诸方不受其统率，则争竞以生；又李克用、朱全忠不相下之形也。诸王各依一镇以立，诸镇各挟之以为名；抑西晋八王之祸也。居今验古，不忧安、史之不亡，而亡安、史者即以亡唐。

托玄宗二三不定之命，割裂以雄长于其方，太子虽有元帅之虚名，亦恶能统一而使无参差乎？玄宗之犹豫不决，吝以天下授太子，不尽皆杨氏衔土之罪也，其父子之间，离忌而足以召乱久矣。

肃宗亟立，天下乃定归于一，西收凉、陇，北抚朔、夏，以身当贼，而功不分于他人，诸王诸帅无可挟之勋名以嗣起为乱，天未厌唐，启裴、杜之心，使因私以济公，未尝不为唐幸也。盖肃宗亦未尝不虑此矣。而非冕、鸿渐之所能及也。肃宗自立之罪无可辞，而犹可原也。冕、鸿渐斁大伦以徼拥戴之功，唐虽由之以安，允为名教之罪人，恶在心，奚容贷哉？

【译文】

唐肃宗李亨在灵武（今属宁夏）自立为皇帝，如果以君臣父子的伦常大道来衡量的话，那么他的罪行是无法推卸的。御史中丞裴冕、朔方留后杜鸿渐等人多次劝进，名义上是为国家社稷着想，实际上是想占据拥戴之功以便取得卿相大任，其动机不纯甚至用心险恶应当诛杀。史书上称颜真卿向各州郡颁布唐肃宗继位大赦天下的诏书，河南以及江、淮地区知道唐肃宗已自立为皇帝，为报效国家奉献生命之心志更加坚定，如果把肃宗自立当作收拾天下人心的策略，这一举动岂不是好事了？

唐玄宗李隆基招致安史之乱，虽然在德行上有所缺失，但还未曾违背道义。荒淫无度累积于宫闱，用人取舍混乱于朝廷，授予贼寇大权而养虎为患，败坏伦常，有伤教化，实在不足以作为天下君师、护佑百姓。但他没有滥行诛杀，并没有像汉桓帝刘志、汉灵帝刘宏那样肆意笞击拷打大臣，也没有像宋哲宗赵煦、宋徽宗赵佶那样随意流放大臣；赋税徭役并不繁重，并没有像秦始皇嬴政那样修筑万里长城、修建骊山陵墓，也没有像隋炀帝杨广那样征伐高丽、开挖汴渠运河。上天不保佑唐玄宗李隆基，但天下人并不厌恶唐朝的统治，安禄山作为凶淫残暴的胡人小儿，孤军深入逼向京师，得意忘形，骄横跋扈，并没有长久的谋略来巩固其势力，没有点滴的恩惠来利诱百姓，如同生命短暂的知了，人人都知道他会迅速败灭，难道还要等待来自灵武的诏书示天下人，才足以发动起来从而离开叛贼、效法忠臣吗？

尽管如此，唐肃宗李亨若不自立为天子，天下也会有不可预料的发展趋势。幸好不是这样，人们不知道其变故必然会到来罢了。国家即使根基不巩固，君主即使不能号令四方，也没有一个贼寇刚一兴起就会立即灭亡的。秦朝的统治违背道义，陈胜、吴广揭竿而起却不能直接取代秦朝而兴起，何况唐朝建国一百多年，百姓并没有遭受残害，天宝年间的天下富庶古今罕有其匹，难道是那么容易推翻的吗？至于所谓的无法预料的发展趋势，就是混乱，这就是导致叛乱的原因；而其制止叛乱的办法，尤其会导致新的叛乱发生。东汉末年袁绍、曹操起兵讨伐董卓，而东汉政权最终灭亡于袁绍、曹操之手；东晋末年刘裕诛灭桓玄，而东晋政权最终灭亡于刘裕之手；祸乱发生而不加平息，怎么知道会发展到何等严重的境地？如果不早早确定大计，意外的变故就会相继发生，天下因而分崩离析，因此安史之乱虽然得以平定，但唐朝的统治却更加岌岌可危了。

考察当时的情况，唐玄宗听到东都洛阳沦陷的消息，就已经想让太子监国了；他从马嵬驿（今陕西兴平西）出发之时，即将宣布传位的圣旨了。可是不久他又让太子担任天下兵马大元帅，又以诸王分总一方节制天下军权，以分割太子的权力。忽而授予，忽而夺取，使天下感到疑虑，招致天下纷争，所谓的一言丧邦就在于此。当时盛王李琦、丰王李珙，都随驾在四川；吴王李祇、虢王李巨，都受命自主征伐；永王李璘出镇江南，心中已怀有异志而前往；这就形成了像南朝萧梁那样骨肉兄弟纷争的局面。而河北、雍邱、睢阳的义军，尚无法预测其发展局势；镇守河西的大将李嗣业，想要保住自己的地盘以便窥伺敌人的间隙采取行动；安西节度判官李栖筠，相距更远而无所适从；河东节度使李光弼、朔方节度使郭子仪虽然心怀王室，将要聚集军队到井陉，寻找天子不得又有所疑虑；回纥诸部之一的同罗叛归安禄山，勾结胡人各部窥视中原，仆固怀恩的儿子仆固玢战败投降同罗，作为向导以牵制河东、朔方的肘腋之下；这就是像东汉末年的荆州、益州以及西晋末年河西的形势。假使一路军队起来讨伐叛贼，而其他各路军队又不受其统率，那么就会产生纷争；这就是像唐朝末年李克用、朱全忠相争不下那样的形势。诸王各自依靠一个藩镇以自立，各个藩镇则挟持诸王的名义以相号令；这就是像西晋末年八王之乱那样的祸患。站在今天的角度来验证上述的古代历史事实，不用忧虑安禄山、史思明不会灭亡，而灭亡安禄山、史思明的人就是最终灭亡唐朝的力量。依托唐玄宗犹豫不定、前后矛盾的几道诏令，诸王与藩镇分裂天下而称雄一方，太子李亨虽然拥有天下兵马大元帅的虚名，又怎能统一全国军队而使他们之间没有差别呢？唐玄宗之所以犹豫不决，吝啬地不愿把天下军权授予太子，并不全是杨氏嫉恨太子的罪过，他们父子之间，离心猜忌也足以招致祸乱，这种情况已经由来已久了。

唐肃宗李亨迅速立为皇帝，天下于是定于一统，西北方面收复凉州、陇右，北边安抚朔方、夏州，以自身的力量抵挡叛贼，而平乱之功也不分给他人，诸王与藩镇将帅也没有可以挟持的功勋和名号以便继续起来作乱，上天还没有厌弃唐朝的统治，启迪裴冕、杜鸿渐的野心，使他们假私以济公，未尝不是唐朝的幸运。大概唐肃宗李亨也未尝没有考虑到这一点，这就不是裴冕、杜鸿渐始料所及的。唐肃宗李亨自立为皇帝的罪行无法推卸，但还是可以原谅的。裴冕、杜鸿渐败坏伦常大道想侥幸博取拥戴之功，唐朝虽然因此而获得安定，他们也应当作为名教的罪人，其罪恶在于内心，怎么能够容许饶恕呢？

本事：《资治通鉴》卷二一八《唐纪三十四·肃宗》，至德元载（756）。

二　李泌辞相为唐室兴亡之大机

李长源间关至灵武，肃宗命为相而不受，以白衣为宾友，疑乎其洁身高尚也，而其后历仕中外，且终相德宗矣，此论者所未测也。抑而下之，则讥其无定情，始以宾友自尊，而终丧其所守。推而高之，则谓其鄙肃宗之乘危自立，紊大伦而耻与翼戴之列。夫长源志深识远，其非始自尊而终耽宠禄也明甚。若鄙肃宗之自立，则胡为冒险间行以参帷幄，既与大谋，又恶可辞推戴之辜邪？夫长源之辞相，乃唐室兴亡之大机，人心离合、国纪张弛之所自决，悠悠者恶足以知之？

玄宗之几丧邦也，惟其以官酬功，而使禄山怀不得宰相之忿，仇忮廷臣，怨怼君父，而逞其毒。玄宗出奔，肃宗孤起于边陲，以待匡救于群臣。于斯时也，人竞乘时以希高位，而不知所厌止者也。凡天下一败而不能复兴之祸，恒起于人觊贵宠而君轻爵位。贵宠可觊，则贤不肖无别，而贤者不为尽节；爵位既轻，则劝与威无以相继，而穷于劝者怨乃以生。长源知乱之必生于此也，故玄宗知其才，欲官之，而早已不受；抑知必反此而后可以立功也，故肃宗与商报功之典，而曰“以官赏功，非才则废事，权重则难制，莫若疏爵土使比小郡，而不可轻予以宰相之名”。唯然，犹恐同功共事之人，侈望之积习不化，故己以东宫之友，倚任之重，联镳对榻之隆，而居然一布衣也；则人不以官位为贵而贵有功，不以虚名为荣而荣有实，天宝滥竽之敝政，人耻而不居，而更始“羊头关内”、高纬“鹰犬仪同”，败亡之覆轨，不复蹈焉。

呜呼！此长源返极重之势，塞溃败之源，默挽人心、扶危定倾之大用，以身为鹄，而收复之功所自基也。深矣远矣，知之者鲜矣。以示人臣遇难致身、非贪荣利之大节，以戒人主邂逅相赏、遽假威福之淫施，不但如留侯智以全身之比也。其后充幕僚、刺外州，而不嫌屈驯，至德宗之世，始以四朝元老任台鼎之崇，进有渐也，士君子登用之正，当如此尔。昭然著见而人不测，乃疑其诡秘无恒也。吴聘君一出山而即求枚卜，视此能勿惭乎？

【译文】

唐肃宗即位后，召李泌（字长源，后封邺县侯，故称李邺侯）参谋军事，李泌经过艰辛的长途跋涉辗转来到灵武，拒绝接受肃宗要他担任宰相的任命，以布衣的身份作为幕宾和朋友，有人猜测这是因为他洁身自好、品行高尚，但后来他历官朝廷内外，而且最终在唐德宗朝（780—804）当了宰相，这是评论的人所没有预料到的。如果贬低而鄙视他，就会讥笑他没有恒定的心志，开始时还以幕宾朋友的身份保持自尊，最后却放弃了自己的坚守。如果推崇而褒扬他，就会说他鄙视唐肃宗李亨乘危难之际自立为帝，紊乱君臣之间的伦常大道，因而耻于位居拥戴唐肃宗的大臣行列。李泌心志深邃、识见长远，并非开始以幕宾朋友求得自尊而最终沉迷于高官厚禄，这是很清楚的。如果他鄙视唐肃宗自立为帝，那又为什么要冒着危险艰辛跋涉来到灵武运筹帷幄，已经参与了军国大计的谋划，又怎么能推辞拥戴肃宗的罪责呢？李泌推辞宰相之位，乃是唐朝兴亡变化的关键，人心的离散与聚合、国家法纪的伸张与废弛都取决于这个事件，庸俗浅陋的人又怎么能够知道呢？

唐玄宗李隆基几乎导致国家的沦丧，正是因为他以官职来酬谢功劳，从而使安禄山心怀不能得到宰相之位的怨恨，仇视和嫉恨朝廷大臣，不满和怨恨皇上，而发泄其奸诈和狠毒之心。安史之乱后，唐玄宗出逃四川，唐肃宗孤立地崛起于边陲，以等待群臣来扶正和挽救国家。在这个时候，人们都争着趁机谋取高官厚禄，不知道他们到什么境地才能满足和遏止。大凡天下一旦惨败就不能复兴的祸患，常常发端于人们觊觎尊贵荣宠的地位而天子却轻易授予他们所希冀的爵位。尊贵荣宠可以觊觎，那么贤能君子和不肖之徒的待遇就没有分别，贤能君子就不会为国效力尽节；爵位既然可以轻易授予，那么激励与威权就无以为继，而那些得不到激励的人就会产生怨恨。李泌知道祸乱必定会产生于此，所以唐玄宗知道他的才能想要授予他官职，他早已推辞不受；他也知道必须拨乱反正然后才可以建功立业，所以唐肃宗与他商量酬谢功劳的典制，他回答说："以官位奖赏功劳，如果受到奖赏的人没有才干就可能荒废政事，授予的官位权力过重就可能难以控制，不如分散爵位和封地使其与较小的郡县相当，而不可轻易授予宰相的名称。”即使这样，还担忧同等功劳、共同从事的人，过分期望的积习难以改变，所以自己作为肃宗当太子时的朋友，受皇帝倚靠信任之重，以至于联镳按辔而行，对榻论道而眠，居然是一介布衣。这样人们就不以官位爵禄为尊贵，而以建功立业为尊贵，不以虚名为光荣，而以实绩显功为光荣，天宝年间滥竽充数的弊政，使人们都感到耻辱不愿为官，而两汉之际更始帝刘玄滥授官爵，以致有“灶下养，中郎将；烂羊胃，骑都尉；烂羊头，关内侯”的歌谣，北齐后主高纬封赏过滥，“马及鹰犬乃有仪同之号”，他们败亡的覆辙，唐朝就不会再重蹈了。

唉！这是李泌为了扭转积重难返的局势，堵塞国家治理溃败的根源，默默地挽回人心、扶危定倾最重要的策略，他以自身作为箭靶的中心，而收复天下河山之功由此而得以奠定。李泌的用心深远，能够理解他的人太少了。他以此表明大臣遇到国家危难勇于献身而不贪图荣华富贵的大节，以此告诫天子偶然相遇就进行封赏，马上假借威福的过分而不合礼制的举措，不仅仅是像汉初留侯张良以智谋保全自身所可比拟的。后来他充任幕僚、到外州担任刺史不嫌委屈，到唐德宗在位时期，才以四朝元老的身份出任三公的尊崇之位，其晋升是循序渐进的，士人君子进用的正道，就应当像这样。昭然显现而人们猜测不到，还怀疑他行为诡秘而没有恒定的志向。明代学者吴与弼一出山就谋求以大臣之名入阁办事，与李泌相比能不惭愧吗？

本事：《资治通鉴》卷二一八《唐纪三十四·肃宗》，至德元载（756）。

三　第五琦取资江淮害延千载

自唐以上，财赋所自出，皆取之豫、兖、冀、雍而已足，未尝求足于江、淮也。恃江、淮以为资，自第五琦始。当其时，贼据幽、冀，陷两都，山东虽未尽失，而隔绝不通，蜀赋既寡，又限以剑门栈道之险，所可资以赡军者唯江、淮，故琦请督租庸自汉水达洋州，以输于扶风，一时不获已之计也。乃自是以后，人视江、淮为腴土，刘晏因之辇东南以供西北，东南之民力殚焉，垂及千年而未得稍纾。呜呼！朝廷既以为外府，垂腴朵颐之官吏，亦视以为膻场，耕夫红女有宵匪旦，以应密罟之诛求，乃至衣被之靡丽，口实之珍奇，苛细烦劳以听贪人之侈滥，匪舌是出，不敢告劳，亦将孰与念之哉！

自汉以上，吴、越、楚、闽，皆荒服也。自晋东迁，而江、淮之力始尽。然唐以前，姚秦、拓拔、宇文，唐以后，自朱温以迄宋初，江南割据，而河洛、关中未尝不足以立国。九州之广，岂必江滨海澨之可渔猎乎？祖第五琦、刘晏之术者，因其人惜廉隅，畏鞭笞，易于弋取，而见为无尽之藏。竭三吴以奉西北，而西北坐食之；三吴之人不给馇（zhān）粥之食，抑待哺于上游，而上游无三年之积，一罹水旱，死徙相望。乃西北蒙坐食之休，而民抑不为之加富者，岂徒天道之亏盈哉？坐食而骄，骄而佚，月倍三釜之餐，土无再易之力，陂堰不修，桑蚕不事，举先王尽力沟洫之良田，听命于旱蝗而不思捍救，仍饥相迫，则夫削妻骸，弟烹兄肉，其强者弯弓驰马以杀夺行旅，而犹睥睨东南，妒劳人之采梠（lǚ）剥蟹也。谁使之然，非偏困东南以骄西北者纵之而谁咎邪？骄之使横，佚之使惰，贪欲可遂，则笑傲以忘所自来；供亿不遑，则忮忿而狂兴以逞。其野人恶舌喑噁（yìn wù），以胁羸懦之驯民；其士大夫气涌胆张，恫喝以凌衣冠之雅士。于是国家无事，则依中涓、附戚里而不惜廉隅；天下有虞，则降盗贼、戴夷狄而不知君父；何一而非坐食东南者之教猱豢虎，以使农非农、士非士，日渐月靡，俾波逝而无回澜哉？

冀土者，唐尧勤俭之余泽也；三河者，商家六百载奠安之乐土也；长安者，周、汉之所久安而长治也。生于此遂，教于此敷，一移其储偫（zhì）之权于江介，而中原几为无实之土。第五琦不得已而偶用之，害遂延于千载。秉国之均，不平谓何。非均平方正之君子，以大公宰六合，未易以齐五方而绥四海。邵康节犹抑南以伸北，亦不审民情天化之变矣。

【译文】

在唐朝之前，国家财赋征收的来源都取自于豫州、兖州、冀州、雍州，而且已经非常充足了，从来没有从江淮地区征收以求足用。依靠江淮地区作为国家财赋获取的凭借，是从唐肃宗时期的监察御史、江淮租庸使第五琦开始的。当时，叛贼占据幽州、冀州，攻陷长安、洛阳，山东地区虽然没有全部沦陷，但被叛军隔绝道路不通，四川的赋税已经很少，又因剑门栈道险阻的局限，能够供养军队的只有江淮地区，所以第五琦请求亲自督运江淮地区征收的租庸，从汉水运到洋州（今陕西洋县），以便运输到扶风（今陕西扶风县，隶属宝鸡市），这是一时不得已的办法。可是从此之后，人们都视江淮地区为膏腴之地，刘晏继续运送东南财赋以供给西北，东南地区百姓的财力因此被搜刮殆尽，延续千年而没有得到稍许缓解。唉！朝廷既然已经把江淮地区作为设在外地的府库，那些大腹便便、鼓腮嚼食的贪官污吏，也把那里视为有利可图的地方，于是乎耕夫织女通宵达旦，以应付朝廷严刑峻法的强制征收，以至于上交奢华的衣被，珍奇的饮食，工作严苛而琐碎、繁杂而辛苦，听任那些贪婪之人的奢侈无度，并不是民众笨嘴拙舌，而是不敢诉说自己的劳苦，又有谁体恤他们呢？

在汉朝之前，吴、越、楚、闽，都是远离京师的边远之地。自从永嘉之乱晋室南渡迁往东南之后，江淮地区的民力才被剥削殆尽。然而在唐朝之前，姚氏所建的后秦、拓跋氏所建的北魏、宇文氏所建的北周，唐朝之后，从朱温建立后梁开启五代十国到北宋初年，江南地区偏安割据，河洛、关中地区也未尝不能供给建立国家的用度。以天下九州地域之广，难道一定只有江滨和沿海地区可供渔猎征取财赋吗？尊奉第五琦、刘晏这种做法的，是因为江南地区的百姓爱惜国家，畏惧鞭笞拷打，容易征收获取，从而视之为取之不尽的宝藏。竭尽三吴地区的赋税以供给西北，而西北地区却坐享其成；三吴地区的百姓连稠粥都喝不上，还要期待长江上游供给食粮，而上游连三年的积蓄也没有，一旦遭到水旱灾害，百姓饥饿而死和流离失所者相望于道路。这样，西北地区蒙受坐享其成的福禄，而当地百姓却并不因此而更加富裕，这难道只是天道的盈亏吗？他们坐享其成就会产生骄纵，骄纵无度就会奢侈淫逸，一般年成每人每月的食物供应增加了两倍，土地再也无法增加产量，湖塘堤坝等水利设施不加修整，桑蚕副业无人从事，结果是把古圣先王尽力开辟出来的良田，听任旱灾蝗灾的危害而不设法拯救，灾荒频繁，饥寒交迫，以至于丈夫分解已故妻子的骸骨作为柴烧，弟弟烹煮已故兄长的肌肉以充饥，强悍有力的人弯弓驰马杀戮抢劫过往的行旅，在这种情况下还窥探觊觎东南地区，嫉羡辛劳的百姓采摘野菜、捕鱼剥蟹。是谁导致他们走到如此地步，如果不是那些偏重困扰东南地区的百姓以使西北地区百姓产生骄纵情绪的人放纵他们，又是谁的过错呢？骄纵使他们横行无忌，安逸使他们日益怠惰，贪婪的欲望可以满足，就嬉笑游玩、逍遥自在忘了自己从何处来；一旦供应来不及、跟不上，就嫉恨忿怒，疯狂行动以实现自己的野心。那些狂野的百姓就会以恶毒的语言厉声怒喝，以胁迫那些羸弱怯懦的驯顺之民；那些士大夫恼怒，恐吓以凌辱那些具有功名的文人雅士。因此在天下无事的时候，他们就依附朝中的太监、投奔外戚而不顾惜自己的端方品行；天下若有变故，他们就投降盗贼、拥戴夷狄不知有君臣父子的伦常大道。哪一个不是坐享东南地区赋税供给的被教唆的爬树的猿猴、被豢养的吃人的猛虎，结果使得农民不能安身耕田务农，士人不能安心读书进仕，这样的形势一天天恶化、一月月萎靡，最终无可挽回，就像波浪一样消逝，连一点回旋的波澜也没有呢！

冀州的土地，是上古唐尧勤俭治理的余泽遗惠；三河（唐代的河南、河北、河东三道）地区，是商朝六百年统治所奠定的乐土；京师长安，是周朝、汉朝长治久安的首善之区。在这些地区，人民的生活得以顺遂，国家的教化得以传播，一旦把国家财富储蓄的大权转移到江淮地区，而中原地区几乎就成为有名无实的所在。第五琦不得已偶尔采用这种方法，其祸患就延续了上千年。掌握国家治理大权的公平原则，为什么在治理实践中如此不公平呢？如果不是均平方正的贤明君子，以大公至正的原则主宰天下，就不可能轻易地使中原和四方整齐划一从而安抚天下四海的百姓。宋代的邵雍（谥康节）仍然主张抑制南方以伸张北方，这也是没有审视民俗风情和上天禀赋的变化。

本事：《资治通鉴》卷二一八《唐纪三十四·肃宗》，至德元载（756）。

四　制治于未乱，保邦于未危

制治于未乱，保邦于未危，乃可以为天子之大臣。《易》曰："其亡！其亡！系于苞桑。"九四捍御之功，不如上九之豫防，足以倾否，九五之不亡，上九系之也，李长源当之矣。

其与肃宗议功臣之赏，勿以官而以封邑，故贼平而无挟功以逼上之大臣，此之谓保邦于未危。不然，则如刘裕之诛桓玄、李克用之驱黄巢，社稷随之以倾矣。

其谏肃宗以元帅授广平、勿授建宁也，故国储定而人心一。全二王兄弟之恩，息骨肉猜疑之衅，此之谓制治于未乱。不然，则且如太宗宫门流血之惨，玄宗、太平构祸之危，家国交受其伤矣。

太原之起，秦王谋定而乃以告；韦氏之诛，临淄不告相王而行；非適非长而独建大功，变起宫庭，高祖、睿宗亦无如之何也，非君父之舍適长而授庶少以权也。使肃宗以元帅授建宁，则业受命于己矣，是他日之争端，肃宗自启之也。乃肃宗之欲命建宁，非有私宠之情，以建宁英果之姿，成功较易，则为当日平贼计者，固得命帅之宜，廷臣自以为允。乃长源于图功之始，豫计未有之隙，早涂塈(jì)以泯其迹，决之一言，而乱萌永塞，所贵于天子之有大臣者，唯此而已矣。事已舛，祸已生，始持正以争于后，则虽以身殉，国家不蒙其佑，奚足赖哉？

且夫逆贼有必亡之势，诸将有克敌之能，广平虽才让建宁，亦非深宫豢养无所识知者也。假元子之宠灵，为将士先，自可制贼之死命，无待建宁而始胜其任，长源知之审矣。广平为帅，两京旋复，亦非拘名义以隳大功。知深虑远，与道相扶，仁人之言其利溥，此之谓也。故曰必如是而后可以为天子大臣也。

【译文】

治理政务要在政治没有出混乱的时候，保全国家要在天下没有出现危机的时候，这样才可以胜任天子的大臣。《易经·否卦》上说："快要掉下来啦！快要掉下来啦！就像很重的东西系在很细而柔软的苞茅和桑枝之上摇摆，太危险了。"九四爻刚居柔位，有捍御保护之功，不如上九爻早做预防，足以颠覆与否，九五爻之所以不亡，正是有上九爻来加以维系，李泌足以担当此任。

李泌和唐肃宗商议对于功臣的封赏办法，只授予封邑而不授予官爵，所以叛贼被平定之后没有出现以功勋威逼天子的大臣，这就是所谓的保全国家在天下没有出现危机的时候。如果不是这样，那么就像东晋末年刘裕诛杀叛臣桓玄，唐朝末年李克用驱逐起义军黄巢一样，国家社稷也随之而灭亡了。

李泌劝谏唐肃宗把天下兵马大元帅之职授予广平王李豫，不授予建宁王李倓（tán），所以皇位继承人确定下来，天下人心归属也就统一了。这件事成全了二王兄弟的情谊，平息了骨肉猜疑的祸端，这就是所谓的治理政务要在政治没有出现混乱的时候。如果不是这样，那么就像唐太宗李世民发动玄武门之变导致兄弟喋血的惨剧，唐玄宗与太平公主之间造成祸乱的危险，不论是皇室还是国家都深受其害。

早在唐高祖李渊太原起兵之时，秦王李世民密谋定策而后才禀报李渊；韦皇后被诛杀，临淄王李隆基不禀报相王李旦就采取行动，既不是继承人也不是长子而独建大功，事变突发于宫廷之中，事后唐高祖、唐睿宗也没有什么办法，并不是君父舍弃嫡长子而将皇位授予庶子或少子。假使唐肃宗把元帅之职授予建宁王李倓，那么既然已经受命于自己，这样日后兄弟之间的争端就是由唐肃宗李亨自己酿成的。至于唐肃宗想要任命建宁王李倓为元帅，并非有私心宠爱之情，而是因为建宁王具有英勇果断的才性，比较容易取得成功，是当时平息叛军的一时之计，元帅的任命本来也是得其所宜的，朝廷大臣也认为比较允当。只有李泌在平叛之功的开始，就预计到兄弟间尚未发生的嫌隙，早加防范以消除其兄弟不睦的痕迹，以一句话加以决策，就永远消除了祸乱的萌芽，天子拥有自己的辅弼大臣最为难能可贵的，也就是这一点罢了。等到事情已经错乱，祸患已经发生，才秉持正道大义在事后争辩，即便以身殉国，国家也得不到护佑和挽救，又有什么可以依赖的呢？

况且当时叛贼有必然灭亡的趋势，诸将也有克敌制胜的才能，广平王李豫虽然才能不如建宁王李倓，也并非生长于深宫毫无识见的人。借着嫡长子的恩宠光耀，身先士卒，自然可以钳制叛贼之死命，无须建宁王李倓出掌军权才能胜任，（对于此事）李泌心里非常清楚。广平王李豫担任天下兵马大元帅，长安、洛阳不久就得以收复，也并没有因为拘泥于嫡庶长幼的名义而毁坏平乱复国的大功。智谋深邃，思虑长远，且与正道大义相辅相成，仁义之人说的话益处很大，说的就是这种情况。所以说必须像这样，然后才可以作为天子的大臣。

本事：《资治通鉴》卷二一八《唐纪三十四·肃宗》，至德元载（756）。

五　借援平叛以蹂中国

借援夷狄，导之以蹂中国，因使乘以窃据，其为失策无疑也。然而有异焉者，情事殊，而祸之浅深亦别焉。

唐高祖知突厥之不可用，特以孤梁师都、刘武周之党，不得已从刘文静之策，而所借者仅五百骑，未尝假以破敌也，故乍屈而终伸。渭上之役，太宗能以数骑却之，突厥知我之强而无可挟以逞也，故其祸尤轻。

石敬瑭妄干大位，甘心臣虏，以逞其欲，破灭后唐者，皆契丹之力也；受其册命，为附庸之天子，与宋之借金亡辽、借元亡金，胥仰鼻息于匪类，以分其濡沫，则彼已操我之存亡生死而唯其吞吸者也，故其祸尤重。

肃宗用朔方之众以讨贼收京，乃唯恐不胜，使仆固怀恩请援回纥，因胁西域城郭诸国，征兵入助，而原野为之蹂践；读杜甫“拟绝天骄”、花门“萧瑟”之诗，其乱大防而虐生民，祸亦棘矣。嗣是而连吐蕃以入寇，天子为之出奔，害几不救。然收京之役，回纥无血战之功，一皆郭汾阳之独力，唐固未尝全恃回纥，屈身割地以待命也。则愈于敬瑭远矣，有自立者存也。

夷考其时，西京被陷，而禄山留洛，不敢入关，孙孝哲、安守忠、李归仁、张通儒、田乾真之流，日夜纵酒宣淫而无战志，搜索民财，人皆怨愤，颙（yóng）首以望王师，薛景仙破贼于扶风，京西之威已振，畿内豪杰杀贼应官兵者四起，肃宗既拥朔方之众，兼收河西、安西之旅，以临欲溃之贼，复何所借于回纥而后敢东向哉？此其故有二，皆情势之穷，虑不能及于远大也。

其一，自天宝以来，边兵外强，所可与幽、燕、河北并峙者，唯王忠嗣之在朔方耳。玄宗自削其辅，夺忠嗣而废之，奉忠嗣之余威收拾西陲者，哥舒翰也。翰为禄山屈而称病闲居，朔方之势已不振，既且尽撤之以守潼关，而陷没于贼。郭、李虽分节钺，兵备已枵，同罗叛归，又扼项背以掣东下之肘，故郭、李志虽坚，名虽盛，而军孤且弱，不足压贼势于未灰。陈涛之败，继以清渠，不得专咎房琯而谓汾阳之所向无前也。推其致弱之由，玄宗失计于前，肃宗不能遽振于后，积弱乍兴，不得不资回纥以壮士气而夺贼胆，其势然也。

其一，肃宗已至凤翔，诸军大集，李泌欲分安西、西域之兵并塞以取幽、燕，使其计行，则终唐之世，河北跋扈之祸永消；而肃宗不从，急用回纥疾收长安者，以居功固位不能稍待也。其言曰："切于晨昏之恋，不能久待。"徒饰说耳。南内幽居，父几死于宦竖之手，犹曰功在社稷，晨昏之语，将谁欺乎？盖其时上皇在蜀，人心犹戴故君，诸王分节制之命，玄宗且无固志，永王璘已有琅邪东渡之雄心矣。肃宗若无疾复西京之大勋，孤处西隅，与天下悬隔，海岱、江淮、荆楚、三巴分峙而起，高材捷足，先收平贼之功，区区嫡长之名，未足以弹压天下也。故唯恐功不速收，而日暮倒行，屈媚回纥，纵其蹂践，但使奏效崇朝，奚遑他恤哉？决遣燉煌王以为质而受辱于虏帐，其情然也。

乃以势言之，朔方之军虽弱，贼亦散处而势分，统诸军向长安者凡十五万，回纥六千耳，卒之力战以破贼者，非回纥也，固愈于石敬瑭之全恃契丹，童贯、孟珙之仅随虏后也，故回纥弗敢睥睨而乘之以夺中国。唯其情之已私，则奉回纥以制人，与高祖之假突厥而实不用者殊。是以原野受其荼毒，而仆固怀恩且挟之以入为寇难，非汾阳威信之能服强夷，唐亦殆矣。

故用夷者，未有免于祸者，用之有重轻，而祸有深浅耳。推其本原，刘文静实为厉阶，仅免于危亡，且为愚夫取灭之嚆（hāo）矢，不亦悲乎！

【译文】

向夷狄借援兵以平定叛乱，结果导致他们蹂躏中国，于是让他们乘机窃据内地，这样的做法毫无疑问是失策的。然而其中也存在不一样的情况，当时的情势各不相同，所造成的祸患深浅程度也就有所区别。

唐高祖李渊知道突厥的势力不可加以利用，只是为了孤立北方的割据势力梁师都、刘武周的党羽，不得已才采纳刘文静的建议向突厥借兵，所借援兵也只有五百骑兵，并不曾借助这些援兵来临阵破敌，所以还能保证暂时的屈服终究可以伸张。渭水桥之战，唐太宗李世民能以少数骑兵击退敌军，突厥知道我方军力强大，没有可以挟持的理由以逞其凶狂，所以带来的祸乱非常轻微。

石敬瑭妄图夺取帝位，甘心臣服于契丹政权，以实现他的野心，最终打败并灭亡后唐的，都是契丹的力量。所以石敬瑭接受契丹的册封，作为附庸天子，这与宋朝借助金国的军事力量灭亡辽国、借助蒙古的力量灭亡金国一样，都是仰鼻息于边疆少数民族政权，以便分享其濡沫余惠，那么对方已完全掌握了我方生死存亡的大权，只有任凭其吞并和掠夺，所以带来的祸患非常严重。

唐肃宗利用朔方军队来讨伐叛军、收复京城，又唯恐不能取得胜利，就派遣大将仆固怀恩向回纥求借援兵，并借助回纥的力量胁迫西域诸国征兵入助，从而导致唐朝的国土遭到践踏和蹂躏。我们阅读杜甫所作《诸将五首》中的“韩公本意筑三城，拟绝天骄拔汉旌。岂谓尽烦回纥马，翻然远救朔方兵”，以及《留花门》中的“花门（回纥的别名）既须留，原野转萧瑟”的诗句，可以看出，借回纥兵入援这一事件打破了“裔不谋夏，夷不乱华”的重大原则，给百姓带来了残酷的祸害，其祸乱也太严重了。接下来回纥又联合吐蕃入侵，唐代宗李豫被迫出京逃亡，其危害几乎无可挽救。然而，唐肃宗收复京城的战役，回纥军队实际上并无血战之功，一应战事全仰仗郭子仪的独力支撑，唐朝本来也没有完全依靠回纥，屈身割地以听命于回纥。与后来的石敬瑭相比要好得多了，所以还有自立之本。

考察当时的情况，西京长安虽然沦陷，而安禄山还滞留于东都洛阳，不敢入关，其部将孙孝哲、安守忠、李归仁、张通儒、田乾真之流，日夜纵酒宣淫而没有斗志，而且因为他们搜刮民财，民众都胸怀怨愤，都仰首盼望唐朝军队的到来，薛景仙在扶风大败叛军，京西地区的军威已经振作起来，都城附近的豪杰从四面八方蜂拥而起杀死叛军以响应官兵，唐肃宗既已拥有朔方的军队，又加上河西、安西的军队，以此来对付行将崩溃的叛军，为什么还要借助回纥的兵力才敢向东挺进呢？其中的缘故有两个方面，都是迫于当时危急而困窘的情势，思虑不能达到长远的问题。

第一，从天宝年间（742—755）以来，边镇的军事力量强大，能和幽、燕、河北等藩镇兵力并驾齐驱的，只有河西、陇右节度使王忠嗣的军队。唐玄宗自毁长城，剥夺王忠嗣的兵权并废黜了他的职务，继王忠嗣的余威收复西北边陲的，只有哥舒翰。哥舒翰受到安禄山的打击迫害而称病闲居，朔方军队的势力已经萎靡不振，不久又受命全部撤回来镇守潼关，结果全部被叛军消灭。郭子仪、李光弼虽然分掌军事大权，然而军备已很空虚，回纥诸部之一的同罗投降叛军之后，又扼住其项背，牵制他们不能专心东下讨贼，所以郭子仪、李光弼虽然意志坚定，名望很高，但他们所率领的军队孤立而又疲弱，不足以压服叛贼的气势。陈涛斜（今陕西咸阳东）之战失败，接着清渠（今西安城西三桥附近）之战又败，不能单单责怪招讨西京兼防御蒲、潼两关兵马、节度等使房琯，而认为天下兵马副元帅郭子仪所向无敌。推究导致其兵力疲弱的原因，唐玄宗在前期指挥不当，唐肃宗在后期又不能立即振作军威，长期积弱的兵力要想骤然之间兴盛起来，这就不得不借助回纥军队来提振官军的士气，打击叛贼的气焰，这是势所必然的道理。

第二，唐肃宗当时已到了凤翔，各路大军聚集待命，李泌建议将安西、西域的兵马分出来沿着北部边塞直取幽、燕，假使他的建议被采纳并实行，那么唐朝后世，河北藩镇割据跋扈的祸患就可能永远消除。但唐肃宗没有采纳，他当时正急于以回纥兵快速收复长安，以建立功业来巩固自己的地位，不容许稍稍等待。他口头上说：“我内心关切朝夕事奉太上皇的牵挂之情，不能长久等待。”只是粉饰自己的说法罢了。后来太上皇幽居于兴庆宫，父皇几乎死在宦官之手，还说功在江山社稷，朝夕事奉这样的话，又能欺骗谁呢？大概那时太上皇在四川，人心仍然拥戴过去的天子，而诸王分别节制一方军权的诏命，说明唐玄宗尚且没有坚定心志让太子继位，永王李璘又已经怀有仿效晋朝琅琊王司马睿东渡的雄心了。唐肃宗如果不能快速建立收复西京的大功，而孤立处于西北边陲，与天下四方隔绝，海岱、江淮、荆楚、三巴地区诸王和藩镇的势力崛起而与他分庭抗礼，才能卓异的人捷足先登，率先成就平定叛乱的功劳，依靠区区嫡长子的名分，是不足以弹压天下的。所以他唯恐功业不能马上获取，于是日暮途远，倒行逆施，曲意讨好回纥，放纵他们践踏蹂躏国土，只要能在短暂时间内奏效，哪里还能顾惜其他呢？决意派遣敦煌王李承寀作为人质前往回纥的军帐中受辱，这是情所必然的事。

以当时形势而言，朔方的军队虽然虚弱，安史叛军也分据各地而力量分散，统率诸军直逼长安的有十五万人，而回纥兵只有六千人，最后经过苦战打败叛军的，也不是回纥的军队，这本来就远胜过五代时期石敬瑭完全依赖契丹，北宋末年童贯、孟珙仅仅追随在金军之后灭亡辽国，所以回纥不敢轻视唐朝而乘机夺取中国。只是唐肃宗在情感上已经出于私心，因而他尊奉回纥来压制诸王，与唐高祖李渊借突厥兵而实际不予重用的情况完全不同。广袤的国土因此受到回纥兵的荼毒践踏，而前往借兵的大将仆固怀恩又以此要挟入内叛乱，如果不是汾阳王郭子仪的威信可以制服强横的回纥军队，那么唐朝也差不多要灭亡了。

所以借用边疆少数民族的军力，没有能免于祸乱的，倚靠他们有轻有重，因而所带来的祸患也就有深有浅。究其根源，太原起兵时建议借突厥兵的刘文静实为罪魁祸首，唐朝仅仅是免于危亡，况且被后世愚昧的人作为自取灭亡的先声和开端，不也是太悲惨了吗？

本事：《资治通鉴》卷二一八《唐纪三十四·肃宗》，至德元载（756）。

六　事君上与事父母

“资于事父以事君而敬同。”但言敬也，则以臣之事君者事父焉可矣。乃抑曰“资于事父以事母而爱同”。爱同于母，奚徒道之必尽，抑亦志之必从，饮食男女，非所得间也，岂容以事君者事父乎？责难于君，敬之大者也；责善贼恩，伤爱之尤者也；至于此，则以臣之事君者事父，陷于不孝，以伤天性，辱死及身而不足以赎其愆矣。

均一事也，君父有过，臣谏之，则纳者十之三四也；虽不纳，而不施以刑杀者十之五六也；遇暴君而见戮见杀，十之一二耳，抑虽死而终不失其忠。子则不然，子谏而父纳，自非至仁大圣，百不得一焉；况乎宠妾媚子，君所溺爱，位相逼，势相妨，情相夺，岂人子所能施其檠（qíng）括乎？申生以君安骊姬之故，不忍辩而死，君德失，宗社危，而以不忍君失其宠嬖（bì）之情，任其煽惑，喑死无言；臣而若此，则非臣也，臣以责难为敬者也。子之事父，爱敬并行，而敬由爱起，床笫之欢，私昵之癖，父安而不得不安之，忍以臣道自居哉？非徒祸之及己而陷父以不慈也，言焉而未有听焉者也，争焉而未有能胜焉者也，徒为无益以召死亡，庸讵非一朝之忿乎？

肃宗方在军中，而张良娣以护庇见嬖，党于李辅国以乱政，李长源恶之，建宁王倓亦恶之。呜呼！良娣虽不可容，岂倓之所得恶者邪？长源秉臣道之正以匡君，倓违子道之常以逆父，故肃宗虽惑良娣，辅国虽伏机械以求害长源，而终保全恩礼，悠然以去；于倓则发蒙振落挤之死，而肃宗不生瘣（huì）木之悲；其道异，其情殊，其得失不同，而其祸福亦别，岂有爽与？

《小弁》之怨，所以不害乎为君子者，幽王无忠直拂弼之臣，而平王之傅亦徒讼己诬，不斥褒姒之恶也。当此之时，肃宗任长源以腹心，长源业不恤良娣之怨以与争成败，则倓授规正之责于长源，而可平情以静听；乃欲杀良娣以为长源效，不已傎（diān）乎？相激而陷父以杀子之大恶，自贻之矣。

所惜者，长源与倓投分不浅，而不能固谏倓以安人子之职，倓死，乃追悔而力止广平之忿怒，至于他日涕泣以讼倓之冤，亦已晚矣。岂倓之刚愎，不可与深言邪？不然，则长源善处人父子兄弟之间，功屡著矣，而徒于倓失之，抑又何也？

【译文】

《孝经·士章第五》上说：“以事奉父亲的尊敬之心来

事奉天子，其尊敬之心是一样的。”只说尊敬，那么以大臣事奉天子的尊敬之心来事奉父亲也是可以的。可是其中又说“以事奉父亲的敬爱之心来事奉母亲，其敬爱之心也是一样的”。对父亲、母亲一样敬爱，哪里仅仅是道义上必须尽到，而父母的心志也必须服从，一般的饮食男女，与父母之间的感情是不能有隙可乘的，怎么能容许以事奉天子的尊敬之心来事奉父亲？指责天子的过错，是极大的尊敬；而父子之间以从善相指责，则会伤害恩情，是最伤感情的事情；到了这等地步，以事奉天子的尊敬之心来事奉父亲，就会陷于不孝，从而伤害天性，即使自己屈辱至死也不足以赎其罪恶。

同样是一件事，天子有过错，大臣加以劝谏，能够采纳的十有三四；即使不被采纳，不对他们施以刑法诛杀的也十有五六；遇到暴君被杀戮的也不过十之一二，而且即使死难，最终也不失其忠心。可是儿子就不是这样了，儿子劝谏得到父亲采纳，若不是什么至仁大圣，一百个人中也不见得有一个。况且那些宠妾及所爱之人，为天子所宠爱，地位相逼迫，权势相妨碍，情感相牵制，难道做儿子的能施展其约束矫正的才能吗？春秋时期晋献公的太子申生因君父宠爱骊姬，而骊姬想要立其子奚齐为继承人的缘故，受到诬陷却不忍心辩解而被迫自缢而死，君主的威权恩德丧失，国家的江山社稷危亡，而因为不忍心使君主失去宠妾的情感，听任她煽动蛊惑，屈辱自杀也不辩解。作为臣子能做到如此地步，也就不是臣子了，作为大臣应以责难君主作为尊敬天子的方式。儿子事奉父亲，爱与敬并行不悖，而尊敬起于亲爱，床笫之欢，私昵之好，父亲心安理得，儿子也不得不心安理得，怎么忍心以大臣对待君主的方式自居呢？一旦这样做了，不仅仅会给自己招致祸患，而且会陷父于不慈的境地，苦苦劝谏而没有被采纳的，据理力争而没有能取得成功的，白白地进行毫无益处的努力而招致死亡的，这难道不是发泄一朝的愤怒吗？

唐肃宗李亨当时正在军中，张良娣因为随身事奉周全而得到宠幸，她和宦官李辅国结党营私、扰乱朝政，李泌很厌恶她，建宁王李倓也厌恶她。唉！张良娣虽然无法容忍，难道是作为皇子的建宁王李倓所能厌恶的吗？李泌秉持大臣的正道大义以匡正天子的过错，李倓违背作为儿子的伦常大道忤逆父亲，所以唐肃宗虽受张良娣迷惑，李辅国虽然巧设圈套以求陷害李泌，但最终李泌还是得以保全身家性命，恩礼有加，悠然而去；对于李倓，对付他就像揭开蒙盖在眼睛上的障碍、振落树上的枯叶那样容易，被排挤至死，而唐肃宗丝毫没有丧子之悲。他们二人道义不同，情感不同，其得失也就不一样，其祸福命运也有差别，难道有什么差错吗？

《诗经·小弁》抒写遭受父母抛弃的内心忧愤哀怨，并不伤害其作为正人君子，周幽王没有忠贞正直的辅弼大臣，周平王的辅弼大臣也只是诉说自己的冤枉，而不痛斥褒姒的罪恶。当时，唐肃宗信任和重用李泌作为心腹，李泌业已不顾惜张良娣的怨恨而与之争辩得失成败，在这种情况下，建宁王李倓如果把规谏和矫正的职责授予李泌，就可平心静气地旁观和倾听，可是他却想诛杀张良娣从而为李泌助力，这难道不是太愚蠢了吗？以此相激从而陷父于杀子的大恶，这是他自取的。

可惜的是，李泌与建宁王李倓情意相投、缘分不浅，却不能极力劝谏李倓安守作为儿子的本分，李倓死了之后，他才追悔莫及而竭力阻止广平王李豫的愤怒，至于后来泪流满面地倾诉李倓的冤枉，也已经太晚了。难道是因为李倓刚愎自用，不能和他深入交谈吗？如果不是这样的话，那么李泌能够妥善处理皇家父子兄弟之间的关系，其多次立下卓著的功业，而仅仅在对待李倓的问题上有所失误，这又是为什么呢？

本事：《资治通鉴》卷二一九《唐纪三十五·肃宗》，至德元载（756）。

七 肃宗请就东宫之恶不可道

肃宗表请上皇，自求还东宫修人子之职，虽其饰词，亦子道之常耳，而李长源料玄宗之咈然，果彷徨不进，得群臣就养之表，而后欣然就道，抑何至于此哉？

言之必如其事也，事之必如其心也，君子之以立诚而动物，无有不然者也。然有时乎以交天下之人，犹出之以逊让，饰之以文词，抑以昭雍容谦挹之度，而远直情径行草野倨侮之恶，君臣朋友宾主之间，盖亦择其可用而用之矣。独至于父子之际，固无所容此也。幼而哺以乳，未尝让乳也；长而食以食，未尝让食也；壮而授以室，未尝让室也；天性自然之爱，不忍欺也。可欲者欲之，可得者得之，以诚请，以诚受，天子虽尊，天下虽大，亦将彻之卮酒豆肉而已矣，父犹父也，子犹子也，夺之非怨，予之非恩，父母而宾客之，岂复有人之心哉？

肃宗自立于灵武，其不道固矣，天下不可欺，而尤不可自欺其心，以上欺其父。伪为辞让以告天下，人亦孰与谅之？乃于拜表奉迎之日，悲欢交集之顷，为饰说以告父，此何心邪？贼未破，京未收，寸功不见于社稷，则居大位而不疑；已破贼收京，饮至论功，正南面之尊，乃曰退就东宫，归大位于已称上皇之老父乎？肃宗之为此也，探玄宗失位怏悒之情而制之也。若曰吾非不欲避位，而天命已去，人心已解，父且不能含羞拂众以复贪大宝，折服其不平之气，而使钳口戢志以无敢复他也。呜呼！天理灭，人心绝矣。

玄宗固曰彼已自立而复为此辞者，不以父待我，而以相敌之情相制，心叵测矣。司马懿称病以谢曹爽，唐高祖输款以推李密，其后竟如之何也，尚能忘忧以安寝食哉？不孝之大者，莫甚于匿情以相胁，故自立之罪可原，而请就东宫之恶不可逭。非邺侯之善处，则南宫禁锢，不待他日，且使自毙于成都，恶尤烈于卫辄矣。群臣表至，玄宗乃曰："今日为天子父乃贵。"所以明其不复愿为天子而自保其余年也，悲哉！

【译文】

京师长安收复之后，唐肃宗上表请避难四川的太上皇东归返回京师，并自请回东宫做太子以尽儿子的职责，尽管这是他的矫饰之词，但这样做也是作为儿子应当遵守的伦理常道。李泌预料唐玄宗会不高兴，果然玄宗彷徨不回长安，等收到群臣请速返还京师以接受孝养的表章后，才欣然动身上路，为什么会到这种地步呢？

人的言语一定要与事情本身相符合，事情本身一定要与内在的心思相符合，正人君子以树立诚意而感动他人，没有不是这样做的。然而有时候为了结交天下之人，还要表现出推辞谦让的态度，并且以文章辞令加以修饰，以表明自己雍容、谦逊、退让的气度，从而避免随心所欲而径直去做、言行鄙陋而倨傲侮慢所造成的恶果，君臣、朋友、宾主之间，大概也是要选择其可以采用的方式而付诸行动。单单对于父子之间，本来就不能容忍采用这种方式。幼小的时候给他哺乳，从未有将乳汁相让的；长大之后给他食物供其饮食，也从未有将饮食相让的；到了壮年给他娶妻，也从未有将妻室相让的，父子之间天性自然的爱，是不能容忍相互欺骗的。可以索要的东西就索要，可以得到的东西就得到，以诚意去请求，也以诚意来接受，天子的地位虽然尊贵，天下的版图虽然广大，也将如同撤减膳食中的一杯酒、一盘肉罢了，作为天子的父亲仍然像普通的父亲一样，作为皇子的儿子仍然像普通的儿子一样，撤减一杯酒、一盘肉他们也不会怨恨，给予一杯酒、一盘肉他们也不会感恩，对待父母如同宾客一样，难道还有常人之心吗？

唐肃宗在灵武自立为帝，这本来就是不合道义的，天下是不能够欺骗的，更不能欺骗自己的内心，从而对上欺骗他的父亲。假装辞让帝位以宣告天下，天下之人还有谁能谅解他？在拜表奉迎玄宗还都之日，父子悲欢交集之时，还违心地说出这些矫饰的话告诉父亲，这是什么居心啊？在叛军尚未平息，京师尚未收复，为国家江山社稷尚未建立尺寸之功的时候，就占据帝位而毫不迟疑；等到已经平息叛贼、收复京师，在奏凯庆功之宴上论功行赏，端正自己的南面之尊，却说要退居东宫做太子，把帝位归还给已称太上皇的老父亲手里，这能行吗？唐肃宗之所以这样做，是想试探玄宗失去帝位后怏怏不乐、心情压抑的情形，从而加以控制。如果说我不是不想避位，可是天命已去，人心已散，父亲当然不能不顾羞耻、违背众人心意再来贪图帝位，挫败他内心的不平之气，使他闭口不言、平息心志不敢再有别的企图。唉！天理毁灭沦丧，人心恩义断绝了。

唐玄宗固然可以说："他已自立为帝还说这样的话，是不把我当作父亲来对待，而是以相互敌对的情感来加以控制，真是居心叵测啊。"三国时期曹魏托孤大臣司马懿称病以麻痹大将军曹爽，唐初高祖李渊卑词厚礼以抬高李密，其后又是怎么样呢，难道可以忘掉忧患而安心饮食起居吗？最大的不孝，没有比得上隐匿真实的想法而进行胁迫的了，所以唐肃宗自立为帝的罪行可以原谅，而他请求回到东宫做太子的恶行却不能推卸。假如不是李泌（受封邺县侯，故又称李邺侯）善于居中调停处理，那么将太上皇禁锢于南宫这样的事情，就等不到后来才出现，甚至于将会使太上皇在返回京师长安之前就自毙于成都，其恶行要比春秋时代卫辄拒绝接纳父亲卫蒯聩回国更加严重了。接到群臣的奏章后，唐玄宗才说："今日作为天子的父亲乃是最尊贵的了。"用来表明他不想再做天子，而想保全自己的晚年余生，真是令人悲哀啊！

本事：《资治通鉴》卷二二〇《唐纪三十六·肃宗》，至德二载（757）。

八 张巡食人非仁

张巡捐生殉国，血战以保障江、淮，其忠烈功绩，固出颜杲卿、李澄之上，尤非张介然之流所可企望。贼平，廷议褒录，议者以食人而欲诎之。国家崇节报国，自有恒典，诎之者非也，议者为已苛矣。虽然，其食人也，不谓之不仁也不可。

李翰为之辩曰："损数百人以全天下。"损者，不恤其死则可矣，使之致死则可矣，杀之、脔（luán）之、龁而吞之，岂损之谓乎？夫人之不忍食人也，不待求之理而始知其不可也，固闻言而心悸，遥望而神惊矣。于此而忍焉，则必非人而后可。巡抑幸而城陷身死，与所食者而俱亡耳；

如使食人之后，救且至，城且全，论功行赏，尊位重禄不得而辞，紫衣金佩，赫奕显荣，于斯时也，念啮筋噬骨之惨，又将何地以自容哉？

守孤城，绝外救，粮尽而馁，君子于此，唯一死而志事毕矣。臣之于君，子之于父，所自致者，至于死而蔑以加矣。过此者，则愆尤之府矣，适以贼仁戕义而已矣。无论城之存亡也，无论身之生死也，所必不可者，人相食也。汉末饿贼起而祸始萌，隋末朱粲起而祸乃烈；然事出盗贼，有人心者皆恶之而不忍效。忠臣烈士亦驯习以为故常，则后世之贪功幸赏者且以为师，而恶流万世。哀哉！若张巡者，唐室之所可褒，而君子之所不忍言也。李翰逞游辞以导狂澜，吾滋惧矣。

【译文】

安史之乱中，张巡为抵抗叛军壮烈殉国，经过血战以捍卫江淮地区，其忠诚英烈的功绩，本来就在常山太守颜杲卿、滑州刺史李澄之上，更不是受命守陈留的河南防御使张介然之流所能企望的。叛乱平定之后，朝廷商议对他加以褒奖录功，议论的人认为他曾出其妾以飨军士、部下吃人肉充饥，想要因此而否定他。国家崇尚节操、酬谢有功之臣，自有固定的典制，否定他是不对的，议论的人过于苛刻了。尽管如此，他的部下吃人肉充饥这件事，也无可否认是不仁义的。

史官李翰为他辩解说：“损失几百人而保住了整个天

下。”所谓损失掉的人，不怜惜他们的死难是可以的，使他们为保卫国家献出生命也是可以的，可是把他们杀掉、切成肉块、咬碎吞食了，难道这叫损失吗？人们之所以不忍心吃人，不需要求证于道理而后才知道其不可，本来一听此言就心惊肉跳，遥望此景也鬼哭神惊了。如果对于人相食这样的事情能够容忍，那么一定就不是人然后才能做到。张巡也幸亏在城陷之后被俘杀害，与他的那些吃人的部下都死于叛军之手；假如他们吃人以后，救兵到了，城池也保住了，然后论功行赏，他也无法推辞授给他的高官厚禄，身穿紫色的官服，襟带佩金的饰物，地位显赫荣耀，到了那个时候，念及当年咬筋啃骨的悲惨景象，又有什么地方能够自容其身呢？

坚守孤城，断绝外援，粮草用尽而饥饿至极，正人君子到了这种地步，唯有一死了之，而自己的抱负也就完结了。臣子对于天子，儿子对于父亲，所能够竭尽自己的心力做到的，到死也就无以复加了。超过了这个限度，就成为过错乃至罪恶的渊薮，恰恰以此来败坏和戕害仁义罢了。不论城池是存是亡，也不管自身是生是死，一定不能做的事，就是人们之间不能相食。汉朝末年饥民起义而祸乱开始，隋朝末年被称为吃人魔王的朱粲起兵而祸乱更为加剧。然而如果这种事情出自盗贼，有良心的人都憎恶他们不忍心效法。如果忠臣烈士也慢慢习惯成为常事，那么后来那些贪图立功受赏的人将会以此为师，其毒害流传万世。实在是悲哀啊！像张巡这样的忠烈之士，是唐朝所应当予以褒奖的，也是正人君子所不忍心言说的。李翰肆意发表其虚浮不实的言辞从而导致社会的剧烈动荡，令人心生畏惧。

本事：《资治通鉴》卷二二〇《唐纪三十六·肃宗》，至德二载（757）。

九　史思明降而复叛

史思明降而复叛，肃宗使乌承恩阴图之，而给阿史那承庆铁券以离其党，事觉而速其反，谋之不臧，只以速乱。虽然，乱自速耳，即弗然，而思明岂悔过自新、终于臣服者哉？张镐之策，李光弼之请，非过计也。安庆绪欲图思明，耿仁智、乌承玼乘其危疑而诱之以降，于时庆绪孤保邺城，不亡如线，思明既惎其图己，抑料其必亡，姑为自全之计，持两端以观衅，其不可恃也，亦较著矣。庆绪之心既非不可解之仇，无难数易；而唐室君臣复东京而志已满，回纥归，子仪弱，威力不足以及河朔，明矣。思明何所惮、复何所歆，而已张之爪距弭耳受柙（xiá）乎？旷岁无北伐之师，思明目已无唐矣，不反何待焉？

讨贼易，平乱难；诱贼降已易，受贼之降难。能受降者，必其力足以歼贼，而姑容其归顺者也。威不足制，德不足怀，贼以降饵己，己以受降饵贼，方降之日，即其养余力以决起于一旦者也。非高位厚禄、温言重赐之所能抚也，非输粟辇金、安插屯聚之所能戢也，非深谋秘计、分兵散党之所能制也，诚视吾所以致其降者何如耳。重兵以临之，屡挫而夺其魄，如诸葛公之于孟获，岳鹏举之于群盗，而后可开以自新之路，而不萌反覆之心。故肃宗之失，在不听邺侯之策，并塞以攻幽、燕，使诸贼失可据之穴，魂销于奔窜，而后受其归命之忱，薄录其将，解散其兵，乃可以受降而永绥其乱。失此不图，遽欲挽狂澜以归壑，庸可得哉？

邺侯去国，兵无谋主，郭、李之威，尽于一战，思明再叛，河北终不归唐，非但乌承恩之谋浅、李光弼之计左也。梁武之威，不足以压侯景；唐肃之威，不足以制思明；养寇与激乱，均为失策，张镐虽能先知，亦将如之何也！向令承恩之计行，与承庆共斩思明，而承庆、承恩又一思明矣。数叛之人，不保其继，愈疑愈纷，愈防愈溃，河决而塞之，痈溃而敛之，其亡速矣。

【译文】

史思明投降之后又重新反叛，唐肃宗派乌承恩借前往范阳宣谕慰问之机暗中除掉他，同时颁给阿史那承庆免死铁券以离间史思明的同党，事情败露之后反而加速了他的反叛，计谋不周全，只能加速祸乱的发生。虽然，祸乱自然会迅速发生，难道不这样做，史思明就会悔过自新、最终臣服于唐朝吗？宰相张镐的计策，李光弼的请求，都不是错误的计策。安禄山之子安庆绪想除掉史思明，史思明的幕僚范阳节度判官耿仁智、部将乌承玼乘其危难被猜疑之机诱使他投降唐朝，当时安庆绪孤守邺城，形势危急，命悬一线，史思明既已憎恨安庆绪暗算自己，也预料他必然灭亡，姑且为了保全自己，心怀两端以观察时局变化，其不足以依靠，这是很明显的。安庆绪对于史思明的用心，既然不是什么不可和解的仇恨，反复无常也不是难事；而唐朝君臣收复东都洛阳之后心满意足，回纥兵已归西域，郭子仪所率军力还很疲弱，官军的威力不足以威慑河朔，这是很明显的。史思明有什么可畏惧，又有什么可歆羡的，怎么会将已经张开的爪子俯首帖耳地装进木笼呢？长年没有北伐的军队，史思明眼中已经没有唐朝了，他不反叛还等待什么呢？

讨伐叛贼相对较为容易，而平息祸乱就很困难；引诱叛贼投降自己相对比较容易，而接受叛贼的投降就很困难。能够接受投降的，必定是其力量足以消灭叛贼，只是暂且容许其归顺罢了。如果威力不足以控制对方，德行不足以感化对方，叛贼以投降来引诱自己，自己又以受降来引诱叛贼，叛贼投降之日，也就是叛贼休养其余力以图有朝一日重新发动叛乱之时。叛贼不是高官厚禄、温言厚赏所能安抚的，不是输送粮草钱财、安插军队驻地所能平息的，不是深谋远虑的诡秘计策、分其军队散其党羽的措施所能控制的，其实要看我们用来致使其投降的威力怎么样。派遣重兵以威慑他们，屡屡挫败而夺其魂魄，就像三国时期诸葛亮对付孟获，南宋初年岳飞对付各路盗贼，而后才可以开启他们悔过自新的道路，而使其不敢萌发反复无常的心思。所以唐肃宗的失策，在于不听从李泌的计策，沿着北部边塞攻打幽、燕，使安史叛军失去作为根据地的大后方，从而在四处逃窜的过程中失魂落魄，然后再接受他们归顺朝廷的诚心，薄待和录用其将领，解散其兵卒，这样才可以接受其投降，并永久绥靖其叛乱。放弃这样的策略不用，而想要马上力挽狂澜使水流归于沟壑，怎么可能做到呢？

李泌离开朝廷，军队失去了出谋划策的主要人物，郭子仪、李光弼的威力在两京之战中已耗尽，史思明重新叛乱之后，河北地区终于不再归附唐朝，并不仅仅是因为乌承恩的谋略浅陋、李光弼的计策有误。以梁武帝萧衍的威力，不足以镇服侯景；以唐肃宗李亨的威力，也不足以制服史思明，养虎为患和激以成乱，同样都是失策，张镐即使能够预料到这个结果，又能怎么样呢？假使乌承恩除掉史思明的计谋得逞，和阿史那承庆联手杀死史思明，那么乌承恩、阿史那承庆又将成为另一个史思明了。反复无常、屡次叛乱的人，不能保证其不再反叛，越是猜疑就愈加纷乱，越是防备就愈加溃散，就像黄河决口就加以堵塞，毒疮溃烂就挤掉它，其灭亡也就加快了。

本事：《资治通鉴》卷二二〇《唐纪三十六·肃宗》，乾元元年（758）。

一〇　军权下移的祸端

将与兵必相得也，兵不宜其强，非弱则讧。唐节度使死，因察军中所欲立者授之，亦未为过也。其事自肃宗以平卢授侯希逸始。于是唐权下移，终其世于乱，而国以亡。盖人君之心，有可洞然昭示使天下共见者，虽雄猜如曹孟德，而亦无所隐。有藏之密、虑之熟，决于一旦而天下莫测者，虽孔子之堕郈、费，亦未尝示人以欲堕之志。非疑于人，信之在已者深也。

唐之中叶，节度使各有其兵，而非天子所能左右，其势成矣。察三军之志，立其所愿戴者，使军效于将，将效于国，亦不容已之势也。非可以汉高旦驰入营夺韩信、张耳之军行焉者也。惟然，而此意可使将与兵知之乎？军有帅，有偏裨，帅死而偏裨之可任与否，非不可以豫知者也。其为忠、为逆，为智、为愚，为宽、为严，天子与大臣辨之审而虑之早，则帅一死而赫然以军中所欲奉之主授以节钺，而不待其陈请。则帅既感其特恩，兵亦服其夙断。既惮其明见万里之威，复怀其实获我心之德。虽有桀骜，敢生携贰乎？天下止此数镇，镇之偏裨止此数人，天子大臣曾不察其可否，而待迫以询之群小邪？刘后主之暗也，犹能使李福问帅于诸葛方病之日；若祭遵、来歙死于仓卒，而兵柄有归，尤先事以防不测，其计定矣。恶有悬三军之任，摇摇不知所付，帅死而后就军中以谋用舍哉？又况所遣者奄人，贿赂行，威权替，李怀玉得逞其奸，而唐无天子，养乱以垂亡，寄生之君，尸禄之相，不足与有为久矣。将有材而不能知，军有情而不能得，浸使不问，军中自为予夺，其召乱尤速也。操大权者，非一旦之能也。

【译文】

将领和士兵必须相处很好形成合力，如果士兵与其将领不相适宜，不是削弱军力就是导致内讧。唐朝节度使死后，就考察军中所要拥戴的人授予节度使之职，这也不能算作过错。这件事情是从唐肃宗把平卢节度使授予侯希逸开始的。从此唐朝的军权下移到了藩镇，终唐之世祸乱频仍，国家也因此而灭亡。大概天子的内心，有可以洞然昭示使天下人都能看见的想法，即使像曹操那样猜忌多疑的人，也没有什么可以隐藏。有隐藏得非常秘密、考虑得非常成熟的，一旦决策天下谁也预料不到，即使孔子在鲁国执政时拆掉郈、费等城邑以削弱三桓的势力，也从来没有事先向人们显示他要拆掉城邑的想法。这并不是猜疑别人，而是自己的信念非常深刻而坚定。

唐朝中叶，各个藩镇的节度使各自拥有其军队，而不是天子所能左右的，这种藩镇割据、尾大不掉的形势已经形成了。考察三军的意图，树立他们所拥戴的人为帅，从而使军队效命于他们的将领，将领则效命于国家，这也是迫不得已的形势。并不能像汉高祖刘邦那样早晨驰入军营，就可以夺取韩信、张耳的兵权了。就算是这样，授予节度使的意图难道可以使将领和士兵知道吗？军队中有主帅，也有偏将，主帅死了之后偏将能否胜任，并不是不可以事先预知的。他是忠诚还是悖逆，是机智还是愚昧，是宽仁还是严苛，天子和大臣认真地加以分辨，早早地加以考虑，那么主帅一死就可以突然宣布以军中所要拥戴的主帅授予节度使的节钺，而不必等待他们上奏陈请。这样主帅既感激其特殊的恩典，士兵也佩服其早做决断。既让他们畏惧朝廷明见万里的威福，又让他们感念朝廷与自己想法完全一致的德行。即使有桀骜不驯的人，还敢产生贰心吗？整个天下只有这几个藩镇，藩镇的偏将也只有这么几个人，天子大臣难道就不曾仔细考察他们能否胜任，还要等待紧急之下去向那些小人咨询吗？三国蜀汉后主刘禅虽然昏庸懦弱，还能派李福在诸葛亮重病在身的时候前去询问谁可继任主帅；至于像东汉大将祭遵、来歙那样死于仓卒之间，但兵权归属都有合适的接班人，更是事先就采取措施以防不测，其计策早就确定下来了。哪里有空悬着三军主帅的职位，摇摆不定不知道该授予谁，主帅死了然后在军中来谋划任用谁不任用谁的取舍呢？况且所派遣前去咨询考察的人都是太监，贿赂公行，威权凌替，李怀玉得以逞其奸计，驱逐侯希逸而自领平卢淄青节度使，导致唐朝没有真正的天子，养成祸乱以致接近灭亡，依托别人生存的君主，尸位素餐的宰相，不足以有所作为已经很久了。将领有才能却不得而知，军中有情况也不得而知，如果这样沿袭已久，对藩镇不管不问，任由军中将领自行推举主帅，其招致祸乱尤其迅速。掌握国家大权，不是一朝一夕就能做好的。

本事：《资治通鉴》卷二二〇《唐纪三十六·肃宗》，乾元元年（758）。

一一 不言之言，无功之功

安、史之灭，自灭也，互相杀而四贼夷，唐不能俘馘（guó）之也。前之复两京，后之收东都，皆乘其敝而资回纥之力，李、郭亦因时以取大勋，非有血战之殊劳焉。以战功论，李光弼奋其智勇，克敌制胜之功视郭为多；郭则一败于清渠，再溃于相州，功尤诎焉。然而为唐社稷之臣，天下倚以重轻，后世无得而议者，又岂徒徼虚誉乎？

任天下之重者，莫大乎平其情以听物之顺逆，而不挟意以自居于胜，此唯古之知道者能之。故《诗》称周公之德曰“赤舄（xì）几几”，言其志定而于土皆安也。夫有揽天下于己之心，其心危；有疑天下而不自任之心，其心诐；心者，藏于中而不可掩者也。藏于中而固不可掩，故天下皆见之，而思与斁、疑与信、报之以不爽。汾阳以翘关负米起家，而暗与道合，其得于天者，三代以下莫与之伦矣。

能任也，则不能让，所谓豪杰之士也，韩信、马援是已；能让也，则不能任，所谓保身之哲也，张子房、李长源是已。汾阳于位之崇替，权之去留，上之疑信，谗佞之起灭，乃至功之成与不成，俱至则受之，受则任之，而无所容心于其间。情至平矣，而天下不能测其所为。山有陂陀，则测其峰之起伏；水有滩碛，则测其波之回旋；平平荡荡，无高无下，无曲无奇，而物恶从测之哉？天下既共见之，而终莫测之，大哉！平情之为用也，四海在其度中，贤不肖万殊之情归其范围矣。

相州师溃，汾阳之威名既损，鱼朝恩之谮行，肃宗夺其兵柄授李光弼。数年之内，光弼以元帅拥重兵戮力中原，若将驾汾阳而上之也。乃许叔冀叛于汴州，刘展反于江、淮，段子璋反于梓州，楚州杀李藏用，河东杀邓景山，行营杀李国贞、荔非元礼，内乱蜂起，此扑彼兴。迨乎宝应元年，汾阳受王爵、知诸道行营，而天下帖然，内既宁而外自戢，史朝义釜鱼之游不能以终日，弗待血战之功也。呜呼！是岂光弼智勇之所能及，汉、魏以下将相大臣之能得于天下者乎？

董卓不足以亡汉，亡汉者关东也；桓玄不足以亡晋，亡晋者北府也；黄巢不足以亡唐，亡唐者汴、晋也。然则安、史非唐之忧，而乘时以蜂起者，鹿不知死于谁手。汾阳一出而天下熄，其建威也，不过斩王元振四十余人而已，天下莫敢复乱。唯其平情以听权势之去来，可为则为，不可为则止，坦然无我之大用，人以意揣之而不能得其要领，又孰知其因其心而因物以受宠辱之固然者乎？仆固怀恩乱人也，张用济欲逐光弼，而怀恩曰：“邺城之溃，郭公先去，朝廷责帅，故罢公兵。”引咎以安众心，何其似君子之言也！非公安土敦仁、不舍几几之度，沦浃于群心，怀恩讵足以及此哉？

人臣之议，忧国如家，性之节也；社稷之任在己而不可辞，道之任也。笃忠贞者，汲汲以谋济，而势诎力沮，则必有不平之情。此意一发于中，必动于外，天下乃争骛于功名，而忘其忠顺。奸人乘之，乱因以起。唯并取立功匡主之情，夷然任之，而无取必于物之念，以与天下相见于冰融风霁之宇，可为者无不为焉，则虽有桀骜不轨之徒，亦气折心灰而不敢动。不言之言，无功之功，回纥称之曰“大人”，允矣其为大人矣。以光弼之忠勇不下于公，而天下不蒙其祐，两将相衡，度量较然矣。

【译文】

安禄山、史思明的灭亡，是自取灭亡，互相残杀而四贼（安禄山、史思明、安庆绪、史朝义）消亡，唐朝无法生俘或者割其左耳以计功。前期收复两京，后期收复东都洛阳，都是乘叛军疲惫不堪并借助回纥军队的力量，李光弼、郭子仪也凭借时势而建立了不朽功勋，并没有拼死血战的特殊功劳。若以战功而论，李光弼振奋其机智勇敢，克敌制胜的功劳要比郭子仪多；郭子仪先是战败于清渠，又战败于相州（今河南安阳），战功尤其相形见绌。然而作为唐朝的社稷之臣，天下倚靠他作为准绳以分重轻，后世也没有人能够有所疑议，又怎么能说是徒具虚名呢？

担当天下重任的人，最为重要的是平心静气而顺从事物发展的自然规律，而不是带着自己的私心而自居其功，这种境界只有古代那些通晓正道大义的人才能达到。所以《诗经·豳风·狼跋》中称颂周公的品德说“穿着色彩鲜明的红色鞋子”，是说他意志坚定、进退从容，所到之处没有不适宜的。如果有独揽天下之功于自己一身的想法，那么他的内心就险恶莫测；如果有疑心天下而不能以天下为己任的想法，那么他的内心就邪僻不正。内心的想法，是隐藏在胸中却又不能掩盖的。隐藏在胸中本来就无法掩盖，所以天下人都能看得出来，因而对他思念与厌弃、怀疑和信任，就像是因果报应，丝毫没有差错。郭子仪（封汾阳王，故称郭汾阳）虽然起家于行伍（古代选拔军士考察体能，要求“翘关”即举起城门的铁门闩，“负米”即背米五斛行三十步），但他的心志却暗暗与正道大义相符合，上天所赋予他的禀赋，夏、商、周三代以下没有人能与他相比。

能够担当大任的人，却不能谦逊退让，这就是所谓的英雄豪杰之士，汉代的大将韩信、马援就是这样的人；能够谦逊退让的人，却不能担当大任，这就是所谓的明哲保身之士，汉代的张良、唐代的李泌就是这样的人。郭子仪对于地位的高下与隆替，权位的去留与得失，天子的怀疑与信任，谗邪奸佞之言的兴起与熄灭，以至于功业的成与不成，都是来则承受，受则担当，而没有任何自己的私心夹杂于其间。其心情极为平静，天下的人都不能揣测他的所作所为。山脉都有倾斜不平的走势，能够观测其峰峦的起伏；河流都有沙滩礁石，能够观测其波澜的回旋，如果都是平平坦坦，无高无低，没有任何曲折，也没有什么奇特，那么如何观测事物的发展变化呢？天下的人都已经看到了，然而终究无法观测其所作所为，心情平静的功用，实在是太厉害了！天下四海之大都在其胸怀包容当中，贤明与不肖的各种千差万别的情形都归于他的思虑范围之内。

相州之战官军溃败，郭子仪的威名受到损害之后，太监鱼朝恩的谗言诬陷被采纳，唐肃宗剥夺了他的军权授予李光弼。此后数年之间，李光弼以天下兵马元帅的名义拥重兵在中原地区与叛军展开血战，其地位似乎已经凌驾于郭子仪之上。可是许叔冀在汴州（今河南开封）叛降史思明，刘展在江、淮反叛，段子璋在梓州（今四川三台，剑南东川节度使治所）反叛，李藏用在楚州（今江苏淮安）被部下杀害，邓景山在河东（治今山西太原）被部下杀害，李国贞、荔非元礼在河中节度使（治今山西永济）行营被部下杀害，内乱蜂起，扑灭一处，另一处祸乱又起。到宝应元年（762），郭子仪被授予王爵、统领诸道行营，而天下俯首收敛，内部安宁，外敌自然平息，史朝义如同热锅里的游鱼惶惶不可终日，不需血战就能建立功勋。唉！这岂是李光弼的机智勇敢所能企及的，东汉、曹魏以来的将相大臣有谁能够像这样得到天下的普遍认同呢？

董卓不足以灭亡东汉，灭亡东汉的是那些关东豪强；桓玄不足以灭亡东晋，灭亡东晋的是以刘裕为代表的北府军力量；黄巢不足以灭亡唐朝，灭亡唐朝的是割据汴州、河东的藩镇势力。既然这样，那么安禄山、史思明并不是唐朝的心腹大患，而那些趁机蜂拥而起的藩镇势力，群雄逐鹿，最终鹿死谁手尚不得而知。郭子仪一出山，天下纷争就得以平息，他所借以树立威权的，也不过是斩了杀害主将李国贞的罪魁王元振等四十多人，天下就没有人再敢作乱了。正是因为他平心静气地听任权势地位的来来去去，可以有所作为就有所作为，不能有所作为就不作为，心胸坦荡而无私无我，人们都着意揣测却不得要领，又有谁能知道他依从自己的心志而顺应事物的发展，从容看待宠幸荣辱的本心呢？仆固怀恩本来是一个叛乱之人，左厢兵马使张用济怂恿仆固怀恩等发动兵变驱逐李光弼，仆固怀恩说："邺城兵败，郭子仪之前已经离开军队，朝廷追究统帅的战败责任，所以罢免郭子仪的兵权。"引咎辞职以安定众人之心，仆固怀恩的话多么像正人君子的言论啊！如果不是郭子仪随遇而安、宽厚仁爱，从不舍弃进退从容的气度，因而深深感动和影响了众人之心，仆固怀恩怎么会说出这样的话呢？

作为大臣的正道大义，应该是忧国如家，这是本性应具有的节操；江山社稷的重任在肩就不能推辞，这是道义应具有的责任。那些笃实忠贞的人，努力追求计谋的成功，然而形势不利、力量不足，就一定会产生不平的心情。这种想法一旦发自内心，必定会在行动上有所体现，这样就导致天下争相追逐名利，而忘记了忠诚和顺从。奸佞之人乘机利用，祸乱也就因此产生了。只有兼取建功立业和匡正君主的情感，平静镇定地担负重任，而没有一定要从他人那里谋取利益的念头，从而与天下共处于冰雪消融、光风霁月的境界之中，那么能够作为的就没有做不到的，即使有一些桀骜不驯之辈，也将气焰挫折、心灰意冷而不敢轻举妄动。意在言外的话语，超越世俗功利的功劳，回纥称他为“大人”，他作为大人是再恰当不过了。李光弼的忠诚英勇不在郭子仪之下，但天下并没有得到他的庇佑，郭子仪、李光弼两位名将相比较，其度量相差太明显了。

本事：《资治通鉴》卷二二一《唐纪三十七·肃宗》，乾元二年（759）。

一二　乱世多败德

孤臣孽子，历疢疾而愤兴。虽然，亦存乎其人尔。抱倜傥不平之姿者，安乐易以骄，忧危乃以惕，则晋重耳、越句践是已。其不然者，气折则神益昏，心危则志益溺，使驾轻车、骋康庄，犹不免于折辀（zhōu）输载也。

中宗幽辱于房州，因与韦氏昵以自安，而制于韦氏，身为戮，国几丧，固无足道矣。肃宗之明能任李泌，其断能倚广平，虽不废宠乐，而无淫荒之癖，是殆可与有为者。其在东宫，为李林甫、杨国忠所离间，不废而死者，幸耳。灵武草创，履行间者数年，贼逼于外，援孤于内，亦可谓与忧患相始终、险阻备尝者也。而既归西京，讨贼之功，方将就绪，苶（nié）然委顺，制于悍妻，迫于家奴，使拥兵劫父，囚处别宫，唯其所为，莫之能禁，乃至蒙面丧心，慰李辅国曰：“卿等防微杜渐以安社稷。”天伦泯绝若此之酷者，岂其果有枭獍之心乎？畏辅国之拥六军，祸将及己，而姑以自全耳。黜萧华，相元载，罢子仪，乃至闻李唐之谏，泫然流涕，而不敢修寝门之节，与冥顽不慧之宋光同其陷溺，岂非忧患深而锋棱绌，以至于斯哉？

其任辅国也，徇良娣也；其嬖良娣也，亦非徒悦色也，当在灵武时，生子三日而起缝战士之衣，畏刺客而寝于外，以身当之，患难之下，呴沫相保，恻然之心一动，而沉酣不能自拔，纵遣骄横，莫能复制，日销月靡，志不守而神不兴，不复有生人之气，岌岌自保之不遑，于是而泯忘其天性，所必然矣。乡使以元子之尊，早受册立，无奸臣之摇动，无巨寇之摧残，嗣天位，抚金瓯，则固可与守文，而岂其丧心失志之尔尔邪？

呜呼！岂独天子为然乎？士起孤寒之族，际荒乱之世，与炎寒之流俗相周旋，冻馁飘摇，激而特起，念平生之坎坷，怀恩怨以不忘。主父偃曰："日暮途远，倒行而逆施之。"一饭千金，睚眦必报。苏秦、刘穆之、元载身陷大恶，为千古僇，皆疢疾之深，反激而愈增其狂戾也。故曰："不仁者不可以久处约。"处约而能不以女子小人醉饱金钱为恩怨者，鲜矣。此乱世所以多败德也。

【译文】

遭遇艰难困苦的孤臣孽子，历经忧患然后愤而振作起来。尽管如此，也在于其人的修为。拥有卓异不凡天资的人，身处安乐就容易骄横，身处忧危才能够谨慎戒惧，春秋时期的晋国公子重耳、越王句践就是这样的人。如果不是这样，意志受到挫折就会神魂颠倒，内心忧危就会意志消沉，让他驾着轻车在康庄大道上奔驰，还不免会折断车辕而影响运输。

唐中宗李显被幽禁在房州（今湖北房县），因与韦氏昵爱才得以自安，从而后来受制于韦氏，最终导致自身被毒死，国家也差点沦丧，本来就没有什么可以称道的。唐肃宗李亨英明而能信任李泌，果断而能倚重广平王李豫，虽然不曾废弃后宫宠幸逸乐，但还没有荒淫的癖好，还算有所作为的天子。他在东宫太子之位上，被奸相李林甫、杨国忠所离间，没有被废黜甚至丢掉性命，也算是侥幸了。在灵武即位的草创时期，几年时间里亲身经历军事生涯，外有叛贼逼迫，内则孤立无援，也可以说是与忧患相始终，尝遍了艰难险阻。而收复并回到西京长安之后，讨贼平叛的功业刚刚建立，却萎靡不振，既受悍妻张良娣的控制，又受到宦官李辅国的逼迫，使得他们拥兵劫持其父皇，囚禁到西内甘露殿，听任他们的所作所为，而没有办法加以制止，以至于遮起脸面、丧失良心，安慰李辅国说："你们的所作所为是防微杜渐从而安定江山社稷。"泯灭伦常到了这等残酷的地步，难道他真的具有枭獍一样忘恩负义的狠毒之心吗？还是畏惧李辅国掌握禁军，害怕祸乱危及自身，姑且说出这样的话以保全自己？至于罢黜宰相萧华，任命奸佞元载为宰相，罢免功臣郭子仪，甚至于听到山人李唐"太上皇思见陛下，亦如陛下之念公主"的劝谏，泫然流涕，但畏惧张良娣而不敢到西内面见父皇问候起居，和愚昧无知的宋光同流合污，这难道是因为忧患深重而导致锋芒棱角消磨，以至于到了这等地步吗？

唐肃宗重用太监李辅国，顺从张良娣。他宠幸张良娣，并不仅仅是迷恋她的美色，当初他在灵武的时候，张良娣刚生子三天就起来替战士缝补衣服，害怕有人行刺就睡在寝宫的门外，以自己的身体来保护唐肃宗，患难之下，相濡以沫，恻隐之心一动，就沉缅其中而不能自拔，一再纵容使其骄横跋扈，而无法控制，这样一天天消磨、一月月靡费，使他的意志不能坚守、精神无法振作，不再葆有人生的志气，岌岌可危连保全自身也顾及不上，于是就泯灭了自己的天性，这是必然的。假使他以太子之尊，早早地受封册立，没有奸臣的离间动摇其地位，也没有贼寇的叛乱摧残其意志，顺利继承帝位，安抚治理疆土完固的天下河山，那么本来可以与他共谋守成之业，又怎么能丧心失志到了这等地步呢？

唉！难道只有天子是这样的吗？士人出身于孤寒贫弱的家族，遭际兵荒马乱的世道，与反复无常的世情风俗相互周旋，忍受着饥寒交迫、风雨飘摇，从而激励他发奋图强，崛起发达之后，感念一生所受的坎坷遭遇，心怀恩怨而无法忘记。正如汉武帝时的大臣主父偃所说："大丈夫生不五鼎食，死即五鼎烹。我日暮途远，故倒行逆施之。"韩信一饭千金的故事，范睢睚眦必报的故事，也都是明显的例证。战国纵横家苏秦、东晋大臣刘穆之、唐代宰相元载之所以身陷大奸巨恶之列，成为千古耻辱，都是因为所受忧患太过深重，从反面激励他们更加狂妄暴戾。所以孔子说："不仁义的人不能长久处于贫穷困窘的境地。"处于贫穷困窘的境地而又能不以女子小人醉生梦死、金钱利诱从而铸成恩怨的人，是非常罕见的。这就是乱世多有败坏德行之事的原因。

本事：《资治通鉴》卷二二一《唐纪三十七·肃宗》，上元元年（760）。

代宗

［唐讳世，代宗犹言世宗，近人欲以加景皇帝，其不学如此。］

【译文】

［唐朝因为唐太宗李世民而避讳“世”字，李豫的庙号代宗就等于说“世宗”。近代（南明时）有人想要把“代宗”庙号加给明朝景泰皇帝，其不学无术到如此地步。］

一　刑所当刑而以其道

代宗听程元振之谮，流来瑱（tiàn）杀之，而藩镇皆怀叛志，仆固怀恩以是树四降贼于河北，养乱以自固，终始为唐巨患，其上书自讼，指瑱之死为口实，用拒入朝之命。夫来瑱之诛，岂其无辜而仅以请托不从致元振之怨乎？

瑱之诛，亦法之所不贷者也。

其镇襄阳也，以李辅国之私人，夺韦伦而得之，引降贼张维瑾等为爪牙，收人心以据大镇，召赴京师而不至，徙镇淮西而不行，纵兵击裴茙，禽送京师，胁朝廷以行辟，唐藩镇之抗不受代图不轨者，盖自瑱始。杀瑱而藩镇怨，纵瑱而藩镇抑骄，两俱致乱之道；杀之而咎其刻，不杀则必听之，而抑咎其偷。已成之咎，怨之所归，不知反此，而咎又将在彼矣。肃宗以来，骄纵养痈，势将必溃，饬法以诛瑱，固非淫刑以召叛也。瑱不死，仆固怀恩溪壑之欲又岂易厌乎？

乃若代宗之所以不克惩乱而反以致乱者，杀之非所以杀也。刑者，帝王所以惩天下之不恪也。刑滥于不当刑，人固自危，而犹不敢欺，且冀其偶失而终能不滥，则疑怨不深。唯刑施于所当刑而不以其道，天下乃测其刑之已穷，而怨其以机相陷也，乃始挟毒以相报。

当来瑱襄阳跋扈之日，唐不倚之以讨贼，瑱固无恃以胁唐；藩镇林立，势不相下，瑱即叛，只以速亡，则使正名声罪以致天诛，夫岂有大害于社稷哉？而惴惴然将迎之不遑，杀裴茙以媚之，虚相位以饵之，鱼脱于渊，然后假通贼之诬辞，加以不当辜之辟。藩镇之怨，非徒怨也，固将曰：瑱拥兵不入，唐固无如瑱何，唯倔强者可以免祸，而瑱自投其囮，吾知戒矣。留贼以为援，抗命而不朝，鹰隼扬于寥天，岂矰（zēng）弋之能加哉？

苏峻曰："吾宁山头望廷尉，不能廷尉望山头。"孱主庸臣之伎俩，在奸雄心目之中。以怨为名而非怨也，倒持魁柄以相制而相持也。借令当瑱违命之日，下尺一之诏，责以不可贳之法，使束身归阙，则姑贷其死而贬之；不则举六师以急清内贼，则河北群丑，且震动以弭其邪心，况方在立功、反谋未决之怀恩哉？

【译文】

唐代宗李豫听信专权宦官程元振的谗言，免除兵部尚书、同中书门下平章事兼山南东道节度使、观察使来瑱的官职，流放到播州（今贵州遵义播州）做县尉，行至途中又下诏将其赐死，结果使各藩镇都心怀反叛之志，朔方节度使仆固怀恩因此在河北地区容留和扶持田承嗣、李宝臣、李怀仙、薛嵩这四个投降过来的安禄山和史思明部将，纵容和养成祸乱来巩固自己地位，最终成为唐朝的心腹大患，他还上书自我辩解，以来瑱之死作为借口，拒绝执行入朝的命令。来瑱被诛杀，难道是他没有任何罪恶而仅仅因为不顺从太监的请托而导致程元振的怨恨吗？来瑱被诛杀，也是因为他的所作所为是法律所不能宽恕的。

来瑱镇守襄阳，是以专权太监李辅国的私人亲信的身份，夺取襄州刺史兼山南东道襄邓等十州节度使韦伦的位置才得到的，他招纳叛军降将张维瑾等为爪牙，收买人心，占据大镇，朝廷召他进京也不来，命他改镇淮西又不去，纵兵攻打奉朝廷之命取代他担任襄州刺史的原襄州行军司马裴茙，擒获裴茙并押送京师，胁迫朝廷将裴茙赐死，唐朝藩镇拒不接受取代其职权的命令而图谋不轨的，大概就是从来瑱开始的。诛杀来瑱而导致藩镇怨恨，放纵来瑱又会加剧藩镇骄横，这两个方面都是导致祸乱的途径；诛杀他将会被指责为太过苛刻，不杀他必然听之任之，也将会被指责为苟且偷安。既然杀与不杀都已形成了罪责，也成为藩镇产生怨恨的借口，却不知道反过来行事，就可能会把罪责指向对方。唐肃宗李亨即位以来，对藩镇骄横放纵，养痈遗患，势将必败，在这种情况下整饬法纪以诛杀来瑱，本来就不是滥用刑罚以招致叛乱。如果来瑱不死，那么仆固怀恩没有止境的欲望又怎么能够容易满足呢？

至于像唐代宗李豫这样之所以不能惩戒叛乱反而招致叛乱，就是因为施行诛杀的刑罚却没有依据所以诛杀的原则。刑罚，是帝王用来惩罚天下不恭敬遵守规矩的人的。如果刑罚过滥，使不当受刑的也受刑罚，人们自然会感到自危，更不敢互相欺诈，况且寄希望于刑罚偶而失准而最终不至于过滥，那么人们的疑议和怨恨也就不深。只有将刑罚施行于该当受刑之人却没有按照正当的方式，天下人就可以窥测到国家的刑罚已经到了山穷水尽、无法施行的地步，从而怨恨其用心机圈套进行陷害，这才挟其私愤，狠毒进行报复。

当来瑱在襄阳骄横跋扈的时候，朝廷并不倚靠他来讨伐叛贼，来瑱也就没有什么依仗来胁迫朝廷。当时各地藩镇林立，势不相上下，来瑱即使发动叛乱，也只会加速他的灭亡，那么就可以名正言顺地声讨他的罪恶，代表上天予以惩罚，这难道对江山社稷有什么大的危害吗？可是朝廷却惴惴不安、急急忙忙地迎接他复归旧任，同时杀了受命取代他职位的裴茙来讨好他，以宰相官爵虚位以待来利诱他，想要使鱼儿脱离深渊，然后借口私通贼寇的诬陷之辞，加之以不当刑罚的杀头之罪。藩镇的怨恨，并不仅仅是怨恨，一定会说："来瑱拥兵自重，拒绝入朝，朝廷对来瑱也无可奈何，只有拒不屈服之人才可以免受灾祸，而来瑱自投罗网，我们应当引以为戒。"容留叛贼作为后援，违抗命令而不入朝，就像雄鹰在天空展翅翱翔，难道是用弓箭能够射杀的吗？

东晋的叛将苏峻说过："我宁可站在山头望见掌管刑狱的廷尉的法庭，而不想到了廷尉的法庭再抬头望见山头。"懦弱的君主、昏庸的大臣的那些伎俩，全都在这些奸雄的心目之中。藩镇以怨恨为名，但并非真正的怨恨，而是想反过来把持着朝政大权以制衡和对抗朝廷。假如当初来瑱违抗诏命的时候，天子颁布一尺的诏书，指斥其不能宽恕的法律罪责，让他自缚其身伏阙谢罪，然后就姑且免其死罪而加以贬谪流放；不然也可以发动大军紧急清除内部的叛贼，这样的话河北藩镇的一群跳梁小丑，将会受到极大的震动，从而消弭他们的野心邪念，何况正在建功立业、谋反尚未决定的仆固怀恩呢？

本事：《资治通鉴》卷二二二《唐纪三十八·代宗》，广德元年（763）。

二　孝廉之举终不可行

以文取士而得真才，以行取士而得笃行，则行愈于文多矣。以文取士而得伪饰之文，以行取士而得伪饰之行，则伪行之以害人心、坏风俗、伤政理者，倍于伪饰之文，支离浮曼，而害止于言也。且设科以取士，则必授之以式矣。文者，言治而要之事，言道而要之理，即下至骈偶声韵之文，亦必裁之以章程，可式者也。行而务为之成法，则孝何据以为孝之程，廉何据以为廉之则邪？不问其心，而但求之外，非枭獍皆可云孝，非盗贼皆可云廉，不可式者也。极其弊，委之守令，而奔走于守令之门，临以刺史，而奔走于刺史之门，以声誉相奖，以攀援相竞，乃至以贿赂相要，父母为羔雁，廉耻为优俳，其不率天下以狂趋者能几也？

乡举里选，三代之法也。而殷之大国方百里，周之大国五百里而止，其小者五十里耳，即其地，选其人，官其土，君大夫世与相狎，而贤奸易辨，犹今置乡耆于一村一社而已，则公议固不容掩也。乃以四海之辽绝，刺史守令三载之乍临，求知岩穴之行履，责以知人之哲，而升朝以任天下之大，何易易邪？又况曲士之垂腴而干请，赇吏之鬻名以徼利者哉！

汉之举孝廉，举其为吏于州郡者也。既为吏而与一乡之政，能否可知其大凡矣，而清浊异流，臭味异合，请托易集，党比相怙，孝者固非孝，廉者固非廉也；汉末之得士，概可见矣。况使求升朝而理、易地而官者于未登仕籍之处士乎？杨绾惩进士之亡实，欲复孝廉之举，终不可行，论者惜之。惜之者，未尝体人情、揆事理、周世变、究终始，浮慕古昔，而徒以空言居胜者也。绾未几而奏罢孝弟力田科，以无实状、多侥幸故废之，绾亦自知其前之失言矣。

然则行不足以取真士，而以文取者可得士乎？夫非谓文之可以得士也，设取士之科者，止以别君子野人而止耳。虽有知人之哲，不能于始进而早辨其贤奸也。故三代之法，观之于饮，观之于射，观其比礼比乐内正外直之度、拜起揖让之容而已；酬爵行而合语，观其称古昔、道先王而已；观之于此，而君子野人之辨，可十九得也。过此以往，敷奏以言，明试以功，皆论定后官之余，乃以察其贤不肖而进退之。然则立法以取士，试之以策问，试之以诗赋，试之以经义，亦饮射之遗意而变通之，岂期于此而遽得真士哉？习文教而与闻乎德言之绪论，为野人之所不胜，既由乎君子之途，则可望以循此而上达耳。授之以政，而智愚勤惰忠佞贪廉，自有秉宪者执法以议其后，其可县行谊为标格，使之售伪以藏奸乎？

若夫学校之设，清士类于始进，不当专求之文，而必考其闺门之素履；正士习，育贤才，严不淑之惩，又不待登进之日也。然而方在子衿之列，修子弟之敬爱，绝公门之请谒，亦士之常耳。或既贵而丧其所守，讵可遽以此为贤，而授之大官大邑乎？以行按不肖之罚，而以文求君子之度，流品清而伪行抑不敢冒，斯其于取士之法，殆庶几与！

【译文】

以文章取士而得到真才实学的人才，以品行取士而得到笃实品行的人才，如此说来品行要比文章重要得多了。然而，以文章取士得到的却是词藻华丽、伪装粉饰的文章，以品行取士而得到的却是伪装粉饰的品行，伪装粉饰的品行伤害人心、败坏风俗、扰乱为政之道，要比华丽词藻、伪装粉饰的文章严重一倍以上，而支离破碎、华而不实的文章，其危害只停留在语言上。况且设立科举制度取士，就必定要授予固定的程式。文章，讨论治理国家的要旨在于政事，讨论道德伦理的要旨在于理论，即使是等而下之的对偶声韵的文章，也必须根据一定的章程加以裁定，是可以程式化的。品行如果也一定要依据一定的成法，那么孝顺依据什么作为孝顺的程式，廉洁依据什么作为廉洁的准则呢？不考察其居心如何，而只是要求外在的表现，那么只要不是忘恩负义的禽兽都可以说很孝顺，只要不是强盗贼寇都可以说很廉洁，这是不能程式化的。其中最大的弊端，就是把以品行取士的荐举之权委托给郡守、县令，从而使士人纷纷奔走于郡守、县令之门，把以品行取士的荐举监察之权委托给刺史，从而使士人纷纷奔走于刺史之门，以声望名誉互相推奖，以依附援引互相竞争，以至于以贿赂相邀请，连父母也成了羊羔、大雁之类的贽礼，礼义廉耻也成了优俳玩偶之类的表演工具，结果使天下的人不跟着疯狂追逐的能有几个呢？

乡举里选，是夏、商、周三代选拔任用人才的方法。商代大的方国只有方圆百里，周代大的方国也只有方圆五百里，小的方国也不过五十里，这样亲临当地，选举人才，并在当地做官，诸侯国君、大夫都与他们互相亲近熟悉，其人是贤明还是奸邪很容易分辨，犹如今天在一村一社推选德高望重的老人设置乡耆一样，而公众舆论本来也就不容易掩盖。可是以后世辽阔广大的天下四海，刺史、郡守、县令三年一任初来乍到，要求他们了解隐居之人的品性践履，责成他们知人善任的智慧，推荐到朝廷担当治理天下的大任，怎能这么容易呢？更何况有大腹便便的邪僻之士来上门请托，有贪官污吏卖官鬻爵以获取私利呢！

汉朝举荐孝廉，是举荐人才在本州郡为吏。既然为吏就要参与一乡的政事，能否胜任就可以知道其大概情况，而其节操的清浊相异而分流，其情趣品味相异而投合，请托容易聚集，朋党相互凭借，所举的孝顺之人本来不一定孝顺，所举的廉洁之人也本来不一定廉洁。汉朝末年通过察举所选拔的士人，大概就可以看得出这些情况。何况使他们从没有登记入仕籍的布衣隐士之中寻求提拔入朝治国、易地做官的人才呢？礼部侍郎杨绾鉴于科举所取进士有名无实，想要恢复察举孝廉的办法，最终无法实行，评论的人为此感到可惜。之所以感到可惜，是因为他们未曾体察人情、揆度事理、周知世道的变化、探究察举孝廉的始终，表面上仰慕古代的做法，其实只是用谎言空话来占据优势地位。不久，杨绾就上奏罢除岁贡中孝悌、力田科目，以没有实际效果、反而助长人们的侥幸投机之风为由，所以予以废除，可见杨绾也自知先前他的奏请是失言了。

既然如此，以品行取士不足以得到真正的士人，那么以文章取士就能够得到真正的士人吗？并不是说以文章作为标准就可以得到士人，设立进士之科，目的只是为了辨别正人君子与乡野之民罢了。即使有知人善任的智慧，也不能在士人刚刚进用之时就极早分辨其是贤明还是奸邪。所以夏、商、周三代的方法，是通过他们的乡饮酒礼来观察，通过他们的射礼来观察，观察他们是否按照礼乐制度所要求的内志正、外体直的气质风度以及拜起揖让的神色雍容；通过宾客宴饮敬酒、行酒次数是否合乎礼仪、言辞是否合乎尊卑长幼之道，观察他们是否言称古昔、道法先王，观察到这些情况，那么正人君子与乡野小人的分辨结果，也就可得十之八九了。经过这些观察以后，再通过陈请奏疏的言辞，明白考验的事功，考察论定而后授予官职，再在其任职之余考察其贤明或者不肖，从而予以升降进退。既然如此，那么立法定制以科举取士，以策问考试他们，以诗赋考试他们，以经义考试他们，也是古代乡饮酒礼、射礼的遗意而加以变通，怎么能期望通过这种方法马上就能得到真正的士人呢？学习文章教化并得以听到看见合乎道德的言论及其所发而未尽的内涵，是乡野之民所无法胜任的，既然通过正人君子的途径，那么就可望循着这个路径而上达朝廷。将国家政事的治理责任授予他们，而他们聪明或愚昧、勤勉或懒惰、忠诚或奸邪、贪婪或廉洁，自然有执掌法纪监察的官员依法加以评价，难道可以空悬品行道义作为准则，使他们伪装得逞、奸邪得以隐藏吗？

至于学校的设立，清白忠贞之士于此开始修习进阶，不应当单单要求其文章，而必须考察他们在家庭生活中一直以来的处事态度。端正士人习气，培育贤良人才，严肃对不良言行的惩戒，而不必等待其选拔进用之日。然而当他们还处于生员的行列，修习作为子弟的恭敬仁爱，杜绝官场的请托干谒陋习，也是士人生活的常道。有的人在富贵之后却丧失了他的道德操守，怎么能够因为他此时的贤明，就立即授予他高官、掌管大邑呢？以品行来考察和施行对不肖之徒的惩罚，而以文章来考察和追求君子的气质风度，这样人才的品类和等级就清楚了，而伪装粉饰的品行也就不敢假冒，这样作为取士的方法，差不多就完备了！

本事：《资治通鉴》卷二二二《唐纪三十八·代宗》，广德元年（763）。

三　熏莸并御之朝廷不如水火交争之士气

盈唐之廷而发程元振之奸者，太常博士柳伉也，唐可谓廷无人矣。抑考古今巨奸之在君侧，大臣谏官缄默取容，小臣寒士起而击去之，若此类者不一，夫人君亦何赖有心膂股肱之臣哉？诚足悲已！乃其间抑有辨焉。如其奸邪得势，执暗主之权，生杀在手，士大夫与争而不胜，因起大狱，空君子之群，诛戮流窜，流血盈廷，槛车载道，而纶扉卿署遍置私人，故奸已露、势将倾，而无有能诘者，于是一介之士，迎其机而孤起以攻之，此固无容深怪已。

程元振得权以来，所谮而诛者来瑱，瑱固有可诛之罪也；所忌而逐者裴冕，犹得刺州以去，未有大伤也；李岘与相不协，柳伉之事，岘且与谋，未尝先发制岘，而安位自若；省寺台端，类非由元振以升，而害亦不及，士大夫固优游群处于朝右，谁禁之使喑，而让搏击之举于一博士乎？通国痿痹，无生人之气，何其甚也！

宋之谏臣，迁谪接踵于岭南，而谏者日进；唐无贬窜之祸，而大奸根据，莫之敢摇；无他，上委靡而下偷容，相养以成塞耳蔽目之天下，士气不伸，抑无有激之者也。进无听从之益以仰庇宗社，退无诛逐之祸以俯著直声，虽欲扼腕昌言，一螿（jiāng）吟而蛩泣耳。无惑乎视纠谬锄奸为迂阔之图，人弃廉隅而保容容之福也。是以熏莸并御之朝廷，不如水火交争之士气也。

【译文】

唐朝满朝的文武百官，敢于揭露专权宦官程元振奸邪的，只有太常博士柳伉，唐朝可以说是朝中无人了。然而考察古往今来在天子身边的奸臣大恶，大臣谏官都沉默以讨好取悦于人，小臣寒士反而起来抨击而驱逐之，像这样的事情不在少数，那么天子又依赖那些倚为心膂的股肱大臣什么呢？实在是太悲哀了！但其间也有值得分析辨别的不同情况。如果让那些奸邪之人得势，把持昏君的朝政大权，生杀大权握在手中，士大夫与他们抗争而无法取胜，因而导致兴起大狱，将正人君子一网打尽，诛杀屠戮，贬谪流放，流血盈廷，囚车满路，朝廷中内阁及九卿官署全部安置成自己的私人党羽，所以当其奸邪已经暴露、势力即将倾覆的时候，却没有人能够加以反诘指责，于是乎一介寒士，迎着他们的锋芒孤立地奋起反击，这种情况也就不容许特别责怪了。

宦官程元振得势专权以来，所诬陷并诛杀的有来瑱，来瑱固然有其可以诛杀的罪行；所猜忌而驱逐的有宰相裴冕，裴冕还能够以刺史的身份离开朝廷，没有受到大的伤害；宰相李岘和程元振不相和睦，柳伉揭发程元振一事，李岘曾参与谋划，但程元振也不曾先发制人打击李岘，仍让他一如既往地安居相位；朝廷中的三省、诸寺、御史台等官署的官员，也都并非因为程元振而得以升迁，其危害也就没有遍及这些官署，士大夫本来都是优闲共处而位列朝班，有谁禁止使其沉默不言，从而把抨击指责程元振罪恶的义举让给一个太常博士呢？满朝文武、全国士人都萎靡不振，丧失活人应有的气节，怎会这样严重呢！

宋朝的谏官，被贬谪到岭南的摩肩接踵，但敢于谏诤的人依然层出不穷；唐朝的谏官并没有被贬谪流放的灾祸，但大奸巨恶却根深蒂固，没有人敢于撼动。没有别的原因，只因居于上位的天子萎靡不振，下边的群臣也都苟且偷安以讨好取悦，相互姑息而形成闭目塞听的天下，士人的正气不能伸张，也没有人激励他们奋起振作。登朝仕进的谏言没有被采纳以对上庇佑江山社稷，辞官退朝也没有被诛杀放逐的灾祸以对下彰显其正直的声誉，即使想要直言进谏、放言无忌，也只会导致像一只寒蝉吟唱而其他蟋蟀都哭泣的结局。无怪乎人们都把纠察罪恶、铲除奸邪视作迂阔的想法，个个都抛弃端方不苟的品行以保全其隆盛多多的福禄。因此，香草与臭草也就是忠臣与奸佞并列进用的朝廷，还不如水火不容互相纷争的士人意气。

本事：《资治通鉴》卷二二三《唐纪三十九·代宗》，广德元年（763）。

四　过任仆固怀恩而致其叛

拥重兵、居高位、立大功而终叛，类皆有激之者，唯仆固怀恩不然。来瑱虽诛，然无功于唐，而据邑胁君，上下之猜嫌久矣，非彭、韩在汉，苏、祖在晋比也。虽诛十瑱，怀恩自可坦然无危疑也。代宗推心以任怀恩，至于已叛，犹眷眷不忘，养其母，鞠其女，且曰：“朕负怀恩。”程元振、鱼朝恩虽不可久恃，而方倚怀恩以沮汾阳，抑不如杨国忠之于禄山矣。怀恩不叛，优游拥王爵于朔方，何嫌何惧，不席富贵以终身邪？河北初平，大功已集，薛嵩等迎拜马首，乞随行间，正其策勋鸣豫之日矣；遽起异心，养寇树援，为叛逆之地，辛云京闭城自卫，岂过计哉？骆奉仙虽为云京行说以发其反谋，亦非县坐以本无之志而陷以醢葅（hǎi zū），辛云京、李抱玉先事之知耳，非激之也；然而冒昧以逞，决志不回，此何心哉？《传》曰：“狼子野心。”洵怀恩之谓与！

乃若唐之召叛也，其失在过任怀恩耳。许回纥之昏，而以怀恩之女妻之，使结戎狄以为援，有借而得起，一失也；命雍王为元帅，进收东京，不置帅副，而以怀恩领诸营节度为雍王副，二失也；夺汾阳兵柄，以朔方授怀恩，三失也。功已立，权已张，位已极人臣而逼上，内有河北之援，外结回纥之好，睥睨天下，莫已若也，汾阳亦不得不解元帅之任以授之。汾阳且为之屈，怀恩目中不复有唐矣。鹰饱则飏，岂待激之而后叛哉？云京不发其奸，怀恩之逆特迟耳。祸速则其根本未固，河北四镇，初分土得兵，尚未有生聚固结之资以拥怀恩而蜂起；使其羽翼已成，群凶翕聚，幸而为禄山，不幸而为石敬瑭矣。唐之不亡，其余凡几也！

夫人之所受，如其器而止，溢于器，则泛滥不可复收，并其器而亦倾。怀恩可使为偏裨，听汾阳之颐指者也。故当李光弼入军之日，而能止军中之乱，过此则溢矣；虽自速其亡，亦所不恤也。叛之速，而祸止于太原与奉天，河北不与俱起，犹云京、抱玉之功也。借曰勿激，则其反也在程元振既诛之后，徒委罪于元振，岂定论乎？以大任委之，不揆其器，未有不乱者也。

【译文】

手握重兵、身居高位、立下大功而最终反叛朝廷，这种情况大多都是有些事情刺激他们所造成的，只有唐朝大将仆固怀恩不是这样。来瑱虽然被诛杀，但他对唐朝并没有什么特殊的功劳，占据城邑而胁迫天子，朝廷上下之间猜忌嫌隙已经很久了，不能和汉朝的大将彭越、韩信，东晋的大将苏峻、祖约相提并论。即使诛杀十个来瑱，仆固怀恩依然可以坦然居功而没有什么危险和疑忌。唐代宗李豫推心置腹地信任重用仆固怀恩，即使到了他已经叛乱的时候，仍然念念不忘，奉养他的老母，照顾他的女儿，还说："是我辜负了仆固怀恩。"宦官程元振、鱼朝恩虽然不能长久倚靠，而当时正倚重仆固怀恩以疏远郭子仪，但也不像杨国忠对于安禄山那样的情形。仆固怀恩不反叛朝廷，悠闲自在地在朔方当他的王爷，有什么嫌疑，又有什么恐惧，而不愿意终身享受荣华富贵呢？河北地区刚刚平定，大功已经告成，昭义军节度使薛嵩等纷纷迎接拜倒于他的马前，乞求追随于他的左右，正是他建立功勋、自鸣得意的时候。突然起了异心，私养贼寇树立外援，为其反叛朝廷做准备，在这种情况下，河东节度使辛云京闭城自卫，难道是过分的谋划吗？宦官骆奉仙虽然劝说辛云京揭发仆固怀恩叛乱的阴谋，也不是以本来没有的反叛之心凭空捏造被剁成肉酱的大逆之罪来诬陷他，辛云京与凤翔、泽潞、山南西道节度使李抱玉事先知道了他的反叛阴谋，并非有人刺激才导致了他的反叛。然而冒昧以逞其野心，决意不再回头，这是什么居心呢？《左传》上说：“狼崽虽小，却有凶恶的本性。”大概说的就是仆固怀恩这样的人了！

至于说唐朝为何招致叛乱，其失误在于过分信任重用仆固怀恩。答应回纥的请婚和亲，而让仆固怀恩的女儿嫁给回纥首领，使他勾结边疆少数民族作为外援，有所倚靠得以叛乱，这是失误之一；任命雍王李适（即唐德宗）为天下兵马元帅，进军收复东京洛阳，又不设置副元帅，让仆固怀恩以统领诸营节度使的身份作为副手，这是失误之二；剥夺汾阳王郭子仪的兵权，把朔方的军队授予仆固怀恩，这是失误之三。平定安史之乱的大功已经建立，权力也已得到极大的扩张，地位已经位极人臣而直逼天子，内部有河北地区的藩镇作为援兵，外部与回纥结为秦晋之好，高傲地藐视天下，没有人可以和自己比拟，汾阳王郭子仪也不得不卸下元帅之印信授予他。郭子仪尚且屈服于他，那么仆固怀恩心目中就不再有唐朝的存在了。老鹰吃饱了就振翅高飞，难道还需要等待刺激他之后才叛乱吗？如果辛云京不揭发他的奸佞悖逆，仆固怀恩的叛乱只是推迟一些罢了。祸乱迅速发动，那么其根基还没有巩固，河北地区的四个藩镇，刚刚割据得以扩充军队，还没有集聚人力物力结成联盟的资本去拥戴仆固怀恩并蜂拥而起响应；假使其羽翼丰满，群凶合力结为联盟，侥幸的仆固怀恩就可能成为像安禄山一样的叛贼，不幸的话就可能成为像石敬瑭一样的儿皇帝。唐朝即使不灭亡，还能剩下多少残余呢！

人所能承受的容量，就如同器皿一样盈满为止，溢出了器皿，就会泛滥出来而不可收拾，连同器皿也一起倾倒。仆固怀恩可以任用他作为偏将，听从天下兵马元帅郭子仪的颐指气使。所以当初李光弼接掌军队的时候，仆固怀恩还能够制止军中的叛乱，超过了这个限度就会泛滥成灾。即使反叛会加速自己的灭亡，仆固怀恩也在所不惜。发动叛乱很迅速，但祸乱只限于太原和奉天，河北地区的藩镇没有追随他起兵叛乱，这也是辛云京、李抱玉及早揭发其反叛阴谋的功劳。假如说不刺激他，那么他的叛乱会在专权宦官程元振被诛杀以后发动，只推脱其叛乱之罪责于程元振，难道可以作为定论吗？以军国大任委托于人，却不考察其器识品行，没有不因此造成祸乱的。

本事：《资治通鉴》卷二二三《唐纪三十九·代宗》，永泰元年（765）。

五　广德年间户口之凋残

广德二年，户部奏户口之数二百九十余万，较天宝户九百六万九千有奇，仅存者三之一也，而犹不足。叛贼之所杀掠，藩夷之所蹂践，乱军之所搜刷，死绝逃亡，而民日以耗，固也。然天地之生，盈而必消，消而抑长，民之自惜其生，惊窜甫定，必即谋田庐、育妇子，筋骸以习苦而强，婚嫁以杀（shài）礼而易，亦何至凋零之速是哉？

盖国家所以安集其人民而足其赋役者，恃夫法之不乱、政之不苛，污吏无所容其奸，猾胥无所仇其伪耳。丧乱猝兴而典籍乱，军徭数动而迁徙杂，役繁赋重，有司以消耗薄征输不及之责而利报逃亡，单丁疲户，侥幸告绝，而黠民乘之，以众为寡，以熟为莱，堕赋于僻远愿朴之乡，席腴产、长子孙者，公为籍外之游民，墨吏鬻版籍，猾胥市脱漏，乃使奉公畏法之愿民，代奸人以任国计，户日减，科敛不得不日增，昔以三而供太平之常赋，今以一而应军兴之求索，故其后两税行而税外之苛征又起，杜甫所为哀寡妇诛求之尽者，良有以也。

民之重困，岂徒掠杀流亡之惨哉？第五琦、元载之箕敛愈酷，疲民之诡漏愈滋，官胥之欺诬愈剧，此二百九十余万者，犹弗能尽隐而聊以塞上之搜求者也。以此知广德之凋残，上损国而下病民，诚有以致之，盖乱世必然之覆轨矣。赋轻役简，官有箴，民有耻，虽兵戈之余，十年而可复其故，亦何至相差之邈绝乎？

【译文】

唐代宗广德二年（764），户部上奏全国户口总数二百九十多万，和天宝年间（742—755）全国户口总数九百零六万九千多户相比，仅存还不足三分之一。经过叛军的杀戮抢掠，边疆少数民族军队的蹂躏践踏，以及乱军的搜刮清洗，百姓死难逃亡，所以民众的数量日益消耗，自然是不如天宝年间。然而天地化生万物，盈满之后必然会消减，消减之后又会生长，老百姓自我怜惜其生命，逃难避乱惊魂甫定，必定会想方设法修建房屋、修整土地、娶妻生子，繁衍后代，身体因为习于劳苦而不断强壮，婚嫁因为减省礼仪而变得容易，何至于户口凋零到了这等地步呢？

大概国家用来安定和聚集人民从而充足供应其赋税徭役征收的办法，就是倚靠国家的法纪不混乱、政令不苛刻，贪官污吏无法隐藏其奸邪，狡猾胥吏不能推行其诡诈。政局动乱突然发生，国家的文书典籍就会出现混乱，战争和徭役频繁，百姓的流浪迁徙就会非常杂乱，徭役繁多，赋税沉重，有关官员因为害怕承担户籍消耗赋役征收不及的责任而以申报百姓逃亡为利，单薄的人丁、疲敝的户口，则以户口告绝、赋役蠲免为侥幸，而狡诈的不肖之徒又乘此机会，把户口的数量以多报少，把熟耕的土地说成未开辟的荒地，从而把赋役负担转嫁给地处偏远、民风淳朴的地方，拥有肥沃田产、子孙繁衍的编户齐民，公开成为户籍之外的流民，贪官污吏出卖户籍图册，狡猾胥吏出卖隐匿脱漏的户口，使那些奉公畏法的朴实良民，代替奸邪小人担负国家赋役重任，户口日益减少，赋税徭役的横征暴敛却不得不日益增加，昔日以三个人来供应太平之世的赋税徭役，今天以一个人来应付军事作战的需求，所以后来两税法得以推行，在正税之外又有横征暴敛，杜甫《白帝》诗中所吟咏的“哀哀寡妇诛求尽，恸哭秋原何处村”那样的情况，的确是有其原因的。

百姓因为沉重的赋役负担而加重困扰，难道仅仅是战乱之中杀戮抢掠和流亡的惨状吗？第五琦、元载等人搜刮苛敛财赋的手段愈加残酷，疲敝不堪的百姓诡逃隐漏户口的情况就愈加滋长，官员胥吏的欺骗伪报漏报的情况就越是加剧，剩下的这二百九十余万户口，也不能完全隐匿脱漏，而要姑且塞责，以应付上级官府的搜刮。由此可知，唐代宗广德年间（763—764）户口凋残的情形，上损害国家财政，下残害百姓利益，实在是由特殊的原因造成的，大概也是乱世必然经历的覆辙。减轻赋税，简化徭役，官员坚守做官的戒律，百姓保持礼义廉耻之心，即使是在战乱之后，用十年时间也可以恢复到原来的状况，何至于户口总数相差如此遥远呢？

本事：《资治通鉴》卷二二三《唐纪三十九·代宗》，永泰元年（765）。

六　什一之法不可行之止

读古人书，不揆其实，欲以制法，则殃民者亦攀援附托以起，非但耕战刑名之邪说足以祸天下也。

三代取民之法，皆曰什一，当其时必有以处之者，民乃不困。其约略可考者，则有中地下地、一易再易、田莱相参之法，名为什一，非什一也。以国之经费言之，天下既自上古以来封建相沿，而各君其国，以与天子相颉颃，以孟子所言，率今一小县，而有五世之庙，路寝三门之制；

百官有司，则以周初千八百国计之，以次国二卿为准，南不尽楚塞，西不逾河、陇，东不有吴、越，中原侯甸未讫六州，而为卿者已三千六百人，人食一千六百之粟，而大夫士府史胥徒坐食无算，今天下十不得一也；币帛饔飧见于聘礼者，如此其繁，比年三年数举而遍于友邦，皆民之昼耕夕织、勤苦而仅获者也。后世而幸免此矣，则无三王宽恤之仁，而欲十取其一，以供贪君之慢藏，哀哉！苟有恻隐之心者，谁忍言此哉？

然而第五琦窃其语以横征，欲诘其非，则且曰此禹、汤、文、武，裁中正之法以仁天下，而孟子谓异于貉道者也，胡不可行也？乃代宗行之三年，而民皆流亡，卒不可行而止。以此推之，后世无识之士，欲挠乱成法，谓三代之制一一可行之今，适足以贼民病国，为天下僇，类此者众矣。不体三代圣人之心，达其时变，而徒言法古者，皆第五琦之徒也，恶逾于商鞅矣。何也？彼犹可钳束其民而民从之，此则旦令行而夕哭于野，无有能从之者也。三十取一，民犹不适有生，况什一乎？

【译文】

读古人的书，而不考察其真实情况，就想依据古书的内容来制定法律，那么祸国殃民的人也会借机攀援依附借以兴起乱政，不仅仅是耕战、刑名之类的异端邪说才足以祸害天下。

夏、商、周三代向百姓征收赋税的方法，都称为什一之法，当时一定有适当的方法加以处理，百姓才不感到困窘。大致可以考证出来的，有把土地分为上地、中地、下地据以授予田宅，有把土地分为不易之地（一年一收，不用休耕）、一易之地（收一年休耕一年）、再易之地（收一年，休耕二年）据以分配给每家一百亩、二百亩、三百亩的不同数量，有正在耕种和休耕的土地相互参用统筹规划的方法，因此名义上是什一之法，其实并不是笼统的十取其一。以国家经费而言，天下既然从上古以来都是封建诸侯相互沿袭，而各诸侯国君都拥有其国家，从而与天子相抗衡，用孟子的话来说，一个诸侯国大都相当于今天的一个小县，都有诸侯国君五代的宗庙，都有国君的正殿以及都城四边每边三门的规制；设置有百官的办事机构，按照周朝初年一千八百个诸侯国来计算，以二等诸侯国君设立两个卿作为标准，往南到达不了楚国的边境，西边超不过河西、陇右地区，东边不包括吴、越之地，中原地区也就是侯服和甸服（王畿以外方圆千里的地域）的范围不超过九州中的六州，而诸侯国卿的人数已有三千六百人，每人俸禄一千六百斤粟米，那些大夫、士以及府史胥徒等胥吏衙役的俸禄费用更多得无法计算，如今的天下十不得其一；至于往来聘问之礼所用的钱币、布帛、馈食宴饮的费用，如此繁多，两年或者三年举行一次，多次举行聘礼乃至遍及所有友好的诸侯国，这些费用都是百姓白天耕种、晚上织布，辛辛苦苦才获得的微薄收成。后世有幸免于这些礼仪费用的支出，却没有夏禹、商汤、周文王和周武王那样宽大体恤的仁政，还想要征收什一之税，以供给那些贪婪之君疏于治理和保管的经费用度，太悲哀啦！但凡有一点恻隐之心的人，有谁还忍心说征收什一之税呢？

然而第五琦却窃用夏商周三代的什一之法来横征暴敛，如果有人想批评他的不是，他将会说这是夏禹、商汤、周文王、周武王时代，衡量大中至正的法令而在天下推行仁政，而且孟子也说过与北方貉族的税收政策是不一样的，为什么不能推行呢？可是唐代宗采纳第五琦的建议推行了三年，百姓都流亡逃散了，最后无法推行下去不得不停止。以此类推，后世那些毫无见识的人，想要扰乱原先的法令制度，就说夏、商、周三代的制度每一个都可以在今天实行，结果恰恰足以残害百姓、危害国家，从而成为天下的耻辱，像这样的事情太多了。不体察夏、商、周三代古圣先王的仁爱之心，不通达时势的变化，只是一味地效法古代，都是第五琦的门徒，其罪行超过了商鞅的变法。这是为什么呢？因为商鞅还可以钳制和约束百姓使其顺从于他，而后世这些官员早上颁布法令，老百姓晚上就痛哭于四野，没有人能够顺从他们。三十取一来征收赋税，百姓还不能舒适地生活，更何况是十取其一呢？

本事：《资治通鉴》卷二二三《唐纪三十九·代宗》，永泰元年（765）。

七　知死为其道而处之不惑

以道宅心者，天下所不能测也。兵凶战危，以死为道者也。以死为道，然后审乎所以处死之道；审乎所以处死之道，然后能取威制胜，保国全民，不战而屈人之道咸裕于中而得其理。由其功之已成，观其所以成功，若有天幸；乃其决计必行之际，甚凶甚危，而泰然不疑，若不曙于祸福生死以徼幸，皆人之所不测也。不测之，则疑其智之度越而善操利钝之枢。夫岂然哉？知死为其道，而处之也不惑耳。

回纥要郭汾阳相见，汾阳知战之必败，而唯以身往赴之之一策，可以抑锋止锐而全宗社。于斯时也，固不谓往之必死也，亦不谓往之必不死也，虽死而无所恤焉而已。故药葛罗情穷而辞屈，慑于其不畏死之气，则未知杀公以后胜败奚若，而心已折、气已馁矣。决于死，则情志定；情志定，则神气平而条理现。免胄投枪之际，一从容就义者大雅之风裁也。

处死之道，致一而已。致一则神全，神全则理裕。理处其至裕，而事必应乎其心。凡人之情，局于目前而迷于四际者，固不足以测之，遂相与诧之曰：其不可测也，有若是哉！不则其有天幸乎？夫恶知所守之约，为恐惧疑惑之所不得乘哉？

其谓子晞曰："战则父子俱死，不然，则身死而家全。"聊以慰晞而已，非公之本志也。告药葛罗曰："挺身听汝杀之，将士必致死与汝战。"亦示以不可胜耳，非挟将士之报仇死战，足以慴（shè）回纥也。公之心，则惟极致于死，而固无必生之计也耳。

【译文】

以正道大义居心的人，是天下人所不能够妄加测度的。凶险可怕的战事，是以死节作为道义和志向的事情。以死节作为道义和志向，然后就可以审慎考察、处置对待死节的方法；审慎考察、处置对待死节的方法，然后才能取得威望，克敌制胜，保卫国家，保全百姓，不战而使敌人屈服的方法，全部从容地运筹谋划于胸中，从而深谙其中的道理。从他已经成就的功业来反观其之所以成功的秘诀，好像是上天赐予的侥幸；可是当他下定决心坚定前行的时候，情况非常凶险危急，但他能够泰然处之而毫不迟疑，好像不是早就洞见生死福祸，而是侥幸取得成功，这些都不是人们能够妄加测度的。人们不能测度，于是就猜测他的智慧卓异并善于把握成败利钝是关键。难道真是这样吗？知道以死节作为道义和志向，所以才泰然处之而没有什么困惑了。

仆固怀恩叛变之后，联合回纥、吐蕃、吐谷浑等边疆少数民族大军进攻长安，两军阵前回纥得知郭子仪未死，邀请他前往回纥军营相见，郭子仪知道这一开战官军必败，只有自己亲身赴约、劝说回纥退兵这唯一的策略，可望挫折敌军的锋芒，从而保全江山社稷。当此之时，固然不能说前往赴约必定会死，也不能说前往赴约一定不会死，只能说为国而死没有什么顾惜罢了。所以回纥首领药葛罗理屈词穷，为他不畏死难的气概所震慑，也不能预测杀了郭子仪之后战局的胜败如何，其内心已被折服、其锐气已经消失。决心赴死，情感意志也就坚定，情感意志坚定，精神气魄也就平和而表现得条理清晰。当郭子仪在两军阵前摘掉头盔、脱去甲胄、放下长枪之际，表现出来的就是从容就义的大雅风度。

对待死节的方法，也就是专心定志罢了。专心定志就会精神饱满，精神饱满就会情思充沛。人的思想情感处于非常充沛的状态，那么事情的发展必定能够顺应其心、合乎其情。大凡人们的思想情感，局限于目前而迷惑于四周的情形，本来就不足以测度他的作为，于是人们就相互惊诧地说：其不可测度，竟然会像这样！难道是上天赐予的侥幸吗？又怎么能够知道郭子仪所坚守的誓约，而恐惧疑惑完全无法影响到他呢？

郭子仪临行前对儿子郭晞说："与强敌作战我们有可能父子俱死，国家也会遭难，不然的话，我前去赴约，如果有幸谈判成功，是国家的幸运，即使自己身死也可能保全家国。"这番话只是聊以安慰郭晞罢了，并非郭子仪的本意。他告诉回纥首领药葛罗说："我挺身而出听凭你的杀戮，那么官军将士必定会冒死效命同你们决一死战。"这也只是表示官军不可战胜的决心，并非裹挟全军将士为他报仇雪恨决一死战，从而震慑回纥。郭子仪的心志，就是完全置生死于度外，本来就没有一定生还的打算。

本事：《资治通鉴》卷二二三《唐纪三十九·代宗》，永泰元年（765）。

八　挟诈之主未有敢与深谋者

代宗委权以骄藩镇，而天下瓦解。其柔弱宽纵也，人具知之；抑岂知其失也，非徒柔弱不自振之过哉？惟握深险之机以与天下相劘（mó）相制，而一人之机，固不足以敌天下也。代宗之机，得之于老氏。老氏曰："将欲取之，必固与之。""天下之至柔，驰骋天下之至刚。"此至险之机也，而代宗以之。固为宽弱以极悍戾者之骄纵，骄纵已极，人神共愤，而因加之杀戮也不难，将自以为善制奸慝而必死于其手。乃天下习知其术，而受其与、不听其取，乘弱制之以不复刚，终处于无何而权以倒持。安足以驰骋哉？自敝而已矣。

李辅国恶已极而杀矣，程元振恶已极而流矣，鱼朝恩恶已极而诛之俄顷矣；假手元载以杀朝恩，复纵元载以极其恶，而载又族矣。当其姑为隐忍，则辅国由三公而王，唯其志也；程元振位骠骑，激怒群情，挫抑汾阳，唯其志也；鱼朝恩总禁兵，判国学，隶视宰相，发汾阳之墓，钳制朝政，唯其志也；然犹曰宦官已掌禁军，有不测之防，弗能骤计也。元载以一书生，贪猥无状，自可折棰以鞭笞之者；乃颜真卿为之坐贬，杨绾为之左迁，李少良为之杖死，且寄邺侯于江外，一唯其荼毒而莫之禁。其处心积虑，欲甘心于载者已非旦夕，且必俟其恶盈而后殛，使害已播于天下，乃以快刑杀于俄顷。凡诛四肘腋之臣，皆以老氏之深机图之，而借口以号于天下曰：吾非忍杀之也，彼自杀而我因之也。亦险矣哉！

夫四奸者，依附左右，弗难制者也；不若是而诛殛之也有余，即若是而诛殛之也，亦弗能抗也；故代宗得以用其机而终投其阱。乃怙此以为胁持天下之具，饵藩镇而徐图之，则愚甚矣。

来瑱不臣已著，举天下以讨一隅，易矣；而饵之以宰相，诬之以通贼，然后杀之。仆固怀恩已反，势且溃败，而犹为哀矜之说以恤之。于是枭雄之帅，皆测其险诈，即乘其假借之术，淫威即得而不复可制。故怀恩受副元帅而后叛，田承嗣受平章事而终不入朝，李灵曜、崔旰、朱希彩、李正己、李宝臣皆姑受其牢笼而终逸于柙阱。一人之险，何足以胜天下哉？徒宽纵之而莫之能收。故曰其愚尤甚也。

元载死，晋杨绾而任之，意且与绾深谋制群雄而快其夙恨，绾早卒，乃戢意而废然返耳；借其不然，诛夷行于一方，则四方愈为摇动。然而无虑也，元载杀朝恩而帷盖之恩不保，绾虽忠，亦必虑及于此，以自处于不才之散木，挟诈之主，未有敢与深谋者也。信乎老氏翕张取与之术，适以自敝，孰谓汉文几杖赐吴之智为能制吴之死命乎？帝王之诛赏，奉天无私，犹寒暑之不相贷也。邪说兴，诐行逞，宝此以为术，而天下之乱日生，可勿戒与？

【译文】

唐代宗李豫授人以权柄而使藩镇将帅骄横放纵，结果导致天下瓦解。他的柔弱宽大从而纵容奸佞，人们都知道；可是难道也都知道他的失误不仅仅是柔弱而不自振作导致的吗？他的错误在于掌握深沉阴险的机巧从而与天下相切磋、相制衡，但一个人的机巧，本来就不足以与天下相抗衡。唐代宗的机巧，主要是受到老子学说的影响。老子说："将要夺取什么，就必须先给予什么。""天下最柔软的东西，能够驾驭天下最为坚硬的东西。"这是非常危险的机巧，而唐代宗却采用并付诸实践，本来他的为政就宽大柔弱，从而使强悍暴戾的人骄纵达到极致，骄纵达到了极致，就会使得人神共怨，因而就不难将杀戮的刑罚加之于他们的头上，最终的结果是自以为善于钳制奸邪不轨之人，却反而死于这些奸邪之人的手中。这是因为天下人都熟悉他的机巧手段，从而接受他的给予，却不听任他的所取，乘其宽大柔弱之机来钳制他，使他不再严厉强硬，最终落得无可奈何而权柄被人倒持。难道这样还足以驾驭吗？自我削弱灭亡罢了。

宦官李辅国恶贯满盈而被诛杀了，宦官程元振恶贯满盈而被流放了，宦官鱼朝恩恶贯满盈而顷刻之间就被诛杀了。唐代宗借奸相元载之手杀死鱼朝恩，却又纵容元载穷凶极恶，最后元载又被诛灭了全家。当他暂且隐忍之时，宦官李辅国由司空兼尚书令的三公之位晋封博陆郡王，唯其意愿是从；宦官程元振被授予骠骑大将军，激起群臣共愤，还打击压制郭子仪，唯其意愿是从；宦官鱼朝恩统领京师神策军，掌管国子监事，视当朝宰相如奴隶，挖郭子仪的坟墓，控制朝政，唯其意愿是从。然而还推脱说宦官已经掌握禁军，为了防备意料不到的祸患发生，不能骤然谋划得当。元载作为一介书生，贪得无厌、品行无状，自然可以非常容易地加以鞭笞处罚，可是却因为他而导致大臣颜真卿被贬官，杨绾被降职，李少良被杖打而死，又把李泌排挤出朝廷任江南西道判官，听任其荼毒天下而没有人能够遏制。唐代宗处心积虑，故意纵容元载这样为所欲为已非一日，而且一定要等到他恶贯满盈之后再诛杀他，让其毒害传遍天下，才于顷刻之间问刑论斩。大凡为他所杀的四个亲信大臣，都是采用老子所谓的“将要夺取什么，就必须先给予什么”以及“天下最柔软的东西，能够驾驭天下最为坚硬的东西”之类的深谋机巧来对付他们，而用借口对天下说：并不是我忍心诛杀他们，而是他们自己要杀死自己而只不过借我之手罢了。这也太过险恶了！

李辅国、程元振、鱼朝恩、元载这四个奸佞，依附在唐代宗的左右，并不是很难制服的。如果不像这样隐忍和纵容他们，那么诛杀他们绰绰有余；即使像这样隐忍和纵容他们，诛杀他们时他们也不能反抗。所以唐代宗得以运用自己的机巧而最终使他们投入他设下的陷阱。至于要凭借着这种机巧作为胁持天下的工具，以利诱藩镇将帅上钩然后再慢慢消灭他们，简直是太愚蠢了。

来瑱不守臣节、对抗朝廷的罪恶已非常明显，举天下之兵讨伐这一隅之地，是相当容易的，却授予宰相之位作为诱饵，后来又诬陷他私通叛贼，然后才诛杀了他。仆固怀恩已经反叛朝廷，其军队势将溃败，唐代宗却还说些遗憾、怜惜的话以抚恤他。于是乎那些藩镇的枭雄统帅，都可测度其险诈用心，也就乘机利用他假借权术，得到了朝廷授予的淫威权势之后也就不再能够控制了。所以仆固怀恩被授予天下兵马副元帅之后反叛，魏博节度使田承嗣被授予平章政事、封为雁门郡王而最终不肯入朝，汴宋留后李灵曜、西川都知兵马使崔旰、幽州节度使朱希彩、平卢淄青节度使李正己（本名李怀玉）、成德节度使李宝臣也都是姑且受其约束最终逃脱朝廷的陷阱。以一人的深沉阴险，怎么足以取胜天下呢？白白地宽大纵容他们却无法收拾残局，所以说其愚不可及。

奸相元载死后，唐代宗提拔杨绾作为宰相，本意是与杨绾深入探讨制服群雄的办法以发泄自己旧有的怨恨，可是杨绾早死，他也就收敛怒气、失望地恢复常态；如果不是这样，一旦发动针对一个藩镇的讨伐，那么天下四方就更加动荡不安。然而他没有考虑到的是，元载杀了鱼朝恩而他们像犬马享受帷幕篷盖掩埋的恩典也未能保全，杨绾虽然忠心耿耿，也必定会考虑到这一点，从而把自己放在没有材用而得享天年的老树的位置，所以面对心怀欺诈的天子，是没有人敢于和他一起深入谋划大事的。相信老子关于“将要收合的，必先张开”“将要取去的，必先给予”的权术，恰恰会因此自受其害，有谁能说汉文帝刘恒赐予吴王刘濞几杖的智慧是为了能够置吴王于死地呢？天子的诛伐赏赐，乃是奉天命而行，没有任何私心，也就像冬天的严寒、夏天的酷暑不能相互交换一样。异端邪说兴盛，阴谋诡计得逞，人们都视为宝贝并作为一种统治的权术，从而导致天下的祸乱时时发生，难道还不引以为戒吗？

本事：《资治通鉴》卷二二四《唐纪四十·代宗》，大历八年（773）。

九　李泌的出处进退

李长源当肃宗之世，深触张良娣、李辅国之怒，拂衣而归衡山，何其快也！其于元载也，未尝斥其恶以纠责之，徒以贤奸不可并处而去之，则引身归岳，不犹便乎？乃置身参佐，托魏少游以自全，又何屈也！夫岂葸（xǐ）畏无端而不能自持也哉？达人之通识，度己度人，因时以保明哲之身，而养国家和平之福，非一概之说所可执为得失也。

长源之于肃宗，在东宫则定布衣之交，在灵武则冒难首至，参大议于孤危，坐寝与偕，成收复之元功，其交固矣。良娣、辅国虽恶其斥己，而所欲者，但令长源一日不居左侧，弗为己难，则意得而无余恨；于此而翩然已逝，全终始之交，绰有余裕矣。其于代宗也，虽与谋元帅有翼戴之功，而其早不侍青宫，其后不参帷帟（yì），交未固矣。复东京，拒吐蕃，返陕州之驾，诛殛三阉以清宫禁，又未有功也。代宗以畜疑之主，离合不可终凭；元载虽见忌于君，而旁无相逼以升之朝士，唯长源以宗臣入参谋访，唯恐轧己而代之；且载文辩足以济奸，朋党乐为效命，众忌交集，深谋不测，抑非如妇人奄竖、褊衷陋识、一去而遂释然也。载与长源立于两不相下之势，而祸机所发，不可预防，岣嵝烟云，祝融冰雪，其能覆荫幽人使之安枕哉？

且夫山亦未易居也。其唯弢光未试、混迹渔樵者，则或名姓上达于天子，而锋棱未著，在廷忘猜妒之心，乃可怡情物外，世屡变而不惊。其不然者，名之所趋，世之所待，功之已盛，地之已危，即欲抗志烟霄、杜口时事，而讲说吟咏以追琴酒弈画之流，闻风而辐辏，乃有遍游戎幕拓落不偶之士，争其长短以恣其雌黄，甚且挟占星卜气谶纬之小技者，亦浪迹溪山，而附高人以自重，绝之则怨生而谤起，纳之则祸发而蔓延，孰谓山之厓、水之涘，非风波万叠、杀人族人之险阻哉？如稗说所传，懒残十年宰相之说，已足深元载之娼嫉，而可坐以结纳妖人之大法；则衡山一片地，正元载横施网罟之机也。自非有所托于外援，优游军府，而屈志下僚，示以不相逼代之势，其能免乎？代宗虑此已熟，而长源何勿俯首以从也？夫长源非无意于当世之务，明矣。相唐以定天下者，其志也，固且诛逐元载而戴之以匡王国者也。进退之间，岂容不审，而但以冥飞之鸿、矫志林泉也哉？

【译文】

李泌在唐肃宗李亨在位时期（756—761），深深触怒淑妃（后为皇后）张良娣、专权宦官李辅国，飘然拂衣而去，归隐南岳衡山，这是何等的快乐！可是他对于奸相元载，却从来不曾痛斥其罪恶并进行监察和治罪，只是说贤臣和奸佞不能并处共事于朝廷而离去，在这种情况下引身而退，归隐于南岳衡山，不是更方便吗？而他却置身于参谋僚佐的行列担任江南西道判官，依托江西观察使魏少游以保全自己，又是何等的委屈！难道说他胆怯恐惧没有尽头因而不能自己坚持正道大义吗？通达事理的人学识渊博，考虑自己又考虑别人，根据时势变化以明哲保身，从而涵养国家和平的福祉，不可以一概而论拿来评定其得失的。

李泌与唐肃宗李亨，早在肃宗还是东宫太子时就结下布衣之交，肃宗在灵武登基时他又冒死第一个赶到，在肃宗孤立无援的危局之中参与谋划决策，与肃宗日则同坐、夜则同寝，从而成就了收复天下的首功，他们的交情可以说牢不可破。张良娣、李辅国虽然讨厌他痛斥自己，他们想要得到的，只要让李泌有一天不在肃宗身边，不给自己难堪，就心满意足而没有多余的怨恨了。在这个时候翩然离去，保全了与肃宗的始终如一的交情，而且还绰绰有余。至于他和唐代宗李豫的关系，虽然他曾建议代宗任天下兵马大元帅，具有辅佐拥戴之功，但他早年不曾在东宫事奉太子，后来又不曾参谋帷幄之中，交情并不牢固。至于收复东京洛阳，抗拒吐蕃进攻长安，迎接唐代宗的车驾从陕州避难返回长安，诛杀李辅国、程元振、鱼朝恩三个专权宦官以清理宫禁，又没有建立功勋。而唐代宗李豫又是一个积疑不决的君主，因而关系的离合不能始终可靠。奸相元载虽然受皇上猜忌，但朝廷之中却没有可以与之地位相近、互相抗衡的大臣，只有李泌以李姓同宗大臣的身份入朝参议咨询，所以元载唯恐李泌排挤打击自己并取而代之。况且元载的文词言辩足以助成其奸邪，其朋党都乐意为他效命，这样众臣的猜忌交集于李泌，深沉奸邪的阴谋无法预测，也不是像后妃、太监那样的内心褊狭、识见浅陋，一旦离开朝廷就怨恨释然了。元载和李泌处于势不两立的局面，而祸机的发生，也就无法预测，南岳衡山岣嵝峰的烟云、祝融峰的冰雪，能够庇护保佑得了幽居之人而使之高枕无忧吗？

况且山林也不是那么容易隐居的。只有那些韬光养晦、混迹于渔父樵夫之中的人，有的姓名可以上达天子知道，而锋芒没有明显表露出来，居于朝廷而忘却猜忌之心，这样才可以怡情物外，世道屡变而内心波澜不惊。假如不是这样，为名望所驱使，世道所期待，即使功业已经成就，其地位已经危险，即使想在显赫的地位高尚其志、闭口不言时政，而谈古论今、吟风弄月以等待弹琴、饮酒、弈棋、绘画之类的高人韵士，闻风而来汇聚在一起，于是那些遍游军帐幕府、落魄不得志之士，与其争论长短、信口雌黄，甚至心怀占星、卜气、谶纬之类雕虫小技的人，也浪迹于水边林下，依附高人韵士以抬高自己的身份，拒绝他们就会产生怨恨、兴起诽谤，接纳他们则会发生祸乱而蔓延成灾，谁能说山之崖、水之滨就没有波谲云诡、杀人灭族的艰难险阻呢？像民间所传说的南岳衡山懒残和尚预言李泌日后将担任十年宰相的说法，已足以加深元载对李泌的嫉妒了，还可以结纳妖人异端之名将其法办。这样的话，南岳衡山这一片土地，正是奸相元载肆意施加法网陷阱的关键。如果没有外援作为依托，优游于军帐幕府，委屈自己的志向甘心作为下级幕僚，以表示自己没有与他相逼迫取代的趋势，这样就可以幸免于难吗？唐代宗李豫对此已经深思熟虑，那么李泌为什么不俯首依从呢？李泌并非无意于当世之务，这是很明了的。作为唐朝的宰相来安定天下，这是他的志向，所以他一定会诛杀和驱逐奸相元载并取而代之来匡正君主、挽救国家。出处进退之间，怎么能不审慎考量，而只是像高飞的鸿雁一样游于世外、违背自己的志向而隐居林泉呢？

本事：《资治通鉴》卷二二四《唐纪四十·代宗》，大历五年（770）。

一〇　朱泚之奸何以得逞

辨奸者，辨于其人而已。故曰："君子而不仁者有矣夫，未有小人而仁者也。"

大历之季年，河北降贼之抗衡久矣。田承嗣连昏帝女，致位元宰，一再召而必不逾魏博一跬步，李正己、李宝臣党叛而自相袭夺，不复知唐之有天子也。乃卢龙强悍可凭，凶逆成习，而朱泚一授节钺，随遣朱滔入卫，继且自请释镇归朝，病而有舆尸赴阙之语。代宗于此，虽欲不惊喜失措，隆礼以待之，厕之汾阳之列，使冠百僚，不能也。桀骜者如彼，而抒忠者如此，其诚也。

虽然，亦思其何为而然哉？德有以怀之与？威有以震之与？处置之宜，有以服其心与？三自反求而皆无其具，则意者其人之忠贞素笃，超然于群类之中，而可信以无疑邪？乃泚之非其人也明甚矣，托胎于乱贼之中，熏染于悍戾之俗，而狡凶尤甚，假手于李怀瑗，杀朱希彩，而使其弟滔蛊三军以戴己，柔媚藏奸，乘间而窃节镇，既有明验矣，饰忠归顺，遂倚为心膂之大臣，呜呼！何其愚也。

田承嗣、李正己株守一隅，阻兵抗命，虽可负固以予雄，终非良久之谋也。而泚尤岌岌，骤窃幽、燕，众志未戢，而李宝臣有首邱之志，日思攘臂，轻兵入其郛（fú），弗能遏也；于是张皇四顾，睨朝廷为藏身之窟，使朱滔倚内援以安枕于北平，己乃居不世之功，狎天子大臣而伺其间隙以逞狂图。自强藩割据以来，人所未及谋者，泚窃得之以侥幸。代宗不能知，汾阳不能制，常衮、崔祐甫之褊浅，莫能致诘，而泚果能优游岩廊以观变，亦狡矣哉！代宗崩，汾阳总己，德宗初政，未有衅也，是以迟久而始发。不然，泚岂能郁郁久居此哉？若此者，一望而知之，而唐之君臣固梦梦也，夫岂奸之难辨哉？问泚之何以得帅卢龙，而能不为之寒心乎？非但如安禄山之初起，非有猾逆之易窥者也。

然则如之何？于其入而待之以礼，荣之以秩，而不授以政，使受统于汾阳，而汾阳得以制之，岂徒泚之恶不足以遑乎？河北诸逆知天子之不轻于嚬笑，而意亦消沮矣。得失之机，昏昭之别，判于持重审固者之心，非庸主具臣浪为惊喜者之所能与也。

【译文】

分辨奸邪的人，关键在于分辨其人的品性罢了。所以孔子说："正人君子中没有仁德的人是有的，而奸邪小人中有仁德的人却是没有的。"

唐代宗大历（766—779）末年，河北地区的藩镇降贼与朝廷抗衡已经很久了。魏博节度使田承嗣与皇室联姻迎娶公主，获得了宰相的尊贵地位，可是朝廷数次召他入京他却不离开魏博一步，平卢淄青节度使李正己、成德节度使李宝臣党徒反叛而相互攻击争夺，心目中简直不知道还有唐朝天子的存在。而卢龙节度使军力强悍可以依靠，凶残悖逆习以为常，可是朱泚一旦接受幽州卢龙节度使的印信，随即派遣其弟朱滔入京保卫朝廷，继而又请求朝廷收回节度使的印信放他回到朝廷，入朝途中身患急病时，他甚至说出如果自己死了要部下抬着尸首也要入朝的话。唐代宗对此，即使想要不惊喜万分、举止失措，以隆重的礼节款待他，让他与汾阳王郭子仪位居同列，作为百官的冠冕，也是无法做到的。像朱泚那样桀骜不驯的人，抒发忠心却表现得如此诚心诚意。

尽管这样，也要思量一下：他为什么要这样做呢？唐代宗的品德能够感化他吗？唐代宗的威望能够震慑他吗？

安排处置得恰如其分，有能够使他口服心服的吗？从这三方面的反躬自问加以求证都不是，那么或许是他这个人一向忠贞笃实，超越于同类藩镇枭雄之上，自然可以笃信而无所怀疑吗？朱泚并非这样的人，这是明白无疑的，他生长在乱贼之中，受到剽悍暴戾风气的熏陶，而狡猾凶残更加严重，他借李怀瑗之手杀死卢龙节度使朱希彩，又让他的弟弟朱滔蛊惑三军说节度使非经略副使朱泚不可，从而拥戴自己继任节度使，其柔媚之中隐藏奸邪，乘机窃取了卢龙节度使的大权，已经有了明证，而当他伪装忠心归顺朝廷时，君主就倚重他作为亲信得力的大臣。唉！这是何等的愚蠢。

田承嗣、李正己等藩镇将帅株守一隅之地，阻拒官兵违抗朝命，虽然可以依恃险阻负隅顽抗而称雄一时，但终究不是良久之策。而朱泚此时面临的形势更是岌岌可危，他骤然间窃据幽燕之地，众人之心并未平服，而成德节度使李宝臣（涿州人）又有死后归葬故乡的愿望，整天盘算着奋起大干一场，率轻兵占据其地，其势头无法遏制。于是朱泚惊慌失措地四处张望，看到朝廷才是他藏身的窟穴，于是派其弟朱滔入内作为援兵，以便自己在北平高枕无忧，自己居有不世之功，然后亲近天子大臣窥伺可以利用的疏漏以实现其狂妄悖逆的阴谋。自从强大的藩镇割据称雄以来，人们还没有来得及筹划的阴谋，朱泚却在侥幸之间窃得了机会。唐代宗李豫不能知道，汾阳王郭子仪又不能钳制，宰相常衮、崔祐甫之类褊狭浅陋，没有谁能够予以反诘，而朱泚果然能够优游于朝廷以观察时局的变化，也太狡猾了！唐代宗死后，郭子仪总揽大权，唐德宗李适刚即帝位，还没有可以利用的疏漏，因此推迟了很长时间才发动叛乱。不然的话，朱泚难道能郁郁寡欢长时间居于朝廷吗？像这样的情况，一眼就可以看得出来，可是唐朝的君臣竟然如同昏睡于大梦之中，难道奸邪就这么难以分辨吗？试问朱泚是如何得到卢龙节度使的职位的，怎能不令人寒心呢？这并不像安禄山起家之初那样，没有狡猾悖逆的表现让人容易窥探出来。

既然这样，那么应该怎么办呢？对于朱泚，应当在他刚入朝时以礼相待，授予荣宠的官秩，而不授予朝政大权，使他接受汾阳王郭子仪的统辖，郭子仪就有办法钳制他，难道仅仅是朱泚的穷凶极恶不足以得逞吗？河北地区的藩镇叛贼知道天子喜怒不轻易形于颜色，那么他们的狂妄野心自然也就因为沮丧而消失了。得失的关键，明暗的差别，决定于行事谨慎稳重、审核准确周密的大臣的内心，不是昏庸懦弱的君主、尸位素餐的大臣随意地凭借一时的惊喜就能做到的。

本事：《资治通鉴》卷二二五《唐纪四十一·代宗》，大历九年（774）。

一一　杨绾行法于可行之日

法未足以治天下，而天下分崩离析之际，则非法不足以定之。故孟子言仁天下而归之法，为七国分争十二失守不定之天下而言也。有法不可施之日，而后法亦无能以行，则孔北海欲复王畿千里之制，徒为空言，而身以丧，国终以亡。若其犹可治也，法可施，而恶容不亟建乎？

唐自天宝以后，天下分裂而无纪。至于大历，乱少息而泮散尤甚。虽然，可为之几正在是矣。逆臣之逆横已极矣，唯意所为，而不能以非法之法乱法也；邪臣之邪贪已极矣，唯利是崇，然其乱法者，莫能改法也。故杨绾一相，三月之间，而天下为之震动、恪共以从乂，绾于是得立法之本，而行之有序；绾不死，知其可以定天下矣。河北之逆末也，西川、岭南之乱尤末也，凤翔、泾原、汴宋、河阳之蜂起，犹非本也。三竖乱于前，元载乱于后，朝廷无法，而天下从风。绾清修自饬，立法于身，而增百官之奉以养官廉；罢团练守捉以肃军政；禁诸使之擅召刺史，以孤悖逆之党；定诸州兵数，以散聚众之谋。行之朝廷，可行而行矣；行之内地，可行而行矣。且姑置抗拒之逆藩于不论，使其允行之，十年之后，内宁而外患亦无借以生，天下将秩秩然，兵有制，吏有守，则据土叛君者，明其为化外之迹，而不敢以中逆貌顺、觊朝廷之宠命，河北梗化之凶竖，不敛手而听命者，未之有也。

夫代宗非果无能为者，一受制于李辅国，而二竖因之，元载乘之，怀情以待，得绾以相而志将伸，绾遽卒，常衮不足以胜任，而代宗又崩矣，唐之不振，良可悼已！然建中之初，天下姑安者，犹绾之余休也。法先自治以治人，先治近以及远，绾清慎自持，汾阳且为之悚惕，孰敢不服哉？法犹可行，治犹可定，天夺绾而代宗终为寄生之君，过此无可为矣。

【译文】

仅靠法令不足以治理天下，可是当天下分崩离析之际，没有法令则不足以安定天下。所以孟子说不行仁政不足以治天下，最终归结于遵守古圣先王之法，是针对战国七雄纷争、十二诸侯失守动荡不宁的天下而言的。有法令不能实施的时候，而后法令也就不能得以施行，因此东汉末年孔融想要恢复周代王畿千里的制度，只是白白地空发议论，自己因此而丧命，国家最终也因此而灭亡。如果国家还可以治理，法令还可以施行，怎么还容许不急切建立法治呢？

唐朝自玄宗天宝年间以后，天下分崩离析而没有纲纪。到了唐代宗大历年间（766—779），祸乱稍稍平息但分裂割据更加严重。尽管如此，但国家治理可以有所作为的时机和希望正在此时。叛逆之臣的悖逆骄横已经达到极点，他们为所欲为，却不能以非法的法令来扰乱国法；奸邪之臣的邪恶贪婪已经达到极点，他们唯利是图，然而他们扰乱国法，却没有人能够篡改法令。所以杨绾一当上宰相，三个月之内，天下就为之震动，恭谨地顺从治理，杨绾从中得到了立法的根本，施行起来也井然有序。如果杨绾不死的话，可以预见天下将从此走向安定了。河北地区的藩镇叛逆已经到了穷途末路，西川、岭南的祸乱更是到了穷途末路，凤翔、泾原、汴宋、河阳等藩镇尽管纷纷起来叛乱，依然不是可以动摇根本的祸乱。李辅国、程元振、鱼朝恩三个专权宦官作乱于前，奸相元载又作乱于后，朝廷没有法令，天下也就跟着陷入混乱。杨绾清正廉明，自行整饬，立法先立身，增加百官的俸禄而使官员养廉；罢免团练使、守捉使以整肃军政；禁止朝廷诸使擅自召见各州刺史，以孤立悖逆之臣的党羽；确定各州郡的兵员数量，以解散聚众叛乱的阴谋。这些法令施行于朝廷，能施行的都施行了；施行于内地，能施行的也都施行了。姑且把那些抗拒朝廷的悖逆藩镇放在一边不予讨论，而使他们允许在当地推行朝廷的法令，那么十年之后，内地安宁，边疆的祸乱也就没有什么原由可借以发生，天下将会秩序井然，军队有制度，官吏有规矩，这样那些割据一方反叛朝廷的人，知道他们是朝廷政令教化所没有达到的地方，也就不敢内心悖逆而表面忠顺、觊觎朝廷加恩特赐的任命，河北地区藩镇那些顽固不化的凶恶叛贼，不束手而听命于朝廷的人是不会有了。

唐代宗李豫并非真的不能有所作为，先是受制于专权宦官李辅国，而后程元振、鱼朝恩这两个宦官继之而专权乱政，奸相元载又乘机利用，他只有心怀希望之情加以等待，等到杨绾作为宰相，其志向即将得以伸张，可惜杨绾不久就死了，继任宰相常衮又不能胜任，不久唐代宗也驾崩了，唐朝政治萎靡不振，实在令人感到悲哀！然而唐德宗李适建中（780—783）初年，天下能得到暂时的安宁，依然是宰相杨绾的余荫庇佑。法令首先要自治以便治理人民，先治理近处而后及于远方，杨绾清正谨慎，以道义自持，郭子仪尚且对他感到惶恐敬畏，天下有谁还敢不服呢？国家法令可以施行，天下治理可以安定，可惜上天夺去了杨绾的生命，而唐代宗最终成为一个依附他人生活的寄生之君，错过了这个机会，天下就没有什么可以作为了。

本事：《资治通鉴》卷二二五《唐纪四十一·代宗》，大历十二年(777)。

读通鉴论新译

（卷二十四—卷二十六）

陆

王夫之 著

郭孟良 译

中央党校出版集团 大有书局

目录

第六册

卷二十四

德宗

一　初政过骤，不克有终　/2313

二　辟吏之法，贻祸无穷　/2318

三　薄葬之道充塞仁义　/2322

四　两税法为赋役虐民之作俑　/2326

五　刘晏理财之功罪　/2332

六　刘晏榷盐之法百王莫易　/2337

七　德宗不能定乱而反益乱　/2342

八　叛将乞降不当授以节钺　/2348

九　虑患不可不密尤不可无镇定之量　/2353

一〇　颜真卿以孝责卢杞　/2357

一一　樊系死于名节已亏之后　/2360

一二　卢杞机巧辩言而售其奸邪　/2365

一三　陆贽移主心以作士气存国脉　/2369

一四　修辞立诚，再安唐室　/2374

一五　利之可亡国败家　/2379

一六　爵冗名贱，天下不安　/2383

一七　役智弥精，失道弥远　/2386
一八　予士以名，上收其实　/2390
一九　待援于人者，类为人所持以自毙　/2394
二〇　伸将帅之智勇以集大功　/2399
二一　安西北庭二镇不可弃　/2403
二二　治理与臣道　/2406
二三　禁兵操于宦寺　/2409
二四　拒密告者之谓大智　/2412
二五　杀主以降不可贳　/2416
二六　陆贽失之垂成　/2419
二七　细行不矜，终累大德　/2423
二八　句勘之善政　/2426
二九　君子之诗　/2428
三〇　修身以俟命，慎动以永命　/2431
三一　李泌、陆贽识量之优劣　/2434
三二　京边和籴非立国令图　/2439
三三　召募屯田胜于府兵番戍　/2441
三四　折色利民而无病于国　/2444
三五　乱世之税限迫促　/2449
三六　唐德宗好疑而信谀　/2452

卷二十五

顺宗

一　史家过贬"二王八司马"　/2461

宪宗

一　追服丧礼之道　/2467
二　知时者可与谋国　/2471
三　君子不以言举人　/2476
四　庙谟无据，误国殃民　/2482
五　枢密之设不可废　/2486
六　直言极谏科登进浮薄　/2490
七　不抑谷价，民赖以生　/2495
八　唐宪宗平藩之失策　/2498
九　游说持两端而祸天下　/2501
一〇　朋党之争的开启　/2505
一一　大臣之谋国　/2510
一二　神策军当隶之兵部　/2514
一三　举贤不避亲故的是非　/2518
一四　环攻淮蔡四年始克　/2522
一五　人君不可禁大臣之交游　/2525
一六　大臣之道，不可则止　/2528
一七　以道义辟异端　/2533
一八　唐廷无人而欲掩宪宗见弑　/2537

卷二十六

穆宗

一　河北乐为盗贼之风　/2546
二　朝臣子弟当回避贡举　/2552

三　汾阳默而唐安，中立屈而唐乱　/2556
四　君子小人之争　/2561
敬宗
一　大臣不可以援立居功，君主当杜绝私劳之赏　/2566
二　小人之术，穷工极变　/2571
文宗
一　元和以后唐廷无人　/2576
二　朋党兴而正邪是非难辨　/2581
三　大臣皆知有门户而不知有天子　/2586
四　维州之辨　/2590
五　君子立身事上正己无求之道　/2596
六　唐初十六卫犹胜府兵　/2603
七　李石、郑覃临危入相　/2608
八　君主不惑于小人方能散朋党以靖国　/2612
武宗
一　无道之世欲自拔于流俗难矣　/2616
二　唐朝宦官之祸　/2619
三　李德裕贪功苟且，河朔之乱难平　/2624
四　贿赂之败人国家　/2629
五　李德裕杀降而息藩镇叛乱之心　/2633
六　李德裕一言而去宦官监军之弊　/2638
七　会昌灭佛犹如扬汤止沸　/2641
宣宗
一　李德裕被逐而唐不复兴　/2647
二　马植首导唐宣宗苛刻　/2651

三　君子识人之道　/2656
四　宰相无权，天下必乱　/2660
五　唐宣宗明察小节以召乱　/2663
六　君疑臣诈，有司虐害，民起为盗　/2666
七　宣宗欲除宦官而外廷不与谋　/2670
八　国无可用之人则必亡　/2676
九　唐朝之亡，亡于宣宗　/2681

卷二十四

明刻本《三才图会》中的唐德宗李适画像

【题　解】

本卷评论唐朝中期德宗一朝的历史，仅德宗一目，共三十六则。

唐德宗李适（742—805）为代宗长子，在位二十六年，初期积极革除积弊，颇有中兴气象，却有善始而无善终，逐渐转向猜忌大臣，姑息藩镇，委任宦官，聚敛财富，引发社会动乱。王夫之选择三十六个问题予以评论，剖析唐德宗的浮躁心态和刚愎自用的性格特征，认为其初政乃是追求美名、轻信善言并迅速付诸实践的一时之效，一旦不能速成便转向猜疑而改弦更张；其“好与人相违”的性格，给奸佞小人以可乘之机，加重其猜忌心理，使得“求治而反乱，求亲贤而反保奸”，造成朝政混乱不堪；而唐之所以不至于亡，一是因为德宗未有奢淫惨虐之暴行以失民心，二是因为小人卢杞无党，更为重要的是因为朝廷有陆贽那样匡主安民、拨乱反正的社稷之臣，可以“移主心以作士气、存国脉”。

对于德宗的施政措施，如废除租庸调而改行两税法，王夫之认为这虽然一定程度上简化了税目、提高了征税效率，给官府、百姓带来了便利，但将原有正供与临时增加的杂税合并征收，后来又在两税之外增收新的杂税，加重了民众的负担，实为乱法；杨炎是后世赋役虐民之祸的始作俑者；至于刘晏理财于兵兴之日，不殃民而能应变以济国用，有功于天下，其榷盐之法“虽百王不能易也”。王夫之对其应对藩镇失策导致“四王二帝之乱”、用宦官典神策禁军等举措则多有批评。对李泌决策不放弃安西、北庭二镇等表示赞赏，尤其称道其德望既重、识量宏远，定危亡而调护元良，审君心而纠其偏蔽，从而保全慈孝、安定国家，是陆贽所达不到的。

德宗

一　初政过骤，不克有终

骤为震世之行者，其善必不终。震世之善，骤为之而不疑，非其心之能然，闻人之言善者，亟信之也。闻人之言善而信以为必行，则使闻人之言不善者，抑不审之于心而亟从之。闻人不善之言而信，则人之言善者，无不可疑也。交相疑信，而善者恒不敌不善者之巧给，奚望其善之能有终邪？且夫事之利病，岂其有常，人之贤不肖，岂易以一概论哉？胥一善，而或为之而效，或为之而不效，义难精也；亟于信者，期其必效矣，期之太过，不遂其望，而或至于隳功，遂以疑善之不足为也。胥为君子，而或不爽其名，或大爽于其名，志难知也；亟于信者，期君子之必善矣，期之太过，不慰其所求，而或至于败行，遂以疑君子之不可用也。若此者，欲其善之终也，必不可得矣。夫明主之从善而进贤，宽之以取效之途，而忍其一时之利钝；谅小人之必不仁，而知君子之有不仁者，但黜其人，而不累于其类；然后其决于善也，以从容则收效，决于用贤也，以阔略而得人。无他，审之于心，百折迂回，详察乎理之必有与事之或然，而持其志以永贞，非从人闻善而遽希骤获之功也。

唐德宗之初政，举天宝以来之乱政，疾改于旬月之中，斥远宦寺，间制武人，慎简贤才以在位。其为善也，如日不足，察常衮之私，速夺其相位，以授所斥责之崔祐甫，因以震动中外，藩镇有聪明英武之言，吐蕃有德洽中国之誉；乃不一二年而大失其故心，以庇奸臣、听谗贼，而海内鼎沸，几亡其国。人徒知其初吉终乱之善不长，而不知其始之善非固有之，道听而袭取之；迨乎物情之变，固不可知，期效迫而不副其所期，则惩往而急于改图，必然之势也。罢转运盐铁使而省职废；命黜陟使巡天下，而洪经纶激田悦之军，使之痛哭；任文臣以分治，而薛邕以文雅旧臣，盗隐官物巨万，张涉以旧学师友，坐赃放黜。所欲行者龃龉，所相信者二三，犹豫于善败臧否之无据，奸佞起而荧之，无惑乎穷年猜忌，内蛊而外离也。

向令德宗于践阼之始，曲体事几之得失，而权其利害之重轻；深察天人之情才，而别其名实之同异；析理于心，穷心于理，郑重研精，不务皎皎之美名，以需效于岁月。则一事之失，不以沮众事；一人之过，不以疑众人。其失也，正其所以得也；其可疑也，正以无不可信也。尧不以共、驩而防舜、禹，周公不以管、蔡而废亲亲；三折肱为良医，唯身喻之而已。躁人浮慕令名，奚足以及此哉？故于德宗之初政，可以决其不克有终也。

【译文】

骤然推行惊世骇俗举措的人，其善政必定不能善始善终。惊世骇俗的善政，骤然为之而没有丝毫疑虑，如果不是其内心认定能够有所成就，就是听取别人所说的很好，自己急迫地信以为真。听取别人所说的很好而确信必定能够行得通，那么假使听到别人所说的不好，也就不从内心仔细审视便急迫听从了。听到别人所说不好的话便信以为真，那么对于别人所说的好话，便觉得没有什么是不可怀疑的了。这样交互怀疑、相信，而说好话的人往往没有说不好的话的人能言善辩，怎么能期望说好话、行善事可以有始有终呢？何况事情的利弊得失并无规律可循，人的贤明与不肖也不容易一概而论！我们观察一件善事，可能有的人推行而带来实效，有的人推行而没有成效，其意义难以精准评价；急迫地信以为真，是期望其推行起来必定有成效，如果期望过高，就可能无法实现其愿望，有时甚至会毁坏其功业，于是便因此而怀疑善事不足以作为。同样都是正人君子，有的人名实相符，有的人则完全名不符实，这是因为一个人的心志难以周知。急迫地信以为真，期望正人君子所为必然尽善尽美，期望过高，就可能达不到所要求的程度，有的甚至败坏品行，便怀疑正人君子不可任用。像这样的情况，要想期望其善始善终，必定是不可能的。英明的君主择善而从，进用贤明的君子，就要放宽其推行善政获得成效的途径，而容忍其一时的成败利钝；谅解小人必然推行不仁不义的事，同时也知道正人君子也有不仁不义的，只是废黜其人罢了，并不连累其同类；然后决策推行善政的时候，便会从容地实施而收到效果；决策任用贤明君子的时候，便会宽容大度而得到真正的贤明君子。其中没有别的奥秘，就是君王能够用心审慎思考，百折千回，迂曲周旋，详细考察其中合乎道理的必然走向与事情发展的或然变化，从而保持坚定意志以长久遵守，而不是听从别人所说的善事便急迫地希望骤然获得成功。

唐德宗李适执政之初，列举天宝以来的弊政，在旬月之中便迅速予以拨乱反正，贬斥和疏远太监，约束和钳制藩镇将帅，谨慎选拔贤明的人才充实官吏队伍，其推行善政，唯恐日子不足用，发现宰相常衮营私舞弊，便迅速罢免其宰相之职，而授予曾经被常衮排斥而贬谪的崔祐甫，因此震动中外，藩镇将帅有称颂他聪明英武的话语，吐蕃也有称颂他的德行润泽整个中国的赞誉；可是不到一两年，便大失其本心，甚至反其道而行之，因为包庇奸邪的大臣、听信诽谤中伤残害忠良的奸贼，造成国内动乱，民怨沸腾，几乎亡国。人们只知道他开始时吉利而最终导致祸乱的所谓善政不能长久，却不知道他开始推行的善政并非发自内心，而是道听途说、沿袭或借取而来的；等到事物的外部条件发生变化，他本来就毫不知情，期望快速见到成效但没有符合他的预期时，就鉴于以往的为政失误而急于改弦更张，这是必然的趋势。例如撤销转运盐铁使，从而导致尚书省的职权被削弱；任命黜陟使巡行天下，导致河北道黜陟使洪经纶下令裁军激怒魏博节度使田悦的军队，众军士痛哭不已，田悦借机收买人心而怨恨朝廷；任用文臣分治天下，宣歙观察使薛邕以文雅旧臣的身份被提拔为左丞，结果离任时被揭发贪污官物数以万计，散骑常侍张涉以旧日东宫受经师友的身份而恩礼有加，结果接受前湖南都团练使辛京杲的贿赂而被贬谪。唐德宗所要推行的都是些互相冲突的政策，所信任的几个大臣，仍然对于政事的成败褒贬犹豫不决、进退失据，而那些奸佞小人又蜂拥而起来加以蛊惑，这就无怪乎他长年猜忌怀疑，朝中的奸佞小人谗言蛊惑，朝外的文武大臣离心离德。

假使唐德宗李适在即位之初，能够深入体察事情萌发的得失，权衡其利害的轻重；深入考察出类拔萃之人的性情才能，分辨其是否名副其实；从内心里分析其情理，从情理上体察其心性，郑重地研究其中的要旨，而不是追求英明睿哲的美名，从而假以岁月来检验其成效。这样即使一件事的推行有失误，也不会因此而阻止和影响其他众多的政事；一个人的行事即使有过错，也不会因此而怀疑和猜忌其他人。他们的失误，正是可以从中得到的教训；而他们可以被怀疑和猜忌的问题，正是可以因此证明他们并不能加以任用。唐尧并不因为共工、驩兜这样的恶人而猜忌防范贤明的虞舜和夏禹，周公也不因为管叔、蔡叔的叛乱而废除同宗亲属的伦理大义；多次摔折手臂，积累经验，自己也就成了治疗断臂的良医，这只是以身体为例说明的道理罢了。浮躁的人只是表面上羡慕美好的名誉，怎么能够理解这些道理呢？因此从唐德宗即位之初的行政实践，我们就可以判断他不可能善始善终了。

本事：《资治通鉴》卷二二五《唐纪四十一·代宗》，大历十四年（779）。

二　辟吏之法，贻祸无穷

法为贤者设乎？诚贤矣，虽不授之以法而可矣。故先王之制法，所以沮不肖者之奸私，而贤者亦循之以寡过。唐既于牧守之外署诸道诸使，使自择任寮吏，于是其未乱也，人树党以营私，其乱也，聚徒以抗命。沈既济上选举议，犹欲令州府辟用僚佐，而不任宰相吏部兵部之铨除，且曰："今诸道诸使自判官副将以下，皆使自择辟吏之法。"何其不恤当时之大害至此极也！自天宝兵兴以后，迄于宋初，天下浮薄之士，置身私门，背公死党，以逆命谋篡、割据分争者谁邪？既济以为善政，而论者奖之为三代之遗法，甚矣！其贻祸之无穷矣。

夫环天下之贤不肖，待铨除于吏部，不足以辨不齐之材品，此诚有未允者，而亦事理之不得不然者也。操黜陟之权于一人者，天子宪天以立极，犹万汇之荣枯统于真宰也。分进退之衡，使宰相部臣司其进，牧守使臣纠其退者，各有所司而不相侵，犹春夏之司生，秋冬之司杀，互成岁功也。牧守既临下以考功罪矣，又使兼爵人禄人之权焉，则诬上行私、政散人流而不可止。唐之以判官副将听诸使之自择，其威福下移之害，既可睹矣。激安禄山以反者，幽、燕部曲也；党刘展以反者，江、淮亲旧也；劝李宝臣以抗命者，王武俊也；导李惟岳以自立者，毕华也；说朱滔以首乱者，王侑也；奉四叛以称王者，李子千也。自非端士，必怀禄以为恩。足不涉天子之都，目不睹朝廷之法，知我用我，生死以之，而遑问忠孝哉？故自田承嗣、薛嵩、李正己、李希烈以洎乎李克用、朱温、王建、杨行密，皆有尽心推戴之士以相煽而起。朝廷孤立，无与为谋，唐之亡，亡于人之散，明矣。抑令天下无衅，牧守无妄动之心，而互相辅倚，以贪纵虐民、荡佚法制，亦孰与禁之？而国民之交病，不可诘矣。既济倡为邪说，以破一王之法制，意者其为藩镇之内援，以禁天子不得有一士之用乎？不然，何大纲已失，必取其细目而裂之也？其曰“辟吏之法，已试于今”，不轨之情，已不可掩矣。

【译文】

法律是为贤明君子而设置的吗？如果的确是贤明君子，即使不授予法律手段也是可以的。因此，古圣先王制定法律，是用来阻止和遏制那些不肖之徒的奸诈营私，而贤明君子也可以遵循法律以减少罪过。唐朝已经在州牧、郡守等地方大员之外设置了诸道的使职，如果再让他们自己选拔任用幕僚佐吏，那么当天下还未大乱的时候，人人结党以营私，当天下大乱的时候，他们就会聚集党羽而抗拒朝命。左拾遗、史馆修撰沈既济上书议论官吏选举之事，竟然还想要让各地州府自行选拔任用幕僚佐吏，而不必接受宰相及吏部、兵部的铨选和任命，并且说："如今诸道的使职自判官、副将以下的官吏，都让他们采取自己选拔任用官吏的办法。"为什么不顾惜当时国家的大患，竟到了如此登峰造极的地步呢？自从天宝年间战事兴起以后，一直到宋朝初年，天下轻薄浅陋、华而不实的士人，投靠于私人门下，背叛正道公义，结成死党，从而违抗朝命、阴谋篡位、割据纷争的又是些什么人呢？沈既济还把州郡自己选拔任用幕僚佐吏作为善政，而议论的人称赞这是夏、商、周三代遗留下来的古法，这种说法给国家治理带来的祸患无穷无尽，真是太严重了！

环顾天下的贤明君子与不肖之徒，都有待于吏部的铨选任命，的确不足以分辨其良莠不齐的人品和才华，这种选官之法的确有不公允的地方，但也是事物发展的道理不得不这样的结果。操控官员升迁与贬黜的大权集中于一人之手，天子秉承上天的意志以树立最高法则，就好像天下万物生长、枯萎都统辖于天地自然一样。分散官员升降进退的权衡，让宰相和六部大臣掌管人才的进用，让州牧、郡守等地方大员和诸道使职纠察弹劾应该降职和免职的人，这样各司其职而互不干涉，就好像自然界春天、夏天掌管万物的生长繁荣，秋天、冬天掌管万物的肃杀凋零，相辅相成，从而完成一年的时序、农事的收获。州牧、郡守等地方大员既然已经居高临下考察官吏的功劳与罪过，又让他们兼管授予官职和俸禄的权力，这样就可能导致他们欺瞒上官、以权谋私，造成政治腐败、人才流失而无法遏制。唐朝以州郡判官、副将等官员听凭诸道使职自己选拔任用，朝廷威权下移带来的危害，已经有目共睹了。激发安禄山反叛朝廷的，是安禄山在幽燕之地的军队部属；与淮西节度副使刘展结成死党反叛朝廷的，是其在江淮地区的亲朋故旧；劝说成德节度使李宝臣抗拒朝命的，是其所部裨将、成德军先锋兵马使王武俊；唆使李宝臣之子李惟岳自立为成德节度使的，是长史毕华；劝说幽州卢龙节度使朱滔称王并作为盟主首倡叛乱的，是判官王侑；尊奉朱滔、成德节度使王武俊、魏博节度使田悦、淄青节度使李纳僭号称王、发动四镇之乱的，是幽州判官李子千。这些人自然不是正直的士人，必定是留恋官爵俸禄以为恩宠。他们的足迹没有到过京城，眼睛也没有看过朝廷的法律，对了解和信任他们的人，即使为之牺牲身家性命他们也心甘情愿，哪里还讲什么忠孝节义呢？因此，从魏博节度使田承嗣、昭义军节度使薛嵩、平卢淄青节度使李正已、淮西节度使李希烈等骄横跋扈的藩镇将帅一直到唐末五代割据一方的李克用、朱温、王建、杨行密，都有尽心推举拥戴他们的人在旁边煽动起兵反叛，而朝廷孤立无援，没有人给君主出谋划策，唐朝的灭亡，就亡在人才的流散，这是很明显的道理。假使天下太平无事，州牧、郡守等地方大员也没有轻举妄动的叛乱野心，可是他们结成一伙，互相辅助和倚靠，从而贪纵不法，残害百姓，不遵守法制的约束，又有谁能禁止得了呢？国家和百姓都会陷入困窘不堪的境地，这是不用追问就可明白的事情。沈既济倡导异端邪说，打破天子统一治理国家的法制，或许他就是想做藩镇将帅的内援，从而使天子连一个贤明君子也不能相信和任用吧？否则，为什么朝廷根本性的纲纪已经丧失不存，还一定要取其细枝末节的法制加以破坏呢？他所说的“州郡选择任用幕僚佐吏的办法，已经在当今天下试用过了”，可见图谋不轨的隐情，已经掩盖不住了。

本事：《资治通鉴》卷二二五《唐纪四十一·代宗》，大历十四年（779）。

三　薄葬之道充塞仁义

不欲以其死累天下者，君子之义也；不忍于送死之大事，而不以天下故俭其亲者，人子之心也；两者并行而各尽。故尸子曰“夫已多乎道”，岂必唯父母之命是从哉？况乎有固吝之心，而托之遗命以自饰也！秦殚天下之力以役骊山，穷奢戕民，洵无道矣。乃欲之者，嬴政之自纵其恶，非胡亥之矫父命以崇侈虐民也。且秦之毒民而以自亡，岂但骊山之役哉？

《檀弓》出于汉儒之杂记，有非圣人之言者矣。其曰："葬也者，藏也，欲人之弗见之也，封树云乎哉？"夫人不愧于天，不怨于人。死，天下知其死；葬，天下知其葬。怀其恩者，过墓而欷歔；闻其风者，望阡而忾想。即其不然，亦相忘于林峦之下。何所抱恨，何所含羞，而托鼠穴以深匿，欲人之弗知之邪？如其负大恶、施大怨，死而人且甘心焉，则不封不树，裒（póu）然平土，而操斸（zhǔ）以椓（zhuó）之，犹易易也。故以知《檀弓》之言，非夫子之言也。

曾子曰："人未有自致者，必也亲丧乎！"士庶人有财而得为，皆可致而无弗致也；况四海兆民之元后，父终母亡，终古止此一事，而为天下吝乎？丧礼之见于《士丧》者，且如彼其慎以周矣，遣车抗木，茵翣（shà）明器，空中人之产，士贫且贱，犹且必供；以此推而上之，至于天子，率万国以送其亲，而迪民以归厚，不可过也，而矧可不及邪？遗命虽严，在先君以自章其俭德，惟不朘削斯民、致之死亡，而已善承先志矣。若挟此为辞，吝财力以违可致之心，薄道取法于墨者，充塞仁义，其视委壑而听狐蝇之嘬食也无几，非不仁者，孰忍此哉？

唐德宗葬代宗于元陵，诏从优厚，而令狐峘（huán）曰："遗诏务从俭薄，不当失顾命之意。"不仁哉其言之乎！为人子者，当亲存之日，无言不顺，无志不养，没而无遗训之不奉，姑置此言焉可也。他不具遵，而唯薄葬之言为

必从，将谁欺也？邪说诬民，若此类者，殆仁人之所必诛勿赦者与！

【译文】

不想以自己的死亡而连累天下的人，是正人君子的道义之举；不忍心在安葬父母这样的大事上草率了事，不因为考虑天下人的缘故而将父母草草安葬，这是作为人子的心意；这两件事可以并行不悖而各尽其心。因此战国时的学者尸子说“停止执行有失礼仪的命令就合乎道义多了”，难道一定要唯父母之命是从吗？何况人皆有吝啬的心思，却假借父母的遗嘱来自我掩饰！秦始皇竭尽天下的人力财力去修建骊山陵墓，穷奢极欲，残害百姓，的确是无道之君。而当时之所以要这样，乃是秦始皇自己放纵其邪恶，并非他的儿子胡亥假借父亲的诏令来铺张浪费，施虐百姓。何况秦朝毒害百姓而自取灭亡的，难道只有修建骊山陵墓这一件事情吗？

《礼记·檀弓》篇是出自汉朝儒生的杂记，其中有些并不是圣人的言论，其中写道：“所谓的葬，就是深藏的意思，想要使人不能发现，为什么还要封土为坟墓并在上面植树呢？”人生在世，上无愧于天，下不与人结怨。死了以后，天下人都知道他已死；安葬以后，天下人也都知道他已下葬。怀念他恩情的人，经过他的坟墓而伤心流泪；听说他高风亮节的人，望见通向他坟墓的道路而叹息怀想。即使不是这样，人们也把他遗忘于山林峰峦之下了。有什么可以怀恨在心，又有什么可以含冤蒙羞，而依托像鼠穴一样的坟墓深深埋藏，不想让人知道呢？如果其人曾经背负着巨大的罪恶、招致别人无限的怨恨，那么他死后人们将会拍手称快，哪怕他的坟墓不封土不种树，不过是一块平地，而操起大锄挖开并敲打其尸首，也是很容易的事。因此知道《礼记·檀弓》上所说的并不是孔夫子的言论。

曾子说："人没有自动充分表露其心愿的，如果有的话，必定是父母去世的时候吧。"无论是士人还是庶民，只要有财力，都可以借丧礼表达自己的心愿而没有什么不可以做到的；何况是四海之内亿万臣民尊奉的天子，在父母临终和亡故的时候，自古以来只有这件事是人生的大事，难道可以为天下人而吝惜钱财吗？丧礼的规定见于《仪礼·士丧礼》一篇中的，尚且那么慎重而周到，安排车辆运送棺木、车垫和棺饰以及各种随葬的器物，这些花费能用光中等人家的全部财产，士人即使贫穷卑贱，尚且必须保证供给。以此往上类推，直到天子，率领天下万国百姓为其父母送葬，而要想启迪民众归于忠厚之道，不能过于奢侈，但也不能达不到规定的礼仪标准啊！先帝的遗嘱虽然很严厉，对于先帝而言是为了彰显其节俭的美德，不愿意因此而盘剥百姓以导致他们的死亡，这也算是秉承祖先的遗志了。如果拿这个理由作为托词，吝惜财力而违背可以表达的心愿，薄葬的道理是取法于墨家的主张，断绝人们的仁爱道义，这种做法比起把父母的尸首扔在沟壑中听任狐狸、蚊蝇的撕咬和叮食没有什么差别，除非不仁不义的人，要不然谁忍心这么做呢？

唐德宗李适把父亲唐代宗李豫葬于元陵，下诏说葬礼隆重优厚，而令狐峘上奏说："先帝遗诏说葬礼务必从俭，实行薄葬，我们不应当违背他临终遗言所表达的意愿。"他所说的话是多么不仁不义啊！作为人子，当父母双亲在世的时候，没有什么话不顺从，竭力奉养双亲，当他们去世之后，没有任何临终遗言不尊奉，姑且说这样的话是可以的。然而，其他的临终遗言都不严格遵守，而唯独薄葬的遗嘱一定顺从，这是要欺骗谁呀？异端邪说以谎话欺骗民众，像这样的情况，大概是仁人志士所必须予以口诛笔伐而不能丝毫宽贷的了！

本事：《资治通鉴》卷二二五《唐纪四十一・代宗》，大历十四年（779）。

四　两税法为赋役虐民之作俑

政莫善于简，简则易从。抑唯上不惮其详，而后下可简也。始之立法者，悉取上下相需、大小常变之条绪而详之，乃以定为画一，而示民以简，则允易从矣。若其后法敝而上令无恒，民以大困，乃苟且以救一时之弊，舍其本，而即其末流之弊政，约略而简之，苟且之政，上与民亦暂便之矣。上利其取给之能捷，下利其期会之有定，稍以戢墨吏、猾胥、豪民之假借，民虽殚力以应，而亦幸免于纷扰。于是天下翕然奉之，而创法者遂自谓立法之善，又恶知后之泛滥而愈趋于苛刻哉！

盖后世赋役虐民之祸，杨炎两税实为之作俑矣。夫炎亦思唐初租、庸、调之成法，亦岂繁苛以困民于旬输月送乎？自天宝丧乱以后，兵兴不已，地割民凋，乃取仅存之田土户口，于租、庸、调之外，横加赋敛，因事取办而无恒，乃至升斗锱铢皆洒派于民，而暴吏乘之以科敛，实皆国计军需，在租、庸、调立法之初，已详计而无不可给者也。举天下之田亩户口，以应军国之用，而积余者尚不可以数计。量其入以为出，固不待因出而求入也。因出以求入，吏之奸，民之困，遂浸淫而无所止。然一时丧乱之权计，有司亦乘时以破法，而不敢以为一定之规。民虽劳，且引领以望事之渐平，而输正供者犹止于其数也。两税之法，乃取暂时法外之法，收入于法之中。于是而权以应迫者，皆以为经。当其时，吏不能日进猾胥豪民而踪指之，猾胥豪民不能日取下户朴民而苛责之，膏血耗而梦寝粗安，故民亦甚便也。非时非法之箕敛并于上，而操全数以待用，官亦甚利也。乃业已为定制矣，则兵息事已，国用已清，而已成之规不可复改。人但知两税之为正供，而不复知租、庸、调之中自余经费，而此为法外之征矣。既有盈余，又止以供暴君之侈、污吏之贪，更不能留以待非常之用。他日者，变故兴，国用迫，则又曰："此两税者正供也，非以应非常之需者也。"而横征又起矣。以此思之，则又何如因事加科，旬输月送之无恒，上犹曰此一时不获已之图，不可久者也；民犹知租、庸、调之为正供，而外之苛征，事已用饶，可以疾苦上闻，邀求蠲（juān）贷者也。唯据乱法以为法，则其乱不已。呜呼！苟且以图一时之便利，则其祸生民亦至此哉！

两税之法行之数百年，至宋而于庸外加役焉，役既重派于民，而作辍犹无定也。至成化中，而朱都御史英者，又为一条鞭之法，于夏秋税粮之外，取滥派之杂徭，编于正供，箕敛益精，而漏卮愈溃。迨乎兵兴用棘，则就条鞭之中，裁减以输京边，而地方之经费不给，又取之民，而莫能禁制。英且以法简易从，居德于天下，夫孰知其为杨炎之续以贻害于无穷乎！

夫立法之简者，唯明君哲相察民力之所堪，与国计之必畜，早有以会其总于上；而瓜分缕别，举有司之所待用者，统受于司农；以天下之富，自足以给天下之需，而不使群司分索于郡县，则简之道得矣。政已敝，民已疲，乃取非常之法，不恤其本，而横亘以立制。其定也，乃以乱也；其简也，乃以繁也；民咸死于苟且便利之一心，奚取于简哉？杨炎以病民而利国，朱英以利民而害民，后之效之者，则以戕民蠹国而自专其利，简其可易言乎？炎不足诛，君子甚为英惜焉。

【译文】

国家政令没有比简明扼要更好的了，简明扼要就容易遵行。而只有上边制定政令的人不害怕其烦琐详尽，然后下边执行政令的人才可以简明扼要。最初制定法令的人，全部搜集取证有关上下相互依存、相互需要以及大与小、常与变的各种条例头绪而加以详尽的规定，才能据此而确定整齐划一的条款，以简明扼要的方式宣示给民众，这样就易于遵行了。如果后来法令出现弊端而上边的命令又变化无常，百姓利益因此而受到损害，于是苟且变通以匡救一时之弊，舍弃其根本的原则，而采用那些舍本逐末的弊政，约略变通并加以简化，依靠苟且偷安的政令，官府和民众也暂时感到方便了。官府因为其取给能够更加便捷而感到便利，下边的民众则因为其有了明确规定而感到便利，这样就可以稍微遏制贪官污吏、奸猾胥吏和豪强刁民的假借盘剥，老百姓在竭尽全力应付赋役征收的同时，也幸免于各种纷扰。于是天下之人一致遵奉执行，而制定法令的人就自认为立法很完善，又怎么能知道后世泛滥成灾而越来越苛刻呢！

后世赋役繁重残害百姓的祸害，唐德宗时期的宰相杨炎推行的两税法可谓始作俑者。杨炎也曾考虑到唐初推行的租、庸、调制的原有成法，难道也是因为旬输月送、频繁苛刻的劳役负担严重地困扰了百姓吗？自从天宝年间发生动乱以后，战事不断，国土分割，民生凋敝，于是利用仅存的土地和户口图籍，在租、庸、调的征收之外，横加赋敛，国家有事便随时取办，没有一定之规，甚至一升一斗的米、一文一厘的钱都要摊派给百姓，而残暴的官吏乘机按照法规条文搜刮钱粮，实际上国家财政和军队粮饷的需要，在租、庸、调制度立法之初，已经详尽包括在内，而无须征收了。以全国的土地和户口作为税源，来供应国家和军队的费用，剩余的钱粮还多得无法统计。根据收入的多少来决定支出，本来就不必根据支出的需要来要求收入的多少。如果根据支出的需要来要求收入的多少，那么官吏的奸诈，百姓的困窘，就会逐渐蔓延、加剧而没有止境了。然而因为政局动荡而实行的权宜之计，有关官吏也会乘机而破坏法令，却不敢作为一成不变的规定推行下去。这样百姓虽然困苦，但还是引颈盼望战事渐渐平息下去，所缴纳给官府的正税仍然止于原有的标准。可是两税法的实行，却把暂时的、法令之外的权宜之法，收入常规的法令之中。于是那些适应急迫形势需要而施行的权宜之计，都变成了常规的法令。当此之时，官吏不能天天去追踪惩罚那些巧取豪夺的狡猾胥吏、豪强刁民，狡猾胥吏、豪强刁民也不敢天天对那些穷苦朴实的百姓百般苛责，老百姓虽然为了缴纳赋役耗尽钱粮，但也可以寝食安稳了，因此也感觉很方便。那些不按时限、不合法令的横征暴敛都合并到官府的统一征收中，官府可以掌控全部钱粮以备开支，官府也感觉很方便。这样业已成为固定的制度了，那么战事平息以后，国家财政和军队的费用也已全部偿付，但已经形成的固定制度却不能再次更改了。人们只知道两税法是法定的正税，却不知道租、庸、调的征收之中已经可以偿付各种经费而有多余，而两税乃是法外征收的钱粮。既然已经有了盈余，又只供暴君的奢侈、污吏的贪婪，更不能留作以后非常情况下的开支。到了将来，国家发生其他变故，财政用度急迫，就又会说“两税法征收的都是正常的赋税，并不是为了供应意外情况下的开支”，于是横征暴敛又重新兴起了。按照这个逻辑来反思，两税法的推行还不如因为特殊事件而临时加派，旬输月送而没有固定的规定，官府还会说这是一时不得已的权宜之计，不能作为长久之法。老百姓也还知道租、庸、调是作为正常的赋税，此外的都是临时的苛派，等到战事平息、财用充足之后，就可以把民间的疾苦上奏朝廷知道，请求予以蠲免和宽贷了。唯独把战乱时期的非常之法作为正常的法令，所带来的祸乱将永无止境。唉！苟且贪图一时的便利，给百姓带来的祸害竟然到了如此的境地！

杨炎开创的两税法推行了数百年，到了宋朝，在原有的力役——庸之外又增加了徭役，徭役已经加重了百姓的负担，而其时作时辍又没有一定之规。到明朝成化年间(1465—1487)，都御史朱英又制定了一条鞭法，在夏税秋粮之外，把官府额外征派的杂徭，编入正常的赋役之中，横征暴敛越来越精巧，而赋役征收的漏洞愈加严重。到了战事兴起、财用急迫的时候，就从按照一条鞭法征收的赋役当中，裁减和提取一部分运往京师和边疆地区，这就造成地方官府的经费供给不足，地方官又要取之于民，朝廷也无法禁止。朱英尚且认为一条鞭法简便易行，是对天下之人施以恩德，他哪里知道他制定的一条鞭法是杨炎两税法的继续，给百姓带来了无穷的祸害呢！

要想立法简明扼要，只有英明的君主、睿智的宰相洞察百姓所能承受的能力，以及国家财政大计所必需的储备，提前预算汇总到朝廷，再分门别类列出有关方面的支出，统一交给司农司来处理。以天下的富足，自然足以供给天下的需要，而不至于让各个官署分别向郡县摊派勒索，这样就能做到简明扼要了。政治已经败坏，百姓已经疲敝，却采取非常之法，不顾惜国家的根本，在正常的制度之外横加额外法令而建立制度。这样的制度本来是为了社会安定，结果却因此而制造了混乱；这样的制度号称简明扼要，结果却因此而导致烦琐沉重；百姓都是死难于苟且贪图一时便利的心思，这样的简明扼要又有什么可取之处呢？杨炎推行的两税法通过损害百姓利益而有利于国家，朱英推行的一条鞭法本想有益于百姓却祸害了百姓，后世效法他们的人，则通过戕害百姓、祸害国家来使自己专有其利，如此说来，简明扼要的法令难道能够轻易地建言吗？杨炎的行为罪不容诛，正人君子都替朱英感到非常惋惜。

本事：《资治通鉴》卷二二六《唐纪四十二·德宗》，建中元年（780）。

五　刘晏理财之功罪

言治道者讳言财利，斥刘晏为小人。晏之不得为君子也自有在，以理财而斥之，则倨骄浮薄之言，非君子之正论也。夫所恶于聚财者，以其殃民也。使国无恒畜，而事起仓卒，危亡待命，不能坐受其毙，抑必横取无艺以迫民于死，其殃民又孰甚焉？故所恶于聚财之臣者，唯其殃民也，如不殃民而能应变以济国用，民无横取无艺之苦，讵非为功于天下哉？

晏之理财于兵兴之日，非宇文融、王鉷、元载之额外苛求以困农也。察诸道之丰凶，丰则贵籴，凶则贱粜，使自有余息以供国，而又以蠲免救助济民之馁瘠，其所取盈者，奸商豪民之居赢，与墨吏之妄滥而已。仁民也，非以殃民也。榷盐之利，得之奸商，非得之食盐之民也；漕运之羡，得之徒劳之费，非得之输挽之民也。上不在官，下不在民，晏乃居中而使租、庸不加，军食以足。晏死两年，而括富商、增税钱、减陌钱、税间架，重剥余民之政兴，晏为小人，则彼且为君子乎？

抑考当日户口虚盈之数，而晏体国安民之心，不可没矣。兵兴以来，户不过二百万，晏任财赋之季年，增户百万，非晏所统者不增，夫岂晏有术以饵之，使邻民以归己邪？户口之耗，非果尽死亡也。贪污之吏，举百费而一责之农民，猾胥持权，以私利为登耗，民不任其诛求，贿吏而自诡于逃亡死绝，猾胥鬻天子之民以充囊橐（tuó），偷窳（yǔ）之守令，亦以户少易征，免于催科不足之罚，而善匿者长子孙，据阡陌，征徭不及，以为法外之民，其著籍而重受荼毒，皆穷乡愿朴者尔。户日耗，赋必日增，仅存之土著，日毙于杖棰囚系之下，此其所以增者百一、而减者十三也。晏唯通有无、收盐利、清挽兑以给军用，而常赋有经以不滥，且所任以理租、庸者，一皆官箴在念之文士，而吏不得以持权。则彼民也，既优游于奉公之不扰，自不乐受猾胥之胁索，抑安居晏寝，无漏逃受戮之隐忧，有田而租，有口而庸、调，何惮而不为版籍之良民，以康乃身心邪？然则非晏所统而户不增者，非不增也，增于吏而不增于国也。晏得其乐于附籍之本情，以杜奸胥之诡，使乐输者无中侵之伤，故民心得而户口实，仁人君子所以体民而生聚者，亦此而已。岂乞灵于造物而使无夭札，遥呼于胡、越而受戎索哉？然则晏之于财赋，君子之用心也，不可以他行之瑕责之也。

【译文】

谈论治国之道的人讳言财利，而指斥实行财政改革的宰相刘晏为小人。刘晏之所以不能称为君子自有其他的原因，但因为理财而指斥他，则是骄傲不恭、轻浮浅薄的说法，不是正人君子所应有的道义之论。人们之所以厌恶聚敛钱财的行为，是因为这种行为给民众带来了灾难。假使国家没有正常的积蓄，而战事变乱仓促而起，国家处于危亡之中有待于机缘命运，不能坐受其毙，也就必然横征暴敛而没有定法常道，逼迫百姓陷入死亡的深渊，这样给百姓带来的灾难与改革财政相比哪个更严重呢？因此，人们厌恶聚敛钱财的大臣，只是因为他们给百姓带来了灾难，如果不给百姓带来灾难而又能应付突发事变，并且能供给国家财政用度，百姓也没有遭受横征暴敛、没有定法所带来的痛苦，这难道不是有功于天下吗？

刘晏在战事兴起之时实行财政改革，不像宇文融、王𫟹、元载那样额外苛求而困扰百姓。他察看各地农业收成的丰歉，丰收时就提高价格买进粮食，歉收时就压低价格卖出粮食，使粮食贸易自然有盈余以供给国家财政用度，同时又以蠲免赋税、救荒助贫的方式救济饥饿贫瘠的百姓，他所获取的盈利，只是奸诈商贾、豪强刁民巧取豪夺的利益，以及贪官污吏的非法所得罢了。所以刘晏理财是施予百姓仁爱和恩惠，而不是给他们带来灾难和祸乱。推行食盐专卖得到的利益，是从从事食盐贸易的奸商那里得到的，并不是从消费食盐的百姓那里得到的；改革漕运所得到的盈余，是从节省徒劳无益的徭役中得到的，并不是从承担运输的民工那里得到的。上不得之于官府，下不得之于百姓，刘晏处在官府、百姓中间，能做到收支平衡而有盈余，租、庸等正常的赋税没有增加，军队的粮饷也得到充足保障。刘晏被陷害自尽而死之后两年，搜括富商、增加税钱、减少陌钱（因为钱币短缺，以不足佰、仟的钱作佰、仟钱使用，如每贯减二十文或更多）、征收房屋税，残酷盘剥百姓的政令层出不穷，如果刘晏是小人，那么这些人将会成为君子吗？

如果考察一下当时户口减少或增加的数量，那么刘晏体念国家、安定百姓的功劳，就是不可埋没的了。自从安史之乱以来，全国户口不满二百万，刘晏改革财政的末年，户数增加了上百万，而不属于刘晏统辖范围内的户口没有增加，难道说刘晏有什么权术来引诱百姓，使邻国的民众都来归顺唐朝了吗？户口的损耗，并不完全是因为人口的死亡。贪官污吏把一切负担全部转嫁到农民身上，奸诈狡猾的胥吏手握特权，把自己的私利作为增减户口、赋役的标准，百姓承受不了贪官污吏的百般盘剥，便贿赂官吏诡称自己家人逃亡或死绝，奸诈狡猾的胥吏不惜出卖天子的编户齐民以中饱私囊，那些苟且懈怠的郡守、县令等地方官员，也认为户口减少容易征收赋税，免得征收不到租税徭役而受惩罚，这样就使得那些善于隐匿户口的人家子孙繁衍，占有土地，却不承担赋税和徭役，成为法外之民，而那些登记在官府册籍中而承受着重重盘剥的人家，都是穷乡僻壤懦弱朴实的农民。户口日益损耗，赋税徭役负担必然日益增加，仅存的土著居民，每天都有人死于杖打、囚禁之下，这就是户口增加百分之一、人口却减少十分之三的原因。刘晏的财政改革只是在贸易上沟通有无、征收食盐专卖利润、清理调整漕运方式（江、汴、河、渭，水力不同，各随便宜，造运船，教漕卒，江船达扬州，汴船达河阴，河船达渭口，渭船达太仓，其间缘水置仓，转相受给，实行兑运），以保障供给军队粮饷的用度，而正常的赋税有固定的制度，并没有随意增加；而且他所任用来管理租、庸的官吏，全部都是顾念并遵守做官戒规的文人，那些奸诈狡猾的胥吏不能掌握和滥用权柄。当时的民众，既然能够奉公守法而悠闲自在地不受侵扰，自然不乐于接受奸诈狡猾的胥吏的胁迫勒索，于是他们可以寝食无忧，平安无事，没有因为脱漏户籍、逃亡他乡而受到刑罚乃至杀戮的隐忧，有土地就照章纳税，有劳力缴纳布匹和承担徭役，有什么畏惧而不做在籍的良民，从而使自己身心康泰呢？虽然如此，刘晏在未统管财政的时候户口没有增加，并不是真的没有增加，而是增加到了贪官污吏的手中，没有增加到国家的财政管理系统当中。刘晏深知百姓乐于登记在籍的本心，为了杜绝奸诈狡猾的胥吏的阴谋诡计，使愿意缴纳赋役的人免受中间盘剥的伤害，因此得到民心拥护，户口统计也真实可靠，仁爱贤能的君子用来体察民情并使他们人口繁衍、物力聚集的举措，也不过像这样罢了。难道可以乞求天帝的庇护从而使百姓免遭疫病和死亡，或者远远求救于夷狄从而接受他们的法令吗？既然这样，那么刘晏对于财政赋役的改革，可以说是正人君子的良苦用心，不能因为刘晏有其他方面的瑕疵而对其理财措施加以指责。

本事：《资治通鉴》卷二二六《唐纪四十二·德宗》，建中元年（780）。

六　刘晏榷盐之法百王莫易

无利于国，无补于民，听奸人之挟持，为立法禁，以驱役天下而桎梏之，是谓稗政。能知此者，可与定国家之大计矣。

刘晏庀军国之用，未尝有搜求苛敛于民，而以榷盐为主。盐之为利，其来旧矣。而法愈繁则财愈绌，民愈苦于淡食，私贩者遂为乱阶，无他，听奸商之邪说，以擅利于己，而众害丛集矣。官榷之，不能官卖之也；官卖之，而有抑配、有比较、有增价、有解耗，殃民已亟，则私贩虽死而不惩。必也，官于出盐之乡，收积以鬻于商，而商之奸不售矣。统此食盐之地，统此岁办之盐，期于官无留盐、商无守支、民无缺乏，踊贵而止耳。官总而计之，自灶丁牢盆薪刍粮值之外，计所得者若干，足以裕国用而止耳。一入商人之舟车，其之东之西，或贵或贱，可勿问也。而奸商乃胁官以限地界。地界限，则奸商可以唯意低昂，居盈待乏，而过索于民。民苦其贵，而破界以市于他境，官抑受商之饵，为之禁制，徽纆（mò）日累于廷，掠夺日喧于野，民乃激而走挺，于是结旅操兵，相抗相杀，而盗贼以起。元末泰州之祸，亦孔烈矣。若此者，于国无锱铢之利，君与有司受奸商之羁豢，以毒民而激之乱，制法之愚，莫甚于此，而相沿不革，何也？朝廷欲盐之速售，不得其术，而墨吏贪奸商之贿，为施网罟，以恣其射利之垄断，民穷国乱，皆所弗恤也。

晏知之矣，省官以省掣查支放之烦，则商既不病；一委之商，而任其所往，商亦未尝无利也。相所缺而趋之，捷者获焉，钝者自咎其拙，莫能怨也。而私贩之刑不设，争盗抑无缘以起。其在民也，此方挟乏以增价，而彼已至，又唯恐其售之不先，则踊贵之害亦除。守此以行，虽百王不能易也。晏决策行之，而后世犹限地界以徇奸商，不亦愚乎？

持其大纲，疏其节目，为政之上术也。统此一王之天下，官有煮海之饶，民获流通之利，片言而决耳。善持大计者，岂有不测之术哉？得其要而奸不能欺，千载莫察焉，亦可叹已！

【译文】

对国家没有利益，对百姓没有裨益，听任奸邪小人的挟持，从而制定法令予以禁止，用来驱使和奴役天下之人并加以束缚，这就是所谓的稗政，也就是不良的政治措施。懂得这个道理的人，就可以与他一起商定国家大事了。

唐朝宰相刘晏治理国家的财政与军事用度，不曾实行过向老百姓横征暴敛的举措，而是以食盐专卖作为主要财源。以食盐作为国家的财利，已经由来已久了。可是关于食盐的法令越是烦琐，财政收入越是捉襟见肘，百姓越是苦于没有食盐的淡食，走私贩盐的人越是成为食盐市场混乱的根源，没有其他原因，就是官府听信奸商的异端邪说，使得他们自己专有其利，而导致各种弊病交织丛集。官府专营盐业，而不能由官府直接出面贩卖食盐；如果由官府直接出面贩卖食盐，而又有所谓的抑配（强行摊派，分配定额）、比较（设立程限，限期完成）、增价（增加盐价）、解耗（运输途中的折损）等相关规定，给百姓带来的灾难已经达到极点，而走私贩盐的人即使处以死刑也不能遏止。要实行食盐专卖，必须能够做到：官府在产盐的地方，收集储藏食盐卖给商人，这样商人的奸计也就无法施行了。

统筹管理全国食用盐的地区，统筹管理每年办理的食盐数量，达到官府不再存留食盐、商人无须凭盐引等候支盐、百姓不会缺乏食盐的目标，食盐价格腾贵的问题自然就能得到遏制了。官府汇总加以统计，除去从生产食盐的灶丁、煮盐器具的牢盆到所需的柴薪、草料、粮食数值作为成本之外，计算贩卖食盐所得还能剩余多少，只要足够供给国家财政用度就可以了。食盐一旦进入商人的车船，那么他们贩卖到什么地方，是往东还是往西，以什么价格贩卖，有的贵卖有的贱卖，完全可以不予过问。可是有些奸商却胁迫官府限定销售区域，这可以说是千古以来的积弊。销售区域一旦限定，那么奸商就可以任意调整售价，待价而沽，从而过分地勒索百姓。百姓苦于食盐价格太贵，便越过区域边界到别处购买食盐，官府接受奸商的利诱，制定法令加以禁止，结果造成捆绑囚禁的私盐罪犯每天累积于官府，而走私贩盐的人相互掠夺，每天喧闹于郊野，百姓被激怒铤而走险，于是结成团伙拿起武器，对抗官府，相互杀掠，形成盗贼蜂起的局面。元朝末年的张士诚就是以走私盐贩的身份起兵于泰州（今属江苏）的，带来的祸乱非常惨烈！像这样的情况，对国家没有丝毫的利益，君主和有关官员受到奸商的羁縻乃至豢养，从而毒害百姓，激成叛乱，制定法令的人的愚蠢，没有比这更甚的了，然而历代却相互沿袭而不加改变，这是为什么呢？朝廷想要食盐迅速售出，而又找不到适当的办法，贪官污吏贪图奸商的贿赂，就替他们设置圈套，使他们得以肆意妄为，垄断盐利，至于民众的穷困、国家的混乱，都是他们在所不惜的。

刘晏非常清楚其中的利弊，减少官员以减省监督检查、支取食盐、发放食盐的烦琐程序，使商人不感到困难；把食盐销售全部委托给商人，让他们随意贩卖到各个地方，商人也未尝没有利益可图。然后观察什么地方缺盐就让他们行销到那里，捷足先登的商人自然可以从中获利，而反应迟钝的商人只能自怨自艾，不能埋怨别人。不设立私贩食盐的罪刑，这样争夺、偷盗食盐的行为也就没有发生的理由了。对于百姓而言，一方正要以食盐短缺来抬高价格，另一方已经到来，于是又唯恐食盐不能率先售出，那么价格腾贵的弊端也就消除了。遵照这个办法推行开来，即使改朝换代经历上百个帝王也不能轻易改变。刘晏的决策行之有效，可是后世之人仍然限定销售区域以顺从奸商的意愿，难道不是太过愚蠢了吗？

掌握好大纲要旨，简化其末节细目，这是治理政事最高明的方法。统治我们中华大一统的天下，官府拥有煮海为盐的富饶，百姓得到食盐流通的便利，这样的事情片言只语就可以决定了。善于把握国家大计的人，难道有什么高深莫测的法术吗？只要掌握其要旨，奸邪之人便不能欺瞒了，可惜的是千年以来竟然没有人体察到这一点，真令人扼腕叹息！

本事：《资治通鉴》卷二二六《唐纪四十二·德宗》，建中元年（780）。

七 德宗不能定乱而反益乱

德宗不许李惟岳之嗣位而乱起，延及数年，身几危，国几亡，天下鼎沸，是岂可谓德宗之宜听其嗣，使假我之爵位，据我之土地甲兵以抗我哉？而不许之，则又兵连祸结而不解。论者至此而议已穷，谓不先其本，而急图其末，是已。顾处此迫不及待之势，许不许两言而判，徒追咎于既往，而无以应仓卒，是亦尘羹土饩之言耳。

粤自田承嗣等势穷而降，罪可诛，功无可录，授以土地甲兵者，仆固怀恩奸矫上命而擅予之也。起家无赖之健儿，为贼已蹙，偷窃土壤，乃欲效古诸侯之世及，延其福祚，其愚而狂以自取灭亡也，本可折棰以收之者也。宝臣先死，惟岳首为难端，暗弱无能，而张孝忠、王武俊又与离心而伏戈相拟，则首抑之以惩李正己、田悦、梁崇义于未发也，诚不可不决之一旦者矣。不许，而四凶表里以佐乱，痈之必溃，养之奚可哉？曾未逾年，而田悦大衄，李纳势蹙，惟岳之首悬于北阙，天下亦且定矣。悦与纳株守一军，无难坐待其毙。然则惟岳之叛，不足以为唐社稷病，而德宗之不许，事虽劳而固有功矣。天下复乱，固非不许惟岳之所致也。

谓杀刘晏而群叛怀疑以竞起者，非也；晏自不当杀耳，不杀晏，而河北能戢志以听命乎？谁其信之？不杀来瑱而仆固怀恩固反，不杀刘晏而河北固叛，贼指为名以激众怨耳，实则了不相及之势也。抑欲天子不敢杀一人，以媚天下而取容乎？惟岳既诛，成德已平，而处置朱滔、王武俊者乖方以致乱，则诚过已。虽然，滔、武俊之志，犹之乎承嗣、宝臣也，平一贼而进一贼，又岂易言哉？呜呼！盖至是而所以处此者诚难，论者设身处此，又将何以处之与？

且德宗之初政，犹励精以求治，卢杞初升，其奸未逞，固本治内，即不逮汉光武、唐太宗之威德，亦可无咎于天下。以此言之，痈久必溃，河壅必决，代宗以来，养成大患，授之德宗，诚有无可如何者。固非天数之必然，亦人事渐渍之下游成乎难挽，岂一事之失宜所猝致哉？

乃若德宗之不能定乱而反益乱者，则有在焉。当时所冒昧狂逞以思乱者数人耳，又皆纨袴子弟与夫偏裨小将无能为者也。若环海内外，戴九叶天子以不忘，且英明之誉，早播于远近，贼之宗党，如田庭玠、邵真、谷从政、李洧、田昂、刘怦，下至幽、燕数万之众，无欲叛者。德宗诚知天下之不足深忧，则群逆之党，固可静待其消。而德宗不能也，周视天下，自朝廷以至于四方，无一非可疑者。树欲静而撼之，波欲澄而扫（hú）之，疥癣在四末，而铖石施于膏肓，可谈笑以收功，必震惊以召侮，愈疑愈起，愈起愈疑，乃至空腹心之卫，以争胜于东方。忧已深，虑已亟，祸愈速而败愈烈。梁州之奔，斯致之有由，而非无妄之灾矣。

盖河北之势不能不乱者，代宗积坏之下游也，而于德宗则为偶起之波涛。事穷而变，变则有通之几焉。田承嗣、李宝臣、李正己、朱希彩之毒，大溃而且竭矣，其溃也，正其所以痊也。呜呼！能知苟安之必为后患，祸发之可待消亡，守顺逆之经，居高乘权，因穷变通久之时，无震动戁（nǎn）悚之惑，而后天下静于一人之心。一发不效，惴惴焉迫为改图，载鬼一车，而弧张不说，庸人之识量，所为自贻伊戚者，唯此而已矣。

【译文】

唐德宗李适不准许李惟岳承袭其父李宝臣的成德节度使之位，引起叛乱，持续数年，自身面临危险，国家几乎灭亡，天下形势纷扰动乱，这是不是说唐德宗应该听任李惟岳继任成德节度使，让他借助朝廷授予的爵禄，占据朝廷的土地、军队和武器来对抗朝廷呢？如果不予准许，则又会导致兵连祸结而无法解决。议论的人至此已经理屈词穷，所谓的不先抓住其根本问题，而急于图谋其细枝末节，说的就是这种情况。但是，处于如此危急的形势下，准许或是不准许两种选择必须做出决断，只追究和归罪以往的过错，而没有办法应对仓促之间的突然事变，这种言论也不过是像尘土做的羹、泥做的饭一样的儿童游戏，是没有任何用处的东西。

自从魏博节度使田承嗣等势穷力蹙而归降朝廷以来，其罪行应当诛杀，功劳却无可记录，之所以授予他们土地、军队和武器，是仆固怀恩心怀奸诈、擅自以天子的名义授予他们的。这些出身于流氓无赖的军卒，作为叛贼已经势穷力蹙，却借机窃据一方土地，甚至想要效法古代诸侯国君的世袭制度，以延续他们的福分爵禄；他们愚蠢而狂妄，足以自取灭亡，本来是可以轻易地制敌取胜而予以收服的。成德节度使李宝臣先死，其子李惟岳首先发难，却懦弱无能而不明事理，部将张孝忠、王武俊又和他离心离德，暗中谋划干戈相向，在这种情况下，首先抑制住他的气焰，便可以此对尚未来得及发动叛乱的平卢淄青节度使李正己、魏博节度使田悦、山南东道节度使梁崇义形成震慑，这的确是不可不当机立断的良机。不准许李惟岳继任成德节度使，那么他和李正己、田悦、梁崇义四凶就会互为表里、通同作乱，毒疮必然要溃烂，怎么可以养痈遗患呢？还未超过一年，田悦所部遭到重创，继承其父李正已担任淄青节度使的李纳势穷力蹙，李惟岳的首级已经悬挂于京城北门，天下也将要恢复安定了。田悦与李纳各自持守着一支军队，不难坐待其自毙。虽然如此，李惟岳的叛乱，不足以对唐朝的江山社稷构成威胁，而唐德宗不准许他承袭成德节度使之位，事情虽然劳师动众，原本也是有功的。后来天下又陷入混乱，本来就不是唐德宗不准许李惟岳继位所造成的。

有人认为宰相刘晏被杀是导致李惟岳等人群起反叛、怀疑猜忌而竞相起兵的原因，这种说法是不对的。刘晏自然不应当被杀死，然而即使不杀刘晏，河北地区的藩镇叛贼就可以放弃他们的野心而听命于朝廷吗？又有谁会相信呢？不杀来瑱，仆固怀恩本来也要反叛，不杀刘晏，河北地区的藩镇叛贼本来也要反叛，这些都是叛贼借来作为名义以激起民众的怨恨，实际上二者之间毫不相关。或者是他们想让天子不敢杀一个人，以此讨好天下人而求得自己安身立命呢？李惟岳被部下王武俊生擒并缢杀之后，成德军已经平定，可是朝廷在处置朱滔、王武俊的问题上方式失当，以致引起叛乱，这的确是过错了。尽管如此，朱滔、王武俊的野心和田承嗣、李宝臣一样，平定了一个叛贼，又招致了一个叛贼，又怎么容易言说呢！唉！大概事情到了这个地步，处于这种地步的人的确很难选择，议论的人设身处地，又将会怎样处置呢？

且说唐德宗初即位时还是励精图治的，当时卢杞刚刚被提升为宰相，他的奸诈野心还未得逞，这时如果能采取措施巩固国本，治理内政，即使赶不上东汉光武帝刘秀、唐太宗李世民那样的威德，至少也可以不给天下带来什么祸殃。从这个角度来说，毒疮时间长了必然溃烂，河道壅塞久了必然决堤，唐代宗以来，已经养成了心腹大患，把这个烂摊子交给唐德宗，的确有无可奈何的困扰。这种局面固然不是天意的必然，但也是在人事逐渐浸润之下所造成的难以挽回的后果，难道只是因为一件事的处置失宜所猝然导致的恶果吗？

至于说唐德宗不能平定叛乱反而加剧了祸乱，这的确有其一定的道理。当时所莽撞放肆而想要发动叛乱的只有几个人，又都是些纨绔子弟和无足轻重的偏裨小将，不能有什么作为。环顾海内外，人们拥戴九叶天子（指唐德宗，唐代第九代帝王）而永志不忘，而且他英明睿智的名誉早已传播到远近四方，叛贼的宗族党羽，如魏博节度使田承嗣的弟弟田庭玠、成德节度使李宝臣的判官邵真、李惟岳的舅舅定州刺史谷从政、平卢节度使李正己的从兄徐州刺史李洧、田悦的从兄洺州刺史田昂、朱滔的表弟涿州刺史刘怦，以至于幽、燕之地数万士兵，没有人想反叛朝廷。唐德宗的确知道不必为天下形势而深深忧虑，那些叛贼的同党，本来可以静待其自然消亡。但唐德宗却不能做到，环顾天下，从朝廷文武大臣到四方藩镇、州郡官吏，没有一人不值得怀疑。树木想要平静，却有外在的力量撼动它；水流想要平静，却有外在的力量搅动它。癣疥之类的疾病发生在人的四肢，但用来治疗的针灸却要施于人体的膏肓之处，本来可以在谈笑之间收到的功效，却一定要采取令人震动而惊惧的手段从而招致侮辱。他越是怀疑猜忌就越容易招致祸乱兴起；越是祸乱兴起就会使他越发怀疑猜忌，最后以至于把宫廷禁卫军队（周朝禁卫体系分为腹心之卫、重兵之卫、环列之卫，腹心之卫由贵族子弟组成，负责宫廷防卫）也派出去，到东部地区去竞争胜负，而当时的忧患已经很严重，忧虑也非常急迫，祸乱兴起得越快失败得就越惨烈，唐德宗之所以离开京城逃往梁州（今陕西汉中）避乱，是有其内在的原因的，并非意想不到的无妄之灾。

河北地区藩镇的局势之所以必然发生叛乱，是处于唐代宗时积累形成的衰败的下游，而在唐德宗时泛滥成偶尔兴起的波涛。事情发展到一定的极限就要发生变化，变化之后就会出现通达的征兆。田承嗣、李宝臣、李正己、朱希彩等人就像人身上出现的毒疮，已经到了严重溃烂即将散尽毒害的时候，其溃烂将要痊愈了。唉！能够知道苟且偷安必然招致后患，那么祸患发生了就可以等待其自然消亡，把握住事物发展处于顺境和逆境的基本原则，就能居高临下，因势利导，顺应穷则变、变则通、通则久的时势，而没有震动惊惧的困惑，而后天下才会因为君主一人的内心平静而平安无事了。如果一次行动没有成效，便惴惴不安而急迫地改变策略，这好比《周易·睽卦》上所说的故事：一人夜行，见载着一车的鬼，先张弓欲射，后又放下弓箭不射，庸人的见识与器量，其所作所为往往自寻烦恼、自招忧患，也不过就像唐德宗这样的做法罢了。

本事：《资治通鉴》卷二二六《唐纪四十二·德宗》，建中二年（781）。

八　叛将乞降不当授以节钺

刘盆子请降，光武曰："待以不死耳。"大哉言乎！理正而法明，量弘而志定，无苟且求安之情，则威信伸而乱贼之胆已戢，天下之宁也必矣。《诗》云："我徂惟求定。"定者，非一旦之定也。志惟求定，未定而不以为忧，将定而不以为喜，所以求之者，持之心者定也。

史朝义穷蹙东走，官军追败之于卫州，而薛嵩、李宝臣降；再败于莫州，穷蹙无归，而田承嗣降；独与数百骑北奔塞外，而李怀仙杀之以降；马燧、李抱真、李晟大败田悦于临洺，梁崇义俘斩于襄阳，李惟岳援孤将溃，而张孝忠降；马燧等大破田悦于洹水，朱滔、张孝忠攻拔束鹿，惟岳烧营以遁，而王武俊杀惟岳以降。凡此皆枭雄狡狯、为贼爪牙、以成其乱者，火熸水平，则卖主以图侥幸，使即不降，而欲煨之灰，欲澄之浪，终不足以复兴。且其反面无亲，旦君夕虏，憯焉绝其不忍之心者，允为乱人，非一挫可消其狂猘。以视赤眉、盆子，其恶尤甚，而既俯首待命，则制之也尤便。待以不死，而薄给以散秩微禄，置之四裔，则祸于此而讫矣。官军将士，血战以摧强寇，功未及录，而穷乃投怀之鸷兽，宠以节钺，授以土疆，义士心灰，狂徒得志，无惑乎效忠者鲜而犯顺者日滋也。

语有之曰："受降难于受敌。"而非此之谓也。两国相距，势埒（liè）力均，乍然投分，诚伪难知，则信难矣。以天下之全力，奉天子之威，讨逆臣而蹙之死地，得生为幸，虽伪何为？操生死荣辱之权于吾腕掌，夫何难哉？夫光武初定洛阳，寇盗林立，统孤军以遏归寇之冲，则诚难耳；而一言折盆子之觊觎，易且如彼。况朝义、惟岳焚林之浮焰已灭，天下更无余爝（jué）乎？

恶已滔天而戮其身，固非不仁也。且使以不死待之，而刘盆子终老于汉，固可贷其生命，则其为恩也亦厚矣，非若白起、项羽坑杀之惨也。乃唐之君臣，迫于乱之苟定，一闻瓦解，惊喜失措，纳蜂虿于怀中，其愚也足以亡国，不亡者幸尔。朱温叛黄巢以归，而终篡唐；郭药师叛契丹以来，而终灭宋。代、德之世，唐犹强盛，是以得免于亡；然其浸以乱而终亡于降贼，于此始之矣。宠薛嵩等以分土者，仆固怀恩之奸也；君与大臣听之者，其偷也。孝忠、武俊，则德宗自假之威，而又猜忌以裁抑之，马燧等不能与贼争功，尚何能夺其宠命哉？

【译文】

赤眉军起义所拥立的傀儡皇帝刘盆子兵败请求投降，东汉光武帝刘秀对其派来的使者刘恭说："我以不杀的方式对待他！"这是多么光明正大的话啊！道理正确而法令严明，器量恢宏而心志安定，没有任何苟且求安的意思，这样就能使自己的威信得以伸张而乱贼的胆气平息，天下的安宁就必然能够实现。《诗经·周颂·赉》一诗中周武王说："我前往讨伐商纣王，矢志不移地谋求安定天下。"所谓安定，并非一朝一夕的安定。矢志不移地谋求安定天下，暂时没有实现安定也不必引以为忧愁，将要实现安定了也用不着大喜过望，之所以孜孜以求，是因为秉持这样的心愿矢志不移！

史朝义势穷力蹙向东方逃跑，官军追赶到卫州（今河南卫辉）再次将他打败，其部将薛嵩、李宝臣向官军投降；史朝义再败于莫州（今河北任丘），穷途末路、无处可去，其部将田承嗣向官军投降；史朝义独自率领数百名骑兵向北奔逃塞外，其部将李怀仙把他杀死，然后向官军投降；马燧、李抱真、李晟率领官军在临洺（今河北永年）大败田悦，梁崇义被俘斩首于襄阳（今属湖北），李惟岳孤立无援，行将溃败，其部将张孝忠向官军投降；马燧等率领官军大败田悦于洹水（今河南安阳附近），朱滔、张孝忠率领官军攻破束鹿（今属河北），李惟岳焚烧军营逃跑，其部将王武俊杀死李惟岳向官军投降。以上这些投降的人，都是奸诈狡猾之人，作为叛贼的爪牙以帮助他们叛乱，当战火熄灭、洪水过去之后，他们又卖主求荣以图侥幸得到朝廷的封赏，这些人即使不投降，也不过是将要熄灭的火焰，将要澄清的波涛，终究不足以复兴。况且这些人翻脸无情，早上还尊奉你为君王，晚上便把你当作俘虏，凶狠残暴，早已断绝其不忍之心，的确是乱臣贼子，并非一次挫折便能消除其凶猛的疯狗本性。比起赤眉起义军及其所拥戴的傀儡皇帝刘盆子来，他们的罪恶尤为巨大；而在他们俯首听命之后，要想制服他们也就非常容易了。以不杀死的方式对待他们，给予闲散官职和微薄俸禄，把他们安置在边远地区，这样祸乱也就到此为止了。官军将士拼死血战以摧毁顽强的贼寇，功劳还没有来得及记录和奖赏，而对这些穷途末路才来投降的像猛兽一样凶恶的人，却要尊崇地授予他们象征权力的符节和斧钺，封给他们一方土地，而使仁人志士心灰意冷，狂妄之徒志得意满，无怪乎效忠朝廷的人颇为鲜见，而悖逆叛乱的人却日益增加了。

俗语有一种说法：“接受敌人投降比面对敌人作战还要困难。”这句话不适用于唐德宗时期所面临的情况。两国交兵，势均力敌，骤然间情投意合，是真是伪，难以分辨，这的确是很困难的一件事。集中全国的力量，尊奉天子的威德，讨伐叛逆之臣而把他们逼迫到死亡之地，使那些生存下来的人感到侥幸，即使伪装投降又能有什么作为？把生死荣辱的大权掌握在我们手中，接受他们的投降又有什么困难呢？光武帝刘秀初定洛阳之时，天下盗贼林立，他统率孤军遏制住赤眉军放弃长安东归的要道，的确是非常困难的事；在这种情况下他能以一句话驳回刘盆子觊觎天下的野心，竟然是那样的容易。何况史朝义、李惟岳所引燃的焚烧山林的明火已被扑灭，天下再也没有什么余下的灰烬了呢！

罪恶已经滔天而明正典刑、杀戮其身，本来就不是不仁不义的行为。况且以不杀死的方式对待他们，刘盆子得以终老于东汉时期，固然可以宽恕他的性命，光武帝刘秀对他的恩德也算是优厚了，不像秦将白起、西楚霸王项羽坑杀降卒那样残酷无情。至于唐朝的君臣，急迫地期望祸乱得到暂时的平定，一听说叛贼土崩瓦解，惊喜之际措置失宜，把像蜂虿一样凶残狠毒的敌人揽到自己的怀抱，他们的愚蠢足以亡国，唐朝没有因此而灭亡乃是幸运。朱温背叛黄巢而归顺朝廷，最终篡夺了唐朝的江山；辽将郭药师背叛契丹投奔宋朝，最终投靠金朝灭掉北宋。代宗、德宗在位时期，唐朝还比较强盛，因此能够免于亡国，但是逐渐走向动乱而最终灭亡于降贼朱温之手，这种亡国的命运从代宗、德宗时期就开始了。宠信薛嵩等降贼并让他们割据一方，是仆固怀恩的奸计；而君主和大臣都轻易地听信，则是因为他们苟且偷安。张孝忠和王武俊，就是唐德宗假借给他们威权，然后又怀疑猜忌他们而加以制裁和削减，马燧等人既然无法与投降的叛贼争功，又怎么能够剥夺他们加恩特赐的任命和威权呢？

本事：《资治通鉴》卷二二七《唐纪四十三・德宗》，建中三年（782）。

九　虑患不可不密尤不可无镇定之量

君暗相佞，天下有乱人而无奸雄，则乱必起，民受其毒，而国固可不亡；君暗相奸，有奸雄以芟（shān）夷乱人，而后国之亡也，不可复支。汉、唐之亡，皆奸相移政，而奸雄假名义以中立，伺天下之乱，不轻动而持其后，是以其亡决矣。

田悦、李纳、李惟岳、朱滔，皆狂骙躁妄、自取诛夷者也，虽相煽以起，其能如唐何邪？又况李希烈、朱泚之狂愚已甚者乎？希烈之镇淮宁，猎得旌节，非能如河北之久从安、史，豢养枭雄，修城缮备之已夙；梁崇义脆弱无难平者，幸而有功，固不足以予雄；淮宁处四战之地，东有曹王皋，西有哥舒曜，北有马燧、李抱真、张孝忠、李怀光云屯之旅，希烈憯无所畏，据弹丸之地，横鲠其中而称帝，拟之袁术，而又非其时也。朱泚兵权已解，与朱滔悬绝一方，旁无可恃之党，乘无主之乱兵，一旦而遽登天位，保长安片土，为燕雀之堂，以视桓玄，百不及一也。

此二竖者，白昼而攫市金，直不足以当奸雄之一笑。自非李元平、源休、张光晟辈之愍不畏死，谁则从之？卢杞邪矣，而挟偏私以自怙，然未尝如郗虑、崔胤之与贼交谋也。以此言之，德宗能持以郑重，而不括民财，空扈卫，以争旦夕之功于外，此竖子者，恶足以逞哉？

夫群贼之中，狡黠而知忖者，王武俊耳。擒惟岳、反朱滔，皆其筹利害之已夙而能留余地以自处者也。天子不恃以为依，宰相不结以为党，抑有李晟、马燧，力敌势均，而怀忠正以扼之，故其技止此，而不足以逞其邪心。不然，进而倚之以立功，则桓玄平而刘裕篡，黄巢馘（guó）而朱温逆，不知武俊之所止矣。

夫戡乱之主，拯危之将相，虑患不可不密也；尤不可无镇定之量，以谨持其所不必防。李抱真得武俊之要领而示之以诚；李晟蔑视怀光之反，而安据渭桥，不为妄动；皆能忍暴集之奔湍，坚以俟其归壑者也。有臣如此，贼不足平矣。德宗之召乱也，视希烈之恶已重，而捐社稷之卫为孤注以与争也。田悦、李纳、武俊皆降，而希烈称帝，奄奄日就于毙，何足以烦空国之师乎？可以知已乱之大略矣。

【译文】

君主昏昧而宰相巧言献媚，天下有乱贼而没有奸雄，这种情况下祸乱必然兴起，百姓遭受荼毒，而国家固然可以不至于灭亡；君主昏昧而宰相奸邪狡诈，有奸雄用来消灭乱贼，而后国家就会灭亡，再也不能支撑下去了。汉朝、唐朝的灭亡，都是奸邪狡诈的宰相转移了政权，而奸雄假借朝廷的名义保持中立，窥伺到天下发生叛乱，并不轻举妄动而等待最后的机会，因此，国家的灭亡就决然无疑了。

田悦、李纳、李惟岳、朱滔这些叛贼，都是狂妄愚蠢而急躁轻率、自取杀身灭族之祸的人，虽然他们相互煽动而起兵反叛朝廷，又能把唐朝怎么样呢？更何况李希烈、朱泚的狂妄愚蠢更有过之而无不及呢？李希烈镇守淮宁（治蔡州，今河南汝南），虽然窃取了淮宁军节度使的节钺职权，却并不能像河北地区的藩镇将帅一样，曾经长期跟随安禄山、史思明，豢养了一群桀骜不驯之徒，他们修建城池、修缮军备已经很久了；梁崇义力量比较脆弱，不难平定，他虽然侥幸获取了战功，本来也不足以自谓英雄；淮宁处在四面平坦无险可守而易受攻击的四战之地，东边有江南西道节度使曹王李皋，西边有哥舒翰之子、东都汝州行营节度使哥舒曜，北边有马燧、李抱真、张孝忠、李怀光重兵屯集的军队，李希烈凶恶残暴而无所畏惧，占据弹丸之地，如有骨鲠横在喉咙当中，竟然敢于反叛称帝，和汉末的袁术有一比，而又不具备当时的时机。朱泚已经被解除了兵权，与其弟弟朱滔又悬隔一方，身旁也没有可以倚靠的党羽，乘机借着无主的乱军，一朝之间便骤然登上天子宝座，只保有京城长安一片土地，建立起一个像燕雀之堂一样的小朝廷，和东晋的叛将桓玄相比，简直是百不及一。李希烈、朱泚这两个竖子小儿，就像光天化日之下去抢劫市场上的金子，简直不值得那些乱世奸雄一笑。除非像李元平、源休、张光晟等不怕死的亡命之徒，还会有谁跟随他们呢？宰相卢杞是一个奸邪之人，心怀私利而奸邪自恃，但也不像郗虑、崔胤那样与叛贼勾结。从这一点来看，唐德宗能够秉持大节而郑重其事，不搜括百姓钱财，调集全部宫廷禁卫军队，到外地作战以争夺旦夕之间的功业，那么李希烈、朱泚两个竖子小儿的阴谋又怎么能够得逞呢？

在这一群乱臣贼子当中，狡猾刁诈而又工于心计的，要数王武俊了。他生擒李惟岳，反抗朱滔，都是经过长期地反复筹划利害得失，能够留有余地以便使自己进退自如。天子不倚靠他作为心腹，宰相也不和他结为死党，更何况还有李晟、马燧和他势均力敌，这两员大将胸怀忠诚正义，对他形成扼制和威慑之势，所以王武俊也只能这样黔驴技穷，无法实现其邪恶的野心。否则，朝廷进用并倚靠他，因而建立功勋，那么将会造成当初叛将桓玄被平定而平乱的功臣刘裕得以篡位，黄巢的首级献给朝廷而朱温叛逆灭亡了唐朝，王武俊最终能够走到哪一步就很难预料了。

平定叛乱的君主，拯救危亡的将相，考虑祸患不可不周密，尤其是不能没有处变不惊的雅量，从而谨慎地对待可能出现的意外之变。李抱真掌握了王武俊的关键而待之以坦诚，李晟对李怀光的反叛持蔑视态度，安稳地驻兵渭桥，而绝不轻举妄动；李抱真、李晟都能承受像山洪暴发一样汇集而成的奔流湍急的波涛，坚定地等待其回到河道沟壑中去。朝中有这样的大臣，叛贼就不难平定了。唐德宗之所以招致叛乱，是把李希烈的罪恶看得过于重大，于是放弃江山社稷的护卫，孤注一掷地与他竞争制胜。田悦、李纳、王武俊都向朝廷投降，而李希烈的悖逆称帝，可以说已经气息奄奄，一天天接近死亡，哪里值得烦劳全国的所有军队去平叛呢？从这件事上，我们就可以知道平定叛乱的大概了。

本事：《资治通鉴》卷二二八《唐纪四十四·德宗》，建中四年（783）。

一〇　颜真卿以孝责卢杞

人而不仁，所最恶闻者忠孝之言，而孝为甚。君子率其性之诚然而与言，则必逢其怒；加之以欷歔垂涕行道酸心之语，而怒愈不可撄矣。陈天彝之言于至不仁者之前，勿论其怒与否也，不可与言而与言，先失言矣。

颜鲁公谓卢杞曰："先中丞传首至平原，真卿以舌舐其面血，公忍不相容乎？"近世高邑赵冢宰以魏广微叔事逆奄，而叹曰："昆溟无子。"鲁公陷死于贼中，冢宰没身于远戍，取祸之由，皆君子之过也。

虽为小人，而犹知有父，犹知其父之忠清，而耻贻之辱。则与父所同志者，虽异趣殊情，而必不忍相忮害，此不待人言而自动于心。盖牿亡之余，夜气犹存，不能泯没者也。即不自知矣，知之而且以其父为戒矣，则忠臣孝子，固其不必有怨，而挟虿以唯恐不伤者也。蔡京小人耳，使京而为君子，蔡攸岂但执手诊视、迫其病免已乎？故夫子之责宰予，待其出而斥其不仁，弗与尽言也。使以三年之怀，面折其逆心，震丧其贝，而彼且跻于高陵，与于不仁之甚矣。君子于此，知其人理之已尽，置之而勿与言也。漠然若蜂虿之过前，不问其谁氏之子也。权在则诛殛之，权不在，则远引以避之，如二胡之于秦桧，斯得矣。卢奕、魏允成之生豺虺，腹悲焉可也。

【译文】

一个人如果不仁义，那么他最讨厌听到的就是忠孝之言，尤其是孝顺的话。正人君子率性而坦诚地与那些不仁不义的人交谈，必定会引起他们的恼怒；如果再加上痛哭流涕地倾诉令人悲痛的话语，他们的恼怒就更严重而很难停止了。在不仁不义的人面前陈述天理伦常的言论，不考虑他们是否恼怒，不应该对他们说的话都对他们说了出来，已经首先失言了。

颜真卿对卢杞说："令尊御史中丞卢奕在东都洛阳被安禄山杀害后首级传送到平原郡时，我用舌头舔去令尊脸上的血迹，你难道就忍心不容于我吗？"近代即明代高邑（今属河北）人、吏部尚书赵南星因为奸臣魏广微以叔叔的礼节依附侍奉阉党魏忠贤，便叹息说："魏允中（字懋权，号昆溟，与兄允贞、弟允孚并称三魏，为人耿直，均为清官）没有儿子（谓魏广微乃不孝之子）。"后来卢杞建议颜真卿前去晓谕反叛朝廷的淮西节度使李希烈，结果颜真卿被叛贼杀害，吏部尚书赵南星遭到阉党的迫害，最终死于发配的地方代州（今山西代县），二人得祸的缘由，都是犯了正人君子的过错。

即使是奸邪小人，依然知道有父亲，依然知道他父亲的忠贞清白，而耻于给父亲的名誉带来侮辱。这样，与他的父亲志同道合的人，即使志趣不同而情感也不融洽，也必然不会忍心加以嫉妒陷害，这是不用别人多说而自己发自内心的正常想法。大概遭受桎梏迫害而消亡之余，夜晚静思所得的良知善念依然存在，这是不会泯没的。如果本人没有自知之明，或者知道却将要以其父亲言行作为警戒，那么忠臣孝子对于这样的奸邪小人，本来就不必有什么怨恨，他们手中拿着蝎子唯恐不能加以伤害。北宋的蔡京是一个奸邪小人，假设他是一个正人君子，其子蔡攸难道仅仅是抓住他的手作诊脉之状，意欲奏请皇上因病罢免他的职务就停止父子倾轧了吗？所以孔子责备其弟子宰予，要等待他出门后才斥责他不仁不义，并没有畅所欲言。假如孔子以子生三年养于父母怀抱的道理当面驳斥宰予关于三年丧期过久的大逆不道之心，就会像雷霆震落其钱袋（《周易·雷卦》）一样，那么他将会登上高陵四处顾望（《周易·同人卦》），这就更加助长了他的不仁不义。正人君子处于这样的境地，知道其人的道德良心已经丧失殆尽，放弃与他进行沟通交流，就应该像马蜂从眼前飞过一样漠然视之，不再过问他是谁家的儿子。如果职权在手就可以诛杀他，手中没有职权，就躲得远远地避开他，如同南宋胡安国的儿子胡宏、胡宁兄弟（其父早年与秦桧私交甚好，秦桧专权后写信给他们的堂兄胡寅，问他两位弟弟为什么不通信，意欲用之，胡宏写信严词拒绝）对奸相秦桧的态度一样，就可以了。忠诚正直的卢奕、魏允中却生了像豺狼和毒蛇一样凶恶残忍的儿子，只要在内心里为他感到痛惜就可以了。

本事：《资治通鉴》卷二二七《唐纪四十三·德宗》，建中三年（782）。

一一 樊系死于名节已亏之后

樊系受朱泚之伪命，为撰册文，乃仰药而死。其愚甚，其污不可浣，自度必死，而死于名节已亏之后，人所怪也。呜呼！人之能不为系者，盖亦鲜矣。以为从贼撰册，法所不赦，光复之后，必罹刑戮，惧而死者，未尽然也。待至光复议法之日，止于死耳，蟪蛄之春秋，且苟延以姑待，亦庸人所必不能引决者。则系之死，实以自顾怀惭，天彝之未尽忘者也。

乃既惭而有死之心矣，而必自玷以两亏者，其故有三，苟非持志秉义以作其气，三者之情，中人以下之所恒有，而何怪于系焉。怀疑而有所待，一也；气不胜而受熏灼以不自持，二也；妻子相萦而不能制，三也。泚之僭逆，出于仓卒，所与为党者，姚令言一军耳；在廷之臣，固有劝泚迎驾者，不徒段司农也。系于此，不虑泚之必逆，而姑俟之，一旦伪命见加，册文见委，惊惶而迫无以应，退而后念名节之已亏，而愤以死也。此无他，其立朝之日，茫然于贞邪之辨，故识不早而造次多疑也。

迨乎伪命及身，册文相责，斯时也，令言之威已张，源休、蒋镇、张光晟、李忠臣实繁有徒，出入煊赫于系左右，夸之以荣，怖之以祸，挥霍谈笑，天日为迷。系于此时，心知其逆而气为所夺，口呿（qù）目眩，不能与之争胜，杂遝（tà）凭陵，弗能拒也，魂摇神荡，四顾而无可避之方，伸纸濡毫，亦不复知为己作矣。此无他，立义无素，狎小人而为其所侮，乍欲奋志以抗凶锋，直足当凶人之一笑；义非一旦之可袭，锋棱不树者，欲振起而不能，有含羞以死而已矣。

当德宗出奔之际，姜公辅诸人皆宵驰随跸，李晟在北，家固居于长安，弗能恤也，系徒留而不能去。既而陷身贼中矣，段司农、刘海宾击贼而死，一时百僚震慑，固可想见；而妇人孺子牵裾垂涕，相劝以瓦全，固有不忍见闻者。系濡迟顾恤，以撰册保全其家，以一死自谢其咎，盖无如此呴呴（xǔ）嗫嗫者何也。

呜呼！至于此而中人以下之能引决者，百不得一矣。捐身以全家，有时焉或可也，郭汾阳之斥郭晞，而自入回纥军中是也。捐名义以全妻子，则无有可焉者也。身全节全，而妻子勿恤，顾其所全之大小以为择义之精，而要不失为志士；身死节丧，而唯妻子之是徇，则生人之理亡矣。

此亦有故，素所表正于家者无本，则狎昵嚅唲（rú ér）、败乱人之志气以相牵曳也。夫若是，岂易言哉？怪系之所为者，吾且恐其不能为系；即偷免于他日，亦幸而为王维、郑虔以贻辱于万世已耳。段司农自结发从军以来，其光昭之大节，在军中而军中重，在朝廷而朝廷重，夫岂一旦一夕之能然哉！

【译文】

太常少卿樊系接受僭号称帝的朱泚的伪命担任礼部侍郎，为他撰写登基的册文，后来又服毒自尽。其愚蠢至极，其污名已无法洗清，既然自己忖度必然要死，却死于名节已被玷污之后，这就是人们感到奇怪的地方。唉！人们能够不做像樊系那样的人，大概也不多见。认为樊系给逆贼撰写登基册文，这是法律所不容赦免的大罪，朝廷光复河山之后，必然会遭到刑罚甚至杀戮，因为恐惧而死，但也未必尽然。等到朝廷光复之后依照法律论罪判刑的时候，也不过一死。蟪蛄从春天到秋天不足一年的寿命，尚且苟延残喘姑为等待，这也是庸人之所以必定不能引决自杀的原因。如此说来，樊系之死实在是他自念心怀羞惭，天道伦理还未完全丧尽的表现。

既然樊系感到惭愧而有必死之心了，那么为什么要选择使自己的名节受到玷污之后自杀而两相亏欠呢？其中的缘故有三个，如果不是秉持大志正义以振作勇气，这三条原因所包含的情感，都是中等资质的人所经常会有的，又何必单单责怪樊系呢！樊系当时心中有所疑虑，又有所期待，这是第一个原因；自己的勇气不足，而又受到叛贼朱泚的威胁，因而把持不住，这是第二个原因；受到妻子儿女的相互牵绊，因而无法摆脱，这是第三个原因。朱泚悖逆反叛而僭号称帝，事出突然，他所通同谋逆结成同党的，只有泾原节度使姚令言所率的一支军队，朝中的大臣，本来有很多人劝朱泚迎接天子，不仅仅只有司农卿段秀实一个人。樊系在这个时候，并没有估计到朱泚必定悖逆反叛，还想姑且等待，而旦夕之间朱泚任命他为礼部侍郎的命令已到，撰写登基册文的事也委托给他，樊系震惊惶恐，急迫之下也没有办法应对，等到奉命起草好登基册文，退朝之后顾念自己的名节已被玷污，于是愤而自尽。这件事没有其他原因，樊系在朝中的时候，对于忠奸正邪之分辨茫然无知，所以不能及早有所见识，因而仓促之间疑虑重重而不能决断。

等到朱泚的伪命加身，责令他撰写登基册文，这时候姚令言的威势已经非常强大，参与反叛的源休、蒋镇、张光晟、李忠臣等一伙人徒众繁多，声势煊赫，经常出入于樊系左右，以荣华富贵相夸耀，又以祸患死难相恐吓，挥霍无度，谈笑狂浪，搞得朝中乌烟瘴气，连太阳也似乎丧失了光彩。这个时候的樊系，心里虽然知道他们都是大逆不道的乱臣贼子，但勇气已经被震慑而丧失了，张口说不出话来，睁眼看不见东西，不能与叛贼争辩以制胜，而乱臣贼子的杂沓纷扰也不能抗拒，神魂颠倒，环顾四周找不到可以逃避的地方，伸纸濡笔也不知道册文是不是自己写的了。这没有其他的原因，而在于其平日内心没有树立起正道大义，亲近奸邪小人反而受到侮辱，骤然间想要奋发有为以抗拒叛贼凶相毕露的锋芒，简直是凶残贼寇的笑料；正道大义是不可能在一日之间建立起来的，刚直方正的凌厉气势没有树立起来，一旦有事而想要振作勇气已经没有可能，那么只有忍辱含羞一死了之。

当唐德宗离开京城奔逃避乱之际，宰相姜公辅等人都追随天子夙夜奔驰，大将李晟时在北方，其家本来就定居在京师长安，也无法顾恤家人安危，樊系却徒自居留而不能离开。接着就陷身于贼寇之中，同样处境的司农卿段秀实、大将刘海宾因抗击叛贼朱泚而死，一时之间百官的震动恐惧，就可以想见了；然而家中妇人孺子拉着衣襟垂泪央求，劝他委曲求全，其情景本来也令人不忍见闻。在这种情况下樊系顾念体恤、迟疑不决，于是以接受撰写登基册文来保全家人性命，然后以自己一死来向天下谢罪，大概这就是他之所以吞吞吐吐、无可奈何的隐衷。

唉！处于像樊系这样的境地，中等资质以下的人能够自杀的，一百人中也难得一个了。舍弃自己的性命以保全其家，有时候还有人可以做得到，郭子仪斥责其子郭晞，只身前往回纥军中，就是一个例子。抛弃自己的名声节义以保全妻子儿女，还没有可以做得到的人。保全自己的性命和名声节义，而妻子儿女则不予顾念体恤，这就要看他所保全名节的大小，来判断其选择道义的重要程度，这样的人不失为仁人志士；如果自身死难、名节沦丧，唯独顺从妻子儿女的心愿，那么其人道伦常也就不存在了。这种情况也自有其缘故，平常在家里身体力行作为表率，如果失去人道伦常的根本，就会过于亲近而不庄重，强颜欢笑，从而败坏和扰乱人的志气，相互牵制影响。像这样的情况，难道像说的那么容易吗？责怪樊系所作所为的人，我担心他们还做不到樊系那样的决断；即使得以苟且偷生，将来也不过侥幸像王维、郑虔那样，留下千秋万代的耻辱罢了。司农卿段秀实自结发从军以来，其光昭日月的大节，在军队中受到军队将士的敬重，在朝廷中受到朝中大臣的敬重，难道是一朝一夕之间所能做到的吗？

本事：《资治通鉴》卷二二八《唐纪四十四·德宗》，建中四年（783）。

一二　卢杞机巧辩言而售其奸邪

奸佞之惑人主也，类以声色狗马嬉游相导，而掣曳之以从其所欲；不则结宫闱之宠、宦寺之援为内主，以移君之志。唯卢杞不然，蛊惑之具，一无所进；妇寺之交，一无所附；孤恃其机巧辩言以与物相枝距，而德宗眷倚如此其笃。至于保朱泚以百口，而泚旋反；命灵武、盐夏、渭北援兵勿出乾陵，而诸军溃败；拒李怀光之入见，而怀光速叛；言发祸随，捷如桴鼓，而事愈败，德宗之听之也愈坚。及乎公论不容，弗获已以谪之，而犹依依然其不忍舍，杞何以得此于德宗邪？德宗谓“人言杞奸邪，朕殊不觉”者，亦以其无劝淫导侈之事，无宦官宫妾之援也。夫杞不欲为此哉？德宗之嗜欲也轻，而宫中无韦后、杨妃之宠，禁门无元振、朝恩之权也。

德宗之所以求治而反乱，求亲贤而反保奸者，无他，好与人相违而已。乐违人者，决于从人。一有所从，雷霆不能震，魁斗不能移矣。杞知此而言无不与人相违也。其保朱泚也，非与泚有香火而为贼间也，众言泚反，则曰不反而已矣；其令援军勿出乾陵也，非于诸将有隙而陷之死地也，浑瑊言漠谷之危，则曰不危而已矣。故颜鲁公涕泣言情而益其怒；李揆以天子所恤，而必驱之行。人所谓然，则必否之；人所谓非，则必是之。于是德宗周爰四顾，求一力矫众论如杞者而不可得。志相孚也，气相协也，孰有能间之者？盖德宗亦犹杞而已。己偏任之，众力攻之；众愈攻之，己益任之。其终不以杞为奸邪者，抑岂别有所私于杞哉？向令举朝誉杞，而杞不足以容矣。故奸邪必有党，而杞无党也。挟持以固宠于上者，正以孤立无援，信为忠贞之敻（xiòng）绝耳。

夫人之恶，未有甚于力与人相拂者也。王安石学博思深，持己之清，尤非杞所可望其肩背；乃可人之否，否人之可，上不畏天，下不畏人，取全盛之天下而毁裂之，可畏哉！孤行己意者之恶滔天而不戢也。鲧以婞直而必殛（jí），夫岂有贪惏（lán）媕婀（ān ē）之为乎？

【译文】

奸佞之臣蛊惑君主，大多是以声色犬马、嬉戏游乐相引导，从而牵制君主听任他们为所欲为；否则就是勾结宫中得宠的后妃、太监作为内援，从而转移君主的志趣。只有奸相卢杞不是这样，上述蛊惑君主的方式，他一样也不用；后妃、太监他也一个都不依附；单凭着奸巧机智和能言善辩而与人相抗衡，而唐德宗对他的眷顾和倚赖竟然如此牢固而深厚。至于他以自己百口之家的性命担保朱泚不会反叛，而朱泚却旋即反叛；命令灵武留后杜希全、盐州刺史戴休颜、夏州刺史时常春、渭北节度使李建徽的援兵不要从乾陵北面进军，结果各路援兵从漠谷（今陕西永寿西北）进军遭到伏击而溃败；拒绝邠宁节度使李怀光进京朝见，李怀光迅速叛乱；他的话一出口，随即招致祸患，快捷得好像桴鼓相应，可是事情办得越是糟糕，唐德宗对他越是言听计从。一直等到他为天下公论所不容的时候，唐德宗才迫不得已予以贬谪，仍然依依不舍，卢杞凭借什么得到唐德宗如此的倚重和信任呢？唐德宗曾经说过：“人人都说卢杞奸邪，朕竟然没有感觉到。”也就是因为卢杞没有引导他沉湎于声色犬马、骄奢淫逸的事，也没有交结宫中太监、妃嫔作为内援。难道是卢杞不想这么做吗？关键是唐德宗自己在身体感官享受方面没什么嗜好和欲望，而后宫也没有像韦皇后、杨贵妃那样得宠的后妃，宫廷中也没人像程元振、鱼朝恩那样的专权太监。

唐德宗之所以孜孜求治却反而招致祸乱，渴求亲近贤臣却反而保护了奸佞，没有其他的原因，就是因为他喜欢与人唱反调罢了。乐于与人唱反调的人，也会坚决地听从别人。一旦听从了别人，雷霆万钧也不能打动，魁斗星宿也不能改变了。卢杞深入了解唐德宗这个性格，因此其言论事事处处与别人唱反调。他担保朱泚不会反叛，并非与朱泚有过香火之盟从而作为叛贼的奸细，而是众人都说朱泚会反叛，他就说不会反叛，如此而已；他命令各路援军不要从乾陵北面进军，并非和诸位将领有仇怨而要置之于死地，而是京畿渭南北金商节度使浑瑊说援军从漠谷进军很危险，他就说不危险，如此而已。因此颜真卿流着泪向他诉说与其父卢奕的交情，反而更加激起他的恼怒；礼部尚书李揆受到唐德宗的体恤照顾，卢杞一定要把他驱逐出朝廷，让他充任入蕃会盟使，行至途中病逝。人们说是正确的，他必然予以否定；人们说是不对的，他必然予以肯定。于是唐德宗举目四顾，想找一个像卢杞这样极力矫正公众舆论的人却找不到。卢杞和唐德宗志趣相投，意气相谐，还有谁能够离间他们的关系呢？大概唐德宗也正像卢杞一样罢了，自己对卢杞偏听偏信，于是众人竭力攻击卢杞；众人越是攻击卢杞，自己对他更加信任。他始终不认为卢杞是奸邪之人，难道他们之间还有别的私人交情吗？假如满朝文武都赞誉卢杞，恐怕卢杞早就无法在朝廷容身了。因此说凡是奸邪之人都有其朋党，而卢杞却没有同党。他赖以取得并巩固皇帝的宠信的，正是因为他孤立无援，使唐德宗始终相信他是天下绝无仅有的忠诚坚贞的大臣。

一个人的罪恶，没有比竭力和别人唱反调更为严重的了。北宋宰相王安石的学问博大精深，持身正直清廉，是卢杞所不能望其项背的，但他却坚持认可别人反对的事情，否定别人认可的事情，上不畏惧天象的变化，下不畏惧人言的议论，结果把一个处于全盛时期的天下破坏分裂了，真是可怕啊！一意孤行的人，其罪恶滔天而不能平息。大禹的父亲伯鲧因为刚愎自用，自以为是，治水失败，最后必然落得被诛杀的下场，难道他有什么贪得无厌、随声附和而没有主见之类的行为吗？

本事：《资治通鉴》卷二三三《唐纪四十九・德宗》，贞元四年（788）。

一三　陆贽移主心以作士气存国脉

德宗之初，天下鼎沸，河北连兵以叛，李希烈横亘于中，朱泚内逼，天子匿于褒、汉，李楚琳复断其右臂，韩滉收拾江东以观成败，其有必亡之势者十九矣。李晟、马燧以孤军援之，非能操全胜之势。而罪己之诏一下，天下翕然想望清谧，陆敬舆之移主心以作士气、存国脉者，功固伟矣。然所以言出而效随者，由来有二，不然，则汉之将亡，亦有忠靖之臣，宋之将亡，亦下哀痛之诏，而何以讫于不救邪？

其一，则德宗之为君也，躁愎猜忌，以离臣工之心，而固无奢淫惨虐之暴行以失其民，故乱者自乱，德宗固居然四海之瞻依也。仓皇北出，而段司农追韩旻以返，得安驱以入奉天；赵昇鸾劫驾之谋尤亟矣，浑瑊一泄其谋，复得徐行以入梁州。天下知吾君之尚在，故罪己诏下，咸翘首以望荡平。河北群逆，亦知唐室之必兴，而有所归命。皆乘舆无恙，足以维系之也。向令帝之出也不速，或为逆贼所害，则如梁氏父子死于侯景之手，而梁速熸；或为逆贼所劫，则如汉献困于董卓，辱于李傕、郭汜，而汉遂夷。唐于是时，无宗藩之可倚，如琅邪之在江东；无储贰之可扶，如肃宗之在灵武；敬舆将何托以效忠？天下无主可依，则戴贼以安，亦必然之势矣。唯唐之君臣，不倡死社稷之邪说，沮卷土重来之计；故维系人心者，亦不仅在慷慨淋漓之一诏也。

其一，则惑德宗以致乱者卢杞也，敬舆与杞忠佞不两立，而其奔赴行在也，与杞同至。当是时，敬舆所欲除帝根本之蠹以涤旧恶者，莫杞若也。杞所深知，危言切论虽未斥讼其奸，而必将逐己者，唯敬舆也。颜真卿、李揆、崔宁，杞皆先发而制之矣，唯敬舆以患难同奔之侣，迫不及排，而气焰丰采，直辞正色，非杞之可投间以相攻。乃犹不仅此也，凡奸臣知不容于正士而反噬无已，虽见迸逐，犹将偾起者，唯其有党也。故蔡京误国已有明征，而靖康之初，小人犹沮抑君子以不得伸其忠悃。杞则执拗专横之性不与人相亲，而唯与人相忮；恃君之宠如山岳，而视百僚如培塿；虽引裴延龄、白志贞以与同污，而未尝以天子之爵禄市恩饵众。故敬舆一受上知，杞旋放黜，而在廷在外，举倚敬舆以求定，无有暗护杞以沮挠敬舆者。德宗偏听之性一移，而中外翕然。不过，宋室垂亡，而王爚（yuè）、陈宜中之党犹沮文信国之谋，吾未见敬舆之得行其志，以历数德宗之失，畅言之而无所挠也。

是故天下无君，则后立之君必不固；小人有党，则君子之志必不行。非此二者，则人心不摇，廷议不乱，内靖而外不离；叛寇之起纵如乱丝，亦有绪而无难理矣。人臣而知，则勿为李纲之诐辞，陷其主以寒天下之心；人君而知，则勿任结党之小人，塞君子以效忠之路。存亡之枢，决于毫发，盖可忽乎哉！

【译文】

唐德宗在位（780—804）初年，天下形势纷扰动乱，河北地区藩镇将帅联合起来发动叛乱，淮西节度使李希烈横亘于中部地区，太尉朱泚在京城内部发动叛乱逼迫天子退位，唐德宗被迫奔逃到褒州（今陕西勉县东南）、汉州（今四川广汉）避难，李楚琳又在凤翔发动兵变，切断其右臂，镇海节度使韩滉保全江东之地拥兵坐观成败，当时天下十之八九要灭亡了。名将李晟、马燧率领孤军援救天子，并没有全胜叛军的把握。但唐德宗的罪己诏一下，天下之人一致期待海内清宁，宰相陆贽（字敬舆，谥宣，世称陆宣公）能够改变唐德宗的心志，从而振作激励士气，保存国家命脉，功劳固然是很伟大的。然而之所以话语一出随即就产生效果，其原因有两个方面，否则，汉朝将要灭亡的时候，也有尽忠报国的大臣，宋朝将要灭亡的时候，也曾颁过哀痛罪己的诏书，为什么最终没有能够挽救其江山社稷呢？

第一，唐德宗李适作为君主，性格暴躁，刚愎自用，又好猜忌，因而群臣离心离德，但他本来没有骄奢淫逸、残酷施虐的暴行，也无失去民心，因此叛乱者尽管不断发动叛乱，唐德宗仍然是天下百姓信赖、依靠的天子。他仓皇北逃时，司农卿段秀实派人拿着印信追赶上朱泚派来攻打奉天（今陕西乾县）的大将韩旻令其返回，使他得以安然进入奉天；朔方节度使李怀光派部将赵昇鸾进入奉天为内应企图劫持唐德宗，形势尤为危急，浑瑊把他们的阴谋向德宗泄露出去，唐德宗又得以安然进入梁州（治南郑，今陕西汉中）。天下之人都知道天子尚在，因此唐德宗的罪己诏颁布之后，都翘首盼望朝廷能够迅速荡平贼寇。河北地区的藩镇叛贼也知道唐朝必然复兴，因而都表示愿意归顺朝廷。这些都是因为天子安然无恙，足以维系天下的安定局面。假使唐德宗没有迅速离开京城出逃避乱，或者被逆贼所杀害，就会像梁武帝萧衍父子死于叛臣侯景之手那样，南朝梁很快便灭亡了；或者被叛贼所劫持，就会像汉献帝刘协被奸贼董卓所困，又受到叛将李傕、郭汜的侮辱，东汉王朝也就消亡了。唐朝发展到了这个时候，既没有宗室藩王可以倚靠，像琅邪王司马睿在江东复兴晋室那样，也没有储君太子可以扶持，像安史之乱后太子李亨在灵武即位然后统率各路兵马收复京师那样；陆贽又将依托谁来向朝廷效忠呢？天下没有可靠的天子作为依托，便会拥戴贼寇以保安宁，这也是必然的趋势。只有唐朝的君臣不提倡困守孤城为江山社稷殉难的异端邪说，也不阻止先行出逃避乱然后卷土重来的计策；因此能够维系天下人心的，也不仅仅靠那一通慷慨淋漓的罪己之诏。

第二，蛊惑唐德宗从而招致祸乱的是奸相卢杞，陆贽与卢杞一忠一奸势不两立，可是陆贽奔赴唐德宗的行宫，竟然与卢杞一同抵达。当时，陆贽想要清除唐德宗身边的心腹大患从而荡涤曾经的过错与罪恶，首当其冲的莫过于卢杞了。卢杞也深知这一点，慷慨陈词、危言正色，虽未直接指斥和揭露他的奸邪，但最终必然把自己驱逐出朝廷的，只有陆贽一人。颜真卿、李揆、崔宁等，卢杞都先发制人把他们钳制住了，只有陆贽作为患难中共同投奔天子的伙伴，急迫之下来不及排挤他，而他的气度风采、义正词严，也不是卢杞可以乘隙加以攻击的。不仅如此，大凡奸臣知道自己不容于正人君子便反咬一口、不停地诬陷他们，即使被驱逐出朝廷依然要奋起反击，只是因为他还有同党。北宋奸相蔡京误国害民已经有明显的迹象，但宋徽宗靖康初年，奸邪小人还阻挠和抑制正人君子，使他们不能抒发对天子的忠诚之心。卢杞的性格执拗专横，不和别人相亲近，而专门和人相嫉恨；凭仗着天子的宠信自视为泰山乔岳，而视朝中百官为小小土丘；他虽然也曾援引裴延龄、白志贞这些人与他同流合污，却也不曾把天子的爵禄拿出去收买人心、沽名钓誉。所以陆贽一受到唐德宗的信任，卢杞旋即被贬出朝廷，而不管是朝廷的文武百官，还是在外的地方大员，都依靠陆贽以求平安，并没有袒护卢杞来阻挠陆贽的人。唐德宗偏听偏信的习性一旦改变过来，便能得到朝野的一致拥戴。否则，像南宋即将灭亡的时候，王爚、陈宜中的同党还在破坏文天祥复国的计谋那样，我恐怕就不能看到陆贽得以施展自己的抱负，从而一一列举唐德宗的过错，畅所欲言而没有受到阻挠的场景了。

因此，天下没有君主，那么后来继位君主的地位必然不巩固；奸邪小人结成死党，那么正人君子的抱负必然不能得以施展。如果没有这两种情况，人心就不会动摇，朝廷议论就不会混乱，内部安定，外部就不会离心离德；叛贼的兴起纵然像一团乱麻，也有其头绪而不难梳理了。作为人臣，知道了这一点，就不要仿效宋朝的李纲那样坚持天子与京城共存亡的异端邪说，使其君主陷入危难而令天下之人心寒；作为君主，知道了这一点，就不要信任结党营私的奸邪小人，从而阻塞正人君子效忠天子的道路。国家存亡的关键，决定于毫发之间，怎么能够忽视呢？

本事：《资治通鉴》卷二二九《唐纪四十五·德宗》，建中四年（783）。

一四　修辞立诚，再安唐室

《诗》云："辞之辑矣，民之洽矣。辞之怿矣，民之莫矣。”辑云者，合集事理之始终，序次应违之本末，无有偏伸，无有偏屈，详析而得其要归也。如是，则物无不以类辨，事无不以绪成，而智愚贤不肖之情，皆沁入而相感，故曰民之洽也。怿云者，推于其心之所以然，极于其事之所必至，宛转以赴其曲，开朗以启其迷，虽锢蔽之已深，而善入其中则自悦，虽危言以相戒，而令其易改则自从。如是，则君与臣不相抗，智与愚不相拒，意消气静，乐受以无疑，故曰民之莫也。如是者，无他道焉，辞不以意兴，意不以气激，尽其心以达人之心，诚而已矣。故《易》曰："修辞立其诚。”诚立而后辞可修，抑必辞修而后诚乃立。不然，积忠悃于咽膈，轮囷猝发，浮动而不本于心，甚则反激以召祸而不莫，不然，亦悠悠听之而固不洽也。辞之为用大矣哉！

今有说于此，其为理之必然，明矣。见为是而毅然决之曰是，其所以是者未详也，其疑于非而必是者未之辨也，则人亦挟其所是者以相抗矣；见为非而愤然斥之曰非，其所以非者未能擿也，其疑于是而固非者莫能诘也，则人亦报我以非而相折矣。是与非立于未事之先，未有定也，观于已事之后，而非者非，是者亦难全其是也。恃气以言之，一言以断之，无体验成熟之实，而出之也厉，父不能得之于子，师不能得之于弟子，而况君臣之际乎？故修辞而足以感人之诚者，古今不易得也。非陆敬舆其能与于斯哉！今取其上言于德宗者而熟绎之。推之使远，引之使近，达之以其情，导之以其绪，曲折以尽其波澜，而径捷以御之坦道，扩其所忧，畅其所郁，排宕之以尽其变，翕合之以归于一，合乎往古之经，而于今允协，究极于中藏之密，而于事皆征，其于辞也，无间然矣。贞元以后，棼乱之宇宙，孤危之社稷，涣散之人心，强悍之戾气，消融荡涤，而唐室为之再安，皆敬舆悟主之功也。故曰辞之为用大矣哉！

前乎此者，董仲舒正而浮，贾谊奇而偏，魏徵切而俗，莫能匹也。后乎此者，苏轼辩而诡，真德秀详而迂，莫能及也。不主故常而不流，不修藻采而不鄙，“六经”邈矣，卮言日进，欲以辞立诚，而匡主安民，拨乱反正，三代以下，一人而已矣。

【译文】

《诗经·大雅·板》一诗中写道：“政令言辞和顺，百姓便会融洽，言辞动听，百姓便会安宁。”这里所谓的和顺，是指集中体现事物道理的始终，排列事物应该做和不应该做的次序的本末，没有特别的伸张，也没有特别的委曲，分析透彻从而把握其要旨。这样，事物无不得以按照分类加以辨析，事物也无不按照头绪完成，智慧或愚昧、贤明或不肖的人的情感，都能深入人心而相互感化，所以说百姓便会融洽而自安。这里所谓的动听，是指推测人们心中的所思所想，从而达到事物所必然达到的极致，言辞宛转动听切中人们内心的愿望，开导并澄清人们内心的迷惑，即使是他们受到禁锢和蒙蔽已经很深，也善于深入其内心而使他们自我愉悦，即使是危言耸听而加以警戒，也会使他们改弦易辙而自愿顺从。这样一来，君主与大臣不会相互对抗，智慧之人和愚昧之人不会相互排拒，都能够心平气和，乐于接受而无所怀疑，所以说百姓便会安宁。能够做到这些，没有其他的办法，言辞不能凭个人意志而兴起，意志不能因为意气而激发，尽到自己的心意来打动别人的内心，只是做到诚心诚意罢了。因此《周易·乾·文言》上说："修饰言辞要出于诚心诚意。"诚心诚意树立起来然后才可以修饰言辞，也必须通过修饰言辞然后才可以树立起诚心诚意。否则，把一片忠诚深藏在咽喉与胸腔之间，屈曲胀大而突然发作，形成表面上的敷衍之词而不是出于本心，甚至因为偏激而招致祸患而使人不安，即使不是这样，也可能会漫不经心地听之任之，而难以使百姓融洽，可见修饰言辞的作用是非常大的！

如今这样一种说法，作为必然的道理，已经很明白了。看到正确的事情就毅然决然地说这是正确的，至于为什么正确却不详细了解，怀疑其不正确而必定正确的事情也没有加以辨别，那么别人也会坚持自己认为正确的事情而相互对抗了；看到有人为非作歹就愤愤不平地斥责其不正确，至于为什么不正确并未能指明和揭发出来，怀疑其正确而本来就不正确的事情也没有人能够加以反诘，那么别人也会坚持不正确的事情而相互驳斥了。是非对错在事情发生以前早就确立和存在着，只是还没有定论，在事情发生之后来观察，不正确的自然不正确了，而正确的也未必全都正确。仗着一时的意气来说，用一句话就加以决断，没有体验事情成熟之后的实际效果，而用严厉的口气说出来，父亲的话未必得到儿子的认可，老师的话也未必得到弟子的认可，更何况是君臣之间呢？因此修饰言辞足以感人肺腑而得到诚心诚意的听从，古往今来都是不易做到的事情。除了陆贽，还有谁能做到这一点呢？现在我找来他上奏唐德宗的言辞仔细加以推敲。他推演开去预测未来就会说得很长远，引证回来针对现实就会说得很切近，以自己的情感来沟通并打动人，以事物的端绪来引导说服人，曲折回环以表现事物发展的波澜壮阔，直截了当以驰骋于平坦大道，排遣君主的忧虑，排遣君主的抑郁，浩荡奔放时能够极尽其千变万化，协调一致时则能够九九归一，他的言辞合乎千古以来的正道大义，与当今的时势又恰相符合，能够穷尽人们内心蕴藏的秘密，同时又能在后来的事物发展中得到验证，他在修饰言辞方面的造诣可以说是无可挑剔！唐朝自德宗贞元年间（785—805）以后，纷乱复杂的天下形势，孤立危险的江山社稷，涣散懈怠的世道人心，强悍凶狠的暴戾之气，都得以消失、荡涤清除，而唐朝的统治因此而再次转危为安，这些都是陆贽以修饰言辞而使唐德宗醒悟的功劳。由此看来，言辞的作用的确是很大啊！

在陆贽之前，汉朝董仲舒的言辞中正而空虚，贾谊的言辞奇异而偏激，唐朝魏徵的言辞切实而通俗，都不能和陆贽的言辞相提并论。在陆贽之后，北宋苏轼的言辞雄辩而奇诡，南宋真德秀的言辞详尽而迂阔，也都没有能赶得上陆贽的。不拘泥于老套常规却不流于世俗，不刻意修饰辞藻文采却不流于粗鄙，“六经”的文风离现在已经很远，恣意妄为的支离破碎之言却日益进用，想要通过修饰言辞以树立人们的诚心诚意，匡正君主，安抚百姓，拨乱反正，夏、商、周三代以降，也就只有陆贽一个人罢了。

本事：《资治通鉴》卷二二八《唐纪四十四·德宗》，建中四年（783）。

一五　利之可亡国败家

乱与治相承，恒百余年而始定，而枢机之发，系于一言，曰利而已。盗贼之与夷狄，亦何以异于人哉？志于利，而以动人者唯利也。

唐自安、史以后，称乱者相继而起，至于德宗之世，而人亦厌之矣。故田悦、李惟岳、朱滔、李怀光之叛，将吏士卒皆有不愿从逆之情，抗凶竖而思受王命；然而卒为所驱使者，以利啖之而众暂食其饵也。田绪杀田悦，虑将士之不容，乃登城大呼，许缗钱千万，而三军屏息以听；李怀光欲奔据河东，众皆不顺，而许以东方诸县听其俘掠，于是席卷渡河。嗣是以后，凡据军府、结众心以擅命者，皆用此术而蛊众以逞志。呜呼！此以利贸片时之欢者，岂足以窥非望而成乎割据哉？以此为藏身之固，利尽人离，旋以自灭，盖亦盗贼之算而已矣。

老子曰：“乐与饵，过客止。”夫君子岂不知人情之且然哉？乃得天下而不为，身可死，国可亡，而必不以此䜣合于愚贱之心者，则所以定天下之志而安其位也。以利动天下而天下动，动而不可复止，有涯之金粟，不足以填无涯之溪壑，故唐之乱也无已期。利在此而此为主矣，利在彼而彼为主矣。鬻权卖爵之柄，天子操之，且足以乱，庶人操之，则立乎其上者之岌岌何如也？天子听命于藩镇，藩镇听命于将士，迄于五代，天子且以贿得，延及宋而未息，郊祀无名之赏，几空帑藏，举天下以出没生死于钱刀。呜呼！利之亡国败家也，盗贼一倡其术，而无不效之尤也，则乱何由已也，而其愚已甚矣。

盗贼散利以饵人，夷狄聚利以制人，皆利乘权以制生人之命也。谁生厉阶，意者其天乎？抑亦宇文融、王鉷、杨慎矜、杨炎之徒导其源邪？是故先王贱利以纳民于名义，节其情，正其性，非计近功者所能测。而孟子三斥梁王，杜篡弑夺攘之萌，其功信不在禹下也。

【译文】

天下的动乱和国家的治理是前后相传承、相衔接的，往往要继续上百年才能安定下来，其中事物运动发展的关键，又往往系于一句话，也就是利益罢了。强盗叛贼与周边的夷狄，与一般的人相比又有什么不同呢？他们的愿望是追求利益，而能够用来打动人的也只有利益。

唐朝自从安史之乱以后，拥兵叛乱的藩镇将帅相继而起，到了唐德宗在位的时候，人们也都讨厌了叛乱。因此，田悦、李惟岳、朱滔、李怀光等人发动叛乱时，其将领、官吏和士兵中都有不愿意从逆叛乱的情感，而想要抗拒凶恶的叛贼而接受天子的诏令；但最终还是接受了叛贼的驱使，就是因为叛贼用利益来引诱众人，而众人也暂时接受了他们的诱饵。田承嗣之子田绪杀其堂兄田悦时，顾虑魏博的将士不容许，便登城大呼，许诺给士兵缗钱千万，于是三军士兵便心甘情愿地听命于他；李怀光打算奔逃占据河东（治今山西太原），部下都不愿顺从，就承诺东部各县听任将士抢劫掳掠，于是所部将士便席卷而去，渡过黄河。从此以后，凡是占据藩镇、收买人心而擅自发号施令、不受朝廷节制的，都采用这种方法蛊惑人心，从而使自己的阴谋得逞。唉！这种以利益来换取一时的欢乐的人，难道能够满足私欲，从而成就割据一方的霸业吗？以给人利益来换取自己的安身立命，那么利益用尽，人心也就离散了，旋即就会自取灭亡，这种以利益引诱人的手段大概只是盗贼的盘算罢了。

老子说："音乐与美食，能使过路的人都为之停步。"正人君子难道不知道这是人之常情吗？可是他们得到天下却不以利益收买人心，自身的性命可以牺牲，国家也可以灭亡，但绝不会用这种手段去迎合那些愚蠢低贱的人的心思，而是安定天下之人的心志，从而使他们各安其位。以利益来打动天下人心而天下人必然为其所打动，一旦被打动便无法遏制，有限的金钱粟米，不足以填满人心永无止境的欲望，因此唐朝的祸乱永远也没有终止的时候。利益掌握在这个人手里，这个人就可以做天下之主；利益掌握在那个人手里，那个人就可以做天下之主，卖官鬻爵的大权，都掌握在天子手里，尚且足以招致祸乱，一旦操纵于庶民之手，那么高高在上的天子将会怎样岌岌可危呢？天子听命于藩镇将帅，藩镇将帅听命于部下的将士，这种局面一直持续到五代时期，天子之位甚至要用贿赂的方式取得，一直沿袭到宋朝还没有平息，南郊祭天礼仪中许多没有名义的赏赐，几乎把国库的储藏都掏空了，整个天下都在金钱的驱使下出生入死。唉！利益的驱使足以败亡国家、破败家庭，强盗叛贼一旦倡导以利益相引诱的法术，天下之人没有不纷纷效尤的，这样天下的混乱有什么办法得以停息，真是太愚蠢了！

强盗叛贼分散财利来引诱人，夷狄则聚敛财利来钳制人，这些都是以利益作为权势来钳制人们的性命。是谁引起的这种祸端？难道是天意吗？或者是宇文融、王鉷、杨慎矜、杨炎之流开启其源头的吗？因此，古圣先王鄙视财利从而把民众引导到名声节义的正路，节制他们的欲望，端正他们的性情，这都是那些急功近利的人所无法测度的。孟子曾经三次斥责梁惠王，就是为了杜绝篡位弑君和巧取豪夺的萌芽，他的功劳的确不在夏禹之下啊！

本事：《资治通鉴》卷二三〇《唐纪四十六·德宗》，兴元元年（784）。

一六　爵冗名贱，天下不安

汉有推恩之诏，则赐民爵，不知当时天下何以位置此盈廷盈野之有爵者也。或者承三代之余，方五十里之小国，卿、大夫、士亦林立于比闾之中，民之无爵者，遂不得比数于人类，汉亦聊以此谢其觖望邪？无禄之爵，无位之官，浮寄于君子野人之间，而天下不乱者，未之有也。

德宗蒙尘梁、汉，国储已空，赏无可行，以爵代赏，陆敬舆曰："所谓假虚名以佐实利者也。"夫爵而仅以佐利之穷，名而诡于虚以诱人之悦，天子尚谁与守官，而民志亦奚以定乎？且夫唐之所以自丧其柄而乱生不已者何邪？轻虚名以召实祸也。一降贼而平章矣，御史大夫矣，其去天子直寻丈之间耳。李惟岳之求节钺，德宗固曰："贼本无资，假我位号以聚众耳。"是明知爵命之适以长乱矣。时蹙势穷，不得已而又用之，则人主之能操魁柄以制四方者，诚难矣哉！

献瓜果之民，赐以试官，敬舆以为不可，诚不可矣。要其实，岂但献瓜果者乎？奏小功小效于军中，而骤予以崇阶，使与功臣能吏相齿以进，下傲上，贱妨贵，以一日之微劳，掩生平之大节，甚则伶人厮养陵乘清流积阀之间，又恶足以劝忠而鼓士气哉？敬舆此论，犹争于其末而遗其本也。贼以利啖，我以名饵，术相若矣；利实名虚，势不敌矣。夫亦恃唐祚未穷，而朱滔、李怀光皆猥陋，人无固志耳；不然，是术也，允足以亡矣。

慎重其赏，则一缣亦足以明恩，一级固足以昭贵；如其泛滥无纪，人亦何用此告身以博酒食邪？故当多事之秋，倍重名器之予，非吝也；禄以随爵，位以随官，则效节勠力以拔自寒微、登于显秩者，无近功而有大利，固无患人之不劝也。德宗始于吝而终于滥，中无主而一发遂不能收，敬舆欲挽之而不能邪？抑其谋之未足以及此邪？爵冗名贱，欲望天下之安，必不可得之数也。

【译文】

汉武帝在位的时候曾经颁布推恩令，要求诸侯王将自己的封地分给子弟，这就相当于封赏给民众爵位，不知道当时的天下怎么安置这些充满朝廷、充塞郊野的有爵位的人。或许是因为汉朝承继夏、商、周三代的余绪，在方圆五十里的小诸侯国中，卿、大夫、士等官员林立于乡里之中，老百姓没有爵位，便不能并列站立于人群之中，难道汉朝是用授予爵位的方式聊且安慰人们的不满与怨恨吗？没有俸禄的爵位，没有职位的官员，终日在正人君子和庶民小人之间游荡而无所依托，在这种情况下，天下不发生祸乱，是从来没有过的。

唐德宗李适被迫逃离京城到梁州（今陕西汉中）、汉州（今四川广汉）避难，国库的储蓄已经空乏，无法施行赏赐，就以官爵代替赏赐，陆贽说："这就是所谓的借助虚名以换取实际利益的做法。"如果官爵仅仅用来解决国家财利匮乏的问题，名位仅仅用虚伪的欺诈来引诱人们高兴，那么天子还能指望与谁一同忠于职守，而百姓的心志又怎样才能安定呢？况且唐朝之所以丧失其权柄而导致祸乱层出不穷的原因何在呢？正是因为轻视虚名而招致实际的祸害。一个归顺朝廷的叛贼，就封为同中书门下平章事，授予御史大夫的职位，距离天子的位置只有八尺到一丈的长度了。李惟岳向唐德宗请求授予成德节度使的节符和斧钺，唐德宗坚持说："叛贼本来没有什么凭借，不过假借朝廷的爵位、名号来聚集人马罢了。"他明明知道授予叛贼爵位、官职恰恰会助长他们的叛乱的。然而在时势困窘、山穷水尽的情况下，不得已而又采用这样的办法，可见天子能够操纵生杀予夺大权从而制驭四方，的确是很困难的。

对于贡献奇瓜异果的百姓，赏赐给他们未经正式任命的试官的荣誉，陆贽认为不妥当，的确是不妥当。如果考察其实际情况，难道仅仅是贡献瓜果的百姓赐予官职不妥当吗？在军队中立下一个小功或取得一些小的成效，便骤然授予崇高的职位，使他们和有功的大臣、能干的官吏同样排列序位加以进用，以下傲上，以贱妨贵，因为一天就能成就的微小功劳，就掩盖其一生有亏大节的行为，甚至于让从事演艺的优伶、供人驱使的奴仆也侧身于清流士大夫、世家贵族之间，又怎么能够激励忠臣、鼓舞士气呢？陆贽的言论，依然只是争论其细枝末节而丢掉了根本。叛贼以利益来引诱人，朝廷则以爵位名号作为诱饵，所用的手段大体近似，然而利益是实惠的，爵位名号却是空虚的，二者势必不能相敌。唐德宗也是凭着唐朝江山社稷的气数未尽，而叛贼朱滔、李怀光等都是猥琐鄙陋之人，他们本来就没有什么恒定的志向；否则，唐德宗采取这样的办法，就足以导致唐朝的灭亡了。

如果朝廷慎重采用封爵赏赐的办法，那么赏赐一匹丝绢织物也足以显示皇恩浩荡，加封一级官爵职位也足以昭示地位尊贵；如果封爵赏赐过于泛滥而没有节制，人们又怎么能用这些封爵赏赐的文书去换取酒食享受呢？因此，当天下多事的时候，更应该倍加珍惜作为尊卑贵贱等级象征的官爵名号，这并不是吝啬；俸禄的多少根据官爵高低而定，地位的高低根据官职大小而定，这样就能根据他们为朝廷效力尽节来提拔那些出身微贱的人登上高官显位，即使没有急功近利也会为国家带来长远的重大利益，本来就不必担忧天下之人得不到激励。唐德宗开始时吝惜爵位名号，最终却封爵赏赐泛滥无度，心中没有恒定的主张，结果便一发不可收拾，陆贽想要挽回这种局面却无能为力，或者是他的智慧谋略还不足以达到这样的境界呢？官爵过于冗滥，名号过于低贱，想要达到天下安宁的目标，其结果必定是不可能实现的。

本事：《资治通鉴》卷二三〇《唐纪四十六·德宗》，兴元元年（784）。

一七　役智弥精，失道弥远

奚以知其为大智哉？为人所欺者是已。奚以知其能大治哉？不忧人之乱我者是已。故尧任伯鲧，而圣不可知；子产信校人，而智不可及。盖其审乎理乱安危得失之大纲，求成吾事，求济吾功，求全吾德焉而止。其他是非利害、百说杂进于前，且姑听之。必不可者，我既不为之移矣。彼小人之情，有愚而不知者焉，有躁而不审者焉，有随时倾动而无适守者焉，有规小利而觊幸得之者焉，凡此皆不足以挠我之大猷，伤我之经德。无论其得与不得，情识有涯而善败亦小，欣然笑听，以徐俟其所终，即令其奸私售而事有妨，要亦于我无伤，而恶用穷之哉？所欺者小，窃吾之沾濡而止，校人之诈，仅食一鱼也；所欺者大，自有法以议其后，禹不能为鲧庇也。持大法，捐小利，以听小人之或徼薄福而或即大刑，志不挠，神不惊，吾之所以敕几于理乱安危得失者，如日月之中天，不驱云以自照也。智者知此，而其智大矣，以治天下，罔不治矣。

德宗言自山北来者，张皇贼势，颇似窥觇。陆敬舆曰："役智弥精，失道弥远。"智哉言乎！夫张皇者之情，大要可见矣，愚而惊，躁而惧，随时倾动，而道听途说，其言不足信，其情可矜也。吾之强弱，在人耳目之间，何必窥觇而始悉。吾所欲为者，大义在讨贼而无所隐，进止之机在俄顷，而必不轻示初至之人。即使其为窥觇邪，亦何足以为吾之大患？且将情穷迹露，自趣于死，而奚容早为防制哉？敬舆之说，非徒为阔略之语以夸识量也，取天下之情伪而极之，诚无所用其弥缝之精核矣。

【译文】

如何知道一个人具有大智慧呢？从其所受他人欺骗中就可以看出。如何知道一个人具有使天下大治的能力呢？从其不忧虑别人给他带来祸乱中就可以看出。因此，唐尧任用伯鲧治理洪水，其圣明不是一般人可以知道的；子产相信管理池沼的校人，其智慧不是一般人可以比得上的。大概唐尧和子产都仔细考虑了国家治乱、安危、得失的基本原则，只求成就自己的事情，只求成就自己的功业，只求保全自己的道德节操，也就可以了。至于其他的是与非、利与害，即使有上百种说法呈现在他们的面前，也将姑妄听之罢了。其中必定不能做的，我必然不会因为他们的欺骗或祸乱而改变自己的主张。那些小人，有愚蠢而又缺乏智慧的，有急躁而又思维不周密的，有随时动摇意志而没有坚守的，有谋取小利而觊觎侥幸获得利益的，凡此种种都不足以阻挠我实现自己的重大计谋，也不会伤害我始终保持的道德节操。无论那些小人是否能够达到各自的目的，他们的情商和识见毕竟有限，所以其成败得失也都是小事，自己都可以欣然面对，微笑倾听，从而慢慢地等待他们把话说完，即使他们的奸诈得以发泄，对某些事情造成一定的妨害，也不会对自己造成伤害，何必穷追不舍以揭露其骗局或祸乱阴谋呢？受到他人的欺骗是小事，窃取或侵占我的一点利益也就会停止了，正像管理池沼的校人欺骗子产，也不过是吃了一条鱼罢了；如果所受的欺骗过于严重，自然有法律随后对他们进行制裁，即使是夏禹也没法庇护他的父亲伯鲧。坚持国家的根本大法，舍弃微不足道的利益，从而听任奸邪小人有的谋取浅薄的利益，有的受到大刑的惩罚，而自己的意志不会受到阻挠，精神也不因此而惊慌失措，这就是我用来周密谋划国家治乱、安危、得失的关键，就像高悬在天空的日月，不需要驱散云雾也可以光明自照。具有智慧的人知道这一点，其智谋就堪称伟大了，以此大智慧来治理天下，天下就没有得不到治理的了。

唐德宗李适说从终南山北面归来（唐代的山南道，大体是以终南山、秦岭之南而言，朱泚之乱后德宗南逃梁州，故言“自山北来者”）的低级官吏，过分夸大叛贼的势力，好像是在暗中打探朝廷虚实。陆贽说：“使用机智奸巧越是精密周全，其背离正道大义就会越远。”他的话可以说具有大智慧！那些过分夸大叛贼势力的人，其险恶用心大体可以想象得到了，因为愚蠢而惊慌失措，因为急躁而恐惧不安，随时都可能动摇意志，他们那些道听途说的言论，根本不值得相信，而他们的内心情感则是值得怜悯的。我方的势力强弱，人们都可听得到、看得见，为什么一定要等待他们暗中打探之后才能知道，他们又凭什么足以成为我方的心腹大患呢？况且叛贼即将精神崩溃、形迹败露，奔向自取灭亡的死路，哪里需要我们早早地加以预防和钳制呢？陆贽的说法，并不仅仅是故意说些空疏迂阔的大话来夸耀自己的识见和雅量，而是综合概括天下事物的真诚与虚伪而一言以蔽之，的确不需要使用调和甚至遮掩的话语进行精心算计了。

本事：《资治通鉴》卷二三〇《唐纪四十六·德宗》，兴元元年（784）。

一八　予士以名，上收其实

名者，实之所自薄也，故好名为士之大戒。抑闻之曰："三代以下，唯恐不好名。"斯亦非无谓之言，盖为人君取士、劝奖天下于君子之途而言也。士以诚自尽而远乎名，则念深而义固；上以诚责下而忌其名，则情睽而耻刓（wán）；故名者，亦人治之大者也。因义而立，谓之名义；有节而不可逾，谓之名节；人君之求于士者，节义而已。

名固有相因而起者矣，皋、夔、逢、比，皆名之可慕者也。惟所好在名，则非必皋、夔，而必为皋、夔之言；彼固不足为皋、夔，而君可与于尧、舜矣。非必逢、比，而必为逢、比之言；彼固不足为逢、比，而君可免于桀、纣矣。夫导君以侈，引君以贪，长君之暴，增君之淫，仇害君子而固结小人，取怨兆民而邀欢戚宦，亦何求而不得，所不得者名耳；则好名者，所畏忌而不欲以身试者也。于名而不好，则好必有所移。荣宠，其好矣；利禄，其好矣；全身保妻子，其好矣。人君而恶好名，将谓此佌佌有屋、蔌蔌有穀、享厚实之小人，为诚朴无饰而登进之乎？

夫所言非道，不足以为名；君未有过，不足以为名；

时未有危，不足以为名。取善言而效之，乘君瑕而攻之，知时危而先言之；既而其言验矣，天下相与传诵之，然后忠直先识之名归焉。夫士苟非自好之有素，忧国之有诚，但以名之所在，不恤恶怒，不避罪罟，而力争于廷，诚为臣之末节，而君子之所耻为。然其益于人主也，则亦大矣。忠信诚悫（què），端静和平，格心非而略人政，以远名而崇实者，间世而一遇。如有其人，固宅揆亮工、托孤寄命之选也。谏省部寺以降，有官守言职者，岂必尽得此而庸之乎？则汲汲焉求好名之士，唯恐不得；而加之罪名曰“沽直好名”，安得此亡国之语哉！

德宗恶姜公辅之谏，谓其指朕过以求名。诚指过以求名，何惜不予之名，而因自惩其过乎？陆敬舆曰：“掩己过而过弥著，损彼名而名益彰。”所以平复谏者之浮气也，实不尽然也。予士以名，则上收其实也。

【译文】

所谓的名，向来是务实者所自我轻贱的，所以好名是士大夫的大忌。可是又听有人说过：“夏、商、周三代以降，唯恐士大夫不好名。”这也不是没有根据的说法，这大概是为了给天子选拔任用士大夫、勉励天下之人走上正人君子的正道而言的。士大夫以忠心诚意克尽才力而远离名声，就会做到志向深沉而道义坚定；天子以忠诚要求臣下而又忌妒他们的名声，就会导致乖离人情物理而消磨羞耻之心。因此，名也是君主治理天下的一件大事。借助正道大义而树立起来的名声，叫作名义；有所节制而不可逾越的名声，叫作名节；天子要求士大夫所做的，也就是名节与名义罢了。

名声本来是需要借助一定的条件而树立起来的，唐尧时期的贤臣皋陶、虞舜时期的乐官夔、夏朝末年的忠臣关龙逄、商朝末年的忠臣比干，都是名声受到世人仰慕的人。只有天下士大夫所喜好的是名声，那么即使他们不一定是皋陶、夔那样的贤臣，也一定会说出像皋陶、夔所说的话语；他们固然不足以成为皋陶和夔那样的贤臣，但是他们的君主却可以比得上唐尧、虞舜那样的古圣先王了。即使他们不一定是关龙逄、比干那样的忠臣，也一定会说出像关龙逄、比干所进谏的忠言；他们固然不足以成为关龙逄、比干那样的忠臣，但是他们的君主却可以避免成为夏桀、殷纣王那样的暴君。诱导君主穷奢极欲，引导君主贪婪无度，助长君主残暴肆虐，增加君主荒淫无耻，仇视陷害正人君子而勾引结党奸邪小人，招致亿万百姓的怨恨而博取外戚宦官的欢心，这样的巨奸大恶追求什么利益都可以得到，他们所得不到的只有名声；而那些喜好名声的，则是有所畏惧和忌惮而不敢以身尝试的人。若对于名声不加喜好，那么他们的喜好必然转移到别的方面。君主的恩宠荣耀，是他们所喜好的；钱财利益和功名爵禄，是他们所喜好的；成全自身和保全妻子儿女，是他们所喜好的。作为君主，如果讨厌喜好名声的士大夫，是不是认为那些卑鄙而有房屋、庸劣而有米谷、享受优厚富裕生活的奸邪小人都是诚实朴素、不加粉饰的正人君子，从而加以选拔进用呢？

一个人所说的话不合乎正道大义，不足以树立名声；君主不曾出现过错，不足以树立名声；时局未曾发生危机，不足以树立名声。采取美好的言论加以仿效，借助君主出现过错的机会加以攻击，知道时局危险预先提出建言，不久其言论得到验证，天下之人互相传诵，然后忠诚正直、先知先觉的名声就可以归属于他了。士大夫如果不是平素洁身自好，如果不是发自内心地忧国忧民，而只是因为美好的名声所在，就不顾惜民众的厌恶与愤怒，不回避犯下罪恶与招致刑罚，从而在朝廷上竭力争夺，这的确是作为臣子的末节，是正人君子耻于作为的。但这种行为对于君主来说，却也有着很大的裨益。忠诚信实而又真诚朴素，端庄沉静而又和顺安定，摒弃内心的杂念而不追求参与政事，从而远离虚名而崇尚务实的人，隔代才可能遇到一个这样的人。如果能够遇到这样的人，固然可以作为总理国政、佐立大功、接受遗命托付辅佐幼主的人选。而朝廷中御史台、中书省、六部、九卿以下的官员，具有官吏职守和谏言职责的，难道一定要完全符合这样标准的人才可以选拔任用吗？如此说来，急迫地追求名声的士大夫，朝廷唯恐得不到这样的人；却又要给他们加上沽名钓誉的罪名，这是从哪里冒出来的亡国之语呢？

唐德宗讨厌谏议大夫姜公辅直言进谏，说他是指斥君主的过错以追求美名。如果真的是指斥君主的过错以追求美名，君主有什么吝惜而不给予他这样的美名，从而借此自我借鉴和改正错误呢？陆贽说："越是掩盖自己的错误，错误就越发显著，越是损害别人的名声，其名声就越发彰显。"他这样说话是为了平息直言进谏者的浮躁之气，实际上并不都是这样的。给予士大夫美好的名声，君主就能得到实际的利益。

本事：《资治通鉴》卷二三〇《唐纪四十六·德宗》，兴元元年（784）。

一九　待援于人者，类为人所持以自毙

德宗之暗也，舍李晟、浑瑊不信而信吐蕃也。吐蕃归国，陆敬舆以为庆快，其识卓矣。

借兵于夷以平寇，贼阑入而掠我人民，乘间而窥我社稷，二者之害易知也。愚者且为之辞曰：掠夺虽弗能禁，然忍小害以除大患，亦一时之权计也。若夫乘间吞灭之害，则或轻信其不然，而究亦未必尽然，愚暗者且以香火要之矣。故二者之害易知，而愚者犹有辞以争。若夫其徒劳而只以弛我三军之气，骄我将帅之心，旋以偾败，则情势之必然；不必其灭我掠我，而祸在眉睫，犹弗见也。古今之以此致覆军、杀将、失地之害者不一矣。岂难知哉？

夫我有危亡之忧，而借人力以相援，邢、卫且不能得之于齐桓，而况夷乎？两军相当，锋矢相及，一死一生，以力相敌，以智相距，以气相凌，将不能自保，兵不能求全，天下之至凶至危者也。岂有人焉，唯他人之是恤，而

君忘其败，将忘其死，以致命于原野哉？孙膑之为赵败魏，自欲报魏也；项羽之为赵破秦，自欲灭秦也。不然，则君欲之而将不欲，将即欲之，三军之士必嗤其强以肝脑殉人而固不听也。故吴结蜀以为援，蜀待吴以交起，而俱灭于魏；诸葛诞、王凌、毌丘俭倚吴而毙于孤城；窦建德不揣以奔赴王世充之难，军心不固而身为俘虏；恃人与为人所恃者之成败，概可见矣。

两军相距，乞援于外，而外亟应之者，大抵师邓析教讼之智，两敌恒轻，而己居其重，其所援者特未定也。此以情告，彼亦以情告，此以利饵，彼亦以利饵，两情俱可得，两利俱可收，相其胜者而畸与之，夫岂有抑彼伸此之情哉？敛兵旁睨，于胜者居功，于败者亦可无怨，翱翔于其间，得厚实以旋归，弱者之败自不瘳也。藉令无为之援者，无所恃以生玩敌之心，而量力以自奋，亦何至狂起无择，以覆师失地于一朝哉？

故凡待援于人者，类为人所持以自毙。况夷狄之唯利是趋，不可以理感情合者乎？宇文、高氏之用突厥也，交受其制，而不得其一矢之力，其明验已。回纥之为唐讨安、史也，安庆绪、史怀义之愚不能反用回纥以敝唐也。德宗乃欲效之以用吐蕃，朱泚狡而据充盈之府库，我能与争媚狡夷，使必亲我乎？吐藩去，军心固，将任专，大功必成，敬舆知之审矣。古人成败之已迹，著于史册，愚若王化贞者，尚弗之省，而以为秘计，天夺妄人之魄以祸人国，亦至此哉！

【译文】

唐德宗李适是一个昏庸之君，舍弃李晟、浑瑊这样的忠臣良将而不相信，却偏信吐蕃并借助吐蕃军队来平定叛乱。当吐蕃军队归国之时，陆贽认为这是一件值得庆幸、大快人心的事情，他的识见真是高超而远大啊！

向夷狄政权借兵来平定贼寇，往往会导致外部的贼寇擅自闯入中原腹地从而劫掠我们的人民，甚至乘机窥伺我们的江山社稷，这两种危害都是很容易知道的。愚昧无知的人甚至为这种行为辩解说：抢劫掠夺之类的事情虽然不能禁绝，但忍受小的祸害从而解除国家的大患，也是一时的权宜之计。至于他们乘机吞并或颠覆朝廷这样的祸害，则是有人轻易相信其事未必如此严重，而历史的发展终究也证明未必都是如此，只是愚昧昏庸的人将会为了延续祖宗的香火而邀请夷狄军队罢了。因此，两种危害都很容易知道，愚昧昏庸的人还有借口和托辞而极力争辩。这种借兵平定贼寇的办法不仅徒劳无功，更重要的是只会使得三军的士气消磨，将帅的心志骄纵，旋即导致全军覆没，这是事情发展的必然结果；不应等他们灭亡我们的国家、抢劫掠夺我们的百姓，到祸害迫在眉睫时，仍然不能看清事情的真相。古往今来，因为借兵平定贼寇而导致军队覆没、将帅被杀、国土沦丧的祸害不一而足，这个道理难道就如此地难以明白吗？

我们的国家面临危急存亡的忧患，从而借助别人的力量进行援救，春秋时期邢、卫两个诸侯国尚且得不到同姓诸侯的齐桓公的援助，何况是夷狄的政权呢？在战争状态下，敌我双方两军对垒，兵刃和弓箭相互可及，一死一生命在旦夕，以力量相拼杀，以智谋相斗周旋，以士气相凌驾，将领不能自我保护，士兵也不能求得保全，可以说是天下最为凶残、最为危险的事情。难道会有这样的人，只想着体恤他人，而作为君主不惧失败，作为将领不惧死亡，从而在原野的战场上舍生忘死地拼命作战吗？战国时期的军事家孙膑为了救援赵国而打败魏国，是他自己为了报魏国对他进行迫害的仇；秦朝末年项羽为了救援赵国而大破秦军，是他自己想推翻秦朝的统治。否则，君主想要做的事，将军却不想做；将军即使想要做，而三军将士必定会嘲笑他情愿肝脑涂地为别人殉葬而不愿听从指挥。因此，三国时期吴国结交蜀国作为外援，蜀国期待吴国出兵抗拒曹魏形成联盟，结果吴、蜀两国都被魏国所灭。三国曹魏将领诸葛诞、王凌、毌丘俭倚靠吴国的支持起兵反抗专权的司马氏，结果都毙命于孤城之下；隋末起兵河北、自称夏王的窦建德不自量力率军奔赴洛阳援助王世充，结果军心不稳，自己也成了俘虏，依靠别人和被别人依靠的人的成败得失，大概可以从这些历史经验教训中看得出来。

敌我双方两军对垒，向外部力量请求援助，而外部力量如果答应得很痛快，大抵就是师法春秋时期名辩学派代表人物邓析教唆人们诉讼的智慧，敌对双方力量都很薄弱，而自己作为第三方就处于重要的位置，因而所要援助的对象并不予以确定。一方以其危急的情形相告，另一方也同样以其危急的情形相告，一方以利益作为诱饵，另一方也以利益作为诱饵，双方面临的情形我们都得以知晓，双方给予的利益也都照单全收，观察哪一方即将取胜，就把重心放在那一方，从而与其结盟，哪里还有什么抑强扶弱、伸张正义的情感呢？按兵不动，袖手旁观，对于得胜一方可以以有功自居，对于失败一方也不会招致什么怨恨，翱翔凌驾于敌我双方之间，最终得到优厚实惠并凯旋而归，而弱者的失败自然也不会给自己带来什么损害。假如一个国家没有外部力量作为援助，无所倚靠从而产生轻视敌人的心理，从而估量自身的力量奋起反击，又何至于在走投无路的情况下疯狂而起，在朝夕之间就全军覆没、国土沦丧呢？

因此，凡是等待别人援助的人，大多要受人挟持从而自取灭亡。更何况夷狄唯利是图，不可能用道理来感化、用情义来和合呢？南北朝后期的北周宇文氏和北齐高氏都曾向突厥借兵求援，结果交替受到突厥的挟制，甚至连一支箭的助力也没有得到，这都是历史证明了的。回纥军队替唐朝讨伐安史之乱，安庆绪、史怀义（当为史朝义）愚昧无知，不知道反过来借用回纥的力量损害甚至摧毁唐朝。唐德宗却想效法借兵回纥的惯例来向吐蕃借兵求援，狡猾的朱泚占据着充满金银财宝的国库，在这种情况下唐朝能和朱泚竞争向狡猾的吐蕃献媚讨好、使他们必定亲近唐朝吗？吐蕃军队撤退之后，唐朝的军心也就巩固了，将领的任用也可以专心专责了，复兴唐朝的大功必然能够成功，对此，陆贽已经深思熟虑、认识得非常到位了。古人成败得失的历史尘迹，都已经明确记录在史册之上，像明末辽东巡抚王化贞（力主安抚蒙古以对抗女真）那样愚蠢的人，仍然没有省悟到这一点，从而将向夷狄借兵求援视为一个奇谋秘计，上天想要夺取狂妄无知的小人性命，从而祸害他们的国家，已经到了这样的境地啊！

本事：《资治通鉴》卷二三一《唐纪四十七·德宗》，兴元元年（784）。

二〇　伸将帅之智勇以集大功

德宗以进取规画谋之陆敬舆，而敬舆无所条奏，唯戒德宗之中制，俾将帅之智勇得伸，以集大功。其言曰："锋镝交于原野，而决策于九重之中；机会变于斯须，而定计于千里之外；上掣其肘，下不死绥。"至哉言乎！要非敬舆之创说也。古者命将推毂之言曰："阃以外，将军制之。"非帝王制胜之定法乎？而后世人主遥制进止之机以取覆败，则唯其中无持守，而辩言乱政之妄人惑之斯惑也。

惑之者多端，而莫甚于宦寺。宦寺者，胆劣而气浮，以肥甘纨绣与轻佻之武人臭味相得，故辄敢以知兵自命。其欲进也如游鱼，其欲退也如惊鹿，大言炎炎，危言恻恻，足以动人主之听。人主习闻之，因以自诧曰："吾亦知兵矣。"此祸本也。既已于韬钤之猥说略有所闻矣，又以孤立于上，兵授于人，而生其猜防。弗能自决也，进喋喋佐佐之士，屑屑以商之，慎重而朴诚者弗能合也。于是有甫离帖括，乍读孙、吴者，即以其章句声韵之小慧，为尊俎折冲之奇谋。见荷戈者而即信为兵也；见一呼一号一跳一击者，而即诩为勇也；图画之山川，管窥之玄象，古人偶一试用之机巧，而宝为神秘。以其雕虫之才、炙毂之口，言之而成章，推之而成理，乃以诮元戎宿将之怯而寡谋也，竞起攘袂而争之。猜暗之君一入其彀中，遂以非斥名帅，而亟用其说以遥相迫责。军已覆，国已危，彼琐琐云云之子，功罪不及，悠然事外，彼固以人国为嬉者，而奈何授之以嬉也？庸主陋相以寡识而多疑者，古今相袭而不悟，呜呼！亦可为大哀也已。

一彼一此者，死生之命也；一进一退者，反覆之机也；一屈一伸者，相乘之气也。运以心，警以目，度以势，乘以时。矢石雹集、金鼓震耳之下，蹀血以趋而无容出诸口者，此岂挥箑拥垆于高轩邃室者所得与哉？以敬舆之博识鸿才，岂不可出片语以赞李晟、浑瑊之不逮，而杜口忘言，唯教其君以专任。而白面书生，不及敬舆之百一，乃敢以谈兵惑主听，勿诛焉足矣，而可令操三军之生死、宗社之存亡哉？宦寺居中，辩言日进，亡国之左券，未有幸免者也。

【译文】

唐德宗李适与宰相陆贽谋划官军进一步平息叛贼、收复失地的策略，而陆贽并没有提出系统的建议，只是告诫唐德宗不要居于朝廷而插手前线的指挥，以便使统领军队的将帅的智谋和勇气得到充分发挥，从而成就大功。他说："前方将士以刀枪弓箭在原野上交锋，可是战争的决策却出于远离战场的深宫朝廷之中；战争的机遇和形势瞬息万变，可是决定战略规划的人却在千里之外；上面有朝廷在掣肘，下面的士兵就不会效命沙场。"这些话说得太到位了！当然这并不是陆贽的发明创造。自古以来，君主任命将帅举行推毂仪式时往往会说："城门之外，就拜托将军全权治理了。"这难道不是帝王制胜的法宝吗？后代的帝王遥控军队进退的大权从而导致全军覆没，就在于他们心中没有秉持坚定的信念，而受到那些高谈阔论、扰乱朝政的愚蠢狂妄之人的蛊惑。

蛊惑天子的人来自各个方面，最为严重的莫过于天子身边的宦官。这些宦官胆识浅薄却心高气傲，他们以鲜美的食物、华丽的衣服与那些轻佻不稳重的军人将帅臭味相投，因此常常以懂得用兵打仗自居。他们希望进军时能像游动的鱼儿一样无孔不入，退兵时能像受惊的麋鹿一样迅速逃跑，说起话来，有时大言不惭而藐视一切，有时危言耸听而凄凉悲切，足以打动天子的内心。天子习惯于倾听宦官的议论，便会自认为："我也懂得用兵打仗了。"这就是产生祸乱的根源。天子既然已经对军事韬略之类的杂说略有所闻，又因为高居庙堂之上，把兵权授予别人，于是会对将领产生猜忌与防范之心。因为犹豫不能自己决断，就提拔任用那些高谈阔论的人，忙着找他们进行商量，而那些稳重而诚实的人反而得不到信任。于是有些人刚刚经过科举考试，刚刚阅读了孙武、吴起的兵书，便把他们对这些兵书的文字音韵解读的点滴心得，作为外交谈判中制胜对方的奇谋妙计。看到携带兵器的人便相信是士兵，看到一呼一叫、一跳一击的人便赞叹为勇士，看到绘有山川景物的地图，看到以管窥天的日月星辰所成之星象，看到古人偶然尝试的机巧智谋，就视为神秘莫测的奇宝。以他们雕虫小技的才能、流畅有趣的口才，出口成章，言之成理，用来讥诮那些久经沙场的元戎宿将胆怯而缺乏谋略，竞相奋起与他们争论不休。猜忌昏庸的君主一旦中了他们的圈套，就会轻视这些将帅，急迫地采纳他们的意见从而遥控指挥军队，逼迫将领出兵作战。等到全军覆没之后，国家面临危机，那些絮叨聒噪、喋喋不休的人，都不承担任何罪责，超然事外，他们本来就是拿别人的军国大事当作儿戏，而天子为什么要授予他们权务玩弄国家呢？昏庸的君主和浅薄的宰相因为见识短陋而多疑猜忌，古往今来相互沿袭而不觉悟，也可以说是一种极大的悲哀啊！

在战争状态下，敌我双方一彼一此，关乎生死兴亡的命运；一进一退，关乎成败得失的关键；一屈一伸，关乎相生相克的士气。需要用心运筹谋划，以耳目时刻警惕观察，根据形势变化认真分析，把握稍纵即逝的机遇。在矢石如雨、战鼓震耳的情况下，只能舍生忘死奋勇向前，而容不得半点嘴上功夫，这难道是那些在高轩邃室中摇着扇子、围着火炉高谈阔论的人所能做得到的吗？以陆贽的博学多识、鸿才大略，难道不能够说几句话帮助李晟、浑瑊克服他们的不足？可他却闭口不言，只是教导唐德宗专任李晟、浑瑊等前线将帅，而不要自作主张。那些白面书生，才能不及陆贽的百分之一，竟敢大谈军事以蛊惑君主，不予以诛杀已经便宜他们了，怎么能让他们操纵三军将士的生死和江山社稷的存亡呢？专权宦官居于朝廷，能言善辩之人日益得到进用，这是亡国的征兆和凭据，没有哪个朝代能够幸免。

本事：《资治通鉴》卷二三一《唐纪四十七·德宗》，兴元元年（784）。

二一 安西北庭二镇不可弃

西域之在汉，为赘疣也，于唐，则指之护臂也，时势异而一概之论不可执，有如此夫！

匈奴之大势在云中以北，使其南挠瓜、沙，则有河、湟之隔，非其所便。而西域各有君长，聚徒无几，仅保城郭，贪赂畏威，两袒胡、汉，皆不足为重轻，故曰赘疣也。至唐，为安西，为北庭，则已入中国之版；置重兵，修守御，营田牧，屹为重镇。安史之乱，从朔方以收两京，于唐重矣。代、德之际，河、陇陷没，李元忠、郭昕闭境拒守，而吐蕃之势不张，其东侵也，有所掣而不敢深入。是吐蕃必争之地也，于唐为重矣。惟二镇屹立，扼吐蕃之背以护萧关，故吐蕃不得于北，转而南向，松、维、黎、雅时受其冲突。乃河、洮平衍，驰骤易而防御难。蜀西丛山沓嶂，骑队不舒，扼其出入之路，以囚之于山，甚易易也，故严武、韦皋捍之而有余。使割安西、北庭以畀吐蕃，则戎马安驱于原、洮，而又得东方怀归怨弃之士卒为乡导以深入，祸岂小哉？

拓土，非道也；弃土，亦非道也；弃土而授之劲敌，尤非道也。邺侯决策，而吐蕃不能为中国之大患，且无转输、戍守、争战之劳，胡为其弃之邪？永乐谋国之臣，无有如邺侯者，以小信小惠、割版图以贻覆亡之祸，观于此而可为痛哭也。

【译文】

西域在汉朝时，只是一块多余的肉瘤，而对于唐朝来说，好像是保护臂膀的手指一样，时势不同，不可拘泥于一概之论，就是这样一个道理。

处于我国北部的匈奴，其大体势力范围在云中（今山西大同）以北，他们如果南侵瓜（今甘肃安西东南）、沙（今甘肃敦煌西）二州，则有黄河、湟水的阻隔，很不方便。而处于西北地区的西域诸国，各自拥戴自己的君长，聚集的人口不多，仅能保卫他们的城郭，西域诸国贪图钱财，害怕威权，对于匈奴和汉朝政权都采用交好的策略，因而对双方而言也都无足轻重，因此说是多余的肉瘤。到了唐代，在西域地区设置了安西都护府、北庭都护府，已经划入中国的版图，唐朝在那里设置重兵，修缮城池，屯田牧马，巍然屹立，成为重镇。安史之乱发生后，安西、北庭二镇的军队跟随朔方节度使的军队一起收复长安、洛阳两京，对唐朝来说，地位非常重要。唐代宗、唐德宗在位时期，河西、陇右二镇被吐蕃军队乘机攻陷，北庭大都护李元忠、安西大都护郭昕关闭边境，守卫城池，制止了吐蕃势力的扩张，他们向东侵扰，因有后顾之忧而不敢深入，因此，安西、北庭二镇是吐蕃的必争之地，对唐朝来说地位非常重要。只有安西、北庭二镇巍然屹立，控制住吐蕃的后背以保护萧关（今宁夏固原东南），因此吐蕃不能向北发展，转而向南侵扰，松州（治今四川松潘）、维州（治今四川理县东北）、黎州（治今四川汉源北）、雅州（今四川雅安）等地时常发生冲突。可是河州（今甘肃临夏东北）、洮州（今甘肃临潭）一带地势平坦，便于骑兵驰骋而难以防御作战，而四川西部都是高山峻岭，骑兵无法展开，只要扼守其出入的道路，把他们囚禁在山中，是很容易的事，因此西川节度使严武、韦皋捍卫四川绰绰有余。如果割让安西、北庭二镇给吐蕃，那么他们的战马便会从容不迫地驰驱于原（今甘肃镇原）、洮二州，再加上那些希望回到东方家乡、埋怨天子抛弃他们的士兵作为向导，向内地深入渗透，所造成的祸患难道还会小吗？

开疆拓土，不值得称道；抛弃版图，也不合乎情理；抛弃土地而授予自己的强敌，就更不合乎情理了。邺侯李泌结盟黑衣大食和西域诸国以钳制吐蕃的决策，使吐蕃不能成为中原的大患，而且没有转运粮饷、派兵戍守以及艰苦争战的辛劳，为什么要放弃安西、北庭二镇呢？明朝永乐年间为国家出谋划策的大臣，没有像邺侯李泌那样高瞻远瞩的，用小恩小惠、割让版图给敌人从而给国家带来覆亡的祸乱，看到这些历史的教训，真让人忍不住痛哭流涕啊！

本事：《资治通鉴》卷二三一《唐纪四十七·德宗》，兴元元年（784）。

二二　治理与臣道

陆敬舆自奉天得主以来，事无有不言，言无有不尽，而德宗之不从者十不一二也。兴元元年，车驾还京，征邺侯自杭赴阙，受散骑之命，日直西省，迄乎登庸，逮贞元五年，凡六载，而敬舆寂无建白；唯邺侯出使陕、虢，敬舆一谋罢淮西之兵；及邺侯卒，敬舆相，举属吏，减运米，广和籴，止密封，却馈赠，定宣武，敬舆复娓娓长言之。李进而陆默，李退而陆语，是必有故焉，参观求之，可以知世，可以知人，可以知治理与臣道矣。

夫邺侯岂妨贤而窒言路者哉？敬舆之所陈，又岂邺侯之所非，而疑不见庸以中止者哉？盖敬舆所欲言者，邺侯早已言之，而邺侯或不得于君者，敬舆终不能得也。德宗之倚敬舆也重，而猜忮自贤之情，暂伏而终不可遏，势蹙身危，无容不听耳。而敬舆尽其所欲言，一如魏徵之于太宗者以争之，德宗不平之隐，特折抑而未著，故一归阙而急召邺侯者，固不欲以相位授敬舆也。邺侯以三世元老，定危亡而调护元良，德望既重，其识量弘远，达于世变，审于君心之偏蔽，有微言，有大义，有曲中之权，若此者皆敬舆之所未逮也。小人以气相制，君子以心相服，使敬舆于邺侯当国之日而啧啧多言，非敬舆矣。故昔之犯颜危谏以与德宗相矫拂者，时无邺侯也。夫岂乐以狂直自炫，而必与世相违哉？

论者或加邺侯以诡秘之讥。处人于天伦敦叙之介，谋国于倾危不定之时，而奋激尽言于猜主之前，以博人之一快，大臣坐论格心之道，固不然也。使邺侯而果挟诡秘之术，则敬舆何为心折以忘言邪？邺侯卒，而敬舆又不容已于廷争，其势既然，其性情才学抑然。无有居中之元老、主持而静镇之，如冬日乍暄，草木有怒生之芽，虽冰雪摧残，所弗恤也，则又敬舆之穷也。

【译文】

陆贽自从随唐德宗避乱奉天（今陕西乾县）得到天子知遇以来，凡是国家大事他没有不发表意见的，既发表意见就言无不尽，而唐德宗不听从采纳的也不到十分之一二。兴元元年（784），唐德宗的车驾返回京师长安，就征召邺侯李泌自杭州赶赴京师，接受左散骑常侍的任命，每日值班于中书省，直到被重用拜相，到贞元五年（789），前后共六年时间，而陆贽却自甘寂寞，没有发表什么意见；仅有李泌出任陕虢都防御水路转运使平息陕虢都知兵马使达奚抱晖叛乱时，陆贽才偶尔一次出谋划策，罢去讨伐淮西叛乱的兵马；到李泌死后，陆贽担任宰相，举荐下属官吏，减少漕运米粮，扩大购粮范围，停止密封奏事制度，拒绝馈赠恶风，平定宣武军（今河南开封）叛乱，凡是军国大事，陆贽又长篇大论娓娓道来。李泌被进用而陆贽静默不语，李泌退位之后而陆贽建言献策，这其中必有缘故，我们比较观察加以探讨，就可以洞悉世道，就可以知道如何做人，就可以进一步了解国家治理之道和为臣之道了。

邺侯李泌难道是妨害贤臣而阻塞言路的人吗？陆贽所陈述的意见建议，又怎能是李泌所非难的，因而疑心不被采纳而中止不言呢？大概陆贽所想要说的，李泌早已经说过了，而李泌不能说服德宗接受的，陆贽最终也不能使德宗接受。正因为唐德宗对于陆贽非常倚重，所以他猜疑忌恨而自认为贤明的情感，暂时埋在心底但终究还是不可遏制，只是时势困窘、自身危难之中，不容许他不听从和采纳陆贽的建言罢了。而陆贽也可以畅所欲言，就像魏徵进谏唐太宗一样据理力争，唐德宗内心忿忿不平的隐痛，只是被压抑住而未能显露出来，所以他一回到京师就急忙征召李泌，本来就不想把宰相的职位授予陆贽。邺侯李泌以三朝元老的身份，安定国家于危亡之际，协调和保护太子，不仅道德高尚、威望隆重，而且识见宏远、器量博大，通达世事的变化，洞悉君主内心的偏执不明，有含蓄微妙的言语，也有精深切要的义理，更有折中取正的权变，像这样的才能都是陆贽所无法企及的。奸邪小人以意气互相制约，而正人君子以诚心使人归服，假使陆贽在李泌执掌政权的时候多嘴乱说，那就不是陆贽了。当初陆贽之所以犯颜直谏与唐德宗拂逆以匡正得失，正是因为当时朝廷没有邺侯李泌。难道是他乐于以狂放直谏来自我炫耀，而一定要和世俗相违背吗？

议论历史的人，有的会讥讽邺侯李泌诡秘难测。在天道伦理遭到破坏的环境中做人处事，在江山社稷倾颓危亡、动荡不定的时候谋划国家大计，与在疑心猜忌的君主面前激于义愤、畅所欲言，以博取人们的一时之快，或者大臣坐而论道以纠正君主内心的错误思想，本来就不是这样的。假使李泌果真怀有诡秘难测的权术，那么陆贽怎么会心悦诚服而沉默忘言呢？邺侯李泌死后，而陆贽又不得不在朝廷争论，当时形势既然如此，他的性情才学或许就是这样。没有居中调停的元老重臣主持大局，以清静镇定局势，就像冬天里忽然天气暖和，草木萌发旺盛的枝芽，即使有冰雪摧残，也在所不惜，这又是陆贽感到困窘的地方。

本事：《资治通鉴》卷二三一《唐纪四十七·德宗》，贞元元年（785）。

二三　禁兵操于宦寺

天子禁卫之兵，得其人而任之，以处多虞之世，四末虽败，可以不亡。唐自肃、代以来，倚神策一军以强其干。

及德宗亟讨河、汴，李晟将之而北，白志贞募市井之人以冒名而无实，于是姚令言一呼，天子单骑而走，中先痿也。及李怀光平，李晟移镇凤翔，神策一军仍归禁卫。于斯时也，任之得人与不得，安危存亡之大机会也。德宗四顾无所倚任，而任之中官，终唐之世，宦寺挟之以逞其逆节，而迄于亡。当德宗初任官之日，邺侯、敬舆无一言及之，何其置大计于缄默也？所以然者，自李晟而外，亦无可托之人也。

禁兵操于宦寺，而天子危于内；禁兵授之帅臣，而天子危于外。外之危，篡夺因之，宋太祖骤起于一旦，而郭、柴之祀忽诸，此李、陆二公所不能保也。晟移镇而更求一如晟者，不易得也；即有一如晟者，而抑难乎其为继。盖当日所可任者，唯邺侯耳。邺侯任之，则且求能为天子羽翼、终无逆志者以继之，法制立而忠勤遍喻于吏士，虽有不顺者，弗能越也，如是，乃可保之数十年，而居重驭轻之势以成。然而邺侯不可以自言也，敬舆亦不能以此为邺侯请也。德宗之欲任窦文场、王希迁也，固曰犹之乎吾自操也。汉灵帝之任蹇硕，亦岂不曰犹吾自将之也乎？君畜疑自用，则忠臣心知其祸而无为之谋。李、陆二公救其眉睫之失，足矣；恶能取百年之远猷，为之辰告哉！

【译文】

天子设置侍卫宫廷的禁军，能得到合适的人选而担任将领，用来应对多忧患、多灾难的世道，就像人体的四肢虽然败坏，而可以不致死亡。唐朝自从肃宗、代宗以来，倚靠神策军这一支禁军来强化朝廷的主干力量。到唐德宗在位时期，急于讨伐河北三镇以及淮西李希烈的叛乱，李晟率领神策军向北进发，神策军使白志贞招募市井子弟补充军队缺员，有名无实，于是泾原节度使姚令言振臂一呼反叛朝廷，唐德宗仓皇之间单骑逃走，正是因为朝廷中的禁军力量首先软弱无力。等到李怀光叛乱被平定之后，李晟移军镇守凤翔（今属陕西），神策军仍归属禁军，负责宫廷宿卫。在那个时候，禁军将领的任用是否能够得到合适的人选，是关乎国家安危存亡的一大关键。唐德宗彷徨四顾，发现没有可以倚靠的人选，于是任命宦官担任神策军统帅，从此以后一直到唐朝终结，宦官凭借手中的军权以施展其叛逆的行为，直到唐朝最终灭亡。当唐德宗开始任用太监担任神策军统帅的时候，邺侯李泌和陆贽都没有一句话谏阻此事，他们为什么置国家安危兴亡大计于不顾而闭口不言呢？他们之所以这样做，是因为除李晟外，再也没有可以担当此任的人了。

禁军大权掌握在宦官的手里，那么天子的危难就来自宫廷内部；禁军大权授予将帅大臣，那么天子的危难就来自外部。外部的将领发难，接踵而至的就是篡位夺权，作为禁军殿前都点检的宋太祖赵匡胤一旦骤然起兵，后周皇室郭威、柴荣的宗庙祭祀一下子就断绝了，这样的结局是李泌、陆贽两位大臣也不能保全的。李晟移镇凤翔之后，要想再找一个像他这样的人，也是不容易得到的；即使有一位像李晟这样的人，也很难保证其后来的继任者能够像他一样。大概当时能够胜任的，只有邺侯李泌了。如果李泌担任此职，那么他也将面临寻找能够作为天子羽翼、终究没有悖逆志向的人继承此职，法律制度建立起来之后，忠诚勤王的正道大义普遍晓喻给官吏将士，即使有不归顺服从的人，也不敢超越禁区，只有这样，才可以保持数十年，从而形成以朝廷厚重的禁军力量驾驭轻车、奔走熟路的形势。但是李泌不能自己这样说，陆贽也不能因此而为李泌去陈请。唐德宗想任用宦官窦文场、王希迁为监神策军左右厢兵马使，固然会说如同天子自己掌握禁军一样。汉灵帝任命宦官蹇硕统领西园八校尉，难道不是也说就像他自己统领禁军一样吗？君主胸怀疑忌之心而刚愎自用，那么忠臣良相明知灾祸即将降临却不能为君主出谋划策。李泌、陆贽两位大臣能解救唐德宗迫在眉睫的失策，已经足够了；怎么能采取百年大计的长远策略，对皇上适时告诫呢？

本事：《资治通鉴》卷二三一《唐纪四十七·德宗》，兴元元年（784）。

二四　拒密告者之谓大智

前有谗而不见，后有贼而不知，可谓天下之至愚矣。夫其所以不知者何也？瞻前而欲察见其谗，顾后而欲急知其贼也。可见者既见而知之矣，未可见者恶从而知之？必将乐闻密告之语，以摘发于所未形。此勿论密告者之即为谗贼也，即非谗而不为贼，而人之情伪亦灼然易见矣。当反侧未安之际，人怀危疑未定之情，苟非昏溺，岂遽安心坦志以尽忘物变之不可测哉？惟其然也，明者持之以静，乃使迹逆而心顺者，忧危而失措者，有过而思改者，为恶而未定者，皆得以久处徐思而定其妄虑。然而终不悛（quān）焉，则其恶必大著，不待摘发而无可隐。如是，则谗贼果谗贼也，在前在后而无不周知也，斯乃谓之大智。

达奚抱晖杀节度使张劝，据陕州，要求旌节，东与李希烈相应，邺侯单骑入其军中，于时宾佐有请屏人白事者，邺侯拒之曰："易帅之际，军中烦言，乃其常理，不愿闻也。"夫抱晖之逆既著矣，必有与为死党者，亦无容疑矣；或有阴谋乘间以作乱者，亦其恒矣；要可一言以蔽之曰：技止此耳。河东之军屯于安邑，马燧以元戎偕行，威足以相制，邺侯之虑此也周，持此也定，屏人以白者，即使果怀忠以思效，亦不过如此而已，恶用知哉？拒之勿听，则挟私而谤毁者，道听而张皇者，浅中而过虑者，言虽未出，其怀来已了然于心目之间。若更汲汲然求取而知之，耳目荧而心志乱，谗贼交进，复奚从而辨之哉？

天下之变多端矣，而无不止于其数。狐，吾知其赤；乌，吾知其黑；虎，吾知其搏；蛇，吾知其螫（shì）；蛙，吾知其鸣；鳖，吾知其喑；泾，吾知其清；渭，吾知其浊；冬，吾知其必霜；夏，吾知其必雷。故程子之答邵尧夫曰："吾知雷之从起处起也。"天地之变，可坐而定，况区区谗贼之情态乎？献密言以效小忠者，即非谗贼，亦谗贼之所乘也，况乎不保其不为谗贼也。知此者，可以全恩，可以立义，可以得众，可以已乱，夫是之谓大智。

【译文】

面前有人进谗言却不能识破，背后有叛贼密谋却不能知道，可以说是天下最为愚蠢的人。那么他不知道的原因是什么呢？瞻视前面想要洞察其谗言诋毁，回顾后面又想急于知道其贼寇密谋。能够看到的已经看到从而知道了，没有看到的又能从哪里得知呢？在这种情况下，一定会乐于听取密告的话语，以便在事实未形成之前揭发披露出来。在此暂且不论密告的人就是陷害别人的奸贼，即使密告的人没有陷害别人而且也不是奸贼，但其人的真诚或虚伪也就显而易见了。当天下形势反复无常、动荡不安之际，人们都心怀危险恐惧、忧疑未定的情绪，假若不是昏庸沉迷，难道能够很快就心安理得地忘却事物变化不可推测吗？正是因为如此，明智的人就会保持镇静，从而使那些形迹悖逆而内心顺服的人，那些忧虑危难而惊慌失措的人，那些曾有过错而想要悔改的人，那些曾经作恶而心志未定的人，都能够从容相处、深思熟虑而安定其内心的妄念与疑虑。虽然如此，那些终究怙恶不悛的人，他们的罪恶必定会臭名昭著，不用等待揭发披露就无可遁藏。这样，进谗言陷害别人的就果然是以谗言害人的奸贼，无论在面前还是在背后都没有人不知道的，这就是所谓的大智慧。

陕虢都知兵马使达奚抱晖杀害陕虢节度使张劝，占据陕州（今河南三门峡市陕州区），向朝廷要求授予陕虢节度使，东面与叛贼李希烈遥相呼应，李泌以陕虢都防御水路转运使的身份单骑进入军中，当时陕虢节度使官署的幕僚官佐有人请屏去旁人密告事情，李泌拒绝说：“改换将帅之际，军中言论烦杂，这是正常的道理，我不愿多听。”达奚抱晖叛逆之事已经暴露，军中必定有他的死党，这也是不容置疑的；有的人阴谋乘机作乱，这也是正常的现象；总之可以一言以蔽之：各种伎俩也不过如此罢了。河东藩镇（今山西太原）的军队集中驻扎在安邑（今山西运城东北），河东节度使马燧以主帅的身份同行，其威望足以控制局面，李泌的考虑也非常周全，保持这样的心态就能镇定军心，那些请求屏去旁人进行密告的人，即使果真怀有忠贞之心以报效国家，也不过如此罢了，哪里用得着听取密告才能知道呢？拒绝而不听这些密告之言，那么那些怀有私心而想要诽谤诋毁别人的人，那些道听途说而惊慌失措的人，那些见识浅薄而过于忧虑的人，他们的言论虽然没有表达出来，他们的来意已经明白了然于心目之间。如果再心情急切地去求取和了解，就会导致头晕目眩而心志烦乱，以谗言陷害别人的奸贼交替前来，又有什么办法加以辨别呢？

天下之事变化无常，而没有不按照其规律得到平息的。狐狸，我知道它是赤红色的；乌鸦，我知道它是黑色的；

老虎，我知道它会搏击；毒蛇，我知道它会螫人；青蛙，我知道它会鸣叫；乌龟，我知道它不会发声；泾水，我知道它的水流很清澈；渭水，我知道它的水流很浑浊；冬天，我知道必然会下霜；夏天，我知道必然会打雷。所以宋朝的理学家程颐回答邵雍（字尧夫）说："我知道风雷是从风雷所起的地方兴起的。"天地自然的变化，尚且可以坐而判定，何况是区区以谗言陷害别人的奸贼的情态呢？进献密告之言以效其小忠的人，即使不是以谗言陷害别人的奸贼，也会为以谗言陷害别人的奸贼所利用，更何况谁也不能保证他们本身不会成为陷害别人的奸贼。明白了这个道理，就可以保全君主的恩德，就可以确立正道大义，就可以得到众人拥护，就可以平息祸乱，这就是所谓的大智慧。

本事：《资治通鉴》卷二三一《唐纪四十七·德宗》，贞元元年（785）。

二五　杀主以降不可赏

禄山、思明父子旋自相杀，而朝义死于李怀仙，田悦死于田绪，李惟岳死于王武俊，朱泚死于韩旻，李怀光死于牛名俊，李希烈死于陈仙奇，而李怀仙旋死于朱希彩，陈仙奇旋死于吴少诚，恶相师，机相伺，逆相极，所固然也。杀机之动，天下相杀于无已。愍不畏死者，拥兵以自危，莫能自免。习气之熏蒸，天地之和气销烁无余。推原祸始，其咎将谁归邪？习气之所由成，人君之刑赏为之也。

安、史之迭为枭獍，夷狄之天性则然，无足怪者，夫亦自行吾天诛焉可矣。史朝义孤豚受困，有必死之势，李怀仙与同逆而北面臣之，一旦反面而杀之以为功，此岂可假以旌节、跻之将相之列者。高帝斩丁公，光武诛彭宠之奴，岂不念于我有功哉？名义之所在，人之所自定，虽均为贼，而亦有大辨存也。尽天下之兵力以蹙垂亡之寇，岂待于彼之自相吞龁以杀其主而后乱可讫乎？降可受也，杀主以降，不可贳也。偏裨不可以杀主帅，则主帅不可以叛天子之义明矣。幸而成，则北面拥戴以为君，及其败，则刳其首以博禄位而禄位随之，韩旻、陈仙奇恶得而不效尤以徼幸乎？朱希彩、吴少诚又何惮而不疾为反戈邪？一人偷于上，四海淫于下，我不知当此之时，天下之彝伦崩裂，父子、妇姑、兄弟之间若何也！史特未言之耳。幽、燕则朱滔、朱泚迭为戎首，淮西则少诚、少阳踵以怙乱，而唐受其败者数十年而不定。代宗毁坊表于前，而德宗弗能改也，恶积而不可复掩矣。

【译文】

安禄山父子、史思明父子很快自相残杀，而最后史朝义死于其部将李怀仙之手，魏博节度使田悦死于其堂弟田绪之手，成德节度使李惟岳死于其部将王武俊之手，叛贼朱泚死于其随从韩旻之手，朔方节度使李怀光死于其部将牛名俊之手，淮西节度使李希烈死于其部将陈仙奇之手，而李怀仙很快又死于其部将朱希彩之手，陈仙奇很快死于其部将吴少诚之手，他们这些叛贼都是以罪恶相互仿效，以时机相互窥伺，以叛逆相互报复，这是必然的。内心杀机一动，天下相互残杀，动乱不止。这些叛贼都是不怕死的亡命之徒，他们拥兵自重，背叛朝廷，从而危及自身，没有能够幸免的。这种恶习愈演愈烈，使得天地自然的和气都消磨殆尽了。推究其祸乱的根源，其罪恶将归咎于谁呢？这种恶习之所以能够形成，是君主的刑罚和奖赏措施不当所造成的。

安禄山、史思明前后相继成为生食其父母的恶禽毒兽，这是夷狄的天性所决定的，没有什么值得奇怪的，也可以视为上天自行其诛杀的刑罚。史朝义像一头小猪一样被围困，面临必死的态势，而李怀仙却与他同谋篡逆而北面称臣，然而一旦反目就杀了他作为功劳投降朝廷，这样的人难道可以授予节度使的印信和斧钺、让他跻身于将相之列吗？汉高祖刘邦斩杀曾经放他一马的丁公，光武帝刘秀诛杀彭宠的奴仆（此处有误，当为窦建德诛杀王轨的奴仆），难道不念及他们曾经有功于朝廷吗？名分道义之所在，是人们自己选定的，即使同为强盗叛贼，他们之间也存在着极大的不同，值得加以辨析。倾尽天下的兵力用来讨伐逼迫垂死挣扎的贼寇，难道还要等待他们自相吞咬杀死其主子而后叛乱才能够终止吗？叛贼投降可以接受，而杀死其主子后投降，就不可宽纵了。偏裨将领不可以杀死其主帅，而主帅不可以背叛天子，这种正道大义是非常明白的。叛贼侥幸成功，就北面称臣，拥戴他作为君主，等到他失败的时候，就砍掉他的首级来换取爵禄官位，而爵禄官位真的就随之而来了，韩旻、陈仙奇怎么会不效法叛贼的手段以求侥幸成功呢？朱希彩、吴少诚又畏惧什么不迅速反戈一击呢？君主一个人苟且偷安于朝廷，那么整个天下就会陷入放纵不法的局面，我不知道当此之时，天下的伦理纲常崩溃败坏，父子、婆媳、兄弟之间的伦理关系究竟如何，史书上没有特别记载下来。北方的幽燕之地有朱滔、朱泚相继作为发动战争的罪魁祸首，南方的淮西则是吴少诚、吴少阳接连乘乱取利，而唐朝受到他们的败坏达数十年而没有平息。唐代宗李豫在前边把正道大义的牌坊、华表等标志物都毁坏了，继位的唐德宗李适也不能改变这一状况，整个社会的罪恶已积累成山而不能再掩盖了。

本事：《资治通鉴》卷二三二《唐纪四十八·德宗》，贞元元年（785）。

二六　陆贽失之垂成

陆敬舆之筹国，本理原情，度时定法，可谓无遗矣。其有失者，则李怀光既诛之后，虑有请乘胜讨淮西者，豫谏德宗罢诸道之兵也。诸道罢兵八阅月，而陈仙奇斩李希烈以降，一如敬舆之算，而何以言失邪？乃参终始以观之，则淮西十余年勤天下之兵血战以争、暴骨如莽者，皆于此失其枢机也。

安危祸福之几，莫不循理以为本。李怀光赴援奉天而朱泚遁，卢杞激之而始有叛心，虽叛而引兵归河东，犹曰："俟明春平贼。"据守一隅，未敢旁掠州县、僭称大号也。所恶于怀光者，杀孔巢父而已，抑巢父轻躁之自取也。德宗欲赦之，盖有自反恕物之心焉，李晟、马燧、李泌坚持以为不可，斯亦过矣。若希烈者，胜孤弱狂愚之梁崇义，既无大功于唐室；且当讨崇义之日，廷臣争其不可任，而德宗推诚以任之；贼平赏渥，唐无毫发之负，遽乘危以反，僭大号以与天子竞存亡，力弱于禄山，而恶相敌矣。此而可忍，万世之纲纪裂矣。何居乎敬舆之欲止其讨也？乘河中已下之势，河北三帅敛手归命，蹙已穷之寇，易于拉朽，乃吝一举之劳，而曰"不有人祸，必有鬼诛"。为天下君而坐待鬼诛，则亦恶用天子为也？俟人祸之加，则陈仙奇因以反戈，而吴少诚踵之，淮西数十年不戢之焚，皆自此启之矣。

原情定罪，而罪有等差；饬法明伦，而法有轻重。委之鬼诛，则神所弗佑；待之人祸，则众难方兴。怀光可赦，希烈必不可容。法之所垂，情之所衷，道之所定，抑即势之所审；而四海之观瞻，将来之事变，皆于此焉决也。故敬舆之于此失矣。随命李晟、浑瑊、马燧一将临之，而淮、蔡荡平，天下清晏，吴少诚三世之祸不足以兴，而淄青、平卢、魏博之逆志亦消矣。失之垂成，良可惜哉。

【译文】

唐朝名相陆贽筹划国家大事，本于事理而推究人情，审时度势而制定法律，可以说是算无遗策了。他有所失误的地方，则是在朔方节度使李怀光叛乱被杀以后，忧虑有人会请求乘胜讨伐淮西叛乱，就事先劝谏唐德宗撤回诸道的兵马。诸道兵马撤军刚过八个月，淮西牙将陈仙奇就杀了叛乱的淮西节度使李希烈归顺朝廷，一切都如陆贽谋划的完全一样，那么为什么说这是他的失误呢？这是参酌唐朝藩镇叛乱的始终进行观察得出的结论。淮西叛乱十余年动用天下兵马血战争夺，暴露的白骨和原野上的草莽一样，都是由于此时失去了扭转局面的时机。

天下安危祸福的隐微，无不遵循事理作为根本。朔方节度使李怀光率军开赴前线支援奉天（今陕西乾县），而叛乱的朱泚就逃遁了，后来因为奸相卢杞的激怒而开始有了反叛之心，他虽然反叛朝廷却领兵回归河东，还说："等到明年春天再讨平贼寇。"他据守一隅之地，并未敢劫掠其他州县、僭号称帝。唐德宗厌恶李怀光，只是因为他杀死受命前去招抚的御史大夫孔巢父罢了，而孔巢父是因为轻率急躁而自取杀身之祸的。唐德宗想要赦免他，大概是出于反躬自省宽恕他人的心愿，而李晟、马燧、李泌坚持己见以为不可这样做，这也是有些过分了。至于淮西节度使李希烈，战胜势单力孤、狂妄愚蠢的梁崇义，本就没有建立大的功勋于唐室，况且当讨伐山南东道节度使梁崇义之时，朝廷大臣争议说不可任用，而唐德宗以诚心相待加以任用；平定叛贼之后赏赐优厚，唐朝对他没有丝毫的亏欠，而他却骤然乘危机之时反叛朝廷，僭号称帝以与天子竞争存亡，他的力量弱于安禄山，其罪恶却和安禄山相当。如果对他的罪恶可以容忍，那么千秋万代的朝廷纲纪法度就毁坏无遗了。陆贽想要停止讨伐淮西究竟是何居心呢？乘河中节度使已经被平定的形势，河北地区三个藩镇将帅束手归降，逼迫穷途末路的贼寇，就会像摧枯拉朽一样容易，竟然吝惜轻而易举的辛劳，而说“没有人为的祸乱发生，必然有鬼神暗中诛杀”。身为天下的君主而坐待鬼神的诛杀，那么还要天子做什么呢？等待人为的祸乱降临，于是有淮西牙将陈仙奇借此机会反戈一击，而同为李希烈部将的吴少诚接着杀死陈仙奇自立为淮西节度使反叛朝廷，此后其弟吴少阳、吴少阳之子吴元济相继割据，淮西数十年不能平息的战火，都是由此而开启的。

根据实际情况来确定罪行，而罪行有大小不同的等级；整饬法律法规来彰显伦理纲常，而法律的量刑标准有轻有重。委托给鬼神的暗中诛杀，那么鬼神也不会保佑；等待着人为祸乱的发生，那么各种灾难就会到来。李怀光的罪恶可以赦免，而李希烈的罪行却不可容忍。法律所流传下来的规范，心里所萦绕的情感动机，道义所确定的正当原则，也都是根据时势所要慎重考量的；而天下四海所要观瞻的体统，将来发生的事变，也都要在此作出决断。所以陆贽在这个问题上是有失误的。如果当时随即命令李晟、浑瑊、马燧其中的一员大将亲临前线，而淮州（今河南泌阳）、蔡州（今河南汝南）就可以扫荡平定，天下就可以平安无事，吴少诚、吴少阳、吴元济三代割据的祸乱就不会兴起，而淄青、平卢、魏博等藩镇的叛逆野心也就消除了。陆贽在对待淮西的问题上失误于将要成功之时，的确令人感到惋惜啊！

本事：《资治通鉴》卷二三二《唐纪四十八·德宗》，贞元元年（785）。

二七　细行不矜，终累大德

细行不矜，终累大德，三代以下，名臣正士、志不行而道穷者，皆在此也；君以之而不信，民以之而不服，小人以之反持以相抗，而上下交受其诎。欧阳永叔以困于闺帷之议，而陶谷之挫于南唐，尤无足怪也。

张延赏奸佞小人，爚乱天下，吐蕃劫盟之役，几危社稷，廷臣莫能斥其奸，而李晟抗表以论劾之，正也。晟之告李叔度曰："晟任兼将相，知朝廷得失而不言，何以为臣？"推此心也，其力攻延赏之志，皎然可正告于君父；而在廷将继之以助正抑奸者，不患其孤鸣矣。乃德宗疑其抱夙忿以沮成功，终任延赏，听之以受欺于吐蕃，晟虽痛哭陈言，莫能救也。平凉既败，浑瑊几死，延赏之罪已不可掩，然且保禄位以终，而谴诃不及。无他，成都营妓之事，延赏早有以持晟之长短，而上下皆惑也。晟之论延赏也，且忘其有营妓之事；即不忘，而岂得以纤芥之嫌，置相臣之贤奸与边疆之安危于不较哉？而君与廷臣既挟此为成心，以至史官推原衅郄，亦谓自营妓而开，晟之心终不白于天下，唯其始不谨而微不慎也。饮食醉饱、琴书弈博之微，皆有终身臧否、天下应违之辨存焉。故昔人以在官抄书亦为罪过，而不可不慎。观于李晟，可以鉴矣。

【译文】

生活小节不加慎重，终究会拖累立身的大节。夏、商、周三代以后，有名望的大臣和正直的君子，其抱负得不到施展，主张难行于世间，原因都在这里；君主因此而不信任他，百姓因此而不服从他，奸邪小人以此为借口而与他对抗，上下左右就像捕获力竭的野兽一样对他交替发难。欧阳修因为被人攻击与外甥女、侄媳妇私通而备受困扰，陶谷出使南唐赠诗于歌女秦蒻兰，又与其相遇于宫廷宴会而大感惭愧，更不足怪了。

唐德宗时的宰相张延赏是一个奸佞小人，炫惑扰乱天下，吐蕃原州（今宁夏固原）劫盟的战役，几乎危及江山社稷，朝廷大臣没有人能够斥责他的奸佞，只有李晟向皇帝上奏章弹劾他，堪称中正直言。李晟告诉李叔度说：“我位兼将相，明知朝政得失而不敢直言，有什么资格作为大臣呢？”推测他的内心，他极力攻击张延赏的志气，光明磊落可以正告于君父；而在朝廷得以继续扶持正义抑制奸邪，不用忧虑其孤掌难鸣了。可是唐德宗却怀疑他对张延赏抱有宿怨用来阻挠他推动与吐蕃结盟成功，最终还是相信张延赏，听任他受到吐蕃的欺骗，李晟虽然痛哭流涕陈述自己的意见，也不能加以挽救。平凉（今属甘肃）之战失败以后，作为会盟使的大将浑瑊几乎死难，张延赏的罪行已经不能掩盖，尚且能够保住官爵禄位直到终老，甚至没有受到谴责和指斥。其中并没有其他的原因，无非李晟戍守成都离开时带了一名军妓被时任西川节度使的张延赏大怒追回之事，张延赏早就掌握了李晟的短处，而君臣上下都受了张延赏的欺骗。李晟上表弹劾张延赏的时候，已经忘记了因为军妓之事与张延赏产生的矛盾；即使没有忘记此事，难道能够因为这点小小的嫌隙，而置宰相大臣的贤奸与边疆重地的安危而不顾吗？可是君主与朝廷大臣已经持此作为成见，以至于后来的史官推究他们二人的矛盾与嫌隙时，也说是从军妓之事开始的，李晟的内心终究不能大白于天下，只是因为他开始时自奉不严谨而对生活小节不慎重。饮食醉饱、抚琴书画、弈棋博戏之类的生活小节当中，都会存在影响其终身名节的褒扬或贬毁、天下人的顺从或违背的重大原则。所以昔日有人认为在官抄书也是风流罪过，而不可不慎重对待。观察李晟这件事，可以作为鉴戒。

本事：《资治通鉴》卷二三二《唐纪四十八·德宗》，贞元三年（787）。

二八　句勘之善政

乱国之财赋，下掊克于民，而上不在官，民乃殄，国乃益贫，民罔不怨；天子闻之，赫然以怒，皆所必然，而无不快其发觉者。然因此而句勘之以尽纳于上，则害愈浸淫，而民之死也益剧矣，是所谓“牵牛以蹊人之田而夺之牛”也。

假公科敛者，正以不发觉而犹有所止耳。发觉矣，上顾因之而收其利，既无以大服其心，而唯思巧为掩饰以自免；上抑谓民之可多取而必应也，据所句勘于墨吏者岁以为常，则正赋之外，亦有句勘之赢余，列于正供，名为句勘，实加无艺之征耳。且上唯利其所获，而不抵科敛者于法，则句勘之外，又有横征，而谁能禁之？民之无知，始见墨吏之囊毕输之内帑，未尝不庆快焉，孰知昔之剥床以辨者，后且及肤乎？故用之一时而小利，行之数世，而殃民之酷，殆不忍言。李长源以此足防秋之国用，欲辞聚敛虐民之罪，不可得已。

诚恶墨吏之横征，恤民困而念国之匮也，句勘得实，以抵来岁之赋，可以纾一时之急，而民亦苏矣，民知税有定额，而吏亦戢矣，斯则句勘之善政与！

【译文】

动乱不安的国家的财赋管理，对下聚敛搜刮于民众，对上又不征收缴纳于官府，百姓被剥削殆尽，国家也更加贫困，民众无不怨声载道；天子听说这种情况，赫然发怒，都是必然的事情，而没有人不为这种事情被发觉感到痛快的。然而如果因此事被发觉，就将这些聚敛搜刮的财赋加以勘验稽核，尽数缴纳于国库，其危害就更加严重，而百姓的灾难沉重甚至死亡也更加剧了，这就是《左传·宣公十一年》上所说的“牵着牛践踏了别人的田地，田地的主人发现后就把牛抢夺了去”，牵牛践踏田地固然有罪，而抢夺耕牛这种惩罚却是过重了。

假借官府的名义聚敛搜刮钱财的人，正因为没有被发觉还有所止境。一旦被发觉了，上面反而会因此而没收其聚敛的财利，这样既然没有办法使其心悦诚服，他就会千方百计巧加掩饰以图免于罪责；上面也以为百姓可以多加索取而必然能够应付，根据那些贪官污吏所审计检查的结果作为每年习以为常的赋税征收标准，这样就在田赋正税之外，还有审计检查后的盈余，列入法定的赋税，名为审计检查，实际上是增加没有定额的征收罢了。况且上面只图收获财利，而不按照法律规定惩治聚敛搜刮之人，于是在审计检查之外，又滥征税捐，有谁能够禁止呢？百姓愚昧无知，开始看到贪官污吏囊中聚敛之物全部缴纳到国库，未尝不庆贺称快，谁知昔日就像床体与床足之间各构件互不相应的情况，后来将会导致祸害降临到自己身上呢？所以施行一时可以获得暂时的小利，推行数代之后，其危害百姓的残酷程度，几乎不忍心说出来。李泌认为这些征收的财赋可以满足加强西北边防（西北游牧民族往往趁秋高马肥时南侵，届时须调兵防守，加强警卫，称为防秋）的财政支出，想以此来推卸聚敛搜刮、残害百姓的罪行，也不可能达到目的。

如果朝廷确实讨厌贪官污吏的横征暴敛，顾恤百姓生活的困苦而体念国家财政的匮乏，那么就应该将审计检查出来的额外征收钱粮，冲抵来年的赋税，这样不仅可以缓解一时的急需，而且百姓也得以休养生息，百姓知道国家征收赋税有其定额，而有关的胥吏也知道收敛，这就是审计检查作为善政的本义吧！

本事：《资治通鉴》卷二三二《唐纪四十八·德宗》，贞元三年（787）。

二九　君子之诗

《小弁》所以为君子之诗者，太子欲废未废之际，其傅陈匡救之术于幽王也。故其所以处父子君臣之际，曲尽调停之理，而夺其迷惑浸淫之几。邺侯用之，以全德宗之恩，而奠其宗社。故《小弁》为君子之诗，其利溥也。

其诗曰："君子不惠，不舒究之。"但言究，则听谗而惑者，固自以为究矣；乃其弥究而弥惑者，惟其不舒也。浅人之情，动于狂而不可挽，无他，闻言而即喜，闻言而即怒耳。以其躁气与谗人之深机而相触，究之迫，则虽有至仁大孝之隐，皆弗能自达。邺侯曰："愿陛下从容三日，究其端绪。”用此诗也。气平而谗人之机敛，抱忠欲言者，敢于进矣，故间一日而德宗果悟也。

其诗又曰：“君子无易由言，耳属于垣。”易言者，不必信之于心也。心非必惑，而偶触于谗言，以有喜怒过情之辞，亦将曰：吾为君父之尊，言即失而无大过也。乃一出而人信以为固然矣。匪直怀奸者，幸有间之可乘；即观望而无定情者，亦谓君子之喜在此而怒在彼，即此以迎合之，而将得其心。在旁在侧者，见为不足惮，而言之也无择，恶知一入于其耳以生其心，伏莽之戎，怙此言以为依据，而旋相构扇于无已哉！惟慎于口而人不得窥其际，则谗人之气愈敛，而抱忠欲言者敢于进矣。邺侯曰：“陛下还宫，当自审思，勿露此衷于左右。”用此诗也。故德宗流涕曰：“太子仁孝，实无他也。”

《小弁》垂训于千载之上，而邺侯以收曲全慈孝、安定国家之至仁大孝于千载之下，故曰：《小弁》，君子之诗也。自非幽王之丧心失志，循其道而无不可动。《诗》之为教至矣哉！知用君子之道者，君子也。邺侯之为君子儒，于斯见矣。

【译文】

《诗经·小雅》中的《小弁》一诗之所以被誉为君子之诗，是因为此诗是周幽王的太子宜臼将要被废黜放逐而尚未废黜之际，他的师傅向周幽王陈请匡救的办法而作的。所以诗中对处理好父子君臣之间的关系，委婉而详尽地表达了相互调停的道理，以便扭转周幽王受到褒姒迷惑浸淫而形成的心思。邺侯李泌利用《小弁》一诗，以保全唐德宗父子的恩德，而安定唐朝的宗庙社稷。所以《小弁》一诗作为君子之诗，其益处是非常广大的。

《小弁》诗中写道："君王对我不理不睬，偏听偏信谗言而不加以深入考究。"这里只是说考究，那么听信谗言而为其所迷惑的人，本来自以为已经进行考究了；可是他越是考究就越发迷惑，正是因为没有深入地加以考究。浅薄之人的情绪，动辄轻狂而不可挽救，没有其他的原因，听了好听的话就立即喜形于色，听了刺耳的话就立即怒形于色。以其浮躁之气与进谗言的人的心机相接触，急迫地加以考究，即使内心隐藏有大仁大孝的意思，都不能自我达到这种精神境界。李泌说："希望陛下从容思考三天，以便考究其来龙去脉。"用的就是这首诗的意思。心平气和之后，进谗言的人就会有所收敛，胸怀忠贞之心想要谏诤的人，就敢于进献忠言了，所以隔了一天，唐德宗果然就幡然醒悟了。

《小弁》诗又写道："君王不要轻易相信谗言，要防止隔壁有人耳朵贴着墙边。"轻易所进的谗言，不必听信并记在心中。内心不加认同就会受到迷惑，而偶然接触到谗言，就会有喜怒超过常情的言语，他也将会说：我有君父的尊严，言语即使有失误也没有大的过错。可是言语一出，别人就会信以为真，认为本来就是这样了。这样不仅仅是心怀奸邪的人，侥幸找到了可乘的间隙；即使左右观望而拿不定主意的人，也会说君子的喜好在这里而恼怒在那里，就因此而曲意迎合，渴望得到他的欢心。在旁边的其他人，看到君子也不足以畏惧，言辞也不加选择，怎么知道言语一入其耳而奸邪生于其心，潜藏的盗贼凭借这些言语作为根据，随即设计陷害而煽动不止呢！唯有谨慎言语而别人就不能窥探他的心迹，进谗言的人的气焰就会加以收敛，而胸怀忠贞之心想要谏诤的人就敢于进献忠言了。李泌说："陛下回宫之后，应当自我慎重思考，不要把内心的想法暴露给左右的人。"用的就是这首诗的意思。所以唐德宗痛哭流涕地说："太子李诵仁爱孝顺，确实没有其他的心思。"

《小弁》这首诗在千载之前就垂示给后人的教训，而邺侯李泌在千载之后借用这首诗以收到委曲求全父慈子孝从而安定国家的大仁大孝的功效，所以《诗经·小雅·小弁》一诗，是君子之诗。只要不是像周幽王那样丧心失志的人，都可以遵循其父慈子孝之道而没有不被感动的。以《诗经》作为教化民众的方法，其意义和作用真是太大了！知道运用君子之道的人，本身就是正人君子。李泌作为君子式的儒者，从这里就可见一斑了。

本事：《资治通鉴》卷二三三《唐纪四十九·德宗》，贞元三年（787）。

三〇 修身以俟命，慎动以永命

君相可以造命，邺侯之言大矣！进君相而与天争权，异乎古之言俟命者矣。乃唯能造命者，而后可以俟命，能受命者，而后可以造命，推致其极，又岂徒君相为然哉！

天之命，有理而无心者也。有人于此而寿矣，有人于此而夭矣，天何所须其人之久存而寿之？何所患其人之妨己而夭之？其或寿或夭不可知者，所谓命也。而非天必欲寿之，必欲夭之，屑屑然以至高大明之真宰与人争蟪蛄之春秋也。生有生之理，死有死之理，治有治之理，乱有乱之理，存有存之理，亡有亡之理。天者，理也；其命，理之流行者也。寒而病，暑而病，饥而病，饱而病，违生之理，浅者以病，深者以死，人不自知，而自取之，而自昧之，见为不可知，信为莫之致，而束手以待之，曰天之命也，是诚天命之也。理不可违，与天之杀相当，与天之生相背，自然其不可移矣，天何心哉？

夫国家之治乱存亡，亦如此而已矣。而君相之权藉大，故治乱存亡之数亦大，实则与士庶之穷通生死、其量适止于是者，一也。举而委之于天，若天之有私焉，若天之纤细而为蟪蛄争春秋焉。呜呼！何其不自揣度，而谓天之有意于己也！故邺侯之言非大也，非与天争权，自知其藐然不足以当天之喜怒，而天固无喜怒，惟循理以畏天，则命在己矣。

虽然，其言有病，唯君相可以造命，岂非君相而无与于命乎？修身以俟命，慎动以永命，一介之士，莫不有造焉。祸福之大小，则视乎权藉之重轻而已矣。

【译文】

国君和国相可以掌握命运，李泌的话说得太大了！推崇国君和国相的地位而与上天争夺掌握命运的权力，与自古以来听天由命的说法迥然不同。然而唯有掌握命运，而后才可以听天由命，能够接受命运，而后才可以掌握命运，这样推论下去达到极致，难道仅仅是国君和国相是这样的吗？

上天赋予的命运，这种说法是有其道理却没有其用心的。有的人在命运上是长寿的，有的人在命运上是夭亡的，上天为什么需要其人久存而使之长寿呢？又为什么忧虑其人防碍自己而使之夭亡呢？一个人的长寿或者夭亡是不可知的，这就叫作命运。而并非上天一定要使之长寿，一定要使之夭亡，以其至高极明的命运之主的身份，却喋喋不休地与人讨论争吵像知了一样春生秋死不足一年的短暂寿命。生有生的道理，死有死的道理，治有治的道理，乱有乱的道理，存有存的道理，亡有亡的道理。所谓的天，就是道理；所谓的天命，就是道理的流传与实践。寒冷天气会生病，酷暑天气会生病，饥饿过度会生病，饱食过度会生病，违背了人类生活的道理，程度较轻的就会导致疾病，程度过重的就会导致死亡，人们自己不知这个道理，而自食其果，甚至还自己欺骗自己，看到不可知的事物，就相信这是没有办法做到的事情，于是束手无策坐以待毙，并把它称为天命，这的确是上天赋予的命运。天地自然的道理不可违背，这就与天地自然的寒冷肃杀、草木凋落的意义相当，与天地自然的生长化育万物的意义相背，自然是不可改变的，上天怎么会用心呢？

国家的治乱存亡，也和这个道理一样罢了。国君与国相的权力过大，所以治乱存亡的变数也就大了，实际上与士庶百姓的困厄显达、生死存亡相比，其程度恰好适可而止于此地步，也是一样的。把掌握命运的权力委于上天，就好像上天也有其私心，好像上天事无巨细都不放过，如同为知了争夺春生秋死不足一年的寿命一样。唉！为什么不自己揣度思量一下，却以为上天有意于自己呢？所以李泌的话说得并不是过大了，并不是与上天争夺掌握命运的权力，而是自知其渺小，不足以承受上天的喜怒，而上天本来就没有什么喜怒，唯有遵循自然的道理而畏惧天地的惩罚，那么命运也就掌握在自己手里了。

虽然如此，李泌的话还是有毛病的，只有国君与国相可以掌握命运，难道不是国君与国相就不能参与和把握自己的命运吗？修养自己的身心以听天由命，谨慎自己的行动以保命长寿，一介士人，没有不能掌握自己的命运的。至于祸患与福祉的大小多少，就要看其权力的轻重罢了。

本事：《资治通鉴》卷二三三《唐纪四十九·德宗》，贞元四年（788）。

三一　李泌、陆贽识量之优劣

陆敬舆之在翰林，言无不从，及其爰立，从违相半，其从也，皆有弗获之色焉，何也？大权者，人主之所慎予，小人之所争忮，君子之所慎处者也。敬舆之忠直明达，允为社稷之臣，而邺侯将卒，不急引以自代，盖邺侯知此位之不易居，为德宗谋，为敬舆谋，固未可遽相敬舆也。

宰相之重，仕宦之止境也。苟资望之可为，皆垂涎而思得。董晋、窦参、苗晋卿所不敢相排以相夺者，徒邺侯耳，非能忘情而甘出其下也。邺侯以三朝元老立翼戴之功，而白衣归山，屈身参佐，无求登台辅之心，其大服不肖者之心夙矣。肃宗欲相之，而李辅国忌焉则去；代宗欲相之，而元载忌焉则去；君输忱以延伫，己养重以徘徊，乃以大得志于多猜之主，宵小盈廷，而俯首以听命，敬舆岂其等伦哉？自扈从以来，无日不在君侧，无事不参大议，虽未授白麻，而邺侯既卒，其必相也无疑矣。呜呼！欲相未相之际，奸窥邪伺，攒万矢以射一鹄，亦危矣哉！邺侯之不荐以自代，全敬舆，即以留德宗法家拂士于他日，而敬舆不知也。

今为敬舆计，邺侯在位，国政有托，而敬舆忘言，未可以去乎？董晋、窦参受平章之命，未可以去乎？窦参以贪败，物望益归于己，未可以去乎？参死，参党疑敬舆之谮，未可以去乎？与忮陋之赵憬同升，未可以去乎？沾沾然若留身于岩廊以待枚卜之来，则倒授指摘于人，而敬舆之危益岌岌矣。及既相也，裴延龄判度支，苦谏而不从，吴通玄腾谤书于中外，姜公辅以泄语坐贬，贾耽、卢迈相继而登三事，及是而引身已晚矣。然且徘徊不决，坐待贬斥，几以不保其腰领。以自全也，不宜；以靖国也，尤不可矣。何也？己被罪，而忠直之党危，邪佞之志得，祸必中于国家也。

宰相者，位亚于人主而权重于百僚者也。君子欲尽忠以卫社稷，奚必得此而后道可行乎？至于相，而适人间政之道诎矣。欲为绳愆纠谬之臣，则不如以笔简侍帷帟之可自尽也。邺侯知之，敬舆弗知也，二贤识量之优劣，于此辨矣。

【译文】

陆贽在翰林学士任上，他所说的话唐德宗没有不听从的，到他官拜宰相之后，他所说的话唐德宗听从与不听从者各占一半，唐德宗所听从的，也都带有无可奈何的面色，这是为什么呢？军国大权，是君主所谨慎授予他人的，也是奸邪小人所争夺和嫉妒的，更是正人君子所谨慎对待和居处的。陆贽的忠诚正直、贤明通达，堪称社稷之臣，而邺侯李泌即将去世之时，并不急于推荐陆贽来代替自己的宰相之位，大概是李泌知道宰相之位不容易居处，为唐德宗着想，也为陆贽着想，本来就不应当立即让陆贽继任宰相。

宰相地位之重，是出仕做官的最高境界，只要其资历和声望可以做宰相，都会垂涎三尺想要得到。当时朝廷中有条件竞争的大臣，董晋、窦参、苗晋卿（此处有误，苗晋卿卒于唐代宗时）之所以不敢互相排挤来争夺宰相之位，仅仅是因为有德高望重的李泌在，并不是他们能够无动于衷而甘心居于下位。李泌以三朝元老的身份立下辅佐拥戴的大功，却以白衣山人之身退归林下，甚至屈居地方参佐僚属之位，而没有追求登台拜相的心思，因而令那些不肖之徒内心大为折服已经很久了。当初唐肃宗想任他为宰相，可是因为专权太监李辅国的猜忌而离开朝廷；后来唐代宗想任他为宰相，可是因为奸相元载的猜忌而离开朝廷；君主真情实意而引颈盼望他出山，他自己能够自养威重、从容徘徊于去就之间，因此得以在喜欢猜疑的君主唐德宗时代大力施展自己的抱负，这时奸佞小人充满朝廷，而都能够俯首听命，陆贽难道可以和他相提并论吗？陆贽自扈从圣驾以来，没有一天不在皇帝的身边，没有什么事情不参与重大问题的讨论，虽然未曾“白麻诏下移相印”，但邺侯李泌死后，他必然登台拜相是毫无疑问的。唉！在将要拜相而尚未拜相之际，奸邪小人都在窥伺争夺，聚集着上万支箭用来射向一个靶心，也太危险了！邺侯李泌不推荐陆贽来代替自己，是为了保全陆贽，也就是为唐德宗日后保留一个明法辅弼的忠臣贤士，而陆贽却不知道。

如果我们现在来为陆贽着想和筹谋，当李泌在位时，军国大政有所寄托，而陆贽无须有所进言，难道不可以离开朝廷吗？董晋、窦参接受同中书门下平章事的任命，难道不可以离开朝廷吗？窦参因为贪污而落败，天下众望更归于自己，难道不可以离开朝廷吗？窦参被赐死之后，其党羽怀疑是陆贽进的谗言，难道不可以离开朝廷吗？与嫉妒而浅薄的赵憬一起擢升同中书门下平章事，难道不可以离开朝廷吗？可是他却沾沾自喜，就像置身于朝堂之上以等待选拔任用官员的到来，这样反倒授给别人指摘其过错的把柄，而陆贽的处境就更加岌岌可危了。等到他担任宰相之后，奸邪刻薄的裴延龄被任命为户部侍郎判度支掌管财赋，他苦苦劝谏而皇上不听，翰林学士吴通玄撰写毁谤陆贽的文书散发于朝野，姜公辅因为泄露皇上与宰相窦参的密语而被贬官，贾耽、卢迈相继得到三公的职位，到了这个时候再想引身离开朝廷为时已晚了。然而在这种情况下，陆贽依然犹豫不决，坐待被皇上贬斥，几乎不能保全其性命。为了保全自身，这样做不合适；为了安定国家，这样做尤其不可以。为什么呢？自己蒙受罪责，而忠诚正直的同党就危险了，奸邪小人的野心就得逞了，所带来的祸乱必然会危害到国家的政治稳定。

宰相，地位仅次于皇帝而权力又重于文武百官。正人君子要想尽献忠诚而保卫社稷、报效国家，何必非要得到宰相之位而后才可以施行其正道大义呢？得到宰相这个职位，而因人施策、参与朝政的为臣之道反而受到局限和阻碍。要想作为检举君主不法、纠正君主过失的大臣，就不如以毛笔、竹筒侍从于帷幄之中的文学侍从之士更容易达到目的。李泌知道这个道理，而陆贽却不知道，两位贤相的见识和器量的高下优劣，从中就可以分辨清楚了。

本事：《资治通鉴》卷二三四《唐纪五十·德宗》，贞元八年（792）。

三二　京边和籴非立国令图

贞元八年，江、淮水潦，米价加倍，畿辅公储委积，陆贽请减江、淮运米，令京兆边镇和籴，酌一时之缓急，权其重轻，信得之矣，然未可为立国之令图也。丰凶者，不定之数；田亩所出，则有定之获也。丰而余，凶而不足，通十年之算，丰而有余，凶而犹无不足，则远方之租米，毕令轻赍，京边之庸调，悉使纳米可也。如其不然，则丰年之所偶余，留之民间，以待凶岁，使无顿竭之忧；奈何乍见其丰，遽籴之以空在民之藏乎？

为国用计者，耕九余三，恒使有余以待凶岁。如其馈饷有限，吏禄军食，丰仅给而凶则乏，又值京边谷余而价贱，则抑以钱绢代给，使吏与军自籴于民，犹之可尔。何也？自籴则食有节而支不糜，民尚不至虚廪困以自匮。若官与和籴，就令无抑买捐民之弊，而必求如额以供坐食者之狼戾与窖藏之红朽，不复念此粟者，他日小民炊烟屡绝，求粒米而无从者邪！况乎立国有经，恒畜有余以待水旱，则江、淮荐饥，自可取足太仓，捐岁运以苏民，何事敛民之积以虚根本哉？

敬舆所陈，令江、淮斗米折钱八十，计其所赢余钱十万四千缗，一时行之，觉为公私之两利，而国无常守之经，官操商贩之计，空内地之积，夺凶岁之储，使牟利之臣，因得营私以殃民，其失也大矣。以要言之，京边之盈余，不可聚于上而急食之也。此不易之定论也。

【译文】

唐德宗贞元八年（792），长江、淮河水涝为灾，米价成倍增长，而京畿一带府库储备的粮食积聚很多，陆贽请求减少江、淮一带漕运米粮，命令京兆府和西北边镇以和籴的方式向民间收购粮食，以缓解暂时的急需，权衡其轻重缓急，的确是合适的办法，但不可作为立国根本的远大谋略。年成的丰收与灾荒，没有一定的规律；田地出产的粮食，则有一定的收获。丰收就有剩余，灾荒就有不足，以十年作为期限来通算，丰收仍然有余，而灾荒还没有不足，那么远方所转运的租米，可以全部令其折银缴纳，京师和边镇所征收的庸（丝绢）、调（棉麻等），全部缴纳粮米就可以了。如果不是这样，那么丰收年成所偶然剩余的粮食，都留在民间，用来接济灾荒之年，使百姓没有困顿的后顾之忧；为什么突然看到丰收在望，便急于收购粮食而使民间的储藏空虚呢？

为国家财政用度通筹谋划的人，让百姓耕种九年而剩余三年的粮食，经常保持家有余粮以接济灾荒年景。如果百姓缴纳运送的粮食有限，那么官吏的俸禄与军队的粮饷，丰收年成保障供给而灾荒年景就空乏不继了，再遇到京师、边镇粮食有余而价格低贱，就让百姓折算成钱绢代为缴纳以便平抑粮价，而使官吏、军队与百姓自行交易粮食，还是可以的。为什么呢？自行交易粮食，他们就会食用有节制而支出不浪费，百姓还不至于卖空粮仓而使自家食用匮乏。如果官府以和籴的方式向民间收购粮食，即便是没有强行购买、捐弃民生的弊端，而必须求得达到规定数额以供给那些坐食粮饷的人的凶残暴戾，以及府库窖藏的腐朽败坏，却不考虑这些粮食都是他日百姓炊烟断绝，要想求得一粒米也没有办法得到的啊！何况立国有其基本原则，经常积蓄多余的粮食以接济水旱灾害，就是长江、淮河一带连年饥荒，自然可以从太仓的储藏中来取足粮食进行救济，放弃每年漕运粮食以苏民困，为什么要聚敛百姓的积蓄以空虚其根本呢？

陆贽所陈述的建议，令长江、淮河一带每斗米折合八十文钱，计算所盈余的钱达到十万四千缗（一缗等于一千文钱），暂时实行这种政策，感觉于公于私两相便利，然而国家没有恒常遵循的基本原则，官府操纵商人贩卖的计谋，使内地的积蓄空虚，夺去灾荒年景的储备，而且使牟取暴利的大臣借此得以营私舞弊以残害百姓，这种失误就非常重大了。简明扼要地说，京师、边镇多余的粮食，不能全部积聚在官府而急于消费掉。这是不可更改的定论。

本事：《资治通鉴》卷二三四《唐纪五十·德宗》，贞元八年（792）。

三三　召募屯田胜于府兵番戍

陆敬舆请罢关东诸道防秋戍卒，令供衣粮，募戍卒愿留及蕃汉子弟，广开屯田，官为收籴，自战自耕于其所守之地，此亦以明府兵番戍之徒劳而自弱，不如召募之得也。论者于敬舆所陈，则韪其说，而惜德宗之不从；乃于府兵，则赞其得三代之良法而谓不可易。贪为议论，不审事理，自相龃龉，罔天下后世以伸其无据之谈，如此者，亦奚必他为之辩哉？即其说以破之而足矣。

夫折中至当之理，存其两是，而后可定其一得；守其一得，而后不惑于两是。诚不易也，就今日而必法尧、舜也，即有娓娓长言为委曲因时之论者，不可听也。诚不容不易也，则三代之所仁，今日之所暴，三代之所利，今日之所害，必因时而取宜于国民，虽有抗古道以相难者，不足听也。言府兵则府兵善，言折衣粮以召募则召募善，心无衡而听之耳，耳无准而听纸上之迹与唇端之辩，受夺于强辞，而傲岸以持己之是，唯其言而自谓允惬于天下。呜呼！小言破道，曲说伤理，众讼于廷，文传于后，一人之笔舌，旦此夕彼，其以万世之国计民生戏邪！不然，奚为此喋喋哉？持其前后彼此之论以相参，则其无目无心，如篱竹得风之鸣，技自穷矣。

【译文】

陆贽请求罢去关东各道防守西北边镇的戍卒，令他们提供衣服粮饷，召募愿意留在边镇的戍卒以及夷狄和汉族的子弟，广泛开垦屯田，由官府收购他们的粮食，自战自耕于他们所戍守的地方，这也足以表明府兵轮番戍守制度徒劳无益而自行削弱边防力量，不如召募戍卒的办法更为适用。议论的人对于陆贽所陈述的建议，则肯定他的意见，而惋惜唐德宗不予听从；至于府兵制度，则称赞其深得夏、商、周三代的良法美意而不可改变。这种说法只贪图发表议论，却不体察事物发展的内在道理，自相矛盾，不顾天下后世的评论而申述他们毫无根据的奇谈怪论，像这样的说法，又何必从其他方面进行辩论呢？即就其说法本身来加以击破就足够了。

适中取正而至为恰当的道理，是要保存其对立统一的两面，而后可以确定其中一种更为合适的说法；坚持其中一种更为合适的说法，而后才不会迷惑于对立统一的两面道理。这的确是不可改变的，面临今天的形势却一定要效法唐尧、虞舜等古圣先王的治国之道，即使有娓娓动听的长篇大论来阐述委曲求全、因时制宜的论点，也不可听从。这的确也是不容许不加改变的，那么夏、商、周三代所推行的仁政，今天却成了暴政，夏、商、周三代所取得的利益，今天却成了祸害，因此必须根据时势的变化而采取适合于国家、适合于百姓的政策，即使有人坚持古圣先王的治国之道加以诘难，也不足以听从。议论府兵制度时就说府兵制度好，议论折合衣服粮饷以召募戍卒制度时就说召募制度好，心中没有自己的权衡而听进耳朵中，耳朵倾听事物没有自己的准则而听取纸上的痕迹与口头的辩论，接受强词夺理的议论，就傲慢无礼地固执己见，认为只有自己的言论才契合天下的需要。唉！不合大道的言论破坏正道大义，歪曲邪妄的学说妨害人情物理，众说纷纭聚讼于朝廷，著作文章传流于后世，同是一个人的笔墨与口舌，早上这样说而晚上那样说，难道把关乎千秋万代的国计民生当作儿戏吗！否则，为什么如此喋喋不休呢？拿这些前后矛盾、彼此相左的言论相互参照，就可以看出这些人无眼又无心，就像篱笆上的竹子受到风的吹动就发出声音，其自身的本领已经穷尽了。

本事：《资治通鉴》卷二三四《唐纪五十·德宗》，贞元九年（793）。

三四 折色利民而无病于国

自米粟外，民所输者，本色折色奚便？国之利不宜计也，而必计利民。利民者，非一切之法所可据为典要，唯其时而已。唐之初制，租出谷，庸出绢，调出缯、纩、布，其后两税法行，缯、纩、布改令纳钱。陆敬舆上言："所征非所业，所业非所征，请令仍输本色。"执常理以言之，宜无以易也；揣事理以言之，则有未允者焉。

绢、缯、纩、布之精粗至不齐矣，不求其精，则民俗之偷也，且以行滥之物输官，而吏以包容受赇。既损国计、导民奸；而取有用之丝枲（xǐ），为速敝之绢布，灭裂物产，于民亦病矣。如必求其精且良与？而精粗者，无定之数也，墨吏、猾胥操权以苛责为索贿之媒，民困不可言矣。钱则缗足而无可挟之辞矣，以绢、布、绵、缕而易钱，愚氓虽受欺于奸贾，而无恐喝之威，则其受抑者无几，虽劳而无大损也，此折钱之一便也。

树桑者先王之政，后世益之以麻枲、吉贝［今绵花］。然而不能所在而皆植也。桑枲之土，取给也易，而不产之乡，转买以充供，既以其所产者易钱，复以钱而易绢、缯、纩、布，三变而后得之，又必求中度者，以受奸商之腾踊，愚氓之困，费十而不能得五也。钱则流通于四海而无不可得，此又一利也。

丁田虽有定也，而析户分产，畸零不能齐一，势之所必然也。绢、缯、纩、布必中度以资用，单丁寡产尺寸铢两之分，不可以登于府库，必计值以求附于豪右；不仁之里，不睦之家，挟持以虐孤寒，无所控也。钱则自一钱以上，皆可自输于官，此又一利也。

丝枲者，皆用其新者也，民储积以待非时之求，而江乡雨湿，山谷烟蒸，色黯非鲜，则吏不收，而民苦于重办；吏既受，而转输之役者民也，舟车在道，雾雨之所沾濡，稍不谨而成黦（yuè）敝，则上重责而又苦于追偿。其支给也，非能旋收而旋散之也，有积之数十年而朽于藏者矣；以给吏士，不堪衣被，则怨起于下，是竭小民机杼之劳，委之于粪土矣。钱则在民在官，以收以放，虽百年而不改其恒，此又一利也。

积此数利，民虽一劳而永逸，上有支给而下有实利。金钱流行之世，所不能悉使折输者，米粟而已，然而民且困焉。况欲使之输中度之丝麻，累递运之劳以徒供朽坏乎？

唐初去古未远，银未登于用，铸钱尚少，故悉征本色可也。敬舆之言，惜旧制之湮，顺愚民不可虑始之情耳。金钱大行于上下，固无如折色之利民而无病于国也。故论治者，贵于知通也。

【译文】

除了米粟，百姓所缴纳的赋税，以本色实物或折成货币缴纳哪一种方式更为便利呢？国家的利益不宜过于计较，而必须考虑是否有利于百姓。有利于百姓，并非权宜之法所可以引为依据的原则，只是根据时势的变化而变化罢了。按照唐朝初期的租庸调制，租缴纳粟米，庸缴纳丝绢，调缴纳丝织品、绵和布匹，后来实行两税法，丝、绵和布匹改为缴纳钱币。陆贽上奏说："官府所征收的并非百姓所生产的物品，百姓所从事的产业并非官府所征收的钱币，请下令仍旧缴纳本色实物。"按照常理来说，应当没有什么可以改变；然而推测事理而言，就有未必允当的地方。

绢、丝织品、绵和布匹的精致与粗糙很不整齐划一，不求其制作精致，这又是百姓习惯于苟且偷懒的常态，况且以粗制滥造的物品缴纳给官府，而有关官吏因为接受贿赂而予以包容，这样既有损于国家财政大计、引导百姓偷奸耍滑，又拿丝麻等有用之物，制作成容易损坏的绢布，从而破坏物产，对百姓也造成危害。如果一定要追求制作精致而优良的物品呢？物品的精致与粗糙，并没有固定不变的标准，贪官污吏、狡猾奸诈的胥吏掌握赋税征收大权过度苛责百姓作为其索取贿赂的手段，百姓的困苦就无法用语言形容了。而征收折色钱币，只要成色足就没有可以作为要挟的托词了，把征收的绢、布、绵、缕改为钱币，愚昧无知的百姓虽然也需要通过贸易而受到奸商的欺凌和盘剥，却没有官员胥吏恐吓的威胁，因而所受的压迫不多，虽然辛苦却也没有大的损害，这是把本色实物折成钱币的一大便利。

种植桑树养蚕织丝是古圣先王的政策，后世又增加了种植麻、绵［也就是今天所说的棉花］，但并不是所有地方都种植桑树和麻、绵。种植桑麻的地方，征收和供给绢、麻、绵就比较容易，而不出产桑麻的地方，就需要辗转购买来充作赋税缴纳给官府，既要以其所生产的物品换成钱币，又要用钱币去贸易绢、丝、绵和布匹，需要三次转变而后才能完成，而且还要求符合相关的标准，从而承受奸商的盘剥，愚昧无知的百姓所受的困苦，付出十分的投入尚且得不到五分的结果。而钱币则是流通于天下四海的货币，无处不能得到，这又是把本色实物改为钱币的一大便利。

按丁授予的田地虽有一定的数量，然而经过分家析产，零星划分的田地不可能整齐划一，这是势所必然的。绢、丝、绵、布必须符合相关的标准才能用于缴纳赋税，单独的丁口、极少的田产被划分成一尺一寸、一铢一两来计算，不可能登记在府库的赋税图册中，必须计算价值从而附属于豪强大户的册籍当中；如果遇到不仁义的乡里，不和睦的家庭，豪强大户因此而挟持虐待孤寡贫寒的人，就无法加以控制了。而钱币则自一钱以上，都可以自行缴纳给官府，这又是把本色实物改为钱币的一大便利。

缴纳官府的丝麻，都必须用新鲜的，百姓积储其所产丝麻物品以等待不时的征求，而江淮地区气候阴雨潮湿，山谷之间烟岚熏蒸，使得丝麻物品颜色黯淡而不鲜艳，因而官吏不予接收，百姓苦于重新置办；官吏接收之后，而承担运输劳役的还是百姓，舟车行走在水陆通道上，被雾气和雨水所浸湿，稍有不慎就会变成黄黑色而受到败坏，上面官府严肃责罚而又苦于追赔偿还。至于缴纳到府库之后的支出供给，并不能做到随即征收就随即散发出去，甚至有积存数十年而腐朽于库存窖藏之中的；这样的物品供给官吏和将士，又不能做衣服被褥，于是怨恨就会从基层兴起，这简直就是竭尽百姓纺纱织布的劳苦，弃置于粪土之上。而钱币无论是在民间还是在官府，既可以收回也可以发放，即使经历上百年也不会改变其恒定的价值，这又是把本色实物改为钱币的一大便利。

累计有这么多的便利，百姓可以一劳而永逸，官府既有支出供给的方便，百姓又有实际的利益。处在钱币通行的时代，不能使之全部折成为钱币缴纳的赋税，只有米粟罢了，然而百姓就因此感到困苦了。何况想要使百姓缴纳符合相关标准的的丝麻织品，累积递运缴纳的辛劳成果仅仅用来供给府库腐朽败坏吗？

唐朝初年，距离上古时代还不太远，银子还没有作为流通媒介使用，铸钱也还比较少，所以全部征收本色实物，这是可以的。陆贽的议论，只是惋惜旧制的埋没，顺从愚昧的百姓，不可与他们谋划实施新政策的想法罢了。金钱大量流行于朝野上下，本来就不如征收钱币的方式更为有利于百姓而又无害于国家。所以议论治国之道，贵在知道因时而变通。

本事：《资治通鉴》卷二三四《唐纪五十·德宗》，贞元十年（794）。

三五　乱世之税限迫促

陆敬舆论税限迫促之言曰："蚕事方兴，已输缣（jiān）税；农功未毕，遽敛谷租。上责既严，吏威愈促。急卖而耗其半直，求假而费其倍偿。"悲哉！乱世之民；愚哉！乱世之君也。

民之可悲者，聂夷中之诗尽之矣。其甚者，不待二月而始买新丝，五月而始粜新谷也。君之愚也，促之甚，则民益贫；民益贫，则税益逋；耕桑之获，止有此数，促之速尽，后虽死于桁（háng）杨，而必无以继；流亡日苦，起为盗贼，而后下蠲逋之令，计其所得，减于缓征者，十之三四矣；何其愚也！迫促之令，君愍而不知计，民惴而不敢违。墨吏得此以张其威焰，猾胥得此以售其罔毒，积金屯粟之豪民得此以持贫民之生死，而夺其田庐子女。乱世之上下，胥以迫促为便，而国日蠹、民日死，夫谁念之？

孟子曰："用其一，缓其二。"缓之为利溥矣哉！所谓缓者，非竟置之谓也，通数十百年而计之，缓者数月而已。绌邪臣急功之谋，斥帑臣吝发之说，烛计臣卸责之私，姑忍之，少待之，留一春夏之间，俟之秋冬，而明岁之春夏裕矣，源源相继，实亦未尝有缓也。统计之于累岁之余，初何有濡迟之忧哉？国家当急遽之时，自有不急之费，取此而姑忍之，少待之，可省以应急需者不患乏也，而奈何遽责之千里之遥、转输之不逮事者也！缓者，骄帅、奸臣、墨吏、猾胥、豪民之大不便，而人君深长之益也，愚者自不知耳。君愚，而百姓之可悲，无所控告矣。

【译文】

陆贽论述赋税期限紧迫的言论，其中有这样的话："养蚕的事情刚刚兴起，已经要征收缴纳缣帛之税了；农事的收成还没有完毕，就急于收取谷租。上面官府的督责既严，官吏威逼就越发急促。百姓急于卖出产品，却要损耗一半的价钱，求借于别人的费用更需要加倍偿还。"悲哀啊！乱世的百姓；愚蠢啊！乱世的君主。

乱世百姓的悲哀情形，唐末诗人聂夷中在他的诗篇《咏田家》中已经有了生动的描述。更严重的是，等不到二月就开始出卖新的蚕丝，不到五月就开始出卖新谷了。愚蠢的君主，赋税征收催促得愈加厉害，百姓就愈加贫困；百姓愈加贫困，而赋税就愈加拖欠；耕田种桑的收获，只有这么多产品，催促紧迫很快就会用尽，此后即使死于刑讯逼供，也必然无以为继；流亡的百姓日益贫苦，就起来成为盗贼，而后朝廷再下达蠲免拖欠赋税的诏令，统计所征收到的赋税数量，比起暂缓期限征收的数量，只有十分之三四；这是多么愚蠢啊！税期迫促的诏令，君主昏昧而不知谋划，百姓恐惧而不敢违抗。贪官污吏得以借此而伸张其威风气焰，狡猾奸诈的胥吏借此以施行对百姓的蒙蔽与毒害，而那些积蓄金银、囤积粮食的豪强刁民得以借此操持贫苦百姓生死予夺的大权，而劫夺他们的田宅和子女。乱世的君臣上下，都把税期迫促视为便利，而国家利益日益被侵蚀、百姓日益趋向死亡，还有谁顾念和体恤他们呢？

孟子说："有布缕之征、粟米之征、力役之征。君子只采用其中的一种，而暂时停止另外两种。如果同时征收两种赋役，百姓就会饿死；如果同时征收三种赋役，百姓就会父子离散。"暂时停止征收的益处非常大啊！所谓的暂时停止征收，并不是弃置而不再征收的意思，统筹考虑数十上百年的情况加以计算，暂时停止征收也就数月罢了。遏止奸邪之臣急功近利的阴谋，斥责主管府库的内帑之臣吝于动用库存的说法，洞悉财赋之臣推卸责任的私心，姑且忍耐一下，稍微等待一下，保留一个春夏的时间，等到秋冬季节。而到了明年春夏生活用度就宽裕了，这样赋税就会源源相继而来，实际上也不曾有什么暂时停止征收。统计历年的赋税节余，当初怎么会有延迟缴纳的忧虑呢？当国家财政窘迫危急之时，自然会有不急用的费用，取此不急用之费而暂时忍耐一下，稍微等待一下，就可以节省下来以应付急需而不用忧虑财用匮乏了，为什么要骤然苛责于千里之外的遥远地方，以及转运缴纳而不能完成其事的人呢！暂时停止征收这件事，对于骄横的将帅、奸邪的大臣、贪官污吏、狡猾奸诈的胥吏、豪强刁民而言是很大的不便，而对于君主而言则是深远长久的利益所在，只是愚蠢的人自己不知道罢了。君主愚蠢，而百姓的可悲，就没有办法去控诉了。

本事：《资治通鉴》卷二三四《唐纪五十·德宗》，贞元十年（794）。

三六　唐德宗好疑而信谀

德宗始召叛臣之乱，中徇藩镇之恶，终授宦竖之权，树小人之党，其不君也足以亡，而不亡者，幸也。乃夷考其行，非有征声逐色、沉溺不反之失也，非有淫刑滥杀、暴怒不戢之恶也，抑非有闻善不知、遇事不察之暗也；疑其可进中主而上之，以守成而保其福祚；然而卒为后世危亡之鉴者，论者以为好疑之过，是已。虽然，好疑者，其咎之流也，非其源也；穷本探源，则好谀而已矣。故陆敬舆欲释其疑，而不足以夺其心而使之悛；盖其厚有所疑者，唯其深有所信也，非无所信而一用其疑也。于卢杞则信，于裴延龄则信，于窦文场、霍仙鸣则信，于韦渠牟则信，败而不怒，贬而不释，死而犹追念之，推心置腹，群言交击，而爱之益坚。且不仅是也，陆贽之始，李泌之终，亦未尝不唯言是听而无有二三也。然则岂好疑为其不可解之惑哉？

敬舆之在奉天也，有排难之显功，言无不中，则秉义虽直，处时虽危，而志得神怡，发之于辞气颜色也，必温和而浃洽，故罪己之诏，虽暴扬其过而不以为侮。若长源，则宛曲从容之度，足以陶铸其骄气，而使其意也消。卢杞诸奸，岂有别术以得当哉？无宫壶之援，无中涓之助，唯面柔口泽，探意旨而不相违拂耳。是故德宗之得失，恒视所信而分，专有所信，则大有所疑。呜呼！千古庸人膏肓不起之病，非以失所信而致然哉？有大信者，必有厚疑；有厚疑者，必有偏信；或信或疑，贤奸俱不可恃，唯善谀者能取其深信，而天下皆疑矣。

夫人之多所疑也，皆生于不足。智不足，则疑人之己诳；力不足，则疑人之己凌。先自疑而旁皇无据，四顾不知可信之人，于是谀者起而乘之，谅其所易为，测其所易知，浅为尝而轻为辨，则不足者亦优为之而掩其所短。固将曰：非与我合者，言我所不知、不能以相欺，彼即亦一道与，固非我之攸行；且恶知其非矫诬以夺人于所不逮，而售其异志乎？直者之疑愈厚，则谀者之信愈坚，于是偏信而无往不疑，乃以多疑召天下之离叛。故曰疑者其弊之流也，信者其失之源也。

道处于至足者，知从我者之非诚，而违我者必有道也。故尧无疑于群臣之荐鲧，而鲧不足以病尧。下此者，皆有不足也。知不足而不欲掩，则谀我者之情穷矣。流俗之言，苟且之计，恶足以进于前哉？此中材救过之善术也。能知此，则天下皆与善之人而奚疑乎？天下皆与善之人而又奚有所偏信乎？故德宗之失，失于信也。好谀而信之，虽圣哲痛哭而不救其败。纣之恶无他，好谀而信飞廉、恶来者深也。

【译文】

唐德宗在位（780—805）的初期，招致叛贼的祸乱，中期则屈从于藩镇割据的罪恶行径，后期又授予太监专权，树立奸邪小人的党羽，即使他不是君主也足以自取灭亡，可是他却没有灭亡，实在是他的侥幸。考察他的所作所为，他并没有追逐声色、沉溺不返的过失，并没有乱用刑罚滥杀无辜、暴怒不止的罪恶，也并没有听到善言而不知道、遇到事情而不体察的昏庸；我甚至疑惑他可进入中等君主的行列而居其上游，可以保守前代的成就而保全自己的福祉与江山社稷；然而最终成为后世国家危亡的反面镜鉴，议论的人都认为是他喜欢猜疑的过错，这是可以肯定的。虽然如此，喜欢猜疑是其罪恶的支流，并非其罪恶的本源；追踪和探索其罪恶的根本与源流，就是他喜欢阿谀奉承罢了。所以陆贽想要消除他的猜疑，却不足以改变他的内心而使其改过自新；大概他对所猜疑的人疑心重重，正是因为他对所信赖的人深信不疑，并非什么人都不相信而专用其猜疑之心。对卢杞就相信，对裴延龄就相信，对窦文场、霍仙鸣就相信，对韦渠牟就相信，对他们的失败而不恼怒，对他们被贬谪而不释怀，对他们的死亡还追悼思念，对他们可以说是推心置腹，众臣交相弹劾攻击他们，而唐德宗对他们的爱护更加坚定不移。况且不仅如此，陆贽在刚开始的时候，李泌在临终的时候，唐德宗对他们也未尝不是唯言是听而从来没有三心二意。既然这样，怎能说喜欢猜疑是他不可解释的疑团呢？

陆贽在奉天事奉唐德宗的时候，有排除危难的显著功劳，他的言语没有不深得君心的，他秉持的正道大义尽管很耿直，所处的时势尽管很危险，而志得意满、心旷神怡，表现在他的文辞和气色上，必然是面色温和、情意融洽，所以他为唐德宗起草的罪己诏，尽管暴露宣扬其过错而德宗也不以为侮辱。至于李泌，那辗转曲折、从容不迫的气度，足以融合唐德宗的骄矜自大之气，而使他的意志消解。卢杞等各奸佞之臣，难道有什么别的权术以深得唐德宗的信任吗？没有后宫嫔妃的内援，没有专权太监的帮助，仅仅是面色柔顺、言辞巧妙，探知皇上意旨而不相违背罢了。因此，唐德宗的成败得失，常常要看他所信任的人来加以区分，他有专一信任的人，就有大为猜疑的人。唉！千古以来庸人所患的深入膏肓、行将不起的疾病，难道不是因为失去其所信任的人而导致的吗？他有大为信赖的人，必定有疑心重重的人；他有疑心重重的人，必定有偏听偏信的人；有的偏听偏信，有的疑心重重，忠良贤臣和奸邪佞臣都不可倚靠，只有那些善于阿谀奉承的人才能取得他的深信不疑，而天下人都值得猜疑了。

人们之所以猜疑，都产生于自己的不足。自己的智慧不足，就怀疑别人欺骗自己；自己的力量不足，就怀疑别人欺凌自己。首先自我怀疑而彷徨四顾无所倚靠，观察周围的人不知有谁可以信任，于是阿谀奉迎的人就乘机而起，推想他容易作为的事情，测度他容易知晓的道理，粗浅地加以尝试，机巧地加以辩论，不足的人也很容易满足于这样而掩盖自己的短处。这样他必然会说：那些不与我志同道合的人，说些我所不知道、做不到的事情从而欺骗我，他们的选择也是一种道路，本来就不是与我同行的人；况且怎么能够知道他们不是假借这种名义进行诬陷诽谤以争夺我争取不到的人，进而实现其篡位夺权的野心呢？对正直的人猜疑越是深厚，就对阿谀逢迎的人信赖更加巩固，于是偏听偏信而毫不怀疑，却因为多疑而招致天下人离心离德和背叛。所以说喜欢猜疑是其弊政的支流，而偏听偏信阿谀奉承则是其失误的根源。

非常了解天地自然大道的人中，他知道顺从他的人并非出于真诚，而违背他的人必定有其道理。所以唐尧不怀疑群臣都推荐伯鲧来治理洪水，而伯鲧也不足以危害唐尧之道。而低于这种境界的人，都有其不足之处。知道自己的不足而不想加以掩饰，于是阿谀奉承之人的心思就无法施展了。这样，世俗流行的言论，苟且偷安的计谋，怎么能够进献于自己的面前呢？这是中等资质的君主补救过失的好办法。能够知道这个道理，那么天下都是可以与人为善的人而何必猜疑呢？天下都是可以与人为善的人，而又何必有所偏听偏信呢？所以唐德宗的失误，就在于他失于信任。喜欢阿谀奉承的话而深信不疑，即便是德才超凡的圣哲痛哭流涕地苦苦谏诤也不能挽救他的失败。殷纣王的罪恶并没有其他的原因，就是因为他喜欢阿谀奉承的言论而对飞廉、恶来这样的人深信不疑罢了。

本事：《资治通鉴》卷二三五《唐纪五十一·德宗》，贞元十二年（796）。

卷二十五

明刻本《历代帝贤像》中的唐宪宗李纯画像

【题　解】

本卷评论唐朝中期的历史，分顺宗、宪宗二目，共一十九则。

唐顺宗李诵（761—806）为德宗长子，因中风失去语言能力，即位后任用王伾、王叔文等实行永贞革新，由于宦官政变而失败，被迫让位于太子。对于发起永贞革新的二王，史家历来视为奸邪小人，对参与的八司马也极其贬诮，王夫之认为永贞革新废除唐德宗末年的乱政，以快人心、清国纪，称得上是善政；二王也没有谋逆之举，只是气量不足，难以担负社稷重任；至于韦执谊等被称为千古败类，则是一种污蔑。

宪宗李纯（778—820）为顺宗长子，即位后力图削平藩镇，重振朝廷权威，史称“元和中兴”；后渐趋骄奢，醉心仙佛，王夫之选择十八个问题加以评论。宪宗削藩之所以取得成功，关键在于洞察时势、乘时而动，第一代藩镇枭雄纷纷凋零，割据势力与朝廷实力此消彼长，宪宗适时采取军事行动和政治安抚相结合的策略，因而取得了与唐德宗削藩截然不同的效果。关于朋党之争，王夫之以李绛和裴度为例提出君子面对党争应持的态度：如果奋力斥逐奸佞不成，便不能眷恋权位，应及时引退以免自辱并给国家带来祸患。至于宪宗委任宦官刘光琦为枢密使，历来多持否定态度，王夫之把人事与制度区分开来分析，枢密使专职专权确保军事机要高效安全，不能借所任非人而因噎废食，故“枢密一官，必举而不可废”。对制科取士得言而不足以得人，直言极谏科登进浮薄之士，韩愈《谏佛骨表》不足以卫道等，都提出了卓尔不群的精辟见解。

顺宗

一　史家过贬“二王八司马”

王伾、王叔文以邪名古今，二韩、刘、柳皆一时之选，韦执谊具有清望，一为所引，不可复列于士类，恶声一播，史氏极其贬诮，若将与赵高、宇文化及同其凶逆者，平心以考其所为，亦何至此哉！

自其执政以后，罢进奉、宫市、五坊小儿，贬李实，召陆贽、阳城，以范希朝、韩泰夺宦官之兵柄，革德宗末年之乱政，以快人心、清国纪，亦云善矣。顺宗抱笃疾，以不定之国储嗣立，诸人以意扶持而冀求安定，亦人臣之可为者也。所未审者，不能自量其非社稷之器，而仕宦之情穷耳，初未有移易天位之奸也。于是宦官乘德宗之危病，方议易储以危社稷，顺宗暗而不理，非有夹辅之者，则顺宗危，而宪宗抑且不免。代王言，颁大政，以止一时之邪谋，而行乎不得已，亦权也。宪宗储位之定，虽出于郑絪，而亦俱文珍、刘光琦、薛盈珍等诸内竖修夺兵之怨，以为诛逐诸人之地。则韦执谊之惊，王叔文之忧色，虽有自私之情，亦未尝别有推奉，思摇国本，如谢晦、傅亮之为也。乃史氏指斥其恶，言若不胜，实核其词，则不过曰“采听谋议，汲汲如狂，互相推奖，僩（xiàn）然自得，屏人窃语，莫测所为”而已。观其初终，亦何不可测之有哉？所可憎者，器小而易盈，气浮而不守，事本可共图，而故出之以密，谋本无他奇，而故居之以险，胶漆以固其类，亢傲以待异己，得志自矜，身危不悟，以要言之，不可大受而已矣。因是而激盈廷之怨，寡不敌众，谤毁腾于天下，遂若有包藏祸心为神人所共怒者，要亦何至此哉！

伾、叔文诚小人也，而执谊等不得二人不足以自结于上，伾、叔文不得于牛昭容、李忠言不足以达于笃疾之顺宗。呜呼！汉、唐以后，能无内援而致人主之信从者鲜矣。司马温公之正，而所资以行志者太后；杨大洪之刚，而所用以卫主者王安；盖以处积乱之朝廷，欲有所为，弗获已而就其可与言者为纳约之牖也。叔文、伾之就诛，八司马之远窜，事所自发，亦以宦官俱文珍等怨范希朝、韩泰之夺其兵柄，忿怼急泄而大狱疾兴。诸人既蒙不赦之罪，神策监军，复归内竖，唐安得有斥奸远佞之法哉？宦官之争权而迭相胜负耳。杜黄裳、袁滋不任为主也。故执谊等有可黜之罪，而遽谓为千古之败类，则亦诬矣。

由此以观，士之欲有为当世者，可不慎哉！天下之事，昭昭然揭日月而行者，与天下共之。其或几介危疑，事须密断者，则缄之于心，而制之以独。若骤得可为之机，震惊相耀，以光大之举动为诡秘之声容，附耳蹑足，昼呼夜集，排群言，敛众怨，自诩为忧国如家，乃不知旁观侧目者且加以不可居之大慝。事既秘，言不能详，欲置辩而末从，身受天下之恶，自戕而已矣。《易》曰："不出户庭，无咎。"慎之于心也。不出门庭则凶矣。门内之密谋，门外之所疑为叵测者也。流俗之所谓深人，君子之所谓浅夫也。读柳宗元谪后之书，"匪舌是出"，其愚亦可哀也已！

【译文】

唐顺宗在位时的永贞革新，改革派的"二王八司马"中，王伾、王叔文以邪僻闻名古今，而韩泰、韩晖、刘禹锡、柳宗元都是当时公认的杰出人才，韦执谊有美好的声望，但是他们一旦被二王援引重用，就不能再列入士大夫的行列，罪恶的名声一旦传播出去，史官也对他们极尽贬低、讥诮之能事，好像他们与秦朝末年的奸臣赵高、隋朝末年的奸臣宇文化及一样包藏祸心、凶残悖逆。其实平心静气地考察他们的所作所为，又何至于到了这样的地步！

自从"二王八司马"执政以后，罢除各地藩镇的进奉、宦官采办物品的官市等陋规，裁撤五坊小儿（担任五坊使的小宦官），贬谪专横残暴的京兆尹李实，召回遭受打击的正直官员陆贽、阳城，任用范希朝、韩泰夺回被太监把持的神策军兵权，改革唐德宗末年的乱政，从而大快天下人心、澄清国家纲纪，这些举措也都堪称善政。唐顺宗李诵身染重病，以尚未确定为储君的太子李纯（即唐宪宗）继立为帝，“二王八司马”等人着意扶持新君从而希望求得国家的安定，这也都是作为臣子可以作为的。他们所考虑不够审慎的是，不能正确地估量到自己的品行与才华并不足以担当国家大任，却把热衷于官位的心态表现得淋漓尽致，他们一开始并没有变更皇位继承人、危害国家的奸邪野心。在这个时候，太监乘唐德宗病危之际正讨论改变皇储图谋危害江山社稷，唐顺宗因为病重不能讲话而不能控制大局，这时如果没有辅佐的大臣，不仅唐顺宗面临危险，唐宪宗恐怕也不能幸免。在这种危急的形势下，二王等人代天子发声，颁布国家大政，从而制止一时危害国家的奸邪阴谋，这种行为乃是出于不得已，也是一种权宜之计。唐宪宗储君地位的确定，虽然是出于翰林学士郑絪，也是俱文珍、刘光琦、薛盈珍等太监为了报二王夺取禁军兵权之仇，作为诛杀、放逐二王等人的借口，因此当唐宪宗被立为太子时，韦执谊惊慌，王叔文忧形于色，虽然有其自私的情感，但也不曾有另外推举和拥戴他人，想要动摇国家的根本，像南朝宋的大臣谢晦、傅亮那样擅自废立皇帝的作为。可是后世史官却指斥他们的罪恶，好像言语都不胜表达似的，然而核实他们的说法，也只不过说他们“采取和探听外面的事情，筹谋议论，相互唱和，就像疯了一样日夜急切追求富贵，相互推崇、彼此吹捧，狂妄自大，而且避开众人窃窃私语，使人猜不透他们的所作所为”罢了。观察他们执政的前后始终，又有什么不可测度的奸邪阴谋呢？其令人可憎之处，也就是器量狭隘而容易自满，心浮气躁而不能坚守，事情本来可以和大家共同图谋，却故意以机密的方式表现出来，其谋略本来也没有什么新奇，却故意选择冒险的手段，对其同党如胶似漆以巩固其联盟，对待异己则傲慢无礼，一朝得志便自相矜夸，身处危境而不觉悟，简明扼要地说，他们不配被授予国家大任罢了。因此而激起朝廷上下的怨恨，寡不敌众，使得诽谤诋毁之声传遍天下，于是被看作是包藏祸心而引起神人共怒的大奸臣，其实他们哪有达到这个地步啊！

王伾、王叔文的确都是小人，但是韦执谊等人如果不得到他们二人的支持就不能得到皇上的信任，而王伾、王叔文如果不依靠后宫宠妃牛昭容、专权太监李忠言的支持，也不能把自己的主张上达身患重病的唐顺宗。唉！汉、唐以后，辅政大臣能够不通过皇帝身边后妃、太监的支持而得到皇帝的信任重用的，的确非常少见。像宋朝的司马光这样正直的人，也得依靠高太后的支持来施展自己的抱负；像明代的杨涟（字文儒，号大洪）这样刚强的人，也得依靠太监王安的帮助来保护皇帝；大概身处长期陷入政治混乱的朝廷，要想有所作为，迫不得已就要选择可以沟通交流的人作为其进献忠信善道以结纳君主的途径。王叔文、王伾被诛杀，“八司马”被流放边远地区，这个事件发生的根源，也是因为太监俱文珍等怨恨范希朝、韩泰夺取了他们掌管神策禁军的兵权，急于发泄怨愤从而很快大兴冤狱。“二王八司马”等人蒙受十恶不赦的罪罚，神策军监军的兵权又重新回到太监的手中，唐朝还有什么斥退奸臣、远离佞臣的办法呢？只不过是听任太监相互争权而互有胜负、轮流掌权罢了。宰相杜黄裳、袁滋也担当不起为皇帝排忧解难的重任。所以韦执谊等人固然有应该受到贬斥废黜的罪过，但是武断地说他们就是千古士林的败类，则也是捏造事实冤枉了他们。

由此来看，士人要想在现实政治中有所作为，怎么可以不谨慎呢？国家的大事，像日月运行那样清楚明了，就要与天下人共同治理。其中有的政务存在疑惧，必须秘密决断的，则要深深隐秘于心底，而独自进行决策。如果骤然间得到了可以有所作为的机遇，就震动惊异而自相炫耀，把本来可以光明正大的举动故意表现出诡秘的声音容貌，踩着别人的脚进行暗示，附在别人的耳边说话，白天呼朋引类，夜间聚众集会，排斥大家的意见，招致众人的怨恨，还自诩为忧国如家，却不知道袖手旁观或侧目而视的人将要给他们加上不能承受的巨奸大恶的罪名。而事情既然很隐秘，又不能详尽地说出来，想要辩解也没有办法，身受天下的厌恶，只有自杀罢了。《周易·系辞》上说：“不出门户庭院，就没有过错。”是说为人要节制守正，小心谨慎。否则，即使不出门户庭院，也会有危险。关起门来进行密谋，门外的人就会疑其心怀叵测。世俗流行所谓的深沉而有见识才学的士人，在正人君子看来不过是见识浅薄的匹夫。阅读柳宗元遭贬永州司马之后所写的文章，还引用《诗经·小雅·雨无正》中的诗句说“并不是口舌笨拙，实在是身心憔悴”，他的愚昧无知也令人感到可悲啊！

本事：《资治通鉴》卷二三六《唐纪五十二·顺宗》，永贞元年（805）。

宪宗

一　追服丧礼之道

礼何为而作也？所以极人情之至而曲尽之也。古礼之佚不传者多矣，见于《三礼》者，唯《丧礼》为略备，达于古今，无不可由也。然而犹有阙焉，时之所不然，事之所未有，情之所不生，礼之所未及也。于是而后儒折中论定之道，有可参酌以极得其中，则遭乱失其父母，寻求不得，生死莫能知，而为之追服，是已。

礼文之未及此也有故；古者分土建侯，好问不绝，偶为仇敌，而礼之往来不废，声问相逮，无有阻也。故诸侯失国而为寓公，大夫去国而有羁禄，即其为行人而见执，临战伐而见俘，其生其死，必相闻矣。则生而遥告以吉凶，死而得奔丧、还葬，奚有寻求不得而待追服者哉？

王莽之世，盗贼坌起，永嘉而后，胡、汉分割，于是而贵贱均于俘囚，老弱随其转徙，千里无人，音问既绝，转掠不定，踪迹莫稽，乃有父子殊天，终相暌隔，母妻漂散，不审存亡者。呜呼！生不得聚，死不得知，疏衰者，非人子之可用报亲者，而犹不克尽三年之哀慕，亦惨矣哉！晋庾蔚之等始建议寻求三年之外，俟中寿八十而服之，此亦以礼定情之极致，周公复起，不能易也。

德宗母沈太后因乱陷贼，不知所在，德宗即位，寻求数十年不得，迨德宗之葬，礼官乃申蔚之之议，以德宗启殡日，发沈后之丧，因此而祔庙之礼行焉。夫蔚之限寻求以三年，俟发丧于中寿，而德宗终身不废寻求者，以德宗已正位临民为宗社主，不容因母而废大政，即位寻求，两不相碍也。而士大夫既含重哀、必废婚宦，尽心力为寻求地，期以三年，则人子之志伸，而生人之理亦无崩坏之忧矣。晋、宋以来，有因此而永绝婚宦者，其志可尚，而其道不可常，殆亦贤者之过。蔚之裁之以中，不亦韪与！不宦则祭祀不修，不婚则继嗣不立，抑非所以广孝也。且夫寻求不得，而生死固无据焉，衔恤靡至，一以丧礼居之，万一亲幸而存，岂非之生而致之死乎？即位而寻求，临朝不废之典，宜于天子；限求以三年，权停婚宦，宜于士夫。酌中寿之年以服丧，生存之望可绝；以启殡之日而为忌，人子之道以终；变而不失其常，补古礼之未有，合先圣之大经，此其选已。

【译文】

礼仪是为什么而制定的呢？是为了充分表达人伦之情的极致从而委婉详尽地加以体现。古代礼制散佚失传的太多了，保留在《周礼》《仪礼》《礼记》这三种礼仪经典中的，只有《仪礼·士丧礼》还比较完整，而且通达古今，没有不能用的。但是《士丧礼》仍然还有不完备的地方，这是因为时代有所不同的变化，事情也存在前所未有的，情感也有前所未曾发生的，所以古代礼制也不可能一一涉及。于是后代的儒家根据新的情况折中论定礼仪的原则，有的可以参酌执行以充分表达人伦之情，像遭遇战乱而同父母失散，又寻找不到，父母双亲的生死存亡不可得而知，不得已而为他们追服丧礼，就是这样的一个例子。

古代礼制文献没有关于追服丧礼的条文，是有其缘故的：古时候天子分封土地，建立诸侯国，各国之间互通友好的使者往来不绝，即使偶尔处于敌对状态，但是礼尚往来仍然没有废黜，音讯相通的渠道并未受阻。所以诸侯国君失去君位后到他国当寓公，大夫逃离自己的国家仍能拿到他国的俸禄，即使作为使者被他国扣押，或者在战场上被俘虏，他们的生与死，也一定能相互听说。这样，他们活着的时候可以告知远方的家人其吉凶祸福，亡故的时候则可以前去奔丧、运回故乡安葬，哪里还会有寻找不到父母而有待于追服丧礼的事情呢？

在西汉末年王莽统治时期，各地盗贼蜂起，西晋永嘉之乱以后，胡汉分治形成南北朝对峙的形势，从这个时候开始，无论贫富贵贱都像俘虏和囚犯一样，老弱病残都随着颠沛流离，到处迁徙，造成有的地方千里没有人烟，各地之间音讯断绝，人们漂泊不定，踪迹无法稽考，甚至出现父子天各一方，终生不能相见，母亲和妻子辗转失散，不知道死活存亡的情况。唉！活着不能团聚，死了也不知道，单是穿上粗疏麻布的丧服，无法表达孩子对父母养育之恩的报答，更不能尽到服丧三年的悲伤思慕之情，也太悲惨了！东晋末年至南朝宋初期的庾蔚之等人才建议寻访父母三年以上而找不到的，等到父母到中寿即七八十岁时就可以为他们服丧，这也是按照礼仪来表达人伦之情的最好办法，即使是制礼作乐的周公旦能够复生，也是不能改变的。

唐德宗的母亲沈太后因为战乱落入叛贼之手，不知下落，唐德宗即位后，寻访几十年也没有找到，等到德宗死后下葬时，负责礼仪的官员申述庾蔚之的观点，确定在德宗发殡的当天，为沈太后发丧，因此将牌位供奉宗庙的礼仪得以举行。庾蔚之把寻访父母的期限定为三年，等到父母七八十岁时就为他们发丧，而唐德宗却终生不停地寻找母亲，这是因为他已登基为帝作为宗庙社稷的主人，不容他为了寻找母亲而荒废国家大政，登基为帝和寻访母亲，两件事不能互相妨碍。可是一般的士大夫遇到这种情况，既然身负重孝，就不能婚娶、做官，为尽心竭力寻访父母考虑，以三年作为期限，作为儿子对父母的孝心得以充分表达，而人生的伦理纲常也没有礼崩乐坏的忧虑了。晋和南朝宋以来，有人因为寻访父母而终身不娶亲、不做官，其志节值得崇尚，但是这种做法不可作为常道，这大概就是孔子所说的“贤者过之而不肖者不及”吧！庾蔚之以折中之道加以衡量取舍，所提出的意见不是很对的吗？不出仕则不能履行祭祀先祖的责任，不结婚就不能繁衍后代，这也不是用来弘扬孝道的方法。况且寻访不到父母，其生死存亡本来就没有凭据，就像《诗经·小雅·蓼莪》一诗中说的“出门的时候心怀哀伤，回家的时候又见不到父母”，一律按照丧礼来进行，万一双亲幸存下来，难道不是否认他们生存而置之死地吗？因此，像唐德宗那样即位后既寻访母亲又临朝行政不荒废国事，这样的典制，适合于天子；寻访父母以三年为期限，在这期间暂且不婚娶、不做官，这样的典制适合于士大夫。依据中寿的年岁为父母服丧，是因为他们生存的希望已经断绝；以儿子发殡之日作为父母的忌日，表示作为人子的伦理已经尽到；这些做法既有所变通又不违礼仪的常道，可以补充古代礼制的不足之处，符合古圣先王制定礼仪的基本原则，可以说是上佳的选择了。

本事：《资治通鉴》卷二三六《唐纪五十二·顺宗》，永贞元年（805）。

二　知时者可与谋国

杜黄裳之请讨刘闢，武元衡之请征李锜，李绛之策王承宗、田兴，不待加兵而自服，皆时为之也。知时者，可与谋国矣。

自仆固怀恩以河北委降贼而僭乱不可复制者，安、史之诛，非唐师武臣力制其死命而殪之，贼自败亡而坐收之也。幽、燕、河、济，贼所纠合之蕃兵、突骑皆生存，而枭雄之心未艾，田承嗣、薛嵩、朱希彩之流，狼子野心，习于战斗，狃于反覆，于斯时也，虽李、郭固无如之何，而下此者尤非其敌也。代宗骄之，德宗挑之，俱取败辱，虽有黄裳、元衡之能断，李绛之善谋，我知其未易为筹度也。

至于元和，而天下之势变矣。向所与安、史同逆矫厉自雄者，死亡尽矣，嗣其僭逆者，皆纨袴骄憨、弋色耽酒之竖子也。其偏裨，则习于叛合、心离志怠、各图富贵之庸夫也；其士卒，则坐糜粟帛、饮博游宕之罢民也。而狎于两代之纵弛，不量力而轻于言叛；乃至刘辟以白面书生，李锜以贵游公子，苟得尺寸之土，而妄寻干戈；此其望风而仆、应手而糜者，可坐策之而必于有功。韦丹、李吉甫且知西川之必下以劝兴师，况黄裳、元衡之心社稷而有成谋者乎？故德宗奋而启祸，宪宗断而有功，事同而效异也。

夫既知其可以讨矣，则亦知其可以不战而屈之矣。姑试其威于西川而西川定，再试其威于镇海而镇海平。河北豢养之子弟，固不测朝廷之重轻，而苟求席安以自保，众心俱弛，群力不张。于斯时也，唐虽不自信其有必胜之能，而魏博、成德非王武俊、田悦之旧，彼自知之，亦可众量之矣。吉甫目击杜、武之成绩，欲效之以徼功于河北，是又蹈德宗之覆辙也。李绛之洞若观火，又岂有绝人之智计哉？故代宗之弛而失御，宪宗之宽而能安，亦事同而效异也。所以异者无他，惟其时也。

时者，方弱而可以强，方强而必有弱者也。见其强之已极，而先自震惊，遂朒（nǜ）缩以绝进取之望；见其势之方弱，而遽自踸踔，因兴不揣之师，此庸人所以屡趋而屡踬也。焚林之火，达于山椒则将熸（jiān），扑之易灭而不敢扑，待之可熄而不能待，亦恶知盈虚之理数以御时变乎？刘渊、石虎、苻坚、耶律德光、完颜亮，天亡之在眉睫矣，不知乘时者，犹以为莫可如何，而以前日之覆败为惩。悲夫！

【译文】

唐宪宗李纯在位初期的宰相杜黄裳请求派兵讨伐西川节度使刘闢，武元衡请求派兵征讨镇海节度使李锜，李绛定策制服成德节度使王承宗、魏博节度使田兴，唐宪宗采纳了他们的建议，没有大动干戈，这些藩镇就归服朝廷，这些胜利都是时势使然。所以，认识并善于顺应时势的人，可以参与谋划国家大事。

自从仆固怀恩把河北地区的藩镇授予投降朝廷的叛贼以后，河北地区藩镇僭越叛乱就再也无法控制，安史之乱被平定和安禄山父子、史思明父子被诛杀，并不是唐朝军队和武将奋力作战才消灭他们的，而是这些叛贼自己内讧而自取灭亡的，唐朝军队不过是坐收渔翁之利罢了。当时，在幽燕之地、黄河济水之间，这些叛贼所纠集的夷狄军队和善于冲锋陷阵的骑兵力量都还存在，其反叛朝廷的野心并未止息，魏博节度使田承嗣、昭义节度使薛嵩、卢龙节度使朱希彩之流，也都怀着狼子野心，骁勇善战，而反复无常，在这种形势下，即便是李光弼、郭子仪这样的人本来对他们也无可奈何，不如李、郭的人就更不是他们的对手了。唐代宗李豫对他们姑息纵容，唐德宗李适则轻易挑战他们，结果都遭受失败与羞辱，即便当时也是像杜黄裳、武元衡那样能够决断的人，像李绛那样善于谋划的人，我看也未必能够轻易筹划和对付他们。

到了唐宪宗元和年间（806—820），天下的形势发生了变化。过去同安禄山、史思明一起谋反而矫情厉色、桀骜不驯的人，死亡殆尽了，继他们而起的僭越谋逆的人，都是些纨绔子弟，骄横愚昧、沉溺酒色的后生小子。其属下的部将，都是些反复无常、离心离德、胸无大志、贪图富贵的庸碌之人；他们的士兵，也都是些坐享吃穿、酗酒赌博、到处游荡、不从教化、不事劳作的刁民。这些人习惯于唐代宗、德宗两朝对叛贼的放纵松懈，不自量力而轻易反叛朝廷；甚至像刘闢这样的白面书生、李锜这样的贵族公子，一旦占据一方土地，就敢于狂妄地诉诸武力对抗朝廷；这也就是后来他们望风而逃、应声而败的原因，朝廷可以坐着策划平定他们而必然获得成功。所以连谏议大夫韦丹、中书舍人李吉甫之流都知道西川节度使刘闢一定会被平定而建议兴师讨伐，更何况像杜黄裳、武元衡这些一心为国而且胸有成竹的宰相呢？所以，唐德宗奋发有为却招致灾祸，而唐宪宗果断决策便获得成功，同是一件事，效果却迥然不同。

既然已经认识到这些叛贼可以讨伐并予以平定，那么也就知道不用出兵就可以使他们屈服了。唐宪宗姑且在西川稍微表现一下朝廷的声威，马上就平定了西川，再在镇海试手，马上就平定了镇海。河北地区藩镇那些豢养的纨绔子弟，本来也捉摸不透朝廷的虚实，只是苟且偷安以保全自身，士卒军心动摇，军队战斗力下降，在这个时候，唐朝虽然没有一定能够战胜叛贼的自信，但是魏博、成德两个藩镇也早已不是王武俊、田悦时代的态势了，两镇的将帅也都有自知之明，也可以通过其部众的情况加以估量。李吉甫目睹了杜黄裳、武元衡平定藩镇的功绩以后，也想仿效他们在河北地区侥幸取得成功，这就重蹈了唐德宗的覆辙。李绛对河北地区的藩镇形势洞若观火，哪里又有什么超人的智谋计策呢？因此，唐代宗放纵藩镇反而失去控制，唐宪宗宽容藩镇却能保持安定，同样也是一件事却有迥然不同的效果。

时势的变化，可以使处于弱势的一方变强大，而处于强势的一方也必定有其弱点。看到对手强大到了极致，就自己首先惊慌失措，于是畏缩不前，断绝进取的希望；看到对手正处于弱势，就马上手舞足蹈、忘乎所以，从而不加思量兴师动众；这就是庸人之所以干什么事都会失败的原因。焚烧整个森林的大火到了山顶时就快要熄灭，扑灭它很容易，人们却不敢去扑，等待其自然熄灭又等不及，又怎么能够掌握好事物盈虚强弱变化的规律进而根据时势来驾驭事物的发展呢？十六国时期的前赵刘渊、后赵石虎、前秦苻坚以及辽太宗耶律德光、金海陵王完颜亮等，在覆灭的命运已经迫在眉睫的情况下，也不知道顺应时势的变化，还认为天下奈何自己不得，竟然还把历史上的前车之覆作为借鉴。真是太可悲了！

本事：《资治通鉴》卷二三七《唐纪五十三·宪宗》，元和元年（806）。

三　君子不以言举人

制科取士，唐之得元、白，宋之得二苏，皆可谓得人之盛矣。稹、居易见知于裴中立，轼、辙见重于司马君实，皆正人君子所嘉与也。观其应制之策，与登科以后忼慨陈言，持国是，规君过，述民情，达时变，洋洋乎其为昌言也。而抑引古昔，称先王，无悖于往圣之旨，则推重于有道之士而为世所矜尚，宜矣。推此志也，以登三事，任密勿，匡主而庇民，有余裕焉。乃此数子者，既获大用，而卞躁诪（zhōu）张，汇引匪人以与君子相持而害中于国，虽裴、马秉均以临之，弗能创艾也。然则制科求士，于言将不足采，而可以辩言乱政之责斥之乎？

夫此数子者，非其言之有过，善观人者，不待其败德之已章，而早已信其然矣。奚以明其然也？此数子者，类皆酒肉以溺其志，嬉游以荡其情，服饰玩好书画以丧其守。凡此，非得美官厚利，则不足以厌其所欲。而精魄既摇，廉耻遂泯，方且号于人以为清流之津径，而轻薄淫泆之士乐依之，以标榜为名士。如此，而能自树立以为君之心膂、国之桢干、民之荫藉者，万不得一。

文章之用，以显道义之殊途，宣生人之情理，简则难喻，重则增疑。故工文之士，必务推荡宛折，畅快宣通，而后可以上动君听，下感民悦。于是游逸其心于四维上下，古今巨细，随触而引伸，一如其不容已之藏，乃为当世之所不能舍。则苏轼所谓"行云流水、初无定质"者是也。始则覃其心以达其言，既则即其言以生其心，而淫泆浮曼、矜夸傲辟之气，日引月趋，以入于酒肉嬉游服饰玩好书画之中，而必争名竞利以求快其欲。此数子者，皆以此为尚者也。而抑博览六籍，诡遇先圣之绪说以济其辩，则规君过、陈民情、策国事，皆其所可沉酣以入、痛快以出，堂堂乎言之，若《伊训》《说命》《七月》《东山》之可与颉颃矣。则正人君子安得不敛衽以汲引为同心，而流传简册，浅学之士能勿奉为师表乎？乃有道者沉潜以推致其隐，则立心之无恒，用情之不正，皆可即其述古昔、称先王之中察见其诐（bì）淫，况其滥于浮屠、侈于游冶者，尤不待终篇而知其为羊膻蚁智之妄人哉！

若其淋漓倾倒，答临轩之问，陈论劾之章，若将忘辱忘死，触忌讳，犯众怒，以为宗社生民计者，固可取为人主之龟鉴，而不得斥之为非。则唯上之所以求之者，以直言敢谏设科，则以应知遇、取名位者在此，慧足以及，胆足以胜，固无难伸眉引吭以言之无怍，而可取者不乏也。

是故明主之求言，大臣之广益，无择于人也；言而可听者，乐取其言，以释吾回而增吾美也。若其用人也，则不以言也；言而可听，必考其用心之贞淫，躬行之俭侈，而后授以大任也。《书》曰："敷奏以言。"言无不尽。若其黜陟，则必"明试以功"而后定。子曰："君子不以言举人。"诚千古片言之居要矣。然则策贤良以问政，明王广听大智之道也；设制科以取士，唯其言以登用之，则国是乱、佞人进，治道之大蠹也。制科而得才士，如元、白、二苏而止，元、白、二苏长于策问奏疏而止，不恣其辨以终为君子伤。节宣之权，人主大臣司之，可弗慎与！

【译文】

通过制科也就是特科考试来选拔特殊人才，唐朝选拔的元稹、白居易，宋朝选拔的苏轼、苏辙兄弟，都可以称得上是选拔得人的盛事。元稹、白居易得到裴度（字中立）的知遇，苏轼、苏辙兄弟则受到司马光（字君实）的推重，都是正人君子所奖掖扶持的。观看他们几个应考时的策论，以及登科后的慷慨陈词，确实都是坚持国家大政方针、规诫君主的过失、陈述百姓的疾苦、通达时势的变化，洋洋洒洒，畅所欲言。即使是征引古代的事例，称述古圣先王的典制，也都不违背圣人的要旨，因此他们为有道之士所推重，从而为世人所仰慕，也是应该的。推究这样的志向，让他们位居三公，担当国家机密要务，匡正君主而庇护百姓，也是游刃有余的。可是他们几个，在获得朝廷的重用之后，却表现得性情急躁、欺诳放肆，聚集和援引歹人同正人君子相对抗，给国家带来危害，即便有裴度、司马光秉持大权凌驾于其上，也不能加以惩治而使他们有所畏惧。虽然如此，但是通过制科也就是特科考试选拔特殊人才，对于言论不足为取，难道可以因为其可能带来辩言乱政的后果而加以指责和摒弃吗？

元稹、白居易和苏轼、苏辙这几个人，并非他们的言论有什么错误，善于观察人的人，不等所要考察对象的恶行显露，便早就知道其必然如此了。怎么能够预见到这些呢？他们几个人，大抵都喜爱饮酒食肉以沉溺自己的志向，喜好嬉戏游玩以放纵自己的性情，爱好服饰、玩赏、书画以丧失自己的操守。大凡此类人物，除非得到高官厚禄就不能满足他们的欲望。其精神魂魄因为物质享受的诱惑而产生动摇，廉耻之心也就会泯灭，当他们以此相标榜并作为进入清流阶层的捷径时，那些轻佻浮薄、淫逸放纵的人就乐于依附他们，把自己标榜成为名士。这样，能够自我建树从而成为君主的辅弼、国家的栋梁、人民的依托，万人之中也不会有一个人。

文章的作用，是用来昭示正道大义的殊途同归，宣扬为人处世的情感道理，因此太过简略就不能使人明白，太过烦琐就会使人增加疑惑。所以擅长写文章的人，一定要致力于推移运化、委婉曲折，畅快淋漓、明白通达，而后才可以对上打动君主的视听，对下感动民众的喜悦。因此，作文章的人要放宽自己的心胸和视界，观察天地四方的发展变化，了解古往今来的大事小情，根据内心的感触加以引申拓展，就像自己胸中有无法容纳的蕴藏不吐不快，这样才能成为当代社会所不可缺少的精神财富。苏轼在《答谢民师书》中所说的“像行云流水一样无拘无束，本来没有固定的形态，只是在需要发挥时尽情发挥，在不得不停止时适可而止”，就是这个意思。这样的人最初是经过深思熟虑从而表达为自己的文辞，接着就会根据自己的文辞来生发自己的思想，其淫逸放纵、虚浮轻佻、自相矜夸、傲慢邪僻的习气就会随着时间的推移而成为趋向，逐渐沉溺到饮酒食肉、嬉戏游玩、服饰玩好、书画艺术之中，必定会争名逐利以便满足他们的欲望。元稹、白居易、苏轼和苏辙兄弟这几个人，都是崇尚这些的。而他们也广搜博览“六经”典籍，采取古圣先王的言论礼法来佐证自己的论辩，所以他们规诫君主的过失、陈述百姓的疾苦、策划国家的政事，都可以深沉地进入，痛快地表达，冠冕堂皇地形成策论，似乎可以同《尚书》中的《伊训》《说命》和《诗经》中的《七月》《东山》等篇章相提并论而毫不逊色。这样，正人君子怎么能够不谦恭地把他们引为同道呢？而且他们的文章流传后世，那些学识不深的士人又怎能不把他们尊为师长和表率呢？只有真正的有道之士才能深入考察和推究他们内心的隐秘，其存心立志没有恒定的准则，其表达情感没有正当的操守，都可以从他们征引古代事例和称述古圣先王典制之中体察和看出其邪僻轻薄，更何况其作品中滥用佛教教义、侈谈追逐声色的内容，尤其不需要等读完全文就可以知道他们是像被羊肉膻味吸引的蚂蚁那样愚昧无知、胡作非为之人了！

至于他们那些畅快淋漓、倾倒读者的言辞，回答君主垂询的策论，陈述弹劾大臣的奏章，好像是忘掉生死荣辱，冒着触犯君主、招惹众怒的危险，而为了国家的江山社稷和百姓的生活幸福考虑，本来可以作为君主的镜鉴，而不能指斥为不正当的言论。如此说来，那么关键就在于朝廷设立制科也就是特科考试是为了求取什么样的人才，如果设立的是敢于直言相谏的特科，那么以能够取得君主知遇、取得相应的名位职务的人作为求取对象就可以了，只要其智慧足以达到，其胆量足以胜任，本来就不难理直气壮地慷慨陈词而没有愧怍，这样可以选拔的人才也就不乏其人。

因此，贤明的君主求取善言，忠正的大臣集思广益，都不需要选择于人；只要其言论可以采纳，就高兴地接受，从而祛除自己的邪僻而增益自己的美善。但是如果任用其人，就不能仅凭其言辞了；其言辞可以采纳，还必须考察其用心是坚贞还是淫邪，其身体力行是俭朴还是奢侈，而后才能委以重任。《尚书·舜典》上说："陈奏进谏其治理之言。"是要鼓励大臣言无不尽。至于他们职位的升降，就必须"认真地考察政绩"，而后才能决定。孔子说过："正人君子不仅仅根据言辞来推举选拔人才。"这的确是千古以来以只言片语就能揭示事物本质的经典例证。虽然如此，但是以策论的形式向天下贤良方正之人征求对国家大政的看法，是贤明的君主扩展视听、增广智慧的重要方法；而设立制科通过特科考试选拔人才，仅仅根据其言论加以重用，这种做法只会使国家大事陷入混乱、奸邪之人得以进用，是治国之道的大患。通过制科也就是特科考试选拔的是才学之士，像元稹、白居易、苏轼和苏辙兄弟可以说是最好的了，他们所擅长的也就是撰写策论、奏章罢了，不能放纵他们恣意论辩，从而最终伤害其正人君子形象。节制和放纵人才的大权，掌握在君主和朝廷大臣的手中，怎么能够不慎之又慎呢！

本事：《资治通鉴》卷二三七《唐纪五十三·宪宗》，元和元年（806）。

四　庙谟无据，误国殃民

庙谟已审，采诤臣之弼正以决行止，其于治也有失焉，鲜矣。庙谟无据，倚群臣之道谋以相争辩，其于乱也幸免焉，鲜矣。何也？贸贸然于得失利害之林，一事至而无以自主，天子有耳而无心，大臣辞谤而避罪，新进之士，气浮而虑短。“彼亦一是非，此亦一是非。”苟可言焉则言之，不能言者亦学语而言之。勿论其挟私也，即其无私，而读古人数策之书，辄欲引据；凭寤寐偶然之慧，见为实然；听曲士末俗之言，妄为歆动；念生平身受之累，推为利害。

琅琅然挟持以为口实，理亦近是，情亦近是，以与深谋熟虑相龃龉。言出气盈，不任受诎。于是而误国殃民，终无可救也。

以宪宗之时事言之，一藩镇之逆也。言讨者，并欲加兵于归命之魏博；言抚者，遂欲屈志于穷凶之淮、蔡。彼以为饬法之王章，此以为怀柔之文德；彼以此为养寇而失权，此以彼为生事而酿祸。河汉无涯之口，穷年靡定，究将谁与适从哉？谋之已烦，传之将遍，一端未建，四海喧腾。幕士游人，测众论之归以揣摩而希附会；奸胥猾吏，探在廷之踪指以豫为避就。左掣右牵，百无一就。迨其论定，而弊已丛生。况乎多事之秋，夷狄盗贼间谍伏于辇下，机密播于崇朝，授以倒持之枢，而危亡必矣。

唐制：诰令已下，有不便者，谏官上封事驳正改行。驳之于后以兼听得中，而不议之于先以喧嚣致乱，道斯定矣。元稹甫受拾遗之命，辄欲使谏官各献其谋，复正牙奏事及庶司巡对，唯欲夺宰相之权，树己之威福而已。谏官者，谏上之失也，议方未定，天子大臣未有失也，何所谏也？论道者，三公之职；辰告者，卿士之司；纠谬者，谏官之责。各循其分，而上下志通，大猷允定。稹小人，恶足以知此哉？

【译文】

朝廷有关大政方针的谋划已经审慎确定，再采纳谏官的意见以决定是否付诸行动，这样对于治理国家就很少会有偏差；反之，朝廷有关大政方针都没有主见，仅仅倚靠群臣的众说纷纭而相互争辩，这样对于治理国家就很少能够幸免于乱的。为什么呢？对于朝廷的大政方针，贸然轻率地交给患得患失、计较利害的群臣进行争辩，一个突发事件便无法拿定主意，作为君主只会倾听却不会思想，作为大臣却害怕非议而推脱罪责，而那些刚刚进用的士人，心气浮躁而思虑短浅。“彼亦一是非，此亦一是非”（任何事物对立统一的两个方面都是一个是非和矛盾的统一体，彼此没有什么两样），如果有点儿想法就说出来，即使没有什么想法也要学着别人的话来说。姑且不论其是否怀有私心，即便其言辞大公无私，不过是读过几篇古人的对策文章，动辄就拿来引经据典；凭借自己日常起居之间偶然萌生的小智慧，就当成现实的确如此；听到孤陋寡闻的乡曲之士的世俗浅薄的话语，就妄自欣喜动心，念及自己平生所遭受的苦累，推究其利害得失的规律，如此便理直气壮地引作证据，表面看来似乎既合乎正道，又合乎人情，于是坚持他们的意见，而与那些深思熟虑的见解相抵触。声严色厉，意气用事，不愿承认自己的错误。这样只会祸国殃民，最终导致国家政治混乱而无可救药。

举唐宪宗时期的时事为例来说，同样是对藩镇反叛谋逆之事，有主张讨伐的，甚至对已经归顺朝廷的魏博节度使也要兴兵征讨；有主张安抚的，甚至对穷凶极恶的淮西、蔡州叛贼也要迁就。主张讨伐的把平定藩镇作为整饬国家法纪的王朝典章，主张安抚的则把安抚藩镇作为怀柔天下的礼乐教化；主张讨伐的认为安抚藩镇是姑息养奸而丧失国家大权，主张安抚的则认为平定藩镇是妄生事端而酿成国家祸乱。双方的争论就像天上浩瀚无涯的银河一样滔滔不绝，穷年累月也没有定论。究竟听从谁的意见呢？事情的谋划历经反复，几乎传遍天下，一件实事也没办成，却引起天下议论纷纷。那些靠游幕乞食四方的人推测争论进展的走向加以揣摩以便附会朝廷的意旨，那些狡猾奸诈的胥吏窥探朝廷中的踪迹和风向以便预先采取措施迎合或躲避，这样互相掣肘，什么事也干不成，等到最后讨论决定之后，早已经弊端丛生了。何况处于多事之秋的复杂环境中，夷狄政权、藩镇叛贼的间谍都潜伏在朝廷周围，国家机密一个早上就传播得满城风雨，这就等于授给敌人颠覆自己的关键，因此国家的危亡也就不可避免了。

根据唐朝的制度，朝廷的政令与皇帝的诏旨下达之后，如有不合适的地方，谏官可以上奏章（以皂囊缄封呈进，以防泄密，称为封事）加以纠正，改正后再颁布执行。像这样事后纠正从而兼听则明、深得治国之道，而不是事先公开议论，闹得满城风雨，招致祸乱，这才是好的做法。元稹刚刚接受左拾遗的任命，就想让谏官各自进献其谋策，恢复正牙奏事（正衙奏事，在皇帝所居的东内含元殿、西内太极殿两个正衙向皇帝直接奏事）和庶司巡对（皇帝每日轮流引见各衙门官员咨询政事）的旧制，只是想要夺取宰相的职权，树立自己的威福罢了。所谓谏官，就是专门指出皇帝和大臣的过失的，在国家大政方针还没有议定时，皇帝和大臣还没有什么过失，又能谏诤什么呢？议论治国之道，是三公的职责；按时加以告诫，则由九卿掌管；纠正所犯过失，是谏官的责任；各个衙门的官员都各自按照其职权办事，才能上下同心同德，制定出正确的大政方针。元稹是个小人，怎么会知道这些呢？

本事：《资治通鉴》卷二三七《唐纪五十三·宪宗》，元和元年（806）。

五　枢密之设不可废

枢密之名，自宪宗以任宦官刘光琦始。绎其名，思其义，责以其职，任以其功。军之生死，国之安危，毫厘千里之差，九地九天之略皆系焉。三代而后，天子与夷狄盗贼争存亡，非复古者大司马掌九伐之法，鸣钟击鼓驰文告以先之，整步伐以莅之，所能已天下之乱也。则此职之设，有其举之，不可废已。所宜致慎而杜旁落之害者，但在得其人耳。惟若宪宗委之宦官，则吐突承璀、王守澄资以擅废立而血流宫禁，乃因此而谓分宰相之权，夺兵部之职，所宜废也，岂非因噎废食而不忧其馁乎？五代分中书、枢密为二府，虽狃于战争而畸重戎事，然准汉大将军、丞相之分职，固三代以后保国之善术也。

国之大事，在祀与戎。夫祀既宗伯之所司矣，而礼部之外必设太常，盖以礼部统邦礼，职既繁委，分心力以事神，则恪恭不挚，专责之太常，而郊庙之事乃虔。以此例戎，其可使宰相方总百揆而兼任之乎？抑可使兵部统铨叙功罪，稽核门荫，制卒伍之践更，清四海之邮传，核屯田之租入，督戎器之造作，百端交集，宵旦不遑，乃欲举三军生死之命，使乘暇而谋之，其不以国与寇也，不亦难乎？兵部所掌者，兵籍之常也；枢密所领者，战守之变也。进止奇正，阴阳互用。存亡之大，决于呼吸；经画之密，审于始终。文字不得而传，语言不得而泄。上承人主帷帟之谋，遥领主帅死生之命。大矣哉！专其事而恐不胜，乃以委诸守章程而综众务者乎？

枢密一官，必举而不可废，审矣。时或宇内方宁，兵戈不试，则县其职以令宰相兼之可耳。而官属必备，储才必夙，一旦有疆埸之事，则因可任之人，授以固存之位，与天子定谋于尊俎。至其为谋之得失，有宰相以参酌于前，有谏官以持议于后，亦不患其擅国柄而误封疆矣。汉举朝政尽委之大将军，而丞相听命，五代使枢密察宰相，固歆重而贻权奸之祸。唐、宋之失，在任刘光琦、童贯，盖所任非人，而非其设官之咎。若《周官》大司马总戎政，摄祀事，兼任征伐，则唯封建之天下，无夷狄盗贼之防则可耳，后世固不得而效也。

【译文】

枢密使作为一个官职名称，是从唐宪宗元和元年（806）任命太监刘光琦为枢密使才开始有的。探究其名称，思考其含义，以其职掌加以督责，以其功勋加以任用，军队的生死存亡，国家的安危祸福，差之毫厘、谬以千里，善攻善守的谋略，全都系于此一职位。夏、商、周三代以后，历朝帝王与边疆夷狄政权以及强盗叛贼竞争生死存亡，并非只要恢复上古时期以大司马掌管对九种罪恶的讨伐，首先击鼓鸣钟、发布文告，然后排列队伍迈着整齐步伐兵临城下，就能平息天下的祸乱。因此枢密使这个官职的设置，是有意义的，不可废除。设置这个官职，是用来表示天子对军事的重视从而杜绝军事权力的旁落，关键只在于选拔出合适的人选。只有像唐宪宗这样把这个官职授予太监，而吐突承璀、王守澄利用枢密使的职权擅自废立皇帝，制造宫廷血案，但如果因此就说枢密使分走宰相的权力，侵夺兵部的职权，应该予以废除，难道不是因噎废食却不担心其饥饿吗？五代时期，分中书省、枢密院为二府，虽然因为当时战争频繁而偏重于军事，枢密使的职权更为重要，然而同汉代大将军和丞相的职权划分相比，本来就可以说是夏、商、周三代以后保障国家安全的好办法。

国家的大事，最为重要的就在于祭祀和军事。祭祀既然已由礼部尚书掌管，但礼部之外还一定要设置太常，这是因为礼部掌管国家的礼仪，职责繁重，再分散心力以供奉神灵，就显得不太恭敬，把供奉神灵的任务专门交给太常掌管，那么对于天地、祖宗的祭祀就更加虔诚。以此类推，军事也是一样，难道可以让统率百官的宰相来兼管军事吗？或者可以让兵部统管将士功罪的叙录与奖罚、审核武职的荫袭、掌管士卒服役的轮替、清理全国邮传系统、核算屯田的收入、监督兵器的制造，事务繁多，日夜忙碌也顾及不上，要想把关系到全军生死存亡的命运交给兵部，让他们抽空加以谋划，要想做到不把国家拱手送给敌人，难道不是太难了吗？兵部所掌管的是军队的日常事务，枢密使所掌管的是征战与防守的变化。诸如军队的进退之法、用兵的奇正之术，阴阳变化，交互为用，关系到军队和国家的安危，必须在瞬息间作出决断，而经营谋划细致周密，必须做到始终谨慎防范，不仅有关文字不能传播，也不能通过语言泄露机密，对上秉承皇帝运筹帷幄的谋略，对下远远地代表着前方主帅的生死命运，的确事关重大啊！专门委托此事于专人掌管还担心不能胜任，怎么可以交给墨守章程管理杂务的兵部兼管呢？

枢密使这一官职，一定要设置而不可以废除，这是很清楚的。当天下太平、没有战争的时期，就把这个职位空起来，让宰相兼任就可以了。但是枢密使的属官一定要备齐，储备和培育人才必须持之以恒，一旦战端复起，就要倚靠可以胜任这个职务的人，授予这个一直存在的官职，在酒席宴间与皇帝共同谋划决断军机大事。至于其谋略的得失，则有宰相在事前参谋斟酌，又有谏官在事后提出意见，也就不必担心其擅权乱政、贻误边疆防务了。汉代把整个朝政都委托给大将军掌管，丞相也得听命于他，五代时期让枢密使监督宰相，本来是过于倚重枢密使从而导致奸臣擅权作乱的祸害。唐朝、宋朝在任用枢密使问题上的失误，就在于用刘光琦、童贯等太监担任此职，这是所用非人的问题，而不是枢密使这个官职本身的过错。像《周官》中所记载的以大司马总管军政，还代理祭祀事务，兼管统兵征伐，这种设置只有在实行分封制度的上古时代，而且也没有边疆夷狄政权、强盗叛贼需要防范的情况下方才可以，后世的天下本来就不能效法和生搬硬套。

本事：《资治通鉴》卷二三七《唐纪五十三·宪宗》，元和元年（806）。

六　直言极谏科登进浮薄

牛僧孺、李宗闵、皇甫湜皆以直言极谏而居显要，当其极陈时政之得失，无所避忌，致触李吉甫之怒，上累杨於陵、韦贯之以坐贬，而三人不迁，岂不人拟为屈、贾，代之悲愤，望其大用以济时艰乎？乃其后竟如之何也！故标直言极谏之名以设科试士，不足以得忠直之效，而登进浮薄，激成朋党，扰乱国政，皆缘此而兴。汉、唐之末造，蔡邕髡钳，刘蕡绌落，论者深为愤惋，而邕以党贼亡身，蕡亦无行谊可见，则使登二子于公辅，固不能救汉之亡、起唐之衰，亦概可睹矣。

人君之待谏以正，犹人之待食以生也。绝食则死，拒谏则亡，固已。然人之于食也，晨而饔，夕而飧，源源相继，忘其为食，而安于其所固然；如使衰瘠之夫，求谷与刍豢而骤茹之，实非其所胜受也，则且壅滞于中而益增其病。故明王之求谏也，自师保宰弼百司庶尹下至工瞽庶人，皆可以其见闻心得之语，因事而纳诲。以道谏者，不毛举其事；以事谏者，不淫及于他。渐渍从容，集众腋以成裘，而受滋培于霡霂（mài mù）。未有骤求之一旦，使倾倒无余，尽海内之事而纤悉言之，概在廷之人而溥遍刺之，驰骛曼延，藻帨（shuì）文华，取悦天下，而与大臣争用舍之权者也。非浮薄之士，孰任此为截截之谝言哉？夫唯言是求，无所择而但奖其竞，抑又委取舍于考官，则憸（xiān）人辨士揣摩主司之好恶以恣其排击，若将忘祸福以抒忠，实则迎合希求为登科之捷径，端人正士固耻为之。牛僧孺等之允为奸邪，不待覆辀折毂，而有识者信之早矣。

夫李吉甫之为邪佞也，杨於陵、韦贯之身为大臣，不能以去留争其进退，既与比肩事主，而假手举人以诋斥之，则其怀谖以持两端，亦可见矣。於陵、贯之以举人为摇挤之媒，僧孺、宗闵以考官为奥援之托，则使击去吉甫，而於陵、贯之之为吉甫可知也。若僧孺、宗闵、湜之并不能为吉甫，则验之他日，亦既章章矣。何也？上之所以求谏者，不以其道，则下之应之也，言直而心固曲也。无人不可谏，而何待于所举之人；何谏不可纳，何必问之考官之选。以道格君者，匪搏击之是快；以理正事者，非泛指而无择。朝而渐摩，夕而涵濡，何患忠言之不日彻于耳；乃市纳谏之名，招如簧之口，以侈多士之美哉！三代之隆无此也，汉、唐之盛无此也。此科设而争辨兴，抑扬迭用以激成朋党。其究也，嚣直者为枉之魁，徒以气焰锋铓鼓动天下，而成不可扑之势。僧孺等用，而唐乃大乱，以迄于亡。有识者于其始进决之矣。

【译文】

牛僧孺、李宗闵、皇甫湜都是通过直言极谏特科考试从而登进仕途、官居显要的，当他们竭力批评陈述时政的得失时，没有什么避讳，以致触怒了宰相李吉甫，连累到当时的考策官杨於陵、韦贯之等被贬官，他们三人也很久不能升迁，难道他们不是被天下人奉为屈原、贾谊那样的忠贞之士，替他们感到悲愤，希望他们能够得到重用从而挽救时势的艰难吗？可是他们后来究竟怎么样呢？故意标榜直言极谏的名号以设立特科考试选拔人才，并不足以取得选拔出忠贞正直人才的效果，反而录取进用了轻浮浅薄之士，相互争辩从而激发形成了朋党，扰乱了国家的政治，都是由设立直言极谏科考试选拔人才而引起的。汉朝、唐朝的末期，左中郎将蔡邕遭受剃去头发、铁圈束颈的刑罚而最后死于狱中，进士刘蕡因为声讨太监擅权误国而被贬黜下第，评论的人都替他们感到愤恨和惋惜，其实蔡邕因为是奸贼董卓的同党才被杀的，而刘蕡本人也没有什么值得称道的品行见于文献记载，那么即使让他们二人登上宰辅的位置，本来也不能挽救汉朝的灭亡和唐朝的衰落，这也是可以想见的。

君主期待通过纳谏来纠正自己的言行，就像一个人依靠吃饭来维持生命一样。断绝进食就会饥饿而死，拒绝纳谏就会导致灭亡，本来就是这样。但是人对于吃饭这件事，早也吃，晚也吃，一顿接一顿源源不断，也就忘了吃饭的意义，而视为理所当然的事情；但假如让一个身体衰病而瘦弱的人，得到粮食和其他食物的补给而骤然大量进食，实在是他所承受不了的，将会形成腹中食物积滞从而加剧他的病情。所以贤明的君主征求谏言，从太师太保宰辅之臣、百官僚佐一直到工匠乐师和庶民百姓，都可以把自己的见闻和心得体会贡献出来，根据不同情况加以采纳和受到教诲。如果是以治国之道进谏的，就不要列举细枝末节；如果是以具体事项进谏的，就不要过于泛滥而涉及其他。这样逐渐浸润，从容纳谏，集腋成裘，就像小草接受阳光雨露的滋润和培育一样。从来没有骤然于一朝一夕征求谏言，让进谏的人倾尽所知，言无不尽，把天下的事都仔细说来，把朝廷所有官员都普遍弹劾到，如同奔腾疾驰而漫无边际，堆砌辞藻，华而不实，从而取悦于天下之人，实际上是同大臣争夺用人大权。如果不是轻浮浅薄之士，谁会说出这种娓娓动听的花言巧语呢？只把直言进谏作为标准，不加选择地求取人才，那么只能激励那些投机钻营的竞争者，并把取舍大权授予考策官，于是那些奸邪善辩的小人便揣摩主管官员的好恶从而肆意攻击朝政和排挤官员，表面上好像不计祸福而抒发忠诚，实际上只是迎合朝廷的需求从而期待成为他们登进仕途的捷径罢了，正人君子当然耻于这么做。牛僧孺等人确实是奸邪小人，不用等到他们覆舟翻车、彻底败露，有见识的人早就知道了。

宰相李吉甫之所以是奸邪小人，就在于当身为大臣的杨於陵、韦贯之受到牵连时，他不能以自己的去留来为他们的进退据理力争，而且既与他们同朝事奉君主，却又假借牛僧孺、李宗闵等举人的手来攻击和排斥他们，因此他心怀奸诈而首鼠两端的真面目，也由此可见了。作为考策官的杨於陵、韦贯之利用牛僧孺、李宗闵等举人作为动摇和排挤李吉甫的媒介，而牛、李则利用杨、韦等考策官作为自己在朝廷所依托的靠山，如果他们真的攻击和排挤掉李吉甫，那么杨於陵、韦贯之就有可能成为像李吉甫一样的宰相，这是很清楚的。如果牛僧孺、李宗闵、皇甫湜都不能成为像李吉甫一样的宰相，以后来的发展相验证，也是很清楚的。为什么呢？朝廷和皇上用来求取谏言的方法，没有按照正当的途径，那么下面用来应对的言语是直言极谏，而居心却本来就是不正的。天下没有人不可以进谏，为什么一定要专门等待那些通过直言极谏科考试选拔的人呢？天下所有的谏言都可以采纳，为什么一定要咨询考策官选拔出来的人呢？以正道大义纠正君主的过错，并非一切以搏击痛斥作为快事；以道德情理匡正国家的政事，并非不加选择地胡乱指责。只要君主朝夕浸淫其中，日夜不断地坚持纳谏，何必担心忠言每天不会响彻于耳边；却要兜售直言极谏的名声，招来巧舌如簧的人，从而侈言其济济多士的善政美谈呢！夏、商、周三代兴隆的时代也没有这种做法，汉朝、唐朝的盛世时期也没有这种做法。直言极谏科的设置导致朝廷争辩之风兴起，争辩双方褒贬抑扬迭相利用，从而相互激发形成朋党，发展到最后，那些兜售直言极谏的人成为枉法营私的魁首，徒自以其嚣张气焰、毕露锋芒来鼓动和扰乱天下，进而形成不可扑灭的强大势力。所以牛僧孺等人受到重用，唐朝就天下大乱，以致最终灭亡。早在牛、李朋党开始受到进用之时，有见识的人就断定了这种结局。

本事：《资治通鉴》卷二三七《唐纪五十三·宪宗》，元和三年（808）。

七　不抑谷价，民赖以生

岁丰谷熟而减其价，则粜者麇（qún）集，谷日外出，而无以待荒；岁凶谷乏而减其价，则贩者杜足，谷日内竭，而不救其死。乃减价者，小民之所乐闻，而吏可以要民之誉者也，故俗吏乐为之。夫亦念闻减价而欢呼者何民乎？必其逐末游食、不务稼穑、不知畜聚之民也。若此者，古谓之罢民，罚出夫布而寘之圜土者也。男勤于耕，女勤于织，洿（wū）池时修，获藏必慎者，岁虽凶不致于馁；即为百工负贩以自养，而量腹以食，执劳不倦，无饮博歌咢（è）、昼眠晨坐骄佚之习，岁虽凶不致于馁。即甚乏矣，而采蔌于山泽，赁佣于富室，亦亟自计其八口之饘（zhān）粥，而必不哄然于河滨路隅，望价之减，以号呼动众。然若彼者，实繁有徒，一唱百和，猝起哀鸣。冀官之减价，乃不念价即减，而既减之金钱，顾其橐而何有也。如是者，徇其狂妄，而以拒商贩于千里之外，居盈之豪民，益挟持人之死命以坐收踊贵之利。罢民既自毙，而官又导之以趋于毙。呜呼！俗吏得美名，而饥民填沟壑，亦惨矣哉！

卢坦为宣歙观察使，岁饥，谷价日增，或请抑之，坦持不可，而商贩辐辏，民赖以生。知治道者之设施，固俗吏之所疑也。俗吏者，知徇罢民而已。故罢士不可徇之以谋道，罢民不可徇之以谋生。罢士惮登天之难，而欲废绳墨以可企及，则必陷于愚陋；罢民恤斯须之苦，而欲忘长虑以竞目前，则必陷于死亡。君子之弗徇之，尸其怨而不恤，诚有其大不忍者矣。

【译文】

遇到好的年景粮食丰收之时，如果降低粮食价格，那么老百姓就会成群结队出卖粮食，每天都有大批粮食运到外地，本地就没有粮食储备以预防再遇到灾荒了；遇到灾荒年景粮食歉收之时，如果降低粮食价格，那么外地贩卖粮食的商贾就会裹足不前，本地的粮食供应日益匮乏，无法救助百姓以免于饿死。所以说降低粮食价格，是普通百姓所喜闻乐见，地方官吏也可以借此获得民众的赞誉，所以是那些不识大体的俗吏乐于从事的。然而也应该体察一下那些听到粮食降价的消息而欢呼雀跃的都是些什么样的百姓呢？他们必定是些舍本逐末、四处游食、不从事农业生产、不懂得积蓄储备的百姓。像这样的百姓，在古时候叫作罢民，是要惩罚他们缴纳力役钱甚至要关进监狱的。

而那些男子勤于耕耘，妇女勤于纺织，按时修补水塘，慎重收获储备的人，即使遇到灾荒年景也不至于挨饿；即便以工匠和商贩作为谋生手段，只要量腹而食，量身而衣，节制用度，操劳不倦，没有酗酒赌博、迷恋歌舞、夜里玩乐白天睡觉等骄奢淫逸的陋习，即使遇到灾荒年景也不至于挨饿。即使生活用度非常匮乏，还可以到山泽之间采集野菜，到富裕人家雇佣帮工，也会急迫地自我谋划其八口之家的生计，必定不会聚集到河边路旁纷乱吵嚷，期望粮食降价，奔走呼号，鼓动群众闹事。但是像这样不安分的人实在也有不少，他们一呼百应，猝然奋起而发出哀鸣，恳求官府降低粮食价格；但是他们却不顾念即便粮食价格降下来，减价之后多出的金钱又有多少能落入自己的口袋。像这样的人，可以说都是些狂妄之徒，这样就等于把商贩拒于千里之外，而那些囤积居奇的富豪刁民就更加挟持百姓的生死以便坐收物价上涨的厚利。这些所谓的罢民自取灭亡，而官府降低粮食价格又加速了他们的死亡。唉！那些不识大体的俗吏因降低粮食价格赢得了美誉，而饥饿的百姓却尸体填满沟壑，也太悲惨了！

唐代卢坦在担任宣、歙观察使期间，遇到饥荒年景，粮食价格日益腾贵，有人请求他抑制粮食价格，卢坦坚持不同意，于是各地商贩纷纷把粮食运到这里销售，使当地百姓得以活命。懂得治国之道的人的为政举措，本来就是那些不识大体的俗吏所不能理解的。那些不识大体的俗吏只知道屈从于那些所谓的罢民罢了。因此罢士即无行的士人是不可以屈从于他们并与之共商治国之道的，而罢民是不可以屈从于他们而与之共商谋生之道的，罢士害怕登天的困难，从而想要废除天下的规章制度以方便他们自己，这样就必然陷入愚昧浅陋的境界；罢民只顾惜眼前的痛苦，从而想要忘却长远的打算来追逐目前的利益，这样就必定陷入危险乃至死亡的境地。正人君子不屈从于他们，即使招致他们的怨恨也毫不顾惜，的确需要有其大不忍之心啊！

本事：《资治通鉴》卷二三七《唐纪五十三·宪宗》，元和三年（808）。

八　唐宪宗平藩之失策

宪宗志平僭乱，李绛请释王承宗于恒、冀，而困吴少诚于申、蔡，韪已。有攻坚而瑕自破者，有攻瑕而坚渐夷者，存乎其时而已矣。当是时，国家积弱，而藩镇怙强，河北其轮囷盘错以折斧斤者也。攻其瑕而国威伸，瑕者破而逆气折，故西川、江、淮叛而速平，唯其瑕也。然而坚者自若，则以申、蔡逼近东都，中天下而持南北之吭，河北以窥朝廷之能否，故用兵之所宜先者，莫急于淮、蔡。吴少诚处四战之地，旁无应援，李师道殚力以为之谋，为盗而已，弗能出一卒以助其逆，彼瑕易脆，而国威可伸。申、蔡平而河北震惊，不于此而攻瑕，将安攻乎？

若当时之最宜缓而不可急攻者，莫恒、冀若矣。王武俊首听李抱真之约，发愤讨逆，功固可念也。而南有魏博以为之障，北有幽、燕以为之援，东有淄青以为率然之首尾，吐突承璀不揣而加兵，徒以资卢从史之逆，自取之也。自申、蔡而外，所可申讨者，唯淄青耳。淄青者，南接淮、海，而西与燕、魏相悬千里，势不足以相救。故刘裕之灭慕容超也，一入大岘，而直捣其郛，穷海必亡之势也。李纳无尺寸之功，有邱山之恶，而师道继之，以鼠窃之小丑，力不足以大逞，但恃穿窬之徒，以胁宰相，骇中外，焚帑藏，犯陵庙，宵起昼伏，幸免于天诛，堂堂正正以九伐之法临之，如山压卵，莫之能御矣。舍此不图，而遽求多于难拔之恒、冀，不亦愚乎？

《诗》不云乎："池之竭矣，不云自频。"池者，无源之水也，故频竭而中随之。藩镇之逆，池水之溢耳。元和之世，溢者将涸，竭其频而池自无余。宪宗持疑不决，庙议乱于中涓，故历年久而后平，贼虽平而国亦惫矣。

【译文】

唐宪宗李纯立志平定僭越叛乱的藩镇，宰相李绛请求先放下割据恒州、冀州的成德节度使王承宗不予征伐，而派兵围困割据申州、蔡州的淮西节度使吴少诚，这种策略是正确的。用兵征伐，有先攻强敌而弱敌不战自破的情况，也有先攻弱敌而后强敌逐渐得以平定的情况，关键在于当时的形势罢了。唐宪宗李纯在位的时候（806—820），国家长期处于衰弱状态，而藩镇却自恃有强大的力量，尤其是河北地区，可以说是藩镇割据势力盘根错节足以使朝廷损兵折将的重中之重。因此首先攻打弱敌以伸张正义、弘扬国威，弱敌破灭也可以挫折叛贼的锐气，所以过去西川、江淮的叛贼能够迅速平定，正是因为他们是藩镇割据势力的薄弱之处。但是强敌却依然如故，申州、蔡州等地靠近东都洛阳，居天下之中而控制着南北咽喉要道，是河北地区藩镇窥伺朝廷能否平定叛贼的焦点，所以适合首先用兵平定藩镇割据叛乱的，没有比淮西、蔡州更为急迫的了。淮西节度使吴少诚处于四战之地，无险可据，周边又没有外援，平卢淄青节度使李师道虽然尽心替他出谋划策，但他也不过是个强盗罢了，不会派一兵一卒帮他对抗朝廷，因此，这个弱敌容易击破，而国威借此得以伸张。申州、蔡州平定之后就可以威震河北藩镇，这时候不把淮西节度使吴少诚作为弱敌予以首先攻打，还能攻打哪里呢？

当时最适宜暂缓而不可急攻的，没有比得上恒州、冀州了。当初，成德节度使王武俊率先听从昭义节度使李抱真的约请，奋勇讨伐叛贼朱滔，其讨逆之功固然令人感念。而成德军南有魏博节度使作为屏障，北有幽、燕之地作为后援，东边的淄青节度使也公然与之结盟，时任左神策护军中尉的太监吐突承璀不加考虑，就出兵讨伐王承宗，结果只是助长昭义节度使卢从史借此谋逆，自取失败。除申州、蔡州外，当时还可以进行征讨的，只有淄青节度使了。淄青这个藩镇，南边连接淮河和大海，西边同燕、魏之地相隔千里，其形势不足以相互救援。所以当年东晋大将刘裕消灭南燕末主慕容超，就是一攻下大岘山（穆陵关，今山东临朐东南），便直捣广固（今山东青州）外城，背海作战乃是必然灭亡的形势。况且原来的淄青节度使李纳对国家没有尺寸之功，却有如大山一样多的罪恶，其次子李师道继任平卢淄青节度使，更是一个鼠窃狗偷的小丑，其势力不足以实现更大的野心，只是倚靠其钻墙打洞的亡命之徒，从而暗杀宰相武元衡，恐吓中外，焚毁河阴粮仓，潜入东都焚烧陵庙宫阙，昼伏夜出，侥幸没有受到上天的诛罚。如果朝廷堂堂正正地按照古代的九伐之法派兵讨伐淄青，那么就会像以山压卵一样，没有能够防守得住的。舍弃这样的弱敌不去图谋，而骤然去攻打难以战胜的恒州、冀州，难道不是太愚蠢了吗？

《诗经·召旻》说："池塘中的水干涸了，是因为没有水从外边注入其中。"人工修筑的池塘是无源之水，所以周边枯竭而中间也会随之干涸。藩镇的割据叛乱，就像是池塘中的水溢了出来。唐宪宗元和年间，池塘的水因为几次溢出，面临着枯竭乃至干涸，其周边的水源枯竭之后池塘自然就逐渐干涸而没有剩余的水源了。由于唐宪宗的犹豫不决，再加上太监专权干扰朝议，所以经过多年时间才平定叛贼，藩镇的叛贼虽然平定了，但国家也元气大伤了。

本事：《资治通鉴》卷二三八《唐纪五十四·宪宗》，元和四年（809）。

九　游说持两端而祸天下

揣摩情势、游移捭阖之士，其术得售，而天下之乱不可止。战国之分争，垂数百年而不定，暴骨连野，人之死者十九，皆此等心机所动，持天下而徇己说者成之也。至于唐之季世，而游士之口复腾。河北兵连，宇内骚扰，一言偶中，狂夫捐久长之利害，而一意徇之，险矣哉！若谭忠之为田季安、刘济谋者是已。

于斯时也，为季安谋万全者，岂有他哉？陈王承宗之逆而必败，淮蔡、淄青之自速其亡。使二镇合兵，蹙承宗使就缚归命，改镇修职，则季安、济长保其富贵；而承宗既禽，淮蔡不敢穷兵以抗命，淄青不敢仗盗以党奸，天下亦蒙其安平之福矣。其后田弘正一逼郓州，而李师道旋授首于刘悟，其明效矣。而谭忠持两端之策，揣朝廷之举动，姑顺天子之命，实保承宗之奸，以上免朝廷之怒，下结叛逆之心，自谓谋之已工，而昧于久长之计者，惊其揣度之中，无定之衷，固不胜其如簧之舌。于是取堂邑以市交，收饶阳、束鹿以谢咎。二镇固可处堂而嬉也，而天下之祸，乃以此而深。使微忠也，则二镇顺而归命，一言而决耳；逆而助贼，亦一言而决耳；痈已溃，收之而固无难也。故曰忠之为谋险矣哉！

故士之倾危而祸及天下者，莫甚于善揣中外之情形而持之不失，李巨川之亡唐，张元、吴昊之乱宋，皆此也。杜荀鹤、韦庄之流，始于容身，终于幸利，然技止于雕虫，犹不尸为戎首。而兀术欲走，一书生揣岳、秦之衅，言如持券，以终陷东京而不复。当国者之御此曹也难矣，奖之则群起而挠国是，抑之则反面而事寇仇。惟当祸乱繁兴之日，庠序仍修，贡举不辍，使有坦道之可遵，而旁蹊庶其可塞乎！将帅不得荐幕士，督府不得用参谋，亦拔本塞源之一道也。

【译文】

善于揣摩分析形势、精于纵横捭阖的游说之士，一旦其纵横之术得以实现，那么天下大乱就不可遏止了。战国时期群雄纷争，延续数百年而天下不能统一安定，尸骨遍野，十分之九的人死于非命，这种局面都是由于那些纵横游说之士的心机所动，拿整个天下的安定和人民的生命来验证他们的学说从而造成的。到了唐朝的末年，这些纵横游说之士又开始张口放言了。那时河北地区藩镇割据，兵连祸结，天下骚动，只要有一种言论偶然符合现实情况，那些骄悍狂妄的藩镇将帅便放弃长远谋略、不计利害得失，一心一意地听从他们，真是太可怕了！幽州牙将谭忠替魏博节度使田季安、幽州卢龙节度使刘济出谋划策就是这样一个典型的例子。

当时，要想替魏博节度使田季安谋划一个万全之策，难道还有其他的选择吗？就是要陈述成德节度使王承宗的反叛谋逆必定失败，淮蔡、淄青两个藩镇的谋逆自然加速其灭亡，然后劝田季安、刘济集中两镇的兵力，逼迫王承宗束手就擒，归顺朝廷，改镇他藩，修其职贡，这样他们二人就可以长保富贵了；王承宗束手就擒之后，那么割据淮蔡的吴少诚就不敢穷兵黩武对抗朝廷，淄青节度使李师道也不敢纵容强盗交结奸党，天下的人也都可以蒙受太平之福了。后来继任魏博节度使的田弘正率军逼近郓州，淄青节度使李师道随即就被其部将刘悟杀死，可以作为明证。然而谭忠却胸怀首鼠两端的对策，揣摩朝廷的举动，姑且顺从天子的诏令，实际上则是庇护王承宗的奸邪，从而上面避免得罪朝廷，下面又与叛贼结为心腹，谭忠自以为已经非常周全却缺乏长远谋划的计策，田季安极为叹服他的判断准确，再加上他自己胸无主见，本来就抵不住谭忠如簧之舌的诱惑，便采纳了，于是出兵会同官军讨伐王承宗，攻取堂邑（当为堂阳，今河北新河西北）以讨好朝廷，刘济率军攻取饶阳、束鹿（今属河北）以推卸罪责，两镇本来可以说皆大欢喜，但是天下的祸患却因此而更加恶化。假如没有谭忠的游说，那么两镇就会归顺朝廷，是一句话就可以决定的事；公然悖逆以帮助叛贼，也是一句话就决定的事；就像痈疮已经溃烂，本来就不难收拾残局。所以说谭忠的计谋太阴险了！

因此，游说之士阴险狡诈从而招致天下祸乱，没有比得上他们善于揣测朝野形势而没有失误更为严重的，像李巨川游说朱温灭亡唐朝，像张元、吴昊游说西夏元昊祸乱宋朝，都是这样的例子。唐末杜荀鹤、韦庄之流，投靠藩镇，开始是为了容身，后来则是贪图利禄，但是他们的才能只在文学方面，还不足以成为发动叛乱的罪魁祸首。然而当金国大将兀术准备逃走时，也是一个书生推测岳飞、秦桧之间的矛盾，其言之凿凿，最终导致东京汴梁失陷再也没能收复。掌管朝政大臣要想驾驭这些游说之士也是很难的，鼓励他们则会使游说之士纷纷起来扰乱国政，抑制他们则会促使其反过来事奉贼寇。只有在国家祸乱频繁发生的时候，仍然加强学校教育，坚持科举制度，使天下的读书人都有正道坦途可以遵循，那么旁门左道就可以予以堵塞。同时，统兵将帅不得引荐幕僚官佐，藩镇幕府不得任用参谋，这也是正本清源、杜绝游说之士的一种办法。

本事：《资治通鉴》卷二三八《唐纪五十四·宪宗》，元和四年（809）。

一〇　朋党之争的开启

李吉甫之专恣，宪宗觉之，而拜李绛同平章事以相参酌，自谓得驭之之道矣。乃使交相持以启朋党之争，则上失纲而下生乱，其必然也。绛贞而吉甫邪，弗待辨也。虽然，谓绛为得大臣之道，又岂能胜其任哉？《秦誓》曰：“唯截截善谝言。”言者，小人之所长也，非君子之所可竞也。小人者，不畏咎于人，不怀惭于己，君以为是，滔滔日进而益骋，君以为非，诋诃面承而更端以进，无愧咎之容。若君子，则言既不听，耻于申说，奚琐琐尚口之穷乎？君子而以言与小人角长短，未有贞胜者也。《易》曰：“咸其辅颊舌。”应非不以正也，然相激而愈支，于以感上下之心，难矣。

夫大臣者，衷之以心，裁之以道，持之以权，邦之荣怀与其机陧系焉者也。不得已而有言，言出而小人无所施其唇舌，乃可定众论之归，而扶危定倾于未兆。若其一再言之，君已见庸而众嚣莫止者，必君志之未定，而终且受诎，则所谓“不可则止”者矣。夫吉甫岂安于受挫不思变计者乎？言出而绛必折之，宪宗且伸绛而抑之矣。然而屡进不已，蹻蹻争鸣者，何也？彼诚有所恃也。恃宪宗之好谀在心，乍咈而终俞；绛之相尚以口，言多而必踬也。如是而可以辩论之长与争消长哉？“彼亦一是非，此亦一是非。”各得其朋以相抵牾，而党祸成矣。此大臣之道，所不欲以身任天下之纷纭者也。

绛而知此，则当命相之日，审吉甫之植根深固、不可卒拔，辞平章不受，使人主知贞邪之不可并立，而反求其故，吉甫可逐也。即受之而姑舍他务，专力昌言，斥吉甫之奸，必不与同谋国事，听则留，否则去，不但无自辱之憾，且正邪区分，可俟小人之偾辀折轴，而徐伸其正论，于国亦非小补也。不此之务，屈身以与同居论道之席，一盈一虚，待下风者随之而草偃，朋党交持，祸延宗社，绛能辞遇雨之濡哉？

呜呼！言固未有方也，论固未有定也，失其大正，则正邪之迁流未有据也。吉甫、绛，君子小人之辨分矣。他日德裕欲掩父之恶以修怨，而牛僧孺、李宗闵、李逢吉、元稹之徒，愈趋以与德裕争胜，则君子之名实又归于李氏。一波而万波随，不知所届，要皆口舌文字之争胜负于天下，而国之安危，俗之贞淫，淌滉而无据，言之得失，可为善恶之衡乎？尽臣道者不可不知，正君道者尤不可不知也。

【译文】

宰相李吉甫专权恣肆，唐宪宗对此有所觉察，于是任命李绛为同中书门下平章事加以制约，自以为深得驾驭大臣之道。结果使二李交相对抗，从而引发朋党之争，这样朝廷丧失纲纪，下面就会产生混乱，这是必然的道理。李绛为人正直，而李吉甫为人奸邪，这是不辩自明的。虽然如此，如果说李绛深得为臣之道，难道他就可以胜任宰相之位吗？《尚书·秦誓》说："唯有那些浅薄无知的人善于花言巧语，总是能让君子改变主意。"花言巧语是奸邪小人的特长，并非正人君子所能与其竞争的。奸邪小人，不畏惧得罪于人，也不知自感惭愧，君主认为好的，他便滔滔不绝地每日进言，而且变本加厉，君主认为不好的，他即使当面受责也会马上改弦更张，再加进言，毫无惭愧引咎之色。如果是正人君子，君主既然不予采纳，便耻于再次申说，怎么会絮叨聒噪而卖弄口舌呢？正人君子与奸邪小人在花言巧语方面竞争长短，从来没有能够胜利的。《易经·咸卦》说："感应在牙床、面颊和舌头上，彼此关系非常和谐。"这种感应并非不依据正道，但是相互激发就愈加相互抗拒，这样要想感动朝野上下，是很难的。

作为身系国家安危的大臣，必须以忠心诚意来折中是非，以正道大义来决断国事，以通达变化来秉持权衡，国家的繁荣而万民归附与国家的危机而动荡不安都寄托在他们的身上。迫不得已而有所进言，言语说出来之后就要使奸邪小人无法施展其如簧巧舌，这样才可以确定众说纷纭的旨归，从而在还没有出现国家危急行将倾覆征兆的时候就加以扶持使之安定。如果大臣反复进言，君主已经采纳而众人仍然喧嚣不止，必定是君主的心志尚未坚定，而终究将会受到屈服，这就是孔子所说的“以正道大义事奉君主，如果行不通就辞职归隐”。像李吉甫这样的人，难道能安于受挫而不思改变计策吗？他的话说出来，李绛就必定予以驳斥，唐宪宗将会支持李绛而抑制他。但是李吉甫仍然不停地进言，语气傲慢地进行争辩，这是为什么呢？他确实是有所依仗的。他所依仗的就是唐宪宗内心是喜欢阿谀奉承的，乍一听到就予以否定而终究会表示赞同，而李绛则以口舌相尚也就是能言善辩，话说多了就必定会有失误。像这样的情形，怎么可能通过能言善辩来竞争胜负消长呢？常言道：“彼亦一是非，此亦一是非。”（任何事物对立统一的两个方面都是一个是非和矛盾的统一体，彼此没有什么两样）他们各自得到其朋党的支持，双方互相争斗，而朋党之祸也就形成了。这就是作为大臣的立身之道，是不要将自己置身于天下众说纷纭的争辩当中的原因。

假如李绛明白这个道理，那么在唐宪宗任命他为宰相的时候，就应当审视宰相李吉甫的地位根深蒂固，不可能马上予以动摇，推辞同中书门下平章事的职务不予接受，从而使君主知道正直与奸邪大臣不可并立于朝廷，反过来询问其中的缘故，就有可能把李吉甫驱逐出朝廷。即使接受任命做了宰相，也要姑且放弃其他事务，专门致力于畅所欲言，抨击李吉甫的奸邪误国，坚决不同他共商国是，君主采纳就留任，不采纳就辞职，这样做不但没有自取其辱的遗憾，而且还能区分正直与奸邪，可以等待奸邪小人覆舟翻车败露之后，再慢慢伸张其正道大义言论，对国家也有很大裨益。可是李绛却不这样做，而委屈自身和李吉甫同居于坐而论道的宰相之位，一正一邪，一盈一虚，等待处于下风而随着风吹而草偃，朋党互相对抗，祸患危及江山社稷，李绛难道可以推卸其遇到雨水就被沾湿的责任吗？

唉！言语本来就没有一定的方向，辩论本来也没有一定的答案，一旦失去其大中至正的标准，那么正邪的区分也就没有依据了。李吉甫与李绛二人，谁是正人君子谁是奸邪小人，是很容易分辨清楚的，但后来李德裕为了掩盖父亲李吉甫的罪恶从而报复旧日的怨恨，而牛僧孺、李宗闵、李逢吉、元稹之流，更加剧了同李德裕的争斗，这样正人君子的名实又归于李德裕的名下。朋党之争一波起而万波随，不知道要发展到什么境地，其实都是些口舌笔墨官司，却要竞争胜负于天下，而国家的安危祸福，风俗的善恶好坏，就像水流弥漫而无所依据，言语的得失难道可以作为善恶权衡的标准吗？克尽为臣之道的人不可不知道这个道理，端正为君之道的人尤其不能不知道这个道理。

本事：《资治通鉴》卷二三八《唐纪五十四·宪宗》，元和六年（811）。

一一 大臣之谋国

魏博田季安死，其子擅立，李吉甫请讨之，而李绛请俟其变。筹之堂上而遥制千里，度之未事而验之果然，不两月而田兴果请命奉贡，效其忠贞，一如绛言，不差毫发。古今谋臣策士，征验疾速，未有如此之不爽者也。

河朔自薛嵩、田承嗣以来，世怙其逆，非但其帅之稔恶相仍也，下而偏裨，又下而士卒，皆利于负固阻兵，甘心携贰于天子。故帅死兵乱，杀夺其子，拥戴偏裨者不一，而终无有恃朝廷为奥援者。绛即知田怀谏之必见夺于人，亦恶知其不若朱希彩、吴少阳之相踵以抗王命哉？而坚持坐待之说，不畏事机之变，咎将归己，无所顾畏者，岂果有前知不爽之神智，抑徼天幸而适如其谋邪？言而允中，固有由来，绛秘不言，而无从致诘耳。

田兴之得军心，为季安所忌久矣。与季安不两立，而特诎于季安，待其死以蹶起，奄有魏博，谋之夙矣。欲定交于邻镇，以成其窃据，乃四顾而无有可托之强援，念唯归命朝廷为足以自固。乃欲自达于天子，而盈廷道谋，将机泄而祸且至。知唯李绛之可因效悃也，信使密通以俟时相应，举国不知，而绛之要言已定，非一日矣。绛言诸将怨怒，必有所归，而不斥言兴者，为兴秘之耳。逐怀谏而有魏博，绛与有谋焉；请命修贡，皆绛之成谋也。绛自策之，自言之，何忧乎事之不然哉？能致之者，绛之忠也；

能持之者，绛之断也；能密之者，绛之深也；要非以智揣度、幸获如神之验也。

故大臣之以身任国事也，必熟识天下之情形，接纳边臣之心腹，与四方有肺腑之交，密计潜输，尽获其肝胆，乃可以招携服远，或抚或剿而罔不如意。夫以一人之忧为忧，以天下之安危为安危者，岂孤立廷端，读已往之书，听筑室之谋，恃其忠智而无偾事之虞哉？

大臣之谋国也，既如此矣，则天子命相，倚之以决大疑、定大事，亦必有道矣。殿阁之文臣，既清孤远物，而与天下素不相接；部寺之能臣，钱谷刑名杂冗，而于机事有所未遑；危疑无定之衷，竭智以谋，愈详而愈左。故人主之命相，必使入参坐议，出接四方，如陆贽、李绛之任学士也，早有以延揽方镇而得其要领；天下亦知主眷之归，物望之集，可与为因依，而听其颐指；无患乎事机之多变，而周章以失据矣。不能知人而厚防之，严宰执招权之罚，禁边臣近侍之交，以漠不相知之介士，驭万里之情形，日削日离，待尽而已矣。

【译文】

魏博节度使田季安死后，其子田怀谏擅自接掌其职，宰相李吉甫请求派兵讨伐，而李绛却建议静待其变。筹划于朝堂之上却能够遥控千里之外的局势，测度于事情尚未发生之前而事后的验证果然如此，不到两个月，新任魏博节度使田兴果然请求向朝廷贡奉钱物，以效尽其忠贞之心，一切都如同李绛所预料的一样，简直是丝毫不差。古往今来的谋臣策士，其谋划竟然如此迅速地得到验证，从来没有像这样没有任何差错的。

河朔地区自从薛嵩、田承嗣割据以来，历任节度使都依仗其军权实现其叛逆的野心，不仅其藩镇将帅接连不断地心怀异志、穷凶极恶，就连其部下的偏裨将领，再到下面的士卒，也都依仗着险阻和军队获得利益，甘心对天子离心离德。所以主帅死后往往发生兵变，诛杀其子，夺取兵权，拥戴偏裨将领继位，各种乱象不一而足，却始终没有倚靠朝廷作为后援的。即便李绛知道年少继立的田怀谏必定会被别人夺取兵权，他又怎么能够肯定后来者不会像朱希彩、吴少阳那样接踵而至继续对抗朝廷呢？他坚持坐待其变的主张，不担心行事时机的变化，贻误战机的罪责将归咎于他，这样充满自信而无所顾虑和畏惧，难道真的有先见之明，或者是侥幸测中而恰如其谋划呢？李绛的料事如神，本来就有其缘故，但他却秘而不宣，别人也就无从追问究竟。

田兴深得军心，为田季安所猜忌防范已经很久了。田兴同田季安势不两立，在田季安活着时不过是特意屈从于他，准备等待田季安死后便突然起事，完全控制魏博藩镇，这是早就谋划好的。田兴想与邻近的藩镇结成联盟，以实现其窃据魏博节度使的野心，可是环顾四周寻找不到可以依托的强力外援，想到只有归顺朝廷才足以巩固自己的地位。他想直接向皇上表达归顺的愿望，又担心整个朝廷意见分歧难以成事，而且将会泄露机密从而招致灾祸。他也知道只有借助李绛可以表达自己效忠皇上的愿望，便派信使秘密联络以等待时机里应外合，这件事整个天下无人知晓，因而李绛坐待其变的主张早已确定，并非一日之间的事。李绛所说的魏博诸将心怀怨怒，必将有所归属，而不指出田兴的名字，是在为他保密罢了。因此，田兴驱逐田怀谏控制魏博，李绛是参与了谋划的；而田兴请求归顺朝廷并贡奉钱物，都是李绛既定的安排。李绛自己暗中策划，再自己提出建议，哪里还用担心事情的发展不是这样呢？能够成就这件功勋，表现出李绛对国家的忠心；能够把握这件事的进程，表现出李绛决断事情的能力；能够保守这件事的秘密，表现出李绛处事的冷静沉着；总之，魏博归顺这件事并非单凭李绛的智慧进行猜度而侥幸获得料事如神的验证。

由此可见，朝廷大臣肩负国家重任，必须深刻了解天下治乱的形势，善于结纳驻守边疆的大臣作为心腹，在天下四方都有推心置腹的朋友，私下交流，秘密策划，完全获得他们肝胆相照的真诚心意，这样就可以招引尚未归心的人、怀柔降服地处远方的人，或者招抚，或者征伐，都无不如意，取得成功。把皇上一人的忧患当作自己的忧患，把整个天下的安危视为自己的安危的人，岂是那种孤立于庙堂之上，阅读历代流传的图书典籍，听取众说纷纭的谋划议论而没有主见，自夸有忠心有智谋而没有实际办事能力的人所能比的吗？

朝廷大臣谋划国家大事，既然是这样的情况，那么君主任用宰相，依靠他来决断疑难、确定大事，也就必须有其基本原则。殿阁中的文臣学士，以清流自居，孤芳自赏，与天下四方素来不相交接；而六部九卿中的高才干练之臣，日夜忙碌于钱粮刑名之类的事务，根本顾及不到国家机要的谋划议论；而君主怀疑惊惧而无所安定的内心，即使竭尽其智慧进行谋划，其谋划越是详尽就越是与实际相背离。所以君主任命宰相，一定要让他们入朝参议国政，坐而论道，出朝则广泛交接天下四方，像陆贽、李绛担任翰林学士的时候，早就有办法招致和延揽各个方镇的人才，从而深入了解其中的要领；天下的人也都知道他们为皇上所器重，又为天下众望所归，可以与他们相互凭借依托，因而听从他们的指挥；这样就不必忧虑事物发展的形势多变，仓皇惊惧而不知所措了。如果君主不能知人用人，而对大臣严加防范，严厉规定宰相揽权弄权的惩罚，严厉禁止防守边疆大臣与朝廷侍从之臣的交往，这样任用什么都不知道的一介士人来驾驭天下万里、变化多端的形势，只能使国家力量日益削弱、国家统治日益离散，直至等待灭亡罢了。

本事：《资治通鉴》卷二三八《唐纪五十四·宪宗》，元和七年（812）。

一二　神策军当隶之兵部

唐置神策军于京西京北，虽以备御吐蕃，然曾倚此军削平叛寇，则资以建国威、捍非常，实天子之爪牙也。德、宪以来，权归中涓与西北节镇，虏至莫能奔命。李绛所为，欲据所在之地，割隶本镇，使听号召以击。虏之猝至，不致待请中尉，迟延莫救也。宪宗闻绛之言，欣然欲从，而终于不果，识者固知其必不果也。

唐于是时，吐蕃之祸缓矣，所甚患者，内地诸节度分拥强兵，画地自怙，而天子无一爪牙之士；于此而欲夺之中涓之手，授之节镇，中涓激天子以孤危，辞直而天子信之，又将何以折之耶？是军也，昔尝以授之白志贞矣。朱泚之乱，瓦解而散，外臣之无功而不足倚，有明验也，故付之于宦官，亦无可委任，而姑使其听命宫廷耳。如复分割隶于节镇，则徒为藩镇益兵，而天子仍无一卒之可使。有若朱泚者，猝起于肘腋，勿论其能相抗制也，即欲出奔，而踉跄道路，将一车匹马而行乎？绛不虑此，欲削中涓之兵柄，而强人主以孤立，操必不可行之策，徒令增疑，何其疏也！

绛诚虑之深，策之审，则当抗言中涓揽兵之非宜，取神策一军隶之兵部，简选而练习之，猝有边警，驰遣文武大臣将之以策应，外有寇则疾应外，内有乱则疾应内，与节镇相为呼应，而功罪均之。如此，则天子有军，应援有责，而中涓之权亦夺矣。奈之何舍内廷之忧而顾外镇之患乎？如曰待边将之奏报而后遣救，无以防虏寇之驰突。则侦探不密，奏报不夙，边镇之罪也，非神策之需迟而不及事也。唐室之患，不在吐蕃而在藩镇，已昭然矣，如之何其弗思？

【译文】

唐朝设置神策军，布防于京城长安的西边和北边，虽然开始是用来防御吐蕃的侵扰，但也曾依靠这一力量平定反叛的贼寇，于是借助神策军强化国家威权、防范突发事件，实际上成为皇帝的近卫军。自唐德宗、唐宪宗以来，神策军的兵权落到宦官和西北藩镇的手里，强敌来袭也不能奔走效命，因此李绛提出建议，想要根据神策军驻防所在地区，分割其兵权隶属于当地的藩镇将帅，使其听从号召以抵御猝然而至的强敌，不至于再等待神策军护军中尉的命令，从而避免贻误战机，无法及时救援。唐宪宗听取李绛的建议，欣然予以采纳，但终究还是不了了之，有见识的人本来就知道这一建议必定不会有什么结果。

唐朝发展到这个时候，吐蕃侵扰西北边疆的祸乱已经有所缓解，其更为严重的忧患，是内地那些藩镇的节度使，他们分别拥有强大的兵力，割据称雄，而君主却没有强有力的禁军保卫；在这种情况下，要想从宦官手中夺取神策军的兵权，授予驻防地区的藩镇将帅，宦官就会以皇上处于孤立危险境地为由来激发打动皇上，其言辞直接而理由正当，皇上必定相信他们，又将怎样予以反驳呢？正是这一支神策军，曾经将兵权授予司农卿白志贞，作为神策军使在京城招募士卒，平定朱泚之乱，结果很快瓦解溃散，外臣统率无功而不可倚靠，已经有了明证，所以才交给内臣即太监统领，也没有什么事务可以委任，只是让其待命于宫廷罢了。如果再分割其兵权隶属于藩镇将帅，只不过是白白替藩镇增加兵力，而皇上仍然没有一兵一卒可用。假如再遇到像朱泚那样的人，突然在京城周围发动叛乱，不要说能够防守抵抗，就是想要出逃避难，君主跌跌撞撞奔波于道路，难道只能带着一辆车一匹马而行吗？李绛不考虑这些，只是想要剥夺太监的兵权，不惜勉强皇上处于孤立无援的境地，坚持这样必不可行的计策，只会使人徒增疑虑，这是何等的疏忽啊！

如果李绛的确深思熟虑，计出万全，那么就应该正道直言宦官执掌兵权的不合法、不适宜，并建议把神策军全军的管理权授予兵部，严格挑选将士进行训练，遇到边疆突发战事，迅疾派遣文武大臣统率神策军进行策应，外部敌寇侵扰就迅速策应外部，内部出现祸乱就策应内部，与各地藩镇遥相呼应，而按照同样的标准奖功罚罪。这样，皇上也拥有了自己的军队，策应救援的责任也明确落实了，而且太监的兵权也被剥夺了。为什么不顾朝廷的忧虑却要顾及藩镇的忧患呢？如果等待边疆守将的奏报再派遣神策军前去救援，也无法防备敌寇的奔袭突击。至于侦探不密，奏报不快，那是边镇将帅的罪过，不是神策军故意拖延而误事。唐朝面临的祸患，不在于吐蕃的侵扰而在于藩镇的割据，这是很明显的道理，为什么李绛不加以思虑谋划呢？

本事：《资治通鉴》卷二三八《唐纪五十四·宪宗》，元和七年（812）。

一三　举贤不避亲故的是非

人臣以社稷为己任，而引贤才以共事，不避亲戚，不避知旧，不避门生故吏，唯其才而荐之，身任疑谤而不恤，忠臣之效也。周公遭二叔之流言，既出居东，而所汲引在位者，皆摧残不安于位，公身之不恤，而为之哀吟曰：“既取我子，勿毁我室。”小人动摇君子，取其为国所树之人，指之以朋党，毁之以私亲，诚可为蠹（xì）然伤心者矣。虽然，公以叔父受托孤之任，抚新造之国，收初定之人心，以卫社稷，故必近取休戚相倚者以自辅，固未可概为人臣法也。

立贤而先亲知，非无说以处此矣。狎习已夙，则其性情易见而贤否易知，非遥采声闻者之比也。且吾权藉既尊，风向既正，属在肺腑者，苟非甚不肖，若李虞、李仲言之于李绅，亦将习见正人，习闻正论，顺风而偃，乐出于清忠之途；则就亲知而拔用之，非无得也。然而有大患者，苟其端亮忠直、忧国如家也，则其议论风旨恒毅然外见，而人得测其喜怒从违之所向。于是所与亲知者，熟尝其肯綮以相迎合，亦习为亢爽之容、高深之说、以自旌而求售。如牛僧孺、元稹、李宗闵、刘栖楚之流，危言碎首，亦何遽出贾谊、朱云之下；杜钦、谷永，徒观其表见，且可以欺后世而有余；苏舜钦、石延年、黄庭坚、秦观游大人之门，固宜受特达之知遇，杜祁公、司马温公所不能却也，而后竟如之何也？未遇则饰貌以相依，已售则操戈以入室。凶终之祸，成乎比匪，不亦伤乎！

宪宗诘宰相"当为朕惜官，勿用之私亲"。此必有先入之言，诬绛以受私者。绛曰："非亲非故，不谙其才。"言之诚是，宪宗弗能夺也。而李吉甫因之指斥善类为朋党，以利攻击者，即在于此。非尽吉甫之诬也，使牛僧孺、李宗闵、元稹、刘栖楚之徒，早为绛之亲故，而备闻其忼慨之论，绛能勿引与同升乎？而倾危爚乱之祸始，将谁归邪？自非周公以至圣有知人之哲，以叔父居摄政之尊，则未可亟引亲知，开小人姻亚朊仕之端；况乎人主方疑，同官方忌，为嫌疑之引避者乎？进以树特立之操，退以养和平之福，大臣之常度也。绛虽忠，未讲于此，上不能靖国，而下以危身，抑有以致之矣。

【译文】

朝廷大臣以国家江山社稷为己任，从而引荐贤良人才共事，就应该不避讳自己的内外亲属，不避讳自己的旧雨新知，不避讳自己的门生和部属，只要是有才能就加以举荐，不惜因此而遭受怀疑和诽谤，这就是忠正之臣的效用。周公旦辅佐成王摄政，遭到管叔、蔡叔的流言诽谤，迁居东方的成周（今河南洛阳）之后，他所引荐任用的官员，都受到迫害而不安于在位做官，周公不顾自身安危，而替他们哀吟道："你们已经夺取了我的孩子，不要再毁坏我的国家。"（《诗经·豳风·鸱鸮》）奸邪小人为了动摇和排斥正人君子，就把他们为国家选拔任用的人才指斥为朋党，诋毁为任用私人亲属，的确是令人黯然伤心啊！虽然如此，但是周公以成王叔父的身份接受托孤的重任，安抚新建立的周朝国家，收揽刚刚安定下来的天下民心，以便保卫江山社稷，所以必定选用身边休戚相关的人来辅助自己，他的做法本来是不能一概为后世大臣所效法的。

选拔贤才首先从自己所亲近熟知的人开始，这种做法并非没有道理。早就亲近熟习的人，其性情如何容易了解，贤明与否容易知晓，不是那些只凭遥远地采取传闻了解的人所能比拟的。况且作为大臣的权力地位尊崇，秉持的风气非常正派，身边的心腹之人，除非奸邪的不肖之徒，像李虞、李仲言之于李绅那样（李虞为李绅族子；李训，字仲言，李逢吉从子，出于私怨或党争，参与排挤陷害李绅），也都将习惯于与正人君子相处，习惯于听取正道大义的言论，就像顺风而草偃一样，乐意走清白忠贞的正途；那么从自己亲近熟知的人中选拔任用人才，并不是无所得人。然而这样做也隐藏着大的祸患，如果这个大臣是一个端方诚实、忠诚正直、忧国如家的人，那么他议论君主的旨意也常常会毫不犹豫地公开表达出来，使别人得以从中推测其喜怒从违的倾向。因此那些与他亲近熟知的人便按照他们熟悉的关键要害之处来迎合他，也习惯于表现出慷慨激昂的神色、见识高深的议论，以便自我表彰从而求得赏识。比如牛僧孺、元稹、李宗闵、刘栖楚之流，危言耸听，不惜粉身碎骨的表现不在汉代直臣贾谊、朱云之下；

汉代的杜钦、谷永，只看他们的表现，尚且足以欺骗后世而绰绰有余；宋代的苏舜钦、石延年、黄庭坚、秦观都曾游学于高官名流的门下，本来就会受到特殊的知遇，这都是位居宰相的杜衍（封祁国公）、司马光（封温国公）所不能推辞的。而他们得到提拔重用之后又怎么样呢？没有受到知遇的时候，千方百计地粉饰自己、依附投靠，达到目的之后便操戈入室、反目成仇，这种没有好的结果的祸患，是因为所亲近的人并非应当亲近者所造成的，难道不是一件令人悲伤的事情吗？

唐宪宗追问宰相说："你们应当替我珍惜官位，不要把这些官位都用于自己的亲朋故旧。"这种情况肯定是有先入为主的言论，以任用私人的罪名诬告李绛。李绛则说："非亲非故的人，我不知道他们的才能。"他说的确实是实际情况，唐宪宗也就不能驳倒他。而宰相李吉甫借此事指责这些正人君子是朋党，以便于对他们进行攻击，其原因也在于此。当然，这也并不全是李吉甫的诬陷，假使牛僧孺、李宗闵、元稹、刘栖楚之流，都是李绛的亲朋故旧，曾经详尽地聆听过他那慷慨激昂的言论，那么李绛能够不引荐他们共同升官吗？而阴险狡诈、炫惑扰乱的罪魁祸首，又将归咎于谁呢？自然不是每个人都像周公那样极为圣明又有知人之智，并有以周成王叔叔的身份摄政的尊崇地位，因而不可以急迫地引荐亲近熟知的人才，从而开启奸邪小人亲朋故旧享受高官厚禄的先河；更何况君主正存心猜疑，同僚正嫉妒防范，为了消除嫌疑，难道不应该为自己的亲朋故旧主动回避吗？入朝为官就要树立特立独行的节操，引退之后则要修养中正平和的福祉，这是朝廷大臣所应保持的常态。李绛虽然忠贞不贰，却不知道注重这一点，因此他不仅不足以保持国家的安定，反而给自身造成危险，也是有其内在原因的。

本事：《资治通鉴》卷二三九《唐纪五十五·宪宗》，元和七年（812）。

一四　环攻淮蔡四年始克

吴元济一狂騃竖子耳，中立于淮、泗之间，仅拥三州不协之众，延晨露之命，所恃者王承宗，既不能出一步以蹑官军之后，李师道独以狗盗之奸，刺宰相，焚陵邑，胁朝廷以招抚，而莫救元济之危，非能如向者河北连衡之不易扑也。而唐举十六道之兵，四面攻之，四年而后克，何其惫邪？论者责分兵如连鸡，参差不齐，以致师老而无功，似矣；然使专任一将，四邻诸道，旁观坐听其成败，则势益孤，而覆败尤速，则专任固不如分任，审矣。

乃详取其始末而究之，元济岂有滔天之逆志如安、史哉？待赦而得有其旌节耳。王承宗、李师道亦犹是也。兵力不足以抗衡，唯恃要结间贰以求得其欲。师道遣三数匹夫入京邸，杀宰相，毁陵寝，焚屯聚，挟火怀刃，而大索不获者，为之渊薮者谁也？非大臣受三寇之金钱以相阿庇，而讵能尔邪？则其行赂诸镇，观望不前，示难攻以胁天子之受降，概可知已。外则韩弘之阻李光颜，内则韦贯之、钱徽、萧俛、李逢吉等之阻裴度，皆醉饱于三寇之苞苴，而为之唇舌者也。故蔡州一空城，元济一独夫，李愬一夕而缚之如鸡骛，其易也如此，而环攻四年，其难也如彼，唐安得有将相哉？皆元济豢饲之鹰犬而已。仅裴、武两相立于百僚之上，为疑谤之招，弗能胜也。其迟久而后克，不亦宜乎？

故国家当寇难相临之日，才臣有不足任之才，勇将有不可鼓之勇，夷狄盗贼所以蛊天下者，皆豆区之惠，而人为之风靡。非有清贞之大臣，前不屑千金，后不恤猛虎，则天子终无可寄之心膂。诸葛公曰：“唯澹泊可以明志。”人君尚知所托国哉！

【译文】

淮西节度使吴元济只不过是一个既狂妄又愚昧的小子，处于淮河与泗水之间，仅仅拥有申州、光州、蔡州三州各怀异志的部众，苟延残喘其如同朝露一样短暂的生命，他所依靠的成德节度使王承宗，既不能派援兵迈出一步从而跟踪在官军的背后，平卢淄青节度使李师道则专用鸡鸣狗盗的奸计，刺杀宰相武元衡，焚烧东都洛阳的城阙陵寝，胁迫朝廷进行招抚，也不可能救助他面临的危机，因此吴元济并不像从前的河北地区藩镇那样结成联盟而不容易平定。可是唐朝动用十六道的兵力，四面环绕进攻，竟然打了四年才最后攻克，这是何等的疲乏不堪啊！有的评论者指责分兵行动就像缚在一起的鸡一样，互相牵制，参差不齐，以致时间拖得太久却劳而无功，似乎很对；假使专任一将，那么四周各道的军队就会袖手旁观，坐待其成败，这样官军就更加势单力孤，其覆败就会更快，因此专任一将确实不如分任众将，这也是很明确的。

仔细考究其生平始末，吴元济难道有像安禄山、史思明那样罪恶滔天的的叛逆野心吗？只不过是要朝廷赦免其罪行并让他保有淮西节度使的权位罢了。王承宗、李师道也都是如此。他们的兵力不足以与朝廷抗衡，只有凭借旁门左道来邀引交接不肖之徒进行离间，以求实现自己的愿望。李师道派遣几个匹夫潜入京城，刺杀宰相，破坏陵寝，焚烧粮仓，像这样杀人放火的强盗，朝廷大肆搜捕竟然抓不到，是谁把他们隐藏起来了呢？如果不是朝中大臣收受王承宗、李师道、吴元济三个叛贼的金钱而加以庇护，难道能够做得到吗？因此，他们向派兵前来围攻的各个藩镇行贿，使其观望不前，表示难以攻取，并以此为借口胁迫天子接受吴元济的归降，大概也可以由此而得知了。朝廷之外，有担任淮西诸军行营都统的宣武军节度使韩弘暗中阻挠忠武军节度使李光颜等的进攻，朝廷之内则有韦贯之、钱徽、萧俛、李逢吉等阻挠力主平叛的宰相裴度，这些人都被吴元济、王承宗、李师道这三个叛贼行贿的钱财喂饱了，所以就竭力为他们说话。因此，同样是蔡州这样一座空城，吴元济这样一个独夫民贼，唐邓节度使李愬雪夜入蔡州，只用一个晚上的工夫就像捉鸡一样把他俘虏了，是如此的容易；而集中十六道兵力却围攻了四年也没有拿下，又是那样的困难，所以说唐朝哪里有可以信赖的将相呢？都是吴元济豢养的鹰犬罢了。只有裴度、武元衡这两位宰相位居文武百官之上，作为猜疑和诽谤的靶子，实在是无法胜任啊！在这种情况下，淮西叛军推迟了很久而后才得以攻克，不也是应该的吗？

所以在国家面临贼寇叛乱的灾难之时，富有才华的文臣拥有不足以施展的雄才大略，骁勇善战的武将拥有不足以鼓动的勇武之气，边疆夷狄政权以及强盗叛贼用来蛊惑天下之人的，都是些小恩小惠（豆、区，都是古代容量单位，四升为一豆，四豆为一区），可是天下之人却为之望风披靡。如果没有清白忠贞的大臣，对于堆在面前的千金钱财不屑一顾，对于背后的猛虎豺狼也毫不顾恤，那么天子终究没有可以寄托国家重任的亲信得力之人。诸葛亮说："只有澹泊于名利，才可以保持高洁的志向。"这样君主才知道有可以托付国家大事的人啊！

本事：《资治通鉴》卷二四〇《唐纪五十六·宪宗》，元和十二年（817）。

一五　人君不可禁大臣之交游

德宗令廷臣相过从者，金吾伺察以闻，愚矣哉！夫苟纳贿营私，则公庭可以密语，暮夜可以叩户，姻族游客可以居间，乃至黄冠淄流、优俳仆隶、一言片纸而可通，奚必过从哉？裴晋公同平章事，以平寇须参众议，请罢其禁，于私第见客，宪宗许之。则岂徒收集思之益，以周知阃外之情形？而洞开重门，阴慝无所容其诡秘。杜私门、绝幸窦之善术，莫尚于此也。

然而处此也亦难矣。惩猜防之失，则以延访为公；戒筑室之谋，则又以慎交为正；两者因其时而已。李太初群言杂陈，而漠然不应，宁蒙天下之讥怨，自以不用游谈之士为报国。盖截截谝言，非执中有权者，未易使之日进于前也。尝览元、白诸人之诗，莫不依附晋公以自矜善类；乃至归休绿野，犹假风韵以相激扬。然则当日私第之所接纳，其能益于公以益于国者，盖亦鲜矣。

以要言之，人君不可禁大臣之交游，而大臣固当自重其嚬笑。论辨也，文章也，韵度也，下至于琴尊书画山川玩好鉴赏之长也，皆劳视听、玩时日、以妨远略，而佥人可托以求售者也。若夫一邑一乡之利害，此长彼短之策略，危言之而欲亟行之，只以病国殃民，而开无穷之害。延访者可务好士乐善之虚名，为宵人售利达乎？周公下士至矣，而《七月》《东山》惟与农夫戍卒咏室家田庐之忧乐，何有于指天画地之韬钤，月露风云之情态哉？故延访之公，必以慎听之、正持之，勿徒矜虚名而损实事也。

【译文】

唐德宗下令：朝廷大臣之间的私相过从，禁军要暗中加以监视并向皇上报告，这种做法太愚蠢了！假如大臣想招权纳贿、营私舞弊，那么在衙门里可以窃窃私语，在深夜可以登门拜访，可以通过亲戚幕僚中间传话，甚至可以利用道士、和尚、艺人、奴仆来传递只言片语，哪里一定要私相过从呢？裴度担任同中书门下平章事，以平定贼寇必须广泛征集参考众人的议论为由，请求罢除这个禁令，可以在自己的私宅中接待宾客，唐宪宗允许了。这种做法，不仅收到了集思广益，从而广泛了解外界情况的效果；而且大开重门，使得阴谋诡计也无所隐藏，可以说杜绝行私请托门路、侥幸进身门户的办法，没有比这更好的了。

然而这么做也很困难。为了避免君主猜疑防范的过失，就应该延揽宾客广为访求以显示公正无私；为了避免筑室道谋、莫衷一是，又要慎重选择交游对象，这才是解决问题的正道；这两种方法各有侧重，因时权变罢了。北宋名相李沆（字太初，谥文靖）面对众说纷纭，漠然无一语应答，宁愿蒙受天下人的讥讽和怨恨，却自认为不任用游说之士就是报效国家的最好办法。大概那些浅薄无知的花言巧语，都不是不偏不倚而有所权衡的言论，没有那么容易使之每天进呈于面前。我曾经浏览元稹、白居易的诗作，无不表现他们依附宰相裴度从而以正人君子自相夸耀；等到裴度退休隐居洛阳绿野堂的时候，还借助诗酒唱和来相互激扬。既然这样，那么裴度当年在自己私宅延揽宾客广为访求，其中能够对裴度有益、对国家有益的建议，大概也不见得很多吧！

概括而言，作为君主不应当禁止大臣之间的交游，而作为大臣本来也应当自我慎重其喜怒颦笑。议论争辩，撰写诗文，填词度曲，乃至于弹琴、饮酒、书画艺术、山川游览、古玩鉴赏之类的特长，都会使身体疲劳，耗费时间，从而妨碍深远的谋略，而奸邪小人可以借助这些手段实现其不正当的愿望。至于那些关于一乡一城的利害得失，此长彼短的策略谋划，危言耸听而想要急切地付诸实施，这样做只会祸国殃民，开启贻害无穷的祸端。延揽宾客广为访求，难道可以只追求礼贤下士、乐善好施的虚名，从而使奸邪小人实现其富贵利达的野心吗？周公旦屈身交接贤士可以说已经做到了极致，而他在《七月》《东山》等诗中也只是表达同农夫、戍卒一起歌咏有关田舍家园的喜乐忧欢，哪里有什么指天画地的韬略、吟风弄月的情态呢？因此，大臣延揽宾客广为访求以显示公正无私，必须慎重地听取议论，秉持正道进行对待，切勿贪图虚名而损害国家的实际利益。

本事：《资治通鉴》卷二三九《唐纪五十五·宪宗》，元和十年（815）。

一六 大臣之道，不可则止

宪宗之用裴公也深，而信之也浅，所倚以谋社稷之大计，协心合德而不贰者，独淮蔡一役而已。然当其时，已与李逢吉、王涯旅进而无别。及乎淮蔡既平，公居首辅，而宦官承宠为馆驿使，赐六军辟仗使印，公不能以一言规正；皇甫镈、程异以聚敛与公分论道之席，公力争，而以朋党见疑；浚龙首池，起承晖殿，张奉国、李文悦白公谏止，而二人坐贬。凡此数者，有一焉即宜拂衣以去；乃层累相违，公终栖迟于朝右，夫岂贪荣宠以苟容哉？盖亦有其故矣。

公开阁以延士，而一时抱负之士，皆依公以利见，公去则不足以留，必群起而为公谋曰：公不可去也，委任重而受知深，志虽不伸，自可因事纳忠，以大造于家国，公姑隐忍以镇朝廷，使吾党得竭股肱之力，以持危而争胜。此言日进，公且不能违，而偃仰以息其浩然之志，所必然矣。故公俯仰中外，历事暗主，狎迩宵人，乍屈乍伸，终留不去，皆附公之末光者相从臾以羁迟也。公之浮沉前却，不谓无补于昏乱，则从臾者之言亦未为无当矣。乃通数代之治乱而计之，则所补者小，所伤者大，起水火之争，酿国家之祸，公未及谋也。为公谋者，其志、其量、其识，皆不足以及此，而公大臣之道以诎矣。

国家之患，莫大乎君子以若进若退之身与小人迭为衰王，而只以坚小人之恶。何也？君子之道，不可则去耳。小人乃不以君子为忧，而聚族以谋攻击，则忌媢之恶，所逞者即自起于其朋俦，而同归于消灭。邺侯一归衡山，而张良娣、李辅国之首交陨于白刃。唯君子终留于位，附君子者，犹森森岳岳持清议于廷间，且动暗主之心，而有所匡正；小人乃自危，而益固其党以争死命，抑且结宫禁、挟外援以制人主，而其势乃成乎不可拔。《泰》之拔茅以汇也，《否》亦拔茅以汇也，而君子之汇，终诎于群策群力之险毒。故刘向不去，而王氏益张；李膺再起，而宦官益肆；司马温公入相，而熙丰之党益猖。

大臣之道，不可则止，非徒以保身为哲也，实以静制天下之动，而使小人之自敝也。彼附末光者，跃冶争鸣，恃为宗主，以立一切之功名，而足听哉？是晋公之不去，公之褻也，唐之病也，朋党之祸，所以迄于唐亡而后止也。惟澹泊可以明志，惟爱身乃以体国，惟独立不受人之推戴，乃可为众正之依归。惜乎公之未曙于此也。而后知邺侯之不可及矣。

【译文】

唐宪宗李纯虽然重用裴度，但并不完全信任他。他倚靠裴度来谋划江山社稷大计、君臣勠力同心而不加猜忌的，仅有平定淮西吴元济这一战役罢了。即使在那个时候，裴度已经与李逢吉、王涯一起晋升为同中书门下平章事，受到的任用和待遇也并没有什么差别。等到淮蔡平定以后，裴度居于首辅的地位，这时太监得到宠信出任馆驿使，唐宪宗赐予他们六军辟仗使（唐代禁军左右羽林、左右龙武、左右神武六军首领，相当于藩镇的监军使）的官印，对此他也没有讲过一句话加以规谏和纠正；皇甫镈、程异这两个聚敛之臣也做了宰相，与他一起坐而论道，他虽然据理力争，结果却被视为朋党之见而受到猜疑；宫中疏浚龙首池、兴建承晖殿，张奉国、李文悦告诉裴度，希望他阻止这两项工程，结果二人因此获罪而被贬官。像这样的情况，只要有一种就应该拂袖而去，可是他积累了这么多与圣意违背的事情，终究还是滞留在宰相的位置上，难道是贪图荣华富贵而屈从附和以取容于世吗？大概也是有其深层原因的。

裴度礼贤下士、延揽宾客，一时怀有抱负的士大夫，纷纷依附于他以求得到君主的赏识，一旦他辞职而去，这些人也就没办法留在朝廷，他们必然群起反对，并为他谋划说：您不能辞职啊！您受皇帝委以重任、深相知遇，自己的抱负即使不能施展，自然可以随事效忠，为国家建树功勋，您姑且忍耐继续坐镇朝廷，让我们这些人都能够竭尽股肱之力，以便扶持危局而取得成功。这样的话语每天都说给他，裴度就不能不听，于是随从世俗而逐步打消其浩然之气，这是必然的趋势。因此，裴度周旋应付朝廷内外的各种事务，长期事奉昏庸的君主，不断接近奸佞小人，起起落落，始终滞留朝廷没有离开，都是因为那些依附他的余威的人相互怂恿而耽搁下来。他自身的浮沉进退，对于当时混乱的政治状况不能说无所补救，那么怂恿他的人的言论也不能说完全不合适。但是如果统筹考虑历朝历代的治乱情形，那么对于国家有所补救的很少，而有所伤害的则很大，引起朋党之间的水火之争，酿成国家政局的祸乱，这都是他没有谋划思虑到的。那些替他出谋划策的人，他们的志向、器量和见识都不足以谋划思虑到这个境界，因此说裴度丧失了作为大臣的正道。

国家的祸患，没有比正人君子以其若进若退的身份与奸佞小人一起兴衰浮沉更严重的了，这样只能坚定奸佞小人的作恶之心。为什么呢？正人君子的处世之道，是以道事君，不可则去。奸佞小人却不用防范正人君子，从而聚族结党谋划攻击，于是妒忌的罪恶之所以能够得逞都是从他们同伙内部发起，而最后同归于尽。所以当年邺侯李泌一归隐南岳衡山，而专权乱政的张良娣、李辅国就接连死于非命。只有正人君子始终滞留在任，那些依附正人君子的人，就像众多高耸挺立的山岳一样在朝廷上秉持清议，这样就会打动昏庸君主的内心，从而对国家政治有所匡正补救；而奸佞小人则会人人自危，从而更加巩固其朋党势力来拼死挣扎，甚至交结宫廷的后妃与太监、借助藩镇将帅作为外援来挟持君主，形成难以动摇的势力。《周易·泰卦》（泰卦大势是君子道长、小人道消）中是拔掉茅草使其以类相从，《周易·否卦》（否卦大势是君子道消、小人道长）中也是拔掉茅草使其以类相从，但是正人君子以类相从，最终敌不过奸佞小人以类相从的险毒。所以西汉刘向不离开朝廷，外戚王氏的势力更加嚣张跋扈；东汉李膺再次入朝做官，而太监专权更加肆无忌惮；北宋司马光入朝为相后，支持王安石变法的新党更加猖狂。

作为大臣的正道大义，在于“不可则止”，并不仅仅是为了明哲保身，实际上是以冷静的态度来驾驭天下的混乱局面，让那些奸佞小人自相残杀。那些依附于大臣余威的人，急于求用而竞相追逐，倚靠大臣作为宗主，以便建立一时的功名，他们的话怎么值得听从呢？因此，裴度不离开朝廷，是他的鄙陋之处，也是唐朝的政治弊端。朋党相争的祸患，因此一直蔓延到唐朝灭亡才得以终结。只有澹泊名利才可以明确自己的志向，只有洁身自好才可以治理国家，只有特立独行才能不接受别人的推崇和拥戴，也才可以作为众人表率的依归。可惜裴度没有明白这个道理，由此可见邺侯李泌是不可企及的国之大臣典范。

本事：《资治通鉴》卷二四〇《唐纪五十六·宪宗》，元和十二年（817）。

一七　以道义辟异端

韩愈之谏佛骨，古今以为辟异端之昌言，岂其然哉？卫道者，卫道而止。卫道而止者，道之所在，言之所及，道之所否，言之所慎也。道之所在，义而已矣；道之所否，利而已矣。是非者，义之衡也；祸福者，利之归也。君子之卫道，莫大乎卫其不谋祸福以明义之贞也。今夫佛氏之说，浩漫无涯，纤微曲尽，而惑焉者非能尽其说也；精于其说者，归于适意自逸，所谓“大自在”者是也。则固偷窳而乐放其心者之自以为福者也。其愚者，或徼寿禄子孙于弋获，或觊富贵利乐于他生，唯挟贪求幸免之心，淫泆坌起以望不然之得。夫若是者，岂可复以祸福之说与之争衡，而思以易天下哉？

愈之言曰：“汉明以后，乱亡相继，运祚不长，梁武舍身，逼贼饿死。”若以推究人心贞邪之致，世教隆替之源，固未尝非无父无君之教流祸所及。然前有暴秦之速灭，哀、平之早折，则尽举而归罪于浮屠，又何以服哓哓之口哉？愚者方沉酣于祸福，而又以祸福之说鼓动以启争，一彼一此，莫非贪生畏死、违害就利之情，竞相求胜。是恶人之焚林而使之纵火于室也，适以自焚而已矣。

夫君子之道，所以合天德、顺人心、而非异端之所可与者，森森鼎鼎，卓立于祸福之外。比干之死，不信文王之寿考；陈、蔡之厄，不慕甥馆之牛羊，故曰“无求生以害仁”。于是帝王奉之以敷教于天下，合智愚贤不肖纳之于轨物，唯曰义所当然，不得不然也。饥寒可矣，劳役可矣，褫放可矣，囚系可矣，刀锯可矣。而食仁义之泽，以奠国裕民于乐利者，一俟其自然而无所期必。若愚者之不悟，亦君子之无可如何。而道立于己，感通自神，俟之从容，不忧暗主庸臣、曲士罢民之不潜消其妄。

愈奚足以知此哉？所奉者义也，所志者利也，所言者不出其贪生求福之心量，口辨笔锋，顺此以迁流，使琅琅足动庸人之欣赏，愈之技止此耳，恶足以卫道哉？若曰深言之而宪宗不察，且姑以此怖之，是谲也、欺也，谓吾君之不能也，为贼而已矣。

【译文】

韩愈上奏的《谏迎佛骨表》，是古往今来公认的排斥异端的正当言论，难道真的是这样吗？捍卫正道大义，只是捍卫正道而止罢了。捍卫正道而止，是说正道大义之所在，言论要表述充分；正道大义之所否定的，言论则要有所慎重。正道大义之所在，就是道德原则罢了；正道大义之所否定的，就是物质利益罢了。是非，是道德原则的权衡；祸福，是物质利益的旨归。正人君子捍卫正道大义，最为重要的是捍卫其不谋求祸福利益从而彰明正道大义的坚贞之心。如今佛教的学说浩瀚无涯，穷尽各种细微的事物，为佛教学说所迷惑的人是无法完全掌握的；而精通佛教学说的人，则归结到怡然自乐、身心安逸，也就是所谓的“大自在”（进退无碍，心离烦恼）。这样，那些本来苟且懈怠、乐意放纵心情的人就自以为是人生之福。至于那些愚昧无知的人，有的乞求获得福寿绵长、高官厚禄、子孙繁衍，有的希望来生享受富贵荣华、名利喜乐，只是怀着贪求幸福、幸免灾祸的心理，放纵逸乐，奢望根本不可能的收获。像这样的人，难道还能够用祸福的理论与他们相争辩抗衡，从而改变天下的世俗风气吗？

韩愈在《谏迎佛骨表》中说：“汉明帝时期佛教传入中国以后，历代祸乱衰亡前后相继，江山社稷的命运都不长久，梁武帝舍身事佛，结果被叛贼围困最后饿死。”如果以此探究人心有坚贞、邪僻的原因，探讨世道教化盛衰的根源，确实是因为佛教这种无父无君的说教的流毒所及才造成的。然而在佛教传入之前，就有暴虐的秦朝迅速灭亡，以及汉哀帝刘欣、汉平帝刘衎早早夭折，如果这些都归罪于佛教，又怎么能够使争辩不止的天下人都口服心服呢？

愚昧无知的人正沉溺于祸福轮回的说教，而韩愈又用祸福的说教鼓动他们展开争论，彼此之间，没有不是贪生怕死、趋利避害的观念，互相争辩以求取胜。这就像让那些焚烧森林的罪恶之徒在自己家里纵火，结果恰好是自焚罢了。

正人君子的处世之道，是用来上合天意，下顺民心，而不是异端邪说所可认同的，其森严而盛大，卓然挺立于祸福说教之外。比干进谏忠言而死节，不羡慕周文王的长寿，孔子绝粮被困于陈、蔡之间，不羡慕赘婿之家的牛羊；所以说“不能为了求生而损害仁义之道”。因此，帝王奉行正道大义布施教化于天下，无论是智慧或愚昧、贤良或不肖，都纳入这个规范和准则之中，只是说按照正道大义应当如此，就不能不如此。为了正道大义，正人君子可以忍受饥寒，可以负担劳役，可以革职流放，可以囚禁下狱，甚至可以被杀头腰斩。接受教化从而享受仁义的福泽，以安定国家、造福百姓，一切都听其自然而没有过高期望和坚持。至于愚昧无知的人至死不悟，也是正人君子所无可奈何的事。正道大义立于自身，情感通达自然传神，从容不迫地修养等待，不必忧虑昏暗的君主、庸俗的大臣、孤陋寡闻之士、不从教化且不事劳作之民不会逐渐消除他们的虚妄之念。

韩愈怎么会知道这些道理呢？他所奉行的是道德原则，而表达出来的却是物质利益，他所阐述的不外乎贪生怕死、求取福禄的心胸，无论是口头争辩还是笔锋相对，也都是顺着这样的思路发展变化，从而使朗朗上口的语言足以打动平庸之人，韩愈的本事也就如此罢了，怎么能够捍卫正道大义呢？如果说韩愈担心深入探讨唐宪宗不能体察明白，姑且以此祸福说教来恐吓他，那么这就是居心奸诈，是欺君罔上，是说君主不能接受正道大义，只能作为残害道义的独夫民贼罢了。

本事：《资治通鉴》卷二四〇《唐纪五十六・宪宗》，元和十四年（819）。

一八　唐廷无人而欲掩宪宗见弑

宪宗之崩，见弑已明，而史氏以疑传之，莫能申画一之法。谓内侍陈弘志为戎首者，非无据矣。而流观终始，则弘志特推刃之贼，而污潴之首辟，不仅在弘志也。

由前事而观之，郭氏受册先皇，为广陵王妃，伉俪已定；宪宗立，群臣屡请正位中宫，而宪宗不从；已而与吐突承璀谋废穆宗，立沣王恽，事虽未行，而郭妃母子亦岌岌矣。穆宗忧而谋于郭钊，钊曰俟之，则"今将"之志，藏之久矣。

由后事而观之，陈弘志者，非能执中外之权，如吐突承璀、王守澄之杀生在握也。宪宗虽服药躁怒，而固为英主，不至如敬宗之狂荡昏虐也。承璀倚宪宗以执大命，而志在沣王，弘志以幺麿乍起而行弑，正承璀执言讨贼拥立沣王一机会，而奈何听其凶逆，莫为防制？如谓承璀力所不逮，则王守澄当因之以诛弘志，而分罪于承璀，以夷灭之，其辞尤顺。今皆不然，在宫在官，相率以隐，俯首结舌，任弘志之优游，则岂弘志之能得此于盈廷乎？

帝弑未几，而郭氏皇太后之命行矣。穆宗非能孝者，而奉之极其尊养。郭氏虽饰贤声以自暴，而侈靡游佚，固一不轨之妇人，其去武、韦无几也。宪宗未殡，承璀杀矣，沣王亦相继而含冤以死矣。穆宗母子拥帝后之尊，恬然而不复问；举朝卿士，默塞而不敢言；裴度虽出镇河东，固尸元老之望，韩愈、柳公权、崔群皆有清直之誉，而谈笑以视先君之受刃。区区一埽除之弘志，安能得此于天下？则上下保奸之情形，又不可掩矣。

考诸稗官之传记，宣宗既立，追宪宗之仇，郭氏迫欲坠楼。弑逆之迹，暴露于论定之后，则宪宗之贼，非郭氏、穆宗而谁哉？衅之所自生，则惟承璀惑主以易储，故激而生变，郭钊所云俟之者，正俟此一日也。穆宗以嫡长嗣统，逆出秘密，故大臣不敢言，史臣不敢述，而苟且涂饰；不唯郭氏逭韦后之诛，穆宗逃刘劭之戮，陈弘志抑以逸罚为千秋之疑案。呜呼！唐至是，犹谓国之有人乎？而裴度、张弘靖、柳公权、韩愈之为人臣，亦可知矣。

【译文】

唐宪宗李纯死于谋杀，这是很明显的，但是史官却以疑案流传下来，没有人能够申明准确一致的说法，至于说太监陈弘志是弑君的罪魁祸首，并非没有根据。然而纵观这件事的始末，可以发现陈弘志只不过是持刀弑君的逆贼，而这一逆天大罪的首犯，并不仅仅是陈弘志。

从以前的事实来观察，唐穆宗李恒的母亲郭氏早在唐宪宗还是广陵王时就被册封为广陵王妃，其夫妻名分已定；唐宪宗即位以后，群臣们多次请求封郭氏为皇后，但是唐宪宗却不同意。不久宪宗与吐突承璀商量废掉穆宗的太子之位，另立沣王李恽为皇储，这件事虽然没有付诸实施，但由此可见郭妃母子的地位已经岌岌可危了。唐穆宗十分忧惧，便向司农卿郭钊求计，郭钊说姑且等待时机，由此可见弑杀宪宗皇帝的图谋，已经蕴藏很久了。

从后来的事实观察，宦官陈弘志并非拥有执掌中外的权柄，像吐突承璀、王守澄那样手握生杀大权。他自己手里并没有什么权力。唐宪宗晚年虽然因为服食丹药变得性情暴躁，但他本来就是一个英明有为的君主，不至于像后来的唐敬宗李湛那样放荡、昏昧而暴虐。吐突承璀倚靠唐宪宗的宠信而执掌要害，其目的是拥戴沣王李恽，而陈弘志以一个微不足道的小丑突然奋起弑君，正好给他提供了仗义执言、兴兵讨贼从而拥立沣王的机会，可是他为什么听任陈弘志行凶谋逆而没有加以防范遏制呢？如果说吐突承璀的实力不足以谋逆，那么王守澄也应当借此机会诛杀陈弘志，再诬陷嫁祸于吐突承璀，借机把他除掉，这样的说法尤其顺理成章。可是事实却并非如此，当时无论后宫还是外朝，都相继缄口不言，低头顺从，不敢说话，陈弘志之所以逍遥法外，难道是他能够得到整个朝廷的姑息纵容而逃脱罪责吗？

唐宪宗刚刚被弑，而郭氏皇太后的册封文书就颁布了。唐穆宗并不是一个孝顺的人，但对郭氏却极力尊崇奉养。郭氏虽然粉饰其贤惠的声誉以自我表现，实际上却骄奢淫逸，本来就是一个行为不轨的妇人，与武则天和韦皇后相差无几。唐宪宗尚未安葬，而吐突承璀就被杀了，沣王李恽也相继含冤而死。唐穆宗李恒母子身居皇帝和太后的尊位，竟然毫不在意，不再过问；满朝文武百官，也都沉默而不敢说话。当时裴度虽然已经出任河东节度使，本来担负着朝廷元老的厚望，韩愈、柳公权、崔群也都有清廉刚直的美誉，却都是谈笑风生地面对先皇被弑而无动于衷。像陈弘志这样区区一个小太监，怎么能够使得整个天下如此对待？可见当时朝廷上下庇护奸佞逆贼的情形，已经无法掩盖了。

考察稗官野史的传说记载，唐宣宗李忱即位之后，追查唐宪宗被弑的原因，郭氏皇太后被逼得想要坠楼自尽。弑君谋逆的迹象在盖棺论定之后又暴露出来，那么弑杀唐宪宗的罪魁祸首，不是郭氏和唐穆宗还能是谁呢？这桩惨案的起因，只是由于吐突承璀蛊惑唐宪宗想改立皇储，因此激而生变，郭钊当时对唐穆宗所说的姑且等待吧，正是等待这一天的到来。唐穆宗李恒以嫡长子的身份继承皇位，名正言顺，而且他谋逆弑父进行得非常秘密，所以朝中大臣都不敢讲话，史官也不敢记载，只能苟且加以粉饰；不仅仅是郭氏免除了像韦皇后那样被诛杀的下场，而且唐穆宗也逃脱了像南朝宋刘劭那样被杀戮的惩罚，就连陈弘志也在这一千秋疑案中得以逍遥法外。唉！唐朝到了这种地步，还能说国中有人吗？而裴度、张弘靖、柳公权、韩愈这些当时的朝廷大臣，也可想而知了。

本事：《资治通鉴》卷二四一《唐纪五十七·宪宗》，元和十五年（820）。

卷二十六

明刻本《三才图会》中的唐武宗李炎画像

【题　解】

本卷评论中晚唐时期历史，分穆宗、敬宗、文宗、武宗、宣宗五目，共三十则。

唐穆宗李恒（795—824）为宪宗第三子，在位四年，游乐无度，朝廷朋党迭兴，河朔三镇复叛，王夫之选择四个问题加以评论。宪宗末年藩镇叛乱已经平定，河北割据跋扈之风消尽无余，然不出三载，“乱更酷于前代”，除了朝政混乱，君非君、相非相、帅非帅，更是河北地区长期以来形成的乐为盗贼、相尚以雄、恬不知耻的社会风气使然。至于朋党之兴起，长庆元年贡举弊案拉开了牛李党争的序幕，君子小人迭相进退，对整个社会风气、国家治乱影响深远。

敬宗李湛（809—826）为穆宗长子，耽于玩乐，不理朝政，在位两年为宦官所弑。针对敬宗回报拥戴他继位的宦官王守澄和大臣李逢吉，王夫之提出大臣不可以援立居功、君主当杜绝私劳之赏。穆、敬二朝小人之术穷工极变，上欺人主，下欺士民，罪恶滔天而“无有能摘发之者”。

文宗李昂（809—840）为穆宗次子，被宦官王守澄拥立，即位后勤于政事，厉行节俭，谋诛宦官，因泄密而激为“甘露之变”，王夫之选择八个问题加以评论。文宗用宋申锡、李训、郑注等诛杀宦官失败，固然是因为所托非人，但更是因为朋党争斗白热化，包括裴度、李德裕等重臣在内的朝廷大臣均卷入其中，只知有门户不知有天子，国中无人，以至于亡。

武宗李炎（814—846）为穆宗第五子，在位期间改革积弊，削弱宦官和藩镇势力，发起灭佛运动，形成“会昌中兴”的局面。王夫之选择七个问题加以评论，对中兴宰相李德裕给予高度评价，认为他是唐代狄仁杰之外唯一能大有作为的相臣，并为武宗英年早逝、德裕被逐感到惋惜；至于会昌灭佛，王夫之认为依靠强制政策很难禁绝佛教，关键在于取消僧尼不纳田赋、不服徭役的特权，“不殊于四民之外”，体现其一贯的辟佛主张。

宣宗李忱（810—859）为宪宗第十三子，被宦官拥立，在位十三年，躬行节俭，改革内政，安定塞北，平定安南，天下安定。王夫之选择九个问题加以评论，对宣宗的明察英断、赏罚严明，王夫之予以负面评价，认为其自恃明察，猜忌臣下，广布耳目，刺探小节，厉行赏罚，使得“人君一念之烦苛，而四海之心瓦解”，导致百姓因饥寒交迫而纷纷起义，尤其是作为根本之地的东南动乱迭起，正是亡国的先兆。

穆宗

一 河北乐为盗贼之风

元和十四年，李师道授首，平卢平；其明年，王承宗死，承元归命，请别除帅，成德平；又明年，刘总尽纳其土地士马，送遣部将于京师，为僧以去，卢龙平；田弘正徙镇成德，张弘靖出帅卢龙，自肃、代以来，河北割据跋扈之风，消尽无余，唐于斯时，可谓旷世澄清之会矣。乃未三载，而朱克融囚张弘靖以起，王庭凑杀田弘正以据成德，乱更酷于前代，终唐之世，讫不能平。穆宗荒宴以忘天下，而君非君；崔植、杜元颖暗浅不知远略，而相非相；张弘靖骄贵不接政事，而帅非帅；求以敉宁天下也，诚不可得。虽然，亦何至如此之亟哉？

田弘正之输忱于王室，非忠贞之果挚也，畏众之不服，而倚朝廷以自固也。刘悟之杀李师道，师道欲杀悟，而悟先发制之也。王承元之斩李寂等而移镇义成，惩师道之死而惧也。刘总之弃官以去，见淄青、魏博之瓦解，党援既孤，而抱弑父与兄之巨慝不自保也。是宪宗之世，河北之渐向于平者，皆其帅之私心违众，以逃内叛外孤之害，而非其偏裨士卒之所愿欲，则暂见为定，而实则堙滔天之水以数尺之堤耳。王遂一入沂州，而王弁即反；王承元欲去赵，而诸将号哭。抚斯势也，虽英君哲相，不可以旦暮戢其凶顽，岂徒驾驭之非人，以激成仓卒之祸乎？呜呼！天地有迁流之运，风俗有难反之机，非大有为者化行海宇，若舜之分北三苗，而洞庭、彭蠡之狂波永息，则必待天地之有悔心，而正人之气倍胜于邪慝，以力争其胜，岂易言哉？

河北者，自黄帝诛蚩尤以来，尧、舜、禹敷文教以熏陶之，遂为诸夏之冠冕，垂之数千年而遗风泯矣。永嘉之乱，司马氏不能抚有，委之羯胡者百余年，至唐而稍戢。乃未久而玄宗失御，进轧荦山之凶狡，使为牧帅，淫威以胁之，私恩以啖之，披坚执锐、竞强争胜以习之，怒马重裘、割生饮湩（dòng）以改易其嗜欲，而荧眩其耳目，于是乎人之不兽也无几。故田承嗣、薛嵩、李宝臣之流，非有雄武机巧之足以抗天下，而唐之君臣，目睨之而不能动摇其毫发。非诸叛臣之能也，河北之骄兵悍民，气焰已成，而不可扑也。师道死，恶足以惩之？弘正、承元之顺命，恶足以化之？其复起而乐为盗贼，必然之势也。垂及于石敬瑭，而引契丹以入，欣奉之为君亲。金、元相袭，凶悍相师，日月不耀，凡数百年。而数千里之区，士民无清醒之气，凡背君父、戴夷盗、结宫闱、事奄宦、争权利、夸武虣（bào）者，皆其相尚以雄、恬不知耻之习也。天气昌，则可以移人；人气盛，亦可以熏天。胎之乳之，食其食，衣其衣，少与之嬉，长与之伍，虽有和粹文雅之姿，亦久而与化。耒甫释而即寻戈，经方横而遽跃马，欲涤除以更新，使知有君亲以效顺也，难矣。

自开元以后，河北人材如李太初、刘器之、司马君实者，盖晨星之一见尔。而类皆游宦四方，不思矜式其乡里。邵康节犹以南人为相为乱阶，其亦诬矣。虽然，无往不复之几，必将变也。薛河东、赵高邑、魏南乐三数君子者，以清刚启正学，其有开必先之兆乎？非章志贞教之大儒一振起之，洗涤其居食衣履、嚬笑动止之故态，而欲格其心，未有胜焉者也。论世者，属目而俟之久矣。

【译文】

元和十四年（819），平卢节度使李师道被其部将刘悟所杀，平卢藩镇得以平定；次年，成德节度使王承宗死后，其弟王承元归顺朝廷，上表请求另派节度使，成德藩镇得以平定；又次年，卢龙节度使刘总主动奉上卢龙的土地户籍簿册和兵马军械，自己出家当了和尚，卢龙藩镇得以平定。接着，魏博节度使田弘正改任成德节度使，同中书门下平章事张弘靖出任河东卢龙节度使，唐朝自唐肃宗、唐代宗以来河北地区藩镇割据、骄横跋扈的风气，消除干净，没有残余了，这个时候的唐朝，可以说是旷世澄清的大好时机。但好景不长，不到三年，朱滔之孙朱克融乘着兵变囚禁张弘靖，自领卢龙节度使；成德军衙内兵马使王庭凑袭杀田弘正占据成德藩镇。从此，河北地区的混乱比以前更为酷烈，一直到唐朝终结，还没有能够平定下来。当时，唐穆宗李恒整日沉湎于宴饮之中而忘掉了天下的安危，君主不是称职的君主；同中书门下平章事崔植、杜元颖昏庸浅薄，缺乏远见，宰相不是称职的宰相；卢龙节度使张弘靖骄贵傲慢，不过问政事，将帅也不是称职的将帅。在这种情况下，要想求得天下的长治久安，的确是不可能的。尽管如此，但是河北地区由安定到混乱局面的转换又何至于如此之快呢？

田弘正向朝廷表达其诚心归顺的心情，其实并不是其忠贞之心真的很恳切，而是担心部众不服，企图倚靠朝廷以自保的权宜之计。刘悟杀死李师道，则是因为李师道想要杀刘悟，而刘悟先发制人。王承元斩杀部下牙将李寂等人后移镇义成节度使，是他看到李师道被部将惨杀而内心畏惧。至于刘总弃官出家的原因，也不过是看到淄青、魏博等藩镇先后瓦解，卢龙陷入孤立无援的境地，加上自己背负杀父弑兄的巨奸大恶罪名而难以自保。因此，唐宪宗在位期间，河北地区藩镇局势逐渐趋于平定，完全是其将帅出于私心而违背众意，以逃避内部叛乱、外部孤立无援的祸患，而不符合其部下偏裨将领和广大士卒的愿望，尽管表面上出现了暂时安定的假象，犹如以数尺高的堤坝来阻塞滔天的洪水一样。所以，忻州刺史王遂刚一到任，牙将王弁便举兵反叛；王承元刚要离开成德军，而部下诸将便痛哭流涕地劝阻。要想安抚这样的局势，即使是英明的君主、贤能的宰相也不可能在旦夕之间平息这些凶恶顽固的贼寇，难道仅仅是因为没有任命合适的人来驾驭这种局面，从而激起突发的祸乱吗？唉！天地自然有其发展变化的规律，世情风俗有其积重难返的情况，如果没有大有作为的人施行教化于天下，像虞舜那样把三苗分别流放西北地区，从而使得洞庭湖、鄱阳湖的狂涛巨浪永远平息一样，否则必须等待天地自然产生悔改之心，而正人君子的浩然之气远胜于奸邪之气，这样才可以扭转局面，单纯倚靠武力争斗以取得胜利，哪里有那么容易呢？

河北地区，自从上古时代黄帝诛杀蚩尤以来，历经唐尧、虞舜、夏禹相继传播文明教化加以熏陶，从而成为华夏文明的冠冕之地，一直持续了数千年，文明遗风才逐渐遭到泯灭。西晋永嘉之乱爆发，司马氏衣冠南渡，无力控制这一地区，沦落于北方少数民族之手百余年，直到唐朝建立后才略加安定。但好景不长，唐玄宗在位时期又失去统治能力，进用来自轧荦山的凶残狡猾的安禄山，让他担任平卢、范阳和河东三镇节度使，以暴力淫威相胁迫，以私恩利益相引诱，以披坚执锐、争强好胜相熏染，以奋马奔驰、厚毛皮衣、割食生肉、饮用乳酪来改变其生活习性，从而炫惑其耳目，于是人们与禽兽也相差无几了。因此，像田承嗣、薛嵩、李宝臣之流，并非他们有其剽悍雄武、机智奸巧的才智足以与天下抗衡，而唐朝的君臣尽管看不起他们，却也不能丝毫动摇其地位。并非这些叛贼能征善战，而是河北地区骄横的士卒、强悍的民众已经养成了专横跋扈的气焰，而不可扑灭了。尽管李师道被部将所杀，何足以惩罚他们？田弘正、王承元归顺朝廷，又何足以感化他们？他们重新发动叛乱而乐于作为盗贼，这是必然的趋势。甚至发展到五代时期的石敬瑭，竟然勾引契丹入侵中原，欣然尊奉契丹人作为父皇。此后历经金、元相继沿袭统治，相互师承其凶残剽悍之风，使得日月都失去其光辉，前后持续数百年。在这片数千里广袤的土地上，士人庶民都没有清醒之气，诸如悖逆君父、拥戴夷狄盗贼、勾结后宫嫔妃、侍奉专权太监、争权夺利、崇尚武功暴力之类的事情，都是其崇尚武略、恬不知耻的习气所熏陶的结果。天地自然之气昌盛，就可以改变人类社会；人间正气旺盛，也可以改变天地自然。就像养育出生于河北的孩子一样，从十月怀胎到哺乳喂养，给他吃食物，给他穿衣服，幼年时陪他玩耍，长大后与他一起生产生活，即使有平和淳朴、文雅高尚的气质，也会久而久之受到同化。农耕的器具刚刚放下就去寻找刀枪投入战斗，儒家经典刚刚放在面前就急迫地跃马奔驰，要想涤除旧有的习俗而改弦更张，使他们知道报效君主、孝顺父母，的确是太困难了。

从唐玄宗开元年间（713—741）以后，河北地区像宋代李沆（字太初）、刘安世（字器之）、司马光（字君实）那样的人才，大概是寥若晨星了。而大多数人都是游宦于四方，而不是作为典范留待其故乡仿效。邵雍还认为南方人担任宰相乃是祸乱的根源，这种观点是不正确的。尽管如此，天下未有往而不返的隐微，必然会发生改变。明代薛瑄（河东学派创始人）、赵南星（河北高邑人）、魏允贞（南乐人，原属河北，今属河南）等几位正人君子，用清正刚直来启迪合乎正道大义的学说，难道不正是做事必须开风气之先的征兆吗？如果不是彰明志向以贞正之道教化民众的大儒振作起当地的风气，荡涤其饮食起居、喜怒颦笑、行为举止的旧有习性，要想匡正他们的思想情感，未有能够成功的。讨论世情风俗的人，拭目以待已经很久了。

本事：《资治通鉴》卷二四一《唐纪五十七·宪宗》，元和十四年（819）。

二　朝臣子弟当回避贡举

贡举者，议论之丛也。小人欲排异己，求可攻之瑕而不可得，则必于此焉摘之，以激天下之公怒，而胁人主以必不能容。李德裕修其父之夙怨，元稹佐之，以击李宗闵、杨汝士。长庆元年进士榜发，而攻讦以逞，于是朋党争衡，国是大乱，迄于唐亡而后已。近者温体仁之逐钱谦益，夺其枚卜，廷讼日争，边疆不恤，以底于沦胥，盖一辙也。

贡举之于天下，群人士而趋之者也。其不售者，皆能多其口说以动众者也。抑他日之可在位以持弹射之权，公卿贪势位、昵子孙、私姻亚，莫此著明，而其犯群怒也为烈。故张居正之子首胪传，王锡爵之子冠省试，摇群心，起议论，国以不靖，祸亦剧矣。李德裕自以门荫起家，远嫌疑而名位亦伸，既有以谢荐绅之怨怒；其知贡举，榜发而有“相将白日上青天”之誉；迨其贬窜，而有“八百孤寒齐下泪”之思；持此以摘发奸私而快其诛鉏，何求而不克乎？幸而德裕之于唐，功过相半也。使德裕而为温体仁之奸，唐亡于其手而众且欣戴焉，又孰惩哉？

夫翘举暧昧以报夙怨者，诚小人之术矣。然所以致此者，其情固私，其事固鄙，苟知义之所不许，亦何为而授人以口实乎？夫以贿相援者勿论已。以知交言，知其人之才，而有荐贤之任，扬之王庭，固无吝也。如其不能，则亦相爱以道，使知命而待时耳。如行能心迹他无足取，仅以文笔之长，乍然相赏，不保众论之谐，又奚足汲汲为之谋利达哉？以子弟言，其才足用也，门荫有可进之资，而何须贡举？既以文就有司之试，则才而见抑，自有司之过，而于己何尤？然而相承不舍，关节公行，虽才望之大臣，他端不枉，而于此荏苒无惭，士习不端，成千余年之恶俗，伊可叹也。

内不胜妇人孺子之嚅唲，外不胜姻亚门生之洽比，恤暮年之炎冷，念身后之荣枯，一中其隐微而情不能禁，贤者不免，勿问垄断之贱丈夫矣。宗闵之于婿苏巢，汝士之于弟殷士，固也；郑覃行谊无大疵而庇其弟朗，李绅以贤见忌而有所请托，乃至裴中立以耆德元勋，何患其子不与清华之选？而使其子譔膺冒昧之荣，尤可惜也。习尚之移人，特立不染者，伊何人邪？有之，则允为豪杰之士矣。

【译文】

通过科举选拔人才的制度，是天下舆论集中的焦点。奸邪小人想要排除异己，千方百计寻求可以攻击的瑕疵而无法得到，就必然从科举中找出错误给予批评，以激起天下的公愤和众怒，从而胁迫君主使其不能包容。李德裕为了报复其父李吉甫的宿怨，在元稹的帮助下，攻击宿敌李宗闵、杨汝士，长庆元年（821）进士考试放榜之后，揭发朝臣请托作弊终于得逞，主持贡举的礼部侍郎钱徽及涉嫌请托的中书舍人李宗闵、右补阙杨汝士被贬官，从此朝廷朋党争衡，国家政治大乱，一直持续到唐朝灭亡才停止。明朝末年奸相温体仁攻击驱逐钱谦益，剥夺其入阁的资格，导致阉党与东林党的争讼日益加剧，置边防危机于不顾，以致国土沦丧、明朝灭亡，大概与唐朝的牛李党争如出一辙。

通过科举选拔人才对于天下人而言，是聚集士人学子趋之若鹜的一个途径。那些没有能够中举的人，都能说出多种原因和道理以打动和影响众人。因而他日拥有职位时可以指出错误进行批评，而当朝公卿大臣贪图权势、溺爱子孙、偏袒姻亲，没有比科举考试作弊体现得更为突出，所引起的公愤和众怒也最为严重。所以，明朝首辅张居正的儿子张懋修以一甲第一名及第受到皇帝传胪召见，王锡爵的儿子王衡名列顺天乡试榜首，动摇群情众心，引起议论纷纷，国家陷入动荡不宁，祸乱由此而加剧。李德裕自己本是依靠门荫入仕起家，远离嫌疑而名声地位也得以伸张，从而有条件消除缙绅阶层的怨愤；当他执掌科举之时，发榜之日，天下人对他有“相将白日上青天”的美誉（有误，此誉乃李逢吉知科举之时，与李德裕无涉）；等待他被罢官流放，天下人又有“八百孤寒齐下泪”的怀思；凭借这样的威望来揭发科举考试营私舞弊的罪案，从而大快其诛灭异己之心，还有什么追求不能成功呢？幸好李德裕对于唐朝而言，可以说功过参半，假若他像温体仁那样奸诈，那么唐朝断送于他的手中而众人还欣然拥戴他，又有谁能够汲取其教训呢？

检举揭发别人的暧昧隐私从而报复自己的宿怨，的确是奸邪小人的一种伎俩。然而之所以形成这个局面，其感情固然属于私情，其事实固然卑鄙无耻，如果知道为正道大义所不容，又何必这么做而授人以口实呢？这里暂且不论通过贿赂以援引结党的事，仅就知心朋友而言，知道其人确有才华，就有举荐贤才的义务，公开地在朝廷上褒扬推举，本来也没有什么羞耻的。如果其人没有才能，也应出于道义爱护他，使他达生知命而安心等待时机罢了。假如其人品行、才能、思想、行为一无可取，仅仅以文笔辞令见长，乍然之下欣赏不已，并不能保证合乎天下众人的议论，又怎么值得急切地为他谋取富贵显达呢？再就自己的子弟而言，如果其才学足以为世所用，依靠门荫也有入仕的资格，而为什么一定要通过科举考试的途径呢？以文章策论参加官府组织的考试之后，如果确有才华而被压制下第，自然是有关官员的过错，对自己又有什么埋怨呢？然而却相互应承不忍舍弃，公然进行暗中贿赂勾结官吏之事，即使是素有才华令望的大臣，在其他方面都没有不正道，在这个问题上却柔弱屈从而不感惭愧，士林风气不端正，千余年来相沿而成为恶习，实在是可悲可叹。

这些大臣，在家中禁不住妇人孩子的求情，在外面又禁不住姻亲门生的攀比，又担心自己晚年时的门庭冷落，顾念自己身故后的家道兴衰，所以一旦牵涉到自己的家务私事便情不自禁受私心的连累，贤人君子也不能免俗，更不要说那些垄断市利的所谓贱丈夫了。在长庆元年科举舞弊案中，李宗闵对于他的女婿苏巢，杨汝士对于他的弟弟杨殷士，本来都是这样；谏议大夫郑覃在品行节操方面本没有大的瑕疵，却庇护其弟弟郑朗，翰林学士李绅本来以贤明而受到猜忌，却也有所请托，甚至像裴度这样年高德劭、素孚众望的元勋，哪里用得着担心其子得不到清高显贵的职位，却让儿子裴譔去承受这种苟且获得的进士荣光，尤其令人感到可惜。社会流俗风气可以改变人，那些特立独行、一尘不染的正人君子，他们又是什么样的人呢？假若真有这样的人，那么他就可以称得上是豪杰之士了。

本事：《资治通鉴》卷二四一《唐纪五十七·穆宗》，长庆元年（821）。

三　汾阳默而唐安，中立屈而唐乱

朱克融首乱，囚张弘靖，而授以卢龙；史宪诚胁忠孝之田布以死，而授以魏博；王庭凑杀推诚平贼之田弘正，而授以成德；唐之不足以兴而迤逦以亡，在此矣。河北之乱，始于仆固怀恩之割地以授降贼，成于崔植、杜元颖、王播之因乱以奖叛人。怀恩之奸，植、播、元颖之陋，固无足责者；郭汾阳位兼中外，裴中立身任安危，而坐视失图，莫能匡救，抑又何也？

夫汾阳固有不可力争者矣。前乎河北之降，汾阳以朔方孤旅崛起勤王，威望未能大著也。清渠之败，相州之溃，亦稍挫矣。宦官忌公，夺其兵柄以授其偏裨，一出而复东京、馘朝义，方且揶揄公以功不若人；使公于此持异议以与怀恩相抵牾，吝予降贼以节钺，既嫌于忌怀恩而毁其方略，且使怀恩蛊朔方之将士，谓公压己以绌三军之劳绩；他日者怀恩叛，而朔方之众，恶能戴公如父母以效于国乎！公戢意以静持之，知不可挽，则姑听之，而有余地以图他日之荡平；公之虑深而志谨，国危君窜而社稷终赖以安，非浅衷之所易测也。

若中立以元臣受专征之命，而元稹、魏弘简居中掣之，中立抗辨以争而不能夺其宠任；其受三叛之归，锡以方镇，非徒庇三叛也，不欲公复收前日淮蔡之功名而解其兵柄也，则中立岂容伸其远虑哉？三叛受封，而公罢为东京留守，不恤唐室之安危，唯抑公之是图，稹之志也。植、元颖辈且无能为异同，况中立可自与争得失乎？用兵危事也，内有携贰之宰执，而危乃滋甚。使中立力争弗与，决志以进讨，败者十九矣；徒杀士卒，虚帑藏，讨之不克，而复封之，身为戮而国愈蹙，此一往自任之浅图，而中立其肯身执其咎乎？

虽然，君如此其昏也，相如此其劣也，聋者不可使聪，狺者不可使驯。如中立者，可以去乎，而岂其未也？中立之兼将相也，与汾阳异。汾阳将而相者也，其相，宠之也，去就不关其名节，留身于浮沉之间，以为他日社稷之寄，将臣之道也。中立相而将者也，其将，假以秉钺为三军之重，而固非将也，留身于浮沉之间，则道以身轻，而不足为宗社生民之卫；李逢吉、元稹乃至无赖之郑注，皆可颉颃以为伍，身即留而固不足建他日补天镇海之功，多言数穷，以激小人而坚护其恶，岂徒无补，而害且因之益滋矣。元稹、魏弘简用而三叛罢征，三叛割据而元稹复相，沃膏救火，火乃愈炽，斯君子所重为中立惜也。汾阳默而唐安，中立屈而唐乱，时各有权，道各有分，人各有司，故二公者，地异而不可并论者也。

【译文】

卢龙牙将朱克融首倡叛乱，囚禁节度使张弘靖，朝廷却授予他卢龙节度使的符节；魏博中军兵马使史宪诚胁迫逼死以忠孝著称的节度使田布，朝廷却授予他魏博节度使的符节；成德军衙内兵马使王庭凑袭杀推心置腹、平乱有功的节度使田弘正，朝廷却授予他成德节度使的符节。唐朝之所以不足以复兴而逐步走向灭亡，原因就在于此。河北地区的藩镇叛乱开始于仆固怀恩把这个地方授给投降朝廷的叛贼，形成于宰相崔植、杜元颖、王播借藩镇叛乱而奖赏叛乱之人。仆固怀恩的奸邪悖逆，崔植、王播、杜元颖的孤陋寡闻，本来不值得指责；但是像郭子仪位兼将相、威震中外，裴度身系天下安危，却坐视朝政失误，不能有所匡救，这又是什么原因呢？

郭子仪本来是有其不能据理力争的苦衷的。早在河北地区藩镇叛乱发生之前，郭子仪以朔方节度使的孤军奋起勤王，平定安史之乱，其威望还没有非常突出。加上又在清渠战败、在相州溃退，其威望也受到挫折。当朝专权太监妒忌他的权位，剥夺其兵权授予他的部将仆固怀恩，结果仆固怀恩一出兵反攻就收复东京洛阳，大败史朝义并逼迫其走投无路自杀，这些人还嘲笑郭子仪的才能和功劳不及别人。假如郭子仪他在这个时候提出疑议从而与仆固怀恩产生矛盾，吝啬而不授予薛嵩、田承嗣、李怀仙、李宝臣等以藩镇将帅的节钺，不仅嫌弃和嫉妒仆固怀恩从而破坏其平叛方略，而且使得仆固怀恩蛊惑煽动朔方将士，认为他故意压制仆固怀恩并贬低三军将士的功劳；那么日后仆固怀恩反叛朝廷，朔方节度使的军队怎么能够像对待父母一样拥戴他以报效国家呢？郭子仪压制其自己的意见，以静制动坐观时变，明知事情无可挽回，就姑且听之任之，从而为自己留有余地，以等待日后拨乱反正、扫平叛乱。由此可见，郭子仪深谋远虑，言行谨慎，唐朝的统治在国家危难、皇上出逃的祸乱中最终赖以转危为安，并不是那些见识短浅的人能够轻易揣测到的。

至于裴度以元老重臣的身份接受专权征伐叛乱的诏命，而元稹、魏弘简在朝廷居中牵制他，尽管他抗旨申辩、据理力争，也不能改变皇上对元稹、魏弘简的宠任。等到他接受朱克融、史宪诚、王庭凑三位叛将的投降归来之后，朝廷授予他淮南节度使之职，这不仅仅是为了庇护三位叛将，更重要的是不想他再次建立像以前收复淮蔡地区那样的功名而剥夺其兵权，在这种情况下，裴度怎么能够施展其深谋远虑呢？等到三位叛将受封为节度使以后，他又被罢除节度使职权出任东都留守，不体恤唐朝国家的安危，专门以压制裴度为己任，这就是元稹的想法。当时的宰相崔植、杜元颖等人尚且不能提出疑议，更何况裴度自己哪里可以与元稹竞争个人得失？用兵打仗本来就是危险的事情，加上朝廷内部有离心离德的宰辅大臣，那么这种危险就更加严重了。假如裴度据理力争而得不到朝廷的准许，决意率兵讨贼，十有八九要打败仗，其结果只能是白白断送无辜将士的性命，浪费官库的钱财粮饷，一旦作战失利，朝廷仍然要分封叛将，自己身被屠戮，而国家形势更加急迫，这种一往无前自负其责的浅薄策略，裴度难道愿意承担其一败涂地的罪责吗？

尽管如此，君主是如此的昏庸，宰相是如此的卑劣，聋人不可能使之听得见声音，狂妄叫嚣的人不可能使之得到驯服，像裴度这样的处境可以辞职退隐吗？而他为什么没有这样做呢？其实，裴度身兼将相之任，与郭子仪的情况并不相同。郭子仪是由将军而升任宰相的，他的宰相之位，是对他的褒奖和恩宠，就任或辞任宰相与他的名节无关，置身于宦海沉浮之间，从而作为日后江山社稷的寄托，这是作为将帅的处世之道。而裴度则是以宰相而兼任将帅的，他的将帅之职，是借以秉持斧钺作为统率三军的重任，本来并非将帅，置身于宦海沉浮之间，那么文臣谋国之道就会因为身份地位轻微而不足以担负起保卫江山社稷和广大民众的重任。当时朝廷大臣李逢吉、元稹乃至于流氓无赖的郑注等，都可以与他相互抗衡而同朝为官，即使继续留在朝廷，也不足以建立日后补天镇海一般的巨大功勋，更何况说话多了就会使自己陷入困境，从而激起奸佞小人坚决维护其罪恶行径，不仅于事无补，祸害反而将会因此而日益滋长蔓延了。元稹、魏弘简受到任用而放弃了对三位叛将的征讨，三位叛将割据称雄而元稹复任宰相，就像是泼油来救火，火势将更加猛烈，这也是正人君子深为裴度感到惋惜的原因。郭子仪静观时变带来唐朝的安宁，裴度委曲求全却引发唐朝的动乱，他们在不同的时势下，各有其不同的处置之道，各自的职任也不相同，所以郭子仪和裴度二人，因为所处的环境不同而存在相当大的差别，是不可以相提并论的。

本事：《资治通鉴》卷二四二《唐纪五十八·穆宗》，长庆元年（821）。

四　君子小人之争

君子小人忽屈忽伸，迭相衰王，其乱也，更甚于小人之盘据而不可摇，何也？君子体国，固自有其规模；小人持权，亦自有其技术。小人骤进，深忌君子，固乐翘小过而尽反其道；君子复升，深恶小人，抑疾恶已甚，而概绌其谋。夫既执国政而行其所欲为矣，疆埸之或战或守，寇盗之或剿或抚，征徭之或罢或兴，礼制铨除之或隆或替，边臣受而行之将士，部寺受而行之庶司，郡邑受而行之百姓，其善者固乐从之矣，小人之稗政，亦既不得已而奉行之，财已费，力已劳，习之已成，因之免害。乃忽于此焉，忽于彼焉，将无定略，官无定守，士无定习，民无定从，奸人缘之以持两端，愿民因之而无准则，岂特小人之病国殃民已亟矣哉？君子之以摇荡天下之视听，而俾蹩躠靡骋者亦不保其不导以乱也。机事之泄，奸弊之兴，穷民之左右救过而不遑，士大夫之疑殆而交相嚚（yín）讼，然而政不乱、民不穷、封疆不偾、国不危亡者，未之有也。

夫小人之能固君宠、结众心、幸成劳以侈功绩者，亦尝取天下之大略而筹之。有钳制之术，而下不敢违，有从欲之饵，而或享其利；有揣摩之机，而夷狄盗贼亦可相持以苟安。未几而尽易之，汲汲焉唯恐其复进，不循其序，而操之已蹙，乃易之未久，而小人果复起矣，取已泄之机、已乱之绪而再用之，外之必讧，内之必困，君子小人交受其咎，非但小人之乱之也。

穆宗在位四年耳，以君子，则裴度也、李绅也、韩愈也；欲为君子而不驯者，李德裕也；以小人，则李逢吉也、元稹也、牛僧孺也、王播也、李宗闵也；庸靡不能自固而居其间以浮沉尸大位者，崔植也、杜元颖也；虽无大过而不克有为者，萧俛也，郑覃也。或正或邪，或才或窳，无所择而皆执国政，俄而此庸矣，俄而又黜矣，俄而此退矣，俄而又进矣，一言之忤合，一事之得失，摇摇靡定，而宦竖与人主争权，谏官与将相争势，任贤贰，去邪疑，害不可言也。并其任小人者，亦使小人无自固之地，一谋不遂，一语未终，早已退而忧危，求闪烁自全之术。呜呼！晴雨无恒，而稻麦腐于陇首；参（shēn）连杂进，而血气耗于膻中。不知其时之人心国事旦改夕更，以快一彼一此之志欲，吏乘之以藏奸，民且疲于奔命，夷狄盗贼得间而乘之者奚若也！唐之不即倾覆也，亦幸矣哉！

李林甫之奸也，非杨国忠大反之而犹不可乱。靖康贤奸争胜，而国以速亡。极乱之国有治人，有治人而益乱。靖乱者自有道焉，非相反之谓也。

【译文】

正人君子和奸邪小人忽屈忽伸，此消彼长，交替兴衰，这种政局所造成的混乱，更甚于奸邪小人长期盘踞把持朝政而不可动摇，原因何在呢？正人君子公忠体国，本来自有治理国家的典范；奸邪小人当政掌权，也自有其施政的手段。奸邪小人骤然进用，非常妒忌正人君子，本来就乐于揭露其微不足道的过错从而完全反其道而行之；正人君子再次晋升，对奸邪小人深恶痛绝，因为嫉恶太甚，也要一概革除他们的筹谋。既然执掌国政从而为所欲为，那么对于战场上的征讨或防御，对于盗贼的围剿或招抚，对于赋税徭役的征收或蠲免，对于礼制铨选的兴盛或衰败，边防守将接受后委托将士执行，朝廷的六部九卿接受后委托各官署衙门执行，地方郡县接受后委托百姓执行，对于好的政策自然乐于服从，而奸邪小人推行的弊政，也迫不得已奉行下去，结果钱财已经浪费，人力已经消耗，长期以来形成的习惯，相互因袭以免受到危害。可是国家政策时而这样，时而那样，将帅没有固定的战略，官员也没有固定的操守，士大夫也没有固定的道德习性，民众也没有固定的遵从准则，奸邪小人因此而首鼠两端，朴实善良的民众因此而没有准则，难道仅仅是奸邪小人祸国殃民达到这个地步吗？正人君子当政时的除旧布新，尽管有美好的愿望，但也不能保证不会引起民心动乱而造成祸乱。政事机密的泄露，奸邪弊端的兴起，贫穷的百姓疲于应付，来不及补偏救弊，士大夫疑惑不解而争讼不已，在这种情况下，政治不混乱，民众不贫穷，国土不沦丧，国家不危亡，是从未有过的事。

奸邪小人之所以能够强化君主的宠信、赢得众人的支持、侥幸获得成功从而侈谈其功德，也曾观察天下大势而加以筹谋，有其钳制压迫的手段，使得下面不敢违抗；有其放纵欲望的诱饵，使得有人享受其利益；有其揣摩推究和纵横捭阖的机巧，使得夷狄和强盗叛贼也可以形成相持的局面而苟且偷安。然而不久政局变化就被全部推翻，继任者心情急迫唯恐他们再次复出，不遵循原有秩序，而实际执行起来已经非常急迫，可是刚刚拨乱反正不久，奸邪小人又被重新任用，仍旧将已经泄露的机密、已经混乱的纲纪再次推行下去，势必引起外部的冲突、内部的困窘，无论正人君子还是奸邪小人，都要交替承担失败的罪责，所以政局的混乱并不仅仅是奸邪小人擅权乱政的结果。

唐穆宗李恒在位的时间只有四年，在当时的朝廷大臣中，可以称为正人君子的，有裴度、李绅、韩愈；想成为正人君子而没有修习养成的，有李德裕；可以称为奸邪小人的，有李逢吉、元稹、牛僧孺、王播、李宗闵；庸碌无为、萎靡不振而不能自保其身从而宦海沉浮、尸位素餐的，有崔植、杜元颖；虽无大过而又不能有所作为的，有萧俛、郑覃。这些人中，有的正直，有的奸邪，有的才华出众，有的道德败坏，唐穆宗却不加选择，都让他们位居宰辅、执掌国政，一会儿重用这个人，一会儿又废黜了他，一会儿贬斥这个人，一会儿又任用他，一句话忤逆或合意，一件事的成败得失，摇摆不定，而太监与君主争权，谏官与将相争势，任用贤臣却心怀猜忌，祛除奸邪却心怀疑虑，造成的祸害无法用语言形容。即便是其任用奸邪小人，也使得奸邪小人没有自我保全的余地，一个计谋未能成功，一句话语还没有说完，早已退下来感到深深的忧虑与惶恐，急迫寻求趋利避害、自我保全之策。唉！天气变化晴雨无常，稻谷麦子就有可能在田地里腐烂；人参和黄连混合服用，人的血气就有可能在胸中损耗殆尽。不了解当时的人心，国家政事朝令夕改，以满足君子小人各自党羽的志趣和欲望，贪官污吏乘机藏奸耍滑，普通百姓将疲于奔命，而夷狄和强盗贼寇找到漏洞乘机作乱，不知道又会是什么样的结局！唐朝的统治没有随即倾覆，也实在是侥幸啊！

唐玄宗时的宰相李林甫虽然奸邪成性，如果没有杨国忠完全推翻其执政方略，唐朝尚且不至于酿成大乱。宋徽宗靖康年间，朝中贤良与奸佞争斗不休，导致国家迅速灭亡。极度混乱的国家就会出现治理国家的人才，但有了治理国家的人才就拨乱反正，反而更加剧了国家的祸乱。平息祸乱自有其合适的办法，并不是所谓的反其道而行之。

本事：《资治通鉴》卷二四三《唐纪五十九·穆宗》，长庆三年（823）。

敬宗

一　大臣不可以援立居功，君主当杜绝私劳之赏

君父之志未定，奸邪之机方张，嗣子幼冲，或掖之以践阼，不以戴己者为恩，摇己者为怨，而过用其刑赏，非德若舜、禹有天下而不与者不能。一饭之德，犹求报之，贡举之知，犹终事之，中人之情，君子不禁，可谓之私，亦可谓之厚也。反此者，廓然大公，天下一人而已。叔孙昭子不赏私劳，夐绝之行也；抑竖牛谗贼，公愤所归，虽欲赏之，而众必争。故以此而责人主合同异、泯恩怨于参大议之大臣也诚难。乃以此而醲赏重罚，失政理而乱国是，

则大臣之受之者实任其咎。循天理、饬王章以靖众志，非翼戴大臣之责而谁责哉？

翼戴者可以居功矣，则异议者恶得而无罪！知异议之必按是非为功罪，而非异议之即罪，则翼戴者之不可以援立为功，审矣。今夫荐贤才以在位，拔寒素而跻荣，意甚盛也。然苟为靖共之君子，则必曰吾以事君也，而不敢尸其报以牟利。况夫天子者，天之所命也，天下臣民所欲得以为父母者也；窃天之权，敛臣民之志欲，而曰我自立之，我可以受翼戴之赏，自以为功，而求天子之弗我功也，不可得也。自以为功，天子功之，则不与其议而疑于异己者，恶得而免于罪乎？始之者，大臣也，迨其滥觞，而宦官宫妾进矣。援一人而立为天子，小人之奇货也。于是孙程、王守澄、仇士良乘隙而徼之，于是而贾充、傅亮因而专之，于是而华歆、郗虑、王谧、柳璨不难移人之宗社以贸己之宠荣。篡夺相仍，皆贪功者之一念为之也。而徒以咎人主之赏私劳无大功之德哉？

穆宗保王守澄之逆而厚赐神策军士，敬宗听李逢吉之谮而窜李绅，其相袭以乱刑赏，非一日之故矣。于是而知金日磾之不以托孤受爵，卓哉其不可及已。周勃居功相汉，而致袁盎骄主之谮；杨廷和居功受爵，而贻门生天子之谴。英主觉之于事后，而不能慎之于当时，勃与廷和自任已坚，气焰上夺其君，有不能遽抑者在也。识卑器小，忠贞不笃，以天子为墨庄，自贻凶危而害流后世，三代以下无大臣，究其情实，一鄙夫而已矣。居密勿之地，与促膝之谋，国本不定，竭忠贞以立正议，事定国安，引身而去，以杜绝私劳之赏，则倾危之祸，其尚息乎！

【译文】

先皇的遗志还没有付诸实施，而奸邪小人的阴谋正当气焰嚣张之际，继位的君主年龄幼小，有的甚至是被人扶持着登上帝位，如果不对拥戴自己的人感恩戴德、对动摇自己地位的人充满怨恨，从而超出限度地给予奖赏和惩罚，那么除非他的道德修养像虞舜、夏禹那样拥有天下，自以功德受禅，否则是不能做到的。别人施舍给一碗饭的恩德，还要设法予以报答；科举考试时的知遇之恩，还要终身将其当作恩师来对待，以普通人的情感而言，正人君子也不能禁止，这种做法可以说是私情，也可以视为忠厚的表现。与此相反，心地开阔，大公无私，古往今来，天下只有一个人能够做到罢了。春秋时期鲁国的叔孙昭子不奖赏犯上作乱却对自己有拥戴之功的竖牛，堪称千古超绝的行为。而竖牛残害忠良，引起公愤和众怒，即使想要对他进行奖赏，天下人也会奋起抗争。因此，以这样的标准要求君主对于参议朝廷重大决策的大臣一视同仁、泯灭恩仇，的确是太难了。可是如果因此而对于已有功或有过的大臣进行重赏或重罚，那么就会丧失国家治理之道从而破坏国家重大决策，而接受赏罚的大臣也难以推托罪责。遵循天地自然的法则、整饬国家和天子的礼仪制度，从而稳定朝纲，安抚众心，不正是拥戴天子的大臣的责任和使命吗？

如果拥戴天子的大臣可以居有功劳，那么持有异议的人怎么能够无罪呢！如果能够明白持有异议必定会依据是非来判定功罪，而不是持有异议就是罪过，那么拥戴天子的人不可以扶立新君作为功劳，这也是非常明白的事。可是如今荐举贤才出仕做官，选拔出身贫寒的人跻身高位，其居为功劳的用意非常强烈。然而如果是恭谨地奉行职守的正人君子，就必定会说：我是在以此事奉君主，而不敢接受对方的报答从而谋取私利。况且所谓天子，是秉承上天的旨意来作为天下之主，是臣民想要尊奉为父母的；至于那些拥戴天子的人窃取上天的权柄，汇集天下臣民的愿望，从而认为天子是自己扶立的，自己可以接受拥戴之功的封赏，自以为有功，如果有人要求天子不承认我有功劳，这是不能接受的。如果自认为有功，天子也认为有功而加以奖赏，那么没有参与皇位谋议而且怀疑持有异议的人，又怎么能免于罪责呢？这种事开始的时候，仅限于大臣，等到赏罚过于泛滥的时候，就连宫中的太监和妃妾也都参与进来。扶持拥戴一个人确立为天子，很容易成为奸邪小人心目中可以待价而沽的奇货。因此，像东汉太监孙程和唐朝太监王守澄、仇士良之流都乘机侥幸成功，西晋权臣贾充、南朝宋权臣傅亮之流借机专权废立，东汉奸臣华歆、郗虑和东晋奸臣王谧、北魏奸臣柳璨之流不惜倾覆人家的江山社稷来换取自己的荣华富贵。这样，篡位夺权的事件层出不穷，都是贪图拥戴之功的人的一己私念所造成的，怎么可以仅仅归咎于君主奖赏拥戴扶立的功劳而没有大公无私的美德呢？

唐穆宗李恒保全专权废立的宦官王守澄的悖逆作乱，重赏参与废立的神策中尉梁守谦等禁军将士，唐敬宗李湛听信奸臣李逢吉的谗言而流放大臣李绅，他们前后相继破坏国家的刑赏制度，并非一朝一夕的缘故，也有其历史的根源。由此可知，西汉金日磾不因托孤受命而接受封爵，其远见卓识是不可企及的。西汉周勃因为迎立汉文帝的功劳而官居丞相，引起袁盎对他在天子面前骄傲不恭的劝谏；明朝杨廷和因为迎立明世宗的功劳而接受左柱国的封爵，结果却留下“以定策国老自居，门生天子视朕”的谴责。英明的君主往往在事后有所觉察，却不能在当时谨慎从事，像周勃和杨廷和那样自居拥戴之功之心已经很坚定，从而在气焰上有功高震主之嫌，是因为有其不能压抑的情感存在。见识短浅，器量狭隘，忠贞之心不深切笃实，把当朝天子视为摆设，不仅给自己带来凶险，也为后世留下祸害，常言说夏、商、周三代以后没有真正的辅弼大臣，推究他们的情感与行实，不过是一些卑鄙浅陋的匹夫罢了。官居朝廷机要之位，参与君臣促膝谈心的筹谋，国家的储君之位尚未确定，就要竭尽忠贞之心来树立天下正论，等到皇位继承大事确立，国家局势安定之后，就辞职归隐而去，从而杜绝因为拥戴之功而接受封赏，这样国家倾覆危险的祸乱也就可以平息了。

本事：《资治通鉴》卷二四三《唐纪五十九·穆宗》，长庆四年（824）。

二　小人之术，穷工极变

小人之情，愈趋而下；小人之伪，愈变而升。故征事考言以知人于早，未易易也。读遗文，观已迹，以论昔人之贤奸，亦未易易也。古今所谓小人者，导君以征声逐色、黩货淫刑，其恒也；持禄容身，希旨献谀，而不敢触犯人主、乖忤宦妾，其恒也；生事徼功，掊克兴利，以召天下之怨，其恒也。乃自元和以来，至穆、敬之世，所为小人者术益进，而窃忠贞正大之迹以制天下，而不得以为非，后世诵其奏议，且将有味乎其言，而想望其风采。呜呼！至此而小人之奸可胜诘哉？

李吉甫之始执政也，以推荐贤才致天下之誉，上国计簿，以人主知财用之难而思节省，尤大臣之要术也。其他则媢疾导谀，心违其言，不可胜道矣。元稹、李宗闵起而对策，讦吉甫之奸，推奥援之托，堂堂侃侃，罢黜不以为忧，充斯志也，何有于崔潭峻、魏弘简、王守澄之刑余？又何有于李逢吉、王播之贪鄙？言之也不怍，尤不惧也。一旦改面而事佞倖以傍趋，有倍蓰（xǐ）于吉甫诸人之为者。观其始进，览其遗文，亦恶知其灭裂之至于此哉？

若夫刘栖楚者，则尤异矣。敬宗晏朝，百官几至僵仆，栖楚危言以谏，至于以首触地，流血被面而不退，迹其风采，均等朱云，固李渤之所不逮也；王播赂王守澄求领盐铁，复与独孤朗等延英抗论，尤不畏强御、鉏奸卫国之丰标也；而栖楚之为栖楚何如邪？奸谄之尤，而冒刚方之迹，有如此夫！然其所建白，犹一时一事以气矜胜耳。至于牛僧孺而所托愈难测矣。韩弘荐贿，中外咸食其饵，而僧孺拒之，其律己也，君子之守也；悉怛谋据地以降，李德裕力请受纳，而僧孺坚持信义，其持议也，君子之正也；则且许以果为君子，而与于帝王之文德，以无忝于大臣，固无多让。而僧孺之为僧孺又何如邪？结李宗闵为死党，倾异己，坏国事，姑自戕削以建门庭，而售其险毒，又如此。

夫穆、敬二帝虽曰淫昏，而是非之心未能全泯，故此诸奸者，亢厉自饰，而揣无诛殛之忧，唯是冒忠直正大之迹，欺天下以自容于公论。盖自唐中叶以后，韩愈氏依傍“六经”之说以建立标帜，则非假圣贤之形似，不足以鼓吹后起之人才为之羽翼。因时所尚，凭其浮动之气、小辨之才，而栖楚且为忠戆（zhuàng）之领袖，僧孺且为道义之仪型。小人之窃也，至于此而穷工极变，上欺人主，下欺士民，延及后世，犹使儒者史臣以周公不享越裳、《春秋》不登叛人之义滥许僧孺，而栖楚叩头流血之奸，无有能摘发之者。呜呼！小人之恶滔天，尚谁与惩之哉？孔子曰：“未有小人而仁者也。”小人之仁，正其不仁之甚者，辨者不可不审也。

【译文】

奸邪小人的感情，变得越来越卑下，奸邪小人的虚伪，却变得越来越高超。因此，证以其事、察其所言以便较早地了解并分辨其人品的好坏，并不是一件很容易的事情。

阅读其遗留下来的文章，考察其曾经历过的事迹，以便评论古人的贤能与奸邪，同样也不是一件很容易的事情。古往今来所谓的奸邪小人，引导君主追逐声色、贪污受贿、滥施刑罚，这是其常态；尸位素餐，苟且偷安，迎合君主旨意，阿谀奉承，而不敢触犯龙颜、忤逆太监与后妃，这是其常态；无事生非，侥幸立功，聚敛百姓，追逐货利，从而招致天下人的怨愤，这也是其常态。可是从唐宪宗元和年间（806—820）以来，到唐穆宗、唐敬宗统治时期，所出现的奸邪小人其手段却日益高明，他们窃取和模仿忠贞正直大臣的做法来钳制天下，从而使得天下人并不认为他们为非作歹，以至于后人读到他们的奏章，甚至从他们的言论中获取教益，从而仰慕其风采。唉！到了这种地步，小人的奸诈又如何能够追问和查究呢？

宰相李吉甫开始当政的时候，通过举荐贤良人才而赢得了天下人的赞誉，通过进呈国计簿册以便使君主知道国家财政的困难从而考虑节约用度，这种做法尤其是作为执政大臣所应采取的重要举措。至于其他的作为，嫉贤妒能，逢迎献媚，口是心非，不可胜数。元稹、李宗闵奋起而针锋相对，追究李吉甫的奸佞作为，推究其同党内援的请托，公然对抗，侃侃而谈，即使遭受罢黜贬谪也不以为忧，而作为他们坚强的后盾，难道与崔潭峻、魏弘简、王守澄这样刑余的太监有关吗？又与李逢吉、王播之流贪婪卑鄙的宰相重臣有关吗？他们的言语问心无愧，尤其是无所畏惧。然而一旦改头换面去事奉那些佞幸之臣以趋炎附势，比起李吉甫等人的所作所为更是超过数倍。观察他们刚刚受到任用时的言行，阅读他们遗留下来的文章，又怎么能够知道他们的道德败坏到了如此的地步呢？

至于曾任京兆尹的刘栖楚，其情况就更加不同了。唐敬宗迟迟不上朝，文武百官等得身体僵硬几乎昏倒，刘栖楚直言进谏，甚至以头触地、血流满面而毫不退缩，追溯考察他的风采，与汉代直谏之臣朱云可以相提并论，即使是当时坦陈时弊的给事中李渤也有所不及；曾任宰相的王播广求珍异贿赂专权太监王守澄，请求兼领盐铁转运使，刘栖楚又与独孤朗等人在延英殿抗议争论，尤其表现出不畏强暴、清除奸佞、保卫国家的名士风度；可是真实的刘栖楚又是个什么样的人呢？奸邪谄媚之尤，却假冒刚直方正的表象，说的就是像他这样的人！然而他对国家政事的建议，还是就一时一事加以陈述，以书生意气争强好胜罢了。至于曾任宰相的牛党首领牛僧孺，其有所伪托隐藏，就更加难以测度了。韩弘入仕时曾经向宫中太监和朝中显贵大肆行贿，几乎所有人都经不起诱惑，只有牛僧孺拒绝接受，可见其律己甚严，具有正人君子的操守；吐蕃维州（今四川理县东北）守将悉怛谋以维州城归降朝廷，时任剑南西川节度使的李德裕极力主张受降，只有牛僧孺坚持信义，主张放还悉怛谋，归还维州城，可见其持论公允，具有正人君子的正道；但如果这样，则可推许他为真正的正人君子，从而辅佐帝王的礼乐教化，他无愧于宰辅大臣的称号，本来也毫不逊色；可是真实的牛僧孺又是个什么样的人呢？他与李宗闵结为死党，排斥异己，破坏国事，姑且自我克制，以便树立自己的名声，从而实现其阴险歹毒的野心，说的就是像他这样的人！

唐穆宗、唐敬宗两位皇帝虽然荒淫昏庸，但他们的是非之心还没有完全泯灭，因此这些奸佞小人，还要奋发激扬以便自我粉饰，自我揣度没有受到诛杀的后顾之忧，于是伪装成忠贞正直大臣的表象，从而欺骗天下人并使得自己能够为公众舆论所宽容。大概从唐代中叶以后，韩愈根据“六经”的学说树立起仁义道德的榜样，因此不假借圣贤的形式和表象，就不足以鼓动后起的人才成为他们的羽翼和同党。适应当时社会所崇尚的风气，凭借他们浮躁不定的气质、巧言善辩的才能，刘栖楚将会成为忠诚憨直的领袖，牛僧孺将会成为正道大义的典范。奸邪小人窃取声名，竟然达到了如此穷极工巧、极尽权变的地步，对上欺骗君主，对下欺骗士人百姓，而且延续到了后世，还使得儒者和史官以周公不接受南海越裳国的进贡、孔子著《春秋》不认可叛乱之人的义举来对牛僧孺滥加赞许，而刘栖楚叩头流血的奸诈之举，还没有人能够予以揭发批判。唉！奸邪小人的罪恶滔天，还有谁能够去加以惩罚呢？孔子说：“君子中有不仁义的人，但是小人之中是没有仁义之人的。”奸邪小人的仁义，正是他最不仁义的表现，天下人不能不慎重地加以辨别。

本事：《资治通鉴》卷二四三《唐纪五十九·穆宗》，长庆四年（824）。

文宗

一　元和以后唐廷无人

唐自元和以后，国之无人久矣。王守澄、陈弘志推刃天子，无有敢斥言之者，纵横两代，至文宗之季年，而后以他罪诛之，则刘克明何惮而不灭烛以弑少年之天子邪？克明滔天之罪，发之者，王守澄等四宦竖也；斩之者，神策飞龙宦竖所将之兵也。路隋以学士而为逆贼草制，韦处厚俯仰而推讨贼之功于江王，如是，尚可谓唐之有人乎？

孙明复之治《春秋》曰："称国以弑者，国之人皆不赦也。"胡氏讥其已酷，非也；所谓国之人者，非下逮于庶人，亦其当国之臣、允膺在宫在官之辟者也。然则宪、敬二君之弑，唐之大臣所可逭不赦之诛者谁也？韩弘、张弘靖、李逢吉、王播、皇甫镈、韦处厚，贤不肖无得而免焉。而李绛、裴度，忠贞为众望所归，亦何面目立新主之廷焉？当其时，宦竖之势张矣。然未至如汉末诸奄，斩艾忠良，空天下之群而无遗也；且未如肃、代之世，程元振、鱼朝恩杀来瑱如圈豚，夺郭子仪之权位如夺婴儿之弄具也；刘蕡一摅（shū）其忠愤，抗言不忌，虽不擢第，而抑无蔡邕髡钳、张俭亡命之祸。则唐室诸臣，亦何惮而不孤鸣其公愤？呜呼！国之无人至于此极，而抑何以致此哉？

国家之大患，人臣之巨慝，莫甚于自相朋比，操进退升沉于同类之盈虚，而天子特为其酬恩报怨，假手以快志之人。所谓正人者，唯以异己相倾之徒为雌雄不并立之敌；其邪者，则以持法相抑之士为生死不戴天之仇。而非天子莫能代之以行其志，非左右持权之宦竖莫能助己以快其欲。藉令当宪宗之弑，而建讨贼之旌，则岂徒弘志哉？守澄其渠帅也；匪徒守澄，郭后其内贼也；匪徒郭后，穆宗其戎首也。推究至极，不容中已。而守澄尸威福之柄，两立于邪正之交，以持衡而颠倒之；郭后挟国母之尊，穆宗固世適之重。天位既登，动摇不可。则发义问者此党之人，而彼党即乘瑕而进。功隳名败，身不保而祸延同类。于是素有忠直之望者，亦惴惴然惜门户以图伸；而依附之士，咸啮指扪舌以相劝止。低回一起，慷慨全消，方且尊太后，肆大赦，以掩其恶而饰之，因循安位，以求遂其汲引同汇、拒绝异己之情。为君子者，固曰吾以是为善类地也，而况匪人之比哉？宦竖乃以知外庭之情志，视君父之死如越人之肥瘠，闭户自保，而以不与为安。敬宗虽无刘子业、萧宝卷之凶淫，一失其意，而刃剚（zì）其胸，何不可使路隋、韦处厚泚笔弄舌以文其大恶乎？呜呼！盈廷若是，而按孙氏《春秋》之法，非诬也。李绛、裴度虽云贤者，其能逃于法外哉？

李长源归卧衡山，而李辅国不敢竟其恶；郭汾阳罢兵闲处，而鱼朝恩不敢肆其毒；君子不浮沉于爵禄权势之中，乱臣贼子自有所畏忌而思戢。元和以降，所号为大臣者，皆荏苒于不进不退之交，而白刃两加于天子之脰。唐之无人，厥有由矣。文宗进李训、郑注而谋诛内贼，非尽不明也。人皆知有门户，而不知有天子，无可托也。

【译文】

唐朝自宪宗元和年间以后，国中没有忠贞正直的大臣已经很久了。太监王守澄、陈弘志弑杀天子，朝廷大臣没有敢于斥责其罪恶的，使他们在穆宗、敬宗两朝持续作威作福，直到唐文宗末年才以其他罪行诛杀，这样太监刘克明有什么畏惧而不敢弑杀少年天子唐敬宗呢？刘克明的滔天大罪，正是由王守澄、杨承和、魏从简、梁守谦四个宦官引发的，最后斩杀他的，又是统率神策、飞龙禁军的宦官所带领的士卒。路隋以翰林学士的身份却为逆贼起草诏书，宰相韦处厚俯仰周旋而把讨贼平乱的功劳推给时封江王的唐文宗李昂，像这样，难道还可以说唐朝国中有忠贞正直的大臣吗？

宋朝学者孙复（字明复）在其研究《春秋》的著作《春秋尊王发微》卷六中说："君主在位时被杀，是说众人弑君，因而举国之人都可诛杀而不能赦免。"胡安国《胡氏春秋传》讥讽孙复过于残酷，他的说法是不对的；这里所说的举国之人，并非一直追究到下层庶民，而是指当政大臣、身处官廷担任官职的人。既然这样，那么唐宪宗、唐敬宗两位君主被弑，唐朝的国中大臣可以逃脱不可赦免甚至应被诛杀罪行的有哪些人呢？当时的宰辅大臣韩弘、张弘靖、李逢吉、王播、皇甫镈、韦处厚无论贤能与否，都难逃其咎。至于李绛、裴度，更是以其忠臣坚贞而众望所归，他们又以何等面目屹立于新君的朝廷呢？当时，专权宦官的势力极度膨胀，然而还没有达到像汉朝末年宦官专权那样的程度，诛杀忠良，将天下人才摧残一空，几乎没有剩余；也不像唐肃宗、代宗时期那样，专权太监程元振、鱼朝恩杀害兵部尚书、同中书门下平章事来瑱就像原地转圈一样容易，如同拿走婴儿玩具一样剥夺郭子仪的兵权；忠贞正直的进士刘蕡在贤良方正对策中抒发其忠义愤激，直言无忌，虽然落榜下第，却也没有遭受像东汉蔡邕那样削去头发铁圈束颈的刑罚、像张俭那样隐姓埋名奔逃亡命的灾祸。既然如此，唐朝国中大臣又有什么畏惧而不敢孤高嫉俗以申述他们的公愤呢？唉！朝中没有忠贞正直的大臣到了如此程度，而这又是什么原因造成的呢？

国家的重大祸患，大臣的巨奸大恶，没有比朝廷大臣相互结成朋党，并根据其朋党的盛衰来操持官员的进退升降更严重的了，而君主不过是作为他们酬谢恩德而报复仇怨、借以满足其欲望的傀儡罢了。所谓的正人君子，只把那些排斥异己、相互倾轧之徒作为雌雄不能并存于一身的仇敌；而奸邪小人，则把那些坚持依法行事、对他们进行压制的士大夫作为生死不共戴天的仇敌。因此，如果不是天子就没有人能够代表他们以便实现其意愿，如果不是天子左右专擅大权的太监，又怎么能够帮助他们满足其欲望。

假使唐宪宗被弑的时候，有人树立起讨伐逆贼的大旗，难道受到声讨的只有陈弘志一人吗？王守澄就是陈弘志的首领；不仅仅是王守澄，郭太后就是内宫的逆贼；不仅仅是郭太后，唐穆宗本人就是罪魁祸首。推究到底，不能中止。而王守澄掌握着作威作福的大权，弑杀君主之罪与拥戴太子之功并存，从而把持权衡，翻手为云，覆手为雨；郭太后依仗着国母的尊崇身份，唐穆宗本来就拥有世袭嫡子的重要地位，既然继承了皇位，其地位更加不可动摇。在这种情况下，如果这一朋党秉持正义声讨追究弑君的真凶，则另一朋党势必乘机攻击他们。一旦功名败坏，自身不能保全，还将牵连其同党遭受灾祸。因此，那些一向具有忠贞正直声望的大臣，也将惴惴不安地顾惜自己的朋党宗派以便实现其抱负；而那些依附于他们的党羽都会咬指发誓或按舌闭口以抗议阻止。一旦起了迁就迎合党羽之心，那么原有的慷慨义气全然消解，将会转而尊崇太后，施予大赦，以掩饰其罪恶行径，因循苟且，安身保位，以求满足其引荐同党、排斥异己的愿望。作为正人君子，尚且会说：我如此做是作为保全善良君子的一席之地，更何况是那些奸邪小人所结成的朋党呢？宫中专权的宦官则因此了解朝廷大臣的意愿，把君父之死当作越人看待秦人胖瘦一样痛痒与自己无关，关门闭户，明哲保身，从而以不参与政变当作保护自身安全的手段。唐敬宗李湛虽然没有南朝宋前废帝刘子业、南朝齐东昏侯萧宝卷那些凶残荒淫，然而一旦不合宦官的心意，便以刀刺其胸，为什么不能让路隋、韦处厚鼓动文笔口舌来掩饰弑君宦官的巨奸大恶呢？唉！满朝文武尽是这样，如果按照孙复《春秋尊王发微》的说法，举国之人都可诛杀而不能赦免，并不是捏造事实冤枉他们。李绛、裴度虽然说是贤良君子，但能够逃脱法律的谴责和追惩吗？

邺侯李泌辞官隐居南岳衡山之后，专权宦官李辅国反而不敢肆无忌惮而一直为非作歹；汾阳王郭子仪被罢黜兵权赋闲之后，专权宦官鱼朝恩也不敢肆行其毒计。正人君子如果不周旋沉浮于官爵禄位、权势名利当中，那么乱臣贼子自然有所忌惮而不得不收敛自己的罪行。唐宪宗元和年间以后，号称朝廷大臣的人，无不身处不进不退的当口蹉跎观望，致使弑君的屠刀两次加于君主的颈项。唐朝国中没有忠贞正直的大臣，是有其内在原因的。唐文宗李昂提拔李训、郑注而谋划诛杀宫中专权的太监，也并不全是昏庸之举。当时的朝廷，人人都知道有自己的朋党宗派，却不知道上有天子的存在，因此天子就没有可以托付国事的大臣。

本事：《资治通鉴》卷二四三《唐纪五十九·敬宗》，宝历二年（826）。

二　朋党兴而正邪是非难辨

朋党兴，而人心国是如乱丝之不可理，将孰从而正之哉？邪正无定从，离合无恒势，欲为伸其是、诎其非，画一是非以正人之趋向，智弗能知，勇弗能断。故文宗曰：

“除河北贼易，去朝廷朋党难。”亦非尽暗弱之说也。

李宗闵、牛僧孺攻李吉甫，正也；李德裕修其父之怨而相与排摈，私也。乃宗闵与元稹落拓江湖，而投附宦官以进，则邪移于宗闵、稹；而德裕晚节，功施赫然，视二子者有薰莸（yóu）之异矣。李逢吉之恶，夫人而恶之，德裕不与协比，正也；而忽引所深恶之牛僧孺于端揆，以抑逢吉，而睦于僧孺，无定情矣。德裕恶宗闵，讦贡举之私以抑之，累及裴度，度不以为嫌，而力荐德裕入相，度之公也；李宗闵与度均为被讦之人，乃背度而相倾陷，其端不可诘矣。宗闵与稹始皆以直言进，既皆与正人忤，而一争进取，则稹合于德裕以沮宗闵，两俱邪而情固不可测矣。杨汝士之污浊，固已；德裕以私怨蔓延而讦之使贬，俾与裴度、李绅同条受谤，汝士之为贞邪不决矣。白居易故为度客，而以浮华与元稹为胶漆之交，稹之倾度，居易不免焉，而德裕亟引其从弟敏中，抑又何也？李训、郑注欲逐德裕，而荐宗闵以复相，乃未几陷杨虞卿而窜宗闵于明州，何其速也？聚散生于俄顷，褒贬变于睚眦，是或合或离、或正或邪，亦恶从而辨之哉？上无折中之宸断，下无臧否之定评，颠倒天下以胥迷乱，智者不能知，果者不能决也。揆厥所由，则自李绛恃其忠直而不知大臣之体，与小人比肩事主，而相角以言。口给之士，闻风争起，弄其辅颊，议论兴而毛举起，权势移而向背乖，贸贸焉驰逐于一起一伏之中，惊波反溅，罔知所届。国家至此，其将何以立纲纪而保宗祏（shí）哉？

唐、宋以还，败亡一轨，人君尸居太息而末可如何。呜呼！乱之初生，自所谓君子者开之，不但在噂沓之小人也。吕吉甫、章惇之害未去，而首击伊川者，司马公之门人苏轼、苏辙也；奄党之祸未除，而特引阮大铖以倾众正者，温体仁所击之钱谦益也。当王介甫恶二苏之日，体仁陷谦益之时，岂料其速变之如斯哉？烈火焚原而东西不知所极，公忠体国之大臣虑之已早，镇静慎默以赞天子之独断，而人心戢、风俗醇。苟非其人，弗能与于斯也。

【译文】

朋党间的宗派斗争一旦兴起，天下人心和国家大事就会像乱丝一样不可梳理，倚靠谁才能拨乱反正呢？忠正与奸邪没有一定的准则，分离与联合没有恒常的趋势，想要遵从正确的主张，抨击错误的行为，划定是非标准从而纠正人们的趋向，即使是智慧的人也无法了解，勇敢的人也无法判断。所以唐文宗李昂感叹道："平定河北地区的藩镇叛乱还相对容易，而要消除朝中的朋党斗争却非常困难。"这也并不全是暗弱无能的说法。

李宗闵、牛僧孺攻击奸相李吉甫，是一种正当之举；而李德裕为了报复其父的宿怨排挤他们，则是一种自私的行为。而李宗闵与元稹官场潦倒失意，却投靠太监魏弘简得以进用，则又变成了奸邪小人；至于李德裕的晚年操守，功德赫然延续，比起李宗闵、元稹又有香草与臭草之别。李逢吉作恶多端，使人人讨厌，李德裕不与他朋比为奸，是一种正当之举；但他突然援引其深恶痛绝的牛僧孺居于相位，企图用来压制李逢吉，而与牛僧孺和睦相处，则是一种反复无常的心志（此处有误，援引牛僧孺的是李逢吉，而非李德裕）。李德裕讨厌李宗闵，检举揭发科举舞弊来打击他，甚至连累到裴度，但裴度并不介意，反而竭力推荐李德裕入朝为相，这是裴度公正无私的表现；而李宗闵与裴度同为被揭发打击的人，却背叛裴度并设计陷害他，其用心险恶难以查究。李宗闵与元稹当初都是因为敢言直谏而得以进用，受到重用之后都与正人君子裴度产生矛盾，从而一心竞争进取，因此元稹联合李德裕以便遏制李宗闵，两人都属奸邪而其心志本来就不可测度了。杨汝士贪赃枉法，固然是其本性如此；李德裕出于私怨牵连对他进行攻击使之受到贬谪，让他与忠正大臣裴度、李绅因为列入同一条奏疏遭受诽谤，所以杨汝士到底是忠贞还是奸邪就难以判断了。白居易原是裴度的门客，因为轻薄浮华而与元稹成为莫逆之交，元稹陷害裴度的时候，白居易也不能置身事外，而李德裕又极力拉拢白居易从弟白敏中，这又是为什么呢？李训、郑注谋划驱逐李德裕，推荐李宗闵恢复宰相之位，但不久又陷害杨虞卿，而把李宗闵流放到明州（今浙江宁波），其变化又是何等的迅速？朋党之间的聚散分化发生于俄顷之间，善恶褒贬变化于微小的怨恨，这样究竟是联合还是分裂，是忠正还是奸邪，又从什么途径加以分辨呢？君主没有折中取正的裁决判断，臣民没有舆论褒贬的确定评价，使天下人翻来覆去都陷入迷乱，智慧的人也不能了解真相，果敢的人也不能有所决断。考察造成这种混乱的缘由，则是李绛自恃忠诚正直而不知道作为大臣应有的得体风范，与奸邪小人同朝事奉君主，相互以言论争执。那些能言善辩的士大夫闻风而动，起来相互争斗，摇唇鼓舌，从而导致社会舆论兴风作浪，吹毛求疵大行其道，权势格局发生转化，人心向背出现乖离，在朋党宗派双方此起彼伏的斗争中纷乱地奔驰追逐，波诡云谲，惊涛拍岸，不知道会走向何处，国家形势发展到这种地步，又将如何建立其纲常法度来保卫其宗庙社稷呢？

唐、宋以来，天下的败亡如出一辙，君主居位而不能尽职、叹息而无可奈何。唉！祸乱刚刚发生的时候，多是由所谓的正人君子引起的，并不仅仅是因为攻讦诋毁的奸邪小人。北宋时期，变法新党吕惠卿（字吉甫）、章惇所造成的祸害还没有消除，而首先向程颐（字正叔，号伊川先生，是司马光举荐的旧党人物）发难的，却是旧党领袖司马光的门人苏轼、苏辙兄弟；明朝末年，阉党专权所造成的祸害尚未肃清，而援引阉党余孽阮大铖陷害各位正人君子的，却是奸相温体仁所排挤打击的东林党领袖钱谦益。当王安石（字介甫）憎恶苏轼、苏辙兄弟之日，温体仁诬陷钱谦益之时，怎么会料到他们变化的速度如此之快呢？当熊熊燃烧的烈火焚烧原野的时候，东西南北都不知道其方向和边际，公忠体国的大臣对国家的安危兴亡早已有所谋划，以镇定安静、谨慎沉默的态度辅佐天子乾纲独断，从而使人心平定、风俗醇厚。如果不是尽忠为国的大臣，是不能做到这些的。

本事：《资治通鉴》卷二四五《唐纪六十一·文宗》，太和八年（834）。

三　大臣皆知有门户而不知有天子

文宗耻为弑君之宦竖所立，恶其专横而畏其害己也，旦夕思讨之，四顾而求托其腹心，乃擢宋申锡为相，谋之不克，申锡以死，祸及懿亲，而更倚李训、郑注、王涯、舒元舆以致甘露之变。申锡之浅躁，物望不归；训、注则无赖小人，由宦竖以进，倾危显著，可畏而不可狎；涯、元舆又贪浊之鄙夫也。文宗即不足与于知人之哲，亦何颠越乃尔哉？于其时，非无勋望赫奕元臣如裴中立、英果能断之伟人如李文饶，而清谨自持如韦处厚、郑覃者，犹不致危身以偾国。文宗俱未进与密谋以筹善败，独决意以托匪人，夫亦有故存焉。

唐之诸臣，皆知有门户而不知有天子者也。宠以崇阶，付以大政，方且自诧曰：此吾党之争胜有力，而移上意以从己。其心固漠然不与天子相亲，恃其朋类争衡之战胜耳。故以裴中立之誉望崇隆，为四朝之元老，而陈弘志之弑，杜口包羞；若李文饶，则假宦竖王践言以内召；而李宗闵、元稹、牛僧孺之恃阴腐为奥援者，又勿论也。

外有不相下之仇敌，则内不可更有相忤之中人；争衡于一进一退之间，则不能复问大贞大邪之辨；文宗盖流览踌躇，知其无可与谋也。而宋申锡以轻狷不审去就之庶尹，为两党所不推；舒元舆、王涯、贾餗，则首鼠两端，持禄免咎者也；训、注之邪，上知之矣，乃其不择而击之力，一试之德裕，再试之宗闵，两党皆其所搏噬，庶谓其无所固执而可借为爪牙者耳。

悲夫！自长庆以来，所敢以一言触宦竖者，独一刘从谏而已，而固防其且为董卓也。则文宗不以委之申锡、训、注而谁倚乎？藉令谋之中立，而中立未必应也；谋之文饶，而文饶固不从也；谋之处厚、覃，而处厚、覃且战栗以退也；谋之宗闵、僧孺，而比于宦官以反噬也。故文宗交不敢信，而托之匪人。无他，环唐之廷，大小臣工贤不肖者，皆知有门户，而忘其上有天子者也。弑两君，杀三相，裴中立且自逍遥于绿野，而况他人乎？

【译文】

唐文宗李昂以自己为弑君的宦官所拥立作为耻辱，厌恶他们专横跋扈却又惧怕他们杀害自己，所以一天到晚考虑要讨伐宦官，环顾四周寻找可以寄托为腹心的大臣，于是提拔翰林学士宋申锡担任宰相，但谋划还没有实现，宋申锡便被流放而死于被贬之地，祸害还连累到皇室宗亲漳王李凑，于是唐文宗转而倚靠李训、郑注、王涯、舒元舆，最终酿成了甘露之变。宋申锡为人浅薄浮躁，并非众望所归的人；李训、郑注则是无赖小人，借助专权宦官王守澄的势力得以进用，以阴险狡诈著称，是值得畏惧而不可亲近的人；王涯、舒元舆二人还是贪赃枉法的卑鄙之徒。唐文宗尽管鉴察人品才能的智慧不足，但又何至于思绪混乱到了如此地步呢？在那个时候，并非没有像裴度这样功勋声望显赫的元老重臣，像李德裕（字文饶）那样果敢善断的英杰伟人，以及像韦处厚、郑覃那样自我保持清廉谨慎作风的大臣，所以还不至于危及自身从而败坏国家。唐文宗没有进用可以与他秘密筹谋成败的大臣，而是独自决断以托付给并不亲近的人，其中也存在一定的原因。

唐代的诸位大臣，都是只知道有自己的朋党宗派而不知道还有天子的人。以高官厚禄尊崇，以国家大事托付，而他们还自相夸耀说：这些人都是我们同党中有力的竞争者，可以改变皇上的意愿以便服从自己的利益。他们的心志本来就与天子漠然而不相亲近，只是倚靠自己的朋党与对方争斗抗衡从而取得胜利罢了。所以，以裴度崇高而伟大的声誉威望，作为四朝元老，当遇到陈弘志弑君谋逆时，仍然闭口不言，忍受羞辱；像李德裕，则通过从西川监军入知枢密院的宦官王践言面奏皇上，以便被召回朝廷重新执政；至于李宗闵、元稹、牛僧孺倚靠宦官作为内援，就更不足以评论了。

当时，唐朝外部有相持不下的仇敌，那么内部就更不能有与自己相忤逆的太监；朋党争斗抗衡于进退沉浮之间，那么就不能再追究忠诚坚贞与巨奸大恶之间的分辨；唐文宗大概也在彷徨观望而踌躇不决，知道朝廷大臣中没有可以进行筹谋的人。而宋申锡是一个轻佻浮躁而不知进退去就的俗吏，两派朋党都不愿意推举；舒元舆、王涯、贾餗则首鼠两端，是保全官爵俸禄而逃避罪责的人；至于李训、郑注的奸邪，皇上也很清楚，可是他们却不加选择，奋力攻击，先试探攻击李德裕，接着试探攻击李宗闵，两大朋党宗派都遭到他们的打击陷害，或许唐文宗认为他们没有顽固坚持的成见，因而可以倚靠作为自己的心腹和爪牙。

实在是可悲啊！自唐穆宗长庆年间（821—824）以后，朝臣中敢于以言论触犯宦官的人，只有昭义军节度使刘从谏一人罢了，但是因为他轻易提出清君侧而受到朝廷猜忌，本来就防范他将会成为像东汉末年董卓那样的逆贼。在这种情况下，唐文宗不把讨伐太监的重任寄托在宋申锡、李训、郑注的身上，还能倚靠谁呢？假设与裴度进行筹谋，裴度未必会加以响应；假如与李德裕进行筹谋，李德裕本来也不会顺从；假如与韦处厚、郑覃进行筹谋，二人将会战战兢兢地推辞而去；假如与李宗闵、牛僧孺进行筹谋，他们将会勾结宦官从而反咬一口。所以，唐文宗都不敢信赖，只能冒险托付给不相亲近的人。没有别的原因，环顾唐朝的朝廷内外，大小臣工无论是贤良才臣还是不肖之徒，都只知道有自己的朋党宗派，而忘记了朝廷之上还有天子的存在。面对唐宪宗、唐敬宗两位皇帝被弑和舒元舆、王涯、贾餗三位宰相被杀的局面，裴度尚且能够在他的绿野堂中逍遥自在，更何况是其他的人呢？

本事：《资治通鉴》卷二四五《唐纪六十一·文宗》，太和九年（835）。

四　维州之辨

牛、李维州之辨，伸牛以诎李者，始于司马温公。公之为此说也，惩熙丰之执政用兵生事，敝中国而启边衅，故崇奖处錞（chún）之说，以戒时君。夫古今异时，强弱异势，战守异宜，利害异趣，据一时之可否，定千秋之是非，此立言之大病，而温公以之矣。

乃所取于牛僧孺之言抑德裕者，曰诚信也。诚揭诚信以为标帜，则谋臣不能折，贞士不能违，可以慑服天下之口而莫能辩。虽然，岂其然哉？夫诚信者，中国邦交之守也。夷狄既逾防而为中夏之祸矣，殄之而不为不仁，夺之而不为不义，掩之而不为不信。使恤彼相欺之香火，而养患以危我社稷、杀掠我人民、毁裂我冠裳也，则太王当终北面于獯鬻（xūn yù），文王可永奉币于昆夷，而石敬瑭、桑维翰、汤思退、史弥远允为君子矣。

突厥、回纥，唐曲意以下之者，皆有功于唐，舍其暂时之恶，而以信绥之，犹之可也。然而且有不必然者，其顺逆无恒，驭之有制，终不可以邦交之道信其感孚也。况乎吐蕃者，为唐之封豕长蛇，无尺寸之效，有邱山之怨，偶一修好，约罢戍兵，而于此言诚信乎？僧孺曰："徒弃诚信，匹夫之所不为。"其所谓诚信者，盖亦匹夫之谅而已矣。其以利害言之，而曰："彼若来责，养马蔚茹川，上平凉阪，万骑缀回中，不三日至咸阳桥。"是其张皇虏势以相恐喝也，与张仪夸秦以胁韩、楚之游辞，同为千秋所切齿。而言之不忌，小人之横，亦至此哉！

夫吐蕃自宪宗以后，非复昔之吐蕃久矣。元和十四年，率十五万众围盐州，刺史李文悦拒守而不能下，杜叔良以二千五百人击之，大败而退；其明年，复寇泾州，李光颜鼓厉神策一军往救，惧而速退；长庆元年，特遣论讷罗以来求盟，非慕义也，弱丧失魄，畏唐而求安也。其主彝泰多病而偷安，不数年，继以荒淫残虐之达磨，天变于上，人叛于下，寖衰寖微，而论恐热、婢婢交相攻以迄于亡。安得如僧孺之言，扣咸阳桥、深入送死而无择哉？敛手頫颜，取悉怛谋献之，使磔于境上，以寒向化之心。幸吐蕃之弱也，浸使其强，目无唐，而镞刃之下岂复有唐乎？

僧孺又曰："吐蕃四面万里，失一维州，未损其势。"则其欺弥甚矣。吐蕃之强，以其尽有北境也。于宪宗之世，全力南徙，以西番重山深谷，地险而腴，据为狐兔之窟，于是而始衰，沙陀、黠戛斯、回纥侵有其故疆矣。故韦皋一振于西川，而陇右之患以息。其南则南诏方与为难，而碉门、黎、雅之间，乃其扰要之墟，得之以制其咽吭，则溃散臣服，不劳而奏功。西可以收岷、洮，南可以制南诏，北可以捍黠戛斯、回纥之东侵，而唐无西顾之忧。其在吐蕃，则大害之所逼也。而岂无关于损益哉？

夫夷狄聚则逆而散则顺，事理之必然者也。拒归顺者以坚其党，故婢婢曰："我国无主，则归大唐。"然与论恐热百战而终不归者，惩悉怛谋之惨，知唐之不足与也。以是为诚信，将谁欺乎？夫僧孺岂果崇信以服远、审势以图宁乎？事成于德裕而欲败之耳。小人必快其私怨，而国家之大利、夷夏之大防，皆不胜其恫疑之邪说。文宗弗悟而从之，他日追悔而弗及。温公抑遽许之曰："僧孺所言者义也。"使然，则周公之兼夷狄，孔子之作《春秋》，必非义而后可矣。

【译文】

关于牛僧孺、李德裕两党在维州问题上的论辩，肯定牛僧孺的意见而贬低李德裕的做法，是从北宋司马光开始的。司马光之所以持这种观点，是吸取熙宁、元丰年间王安石的变法新党执政用兵而挑起事端、致使国内政治经济疲敝而开启边境争端的教训，因而崇尚和褒奖处淳守拙的学说，以便警诫当时的君主。然而古今时代不同，双方强弱态势不同，攻守条件不同，利害趋向不同，根据一时的可否，来确定千秋的是非，这是立论的大忌，而司马光恰恰犯了这样的错误。

司马光用来肯定牛僧孺的言论而贬低李德裕的依据，就是诚信。如果的确是标举诚信作为旗帜，那么任何智谋之臣也不能驳斥，任何忠贞之士也无法违背，足以震慑和征服天下人之口而不能有所争辩。尽管如此，难道真的是这样吗？所谓的诚信，乃是中国邦交所坚持的根本准则。当夷狄逾越华夷之大防从而侵扰中原地区造成祸乱之后，歼灭他们也不能认为是不仁爱，夺取他们的政权和土地财产也不能认为是不正义，突然袭击他们也不能认为是不守信用。假若顾惜他们相互欺骗的结盟之交，从而养虎为患进而危害我们的江山社稷、屠杀掳掠我们的人民、毁灭我们的礼仪制度，那么西周太王古公亶父也应当始终向北方的獯鬻（狁狁同族，匈奴前身）俯首称臣、周文王也当永远向西北的昆夷朝贡钱物，而石敬瑭、桑维翰、汤思退、史弥远这些引狼入室的人，也都可以被称为君子了。

唐朝之所以给予突厥、回纥以违背本意的礼遇，是因为他们曾经有功于唐朝，放弃他们暂时的罪恶不予计较，而以诚信安抚他们，这是可以的。然而也还有不必如此的道理，因为他们反复无常，驾驭他们应有一定的典制，终究不可以按照通常的邦交之道，以诚信使其感化信服。况且吐蕃作为唐朝贪婪残暴的侵略者，没有尺寸的功效，却有重如丘山的怨恨，偶尔一次修好议和，相约停战罢兵，就可以因此而谈论诚信之道吗？牛僧孺说："白白地放弃诚信之道，即使一介匹夫也不会这样做。"他所说的诚信，大概也只是匹夫的固执罢了。他又从利害关系分析说："如果吐蕃前来兴师问罪，牧马于蔚茹川（今宁夏南部清水河），登上平凉阪（平凉附近阪肠小道），上万骑兵牵制回中道（秦宫名，故址在今陕西陇县西北，也指关中平原与陇东高原间的交通要道），用不了三天就可以逼近咸阳桥（西渭桥，故址在陕西咸阳南，与京城长安西便门相对，又称便门桥）。"这些话，是他故意夸张吐蕃的势力以便进行恐吓，与战国纵横家张仪夸大秦国势力从而胁迫韩、楚两国的游说之辞毫无二致，同为千秋万代所切齿痛恨。他这样放言无忌，可见小人的骄横已经到了如此的境地。

吐蕃自从唐宪宗在位时期以后，早已远非昔日的吐蕃势力可比了。元和十四年（819），吐蕃赞普派大将论三摩等率十五万大军围困盐州（治今四川理县北），刺史李文悦拒守盐州城使其无法攻克，朔方节度使杜叔良率领两千五百人出击解围，把吐蕃军队打得大败；第二年，吐蕃又派军侵扰泾州（治今甘肃泾川北），邠宁节度使李光颜陈述大义激励神策军前往救援，吐蕃闻风丧胆而很快退兵；长庆元年（821），吐蕃专门派遣礼部尚书论讷罗前来请求议和结盟，其目的并非钦慕中华礼义，而是吐蕃赞普战败而失魂落魄，畏惧唐朝的强大以求平安。其赞普可黎可足（亦称赤祖德赞，年号彝泰）体弱多病而苟且偷安，不过数年，荒淫残暴的达磨赞普（一作达玛，又名赤达磨乌东赞，吐蕃末代赞普）继位，灾异天气变化于上，人民众叛亲离于下，其势力逐渐趋于衰微，而大将论恐热（一作尚恐热）、婢婢（一作尚婢婢）相互进攻，直到其灭亡为止。从以上种种事件来看，哪里像牛僧孺所说的那样，吐蕃将会逼近咸阳桥、深入唐朝境内来送死而无可选择呢？缩手不敢妄动而低头认输，把投降唐朝的维州守将悉怛谋献给吐蕃，让他们在边境上论罪处斩，从而使那些愿意归化唐朝的夷狄为之寒心。所幸吐蕃日趋衰落，假如他们日益强盛，目无唐朝，那么刀箭之下难道还有唐朝的存在吗？

牛僧孺又说："吐蕃的版图方圆万里，失去一个维州，并不会对其势力产生多大损害。"这句话的欺骗性更为严重。吐蕃之所以强盛，正是因为完全控制着北部边境。在唐宪宗在位时期，吐蕃全力向南迁徙，以为西番（西域或泛指西北边境地区）山岭重叠，谷地深长，地势险峻，土地肥沃，可以占据为生存自保的根据地，但也从此开始衰落下来，沙陀、黠戛斯、回纥乘机侵占了吐蕃故地。所以当韦皋在西川反击吐蕃一旦得胜，吐蕃对陇西地区的威胁便被解除了。在吐蕃的南面，又有南诏方兴未艾与他们为敌，而在碉门（今四川荥经）、黎州（今四川汉源、石棉、甘洛等地）、雅州（今四川雅安一带）之间，乃是扼其要冲的地方，控制这里就可以钳制其咽喉重地，于是他们溃散臣服，不劳兴师动众便可收到功效。并且西部边境可以收复岷州、洮州，南部边境可以牵制南诏，北部边境可以抵御黠戛斯、回纥的东侵，唐朝可以彻底解除西顾之忧。但这对于吐蕃来说，无疑是面临灭顶之灾。因此，维州的得失难道真的对吐蕃无关损益吗？

对于夷狄而言，往往是势力聚集便发动叛逆，势力分散则归顺朝廷，这是事物发展的必然趋势。拒不归顺朝廷，也是为了让同党更为团结。所以吐蕃大将婢婢说："如果我们没有了首领，就会归顺大唐。"但他在与论恐热历经百战终究不肯归顺唐朝，就是鉴于悉怛谋的悲惨下场，知道唐朝不足以结为同盟。如果把悉怛谋投降朝廷又被送回处死这种做法当作诚信的话，又能骗得了谁呢？况且牛僧孺难道真的能够推崇诚信而使远方的人们信服、审时度势以图谋安宁国家吗？只不过是因为维州归降的功劳成于时任西川节度使的李德裕之手，所以他要加以破坏罢了。奸邪小人一定要发泄自己的私怨，而国家的重大利益，夷狄与华夏之邦的重大分野，都比不了他虚张声势、威胁恫吓的异端邪说。唐文宗李昂没能洞察到这一点，听信了他的谗言，事后追悔而莫及。司马光也急切地赞许他说："牛僧孺所说的话体现了正道大义。"如果是这样，那么周公兼并夷狄、驱除猛兽而百姓得以安宁，孔子写作《春秋》而使那些叛乱之臣、不孝之子感到害怕，必定都不能算作正道大义才可以啊！

本事：《资治通鉴》卷二四七《唐纪六十三・武宗》，会昌三年（843）。

五　君子立身事上正己无求之道

李宗闵欲逐郑覃，而李德裕亟荐之，文宗自内宣出，除覃为御史大夫。宗闵曰："事皆宣出，安用中书？"其妨贤之情，固不可掩。然以官守言，则职之所宜争；以国事言，则内降斜封之弊，所宜早杜其渐也。崔潭峻以"八年天子听其行事"折之，讵足以服宗闵哉？郑覃经术议论果胜大任，人主进一善士，昭昭然揭日月而行之，制下中书，孰敢违者？假令宗闵抗命而中沮，即可按蔽贤之辟，施以斥逐。乃若有所重畏而偷发于其所不及觉，以与宰相争胜负之机，其陋有如此者。宗闵得持国宪官常以忿怼于下，以此而求折朋党之危机，宜其难矣。故司马温公曰："明不能烛，强不能断，使朝廷有党，人主当以自咎。"其说韪矣。乃又曰："不当以罪群臣。"则于君子立身事上、正己勿求之道，未协于理；而奖轻儇、启怨尤、激纷争之害，不可复弭。元祐、绍圣之际，狺狺如也，卒以灭裂国事，取全盛之宋而亡之。一言之失，差以千里，可不慎哉！

黜陟之权，人主之所以靖国也；格心之道，大臣之所以自靖也；进退之节，语默之宜，君子之所以立身也。居其位，安其职，尽其诚而不逾其度。故人主不审于贤奸之辨，而用舍不决，使小人与君子交持于廷，诚宰相之所深忧。然小人者，岂能矫君心之必不然者，而胁上以从己哉？则格心者本也，适人者末也。但令崇奢侫鬼、耽酒渔色、牟利殃民、狎宦竖、通女谒之害，一一檠括于宫庭之嗜好，则事之可否、理之得失、人之贞邪，无所蔽窒，而小人自不足以群聚而争胜。若其格心之道已尽，而君惛不知，容小人之相抵牾，则引身以退，杜口忘言，用养国家之福，而祸不自我而兴。故孔子去鲁，不争季孙之权；孟子去齐，不折王驩之佞。在国则忘身，去国则忘世，身之安也，天下之福也。

如或不得于君，不容于小人，乞身事外，犹且纷纭接纳，进人士而与结他日之援。为忧国计与？适以激国事之非；为进贤计与？适以贻贤者之伤。气盈技痒，愤懑欲舒，且与浮薄之士，流连于山川诗酒之中，播歌谣以泄悁疾，抑或生而有再用之情，没而有子孙之计，树人自辅，悦己者容，乃使诡躁之夫，依附以希他日之进，党祸乃成，交争并峙，立身之不慎也，事上之不诚也，素位不安，害延于国，为人臣而若此，咎亦奚辞？乃曰“不当以罪群臣”，不已过与？

即其在位之日，道在匡君，而人才之进退，国有常典，官有定司，固非好恶欲伸，唯己所任。一大臣进，而望风饰行以求当于端揆者，千百其群也。言论相符、行止相应者，不使退就衔勒，奚必利民而卫国，特以竟胜于异己耳。苟可以取盈，然且破法而为非常之举，汲引而怀取必之心，则唯以所好者之升沉为忧喜，而君父生民或忘之矣。质之夙夜，讵可云精白乃心乎？

夫德裕之视宗闵，其得失迥矣。而内不能却崔潭峻、王践言之奥援，外不能忘牛僧孺、杨虞卿之私怨，则使文宗推心德裕，使汲引其所好者置于要地，而宗闵不敢或违也，终不可得。其后武宗亦既独任之矣，未久而白敏中、令狐绹复起，以尽反其局。岂非德裕乘权之日，恃主知之深厚，聚朋好以充廷，而不得志者如伏火石中，得水而爆烈哉？

夫元祐亦犹是也，皆为君子者，进则呴呴、退犹趼趼，导人心于嚚讼而不可遏也。以宰相之进退归人主，以卿尹之黜陟归所司，正己尽诚，可则行，否则止，绝新进之攀附，听天命之废兴，虽有小人，何所乘以自立为党？其不然也，而曰“不可以责群臣”也，无惑乎温公之门有苏轼诸人之寻戈矛于不已也。

【译文】

李宗闵想要把郑覃驱逐出朝廷，李德裕却极力推荐他，唐文宗直接自宫内宣布诏令，授予郑覃御史大夫之职。李宗闵对此颇有怨言，说：“既然事情都应当由宫内宣布，还要中书省做什么?”妨碍贤良人才重用的意图，本来就无法掩盖。然而作为中书侍郎，则是其职责所在，应当据理力争；而就国家政事而言，这种直接自宫内发出诏令的所谓内降官、以皇帝名义直接任命（敕命以墨笔斜封从侧门交付中书省执行，有别于中书省黄纸朱笔正封的敕命）的斜封官，其弊病是应该及早加以杜绝的。枢密使崔潭峻用“已经做了八年天子了，就听任他做一回主吧”这样的话来驳斥李宗闵，怎么能足以让他心服口服呢？如果郑覃在经学、策论方面真的能够担当大任，那么君主任用一位有德之士，就应该正大光明，下诏给中书省执行，又有谁敢于违抗呢？假设李宗闵拒不奉诏从而中止了这件事，就可以按照埋没贤才的罪名，予以贬斥流放。可是唐文宗却好像对李宗闵掌管的中书省非常畏惧忌惮一样，从而在朝臣来不及发觉的情况下偷偷地发布敕命，以这种方式与宰相争夺胜负的关键，其见识浅陋竟然到了如此地步。这就使李宗闵能够秉持国家的法制、官吏的职责，造成自下而上产生怨恨，唐文宗企图以这种方式求得解决朋党相争的危机，可能就更加困难了。所以司马光说："其英明不能烛照天下，其坚强不能乾纲独断，假使朝廷中形成了朋党，君主就应该引咎自责。"这种说法是正确的。但他接着又说，"不应当因此而加罪于群臣"。就正人君子立身处世事奉君主、端正自己而不求于人的基本准则而言，于理不合；可是鼓励轻佻浮华、开启怨天尤人、激起天下纷争的祸害，再也不能加以消弭了。北宋哲宗元祐（1086—1094）、绍圣（1094—1098）之际，议论中伤之声喧嚷一时，最终引起国家政治的败坏，致使全盛时期的宋朝很快走向灭亡。一句话的失误，开始过错虽然微小却会造成巨大的损失，怎么可以不慎重行事呢？

进退人才与升降官吏的权力，是君主用来安定国家的法宝；纠正君主内心错误的方法，是大臣用来安定自我的手段；出处进退是否有节度，言语沉默是否合乎时宜，是正人君子用来立身的根本。居于自己的官位，就应安于自己的职守，竭尽自己的忠诚而不能逾越既定的法度。因此君主分辨不清楚臣下的贤能与奸邪，因而进用与否就会犹豫不决，结果使奸邪小人与正人君子交错相持于朝廷之上，这的确是作为宰相所忧虑的。然而那些奸邪小人，难道能够矫正君主内心必定不能如此的意志，从而胁迫君主听从自己的意见吗？所以说，纠正内心的错误是根本，适应和顺从别人乃是细枝末节。只要让那些崇尚奢侈、迷信鬼神、沉湎酒色、牟取暴利、祸国殃民、勾结宦官、请托女宠之类的祸害，针对宫廷的嗜好一一加以约束矫正，那么对于事情的可否、道理的得失、大臣的坚贞与奸邪都无所隐蔽，奸邪小人自然不足以集聚起来争强斗胜。如果其纠正内心错误的基本准则已经丧失殆尽，而君主还昏庸而不能明白，容忍奸邪小人相互抵触产生矛盾，在这种情况下就应该辞官归隐，闭口不言是非，从而涵养天下家国的福祉，保证祸乱不从自身产生。所以孔子能够主动离开鲁国，不与季孙氏争权夺利；孟子也能离开齐国，不驳斥大夫王驩的奸佞。入朝做官就应当忘身而忧国，离开朝廷就应该忘却世情，自己身体的安康，乃是天下的福祉。

如果有的人不能得到君主的赏识，又不被奸邪小人所容忍，于是乞求置身事外；如果仍然有各方势力纷纷接纳，引进人士从而结交成朋党以便作为日后的援军。这难道是为国家筹谋吗？这样做恰恰会激发国家政事的败坏；这样做难道是为引进贤能人才吗？这样做恰恰会给贤能人才带来伤害。如果精力旺盛，技痒难耐，心怀愤懑想要倾吐发泄，不如与那些轻薄浮华之士一起，流连于山川揽胜、诗酒风流之中，填词作歌进行传播以排遣心中的恼怒和嫉恨，而有的人有生之年还抱着再次为朝廷所用的愿望，去世之时也为子孙作好打算，培养人才用来辅助自己，为赏识自己的人效命出力，致使那些诡诈浮躁的人，纷纷依附以寄希望于日后得到进用，于是朋党相争的祸乱局面就形成了。朋党宗派之间交互争斗，并峙对立，立身处世不加慎重，事奉君主而不竭诚尽忠，素位而行却不能做到安分守己，祸害将会蔓延到整个国家，作为大臣却如此行事，又怎么能够推卸自己的罪责呢？而司马光竟然说“不应当因此而加罪于群臣”，不也是太过分了吗？

就其居于官位的时候，基本的职责是匡扶君主，至于人才的出处进退，国家自有其典制，官府自有其执掌，本来就不是凭着自己的个人好恶为所欲为，完全依照自己的意愿就决定的。如果有一个大臣进用为宰相，那么见风使舵、粉饰自己的行为以求符合宰相要求的人，简直可以说千百成群。即使其中有与自己言语相符、行为举止相应的人，如果不让他们退而遵照制度和程序进行任用，又如何必定能做到利国利民，不过利用这些人有利于战胜异己罢了。如果举荐人才的大臣确实出于公心，但他的做法仍然是破坏了法度，而属于非常之举，想要提拔人才，却怀着不达目的不罢休的心情来处理人事，那么就只会以自己同党友好的升降沉浮为忧虑或欢喜，而君主、父母以及广大民众的利益或许已经忘记了。这样的大臣在黑夜里扪心自问，难道可以说其居心是精纯洁白的吗？

李德裕与李宗闵比起来，他的得失功过迥然不同。可是对于宫内不能拒绝太监崔潭峻、王践言的援引结盟，对于外朝不能忘记与牛僧孺、杨虞卿等的私怨，在这种情况下，假如唐文宗推心置腹地任用李德裕，使他举荐提拔其同党宗派的人并安置在重要位置，让李宗闵不敢轻易有所违背，终究也不可能得到。此后唐武宗李炎也已经单独信任重用李德裕一个人了，但不久白敏中、令孤绹再次受到重用，从而完全破坏了原有的格局。难道不是李德裕当权的时候，依仗着皇帝对他知遇深厚，聚集自己的朋党好友充斥朝廷内外，使那些不得志的人就像是火石（电石，主要成分为碳化钙，遇水立即发生激烈反应，生成乙炔，并放出热量）一样，遇到水分就会突然爆裂吗？

宋哲宗元祐年间的情况也和这个时候一样，都是身为正人君子的人得到升迁就喧嚣攻讦，罢职退隐仍然躁动不安，从而引导天下人心奸诈好讼而不可遏制。应该把宰相的出处进退大权归于君主，把高级官员的进退升降大权归于有关衙门，端正自身，竭尽忠诚，看到时势可行就施展自己的才干，时势不可行就辞职而去，断绝新进之人的攀附，一切听从天命兴废的安排，即使有奸邪小人，又有什么机会可乘而自立为朋党宗派呢？如果不是这样，便认为“不应当因此而加罪于群臣”，也难怪司马光的门下有苏轼、苏辙等专门不停地与政见不合的大臣相互攻击呢！

本事：《资治通鉴》卷二四四《唐纪六十·文宗》，太和七年（833）。

六　唐初十六卫犹胜府兵

杜牧愤河朔三镇之跋扈，伤府兵之废败，而建议欲追复之，徒为卮言，贻后世以听荧耳。牧知藩镇之强在府兵既废之后，而不知惟府兵之积弱，是以蕃兵重，边将骄，欺唐之无兵，以驯致于桀骜而不可复诘也。且当太和之世，岂独河北之抗命哉？泽潞、山南无非拥强兵以傲岸者。而欲取区区听命之州郡，劳其农而兵之，散其兵而农之，则国愈无兵、民愈困、乱将愈起。甚矣！空言无实，徒以荧慕古者之听，而流祸于来今，未有已也。

府兵之害，反激而为藩镇，势所必然，祸所必趋，已论之详矣。乃若杜牧所言有可取，而唐之初制尚可支百年者，则十六卫是已。十六卫，以畜养戎臣、储将帅之用者也。天下之兵各分属焉，而环王都之左右，各有守驻以待命，盖分合之势，两得之矣。分之为十六，则其权不专，不致如晋、宋以后方州抚领拥兵而篡逆莫制也。统之以十六，则其纲不弛，不致如宋之厢军解散弱靡以成乎积衰也。

夫边不能无兵，边兵不可以更戍而无固心，必矣。兵之为用，有战兵焉，有守兵焉。守兵者，欲其久住，而卫家即以卫国者也；而守之数不欲其多，千人乘城，十万之师不能卒拔，而少则无粮薪不给之忧。战兵者，欲其遄往而用其新气者也；一战之勇，功赏速效，虏退归休，抑可无长征怨望之情。然则十六卫之与边兵，互设以相济，寇小入，则边兵守而有余；寇大入，则边兵可固守以待。而十六卫之帅，唯天子使，以帅其属而战焉。若夫寇盗有窃发之心，逆臣萌不轨之志，则十六卫中天下以林立，而谁敢恣意以逞狂图乎？

唯是十六卫之兵，必召募挑选，归营训练，而不可散之田亩，则三代以下必然之理势，不可以寓兵于农之陈言，坐受其弊者也。就其地食其食，无千里飞輓之劳；就其近属其卫，无居中遥制之病。卫率巡之，所司练之，有司供亿之，皆甚便也。此则唐初之善制，不必府兵而可行之后世者也。以杜牧之时，尤可决行于一朝，非若府兵之久敝而不可再兴者，何也？河朔之叛臣不可遽夺，而内地犹可为也。且自宪宗以来，淄青、淮蔡、西川、淮南贼平之日，兵不可散，固可移矣；成德、卢龙、魏博归命之日，兵不能罢，亦可调矣。以恩恤之，以威临之，仍使为兵，而稍移易之，固皆不安南亩习于戎行者，又何难于措置之有哉？朝无人焉，虑不及此，而后天下终不可得而平。牧固不足以及此，而漫无忧国之心者，又勿论已。

【译文】

杜牧对于河朔三镇（魏博、成德、卢龙）将帅的骄横跋扈感到愤慨，对于府兵制度的废弛感到伤心，因而建议恢复府兵制度，其实这只不过是附和别人意见而没有自己的主见，从而给后世带来惶惑罢了。杜牧知道藩镇割据势力的强盛是在府兵制度遭到破坏以后，却不明白正是因为府兵制度渐趋衰落，因此夷狄骑兵受到重视、沿边藩镇将帅骄横跋扈，欺负朝廷没有精兵强将，以致逐渐发展到桀骜不驯而无法追究的地步。况且在唐文宗太和年间（827—835），难道仅仅是河北地区的藩镇将帅违抗朝廷的诏命吗？泽潞、山南等藩镇，也都是拥兵自重而高傲自大。要想把那些听从朝廷号令的区区几个州郡地方，征发当地农民接受训练成为府兵，或者解散府兵使之务农，只能使国家更加缺少兵力，使农民更加陷入穷困，使祸乱爆发更加频繁。后果实在太严重了！华而不实，空谈误国，只能迷惑那些羡慕古制的人的视听，从而遗留祸患于当代，简直没有穷尽的时候。

府兵制度所造成的危害，反过来激化了藩镇的割据，这是形势发展所必然的结果，也是祸乱产生所必然的趋向，前面已作过详细的论述。如果说杜牧的建言还有可取之处，而唐朝初年创立的制度还能继续推行上百年的，也就只有禁军十六卫了。十六卫（左右卫、左右武卫、左右骁卫、左右威卫、左右领军卫、左右金吾卫、左右监门卫、左右千牛卫）是用来培养军事将领、储备边镇将帅的专门机构。天下的兵力分属于各卫统领，环绕在京城的四周，各自有其专门的驻守营地，以听候朝廷的调遣，形成分合有度的形势，达到统筹兼顾的效果。分开来成为十六卫，其军权也不会太过集中，这就不至于像东晋和南朝宋以后那样，地方州郡长官兼领军队，导致拥兵作乱从而篡位谋逆而无法控制的局面。十六卫合起来又成一体，其制度和纲纪不至于紊乱废弛，也不至像宋朝的厢军那样，士卒分散、兵力衰弱、靡费衣食、不堪一击，从而逐渐趋于衰落。

国家的边疆地区不能没有军队防守，防守边疆的军队不能轮番换防从而没有稳定巩固的军心意志，这是必然的道理。军队的作用，有用于进攻的，也有用于防守的。用于防守的军队，要让他们长期驻防于一个地方，那么保卫家园也就是为了捍卫国家；防守的军队人数不要过多，只要有一千人的兵力来守城，就是十万大军来攻打也未必能很快攻克，况且军队人数较少也可解除粮饷不给的后顾之忧。用于进攻的军队，则要让他们出奇不意地迅速出击从而借助其新锐之气，一旦开战就勇往直前，对于战功的奖赏也快速见效，敌人退却之后就班师休整，也可以避免长期作战而心怀怨望的情绪。既然这样，那么十六卫与边防驻军可以分设并存而相辅相成，遇到小规模的敌寇侵扰，边防驻军加强防守便绰绰有余；遇到大规模的敌寇入侵，边防驻军也可以固守阵地以等待救援。而十六卫的禁军，只听命于天子调遣从而率领所属军队投入战斗。如果敌寇盗贼有暗中发动袭击或叛乱之心，逆臣叛贼有图谋不轨之志，那么十六卫戍守天下之中的京师而刀枪林立、军威雄壮，谁又敢肆意作乱以实现其狂妄的野心呢?

只是这十六卫的军队，必须通过召募严格选拔，集中在军营中严加训练，而不能让他们遍布田间乡野，这是夏、商、周三代以来必然的道理和发展的趋势，不能拘泥于寓兵于农的陈词滥调，从而坐受其不应有的弊端。就其驻地解决衣食给养问题，也避免了千里快速运转粮饷的劳顿；就其附近归属相应的军卫，也避免了朝廷居中遥控的弊病；让卫率（也称卫帅，指折冲都尉和果毅都尉）巡视他们，让所属军官训练他们，让当地官府按照需要供给他们，都非常方便。这是唐朝初年的好制度，并非只有府兵制度才适合推行于后世的。在杜牧所处的时代，尤其可以决策推行于一朝，并不像府兵制度那样长期废弛而不能恢复施行，为什么呢？河朔地区藩镇的叛乱虽不能马上平定，但在内地其他地区还是可以推行的。何况自唐宪宗以来，淄青、淮蔡、西川、淮南等藩镇叛乱被平定的时候，军队不能予以解散，本来可以换防驻扎到其他地区；成德、卢龙、魏博等藩镇归顺朝廷的时候，军队不可予以罢黜，也可以调动到其他地区。以朝廷的恩惠来体恤他们，以君主的威权来驾驭他们，让他们继续留在军队，只是稍稍换防或更换其中的部分士卒，这些都是不安于耕田务农而习惯于当兵打仗的人，又有什么难以安置处理的呢？可惜当时朝中没有忠贞正直的大臣，没有考虑到这些，因而天下终究无法得到安定。杜牧本来也不足以考虑到这一点，至于那些毫无忧国忧民之心的人，就更加无从谈起了。

本事：《资治通鉴》卷二四四《唐纪六十·文宗》，太和七年（833）。

七　李石、郑覃临危入相

甘露之变，杀生除拜皆决于中尉，文宗不得与知，而李石、郑覃于其时受宰相之命，二子病矣！君子之进退，必以其正；其以身任国家之大政也，必以其可为之时。血溅于独柳之下，而麻宣于殿陛之间。二子者，誉望素隆，而何为其然邪？曰：此未可以为二子病也。夫二子于此，虽欲辞相而义之所不许也。

梅福之弃官，申屠蟠之辞召，位未高，君未知有我，且时已敝极而无可为也。留正出国门而宋几危，陈宜中奔占城而宋遂亡，偷免于危殆，以倡人心之离散，无生人之气矣。夫二子者，唐之大臣，而为文宗所矜重者也。天子不胜于宦竖，兵刃交加于黼扆（fǔ yǐ），掠夺纵横于内省，三相囚系以磔（zhé）徇，天子之仅保其首领者一间耳。二李之党，分析以去；裴中立以四朝元老，俯首含羞；二子不出而薄收其溃败之局，以全天子、安社稷，将付之谁氏而可哉？幸而二李之党与宦竖之未相结纳，而训、注始事宦官而中叛之，故仇士良辈无心腹之大臣引与同恶，特循资望而授政柄于二子，是以匪人不进，诛杀止于数人而不滥及。使二子者畏避而引去，宵人乘隙投中尉之门，以骤起而执政，其祸更当何如邪？

夫二子之受相位而不辞，非乘间以希荣，盖诛夷在指顾之间而有所不避也。六巡边使疾驱入京，声言尽杀朝士以恐喝搢绅，李石安坐省署以弭其暴横。于斯时也，石固以腰领妻孥为社稷争存亡，为衣冠争生死，可不谓忠诚笃棐、居易俟命之君子乎？江西、湖南欲为宰相召募卫卒，而石不许，刺客横行，刃及马尾，固石所豫知而听之者也。薛元赏之能行法于神策军将，恃有石也；宋申锡之枉得以复伸，覃为之也。止滔天之水者，因其溃滥而徐理之，卒之仇士良之威不敢逞，文宗得以令终，而武宗能弭其乱，自二子始基之矣。皎皎硁硁（kēng）之节，恶足为二子责邪？唐无静正诚笃之大臣，李石其庶几乎？覃其次矣。

【译文】

唐文宗太和九年（835）甘露之变发生，朝廷的生杀予夺、官员任免都由宦官决定，唐文宗不得参与，而李石、郑覃二人就在这时接受宰相的任命，这是二人受到诟病的地方。正人君子的出处进退，一定要通过正当的途径；要担负起国家重大政事的责任，一定要在可以有所作为的时候。甘露之变朝臣被当作逆臣腰斩，鲜血抛洒在长安城西南隅独柳树下，而拜相命将的白麻纸诏书在朝堂之间宣布，李石与郑覃二人素来具有很高的声誉和威望，为什么会在这样的情况下得到任用呢？有人说：不必以此作为对二人的诟病。他们二人在这个关乎国家危亡的时候，即使想推辞宰相的任命，但出于正道大义也不容他们这样做。

西汉末年南昌县尉梅福知道王莽必将篡位便辞官弃家而去，东汉末年处士申屠蟠拒绝奸相董卓的征召，他们的地位不高，君主还不知道他们的存在，况且当时的国家已经衰落疲敝到了极点而无法作为了。南宋宰相留正刚辞官走出国门，宋朝统治就出现危机；南宋末年宰相陈宜中奔往占城（中南半岛古国）借兵，宋朝很快便灭亡了，为了苟且偷安，逃避危难，其倡议导致天下人心涣散，丧失了人生的志气。李石、郑覃二人，是唐文宗所倚重的朝廷重臣。君主忍受不了宦官的专权，兵刃交加于御前，掠夺纵横于宫中，舒元舆、王涯、贾餗三位宰相惨遭囚禁并斩首宣示于众，君主自身也仅仅得以保住性命于朝夕之间罢了。

原来追随李德裕、李宗闵的同党分崩离析而去，裴度以四朝元老的身份也只能俯首不言，忍辱含羞；在这种情况下，如果李石、郑覃二人不出来迅速收拾国家溃败的局面，从而保全天子，安定社稷，江山社稷又能托付给谁才可以担当这一重任呢？幸好李德裕和李宗闵的同党没有与宦官相互勾结，而李训、郑注原来依附于宦官后来又叛变而追随皇上，因此专权宦官仇士良之流没有心腹大臣可以援引而一起作恶，只好按照资历和声望把朝政大权授予李石、郑覃二人，因此其他行为不端的人没有得到重用，受到诛杀的仅有数人而没有滥杀无辜。假使二人畏惧避祸而辞职归隐，那么宵小之徒乘机投靠担任左右神策军护军中尉的宦官门下，进而骤然而起执掌政权，所造成的灾祸更会发展到何等地步呢？

李石、郑覃二人接受宰相任命而不予推辞，并不是乘机贪图荣华富贵，而是甘冒指顾之间的杀身之祸而毫不逃避。当六个担任巡边使的宦官长驱疾驰进京、声称杀尽朝臣以恐吓天下士大夫的时候，李石安坐中书省官署以制止其骄横残暴的行为。这个时候，李石本来就是不顾自身及全家的性命而为国家争存亡，为天下士大夫争生死，难道不能称为心怀忠诚而不用言语表达、居心平正坦荡以等待上天使命的正人君子吗？江西、湖南有人愿意召募士卒保卫宰相，而李石没有答应，京城刺客横行，甚至屠刀刺到他的马尾之上，这些都在他的预料之中，但听之任之而不以为意。京兆尹薛元赏之所以能对神策军将领动用刑罚，正是倚靠李石的支持；宰相宋申锡的冤枉能够得到昭雪，则是郑覃的功劳。要想遏制住滔天的洪水，只能根据其泛滥的现状慢慢加以治理，最终专权宦官仇士良的淫威不敢充分施展，唐文宗也得以尽其天年而善终，而继位的唐武宗李炎能够消除祸乱，都是李石、郑覃二人奠定的根基。他们二人忠贞清白而又坚定正直的节操，怎么能够受到指责呢？唐朝国中没有平和纯正、诚实厚道的大臣，李石差不多可以称得上是一个，郑覃则在其次了。

本事：《资治通鉴》卷二四五《唐纪六十一·文宗》，太和九年（835）。

八　君主不惑于小人方能散朋党以靖国

听言以用人，不惑于小人，而能散朋党以靖国，盖亦难矣。虽然，无难也。有人于此，而或为之言曰：是能陈善道、纠过失以匡君德者也；是能决大疑、定大计以定国本者也；是能禁奸邪、裁佞幸以清国纪者也；是能纾民力、节浮费以裕国用者也；是能建国威、思远略以靖边疆者也。如此，则听之而试之察之，验其前之所已效，审其才之所可至，而任之也可以不疑。假不如其言，而覆按之，远斥之，未晚也。有人于此，而或为之言曰：是久抑而宜伸者也；是资望已及、当获大用、而或沮之者也；是其应得之位禄与某某等，而独未简拔者也；是尝蒙恩知遇，而落拓不偶、为人所重惜者也。如此，则挟进退以为恩怨，视荣宠为己应得，以与物竞，而相奖于富贵利达，以恤私而不知有君父者矣，不待辨而知其为朋党之奸、小人之要结矣。

杨嗣复托宦官讽文宗以召用李宗闵，而文宗欲量移之。计其为辞，不过曰：是固陛下宰辅，流落可矜而已矣；抑不过曰：是盖李德裕之以朋党相抑，李训、郑注之以邪佞相陷而已矣。夫德裕之所逐，固无可辞于小人；而训、注之所排，岂必定为君子？抑问其昔居辅弼之任，所建立者奚若耳。若夫无益于国，而徒尸显秩，则已概可知矣，其党固不能为之辞。而但以曾充宰相，遂不可使失宠禄，将天子以天位任贤才使修天职而止于屈者伸之、邑郁欲得者怜而授之，是三公论道之尊，仅如黄叶以止儿啼矣。

嗣复曰："事贵得中。"洵如其言，亦以平二李之不平，使无偏重而已；其以平其不平者，各厌其富贵利达之欲而已。天子无进贤退不肖之权，但为群臣谋爵禄之去留以消怨忌，是尚得谓天下之有天子乎？况其所谓得中者，只以渐引小人而挠善类邪！宋徽宗标建中之号，而奸邪遂逞。无他，其所谓中者，夫人欲富贵利达，两相敌而中分之谓也。上无纲，下无耻，习以成风，为君子者，亦曰是久处田间，宜为汲引者也。朋党恶得而禁，士习恶得而端，国是恶得而定乎？

【译文】

倾听其言辞而选用人才，而不为奸邪小人所蛊惑，从而能够解散朋党之争而安定国家，大概也是很难的。尽管如此，也没有什么不可克服的困难。如果有这么一个人，有别人为他推荐说：这是一个能陈述善道、纠正过失以匡正君主德行的人；这是一个能决断疑难大事、确定国家大计以巩固国家根本的人；这是一个能禁绝奸邪小人、制裁佞幸之徒以澄清国家纲纪的人；这是一个能缓解民众负担、节省虚浮开支以充裕国家财政用度的人；这是一个能树立国家权威、思虑远大谋略以安定边疆局势的人。如果是这样的话，就不妨倾听他的言辞然后加以试用和考察，验证他以前已经取得的成效，审视他的才能能够达到什么程度，从而可以不加猜疑对其加以任用。如果不像他所说的那样，再对他进行审察，进而疏远并斥退他，也不算晚。再如有这么一个人，有别人为他推荐说：这是一个长期受压抑而应该予以伸冤平反的人；这是一个资历和声望已经达到应当获得重用却有人遏制阻挠的人；这是一个应该得到与某某相当的官爵俸禄，却唯独未被提拔任用的人；这是一个曾经蒙受君主知遇之恩，却落拓不群、令人惋惜的人。如果是这样的话，就是把个人的出处进退作为恩怨，视个人的恩宠荣耀为自己应得的事情，从而与别人竞争，以功名利禄相悬赏奖励，体恤私情而不知有君父了，不待考察分辨就能知道是朋党的营私行奸、小人的邀引交结了。

宰相杨嗣复请托太监讽劝唐文宗召用李宗闵，唐文宗想要酌情把李宗闵调迁近处任职。纵观杨嗣复为他申辩的理由，不过是说：他是陛下的宰辅大臣，流落到边远的潮州担任司马实在可怜罢了；又不过是说：他是被李德裕以朋党之争相压制，是被李训、郑注以奸邪佞幸相陷害罢了。其实，被李德裕所驱逐出朝廷的人，本来就难以推脱奸佞小人的骂名，而被李训、郑注所排挤的人，难道一定是正人君子吗？只要过问一下他昔日身居宰辅之位的时候，所建树的功绩究竟怎么样便清楚了。如果他的所作所为无益于国家，仅仅是占据高官显位，那就可想而知了，其同党本来也没有什么可以为他申辩的。仅仅因为他曾充任宰相，就不能使他失去高官厚禄，那么君主以天子之位任用贤能人才，使他们修其职守治理国家，而只是为受到委屈的人申冤平反，对于忧郁想要求官的人加以怜悯而授予官职，这就是把三公坐而论道的尊崇地位，仅仅视为制止小孩哭闹的杨树黄叶（《金光明经文句记》卷二："如彼婴儿啼哭之时，父母即以杨树黄叶而语之，言：'莫啼莫啼，我与汝金。'"）罢了。

杨嗣复说："事情贵在得其中正之道。"的确像他所说的那样，也可以因此而平息二李之间的不平之气，从而使得不偏不倚罢了；而他用来平息二李不平之气的，只不过是各自满足其功名利禄的欲望罢了。天子没有任用贤能人才、斥退不肖之徒的权力，只是为群臣筹谋其官爵俸禄的进退去留以消除他们的怨愤和猜忌，这样还能说天下尚有君主的存在吗？更何况杨嗣复所说的得其中正之道，只是用来逐渐援引奸邪小人从而阻挠忠良贤臣呢！宋徽宗赵佶标榜"建中靖国"作为年号，而奸邪之人便得以遂其所愿。没有别的原因，他们所说的得其中正之道，是指人们都想要得到功名利禄，两相敌对而平均分配。朝廷废弛其纲纪法度，民间便丧失廉耻之心，相互沿袭成为风习，作为正人君子，也会说这个人长期荒废在民间，应当加以举荐提拔。如果这样的话，朋党相争又怎么能够禁止，士林风气又怎么能够端正，国家的重大决策又怎么能够决断呢？

本事：《资治通鉴》卷二四六《唐纪六十二·文宗》，开成三年（838）。

武宗

一　无道之世欲自拔于流俗难矣

呜呼！士生无道之世，而欲自拔于流俗，盖亦难矣。文宗凭几之际，李珏等扳敬宗子成美而立之，仇士良废成美，立武宗。武宗立，珏与杨嗣复以是窜逐，于是而李宗闵之党不容于朝，政柄之归，必于李德裕，此屈伸之势所必然者也。德裕即无内援，而舍我其谁？固非一枢密杨钦义之能引己也。然德裕终以淮南赂遗腾交通之名于天下后世，而党人且据以为口实，虽欲辞托身宦竖之丑而不可得。前此者，崔潭峻、王践言皆能白德裕之直，然则德裕之于中人，不能自立坊表以不受磷缁，亦已久矣。

夷考德裕之相也，首请政事皆出中书，仇士良挟定策之功，而不能不引身谢病以去。唐自肃宗以来，内竖之不得专政者，仅见于会昌。德裕之翼赞密勿、曲施衔勒者，不为无力，夫岂乐以其身受中人之援引者乎？然而唐之积敝，已成乎极重难反之势。在内则中书与枢密相表里也；在外则节度与监军相呼吸也；拒之而常在其左侧，小不忍而旋受其大屈。践言与于维州之谋，潭峻藉宣郑覃之命，德裕固曰吾不为宦者用而我用宦者也。杨钦义之内召，无所屈节，而以宝玩厌其欲，德裕固曰此以待小人而使忘机，非辱也。吾行吾志，何恤于硗硗皎皎之嫌疑乎？然而以视君子立身之大防，则终玷矣。

生斯世也，士君子之防，君且毁之，不可急挽也，则抱有为之志欲抒于国者诚难矣。然则如之何而可哉？洁己无可羡之赀，谋国无偏私之党，以君命而接之以礼，秉素志而持之以正，进不触其深忌，退不取其欢心，俟时以得君，而无求成求可之躁愿，庶其免乎！乃德裕功名之士也，固不足以及此也。以德裕之材，当德裕之世，勿容深责焉，可矣。

【译文】

唉！士大夫生活在社会政治混乱的黑暗时代，想要洁身自好而不与世俗同流合污，大概也是非常困难的。唐文宗临终的时候，宰相李珏等拥戴唐敬宗幼子陈王李成美为储君，专权宦官仇士良则废黜李成美，改立唐武宗（原名李瀍，后改李炎，唐文宗之弟，初封颍王）。武宗即位后，李珏和杨嗣复都被贬官流放，因此李宗闵一党为朝廷所不容，朝政大权必然落入李德裕一党之手，这正是朋党相争此消彼长、此起彼伏的必然趋势。李德裕即使没有宫中的内援，而又舍我其谁呢？这种局面的形成，本来就不是一个枢密使杨钦义所能引荐、促成的。然而李德裕最终还是因为在淮南节度使任上贿赂监军宦官杨钦义的丑闻，留下勾结宦官作为内援的名声于天下后世，而他的政敌将会以此作为口实进行攻击，即使想要推脱请托宦官的污名也不可能做到。在此之前，宦官崔潭峻、王践言还都能为他在皇帝面前辩白他的正直，既然如此，那么李德裕与宦官之间的关系也就不能以其不受外界影响变化而自立准则，这也已经很久了。

考察李德裕担任宰相时期的作为，首先请求国家政事都通过中书省决策实施，宦官仇士良凭借其拥立武宗的功勋，仍不得不称病引退而去。唐朝自肃宗以来，宫内宦官不得专擅朝政，仅见于唐武宗会昌年间（841—846）。李德裕辅佐机要、竭力施行法治纲纪，不能说不尽力，难道他自己乐意接受宫中宦官的交结援引吗？可是唐朝政治的积弊由来已久，已经形成积重难返的局势。在朝廷内部是中书省宰相与枢密使宦官互为表里，在地方上则是节度使与监军相互呼应，拒绝与宦官合作，可是他们却常在左右而无法摆脱，小事不忍就可能遭受大的冤屈。宦官王践言参与了李德裕收复维州的谋划，崔潭峻也借助宣布起用郑覃的诏命，李德裕固然可以说自己不曾被宦官所利用而是自己在利用宦官。淮南监军杨钦义奉召回朝，作为节度使的李德裕并没有屈节事奉他，只是以珠宝珍玩来满足他的欲望，他固然可以说这是为了对付奸邪小人从而使其消除机巧之心，并不是一种耻辱。况且按照自己的意愿行事，哪里需要顾及和忧虑那些刚直自负易遭诋毁、清白正直易被玷污之类的嫌疑呢？然而以此来对照正人君子立身行事的义利原则，李德裕的节操终究是受到了玷污。

生活在这样的时代，士人君子立身处世的准则，君主尚且予以毁坏，因而无法急迫地加以挽救，所以怀抱有所作为志向的人想要报效国家，的确是很难的。既然这样，那么怎样做才可以免俗呢？洁身自好就没有可以艳羡的钱财，为国尽忠就没有可以偏私的朋党，坚持君主的诏命而以礼仪相待，秉持平素的志向而坚守正道大义，受到任用而不触犯君主的忌恨，辞职引退也不讨取君主的欢心，等待时机以获得君主的知遇，而没有希求成功、希求任命的浮躁愿望，这样的话，就差不多可以免俗了！然而李德裕毕竟是一个追求功名利禄之士，本来不足以达到这样的境界。以李德裕的才能，处于他所生活的时代，不容对他求全责备，也就可以了。

本事：《资治通鉴》卷二四六《唐纪六十二·文宗》，开成五年（840）。

二　唐朝宦官之祸

老氏曰：“天下之至柔，驰骋天下之至刚。”此女子小人滔天之恶，所挟以为藏身之固者也。

唐之宦官，其势十倍于汉、宋。李辅国驱四十年御世之天子如逸豚而苙之。其后宪宗死焉，敬宗死焉，太子永死焉，绛王悟、安王溶、陈王成美死焉，三宰相、一节度、合九族而死焉。庖人之于鸡鹜，唯其操鸾刀而割之也。文宗垂涕而叹，自比于周赧、汉献而以为不如，郁郁饮醇酒以成疢（chèn）而崩，其凶悍之锋，不可向迩也如此。以为神策六军在其指掌，故莫之能制，是已；而未尽然也。当其时，节镇林立，大臣分阃（kǔn），合天下之全力，以视六军豢养之罢民，岂不相敌，而奚惴惴焉？及观仇士良之教其党曰："天子不可令闲，日以奢靡娱其耳目，无暇更及他事。"然后知其所以陷中材之主人于其阱而不得出者，唯以至柔之道縻系之，因而驰骋之，蔑不胜矣。

夫耳目之欲，筋骸之逸，狎而安之，顺而受之，亦曰此人主之所应得，近侍之所宜供者耳。于国无损，于事非专，即不以为彼功，而抑非可为彼罪也。乃当其骄横著见，人主亦含忿不堪而思翦涤。俄而退息于深宫，则娱乐迭进，而气不觉其渐平矣；稍定焉，而姁姁（xǔ）嫟嫟（nì）、百出以相靡，竟不知夙忿之何以遽蠲也。气一往而衰，安望其复振哉？

凡娈童稚女、清歌妙舞、捐烦解愤者，皆其戈矛鸩毒之机也。正人端士沮丧而不得以时进献其忱，则皆废然返曰：出而与吾谋屏除者，入而且与之欢笑，吾恶能胜彼哉？徒自诛夷贬窜而弗能摇动之也。未有不缄口息机，听其孤危而莫恤者也。则臣非其臣，兵非其兵，狎媚旦进，而白刃夕张，莫能测焉。至柔之驰骋至刚，绰乎其有余矣。

然则群奄之势重邱山而弑逆相寻也，岂恃神策之孤军哉？恃此而已矣。汉、宋之暗主受制于家奴者皆此；而唐之立国，家法不修，淫声曼色，自太宗以来，漫焉进御而无防闲之教，故其祸为尤酷焉。口鼻非藉之不安臭味；肢体非藉之不宜清暖，烦劳菀（yùn）结非藉之不能穆耳而愉心。林池鱼鸟、书画琴弈、张弧怒马，各有所嗜，而皆能为夺情息怒之媒。机械之张，烈于强秦，密于曹操，彼以刚争，此以柔制，虽欲如周赧、汉献而不能，果不如矣。人主而能知此，则勿曰宦官之恶不可扑也。以一念之无欲，塞滔天之横流，有余裕矣。然而知之者鲜，能之者尤百不得一也，是以难也。

【译文】

老子《道德经》第四十三章说：“天下最柔软的东西，能够驾驭天下最坚硬的东西。”这也是恶毒妇人与奸邪小人的滔天罪恶所赖以隐藏自身的强有力的手段。

唐朝宦官势力的强大，要远远超过汉朝、宋朝的十倍。李辅国驱赶在位四十年的天子唐玄宗就像驱赶逃跑的小猪一样把他关进猪圈。此后，唐宪宗李纯死于宦官之手，唐敬宗李湛死于宦官之手，唐文宗的太子李永死于宦官之手，绛王李悟、安王李溶、陈王李成美也死于宦官之手，舒元舆、王涯、贾餗三位宰相，昭义节度使刘稹，连同其九族也都被宦官杀害。就像厨师手中的鸡和鸭一样，任凭他们操起刀环上带着铃铛的鸾刀宰割。唐文宗为此伤心落泪、暗自叹息，把自己比作周赧王、汉献帝而自愧不如，最后也在闷闷不乐、借酒浇愁中染病而死，宦官凶狠强悍的锋芒，竟然是像这样的不可接近！如果认为神策六军掌握在宦官手中，因而没有人能够钳制他们，是有一定的道理的；但也未必尽然。当时，天下藩镇林立，朝廷大臣分别出任将帅或封疆大吏，如果聚合天下的全部力量，比起神策六军豢养的不从教化、不事劳作之民，难道就不能相敌吗？又哪里用得着惴惴不安呢？等看到宦官仇士良教训其同类的话："我们不能让天子闲着，要整天以奢靡淫逸来娱乐他的耳目，使他没有空闲再顾及其他的事情。"然后就可以明白他们用来驱逐天资中等的君主进入他们设置好的陷阱中而无法摆脱出来的方法，只有用最为柔软的东西牵制他，然后再去驾驭他，这样做没有不奏效的。

人们眼睛和耳朵的欲望，筋骨形骸的安逸，用亲昵而使之安心，用顺从而使之接受，有人认为这是皇上应该享受的，是身边的近侍所应该满足皇上的。况且这对国家并没什么损害，对事情也不加专擅，即使不能作为他们的功劳，也不能以此作为他们的罪恶。只是当他们骄横不法显而易见的时候，君主又会因不堪忍受忿恨而考虑加以清除。一会儿当退朝偃息于深宫之后，各种娱乐接踵而来，原有的怒气也不知不觉地逐渐平息了；心绪稍微安定下来，又会温和亲昵，花样百出，以相互通好，竟然不知平素积累的忿恨为什么会迅速蠲除殆尽了。怒气一过就会衰落，怎么能够期望重新振作起来呢？

举凡娈童幼女、轻歌曼舞以及令人消除烦恼、化解怨愤的事情，都是像以戈矛杀人、以鸩毒害人一样的机关。面对宦官专权的局面，正人君子深感沮丧而不能随时向皇上进献忠言，就都会灰心丧志转而思索道：皇上刚刚在朝廷与我们筹谋废黜的人（专权太监），罢朝回宫以后又与他们一起言谈欢笑，我们怎么能够与他们争斗并取得胜利呢？只能徒自受到诛杀、贬谪、流放，而不能动摇他们的地位，因而都闭口不言、熄灭机心，听任皇上身处危险、孤立无助而毫不怜恤。这样，朝廷大臣不再是辅弼君主的大臣，军队也不再是效忠君主的军队，君主身边亲近谄媚的人早上受到任用，晚上就白刃相向，没有人能够测度他们的悖逆阴谋。由此可见，最为柔软的东西能够驾驭和战胜最为坚硬的东西，完全是绰绰有余的。

既然这样，那么宦官群体的势力重如丘山，弑君谋逆前赴后继，难道真的是倚靠神策军这一支孤军吗？事实也的确如此罢了。汉朝、宋朝的昏庸君主受制于宦官家奴的情况，也都是这样。唐朝建国以来，不重视整顿家法、严明礼教，从唐太宗李世民以来，淫声曼色不受节制地为君主所临幸，却没有任何防备约束的礼仪制度，所以造成的祸乱更为残酷。对于君主而言，似乎口鼻不借助宦官家奴便不享受其香气美味，身体不借助他们便不能穿上轻软和暖的衣冠，烦恼、劳累乃至精神郁结不借助他们便不能消解，从而使耳目清静而心情愉快。甚至于花鸟虫鱼、琴棋书画、骑马游猎等都各有所嗜好，都可以成为君主缓解心情、平息怨愤的媒介。历史上宦官奸佞巧诈的施展，以秦朝专制统治时期最为剧烈，汉末曹操专权时期最为机密，一方以强势争夺，一方以阴柔钳制，唐文宗感叹说自己即使想像周赧王、汉献帝那样也不可能实现，他果真是比不上了。作为君主能够明白这一道理，就不要再说宦官的罪恶行径不可扑灭这种话。如果能克服自己的欲望，去治理滔天的洪流也绰绰有余。然而很少有人能够明白这一道理，甚至百分之一的人也做不到，所以要消除宦官擅权乱政的现象，是非常困难的。

本事：《资治通鉴》卷二四七《唐纪六十三·武宗》，会昌三年（843）。

三　李德裕贪功苟且，河朔之乱难平

河北三镇之不戢也，岂其富强足以抗天下不可制哉？唐无以制之耳。卢龙之乱，陈行泰、张绛相继拥兵以胁节钺，张仲武起而讨之，问其所有士卒几何，合军士土团千余人而已；问其兵食所出，则仰给于妫（guī）州以北而已。卒如仲武之料，幽州下，叛人得。然则唐果制胜得理，以天下之力，举三镇如拾芥耳。而终困于不能者，庙谟不定，诸帅离心，且逆党私人奔走京国，贿赂行于廷臣，皆为张皇贼势以劝姑息，嚣张不辑，乱其成谋也。君暗臣偷，视蕞（zuì）尔之叛臣，莫之能胜，而曰河朔习乱已久，人心难化。恶！是何言也！

刘稹阻兵擅立，李德裕决策讨之，是已；而复曰：“但得镇、魏不与之同，则稹无能为。”何其视镇、魏之太重也！张仲武既以卢龙归命，拊镇、魏之背矣；何弘敬、王元逵非有田承嗣、王武俊之枭桀，即令纳稹赂以阴相唇齿，而朝廷宣昭义问以临之，又岂敢北不畏卢龙之乘其后，南不畏宣武之逼其前，西不畏河中之制其腋，显相抗拒，以党逆而蹶兴哉？战即不力，亦持两端以视势所趋耳。然则刘稹既灭，移弘敬、元逵于他镇，不敢违也；召弘敬、元逵以赴阙，不敢拒也。彼虽骄蹇而惛瞀（mào），抑且念昔之负固以长子孙者，不死于天诛，则死于帐下；何如束身归阙，席富贵而保后昆。部曲虽或嚣张，帅心弛而气亦颓矣。威可服也，恩可怀也，张仲武之令图可羡，刘稹之狂谋可鉴也。区区数州之土，两竖子尸居其上，而曰终难化也，德裕之于此懵矣。乃遣重臣输悃（kǔn）于二镇曰：“河朔自艰难以来，列圣许其传袭，已成故事。”则既明输左券，授以不拔之势，俨若敌国，此言出，后其可追哉？

泽潞，王土也；其人，王人也；镇、魏亦非北胡南蛮自为君长之国也。镇、魏可，泽潞奚其不可？又何以折刘稹而服泽潞之人心乎？夫镇、魏西扼壶关，东连曹、郓，南一涉河而即汴宋，中原之堂奥也。横骨颐中，而欲食之下咽也，必不可得。唐之所以一乱而不可再兴，皆此等成之也。德裕苟且以成一时之功，曾不恤祸结兵连之无日，习之难化，岂在河朔哉？在朝廷耳。武宗听之，诏二镇曰："泽潞一镇，与卿事体不同。"言不顺，事不成，呜呼！唐终不可为矣。

【译文】

河北三镇（魏博、成德、卢龙，也称河朔三镇）割据称雄而不检束听命，难道是因为其富强足以与天下相抗衡而不可控制吗？其实只是唐朝没有控制它们的办法罢了。唐武宗会昌元年（841）卢龙发生兵变，卢龙牙将陈行泰、张绛相继拥兵自重以胁迫朝廷授予他们节度使的节钺，蓟北雄武军使张仲武起兵讨伐，有人问他所拥有的士卒多少，回答合计精兵五百、土团（地方武装）五百，总共也不过一千多人；又问他军队粮饷从何而来，也不过是依靠妫州（今河北涿鹿西南）以北地区罢了。最后正如张仲武所预料的那样，幽州（今北京）被一举攻破，叛贼张绛被诛杀，叛乱得以平定。既然这样，那么只要唐朝能够做到克敌制胜、方法得当，举天下之力，拿下河北三镇就像拾取草芥一样轻而易举。然而唐朝最终还是不能做到，其原因在于朝廷谋划不定，将帅离心离德，而且藩镇叛贼逆党私下里奔走京城活动，行贿收买朝廷大臣，让他们故意夸大叛贼的强势从而劝阻皇上姑息养奸，导致叛贼的嚣张气焰不加收敛，朝廷的既定谋略被破坏。这样，君主昏庸愚昧，大臣苟且偷安，面对蕞尔之地的叛臣却无法取得胜利，反而推脱说：河朔地区习惯叛乱已经很久了，人心流俗难以驯化。实在可恶啊！这都是些什么言论！

会昌三年（843），昭义节度使（又称泽潞节度使）刘从谏病卒，其侄刘稹依恃军队擅自继位，李德裕决定派兵讨伐，这一决策无疑是正确的；可是他又说："只要求得成德（又称镇冀）、魏博两个藩镇不与他结为同盟，刘稹就成不了什么气候。"他把成德、魏博二镇的势力看得何其重啊！张仲武带领卢龙藩镇归顺朝廷之后，已经扼住成德、魏博二镇的脊背而控制其要害了；而时任魏博节度使何弘敬、时任成德节度使王元逵也都并非像田承嗣、王武俊那样的桀骜不驯，即使接受刘稹的贿赂并暗中结成唇齿相依的同盟关系，而朝廷宣明正道大义声闻天下，从而大兵压境，他们又怎么敢不惧怕北部的卢龙镇从其背后出击，南部的宣武镇从其前面逼进，西部的河中镇从其肘腋牵制，从而公开抗拒朝廷，附逆叛党而兴起祸乱呢？这样，他们即使参战也不会出力，也就是保持首鼠两端的态度以观察事态发展的走势罢了。既然这样，那么刘稹灭亡之后，如果把何弘敬、王元逵迁到其他藩镇任职，他们也不敢违抗；征召他们二人返回朝廷，他们也不敢拒绝。他们虽然骄横傲慢而昏庸愚昧，尚且会顾念从前依恃险阻对抗朝廷以传位于子孙的藩镇将帅，结果不是遭受上天的诛罚，就是死于部将之手；这些都不如自缚其身伏阙请罪，既可以保全自己的富贵荣华，还可以保全子孙后代。部下将士虽然会有人气焰嚣张，但只要藩镇将帅决心动摇，全军斗志也就颓丧殆尽了。朝廷的威权可以使之降服，朝廷的恩德可以使之怀柔，张仲武的深谋远虑令人敬慕，刘稹的狂妄阴谋则使人引为鉴戒。河北三镇区区数州之地，两位小子安居其上而不尽职，就认为终究难以驯化征服，李德裕在这个问题上简直是昏昧糊涂了。他甚至派遣朝廷重臣前去向成德、魏博二镇献纳真诚地说：“河朔地区自遇到艰难、局势动荡以来，历朝皇上都允许藩镇将帅传位世袭，已经成为惯例。”这样，就等于朝廷公开给予凭证，授予他们世代不变的权势，俨然像是与朝廷对立的国家，一言既出，难道还可以收回来吗？

昭义节度使所在的泽潞地区，乃是天子的版图；生活在那里的人民，也是天子的臣民；成德、魏博二镇也不是像北方和南方夷狄那样自称君长的独立王国。成德、魏博的藩镇将帅可以传位世袭，泽潞地区的昭义节度使又有什么不可以呢？这样又怎么能够驳斥刘稹而使得泽潞地区的民心归顺服从呢？成德、魏博二镇西边扼制壶关（又称壶山、壶口山，在今山西长治东南），东边连接曹州（今山东曹县）、郓州（今山东东平），向南一过黄河就是汴州（今河南开封）、宋州（今河南商丘），是中原的腹地。嘴里横着一根骨头，要想把食品吞咽下去，必定无法做到。唐朝之所以经历一次大的动乱之后再也不能复兴，都是由于此等愚昧无知的人所造成的。李德裕迁就河北地区的藩镇将帅以便成就其一时的功劳，却不体恤天下战争连续不断、灾祸无穷无尽，流俗习惯难以驯化，难道仅限于河朔地区吗？其实恰恰在于朝廷。武宗听从了李德裕的意见，向成德、魏博二镇下诏说："泽潞一镇，与你们的情况不一样。"说话不顺当合理，事情就办不成。唉！唐朝终究是无可救药了。

本事：《资治通鉴》卷二四七《唐纪六十三·武宗》，会昌三年（843）。

四　贿赂之败人国家

杨弁称乱河东，逐李石，结刘稹，而其所恃者，纳贿于中使马元实。元实归，大言于廷曰："弁有十五里光明甲"，以恐喝朝廷，徼求节钺。李德裕折之而后沮。以此推之，凡唐之藩镇，类此数州之土，一旅之众，抗天下之威，而朝廷僶俛以从其欲，非兵力之果强也，皆贿也。非李德裕折元实之奸，则弁之纳贿亦掩而不著，史氏亦无从记之矣。

贿行于中涓，而天子慑；贿行于宰相，而百官不能争；贿行于省寺台谏，而天子宰相亦不能胜。前此之讨淮蔡、讨平卢，廷议纷然，唯恐兵之不罢者，此也；德宗窥见其情，厚疑群臣，孤愤兴兵，而中外坐视其败者，亦此也。唐之乱，贿赂充塞于天下为之耳。凡三百余年，自卢怀慎、张九龄、裴休而外，唐之能饰簠簋（fǔ guǐ）以自立于金帛之外者无有。虽贤者固不能保其洁清，特以未败露而不章，实固不可问也。藩镇之叛，峙若敌国，相碁若仇雠，且唯以金钱贸中外之心，而天子不能自固，况州郡群有司之废置哉？

盖唐自立国以来，竞为奢侈，以衣裘仆马、亭榭歌舞相尚，而形之歌诗论记者，夸大言之，而不以为怍。韩愈氏自诩以知尧、舜、孔、孟之传者，而戚戚送穷，淫词不忌，则人心士气概可知矣。迨及白马之祸，凡锦衣珂马、传觞挟妓之习，熸焉销尽。继以五代之凋残，延及有宋，膻风已息。故虽有病国之臣，不但王介甫之清介自矜、务远金银之气；即如王钦若、丁谓、吕夷甫、章惇、邢恕之奸，亦终不若李林甫、元载、王涯之狼藉，且不若姚崇、张说、韦皋、李德裕之豪华。其或毒民而病国者，又但以名位争衡，而非宠赂官邪之害。此风气之一变也。

乃唐之率天下以奔欲崇货而迟久不亡者，何也？朝士以贿而容奸，逆臣亦以贿而自固，志气俱偷，其欲易厌，故称兵犯顺者，皆护其金穴以自封，而无问鼎登天之志。其尤幸者，回纥、吐蕃唯以侵掠为志，浸淫久而自敝，亦无刘渊、石勒之雄心。斯以幸存而已矣。使如宋也，三虏迭乘以压境，岂能待一迁再迁三迁而后亡哉？贿赂之败人国家，如鸩之必死，未有能生之者也。

【译文】

会昌三年（843），都将杨弁在太原发动兵变，驱逐河东节度使李石，勾结昭义节度使刘稹，而他所倚靠的，是行贿于宦官马元实。马元实回朝以后，向朝廷夸大其词："杨弁拥有精兵良将，仅身穿前后带有圆护的光明甲（又称明光甲）的士兵就排列了十五里地。”企图以此恐吓朝廷，侥幸求得朝廷授予他节度使的节钺，受到李德裕的严厉驳斥才没有得逞。以此类推，凡是唐代的藩镇，大抵拥有几个州的土地，拥有一支军队，就敢于和天下相抗衡，而朝廷也只好尽力从而满足他们的欲望，这并不是因为藩镇的兵力果真很强大，都是他们行贿的结果。如果不是李德裕严厉驳斥马元实的奸佞，那么杨弁行贿的罪恶也将被掩盖而无法暴露，史官也就没有办法记载于史册了。

行贿于宫中的专权宦官，君主也会感到害怕；行贿于朝中的宰相，文武百官也不敢进行争辩；行贿于中书省以及六部九卿、御史台和谏院的官员，君主和宰相也无法争执而取胜。以前朝廷讨伐淮蔡、平定平卢之时，朝廷议论纷纷，唯恐朝廷不能撤军，其原因正在于此；唐德宗窥察到其中的实情，对群臣产生深深的猜疑，愤世忧时而决意兴兵，而朝野上下却坐视他的失败，其原因也在于此。唐朝之所以发生祸乱，都是贿赂公行于天下造成的。在唐朝立国的三百多年间，除了卢怀慎、张九龄、裴休，能够为官清廉、置身于金帛钱物之外的大臣几乎没有。即使是贤良君子也不能保持自身清廉、正直无私，只不过是其贪污受贿行径没有暴露出来从而臭名昭著，其实际情况本来就经不起考究。藩镇割据叛乱，与朝廷对峙如同敌国，相互欺诈如同寇仇，并且一味用金钱贿赂收买朝野内外的人心，使天子的地位也不能得到巩固，更何况是各州郡地方机构的废置与官员的任免呢？

唐朝自建国以来，举国上下竞相奢侈浮华，崇尚穿着的夏衣冬裘、出行的仆从乘马、居处的楼台亭榭、悦乐的轻歌曼舞，而通过诗歌散文的形式反映出来，往往夸大其词，而并不感到羞惭。即使是像韩愈那样自诩为得到唐尧、虞舜、孔子、孟子衣钵真传的人，还借《送穷文》表达忧愤，而不以淫词艳曲为忌讳，当时的人心流俗和士林风气大概也就可想而知了。等到唐朝末年朱温诛杀朝臣的白马之祸发生之后，崇尚锦绣衣服、华丽车马、传觞饮酒、狎妓冶游的风气，才消失殆尽。接着是五代十国时期的凋零衰败，延续到宋朝以后，这种风气已经荡然无存。所以宋代虽然也有危害国家的大臣，不仅王安石（字介甫）以清正耿直自相夸耀，追求远离金银铜臭之气；即使是像王钦若、丁谓、吕夷甫（误，当为吕惠卿，字吉甫）、章惇、邢恕之流的奸佞之臣，也终究不像唐朝的李林甫、元载、王涯那样声名狼藉，甚至还不如姚崇、张说、韦皋、李德裕的生活那样奢侈豪华；其中有的残害百姓并祸乱国家的人，也都仅限于名声地位的争夺抗衡，而没有骄纵、贿赂、邪僻枉法的祸害（《左传·桓公二年》："国家之败，由官邪也；官之失德，宠赂章也。"），这是社会风气的一大转变。

那么，唐朝引导天下人放纵欲望、崇尚货利却迟迟没有亡国，原因何在呢？朝廷大臣因为受贿而包容奸邪，悖逆叛贼也通过行贿而自我保护，他们的意志和气概都趋于苟且偷安，其欲望也容易得到满足，所以那些举兵作乱的人，都是保住自己的藏金之窟而自封节度使，没有问鼎天子之位的野心。尤其值得侥幸的是，回纥、吐蕃等夷狄政权，也只是以侵略掠夺作为目标，浸淫日久便会自行衰败，也没有像十六国时期前赵刘渊、后赵石勒那样争夺天下的雄心壮志。唐朝也就是这样侥幸地生存下来罢了。假如像宋朝那样，辽、金、元三国（契丹、女真、蒙古三族）交相入侵，难道还能够一而再、再而三地迁徙奔逃而后才会亡国吗？贿赂公行对于国家的败坏，就像服了剧毒的人必定死亡一样，没有能够生存下来的。

本事：《资治通鉴》卷二四七《唐纪六十三·武宗》，会昌四年（844）。

五　李德裕杀降而息藩镇叛乱之心

杀降者不仁，受其降而杀之不信；古有其言，诚仁人君子之言也。虽然，言各有所指，道各有所宜，不揆其时，不察其故，不审诸顺逆之大义，不度诸好恶之公心，而唯格言之是据，则仁人君子之言，皆成乎蔽。仁蔽而愚，信蔽而贼，不可不辨也。

所谓杀降者不仁而无信者，为两国交争，战败而倒戈，与夫夷狄盗贼之胁从而自拔者言也。或党恶之志固不坚，或求生之外无余志，则亦生全之，或且录用之，而蠲忿怒以予维新，斯允为敦仁而崇信矣。刘稹之叛，郭谊为之谋主，及夫四面合围，三州已下，稹守孤城而日蹙，谊与王协说稹束身归朝，稹既从之欲降矣，谊乘其懈杀之以自为功，武宗与李德裕决计诛之，夫岂非允惬人心之公恶者以行大法？而司马温公讥其失信。其信也，非其所以蔽而愚且贼者乎？

乱人者不殄绝之，则乱终不已者也。怀以仁，而即乘吾仁以相犯；结以信，而即怙吾信以相欺者也。而唐藩镇之乱，率因此而滋。自禄山为逆以来，拥戴之者，岂果侥幸其主之成大业，而己为邓禹之效尺寸哉？人挟好乱之心，而嗾（sǒu）其主帅以为逆魁，以弋利为己。故李宝臣、薛嵩、田承嗣首自反噬，而果获分土拥尊之厚利。盖当劝乱之日，已挟自私之计。上胁朝廷，下睨其主，流血千里，主族亦赤，无非可罔利之左券。而朝廷果以姑息而厚酬之，位兼将相，泽及子孙，人亦何惮而不日导人以叛逆哉？卖主之腰领以求荣，主族夷而己诧元功。计当日之为藩镇者，侧目而寒心，自非狂騃（ái）如刘稹者，未有不以杀王协、郭谊为大快者。频年身膏原野之鬼，与痛哭郊原之寡妻孤子，固且不怨稹而怨协、谊。故二贼伏诛，而后武、宣之世，藩镇无叛者。既有以大服其心，而裨将幕僚，知无他日幸免侥功之转计，则意亦戢，而不敢导其主以狂猘。杀一二人而全天下，仁也；杀无恒之人以行法，信也。高帝斩丁公，而今古称其义，况躬为逆首者乎？

且刘稹既从谊、协之谋以欲降矣，谊可容，稹独不可降乎？杀降者，谊也；杀谊者，所以杀杀降者也，而何尤焉？唯项羽施之于敌国之赤子，李广施之于解辫之夷狄，则诚恶矣。未可以为反覆倾危之乱人引以求曲宥也。施大仁，惇大信，各有其时，各有其情，各有其理。以一言蔽千古不齐之事变，适以自蔽而已，君子所弗尚也。

【译文】

诛杀已经投降的敌人是不讲仁义，既然接受其投降而又诛杀之是不守信用；自古以来就有这样的说法，的确是仁人君子所说的话。尽管如此，但是言语各有其所指的特殊情况，道理也有其各自适宜的特定背景，如果不揣测其时机，不考察其缘故，不审视正邪顺逆的正道大义，不测度好恶喜怒的公正之心，而仅仅是根据格言警句，那么仁人君子的话，都有可能造成蒙蔽。仁义被蒙蔽就会导致愚昧无知，信用被蒙蔽就会导致伤害无辜，所以不能不认真加以辨别。

所谓诛杀已经投降的敌人不讲仁义、不守信用，是针对两国纷争交战的情况下，战败的一方倒戈投降，以及夷狄侵略者和强盗叛贼的胁从者主动摆脱或放弃罪恶行径而言的。有的人依附朋党作恶而意志本来就不坚定，有的人求得生存之外并没有其他的野心，也就可以赦免而保全其性命，有的人还可以录用做官，从而使其消除愤怒以便给予洗心革面重新做人的机会，这也是笃厚仁慈、崇尚信义的做法。刘稹举兵叛乱，郭谊充当其谋士，等到官兵四面合围，邢州、洺州、磁州已经收复，刘稹仅守潞州（今山西长治）一座孤城而形势日趋窘迫，郭谊与王协劝说刘稹自缚其身伏阙请罪，刘稹业已听从准备投降，郭谊却乘他放松警惕的时候杀之以向朝廷邀功请赏，唐武宗与李德裕决定诛杀郭谊，这难道不正是顺应人们公愤惩罚大恶的心愿从而执行国家的大法吗？但被司马光讥讽为不守信用。这里所说的信用，难道不是他们用来蒙蔽、愚弄世人从而实现其悖逆叛乱野心的借口吗？

对于犯上作乱的人不予以彻底消灭，天下的动乱就终究不能平息。如果以仁义相怀柔，他们就会利用我们的仁义而加紧侵犯；如果以信用相结纳，他们就会依仗我们的信用而进行欺诈。唐朝的藩镇割据叛乱，大抵都是因为这个原因而日益猖獗。自从安禄山发动叛乱以来，拥戴他并随从作乱的人，难道都是寄希望于他能侥幸成就大业、而自己都可以像东汉开国大将邓禹那样报效其尺寸之功吗？只不过是人人都怀着好乱乐祸之心，从而唆使他们的主帅作为反叛朝廷的罪魁祸首，以便使自己获得利益罢了。所以李宝臣、薛嵩、田承嗣等叛将首先背叛而归顺朝廷，果然都获得了分封割据地盘、授予高官显位的丰厚利益。大概当他们劝说主帅反叛的时候，就已经怀有自私的打算。对上可以威胁朝廷，对下则可以鄙视主帅，致使战火不断，流血千里，其主帅的家人宗族也受到诛灭，这些无非是他们用来贪权渔利的凭借。而朝廷果然采用姑息养奸的办法给予他们优厚的酬劳和回报，使他们位兼将相，福泽惠及子孙，这样的话，人们又有什么忌惮而不日益诱导人犯上作乱呢？出卖自己主帅的性命以求得荣华富贵，主帅被诛杀九族而自己则夸耀大功。纵观当年的那些藩镇将帅，无不令道路以目、朝野寒心，自然不是像刘稹那样狂妄而愚蠢的人，没有不认为诛杀王协、郭谊是大快人心之事。而那些在历年战乱丧生的士卒的冤魂，以及在荒郊野外痛哭的孤儿寡母，本来也不会怨恨刘稹而只会怨恨王协、郭谊。所以王协、郭谊这两个乱臣贼子被处死刑，而后来的唐武宗、唐宣宗的时代再也没有发生藩镇叛乱的事。朝廷这样处置，既可以用来安抚天下人心，而各个藩镇的偏将幕僚也知道不可能再有日后幸免于侥幸邀功的机会而改变想法，也自动打消劝人作恶的念头，不敢怂恿和诱导其主帅发动叛乱。这样诛杀一两个人而保全天下的安宁，正是施行仁义；诛杀反复无常的奸邪小人而执行国家大法，正是保守信用。当年汉高祖刘邦诛杀丁公，古往今来都称赞他施行仁义，更何况王协、郭谊自身就是罪魁祸首呢？

况且刘稹已经听从王协、郭谊的筹谋准备投降朝廷，如果郭谊能够纵容而不予诛杀，难道只有刘稹不可以投降朝廷吗？诛杀已经投降的人，是郭谊；诛杀郭谊，正是用来诛杀那些诛杀已经投降的人的人，又有什么过错呢？在历史上，只有西楚霸王项羽使用杀降的办法对待敌国的士卒，西汉大将李广使用杀降的办法对待归顺朝廷的夷狄，的确称得上是不讲仁义、不守信用的罪恶行径。不能为这些反复无常、危险奸诈的乱臣贼子而援引仁义、信用的原则予以曲意宽容。施行大仁大义，推崇诚意信用，各有其适当的时机，各有其不同的情况，各有其适用的道理。用一句话来概括千古历史上复杂多样的事物变化，恰恰是以此而蒙蔽自己罢了，不是正人君子所应崇尚的做法。

本事：《资治通鉴》卷二四八《唐纪六十四・武宗》，会昌四年（844）。

六　李德裕一言而去宦官监军之弊

宦者监军政于外而封疆危，宦者统禁兵于内而天子危。监军之危封疆，李德裕言之至悉矣。乃天子之危，非宦者之统禁兵遽能胁之而死生废立之也。天子之兵，散布于天下，将皆其臣，卒皆其民也。其在内而为禁兵，如唐神策军者，但百之一耳，又非百战立功能为天下雄者也。宦者虽握固之以为己有，而势不能与天下争衡。胁君自恣，乃至弑刃横加，岂能无畏于四方之问罪乎？其无所惮而血溅宫庭、居功定策者，实恃有在外监军之使，深结将帅而制其荣辱生死之命，指摩吏士而市以呴呕（xǔ xū）宴犒之恩也。故王守澄、陈弘志、杨承和躬行大逆，不畏天下有问罪之师；乃至四朝元老分符持节之裴中立，亦视君父之死噤口而不敢谁何；独一刘从谏执言相加，而怀来又不可问。无他，诸帅之兵，皆宦者之爪牙，举天下而在其掣肘，虽仗义欲鸣，而力穷于寡助也。于是而知德裕之为社稷谋，至深远矣。其以出征屡败为言者，指其著见之害以折之，使不敢争耳。显纠其沮挠军事之失，而不揭其揽权得众之祸，使无所激以相抵牾，则潜伏之大慝（tè），暗消于忘言矣，此德裕之所以善于安主而防奸也。

然抑岂徒其立言之善哉？仇士良忌之而不能伤，乃乞身以去；敕监军不得预军务、选牙队，而杨钦义、刘行深欣然唯命而不敢争。极重之弊，反之一朝，如此其易者，盖实有以制之也。唐之相臣能大有为者，狄仁杰而外，德裕而已。武宗不夭，德裕不窜，唐其可以复兴乎！

【译文】

宦官到各地出任监军、执掌军权，导致天下封疆危机；宦官在朝廷统领禁军、执掌宿卫，会使天子屡遭危难。宦官监军对于天下封疆的危害，李德裕在奏疏中已经说得非常详细了。至于宦官统领禁军对于天子的威胁，并非宦官统领禁军很快就能胁迫君主掌握其生死废立的大权。天子的军队遍布于天下各地，军中将领都是其大臣，士兵都是其臣民。驻守在京城腹地而作为禁军，像唐朝的神策军，数量只有军队总数的百分之一，也不是身经百战、建立功勋从而称雄天下的军队。宦官虽然能够牢牢掌控禁军大权从而据为己有，但其强势尚不足以与天下抗衡。威逼皇上而肆意妄为，甚至屠刀横加于天子之身，难道不畏惧天下四方起来兴师问罪吗？他们之所以无所忌惮地制造宫廷血案、贪居谋立天子之功，实际上正是倚靠在各地监军的宦官，这些人与藩镇将帅深相结纳从而钳制其荣辱生死的命脉，指挥藩镇官兵，以和颜悦色、宴饮犒赏相收买，以树立私人恩惠。所以当宦官王守澄、陈弘志、杨承和谋逆亲手弑君的时候，并不畏惧天下军队来兴师问罪；以至于四朝元老、封爵持节的朝廷重臣裴度，也坐视君父被弑而闭口不言，而不敢稽察诘问；只有一个昭义节度使刘从谏敢于仗义执言，但是其内心的真实意愿尚不可究诘。没有别的原因，各个藩镇将帅的军队，都是宦官的爪牙，普天之下都在宦官的掣肘之中，即使有人想要仗义执言、鸣其不平，也势单力薄，孤立无援。由此可知，李德裕为唐朝的江山社稷所作的谋划，堪称深谋远虑。他以宦官监军出征作战不力、屡战屡败作为理由，指出其显而易见的危害，从而予以驳斥，致使宦官也无可争辩。李德裕在奏疏中只是表面上弹劾宦官阻挠军事行动的过错，却不揭露他们专擅朝政、蛊惑民众所造成的祸害，不至于激起他们的纷争从而发生矛盾冲突，这样潜伏于朝廷的极端险恶奸邪的宦官势力，便在无言之中暗自消退衰落，也正是李德裕善于安定君主、防范奸佞的高明之法。

李德裕难道仅仅是在立言方面很出色吗？专权宦官仇士良忌恨他却不能伤害他，于是请求引退离开朝廷；他敕令监军不得干预军务、选配卫队，当时担任枢密使的宦官杨钦义、刘行深欣然唯命是从而不敢争执。唐朝积重难返的弊政，一日之间得以拨乱反正，之所以如此轻易而举，实际上是他有着制服他们的手段。唐朝的宰相能够大有作为的，除了狄仁杰，也就只有李德裕罢了。如果唐武宗李炎不是去世过早、李德裕没有被贬谪流放的话，唐朝或许真的可以复兴起来了。

本事：《资治通鉴》卷二四八《唐纪六十四·武宗》，会昌四年（844）。

七　会昌灭佛犹如扬汤止沸

后世有天下者，欲禁浮屠之教以除世蠹也良难。会昌五年，诏毁寺及招提兰若四万余区，归俗僧尼二十六万五百人，可谓令之必行矣。然不数年而浮屠转盛，于是所谓黄檗者出，而教外别传之邪说充塞于天下，禁之乃以激之而使兴，故曰难也。

武宗听道士赵归真之说而辟佛，以邪止邪，非贞胜之道，固也；未几而武宗崩，李德裕逐，宣宗忌武宗君相而悉反其政，浮屠因缘以复进，其势为之也。虽然，假令武宗永世，德裕安位而行志，又岂可以举千年之积害，一旦去之而消灭无余哉？何也？以一日矫千年之弊，以一君一相敌群天下狂惑泛滥之情，而欲铲除之无遗，是鲧之陻洪水以止其横流，卒不能胜者也。

夫群天下积千年而奔趋如骛，自有原委，亦自有消归。故天下之僧寺兰若，欲毁之则一旦毁之，此其无难者也；勒二十余万僧尼使之归俗，将奚归哉？人之为僧尼者，类皆孤露惰游无赖之罢民也，如使有俗之可归，而晏然为匹夫匹妇，以田尔田、庐而庐，尚宁干止也，则固十九而不为僧尼矣。一旦压之使无所往而得措其身，则合数十万伏莽之戎，黠者很者阴聚于宵旦，愤懑图惟，谋歧途以旁出，若河之决也，得蚁穴以通，而奔流千里，安可复遏哉？故浮屠之教，至大中以后，乃益为幽眇闪烁之论、吊诡险畸之行以耸动生人，而莫测其首尾。以相诧而翕从之，皆其摈逐无聊之日，潜身幽谷，思以争胜而求伸者也。

夫欲禁浮屠氏者，亦何用深治之哉？自有生民以来，有四民则有巫，巫之为术不一，要皆巫也，先王不能使无也。浮屠之以扇动天下者，生死祸福之报应而已，则亦巫之幻出者而已。若其黠者杂庄、列之说，窃心性之旨，以与君子之道相竞，而见道未审者惑之，然亦千不得一也。故取浮屠之说与君子之道较黑白，而衰王固不能保于末俗；取浮屠与巫者等而以巫道处之，则天下固多信巫而不信浮屠者，其胜负相敌也。浮屠而既巫矣，人之信之也犹巫，则万室之邑，其为巫者凡几？而人无爱戴巫如父母者，且犹然编户征徭之民也。如此，则浮屠熸矣。

故寺院不容不亟毁也；范金冶铜之像，不容不亟销也；田园之税，丁户之徭，不容不视齐民也。无广厦长寮以容之，无不税之田以豢之，无不徭之政以逸之，无金碧丹漆以艳其目，无钟磬铃铎以淫其耳，黯淡萧条，而又验其老幼，使供役于郡邑，则不待勒以归俗，而僧犹巫也，巫犹人也。进无所安，退思自便，必将自求田庐，自畜妻子，以偕于良民。数十年之中，不见其消而自无几矣；即有存者，亦犹巫之杂处，弗能为民大病者也。禁其为僧尼，则傲岸而不听，含怨以图兴。弗禁其僧，而僧视耕夫之赋役；弗禁其尼，而尼视织女之缕征。无所利而徒苦其身，以茹草而独宿，未有不翻然思悔者。徒众不依，而为幽眇之说、吊诡之行者，亦自顾而少味。先王之不禁天下之巫，而不殊于四民之外，以此而已。然则有天下而欲禁浮屠以一道德、同风俗者，亦何难之有哉？特未之思耳。

【译文】

佛教兴起以后，统治天下的君主想要禁毁佛教从而消除这一祸国殃民的弊病，实在是太难了。会昌五年（845），唐武宗下诏销毁佛教寺院及相关佛教建筑四万余所，还俗僧尼二十六万零五百人，可以说是令行禁止了。可是没过几年，佛教发展反而更加昌盛起来，在这时候还出现了黄檗希运禅师这样的人物，佛教之外另行流传的其他宗派的异端邪说充斥于天下，禁毁佛教反而激发佛教再度复兴，可见禁毁佛教是多么困难了。

唐武宗听从道士赵归真的建议禁毁佛教，实际上是以邪止邪，并不是守正执一、御万变而无不胜的正确方法，因此其禁毁佛教无果而终，本来就会有如此结局；不久唐武宗去世，李德裕被流放，继位的唐宣宗李忱嫉妒唐武宗、李德裕君臣，从而完全推翻他们的政策，佛教徒也借此机会重新得到任用，这是当时的政治形势使然。尽管如此，假设唐武宗健康长寿，李德裕安居相位施展其政治抱负，又怎么能够将千余年来佛教盛行所积累的弊病一下子禁毁而消除净尽吗？为什么呢？以一日之功来矫正千年积累的弊病，以一君一相的力量来抗衡普天之下狂乱炫惑、泛滥成灾的异端邪说，而想要彻底铲除，不留祸根，这就像上古时期伯鲧用堵塞洪水的办法来遏制沧海横流，最终是不可能收到成效的。

佛教之所以能于天下流传千年，令人趋之如骛，自有其原因，也自有其逐渐消亡的趋向。所以天下的佛教寺院建筑，要想销毁就可以毁于一旦，这并没有什么困难；但要强迫二十多万僧尼全部还俗，他们又将归于何处呢？自愿出家做僧尼的人，大多是孤苦伶仃、游手好闲、流氓无赖之类的不事劳作、不从教化之民，如果俗世真有他们可以回归的去处，从而安然成为普通的庶民百姓，耕种自己的土地，居住自己的房屋，还能够安居乐业，那么其中十分之九本来就不会出家做僧尼了。一旦迫使他们还俗，使他们没有地方可以安身立命，就会把他们变成数十万潜藏的盗贼和敌寇，其中聪明狡黠、心狠手辣的人日夜暗中集聚在一起，发泄愤懑，图谋不轨，筹划走向歧途，滋生事端，就像黄河决口一样，打通一个蚁穴就能使堤岸崩溃，洪水奔流千里，又怎么能够再加阻塞呢？所以佛教到唐宣宗大中年间（847—860）以后，更加宣扬其精深微妙、闪烁不定的理论，展现其奇特怪异、艰深偏颇的行为，从而使人们恐惧震动，无法窥测其来龙去脉，相互惊诧，纷纷信从，这正是他们在被斥逐之后百无聊赖的时候，藏身于深山幽谷，冥思苦想以求争夺胜利、大行其道的对策。

要想彻底地禁毁佛教，又何必重判其罪呢？自从人类社会产生以来，只要有士农工商存在的地方就有巫师，尽管其蛊惑人心的法术不同，但都是巫术，即使是古圣先王也无法禁绝其存在。佛教用来煽动天下、蛊惑人心的，不过是人的生死祸福的因果报应罢了，这也是巫术所幻化出来的东西罢了。至于其中的聪明狡黠之人杂取庄子、列子的道家学说，窃取儒家心性天命的学说，以便与正统的君子之道相竞争，即使有一些道德修养不高的人为其所迷惑，但也为数极少，千人之中不会有一个。因此，取佛教学说与正统的君子之道分清黑白、一较高下，其胜负本来也不能保证世俗之人一定胜过佛教僧侣；但如果取佛教学说与巫术等量齐观，从而以对待巫术的办法来处理佛教问题，那么天下人本来就会多信巫术而不信奉佛教，综合而言，胜负旗鼓相当。这样，佛教既然成了巫术，人们信仰佛教就像信仰巫术一样，那么拥有万家居民的城市，作为巫师的能有几人？天下没有像对待父母一样来爱戴巫师的人，而巫师依然是缴纳赋税、承担徭役的编户齐民。这样，信仰佛教的风气就逐渐熄灭了。

因此，遍布天下的佛教寺院不能不马上毁弃，范金冶铜的佛教造像不能不马上销毁；寺院土地的赋税征收，僧尼等的徭役负担，不能不与编户齐民同等对待。这样，没有了佛寺僧舍使他们得以容纳，没有了不纳赋税的土地使他们得以供养，没有了不服徭役的政策使他们得以享受安逸，没有了金碧丹漆的寺院佛像使他们的眼睛得以愉悦，没有了钟磬铃铎的佛教音乐使他们的耳朵得以放纵，形势黯淡，供给简陋，同时还要核查其男女老幼，符合条件的让他们到州郡地方担负劳役，这样就不用等朝廷强迫他们还俗，僧众就像巫师一样，而巫师就像普通庶民一样。如果继续出家为僧，就无法安身立命，就会自动考虑去留，必定会自求田地房屋，自己供养妻儿老小，以符合其普通百姓的身份。数十年之中，不见其消亡自然也就所剩无几了；即便有人继续信奉佛教，也会像巫师一样杂处于民间，不再给百姓造成大的危害。如果强行禁止他们出家作为僧尼，那么他们就会高傲自负而不听命随俗，心怀怨愤以图再起。不禁止出家为僧，而视僧人与农夫一样缴纳赋税、负担徭役；也不禁止出家为尼，而视尼姑与织女一样缴纳布帛等女工产品。这样，出家为僧为尼不但没有什么好处，反而徒自劳苦其身，茹草吃素，独宿孤眠，也就没有人不翻然醒悟而想要悔改了。没有了佛徒信众的皈依，那些宣扬精深微妙之说、奇特怪异之行的人，也会自视自念而感到索然无味。古圣先王之所以不禁止民间的巫术，又不让巫师置身于士农工商普通民众之外，也就是这个道理罢了。既然这样，那么拥有天下而想要禁毁佛教，以便统一道德、纯净风俗的人，又有什么困难呢？只不过是没有深入思考罢了。

本事：《资治通鉴》卷二四八《唐纪六十四·武宗》，会昌五年（845）。

宣宗

一　李德裕被逐而唐不复兴

宣宗初识李德裕于奉册之顷，即曰："每顾我，使我毛发洒淅。"夫宣宗非孱主，德裕非有跋扈之气发于声色，如周勃之起家戎伍、梁冀之世习骄倨者，岂果见之而怵然哉？有先入之言使之猜忌者在也。武宗疾笃，旬日不能言，而诏从中出，废皇子而立宣宗，宣宗以非次拔起，忽受大位，岂旦夕之谋哉？宦官贪其有不慧之迹而豫与定谋，窃窃然相嚅呢于秘密之地，必将曰太尉若知，事必不成。故其立也，惴惴乎唯恐德裕之异己，如小儿之窃饵，见厨妇而不宁也。语曰："盗憎主人。"其得志而欲诛逐之，必矣。

此抑有故。德裕当武宗之日，得君而行志，裁损内竖之权，自监军始。监军失权，而中尉不保神策之军，于时宦官与德裕有不两立之势。德裕为之有序，无可执以相挠，而上得武宗之信任，下有杨钦义、刘行深之内应，故含怨毒也深而不敢发。迨乎武宗疾笃不能言之日，正其河决痈溃、可乘以快志之时也。不废皇子立宣宗，则德裕不可去；不怵宣宗以德裕威棱之可畏，则宣宗之去德裕也不决。其君惴惴然如捍大敌之不能姑待，而后德裕必不能容。盖德裕之所能控御以从己者，杨钦义、刘行深而已，二人者，其能敌宫中无算之貂珰乎？皇太叔之诏一下，德裕无可措其手足，待放而已矣。唐之亡，亡于宦官，自此决矣。

或者谓德裕事英断之君，相得甚欢，而不能于弥留之际，请凭玉几、受顾命以定冢嗣，使奸人得擅废立之权，非大臣卫国之谊，是已。然有说焉，武宗春秋方富，虽有疾而非必不可起之危候，方将大有所为，而不得遽谋身后；迨及疾之已笃，昏不能言，虽欲扣阍请见，而谁与传宣以求必得哉？所可惜者，先君之骨未寒，太尉之逐已亟，环唐之廷，无有一人焉昌言以伸其忠勋者。岂徒无为之援哉？白敏中之徒且攘臂而夺相位，崔、杨、牛、李抑引领以望内迁，而郑肃、李回莫能御也。意者德裕之自矜已甚，孤傲而不广引贤者以共协匡赞邪？抑自朋党兴，唐之士风披靡于荣辱进退之间，而无贤可荐邪？二者皆国家危乱之券也，必居一于此，宜乎唐之不复兴矣。

【译文】

唐宣宗李忱初识宰相李德裕，是在他接受册封即位的时候，就说："他每次看我，都让我毛骨悚然、畏惧不安。"唐宣宗并非一个孱弱之君，李德裕也没有专横跋扈之气形于声色，像汉代出身行伍的丞相兼太尉周勃、出身世家习惯傲慢不恭的外戚大将军梁冀，难道真的令人见到就心里发怵吗？乃是有先入为主的言论，使唐宣宗内心对他有所猜忌。唐武宗突然病重，旬日之间不能说一句话，忽然从宫中传出遗诏，废掉皇太子，改立其皇叔光王李忱为嗣君。唐宣宗按照常规并没有当皇帝的机会，忽然接受皇帝大位，难道会是一朝一夕的谋划吗？专权的宦官贪图他憨傻不慧的表现而预先与之定谋，拥戴他继位以便擅权乱政，偷偷地在秘密之地低声议论，肯定会对他说：这件事情如果让太尉李德裕知道，就不会成功。所以他即位以后，内心惴惴不安，唯恐李德裕与自己不同心，就像小孩儿偷吃了食品，见到厨妇就心里不安一样。常言说："盗贼憎恨他所盗物的物主。"（《左传·成公十五年》："盗憎主人，民恶其上。子好直言，必及于难。"）唐宣宗在得志以后就想要诛杀或驱逐李德裕，这是势所必然的事情。

这件事也是有其内在原因的。李德裕在唐武宗在位的时候，受到君主的知遇，从而施展自己的政治抱负，裁汰和削减了宦官的权力，就是从宦官监军开始的。监军宦官失去了兵权，担任左右神策军中尉的宦官也不能保全其掌控禁军的权力，因而他们与李德裕之间的关系势不两立。而李德裕为政井然有序，宦官无法找到借口加以阻挠，加上他上得皇帝信任，下有宦官杨钦义、刘行深两个枢密使作为内应，所以尽管对他恨之入骨，却不敢轻举妄动。等到唐武宗病重不能说话的时候，正像黄河决堤、毒疮破开一样，是宦官可以乘机恣意行事的天赐良机。如果他们不废黜皇太子而另立唐宣宗，就无法动摇和驱逐李德裕；不以李德裕的威势可怕来诱惑恫吓唐宣宗，他也就下不了驱逐李德裕的决心。这样，君主惴惴不安如同抵御强大的敌人一样不能姑且等待，而后李德裕也就必定不能为君主所容忍。李德裕所能结纳和驾驭而服从自己的宦官势力，也只有杨钦义、刘行深两人罢了，而仅仅倚靠这两个人怎么能够与宫中无数的专权宦官相对抗呢？所以当另立皇太叔为帝的诏书一旦颁布，李德裕顿时感到手足无措，只能等待贬谪流放罢了。唐朝灭亡于宦官专权的命运，从这个时候便决定了。

有人说李德裕事奉英武明断的唐武宗，君臣相得甚欢，却不能在唐武宗弥留之际，请求皇上立遗诏、自己接受托付以决定太子继位，从而使奸佞宦官得以擅权废立，并不是作为朝廷大臣捍卫江山社稷所应该做的，这种说法并没有错。然而其中也有别的缘故，唐武宗正当年富力强之时，尽管患了小病，但还没有危及生命的症候，正要大有作为，因而没有急迫地筹谋身后之事；等到其病情突然加重，昏迷而不能说话，李德裕即使想要叩开宫中小门请求进见，又有谁帮他传宣通报以求必定能够成功呢？尤为可惜的是，唐武宗刚刚驾崩，尸骨未寒，太尉李德裕被放逐的命运已经急迫降临到他的头上，而环顾整个朝廷，没有一个人能够仗义执言为他申诉其忠诚与功勋。况且，难道仅仅是没有人支持他吗？白敏中之流将要摩拳擦掌争夺相位，崔珙、杨嗣复、牛僧孺、李宗闵也正殷切盼望能够重新回到朝廷，而同中书门下平章事的郑肃、李回也没有能与之相抗衡的。或许是因为李德裕过于自信，没有广泛援引贤能人才以共同协赞、匡正辅佐君主呢？或者是因为唐朝自朋党纷争兴起以后，天下的士风衰败于荣辱进退之间，而真的没有贤才可以举荐呢？这两种情况都是国家出现危机和祸乱的标志，这个时候至少有一种可能存在，也就难怪唐朝走向衰落而无法复兴了。

本事：《资治通鉴》卷二四八《唐纪六十四·武宗》，会昌六年（846）。

二　马植首导唐宣宗苛刻

宣宗初立，以旱故，命大臣疏理系囚，而马植亟以刻核之言进，请官典犯赃及杀人者不听疏理。夫二者之不可遽释，是已；而并不听其疏理，唯法吏之文置之辟而莫辩，宣宗用申、韩之术，束湿天下以失人心，植实首导之矣。

唐自高宗以后，非弑械起于宫闱，则叛臣讧于肘腋，自开元二十余年粗安而外，皆乱日也，而不足以亡者，人心固依恋而不忍离，虽役繁赋重，死亡相接，抑且戴奕叶之天子于不忘。无他，自太宗以宽容抚士庶，吞舟漏网，则游鳞各呴沫于浦屿，即有弱肉强食之害，而民不怨其上也。罗希奭、吉温以至穷凶如侯、索、周、来，抑但施惨毒于朝士，而以反叛为名，未尝取吏民琐细之愆，苛求而矜其聪断；马植之徒，导主以渊鱼之察，而后太宗之遗泽斩矣。

植之言曰："贪吏无所惩畏，死者衔冤无告。"亦近乎情理之说也。乃上方下宽恤之政，用答天灾，而遽以综核虔矫之令参之，则有司相劝以武健，持法律以核吏民，广逮系以成锻炼，有故入而无矜疑，士怨于官，民愁于野，胥史操生死以取货贿，可胜言哉？

夫申、韩之以其术破坏先王之道者，岂不以为情理之宜，诛有罪以恤无辜乎？而一倚于法，天下皆重足而立。君子之恶其贼天下而殄人国脉者，正以其近于情理，易以惑人也。

以赃吏论，古今无道之世，人士相习于贪叨，而其得免于逮问者，盖亦鲜矣。夫苟舍廉耻以纵朵颐，则白昼攫金而不见人，岂罪罟之所能禁乎？无道以止之于未淫，则察之愈密，诛之愈亟，夤缘附托行贿以祈免之途愈开，贿不给而虐取于民者愈剧。究其抵法而无为矜宥者，一皆拙于交游、吝于荐贿、溪壑易厌之细人而已。以法惩贪，贪乃益滋，而上徒以召百官之怨讟（dú），下益以甚穷民之朘削，法之不可恃也明矣。

以杀人论，人即不伏欧刀于市，亦未有乐于杀人者也；已论如法，而苟全于疏理之下，虽不死而生理亦无几矣。若其忿怼发于睚眦，则当挥拳操刃之下，恶气薰心，固且自忘其死，抑岂暇念他日之抵法而知惩？若云死者含冤，则天地之生，业已杀一人矣，而又杀一人以益之，奚补哉？且一人抵坐，而证佐之株连，寡妻孤子之流离于寺署者，凡几也！

故贪吏伏法，杀人者死，法也。法立于画一，而张弛之机，操于君与大臣之心。君子之道，所为迥异于申、韩之刻薄者，不欲求快于一时之心也。心苟快，而天地和平之气已不足以存，俗吏恶知此哉？综核行，而上下相督、还相蔽也。炫明者瞀，炫聪者聋。唐室容保之福泽，宣宗君臣销铄之而无余，马植实首导之。苛刻一行，而莫之知止，天下粗定，而卒召吏民之叛以亡，固不如𨶏者之姑息，乱而可存也。

【译文】

唐宣宗李忱刚刚继位的时候，因为天下发生旱灾的缘故，命令大臣分别处理和赦免关押的囚犯，而大理寺卿马植急迫地进谏苛刻处置的建议，请求低级官吏犯贪污罪和杀人罪犯不在分别处理和赦免之列。上述两种性质的犯罪不可立即获释，这是正确的说法；但不允许列入分别处理和赦免的范围，但凭法官的文书定罪而不能申辩，唐宣宗采用申不害、韩非的法家权术，严酷急切地治理天下从而失去民心，而马植实为首先引导他的始作俑者。

唐朝自高宗李治在位时期以后，不是弑君的刀剑兴起于宫廷，便是叛臣的内讧发生于周边，除了唐玄宗开元时期的二十多年较为安定，几乎全是动乱的年代。这些动乱之所以不足以使唐朝灭亡，是因为天下人心本来对唐朝还有所依恋而不忍心背叛，尽管劳役频繁、赋税沉重，百姓相继死亡，尚且拥戴累世相继的天子而不忘朝廷的恩德。没有别的原因，自唐太宗李世民以宽容的政策来安抚士人和庶民，即使有个别罪大恶极的人逍遥法外，也都像游鱼一样只能在一片小岛的水域中求生存、相互抚慰，即使有弱肉强食的危害，天下百姓也不怨恨朝廷及官府。奸相李林甫重用的酷吏罗希奭和吉温（时号“罗钳吉网”）以至于武则天时期穷凶极恶的侯思止、索元礼、周兴、来俊臣，也只是对文武百官滥用刑罚，而以反叛朝廷作为罪名的幌子，也没有罗织胥吏和庶民的小小过错，严苛追究而夸耀其智谋善断，马植之徒，引导君主察见深渊中的游鱼也就是明察秋毫（出自《列子·说符第八》：“周谚有言：察见渊鱼者不祥，智料隐匿者有殃。”），从此唐太宗以来留下的宽容政策的德泽就被迫中断了。

马植的谏言说：“如果贪官污吏无所鉴戒、畏惧，那么死去的人就含冤而无处申告。”这也是近乎情理的说法。可是君主刚刚颁布了宽容恤民的政策，用来作为上天降灾示惩的回应，他却急迫地以综核名实、严酷苛刻的命令相参酌，这样有关官吏就会以严刑峻法相激励，秉持法律以考察胥吏与庶民，广泛逮捕拘禁以罗织罪名，只有故意加重罪刑的，而没有案犯可悯、案情可疑的，从而造成在官府的士大夫都充满怨恨，在乡野的老百姓都充满愁怨，胥吏掌握生杀大权以收受贿赂，所造成的危害难道可以用语言来表达吗？

申不害、韩非以其法家权术来破坏古圣先王的治国之道，难道不是斟酌人情物理是否适宜、诛杀和惩罚有罪以体恤和保护无辜吗？而完全依靠法律来治理国家，天下人就会叠足而立，充满恐惧而不敢迈步。正人君子之所以厌恶他们残害天下民众、断绝国家命脉，也正是因为其做法近于情理，容易蛊惑人心。

就官吏贪污犯罪而言，古往今来天下无道的时代，他们习惯贪得无厌，但得以免于逮捕问罪的，大概也是很少的。如果舍弃廉耻之心而放纵大快朵颐，就像大白天抢夺金钱财物却看不到有别人一样，难道是严密法网所能禁止的吗？在天下无道的时代，要制止人们不放纵恣肆，如果纠察的法网越严密，诛杀处罚得越严重，那么企图通过攀附、请托、行贿以祈求免于罪罚的途径就会越开越大，收受贿赂不足而搜刮百姓的现象也就会越发变本加厉。推究那些认罪伏法而没有获得矜怜宽宥的人，全部都是些不善交游、吝于行贿、贪欲容易得到满足的地位低微之人罢了。按照法律来惩治贪污，贪污却更为盛行，对上只会招致文武百官的怨恨诽谤，对下则更为加重对百姓的盘剥，由此可见，法律并不足以倚靠，这是很明白的道理。

再就杀人犯罪而言，即使没有人隐藏刑人刀剑于市井，也没有谁会乐意去杀人；如果已经杀人并依照法律定罪，而想要在这次分别处理和赦免中得以暂时保全其性命，即使不死也没有多少生存的希望。如果因为一些小的嫌隙矛盾产生怨恨，就当拳脚相向、挥刀杀人，这样恶毒之气充满心灵，自然将会忘掉自己的生死，又怎么能够顾念日后认罪伏法从而知道接受教训呢？如果说死者含有冤屈，那么天地化生万物，已经杀了一个人，而又再杀一人去抵罪，对于死者又有什么补益呢？况且一人认罪伏法以后，佐证的人也受到连坐，留下的孤儿寡母为了申冤而颠沛流离于官署的，不知又有多少人！

因此，贪官污吏认罪伏法，杀人的人依法偿命，这是执法的基本原则。法律建立在人人平等、整齐划一的基础之上，而执法宽严张弛的关键，则掌握在君主和大臣的内心。正人君子的立法治国之道，与申不害、韩非等法家的刻薄寡恩完全不同，并不是为了追求一时的大快人心。人心暂时得以畅快，而天地和平之气就不足以保持，见识短浅的官吏怎么能懂得这一道理呢？严刑峻法一旦施行，就会导致上下相互监督，而又相互蒙蔽。炫耀其视力好的人眼花目眩，炫耀其听力好的人耳朵失聪。唐朝皇室宽容爱民的福泽，被唐宣宗君臣消耗得毫无遗留，马植正是首先诱导的始作俑者。严酷苛刻的政策一旦施行，也就不知道会发展到什么地步；天下大致安定下来，却最终导致官吏和百姓的叛乱以至于亡国，还不如过去那样苟且求安，天下虽乱却可以存在下去。

本事：《资治通鉴》卷二四八《唐纪六十四·宣宗》，大中元年（847）。

三　君子识人之道

知人之难久矣，而抑有其可知者，君子持之以为衡，而失亦鲜矣。人之为不肖也，其贪惏（lán）贼害、淫溺愦乱，得之气质者，什不得一；类皆与不善者习，而随之以流，因以泛滥而不可止。故君子之观人于早也，持其所习者以为衡，视其师友，视其交游，视其习尚；未尝无失，而失者终鲜。拔骍角于犁牛之中，非圣哲弗能也。

李德裕引白敏中入翰林，既为学士，遂乘武、宣改政之初，夺德裕之相，竭力排之，尽反其政，以陷德裕于贬死，而乱唐室。夫敏中之不可引而使在君侧，岂待再计而决者哉？德裕之初引敏中也，以武宗闻白居易之名，欲召用之，居易老而德裕以敏中进。然则知敏中者以居易，用敏中犹其用居易也。居易以文章小技而为嬉游放荡、征声逐色之倡，当时则裴中立悦其浮华而乐与之嬉；至宋，则苏氏之徒喜其纵逸于闲捡之外而推尚之；居易之名，遂喧腾于天下后世。乃核其人，则元镇之死友也。稹闻谪九江而垂死惊坐，胡为其然哉？以荡闲逾捡相昵于声色，而为轻浮俗艳之词以蛊人于淫纵。当其时如杜牧者，已深恶而欲按以法矣。稹鬻身奄宦，排抑正人，以使河北终叛，而为唐之戎首；居易护为死党，不得，则托于醉吟以泄其青衫之泪。敏中为其从弟，与居与游，因之而受君相之知，梦寝之所席而安者居易耳。若此而欲引为同心，以匡君而卫社稷，所谓放虎自卫者也，而德裕胡弗之知也！

使武宗欲用居易之日，正色而对曰：此浮薄儇（xuān）巧之小人，耽酒嗜色，以淫词坏风教者，陛下恶用此为？则国是定矣。李沆、刘健之所以允为大臣也。而德裕不能，其尚有两端之私与？不然，则己习未端，心无定衡之可持而易以乱也。先儒谓苏轼得用，引秦观之徒以居要地，其害更甚于王安石，唯其习尚之淫也。舍是而欲鉴别人才，以靖国家、培善类，未有能免于咎者也。

【译文】

知人之难由来已久了，而又有其可以认知的正确办法，正人君子坚持这一方法作为权衡的准则，失误也就很少了。为人不正派，其贪婪成性、残害无辜、沉湎酒色、昏乱不安的品行源自其本性气质的，十个人中也没有一个；大抵都是与坏人相处，随波逐流，因而泛滥成灾而不可遏止。所以正人君子观人识人往往要看其早年的表现，拿他所相处的人作为权衡的标准，观察其老师与朋友，观察其交游的人物，观察其崇尚的事物；这样做未尝没有失误，但出现失误的终究是极少数。要想从黑黄相间的杂色牛当中选拔可以供祭祀用的赤红色牛，也就是从芸芸众生中发现出类拔萃的人才，如果不是圣贤，则是无法做到的。

李德裕援引白敏中进入翰林院，做了翰林学士之后，便乘唐武宗、唐宣宗政权交替的时机，夺取李德裕的宰相之位，竭力打击排挤他，全部推翻他所推行的政策，以至于陷害李德裕贬谪流放而死，从而祸乱唐朝的统治。像白敏中这样的人不应该引荐并使之处于皇帝的身边，难道还要等待考虑再三才能作出决断吗？李德裕当初之所以引荐白敏中，是因为唐武宗听说白居易的名声，想要召见并重用他，可惜白居易年事已高，李德裕便推荐他的从弟白敏中。既然这样，那么他认识白敏中是因为白居易，重用白敏中也就像重用白居易一样。白居易以作文吟诗的雕虫小技，来倡导嬉游放荡、追逐声色的风气，当时的宰相裴度喜欢他的浮华而乐意与他往来交游；到了宋代，苏轼之流喜欢他放纵超脱于约束检点之外而大为推崇；于是白居易的名声便喧嚣沸腾于天下后世。而考察白居易其人，乃是元稹的死党。元稹听说白居易被贬谪到九江，在《闻乐天授江州司马》诗中说他“垂死病中惊坐起，暗风吹雨入寒窗”，为何会这样呢？因为行为放荡不检点而彼此亲近于追逐声色之中，而创作轻浮俗艳的诗歌以蛊惑人心而淫逸放纵。当时像杜牧等，已经对他们深恶痛绝而打算绳之以法。元稹卖身投靠于宦官门下，排挤正派的大臣，从而引起了河北地区藩镇的叛乱，实际是唐朝的罪魁祸首；白居易把他作为死党加以回护，没有得逞，便沉湎于诗酒风流以发泄其青衫之泪。白敏中作为他的从弟，与他一起居处、一起嬉游，并借助他获得君主和宰相的知遇，因此梦寐之中心安理得的也是白居易。像他这样的人，想要引荐为志同道合的朋友，从而共同匡正君主，捍卫社稷，这就是所谓的放出老虎来保卫自己一样，可是李德裕为什么不知道这个道理呢？

假如在唐武宗打算重用白居易的时候，能够正言厉色地对答说：这是一个轻浮浅薄、慧黠奸巧的小人，嗜酒好色，以淫词艳曲败坏纪纲礼教的人，陛下为什么要重用他呢？这样，国家的重大决策也就可以确定下来；不以诗文辞藻进用人才，这就是宋朝宰相李沆、明朝首辅刘健被称赞为辅弼大臣的原因所在。但李德裕却做不到，难道是他还有首鼠两端的私心吗？不然的话，就是自己的行为不端正，心中没有坚持不变的权衡准则从而容易造成混乱。先儒朱熹认为，苏轼得到重用之后，以诗文辞藻引荐秦观、黄庭坚等官居要职，所造成的危害比王安石还要严重，就是因为他们的习气崇尚淫逸放纵。如果舍弃这样的准则，而想要鉴别人才，以便安宁国家、培育贤才，没有能够免于罪责的。

本事：《资治通鉴》卷二四八《唐纪六十四·宣宗》，大中元年（847）。

四　宰相无权，天下必乱

周墀为相，韦澳谓之曰："愿相公无权。"伤哉斯言！所以惩李相朱崖之祸，而叹宣宗之不可与有为也。宰相无权，则天下无纲，天下无纲而不乱者，未之或有。权者，天子之大用也。而提权以为天下重轻，则唯慎于论相而进退之。相得其人，则宰相之权，即天子之权，挈大纲以振天下，易矣。宰相无权，人才不由以进，国事不适为主，奚用宰相哉？奉行条例，画敕以行，莫违其式而已。宰相以条例行之部寺，部寺以条例行之镇道，镇道以条例行之郡邑，郡邑以条例行之编氓，苟且涂饰以应条例，而封疆之安危，群有司之贤不肖，百姓之生死利病，交相委也，抑互相容以售其奸也。于是兵窳于边，政弛于廷，奸匿于侧，民困于野，莫任其咎，咎亦弗及焉。宰相不得以治百官，百官不得以治其属，民之愁苦者无与伸，骄悖者无与禁，而天子方自以为聪明，遍察细大，咸受成焉。夫天子亦恶能及此哉？摘语言文字之失，按故事从违之迹而已矣。不则寄耳目于宵小，以摘发杯酒尺帛之愆而已矣。天下恶能不乱哉！

上揽权则下避权，而权归于宵小。天子为宵小行喜怒，而臣民率无以自容。其后令狐綯用一刺史，而宣宗曰："宰相可谓有权。"其夺天子之权，使散寄而无归，固不可与有为也。韦澳见之审矣。无权则焉用相哉？弗问贤不肖也，但可奉行条例，皆可相也，其视府史胥徒也又奚以异？周墀又何用相为？生斯世也，遇斯主也，不能褰裳以去，而犹贪白麻之荣，墀亦不可谓有耻矣。

【译文】

唐宣宗大中二年（848），周墀刚升任宰相，私下征询考功员外郎、史馆修撰韦澳的意见，韦澳对他说："愿相公无权足矣。"这句话令人痛心啊！他之所以这样说，是因为吸取了宰相李德裕被流放死于朱崖（珠崖，今海南海口）的教训，从而感叹唐宣宗不可与之有所作为。但宰相无权，天下也就没有了纲纪，天下没有纲纪而不陷入混乱，是从来没有过的事。所谓权力，是天子最为有用的东西。而要执掌权力以权衡天下治理的轻重缓急，就只有慎重地讨论宰相人选而予以升降进退。如果宰相的选拔得到合适的人才，那么宰相的权力也就是天子的权力，提纲挈领以振兴天下，也就容易了。如果宰相无权，那么贤能人才不能通过他得以任用，国家大事不足以主持，还任用宰相做什么呢？不过是奉行法律，画押实施，不违背其程式惯例罢了。宰相按照现成法律下达到六部九卿，六部九卿按照法律下达到藩镇及各道，藩镇及各道按照法律推行到地方郡县，地方郡县按照法律推行到编户齐民，这样苟且粉饰来虚应条例，而国家领土的安危，文武百官的贤能与不肖，庶民百姓的生死利弊，层层推诿，或者相互包容以满足其奸邪的欲望。于是防守边疆的军队日趋怠惰衰弱，朝廷的政治统治日趋废弛，奸诈小人隐藏于君主身边，贫苦百姓受困于田野民间，没有人来承担责任，即使有责任也追究不到任何人。宰相没有办法治理百官，百官没有办法管理其部属，百姓中的忧愁痛苦者没有人为他们伸张正义，骄横狂悖者没有人禁止其为非作歹，而天子还自以为聪明睿智、洞察一切，大小政务都按照既定的谋略完成，天子又怎么能知道真实的情况呢？只能是摘取语言文字上的差错，按照传统惯例决定从违取舍罢了。否则就是委托那些宵小之徒作为耳目，以便检举揭发官吏接受一杯酒、一尺布那样的微小过错罢了。这样的话，天下哪有不陷入混乱的！

皇上独揽大权，臣下就会回避权力，于是权力归于那些宵小之徒。天子通过那些宵小之徒表现其喜怒哀乐，那么文武百官和庶民百姓就无法容身了。后来的宰相令狐绹选拔任用一名刺史，唐宣宗就说："宰相可以说拥有大权了。”像这样剥夺天下的权力，使权力随意分散委托而无所归属，本来就无法与之有所作为。韦澳的见解可以说是审慎的。没有权力，还用宰相做什么呢？不问其贤能与不肖，只要能奉行法律，都可以做宰相，这样与那些小吏和衙役相比又有什么区别呢？周墀又担任宰相做什么呢？生活在这样的时代，遇到这样的君主，不能撩起下裳，意志坚定地引退而去，还贪图以白麻纸书写诏书拜授将相的虚荣，周墀也不能算是有知耻之心的人。

本事：《资治通鉴》卷二四八《唐纪六十四·宣宗》，大中二年（848）。

五　唐宣宗明察小节以召乱

德、宣二宗，皆怀疑以御下者也，而有异，故其致祸亦有殊焉。德宗疑其大而略其小，故于安危大计，不信忠谅之言，奸邪得乘之，而乱遂起；然略于细小之过，忘人于偶然之失，则人尚得以自容。于卢杞之奸倾听之，于陆贽之忠亦倾听之，故其臣无涂饰耳目、坐酿祸原之习，其败乱终可拯也。宣宗则恃机警之耳目，闻一言而即挟为成心，见一动而即生其转念，贤与奸俱岌岌不能自保，唯蔽以所不见不闻，而上蠹国、下殃民，徼幸免手讥诛，则无所复忌。虽有若陆贽之忠者在其左右，一节稍疏，群疑交起，莫敢自献其悃忱。其以召乱也缓，而一败不可复救矣。

马植之贬，以服中涓之带也；萧邺之命相，旨已宣而中止，以王归长覆奏也；崔慎繇之罢，以微露建储之请也；李燧之镇岭南，旌节及门而返，以萧倣之一言也；李远之不用，以长日棋局之一诗也。李行言以樵夫片语而典州，李君奭以佛祠数老而遽擢。举进退刑赏之大权，唯视人謦欬笑语、流目举踵之间，而好恶旋移，是非交乱。荆棘生于方寸，忮害集于俄顷。自非白敏中、令狐綯之恋宠喜荣，谁敢以身试其喜怒而为之用乎？天下师师，交相饰以避过，则朝廷列土偶之衣冠，州郡恣穿窬（yú）之长吏，养奸匿慝，穷民其奚恃以存哉？呜呼！怀疑以察纤芥之短长，上下离心而国不亡者，未之有也。其待懿宗而祸始发，犹幸也，又恶足以比德宗哉？

雷，至动也；火，至明也。以灼灼之明，为非常之动，其象为《丰》。“丰其蔀，日中见斗。”以星之明乱日之明，则窥其户而无人。《易》之垂训显矣哉！

【译文】

唐德宗李适和唐宣宗李忱两位皇帝，都是心怀猜疑以统御臣下，而又有所差异，因此其招致祸乱也有所不同。唐德宗是猜疑大事而忽略小节，所以对于国家安危大计，不相信忠信之言，使奸邪之人乘虚而入，从而引发天下动乱；但他往往忽略臣下细小的过错，忘掉人们偶然的过失，从而使文武百官还能自容其身。他对宰相卢杞的奸诈能够用心倾听，对宰相陆贽的忠诚也能够认真倾听，因此他的大臣没有粉饰见闻、坐视酿成灾祸根源的陋习，所以其失败和祸乱终究可以拯救。唐宣宗则自恃其耳聪目明、机警睿智，听到别人一句话便形成偏见，看到别人一举动便心生转念，无论是贤能与奸佞之臣都感到岌岌可危、自身难保，只能以他所看不见听不到的事情来蒙蔽他，上以祸国，下以殃民，从而侥幸免于讥讽和诛杀，其他也就无所顾忌了。即使有像陆贽那样的忠贞大臣在其身边辅佐，只要有一个小节出现疏漏，就会引起疑窦丛生，不敢自我奉献其满腔忠诚。这种做法尽管不至于很快招致祸乱，而一旦失败便无可救药了。

宰相马植被罢相贬官，就因为佩戴神策军中尉宦官马元贽转赠的皇帝所赐通天犀带，被宣宗发现；兵部侍郎、判度支萧邺被任命为宰相，圣旨已经宣布却突然中止，就因为枢密使宦官王归长复奏是否仍兼判度支，宣宗便怀疑他有意袒护；崔慎繇被罢相，就因为他稍微表露其请求册立太子的意见；右金吾大将军李燧被任命为岭南节度使，宣诏的旌节仪仗已到其家门又被快马追回，就因为门下省给事中萧倣的一句话；宰相令狐绹举荐李远任杭州刺史不被接受，就因为他所写的诗“青山不厌三杯酒，长日惟消一局棋”过于疏放。泾阳令李行言，就因为宣宗打猎时听到樵夫的只言片语被破格提拔为海州刺史，澧泉令李君奭，就因为宣宗打猎时听到寺院里几个老人烧香祈求他留任而迅速提拔为怀州刺史。官员升降和赏罚的大权，只是根据人们的闲谈笑语、转眼企望之间而发生变化，好恶随即旋移，是非交相混乱。芥蒂和嫌隙一旦在心中生发，嫉妒和陷害顷刻之间便会集于其身。如果不是像白敏中、令狐绹那样留恋和喜好富贵荣宠的人，又有谁敢以自己的身家性命来试探皇帝的喜怒好恶从而为他所用呢？天下之人相互师法，交相粉饰以图躲避罪过，这样位列朝班的都是些穿衣戴帽的土偶泥塑，执掌州郡的也都是些恣意穿墙偷窃的官吏，滋养奸佞，隐藏邪恶，穷苦百姓又能依赖谁得以生存呢？唉！心怀猜疑以明察细小嫌隙和蜚短流长，结果造成上下离心离德而又不会亡国的，是从来没有过的。唐宣宗所造成的祸害，等到他的儿子唐懿宗李漼在位时期才爆发出来，还是一种侥幸，他又怎么能与唐德宗相比呢？

雷，对应八卦中的“震”，是最为剧烈的震动；火，对应八卦中的“离”，是最为鲜明的光亮。以炙热耀眼的光明，形成非常强烈的震动，其象为震上离下的“丰”。“丰”卦的卦辞说：“丰盛的结果导致光明被遮蔽，日到正午出现满天星斗。”以星星的光亮遮掩太阳的光明，于是对着窗户向室内窥视，里面却空无一人。《周易》的垂训是多么显明啊！

本事：《资治通鉴》卷二四九《唐纪六十五·宣宗》，大中四年（850）。

六　君疑臣诈，有司虐害，民起为盗

古今之亡国者，有二轨焉，奸臣篡之，夷狄夺之也。而祸各有所自生。夷狄之夺，晋、宋是已。君昏、将懦、兵弱而无纪，则民虽帖然图安，乃至忠愤思起为之效命，而外逼已危，不能支也。奸臣之篡，则不能猝起而遽攘之也，必编民积怨，盗贼繁兴，而后奸臣挟平寇之功，以钳服天下而奉己为主，汉、唐是也。张角起而汉裂，黄巢起而唐倾。而汉则有公孙举、张婴以先之，唐则有鸡山妖贼、浙东裘甫以先之。一动而戢，再动而嚣，三动而如火之燎原，不可扑矣。

唐之立国，至宣宗二百余年，天下之乱屡矣，而民无有起而为盗者。大中六年，鸡山贼乃掠蓬、果、三川，言辞悖慢，民心之离，于是始矣。崔铉之言曰："此皆陛下赤子，迫于饥寒。"当是时也，外无吐蕃、回纥之侵陵，内无河北、淮蔡、泽潞之叛乱，民无供亿军储、括兵远戍之苦，宣宗抑无宫室游观、纵欲敛怨之失，天下亦无水旱螽螟、千里赤地之灾，则问民之何以迫于饥寒而遽走险以自求斩艾乎？然则所以致之者，非有司之虐害而谁耶？李行言、李君奭以得民而优擢，宜足以风厉廉隅而坊止贪浊矣，然而固不能也。君愈疑，臣愈诈，治象愈饰，奸蔽愈滋，小节愈严，大贪愈纵，天子以综核御大臣，大臣以综核御有司，有司以综核御百姓，而弄法饰非者骄以玩，朴愿自保者罹于凶，民安得不饥寒而攘臂以起哉！

小说载宣宗之政，琅琅乎其言之，皆治象也。温公亟取之登之于策，若有余美焉。自知治者观之，则皆亡国之符也。小昭而大聋，官欺而民弊，智攫而愚危，含怨不能言，而蹶兴不可制。一寇初起，翦灭之，一寇踵起，又翦灭之，至再至三而不可胜灭，乱人转徙于四方，消归无地，虽微懿宗之淫昏，天下波摇而必不能定。宣宗役耳目，怀戈矛，入黠吏之囮，驱民以冻馁，其已久矣。至是而唐立国之元气已尽，人垂死而六脉齐张，此其候矣。

【译文】

古往今来国家的灭亡，大体有两种轨迹，一种是被奸佞大臣所篡位，另一种是被外来民族所侵夺。而不同的亡国之祸各有其产生的根源。因为外来民族侵夺而亡国，晋朝、宋朝都是这样的事例。当君主昏庸、将帅怯懦、士卒疲弱，而国家纲纪礼教缺失，即使天下百姓伏首听命以图平安，甚至满怀忠诚和义愤想要起来报效国家，然而来自外部力量的威逼已经危在旦夕，无法支撑起国家的统治。至于奸佞大臣篡位，则不能猝然兴起而迅速攘夺江山社稷，必定是在编户齐民也就是普通百姓怨声载道、强盗叛贼此起彼伏的情况下，而后奸佞大臣依恃自己平定贼寇的功劳，以钳制和压服天下来拥戴自己为天下之主，汉朝、唐朝都是这样的事例。以张角为首的黄巾起义导致东汉的分裂，以黄巢为首的唐末农民起义导致唐朝的倾覆。而汉朝黄巾起义之前，曾出现汉桓帝时期的公孙举、汉顺帝时期的张婴的暴动作为先导；唐朝黄巢起义之前，也曾出现鸡山妖贼、浙东裘甫的起义作为先声。一次暴动就会使人心不安，再次暴动就会使人情喧嚣，多次暴动就会像原野上燃烧的大火一样，再也无法扑灭了。

唐朝建国以来，到唐宣宗在位时已有二百多年的历史，天下的动乱屡次发生，但百姓起来做盗贼叛乱的事情还没有发生过。大中六年（852），鸡山农民起义军攻打蓬州（今四川仪陇）、果州（治今四川南充）、三川（剑南西川、剑南东川、山南西道三镇的合称）等地，言辞悖逆傲慢，天下民心的背离，从这个时候就开始了。用时任宰相崔铉的话说："这些都是陛下淳朴善良的子民，是迫于饥寒才起而为盗的。"当时，唐朝外部没有吐蕃、回纥的侵扰，内部没有河北、淮蔡、泽潞那样的藩镇叛乱，百姓也没有供应粮饷军储、征兵戍守边疆的徭役辛苦，唐宣宗也没有大兴土木以营建宫室楼台、放纵欲望而招惹怨恨的过失，天下也没有遇到水旱蝗灾、赤地千里的灾害，那么请问百姓为什么会迫于饥寒而突然铤而走险以自求遭受斩杀的命运呢？既然这样，那么造成百姓起而为盗作乱的，不是有关官府和官吏的肆虐残害又能是什么呢？泾阳令李行言、澧泉令李君奭都因深得民心而获得破格提拔，应该足以激励劝勉端方不苟的品性行为而防范遏止贪赃枉法的罪恶行径了，然而，结果就无法做到。君主越是猜疑，臣下就越是欺诈；政教法令的记载就越是粉饰造假，奸诈蒙蔽的现象就越是滋生；对于小节越是严厉，大贪也就越发放纵。君主以综核苛刻来统御大臣，大臣也以综核苛刻来统御有关官吏，有关官吏则以综核苛刻来统御百姓，这样就会造成那些玩法弄权、文过饰非的人骄横而轻视法律，淳朴诚实以求自保的人则遭受凶险，老百姓怎么能够不饥寒交迫、揭竿而起呢！

笔记野史中相传唐宣宗时期的政事，说得乾坤清朗，一派歌舞升平的治世景象。司马光急迫地摘取这些传说故事记录于史册，称赞他似乎有着唐太宗李世民的遗风。以懂得治国之道的人看来，这些都是亡国的征兆。明察小节就会在大事上听不到看不见，官府欺诈就会导致民生凋敝，智慧的人攫取功名利禄而愚钝的人就难免受险，老百姓内心充满怨愤却无处发泄，他们立意反抗也就无法控制。一群贼寇刚刚崛起，官府可以予以歼灭，一群贼寇接踵而起，官府还可予以歼灭，一而再、再而三，无数的贼寇群起反叛，就无法全部消灭了。叛乱的百姓辗转迁徙到天下四方，没有地方可以让他们消除逆心、返回家园，即使没有继位的唐懿宗的荒淫昏庸，天下混乱、动荡不安的局面也一定无法得到平定。唐宣宗指使其耳目爪牙，怀揣利刃（也指宦官执掌兵器和禁军），进入奸诈狡猾的官吏的陷阱，驱逐百姓达到饥寒交迫的境地，已经很久了。到了这个时候，唐朝立国的元气已经丧失殆尽了，就像一个垂死的人六脉一齐舒张一样，已经到了最后的时刻。

本事：《资治通鉴》卷二四九《唐纪六十五·宣宗》，大中六年（852）。

七　宣宗欲除宦官而外廷不与谋

韦澳者，以藏身自固为道者也，异于贪进病国、徼幸危身之鄙夫远矣，而不足以谋国。宣宗屏左右与商处置宦官之法，而澳曰："与外廷议之，恐有太和之变，不若择其中有识者与之谋。"此其为术也甚陋，澳之识岂不足以知此之非策？而云尔者，不敢身任其事以自全而已矣。

太和之变，所以主辱而臣死者，李训、郑注本无藉小人，舒元舆、贾餗皆贪庸为朝野所侧目，与宦官以机械相倾而不胜，其宜也，而岂宦官之终不可受治于外廷哉？舍外廷而以宦官治宦官，程元振尝诛李辅国矣，王守澄尝诛陈弘志矣，是以毒攻毒之说，前毒去而后毒更烈也。盖宦官之乱国而胁君也，与外廷之小人异。小人诛则其党亦离，能诛小人者，即不必为君子，而亦惩小人之祸以反其为者也。若宦官则自为一类，而与外廷争盈虚衰王之数，其自为党也，一而已矣，勿论进而与谋，谋之必泄，只以成乎祸乱；即令抒心尽力为我驱除，而诛彼者即欲行彼之事，天子恃之，外廷拱手而听之，后起之祸，倍溢于前，又将何所藉以芟夷之哉？故曰其术陋矣。

夫天子而果欲断以行法，诛不顺之奄孽，正纲维以自振也，岂患无其术哉？外廷非尽无人也，即如李文饶者，优游讽议而解诸道监军之兵柄，则使制此刑余也，优有余裕，而摧抑之以向于死。充位之大臣，则为白敏中，为令狐绹，怀禄固宠之鄙夫，既阴结内援，而不敢任诛锄之事；使其任之，又舒元舆、王涯、贾餗之续耳。盖其炫小明而矜小断，以纤芥之嫌疑，为转眄之刑赏。其以为慎名器者，匹夫之吝也；其以为察吏治者，老妇之聪也。佞人亟进而端士离心，故仅一守正之韦澳，而唯计全身于事外。如使推诚待下，拔功业已著、才望可委之大臣，修法纪以饬中外。乃下明诏，申太宗之禁制，废中尉之官；以神策之军授司马，革枢密之职；以机要之务归中书，夺其所本无，而授以埽除之常职。是天子大臣所可昭昭然揭日月以行者，廷臣莫敢异议，百姓莫不欣悦，藩镇莫不钦仰，一二怀奸之奄竖，何所挟以相抗？亦奚用屏人私语，若大敌之对垒，力不能支，思乘瑕而攻劫之乎？

或曰：习已成，则其党已固；夺之遽，则其怨必深。环左右者，皆其徒也，伏弑械以求逞，宣宗所重虑者，未为过也。夫恶，唯隐而益深，故孔子成《春秋》而乱贼惧，发其所匿而正名之，则恶泄而不能再兴矣。夫宪宗、敬宗之不保其躯命，岂尝斥而夺之使激而成之乎？宪宗之弑，陈弘志虽伏辜而未正其恶；敬宗之弑，刘克明虽授首而未诛其党；内外交相匿，而后伏莽之戎有所怙以相胁。宣宗于此，正告中外，诘先君之贼，申污潴之讨，宣发其恶，显然于天下之耳目，则使有“今将”之心，抑知其无所匿藏而逃不赦之辟，又孰敢睥睨君父以逞其狂图哉？太和君臣唯不知此，是以伏兵殿幄，反受大逆之名，三相骈死于独柳，非外廷与谋而事机必败也。乃宣宗之为君也，以非次为宦官所扳立，反以贻怨于社稷之臣，故怀私恩、忍重辱，隐而不能发露耳。是以韦澳迂延自免，而不能为之谋，知其荏苒者之有所系也。

【译文】

唐宣宗的宰相韦澳，是一个以藏身自保作为处世之道的人，与那些贪图进用、祸国殃民、侥幸而危及于身的卑鄙之人有很大的不同，但也不足以参与谋划国家大事。唐宣宗曾屏退左右与他商量处置宦官的办法，而韦澳却说："如果与朝廷大臣商议，恐怕会引发像唐文宗太和年间甘露之变那样的政变，不如选择宦官中有见识的人参与谋划。"他的这种办法甚为鄙陋，以他的才识难道不足以知道这不是好办法，而他这样说，只不过是不敢身当此任以便保全自己罢了。

唐文宗太和九年（835）的甘露之变，之所以造成君主受辱、大臣死难的后果，是因为李训、郑注本来就是不可依托的小人，舒元舆、贾餗又都贪婪昏庸而为朝野所侧目而视，与宦官群体以奸诈机巧相倾轧而不能取得胜利，也在情理之中，难道可以因此说宦官终究不能为朝廷大臣所制服吗？舍弃朝廷大臣而以宦官来制服宦官，此前程元振曾经诛杀李辅国，王守澄曾经诛杀陈弘志，这是以毒攻毒的说法，前面的毒害消除了，后面的毒害更加惨烈。况且宦官祸乱国政而胁迫君主，与朝廷中的奸佞小人不同。奸佞小人被诛杀之后，其同党也就分崩离析，能够诛杀奸佞小人的人，虽然不一定就是正人君子，但至少也会接受奸佞小人祸国乱政的教训而拨乱反正。至于宦官则自成一类，他们与朝廷官员竞争兴衰成败的规律，是他们自然结成一党，是一个统一的利益群体罢了。不考虑这个道理而与他们谋划铲除宦官的事，其谋划必定会泄露出去，只能造成祸乱；即使宦官中有人竭诚尽力为我所驱使，而诛杀宦官的人就要取而代之，依然推行其擅权乱政的事，君主依赖于他们，朝廷大臣也只能拱手相让、俯首听命，于是后起的祸乱将比此前的祸乱危害更为严重，又将借助何种力量加以铲除呢？所以说韦澳的办法是甚为鄙陋的。

如果君主果真要决断实行法治，诛除不听命令的宦官中奸邪作乱之人，从而端正朝廷纲纪以自我振作，难道还忧虑没有好的办法吗？朝廷中也不是完全没有可以倚靠的人，就像李德裕（字文饶）那样，悠闲自得的讽谏议论就可以解除诸道宦官监军的兵权，如果让他来制服这些宫中的专权宦官，完全可以从容不迫、胜任有余，却被摧残排挤以致流放而死。当时充任宰相的大臣，是白敏中和令狐绹，都是留恋官爵俸禄、巩固受宠地位的卑鄙小人，他们已经暗中勾结宦官作为内应，因而不敢承担铲除宦官的重任；如果让他们担负这一责任，也只能步舒元舆、王涯、贾餗的后尘。大概是因为唐宣宗炫耀其小聪明而自夸其小决断，以细枝末节的嫌疑，作为转眼之间就实施刑罚和奖赏的依据。他所自诩的在尊卑名位、贵贱等级问题上的慎重行事，不过是普通百姓那样的吝啬；他所自诩的在整饬吏治问题上的明察秋毫，也不过是老妇人那样的聪明。奸佞小人屡获进用而正人君子离心离德，所以唯一一位坚守正道的韦澳，只考虑保全自己而置身事外。假如唐宣宗能够推心置腹对待臣下，提拔重用那些功勋卓著、才能和声望足以托付的大臣，修明国家法纪以整顿内外政务，就应当明确下诏，申明唐太宗时所制定的宦官不得任事的禁令，废除宦官担任的神策军中尉官职；将神策军的兵权授予兵部尚书，革除宦官担任的枢密使职务；将朝廷机要政务归还给中书省，剥夺宦官本来就不应有的权力，仅仅授予他们洒扫庭除之类的日常事务。这才是君主和大臣可以光明正大去做的事情，朝廷大臣没有敢提出异议的，天下百姓也没有不欢欣鼓舞的，藩镇将帅也没有不钦慕敬仰的，即使有一两个心怀奸邪的宦官，又能依仗什么与之抗衡呢？哪里用得着屏退左右窃窃私语，好像大敌当前、两军对垒，兵力不足以支撑，想要乘机偷袭劫持对方一样呢？

有人说：宦官专权的恶习已经形成，他们的党羽已经根深蒂固，如果急迫地剥夺他们的权力，就必定加深他们的怨愤；环顾宫中，天子身边都是他们的死党，他们早已埋伏好弑君的刀剑以求实现其野心，唐宣宗之所以顾虑重重，也不能为过。罪恶，越隐藏越是日益加深，所以孔子作《春秋》而乱臣贼子无不惧怕，正是因为揭露出他们所隐藏的罪恶并为之正名，于是罪恶泄露就再也无法付诸行动了。至于像唐宪宗和唐敬宗那样不能保全其身体和性命，难道是因为曾斥责他们并要剥夺其权力从而激起他们的行动所造成的吗？唐宪宗被弑之后，陈弘志虽然伏诛却没有明正其罪恶；唐敬宗被弑之后，刘克明虽然被斩却没有诛灭其同党。这样，朝野内外交相隐瞒，而后潜藏的贼寇有所依恃，从而以此相胁迫。唐宣宗如果在这个时候，能够严正地通告天下，追究弑杀先君的逆贼，申明对谋反大逆之罪的讨伐，明确揭露他们的罪恶，使天下之人皆知，那么即使还有人存有“臣子弑杀君亲”之心，也知道其罪恶无所隐藏从而逃脱杀无赦的刑罚，又有谁还敢藐视君父以实现其狂妄野心呢？太和年间甘露之变中的唐文宗君臣不明白这个道理，所以才伏兵于含元殿的帷幄之中以诛杀宦官，结果不仅失败，而且反而蒙受谋反大逆的罪名，舒元舆、王涯、贾餗三位宰相一起死于京城西南隅的独柳树下，并非说明朝廷大臣参与谋划诛杀宦官而其事机必然失败。唐宣宗之所以登上帝位，不是因为按照皇位继承的惯例，而是因为被宦官攀附拥立的，于是他反而对朝廷中的社稷大臣心怀怨恨，所以他对于宫中的专权宦官怀有私恩，并忍受由此带来的羞辱，只能隐忍而不能揭露他们的罪恶。因此，韦澳对于处置宦官也采取迁延退却的态度以求自我保全，不能为他出谋划策，是他知道唐宣宗对此表现得柔弱拖延也是出于心中有所顾忌的缘故。

本事：《资治通鉴》卷二四九《唐纪六十五·宣宗》，大中八年（854）。

八　国无可用之人则必亡

国无可用之人则必亡。国之无人，非但其君不欲用之，抑欲用之而固无人也。铮铮表见者，非迂不适用，则小有才而不足任大，如是者不得谓之有人。夫其时岂天地之吝于生才以亡人之国乎？秉道行义、德足以回天者，间世而一出，亦安能必其有？或贤智之士，实心无邪，而乐为君用，则亦足以匡乱救亡，功成事定，而可卓然为命世之英，此则存乎风尚之所移耳。故国之无人，惟贤智之士不为国用，恬然退处以为高，以倡天下，置君父于罔恤，于是乎国乃终以无人。

夫一二贤智之士不为国用，而无损于当世，似未足以空人之国，使忘君父也。乃唯贤智之士，立身无瑕，为谋多臧，天下且属望之，而以不为国用为道。其究也，置其身于是非休咎之外，天下具服其卓识，而推以为高；于是知有其身以求免于履凶蹈危者，皆慕其风，以为藏身之固，则宗社安危生死一付之迂腐巧黠之人；而自好者智止于自全，贤止于不辱，志不广，学不博，气不昌，乃使数十年内，尽士类皆成乎痿痹泮涣之习；自非怀禄徼幸、依附乱贼而不惭者，皆不可与有言、不可与有为之人也。于是乎天下果于无人。而孤狸昼嗥，沐猴衣锦，尚谁与治之哉？

宣宗之世，上方津津然自以为治也。而韦澳谓其甥柳玭（pín）曰："尔知时事浸不佳乎？皆吾曹贪名位所致耳。"是其为言，夫非贤智者之言乎？于是上欲以澳判吏部，且将相之，而浩然乞出镇以引去。盖澳之不为唐用，非一日矣。周墀入相，问以所可为，则曰："愿相公无权。"宣宗屏人语以将除宦官，则曰："外廷不可与谋。"其视国家之治乱，如越人之肥瘠，而以自保其身者，始终一术也。

盖于时贤智之士，周览而俯计焉，择术以自处焉，视朝廷如燎原之火，不可向迩，非令狐绹之流、容容以徼厚福者，无不戒心于谋国矣。此习一倡，故唯张道古、孟昭图之愚忠以自危，魏谟、马植之名高而实诎，姑试其身于险而罔济；其不尔者，率以全身远害为风轨。故郑遨、司空图营林泉以自逸；而梁震、孙光宪、罗隐、周庠、韦庄之流，寄身偏霸以谋安。其于忧世爱君之道，梦寐不及而谈笑不涉，天下恶得有人哉？

宣宗之世，唐事犹可为也，而何以人心之遽尔也？宣宗甫践阼，而功著封疆、谋匡宫府之李文饶，贬死于万里之外；其所进而与图政者，又于一言一笑、一衣一履之间，苛责其应违。士即忘身以殉国，亦何乐乎受不令之名以褫(chǐ)辱哉？人君一念之烦苛，而四海之心瓦解，则求如李长源、陆敬舆履艰危、受谗谤以自靖者，必不可得。非唯不得，贤智之士，固且以为戒也，不亡何待焉！

【译文】

国家没有可以倚靠的人才，就必然走向灭亡。这里所说的国家没有人才，并不仅仅是指君主不想任用，而且是指想要任用却没有可用之人。那些表现得铁骨铮铮、刚正坚贞的人，不是迂腐得不适宜任用，就是小有才能而不堪大任，像这样的人不能称得上有才。在当时，难道是天地吝啬于化育人才而要让国家走向灭亡吗？那些秉持正道、施行仁义、其德行足以左右或扭转天下局势的人，隔代才会出现一个，又怎么保证每个时代必定会有呢？有的贤良智慧之士，居心正派，而且乐于为君主所用，这样就能够匡正祸乱、挽救危亡，大功告成，天下事定，可以成为顺应天命而为世所重的杰出人才，这种情况关键在于社会风尚的发展变化。所以说国家没有人才，只是因为那些贤良智慧之士不愿为国家效力，恬然处世而以引退闲居为高尚，并以此倡导天下，置君父于不加顾念体恤的境地，于是国家就终究没有可用的人才了。

有一两个贤良智慧之士不愿为国家效力，还无损于当代社会的发展，似乎也不足以导致天下人才的匮乏，使得天下人都忘掉君父的存在。只是这些贤良智慧之士，立身处世清白无瑕，出谋划策多是善谋良策，天下人都对他们寄予厚望，可是他们却把不为国家效力作为处世之道，其结果是，置身于是非善恶吉凶之外，天下人都叹服其远见卓识，尊奉为高人；因此，凡是知道保全自身以求免于身处险境、经受危难的人，都仰慕他们的风采，以此作为隐藏自身的险固地方，那么国家江山社稷的安危、人民的生死祸福全部托付给那些迂腐愚昧、奸巧狡黠的人；而洁身自好的人，其聪明才智只限于保全自己，贤良智慧的人，其聪明才智只限于不受屈辱，其志趣不广大，其学识不渊博，其意气不昌达，那么在数十年之内，天下士大夫都形成了麻木不仁、消解涣散的风习；如果不是留恋官爵俸禄、侥幸功名利益、依附乱臣贼子而不知羞耻的人，都不是能与他们一起交流对话、共同有所作为的人。于是天下也就真的没有人才了。这样的话，狐狸狂嗥、豺狼当道、沐猴而冠，面对奸邪小人擅权乱政的现象，又能依靠谁来辅佐君主进行治理呢？

唐宣宗在位的时代，君主正津津乐道自以为天下大治。而宰相韦澳却对其外甥柳玼说："你知道时局越来越坏吗？这都是像我们这些贪恋名声权位的人所造成的。"他所说的这些话，难道不是贤良智慧之士的言论吗？因此，当唐宣宗想要任命韦澳为户部尚书，并且将升迁为宰相时，他却正气豪迈地请求去地方任职，引退而去。大概韦澳不愿意为唐朝效力，并非一朝一夕的想法了。周墀入朝为相时，向他咨询当如何作为，他就说："愿相公无权足矣。"唐宣宗屏退左右与他密谋铲除宦官，他就说："朝廷大臣不可参与谋划。"他把关乎国家治乱的大事，视为越人看待秦人肥瘦一样痛痒与自己无关，而把保全自身作为始终坚持的唯一原则。大概当时的贤良智慧之士，遍观天下而俯首沉思，选择适合自己的方法以为人处世，把朝廷视为燎原大火一样，不可靠近，除非像令狐绹之流随众附和以追求功名利禄，没有不对谋划国家大事心存警戒。这种风气一旦传播开来，只有唐昭宗时的右拾遗张道古、唐僖宗时的左拾遗孟昭图直言进谏效其愚忠而被贬谪，宰相魏謩、马植名声很高而实际上却备受排挤，姑且以身试险而不能有所成效；其他的大臣都不是这样，而相率以保全自身、远离灾祸作为教化法度。因此，郑遨、司空图弃官归隐，浪迹于山林泉石之间而身心安适；梁震、孙光宪、罗隐、周庠、韦庄之流，则寄身割据一方的藩镇将帅以谋求平安。他们对于忧时感世、忠君爱国的君子之道，就连梦寐之中也不会想到，言谈笑语之中也不会涉及，这样的话，天下哪里还有可用的人才呢？

唐宣宗在位的时代，唐朝的国事还可以有所作为，但天下人心为什么会突然变成这样呢？唐宣宗李忱登基之初，而功勋卓著于天下封疆、谋略匡正于宫中朝廷的李德裕就被贬死在万里之外的朱崖（珠崖，今海南海口），唐宣宗所任用并与他共图国政的人，又从其一言一笑、一衣一履这些细枝末节上，苛责他们的从违顺逆；天下士大夫即使想要舍生忘死以报效国家，又怎么能乐于承受不好的名声而遭到贬官革职的耻辱呢？君主在一念之间的烦杂苛刻导致天下四海的分崩离析，这时想要求得像李泌、陆贽那样经历艰难危险、忍受谗言诽谤而各自施展其政治抱负的朝廷大臣，必定再也无法得到了。贤良智慧之士，姑且引以为戒，这样的国家，不走向灭亡又能等待何时呢？

本事：《资治通鉴》卷二四九《唐纪六十五·宣宗》，大中十一年（857）。

九　唐朝之亡，亡于宣宗

安、史作逆以后，河北乱、淄青乱、朔方乱、汴宋乱、山南乱、泾原乱，淮西乱、河东乱、泽潞乱，而唐终不倾者，东南为之根本也。唐立国于西北，而植根本于东南，第五琦、刘晏、韩滉，皆藉是以纾天子之忧，以抚西北之士马而定其倾。东南之民，自六代以来，习尚柔和，而人能劝于耕织，勤俭足以自给而给公，故不轻萌猖狂之志。永王璘、刘展一妄动而即平，无与助之者也。刘展既诛，席安已久，竭力以供西北而不敢告劳。至于宣宗之季年而后乱作。大中九年，浙东军乱，逐李讷，越三年而岭南乱矣，湖南逐韩悰矣，江西逐郑宪矣，宣州逐郑薰矣，不谋而合，并起于一时。其称乱者，皆游惰之兵，非两河健战之雄；所逐者皆观察使，奉朝命以牧军民，非割据擅命之雄，倚牙兵以自立，倡偏裨以犯上，非所据而人思夺之者也。盖于是而唐之所以致此者可知矣。在昔之日，军兴旁午，供亿繁难而不叛；大中之世，四海粗安，赋役有经而速反；岂宣宗之刑民而无醉饱者使然哉？观察使慢上残下，迫民于死地，民乃视之如仇雠，不问而知李讷辈之自取之也。

虽然，又岂非宣宗之纵蟊贼以害良稼哉？观乎张潜之言曰："藩府财赋，所出有常，苟非赋敛过差及减削衣粮，则羡余奏于代移之际者，何从而致？"盖进奉者，兵民之所由困，而即其所由叛也。及懿宗之初，始禁州县税外科率。而薛调上言："所在群盗，半是逃户。"故军乱方兴，民亦相寻而为盗。裘甫之聚众，旬日而得三万，皆当年昼耕夜织、供县官之箕敛者也。货积于上而怨流于下，民之瓦解，非一日矣。王仙芝、黄巢一呼，而天下鼎沸，有司之败人国家，不已酷乎！

夫宣宗之于吏治，亦勤用其心矣，徒厚疑其臣，而教贪自己。令狐绹父子黩货于上，省寺相师而流及郡县，涂饰耳目者愈密，破法以殃民也愈无所忌。唐之亡，宣宗亡之，岂待狡童继起，始沉溺而莫挽哉？于是藩镇之祸，且将息矣，河北诸帅皆庸竖尔，是弗难羁靮（dí）驭者。彼昏不知，惴惴然防之，而视东南为噬肤不知痛、沥血不知号之圈豚池鹜也。“人莫踬于山，而踬于垤（dié）”，岂不信夫？民者，兵之命也；安者，危之府也；察者，昏之积也；弱者，强之徒也。可不慎哉！可不慎哉！

【译文】

安史之乱以后，河北、淄青、朔方、汴宋、山南、泾原、淮西、河东、泽潞等地藩镇相继发生叛乱，而唐朝的统治始终没有倾覆，其原因就在于作为立国根本的东南地区没有出现动乱。唐朝建国于西北地区的长安，而培植立国的根本在于东南地区，第五琦、刘晏、韩滉等掌管国家财赋的大臣都是凭借这里的供给来解除天子的后顾之忧，安抚西北地区的兵马从而使即将倾覆的国家转危为安。自孙吴、东晋和南朝宋、齐、梁、陈六代以来，东南地区的人民崇尚柔和的风习，人人勤于耕田织布的本业，其勤劳节俭足以自给有余并供应国家赋税，所以并不会轻意萌发猖狂作乱之心。永王李璘、淮西节度副使刘展一旦轻举妄动便很快被平定，就是因为没有人支持他们叛乱。刘展被诛杀以后，东南地区的安定局面已经持续很久，竭力供奉财赋给朝廷而不敢诉说自己的劳苦。直到唐宣宗在位的末年才发生了动乱。大中九年（855），浙东地区发生兵变，驱逐浙东观察使李讷，三年后岭南也发生叛乱，接着发生湖南驱逐观察使韩悰、江西驱逐观察使郑宪、宣州驱逐观察使郑薰等一系列兵变事件，不谋而合，一时并起。那些举兵作乱的人，都是些游荡懒惰的士卒，并非像河南道、河北道那些作战勇敢的强者；而他们所驱逐的都是奉朝廷命令掌管诸道军政、民政事务的观察使，并非那些割据不受节制而擅自发布政令、倚靠部下牙兵自立为节度使、引导偏裨将领犯上作乱、非其所当据有而想要夺取其位的藩镇将帅。大概当时唐朝招致动乱的原因，也就可想而知了。在从前的时候，战事之兴纷繁交错，按照军事需要供给粮饷，赋税徭役负担沉重，当时没有发生动乱；唐宣宗大中年间（847—860），天下大致安定，赋税徭役也符合常规，这个时候却骤然发生动乱；难道是因为唐宣宗保存民力而不要像饮食过分醉饱一样放纵过度所造成的吗？（《左传·昭公十二年》："形民之力，而无醉饱者。"）观察使对上怠慢朝廷、对下残害百姓，把下层民众都逼上绝路，百姓才会把他们当作仇敌，无须过问便知道浙东观察使李讷等乃是咎由自取。

尽管是这样，又岂非唐宣宗自己纵容那些害虫来残害田里长势良好的禾苗吗？我们且听听扬州长史张潜的说法："各个藩镇的财赋，所缴纳的数量都有常规的标准，如果不是横征暴敛以及削减士卒的衣食用度，那么在藩镇将帅按期调任之际汇报上奏的羡余（以赋税盈余名义向朝廷进贡的财物）又从何而来呢?”大概向朝廷进奉的财物，是士卒和庶民贫困不堪的原因，也是引发兵变的原因。至唐懿宗初年，才开始下令禁止州县在赋税以外额外征收。右拾遗薛调上奏说：“由于赋役征敛没有限度，各地群聚为盗的人，半数都是逃亡的农户。固然必须予以歼灭，但也令人怜悯和感伤。”所以兵变方兴未艾，百姓也相继成为强盗。浙东裘甫聚众起义，旬日之间就发展到三万多人，都是当年白日耕田夜晚纺织、供应官府苛敛搜刮的百姓。天下财富积累于官府，而怨愤流传于民间，民心瓦解早已不是一朝一夕的事情。唐朝末年王仙芝、黄巢振臂一呼，天下群起响应，局势动荡，有关官吏破坏国家的稳定，不也是太过残酷了吗?

唐宣宗对于吏治的治理整顿，也是勤奋用心的，但他只是深深猜疑其朝廷大臣，却依然教唆他们的贪污罪行。令狐绹、令狐滈父子贪污纳贿于上，中书省和六部九卿等官员相互效法，这种恶风流行传播到各地郡县，刻意粉饰伪装以混淆视听的人越来越多，破坏法律以祸国殃民的人也就更加无所顾忌。唐朝的灭亡，实际上是亡于唐宣宗之手，难道还要等待健壮狡猾而昏乱的君主继位之后才陷入困境和危难之中而无法挽救吗?而这个时候，藩镇割据的祸乱，即将平息下来，河北地区各藩镇将帅都是些昏庸的小子，是不难加以束缚和驾驭的。但是唐宣宗对此昏聩无知，整天惴惴不安地加以防范，而把东南地区百姓当作受刑而不知疼痛、流血而不知嚎叫的圈猪池鸭看待。古人曾经说过："人们没有被高山绊倒的，而是被小土丘绊倒。"难道不是这样的吗？百姓是士卒的命脉，安定是危险的积蓄，明察是昏庸的累积，软弱是刚强的再生，怎么能够不谨慎呢！怎么能够不谨慎呢！

本事：《资治通鉴》卷二四九《唐纪六十五·宣宗》，大中十二年(858)。

读通鉴论新译

（卷二十七—卷末）

柒

王夫之 著

郭孟良 译

中央党校出版集团 大有书局

目录

第七册

卷二十七

懿宗

一　乱军叛民宜使有所归　/2689

二　民气之不可使不静　/2693

三　财散则民聚，财聚则民散　/2698

四　唐亡于康承训开门揖盗　/2705

五　谏臣杀身以伸道　/2710

僖宗

一　征敛已蠲之税，逼民揭竿而起　/2715

二　令民置刀兵以御盗而盗益横　/2721

三　唐不亡于群盗而亡于沙陀　/2725

四　小才大任，启乱致亡　/2730

五　武臣养寇以胁上　/2736

六　李克用阴谋亡唐　/2740

七　文臣掌兵失于躁志　/2744

八　朱温与李克用曲直不足论　/2751

九　作善降之百祥，作不善降之百殃　/2755

一〇　社稷不存，保民为重　/2762

昭宗

一　国家将亡，必有妖孽　/2767

二　炼金术乃小人之陋技　/2772

三　以贼制贼非图存之道　/2776

四　智者仁溥　/2781

五　闭关自守之害　/2784

六　唐昭宗委任宗室适足以招祸　/2789

七　王建善谋善断以窒乱源　/2793

八　朱温李克用不能为曹操　/2798

九　李克用自保以观变　/2806

一〇　王抟言似陆贽而非其等伦　/2808

一一　韩偓处危亡之世蹈死以道　/2814

一二　求入相者以身试祸　/2819

一三　垂死哀鸣，不择而发　/2825

昭宣帝

一　朱温所杀非清流　/2832

二　强者自弱，衰气使然　/2835

三　唐之亡惟有丁会一忠节之士　/2841

卷二十八

五代上

一　五代不足以称代　/2848
二　御夷狄难言信义　/2854
三　标举于浊乱之世　/2857
四　乱世人杰严可求　/2862
五　通古人之意而推以立法　/2864
六　朱温杀强以自弱　/2868
七　不仁者不可与言　/2870
八　人莫鉴于流水而鉴于止水　/2873
九　不倒翁的处世之术　/2877
一〇　朱温易于剿绝　/2880
一一　以谋名者死于谋　/2883
一二　俗易利失本先弱　/2887
一三　自知之明　/2891
一四　可师者皆师　/2893
一五　因时施政，国民两便　/2896
一六　戢兵息民，固本保邦　/2899
一七　严之于上官，贪息于守令　/2903
一八　张承业非忠于唐　/2906
一九　人主之职，在论相而已　/2909

二〇　君臣父子，人之大伦　/2911

二一　李存勖用兵如韩信　/2914

二二　量者心之体，智者心之用　/2917

卷二十九

五代中

一　郭崇韬何以败亡　/2925

二　天子以天下为藏　/2929

三　李嗣源之言坦而无饰　/2934

四　李嗣源之愚　/2938

五　李嗣源之禁贡奉　/2942

六　术者之可畏　/2948

七　地有所不争　/2951

八　抑农之策大不仁　/2954

九　无以谋身，何言谋国　/2958

一〇　吴越钱氏仁爱之政　/2961

一一　明主之于天下无不惧　/2967

一二　制无赖者非大有为之君　/2971

一三　冯道务实而忘名　/2974

一四　几事不密则害成　/2978

一五　天子非可以智力取也　/2981

一六　桑维翰乃万世之罪人　/2983

一七　桑维翰贪宰相之位　/2987

卷三十

五代下

一　石敬瑭认贼作父　/2995
二　士可杀不可辱　/2999
三　刘知远用子罕专宋故智　/3002
四　南唐息兵固国之图　/3005
五　江南按田定税　/3009
六　后晋之亡不在景延广　/3013
七　刘知远持重以待变　/3018
八　安民贤于散兵　/3021
九　亲贤之得失，国祚之短长　/3024
一〇　刘氏杀大臣而速亡　/3029
一一　宝珠玉者，殃必及身　/3033
一二　无德于民，不足以兴　/3037
一三　有法胜于无法　/3041
一四　郭威立异姓为后　/3047
一五　郭威诛贬功臣　/3052
一六　江南遣专使为民害　/3055
一七　郭威薄葬　/3060
一八　冯道老奸巨猾　/3062

一九　治盗之要术　/3067
二〇　平一天下之策　/3070
二一　周世宗裁损佛教　/3075
二二　周世宗立两税征限　/3080
二三　孙晟屈己以请命　/3082
二四　窦俨论相之非　/3086
二五　柴荣伐江南而志在契丹　/3090
二六　古乐指归之要　/3093

卷末

叙论一　不言正统　/3103
叙论二　不论大美大恶　/3110
叙论三　不敢妄加褒贬　/3114
叙论四之一　因时宜而论得失　/3119
叙论四之二　释《资治通鉴》论　/3124

卷二十七

明刻本《三才图会》中的后梁太祖朱温画像

【题　解】

本卷评论晚唐时期历史，分懿宗、僖宗、昭宗、昭宣帝四目，共三十一则。

唐懿宗李漼（833—873）为宣宗长子，在位十四年，骄奢淫逸，政治腐败，民不聊生，动乱频仍，王夫之选择五个问题加以评论。裘甫起义和庞勋兵变虽被平定，但问题在于如何使乱军叛民有所归，否则会酿成更大的社会动乱。对康承训借沙陀骑兵的力量平定庞勋兵变，王夫之给予严厉批评，认为这种引狼入室之举使“唐之亡不可救，五代之乱不可止”。

僖宗李儇（862—888）为懿宗第五子，即位后由宦官田令孜把持朝政，不久爆发王仙芝、黄巢起义，长安沦陷后避难蜀地，王夫之选择十个问题加以评论。唐末农民起义源于统治者的聚敛盘剥，使民众“迫于必死而揭竿以起”；而“令天下乡村各置弓刀鼓板”的政策加剧了这种局势，使其“速乱以亡”；结合历代史实，农民起义撼动旧王朝却不能取而代之，相比之下，来自夷狄的祸患更为酷烈。

昭宗李晔（867—904）为懿宗第七子，由宦官拥立，在位十六年，相继受制于宦官与军阀势力，难以作为，王夫之选择十三个问题加以评论。“国之将亡，必有妖孽”，王夫之在抨击和感叹之余，再次提出士大夫的乱世自处之道，必须格外谨慎于出处进退，怀着必死之心践行正道大义。王夫之对朱温、李克用“二凶”皆斥为贼，“不足与于豪杰之数”，而认为杨行密、王建保一方安宁，则值得肯定。

昭宣帝李柷（892—908）为昭宗第九子，由朱温拥立，后为朱温所废并毒杀。关于朱温在白马驿杀死裴枢等朝廷清流三十多人并沉尸黄河，王夫之认为裴枢等尸位素餐，“游于浊而自炫其清”，并非清流。而对昭义军节度使丁会虽受朱温举拔却不忍心拥戴叛贼的行为大为赞赏，称为唐亡之时唯一一个尽忠守节的人。

懿宗

一　乱军叛民宜使有所归

王式之平裘甫，康承训之平庞勋，史据私家之文，张大其功，详著其略。呜呼！是亦吹剑首者之一吷而已矣。但以一时苟且收拾之近效言之，则童贯之剿方腊，且非无可纪之绩也；至于朱儁、皇甫嵩之平黄巾，则尤赫然矣。乃皆不旋踵而大乱作，国随以亡，爝火之温，不能御冰雪，久矣！饥寒之民，猝起弄兵，志不固，力不坚，大举天下之兵以临之，其必克者，势也。所难者，尽取而斩艾之，则降不可杀，即尽取而斩艾之，而其溃逃以免者犹众也。既不得为良民，而抑习于掠夺，则狂心不可卒戢，夫何能使之洗心浣虑以服勤于田亩哉！况有司之暴虐不革，复起而扰之，则乍息之火，得风而燎原，未可以贼首既俘，信烟波之永息也。

靖康之世，京东之贼亦蜂起矣，宗汝霖收之而帖然者，使自效于行伍，而拔用其枭雄，俾仍合其部曲也。汝霖卒，贼且复溃矣，重起而收之者韩、岳也，咸有所归，而不复杂之耕桑市肆之中，使鞅掌而思浮动，故宋以宁。王式乃于裘甫之既擒，不复问数万之顽民消归何处，爪牙乍敛，而睥睨于人间，则后日之从庞勋以乱徐州，随王仙芝、黄巢以起曹、濮者，皆脱网之鱼，游沙汀而鼓浪。式曰非吾事也。甫一擒而策勋饮至，可以鸣豫于当时，书功于竹帛矣。

夫乱军叛民与藩镇异。藩镇之反，虽举军同逆，而必倚节度使以起伏，渠帅既诛，新帅抚之，三军仍安其故籍而不失其旧。故裴中立曰："蔡人亦吾人也，绥之则靖矣。"乱军叛民者，虽有渠帅，而非其夙奉之君长，人自为乱，渠帅自诛，众志自竞，非有以统摄之，而必更端以起。当斯时也，非分别其强弱之异质，或使之归耕，或使之充伍，又得良将吏以安存之，则愈散而祸愈滋。以式为将，以白敏中之徒为相，居中而御之，何功之足纪哉！徒以长乱而已矣。又况康承训之进沙陀以亡唐邪？

【译文】

浙东观察使王式平定裘甫为首的浙东农民起义，义成军节度使、徐泗行营都招讨使康承训平定庞勋为首的桂林戍兵起义，史家根据私人文献，过分夸大他们的功劳，详细记载他们的事迹。唉！这不过像吹剑环头上的小孔所发出的微弱而不动听的声音一样，是微不足道的事情罢了。只就一时苟且收拾局面的短期效果而言，那么北宋末年枢密使童贯平定方腊起义，也不是没有什么可以记载的功绩；至于东汉朱儁、皇甫嵩平定黄巾起义，尤其是战功赫赫了。但都是快得来不及转身就发生了更大的动乱，国家也都随即灭亡，正像爝火（火炬）的温度不足以抵御冰雪的寒冷一样，天下动乱由来已久了。饥寒交迫的农民，猝然间拿起兵器行军打仗，意志还不坚定，力量还不坚强，如果这个时候集中天下的军队大兵压境，一定攻克平定乃是必然的趋势。困难的是如何处置那些乱军叛民，如果把他们全部杀掉，则又有不能杀降的仁义准则，即使能把他们全部杀掉，而那些溃散逃跑而免于被俘的人仍然非常多。他们既不能成为良民，而又习惯抢劫掠夺，其狂野之心也无法终究平息下来，这样又怎么能让他们洗心革面、消除忧虑从而安心在土地上辛勤劳作呢？况且有关官吏残暴肆虐的恶习并未改变，还会继续对他们进行盘剥和侵扰，因此刚刚熄灭的火焰，借助风力重新燃烧起来，进而形成燎原之势。因此，也不能认为叛乱首领被俘之后，就轻易地相信动荡起伏的波澜可以永远平息了。

宋钦宗靖康年间（1126—1127），京东地区也是盗贼蜂起，但当受到东京留守宗泽（字汝霖）招集安抚之后变得俯首听命，是因为宗泽把他们编入官军为国效力，提拔任用其首领，让他们仍旧作为其部众的领导者。宗泽去世后，这些人就随即溃散再次沦为盗贼了，重新起来对他们进行收编的是大将韩世忠、岳飞，都使之有了归宿，而不再杂处于农工商贾之中，职事纷扰繁忙而人心浮动，所以南宋的统治得以安宁。但王式在擒获裘甫以后，不再过问其数万将士的去向，实际上是遗患于民间，所以后来追随庞勋在徐州起义，附从王仙芝、黄巢在曹州和濮州起义的人，都是漏网之鱼，游荡于水边沙汀从而腾波鼓浪。对此，王式还说那不是自己的事，裘甫一被擒获便策勋纪功、宴饮奏凯，可以逸豫欢乐而闻名于当时，书写功勋于史册而名垂于后世了。

这些发动兵变的乱军叛民与藩镇割据叛乱的情况不同。藩镇割据反叛朝廷，尽管是举全军之力通同谋逆，但必定倚靠其首领节度使而起伏进退，在其首领被诛杀之后，新任将帅自然会安抚他们，三军仍按原来的编制而不失其旧有的秩序。所以裴度说："蔡州的民众依然是天子的百姓，善加安抚就可以稳定。"而这些乱军叛民，虽然也有其首领，却并非他们一向拥戴的首领，人人各自为乱，其首领被诛杀，众人仍将自相竞争，如果没有人进行统领，必定会换一种方式起来作乱。在这个时候，如果不能根据他们的力量强弱、资质差异分别处置，有的使之返乡耕田，有的使之充军作战，同时任用优秀的将领和官吏以便安抚维护其生存，他们就会进一步溃散而沦为盗贼，从而进一步加剧天下的祸乱。朝廷以王式作为将领，以白敏中之流作为宰相，居中统御这些乱军叛民，又有什么功劳可以记录呢？只能助长天下的祸乱罢了。更何况是康承训援引沙陀部首领朱邪赤心（李国昌，李克用之父）镇压庞勋起义进而灭亡唐朝呢！

本事：《资治通鉴》卷二五〇《唐纪六十六·懿宗》，咸通元年（860）。

二　民气之不可使不静

古之称民者曰“民碞”。上与民相依以立，同气同伦而共此区夏者也，乃畏之如碞也哉？言此者，以责上之善调其情而平其险阻也。唐至懿宗之世，民果碞矣。裘甫方馘，而怀州之民攘袂张拳以逐其刺史；陕州继起，逐观察使崔荛；光州继起，逐刺史李弱翁。狂起而犯上者，皆即其民也。观察、刺史而见逐于民，其为不肖，固无可解者。虽然，贪暴之吏，何代蔑有？一榜违其情，而遽起逐之，上且无如之何，天下恶得而不亡！夫民既如此矣，欲执民而治其逐上之罪，是不矜其穷迫而激之乱也；欲诛观察、刺史以抚民，而民之不道又恶可长哉？小失豪民之意，狺狺而起，胁天子以为之快志，抑不大乱不已。然则反此而欲靖之也无术，而抑追诘其所由来，而知畏民之嚚者，调制其性情于早，不可唯意以乱法也。

人君所恃以饬吏治、恤民隐者，法而已矣。法者，天子操之，持宪大臣裁之，分理之牧帅奉若而守之。牧帅听于大臣，大臣听于天子，纲也；天子咨之大臣，大臣任之牧帅，纪也。天子之职，唯慎选大臣而与之简择牧帅。既得其人而任以郡邑之治矣，则刑赏予夺一听大臣。所访于牧帅者，实考其淑慝功罪而决行之。于是乎民有受墨吏之荼毒者，昂首以待当宁之鈇钺。即其疏脱而怨忿未舒，亦俯首以俟后吏之矜苏。而大臣牧帅既得其人，天子又推心而任之，则墨吏之能疏脱以使民含怨者，盖亦鲜矣。

而宣宗之为君也不然。其用大臣也，取其饰貌以求容者而已；其任牧帅也，取其拔擢自我无所推引者而已。至于州县之长，皆自我用焉，而抑不能周知其人，则微行窃听，以里巷之谣诼为朝章。李行言、李君奭之得迁，恶知非贿奸民以为之媒介哉？乃决于信，而谓廷臣之公论举不如途人之片唾也。于是刑赏予夺之权，一听之里巷之民，而大臣牧帅皆尸位于中，无所献替。民乃曰此褎（yòu）然而为吾之长吏者，荣辱生死皆操之我，天子而既许我矣。其黠者，得自达于天子，则讦奏而忿以泄，奸亦以售；其很者，不能自达，则聚众号呼，逐之而已。曰天子而既许我以予夺长吏矣，孰能禁我哉？不曰天子固爱我，即称兵犯上而不忍加罚于我；则曰天子固畏我，即称兵犯上而不敢加刑于我。长是不惩，又何有于天子哉？耰锄棘矜以攻城掠野，无不可者。民非本喦，上使之喦；既喦，孰能反之荡平哉？裘甫方平，庞勋旋起，皆自然不可中止之势也。山崩河决，周道荆榛，岂但如喦哉！宣宗导之横流，非一朝一夕之故矣。懿宗又以昏顽济之，祸发迟久而愈不可息。民气之不可使不静，非法而无以静之。非知治道者，且以快一时之人心为美谈，是古今之大惑也。

【译文】

上古时代称呼百姓为“民喦”。（岩的本字，险，谓小民难保，《尚书·周书·召诰》：“今休，王不敢后。用顾畏于民喦。”）天子与百姓相互依存而立身行世，同心同德而和平共处于华夏神州，难道像畏惧喦一样畏惧百姓吗？之所以这样说，乃是要求君主善于协调百姓的性情从而为他们除去艰难险阻。唐朝的统治到了唐懿宗李漼在位时期（859—873），百姓果然像喦一样起来反叛朝廷了。浙东起义首领裘甫刚刚被诛戮，而怀州（治今河南沁阳）百姓群情激愤、摩拳擦掌起来驱逐其刺史刘仁规；陕州（治今河南省三门峡市陕州区）百姓继之而起，驱逐陕州观察使崔荛；光州（治今河南光山）百姓继之而起，驱逐光州刺史李弱翁。这些疯狂而起、犯上作乱的人，都是受他们统治的百姓。观察使、州刺史为其所统治的百姓所驱逐，如果是因为他们为非作歹，本来就没有什么可以解释和推脱的。虽然如此，但是贪婪残暴的官吏，哪个朝代没有呢？一次张榜公告也就是一种政策违背了他们的意愿，便立即群起反抗，把州郡长官驱逐出去，君主对此也无可奈何，这样的天下怎么能够不灭亡呢？百姓既然已经如此行事了，想要把他们抓起来治其驱逐上司的罪行，这就是不怜悯其饥寒交迫的处境而逼迫他们去造反；想要诛杀观察使、州刺史以便安抚民心，而百姓的大逆不道行径又怎么能够助长呢？地方官员稍微违背豪强刁民的意愿，就群情喧嚣而起，以乘机胁迫天子满足他们的欲望，不酿成天下大乱就不停止。既然这样，那么反过来说，想要加以平定也没有更好的办法，于是去追究这种局面的由来，可知像畏惧砻一样畏惧百姓，就应该及早地协调和制服他们的性情，而不可完全听从他们的意愿从而践踏法律。

君主所依靠的用来整顿吏治、抚恤百姓痛苦的手段，不过是法律罢了。而国家的法律，由天子所掌控，执掌法令的大臣进行裁断，分管各地政事军务的刺史、节度使奉若神明而谨守不怠。刺史、节度使等官吏听命于朝廷大臣，朝廷大臣听命于天子，这是国家的政治秩序；天子咨询朝廷大臣进行决策，朝廷大臣任用刺史、节度使等官吏行使政令，这是国家的法纪。天子的职责，只是慎重选拔朝廷大臣并与他们一起选拔任用刺史、节度使等官吏。选拔到合适的人选并授予地方州县管理权限从而得到有效的治理，那么对他们进行刑罚奖赏、升降予夺的权力就全部交给朝廷大臣。对刺史、节度使等官吏进行考察和咨询，只是为了实地考察他们的善恶功过从而进行行政决策。在这种情况下，百姓中如果有人受到贪官污吏的残害，就可以仰着头等待天子临朝听政进行刑罚杀戮的处置。即使有的贪官污吏逃脱刑罚从而使百姓的怨愤没有得到申诉，也可以低头含冤以等待下一任官吏来主持公道。如果朝廷大臣和刺史、节度使等官吏都选拔得到合适的人选，天子又能推心置腹地信任和重用他们，那么真正能够逃脱刑罚从而使百姓含冤无法申诉的贪官污吏，大概也就非常少了。

但唐宣宗作为君主却不是这样做的。他任用朝廷大臣，只不过是选择其伪装的表面现象以便求得彼此相容罢了；他任用刺史、节度使等官吏，也只不过是选择那些他亲自提拔而没有大臣举荐援引的人罢了。至于州县的地方长官，也都是他亲自任用，却不能全面了解他们，于是微服私访、打探调查，以道听途说的造谣诽谤作为朝廷典章的依据。李行言、李君奭等得以迅速升迁，怎么知道不是他们贿赂奸邪小民故意制造舆论以混淆天子的视听呢？可是他却对此深信不疑，从而认为朝廷大臣按照公众舆论举荐人才甚至不如路人的只言片语，在这种情况下，朝廷的刑罚奖赏、升降予夺的权力，就全部交给街头巷尾的百姓。朝廷大臣、刺史和节度使等官吏都尸位素餐，无法履行向君主进谏、议论决策政事的职责。百姓就会说：这些人聚集于朝野内外作为我们的官长，他们的荣辱生死则由我们所掌控，天子已经听从百姓的意见了。其中聪慧奸巧的人，甚至可以直接向天子进言，就会诬陷奏报以发泄私愤，也就可以满足其奸邪的野心；其中心狠手辣的人，不能直接向天子进言，就会聚众闹事，奔走呼号，驱逐官吏罢了。而且他们会认为，天子已经容许我们升降予夺官长了，还有谁敢阻止我们这样做呢？不是说天子本来非常厚爱我们，即使是发动兵变犯上作乱也不忍心对我们进行惩罚，就是说天子本来非常畏惧我们，即使是发动兵变犯上作乱也不敢对我们施行刑罚。长此以往，不接受这种现象的教训，对天子又有什么好处呢？他们拿起农具作为兵器从而攻城掠地，就没有什么事情不可以做了。百姓本来并非像砦一样可怕，是天子使他们成为像砦一样的；当他们成为像砦一样之后，还有谁能够拨乱反正从而荡平其动乱呢？浙东裘甫为首的起义刚刚平定，桂林庞勋为首的起义便接踵而来，都呈现出水到渠成、不可遏止的发展趋势。当像山崩地裂、黄河决堤一样的祸乱发生之后，遍于道路都是荆棘丛生，天下时势陷入艰难的危机之中，难道仅仅是所谓的像砦一样吗？唐宣宗导致的这种沧海横流的局面，并不是一朝一夕的缘故了。继位的唐懿宗李漼又以其愚昧顽劣助长了这一趋势，天下祸乱的发生推迟延续的时间越长，就越难以平息。民众的风气不能使之不安定，不使用法治的手段也无法使之安定下来。不懂得治国之道的人，尚且把一时的大快人心作为美谈，这正是古往今来为政最糊涂的表现。

本事：《资治通鉴》卷二五〇《唐纪六十六·懿宗》，咸通八年（867）。

三　财散则民聚，财聚则民散

庞勋之乱，崔彦曾以军帑空虚不能发兵留戍而起，盖至是而唐之所以立国者，根本尽矣。夫财上不在国，下不在民，为有国者之大蠹，而唐养天下之力以固国者，正善于用此。其赋入之富有，自军府以至于州县，皆存丰厚之积，存于其帑，而节度、观察、刺史、县令，皆得司其出纳之权。故一有意外之变，有司得以旋给，而聚人以固其封守。乃至内而朝廷乱作，外而寇盗充斥，则随所取道因便以输者，舟车衔尾而相继。而不但此也，官用所资，不责以妄支之罪，则公私酬赠宴犒、舆服傔从，沛然一取之公帑，军吏不待削军饷以致军怼，守令不致剥农民以召民怨。故唐无孤清之介吏，而抑无婪纵之贪人。官箴不玷，官秩不镌，则大利存焉。虽贪鄙之夫，亦以久于扬历为嗜欲之溪壑，而白昼攫金、褫夺不恤之情不起。观于李萼所称清河一郡之富，及刘晏、韩滉咄嗟而办大兵大役之需者可知已。

自德宗以还，代有进奉，而州郡之积始亏。然但佞臣逢欲以邀欢天子，为宫中之侈费；未尝据以为法，敛积内帑，恃以富国也。宣宗非有奢侈之欲，而操综核之术，欲尽揽天下之利权以归于己。白敏中、令狐绹之徒，以斗筲之器，逢君之欲，交赞之曰：业已征之于民，而不归之于上，非陈朽于四方，则侵渔于下吏，尽辇而输于天府者，其宜也。于是搜括无余，州郡皆如悬罄，而自诩为得策，曰：吾不加敛于民，而财已充盈于内帑矣。乱乃起而不可遏矣。唯其积之已盈也，故以流艳懿宗之耳目，而长其侈心。一女子子之死，而费军兴数十万人之资。帛腐于笥，粟陈于廪，钱苔于砌。狡童何知，媚子因而自润，狂荡之情，泰然自得，复安知天下之空虚哉？一旦变起，征发繁难，有司据空帑而无可如何，请之于上，而主暗臣奸，固不应也。号呼已亟，而或应之，奏报弥旬矣，廷议又弥旬矣，支放转输又弥旬矣。兵枵羸而不振，贼乘敝以急攻，辇运未集，孤城已溃，徒迟回道路，为贼掠夺，即捐巨万，何当一钱之用哉！

且当官而徒守空橐也，公私之费，未能免也；贪欲之情，未可责中人之能窒也。必将减额以剥其军，溢额以夺其民。此防一溃，泛滥无涯，田野之鸡豚，不给追胥之酒食，寡妻弱子，痛哭郊原，而贪人之溪壑，固未厌也。揭竿而起，且以延旦夕之生命，而以敝襦败甲、茹草啜飦之疲卒御之，有不倒戈而同逆者乎？官贫而民益贫，兵乱而民胥乱。徒聚天下之财于京邸，一朝失守，只为盗资。综核之政，揽利权以归一，败亡合辙，今古同悲。然后知唐初之积富于军府州县者，诚官天府地四海为家之至术也。

故曰“财散则民聚”。散者，非但百姓之各有之也，抑使郡邑之各有之也。“财聚则民散。”聚者，既不使之在民，又不使之给用，积之于一帑，而以有用者为无用也。散则以天下之财供天下之用，聚则废万事之用而任天下之危。贪吝之说，一中于君相之心，委生人之大计，为腐草块石以侈富，传及子孙，而骄淫奢溢，为天下僇，不亦伤乎！故有家者，恶其察鸡豚也；有国者，恶其畜聚敛也。庶人尽力以畜财，囷粟而朽蠹之，则殃必及身；窖金而土壤之，则子孙必绝。以有用为无用，人怨之府，天之所怒也，况有天下者乎？

【译文】

庞勋发动桂林戍卒兵变，是徐泗观察使崔彦曾因为军费空虚、难以发兵从而要求徐州戍守桂林的士兵多留守一年才引起的，大概唐朝到了这个时候，用来立国的财赋根本已经穷尽了。天下的财富上不掌握在国库，下不储藏在民间，这是天下统治者的大忌，而唐代得以涵养天下的力量以便巩固其国家根本的途径，恰恰正在于此。唐朝赋税收入的富足，从各个藩镇到地方州县，都有充裕的积蓄，保存在专门储藏钱财的府库之中，而节度使、观察使、刺史、县令等各级官吏都掌握着府库出纳调度的大权。所以一旦发生了意外事件，有关的官吏就能够随即解决给养问题，从而集聚人力以巩固其封疆的防守体系。甚至像内部的朝廷发生动乱、外部的贼寇强盗蜂拥而起这样的大事，也都可以随其选取经由的道路按照便利的原则进行运输，水陆运输工具车船一个连着一个，前后相继而源源不断。不仅如此，官府的各种费用开支都不以胡乱支取之罪进行处罚，这样举凡公私的酬酢馈赠、宴饮犒赏、车马冠服、仆从杂役的费用，规模盛大而开支甚巨，全部从公帑（国库、公款）中支取，军事官员也不需要克扣军队的粮饷从而导致士卒的怨愤，郡守县令也不至于盘剥农民从而引起百姓的仇恨。所以唐朝既没有孤高而清廉的特立独行的官吏，却也没有贪婪放纵的贪官污吏。做官的戒规没有受到玷污，官吏的职位品级以及相关俸禄待遇也没有降级，这种情况对于国家的治理是大有好处的。纵然有贪婪卑鄙的奸邪小人，也只是以长久的仕宦经历作为其难以满足的欲壑，而不至于发生像大白天抢劫钱财、被依法剥夺官职衣冠而不加顾惜的情况。我们从李萼对颜真卿所说的清河郡府库的丰富储备，以及主管朝廷财富的刘晏、韩滉在转眼之间就能够筹办好重大军事行动和劳役所需费用的情况中，都可以清楚地看到唐朝财富的充裕。

自从唐德宗以后，诸道在常规赋税之外，不断向朝廷进奉钱物，于是各个州郡府库的储备才有所减损。然而这种进奉仅仅是奸佞大臣迎合皇上的欲望以便讨其欢心，通过进奉钱物供应宫中毫无节制的奢侈消费；还不曾以此作为法规，从而聚敛和积累皇室的财产，借以达到富国的目的。唐宣宗并没有贪婪奢侈的欲望，但他却操持所谓的考察审核官员的综核之术，从而想把天下的利益和权力都集中在自己手中。其宰相白敏中、令狐綯之流，也都是些才识短浅、器量狭隘的人，纷纷迎合皇上的欲望，交口称赞说：这些财赋既然已从民间征收上来，如果不上缴到朝廷，不是在各地发霉腐烂，就是被那些下级官吏从中侵吞牟利，全部装载于车船运输缴纳到朝廷统一储藏，是非常合适的。因此，这种进奉得以推行开来，地方的财赋被搜刮得没有剩余，地方州郡都像挂着的罄空无所有，一贫如洗，而统治者还以谋略得当而自相夸耀，说：我们没有加重民众的负担，而朝廷的财赋储备已经非常充裕了。其实天下的祸乱便会因此兴起而不可遏止了。正因为朝廷的财赋储备已经非常充裕，所以才会因此而炫惑唐懿宗的耳目，从而助长他的奢侈之心。因为一个女儿的去世（指咸通十二年厚葬其女卫国文懿公主之事），就花费相当于调动数十万军队的军事行动的开支。布帛在竹器中存放太久而腐烂，粮食在仓库中存放太久而霉变，铜钱在府库中堆积太久而长满青苔。姣美的少年天子哪里懂得这些，得宠的大臣乘机中饱私囊，以满足自己疯狂放纵的欲望，并泰然自得，又哪里知道天下的财赋空虚呢？一旦天下发生变乱，征发财赋粮饷的赋役负担将会繁杂而艰难，有关官吏只能守着空空如也的府库而无可奈何，请求朝廷支援，可是皇上昏庸、大臣奸诈，本来也不会得到回应。即使是反复告急求救，偶尔得到回应，然而上奏报告需要花费十天，朝廷商议又需要花费十天，支取和发放、转运还需要花费十天了。结果士卒虚损瘦弱而丧失斗志，敌寇则乘我方粮饷不给而加紧进攻，朝廷运送粮饷的车船还没有到来，孤立无援的城池就已经被敌寇攻陷了，这样运送的钱粮白白地滞留在道路之上，从而为盗贼所掠夺抢劫，即使耗费了朝廷大量的钱财，又怎能发挥出一文钱的作用呢？

况且，地方州县的官员只是白白地守着一个空空如也的府库，公私各种开支无法避免；而人心的贪欲之情，我们也不能责备和要求一般的人都能够彻底断绝。在这种情况下，他们必定会降低粮饷发放的标准以克扣盘剥士兵，增加赋税征收的标准以搜刮掠夺百姓。这样的堤防一旦崩溃，那么就会像黄河泛滥一样没有边际，甚至田野上的鸡鸭和圈中的猪羊，也无法满足追逼赋役的胥吏的酒食需要，寡妻弱子痛哭于城郊荒野，而贪官污吏的欲壑，原本就无法得到满足。这样无法生存的百姓只有揭竿而起，才可以暂时延续其旦夕的生命，而朝廷征调身穿破衣坏甲、吃草喝粥充饥的疲惫士卒进行防御和镇压，难道不会有阵前倒戈而通同反叛朝廷的人吗？这样，地方官府陷入贫困，只会导致百姓全都陷入穷困；军队发生动乱，只会导致百姓更加陷入动乱。徒劳无益地把天下财赋都集聚于朝廷，一旦京城失守，只能作为叛贼强盗的给养罢了。唐宣宗推行的考察审核官员的政策，把财利、权力都集中在自己手里，从而重蹈国家败亡的覆辙，令古往今来都感到悲伤。而后使人们知道，唐朝初年积累财赋于各地藩镇和地方州县的政策，的确不失为以天地为官府、以四海为家室的最好办法。

因此说“财散则民聚，财聚则民散”。这里所谓的“财散”，并不仅仅是让百姓各自拥有财富，也是让地方郡县各自拥有财富。这里所谓的“财聚”，是指既不让财富贮藏于民间，又不让财富供给国计民生，而是统一集聚到朝廷的国库之中，从而把有用的财富变成了无用的东西。分散财富就是以天下的财富供给天下人共同使用，集聚财富就是荒废了天下万事的用度，从而导致天下的危亡。贪婪而吝啬的异端邪说，一旦占据了君主和宰相的内心，就会置养育万民的天下大计于不顾，而集聚起如同腐朽的野草、成块的石头一样的财富以夸耀富裕，传给子孙，骄奢淫逸，遭受天下的侮辱，难道不也是令人感到悲伤的事情吗？所以，拥有封地的大夫，哪里用得着喂鸡养猪；拥有国家的人，哪里用得着善于聚敛财富的大臣？庶民百姓尽自己的力量去积累财富，结果使囤积的粮食腐朽虫蛀，那么灾祸就会降临到自己身上；把金银财宝窖藏于地下，结果使窖藏的金银化为粪壤，那么子孙必定会血脉断绝。把有用的财富变成无用的东西，成为天下人怨愤的渊薮，也是令上天愤怒的事情，何况是拥有天下的君主呢？

本事：《资治通鉴》卷二五一《唐纪六十七·懿宗》，咸通九年（868）。

四　唐亡于康承训开门揖盗

唐之亡不可救，五代之乱不可止，自康承训奏使朱邪赤心率沙陀三部落讨庞勋始。灭唐者，朱温也，而非温之能灭唐也。温自起为贼，迄于背黄巢而降之日，未尝有窥天之志也。僖、昭以为之君，时溥、高骈以为之将，张濬、崔胤为奥援于内，而李克用、李茂贞、王行瑜各挟逐鹿之心，温乃内动于恶而无所忌。若沙陀者，介吐蕃、回纥之衰，自雄于塞上，固将继二虏而与中国为敌者也。羽翼未成，而阳受羁縻，与刘渊之在河西也无以异。因其未叛，聊使僦居沙徼，绝其窥觎，目不知中国之广狭，心不喻唐室之强弱，则自以为仅可奡（ào）立于边陲，而忘情于中夏。则唐之不振，虽有朱温辈之枭逆，且将与朱泚同其销归。唐即不足以自存，尚可苟延以俟命世之英以代兴，而中原之祸不极。承训乃揖而进之，使驰骋于河、淮、江、海之间，与中国之兵相参而较勇怯，平贼之功，独居最焉，祸其有能戢之者乎？

庞勋拥数万之众横行，殚天下之师武臣力，莫能挫抑，而沙陀以千骑驰突其间，如薙（tì）靡草，固将睥睨而笑曰：是区区者而唐且无如之何，吾介马奔之则遽成齑粉，则唐之为唐可知矣。举江、淮、沂、泗千里之郊，坚城深池，曾不足以御藐尔之庞勋，而待命于我，则唐之唯我所为而弗难下也，又可知矣。泽潞、淄青，所称东西之藩屏也，坐拥旌旄，据千里之疆，统甲兵以自固，坐视逆寇之披猖，曾莫肯以一矢相加，而徒仰待于我，则中国之众叛孤立、弗为捍卫也，又可知矣。振旅而归，分茅朔野，吾亦何求而不得哉？国昌老而克用兴，目已无唐，固将奋袂而起曰：是可取而代也。沙陀可以主中国，则契丹、女直、蒙古之强倍于沙陀者，愈无不可也，而祸延于无极矣。乃论者曰：克用父子尽忠于唐，以赐姓而收为宗支。又何陋邪？然则承训召寇以入，为灭唐之戎首，罪其可逭（huàn）乎？朱温甫灭，沙陀旋窃，石敬瑭、刘知远皆其部落，延至于郭威，而中国始有得主之望，祸亦烈矣哉！

夫承训之力，即不足以敌庞勋，而河北诸帅，自张仲武、王元逵、何敬弘归命以来，皆有效顺之成劳，无抗衡之异志。则胡不请移镇、魏、淄青之兵，下兖南，出曹、宋，拊勋之背，承训从汝、亳以捣其膺，少需日月，游鱼之釜，可坐待其焦也。而承训贪功亟进，当国大臣又茸鄙无谋以听之，爝火入积薪之下，沃之以膏，待其焰发而始悔，莫能及也。故唐之灭，非朱温灭之，沙陀灭之也；非沙陀之能灭之也，唐自灭也。而承训其祸原矣。

【译文】

唐朝的灭亡已经无可救药，五代的动乱也无法遏止，这种局面的形成是从义成军节度使、徐泗行营都招讨使康承训奏请朝廷让朱邪赤心（李国昌）率领沙陀三部落参与平定庞勋起义开始的。灭亡唐朝的人是朱温，但并不是靠朱温的能力把唐朝灭掉的。朱温自随从黄巢为盗贼反唐开始，直到背叛黄巢投降朝廷之日，都未曾有过窥伺皇帝宝座的野心。正是因为他看到唐僖宗李儇那样昏庸、唐昭宗李晔那样无为的君主，时溥、高骈那样有始无终的将领，又有高居宰相之位的张濬、崔胤作为他在朝廷的内应，而拥兵自雄的李克用、李茂贞、王行瑜各自怀有逐鹿中原的野心，于是朱温内心才涌起篡位夺权的罪恶意图而无所顾忌。至于沙陀部落，则是在吐蕃、回纥势力相继衰落以后，独自称雄于西北边境地区，本来就将成为继吐蕃、回纥两大民族势力之后与唐朝为敌的重要力量。但由于当时羽翼未丰，所以表面上也接受唐朝的统治，这种情况与刘渊当年在河西地区接受晋朝的统治没有什么不同。利用其尚未反叛朝廷的时机，暂且让他们居住在沙漠的边缘地带，从而断绝其窥伺和图谋朝廷政权的野心，眼睛看不到中原王朝版图的大小，内心也不知道唐朝的强弱虚实，那么他们就会自认为仅仅能够傲立于边陲地带，而不会产生侵扰和占据中原的非分之想。这样，在唐朝国力不振的情况下，尽管有朱温之流犯上作乱，但也将会像朱泚反叛朝廷而终归于消亡一样的下场。唐朝即便不足以自我保存其江山社稷，还可以苟延残喘，以等待顺应天命而降世的杰出人才来取代唐朝的统治，而中原地区的祸乱也不会达到无可挽回的地步。可是康承训却拱手邀请引来沙陀人，使他们的军队纵横驰骋与黄河、淮河、长江和东海之间，得以与唐朝军队并肩作战并比较其强弱勇怯，平定庞勋起义的功劳，让他们独居第一，那么他们制造的天下祸乱又有谁能够平息得了呢?

庞勋拥有数万起义军横行一时，唐朝动用天下军队以及所有将领的力量，没有能够使之受到挫折和压制的，而沙陀人以上千名骑兵奔驰冲击到他们中间，就像收割顺风而倒的野草一样。他们本来就会藐视而嘲笑说：像这样微不足道的对手，就使唐朝无可奈何，而我们纵马驰骋就立即化为齑粉，那么唐朝的军事实力也就可想而知了。以长江、淮河、沂水、泗水之间的千里郊野，坚固的城墙和纵深的护城河，都不足以防御一个弱小的庞勋，而仰仗于我们的救助，那么唐朝的天下可以任由我们为所欲为而不难攻克，也就可想而知了。泽潞、淄青两个藩镇，一向被认为是唐朝的东西两大藩屏，坐拥天下的精兵，占据方圆千里的疆域，却统领军队割据自保，坐视叛逆的贼寇猖獗，从不肯派一兵一卒、一刀一箭平定叛乱，而徒自仰仗于我们，那么唐朝的众叛亲离、孤立无援、没有用来捍卫国家的力量，也就可想而知了。我们凯旋，班师而归，分封于西北边境荒野之地（后朱邪赤心以功拜单于大都护、振武军节度使），又有什么要求不能得到满足呢？沙陀首领李国昌年老之后，其子李克用的势力继之兴盛起来，已经不再把唐朝放在眼里，自然就会奋发而起说：这个唐朝是可以取而代之的。既然沙陀这样的部族能够入主中国，那么契丹、女真、蒙古这些实力远比沙陀强大的夷狄，也就更加没有什么势力可以阻挡的了，从此天下的祸乱也就永无宁日了。可是有的评论者却说：李克用父子二人都尽忠于唐朝，通过赐姓为李收归唐朝宗室，这种说法又是何等的浅薄鄙陋啊！既然这样，那么康承训这样引狼入室的人，成为唐朝灭亡的罪魁祸首，其罪行难道可以逃脱吗？朱温所建立的后梁刚刚灭亡，沙陀后裔的李存勖便乘机窃取政权，建立后唐，其后建立后晋、后汉的石敬瑭、刘知远也都属于沙陀部落，一直到郭威取代后汉建立后周政权，中原王朝才等到了顺应天命而降世的杰出人才的希望，可见所造成的祸乱是多么惨烈啊！

义成军节度使康承训的力量，即使不能与庞勋起义军相抗衡，可是河北地区的藩镇将帅，自从卢龙节度使张仲武、成德节度使王元逵、魏博节度使何敬弘（当为何弘敬）

归顺朝廷以来，也都有效忠朝廷的功劳，而不再有与朝廷分庭抗礼的野心；那么为什么不奏请朝廷调动成德、魏博、淄青等藩镇的兵力，从兖州南下，经过曹州、宋州，攻击庞勋起义军的背后，而康承训从汝宁、亳州一线直捣其心腹，用不了多长时间，庞勋就会像热锅里的活鱼一样，可以坐待其自取灭亡。然而康承训贪功冒进，当国的朝廷大臣又愚钝卑鄙而没有谋略，于是听之任之，就像把火炬放在柴草之下，然后浇上膏油一样，等到大火已经燃烧起来才开始后悔，一切都来不及了。所以说唐朝的灭亡，不是朱温灭掉的，而是沙陀人灭掉的；并不是沙陀人能够灭掉的，而是唐朝自取灭亡的。而康承训则是引发祸乱的根源。

本事：《资治通鉴》卷二五一《唐纪六十七·懿宗》，咸通九年（868）。

五　谏臣杀身以伸道

穆宗、敬宗之无道也，谏之者极言其失，虽不能行，未尝不以为允而矜全之也。至于懿宗，私路岩而流陈蟠叟于爱州；同昌公主死，欲族医官，则贬温璋为振州司马，使仰药以死，且寄恨于刘瞻而再贬之；传及僖宗，侯昌业、孟昭图、张道古皆死焉。温璋临仰药而叹曰：“生不逢时，死何足惜。”呜呼！生不逢时，而林泉可以养志，上有耽欲无人理之君，下有黩贷无人心之相，以项领试之，愤不自惜，将弗过乎？故传《春秋》者，以泄冶不去而谏死，为不合于默语死生之道。则此数子者，其不免于讥矣。抑考《春秋》书杀大夫洩冶于前，而记陈平国身弑国亡于后。比事以观，则圣人以大洩冶之死，为陈存亡之本，固未尝以责备贤者之例责冶也。

夫人臣之谏君，有爱君无已而谏者，有自伸其道、自不忍违其心而谏者。君而可谏与？或有所不审而违于图存之理，或不戒而心佚于道以成乎非僻；为臣者，不忍其误入于邪，而必檠括之以归于正。则危言亟进，不避恶怒而必争。君为重也，而身轻矣。君而不可谏矣，乃吾性之清，不能受物之浊，吾学之正，不能同世之邪。生而为士，仕其义矣，出而事君，忠其节矣，立于人之廷，与鄙夫旅进，视其淫昏而固若污秽之加于其身，有言不可隐也，有心不可昧也，所学不可忘也。以畏祸为情而有怀不吐，笑当世之迷而全身以去，则七尺之躯，无以答上天，生我之恩，无以酬父母；内顾此心，无可容其汶沕（mén wù）者，愤盈以出而不能缄。等死耳，何必三日不汗之可忍，而此不可忍也？则危言切论之，死而无憾者，心为重也，而身尤轻矣。

韩偓、司空图处无可救药之时也，君即唯我之是听，而我固无如之何也，去之可也。蟠叟诸人，君听我而乱犹可治也，亡犹可存也，望望然而去之，匪君是爱，固不可以为心矣。

夫洩冶当春秋之世，大夫于诸侯不纯乎为臣，故礼有不用而去之，去犹可也。四海一王，寰宇士大夫共戴一主，不能南走粤、北走胡，而即其宇内之林泉以偷生，而坐视其败，斯矣不成其丈夫矣。传《春秋》者，谓非贵戚之卿则去，亦据侯国之有世臣者言耳。后世同姓之支庶，食禄而不与国政，天子所倚为心膂股肱者，皆草茅之士也，将谁诿而可哉？故诸君子之或窜或死而不去以全身也，不系乎君之可谏与否也。

【译文】

唐穆宗李恒和唐敬宗李湛昏庸无道，进谏的大臣极力指出他们的过失，即使不能够采纳和施行，但也未尝不认为他们提得公允，从而予以怜悯和保全。到了唐懿宗李漼在位时期，宠信宰相路岩而把弹劾他的至德县令陈蟠叟流放到爱州（治今越南清化西北）；爱女同昌公主因病而死，他要把医官阖族诛杀，被逮下狱者达三百人，还把上书进谏的京兆尹温璋贬为振州司马，强迫他服药自杀，并且又衔恨同样上书进谏的宰相刘瞻，两次贬谪流放他；到了唐僖宗在位时期，左拾遗侯昌业、孟昭图、张道古（唐昭宗时官左拾遗，因直言进谏被贬，此处有误，当为右补阙常濬）也都因敢言直谏而被杀害。温璋临服药自尽时说："生不逢时，忠臣死于谏诤又有什么可惜的！"唉！尽管生不逢时，尚且有山林泉石可以寄托志趣，上有沉溺于嗜欲而缺乏人性伦理的君主，下有贪赃枉法、招权纳贿而毫无人心的宰相，拿自己的生命去以身试法，因为愤怒而不爱惜自己的身体，落得这样的结局还能怪罪谁呢？所以为《春秋》

作传的人认为，春秋时期陈国大夫泄冶没有归隐，却因劝谏陈灵公而被杀，是不符合出仕或归隐、默然或进谏、捐死或达生的君子之道的。按照这种说法，以上诸位君子直言进谏而被贬或被杀，就不可避免地受到讥讽指责。但考察《春秋》记载大夫泄冶被杀的事在前，而记载陈平国（陈灵公，名平国）被弑而国亡的事在后。对比这两件事可以看出，孔夫子作《春秋》是要光大泄冶之死，作为陈国存亡的根本，本来就没有按照通常指责贤者的惯例来指责泄冶。

具体分析大臣劝谏君主的情况，有的是因为过于忠爱君主而进行劝谏，有的是为了申明自己的主张、不忍心违背自己的心愿而进行劝谏。那么君主可以劝谏吗？有的君主是因为有所不慎而违背救亡图存的道理，有的君主是无所戒惧使其心志游离于正道大义从而有了邪恶与过失；而作为大臣，不忍心君主误入歧途，必须加以约束矫正引导君主回归正道，于是直言相谏，不在乎君主听了谏言后是否憎恶和愤怒。把君主看得非常重，而把自己的身家性命看得很轻。如果君主不能接受劝谏，那么自己本性清正刚直，不能容忍任何污浊，自己的学问正道大义，不能与世上的邪恶同流合污，人生在世作为士大夫，出来做官是尽自己的责任，出仕事奉君主，就要忠于自己的名节，侧身于朝廷之上，与那些卑鄙小人同朝并进，看到他们荒淫昏庸就像是污泥浊水加在自己身上一样，有话要说而不能隐瞒，有心愿要表达而不能隐藏，所学的正道大义不能忘却。如果因为惧怕灾祸延及自身而有心愿不去表露，嘲笑当世之人执迷不悟而保全自身引退而去，那么七尺男儿之躯就无法报答上天的化育，也无法酬谢父母生养之恩；顾念自己的内心，无法容忍任何的蒙蔽，愤怒充盈于心中而不吐不快，因而无法保持沉默。同样是一死，为什么病入膏肓、苟延残喘的痛苦可以忍受，而直言进谏而死就不能忍受呢？原因就在于直言进谏而激切议论，死而无憾，是把内心看得非常重，而把自己的身家性命看得很轻。

韩偓、司空图处在唐朝的统治已经无可救药的时候，即使君主对于自己的进谏唯言是从，那也无可奈何了，在这种情况下辞官归隐是合适的选择。至于陈蟠叟诸位君子，君主如果能够采纳谏言，天下的祸乱还可以得到治理，天下的危亡还可以得到挽救而图存，如果在这个时候失望地辞官引退而去，就是不忠诚爱护君主，本来就不可以存有这样的心思。

陈国大夫洩冶生活在春秋时代，士大夫对诸侯来说，并不能算是纯粹的君臣关系，因此从礼仪上讲得不到诸侯的任用就辞别而去，还是可以引退而去的。但当天下一统的帝制时代，四海之内的士大夫共同拥戴一位君主，不能向南逃到南粤，向北投奔夷狄，寄托于宇宙之内的山林泉石以苟且偷生，从而坐视国家的败亡，这也算不上是大丈夫了。为《春秋》作传的人认为，如果不是宗室贵戚的卿相就可以辞职而去，这也是针对当时诸侯国中有世袭之臣的士大夫而言的。至于后代那些与皇室同姓的宗室支脉或庶族，只是享受俸禄而不参与国家政事，天子所倚靠作为亲近得力的大臣，都是出身于草野的民间士大夫，又能将国事委托给谁呢？所以像温璋诸位君子有的被流放、有的被杀害却不归隐而去以保全自身的性命，与君主是否可以接受劝谏并没有什么关系。

本事：《资治通鉴》卷二五二《唐纪六十八·懿宗》，咸通十一年（870）。

僖宗

一　征敛已蠲之税，逼民揭竿而起

君暴而天下尚有生也，君贪而天下尚有财也，有司违诏令以横征蠲免之税，而后民乃无可免之死。国家重敛以毒民，而民知毒矣，乃且畏督责，避棰楚，食淡茹草，暑而披裘以负薪，寒而衣葛以履霜，薄昏葬之情，竭耕织之力，以冀免于罪罟，犹可逃也。既颁明诏予之蠲免矣，于是而心乃释然，谓有仅存之力，可以饱一食而营一衣，而不知有司积累以督责其后者之尤迫也，夫乃无可以应，而伐木撤屋、鬻妻卖子，终不给而死于徽纆之下，是蠲免之令驱民于死之阱也。

僖宗元年，关东旱饥，有司征已蠲之税倍急，卢携痛哭陈之，敕已允停重征，而有司之追呼自如，是纵千百暴君贪主于天下，而一邑之长皆天子也，民其能不死，国其能不乱乎？

夫以天子而制有司甚易也，乃一墨敕下，吏敢于上方王命以下贼民而不忌者，何恃而然也？上崇侈而天下相习以奢，郡邑之长，所入凡几，而食穷水陆，衣尽锦绮，马饰钱珂，妾被珠翠，食客盈门，外姻麕（jūn）倚，若一有不备，而憔悴不足以生。上吏经过之饔饩（yōng xì）、宾客之赠贿促之于外；艳妻逆子、骄仆汰妾谪之于内。出门入室，无往非胁之以剽夺，中人以下，且视死易而无以应此之尤难，尚何知有天子之诏？而小民之怨讟勿论已。

懿、僖之世，相习于淫靡，上行之，下师师以效之，率士之有司胥然，诛不胜诛，而无可如何者一也。

尽天下之吏，咸习于侈以贪矣，前者覆车，后者知戒，抑岂无自艾以奉法而生不忍斯民之心者？乃自令狐绹、路岩、韦保衡执政以来，唯货是崇，而假刑杀以立威，莫之敢抗，宰相索之诸道，诸道索之州县，州县不索之穷民而谁索哉？执此以塞上官之口，而仰违诏旨，不得不为之护蔽，下虐穷民，不得不为之钳服，天子孤鸣，徒劳笔舌而已，此其竟不能行者二也。

即以情理而论，出身事主，寓家于千里内外，耕桑之计已辍，仰事俯畜，冠婚丧祭姻亚岁时之酬酢，亦犹夫人也，又加以不时经过之贵显，晨夕相偕之上官，卮酒篮飧，一缣一箑，无可绝之人理，既不可傲岸自矜，而大远乎人情，又况学校桥梁舟车廨舍之修建，愈不可置之罔闻，驲

(rì) 递戍屯转漕之需，且相迫而固其官守，夫岂能捐家以代用哉？恃朝廷之制，储有余以待之耳。乃自宣、懿以来，括羡余以充进奉，铢算尺量，尽辇而归之内府，需者仍前而给之无策，唯取已蠲之税以偿之，而贪人因求盈以自润，虽下蠲除之令，竟无处置之方，姑以虚文塞言路之口，而天子固有偷心，终不能禁之惩之，俾民受其实者三也。

懿、僖之世，三者备矣。卢携虽痛哭流涕以言之，抑孰令听之哉？天子不为有司坊，而有司无坊；天子不为有司计，而有司自为天子。害之积也，乱之有源也，非一天子暴且贪之故也。是以唐民迫于必死而揭竿以起也。

【译文】

如果说君主残暴无道而天下还不至于濒临灭亡，君主贪得无厌而天下还不至于民穷财尽，那么有关官府与官吏违背君主的诏令而横征暴敛已经免征的赋税，而后天下百姓就走投无路、难免一死了。国家加重聚敛以残害百姓，天下百姓也知道这种危害了，然而却畏惧官府的督察责罚，为了逃避鞭杖之刑，宁肯过着粗茶淡饭、野草充饥的日子，在酷暑里穿着棉衣上山打柴，严寒中穿着夏天的单衣踏霜履雪，极力缩减婚丧嫁娶的礼仪与费用，竭尽全力进行耕种与纺织生产，从而希望免于罪责法网，这样还能有一线生机。朝廷已经公开颁布诏令予以免征赋税之后，天下百姓的内心负担于是得以释然，都认为终于可以用仅存的力量，来为自己家人吃一顿饱饭、置一件新衣了，殊不知有关官府和官吏把积累的新账旧账一起算，督察责罚得更加紧迫，这样百姓就根本无法应付，于是砍伐树木、拆毁房屋、卖掉妻子和儿女，终究无法完粮纳税，在鞭杖囚禁之下死于非命，这就是所谓的朝廷颁布免征赋税的诏令却驱使天下百姓于死亡的陷阱。

唐僖宗乾符元年（874），关东地区发生了严重的旱灾和饥荒，当地官府却加倍急迫地征收朝廷早已免征的赋税，翰林学士卢携痛哭流涕地为民请命，朝廷也已经颁布敕令同意停止重征赋税，可是有关官府和官吏仍然置若罔闻、照样上门号呼催逼赋税。这就相当于放纵千百个残暴无道、贪得无厌的君主到全国各地，而一个个城邑的长官都成了发号施令的君主，在这种情况下，百姓怎么能够不被逼迫而死、国家又怎么能够不招致祸乱呢？

一般来说，以天子的威权来控制有关官府和官吏是非常容易的，然而由君主亲笔书写的诏敕颁布之后，有关官吏却敢于对上违背君主的诏命、对下残害百姓而毫不忌讳，他们是依仗着什么如此胆大妄为的呢？这是因为君主崇尚奢侈浮华，天下人也都相互仿效，以奢华为习尚。作为地方郡县的长官，一年到头共计有多少收入，却吃遍山珍海味，穿遍锦绣罗绮，所骑的马匹都装饰着连钱玉石，家中的妻妾都佩戴着珠宝翠玉，食客帮闲充满门庭，外戚姻亲成群结队，如果有一个方面准备不足，就觉得面目憔悴，无法生存下去。上级的官吏往来经过时的迎来送往、交际应酬，以及宾客友朋之间的馈赠礼物，这些家庭以外的花销不时逼迫，美丽的妻子与忤逆的儿子、骄横的僮仆和奢侈的小妾又从家庭内部加以追责，无论出门应酬还是居家用度，没有不是胁迫自己巧取豪夺、谋取财利的，中等资质以下的人们都无法摆脱这样的困境，甚至认为死了容易，而应对此种局面可谓难之又难，哪里还能知道有天子的诏敕呢？至于说平民百姓的怨愤就更不在话下了。

唐懿宗李漼和唐僖宗李儇在位的时代，天下以奢侈淫靡为风尚，上行而下效，普天之下有关官吏尽皆如此，可以说杀不胜杀，对此种局面真是无可奈何，这是导致横征暴敛已经免征的赋税的第一个原因。

普天之下的官吏都习惯于奢侈和贪婪了，前车的倾覆，本来是可以作为后车的鉴戒的，难道就没有悔过自责、改恶从善、奉公守法从而对百姓产生恻隐之心的人吗？可是自从宰相令狐綯、路岩、韦保衡等当政以来，都是唯利是图、崇尚聚敛，并以假借刑律杀罚来树立权威，朝野上下没有人敢于违抗，这样宰相向天下各道索取财赋，天下各道向所属州县索取财赋，而州县长官除了向贫苦百姓索取财赋，又能向谁索取呢？地方官员通过这种手段来堵塞上级官员的责罚，从而对上违背天子的诏敕，上级官员也不得不为下级官员竭力掩护开脱，从而对下残害虐待贫苦的百姓，而贫苦的百姓又不得不忍受有关官府和官吏的钳制、束缚和盘剥，深居庙堂的天子孤掌难鸣，也只能是徒费笔墨口舌罢了，这是导致横征暴敛已经免征的赋税的第二个原因。

就从情理上讲，出仕做官事奉君主的人，居家于千里内外，从事耕种纺织的生计已经中断，赡养老人和抚养子女的日常用度，冠礼、婚礼、丧葬、祭祀等礼仪活动开支以及亲属姻娅之间岁时的应酬交往，这些都与一般人家没有两样，再加上不时来往的贵族显要，朝夕过从的上级官员，酒席饭食的招待，绢帛扇子的馈赠，都不可断绝人际交往的礼仪规矩，既不能傲慢自矜，又不能不近人情，又何况还有修建学校、桥梁、车船、官署等许多事项，更不能置若罔闻，还有驿递、驻防、转运粮饷等许多开支，尚且要逼迫追责，这些本来就是有关官吏的职责所在，难道能够捐赠自己的家产以便代为使用吗？只得倚靠朝廷的有关制度，预先储备财物以应不时之需罢了。然而自从唐宣宗、唐懿宗以来，实行搜刮常赋之外的钱物进奉朝廷的政策，锱铢必较，尺寸丈量，天下财物全部转运集中到朝廷的府库，而各种开支与以前相比丝毫没有减少，财赋供应却束手无策，也只能征收已经免征的赋税加以补偿，而贪官污吏则乘机额外盘剥以便自我牟利，在这种情况下，尽管朝廷颁布了免征赋税的诏令，终究也没有解决官府财用问题的有效处置办法，于是姑且用一纸空文来堵塞天下的言论，而君主本来就有苟且偷安的心思，终究也无法加以禁止和惩罚，使百姓享受免征赋税的实惠，这是导致横征暴敛已经免征的赋税的第三个原因。

在唐懿宗、唐僖宗在位的时代，上述三种情况都同时存在。翰林学士卢携尽管痛哭流涕地为民请命，又能让谁来听从呢？如果天子不为有关官府和官吏设立禁令，那么有关官府和官吏也就没有什么禁忌了；如果天子不为有关官府和官吏的利益着想，那么有关官府和官吏也就成为自行其是的天子了。天下的祸害都有其积累的起因，天下的动乱也都有其产生的根源，并不是一朝天子的残暴无道、贪得无厌所造成的。因此，唐朝的百姓被逼上必死无疑的绝路，只有揭竿而起、铤而走险这一条路可走了。

本事：《资治通鉴》卷二五二《唐纪六十八·僖宗》，乾符元年（874）。

二　令民置刀兵以御盗而盗益横

秦销天下之兵而盗起，唐令天下乡村各置弓刀鼓板而盗益横，故古王者之训曰“觌（dí）文匿武”。明著其迹曰觌，善藏其用曰匿。其觌之也，非能取“五礼”之精微大喻于天下也，宣昭其迹，勒为可兴而不可废之典，以徐引之而动其心。其匿之也，非能取五兵之为人用者遽使销亡也，听民置之可用不可用之间以自为之，而知非上之所亟也。夫销之则无可藏也，无可藏非匿也；令民置之，则觌之矣，虽觌之而固不为我用也。非上能匿，亦非上能觌也，是以其速乱以亡，均也。

秦并天下于一己，而信为无用武之日；唐见裘甫、庞勋、王仙芝之接迹以起，而遽惊为不可戢之乱。庸人无舒徐之识，有所见而暴喜，有所见而暴惧，事异情同，其速以乱亡，均也。秦销兵而民操耰鉏棘矜以起，后世知鉴之笑之，而效之者鲜。唐令天下乡村各置刀兵以导人于乱，其为乱政，有著见之祸矣；而后世言御盗之术，以乡团保甲为善策，相师于不已，匪徒庸主具臣恃为不得已之计，述古昔、称先王者，亦津津焉。呜呼！无识而言政理，盈于古今，亦至是乎！

驯良之民，授之兵而不敢持以向人，使之置兵，徒苦之而已，有司督之，猾胥里魁督之，小则罚，大则刑，辍衣食之资，弃耕耘之日，以求免于诛责，究则闭目摇手，虽有盗入其室，劫其父，缚其子，而莫敢谁何，乡邻又勿问也。其为强悍胜兵之民与？则藉之以弄兵而争习技击，以相寻于私斗，豪右之长，又为之渠帅以号召，夺朴民，抗官吏，大盗至，则统众以应之，邓茂七之首乱于闽者，其明验已。

受命于天以为之君，弗能绥民使弗盗也；奉命于君以为之长，弗能卫民使盗戢也；资民之食以为将为兵，盗起殃民，弗能捕馘使民安也；乃取廛居井牧之编氓，操凶器以与不逞之徒争生死，民何利乎有君，君何取于有吏，国何务于有兵哉？君不君，吏不吏，兵不卫民，瓦解竞强，不群起而逐中原之鹿，尚奚待哉？故言乡团保甲者，皆唐僖宗、韦保衡之徒也。

【译文】

秦朝统一后销毁天下的兵器而盗贼蜂起，唐朝末年命令全国各地乡村各自置备弓箭、刀枪、鼓板等兵器而盗贼更加横行，所以古圣先贤有“觌文匿武”的训诫。“觌”的意思是明确彰显其事迹，“匿”的意思则是善于隐藏其用意。治国者所要彰显的文治，并非能够撷取吉、凶、军、宾、嘉等各种礼制的微言大义来向天下人晓谕阐明，而是要宣扬和昭示其具体的行为准则，制定并刊布可以实施而不可废黜的法典，从而逐渐引导并感动其心灵。治国者所要隐藏的武功，并非能够收取矛、戟、弓、剑、戈等各种为人们所使用的兵器迅速全部地加以销毁，而是听任天下百姓把兵器置于可用不可用之间而好自为之，从而感受到这些都不是君主所急迫需要的东西。如果销毁兵器就没有什么可以隐藏的了，没有什么可以隐藏也就不是“匿”的本义了；命令天下百姓各自置备兵器，也就是明确彰显其事迹了，即使这样明确彰显其事迹，这些自置的兵器本来也不可能为我所用。所谓的“觌文匿武”，这里的武功并非君主所能够隐藏，这里的文治也不是君主所能够彰显的，因此秦朝统一后、唐朝末年迅速引起动乱并走向亡国，其道理是完全相同的。

秦始皇兼并天下于一人之手以后，自认为今后再也不会有使用武力的时候；唐朝统治者看到裘甫、庞勋、王仙芝等相继起来反叛朝廷，大惊失色，认为无法平定天下祸乱。平庸的人缺乏从容不迫的远见卓识，一遇到好的事情就喜不自胜，一看到坏的现象就忧惧无措，事情的好坏虽然有别，但蕴含的情理没有不同，因此秦朝统一后、唐朝末年迅速引起动乱并走向亡国，其道理是完全相同的。秦朝销毁天下的兵器，但百姓拿起农具、棍棒照样起来造反，后代治国的人们都知道以此为鉴并讥笑他们，因而很少有人效法他们的做法。唐朝命令全国各地乡村各自置备刀枪兵器，从而诱导百姓犯上作乱，这种做法作为一种乱政，所造成的祸乱也是显而易见的；然而后世谈论防御盗贼的办法，仍然把组织乡兵团练、实行保甲制度作为上策，并相互仿效，不仅是那些昏庸的君主和无能的大臣所依靠的迫不得已的计策，而且也是那些称述古昔、效法先王的人津津乐道的良法美政。唉！毫无见识的人却奢谈治理国家的道理，古往今来连篇累牍，竟然到了这种地步！

安分守己的普通百姓，即使授予他们兵器也不敢手持刀枪向人行凶，让他们各自置备兵器，只能白白地给他们带来痛苦罢了。有关官府和官吏从上面督促追责，狡猾的胥吏和里长从下面督促追责，有了小过便加以处罚，犯了大错就加以刑罚，荒废吃饭穿衣的生业，错过耕种纺织的季节，以求免于诛杀责罚，最终也只能闭目摇手，即使有盗贼入室抢掠，甚至劫持捆绑其父子家人，也没有人敢出面稽查呵斥，街坊邻居也无人过问。这难道就是所谓的强悍胜过军士的百姓吗？至于借助这样的机会组织乡兵团练，争相练习格斗技击，以便相继进行私人械斗，地方世家豪族的首领又以乡兵团练的统帅的名义加以号召，抢劫淳朴民众的财产，对抗地方官吏的统治，一旦有声势强大的盗贼到来，就率领这些乡兵团练起来响应，明朝中期邓茂七率领农民在福建地区反抗朝廷，就是一个明显的例证。

受命于上天而作为天下的君主，却不能安抚百姓而使他们不去做盗贼；受命于君主而作为各级各地的长吏，却不能保护百姓而使盗贼得到平息；取资于天下百姓的粮饷养育而作为军队的将帅和士兵，在盗贼蜂起祸国殃民的时候，却不能诛戮盗贼而使百姓平安无事；却让那些居住在城邑、耕种在田野的编户齐民拿起刀枪凶器与亡命之徒奋力拼杀，那么百姓从君主那里获得什么好处呢？君主又从官吏那里得到什么帮助呢，国家又要军队做什么用处呢？这样君主不做君主应该做的事，官吏不履行各自的职责，军队不能发挥保护百姓的作用，国家土崩瓦解，人们弱肉强食，不造成群雄并起而逐鹿中原的局面，还能等待什么呢？因此，谈论乡兵团练、保甲制度的人，都是像唐僖宗李儇、宰相韦保衡（此处有误。韦保衡已罢相贬官二年有余，此时的同中书门下平章事为郑畋、卢携、李蔚、崔彦昭等）那样的毫无见识之徒。

本事：《资治通鉴》卷二五二《唐纪六十八·僖宗》，乾符三年（876）。

三　唐不亡于群盗而亡于沙陀

《阴符经》，术人之书也，然其测物理之几，以明吉凶之故，使知思患豫防之道，则君子有取焉。其言曰：“火生于木，祸发必克。”谓夫祸发于有本，资之起者，还以自贼而不可复扑也。盈天地之间皆火也，而必得木以为其所生之本，故发而相害者果也。

古今亡国之祸，唯秦暴殄六国而天下怨，蒙古入主中原而民不从。则草泽之崛起者，足以相代而不必有所资。自非然也，亡汉者黄巾，而黄巾不能有汉；亡隋者群盗，而群盗不能有隋；亡唐者黄巢，而黄巢不能有唐。其为火也，非不烈也，而为雷龙之光、火井之焰，乍尔熺（xī）然而固易熸也。唯沙陀则能亡唐而有之者也，祸发之必克也。发而克矣，不可复扑，垂之数传而余焰犹存。朱邪亡矣，邈佶烈、石敬瑭、刘知远皆其部落也。垂及于宋太宗之世，而后刘钧之余焰熄焉。祸之必克，岂不信夫！

如黄巢者，何足为深虑哉？裘甫馘矣，庞勋斩矣，王仙芝死于曾元裕之刃，黄巢亦终悬首于阙下矣。浮动之害，气已泄而还自烬，奚能必克也！沙陀据云中、雁塞之险，名为唐之外臣，薄效爪牙之力，而畜众缮备，秣马练士，收余蕃，结鞑靼，聚谋臣，纠猛将，以伺中国之间，为日久矣。介黄巢之乱，聚族则谋，李尽忠、康君立、薛志勤、程怀信、李存璋所共商拥戴者，与刘宣等之推戴刘渊也若出一辙。于是而夺唐之志，或伏或兴，或挫或扬，或姑为顺，或明为逆，三世一心，群力并聚，盘据云中，南据太原以为根本，虽欲拔之而必不胜矣。刘渊之在离石、西河也，尔朱荣之在六镇、秀容也，唐高祖之在晋阳、汾阳也，皆此地也。外有北狄之援，内有士马之资，而处于中国边鄙之乡，当国者置之度外，而不问其强弱逆顺之情势。岁而积之，月而渐之，狎而亲之，进而用之，虚吾藏以实之，偶一为功，而无识之士大夫称说而震矜之。使之睥睨四顾，熟尝吾之肯綮，幸一旦之有变，人方竞逐于四战之地，而已徐徐以起，是正所谓“厝火积薪之下”者也。然且合中外之早作夜思，竭四海、疲九州之力，以与无根之寇争生死而亟求其安，夫恶知拊吾背、乘吾危以起者，火已得风而薪必尽也！木资火以生，而施以自焚，岂有爽哉？李克用杀段文楚以据大同，唐不知戒，他日寇急，又延之以入，而沙陀之祸，几百年而始灭，悲夫！

【译文】

《阴符经》虽然是一部方术之士的典籍，但其中对于事物发展规律的探测，从而彰明人世吉凶祸福的缘故，使人们知道思考事先预防的办法，则是值得正人君子加以借鉴的。其《神仙抱一演道章》中说：“火生于木，祸发必克。”意思是说祸乱的爆发有其根本的原因，借机而起的人，终究还将自相残害而无法平定这种祸乱。充满整个天地之间的都是燎原大火，但一定要得到树木作为其燃烧的本源，所以祸乱爆发进而相互残害都是结果而不是原因。

古往今来导致国家政权灭亡的祸乱，只有秦朝残暴灭绝六国而引起了天下百姓的怨愤，元朝蒙古族入主中原而天下百姓不予顺从。因此其后崛起于民间的草莽英雄汉高祖刘邦和明太祖朱元璋，不需要有什么凭借便足以取代秦朝、元朝而建立国家。当然不是这样的情况更多，灭亡汉朝的是黄巾起义军，但黄巾起义军不能取代汉朝的统治；灭亡隋朝的是当时天下各路农民起义军，但农民起义军不能取代隋朝的统治；灭掉唐朝的是黄巢起义军，而黄巢起义军也同样不能取代唐朝的统治。这些起义军掀起的燎原大火，并不是不激烈，所产生的如同闪电一样的光芒、火井喷发一样的光焰，骤然熊熊燃烧，本来也就容易熄灭。只有属于突厥的沙陀部落是能够灭亡唐朝并取代唐朝统治的势力，也就是《阴符经》所说的“火生于木，祸发必克”。祸乱爆发并有了结果，就无法再去扑灭了，传承了好几代人，其残留的余焰依然存在。沙陀部首领李克用父子死了之后，邈佶烈（后唐明宗李嗣源原名）、石敬瑭、刘知远等也都是沙陀的余部。一直到北宋太宗赵光义在位的时候，北汉刘钧投降，沙陀部落的余焰才最后熄灭。祸乱爆发必然会亡国灭家，难道不是这样吗？

像黄巢这样的农民起义首领，怎么值得深深忧虑呢？在此之前唐朝的动乱，浙东农民起义首领裘甫被枭首，桂林军队暴动首领庞勋被斩杀，山东农民起义首领王仙芝死于诸道行营都招讨使曾元裕的屠刀之下，黄巢的首级也最终悬于京师的城阙示众。像以上这些浮动的火焰，气焰宣泄之后终究还会自然化成灰烬，又怎能最终亡国灭家呢？但沙陀人却不相同，他们据有云中（今山西大同）、雁门等险要关塞，名义上是唐朝的藩属之臣，不时为朝廷效其爪牙、犬马之功，暗中却蓄积力量、修缮武备，秣马厉兵、训练士卒，收留吐蕃余部，结纳鞑靼外援，聚集谋臣，纠集猛将，以便窥伺中国，等待时机，已经很久了。借着黄巢起义爆发的时机，沙陀部落聚在一起商议，李尽忠、康君立、薛志勤、程怀信、李存璋等共同商定拥戴沙陀族首领李克用，这种做法与西晋末年匈奴刘宣等拥戴刘渊为大单于如出一辙。从此以后，他们争夺唐朝天下的野心有时显露有时隐藏，有时受挫有时高扬，有时姑且归顺，有时公然叛乱，李国昌、李克用、李存勖前后三代人一心夺取天下，举族之力团结一致，盘踞云中作为根据地，然后向南拓展占据太原作为根本重地，朝廷即使打算除掉他们也必定无法取胜了。在此之前，匈奴刘渊盘踞离石（今山西吕梁离石）、西河（今山西吕梁一带）作为根据地，羯胡尔朱荣盘踞六镇（沃野、怀朔、武川、抚冥、柔玄、怀荒，均在今内蒙古自治区和河北省毗邻地区）、秀容（今山西忻县）作为根据地；唐高祖李渊盘踞晋阳（今山西太原）、汾阳（今山西临汾）作为根据地，其地理方位也都在这一带。这一地区，外部有北方少数民族作为援助，内部又拥有实力雄厚的军队、战马作为资本，又位于中原王朝的北部边境之地，执掌国家政权的人都置之度外、不予重视，从来也不关心和过问其势力的强弱、对朝廷的归顺或悖逆与否。这样年深岁久，日积月累，他们的势力逐渐强大起来，朝廷也逐渐加以亲近，从而信任和进用他们，竭尽自己的储藏来充实他们，偶然立下一次功劳，那些愚昧无知、缺乏远见的士大夫纷纷称赞，使他们骄傲自得。让他们得以环顾四周，轻视天下，熟悉体察中原王朝的成败得失、利害关键，一旦天下有变，人们都正在竞争逐鹿于中原四战之地，而自己得以借机慢慢地成长壮大起来，这正是汉代贾谊所说的“把火种放在堆积的柴草之下”。然而当中原王朝正在全力集聚中外力量，希望竭尽四海九州的人力物力，以便与那些没有根据地的流寇盗贼进行生死决战而亟待边疆地区平安无事的紧要关头，哪里知道在自己的背后乘机而起的火焰，已经借助风力燃烧起来而且必定燃烧尽柴草而后已！火借助木材而产生，火起之后木材也被焚毁而消亡，这难道还会有什么例外吗？当乾符五年（878）沙陀族首领李克用攻杀唐朝检校吏部尚书、大同军防御使、武威郡开国伯段文楚占据大同的时候，唐朝还不知道加强戒备，此后盗贼流寇祸乱危急之时，又邀请他们进来帮助平定叛乱，终于酿成中原王朝借助异族力量而带来亡国灭家的“沙陀之祸”，历时几百年才得以平息，实在是可悲可叹啊！

本事：《资治通鉴》卷二五三《唐纪六十九·僖宗》，乾符五年（878）。

四 小才大任，启乱致亡

无忘家为国、忘死为君之忠，无敦信及豚鱼、执义格鬼神之节，而挥霍踊跃、任慧力以收效于一时者，皆所谓小有才也。小有才者，匹夫之智勇而已。小效著闻，而授之以大任于危乱之日，古今之以此亡其国者不一，而高骈其著也。唐自宣宗以后，委任非人，以启乱而致亡也亦不一，而任高骈于淮南，兼领盐铁转运，加诸道行营都统，其尤也。

使骈而无才可试，无功可录，则虽暗主庸相，偶一任之而不坚。而骈在天平，以威名著矣；在岭南，破安南矣；在西川，拒群蛮矣。计当日受命专征之将相，如曾元裕、王铎者，声望皆不能与之相抗。以迹求之，郑畋且弗若也。而唐之分崩灭裂以趋于灰烬者，实骈为之。

何以明其然也？王仙芝、黄巢虽横行天下，流寇之雄耳。北自濮、曹，南讫岭海，屠戮数千里，而无尺地一民为其所据；即至入关犯阙，走天子、僭大号，而自关以东，自邠、岐以西北，自剑阁以南，皆非巢有；将西收秦、陇，而纵酒渔色于孤城，诚所谓游釜之鱼也。使骈收拾江、淮，趋河、洛，扼其东奔之路，巢且困死于骈之掌上，而何藉乎逆蹙怀奸之朱温，畜志窥天之李克用乎？唐可不亡矣。即不然，而若刘弘之在荆州；又不然，而若韩滉之在江东，息民训士，峙刍粟以供匮乏。则温与克用且仰哺于骈，而可制其生死。二凶亦不敢遽逞其欲，唐亦可不亡矣。而一矢不加于汴、蔡，粒粟不出于河、淮。夫骈固非有温与克用乘时擅窃之成谋也，贵已极，富已淫，匹夫之情欲已得，情欲得而才亦穷矣。

骈之所统，天下之便势也。有三吴之财赋，有淮、徐之劲卒，而由后以观，若钱镠、杨行密、王潮者，皆可与共功名者也。骈忠贞不足以动人，淡泊不足以明志，偃蹇无聊，化为妖幻，闭于闺中，邑邑以死，回视昔之悬军渡海、深入蛮中者，今安在哉？受制妖人，门无噍类，一旦而为天下嗤笑。由是观之，才之不足任也审矣。

但言才，则与志浮沉，与情张弛，一匹夫而已矣。童贯亦有平方腊之功，而使当女直；熊文灿亦有定海寇之效，而使抚流贼；乃至朱儁、皇甫嵩之荡除黄巾而束缚于董卓。乱国之朝廷所倚赖，乱世之人心所属望，皆其不可与有为者也。然后知狄公之能存唐，唯有保全流人、焚毁淫祠之大节；汾阳之靖乱，唯其有闻乱即起、被谤不贰之精忠。大人君子，德轫于忠而后才以不穷。富贵不淫，衰老不怯。偶然奋起小绩，遽委以大猷，“鼎折足，覆公餗，其形渥”，此之谓已。

【译文】

如果没有为了国家而忘记自家安危、为了君主而舍生取义的忠诚，以及坚守诚信及于豚鱼、坚守道义感动鬼神的节操，而只是迅疾踊跃向前、依仗智慧和力量以期收效于一时的人，都是所谓的小有才能。小有才能的人，也只是一介匹夫的智谋和勇略罢了。如果以小小的成效著称而闻名于一时，朝廷便在国家处于危难祸乱的时候授以天下重任，古往今来因为这个缘故造成国家灭亡的也不在少数，而唐朝末年的大将高骈便是其中最突出的一个。唐朝自从唐宣宗以后，将军国重任委托给不合适的人选，从而引起政治动乱进而导致国家衰亡的情况不一而足，而任命高骈担任淮南节度使，并兼领江淮盐铁转运使，后来又加诸道行营兵马都统，封渤海郡王，尤其是所托非人的突出代表。

假如高骈在此前没有什么才能得以施展出来，也没有什么功劳可以记录表彰，那么即使遇上昏聩的君主、平庸的宰相，也只是偶然加以任用而不是坚定地予以信赖重用。而高骈在担任天平军（治今山东东平北）节度使的时候，就已经威名昭著了；在岭南担任安南都护、经略招讨使的时候，又抵御南诏、收复安南；在担任剑南西川节度使的时候，曾抵御和降服南蛮各少数民族。综计当时受命专权征伐的将相大臣如曾元裕、王铎等，他们的声望都不能和高骈相提并论；而从其事迹功勋来看，宰相郑畋也比不上他。可是唐朝政权分崩离析以至于最终化为灰烬的罪魁祸首，实际上正是高骈其人。

为什么这样说呢？当时王仙芝、黄巢领导的农民起义军虽然能够横行于天下，也不过是流寇中的英雄罢了。他们从北方的濮州（治今山东鄄城县北）、曹州（治今山东曹县北）开始发动起义，向南曾经转战岭南，攻克广州，征伐屠戮遍布数千里，但没有真正的尺寸之土、一地之民作为他们的根据地；即使到了进入潼关、攻占京师长安，赶走唐朝天子，称帝建国，但东部自潼关以东，西部自邠州、岐山以西以北，南部自剑阁以南，都不是黄巢的势力范围。黄巢虽有收复秦、陇地区的打算，但在孤城长安中沉湎酒色而无所作为，这正是所谓的游走在热锅中的鱼儿。假如高骈能够在这个时候出兵收复江淮，挥师直趋河洛地区，切断黄巢起义军东归逃奔的道路，那么黄巢将会被困死在高骈的股掌之上，朝廷又何必再借助心怀奸邪、急迫悖逆的降将朱温以及早蓄野心、觊觎皇位的藩臣李克用呢？这样的话唐朝也就不至于灭亡了。即使不是这样，而像西晋时期的荆州刺史刘弘那样保一方平安；即使不是这样，而像唐德宗在位时候发生泾原兵变，镇海军节度使韩滉在江东地区那样，休养生息，训练士卒，储备粮饷财赋以供给朝廷已经匮乏的财政用度。这样，朱温、李克用也将要依赖于高骈的供养，从而可以钳制他们的生杀大权。朱、李二凶也就不敢急迫地实现他们的野心，唐朝也同样不会灭亡。然而高骈既没有向地处中原的汴州（今河南开封）、蔡州（今河南汝南）派出一兵一卒，也没有通过江淮地区向朝廷供给一粟一米的粮饷。这是因为高骈本来就没有像朱温和李克用那样具有乘机擅权窃取大位的既定谋略，而且他的尊贵地位、物质财富也都达到了顶点，作为一介匹夫的欲望已经得到满足，人一旦志得意满，其才能也就山穷水尽了。

当时高骈所统辖的地区，正是天下形势最为有利的所在。这里不仅拥有三吴（吴兴、吴郡、丹阳）地区充足的财赋，还拥有淮南、徐州地区的精兵锐卒，而且从后来的形势发展来看，高骈本可足以割据一方，自立为王，建立起像吴越钱镠、淮南杨行密、闽国王潮王审知兄弟那样的功名。但他对朝廷的忠贞不足以令世人感动，他的淡泊节操不足以彰明其志向，在困顿无聊的环境中，信仰神仙妖幻之术，把自己封闭于宫室之中，闷闷不乐，忧郁而死，回想当年悬军渡海、深入蛮中的英武将帅的风采又到哪里去了呢？他晚年昏庸，重用方术之士吕用之等专权独行，结果被黄巢部将毕师铎攻陷扬州，整个家族都被杀死，几乎没有活着的人了，一世英名毁于一旦，为天下人所嗤笑。由此可见，人的才能不堪依赖，的确是这样啊！

如果仅仅讨论一个人的才能，那么其才能随着意志而浮沉升降，随着性情而张弛变化，不过是一介匹夫罢了。北宋末年的枢密使童贯也曾有过镇压方腊起义的功劳，可是让他去对付女真族的金兵就丧师失地了；明朝末年的兵部尚书熊文灿早年在福建时也有过平定海寇的功绩，可是受命剿抚张献忠农民起义军时却遭遇失败，被下狱论斩；甚至东汉末年的儒将朱儁、皇甫嵩率军荡平黄巾起义，却在奸相董卓面前束手无策。以上这些人，在国家处于祸乱之时为朝廷所倚靠和信赖，为身处乱世的人心所期待和冀望，都是无法寄予厚望、委以重任而有所作为的。由此我们才可以明白梁国公狄仁杰之所以能够保存唐朝的江山社稷，正是因为他具有保全流放之人、焚毁淫祠的大节；汾阳王郭子仪之所以能够平定安史之乱，正是因为他具有听到叛乱当即起兵勤王、受到诽谤依然忠贞不贰的精忠报国精神。真正能够称得上大人君子的人，都是内心充满高尚纯正的道德，然后才会有用之不竭的才华。富贵不能淫，衰老不足怯。偶然奋发有为做出一点小的成绩，就急迫地委以治理国家的重任，只会带来亡国灭家的危险，《周易·鼎卦》中所谓的“大鼎难承重荷而折断鼎足，王公贵族的美食都倾倒出来，鼎身外形沾满污秽，将会有凶险”，说的就是这个道理。

本事：《资治通鉴》卷二五三《唐纪六十九·僖宗》，广明元年（880）。

五　武臣养寇以胁上

刘巨容大破黄巢于荆门，追而歼之也无难；即不能歼，亟蹑其后，巢亦不敢轻入两都。而臣容曰：“国家喜负人，有急则抚存将士，不爱官赏，事宁则弃之。”遂逸贼而任其驰突，使陆梁于江外。此古今武人养寇以胁上通弊也。国亡而身家亦陨，皆所弗恤，武人之愚，武人之悍，不可瘳（chōu）已。

乃考唐之于功臣也，未尝有醢菹之祸，而酬之也厚，列土封王，泽及子孙，汾阳、临淮、西平赫然于朝右，懿、僖无道，抑未尝轻加罪于效绩之臣，康承训之贬，固有逗挠之实，非厚诬之也，朱邪赤心、辛谠皆褒然节钺矣。巨容所云负人者，奸人之游辞耳，岂果负之哉？则巨容负国之罪，无可逃于天宪矣。

虽然，抑岂非为之君者弗能持正以正人，有以致之乎？人君操刑赏以御下，非但其权也，所以昭大义于天下而使奉若天理也。天下莫喻乎义，则上以劝赏刑威、悚动其心，而使行其不容已。故曰：“上好义，则民莫敢不服。”巨容曰：“有急则抚存将士，不爱官赏。”是以官赏诱将士于未有勋劳之日，使喻于利而歆动之。寇贼方起，爵赏先行，君臣之义，上先自替以市下。唯天下有乱，不必有功，而可以徼非分之宠幸，贼一日未平，则可胁一日之富贵，恶望其知有君臣之义，手足头目之相卫者乎？巨容之情，非以防他日之见薄也，实以要此日之见重也。

如使寇难方兴之日，进武臣而责以职分之所当为，假之事权，而不轻进其爵位。大正于上，以正人心，奖之以善，制之以理，而官赏之行，必待有功之日。则义立于上，皎如日星，膏血涂于荒郊，而亦知为义命之不容已。及其策勋拜命，则居之也安而受之也荣。虽桀骜之武人，其敢有越志哉？宋太祖以河东未平，不行使相之赏，而曹彬不曰国家负人，诚有以服之者也。

【译文】

唐僖宗乾符六年（879），山南东道节度使（治襄阳）刘巨容在荆门关大破黄巢起义军，乘胜追击进而予以歼灭并不困难；即使不能全歼，挥师紧随其后加快追击，黄巢起义军也不敢轻易攻入东西两京。可是刘巨容却说：“朝廷喜欢辜负于人臣，当形势危急的时候就安抚体恤将士，不惜封官许愿、赏赐丰厚，一旦形势稳定就把他们抛弃。”于是放纵黄巢起义军听任他们奔驰突围而去，使他们得以在江南地区横行无阻。这是古往今来武将姑息养寇以胁迫朝廷的通行弊端。国家灭亡后自己的身家性命也无法保全，他们都不加顾惜和体念，武将的愚蠢透顶，武将的骄悍跋扈，已经到了无可救药的地步！

我们考察唐朝对待功臣政策，从未有过遭受剁成肉酱的酷刑之类的祸患，相反对他们的酬劳非常优厚，甚至不惜裂土封王，使他们得以世袭，泽及子孙后代，像郭子仪受封汾阳郡王、李光弼受封临淮郡王、李晟受封西平郡王，都赫然屹立于朝廷的显要位置。即使是唐懿宗、唐僖宗这样昏庸无道的君主，也未曾轻易加罪于有功之臣。至于镇压庞勋起义有功的河东节度使康承训的被贬，本来就有其因怯阵而避敌的实情，并非故意深究其罪责，而同样镇压庞勋起义有功的沙陀首领李国昌（原名朱邪赤心，授振武军节度使、徐州观察使）、守卫泗州的辛谠（授泗州团练判官、侍御史，后授岭南节度使）也都授予了象征军权的节钺。刘巨容所谓的朝廷有负于人臣，不过是奸佞小人的游辞罢了，难道朝廷真的辜负他了吗？如此说来，刘巨容辜负国家的罪行，是难以逃脱朝廷法律惩罚的。

尽管如此，难道不是作为其君主不能秉持正道以便纠正人臣的过错，因此而造成这样的结果吗？君主掌握生杀赏罚大权以驾驭臣下，这并不仅仅是一种权力，而且是用来向天下人昭示王道大义从而使他们奉为天道伦常的准则。天下人无不晓谕正道大义，那么君主就可以用赏赐予以激励、用刑罚树立权威，从而震动民心，使他们不敢做不义的事，所以说“君主讲信义，百姓就不敢不服从”。刘巨容说：“当形势危急的时候就安抚体恤将士，不惜封官许愿、赏赐丰厚。”这是说朝廷用封官许愿、赏赐丰厚的手段在将士未有功劳的时候加以诱惑，使他们贪图功利而打动其内心。正当天下发生动乱的时候，先滥行封赏，那么君臣之间的正道大义，朝廷首先加以废弃，从而与臣下进行庸俗的交易。正是因为天下发生了动乱，不一定建立功勋，就可以侥幸得到非分的荣宠，这样盗贼一天不平定，就可以借此获得一天的富贵，哪能够指望他们顾念君臣之间的正道大义，切记人的手足头目各个器官之间相互保护的道理呢？刘巨容的真实想法，并不是担忧和防备日后不受朝廷重用，实际上是以此相要挟，希望获得当时的重用。

如果在天下盗贼祸乱灾难刚刚爆发的时候，任用武将并要求他们履行自己应当担负的职责，授予他们临机行事的职权，而不轻易封官赐爵。这样从朝廷上明确正道大义，以此来端正天下人心，以美德加以激励，以情理加以制约，而封官行赏的实施，一定要等待建立功勋的时候。这样正道大义确立于朝廷之上，就像日月星辰一样皎然明白；这样战士肝脑涂地、拼死疆场，也知道是为了道义和使命而不容停止和退却。到了记录功勋于策书之上、受命拜官任职的时候，也会觉得居功心安理得、受赏光宗耀祖。即使是桀骜不驯的武将，又怎敢放纵任性呢？宋太祖赵匡胤因为割据河东的北汉尚未平定，暂时不进行枢密使的封赏，而大将曹彬也不认为这是朝廷有负于他，的确是有使他服气的正道大义存在。

本事：《资治通鉴》卷二五三《唐纪六十九·僖宗》，乾符六年（879）。

六　李克用阴谋亡唐

取亡唐之贼加之李克用，非深文也。克用父子溃败奔鞑靼，语鞑靼曰："黄巢北来，必为中原患，一旦天子赦吾罪，与公辈南向共立大功，谁能老死沙漠。"论者谓以此慰安鞑靼而自全者，非也。克用之持天下也固，而知必入其掌中，揣之深，谋之定，而言之决也。故其后所言皆验，而卒以此陵唐室，终为己有，夫岂姑以此慰鞑靼之心哉？

当李琢、李可举讨之之日，国昌已老，克用之力未固，黄巢尚在江、淮之间，唐室尚宁，合西北之全力以攻新造之一隅，不敌也。克用知所可用者，从未挫于中国之鞑靼也，故不难舍两镇以去，而北收鞑靼以为己资；又遣李友金伪背己以降而为之内谋；其布腹心之党于忻、代、云中以结人心者，秘密而周悉。可举、琢一胜而幸其逃，弗能问也，赫连铎乃欲赂鞑靼以取之，为其所笑而已。及巢已陷京，李友金募杂胡三万，睥睨偃蹇，阳不听命，而曰："若奏天子赦吾兄罪，召以为帅，则代北之人，一麾响应。"既得召命，克用果以鞑靼万人疾驱而入，士卒皆为用命。则内外合谋，玩唐于股掌，卒如其意，岂一朝一夕之能得此哉？外有鞑靼，内有友金，虽逃奔，愈于固守以抗争也多矣。此克用之险狡，人莫能测其藏者也。

呜呼！使当日者，唐室文武将吏能合困黄巢于长安而歼夷之，则克用之谋夺矣，唐以存，而沙陀之祸息矣。然而克用料之而必中、图之而必成者，何也？沙陀自随康承训立功于徐、泗之日，已目空中国之无人，不能如黄巢何，而必资于己也。奸人持天下之短长，以玩而收之，至克用而极，非刘渊、石勒之能及也。所据者一隅，而睨九州如橐中之果饵，视盈廷之将吏如痿痹之病夫，黄巢、朱温皆其借以驱人归已之鹯獭，是之谓狼子野心，封豕之方伏、长蛇之方蛰者也。

【译文】

如果把灭亡唐朝的乱臣贼子的罪名加在李克用头上，并不是深文周纳（苛刻甚至歪曲地援引法律条文牵强附会给人定罪）。唐僖宗广明元年（880），李克用父子举兵反唐溃败后出奔鞑靼的时候，曾对鞑靼人说：“黄巢挥师北上，必然成为朝廷的心腹大患。一旦皇上赦免了我的罪，就与你们一起南下中原建立不世的功勋，谁甘心老死沙漠。”评论的人认为这是李克用以此来安慰鞑靼人以图自我保全的说法（见《资治通鉴》胡三省注），其实并不是这么简单。李克用掌控整个天下的野心根深蒂固，知道天下江山必定归于自己的掌握之中，其揣摩之深远、智谋之坚定、言语之决断都体现在这段话当中。所以他的说法在后来都得到了验证，并终于侵犯覆灭了唐朝，最后把天下据为己有，难道可以说是姑且以此来安慰鞑靼人心吗？

当蔚朔等州招讨都统、行营节度使李琢会同幽州节度使李可举、吐谷浑首领赫连铎讨伐沙陀部落叛乱的时候，李国昌已经年老，李克用的势力还没有巩固，黄巢起义军还横行于江淮之间，唐朝的政局还相对稳定。整合西北地区各少数民族部落的全部兵力来攻击李克用父子所占据的一隅之地，他们也是无法相抵挡的。李克用知道自己可以引为外援的势力，是处于北方从来未曾被唐朝打败过的鞑靼人，所以他不难忍心放弃其父子所占据的振武军、大同军两个藩镇地盘流亡鞑靼，而把北方的鞑靼部落收拢为自己的力量；同时又派遣族叔李友金携蔚、朔二州假意背叛沙陀、投降唐朝，作为自己的内应；他还把自己的心腹党羽安置在忻州、代州、云中等地以收买人心，这些安排可以说既秘密而又周详。李可举、李琢刚一取得胜利，又庆幸他们逃走，也就不予过问了，吐谷浑首领赫连铎甚至想要贿赂鞑靼人以便擒获李克用父子，只能为鞑靼人当作笑话罢了。等到黄巢起义军攻陷京师长安以后，李友金又招募杂胡少数民族军队三万人，观望不前，佯装不听朝命前往京师勤王，而且放出话来说：“你们奏明天子赦免我兄长的罪过，召他回来担任统帅，那么代州以北的各个少数民族军队都会一呼而百应。”在得到朝廷召回并任命为代州刺史、雁门以北行营节度使的诏令之后，李克用果然带着万名鞑靼军队长驱直入，部下士卒也都听从他的指挥。这样里应外合的阴谋诡计，把唐朝君臣玩弄于股掌之上，最终一切都在预料之中，这难道是一朝一夕能够获得的成功吗？外部有鞑靼人的支援，内部有李友金的内应，李克用虽然出奔流亡在外，但与其在当时大败的形势下固守抗争比较起来，效果要好得多了。这正是李克用的阴险狡诈之处，没有人能够窥测到他内心隐藏的企图。

唉！在当时的形势下，假如唐朝的文臣武将能够同心协力把黄巢起义军合围于长安并彻底歼灭，那么李克用的阴谋也就会破产，唐朝的统治得以维持，而历史上持续很久的沙陀之祸也就可以永远平息了。然而李克用预料必定会应验、李克用的企图必定能成功，这又是为什么呢？这是因为自从沙陀人跟随康承训在徐州、泗州一带镇压庞勋起义之日起，早就已经目空一切地看到唐朝没有足以担负天下重任的人才，面对黄巢起义军根本无可奈何，一定要求助于自己。奸佞小人掌控天下利害得失的关键，从而玩弄于股掌之上、收拢于掌握之中，到李克用可以说达到了极致，并不是前赵刘渊、后赵石勒所能够达到的。他当初所占据的不过是一隅之地，却藐视天下九州如同囊橐中的糖果食品一样，藐视满朝的文武官员如同得了痿痹之症的病夫一样，黄巢、朱温也都是他借以为渊驱鱼的水獭、为丛驱雀的鹰鹯，成了他利用来争夺天下的工具，这就是所谓的狼子野心，也正像正在沼泽中潜伏的封豕（野猪，比喻贪暴者）准备伤人、正在巢穴中蛰伏的长蛇（比喻狠毒者）准备咬人一样。

本事：《资治通鉴》卷二五三《唐纪六十九·僖宗》，广明元年（880）。

七　文臣掌兵失于躁志

黄巢之乱，唐中外诸臣戮力以效节者，唯郑畋一人而已。畋以将佐不听拒贼，闷绝仆地，刺血书表，誓死以斩贼使，不可谓非忠之至；以文吏率数千人拒尚让五万之众，败之于龙尾陂，传檄天下，诸道争应，贡献蜀中者不绝，不可谓非勇之甚，抑不可谓非智之尤；然而一向长安，旋即溃败，凤翔内乱，孤城不保，诸镇寒心，贼益巩固，卒使王铎假手于反覆横逆之朱温、包藏异志之李克用，交起灭贼，因以亡唐，而畋忠勋之成效亦毁，则唯不明于用兵之略也。

郭汾阳之收西京，李西平之擒朱泚也，奋臂以前，气可吞贼，而迟回郑重，合兵四集，旁收其枝蔓，乃进而拔其根本，夫岂怯懦而忘君父之急、虚士民之望乎？贼之初终强弱，洞然于心目之间，如果之在枝，待其熟而扑之，易落而有余甘，斯以定纷乱而措宗社于磐石，所谓用兵之略也。

善制胜者，审之明，持之固，智无所矜，勇无所恃，静如山而后动如水，不可御矣。而畋异是。唐弘夫龙尾陂之捷，尚让恃胜而骄，故弘夫得施其智，恶足恃为常胜哉？贼之据长安也方五月，其犷悍之气未衰，其剽掠之毒未遍，其荒淫之欲未逞，其暌离之心未生，畋收新集之孤旅，王处存、王重荣之众方鸠，高骈拥兵而观望，王铎迟钝而不前，乃欲遽入长安，搏爪牙方张之鸷兽，宜其难矣。

且黄巢之易使坐毙也，非禄山、朱泚之比也。禄山植根于幽、燕者已固，将士皆其部曲，结之深、谋之协矣。而自燕徂秦，收地二千余里，逐在皆布置军粮以相给，禄山且在东都，为长安之外援，而不自试于罗网。朔方孤起，东北无援，以寡敌众，以五围十，犹似乎宜急攻而不宜固守以待其困。朱泚虽乍起为逆，而朱滔在卢龙以为之外援，李纳、王武俊与为唇齿，李希烈又梗汴、蔡以断东南之策应，泚虽孤守一城，固未困也。则李西平以一旅孤悬，疑持久而生意外之变。若黄巢，则陷广州旋弃之矣，蹂湖、湘旋弃之矣，渡江、淮旋弃之矣，申、蔡、汴、宋无尺地为其土，无一民为其人，无粒粟为其馈饘，所倚为爪牙者朱温、尚让，皆非素所统御，同为群盗，偶相推举尔。而以官军计之，王铎拥全师于山南，未尝挫衄，固可以遏贼之逸突。藉令畋戢其怒张之气，按兵而逼其西，处存、重荣增兵以压其北，檄铎自商、洛扼同、华以绝其归路，萦之维之，蹙之凌之，思唐之民，守壁坞以绝其刍粟。夫黄巢者，走天子，据宫阙，僭大号，有府库，褎然南面，而贼之量已盈矣。淫纵之余，加以震叠，众叛群离，求为脱钩之鱼，万不得矣。朱温即降，而魄落情穷，但祈免死，贷其命而授以散秩，且弭耳而听命。沙陀后至，知中国之有人，亦得赦前愆，复徼边镇之为厚幸，何敢目营四海，窃赐姓以觊代兴乎？斯时也，诚唐室存亡之大枢，而畋未能及此也，深可惜也。

古今文臣授钺而堕功者，有通病焉，非怯懦也。怯懦者，固藏身于绅笏，而不在疆埸之事矣。其忧国之心切，而愤将士之不效死也，为怀已夙，一旦握符奋起，矜小胜而惊喜逾量，不度彼己而目无勍（qíng）敌，听慷慨之言而轻用其人，冒昧以进，一溃而志气以颓，外侮方兴，内叛将作，士民失望而离心，奸雄乘入而斗捷，乃以自悼其失图，而叹持重者之不可及，则志气愈沮而无能为矣。易折者武士之雄心，难降者文人之躁志。志节可矜，尚不免于偾败，况其忠贞果毅之不如畋者乎？用兵之略，存亡之介也，岂易言哉！岂易言哉！

【译文】

黄巢农民起义军攻陷京师长安之后，唐朝内外文武大臣中真正勠力同心、效命尽忠的，只有凤翔陇右节度使郑畋一人罢了。郑畋因为将领不肯听命前去抗拒贼寇，气愤得昏厥过去倒在地上，醒来后刺破手指以血书写下表章，誓死效忠唐朝，杀掉前来劝降的黄巢使者，这些所作所为不能不说是忠诚达到了极致；他以文官的身份率领数千人抵御黄巢部将尚让五万大军，在龙尾陂（今陕西岐山东）大败敌军，接着传檄天下，引起诸道争先恐后地响应，派人向流亡在蜀地的唐僖宗进献方物者络绎不绝，这些也不能不说是勇武异常，也不能不说是才智卓异；然而当他被擢升为宰相、担任京城四面行营都统，指挥各路人马一向长安进军便随即溃败，接着又引发凤翔的内乱，使得孤城不保，诸镇寒心，黄巢起义军的势力反而因此得到巩固，最终使义成军节度使、诸道行营都统王铎不得不借助反复无常、骄横悖逆的降将朱温和包藏祸心、阴谋灭唐的沙陀人李克用的力量，相继起来参与镇压黄巢起义军，并借机灭了唐朝，郑畋原有的忠诚和功勋也随之毁于一旦，出现这种结局正是因为不了解用兵作战的策略。

当年汾阳郡王郭子仪平定安史之乱收复西京长安、西平郡王李晟平定泾原兵变擒获朱泚的时候，都是奋勇向前、气吞山河，在士气高昂的情况下却用兵犹豫而谨慎，聚集各路大军四面合围以后，先打外围战清除小股敌人，然后才发起进攻，拔掉其中心、消灭其主力，这难道是出于怯懦而忘记了君父的危急、违背了百姓的愿望吗？实际是把敌人的来龙去脉、强弱虚实探测清楚，对战争的策略和结局都做到洞然于心目之间，就像是果子挂在枝头，只等着成熟以后打落一样，这样果子就容易掉下来并且吃起来回味甘甜，这就是安定纷乱危急的局面、确保宗庙社稷安如磐石的万全之策，也就是所谓的用兵作战的策略。

善于克敌制胜的统帅，审时度势要明察秋毫，作出决策则持之以恒，智谋卓越却不自相矜夸，骁勇善战却不恃勇轻敌，镇静如山而后动若流水，这样的军队是不可阻挡的。但郑畋不是这样。他派泾原行军司马唐弘夫设下埋伏而取得龙尾陂大捷，主要是由于尚让依仗接连胜利而滋生骄傲，所以唐弘夫才有机会施展才智，又怎么足以凭借而常胜不败呢？当时黄巢起义军攻占长安刚满五个月，其粗野强悍的士气尚未衰竭，其烧杀抢掠的毒害尚未遍及京城内外，其荒淫残暴的欲望尚未得逞，其内部分裂离散之心尚未产生，而郑畋收拢起来的军队都是刚刚集结的孤军，义武军节度使王处存、河中节度使王重荣的军队正在集结，淮南节度使高骈拥兵观望，义成军节度使王铎犹豫不前，在这种形势下郑畋却要急切地向长安进军，与军威正盛、严阵以待的黄巢起义军进行决战，就像与张牙舞爪的猛兽搏斗一样，想要获胜显然是困难的。

况且对于黄巢起义军，在战略上是容易使他们坐以待毙的，这一点与安禄山、朱泚是不能相提并论的。安禄山的势力植根于幽、燕地区已经非常巩固，他的部下将士都是其私兵家仆，相互之间结有深交，谋略战法协调一致。他从幽、燕起兵一路进入关中，连续攻占两千余里的地方，所到之处都安排有充足的粮饷保障供给，他自己就坐镇东都洛阳，作为京师长安的外援，而不是自己亲临长安投入罗网。郭子仪以朔方节度使的身份孤立起兵勤王，属于孤军作战，东部和北方都没有外援，可以说是以寡敌众，用五个人去围困十个人，在这种情况下似乎应该采取急迫进攻的策略，而不适宜围困守御以等待敌人的困顿衰败。至于朱泚，虽然是在泾原兵变中骤然起来谋逆篡位，但他有其弟卢龙节度使朱滔作为外援，淄青节度使李纳、成德节度使王武俊与他结为唇齿相依的关系，淮西节度使李希烈又控制汴州、蔡州中原地区切断东南地区对朝廷的策应，所以尽管他孤守一城，本来也不是孤立无援的困兽犹斗。于是西平郡王李晟率领一支军队孤军奋战，就是猜度和担心旷日持久将会发生意外的变故。至于黄巢的农民起义军，曾经攻陷广州随即又放弃了，曾经蹂躏湖、湘地区随即又放弃了，曾经渡过江、淮随即又放弃了，地处中原的申州、蔡州、汴州、宋州没有一个地方为其所有，没有一个人为其所用，没有一粒粮食为其供给，黄巢所倚靠作为爪牙的朱温、尚让等，也都不是他所统御的旧部，只是因为同为盗贼首领、偶然相互拥戴罢了。再从当时唐朝官军的情况分析，王铎还拥有山南东道的完整兵力，未曾受到失败的挫折，本来可以遏制住黄巢起义军突围逃跑的防线。假如郑畋当时能够平息自己愤怒的情绪，按兵不动逼迫黄巢起义军向西突围，王处存、王重荣增加兵力压制北境，传檄王铎从商洛地区扼守同州、华阴一线，断绝黄巢起义军东归的退路，这样四面包围缠绕束缚住他们的手脚，然后压制和逼迫他们，而周边地区忠于朝廷的百姓自然会坚壁清野以断绝其粮草供应。处在这种环境中的黄巢，他赶走了皇帝，占领了宫阙，建立了国号，拥有了府库，盛装南面，称孤道寡，作为一个盗贼其所有的欲望都得到了满足。在荒淫放纵之余，面对各路大军包围施压的形势，也使他增加了震惊与恐惧，走投无路，众叛亲离，想要求得像脱钩的鱼儿那样的自由，已经万万不可能了。这时的朱温即将投降朝廷，而他已经到了失魂落魄、日暮途穷的境地，只祈求能免于一死，在这种情况下就可以免除其死罪，授予一个闲散官职，他将会俯首帖耳，听命于朝廷。随之而来的沙陀人知道唐朝还有可以托付重任的人才，也将以得到朝廷赦免其以前的罪行、重新受命割据边境藩镇当作极大的荣幸，又怎敢再目空一切、窃得赐姓李氏从而觊觎取代唐朝的政权呢？这个时候，的确是关系到唐朝生死存亡的重要关头，但郑畋没有预料到这些，令人深为惋惜。

古往今来，文臣被授以斧钺、率军出征而功亏一篑的，都有一种通病，而并不是因为怯懦的缘故。怯懦的性格特征，本来就隐藏在文臣行事之中，而不会体现在疆场之事了。正是因为他们的忧国之心极为迫切，又愤恨于前方的将士不能为国家出生入死，因此早就抱定效死疆场的夙愿，一旦有了掌握军队的机会，就会奋勇向前，取得一点小小的胜利就自相矜夸，惊喜过度，不考虑敌我双方的强弱利害而目无强敌，听信激昂慷慨的言辞而轻易用人，贸然进军，一旦遇到溃败就会丧失斗志，这样外来的侵略方兴未艾，内部的叛乱即将发生，天下士人民众失去希望而离心离德，奸佞枭雄乘虚而入而接连取胜，而他们又会因为自己的失策而自我痛悼，并慨叹自身与那些老成持重的人无法相比，因此也就会更加灰心丧气而无所作为了。最容易受到挫折的是武士的雄心壮志，而最难以降服改变的是文人急躁冒进的心志。他们的意志和节操虽然值得怜惜，但仍免不了覆败的命运，何况是那些忠贞不贰、果敢刚毅不如郑畋的人呢？用兵作战的策略，是关系到国家生死存亡的媒介，难道可以轻易谈论吗？难道可以轻易谈论吗？

本事：《资治通鉴》卷二五四《唐纪七十·僖宗》，中和元年（881）。

八　朱温与李克用曲直不足论

朱温夜袭李克用，其凶狡固不待论，虽然，克用、温之曲直，亦奚足论哉！盖克用、温自决雌雄以逐唐已失之鹿而不两立，犹之乎袁绍、曹操之争夺汉，沈攸之、萧道成之争夺宋也。故曰其曲直不足论也。

当是时，黄巢虽败，而僖宗之不能复兴，王铎辈之不能存唐也，已全堕温与克用心目之中。温目无唐之君臣，克用之目更无温，又岂复有唐之君臣乎？使克用不得脱于温之锋刃，则温之篡也必速。然而篡之速，则其败也可立待也。为贼初降，无功可纪，未得一见天子、受朝廷之命，但仰濡沫于王铎，一旦而袭杀援己之功臣，早已负不直于天下而为众所指攻，即逼天子而夺之，亦黄巢之续，不旋踵而亡，唐尚可存也。且沙陀之众为克用效命也久矣，存勖、嗣源俱年少而有雄才，温亦奚足以逞哉？藉此以正温之罪，奋起而诛权藉未成之奸，而唐亡一贼矣；克用死，而唐固亡一贼矣。唯其袭杀之不克也，迟温之篡以养其奸，挫克用之逆而归谋自固，是以唐再世而后亡，一亡而不可复。若夫二人之曲直，亦恶足论哉！

无克用而温之篡也不必成，成温之篡者，僖宗之昏，昭宗之躁，自延而进之，张濬、崔胤之徒，又多方以拘成之。抑且指沙陀以为兵端，而唐君臣不惬于沙陀者，假手于温以成其恶。不然，则温且不能为董卓，而其乞降之初志，固望为田承嗣、李宝臣而志已得矣。

无温而克用之为刘渊，必也。首发难于大同，其志不吞唐而不已，从鞑靼以来归，一矢未加于贼，早已矫伪诏，胁帅臣，掠太原，陷忻、代，自立根本。及其归镇也，乘孟方立之内乱，夺取潞州，岁出兵争山东，而三州皆为俘掠，野绝稼穑。使不忌朱温之险悍，则回戈内向，僖宗之青衣行酒于其庭，旦暮事也。

温贼耳，狡诈而无定情，吕布之俦也。克用以小忠小信布私恩，市虚名，而养叵测之威，卒诗其部落四姓代兴，以异族而主中夏，流毒数世，岂易制哉！岂易制哉！要此二贼之狂奰（bì），皆王铎无讨贼之力，委身而假借之，及其相攻，坐视而不能制，则铎延寇之罪，又出康承训之上。使二贼者，视唐为虚悬之器，相竞以夺，其曲其直，又孰从而辨之乎？

【译文】

唐僖宗中和四年（884），宣武军节度使朱温在汴州上源驿夜袭河东节度使李克用，其凶狠狡诈本来不值得评论，尽管如此，朱温与李克用两人之间的是非曲直，又哪里值得评价呢！他们两个人一决雌雄，为了争夺唐朝已经失去的天下而势不两立，其性质犹如东汉末年袁绍与曹操争夺汉朝的天下，南朝沈攸之、萧道成争夺刘宋的江山一样，所以其是非曲直是不足以评论的。

当时，黄巢起义军虽然已经失败，但是唐僖宗不足以复兴唐朝的统治，宰相王铎等也不足以保存唐朝的江山社稷，这种形势早已在朱温、李克用的心目当中一清二楚。朱温的眼里早已没有了唐朝的君臣，而李克用的眼里更没有了朱温，又怎么会有唐朝的君臣呢？如果当时李克用没有能够从朱温的刀锋之下逃脱，那么朱温篡位代唐的步伐必定加快了。然而他篡位越是迅速，其败亡也会指日可待。朱温作为刚刚投降朝廷的叛贼，还没有什么功劳可以记录，也没有机会得以见到天子、接受过朝廷的诏命，只是仰承诸道行营都统王铎的鼻息存身，一旦攻杀了援助自己的功臣李克用，早已在天下人心中背负着不公正的罪名，从而为众人所指责与攻击，这样即便逼迫天子夺得皇位，也不过是黄巢的继承者，来不及转身就立即败亡，而唐朝还可以获得生机。况且沙陀人效命于李克用已经很久了，其子李存勖、养子李嗣源都正当年轻而富有雄才大略，朱温又怎么能够实现自己的野心呢？假如能借此机会明确宣布朱温的罪行，奋发而起诛杀这个手握权柄、心怀叵测的奸佞，那么唐朝就少了一个乱臣贼子；如果李克用被朱温除掉，那么唐朝就少了一个乱臣贼子。正是因为朱温袭杀李克用没有成功，推迟了他篡位代唐的步伐从而培养了他的奸邪，挫伤了李克用的叛逆从而促使他回去筹划巩固自己的地位，因此唐朝的统治又多延续了一代，但也一亡便无法复兴。至于朱温、李克用二人之间的是非曲直，又哪里值得加以评论呢！

如果没有李克用，那么朱温的篡位代唐也未必能够成功。促成朱温篡位代唐的原因，有唐僖宗的昏庸无能、唐昭宗的急功躁进，自己延请朱温并任用他；而时任同中书门下平章事的宰相张濬、崔胤等，又多方笼络促成其事。况且当时指责沙陀人是引发战争的祸端，而唐朝君臣中不满于沙陀的人，就假手于朱温进行抗衡，从而成就了他的罪恶。不然的话，朱温尚且成不了像董卓一样的奸雄，而他当初祈求投降朝廷的初衷，本来也不过是希望成为像田承嗣、李宝臣那样藩镇将帅，也就志得意满了。

如果没有朱温，那么李克用能成为像匈奴刘渊那样割据一方的霸主，则是可以肯定的。当初他首次发难攻占大同，就立下了不吞并和灭亡唐朝绝不罢休的志向，等到从鞑靼归来以后，还没有向黄巢起义军采取任何军事行动，却早已假借朝廷的诏命，胁迫河东节度使郑从谠，攻掠太原，占领忻州、代州，作为自己根据地。等他重新担任河东节度使的时候，又乘昭义军节度使孟方立内乱，派其弟李克修攻占潞州，每年出兵掠夺山东地区，而邢州、洺州、磁州都被他抢劫掳掠，田野中农作物几乎绝迹。如果不是他对朱温的阴险剽悍还有所顾忌，那么他一定会挥师回马直指京师，唐僖宗成为他青衣行酒的仆人，也是指日可待的事。

朱温不过是一个盗贼罢了，阴险狡诈而反复无常，就像东汉末年吕布一样的人物。而李克用则通过小忠小信来树立私恩，换取虚假的声名，从而养成不可测度的威福，最终使沙陀部落四姓相继兴起，以夷狄入主中原，其流毒和危害延续了数代，难道是轻易能够驾驭的吗？难道是轻易能够驾驭的吗？总而言之，朱温、李克用这两个乱臣贼子的疯狂作恶，都是因为宰相王铎自身没有讨伐平定黄巢起义军的力量，因而委身假借他们二人来安定局势，等到他们相互攻击的时候，只能坐视而不能制止，可见王铎引进贼寇的罪行，比起当年康承训引进沙陀人镇压庞勋起义的罪行还要大。假如朱温、李克用这两个乱臣贼子把唐朝的江山社稷视为虚设的神器而竞相争夺，那么他们之间的是非曲直，又能从哪里说起加以分辨呢？

本事：《资治通鉴》卷二五五《唐纪七十一·僖宗》，中和四年（884）。

九　作善降之百祥，作不善降之百殃

“作善，降之百祥；作不善，降之百殃。”善不善之分歧不一矣，而彝伦为其纲。彝伦攸叙，虽有不善者寡矣；彝伦攸斁，其于善也绝矣。君臣者，彝伦之大者也。“君非民，罔与立；民非君，罔克胥匡以生。”名与义相维，利与害相因，情自相依于不容已，而如之何其斁之！君惟纵欲，则忘其民；民惟趋利，则忘其君。欲不可遏，私利之情不自禁，于是乎君忘其民而草芥之，民忘其君而寇仇之，夫乃殃不知其所自生，而若有鬼神焉趋之而使赴于祸。君之身弑国亡、子孙为戮，非必民之戕之也，自有戕之者矣；民之血膏原野，骴暴风日者，非必君之剿绝之也，自有剿绝之者矣。故曰百殃。百云者，天下皆能戕之、剿绝之，而靡所止也。

唐自宣宗以小察而忘天下之大恤，懿、僖以淫虐继之，民怨盗起，而亡唐者非叛民也，逆臣也。奔窜幽辱，未酬其怨，而昭宗死于朱全忠之手，十六院之宗子，骈首而受强臣之刃，高祖、太宗之血食，一旦而斩。君不仁以召百殃，既已酷矣，而岂徒其君之酷哉？李克用自潞州争山东，而三州之民俘掠殆尽，稼穑绝于南亩；秦宗权寇掠焚杀，北至滑、卫，西及关辅，东尽青、齐，南届江、淮，极目千里，无复烟火，车载盐尸以供糇粮；孙儒攻陷东都，环城寂无鸡犬；杨行密攻秦彦、毕师铎于扬州，人以堇泥为饼充食，掠人杀其肉而卖之，流血满市；李罕之领河阳节度，以寇钞为事，怀、孟、晋、绛数百里间，山无麦禾、邑无烟火者，殆将十年；孙儒引兵去扬州，悉焚庐舍，驱丁壮及妇女渡江，杀老弱以充食；朱温攻时溥，徐、泗、濠三州之民不得耕获，死者十六七。若此者凡数十年，殃之及乎百姓者，极乎不忍见、不忍言之惨。夫岂仅君之不善，受罚于天哉？不善在君而殃集于君，杀其身，赤其族，灭其宗祀，足相报也。天岂无道而移祸于民哉？则民之不善自贻以至于此极，而非直君之罪矣。

天子失道以来，民之苦其上者，进奉也，复追蠲税也，额外科率也，榷盐税茶也。民辄疾首以呼、延颈以望，曰：恶得天诛奄至，易吾共主，杀此有司，以舒吾怨也！及乎丧乱已酷，屠割如鸡豚，野死如蛙蚓，惊窜如麇（jūn）

鹿，馁瘠如鸠鹄，子视父之剖胸裂肺而不敢哭，夫视妻之强搂去室而不敢顾，千里无一粟之藏，十年无一荐之寝，使追念昔者税敛取盈、桁杨乍系之苦，其甘苦何如邪？则将视暗君墨吏之世，如唐、虞、三代而不可复得矣。乃一触其私利之心，遽以不能畜厚居盈为大怨，诅君上之速亡，竞戴贼而为主。举天下狺狺藨藨而相怨一方，忘乎上之有君也：忘乎先世以来，延吾生以至今者，君也；忘乎偷一日之安，而尚田尔田、庐尔庐者，君也。其天性中之分谊，泯灭无余，而成乎至不仁之习也，久矣！积不善而殃自集之，天理周流，以类应者不测，达人洞若观火，而怙恶者不能知，一旦沓至，如山之陨，如水之决，欲避而无门，故曰百殃也。

夫民之愚夙矣，移之以使作善者君也，则君固不得辞其咎矣。而匡维世教以救君之失，存人理于天下者，非士大夫之责乎？从君于昏以虐民者，勿论已；翘然自好者，以诋讦为直，以歌谣讽刺为文章之乐事，言出而递相流传，蛊斯民之忿怼以诅咒其君父，于是乎乖戾之气充塞乎两间，以干天和而奖逆叛，曾不知莠言自口而彝伦攸斁，横尸流血百年而不息，固其所必然乎！古之君子，遇无道之君，去国出奔，不说人以无罪，故三代立国千年，而无屠割赤地之惨。作善之祥，岂徒在一人哉！

【译文】

《尚书·伊训》上说："上帝是否赐予福命不常在一

家，对于行善者，便赐予各种吉祥；对于作恶者，便降下各种灾殃。”虽然区分行善与作恶的标准不一样，但都是以是否符合天地人世的伦理纲常作为基本原则的。如果天地人世的伦理纲常秩序井然，即使有作恶的人也是很少的；如果天地人世的伦理纲常遭到败坏，那么行善的人也就消失了。至于君臣之间的关系，是伦理纲常中最为重要的秩序。正如《尚书·太甲》中伊尹所说的：“君主没有臣民百姓就不能自立为君而统治天下，臣民百姓没有君主就不能相互救助而生存下去。”名和义相辅相成，利和害互为因果，人的情感自相依赖则不由自主，怎么能够遭到败坏呢？君主如果一味地放纵自己的欲望，就会忘掉其臣民百姓；臣民百姓如果一味地追求物质利益，就会忘掉他们的君主。人的欲望不容易遏制，自私自利的情感也无法自我控制，因此才会出现君主忘掉其臣民百姓而视之为草芥一样生杀予夺，臣民百姓忘掉其君主而视之为寇仇一样悖逆叛乱，却不知道灾祸从何而来，好像是有鬼神作祟一样促使他们前赴后继陷入灾祸当中。作为君主，其自身被弑杀而国家被灭亡，子孙也受到荼毒杀戮，并不一定都是其臣民百姓所为，而自有被戕害的原因；作为臣民百姓，其血洒原野、暴尸荒郊，并不一定是其君主的剿杀断绝，而自有剿杀断绝其性命的原因，所以说是“百殃”。这里的“百”的意思，是天下人都能戕害弑杀其君主，剿杀断绝其百姓的性命，而永远没有止境。

唐朝自从唐宣宗李忱因为在小事上的精明苛求而忘记

治理天下需要抚慰体恤的重大原则，唐懿宗李漼、唐僖宗李儇相继荒淫暴虐，引起天下民怨沸腾，盗贼蜂起，然而真正灭亡唐朝的并不是这些揭竿而起的百姓，而是那些悖逆奸佞的大臣。天子奔逃流亡、幽禁羞辱，也未能平息他们的怨愤，而唐昭宗李晔最后被朱全忠杀害，十六院（十王宅、十六王宅，唐玄宗以下赐予皇子集中居住的地方）的宗室子弟排成队接受逆贼的屠杀，从唐高祖李渊、唐太宗李世民延续下来皇室宗庙香火，一朝之间彻底断绝了。君主的不仁慈招致各种灾殃，可以说已经极为残酷了，然而难道仅仅是君主遭受残酷的灾殃吗？李克用率军自潞州进军争夺山东地区，邢州、洺州、磁州的百姓被俘虏抢劫殆尽，致使田野中的农作物几乎绝迹；割据蔡州的秦宗权侵扰劫掠、焚烧屠杀无恶不作，北自滑州、卫州，西至关中三辅地区，东到青州、齐州，南临长江、淮河，极目千里，人烟断绝，行军时甚至用马车拉着盐渍的尸体充作军粮；秦宗权的都将孙儒攻陷东都洛阳，火烧宫阙，屠杀居民，致使环城死寂，没有鸡犬之声；庐州刺史杨行密率军攻打被秦彦、毕师铎占据的扬州，城中人用黏土做饼子充饥，捕捉百姓割肉去卖，流的血洒满街巷；李罕之担任河阳节度使，专门以侵扰抢劫为职业，致使怀州、孟州、晋州、绛州数百里之地，近十年间田野中没有禾苗，城邑中不见人烟；孙儒杀秦彦、毕师铎占据扬州，后来撤出的时候，把所有房屋全部焚毁，驱赶青壮男子及妇女渡江，把老弱儿童全部杀害充作军食；朱温攻打割据徐州的武宁军节度使时溥时，徐州、泗州、濠州三州百姓都无法耕种收获，加上又遭水灾，死亡的人达到十分之六七。像这样的惨剧前后历时数十年，祸害危及百姓，其惨烈之极，简直令人目不忍视，口不忍言。这难道仅仅是君主不积德行善从而遭受上天的惩罚吗？如果君主不积德行善而灾殃集中于其身，那么夺去他的性命，诛灭他的宗族，毁灭他的宗庙祭祀，也就足以让他得到报应了，上天难道也惨无人道地要嫁祸于黎民百姓吗？其实也是因为百姓自己不积德行善而自招灾殃，以致达到如此惨烈的极致，并不仅仅是君主的罪过。

自从唐朝天子失去伦理纲常、荒淫无道以来，百姓深受官府盘剥之苦的，有各地对朝廷的进奉财物，有重新催缴已经免征的赋税，有额外的征购物资，还有盐茶专卖税收。百姓对此痛心疾首，大声呼喊，翘首仰望，甚至诅咒说：如何能使得上天的诛罚突然降临，换掉这个天下共主的天子，杀掉这些贪官污吏，以发泄我们的怨愤呢？然而等到天下动荡祸乱越来越惨烈，百姓像鸡、猪一样惨遭屠杀，像蚯蚓、青蛙一样暴尸于原野，像麋鹿一样惊慌失措四处奔逃，像鸠形、鹄面一样忍饥挨饿、骨瘦如柴，儿子看着父亲被剖胸挖肺而不敢痛哭，丈夫看着妻子被掳掠劫走而不敢保护，赤地千里没有一粒粮食的储藏，十年之中也没有一张草席可以安寝，在这种情况下再让他们追思和怀念过去那些因官府横征暴敛取足赋税而被抓捕囚禁受刑的痛苦生活，其甘苦体验又怎么样呢？在这样的环境中看待当年君主昏庸、官吏贪墨的时代，简直就像唐尧、虞舜以及夏、商、周三代一样，然而却一去而不可返了。可是一旦触犯了他们的自私自利之心，便立即因为无法积累丰厚资财、过上富贵生活当作莫大的怨愤，诅咒君主迅速灭亡，争相拥戴盗贼作为天下的共主，普天之下吵吵嚷嚷、众声鼎沸，相互埋怨对方，而忘记了朝廷还有君主的存在。忘记了自从先世以来，让百姓生活延续至今的，正是因为有了君主；忘记了能够获得暂时的安宁，能够在田地中耕作、在家室中居住的，正是因为有了君主。其天性中原有的名分和道义，早已彻底泯灭没有剩余，从而形成至为不仁不义的习性，已经由来已久了！作恶多端积累已久，各种灾殃自然就会集中降临到他们头上，天道伦理周流循环，善恶有报以类相应，事理通达的人洞若观火，看得明明白白，而怙恶不悛的人却置若罔闻，毫无觉察，一旦灾祸接连而至，就像山崩地裂、江河决堤一样不可阻挡，想要躲灾避祸是没有任何门路的，所以叫作“百殃”。

百姓的愚昧无知由来已久，通过礼仪教化、移风易俗使他们积德行善是君主的责任，如此说来君主本来就难辞其咎了。至于匡正维护正统礼教从而挽救君主的过失，保存天下的伦理纲常，不正是士大夫所应担负的历史责任吗？那些跟随君主昏庸无道以虐待百姓的人，就无须多加评论了；那些特立独行、洁身自好的人，以诋毁攻击别人作为公正刚直的行为，以歌谣讽刺作为撰写诗文的赏心乐事，他们的言辞一出便在天下广泛流传，蛊惑起百姓的怨愤之心去诅咒他们的君父，因此而造成乖戾之风充斥于天地之间，从而干扰和影响天地万物的和平之气，殊不知丑恶之言一旦出口将会导致天地人间的伦理纲常遭到败坏，甚至引起横尸荒郊、血流原野的天下动乱，延续上百年而不能平息，难道这是其本来的心愿所要达到的必然结局吗？古代的正人君子，遇到昏庸无道的君主统治，就离开国家外出流亡，善则称君，过则称己，从不向别人说自己无罪而君主作恶，所以夏、商、周三代立国长达千年，却没有发生屠戮生灵、赤地千里的惨剧，积德行善所得到的各种吉祥，难道仅仅是惠及一个人吗？

本事：《资治通鉴》卷二五五《唐纪七十一·僖宗》，中和三年（883）。

一〇　社稷不存，保民为重

孟子曰："民为贵，社稷次之，君为轻。"因时之论也。当其时，文、武之泽已斩，天下忘周而不以为君，周亦忘天下而不自任为君，则君子虽欲自我君之而不能。若夫六王者，非篡逆之臣，则介在戎狄，无异于酋帅，杀人盈野，以求君天下而建社稷，君非君而社稷亦非社稷矣，故轻也。君与社稷轻，而天所生之人，不可以无与立命，则苟有知贵重其民者，君子不得复以君臣之义责之，而许之以为民主可也。

黄巢既灭之后，僖宗乐祸以逞志，首挑衅于河东。朱温，贼也；李克用，狄也；起而交争。高骈、时溥、陈敬瑄各极用其虐；秦宗权、孙儒、李罕之、毕师铎、秦彦之流，杀人如将不及。当是时，人各自以为君，而天下无君。民之屠剥横尸者，动逾千里，驯朴孤弱之民，仅延两间之生气也无几。而王潮约军于闽海，秋毫无犯；王建从綦毋谏之说，养士爱民于西蜀；张全义招怀流散于东都，躬劝农桑；杨行密定扬州，辇米赈饥；成汭抚集凋残于荆南，通商劝农。此数子者，君子酌天地之心，顺民物之欲，予之焉可矣。存其美，略其慝，不得以拘致主帅之罪罪王潮，不得以党贼之罪罪全义，不得以僭号之罪罪王建，不得以争夺之罪罪行密，不得以逐帅自立之罪罪成汭。而其忘唐之尚有天子，莫之恤而擅地自专者，概可勿论也。

非王潮不能全闽海之一隅，非王建不能保两川于已乱，非全义不能救孙儒刃下之余民，非行密不能苏高骈虐用之孑黎。且其各守一方而不妄觊中原，以糜烂其民，与暴人争衰王。以视朱温、李克用之竭民肝脑、以自为君而建社稷，仁不仁之相去，岂不远哉？呜呼！至是而民为重矣。非倚之以安君而卫社稷之谓也，视其血染溪流、膏涂原草者，虽欲不重之，而有人心者固不忍也。君怙恶以殃民，贼乘时而行其残忍，民自不靖而旋以自戕，三者皆祸之府也，而民为可矜也。何也？屠刈流离之民，固非尽怒上行私、延首待乱之民也。天且启数子之心，救十一于千百，而亦可以为民之主矣。

【译文】

《孟子·尽心》中说："普天之下，百姓是最为贵重的，其次才是国家的江山社稷，最为轻贱的是君主。"这是孟子根据战国时期的形势所作出的论断。当时，周文王、周武王遗留下来的福泽已经中断，天下人都忘记了周朝的存在，也不把周王当作君主对待，而周王也忘记天下而不以为自己是天下人的君主，因此正人君子即使想要拥戴他为君主也已经做不到了。至于当时齐、楚、燕、韩、赵、魏六国的国王，不是篡位谋逆从而执掌国政的大臣，就是处于西部和北部少数民族之间，与那些部落的首领相差无几，彼此之间相互征战，杀人流血遍满四野，以求夺取政权而君临天下，建立起国家的江山社稷，所以说这样的君主不是真正的天下人共同拥戴的君主，所建立的国家也不是真正的统一国家，所以与百姓比起来都是相对轻贱的。既然君主与国家的江山社稷都是轻贱的，那么天地所化生的百姓，又不能没有人为他们确立天命、建立政权，因此一旦有了知道尊崇和珍重百姓的人，正人君子就不能再以君臣之间的伦理纲常来苛责他，也就可以允诺推举他作为百姓的主人了。

黄巢起义军被平定以后，唐僖宗李儇乐于借此动乱之机实现自己的意愿，首先向河东地区发起挑衅，想要夺取池盐之利，结果引发河中节度使王重荣与河东节度使李克用连兵攻入长安，迫使唐僖宗再次出逃。朱温是一个叛贼，李克用则是夷狄，他们分别起来相互争斗。高骈、时溥、陈敬瑄等藩镇将帅割据一方，暴虐无道臻于极致；秦宗权、孙儒、李罕之、毕师铎、秦彦之流，相互以杀人进行竞赛。在这个时候，可以说人人都自以为君主，而天下实际上也就没有了君主。百姓被屠杀盘剥、横尸郊野的，动辄遍及数千里之地，善良朴实、孤寡贫弱的百姓，仅仅能够在天地之间得以苟延残喘其性命的没有几个。然而，像王潮在福建地区约束其部下军队，能够做到秋毫无犯；王建听从綦毋谏的建议，在巴蜀地区培养人才、爱护民众；河南尹张全义在东都洛阳一带招抚流民，劝课农桑；杨行密平定扬州后，转运粮食，赈济饥民；成汭（又名郭禹）在荆南招集凋残的百姓，通商劝农。以上这几个人，可以说是以正人君子体察天地的仁慈用心，顺应百姓的迫切愿望，授予他们君主的称号完全是可以的。对于他们，应该保存和褒扬其美德善行，忽略和隐讳其罪恶与过错，不能因为曾经发动兵变拘禁主帅王绪而追究王潮的罪责，不能因为依附盗贼朱温而加罪于张全义，不能因为擅自僭号称王而追究王建的罪行，不能因为争夺兼并扬州等地而加罪于杨行密，也不能因为驱逐荆南节度使张瑰而自立为归州刺史而指责成汭。而他们忘记了唐朝尚有天子的存在，不加体恤顾念而擅自割据专权的罪责，也可以因为他们保一方百姓平安而一概不予追究了。

如果没有王潮，闽海地区的百姓就不会得以保全；如果没有王建，东西两川就不会在已经动乱的形势下保持安宁；如果没有张全义，曾经遭受孙儒军队残酷蹂躏的东都洛阳的百姓就不会得到拯救；如果没有杨行密，在高骈长期肆虐奴役下残存下来的扬州百姓就不会得以复苏。况且他们只是保守一方平安，而不妄自觊觎中原王朝的江山社稷，以致使其百姓生灵涂炭，不与凶狠残暴的人争夺兴衰成败，比起来朱温、李克用那样竭尽百姓的生命以求得自立为君主，是仁还是不仁，难道不是天壤之别吗？唉！到了这种地步，百姓才是最贵重的。之所以这样说，并不是说依靠他们去安定君主之位、保卫国家的江山社稷，而是看到他们遭受血染溪流、膏涂原草的惨烈处境，即使不想重视他们，也是有良心的人于心不忍的。君主怙恶不悛以残害百姓，乱臣贼子又乘机施展其残忍暴虐，百姓自己不能安定秩序而随即自杀身亡，上述三个方面都是灾祸的渊薮。而百姓是最可怜悯的。为什么呢？遭受屠戮、流离失所的百姓，本来就不都是那些对官府充满怨愤而怀着私心行事、翘首盼望天下动乱的人。上天可怜天下苍生，尚且启迪以上几位正人君子的心灵，让他们拯救千百万苦难民众的一部分，而他们也可以作为百姓的君主了。

本事：王潮、王建，《资治通鉴》卷二五六《唐纪七十二·僖宗》，光启元年（885）、二年（886）；杨行密、张全义，《资治通鉴》卷二五七《唐纪七十三·僖宗》，光启三年（887）。

昭宗

一　国家将亡，必有妖孽

“国家将亡，必有妖孽。”妖孽者，非但草木禽虫之怪也，亡国之臣，允当之矣。唐之乱以亡也，宰执大臣，实为祸本。大中以来，白敏中、令孤綯始祸者也，继之以路岩、韦保衡之贪叨无厌而已极；然其为人，鄙夫耳，未足以为妖孽也。草木之妖，亦炫其华；禽虫之孽，亦矜其异；未尝一出而即害于人。及其后也，草木之妖，还以自萎；禽虫之孽，还以自毙；无救于己，而徒以乱天下。人而如斯，其中不可测，其得失不可致诘，竭慧尽力，冒险忘身，薨薨茕茕，唯以亡国败家为见长之地，身为戮，族为夷，皆其所弗虑也，斯则为妖孽而已矣。张濬、崔昭纬、崔胤、孔纬、李谿是已。而萧遘、杜让能心知不可，僶（mǐn）勉而从之波靡，亦妖风所袭，失其精魄者也。

华歆、郗虑之亡汉以建魏也，刘穆之、傅亮之亡晋以建宋也，皆有为为之也。而此数人者，未尝有夹辅朱温以篡唐之定计。当张濬劝州牧以输粮，孔纬捐病妻以赴阙，不谓有效忠于国之劳而不得；其激昭宗挑衅于晋、召祸于汴也，抑非有亡唐以成他人篡夺之心。不知其何所挟持，而唯恐兵之不起、乱之不滋、宗社之不危、生民之不死。宗社危，生民死，则身戮族夷，亦其所甘心而快志者，非妖孽何为狂迷之如此哉？进而详核其心，有小慧而欲试耳，有小才而思售耳，贪一日宰辅之权，使克用、温之或畏己或亲己以耸劝天下而已耳。桃李不蕊而乍荣于冬，麇麚（jūn jiā）无择而游于市，使天下知己之能为祸福于乱世，则死固不忧。呜呼！人之如斯，晋而与谋国，国欲不亡，必不可得矣。

僖宗未自蜀归之日，天下尚可为也。郑畋即未能定乱，而慷慨忠愤，为天下人望之归，受将相而不辞，诚有弗容辞者，非技痒热中而贪高位也，僖、昭之际，岂复得为朝廷哉？河东叛，朱邪攘臂而仍之，岐、邠拘难于肘腋，关以东，朱温、时溥、孙儒、高骈、李罕之、朱瑾战垒相望，天子孤守一城，不能当一县令，即为宰相，如鄙夫之志欲安富尊荣者，何有于是，稍有知者，非誓以一死报宗庙，则必视为荆棘犴狴而不能一朝居，岂忍效濬、昭纬、胤、纬、豁之奔骛如狂哉？萧遘、杜让能且以端人自命，夫亦念何忠之可效，何功之可成，而营营汲汲于平章之虚号，何为者也？非愚也，狂也，是亦桃李之荣于冬，麇麚之游于市也。妖风方熺，荡之扇之，相逐而流，自好者不免焉，亦可悲矣！

生斯时也，郑遨尚矣；陈抟托游仙以自逸，其亦可矣；司空图、韩偓进不能自靖，而退以免于污辱，其尚瘥乎！又其下者，梁震、罗隐、孙光宪之寓食于偏方，而不为乱首；更不能然，则周庠、严可求、韦庄小效于割据之主，犹知延祸之非，而苟免于天人之怨怒。若张濬之流，窃卫主之名，贪晨霜之势，含毒起秽以速君之死亡，而血流于天下，呜呼！至此极矣！故曰妖也。

【译文】

《礼记·中庸》中说："国家将要兴盛，必定会有吉祥征兆；国家将要灭亡，必定会有妖孽作怪。"这里所说的妖孽，并不仅仅是指草木禽兽之类的怪物，像那些导致国家灭亡的大臣，也可以称作妖孽。唐朝发生祸乱以致灭亡，当时执政的宰辅大臣，实际上是祸乱的根源。唐宣宗大中年间（847—860）以后，宰相白敏中、令孤綯都是天下祸乱的始作俑者，继其后的宰相路岩、韦保衡则更是贪得无厌达到了极致；然而他们的为人，只不过是人品卑劣、见识浅薄的鄙夫，还不足以算作真正的妖孽。草木花卉之类的妖孽，也要炫耀其华丽的外表；禽兽虫鱼之类的妖孽，也要矜夸其奇异的变化；但还从来没有一出现就残害人类。发展到后来，草木花卉之类的妖孽终究还会自行枯萎，禽兽虫鱼之类的妖孽终究还会自行死亡；不能拯救自己的危亡，只是白白地给天下造成混乱。而像这样的人类中的妖孽，其内心情感不可测度，其成败得失也不可究诘，竭尽自己的智慧和力量，忘掉生死而铤而走险，群声鼎沸，轰轰烈烈，唯有以亡国败家作为自己施展的舞台，即使自己的身体被屠戮、自己的宗族被诛灭，都不是他们所顾惜和思虑的，这样的人也就是妖孽罢了。唐朝末年的同中书门下平章事张濬、崔昭纬、崔胤、孔纬、李谿五个人就是这样的人。至于同样担任宰相的萧遘、杜让能二人，虽然内心知道不可如此行事，但还是随波逐流，也是受到妖风的袭击而失魂落魄的人。

从前，华歆、郗虑策划灭亡东汉建立曹魏政权，刘穆之、傅亮参与灭亡东晋建立刘宋政权，都是有其一定的图谋而这样做的。而张濬等五个人，并不曾有辅佐朱温篡位代唐的既定计谋。当张濬劝说汉阴令李康给逃难中的唐僖宗运送粮饷，孔纬抛下生病的妻子奔赴朝廷，不得不说他们有效忠于国家的辛劳之举；而他们通过挑衅于李克用、招祸于朱温的办法来刺激唐昭宗，也可见他们并没有灭亡唐朝从而成就他人篡位夺权的祸心。不知道他们依仗着什么力量，唯恐战争不爆发、祸乱不滋生、国家宗庙社稷不危亡、百姓生命不殉难。国家危亡，百姓死难，那么即使自己遭受杀身灭族之灾祸，也是他们心甘情愿而志得意满的，这样的人如果不是妖孽，又怎么能如此狂妄而痴迷呢？我们再进一步详细审视他们的内心情感，就可以知道他们是具有一点小智慧就想尝试一下，具有一些小的才能就想得到朝廷的重用，于是贪图一时拥有宰辅的职权，使李克用、朱温之流有的畏惧自己、有的亲近自己以便耸动天下人的视听罢了。正像桃李没有含苞而突然在冬季鲜花怒放，獐子与公鹿没有加以区别而招摇过市，他们只不过是想让天下人知道自己有作威作福于乱世的能力，即使身死国亡也在所不惜。唉！人到了这种地步，君主还要任用他们并与之谋划治国之道，这样的国家要想不亡，必定是不可能的了。

唐僖宗未从四川回来的时候，天下局势还有可以挽救的希望。宰相郑畋尽管不能平定祸乱，但他气节慷慨，忠义激愤，是天下众望所归的人物。他接受将相的重任而毫不推辞，是因为时局艰难，实在责无旁贷，并不是自己技痒心热而贪图宰相的名利权位。况且唐僖宗末年到唐昭宗继位之初，朝廷难道还像一个朝廷吗？河中节度使王重荣发动叛乱，河东节度使李克用推波助澜，与他连兵攻入京师长安，凤翔节度使李茂贞与邠宁节度使朱玫又在朝廷肘腋之地接连发难，在函谷关以东的广大地区，朱温、时溥、孙儒、高骈、李罕之、朱瑾等藩镇将帅割据争夺，用于战争的堡垒彼此相望，唐朝的天子孤守于长安城中，甚至比不上一个县令，在这种情况下即使出任宰相，像见识浅薄的鄙夫那样安享荣华富贵尊荣的欲望，在这里如何能够得到呢？稍微有点认知的人，除非发誓以死报效国家，就必定视为充满荆棘的艰险境地甚至监狱，因而一天也不能待在此位，难道还能忍受像张濬、崔昭纬、崔胤、孔纬、李谿那样疯狂地要做宰相吗？萧遘、杜让能尚且自命为是立身正直的人，又为何不顾念还有什么忠心可以报效、有什么功名可以成就，却内心急躁、迫切追求同中书门下平章事的虚名，又是为了什么呢？并非愚昧无知，实在是颠狂痴迷，这也就像是桃李在冬天鲜花怒放、獐子和公鹿招摇过市。当妖风刮得正盛的时候，从旁边加以激荡和煽动，合成风暴，身处其中的人们随波逐流，洁身自好的人也在所难免，实在是可悲啊！

生活在这样的时代，郑遨隐居山林，其处世态度最值得推崇；陈抟托身游仙而身心安闲，也是适当的选择。司空图、韩偓既然出仕不能各自谋行其志，就辞职归来以免于羞辱，这些人还算是有救吧！等而下之的人，像梁震（依附于荆南高季兴）、罗隐（依附于吴越钱镠）、孙光宪（依附于南平高氏）寄居于偏安一隅的割据政权，而不充当动乱的罪魁祸首；更不能做到这样的人，像周庠（辅佐前蜀王建）、严可求（辅佐淮南杨行密）、韦庄（辅佐前蜀王建）等效力于割据称王的地方政权，他们还知道招致灾祸的危害，从而苟且免于天怒人怨。至于张濬之流，窃取保卫君主的正义之名，贪图犹如晨霜朝露般短暂的权势，结果含毒自尽、起秽自臭而加速君主的死亡，导致天下动荡、血流成河。唉！天下的祸患在这个时候已经达到了顶点，所以应该称他们为妖孽。

本事：《资治通鉴》卷二五四《唐纪七十·僖宗》，广明元年（880）。

二　炼金术乃小人之陋技

刘巨容能烧药为黄金，田令孜求方不与而见杀，非巨容之吝于与也，其术甚陋，不可以告人也。术之甚陋者，盖即今市井小人以汞与铜为赝金银，欺不识者以售其奸而已矣。天下岂有能烧药为金者哉？土之可为甓也，木之可为炭也，米之可酿为酒、铅之可炼为粉也，天下别无甓、炭、酒、粉，而待人以成之。若夫金，则既有之矣。生于矿中者，自有其质；炼于火、汰于沙者，自有其方；成乎形质者，自有其物。煮桔梗以甘香之味，似参而固非参；炼硝石为轻白之状，似硇而固非硇。市井小人之术，欲以欺人，则必秘之而不告人以方；告人以方，则奸究不售，而有识者且唾其面矣。是以方士称之，以死护之，由其秘可以知其奸，可以知其陋矣。

夫其奸以藏陋者，为术甚易，而理固无难辨也。自汉武帝惑于方士，而天下惑之，刘子政以儒者而淫焉。施及后世，天子以服食丧身，匹夫以烧丹破产，畏死而得夭，贪富而得贫，则何如市井小人公然为伪，虽伏罪而不至于死亡哉？

且夫金银之贵，非固然之贵也。求其实，则与铜、铅、铁、锡也无以异；以为器而利用则均，而尤劣也；故古者统谓之五金。后世以其约而易赍也，遂以与百物为子母，而持以求偿，流欲尚之，王者因之，成一时之利用，恶知千百世而下，无代之以流通而夷于块石者乎？本不足贵，而岂有神异之术化他物以成之者。然则铜、铅、铁、锡逮于块石，抑将有药术焉可化而成哉？甚矣！贪而愚者之不可瘳也。刘巨容可自致于高位，而能奋勇以破黄巢，然且身死而族灭，盖为伪金以欺天下，鬼神之所弗赦也，要其术，则市井小人为锻工者之陋技而已矣。

【译文】

刘巨容通过扬州人申屠生获得烧制丹药以提炼黄金的方术，专权宦官田令孜向他求其方，刘巨容不给而被杀并灭族。其实并不是他吝啬舍不得给予，而是其方术过于卑陋而不可告人。所谓其方术过于卑陋，大概就像如今的市井小人那样用汞和铜制造假金银，用于欺骗愚昧无知之人从而使其奸计得逞罢了。天下难道真的有能够烧制丹药而提炼黄金的人吗？泥土可以做成砖，树木可以烧成炭，米谷可以酿成酒，铅矿石可以炼成粉，天下没有另外单独存在的砖、炭、酒、粉，而是需要人为加工而成的。至于黄金，则是本来就有的物质。在矿山中自然生成的黄金，自有其特有的品质；经过烈火冶炼、沙中淘洗而成的黄金，自有其制造的方法；成就黄金的形状和品质，自有其固定的器物。正像烹煮桔梗产生出甘甜的香味，其外形和香味都很像人参，但其本身并不是人参；又如冶炼硝石产生出轻白的粉末，其外表形状很像硇（黄白色粉末或块状，味辛咸，氯化铵的天然产物），但其本身并不是硇。市井小人的方术，想要用来欺骗世人，就必定要秘不示人，不告诉别人制作的方法；如果告诉别人制作的方法，那么他们的奸计就无法得逞，有识之士将会唾其脸面了。因此，古往今来的方术之士都秘不示人，竭其死命加以保护，而从他们的诡秘程度就可以知道其奸诈，也可以知道其技术的卑陋。

通过奸诈巧计来隐藏其卑陋的方士，其方术也非常简单，从道理上讲本来就没有什么难以分辨的。自从汉武帝刘彻被方术之士所蛊惑，天下人也都受了迷惑，而刘向（字子政）更以儒家的身份沉迷其中。这种方术施行到后世，既有天子因服食丹药而丧命，也有平民因炼丹而破产，贪生怕死的人为求长生不老反落得早早夭折，贪财好利的人为求富足反落得一贫如洗。这怎么能比得上市井小人那样公然作假、即使事情败露认罪伏法也不至于死亡呢？

况且金银的贵重并不是金银本身所固有的。从本质上讲，金银与铜、铅、铁、锡并没有什么区别；制造成器物，其用途也是一样的，甚至还不如其他金属；所以古代人把金、银、铜、铁、锡通称为五金。后世因为金银比较少见而且便于携带，便把它们与世间的各种货物加以衡量，持金银作为货币进行交易流通，于是社会流行的风俗崇尚金银，统治天下的君主也借助金银，从而形成一时调节国计民生的手段，哪里知道千百代之后，就没有能够取代金银进行流通的媒介而产生，而金银却像普通石头一样不值钱了呢？金银本不足贵，难道有神奇的方术能够点化其他物质从而冶炼而成吗？既然这样，那么铜、铅、铁、锡以至于普通的石块，也将会有丹药和方术可以冶炼而成吗？贪婪而又愚昧无知的人不可救药，真是太严重了！刘巨容可以自己达到山南东道节度使加中书令这样的高位，并能奋不顾身地大破黄巢起义军，但最终落得了个身死族灭的下场，就是因为伪造黄金以欺骗天下，其罪在不赦，为鬼神所不容。他所使用的所谓方术，其实也不过是像从事锻造的市井小人那样的卑陋技艺罢了。

本事：《资治通鉴》卷二五八《唐纪七十四·昭宗》，龙纪元年（889）。

三　以贼制贼非图存之道

曹操、袁绍，皆汉贼也；朱温、李克用，皆唐贼也；其争欲篡夺之心，两不相下之势，一辙也。乃曹操挟天子为名以攻袁绍而胜，张濬奉天子倚朱温攻克用而败。盖献帝之在许也，四方无一旅之可指使，一唯操之是听，故操无所掣而得行其意。昭宗犹有河朔三镇及昭义之军与韩建之众，濬持两端，忌温而挠之，且恐昭义为温所得，争先轻进，是以温志不决而独受敌以溃。由此言之，则汉处必不能存之势，而唐犹可存，谋国非人，以致倾覆，所谓"匪降自天"也。

藉令得贤主良相，怀辑未叛之藩镇，收拾禁旅，居关中以静持之，斥汴、晋之奸交，绝其奏讦，听其自相搏噬，乘其敝而折之，二寇之气，偾张而必竭，不难制也。而昭宗君臣非其人也，是以速亡。

乃由温、克用而言之，温岂能为曹操乎？操假名义以行，而务植根于深固；温则贼耳，凶狡以逞，利人之斗，乘之以窃利，力不足以胜天下，而挑天下以敝，乃以自雄。

其与张濬合谋而攻克用也，朝廷方倚河朔以捣晋阳之东北，而温攻魏博以幸其疲而收利。盖其许昭宗以讨克用，有两利之术焉，不必其亡克用也。克用而败邪？是张濬为我灭一巨敌也；克用既亡，己乃服罗弘信于魏博，收张全义于东都，扼唐而困之关中，北无晋阳之难，专力以起亡唐，此一利也。克用而胜邪？克用且负抗拒王师之辜于天下，而己可因之以饵唐而折入于己；且克用胜，唐已残而不复能振，是克用为我效驱除之力也。

曹操务定天下之乱，而居功于己而收之；温则务构天下之乱，而己乘其纷以制之。利天下之乱者，未有能成者也；是以温能灭唐，仅有中原之一线，而速亡于李存勖之手。藉令温乘张濬之谋，举全力以攻克用，克用平，而河北三镇固不能与争，持定难之大功，必挟天子、令诸侯，同、华、西川孰能与竞，徐起而收曹操、刘裕之成局，温之于天下，可八九得也。夫温于时不臣之恶未著，所负不义之名于天下者，独悖援己之惠于克用耳。克用于温有恩，而于唐则固贼也。凶狡不知名义，抑无尺寸定乱之功，霸业终以不成，徒逞枭獍之心以食君父，故曰温贼也，非曹操所屑与后先者也。

国虽将亡，犹有图存之道；臣虽甚逆，犹有居胜之术；两俱不能，而后使沙陀四姓交乱中国者数十年，而契丹乘之，意者其天乎！

【译文】

曹操和袁绍都是汉朝的乱臣贼子，朱温和李克用都是唐朝的乱臣贼子；他们争夺天下的欲望、篡位谋逆的野心，水火不容、争执不下的局势，都如出一辙。然而曹操以挟天子以令诸侯的名义攻击袁绍从而获得胜利，而张濬奉天子倚靠朱温以攻击李克用却惨遭失败。这是因为汉献帝刘协迁都许昌之后，天下四方没有一支军队可以调遣，完全听任曹操为所欲为，所以曹操在毫无牵制的情况下能够按其意愿行事。而唐昭宗李晔当时还有河朔三镇（卢龙节度使李匡威、成德节度使王镕、魏博节度使罗弘信）和昭义军留后冯霸的军队以及镇国军节度使韩建的兵力支持，所以张濬在朱温、李克用之间采取鼠首两端、摇摆不定的态度，一方面忌惮朱温并屈从于他，另一方面恐怕求援于朱温的昭义军为其所得，轻举妄动，争先迎敌，因此朱温在没有拿定主意的情况下单独面对强敌进攻惨遭溃败。由此可见，汉朝当时所处的是必定灭亡的形势，而唐朝尚有存在的希望，因为谋划国家大事的执政者不得其人，以致江山社稷倾覆，这就是《诗经·十月之交》所说的“黎民百姓遭受的灾难，并非来自上天的降罪”。

假使唐朝当时能够有英明的君主和贤良的宰相，怀柔和抚辑尚未反叛朝廷的藩镇，训练整顿禁军的兵力，坚守关中作为根本以静待时机，声讨发生冲突的双方朱温、李克用，断绝他们上奏章相互揭发攻讦，听任他们自相搏杀，等到他们两败俱伤时再乘机出兵，这样两个乱臣贼子的元气在极度激奋之后必定趋于衰竭，也就不难加以制服了。然而唐昭宗、张濬君臣都不是这样深谋远虑之人，唐朝也因此迅速灭亡。

仅就朱温和李克用来说，朱温怎么能够与曹操相提并论呢？曹操假借天子的名义行事，一定要把自己的权力基础奠定得根深蒂固；而朱温只不过是一个盗贼，依仗着凶恶狡诈的手段使自己的阴谋得逞，以坐观他人争斗为有利时机，乘人之危以窃取权力，其自身实力不足以决胜天下，只是挑起天下争端，使各方势力相互削弱，渐趋疲敝衰竭，然后自己才能称雄于世。

朱温与张濬合谋攻击李克用的时候，朝廷正在倚靠河朔三镇的力量直捣攻击李克用盘踞的晋阳（今山西太原南郊）东北，而朱温却派兵进攻魏博节度使罗弘信，企图幸灾乐祸以收渔人之利。正是因为他答应唐昭宗攻打李克用的时候，就已经盘算好一举两得的好办法，而不一定要把李克用战败甚至灭亡。如果李克用败了，那么就等于张濬为自己消灭了一大强敌；李克用败亡之后，自己就可以降服魏博节度使罗弘信，收编东都洛阳的河南尹张全义，从而扼制唐朝的门户，将朝廷围困于关中地区，加上北方没有了李克用的威胁，自己可以全力以赴灭亡唐朝，这正是对自己的一大有利条件。如果李克用胜了，那么他将会在全天下背负着抗拒王师的罪名，而自己则可以借此机会引诱唐朝回到自己的掌握之中；况且李克用取胜之后，遭受重创的唐朝已经势力凋残而不可能复兴了，这正是李克用为自己效力以驱除唐朝的统治。

曹操致力于平定天下的祸乱，然后居为自己的功劳以统一天下；朱温则致力于引发天下的祸乱，然后自己乘着纷乱的形势以控制天下。以天下祸乱作为自己阴谋得逞的有利时机的人，从来没有能够成功的；所以尽管朱温能够灭亡唐朝，但他仅仅能控制中原一线之地，并且迅速灭亡于李克用之子李存勖的手里。假如朱温能够借助张濬的计谋，举全军之力去攻打李克用，那么平定李克用的势力之后，河朔三镇的势力本来就不足以与他抗衡，而凭借定难平叛的大功，从而挟天子以令诸侯，割据同州华阴的镇国军节度使韩建、割据西川的王建，谁也不能与他竞争，这样逐渐崛起就可以形成像昔日曹操、刘裕那样的成功局面，天下四方的版图，朱温也就十得其八九了。况且当时朱温对朝廷的悖逆不臣之心尚未完全暴露，他在全天下所背负的不义罪名也不过是对曾经援救自己的李克用下手袭击罢了。李克用对朱温虽然有恩，但对于唐朝而言本来就是乱臣贼子。但朱温凶狠狡诈，不知名节正义，也没有一点定难平乱的功劳，企图称霸天下的大业也终究无法成就，仅仅是放纵其枭獍之心而生食其君父，所以说朱温是一个贼寇，是曹操之流的奸雄所不屑于相提并论的。

国家虽然面临行将灭亡的形势，但仍然有救亡图存的道理；大臣虽然非常悖逆不足倚靠，但仍然有居于优势地位的办法；可惜的是，唐朝在这两个方面都没有能够做到，然后使得沙陀四姓交相作乱，影响中国数十年之久，其后又被北方的契丹族乘虚而入，这难道是天意吗？

本事：《资治通鉴》卷二五八《唐纪七十四·昭宗》，大顺元年（890）。

四　智者仁溥

所谓智士者，非乘人而斗其捷以幸胜之谓也。周知于得失成败之理，而避人之所竞，弃人之所取，以立本而徐收安定之功也。李左车欲扼韩信于险，一战之克耳，非必能全赵也，未足称智也，而说韩信以不战而收河北，民以宁，军以全，保胜而服未平之寇，则真大智之用也，信能听之以成功，功归信矣。于西川、淮南得两智士焉。王先成说王宗侃以招安而下彭州；高勖说杨行密通商邻道，选守令，课农桑，而保淮南。智矣哉！非只以成王建割据之资，赞行密定霸之业也，而救民于锋刃之下，以还定而安集之，仁亦溥矣。

盖所谓智者，非挟机取捷之术，而是是非非之准也。挟机取捷以售术于乱世，一言而死者积矣，害且伏于利之中矣。是是非非者，所以推行其恻隐之大用，平英雄之气，顺众庶之欲，功不速、利不小、而益无方者也。此两者固相妨矣，小智之所争，大智之所不屑也。天下方纭纭以起，利害生于俄顷，虽有英杰之姿，目眩心荧，贪逐于利害之小数而忘其大。智者立于事外，以统举而周知之，辨仁暴之大司，悉向背之殊致，见穴中之角逐，皆鹑斗蚁争之末技，乃以游于象外，而得其圜中。苟非其人，则且笑以为迂拙之图，而孰令听之？王建、李行密之决从二子也，亦不可谓非智也。何也？智者之言，愚者之所笑也。

【译文】

所谓的智谋之士，并不是指乘人失误之机施展其捷辩（《庄子·人间世》）从而侥幸取胜，而是广泛了解事情得失成败的道理，避开别人所争竞的东西，抛弃别人所夺取的东西，以树立根本从而收到安危定难的功效。秦汉之际的赵国谋士广武君李左车，他向赵国主帅陈余提出扼守井陉之险以抵御韩信所率的汉军进攻的计谋，不过是一战的胜利罢了，并不能保全整个赵国，因此还不足以成为智谋之士；等到他归降韩信并为他陈述不战而收复河北的策略，百姓得以安宁，军队得以保全，在确保胜利的前提下降服没有被平定的贼寇，就是真正的大智慧的运用，而韩信能够接受其策略以获得成功，功劳也都归于韩信了。唐朝末年，在西川、淮南两地出现了两位智谋之士。王先成劝说王宗侃通过招降的办法攻克彭州；高勖劝说杨行密与邻近地区发展贸易，选拔贤良的地方官员，鼓励农民耕田纺织，从而保全了淮南地区的人民生活。的确是大智慧啊！他们的智谋不仅为前蜀王建的割据政权积累了资本，帮助杨行密奠定了淮南霸业的基础，而且还把一方的黎民百姓从战争的锋刃之下拯救出来，回到稳定的生活轨道，从而得以安居乐业，其仁义之政也可以说是恩泽广博而又周遍。

一般说来，所谓的智谋，并不是乘机取巧的权术，而是衡量以“是”为是、以“非”为非的准则。（《荀子·修身》：“是是非非谓之知，非是是非谓之愚。”）如果在天下动乱的时代施行乘机取巧的权术能够得逞，一句话就能使死难的人枕藉如山，其祸害已经潜伏于获得的成效当中了。而分清是非、好坏的衡量标准，正是用来推广运用其恻隐之心，稳定英雄的不平之气，顺应民众的需求愿望，其收效虽然不快，但获得的利益很大，而对于广大民众的好处无与伦比。这两种不同的智谋本来就是相互抵触的，小智也就是乘机取巧的权术所争夺的东西，正是大智也就是分清是非衡量标准所不屑一顾的。当天下正处于纷纭动荡的乱世，利害得失瞬息变化，即使具有杰出的才智，也不免会目眩而心迷，贪婪地追逐细枝末节的小利而忘记天下重大的利益所在。真正的智谋之士置身于事外，统筹兼顾，纲举目张，得以周知天下治乱的大势，辨析仁政暴政的大端，洞悉天下人心向背的异样，看到那些洞穴之中的角逐争斗，都是像鹌鹑相斗、蚂蚁相争一样的雕虫小技，于是通过这些事物的外在表象洞察其中的核心和本质。如果不是这样的智谋之士，尚且会讥笑讽刺他们是迂腐笨拙的浅陋之见，又能让谁来听从和采纳呢？王建、杨行密能够果断听从二人的策略，也不能说他们不是智谋之士。为什么呢？因为智谋之士的言论，往往会被愚昧无知的人当作笑料。

本事：《资治通鉴》卷二五九《唐纪七十五·昭宗》，景福元年（892）。

五　闭关自守之害

据地以拒敌，画疆以自守，闭米粟丝枲（xǐ）布帛盐茶于境不令外鬻者，自困之术也，而抑有害机伏焉。夫可以出市于人者，必其余于己者也。此之有余，则彼固有所不足矣；而彼抑有其有余，又此之所不足也。天下交相灌输而后生人之用全，立国之备裕。金钱者，尤百货之母，国之贫富所司也。物滞于内，则金钱拒于外，国用不赡，而耕桑织纴采山煮海之成劳，委积于无用，民日以贫；民贫而赋税不给，盗贼内起，虽有有余者，不适于用，其困也必也。

如其曰闭关以扼敌于枵乏，言之似是，而适足为笑耳。凡诸物产之为人所待命以必求其相通者，莫米粟若矣。闭粜则敌可馁，此尤说之可据者，而抑岂其然哉？苟迫于饥馑而金钱可支也，则逾绝险以至者，重利存焉，岂至怀金以坐毙哉？即有馁而道殣者，抑其老弱耳，国固未尝乏可用之丁壮也。夫差许越粜而越灭之，夫差之骄悖，宰嚭之奸邪，自足以亡国，而岂许粜之故乎？晋惠公背秦施而闭粜，兵败身俘，国几以亡。剿绝生人之命以幸灾而徼胜，天之所怒，人之所怨，三军万姓皆致死于我，而吾国之民，抑以徒朽其耕获之资，不获赢余之利，怨亦归焉。欲不败亡，不可得已。米粟者，彼己死生之命，胜败之司也，其闭之也，而害且若此，又况其他余于己而待售之货，得以转易衣被器械养生送死之具者，为立国之资，而金钱去彼即此，尤百为之所必需，以裕国而富民，举在是乎？

且不徒此也，禁之者，法之可及者也；不可禁者，法之所不可及者也。禁之于关渡之间，则其售之也愈利，皇皇求利之民，四出而趋荒险之径以私相贸，虽日杀人而固不可止。强豪贵要，于此府利焉。则环吾之封域，无非敌人来往之冲；举吾之人民，无非敌人结纳之党。阑入已成乎熟径，奸民外告以腹心，间谍交午于国中而莫之能御，夫且曰吾禁之已严，无可虑也。不亦愚哉？

夫唯通市以无所隐，而视敌国之民犹吾民也，敌国之财皆吾财也，既得其欢心，抑济吾之匮乏，金钱内集，民给而赋税以充，耕者劝耕，织者劝织，山海薮泽之产，皆金粟也，本固邦宁，洞然以虚实示人，而奸宄之径亦塞。利于国，惠于民，择术之智，仁亦存焉，善谋国者，何惮而不为也？

高勖劝杨行密悉我所有、邻道所无者，相与贸易以给军用，选守令，课农桑，数年之间，仓廪自实。行密从之，垂至于李氏有国，而江、淮之民，富庶甲于天下，文教兴焉。田頵称之曰："贤者之言其利溥。"不洵然与？

【译文】

坚守阵地以抗拒外敌，划定疆域以自我保护，关闭粟米、丝麻、布帛、盐茶等商品市场，禁止向境外流通，这实际上是一种自我束缚的办法，并且其中还潜伏着危机。

像以上这些可以用来对外贸易的商品，必定是自给有余的物品。一方自给有余，另一方本来就有所不足；而对方也有他们自给有余的物品，这又是我们有所不足的。天下四方相互流通、调剂余缺，然后人们的生活用度才能够齐全，国家的财政储备才能够充足。至于金钱，尤其是各种货物流通交易的媒介，是制约国家贫富的关键。一旦关闭市场，禁止流通，对内就会造成货物积压不动，对外则会造成金钱货币无法周流，使国家的财政用度不丰富，而耕田、植桑、纺织、开矿、制盐等工农业的产品，纷纷积压在仓库中成无用之物，百姓生活日益贫困。百姓贫困就无法完粮纳税，甚至引起盗贼蜂起，在这种情况下，即使有自给有余的物品也无法利用，贫困是必然的结果。

如果说关闭市场贸易是为了扼制敌国从而使他们物资空虚匮乏，这种说法表面上似乎有些道理，实际上恰恰足以令人嗤笑。大凡天地间的各种物产中，为人类生活所必需从而必须互通有无的，没有比粟米更为重要的了，如果关闭粮食出口贸易就能使敌国乏粮饥荒，这种说法论据尤其充分，但事实难道果真如此吗？假如深受饥馑所迫而又有足够的金钱可以支配，那么一定会有人超越艰难险阻去冒险获取丰厚的贸易利润，难道会达到怀揣金银而坐以待毙的境地吗？即使有因为饥荒而饿死在路途的人，也都是些老弱病残，国家本来也不曾缺乏可以用来上阵杀敌的青壮兵丁。春秋时期，吴王夫差曾经答应开放与越国的粮食贸易，最终为越国所灭，这是因夫差的骄横悖逆和太宰伯嚭的奸邪足以亡国败家，哪里是准许开放粮食贸易的缘故呢？晋惠公背弃曾经给予饥荒中的晋国粮食贸易的秦国，在秦国遭遇饥荒时关闭与秦国的粮食贸易，并且出兵伐秦，结果导致兵败被俘，国家也濒临灭亡。围剿且断绝人们生活的命脉并幸灾乐祸企图侥幸获胜，必然引起上天的愤怒、百姓的怨恨，如果敌国的三军将士和广大民众都因为断绝粮食贸易而饿死，而我们国家的百姓耕种收获的粮食又白白地腐烂变质，得不到盈余的利益，也同样会引起百姓的怨恨，那么想要不亡国败家，也是不可能的。粮食是关乎敌我双方生死存亡的命脉，也是决定双方战争胜败的关键，关闭市场禁止粮食贸易，其祸害尚且如此，又何况其余的那些自给有余而等待出售的货物，通过相互流通得以辗转交换回来衣被、器械等生活必需品，作为国计民生的物资基础，而金钱周流往还，尤其为人们的各种社会经济活动所必需，从而上裕国课，下富民生，其功能都体现在这里了。

况且还不仅如此，能够禁止的商品流通，这是法律所能做到的；而无法禁止的商品流通，却是法律也不能禁止得了的。禁止在边防关隘、渡口进行交易，就会使这种贸易更加有利可图，匆忙奔走、追逐利润的人就会分散到周围、通过荒凉危险的小路来私下进行交易，即使每天杀人立威也无法制止。甚至那些贵族势要、豪强盗贼也都聚集到这个利益渊薮当中，这样环绕整个边境的四周，没有不是敌人来往的交易通道，举国上下的民众，没有不是敌人结纳的贸易伙伴，擅自进入禁地已经成了轻车熟路，奸民与他们结为心腹相互传递信息，间谍纵横交错于国中也无法防御，在这种情况下，尚且自认为闭关禁令已经非常严厉，没有什么可以担心的，不也是太过愚蠢吗？

只有相互开放市场而无所隐瞒，视敌国的百姓如同自己的百姓一样，视敌国的财富如同自己的财富一样，这样才不仅可以得到地方的欢心，也可以解决自己物资用度的匮乏，金钱财富不断集聚，百姓生活供给富足，国家赋税征收充裕，耕田的人安心生产，纺织的人乐于工作，山林海洋、湖泊沼泽的物产都成金钱米粟，国家的根本得到巩固，社会秩序也安定下来，即使敞开大门以真实的贫富虚实展示给世人，偷盗抢劫之类的不法行为也基本绝迹了。所以说，通商贸易有利于国家，惠及于百姓，这种方法充满智慧，还蕴含着仁义之道，善于谋划国政的人，还有什么忌惮而不推动商品流通呢？

高勖向杨行密建议，倾尽我方所有、邻邦所无的物品相互贸易，以补充军事开支；选拔贤明的地方官员，鼓励百姓垦荒耕田、植桑纺织；几年之间，仓库的储备自然充足。杨行密予以采纳并推而广之，从此一直到南唐李氏建国，江淮地区的百姓都是天下最为富庶的，当地的文化教育也随之繁荣兴盛起来。对此，田頵称赞说：“贤良之士的言论使人受益无穷。”难道不正是如此吗？

本事：《资治通鉴》卷二五九《唐纪七十五·昭宗》，景福元年（892）。

六　唐昭宗委任宗室适足以招祸

藩镇交横于外，则任亲军以制之，乃李茂贞以亲军跋扈尤甚于藩镇，昭宗凝目四注，无可任之人，乃出曹诚等于外，而令诸王统兵以宿卫，盖不得已之极思耳，然亦未尝非计也。南阳诸刘，卒灭王莽矣；琅邪渡江，晋以延矣。康王南避，宋以支矣；刘焉、刘表不救汉亡，而高帝之祀后曹氏而斩者，犹豫州也。故《诗》曰："宗子维城。"岂虚也哉？

乃昭宗聚群宗子使领亲兵而任之，卒以陷之死地，至于哭呼宅家而莫之能救，宗子尽而身随以弑，国随以亡，岂天厌李氏而不足以动天下之心乎？朱邪、存勖以异类，徐知诰以不知谁氏之子孙，冒宗支而号召以兴；然则李氏之裔仅有存者，人心未尽忘唐也。而骈死凶刃，至于卒斩，则昭宗实使之然，而非宗子之不可任也。任之已晚，而抑非其地也。

树宗子于四方，各有所据以立基，而即用其人，人皆为用也，则成败不可知，抑此仆而彼起。刘虞死于燕，刘琮降于楚，而先主可兴于蜀；南阳王败死于陇右，而元帝可兴于吴。昭宗不早图此，而待分崩孤立之日，合聚诸王于孤城，拥乌合之罢民，号令不出于国门，以与封豕长蛇争生死，一败而歼焉，李氏安得有余烬哉？盖至是而欲众建之方隅，以与王室相维系也，难矣。

僖宗之自蜀返也，天下虽已割裂，而山南、剑南、河西、岭南犹王土也；西川虽为逆奄之党，而车驾甫旋，人犹知有天子。于斯时也，择诸王之贤者分领节镇，收士民、练甲兵以为屏翰，尚莫之能御也。至于昭宗之世，王建据西川矣，王潮据剑南矣，刘隐据岭南矣，成汭、周岳、邓处讷先后分有荆南及湖南矣，河西为邠、岐所阻，不能达矣。即欲散置诸王为牧守，以留李氏子孙不绝之系，不可得矣。不予之以兵，则落拓民间而降于编氓；予之以兵，则召祸不敌而阖室芟荑。时非可为，地无足恃，其不如赐姓之夷族、冒宗之庶姓，犹堪以虚号诧天潢而自帝自王也，必矣。读史者所为览存勖、知诰之称唐，而重为李氏悲也。

【译文】

藩镇势力割据自雄、交相横行于各地，朝廷就任用禁军力量以便钳制他们，可是以平定黄巢起义之功而担任神策军指挥使的李茂贞，其专横跋扈更甚于藩镇将帅，唐昭宗李晔举目四顾，周围没有可以信赖并担当重任的人物，于是就派遣禁军首领曹诚等外放到各地任职，而任用宗室诸王统领禁军担任宫廷宿卫，大概也是迫不得已、竭尽心思所得的一种办法，但也未尝不是一种策略。两汉之际，南阳的刘姓宗室最终灭掉王莽，复兴了汉室江山；两晋之际，琅邪王司马睿率宗室南渡建康（今江苏南京），使晋朝的统治得以延续；两宋之际，康王赵构南下避乱临安（今浙江杭州），使宋朝的社稷得以支撑；东汉末年的宗室刘焉、刘表无力挽救汉朝的灭亡，但汉高祖刘邦的宗庙祭祀却一直延续到曹魏政权灭亡后才断绝，这还是汉朝宗室后裔刘备的功劳。所以《诗经·大雅·生民之什·板》中说："同族子孙相互团结，是国家的藩屏。"难道是空话吗？

然而，唐昭宗集聚宗室子弟让他们统领禁军，最终却把他们置之死地，以至于哭喊着"宅家"（宫中对皇帝的敬称）而没有人能够救他们，宗室子弟死难净尽之后，唐昭宗自身也随即被弑杀，国家接着走向灭亡，难道是上天厌恶了李氏，而李唐宗室的悲惨遭遇不足以感动天下的人心吗？朱邪存勖（后唐庄宗李存勖）以外族人的身份、徐知诰（南唐烈祖李昪）以不知道姓氏的子孙的身份，假冒唐朝皇族李氏同宗支派的名义来号召天下得以兴起；既然这样，那么李氏后裔如果有仅存于世的人，天下人心还没有完全忘记唐朝。但宗室子弟纷纷被斩杀于凶手朱温的屠刀之下，以致最终断绝了唐朝宗室的血脉，这种结局实际上是唐昭宗所造成的，并不是因为他们都不足以担当重任。唐昭宗起用他们已经为时太晚，并且任用的还不是地方。

把宗室子弟安置于天下四方，使他们各有其根据地以建立巩固的根基，信赖并任用他们，那么人人也都为朝廷所用，这样尽管成败得失不易预料，也会形成此起彼伏的局面。东汉末年的刘姓宗室中，幽州牧刘虞死在燕地，荆州牧刘琮在楚地投降，而先主刘备却能在巴蜀地区复兴汉室；西晋末年的司马氏宗室中，南阳王司马保在陇右失败而死，而琅邪王司马睿却能在三吴地区复兴建国。唐昭宗李晔没能及早作此打算，等到天下分崩离析、自己孤立无援的时候，把宗室诸王聚集在一座孤城之中，统领一群由市井游民组成的乌合之众，号令也无法传布到城门以外，从而与像野猪和毒蛇一样贪婪残暴的朱温、李克用之流进行生死之争，结果必然是一败涂地而全部被歼，这样李氏宗族哪里还有一点残余的势力呢？大概到了这个时候，想要构建起遍布四方和四隅的宗室分封格局，从而形成与唐朝皇室相互维系的防卫体系，已经非常困难了。

唐僖宗李儇从巴蜀返回京师长安的时候，天下虽然已经四分五裂，但山南、剑南、河西、岭南等地还听从朝廷的号令；西川节度使陈敬瑄虽然是专权宦官田令孜的兄长，但皇上的车驾刚刚离开这里，当地的人们还知道有天子的存在。如果在这个时候，能够挑选宗室诸王中的贤能之人分别统领各地的藩镇，收揽士民人心，训练军队兵力，作为朝廷的屏障辅翼，还没有人能够抵御。到唐昭宗李晔在位的时候，王建已经割据西川了，王潮已经割据剑南（误，当为闽南）了，清海军行军司马权留后刘隐已经割据岭南了，荆南节度使成汭、岭南西道节度使周岳、武安节度使邓处讷也都先后瓜分荆南及湖南了，而河西地区又被邠州、岐山所隔断，无法到达了。即使想要分散安置宗室诸王到各地作为州牧郡守，从而保留李氏子孙延续不绝的血脉谱系，也已经不可能了。如果不授予他们军队，那么他们就会落魄于民间并下降为编户齐民；如果授予他们军队，那么就又会招致祸患，因无法与敌人抗衡而累及整个宗族惨遭屠戮。时势已经无可作为，统领禁军也不是足以倚靠的职位，还不如像李存勖那样被赐姓的外族人和像李昇那样冒充宗族的庶姓人，还能够借助虚假的名号假托皇族独霸一方称帝称王，这是必然的结局。阅读史书的人看到李存勖、徐知诰建立国号时仍然称唐，而甚为李氏皇室感到可悲可叹。

本事：《资治通鉴》卷二五九《唐纪七十五·昭宗》，景福二年（893）。

七　王建善谋善断以窒乱源

两国相距，而介其间者输敌情以相告，唯智者为能拒之；暗于计者，倚之为耳目，则大害伏于左侧而不知。夫于我无大德，于彼无大仇，而蹈危机以与人胜败安危之大故，不虑其泄而祸必及己也。此则何心，不待再计，知其动于利而已矣。利者，无往而不得者也。奸人窥之而知其微，因而持之而得其妙，利在此，则输彼之情以与此，利在彼，则输此之情以与彼，反掌之间而已。而不但然也，方其输彼情于我，即可得我情而输于彼。必其输我之情于彼，而后得彼之情以输于我。操之纵之，阳之阴之，可以立小信，可以诧先几，浮弋而获以侥功，夸大其辞、容易其谈以诱引，微示以利，而导敌以实其言，于彼无怨，于此无罪，悠然于凶危之地而无所忌畏。如是者，得利于我，而即得利于彼。一挑一引，迷乱人之大计，以迄于危败。

乃其利则已两得之矣。此不待再计而知者也。

言兵者曰“知彼知己”。恃吾之知而已。其大势如此，其要归如此耳，恶用此嗫嚅耳语、乍惊乍喜者哉？是以智者坚拒之，而不使乱我之耳目。自非怀忠感德、得当而为内应者，与夫猝至不期问而答者，勿容听也。此两敌相距、勿贰尔心之枢要也。而中国之用夷也，为尤甚焉。与为难者一夷也，介于其侧、伏而未动者又一夷也，则且两持其命而蛊我以效顺之忱。实欲倾我而姑与我通以市利于彼，间输彼浮薄之情以坚吾之信。我进则老之，我守则诱之，我大败而不能责彼之相误。至愚者诧为秘密之机而自矜外助，卒之小以残我边疆，大则害及宗社。古今之庸主暗臣、堕其阱中者，败亡相积，而倾覆之后，徒增追论之痛哭。使能早却其游词而绝之，岂至是哉？

于是而王建之识，不可及矣。黎、雅三部浅蛮岁赐缯帛，使觇南诏蛮，反取赂南诏，诇我虚实，建绝其赐而斩部将之与蛮交通者，自此群蛮戢服，而终五代以迄宋，南诏不入寇扰，皆建之善谋善断之窒乱源也。

呜呼！岂徒守边御夷、阻关拒敌者之宜然哉？君有不听令之臣，父有不若训之子，上有交相构之友，顺则馁之，逆则折之，存乎情与理而已。宵小居中，乘吾恶怒以居间，而发其隐慝以相告者，皆乐人之祸以取利者也。旦此暮彼，递相诇扇，固无恒也。以此而贼恩酿祸，如陈侯溺之于公子招、隋文帝之于杨素，身死其手，而犹以为忠者，古今相积，不可胜道。则拒塞游说以一军心，岂徒将兵者之宜

然？而瑱纩以塞耳目，又岂徒为君父者之当慎哉！

【译文】

在两国对阵的情况下，介于两国之间的第三者转送敌国的情报来相告，只有智谋之士才能够予以拒绝；不懂得计谋的人，就会倚靠间谍作为自己的耳目，这样就等于把危险埋伏在身边而自己毫不知情。这些间谍于我方并没有大恩大德，于对方也没有深仇大恨，却甘冒危险去参与别的国家胜败安危的重大事件，不怕消息泄露后祸患将会降临到自己头上，他们是何等居心，无须反复计较，就可以知道不过是受利益驱使罢了。物质利益，可以说是无往而不能得的利器。奸邪小人窥测而知道其中微妙之处，于是以利益相挟持从而得到其回报，如果有物质利益在这边，就会把那边的情报传递到这边；如果物质利益在那边，也会把这边的情报传递到那边，这些都是易如反掌的事情。而且还不仅如此，当他们把对方的情报传递给我方的时候，就可以刺探到我方的情报并传递给对方。必定是他们先把我方的情报传递给对方，而后才会获得对方的情报来传递给我方。这样一阴一阳，两边操纵，可以树立其微不足道的诚信，可以预先洞悉事情的征兆，通过刺探对方的情报以获取侥幸的战功，夸大其词、混淆视听以便引诱对方上当，以轻微的物质利益引诱出对方的真实机密，对一方也没有怨恨，对另一方也没有得罪，在危急凶险的敌对环境中可以悠然自得地坐收渔利，并且毫无顾忌和畏惧。像这样的间谍，既能从我方得利，也就能从对方得利。一边挑拨离间，一边引诱欺骗，从而迷惑和扰乱别人的军国大计，导致危机和覆败，而他们却可以从两边获益。这些都是无须反复计较就可以知道的必然结果。

谈论兵法的人说："知彼知己，百战不殆。"（《孙子·谋攻》）这是倚靠自己来对敌我双方的情况进行了解罢了。战争的大势所趋既然如此，胜败的要旨所在也就是这样了，哪里还需要这些欲言又止的窃窃私语、忽惊忽喜的消息情报呢？因此，智谋之士坚决予以拒绝，绝不让他们来混淆视听、动摇军心。除非那些胸怀忠诚、感恩戴德、动机纯正而愿意作为内应的人，以及猝然而至、没有想到会被询问而随即应答的人，其他的言论一概不必听从。这就是两军对垒、不敢怀有贰心的根本原则。（《诗经·文王之什·大明》："殷商之旅，其会如林。矢于牧野，维予侯兴。上帝临汝，无贰尔心。"）特别是中原王朝对于周边少数民族的利用，更应该如此。向中原王朝发难的是一个少数民族，处于其一侧、潜伏而尚未发动叛乱的是另外一个少数民族，这一民族将会在敌我双方之间曲为周旋，并蛊惑我方以表达其效命归顺朝廷的诚意，而实际上是想要欺骗我方，姑且与他们通商贸易获取利益，偶尔传送一些对方的虚浮不实、价值不大的情报以坚定我方对他们的信任。我方发动进攻，他们就会采取拖延战术使我军疲惫不堪；我方坚守不战，他们就会采取诱敌战术使军出兵作战；即使遭遇大败，也不能责怪他们的情报误导了我方。只有愚蠢至极的人，才会把他们提供的情报惊叹为机密，从而以获得外援而自相矜夸，最终的恶果，小则残害于我们的边疆安宁，大则危害于国家的宗庙社稷。古往今来，昏庸的君主和愚蠢的大臣，因此而落入间谍陷阱的为数不少，战败与覆亡的事例积累得很多，而等到国家倾覆之后，也只会白白地增加追悔莫及的痛哭。假如及早拒绝其浮夸的游说之辞，断绝间谍的来源，难道还会发展到如此的境地吗？

由此可见，王建在这一问题上的远见卓识，是无法企及的。地处黎州（治今四川汉源北）、雅州（治今四川雅安）的刘、杨、郝三部浅蛮（发展程度较高、接近汉族习俗的南方少数民族），唐朝每年都赐予丝绢布帛，让他们暗中监视南诏，但他们反而接受南诏的贿赂刺探我方的虚实，王建于是断绝了对他们的岁赐财物，还把与他们有交往的部将处以斩刑，从此以后南方各少数民族平安无事，顺从朝廷，经历整个五代时期以至宋朝，南诏再也没有侵扰内地，这都是因为王建善于谋划、果于决断，从而堵塞了祸乱的根源。

唉！难道仅仅是镇守边疆、抵御少数民族以及把守关隘、抗拒强敌的将帅应该如此吗？君主有不听从号令的大臣，父亲有不顺从管教的儿子，国家有相互挑拨离间的友邦，顺从的人就要加以安抚，忤逆的人就要予以惩罚，应对之道就在于顺乎人情、合乎事理罢了。如果有奸佞小人夹在中间，乘着自己厌恶和发怒的时候搬弄是非，揭发对方隐瞒的事情来相告，都不过是幸灾乐祸而企图从中渔利的。这些奸佞小人朝秦暮楚，在敌我双方之间刺探情报、相互煽动，本来就是反复无常的。由于这个缘故而破坏恩德、酿成祸患的，就像春秋时期的陈哀公陈侯溺与其弟公子招、隋文帝杨坚与其宰相杨素一样，自己的太子惨死于他们的手下，还认为他们是自己的忠臣，这样的事例古往今来实在太多，不可胜数。可见，拒绝并堵塞游说的根源，从而统一并安定军心，难道仅仅是带兵打仗的将领应该如此吗？以玉石做出的装饰物和黄绵所制的小球来遮蔽目光、堵塞耳朵，又难道仅仅是作为君父的人应当慎重其事吗？

本事：《资治通鉴》卷二六一《唐纪七十七·昭宗》，乾宁四年（897）。

八　朱温李克用不能为曹操

挟天子以令诸侯而威服天下，自桓、文始。曹操袭其迹，因此篡汉，二袁、吕布、刘表不能与之争，此奸雄已试之成效，后起者所必袭也。乃克用连兵入寇，朱温方构难徐、郓而不问；王行瑜、韩建、李茂贞劫逐天子，朱温坐视而不恤；李克用既讨平之，乃听盖寓之言，不入见而还镇；李茂贞犯顺，昭宗如华州，困于韩建，全忠在汴，扣关以奔驾也甚易，而方南与杨行密争，不一问也；及刘季述以无援之宦竖废天子幽之，崔胤召温以入，而尚迟回不进，让复辟之功于孙德昭；克用则方治城自保，而念不及此。何此二凶者，置天子于三数叛人之手，不居之以为奇货；而善谋如盖寓，亦不能师荀彧之智，以成其主之篡夺；岂其智之未逮而力之不能也与？

天下之理，顺逆而已。顺者，理之经也；逆者虽逆，而亦有逆之理焉。溯危滩而上者，楫折牵绝而可济，以其所沿之流，犹是顺流之津也。夫桓、文之津，岂温与克用之所可问哉？桓、文定王嗣，反王驾，北讨戎，南服楚，通诸侯之贡于周京，故召王受赐而诸侯敛衽，诚有以服天下之心，固非温、克用之所可企及已。

即若曹操，奋起以讨董卓，几捐生于荥阳，袁绍、韩馥欲帝刘虞，而坚于西向，退居许下，未尝敢以一言忤天子也。献帝为李、郭诸贼所逼，露处曹阳，茕然一夫耳，汉室群臣救死不遑，而奚问天子？董承、杨奉微弱，而徒然骄蹇，操以礼奉迎，使即一日之安；虽心怀逆节，而所循之迹，固臣主之名义，是逆而依理之顺以行，以其初未有逆也。

李克用以异类而怀野心，父子承恩，分受节钺，忽动刘渊之逆志，起而据云中以反。既败而走，结鞑靼以窥中国，幸黄巢之乱以阑入，寸效未展，先掠河东。黄巢困蹙已极，薄收收复之绩，结王重荣以拊长安之背，流矢及于御座，公为国贼而莫之忌。其偶胜岐、邠斩行瑜也，天下固知其非为国讨贼而只以自雄也。乃欲袭义以奉天子、制雄藩，立败之术耳。盖寓知而止之，克用亦自知其非曹操矣。

朱温则盗耳，王铎无识，而假之以权，掠击自擅，无丝发之功于唐室。若令遽起乘危，握天子于股掌，天下群起而攻之，曾王行瑜、韩建之不若也。故温自知其不可，而李振、敬翔亦不以此为之谋。假义者，必有在己之义可托；身为叛贼之魁，负大不义于海内，而奚托哉？故唯坐待人之亡唐而后夺之，其志決也。

以势言之，温与克用所亟争者，河北也。河北归汴，则扼晋之吭；河北归晋，则压汴之脊。刘仁恭、王镕、罗弘信、李罕之、朱瑄、朱瑾横亘于其间，温屡败矣，克用则危矣。藉令竭全力以入关中而空其巢穴，温入长安，则克用会河东以牵河北，渡河以捣汴，而温坐毙。克用入长安，则温率洛、蔡、山南以扣关，而燕、赵、魏、潞捣太原以拔其本根，而克用立亡。义不可假，名无可尸，而抑失形势以自倾，故皆知其不可。且畜力以求功于河北，置孤危之天子于狡竖奄人之手，使促之以亡而后收之。是以刘季述之逆，温且迟回不进，朱温之篡弑，李克用不兴缟素之师。温利克用之逆，克用亦利温之弑，其情皆穿窬也。岂徒不能托迹桓、文哉？曹操之所为，抑其不能以身任之者也。故崔胤已为内主，李振谏使入讨，温尚聊遣蒋玄晖因胤以谋，而自引兵向河中，置长安于缓图，如此其不遽也。然且篡唐而仅得天下八九之一，不十年而遽亡。不能如曹操，则固不能如其雄峙三分而传之数世也。

至仁大义者起，则假仁假义者不足以动天下，商、奄之所以速灭也。无至仁大义之主，则假仁义者犹足以钳制天下，袁绍之所以不能胜曹氏也。至于欲假仁义而必不得，然后允为贼而不足与于雄杰之数，视其所自起与其所已为者而已。以曹操拟桓、文，杜蘅之于细辛也；以朱温、李克用拟曹操，瓦砾之于碱砆也；此其不可强而同者也。

【译文】

用挟天子以令诸侯的办法来威服天下，是从春秋时期的齐桓公和晋文公开始的。曹操因袭他们的做法，于是得以篡夺了汉朝的统治，使袁绍、袁术、吕布、刘表等天下豪杰都无法与自己抗衡，这种办法是乱世奸雄屡试不爽、获得成效的法宝，也是后世崛起的天下豪杰必定加以沿袭和仿效的。但在唐朝末年，当李克用与王重荣联合举兵进入京师长安的时候，正在徐州、郓州与感化军节度使时溥争斗的朱温却不闻不问；当王行瑜、韩建、李茂贞劫持唐昭宗的时候，朱温仍然坐视不管而不予体恤；当李克用出兵讨伐平定王行瑜等的叛乱之后，乃听从其谋士盖寓的建议，没有入朝觐见而直接班师回到藩镇（太原）；李茂贞起兵反叛的时候，唐昭宗被迫出走华州，为韩建所控制，这时割据汴州（今河南开封）的朱温，带兵入关救驾非常容易，但他正忙于和南方的杨行密争夺地盘，也没有过问一下；等到孤立无援的宦官刘季述废黜并囚禁唐昭宗的时候，宰相崔胤宣召朱温率师入京，他依然犹豫不决、踌躇不前，把解救唐昭宗、恢复皇位的功劳让给左神策军指挥使孙德昭；而李克用当时也正在修缮城防以图自保，根本顾不上考虑这些事情。朱温和李克用这两个穷凶极恶的人物，为什么甘心把皇帝置于几个乱臣贼子之手，却不居之以为奇货；而像盖寓那样善于出谋划策的谋士，也不能效法曹操的谋士荀彧的智谋，以辅助自己主人成就篡位夺权的大业，难道是因为他们的智谋不足而力量不强吗？

天下的道理，无非顺从和忤逆罢了。顺从是天下道理的常态，而忤逆也有其忤逆的道理。就像在激流险滩中逆流而上一样，船桨折断、纤绳拉断依然可以渡过，因为所行驶的路线，仍然是顺着河流而下的。至于齐桓公、晋文公当年所走过的道路，难道是朱温和李克用所能够尝试的吗？齐桓公、晋文公二人稳定周惠王太子郑的继承人地位，平定太叔带的叛乱从而恢复周襄王的地位，讨伐北方少数民族的侵扰，降服企图北进中原的南方楚国，通行各诸侯国向周朝京师洛阳的贡奉，所以能够受到周王的赏赐和诸侯的尊敬，他们的所作所为的确能够让天下人心信服，这些本来就是朱温、李克用二人所无法企及的。

即使就曹操来说，当初他奋然起兵讨伐董卓，几乎在荥阳虎牢关前为国捐躯；冀州牧袁绍和徐州牧韩馥想要拥戴刘虞为帝，而他坚持西进洛阳迎接汉献帝刘协，然后退居许昌，从来未曾有一句话忤逆天子。当初汉献帝被董卓的部将李傕、郭汜劫持，露宿于曹阳（今河南灵宝东北）的田野中，简直就是一个茕然孤立的农夫，汉朝的群臣自身难保，哪里有人过问天子的死活？随行的外戚董承、侍中杨奉势单力薄，却骄横而不顺从，而曹操却以君臣大礼奉迎天子，使汉献帝终于可以享受安宁的生活。尽管曹操胸怀悖逆的野心，但他所遵循的行为轨范，本来就是臣下对君主的名义，这也就是所谓的虽然忤逆却依然按照天下的道理顺从而行，因为他在当初并没有忤逆的野心。

而李克用却是以夷狄的身份胸怀野心，其父子二人承受唐朝的恩德，分别被授予藩镇节度使的兵权节钺，但忽然动了像匈奴刘渊那样的悖逆之念，举兵占据云中（今山西大同）反抗朝廷。在被官军打败逃走以后，又勾结鞑靼部落觊觎唐朝的江山社稷，庆幸遇到黄巢起义军攻陷京师长安，乘机接受朝廷诏命进入中原，还没有出兵平叛、未效尺寸之功，首先抢掠和占领河东地区。而这时黄巢起义军的势力已经极为困顿衰颓，从而使李克用得以攫取收复京师的功绩。随即又与王重荣一起反叛，从背后袭击长安，前锋的弓箭几乎射到皇帝的御座，公然成为国贼而无所顾忌。即使后来偶然战胜凤翔节度使李茂贞、邠宁节度使王行瑜，但天下人本来都清楚他并不是为国家讨伐叛贼，而只是为了称兵自雄。在这种背景下，却想要秉承正义的名义以尊奉天子、号令天下、钳制藩镇，只能是一种迅速失败的死路。大概他的谋士盖寓知道这个道理而劝止了他，李克用也明白自己不是曹操那样的人。

朱温则是一个盗贼，因为宰相王铎毫无见识，从而授予他兵权，使他得以擅自征伐，到处攻击劫掠，对朝廷没有立下丝毫的功劳。如果让他乘着天下危机迅速崛起，控制君主于股掌之上，那么天下人无疑会群起而攻之，其下场甚至连王行瑜、韩建也不如。所以朱温也知道自己不能如此行事，其谋士李振、敬翔也不为他这样出谋划策。要假借正义的名号，必须自己占据正义作为依托；而朱温身为叛贼的首领，在整个天下背负着大不义的罪名，哪里有什么可以依托呢？因此只能坐等别人灭亡唐朝而后再夺取天下，其策略早已确定无疑了。

从当时的天下形势来看，朱温与李克用所极力争夺的焦点是河北地区。如果河北归朱温所有，就可以扼住李克用所割据的三晋地区的咽喉；如果河北归李克用所有，也可以压制住朱温所割据的汴宋地区的脊背。卢龙节度使刘仁恭、成德节度使王镕、魏博节度使罗弘信、河阳节度使李罕之、天平节度使朱瑄、泰宁节度使朱瑾等藩镇横亘于两者之间，使朱温屡次战败，李克用也面临危险的处境。假如他们任何一方竭尽全力杀入关中而使其巢穴空虚，都会打破这种平衡。如果朱温入关进攻长安，那么李克用就会以河东之师牵制河北，渡过黄河直捣朱温的后方汴梁(今河南开封)，朱温也就只能坐以待毙；如果李克用入关进攻长安，那么朱温也会率领洛阳、蔡州、山南等藩镇军队封锁潼关，而以燕、魏、赵、潞等藩镇割据势力直捣其根据地太原，李克用无疑也会迅速失败。正道大义不能假托，旗帜名号无所依附，而随时还会有失去形势平衡从而自行倾覆的危险，所以他们都明白无法通过挟天子以令诸侯来威服天下，便积蓄力量以求在河北地区取得成功，而置孤立无援、危机四伏的天子于奸诈狡猾的宦官之手，听凭他们促使唐朝灭亡而后再出来收拾残局。因此，当刘季述废君谋逆之时，朱温故意徘徊不进；当朱温弑君篡位之后，李克用也不身披缟素、兴师伐罪。朱温以李克用谋逆反叛为利，李克用也以朱温弑君篡位为利，他们的居心都如同挖洞翻墙的偷盗窃贼一样。难道仅仅是不能像齐桓公、晋文公那样尊王攘夷吗？即使是像曹操那样挟天子以令诸侯，也是他们所无法承担的历史责任。所以有宰相崔胤作为内应以后，谋士李振建议朱温起兵讨伐，而他还只是姑且派遣蒋玄晖与崔胤进行筹谋，而自己带兵去争夺河中，把攻占长安作为缓兵之计，显得如此的从容不迫。然而他在篡位代唐以后仅仅拥有天下八九分之一的版图，建国不过十年而迅速趋于灭亡。不能像曹操那样行事，自然也就不能像他那样雄踞三国之世并相传数代之久。

等到大仁大义的人崛起以后，那么假仁假义的人就不足以煽动天下了，这正是西周初年商、奄（奄国，都今山东曲阜东）迅速灭亡的原因。如果没有大仁大义的王者，那么假借仁义的名号还足以控制天下，这正是袁绍不能战胜曹操的原因。至于那些想要假借仁义的名号也无法做到的人，最后只能成为盗贼而不能跻身于英雄豪杰的行列，这就要看他当初起家的途径和以往的作为如何罢了。以曹操与齐桓公、晋文公相比，就像杜蘅与细辛一样外形近似；以朱温、李克用与曹操相比，则像瓦砾与玉石一样实质不同；这些都是不能勉强类比等同的。

本事：《资治通鉴》卷二六二《唐纪七十八·昭宗》，光化三年（900）。

九　李克用自保以观变

李克用按兵自保，大治晋阳城堑，刘延业谏其不当损威望而启寇心，克用赏以金帛，而修城之役不为之辍。夫自处于不亡之势，以待天下之变，克用之处心择术，以此为谋久矣。其明年，朱温果陷泽、沁、潞、辽，直抵晋阳城下，攻不能克而返。克用知温之志，固思灭己而后篡唐，抑知温之所急者在篡唐，固不能持久以敝我也，城坚不可拔，而温且折矣。

李茂贞之劫驾，温篡之资也；温挟主以东而篡之，克用之资也。幸之以为资，而克用之为谋也尤固。身既数为叛逆，不能假存唐之名以利于篡；威望未张，又不能尸篡唐之名以召天下之兵；迟回敛翼，置天下于不问，以听其陆沉，而可谢咎以持温之短长，克用之狡也。然至是而克用为稍循于理矣。修守备、休士卒以自强，而纳李袭吉之言，训兵劝农，以立开国建家之本，则不但李茂贞、韩建辈之所弗逮，朱温亦远出其下矣。训兵务农者，图王之资也；修城治堑者，保国之本也；刘延业恶足以知之？而曰“宜扬兵以严四境”，枵于内而张于外，亡而已矣。

然而克用之赏延业也，何也？其自保以观变之心，不可令部曲知之；知之则众志偷矣。延业能为夸大之言，以作将士之气，故赏之以劝厉士心，此克用之所以狡也。己不然，而怒之；己所然，而喜之，则庸人之所以危亡也。

【译文】

李克用拥兵自保，组织军民大力修缮晋阳（今山西太原南）城池，押牙刘延业向他进谏说：应当扬兵耀武于四方，而不应修治城池以自损威望而引发贼寇侵犯之心。李克用一面以金钱绢帛重赏于他，但修城的劳役并不因此而中辍。保证使自己处于不被灭亡的格局当中，以等待天下政治形势的变化，李克用处心积虑地选择出路，以此作为策略已经很久了。次年，朱温果然攻陷泽州、沁州、潞州、辽州（治今山西左权），大军直抵晋阳城下，无法攻克而撤退。李克用早就预料到朱温的野心，本来就是想要灭掉自己而后篡位代唐，也知道朱温最为急迫的是篡唐自立，自然不能与他长期相持以使他疲惫不堪，于是把城池修缮得异常坚固而无法攻破，而朱温的进攻必将受到挫折了。

凤翔陇右节度使李茂贞劫持唐昭宗，实际上为朱温篡唐制造了机会；朱温挟持天子东迁进而篡位代唐，也为李克用提供了借口。侥幸有了这种借口，李克用争夺天下的策略就更加坚定了。他自己既然多次兴兵反叛朝廷，也就不能假借保存唐朝的名义以有利于自己篡位；他自己的威望还不够强大，又不能承担篡位代唐的名义来号召天下的军队；犹豫徘徊，只能收敛起自己的羽翼，暂且不去过问天下之事，以听任其沦丧于敌手，从而推辞亡国的罪责以便攻击朱温的奸佞悖逆，这正是李克用的狡猾之处。然而直到这个时候，李克用的所作所为开始稍微遵循天下的道理了。修缮战守装备、整顿休养士卒以自强自卫，并采用谋士李袭吉的建议，训练军队，劝课农桑，以树立开国立业的根本。这些措施不仅是李茂贞、韩建之流所无法做到的，即使是朱温也远不能及。因为练兵务农是图谋帝王大业的资本，修缮城池是保家卫国的根本，刘延业怎么能够知道这些呢？他只会说“应当扬兵耀武于边境四方”。如果像他所说的那样，内部空虚而外部扩张，其结果也只能自取灭亡罢了。

然而李克用重赏刘延业，这又是为什么呢？他拥兵自保以观时变的用意，不能让他的部属知道；部属知道了就会使兵众苟且偷安。刘延业擅长夸大其词，用来激励军队的士气，所以重赏于他以勉励人心，这正是李克用之所以狡猾的地方。自己认为不对就怒气冲天，自己认为正确就兴高采烈，这正是平庸的人陷入危亡的原因。

本事：《资治通鉴》卷二六二《唐纪七十八·昭宗》，光化三年（900）。

一〇　王抟言似陆贽而非其等伦

王抟之为相也，以明达有度量见称于时，观其进言于昭宗者，亦正大明恺而有条理，似有陆敬舆之风焉。呜呼！唐于是时，敬舆在，亦必不欲居密勿以任安危，不能也，故不欲也，而况于抟乎？

德宗多猜而信谗矣，然遇事能思，不至如昭宗之轻躁以无恒也。德宗之廷，奸佞充斥矣，然心存固宠如卢杞、裴延龄耳，不至如张濬、崔昭纬、崔胤之外结强藩以鬻国也。德宗之侧，宦竖持权矣，然恶正导欲如霍仙鸣、窦文场耳，不至如刘季述、韩全诲之握人主死生于其掌也。德宗之叛臣，交起纵横矣，然蹶起无根如朱泚、李希烈耳，不至如朱温、李克用之植根深固必于篡夺也。而德宗抑有李晟、浑瑊、马燧之赤心为用，故李怀光虽叛，不敢逼上而屏迹于河中；而昭宗则无人不起而劫之，曾无一旅之可依也。夫时异而势殊，既如此矣。然则敬舆而处昭宗之世，君笃信之，且不能救唐之亡，况抟之于敬舆，其贤愚之相去，本非等伦，不可以言之近似而许之者也乎！

敬舆之为学士筦中制也，一言出，一策行，中外翕然以听。卢杞之奸，莫之掣曳，岂徒其言之得哉？有以大服其心者在也。抟之筮仕不知几何时，而一旦跻公辅之列，天下初不知有其人，则素所树立者可知；德不如也，则威不如矣。敬舆于扶危定倾之计，规画万全，上自君心，下达民隐，钱谷兵刑，用人行法，皆委悉其条理，取德宗之天下巨细表里，一一分析而经理之。而抟则唯一计之得耳，其曰“宜俟多难渐平，以道消息”，是已。顾问多难何恃以渐平，则抟亦穷矣；才不如也，则权不如矣。敬舆之得君也至矣，然逐卢杞、吴通玄而敬舆仍守学士之职，匪直让邺侯于首揆已也，并窦参、董晋而不欲躐居其上。抟德威不立，才望不著，一旦而立于百僚之上，于时天子虽弱，而宰相犹持天下之权，逆臣且仰其进止，固有恩怨交加、安危系命之钜责焉；不揣而遽任之，与顽鄙无藉之李谿、朱朴旅进而不惭，是亦冒昧荣名、不恤死辱者耳。以视敬舆之栖迟内制、不易爰立者何如？节不如也。节不如，而以任扶危定倾之大计，“负且乘，致寇至，盗思夺之。”凶其可免乎？

人臣当危乱之日，欲捐躯以报主，援亡国而存之，抑必谨其进退之节，不苟于名位。而后其得也，可以厌服奸邪之心；即其不然，身死国亡，而皎然暴其志行于天下。今置身其列，凝目而视之，居此位者，非崔胤之逆，则朱朴辈之蝇营狗苟者，而屑之与并立于台座哉？且即其言而论之，以止昭宗之躁率，置宦寺于缓图，昭宗弗听，惑于崔胤以召祸，抟乃伸其先见之明耳。然令如抟之言，养宦官之奸，姑任其恶，又将何所底止邪？激李克用之反者，田令孜也；成韩建之恶、肆囚主之凶者，刘季述也；通李茂贞以劫驾者，韩全诲也。至此时，而宦官与外镇逆臣合而相寻于祸乱，唐不亡，宦官不自趋于杀尽而不止，安得有外难平而以道消息之日乎？其言似也，而又验。虽然，抑岂有可采之实哉？

【译文】

王抟作为宰相，以其明白通达而度量宏大而为时人所称道。观察他进谏唐昭宗的言论，也都正大光明而条理清晰，似有当年名相陆贽的风范。唉！唐朝发展到这个时候，即使有陆贽在世，也一定不想位居机要之地以身系国家安危，因为根本做不到，所以不想去做，更何况是王抟呢？

唐德宗李适猜忌多疑而听信谗言，但遇到事情善于思考，还不至于像唐昭宗李晔这样轻率浮躁而反复无常；唐德宗时的朝廷尽管充斥着奸佞之臣，但像卢杞、裴延龄之流也不过想要巩固君主的崇信，还不至于像张濬、崔昭纬、崔胤那样勾结强大的藩镇以出卖国家。唐德宗的身边，虽有宦官专权，但不过像霍仙鸣、窦文场那样憎恶正直之士、引诱德宗纵欲的家伙罢了，还不至于像刘季述、韩全诲那样控制天子的生死废立大权；唐德宗在位时，藩镇叛乱已经交起纵横，但像朱泚、李希烈都是猝然起事而毫无根基，还不至于像朱温、李克用那样根深蒂固、必定篡位夺权而后已。况且唐德宗还有李晟、浑瑊、马燧等良将赤胆忠心为他所用，所以李怀光虽然发动叛乱，但不敢直接逼迫皇上而只是屏迹于河中（今山西永济蒲州）一隅，而唐昭宗就没有人不起来劫持他，而他不曾有一支军队可以依托。两个时代不同，形势判然有别，就像上述的那样。既然这样，那么让陆贽处于唐昭宗的时代，即使君主充分信任于他，尚且不能拯救唐朝的危亡，更何况王抟与陆贽相比，其贤能与愚蠢相去甚远，本来就不可以相提并论，不能因为二人的言论相似而推许为同类！

陆贽担任翰林学士管理朝廷政令，每篇言论发出，每项政策推行，朝野内外无不一致遵从，卢杞虽为奸佞小人，也没有能够掣肘，难道仅仅是他的言论得当吗？实在是他有用来制服其心的办法。而王抟的入仕也没有多久，忽然之间跻身于公卿之列，天下还不知道有这么一个人，那么其平时树立的声望可想而知，德行不如人，威望也就不如人了。陆贽对于拯救国家安危的大计都规划得周密万全，上能体念君王之心，下能体恤百姓疾苦，无论钱粮田赋、军事刑罚、用人行法，都详细知晓，条理分明，把天下事情的大小表里都安排得井然有序。而王抟只要有一条计策得当，就会说“等到天下的多灾多难逐渐平息的时候，就以正道大义除恶培善”。然而要问天下的危难倚靠什么才能逐渐平息，王抟也回答不上来，才能不如人，权变也就不如人了。陆贽获得了唐德宗极端的信任，然而当罢免了宰相卢杞、吴通玄以后，他仍旧担任原来的翰林学士，不只是把首席宰相的位置让给邺侯李泌，还不愿超越窦参、董晋而位居其上。而王抟的德行和威权还没有树立起来，才能和声望也不显著，一朝擢升而位居群臣之上，当时天子虽然懦弱，但宰相仍然把持着天下的大权，乱臣贼子尚且仰仗着宰相的进退，所以宰相自然担负着恩怨交加、安危系命的重大责任；不揣度自己的浅陋而贸然上位，与愚钝鄙陋、庸俗不堪的李谿、朱朴等同朝共进而不觉惭愧，这也就是所谓的苟得富贵荣名、不顾生死荣辱了。比起来陆贽滞留在翰林学士的位置、不愿意升官拜相又怎么样呢？可见在出处大节上也有所不及。大节不及人，而以国家安危存亡大计相委任，正如《周易·解卦》上所说的“卑贱的人身负重物而乘车出行，必然招致盗贼前来抢夺”。盗贼想要来劫夺财物，那么凶险还能够避免吗？

作为大臣，正当天下危机祸乱的时候，想要为国捐躯以报效君主，拯救行将灭亡的国家以图保存，而必须谨慎其进退荣辱的节操，不应贪图于名位。然后得以实现其抱负、救亡图存，从而可以使奸邪的人心服；即使不能实现抱负，身死国亡以后，也可使自己清白的志向与操行昭然于天下。而如今王抟置身于宰辅之列，凝目观察高居此位的人物，不是像崔胤那样的叛逆，就是朱朴之流蝇营狗苟的小人，又有谁屑于与他们并立于宰辅之位呢？况且根据王抟的言语来讨论，为了防止唐昭宗轻率急躁的毛病，姑且暂时放弃诛除宦官而从长计议，但唐昭宗不听，反而受崔胤的蛊惑以招致祸患，这就是王抟的先见之明。然而如果按照王抟所说，姑且听任宦官作恶，又将发展到何种地步呢？激起李克用反叛的是宦官田令孜，促成韩建的罪恶并囚禁天子的凶手是宦官刘季述，私通李茂贞而劫持唐昭宗的罪魁祸首是宦官韩全诲。到了这个时候，专权宦官与藩镇逆臣勾结起来不断地引发祸乱，唐朝不灭亡，宦官不自趋于杀尽灭绝就无法中止，哪里还有天下灾难平息以后再以正道大义除恶培善的时候呢？王抟与陆贽的言论虽然近似，而且又得到了验证。尽管如此，难道又有什么可以采取的实践价值吗？

本事：《资治通鉴》卷二六二《唐纪七十八·昭宗》，光化三年（900）。

一一 韩偓处危亡之世蹈死以道

唐之将亡，无一以身殉国之士，其韩偓乎！

偓之贬也，昭宗垂涕而遣之，偓对曰："臣得贬死为幸，不忍见篡弑之辱。"斯闻者酸心、见者裂肝之日也。而偓不仰药绝吭以死于君侧，则偓疑不得为捐生取义之忠矣。然而未可以责偓也，君尚在，国尚未亡，无死之地；而时方贬窜，于此而死焉，则是以贬故死也，匹夫匹妇之婞婞者矣。

偓去国而君弑，未几而国亡，偓之存亡无所考见，而不闻绝粒赴渊以与国俱逝，此则可以死矣，建文诸臣，所以争光日月也，而偓不逮。乃以义审之，偓抑可以无死也。伪命不及，非龚胜不食之时，而谢枋得卖卜之日也。湮没郁抑以终身，则较家铉翁之谈经河上为尤遂志耳。纣亡而箕子且存，是亦一道也。

人臣当危亡之日，介生死之交，有死之道焉，有死之机焉。蹈死之道而死者，正也；蹈死之道而或不死者，时之不偶也；蹈死之机而死者，下愚而已矣。

昭宗反辟，刘季述伏诛之谋，偓与赞焉，蹈死之道一也。王抟请勿听崔胤之谋，杀宦官以贾祸，胤怒而诬杀之；偓为昭宗谋，亦云"帝王之道，当以重厚镇之，此曹不可尽诛以起祸"，其忤胤也与抟同，蹈死之道二也。韦贻范求宦官与李茂贞，起复入相，命偓草制，偓坚持不草，中使曰："学士勿以死为戏。"茂贞曰："学士不肯草制，与反何异？"蹈死之道三也。从昭宗于播迁幽辱之中，白刃之不加颈者一线耳，而守正不挠，季述不能杀，崔胤不能杀，茂贞不能杀，非偓可取必于凶人之见免也，偶然而得之也。乃偓之终不蹈死之机，则爱其生以爱其死，固有超然于祸福之表者也。

姚洎之将入相也，谋于偓，而偓告以不就。为人谋者如是，则自为之坚贞可知矣。苏捡欲引为相，而怒曰："君奈何以此相污！"昭宗欲相之，则荐赵崇、王赞以自代。其时之宰相，皆汴、晋、邠、岐之私人，树以为内主者也。权虽倒持于逆藩，而唐室一即一离之机犹操于宰相，尸其位，则已入其彀中，而奸贪之小人趋入于阱中，犹见荣焉，此所谓死之机也。偓惟坚持必不为相之节，抑知虽相而无救唐亡、只以自危之理；且知虽不为相而可以尽忠，唯不为相而后可尽忠于主之势。故晋人不疑其党汴，汴人不疑其党岐，宦官不疑其附崔胤，胤不疑其附宦官。立于四虚无倚之地，以卫孤弱之天子而尽其所可为，疑忌浅，怨毒不生，虽茂贞且愧曰："我实不知书生礼数。"而恶亦息矣。此其可生、可死、可抗群凶而终不蹈死之机者也。

无死之机，是以不死；履死之道，是以不辱。若偓者，其处危亡之世，诚可以自靖焉矣。其告昭宗曰："万国皆属耳目，不可以机数欺之，推诚直致，日计不足，岁计有余。"其奉以立身也，亦此道也夫！

【译文】

唐朝行将灭亡之际，没有一位以身殉国的大臣，如果一定要找一位的话，大概就应该是韩偓了吧！

韩偓遭到朱温、崔胤的迫害被贬离朝廷，唐昭宗流着眼泪发配他到远方（先贬濮州司马，再贬荣懿尉，又贬邓州司马），韩偓说："臣以被贬而死为荣幸，不忍心亲见篡位弑君的羞辱。"这可以说是让听者心酸涕泪、见者肝胆俱裂的生离死别之时。而韩偓没有饮药自尽、刎颈自杀于皇帝的身边的原因，是他认为虽死也无法换取舍生取义的忠臣名声。然而不应该因此而苛责于他，因为当时君主尚在，国家还没有灭亡，并没有为君效死、为国殉难的理由；况且他正被贬官流放，在这个时候寻死，就会被认为是因为贬官而死，与性情倔强、愤恨不平的匹夫匹妇有什么区别呢！

韩偓被贬离开朝廷不久，唐昭宗李晔就被朱温弑杀，没过多长时间唐朝也就灭亡了，韩偓最终的生死存亡无法考证清楚，但没有听说他绝食而亡或跳水自沉与唐朝同生共死的消息，其实这个时候是他可以死去的时机了。明朝建文时期的诸位大臣死于靖难之役，这是他们能与日月争光而名垂青史的原因，但韩偓没有做到这样。然而以正道大义来审视，韩偓也可以不为国家死难。篡位谋逆的朱温并没有伪命征召于他，他还没有处于像汉朝光禄大夫龚胜为拒绝王莽强征为太子祭酒绝食而死、宋朝谢枋得为逃避元军追捕卖卜度日的时候。他最后湮没无闻、抑郁而终以了此残生，比起宋元之际家铉翁在河上设馆授徒、谈经论道更能遂其心愿。这与商纣王灭亡而流亡的箕子尚且存于世间，也是同一个道理。

作为大臣，在国家危亡的时候，处在生死的紧要关头，既有为国家效死的道义，也需要慷慨赴死的时机。遵循为国死节的道义而捐躯，就是死得其所；遵循为国死节的道义却未能殉难，就是因为没有遇到合适的时机；遇到合适的时机就慷慨赴死，却不顾为国家效死的正道大义，就是极端愚蠢之人的选择。

唐昭宗回京复位，宦官刘季述被处以死刑，韩偓参与了这一计划，是他遵循为国死节的道义的第一件事。宰相王抟请求唐昭宗不要听从崔胤的谋划，诛杀宦官以招致灾祸，因此引起崔胤恼怒，被诬陷并杀害；韩偓为唐昭宗出谋划策，也曾经说过“为君之道，应当以持重敦厚镇服臣民、以公正无私统御天下，这些宦官不能赶尽杀绝以免引起祸乱”，这种说法与王抟的言论一样忤逆了崔胤，也是他遵循为国死节的道义的第二件事。韦贻范祈求宦官和李茂贞再次出任宰相，让韩偓起草诏令，韩偓坚决予以拒绝，宦官说：“学士你不要把死当作儿戏。”李茂贞也说：“学士不肯起草诏书，与谋反有什么区别？”这是他遵循为国死节的道义的第三件事。他随从唐昭宗在流亡迁徙、幽禁羞辱之中，时刻面临死亡的危险而命悬一线，却能够坚守正义、不屈不挠，使刘季述、崔胤、李茂贞之流都不敢对他轻动杀机，这并不是说他一定能够在凶手面前逃脱灾难，而是偶然之中的万幸。至于韩偓终究没有陷入死亡的危机，则正像孔子所说的事奉君主，不敢忘其身也不敢爱其死(《孔子家语》卷三《弟子行第十二》)，本来就有超越吉凶祸福表象之外的东西在起作用。

姚洎将要入朝担任宰相的时候，向韩偓求教，而韩偓告诉他不要就职。像他这样为人出谋划策，其自身坚贞不屈的节操就可想而知了。苏捡想援引他同任宰相，他愤怒说道："你为什么要以此来污辱我！"唐昭宗想要任命他作宰相，他却推荐赵崇、王赞代替自己。当时朝中的宰相，都是汴（指宣武军节度使朱温)、晋（指河东节度使李克用)、邠（邠宁节度使李继徽)、岐（凤翔节度使李茂贞）等藩镇割据势力的死党，是他们安插在朝廷的内应。朝政大权虽然间接控制于叛逆的藩镇之手，但朝廷处理政事的枢纽仍然操纵在宰相手中，高居宰相之位，就如同进入他们的陷阱之中，而那些奸诈贪婪的小人争相涌入陷阱还引以为荣，这就是所谓的慷慨赴死的时机。韩偓坚持不担任宰相的节操，也明白即使担任宰相也拯救不了唐朝的灭亡、只能慷慨赴死的道理；并且还知道即使不担任宰相也一样可以为国尽忠，只有不担任宰相而后才可以尽忠于君主的形势。所以李克用不怀疑他结党于朱温，朱温也不怀疑他结党于李茂贞，宦官不怀疑他依附于崔胤，崔胤也不怀疑他依附于宦官。他立身于四周空虚、无依无靠的境地，以保卫孤立无援、懦弱无能的天子，竭尽全力而有所作为，而且能使君臣之间很少猜忌和怀疑，没有招致怨恨和荼毒，即使是李茂贞也会惭愧地感叹道："我实在不明白书生的礼数。"因而对他的恶意也得以平息了。这就是他之所以能够生存、能够效死、能够抗拒群凶而终究没有慷慨赴死的时机的原因所在。

没有慷慨赴死的时机，所以没有死难；能够遵循为国死节的道义，所以不受羞辱。像韩偓这样的人，处在天下危亡的多事之秋，的确可以保持自我操守的。他曾经对唐昭宗说："治理天下的人，各个国家都要用耳朵来听、用眼睛来看，不能用阴谋诡计进行欺骗，而应该以诚相待、正道直行，虽然每天算下来没有多少，但一年算下来就会很多了。"他自己坚定奉行并以此立身处世的，也正是这样的正道大义！

本事：《资治通鉴》卷二六四《唐纪八十·昭宗》，天复三年（903）。

一二　求入相者以身试祸

宰相数易，则人皆可相，人皆可相，则人皆可为天子之渐也。宰相之于天子，廉陛相蹑者也，下廉夷而上陛亦陵。唐高宗用此术也，以轻于命相，故一妇人谈笑而灭其宗祀，替其家嗣，裴炎、傅游艺夷之，武三思、承嗣因而陵之，相因之势也。高宗承全盛之宇，藏太宗之泽而不保其子，况昭宗当僖宗丧败之余，强臣逆奄交起相乘之世乎？

自龙纪元年至唐亡天祐三年，凡十九岁，而张濬、孔纬、刘崇望、崔昭纬、徐彦若、郑延昌、杜让能、韦昭度、崔胤、郑綮、李谿、陆希声、王抟、孙偓、陆扆、朱朴、崔远、裴贽、王溥、裴枢、卢光启、韦贻范、苏捡、独孤损、柳璨、张文蔚、杨涉，或起或废者二十七人，强臣胁之，奄人制之，而朝廷不能操黜陟之权，固矣；抑昭宗轻率无恒，任情以为喜怒，闻一言之得，而肝胆旋倾，幸一事之成，而营魂不定，乃至登进可惊可愕之人，为天下所姗笑，犹自矜特达之知，餗覆无余，而犹不知悔，其识暗而自用，以一往之情为爱憎，自取灭亡，固千古必然之偾轨也。

抑就诸人言之，人之乐居尊位者，上之以行其道，次之以成其名，其下则荣利之餍足耳。当高宗之世，天下方宁，而宰相尊。名之所归，利之所擅，贸贸然群起而相凌夺以觊得，鄙夫之情类然，无足怪者。自僖宗以来，天子屡披荆榛，两都鞠为茂草。国门之外，号令不行。虽有三台之号，曾无一席之安，计其恫喝途人而招纳贿赂者，曾不足当李林甫、令狐綯之傔从。不安而危，不富而贫。其尊也，藩镇视之如衙官；其荣也，奄宦得加以呵詈。一旦有变，则天子以其颈血而谢人，或杀或族，或斥远方而毙于道路。此诸人者，稍有识焉，何乐以身试沸膏之鼎而思沾其滴沥乎？故苏捡欲经营韩偓入相，而偓怒目“以此相污”，诚哉，其污也！而一时风会所淫，如饮莨菪之酒，奔驰恐后，而莫之能止。前者殊死，后者弹冠，人之无良，亦至是哉！

呜呼！士贵有以自立耳。无以自立，而寄身于炎寒之世局，当塾教之始，则以利名为鹄矣；当宾兴之日，则以仕宦为津矣；一涉仕宦之途，进而不知所终，退而无以自处，则紫阁黄扉，火城堂食，人拟为生人之止境；而自此以外，前有往古，后有来今，上有高天，下有厚地，仰有君父，俯有黎民，明有名教，幽有鬼神，凡民有口，妻子有颜，平旦鸡鸣，有不可自昧之恻隐羞恶，皆学所不及，心所不辨，耳闻之而但为声响，目见之而但为文章，漠不相关，若海外三山之不我即也。呜呼！士若此，而犹不以宰相为人生不易得之境，鼎烹且俟之崇朝，鼎食且侥于此日，其能戒心戢志如韩偓者，凡几人也？世乱君昏，正其逞志之日，又何怪焉？世教衰，民不兴行，天下如狂，而国以亡、君以屠、生民以殄。是以先王敦廉耻、尚忠孝、后利先义，以养士于难进易退之中，诚虑周而道定也。

【译文】

如果宰相频繁更换，那么人人都能做宰相；如果人人都能做宰相，那么就难免出现人人都能做天子的苗头。宰相对天子来说，就像厅堂和台阶一样相互连接，如果降低了台阶，那么厅堂的高度也会受损。唐高宗李治运用这种权术，轻率地任用宰相，所以武则天以一个妇人的身份谈笑之间就灭亡其宗庙祭祀，改变其太子地位。裴炎、傅游艺这些人担任宰相，贬低了宰相的地位，而武三思、武承嗣也相继谋取太子之位，使朝廷的威严扫地，从而形成相互因袭的局势。唐高宗承接的是唐朝全盛的天下，承受着唐太宗的恩泽却不能保全其子，何况唐昭宗继唐僖宗丧乱衰败之后，正处在强横藩臣与悖逆宦官交互而起兴风作浪的时代呢？

从唐昭宗李晔龙纪元年（889）继位开始，到唐哀宗李柷天祐三年（906）禅位、唐朝灭亡，共十九年，相继有张濬、孔纬、刘崇望、崔昭纬、徐彦若、郑延昌、杜让能、韦昭度、崔胤、郑綮、李谿、陆希声、王抟、孙偓、陆扆、朱朴、崔远、裴贽、王溥、裴枢、卢光启、韦贻范、苏捡、独孤损、柳璨、张文蔚、杨涉二十七人出任宰相，有的被提拔，有的被废黜，强横的藩臣胁迫他们，专权的宦官钳制他们，而朝廷无法操纵任免升降的大权，固然是其主要因素；唐昭宗轻率急躁、反复无常，遇事恣情任意，一切出于喜怒，听到一句言语得当就感动倾心，一件事情侥幸成功就魂魄不定，以至于屡次重用那些令人可惊可愕的人物，为天下人所讥笑，还自夸具有特别的知人之明，结果像倾尽鼎中珍馔佳肴一样导致败事，还不知道悔改，其识见昏昧而刚愎自用，完全以自己一时的情感作为爱憎的标准，自取灭亡，这本来就是千古以来必然的覆败轨迹。

再就出任宰相的人选来看，人们乐于高居尊位的原因，最为高尚的是为了实现自己的抱负，其次则是为了成就自己的功名，等而下之的是为了满足自己荣华富贵的欲望。唐高宗在位的时候，正处于天下安宁的局面，宰相的地位最为尊崇。不仅为名望所归，而且可利益兼擅，所以天下人轻率地群起而争之，相互侵夺以觊觎这一尊位，那些人格鄙陋、见识浅薄的人的情感就是这样，不足为怪。从唐僖宗以来，天子屡次遭受艰难险阻，长安和洛阳东西二京都长满了荒草，国门之外，天子的号令无法推行，即使拥有司徒、司马、司空三公的名号，也没有一席之地可以安身，看着他们向路途之人恫吓号令以招权纳贿的丑态，还不如昔日宰相李林甫、令狐綯的随从仆役。他们的处境惊恐不安而充满危险，财富不足而沦为贫穷，至于他们的尊崇，骄横跋扈的藩镇视之为衙役；他们的荣耀，狡诈奸佞的宦官也能对他们进行呵斥责骂。一旦发生变故，天子还要拿他们头颅和鲜血向世人谢罪，有的被诛杀，有的被灭族，有的被贬斥流放到远方而死于路途。这些出任宰相的人，只要稍微有点识见，怎么能乐于以自己的身体试探沸腾的汤鼎并期望沾些汤汁呢？所以当苏捡想要拉拢韩偓入相时，韩偓就愤怒地说“用这种办法污辱自己”，事实上也的确是一种污辱！但一时的政治风尚影响，就像喝多了莨菪之酒令人狂走一样，人们争先恐后趋之若鹜，而没有人能够禁止得了。前面的人刚刚被斩首，后面的人便弹冠相庆，人类缺乏良知，竟然达到了这样的地步！

唉！作为士大夫，贵在有其自立于世的准则。如果没有自立于世的准则，而置身于世态炎凉、反复无常的社会环境，从私塾教育启蒙开始，就以利益和名望作为奋斗的目标；到成年以后参加科举考试的时候，又把仕宦当作唯一的途径；一旦踏上官场仕途，前进不知道何处是终点，后退又没有办法自立处世，则会把宰相府邸的紫阁和办公的黄扉、百官朝会的火城仪仗和会食的都堂当作人生追求的终点；除此以外，前有古人，后有来者，上有高天，下有厚土，抬头有君父，低头有百姓，明处有纲常名教，暗处有祖宗鬼神，庶民百姓有口碑褒贬，妻子儿女有廉耻颜面，夜深人静的平旦（寅时）鸡鸣（丑时）之时，则有不可自欺欺人的恻隐之心、羞恶之心，这些都是自己不曾学习得到的，也是自己内心所不能分辨得清的，耳朵听到后只当作声响，眼睛看见后只当作官样文章，与自己漠不相关，就像是传说中的蓬莱、方丈、瀛洲海外三座仙山一样可望而不可即。唉！士大夫到了这种地步，仍不把宰相作为人生不易达到的境界，一朝之间即将遭受鼎镬烹死的酷刑，尚且侥幸得到一天钟鸣鼎食的生活，真正能够像韩偓那样满怀戒惧而安定心志的人又能有几个呢？身处危乱之世，君主昏庸无道，正是士大夫实现自己抱负的时候，又有什么可奇怪的呢？正统的礼仪教化日趋衰败，百姓不能有感而发起来践行，天下人都像发狂一样，而国家因此灭亡，君主惨遭弑杀，百姓生灵涂炭。因此，古圣先王注重廉耻礼教，崇尚忠孝节义，教导人们先义而后利，并在难进易退（出仕做官之前要再三考虑清楚，辞职去官之时唯恐不速）之中来培养士大夫的正气，的确是思虑周全而事先谋划确定的啊！

本事：《资治通鉴》卷二六五《唐纪八十一·昭宗》，天祐二年（905）。

一三　垂死哀鸣，不择而发

昭宗为朱温所劫迁，流离道左，发间使求救于李克用、王建、杨行密，是垂死之哀鸣，不择而发，惟足悲悼而已。夫三镇者，其可以抗朱温遏其篡弑之恶而责以君臣之大义者乎？使三镇犹然唐之臣子，而兵力足以胜温也，则温亦不敢遽图凶逆；王行瑜、李茂贞、韩建之无成，温稔知之，故迟回而待之今日，则熟审彼已之形势，目中已无三镇，知唯予志而莫违矣。

克用而可抗温邪，岂一日忘温者？昭宗尝和解之而不听，而况有言之可执，卷甲疾趋，岂待间诏之求援乎？克用于时方修城堑，保太原、泽、潞、邢、洺之不遑恤，其必不能逾太行以向汴、洛，明矣。王建北倚剑阁，东扼瞿唐，乘人之所不争，据险以自存，身未习百战之劳，而所用者两川之土著，不能出穴以斗者，如之何其能与强暴之朱温争生死也？杨行密虽尝挫温矣，而舟楫之利，失水则困，故仅可以保江、淮，而不能与骑步争逐于平野；新得朱瑾兖、郓之余众，骑兵稍振，而瑾又温所鱼肉之残耳；且使出汝、亳而西讨，钱镠乘其东陲，马殷乘其南界，田頵之徒又从中而讧，进不利而退失守，为温之擒而已。是三镇之力不足以进取为昭宗而兴师也，明矣。

抑以君臣之义责望三镇，夫三镇又何足以言哉？克用之思夺唐，其与朱温先后之间耳，委唐之亡于温，以嫁不道之辜，而己徐起而收之，克用之怀挟久矣；浸令其力可任，假密诏以兴师，胜温而挟天子，亦温之于茂贞也，况乎其处心积虑之固不然也。王建得蜀，而早有公孙述、刘备、李特之全局在其意中，羁縻于唐，不敢先发以招天下之弹射耳；其逼顾彦晖逐韦昭度而走之，逆节已著，昔固尝托勤王之名而阳出兵以掠地，非李茂贞阻之，则乘长安之虚而收洮、巩，临秦、凤以称西帝，岂复于唐有源本之思，以效桓、文之绩乎？

克用，狄也；王建，奄宦之私人也。不足援名教以望之，所固然矣。然昭宗妄亿而号呼，犹有说也。沙陀承恩三世，李国昌起骑将而分节钺，克用逋逃朔漠，赦其族诛之辜，而赐以国姓；王建随驾奔蜀，负玺以从，艰难与共之君臣，亲若父子；则克用、建自逆，而唐固笃恩义以为之君，当危急之秋，迫而呼之，非过望也。

若夫杨行密者，于昭宗何有哉？高骈据千里之腴壤，一矢不加于贼，而坐拥富贵，土芥其人民，使无所控告，毕师铎、秦彦、孙儒竞起争夺，血流盈壑，弥望蒿莱，唐弗能问也。行密足未尝履王都，目未尝见宫阙，起于卒伍，无尺寸之诏可衔，削平之而抚仅存之生齿，是草泽崛起，无异于陈胜、项梁之于秦也。霸局已成，唐不能禁，授以爵命而姑为维系，其君臣之义，盖已浅矣。天下已非唐有，而人民必有恃以存，力悍凶锋，保江、淮之片土，抗志崛立，独能不附逆贼，甘奉正朔，如王师范、罗绍威、韩建之所为，亦可谓之丈夫矣。唐一日未亡，行密一日不称王，而帝制赏罚之事，听命于朝，循分自揣，安于其位，而特不屑臣服于逆贼之廷，亦可谓之不妄矣。唐何德以及行密，而望其为郭子仪、李晟之精忠，以抵触凶人，争一线之存亡哉？

如曰溥天率土，义不可逃也，汤、武且有惭德矣。项羽不弑怀王，汉高岂终北面？行密保境息民以待时变，唐可再兴，则为窦融；唐不可兴，则为尉佗；而但不为枭獍之爪牙，斯已足矣。既不可以君臣之义苛求其效死，而昭宗又奚望其援己哉？

故三镇者，无一可倚者也，昭宗先无自固之道，祸至而周章，“谓他人昆，亦莫我闻。”势之所必然者也。屠门之悲号，不如其喑矣。

【译文】

唐昭宗李晔被朱温劫持东迁，颠沛流离于道路旁边，暗中派密使向李克用、王建、杨行密求救，这不过是临死前的哀鸣，不加选择就发出来，只能令人感到悲哀和痛悼罢了。李克用、王建、杨行密三个藩镇割据的首领，难道是可以抗衡朱温并遏制其篡位弑君的罪恶、值得以君臣之间的正道大义相委托的人吗？假如李克用、王建、杨行密三个藩镇割据首领依然是唐朝的臣子，他们的兵力也足以战胜朱温，那么朱温也就不敢贸然图谋逞凶谋逆的行动；王行瑜、李茂贞、韩建的反叛谋逆之所以没有成功，朱温是非常清楚的，所以他迟疑不定一直等到了现在，正是仔细审视了彼此双方的形势，心目中早就没有了李克用、王建、杨行密三个藩镇割据首领，知道只要按照自己既定的策略行事，就没有人能够违背他的意志。

李克用能够与朱温对抗吗？难道他曾有一天忘掉朱温吗？唐昭宗曾想希望他们二人达成和解，但李克用不听，更何况他有充足的理由可以出师有名（于公就是出兵勤王，于私就是报汴州上源驿袭杀之仇），整顿军队轻装疾进，哪里还需要等待密使诏书的求援呢？李克用这时正在修筑晋阳城防，保护太原、泽州、潞州、邢州、洺州而没有闲暇顾及，他一定不会越过太行山进攻汴梁、洛阳，这是显而易见的。王建北边倚靠剑阁天险，东边扼守瞿塘峡，乘着没有人与他相争，据守险要以自我保全，他自己也没有身经百战的辛劳，其所任用的部属又都是巴蜀地区的土著，不可能走出洞穴与人争斗，他又怎么会与强横暴虐的朱温进行生死决斗呢？杨行密尽管曾经在清口之战中挫败过朱温，但他们所擅长的舟楫之利，一旦离开了水就会陷入困顿，所以只能保有江淮之地，而不能与骑兵、步兵在平原上角逐；他刚刚得到泰宁军节度使朱瑾兖州、郓州的部众，骑兵的力量有所加强，而朱瑾毕竟是朱温手下的败将；况且如果杨行密从汝宁、亳州一线向西讨伐朱温，那么吴越钱镠就会乘机进攻其东部边境，楚王马殷也会乘机攻击其南部边境，田頵等人又会在中间挑起内讧，造成进攻不利、退兵失守的结局，最后被朱温擒获罢了。因此，李克用、王建、杨行密三个藩镇割据首领都不足以图谋进取为唐昭宗而兴师勤王，这也是显而易见的。

如果以君臣之间的正道大义委托和寄望于李克用、王建、杨行密这三个藩镇割据首领，他们又怎么值得一提呢？李克用想要篡夺唐朝的江山社稷，与朱温也只有先后的区别；把灭亡唐朝的责任委托于朱温，让他承担不义的罪名，而自己再慢慢起来收拾天下，李克用包藏祸心已经很久了；假定他的实力能与朱温对抗，借助唐昭宗的密诏兴师勤王，战胜朱温而挟持天子，也就和朱温打败李茂贞并劫持天子的做法一样，更何况他处心积虑的策略本来不是这样。王建拥有巴蜀地区以后，心中早就有了像当年公孙述、刘备、李特等割据自保的全盘打算，表面上接受唐朝统治，只是不敢首先发难以成为天下人的众矢之的；他逼迫东川节度使顾彦晖、驱逐西川节度使韦昭度并把他们排挤走，叛逆朝廷的野心早已暴露，当初固然曾假托勤王的名义公开出兵以攻城略地，如果不是李茂贞加以阻挡，就会乘着京师长安空虚之机收复洮州、巩昌等地，兵临秦州、凤州从而称帝于西部边陲，哪里还会对唐朝像饮水思源一样感恩，从而效法齐桓公、晋文公尊王攘夷的行迹呢？

李克用出身于北方的夷狄，王建则是宦官的私党（曾为宦官杨复光手下忠武八都之一，后为专权宦官田令孜养子），不足以援引纲常礼教对他们寄予希望，这是本来如此的道理。然而唐昭宗却妄自臆测而向他们呼唤求救，还是有着一定的道理。沙陀人三代相继承受唐朝的恩德，出身骑将的李国昌执掌藩镇兵权节钺，李克用反叛失败后逃亡沙漠，也被赦免灭族的罪行，并赐给国姓；王建曾经追随御驾流亡巴蜀，背负玉玺相从，与唐昭宗君臣患难与共，亲如父子；这样李克用、王建自己悖逆皇恩，而唐昭宗顾念恩义，且作为他们的君主，在国家处于危急存亡的紧要关头，急迫地向他们发出呼救，并不是非分之想。

至于杨行密，与唐昭宗又有什么关系呢？当初淮南节度使高骈占据着千里沃土，不出一兵一卒镇压黄巢起义军，而坐享荣华富贵，视百姓为无足轻重的泥土草芥，使他们身处水深火热而求告无门。而毕师铎、秦彦、孙儒竞相起来与他展开争夺，致使血流遍野，满目荒草而没有人烟，唐朝对此也无力过问。杨行密的足迹从未到过天子都城，眼睛也从未见过皇家宫阙，他出身于行伍，没有尺寸之诏书可以假借，却能够削平群雄、安抚战争之余仅存的百姓，这就所谓的崛起于草泽之间的英雄，与秦末的陈胜、项梁没有什么差别。霸业已经成就，唐朝也同样无法禁止，于是授予官爵从而姑且维持局面，可见他与唐朝的君臣情义，大概也是非常浅薄的。如今天下已不再是唐朝的天下，而人民又必须有所依靠才能生存，杨行密能够强力抵御朱温的凶悍兵锋，保住江淮地区大片版图，高尚其志而巍然屹立，唯独他能够做到不依附于叛贼，比王师范、罗绍威、韩建等人甘心尊奉后梁正朔的行为，可以称得上是大丈夫了。唐朝一天没有灭亡，杨行密就一天不称王，而典制、赏罚之类的大事都听命于朝廷，遵循本分而有自知之明，安于自己的职位，而又不屑向叛贼朱温的朝廷屈服，也可以说是不随便行事的明智之士了。而唐朝对杨行密又有什么恩德呢？怎么能够奢望他像郭子仪、李晟那样精忠报国，以抵抗凶狠残暴的朱温而争取一线的希望呢？

如果说普天之下莫非王土、率土之滨莫非王臣，君臣之间的正道大义不可逃避，那么商汤和周武王作为夏桀、商纣王的臣子而起兵灭之，尚且有所惭愧。秦朝末年，如果项羽不弑杀楚怀王，汉高祖难道还要终生北面称臣吗？杨行密保境安民以等待时局的变化，如果唐朝能够复兴，那么自己就像汉朝的窦融一样归附朝廷；如果唐朝不能复兴，那么自己就像秦朝的尉佗一样割据自保；唯独不做像枭、獍那样忘恩负义的凶恶之徒（指朱温）的爪牙，这已经足够了。既然不能以君臣之间的正道大义去苛求他效其死命，而唐昭宗又怎么能希望他出兵救援自己呢？

所以说，李克用、王建、杨行密三个藩镇割据首领没有一个是可以倚靠的。唐昭宗事先没有自我保全的办法，祸到临头而惊慌失措，正如《诗经·葛藟》中所说的："喊他人为父亲以求援，也没有人可怜和眷顾我；喊他人为兄弟以求援，也没有人慰藉和恤问我。"这是天下形势发展的必然结果。即使是屠宰场发出的哀号悲鸣，也不像他这样惨淡无力。

本事：《资治通鉴》卷二六四《唐纪八十·昭宗》，天祐元年（904）。

昭宣帝

一　朱温所杀非清流

嬴政坑儒，未坑儒也，所坑者皆非儒也；朱温杀清流，沉之河，未杀清流也，所杀者非清流也。信为儒，则嬴政固不能坑之矣；信为清流，则朱温固不能杀之矣。

温诚诛锄善类不遗余力，而士大夫无可逃之彀中邪？乃于韩偓弗能杀也，于司空图弗能杀也，于郑綮亦弗能杀也；又下而为梁震、罗隐之流，且弗能杀也。凡此见杀者，岂以身殉国而与唐偕亡者乎？抑求生于暴人之手而不得其术者耳。天下不知其谁氏之土，天子不知有几日之生；情逆而恣炰烋（páo xiào）者，腥臊之臭味逼人；无赖而充班行者，醉梦之眉目疑鬼；犹且施施然我冠子佩，旦联缀以充庭，夕从容而退食。若此之流，谓之清也，则谁复为浊流邪？

朱温为之主，李振为之辅，必杀矣；明天子在上，贤执法在列，亦未可贳而弗诛也。游于浊而自炫其清，斯所谓"静言庸违"者，四裔之投，其可宥乎？而欧阳永叔谓裴枢等惜一太常卿不与伶人，使其不死，必不以国与人，过矣。

晋、宋、齐、梁之护门第，唐人之护流品，其席荣据要之习气耳。门第流品横亘其肺肠，而怙众以喧呶，仰不知有君父，俯不知有廉隅，皆此念为之也。王谧解玺绂以授桓玄，不欲自失其华族耳。枢等不死，劝进朱温者，岂待张文蔚、杨涉哉？但使不失其清流之品序，则人人可奉之为天子矣。忠孝之存去，名位之重轻，则清浊之大界也，非永叔之所知也。

【译文】

秦始皇帝嬴政焚书坑儒，其实并没有坑杀儒生，所坑杀的都算不上是真正的儒生；唐昭宣帝天祐二年（905），朱温在白马驿（今河南滑县境内）斩杀衣冠清流三十余人，沉尸于黄河之中，其实并没有斩杀清流，所斩杀的也都算不上是真正的清流人物。如果是真正的儒生，那么秦始皇嬴政本来就不可能坑杀他们；如果是真正的清流人物，那么朱温本来也就不可能斩杀他们。

朱温的确是对诛杀和铲除贤良士大夫不遗余力，然而士大夫难道真的就无法逃脱他的魔掌吗？我们从当时的士大夫中可以看出，像韩偓那样的人他就不能斩杀，像司空图那样的人他也不能斩杀，像郑綮那样的人他也不能斩杀；等而下之的人，像梁震、罗隐之流，他尚且不能斩杀。而这些被斩杀并沉尸于黄河的人，难道是以身殉国而与唐朝共存亡的吗？只不过是想从凶狠残暴之徒手中求取活命但又不得其法罢了。到了这个时候，天下不知道是谁家的版图，天子也不知道能有几天活命；心怀悖逆而恣意嚣张咆哮的人，其叛贼盗寇的腥臊臭味逼人；奸邪无赖而冒充位列朝班的人，其醉生梦死的丑恶面目疑似鬼魅；然而他们尚且从容徐行，彼此峨冠博带，白天联袂上朝以充斥于宫廷，晚上从容退朝以就食于府邸。像这样的人，如果还可以被称为清流的话，那么还有什么人可以被称为浊流呢？

朱温作为这次事件的主谋，李振作为这次事件的参谋，必定会斩杀他们。假如有英明的君主在位当政，有贤良的宰相在朝执法，也不可能宽纵赦免他们而不予斩杀。本来就在污泥浊流当中游刃有余却自我炫耀其清流高洁，这就是《尚书·尧典》所谓的“花言巧语而行动乖违”，被贬斥流放到边远地区，这样的处罚难道可以宽宥吗？而欧阳修（字永叔）认为宰相裴枢等吝惜太常卿这样的清流之职而不愿授予受朱温崇信的伶人张廷范，如果他不被斩杀，也一定不会将国家江山社稷奉送给别人，这种说法是不正确的（《新五代史》卷三十五《唐六臣列传第二十三》）。

东晋以及南朝宋、齐、梁时期的士大夫维护其世家门第，唐朝的士大夫则维护其流品声望，这都是他们安享尊荣、高居显要的世情风气。世家门第、流品声望的观念深深植根于他们的心中，就会依仗人多势众而喧闹纷争，仰头不知有君父的存在，俯首不知还有端方不苟的节操，都是这种观念所造成的。东晋时期，丞相王导之孙、司徒王谧把皇帝的玺绶解下来奉给篡位的桓玄，就是不想失去自己的世家大族的地位。如果宰相裴枢等不死，那么劝说朱温建国称帝的人，难道还能轮得上张文蔚、杨涉吗？只要不让他们失去其清流的品类等级和地位，那么人人都可以推戴尊奉为天子了。忠君孝亲大义的存废，名望地位观念的重轻，是区分清流、浊流的基本原则，这些并不是欧阳修所能知道的。

本事：《资治通鉴》卷二六五《唐纪八十一·昭宣帝》，天祐二年（905）。

二　强者自弱，衰气使然

强国非安天下之道，而取天下之强摧残之、芟夷之、以使之弱，则天下之乱益无已。故养天下之力于不试，不见其强而自不可弱者，王道也；国方弱而张之，相奖以武健而制之以其方，使听命者，霸功也；因其强而强之，莫之能戢而启其骄，乱之所自生也；畏其民之强而摧之夷之，乃至殄灭之以使弱，则既以自弱而还以召乱。无强无弱，人皆可乱，则天下瓦解而蜂起以相残，祸之最烈者也。

战国之强也，天下以乱。嬴政恶其强而思弱之，既弱六国之众，并弱其关内之民，销其兵刃，疲以力役，强者虔刘殆尽，而耰锄棘矜之徒以起；椎埋黥配之夫，尸王号而长吏民，天下一无可畏而皆可畏矣，民乃争趋于死而莫之救矣。

唐之乱，藩镇之强为之也。藩镇之强，始于河北，而魏博为尤，魏博者，天下强悍之区也。自光武用河北之兵以平寇乱，遂屯兵黎阳，定为永制，而东汉以强。故其民习于强而以弱为耻，天下资之以备患。垂及于唐，上未加以训练，而骁桀之习，未尝替也。然亦何尝为天下患哉？

安、史之平，代宗不能抚有，田承嗣起而收之以自雄，为藩镇之戎首。幽、燕、沧、冀、兖、郓、淄、青之不逞，皆恃魏博之强，扼大河以互塞河南而障蔽之，田兴一受命，而河北瓦解，其为天下重久矣。广明以后，黄巢横行天下，而不敢侧目河朔，恃此也；汴、晋交吞以窥唐室，而王镕、刘仁恭既不敢南向以争天下，抑不至屈于汴、晋而为其仆隶，恃此也。罗绍威以狂騃竖子听朱温之蛊，一夕而坑杀牙兵八千家，于是而魏博为天下弱，天下蔑不弱也。

呜呼！岂徒绍威之自贻幽辱危亡也哉？天下之一治一乱也，其乱则上激下之怒而下以骄，骄气偾张，无问强弱也，强者力足以逞而怨愤浅，弱者怨毒深，藻聚萍散，不虑死亡，以姑尝试其诪（zhōu）张，而蜂起以不可遏。《诗》云："无拳无能，职为乱阶。"唯无拳勇者之乱，乱不可弭也。有强者以制其左右，则犹有惮焉。天下胥弱，而骄固不可戢也。无藉以兴，旋灭而旋起，既无所惮，何人不可踔跃以为难哉？

故自魏博牙兵之歼也，而朱温之计得。于是一时割据之雄，相奖以为得计，日取天下智计勇猛之将吏军卒而杀之，唯恐强者之不尽也。故迨乎温、存勖交争之世，而天下皆弱。蹶然而起者，猝然而仆，不能一朝自固也。胥天下而皆弱矣，勿待强者之骄，而弱者无不骄也。于是而割天下而裂之，苟有十姓百家可持白梃、张空拳者，皆弃耒耜以喧呼。高季兴、孟知祥、王延政、董昌、刘龑（yǎn）、钟传、马希萼、雷满、张文表、危全讽之琐琐者，翦妇人之衣绣以为韎韐（mèi gé），伐空山之曲木以为戈矛，或以自帝，或以自王，或以自霸。而石敬瑭羸病之懦夫，刘知远单寒之孤雏，且褒然宅土中以称元后。呜呼！勿论其不足以君也，抑勿论其不足以霸也，即与群盗齿，曾不足与张角、齐万年、方腊争雄长，皆无惮而自诧为刘、项、孙、曹也。风淫草靡，乃进契丹而为君父，弱天下者之召乱于无已，固如是夫！

“赳赳武夫，公侯干城。”文王之仁也，且求武夫于中林中逵之下，曾是抚有果毅强御之众，而可屠割俾尽，以启不量力者之骄悖乎？绍威之愚，朱温之惨，不足诛也。天有大乱之数，强者先歼焉，匪寇匪仇，杀之若将不及，亦衰气之使然与！

【译文】

使国家变得强大并不是安定天下的正确办法，但如果把天下的强者都加以摧残、加以屠戮从而使他们趋于衰弱，那么天下的动乱就会更加无休无止。所以，涵养和积蓄天下的力量却不轻易试其锋芒，表面上看不到其强大而自身却不可削弱，这就是王者的治国之道；当国家实力微弱的时候而能使其逐渐强大，以勇武刚健相激励并以正确的办法加以约束，使人人听从号令，这是霸主的功业；如果能在国家强盛时进一步强化其实力，没有人能够驾御而滋长其骄傲情绪，那么祸乱就会从内部自然产生；如果畏惧民众的强大而加以摧残和屠戮，以至于不惜赶尽杀绝而使他们衰弱，那么不仅因此而自我削弱而且会引发祸乱。因为强弱势力都不存在，人人都能起来造反，天下必将土崩瓦解，盗贼蜂起而自相残杀，所造成的祸乱也最为惨烈。

战国七雄都实力强大，天下也因此而陷入大乱。秦始皇对这种强强争斗的局面深恶痛绝，就想方设法削弱他们的力量，不仅削弱关东六国的势力，而且还削弱关中的民众，销毁他们的兵器，以繁重的徭役使他们疲惫不堪，结果把天下的强者杀戮殆尽，而那些手持农具棍棒的农民揭竿而起，抢劫杀人的强盗和黥面发配的刑徒称王称霸从而统率官民，本来想要使天下一无可畏，结果却变得无不可畏了，百姓也都争着出生入死，而没有人能够拯救他们。

唐朝的动乱，是由于藩镇的强大引发的。藩镇割据势力的强大，又是从河北地区开始的，而以魏博镇最为突出。魏博镇，可以说是天下最为强悍的地方。从东汉光武帝依靠河北的军队平定农民起义以来，便在黎阳（今河南浚县）屯扎重兵，并确定为永久的制度，而东汉也因此得以强盛。因此，当地的百姓习惯争强好胜，而以软弱屈从为耻辱，而天下也借助他们的力量来防备祸患。这一传统一直延续到唐朝，朝廷虽然未曾刻意加以训练，而勇猛凶暴的风气并不曾衰落下来。然而又何尝成为天下的祸患呢？安史之乱平定以后，唐代宗不能安抚河北，魏博节度使田承嗣乘机而起，收复河北地区的势力割据称雄，成为藩镇叛乱的始作俑者。幽、燕、沧、冀、兖、郓、淄、青等地方割据势力之所以敢于胡作非为，都是依仗着魏博镇作为坚强后盾，拒守黄河而断绝黄河以南的联系，成为他们的屏障，田承嗣的侄子田兴（后改名田弘正）一旦接受诏命降服朝廷，河北地区的藩镇割据势力立即土崩瓦解。河北地区占据天下重要地位的历史悠久，唐僖宗广明年间（880—881）以后，黄巢率领农民起义军横行天下，却不敢窥伺河朔地区，就是因为如此。李克用和朱温相互争斗兼并以觊觎唐朝的江山社稷，而成德节度使王镕、卢龙节度使刘仁恭既不敢南下以争夺天下，也不至于屈从于李克用和朱温而成为他们的奴隶，也是因为如此。可是魏博节度使罗绍威以一个狂妄愚蠢的小人却听信朱温的蛊惑，一夜之间坑杀魏博牙兵八千家，因此使魏博镇成了天下软弱屈从的地区，而普天之下也就没有不是软弱屈从的地区了。

唉！难道仅仅是罗绍威自己带来自取屈辱、陷入危亡的祸害吗？天下的大势一治一乱循环往复，其动乱是由上面的官府激起下层的民众愤怒，而下层民众因此滋长骄横之气，当这种骄横之气爆发出来的时候，也就不考虑自身实力的强弱。强者其实力足以横行霸道，所以其怨愤也不深，而弱者实力不足，所以怨愤较深，他们像浮萍和水藻一样聚散无常，不考虑危难死亡，而姑且尝试其欺诈诳惑的伎俩，像蜜蜂一样成群飞起而不可遏止。就像《诗经·小雅·节南山之什·巧言》上所说："既无拳力，又无劲勇，这就是祸乱的阶梯。"正是这些没有拳力和勇气之人的作乱，天下的祸乱才无法消弭。如果有强大的势力从左右牵制他们，他们内心还会有所忌惮。如果天下全都是弱者，而他们的骄横之气本来就无法平息。毫无凭借而骤然兴起作乱，随即覆灭又迅速崛起，既然他们无所畏惧和顾忌，又有什么人不可以跃跃欲试而起事发难呢？

所以自从魏博镇的牙兵被歼灭以后，朱温谋逆篡位的计策便得以实现。从此一时割据称雄的藩镇将帅，便以为计谋获得成功从而相互激励和效法，每天选取那些足智多谋、勇敢威猛的将领、官吏和士兵加以杀害，唯恐天下的强者还没有赶尽杀绝。因此到了朱温与李存勖交相争斗的时代，整个天下都已经衰弱不堪。忽然兴起，而又猝然倒下，不能保住一朝一夕的自我的地位。全天下都是弱者了，不必等待强者的骄横跋扈，而这些弱者也无不骄横起来。于是各方势力纷纷割据一隅以分裂天下，只要拥有十姓百家之众能够提着棍棒、挥着空拳，就会丢掉农具以鼓噪号呼，乘机作乱。像高季兴（荆南节度使，封渤海王、南平王）、孟知祥（西川节度使，后蜀高祖）、王延政（闽王，后称帝，国号大殷）、董昌（称帝，国号大越罗平）、刘龑（称帝，国号大越）、钟传（镇南节度使，割据洪州，封南平王）、马希萼（杀弟自立，称楚王）、雷满（割据醴州、朗州）、张文表（衡州刺史）、危全讽（抚州刺史）这些卑微平庸之辈，剪裁妇女的衣服刺绣作为士兵的盔甲军装，砍伐空山的弯曲树木作为戈矛武器，有的自称为帝，有的自称为王，有的自称霸主。像石敬瑭那样羸弱多病、目光短浅的懦夫，刘知远那样出身寒微、无所倚靠的孤儿，尚且能够俨然定都于天下四方的中心而自称天子。唉！且不论其不足以作为天下的君主，也不论他们不足以成就霸业，即便与昔日的天下盗贼相比，也不足以与东汉黄巾起义首领张角、西晋氐族起义首领齐万年、南宋农民起义首领方腊争雄争长，可是他们却都无所忌惮地自诩为汉高祖刘邦、西楚霸王项羽、三国吴大帝孙权和魏武帝曹操之类的英雄豪杰。风力强大，草木纷纷倒下，他们甚至引进契丹人并尊奉为君父，使天下衰弱不堪的人招致的祸患无穷无尽，竟然如此的严重！

“雄武纠纠的士兵，是公侯国君的捍卫者。”像周文王那样仁德的君主，尚且要从山林田野、市井通衢寻求和选拔勇武之士，而唐朝曾经拥有果敢坚毅、强而有力的军队，却可以屠戮宰割使之消灭净尽，从而引发不自量力之人的骄横狂悖吗？罗绍威的愚昧无知，朱温的歹毒残暴，实在是罪不容诛。天下将面临大乱的劫数，强大的人首先被歼灭，相互之间既非贼寇又非仇敌，却要争先恐后地加以杀害，这也是衰败之气造成的。

本事：《资治通鉴》卷二六五《唐纪八十一·昭宣帝》，天祐三年（906）。

三　唐之亡惟有丁会一忠节之士

昭宗虽暗不足以图存，而无淫虐之慝足以亡国。朱温起于群盗，凶狡如蛇虺，无尺寸之功于唐，而夺其三百年磐石之社稷。乃盈天下世胄之子，荐绅之士，建牙分阃之帅，无有一人感怆悲愤、不忍戴贼以为君者，而独得之丁会。会之帅泽潞也，温胁昭宗授之旌节，则固温之私人，而于昭宗无恩礼之孚、倚为腹心者也。帅昭义者六年，温拔潞州而授之，乃闻昭宗凶问，帅将吏缟素流涕，幸李嗣昭之来攻，而降河东，曰："虽受梁王举拔之恩，诚不忍见其所为。"盖汉、宋之亡，忠节不胜书，而唐之亡也，唯此一士耳。

或曰：克用亦唐贼也，去温而即克用，奚愈焉？

曰：会于此时无可归矣。以独力而思讨贼，昭宣帝刀俎之余肉，无能辅矣。保境以自固，汴、晋夹焉，而必不可以终日，则兵民且歼于凶人之刃。乃在温篡弑未成之日，则克用之去温也无几，在温弑主之后，则克用犹未有此滔天之逆，而相依以自全焉可矣。不北面以推戴弑君之贼，为佐命之勋臣，而身亦可以无辱矣。项羽杀韩王，而张良归汉。韩王不死于项羽，汉抑岂能分天下以王韩者？归其为我报君父之仇者，则虽不能存我故国，而志亦可以伸。况乎篡弑之贼，覆载不容之大憝，虽有其心，未有其事，君子可许其改而弗亟绝之，则克用可归，会亦舍此而奚归乎？知有君而为之哀，知其贼而不为之臣，天下无君，而聊以谢党逆之罪，志士忠臣之处此，亦如是而已。唐之亡，盈天下而唯一士也，会奚让焉？

【译文】

唐昭宗尽管昏庸愚昧不足以图存，但也没有荒淫暴虐的邪恶足以亡国。朱温出身于盗贼，像毒蛇一样凶狠狡诈，对唐朝没有尺寸之功，却篡夺其延续三百年坚如磐石的江山社稷。然而，遍满天下的世家贵族子弟、缙绅士大夫、军队将帅和封疆大吏，竟然没有一人感到悲怆愤慨、不忍心拥戴逆贼朱温作为君主的，仅仅只有丁会一个人。丁会作为昭义军节度使镇守泽州、潞州，是朱温强迫唐昭宗授予他象征军权的旌旗节钺，本来应该是朱温的私党，而与唐昭宗没有恩义礼遇而不可能被倚为心腹。他在昭义镇任职六年，当朱温攻克潞州后又授给了他。可是等他听到唐昭宗弑杀的消息，毅然率领将士身披缟素为唐昭宗发丧，痛哭流涕。幸遇李克用的大将李嗣昭前来进攻，他就归附了割据河东的李克用，他说："我虽然接受过梁王（朱温）的奖拔之恩，实在不忍心看到他的篡位悖逆行为。"大概汉朝和宋朝亡国的时候，天下尽忠守节之人不可胜计，而唐朝灭亡之时，唯独这么一位忠节之士。

也许有人会问：李克用也是唐朝的叛贼，丁会背叛朱温而投靠李克用，比较起来哪一个更胜一筹呢？

回答是：丁会在这时已经没有可以归附的地方了。如果调集自己的兵力起来讨伐逆贼朱温，而昭宣帝李柷也只是别人砧板上的剩余之肉，无法继续辅佐了；如果拥兵自保其地，又处于朱温和李克用的两面夹击之间，必定不能支撑多久，而其所属的军队和百姓将被歼灭于凶残的屠刀之下。于是他选择在朱温还没有篡位代唐以前，而李克用与朱温没有什么区别，如果等到朱温弑君篡位以后，那么李克用还没有犯下这样滔天的谋逆大罪，丁会归附于他以保全自己也未尝不可。不去拥戴尊奉弑君作乱的逆贼从而成为其佐命勋臣，而自身也可以免于蒙受耻辱。当年西楚霸王项羽杀掉韩王成，而扶立韩王的张良则归附汉王刘邦。(《资治通鉴》卷九《汉纪一》汉高帝元年："项王以张良从汉王，韩王成又无功，故不遣之国，与俱至彭城，废以为穰侯；已，又杀之。") 如果韩王成没有死在项羽之手，那么汉王刘邦又怎么能够分割天下并拥有韩国故地呢？归附于可以为我报君主之仇的人，这样即使不能保存自己的国家，而自己的抱负也可以得到实现。更何况篡位弑君的逆贼，是天地不容的穷凶极恶之人，李克用虽然有着篡位代唐的野心，但并没有形成事实，正人君子可以期望他痛改前非，而不能急迫地予以断绝，这样说李克用还是可以归附的，而丁会除了他还能归附于谁呢？知道上有君主而为他举哀发丧，知道朱温是逆贼而坚决不做他的臣民，天下没有君主，正可以聊以推托归附逆党的罪行，忠臣志士处于这样一个天下危难的关头，也只能这样罢了。唐朝灭亡的时候，普天之下只有一位忠臣志士，而丁会又能让谁责备呢？

本事：《资治通鉴》卷二六五《唐纪八十一·昭宣帝》，天祐三年（906）。

卷二十八

明刻本《三才图会》中的后唐庄宗李存勖画像

【题 解】

本卷评论五代初期后梁至后唐庄宗时期的历史，仅五代上一目，共二十二则。

关于五代政权的正统性问题，历来聚讼纷纭，王夫之认为五代开国之君皆得位不正，也不曾真正拥有天下，更不曾“尽君道”，不足以为天子，因而明确提出五代政权都不具备正统性，不具备称“代”的资格，同时批评宋人滥许正统的五代史观。

关于中原王朝与边疆少数民族政权的关系问题，王夫之始终坚守夷夏之大防，提出“夷狄者，欺之而不为不信，杀之而不为不仁，夺之而不为不义者也”，绝不能因坚守信义而养虎遗患；而夷狄仿效汉制、附会汉法亦利害相半，只有夷狄与华夏分处才是顺天之纪、因人之情的各安其所之道；对于历史上援引夷狄入侵的叛徒及为夷狄政权“沐猴而冠”的士人予以强烈批判。

关于后梁太祖朱温，王夫之认为他本为盗贼，残忍好杀，“恶极于无可加”，其灭亡乃是必然，其势也易于剿灭，只是由于当时天下无人，不能胜任“平一海宇之略，讨逆诛暴之义”，令人叹息。

关于后唐假借李唐国号以继承其正统，斥之为天理无余、人心丧尽。庄宗李存勖用兵如韩信，本来是一将帅之才，不可以为天子，其气量也不足以持胜。其所任用的士人冯道，“堕节以臣人”“挟小慧以媚主”，真所谓谗谄面谀之臣也。

至于其他割据政权，亦各有褒贬评议，如称赞淮南杨行密“安民固本，任将录贤”，有功于乱世，是五代时期唯一一位堪称一方君主之人；前蜀王建以枢密使授士人，使“兵权有所统，军机有所裁，人主大臣折冲于尊俎，酌唐之得失以归于正”，可为后世师法；肯定楚王马殷设回图务以开展茶马贸易，乃通古人之意而推以立法；对于桀燕刘守光、南汉刘岩等则予以批判。

五代上

合称五代者，其所建之国号，皆不足称也。朱温，盗也，与安禄山等；李存勖、石敬瑭、刘知远，沙陀三部之小夷；郭威攘窃无名，故称名。周主荣，始不与谋篡逆，受命为嗣，而有平一天下之志，故称周主，愈于夷盗之流，要之皆不足以为天子。

【译文】

这里之所以把后梁、后唐、后晋、后汉、后周五个朝代合称为五代，是因为他们所建的国号，都不值得称道。后梁太祖朱温，只不过是一个盗贼，与安禄山之流一样；后唐庄宗李存勖、后晋高祖石敬瑭、后汉高祖刘知远，出身于一个微不足道的少数民族沙陀三部；后周太祖郭威，夺权窃位师出无名，所以以上这些帝王都称其名而不称其帝号。后周世宗柴荣，开始的时候并不曾参与篡位谋逆，受命继承皇位之后，有平定和统一天下的远大志向，所以称为周主，表示他要胜过那些边疆少数民族以及盗贼之类的人。总而言之，他们都不足以称为天子。

一　五代不足以称代

称五代者，宋人之辞也。夫何足以称代哉？代者，相承而相易之谓。统相承，道相继，创制显庸相易，故汤、武革命，统一天下，因其礼而损益之，谓之三代。朱温、李存勖、石敬瑭、刘知远、郭威之琐琐，窃据唐之京邑，而遂谓之代乎？郭威非夷非盗，差近正矣，而以黥卒乍起，功业无闻，乘人孤寡，夺其穴以孱立，以视陈霸先之能平寇乱，犹奴隶耳。若夫朱温，盗也；李存勖、石敬瑭、刘知远，则沙陀犬羊之长也。温可代唐，则侯景可代梁、李全可代宋也；沙陀三族可代中华之主，则刘聪、石虎可代晋也。

且此五人者，何尝得有天下哉？当朱温之时，李克用既与敌立，李茂贞、刘仁恭、王镕、罗绍威亦拥土而不相下，其他杨行密、徐知诰、王建、孟知祥、钱镠、马殷、刘隐、王潮、高季兴先后并峙，帝制自为，分土而守，虽或用其正朔，究未尝奉冠带，祠春秋，一日奔走于汴、洛也。若云汴、洛为王者宅中出治之正，则舜、禹受禅，不仍陶唐之室，汤、武革命，不履夏、商之都，而苻健、姚兴、拓拔宏奄有汉、晋之故宫，将以何者为正乎？倘据张文蔚等所撰之玉册，而即许朱温以代唐，则尤奖天下之逆而蔑神器矣。

且夫相代而王天下者，必其能君天下而天下君之，即以尽君道也未能，而志亦存焉。秦、隋之不道也，抑尝立法创制，思以督天下而从其法令，悖乱虽多，而因时救弊者，亦有取焉。下至王莽之狂愚，然且取海宇而区画之，早作夜思，汲汲于生民之故。今石敬瑭、刘知远苟窃一时之尊，偷延旦夕之命者，固不足论；李克用父子归鞑靼以后，朱温帅宣武以来，觊覦天步，已非一日，而君臣抵掌促膝、密谋不辍者，曾有一念及于生民之利害、立国之规模否也？所竭智尽力以图度者，唯相搏相噬、毒民争地以逞其志欲。其臣若敬翔、李振、周德威、张宪之流，亦唯是含毒奋爪以相攫。故温一篡唐，存勖一灭温，而淫虐猥贱，不复有生人之理，迫胁臣民，止供其无厌之求。制度设施，因唐末之稗政，而益以藩镇之狂为。则与刘守光、孟知祥、刘龑（yǎn）、王延政、马希萼、董昌志相若也，恶相均也，纭纭者皆帝皆王，而何取于五人，私之以称代邪？初无君天下之志，天下亦无君之之心，燎原之火，旋起旋灰，代也云乎哉？

必不得已，于斯时也，而欲推一人以为之主，其杨行密、徐温、王建、李昪、钱鏐、王潮之犹愈乎！尚有长人之心，而人或依之以偷安也。

周自威烈王以后，七国交争，十二侯画地以待尽，赧王纳土朝秦，天下后世固不以秦代周，而名之曰战国。然则天祐以后，建隆以前，谓之战国焉允矣，何取于偏据速亡之盗夷，而推崇为其主乎？中国不可无君，犹人不可无父也。孤子未能克家，固无父矣，不得晋悍仆强邻而名之曰父。是以有无父之子，有无君之臣民。人之彝伦，天之显道，不可诬也。

宋之得天下也不正，推柴氏以为所自受，因而溯之，许朱温以代唐，而五代之名立焉。名不可以假人，天下裂而不可合，夷盗窃而不可纵，夺其国号，该之以五代，聊以著宋人之滥焉云尔。

【译文】

把唐宋之间这段历史称作五代，是宋朝人的说法。而事实上，这段历史又怎能以朝代相称呢？朝代的意思是前后相承、名称相易。正统前后相承，道统上下相继，创立新制度以改变旧体制，因此像商汤灭夏、周武代商，统一天下，因袭旧制并进行相应的变革，所以历史上称为夏、商、周三代。而五代后梁太祖朱温、后唐庄宗李存勖、后晋高祖石敬瑭、后汉高祖刘知远、后周太祖郭威这些凡夫俗子，难道因为窃据了唐朝的京城，所建的政权就可以称为朝代吗？其中郭威的出身既不是外族也不是盗贼，相比起来还近乎正统，但他当初是以受黥刑（在脸上刺字）的士兵的身份起家，没有建立什么不世功业，只是乘后晋皇帝幼小、皇太后临朝之机，欺负孤儿寡母，起兵夺取京城而登上皇位，与南朝的陈武帝陈霸先平定寇乱、屡立战功相比，只能做人奴仆罢了。至于朱温，则是盗贼出身；李存勖、石敬瑭、刘知远，都是突厥沙陀部落酋长。如果朱温的篡唐能够称作朝代，那么侯景篡梁、李全篡宋也能称作朝代；李存勖等三位沙陀首领能够称作中华之主，那么前赵刘聪、后赵石虎也能取代西晋称帝了。

况且朱温等五人，什么时候真正拥有过天下呢？朱温称帝的时候，既有李克用与他分庭抗礼，又有李茂贞、刘仁恭、王镕、罗绍威拥土自重，与他不相上下，更有杨行密、徐知诰、王建、孟知祥、钱镠、马殷、刘隐、王潮、高季兴等人相继独霸一方，称帝自立，割据称雄，尽管其中的有些人采用了他的国号、年号，但也从没有采用他的礼仪制度，春秋两季进行祭祀，前往汴、洛两京进行朝贡。如果说汴、洛两京是正统的天子之都，那么当年的虞舜、夏禹在接受禅让的时候，也不是在陶唐氏即尧定都的地方；商汤、周武王改朝换代，也没有踏上夏、商的国都；然而苻健、姚兴、拓跋宏都是在汉、晋故宫中称孤道寡的，他们就算得上是正统吗？假若根据张文蔚等撰写的劝进文书，把朱温的篡唐当作取代唐朝而据有天下，只能是鼓励天下的篡逆行为而蔑视君位的神圣。

前后相继而统治天下的人，必须有君临天下的威望，因而让天下人当作君主拥戴，即使不能尽人君之道，也应有做天下君主的大志。秦朝和隋朝的开国之君都不是有道君主，他们都曾创立法律制度，企图以此督率天下并让天下人遵从，尽管其中有不少弊病，但也并非一无可取。甚至像王莽这样的狂愚之人，还能把天下统一起来并分区而治，夙兴夜寐，致力于民众的休养生息。而如今的石敬瑭、刘知远窃取了一时的尊宠地位，只为了一时的苟延残喘，本来也不值得讨论；李克用父子归附契丹以后，朱温担任宣武军节度使以来，就已经开始觊觎唐朝天下，然而他们与谋士之间秘密商议、屏人耳语的，难道有一点是为了天下百姓的利害、立国的规模制度吗？他们所竭尽智谋和力气去图谋的，都不过是相互争斗、掠民争地，以满足自己的私欲。他们的谋臣像敬翔、李振、周德威、张宪之流，也只知道张牙舞爪去祸害别人。所以当朱温刚刚篡唐、李存勖刚刚篡夺后梁，便滥施淫威，进行残暴统治，不给百姓留下一点活路，压迫臣民，只为了满足自己贪得无厌的欲望。在各种制度和措施上都沿袭唐朝的弊政，并且还加深了藩镇的胡作非为。拿他们与刘守光、孟知祥、刘龑、王延政、马希萼、董昌等割据者相比，完全是志气相同，罪恶相均，都是为了自己的称王称霸。朱温等五人所建立的五个政权，有什么可取之处可以有资格称为朝代呢？他们本来就没有做天下君主的志向，天下人也没有拥戴他们做君主的诚心，都不过像遍野上燃烧的火焰一样随起随灭，又怎能被称为朝代呢？

如果不得已退而求其次，在这一时期，一定要推奉一位君主，那么也只能在杨行密、徐温、王建、李昇、钱镠、王潮等中间选择。他们还都有点作为君长的良心，百姓依靠他们还可以偷安一时。

周朝自威烈王以后，七国纷争，十二诸侯划地而守，至周赧王向秦朝纳土朝贡，而天下和后代人不认为是秦朝取代了周朝，而称为战国。至于在唐宋之际，天祐以后和建隆以前（907—960），称为战国还较为恰当，又何必把盗贼和外族建立的偏安、短命政权当作正统呢？国家不能没有君主，就像人不能没有父亲一样。孤儿不能支撑门面，是因为没有父亲，却不能把强悍的奴仆或邻居称作父亲。所以天下有死了父亲的儿子，也有缺少君主的百姓。人间的伦理秩序和自然界的演化规律都是固定的，容不得半点虚假。

宋朝获得天下的途径也算不上是正统，推奉柴姓的后周为本源，因此而追溯前史，默认朱温的篡唐这一事实，从而也就有了五代的名号。名号是不能随便许人的，天下分裂而不能统一，外族和盗贼的篡权窃位不能听之任之，而应当剥夺他们的国号，这里考察五代名号的缘由，可以表明宋人在礼仪制度方面的随意性。

本事：无明确对应事件，姑系于《资治通鉴》卷二六六《后梁纪一·太祖》，开平元年（907）。

二　御夷狄难言信义

夷狄以劫杀为长技，中国之御之也以信义。虽然，岂易言哉？获天之祐，得人之助，为天下君，道周仁至，万方保之，建不试之威，足以服远，于是奋赫然之怒，俘系而殄灭之，弗能拒也，乃可修信义以绥之，任其来去而与相忘，弗能背也。李克用之在河东，奚足以及此哉！

沙陀之与契丹，犹麕之于鹿也，捷足者先耳。阿保机背七部更代之约而踞汉城，克用父子受大同之命而窥唐室，其以变诈凶狡相尚，又相若也。素所怀挟者无以相逾，而克用为李可举所挫，投命鞑靼，素为殊族所轻，威固不足以相制。阿保机帅三十万之众以来寇，目中已无克用，克用与之连和，力屈而求安耳。克用短长之命，阿保机操之，而东有刘仁恭与为父子，南有朱温遥相结纳，三雄角立，阿保机持左右手之权，以收其垄断之利，以其狡毒，不难灭同类世好之七部，而何有于沙陀之杯酒？当是时，朱温强而克用弱，助温以夹攻克用，灭之也易，助克用以远攻温，胜之也难，克用乃欲以信结之，约与灭温，直一哂而已。契丹于时未可得志于河东，姑许之而弗难旋背之，克用乃曰："失信夷狄，自亡之道。"拒谋臣之策，不擒之于酣饮之下，何其愚也！

阿保机初并七部，众心未固，德光孤雏耳，突欲暗弱而莫能为主，阿保机死，则七部各怀其故主，分析以去，而契丹之势衰，李从珂、石重贵之败亡不速，赵宋无穷之祸亦以早捐，岂非中华之一大幸与？以克用之机变雄桀，而持老生之常谈，假帝王之大义，以成乎三百余年中原之毒螫，意者其天邪？不然，何其愚也！

以帝王之惇信义也，三苗来格矣，舜必分北之；昆夷可事矣，文王必拒駾（tuì）之；东夷既服矣，周公必兼并之；未尝恃硁硁以姑纵也。晋文公弃楚之小惠，败之于城濮，而《春秋》大之，宗周以安，宋、郑以全，所由异于宋襄远矣。故曰：夷狄者，欺之而不为不信，杀之而不为不仁，夺之而不为不义者也。以一夫擒之而有余，举天下之全力经营二百余年而终不克，无可归咎，而不容已于重惜，故曰：意者其天也。不然，克用之狡，岂守老生之谈、附帝王之义者哉？

【译文】

夷狄善于攻杀劫掠，中原王朝对他们的态度则是以诚相待。尽管如此，这种政策能够始终不变吗？有上天的保佑和人民的帮助，当了天下的君主，治国之道周全无遗，做到了仁至义尽，获得天下的一致拥戴，建立起超乎预料的威名，足以使远方的人服服帖帖。即使忽然心血来潮，发兵讨伐不臣服的民族，也会使对方无力相拒，进而用信义相安抚，听任他们自由来往，他们也不会有背叛行为。但李克用在担任河东节度使的时候，并没有做到这些！

沙陀与契丹比起来，就像麐和鹿同场竞技一样，谁的速度快谁就能取胜。契丹的耶律阿保机背叛了七部更代的盟约而盘踞汉城，沙陀的李克用父子则在驻守大同以后而窥视大唐江山，他们的奸诈多变又是十分相似的。因为一向怀有的志向无法实现，当李克用被李可举击败后，就投奔契丹，然而他又素为契丹所轻视，其势力还无法与契丹抗衡。阿保机带着三十万人入寇内地，眼中已不再有李克用，李克用与他连和，也只是一种求安的手段。李克用的生死，实际上操纵在阿保机的手里，况且在他的东部有割据幽州的卢龙节度使刘仁恭与阿保机亲如父子，南部有朱温遥相结纳，三雄鼎立，阿保机利用这种可以左右其手的优势，收到独有的利益，再加上他的狡诈险毒，也不难消灭同族中世代友好的其他七部势力，这样，哪里还会有沙陀人的半点好处呢？这时，朱温强盛而李克用势弱，如果契丹帮助朱温消灭李克用，简直就是易如反掌，如果帮助李克用远攻朱温，则不一定就有必胜的把握，李克用因为有利用契丹人与朱温对抗的打算，便想与契丹人以信义相结，相约共同消灭朱温，其实这只是让人一笑的想法罢了。契丹这时在河东还没有得势，姑且答应些什么，也不难在事后反悔，但李克用说："失信于契丹，是在自取灭亡。"因此拒绝谋士的建议，不利用阿保机酒酣之际一举擒杀之，实在是愚蠢至极！

耶律阿保机刚刚统一了契丹七部，人心还没有安定下来，况且继位的耶律德光还只是个孤弱的小孩，不足以统帅契丹部众，因此阿保机死后，原来的契丹七部各怀念旧有的部落首领，叛变而去，契丹势力大大衰弱，李从珂、石重贵也不致迅速败亡，赵宋王朝无穷的灾祸也会早日断绝，这对中原王朝来说难道不是一大好事吗？像李克用这样桀骜不驯、足智多谋的人，却被老生常谈所束缚，假借帝王所推行的大义，造成三百多年中原大乱的恶果，难道是天意吗？如若不然，又是多么愚蠢啊！

以帝王之尊而敦守信义，三苗民族前来归顺，虞舜就分而治之，各个击破；昆夷民族也可以归化，而文王却极力拒绝；东夷臣服以后，周公也兼并了他们，都没有听任他们而有所放纵。晋文公放弃了楚国的小小恩惠，在城濮地区大败他们，因此而获得了《春秋》的称颂，周朝和宋、郑等国都得以自全，这要比宋襄公的所谓仁义的作为有远见得多。所以说：对于周边少数民族，欺骗他们也不是不守信用，杀了他们也不是不仁，抢夺了他们也不是不义。用一人擒拿就绰绰有余，却要用天下人全力筹划二百多年而不能获胜，其责任无法追究，也用不着过于惋惜，因为这是天意。如若不然，像李克用这样狡诈的人，怎能受老生常谈所束缚，故意去附会帝王的信义呢？

本事：《资治通鉴》卷二六六《后梁纪一·太祖》，开平元年（907）。

三　标举于浊乱之世

士之不幸，生乱世之末流，依于非所据之地，以保其身，直道不可伸也，而固有不可屈者存。不可伸者，出而谋人之得失也；必不可屈者，退而自循其所守也。于唐之亡，得三士焉。罗隐之于钱鏐、梁震之于高季昌，冯涓之于王建，皆几于道矣。胥唐士也，则皆唐之爱养而矜重者也。故国旧君熸灭而无可致其忠孝，乃置身于割据之雄，亦恶能不小屈哉？意其俯仰从容于幕帘者，色笑语言，必有为修士所不屑者矣！以此全身安土，求不食贼粟而践其秽朝已耳。至于为唐士以阅唐亡，则幽贞之志无不可伸者，鏐、建、季昌亦且愧服而不以为侮，士苟有志，亦孰能夺之哉？

冯涓尚矣！为建参佐，抗建称帝之妄曰："朝兴则未爽臣节，贼在则不同为恶。"迪建以正，而以自守其正也。建不从，而杜门不出，建弗能屈焉，则其素所树立有以服建者深矣！

梁震无能规正季昌使拒贼而自立，非震之计不及此也，季昌介群雄之间，形势不便，而寡弱无能为也。震居其国，自全焉足矣。以前进士终老于土洲，季昌屈而己自伸，只恤其躬，而不暇及人，是亦一道也。

罗隐之说钱鏐讨朱温也，曰："纵无成功，退保杭、越，可自为东帝。"隐非欲帝鏐也，动鏐以可歆，冀雪昭、哀之怨，而正君臣之义也。其曰"奈何交臂事贼，为终古羞"，伟哉其言乎！正名温之为贼，不已贤于后世史官之以梁代唐，而名之曰帝、曰上乎？隐固诙谐之士，而危言正色，千古为昭；鏐虽不用，隐已伸矣。

唐之重进士也，贵于宰辅，李巨川、李振之流，皆以不第而生其怨毒。涓既起家幕佐，隐与震皆以不第无聊，依身藩镇，而皎皎之节，炎炎之言，下视天祐末年自诧清流之奸辅，犹豚鹜然。一列为士，名义属焉，受禄与否何较哉？天秩之伦，性植之正，周旋曲折，隐忍以全生，而耿耿清宵者不昧也，唐之亡，三士而已，公卿大夫恶足齿乎？司马子长有言："伯夷虽贤，得孔子而名益著。"三子者，降志辱身，非可望伯夷之清尘者也，而能自标举于浊乱之世，不易得也。后世无称焉。宋人责人无已而幽光掩，可胜叹哉！

【译文】

士大夫最大的不幸，是生活在乱世的末年，托身在不合适的地方，以求保全自己。这个时候虽然无法伸张直道正义，但也固然有坚守而不屈服的节操。直道正义无法伸张，是指没办法出仕替人谋划得失；坚守正道大义而不屈服，是指士人引退而遵循自己所坚守的立身原则。在唐代灭亡时，就有三个这样的士人。罗隐与钱镠、梁震与高季昌、冯涓与王建之间的关系，都是差不多可以臻于正道的。他们都是由唐朝培养、对唐朝感情深重并老成持重的人。当故国与旧君一同消失以后，无法再为他们尽忠，便依靠割据称雄的藩镇，又怎能不受委屈呢？考虑到他们从容出入于幕府之中，还能够强颜欢笑，言语自若，必定会有被那些隐士不屑一顾的地方！通过这种方法保全自己并保卫家园，以达到不食贼人粟米和不踏贱人朝堂的目的罢了。至于作为唐朝的士人，目睹了唐朝的灭亡，被压抑的志向没有不可以伸张的，像钱镠、王建、高季昌等还能惭愧心服而不以为屈辱，士大夫如果真有志气，又有谁能够使他们改变呢？

冯涓的做法值得推崇！他曾担任王建的幕僚，在王建妄想称帝时抗议说："如果唐朝复兴，就不能缺失作为人臣的节义；如果盗贼尚在，就不能与他们同流合污、为非作歹。"用正义去开导王建，自己也能坚守正道。王建没有采纳，他就闭门不出，王建也无法让他屈服，可以推知他平时所建树的许多令王建叹服的言行，用意深邃啊！

梁震没有能劝止高季昌抗拒盗贼以自立，并不是因为他的计谋没有考虑到这些，而是因为高季昌介立于群雄之间，形势不利，而自己又势单力薄无可作为。梁震生活在这样的环境中，能够自我保全就已经足够了。他以唐朝进士的身份老死在蛮荒之地，高季昌屈从其议，而他自己的正义也得以伸张，只顾虑自身的出处进退，而无暇顾及他人，也是一种处世之道。

罗隐劝钱镠讨伐朱温时，这样说："即使不能成功，退保杭州和浙江东部地区，也足以自立为东方之君。"罗隐在这里并不是想拥戴钱镠为帝，而是想激发钱镠的正义感，希望以此昭雪唐昭、哀二宗的冤屈，光大君臣之间的正义。他说"为什么要低头屈服于奸贼，让后人耻笑呢"，这句话是多么伟大啊！义正词严地斥朱温为奸贼，不比后代的史官称朱温篡唐为代唐、把他称为帝、称为皇上强得多吗？罗隐本来是个风趣诙谐的人，但能正色直言，光照千古；钱镠虽不采纳，但罗隐的正义毕竟得以伸张了。

唐朝十分重视进用天下的士大夫，把他们看得比宰辅还要珍贵，像李巨川、李振等，都是因为没能考取功名而对唐朝不满的。冯涓既然起家于幕府的僚佐，可见也没有功名，而罗隐和梁震也因没有进士及第而失魂落魄，投身藩镇，但他们正直不屈的气节和铮铮言语，与天祐末年那些自认为是清流的权奸宰辅相比，后者不过是猪和鸡鸭一样。一旦名入士籍，就有了士人的义务，做官与否又有什么关系呢？天然形成的伦理秩序，植根人性的正道信义，无论怎样的周旋曲折与委曲求全，都耿耿赤心不改，清宵暗夜不昧。唐朝灭亡了，只剩下这样三位名士，那些公卿士大夫又何足挂齿呢？司马迁曾说过：“伯夷尽管是位贤者，但在孔子称赞以后才有更大的名声。”而唐末的三位名士能够在志不得伸、身受屈辱的情况下保全气节，尽管不能与伯夷的清节相提并论，但能够自我标举正道名节于乱世之下，也是难能可贵的。但他们的英名被埋没，后代没有人称赞他们。宋朝人尽管对历史人物一再求全责备，却掩盖了这些暗世的幽光，实在令人慨叹！

本事：《资治通鉴》卷二六六《后梁纪一·太祖》，开平元年（907）。

四　乱世人杰严可求

极乎凶顽不逞之徒，皆可守吾正而御之以不迫。然则孔北海抗曹操而不胜，亦其恢廓不拘之有以致之，况裴枢、赵崇辈之以轻薄犯朱温哉？张颢、徐温公遣牙兵攻其主而杀之，庭列白刃，集将吏而胁以奉己，其暴横不在曹操、朱温下也。严可求以幕僚文笔之士，从容而进，折张颢吼怒之气，使之柔以悦从；颢之凶威，不知何以遽若春冰之消释，唯其羁靮而莫之能违。勿谓淮南小国也，杨渥非天子也，张颢无董卓、萧道成之位尊权重也。白刃当前，一叱而腰领已绝，奚必卓、道成而后能杀人哉？可求所秉者正，所忘者死，夷然委命，而不见有可惧者，即不见有可争，其视颢犹蜂虿耳，不触之，不避之，徐用其割制而怒张之气自消。朱瑾曰："瑾横戈冲犯大敌，今乃知匹夫之勇不及公远矣。"无他，瑾虽勇于杀人，而不能无畏死之心，愤然一往，理不及而莫持其终也。

呜呼！乱世岂乏人杰哉？可求当之矣。神闲则智不穷，志正则神不迫，卒使杨隆演不丧其世家，乃至感刺客而敛刃以退。汉、唐之将亡，而得若人焉，郗虑、柳璨无所施其蠚螫（hē cì），操、温之焰亦将扑矣。唐不能用可求，可求不为唐用，而小试之淮南，仅为霸府之砥柱，则何也？朝廷多噂沓浮薄之士，沮贤才而不达，而割据偏安小国无之也。

【译文】

无论对待什么样的凶顽不法之徒，都要用自己的正气去从容不迫地应对。然而，当年的孔融与曹操对抗没有获胜，是因为他自己的放荡不羁导致的，何况后梁裴枢、赵崇等用轻薄的言行去冒犯朱温呢？南吴张颢、徐温公然派卫士去攻杀国主杨渥，在朝廷布置全副武装的斗士，把文武百官集中在一起，强迫他们拥戴自己，其暴横行为不在曹操、朱温之下。但严可求作为一个普通的文官，从从容容地挺身而出，治服了张颢的嚣张气焰，让他心平气和地听从自己。像张颢这样凶猛蛮横的人，不知为什么就变得像春天的冰块消融一样，听任他的操纵而不敢违抗。不要认为淮南是个小国，杨渥不像天子，张颢也没有董卓、萧道成那样的尊宠地位和庞大的权力，在刀枪就在眼前的时候，一不小心就会身首异处，怎能不会像董卓、萧道成那样去杀人呢？严可求所恃的是一身正气，所不顾及的是自己死活，毅然冒着生命危险，大义凛然，临危不惧，把张颢看作一个蜂虿，不碰也不避开它，慢慢地施展才能将他的怒气化解。朱瑾说："我曾南征北战所向无敌，现在才知道不过是匹夫之勇，与严先生相差太远了。"原因不是别的，朱瑾虽能勇敢地与敌人搏击，但也不能没有怕死的想法，要想做到愤然而起、一往无前，理性认识上达不到，就无法使他坚定信念并保持始终。

啊！乱世的时候难道真的缺少英雄豪杰吗？严可求就

是一个。气定神闲则智谋不断，志气刚正则神情从容，他最终使杨渥同母胞弟杨隆演没有丧失自己的王位，甚至还让刺客感动得收刀而退。汉朝和唐朝将要灭亡时，如果有这样一些人，那么郗虑、柳璨就无法实施其阴谋，曹操、朱温的气焰也能够被扑灭。唐朝不能重用严可求，严可求也没有为唐朝尽力，只是在淮南略施才技，充当了割据政权的中流砥柱，这是为何呢？朝廷上多是些贪图权位的浮薄之徒，阻碍了贤达人才升迁的道路，但这种情况在偏安割据的小国中并不存在。

本事：《资治通鉴》卷二六六《后梁纪一·太祖》，开平二年（908）。

五　通古人之意而推以立法

高郁说马殷置“回图务”运茶于河南北，卖之于梁，易缯纩战马，而国以富，此后世茶马之始也。古无茶税，有之自唐德宗始。文宗时，王涯败，矫改其政而罢之。然则茶税非古，宜罢之乎？非也。古之所无，后不得而增，增则病民者，谓古所可有可不有者也。古不可以有，而今可有之，则通古人之意而推以立法，奚病哉？

茶者，古所无也，无茶而何税也？《周礼》仅有六饮之制。孟子亦曰“冬则饮汤，夏则饮水”而已。至汉王褒《僮约》，始有武都买茶之文，亦仅产于蜀，唯蜀饮之也。六代始行于江南，而河北犹斥之曰“酪奴”。唐乃遍天下以为济渴之用，而不能随地而有，唯蜀、楚、闽、粤依山之民，畦种而厚得其利。其利也，有十倍于耕桑之所获者矣。古之取民也，耕者十一，漆林之税则二十而五，以漆林者，非饥寒待命之需也。均为王民，不耕不桑，而逸获不赀之利，则天下将舍耕桑而竞于场圃，故厚征之，以抑末务、济国用，而宽吾南亩之氓。则使古而有茶，其必厚征之以视漆林，明矣。

府其利于仅有之乡，而天下日辇金钱丝粟以归之不稼不穑之家，其豪者笼山包阜而享封君之奉。乃天下固无茶，而民无冻馁之伤，非有大利于民，而何恤其病？诚病矣，废茶畦而不采，弗能税也；虽税之，而种者不休，采者不辍，何病之有哉？即其病也，亦病夫射利之黠民，而非病吾旦耕夕织、救死不赡之民也。则推漆林之法，重税而以易缯马于不产之乡，使三代王者生饮茶之世，未有于此而沾沾以市恩也。

故善法三代者，法所有者，问其所以有，而或可革也；法所无者，问其何以无，而或可兴也。跬遵而步效之，黠民乃骄，朴民乃困，治之者适以乱之。宽其所不可宽者，不恤其所可恤，恶足以与于先王之道乎？

【译文】

五代时楚国的都军判官高郁劝楚王马殷设置“回图务”官署，专门负责运送于大河南北的茶叶贸易，把茶叶卖给后梁，换取丝绸、战马，以此而谋求国富民强，这便是后来的茶马交易的开始。古时候并没有茶税，其税收是从唐德宗时开始的。唐文宗时，宰相王涯在政争中失败，他所推行的茶税也停止征收。那么就因为古时候没有茶税，就应该罢黜吗？不是的。古时候没有的制度，后世也不应该增加，增加了对百姓不利，是说古时候可以有也可以没有的制度。古时候不应该有，而现在可以有，是考虑了古人立法定制的本意加以推衍，创制立法，这又有什么不合适呢？

茶叶在上古本来就没有，没有茶又怎么征税呢？《周礼》上仅有六饮（也称六清，即水、浆、醴、凉、医、酏）的规定。孟子也说“冬天喝热水，夏天饮冷水”。至汉代王褒撰《僮约》时，才首次提到武都（今四川彭山）买茶一事。当时茶只出产在巴蜀地区，只有当地人饮茶。六朝时江南地区也开始饮茶，而北方人还未普遍接受，称茶为“酪奴”。进入唐代以后，饮茶的风气才遍布天下，把它当作解渴的饮料，但并不是各地都出产茶叶，只是蜀、楚、闽、粤等地的山民种植茶叶并获取厚利，其利益超过种田的十倍。古代官府向百姓征收赋税，耕田人的税率是十分之一，经营漆林果园的税率是二十分之五，因为漆林果园不是解决温饱饥寒的必需品，所以税率较重。作为同一个王朝的百姓，不耕不桑就能获取厚利，则天下人都会丢下农桑而去追逐林场园圃的利润，所以才加重征收，以限制末业的发展、满足国家需求，使耕田的百姓负担宽松一些。可见，如果古代有茶，就会像对漆林园圃一样征以重税，这是显而易见的。

把利益局限在仅有的一些地方，而天下人整天向不耕不种的人家运送金银、丝绸、米粮，其势力强大的甚至封固山泽而享受像君主那样才有的进奉。因为天下本来就没有茶，百姓也没有饥寒不保的伤害，如果对百姓没有大的好处，又何必去考虑茶的危害呢？如果有弊病，就去荒废茶园而不采摘，也就不用征税了；虽然征茶税，但是种茶的人不停地种，采茶的人不停地采，又有什么弊病呢？即使有弊病，也是对争逐财利的刁民不利，而不是对勤于耕织的百姓不利。因此根据向漆林园圃征税的办法，收取重税并用茶叶向不产茶的地方换取丝绸、马匹，如果夏、商、周三代帝王生活在有饮茶习惯的时代，也会像这样去行政，而不会借此轻其赋敛以显示恩惠。

所以，善于效法三代的人，效法三代时已经有的做法，看看为什么这样做，或者可以对这种做法进行改革；三代所没有的法规，要看看为什么没有，或者可以创立一些新制度。如果一味盲从或效法，则无疑会使狡诈的人更加狡诈，纯朴的百姓更加穷困，治理他们反而是祸害他们。宽纵所不能宽纵的，不体恤应该体恤的，又怎能称得上是王者之道呢？

本事：《资治通鉴》卷二六六《后梁纪一·太祖》，开平二年（908）。

六 朱温杀强以自弱

汴、晋雌雄之势，决于河北，故李克用坐视朱温之吞唐而莫之能问，以河北未收，畏其乘己也。朱温下兖、郓以西临赵、魏，势亦便矣。乃河北者，自天宝以后，倔强自立，不可以勇士机谋猝起而收之者也。魏博为河北强悍之最，罗绍威愚騃而内猜，欲自戕其心膂。温于斯时，抚魏博而绥之，发绍威之狂谋，顺众志而逐之，择军中所悦服者授以节钺，则帅与兵交感以乐为用。以此北临镇定，乘刘仁恭父子之乱，荡平幽、燕，则克用坐困于河东，即得不亡，为卢芳而已矣。而温固贼也，残杀之心，闻屠戮而心喜，乌合之众，忌胜己而唯恐其不亡，八千家数万人之命，黄口不免，于是而镇定、幽、燕，人忧骈死，而怨温彻骨矣。石公立曰："三尺童子，知其为人。"王镕虽愚，通国之人，无有不争死命者，罗绍威且悔而离心，王处直不待谋而自合，西迎克用，下井陉以抚赵、魏，而伪梁之亡必矣。

弱魏博以失辅者，温自取之也；激镇定以离心者，温自取之也；魏博弱而镇定无所惮者，温自取之也。隔刘守光于冀北，使骄悖而折入于晋者，温自取之也。祸莫大于乐杀人，危莫甚于杀强以自弱，而盗以此为术，恶足以容身于天地之间哉？温之亡，不待群雏之还相翦灭也。惜乎无命世之英起而收之也。

【译文】

朱温和李克用两大势力的强弱，取决于是否拥有河北，所以在朱温篡唐时，李克用只能坐视不管，原因就在于他还没有控制河北，担心朱温乘机消灭自己。朱温攻克了兖、郓二州，从这里西攻赵、魏，形势也便利得多。因为河北在天宝年间以后，割据自保，是无法用武力或智谋一下子就能控制的。处于河北各大藩镇之首的魏博镇，因为罗绍威愚蠢多疑，曾打算自己消灭其心腹势力。朱温如果在这时极力去安抚魏博镇，并揭露罗绍威的阴谋，顺应民心而驱逐他，选拔有威望的人担任军队首领，则将帅和士兵都会听他调遣。然后以这里为据点北击镇、定二州，乘刘仁恭父子作乱之机荡平幽、燕之地，那么李克用就会被困在河东，即使不灭亡，也最多像卢芳那样拥兵自保。但朱温由于贼心不改，本性难移，听到杀人就心里高兴，看到超过自己的人就希望他早死，使八千多家数万人的性命，甚至怀中的婴儿也没能幸免于难，于是，镇、定、幽、燕等地人心大乱，对朱温有了刻骨仇恨。石公立说："哪怕是三岁小孩，也知道了朱温的为人。"王镕尽管愚昧，但能获得举国上下的拥护，罗绍威也后悔众叛亲离，王处直则毫不犹豫地投靠了李克用，攻占井陉，抚慰赵、魏，于是，朱温的灭亡也就成了必然。

让魏博镇变得衰弱并使自己失去依靠，是朱温自讨苦吃；激化与镇、定二州的矛盾而使上下离心，也是朱温咎由自取；魏博的衰弱使镇、定二州无所顾忌，也是朱温自找的；把刘守光隔绝在冀北，使他骄横狂悖并最终被后晋征服，更是朱温自食其果。最大的灾祸莫过于喜欢杀人，最大的危险也在于杀害强者使自己衰弱，但盗贼把这些视为法宝，怎能在天地间容得下身呢？朱温的灭亡是必然的，不用群雄起来消灭他。可惜的是没有命世的英雄出来收拾残局。

本事：《资治通鉴》卷二六七《后梁纪二·太祖》，开平四年（910）。

七　不仁者不可与言

不仁者不可与言，非徒谓其无益也，言之无益，国亡家败，而吾之辩说自伸于天下后世，虽弗能救，祸亦不因我而烈，则君子固有不忍缄默者。而不仁者不但然也。心之至不仁也，如膏之沸于镬也，噀（xùn）之以水，而焰乃益腾。唯天下之至愚者，闻古人敢谏之风，挟在己偶然之得，起而强与之争，试身于沸镬，焚及其躬，而焰延于室，则亦可哀也已。若孙鹤之谏刘守光是已。守光囚父杀兄，据弹丸之地，而欲折李存勖，南面称帝，与朱温争长，不仁而至此极也，尚可与言哉？孙鹤怀小惠而犯其必斩之令，屡进危言，寸斩而死，鹤斩而守光之改元受册也愈坚，鹤之愚实酿之矣。

罗隐之谏钱镠，镠虽不从，而益重隐，惟其为镠也；

冯涓之谏王建，建虽不从，而涓可引去，惟其为建也。鏐与建犹可与言，言之无益，而二子之义自伸，鏐与建犹足以保疆土而贻子孙，夫亦视其心之仁尚有存焉者否耳。至不仁者，置之不论之科，尚怀疑畏；触其怒张之气，必至横流戈矛，乘一旦之可施，死亡在眉睫而不恤。是以箕子佯狂，伯夷远避，不欲自我而益纣之恶也。况鹤与守光无君臣之大义，而以腰领试暴人之白刃乎？

且夫罗隐、冯涓之说，以义言之也；鹤之说，以势言之也。以义言，言虽不听，而义不可屈，且生其内愧之心；以势言，则彼暴人者，方与天下争势，而折之曰汝不如也，则暴人益愤矣。匹夫搏拳相控，告以不敌，而必忘其死。守光有土可据，有兵可恃，旦为天子而夕死，鹤恶能谅以不能哉？鹤，小人也，不知义而偷安以徼幸之智也，徒杀其身，激守光而族灭之。与不仁者相昵，投以肺肠，则亦不仁而已矣。故曰："不仁者不可与言。"戒君子之夙远之，以勿助其恶也。

【译文】

对不讲仁义的人不应该向他贡献智谋，这不是说徒劳无益，而是说了没有好处，甚至招致国破家亡，但自己的言论能够使天下后世知道，虽不能在当时起匡救作用，但灾祸也并不会因此加剧，所以正人君子大多不愿保持沉默。不过，不讲仁义的人并不如此。心中的不仁义，就像锅中沸腾的油一样，兑入了水，火焰就会更加燃烧，只有天下最愚蠢的人，听说古人敢于谏诤的事例，自认为自己一时的正确，出来强行争辩，用自己的身体去试探沸腾的油锅，既烧死了自己，又祸害了全家，是十分可悲的。像孙鹤讽谏刘守光就是这样。刘守光囚禁父亲，杀害兄长，占据弹丸之地，而妄想折服李存勖，南面称帝，与朱温争短长，不仁不义到了极点，又有什么必要向他献策呢？孙鹤自以为正确而甘冒被杀头的危险，多次危言相劝，终于被斩首示众，他的被杀反而坚定了刘守光篡位的决心，这显然是孙鹤的愚蠢造成的。

罗隐对钱镠的讽谏，虽然没有被采纳，但钱镠因此更加尊重罗隐，因为讽谏的对象是钱镠；冯涓谏诤王建，王建没有采纳，而冯涓可以辞职离去，也因为他谏诤的对象是王建。钱镠和王建都还是善于纳谏的人，听了不去采纳，而罗隐、冯涓二人表明了态度，钱镠和王建也能保住江山并传给子孙，是因为他们心中还有仁义存在。至于不仁义的人，即使不去向他提建议，他们还要有所疑虑畏惧；如果触犯他的怒气，结果只能是引起祸端，一旦他们乘机大发淫威，就不惜使进谏的人旦夕丧命。因此，当年的箕子假装疯癫，伯夷也远走避祸，都是不想因为自己而加重纣王的罪恶。更何况孙鹤和刘守光之间还没有君臣的大义，这不是用自己的身体去试探暴君的刀锋吗？

况且，罗隐、冯涓劝谏的话，都是从大义的角度建言的；孙鹤的话，是从形势分析来说的。以大义而建言，虽不被采纳，但义不能屈，还可使听的人自感惭愧；以形势而言，则听的人本来就是与天下相争的暴虐之人，说他不如别人，只能增加他的愤怒。就像一般人打架一样，说对方不如自己，只能引起他拼命。刘守光有地盘、有军队，又有想当皇帝的梦想，孙鹤怎么就认为他做不到呢？孙鹤不过是个势利小人，不知道大义，只知有小智，其结果只能引来杀身之祸，激怒刘守光而全家被杀。与不仁义的人相亲近，即使投入满腔热血，也不能改变其不仁不义。所以说："不讲仁义的人不配听人建言。"贤人君子应该早早避而远之，不应再助纣为虐。

本事：《资治通鉴》卷二六八《后梁纪三·太祖》，乾化元年（911）。

八　人莫鉴于流水而鉴于止水

张承业请李存勖遣使贺刘守光之称帝以骄之，唐高祖骄李密之故智也。密终降而授首，守光终虏而伏诛，所谓兽之搏也必蹲其足，禽之击也必戢其翼，权谋之险术，王者所弗尚也。

存勖闻守光之自尊，欲伐之矣。然则伐之为正乎？可伐之罪在彼已极，执言申讨，师则有名矣。而徒恃其名以责人之逆，反之于己，既无天与人归之实，亦无拨乱安民之志，且于固本自强之术未有得也，凭气而争，奚必胜之在己哉？

王者以义兴师，而四方攸服，非徒以其名也。唐高初定长安，残隋未翦，怒李密之妄而挑之，密且扼关以困己，而内受刘武周、薛举之逼，则唐高之事败矣。李存勖孤处河东，镇定之交未固，朱温之势方张、空国以与狂騃之竖子争虚名于幽、蓟，镇定疑而河中起捣其虚，则存勖之亡必矣。

由是言之，推尊以骄之，非义之所许；愤怒而攻之，抑为谋之不臧；使王者而处此，将如之何哉？王者正己而不求于人者也。彼枵然自大者，何足比数乎？脆弱者必折，暴兴者必萎，冥行者必蹶，天怒人怨者必见绝于天人，知之既审，视之如蠕动之虫，无待吾之争而抑无容骄之也。其来也，以非礼加我而未甚也，姑应之以礼，而告之以正可也；其以非礼加我而不可忍也，闭关以绝其使命而已。欲犯我而我无启衅之端，欲狎我而我居是非之外，秉义以自强，固本以待时，饬边陲之守，杜小利之争，凝静不挠，而飘风疾雨坐视其消散，或人亡之而为我驱除，或恶已穷而徐申吾天讨，则两者之失亡，而贞胜之理得矣。天下莫敢不服，后世无得而訾（zǐ）矣。张承业何足以及此哉？克用父子之终以诈力穷而不能混一区宇，国祚不延，与假义挑兵者均之失也。

庄生曰："人莫鉴于流水，而鉴于止水。"勇而悻怒，智而诈谖，皆流水之波也。稍静以止，而得失昭然，岂难知哉？唐高姑以一纸报李密，差贤于存勖之往贺，虽非王者之道，而犹足以兴，毫厘之差，亦相悬绝矣。

【译文】

张承业请求后唐庄宗李存勖派人祝贺刘守光称帝，意思是通过这种办法激起他的骄横之心，这也是当年的唐高祖对付李密的手段。李密最终投降唐高祖并被斩首，刘守光也被俘虏和杀害，正是所谓一般野兽搏斗前必弯曲前腿，而鸟类出击前必然合拢翅膀，是权谋中一种阴险的手段，统治天下的人不应加以推崇。

李存勖听说刘守光称帝，曾打算出兵讨伐。然而，讨伐就代表正义吗？刘守光当然有极大的应该被讨伐的罪行，李存勖仗义声讨，应该说是师出有名。但如果依靠这种名义去谴责别人逆乱，而反观自己也不是众望所归的人，也没有拨乱安民的志气，在固本自强方面也没有充分的安排，只是凭一时的义愤而与他相争，难道就一定能取得胜利吗？

统治天下的人要兴正义之师，天下人攸然归附，并不仅是出于名义。唐高祖刚刚进入长安的时候，隋朝的残余势力还没有消灭，如果见李密称帝而贸然出师讨伐，李密势必会拒守关隘困住他，加上刘武周、薛举在内部作乱，唐高祖无疑会失败。李存勖孤零零地据守河东，与镇、定等藩镇的关系还没有巩固，而朱温的势力又是鼎盛的时候，如果竭尽全力与刘守光在幽、蓟地区争虚名，那么与镇、定二镇必然关系破裂，河中的势力也会乘虚进攻，李存勖的灭亡也是必然的。

由此看来，推崇别人而让他骄横，并不是道义所允许的；怒发冲冠而加以讨伐，也不是一种好的办法，统治天下的王者遇到这种情况，该怎样应对呢？王者应是自身正直而不求于人的人杰。对方妄自尊大，又何足与他攀比呢？脆弱的一定会断折，暴然而起的一定会衰微，见不得人的一定会暴露，天怒人怨的一定会遭到报应，既然熟知这些道理，就应把对方当作会蠕动的小虫一样，没有必要与它相争或使他骄横。如果对方来攻，把非礼的罪名加在头上不算过分，若按礼法回应，用正义告诉他尚还可以；对方以非礼的罪名加在自己身上而使自己无法容忍，关门自保不相来往也未尝不可。向我挑衅而没有借口，想亲近但我方又处在是非之外，依靠正义而自强，巩固根本等待时机，加强边境防守，不去争夺小利，心平气静不受干扰，等待暴风骤雨的自动消散，要么是等别人把对方灭亡后再收拾残局，要么是在对方恶名暴露于天下后再兴正义之师，这样我们既可以避免同归于尽的下场，还可以在道义和行动上都取得胜利。这样，天下也就不敢不服从，后代人也无法相指责。然而张承业又怎能想到这些呢？李克用父子最终因为精疲力竭而没有统一天下，国家的命运没能长久，与假借名义贸然兴师不无关系。

庄子说：“人不要用流动的水作为镜子，而应用静止的水。”勇敢但常常发怒，多智但充满奸诈，就像流水的波纹一样。如果稍安勿躁，进而静如止水，得失进退就会显而易见，怎会难以知晓呢？唐高祖姑且用一张贺词回报了李密，略强于李存勖亲自去向刘守光祝贺，虽不是王者之道，但仍有助于自己势力兴起，做法上小小的差别，结果是极为悬殊的。

本事：《资治通鉴》卷二六八《后梁纪三·太祖》，乾化元年（911）。

九　不倒翁的处世之术

李存勖据河东与朱温争天下，亦已久矣。所任者皆搏击之雄，无有人焉赞其大计为立国之规者也。其略用士人参帷幕者，自冯道始。沙陀之不永，四易姓而天下终裂，于此可知已。

刘守光之凶虐，触之必死，其攻易、定，犯强晋，道谏之而系狱，然免于刀锯，逸出而西奔者，何也？孙鹤之流，力争得失，是以灭身；道之谏之也，其辞必逊，且脂韦之性，素为守光所狎，而左右宵人固与无猜，是以全也。守光囚父杀兄而道不言。其有言也，皆舍大以规小，留余地以自全，而聊以避缄默之咎者也。

岂徒于守光为然哉？其更事数姓也，李存勖之灭梁而骄，狎倡优、吝粮赐也，而道不言。忌郭崇韬，激蜀兵以复反，而道不言；李从珂挑石敬瑭以速祸，而道不言；石重贵不量力固本以亟与虏争，而道不言；刘承祐狎群小、杀大臣，而道不言。数十年民之憔悴于虐政，流离死亡以濒尽，而道不言；其或言也，则摘小疵以示直，听则居功，不听而终免于斥逐，视人国之存亡，若浮云之聚散，真所谓谗谄面谀之臣也。刘守光不能杀，而谁能杀之邪？克用父子经营天下数十年，仅得一士焉，则道也，其所议之帷帟而施之天下者，概可知矣。

呜呼！人知道之堕节以臣人，不知其挟小慧以媚主，国未亡而道已售其卖主之术，非一日矣。此数主者，颠倒背乱于黼扆，道且尸位而待焉，不知其何以导谀也？然而不传者，摘小过以炫直，自饰而藏奸，世固未易察也。

【译文】

后唐庄宗李存勖依靠河东地区与后梁朱温争夺天下，由来已久。所任用的都是能征善战的勇士，缺乏为他的建国立业出谋划策的文士。他选拔士大夫做幕僚的做法，是从冯道开始的。沙陀人的势力不能长久，先后四次改朝换代而天下最终分裂，在这里就可知道。

刘守光十分凶恶残暴，触犯他的人一定被杀。他进攻易、定二州，与李存勖相争，冯道因劝说而被下狱，但没有被杀，并能逃出来投靠李存勖，原因是什么呢？像孙鹤等人极力与刘守光争辩势利得失，结果无不被杀；冯道劝谏刘守光时，所用的言语肯定谦逊温和，况且他绵软的性情一向得刘守光喜欢，刘守光身边的人也与他关系极好，所以他才得以保全。当刘守光囚父杀兄的时候，冯道不说一句话，他所劝说的，也都是舍大求小、鸡毛蒜皮，为保全自己而留有余地，还可以避免被人指责为不能尽职。

冯道难道是仅仅对刘守光这样吗？他先后经历了几个

朝代，在李存勖灭梁后骄奢淫逸、狎昵倡优、吝啬赏赐的时候，冯道不去匡谏；李存勖猜忌郭崇韬，引起蜀地军队的叛乱，他也不去谏诤；李从珂因挑衅石敬瑭而迅速招来灾祸，他也不进谏；石重贵不去巩固根本而与契丹人相争，他也不谏言；刘承祐狎昵小人，诛杀大臣，他也不匡谏；百姓数十年间遭受暴虐统治，流离死亡几乎灭绝，他也不谏诤。他所谏诤的，只是指出君主的小过错，企图用这种手段来显示自己的正直，被君主采纳就是自己有功，不采纳也不至于被罢免斥逐，把国家的存亡当成浮云聚散一样，真是一个不折不扣的阿谀奉承之徒。像刘守光这样的暴君都没能杀他，那谁又能杀他呢？李克用父子花数十年的心血经营天下，仅仅得到了一位士大夫，这便是冯道。他在国家大政上所提的能在天下施行的是什么样的建议，也就可以想见了。

啊！人人都知道冯道是毫无节操而随意向人称臣的人，不知道他通过玩弄小聪明而迷惑君主，国家还没有灭亡时就已做出卖主求荣的打算，并不是一两天的事情。上述这些君主，在皇位上屡屡出现失误，而冯道身居要职却听之任之，不知他是怎样谄媚君主的？他的手段尽管没有流传下来，但通过指责君主小小的过错以炫耀自己的正直，粉饰自己而包藏祸心，这些都是世人不易觉察的。

本事：《资治通鉴》卷二六八《后梁纪三·太祖》，乾化元年（911）。

一〇 朱温易于剿绝

篡弑以叨天位，操、懿以下，亦多有之，若夫恶极于无可加，而势亦易于剿绝，无有如朱温者，时无人焉，亟起而伸天讨，诚可叹也。

其弑两君也，公然为之而无所掩饰；其篡大位也，咆哮急得而并废虚文；其禽兽行遍诸子妇也，而以此为予夺；其嗜杀也，一言一笑而流血成渠；尔朱荣、高洋、安禄山之所不为者，温皆为之而无忌。乃以势言之，而抑不足以雄也。西挫于李茂贞，东折于杨行密，王建在蜀，视之蔑如也；罗绍威、马殷、钱鏐、高季昌，虽暂尔屈从，而一兵尺土粒米寸丝不为之用。其地，则西不至邠、岐，东不逾许、蔡，南不过宛、邓，北不越宋、卫，自长安达兖、郓，横亘一线，界破天中，而四旁夹之者，皆拥坚城、率劲卒以相临。其将帅，则杨师厚、刘鄩、王彦章之流，皆血勇小慧，而不知用兵之略。其辅佐，则李振、敬翔，出贼杀，入谄谀，而不知建国之方；乃至以口腹而任段凝为心膂，授之兵柄，使抗大敌而不恤败亡。取其君臣而统论之，贪食、渔色、乐杀、蔑伦，一盗而已矣。而既篡以后，日老以昏，亦禄山在东都、黄巢踞长安之势也。于是时也，矫起而扑灭之，不再举而功已就矣。所难者，犹未有内衅之可乘耳。未几，而朱友珪枭獍之刃，已刳元恶之腹。兄弟寻兵，国内大乱，则乘而薄之，尤易于反掌。然而终无其人焉，故曰诚可叹也。

李存勖方有事于幽、燕，而不遑速进，天讨之稽，有自来矣。盖存勖一将帅之才耳，平一海宇之略，讨逆诛暴之义，非其所可胜任也。使能灭朱温父子，定汴、洛，刘守光琐琐狂夫，坐穷于绝塞，将焉往哉？困吾力以与守光争胜负，朱友贞乃复以宽缓收离散之众，相持于河上，梁虽灭而存勖之精华已竭矣。

呜呼！杨行密不死于朱温淫昏之前，可与有为者，其在淮南乎？乘彼自亡之机，掩孤雏于宛、洛，存勖弗能抗也。行密死，杨渥弑，隆演寄立人上，徐温挟内夺之心，不能出睢、亳以行天讨，尚谁望哉？行密者，尚知安民固本、任将录贤，非存勖之仅以斩将搴旗为能者也。故天祐以后，天下无君，必欲与之，淮南而已。然而终弗能焉，故曰诚可叹也。

【译文】

通过篡权和弑君的办法获得天子之位，在曹操、司马懿以后有过不少，但像朱温那样穷凶极恶，而又容易被击败的还不曾有过。因为当时天下乏人，没有人能够挺身而出起来讨伐他，才让他得以作威作福，这是十分可悲可叹的。

朱温杀害唐朝两位皇帝的时候，公然行凶而毫不掩饰；他篡夺政权时，急不可待而不顾起码的礼仪；他对儿媳们发泄兽行，并把这作为子孙加官晋爵的手段；他嗜杀成性，言谈笑语之间就能血流成河。历史上尔朱荣、高洋、安禄山等逆贼所不能做到的暴行，他都做到了并且毫无顾忌。就情势而论，他是不足以称雄天下的。他曾在西部被凤翔、陇西节度使李茂贞击败，东部又受制于淮南的杨行密，甚至连固守巴蜀的王建也不如。至于罗绍威、马殷、钱镠、高季昌等，尽管曾一度屈服于他，但从未向他缴纳过一粒米、一根丝，也没有一个士兵、一寸土地归他所用。他所占的地盘，西不到邠、岐，东不过许、蔡，南不及宛、邓，北不越宋、卫，只有从长安到兖、郓的狭长一线，孤零零地立在中间，而四周又都是拥有坚城劲旅的强敌。他的将帅中，像杨师厚、刘鄩、王彦章之流，都不过是一介武夫，不懂得用兵作战的策略。他的辅佐大臣，如李振、敬翔等，只知道出门杀人抢劫，在朝阿谀奉承，而不知道建国的方略，甚至为了满足自己的私欲而任用段凝作为心腹，授给兵权，让他与敌人作战而不管胜败如何。把他们的君臣合在一起来看，贪财好色、残暴好杀、灭绝人伦，不过是一群强盗罢了。况且在他篡权以后，日见年老而昏庸，其形势就和安禄山在洛阳、黄巢在长安时一模一样。如果这时候有人起兵灭他，几乎是易如反掌。唯一顾虑的，只是他的内部还没有发生动乱，时机尚未成熟。不久，凶残的朱友珪就发动政变，杀害朱温，兄弟间动起干戈，引起国内大乱，如果这时乘机进攻，获胜是轻而易举的。然而始终没有这样的人，所以说是十分可惜的。

李存勖这时正在幽、燕地区兴兵作战，无力撤兵向内，使灭亡后梁的时机又一次错过。其实，李存勖只有做一个将帅的才能，没有统一天下的策略和讨逆诛暴的能力。假如他能够消灭朱温父子，安定汴、洛地区，那么又何必在意像刘守光这样的区区狂徒呢？竭尽自己的力量与刘守光争夺胜负，使朱友贞有了宽缓收拾残局的机会，双方相持于大河南北，尽管后梁后来灭亡了，但李存勖的精力也消耗殆尽。

啊！如果杨行密没有死在荒淫昏庸的朱温前面，那么有所作为的人可能会出在淮南吗？利用后梁自取灭亡的机会，在宛、洛地区兴兵讨伐后梁，即使李存勖也无法相抗衡。杨行密一死，杨渥被杀，继立的杨隆演大权旁落，被权臣玩于股掌之上，徐温心怀不臣之心，不能出兵睢、亳讨伐后梁，还有谁能指望呢？杨行密还能知道安民固本、任将用贤，是只知道领兵打仗的李存勖不能相比的。所以在唐末天祐年间（904—907）以后，天下没有君主，若要真的找出一位，也就是淮南的杨行密，然而他最终没能完成统一的大业，所以说是可悲可叹的。

本事：《资治通鉴》卷二六八《后梁纪三·太祖》，乾化元年（911）。

一一　以谋名者死于谋

夫人无一可恃者也，己恃之，人亦以名归之，名之所归，人之防之也深，御之也力，而能终有其所恃者，无有。

以勇名者，人以勇御之，而死于勇；以谋名者，人以谋御之，而死于谋。二者俱自亡之道也，而谋为甚。何也？勇者，一与一相当者也，万刃林立，而所当者一二人，其他皆疏隔而不相及者也，故抑必以谋胜之，而不易以勇相御。谋则退而揣之者，尽人可测也；合千万人一得之虑，昼忖而夕度之，制之一朝，而非一朝之积也；一人有涯之机智，应无涯之事变，而欲以胜千万人之忖度乎？夫惟明于大计者，其所熟审而见为然之理势，皆可与人共知之而无所匿。持之甚坚，处之甚静，小利不争，小害不避。时或乘人之瑕，而因机以发，其谋虽奇，人且玩之而不觉。事竟功成，而人乃知其不可测也。此之谓善谋。若夫机变捷巧，自恃其智而以善谋名矣，目一瞬而人疑之，手一指而人猜之，知其静者非静而动者非动也，于是此谋方起，人之测之也已先，既已测之，无难相迎而相距，犹且自神其术曰："吾谋不可测也。"其不败也鲜矣。

刘鄩与晋兵相距于魏，鄩乘虚潜去以袭晋，奇谋也。然使鄩素以持重行师，御堂堂正正之众，无谖（xuān）诈出没之智名，则晋人抑且与相忘，偶一用谋，而晋阳且入其彀中矣。乃鄩固以谋自恃，而人以善谋之名归之也。存勖曰："吾闻刘鄩一步百计。"呜呼！斯名也，而讵可当哉！语亦人窥之，默亦人窥之，进亦人窥之，退亦人窥之，无所不用其窥，虽有九地九天之变计，无不在人心目中矣。无不见制于人，遑足以制人乎？

是以小勇者，大勇之所不用；小智者，大智之所不事。固吾本，养吾气，立于不可胜之地，彼且自授我以胜，而我不劳，王者之用兵，无敌于天下，唯此也。故《牧誓》之戒众也，唯申以步伐之法，作其赳桓之气，而谋不与焉。夫岂但用兵为然哉？兵，险道也，而犹然；况乎君子之守身涉世，以出门而交天下，其可使人称之曰此智士也乎？

【译文】

人的本身是没有什么可以依仗的，如果自己依仗什么，别人也就会认为他在这方面有特长。一旦有了这样的名声，别人也会在这方面提防他，加倍留意他，而他最终也会失去这方面的优势。例如，有人以勇敢出名，别人也会用勇敢防御他，他或者还会因勇敢而死；若以善于谋划知名，别人也会以智谋相防御，他或者也要死在智谋上。勇与谋都是自取灭亡的途径，而以智谋为害更大，为什么呢？勇敢是指一人对一人而言的，当大敌当前的时候，冲着自己的也不过一二人，其他都因为距离较远而无法相害，所以在这种情况下只适合用智谋取胜，而不能以勇敢相抗。智谋是在闲暇时自我揣摩的，人人都可以有。把数万人想出来的一个好主意，白天黑夜加以思索，在一时形成看法，但并不是一时积累而成的。一个人的机智是有限度的，用有限的机智应付无限的事件，就能够战胜千万人的思想吗？况且那些在大的计谋上聪明的人，所熟悉和认为必然的道理，都能让人所共知而不是加以藏匿。意志越坚定，对待它越冷静，不争小利，不避小害。时而乘人不备把握机会及时出击，其计谋虽然奇妙，而别人毫无觉察。等事情结束以后，自己的大功也已告成，别人这才会明白自己高深莫测。这才是善于谋划。如果机变捷巧，自认为有善于谋划的名声，一转眼就让人生疑，一动手就让人猜想，知道他静的时候并不静，动的时候并不是动，因此当他刚刚有些想法，人们也早就预测到了，不难抗拒他或对付他，而这时仍自认为别人不知道自己的想法，那么不失败就是不可能的。

后梁大将刘鄩在魏地与后晋的军队对阵，乘机派兵偷袭，无疑是个奇妙的智谋。但如果刘鄩平时习惯于持重领兵，率领的是一支堂堂正正的军队，没有机智多谋的名声，那么后晋军队可能不在意他，他偶然出一妙计，后晋的大本营晋阳（今山西太原南）也可能落在他的手里。但事实却完全相反。刘鄩是个自认为足智多谋的人，别人也这样认为他。李存勖曾说："我听说刘鄩走一步，就会有一百个主意冒出来。"哎呀！这样的名声，是容易担当的吗！说句话就会让人窥视，不说话也会遭人揣测；前进时有人留意，后退了也被别人盯住，动不动都在别人的监视之下，纵然有九万九千个计谋，也都会在别人的意料之中。因为自己处处会受制于人，又怎么能去制服别人呢？

所以说小小的勇敢是大勇的人所不屑为的，小聪明也不是最聪明的人所愿做的。巩固自己的根本，培养自己的志气，使自己处于不败之地，别人还会主动为自己的胜利提供方便，而自己又不劳顿，这就是王者之师能够天下无敌的诀窍。所以《尚书·牧誓》在告诫军队的时候，只强调行军的节奏，鼓起他们英勇作战的士气，而不提及任何智谋。难道仅仅是行军作战如此吗？用兵是危险的事情，尚且如此，更何况正人君子的处世保身，走出门去交游天下，能够被认为是足智多谋的人吗？

本事：《资治通鉴》卷二六九《后梁纪四·均王》，贞明元年（915）。

一二　俗易利失本先弱

夷狄之强也，以其法制之疏略，居处衣食之粗犷，养其骘（zhì）悍之气，弗改其俗，而大利存焉。然而中国亦因之以免于害。一旦革而以中国之道参之，则彼之利害相半矣。其利者，可渐以雄长于中国；而其害也，彼亦自此而弱矣。

故曰："鱼相忘于江湖，人相忘于道术。"彼自安其逐水草、习射猎、忘君臣、略昏宦、驰突无恒之素，而中国莫能制之。乃不知有城郭之可守，墟市之可利，田土之可耕，赋税之可纳，昏姻仕进之可荣，则且视中国为不可安之丛棘；而中国之人被掠以役于彼者，亦怨苦而不乐为之用。两相忘也，交相利也，此顺天之纪，因人之情，各安其所之道也。

中行衍说匈奴不贵汉之缯帛，而匈奴益强，然其入寇之害，亦自此杀矣。单于虽有不逞之志，而中国之玉帛子女，既为其俗之所不贵，城郭宫室，既为其居之所不安，则其名王大人至于部众，咸无所歆羡，而必不效死以为单于用。匈奴自强，而汉亦以安，此相忘之利也。

曹操迁匈奴余众于河西，婚宦寝食居处变其俗，而杂用中国之法，于是乎启怀、愍之祸；然而刘、石、慕容、苻、姚、赫连之族，亦如朝菌之荣，未久而萎。其俗易，其利失，其本先弱也。

韩延徽为刘守光所遣，入契丹，拘留不返，因教以建牙、筑城、立市、垦田、分族类、辨昏姻、称帝改元，契丹是以威服小夷，而契丹之俗变矣；阿保机之悍，亦自此而柔矣。非石敬瑭延而进之，莫能如中国何也。杂华夷而两用之，其害天下也乃烈。中国有明君良将，则夷以之衰；无人焉，则导之以中国之可欲，而人思掠夺，则中国以亡。延徽虽曰："我在此，契丹不南牧。"然其以贻毒中国者，不如中行衍之强匈奴即以安汉也。

女直之陷汴，张瑴（jué）、郭药师之使之也；蒙古之灭宋，吕文焕、刘整之使之也。阿骨打、铁木真，强悍可息也，宋之叛臣以朝章国宪之辉煌赫奕者使之健羡，则彼且忘其所恃，奔欲以交靡。乱人之害，亦酷矣哉！又况许衡、虞集以圣人之道为沐猴之冠，而道丧于天下，尤可哀也夫！尤可哀也夫！

【译文】

夷狄强盛的原因，是法律制度不健全，衣食住处粗犷原始，养成了他们英勇剽悍的习气，不改变这种风气，就会有很大的好处，同时内地也可以避免他们的危害。一旦参照内地的办法去改变他们，则对他们来说可能有利有害。其利可能是逐渐地超过内地，称雄于中原；而其害可能是因此而衰落下去。

所以《庄子·大宗师》说："鱼儿忘情于江湖本性，人类忘情于自由之道。"周边民族满足于追逐水草、骑射狩猎、不知君臣、忽视婚宦、游牧无常的习惯，中原王朝也无力控制他们。他们因此也不知道城郭的防守、市场的利润、耕地的好处、缴税的义务、婚姻仕宦的荣耀，还把内地看成无法安宁的丛林荆棘；而内地人遭受他们劫掠乃至奴役的，也忌恨他们的劫掠奴役而不为他们卖力，因此说双方互不侵犯、互惠互利，这是顺应上苍的安排，根据各自民族的性情，各安其所的好办法。

中行衍劝说匈奴不要把汉朝的缯帛当作贵重的物品，匈奴因听信了劝说而更加强大，他们入寇汉朝的祸患也因此而减少了。单于虽怀有吞并天下的野心，但内地的珍宝美女既然是他们平时不注意的，城郭宫廷既然是他们不习惯的，因此其各级贵族和一般百姓，都对这些不加留心，也不会因为单于一人的喜欢而为他卖力。匈奴独自强盛，而汉朝也因此不受骚扰，这就是相忘而不相及的好处。

曹操把匈奴的残余部落迁到河西地区，用内地人的婚宦寝食居住风俗改变他们的习惯，并用内地的办法统治他们，于是便为晋末的怀愍之乱留下了祸根。然而刘渊、石勒、慕容廆、苻健、姚兴、赫连勃勃等所在的部族，也像早晨开放的草菌一样，很快就衰落下去。他们的风俗改变了，优势便也消失，是从根本上衰落的。

韩延徽受刘守光的派遣，出使契丹，被扣留下来，于是便把内地的造房、筑城、贸易、种田、分别亲族、辨认婚姻、称帝改元等技术和习俗全部传授给契丹人，契丹也因此而称雄于其他部落，其风俗也随之改变，原本剽悍的耶律阿保机，也变得柔顺起来。如果没有后晋石敬瑭招引他进入内地，他也不能把中原王朝怎么样。让外族人吸收了内地的长处，对天下的危害极大。如果朝廷有明君良将，则外族人可能趋于衰落；反之，就会引起他们的贪欲，想法到内地来进行劫掠，中原王朝也会因此灭亡。韩延徽口头上虽说："有我在这里，契丹人不敢向南窥视。"然而实际上由他引起了祸患，不像中行衍使匈奴强盛而换取汉朝的安宁。

女真人攻陷汴京，实际上由张瑴、郭药师二人引起的；蒙古人灭亡宋朝，也与吕文焕、刘整二人有关。阿骨打、铁木真的强悍可以慢慢减弱，而宋朝叛臣所说内地的繁华盛景引起他们的羡慕，使他们忘记了自己的优势，为了私欲而与内地交争。乱臣贼子所造成的危害，是何等的残酷啊！更何况许衡、虞集用圣人的学说去教化外族人，使王道在天下丧失，不是更可悲吗？

本事：《资治通鉴》卷二六九《后梁纪四·均王》，贞明二年（916）。

一三　自知之明

刘岩曰："中国纷纷，孰为天子？"此唐亡以后五十余年之定案也。岩既已知之矣，而又拥海隅一曲之地，自号为帝。赵光裔、杨洞潜、李殷衡之琐琐者，冒宰辅之荣名。郑綮曰："歇后郑五为宰相，时事可知矣。"而终就之，然后乞身而去，则亦归田之相矣。自知之，自哂之，复自蹈之，苟徼一日之浮荣，为天下僇、为天下笑而已矣。

呜呼！人可不自念也哉？于人则智，自知则愚，事先则明，临事而暗，随世以迁流，则必与世而同其败，人可不自念也哉！勿论世也，且先问诸己；勿徒问之己也，必有以异乎世。桀、纣方继世以守禹、汤之明祀，而汤、武之革命不疑；周敬王方正位于成周，齐、晋且资其号令，而孔子作《春秋》，操南面命讨之权；夫岂问世哉？若其不可，则孙权劝进，而曹操犹知笑之；唐高祖推戴李密，而为光禄勋以死；皆夫人之炯鉴也。

无德而欲为君，无道而欲为师，无勇而欲为将帅，无学而欲为文人，曰：天下纷纷，皆已然矣，吾亦为之，讵不可哉？始而惭，继而疑，未几而且自信，无患乎无人之相诱以相推也。鉴于流水者，固无定影也。童子见伎人之上竿而效之，或悲之，或笑之，虽有爱之者，莫能禁也。悲夫！

【译文】

南汉国主刘岩说："中国内地大乱，谁是皇帝呢？"这是唐朝灭亡以后五十多年的真实写照。刘岩既然明知是这样，而又依靠所占据的海边一片地方，自己称帝。赵光裔、杨洞潜、李殷衡等无名小辈，也得以窃据宰相的称号。郑綮曾自嘲说："擅作歇后体诗的郑五能当宰相，天下时局可想而知。"他最终还是就任了宰相，接着又辞官而去，但仍然是罢任归田的宰相。自知自身，自我嘲笑，接着又自己陷进去，博取一时的虚名，只会让天下人失望、让天下人嘲笑。

啊！人难道不能自我反思吗？在针对别人时显得聪明，轮到自己就变得愚蠢，在事先看得很清楚，事到临头就糊涂起来，随着社会而升降沉浮，一定会与世道一样败落下去，人难道不该自我反思吗！不说世道，应先扪心自问；不仅是扪心自问，还要看看与别人有什么区别。桀、纣二人是继奉禹、汤香火的君主，而汤、武毫不犹豫地起来推翻他们；周敬王还在成周称孤道寡，而齐、晋两国就已经在发号施令，孔子也因此作《春秋》，掌握着口诛笔伐的大权，可见能相信世道吗？如果说不能，那么当孙权奉表劝进的时候，曹操还知道置之一笑；唐高祖推戴李密做天子，而李密最终落了个惨死在光禄卿职位上的下场，这些都应引以为鉴戒。

无德无能却想做君主，无道无德却想当老师，无勇无谋却想做将帅，不学无术却想当文人，还振振有词地说：天下纷纷，都已经这样，我也去做一做，有什么不可以呢？开始时还有些惭愧，接着就动了心，马上又充满自信，不担心没有人来诱惑或推戴。如果用流水做镜子，照出的人影就不会固定。小孩见玩杂技的人爬上竹竿而加以效法，有人觉得可悲，有人觉得好笑，即使有人爱护他，也无法劝止。实在可悲啊！

本事：《资治通鉴》卷二六九《后梁纪四·均王》，贞明元年（915）。

一四　可师者皆师

汤缵（zuǎn）禹服，武反商政，王道以相师而底于成。夫汤岂但师禹，武岂但师汤哉？必师禹者其祗台，必师汤者其圣敬也，德不可降也。若夫立法创制之善者，夏、殷之嗣王，不必其贤于我，而可师者皆师也。故曰“君子不以人废言”。《尚书》录秦穆之誓，《春秋》序齐桓之绩，以为一得之贤，可以为万世法也。必规规然守一先生之言，步之趋之，外此者皆曰不足法也，何其好善之量不弘，择善之情不笃也。

唐始置枢密使以司戎事，而以宦官为之，遂覆天下。夫以军政任刑人，诚足以丧邦；而枢密之官有专司，固法之不可废者也。王建割据西川，卑卑不足与于王霸之列。

而因唐之制，置枢密使以授士人，则兵权有所统，军机有所裁，人主大臣折冲于尊俎，酌唐之得失以归于正，王者复起，不能易也。于是一时僭伪之主多效之，而宋因之，建其允为王者师矣。

兵戎者，国之大事，泛然而寄之六卿一官之长，执其常不恤其变，变已极，犹恐不守其常，文书期会，烦苛琐屑，以决呼吸之安危，兵无异于无兵，掌征伐者无异于未尝掌矣。属吏各持异议，胥史亦握枢机，奏报会议喧腾于廷，间谍已输于寇，于是天子有所欲为而不敢泄者，不得不寄之奄人。故曰无异于无兵，无异于无掌征伐者也。

宋设枢密使而不救其弱丧者，童贯等擅之耳。高宗以后，惩贯之失，官虽设而权不归。藉令建炎之世，有专任恢复之事者，为韩、岳之宗主，而张俊、刘光世之俦，莫敢不听命焉，秦桧、汤思退恶得持异议以沮之哉？

宋季之虚设，犹不设也。自是以还，竟废之，而以委之次登八座、株守其职之尚书，与新进无识之职方。将无曰此唐之敝政，王建之陋术，不足取法，而吾所师者，《周官》之王道也。以之钳天下之言治者之口则足矣，弱中国，孤天子，皆所弗恤。石敬瑭废之，而速亡于契丹，庸徒愈乎？

【译文】

商汤继承了夏禹的政策，而周武王不因反商政权而另行新政，都是王道相师而获得成功的典范。那么商汤仅仅是效法夏禹，武王仅仅是效法商汤吗？效法夏禹的是他的精神，效法商汤是对他的尊敬，品德不能降低。至于立法创制做得好堪称典范的，像夏商时期继位的国王，不一定就比自己强多少，但如果有值得效法的就一定要效法，所以说“贤人君子不因为人的好坏而否定他的言论”。《尚书》中记录了秦穆公的誓词，《春秋》中叙述了齐桓公的事迹，都把他们当作有所可取的人，可以作为千秋万代的准则。如果严格按照某位圣贤的话去做，亦步亦趋，否定除此以外的一切，就说明他从善的器量还不够宏大，择善而从的态度还不够真诚。

唐代创立了由枢密使典掌军队的制度，并让宦官担任这种官职，导致天下倾覆的后果。把军政大权交给受过刑的阉人掌握，这种政策本身就足以亡国，而枢密使又有人专门职掌，是不能废止的制度。王建割据巴蜀地区，势单力薄不足以成为霸主之一。但他因袭唐朝的制度，让士大夫担任枢密使，使兵权有所归依，军中事务有所裁决，君主大臣受制度约束，改变唐朝制度的弊端，使它臻于完善，即使是统一天下的君王重新崛起，也无人能够改变。于是当时天下的其他割据政权纷纷起来效法，后来的宋朝也因袭不改，而王建也因此而被称为君王之师了。

战争是国家的大事，把它不负责任地交给六卿中的一人掌管，袭着毫无变化的制度，等发生彻底变化时，还担心不能按常规去做，来往文书公函烦琐至极，并借此来决定国家安危命运，在这种情况下的军队等于没有军队，带兵的人也就等于没有带兵。下属各执一词，小吏掌握重权，奏报商议使朝廷沸沸扬扬，而间谍乘机把消息传输给敌方，致使君主想有所作为而不敢去做，只能把大权交给宦官。所以说这样与没有军队毫无差别，也与没有统帅完全一样。

宋代设立了枢密使一职，但没能挽救它积贫积弱的命运，都是由童贯等的擅权造成的。高宗以后，吸取了童贯的教训，虽设置枢密使但不给实权。假使建炎年间(1127—1130)有专门主持复兴大业的人，做韩世忠、岳飞的统帅，张俊、刘光世等也就不敢不听从号令，秦桧、汤思退又怎敢出来反对并加以阻挠呢?

宋朝末年对枢密使一职的虚设，就像不设一样。从这以后，又废黜了这一官职，把权力交给位列朝中八座之一、奉行职守的兵部尚书，以及新进的尚不通晓军事的职方郎中。不要说枢密使是唐朝的弊政、王建的雕虫小技，不足以作为成法，而自己所采用的是《周官》王道的办法。用这种话搪塞天下探讨治乱人的嘴就足够了，至于国家的寡弱和皇帝的孤立都可以毫不过问。石敬瑭废除这种制度，迅速被契丹人灭亡，不就是很好的例子吗?

本事:《资治通鉴》卷二六九《后梁纪四·均王》，贞明元年(915)。

一五　因时施政，国民两便

宋齐邱请徐知诰除输钱代折之法，令丁税悉输谷、帛，由是江、淮旷土益辟，国民两富，其故何也?杨氏之有国也，西北不逾淮，东不过常州，南不过宣州，皆水国也。时无冬夏，日无昼夜，舟楫可通，无浃旬在道之久，无越山闸水之难，则所输粟、帛，无黦（yuè）敝红朽之患，民固无推毂经时之费，无耗蠹赔偿之害，恶得而不利也？地无几，税亦有涯，上之受而藏之者，亦不致历年未放，淹滞陈腐之伤，上亦恶得而不利也？且于时天下割裂，封疆各守，战争日寻，商贾不通，民有有余之粟、帛，无可贸迁以易金钱，江、淮之间，无铜、铅之产以供鼓铸，而必待钱于异国。粟、帛滞而钱穷，取其有余，不责其不足，耕夫红女，得粒米寸丝而可应追呼，非四海一家，商贾通而金钱易得之比也。是以齐邱言之，知诰行之，因其时，就其地，以抚其人民，而国民交利，岂虚也哉？

惟然，而不可以为古今天下之通法，亦较然矣。转输于数千里之外，越崇山，逾绝险，堰涸水，犯狂涛，一石之费，动逾数倍，漂流湿坏，重责追偿，山积薮藏，不堪衣食，谓齐邱、知诰为良法而师之，民以死，国以贫，岂有爽乎？舟行而汲者以盂斞（jū）水，林居而樵者以手折薪，市廛而欲效之，其愚也，不待哂也。十亩之农，计粒而炊乃不馁，鬻蔬之子，以囊贮钱乃不失，陶、猗而欲师之，其穷也，可立待也。闻古人一得之长，据陈言而信为良法，若此类者众矣！困天下以自困，不足与有言，久矣。

【译文】

谋士宋齐邱请求吴国丞相徐知诰罢除百姓用缴纳钱币

代替缴纳谷、帛的纳税办法，让成年人的赋税全部改缴谷、帛，从此江淮地区的荒地被纷纷开垦，国家与百姓都有所富足，原因是什么呢？在杨行密统治淮南的时候，版图在西北不过淮河，东不过常州，南不过宣州，有水路交通的便利。无论早晚或季节变化，水上都可以行船，既不废农时又不劳民力，所运输的粮食和布帛也没有发霉变质的危险，百姓还不用为推车运输增加开支，也没有赔偿损耗的担心，怎能不感到便利呢？淮南国土有限，税额也有限，朝廷征收上来并加以保管，也不至于多年不加检查，拖欠或腐烂，朝廷又怎能不获得好处呢？况且，当时天下分裂，各割据政权关门自保，战争时有发生，正常贸易无法进行，纵然百姓的谷、帛有剩余，也无法拿去换回金钱，而江淮地区又不出产能够铸钱的铜、铅，只能依靠从别的地方运送钱来。谷、帛充足而钱币缺乏，朝廷把百姓多余的东西征收上来，而不去追求他们缺乏的东西，使农夫织女有米和丝就能完税，这也是在天下统一时，贸易发达而容易得到钱币所不能相比的。所以宋齐邱提出了建议，徐知诰加以采纳并推行开来，利用当时的特定环境和条件，安抚了境内百姓，并使国家和个人都获得了好处，难道不是很成功吗？

尽管是这样，不能把上述办法当作古今天下所通行的办法，也是极其明显的。把赋税辗转运输到数千里以外，翻越崇山峻岭，驶过惊涛骇浪，历尽千辛万苦，为运输一石粮食而花费数倍的价钱，如有风吹日晒，损耗还要加倍赔偿，山积水藏，不堪衣食，这时仍认为宋齐邱、徐知诰的办法可取并加以效法，百姓会被折磨而死，国家也会因此陷入贫困，难道会有任何例外吗？本来坐在船上的人而用小器皿汲水，住在山林的人用手折枝打柴，都市里的居民想要效法他们，显然是愚蠢的。家有十亩耕地的农夫，计算着过日子就不会挨饿，贩卖蔬菜的人，用布袋存钱就不会丢失，而像陶朱公、猗顿那样的商人想学他们的办法，马上就会变得贫穷。知道古人曾有过一些好办法，根据陈辞滥调而把它当作信条，这样的人太多了！既束缚了天下，又困住了自己，不值得对此发表评论，历来如此！

本事：《资治通鉴》卷二七〇《后梁纪五·均王》，贞明四年（918）。

一六　戢兵息民，固本保邦

徐温大破钱镠，知诰请乘胜东取苏州，温念离乱久而民困，因镠之惧，戢兵息民，使两地各安其业，而曰“岂不乐哉”？蔼然仁者之言乎！自广明丧乱以来，能念此者谁邪？而不谓温以武人之能尔也。

均与人为伦，则不忍人之死，人之同心也，而习气能夺之。天方降割于民，于是数不仁之人倡之，而鼓动天下，以胥流于残忍，非必有利存焉，害且随之如影响。而汶汶逐逐，唯杀是甘，群起以相为流转。乃习气者，无根株者也。有一人焉，一念之明，一言之中，一事之顺，幸而有其成效，则相因以动，而恻隐羞恶之天良复伸于天下，随其力之大小、心之醇疵，以为其感动之远近，苟被其泽，无不见功于当时，延及于数世，则杨行密是已。

当行密之时，朱温、秦宗权、李罕之、高骈之流，凶风交扇于海内。乘权者既忘民之死，民亦自忘其死；乘权者既以杀人为乐，民亦以相杀为乐。剽夺争劫，有不自知其所以然而若不容已者，莫能解也。行密起于卒伍，亦力战以有江、淮，乃忽退而自念，为固本保邦之谋，屡胜朱温，顾且画地自全，而不急与虎狼争食。于是江、淮之寡妻弱子幸保其腰领，以授之徐温。温乃以知全民之为利，而歆动以生其不忍昧之心。盖自是江、淮之谋臣战士，乘暴兴之气，河决火延，以涂人肝脑于原野者，皆废然返矣。故抚有江、淮，至于李煜而几为乐土。温之所谓乐者，人咸喻焉而保其乐，温且几于仁者，要皆行密息浮情、敛狂气、于习气炽然之中所培植而生起者也。则行密之为功于乱世，亦大矣哉！

呜呼！习气之动也，得意则骄以益盈，失势则激而妄逞，仰不见有天，俯不见有地，外不知有人，内不知有己。《易》曰："迷复，凶。"唯其迷，是以不复，有能复者，然后知其迷也。"十年不克"，"七日而返"，存乎一人一念而已矣。当乾坤流血之日，而温有是言，以留东南千里之生命于二十余年，虽一隅也，其所施及者广矣！极乱之世，独立以导天下于恻隐羞恶之中，勿忧其孤也，将有继起而成之者，故行密之后，必有徐温。此天地之心也，不可息焉者也。

【译文】

吴国丞相徐温大败越王钱镠以后，其养子徐知诰请求乘胜攻占苏州，而徐温顾念战乱已久，百姓穷困，利用钱镠恐惧的心理，避免战争而与民休息，使两地的百姓都能安居乐业，因此说“这不更好吗”？这是多么仁慈和蔼的话啊！从唐僖宗广明年间（880—881）发生动乱以后，又有谁能够想到这些呢？更何况徐温是武将出身而能如此呢。

像对待自己一样看待别人，就不忍心别人死去，一旦人们的想法一样，风俗习惯也能改变。上天把大难降到人间，加上一些残忍的人推波助澜，鼓动天下，把天下变得充满残暴，不仅对人类的生存不利，灾害还会接踵而来。而天下相尚，以杀人为乐趣，群起而相仿效。可见风俗是没有根源的。如果有一个人在某一方面有远见，或者有一句话说得中肯，一件事做得顺利，而且见到了成效，则天下也会随之而动，恻隐和羞恶作为人的本能也会被唤醒，根据他力量的大小、心灵的纯洁程度而发挥作用，一旦受其惠泽，就不仅会在当时发挥作用，甚至延续到此后几代，杨行密便是这样的人。

在杨行密生活的时代，朱温、秦宗权、李罕之、高骈等，把凶恶残忍的风气散布到海内外。当权的人既然不顾百姓死活，百姓也就不在意自己的生死；当权者既然以杀人为乐趣，百姓也把自相残杀当作乐趣。当抢劫掠夺时，甚至不知道自己在做什么，似乎是不容停息的，而不知道其原因何在。杨行密出身于行伍，通过奋力拼搏拥有了江淮地区，突然静下心来考虑固本安邦的办法，多次战胜朱温，却在辖地自保，而不是急着与虎狼争食。于是，江淮地区的寡妇孤儿能够得以保住性命，并能延续到徐温执政时。徐温也因此知道了保全百姓的重要性，有了不忍为害百姓的恻隐之心。从此，江淮地区的谋士、兵丁，借着暴乱大兴的风气，驱民于水火之中，使人肝脑涂地的，都纷纷放下屠刀，返回家乡。所以，江淮地区得以安抚平定，直到南唐末年还是一方乐土。徐温所做的能让人喜悦的好事，人们都能够明白接受并传袭下来。而徐温基本上能称为仁人君子，也是在杨行密的平息浮薄之情、收敛狂荡之气、在当时暴乱习气风靡的环境中培养生发出来的。可见杨行密在乱世中所立下的功勋，是相当大的。

啊！风俗习气的变化，得意时就骄横盈满，失势时则激发狂荡之气，抬头不见有天，低头不知有地，在外不知有别人，在内不知有自己。《周易》说："迷乱困惑，就会有凶险。"因为有迷乱，所以不能加以反思，有能反思的，才会知道过去的迷茫。"十年不能攻克"，"七天就可返回"，这些都保存在一人一念之中。当天下因战乱而流血的时候，徐温能有罢兵安民的想法，使东南地区方圆千里以内的人民能够在二十多年内安静地生活，尽管是一隅之地，其影响所及还是十分深远的！天下大乱的时候，能够独自引导天下百姓恻隐羞恶的本性，不用担心他的势单力薄，一定会有人继承并成就、光大其事业。所以在杨行密以后，一定有个徐温来响应他。这正是天地的本意，无法加以改变和泯灭。

本事：《资治通鉴》卷二七〇《后梁纪五·均王》，贞明五年（919）。

一七　严之于上官，贪息于守令

严下吏之贪，而不问上官，法益峻，贪益甚，政益乱，民益死，国乃以亡。群有司众矣，人望以廉，必不可得者也。中人可以自全，不肖有所惮而不敢，皆视上官而已。上官之虐取也，不即施于百姓，必假手下吏以为之渔猎，下吏因之以售其箕敛，然其所得于上奉之余者亦仅矣。而百姓之怨毒诅咒，乃至叩阍（hūn）号愬者，唯知有下吏，而不知贼害之所自生。下吏既与上官为鹰犬，复代上官受缧绁（léi xiè），法之不均，情之不忍矣。

将责上官以严纠下吏之贪，可使无所容其私乎？此尤必不可者也。胥为贪，而狡者得上官之心，其虐取也尤剧，其馈献也弥丰；唯琐琐箪豆之阘（tà）吏，吝纤芥以封殖，参劾在前而不恤，顾其为蠹于民者，亦无几也。且有慎守官廉，偶一不捡而无从置辩者矣。故下吏之贪，非人主所得而治也，且非居中秉宪者之所容纠也，唯严之于上官而已矣。严之于上官，而贪息于守令，下逮于簿尉胥隶，皆喙息而不敢逞。君无苛核之过，民无讼上之愆，岂必炫明察以照穷檐哉？吏安职业，民无怨尤，而天下已平矣。

下吏散于郡邑，如彼其辽阔也，此受诛而彼固不戢，巧者逃焉，幸者免焉。上官则九州之大，十数人而已，司宪者弗难知也；居中司宪者，二三人而已，天子弗难知也。顾佐洁身于台端，而天下无贪吏，握风纪之枢，以移易清浊之风者，止在一人。慎之于选任之日，奖之以君子之道，奚必察于偏方下邑而待小民之讦讼其长上乎？杨廷式按县令之受赇，请先械系张崇，而曰“崇取民财，转献都统”，归责于徐知诰也。可谓知治本矣。

【译文】

严禁下层官吏贪污，而不过问上层官吏如何，那么法律越严峻，贪污也就越厉害，政事也就越腐败，百姓也就受害越深，国家也会因此灭亡。天下的官吏是很多的，百姓期望他们清廉，但他们未必如此。一般的官吏可以做到洁身自好，不肖的人因有所顾忌而不敢放肆，都要看上司如何行事。如果上司是贪得无厌的人，即使不直接向百姓索取，也会假借手下官员的手去鱼肉百姓，而下层官吏也会想办法满足他的贪欲，但所得到的除进奉上司外不会剩下很多。而百姓所痛恨和诅咒，乃至伏阙哭诉的，是直接压榨他们的下级官吏，并不知道祸害的根源在哪里。下级官吏既然充当了上司的鹰犬，就要代替上司受罪服刑，可见法律不公正，情理难相容。

如果责令上司去严惩下级的贪污，就能不容私情吗？

这种办法更加不可行。当下官贪污时，狡猾的人有上司作保护，其贪心更大，对上司的贡献也就更丰厚；只有那些自奉简约的人，吝惜任职地方的财物，即使面临上司的参劾，也不理会上司的索取，才会对百姓造成较小的危害。或者有奉公守法的人，偶一不慎便有口难辩了。所以下层官吏的贪污，并不是君主所能制止的，也不是当朝秉政的人所容易纠弹的，只有从上层官吏做起，严明法纪。如果对上层官员要求严格，贪污就会从郡守县令等官员中消失，甚至他们身边的主簿、县尉乃至吏员里胥，也不敢轻易向民间索取。这样，君主不再受对百官苛刻的指责，百姓也不再会告发官吏，何必炫耀其明察以普照底层百姓的茅舍呢？官吏安于自己的职守，百姓也没有什么怨言，天下也就因此太平了。

下层官吏分散在各地，因为分布较广，即使在一个地方有一两个人被惩处，也不会对另一个地方的官员发生多大的影响，奸巧的人会设法逃避，幸运的人则可以获免。上层官吏则为数较少，整个国家也不过十几人，司法官员不难了解他们；而在朝中负责司法的人，也不过两三个，皇帝对他们也很容易了解。比如明朝的顾佐任都察院右都御史时，因为洁身自好，天下也因此没有贪官污吏。掌握着监察百官、肃清吏治的大权，并能改变清浊习俗的，关键也只在一人。在选任官吏的时候应十分慎重，用君子之道去激励他们，又何必再去查遍天下，看看哪里有被百姓告发的官员呢？吴国侍御史杨廷式审理庐江县令受贿的案件，请求先治其上司庐州刺史兼观察使张崇的罪，说“张崇搜刮百姓钱财，然后上交给都统”，意思是说真正的责任在张崇的上司徐知诰那里。可以说，他找到了根源，明白了治本之策。

本事：《资治通鉴》卷二七一《后梁纪六·均王》，贞明六年（920）。

一八　张承业非忠于唐

张承业之忠，忠于沙陀耳，或曰“唐之遗忠”，岂定论哉？李存勖得传国宝，将称帝，承业亟谏止之，欲其灭朱氏，求唐后复立之，削平吴、蜀，则天下自归，虽高祖、太宗复生，不敢复居其上，以立万世之基。此其以曹操、刘裕处存勖，而使长有天下也明甚，岂果有存唐复辟之心乎？使能求唐后以立邪，则朱温篡夺之日，可早立以收人心。承业噤不一语，而必待朱氏既灭之后，此则何心？

恶莫大于弑君，而篡国次之。篡者，北面称臣而又攘夺之之谓也。若夫故主已亡，乘天下无君以自立，则抑可从末减矣。使沙陀灭逆贼，定天下，而退守臣服，洵忠臣之效也。沙陀即不能然，而承业以此为志，功虽不就，自不损其孤忠。乃承业不然，阳奉李氏，为沙陀欺天下之囮(é)。藉令果如其言，朱氏灭，吴、蜀平，建不世之功，拥震主之威，然后胁赘疣之君，奉神器以归己；为之君者，柔懦而安于亡，则如晋恭帝之欣然执笔而终不免于鸩，如其挟不平以图存，则成济之刃且剚（zì）其胸，存勖之果成乎篡弑，而李氏之子，以颈血易一日之衮冕，不已惨乎？

躁人之意计，偷求一旦之尊荣；奸人之权谋，敢窃欺天之名义。承业奄人耳，尽心于沙陀，而欲欺天下，无足怪者，君子固不可罔也。存勖不从其策，犹得免于篡弑之恶，而李氏之苗裔，不致如元魏、宇文之赤族。饰虚名以伏隐慝，犹且谓承业之忠于唐也。导天下以伪而贼仁义，必斯言也夫！

【译文】

张承业的忠心，只是忠于沙陀首领李氏家族的，有人说这是“唐代的遗忠”，难道能够以此定论吗？李存勖得到了传国之宝，打算称帝，张承业赶忙劝他不要这样，应该先把后梁灭掉，推奉唐朝皇室的后代为帝，平定吴、蜀等割据势力，天下也因此而会归附，即使是唐高祖、太宗复活，也不敢再高居自己之上，千秋万代的基业也可以因此奠定。其实，这不过是把李存勖当作曹操、刘裕看待，使他能够长期统治天下，难道是真的为了复兴唐朝吗？如果真的能够找来一个唐朝皇室的后代并拥戴为君，那么，当朱温篡权的时候，就应当拥戴一人以收揽人心，但张承业在当时哑然不语，只是等后梁灭亡以后才开口说话，这是什么居心呢？

天下最大的罪恶是弑君，篡夺别人的国家则居其次。篡权，是指原本向人称臣而又夺他的君位。如果原来的君主已经去世，在天下没有君主的时候自立为皇帝，则还可以减轻一些罪孽。假使沙陀人平定了叛乱，安定了天下，退回原地而向唐朝称臣，这就是忠臣的做法。但沙陀人既然做不到这样，而张承业又以此为志向，虽不能成功，对他的忠心也毫无损害。但张承业也不是这样，在表面上拥戴唐朝的后裔，实际上是用来帮助沙陀人欺骗天下的傀儡。假使真的像他说的那样，后梁灭亡，吴、蜀平定，建立了极大功勋，拥有震主的威权，然后逼迫傀儡皇帝，把天下让给自己，做他的君主的人，软弱而安于灭亡，就像晋恭帝那样欣然答应让出皇位但仍不免被毒死一样。如果不甘心被别人篡夺，就会有像成济那样的人起来杀了他。其结果是李存勖最终达到篡权的目的，而唐朝的幸存子孙用自己的生命换取一两天的皇位，这难道不是很悲惨吗？

轻浮狂躁之人的心思，往往是为了获得一时的尊贵荣华；奸臣的权谋，敢于窃取欺骗天下的名义。张承业出身于宦官，为沙陀人出力卖命，仍想欺骗天下，是不足为怪的，但仁人君子不应被欺骗。李存勖没有采纳他的建议，使他避免了一个篡权元凶的恶名，而唐朝皇帝的子孙，也没有像元魏、北周皇室那样被灭族。粉饰虚名来隐藏真实面目，却仍然有人认为张承业是忠于唐朝的。引诱天下人作假而损害仁义道德，说的就是这样的情况！

本事：《资治通鉴》卷二七一《后梁纪六·均王》，龙德元年（921）。

一九　人主之职，在论相而已

朱温灭后，五姓之主中土者，皆旋夺于握兵之臣，即不能夺，而称兵以思夺者，此扑而彼兴，无他，唯无相而已。无相者，非必其时之无人也，抑非偏任武人，而相不能操国柄也。藉令有其人，欲授之国柄，固将不能。何也？崛起之日，初不与闻大计，一旦称帝，姑且求一二人以具员而置之百僚之上，如仗象然，谁从而听之哉？

李存勖之欲为帝久矣，日率将士以与朱氏争存亡，而内所任者故奄张承业，外则姑以冯道司笔墨而已。未尝一日运目游心于天下士，求一可任者，与定大谋、经画天下之治理。至于梁势将倾、众争劝进之日，乃就四镇判官求一二人以为相。大谋非所与闻，大任非所夙拟，其主虽闻名而非所矜式，其将相虽觌面而不与周旋，一旦加以枚卜之虚名，使处百僚之上，彼挟百战之功匡扶以起者，固曰：何从有此忽起在位之人居吾上邪？彼固藉我以取富贵，而恶能不唯我是从乎？汉高相萧何，乃至叱诸将之功为狗而不怒者，实有大服其心者，非一朝一夕之故也。豆卢革、卢程依戎幕以起家，恶足胜其任哉？名之曰相，实均于无相，枢密得操其行止，藩镇直视为衙官，天子孤立，心膂无托，夺之也如吹槁，弗复有难焉者矣。

天下可无相也，则亦可无君也。相轻于鸿毛，则君不能重于泰山也。故胡氏曰："人主之职，在论相而已。"大有为者，求之夙，任之重，得一二人，而子孙黎民世食其福矣。

【译文】

朱温建立的后梁灭亡以后，相继统治中原的五个王朝都旋即为武将所灭亡，即使不能夺权，拥兵打算夺权的也是此起彼伏，其原因不是别的，都是没有宰相的缘故。没有人做宰相，并不是没有合适的人选，也不是偏任武人，而是宰相不能掌握国家大权。假使有合适的人选，想把国家大权交给他，也不能做到。为什么呢？当其势力兴起的时候，没有参与谋划，一旦称帝，姑且找一两个人在名义上做百官的首领，就像树立傀儡一样，那么谁又会听他的呢？

李存勖想做皇帝很久了，整天带着军队与后梁作战，在内委任宦官张承业，对外则让冯道掌管往来公函和起草命令。从没有留意过天下的士大夫，从中挑选一个合适的人，与他商量军国大计和经营天下的方略。等后梁将要灭亡、众人争相劝他称帝的时候，这才想起让各地将领推荐一两个担任宰相的人选。被推荐的人既没有参与过国家大事的谋划，也没有担当重任的打算，君主虽听说过他的名声但没有见过他的功业，文武百官虽见过面却不曾打过交道，一旦被推到宰相之位，位居百官以上而拥有虚名，则那些屡立战功的开国功臣会认为：从哪里来了这样一个地位超过我的人呢？他不过是利用我们的功劳而享受富贵，因而哪能不听从我们的呢？汉高祖当年用萧何担任宰相，他甚至把萧何比作猎人，而把立大功的众将比作猎狗，却不会引起愤怒，就是因为萧何有能让将领信服的功劳，这不是一朝一夕的缘故。而豆卢革、卢程不过是从幕僚起家，怎能担当宰相的重任呢？把他们称为宰相，实际上等于没有宰相，因为他们的行动要受枢密使操纵，甚至还会被藩镇当作办理杂事的吏役看待，结果是天子孤立无援，无人可以依靠，篡夺其权位就像风吹槁木一样，几乎没有一点困难。

天下如果可以没有宰相，也就可以没有君主。如果宰相像鸿毛一样轻，君主也不会像泰山一样重。所以宋朝学者胡安国说："君主的职责，不过是要选拔一个好的宰相罢了。"大有作为的君主，精心挑选，委以重任，能有一两个用得其人，子孙后代和黎民百姓都会世世代代享受他的福泽了。

本事：《资治通鉴》卷二七二《后唐纪一·庄宗》，同光元年（923）。

二〇　君臣父子，人之大伦

君臣、父子，人之大伦也。世衰道丧之日，有无君臣而犹有父子者，未有无父子而得有君臣者也。自朱温以至柴氏，七姓十五人，据中土而称帝，天下后世因而帝之。乃当时之臣民，固不倾心奉之以为君，劫于其威而姑号之曰天子，君臣之伦，至此而灭裂尽矣。尤可悯者，并其父子而乱之。漫取一人而子之，遂谓之子；漫推一鬼而祖考之，遂谓之祖考；于是神怒于上，人迷于下，父子之恩，以名相假，以利相蒙，其与禽兽之聚散也奚别？如是而犹望天下之有君臣也，必不可得之数矣。

沙陀夷酋耳，唐蔑天逆理而赐之姓，遂假以竞于朱温曰：吾李氏子也。存勖称帝，仍号曰唐，以高祖、太宗、懿宗、昭宗杂朱邪执宜、朱邪赤心之中而祖之，唐之祖宗，能不恫怨于幽乎？嗣是而徐知诰者，不知为谁氏之子，乃自撰五世名讳，选吴王恪而祖之。呜呼！蔑论陇西之苗裔犹散处于人间，天之弗祐，亡则亡耳，绝则绝耳，何忍取夷狄盗贼之子而以为子孙哉？所谓辱甚于死亡也。后世史官犹从而奖之，曰：此唐也，可以绍李氏之统者也。天理无余，人心尽椓，至此而人不足以存矣。《诗》不云乎？"谓他人父，终莫我顾。"逆风所煽，号为天子者且然，又何怪乎贾谧、秦熺之爚乱天常也。

【译文】

君臣与父子，是人类最重要的伦理纲常。在世道衰乱的时候，可以出现没有君臣但有父子的现象，而不可能没有父子而有君臣。自后梁以至后周，经过了七姓十五人，割据中原而称皇帝，天下和后代人也这样称呼他们。至于当时的百姓，即使不愿意倾心拥戴他们为君主，也要迫于压力而尊称他们为皇帝，君臣之间的伦理界限，到这时已经消亡殆尽。更为可惜的是，父子关系也出现了混乱。随便找来一人当作儿子，就称他为儿子；随便推戴一位死人作为祖先，就称他为祖父或父亲。其结果是神仙发怒于上，百姓迷茫于下。父子间的恩情，因为名声而可以假借，出于私利而可以蒙骗，这与禽兽聚集在一起又有什么区别呢？像这样还希望天下有君臣伦理，必然是一种不可得到的奢望。

沙陀是突厥族中的一个强大部落，因为唐朝皇帝违背天意而赐给他们姓氏，于是他们便假借这一名义向朱温抗争说：我是大唐皇室李氏的后代。李存勖称帝，仍称唐朝，把唐高祖、太宗、懿宗、昭宗，与其祖上朱邪执宜、朱邪赤心合在一起当作祖先供奉，而唐代的真正祖宗，能不在地下怨恨吗？另外还有徐知诰，不知是何人的子孙，也自己编造五代以内的祖先名号，把吴王李恪当作祖先。啊！不论陇西李氏的苗裔还生活在民间，苍天不相保佑，死的死，灭绝的灭绝，又怎能忍心去把夷狄盗贼的子孙当作子孙呢？这就是所说的侮辱比死亡的痛苦更大。但后代的史官还沿袭这种说法并加以提倡，说：这也是唐，可以继承唐朝的血统。天理丧失殆尽，人心泯灭到这种地步，人也就不足以称为人了。《诗经·葛藟》不是这样说吗？“把别人称作父亲，也不会得到一丝怜悯和照顾。”受逆乱的风气所煽动影响，自称是天子的人尚且如此，像西晋贾谧、南宋秦熺那样冒牌的败坏伦理纲常的人就更不足论了。

本事：《资治通鉴》卷二七二《后唐纪一·庄宗》，同光元年（923）。

二一　李存勖用兵如韩信

李存勖不可以为天子，然固将帅之才也，知用兵之略矣，得英主而御之，与韩信齿。

奚以明其然邪？麐之走也捷于虎，卒为虎获者，数反顾也。规规恃其穴以为所据，其偶败也，急奔而护其穴，其胜也，复虑人之乘己而内荧，于是内未溃而外失可乘之机，敌且蹙之使自毙于穴中，未有不败者也。存勖知此矣。

自克用以来，太原其根本也，则泽、潞其喉吭也。太行之险一失，则井陉之道且危。存勖殚全力以图东方，澶、郓悬隔千里之外，间以赵、魏，潞州叛，泽州陷，太原内蹙，而东出之师，若脊断而不能举。于斯时也，不知兵者，必且舍澶、郓以旋师而西顾，乃一受其掣，而踉跄以返，王彦章之流，蹑其迹而乘之，太原其委命之墟矣。而存勖之计此决矣，李继韬之内叛，视若疥癣；泽州之失，唯惜裴约，而弃若赘疣；急攻杨刘，疾趋汴、洛，一战而朱氏以亡，其神亦哉！太原自克用修缮城隍以来，非旦夕可拔者，大兵集于东方，继韬虽狡，梁人虽鸷，必不敢遽尔合围，不忧归师之夹逼。敌见吾视泽、潞之乱若罔闻，则益不测吾之所为，胆先自破，沮其乘虚之计，而河上之师终恃此以为挠我之令图，则虑我之情缓，而相防之计疏。此一举而袭梁都，夷友贞，平河南，规恢之大略也。微韩信，孰足以及此？谓存勖为将帅之才，非虚加之矣。

纳其身于内，而外日凌乘而不能御；投其身于外，则内虽未固而自可无虞。大略可以不倾，则姑置之，而纵横游衍，无不可以自得，此处身之善地，即安心之妙术也。呜呼！知此者鲜矣。项羽急返西楚，而汉追之；唐置太原，听刘武周、梁师都之侵犯，以亟攻东都，而三寇皆夷；得失之机，决于此耳。庸人怙其所已得，志士忘其所已能，志量之不齐，善败之所自殊也。知此者，可与立功，可与定乱，可与进善，可与广业。明此者哲，昧此者愚，岂徒用兵为然哉？

【译文】

李存勖不足以做天子，但还算是个出色的将帅，熟知用兵的策略，如果有英明的君主驾驭他，则完全可以成为像韩信一样的军事家。

为什么要这样说呢？麏鹿跑起来比虎还要敏捷，但终究被虎擒获，原因就是它多次回头而影响速度。它总是浅陋固执地自认为占据了一个安全的巢穴，一旦偶然被击败，就会急忙回来保护洞穴，如果胜利了，就担心有人乘机侵犯，于是在内部没有溃败的情况下失去外部的可乘之机，敌人还会想办法把它困死在洞穴之内，没有不败亡的。李存勖就明白上述道理。

自李克用以来，太原就是沙陀族的根本所在，而泽州、潞州则是他们的咽喉之地。如果太行山的屏障丧失，井陉通道就会出现危机。李存勖竭尽全力争夺东方，而澶、郓二州又被隔绝在千里之外，中间隔着赵州、魏博，潞州发生叛乱，泽州失守，太原危急，而东征的军队就会像断了脊梁一样不能发挥威力。此时，如果不懂得用兵之道，就一定会丢弃澶、郓二州而撤军西还，造成刚一交手，就急忙西退，梁将王彦章等则跟踪追击、乘虚而入，太原仍然无法保住。但李存勖的战略是明确的，把李继韬的叛乱当成疥癣一样无关紧要；泽州的失陷，也只可惜失去大将裴约，放弃它就像割掉多余的瘤疣一样。只是急率大军进攻杨刘（今山东东阿东北杨刘镇，时为黄河上的重要渡口），迅速出兵汴梁、洛阳，只打一仗就灭亡了后梁，简直是神机妙算！况且太原自李克用修建城池以来，并不是旦夕之间就能攻克的，加上入侵的军队又集中在东方，不论李继韬多么狡诈，后梁军队多么善战，都一定不敢贸然联合起来合围太原，而李存勖也就不必担心撤军回来的时候前后受敌。而敌人见他对泽、潞的叛乱置若罔闻，就更加摸不清自己的打算，先吓破胆，使其乘虚进攻的计划受挫，而在黄河岸边的军队也会据此而作为扰乱敌方的条件，考虑到敌方情况迟缓，也会放松防范的心理。这是一举攻克后梁国都、俘虏皇帝朱友贞、平定中原的基本战略。如果没有韩信那样的军事才能，谁又能作这样的考虑呢？说李存勖有将帅的才能，并非加给他的虚名。

如果为了内部的事情而返回，则来自外部的压力会逐渐增大并无法抗拒；如果置身于外，则虽然内部不稳而自己没有危险。根基不会倾覆，就可以暂且不管，因此而纵横驰骋，也可以随心所欲，按计划行事，这是自保的好办法，也是安定人心的上上之策。啊！能够知道这些的人太少了。当年项羽急着返回西楚，但汉朝的军队追在他身后，最终兵败乌江；唐朝初起的时候，把太原放在那里不管，听任刘武周、梁师都的入侵，而去向东都洛阳发起猛攻，结果三方敌人都被消灭。是得是失，关键就看这些了。平庸的人吝惜已经得到的东西，而有志气的人会忘掉过去的才能，二者由于贤愚不同，其胜败的结果也会悬殊。明白这些，便可以建立功勋，可以平定祸乱，可以进善黜恶，可以光大事业。明白这些的可称圣明，想不到这些的便是愚蠢，难道仅仅是用兵一个方面的道理吗？

本事：《资治通鉴》卷二七二《后唐纪一·庄宗》，同光元年（923）。

二二　量者心之体，智者心之用

成而不倾，败而不亡，存乎其量之所持而已，智非所及也。量者心之体，智者心之用。用者用其体，体不定，则用不足以行；体不定而用或有所当，惟其机也。机者发而可中，而不足以持久，虽成必败，苟败必亡。故曰非智所及也。项羽、李存勖战而必胜，犯大敌而不挠，非徒其勇也，知机之捷亦智矣，然而卒以倾亡者，岂智之遽穷乎？智则未有不穷者也。

项羽不足以持败，一摧于垓下，遂愤恚（huì）失守而自刭，量不足以胜之也。藉令戢悻悻之怒，渡江东以为后图，韩、彭、英布非不可移易而必忠于汉者，收余众，间群雄，更起而角死力，汉亦疲矣。而羽不能者，量止于一胜之威，败出于意外而弗能自固也。羽可以居胜而不可以持败，故败则必亡。存勖可以忍败，而不足以处胜，故胜则必倾，一也。李嗣源定入汴之策，既灭朱友贞，一入汴而以头触嗣源曰："天下与尔共之。"卒为嗣源所迫，身死国亡，量不足以受之也。藉令忍沾沾之喜，以从容论功而行赏，人且喻于君臣之义，虽有大勋，亦分谊所当尽，嗣源虽挟不轨之心，无有为之效命者，自敛雄心以俯听。而存勖不能者，量尽于争战之中，胜出于意外而弗能自抑也。

汉高一败于彭城，再败于荥阳，跳身孤走，而神不为怵，故项羽终屈其难折之锋；宋祖端居汴京，曹彬为下江南，收六十余年割据不服、数千里之疆土，而不轻授以使相，故功臣终安臣节而天下定；成大业者，在量而不在智，明矣。量者，定体于恒者也。体定于百年之长虑，而后机不失于俄顷之利钝。忧喜变迁，须臾不制，转念知非，而势已成乎莫挽，唯定体之不立故也。败则唯死而已，胜则骄淫侈靡，无所汔止，羽、存勖之以倾败终也，决于此耳。

生之于死，成之于败，皆理势之必有，相为圜转而不可测者也。既以身任天下，则死之与败，非意外之凶危；生之与成，抑固然之筹画。生而知其或死，则死而知其固可以生；败而知有可成，则成而抑思其且可以败。生死死生，成败败成，流转于时势，而皆有量以受之，如丸善走，不能逾越于盘中。其不动也如山，其决机也如水，此所谓守气也。气守而心不动，乃以得百里之地而觐诸侯、有天下，传世长久而不危。岂徒介然之勇，再鼓而衰，不足恃哉？智足以制胜，而俄顷之间，大忧大喜之所乘，声音笑貌传其摇荡无主之衷，倾败即成乎莫挽。豪杰之与凡民，其大辨也在此夫！

【译文】

成功后不倾覆，失败了不灭亡，关键在于器量胸怀所能达到的程度，而不仅仅是因为才智能否达到。度量是心灵的主体，智力是心灵的发挥。用的时候是用它的本体，本体不定，则才用不足以发挥；本体不定而才用想要有所施展，这主要是看时机如何了。机会来了也许可以成功，但并不一定能够持久，即便成功但最后必定失败，若失败则肯定灭亡。所以说并不是才智所能左右的。项羽、李存勖都是战无不胜的将帅，在大敌当前时都能不屈不挠，不仅因为勇敢，还因为能把握取胜的战机，这也是充满才智的，但结果都没能逃脱失败和灭亡的命运，难道是才智用尽了吗？聪明的人也会有才智衰竭的时候。

项羽不足以承受失败的打击，刚在垓下遭受挫折，便不知所措而自杀，是他的度量不足以战胜自己。假如他含恨渡江谋求东山再起，韩信、彭越、英布等也就不一定非效忠刘邦不可，收拾残余势力，离间群雄关系，重新起来争夺天下，则刘邦也会疲惫不堪。但项羽做不到这些，他的度量只限于打胜仗后的威风，意外的失败就会使他乱了方寸。项羽可以经受战胜的洗礼而不能度过失败的打击，因此失败了就必定灭亡。而李存勖可以忍受失败，但不足以享受胜利，因此胜利了就会倾覆，情况与项羽殊途而同归。李嗣源为他设计了进攻汴京的策略，他采纳后果然打败了朱友贞，一进入汴京，便用头碰着李嗣源说："天下是咱们俩的。"结果受李嗣源逼迫，身死国亡，可见他的度量并不能承受这些。假使他能忍住沾沾自喜，从容按功劳赏赐部下，人们明白了对他有君臣的义务，即使立有大功，也会认为是自己应尽的义务，李嗣源即使有不臣之心，也不会有人为他卖命，就会收敛自己而听从号令。但李存勖没有这样做，是因为他的器量已经在争战中用尽，意外的胜利把他的头脑冲昏了。

汉高祖当初在彭城（今江苏徐州）被打败，接着又在荥阳（今属河南）全军覆没，只好独自脱身逃走，但意志并没有消沉下去，项羽最终也被他这种不屈不挠的精神所击垮；宋太祖端坐在汴京城中，派曹彬为他收复了割据六十多年、不听朝廷号令的数千里江南河山，但又不轻易地授给他宰相的官职，而曹彬也能安于大臣的节义，天下也赖以安宁。成就大业的人，在于气度而不在于智谋，是显而易见的。气度是使自己安定如常的内在因素。如果自己有长久的打算和计划，也就不在意一时的得失。对喜怒的变化一刻也不能自制，转眼知道了错误，而事实已无法挽回，正是因为没有一定的主见。失败了只有死亡一条路可走，胜利了就骄奢淫逸，无休无止，项羽、李存勖失败的根本原因，就在这里。

活着与死去，成功与失败，都是不可避免的，而生死成败相互轮回而不以人的意志为转移。既然担负起安定天下的使命，那么，死亡和失败都应在意料之中；活着和成功则有赖于事先的筹谋。活着就应明白终究会死去，而置之死地也应知道还可以生存；失败时应想到会有成功的时候，成功后也应想到会有失败的一天。生死、死生，成功失败、失败成功，都会因形势不同而发生变化，应该有承受它们的器量，就像圆球善于滚动，但又永远跳不出盘子一样。不动的时候应稳如泰山，时机一到就动如流水，这就是所说的保守正气。克制自己的意志而不轻易动心，便可以成为一方君主并能使远方的诸侯来朝、拥有天下，代代相传而没有危险。这难道是只有一点勇气，经受不了考验的人所能比拟的吗？才智足可以出奇制胜，而在突然之间的大喜大悲出乎意料，便会显得手足无措，无所适从，其倾覆败亡也就无法挽救。英雄豪杰与凡夫俗子的区别，也就在这里了。

本事：《资治通鉴》卷二七二《后唐纪一·庄宗》，同光元年（923）。

卷二十九

清金谷良绘《无双谱》中的吴越王钱鏐画像

【题　解】

本卷评论五代中期的历史，仅五代中一目，共十七则。

历代史家称赞后唐明宗李嗣源“有仁心而几于小康”，王夫之认为实为过誉。他肯定李嗣源虽为“僭伪之主”，却有其正当性，得国之后，举动多中于理，使朝政有所改善，风俗教化有所起色，但一言一事的惠泽无异于杯水车薪，况其将酒曲税、农具税摊入田亩，加重了民众负担，而其对儿子、女婿处置失宜间接导致了契丹入寇，不宜作过高评价。

对于后唐的大臣，王夫之多予以否定的评价。如对伐蜀的统帅郭崇韬，认为他阻止李嗣源出任统帅乃其“自灭而灭唐”的根源，灭蜀后货宝盈庭而丧其身。对明宗托以国政的安重诲，认为他不能谋身，何言谋国？结果使得“流血溅于宫庭，攘夺悬于眉睫”。对于号称“长乐老”“不倒翁”的冯道，从其“事当务实”一语切入，认为“国危君困之际，邀荣畏死，不恤君父之死亡”，无异于禽心兽行，“恶浮于纣、祸烈于跖”。对于力劝石敬瑭向契丹割地称臣的桑维翰，认为他贪求“甚可贱而不足贵”的宰相之位，以一念之恶，“而涂炭九州、陆沉千载”，为天下万世之罪人。

至于当时的其他割据政权，王夫之高度肯定吴越钱氏孝友传家，保世滋永，值得借鉴；而荆南高季兴盗掠诸国之贡享、党项李彝超取叛臣之贿赂，虽为盗术，但苏民强国，堪称自全之便术。

五代中

一　郭崇韬何以败亡

伐蜀之役，郭崇韬谏止段凝为帅，议正而事允矣；其复止李嗣源之行，则崇韬之自灭与灭唐也，皆在于此。

崇韬请遣继岌，固知继岌之不可独任，而必需己副之，名为继岌，实自将也。崇韬之辞镇汴州也，曰："臣富贵已极。"至此而又贪平蜀之功利，岂冒昧不止哉？盖以伐蜀为自全之计。而反以此自灭者，何也？位尊权重，其主已疑，内有艳妻，外多宵小，稍稍裁正，众方侧目，故忧内之不可久居，而欲息肩于阃外，上挟冢嗣，下结众将，相倚以安，冀可远谗人之怨以自立于不拔之地，可谓谋之已工矣。乃不知谗佞交加之日，顾离人主左右，握重兵，据腴土，成大功，媢忌益深，在廷者又以睽离不亲，心皆解散，固将益附奸邪而听其嗾噬；况乎奄有王建畜积之藏，多受降将邀欢之贿，蹑钟会之已迹而益以贪，则必罹卫瓘之网罗而弗能辩，诛死在眉睫而不悟。其工也，正其愚矣。

李嗣源有河上先归之衅，载入汴决策之功，假之以兵，资之以蜀，则且为王建，而为朱邪氏树一劲敌于西方；故崇韬身任之以抑嗣源，损其威望，而使易制，俾存勖无西乡之忧，其为存勖谋也，亦可谓工矣。而不知蚕丛一隅，以叛易，以守难，若欲窥秦、陇出剑阁以争衡于中国，则诸葛且不能得志，故曹丕曰："囚亮于山。"嗣源即怀异志，恶能度越重险以犯顺，何似擅河朔之富强，拊汴、洛之项背，建瓴南下，势无与遏邪？畏虎豹之在山林，乃驱之以居园垣之右，便其噬攫，而崇韬不知也。

朱邪氏之寇，深于腹心矣。继岌，欲使立功以定储者也，而杀崇韬者继笈；董璋、孟知祥，所倚以镇抚诸将而定蜀者也，而乱蜀者璋与知祥；抒忠而逢怒，推信而召逆，自后观之，其愚甚矣。乃一皆崇韬之夜思早作，自谓十全之远虑也。由此思之，退而全身，进而已乱，岂智计之能胜任哉？抑强止逆、弭妒消嫌之术，岂有他焉？勿尸功，勿府利，靖诸已以立于危乱之中，则猜主佞臣与震主之权，皆翕伏于镇定之下。崇韬固不足以与于斯也，祸不速于反掌，足为永鉴已！

【译文】

后唐讨伐蜀国时，大将郭崇韬谏言阻止段凝为统帅，他的建议堪称公正，事情也公允。后来他又谏阻当时的诸道兵马总管李嗣源出任统帅，于是郭崇韬自取灭亡，后唐也败亡了，原因都在于此。

郭崇韬请求派遣魏王李继岌为统帅，本知道李继岌是不能独立行使帅权的，必须由自己作为副使，名义上的统帅是李继岌，实质是自己专擅伐蜀大权。崇韬辞任兼领汴州（今开封）节度使时说："我已经富贵到顶点了。"此时又贪求平定蜀国之功利，难道不是冒昧而不知节制吗？大概是把讨伐蜀国作为自我保全之计吧。可是万万没想到因此自亡，原因何在呢？位尊权重，君主已有怀疑，内有娇艳妻子，外多奸佞小人，稍微收敛一些，大家都在侧目以视，所以担心在朝廷不能长久立足，便想在外面领军建功以解除猜疑，上挟持作为皇帝嫡长子的魏王，下结交众将，相互依靠以图安宁，希望远离小人之积怨以自立于不败之地，真可谓工于心计，用心良苦。岂不知在奸佞谗毁交加之时，离开君主身边，手握重兵，占据膏腴之地，成就大功，反而会使防范猜忌日益加深，朝中的人因为与他分离而不亲近，离心离德，本来就会更加依附奸邪而听任其胡言乱语。况且还有蜀主王建积蓄的财宝，多受降将邀欢和贿赂，重蹈三国钟会伐蜀的覆辙，再加上贪污受贿的行为，这就必然要像西晋重臣卫瓘那样身陷网罗之中而不能申辩，死在眼前而不能醒悟。其工于心计之处，也正是其愚蠢之处。

李嗣源有河上先归之争端，攻克汴州决策之功勋，如果再授予军权，资之以蜀国之富，就可能成为王建第二，而为朱邪氏即后唐皇室在西方树一劲敌。所以郭崇韬自己出马平定蜀国，而极力抑制李嗣源，贬损其威望，使之易被制服，李存勖没有西顾之忧，作为李存勖的谋士，郭崇韬够费心机了。却不知蚕丛之地，易攻难守，要想占据秦、陇，打出剑阁来争衡于中原，连诸葛亮也不能如愿，所以曹丕说就像“囚禁诸葛亮于山中”。李嗣源即使怀有割据称王的志向，也不能度越重险之地以冒天下之大不韪，正像占据河朔富强之地，控制汴京、洛阳一带之要害，高屋建瓴，一举南下，其势就无法遏制吗？畏怕虎豹在山林中，便驱之居于平原之上，反而更加便于其攫取吞噬，而郭崇韬就不知道这样做的危害。

后唐朱邪氏的祸乱，已经深入腹心了。魏王李继岌，本来是郭崇韬想待立功后拥立为帝的，却成了杀掉郭崇韬的人；董璋、孟知祥是用来镇抚将士而平定蜀国的，而后却成了蜀国局势混乱的元凶。向君上表达忠心却导致震怒，向朋友推心置腹却造成背叛，事后来看，郭崇韬何其愚蠢。而这一切都是郭崇韬朝夕思谋，自以为十全十美的远虑之策。由此可见，退而保全自身，进则制止祸乱，难道是所谓的智谋之计能够胜任的吗？抑制列强、防止叛逆，消除奸佞、化解猜忌的计谋和权术，难道还有其他的方法不成？无非切勿贪图全功，切勿攫取大利，安宁自己的内心，从容自立于危乱之中，君主的猜忌、奸臣的谗毁以及功高震主的危险，都会在这种镇定从容之下得以缓解和消除。郭崇韬本来不足以达到这种境界，祸患快得易如反掌、不期而至，足以作为永远的历史镜鉴啊！

本事：《资治通鉴》卷二七三《后唐纪二·庄宗》，同光三年（925）。

二　天子以天下为藏

受命专征，伐人之国而灭之，大功之所归，尤大利之所集也。既已据土而有国，其畜积必饶；既已有国而又亡之，其黩货而宝珠玉也，必多藏以召夺；且其权贵纳款，欲免诛夷而徼新宠，其荐贿也，必辇载以凑大帅之门；其为大利之所集也，必矣。大功不可居，而非不可居也。曹彬与平西蜀，独下江南，而任兼将相，世享荣名，大功灼然在已，而岂容逊避？所以自免于危者，利耳。

且夫功成而上为主忌、下召人疑者，唯恐其得众而足以兴也。十夫之聚，必以豚酒；盅民归己，必以私恩；笼络智谋勇力之夫，必以馈赠；兵甲刍粮之费，必以家藏。藉令功成归第之日，车还甲散，行橐萧然，游士无所觊而不蹑其门，百姓与相忘而不歆其惠，应门皆朴樕之人，宴会无珠玑之客，则虽猜主忮臣，亦谅其不足有为而坦然信之；左右佞幸，亦知其无可求索而恩怨两消，虽有震主之功名，亦何不逌然于旷夷之宇哉？

诸葛公曰："淡泊可以明志。"故薄田株桑，所以践其言而允保忠勋之誉，岂虚也哉！夫郭崇韬者，恶足以知此乎？其主既已忌之矣，哲妇壬人又争变黑白以将置之死，而灭蜀之日，货宝妓乐充牣其庭，以此而欲求免于死也，必不可得之数也。

呜呼！岂徒为人臣者受命专征以亡国之货宝丧其身哉？

人主之不以此而贻子孙黎民之害者，盖亦鲜矣。汉高帝之入关也，秦并六国，举九州数百年之货宝，填委于咸阳，古今之大利，亦古今之至危，不可居者也。樊哙一武夫耳，知其不可据而斥之如粪土，帝听其言，为封府库，非但当时消项羽之恶怒，远害于鸿门也，且自羽焚宫以后，秦之所积，荡然四散，而关中无钩金尺帛之留，然而既有天下，古今称富者，莫汉若也。唐起太原，而东都之藏，已糜于李密、王世充之手；江都之积，又尽于宇文化及之徒，荡然一虚枵之天下，唐得之而海内之富上埒于汉。宋则坐拥郭氏世积之资，获孟昶、李煜、刘鋹之积，受钱俶空国之献，其所得非汉、唐之比也；乃不数传而子孙汲汲以忧贫，进王安石、吕惠卿以夺民之锱铢，而不救其亡。合而观之，则贫者富而富者贫，审矣。

所以然者何也？天子以天下为藏者也。知天下之皆其藏，则无待于盈余而不忧其不足，从容调剂于上下虚盈之中，恒见有余，而用以舒而自裕。开创之主，既挟胜国之财为其私橐，愚昧之子孙，规规然曰：此吾之所世守也。以天子而仅有此，则天下皆非其天下，而任之贪窳之臣，贪者窃而窳者废，国乃果贫，则虐取于民，而民乃坏免于死。侈者既轻于纵欲，吝者益竞于厚藏；侈犹可言也，至于吝而极矣。朽敝于泥土之中，乾没于戚宦之手，犹且羡前人之富而思附益之。卒有水旱，民填沟壑，或遇寇乱，势穷输挽，乃更窃窃然唯恐所司望吾私积，而蔽护益坚。若田野多藏之鄙夫，畏人之求贷而蹙额以告匮，恶知有天下之为天子哉？守其先世之宝藏以为保家之懦夫而已。匹夫而怀是心，且足以亡家而丧其躯命，况天子乎？

汉、唐之富，富以其无也；宋之贫，贫以其有也。国亡身戮，更留此以为后起败亡之媒，哀哉！武王散鹿台、钜桥之积，非徒以仁民也，不使腐秽之藏教子孙以侈吝也。李存勖之为君，郭崇韬之为将，斗筲耳，以利相怨，而交啮以亡，又何足算哉！

【译文】

接受朝命专权出征，讨伐别国并消灭之，真是大功所归，也是大利所集。拥有了土地与国家权力后，其积蓄一定富饶；拥有了国家又使之灭亡，一定是无节制滥用，以珠玉为宝，招致为人夺取。况且豪门权贵纳款请降，就是想免除诛夷而获得新宠，他们进献的贿赂，必然用大车装着汇集大帅之门，此乃是大利所集的必然趋势。大功不可居，不是说不可居有。曹彬参与平定西蜀，独自统兵讨灭江南，又兼任将相，一世享有荣名，大功灼然，难道容不了逊避？所以能免于危难的，是对利益的认识和态度。

功成名就的人，上为君主所猜忌，下为群臣所猜疑，主要是害怕他赢得民心，足以飞黄腾达。多人相聚，一定要吃肉饮酒；蛊惑百姓归顺自己，一定要施以私人恩惠；要想笼络智勇双全之人，定要馈赠礼物；军队、装备、粮草的费用，一定得自己聚藏。假如大功告成，衣锦还乡之日，军队解散，行橐空空，游士无所觊觎，不再进入其家门，百姓与之相忘，也不羡慕其恩惠，前来门口迎接之人皆是淳朴之士，宴会上也没有披金戴银、珠光宝气的客人，这样就算是喜欢猜疑的君主和善于嫉恨的大臣，也会原谅他不足以有为而坦然相信他；左右的佞幸小人，也知他没什么可索求的便恩怨皆消了，即使有震主之功名，有什么不可以悠然从容地自立于辽阔无垠的宇宙之间呢？

诸葛亮说过："淡泊可以明志，宁静可以致远。"所以他家的财产只有一些薄田，几百棵桑树，由此履行其诺言，并得以保留其忠勋的荣誉，这怎么是虚空的呢！郭崇韬难道不懂得这个浅显的道理吗？他的君主已经猜忌于他，而乱国妇人和奸佞小人又争着颠倒黑白，将他置于死地，而灭亡蜀国之时，他的庭院却充满了金银珠宝和美人歌妓，这样想免于一死，必然是不可能的。

唉！难道只有臣下受命讨伐别国却为所得的货宝而丧身吗？君主能不因此而留给子孙百姓之祸害的，恐怕也很少吧。汉高祖入关的时候，秦吞并了六国，把九州大地几百年的财宝，都运到咸阳，这真是古今之大利，也是古今之大危啊，不可长期居有。樊哙是一武将，他知道不能把财宝据为己有，便视之如粪土，嗤之以鼻，皇帝听了他的话，为他封了府库，这不但消除了当时项羽的反感愤怒之情，也消除了后来鸿门宴的祸害，并且从项羽一把火烧了阿房宫后，秦朝的积蓄就荡然无存，而关中也没留下金银财宝、绫罗绸缎之货，然而有了天下后古今往来富裕的，都不如汉朝。唐朝自太原起兵，东都洛阳的宝物库藏，已经被李密、王世充挥霍得差不多了；江都（今江苏扬州）的财富积累，又耗尽于宇文化及之辈，继承这样一个空荡荡的天下，唐朝得手后积蓄的财富并不比汉朝逊色。宋朝则是坐享后周郭氏家族世代积蓄的资财，又获得孟昶、李煜、刘鋹的积蓄，接受了钱俶献出的国宝，所得的财富远非汉唐所能比拟。可是没有传几代，子孙便没有可攫取的财物，便开始担心贫困，到了王安石、吕惠卿时，夺取老百姓的财富，也不能挽救其自身危亡。总而言之，贫困的富裕了而富有的贫困了，果然不错。

这样的历史现象，究竟原因何在？就在于君主把天下所有的财宝都当作自己的宝藏。知道天下万物都是自己的，于是也不期盼着财物充裕，也不担心财物不充足，从容调剂使用于上下增减之中，总觉得财用充裕，用时便从心所欲而自觉宽裕。创业的君主，裹挟着前朝的财宝为其私有，而其愚昧的子孙，唯恐失去这些财富，认为是我家世代相守的财物。仅仅因为君主如此，那么天下都不是他的天下，而任使贪墨之臣，贪婪者盗窃，恶劣者浪费，使国家最终陷于贫困的境地，于是向老百姓施虐暴取，老百姓最终免不了一死。奢侈的既然无所谓放荡纵欲，吝啬的就更竞争着多藏财物。奢侈还可以原谅，到了吝啬便是极致了，无以复加。腐朽烂于泥土之中，耗空财物出于戚宦之手，还羡慕前人的富有，想着不断增加自己的财富。突遇水旱之灾，民填沟壑，或遇到贼寇之乱，势必穷于粮饷转输，于是内心就更害怕，唯恐有关官吏觊觎自己的积蓄，从而更加坚定地保护各自的财产。就像民间积蓄丰厚的百姓，害怕别人借贷而愁苦地声称财物匮乏，哪里知道天下还有君主呢？不过是私守着先世的宝藏，作为一介保守家财的懦夫罢了。老百姓人人都怀着这样的私心，尚且足以亡其家而丧其身，又何况是天下之主呢？

汉、唐的富裕，是因为它的贫困；宋代的贫困，则是由于它的富有。国破家亡，身被屠戮，又留此财富宝藏作为后来者陷于败亡的媒介，真是可悲啊！周武王散掉商纣王鹿台之钱、钜桥之粟，不只是为了施仁于百姓，更是为了不让腐朽污秽的财宝导致子孙后代奢侈无度。后唐庄宗李存勖作为君主，郭崇韬作为大将，财富对于他们而言不过是一斗一筲罢了，因为利益而结下怨恨，甚至相互争斗而归于败亡，又有什么值得谋划算计的呢！

本事：《资治通鉴》卷二七三《后唐纪二·庄宗》，同光三年（925）。

三　李嗣源之言坦而无饰

有一言可以致福，有一言可以召祸，听其言知其所以言，吉凶之几决矣。言固有饰为之者焉，从容拟议而撰之以言，行固不践，心固不存；又有甚者，假义以售利，假仁以售忍，是非不生于心，吉凶固不应也。至于危困交于身，众论摇于外，生死存亡、取舍趋避间不容发之际，于此而有言，则其心无他，而言非伪饰，此则吉凶之几所自决也。李嗣源当郭崇韬、李存乂、李继麟骈首夷族之日，朱守殷戒以震主之勋，劝为远祸之策，而嗣源曰："吾心不负天地，祸福之来无可避，委之于命耳。"斯言也，可以全身，可以致福，终以奄有朱邪氏之国，不亦宜乎？

奚以知其言之从心，而非中怀毒螫姑为委命之说以欺世邪？李存勖耽乐昏昧，伶人操生死之柄，功臣之危，旦不保夕。于斯时也，嗣源非闇于术者，而思惟之路已绝，旷然远念，惟有委命之一道可以自安。郭崇韬任气于先而营私于后，祸已见矣，固有以知其无可奈何之下，唯宅心镇定以不纷也。

奚以知其行之能践也？委身昏乱之廷，死亡在旦夕，终不求脱身归镇拥兵而待乱，受命讨邺，乃从容以去。唯无求去之心，故廷臣得以推毂，存勖释其猜疑，而晏然以行也。则当其正告守殷之日，嗣源之心，无疑无隐，昭然揭以示人。消无妄之灾，获陨天之福，皆非以意计幸得，而终始所守者，委命之一言也。充斯言也，即许以知道焉可矣。故其得国以后，举动多中于理。而焚香告天，求中国之生圣人，盖亦知天之所佑，必不在乘虚据位之异类，廓然曙于天命之常，而目睫之纷纭，不为目眩而心荧也。

君子于僭伪之主有取焉者，唯嗣源乎！苻坚、拓拔宏伪饰以诬天而罔人，其善也，皆其恶也，何足论哉！夫不知命而饰为之说曰"吾知命也"，有之矣；不信有命而饰为之说曰“吾委命也”，未之有也。若嗣源者，信之真，故言之决也。

【译文】

一句话可以带来福祉，也可以招致灾祸，听一个人的话就知道他为什么这么说，是吉是凶就差不多可以得出结论。语言本来就有文过饰非的地方，从容拟定计议并撰写出来，行动可以不履行，心意可以不保留。更有甚者，假借道义谋取利益，假借仁德肆行残忍，是非并不是发自内心的，吉凶自然也是不会应验的。到了危险困难交织于身之时，外面谣言四起，生死存亡、取舍趋避刻不容缓的当口，在这种情况下说出的话语，心中也没有什么顾虑，而语言也不是伪装掩饰的，这样吉凶成败的征兆就几乎可以借此判断了。李嗣源在郭崇韬、李存乂、李继麟共同遭到杀头并灭族的时候，朱守殷以功高震主告诫他，劝他早做远离祸害之打算，而李嗣源却说：“我的内心无负于天地，祸福之来也无可趋避，只有听天由命了。”这句话，可以使他保全性命，也可以为他带来福祉，而最终取代后唐沙陀朱邪氏的国家，不也是应该的吗？

怎么才知道他的话是发自内心的，而不是心怀毒计姑且说听天由命的话来欺骗世人的呢？李存勖沉迷于宴乐，昏昧无知，宫廷的戏子操纵着他生死的权柄，作为功臣的李嗣源面临着危险，可以说朝不保夕。此时此刻，李嗣源并不是昧于心机权术，而是想着出路已经断绝，心下旷然，反而思虑超脱，只有听天由命这一个办法可以自我保全。郭崇韬一开始一意孤行，立功之后又营私舞弊，祸事已渐露端倪，就应该明白无可奈何之下，只有内心镇定方可不致纷乱。

怎么才能知道他的行为能够践行诺言呢？委身于当时昏庸纷乱的朝廷，随时都面临着死神的威胁，最终没有求得脱身回到自己的藩镇，拥兵自重来等待天下混乱，受命去讨伐邺城（今河北临漳），便从容出征而去。正因为他内心没有离去的意念，所以朝中大臣都极力推崇他，连李存勖也解除了疑虑与猜忌，他便安然无恙、从容出征了。当他正告朱守殷的时候，李嗣源的心是无忧无隐的，明白地昭示于世人。消除无妄之灾，获得齐天之福，这都不是凭内心计策所侥幸得到的，而他自始至终所奉守的，就是听天由命这么一句话。凭这么一句话，就可以认为他是通晓天下大道的。所以他在得到天下之后，举动大多合乎情理。焚香祷告于上苍，乞求中国出圣人，大概也知道上天保佑了他，而绝对不会垂青于那种乘虚而入窃据皇位的异类，于是对天命的常道有其通透的理解，而眼边的混乱纷纭，始终没有让他眼花缭乱而为之心动。

在所有以下犯上篡夺君位的帝王中，君子认为比较可取的只有李嗣源一人！前秦苻坚、北魏拓跋宏都是假装天意而欺蒙百姓，他们的善意，都是基于他们不善的想法，有什么值得称道的！不知道天命而假装说“我是知晓天命的”，这种人是有的；不相信天命而假装说“我是接受天命的”，这种人是没有的。像李嗣源这个人，他相信自己的话是真的，所以便说得坚决而果断。

本事：《资治通鉴》卷二七四《后唐纪三·明宗》，天成元年（926）。

四　李嗣源之愚

李嗣源之不欲犯顺以攘国，非伪也。朱守殷劝其归镇而不从，赵在礼帅诸将迎奉而泣辞之，皆死生之际也。乃置身于宵小之中而不惧，跳出以集兵雪耻而不遑，固可信其立志之无他矣。然而终不免于逼君篡国之逆者，为诸将所迫，而石敬瑭其魁也。敬瑭曰：“安有上将与叛卒入贼城而他日能免者?”此言出而嗣源穷矣。既不能保其腰领与妻子，而抑受从逆之罪以伏法，名实交丧，取生平而尽弃之，天高地厚，嗣源无余地以自容。敬瑭所为持其肯綮要以必从者，机深而言厉，嗣源恶得而不从邪？惟其然，而嗣源之昧于事几以失断，亦愚矣！

敬瑭之强使举兵也，岂果尽忠效死戴主帅以定大业哉？自唐亡以来，天下之称帝称王者，如春雨之蒸菌，不择地而发，虽名天子，实亦唐之节度使焉耳。李存勖灭梁而奄有之，地差大于群雄，而视刘岩、钱镠、王延翰也，亦无以异。主无恒尊，臣无恒卑，民亦初无恒向，可夺也，则无不可夺也。以存勖之百战成功如此其炎炎也，不数年而已熸，则嗣源一旦卷甲犯主以横有其国，又岂有长存之理？

其旋起而可旋灭，人皆知之，而敬瑭料之熟矣。嗣源不反，存勖虽亡，乌必止于他人之屋。敬瑭辈部曲偏裨，望浅力微，安能遽为弋获乎？康义诚、李绍虔、王建立、李绍英咸有此心，而敬瑭以子婿之亲，握牙之重，固将曰嗣源之后，舍我其谁邪？盖亦如史宪诚、朱希彩、朱滔之相因以夺节钺耳。嗣源亦微测之，故祝天求生圣主以绝此凌夺之逆，自知其国不可永，而敬瑭决策犯顺之邪心，必不能保之身后，顾低回顾眄无以自主，荏苒而从之，识者固怜其柔以愚也。

夫嗣源之处此，一言而决耳，斩石敬瑭以息浮议，悉力以攻赵在礼而平之，待继岌之归而定其储位，则乱亦自此而息。若存勖忌深而犹不免，则嗣源固曰“无负于天地，委之于命”，又何忧惧之有哉？

唐之乱甚而必亡也，朱温竭其奸谋十余年而后篡；朱温之虐也，存勖血战几死几生而后灭之。乍然蹶兴，不折一矢，不需旬月，而即帝于中土，自嗣源始。敬瑭、知远、郭威皆旦北面而夕黼扆，如优俳之冠冕，以成昏霾之日月，嗣源首受其恶，以成敬瑭之奸。呜呼！惟其愚也，辞大恶而不得矣。

【译文】

李嗣源不想倒行逆施，篡夺君位，并不是伪装出来的。朱守殷规劝他归镇拥兵他没有听从，赵在礼率领诸位将士拥戴他，他痛哭推辞，都是在生死之际、紧要关头。他置身于小人之中而毫无畏惧，挺身而出集合军队报仇雪耻也当仁不让，就可以相信他坚守自己的志向没有其他原因。然而最终仍免不了成了逼君篡国的叛逆者，这是为手下将士所迫，其中领头者就是石敬瑭。石敬瑭说："哪有将帅与叛兵进入敌城而后免于一死的呢？"这句话一出口，李嗣源便无言以对了。不仅不能保全自己与妻子儿女的性命，还得接受叛逆之罪来伏法，名实皆丧，平生一切功名彻底抛弃，天虽高，地虽厚，却让李嗣源无法容身。石敬瑭的所作所为抓住了事物的紧要处，使他一定会听从，机谋深刻而言语犀利，李嗣源怎能不从呢？正因为这样，李嗣源对于事态发展的糊涂认识，造成判断失误，也够愚笨的了！

石敬瑭强迫李嗣源举兵篡位，难道真是为了尽忠效死、拥戴主帅奠定大业的吗？自唐朝灭亡以来，天下称王称帝的人，多如春雨过后层出不穷的菌类，随地而发，虽然名义上称天子，实际上也就是唐朝的节度使罢了。李存勖灭梁后取而代之，地盘略大于群雄，再对比南粤国刘岩、吴越国钱镠、闽国王延翰，也没什么根本不同。君主没有一直的尊崇，臣下没有永远的卑微，百姓开始也没有固定的拥戴方向，君位既然可以取而代之，天下也就没有什么不可以夺取的了。李存勖历经百战成功之日，何等气焰嚣张，可没几年就衰败下来，而李嗣源带领军队冒犯君主而攫取其国家，难道就有永存的道理吗？其突然崛起又匆匆灭亡，天下人人皆知，而石敬瑭更是心中有数的。李嗣源不造反，李存勖即使灭亡，象征太阳的三足乌一定就落在了别人的屋顶上。像石敬瑭这样的部曲偏裨，资望浅薄，势力微小，怎能迅速捕获三足乌从而登上权力地位的巅峰呢？康义诚、李绍虔、王建立、李绍英都有此心，而石敬瑭以女婿亲戚的名分，掌握着禁军的重权，自然会说李嗣源之后舍我其谁呢？大概也像史宪诚、朱希彩、朱滔之相继夺取兵权一样。李嗣源也看出了苗头，所以祈求上苍赐给一圣明之主，来杜绝这个凌权夺位的叛逆，心中明白自己的国家不可能长久，而敬瑭决策犯上作乱的邪念，断然不能保证其身后的命运，低头看看，回头瞧瞧，环顾四周，无以自主，便犹犹豫豫听从了他的建议，明智的人都可惜他由于柔弱而带来的愚蠢。

李嗣源到了这一地步，一句话就可定乾坤，斩石敬瑭，平息浮议，全力以赴去攻打赵在礼并平定他，等待魏王李继岌回来，确定其储君之位，那么天下混乱之势就可能从此平息。如果李存勖忌恨犹深而不赦免李嗣源，那么李嗣源就一再说“无负于天地，听天由命”，又有什么可忧虑害怕的呢？

唐朝混乱过度就一定要灭亡，朱温用尽奸计十多年而后篡权。朱温的暴虐，李存勖经过生死血战最后消灭了他。突然崛兴，不费一箭一矢，不需多长时间，便在中原大地登上皇位，是从李嗣源开始的。石敬瑭、刘知远、郭威等都是早上还是北面事主的大臣，晚上就黄袍加身成了皇帝，就好像戏人唱戏时戴的帽子，一瞬间就变换过来，从而造成了日月无光的昏霾年代。李嗣源最先充当了罪魁祸首，促成了石敬瑭的奸谋。唉，正由于他的愚蠢，想摆脱罪恶之名也不能够了。

本事：《资治通鉴》卷二七四《后唐纪三·明宗》，天成元年（926）。

五 李嗣源之禁贡奉

李嗣源即位之初，诏诸使贡奉毋得敛于百姓，禁刺史以下不得贡奉。然则自此以前，诸使立贡奉之名以虐取于民，下至守令，亦可以财贿交于人主，久矣。

进奉始自唐德宗，至宣宗以后而愈滥。其始官有余财，小人不知散于州府之固为天子有，而以之献谀。庸主惩于播迁之贫，而恃为非常之备，因而不拒，日加甚焉。及乎官不给而索之民，贡有涯而取无艺。庞勋之乱，起于军府之虚；黄巢之乱，起于掊敛之急；垂至唐亡，天下裂，民力尽，而不能反。则其俯首剜肉以充献纳，盖不知其流祸之何若矣。乃其率天下以无忌惮，蔑上下之等，视天子若亭长三老之待食于鸡豚，则置之废之、奉之夺之易于反掌者，亦缘此为致祸之源。何也？天子者，以绝乎臣民而尊者也，故曰“天险不可升也”。刺史以下微贱之吏，得以锱铢上交于殿陛，则所谓天子者，亦下吏交游之侪伍耳。置之废之，奉之夺之，又何忌乎？

或曰：三代之王天下也，方五十里之小国，亦得以币玉上享于王。四海交媚于一人，一人未尝轻也，进奉何病哉？曰：即此而推之，三代之法，不可挟以为名，治后世之天下，非一端而止矣。古之诸侯，虽至小弱，然皆上古以来世有其土，不以天子之革命为废兴，非大无道，弗能灭也。新王受命，虽有特建之国，亦必视此而不容独异。故天子者，亦诸侯之长耳。列国取民之制，各从其旧，而不尽奉新王之法。其与诸侯以兄弟甥舅相往来，颉颃（xié háng）上下，法不能伸，故唯恃礼以绥之，使其宾服，大要视今安南、缅甸之称臣奉贡而已。使享使聘，以财相接，亦王者因时服远之权宜，非可必行于万世者也。天下而既一王矣，上以禄养下而下弗能养上，揆之于理，亦法天之显道也。天养万物，而物莫能致其养，以道相临而交以绝，交绝而后法伸，法伸而后道建，清虚在上，万汇咸受其裁成。使三代王者处后世之天下，宪天出治，亦如此而已。何事龊龊然受下邑小臣之壶觞箪笥（dān sì）哉？

且天下之赋税，皆天子之有矣，不欲私之，而以禄赐均之于百官。既已予之，则不可夺之以归己。于是而廉隅饬焉，风教行焉。推此而定上下之章，以内临外，以尊临卑，以长临属。司宪者，秉法以纠百职，百职弗敢亵也；奉使巡宣者，衔命以行郡邑，郡邑弗敢黩也；君子之廉以奖，而小民之生以遂。故为之禁制以厚其坊，督抚监察，郡守，不敢奉其壶飧；方面监司邑令，不敢呈其竿牍；以法相裁，以义相制，以廉相帅，自天子始而天下咸受裁焉。君子正而小人安，有王者起，莫能易此矣。而何得借口三代之贡享上交以训贪而启渔民之祸哉？

且三代之衰也，天子求金车，而中肩之难作；大国索裘马，而鞭尸之怨深。禹、汤、文、武承上古之流，不能遽革，其流弊亦可见矣。继此而兴者，塞源唯恐不严耳。通古之穷，乃可以御今；酌道之宜，乃可以制礼，故曰“所损益可知也”。使古有之，今遂行之，因流滥而莫之止，则唐、宋之进奉，何以遽召败亡？而嗣源之禁，其上下不交之否道乎？

【译文】

李嗣源刚即位时，诏令各节度使进贡方物时不得向老百姓搜刮财物，并且禁止刺史以下的官吏向朝廷进奉。但在此之前，各节度使借进贡之名向老百姓横征暴敛，下至郡守县令，都可以用钱财贿赂结交君主，这种情况已存在很长时间了。

向朝廷进奉之事是从唐德宗（780—805 年在位）开始的，至唐宣宗（847—859 年在位）以后就更加泛滥。起初，官府有多余的财富，小人不懂得分散于州府的财富本来就归天子所有，却拿来向天子献媚。昏庸的皇帝鉴于动乱播迁带来的贫穷，便依靠这些供奉作为非常之时的储备，因而不加拒绝，导致进奉之风更加严重。到了官吏没有供养时便向百姓搜索，真是向朝廷进贡有限而向百姓索取无穷。庞勋起义，是由于军府空虚；黄巢起义，是由于搜敛所逼。最后到了唐朝灭亡之时，天下四分五裂，百姓力尽财空，再也不能恢复元气了。那么再俯首割肉来充贡献，真不知道带来的流弊祸乱是什么情形。于是有人率领无所畏惧之人，无视上下的等级差别，看待天子如同等着吃鸡猪肉的亭长三老一般，一切都无所谓了，于是拥戴他还是废黜他、是向他贡奉还是夺取其位都易如反掌。这就是导致祸乱的源头。为什么呢？所谓天子，是与臣民地位悬绝而极为尊贵的人，所以《周易·坎卦》上说：“天势高险，不可升上。”刺史以下的微贱官吏，能够用锱铢之宝上贡给皇帝陛下，那么所谓的天子，也就成了小官小吏可以结交的人。如此，是拥戴他还是废黜他，是向他贡奉还是夺取其位，还有什么可顾忌的呢？

有人说：夏、商、周三代君临天下的时候，即使是方圆五十里的小国，也可以贡奉钱币珠宝给天子。天下四方都讨好结纳天子一人，天子也并不受人轻视，这种贡奉制度有什么危害呢？回答说：由此可以推断，夏、商、周三代的法令制度，不能仅仅拿来作为名义，用来治理后世的天下，并非一个方面可以解释到位。古代的诸侯国，虽然势力微小，但都是自上古以来世世代代拥有自己国土的，不因为朝代的更替和天子的变动而随之废兴，如果没有大逆不道的罪行，则是不能轻易灭掉其国的。新的国王受命登位，虽也有分封新建的诸侯国，但必定会一视同仁，不容许有不同的待遇。所以说，天子也只是诸侯的首领罢了。各诸侯国取给于民的贡赋制度，都是遵从旧制，而不是全部奉行新的天子之法。天子与诸侯皆以兄弟甥舅之亲戚关系相来往，不相上下，法律不能有效运用，所以只有靠礼法进行安抚，使诸侯朝贡、服从自己，基本上与现在安南

(今越南)、缅甸的称臣奉贡相似罢了。通过聘问、宴享等礼仪方式，以财物相结交，也是天子的因时观变、绥服远人的权宜之计，不是一定可以通行于千秋万代的法典。天下既然是一个天子，那么君上可以俸禄抚养臣下，而臣下则不能此般奉养君上，考察其中的道理，也就是效法自然的显明表征吧。上天滋养万物，而万物则无法奉养上天，因为天道相临便断绝相互交往，没有相互交往而后法理便得以施行，法理顺利施行而后正道才可以建立起来，清虚的自然法则在上，万事万物都受其裁定。假使夏、商、周三代的国王处在后来的天下，依照自然法则制定法律、治理四方，也不过如此罢了。为何还要以拘谨的样子来接受下邑微臣小官的点滴奉贡呢?

况且天下的赋税，都是天子所有，天子不想独自占有，便以俸禄赏赐的形式均给文武百官。既然已经给了他们，就不能再夺取而归于自己。这样，端方纯正的品性和行为因此得以整饬，风俗教化因此得以通行。由此推衍来制定上下相守的章法，以内廷统管外朝，以尊长统管仆从，以长官统管部属。主管司法的人秉公执法纠察百官，文武百官就不敢亵渎其职了；奉命巡视、传达诏命的官员，受命出巡各郡邑地方，郡邑地方也不敢轻率渎职了；君子的廉洁节操得到激励，那么老百姓的生活才得以顺遂。所以为此制定法典以加强防范，并派遣官员进行督责、安抚和监察，郡守就不敢轻易贡奉酒食；天下四方都设有监察地方的官员，那么邑令也不敢轻易呈上其问候馈赠的竹简文书。

以法律相裁定，以道义相制衡，以廉洁相激励，从天子开始一直到官民人等，天下之人都受其裁判。这样，君子端方，小民平安，即使有新的称王称霸的人兴起，也不能改变这种秩序。怎么能够以夏、商、周三代之贡享上交为借口来教诲诱导贪贿之风，并开启鱼肉百姓的无穷祸患呢？

况且夏、商、周三代之所以衰败，就是因为天子索求以铜做装饰的车驾，从而导致中肩之难（周桓王讨伐郑庄公失败并被射中肩膀）发生；诸侯大国索求裘衣宝马，从而导致鞭尸之怨（伍子胥为报父兄被害之仇，帮助吴王阖闾攻陷楚国郢都，乃掘楚平王墓，打开棺椁抛出尸体，鞭笞三百下而后才停止）加深。夏禹、商汤、周文王和周武王继承上古的流风余韵，不能马上变革，但其流弊已渐露端倪了。而继承他们而起的帝王，阻塞源头唯恐不够严密。通达古代制度的困境，可以用来统御当今的天下；斟酌道义的适宜与否，才可以制定礼法，所以孔子说："商朝继承夏朝的礼仪制度，所废除和增加的内容是可以知道的；周朝又继承商朝的礼仪制度，所废除和增加的内容也是可以知道的；将来有继承周朝的礼仪制度，就是一百代以后的情况，也是可以预先知道的。"假如古代就有的，今天便加以施行，沿袭其流弊泛滥而不能阻止，那么唐、宋时期的贡奉制度，怎么会迅速地招致败亡呢？而李嗣源关于贡奉的禁令，使上下不相交结，难道是不符合道法的吗？

本事：《资治通鉴》卷二七五《后唐纪四·明宗》，天成元年（926）。

六　术者之可畏

李嗣源召术者周玄豹，赵凤谏止之，曰："术者妄言，杀人灭族多矣。"伟哉！不易之论也。杀人灭族者，就谋逆不成者而言，凤有所讳而偏举之耳。谋而成，则李存勖毙于一矢、焚于乐器以亡国矣。谋而成，至于亡人之国；不成，则以自灭其族，固多有之。然天下之欲图神器者无几，而时之可乘、力之可乱者，尤不数有。则术者之害，疑于未烈，若不必严斥而厚禁之也。

虽然，奚必如玄豹之许嗣源以贵不可言，导以反逆，而后为天下祸哉？举古今，尽天下，通士庶，苟信术者，无不受其陷溺；而蔑天理，裂人伦，趋利而得害，图安而得危，无有不然者也。故《王制》曰："假于时日卜筮以疑众，杀。"夫术者志尽于衣食，非有大慝焉，而使服上刑，不已过与？乃观其惑民之流害所极，而后知先王之法，以正人心、维风教，齐民以礼而全其恩义，诚至矣哉！

星相也，葬法也，壬遁时日也，火珠林、观梅、河洛之数兆也，鬻之以受愚人之濡沫，乃使婚者失其配偶，居者去其乐土，死者暴其骴（cī）骼，兄弟相疑以相害，邻里相轧以相吞，狱讼繁兴，杀伤相踵，生人之祸，至此而极，非杀之何足以当其辜哉？然则杀人灭族之祸，非徒图谋不轨者为然，身以之杀、族以之灭而不知者多矣！身幸不杀，族幸不灭，而冒昧以趋于禽行，则尽古今天下之愚者胥然也。善推赵凤之言，以极其情事之必然，术者之可畏，有如是哉！

解缙《庖西封事》，请废《大统历》建除宜忌之文，以绝术者之源，诚卓论也。凤与缙非能知道者，而秉正以拒邪，守先王之典训，贤于蔡西山远矣。

【译文】

李嗣源召用方术之士周玄豹，翰林学士赵凤上疏谏阻之，说：“方术之士胡说八道，导致杀人灭族的事情太多了。”了不起啊！真是不可更改的高论。杀人灭族的人，是就其谋逆不成而言的，赵凤是有所讳言而只举了一个方面的事例。另外一方面，即使谋反成功了，也会像后唐庄宗李存勖那样死于一箭之射、自焚于乐器之中，最后招致亡国。谋反成功，灭了别人的国家；谋反不成，那么只有毁灭自己的家族，这样的例子本来是很多的。然而世上谋篡君位的没有多少，并且有机可乘者、有力可乱者，为数尤少。所以巫术的危害，我怀疑它没那么厉害，好像不必严加斥责，也不必厉行禁止。

既然这样，为什么一定要像周玄豹对李嗣源许诺的事成之后贵不可言，导致其谋反叛逆，而后成为天下的祸端呢？举凡古往今来，天下四方，官吏百姓，假如有信巫术的，没有不受到其溺陷的；加上诬蔑天理，分裂人伦，教人趋利却招致祸害，图谋苟安却临深履危，没有不是这样的。所以《礼记·王制》里所说的“四诛”之一就是：

"假借鬼神名义测算时日、进行占卜等迷信活动来蛊惑百姓的，格杀勿论。"假如术士仅仅为了满足衣食之欲，没有大的恶念，而对他们处死罪、服酷刑，不是有点过分了吗？再看看那些蛊惑百姓的流毒所造成的恶果，才会知道先王的法制，可以端正人心、维持风气教化，以礼仪来治理人民，保全他们的恩义，是多么至诚！

江湖术士所谓的星相、葬法、六壬、遁甲、干支，都是火珠林法、梅花易数、河洛理数等古代占卜方法的表现形式，兜售这些巫术从而接受愚昧无知之人的同处困境相互救助，结果却使得结婚的人失去伴侣，安居的人离开乐土，死去的人暴露尸骨而不能入土为安，兄弟之间互相猜疑甚至残害，邻里之间相互倾轧、并吞，诉讼案件频繁迭出，杀伤之事接踵而至，生民所遭受的祸灾，到这样地步也算是无以复加了，这样的术士不处以死刑怎能抵消了他的罪过呢？然而，杀人灭族的祸害，并非只有图谋不轨的人才这样做的，自身被杀、家族被灭而不自知的人，真是太多了！侥幸自身没有被杀害，家族没有被灭掉，却轻率地追随术士做出禽兽一般的行为，古今往来天下愚蠢的人们无不如此。善意地推敲赵凤的话，也是极而言之，指出巫术之事演变的必然结果，巫术之人的可怕，的确是这样啊！

明初庶吉士解缙向明太祖上奏《大庖西封事》的万言书，请求废除《大统历》中根据天象占测人事吉凶祸福、根据天干地支推算每日适宜做或忌讳做事情之类的文字，以断绝江湖术士的理论基础，实乃真知灼见。赵凤与解缙并非通晓道义之人，而能秉忠持正，排拒邪恶，遵守古圣先王的经典和训示，远比南宋学者蔡元定（字季通，学者称西山先生）贤明通达得多了。

本事：《资治通鉴》卷二七六《后唐纪五·明宗》，天成二年（927）。

七　地有所不争

王环为马殷攻高季兴，大败之，薄江陵城，敛兵而退。谓荆南为四战之地，宜存季兴以为楚扞蔽，策之善者也。季兴虽存，不能复为殷患，而委靡以苟存于吴、蜀、汴、洛之交，以间隔长沙而不受兵，故殷得以保其疆土。虽然，藉此而图固本自强之术，息民训兵以待天下之变，则虽大有为焉可矣。无以善其后，而徒幸兵之不我及，以安旦夕，则所谓“无敌国外患者国恒亡”也，殷之陋也，非环之失计也。

天下当战争不定之世，所甚患者，受天下之冲以犯天下之难。力未完，业不及远，骤得胜而扼吭挟脊以召敌之攻，其败也可立而待，而愚者幸之以居功。越之与楚，不相及也，句践灭吴，而后越受楚兵以亡。契丹灭而女直之祸中于汴，女直灭而蒙古之祸中于杭，皆弱不自量，撤藩篱而欣幸以召攻者。夫岂但弱者为然哉？齐桓公而知要冲之地不可争也，姑置江、黄为不侵不叛之国以隔楚，则陈、蔡、郑、许可以安于北向。急收江、黄，授楚以兵端，而二国灭，于是楚一伸臂而旋及于泗上，无所碍矣。

强弱之积，非一旦之复；偶然之胜，非持久之术。故曰“地有所不争”，非散地之谓也。散地者，敌视之如赘疣，而我收其实利，得之也可以厚吾力，而不犯敌之全力以相逼。唯夫南北之襟喉，东西之腰领，忽为我有而天下震惊，得则可兴，失则必危，兴者百一，而危者十九，竭吾财、殚吾力以保之，一仆而瓦解。策士无识，乃曰：此要地也，所必争者也。不揣而听之，致死以争之，可为寒心矣。

善用王环之谋，以养吾全力，使强敌相忘而可大得志于天下。惜乎马殷之不足以及此也，为怯而已矣。虽然，犹可以不亡，待之再世也。

【译文】

六军副使王环为楚王马殷攻打荆南，把高季兴打得大败，进逼江陵城下，然后收兵而退。他认为荆南是四面平坦、无险可守、容易受到攻击的地方，应该留住高季兴的荆南政权作为楚国的屏障，这真是上好的计策。高季兴的荆南政权虽然存续下来，不再会成为楚王马殷的忧患，但只能萎靡不振、苟且偷安于吴国、蜀国、汴梁、洛阳各个割据势力之间，从而与长沙相间隔，使长沙的楚王政权免受战事的威胁，所以马殷便能保全其国土。虽然如此，借此能图谋固本自强的计策，休息百姓，训练军队，等待天下形势的变化，马殷的楚国还可以大有作为。如果没有什么善后的办法，只是庆幸战事不会降临到自己头上，从而苟且偷安于旦夕之间，这就是《孟子·告子下》所说的“内部没有坚守法度的大臣和足以辅佐的贤士，外部没有敌国外患的国家，往往会导致灭亡的”，此乃马殷之孤陋，并非王环的失策。

天下处于战争频繁、动荡不定的时代，最令人担忧的，是处在天下四方的冲要之地，而冒犯四方天下的发难。自身的力量尚未完备，事业还来不及图谋长远，突然得胜并占据了掐住喉咙、捺住脊背的战略要地，招致敌人的进攻，那么其败局也会立即形成，而愚蠢的人还侥幸地居功自得。春秋时的越国与楚国，本来是风马牛不相及的，越王句践灭掉了吴国，此后越国就受到楚国的攻击而败亡了。契丹灭亡后，北宋都城汴京就遭到了女真族的祸害，女真灭亡之后，南宋都城杭州就遭受了蒙古军队的荼毒，这都是弱者不自量力，帮助撤掉了中间的藩篱屏障，欢欣庆幸之时，却招致了强敌的攻击。难道只有弱者是这样的吗？春秋齐桓公深知重要的战略支点是不能争夺的，暂且设置黄、江两个不侵不叛的诸侯小国，以便与楚国相隔离开来，这样陈国、蔡国、郑国与许国就可以没有后顾之忧，从而安然向北方拓展。一旦急匆匆地收复了江、黄二国，就等于给楚国挑起战端，这两个小国灭亡了，楚国就可以轻而易举地扩展到泗水流域，毫无障碍了。

国力强弱之积累，不是朝夕之事；偶然取得的胜利，也不是持久之计。所以《孙子兵法》上说“有的道路不要走，有些敌军不要攻，有些城池不要占，有些地域不要争”，这里所说的不是散地（诸侯在自己国内作战，危急时士兵容易离散）。散地，敌人把它看作多余，而我们收复它可以得到实利，得到它可以增强自己的实力，也不用冒犯敌方以全力来逼迫。散地是指那些东西南北的咽喉要道、战略关口，突然间为我所有，天下都震惊万分，得到它可以兴盛，失掉它肯定危机四伏，兴盛的概率只有百分之一，而危险的概率却有十分之九，竭尽国家的人力、财力来保全它，一旦失败便土崩瓦解。谋士没有见识，会说这是要地，是一定要全力争夺的。假如不揣测评估一下就听从建议，拼死去争夺，可就太令人寒心了。

善于利用王环的计策，来保养自己的全部实力，使强大的敌人忘记了自己，就可以很好地得志于天下。只可惜马殷不能达到这一步，他只不过是胆怯罢了。即便这样，还可以保其不亡国，王位又传了一代。

本事：《资治通鉴》卷二七六《后唐纪五·明宗》，天成三年（928）。

八　抑农之策大不仁

唐亡以后，不知始于何日，禁民造曲，官造卖之以收息。既自号为帝王，而所行若此，陋无以加矣。又其甚者，禁民铸铁，官铸农器，强市于民，则尤不仁之甚者也。虽然，犹未甚也。李嗣源天成三年，听民造曲，而于秋税亩收五钱，又三年，听民铸农器，于夏秋税二亩收农具三钱，自谓宽政，而不知其贼民之益甚也。造曲者非必有田，有田者方待曲于人而不知造，无端而代鬻曲者以输税，其税之也何名？至于铸农器者，不耕而获农人之粟，哀此贫农，辍餐褫衣以博一器，而又为冶人代税。二者横征，而后农民之苦日积而月深矣。

作此俑者，其情易知也。居于上而号为帝王，则民皆惟吾所取而无不可得也。而工贾善为规避，则取之也，劳心力而不能必得。唯农民者，越陌度阡而不知所往，舍稼穑而无以为生，人虽逃而田不移，田即芜而额固存，宗族里井苟在籍者，皆可责以代输而无可避，奚暇问名之所宜、实之所允哉？简易便捷，悬桁杨以拟其项背，取盈焉而已矣。

造曲铸器者，居赢以宴处；而经年不见曲、称贷以买器者，俯首而唯其箕敛。呜呼！是尚有所控告乎？乃为之说曰：亩五钱耳，二亩三钱耳，无大损于民，而合以成多。哀哉！日益之，岁增之，不见多而已积矣。至不仁者，自矜其得利之易，合并以责之田亩。此法一立，相仍者累积而不已，明主弗能察也，惠主弗能蠲也，延及数百年，而户口盐钞桑丝钱息车船木竹之税，一洒散之于田亩。瘖不能言，蹇不能去，坐受工贾山泽之征，习焉而莫测其所以，皆自嗣源始之。孰谓嗣源为有仁心而几于小康乎？

【译文】

自从唐朝灭亡以后，不知从什么时候起，禁止百姓造酒，而由官府制作出来并实行专卖收取利息。既然自封为帝王，却如此所作所为，简直浅陋到无以复加的地步了。更有甚者，禁止百姓铸造铁器，而由官府铸造出农具后强行卖给百姓，这更是非常不仁义的做法。即使这样，也不是最不仁义的行政。后唐明宗李嗣源于天成三年（928），下令听任百姓自行造酒，到了秋后收税时，一亩收五钱，又过了三年，下令听任百姓自行铸造农具，到征收夏秋税时两亩地收农具钱三钱，还自以为实行了宽大的政策，却不知道这种政策残害百姓更为严重。造酒的人不一定就有田地，有田地的人得等别人卖给他酒，而自己不晓得如何造酒，这样就无端地替造酒的人缴纳赋税，这算什么名目的税呢？至于说铸造农具的人，不用耕作而可以获取农民的粮食，可怜这些贫困的农民，为了换得农具可以不吃不穿，可还得替铸造农具的人缴纳赋税。这两种政策的横征暴敛，使农民的困苦日积月累，更加深重。

这两种政策的始作俑者，其想法很容易了解。居于尊位，称为帝王，而百姓都是为我任意索取，没有不可能得到的。而工匠和商贾善于逃避赋役，想向他们征收索取，即使劳心费力，也不一定能够得到。只有农民，离开了田地便不知道到哪里去，舍弃耕作便无法生存，就是人逃跑了，田地是不会动的，田地即使荒芜了，额定的赋税依然存在，亲族和邻里仍在原籍的人，都可以督责他们代替缴纳赋税而无可逃避，哪里有机会过问名义上是否适宜、实际上是否公允呢？这种政策推行起来简易便捷，就如同高悬着枷锁刑具比画着往他们的脖颈和身体上套一样，索取不到如数甚至过量的赋税，是不会停止的。

这样，造酒与铸造农具的工匠和商贾，处于盈利、安闲的地位；而那些长年见不到酒、借贷购买农具的农民，只有俯首贴耳，听任横征暴敛。唉！这还有机会可以控诉申冤吗？居然还有人为这种政策开脱说：酒税一亩地才缴纳五钱，农具钱两亩地才缴纳三钱罢了，不会对农民造成多大的损害，而积少成多，对于国家来说就可观了。可悲啊！赋税天天涨，年年增，不见其多，已经积累日巨了。以至于不讲仁义的人，还自夸这种政策很容易获得利益，就合并起来按照田亩来征收，加重农民的负担。此法一旦确立，相互沿袭的人日积月累，无有底至，圣明的君主也不能明察，仁惠的皇帝也不能蠲免，延续到几百年，而户口、盐钞、桑丝、钱息（典当）、车船、木竹等苛捐杂税，一股脑儿全部摊派到田亩之上。而承受这些负担的农民就像哑巴一样口不能言，就像跛脚一样足不能行，白白地遭受工商税、山泽税的征收，慢慢地习惯于此，而不知道其所以然。这种现象都是从后唐明宗李嗣源开始的。谁说李嗣源具有仁义之心，他统治下的国家差不多要达到小康之世呢？

本事：《资治通鉴》卷二七六《后唐纪五·明宗》，天成三年（928）。

九　无以谋身，何言谋国

不能谋身而与之谋国，其愚不可瘳；不能谋国而许之以安民，则论史者之耳食而途说者也。李嗣源，胡人之铮铮者耳。其篡夺也，年已老矣，骄奢淫泆之事，以血气衰而且息，于是或一言焉有恤民之辞，间一念焉有苏民之志，乃其所托国者则安重诲也。夫重诲之奸与忠勿论，而举生杀予夺一任其喜怒，胁持其主以钳制群僚，激董璋、孟知祥而唯恐不为祸先，其主厌之而不戢，上下胥切齿怨之而不忧，碎首横尸而不知祸之所自发，其谋身之愚也如此，而嗣源所与托国者，则重诲也。流血溅于宫庭，攘夺悬于眉睫，如是而欲求斯民一日之安，其可得乎？

当其时，天地闭，龙蛇争，固乏贤矣。然文臣则如任圜之尽力以忧公，张文宝之秉礼以重国，赵远之见祸于几先；武臣则如康福之外迁而宣力，姚洪之抗节以致命。善用之皆可以任大，而重诲媢疾以间之，嗣源弗能用也。孙晟、韩熙载且南走吴以思反噬。夫岂无人哉？以权谋与同起者亲之，以粗犷与相叶（xié）者狎之，故久知重诲之恶，而复与相持泣下。詹詹之智，得国而已穷；呴呴之仁，昵爱而难割。乃至从灿血重诲之刃，为从珂乞命于重诲，而幽辱无聊，血胤之不保，尚能推恻隐之心以施于邦国乎？且非徒重诲也，重诲诛，而范延光、赵延寿踵之而进，奸顽且出重诲右矣，而后国以必亡。民之死者，不知其几千万矣，尚曰可以安民也哉？

呜呼！民之有生也，恃上之不绝其生也；上能保民之生也，必先知自保其生也。忘其身之死亡，则无复念人宗社之存亡，任一往之气，乘须臾之权，何不可为也？愚者日与之居，臭味相移，则念偶动于慈柔而辄为中沮，己在陷溺之中，何暇援人之溺也？风慾稍艾，虐政稍苏，暂觉其有小康之德，而身死国乱，孽子悍婿猜争于中，而契丹乘之以入，皆自重诲启之，嗣源召之。一言一事之惠泽，杯水之于车薪，孰能许之以仁邪？

【译文】

不能谋划自身的人，却与他一道谋划国政，其愚蠢简直是无可救药；不能与之谋划国政的人，却托付他去安定百姓，古往今来未曾有过，如果有的话就只能是评论历史的人的道听途说。后唐明宗李嗣源，是北方少数民族中的一个铁骨铮铮的汉子，他篡夺权位时，已年事过高，那些骄奢淫逸之事因为血气衰败而有所平息，因此有时说一句话，就含有抚恤百姓的言辞，间或一念之间，就含有复苏百姓生计的志趣，可是他依托的治国理政者，却是不堪托付的左领军卫大将军、枢密使安重诲。且无论安重诲此人是奸佞还是忠臣，他执掌生杀予夺大权却都出于自己的喜怒，胁持其君主来钳制其他群臣同僚，激怒剑南东川节度使董璋、西川节度使孟知祥，唯恐他们没有首先反叛以带来祸患，连君主厌烦他了，他一点也不知道收敛，上下群臣皆对他怀有切齿之恨，他也毫无忧虑之色，以致落得碎首横尸的下场却不知道祸害的根源所在，他谋划自身都如此愚蠢，而李嗣源依托的治国理政者，正是这个安重诲。流血溅于宫廷，攘夺迫在眉睫，在这样的情况下还想求得百姓一日的安宁，怎么可能呢？

当时，天地闭合，龙蛇相争，本来就缺乏圣贤之人。然而文臣之中，有像宰相任圜那样尽力为国分忧，张文宝秉持礼仪而以国以重，赵远总是提前预见到祸端；武臣之中，像康福在外调边镇而效力国家，姚洪因为抗节不屈而被董璋杀害。如果好好重用他们，都是堪当大任的，而安重诲却嫉恨并离间这些忠臣良将，使李嗣源无法重用他们。著作佐郎孙晟（一名凤、忌）、进士韩熙载南下投奔吴国，还思谋着加以陷害。难道是没有人才吗？因为安重诲是参与其权谋共同起家的人就亲近他，因为安重诲粗率豪放是与他相谐的人就宠信他，所以虽早知安重诲的罪恶，还是又与他相持泣下不忍心治罪。那么一点可怜的智慧，得到国家时已经用尽了；那么一点温和的仁慈，由于昵爱过分而难以割舍。以至于其子（一说为其侄）李从璨被安重诲诬告而赐死，为了养子李从珂还得向安重诲乞求宽宥生命，内心的屈辱无所依赖，自己的后代血脉尚不能保全，怎能推断他的恻隐之心会去施恩于邦国百姓呢？而且奸佞非独安重诲一人，安重诲被杀之后，范延光、赵延寿又接踵而受到进用，他们的奸诈顽劣竟超出了安重诲，而后国家必然灭亡。百姓死去的已不知有几千万人了，还谈什么安定百姓呢？

唉！百姓能活在世上，是靠着君王没有断绝他们的生路；君王能保全百姓的生命，必定先知道保全自己的生命。忘却了自己的生死，那么就无法考虑国家社稷的存亡，放任其以往的习气，利用手中片刻间的权柄，有什么不能做的呢？愚蠢的人与他朝夕相处，臭味相投，即使偶尔动了慈善温柔的心念，也会随时被中断阻止，自己都陷入了溺水的危险之中，还怎么有闲暇去援救别人的陷溺呢？疯狂的罪过稍微有所收敛，暴虐的为政稍微开始转机，便很快觉得具备了小康之世的仁德，结果自己死于非命、国家陷入混乱，不孝之子李从珂和强悍之婿石敬瑭像狗一样争斗于内部，北方的契丹又乘机从外部入侵，这都是从安重诲引起的，李嗣源招来的。一句话、一件事的恩惠，犹如杯水车薪，谁能认同他的仁德呢？

本事：《资治通鉴》卷二七七《后唐纪六·明宗》，长兴二年（931）。

一〇　吴越钱氏仁爱之政

仁者，有生之类所必函也；生者，上天之仁所自荣也。故曰“本立而道生”。仁动于命，厚植于心，以保其天性之亲，于是而仁民爱物之德，流行于天下，人道之生也；于是而传世永久之福，垂及于百世，天道之生也。于是吴越钱氏有足深取者。

钱镠与董昌为流匹，起群盗之中，其殴人争战，戕民逞志，屈志逆贼，受其伪册，与高季兴、马殷、刘岩、王延政、孟知祥互有长短，而无以大异。则爝火之光，宜其速熸耳。而延及宋世，受爵王廷，保世滋永，垂及于今，犹为华族，子姓蕃衍，遍于江东，夫亦何道而致然哉？

仁莫大于亲亲，非其私之之谓也。平夷其心，视天下之生，皆与同条共贯，亦奚必我父兄子弟之必为加厚哉？此固不可深求于物理，而但还验其心之所存、与所必发者而已。均之为人，而必亲其亲者，谁使之然也？谓之天，而天未尝诏之；谓之道，而道亦待闻于讲习辩说之余矣。若其倏然而兴，怵然而觉、恻然而不能忘者，非他，所谓仁也。人之所自生，生于此念，而习焉不察耳。释氏斥之为贪爱之根，乃以贼人而绝其类。韩愈氏曰："博爱之谓仁。"言博也，则亦逐流而失其源也，博则其爱也弛矣。

有人于此，可生也，亦可杀也，见为可生，而生之也快，见为可杀，而杀之也亦快，即见为不可杀，而卒不能不杀也，则亦置之矣。至于父子兄弟，即不容已于杀，而必戚然以终身，如其见为可生，则必不如他人之唯力是视，尽吾道而付之无可奈何者。以此思之，仁天下也有穷，而父子兄弟之仁，则不以穷而妨其爱也。唯不仁者，舍其约以务于博，即有爱焉，亦散漫以施，而自矜其惠之溥；如其穷矣，则视父子兄弟亦博爱中之一二人而已，置之可也，杀之又奚不可哉？故与人争名，名不两归而杀心起；与人争利，利不两得而杀心起；乃至与人争国，争天下，势不两立而杀心愈熺。

呜呼！汉文帝之贤也，且以尺布斗粟致不容之怨，况下此者！于是而曹丕、刘彧、高湛、陈蒨，自不欲全其本支，而本支亦如其意焉以斩。天道之不忒，仁不仁一念之报焉耳。朱友珪、李从珂僭主中国，为不仁之倡，而徐知诰、马殷之子孙相效以自殄其族。夫此数不仁者，抑岂无爱以及人哉？爱之无择而穷矣。视其属毛离里者，皆与天下之人物无以异，无妨于己则生之，有碍于己则杀之。墨、释之邪，韩愈氏之陋，实中于不肖者之好，以为天理之贼，不可瘥（chài）也。

而钱元瓘独全友爱以待兄弟。钱镠初丧，位方未定，而元瓘与兄弟同幄行丧，无所猜忌，陆仁章以礼法裁之，乃不得已而独居一幄。其与元璙也，相让以诚，相对而泣，盖有澹忘富贵，专致恻怛者焉。故仁风扇而天性行。施及弘俶，群臣废兄言己，众将不利于其兄，而弘俶以死保之，优游得以令终。自古被废之主，昌邑而后，未有能如是者。孝友传家，延于奕世，亦盛矣哉！推其源流，皆元瓘一念之仁为之也。此一念者，爱之所凝，至约而无所穷也，非墨、释之所与知也。

【译文】

仁爱，是有生命的物类所必然包含的本性；生命，是上天的仁爱所赐予而自我茂盛的本体。所以《论语·学而》上说“根本确立了，那么做人和治国的原则也就有了”。仁爱感动于天地，深深扎根于内心深处，以保全其天性之亲，于是仁爱百姓、关爱物体的德行，在天下流行，人道就出现了；传世永久的福祉，传留到百代之后，天道就诞生了。对于吴越王钱鏐及后代来说，有着值得深入汲取的仁爱之道。

钱鏐与义胜军节度使董昌是同一类人物，起家于乱世群盗之中，与人斗殴争战，杀人以快心称愿，甚至于向逆贼屈服并接受其伪政权的册封，他们与同时期的高季兴、马殷、刘岩、王延政、孟知祥等互有长短，没什么大的不同。就像是小火的光焰，应该是很快熄灭的。而到了宋朝，钱氏仍然受封王爵，得以保持其世代的荣光，留传至今，还是高门贵族，后代繁衍不绝，遍布于江东地区，究竟是什么道理才会导致这样不同的结局呢？

仁爱，没有比亲爱其父母兄弟子弟更重要的了，这里并不是说私心爱他的亲人。安定自己的心神，看待天下的生命，都如自己的同族同类，为什么一定是自己的父兄子弟才加以厚待呢？这本来就不必于事物之理中深刻求证，而只需反过来检验一下自己的仁爱之心存于何地、发之何处罢了。同样都是人，却一定要亲爱其亲者，谁让他这样做呢？说是上天吧，上天也未曾诏令他；说是道义吧，道义也要等着聆听那些讲习辩说之人的话语而后才会懂得。如果突然间就兴起了念头，恐惧警惕而有所觉悟，爱怜悲伤而不能忘怀，这没有别的，这就是所说的仁爱。人自从降生出世，就生于此念，只不过习以为常，无以察觉罢了。

佛教斥之为贪爱的根源，这便是残害人的本性以断绝其同类。韩愈《原道》中说："博爱叫作仁。"这里说的博爱，可以说是追逐其流波而失去其源头了，广泛地爱一切人，那么其仁爱也就消减了。

假如有一个人在此，可以让他活着，也可以让他死去，觉得可以让他活，那么很快就活下来了，觉得可以把他杀掉，那么他也就很快被杀掉了，即使发现他可以不被处死，而最终还是不得不杀掉的，也不过对此置之不理罢了。至于对待父子兄弟，则即便他非杀不可，也一定会终身戚然悲伤，如果发现他可以不死，那么一定不会像对别人那样完全看自己的能力如何，尽了自己的道义，其他也就无可奈何了。由此可想而知，对天下施以仁爱也会穷尽，而对父子兄弟的仁爱，则不会因为穷尽而妨碍他们的爱。只有不仁的人，才会舍弃父子兄弟之间的爱而贪求广博的仁爱，即便有爱，也是散漫地施爱，而自我夸耀其恩泽的广博，如果仁爱穷尽了，就会把对父子兄弟的爱也不过看作博爱中的十分之一二罢了。赦免释放他可以，杀了他又有什么不可以呢？所以与人争名，最后不能名归双方时便顿起杀心；与人争利，最后不能利益两得而顿起杀心；与人争夺国家，争夺天下，势不两立，那么杀心就更炽热地迸发出来。

唉！以汉文帝刘恒的贤明，尚且因为不能容忍其弟淮南王刘长谋反而招致"一尺布，尚可缝；一斗粟，尚可舂；兄弟二人，不能相容"的埋怨，何况仁爱之心在他之下的人呢？至于说魏文帝曹丕、南朝宋明帝刘彧、北齐武成帝高湛、南朝陈文帝陈蒨等，他们也没想着要保全他们的本家兄弟子侄，而他们的本家兄弟子侄也像他们所希望的那样被斩杀殆尽。天道没有差错，仁与不仁不过是偶然一念的报应罢了。后梁太祖朱温次子朱友珪、后唐末帝李从珂僭号称帝，成为不仁义的先导，而南唐徐知诰（李昪）、楚王马殷的子孙后代也相互仿效，以致自己殄灭了自己的家族。这些不仁不义之人，难道就没有仁爱施予他人吗？只是仁爱没有选择从而丧失殆尽了。观察他们父母子女就像皮裘的外毛与里衬的关系一样相互依附不可分离，与天下的其他人并没什么区别，如果不妨碍自己就让他们活着，一旦妨碍自己就杀死他们。墨子、佛家的歪理邪说，韩愈的浅陋见解，实际上正中这些不肖之徒的下怀，从而成为对天理的残害，久病难愈了。

唯独吴越世宗钱元瓘能够保全友爱来对待自己的骨肉兄弟。其父太祖钱镠刚死，继位之君尚未明确，而元瓘与其兄弟住在同一帐中守丧，无所猜忌，大臣陆仁章按照礼法提出质疑和建议，他才不得不单独居一帐中守丧。他对于哥哥钱元璙以诚相让，说这本来是六哥的位置，小弟能坐上是兄长所赐，元璙则相对俯伏，感泣不已，这大概就是所谓的淡漠了富贵，专门表达恳切至诚的仁爱之情的。所以仁义之风盛行，人的本性得以通达。到了其子钱弘俶时，群臣废掉他的哥哥钱弘倧立他为王，众将也将对他哥哥不利，而弘俶则誓死保全，从而使他的哥哥得以悠游林下，终其天年。自古以来被废除的国王，从汉代的昌邑王（海昏侯）刘贺以后，没有像钱弘倧这样好的结局了。以孝友传家，流传于后世，也堪称盛事啊！追根求源，都是因为钱元瓘的一念之仁带来的。这一偶然的念头，是由仁爱所凝结而成的，以至于仁爱简约而不会穷尽，这可不是墨子、佛家所能得知的。

本事：《资治通鉴》卷二七七《后唐纪六·明宗》，长兴三年（932）。

一一　明主之于天下无不惧

天人之际难言矣！饥馑讹言、日月震电、百川山冢之变，《诗》详举而深忧之；日食、地震、雪雹、星孛、石陨、鹢飞之异，《春秋》备纪而不遗；皆以纳人君于忧惧也。乃其弊也，或失之诬，或失之鬼。其诬也，则如刘子政父子分析五行以配五事，区分而凿证之，变复不惟其德而唯其占，有所倚而多所贷，宽猛徇其臆说，而政愈淫。其鬼也，依附经义以乱祀典，如董仲舒土龙祈雨之术，徒以亵天而导淫祀，长巫风，败风教，则惧以增迷，人事废而天固不可格也。夫为诬为鬼，既以资有识者之非笑，于是如康澄者，乃为之说曰："阴阳不调，三辰失行，小人讹言，山崩川涸，蟊贼伤稼，不足惧也。"王安石之祸天下而得罪于名教，亦此而已矣。

夫人主立臣民之上，生杀在己，取与在己，兴革在己。

而或益之以慧力，则才益其骄；或相习于昏虐，则淫荡其性；所资以息其敖辟而纳于檠括者，唯惧之一念耳。故明主之于天下，无不惧也。况灾异有凋伤之实，讹言乃播乱之媒，饥馑系生民之命，而可云不足惧乎？民情何以定而讹言永息？饿殍何以苏而饥馑不伤？三辰失轨、川决山崩，当其下者，沴气足以戕生，凶征足以召乱，何以镇抚而不逢其害，岂徒惧而已哉？又岂如《五行志》之随征修复，自诩以调燮而安其心，《春秋繁露》之媟（xiè）用术法，苟求营祷而亡其实哉？

夫仲舒、子政惟不知惧而已。谓天地鬼神之可以意为迎合，而惧心忘矣。诚知惧者，即澄所谓“畏贤人之隐，畏民业之荒，畏上下之相蒙，畏廉耻隳而毁誉乱，忠言不进，谄谀日闻”者也。唯其惧之在彼，而后畏之在此。天人之应，非一与一相符，而可以意计揣度者也。一惧而天在人之中，万理皆由此顺矣。澄何足以与于此哉？王安石之学，外申、韩而内佛、老，亦宜其憯焉而为此无忌惮之言也。孔子曰：“畏天命。”《诗》《春秋》见诸行事，非意计之能量，久矣！

【译文】

天人之间的关系很难说清啊！饥馑灾荒、谣言四起、日食月食、地震雷电以及百川山冢的种种变故，《诗经》里都有详细列举，并为此深感忧虑；日食、地震、大雪、冰雹、彗星、陨石、六鹢退飞等灾异，《春秋》中记述详备，毫无遗漏，这些都是为了纳入君主忧虑戒惧的范畴。至于说其弊端，有的失之与真实情况不相符，有的则失之鬼神迷信。与真实情况不相符，如西汉经学家刘向（字子政）、刘歆（字子骏，后改名秀，字颖叔）父子所分析的以五行配五事（貌配木，言配金，视配火，听配水，思配土），对它们进行区分并穿凿附会地加以证明，灾异的变化不是追寻德行的缺失问题，而仅仅通过占卜来验证，这样有所依据有所偏颇就必然会导致结果有所失误，而国家治国理政的宽大与严厉都曲从其主观臆说，那么政治就愈加混乱放纵。鬼神迷信，就是附会儒家经典来搞乱祭祀典制，如东汉经学家董仲舒所创的取土造青龙以祈雨的法术，只会亵渎上天，引导不合礼制的祭祀，助长巫术之风，败坏风俗教化，以至于害怕因此增进迷信，人事因此而废弛，而天道是不会有所阻碍的。与真实情况不相符，迷信鬼神之事，为后世有识之士留下了非议、讥笑的把柄，对此，后唐明宗时的大理少卿康澄却为之解释说："阴阳不调，三辰失行，小人讹言，山崩川涸、蟊贼伤稼，这五种灾异都是不足畏惧的。"北宋王安石祸害天下从而得罪于名教的所谓"天变不足畏、祖宗不足法、人言不足恤"，也不过如此罢了。

君主位居臣民之上，人命生杀的大权、物质取予的大权、政治兴废的大权都掌握在自己手中。有的再赐予其智慧的力量，那么才华就更强化了他的骄横；有的相互模仿昏庸暴虐，那么惑乱就更放纵了他的性情。这样，能够用来平息其傲慢、放纵而偏邪的危害进而加以约束矫正的，只有恐惧这么一个念头罢了。所以圣明的君主对于天下，没有不害怕的。况且灾异还有凋残生业、威胁生命的实际危害，谣言是传播邪说、造成混乱的媒介，饥馑关联着百姓的生命，能说不足以畏惧吗？人民的情绪如何才能安定，从而使谣言得以永远止息？饿倒的身体如何才能复苏，从而使饥馑不至于伤害人民的性命？日月星辰失去其固有的运行轨道，河流决堤，山川崩裂，处于这些灾难之中的人民，阴阳不协调而形成的不祥之气足以戕害生命，灾异带来的凶兆足以造成动乱，如何进行镇定安抚而不遭受其残害，难道只有畏惧吗？又怎么能像《汉书·五行志》那样根据征兆的变化而随意编排灾异记录，自夸可以协调阴阳而安定民心，以及董仲舒《春秋繁露》那样杂用巫术的办法，苟且想要用祈祷的方式消除灾异的事实呢？

董仲舒和刘向，只是不知道畏惧罢了。说天地鬼神可以用意愿加以迎合，畏惧之心便忘却了。真正知道畏惧的，是像康澄所说的“畏惧贤明之人隐居不仕，畏惧民众的生业荒废，畏惧上下互相蒙蔽，畏惧廉耻败坏而毁誉混乱，畏惧忠心直谏的言论得不到进用，而谄媚阿谀之言每天上达天听”这些情况。只有畏惧那些天变灾异，而后才会畏惧这些世事变化。天与人的感应，并不是一一对应的，而是可以用计谋推测分析的。一旦有所畏惧，那么天道自然存在于世事之中，所以万事万物的道理便可以顺理成章了。康澄怎么有资格通晓这些道理呢？王安石的学问，外学于申不害、韩非子的法家，内学于佛教、老子的学说，所以他懵懂无知而提出了肆无忌惮的“三不足”，也是可以理解的。《论语·季氏》说：“畏惧上天的意志。”《诗经》《春秋》见之于行事，不是凭借计谋可以推测分析出来的，已经很长时间了！

本事：《资治通鉴》卷二七八《后唐纪七·明宗》，长兴三年（932）。

一二　制无赖者非大有为之君

银、夏之乱，终宋之世，勤天下之力，困于一隅，而女直乘之以入，其祸自李彝超之拒命始。彝超之地无几，亦未能有战胜攻取之威力也，而负隅以抗天下，挟何术以自固而能然乎？

天下而已裂矣，苟非有道之主，德威足以服远，则有无可如何之人，操甚卑甚陋之术，而智勇交受其制。高季兴以无赖名，而孤立群雄之中，处四战之地，据土不亡者两世；彝超亦用此也，而地在绝徼，为中国之所不争，士马尤强焉。欲殄灭之，其可得乎？中国之乱也，十余年而八姓十三君，倏兴倏废，彝超父子无所归命，亦无所抗衡，东与契丹为邻，又委顺以为之间谍。不但此也，中国有反叛之臣，无论其成与不成，皆挟可左可右之势，而利其赂遗；薄侵边鄙而不深入以犯难，讨之则城守坚而不下，抚之则阳受命而不来。如是者，虽大定之世，未易治也，而况中国无君之天下，尤得以日积月累而滋大乎？是与荆南高氏仿佛略同而情势异，中国之雄桀，鄙夷而姗笑之，乃不知其窃笑群雄者之尤甚也。

夫其为术，抑有可以自立之道焉。季兴以盗掠诸国之贡享而得货，彝超以两取叛臣之贿赂而收利，其以缮城郭、修甲兵、养士卒者，皆取给于他国无名之馈遗，而不尽苦剥其民，则民得以有其生而兵不匮。君子以大义裁之，则曰此盗术也。然当生民流亡憔悴之日，僭窃以主中国者，方日括民财以养骄卒，以媚黠虏，用逞其不戢之凶威，至于釜甑皆强夺以充赏。而季兴、彝超夺彼不道之余，以苏境内之民，则亦苟焉自全之便术也，恶亦浅矣。

季兴所处，必争之地耳，不然，与彝超均渐渍以岁月，虽宋全盛之天下，得韩、范以为将相，亦奡（ào）立而不可下矣。彝超敛兵聚利，为谋已深，李嗣源位未固，势未张，遽欲挑之，其将能乎？徒以益其强固、而为百余年之大患已耳。制无赖者，非大有为之君，未易易也。

【译文】

银州（今陕西横山一带）、夏州（今陕西靖边一带）党项族的叛乱，前后持续与宋朝的兴亡相始终，可以说几乎穷尽了天下的力量，困于西北一隅，而女真族乘机崛起，南下灭了北宋，这个祸端是从五代时党项族的首领李彝超拒绝接受后唐明宗调防的命令开始的。当时李彝超割据的土地没有多大，也没有战胜攻取的巨大威力，但他能负隅顽抗于天下，那么他是凭借什么策略巩固自己的地位并取得如此成功的呢？

当时的天下已经四分五裂，假如不是有道义的君主，德行和威望足以让边远地区的人民归服，那么就有可能出现无可奈何的人，使用非常卑鄙浅陋的策略，让那些所谓的智者、勇者都受其挟制。荆南高季兴以无赖出名，孤立群雄之中，处于四面受敌之地，能够割据称雄、不亡其国且传续了两代；李彝超也用了此法，可是他地处西北边陲，是中原王朝所不愿极力争夺的，况且他的军队尤其强悍，要想灭掉，谈何容易？中原地区正处于乱世，十多年间出现了八个姓十三个（当为十五个）君主，忽兴忽废，李彝超父子简直不知道该归附于谁，又与谁抗衡，东边与契丹人的辽国为邻，又不得不顺从当作它的间谍。不仅如此，中原王朝一旦有了反叛的臣子，无论其成功与否，他都可以凭借其可左可右的有利局势，接受这些叛臣的贿赂馈赠。他总是稍稍侵扰边境又从不深入内地作乱，一旦受到讨伐就坚守城郭却无法攻下，一旦招抚又表面接受诏命却不肯前来归附。像这种情况，即使是太平盛世，也不容易治理，更何况当时中原是没有统一君王的天下，岂不是更加促使他能够日积月累而滋长壮大吗？这与荆南的高季兴仿佛有点相似，而情形又不一样，中原的英雄豪杰，都鄙夷而嗤笑他们，殊不知他们暗地里嘲笑中原群雄要更胜一筹。

分析他们的自处之术，其中也蕴含了自立的道理。高季兴利用其地利，通过盗掠各国的贡享得以集聚财富，李彝超则通过收取两边叛臣的贿赂从而获得利益，他们用来修缮城郭、整顿军队、赡养士兵的钱财，都来自别国师出无名的馈赠，而不是全靠盘剥百姓，这样百姓也可以有其生计而军队也不匮乏。如果是君子用深刻的道义来裁定，就会说这是盗术。然而当百姓四处流亡、面色憔悴的时候，非法窃据中原之主的人正在搜刮百姓的财富来豢养骄横的士兵，来献媚于狡黠的北虏，以此来显示其永无休止的凶恶威势，甚至连釜甑之类的日用器具也强夺来充作赏赐品。而高季兴、李彝超夺取他们这些不道、不义之余财，来让其境内百姓得以休养生息，这也是暂且保全自己的方便之策，造成的恶迹也少多了。

高季兴所处的荆南，是天下必争之地，否则，就会与李彝超一样渐渐浸染于历史岁月之中，即使宋朝全盛于天下，以韩琦、范仲淹为将相，也是可以傲然而立，而不可能被消灭的。李彝超收缩兵力、集聚财富，谋划已久，而李嗣源帝位尚未稳固，势力尚未大张，想急于挑衅，怎么可能呢？那样的话，只会增强党项族的力量，从而成为一百多年的大患罢了。制服无赖之徒，不是大有作为的君主，是不容易的。

本事：《资治通鉴》卷二七八《后唐纪七·明宗》，长兴四年（933）。

一三　冯道务实而忘名

李从珂之入篡也，冯道遽命速具劝进文书，卢导欲俟太后命，而道曰："事当务实。"此一语也，道终身覆载不容之恶尽之矣。

实者，何也？禽心兽行之所据也。甘食悦色，生人之情，生人之利用，皆实也。无食而紾兄臂，无妻而搂处子，务实而不为虚名所碍耳。故义者，人心之制，而曰名义；节者，天理之闲，而曰名节；教者，圣人率性以尽人性，而曰名教。名之为用大矣哉！宰我以心安而食稻衣锦，则允为不仁；子路以正名为迂，而陷于不义；夫二子者，亦务实而以名为缓者也。一言之失，见绝于圣人。推至其极，曾元务实以复进养亲，而不可与事亲。贤者一务实，而固陋偷薄，贼天理，灭风教。况当此国危君困之际，邀荣畏死，不恤君父之死亡，而曰此实也，无事更为之名也。其恶岂有所艾哉？

夫所谓实者，理之不容已，内外交尽而无余憾之谓也。有其实，斯有其名矣。若卢导者，心摇而无所执，理不顺而无能守，然幸有此一念之羞恶，不敢以人臣司天子之废立，故欲调停掩饰以稍盖其恶，而示天下以君之不可自我而予夺，则亦实之仅存者耳。道乃并此而去之，不灭尽其实而不止。

呜呼！岂徒道之终身迷而不复哉？此言出，而天下顾锱铢之利，求俄顷之安，蒙面丧心，上不知有君，内不知有亲，公然以其贪猥亡赖、趋利耽欲之情，正告天下而不泚其颡（sǎng），顾欣然自得曰：吾不为虚名所误也。亲死而委之大壑，曰吾本无葬亲之实心，勿冒孝名也；穴墙而盗邻粟，曰吾本有得粟之实情，勿冒廉名也；则人类胥为禽兽，尚何嫌也？但务实而不知有名者，犬豕之食秽以得饱也，麋鹿之聚麀（yōu）以得子也。道之恶浮于纣、祸烈于跖矣。

道死而摘之者起，顾未有穷其立念之差于务实之一言者，于是李贽之徒，推奖以大臣之名，而世教愈乱，亦憯矣哉！

【译文】

后唐末帝李从珂篡位时，宰相冯道急忙命令准备好劝进文书，中书舍人卢导想等待太后的命令，而冯道说："行事应当务实。"这一句话，可以说让冯道一生为天地所不容的恶迹暴露无遗了。

所谓的实，是指什么呢？就是奸佞之人禽心兽行所引以为据的东西。甘心于美食，沉湎于美色，都是人之常情，也是人们以利为用的事情，这都是实。无食可吃则甩开亲兄弟的臂膀，无妻子共眠则拥搂别的姑娘共寝，这就是所谓的务实，而不为虚名所耽搁的例证。因此，道义，是人心的自我控制，而称之为名义；节操，是天理的规范，而称之为名节；教化，是圣贤之人以率性的行为方式从而展现和发挥自己的本性，而称之为名教。名的作用太重要啦！宰我因为心安理得而吃穿无拘，便称他为不仁之人；子路认为正名乃是迂腐之见，而陷于不义的境地。这两个人，也都是为了务实而把名放在次要地位，结果因为一句话的过失，便被孔子给否定了。这种情况发展到极限，曾子的儿子曾元很务实，以满足口腹和身体需要来赡养父亲，他不是能够与之一起侍奉双亲的人。圣贤之人一旦务实，就更加轻薄浅陋，残害自然物理，灭绝风俗教化。况且正当国家危亡、君王困顿的关键时刻，贪图荣华，却胆小怕死，不体恤君王、父老的死亡，而认为这是务实，没有什么来代替这个名称了。难道其罪恶会有所收敛吗？

所谓的务实，是从情理上处于不得已的境地，说的是里里外外能做的事皆穷尽了，没什么遗憾之情。这样有了实，也有了名。像卢导这样的人，内心摇摆不定而没有定力，天理不顺而没有坚守，然而幸亏他还有羞恶这一念头，不敢以臣下之身份掌管天子的废立，所以想借无太后之令来调停掩饰，稍稍掩盖其罪恶，向天下展示君主是不可随意自我予夺的，这是所谓的务实所仅存的一点正义。可是冯道却连这一点也一并去掉了，简直是不彻底减掉务实的本义而不会停止了！

唉！难道只有冯道终生迷恋其中而不知返吗？他的那句话一出口，天下之人都看着锱铢小利，求得片刻的安宁，蒙其脸面，丧其心志，上不知有君主，内不知有父母，公然以其贪鄙无赖、唯利是图、放纵欲望的性情，正告天下而不汗颜，反而欣然自得地说：我是不会为虚名所耽误的。自己的双亲死了，却委身于沟壑之中，还说我本无埋葬双亲的真实心意，就不要冒充孝顺的名义；挖了墙洞偷盗邻居家的粮食，还说我本来就有得到粮食的实情，就不要冒充廉洁的美名了。这样人类都成了禽兽，还有什么可嫌弃的呢？只求务实而不知有名的人，就像猪狗只要吃污秽肮脏之食就可以填饱肚子，也像麋鹿中的长幼公鹿与母鹿聚在一起就可以繁衍后代一样。冯道的罪恶超出了商纣王，其祸害之烈甚至超出了盗跖。

冯道死了之后，攻击和指责他的人纷纷出现，不过还从来没有人穷究其立意的错误在于务实这么一句话的。正是这个原因，晚明李贽之类的人，对他加以推崇和赞誉，称之为有担当的大臣，而世风教化更加混乱，教训也是非常惨痛的啊！

本事：《资治通鉴》卷二七九《后唐纪八·潞王》，清泰元年（934）。

一四　几事不密则害成

《节》之初九曰："不出户庭，无咎。"而夫子赞之曰："几事不密则害成。"乃所谓密者，难言之矣。缄之于心，杜之于口，筹虑既审，择老成能断之士而决之，一言而定矣。不审于此，嗫嗫嚅嚅，两三促膝，屏人窃语，夜以继日，而但不令人知其所言者何事，则戈矛丛于墙阴，猜防遍于宇内，何成之有哉？速败而已矣。

宋文帝以君臣私语彻旦不休，而逆子推刃；李从珂屏侍臣于便殿，与冯赟、卢文纪等密谈，而敬瑭速反，皆自谓密而以召祸者也。夫子固曰："乱之所由生，则言语以为阶。”窃窃然密谈尽日而不已者，非言语乎？使其言之于大廷而众闻之也，其机亦止此而已，终日言而人不知其何所云也，然后虽一欬一笑，人皆见为深机。是以两人闭户下帷，妇姑附耳之智，敌群策群力之交加，其不相敌，久矣。今日言之，他日更言之，所图度者未见之施行，则奸雄抑窥其言愈多而心愈惑，无能为也，必矣。故密者，缄之于心，杜之于口，审虑而决以一言，必不以窃窃之谈相萦聒者也。

石敬瑭之必反也，可抚而服之，一言而毕耳；可讨而定之，一言而毕耳。以廓达无猜抚敬瑭，而敬瑭无辞以起衅，以秉顺攻逆讨敬瑭，而敬瑭亦无挟以争。若疑若信，若勇若怯，计其所密谋者，皆迂疏纤曲，以茅缚虎、以油试火之术耳，而后从珂之死亡终不可救。宋昌拒周勃之请间，而中外帖然，斯则善于用密者与！

【译文】

《周易·节卦》的初九爻辞是：“守正节制，足不出门户庭院，就不会有过错。”而孔子也称赞说：“君主说话不周密就会失去臣下，臣下说话不周密就会失去自己的生命，细微小事不周密就会形成灾祸。”这里所说的周密，是很难说得清的。缄默于心，杜绝于口，筹划思虑成熟之后，选择老成持重、善谋能断的人进行决策，从而一锤定音。如果不能深刻认识到这一点，吞吞吐吐，欲言又止，或三三两两促膝谈心，或避开众人窃窃私语，夜以继日，却不让人知道他们说的什么事，就像是把戈矛等武器都放在背阴之地，却想在整个天下进行猜忌防范，会有什么成功呢？只会加速败亡罢了。

南朝宋文帝刘义隆与大臣徐湛之等窃窃私语，通宵达旦，招致逆子刘劭率叛军入宫将他惨杀；后唐末帝李从珂把身边的侍臣屏退到便殿，与冯赟、卢文纪等密谈，而石敬瑭已经迅速起兵造反，这都是自以为机密而引起的祸害。孔夫子本来就说："祸乱之所以发生，言语可以说是招致祸乱的根由。"整天密谋言谈不停的，就不是说话吗？假设让他在大庭广众中公开说话，让大家都听得到，其机密也不过如此；假若终日说个不停而别人都不知他说些什么，然后对于他的哪怕是一声叹息一次笑容，人们看见了都以为是深藏的机密。因此，两个人关上门户放下帷帐，以妇人附耳低语一般密谋的智略，要想抵挡群策群力的交加攻击，这是不能相敌的事实，已是很久的了。今天说，明天又说，所图谋预测的事还没有付诸行动，而奸佞枭雄已经窥测出他的话越多，心中对其越发困惑，这样的人不能有所作为，这是必然的。所以说机密，必须缄默于心，杜绝于口，审议思虑成熟之后用一句话作出决断，一定不能以窃窃私语相互聒噪，最终引发祸乱。

石敬瑭是必定要反叛的，可以通过安抚的方式使他服帖，一句话就完了；也可以通过讨伐的方式把他平定，一句话就行了。以廓达无猜之心抚慰石敬瑭，那么石敬瑭就没有借口挑起事端；秉持道义讨伐叛逆去征伐石敬瑭，石敬瑭也没有赖以凭借和抗争的理由。可怕的是犹豫不定，仿佛怀疑又仿佛相信，像是勇敢又像是怯懦，而纵观其密谋的策略计议，有的失之于迂腐疏阔，有的失之于细密曲折，都是些以茅缚虎、用油试火之小技罢了，因而后来李从珂的死亡下场，始终没有得到挽救。汉代宋昌拒绝丞相周勃想和代王（即后来的汉文帝刘恒）私下交谈的请求，而内外都服服帖帖，这就是善于使用机密之人吧！

本事：《资治通鉴》卷二七九《后唐纪八·潞王》，清泰二年（935）。

一五　天子非可以智力取也

刘知远之智，过于石敬瑭也远甚，拒段希尧、赵莹移镇之谋而亟劝敬瑭以反，其情可知也。当其时，所谓天子者，苟有万人之众、万金之畜，一旦蹶起，而即褎然南面，一李希烈、朱泚之幸成者而已。范延光、赵延寿、张敬达之流，智力皆出知远下，而知远方为敬瑭之偏裨，势不足以特兴，敬瑭反，而后知远以开国元功居诸帅之右，睨敬瑭之篡而即睨其必亡，中州不归己而奚归邪？呜呼！人之以机相制，阴阳取与伏于促膝之中，效死宣力，皆以自居胜地，而愚者不悟，偷得一日之尊荣以亡其族，亦可愍矣哉！

知远之于敬瑭，杨邠、郭威之于知远，一也。杨邠贪居于内，自速其祸耳。敬瑭不知倚知远为腹心，愚已甚也。

知远知邠与威之将效己，而不早为之防，事势已然，未可急图也。知远早殂，不及施菹醢（zū hǎi）之谋耳，使天假以年，邠、威之诛，岂待郭允明哉？然而树刘崇于晋阳以延其血食，则知远之智，果远过于敬瑭矣。称臣纳土于契丹，知远固争不可，亦自为计也。故缮城治兵，屹立晋阳以观变，而徐收之。李存勖之后，其能图度大谋以自立者，唯知远耳。而终不能永其祚者，虽割据叨幸之天子，亦不可以智力取也。

【译文】

后汉高祖刘知远的智力，要比后晋高祖石敬瑭高出许多，从他否决了石敬瑭幕僚段希尧、赵莹接受朝廷从太原（河东节度使）移镇郓州（天平军节度使）的建议，极力劝说石敬瑭起兵谋反，就可得知其情了。当此之时，所谓的天子，如果拥有万人之众，万金之蓄，一旦起兵造反，就可以南面称尊，成为令人颂扬的天子，就像李希烈、朱泚的侥幸成功罢了。当时朝中大将范延光、赵延寿、张敬达之流，智力都在刘知远之下，然而刘知远地位不高，仅为石敬瑭麾下的偏将，其势力不足以特别意外地兴起，可是如果石敬瑭谋反了，而后刘知远就能以开国元勋的身份位居诸位大将之上，他旁观了石敬瑭的篡位，也就等于旁观了他的败亡，中原之地不归属自己还归谁呢？唉！人们以机谋互相牵制，阳奉阴违，夺取给予都潜伏于促膝相谈之中，表面上效死宣力，实际上则是为了自居胜地，而愚笨之人不会醒悟，偷得一天尊贵荣耀而灭亡了自己家族，也够可悲的了！

刘知远对待石敬瑭，同枢密使杨邠、后周太祖郭威对待刘知远，都是一样的。杨邠贪图居于朝廷掌握重权，自然加速了他的灾祸来临。石敬瑭不知道依靠刘知远为心腹，真乃愚蠢之极。刘知远知道杨邠与郭威羽翼丰满之后将要效仿自己，却没有早做防备，等到事态发展到最后，已经无法采取措施挽救了。刘知远死得早，没有来得及施行菹醢的酷刑，假如上天再赐给他时间，杨邠与郭威的被害伏诛，难道还会等到飞龙使郭允明吗？然而他立刘崇于晋阳，来延续他的后代血脉，可见刘知远的智谋，果然要比石敬瑭高出许多。石敬瑭向契丹称臣割地，刘知远也知道不能力争，也就为自己谋划了。所以修缮城郭，整治军队，坚守在晋阳来观察时局变动，慢慢地从长计议。后唐庄宗李存勖之后，能够图谋大计自我存立的只有刘知远了。而最终也不能保全他的江山社稷长久，可见即使侥幸成功由割据一方的藩镇成为天之骄子，也是不能用智力来获取的。

本事：《资治通鉴》卷二八〇《后晋纪一·高祖》，天福元年（936）。

一六　桑维翰乃万世之罪人

谋国而贻天下之大患，斯为天下之罪人，而有差等焉。祸在一时之天下，则一时之罪人，卢杞是也；祸及一代，则一代之罪人，李林甫是也；祸及万世，则万世之罪人，自生民以来，唯桑维翰当之。刘知远决策以劝石敬瑭之反，倚河山之险，恃士马之强，而知李从珂之浅软无难摧拉，其计定矣；而维翰急请屈节以事契丹，敬瑭智劣胆虚，遽从其策，称臣割地，授予夺之权于夷狄。知远争之而不胜，于是而生民之肝脑，五帝三王之衣冠礼乐，驱以入于狂流。契丹弱而女直乘之，女直弱而蒙古乘之，贻祸无穷，人胥为夷，非敬瑭之始念也，维翰尸之也。

夫维翰起家文墨，为敬瑭书记，固唐教养之士人也，何仇于李氏，而必欲灭之？何德于敬瑭，而必欲戴之为天子？敬瑭而死于从珂之手，维翰自有余地以居。敬瑭之篡已成，已抑不能为知远而相因以起。其为喜祸之奸人，姑不足责；即使必欲石氏之成乎，抑可委之刘知远辈而徐收必得之功。乃力拒群言，决意以戴犬羊为君父也，吾不知其何心！终始重贵之廷，唯以曲媚契丹为一定不迁之策，使重贵縻天下以奉契丹，民财竭，民心解。帝昺（bǐng）崖山之祸，习为固然，毁夷夏之大防，为万世患，不仅重贵缧系客死穹庐而已也。论者乃以亡国之罪归景延广，不亦诬乎？

延广之不胜，特不幸耳；即其智小谋强，可用为咎，亦仅倾臬捩鸡徼幸之宗社，非有损于尧封禹甸之中原也。义问已昭，虽败犹荣，石氏之存亡，恶足论哉？正名义于中夏者，延广也；事虽逆而名正者，安重荣也；存中国以授于宋者，刘知远也；于当日之俦辈而有取焉，则此三人可录也。自有生民以来，覆载不容之罪，维翰当之。胡文定传《春秋》，而亟称其功，殆为秦桧之嚆矢与！

【译文】

为国筹谋却为天下留下大患的人，是天下的罪人，其中也是有差别的。祸害于一时的天下，则是一时的罪人，唐德宗时的宰相卢杞就是这样的罪人；祸害于一代的天下，则成为一代的罪人，唐玄宗时的宰相李林甫就是这样的罪人；祸害于千秋万代的天下，则成为千秋万代的罪人，有史以来当之无愧的只有五代后晋的枢密使桑维翰了。刘知远作出决策劝石敬瑭谋反夺天下，依仗着太原河山的险要、军力的强盛，并且知道后唐末帝李从珂浅软无力，不难摧枯拉朽一举平定，其计策已经确定了。可是桑维翰急忙请求石敬瑭丧权辱国，屈节侍奉契丹人，石敬瑭智力低劣、胆虚识小，很快听从桑维翰的计策，割地称臣，把生杀予夺之权奉送给夷狄之族。刘知远据理力争，也无法取胜，于是便出现了百姓肝脑涂地之景象，三王五帝时倡导的礼乐之制，都葬送到了一时的狂流之中。契丹衰弱之后，女真族趁势占领中原，女真衰弱之后，蒙古族得以兴盛南下中原，祸害没有止境，百姓都成为夷狄，这不是石敬瑭的初衷，而是桑维翰主导的。

桑维翰出身于文墨之家，是河东节度使石敬瑭的掌书记，原本是后唐的有教养的士大夫，他与后唐李氏家族有何仇恨，为什么一定要灭之而后快呢？石敬瑭对他有何恩德，为什么一定要拥戴他为天子呢？石敬瑭要死于李从珂手下，桑维翰自然有立足的余地。石敬瑭篡位成功之后，他也不会像刘知远那样随之而起乃至取而代之。桑维翰作为一个喜欢制造灾祸的奸佞小人，姑且不足以进行责斥，即使他一定想使石敬瑭家族篡位成功，也可以委托其事于刘知远这些人从而慢慢收获必定有成的大功。为什么非要力排众议，决意拥戴犬羊为君父，真不知他用心何在！始终贯穿后晋出帝石重贵一朝，掌权的桑维翰唯独以曲意献媚契丹族作为一成不变的国策，使石重贵耗费天下财富来侍奉契丹，百姓之财枯竭了，百姓之心也离散了。从此一直到南宋最后一任皇帝赵昺的崖山之祸，始终屈服于北方夷族，习惯成自然，彻底摧毁了华夷之大防，形成了千秋万代的大患，并不仅仅是让后晋出帝石重贵被俘后用绳子束缚着北上而最后客死异乡。有的评论家把亡国的罪责归于景延广，这不是诬陷之辞吗？

景延广对契丹主战却没有能够取胜，实乃不幸呀。按照他的智谋以弱敌强，即使没有实现目标，其罪过也不过是倾覆了臬捩鸡（石敬瑭之父）侥幸得来的国家社稷，对于自唐尧、虞舜、夏禹以来累世分封传承下来的中原王朝是不会有损害的。天下大义已经昭然，虽败犹荣，后晋石氏家族的存亡，还有什么值得一说的呢？端正名义于天下的，是景延广；事情虽未成功而名声正义的，是安重荣；保存中原政权进而授予宋代的，是刘知远。在当时的天下豪杰中可以取法的，也就是这么三个人值得历史记录。而有史以来，天地不容的罪恶，桑维翰首当其冲。南宋学者胡安国为《春秋》作传时，竟多次称赞他的功绩，大概是秦桧之流卖国贼的先声吧！

本事：《资治通鉴》卷二八〇《后晋纪一·高祖》，天福元年（936）。

一七　桑维翰贪宰相之位

贵奚有定哉？当世之所不能有而有之者，安富尊荣则贵也。太上以行其道，其次以席其安，其下以遂其欲，至于遂欲而已贱矣。然利在其身，施及其子孙，犹得以有其荣利，犹流俗之贵也。无此数者，当时耻与为徒，后世相传为笑，身危而如卧于棘丛，子孙转眄求为庶人而不可得，则亦无可欲之甚者，然且耽耽逐逐以求得之，其狂愚不可药已。

至贵者，天子也；其次，则宰相也。朱友贞、李从珂、石敬瑭、刘知远皆自曰吾天子也。悲夫！一日立乎其位，而万矢交集于梦寐，十年之内，幸鬼祸之先及者，速病以死，全其腰领，而子姓毕血他人之刃；其未即死者，非焚则鹹，一如犴狴（bi'àn）之戮民，待秋冬而伏法耳。刑赏不得以自主，声色不得以自娱，血胤不得以相保，贱莫贱于此焉。而设深机，冒锋刃，以求一日之高居称朕。袭优俳之衮冕，抑无其缠头酒食之利赖，夫亦何乐乎此邪？于是既号为天子矣，因而有宰相焉。其宰相者，其天子之宰相也。利禄在须臾，辱戮在眉睫，亦优俳之台辅而已矣，冯道、卢文纪、姚顗、李愚、刘昫、赵莹、和凝、冯玉之流皆是也。尸禄已久，磐固自如，其君见为旧臣而不能废，其僚友方畏时艰而不与争，庸人忘死忘辱，乘气运之偶及，遂亦欣然自任曰“吾宰相也”，无不可供人姗笑也。

虽然，犹未甚也。桑维翰一节度使之掌书记耳，其去公辅之崇既悬绝矣，必不可得，而倒行逆施者无所不至，力劝石敬瑭割地称臣，受契丹之册命。迫故主以焚死，斗遗民使暴骨，导胡骑打草谷，城野为墟，收被杀之遗骸至二十余万，皆维翰一念之恶，而滔天至此，无他，求为相而已。耶律德光果告敬瑭曰：“维翰效忠于汝，宜以为相。”而居然相矣。人恫于明，鬼哭于幽，后世有识者推祸始而怀余怒，即在当日者，刘知远、杜重威、景延广亦交诋其非，杨光远且欲甘心焉。荼毒已盈，卒缢杀于张彦泽之半组。计其徼契丹之宠，自号为相之日，求一日之甘食、一夕之安寝也而不可得，而徒以残刘数十万之生灵，毁裂数千年之冠冕，以博德光之一语。旦书记而夕平章，何为者邪？

夫维翰以文翰起家成进士，即不能如梁震、罗隐之保身而不辱，自可持禄容身、坐待迁除，如和凝、李崧之幸致三事。乃魂驰而不收，气盈而忘死，以骤猎不可据之浮荣，其实不如盛世之令录参佐也。而涂炭九州，陆沉千载，如此其酷焉。悲夫！天之生维翰也，使其狂猘（zhì）之至于斯，千秋之戾气，集于一人，将谁怨而可哉？乞者乞人之墦（fán），非是而不能饱；盗者穴人之室，非是而不能获。维翰不相，自可图温饱以终身；维翰即相，亦不敌李林甫、卢杞之掾史；即以流俗言之，亦甚可贱而不足贵，明矣。处大乱之世，君非君，相非相，揽镜自窥，梦回自念，乞邪盗邪？君邪相邪？贵邪贱邪？徒以殃万民、祸百世，胡迷不觉邪？

【译文】

富贵难道会固定不变吗？当时世界上所没有的能让他有，安富尊荣就是富贵。首先是行其道义，其次是坐定其安稳之席，再次是满足欲望，到了满足欲望这一步，已经是很卑贱的了。然而毕竟有利益系于其身，从而施恩获利于其子孙后代，还能够拥有其荣利，这就是世俗所说的富贵。如果没有以上这些好处，当时的人耻于跟随，后世传为笑柄，身处危机如同横卧于荆棘丛中，子孙后代转而想做普通百姓也无法求得，那么也没什么欲望可求的，但即使这样还沉溺其中汲汲追逐乞求得到，他们的疯狂和愚蠢，真是不可救药了。

至尊至贵的人是天子，其次是宰相。后梁末帝朱友贞、后唐末帝李从珂、后晋高祖石敬瑭、后汉高祖刘知远都自称为天子。真可悲呀！他们在天子之位一天，就会梦到万箭交集穿刺于身，十年之内，侥幸有鬼神先宠幸他们，让他们速病死亡，还能保全他的身体，而其子孙后代都为别人所杀。那些没有立即死去的，不是自焚就是被割去左耳，简直就像监狱中等待执行死刑的人，待到秋冬季节死期来临也就以身伏法罢了。刑罚、奖赏自己做不了主，声色犬马不能随意娱乐享受，后代子孙不能保其性命，再也没有比这更低贱的了。然而人们却设下深机大计，冒着利刃之风险，以求得有一天能高居尊位，向天下人称朕。然后穿着戏子似的衮冕，也没有一点酒食的利益，为何要对此乐此不疲呢？既然自称为天子，也就有宰相了。宰相，是天子的宰相。功名利禄旦夕之间可以拥有，然而耻辱杀戮同样也迫在眉睫，与戏剧表演中的宰相大臣类似罢了，冯道、卢文纪、姚顗、李愚、刘昫、赵莹、和凝、冯玉之流都是这类人。他们尸位素餐已久，地位牢固不变，君主眼看着他是旧臣不能废弃，他的同僚幕友也害怕世事艰险不愿与之争斗，这些庸人忘却了生死与荣辱，趁着一时偶得的运气，就欣欣然自夸说“我是宰相”。这些人没有不被后人嘲讽耻笑的。

即使这样，也不是最过分的。桑维翰只不过是河东节度使石敬瑭的一名掌书记罢了，距离宰相的崇高地位可以说是天地悬隔，根本不可能得到的，但是这位倒行逆施丧心病狂的人，内心的欲望无所不至，他极力劝说石敬瑭割地称臣，接受契丹的册命。逼迫他的旧主自焚而亡，征战使百姓尸骨暴露于荒野，引导契丹铁骑掳掠民间财物，从而导致北方城乡遍地废墟，收敛的被杀遗骸达二十多万具。这都是桑维翰一念之恶所造成的滔天罪行，没有别的原因，只是为了求得宰相的官位罢了。辽太宗耶律德光果然告诉石敬瑭说："桑维翰效忠于你，适宜作为宰相。"居然就这样当上了宰相。人们在世间经受哀痛恐惧，鬼神在阴间蒙冤哭泣，后来的有识之士追溯其祸端的缘起，而心头余怒未消，即使在当时之世，刘知远、杜重威、景延广也都斥责、辱骂过他的罪恶，杨光远甚至要杀了桑维翰才甘心。等到桑维翰恶贯满盈，最后为叛将张彦泽所缢死。算算他得到契丹的恩宠，自称为宰相的时候，就连求得一天的甘食、一夕的安寝也不能，只会以残杀数以十万计的生灵，毁坏数以千年来的礼仪传统，来博得耶律德光的一句话。早上还是节度使的书记官，晚上便成了平章政事的宰相，这是为了什么呢？

桑维翰以文章起家，成了进士，即使不能像梁震、罗隐那样保全自己而不受屈辱，依然可以得以俸禄保全自身，坐等升迁，像和凝、李崧一样，侥幸获得三公（司徒、司空、司马）的高位。可是他却魂魄飞驰，欲望无限，志得意满，忘死求利，想要骤然得到不可占据的浮华和荣宠，其实还不如盛世之时的县令、录事参军以及幕僚小官的待遇。然而，却因此而招致九州生灵涂炭、国土千载陆沉，历史教训是如此的残酷。真是可悲啊！天生了一个桑维翰，让他疯狂到了这一步，千秋的暴戾之气集中到一个人身上，这能怪罪于谁呢？乞丐乞讨于别人的坟墓之间，不这样他不能得以温饱；盗贼窃入别人的居室，不这样不能偷窃到财富。桑维翰如果不当什么宰相，自然可以图得一生温饱，终身无忧；桑维翰当了宰相，也敌不过唐代奸相李林甫、卢杞身边分曹治事的属官。即使用流俗之言来评价他，也真是下贱之极，谈不上尊贵，这是显而易见的。处在大动乱的时代，君主不像君主，宰相不像宰相，拿着镜子自己看自己，就像从梦境中回到现实，不由得自己念叨，是乞丐呢，还是盗贼？是君主呢，还是宰相？是贵族呢，还是贱民？结果只是白白地祸国殃民，贻害百世，为什么沉迷其中而不觉醒呢？

本事：《资治通鉴》卷二八〇《后晋纪一·高祖》，天福元年（936）。

卷三十

明刻本《三才图会》中的后晋高祖石敬瑭画像

【题 解】

本卷评论五代后期后晋、后汉、后周的历史，仅五代下一目，共二十六则。

石敬瑭以割让燕云十六州、认契丹耶律德光为父而窃取帝位，建立后晋，“君非君，将非将，内叛数起，外夷日逼，地蹙民穷”，不知治理为何物，王夫之认为他与张邦昌、刘豫的傀儡政权相类，甚至比不上安禄山、黄巢之流。

对于建立后汉的刘知远，王夫之认为其器量和见识远超石敬瑭，他“持重以待变”“摈契丹以全中夏”，是五代时期具有志向谋略而接近豪杰的唯一一人。而后汉之所以得国而速亡，是因为既没有牢固不可拔的宗室力量，也缺乏居中为宰辅的拥戴大臣，而隐帝刘承祐擅杀权臣加速其灭亡的过程，也是天下逐渐走向安宁的开端。

郭威建立后周，“取宫中宝器悉毁之”以正人心、端好尚，值得肯定；而其禁车船运粜淮南则重困其民，不足以兴；其制定法令，虽有不善，贤于无法；其诛贬王殷、王峻等权臣，对强化军权、改变唐代以来强臣拥兵自重的局面具有重要意义。对于周世宗柴荣，王夫之赞赏其有平一天下之志，“愈于夷盗之流”，所以称为“周主”。关于周世宗南伐北征及其统一策略，与宋初先南后北的统一策略相比大同小异、互有得失，但其先收复幽燕而后及于河东，却远胜于宋人先攻河东却置幽燕于不顾的方略，因而对其英年早逝感到痛惜，认为天假之年，有望底定中原。对于周世宗裁损佛教寺院僧尼和确立二税征收期限等政策均予以高度认同。

五代下

自石敬瑭称号之年起。

一　石敬瑭认贼作父

契丹之于石敬瑭，为劳亦仅矣。解晋阳之围败张敬达者，敬达师老，而无能如晋阳何也。敬瑭南向，而耶律德光归，河南内溃，张彦泽迎敬瑭以入，初未尝资契丹之力，战胜以灭李氏而有之。且德光几舍敬瑭而立赵德钧，其待敬瑭之情，亦不固矣，曾不如突厥之于唐也。乃敬瑭坚拒众议，唯桑维翰之是听，以君父戴之，而为之辞曰信义也。呜呼！敬瑭岂知人间之有信义者哉？

古今逆臣攘夺人国者，类有伟伐以立威，而后人畏以服从而不敢动。无大功而篡者，唯萧道成、萧衍与敬瑭而已。然道成、衍遇淫昏之主，臣民不保其死，于是因众怨以兴，而为节俭宽容之饰行以结纳中外之心，天下且属心焉。李从珂无刘子业、萧宝卷之淫虐，敬瑭一庸驽之武人，杳不知治理为何物，资妇势以得节钺，其据一隅以反也，自唐季以来，如梁崇义、刘稹之徒，无成而悬首阙下者非一矣，敬瑭幸得不伏其辜耳。在位八年，固无一言之几道、一政之宜民，其识量之不足以服人，自知之，桑维翰亦稔知之，即与之四海一王之天下，亦不能一朝居，而况此岌岌摇摇、不宁不令之宇，仅守国门以垂旒乘辂哉！故甫篡位而范延光、张从宾、符彦饶、李金全、安从进、安重荣蜂起以争，杨光远、张彦泽杀人于前而不能诘，刘知远且挟密谋以俟时而动，敬瑭盖惴惴焉卧丛棘之上，不能自信为天子也。

德不可恃，恃其功；功不可恃，恃其权；权不可恃，恃其力；俱无可恃，所恃以偷立乎汴邑而自谓为天子者，唯契丹之虚声以恐喝臣民而已。故三镇继起，张皇欲窜，而刘知远曰："外结强虏，鼠辈何能为？"则契丹以外，敬瑭无可依以立命也可知矣。张从宾将逼汴州，从官汹惧，而桑维翰神色自若，夫岂有谢傅围棋之雅量哉？心目之间，有一契丹隐护其脰（dòu）领耳。而藉口曰信义，将谁欺乎？惟其无以自主而一倚于契丹，故人即持其长短以制之。赵延寿、杜重威皆效之，而国以亡，血胤以斩，则维翰之谋，适以促其绝灭而已矣。敬瑭之窃位号也，与张邦昌、刘豫也正等，又出于安禄山、黄巢之下，宋人奖之以绍正统，无惑乎秦桧之称臣构而不怍也。

【译文】

后晋高祖石敬瑭得以篡位称帝，契丹几乎没有怎么帮助他。至于说解救晋阳（今山西太原）之围打败张敬达，是因为张敬达的军队已经疲惫不堪，对晋阳已经构不成什么威胁了。石敬瑭向南进军，而耶律德光却北归了，这时盘踞中原地区的后梁政权内部崩溃，大将张彦泽本来是石敬瑭的亲家，就倒戈把石敬瑭迎了进来，因此说当初石敬瑭并没有借助契丹的力量来灭亡李氏的后唐并取而代之。再者，耶律德光当初差一点舍弃石敬瑭而立赵德钧，他对待石敬瑭的感情，也不稳固，还不如突厥对唐朝那么忠心。但是石敬瑭坚决拒绝众位大臣的意见，只听从桑维翰一个人的，拥戴契丹为君为父，而自己称儿称臣，还美其名曰遵守信义。唉！石敬瑭这样的衣冠禽兽难道也知道人间还有信义吗？

古往今来，通过篡位夺取别人国家社稷的那些逆臣，大多是凭借他们曾经显赫的战功来树立威信，而后使人畏惧服从而不敢反抗。没有立过大功而篡夺帝位的人，只有南朝齐武帝萧道成、南朝梁武帝萧衍与五代后晋高祖石敬瑭。但萧道成、萧衍都是遇到了荒淫、昏庸的君主，其臣民都不愿尽力拥戴和保护他，所以二萧借着众人的怨愤起兵反叛，他们称帝后以节俭宽容的行为来结交中外、笼络人心，使天下人都拥戴和保护他们。后唐末帝李从珂并没有南朝宋前废帝刘子业、南朝齐东昏侯萧宝卷那么荒淫残暴，石敬瑭不过是一个平庸且才能低下的武夫，根本不知道治理国家是怎么回事，只凭借着后唐明宗李嗣源的女婿这样一个势力才得到持节统兵的职位，而后割据一方进行反叛，自唐朝末年以来，像梁崇义、刘稹这类人由于反叛失败而被杀头示众的人很多，但是石敬瑭却侥幸逃脱了认罪伏法、死有余辜的命运。他称帝建国之后在位八年，根本就没有说过一句近乎道义的话，没有做过一件对人民有益的政事，其见识器量不足以让人信服，他自己是很清楚的，桑维翰也同样清楚地知道。即使给他一个统一天下的皇位，他也不一定能安居其位一天，更何况现在面临的又是如此岌岌可危、摇摇欲坠、动荡不宁、有令不行的天下，他只不过是仅仅守住国门、穿上皇帝的服饰、乘上皇帝的车驾罢了！所以他刚刚篡位的时候，大将范延光、张从宾、符彦饶、李金全、安从进、安重荣这些人都蜂拥而起与他相争，杨光远、张彦泽在他面前杀人他也不敢责问，而刘知远也怀有密谋待机而动。石敬瑭整日惴惴不安好像躺在丛生的荆棘上一样，不敢相信自己是天子。

德行不足以依靠，就依靠功劳；功劳不足以依靠，就依靠权势；权势不足以依靠，就依靠自己的力量；如果德行、功劳、权势、力量都不足以依靠，那只能在古都汴梁（今河南开封）苟且偷安，自称为天子，从而依靠契丹势力来虚张声势、恐吓镇压自己的臣民罢了。所以当后晋窃国之初，魏州、潞州、洛阳三镇相继起兵反叛的时候，石敬瑭就张皇失措地想逃跑避难，这时刘知远说：“我们和强大的契丹相连结，那些鼠辈能有什么作为?”可见除了契丹，石敬瑭已经没有什么别的力量可以依靠来安身立命了。张从宾将要逼近汴梁的时候，随从官员群情汹汹，都很惊惧，只有桑维翰神色自若，难道他具有谢安临敌镇定、从容围棋的雅量吗？其实没有，只不过在他心目之中，背后有契丹隐隐护住他的脖颈罢了。但是他还要强说自己最讲信义，这是在欺骗谁呀？正是因为他们没有一点自主能力而一切依靠契丹，所以人们就能抓住他的这个短处来制约他。赵延寿、杜重威因为都是效仿石敬瑭的做法，所以他们也是国家被灭亡，他们的后代被斩杀，所以说桑维翰的计谋，恰恰促使他们尽快灭绝亡国罢了。石敬瑭的篡权称帝，和北宋末年的张邦昌、刘豫汉奸政权是一样的，还不如安禄山、黄巢。宋人褒奖他，以后晋承继隋唐以来的正统，无异于南宋时期秦桧降金、代表宋高宗赵构向金国称臣，心中却不感到惭愧。

本事：《资治通鉴》卷二八〇《后晋纪一·高祖》，天福元年（936）。

二　士可杀不可辱

《礼》曰："刑不上大夫。"古之大夫，方五十里之国，有三人焉，次国倍之，大国四之。周千八百国，计为大夫者万人以上，盖视汉之亭长，今之仓巡驿递耳。而不以刑辱之，则所以养廉隅而厚君子小人之别至矣。天下恶得而不劝于善邪？

刑者，非大辟之谓也，罪在可杀，则三公不贷其死，而况大夫？唯是宫、刖、劓、墨之刑，不使夷于小人，褫衣而残肢体耳。汉以杖代肉刑，则杖之为刑亦重矣哉！匍伏之，肉袒之，隶卒之贱凌蹴而棰之。于斯时也，烦冤污辱之下，岂复有君子哉？王昶之僭号于闽也，淫虐不拟于人类，其臣黄讽诀妻子以进谏，不恤死也。至于昶欲杖之，则毅然曰："直谏被杖，臣不受也。"昶不能屈，黜之为民。充讽之志，岂黜是恤哉？触暴人而死，则死而已矣，而必不受者辱也。于此而知后世北寺之狱，残掠狼藉，廷杖之辱，号呼市朝，非徒三代以下虐政相沿，为人君者毁裂纲常之大恶。而其臣惜一死以俯受，或且以自旌忠直，他日复列清班为冠冕之望者，亦恶得而谢其咎与？

"士可杀不可辱"，非直为君言，抑为士言也。高忠宪公于缇骑之逮，投池而死，曰："辱大臣即以辱国。"韪矣。立坊表以正君臣之义，慎遗体以顺生死之常，蔑以尚矣。其次则屏居山谷，终身不复立于人之廷可也。士大夫而能然，有王者起，必革此弊政，而明盘水加剑之礼，人道尚足以存乎！

【译文】

《礼记·曲礼》上说："庶人没有资格受到礼遇，而大夫却有特权不受刑罚。"古代不受刑罚的大夫，方圆五十里的诸侯国，有三人，中等的诸侯国，有六个，而大的诸侯国就会有十二个。周朝有一千八百多个诸侯国，算起来大约有大夫一万个以上，大体相当于汉代的亭长，或者是现今的巡视仓储、驿递的小吏罢了。就连这样的小官犯罪，也不用刑罚来屈辱他们，古圣先王涵养人们端方不苟的高尚品德、看重君子和小人的差别，可以说无微不至。这样，天下人怎么会不学好、不向善呢？

刑罚，并不是指大辟这样的死刑重罪，如果罪大恶极要杀头，那么即使是三公这样的大官也不能被宽恕，更别说那些大夫了。只有宫刑、刖刑、劓刑、墨刑，这些刑罚不是要毁灭罪犯的身体，只是剥开他们的衣服、摧残他们的肢体罢了。汉朝的时候用杖刑代替肉刑，可见杖刑作为惩罚的手段也是很重的了！受刑的人趴在地上，脱去衣服，隶卒很蔑视地将他踩在脚下用鞭子抽打。在这个时候，在这样冤屈与侮辱之下，难道还会有所谓君子形象吗？五代闽康宗王昶弑君篡位称帝于福建，荒淫无道，惨绝人寰，谏议大夫黄讽与妻儿诀别之后从容前去进谏，不考虑会被杀死。但是等到王昶要对他使用杖刑的时候，他却毅然说："我因为直言进谏被处以杖刑，我不愿接受这样的刑罚。"王昶不能让他屈服，就把他削职为民。如果满足黄讽的志向，难道他会怜惜被罢官吗？触犯了残暴的君主而被杀死，死就死了，而必定不能接受的就是侮辱。由此可知，后世的所谓北寺之狱（东汉隶属黄门署拘禁将相大臣的监狱），到处残酷拷打、血肉狼藉，犯人承受廷杖的屈辱，奔走呼号于朝堂之上，这不仅仅是夏、商、周三代以来暴虐统治相互沿袭的后果，也是君主违背乃至毁灭封建伦理纲常的大恶行径。可惜的是，那些将相大臣怜惜一死而甘愿俯首顺从、屈身受辱，有的人甚至以此来标榜自己的刚直忠正，希望以后能再次位列清班，成为天下士大夫的代表，怎么会忏悔、承认他们的罪过呢？

《礼记》上也说过："士大夫宁可被杀死，也不愿意受到侮辱。"这句话不只是对君主而言的，也是对那些士大夫说的。明代东林党领袖高攀龙（谥忠宪）在被锦衣卫逮捕过程中，不甘屈辱，投水而死，并且说："侮辱大臣，就是侮辱国家。"他说的很对。设立牌坊华表，是用来纠正君臣的大义，保全遗体是为了顺应生死的规律，这都是无可比拟的大事。退而求其次，士大夫还可以隐居在山谷中，终身不再立于大庭广众之间，这也是可以的。士大夫能够做到这些，那么当有能成就王者大业的人出现的时候，他们是一定会革除这种弊政，从而申明大臣盘水加剑（汉代大臣受到皇上谴责，以盘盛水，加剑其上，表示甘愿请罪，接受裁决自杀）的礼仪，这样天下的大道才能够存在啊！

本事：《资治通鉴》卷二八一《后晋纪二·高祖》，天福三年（938）。

三　刘知远用子罕专宋故智

刘知远之图度深密也，石敬瑭其几俎间物耳，恶足以测之哉！始而决劝敬瑭以反，为己先驱也。三镇兵起，敬瑭问计，而曰："陛下抚将相以恩，臣戢士卒以威。"盖子罕专宋之故智也。

自唐以来，人主之速趋于亡者，皆以姑息养强臣而倒授之生杀之柄，非其主刚核过甚而激之使叛也。今欲使敬瑭以呴沫之仁假借将相，则当时所宜推心信任、恣其凌轹而不问者，莫知远若矣。恩遍加于将相，而可独致猜防于知远乎？柔而召侮，躁人先凌之，以乱其心志。故安重荣之流，急起以疲敬瑭之力，知远乃乘其后席卷而收之已耳。威移于己，则三军所畏服者，知有知远而忘有敬瑭；戢兵以卫民，则百姓所仰戴者，不感敬瑭而唯感知远。兵从令而民归心，故可以安坐晋阳，而俟契丹之倦归，以受人之推戴。此知远之成算，使敬瑭入其中而不觉者也。藉令石重贵而不为契丹之俘虏邪？亦拱手而授之知远尔。

傲岸不受平章之命，重为其主之疑怒，而赵莹为之拜请，感其恩抚大臣之言也。敬瑭忍怒而使和凝就第劝谕，假借之恩宠者已素，而威不足以张也。范延光、杨光远、张彦泽骄横以速石氏之亡，知远收之也不待劳矣。契丹中起而乱之，故知远之得之也难。当桑维翰献割地称臣之计，知远已早虑之矣，虑己之难乎其夺之竖子之手也。而卒能自保，以逐夷而少息其民。故自朱温以来，许其有志略而几于豪杰者，唯知远近之矣。

【译文】

后汉高祖刘知远的图谋是经过深思熟虑的，而后晋高祖石敬瑭差不多就像是别人案板上任人宰割的肉，怎么能够猜测到刘知远的图谋！一开始刘知远决定劝说石敬瑭谋反，只是让他做自己的先驱。等到后来三镇相继起兵反抗石敬瑭的时候，石敬瑭曾向刘知远问计，刘知远说：“陛下用您的恩惠来抚慰那些将相，我用威望使士卒听命。”这大概就是袭用春秋时代子罕专擅宋国朝政的计谋。

自唐朝以来，君主之所以迅速趋于灭亡，都是因为姑息纵容强臣并且授予他们生杀大权，并不是皇帝的过于刚愎自用而激起臣子的反叛。如今想让石敬瑭用相互抚慰救助的假仁假义来对待将相大臣，那么当时所应推心置腹、相互信任、听任其威逼欺凌而不加责问的，没有像刘知远这样的人了。对待将相大臣普遍施以恩惠利益，难道能单独猜忌和防范刘知远一个人吗？性格过于柔弱就会招致侮辱，性情暴躁的人就会首先凌辱他，从而扰乱他的心志。所以安重荣这类人都急急忙忙地起兵反叛，从而削弱了石敬瑭的力量，于是刘知远乘机以席卷之势取得了政权。把威望转移到自己身上，那么三军所畏服的就是刘知远而不是石敬瑭了；整顿军队来保卫人民，那么百姓所仰慕拥戴的是刘知远而不是石敬瑭。士兵听命，百姓归心，所以刘知远就可以安稳地坐镇晋阳，等到契丹筋疲力尽回到北方的时候，他就可以接受百姓拥戴篡位称帝了。这些都是刘知远早已盘算好的计谋，让石敬瑭进入他的圈套还觉察不出来。假使后晋出帝石重贵没有成为契丹的俘虏，他也会拱手把政权让于刘知远。

刘知远高傲自负，不接受平章政事的任命，因过分而引起君上石敬瑭的猜疑甚至发怒，幸亏宰相赵莹出面替他求情，这是感谢刘知远曾经有过以恩惠抚慰将相大臣的建议。石敬瑭强忍愤怒，派大臣和凝到刘知远府中去慰问和劝说，但是因为石敬瑭一贯对大臣施以恩宠，所以他的威严也无法得以伸张开来。大将范延光、杨光远、张彦泽的骄横跋扈加速了石敬瑭政权的灭亡，刘知远乘机接收这个天下家国一点儿也不费力气。契丹入侵中原使中原大乱，所以刘知远想得中原也不容易。当桑维翰向石敬瑭献上割地称臣的计策时，刘知远早就考虑到了，他考虑的是从这些人手中夺取政权的困难，最终还要能够自保，从而驱逐契丹势力，并使人民得以休养生息。所以自朱温篡唐称帝以来，可以称得上具有志向和谋略的英雄豪杰的，只有刘知远较为接近。

本事：《资治通鉴》卷二八二《后晋纪三·高祖》，天福四年（939）。

四　南唐息兵固国之图

石氏之世，君非君，将非将，内叛数起，外夷日逼，地蹙民穷，其可掩取之也，八九得也。江南李氏之臣，争劝李昪出兵以收中原，而昪曰："兵之为民害深矣！不忍复言。彼民安，吾民亦安。"其言，仁者之言；其心，量力度德保国之心也。盖杨行密、徐温息兵固国之图，昪能守之矣。

兴衰之数，不前则却。进而不能乘人者，退且为人所乘。图安退处，相习于偷，则弱之所自积也。李氏惟不能因石氏之乱而收中原，江、淮之气日弛，故宋兴而国遂亡，此盖理势之固然者；而揆之以道，则固不然。若使天下而为李氏所固有，则先祖所授，中叶而失之，因可复收之机，乘之以完故土，虽劳民以求得，弗能恤也，世守重也。非然，则争天下而殄瘁其民，仁人之所恶矣。徐知诰自诬为吴王恪之裔，虽蒙李姓，未知为谁氏之子，因徐温而有江、淮，割据立国，义在长民而已。长民者，固以保民为道者也。社稷轻而民为重，域外之争夺，尤非其所亟矣。以匹夫奄有数千里之疆，居臣民之上，揣分自全，不亦量极于此乎？苟为善，后世子孙以大有为于天下者，天也；如其弱不足立而浸以亡者，亦天也；非可以力争者也。李昪于是而几于道矣。当其时，石敬瑭虽不竞，而李氏诸臣求可为刘知远、安重荣之敌者，亦无其人。陈庆之乘拓拔之乱以入洛阳，而髡发以逃；吴明彻乘高齐之亡以拔淮北，而只轮不返；皆前事之师也。即令幸胜石氏，而北受契丹之勍（qíng）敌，东启吴越之乘虚，南召马氏之争起，外成无已之争，内有空虚之害，江、淮亘立于中以撄众怒，危亡在旦夕之间，而夸功生事者谁执其咎乎？故曰量力度德，自保之令图也。

其仁民也，虽不保其果有根心之恻悱，而民受其赐以延生理，待宋之兴，全父老、长子孙、受升平之乐，不可谓非仁者之泽矣。《诗》不云乎？“民亦劳止，汔可小康。”人之情也，劳不可堪也，死愈不忍言也。杨行密、徐温、李昪予民以小康，可不谓贤哉？高季兴之猥也，天下笑其无赖，而视王曦、刘龑之贼杀其民以自尊愈矣；况江南之奠残黎，使安枕于大乱之世，数十年民不知兵也乎！

【译文】

后晋高祖石敬瑭父子统治中原的时候，可以说君主不像君主，将军也不像将军，内部叛乱不断，外面还有契丹的威逼，国家版图狭小，人民贫穷困顿，如果这个时候派兵攻打，十之八九会得胜。地处江南的南唐政权李氏的臣子都极力劝说先主李昪出兵收取中原，而李昪却说：“打仗给人民造成的灾难太大了，我不忍心轻言战争。他们的人民安居乐业，我国的人民也都可以安居乐业。”李昪的话，可以说是仁者说的话；他的用心，可以说是估量实力、衡量德行从而保全国家的良苦用心。大概杨行密、徐温以来息兵罢战、固本强国的既定国策，只有李昪能够一直遵守保持下来。

然而兴衰成败有其一定的规律，如果不是勇往直前，就会面临退却。该前进时不能乘人之危一举战胜，到了退却的时候就会被别人所乘，落得个失败的下场。如果图谋安定，退守自保，习惯得过且过，这就会使国家越来越弱。南唐李氏不能乘石敬瑭父子祸乱中原的有利时机进攻并收复中原，从而使江、淮人民的士气日益松懈，所以当宋朝兴起的时候他的国家就被消亡了，这是理所当然的。但是如果用道义来衡量，那就不是这样的。假使天下是李氏所固有的，那么国家是先祖传授下来的，到中叶的时候又失去了，于是借着可以收复的时机，乘机统一故土，虽然取得这些土地要劳民伤财，也是不能顾惜和怜悯的，因为夺回祖先所留下的基业是最重要的。如果不是这样，那么因为争夺天下而使人民陷入贫困灭绝的境地，这是仁人志士所深恶痛绝的。徐知诰自己伪称是吴王恪的后裔，虽说也冒充李姓，但其实自己也不知道姓什么，依靠徐温为养子才拥有了江、淮之地，割据一方建立国家，抚养人民才是他的根本任务。抚养人民，自然要以保全民生作为根本道义。国家社稷的安危应放在次要地位，而把人民生活放在首位，至于国家地域以外的争夺，尤其不是他所亟待从事的。如果让一个平常人拥有数千里的疆域，高居于臣民之上而自称天子，揣度自己的本分，保全自己的力量，不是也只能做到这些吗？如果做得好，那么后世子孙能够大有作为于天下，这是天命；如果后世子孙非常软弱，国家政权渐趋衰微以至于灭亡，这也是天命，天命所在，是不可以力争的。南唐先主李昪选择这样做，可以说几乎接近于道义了。当此之时，石敬瑭虽然不足以与他竞争，但李昪手下的大臣中，也没有一个能力可以和石敬瑭的部下刘知远、安重荣相匹敌的。南朝梁将陈庆之乘着拓跋氏入侵中原的时机占领洛阳，结果是剃成胡人的发型败逃而归；南朝陈将吴明彻乘着高齐亡国的时机攻占淮北，结果却全军覆没，这些都是前世的教训。即使他侥幸战胜了石氏，但是北面还有契丹这样的强敌，东面的吴越还有可能乘虚而入，南面可能招致马氏政权的争战，这样的话，外部形成没完没了的争夺，而内部也造成空虚的危害，本来南唐拥有江淮、横贯中原就容易触犯众怨，国家危亡只在旦夕之间，那些夸功生事的大臣谁能承担这个责任呢？所以说估量实力、权衡德行，是自我保全的好办法。

对人民实行仁政，虽然不能保证人民没有什么别的可担心的，但是人民承蒙其恩赐而得以延长生命、休养生息，等到宋朝兴起之后，可以保全父老，抚养子孙，享受盛世升平的和乐，不能说这不是仁义之人的恩惠。《诗经·民劳》不是说吗：“老百姓也太辛苦，应该稍稍得享安乐了。”这都是人之常情，太过辛劳不能忍受，死难就更不忍心诉说了。杨行密、徐温、李昇能够给江南的人民带来小康生活，怎么不可以称为贤明呢？荆南高季兴的鄙陋，让天下人都嘲笑他无赖，但是比起闽王王曦、南汉王刘龑之流屠杀其民而自居尊位的行为，似乎要好得多。何况南唐李氏安定残存的百姓，使他们在大动乱的年代里得以安享太平生活，数十年不知道有战争威胁呢！

本事：《资治通鉴》卷二八二《后晋纪三·高祖》，天福六年（941）。

五　江南按田定税

江南李氏按行民田之肥瘠以定税，凡调兵兴役、非常事而猝求于民者，皆以税钱为率。宋平江南，承用其法，延及于今，一用此式，故南方之赋役所以独重，此《春秋》所谓用田赋也。

古者以九赋作民奉国，农一而已，其他皆以人为率。夫家之征，无职事者不得而逸。马牛车器，一取之商贾，役，则非士及在官者，无不役也。是先王大公至正、重本足民之大法，万世不可易者也。是故民乐有其恒产而劝于耕。苟非力不任耕、世习工贾者，皆悉安于南亩。无弃土，无游民，不俾黠巧惰淫者，舍其先畴以避征徭，而坐食耕夫之粟。民食足而习驯，无或冻馁流离而起为巨寇。财足用，器足修，兵足使，而夷狄不能为患。其为天下利亦溥矣哉！今变法而一以田税为率，已税矣，又从而赋之。非时不可测度之劳，皆积堕于农。而计田之肥瘠以为轻重，则有田不如无田，而良田不如瘠土也。是劝民以弃其恒产而利其莱芜也。民恶得而不贫，恶得而不堕，恶得而不奸，国恶得而不弱，盗贼恶得而不起，戎狄恶得而不侵哉？故自宋以后，即其全盛，不能当汉、唐之十一，本计失而天下瘠也。

夫有民不役，而役以田，则等于无民。据按行之肥硗（qiāo），为不易之轻重，则肥其田者祸之所集，而肥者必硗。有税有役，则加于无已，而无税则坐食游闲之福，民何乐而为奉上急公之民？悖道拂经之政，且有甚于商鞅者。乃相承六百年而不革，无他，君偷吏窳，据地图税籍而易于考索。若以人为登耗，则必时加清理以调其损益，非尽心于国计民生者不能也。简便之法，易以取给，而苟且以自恣。不知天子之允为元后父母，命官分职，以共天职，将何为邪？王者起而厘正之，莫急于此矣！

【译文】

南唐李氏政权考察度量民田的肥瘠好坏来确定收税标准，凡是调动军队、征派劳役的事情，以及因为突发非常情况而临时有求于民的事情，都是以税钱作为标准。宋朝讨平江南之后，继承和沿袭了这个方法，一直沿用到今天，都是使用这样一个标准，因此江南地区的赋役就显得尤其沉重，这就是《春秋》一书中所说的“用田赋”（前483年鲁卿季康子推行按田地多少征收军赋）。

上古时候，百姓给国家缴纳的赋税有九项，农赋即田赋，土地税只是其中之一罢了，其他赋税都以人口为征收的标准。国家征发徭役，凡没有职务的人都不能逃脱徭役。马牛车器，都从商贾那里取得。徭役，除了读书人和做官的，其余人都要服役。这是先王大公至正，重视农业使百姓丰衣足食的根本制度，万世不能更改的。所以凡有恒产的百姓都要勉励他们进行农业生产，如果不是因为体力不行而不能耕种以及世代经商的人，都应进行农业生产。没有荒田，没有游民，不让那些狡猾懒惰的人舍弃祖先的产业逃避徭役，坐食农民辛勤种得的粮食。人民有充足的食物就会安居乐业，就没有人因为冻饿流离失所而沦为强盗了。财物够用，器具充足，兵士善于作战，那么外族就不敢来侵犯我们，这就给国家带来很大利益啊！如今变法之后只以田税作为标准，缴纳赋税之后，接着还有徭役。当时是不能估计的，这样做的后果是把各种负担都集中到了农业生产上。用田地的肥瘠来判断征税的多少，那么有田还不如无田，良田还不如坏田。这是让人民放弃恒有的产业去经营荒地。这样做人民怎么会不贫穷，怎么会不堕落，怎么会不变得邪恶，国家怎么会强盛，盗贼怎么会不造反闹事，外族怎么会不侵略我们呢？所以自宋代以后，即使是在全盛时期，国家的力量也不如汉唐的十分之一，这是放弃农业的根本地位，才使天下陷入贫困的。

拥有百姓却不按照人口来负担赋税劳役，反而按照拥有田地的多少来征收赋税和派发徭役，这就和没拥有百姓一样。按照田地的肥沃贫瘠作为不变的征收标准，那么整治田地使其肥沃的人家就会因此得祸而加重负担，所以肥沃的田地也必然会变成贫瘠的土地。承担赋税和徭役的人们，就会无休止地增加负担，而没有赋税徭役负担的人就会坐食终日、游手好闲地安享清福，这样的话还有谁愿意作为急公好义、侍奉官府的良民呢？这种违背道德、悖逆伦常的政策，更有甚于商鞅的变法。前后相继沿用了六百年都没有变革，没有别的原因，就是因为君主苟且偷安，官吏懒惰懈怠，根据田地图籍、赋役档案作为标准，便于考察检索。如果以人口登记及其不时的新增或损耗作为标准，那就必须经常调查清理以便调整损益，如果不是为了国计民生尽心竭力办事的人就不能做得到。简便之法，容易操作，便得过且过，甚至随心所欲，为所欲为。不知道天子作为一国之君、民之父母，任命官吏，分别职责，共同担负起管理政事、安定民生这些上天赋予的责任，他们都是如何作为的呢？后世那些称王称帝的人崛起之后，所要清理和订正的典章制度，没有比这更紧急的了。

本事：《资治通鉴》卷二八二《后晋纪三·高祖》，天福六年（941）。

六　后晋之亡不在景延广

景延广抗不称臣，挑契丹之怒，而石晋以亡，古今归罪焉，流俗之论无当于是非，若此类者众矣。

石氏之亡不亡，奚足为有无哉？即以石氏论，称臣称男，责赂无厌，丑诟相仍，名为天子，贱同仆隶，虽得不亡也奚益？重敛中国之所有，以邀一日之欢，军储不给而军怨于伍，流离载道而民怨于郊，将吏灰心，莫为捍卫，更延之数年，不南走吴、楚以息肩，则北走契丹以幸利，一夫揭竿而四方瓦解，石氏又恶保其不亡乎？石氏之亡，桑维翰实亡之，而奈何使延广代任其咎也！

称臣、割地、输币之议，维翰主之，敬瑭从之，二人以往，唯依阿苟容之冯道、安彦威而已。刘知远已异议于早，吴峦、王权或死或贬而不甘为之屈，安重荣则不难刭敬瑭之首、刲（kuī）心沥血以谢万世者也。延广与知远对掌马步、为亲军之帅，知远怀异心以幸其败而不力争，延广扶孱主以耻其亡而独奋起，延广之忠愤，虽败犹荣，而可重咎之以折中国生人之气邪？

夫契丹岂真不可敌而以鸿毛试炉火哉？敬瑭所倚以灭李氏者，徒晋阳解围一战耳。又张敬达已老之师也，遇险而惧，不敢渡河而返。从珂自溃，非胡骑之果能驰突也。杨光远诱之，赵延寿导之，而中国水旱非常，上下疲于岁帑，乃敢举兵南向。然且伟王败而太原之兵遁；石重贵自将以救戚城，而溺杀过半，恸哭而逃；高行周拒之于澶洲，而一战不胜，收军北去；安审琦救皇甫，遇慕容彦超于榆林店而自惊以溃；阳城之战，符彦卿一呼以起，倾国之众，溃如山崩，弃其奚车，乘驼亟走。当是时也，中国之势亦张矣；述律有蹉跌何及之惧，气亦熸矣。而延广罢去，留守西京，悲愤无聊，唯自纵酒。桑维翰固争于重贵，复奉表称臣以示弱，然后孙方简一叛，大举入寇，而重贵为俘。由此观之，契丹何遽不可拒？延广何咎？而维翰之贻害于中国，促亡于石氏，其可以一时苟且之人情，颂其须臾之安，而贳其滔天之罪哉？

韩侂胄挟鹰犬之功，杀忠贞，逐善类，恶诚大矣，而北伐非其罪也。成败，天也；得失，人也；或成而败，或败而成，视其志力而已。宋即北伐而小挫，自可更图后效。乃以挑衅渝盟为侂胄之罪，然后人心靡，国势颓，至于亡而不复振。故延广逐而石氏之亡决，侂胄诛而赵宋之衰成。身为大帅，知有战而不知有降，其官守也。延广蒙讥，则岳鹏举之杀，其秦桧再造之功乎？

【译文】

执掌朝政的后晋侍卫亲军都指挥使景延广拒不向契丹称臣，挑起契丹怒火，而后晋也因此而灭亡。古往今来都把后晋的灭亡归罪于景延广，然而流俗的议论是不符合是非标准的，类似这样的事太多了。

后晋石氏政权的灭亡与否，为什么可有可无、无足轻重呢？即以石氏而论，他们面对契丹称臣称儿，索求财物贪得无厌，耻辱丑恶层出不穷，虽然名义上也称为天子，其实就像仆役奴隶一样卑贱，即使不亡国又有什么益处呢？他们使劲地苛敛中国所有的财物，来讨好契丹以博取一日的欢心，军事储备供给不上而导致士兵的怨恨，流离失所、充塞道路的百姓怨声载道，军队的将领和政府的官吏灰心丧气，没有人愿意保卫国家，如果后晋政权再苟延残喘几年，那么天下民众要么南下吴、楚以便休养生息，要么北上投奔契丹以侥幸得到好处，一人揭竿而起，全国就会立刻土崩瓦解，石氏政权又怎么能保障其不亡呢？后晋石氏政权的灭亡，实在是桑维翰所导致的，凭什么要让景延广代桑维翰承担这个罪责呢！

上表称臣、割让土地、进贡钱物这些意见，都是宰相桑维翰的主张，石敬瑭不过是依计而行罢了，除了他们两个，只有屈从附和以取悦、取容于人的冯道和安彦威罢了。大将刘知远早就有称霸河东、成就王业的异志，而吴峦、王权因为不甘受屈辱而遭贬或被杀，唯有成德军节度使安重荣不难割掉石敬瑭的首级、剖心沥血以向千秋万代谢罪。景延广和刘知远分别掌管禁卫军中的马军、步军，都是亲军的统帅。刘知远心怀异志，看到后晋石氏政权面临失败幸灾乐祸而不据理力争；景延广扶持懦弱的出帝石重贵，为了洗刷亡国的耻辱而独自奋起。景延广的忠义激愤，可以说虽败犹荣，难道可以重责并归罪于他从而挫折中原百姓的士气吗？

契丹真的不可抵挡到就像用鸿毛去试炉火那样吗？契丹作为石敬瑭所倚靠用来消灭后唐李氏政权的力量，只有晋阳解围的那一战罢了。况且当时后唐大将张敬达的军队已经疲惫不堪，遇到险境就害怕，不敢渡河就撤退了。末帝李从珂是自己内部溃败，不是契丹的铁骑果真善于驰骋突击所向无敌。契丹进入中原，是有杨光远与赵延寿作为内奸诱导的，而当时中国内地水旱灾害严重，官府和民众都为缴纳契丹岁币而疲于奔命，在这种情况下，契丹才敢举兵南下入侵。然而契丹伟王耶律安端率领的西路军被幽州道行营招讨使刘知远击败，进攻太原的契丹军队便逃跑与东路军会合；出帝石重贵亲自率大军救援戚城（今河南濮阳北），侍卫马军都指挥使李守贞乘契丹军队半渡而击，契丹军队被溺死和杀死者损兵过半，痛哭而返；北面行营都部署高行周在澶洲（今河南濮阳）拒敌，契丹军队由于一战不胜，便收军北去；护国军节度使安审琦救援义成军节度使皇甫遇的时候，契丹军队在榆林店（今河南安阳北）遭遇慕容彦超所部晋军，结果自己的军队受惊而溃败；阳城（今河北清苑西南）之战，忠武军节度使符彦卿一呼而起，契丹倾国之众，溃败如山崩，抛弃他们擅长的奚车，乘着骆驼迅速逃跑。当此之时，中国的声势得到极大的伸张，而契丹的述律皇太后有着失败受挫来不及补救的恐惧，其气焰也几乎熄灭了。可惜的是，这时的景延广被罢官，留守西京（今河南洛阳），悲愤无聊，便只有纵酒浇愁。宰相桑维翰又极力说服石重贵，再次奉表对契丹称臣示弱，然而此后定州（今河北定县）游奕使孙方简一叛投契丹，就作为向导引契丹军队大举入寇，最后出帝石重贵也被俘虏了，后晋灭亡。由此看来，契丹怎么就不可抵挡呢？景延广又有什么罪过呢？桑维翰贻害于中国，促使后晋石氏政权灭亡，怎么能因为一时苟且偷安的世态人情，便对这屈辱换来的须臾安宁表示颂扬，而赦免其滔天的大罪呢？

南宋韩侂胄凭借着拥立宋宁宗的翼戴之功把持朝政，杀戮忠贞的大臣，驱逐贤良的君子，的确是罪大恶极，但北伐不是他的罪过。成败，取决于天命；得失，取决于人事。有的人成功而后又惨败，有的人失败而后又成功，关键看他的意志和定力罢了。南宋即使北伐时受到一些小的挫折，仍然可以谋划更加长远的功效。却把挑衅毁约、破坏同盟的罪责推给韩侂胄，经历了这个事件之后，人心萎靡不振，国势衰颓腐败，一直到亡国都没有能力重新振作起来。所以说景延广被放逐决定了后晋石氏政权的必然灭亡，韩侂胄被杀注定了南宋的必定衰败。身为大帅，知道有战斗而不知道有投降，这是其为官的职守。如果景延广因为拒绝投降而蒙受讥讽和指责，那么，坚持抗金的大将岳飞被杀，难道是秦桧对南宋王朝的再造之功吗？

本事：《资治通鉴》卷二八三《后晋纪四·高祖》，天福七年（942）。

七　刘知远持重以待变

石敬瑭起而为天子，于是人皆可为，而人思为之。石敬瑭受契丹之册命为天子，于是人皆以天子为唯契丹之命，而求立于契丹，赵延寿、杨光远、杜重威，皆敬瑭之教也。欲为天子，而思反敬瑭之为，拒契丹以灭石氏者，安重荣耳，虽兵败身死、蒙叛臣之号，而以视延寿辈之腥污，犹有生人之气矣。

刘知远持重以待变，尤非可与敬瑭辈等伦者也。今且责知远之拥兵晋阳，不以一矢救重贵之危，而知远无辞。虽然，岂尽然哉！李守贞、杜重威、张彦泽兵力之强，与不相上下，而交怀忮害之心；桑维翰居中持柄，怙契丹以制藩帅，石重贵轻躁以畜厚疑，前却无恒，力趋于败；天之所坏，不可支也，徒以身殉，俱碎而已。

若夫君臣之义，固有不必深求以责知远者。当日之君臣，非君臣也。知远之器识，愈于敬瑭远矣。为其偏裨，以权势而屈居其下，相与为贼，以夺李从珂之宗社，一彼一此，衰王相乘，岂尝受顾命辅重贵以保固石氏之邦家乎？敬瑭不推心以托，知远亦不引以自任也，久矣。则护河东片土，休兵息民，免于打草谷之掠杀，而待契丹之退，收拾残疆，慰安杀戮之余民，知远之于下也，不可谓无功。杜重威、李守贞、张彦泽之恶已播而不可掩，桑维翰媚虏以虔刘天下而自杀其躯，于是人喻于从夷之凶危。而重贵已俘，国中无主，始徐起而抚之，知远之成谋决矣。摈契丹以全中夏而授之郭氏，契丹弗敢陵也。盖自朱温以来，差可许以长人者，唯知远耳。嗣子虽失，而犹延河东数十年之祀，亦其宜矣。然而不足以延者，知远亦沙陀也。于时天维地纪未全坼（chè）也，固不可以为中国主也。

【译文】

石敬瑭崛起而成为天子，于是人人都可以做天子，而且人人也都想做天子。石敬瑭接受契丹的册命而成为天子，于是人们都以为天子应该唯契丹之命是从，从而请求契丹册封自己为天子。后晋的大将赵延寿、杨光远、杜重威纷纷投靠契丹，这都是石敬瑭身教的结果。想要做天子，却又想反对石敬瑭的所作所为，抗拒契丹从而消灭后晋石氏政权的，也就是成德军节度使安重荣罢了。他虽然兵败身死、被诬陷以叛臣的称号，但他与赵延寿之类的腥秽污浊相比，却还算是有着活人的骨气了。

河东节度使、北京留守刘知远行事谨慎、拥兵自重以等待政局变化，尤其不能与石敬瑭之类的人相提并论。如今都指责刘知远拥兵晋阳（今山西太原），不肯发一兵一卒、一矢之力前去救援处于危难之中的出帝石重贵，刘知远没什么可辩解的。尽管如此，难道事情就完全是这样的吗？当时大将李守贞、杜重威、张彦泽的兵力都很强盛，与刘知远不相上下，但他们都怀有嫉妒陷害对方的心思。宰相桑维翰把持朝廷，手握重权，依仗契丹的势力节制各个藩镇的统帅，出帝石重贵轻率急躁而招致深重的疑忌，前进后退都毫无章法，国力削弱渐趋于衰败，上天决定了他的败亡，是不可能支撑得了的，只不过白白牺牲了生命，弄得身败名裂罢了。

至于说到君臣之义，就更不必深究从而责备刘知远了。当日他与石敬瑭的君臣关系，并不是真正的君臣关系。刘知远的器度与识见，也远超过石敬瑭。刘知远作为石敬瑭的部下偏将，只是由于石敬瑭权势而暂时屈居其下，相互之间狼狈为奸，共同篡夺后唐末帝李从珂的江山社稷。一彼一此，一个将要衰败灭亡一个即将称王称帝，前后相继，乘势而起，刘知远难道曾经接受顾命托付辅佐石重贵以保卫和巩固后晋的江山社稷吗？石敬瑭既然没有以诚心相托付，刘知远也就不必引以为自任，这种情况由来已久了。刘知远保卫河东一方的安宁，整顿军队，使人民得到休养生息，使他们免于北方少数民族的侵扰和杀戮，等待契丹退出中原以后，再来收拾残破的国土，告慰安抚那些屠戮之余残存的百姓，刘知远对于天下人来说，不能说没有功劳。杜重威、李守贞、张彦泽的罪恶已流传于世而无法掩盖，桑维翰讨好契丹以残害天下百姓，他自己也落得自杀的下场，从这些血的事实中人们认识到投靠契丹的凶险与危机。石重贵被俘之后，中原地区没有了君主，刘知远这才慢慢起来加以安抚，他心中的成熟计谋终于实现了。排斥契丹以保全华夏，进而把天下给予郭威，契丹不敢欺凌和侵犯。自后梁太祖朱温以来，勉强可以推举出来作为人民的统治者的，唯有刘知远罢了。继他而立的次子隐帝刘承祐尽管失去了政权，但仍然延续了河东数十年的统治，也是应有的结果。然而他们最终不足以延续其统治，是因为刘知远也是沙陀族人。当时中原广大地区天地秩序、国家纲纪还没有完全倾覆沦丧，所以作为沙陀族人的刘知远不能当中原王朝的天子。

本事：《资治通鉴》卷二八四《后晋纪五·齐王》，开运元年（944）。

八　安民贤于散兵

兵聚而散之，平天下者之难也。汉光武抚千余万之降贼，使各安于井牧，遐哉！自武王戢干櫜矢之后，未有能然者矣。无仁慈之吏以抚之，无宽缓之政以绥之，无文教之兴以移之，则夫习于憍（jiāo）悍、狃于坐食者，使之耕耘，不耐耰鉏之劳，使之工贾，不屑锱铢之获；朵颐肥甘、流连饮博之性，梦寐寄于行间；小有骚动，触其雄心，即如螽蝗之蔽日，无有能御之者矣。

河北自天宝以来，民怙乱而不安于田庐久矣。魏博之牙兵已歼，不能惩也。石晋置天威军而不可用，遂罢之。

乃虽不可用，而跃冶之情，仍其土习，则一动而复兴。罢之，亦问其何所消归邪，而抑不为之处置。无赖子弟，业已袴褶自雄于乡里，无有余地可置此身，能合而不能离，为盗而已矣。梁晖起于相，王琼起于澶，其起也，契丹掠杀之虐激之也。即无契丹之掠杀，亦安保其为井牧之驯民乎？敬瑭父子之为君，虚中国以媚虏，纵骄帅以称兵，而草泽之奸，能朝耕而暮织乎？

民不富，不足以容游惰之民；国无教，不足以化犷戾之俗。自非光武，则姑听其著伍以待其气之渐驯，而后使自厌戎行以思返，乃可得而徐为之所。刘知远安集民之保山谷者，定其志气以渐思本计，自是以后，盗乃渐息。集之也，故贤于散之也。

【译文】

把集聚起来的士兵解散回乡务农，这是治国平天下中最难做的事情。汉光武帝刘秀曾经招抚千余万投降的农民起义军，使他们各自安居于土地之上，这是多么伟大的事情啊！自从周武王收起干戈兵甲、弓箭装入囊橐之后，没有人能做到这样了。如果没有仁慈的官吏安抚他们，没有宽缓的政策绥靖他们，没有文明教化的兴盛来改变他们，对于那些习惯骄横跋扈、好吃懒做的人，让他们去耕种田地，忍耐不了田间耕耘的繁重劳动；让他们经营工商，又不屑于那一点锱铢必较的收获。他们那种贪图鲜美食物大快朵颐、流连于饮酒赌博放纵不羁的性情，即使在梦寐之中也寄希望于行伍之中得以实现，一旦社会上稍有动荡，就会触发他们的雄心，就像蝗虫那样蜂拥而起，遮天蔽日，没有人能抵挡得了。

自唐玄宗天宝年间（742—755）以来，河北的民众乘着混乱而谋取私利，不安于守着田地房屋从事农业生产已经很久了。魏博（河朔三镇之一，治今河北大名，下辖魏州、博州、相州、贝州、卫州、澶州）的牙兵（节度使的亲兵卫队，经常废立主将，时有“长安天子，魏博牙兵”之说）已被歼灭，却不能吸取教训加以改变。后晋石氏政权在这里设置天威军却不能加以利用，于是便取消了这个藩镇。虽然不能加以利用，但是那种自以为能而又急于求用的心理，仍然是沿袭已久的地方习俗，一旦有风吹草动，便会立即复兴起来。把军队解散，还要问如何消化和遣散这些士兵，抑或是不予安排处置。那些无赖子弟，早已身着官服在乡里称王称霸，没有剩余的地方可以安置他们，他们只能集聚在一起而不能分散，于是便只能做强盗了。梁晖起家于相州（今河南安阳），王琼起家于澶州（今河南濮阳），他们的崛起，都是由契丹的残酷掳掠和杀戮所激起的。然而即使没有契丹的掳掠和杀戮，难道又能保证他们会成为安于农耕游牧的驯顺之民吗？石敬瑭父子作为皇帝，搜刮中原的财物以献媚于契丹，纵容骄横的将帅拥兵自重，而那些草泽之间的奸邪小人，难道能够安于白天辛勤耕耘、晚上纺线织布的自给自足生活吗？

如果人民生活不富裕，就没有能力养活那些游手好闲的懒惰之人；如果国家没有实施文明教化，就不能改变那些暴戾乖张的传统习俗。既然自己比不上汉光武帝的贤明，那就姑且听任他们待在军队之中，等到他们的暴戾乖张习俗渐渐得到驯服，然后让他们自己厌烦军旅生活而想要返回故乡，才可以慢慢地安置他们。刘知远安抚和集聚民众于山谷农田之中，正是为了安定他们的志气，使他们渐渐地习惯农业生产，从这以后，盗贼的祸患渐渐消失了。所以说集聚民众比遣散士兵的办法要高明得多。

本事：《资治通鉴》卷二八六《后汉纪一·高祖》，天福十二年（947）。

九　亲贤之得失，国祚之短长

得国而速亡，未有如沙陀刘氏者也；反者一起，兵未血刃，众即溃，君即死，国即亡，易如吹槁，亦未有如沙陀刘氏者也。其后宋夺柴氏而尤易，亦迹此而为之耳。

刘氏之代石晋也，以视陈霸先而尤正。二萧、石、郭皆怀篡夺之谋，兴叛主之甲。知远虽不救重贵之亡，而不臣之迹未著。重贵已见俘于契丹，石氏无三尺之苗裔可以辅立者，中原无主，兆人乐推，而始称大号，以收两都，逐胡骑。然且出兵山左，思夺重贵，不克而始还。若是者，宜其可以代兴而永其祚，然而不能者，其故有二：《诗》曰："宗子维城，大宗维翰。"先王亲亲以笃天伦，而枝干相扶之道即在焉。《易》曰："开国承家，小人勿用。"先王尊贤以共天职，而心膂相依之道即在焉。汉、唐之兴，其亲也，不能如周、召之一心，而分土为侯王者，固不可拔也；其贤也，不能如伊、吕之一德，而居中为宰辅者，固不可乱也。

刘氏起于沙陀，以孤族而暴兴，承祐之外，仅一刘崇父子，而威望不能与郭威、杨邠、史弘肇相颉颃。举国之人，知孤雏一禽而其宗熸矣。郭氏亦犹是也。柴氏虽有宗党，然不能正名为皇族，亦一夫而已矣。一旦拥他姓以代之，孰相难者，而又何劳再举乎？

亲不可恃，天也，则庶几恃有贤辅以左右之耳。知远之命相，竟求之于军幕执笔之客佐。天下贱之恶之，狎而蔑之，倏起旋灭，无为太息者，尤无足怪矣。故刘氏之亡，亡于苏禹珪、苏逢吉之为相，王章之为三司使也。是郭威、杨邠、史弘肇所睥睨叱咤而使濡毫待命如胥史者也。四年而刘氏之庙荡为寒灰，尚谁拯哉？

天之下，民所仰者君也；君之下，民所仰者相也。君非君，则天不能息其乱；相非相，则君不能保其国。开国承家，小人亟用，人之所鄙，天之所弃，不能一朝居矣。二苏从幕中贱士躐（liè）辅弼之荣，即求如敬翔、任圜、和凝而不可得，乃欲伸弱主以折强臣，其待四年而亡犹晚矣。

郭氏之相，虽德不称位，而范质、李谷之视二苏，则云泥也，是以后亡。而承祐既灭，刘崇犹能保一隅之祀者数十年，愈予郭、柴之顿斩，则同姓存亡之故也。亲贤之得失，国祚之短长，岂不一如符券与？

【译文】

得到天下却迅速灭亡的，没有像后汉沙陀刘氏政权这样短暂的。反叛的力量一起来，兵不血刃，其军队就溃败了，其国君被杀死了，其国家也就灭亡了，容易得像狂风吹槁木一样，也从来没有过像后汉沙陀刘氏政权这样的情况。其后北宋太祖赵匡胤夺取后周柴氏政权尤其容易，也就是仿效这种先例而为罢了。

刘知远取代后晋石氏政权的情况，比起南朝陈高祖陈霸先来显得尤其正统。南朝齐武帝萧道成、南朝梁武帝萧衍，以及后晋高祖石敬瑭、后周太祖郭威都怀有篡权夺位的阴谋，发动了反叛君主的战事。刘知远虽然看着石重贵的灭亡而不去相救，但他反叛朝廷的迹象还未显露。后晋出帝石重贵被契丹俘虏之后，石氏便没有什么宗室后裔可以辅佐继位，中原王朝便没有国君了，而亿万人民都推戴刘知远，于是他才建立国号称帝，以收复开封、洛阳东西两都，驱逐北方的契丹军队。他还曾经出兵山东，想要一举抢回石重贵，没有成功而后才撤军返还。像他这样的人，理应取代后晋石氏政权而兴起，并且永保其国祚而不灭亡，但他却没有做到，这里有两个原因：《诗经·大雅·板》写道："天子的嫡子像维护国家的城墙，天子的同姓宗族像维护国家的栋梁。"古圣先王亲善亲族以强化他们之间的伦理纲常，其中蕴涵着树木枝干相扶持的道理。《易经·师卦》

的上六爻辞中说："天子颁布诏令，论功封爵，封诸侯于千乘之国，授大夫以百乘之家，都要重用君子而不要重用小人。"古圣先王尊敬贤人与他们共同治理国家，其中蕴涵着心膂相依的道理。汉朝、唐朝是很兴盛的时代，但他们的宗室亲族，却不如周朝时周公、召公那样一心一意，被分封土地成为诸侯王国，国家坚固不易被摧毁；他们的贤明大臣，却没有商朝的太师伊尹、周朝的太公吕望那样同心同德，作为宰辅居中主持朝政，所以国家本来不易发生动乱。

刘氏起家于突厥沙陀部落，以一个孤立没有广泛宗族势力的家族突然兴起，除其子刘承祐之外，只有刘崇（刘承祐之弟后建立北汉，改名刘旻）父子，但他们的威望不能和郭威、杨邠、史弘肇相抗衡。全国上下，都知道刘知远就像失去妈妈的幼鸟一样，一旦被擒，他的整个宗族就等于熄灭了。郭威也是和他一样的。柴荣虽然也有宗族同党，但不能名正言顺地成为皇室宗族，所以他仍然是一个独夫罢了。一旦有人拥戴他姓之人来代替他，又有谁起来发难勤王，又何需再费力气起兵攻伐他呢？

宗室亲族不可依靠，这是天命，就要依赖贤明的大臣在左右进行辅佐。但刘知远任命的宰相，竟然都是从军中的幕僚、执笔的客佐中间选拔的。于是天下人都很轻贱、厌恶他们，甚至侮辱、蔑视他们，这样他们兴起得很快，灭亡得也很快，没有人为他们感叹，这是不足为奇的。所以后汉刘氏政权之所以覆亡，是因为苏禹珪、苏逢吉做了宰相，王章做了三司使。这也就是郭威、杨邠、史弘肇等人之所以侧目而视、怒斥呼喝对待他们就像磨墨濡毫、俯首听命的胥吏一样的原因。后汉刘氏政权只维持了四年就寿终正寝、宗庙荡为寒灰，还有谁能够拯救它呢？

普天之下，百姓所仰望的是君主；君主之下，民众所仰望的是宰相。如果君主不称职，那么就是上天也不能平息世上的祸乱；如果宰相不称职，那么君主就不能保有他的国家。建立邦国，继承家业，奸佞小人得到重用，就会使人人鄙夷，上天也会抛弃他，这个国家也就很快走向灭亡。苏禹珪、苏逢吉是出身于刘知远军中幕僚的卑贱之士，被越级提拔到辅弼大臣这样尊崇荣耀的职位，即使要求他们做像后梁的敬翔、后唐的任圜、后晋的和凝那样的平庸宰相，也根本不可能做到，却希望他们扶持柔弱的君主折服强悍的武臣。后汉刘氏政权维持四年才灭亡，还显得有些晚了呢！

后周郭氏政权的宰相，虽然他们的德行不称其职，但范质、李谷与苏禹珪、苏逢吉相比，有天壤之别、相去甚远，因此后周的灭亡就没有那么快。后汉隐帝刘承祐被灭之后，刘崇还能偏居一隅建立北汉，使刘氏政权延续了数十年，胜过了郭威、柴荣的迅速灭亡，这就是同姓宗族存在与否关系到江山社稷存亡的原因。君主宗室亲族、贤明大臣的存亡得失，与国家命运的存续长短，难道不是像符券凭证一样丝毫不会出错吗？

本事：《资治通鉴》卷二八六《后汉纪一·高祖》，天福十二年（947）。

一〇　刘氏杀大臣而速亡

李业、郭允明导其主以杀大臣，而刘氏速亡。人心未固，主势不张，而轻用不测之威，翦推戴之臣，杨邠、史弘肇、王章虽死，郭威拥重兵，据雄藩，恩结将吏，权操威福，遽欲以一纸杀之，其以国戏也，愚不可诘矣。虽然，刘氏之存亡，恶足系天下之治乱哉？杨邠等就诛，而天下始有可安之势，则此举也，论世者之所快也。

自唐以来，强臣擅兵以思篡夺者相沿成习，无有宁岁久矣。朱温、李克用先后以得中原，而李嗣源、石敬瑭、刘知远踵之以兴。盖其间效之蹶起，或谋而不成，或几成而败者，锋刃相仍，民以荼毒也，不可胜纪。当其使为偏裨与赞逆谋也，已伏自窃之心。延及于石、刘之代，而无人不思为天子矣。安重荣、安从进、杨光远、杜重威、张彦泽、李守贞虽先后授首，而主臣蹀血以竞雌雄，败则族，胜则帝，皆徼幸于不可知之数。幸而伏诛，国亦因是而卒斩。流血成川，民财括尽，以仅夷一叛臣，而叛者又起。彼固曰：与我并肩而起者，资我以兴，恶能执法以操我生死之柄？况其茕茕孺子，而敢俨然帝制，秉铁钺以临我乎？

自杨邠等以羽翼刘氏之宿将，威振朝廷，权行疆内，而一旦伏尸阙下，如圈豚之就烹。于是而所谓功臣者，始知人主自有其魁柄，不待战争，而可刈权奸若当门之草。故郭氏之兴，王峻、侯益之流，不敢复萌跋扈之心；而李谷、范质、魏仁浦乃得以文臣衔天宪制阃帅之荣辱生死。柴氏承之，樊爱能等疾趋赴市，伏死欧刀，而人不惊为创举，邠、章、弘肇之诛，实倡其始也。有邠、章、弘肇之诛，而后樊爱能等之辟，伸于俄顷，而众心允服；有爱能等之戮，而后石守信辈以得释兵保禄位为幸，宋之中外载宁者三百载。呜呼！业、允明之不量而亟杀权臣也，殆天牖之以靖百年飞扬盘踞之恶习乎！抑事会已极，无往不复，自然之数也。

郭威以一头子黜王守恩，用白文珂，而盈廷不敢致诘。杨邠、史弘肇斥其主以禁声，而曰"有臣等在"。此而不诛，刘氏其足以存乎？刘氏即存，天下之分崩狂兢以日寻锋刃也，宁可小息乎？邠、章、弘肇死，于是风气以移，内难不生，而国有余力，然后吴、蜀、楚、粤可次第而平。故此举也，天下渐宁之始也。刘承祐之死生，国之存亡，不足论也。

【译文】

后汉高祖刘知远李皇后之弟李业、翰林茶酒使兼鞍辔库使郭允明诱导隐帝刘承祐滥杀大臣，促使刘氏政权迅速灭亡。当时人心尚未稳定，天子的势力还不强大，却轻易乱用不测之威福，翦除拥戴他的大臣，宰相杨邠、中书令史弘肇、三司使王章虽然被杀死了，但是邺都留守、天雄军节度使兼枢密使郭威还拥有重兵，占据强大的藩镇，并以恩惠结交将领和官吏，大权在握，威福自专，而李业、郭允明等急于用一道密诏就把他杀死，这简直是在拿国家的命运开玩笑，愚蠢得不可理喻了。既然这样，那么后晋刘氏政权的存亡，何足以关乎天下国家的兴衰治乱呢？杨邠等被诛杀之后，国家才有了可以安宁的趋势，这就说明这次事件，还是让研究世道发展变化的人感到高兴的。

自唐朝以来，那些强臣专擅兵权从而蓄谋篡位夺权已相沿成习，以致天下也很久不得安宁了。朱温、李克用先后得中原而得天下，而后李嗣源、石敬瑭、刘知远也都相继效仿，得以兴起。大凡这一时期，人们仿效他们而起兵叛乱的，有的人蓄谋已久而最终没有成功，有的人几乎成功却功败垂成，一时间锋刃相接，兵连祸结，民众遭到荼毒的不可胜计。当他们还是一个偏将参与策划谋反的时候，早已潜伏下自己篡权窃位当皇帝的野心。到了石敬瑭、刘知远的时代，则没有不想做天子的。安重荣、安从进、杨光远、杜重威、张彦泽、李守贞虽然先后都被杀死，但是君主和大臣之间喋血杀戮以争高下的事件连绵不断，失败了就祸灭九族，胜利了便南面称帝，都在这种没有人能够预测的事变当中追求侥幸的成功。这些悖逆的叛贼幸亏都纷纷伏诛，但是国家的命运也因此而猝然斩断。士兵血流成河，百姓钱财罄尽，才刚刚消灭了一个叛臣，另一个叛臣又出现了。他们还鄙夷地说：和我并肩起事的人，是依赖我的力量才做皇帝的，他怎么能执掌法律从而操纵我们的生杀予夺大权呢？更何况他不过是一个孤立无助的小孩，竟敢装模作样地称帝称制，秉持专征专杀大权来统治和对付我呢？

自从杨邠、史弘肇等人作为羽翼护卫刘知远的宿将，一时间威震朝廷，权行天下，可是一旦他们伏尸帝阙之下，就像猪圈中的小猪一样被烹煮。在这种情况下，那些所谓的功臣才知道他们的君主自有其朝政大权，不用等到战争爆发，就可以铲除那些权奸，就像清除门前的杂草一样简单。因此郭威当上皇帝之后，枢密使兼同中书门下平章事王峻、楚国公侯益（后改太子太师、齐国公）之流就都不敢再产生飞扬跋扈之心了，而宰相李谷、范质、魏仁浦等才得以以文臣的身份口衔天宪，掌握着那些藩镇将帅的荣辱生死。周世宗柴荣继承这一制度，高平之战中临阵退却导致失败的大将樊爱能等七十余人快步赶赴刑场，在行刑的刀剑之下认罪伏诛，人们不因为这是创举而感到惊奇，所以杨邠、王章、史弘肇被诛杀，实在是这种情况的开端。有了杨邠、王章、史弘肇的被杀，才会有樊爱能等的伏诛，在转瞬之间法律的威力得以伸张，从而使众人气平心服；有了樊爱能等被杀的前车之鉴，而后石守信等才能以在被解除兵权之后还能够保有禄位为幸，使宋朝中外安宁了三百多年。唉！李业、郭允明不自量力地急于杀戮权臣，这大概是上天要平定这百年来人人都能飞扬跋扈、割据叛乱的恶习吧！或者是当事情发展到了极致，没有不循环往复的，这是自然规律。

枢密使郭威仅用一纸堂帖就罢免了王守恩，改任白文珂为西京留守，而整个朝廷没有人敢提出疑问。而杨邠、史弘肇却敢斥责他们的君主不要说话，还说“有臣等在”。这种人如果不杀，刘氏政权怎么能存在呢？即使刘氏政权不灭，那么天下分崩离析，疯狂角逐，战争不断的局面难道会稍微停息吗？当杨邠、王章、史弘肇死后，从此社会风气才开始大变，国家内部的动乱不再发生，国家也开始有了余力，然后吴、蜀、楚、粤等地割据政权得以依次平定。所以这个事件，是天下渐趋安定的开始。至于后汉隐帝刘承祐的生死，以及刘氏政权的存亡，是不值得议论的。

本事：《资治通鉴》卷二八九《后汉纪四·隐帝》，乾祐三年（950）。

一一　宝珠玉者，殃必及身

耳目口体之各有所适而求得之者，所谓欲也。君子节之，众人任之。任之而不知节，足以累德而损于物。虽然，其有所适而求得之量以任之而取足，则亦属厌而止，而德不至于凶，物不蒙其害。君子节情正性之功，未可概责之夫人也。况乎崇高富贵者，可以适其耳目口体之需，不待损于物而给，且以是别尊卑之等，而承天之祐，则如其量而适焉，于德亦未有瑕也。

天下有大恶焉，举世贸贸然趋之，古今相狃（niǔ）而不知其所以然，则溢乎耳目口体所适之量，而随流俗以贵重之，所谓宝器者是已。耳目口体不相为代者也，群趋于目，而口失其味、体失其安，愚矣。群趋于耳，而目亦不能为政，则其愚愈不可言也。宝之为宝，口何所甘，体何所便哉？即以悦目，而非固悦之也。唯天下之不多有，偶一有之，而或诧为奇，于是腾之天下，传之后世，而曰此宝也。因而有细人者出，摘其奇瑰以为之名，愚者歆其名，任耳役目口四体以徇传闻之说，震惊而艳称之曰此宝也。是举五官百骸心肾肺肠一任之耳，而不自知其所以贵之重之、思得而藏之之故。呜呼！其愚甚矣。

《传》曰："匹夫无罪，怀璧其罪。"孟子曰："宝珠玉者殃必及身。"何也？愚已甚，耳目口四肢不足以持权，则匹夫糜可衣可食之腴产以求易之；或且竞之于人，而戕天伦、凌孤寡，皆其所不恤；崇高富贵者，则虚府库、急税敛、夺军储以资采觅，流连把玩，危亡不系其心。"殃必及身"，非虚语也。乃试思之，声音可以穆耳乎？采色可以娱目乎？味可适口，而把玩之下，四体以安乎？于阗之玉，驰人于万里；合浦之珠，杀人于重渊；商、周之鼎彝，毁人之邱墓；岂徒累德以黩淫哉？其贻害于人也，亦已酷矣！从吠声之口，荡亡藉之心，以祸天下，而旋殃其身，愚者之不可致诘，至此而极矣。郭氏始建国，取宫中宝器悉毁之，尽万亿之值，碎之为泥沙，不知者且惜之，抑知其本与泥沙也无以异，不留之于两间以启天下之愚，亦快矣哉！

夫岂徒宝器为然乎？书取其合六书之法，形声不舛而已；画取其尽山川动植之形，宫室器服之制，知所考仿而已；典籍取其无阙无讹，俾读者不疑其解而已。晋人之字，宋、元之画，澄心堂之典籍，尽取而焚之，亦正人心、端好尚之良法也。

【译文】

人的耳、目、口、体各有所适应从而追求得到的东西，这就是所谓的欲望。正人君子知道节制欲望，而普通民众则只知道放纵欲望。放纵欲望而不知道节制，就足以危害道德，损害别人。既然这样，那么人身有所适应从而追求得到的数量，如果放纵欲望能够得到满足，也就属于满足之后就适可而止，因而道德就不至于败坏，别人也就不会受到伤害。但是君子节制其情欲、端正其品性的功力，也不必一概用来苛求普通的人们。况且那些地位崇高、富贵利达的人，完全可以满足他们耳、目、口、体的需要，不需要等待损害别人来保障供给，而且还可以根据这个标准来区别尊卑等级，他们受着上天的佑护，如果适量地满足欲望，那么对道德就不会有所危害。

天下有巨大的恶行和罪过，举世之人都浑浑噩噩而趋之若鹜，古往今来人们相互沿袭、拘泥却不知道为什么这样，这就超出了满足耳、目、口、体所适应和需求的量度，而追随流俗把这些看得非常贵重，这就是所谓的宝器。耳、目、口、体是不能互相代替的，如果都集中到眼睛所观察欣赏的东西上，则会口失其味，体失其安，这是很愚蠢的。如果都集中到耳朵所聆听欣赏的东西上，那么眼睛就不能发挥应有的作用，这样做其愚蠢就更加不可言说了。宝器之所以为宝器，对嘴巴来说有什么味道甘美的，对身体来说又有什么方便舒适的呢？即使是赏心悦目，但其实并不是本来就可以使人赏心悦目。只是因为这些东西天下所存不多，偶然发现一个，有人就惊诧于它的神奇，于是便把它飞声腾实，传之于天下，传之于后世，都说这是宝器。于是就有小人出现，选择其奇瑰之处为之命名，那些愚昧的人羡慕其名字，任凭耳朵轻信这些传闻并役使目、口、四体来曲从传闻的说法，表示震惊和艳羡地称赞说这是宝器。这就是放任自己的五官、各种骨骼以及心肾肺肠等内部器官都服从耳朵听到的传闻，而根本不知道这些所谓的宝器之所以宝贵而且珍重、人们想要得到并收藏它的原因。

《左传·桓公十年》中引用周朝的谚语说："普通人本来没有罪，但怀藏玉璧就是罪。"孟子也说："诸侯有三样宝：土地、人民和政事。如果错以珍珠美玉为宝，那么灾祸必定降临到他身上。"这是为什么呢？人一旦愚蠢至极，自己的耳、目、口、四肢都不足以权衡利弊，匹夫没有不可以用那可衣可食的丰腴土地来换取宝器。有的人和别人竞争，于是就会发生戕害天道伦常、欺凌鳏寡孤独之类的事情，他们都在所不惜。那些地位崇高、富贵利达的人，为了得到这些宝器，就会挖空府库、横征暴敛、夺取军资以供他们寻觅采买，然后整日把玩，流连不已，再也不把国家的危亡放在心上。"灾祸必定降临到他身上"，并不是危言耸听的虚话。我们试着想想，声音可以使耳朵感到舒适吗？彩色可以使耳朵感到快乐吗？食物的味道很合口味，而把玩之下四肢就会感到舒适吗？产自于阗的宝玉，使人们奔波于万里之外；产自合浦的珠宝，使许多人丧命于万丈深渊；商、周时期的钟鼎彝器，使不少人家的墓葬被摧毁，难道仅仅是有害于道德从而引发贪黩与淫纵吗？这些东西贻害于人类，实在是太严重了！放纵随声附和之口，动摇毫无凭借之心，以便祸害天下，但很快就会殃及其身，简直愚蠢得不可理喻，到了这种地步就已经达到了极致。后周太祖郭威建国伊始，就取来官中的宝器全部毁掉，把价值上万亿的宝物都粉碎得像泥沙一样，不懂得其中道理的人都觉得可惜，但是人们都应该知道这些宝器本来与泥沙就没什么两样，不把这些宝器留在天地之间，以开启天下愚蠢的人的竞争，真是大快人心啊！

难道只有宝器才是这样的吗？书法只要符合六书的原则，使形声不错乱就可以了；绘画只要能描绘出山川、动植物的形态，官室、器物、服饰等的体制，使人们知道如何依照模仿就可以了；文献典籍只要其内容无阙漏、无伪讹，使读者不对它的解释产生疑议就可以了。晋人的书法，宋、元的绘画，澄心堂的典籍，都拿来把它们烧毁，这也是匡正世道人心、端正爱好和崇尚的好办法啊！

本事：《资治通鉴》卷二九〇《后周纪一·太祖》，广顺元年（951）。

一二　无德于民，不足以兴

闭粜以杀邻国之民，至不仁也；徒杀邻民而朽吾民之粟以趋于贫，至不智也。李氏淮南饥，周通粜以济之，二者之恶去矣。其后复大旱，民度淮争籴，李氏遂筑仓多籴以供军，周乃诏舟车运载者勿予。夫禁舟车而但通负担，则所及者近，而力弱不任负者死相积矣。郭氏方有吞并江、淮之计，不欲资敌粮以困之，自谓得算，而不知此斗筲之智，徒损吾仁而无益也。

旱饥即至于悬罄，岂有馁死之兵哉？所馁死者，民耳。立国则必有积储矣，即不给，而民之仅存者严刑迫之，无求不得也。又不给，而坐食于民，或纵之掠夺而不禁也。则使其主多籴以为军食，亦以纾民之死尔。禁舟车之运，勿使粜充军食者，亦适以重困其民也，岂果于救民者之所忍为乎？

即以制胜之策言之：两敌相压，丰凶各异，所隔者一衣带水耳。淮南之民，强欲籴者，转斗而北，不可禁御。饥瘠濒死，睨饱食之乡，欲与争一旦之命，死且不恤，弱瘠无制之民且如此矣。如使兵食不继，彼且令于众曰：誓死一战，则禾粟被野者唯吾是饱。而兵之奋臂以呼，争先而进，以自救死亡，复何易捍哉？

无德于民，不足以兴；积怨于兵，则足以亡。晋惠公闭粜而秦师致死，身为俘囚。大有为者，不与人争一饥一饱之利钝也。故唯深研于人情物理之数者，而后可与尽智之用、全仁之施。郭氏固不足以及此，为德不永，而功亦不集。唯保天下者可以有天下，区区之算奚当哉！

【译文】

关闭市场禁止卖出粮食，从而眼看着邻国民众饥饿而死，这是极不仁义的做法；白白饿杀了邻国民众而使自己国家的粮食腐朽导致百姓趋于贫困，这是最不明智的做法。南唐李氏统治的淮南地方遭受饥荒，后周通过开放市场卖给粮食赈济他们，两国之间的仇怨便化解了。此后又遇到大旱，民众纷纷渡过淮河争相购买粮食，南唐李氏政权于是修筑粮仓大量收购粮食以供应军需，面对这种情况，后周便下令凡是用船和车运载粮食的就不许卖给他们。禁止舟车运输而只许人力肩扛负担，所能到达的距离近、地方小，那些体力薄弱不能负重因此而死的人到处都是。这时，后周郭氏政权正在筹划吞并江、淮地区的大计，不愿再供给对手南唐李氏粮食从而使之陷入困顿，郭威还自以为得计，殊不知这只不过是气量狭小、见识短浅的斗筲之智，白白地有损于我方的仁义，而没有一点儿益处。

天气干旱导致的饥荒即使到了粮食罄尽、一无所有的地步，难道会有饿死的士兵吗？所饿死的都是普通老百姓罢了。一个国家的建立和存在，必须有粮食的积蓄，如果粮食供应不充足，就用严刑峻法逼迫民众拿出他们仅存的粮食，这样就不会得不到粮食。如果还不充足，就坐食于民，或者纵容士兵掠夺而不加禁止。如此说来，让南唐李氏政权多买进粮食作为军粮，这也是可以解脱其民众负担以免于困顿死亡的方法。而后周禁止用舟车运输粮食，不卖粮食给那些买粮以充军资的人，也恰恰是在严重地困扰其百姓，这难道是想要救民于水火的人所忍心做的事情吗?

即使以制胜的策略来说，敌我双方互相压制，遭遇的丰收、荒歉年成各有不同，然而他们之间仅隔着一条河罢了。淮南的百姓，身强力壮而又想买到粮食的，都辗转抗争继续北上，没有人能够制止得了。贫困饥饿的人濒临死亡，眼看着那些可以饱食的地方，想要与他们争夺一朝一夕的活命机会，即使面对死亡的威胁也在所不惜，软弱贫困而无法控制的百姓尚且这样啊！假若军队的粮饷不敷使用了，那么将领将会下令给士兵：你们只要誓死一战，那么田野中遍地的禾粟就能让你们吃个饱。这样，士兵就会奋臂高呼，争先恐后，以拯救自己濒临死亡的命运，又有谁容易抵御得了呢?

没有恩德施与民众，国家就不足以兴盛；积累怨恨于士兵，国家就足以灭亡。晋惠公因为关闭市场不卖粮食给秦国，秦军就拼死作战，他自己反而成了俘虏。将有大作为的人，从不与人争一饥一饱的利钝。所以只有那些深入研究人情物理规律的人，才可以致力于智谋的运用、成全仁义的施为。后周太祖郭威本来就不足以达到这个地步，所以他不能长久地施行仁德，自然也成就不了多大功业。只有能保护和安定天下百姓的人，才可以拥有天下，郭威那一点点智谋又算得了什么呢！

本事：《资治通鉴》卷二九一《后周纪二·太祖》，广顺三年（953）。

一三　有法胜于无法

法不可以治天下者也，而至于无法，则民无以有其生，而上无以有其民。故天下之将治也，则先有制法之主，以使民知上有天子、下有吏，而己亦有守以谋其生。其始制法也，不能皆善，后世仍之，且以病民而启乱。然亦当草创之际，或矫枉太甚，或因陋就简，粗立之以俟后起者之裁成。故秦法之毒民不一矣，而乘六国纷然不定之余，为之开先，以使民知有法，然后汉人宽大之政可因之以除繁去苛而整齐宇内。五胡荡然蔑纪，宇文氏始立法，继以苏绰之缘饰，唐乃因之为损益，亦犹是也。

自宣宗以后，懿、僖之无道也，逆臣盗贼，纷纭割据，天子救死不遑，大臣立身不固。天下之无法，至于郭氏称周，几百年矣。唐之善政，无一存者，其下流之蠹政，则相沿而日以增。盖所谓天子者，强则得之，弱则失之；所谓宰相者，治乱非所任，存亡非所恤。其令于民也，桎梏之以从令，渔猎之以供军。如此，则安望其有暇心以问法纪哉？叛臣而天子矣，武人而平章矣，幕客而宰相矣，则其所为庶司百尹、郡邑长吏者，举可知也。其薄涉文墨者，则亦如和凝之以淫词小藻、取誉花间已。及郭氏之有国也，始有制法之令焉。然后为之君者可曰：吾以治民为司者也；为之民者亦曰：上有以治我，非徒竭我之财、轻我之生以为之争天下者也。

夫郭氏之法，固不可以与于治者多矣。其宽盗一钱以上之死也，罢营田赋赋民而使均于民赋也，除朱温所给民牛之租也，皆除民之大蠹而苏之，亦救时之善术矣。若其给省耗于运夫，则运者苏而输者之苦未蠲也；禁民之越诉，而弗能简良守令以牧民，则奸民乍戢，而州县之墨吏逞，民弗能控告也；讼牒不能自书，必书所倩代书者姓名，以惩教讼，而讼魁持利害以胁人取贿，奸民益恣，而弱民无能控告也；其除卖牛皮者之税，令田十顷税一皮，徒宽屠贾，而移害于农、加无名之征也。凡此皆以利民而病之，图治而乱之，法之所立，弊之所生矣。

盖其为救时之善术者，去苛虐之政，而未别立一法，故善也。其因陋就简而生弊者，则皆制一法以饰前法，故弊也。法之不足以治天下，不徒在此，而若此者为尤。虽然，以视荡然无法之天下，则已异矣。君犹知有民而思治之，则虽不中而不远；民犹知有法而遵之，则虽蒙其害而相习以安。盖郭氏惩武人幕客之樵苏其民而任其荒秽，标掊克之成格以虐用之于无涯，于是范质、李谷、王溥诸人进，而王峻以翼戴之元功，不能安于相位，故有革故取新之机焉。枢密不能操宰相之进止，宰相不复倚藩镇以从违，君为民之君，相为君之相，庶几乎天职之共焉。嗣是而王朴、窦俨得以修其文教，而宋乃因之以定一代之规。故曰：天下将治，先有制法之主，虽不善，贤于无法也。

汉承秦之法而损益之，故不能师三代；唐承拓拔、宇文之法而损益之，故不能及两汉；宋承郭氏、柴氏之法而损益之，故不能逾盛唐。不善之法立，民之习之已久，亦弗获已，壹志以从之矣。损其恶，益之以善，而天下遂宁。唯夫天下方乱而未已，承先代末流之稗政以益趋于下，而尽丧其善者。浸淫相袭，使袴褶刀笔之夫播恶于高位，而无为之裁革者，于是虽有哲后，而难乎其顿改，害即可除，而利不可卒兴，此汤、武之继桀、纣与高皇帝之继胡元所以难也。有法以立政，无患其疵，当极重难反之政令，移风俗而整饬之以康兆民，岂易言哉！上无其主，则必下有其学。至正之末，刘、宋诸公修明于野，以操旋转之枢，待时而行之，其功岂浅鲜乎？

【译文】

仅仅依靠法律是不可能达到治国平天下的目标的，于是就到了没有法律的地步，这样的话民众就无法拥有正常的生活，上层统治者也无法拥有其臣民。所以每当天下将要走向大治的时候，就要首先有制定法律的君主，以便使民众知道上有天子、下有官吏，他们自己也有着必须遵守的规则，才可以安居谋生。最先制定的法律，不可能很完善，后世沿袭而不加改变，就会祸害民众而导致混乱。然而当法令草创之际，有的矫枉过正，有的因陋就简，只是粗略地确立一个原则，以待后起之人加以裁定和完善。所以秦朝的法律虽然害民不浅，但它是在六国纷争不定之后制定的，开创了制定法律的先河，使百姓知道有法律的存在，此后的汉朝实行了宽大的政令，可以依据秦朝法律除去烦琐严苛的条款，用来整顿和统一全国的社会秩序。后来的五胡侵入中原，他们完全没有法律纲纪，到北周宇文氏才开始制定法律，然后隋朝的苏绰继承其后加以修订文饰，唐朝依据这些法律进行损益增减，和汉改秦法也是大致相同的。

唐朝自宣宗李忱以后，懿宗李漼、僖宗李儇都是无道昏君，那些逆臣盗贼纷纷割据称霸，天子自己性命不保，大臣立身也不稳定。这样，天下没有了法律，一直到郭威建立后周，其间已经有几百年了。唐朝的善政，没有一样流传下来，倒是那些卑鄙害民的蠹政，却流传下来并日益增加。所谓的天子，如果势力强就可以得到其权位，一旦势力弱就会失去其权位；所谓的宰相，天下的治乱并非他们的职责，国家的存亡并非他们所顾惜。当时的法律对于民众来说，就是要约束百姓使其听话，搜刮他们以供给军队。这样的话，怎么能希望他们有闲暇之心去关心过问法律纲纪呢？叛乱的大臣竟然做了天子，一介武夫竟然做了平章，幕府宾客竟然做了宰相，至于那些各官府衙门的百官、地方郡邑的长吏，他们的出身就更可想而知了。其中那些稍涉风教、粗通文墨的人，也都不过像和凝一样，以艳曲短歌取誉于花间罢了。等到郭威建立后周之后，才有了制定法律的诏令。从此以后，作为君主才可以说：我是以治理民众为根本职责的。作为臣民也才可以说：我们的天子是依照法律来管理我们的，并不仅仅是要搜尽我们的资财、轻视我们的生命为他争夺天下的。

后周郭氏的法律，本来不能有助于天下治理的地方很多。但是，其中放宽了对偷盗一钱以上处以死罪的刑罚，免除营田赋使均于民赋，废除后梁太祖朱温规定的借给农民耕牛收取租税的办法，这些都是消除蠹害民众的法令而使他们得以复苏，也可以说是匡救时弊的好政策。至于把征收的田赋附加税给予运输的夫役，这样运输的夫役得以复苏，而那些缴纳赋税的人的负担却没有得到减免。还有禁止民众越级上诉，却不能选拔贤良的郡守县令来治理人民，于是那些奸民刚刚收敛起来，而州县的贪官污吏却得以放纵他们的欲望，而受害的百姓又不能进行控告。又如诉状不能自己书写，必须请人代书并且写上代书者的姓名，这是为了惩罚教唆诉讼，而那些唆使人们诉讼的讼棍以利害关系要挟来收取贿赂，这样，奸民就会更加放纵无忌，而贫弱无助的百姓则没有能力进行控告。还有免除贩卖牛皮所缴纳的税，而把税钱摊入田亩，令每十顷田地缴纳一张牛皮的税，这样做只是宽免了屠户和商贩，却移害于农民，给他们增加无名的赋敛。凡此种种，都是为了有利于民反而给民众带来了弊端，图谋清明的政治却带来了混乱，法律制定的过程，也是其弊端产生的过程。

那些匡救时弊的好政策，应当是去掉原先法律中的苛虐之政，而不再另外重新立法，因此推行的效果就好。那些因陋就简而产生弊端的法律，都是因为重新制定一个法律来修饰以前的法律，所以就出现了弊端。仅仅依靠法律不足以治理天下，虽不只是以上的原因，但这是最重要的。即使这样，那么比起那些荡然无存、毫无法律纲纪的国家，也已经是不一样了。天子知道拥有民众并考虑怎样治理他们，即使达不到中正的标准，也不至于相差太远；民众也知道有法律要遵守，即使会蒙受法律的危害，也相沿成习，安于守法。后周太祖郭威吸取长期以来武夫及其幕客剥夺百姓的生计而听任他们的土地荒芜，标明聚敛搜刮的常规成例却残暴地、毫无止境地加以利用这样的教训，从此进士出身的范质、李谷、王溥诸人得以进用，先后担任宰相，而枢密使王峻虽有拥戴郭威的大功，但不能安居宰相之位，所以这时就有了政治上革故鼎新的良机。枢密院不能控制宰相的进退行止，宰相不再倚靠藩镇的力量决定从违取舍，天子真正成为百姓的天子，宰相真正成为天子的宰相，差不多都可以各尽其职了。继此之后担任宰相的王朴、窦俨才得以施行文治教化，继之而起的北宋于是可以依据后周的制度确定一代的法规。所以说：天下将要得到治理，必定要先有制定法律的君主，制定的法律即使还不完善，但也比没有法律要好得多。

汉朝沿用秦朝的法律而对其有所增减损益，所以不能直接师法夏、商、周三代的法律制度；唐朝继承和沿用北魏拓跋氏、北周宇文氏的法律而对其有所增减损益，所以不能达到两汉的法律制度；宋朝继承沿用后周郭威、柴荣的法律而对其有所增减损益，所以不能超越盛唐的法律制度。不完善的法律制度一旦确立，民众相沿成习久了，也就迫不得已，一心一意地遵守执行这项法律了。减去法律中有害的，增加其有益的，这样天下就会安宁。在天下混乱不定的时候，沿用先代有弊端的政策，则有可能更加趋于弊政的危害，从而丧失其有益的功效。这样浸淫相习，使那些军中武夫、刀笔之吏占据高位，做尽坏事，却没有人为之修改法律、革除弊政，在这种情况下，即使有圣明的天子，也很难迅速改变这种状况，其危害即使可以革除，但是有益的改革难以仓促兴起。这就是商汤、周武王继夏桀、殷纣王之后和明太祖朱元璋继元朝之后，制定法律、治理国家之所以特别困难的原因。有法律为依据治理国家，不担忧有瑕疵和弊端，面对那些积重难返的政令，要想移风易俗以治理整顿，从而造福于亿万民众，谈何容易！朝廷上如果没有圣明的君主，那么民间就一定有贤明的学者。元顺帝至正末年，刘基、宋濂诸位先生在民间修明教化，掌握了运转乾坤的关键，等待时机以推行于天下，他们的功业难道是微不足道的吗？

本事：《资治通鉴》卷二九〇《后周纪一·太祖》，广顺元年（951）；卷二九一《后周纪二·太祖》，广顺三年（953）。

一四　郭威立异姓为后

无子而立族子，因昭穆之序为子以奉宗祀，自天子达于士，一也；而天子因授以天下为尤重。异姓者不得为后，大法存焉。《春秋》莒人后鄫，而书之曰灭，至严矣。乃事有至变者焉，则郭氏是已。郭威起于卒伍，旁无支庶，年老无子，更无可立之群从；柴氏之子，既其内姻，从之鞠养，而抑贤能可以托国，求同姓之支子必不可得，舍郭荣亦将孰托哉？既立宗庙，以天子之礼祀其先，神虽不歆非类，而岂自我馁之乎？故立异姓以为后，未可为郭氏责也。

或曰：威无同姓可立之后，知荣之贤，引而置之将相之位，以国禅之而不改其族姓，仿尧、舜之道，不亦美乎？舜宗尧而祖文祖，祀亦可弗绝也。

曰：时则上古，人则圣人，在位者则皋、夔、稷、契，而后舜、禹之受禅，天下归心焉。乃欲使篡夺之君、扰乱之世，强藩睥睨以思弋获之大位，取一大贤以下之少年，遽委以受终，庸讵得哉？舜穆四门，叙百揆，雷雨弗迷，而共、驩犹狺（yín）于廷，三苗犹叛于外。若禹平水土、定九州，大勋著于天人，群后之倾心久矣，舜抑承尧之已迹而踵行之，而荣恶足以胜之？自朱、李以来，位将相而狂争者，非一人也。郭氏之兴，荣无尺寸之功，环四方而鼻立者，皆履虎咥人之武人，荣虽贤，不知其贤也，孤雏视之而已。俄而将相矣，俄而天子矣，争夺者攘臂而仍之，不能一朝居也，徒为子哙、子之，而敢言尧、舜乎？

所难处者，荣既嗣立而无以处柴守礼耳。论者乃欲别为郭氏立后，而尊守礼为太上皇，则何其不审而易于言也！郭氏无可立之后明矣，将谁立邪？荣之得国，实以养子受世适之命，郭氏之恩，何遽忍忘。身非汉高自我而有天下，则不得加皇号于私亲。礼之所不许者，宋英宗且不得加于濮王，而况守礼乎！然则将如之何？守礼之为光禄卿，先朝之命也。迎养宫中，正名之曰所生父；其没也，葬以卿，祭以天子；其服，视同姓之为人后者为之期，则庶乎变而不失其常矣。外继甯宗之法，不可执也。为天子而旁无可立之支庶，古今仅一郭氏，道穷则变，变乃通也。

【译文】

如果没有子嗣就册立同族的子弟，依照左昭右穆的次序，作为儿子以奉祀宗庙，自天子、诸侯、卿、大夫一直到士，都是一样的。而天子因为承受天命掌管天下，所以册立子嗣奉祀宗庙就显得尤为重要。异姓的人不能立为后，这是基本原则。《春秋·襄公六年》中记载莒国灭掉鄫国后，册立鄫人的外孙为后嗣，便称这种以外姓嗣位的做法为“灭亡之道也”，这是至为严格的。但是这种事情也有至为重要的变化，后周郭氏就是一例。郭威发迹于行伍之中，没有其他旁宗庶支的亲属，年老无子，更没有可以册立的侄子。柴氏之子柴荣，是他的内侄，从小被郭威收养做义子，并且贤明而有才能，足以托付国家重任，寻找同姓的族子一定无法找到，除了柴荣还能托付给谁呢？既然已经立了宗庙，用天子之礼祭祀祖先，这些祖先的神主即使不喜欢非我族类的奉祀，难道能让这些供品腐烂变质而不食吗？所以册立异姓为后嗣，是不能责怪郭威的。

有的人说：后周太祖郭威没有同姓子嗣可立为后，他知道柴荣贤明，就可以把他放在可以出将入相的重要岗位上，然后把皇位禅让给他，而不必更改他的族姓，仿效唐尧、虞舜的做法，不是也很好吗？虞舜继承唐尧的帝位，而以唐尧的始祖文祖为祖先，其宗祀也可以不断绝。

回答是：那时正处于上古之时，人人都是圣人，在位的是皋陶、夔、稷、契，而后是虞舜、夏禹接受禅让获得帝位，天下人都很信服他们。要想使一个通过篡位夺权得国的君主，在纷扰混乱的世道，强大的藩镇都窥伺一旁并想获取的大位的情况下，寻找一个大贤以下的少年，突然之间把国家托付给他，怎么能够办得到呢？虞舜使从京城四门进来朝见的诸侯都恭敬有礼，把各种官职事务处理得井井有条，即使遇到疾风雷电暴雨也不会出现失误，可是仍然还有共工、驩兜像狂犬吠叫一样在朝廷上进行攻击，三苗还从外部进行反叛。像夏禹平定天下水土，划分九州疆域，其功勋卓著，天人共鉴，天下诸侯对他倾心信服已经很久了，虞舜也是继承唐尧已有的禅让制度进行办理，而柴荣怎么能够承受这种禅让大礼呢？自从朱温、李克用以来，位居将相而疯狂争夺帝王权势的，不止一人。郭氏的兴起，柴荣也没有立下尺寸之功，环顾其四周而傲然屹立的，都是些像老虎一般，踩住尾巴就会起来咬人的强悍的武夫，柴荣虽然很贤明，也没人知道他的贤明，都把他看作一个无所依靠的小孩罢了。顷刻之间就位居将相，顷刻之间就成为天子，争夺的人挽起袖子伸出胳膊去强拽别人，还不能在一朝一夕之中占据其位，郭威如果采取禅位的方式传位给柴荣，就像燕王哙禅位给国相子之一样，导致国内大乱，怎么敢和唐尧、虞舜之间的禅让相比呢？

所难处理的事情，是柴荣嗣立以后没有办法礼待他的亲生父亲柴守礼罢了。评论的人想另外给郭威册立后嗣，而尊称柴守礼为太上皇，这是多么不加思考的胡言乱语啊！郭威家族没有别的人可以立为后嗣，这是很明白的事，还能够立谁呢？柴荣被立为天子，其实是以养子的名义接受嫡亲继承人的册命，郭威对他的恩德，怎么能够迅速忘记呢？如果不是像汉高祖刘邦那样依靠自身得到天下，就不能给私亲加皇号。这是礼法所不允许的，宋英宗赵曙尚且不能加封号给他的亲生父亲濮王赵允让，更何况柴守礼呢！既然这样，那么究竟该怎么办呢？柴守礼官拜光禄卿，这是先朝任命的。柴荣可以把他迎接并奉养在宫中，为他正名称为所生父，等到他死之后，以卿礼埋葬，以天子之礼祭祀，其丧服之制，则和同姓人而为别人继承香火的人所穿丧服相同，都是一年丧期，这样差不多可以称为一种变通而不失伦理纲常的办法。异姓人被立为后从而窜改宗谱的方法，不可过于固执拘泥而不知变通。做了皇帝却没有后嗣旁支可以立为后嗣的，古往今来只有郭威一个人，道路到了尽头就要改变方向，改变了才能行得畅通无阻。

本事：《资治通鉴》卷二九一《后周纪二·太祖》，显德元年（954）。

一五　郭威诛贬功臣

与人俱起，血战以戴己为君，功成位定，而挟勋劳以相抗，亦武人之恒也。即虑其相仍以攘臂，自可以礼裁之，以道制之，使自戢志以宁居。遽加猜忮而诛夷之，刻薄寡恩，且抱疚于天人，汉高帝之所以不得与于纯王之道也。郭氏因群力以夺刘氏之国，而王殷无罪受诛，王峻贬窜而死，其事与高帝同，而时则异，未可以醢菹韩、彭之慝责郭氏也。

自唐天宝以来，上怀私恩而姑息，下挟私劳以骄横，拥之而兴之日，早已伏夺之之心。位枢密、任节镇者，人无不以天子为可弋获之飞虫，败者成者，乍成而旋败者，相踵以兴，无岁而兵戈得息。乃至延契丹以蹂中国，纲维裂，生民之血涂草野，极矣。李嗣源之于存勖也，石敬瑭之于嗣源也，郭威之于刘知远也，皆自以为功而相师以起者也。究不能安于其位以贻后昆，而徒辱中原之神皋天阙，为旦此夕彼之膻场。其他速败而自灭其族者，更仆而不胜数。至于郭氏有国，幸而存者鲜矣。高行周卒，慕容彦超灭，王峻辈擅国之兵，夺民之财，其以乱天下也无疑。郭氏虽不可以行天诛，而天诛不容缓矣。乱人之未绝，其乱不衰，决意行法于廷而不劳争战，事会已及，变极而复，尚奚容其迟疑乎！

殷、峻诛，而后樊爱能、何徽可伏法于牙门，武行德、李继勋可就贬于国法；乃以施于有宋，而石守信、高怀德之流，敛手以就臣服。天诛也，王章也，国之所以立、民之所藉以生也。故曰不可以醢菹韩、彭之罪罪之也。百年以来，飞扬跋扈之气习为之渐息，一人死，则万人得以保其生，王殷、王峻俯首受诛，不亦快与！

【译文】

和别人一起举兵反叛，经过血战后使别人拥戴自己做皇帝，大功告成，名位已定，而凭借着他们的功劳来相抗衡，这都是武夫的一贯做法。作为君主，既然考虑到他们会相沿袭旧有的习惯而挽起袖子伸出胳膊去强拽别人进行反叛，自然可以按照礼法加以裁汰，按照道义加以制衡，使他们自己收敛野心而安居以终。如果凭着猜忌嫉妒就予以诛杀屠戮，不免显得刻薄寡恩，而且将愧对上天和世人，这就是汉高祖刘邦不能列入纯王之道的原因。后周太祖郭威凭借众人的力量夺取了后汉刘氏政权，但与他一同起兵的侍卫亲军都指挥使王殷（后周建立后任天雄军节度使，加同平章事）却无罪被杀，枢密使兼同中书门下平章事王峻也被贬窜而死，其事和汉高祖刘邦相同，但是时代则有所不同，所以不能用汉高祖刘邦把功臣韩信、彭越剁成肉酱所隐藏的奸邪来指责郭威。

唐朝自唐玄宗天宝年间（742—755）以来，皇上怀有私恩而姑息养奸，大臣则凭借私人功劳而骄横跋扈，他们拥戴皇帝建立国家的时候，早已怀着篡位夺权的野心。那些担任枢密使、节度使的官员，没有人不认为天子就像一只可以轻易捉住的飞虫，举兵反叛有失败的，也有成功的，也有刚刚成功随即失败的，前后摩肩接踵，相继兴起，没有哪一年没有战争的。以至于邀请契丹入侵和蹂躏中原内地，国家法度纲纪被摧毁，百姓的鲜血流遍原野，世道混乱达到了极限。李嗣源相对于后唐庄宗李存勖，后晋高祖石敬瑭相对于后唐明宗李嗣源，后周太祖郭威相对于后汉高祖刘知远，都是自认为有功劳而相继师法仿效起兵反叛的。但是他们最终还是不能安于其位并传留给后世子孙，只不过白白辱没了中原神圣的京师宫阙、京畿重地，把它作为旦夕之间彼此对阵的战场。其他迅速败亡而被诛灭宗族的人，更是前仆后继，数不胜数。至于后周太祖郭威的建国，是其中鲜见的幸存者、幸运者。天平军节度使高行周已经病逝，泰宁军节度使慕容彦超联合南唐、北汉反叛也被消灭了，王峻等独揽天下兵权，掠夺百姓的财产，他们无疑都是祸乱天下的人。郭威虽然不能代天行使诛罚大权杀死他们，但上天的诛杀是不容迟缓的。祸乱社会的人不灭绝，那么祸乱就不会结束，因此要在朝廷决意行使法律，而不是等到战争再诛杀他们，事情发展的机遇已经到来，事变达到极致就会恢复，又怎么能容他迟疑不决呢！

王殷、王峻被诛杀，而后大将樊爱能、何徽也在军门伏法，中书令武行德、侍卫步军都指挥使领昭武军节度使李继勋依照国法被贬谪流放。以至于推行到宋朝，大将石守信、高怀德之流也都缩手止步，不敢妄动，恭顺地表示臣服。所谓的天诛即上天进行的诛伐，所谓的王章即帝王的制度法令，这些都是国家建立、民众生存的根本所在。所以说不能用把韩信、彭越剁成肉酱那样的罪行来指责郭威。近百年来，那种藩镇武夫飞扬跋扈的习气渐渐消失了，一人死了，但是万人可以保住他们的生命，王殷、王峻俯首接受诛杀的刑罚，不也是令人高兴的事情吗？

本事：《资治通鉴》卷二九一《后周纪二·太祖》，广顺三年（953）。

一六　江南遣专使为民害

国家有利国便民之政，而遣专使以行，使非其人，则国与民交受其病，弗如其已之也。使者难其人而不容已，则弗如即责之所司，而饬以违令之大法，固愈于专使之病国与民远矣。

夫国家之置守令，何为者也？岂徒以催科迫民而箕敛之乎？岂徒以守因陋就简之陈格，而听其日即于废弛乎？岂徒以听民之讼，敛钧金束矢之入以为讼府，而启民于争乎？下有疾苦而不能达，则为达之，以不沮于上闻；上有德意而不能宣，则为宣之，以不穷于下逮。于是有上言便宜以拯民而益国者，参廷议而决其可行矣，即以属之守令，使进其邑之士大夫与其耆老，按行阅视，条奏其方略，而即责之以行。苟其玩上旨以违民心，专改革而违国宪，则有诛殛贬褫之法以随其后。贤者劝，不肖者惩，蔑不可举也。

夫既有悉治理以上言者，娓娓而尽其利病；贪猾暴虐之吏，固无可容其欺蔽。即有老病疲茸、怠而坐弛之守令，监司得持课程以督其不逮；监司朋比饰说以罔上，司宪之臣，得持公议以纠其不若。廷臣清，监司无枉，守令不敢失坠，有言者必有行者，取之建官分职之司而已足，夫何阻隔不宣之足虑哉！若夫言利病者，徒取给于笔舌而固不可行，则守令得详悉以上请，而仍享无事之清晏，奚用专使督行而有不得其人之忧哉！

明君之治，择守令而已；守令不易知，择司铨司宪者而已。司铨司宪者，日在天子之左右，其贤易辨也。而抑得贤宰相以持衡于上，指臂相使，纲维相挈，守令之得失，无不可通于密勿，则天子有德意而疾通于海内，何扞格之有乎！此之不谨，而恃专使以行上意，是臂不能使指，而强以绳曳之也。一委之专使，则守令监司皆卸其利国利民之责，行之不顺，国病民劳而不任其咎。即有贤者，亦以掣曳而废其职，况不肖者之徒张威福，迫促烦苛，以苟且报奉行之续乎！

江南李氏听刺史田敬洙之请，修水利于楚州，溉田以实边，而冯延巳使李德明任其事，因缘侵扰，兴力役，夺民田，而塘竟不成；巡抚诸州以问民疾苦，而使冯延鲁以浅劣轻狂任之，反为民害；徐铉、徐锴论列其委任之失，顾得贬窜。夫岂特二冯之邪佞不可任哉！使守令牧民，而别遣使以兴事，未有可焉者也。

【译文】

国家实施有利于国、方便于民的善政，便派遣专使前去执行，如果派遣的专使不得其人，那么国家和民众都会受其危害，这样就不如停止这种善政。派遣专使却难以找到称职的人，迫不得已的话，不如把这项善政交给有关部门的官员负责，而以违背命令的基本原则加以申饬，本来就比派遣专使危害国家和人民的情况要强得多。

国家设置郡守、县令等地方官员，究竟是为了什么呢？难道只是让他们催收赋役、压迫民众而横征暴敛吗？难道是让他们守着那些因陋就简的陈规旧例，而听任这些法规日益废弛而不闻不问吗？难道只是让他们受理民众的诉讼，科敛钧金束矢（诉讼双方致官之物，铜三十斤，箭一束，败者没收）的收入从而成为审理诉讼的官府，而引导民众去相互争斗吗？民间有了疾苦而不能上达天听，地方官员就为民众下情上达，以不阻塞朝廷闻知民情的通道；朝廷有了善政和恩惠不能宣示，地方官员就为之宣示传达给民众，以不断绝上情下达的通道。因此，如果有人上奏提出拯救民众、有益国家的便宜措施，参考朝廷的议论进而决定其可以实行的，就可以交给郡守、县令等地方官员，让他们送给城中的士大夫与乡间的耆老宿儒，让他们按照次序巡行阅视，然后根据实际情况梳理和条奏具体的实施方案，在所辖之地开始推行。如果他们轻慢了朝廷旨意，违背了民众心意，专权改变措施而违反国家法律，那么就会有诛杀、贬斥、撤职等刑罚紧随其后。这样的话，贤明的地方官员得到激励，其中的不肖之徒则受到惩罚，没有不可以被检举的。

既然有悉心治理并向天子上言的人，娓娓地道尽其中的利害关系，那些贪婪狡猾、暴虐成性的官吏，就没有他们进行欺骗蒙蔽可以容身的空间。即使有些老弱病残、懈怠拖沓、政事废弛的郡守、县令，负有监察职责的官员也会对照赋役征收的标准来监督他们做得不到位的地方；如果负有监察职责的官员结成朋党欺瞒皇上，那么负有执法大权的官员就会依据公众的议论来纠正他们的错误。朝廷大臣清正廉明，监察部门不贪赃枉法，郡守、县令等地方官也不敢失职而导致政事废弛，有人建言献策，有的身体力行，对照当初设立官职、分别职责的衙门的有关规定就足够了，哪还有什么上下阻隔、下情不能上达、上情无法宣示之类的事情值得忧虑的！至于那些谈论得失利弊的人，只是从文书和传闻中获取的办法本来就是不能通行的，而郡守、县令等地方官则可以详细了解实际情况以便上奏请示，仍然可以享受无事纷扰的清平安宁，哪里用得着派遣专使来督促他们行动，而且还存在专使选用不得其人的忧虑呢！

贤明的君主治理天下，最重要的事情就是选拔郡守、县令等地方官罢了。但郡守、县令等地方官员的品德与才能不容易知道，于是把选拔负责选任官员、执行法律的官员作为首要任务就行了。负责选任官员、执行法律的官员，整日都在皇帝的左右，他们是否贤良方正是很容易分辨的。如果得到一个贤明的宰相，使他在朝廷上执掌权衡，这样就像人的手指和臂膀交相为用，总纲和四维相辅相成，那么郡守、县令等地方官员的得失，没有不可以通过机密的形式上下传达，天子有善政和恩惠也会迅速传遍整个国家，哪里有什么相互抵触、格格不入的情况呢！如果不谨慎地如此行事，只依靠派遣专使来推行朝廷的旨意，这就像胳膊不能指挥手指，而勉强使用绳子进行牵引一样。把一切职权都委托给专使，那么郡守、县令等地方官员、负有监察职责的部门都推卸掉有利于国家、有益于民众的职责，如果推行得不顺利，那么即使国受其弊、民受其劳，他们也不负责任。即使有贤明的人，也会因为相互掣肘而废弛了他的职责，更何况那些不肖之徒作威作福，限期追索沉重而严苛的赋役负担，以苟且上报他们执行政策的功绩！

南唐李氏政权听从楚州（今江苏淮安）刺史田敬洙的请求，在楚州兴修水利工程，灌溉田地充实边防，而宰相冯延巳派遣工部侍郎李德明负责这件事，李德明因此而侵挠百姓，征派劳役，侵夺民田，这项陂塘工程最终也没有完成；又如派遣使者巡抚诸州了解民众疾苦，却派出品行低下而又轻狂的冯延鲁等担任巡抚使，反而成为百姓的祸害；知制诰徐铉、右拾遗徐锴上书批评委任官员的失误，反而被贬官流放。难道仅仅是冯延巳、冯延鲁这样的奸佞不能胜任吗？委任郡守、县令等地方官员管理民众，但又派遣专使来引起事端，这样的事情从来就没有可行的。

本事：《资治通鉴》卷二九一《后周纪二·太祖》，广顺三年（953）。

一七　郭威薄葬

周主威疾笃，遗命鉴唐十八陵发掘之祸，令嗣主以纸衣瓦棺敛己，自谓达于厚葬之非而善全其遗体矣。其得国也不以正，既无以求福于天；其在位也，虽贤于乱君，而固无德于天下，以大服于人。惴惴然朽骨之是忧，而教其臣子使不能尽一日之心力以效于君亲，其智也，正其愚也。尤可哂者，令刻石陵前，以纸衣瓦棺正告天下后世，吾恶知其非厚葬而故以欺天下邪？则乱兵盗贼欲发掘者，抑必疑其欺己，愈疑而愈思发之。汉文令薄葬，而霸陵之发，宝玉充焉。言其可信，人其以言相信邪？

陵墓之发，自嬴政始。骊山之藏，非直厚葬已也，金银宝玉，鼎彝镜剑，玉以为匣，汞以为池，皆非生平待养之资，而藏之百年，愈为珍贵者，是以招寇。若夫古之慎终厚葬，以尽人子之心者，敛襚（suì）之衣无算，遣车明器祭器柳衣茵罶赠帛，见于《士丧礼》者，如彼其备。等而上之，至于天子，所以用其材而极孝养必具之物者，礼虽无考，而萃万国之力以葬一人，其厚可知也。然皆先骨而朽，出于藏而不适于用。则人子之忱以舒，而终鲜发掘之患。先王之虑之也周，取义也正，而广仁孝以尽臣子之情也至。不可过也，抑不可不及也。周主威不学无术，奚足以知此哉！墨氏无父，夷人道于禽兽，唯薄葬为其恶之大者。藉口安亲而以济其吝物寡恩之恶，禽道也。为君父者，以遗命倡之，亦不仁矣。

【译文】

后周太祖郭威病重的时候，有鉴于唐朝关中十八帝陵被盗掘的祸患，便遗命嗣位的周世宗用纸衣瓦棺来装殓他，自以为通达厚葬的是非，而且善于保全自己的遗体。郭威得到天下、建立国家并非名正言顺，所以他没有什么可求福于上天保佑的。他在位期间，虽然比那些乱世君主贤明，但他也没有给天下人施行多少德政，从而使天下人心悦诚服。临死之时，他只能惴惴不安地忧虑死后朽骨是否会被盗，而告诉他的臣子薄葬自己，使他们不能对君亲尽到一日的忠孝之心，这是他的明智之处，也正是他愚蠢的表现。尤其可笑的是，他令人在陵前镌刻石碑，以纸衣瓦棺的薄葬来正告天下与后世，但我们怎么能知道他不是厚葬而是故意欺骗天下人的呢？那些乱兵和盗贼想要发掘他的陵墓，必定也会怀疑他是在欺骗世人，越是怀疑就越想发掘。汉文帝刘恒曾经下令实行薄葬，但是汉文帝的霸陵被发掘的时候，里面充满了宝玉。如果人的言语可以让人相信，那么人们真的都会通过其言语来相信他吗？

自古以来帝王的陵墓被发掘，是从秦始皇嬴政的陵墓开始的。骊山陵墓里的宝藏，早已超过了厚葬的标准，那些金银宝玉、鼎彝镜剑，用玉做成的匣子，用汞做成的池沼，这些都不是他平日生活中所需要的东西，但收藏了百年的东西，就会越来越显得珍贵，因此便容易招来盗贼。

古时候人们都慎终追远、提倡厚葬，以尽到作为人子的孝心，而给死者所穿的衣服暂且不计算在内，只是那些遣车、明器、祭器、柳衣、茵罂、赠帛，凡是《仪礼·士丧礼》中有的，都准备得很完备。等而上之，上至于天子，之所以重用他们的才能，穷极孝亲养老所必须具备的东西，《仪礼》上虽然无从考证，而汇聚天下万国的力量来埋葬天子一人，其厚葬程度就可想而知了。然而这些随葬的物品都比人的尸骨腐朽得更早，只是出于贮藏的目的却不适于使用。这样作为人子的忠孝之忱得以表达，终究也很少会发生陵墓被发掘的祸患了。古圣先王考虑问题都很周到，理由也很正当，发扬光大仁爱忠孝的伦理道德，也能够表明臣子的忠孝之情。所以丧葬既不可太过丰厚，也不可过于菲薄而达不到传统的标准。后周太祖郭威不学无术，他怎么会知道这些道理呢！墨子提倡无君无父的理念，毁灭人道而归于禽兽的行径，而薄葬的说法是其最大的罪恶。借口为了使亲人得以安宁，以满足其吝惜财物、刻薄寡恩的罪恶，这就是禽兽的行径。作为君主和父亲，以遗命的方式提倡薄葬，也是很不仁义的。

本事：《资治通鉴》卷二九一《后周纪二·太祖》，显德元年（954）。

一八　冯道老奸巨猾

高平之战，决志亲行，群臣皆欲止之。冯道持之尤坚，乃至面折之曰："未审陛下能为唐太宗否？"夫谓其君为不能为尧、舜者，贼其君者也。唐太宗一躬帅六师之能，而大声疾呼，绝其君以攀跻之路，小人之无忌惮也，一至此哉！道之心，路人知之矣，周主之责樊爱能等曰："欲卖朕与刘崇。"道之心，亦此而已。习于朱友贞、李从珂之朒（nǜ）缩困溃而亡，己不难袖劝进之表以迎新君，而己愈重，卖之而得利，又何恤焉？周主惮其虚名而不能即斩道以徇，然不旋踵而道死矣，道不死，恐不能免于英君之窜逐也。

若夫高平之战，则治乱之枢机。岂但刘、郭之兴亡乎？郭氏夺人之国，失之而非其固有；刘氏兴报仇之师，得之而非其不义；乃其系天下治乱之枢机者，何也？朱友贞、李存勖、李从珂、石重贵、刘承祐之亡，赭非外寇之亡之也。骄师挟不定之心，利人之亡，而因仇其不轨之志。其战不力，一败而溃，反戈内向，殪（yì）故主以迎仇雠，因以居功，擅兵拥土，尸位将相，立不拔之基以图度非分，樊爱能等犹是心也，冯道亦犹是心也。况周主者，尤非郭氏之苗裔，未有大功于国，王峻辈忌而思夺之夙矣。峻虽死，其怀峻之邪心者实繁有徒。使此一役也，不以身先而坐守汴都，仰诸军以御患，小战不胜，崩溃而南，郭从谦、朱守殷之于李存勖，康义诚之于李从厚，赵德钧之于李从珂，杜重威、张彦泽之于石重贵，侯益、刘铢之于刘承祐，皆秉钺而出，倒戈而反，寇未入而孤立之君殪，周主亦如是而已矣。

且不徒长逆臣之恶、以习乱于不已也，刘崇方挟契丹以入，周师溃，周国亡，草谷之毒再试，而黎民无孑遗，德光且留不去，而中国无天子，刘崇者，又岂能保其不为刘豫？而靖康汴梁、祥兴海上之祸，在此役矣。夫冯道亦逆知有此而固不以动其心，不失其为瀛王者，而抑又何求哉？唯周主决志亲征，而后已溃之右军，不足以摇众志；溃掠之逃将，不足以劫宫阙。身立血战之功，而樊爱能等七十人之伏辜，无敢为之请命。于是主乃成乎其为主，臣乃成乎其为臣，契丹不战而奔，中国乃成乎其为中国。周主之为天子，非郭氏授之，自以死生为生民请命而得焉者也。何遽不能为唐太宗，而岂冯道之老奸所可测哉？

【译文】

后周与北汉契丹联军展开高平之战的时候，周世宗柴荣决定御驾亲征，朝中群臣都想要阻止他，而中书令冯道的反对尤其坚决，还当面侮辱他说："不知道陛下能做唐太宗李世民那样文武双全的明君吗？"说自己的君主不能做唐尧、虞舜那样的圣贤明君，这就是伤害他的君主。唐太宗李世民有亲率六师御驾亲征的本领，令冯道如此大声疾呼，是在断绝其君主仿效先贤的道路，小人的无所忌惮，竟然达到如此的境地！冯道的心思，正如司马昭之心路人皆知，后周太祖郭威曾责备大将樊爱能等说："你们是想把我出卖给北汉的刘崇。"冯道的心思，也就是这样罢了。他长期以来习惯了后梁末帝朱友贞和后唐末帝李从珂畏缩困顿、溃败而亡的事情，自己也不难做出袖中藏着劝进表迎接新君的事情，这样自己的分量将会更重，出卖自己获得的利益就更多，又有什么可顾惜的呢？后周君主忌惮他的虚名，而不能立刻把他斩首示众，可是突然之间冯道就死了，冯道如果没有死去，恐怕他也不能不遭到英明君主的贬斥和流放。

至于高平之战，可以说是天下治乱的关键。难道仅仅关乎北汉刘氏政权与后周郭氏政权的兴亡吗？后周太祖郭威夺取了后汉刘氏的政权，即使失败丢了江山社稷，失去的也不是他所固有的；北汉刘崇打着报仇的旗号联合契丹发动战争，即使胜利得到了江山社稷，也不能说他不讲道义。这样的话，说高平之战是关乎天下治乱的关键，又是什么原因呢？后梁末帝朱友贞、后唐庄宗李存勖、后唐末帝李从珂、后晋出帝石重贵、后汉隐帝刘承祐的败亡，都不是外敌入侵将他们灭亡的。那些骄横跋扈的藩镇大将怀有篡位夺权的阴谋，以他人的败亡作为有利于自己的良机，借以实现自己图谋不轨的野心。所以在作战时不卖力，一旦失败就溃退而归，掉转矛头对内，杀死旧日的君主以迎接昔日的仇敌，凭此便居功自傲，独揽兵权，割据土地，空占着将相的尊位，奠定坚固的基业以谋求非分的企图。大将樊爱能等有这样的心思，中书令冯道也有这样的心思，更何况周世宗柴荣本来就不是太祖郭威的后裔，也没有为国家建立过什么大的功勋，王峻等心怀忌妒并想要夺取他的权位由来已久了。王峻虽然死了，但是怀有和王峻一样奸邪心思的人实在是多得很。假使这一次高平之战，周世宗柴荣不能身先士卒而只是坐守汴京，依靠诸路军队抵御外患，一旦小战不胜，那么军队就会迅速崩溃，进而南下包围京师，当年郭从谦、朱守殷对待后唐庄宗李存勖，康义诚对待后唐闵帝李从厚，赵德钧对待后唐末帝李从珂，杜重威、张彦泽对待后晋出帝石重贵，侯益、刘铢对待后汉隐帝刘承祐，这些大将都是受命掌握兵权，率军出征抵御强敌，而后倒戈反叛，外敌还没有来侵，而孤立无援的君主就被杀死了，周世宗柴荣同样也面临着这样的命运罢了。

况且不仅助长悖逆叛臣的罪恶行径，也让世人习惯永无休止的战乱，北汉刘崇正裹挟着契丹的力量入侵内地，后周军队溃败，后周国家灭亡，再次饱尝北方少数民族“打草谷”的荼毒，黎民百姓就不能存活于世，如果辽太宗耶律德光滞留内地并不返回故地，那么中原王朝没有天子，而北汉刘崇难道能够保证他不会成为像刘豫那样的儿皇帝吗？所以靖康之变（1127）中京师汴梁、祥兴二年（1279）崖山海上所遭遇的灾难是否出现，关键就在高平之战了。中书令冯道早已料到如果失败必定会有这种结果，但不能动摇他阻止周世宗御驾亲征的决心，因为即使失败亡国他也不失为瀛王（冯道死后追封瀛王，赐谥文懿），还有什么可求的呢？唯有周世宗柴荣决意御驾亲征，所以后来在战斗中虽然周军右翼先行溃败，却不足以动摇将士的军心和士气，溃败奔逃一路劫掠的将领，却不足以劫掠京师的官阙。这样周世宗柴荣亲自建立血战的功勋，而负有失败责任的右翼将领樊爱能、何徽等七十多人则认罪伏法，没有人敢为他们求情。从此，天子才成为名副其实的天子，大臣也成为名副其实的大臣，契丹不战而奔逃，中国也就成为名副其实的中国，周世宗柴荣作为天子，可以说不是后周太祖郭威授予他的，而是他自己甘愿舍生忘死为民请命换取来的。怎么就不能做唐太宗李世民那样文武双全的明君，这难道是冯道这样老奸巨猾的人所可以测度的吗？

本事：《资治通鉴》卷二九一《后周纪二·太祖》，显德元年（954）。

一九　治盗之要术

盗非可一时猝捕而弭者也，故汉武帝分遣绣衣持节逐捕而盗愈甚。盍亦思盗之所以能为盗者乎？以为倏聚倏散、出鬼入魅者，从其为盗之顷、见其如此耳。其必有居也，必与民而杂处，其劫夺而衣食之也，必有所资于市易；其日游行而无忌也，必与其乡之人而相往来；其不能以盗自居、必有托以自名也，必附于农工商贾技术之流，而曰所业在是。故乡之人知其盗也，郡邑之胥吏，莫不知其盗也；所不知者，朝廷猝遣之使，行芒芒原野之中，阅穰穰群居之众，尽智殚威，只以累疑似之民，而终不知盗之所在耳。使臣逐捕之，则守令坐委之曰：天子之使如此其严威，无可如何，而何易责之我邪？则盗益游行自得而罔所忌畏。以秦皇、汉武之威，大索天下，而一夫不可获，况使臣哉！

盗者，天子之所不能治，而守令任治之；守令之所不能知，而胥役知之；胥役之所不尽知，而乡里知之。乡里有所畏而不与为难，胥役有所利而为之藏奸。乃乡里者，守令之教化可行；而胥役者，守令之法纪可饬者也。盗亦其民，胥役亦其胥役，舍此勿责，而欲使使者以偶见之旌旄、驰虚声而早使之规避，则徒为民扰而盗不戢，其自贻之矣。周主知其然，罢巡检使臣，专委节镇州县，诚治盗之要术也。

【译文】

盗贼猖獗是不可能一时之间突然捕获从而平息的，所以当年汉武帝刘彻在天汉二年（前99）分遣光禄大夫范昆等穿着绣衣、手持旌节虎符，以军法逐捕盗贼，而盗贼却越来越猖獗。我们可曾想过那些盗贼劫掠偷盗的原因吗？一般认为盗贼都是倏聚倏散，行踪神出鬼没，从盗贼作案的时候的情况来看，大概是如此罢了。其实我们仔细思考，他们必定有固定的居住地，必定与百姓同居杂处，他们掠劫的东西以及日常穿衣吃饭，也都要通过市场的交易；他们每天游手好闲，肆无忌惮地到处横行，必定和他们的乡里之人往来。他们不能以强盗自居，必定假托别的生业作为掩护，必定附录于农工商贾这些以职业技能谋生的人群当中，对别人说这是他的正当职业。所以，他的左邻右舍都知道他们是盗贼，郡邑的胥吏也没有人不知道他们是盗贼。不知道的人，就是那些朝廷突然派来的使臣，他们在茫茫原野中行走，观察着熙熙攘攘的群居生活的民众，即使绞尽了脑汁，竭尽了威严，也只能拖累和贻害那些貌似可疑的百姓，最终也不会知道盗贼藏身的所在。有了这些专门派遣的使臣来追捕盗贼，那么郡守、县令等地方官吏就会推诿责任说："天子派来的使臣如此威严，尚且没有什么办法，责令我们治理又谈何容易呢？"于是盗贼就会更加猖狂横行、悠然自得而没有什么忌讳和畏惧了。以秦始皇、汉武帝这样的威武，下令在全天下进行大搜捕，都没有抓到一个强盗，更不用说他们派遣的那些使臣了！

盗贼猖獗，是天子所不能治理的，应当委任郡守、县令等地方官员进行治理；郡守、县令等地方官员不知道盗贼在哪里，而胥吏衙役却是知道的；胥吏衙役如果不完全知道，那么他们乡里的人是知道的。乡里的人因为有所畏惧，所以就不愿与盗贼为难，胥吏衙役因为图谋从盗贼那里得到利益就包庇窝藏他们。对于乡里人，郡守、县令等地方官员的政教风化是可以行得通的；对于胥吏衙役，郡守、县令等地方官员的法律纲纪是可以治理整顿的。盗贼是他们统治下的百姓，胥吏衙役也是他们手下的胥吏衙役，舍弃这些不去责令他们执行，却想派遣使者凭着偶然见到的旌旗飘摇和旌节虎符、传播出来的虚张声势，早就使盗贼躲藏起来了，这样只是白白地惊扰民众，却不能平息盗贼之祸患给自己带来的后果。周世宗柴荣知道其所以然，于是罢除了巡检使臣，专门委托给设置节度使的重镇以及州县地方官员，这的确是治理盗贼的好办法。

本事：《资治通鉴》卷二九二《后周纪三·太祖》，显德元年（954）。

二〇　平一天下之策

王朴画平一天下之策，先下江南，收岭南，次巴蜀，次幽、燕，而后及于河东。其后宋平诸国，次第略同，而先蜀后江南，晚收河东，而置幽、燕于不复，与朴说异。折中理势以为定论，互有得失，而朴之失小，宋之失大也。

以势言之，先江南而后蜀，非策也。江南虽下，巫峡、夔门之险，水陆两困，仰而攻之，虽克而兵之死伤也必甚。故秦灭楚、晋灭吴、隋灭陈，必先举巴蜀，顺流以击吴之腰脊，兵不劳而迅若疾风之埽叶，得势故也。

以道言之，江南虽云割据，而自杨氏、徐氏以来，以休兵息民保其国土，不随群雄力竞以争中夏。李璟父子未有善政，而无殃兆民、绝彝伦、淫虐之巨慝；严可求、李建勋皆贤者也，先后辅相之；冯延巳辈虽佞，而恶不大播于百姓；生聚完，文教兴，犹然彼都人士之余风也。孟知祥据土以叛君，阻兵而无保民之志；至于昶，骄淫侈肆，纵嬖倖以虐民也，殆无人理。则兴问罪之师以拯民于水火，固不容旦夕缓也。岭南刘氏积恶三世，民怨已盈，殆倍于孟昶；而县隔岭峤，江南未平，姑俟诸其后，则势之弗容迫图者耳。

先吴后蜀，理势之两诎者也。此宋之用兵，贤于王朴之策也。若夫河东之与幽、燕，则朴之策善矣。

刘知远之自立也，在契丹横行之日，中土无君而为之主，以拒悍夷，于华夏不为无功。刘崇父子量力自守，苟延血食，志既可矜；郭氏既夺其国，而又欲殄灭其宗祀，则天理之绝已尽；抚心自问，不可以遽加之兵，固矣。虽在宋世，犹有可悯者存也。契丹乘石敬瑭之逆，阑入塞内，据十六州以灭裂我冠裳，天下之大防，义之所不容隳者，莫此为甚，驱之以复吾禹甸，乃可以为天下君。以理言之，急幽、燕而缓河东，必矣。

即以势言，契丹之据幽、燕也未久，其主固居朔漠，以庐帐为便安，视幽、燕为赘土，未尝厚食其利而歆之也。而唐之遗民犹有存者，思华风，厌膻俗，如吴峦、王权之不忍陷身污秽者，固吞声翘首以望王师，则取之也易。迟之又久，而契丹已恋为膏腴，据为世守，故老已亡，人习于夷，且不知身为谁氏之余民，画地以为契丹效死，是急攻则易而缓图则难也。幽、燕举，则河东失左臂之援，入飞狐、天井而夹攻之，师无俟于再举，又势之所必然者。王朴之谋，理势均得，平一天下之大略，斯其允矣。

宋祖有志焉，而不能追惟王朴之伟论，遂绌曹翰之成谋，以力敝于河东，置幽、燕于膜外，则赵普之邪说蛊之也。普，蓟人也，有乡人为之居间，以受契丹之饵，而偷为其姻亚乡邻免兵戈之警，席犬豕以齁睡，奸谋进而贻祸无穷。惜哉！其不遇周主，使不得试樊爱能之欧刀也。

【译文】

后周谋臣王朴曾为周世宗柴荣谋划平定统一天下的策略，提出先攻下江南，收复岭南，而后收复巴蜀，然后收复幽、燕，最后再收复河东（今山西一带）这样一个先后次序。后来北宋平定诸国，先后顺序大略相同，只是先收复巴蜀而后攻下江南，最后收复河东，而置幽、燕于不顾，这些与王朴的统一策略不同。对比这两种策略，折中道义情理、地理形势来定论的话，则互有得失，但是王朴的策略失误较小，而北宋的策略失误较大。

从地理形势来说，先攻下江南而后收复巴蜀，并不是上好的策略。江南虽然攻下，但是长江巫峡、夔门（瞿塘峡的西门，长江三峡的西入口处）的天险，无论是水路还是陆路都很难攻下，如果从下游往上仰攻，那么即使攻克了死伤也必定会很严重。所以历史上秦灭楚、东晋灭吴、隋灭南朝陈，都是先攻克巴蜀，然后顺流而下攻打吴地的要害，军队不必过多辛劳，就能像疾风扫落叶一样迅速攻克，这就是顺应地理形势的缘故。

从道义情理来说，江南虽说也是藩镇割据，但是自从吴国杨氏政权、南唐徐氏（后改李氏）政权以来，他们一直都是采取休兵罢战、与民休息的政策来保全其国土的，从来不与天下群雄争夺中原王朝的政权。南唐中主李璟父子虽然没有什么善政，但是他们没有危害百姓、断绝纲常、荒淫残暴之类的恶行；其大臣严可求、李建勋都是贤明的人，先后做宰相辅佐他们；冯延巳之流虽然是奸佞小人，但他们的恶行还没有严重影响到普通百姓。当时江南地区人口繁衍、物力集聚，文化教育也兴盛起来，俨然具有六朝江南的流风余韵。而与之相比，后蜀孟知祥割据一方反叛朝廷，虽然阻兵罢战但没有保境安民的志向，到了后主孟昶在位的时候，更加骄奢淫逸，纵容宠幸的小人残害人民，差不多失去了作为人君的道义与情理。对于这样的敌人，兴起讨伐问罪之师，以拯救民众于水火之中，本来就是刻不容缓的事情。至于说到岭南的南汉刘氏政权，三代都作恶多端，民怨沸腾，更加有倍于后蜀的孟昶，但是距离很远又隔着五岭，而且江南也还没有被平定，所以要暂且把收复南汉的时间向后推迟，这是形势所迫，不容许把它作为急迫图谋的对象。

先攻下江南，后收复巴蜀，从道义情理、地理形势两方面都行不通，这就是北宋用兵统一天下的策略要比王朴高明的地方。至于说河东与幽、燕，那么还是王朴的策略相对较好。

后汉高祖刘知远自立为帝之日，正是契丹横行中原的时候，当时中原没有强有力的君主统治天下，来抵抗强大的契丹，因此刘知远称帝建立后汉政权对于整个中国来说，不能说没有功劳。其后刘崇父子量力自守，苟延残喘，他们的志向是值得同情的；后周太祖郭威夺得刘氏的政权之后，还要断绝其宗庙奉祀，这是灭绝天理的行为。抚心自问，不应当过早地对北汉刘崇政权用兵，这是本来应有的道理。即使到了宋朝，仍然存在很多值得同情的地方。契丹乘着后晋高祖石敬瑭叛逆的机会，入侵中原内地，占据幽、燕十六州，分割我们国家的疆土，割裂文化的传统，天下道义的重要原则是不容许毁坏的，没有比这更重要的了。驱逐占据幽、燕的契丹，恢复我们华夏的家园故土，这样才可以做天下的君主。从道义情理这方面来说，先收复幽、燕而后进攻河东，是必然的历史选择。

再从地理形势方面来说，契丹占据幽、燕的时间不长，契丹贵族习惯居住在北方的大漠，以帐幕作为居室，只是把幽、燕十六州当作多余的土地，还没有从中得到更多的利益从而喜欢这个地方。这时唐朝的遗民还在那里生活，他们想念中华的习俗，厌恶契丹的风俗，像吴峦、王权这些人都不愿待在这种污秽的地方，所以他们只能暂时忍气吞声而每日翘首以盼中原的军队，所以这时攻打幽燕之地，就会很容易。如果推迟的时间过久，契丹人都认为这是块富裕之地而开始留恋，想要世代占据这个地方。那时唐朝的遗民故老都已经亡故，青年一代已经习惯了契丹的风俗，甚至不知道自己是谁的后代子孙，以至于视中原为敌国而为契丹效死卖命，所以说对于幽、燕之地，抓紧进攻容易得胜，而缓慢图谋就很难成功。如果幽、燕之地一旦收复，那么河东就像失去了一条臂膀一样失去了援助，然后从飞狐口、天井关两地出兵夹攻，不用费多大力气就能一举攻克，这就是地理形势所决定的必然结果。王朴的策略，从道义情理和地理形势两个方面都得以兼顾，平定并统一天下的策略，这样就足够了。

宋太祖赵匡胤有志于平定四方、统一天下，但他不能采用王朴的伟大策略，而且拒绝了曹翰既定的谋划，结果不仅在河东地区被拖累得精疲力竭，而且把幽、燕之地置之度外，这都是受到亲信赵普的邪说蛊惑的缘故。赵普是蓟州人，曾经有同乡之人接受契丹的引诱，与他沟通，居间调停，以免乡人邻里亲眷遭受兵燹的惊扰，从而像猪狗一样席地鼾睡，进献奸谋而贻祸无穷。真是可惜啊！他没有遇到周世宗柴荣，所以他才没有以自己的身体尝试一下当年诛杀樊爱能那样行刑的刀锋。

本事：《资治通鉴》卷二九二《后周纪三·世宗》，显德二年（955）。

二一　周世宗裁损佛教

一日而欲挽数千年之波流，一人而欲拯群天下之陷溺，难矣哉！杨、墨之贼道也，兴于春秋之世，至孟子而仅及百年，且为之徒者，唯强力慧辨之士，能习之者亦寡矣，士或淫而民固无有信从之者。韩愈氏曰："孟子辞而辟之，廓如也。"抑亦易为廓如矣。浮屠之入中国，至唐、宋之际，几千年矣。信从之者，自天子达于比户，贫寡之民、老稚妇女，皆翕然焉。拓拔氏、宇文氏、唐武宗凡三禁之，威令之迫，天下顾为之怨懑，不旋踵而复张，无惑乎愚者之言曰：是圣教之不可蔑者也。周主荣废无额寺院，禁私度僧尼，而存寺尚二千有奇，僧尼犹六万，说者或病其不力为铲除，乃不知周主之渐而杀其滔天之势也，为得其理。使有继起者踵而行之，数十年而其邪必衰止。固非严刑酷令，凭一朝之怒所可胜者也。

浮屠之惑天下也有三：士之慧而失教者，闻有性命之说，心仪其必有可以测知而不知所从，浮屠以浮动乍静之冏光示之，遂若有所依据；而名利之劳役已疲，从之以乍息其心旌，若劳极而荫于林，因谓为吾宅也，熟寐而不知其倚于荆棘也。然而如此者，十不得一。其次则畏死患贫、负疚逃刑之顽夫，或觊其即得，或望之身后，自无道以致福，无力以求安，而徼幸于不然之域，遂竭心力资财以贩贸之。又其下则目炫于塔庙形象之辉煌，耳淫于钟磬鼓钹之鞺鞳，心侈于千人之聚、百人之集、焚香稽首之殷勤，贸贸然而乐为其徒者，尽天下而皆然；非知有所谓浮屠之法也，知寺院僧尼而已。而避役之罢民、逃伍之溃卒，叛逸之臧获，营生不给，求偶不得，无藉之惰氓，利其徒众之繁有，可以抗句索、匿姓名、仰食而偷生。若此者，其势杀，其额有限，其为之师者，辽戾寒凉而不振，则翕然夸耀之情移，萧散以几于衰灭。然后宽徭省罚以安小人，明道正谊以教君子，百年之内，可使萍散而冰消也。急诛之而激以兴，缓图之而焰以熸，此制胜之善术，禹之所以抑洪水者，唯其渐而已矣。

拓拔、宇文固不足以及此，唐武之后，继以宣宗，抑流急必逆之势然也。周主行裁损之法，得之矣，而宗社旋移；宋太宗天伦既斁，怀疚不宁，冀获庇覆于心忘罪灭之邪说，是以法立未久，旋复嚣张。呜呼！道丧不复，抑生人之不幸与！而导以猖狂者，李遵勖、杨亿之为世教蟊贼，亦不可胜诛也。赵抃、张九成皆清节之士也，而以身导其狂流，于是而终不可遏，岂周主除邪不尽之过乎？

【译文】

一天就想挽回那数千年奔流不断的波涛，一人就想拯救整个天下的水深火热，的确是很难啊！杨朱、墨子那些残害道义的学说，兴盛于春秋时代，到孟子之时只不过才百年，况且他们的门徒，都是身强力壮、智慧善辩的人，能够学习传承他们学说的就已经很少了，有的士人浸淫其中而不能自拔，而普通民众本来就没有多少信从他们的。唐朝学者韩愈在《孟子序说》中曾经说过：“孟子对杨朱、墨子予以斥责和排除，使人们的思想得到澄清。”这种澄清也太容易了。佛教传入中国之后，到唐宋之际已将近一千年了。信从佛教的人，上自天子，下至黎民，贫困孤独的百姓，老幼和妇女，都一致称颂佛教教义。从北魏拓跋氏、北周宇文氏到唐武宗会昌年间（841—846）总共有三次禁止信奉佛教，禁令威严而急迫，天下百姓反而为之感到怨恨和愤怒，没过多久就又重新复兴起来，无怪乎愚蠢的人说：这是因为圣教都不能蔑视。周世宗柴荣废除了规定名额以外的寺院，下令禁止私自超度僧尼出家，即使这样，还仍然留有寺院二千多个，僧尼约有六万人，评论的人有的批评他没有大力推进予以铲除，其实他们不知道周世宗是在慢慢地消除佛教这种气焰滔天的势头，这是很有道理的。假设他的后继者能够按照这种办法继续推行下去，那么数十年之后，佛教的邪恶势力必定会衰落并逐步趋于止息的。要消除佛教的影响，本来就不是仅凭严酷的刑罚和政令，也不是凭一人的愤怒就能够胜任的。

佛教徒蛊惑天下主要有三条途径：首先，那些本来天资聪颖但没有受到良好教育的士人，听说有关性命的说教，原本就仰慕其必定可以测知未来但不知道从何处作为门径进入，而佛教以浮动乍静的光明显示出来，就好像有所依据。世人为名利所束缚已经感到疲倦，信从佛教可以暂时平静其不安定的心神，就像一个人极度劳累的时候在林荫下乘凉一样，于是认为这就是我的心灵故乡，熟睡着却不知道他所倚靠着的乃是荆棘。然而像这样的，不到十分之一。其次，就是那些畏死患贫、负罪逃刑的凶狠贪婪之人，他们有的觊觎目前就能获得的幸福，有的希望死后子孙富贵，但自己又没有办法求得幸福，也没有能力获得安宁的生活，就心存侥幸于不可知的领域，于是便竭尽心力和资财供奉佛教，以便像贸易一样交换来自己希望的福祉。再次，更加等而下之的，是那些眼睛惶惑于寺院塔庙的辉煌壮丽形象，耳朵浸淫于钟磬鼓钹的声响，心灵神驰于那千人的聚集、百人的活动、焚香稽首的殷勤场面，于是便贸然决定加入佛门为徒，普天之下大概都是这样，这些人并非知道所谓的佛教教义，只是知道有寺院僧尼罢了。那些逃避徭役的疲敝民众，逃脱军队的溃散士兵，叛逃自由的奴婢，他们的生活不能自给，寻求配偶无法得到，还有没有生存倚靠的无业游民，认为佛家门徒众多有利于他们生存，可以抗拒搜捕、隐姓匿名、可以依靠佛门得食，苟且偷生。像这样的人，只要佛教的势头逐步消减，剃度的名额也有所限制，作为他们老师的僧侣，都会因为生活在辽远暴戾、肃杀寒凉之环境下而萎靡不振，于是他们称颂夸耀的情绪就会逐步转变和消散，以至于衰落直到消灭了。然后宽免徭役、减免刑罚以安抚那些小人，彰明正道、端正大义以教育那些君子，那么百年之内，就可以使浮萍散尽、冰雪消融。急于诛杀就会激起他们的反叛，慢慢图谋就可使他们气焰熄灭，这是制胜的好办法。夏禹之所以能平治洪水，就是用的慢慢疏导的办法。

北魏拓跋氏、北周宇文氏本来就不足以思谋到这个层面，唐武宗会昌灭佛之后，唐宣宗继续推行这一政策，这也是水流过急会出现逆流的趋势使然。周世宗柴荣实行裁汰损益的办法，深得其中的奥妙，可惜不久宗庙社稷就转移了；宋太宗赵光义自己败坏了天道伦常，心怀愧疚而不安宁，把获得上天庇护保佑的希望寄托于能使心忘罪灭的异端邪说，因此周世宗裁汰损益佛教的办法实行没有多久，佛教的势力就又嚣张起来。唉！正道沦丧而不能恢复，也是广大民众的不幸啊！而引导佛教猖狂泛滥的李遵勖、杨亿之流，可以说是世道教化的蠹贼，诛杀他们也是诛杀不尽的。而赵抃、张九成都是节操高洁的士人，但他们也亲自倡导这种佞佛的狂潮，从此佛教的猖獗趋势最终无法遏制，这难道是周世宗除恶不尽的过错吗？

本事：《资治通鉴》卷二九二《后周纪三·世宗》，显德二年（955）。

二二　周世宗立两税征限

周主立二税征限，夏税以六月，秋税以八月，两税既行，无有便于此矣。急于此则民病，易知也；缓于此则民亦病，未易知也。

夫惟富人之求而无不给也，则急之与缓勿择也。贫民者，岁之所获，仅此而已矣，急之则称贷而倍偿，固也；获之有量，而须用者无方，乘其方有之日，使以其应输者输官，则所余为私家之养者，或足或乏，皆可经度以节一岁之用。六月而蚕织成矣，十月而禾黍登矣，而上无期以限之，愚民忘他日之催科，妇子艳丝粟之有羡，游食之工贾，乡邻之醵（jù）会，相与糜其赢余，室已如悬而征求始迫，于是移来岁未审之丰歉，倍息以贷而求免于桁杨。上且曰：吾已缓之，而犹不我应，民之顽也。乃不知缓之正所以迫之也哉！

情不可不谅也，时不可不知也，役车其休之后，予以从容谋生之计，而暇豫以图，方春于耜之劳，民不能自度，上为度之。而当其缓也不容急，当其急也不容缓，忧民之忧者，不可不察也。以六月征者，期成于八月；以十月征者，期尽于一冬。力可供，则必之以速完；贫不可支，则蠲除于限末。严豪民玩上之罚，开贫寡自全之路，一岁毕一岁之征，民习而安焉。王者复起，不能易也。

【译文】

周世宗确立两税法征税的期限，夏税在六月，秋税在八月，自从唐代两税法推行以来，没有比这更方便民众的政策了。如果征税过早过急，就会给民众带来危害和弊端，这是容易理解的；如果征税过晚过缓，同样也会给民众带来危害和弊端，这却是不易察觉的。

只有对于富人的征税要求在任何时候都可以保证供给，所以征税的早与晚、急与缓是不需要选择的。而对于贫民来说，每年的农耕收获，只有有限的一点点罢了，如果征税过急过早，就必须预先借贷，然后加倍偿还，这是一直存在的实际情况。收获的粮食数量有限，但是必须使用的人没有适宜的办法，趁着他们有收获的时候，让他们把应纳的税粮上缴官府，那么剩下的就是他们自己养家糊口的，有时富裕，有时短缺，都可以自己计划着作为一年的用度。每年六月蚕丝长成，十月粮食归仓，可是如果国家没有征收税粮的期限，那么愚昧无知的民众就会忘记将来催科缴粮的事，妇人子女都喜爱丝绸、粮食的有余，那些游食四方的手工业者和商人小贩，乡邻之间的聚会喝酒，相互靡费他们盈余的丝绸和粮食，等到家中的收获全都用光之后，官府征税科敛才开始急迫起来，于是他们便把来年的还不知是否能丰收的丝绸、粮食收获，以加倍的利息进行借贷，以求免于刑罚的枷锁。而天子还会说：我已经宽缓了期限，他们还不响应，如期缴纳，这就是民众的顽劣。他不知道这种宽缓实际上正是急迫啊！

民情不可以不谅解，而时机也不能不知道。供服役征税之用的车子在征收完毕休整之后，就要给予民众从容谋生之计，闲暇时间要预先筹划春天到来时修整锄犁的事情，百姓自己不能打算，天子就为他们打算。该宽缓的时候就不能急迫，该急迫的时候就不能宽缓，天子应该忧民之忧，这是不能不体察的民情。按照六月征收的税粮，限期到八月结束；按照十月征收的税粮，却要一个冬天才能完结。有能力供给缴纳的，就必须迅速让他上缴；如果贫穷不能如期缴纳，就在限期结束之时予以蠲免。严明豪强刁民欺骗官府的刑罚，打开贫穷孤独之人自我保全的活路，一年收完一年的赋税，民众就能相沿成习、安居乐业。即使后世称王称霸的人兴起，也不能改变这种办法。

本事：《资治通鉴》卷二九三《后周纪四·世宗》，显德三年（956）。

二三　孙晟屈己以请命

文信公奉使不屈，从容就死，推忠贞者，莫之能逾也。求其先信国而兴者，颜鲁公而外，孙晟其无愧焉。

信国以儒臣起义，事中国之共主，败而不挠，亡而不屈。而晟捐其故国，自北徂南，投身危邦，事割据之主，则出身次第不若信公之大正。江南非四海兆人之元后，而为之效死，盖亦褊矣，而未可以此短晟也。晟虽非江南之人士，然其南奔也，石、刘二氏以沙陀部落而僭大号，且进契丹以入践中原，君劣臣离，上下荡然无纪，虽云故土，固志节之士所不忍一日居也。江南承天下无君之乏，保境息民，颇知文教，士不幸生于其世，无可致身之地，则择地而蹈，能用我者，为尽臣节，委诚以舍命，初非叛故主、附新君、仅酬国士之知者，此亦奚足以此病晟哉！

乃若晟之奉表于周，请奉正朔，与信公之祈请于蒙古也，其事略同；而折中于义，则晟愈焉。江南之与周齿也，小役大，弱役强，役焉而可保其宗社，则宗社重矣。宋之于蒙古，人禽之大辨也，屈志以祈请，虽幸而存，为犬豕之附庸，生不如其死，存不如其亡，而宗社抑轻矣。然则信公之为赵氏宗社谋也则忠，而为自谋其所以效忠者则失也。海上扁舟，犹存中华之一线，等死耳，择死所而死之，固不如张、陆之径行以自遂矣。晟之屈己以请命，志士之所弗堪，固劳臣之所必效。幸得当而延李氏一日之宗祊，屈不足以为辱；但不以其私屈焉，而志已光昭矣。此晟之死，视信公为尤正焉。若其坚贞之操，从容之度，前有鲁公，后有信公，雁行而翔于天步，均也，又何多让与！

【译文】

南宋时信国公文天祥奉命出使而不屈服，最后被俘而从容就义，论起忠诚坚贞来，没有人能超过他了。如果要寻找先前历史上像信国公文天祥这样忠贞之士的话，那么除了唐朝受封鲁郡公的颜真卿，就要数南唐的宰相孙晟了。

信国公文天祥以一个文官的身份高举抗元的义旗，事奉全中国共同拥戴的君主，失败而不挠，临死而不屈。而孙晟背离他位居中原的故乡、故国，从北方来到江南，投身于充满危机的小邦，事奉割据江南的南唐先主李昪和中主李璟，所以他的出身次第没有信国公文天祥那么正大光明。南唐君主并非四海之内亿万民众共同拥戴的天子，如果为他尽忠效死，大概就有些狭隘了，但不能因此而指责孙晟。孙晟虽然不是江南人士，但他之所以奔逃南下，是因为石敬瑭、刘知远二人相继以沙陀部落的后裔而僭越伪称帝号，而且还把契丹引入并践踏中原，君主恶劣，臣下背离，朝廷上下荡然没有法纪，虽然是孙晟的故土，也是有志气节操的士人都不忍心一日居住的地方。而南唐所在的江南地区，当此天下无君的乱世，保全境内，与民休息，颇知文章教化，作为士人，不幸生活在那个年代，没有可以安身立命的地方，就应该另外选择地方立足，如果有能信用自己的君主，便为其克尽臣节，倾心归顺，舍命报效，本来就不是背叛故主、依附新君、仅仅为了报答明君待以国士的知遇之恩，怎么能够因此而指责孙晟呢！

至于孙晟奉表到后周，请求奉周正朔，这与信国公文天祥祈请蒙古议和的事也大体相同，但是从正义的角度来折中判断，孙晟似乎还要胜过信国公文天祥。南唐与后周唇齿相依，小国臣服于大国，弱国臣服于强国，表示臣服就可以保全其江山社稷，所以国家的存续就显得更为重要。南宋和蒙古之间，是华夏与夷狄、人与禽兽的重大原则分别，曲意迁就以祈请蒙古议和，即使有幸生存下来，作为猪、狗一样的附庸，那么活着还不如死去，生存还不如灭亡，这种情况下国家的存续就显得不那么重要了。既然这样，那么信国公文天祥如果是为了赵氏的江山社稷进行谋划，就是忠义的表现，但是若为他自己谋划要效忠的理由，就是失策了。海上的一叶扁舟，仍然还保存着中华血脉的一线希望，同样是死亡，就要选择死得其所然后去死，所以文天祥本来就比不上张世杰、陆秀夫径自自杀的选择。孙晟屈节来到后周为南唐请命，这是仁人志士所不堪忍受的，但又是有功之臣所必须效命的事。幸而行事得当从而为南唐李氏政权延长一日的宗庙，这种屈节还不能算受辱，但不以他的个人私事屈辱自己，其志向已可以光昭日月了。所以孙晟的被杀，比起信国公文天祥的死更显得正大光明。像他那样坚贞的节操，从容的气度，前有颜鲁公，后有文天祥，就像大雁并排的行列一样飞翔于天体星象之间，他们都是一样的，对孙晟又如何能多加责难呢！

本事：《资治通鉴》卷二九三《后周纪四·世宗》，显德三年（956）。

二四　窦俨论相之非

窦俨论相之说，非也。天子之职，择相而已矣。百为之得失，百尹之贞邪，莫不以择相为之本。为天下之元后父母，仅此二三密勿之大臣，为宗社生民效其敬慎，不知自择，而委之前在此位者，以举所知而任之，不知天之与以天下、而天下戴之以为大君，何为者邪？既云令宰相举所知矣，是信其有知人之明、靖国之忠也；又责以保任，而举非其人，责其举者，是何其辱朝廷而羞当世之士邪？保任之法，用之于庶官，且徒滋比阿覆蔽之奸；况举天下以授之调燮，而但恃缘坐举主之峻法乎？又况人不易知，不保其往，乃以追责耆旧归田之故老，借使王安石蒙坏法之谴，文潞公且被褫夺，秦桧正误国之刑，胡文定与坐戮尸乎？

俨又云："姑试以本官权知政事，察其职业之堪否而后实授。"则尤谬甚。以此法试始进之士，使宰一邑，司一职者，子产犹曰："美锦不以学制。"与天子坐而论道，为天下臣民所倚赖之一二人，乃使循职业以课能否而用舍之，知有耻者，亦不愿立于其廷；况其以道事君，进退在己，而不以天子之喜怒为进退者哉？此法行，则惟兢兢患失之鄙夫，忍隐以守章程、充于廉陛而已。

夫人臣出身事主而至于相，非一日之遽得之也；人君登进草莱之士而至于相，非一日骤予之也。或自牧守，或自卿贰，或自词臣，业已为群情所歆厌，而数蒙人主之顾问。兵农礼乐，皆足以见其才；出处取与，皆足以征其守；议论设施，皆足以测其量；荐拔论劾，皆足以试其交。而待诸已入纶扉、将宣麻敕之日，始以职业考其优劣而进退之乎？甚矣！俨之罔于君人之道也。苛细以亵天职，猜疑以解士心，长君之偷，劝臣之党，而能尊主庇民，未之有也。漠然不相信之人，一人誉之，即引而置之百僚之上，与谋宗社生民之大，使其歆实授而饰迹以求荣，天下其得有心膂之臣乎？

盖自唐昭宗处倾危之世，廉耻道丧，桢干已亏，而昭宗躁竞，奖浮薄之风，故张濬、朱朴之流，卒然拔起以尸政府，而所谓宰相者贱矣。俨习于陋俗之泛滥，固将曰：此朝廷执笔以守典章之掾史耳，姑试之而以程限黜陟之，奚不可哉？洵如其言，天下恶得而定邪！

【译文】

后周翰林学士窦俨讨论宰相的说法，是不正确的。天子的职责，就在于选拔宰相。治理天下的成败得失，文武百官的忠贞奸邪，没有不以选拔宰相作为根本的。作为天下父母的天子，仅有这么两三个参与机密的大臣，为国家的江山社稷和黎民百姓的利益效其恭敬谨慎之力，却不知道自己去选择宰相，反而把这个任务交给前任宰相，让他们推举所了解的人加以任用，不知道上天把整个天下托付于他，而天下民众拥戴他做皇帝，究竟是为了什么？既然说让宰相推举他所了解的人了，就是相信他们有着知人善任的明智、安邦定国的忠心，又让他负起担保的责任，如果推荐的人才不称职，就要责备荐举者，这是多么羞辱朝廷和当世士人的做法！向朝廷举荐人才而负起担保责任的办法，如果用于一般官吏，将会白白增加朋比为奸、相互掩盖的弊端，何况要把天下国事都交给他们调和阴阳、统筹安排，而仅仅依恃举荐不当承担责任而受到严刑峻法的处置吗？更何况人是不容易被了解的，不能保证他以前的所作所为，如果因其后来犯错还要追责年高望重、解甲归田的故老大臣，那么假使王安石蒙受败坏法制的谴责，举荐他的宰相文彦博尚且要被依法剥夺和革除功名，秦桧被明正误国的刑罚，举荐他的胡安国（谥文定）等人难道也要因此坐罪而被开棺戮尸吗？

窦俨又说："暂且让被举荐的人才以本官代理掌管政事，考察其是否胜任职责而后再授予实职。"这种观点就更加荒谬。用这种办法试行于刚刚进用的士人，让他们掌管一个城邑或者履行一种职事，子产还曾说过："你有一块美丽的锦缎，一定不肯让人拿来练习裁制衣裳。"宰相是和天子一起坐而论道，作为天下臣民所依赖的一两个人，却让他遵照官吏任职标准来检验能否胜任而决定取舍，知道廉耻的人，也不愿在这样的朝廷中立足；更何况他们以道义事奉君主，进退都由自己，而不是因天子的喜怒而决定进退的人呢？这种办法如果实行，则只有那些战战兢兢、患得患失的卑鄙浅薄之人，才会隐忍克制而谨守章法，滥竽充数于朝堂之上罢了。

作为臣子，出身事主而做了宰相，这不是一日之功就能得到的。作为君主，选拔进用平民出身的士人晋升到宰相的高位，也不是一日之间就骤然授予他们的。有的来自地方长官，有的来自朝中大臣，有的来自文学侍从之臣，他们早已经历了群情的喜好与厌恶，也多次蒙受天子的咨询存问。军事、农经、礼乐教化各种政事的历练，足以表现他们的才能；出处、进退、取予各种作为的考验，足以证明他们的操守；谋划议论决策，措置施行政务，足以测度他们的气量；荐举选拔人才，论告弹劾奸佞，足能考验他们的交际。等到已经进入宰辅所居的内阁、将要宣布任命诏书的时候，才根据其职责考核优劣而决定进退吗？窦俨对于为君之道的无知，实在太过分了！苛求细则以亵渎天职，猜疑嫉妒以瓦解士心，助长君主苟且偷安，蛊惑大臣结党营私，这样的作为还能够尊敬君主、庇护人民，从来没有见到过。对那些茫然无所知、不敢相信的人，如果有一个称赞他，就援引提拔起来置于百官之上，和他谋划江山社稷、安定民生的大计，使他们期望授予实职的大权而掩饰自己的形迹求得荣华富贵，这样天下还能得到可以依为心膂的栋梁之臣吗？

自唐昭宗李晔（889—904 年在位）以来，国家处于将要倾覆的危机之中，礼义廉耻之道德沦丧，国家的根基已经亏损，但唐昭宗又急功躁进而竞争不已，鼓励浮薄的风气，所以张濬、朱朴之流在很短时间内突然被提拔起来担任宰相，他们尸位素餐，使所谓的宰相显得非常卑贱了。窦俨习惯泛滥的陋俗，固然还会说：这是朝廷上执笔以守典章的属员罢了，姑且让他们尝试一下然后依据程式和限制决定罢黜和升迁，有什么不可以呢？如果确实如他所说的那样，那么天下怎样才能得以安定呢！

本事：《资治通鉴》卷二九三《后周纪四·世宗》，显德四年（957）。

二五 柴荣伐江南而志在契丹

周主南伐江南，劳师三载，躬亲三驾，履行阵，冒矢石，数十战以极兵力，必得江北而后止。江北既献，无难席卷以渡江，而修好休兵，馈盐还俘，置之若忘。呜呼！此其所以明于定纷乱之天下而得用兵之略也。盖周主之志，不在江南而在契丹也。

当时中原之所急者，莫有大于契丹也。石敬瑭割地以使为主于塞内，南向而俯临中夏，有建瓴之势焉。叛臣降将，导以窃中国之政令，而民且奉之为主。德光死，兀欲、述律交相戕贼，至是而其势亦衰矣，是可乘之机也。然其控弦驰马，犷悍之力，犹未易折棰以驱之出塞。且自朱温以来，所号为中国主者，仅横亘一线于雍、豫、兖、青之中，地狭力微，不足以逞志。而立国之形，犬牙互入，未能截然有其四封，以保其内而应乎外。则不收淮南、江北之地，中国不成其中国。守不固，兵不强，食不裕，强起而问燕云之故壤，石重贵之覆轨，念之而寒心矣。

然而契丹不北走，十六州不南归，天下终不可得而宁。而欲勤外略，必靖内讧。乃孟氏之在蜀，刘氏之在粤，淫虐已甚，下之也易，而要不足以厚吾力、张吾威也。唯江南之立国也固矣，杨、徐、李阅三姓，而保境息民之谋不改。李璟虽庸，人心尚固，求以胜之也较难。唯其难也，是以胜其兵而足以取威，得其众而足以效用，有其土而足以阜财，受其降而足以息乱。且使兵习于战，以屡胜而张其势；将试于敌，以功罪而择其才。割地画江，无南顾之忧，粤人且遥为效顺。于是逾年而自将以伐契丹，其志乃大白于天下。而中国之威，因以大振。其有疾而竟不克者天也，其略则实足以一天下而绍汉、唐者也。王朴先蜀、粤而后幽、燕之策非也，屡试而骄以疲矣。威方张而未竭，周主亟用之，天假之年，中原其底定乎！

【译文】

周世宗柴荣南下攻伐江南，劳师动众三年，他自己三次御驾亲征，亲自履行军阵，甘冒矢石，集中兵力打了数十次仗，一定要得到江北地区而后才停止进攻。江北地区投降之后，以席卷之势渡过长江就很容易了，可是他却在这个时候与南唐结成友好关系，休兵罢战，馈赠食盐，交还俘虏，好像把收复江南的目标遗忘了一样。唉！这正是他明于平定纷乱之天下的智谋，从而深得用兵的策略。这是因为周世宗柴荣的志向，不在江南而在于北方的契丹。

对于当时的中原王朝来说，当务之急是对付北方的契丹政权。后晋高祖石敬瑭割地给契丹使他成为边境之内的君主，契丹占据幽燕之地，向南可以俯临中原腹地，有着高屋建瓴之势。那些叛臣降将，引导契丹窃取中国的政令，而广大民众还要尊奉他为君主。辽太宗耶律德光死后，辽世宗耶律阮（字兀欲，耶律德光之侄）、皇太后述律平（辽应天后，耶律阮祖母）互相残杀，这时契丹的势力开始衰竭了，正是可乘之机。他们弯弓驰马、粗野强悍的军事力量，还未折断策马之杖就轻易取胜并把他们驱逐出塞外。况且自从后梁太祖朱温篡位以来，那些号称中原之主的帝王，所辖地方不过横亘于雍州、豫州、兖州、青州一线，地方狭小，力量微弱，不足以实现统一天下的志向。各个割据政权建立国家的形状，也是犬牙交错，参差不齐，不能形成截然分别的四面疆界，以保全其内部的稳定，进而应对外部的战争。所以不收复淮南、江北之地，中国就不能称为中国。防守不坚固，兵力不强盛，粮饷不充足，勉强出兵收复燕云十六州的故土，就会重蹈后晋出帝石重贵的覆辙，想起来就令人寒心。

然而，如果契丹不撤出北走，燕云十六州不收复南归，天下终究不得安宁。但是要想向外攻城略地，就必须先平息内讧。而孟氏割据蜀地，刘氏割据南粤，他们的统治都非常荒淫残暴，攻打并消灭他们也很容易，但关键是这样行动的结果也不会增强我们的力量，扩张我们的威望。只有地处江南地区的南唐立国非常牢固，从吴国开始共经历杨、徐、李三姓的统治，保卫边境、与民休息的政策一直奉行不改。南唐中主李璟虽然昏庸，但人心尚且稳定，想要战胜他还比较困难。正因为困难，因而战胜了他们的军队足以取得威望，得到了他们的民众足以为我所用，占有他们的土地足以厚积财富，接受他们的投降足以平息祸乱。并且使我们的士兵习于战争，让他们通过屡战屡胜扩张其威势，使我们的将领尝试与敌人作战，根据他们的功过来选择判断他们的才干，割地议和，划江而治，在南方就没有了后顾之忧，割据南粤的南汉也在遥远的地方表示效劳归顺。于是一年之后周世宗就亲自率军讨伐契丹，他的志向才大白于天下。而中国的威望，因此而大振。周世宗柴荣突然身患疾病而终于不治，其宏图大志竟然没能得以实现，这是天命，他的策略足以统一天下并且还能继续汉、唐的雄风。王朴的先攻蜀、粤而后攻幽、燕的策略是不对的，屡试之后就会骄傲乃至感觉疲惫了。在威望正当隆盛而没有衰竭的时候，周世宗及时采用它，假如上天赐予他足够的年寿，中原一定会得到彻底安定！

本事：《资治通鉴》卷二九四《后周纪五·世宗》，显德五年（958）。

二六　古乐指归之要

古乐之亡，自暴秦始。其后大乱相寻，王莽、赤眉、五胡、安、史、黄巢之乱，遗器焚毁，不可复见者多矣。

至于柴氏之世，仅有存者，又皆汉以后之各以意仿佛效为者。于是周主荣锐意修复，以属之王朴。朴之说非必合于古也，而指归之要，庶几得之矣。至宋而胡安定、范蜀公、司马温公之聚讼又兴，蔡西山掇拾而著之篇，持之确，析之精。虽然，未见其见诸行事者可以用之也。

孔子曰："大乐必简。"律吕之制，所以括两间繁有之声而归之于简也。朴之言曰："十二律旋相为宫，以生七调，为一均；凡十二均、八十四调而大备。"朴之所谓八十四调者，其归十二调而已。计其鸿细、长短、高下、清浊之数，从长九寸径三分之律，就中而损之，旋相生以相益，而已极乎繁密。九九之数，尽于八十一，过此则目不能察，手不能循，耳不能审，心不能知，虚立至密至赜之差等，亦将焉用之也？蔡氏黄钟之数，十七万七千一百四十七，推而施之大钟大镈（bó），且有不能以度量权衡分析之者，而小者勿论矣。尽其数于九九八十一而止，升降损益，其精极矣。取其能合之调为十二均足矣。故王朴律准从九寸而下，次第施柱，以备十二律，未为疏也。然自唐以降，能用此者犹鲜。过此以推之于十七万七千一百四十七之密，夫谁能用之哉？大乐必简，繁则必乱，况乎其徒繁而无实邪！

夫两间之声，而欲极其至赜之变，则抑岂但十七万七千一百四十七而已乎？今以人声验之，举一时四海之人，其唇、舌、腭、喉、齿、鼻，举相似也；引气发声，其用均也；乃其人之众，为十七万七千一百四十七者，不知凡几也。虽甚肖者，隔垣而可别，乍相逼以相聆，似矣，而父母妻子则辨之也无有同者。是知天下之声，无涯无算，以十七万七千一百四十七该之，谓之至密，而固不能尽其万一，则其为法也，抑隘甚矣。

天地之生，声也、色也、臭也、味也、质也、性也、才也，若有定也，实至无定也；若有涯也，实至无涯也。唯夫人之所为，以范围天地之化而用之者，则虽至圣至神、研几精义之极至，而皆如其量。圣者之作，明者之述，就其量之大端，约而略之，使相叶而成用，则大中、至和、厚生、利用、正德之道全矣。其有残缺不修，纷杂相间，以成乎乱者，皆即此至简之法不能尽合耳。故古之作乐者，以人声之无涯也，则以八音节之，而使合于有限之音。抑以八音之无准也，则以十二律节之，而合于有限之律。朴之衍为七调，合为十二均，数可循，度可测，响可别，目得而见之，耳得而审之，心得而知之，物可使从心以制，音可使大概而分，其不细也，乃以不淫人之心志也；过此以往，奚所用哉？

呜呼！王朴极其思虑，裁以大纲，乐可自是而兴矣。至靖康之变，法器复亡，淫声胡乐，煸乱天下之耳，且不知古乐之为何等也。有制作之圣、建中和之极者出焉，将奚所取正哉？如朴之说，固可采也。九寸之黄钟，以累黍得其度数，有一定之则矣。而上下损益，尽之十二变而止。而用黄钟以成众乐也，不限于九寸，因而高之，因而下之，皆可叶乎黄钟之律。则九其九而黄钟之繁变皆在焉，则十一律、七调、十二均之繁变皆在焉。巧足以制其器，明足以察其微，聪足以清其纪，必足以穷其理，约举之而义自弘，古乐亦岂终不可复哉？若苛细烦密之说，有名有数，而不能有实，只以荧人之心志，而使不敢言乐，京房以下之所以为乐之赘疣也。折中以成必简之元声，尚以俟之来哲。

【译文】

古乐的消亡，是从残暴的秦朝统治时期开始的。其后，社会动荡不安，天下大乱相继，从汉朝的王莽改制、绿林和赤眉起义，经过六朝时期的五胡乱华，一直到唐朝的安史之乱、黄巢起义，自古传留下来的乐器都被焚毁了，许多都没有办法再见到了。到了后周世宗柴荣统治时期，那些仅存的乐器，也大多是汉朝以后按照各人理解进行复制的仿品。因此周世宗柴荣决定修复古乐，并把这件事托付给精通音律的大臣王朴。王朴的意见并不一定和古时的情况相符合，但是其主旨要义，差不多与古时相一致。到了宋朝，胡瑗（字翼之，世称安定先生）、范镇（字景仁，封蜀郡公）、司马光（字君实，封温国公）等又聚讼纷纭，莫衷一是，南宋蔡元定（字季通，世称西山先生）加以搜集整理，编撰成《律吕新书》，持论确切，分析精辟。虽然如此，我们也未能见到这种理论付诸实践之后，证明其切实可用。

孔子说：“最好的音乐必定是平易近人的，最好的礼仪必定是简约朴实的。”律吕的制度，就是为了总括天地之间众多存在的声音然后归之于简约朴实。王朴说：“十二律中各律均可轮流为宫音在十二律中循环往复转动，从而生出七调，称为一均；一共有十二均、八十四调才大为完备。”王朴所说的八十四调，归纳起来只有十二调罢了。计算它的大小、长短、高下、清浊的规律，从长有九寸、直径三分之律，就其中的再加以减损，继而会产生新的旋律并有所增益，这样就会达到极其繁密的程度。九九之数，到八十一为止，超过这个数目，眼睛就看不清楚，手也无法遵循，耳朵也无法分辨，内心也不能明白，凭空设立起至为繁密、至为深奥的等次，又将有什么用处呢？蔡元定设立的黄钟之数，有十七万七千一百四十七个，推而广之施行于大钟大镈之上，尚且有不能以度量权衡进行分析的，小的乐器就更不用说了。穷尽其数量到九九八十一为止，然后进行升降和损益，这样就能精确到极致了。采取其中能够合并的音调，组成十二均就足够了。所以王朴所立的音准是从九寸往下，依照次第施设律柱，使十二律完备，这样做应当是很周密的了。但是自唐朝以来，能使用这个方法的人仍然很少。超过这个界限而至于十七万七千一百四十七，如此繁密，还有谁能使用呢？美好的音乐必定简单易行，繁密就会混乱而难循，更不要说只是繁密而不切实用呢！

天地之间的声音，想穷尽其深奥的变化，难道仅仅这十七万七千一百四十七之数就可以达到吗？如今用人的声音加以验证，选择同一时代、来自五湖四海不同地方的人，他们的唇、舌、腭、喉、齿、鼻也都相似的，让他们引气发声，其作用也都一样，其人数之多，按照十七万七千一百四十七之数发出声音，其声音不知会有多少。即使其声音非常相似，隔着墙壁还可以分辨出来，突然逼近身边再来聆听，依然很相似，但他们的父母妻儿可分辨出来，他们的声音没有相同的。由此可知，天下的声音，无边无际，不可估算，用十七万七千一百四十七之数来概括它，可以说已经至为繁密了，但也不能穷尽其万分之一，如果以此来确定律吕制度，那就太狭隘了。

天地之化生万物，有声音，有颜色，有气味，有味道，有质地，有本性，有才情，看起来好像有其规律，其实没有规律可循；看起来好像有边界，其实是无边无际。只有人们的所作所为，以规范天地的造化进而加以利用，因此即便是至圣至神的人，研究天地自然的精义已经登峰造极，却都合乎一定的限量。圣人的发明创造，贤明君子的绍述，就是根据这个限量的荦荦大端，加以简约和概括，使其声音协调而切于实用，那么大中、至和、厚生、利用、正德这些道理就完备了。如果这中间有残缺而没有修正的地方，有纷乱相杂的情况，以至于形成混乱的现象，都是不能完全合乎这种至为简约的法则所造成的结果。所以古时制礼作乐的人，因为人的声音无有边际，便用八个音节来加以节制，使之合于有限之音。又因为八音也有不准确地方，就用十二律来加以节制，使之合于有限之律。王朴把音律扩展为七调，合为十二均，这样，就有数量可循，也度量可测，更有音响可以分辨，眼睛能够看得见，耳朵也能听得清，内心也能明白其意境，外物可以随心意来加以节制，声音也可以大略划分出来，之所以还不够繁密，就是为了不至于惑乱人们的心志，超过了这些准则，哪里还用得着呢？

唉！王朴穷尽他的思虑，裁定出大纲，古乐大概可以从此而复兴了。到北宋末年靖康之变的时候，古乐法度再次遭到毁灭，淫邪的俗乐、胡人的歌舞，炫惑扰乱着天下人的视听，世人将不知道古乐为何物了。如果有能制礼做乐的圣人、能建立至高至正中和之道的贤明君子出现，又将从哪里获取修正古乐的依据呢？像王朴这样的学说，是可以采用的。九寸的黄钟，凭借累积黍籽的办法就可测知其度数，也就有了一定的规则。这样上下升降、增减损益，也不过穷尽十二种变化罢了。用黄钟来成就各种音乐，并不能限于九寸，可以依据实际情况或高或低，都可与黄钟的音律相谐调。这样，则九九八十一，而黄钟的各种繁杂变化都在其中了，则十一律、七调、十二均的繁杂变化都在其中了。其灵巧足以制造各种乐器，其明达足以体察其细微，其聪慧足以分清其法度，其诚心足以明白其道理，约略举出几个例子，其主旨要义就能自然得到弘扬，古乐难道真的就不能复兴吗？像那种苛细繁密的说法，有名目也有规律，却不能切于实用，只能够惑乱人们的心志，使他们不敢谈论古乐，这就是为什么自从汉代京房以下会成为音乐中的赘疣的原因。想要折中其义以成就一个必须走向简约朴实的元声古乐，这有待于后世智慧卓越的贤明君子。

本事：《资治通鉴》卷二九四《后周纪五·世宗》，显德六年（959）。

卷末

【题 解】

卷末叙论四篇，集中体现了王夫之的历史观，并总结了《资治通鉴》的编撰思想以及本书议论的基本旨趣。

叙论一《不言正统》，王夫之认为：所谓的“统”乃是指“合而并之”“因而续之”而言，推演古今天下治乱离合之势，根本无所谓“统”，也没有绝对的“正”，邹衍的五德终始说和刘歆的三统论均为牵强附会的异端邪说，因而明确表示不以正统论来评判历史，必须遵循天下之公论。

叙论二《不论大美大恶》，认为天下自有大公至正之公论，评论历史不应与流俗争一时之短长，更不应随波逐流。对于“大美大恶、昭然耳目、前有定论者，皆略而不赘”，而“推其所以然之由，辨其不尽然之实，均于善而醇疵分，均于恶而轻重别，因其时，度其势，察其心，穷其效”。

叙论三《不敢妄加褒贬》，指出评论历史有两种弊端，失去了道的大公至正和法的公正审慎标准，从而滋生出各种“纤曲嵬琐之说”，形成功利的历史观，对于教化和民生的危害超过了洪水猛兽。王夫之对此予以严厉批判，斥为“残贼”，同时表明本书所论“刻志兢兢，求安于心，求顺于理，求适于用”。

叙论四分二题，一曰《因时宜而论得失》，追溯历代治国之道，提出本书的编纂宗旨——“因其时而酌其宜”，推究得失之原，以求合于圣治之本。二曰《释〈资治通鉴〉论》，逐字分析《资治通鉴》书名的深刻含义，解读《资治通鉴》的编撰方法，提出读其书可以知历代兴衰，明人事臧否，“可以自淑，可以诲人，可以知道而乐”。最后表明本书评论历史的方法——“引而伸之”“浚而求之”“博而证之”“协而一之”“心得而可以资人之通”。

叙论一　不言正统

论之不及正统者，何也？曰：正统之说，不知其所自昉也。自汉之亡，曹氏、司马氏乘之以窃天下，而为之名曰禅。于是为之说曰：“必有所承以为统，而后可以为天子。”义不相授受，而强相缀系以掩篡夺之迹；抑假邹衍五德之邪说与刘歆历家之绪论，文其诐（bì）辞，要岂事理之实然哉？

统之为言，合而并之之谓也，因而续之之谓也。而天下之不合与不续也多矣！盖尝上推数千年中国之治乱以迄于今，凡三变矣。当其未变，固不知后之变也奚若，虽圣人弗能知也。商、周以上，有不可考者。而据三代以言之，其时万国各有其君，而天子特为之长，王畿之外，刑赏不听命，赋税不上供，天下虽合而固未合也。王者以义正名而合之。此一变也。而汤之代夏，武之代殷，未尝一日无共主焉。及乎春秋之世，齐、晋、秦、楚各据所属之从诸侯以分裂天下；至战国而强秦、六国交相为纵衡，赧王朝秦，而天下并无共主之号，岂复有所谓统哉？此一合一离之始也。汉亡，而蜀汉、魏、吴三分；晋东渡，而十六国与拓拔、高氏、宇文裂土以自帝；唐亡，而汴、晋、江南、吴越、蜀、粤、楚、闽、荆南、河东各帝制以自崇。土其土，民其民，或迹示臣属而终不相维系也，无所统也。六国离，而秦苟合以及汉；三国离，而晋乍合之，非固合也。五胡起，南北离，而隋苟合之以及唐；五代离，而宋乃合之。此一合一离之局一变也。至于宋亡以迄于今，则当其治也，则中国有共主；当其乱也，中国并无一隅分据之主。盖所谓统者绝而不续，此又一变也。夫统者，合而不离、续而不绝之谓也。离矣，而恶乎统之？绝矣，而固不相承以为统。崛起以一中夏者，奚用承彼不连之系乎？

天下之生，一治一乱。当其治，无不正者以相干，而何有于正？当其乱，既不正矣，而又孰为正？有离有绝，固无统也，而又何正不正邪？以天下论者，必循天下之公，天下非夷狄盗逆之所可尸，而抑非一姓之私也。惟为其臣子者，必私其君父，则宗社已亡，而必不忍戴异姓异族以为君。若夫立乎百世以后，持百世以上大公之论，则五帝、三王之大德，天命已改，不能强系之以存。故杞不足以延夏，宋不足以延商。夫岂忘禹、汤之大泽哉？非五子不能为夏而歌《洛汭》，非箕子不能为商而吟《麦秀》也。故昭烈亦自君其国于蜀，可为汉之余裔；而拟诸光武，为九州兆姓之大君，不亦诬乎？充其义类，将欲使汉至今存而后快，则又何以处三王之明德，降苗裔于编氓邪？

蜀汉正矣，已亡而统在晋。晋自篡魏，岂承汉而兴者？唐承隋，而隋抑何承？承之陈，则隋不因灭陈而始为君；承之宇文氏，则天下之大防已乱，何统之足云乎？无所承，无所统，正不正，存乎其人而已矣。正不正，人也；一治一乱，天也；犹日之有昼夜，月之有朔、弦、望、晦也。非其臣子以德之顺逆定天命之去留，而詹詹然为已亡无道之国延消谢之运，何为者邪？宋亡而天下无统，又奚说焉？

近世有李槃者，以宇文氏所臣属之萧岿，为篡弑之萧衍延苟全之祀，而使之统陈；沙陀夷族之朱邪存勖，不知所出之徐知诰，冒李唐之宗，而使之统分据之天下。父子君臣之伦大紊，而自矜为义，有识者一吷（xuè）而已。若邹衍五德之说，尤妖妄而不经，君子辟之，断断如也。

【译文】

《读通鉴论》没有专门讨论正统问题，这是为什么呢？回答是：正统之说，不知起源于何时何处。自从东汉灭亡以后，曹氏、司马氏乘机窃取天下政权，反美其名曰禅让。对此有人为其开脱说："一定要有所承继，才能称为正统，而后才能成为名正言顺的天子。"从道义上讲，东汉与曹魏、曹魏与西晋之间并不存在相互授受的关系，而他们却牵强附会，用来掩盖其篡位夺权的历史事实，以证明他们的正统，大概也是假借邹衍关于五德终始的邪说与刘歆等历算家依据三统历所编排的谬论，来修饰他们的邪僻说辞，事情的真相难道真是这样的吗？

所谓的“统”，就是合并、统一的意思，就是因袭、赓续的意思。而与此相反，国家不合并、不统一与没有因袭、没有赓续的情况却有很多。我曾经向上推衍数千年，纵观从古至今的中国历史治乱演变，一共发生了三次大的变革。当天下还没有发生变革的时候，固然不可能知道后来会发生什么样的变革，即使是圣人也无法知道。商、周以前的历史多为传说，有很多不可考知的事情。就拿夏、商、周三代的历史来说，当时天下众多的方国、诸侯，各有其君主，而天子则是他们共同的首领，在王畿（邦畿、京畿）千里以外的地方，诸侯国各行其是，刑赏不听命于天子，赋税也不上供于朝廷，国家虽然名义上合并、统一，但实际上并没有合并、统一为一个整体。以王道治理天下的有道明君依据道义正其名分、统一天下。这是历史上的第一次变革。而商汤取代夏桀，周武王取代殷纣王，国家没有一天是没有共同的君主的。到了春秋时期，齐、晋、秦、楚各国凭借各自所控制的诸侯国称霸一方、分裂天下；到了战国时期，强大的秦国与关东六国合纵连横，互相称雄，周赧王反而去朝拜秦昭襄王，已经没有天下共主的天子名分了，哪里还有所谓的正统可言？这段历史就是天下从统一走向分裂的开始。东汉灭亡之后，蜀汉、曹魏、东吴三国鼎立；西晋灭亡后，晋朝宗室东渡江南建立东晋，北方少数民族政权十六国兴起，接着北魏拓跋氏、北齐高氏、北周宇文氏先后割据称帝；唐朝灭亡后，五代十国先后在汴、晋、江南、吴越、蜀、粤、楚、闽、荆南、河东等地各自建国称帝，自相尊崇。以上这些割据政权，各自管辖其领土，各自统治其臣民，有的表面上称臣附属，却始终没有相互维系的君臣名分，无所谓合并、统一可言。战国时期齐、楚、燕、韩、魏、赵六国的分离，经过秦王朝的短暂合并、统一，从而形成汉朝的统一局面；三国时期魏、蜀、吴三国的分离，到西晋短暂的统一，并非原来的合并、统一；南北朝时期匈奴、鲜卑、羯、氐、羌等所谓的五胡在北方兴起，中国南北又陷入分离状态，经过隋朝的短暂合并、统一，直到唐朝形成统一的局面；五代时期梁、唐、晋、汉、周五代及十国的分离，到宋朝才实现了合并、统一。这是中国历史从分裂走向统一的又一次变革。至于从宋朝灭亡一直到今天（清朝初年）这一时期，当天下太平、国家得到治理的时候，那么中原王朝有其统一的天子；当天下大乱、国家陷入离乱的时候，中原王朝没有统一的天子，也没有出现割据一隅的政权。这是因为所谓的正统已经断绝，没有再出现赓续正统的君主，这是中国历史的又一次变革。所谓的正统，就是合并、统一而没有走向分裂，国家政权因袭、赓续而没有出现断绝。天下分离，如何进行合并、统一呢？国家政权断绝，就无法因袭、赓续而形成统一了。在中原崛起统一华夏的人，还需要继承什么与之不相关联的所谓正统谱系吗？

天下国家生存发展的规律，是治乱相仍，交替为用。当天下太平、社会安定之时，就没有不正统的因素进行干扰，那么又有什么谈论正统的必要呢？当天下发生动乱之时，就已经是没有正统了，又有谁还算得上正统呢？天下有分离，政权有断绝，本来就没有什么正统了，还有什么正统与不正统的分别呢？就整个天下来说，必须遵循大公至正的规律，天下并不是边疆少数民族与所谓的盗贼、叛逆所能占据和拥有的，也不是一家一姓所可据为私有的。只是作为人臣、人子的，必须效忠于其君主、父亲，那么当国破家亡、宗庙社稷沦丧之后，绝不忍心拥戴异族异姓的人作为君主。如果站在百世之后的立场，秉持大公至正的观点，来看待百世之前的历史，即使是具备五帝、三王那样的大德，但天命已经改变，也不能勉强维系他们的江山社稷永存。所以说杞国（夏禹后裔东楼公的封国）不能延续夏朝的正统，宋国（商纣王兄长微子启的封国）也不能延续商朝的正统。这难道就是忘记了夏禹、商汤的大恩大德吗？如果不是太康的五个弟弟，没有人能为夏禹而吟诵《洛汭》之歌；如果不是商纣王的叔父箕子，没有人能为商汤而吟诵《麦秀》之歌。所以蜀汉昭烈帝刘备也能在四川自立为帝，可以视为汉朝宗室刘氏的继承者。如果拿他与东汉光武帝刘秀相比，作为华夏九州、亿兆斯民大一统的天子，不也是虚妄不实之辞吗？如果无限地扩充历史的比义推类，意图使自汉朝至今正统永存才算完美，那么又将如何看待夏禹、商汤和周武王的光明之德，而将他们的后裔降为普通的编户齐民呢？

如果说三国蜀汉政权得国最为正统，则其亡国之后，正统就转移到了西晋。然而西晋篡夺曹魏政权而得天下，难道是继承汉朝余绪而兴起的吗？唐朝承继隋朝而兴起，然而隋朝又是承继谁的天下呢？如果说隋朝是承继南朝陈而兴起，那么隋朝并非因为灭陈之后才君临天下；如果说隋朝是承继北周宇文氏而兴起，那么天下政权更迭的基本原则已经混乱，还有什么正统可言呢？没有什么因袭、赓续，没有什么正统可言，正统与不正统完全是因人而异罢了。国家的正统不正统，完全是人事决定的；天下的一治一乱，完全取决于天命，这就如同太阳的运行有昼夜之分，月亮的运行有圆有缺、有初一十五一样。并非其臣子运用道德的顺逆来反向推定天命的去留，从而喋喋不休地为已经灭亡的无道之国延续其已经凋谢的寿命，这有必要吗？宋朝灭亡而天下没有正统，又将如何解释呢？

近来有个叫李槃的人，以北周宇文氏所臣属和扶持的西梁孝明皇帝萧岿，为弑君篡位的梁武帝萧衍延续国祚、奉其宗祀，让他取代南朝陈的正统；又以突厥沙陀族的后唐庄宗朱邪存勖（即李存勖），还有不知其祖先源自何人的南唐先主徐知诰，冒充唐朝的宗室李姓，让他们作为五代天下割据时期的正统所在。这样天下父子、君臣的伦理大乱，还自夸为道义之说，只能博得有见识的君子的轻蔑罢了。至于邹衍的五德终始之说，尤其怪异荒诞而不合常理，有见识的君子都会决然无疑地加以批判。

叙论二　不论大美大恶

天下有大公至正之是非焉，匹夫匹妇之与知，圣人莫能违也。然而君子之是非，终不与匹夫匹妇争鸣，以口说为名教，故其是非一出而天下莫敢不服。流俗之相沿也，习非为是，虽覆载不容之恶而视之若常，非秉明赫之威以正之，则恶不知惩。善亦犹是也。流俗之所非，而大美存焉；事迹之所阏，而天良在焉；非秉日月之明以显之，则善不加劝。故《春秋》之作，游、夏不能赞一辞，而岂灌灌谆谆，取匹夫匹妇已有定论之褒贬，曼衍长言，以求快俗流之心目哉？庄生曰："《春秋》经世之书，圣人议而不辩。"若华督、宋万、楚商臣、蔡般，当春秋之世，习为故常而不讨，乃大书曰"弑其君"。然止此而已，弗俟辩也。以此义推之，若王莽、曹操、朱温辈之为大恶也，昭然见于史策，匹夫匹妇得以诟厉之于千载之下，而又何俟论史者之喋喋哉！

今有人于此，杀人而既服刑于司寇矣，而旁观者又大声疾呼以号于人曰：此宜杀者。非匹夫匹妇之褊躁，孰暇而为此？孟子曰："《春秋》成而乱臣贼子惧。"惟其片言而折，不待繁言，而彼诈道之游辞不能复逞。使圣人取中肩之逆，称王之僭，申明不已，而自谓穷乱贼之奸；彼奸逆者且笑曰：是匹夫匹妇之巷议也，而又奚畏焉。

萧、曹、房、杜之治也，刘向、朱云、李固、杜乔、张九龄、陆贽之贞也，孔融、王经、段秀实之烈也，反此而为权奸、为宦寺、为外戚、为佞幸、为掊克之恶以败亡人国家也。汉文、景、光武、唐太宗之安定天下也，其后世之骄奢淫泆自贻败亡也；汉高之兴，项羽之亡，八王之乱，李、郭之功，史已详纪之，匹夫匹妇闻而与知之。极词以赞而不为加益，闻者不足以兴；极词以贬而不为加损，闻者不足以戒。唯匹夫匹妇悻悻之怒，沾沾之喜，繁词累说，自鸣其达于古者，乐得而称述之。曾君子诱掖人之善而示以从入之津，弭止人之恶而穷其陷溺之实，屑修一时之快论，与道听途说者同其纷呶（náo）乎？故编中于大美大恶、昭然耳目、前有定论者，皆略而不赘。推其所以然之由，辨其不尽然之实，均于善而醇疵分，均于恶而轻重别，因其时，度其势，察其心，穷其效，所由与胡致堂诸子之有以异也。

【译文】

天下有大公至正的是非标准，即使是普通的匹夫匹妇也都能够知晓，即使是德行高尚、智慧卓越的圣人也不能违背。然而贤明君子的是非标准，始终不与普通的匹夫匹妇进行争鸣，不以口头说教作为以正名定分为中心的礼教，所以他们的是非标准一旦说出，天下就没有人敢不信服的。但是，社会上流行的风俗习惯相互沿袭下来，习惯上以非为是，即使是为天地所不容的大奸巨恶也被视为正常行为，如果不能秉持光明显赫的权威加以拨乱反正，那么大奸巨恶之人就不知道惩戒。同样，美好的事情也像这样，社会上流行的风俗习惯认为是不正确的事情，其中也存在着非常美好的东西；事物与迹象中被人们忽视的东西，其中却存在着天理人伦的道理。如果不能秉持着日月一样的光辉进行照耀和显露，那么美好的事情就得不到鼓励和引导。因此，孔子编撰《春秋》这部著作，详略褒贬得当，他的弟子子游、子夏不能提出一点意见，难道说这些恳切情意、谆谆教诲都是采取自普通的匹夫匹妇已有定论的褒贬评价，然后加以散漫流衍、延伸扩充成为长篇大论，从而求得符合和满足世俗之人的心目吗？庄周曾经在《齐物论》中说过："在《春秋》这部经世致用的著作中，圣人虽然有所褒贬评说，却不把自己的主张加进去进行辩论。"像弑君的宋国太宰华督、弑君的宋国大将宋万（南宫长万）、逼死君父的楚商臣（芈商臣、楚穆王）、弑其君父的蔡般（蔡灵公）这样的大奸巨恶，在当时的春秋时代，人们都习以为常而不加讨伐，于是孔子在《春秋》中大书特书说："杀害他们的君父。"但也只是秉笔直书罢了，不需要更多的辩论和评价。按照这样所谓的春秋大义进行推论，像王莽、曹操、朱温这样篡权夺位的大奸巨恶，其滔天罪恶已经在史册中昭然若揭，千载之下普通的匹夫匹妇都可以根据历史记载进行咒骂和鞭挞，又何需研究历史的人们再喋喋不休呢！

现在有这样一个人，因为杀人而被司法机关绳之以法，而旁观者又面对大庭广众大声疾呼："此人该杀！"如果不是像普通的匹夫匹妇一样器量狭小、急躁盲动，正人君子谁有闲暇做这样的傻事呢？孟子曾经说过："孔子写成《春秋》一书，使天下的乱臣贼子感到恐惧。"这只不过是因为《春秋》一书中的历史记载，片言只语就足以令人信服，不需要长篇大论、废话连篇，就可以使那些欺骗诡诈的游说、支吾搪塞的遁词都无法得逞。假使孔圣人针对那些像射中周桓王肩膀的叛逆（郑庄公及其将军祝聃）、擅自称王的僭越之举（楚庄王），都反复申明大义，长篇大论争辩不休，自认为可以揭穿乱臣贼子的奸佞伎俩，而那些奸佞、叛逆之徒反而会嘲笑他们说：这些都是普通的匹夫匹妇的街谈巷议罢了，又有什么可畏惧的。

西汉丞相萧何、曹参和唐代宰相房玄龄、杜如晦都是励精图治的能臣；东汉的大臣刘向、朱云、李固、杜乔和唐朝的大臣张九龄、陆贽都是坚贞不屈的忠臣；汉末的名士孔融、曹魏的大臣王经、唐朝的大将段秀实都是刚正忠烈的名士。与他们的励精图治、坚贞不屈、刚正忠烈相对、相反的，就是历史上的权臣、奸臣，就是弄权的宦官，就是专权的外戚，就是得到宠幸的奸佞，就是聚敛搜刮民财的贪官污吏，这些都是败亡别人江山社稷的大奸巨恶。汉文帝刘恒、汉景帝刘启、汉光武帝刘秀、唐太宗李世民这些盛世明君，使天下安定繁荣，人民安居乐业，而他们的子孙却骄奢淫逸，自己招致国家败亡的祸患。汉高祖刘邦兴起汉朝，西楚霸王项羽亡命乌江，西晋宗室八王之乱，唐代李光弼、郭子仪平定安史之乱的功勋，史书上都有详细记载，即使是普通的匹夫匹妇也都得以听说其大名、知晓其事迹。即使极尽赞美之词加以形容，也不会增加他们的功德，听说的人们也不足以得到激励和效法；即使极尽贬诋之词加以讨伐，也不会减轻他们的罪恶，听说的人们也不足以引以为戒。只能是像普通的匹夫匹妇的愤恨恼怒、沾沾自喜一样，絮絮叨叨，没完没了，为自己通晓历史而自鸣得意，为世人讲解评论而津津乐道。正人君子引导人们向善，要指明通往良善的境界的门径，消弭和制止人们为恶，要揭示陷入罪恶深渊的真相，哪里值得为图一时痛快的议论，而与那些道听途说之流一同纷乱喧哗呢？因此，本书中对于那些大美大恶、昭然若揭、前有定论的历史事实和人物，都略而不谈，不加赘论。重点是推论之所以出现这样的历史事实的缘由，辨别其中不符合实际情况的真相，都是好的功德则要分别其大醇小疵，都是坏的罪恶则要区别其罪责轻重，依据其时代环境，度量其发展趋势，考察其存心善恶，揭示其实际效果，这就是本书的写作范式之所以与胡寅（字仲明，谥文忠，南宋学者，胡安国之侄，世称致堂先生）等有所不同的地方。

叙论三　不敢妄加褒贬

论史者有二弊焉：放于道而非道之中，依于法而非法之审，褒其所不待褒，而君子不以为荣；贬其所不胜贬，而奸邪顾以为笑。此既浅中无当之失矣。乃其为弊，尚无伤于教、无贼于民也。抑有纤曲嵬琐之说出焉，谋尚其诈，谏尚其谲，徼功而行险，干誉而违道，奖诡随为中庸，夸偷生为明哲，以挑达摇人之精爽而使浮，以机巧裂人之名义而使枉。此其于世教与民生也，灾愈于洪水，恶烈于猛兽矣。

盖尝论之：史之为书，见诸行事之征也，则必推之而可行。战而克，守而固，行法而民以为便，进谏而君听以从，无取于似仁似义之浮谈，只以致悔吝而无成者也。则智有所尚，谋有所详，人情有所必近，时势有所必因，以成与得为期，而败与失为戒，所固然矣。然因是而卑污之说进焉，以其纤曲之小慧，乐与跳荡游移、阴匿钩距之术而相取；以其躁动之客气，迫与轻挑忮忿、武健驰突之能而相依；以其妇姑之小慈，易与狐媚猫驯、淟涊（tiǎn niǎn）柔巽之情而相昵。闻其说者，震其奇诡，歆其纤利，惊其决裂，利其呴呕；而人心以蛊，风俗以淫，彝伦以斁，廉耻以堕。若近世李贽、钟惺之流，导天下于邪淫，以酿中夏衣冠之祸，岂非逾于洪水、烈于猛兽者乎？

溯其所由，则司马迁、班固喜为恢奇震耀之言，实有以导之矣。读项羽之破王离，则须眉皆奋而杀机动；览田延年之责霍光，则胆魄皆张而戾气生。与市侩里魁同慕汲黯、包拯之绞急，则和平之道丧；与词人游客共叹苏轼、苏辙之浮夸，则惇笃之心离。谏而尚谲，则俳优且贤于《伊训》；谋而尚诈，则《甘誓》不齿于孙、吴。高允、翟黑子之言，只以奖老奸之小信；李克用三垂冈之叹，抑以侈盗贼之雄心。甚至推胡广之贪庸以抑忠直，而惬鄙夫之志；伸冯道之逆窃以进夷盗，而顺无赖之欲。轻薄之夫，妄以为慷慨悲歌之助；雕虫之子，喜以为放言饰说之资。若此之流，允为残贼，此编所述，不敢姑容。刻志兢兢，求安于心，求顺于理，求适于用。顾惟不逮，用自惭恧(nǜ)，而志则已严，窃有以异于彼也。

【译文】

探讨评论历史的人，往往会出现两种弊端：如果放宽道义的原则来衡量，往往会失去道义的大中至正标准；如果依据法律的原则来衡量，往往会失去法律的公正审慎标准。如果褒扬了不适合褒扬的人与事，那么正人君子就不以为荣光；如果贬斥了不适合贬斥的人与事，那么奸佞之徒反以为笑柄。这就是历史评论肤浅而不允当的错误。至于这种历史评论的弊端，尚且无损于纲常名教，也无残害于百姓。不过还有些细密曲折、委琐鄙陋的说法出现了，说到谋略则崇尚奸诈，说到讽谏则崇尚诡谲，为了谋取功劳就铤而走险，为了沽名钓誉而违背道义，鼓励不顾是非而妄随人意为符合中庸之道，夸赞怕死偷生为明哲保身，从而以放纵不羁来动摇人们的精神使之轻浮，以机谋工巧来败坏人们的名声节义使之歪曲。这些错误的说法和议论，对于世风教化和人民生活来说，就是比洪水还要可怕的灾难、比猛兽还要厉害的凶险。

我曾经说过：研究历史编撰成书，就是要从过往人物的行事中洞察到历史的表征和处世的方法，那么这些总结经验教训的规律和方法也一定能推而广之，切实可行。用于攻战则克敌制胜，用于守城则固若金汤，用于推行法度则人民以为便利，用于规谏君主则得以言听计从，因此不能采信那些貌似仁义的浮夸空谈，那只能导致悔恨惋惜而一事无成。如此，智慧有其所崇尚的内涵，谋略有其所详尽的内容，人情一定有其相近的地方，时势一定有其所依据的东西，然而都以成功和得到作为预期的目标，以失败和失去作为警戒的红线，却是本来如此了。但是，也正因为如此，使那些卑鄙龌龊的说法得以进用，他们以细密曲折的小聪明，乐于宣扬其放纵不羁、变化无常，暗中隐藏长短、纵横之术，以便使人接受；或者以其浮躁好动的偏激情绪，急于轻易挑起那些残暴凶狠、勇武强健、奔驰突击的才能，以便使人依附；或者以其婆媳之间的小恩小惠，容易接受狐媚猫驯、污浊柔顺之类的情感，以便使人相亲相昵、声气相通。人们听到这些卑鄙龌龊的说法之后，往往会为其新奇诡变所震动，为其所提供的蝇头小利所诱惑，为其猛烈决断的言辞所震惊，为其和颜悦色的态度所感召，于是人心因此被蛊惑，风俗因此而放纵，伦理道德因此被败坏，礼义廉耻因此而堕落。就像晚近的李贽（晚明思想家李卓吾）、钟惺（晚明文学家、竟陵派代表人物）之流，把天下人都引导到淫邪放纵的路子上去，从而酝酿出华夏文明礼教天崩地解般的祸患，这难道不是比洪水还可怕、比猛兽还凶险的吗？

追根溯源，则是由于《史记》的作者司马迁、《汉书》的作者班固都喜欢使用恢宏奇崛、震古烁今的语言，上述弊端的出现实在是他们引导的结果。我们读到项羽在巨鹿之战中大破秦将王离的情节，就会须眉竖立、奋发而起，从而动了杀机；读到田延年表面慷慨激昂地斥责霍光，实际上是支持他废立皇帝，就会胆魄偾张、无比愤慨，从而心生戾气。与市侩、里长之流一起仰慕西汉名臣汲黯、北宋名臣包拯耿直、刚烈而急躁的性格，就会使内心和平的原则逐步丧失；与词人、游客共同赞叹宋代文学家苏轼、苏辙兄弟轻浮、夸张的作风，就会使内心的忠厚笃诚逐步偏离。如果向君上讽谏却崇尚诡谲，那么俳优的表演就会比《尚书·伊训》中记载的伊尹对太甲的教导和训诫还要贤明；如果为国家出谋划策却崇尚诡诈，那么《尚书·甘誓》中所记载的夏启讨伐有扈氏的誓词就会不齿于孙子、吴起的计谋。北魏名臣高允劝辽东公翟黑子向太武帝据实奏报的话，只是鼓励老奸巨猾之人偶尔展现出微不足道的诚信；唐末大将李克用得胜后置酒三垂冈（今山西长治市郊）发出的“我将老了，此奇儿（指李存勖）二十年后能代我战于此乎”的叹息，也只会增强盗贼的雄心。甚而至于推论东汉皇帝以胡广的贪婪昏庸来压制正直忠臣的行为，就会迎合庸俗鄙陋之人的追求；表彰五代时期大臣冯道反复无常的叛逆乃至窃国以奉夷狄的卑劣行径，就会顺遂了流氓无赖的欲望。轻佻浅薄的匹夫，狂妄地认为这就是他们慷慨悲歌的助力；雕虫小技的小人，欣喜地认为这就是他们放言妄谈的凭借。像这样一类的人，可以说是凶残暴虐的贼寇，本书所论述的历史事实中，不敢姑且予以宽容。我为此专心笃志、谨慎戒惧，只求书中所论安于本心，顺于情理，适于应用。只是担忧力所不及，出现错误，因而心存愧疚，但我对自己的目标追求要求很严格，私下认为这就是本书不同于其他史家的地方。

叙论四之一　因时宜而论得失

治道之极致，上稽《尚书》，折以孔子之言，而蔑以尚矣。其枢，则君心之敬肆也；其戒，则怠荒刻核，不及者倦，过者欲速也；其大用，用贤而兴教也；其施及于民，仁爱而锡以极也。以治唐、虞，以治三代，以治秦、汉而下，迄至于今，无不可以此理推而行也；以理铨选，以均赋役，以诘戎兵，以饬刑罚，以定典式，无不待此以得其宜也。至于设为规画，措之科条，《尚书》不言，孔子不言，岂遗其实而弗求详哉？以古之制，治古之天下，而未可概之今日者，君子不以立事；以今之宜，治今之天下，而非可必之后日者，君子不以垂法。故封建、井田、朝会、征伐、建官、颁禄之制，《尚书》不言，孔子不言，岂德不如舜、禹、孔子者，而敢以记诵所得者断万世之大经乎？

《夏书》之有《禹贡》，实也，而系之以禹，则夏后一代之法，固不行于商、周；《周书》之有《周官》，实也，而系之以周，则成周一代之规，初不上因于商、夏。孔子曰："足食，足兵，民信之矣。"何以足，何以信，岂靳言哉？言所以足，而即启不足之阶；言所以信，而且致不信之咎也。

孟子之言异是，何也？战国者，古今一大变革之会也。侯王分土，各自为政，而皆以放恣渔猎之情，听耕战刑名殃民之说，与《尚书》、孔子之言，背道而驰。勿暇论其存主之敬怠仁暴，而所行者，一令出而生民即趋入于死亡。三王之遗泽，存十一于千百，而可以稍苏，则抑不能预谋汉、唐已后之天下，势异局迁，而通变以使民不倦者奚若。盖救焚拯溺，一时之所迫，于是有"徒善不足为政"之说，而未成乎郡县之天下，犹有可遵先王之理势，所由与《尚书》、孔子之言异也。要非以参万世而咸可率由也。

编中所论，推本得失之原，勉自竭以求合于圣治之本。而就事论法，因其时而酌其宜，即一代而各有弛张，均一事而互有伸诎，宁为无定之言，不敢执一以贼道。有自相蹠盭（zhí lì）者矣，无强天下以必从其独见者也。若井田、封建、乡举、里选、寓兵于农、舍笞杖而行肉刑诸法，先儒有欲必行之者矣。袭《周官》之名迹，而适以成乎狄道者，宇文氏也；据《禹贡》以导河，而适以益其溃决者，李仲昌也。尽破天下之成规，骇万物而从其记诵之所得，浸使为之，吾恶知其所终哉！

【译文】

国家治理之道的极致，向上追溯要稽考《尚书》的记载，同时以孔子的言论加以折中，就没有比这更好的了。治理国家的中心环节，在于君主的内心是否诚敬或放肆；而治理国家应当予以戒除的弊端，是懈怠和荒废政事，临事过分苛刻，达不到就产生倦怠，超过了就想更快一些；治理国家最重要的事情，在于任用贤人从而大兴教化；这样的治国之道行施于民众，就是君主对人民宽仁慈爱，赐予他们更多的恩惠。用这种治国之道来治理唐尧、虞舜时代，治理夏、商、周三代，治理秦、汉以后的各个朝代，直到今天，都可以用这个道理来推而行之；用这种治国之道来整饬职官选任，用这种治国之道来均平赋税徭役，用这种治国之道来过问军事，用这种治国之道来整治刑罚，用这种治国之道来制定典章礼仪，没有不因此而得其所宜的。至于把这些治国之道设计规划为具体的细则，落实到具体的法令条文之中，《尚书》中没有加以说明，孔子的《论语》中也没有说明，难道是将历史真相遗漏下来而不追求其翔实细节吗？按照古时的法制，来治理古时的国家，却不能一概而论施行于今日的天下，这就是君子不以古法确立为事例遵循的原因；按照今日的适宜之法，来治理当今的天下，却不能保证一定能够行之于后世，这就是君子不以今法垂范后世的原因。因此，自古以来的封藩建卫、划定井田、朝君会臣、出征讨伐、设置官吏、颁赐俸禄这些制度，《尚书》中没有加以说明，孔子的《论语》中也没有说明，难道那些德行不如虞舜、夏禹、孔子的人，也敢凭他们记诵所得的点滴知识来决断千秋万代治世的常道吗？

《尚书·虞夏书》中有一篇《禹贡》，是记载得比较翔实的，却以夏禹来命名，这就说明有夏一代的法制，本来就不能在商、周时代推行的；《尚书·周书》中有一篇《周官》，记载也比较翔实，却以周公来命名，这就说明成周一代的法规，最初并没有沿袭商朝和夏朝。孔子说："充足粮食，充足军备，老百姓对官府就有信心了。"怎样才能充足粮食和军备，怎样才能树立对官府的信心，难道是吝啬而不愿说明吗？如果说明如何充足粮食和军备的方法，那么就可能开启粮食和军备不足的路径；如果说明老百姓如何树立对官府的信心的方法，那就有可能导致对官府缺乏信心的错误。

孟子的说法与这种观点不同，这是为什么呢？战国时期，是古往今来一大变革的交会点。各个诸侯王国分疆裂土，各自为政，但是他们都以放纵任性、贪求掠夺的心理，听从那些耕战结合、名实刑罚之类祸国殃民的学说，这些都是和《尚书》《论语》的说法背道而驰的。我们没有功夫谈论这些诸侯对于君主也就是周天子存心到底是崇敬还是怠慢、仁义还是暴虐，而考察他们所推行的治国之法，简直就是一朝令下而百姓就要陷入死亡的境地。夏禹、商汤、周文王周武王上古三王传遗下来的恩泽，即使只留下了百分之一，也可以使百姓生息稍有复苏，仍不可能预料和谋划汉、唐以后的天下治理，时势明显不同而局面也沧桑巨变，而适时通变不使百姓倦怠的治国之道又在哪里呢？

大概要拯救焚火和溺水的人，难免为形势和时机所迫，于是便有了《孟子·离娄上》中所谓的“只行善德不足以处理国家政务，只有法令不足以自行生效”的说法，而当时的天下还没有废除分封制改行郡县制，仍然还有遵从夏、商、周古圣先王治国之道的理由和形势存在，只是施政的路径和《尚书》、《论语》中所说的治国之道有所差异。由此可见，《尚书》与《论语》中所说的治国之道并不是可以参透千秋万代、一成不变遵循的准则。

本书中所论述的，在于推论和探求得失的根源，勉励自己竭尽所能，以求符合于古圣先王治国之道的根本。而依据历史事实来论述治国之法，则要从当时当地的实际情况出发，斟酌其是否适宜，即使同一个时代其治理之道也有张有弛，即使同一件事情其处理之道也有伸有屈，宁可采用没有定论的语言加以探讨，也不敢偏执一念而有害于天下常道。本书的论述可能会有自相矛盾的地方，却从来没有勉强天下人都一定信从我的个人见解。像划分井田、封藩建卫、乡举里选、寓兵于农、放弃笞杖而改行肉刑等法律制度，儒家先贤中很多人想要推行于其所处的天下。沿用《尚书·周书·周官》中所记载的名目和做法，然而却在夷狄之域也就是少数民族统治地区得以成功推行的，要属北周宇文氏了；根据《尚书·虞夏书·禹贡》中的记载来疏导黄河洪流，然而却加剧了黄河的溃决泛滥的，要属北宋的河北转运使李仲昌了。完全打破天下的成规，错乱阴阳，惊骇万物，而仅仅依据其默记背诵所得的那些知识来行事，假使逐渐对这种做法听之任之，我实在不知道最终的发展结果会如何！

叙论四之二　释《资治通鉴》论

旨深哉！司马氏之名是编也。曰“资治”者，非知治知乱而已也，所以为力行求治之资也。览往代之治而快然，览往代之乱而愀然。知其有以致治而治，则称说其美；知其有以召乱而乱，则诟厉其恶。言已终，卷已掩，好恶之情已竭，颓然若忘，临事而仍用其故心，闻见虽多，辨证虽详，亦程子所谓“玩物丧志”也。

夫治之所资，法之善者也。善于彼者，未必其善于此也。君以柔嘉为则，而汉元帝失制以酿乱；臣以戆直为忠，而刘栖楚碎首以藏奸。攘夷复中原，大义也，而梁武以败；含怒杀将帅，危道也，而周主以兴。无不可为治之资者，无不可为乱之媒。然则治之所资者，一心而已矣。以心驭政，则凡政皆可以宜民，莫匪治之资。而善取资者，变通以成乎可久。设身于古之时势，为己之所躬逢；研虑于古之谋为，为己之所身任。取古人宗社之安危，代为之忧患，而己之去危以即安者在矣；取古昔民情之利病，代为之斟酌，而今之兴利以除害者在矣。得可资，失亦可资也；同可资，异亦可资也。故治之所资，惟在一心，而史特其鉴也。

“鉴”者，能别人之妍媸（chī），而整衣冠、尊瞻视者，可就正焉。顾衣冠之整，瞻视之尊，鉴岂能为功于我哉！故论鉴者，于其得也，而必推其所以得；于其失也，而必推其所以失。其得也，必思易其迹而何以亦得；其失也，必思就其偏而何以救失。乃可为治之资，而不仅如鉴之徒县于室，无与炤之者也。

其曰“通”者，何也？君道在焉，国是在焉，民情在焉，边防在焉，臣谊在焉，臣节在焉，士之行己以无辱者在焉，学之守正而不陂者在焉。虽扼穷独处，而可以自淑，可以诲人，可以知道而乐，故曰“通”也。

引而伸之，是以有论；浚而求之，是以有论；博而证之，是以有论；协而一之，是以有论；心得而可以资人之通，是以有论。道无方，以位物于有方；道无体，以成事之有体。鉴之者明，通之也广，资之也深，人自取之，而治身治世，肆应而不穷。抑岂曰此所论者立一成之侀（xíng），而终古不易也哉！

【译文】

北宋政治家、史学家司马光把他主编的这本书命名为“资治通鉴”，旨意非常深刻啊！之所以称为“资治”，并不仅仅是了解历史兴衰、天下治乱，而是为了身体力行，寻求治国理政的镜鉴。从中看到前代国家治理得好，心里就特别高兴，看到前代天下混乱，心里就会感到很忧伤。了解到前代治理得好的办法，因此最终成就了太平盛世，就称赞和叙说其完美无缺；了解到前代之所以招致天下混乱的做法，而最终也陷入了混乱，就诟病、斥责其恶贯满盈。书中的议论已告终结，书卷已经掩上，喜好与憎恶的感情已经发泄完结，萎靡不振的样子就像是忘却了所读的内容一样，遇到事情仍然按照原来的想法和手段去应对，如此则听到见到的尽管非常广博，辩证和议论尽管非常详备，但这都不过是北宋理学家程颢所说的“默记背诵、见多识广就是玩物丧志”罢了。

治理国家所凭借和参照的，是好的法律制度即所谓良法善治。然而对于某一方面是良法善治，对于另一方面未必就是良法善治。作为君主，本应以柔和美善为准则，而西汉元帝刘奭却因为过于柔和仁慈、丧失规制而导致国家混乱；作为大臣，本应以憨厚刚直作为忠义的标准，而唐敬宗时代的左拾遗刘栖楚表面上叩首流血、忠心苦谏，实际上却包藏祸心、朋党为奸。尊王攘夷，兴复中原，本是春秋大义所在，但是梁武帝萧衍北伐却以惨败告终；君主含怒杀戮将帅，本是极其危险的做法，但是周世宗柴荣因此而使国家强盛。没有什么不可以作为天下大治的凭借，也没有什么不可以作为天下大乱的媒介。然而国家治理所应凭借和参照的，归根结底只在于君主的良善之心罢了。以良善用心来驾驭政事，那么一切政事都可以有利于百姓，都可以作为天下国家治理的凭借。而善于汲取治国理政经验教训的人，因时因地主动予以变通，从而获得成功并建立长久传承下来的法度。设身处地地置于古时的情势之中，从而为自己当下所躬逢的盛世进行筹谋；研究考察古时治国理政的谋略，从而用作承担自己当下使命的对策。吸取古人江山社稷安危的教训，并代替古人为其忧患考虑，那么自己消除危难、获得平安的办法也就寻求到了；采取古时民情风俗的利与弊，并代替古人为其斟酌损益，那么当下的兴办功利、消除祸患的办法也就寻求到了。古人成功的经验可以借鉴，失败的教训也可以借鉴；相同的历史事实可以相互借鉴，不同的历史事实也可以相互借鉴。所以，天下国家治理所借鉴的，只在于自己的居心罢了，而过往的兴亡历史乃是一面特别的镜子。

所谓“鉴”，就像是镜子一样，能够识别人的面容美丑，而人的衣冠是否整齐、外观的尊严是否得体，都可以通过镜子得到观照，加以纠正。然而观察衣冠的整齐、外观的尊严，镜子本身哪能够对我有什么功用！所以探讨议论历史借鉴的人，对于历史上那些成功的事情，一定要推求其成功的原因；对于历史上那些失败的事情，一定要推求其失败的原因。已经取得成功的事情，一定要思考改变其历史环境之后如何做到依然可以取得成功；已经遭到失败的事情，一定要思考按照其已经发生偏颇的状况怎样才能挽救失败的命运。这样才可以作为天下国家治理的凭借和参照，而不仅仅是像镜子一样空悬于室，却没有办法用来映照和借鉴一样无用。

“资治通鉴”之所以称为“通”，又是因为什么呢？这是因为其中记载的有为君之道，有国家大政方针，有民情风俗，有边疆防御，有臣子友情，有臣子风节，有士大夫实现自身志向而不受辱没的道理，还有治学坚守正道而不出现偏颇的方法。即使是在安守贫穷、独自相处的环境中，通过阅读此书，也可以洁身自好，可以教诲别人，可以知晓道义而感到由衷的快乐，所以称为“通”。

引申其义，于是要有议论；深入探求，于是要有议论；旁征博引，于是要有议论；协调统摄，于是要有议论；自己有所心得而可以使别人借以通达明白，于是要有议论。治国的大道本来没有既定的方位，通过使万物各安其位从而显示自己的方位；治国的大道本来没有固定的形体，通过引导事物的成功从而显示自己的存在。借鉴历代治国理政之道可以使人聪明睿智，通晓历代治国理政之道可以使人见多识广，凭借历代治国理政之道可以使人专精深刻，人人都可从历代治国理政之道中取得鉴戒，用来修身齐家、治国平天下，使其广泛发挥作用，而不会穷尽。又怎么能说这里所议论的就可以形成一成不变的定论，永远不容改变呢！